Das Jahrbuch

Aktuell 2001

300 000 aktuelle Daten zu den Themen unserer Zeit

17. Jahrgang

Harenberg

© Harenberg Lexikon Verlag
in der Harenberg Kommunikation
Verlags- und Medien GmbH & Co. KG
Dortmund 2000

Herausgeber Bodo Harenberg

Chefredaktion Berthold Budde

Redaktion Dr. Nils Havemann (Text) und Klaus zu Klampen (Bild)

Autoren (Hauptthemen) Dr. Isabella Ackerl (Parteien, Bundesländer und
Staatenartikel Österreich), Brigitte Beier (Arbeit, Soziales, Bundesländer
Deutschland), Frauke Döllekes (Unternehmen), Dr. Petra Gallmeister
(Krisen und Konflikte, Kultur, Zeitgeschichte), Dr. Nils Havemann (Staaten),
Jens Jürgen Korff (Forschung und Technik, Umwelt und Natur), Kathrin
Lohmeyer (Verkehr), Brigitte Lotz (Bauen und Wohnen, Bund und Länder,
Entwicklungspolitik), Alexander Merseburg (Konjunktur, Steuern und Finan-
zen, Weltwirtschaft), Gunter Morche (Raumfahrt), Ingrid Reuter (Organisa-
tionen), Bruno Schläppi (Kantone, Parteien und Staatenartikel Schweiz),
Martina Schnober-Sen (Gesundheitswesen, Krankheiten, Medikamente
und Therapien, Medien), Annerose Sieck (Dienstleistungen, Personen),
Marcus Spatz (Telekommunikation), Klaus-Michael Vent (Börse, Computer),
Susanne Wächter (Justiz/Kriminalität, Religion/Sekten), Carsten Wember
(Energie, Militär, Sport), Dr. Wolfgang Westphal (Auto, Bahn, EU, Luftfahrt)

Produktion Angela Otmar
Repro ZANDER, Dortmund
Druck westermann druck, Braunschweig
Redaktionsschluss 5.7.2000

Printed in Germany
ISBN 3-611-00890-7

Die Tabelle auf der hinteren inneren Umschlagseite über die 100 größten
deutschen Unternehmen bezieht sich ausschließlich auf Industrieunternehmen

Zu diesem Buch

Auch im 21. Jahrhundert ist »Aktuell« ein zuverlässiger Navigator in der unüberschaubaren Informationsflut. Deshalb ist diese Ausgabe erneut in vielen Details verbessert worden. Die Übersichtlichkeit aller Buchelemente hat weiter zugenommen – getreu dem »Aktuell«-Motto: Nicht suchen, nur finden.

Lexikon von A–Z: Der Lexikon-Teil ist nach Themen geordnet, von A wie Arbeit bis Z wie Zeitgeschichte. Jedes Stichwort beginnt mit einer Übersicht, in der alle Unterstichwörter in alphabetischer Reihenfolge mit Seitenangaben aufgeführt werden. Zum Stichwort »Arbeit« gehören z. B. 23 Unterstichwörter, die einen aktuellen inhaltlichen Bezug haben. Oft ist es hilfreich, zuerst im Inhaltsverzeichnis (ab Seite 5) oder im Register (ab Seite 745) nachzuschlagen, um zielgenau alle gewünschten Informationen zu finden.

Tabellen und Übersichten: »Aktuell 2001« enthält über 1000 Tabellen und Übersichten. Zahlreiche Rankings (Top Ten) erleichtern die Einordnung, Landesflaggen und Symbole dienen der schnellen optischen Orientierung. Veränderungen werden durch Pfeile gekennzeichnet. Hinzu kommen Vergleiche zum Vorjahr. Informationen in der Randspalte machen auf Besonderheiten aufmerksam oder dienen der weiteren Erläuterung.

Länderteil: Alle 192 Staaten der Erde haben einen eigenen Eintrag. Die Strukturdaten für jedes einzelne Land sind mit den Daten aller anderen Länder direkt vergleichbar. Aktuelle Entwicklungen werden in den folgenden Texten dargestellt und informativ illustriert.

Internet-Verknüpfung: »Aktuell 2001« ist mit Informationen im Internet direkt verknüpft. Unter **www.aktuell-lexikon.de** sind Veränderungen, die sich zu den Einträgen in »Aktuell 2001« nach Erscheinen dieser Ausgabe ergeben haben, an allen Werktagen abrufbar. So bleiben die Benutzer dieses Jahrbuchs Nr. 1. immer auf dem aktuellen Stand.

Benutzerhinweise

Kennzeichnung der Hauptteile: »Aktuell 2001« ist in sechs Buchteile gegliedert. Sie sind an den farbigen Markierungen im Beschnitt des Buches und auf jeder Seite zu erkennen.

Kolumnentitel: Neben der farbigen Markierung wird im Kolumnentitel das Stichwort genannt, das auf der jeweiligen Seite beginnt.

Struktur der Artikel: Alle Artikel sind nach einem einheitlichen Schema aufgebaut. Wo nötig, beginnt ein Artikel mit einer knappen Definition des Stichworts, es folgen Informationen über aktuelle Entwicklungen. Halbfette Zwischenüberschriften gliedern längere Einträge.

Wiederkehrende Strukturdaten: Wo immer es aufschlussreich ist, bestimmte Daten, die in mehreren Einträgen zu finden sind, miteinander zu vergleichen, wurden diese Informationen in ein Schema eingefügt. So ergeben sich z. B. im Länder- und im Städteteil von Land zu Land und von Stadt zu Stadt zahllose direkte Vergleichsmöglichkeiten.

Info-Elemente: Für alle sechs Hauptteile des Buches wurden möglichst durchgehend dieselben Info-Elemente verwendet, z. B. Landesflagge zum schnellen Auffinden von Länderdaten. Auch Sonderelemente wie Chronik, Dokument, Glossar, Tabelle oder Übersicht wurden einheitlich für das gesamte Buch genutzt.

Verweise: Durch die thematische Ordnung sind Verweise im »Lexikon von A–Z« nur in Ausnahmefällen nötig. Verweise in andere Buchteile oder zu anderen Themengebieten nennen zuerst halbfett das Thema, dann das Stichwort (z. B. ■ **Arbeit** → Green Card, ■ **Staaten** → Deutschland).

Internet-Adressen: Wo immer möglich, werden am Ende eines Artikels bzw. einer Tabelle aktuelle Internet-Adressen genannt. Oft werden wichtige Erläuterungen zu den Informationen der Internet-Seiten hinzugefügt.

Register: Das Register am Ende des Buches ermöglicht ein schnelles Auffinden auch solcher Stichwörter und Begriffe, die keinen eigenen Eintrag haben. Mitunter empfiehlt es sich, zuerst im Register zu suchen. Darin sind über 4000 Namen, Stichwörter und Begriffe verzeichnet.

Inhaltsverzeichnis Lexikon von A–Z

Nachfolgend sind in alphabetischer Reihenfolge alle 43 Sachgruppen mit den über 600 Stichwörtern des »Lexikons von A–Z« aufgeführt.

Inhaltsverzeichnis

Abkürzungsverzeichnis

Abk.	Abkürzung
Abs.	Absatz
AG	Aktiengesellschaft
Art.	Artikel
Az.	Aktenzeichen
BGB	Bürgerliches Gesetzbuch
BIP	Bruttoinlandsprodukt
BRT	Bruttoregistertonnen
BSP	Bruttosozialprodukt
bzw.	beziehungsweise
C	Celsius
ca.	circa
CDU	Christlich-Demokratische Union
CSU	Christlich-Soziale Union
CVP	Christlich-Demokratische Volkspartei
DAG	Deutsche Angestellten Gewerkschaft
dB	Dezibel
DDR	Deutsche Demokratische Republik
DGB	Deutscher Gewerkschaftsbund
d. h.	das heißt
DM	Deutsche Mark
Dr.	Doktor
DVU	Deutsche Volksunion
ECU	Europäische Währungseinheit
EU	Europäische Union
eigtl.	eigentlich
engl.	englisch
e. V.	eingetragener Verein
FDP	Freie Demokratische Partei
FPÖ	Freiheitliche Partei Österreichs
franz.	französisch
GB	Gigabyte
GG	Grundgesetz
ggf.	gegebenenfalls
GmbH	Gesellschaft mit beschränkter Haftung
GUS	Gemeinschaft Unabhängiger Staaten

GW	Gigawatt
h	Stunde
griech.	griechisch
ha	Hektar
i.d.R.	in der Regel
IG	Industriegewerkschaft
inkl.	inklusive
insbes.	insbesondere
ital.	italienisch
IWF	Internationaler Währungsfonds
J	Joule
Jh.	Jahrhundert
k.A.	keine Angabe
KB	Kilobyte
kcal	Kilokalorien
Kfz	Kraftfahrzeug
kJ	Kilojoule
km	Kilometer
km²	Quadratkilometer
kW	Kilowatt
kWh	Kilowattstunde
l	Liter
lat.	lateinisch
LKW	Lastkraftwagen
lt.	laut
max.	maximal
m	Meter
m³	Kubikmeter
MB	Megabyte
MdB	Mitgl. d. Bundestags
MdL	Mitgl. d. Landtags
mg	Milligramm
MHz	Megahertz
min	Minute
mind.	mindestens
Mio	Million
MJ	Megajoule
mm	Millimeter
Mrd	Milliarde
MW	Megawatt
NATO	Organisation des Nordatlantik-Vertrags
NRW	Nordrhein-Westfalen

OECD	Organisation für wirtschaftliche Zusammenarbeit und Entwicklung
OPEC	Organisation Erdöl exportierender Länder
öS	Österreich. Schilling
OSZE	Organisation für Sicherheit und Zusammenarbeit in Europa
ÖVP	Österreichische Volkspartei
PDS	Partei des demokratischen Sozialismus
Pf	Pfennig
PKW	Personenkraftwagen
PLO	Palästinensische Befreiungsorganisation
Prof.	Professor
russ.	russisch
sec	Sekunde
sfr	Schweizer Franken
SKE	Steinkohleeinheit
sog.	sogenannt
span.	spanisch
SED	Sozialistische Einheitspartei Deutschlands
SPD	Sozialdemokratische Partei Deutschlands
SPÖ	Sozialdemokratische Partei Österreichs
SPS	Sozialdemokratische Partei der Schweiz
StGB	Strafgesetzbuch
SVP	Schweizer Volkspartei
TA	Technische Anleitung
u. a.	unter anderem/und andere
UdSSR	Union der Sozialistischen Sowjetrepubliken
UKW	Ultrakurzwelle
UNO	Vereinte Nationen
USA	Vereinigte Staaten von Amerika
vorauss.	voraussichtlich
W	Watt
z. B.	zum Beispiel
z. T.	zum Teil

Bildquellenverzeichnis

Bayerische Staatskanzlei, München 635; BMW AG, München 723/1; DB AG, Berlin / Klee 46; Deutsche Presse-Agentur, Frankfurt/M. 42, 709/1, 709/2, 710/1, 710/2, 711/2, 713/3, 714/2, 716/3, 717/1, 717/3, 718/2, 718/3, 719/3, 720/4, 721/2, 721/3, 722/1, 724/2, 725/1, 726/3, 727/3, 732/1, 732/2, 737/3, 740/2, 743/1; Fiegel, Eduard N. St. Augustin 647, 649, 653/2, 710/4, 711/1, 712/2, 714/1, 714/2, 715/2, 715/3,, 716/2, 718/1, 719/1, 719/2, 719/4, 723/3, 725/2, 726/2, 729/2, 729/3, 731/1, 733/1, 733/3, 738/2; Galuschka, Horst Köln 741/2; Heyne Verlag, München 739/1; Höfer, Candida Köln 737/2; Horstmüller Pressebilderdienst, Düsseldorf 729/1; Look, München / Michael Martin 48; Meldepress, Berlin 643, 650, 710/3, 712/1, 713/1, 715/1, 715/4, 716/1, 720/1, 720/2, 720/3, 721/1, 722/2, 722/3, 723/2, 724/1, 727/1, 727/2, 728/1, 728/2, 728/3, 730/1, 730/2, 730/3, 731/2, 731/3, 732/3, 733/2, 743/3; NASA Headquarters, Media Service, Washington 232/1-8; Ohlbaum, Isolde München 742/2; Porsche AG, Zuffenhausen 726/1; Presse- und Informationsamt des Landes Brandenburg 637; Republik Österreich, Bundespressedienst, Wien 654, 656, 658, 653/1, 655/1, 655/2, 657/2, 857/1; Sächsische Staatskanzlei, Dresden / Thomas Härtrich 648; Senat der Freien Hansestadt Bremen 639; Senat der Freien und Hansestadt Bremen 640; Staatskanzlei Mecklenburg-Vorpommern, Schwerin 642; Staatskanzlei Rheiniand-Pfalz, Mainz 646; Staatsministerium Baden-Württemberg, Stuttgart 634; Tastow, Piotr Lodz 743/2; Thüringer Staatskanzlei, Erfurt 651; Wassmuth, Jürgen Dortmund 717/2, 744/3.

Altersteilzeit

Die gesetzlichen Regelungen zur A. wurden zum 1.1.2000 und zum 1.7.2000 ausgeweitet.

Zuschüsse: Nach den Mitte 2000 gültigen gesetzlichen Bestimmungen können Beschäftigte ab dem 55. Lebensjahr ihre Arbeitszeit bei 70% ihrer bisherigen Nettobezüge halbieren. Die Arbeitgeber zahlen 50% des bisherigen Bruttoentgelts, der Restbetrag wird von der Bundesanstalt für Arbeit (BA, Nürnberg) aufgestockt, sofern die durch den A.-Nehmer frei werdende Stelle von einem Arbeitslosen bzw. einem ausgelernten Auszubildenden besetzt wird. Die BA erhöht den Rentenbeitrag des Betreffenden auf 90% des Vollzeitentgelts.

Neuregelungen zum 1.1.2000: Auch Teilzeitbeschäftigte haben Zugang zur A. Für Betriebe mit bis zu 50 Beschäftigten bzw. für geschlossene Funktionsbereiche mit max. 50 Beschäftigten innerhalb größerer Unternehmen wurden die Voraussetzungen für die Förderung der A. durch die BA erleichtert: Der an Stelle des A.-Nehmers neu eingestellte Mitarbeiter kann an beliebiger Stelle ohne Nachweis einer Umsetzungskette eingesetzt werden, auch die Schaffung eines Ausbildungsplatzes reicht aus.

Neuregelungen zum 1.7.2000: Die Regelung zur A. wurde bis Ende 2009 (bisher: Mitte 2004) verlängert. Die Förderhöchstdauer für Beschäftigte in A. wurde von bisher fünf auf sechs Jahre erhöht. BA-Leistungen werden nur gezahlt, wenn der durch den A.-Nehmer frei gewordene Arbeitsplatz für mind. vier Jahre (bisher: drei Jahre) neu besetzt wird.

Ausgleichszeiträume: Die Frist, innerhalb deren die Arbeitszeit des A.-Nehmers einen Durchschnitt von 50% erreicht, beträgt bei Vorliegen einer Tarifvereinbarung max. zehn Jahre, auf der Basis von Betriebsvereinbarungen ohne Tarifvertrag max. drei Jahre. Für Ausgleichszeiträume über drei Jahre können Betriebsvereinbarungen nur geschlossen werden, wenn der Tarifvertrag der Branche eine Öffnungsklausel enthält. Innerhalb des Ausgleichszeitraums kann die Arbeitszeit beliebig verteilt werden. Bevorzugt wird das Modell, wonach ältere Arbeitnehmer zunächst voll arbeiten und dann vorzeitig ausscheiden. Der Bezug einer vorzeitigen Rente (ab dem 60. Lebensjahr) ist generell nur bei Vorliegen einer mind. einjährigen Arbeitslosigkeit oder einer mind. zweijährigen A. möglich. Bei vorzeitiger Inanspruchnahme der Rente gelten Abschläge.

Tarifregelungen: Ende 1999 gab es nach Angaben des Bundesarbeitsministeriums (BMA, Berlin) 349 tarifvertragliche Regelungen zur A., zu deren Geltungsbereich rund 13 Mio Arbeitnehmer gehörten, 52% aller Arbeitnehmer, die von Tarifverträgen erfasst waren.

Branchen: Der Schwerpunkt lag nach BA-Angaben in der chemischen Industrie, der öffentlichen Verwaltung, im Gesundheits- und Sozialwesen, im Baugewerbe sowie in Erziehung und Unterricht. Im Frühjahr 2000 wurde in der Metall- und Elektrobranche ein Tarifvertrag zur Erweiterung der A. (»Beschäftigungsbrücke«) beschlossen, im Juni 2000 einigten sich die Tarifparteien im Einzelhandel auf die Einführung der A. auf freiwilliger Basis. In einigen Tarifbereichen bestand Mitte 2000 ab einem bestimmten Alter ein Rechtsanspruch auf A., meist ist jedoch ein Anspruch ausgeschlossen, wenn ein bestimmter Anteil der Belegschaft bzw. der Altersjahrgänge überschritten ist.

Aufstockungen: In Tarifverträgen wurden die Entgelte für A. von Arbeitgeberseite oft auf bis zu 85% des Nettoeinkommens aufgestockt, der Rentenversicherungsbeitrag vereinzelt auf 95% oder sogar 100%.

Inanspruchnahme: Von Inkrafttreten des Gesetzes zur A. im August 1996 bis Ende 1999 wurden 44 000 Anträge auf Förderung gestellt, davon mehr als 20 000 im Jahr 1999; zusätzlich wurden 51 000 Vorabentscheidungen (A. mit Blockbildung) beantragt. Die Gesamtzahl der A.-Nehmer inkl. Fälle ohne Förderung bezifferte die BA Anfang 2000 mit 70 000–80 000.

Kosten: 1999 gab die BA 215 Mio DM an A.-Fördermitteln aus; im Haushalt 2000 wurden 300 Mio angesetzt. Die Kosten für die Neuregelung ab 1.7.2000 bezifferte die Bundesregierung mit 20 Mio DM jährlich.

www.bma.de (Bundesarbeitsministerium); **www.arbeitsamt.de** (Bundesanstalt für Arbeit)

Arbeitsförderung

Bund und Bundesanstalt für Arbeit (BA, Nürnberg) gaben nach Zahlen aus dem Bundesfinanzministerium 1999 für aktive Arbeitsmarktförderung 44,5 Mrd DM aus, 5,5 Mrd mehr als 1998. Dazu gehörten neben Arbeitsbeschaffungs- (ABM) und Strukturanpassungsmaßnahmen (SAM) u. a. produktive Lohnkostenzuschüsse, Engliederungszuschüsse für Ältere und Langzeitarbeitslose sowie Maßnahmen zur beruflichen Weiterbildung.

Geförderte: Die Zahl der Geförderten erhöhte sich 1999 um 240 000 auf 1,5 Mio. Der Arbeitsmarkt wurde nach Angaben des BA-eigenen Instituts für Arbeitsmarkt und Berufsforschung (IAB, Nürnberg) 1999 durch arbeitsmarktpolitische Maßnahmen der BA um 950 000 Personen entlastet, gut die Hälfte in Ostdeutschland. Die A. wurde 2000 auf demselben Niveau fortgesetzt.

ABM und SAM: Im Durchschnitt 1999 arbeiteten 289 700 Personen in Beschäftigung schaffenden Maßnahmen, davon 230 600 in ABM und 59 100 in SAM. In der ersten Jahreshälfte 1999 bewegten sich die Bestände über, in der zweiten unter den Vorjahreswerten – eine Folge der Verstetigung der Maßnahmen, die in der zweiten Jahreshälfte 1998 im Vergleich zur ersten Jahreshälfte deutlich gestiegen waren.

Kritik: Insbes. aus dem Arbeitgeberlager wurde kritisiert, dass nur 59% bzw. 52% der Teilnehmer von ABM bzw. SAM in den regulären Arbeitsmarkt integriert worden seien. Dass Teilnehmer an einer solchen Maßnahme einen neuerlichen Anspruch auf Leistungen des Arbeitsamtes erhielten, führe zur »Maßnahmenkarriere«. Zu bevorzugen seien Eingliederungszuschüsse und Trainingsmaßnahmen für schwer vermittelbare Arbeitslose, Überbrückungshilfen für den Übergang in die Selbstständigkeit und Maßnahmen zur beruflichen Qualifizierung.

Lohnabstand: Das Bundesverfassungsgericht (BVerfG, Karlsruhe) verwarf im August 1999 eine Klage der IG Metall gegen die gesetzlichen Lohnabstandsklauseln bei ABM. Die 1992 eingeführten Klauseln schreiben in der seit dem 1.4.1999 gültigen Fassung vor, dass die Entgelte der ABM-Beschäftigten um mind. 20% unter den Tariflöhnen liegen müssen. Das BVerfG sah darin zwar einen Eingriff in die Tarifrechte der Gewerkschaften, hielt diesen aber als Mittel zur Schaffung zusätzlicher Arbeitsplätze in Zeiten hoher Arbeitslosigkeit für gerechtfertigt.

JUMP: Das 1999 von der Bundesregierung durchgeführte Sofortprogramm gegen Jugendarbeitslosigkeit (JUMP) wurde 2000 fortgesetzt. Für die Qualifizierung und Integration von arbeitslosen Jugendlichen standen pro Jahr 2 Mrd DM, davon je 200 Mio aus dem EU-Sozialfonds, zur Verfügung. Für 2000 wurden Maßnahmen zum gezielteren Einsatz der Mittel beschlossen, u. a.:

– Die außerbetriebliche Ausbildung Jugendlicher ist nur noch in Arbeitsamtsbezirken mit zu wenig Lehrstellen möglich.

– Betriebe, die Jugendliche von einer außerbetrieblichen in eine betriebliche Ausbildung übernehmen, erhalten eine Prämie bis zu 4000 DM.

– Für ausländische Jugendliche wird eine Mindestbeteiligungsregelung eingeführt.

■■ **Arbeitsförderung: Arbeitsbeschaffungsmaßnahmen**		
Ostdeutschland	Westdeutschland	
2000[1]	155 000	62 000	217 000[2]
1999	164 800	65 800	230 600
1998	145 000	66 000	211 000
1997	235 000	68 000	303 000
1996	278 000	76 000	354 000
1995	312 000	72 000	384 000
1994	280 000	57 000	337 000
1993	271 000	51 000	322 000
1992	388 000	78 000	466 000
1991	183 000	83 000	266 000

1) Prognose des Instituts für Arbeitsmarkt- und Berufsforschung; 2) Ost und West gesamt; Quelle: Bundesanstalt für Arbeit; www.iab.de; www.arbeitsamt.de

Arbeitskosten: Industrie

Land		Stundenlohn (DM)
Durchschnitt[1]		36,18
Westdeutschland		49,66
Schweiz		42,82
Norwegen		40,53
Belgien		40,33
Dänemark		39,73
Schweden		39,20
Österreich		38,84
Niederlande		36,81
Ostdeutschland		33,19
USA		32,90
Frankreich		32,04
Japan		31,50
Großbritannien		28,77
Italien		28,59
Kanada		27,76

1) ungewichteter Durchschnitt der betrachteten Länder (letztverfügbarer Stand: 1998); Quelle: Deutsches Institut für Wirtschaftsforschung (DIW, Berlin); www.diw-berlin.de

Arbeitskosten: Gesamtwirtschaft

Land		Stundenlohn (DM)
Durchschnitt[1]		40,48
Schweiz		58,39
USA		45,90
Belgien		45,56
Westdeutschland		44,76
Norwegen		44,40
Frankreich		42,35
Dänemark		40,59
Schweden		40,24
Österreich		38,74
Großbritannien		38,72
Japan		37,93
Niederlande		37,62
Italien		36,67
Ostdeutschland		28,03
Kanada		27,30

1) ungewichteter Durchschnitt der betrachteten Länder (letztverfügbarer Stand: 1998); Quelle: Deutsches Institut für Wirtschaftsforschung (DIW, Berlin); www.diw-berlin.de

Bei den Arbeitskosten pro Arbeiterstunde in der verarbeitenden Industrie liegt Deutschland an der Spitze, bei den Arbeitskosten in der Gesamtwirtschaft nur an vierter Stelle. Die Ursachen für diese Unterschiede liegen in der im internationalen Vergleich hohen Qualifizierung der deutschen Arbeiterschaft und in der geringen Lohndifferenz zwischen Arbeitern und Angestellten.

– Die Zielgruppe wird auf Jugendliche ab drei Monaten Arbeitslosigkeit verengt.
– Lohnkostenzuschüsse sollen noch gezielter eingesetzt werden, um neben der Qualifizierung die Eingliederung in den ersten Arbeitsmarkt zu ermöglichen.
1999 wurden nach Angaben der BA 146 300 (West) bzw. 73 800 (Ost) Eintritte in eine der verschiedenen JUMP-Maßnahmen re-gistriert, wobei 12% der Jugendlichen mehrere Maßnahmen beanspruchten. Im Jahresschnitt nahmen 52 900 (West) bzw. 33 700 (Ost) Personen daran teil. Durch JUMP wurde die Zahl der arbeitslosen Jugendlichen nach BA-Angaben 1999 um 15 000 bis 20 000 verringert.
www.arbeitsamt.de (Bundesanstalt für Arbeit)

Arbeitskosten

Entgelt für geleistete Arbeit plus gesetzlich, tariflich bzw. betrieblich festgelegte Personalzusatzkosten

Nach Ansicht der meisten Wirtschaftsforschungsinstitute stellten die hohen A. in Deutschland um 2000 einen Nachteil im globalen Wettbewerb dar und waren eine Ursache für die im Vergleich zu anderen Industriestaaten hohe Arbeitslosigkeit.
Berechnungsgrundlagen: Im internationalen Vergleich lag Westdeutschland 1998 (letztverfügbarer Stand) hinsichtlich der A. von Arbeitern in der Industrie mit weitem Abstand an der Spitze der Industrieländer. Die A. pro Stunde lagen in Westdeutschland mit 49,66 DM um 37% höher als der ungewichtete Durchschnitt von 15 betrachteten Ländern (36,18 DM), Ostdeutschland lag mit 33,19 DM knapp darunter. Nach einer Studie des Deutschen Instituts für Wirtschaftsforschung (DIW, Berlin) vom Herbst 1999 verschob sich jedoch das Bild bei der Berechnung der A. in der Gesamtwirtschaft. Hier wies die Schweiz 1998 mit A. pro Stunde von 58,39 DM den höchsten Wert auf, vor den USA, Belgien und Westdeutschland (44,40 DM). Ostdeutschland lag mit 28,03 DM vor Kanada (27,30 DM) an vorletzter Stelle der 15-Länder-Liste.
Zweiter Lohn: Nach Berechnungen des arbeitgebernahen Instituts der deutschen

Wirtschaft (IW, Köln) entfielen 1999 auf je 100 DM Entgelt für geleistete Arbeit im produzierenden Gewerbe in Westdeutschland 81,60 DM (1998: 81,80 DM), in Ostdeutschland 68,10 DM (1998: 68,10 DM) an Personalzusatzkosten. Dazu gehören gesetzliche Zusatzkosten (Arbeitgeberanteil der Sozialversicherungsbeiträge, bezahlte Feiertage, Lohnfortzahlung im Krankheitsfall, Mutterschutz u. a.) sowie Mehrkosten aus den tariflich oder betrieblich geregelten Komponenten Urlaubs- und Weihnachtsgeld, Vermögensbildung und betriebliche Altersversorgung.

Lohnstückkosten: Nach Zahlen des Statistischen Bundesamtes (SB, Wiesbaden) stiegen die Lohnstückkosten, bei deren Berechnung Lohnkosten und Arbeitsproduktivität in Beziehung gesetzt werden, 1999 erstmals seit zwei Jahren wieder (um 0,8%). 1997 waren sie um 0,8%, 1998 um 0,4% zurückgegangen.

www.diw-berlin.de; www.iw-koeln.de

Arbeitslosenversicherung

Pflichtversicherung in Deutschland gegen die materiellen Folgen der Arbeitslosigkeit, getragen von der Bundesanstalt für Arbeit (BA, Nürnberg). Aus der A. werden Arbeitslosen- und Kurzarbeitergeld bezahlt und beschäftigungspolitische Maßnahmen finanziert. Die Kosten für die Arbeitslosenhilfe trägt der Bund. Finanziert wird die A. jeweils zur Hälfte durch Beiträge von Arbeitgebern und Arbeitnehmern.

Der Beitragsatz zur A. blieb 2000 mit 6,5% des Bruttomonatsentgelts stabil. Die Bemessungsgrenze, bis zu der Beiträge zur A. entrichtet werden müssen, stieg 2000 in Westdeutschland von 8500 auf 8600 DM, in Ostdeutschland wurde sie von 7200 auf 7100 DM gesenkt.

Weihnachts- und Urlaubsgeld: Das Bundesverfassungsgericht (BVerfG, Karlsruhe) erklärte im Juni 2000 die Erhebung von Beiträgen zur A. für Weihnachts- und Urlaubsgeld ohne Gegenleistung für verfassungswidrig. Bis zum 1.6.2001 muss der Gesetzgeber eine Neuregelung finden. Sie könnte darin bestehen, das Weihnachts- und Urlaubsgeld in die Berechnung des Arbeitslosengeldes einzubeziehen, oder die Erhebung von Beiträgen für diese Einmalzahlungen abzuschaffen. Bundesarbeitsminister Walter Riester (SPD) kündigte eine Neuregelung zum 1.1.2001 an.

Arbeitslosengeld: Anspruch hat, wer in den letzten drei Jahren vor Beginn der Arbeitslosigkeit mind. 360 Tage versicherungspflichtig gearbeitet hat. Erwerbslose mit Kind erhalten 67% des Nettodurchschnittsentgelts der letzten zwölf Monate inkl. Überstunden und Zuschläge, Arbeitslose ohne Kind 60%. Personen bis 45 Jahre erhalten max. ein Jahr Arbeitslosengeld; für ältere Arbeitslose gibt es je nach Alter und Anwartschaftszeiten bis zu 32 Monate Arbeitslosengeld.

Arbeitslosenhilfe: Nach Auslaufen des Arbeitslosengeldes und für Personen, die mind. 150 Tage beitragspflichtig gearbeitet haben, besteht Anspruch auf Arbeitslosenhilfe, sofern der Anspruchsteller bedürftig ist. Zur Feststellung wird das Einkommen von Ehegatten, nicht ehelichen Partnern und Verwandten ersten Grades berücksichtigt. 2000 betrug die Arbeitslosenhilfe 57% (Erwerbslose mit Kind) bzw. 53% (ohne Kind) des letzten durchschnittlichen Nettolohns. Zum 1.8.1999 entfiel bei der Berechnung die Begrenzung auf das Nettoarbeitsentgelt der letzten Beschäftigung; so sollten Bezieher vor Nachteilen bei erneuter Arbeitslosigkeit nach Annahme einer niedriger bezahlten Beschäftigung geschützt werden. Mit jedem Jahr der Erwerbslosigkeit wird die Bemessungsgrundlage gekürzt, so dass sich auch die Höhe der Arbeitslosenhilfe jährlich verringert. Die originäre Arbeitslosenhilfe, die im Bedarfsfall an Referendare, Soldaten und Beamte auf Zeit sowie Wehr- und Zivildienstleistende gezahlt wurde, die noch keine Sozialabgaben geleistet hatten, wurde zum 1.1.2000 abgeschafft.

Anstieg: Für viele Bezieher von Arbeitslosengeld und Arbeitslosenhilfe erhöhten sich ab 1.1.2000 die Zahlungen, da das für die Berechnung angesetzte Durchschnitts-Nettoentgelt sich durch die Senkung des Beitragssatzes zur Rentenversicherung und durch günstigere Steuertarife erhöhte.

▨ Arbeitslosenversicherung: Zumutbarkeit

Leistungen aus der A. erhält in Deutschland nur, wer dem Arbeitsmarkt zur Verfügung steht und bereit ist, jede zumutbare Beschäftigung anzunehmen. Innerhalb von drei Monaten nach Eintritt der Arbeitslosigkeit ist eine Beschäftigung zumutbar, sofern die Bezahlung bis 20% unter dem bisherigen Verdienst liegt; vom vierten bis zum sechsten Monat erhöht sich die Schwelle auf 30%. Danach ist eine Beschäftigung nur dann unzumutbar, wenn das daraus erzielbare Nettoeinkommen niedriger ist als das Arbeitslosengeld. Die zumutbaren Pendelzeiten zum Arbeitsplatz betragen seit dem 1.8.1999 bei Vollzeitarbeit bis zu zweieinhalb Stunden, bei täglicher Arbeitszeit von weniger als sechs Stunden zwei Stunden.

Beitragszahlungen: Seit 1.1.2000 orientieren sich die Beiträge, die vom Staat für Bezieher von Arbeitslosenhilfe an die Renten- und Pflegekassen entrichtet werden, an den tatsächlich geleisteten Arbeitslosenhilfe-Zahlungen (57% bzw. 53%); zuvor galten 80% des letzten Bruttoeinkommens als Bemessungsgrundlage. Damit verringerten sich die Rentenansprüche von Arbeitslosenhilfebeziehern. Empfänger von Arbeitslosenhilfe, die am 1.1.2000 älter als 55 Jahre waren und sich vor dem Stichtag arbeitslos gemeldet hatten, konnten durch eigene Zuzahlungen die Beiträge auf das bisherige Niveau aufstocken.

Nebeneinkommen: Der Mindestfreibetrag bei der Anrechnung von Nebeneinkommen während des Bezugs von Arbeitslosengeld oder -hilfe wurde zum 1.8.1999 auf bundeseinheitlich 315 DM festgelegt.

Meldepflicht: Seit 1.8.1999 müssen sich Bezieher von Arbeitslosengeld oder Arbeitslosenhilfe nicht mehr mind. alle drei Monate beim Arbeitsamt melden. Zuvor führte ein Verstoß zur Einstellung der Zahlungen. Es besteht jedoch weiterhin die Verpflichtung, regelmäßig Kontakt zur Arbeitsvermittlung zu halten und sich selbst um einen Arbeitsplatz zu bemühen.

Sperrfrist: Kündigt ein Arbeitnehmer von sich aus oder lehnt er einen zumutbaren Job ab, werden Arbeitslosengeld bzw. -hilfe vorübergehend gesperrt oder ganz gestrichen.

Kurzarbeitergeld: Bei Kurzarbeit – der Herabsetzung der betriebsüblichen Arbeitszeit, um einen kurzfristigen Auftragsmangel zu überbrücken und Entlassungen zu vermeiden – zahlt die BA max. 15 Monate Kurzarbeitergeld von 67% (Personen mit Kind) bzw. 60% (Kinderlose) des letzten durchschnittlichen Nettoentgelts. Die Durchschnittszahl der Kurzarbeiter erhöhte sich 1999 im Vergleich zum Vorjahr um 10 000 (12%) auf 91 600. Die Zunahme war jedoch nur auf Feierschichten im Steinkohlebergbau zurückzuführen.

www.arbeitsamt.de (Bundesanstalt für Arbeit)
▓ **Organisationen** → Bundesanstalt für Arbeit

Arbeitslosigkeit

1999 ging die A. in Deutschland im Jahresschnitt in absoluten Zahlen und bei der Quote zurück, der 1998 begonnene Trend setzte sich fort. Bis Mitte 2000 blieben die

▓ Arbeitslosigkeit in den Bundesländern		
Bundesland	Arbeitslosenquote 1999 (%)	Veränderung[1]
Baden-Württ. 🛡	6,5	▼ −0,6
Bayern 🛡	6,4	▼ −0,6
Berlin 🐻	15,9	▼ −0,2
Brandenburg 🦅	17,7	▲ +0,1
Bremen 🔑	14,3	▼ −0,9
Hamburg 🏰	10,4	▼ −0,9
Hessen 🦁	8,3	▼ −0,7
Meckl.-Vorp. 🐂	18,2	▼ −1,0
Niedersachsen 🐎	10,3	▼ −0,8
Nordrh.-Westf. 🐎	10,2	▼ −0,5
Rheinland-Pfalz 🛡	8,2	▼ −0,6
Saarland 🛡	10,8	▼ −0,7
Sachsen 🛡	17,2	▼ −0,3
Sachsen-Anhalt 🐻	20,3	▼ −0,1
Schlesw.-Holst. 🛡	9,4	▼ −0,6
Thüringen 🦁	15,4	▽ −1,7

1) gegenüber 1998 (Prozentpunkte); Quelle: Bundesanstalt für Arbeit (BA, Nürnberg); www.arbeitsamt.de

monatlichen Arbeitslosenzahlen stets unter denen des Vorjahresmonats; Rückgänge gab es aber nur in den alten Bundesländern, in den neuen Ländern war ein leichter Anstieg zu verzeichnen. Für das zweite Halbjahr 2000 prognostizierte die Bundesanstalt für Arbeit (BA, Nürnberg) auch für den Osten eine Belebung des Arbeitsmarktes.

Bilanz: Im Jahresdurchschnitt 1999 sank die Arbeitslosenrate in Deutschland auf 10,5% (1998: 11,1%), wobei sich die Quote in Westen im Vergleich zum Vorjahr um 0,6 Punkte auf 8,8% verringerte. Im Osten war die jahresdurchschnittliche Quote mit 17,6% (−0,6) doppelt so hoch. Im Jahresmittel waren 4,10 Mio Menschen erwerbslos (1998: 4,28 Mio; −4%). Der Anteil Langzeitarbeitsloser ging um 0,9 Punkte auf 35,9% zurück. Die Dauer der A. eines Betroffenen, der 1999 seine A. beendete, betrug im Schnitt 29,1 Wochen gegenüber 30,0 Wochen im Vorjahr.

Ursachen: Der Rückgang war nach BA-Einschätzung großenteils auf demografische Entwicklungen zurückzuführen, da mehr ältere Arbeitnehmer ausschieden als

Die Schere in der Entwicklung der Arbeitslosigkeit zwischen Ost und West öffnete sich 1999 weiter. Unter den neuen Bundesländern schnitt Thüringen mit einer Quote von 15,4% und einem Rückgang von 1,7 Prozentpunkten am besten ab.

jüngere nachrückten. Dieser Effekt wurde durch Zunahme der Erwerbsbeteiligung nur z. T. kompensiert. Der Produktivitätszuwachs (+1,1%) wirkte sich dämpfend auf den Arbeitsmarkt aus, die konjunkturelle Belebung und die Stabilisierung im Bausektor machten sich erst zum Jahresende 1999 und auch nur in den alten Bundesländern bemerkbar.

Prognosen: Das BA-eigene Institut für Arbeitsmarkt- und Berufsforschung (IAB, Nürnberg) ging für 2000 unter der Annahme eines Wirtschaftswachstums von 2,5% von einer Verringerung der Arbeitslosenzahlen um 225 000 (knapp 200 000 im Westen, 30 000 im Osten) auf im Jahresschnitt 3,88 Mio aus. Nach IAB-Prognose beschränkt sich die Belebung der Arbeitskräftenachfrage auf den Westen, doch im Osten dürfte sich der jahrelange Rückgang regulärer Beschäftigung nicht fortsetzen. Damit betrüge die Arbeitslosenquote im Westen 8,2%, im Osten 17,3%, in Gesamtdeutschland 10,0%.

Trendwende: Nach Ansicht der Wirtschaftsforschungsinstitute könnten sich neben dem Konjunkturaufschwung die Steuerreform mit niedrigeren Sätzen für Unternehmer, die Senkung der staatlichen Lohnnebenkosten, die in Angriff genommene Reform der Rentenversicherung und die Maßnahmen zur Konsolidierung des Bundeshaushalts positiv auf die Entwicklung der Arbeitslosenzahlen auswirken. Als Maßnahmen zum Abbau der Arbeitslosigkeit befürworteten die Gewerkschaften weiterhin Arbeitszeitverkürzungen und die Reduzierung von Überstunden, die Arbeitgeberverbände sahen in der Deregulierung des Arbeitsmarktes und der Senkung der Arbeitskosten geeignete Mittel.

www.arbeitsamt.de; www.iab.de

Konjunktur → Steuern und Finanzen

Arbeitsmarkt

Nach Angaben des Statistischem Bundesamtes (SB, Wiesbaden) gab es 1999 im Schnitt 36,04 Mio Erwerbstätige mit Wohnsitz in Deutschland.

Erwerbstätigkeit: Von den Erwerbstätigen im April 1999 (letztverfügbarer Stand) waren nach SB-Angaben 48,5% Angestellte, 34,2% Arbeiter, 9,9% Selbstständige, 6,6% Beamte und 0,9% mithelfende Familienangehörige. Nachdem 1997 die Erwerbstätigkeit der Personen mit Arbeitsort in Deutschland um 0,8% zurückgegangen war, stieg sie 1998 um 0,4% und 1999 um 0,3%. 1999 nahm die Erwerbstätigkeit in den ersten drei Quartalen im Vergleich zum Vorjahr zu, im vierten Quartal lag der Wert unter dem des Vorjahreszeitraums – ab Jahresmitte wurden weniger Personen durch Arbeitsbeschaffungs- und Strukturanpassungsmaßnahmen gefördert. Für das laufende Jahr 2000 ging das Institut für Arbeitsmarkt- und Berufsforschung (IAB), das der Bundesanstalt für Arbeit (BA, Nürnberg) angegliedert ist, von etwa 160 000 zusätzlichen Erwerbstätigen aus (+0,4%).

Sektoren: Die Verlagerung der Erwerbstätigkeit vom produzierenden Gewerbe (inkl. Bau) zu Handel und Dienstleistungen setzte sich Ende der 1990er Jahre in Deutschland fort. In den Bereichen Land- und Forstwirtschaft, Fischerei sowie im produzierenden Gewerbe (ohne Bau) betrug 1999 der Rückgang im Vergleich zum Vorjahr 0,4%, im Baugewerbe sogar 2,8%. Hingegen verzeichneten Handel, Gastgewerbe und Verkehr einen Zuwachs von 0,3%, öffentliche und private Dienstleister von 0,9%. Besonders stark war die Zunahme im Bereich Finanzierung, Vermietung und Unternehmensdienstleister mit 2,4%.

Prognosen: Das IAB legte 1999 zusammen mit der Wirtschaftsberatungsfirma Prognos AG (Basel) eine Studie über die Entwicklung der Erwerbstätigkeit in Deutschland bis 2010 vor. Bei angenomme-

Top Ten	Arbeitsmarkt: Die größten Jobbeschaffer	
Firma	*Beschäftigte Anfang 2000*	*Zuwachs 1999*
1. Randstad	23 100	▲ +5800
2. DaimlerChrysler	238 000	▲ +5000
3. Rewe-Zentral	133 000	▲ +2500
3. Robert Bosch	97 900	▲ +2500
3. McDonald's	53 500	▲ +2500
3. Manpower	10 000	▲ +2500
7. Media-Saturn	16 500	▲ +2450
8. Audi	41 140	▲ +2193
9. Persona Service	10 894	▲ +1795
10. T-Mobil	7507	△ +1554

Quelle: Wirtschaftswoche vom 9.3.2000; erstellt auf der Basis von 2500 befragten Unternehmen, von denen 600 antworteten

Arbeitsmarkt: Erwerbstätigkeit im Wandel[1]

Tätigkeit	1991	1995	2010
Maschinen einrichten/einstellen	7,9	7,2	6,0
Gewinnen/Herstellen	18,1	16,9	12,7
Reparieren	6,7	6,6	5,3
Handelstätigkeiten	10,6	11,4	13,5
Bürotätigkeiten	17,2	17,4	17,7
Forschung und Entwicklung	5,0	5,0	5,5
Organisation und Management	6,8	6,7	8,4
Allgemeine Dienste	15,2	14,2	13,2
Betreuen, Beraten, Lehren, Publizieren u.ä.	12,5	14,6	17,7

1) Anteil (%), ohne Auszubildende, Gesamtdeutschland, für 2010 Prognose von 1998/99; Quelle: Prognos AG (Basel), Institut für Arbeitsmarkt- und Berufsforschung (IAB, Nürnberg), Statistisches Bundesamt (SB, Wiesbaden); www.prognos.ch; www.iab.de; www.statistik-bund.de

Den stärksten Zuwachs verzeichnet bis zum Jahr 2010 voraussichtlich der Bereich Betreuen, Beraten, Lehren, Publizieren, der wie Forschung und Entwicklung sowie Organisation und Management zum Sektor der tertiären Dienstleistungen gehört.

ner positiver Entwicklung von Weltwirtschaft und -handel, freundlichem Investitionsklima, moderater Lohntendenz, differenzierter Lohnfindung und flexibleren Arbeitszeiten in Deutschland ging die Studie 2010 von einer leicht höheren Gesamtzahl der Erwerbstätigen bei gleichzeitigem Rückgang des Arbeitsvolumens und Ausweitung der Teilzeitarbeit aus. Einem Verlust von Arbeitsplätzen in der Landwirtschaft sowie im Warenproduzierenden Gewerbe (inkl. Bau) von 1,6 Mio zwischen 1995 und 2010 stünden höhere Beschäftigungsanteile in den Dienstleistungsbranchen, insbes. bei den sekundären Dienstleistungen (Forschung und Entwicklung, Organisation und Management, Betreuen, Lehren, Publizieren u.ä.) entgegen. In diesem Bereich werde der Teilzeitanteil mit 30% relativ hoch liegen.

Qualifikationen: Lt. IAB/Prognos wird der Anteil der Arbeitskräfte in Tätigkeiten mit hohen Anforderungen bis 2010 auf gut 40% (1995: 35%) steigen, bei Tätigkeiten mit mittlerem Anforderungsprofil ist mit einem leichten Rückgang auf 44% (1995: 46%) zu rechnen, während einfache Tätigkeiten immer weniger nachgefragt werden (Anteil 2010: 16%). Der Anteil von Personen ohne abgeschlossene Berufsausbildung an der Gesamtbeschäftigung wird 2010 bei 11,4% liegen (1995: 16,7%). Bis zu 1,5 Mio Arbeitsplätze für Ungelernte gehen verloren.

http://www.statistik-bund.de;
www.arbeitsamt.de; www.iab.de

Arbeitsschutz

Maßnahmen zur Verhütung von Arbeitsunfällen und arbeitsbedingten Gesundheitsgefahren sowie zur menschengerechten Gestaltung der Arbeit

Lt. Unfallverhütungsbericht des Bundesministeriums für Arbeit und Sozialordnung (BMA, Berlin) ging die Zahl der tödlichen Arbeitsunfälle in Deutschland 1998 (letztverfügbarer Stand) im Vergleich zum Vorjahr um 8,3% auf 1287 zurück. Insgesamt wurden 1,58 Mio meldepflichtige Arbeitsunfälle mit mehr als drei Tagen Arbeitsunfähigkeit registriert (–0,9%).

Unfälle: Die Zahl der tödlichen Unfälle im Bereich gewerblicher Berufsgenossenschaften erhöhte sich 1999 im Vergleich zu 1998 um 22 auf 970. Insgesamt wurden in diesem Sektor 1999 knapp 1,2 Mio meldepflichtige Arbeitsunfälle registriert. Die Zahl der Arbeitsunfälle, die zu neuen Renten führten, sank gegenüber 1998 um 5,5% auf 24 000.

Berufskrankheiten: Die Anzeigen auf Verdacht einer Berufskrankheit gingen nach dem Unfallverhütungsbericht, der außer den gewerblichen auch landwirtschaftliche Berufsgenossenschaften und Unfallversicherer der öffentlichen Hand umfasst, 1998 um 3,4% auf 85 787 zurück. Anerkannt wurden Berufskrankheiten in insgesamt 20 773 Fällen (–11,5%). 1998 wurden 2040 Todesfälle Berufserkrankter registriert. Im Bereich der gewerblichen Berufsgenossenschaften wurden 73 322 Anzeigen auf Verdacht einer Berufskrankheit 1999 (–1,5%) erfasst, die Anerkennungsquote lag bei 34,2% (1998:

34,3%). Häufigste Berufskrankheiten waren Lärmschwerhörigkeit, Silikose und Asbestose. Während die aus dem Steinkohlenbergbau herrührende Silikose zunehmend an Bedeutung verlor, ist trotz seit langem bestehenden Asbestverbots bis 2005 mit einer Zunahme der Asbestose zu rechnen, da die Krankheit erst nach 30–40 Jahren ausbricht.

www.bma.de (Bundesarbeitsministerium); **www.bg-praevention.de** (Berufsgenossensch.)

Arbeitsvermittlung

Arbeitsämter: Die Bundesanstalt für Arbeit (BA, Nürnberg) erzielte 1999 mit 3,74 Mio Vermittlungen (1998: 3,67 Mio; +2%) einen neuen Rekord. 2,93 Mio Personen wurden in Beschäftigungsverhältnisse über sieben Tage Dauer gebracht (+3% gegenüber 1998), davon 1,08 Mio Arbeitslose (+8%). Hohe Zuwächse gab es in Dienstleistungsberufen (+9 %).

Private Vermittler: Die seit 1.8.1994 zugelassenen gewerbsmäßigen Arbeitsvermittler bahnten in den ersten fünf Jahren ihres Bestehens bei ständig steigender Tendenz rund 210 000 Arbeitsverhältnisse an; 1999 kamen nach Untersuchungen des Bundesverbandes Personalvermittlung (BPV, Bonn) insgesamt rund 78 000 neue Beschäftigungsverhältnisse durch sie zustande.

Internet-Jobbörsen: Schätzungen zufolge gab es Mitte 2000 in Deutschland etwa 200 Stellenvermittler im Internet. Dazu gehörten neben der BA mit ihren über das Internet verfügbaren Selbstinformationsangeboten Verlage, die Print-Stellenanzeigen auch online veröffentlichten, Personalberater sowie auf Internet-Arbeitsvermittlung spezialisierte Unternehmen.

Outplacement-Beratung: Nach brancheninternen Schätzungen waren 1998 (letztverfügbarer Stand) in Deutschland zwei Dutzend Outplacement-Experten tätig. Sie beraten einen frei zu setzenden Mitarbeiter in einer Führungsposition auf Kosten des Arbeitgebers und unterstützen ihn bei der Suche nach einer neuen Arbeitsstelle. Bei einem Mindesthonorar von ca. 30 000 DM pro beratener Person erzielte die Branche 1998 nach eigenen Angaben einen Umsatz von rund 28 Mio US-Dollar (Großbritannien und Frankreich: je 150 Mio US-Dollar). Bei Vermittlung in ein neues Arbeitsverhältnis fallen für den bisherigen Arbeitgeber nicht nur Kosten weg, es wird auch Negativpropaganda durch die Betroffenen bei Kunden, Banken und Behörden vermieden.

www.arbeitsamt.de (Bundesanstalt für Arbeit)

Arbeitszeit

Die tarifliche Wochenarbeitszeit betrug 1999 im Schnitt nach Angaben des Statistischen Bundesamtes (SB, Wiesbaden) im Westen 37,4 Stunden und im Osten 39,2 Stunden. Arbeitnehmer im Westen hatten 29,5, im Osten 29,0 Arbeitstage Urlaub.

Flexibilisierung: Nach einer Ende 1999 veröffentlichten Studie des Instituts zur Erforschung sozialer Chancen (iso, Köln) hatten um 2000 rund 85% der Beschäftigten in Deutschland eine flexible Arbeitszeit, d.h., sie arbeiteten im Schichtsystem oder am Wochenende, leisteten Überstunden oder hatten eine Teilzeitstelle. 1989 lag der Anteil bei 76%. 1999 hatten 37% der abhängig Beschäftigten lt. iso ein Arbeitszeitkonto, mit einem hohen Anteil in der Großindustrie, im Verkehrsbereich und im öffentlichen Dienst. 15% der Beschäftigten arbeiteten sonntags.

Modelle: Nach einer im Frühjahr 2000 veröffentlichten Umfrage des Deutschen Industrie- und Handelstages (DIHT, Berlin) hatten 29% der befragten Unternehmen flexible Wochenarbeitszeiten und 28% Jahresarbeitszeitkonten eingeführt. Etwa ein Viertel praktizierten Gleitzeitmodelle mit Kernarbeitszeit. Lebensarbeitszeitkonten gab es nur in 1% der Unternehmen. Nach Berechnungen des Instituts für Arbeitsmarkt und Berufsforschung (IAB, Nürnberg), das der Bundesanstalt für Arbeit angegliedert ist, führten 40% aller Betriebe

---

Arbeitszeit: Überstunden

Nach iso-Angaben leisteten 1999 56% der Arbeitnehmer regelmäßig Überstunden (1989: 35%). Nach IAB-Zahlen wurden 1999 in Deutschland 1,799 Mrd Überstunden geleistet (1998: 1,787), pro Arbeitnehmer im Schnitt 60 Stunden im Jahr. Für 2000 rechnete das IAB infolge des Konjunkturaufschwungs mit einem Anstieg auf 1,909 Mrd Überstunden. Erstmals lag 1999 der Anteil der durch Freizeit abgegoltenen Überstunden über der bezahlten Mehrarbeit – eine Folge der Einführung	von Arbeitszeitkonten. Das Deutsche Institut für Wirtschaftsforschung (DIW, Berlin) schätzte die Zahl der Vollzeitarbeitsplätze, die durch den Abbau von Überstunden geschaffen werden könnten, auf 20 000, während die Gewerkschaften von 500 000 ausgingen. Das DIW begründete seine niedrige Zahl damit, dass der Anteil der bezahlten Mehrarbeit an den Überstunden seit Beginn der 1990er Jahre deutlich gesunken sei und Überstunden stärker konjunkturabhängig geworden seien.

und Verwaltungen in Deutschland Arbeits-
zeitkonten. Als Grund für die Einführung
flexibler A. nannten in der DIHT-Umfrage
60% der Unternehmen Kostenreduzierung
durch Vermeidung von Überstunden und
28% Vermeidung von Neueinstellungen.

Teilzeitarbeit: Nach Angaben des Statistischen Bundesamtes (SB, Wiesbaden) arbeiteten im April 1999 20,8% der abhängig Beschäftigten Teilzeit (1991: 14%); bei den
Männern betrug der Anteil 5% (1991: 2%),
bei den Frauen 38% (1991: 30%). 87%
der Teilzeitbeschäftigten waren Frauen. In
Westdeutschland lag der Anteil der Teilzeitbeschäftigten mit 21% deutlich höher als in
den neuen Bundesländern und Berlin (Ost)
mit 12%. Das IAB sah im Anstieg der freiwilligen Teilzeitarbeit ein bedeutendes Instrument zur Entlastung des Arbeitsmarktes.

Sektorale Verteilung: Nach IAB-Daten
leisteten die Erwerbstätigen in Deutschland
1999 insgesamt 56,2 Mrd Arbeitsstunden
(1997: 55,5; 1998: 55,9), davon entfielen
22,5 Mrd Stunden auf öffentliche und private Dienstleister sowie die Bereiche Finanzierung und Vermietung, 14 Mrd auf
Handel, Gastgewerbe und Verkehr, 13 Mrd
auf die Industrie, 4,7 Mrd auf den Bau und
1,9 Mrd auf Land- und Forstwirtschaft.

Nutzung der Arbeitszeit: Nach einer im
Frühjahr 2000 veröffentlichten Studie der
Produktivitätsberatung Czipin & Partner
GmbH wurden um 2000 in deutschen mit-
telständischen Unternehmen 36% der A. un-
produktiv verbracht. Dies lag zu 40% an
mangelnder Planung, zu 19% an mangelnder Führung und Aufsicht, zu 18% an mangelnder Kommunikation, zu je 9% an EDV-
Problemen und schlechter Arbeitsmoral und
zu 5% an mangelnder Qualifikation.
www.wsi.de

Betriebsverfassungsgesetz

Für Herbst 2000 plante das Bundesarbeitsministerium einen Entwurf zur Reform des B. von 1972
vorzulegen, um die seitdem erfolgten Veränderungen in der Arbeitswelt aufzunehmen.

Flexibilisierung: Bundesarbeitsminister
Walter Riester (SPD) erklärte im Frühjahr
2000, angesichts der Flexibilisierung des
Flächentarifvertrags u. a. durch Öffnungsklauseln sei eine Vertretung der Belegschaft
in den Unternehmen erst recht erforderlich,
um mit einer Mischung von gesetzlichen
und vertraglichen Möglichkeiten flexible

Arbeitszeit: Urlaubstage im Vergleich	
Land	Urlaubstage 1999[1]
Finnland[2]	37,5
Italien[2]	37
Niederlande[2]	31
Deutschland	30
Luxemburg	28
Dänemark[2]	27
Österreich	26,5
Frankreich	25
Großbritannien	25
Schweden	25
Schweiz	24,3
Griechenland	22
Portugal	22
Spanien	22
Irland[2]	21
Norwegen	21
Belgien	20
Japan	18
USA	12

1) im Durchschnitt in der Industrie; 2) inkl. zusätzlicher Freizeit
durch Arbeitszeitverkürzung; Quelle: Institut der deutschen
Wirtschaft (IW, Köln); www.iw-koeln.de

Instrumente der betrieblichen Mitwirkung
zu schaffen. 1980–2000 ging der Anteil der
Beschäftigten, die in Betrieben mit Betriebsrat arbeiteten, nach Riester-Schätzun-
gen von über 50% auf 35% zurück.

Mitbestimmung: Forderungen der Gewerkschaften, per Gesetz schon in Betrieben ab drei Mitarbeitern (bisher: mind.
fünf) einen Betriebsrat zuzulassen und die
Mitbestimmungsrechte auszuweiten, wiesen die Arbeitgeberverbände zurück; sie
sahen darin eine Gefahr für den Wirt-
schaftsstandort Deutschland durch zusätzliche Reglementierung und Bürokratisierung.

Kompetenzen: Eine Ausweitung der
Kompetenzen der Betriebsräte zum Nach-
teil der Tarifvertragsparteien wurde von den
Arbeitgeberverbänden z. T. befürwortet.
Der Präsident des Bundesverbandes der
Deutschen Industrie, Hans-Olaf Henkel,
forderte, Betriebsräten zu erlauben, über

Einkommens- und Arbeitsbedingungen Vereinbarungen mit dem Arbeitgeber zu treffen, die gültig sein sollten, sofern die Belegschaft mehrheitlich zustimme. Die Gewerkschaften sahen darin eine Aushöhlung der Tarifautonomie und erklärten, das fehlende Streikrecht von Betriebsräten und die Abhängigkeit der Arbeitnehmer von ihren Stellen führe bei betrieblichen Tarifvereinbarungen zum Ungleichgewicht zugunsten der Arbeitgeber.

www.dgb.de (Dt. Gewerkschaftsbund);
www.dag.de (Dt. Angestellten-Gewerkschaft);
www.bdi.de (Bundesverband der Dt. Industrie);
www.diht.de (Dt. Industrie- und Handelstag)

Bündnis für Arbeit

(eigtl. B., Ausbildung und Wettbewerbsfähigkeit), Forum aus Spitzenvertretern der Tarifparteien und der Bundesregierung, das gemeinsam nach Wegen zum Abbau der Arbeitslosigkeit in Deutschland suchen will. Das B. wurde von Bundeskanzler Gerhard Schröder (SPD) 1998 angeregt und ist auf die volle Legislaturperiode (bis 2002) ausgerichtet.

Ergebnisse: Die im Sommer 1999 getroffene Vereinbarung zur Schaffung zusätzlicher Lehrstellen führte 2000 zur Entspannung auf dem Ausbildungsmarkt. Ferner wurden der Abbau von Überstunden vereinbart. Nachdem das B. wegen der von IG-Metall-Chef Klaus Zwickel geforderten Rente mit 60 fast gescheitert war, vereinbarten Tarifparteien und Bundesregierung im Januar 2000, das vorzeitige Ausscheiden älterer Arbeitnehmer zu Gunsten jüngerer ohne Kollektivlösung mit vielfältigen Mitteln zu fördern. Für die Tarifrunde 2000 empfahl das B. eine am Produktivitätszuwachs orientierte, Beschäftigung fördernde und längerfristige Tarifpolitik. Dass es in den meisten Tarifrunden im Frühjahr 2000 vergleichsweise rasch zu einer Einigung kam (Ausnahme: öffentlicher Dienst) wurde mit dem B. in Zusammenhang gebracht.

Bündnis für Arbeit: Themen

Im B. sollen u. a. folgende Themenbereiche behandelt werden:
▶ Berufliche Aus- und Weiterbildung als Mittel zur Bekämpfung insbes. von Jugend- und Langzeitarbeitslosigkeit
▶ Vorzeitiges Ausscheiden von Arbeitnehmern im Rahmen von Altersteilzeit und/oder vorgezogener Rente
▶ Reform der Sozialversicherungssysteme, Senkung gesetzlicher Lohnnebenkosten

▶ Arbeitszeitpolitik inkl. Flexibilisierung, Ausbau der Teilzeitarbeit und Abbau von Überstunden
▶ Aufbau Ost
▶ Abfindungen bei Entlassungen
▶ Vermögensbildung und Gewinnbeteiligung von Arbeitnehmern
▶ Erschließung neuer Beschäftigungsfelder für gering Qualifizierte (Niedriglohnsektor) unter Einsatz neuer Instrumente.

Geringfügige Beschäftigung

(auch 630-DM-Jobs), Arbeitsverhältnisse mit einer Arbeitszeit unter 15 Wochenstunden und einem regelmäßigen monatlichen Entgelt bis zu 630 DM

Ziele: Mit der zum 1.4.1999 in Kraft getretenen Neuregelung zur G., durch die alle dauerhaften Beschäftigungen sozialversicherungspflichtig wurden, sollen die G. eingedämmt und die Sozialversicherungssysteme entlastet werden. Die rot-grüne Bundesregierung erhoffte sich eine Umwandlung von G. in reguläre Arbeitsverhältnisse, Unternehmerverbände befürchteten eine Kündigungswelle und ein Abwandern in die Schattenwirtschaft.

Auswirkungen: Nach einer im Auftrag der Bundesländer NRW, Niedersachsen und Sachsen durchgeführten Studie des Instituts für Sozialforschung und Gesellschaftspolitik (iso, Köln) und Kienbaum Management Consultants vom Februar 2000 wurden als Reaktion auf die Neuregelung von den 6,5 Mio Arbeitsverhältnissen mit G. 1,4 Mio gekündigt, 95% von den Beschäftigten selbst. Die Kündigungen betrafen fast nur nebenberuflich ausgeübte G. Bis Ende August 1999 stieg die Zahl der 630-DM-Jobs wieder auf 5,8 Mio an. Ein Ausweichen in die Schattenwirtschaft oder stillschweigende Absprachen zwischen Arbeitgebern und Arbeitnehmern schloss die Studie nicht aus. Der Linzer Schwarzarbeitsexperte Friedrich Schneider ging von einem zusätzlichen Umsatzvolumen in Schwarzarbeit von 10 Mrd bis 12 Mrd. DM aus. Nur 16% der befragten Firmen, Vereine und Wohlfahrtsverbände wandelten bis zufolge Billigjobs in reguläre Stellen um, insgesamt rund 100 000. Die Bundesversicherungsanstalt für Angestellte (BfA, Berlin) errechnete für Ende November eine Zahl von 3,7 Mio Menschen (vor der Neuregelung: 4,5 Mio) mit ausschließlich G. Das arbeitgebernahe Institut der deutschen Wirtschaft (IW, Köln) schätzte bis April 2000 die Zahl der gekündigten Arbeitsverhältnisse in G. auf 1,4 Mio, die der neu geschaffenen regulären Arbeitsverhältnisse auf 100 000.

Einnahmen: Die BfA errechnete für 1999 zusätzliche Beitragseinnahmen durch die Neuregelung der G. von 2,35 Mrd DM unter Einschluss der Pflichtbeiträge aus geringfügiger Nebentätigkeit. Von der Möglichkeit, den Rentenbeitrag aufzustocken, machten

▓ Geringfügige Beschäftigung: Neuregelungen 1999

▸ **Geringfügigkeitsgrenze:** Die Grenze für G. wurde auf einheitlich 630 DM festgesetzt (vorher: 520 DM in Ost-, 620 DM in Westdeutschland); sie wird nicht mehr jährlich angehoben. Wie bisher sind zur Prüfung, ob die Grenze hinsichtlich Arbeitszeit oder Entgelt überschritten wird, mehrere G. zusammenzurechnen.

▸ **Steuern:** Die bisher vom Arbeitgeber gezahlte Pauschalsteuer von 20% zuzüglich Solidaritätszuschlag entfällt, wenn der Arbeitgeber pauschale Beiträge zur Rentenversicherung zahlt und der Arbeitnehmer keine in Summe positiven anderen Einkünfte (Renten, Kapitaleinkünfte usw.) hat. Zum Nachweis muss der Arbeitnehmer eine Freistellungsbescheinigung des Finanzamtes vorlegen. Bei Vorliegen anderer Einkünfte bleibt die Lohnsteuerpauschale von 20% auch dann, wenn sozialversicherungsrechtlich, z. B. bei mehreren geringfügigen Tätigkeiten, keine G. vorliegt.

▸ **Sozialversicherung:** Statt einer Pauschalsteuer zahlt der Arbeitgeber für ein G. Beiträge zur Krankenversicherung von 10% und zur Rentenversicherung von 12% des Arbeitsentgelts – auch wenn der geringfügig Beschäftigte z. B. über den Ehegatten krankenversichert ist. Für G., die nicht der gesetzlichen Krankenversicherung unterliegen (Beamte, Selbstständige u. a.), muss der Arbeitgeber nur Beiträge zur Rentenversicherung entrichten. In der Arbeitslosenversicherung bleiben G. beitragsfrei. Der Arbeitgeber ist verpflichtet, für den geringfügig Beschäftigten ein Lohnkonto zu führen.

▸ **Nebenbeschäftigung:** Beschäftigungen neben einer beitragspflichtigen Haupttätigkeit gelten nicht mehr als G. Sie werden steuerlich und hinsichtlich Kranken- und Rentenversicherung wie normale Arbeitsverhältnisse behandelt, bleiben aber frei von Beiträgen zur Arbeitslosenversicherung.

▸ **Ansprüche:** Der 12-%ige Rentenbeitrag des Arbeitgebers begründet eine proportionale Rentenanwartschaft für den Arbeitnehmer, vor allem eine geringe Altersrente. Um Anspruch auf Rehabilitationsleistungen oder Rentenzahlungen bei Invalidität und eine höhere Altersrente zu erhalten, kann der geringfügig Beschäftigte den Rentenbeitrag auf den üblichen Beitragssatz von 19,3% aufstocken.

▸ **Meldepflicht:** G. ist den Krankenkassen zu melden, auch Minijobs in Privathaushalten. Um der bisher verbreiteten Praxis, bei mehreren Nebentätigkeiten nur eine G. zu melden, entgegenzutreten, werden G. auf der Freistellungsbescheinigung bzw. der Lohnsteuerkarte eingetragen.

---

nach BfA-Angaben nur 2% der in G. Arbeitenden Gebrauch. Bundesarbeitsminister Walter Riester (SPD) rechnete für 2000 mit Mehreinnahmen für die Rentenversicherung von 3 Mrd bis 3,5 Mrd DM, für die Krankenversicherung von 2 Mrd DM.
www.bma.de (Bundesarbeitsministerium)

Gewerkschaften

Mitgliederschwund: Die Mitgliederzahl der im Deutschen Gewerkschaftsbund (DGB, Düsseldorf) vereinten Einzelgewerkschaften (seit 1.1.2000: elf) verringerte sich seit 1991 um 3,76 Mio auf 8,04 Mio (1999). Stärkste Gewerkschaft im DGB blieb die IG-Metall mit 2,71 Mio Mitgliedern (–240 000 seit 1995).
Ursachen: Als Ursache für den Mitgliederschwund sahen Wirtschaftsexperten Verschiebungen auf dem Arbeitsmarkt von traditionellen Industriebranchen zu den Dienstleistungen, in denen die Bereitschaft zur gewerkschaftlichen Organisation eher gering war. Der DGB startete zum 1.5.2000 eine Imagekampagne, um neue Mitglieder v. a. unter den schwach vertretenen Frauen und jungen Arbeitnehmern zu werben.
IT-Branche: Die wachstumsträchtige Informations- und Kommunikationstechnik war um 2000 im Blickfeld gewerkschaftlicher Aufmerksamkeit. DGB-Vorsitzender Dieter Schulte mahnte im Frühjahr 2000 die Einzelgewerkschaften zu mehr Flexibilität, um für neue Mitglieder attraktiv zu werden.

Eine 50-Stunden-Woche, wie sie in dieser Branche bei Auftragsspitzen gelegentlich üblich sei, könne im Rahmen eines reformierten Flächentarifvertrags erfasst werden. Dieser Vorschlag stieß bei einigen Einzelgewerkschaften auf Kritik. Noch vor der für 2001 geplanten Gründung der vereinigten Dienstleistungsgewerkschaft ver.di verständigten sich IG Metall und ver.di-Gewerkschaften über Zuständigkeiten im IT-Bereich. ver.di soll in der Telekommunikation die Federführung in der Organisations- und Tarifpolitik erhalten, die IG-Metall für IT-Unternehmen, die Hard- und Software produzieren, zuständig sein.
www.dag.de; www.dgb.de
▓ **Organisationen** → DAG → DGB

Green Card

In Deutschland befristete Arbeits- und Aufenthaltserlaubnis für Spezialisten in der Informationstechnik aus dem Nicht-EU-Ausland

Am 30.5.2000 verabschiedete das rot-grüne Bundeskabinett die Verordnung über die Arbeitsgenehmigung für hoch qualifizierte ausländische Fachkräfte der Informations- und Kommunikationstechnik (IT), die zum 1.8.2000 in Kraft tritt. Sie soll akuten Arbeitskräftemangel kurzfristig beheben.
Zahl: Durch die G.-Regelung sollten max. 20 000 IT-Fachkräfte aus Nicht-EU-Staaten eine Arbeitserlaubnis in Deutschland erhalten. Nach der Erteilung von 10 000 Erlaubnissen sollte der weitere Bedarf überprüft werden. Dann sollte auch die Zusage der

Wirtschaft kontrolliert werden, für jeden angeworbenen ausländischen Experten zwei deutsche IT-Fachleute einzustellen.

Voraussetzungen: Für die Erteilung einer G. ist ein Hochschul-/Fachhochschulabschluss in IT oder ein vereinbartes Mindestgehalt von 100 000 DM jährlich für die Arbeit im IT-Bereich erforderlich.

Dauer: Die Arbeitserlaubnis wird für fünf Jahre erteilt, wobei der Arbeitgeber in dieser Zeit gewechselt werden kann. Bundeskanzler Gerhard Schröder (SPD) stellte Mitte 2000 Verlängerungen im Rahmen der bestehenden ausländerrechtlichen Regelungen in Aussicht.

Anwerbung: Die Anwerbung ausländischer Fachkräfte ist nicht der Bundesanstalt für Arbeit (BA, Nürnberg) vorbehalten, auch private Arbeitsvermittler können tätig werden. Die Arbeitsämter sollen bei Vorliegen der notwendigen Papiere binnen Wochenfrist die Arbeitserlaubnis erteilen.

Inkrafttreten: Nach Auffassung der Bundesregierung ist die Zustimmung des Bundesrats zur G.-Verordnung nicht erforderlich. Die ausländerrechtlichen Bestimmungen bedürfen hingegen der Zustimmung des Bundesrats.

Nachfrage: Nach Darstellung der Zentralstelle für Arbeitsvermittlung (ZAV) des Arbeitsamtes, die für die Koordination der Arbeitserlaubnisse zuständig ist, lagen bis Ende Juni 2000 insgesamt knapp 7000 Anfragen und Bewerbungen für die IT-Jobs vor, unter denen die Inder mit rund 1425 Personen den höchsten Anteil stellten, gefolgt von Bewerbern aus Algerien (579), Pakistan (572), Bulgarien (396), Russland (373) und Rumänien (230).

1999 wurden 636 587 Ausbildungsverträge abgeschlossen, was einer Steigerung von 3,9% gegenüber dem Vorjahr entsprach. Den höchsten Zuwachs an Ausbildungsverträgen verzeichneten Berlin (+11,3%) und Brandenburg (+9,0%).

Arbeitsmarkt: Schätzungen zufolge gab es im ersten Halbjahr 2000 in Deutschland rund 35 000 arbeitslose IT-Fachleute, von denen nach ZAV-Angaben jedoch viele sich in Umschulungs- und Fortbildungsmaßnahmen aufhielten oder gerade ihr Hochschulexamen abgelegt hatten. Die Zahl der beim Arbeitsamt gemeldeten offenen Stellen in der IT-Branche bezifferte die BA im März 2000 mit 12 600, der Dachverband der IT-Branche bitcom (Frankfurt/M.) mit 75 000. Die Zahl der Ausbildungsplätze im IT-Bereich in Deutschland steigt bis Ende 2000 nach Angaben des Bundesbildungsministeriums auf 40 000, die der Informatikstudenten hat sich im Wintersemester 1999/2000 im Vergleich zu 1998/99 auf 19 000 fast verdoppelt.

www.arbeitsamt.de/hast/international/gcindex.html (Informationen zur G.-Regelung); www.bma.de (Bundesarbeitsministerium)

Kündigungsrecht

Nach einer am 1.5.2000 in Kraft getretenen Änderung kann ein Arbeitsvertrag nur noch schriftlich beendet werden; zuvor war auch eine mündliche Kündigung wirksam, wenn der Arbeitnehmer oder der Arbeitgeber dies nachweisen konnte.

Schriftform: Nach der Neuregelung ist Schriftform erforderlich bei Beendigung von Arbeitsverhältnissen durch Kündigung oder Auflösungsvertrag, Änderungskündigung sowie Befristung eines Arbeitsverhältnisses. Es sollen größtmögliche Rechtssicherheit geschaffen und unklare Situationen vermieden werden.

Schwellenwert: Seit dem 1.1.1999 gilt in Deutschland wieder der volle Kündigungsschutz für Arbeitnehmer in Betrieben mit mehr als fünf Mitarbeitern. Die Anhebung des Schwellenwerts auf Betriebe mit mehr als zehn Mitarbeitern unter der CDU/FDP-Bundesregierung 1996 wurde unter der im Herbst 1998 gewählten rot-grünen Bundesregierung zurückgenommen.

www.bma.de (Bundesarbeitsministerium)

Lehrstellenmarkt

Zum 1.8.1999 wurden vier neue Ausbildungsberufe – Fassadenmonteur, Verfahrensmechaniker, Spezialtiefbauer und Informationselektroniker – staatlich anerkannt und 26 weitere Berufe im Anforderunsprofil aktualisiert. Unter den seit 1996 neu ge-

■ Lehrstellenmarkt: Ausbildungsverträge[1]		
Bereich	*Lehrstellen*	*Veränderung (%)[2]*
Industrie und Handel	332 325	▲ + 6,6
Handwerk	217 030	▲ + 2,2
Freie Berufe	50 564	▼ – 2,5
Öffentlicher Dienst	15 841	▲ + 4,2
Landwirtschaft	15 528	▼ – 1,5
Hauswirtschaft	5154	▽ –10,3
Seeschifffahrt	145	▼ – 7,1

1) Stichtag: 30.9.1999; 2) gegenüber 1998; Quelle: Statistisches Bundesamt (SB, Wiesbaden), www.statistik-bund.de

TOP TEN Lehrberufe: Männer	
Beruf	Anteil (%)[1]
1. Kfz-Mechaniker	7,7
2. Elektroinstallateur	5,1
3. Maler und Lackierer	4,3
4. Tischler	3,8
5. Maurer	3,6
6. Gas- und Wasserinstallateur	3,5
7. Einzelhandelskaufmann	2,9
8. Groß-/Außenhandelskaufmann	2,8
9. Metallbauer	2,8
10. Heizungs-, Lüftungsbauer	2,5

1) am Jahrgang; letztverfügbarer Stand: 1998; Quelle: Statistisches Bundesamt, www.statistik-bund.de

TOP TEN Lehrberufe: Frauen	
Beruf	Anteil (%)[1]
1. Bürokauffrau	8,1
2. Arzthelferin	6,9
3. Einzelhandelskauffrau	6,6
4. Zahnarzthelferin	6,1
5. Friseurin	5,8
6. Industriekauffrau	5,0
7. Fachverkäuf. Nahrungsmittel	4,7
8. Bankkauffrau	3,9
9. Kauffrau für Bürokomm.	3,5
10. Hotelfachfrau	3,4

1) am Jahrgang; letztverfügbarer Stand: 1998; Quelle: Statistisches Bundesamt, www.statistik-bund.de

schaffenen Lehrberufen waren Berufe in der Informationstechnik (IT) die beliebtesten.

Bilanz: Bei einem Anstieg der in Deutschland abgeschlossenen Lehrverträge 1998/99 um 3,9% auf 636 587 waren am Stichtag (30.9.1999) nach Zahlen der Bundesanstalt für Arbeit (BA, Nürnberg) 29 335 Bewerber noch unvermittelt, 23 439 Lehrstellen waren noch nicht besetzt. Die 1997/98 erstmals seit Jahren beobachtete Stabilisierung des L. setzte sich fort. Im Juli 1999 hatten sich Tarifparteien und Bundesregierung im Bündnis für Arbeit verständigt, jedem ausbildungswilligen und -fähigen Jugendlichen eine Lehrstelle anzubieten. Nach BA-Angaben hatten 1999 von 2,04 Mio Betrieben in Deutschland 1,08 Mio eine Ausbildungsberechtigung, jedoch nur knapp 691 000 Betriebe bildeten aus.

Ostdeutschland: In Westdeutschland überstieg das Angebot auf dem L. die Nachfrage leicht, in den neuen Bundesländern lag die Nachfrage dagegen um rund 9100 Lehrstellen über dem Angebot. Die Quote der von Betrieben getragenen Ausbildungsplätze betrug in Westdeutschland 90%, in Ostdeutschland nur 50%, obwohl die Lehrlingsquote der ausbildungsberechtigten Betriebe im Osten die Werte in den alten Bundesländern übertraf. 70% der betrieblichen Lehrstellen im Osten wurden staatlich subventioniert. Die Ursachen für die Mangelsituation im Osten lagen v.a. darin, dass dort – anders im Westen – geburtenstarke Jahrgänge auf den L. drängten und dass seit

Lehrstellenmarkt: Überangebot	
Beruf	unbesetzte Ausbildungsplätze[1]
Fleischer	12,3
Bäcker, Konditor	10,5
Nahrungsmittel-Verkäufer	10,4
Radio- u. Fernsehtechniker	9,6
Raumausstatter	6,8
Landwirt	6,7
Zahnarzthelfer	6,3
Heizungsbauer	5,9
Koch	5,6
Hotelfachmann	5,4

1) % aller im jeweiligen Beruf angebotenen Lehrstellen; Stand: 1998/99; Quelle: Bundesanstalt für Arbeit (Nürnberg), www.arbeitsamt.de

Anfang der 1990er Jahre in dramatischem Umfang Arbeitsplätze abgebaut wurden. Bundesregierung, Bundesländer und Tarifparteien verständigten sich im Bündnis für Arbeit, die öffentliche Förderung von Ausbildungsplätzen in den neuen Ländern 2001 und 2002 schrittweise abzubauen.

Förderung: Nach BA-Angaben befanden sich am 30.9.1999 rund 106 000 junge Menschen in Maßnahmen des Sonderprogramms der rot-grünen Bundesregierung zum Abbau der Jugendarbeitslosigkeit, durch das 100 000 Jugendliche unter 25 Jahren einen Arbeitsplatz oder eine Ausbildungsstelle erhalten sollen.

Obwohl zum Stichtag 30.9.1999 rund 6100 Jugendliche noch keine Lehrstelle gefunden hatten, wurden in einigen Berufen Ausbildungswillige gesucht. Das Statistische Bundesamt gab die Quote der vorzeitig gelösten Ausbildungsverträge für 1998 (letztverfügbarer Stand) mit 22,2% an.

Vergütung: Die durchschnittliche monatliche Ausbildungsvergütung lag 1999 nach Angaben des Bundesinstituts für Berufsbildung (BIBB, Bonn) je nach Beruf zwischen 1870 DM und 747 DM (West) bzw. 1684 DM und 476 DM (Ost). Im Gesamtdurchschnitt ergab sich eine tarifliche Ausbildungsvergütung von 1088 DM (West) bzw. 944 DM (Ost).

www.bibb.de (Bundesinstitut für Berufsbildung); **www.bmbf.de** (Bundesbildungsministerium)

Lohnfortzahlung

Zahlung des Arbeitgebers an einen erkrankten Arbeitnehmer während der ersten sechs Wochen einer krankheitsbedingten Fehlzeit

Seit 1.1.1999 wird die L. wieder zu 100% (zuvor: 80%) des letzten Bruttoarbeitsentgelts ab dem ersten Krankheitstag gewährt. **Krankengeld:** Nach Ablauf der L. zahlt die Krankenkasse bei Fortbestehen der Arbeitsunfähigkeit Krankengeld. Das Bundesverfassungsgericht (BVerfG, Karlsruhe) erklärte im Juni 2000, dass bei der Berechnung des Krankengeldes auch Einmalzahlungen wie Weihnachts- und Urlaubsgeld zu berücksichtigen sind oder die Erhebung von Sozialversicherungsbeiträgen für diese Zahlungen abgeschafft werden muss. Die bisherige Regelung mit Beitragserhebung ohne Gegenleistung ist nach dem Karlsruher Urteil verfassungswidrig. Bis 1.6.2001 muss der Gesetzgeber eine Neuregelung finden. Bundesarbeitsminister Walter Riester (SPD) kündigte eine Korrektur zum 1.1.2001 an.

Krankenstand: Die krankheitsbedingten Fehlzeiten in Betrieben blieben lt. Bundesgesundheitsministerium 1999 mit 4,3% (1998: 4,1%) der Pflichtmitglieder gesetzlicher Krankenkassen auf unterem Niveau, wobei die Quote in Westdeutschland mit 4,2% niedriger war als in Ostdeutschland (4,5%). Als Ursachen wurden Angst um den Arbeitsplatz, Verdrängung krankheitsanfälliger Arbeitnehmer aus der Beschäftigung und bessere Gesundheitsvorsorge in Betrieben genannt.

Kosten: Nach Zahlen der Bundesvereinigung der Deutschen Arbeitgeberverbände (BDA, Köln) stiegen die Kosten der Arbeitgeber durch L. trotz niedrigen Krankenstandes 1999 erstmals seit 1995 wieder an, auf rund 55 Mrd DM (1998: 53,3 Mrd DM). Die Zunahme war nach BDA-Angaben eine Folge der hohen Tarifabschlüsse 1999. Die Kosten, die den Krankenkassen durch Zahlung von Krankengeld entstanden, bezifferte der BDA mit 14,2 Mrd DM (1998: 13,8 Mrd DM).

Scheinselbstständigkeit

Nach Kritik an dem zum 1.1.1999 in Kraft getretenen Gesetz zur Bekämpfung der S. folgte die rot-grüne Bundesregierung den Vorschlägen einer von ihr eingesetzten Expertenkommission und legte einen in Hauptpunkten revidierten Entwurf vor, der am 17.12.1999 das Gesetzgebungsverfahren durchlaufen hatte. Die Neuregelung trat rückwirkend zum 1.1.1999 in Kraft.

Änderung: Das neue Gesetz stellt klar, dass die Entscheidung, ob eine abhängige Beschäftigung vorliegt, unter Würdigung aller Umstände des Einzelfalls zu treffen ist. Merkmale einer abhängigen Beschäftigung sind weiterhin Weisungsgebundenheit und Eingliederung in die Arbeitsorganisation. Im Zweifelsfall können Auftraggeber und/oder -nehmer beim Sozialversiche-

Lohnfortzahlung: Krankenstand[1]

	Ostdeutschland	Westdeutschland	
1999	4,5		▲ +0,2
		4,2	▲ +0,1
1998	4,3		● 0
		4,1	▼ −0,1
1997	4,3		▼ −0,7
		4,2	▼ −0,5
1996	5,0		▼ −0,1
		4,7	▼ −0,4
1995	5,1		▲ +0,2
		5,1	▲ +0,5
1994	4,9		unver.
		4,6	▲ +0,2
1993	4,9		▼ −0,2
		4,4	▲ +0,2
1992	5,1		▲ +1,1
		4,2	▽ −1,0

1) Arbeitsunfähige kranke Mitglieder der gesetzlichen Krankenkassen in % aller Mitglieder (Pflichtmitglieder); Quelle: Bundesgesundheitsministerium

rungsträger schriftlich eine Statusentscheidung (Arbeitnehmer oder selbstständig Tätiger) beantragen.

Nachzahlung: Die Nachzahlung von Sozialversicherungsbeiträgen bei nachträglicher Feststellung von S. wurde wieder abgeschafft.

Arbeitnehmerähnliche Selbstständige: Durch die Neuregelung wurden die Möglichkeiten der arbeitnehmerähnlichen Selbstständigen – dieser Status gilt, sofern drei der fünf Kriterien erfüllt sind, der Betroffene aber seine Selbstständigkeit nachweisen kann – zur Befreiung von der Rentenversicherungspflicht (Arbeitgeber- und Arbeitnehmeranteil) erweitert. So ist für eine dreijährige Existenzgründungsphase eine vorübergehende Befreiung möglich. Bereits vor dem 1.1.1999 selbstständig Tätige, die nach dem damals in Kraft getretenen ursprünglichen Gesetz zur S. erstmals rentenversicherungspflichtig geworden sind, können sich befreien lassen, wenn sie eine betriebliche Altersversorgung, eine Lebens- oder private Rentenversicherung oder eine andere Form der privaten Altersvorsorge bzw. Vermögen nachweisen können. Für über 58-Jährige gilt eine generelle Befreiung von der Versicherungspflicht.

www.bma.de (Bundesarbeitsministerium)

Schwarzarbeit

Tätigkeit, die ausgeübt und entlohnt wird, ohne der gesetzlichen Anmelde- und Abgabenpflicht nachzukommen, bzw. die gegen gesetzliche Bestimmungen verstößt

Nach Schätzungen des Volkswirtschaftlers und S.-Experten Friedrich Schneider (Universität Linz/Österreich) werden 2000 durch S. in Deutschland 640 Mrd DM (+6,8%) erwirtschaftet, das entspricht einem Anteil am BIP von 16%.

Ursachen: Der Anstieg der S. ist lt. Schneider u. a. in Überregulierungen des Arbeitsmarkts und hoher Steuer- und Abgabenlast zu suchen, die gering qualifizierte reguläre Arbeitsplätze zu teuer werden ließen. Die Neuregelung der geringfügigen Beschäftigung zum 1.4.1999 werde die Zahl der Vollzeit-Schwarzarbeiter 2000 erstmals auf über 5 Mio steigen lassen.

Auswirkungen: Die Umsatzverluste durch S. im Handwerk bezifferte Handwerkspräsident Dieter Philipp für 2000 mit 100 Mrd

Scheinselbstständigkeit: Kriterien

Nur für den Fall, dass der Betroffene seine Mitwirkung verweigert, so dass eine Sachverhaltsklärung nicht möglich ist, werden Kriterien zur Prüfung des Verdachts der S. angelegt. Eine abhängige Beschäftigung wird vermutet, sofern drei der fünf Merkmale festgestellt werden:
▸ Er/Sie beschäftigt im Zusammenhang mit der in Frage stehenden Tätigkeit keinen versicherungspflichtigen Arbeitnehmer, dessen Arbeitsentgelt im Monat 630 DM überschreitet.
▸ Er/Sie ist auf Dauer und im Wesentlichen nur für einen Auftraggeber wirtschaftlich tätig.
▸ Der Auftraggeber oder ein vergleichbarer Auftraggeber lässt die Tätigkeiten regelmäßig durch von ihm beschäftigte Arbeitnehmer verrichten.
▸ Seine/Ihre Tätigkeit lässt typische Merkmale unternehmerischen Handelns nicht erkennen.
▸ Seine/Ihre Tätigkeit entspricht dem Erscheinungsbild nach der Tätigkeit, die er/sie für denselben Auftraggeber zuvor aufgrund eines Beschäftigungsverhältnisses ausgeübt hat.

DM. Die Steuerausfälle wurden in Deutschland um 2000 auf 125 Mrd DM, die entgangenen Sozialversicherungsbeiträge auf 110 Mrd DM geschätzt.

Tarifverträge

Zwischen Arbeitgeberverbänden und Gewerkschaften geschlossene Vereinbarungen über Lohnerhöhungen, Zusatzleistungen wie Urlaubs- und Weihnachtsgeld, Zuschläge und Arbeitszeiten

Lohnentwicklung: Mit einer Erhöhung der Tarifentgelte um durchschnittlich 3,0% lag die Lohnentwicklung 1999 erstmals seit 1996 wieder über dem Produktivitätsanstieg (1,1%). Das Tarifniveau in den neuen Bundesländern erreichte 91,5% (1998: 91%) des Westniveaus, aber bei längeren Arbeitszeiten und geringeren Zusatzleistungen.

Verbands- und Firmenverträge: Nach Auskunft des Bundesarbeitsministeriums (BMA, Berlin) wurden 1999 wie im Vorjahr

Seit der deutschen Vereinigung 1990 steigen die Tarifverdienste in Ostdeutschland stärker als in Westdeutschland, doch der Angleichungsprozess an das Westniveau hat sich stetig verlangsamt.

Tariferhöhungen

Jahr	D-Ost (%)	D-West (%)	Tarifniveau Ost[1]
1999	3,4	2,9	91,5
1998	2,5	1,7	91
1997	2,7	1,4	90
1996	5,0	2,3	89
1995	7,5	3,6	86
1994	6,4	2,0	84
1993	12,5	3,8	80
1992	21,6	5,7	73
1991	k.A.[2]	6,0	60

1) in % West; 2) Angaben wegen Umstellung der Vergütungssysteme 1990 nicht möglich; Quelle: WSI-Tarifarchiv (Düsseldorf), Bundesarbeitsministerium (Berlin); www.tarifvertrag.de, www.bma.de

7700 Tarifverträge abgeschlossen. Die Zahl der Firmentarifverträge erhöhte sich per Saldo von 5371 auf 5841. 22 Mio Arbeitnehmer waren in den Geltungsbereichen von Verbandstarifverträgen beschäftigt, für knapp 3 Mio galten Firmentarifverträge.

Abschlüsse: In den Tarifrunden 2000 standen in fast allen Branchen, wie im Bündnis für Arbeit vereinbart, eine Orientierung am Produktivitätszuwachs, der Abschluss längerfristiger T. und der Ausbau von Altersteilzeit u. a. Formen des vorzeitigen Ausscheidens im Vordergrund. Zu Abschlüssen ohne Schlichterspruch kam es u. a. in der Chemieindustrie, in der Metall- und Elektroindustrie, im Bauhauptgewerbe/West und in der Druckindustrie. Eine Einigung auf der Basis des Schlichterspruches erreichte das ostdeutsche Bauhauptgewerbe im Mai 2000. Im öffentlichen Dienst wurde ein Streik Mitte Juni 2000 in letzter Minute abgewendet.

Prognose: Im Frühjahrsgutachten 2000 sagten die Wirtschaftsforschungsinstitute auf der Basis der bis dahin gefundenen Abschlüsse für 2000 eine Reallohnsteigerung in Deutschland von 0,5% voraus und hoben hervor, dass wegen der langen Laufzeiten (Chemie: 21 Monate, Metall: 24 Monate,

Öffentlicher Dienst: 31 Monate) auch für das Jahr 2001 ein moderater Lohnanstieg zu erwarten sei.

Samstagsarbeit: Der seit Anfang 1999 bestehende Tarifkonflikt im Bankgewerbe wurde Anfang 2000 beigelegt. Der von der Deutschen Angestellten-Gewerkschaft (DAG) am 25.1. geschlossene separate Tarifvertrag wurde am 22.2. von der HBV übernommen. Für Bankangestellte wurde die Einführung einer zweijährigen Erprobungsphase zur regelmäßigen Samstagsarbeit beschlossen.

Sanierungstarifvertrag: IG Bau und der angeschlagene Frankfurter Baukonzern Philipp Holzmann AG einigten sich im April 2000 auf einen Sanierungstarifvertrag, in dem sich die Arbeitnehmer verpflichten, vom 1.2.2000 bis zum 31.7.2001 fünf Stunden pro Woche mehr zu arbeiten. Für diese auf einem individuellen Arbeitszeitkonto verbuchte Mehrarbeit werden die Arbeitnehmer an eventuellen Kurssteigerungen der Konzernaktie beteiligt, sonst aber nicht vergütet. Das Unternehmen garantierte die wettbewerbsneutrale Verwendung der Mehrarbeit.

Reformvorschläge: Eine Reform des Flächentarifvertrags, dessen Fortbestand Arbeitgeberverbände und Gewerkschaften grundsätzlich befürworten, durch Differenzierungen und Öffnungsklauseln stand um 2000 in Deutschland weiter auf der Tagesordnung. Der Präsident des Bundesverbandes der Deutschen Industrie (BDI), Hans-Olaf Henkel, forderte, das sog. Günstigkeitsprinzip, wonach in einem Betrieb nur dann von T. abgewichen werden kann, wenn die betriebliche Regelung für den einzelnen Beschäftigten günstiger ist, so auszudehnen, dass betriebliche Vereinbarungen zur Beschäftigungssicherung durch Lohnverzicht darunter fallen. Die Gewerkschaften wiesen die Forderung zurück.

www.tarifvertrag.de

▓▓ **Tarifverträge: Weihnachtsgeld[1]**		
Tarifbereich	*West*	*Ost*
Eisen und Stahl[2]	110	110
Private Banken	100	100
Süßwarenindustrie	100	100
Papierverarbeitung	95	95
Druck	95	95
Chemische Industrie	95	65
Öffentlicher Dienst	89,6	67,2
Versicherungen	80	80
Bekleidungsindustrie	80	[4]
Einzelhandel	60–62,5	50–52,5
Bauhauptgewerbe[3]	55	0
Metall	25–55	20–50
Energieversorgung	25–50	100
Kfz-Gewerbe	20–50	20–40

1) tarifliche Jahressonderzahlung in % eines Monatseinkommens; 2) inkl. Urlaubsgeld; 3) Angestellte; 4) tarifloser Zustand; Stand: 1999; Quelle: WSI-Tarifarchiv (Düsseldorf); www.tarifvertrag.de

Telearbeit

Ganz oder z. T. an einem außerhalb des Betriebs gelegenen stationären oder mobilen Arbeitsplatz ausgeübte Tätigkeit, wobei der Beschäftigte über elektronische Kommunikationsmittel mit dem Unternehmen verbunden ist

Umfang: Nach Schätzungen des EU-Forschungsprojekts Ecatt (Electronic Commerce and Telework Trends) vom Herbst 1999

ver.di: Mitgliederstruktur

Gewerkschaft	Angestellte (%)	Arbeiter (%)	Beamte (%)	Sonstige (%)	Mitgliederzahl
ÖTV	52,85	43,06	4,09	–	1 532 752
DPG	17,15	34,01	46,53	2,31	459 584
HBV	88,50	11,50	–	–	456 458
DAG 1)	80,78	2,00	0,32	16,90	403 277
IG Medien	30,07	56,00	0,07	13,86	179 025
ver.di	55,17	32,24	9,17	3,42	3 031 196

1) ohne angeschlossene Verbände; Stand: 30.6.1999; Quelle: ÖTV, Frankfurter Allgemeine Zeitung, 20.11.1999

gab es in Deutschland Ende des 20. Jh. über 2 Mio (1994: 150 000) T.-Beschäftigte. Die Quote entsprach mit 6% genau dem EU-Durchschnitt bei einer Länder-Bandbreite zwischen 16,8% (Finnland) und 2,8% (Spanien). Bis 2006 rechnete Ecatt mit 3,8 Mio Telearbeitern in Deutschland.

Ursachen: Sinkende Kosten für Telekommunikation sowie die Möglichkeiten des Internets förderten T. Unternehmen und Beschäftigte haben die Vorteile der T. zunehmend realisiert: niedrige Arbeitskosten und gesteigerte Effizienz/Produktivität durch nachweisbar höhere Motivation, die sich u. a. als Folge größerer Zeitsouveränität, ruhigerer Arbeitsatmosphäre und höherer Eigenverantwortung ergeben. Bedenken wegen Sicherheit der Datenübertragungen, erhöhten Koordinationsaufwandes, Verlust traditioneller Kontrollmechanismen sowie verringerter Karrierechancen und sozialer Isolation traten in den Hintergrund.

Projekte: Die Zahl der T.-Plätze in der Bundesverwaltung soll bis 2002 verdoppelt werden. Bis dahin sollen mind. 2% aller Verwaltungsvorgänge in T. erledigt werden. Seit Januar 1998 führt das Institut der deutschen Wirtschaft (IW, Köln) im Rahmen des von der EU und einigen Bundesländern getragenen Programms »Adapt« das Projekt »Teleskop« durch, das Geschäftsführer und leitende Angestellte in Fragen der T. kostenlos berät und qualifiziert.

www.telearbeit.com

ver.di

Für 2001 geplante Dienstleistungsgewerkschaft

Mitglieder: Die DGB-Gewerkschaften Handel, Banken und Versicherungen (HBV), Öffentliche Dienste, Transport und Verkehr (ÖTV), Deutsche Postgewerkschaft (DPG), IG Medien und die außerhalb des Deutschen Gewerkschaftsbundes agierende Deutsche Angestellten-Gewerkschaft (DAG) planen die Bündelung ihrer Kräfte in der Vereinigten Dienstleistungsgewerkschaft (v.), die mit 3,2 Mio Mitgliedern (Stand: Ende 1998) aus mehr als 1000 Berufen größte Einzelgewerkschaft in Deutschland wäre; rund die Hälfte der Mitglieder – 1,6 Mio – stammte aus der ÖTV. Voraussetzung für die Fusion ist die Zustimmung von jeweils 80% der Mitglieder der beteiligten Gewerkschaften.

Struktur: Alle fünf beteiligten Gewerkschaften billigten im November 1999 auf außerordentlichen Gewerkschaftstagen die Grundstrukturen von v. Vorgesehen ist eine Gliederung nach Bezirken und 13 Fachbereichen, so dass jedes Mitglied einem Landesbezirk und einem Fachbereich angehört. Noch nicht abschließend geklärt waren bis

Telearbeit: Pro und Kontra

▶ **Unternehmen:** Für die T. sprechen nach Umfragen aus Unternehmersicht niedrige Arbeitskosten durch Einsparung von Büromieten, niedrigere Fehlzeiten und gesteigerte Effizienz/Produktivität durch nachweisbar höhere Motivation. Dagegen sprechen ein erhöhter Koordinierungsaufwand, der Verlust traditioneller Kontrollmechanismen und die Gefahr, dass die Identifikation des Arbeitnehmers mit dem Unternehmen nachlässt.

▶ **Beschäftigte:** Vorteile der T. liegen aus Sicht der Beschäftigten in größerer Zeitsouveränität, ruhigerer Arbeitsatmosphäre mit weniger Störungen, besserer Vereinbarkeit von Familie und Beruf sowie höherer Eigenverantwortung durch Vertrauensarbeitszeiten und Beurteilung der Tätigkeit allein nach dem Ergebnis. Mögliche Gefahren sehen manche Umfragen als Folge in der sozialen Isolation, Karriereeinbußen und dem Verlust sozialer Schutzrechte.

▶ **Volkswirtschaft und Gesellschaft:** T. bietet Beschäftigungsmöglichkeiten für spezielle Zielgruppen wie Behinderte oder Mütter von kleinen Kindern, ermöglicht die Förderung strukturschwacher Regionen sowie die Entlastung von Ballungszentren und verringert durch sinkendes Verkehrsaufkommen die Umweltschäden. Nachteile werden im Verlust direkter Kommunikation sowie in der Erschwernis der Solidarität unter den Beschäftigten gesehen.

Zeitarbeit: Internationaler Vergleich

Land	Zeitarbeiter (%)[1]
Niederlande	4,6
Großbritannien	3,7
USA	2,3
Frankreich	2,2
Belgien	1,6
Luxemburg	1,1
Spanien	1,1
Portugal	1,0
Norwegen	0,7
Deutschland	0,7
Österreich	0,5
Finnland	0,5
Irland	0,3
Schweden	0,3
Dänemark	0,3

1) Anteil aller Beschäftigten (nur Zeitarbeitnehmer bei Unternehmen mit Zeitarbeit als Hauptzweck); letztverfügbarer Stand: 1998; Quelle: Institut der deutschen Wirtschaft (IW, Köln); www.iw-koeln.de

Mitte 2000 die Größe der Bezirke – die kleinen Gewerkschaften befürworteten im Gegensatz zur ÖTV wenige große Bezirke – sowie die Kompetenz- und Mittelverteilung zwischen dem insgesamt 19-köpfigen Bundesvorstand, regionalen Gliederungen und Fachbereichen.
www.dgb.de; www.dag.de

Zeitarbeit

(auch Leiharbeit, Arbeitnehmerüberlassung), sozialversicherungspflichtige Tätigkeit für ein Unternehmen, das Arbeitnehmer vorübergehend an andere Firmen ausleiht

Z.-Nehmer sind meist in Vollzeit beschäftigt und werden vom jeweiligen Z.-Unternehmen bei unvorgesehenem Arbeitsanfall, Terminproblemen, saisonalen Arbeitsspitzen oder als kurzfristige Vertretung ausgeliehen. Für Z. gelten alle gesetzlichen Bestimmungen über Lohnfortzahlung, Urlaub und Behindertenarbeitsplätze ebenso wie die üblichen Arbeitnehmerrechte zum Mutter-, Arbeits- und Kündigungsschutz. Die Überlassungsfrist betrug Mitte 2000 max. zwölf Monate.

Tarifverträge: Obwohl die Gewerkschaften in der Z. weiterhin ein Mittel zum Abbau regulärer Arbeitsplätze sahen, kam es 1999/2000 zum Abschluss erster Tarifverträge in Deutschland. Im Sommer 1999 wurde zwischen der IG Metall, die im Auftrag von sechs DGB-Gewerkschaften verhandelte, und dem Z.-Unternehmen Adecco GmbH ein Tarifvertrag für die rund 7000 bei der Expo 2000 in Hannover temporär beschäftigten Mitarbeiter ausgehandelt. Im Frühjahr 2000 schlossen die Gewerkschaften ÖTV und DAG einen Haustarifvertrag mit dem Marktführer für Z. in Deutschland, Randstad. Der Vertrag hat eine dreijährige Laufzeit und sieht eine Erhöhung der Basisvergütungen um bis zu 7% vor. Z.-Nehmer können lt. Vertrag zwischen der Auszahlung von Sozialleistungen wie Urlaubstagen oder Weihnachtsgeld oder der Umlage auf das Stundenentgelt wählen. Gegen einen Flächentarifvertrag für die Branche sperrten sich um 2000 vor allem kleine Z.-Firmen. Ende 1999 gab es 11 200 Z.-Unternehmen in Deutschland.
Entwicklung: Nach Angaben der Bundesanstalt für Arbeit (BA, Nürnberg) waren 1999 rund 286 000 Arbeitnehmer bei Z.-Firmen beschäftigt, 110 000 (62,5%) mehr als 1995. Der Schwerpunkt lag in der Metallbranche, wobei Männer, Ausländer, Arbeiter und jüngere Beschäftigte überdurchschnittlich stark vertreten waren.
Forderungen: Eine Gesetzesinitiative zur Lockerung der Bestimmungen zum Arbeitnehmerverleih startete die CDU/CSU-Bundestagsfraktion Anfang 2000. Die Initiative wurde von Arbeitgeberverbänden und Z. Firmen begrüßt, von den Gewerkschaften unter Hinweis auf die Gefahr einer Aushöhlung der Tarifverträge jedoch abgelehnt. Eine ähnliche Initiative ergriff die Bundesvereinigung der Arbeitgeberverbände (BDA, Köln) im April 2000 im Rahmen des Bündnisses für Arbeit. Der BDA forderte als Mittel zur Senkung der Arbeitslosenquote u.a. eine Verlängerung der Verleihfrist von 12 auf 36 Monate, die Aufhebung des Synchronisationsverbots (wonach eine Z.-Firma einen Beschäftigten nicht genau für die Dauer eines Verleihs einstellen darf) und des Verbots, einen von einer Z.-Firma gekündigten Arbeitnehmer binnen drei Monaten von demselben Unternehmen wieder einstellen zu lassen.

Auto

Airbag

(engl. Luftsack), Sicherheitseinrichtung für Kfz

ITS: Der von BMW konzipierte schlauchartige A., der unsichtbar im Dachfalz liegt, spannt sich bei Auslösung von innen vor die Türöffnung. Der Mitte 2000 serienmäßige A. soll die Gefahren einer Kopfverletzung um die Hälfte reduzieren.

Airbag 2000: Gespickt mit Sensortechnik – wie beim Smart-Bag von Mercedes-Benz – entscheidet ein Rechensystem in Sekundenbruchteilen, ob der A. vollständig oder nur zur Hälfte ausgelöst wird. Der von verschiedenen Firmen konzipierte »Airbag 2000« ist frühestens 2003 serienreif.

Window-Bag: Das von Mercedes-Benz entwickelte etwa 2 m lange Luftpolster reicht von der Windschutzscheibe bis zur C-Säule und bietet auch den hinten sitzenden Fahrgästen Aufprallschutz in Kopfhöhe.

Fuß-Airbag: Mit aufwändiger Sensortechnik, die Größe und Gewicht der Insassen ermittelt, sollen A. ab 2002 (z. B. im Audi A 8) auch Knie und Füße schützen.

Fond-Airbag: Bereits im Juni 1999 stellte Renault ein integriertes A.-System für Rücksitzpassagiere vor, das ab 2002 serienmäßig verfügbar sein soll. Es ist in den Beckengurt der hinteren Dreipunktgurte integriert.

Fußgänger-Airbag: Ein A. unter der Kühlerhaube bläst sich durch Sensor-Computer-Technik noch vor dem Aufprall auf und mildert ihn für einen Fußgänger ab.

Reparaturkosten: Lt. Gesamtverband der Deutschen Versicherungswirtschaft (GDV, Berlin) entstehen jährliche Reparaturkosten von ca. 90 Mio DM durch A.-Auslösungen bei niedriger Geschwindigkeit. Kosten von 20 Mio DM jährlich entstehen, da der A. auf der Beifahrerseite auch aktiviert wird, wenn dort niemand sitzt (42% aller Unfälle).

www.bmw.de; www.mercedes-benz.de;
www.audi.de; www.renault.de; www.gdv.de

Autobahnen

Neubau: 1999 wurden in Deutschland insgesamt 92 km A. gebaut (Gesamtlänge am 31.12.1999: 11 494 km).

Emsland-Autobahn: Die seit 1993 bestehende 40 km lange Lücke in der A 31 zwischen Meppen und Gronau soll bis 2005, zehn Jahre früher als im Bundesverkehrswegeplan vorgesehen, geschlossen werden. Kommunale und private Investoren brachten bis März 2000 rund 135 Mio DM dafür auf. Niedersachsen finanziert weitere Kosten in Höhe von 210 Mio DM.

Ostsee-Autobahn: Die geplante A 20, die Via Baltica, über Berlin, Warschau und St. Petersburg soll nach Aufnahme Polens in die EU über das Programm Transeuropäische Netze (TEN) und aus privaten Mitteln finanziert werden.

Elbtunnel: Nach dem Durchstich der vierten Elbtunnelröhre im März 2000 sollen bis 2003 acht Fahrstreifen für den Elbtunnel-Verkehr zur Verfügung stehen.

Verkehrsbeeinflussungsanlagen: Auf der A 8 zwischen Chiemsee und der Landesgrenze nach Österreich wird der Verkehr seit März 2000 mit neuer Technik gesteuert. Mit über dem Autobahn angebrachten Wechselverkehrszeichen je nach Fahrzeugzahl und Witterungssituation kann die Zahl der Unfälle um bis zu 30% gesenkt werden. Die Kosten der Telematikanlage betrugen knapp 15 Mio DM. 2000 soll mit dem Bau einer

Die Gebührenpflicht in Deutschland, wo die Autobahngebühr im Regionalverbund mit den Benelux-staaten, Dänemark und Schweden erhoben wird, betrifft alle LKW und Fahrzeugkombinationen mit einem zulässigen Gesamtgewicht von mind. 12 t, die für den Güterverkehr bestimmt sind.

Autobahngebühr für LKW

LKW bis max. drei Achsen		
pro Jahr: 1466,87 DM	pro Monat: 146,69 DM	pro Woche: 39,12 DM
LKW mit vier oder mehr Achsen		
pro Jahr: 2444,79 DM	pro Monat: 244,48 DM	pro Woche: 64,54 DM
Tagesgebühr für alle LKW: 11,73 DM		

Stand: 2000; Quelle: Bundesministerium für Verkehr, Bau- und Wohnungswesen

Verkehrsbeeinflussungsanlage auf der A 7, der A 23 und der A 261 begonnen werden, um die Staus im Bereich des Elbtunnels zu minimieren.

Road-pricing: Die Erhebung der LKW-Gebühr auf Basis von streckenbezogenen Benutzungsgebühren ab 2002 wird ohne Eingriff in den freien Verkehrsfluss auf A. erfolgen, d. h., es wird für gebührenpflichtige Fahrzeuge weder eine Bindung an bestimmte Fahrstreifen noch eine an spezielle Geschwindigkeitsregelungen geben. Statt durch traditionelle Mautstationen auf der Autobahn soll die LKW-Gebühr weitgehend automatisch erhoben werden.

Private Autobahnen: Die Bundesregierung plant, weitere A. mit privatem Kapital zu bauen. Die Benutzer sollen Maut bezahlen. Die privatwirtschaftliche Realisierung von Verkehrsstrecken betrifft z. B. den sechsspurigen Ausbau der A 4 (Köln–Aachen) und der A 8 (Stuttgart–München).

Anti-Stau-Programm: Für die Beseitigung von Engpässen im deutschen Verkehrswegenetz (Autobahnnetz, Schienenwegenetz und Netz der Bundeswasserstraßen) sollen in den Jahren 2003–2007 etwa 7,4 Mrd DM aus Bundesmitteln zur Verfügung gestellt werden. Das Programm, das die Bundesregierung im Februar 2000 vorstellte, soll z. T. durch das Aufkommen der streckenbezogenen A.-Gebühr für LKW, welche die Eurovignette 2002/2003 ablösen soll, finanziert werden.

www.autobahn-online.de (Informationen über das Anti-Stau-Programm des Bundesverteidigungsministeriums für die Jahre 2003–2007)
www.autobahn.de (Baustellen, Bußgeldkataloge, Pannendienste, Routenplaner, Übersichtskarten)

Auto des Jahres

56 Fachjournalisten aus 21 europäischen Ländern wählten den Toyota Yaris mit 344 Punkten unter 27 neuen Modellen zum Auto des Jahres 2000. Der windschnittige Kleinwagen soll auch in Europa gebaut werden. Auf Rang zwei kam der Fiat Multipla (325 Punkte), Rang drei belegte der Opel Zafira (265 Punkte). Der Skoda Fabia erreichte Rang vier (245 Punkte), der Rover 75 kam auf Platz fünf (221 Punkte). Gewinner der letzten Jahre waren Fiat Punto (1995), Fiat Bravo (1996), Renault Scenic (1997), Alfa 156 (1998) und Ford Focus (1999). Der Toyota Yaris kam im April 1999 auf den Markt. Europaweit wurden bis Ende 1999 rund 140 000 Fahrzeuge ausgeliefert. Ende 1999 stellte Toyota den Fun-Van Yaris Verso vor.
www.toyota.de

Autodiebstahl

Nach Angaben des Bundesinnenministeriums ging die Zahl der in Deutschland gestohlenen Kfz 1999 weiter zurück. Gegenüber dem Vorjahr wurden weniger PKW und Kombi-Fahrzeuge als gestohlen gemeldet, insgesamt waren es nur noch 74 490 (1998: 82 781). Auf Dauer verschwanden 34 127 Fahrzeuge (1998: 36 881).

Elektronische Wegfahrsperre: Die Wegfahrsperre hat sich als wirksamstes Mittel gegen den Fahrzeugdiebstahl bewährt. Seit 1995 sind alle Neufahrzeuge aus deutscher Produktion mit einer elektronischen Wegfahrsperre ausgerüstet.

Keyless Entry: Der codierte Türöffner per Chipkarte wird lt. Vertretern der Autobranche der Schlüssel der Zukunft sein. Beim schlüssellosen Zugang wird ein Funksignal aktiviert, gesendet von am Fahrzeug angebrachten Antennen, das von der Chipkarte beantwortet wird. Mit der Chipkarte entfällt der Zündschlüssel. Das Fahrzeug kann per Knopfdruck gestartet werden.
www.kba.de (Kraftfahrt-Bundesamt)

Autoindustrie

Umsatz: Die deutsche A. konnte im Jahr 1999 ihren Umsatz erneut steigern. Mit ca. 337 Mrd DM wurde das Vorjahresergebnis um 8% übertroffen. Dabei entfielen 56% auf das Auslandsgeschäft.

Autodiebstahl: Die meistgestohlenen Marken		
Marke	*Diebstähle 1999*	*Veränderung gegenüber 1998 (%)*
Audi	7392	▽ – 3,0
BMW	6815	▼ – 0,4
Ford	4770	▼ –17,7
Mercedes	8536	▼ – 9,9
Opel	10174	▼ –15,0
Porsche	263	▼ –25,5
VW	21072	▼ –10,0
Übrige	15468	▼ –10,7

Quelle: Bundeskriminalamt (Wiesbaden)

Investitionen: Die deutschen Automobilhersteller investierten 1999 einschließlich ihrer ausländischen Konzernteile 18,7 Mrd DM im Ausland. In Deutschland betrugen die Investitionen der A. von 1994 bis 1999 insgesamt 87 Mrd DM.

Beschäftigungsanstieg: Die deutsche A. schuf 1999 im Jahresdurchschnitt 17 000 neue Arbeitsplätze. 1999 arbeiteten 727 000 Menschen im engeren Produktionsbereich von Automobilherstellern und Zulieferern. Inkl. Automobilhandel und Service-Firmen stieg die Zahl der Beschäftigten in Produktion, Vertrieb und Dienstleistung auf rund 1,28 Mio. Die Lohnkosten pro Beschäftigungsstunde in der deutschen A. lagen 1999 bei ca. 68 DM (Japan 51 DM; USA 49 DM; Belgien 46 DM).

Inlandsproduktion: Im Jahr 1999 wurden in Deutschland 5,68 Mio Kfz produziert (−0,7% gegenüber 1998). Die PKW-Produktion im Inland sank um 0,7% auf 5,309 Mio Einheiten, die der Nutzfahrzeuge um 0,1% auf 378 000 Stück. 64,6% der Produktion wurden exportiert.

Auslandsproduktion: 1999 produzierte die deutsche A. im Ausland 3,5 Mio Kfz (+8,2% gegenüber 1998), darunter 512 000 Nutzfahrzeuge (+6,1%). Gemessen an der gesamten Produktion deutscher Hersteller stieg der Anteil der im Ausland produzierten deutschen Kfz 1999 auf mehr als 38%.

Weltproduktion: Die deutsche A. produzierte 1999 weltweit etwa 9,2 Mio Kfz (+3% gegenüber 1998). Bei einer Weltproduktion von rund 56 Mio Kfz entfiel 1999 knapp ein Sechstel der Fertigung auf deutsche Unternehmen. Die PKW-Fertigung stieg um rund 2% auf über 8,3 Mio. Die Herstellung von Nutzfahrzeugen legte um 3% zu. Damit behauptete sich Deutschland hinter den USA (13,0 Mio) und Japan (9,9 Mio) auf Platz drei der Weltproduktion.

Neuzulassungen in Deutschland: 1999 wurden in Deutschland rund 3,8 Mio PKW fabrikneu zugelassen. Insgesamt waren Ende 1999 in Deutschland 42,6 Mio PKW zugelassen. Damit wuchs der PKW-Bestand gegenüber 1998 um rund 900 000 Einheiten (+1,8%). Im Sektor Allradfahrzeuge wurde 1999 mit 172 000 Neuzulassungen in Deutschland das Vorjahresergebnis um 27% übertroffen. Der Marktanteil lag bei 4,5% (+1% gegenüber 1998). Der Anteil der Diesel-PKW in Deutschland nahm gegenüber

Autoindustrie: Weltproduktion (Mio)[1]

Land		Mio
USA		13,0
Japan		9,9
Deutschland		9,2
Frankreich		3,2
Kanada		3,0
Spanien		2,9
Südkorea		2,8
Großbritannien		2,0
Italien		1,7
China		1,6
Mexiko		1,5
Brasilien		1,3
Russland		1,0[2]
Indien		0,9
Polen		0,7[2]
Schweden		0,5

1) PKW und Nutzfahrzeuge 1999; 2) 1998; Quelle: Verband der Automobilindustrie, www.vda.de

Autoindustrie: Importmarken in Deutschland

Marke	Neuzulassungen 1999	Veränderung[1]	Marktanteil (%)
Citroën	47 350	▲ +10,4	1,2
Daihatsu	16 350	▲ +18,9	0,4
Fiat Gruppe	148 150	▼ −8,8	3,9
Honda	43 650	▼ −9,5	1,1
Mazda	89 630	▲ +3,0	2,4
Mitsubishi	57 310	▼ −8,3	1,5
Nissan	73 550	▽ −20,8	1,9
Peugeot	103 100	▲ +17,5	2,7
Renault	258 400	▲ +9,9	6,8
Subaru	14 170	▼ −4,5	0,4
Suzuki	28 900	▼ −15,2	0,8
Toyota	85 450	▼ −10,0	2,2

1) gegenüber 1998; Quelle: Verband der Importeure von Kraftfahrzeugen (VDIK, Bad Homburg)

1998 um vier Prozentpunkte zu und erreichte rund 22%. Insgesamt wurden 1999 rund 853 000 Diesel-PKW zugelassen.

Neuzulassungen in Westeuropa: In Westeuropa wurden 1999 insgesamt 15,1 Mio neue PKW zugelassen, 5% mehr als

Die größten Automobilhersteller

Unternehmen		Umsatz 1999 (Mio Euro)	Mitarbeiter 1999
General Motors		143 891	594 000
DaimlerChrysler		131 782	441 500
Ford		128 817	345 200
Toyota		79 763	159 000
Volkswagen		68 637	294 400
Nissan		45 918	131 300
Fiat		45 769	242 000
Honda		40 978	109 400
Renault		37 187	138 300
Peugeot/Citroën		33 758	156 500
BMW		32 280	119 900

Quelle: Die Welt, 6.1.2000

1998. Den größten Erfolg erzielten koreanische Modelle (+22,3%). Rover und Lancia schnitten mit −16,8% bzw. −19,1% extrem schlecht ab. Volkswagen verkaufte die meisten Neuwagen (1,73 Mio). Den höchsten Zulassungszuwachs verzeichnete Griechenland. Die Griechen kauften – nicht zuletzt aufgrund von Steuererleichterungen – rund 45% mehr Autos als 1998.

Branchennetzwerk: Die deutsche A. hatte 1999 den Verband der deutschen Automobilindustrie (VDA, Frankfurt/M.) beauftragt, ein europäisches Netzwerk für Hersteller und Zulieferer zu schaffen, das inzwischen installiert ist. Ziel für 2000 ist es, das Branchennetzwerk weltweit nutzbar zu machen. Anfang 2000 informierten sich bereits ca. 30% der Autokäufer via Internet.

Die wichtigsten Marken der großen Automobilkonzerne

DaimlerChrysler	Chrysler, Dodge, Jeep, Mercedes-Benz, Mitsubishi, Smart
Ford	Aston Martin, Ford, Jaguar, Land-Rover, Lincoln, Mazda, Volvo
General Motors	Buick, Cadillac, Chevrolet, Fiat, Alfa, Lancia, GMC, Holden, Isuzu, Opel, Pontiac, Saab, Saturn, Subaru, Suzuki, Vauxhall
Renault	Dacia, Nissan, Renault
Volkswagen	Audi, Bentley, Bugatti, Lamborghini, Rolls-Royce, Scania, Seat, Skoda, Volkswagen
Noch ungebunden	BMW, Daewoo, Ferrari, Honda, Hyundai, Maserati, Peugeot-Citroën, Porsche, Proton, Samsung, Toyota

Stand: Mitte 2000; Quelle: Frankfurter Allgemeine Zeitung

Gläserne Manufaktur: Am 26.7.1999 wurde der Grundstein für die Volkswagen eigene »Gläserne Manufaktur« in Dresden gelegt. In dieser Automobilfabrik können Kunden das Entstehen ihrer Kfz miterleben. Ab Ende 2000 sollen täglich bis zu 150 Luxusfahrzeuge produziert werden. Volkswagen will 360 Mio DM investieren und rund 800 Arbeitsplätze schaffen.

EU-Preisunterschiede: In den Ländern der EU klafften die Preise für Neuwagen (vor Steuern) um 2000 weiterhin stark auseinander. Einer Analyse zufolge, die sich auf 15 europäische und acht japanische Hersteller stützte, die der EU-Kommission die Einzelhandelspreise von 77 ihrer meistverkauften Modelle übermittelten, waren die PKW in Großbritannien am teuersten, in Finnland und den Niederlanden (vor Steuern) am niedrigsten.

www.kba.de; www.vw-online.de; www.vda.de;
europa.eu.int/comm/offices.htm;
europa.eu.int/comm/dg04/aid/en/car.htm

Automodelle

Konzeptfahrzeuge: Auf der Auto-Show in Detroit/Michigan stellte Volkswagen im Januar 2000 eine neue Pick-Up-Studie vor: Das Advanced Activity Concept soll nach Herstellerangaben die funktionalen Merkmale eines Pick-Ups mit dem Komfort einer Oberklassen-Limousine vereinen. Das Allradfahrzeug mit Ladefläche ist mit einem V10-Turbodiesel-Motor mit 313 PS ausgerüstet und hat ein Sechsgang-Getriebe mit manueller Tiptronic-Funktion. Darüber hinaus verfügt das Modell über ESP (Electronic Stability Programme) und Luftfederung. Auf der Motor-Show in Tokio stellte Nissan im Herbst 1999 u. a. die »XVL«-Studie vor – den Entwurf einer komfortablen und geräumigen Limousine auf hohem Sicherheitsniveau: mit 3,0-l-V6-Direkteinspritzmotor, der über das neue stufenlose »Extroid-CVT (Continuously Variable Transmission)«-Automatikgetriebe die Hinterräder antreibt.

Chrysler PT Cruiser: Der praktische Kompaktvan verfügt über ein originelles amerikanisches Design und wird von einem 2-l-Motor mit vier Zylindern und 104 kW angetrieben. Das Ladevolumen von 520 l lässt den PKW zu einer Alternative zu den Minivans werden.

Mercedes-Benz C-Klasse: Die neue C-Klasse, die Mitte Mai 2000 auf den Markt kam, bietet u. a. adaptive Frontairbags, Windowbags, Multifunktionslenkrad, Sechsganggetriebe, Speedtronic und Tele-Aid. Bereits vor der Premiere am 12.5.2000 gingen in der Stuttgarter Zentrale von Mercedes-Benz über 40 000 Vorbestellungen ein.

Mercedes-Benz S-Klasse: Der neue S 400 CDI mit V 8-Dieseldirekteinspritzer leistet 184 kW, beschleunigt in 7,8 sec von 0 auf 100 km/h und erreicht eine Höchstgeschwindigkeit von rund 250 km/h. Das Achtzylinder-Triebwerk ist ausgestattet mit zwei Abgasturboladern, Wasser-Ladeluft-Kühlung, Common-Rail-Einspritzung und moderner Leichtbaukonstruktion.

Mercedes-Benz A-Klasse: Für 2001 plante Mercedes die Neuordnung der A-Klasse: den Vaneo, eine Mischung aus Kleinbus und Stadtlieferwagen, sowie den S 168, eine um 15 cm verlängerte Version der bisherigen A-Klasse.

Opel Agila: Der Microvan mit Zwölfjahres-Garantie gegen Durchrostung und Euro-4-Abgasnorm bietet hohe Raumausnutzung auf kleiner Fläche. Das Ladevolumen des nur 3,50 m langen PKW kann bis auf 598 l erweitert werden.

Opel Speedster: Der 1999 noch als Studie vorgestellte Zweisitzer in Leichtbauweise mit Mittelmotor, Aluminium-Chassis und Glasfaser-Kunststoff-Karosserie sollte im Herbst 2000 auf den Markt kommen. Der Vierventil-Aluminium-Motor (2,2 l Hubraum) leistet 220 km/h in der Spitze.

Opel Astra Eco 4: Das 4-l-Auto, das im Juni 2000 auf den Markt kam, wird von einem 1,7-l-Turbodiesel-Direkteinspritzer mit 55 kW angetrieben. Der Verbrauch liegt bei 4,4 l/100 km.

VW Lupo FSI: Der 1,4-l-Vierventiler mit 77 kW erreicht mit seiner Benzin-Direkteinspritzung (Fuel Stratified Injection) eine Verbrauchseinsparung von 15% gegenüber einem vergleichbaren Ottomotor. Neben der Verbrennung ist die Abgas-Nachbehandlung ein Hauptfaktor bei der FSI-Technik. Kern dieses Systems ist ein NOx-Speicherkatalysator mit einem NOx-Sensor. Der Verbrauchswert des FSI liegt bei 5,6 l/100 km (schwefelfreies Super-Benzin).

www.chrysler.de; www.opel.de;
www.mercedes-benz.de; www.nissan.com;
www.vw-online.de; www.lupo.de

Automodelle: Pkw-Neuzulassungen in Westeuropa

Zugelassene Neuwagen 1999 (1000)		Veränderung zum Vorjahr (%)
Volkswagen	1730	+ 9,8
Renault	1655	+ 7,3
Opel/Vauxhall	1645	+ 5,2
Ford	1407	− 2,0
Peugeot	1120	+16,7
Fiat	1113	− 7,7
Citroen	706	+ 4,3
Mercedes	685	+ 9,7
Audi	515	+ 4,4
BMW	485	+ 7,6
Toyota	477	+10,2
Korean. Modelle	474	+22,3
Seat	412	+14,4
Nissan	388	− 9,1
Rover	307	− 16,8
Volvo	244	+ 1,3
Mazda	216	+ 2,1
Honda	208	− 2,9
Mitsubishi	183	+ 0,8
Alfa Romeo	180	+ 2,7
Skoda	179	+13,6
Lancia	144	− 19,1

Quelle: ACEA

Autorecycling

Umweltgerechte Aufbereitung und Rückführung von Schrottfahrzeugen in die industrielle Produktion

Altauto-Richtlinie: Trotz Protesten der Automobilindustrie beschloss das EU-Parlament am 4.2.2000 die Altauto-Richtlinie beinahe unverändert. Ab 2007 müssen die Hersteller alle Altautos kostenlos zurücknehmen und entsorgen. Für Neuwagen soll die Entsorgungspflicht nicht wie zunächst geplant zum 1.1.2001, sondern 18 Monate nach Inkrafttreten der Richtlinie einsetzen. Obligatorisch ab 2001 ist eine Recycling-Quote von 85%. Ausgehend vom Bestand von 170 Mio Kfz in der EU, fallen jährlich 9 Mio t Altautos an. 2000 wurden nur 30% von jährlich 2,7 Mio Altautos verwertet, der Rest ging unkontrolliert nach Osteuropa.

Autorückrufe der führenden Hersteller

▶ **Audi:** 37000 TT-Modelle wurden aufgrund gravierender Fahrwerksprobleme zurückgerufen. Die Zeitschrift »auto, motor und sport« hatte dem Fahrzeug ein kritisches Kurvenverhalten attestiert.

▶ **Ford:** Wegen Ölverschlussdeckel-Austausch bzw. Neuprogrammierung des Steuergerätes rief Ford ca. 80.000 Focus zurück in die Werkstätten.

▶ **Honda:** Wegen fehlerhafter Montage des Drosselklappengehäuses musste der japanische Automobilhersteller alle Accord-Modelle des Jahres 1999 zurückrufen. In Deutschland waren davon 8229 Fahrzeuge betroffen.

▶ **Mercedes:** 136000 Modelle der M-Klasse wurden weltweit wegen Gurtproblemen zurückgerufen. In Deutschland wurden ca. 17.900 Autos in die Werkstätten beordert.

▶ **Opel:** Europaweit wurden 40000 Frontera B aus den Produktionsreihen Juli 1998 bis September 1999 wegen möglicher Lenkungsprobleme in die Werkstätten zurückgerufen. In Deutschland waren rund 8700 Fahrzeuge betroffen.

▶ **Peugeot:** 6790 Fahrzeuge der Modellreihen 106, 306 und 406 aus der Produktion Juli bis Oktober 1999 kamen wegen eines kleineren Defektes an der Bremse zurück in die Werkstätten.

▶ **Renault:** Weltweit wurden alle zwischen September 1998 und Juni 1999 produzierten Modelle des Typs Espace 2.0 16V zur Überprüfung der Kraftstoffleitungen zurückgerufen. Betroffen waren weltweit 9085 Fahrzeuge, davon 3122 in Deutschland.

▶ **Rover:** Die BMW-Group rief 1999 weltweit fast 22.000 Fahrzeuge des Typs Rover 75 (Baujahr 2/99 bis 10/99) wegen eines defekten Kurbelwellen-Sensors in die Werkstätten zurück. In Deutschland waren etwa 4000 Fahrzeuge betroffen.

▶ **Smart:** Ca. 35.000 Smarts, die zwischen Oktober 1998 und Juli 1999 ausgeliefert wurden, mussten mit neuen Vorderachs-Manschetten ausgerüstet werden, um die Traggelenke vor Korrosion zu schützen.

▶ **Volkswagen:** 1900 Golf-, Bora- und Passat-Fahrzeuge mit 85 kW TDI-Motor wurden Ende 1999 wegen nicht ausreichend beschichteter Kolben zurück in die Werkstätten beordert.

▶ **Volvo:** Weltweit rief Volvo rund 235.000 Fahrzeuge der Modelle C70, S70 und V70 wegen Fehlauslösungen bei Airbags in die Werkstätten zurück. In Deutschland waren 25.000 Autos davon betroffen.

Autorückrufe

Das Kraftfahrt-Bundesamt (Flensburg) unterstützte 1999 in 85 Fällen Hersteller bei der Durchführung von Rückrufaktionen. Es stellte Halteranschriften aus dem Zentralen Fahrzeugregister zur Verfügung. Zunehmend wurde die Benachrichtigung des Halters im Auftrag der Hersteller unmittelbar vom Kraftfahrt-Bundesamt vorgenommen.
www.evita.de (Gebrauchtwagen-Infos)

Autosicherheit

Crash-Tests: Um Aufschluss über die Unfallsicherheit von Autos zu gewinnen, blieben Crashtests um 2000 unabdingbar. Das Neuwagen-Bewertungs-Programm Euro-NCAP (New Car Assessment Programme) steht für ein Projekt, das von der Europäischen Kommission sowie von den meisten europäischen Regierungen, Verbraucherschutzverbänden und Automobilclubs unterstützt wird. Ziel des Euro-NCAP ist es, bei Crashtests einen einheitlichen europäischen Standard zu gewährleisten.
Bewertung: Die Einwirkungen der Crashs auf die Dummys, die durch Messeinrichtungen in den Testpuppen erfasst werden, bilden die Grundlage für die Bewertung.
ISOFIX: Mit dem Ziel, die Handhabung der Kindersitze weiter zu vereinfachen, wurden die ISOFIX-Systeme (International Standardization Organization) entwickelt. Diese Systeme lassen sich mit einem Handgriff in ein Fahrzeug einbauen, ohne dass die Sicherheitsgurte des Fahrzeugs mitverwendet werden müssen.
ESP: Das Electronic Stability Programme (ESP) bewirkt den gezielt dosierten elektronischen Bremseingriff an einzelnen Rädern der Vorder- und Hinterachse sowie bei Bedarf zusätzlich die elektronisch geregelte Reduzierung des Motormoments. ESP verbessert die Richtungsstabilität und wirkt sich Fahrzeug stabilisierend besonders in Kurven und bei Ausweichmanövern aus.
www.adac.de; www.vcd.org; www.fahrschule.de (über 1200 Prüfungsfragen)

Autosicherheit: Testverfahren

Für die Crashtests von Autos und Nutzfahrzeugen werden Serienmodelle anonym gekauft und drei verschiedenen Unfallsituationen unterzogen:

▶ **Frontalaufprall** gegen eine deformierbare Barriere mit 64 km/h und einer Überlappung von 40% (offsetcrash), der den Frontalzusammenstoß simulieren soll. Dabei sind die Fahrzeuge mit sog. Dummys auf den vorderen und Kinderdummys auf den Rücksitzen voll besetzt.

▶ **Seitenaufprall** durch Kontakt eines deformierbaren Aluminium-Blocks (1,5 m breit) auf die Fahrertür.

▶ **Körperteilbeschuss** in genau definierten Winkeln an der Fahrzeugfront, wodurch eine Fußgängerkollision bei einer Geschwindigkeit von 40 km/h simuliert wird.

Autotechnik

Das Kraftfahrt-Bundesamt erteilte 1999 mehr als 14000 Typengenehmigungen an deutsche und internationale Hersteller für Kfz und Kfz-Teile (+17% gegenüber 1998).
Drive-by-Wire: Die Autoindustrie beschäftigt sich bereits seit Jahren mit der Realisierung eines neuartigen elektronischen Fahrdynamiksystems. Drive-by-Wire,

»Autofahren per Kabel«, also der Verzicht auf mechanische und hydraulische Verbindungselemente, bringt einige Sicherheits-, Komfort- und Kostenvorteile mit sich:
- fortschrittliche Beschleunigungstechnologie, die Hand in Hand mit einer programmierten Kraftstoffeinspritzung und einer Traktationskontrolle arbeitet
- elektronisch gesteuerte Lenk- und Bremsanlage (Fahrdynamikrechner), bei der ein Computer die Lenkbefehle des Fahrers mit programmierten Sollwerten vergleicht und dafür sorgt, dass der Wagen auch in kritischer Lage auf der Fahrbahn bleibt.

Active-Body-Control: Das System gleicht die Wankbewegung der Karosserie bei Kurvenfahrten aus und passt die Federungs- bzw. Dämpfungscharakteristik des Kfz dem aktuellen Fahrzustand an.

Side-Sticks: Das herkömmliche Lenkrad soll ersetzt werden durch ergonomisch geformte Hebel in der Mittelkonsole und in der Türinnenverkleidung. Die Side-Sticks übernehmen mit Links- und Rechts- bzw. Vor- und Zurückbewegungen die Funktionen von Lenkrad und Pedal. Die Räder des Kfz lassen sich beim Rangieren per Side-Stick schneller und leichter bewegen als mit einem herkömmlichen Lenkrad. Beim Bremsen muss der Fuß nicht vom Gas- auf das Bremspedal umgesetzt werden.

High-Tech-Autos: Bis Ende 2000 will der US-Automobilhersteller General Motors 400 000 seiner Fahrzeuge mit einem Internet-Anschluss ausstatten. Der Autohersteller Ford plant bis 2003 für sämtliche in den USA produzierten Neuwagen den Internet-Anschluss. Eine an die Auto-Stereoanlage gekoppelte Computerstimme soll dem Fahrer E-Mails laut vorlesen können. In knapp drei Jahren sollen rund 80% aller PKW von Citroën/Peugeot Zugang zu On-line-Diensten haben.

Vorausschauende Crash-Analyse: Zur Verbesserung der Insassen-Sicherheit entwickeln Ingenieure von Mercedes-Benz ein neues Konzept der frühzeitigen Unfallerkennung. Ziel ist es, Gurtstraffer und Airbags bereits vor dem Unfall gezielt zu sensibilisieren und das Aufblasverhalten des Airbags zu steuern.

Infrarot-Laser-Nachtsichtsystem: Ein vom DaimlerChrysler-Forschungszentrum in Ulm entwickeltes Infrarot-System soll zur besseren Sicht bei Dunkelheit beitragen.

▬ Autotechnik: TÜV-Mängel

Bei 11 Jahre alten PKW	Mängelquote (%)
Motor, Antrieb, Ölverlust	18,7
Handbremse	11,3
Auspuff	10,6
Abblendlicht	10,4
Fußbremse	8,1
Radaufhängung	7,5
Bei 5 Jahre alten PKW	
Abblendlicht	7,4
Motor, Antrieb, Ölverlust	6,0
Auspuff	5,7
Handbremse	5,2
Fußbremse	3,7
Bremsscheiben	3,6

Stand: 1999; Quelle: TÜV Auto-Report 2000

Laserscheinwerfer, die mit einer Videokamera gekoppelt sind, können Fußgänger und Radfahrer auf einer Distanz von 150 m erkennen.
www.mercedes-benz.com/d/innovation;
www.daimler-chrysler.de

Auto und Umwelt

Lt. Umfrage des Kraftfahrt-Bundesamtes (KBA, Flensburg) fuhren am 1.2.2000 insgesamt 93,5% aller PKW in Deutschland schadstoffreduziert. Das waren bereits 20% mehr als 1995.
Neue Shell-Studie: Nach Angaben der Shell AG wird der Trend zu einem wachsenden PKW-Bestand trotz starker regionaler

▬ Umweltfreundlichste Hersteller

Hersteller	Punkte
1. Volkswagen	9,8
2. Audi	9,4
3. Mercedes-Benz	7,7
4. Opel	7,6
5. Porsche	7,5

Die Bewertung der PKW und der Hersteller reicht von 0 (sehr schlecht) bis 10 Punkten (sehr gut). Bewertet wurde u. a. der Schadstoffausstoß; Quelle: VCD

Unterschiede bis zum Jahr 2020 anhalten. Es wird mit einem Anstieg von 42 Mio auf 48 Mio bis 52 Mio PKW gerechnet, wobei die Emissionen von Schadstoffen und Kohlendioxid weiter abnehmen wird. Unterstützt durch verbesserte Benzin- und Dieselkraftstoffe werden die Kfz noch strengere Abgaswerte einhalten und noch sparsamer sein. Der Durchschnittsverbrauch kann bis zum Jahr 2020 auf knapp 4 l/100 km gesenkt werden. Der Kraftstoffverbrauch aller PKW soll der Studie zufolge bis 2020 um mind. 30% zurückgehen.

Umweltliste: Der Verkehrsclub Deutschland (VCD, Bonn) bewertete in seinem Öko-Ranking 1999/2000 den VW Lupo 3 L TDI als umweltverträglichstes Kfz, gefolgt vom Daihatsu Cuore GL 3t und dem Opel Corsa

Da bei der Beurteilung der umweltfreundlichsten Autos in den 90er Jahren der Kraftstoffverbrauch ein entscheidendes Kriterium war, wurden stets die sparsamen Kleinwagen zu Umweltautos gekürt. Der Opel Corsa war in zehn Jahren dreimal auf dem Spitzenplatz.

Umweltautos der 90er Jahre

1999 VW Lupo 3L TDI
1998 MCC Smart
1997 Opel Corsa Eco 1.0
1996 Fiat Cinquecento
1995 Ford Fiesta 1.1i
1994 Fiat Cinquecento
1993 Opel Corsa Eco 1.2i
1992 Opel Corsa Eco 1.2i
1991 1991 keine Liste vom VCD erschienen
1990 Fiat Panda 1000 i.e.

Quelle: Verkehrsclub Deutschland (Bonn), www.vcd.org

TopTen Die umweltfreundlichsten Autos[1]

PKW	Punkte
1. VW Lupo 3L TDI	7,80
2. Daihatsu Cuore GL 3t	7,16
3. Opel Corsa Specia 1.0 12V Ecotec 3t	6,77
4. MCC Smart & Pure/Pulse 33/40 kW	6,74
5. Suzuki Swift 1.0 GLS	6,62
6. Daihatsu Sirion CX	6,55
7. VW Lupo 1.0	6,49
8. Ford Focus 1,4 16V	6,45
9. VW Polo 1,0	6,40
10. Toyota Yaris 1,0	6,34

1) lt. Auto-Umweltliste 1999/2000; Quelle: Verkehrsclub Deutschland (Bonn), www.vcd.org

Special 1.0 12V Ecotec 3t. Lupo und Corsa erreichen den neuen Schadstoffgrenzwert D 4, der als Euro 4 erst 2005 europaweit zur Pflicht wird. Zum »Auto des Jahrzehnts« kürte der VCD den Opel Corsa.

PKW-Reifen: Umweltfreundliche PKW-Reifen verringern nicht nur den Verkehrslärm, sie helfen auch Kraftstoff zu sparen. Nach einer Untersuchung des Umweltbundesamtes (Berlin) Ende 1999 an 48 Reifentypen von 14 Herstellern wurden neun Reifentypen als besonders umweltverträglich mit dem »Blauen Engel« ausgezeichnet.

Abgasgrenzwerte: Der Anteil der Schadstoffklasse D3/D4 bzw. Euro2/Euro4 an den PKW stieg 1999 gegenüber 1998 von 11,6% auf 18,8%. Rund 85% der neu zugelassenen PKW erfüllten Anfang 2000 die Abgasgrenzwerte nach D3/Euro3 bzw. D4/Euro4. Da auch 1999 nur wenige PKW die 5-l-Verbrauchsgrenze unterschritten, forderte der Verkehrsclub Deutschland (VCD, Bonn) den Gesetzgeber auf, den Ausstoß des Klimagases Kohlendioxid deutlich zu begrenzen. Spätestens ab 2005 sollte ein verbindlicher Grenzwert von 120 Gramm CO_2/km gelten. Um die Krebsgefahr durch Dieselabgase zu senken, forderte der VCD den serienmäßigen Einbau von Partikelfiltern in alle neuen PKW. www.umweltbundesamt.de/uba-info-daten/ daten/reifen/htm.; www.deutsche-shell.de; www.umweltbundesamt.de; www.vcd.org

Autoverkehr

Kfz-Bestand: In Deutschland waren 1999 rund 51 Mio Kfz mit amtlichem Kennzeichen, 4,7 Mio Kfz-Anhänger und 1,7 Mio Fahrzeuge mit Versicherungskennzeichen registriert. 83% der Kfz waren PKW. Die Fahrzeugdichte belief sich zum Jahresbeginn auf 516 PKW bzw. 617 Kfz pro 1000 Einwohner. Etwa jedes zehnte Fahrzeug stand vorübergehend stillgelegt abseits der Straße.

Neue Buß- und Verwarnungsgelder: Seit dem 1.5.2000 gilt ein neuer Bußgeld- und Verwarnungsgeldkatalog, in dem für einzelne Verstöße im Straßenverkehr die Regelsanktionen verschärft wurden. So wurden die Bußgelder als auch die Dauer des Fahrverbotes bei Geschwindigkeitsüberschreitung von mehr als 40 km/h mit LKW, PKW mit Anhänger und Bussen bzw. 50 km/h für PKW und Krafträder erhöht.

Promillegrenze: 47% aller Deliktmitteilungen, die das Kraftfahrt-Bundesamt 1999 registrierte, waren Alkoholverstöße. Der weitaus größte Teil der monatlich etwa 21 000 Alkoholverstöße waren Alkohol-Straftaten, also keine Alkohol-Ordnungswidrigkeiten (nur Bußgeld). Nach Einführung der 0,5-Promillegrenze zum 1.5.1998 hat die Zahl der Alkohol-Straftaten um jährlich rund 10% abgenommen.

TÜV-Report 2000: Auf Basis von 2 Mio Hauptuntersuchungen rechneten die TÜV-Experten hoch, dass rund 12,8 Mio der insgesamt 45 Mio PKW in Deutschland mit Mängeln versehen sind, davon 9 Mio mit leichten und 3,4 Mio mit schweren Mängeln. 18 223 Fahrzeuge wurden nach dieser Hochrechnung als »verkehrsunsicher« eingestuft. Japanische Hersteller führten die Liste der mängelarmen Fahrzeuge in fast allen Altersklassen an. Zu den Fahrzeugen mit erheblichen Mängeln zählten u. a. Chrysler Voyager, Renault Clio und Seat Marbella.

Pannenhilfe: Der Allgemeine Deutsche Automobilclub (ADAC, München) verzeichnete 1999 bundesweit eine drastisch gestiegene Nachfrage um 9%. Bei 3 441 732 Pannen kamen Mitarbeiter des ADAC und ihre Kollegen von 1130 beauftragten Straßendienstunternehmen Autofahrern zu Hilfe. In 81,9% der Fälle behob die Straßenwacht Schäden direkt vor Ort. Zu den häufigsten Problemen zählten: defekte Batterie, Generator, Zündkerzen und Anlasser, Keilriemen sowie leere Tanks. Neben der Reparatur technischer Defekte leisteten Straßenwacht und Straßendienste 165 518-mal erste Hilfe bei Verkehrsunfällen.

www.kba.de; www.adac.de; www.tuevs.de (TÜV Süddeutschland)

Brennstoffzellenauto

Kfz mit Elektromotoren, bei denen die Antriebsenergie in einer Brennstoffzelle durch Verbrennung von Wasserstoff hergestellt wird. Betankt wird das Kfz mit Methanol. Ein Methanolreformer stellt im Auto Wasserstoff aus Methanol her. Die chemische Reaktion von Wasserstoff und Sauerstoff produziert in der Brennstoffzelle die zum Antrieb des Elektromotors notwendige elektrische Energie.

DaimlerChrysler: Die Markteinführung für Brennstoffzellen-Fahrzeuge ist bei DaimlerChrysler für 2004 vorgesehen. Das Unternehmen plant, die ersten Stadtbusse »Citaro« mit Brennstoffzellenantrieb bereits

Entwicklung des PKW-Bestandes		
Jahr	*Stück (1000)*	*je 1000 Einw.*
1999	43 324	516
1990	35 502	447
1980	25 869	330
1970	15 107	194
1960	4803	66
1950	787	17
1939	1427	21
1930	489	7,5
1922	99	1,6
1907	15	0,2

Quelle: Verkehrsclub Deutschland (Bonn), www.vcd.org

2002 zum Preis von 2,45 Mio DM auszuliefern. Ein Brennstoffzellen-Bus ist rund 4,5-mal teurer als ein herkömmlicher Bus.

Necar 4: Das bereits im Frühjahr 1999 in den USA vorgestellte B. Necar 4 wurde vom 31.1.2000 bis 19.2.2000 auf dem Flughafen München als Testfahrzeug eingesetzt. Necar 4, auf Basis des Mercedes-A-Klasse, erreicht 145 km/h, hat einen Aktionsradius von 450 km und bietet fünf Personen Platz.

Mercedes-Benz: Auf der IAA in Frankfurt/M. stellte Mercedes-Benz ein Forschungsfahrzeug der S-Klasse mit einem kleinen Brennstoffzellen-System vor, das bei abgeschaltetem Motor die elektrische Energie für Klimaanlage, TV-Empfänger, Audioanlage oder Multimedia-System liefert.

Opel: Auf dem Genfer Automobilsalon zeigte Opel im Februar 2000 ein Brennstoffzellen-Konzeptfahrzeug auf Zafira-Basis. Das 55 kW starke Drehstromaggregat wird von einer mit reinem Wasserstoff betriebenen Brennstoffzellen-Einheit mit elektrischer Energie angetrieben.

www.daimlerchrysler.de; www.mercedes-benz.de; www.opel.de; www.ace-online.de

Drei-Liter-Auto

Kfz, das aufgrund seines geringen Treibstoffverbrauchs (3 l/100 km) und seiner Umweltverträglichkeit als zukunftsfähige Alternative zu herkömmlichen Automobilen gilt.

GM Precept: General Motors präsentierte auf der Motor Show in Detroit im Januar

Seit Anfang des 20. Jh. hat sich der PKW-Bestand in Deutschland um mehr als das 2800-fache erhöht.

2000 das Konzeptfahrzeug »Precept« mit einem durchschnittlichen Kraftstoffverbrauch von 2,94 l/100 km. Das fünfsitzige Fahrzeug wird vorn von einem Elektromotor und hinten über einen 1,3-l-Turbodiesel mit 40 kW Leistung und Common-Rail-Technologie angetrieben. Zusätzlich verfügt das Kfz über eine Steuereinheit, die den optimalen Antrieb zwischen den beiden Systemen berechnet. Weitere Merkmale dieser futuristischen Studie sind die Leichtbau-Konstruktion mit hohem Aluminiumanteil sowie ein Kamerasystem zur Beobachtung des rückwärtigen Verkehrs.

Audi A2: Der erste viertürige Dreiliterwagen wiegt dank seiner Alukarosserie nur 825 kg und verbraucht je nach Fahrweise zwischen 3,0 und 3,4 l/100 km. Serienmäßig mitgeliefert werden elektrohydraulische Servolenkung, ESP, ISOFIX, Seitenairbags und ABS.

Smart cdi: Mit Verbesserungen an Fahrwerk und Bremsen ist das Sparauto weiterhin in erster Linie für Stadt und Landstraße konzipiert. Als Serienausstattung kamen hinzu: Fernentriegelung der Heckklappe, Restliter-Tankanzeige, Wisch-Wasch-Automatik für die vorderen und Intervallschaltung für die hinteren Wischer.
www.gm.com; www.audi.de; smart.com

Druckluftauto

Druckluftantrieb: Die Wirkungsweise von Druckluft in Formel-1- und Flugzeugmotoren nutzt das Unternehmen Motor Develop-

ment International (MDI) in Luxemburg für die Konstruktion eines druckluftbetriebenen Motors, der das Herzstück einer neuen Kleinwagengeneration bildet, deren Produktion Ende 2000 beginnen sollte. Die umweltfreundlichen Kfz mit 25 PS und einer Höchstgeschwindigkeit von 110 km/h sollen als Taxi, Lieferwagen oder Pick-up in Serie gehen. Die einer 100 m^3 Luft entsprechende Tankfüllung soll für rund 200 km reichen. Getankt wird über einen Bordkompressor an einer normalen Steckdose innerhalb von vier Stunden oder an einer Druckluft-Schnellladestation innerhalb von zwei Minuten.
www.izz.de; www.home.snafu.de

Erdgasauto

Kfz, die Erdgas als Kraftstoff nutzen. Erdgas ist im Durchschnitt 25% billiger als Diesel.

Seit Anfang der 80er Jahre werden Motoren entwickelt, die Erdgas als Kraftstoff nutzen. E. sind 2500 bis 7000 DM teurer als herkömmliche Kfz. Günstig wirken sich die niedrigen Betriebskosten sowie die Steuerbefreiung aus.

Steuerbefreiung: Die ökologische Steuerreform der deutschen Bundesregierung verlängerte den reduzierten Mineralölsteuersatz für Erdgas als Treibstoff bis Ende 2009.

Konzept 2004: Das Programm »Erdgasfahrzeuge-Konzept 2004« der Westfälischen Ferngas-AG (WFG, Dortmund) sieht vor, dass künftig bis zu 50% der Umrüstkosten (max. 5000 DM) eines Fahrzeugs gefördert werden können. Von etwa 6000 E. in Deutschland wurden Anfang 2000 rund 5000 E. vorwiegend von Gasversorgern eingesetzt.

Image-Kampagne: Die deutsche Gaswirtschaft und die Automobilhersteller BMW, Fiat, Ford, Volkswagen und Volvo initiierten mit Unterstützung des Bundesumweltministeriums Anfang 2000 eine Image-Kampagne, um den Markt für Erdgasfahrzeuge konsequent zu erschließen. Marktanalysen gehen davon aus, dass es in 15 Jahren rund 400 000 E. in Deutschland geben wird.

Typen: Die Automobilindustrie unterscheidet monovalente und bivalente E. Bei monovalenten Fahrzeugen verbrennt der Motor ausschließlich Erdgas, bivalente Autos können wahlweise mit Erdgas oder Benzin fahren. Zu den neueren E. gehören u. a. der 316g von BMW, Fiat Multipla Bipower,

TOP TEN Staaten mit den meisten Erdgasautos

Land	Erdgasautos	Erdgas-Tankstellen
1. Argentinien	401 000	531
2. Italien	290 000	284
3. Russland	205 000	107
4. USA	87 500	1102
5. Neuseeland	25 000	190
6. Kanada	17 220	120
7. Brasilien	14 000	39
8. Pakistan	13 000	12
9. Ägypten	11 500	27
10. Deutschland	6000	130

Stand: April 2000; Quelle: Bundesverband der deutschen Gas- und Wasserwirtschaft (Bonn)

Ford Fiesta und Mondeo, der V 70 von Volvo sowie die Modelle Bora, Golf, New Beetle und Passat von Volkswagen. Im Segment Kleintransporter bietet Ford den Transit sowie den Galaxy und Volkswagen die Modelle Transporter und LT als E. an.

Umweltverträglichkeit: Im Vergleich mit konventionellen Antrieben verringern E. den Ausstoß aller Schadstoffe erheblich (80% weniger Stickoxide und Kohlenmonoxid; praktisch keine Emission von Schwefel und Ruß).

Tankstellen: Bis Mitte 2000 erhöhte sich die Zahl der Erdgas-Tankstellen in Deutschland von 100 im Vorjahr auf 130. Bis 2005 sollen rund 300 Erdgas-Tankstellen bundesweit registriert sein. Erdgas an Tankstellen ist durchschnittlich um rund 50% preiswerter als Benzin und etwa 30% günstiger als Dieselkraftstoff.

www.erdgasfahrzeuge.de (Fahrzeuge, Leasing/Finanzierung, Tankstellen)
www.rgw.de (Rechtsrheinische Gas- und Wasserversorgung)

Hybridfahrzeug

Im H. (lat. hybrid: gemischt, von zweierlei Herkunft) sind außer Elektromotoren Erdgas-, Diesel- oder Ottomotoren eingebaut, wodurch die Vorteile beider Antriebskonzepte bei Bedarf genutzt werden.

Toyota Prius: Es ist das erste Serienfahrzeug, das mit einer innovativen Kombination von Verbrennungs- und Elektromotor angetrieben wird. Mit dem computergesteuerten THS-Antrieb kann ein durchschnittlicher Kraftstoffverbrauch von 3,6 l/100 km erzielt werden. Für die Europa-Version soll ein Wert von unter 5 l erreicht werden.

Fiat Multipla Hybrid Power: Minivan mit rund 450 kg Zusatztechnik, wobei allein die Nickel-Metallhydrid-Batterien 280 kg wiegen. Die Steuerungselektronik befindet sich zwischen Fahrer- und Beifahrersitz. Die Elastizität des Elektromotors macht einen Gangwechsel überflüssig. Eine Batterieladung reicht für ca. 80 km.

Mercedes-Benz: Auf Basis der S-Klasse stellte Mercedes-Benz auf der IAA 1999 ein neues H-Fahrzeug mit V6-Benzintriebwerk und Elektromotor vor. Ein Mikro-Computer gibt stets der Kombination den Vorrang, die in der jeweiligen Situation die meisten Vorteile bietet.

www.fiat.de; www.toyota.de; www.mercedes-benz.de

Kraftstoffe: Benzinpreise (in Euro inkl. Steuern)

Land	Eurosuper	Diesel
Belgien	1,03	0,74
Dänemark	1,09	0,84
Deutschland	0,97	0,72
Finnland	1,12	0,83
Frankreich	1,08	0,81
Griechenland	0,76	0,62
Großbritannien	1,32	1,34
Irland	0,83	0,80
Italien	1,05	0,84
Luxemburg	0,82	0,63
Niederlande	1,12	0,78
Österreich	0,92	0,73
Portugal	0,88	0,62
Schweden	1,09	0,84
Spanien	0,80	0,67

Stand: 10.4.2000; Quelle: Erdöl Energie Informationsdienst Nr. 17/00

Kraftstoffe

Benzin: Nach Daten des deutschen Mineralölwirtschaftsverbands (MWV, Hamburg) stagnierte 1999 in Deutschland der Verbrauch von Ottokraftstoff trotz des erneut gestiegenen PKW-Bestandes. Der Dieselkraftstoffverbrauch nahm dagegen um rund 5% zu. 1999 wurden die Preise für Benzin 42-mal und für Diesel 43-mal angehoben. Im Jahresverlauf erhöhte sich der Durchschnittspreis für Benzin um rund 35 Pfennige und für Diesel um rund 40 Pfennige. Der Preis für ein Barrel (158,8 Liter) Rohöl stieg im Lauf des Jahres 1999 von 18,79 DM auf 48,52 DM. Nach Anhebung der Mineralölsteuer ab 1.1.2000 um 7 Pfennige kostete der Liter Normalbenzin im Durchschnitt 1,85 DM, Super 1,90 DM und Super plus 1,95 DM. Der Durchschnittspreis für Diesel lag bei 1,52 DM je Liter.

Kraftstoffqualität: Der Mineralölkonzern Aral kündigte im April 2000 einen neuen Superplus-Kraftstoff an, der den technischen Bedürfnissen der verbrauchs- und emissionsarmen direkteinspritzenden Ottomotoren gerecht werden sollte. Mit dem neuartigen Superplus werden die ab 2005 verbindlichen

Trotz massiver Erhöhung der Kraftstoffpreise 1999 lag Deutschland im EU-Vergleich noch im Mittelfeld. Am billigsten waren Benzin und Diesel in Griechenland und Spanien. Beim Umweltschutz bildeten diese beiden Staaten aber das EU-Schlusslicht. In Griechenland und Spanien bot nicht einmal jede zweite Tankstelle bleifreien Kraftstoff an.

strengeren europäischen Qualitätsrichtlinien für Abgas und Treibstoff erfüllt.

Schwefelfreies Benzin: Mit dem umweltfreundlichen Benzin »Optimax« startete Shell am 2.5.2000 die Ära des neuen Super-Plus-Treibstoffes, der seit Juni 2000 bundesweit an insgesamt 900 Stationen angeboten wird. Die Bundesregierung beschloss am 22.12.1999, ab 1.11.2001 den schwefelarmen Otto- und Dieselkraftstoff mit weniger als 50 ppm indirekt steuerlich zu fördern, indem Kraftstoffe mit höherem Schwefelgehalt um 3 Pf/l höher besteuert werden. Seit 2000 liegt das EU-Limit für Benzin bei 150 ppm und für Dieselkraftstoff bei 350 ppm.

Rapsöl: Der Einsatz von Rapsöl und Rapsölmethylester (RME) in Dieselmotoren hat aus Sicht des Umweltschutzes keine Vorteile gegenüber der Verwendung herkömmlichen Dieselkraftstoffes und ist nach Aussage eines ökonomischen Gutachtens der Ruhr-Universität Bochum unwirtschaftlich.

Energiestrategie: Die Verkehrswirtschaftliche Energiestrategie (VES) ist eine gemeinsame Initiative der rot-grünen Bundesregierung, der Automobilhersteller BMW, DaimlerChrysler, MAN und VW, des Energieversorgers RWE und der Mineralölunternehmen Aral und Shell. Ziel ist es, sich auf einen oder max. zwei alternative Kraftstoffe für Personen- und Nutzfahrzeuge zu verständigen.

Dieser neue Kraftstoff soll möglichst unabhängig von Erdöl sein, aus erneuerbaren Rohstoffen hergestellt werden können, die Emission von Schadstoffen und CO_2 in der Energiekette weiter reduzieren und für ein breites Spektrum von Antriebssystemen einsetzbar sein. Nach einem im Januar 2000 vorgestellten Zwischenstand sollen die Arbeiten in der nächsten Phase mit den Kraftstoffen Erdgas, Methanol und Wasserstoff fortgeführt werden. Alternative Kraftstoffe werden erst in 15 bis 20 Jahren Benzin und Diesel ablösen können. Mit der Markteinführung neuer Antriebstechniken rechnet die deutsche Automobilindustrie nicht vor dem Jahr 2015.

www.mwv.de; www.aral.de; www.deutsche-shell.de; www.esso.de; www.biodiesel.de
Verkehr →Tankstellen

Navigationssysteme

Floating Car Data: Dieses Navigationssystem von Mercedes-Benz basiert auf dem kontinuierlichen Informationsaustausch von Fahrzeugen. Technisch ausgestattet mit speziellen Funkanlagen, können Daten über Standort, Geschwindigkeit, Fahrbahnzustand und allgemeinen Verkehrsfluss übertragen werden. Diese Informationen können zentral erfasst, ausgewertet und als aktuelle Verkehrshinweise an andere Fahrzeuge übermittelt werden.

Funknavigationsplan: Im Januar 2000 stellte das deutsche Bundesministerium für Verkehr, Bau- und Wohnungswesen den aktualisierten Deutschen Funknavigationsplan (DFNP) vor. Da mit zunehmendem Einsatz moderner Informations-, Kommunikations- und Leittechniken im Verkehr auch die Anforderungen an Funkortung und Navigation steigen, ist ein intelligentes Verkehrsmanagement zur sicheren und effizienten Verkehrsgestaltung ohne moderne Verfahren der Ortung und Navigation nicht denkbar. Dies gilt insbesondere für die Satellitennavigation.

www.bmv.de; www.mercedes-benz.de
Raumfahrt →Satelliten

Anfang 2000 war die Verbreitung bleifreier Kraftstoffe in den EU-Staaten noch sehr unterschiedlich. Fünf Länder boten praktisch nur noch bleifreies Benzin an, in Spanien und Griechenland war dagegen noch nicht einmal die Hälfte aller Tankstellen mit bleifreiem Benzin ausgestattet.

Kraftstoffe: Bleifreies Benzin	
Land	Anteil bleifr. Benzins (%)
Dänemark	100
Deutschland	100
Finnland	100
Niederlande	100
Österreich	100
Schweden	100
Luxemburg	90
Irland	85
Belgien	83
Großbritannien	78
Frankreich	61
Portugal	56
Italien	54
Griechenland	48
Spanien	48

Stand: Anfang 2000; Quelle: eurostat

Bahn

Bahn, Deutsche

(Deutsche Bahn AG, DB)

Beschäftigte: Die Deutsche Bahn AG beschäftigte zum Jahresende 1999 insgesamt 241 638 Mitarbeiter, 4,3% weniger als im Vorjahr. Im März 2000 lag die Zahl der Beschäftigten bei 238 000. Seit Beginn der Bahnreform 1994 hat die B. rund 114 000 Stellen – meistens sozialverträglich – abgebaut. Die letzten längeren Streiks gab es 1992.

Bilanz: Die DB erreichte im Geschäftsjahr 1999 einen Gewinn vor Steuern von 91 Mio Euro (177 Mio DM; Vorjahr 394 Mio DM). Das Betriebsergebnis war mit –87 Mio Euro (–170 Mio DM) erstmals seit Gründung der DB AG rückläufig (1998: +334 Mio DM). Ursachen waren u. a. gestiegener Zinsaufwand und Abschreibungen infolge hoher Investitionen sowie rückläufige Bundesleistungen von rund 1,3 Mrd DM, denen keine entsprechenden Umsatzsteigerungen gegenüberstanden. Gegenüber dem Vorjahr bedeutet dies einen Rückgang um 226 Mio DM. Der Umsatz wuchs um 1,8% auf 30,6 Mrd DM. Die DB Reise & Touristik AG erreichte 1999 einen Umsatz von 8,134 Mrd DM (+3% gegenüber 1998), die DB Regio AG 14,328 Mrd DM (+2%). Der Bereich Cargo sank auf 6,805 Mrd DM, während die anderen Sektoren der B. einen Umsatz von 1,150 Mrd DM (+16,3%) erzielten.

Investitionen: Mit 16,2 Mrd DM erreichten die Investitionen 1999 den höchsten Stand seit der Bahnreform. Seit 1994 investierte die B. rund 89 Mrd DM. Die Maßnahmen zur Infrastruktur wurden 1994–99 durch Bundesmittel mit ca. 46 Mrd DM gefördert. Etwa 9% der Gesamtinvestitionen wurden durch Kredite finanziert.

Aufträge: Die B. vergab 1999 Aufträge für 22,5 Mrd DM an die Privatwirtschaft. 51% (1998: 29%) gingen an kleine und mittelständische Unternehmen, was einem Auftragswert von 11,4 Mrd DM (1998: 6,6 Mrd DM) entsprach. Die Gesamtsumme verteilte sich auf:

– Bau-/Ingenieurleistungen 8,5 Mrd DM
– Industrieprodukte 6,7 Mrd DM
– Dienstleistungen 4,6 Mrd DM
– Energie und Dieselkraftstoff 2,7 Mrd DM.

Holding: Der Vorstandschef der B., Johannes Ludewig, wurde am 14.12.1999 nach zweieinhalb Jahren von Hartmut Mehdorn, dem bisherigen Chef der RWE-Tochter Heidelberger Druckmaschinen, abgelöst. Der Wechsel wurde mit wachsender Kritik am Bahn-Management begründet.

Mittelstandsoffensive: Die B. bekräftigte im März 2000 ihre Absicht, schwach ausgelastete Schienenstrecken in der Region zu erhalten und zu stärken, um die unternehmerischen Potenziale vor Ort besser nutzen zu können. Die Mittelstandsoffensive bezieht Partnerschaften und Kooperationen mit anderen Unternehmen ein.

Regionalnetze: Im Rahmen des Projektes »Regent« erarbeitete die B. für zunächst 37 regionale Eisenbahnnetze mit 9000 km Streckennetz neue Konzepte für den regionalen Personenverkehr.

Kundenmonitor: Mit der Deutschen Post AG präsentierte die B. im Oktober 1999 eine erste große Studie zu Kundenorientierung und -zufriedenheit. Durch das Bielefelder Emnid-Institut befragte die B. im Sommer 1999 über 7100 Kunden in den Segmenten Regionalverkehr, Fernverkehr und Bahnhöfe sowie weitere 4000 Kunden im Bereich Öffentlicher Personennahver-

Deutsche Bahn: Stellenabbau[1]

Jahr	Beschäftigte
1999	241 638
1998	268 743
1997	285 322
1996	306 241
1995	331 552
1994	352 383

1) seit Beginn der Bahnreform; Quelle: Deutsche Bahn AG

Seit Beginn der Bahnreform hat die Deutsche Bahn AG gut 30% der Arbeitsplätze abgebaut.

41

kehr. Unter den vier bestplatzierten Busgesellschaften gehörten drei der DB Regio. Auch die Freundlichkeit der DB-Mitarbeiter in den Zügen und Bahnhöfen wurde deutlich besser bewertet, genauso wie die Sauberkeit der Fahrzeuge und das Sicherheitsgefühl der Kunden auf den Bahnhöfen. Kritisiert wurden insbes. Verspätungen und die komplizierte Tarifstruktur der B.
Tarife: Die Fahrpreise im Fernverkehr der B. blieben 2000 stabil. Eine Tarifreform soll ab 1.6.2001 ein übersichtlicheres Preissystem schaffen. Angeboten werden sollen ein Schalterpreis, ein Bordpreis mit Aufschlag und der Vorausbucherpreis mit Rabatt.
www.bahn.de

Bahnhöfe

Im Rahmen einer groß angelegten Modernisierung (Bahnhofspaket) begann die Deutsche Bahn Ende der 90er Jahre, bundesweit 26 größere und mittlere B. bis 2001 zu kundenfreundlichen Verkehrsstationen umzugestalten. Zugleich plante die Bahn mit dem Projekt 21 die Neugestaltung von Bahnanlagen u. a. für die Städte Lindau, München, Frankfurt/M., Magdeburg, Neu-Ulm und Stuttgart.
DB Station&Service: Die Eigentümerin der Personen-B. betreute 2000 rund 1,1 Mrd Reisende und 2,4 Mrd Bahnhofsbesucher. Die Gesamtinvestitionen des Unternehmens beliefen sich für 2000 auf 1,1 Mrd DM. Mit 5600 Mitarbeitern erwirtschaftete die DB

Station&Service pro Jahr ca. 350 Mio DM. Von den 5948 B. in Deutschland, die im Schnitt 85 Jahre alt waren, wurden in den 90er Jahren ca. 4600 (77%) renoviert. In den 2686 Empfangshallen standen ca. 850 000 m² Verkaufsfläche zur Verfügung. Bis 2030 sollen 30 Stationen komplett um- oder neu gebaut werden.
Oranienburg: Nach 16-monatiger Bauzeit und Investitionen von ca. 20 Mio DM wurde der unter Denkmalschutz stehende Bahnhof am 30.3.2000 wieder eröffnet. Auf 700 m² Ladenfläche präsentiert sich täglich 9000 Besuchern ein Branchenmix.
Berlin Lichtenberg: Der im Mai 2000 neu eröffnete Bahnhof wurde für 34 Mio DM zu einer modernen Verkehrsstation umgestaltet. Über drei Verkaufsebenen präsentieren sich rund 25 Fachgeschäfte und Dienstleistungsbetriebe. Der Bahnhof wurde 2000 täglich von 60 000 Reisenden genutzt.
Berlin Friedrichstraße: Nach vierjähriger Bauzeit und Investitionen von ca. 220 Mio DM wurde der Bahnhof am 2.9.1999 wieder eröffnet. Nicht weit vom Regierungsviertel gelegen, gehört der frühere Zentralbahnhof nun zu einem der attraktivsten und wichtigsten Verkehrsknotenpunkte der Hauptstadt. Der Bahnhof wird täglich von über 110 000 Reisenden und Besuchern genutzt.
Berlin Ostbahnhof: Die im Januar 1999 begonnenen Umbaumaßnahmen wurden im Juni 2000 abgeschlossen. In die Sanierung wurden 63 Mio DM investiert. Auf 12 000 m² präsentieren sich ca. 45 Fachgeschäfte, Restaurants und Cafés. Auf weiteren 11 000 m² wurde ein Bürokomplex errichtet.
Köln: Mit Investitionen von ca. 200 Mio DM wurde der Hauptbahnhof (täglich rund 220 000 Besucher) umgestaltet. Neu sind die »Colonaden« – ein Dienstleistungs- und Einkaufszentrum mit ca. 70 Fachgeschäften, Cafés und Restaurants auf 11 500 m². In die automatische Schließanlage, welche die Gepäckstücke in ein unterirdisches Lager transportiert, wurden 5 Mio DM investiert.
Uelzen: Am 22.5.2000 wurde der Provinzbahnhof neu eröffnet. Das 1888 eingeweihte Bahnhofsgebäude wurde originalgetreu restauriert und vom österreichischen Künstler Friedensreich Hundertwasser (1928 bis 2000) gestaltet. Die Kosten von 16 Mio DM teilten sich DB Station&Service AG, das Land Niedersachsen, Landkreis und Stadt sowie einige Stiftungen.

Unter den Gleisen des Kölner Hauptbahnhofs entstanden für über 200 Mio DM die »Colonaden«, ein Service und Dienstleistungszentrum.

Bahnreform

Das mehrstufige Privatisierungsprogramm der Deutschen Bahn soll bis 2002 Wirtschaftlichkeit und Wettbewerbsfähigkeit des Schienenverkehrs gegenüber Auto- und Luftverkehr verbessern. Seit 1.1.1999 ist die Deutsche Bahn in fünf selbstständige Unternehmensbereiche aufgeteilt:
– DB Cargo für den Güterverkehr
– DB Regio für den Nahverkehr
– DB Reise & Touristik für den Fernverkehr
– DB Netz für Fahrwege und Trassen
– DB Station & Service als Eigentümerin der Personenbahnhöfe.

Verspätete Züge bei der Deutschen Bahn[1]	
Zugart	Anteil der Verspätungen (%)
Intercityexpress ICE	65
Intercity IC	57
Eurocity EC	52
Regionalexpress RE	41
Nachtzüge ICN	41
InterRegio	40
Regionalbahn und Stadtexpress RB und SE	39

1) Züge mit mind. 2 min Verspätung; Quelle: Stiftung Warentest, www.stiftung.warentest.de

Bahnunfälle

Brühl: Am 6.2.2000 entgleiste um 0.13 Uhr der aus Amsterdam kommende D-Zug 203 mit 300 Fahrgästen im Kölner Vorortbahnhof Brühl. Der Zug war mit 120 km/h an einer Weiche entgleist, für die höchstens 40 km/h vorgeschrieben waren, und stürzte in die Vorgärten der anliegenden Häuser. Bei dem Unglück, das auf überhöhte Geschwindigkeit zurückgeführt wurde, kamen neun Personen ums Leben, 149 wurden verletzt. Die DB stellte als Soforthilfe 2 Mio DM für die Opfer bereit. Daraus wurden – unabhängig von gesetzlichen Ansprüchen – kurzfristig Hilfszahlungen an Betroffene und Angehörige geleistet. Im Mai 2000 bestätigte die Kölner Staatsanwaltschaft das Gutachten des Eisenbahn-Bundesamtes (Bonn), das dem Lokführer die Hauptverantwortung an der Katastrophe zugewiesen hatte.
Eschede: Ende 1999, 18 Monate nach dem bisher größten Eisenbahnunfall der Nachkriegsgeschichte in Deutschland, bestätigte ein Gutachten die Annahme der Staatsanwaltschaft Lüneburg, dass ein Ermüdungsbruch eines Radreifens die Ursache der Katastrophe von Eschede im Juni 1998 war, bei der 101 Menschen ums Leben gekommen waren. Das gebrochene Rad, das im Neuzustand 920 mm Durchmesser aufwies, war am Unfalltag auf 867 mm abgefahren und hätte schon bei 880 mm ausgetauscht werden müssen. Ungeklärt blieb, warum die Bahn nicht auf Fehlermeldungen am gebrochenen Rad reagiert hatte. Vor dem Unglück wurden acht Hinweise auf unruhigen Lauf des gebrochenen Radsatzes registriert.

DB Cargo

Zum Fuhrpark der D. gehörten um 2000 rund 120 000 Güterwagen, 4400 Lokomotiven und 75 000 Privatwaggons. 6000 Züge der D. beförderten täglich ca. 1 Mio t Fracht (1999: 71,5 Mrd Tonnenkilometer).
Bilanz: 1999 reduzierte sich die im gewerblichen Eisenbahnverkehr beförderte Gütermenge um ca. 6% auf 287,3 Mio t. Erstmals seit 1991 wurde die Schwelle von 300 Mio t unterschritten. Den höchsten Rückgang verzeichnete der Binnenverkehr mit 7,2%. Der Güterversand ins Ausland sank um 4,5%, der Durchgangsverkehr um 6%, die Importe gingen um 1,6% zurück.

Bahnunfälle: Die schwersten Unglücke	
▶ **Februar 1990:** Beim Frontalzusammenstoß zweier S-Bahn-Nahverkehrszüge im hessischen Rüsselsheim werden insgesamt 17 Menschen getötet und 90 verletzt. ▶ **November 1992:** Beim Zusammenstoß eines D-Zugs mit einem entgleisten Güterzug kommen im niedersächsischen Northeim elf Menschen ums Leben. 52 Personen werden teilweise schwer verletzt. **September 1994:** Ein Frontalzusammenstoß zweier Triebwagen in Bad Bramstedt (Schleswig-Holstein) fordert sechs Menschenleben und 67 Verletzte. ▶ **Juli 1997:** Im hessischen Neustadt durchbohrt ein Metallrohr, das sich von einem entgegenkommenden Güterzug gelöst hat, einen Regionalexpress. Es sterben sechs Menschen, 13 Personen werden verletzt. ▶ **November 1997:** In Elsterwerda in Brandenburg explodieren zwei Wagen	eines mit Benzin gefüllten Kesselzuges bei der Einfahrt in den Bahnhof. Zwei Menschen werden getötet, mehrere verletzt. ▶ **Juni 1998:** In Eschede ereignet sich die schwerste Zugkatastrophe der deutschen Nachkriegsgeschichte. 101 Menschen werden getötet und 88 verletzt, als ein ICE entgleist und an einem Brückenpfeiler zerschellt. Als Ursache der Katastrophe wird später ein defekter Radreifen ermittelt. ▶ **Februar 1999:** In Immenstadt im Allgäu stößt ein Intercity mit einem InterRegio zusammen. Zwei Menschen sterben, 20 werden verletzt. ▶ **April 1999:** Beim Absturz eines Wagens der Wuppertaler Schwebebahn kommen fünf Menschen ums Leben und werden 47 verletzt. ▶ **2000:** In Brühl bei Köln entgleist ein D-Zug wegen überhöhter Geschwindigkeit und stürzt eine Böschung hinab; neun Menschen sterben.

DB Cargo: Transportierte Güterarten

Güterart	Mio t 1999
Erze, Metalle, Eisen, Stahl, Schrott	78,1
Kohle	57,1
Steine und Erden	38,2
Chemie und Düngemittel	28,3
Mineralölerzeugnisse	23,9
Halb- und Fertigerzeugnisse	21,4
Landwirtschaftliche Erzeugnisse und Nahrungsmittel	11,4
Sonstiges	28,9

Quelle: Statistisches Bundesamt, www.statistik-bund.de

DB Cargo: Gütermengen

Jahr	Mio t
1999	287,3
1998	305,7
1997	316,0
1996	307,8
1995	318,2
1994	328,2
1993	314,0
1992	361,2

Quelle: Statistisches Bundesamt, www.statistik-bund.de

Kooperationen: Die Deutsche Bahn und die Wirtschaftsvereinigung Stahl beschlossen im Dezember 1999, ihre Kooperation auszubauen und die Schiene verstärkt als umweltfreundliches Verkehrsmittel zu nutzen. 1998 entfielen 134,3 Mio t (53%) des gesamten Verkehrsaufkommens im Wagenladungsbereich auf den Montanmarkt.

Railion: Am 1.1.2000 starteten D. und die niederländische NS Cargo das gemeinsame Unternehmen Railion, das die Verbesserung der Qualität von Schienentransporten im liberalisierten europäischen Markt durch Nutzung international integrierter Fahrpläne und Produktionssysteme anstrebt.

ChemCargo: Am 31.1.2000 startete ein Chemienetz mit Transport- und Logistiklösungen für Kunden der chemischen Industrie. 1999 transportierte die Bahn 45 Mio t dieser Fracht mit den Zügen der D. Mitte 2000 verband ChemCargo 69 Versandpunkte und 72 Empfangsstellen in Deutschland. Es sollten verstärkt Gefahrgutmengen von der Straße auf die Schiene verlagert werden.

Bahnfrachtnetz in Europa: Der Rat der Europäischen Union beschloss im Dezember 1999 in Helsinki/Finnland ein »Bahnhofspaket«, in dessen Vordergrund ein effizienter Bahnfrachtverkehr steht. Er sollte kundenorientierter und offener werden für den europaweiten Wettbewerb.

DB Netz

Auf dem rund 40 000 km langen Streckennetz der DB standen den Eisenbahnverkehrsunternehmen Mitte 2000 etwa 950 Mio Zugkilometer zur Verfügung.

Netz 21: Die D. plante 2000, bis 2010 ihr Streckennetz von Grund auf zu modernisieren. 48 Mrd DM sollten in das bestehende Schienennetz investiert werden, davon allein 37 Mrd DM in die Verbesserung des Bestandnetzes und 10,8 Mrd DM in die netzweite Einführung innovativer Leit- und Sicherungstechniken. Ab 2001 sollte die Betriebsführung auf den Hauptverkehrsadern von sieben Betriebszentralen zentral gesteuert werden. Die Stellwerke an den Strecken werden ferngesteuert. Etwa 10 000 km des Streckennetzes sollen nach Plänen der Bahn in ein Vorrangnetz ausgebaut werden, das die Ballungszentren miteinander verbindet.

Freight Freeways (FFW): Im grenzüberschreitenden schnellen Güterverkehr feierte die Bahn im Januar 2000 die Premiere auf den allein für den FFW-Verkehr reservierten Trassen: Ein 1300-t-Zug von Kopenhagen nach Mailand benötigte für die 2000 km lange Strecke rund 20 Stunden.

Mobilfunknetz: Am 1.10.1999 stellte die B. den Aufbau eines neuen digitalen Mobilfunknetzes vor. Bei dem Projekt sollte Mannesmann Arcor als Generalunternehmer für die Planung und den Bau des Netzes verantwortlich sein, Nortel Dasa sollte als sog. Systemintegrator die Technologie liefern.

Streckenaus- und -neubau: Die 82 km lange ICE-Neubaustrecke Nürnberg–Ingolstadt wird in drei Schritten fertig gestellt, die Investitionen betragen 1,4 Mrd DM. Ab 2003 wird die Fahrzeit auf der 171 km langen Verbindung zwischen Nürnberg und München nur noch 60 min betragen. Auf der Neubaustrecke (Investitionen: 3,8 Mrd DM) können Züge 300 km/h schnell fahren. Die

ICE-Strecke Frankfurt–Köln, die 2003 fertig gestellt sein soll, wird vorauss. bis zu 2,8 Mrd DM teurer werden.

Europäisierung der Netze: Im Dezember 1999 erzielte der EU-Verkehrsrat in Brüssel den Durchbruch für eine europäische Eisenbahnpolitik. Vor allem der an die nationalen Netze gebundene Eisenbahngüterverkehr soll europäisiert werden. Das beschlossene Paket umfasst u. a. folgende Regelungen:

– Netzzugang auf einem noch näher zu bestimmenden transeuropäischen Schienennetz für den Güterverkehr
– Trennung von Fahrweg und Betrieb der Eisenbahnen
– Zuweisung von sog. Slots (Zeitintervall) auf den Schienenwegen
– Trassenpreise
– Harmonisierung der technischen Systeme und Beseitigung von Engpässen auf den europäischen Güterverkehrsnetzen.

Zur technischen Harmonisierung lag Mitte 2000 ein Richtlinienvorschlag der Kommission vor, über den der Rat der EU binnen Jahresfrist entscheiden wollte.

DB Regio

Die ca. 27 000 Nahverkehrszüge und 4000 S-Bahnen der D. werden täglich von rund 4,5 Mio Fahrgästen genutzt. 1993–99 stiegen die Fahrgastzahlen kontinuierlich von 1,29 Mrd auf 1,66 Mrd. Die D. plante, bis 2004 den gesamten Fuhrpark im Regionalverkehr zu erneuern oder zu modernisieren.

Talent: Zwischen Kleve, Krefeld und Düsseldorf werden ab Herbst 2000 die neuen Talent-Züge in Einfach-, Doppel- und Dreifacheinheiten verkehren.

RegioSwinger: Zwischen Zwickau und Hof setzte die Deutsche Bahn ab Mai 2000 fünf Triebzüge vom Typ VT 612 ein, die durch ihre Neigetechnik in Kurven ca. 20% schneller fahren können als normale Züge und 160 km/h erreichen. Insgesamt gab die Bahn im Rahmen des regionalen Modernisierungsprogramms bis 2004 154 RegioSwinger für 9,1 Mrd DM in Auftrag.

Regio.com: Das Projekt setzt auf verbesserte Kundeninformation auf der Reise. Die Kundenbetreuer im Nahverkehr (KiN) sind mit vorprogrammierten Handys ausgestattet, auf denen Daten zum Zuglauf (Fahrplan, Haltepunkte) gespeichert sind, die auf dem Display angezeigt werden. Mit dem Short

Message Service (SMS) können sich KiN und Transportleitungen bei Verkehrsstörungen direkt verständigen und Informationen über Verspätungen und Reisealternativen sofort an den Fahrgast weitergeben.

DB Reise & Touristik

Auf den Strecken Berlin–Leipzig–München und Frankfurt–Leipzig–Dresden setzte die D. ab 28.5.2000 statt der herkömmlichen IC neue ICE T mit Neigetechnik ein, welche die Fahrzeiten um 50 min verkürzten.

BahnCard: Mit der Zusatzfunktion »Railplus« für 30 DM erhalten BahnCard-Inhaber neben der 50%igen Ermäßigung auf allen DB-Linien im Inland ein Jahr 25% Rabatt auch auf ausländischen Strecken.

Surf & Rail: Im März 2000 erweiterte die D. ihr Ticket-Angebot im Internet erheblich. Surf & Rail, die Sonderangebote für Online-Buchungen, gab es bereits für 254 Städteverbindungen.

DB Reise & Touristik: Die meisten Bahnkilometer[1]

	Land		km
1.	Schweiz		1817
2.	Weißrussland		1302
3.	Frankreich		1092
4.	Dänemark		1015
5.	Österreich		987
6.	Niederlande		941
7.	Italien		822
8.	Schweden		791
9.	Deutschland		722
10.	Belgien		696
11.	Tschechien		680
12.	Ungarn		672
13.	Finnland		656
14.	Großbritannien		612
15.	Rumänien		596
16.	Norwegen		585
17.	Polen		531
18.	Portugal		464
19.	Spanien		450
20.	Irland		173

1) jährlich mit der Bahn zurückgelegte km/Einwohner, letztverfügbarer Stand: 1998; Quelle: LITRA

Der neue ICE 3

Halbierung des Schwingungsniveaus. Bei 350 km/h soll der Energieverbrauch 2,5 l Benzin pro 100 Personenkilometer entsprechen. Während der herkömmliche ICE von einem einzigen Triebkopf gezogen wird, sind beim ICE 3 die Antriebskomponenten unter dem gesamten Fahrzeug verteilt (Unterflurtechnik). Jeder zweite Wagen des ICE 3 ist ein Antriebs- oder Stromversorgungswagen. Der ICE 3 kann dank Mehrsystemtechnik in fast allen europäischen Ländern fahren.

»Airbus«-Konzept: Ab 2010 wollen die Deutsche Bahn und die französische SNCF den aus ICE und TGV weiterentwickelten H. »Airbus« einsetzen. Mit fast 500 Zügen hatte sich der TGV weit besser verkauft als der deutsche ICE.

Sparpreise: Mit dem ICE-Familien-Sparpreis mit BahnCard sind alle Urlaubsziele in Deutschland pauschal für 298 DM zu erreichen (Single-Variante: 249 DM). Anlässlich der Expo 2000 in Hannover bot die D. Sparpreise mit BahnCard bereits ab 49 DM an. Kuriergepäck von Haus zu Haus kostete für das erste Stück 28 DM, für jedes weitere Teil 18 DM. Fahrräder wurden für 9 DM (ohne BahnCard 12 DM) mitgenommen. Den »Sparpreis Frankreich« gibt es auf den deutschen Bahnhöfen ab 398 DM (Aufpreis für Thalys/TGV-Benutzung). Eine Hin- und Rückfahrt von Köln nach London mit Thalys oder Eurostar konnte ab 230 DM gebucht werden. Der »Sparpreis Tschechien« war ab 252 DM erhältlich.

InterRail: Das Rucksack-Ticket für einen Monat gilt von Narvik/Norwegen bis Nordafrika und kostet 648 DM (Tickets für eine bis acht Länderzonen ab 376 DM).

DB Station & Service
→ Bahnhöfe

Hochgeschwindigkeitszüge

ICE 3: Die B. nahm zur Expo 2000 in Hannover die neue ICE-Generation in Betrieb. Der neue Zug soll ab 2002 vorwiegend auf der Neubaustrecke Köln–Rhein/Main eingesetzt werden. Gegenüber dem ICE 1 besitzt der ICE 3 eine 50% höhere Beschleunigung, eine reduzierte Masse je Sitzplatz um 50% und Komfortverbesserungen durch

Metrorapid

Nachdem Anfang 2000 das Transrapid-Projekt aufgegeben worden war, meldeten fünf Bundesländer, unter ihnen NRW, starkes Interesse an einer Version der Magnetbahn für den schnellen Regionalverkehr an. Der M. könnte Städte in Ballungsräumen (z. B. Rhein/Ruhr, Main-Region) als zeitsparende Alternative zu den überfüllten Straßen effizient verbinden. Die Entscheidung über den Standort eines möglichen M. wird nicht vor 2001 erwartet.

Transrapid

Nach der von Bundeskabinett und Betreiberfirmen am 5.2.2000 beschlossenen Aufgabe der überteuerten Stelzenverbindung reservierte die Bundesregierung die eingesparten 5,1 Mrd DM für den Bau einer T.-Strecke in Deutschland. Wieviel der Bund ausgeben wird, hängt jedoch davon ab, wo die neue Strecke gebaut wird.
Noch im Herbst 1999 zeigte sich die rot-grüne Bundesregierung entschlossen, die Technologie der Magnetschwebebahn zwischen Berlin und Hamburg im Sinne einer Referenzstrecke zu realisieren. Dabei sollte die Streckenführung des T. zunächst einspurig – mit der Option zum Begegnungsverkehr – bis zur Inbetriebnahme 2006/07 verlaufen. Vorgesehen war ferner, die in der Regierungskoalition vereinbarte Bausumme von 6,1 Mrd DM nicht zu überschreiten.

www.bahn.de; www.statistik-bund.de; www.bahntechnik.de

Bauen und Wohnen

Bauwirtschaft

Bilanz: Mit einer Abnahme der Auftragseingänge um 1,3% gegenüber dem Vorjahr hielt die Konjunkturkrise in der deutschen B. 1999 an. Einem leichten Auftragsplus im Westen von 1,8% stand ein Rückgang der Nachfrage im Osten um 9% gegenüber. Die B. im Westen erholte sich mit einer Steigerung der Bauinvestitionen um 0,6% auf 334,9 Mrd DM leicht, doch verzeichneten die ostdeutschen Bauunternehmen mit einem Investitionsrückgang um 3,5% auf 23,3 Mrd DM (Wert der Jahre 1993/94) weitere Einbußen. In Westdeutschland war der moderate Zuwachs auf die zunehmende Nachfrage im Wirtschafts- und im öffentlichen Bau zurückzuführen. Die Flaute in Ostdeutschland wurde durch die desolate Lage im Wohnungsbau verstärkt.

Stellenabbau: 1999 ging die Beschäftigtenzahl im deutschen Bauhauptgewerbe (Hoch- und Tiefbau) um 3,3% auf 1,1 Mio zurück, rund 400 000 weniger als 1994. In den neuen Ländern und in Berlin-Ost fiel der Stellenabbau mit 5,2% auf 335 000 Beschäftigte stärker aus als im Westen, wo die Zahl der Arbeitsplätze um 3,5% auf rund 775 000 abnahm.

Prognosen: Der Hauptverband der Deutschen Bauindustrie (Berlin) erwartete auch für 2000 einen bundesweiten Rückgang der Bauleistungen um 1–2% und den Abbau von bis zu 40 000 weiteren Arbeitsplätzen. Mit einer lediglich im Westen Deutschlands einsetzenden Trendwende sei frühestens 2001 zu rechnen.

Tarifabschluss: Im März 2000 einigten sich Arbeitgeber- und Arbeitnehmervertreter in der westdeutschen B. auf einen Tarifvertrag mit 24 Monaten Laufzeit, der Lohnsteigerungen in zwei Etappen um 2,0% (ab 1.4.2000) und 1,6% (ab 1.4.2001) festlegt. Zugleich wurde eine kapitalgedeckte freiwillige Zusatzrente vereinbart, die von Unternehmen und Arbeitnehmern finanziert werden soll. Nach einer weiteren Regelung zur Altersteilzeit können Beschäftigte ab dem 55. Lebensjahr ihre Arbeitszeit auf die Hälfte reduzieren, wobei die Löhne durch Zuschüsse der Bundesanstalt für Arbeit (Nürnberg) auf 70% des letzten Vollzeitgehalts aufgestockt werden. Die Tarifpartner der ostdeutschen B. einigten sich im Mai 2000 im Rahmen des Schlichtungsverfahrens auf die Anhebung des Mindestlohns zum 1.9.2000 um 2% (16,60 DM) und zum 1.9.2001 um 1,6% (16,87 DM). Die Tariflöhne, die 2000 zunächst stagnierten, erhöhen sich zum 1.4.2001 um 1,4%.

Gesetzgebung: Am 1.5.2000 trat ein Gesetz zur Beschleunigung fälliger Zahlungen in Kraft, das der Verschlechterung der Zahlungsmoral privater und staatlicher Auftraggeber vor allem in der B. entgegenwirken soll. Der Schuldner kommt bei einer Geldforderung (außer bei Mieten und Unterhaltszahlungen) grundsätzlich 30 Tage nach Fälligkeit und Zugang einer Rechnung ohne Mahnung in Verzug. Der Verzugszinssatz wurde von 4% auf einen Wert jeweils 5% über dem Basiszinssatz der Bundesbank (Mitte 2000: 2,68%) angehoben.

Preiskartell: Im größten Verfahren seiner Geschichte verhängte das Bundeskartellamt (Berlin) im November 1999 gegen 33 Firmen der Betontransportbranche Bußgelder von insgesamt 255 Mio DM. Geahndet wurden langjährige wettbewerbsschädigende

In der deutschen Bauwirtschaft wurden konjunkturbedingt 1995–99 insgesamt 311 000 Stellen abgebaut. Seit 1995 gingen fast 17 600 Baufirmen in Deutschland in Konkurs.

Bauwirtschaft in der Konjunkturkrise

Beschäftigte	1995	1999
West	968 000	
	775 000	
Ost	443 000	
	335 000	

Insolvenzen		
Gesamtdeutschland	9191	
	8400[1]	

1) inkl. Ostdeutschland; Quelle: Deutsches Institut für Wirtschaftsforschung (DIW); www.diw.de

◼ Bauwirtschaft: Der Fall Holzmann

Im November 1999 einigte sich die Philipp Holzmann AG mit den Gläubigerbanken auf einen Sanierungsversuch des mit rund 2,4 Mrd DM verschuldeten und vom Konkurs bedrohten deutschen Baukonzerns. Der Einigung war eine Initiative der rot-grünen Bundesregierung und das persönliche Eingreifen von Bundeskanzler Gerhard Schröder (SPD) vorausgegangen. Holzmann erhält u. a. staatliche Beihilfen von 250 Mio DM, davon 150 Mio DM als Darlehen der bundeseigenen Kreditanstalt für Wiederaufbau, 100 Mio DM als Bürgschaft.

▶ **Lohnverzicht:** Konzernvorstand und Industriegewerkschaft (IG) Bau vereinbarten im Januar 2000 ein Tarifpaket zur Beteiligung der Arbeitnehmer an der Sanierung des Konzerns. Außer einem 18-monatigen Lohnverzicht von 6% wurden die Beschäftigten vom 15.2.2000 bis 31.7.2001 zu fünf unentgeltlichen Überstunden pro Woche verpflichtet, die nur bei guter Ertragslage in

Form von Freizeitausgleich zurückerstattet werden sollten.

▶ **Sanierung:** Die Unternehmensberatung Roland Berger (München) legte Anfang 2000 ein Sanierungsgutachten vor, das auf eine Umwandlung der Philipp Holzmann AG vom deutschen Baukonzern zum internationalen Unternehmen abzielte. Das Engagement sollte auf die Hauptgeschäftsfelder Hochbau im Rahmen renditeträchtiger Objekte, Wirtschaftsbau, Bau von Infrastruktureinrichtungen und Gebäudemanagement von Großobjekten konzentriert werden. Dem Konzern wurde verordnet, die rund 600 Firmenbeteiligungen drastisch zurückzuführen und das inländische Baugeschäft durch die Reduzierung der Niederlassungen von 40 auf 17 Standorte in Verbindung mit dem Abbau von rund 2700 der ca. 28000 Arbeitsplätze auszudünnen.

▶ **Kritik:** Während die großen politischen Parteien Deutschlands die Rettung des

Konzerns begrüßten, kritisierten vor allem Vertreter der Wirtschaft den staatlichen Eingriff, der den Marktmechanismus außer Kraft setze. Durch den Verzicht der Arbeiter und Angestellten sowie durch öffentliche Beihilfen für Holzmann entstünden Wettbewerbsverzerrungen, die Branchenkonkurrenten gefährden könnten.

▶ **Fahndung:** In einer groß angelegten bundesweiten Aktion wurden Anfang 2000 Firmengebäude des Konzerns und Privatwohnungen ehemaliger Manager durchsucht. Die Staatsanwaltschaft reagierte auf eine von Holzmann erstattete Strafanzeige. Der Baukonzern hatte die im November 1999 angeblich plötzlich aufgetauchten Verluste von 2,4 Mrd DM mit mutmaßlich kriminellen Machenschaften erklärt. Bis Mitte 2000 ergaben die Ermittlungen keine konkreten Anhaltspunkte für eine Beteiligung von Aufsichtsratsmitgliedern an den vermuteten Bilanzdelikten.

www.philipp-holzmann.de

Das 1999 eröffnete, mit 321 m höchste Hotel der Welt, das segelschiffförmige »Burdsch el Arab« steht auf einer künstlichen Insel in Dubai.

Quotenabsprachen über die Lieferung von Transportbeton für Bauunternehmen in Berlin, Südost-Niedersachsen, Sachsen-Anhalt und Chemnitz. Die Ausschaltung des Wettbewerbs in diesen Regionen habe einen Mehrerlös von etwa 10 DM bzw. 10% pro m^3 Beton gebracht.

www.bauindustrie.de (Aus- und Fortbildung, Branchenzahlen, Infodienste)

Hochhäuser

Höhenrekorde: Anfang 2000 befand sich das Modellprojekt des Seven South Dearborn-Tower in Chicago (USA), mit 610 m das künftig höchste Gebäude der Welt, in der Testphase. Die Grundsteinlegung für den Wohn- und Büroturm im Finanzzentrum der Stadt war für Mitte 2000, die Fertigstellung für 2004 geplant. Fünf weitere, noch nicht vollendete Bauprojekte wetteiferten im Jahr 2000 darum, die beiden 452 m hohen Petronas-Twin-Towers in Kuala Lumpur (Malaysia) als welthöchstes Gebäude abzulösen:
– Kowloon Tower in Hongkong (576 m)
– Shanghai World Financial Center in China (460 m, sollte aber aufgestockt werden)
– Grollo Tower in Melbourne (Australien, geplante Höhe: 560 m)
– São Paulo Tower in Brasilien (495 m)
– World Center for Vedic Learning in Jabalpur (Indien, 677 m)

Hotel in Dubai: Ende 1999 wurde am Persischen Golf vor der Küste von Dubai das höchste Hotel der Welt eröffnet. Das 321 m hohe, segelschiffförmige »Burdsch el Arab« auf einer künstlichen Insel ist für die Zielgruppe der Superreichen konzipiert und verfügt außer einer hauseigenen Rolls-Royce-Eskorte über einen Hubschrauber-Landeplatz in der 28. Etage.

Immobilien

Aufschwung: Das Immobilienvermögen in Deutschland erhöhte sich 1992–99 um 2,2 Billionen DM auf rund 7,3 Billionen DM. Die Preise für Einfamilienhäuser stiegen nach Angaben des Rings Deutscher Makler (RDM, Hamburg) 1999 nach einer fünfjährigen Rezessionsphase wieder an und erreichten im Westen ein Plus von 2%. In Ostdeutschland stand der I.-Markt mit einem Preisrückgang von durchschnittlich 3,2% für Einfamilienhäuser weiter unter Druck. Als Impulse für wachsende Nachfrage und Preisanstieg wertete der RDM höhere verfügbare Einkommen und Verknappung von Bauland.

Wohnbauförderung: Im Jahr 2000 stellte der Staat für Investoren einer selbst genutzten Neubauimmobilie für acht Jahre jeweils 5000 DM jährlich zur Verfügung und gewährte darüber hinaus pro Kind und Jahr 1500 DM. Ab Januar 2000 wurden die für den Bezug der Fördergelder maßgeblichen Einkommensgrenzen (Gesamteinkünfte im Jahr des Antrags und in der Periode davor) auf 320 000 DM für Verheiratete und 160 000 DM für Ledige herabgesetzt. Als Ausgleich wurde die sog. Familienkomponente eingeführt, nach der den Einkommensgrenzen für den Berechnungszeitraum 60 000 DM pro Kind zugeschlagen werden.

Fertighäuser: Der deutsche Markt für Fertighäuser verzeichnete nach dem Ende des Baubooms in Ostdeutschland 1999 nur noch eine minimale Wachstumsrate von 0,2%. Der Anteil der schlüsselfertigen Häuser am Eigenheimbau wird sich einer Marktforschungsstudie zufolge von 9,9% (1998) auf 9,0% (2002) verringern. Wirtschaftlich behaupten könnten sich dagegen Fertighäuser in ökologischer Bauweise, deren Absatz 1999 um 30% zunahm. Bereits 22,7% der 1999 verkauften Fertighäuser waren ökologisch ausgestattet, z. B. mit Solaranlagen und Brauchwasseraufbereitung.

Immobilien: Marktentwicklung der Fertighausbranche

Jahr	verkaufte Objekte	Umsatz (Mio DM)
2001[1]	21 657	5729
2000[1]	21 772	5812
1999	21 729	5811
1998	21 678	5788
1997	20 651	5541
1996	17 937	5193

1) Prognose; Quelle: Interconnection

Immobilien in Großstädten

Stadt	Preis (1000 DM)[1]
Augsburg	565
Berlin (West)	550
Bonn	520
Dortmund	590
Düsseldorf	650
Essen	610
Frankfurt/Main	750
Freiburg i. Br.	650
Hamburg	520
Heidelberg	650
Karlsruhe	550
Kiel	420
Köln	580
Ludwigshafen	450
Mainz	600
München	850
Nürnberg	595
Saarbrücken	490
Stuttgart	730
Wiesbaden	850

1) freistehendes Eigenheim mit 125 m² Wohnfläche, inkl. Garage und Grundstück; Stand: Mitte 2000; Quelle: Ring Deutscher Makler (RDM, Hamburg)

Im großstädtischen Raum waren Immobilien Mitte 2000 in München und Wiesbaden am teuersten, in Kiel am billigsten.

Europahaus: Im Februar 2000 stellte die Entwicklungsgruppe Europahaus auf der Fachmesse Bautec in Berlin ein System vor, das die Fabrikfertigung eines Einfamilienhauses in 72 min ermöglichen soll. Für die Montage der Hausteile auf der Baustelle

Leerstand in Ostdeutschland

Bundesland		leer stehende Wohnungen	Leerstandsquote (%)
Sachsen		375 000	16,8
Sachsen-Anhalt		184 000	14,4
Brandenburg		129 000	11,2
Mecklenburg-Vorp.		90 000	11,1
Thüringen		104 000	9,3
Berlin		155 000	8,5

Stand: 1998; Quelle: Statistisches Bundesamt, www.statistik-bund.de

durch ein achtköpfiges Team wurden 3,5 h veranschlagt. Die Kosten pro m^2 bezifferte die Gruppe auf max. 1500 DM. Der Produktionsstart war für 2002 geplant.
www.europahaus.de (Kontaktadressen, Presseinformationen, Vertrieb)

Mieten in deutschen Städten

Stadt	Nettokaltmiete (DM pro m^2)[1]
München	16,20
Heidelberg	15,50
Düsseldorf	14,50
Köln	14,00
Bonn	13,50
Stuttgart	13,50
Rostock	13,50
Frankfurt/Main	13,00
Hamburg	13,00
Wiesbaden	13,00
Freiburg/Breisgau	12,50
Mainz	12,00
Dortmund	11,50
Mannheim	11,00
Kiel	10,80
Magdeburg	10,75
Bremen	10,50
Lübeck	10,50
Erfurt	10,00
Essen	9,75

1) 3-Zimmer-Wohnung mit 70 m^2 Wohnfläche, mittlerer Wohnwert; Stand: 1999; Quelle: Ring Deutscher Makler (RDM, Hamburg)

Seit Jahren ist München bei den Mieten die teuerste Stadt Deutschlands. Vergleichsweise günstig wohnt man im Ruhrgebiet (Dortmund, Essen) und in einigen norddeutschen Städten (Kiel, Lübeck).

Leerstand

Anfang 2000 erreichte die Zahl der leer stehenden Wohnungen in Ostdeutschland nach Angaben des Bundesministeriums für Verkehr, Bau- und Wohnungswesen die Marke von 1 Mio. 13% der vorhandenen Wohnungen waren von L. bedroht, mehr als doppelt so viele wie 1993.
Regionen: Zu den betroffenen Objekten zählten insbes. Plattenbau-Großsiedlungen, aber auch vor 1948 errichtete Häuser im Zentrum von großen Städten. Gemessen am Bestand betrug die L. Anfang 2000 in einigen ostdeutschen Großstädten schon rund 30%. Hohe Arbeitslosigkeit und die damit verbundene Abwanderung Arbeitssuchender in wirtschaftsstarke Regionen wurden ebenso wie der Umzug von Stadtbewohnern in günstig finanzierte Eigenheime im Umland als Hauptursachen für den L. genannt.
Maßnahmen: Die rot-grüne Bundesregierung setzte Anfang 2000 eine Expertenkommission unter Leitung des ehemaligen Leipziger Oberbürgermeisters Hinrich Lehmann-Grube (SPD) ein. Die Runde sollte bis Herbst 2000 Vorschläge erarbeiten, wie der Verödung und drohenden Verslumung ganzer Stadtteile Einhalt geboten werden kann. Auch der Abriss leer stehender Gebäude sollte geprüft werden.

Mieten

Mit einem Anstieg der M. um 1% wurde 1999 in Deutschland der geringste Zuwachs seit Einführung des Mietindexes (1962) registriert. Bundesbauminister Reinhard Klimmt (SPD) bezeichnete neben der allgemeinen Entspannung auf den Wohnungsmärkten vor allem die nur geringfügig anziehenden Kaltmieten von 1,8% (1997: 4,4%) als Hauptgrund für die niedrige Steigerungsrate. Westdeutsche Haushalte mussten 1999 im Durchschnitt etwa 800 DM, ostdeutsche Haushalte knapp 450 DM pro Monat für M. aufbringen.
Mietrecht: Im März 2000 stellte Bundesjustizministerin Herta Däubler-Gmelin (SPD) einen Referentenentwurf zur Reform des Mietrechts vor. Er soll u. a. dazu beitragen, die Zahl der jährlich etwa 300 000 bei Gerichten anhängigen Mietprozesse durch verbesserte Lesbarkeit und Verständlichkeit zu verringern. Eckpunkte des Entwurfs sind:

– Stärkung des Vergleichsmietensystems durch Mietspiegel und Mietdatenbanken
– Senkung der Kappungsgrenze bei Mieterhöhungen von 30% auf 20%; die Miete kann in drei Jahren nur um 20% steigen, darf jedoch (wie bisher) die ortsübliche Vergleichsmiete nicht überschreiten
– Herabsetzung der Modernisierungsrate; statt bisher 11% darf der Vermieter nur noch 9% der Kosten einer Baumaßnahme auf die Jahresmiete aufschlagen
– Asymmetrische Kündigungsfristen bei unbefristeten Mietverträgen; der Mieter kann stets mit Dreimonatsfrist kündigen, der Vermieter muss je nach Mietdauer Fristen von drei bis zwölf Monaten einhalten
– Festlegung des Kündigungsschutzes für die Eigenbedarfs- und die Verwertungskündigung nach der Umwandlung einer Miet- in eine Eigentumswohnung auf bundeseinheitlich drei Jahre.

Reaktionen: Der Deutsche Mieterbund (Köln) befürwortete den Referentenentwurf, Vertreter der Wohnungswirtschaft kritisierten, dass die Bereitschaft von Investoren, Geld in den Wohnungsbau fließen zu lassen, weiter reduziert werde.

Büromieten: Bei den Vermietungen von Büros wurden 1999 in den Wirtschaftsräumen Hamburg, Berlin, München, Köln und Düsseldorf Umsatzsteigerungen erzielt, während in Leipzig und Dresden, den wichtigsten Bürostandorten in Ostdeutschland, die Vermietungsleistungen deutlich zurückgingen. Die höchsten Durchschnittsmieten pro m^2 (25–36 DM) wurden in Frankfurt/M., München, Berlin, Hamburg und Stuttgart erzielt. Die Leerstandsquote bei Bürogebäuden betrug 1999 rund 4,9%.

www.mieterbund.de (Checklisten, Mieturteile)

Schlechtwettergeld

Zahlungen an Beschäftigte der Bauwirtschaft bei witterungsbedingtem Arbeitsausfall

Gesetz: Zum 1.11.1999 trat eine neue Tarifregelung für das S. in Kraft, das 1996 von der CDU/CSU-FDP-Bundesregierung abgeschafft und durch verschiedene Regelungen ersetzt worden war. Die mit den Stimmen von SPD, Bündnis 90/Die Grünen und PDS verabschiedete Novelle soll die hohe Winterarbeitslosigkeit im Bauhauptgewerbe durch finanzielle Entlastung der Bauarbeitgeber verringern. CDU/CSU und FDP lehnten die

Mieten: Büromieten in europäischen Großstädten		
Standort	*Spitzenmieten (Euro/m^2)*	*Leerstandsquote (%)*
London	70	6,5
Paris	39	4,4
Frankfurt/Main	38	7,1
Berlin	23	9,3
Madrid	22	4,1
Mailand	21	8,1
Amsterdam	20	3,2
Lissabon	19	2,7
Wien	18	3,0
Brüssel	17	5,2

Stand: 1999; Quelle: Deutsche Grundbesitz

Neuregelung ab, weil sie die Lohnnebenkosten deutlich erhöhe sowie Unternehmen und Beitragszahler zusätzlich belaste.

Bestimmungen: Das Schlechtwetterrisiko wird weiterhin auf Arbeitnehmer, Arbeitgeber und die Bundesanstalt für Arbeit (BA, Nürnberg) verteilt. Wie bisher sollen die Beschäftigten durch Mehrarbeit im Sommer ein Arbeitszeitguthaben einbringen, aus dem bei witterungsbedingtem Arbeitsausfall im Winter 30 (bisher 50) Stunden ausgeglichen werden. Ab der 31. (bisher 51.) bis 100. Stunde erhalten die Arbeitnehmer ein Ausfallgeld aus der Winterbau-Umlage der Arbeitgeber. Im Gegensatz zur bisherigen Regelung werden Unternehmen für die 31. bis 100. Ausfallstunde Beiträge für die Sozialversicherung aus der Umlage voll statt nur zur Hälfte erstattet. Als Anreiz für die Beschäftigten am Bau, ihr Arbeitszeitkonto mit mehr als 30 Stunden aufzufüllen, wird jede weitere vorgearbeitete Stunde mit 2 DM zusätzlich vergütet.

Bundesanstalt: Ab der 101. (bisher 121.) Ausfallstunde zahlt die BA ein beitragsfinanziertes Winterausfallgeld. Die Neuregelung werde lt. rot-grüner Bundesregierung die BA mit max. 55 Mio DM finanziell mehr belasten. Die Kosten würden durch den Rückgang witterungsbedingter Kündigungen und geringeren Aufwendungen für Arbeitslose überkompensiert. Bereits 7500 weiterbeschäftigte Bauarbeitnehmer führten zum Ausgabenausgleich der BA.

www.arbeitsamt.de (Infos über Geldleistungen)

In der britischen Hauptstadt London waren die Büromieten 1999 rund viermal so hoch wie in der EU-Metropole Brüssel. Der Bauboom in der deutschen Hauptstadt Berlin in den 90er Jahren führte bei den Büroimmobilien zu einer Leerstandsquote von fast 10%.

Schürmann-Bau

Vom Kölner Architekten Joachim Schürmann entworfenes Gebäude, das vor der deutschen Vereinigung und dem Umzug von Parlament und Regierung nach Berlin als Erweiterung für den Bundestag in Bonn vorgesehen war

Urteil: Das Landgericht Bonn gab im März 2000 einer Klage der Bundesrepublik Deutschland Recht (Aktenzeichen: 1 0 376/97). Sie hatte von zwei Rohbauunternehmern, deren niederländischer Muttergesellschaft Hollandsche Beton Groep und der mit der Bauleitung beauftragten Architektengemeinschaft Schadenersatz von 286 Mio DM für die Hochwasserschäden am S. gefordert. Über die Höhe der Haftungssumme sollte in einem getrennten Verfahren entschieden werden.

Hochwasser: Das Landgericht hatte festgestellt, dass das Hochwasser wegen einer fehlenden 38 m langen Schutzkonsole in den Bau eindringen und den Auftrieb verursachen konnte. Beim Rheinhochwasser im Dezember 1993 hatte sich das Gebäude um bis zu 70 cm angehoben und verkantet. Nachdem etwa ein Drittel des Rohbaus beschädigt worden war, ließ die damalige CDU/CSU/FDP-Bundesregierung den Bau einstellen (bis dahin angefallene Baukosten: rund 370 Mio DM). 1996 wurde der Weiterbau verfügt, Anfang 2002 soll die Deutsche Welle mit rund 1300 Mitarbeitern den S. beziehen.

Soziale Stadt

Von Mitte bis Ende der 90er Jahre erhöhten sich die Wohnnebenkosten insgesamt um ca. ein Viertel.

Programm: Auf Initiative der rot-grünen Bundesregierung starteten Bund und Länder Anfang 2000 das bis 2003 befristete und mit 1,5 Mrd DM veranschlagte Städtebau-Förderprogramm »Die soziale Stadt«. Es soll der Bildung von sozialen Ghettos und der zunehmenden Verwahrlosung in deutschen Großstädten entgegenwirken. Bund und Länder unterstützen je zu gleichen Teilen Vorhaben zur Verbesserung der Lebenssituation von Menschen, die in Problemvierteln mit hoher Arbeitslosigkeit und mangelhafter Infrastruktur leben.

Adressaten: Für das Programm wurden bis Mitte 2000 rund 160 Gebiete in 123 Städten und Gemeinden ausgewählt. Im Westen waren vor allem die in der Gründer- und Nachkriegszeit entstandenen sog. Schlafstädte, im Osten die in DDR-Zeiten gebauten Plattenbausiedlungen Zielobjekte des Programms.

www.sozialestadt.de (Infos des Bundesbauministeriums)

Wohngeld

Staatlicher Zuschuss zu den Wohnkosten in Deutschland, der Beziehern von geringen Einkommen ein angemessenes Wohnen ermöglichen soll. Das W. wird je zur Hälfte von Bund und Ländern finanziert. Die Höhe des W. richtet sich nach der Zahl der Haushaltsmitglieder, dem Familieneinkommen und der Monatsmiete oder – bei Wohnraumeigentümern – der finanziellen Belastung. Für das Sonder-W. Ost galt bis Ende 2000 eine Übergangsregelung, mit der ostdeutsche W.-Bezieher gegenüber Westdeutschen bevorzugt werden.

Bilanz: In Deutschland bezogen Ende 1998 (letztverfügbarer Stand) insgesamt 2,95 Mio Haushalte W., davon 2,2 Mio im Westen. Die W.-Ausgaben summierten sich auf rund 7 Mrd DM, davon trug der Bund 54%. Im Haushalt 1999 waren 4,1 Mrd DM für W. veranschlagt.

Reform: Im November 1999 billigte der Bundestag eine W.-Reform, die zum 1.1.2001 in Kraft treten sollte. Mit der Aufhebung des Sonderstatus' Ostdeutschland wird das W. in Westdeutschland an das deutlich höhere W. in der neuen Bundesländer angepasst. Durch Erhöhung der W.-Leistungen in Westdeutschland um durchschnittlich 83 DM pro Monat (+50%) soll das Gleichgewicht zwischen dem Pauschal-W. (ab 2001: besonderer Mietzuschuss für Sozialhilfeempfänger) und dem seit 1990 nicht mehr erhöhten Tabellen-W. (ab 2001: allgemeines W.) wieder hergestellt werden. Bundesbauminister Reinhard Klimmt (SPD) bezifferte die Leistungsverbesserungen im Rahmen der Reform auf jährlich 1,4 Mrd DM.

www.bmvbw.de (Wohngeld- und Mietenbericht)

Wohnnebenkosten: Anstieg 1996–99 (%)				
Gebührenart	1996	1997	1998	1999
Müllabfuhr	▲ 6,7	▲ 7,5	▲ 7,0	▲ 2,5
Wasserversorgung	▲ 4,1	▲ 3,7	▲ 3,1	▲ 1,8
Abwasserentsorgung	▲ 4,5	▲ 4,3	▲ 2,3	▲ 1,4
Wohnnebenkosten insgesamt	▲ 4,4	▲ 4,4	▲ 3,6	▲ 1,8
Nettokaltmieten	▲ 3,2	▲ 2,5	▲ 1,1	▲ 1,0
Wohnungsmieten inkl. Nebenkosten	▲ 3,4	▲ 2,8	▲ 1,6	▲ 1,1
Lebenshaltungskosten	△ 1,4	△ 1,9	△ 1,0	△ 0,5

Quelle: Institut für Städtebau (ifs, Bonn)

Wohnnebenkosten

Die vom Mieter zu entrichtenden Gebühren u. a. für Abwasserbeseitigung, Müllabfuhr, Straßenreinigung, Schornsteinfegerdienste und Wasserversorgung

Bilanz: Mit +1,8% verlangsamte sich 1999 der Anstieg der W. (auch zweite Miete) gegenüber dem Vorjahren. Im Vergleich zur Nettokaltmiete (+1,0%) und allgemeinen Lebenshaltungskosten (+0,5%) verzeichneten sie jedoch einen überproportionalen Zuwachs. Inkl. Heizungs- und Warmwasserkosten hatten Wohnungsnehmer 1999 nach Angaben des Instituts für Städtebau (ifs, Bonn) fast ein Viertel der Gesamtmiete für Nebenkosten aufzubringen.

Gebühren: Von den kalten W. verzeichneten die Gebühren für Müllabfuhr 1999 mit +2,5% im Vergleich zu 1998 die stärkste Zunahme, obwohl ihre Steigerungsrate gegenüber den Vorjahren stark abnahm (Tab. S. 52). Dem Deutschen Mieterbund (Köln) zufolge war die Einführung der Ökosteuer (1.4.1999) für die Verteuerung von Müllabfuhr, Straßenreinigung, Abwasserentsorgung, Strom und Aufzugskosten verantwortlich. 1999 waren Mieter einer 70 m²-Wohnung mit 350 DM Mehrkosten belastet.

Energiekosten: Für Strom, Gas u. a. Brennstoffe zahlten private Haushalte 1999 durchschnittlich 2,3% mehr als 1998. Steigende Rohölpreise auf dem Weltmarkt, ein hoher Dollarkurs und die Ökosteuer wurden als Hauptursachen für den deutlichen Anstieg der Energiekosten genannt.

Steuern und Finanzen → Ökosteuer

Wohnungsbau

Bilanz: 1999 wurden in Deutschland ca. 472 800 Wohnungen fertig gestellt, 5,6% weniger als im Vorjahr. In Ostdeutschland ergab sich ein zweistelliges Minus von 19,9% gegenüber –0,6% in Westdeutschland. Ursache des Rückgangs war die deutliche Abnahme von 19,7% bei neu gebauten Mehrfamilienhäusern, während die W. in Einfamilienhäusern um 10,7% zunahm. Die Zahl der Baugenehmigungen verringerte sich 1999 zum fünften Mal hintereinander auf 438 000 (–8%), 89% betrafen Genehmigungen für Neubauwohnungen.

Sozialwohnraum: Die Zahl der Bewilligungen im sozialen W. reduzierten sich 1998 (letztverfügbarer Stand) im Vergleich zu 1997 um 23% auf 82 759. Die staatliche Förderung verringerte sich 1999 gegenüber 1998 um rund 19% auf 1,1 Mrd DM. Weil die von der Sozialbindung befreiten älteren Wohnungen nicht ausreichend durch neue Sozialwohnungen ersetzt wurden, rechnete man zu Anfang des 21. Jh. mit einer deutlichen Verknappung an billigem Wohnraum.

Sanierung: Die Kreditanstalt für Wiederaufbau (KfW) startete im Februar 2000 ein bis 2002 befristetes Programm in Höhe von 10 Mrd DM zur Modernisierung von Wohnraum in Ostdeutschland. Im Gegensatz zur 1990–99 laufenden Initiative wurde die Förderung auf zwingend notwendige Modernisierungen beschränkt: vor 1948 errichtete Altbauten, mehr als neungeschössige Häuser und denkmalgeschützte Gebäude. Das neue Programm stand wie bisher Privatpersonen, Wohnungsgesellschaften und öffentlich-rechtlichen Antragstellern offen. Die KfW bezifferte die zur Behebung aller Mängel anfallenden Investitionen in Ostdeutschland auf 135 Mrd DM.

www.bmvbw.de (staatliche Eigenheimförderung)
www.kfw.de (Wohnungsbauförderung)

Wohnungsbau

Bundesland	Genehmigte Wohnungen[1]
Baden-Württ.	51
Bayern	62
Berlin	32
Brandenburg	89
Bremen	33
Hamburg	29
Hessen	45
Meckl.-Vorp.	75
Niedersachsen	60
Nordrh.-Westf.	47
Rheinland-Pfalz	59
Saarland	38
Sachsen	54
Sachsen-Anhalt	52
Schlesw.-Holst.	65
Thüringen	46

1) je 10 000 Einwohner; Stand: 1999; Quelle: Statistisches Bundesamt, www.statistik-bund.de

Bevölkerung

Alter

Am 31.12.1998 (letztverfügbarer Stand) betrug der Anteil der ab 60-Jährigen an der Gesamtbevölkerung in Deutschland nach Angaben des Statistischen Bundesamtes (SB, Wiesbaden) rund 22%.

Altersaufbau: Geringe Fruchtbarkeitsraten (1,35 Kinder/Frau im Westen, 1,10/Frau im Osten), gestiegene Lebenserwartung und sinkende Zuwanderung junger Menschen gelten als Ursachen, dass der Anteil der Älteren an der Bevölkerung Ende des 20. Jh. in Deutschland noch weiter zunahm (1990: 20,4%). Das Durchschnittsalter der Bevölkerung in Deutschland betrug um 1998 39,1 Jahre mit Bundesländer-Unterschieden von 41,2 (Sachsen) bis zu 38,0 Jahren (Baden-Württemberg).

Lebenserwartung Deutschland: Nach der Anfang 2000 vom SB errechneten sog. abgekürzten Sterbetafel 1996/98 betrug die durchschnittliche Lebenserwartung eines neugeborenen Jungen 74,0 und die eines neugeborenen Mädchens 80,3 Jahre. Das entsprach 0,4 Jahre (Jungen) bzw. 0,3 Jahre (Mädchen) mehr als bei der letzten Sterbetafel. Im früheren Bundesgebiet war die durchschnittliche Lebenserwartung um zwei Jahre (Jungen) bzw. ein Jahr (Mädchen) höher als in den neuen Ländern und Berlin (Ost); 1991/93 waren es noch über drei bzw. über zwei Jahre gewesen. Für einen 65-jährigen Mann errechneten die Statistiker eine durchschnittliche weitere Lebenserwartung von 15,1 Jahren, für eine gleichaltrige Frau von 18,8 Jahren.

Lebenserwartung Europa: In Europa lag die Lebenserwartung für 1998 geborene weibliche EU-Bürger bei 80,8 Jahren, für männliche bei 74,5 Jahren. Die höchste Lebenserwartung hatten französische Mädchen mit 82,2 Jahren (zum Vergleich: weltweit höchste Lebenserwartung in Japan mit 83,3 Jahren für Mädchen und 80,0 Jahren für Jungen).

Prognose: Nach Vorhersagen von US-Futorologen von Ende 1999 werden 2050 weltweit 2,2 Mio Menschen leben, die älter als 100 Jahre sind (2000: ca. 135 000), und 370 Mio Menschen über 80 Jahre. Jeder zweite Deutsche werde 2050 älter als 56 Jahre sein.

Finanzen: Nach Berechnungen des Deutschen Instituts für Wirtschaftsforschung (DIW, Berlin) verfügte ein Rentner-Haushalt in Deutschland 1998 über ein Monatseinkommen von 2710 DM (Arbeitnehmerhaushalt: 2790 DM), wobei die Pensionäre mit 4090 DM deutlich besser abschnitten als die Sozialversicherungsrentner (2590 DM). Nach DIW-Angaben besaßen 96% der westdeutschen und 98% der ostdeutschen Rentner Geldvermögen von im Schnitt 57 900 DM pro Haushalt (West) bzw. 19 700 DM (Ost). Fast die Hälfte der West- und ein Drittel der Ost-Rentner verfügten über Haus- und Grundbesitz.

www.statistik-bund.de;
www.europa.eu.int/comm/eurostat (Bevölkerungszahlen zu den EU-Mitgliedstaaten)

Nach einer zweiten Variante, die von einer hohen Zuwanderung ausgeht, leben im Jahr 2020 in Deutschland 16,8% unter 20-Jährige und 30,2% über 60-Jährige. 2050 hat sich der Anteil der unter 20-Jährigen auf 15,5% reduziert, der Anteil der über 60-Jährigen ist auf 38,3% gestiegen.

▬ Altersaufbau: Anteil an der Gesamtbevölkerung (%)

	1980[1]	1990	1997	2020[2]	2050[2]
unter 20 Jahre	26,7	21,7	21,5	16,6	15,0
20–unter 60 Jahre	53,9	57,9	57,6	52,6	45,1
ab 60 Jahre	19,4	20,4	21,9	30,8	39,9

1) bis 1980: Summe aus Ost- und Westdeutschland, ab 1990: Gesamtdeutschland; 2) Schätzung von 1999; Quelle: Deutsches Institut für Wirtschaftsforschung (DIW, Berlin); www.diw-berlin.de

Asylbewerber

In ihrem Heimatland aus politischen, rassischen oder religiösen Gründen Verfolgte, die in einem anderen Staat Zuflucht suchen

EU: 1999 stieg die Zahl der A. in der Europäischen Union bedingt durch den Kosovo-Konflikt gegenüber dem Vorjahr um 19% auf 354 000 Personen. Deutschland blieb zwar auch 1999 Hauptziel innerhalb der EU, die Aufnahmequote halbierte sich aber fast von 50% (1996) auf 27%. Als weitere von Flüchtlingen bevorzugte europäische Länder folgten Großbritannien (26%), die Niederlande (11%), Belgien (10%) und Frankreich (9%). Gemessen an der eigenen Bevölkerungszahl nahmen kleine Staaten wie Liechtenstein und Luxemburg nach Angaben des UN-Flüchtlingskommissariats (UNHCR) 1999 die meisten A. auf.

Deutschland: 95 330 Personen beantragten 1999 Asyl in Deutschland, 3,6% weniger als 1998. Das Bundesamt für die Anerkennung ausländischer Flüchtlinge (BAFl, Nürnberg) traf 1999 insgesamt 135 504 Asylentscheidungen, lediglich 3% der Fälle wurde als asylberechtigt anerkannt, 4,5% erhielten Abschiebungsschutz, 60,8% wurden abgelehnt. Ebenso wie 1998 stammte etwa ein Drittel der A. aus Jugoslawien, 66% dieser Flüchtlingsgruppe waren Kosovo-Albaner.

Flughafenverfahren: Der Selbstmord eines weiblichen A. aus Algerien am Rhein-Main-Flughafen Frankfurt/M. im Mai 2000 brachte das sog. Flughafenverfahren in Deutschland erneut in die Diskussion. A., die über den Luftweg einreisen, werden für max. 19 Tage in einer Flüchtlingsunterkunft direkt am Flughafen untergebracht. Ist das Verfahren nicht abgeschlossen, darf der A. einreisen, außer er willigt in einen längeren Aufenthalt ein. Viele A. entschieden sich um 2000 für die Freiwilligkeitserklärung, um der drohenden Abschiebehaft zu entgehen. Die psychisch angeschlagene Algerierin war nach zwei Monaten Abschiebehaft in den Flughafentransit zurückgekehrt und hatte Selbstmord begangen. Die Ausländerbeauftragte der Bundesregierung, Marieluise Beck (Bündnis 90/Die Grünen), hob den Nötigungscharakter der Freiwilligkeitserklärung hervor und forderte die Festschreibung des Höchstaufenthalts auf 30 Tage.

Altfälle: Die Innenminister von Bund und Ländern verabschiedeten im November

Asylbewerber in Europa

Land		Insgesamt	je 10 000 Einw.
Liechtenstein		520	162,5
Luxemburg		2920	68,0
Schweiz		46 130	64,8
Belgien		35 780	35,0
Niederlande		39 300	24,9
Österreich		20 130	24,9
Irland		7720	20,9
Norwegen		9030	20,3
Großbritannien		91 390	15,5
Schweden		11 230	12,7
Dänemark		6470	12,2
Deutschland		95 330	11,6
Ungarn		11 600	11,5
Finnland		2820	5,5
Frankreich		30 830	3,8
Spanien		8410	1,7
Griechenland		1530	1,5
Portugal		310	0,3

Stand: 1999; Quelle: UN-Flüchtlingskommissariat (UNHCR)

1999 eine Regelung für abgelehnte ältere Anträge von A.: Familien mit Kindern, die sich vor dem 1.7.1993 in Deutschland aufhielten, bekommen ein ständiges Bleiberecht (Stichtag für Alleinstehende: 1.1.1990), wenn sie eigenständig für ihren Lebensunterhalt sorgen sowie Wohnraum und Straffreiheit vorweisen können. Die Zahl der betroffenen Personen schätzte das Bundesinnenministerium auf 20 000, darunter vor allem Flüchtlinge aus dem Irak, Afghanistan und Somalia.

Missbrauch: Eine Sonder-Ermittlungsgruppe der Polizei deckte Anfang 2000 in Bremen einen der vermutlich größten Fälle von organisiertem Asylmissbrauch in Deutschland auf. Im Zentrum der Ermittlungen standen kurdische Familienverbände aus der Türkei, die ab 1988 nach Deutschland eingereist und zunächst untergetaucht waren, um sich später in Bremen als Libanesen ohne Pass auszugeben. Nach Ablehnung ihrer Asylanträge scheiterte ihre Abschiebung, weil der Libanon die Aufnahme

Bezogen auf die Einwohnerzahl nahm das kleine Fürstentum Liechtenstein 1999 die meisten Asylbewerber auf, Portugal die wenigsten. Deutschland lag mit der Zahl der Asylbewerber pro 10 000 Einwohner im unteren Drittel.

55

Ausländer-Regelungen

▶ **Abschiebung:** Staatlich erzwungene und überwachte Ausweisung eines A. aus einem Staatsgebiet, in dem er sich unberechtigt aufhält. Nach § 57 des A.-Gesetzes können A. zur Vorbereitung und Sicherung ihrer Abschiebung in Haft genommen werden. Aus humanitären oder völkerrechtlichen Gründen kann der Staat eine Duldung, d.h. einen befristeten Verzicht auf Abschiebung, aussprechen.

▶ **Asyl:** Art. 16 a GG gewährt Flüchtlingen, die aus politischen, religiösen oder rassistischen Gründen in ihrem Heimatstaat verfolgt werden, das Recht, sich in Deutschland aufzuhalten. Kein Anspruch auf Asyl besteht, wenn der Bewerber über einen sicheren Drittstaat einreiste.

▶ **Duldung:** Sie stellt den befristeten Verzicht des Staates auf Abschiebung dar, der in der aktuellen politischen Situation oder in der Weigerung des Herkunftslands, den Betroffenen wieder aufzunehmen, begründet ist.

▶ **Aufenthaltsbefugnis:** Sie wird aus humanitären oder völkerrechtlichen Gründen z.B. an Bürgerkriegsflüchtlinge erteilt.

▶ **Aufenthaltsgestattung:** Sie gilt für Asylbewerber während ihres Asylverfahrens und ist räumlich eingeschränkt.

▶ **Aufenthaltsgenehmigung:** Ausländische Staatsbürger, die sich in Deutschland aufhalten wollen, benötigen i.d.R. eine Aufenthaltsgenehmigung in Form eines Visums, das schon vor der Einreise eingeholt worden sein muss. Ausnahmen gelten jedoch für Reisende aus EU- und anderen Staaten bei einer Aufenthaltsdauer von max. drei Monaten und dem Verzicht auf Erwerbstätigkeit.

▶ **Aufenthaltsbewilligung:** Sie ist zweckgebunden, zeitlich befristet und endet, wenn das Ziel des Aufenthalts (z.B. Studienabschluss) erreicht ist.

▶ **Aufenthaltserlaubnis:** Sie ermöglicht den zweckunabhängigen Aufenthalt und kann von einer befristeten in eine unbefristete Erlaubnis umgewandelt werden. Der Nachzug von Familienmitgliedern ist möglich.

▶ **Aufenthaltsberechtigung:** Sie wird nach mind. achtjährigem Aufenthaltserlaubnis auf Antrag erteilt und befreit von der Arbeitsgenehmigungspflicht.

Anfang 2000 überstieg die Zahl der in Deutschland lebenden Ausländer, die dem Islam anhingen, die Drei-Millionen-Marke. Etwa 310 000 Muslime hatten einen deutschen Pass, 11 000 davon waren deutschstämmig.

verweigerte. Den durch widerrechtliche Sozialhilfezahlungen entstandenen Schaden schätzte die Stadt Bremen auf 8,9 Mio DM.

Chipkarte: Das bayrische Innenministerium beschloss im März 2000, den bundesweit ersten Pilotversuch mit der Chipkarte für A. in Nürnberg zu starten. Auf der Karte sollten neben dem digitalen Fingerabdruck des A. persönliche Daten und Informationen über staatliche Leistungen gespeichert sein. Leichtere Identitätsprüfung und erschwerter Leistungsmissbrauch nannte die CSU-Landtagsfraktion als herausragende Vorteile des Mikrochips. Bündnis 90/Die Grünen lehnten den Vorstoß ab, da die Chipkarte weder notwendig noch fälschungssicher sei.

Bundesamt für die Anerkennung, ausländischer Flüchtlinge, Frankenstraße 210, 90461 Nürnberg, Tel. 09 11/9 43-0

Ausländer

Bilanz: In Deutschland lebten Anfang 1999 (letztverfügbarer Stand) 7,3 Mio A., ihr Anteil an der Gesamtbevölkerung betrug 8,9%. Der im zweijährigen Turnus erscheinende »Bericht über die Lage der A. in Deutschland« der Ausländerbeauftragten der rot-grünen Bundesregierung, Marieluise Beck (Bündnis 90/Die Grünen), vom Februar 2000 wies Frankfurt/M. als Stadt mit dem höchsten A.-Anteil (30%) in Deutschland aus. In Berlin lag der Anteil bei 12%, in Ostdeutschland bei unter 3%.

Herkunftsländer: Jeder vierte A. stammte aus einem EU-Mitgliedstaat. Türken stellten mit 2,1 Mio (28,8%) die größte ethnische Gruppe unter den A., gefolgt von Bürgern aus der Bundesrepublik Jugoslawien (9,8% aller A.) und Italien (8,4%). Etwa ein Drittel der A. lebte 20 Jahre und länger in Deutschland, ca. 20% waren hier geboren.

Defizite: Der Bericht hob als Mängel der Integrationspolitik die gemessen an der Gesamtbevölkerung fast doppelt so hohe Arbeitslosenquote unter den Migranten von 19,6% (1998) hervor und verwies auf das seit 1992 sinkende Ausbildungsniveau nichtdeutscher Schüler. Die rund 500 000 ausländischen Senioren ab 60 Jahren, die prozentual am stärksten wachsende Bevölkerungsgruppe in Deutschland (1998: +7% gegenüber 1997), rückte der Bericht als wenig beachtete Randgruppe ins Licht.

Gesetzesreform: Anfang 2000 legte die rot-grüne Regierungskoalition einen Entwurf zur Reform des § 9 des A.-Gesetzes vor, der ausländischen Ehepartnern nach zwei (bisher vier) Jahren Ehe ein eigenständiges Aufenthaltsrecht zubilligt. Die Änderung sollte ausländische Frauen vor Misshandlungen in der Ehe schützen und die Abhängigkeit vom Ehegatten mildern.

Top Ten	Ausländische Volksgruppen in Deutschland	
Ethnische Gruppe	*Ausländische Bürger (1000)*	
1. Türken		2110
2. Jugoslawien[1]		720
3. Italiener		612
4. Griechen		364
5. Polen		284
6. Kroaten		209
7. Bosnier		190
8. Österreicher		185
9. Portugiesen		133
10. Spanier		131

1) Serben und Montenegriner; Stand: 1999; Quelle: Statistisches Bundesamt, www.statistik-bund.de

Aussiedler: Herkunftsländer

	1996	1997	1998	
Ehemalige UdSSR[1]	172 181	131 895	101 550	▼ −41[2]
Republik Polen	1175	687	488	▼ −58
Rumänien	4284	1777	1005	▼ −77
Sonstige	111	60	37	▼ −67
Gesamt	177 751	134 419	103 080	▼ −42

1) Gemeinschaft Unabhängiger Staaten; 2) Veränderung gegenüber 1996 (%); Quelle: Bundesinnenministerium, www.bmi.bund.de

Aussiedler

Aus Ost- und Südosteuropa übergesiedelte deutschstämmige Personen, ihre nicht deutschen Ehegatten und Kinder

Bilanz: Der Zuzug von A. nach Deutschland blieb Ende des 20. Jh. konstant. 1999 wurden nach Angaben des Bundesinnenministeriums (Berlin) 104 916 Personen als in Deutschland einreisende Spät-A. registriert (1998: 103 080; 1997: 134 419). Einen Aufnahmeantrag stellten bis Ende Dezember 1999 genau 117 101 Personen (1998: 100 421; 1997: 147 577). Viele Antragsteller wurden wegen nicht ausreichender deutscher Sprachkenntnisse abgelehnt; seit Mitte 1996 müssen diese durch einen Sprachtest noch in ihrer bisherigen Heimat nachgewiesen werden. Die Zuzugszahlen für die ersten Monate 2000 zeigten, dass die Beendigung der Freiflugregelung zum 31.12.1999 ohne sichtbare Auswirkung auf das Zuzugsverhalten von A. war.

Wohnortzuweisung: Nach einer Ende 1999 von der rot-grünen Bundesregierung beschlossenen Gesetzesänderung kann A. – wie bis dahin – ein vorläufiger Wohnort zugewiesen werden, wenn sie nicht über einen Arbeitsplatz oder ein sonstiges den Lebensunterhalt sicherndes Einkommen verfügen und auf öffentliche Hilfen angewiesen sind. Sie verlieren insbes. ihren Anspruch auf Sozialhilfe, wenn sie den zugewiesenen Wohnort verlassen. Nach der Änderung entfällt die Befristung des Gesetzes bis zum 15.7.2000. Es gilt außerdem nicht nur für Neuankömmlinge, sondern auch für Altfälle, und es gibt eine befristete Lockerung der Wohnortbindung für die Arbeitssuche. Im Einzelfall kann der A. bis zu drei Jahre (bisher: vier Jahre) an seinen zugewiesenen Wohnort gebunden werden.

Ausgabenerhöhung: Die Mittel für die Integration von A. wurden 1999 um 10 Mio und 2000 um weitere 3 Mio auf 45 Mio DM erhöht. Um die Angehörigen der deutschen Minderheiten in Osteuropa, insbes. in den GUS-Staaten, darin zu bestärken, in ihrer Heimat zu bleiben, wurden Hilfeleistungen insbes. im Bereich des Ausbaus der ca. 900 Begegnungsstätten in Russland und Polen sowie in der Förderung des außerschulischen Deutschunterrichts gewährt.
www.bmi.bund.de

Behinderte

In Deutschland gab es um 2000 etwa 10 Mio behinderte Menschen, darunter 6,6 Mio Schwerbehinderte (mind. 50% Behinderung).

Gesetzentwurf: Nach einem von der rot-grünen Bundesregierung am 17.5.2000 beschlossenen Gesetzentwurf soll die Zahl arbeitsloser Schwerbehinderter in 2–3 Jahren um rund 50 000 verringert werden. Vorgesehen sind u. a. Neuregelungen bei der Beschäftigungspflicht für Schwerbehinderte und der zu zahlenden Ausgleichsabgabe, die Stärkung der Rechte von Schwerbehinderten und ihren Vertretungen, die Intensivierung der Leistungen der Bundesanstalt für Arbeit (BA, Nürnberg) sowie der Aufbau

Behinderte: Deutscher Behindertenrat

Der am 3.12.1999 gegründete Deutsche Behindertenrat hat vor allem folgende gesellschaftspolitische Ziele:

▶ Gleichstellung Behinderter mit nicht behinderten Menschen in unserer Gesellschaft und Abbau der Diskriminierung behinderter und chronisch kranker Menschen und ihrer Angehörigen

▶ Selbstbestimmung der genannten Gruppen in allen Lebensbereichen

▶ Selbstvertretung der genannten Gruppen in allen sie betreffenden Entscheidungsprozessen

▶ Teilhabe der genannten Gruppen in allen Lebensbereichen

▶ Bekämpfung der Benachteiligung der genannten Gruppen in allen Bereichen der Gesellschaft

▶ Vorrang der Selbsthilfe gegenüber der fremdorganisierten Hilfe von Integrationsfachdiensten zur Eingliederung Schwerbehinderter ins Arbeitsleben. **Schwerbehindertenabgabe:** Nach der Mitte 2000 noch gültigen Regelung sind Arbeitgeber mit mind. 16 Beschäftigten verpflichtet, 6% der Stellen mit Schwerbehinderten zu besetzen. Wird die Beschäftigungsquote nicht erfüllt, muss der Arbeitgeber eine Ausgleichsabgabe von 200 DM/ Monat je unbesetztem Arbeitsplatz für Schwerbehinderte zahlen. Die Neuregelung, die – sofern sie die Zustimmung des Deutschen Bundestags erhält – zum 1.10. 2000 in Kraft treten sollte, sieht eine Senkung der Beschäftigungspflichtquote auf 5% vor; damit greift die Regelung erst in Betrieben ab 20 Beschäftigten. Gelingt es bis Oktober 2002 nicht, die Zahl arbeitsloser Schwerbehinderter um mind. 25% zu senken, beträgt die Quote ab 1.1.2003 automatisch wieder 6%. Die Ausgleichsabgabe soll gestaffelt werden: 200 DM/Monat, wenn die Beschäftigtenquote 3%–5% beträgt, 350 DM/Monat bei einer Quote von 2% bis unter 3% und 500 bei unter 2%. **Schwerbehinderte Lehrlinge:** Nach der alten Regelung wurden schwerbehinderte Auszubildende bei der Berechnung der Beschäftigungspflichtquote doppelt gezählt, nun sollen sie dreifach gezählt werden. **Kleinbetriebe:** Für Arbeitgeber in Kleinbetrieben bis zu 59 Arbeitsplätzen sieht der Gesetzentwurf Sonderregelungen vor. So beträgt die Ausgleichsabgabe für Arbeitgeber mit bis zu 39 Arbeitsplätzen, die weniger als einen Schwerbehinderten im Jahresschnitt beschäftigen, je Monat und unbesetztem Pflichtplatz 200 DM, für Arbeitgeber mit bis zu 59 Arbeitsplätzen 200 DM, wenn weniger als zwei Schwerbehinderte beschäftigt werden, und 350 DM, wenn im Jahresschnitt weniger als ein Schwerbehinderter engagiert wird.

Werkstätten für Behinderte: Arbeitgeber, die ihrer Beschäftigungspflicht nicht nachkommen, können ihre Ausgleichsgabe auch nach der Neuregelung reduzieren, indem sie Aufträge an Werkstätten für Behinderte vergeben. Öffentliche Arbeitgeber sind verpflichtet, Aufträge, die von Werkstätten für Behinderte durchgeführt werden können, ihnen bevorzugt anzubieten. **Arbeitsmarkt:** 1982–98 nahm die Zahl der beschäftigten Schwerbehinderten um 22,3% (211 710) ab, die Erfüllungsquote sank von 5,9% auf 3,8%, die Zahl der unbesetzten Pflichtplätze stieg um 122% auf rund 526 000. Etwa 190 000 der ca. 1 Mio arbeitsbereiten Behinderten waren Anfang 2000 arbeitslos. **Eingliederungshilfe:** Behinderte erhielten im Rahmen der Sozialhilfe (Hilfe in besonderen Lebenslagen) 1998 ca. 15,5 Mrd DM. 40% der Empfänger waren in Werkstätten für Behinderte beschäftigt. **Rentenalter:** Das im Mai 2000 vorgelegte Rentenkonzept der rot-grünen Bundesregierung sah die Erhöhung der Altersgrenze für Schwerbehinderte von 60 auf 63 Jahre vor. Eine Anhebung war bereits unter der alten CDU/CSU/FDP-Regierung vereinbart, jedoch vom neuen Kabinett zum 1.1.1999 zurückgenommen worden. Für Schwerbehinderte, die bei Verabschiedung der Reform bereits 50 Jahre alt sind, soll weiter die Rentenaltersgrenze von 60 Jahren gelten.

Bevölkerung in Deutschland

Am 1.1.1999 lag die B. dem Statistischen Bundesamt (SB, Wiesbaden) zufolge bei 82,1 Mio Personen (7,3 Mio Ausländern). **Bevölkerungsentwicklung:** Konnte in den vorausgehenden Jahren die Abnahme der deutschen Bevölkerung – seit 1995/96 bis 1998/99 im Schnitt um 67 000 jährlich –

Während zu Beginn des 20. Jh. noch 44% der Deutschen in Haushalten mit mind. fünf Personen lebten, war es 1999 nur noch jeder 25. Einwohner. Im gleichen Zeitraum verfünffachte sich die Zahl der Einpersonenhaushalte.

◼ Haushaltsgrößen nach Personen[1]

	Eine	Zwei	Drei	Vier	Fünf und mehr
2015[2]	37	34	14	11	5
1999	36	33	15	12	4
1950[3]	19	25	23	16	16
1900[4]	7	15	17	17	44

1) Anteil (%) an allen Haushalten; 2) Prognose, rundungsbedingt nicht 100; 3) Westdeutschland; 4) Deutsches Reich;
Quelle: Statistisches Bundesamt (Wiesbaden), www.statistik-bund.de

durch Zuzüge mehr als ausgeglichen werden, gab es 1998 erstmals einen Bevölkerungsrückgang: Der Sterbefallüberschuss war mit 67 353 höher als der Zuwanderungsüberschuss (47 098), so dass sich die Zahl der in Deutschland lebenden Menschen um 20 000 verringerte.

Außenwanderung: 1998 kamen 606 000 (1997: 615 000) Ausländer und 197 000 (1997: 225 000) Deutsche ins Land. Gleichzeitig zogen 639 000 (1997: 637 000) Ausländer und 116 000 Deutsche fort.

Binnenwanderung: Nach SB-Mitteilungen wechselten 1998 insgesamt 182 478 Personen aus den neuen Ländern und Berlin (Ost) ins frühere Bundesgebiet und 151 750 in die umgekehrte Richtung. Der Wanderungssaldo zwischen Ost- und Westdeutschland, der 1997 fast ausgeglichen war, stieg wieder auf knapp 31 000 Menschen. 20,4% der aus den neuen Ländern und Berlin (Ost) 1998 fortgezogenen Personen ließen sich in Berlin (West) nieder, 17,3% gingen nach Bayern, jeweils 13,9% nach Niedersachsen und NRW. Unter den Personen, die das das frühere Bundesgebiet Richtung neue Länder und Berlin (Ost) verließen, stellten West-Berliner (33,4%), Niedersachsen (17,7%) und Nordrhein-Westfalen (11,1%) die größten Gruppen.

Prognose: Nach einer Hochrechnung des Deutschen Instituts für Wirtschaftsforschung (DIW, Berlin) von 1999 wird selbst bei einer Abschwächung des Trends zur höheren Lebenserwartung der Anteil der über 60-Jährigen in Deutschland bis 2050 um ein Drittel auf 24 Mio steigen und damit fast mit der Gruppe der 20- bis 60-Jährigen gleichziehen. Selbst unter Annahme einer hohen Zuwanderung (13,8 Mio) wird sich die B. nach DIW-Berechnungen bis 2050 auf 67,07 Mio verringern, unter der Annahme einer niedrigen Zuwanderung (7 Mio) sogar auf 60,11 Mio. Die Abteilung für Bevölkerungsfragen der Vereinten Nationen riet Anfang 2000 Deutschland, die Grenzen für jährlich 500 000 Einwanderer zu öffnen, um ein Absinken der Bevölkerung auf 73 Mio im Jahr 2050 zu verhindern.

Haushaltsgrößen: Der Trend zu kleinen Haushalten hielt 1999 in Deutschland an. Nach SB-Zahlen gab es im April 1999 in Deutschland 37,8 Mio Privathaushalte, davon 13,5 Mio oder 36% (+1,4% im Vergleich zum April 1998) Einpersonenhaus-

Bevölkerungsentwicklung: Wanderungen

	Umzüge von Ost nach West	Umzüge von West nach Ost	Saldo[1]
1998	182 478	151 750	▲ + 30 728
1997	167 789	157 348	△ + 10 441
1996	166 077	151 973	▲ + 14 034
1995	168 336	143 063	▲ + 25 273
1994	163 034	135 774	▲ + 27 260
1993	172 386	119 100	▲ + 53 286
1992	199 170	111 345	▲ + 87 825
1991	249 743	80 267	▲ +169 476
1990	395 343	36 217	▲ +359 126

1) Saldo gegenüber früherem Bundesgebiet; seit der deutschen Vereinigung (1990) zogen bis 1997 immer mehr Menschen aus den alten in die neuen Bundesländer. Umgekehrt ging die Zahl der Umzüge von Ost nach West schon Anfang der 90er Jahre deutlich zurück; Quelle: Statistisches Bundesamt (Wiesbaden), www.statistik-bund.de

Bevölkerungsentwicklung: Geburtendefizit

Jahr	Todesfälle	Lebendgeborene	Saldo
1999[1]	844 000	767 000	▽ – 77 000
1998	850 919	782 251	▽ – 68 668
1997	860 389	812 173	▽ – 48 216
1996	882 843	796 013	▽ – 86 830
1995	884 588	765 221	▼ –119 367
1994	884 661	769 603	▽ –115 058
1993	897 270	798 447	▽ – 98 823
1992	885 443	809 114	▽ – 76 329
1991	911 245	830 019	▽ – 81 226
1990	921 445	905 675	▽ – 15 770

1) gerundete Zahlen; Quelle: Statistisches Bundesamt, www.statistik-bund.de

halte, 12,6 Mio (+1,3%) Zweipersonenhaushalte, 5,6 Mio Dreipersonenhaushalte (0%), 4,4 Mio Vierpersonenhaushalte (–1,8%) und 1,7 Mio Haushalte mit fünf und mehr Personen. Besonders hoch war der Anteil der Mehrpersonenhaushalte in kleinen Gemeinden. So lag der Anteil der Haushalte mit vier und mehr Personen an allen Haushalten 1998 in Gemeinden unter 5000 Einwohnern bei 23,1%, in Großstädten mit mind. 500 000 Einwohnern bei 10,7%. Die durchschnittliche Haushaltsgröße lag in Gemeinden unter 5000 Einwohnern bei 2,5 Personen, in Großstädten mit über 500 000 Einwohnern bei 1,9.

www.statistik-bund.de; www.diw-berlin.de

Bevölkerung in Europa

Nach Angaben des Statistischen Amtes der EU (Eurostat, Luxemburg) stieg die Bevölkerung in den EU-Staaten 1998 (letztverfügbarer Stand) um 0,2% auf ca. 375 Mio. Der Zuwachs ergab sich durch ein Plus beim Saldo aus Zu- und Abwanderung von 461 000 und einem natürlichen Bevölkerungswachstum von 285 400. In ganz Europa lebten 1998 rund 728 Mio Menschen.

Geburtenziffer: Die Kinderzahl pro Frau erreichte 1998 in der EU einen statistischen Mittelwert von 1,45. Selbst in Irland sank die Geburtenziffer auf 1,94 und lag damit unter dem Wert von 2,1 (Reproduktionsziffer), mit dem die Einwohnerzahl auf Dauer konstant gehalten werden könnte. Die niedrigste Quote erreichte Spanien mit durchschnittlich 1,15 Kindern pro Frau. In den Nicht-EU-Staaten des Europarats hatten nur Albanien und die Türkei Geburtenraten über der Reproduktionsziffer.

Geburtenüberschuss: Dass die Bevölkerung in den EU-Staaten trotz niedriger Geburtenziffer 1998 leicht gewachsen war, lag u. a. an der gestiegenen Lebenserwartung, die dafür sorgt, dass die sinkenden Kinderzahlen durch die wachsende Zahl alter Menschen ausgeglichen wird, und am positiven Wanderungssaldo. Deutschland war 1998 das einzige EU-Land, dessen Bevölkerung nicht zunahm.

Prognose: Nach Berechnungen französischer Bevölkerungswissenschaftler von Anfang 2000 wird die Bevölkerungszahl in den 38 europäischen Staaten bis 2050 um 13–24% zurückgehen und noch 550 Mio bis 628 Mio Menschen betragen. Die Einwohnerzahl in Europa nimmt seit 1996 ab.

http://europa.eu.int/comm/eurostat
(aktuelle statistische Informationen zur B.)

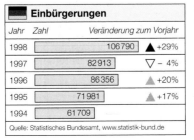

Einbürgerungen		
Jahr *Zahl*		*Veränderung zum Vorjahr*
1998	106 790	▲ +29%
1997	82 913	▽ – 4%
1996	86 356	▲ +20%
1995	71 981	▲ +17%
1994	61 709	

Quelle: Statistisches Bundesamt, www.statistik-bund.de

Einbürgerung

Zum 1.1.2000 trat in Deutschland ein Reformgesetz zum Staatsbürgerschaftsrecht in Kraft, das die E. von ausländischen Mitbürgern erleichtert. Das bis dahin geltende Abstammungsprinzip, wonach die Nationalität der Eltern für die Staatsbürgerschaft maßgeblich war, wurde durch das Territorialrecht ergänzt, wonach der Geburtsort ausschlaggebend ist.

Voraussetzungen: Nach der neuen Regelung hat ein ausländischer Bürger, der seit mind. acht (vorher: 15) Jahren rechtmäßig in Deutschland lebt, einen Anspruch auf E. Für Jugendliche bis 18 Jahre verringert sich die Mindestaufenthaltsdauer von acht auf fünf Jahre. Verfassungstreue, Straffreiheit und ausreichende Kenntnisse der deutschen Sprache wurden zu weiteren Voraussetzungen bestimmt.

Doppelte Staatsbürgerschaft: Nach dem neuen Territorialrecht werden Kinder ausländischer Eltern bei der Geburt automatisch Deutsche, wenn ein Elternteil seit mind. acht Jahren in der Bundesrepublik lebt. Bis zum Alter von 23 Jahren dürfen die neu Eingebürgerten neben der deutschen auch die Staatsangehörigkeit der Eltern behalten. Danach müssen sie sich für eine Nationalität entscheiden. Eine bis zum 31.12.2000 befristete Übergangsregel ermöglichte den deutschen Pass auch für ausländische Kinder, die bis zu zehn Jahren vor Inkrafttreten des Gesetzes in Deutschland geboren wurden.

Bedarf: Die Ausländerbeauftragte der Bundesregierung, Marieluise Beck (Bündnis 90/Die Grünen), erwartete für das Jahr 2000 einen Anstieg der E.-Zahlen auf etwa 550 000 (1998: 106 790). Neben den rund 200 000 Anträgen auf E. von anspruchsberechtigten ausländischen Bürgern rechnete Beck mit etwa 350 000 Gesuchen für Kinder bis zehn Jahre.

Verwaltungsvorschrift: Im Februar 2000 einigten sich Bund und Länder auf einheitliche Richtlinien für die E. Von Ausländern und beendeten einen länderübergreifenden Streit, der sich vor allem am Überprüfungsverfahren der Sprachkenntnisse entzündet hatte. Im November 1999 hatte das Bundeskabinett die neue Vorschrift dem Bundesrat zur Zustimmung zugeleitet. Aus Zeitmangel war kein Beschluss gefasst worden, so dass

Bürger aus der Türkei stellten 1998 (letztverfügbarer Stand) mit 56% aller eingebürgerten Personen die größte Gruppe, gefolgt von Bürgern mit ehemals rumänischer Staatsangehörigkeit. Mehr als die Hälfte der neuen Staatsbürger hatten einen Anspruch auf Einbürgerung, weil sie z. B. in Deutschland aufgewachsen waren und hier die Schule besucht hatten. Den anderen wurde auf dem Weg des freien Ermessens der Behörden die deutsche Staatsangehörigkeit erteilt.

Bayern und Baden-Württemberg von der gemeinsamen Linie zu Gunsten strengerer Handhabungen abweichen konnten. **Sprachtest:** Mit einem ab 1.3.2000 angebotenen Schnelltest in deutscher Sprache stellte Berlin als erstes Bundesland ein transparentes Verfahren zur Überprüfung der Sprachkenntnisse vor. Der 45-minütige, 30 DM teuere Test gibt einbürgerungswilligen Ausländern, die den Sprachnachweis nicht automatisch durch z.b. den vierjährigen Besuch einer deutschsprachigen Schule erbringen können, die Möglichkeit, ihre sprachlichen Fertigkeiten im Bereich Lesen, Hören, Verstehen und Sprechen überprüfen zu lassen. Der Bereich Schreiben, der bei den bayerischen Verfahren im Vordergrund stehen sollte, blieb ausgeklammert.

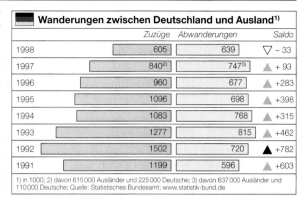

Wanderungen zwischen Deutschland und Ausland[1]

	Zuzüge	Abwanderungen	Saldo
1998	605	639	▽ – 33
1997	840[2]	747[3]	▲ + 93
1996	960	677	▲ +283
1995	1096	698	▲ +398
1994	1083	768	▲ +315
1993	1277	815	▲ +462
1992	1502	720	▲ +782
1991	1199	596	▲ +603

1) in 1000; 2) davon 615 000 Ausländer und 225 000 Deutsche; 3) davon 637 000 Ausländer und 110 000 Deutsche; Quelle: Statistisches Bundesamt; www.statistik-bund.de

Einwanderung

Bilanz: 1998 (letztverfügbarer Stand) zogen erstmalig weniger Menschen nach Deutschland als das Land verließen. 605 500 Zuzügen dem Migrationsbericht 1999 zufolge 638 955 Ausreisen gegenüber. Der Negativsaldo von 33 455 war vor allem auf die anhaltende Rückkehrbereitschaft der Kriegsflüchtlinge aus Bosnien sowie sinkende Zahlen bei Asylbewerbern, Aussiedlern und Saisonarbeitern zurückzuführen. Trotz abnehmender Tendenz erreichte Deutschland in den 90er Jahren nach Luxemburg und der Schweiz die dritthöchste E.-Quote in Europa. Mehr als zwei Drittel der überwiegend jüngeren ausländischen Einwanderer zogen aus Nicht-EU-Ländern nach Deutschland.

Gesetz: Der Plan der rot-grünen Bundesregierung, den Mangel an Fachkräften in der Informationstechnologie-Branche mit Arbeitserlaubnissen (Green Cards) für hoch qualifizierte Beschäftigte aus Entwicklungs- und Schwellenländern zu beheben, brachte 2000 die Diskussion um ein E.-Gesetz erneut in Gang. Im Gegensatz z.B. zu Frankreich, Italien, den Niederlanden und den USA existierte in Deutschland bis Mitte 2000 keine gesetzliche Regelung über Bedingungen, Quoten und Integrationsbestimmungen für Einwanderer aus Ländern außerhalb der EU. Die regelmäßig wiederkehrende Forderung nach einem Gesetz scheiterte auch 2000 an den konträren Positionen der politischen Kräfte. Die CDU/CSU-Opposition plädierte für die Begrenzung der E. und die neuerliche Verschärfung des Asylrechts, die FDP schlug eine jährlich festzulegende Höchstgrenze für E. vor. Die Bundesregierung wollte die Computerexperten ohne gesetzliche Grundlage per Verordnung einreisen lassen.

UN-Studie: Eine Anfang 2000 veröffentlichte Untersuchung der Vereinten Nationen (UN) zum Bevölkerungswachstum in acht Ländern kam zu dem Ergebnis, dass in Deutschland das Rentenniveau nur durch massive E. oder Anhebung des Rentenalters und der Beiträge gehalten werden könne. Deutschland müsste lt. Studie rund 500 000 Fremdarbeiter zusätzlich aufnehmen, um den Bestand der Sozialbeiträge leistenden 15- bis 64-Jährigen auf dem Stand von 1995 festzuschreiben. Zur Stabilisierung der Bevölkerungszahl bis 2050 seien in Deutschland 17 Mio Einwanderer nötig.

Illegale Grenzübertritte: 1999 wurden mit 37 789 Menschen 6% weniger illegal nach Deutschland eingereiste Ausländer aufgegriffen als 1998. Als Hauptgründe nannte das Bundesinnenministerium das Ende der Kosovo-Krise und die erfolgreiche Zusammenarbeit mit den Nachbarländern zur Eindämmung illegaler Grenzübertritte. Die meisten illegalen Grenzgänger kamen aus Jugoslawien, gefolgt von Rumänien, Afghanistan, dem Irak und der Türkei. Sie versuchten über Tschechien und Österreich nach Deutschland zu gelangen. Im Inland registrierte der Bundesgrenzschutz 1999 aufgrund schärferer Kontrollen in Fernzügen und auf Bahnhöfen mit 2749 Personen 72% mehr illegale Einwanderer als 1998.

Flüchtlinge

Bilanz: Nach Berechnungen des UN-Flüchtlingshochkommissariats (UNHCR, Genf) waren um 2000 weltweit etwa 22,3 Mio Menschen auf der Flucht vor Krieg, Terror, Armut, Hunger und Dürre. Hinzu kamen rund 17 Mio sog. Binnenvertriebene, die innerhalb der Landesgrenzen flüchteten oder zwangsumgesiedelt worden waren.

Krisengebiete: Nach Asien und Afrika registrierte der europäische Kontinent mit ca. 6 Mio die meisten F. Hauptkrisenherde waren um 2000 Jugoslawien und Bosnien-Herzegowina, Kolumbien, der Mittlere Osten, Afghanistan sowie Süd- und Ostafrika.

Jugoslawien und Bosnien: Bis Ende 1999 warteten sechs Monate nach Ende der NATO-Luftangriffe noch immer rund 2 Mio Menschen aus dem Gebiet des ehemaligen Jugoslawien auf die Rückkehr in ihre Heimatorte. Allein in der Bosnisch-Kroatischen Föderation und in der Serbischen Republik galten 1999 nach Angaben des UNHCR 343 500 bzw. 487 300 Personen als Vertriebene, die nicht in ihre ehemaligen Wohnorte zurückkehren konnten. Etwa 200 000 F. aus dem Gebiet des ehemaligen Jugoslawien warteten 1999 in westeuropäischen Staaten auf ihre Rückkehr. Die UNHCR-Hochkommissarin Sadako Ogata (Japan) forderte 1999 die Schaffung neuer Anreize zur Integration der Vertriebenen. Während bis dahin Sicherheitsprobleme und fehlende Rechtssicherheit die Rückführungen verzögerten, stellten nun die fehlenden Arbeitsplätze das größte Hindernis dar. In einem interfraktionellen Appell wandten sich gut 100 Bundestagsabgeordnete Anfang 2000 gegen die Rückführung der 100 000 Balkan-F.

Definition: Anfang 2000 beriet der UN-Sicherheitsrat über die Ausweitung der Definition von F., die über den Anspruch auf internationale Hilfe entscheidet. Die bisherige Festlegung der UNHCR-Zuständigkeit auf Menschen in Not, die auf der Flucht internationale Grenzen überschreiten, schloss Binnenvertriebene von der Hilfe aus. So konnte das UNHCR in afrikanischen Bürgerkriegsregionen wie Angola, Burundi, Kongo-Brazzaville, Demokratische Republik Kongo, Ruanda, Uganda und im Sudan nicht eingreifen.

Drama um Elian: Das Schicksal des kubanischen F.-Jungen Elian, der nach dem Tod seiner Mutter auf der Flucht aus Kuba von in den USA lebenden Verwandten aufgenommen worden war, belastete 1999/2000 das Verhältnis zwischen Kuba und den USA. Der Streit um das Sorgerecht – sowohl die Verwandten in den USA als auch der in Kuba lebende Vater des Jungen stellten Ansprüche – entwickelte sich zum Politikum und löste Massendemonstrationen auf beiden Seiten aus. Nachdem das US-Bundesgericht im März 2000 Elians Asylantrag zurückgewiesen hatte, entfernten Beamte der US-Einwanderungsbehörde den Jungen gewaltsam vom Haus seiner Verwandten in Miami/Florida und brachten ihn später mit dem Vater nach Kuba.

www.unhcr.ch (Programme zur F.-Hilfe)
  Krisen und Konflikte →Kosovo

In keinem anderen Land der Welt suchten nach offiziellen Zahlen in den 90er Jahren so viele Menschen Zuflucht wie in Deutschland. Es wurde jedoch vermutet, dass einige Entwicklungsländer, die über keine bürokratischen Aufnahmeverfahren verfügten, eine noch größere Zahl an Flüchtlingen aufgenommen hatten. Aufgrund von eingeschränkten Einwanderungsbestimmungen stabilisierte sich ab Mitte der 90er Jahre die Zahl der Asylsuchenden in den Industrieländern.

Flüchtlinge: Europäische Aufnahmeländer

Aufnahmeland	Flüchtlinge (1000)[1]
Deutschland	949
Schweden	179
Frankreich	140
Niederlande	132
Großbritannien	118
Schweiz	82
Österreich	80
Dänemark	70
Italien	68
Norwegen	45
Belgien	36
Finnland	12
Spanien	6
Griechenland	6
Luxemburg	0,7
Irland	0,6
Portugal	0,3
Island	0,3

1) inkl. Asylbewerber; letztverfügbarer Stand: 1998; Quelle: EU-Kommission, UNHCR, www.unhcr.ch

Frauenarbeit

Lt. Institut für Wirtschaftsforschung (IWH, Halle) lag die Erwerbsquote der Frauen im früheren Bundesgebiet Ende der 90er Jahre bei 60%, in Ostdeutschland bei ca. 73%.

Arbeitsfelder: Unter den zehn in Deutschland von Frauen am stärksten besetzten Ausbildungsberufen waren um 2000 neun kaufmännische bzw. Dienstleistungsberufe und ein Handwerksberuf (Friseurin). Bundesregierung, Wirtschaft und Verbände planten 2000 eine gemeinsame Informationskampagne, um Frauen für Ausbildungen in den Bereichen Ingenieurs- und Informationstechnologie zu gewinnen.

Verdienst: Im Januar 1999 (letztverfügbarer Stand) erhielten nach Angaben des Statistischen Bundesamtes (SB, Wiesbaden) angestellte Frauen in den alten Bundesländern im Durchschnitt 70% des Gehalts der Männer (1960: 55%). In Ostdeutschland bekamen Frauen im Schnitt 77% des Männergehalts. Die Ursachen für den Verdienstunterschied lagen nach SB-Angaben u. a. darin, dass berufstätige Frauen meist jünger seien als Männer, seltener qualifizierte Tätigkeiten ausübten und öfter in Branchen mit niedrigem Gehaltsniveau arbeiteten. Im Vergleich zu den westdeutschen hätten ostdeutsche Frauen noch zu DDR-Zeiten im Allgemeinen eine bessere Ausbildung erhalten, seien schneller in höhere Positionen aufgestiegen und hätten als Mütter von dem Angebot an Krippen, Horten und Kindergärten profitiert.

Kind und Beruf: Nach SB-Angaben gingen im April 1999 von den 9 Mio Müttern im erwerbstätigen Alter in Deutschland mit mind. einem minderjährigen Kind 62,3% einem Beruf nach (1991: 59,1%). Im früheren Bundesgebiet lag der Anteil der Erwerbstätigen in dieser Gruppe bei 60% (1991: 51,5%), in den neuen Bundesländern und Berlin (Ost) bei 73,3% (1991: 83,3%). Je mehr minderjährige Kinder in einem Haushalt lebten, desto schwieriger war es für die Mutter, Erwerbsleben und Kindererziehung zu vereinbaren. Während 67,2% der Mütter mit nur einem minderjährigen Kind erwerbstätig waren, lag die Quote bei Müttern mit vier und mehr minderjährigen Kindern bei 35,6%. Von den allein erziehenden Müttern beteiligten sich 65,9% am Erwerbsleben, von den verheirateten 61,5%.

Teilzeitarbeit: Als Möglichkeit, Kindererziehung und Berufstätigkeit zu vereinbaren, wurde Teilzeitarbeit um 2000 mehrheitlich von Frauen genutzt. Nach SB-Angaben waren im April 1999 unter den Teilzeitbeschäftigten 87% weiblich. Während nur 5% aller abhängig erwerbstätigen Männer einer Teilzeitarbeit nachgingen, lag der Anteil bei den Frauen bei 38% (D-West: 42%, D-Ost: 22%). 65% der teilzeitbeschäftigten Frauen im Westen gaben persönliche und familiäre Verpflichtungen als Grund an, bei den in Teilzeit arbeitenden Frauen im Osten war das Fehlen von Vollzeitarbeitsplätzen für 53% entscheidend. Die Möglichkeiten zur Ausweitung der Teilzeitarbeit während des Erziehungsurlaubs, die im Entwurf der rot-grünen Bundesregierung zur Änderung des Erziehungsgeldgesetzes vom März 2000 enthalten sind, sollten u. a. die Bereitschaft von Vätern zur Teilzeitarbeit fördern.

Führungspositionen: Nach einer 1999 vorgelegten Studie von Sonja Bischoff von der Hochschule für Wirtschaft und Politik (HWP, Hamburg) stieg der Frauenanteil in allen Management-Ebenen von 4% (1986) auf 13% (1998) kontinuierlich an. Trotz gleicher Qualifikation, Arbeitszeit und Leistung waren Frauen in Führungspositionen im Schnitt jedoch deutlich schlechter bezahlt als ihre männlichen Kollegen. Doppelt so viele Männer (51%) wie Frauen (24%) verdienten mehr als 150 000 DM/Jahr. Besonders extrem war der Unterschied in der Marketing-Branche: 21% der Männer, aber keine der befragten Frauen bekamen über 200 000 DM jährlich; 50% der Frauen, aber nur 16% der Männer erhielten ein Jahresgehalt unter 100 000 DM. Nach 1999 vorgelegten Zahlen des Bundesfamilienministeriums betrug der Frauenanteil im oberen Management in Deutschland 6%, in den USA, Kanada und Australien aber weit über 30%.

www.arbeitsamt.de; www.statistik-bund.de

Frauenquote

Richtwert für den zu erreichenden Frauenanteil bei der Besetzung von Positionen in Verwaltung, Politik und Wirtschaft bzw. real erreichter Frauenanteil.

Quoten-Regelungen für Frauen gab es Mitte 2000 in unterschiedlich verbindlicher Form bei Bündnis 90/Die Grünen, CDU, PDS und SPD sowie bei der Besetzung von Gremien in staatlichen und öffentlich-rechtlichen Institutionen, vielfach auch bei der Zusammensetzung von Betriebs- und Personalräten. Auch in mehreren DGB-Einzelgewerkschaften gab es F.; bei ÖTV und IG Medien auf allen Ebenen.

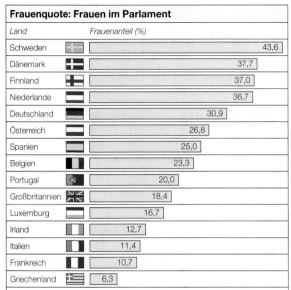

Frauenquote: Frauen im Parlament

Land	Frauenanteil (%)
Schweden	43,6
Dänemark	37,7
Finnland	37,0
Niederlande	36,7
Deutschland	30,9
Österreich	26,8
Spanien	25,0
Belgien	23,3
Portugal	20,0
Großbritannien	18,4
Luxemburg	16,7
Irland	12,7
Italien	11,4
Frankreich	10,7
Griechenland	6,3

Stand: Ende 1999; Quelle: »Das Parlament«, zusammengestellt anhand der europäischen Datenbank des Frauen-Computer-Zentrums Berlin

Förderprogramme: Statt an starren F. orientierte sich die Gleichstellungspolitik in Deutschland um 2000 an Förderprogrammen, um den Frauenanteil in Politik bzw. in Führungspositionen von öffentlicher Verwaltung und Privatwirtschaft zu erhöhen. Regierungspläne, öffentliche Aufträge an Privatunternehmen an die Existenz von betrieblichen Frauenförderplänen zu binden, wurden 2000 nicht weiter verfolgt. Das Bundesministerium für Familie, Senioren, Frauen und Jugend (Bmfsfj, Berlin) unterstützte weiterhin die Verleihung des Total-E-Quality-Prädikats an Firmen mit vorbildhafter Förderung der Gleichstellung.

Frauen in der Politik: Im Bundestag stellten Frauen Mitte 2000 mit 207 von 669 Abgeordneten 30,9% der Parlamentarier. Am höchsten war der Frauenanteil in der PDS-Fraktion mit 58,3%, gefolgt von Bündnis 90/Die Grünen mit 57,4%. In der SPD-Fraktion waren die Frauen mit 35,2% in der Minderheit, ebenso bei FDP (20,9%), CDU (19,7%) und CSU (12,8%). In den Parlamenten der EU-Staaten lag der Frauenanteil Ende 1999 mit einer Spanne von 43,6% (Schweden) bis 6,3% (Griechenland) im Schnitt bei 22,2%, in den Regierungen zwischen 50% (Schweden) und 5% (Griechenland), im Mittel bei 23,5% (Deutschland: 36%). 29,7% der Abgeordneten des EU-Parlaments waren Mitte 2000 weiblich.

Gewalt gegen Frauen

UN-Schätzungen zufolge wurden um 2000 rund 21% der Frauen in Westeuropa Opfer von Gewalt, meist durch Ehemänner oder Lebensgefährten. Nach einer im Juni 2000 veröffentlichten UNICEF-Studie gab es um 2000 durch gezielte Abtreibung weiblicher Föten, Tötung neugeborener Mädchen und schlechtere Versorgung weltweit 60 Mio Frauen weniger als demografisch erwartet.

Situation in Deutschland: Nach Angaben der Bundesministerin für Familie, Senioren, Frauen und Jugend, Christine Bergmann (SPD), wurde um 2000 jede siebte Frau in Deutschland einmal in ihrem Leben Opfer einer Vergewaltigung oder sexuellen Nötigung. Jährlich flüchteten 50 000 Frauen vor gewalttätigen Männern in Frauenhäuser.

Gesetzentwurf: Kernpunkt des Aktionsplans zur Bekämpfung von G., den Ministerin Bergmann im Frühjahr 2000 vorstellte, war ein Gesetzentwurf u. a. zur Neuregelung der Wohnungszuweisung: Bei G. sollte nicht mehr die Frau, sondern der Täter die Wohnung verlassen müssen. Gegen Männer, die G. ausüben, sollten Hausverbote bis zur Ordnungshaft verhängt werden können.

Schutz von Ausländerinnen: Der Deutsche Bundestag verabschiedete im März 2000 mit den Stimmen von SPD, Bündnis 90/Die Grünen, PDS sowie einzelnen Abgeordneten von FDP und CDU/CSU eine Änderung des Ausländergesetzes, mit der ausländische Frauen besser vor gewalttätigen Männern geschützt werden sollen. Die Dauer einer Ehe, die ausländischen Ehegatten ein eigenes Aufenthaltsrecht in Deutschland zubilligt, wurde von vier auf zwei Jahre verkürzt. In Härtefällen wie sexuellem Missbrauch oder Gewalttätigkeit des Ehemanns, die den Fortbestand der Ehe unmöglich machen, können Frauen auch ohne Einhaltung der Frist ihren Mann verlassen, ohne mit Ausweisung rechnen zu müssen.

Genitalverstümmelung: Nach UN-Schätzungen wurden an der Wende zum 21. Jh. täglich 6000 Mädchen und Frauen durch rituelle Handlungen an den Genitalien verstümmelt. Insgesamt waren ca. 130 Mio

Frauen vom lebensgefährlichen Eingriff, der meist im Alter von vier bis acht Jahren durchgeführt wird, betroffen. Die rituelle Beschneidung von Frauen war u. a. in 28 afrikanischen Staaten verbreitet. Neun der Länder hatten bis Mitte 2000 Gesetze gegen die rituelle Genitalverstümmelung erlassen.
www.bmfsfj.de

Gleichstellung

In allen Bundesländern gab es 2000 Gesetze zur G., die u. a. die Chancen von Frauen bei Einstellung und Beförderung im öffentlichen Dienst verbessern sollen.

Hessen: Der Gerichtshof der Europäischen Gemeinschaften (EuGH, Luxemburg) billigte im März 2000 das Gleichberechtigungsgesetz des Landes Hessen. Zur Begründung hieß es, Männer würden nicht unzulässig benachteiligt, weil im Gesetz nicht eine »absolute und unbedingte« Bevorzugung von Frauen bei Einstellung und Beförderung im öffentlichen Dienst gefordert sei. Mit einer ähnlichen Begründung hatte der EuGH 1997 das Frauenförderungsgesetz in NRW gebilligt, während das Bremer Gleichstellungsgesetz 1995 wegen seiner starren Quotenregelung vom EuGH beanstandet worden war. Trotz des EuGH-Urteils erwog die CDU/FDP-Landesregierung in Hessen Mitte 2000 eine Änderung des Gesetzes aus Kosten- und Vereinfachungsgründen. Mitte 1999 wurden vom Hessischen Landtag mit den Stimmen der Regierungskoaliton bereits die Vorschriften zur G. von Männern und Frauen in der öffentlichen Verwaltung gelockert.

NRW: Im November 1999 verabschiedete der Landtag von NRW mit den Stimmen von SPD und Bündnis 90/Die Grünen ein G.-Gesetz, das mit verschärften Instrumenten im öffentlichen Dienst die Chancengleichheit von Frauen fördern und die Vereinbarkeit von Beruf und Familie erleichtern soll. Mit dem Gesetz, das die seit 1989 geltenden Regeln zur Frauenförderung zusammenfasst und ergänzt, werden auch Städte und Gemeinden zur Aufstellung von Förderplänen für weibliche Beschäftigte verpflichtet und die Position der Gleichstellungsbeauftragten gestärkt. Die Vergabe leistungsorientierter Landesmittel an die Hochschulen wird u. a. an die Einhaltung von Frauenförderplänen geknüpft.

▓ Gleichstellung: Gender Mainstreaming

Die rot-grüne Bundesregierung folgte Mitte 2000 bei ihrer Arbeit dem Gender-Mainstreaming-Ansatz: Geschlechtsspezifische Belange sollten als durchgängiges Leitprinzip und Querschnittsaufgabe in allen Politikfeldern grundsätzlich mit einbezogen werden. Um das Ziel der G. und der Gewährleistung gleicher Chancen für beide Geschlechter zu erreichen, sollten geschlechtsspezifische Sichtweisen methodisch deutlich gemacht werden. Fragen nach Meinung, Bedürfnissen und Interessen von Frauen sowie nach ihrer potenziellen Benachteilung bis hin zum Ausschluss sollten bei Entscheidungen in politischen, sozialen, wirtschaftlichen und kulturellen Bereichen generell berücksichtigt werden. Gender Mainstreaming wurde mit Inkrafttreten des Amsterdamer Vertrags am 1.5.1999 erstmals kraft Gesetz auf EU-Ebene zur Verpflichtung erhoben.

Menschenrechtskonvention: Die Parlamentarische Versammlung des Europarats bekräftigte im Januar 2000 ihre Absicht, die Europäische Menschenrechtskonvention so zu ergänzen, dass die Gleichheit von Mann und Frau in einem eigenen Paragraphen festgeschrieben wird. Die Parlamentarische Versammlung lehnte ein Zusatzprotokoll zur Konvention, in dem lediglich ein Diskriminierungsverbot wegen des Geschlechts ausgesprochen war, als unzureichend ab.

Mutterschutz: Im Februar 2000 entschied der EuGH, dass das deutsche Mutterschaftsgesetz nicht Nachteile für Frauen im Beruf bewirken dürfe. Das Gericht war von einer deutschen Krankenschwester angerufen worden, die als Schwangere keine unbefristete Stelle als OP-Schwester erhalten hatte.

Soldatinnen-Urteil: Der EuGH entschied am 11.1.2000, dass deutsche Rechtsvorschriften, die Soldatinnen von allen Kampfeinheiten ausschließen (Art. 12a GG), nicht mit der europäischen Richtlinie über berufliche G. der Geschlechter zu vereinbaren sind. Das Bundeskabinett beschloss am 7.6.2000, durch eine Novellierung des Soldatengesetzes alle Bereiche der Bundeswehr für Frauen zu öffnen. Auf freiwilliger Basis können Frauen nun auch in Kampftruppen Dienst tun; bisher waren sie nur zum Sanitäts- und Militärmusikdienst zugelassen. Die Teilnahme an Militärübungen oder Auslandseinsätzen steht Frauen ebenfalls offen.
www.bmfsfj.de

Homosexuelle

Wie bereits in der Koalitionsvereinbarung vom Oktober 1998 festgeschrieben, plante die rot-grüne Bundesregierung noch im Jahr 2000 die Vorlage eines Gesetzentwurfs über behördlich eingetragene Lebenspartnerschaften von homosexuellen Paaren.

Eingetragene Lebenspartnerschaft: Sie soll wie die Ehe vor einem Standesbeamten geschlossen werden und ausgeschlossen sein, sofern einer der Partner verheiratet ist bzw. bereits in einer anderen EL lebt. Die EL begründet Unterhaltspflichten auch nach ihrem Ende und stellt Verwandtschaftsverhältnisse her: Die Verwandten eines Lebenspartners gelten mit dem anderen als verschwägert. Wie sonstige Ehepartner erhalten nach den Plänen der Bundesregierung auch die Beteiligten einer EL verschiedene Möglichkeiten der Namenswahl inkl. eines Doppelnamens.

Rechtliche Gleichstellung: Im Erbrecht, bei der Erbschaft-, Schenkungs- und Grunderwerbssteuer soll die EL der Ehe gleichgestellt werden. Bei der Einkommensteuer wird nicht das besonders günstige Ehegattensplitting, sondern das sog. Realsplitting mit einer Obergrenze von 40 000 DM eingeführt. Hinsichtlich der Kranken- und Pflegeversicherung plante die Bundesregierung die EL wie eine Familie zu behandeln, d. h. es besteht eine beitragsfreie Mitversicherung für den Lebenspartner und dessen Kinder. Begünstigt werden Lebenspartner auch bei der Arbeitslosenversicherung und beim Beamtendienstrecht.

Kinder: Für Kinder (z. B. aus einer vorherigen Ehe) in der EL gibt es ein »kleines Sorgerecht«, das die Befugnis zur Mitentscheidung in Alltagsangelegenheiten beinhaltet. Ein Recht auf Adoption von Kindern – aus einer vorherigen Ehe des Partners oder gemeinsam – war in dem Gesetzentwurf der Regierung nicht vorgesehen.

Fahrplan: Einige Punkte des Gesetzentwurfs zur EL bedürfen der Zustimmung des Bundesrats, in dem die unionsregierten Länder die Mehrheit hatten. Einige Mitglieder der CDU/CSU sehen in der Einführung der Institution der EL den im GG Art. 6 verankerten besonderen Schutz von Familie und Ehe durch den Staat bedroht.

Homosexuelle Soldaten: Das Bundesministerium der Verteidigung hob im April 2000 die Versetzung eines homosexuellen Offiziers der Bundeswehr auf. Der Zeitsoldat war im Mai 1998 nach Bekanntwerden seiner Homosexualität als Ausbilder und Zugführer abgesetzt worden und hatte Verfassungsbeschwerde eingelegt. Ein Eilantrag auf Aufhebung der Versetzung wurde vom Bundesverfassungsgericht (BVerfG, Karlsruhe) im August 1999 zwar abgelehnt, doch nach außergerichtlicher Einigung wurde der Offizier wieder in seine alten Positionen zurückversetzt.

Der Europäische Gerichtshof für Menschenrechte (Straßburg) gab im September 1999 vier britischen Klägern Recht, die 1994 wegen Homosexualität aus den Streitkräften entlassen worden waren. Das Argument des britischen Staates, wonach die Duldung von H. in der Armee deren Effizienz und den Zusammenhalt gefährde, wies das Gericht zurück.

Das Verteidigungsministerium der USA teilte Ende 1999 mit, dass H. in der Armee künftig besser vor Übergriffen geschützt werden sollten. Seit 1993 gilt in der US-Armee, dass H. unter zwei Bedingungen Soldaten werden können: Ihre Vorgesetzten dürfen sie nicht zu ihrer sexuellen Orientierung befragen, und sie selbst sollen sich nicht dazu bekennen. Nun sollen sich Soldaten auch über Belästigungen wegen vermeintlicher Homosexualität in der Armee beklagen dürfen, ohne dass dies als Bekenntnis ausgelegt wird.

Diskriminierung: Ein Verbot der Diskriminierung aufgrund sexueller Orientierung ist seit 1994 in Südafrika und seit 1998 in Ecuador und auf den Fidschi-Inseln in der Verfassung verankert. In Deutschland befürwortete Bundesjustizministerin Herta Däubler-Gmelin (SPD) eine Erklärung des Bundestags, in der das Parlament sein Bedauern über das Unrecht gegenüber H. in der Vergangenheit ausdrückt und feststellt, dass ihre Diskriminierung mit dem Grundgesetz und der europäischen Menschenrechtskonvention unvereinbar sei.

Homosexuelle Partnerschaften: Regelungen in Europa

Registrierung: Die Möglichkeit, eine gleichgeschlechtliche Lebensgemeinschaft registrieren zu lassen, gibt es in Dänemark bereits seit 1989, seit 1993 in Norwegen, seit 1995 in Schweden, seit 1996 in Island, seit 1998 in den Niederlanden, in Belgien und in der spanischen Region Katalonien sowie seit 1999 in Frankreich und im spanischen Aragón. Eine solche Registrierung steht in den Niederlanden, Belgien, Frankreich und den beiden spanischen Regionen auch unverheirateten heterosexuellen Paaren zu.

Adoption: Seit 1999 gibt es in Dänemark die Möglichkeit der Adoption eines Kindes des Partners aus einer früheren Ehe zur Begründung eines gemeinschaftlichen Sorgerechts. In Schweden wurde 2000 nach Angaben des Max-Planck-Instituts für ausländisches und internationales Privatrecht (Hamburg) erwogen, homosexuelle Paare zur Adoption zuzulassen. In den Niederlanden gab es 2000 ein gemeinsames Sorgerecht für ein von einem Partner abstammendes Kind und für ein fremdes Kind (z.B. Vollwaise).

Bildung

BAföG

(Bundesausbildungsförderungs-Gesetz)

Reform: Die rot-grüne Bundesregierung beschloss im Januar 2000 Eckpunkte zur B.-Reform, die nach Zustimmung von Bundestag und Bundesrat 2001 in Kraft treten sollte. Vorgesehen waren u.a.:

– Erhöhung der Höchstförderung von 1020 DM (Ostdeutschland) bzw. 1030 DM (Westdeutschland) auf einheitlich 1100 DM monatlich
– Erhöhung der Freibeträge, bis zu denen Einkommen der Eltern angerechnet werden, und Verzicht auf Anrechnung des Kindergeldes
– Generelle Koppelung der Förderungshöchstdauer an die Regelstudienzeit; innerhalb von vier Semestern nach Überschreitung sollen Bankdarlehen für die Examensphase gewährt werden
– Möglichkeit der Förderung eines nach zwei Semestern in Deutschland im EU-Ausland fortgesetzten Studiums nach den BAföG-Inlandssätzen.

Ziel der Reform ist die Erhöhung des Anteils der geförderten Studenten von 15% (1999) auf über 20%.

Ausgaben: Die Kosten der Reform bezifferte Bundesbildungsministerin Edelgard Bulmahn (SPD) mit 500 Mio DM für den Bund, 350 Mio DM für die Länder und weiteren 150 Mio DM Darlehen von der Deutschen Ausgleichsbank. 1998 (letztverfügbarer Stand) gaben Bund und Länder zusammen 2,333 Mrd DM für BAföG aus (–3,6% gegenüber 1997).

Sockelbetrag: Ihren ursprünglichen Reformplan, an alle Studenten einen Sockelbetrag von 400 DM auszuzahlen und im Gegenzug auf Kindergeld und Steuerfreibeträge für die Eltern zu verzichten, gab Bildungsministerin Bulmahn nach Einspruch von Bundeskanzler Gerhard Schröder (SPD) auf.

Bildungskredite: Die Bundesregierung beschloss Anfang 2000, Bildungskredite als

BAföG-Empfänger

Jahr	West	Ost	Gesamt
1998[1]	390000	139000	529000
1997	410000	125000	535000
1996	455000	122000	577000
1995	498000	125000	623000
1994	548000	145000	693000
1993	597000	175000	772000
1992	639000	207000	846000
1991	641000	226000	867000

1) letztverfügbarer Stand; Quelle: Statistisches Bundesamt, www.statistik-bund.de

neues Instrument der Ausbildungsförderung zu prüfen. Nicht nur B.-Berechtigte, sondern auch andere Studenten sollen zur Finanzierung eines Studiums einen Kredit erhalten können, den sie – anders als beim B. – voll und mit marktüblichen Zinsen zurückzahlen müssen.

Geförderte: 1998 (letztverfügbarer Stand) erhielten nach Angaben des Statistischen Bundesamtes (SB, Wiesbaden) insgesamt 390000 Studierende in West- und 139000 in Ostdeutschland eine Ausbildungsförderung nach B. (1997: 410000 im Westen, 125000 im Osten). Der Anteil der Geförderten war seit Anfang der 90er Jahre kontinuierlich rückläufig, da die Freibeträge für die Eltern nicht parallel zur Einkommensentwicklung angehoben wurden und viele aus der Berechtigtengruppe herausfielen.

Alleinerziehende: Das Bundesverfassungsgericht (BVerfG, Karlsruhe) stellte in einer Ende 1999 veröffentlichten Entscheidung fest, dass allein erziehenden Müttern über 30 Jahre eine staatliche Ausbildungsförderung nach dem B. nicht allein deshalb verwehrt werden darf, weil sie in jüngeren Jahren Geld für den eigenen Lebensunterhalt und den der Kinder verdient hatten, statt ein Studium zu beginnen.

www.bmbf.de; www.studentenwerke.de

Bildungspolitik: Internationale Studiengänge

▶ **Neue Abschlüsse:** Neben den traditionellen Diplom- und Magisterstudiengängen können nach dem Hochschulrahmengesetz von 1998 an deutschen Hochschulen und Fachhochschulen nach angelsächsischem Vorbild Bachelor- und Masterstudiengänge eingerichtet werden.

▶ **Bachelor/Master und Promotion:** Ein berufsorientiertes Studium wird mit dem Bachelor abgeschlossen, das stärker wissenschaftliche Masterstudium baut auf diesem Grad auf. Der Masterabschluss der Universität oder Fachhochschule berechtigt zur Promotion. Der Wissenschaftsrat (Köln), der Bund und Länder in Fragen der Hochschul- und Wissenschaftspolitik berät, sprach sich 2000 für die flächendeckende Einführung der internationalen Studiengänge in Deutschland aus. Besonders qualifizierte Bachelor-Studenten sollten nach Vorstellungen des Wissenschaftsrats zur Promotion zugelassen werden.

▶ **Studiendauer:** Ein Bachelor-Studium dauert mind. drei, höchstens vier Jahre, ein Masterstudium mind. ein, höchstens zwei Jahre. Ein konsekutives Studium dauert höchstens fünf Jahre.

▶ **Angebote:** Ende 1999 schlossen von 2000 Studiengängen in Deutschland bereits mehr als 300 mit diesen Graden ab. Die Universität Bochum, die 1992 als erste Hochschule in Deutschland einen Bachelor-Studiengang einführte, kündigte Ende 1999 an, dass die Umstellung aller Fächer auf Bachelor- und Master-Abschlüsse geplant sei.

▶ **Akkreditierungsrat:** Für die Vergleichbarkeit der Abschlüsse in den neuen Studiengängen ist ein Akkreditierungsrat zuständig, in dem u.a. die Kultusminister der Länder und Hochschulrektoren vertreten sind. Der Rat genehmigt für jedes Studienfach eine unabhängige Akkreditierungsagentur, die einheitliche Qualitätsstandards für die neuen Studiengänge entwickeln und

testen soll. Bei traditionellen Studiengängen erarbeiten Kultusminister und Hochschulen gemeinsam Rahmenordnungen, die eine Vergleichbarkeit der Abschlüsse an verschiedenen Hochschulen gewährleisten.

▶ **Öffentlicher Dienst:** Die Kultusministerkonferenz der Länder (KMK, Bonn) schloss im Mai 2000, die Laufbahnen des öffentlichen Dienstes für Bachelor- und Master-Absolventen zu öffnen. Kurzfristig sollen Bachelor-Absolventen dem gehobenen, Master-Absolventen dem höheren Dienst zugeordnet werden. Übergangschancen zwischen beiden Bereichen sollen erleichtert und hervorragenden Bachelor-Absolventen der Eintritt in den Vorbereitungsdienst zum höheren Dienst eröffnet werden. Mittelfristig plante die KMK, die Differenzierung der Laufbahnen aufzuheben, so dass Absolventen mit mind. dreijähriger Ausbildung gleiche Chancen beim Berufsstart im öffentlichen Dienst erhalten.

Bildungspolitik

Die deutsche B. stand um 2000 im Zeichen knapper öffentlicher Mittel. Diskutiert wurden Reformansätze zur Effizienzsteigerung ohne Zusatzkosten: Qualitätsmanagement, Förderung des Wettbewerbs unter den Bildungseinrichtungen sowie verstärkte Mittelvergabe nach Leistung und Bedarf.

Bildungsstand: Nach einer im Mai 2000 vorgelegten OECD-Studie über den Bildungsstand in 29 Mitgliedsländern (darunter die meisten EU-Staaten, Australien, Japan, Kanada, Korea, Mexiko, die USA und etliche osteuropäische Staaten) hatte Deutschland hinter Neuseeland und Japan den dritthöchsten Bildungsstand; 84% der Bevölkerung verfügten über ein Abitur oder eine Berufsausbildung. Mängel konstatierte die Studie bei der Hochschulausbildung: Während im OECD-Schnitt 40% eines Jahrgangs ein Studium begannen und 23% es abschlossen, waren es in Deutschland um 2000 nur 28% bzw. 16%. Ein deutliches Defizit bescheinigte die Studie Deutschland bei der Zahl der Ingenieure und Informatiker, die rund ein Drittel unter dem OECD-Mittelwert lag: Auf 100 000 Beschäftigte in den Bereichen Ingenieurwesen, Informatik und Biotechnologie kamen in Deutschland nur 1040 Hochschulabsolventen – in Finnland, Frankreich, Irland, Japan und Korea lag der Anteil zwischen 2229 und 5217.

Bildungsausgaben: Mit 4,5% öffentlicher Ausgaben für Bildungseinrichtungen lag Deutschland lt. Studie unter dem OECD-Durchschnitt von 5,1%; im internationalen Vergleich waren die Ausgaben für Schüler der Klassenstufen eins bis zehn niedrig, höher für Oberstufen- und Berufsschüler. Durch lange Studiendauer (im Schnitt sechs Jahre in Deutschland) waren die Kosten für die Ausbildung eines deutschen Studenten mit 47 900 US-Dollar deutlich höher als im OECD-Mittel (32 824 US-Dollar).

Forum Bildung: Das auf Initiative von Bundesbildungsministerin Edelgard Bulmahn (SPD) eingerichtete Forum Bildung nahm im Februar 2000 seine Arbeit auf. Das Forum besteht aus Experten von Bund und Ländern, Arbeitgebern und Gewerkschaften, Wissenschaft und Kirchen sowie Studierenden und Auszubildenden. Binnen zwei Jahren sollen sie konkrete Ergebnisse und Handlungsempfehlungen für die »Wissensgesellschaft von morgen« formulieren.

Standort: Die Spitzenverbände der deutschen Wissenschaft – Max-Planck-Gesellschaft, Deutsche Forschungsgemeinschaft, Alexander-von-Humboldt-Stiftung, Deutscher Akademischer Austauschdienst, Studienstiftung des Deutschen Volkes – appellierten auf einer gemeinsamen Veranstaltung im März 2000, dass Deutschland im globalen Wettbewerb um Forscher und Experten immer weiter zurückfalle. Die Werbung für den Wissenschaftsstandort Deutschland werde vernachlässigt; von den 1,8 Mio Studenten, die weltweit in Frage kämen, studierten 8% in Deutschland (Großbritannien: 17%, USA: ca. 33%). Um Spitzenkräfte unter den Forschern anzuwerben, stünde z.B. den Forschungseinrichtungen in den USA, vielfach aber auch in den Schwellenländern deutlich mehr Geld zur Verfügung als deutschen Einrichtungen.

www.kmk.org (Statistiken, Dokumentationen)

Frauenstudium

Bei einem Bevölkerungsanteil von ca. 51% waren im Wintersemester (WS) 1999/2000 nach Angaben des Statistischen Bundesamtes (SB, Wiesbaden) 45,1% (WS 1998/99: 44,5%) der Studierenden an einer deutschen Hochschule weiblich; bei den Erstsemestern lag der Frauenanteil im Studienjahr 1999 bei 48,7% (1998: 48,5%).

Frauenstudiengänge: Um die Hemmschwelle zur Aufnahme eines Studiums in traditionell männerdominierten Fächern wie Naturwissenschaften und Technik zu erleichtern, wurden an deutschen Hochschulen und Fachhochschulen (FH) vereinzelt Studiengänge eingerichtet, die nur Frauen offen stehen. Im WS 1997/98 startete an der FH Wilhelmshaven der Frauenstudiengang Wirtschaftsingenieurwissenschaften, 1998/99 der Frauenstudiengang Feinwerktechnik an der FH Aalen. Ab WS 2000/01 wird an der FH Stralsund Wirtschaftsingenieurwesen für Frauen angeboten.

Frauenuniversität: Im Rahmen der Weltausstellung Expo 2000 in Hannover boten Wissenschaftlerinnen deutscher Hochschulen ab 15.7.2000 für 9000 Teilnehmerinnen aus 115 Ländern eine als Modell verstandene »Frauen-Universität Technik und Kultur« an. Die Initiatorinnen strebten langfristig die Gründung dauerhafter Frauenuniversitäten in Deutschland an und verwiesen auf die USA, wo es 2000 bereits 77 Women's Colleges mit rund 120 000 Studentinnen gab.

Wissenschaftlerinnen: Frauen waren an deutschen Hochschulen um 2000 deutlich unterrepräsentiert. Nach SB-Zahlen entfielen 15,3% der 1998 abgeschlossenen Habilitationen auf Frauen. Der Frauenanteil in der Professorenschaft lag bei 9,5%, bei den bestdotierten C4-Stellen betrug er 5,9%.

www.statistik-bund.de (Daten u. a. zu Studierenden an deutschen Hochschulen)
www.vifu.de (Frauenuniversität Hannover)

Frauenstudium: Professorinnen

Land	Anteil an C4-Professuren
Türkei	21,5
Finnland	18,4
Portugal	17,0
Australien	14,0
Frankreich	13,8
USA	13,8
Spanien	13,2
Kanada	12,0
Norwegen	11,7
Schweden	11,0
Italien	11,0
Neuseeland	10,4
Griechenland	9,5
Großbritannien	8,5
Island	8,0
Israel	7,8
Dänemark	7,0
Irland	6,8
Österreich	6,0
Deutschland	5,9
Schweiz	5,7
Niederlande	5,0

Stand: 1998; Quelle: Studie des European Technology Assessment Network (ETAN)

Professorinnen an Hochschulen

Jahr	Anteil an allen Professuren (%)
1998	9,5
1997	9,0
1996	8,5
1995	8,2
1994	7,5
1993	6,9
1992	6,5

Quelle: Statistisches Bundesamt (Wiesbaden); www.statistik-bund.de

Hochschulen

Im Wintersemester 1999/2000 waren nach Angaben des Statistischen Bundesamtes (SB, Wiesbaden) 1,765 Studierende an den Hochschulen in Deutschland eingeschrieben, 2% weniger als 1998/99.

Studentenzahlen: 73% der Studentinnen und Studenten des Wintersemesters 1999/2000 lernten an Universitäten oder gleichrangigen wissenschaftlichen Hochschulen, 25% an Fach- oder Verwaltungshochschulen und 2% an Kunsthochschulen.

Ausländische Studenten: Der Anteil der ausländischen Studienanfänger erhöhte sich von 1975 bis zum Wintersemester 1999/2000 von 7% auf 17%, allerdings lag der Anteil »echter«, nicht ohnehin in Deutschland ansässiger ausländischer Studenten bei nur 6%. Bundesbildungsministerin Edelgard Bulmahn (SPD) kündigte im Februar 2000 an, dass der Anteil auf 10% gesteigert werden solle.

Auslandsstudium: Der Anteil deutscher Studenten, die Teile ihrer Ausbildung im Ausland absolvierten, lag um 2000 bei 11% und sollte nach Bulmahn auf 20% gesteigert werden. Als ein Instrument wurde die Anfang 2000 von der rot-grünen Bundesregierung beschlossene BAföG-Reform angesehen, welche die Möglichkeit zur Förderung eines Auslandsstudiums nach zwei Semestern im Inland vorsieht. Zwei Drittel der Deutschen, die im Ausland studierten, wählten einen Studienort in Europa, 16% in Nordamerika, 6% in den Nachfolgestaaten der Sowjetunion, nur 4% in asiatischen Ländern. Der Deutsche Akademische Austauschdienst (DAAD, Bonn), der deutsche Studierende im Ausland und ausländische Studenten in Deutschland mit Stipendien unterstützt, erhielt 2000 vom Bundesbildungsministerium 100 Mio DM (1990: 50 Mio DM). Die Stipendien für im Ausland studierende Deutsche lagen zwischen 700 und 1150 DM monatlich.

Dienstrechtsreform: Eine von Bulmahn eingesetzte Expertenkommission zur Neufasssung des Dienstrechts an Hochschulen legte im April 2000 ihre Vorschläge vor, an denen sich die Bundesregierung bei der Ausarbeitung eines Gesetzes orientieren wollte. Die Experten halten am Beamtenstatus fest, wollen Professoren aber nicht mehr nach Alter und Status, sondern stärker nach Leistung bezahlen. Alle Professoren sollen dasselbe, nicht verhandelbare Mindestgehalt von 8300 DM an Universitäten und 7000 DM an Fachhochschulen erhalten. Hinzu kommen auf fünf bis sieben Jahre befristet vergebene Leistungszulagen von durchschnittlich 2150 DM an Universitäten und 1850 DM an Fachhochschulen. Die tatsächliche Höhe der Zuschläge, über deren Vergabe die Hochschulen selbst entscheiden, soll von der Qualität in Lehre und Forschung sowie bei der Förderung des Nachwuchses bzw. von der Übernahme von

---

■ Hochschulen: Reformprojekte in den Bundesländern

Hessen: Das von der 1999 gewählten neuen CDU/FDP-Regierung vorgelegte Hochschulgesetz sollte nach Verabschiedung durch den Landtag zum Wintersemester 2000/01 in Kraft treten. Es gibt Universitäten und Fachhochschulen mit der Einführung von Globalbudgets weitgehende Finanzautonomie. Die Hochschulen können aus selbst erwirtschafteten Überschüssen Rücklagen bilden. Professoren sollen hinsichtlich ihrer Leistungen in Forschung, Lehre und bei der Nachwuchsförderung regelmäßig überprüft werden. Zu den neuen Organisationsstrukturen gehört ein Präsidium als kollegiales Führungsorgan, in dessen Kompetenzbereich u.a. der Abschluss von Zielvereinbarungen, die Aufstellung von Wirtschaftsplänen und die Verteilung der Finanzmittel fallen. Gewähltes Repräsentativorgan für Grundsatzfragen soll der Senat sein, in dem die Professoren

über eine klare Mehrheit verfügen. Die bisherige Drittelparität von Hochschullehrern, Mitarbeitern und Studenten soll es nicht mehr geben. An den Fachbereichen sollen Dekanate als kleine Kollegialorgane fungieren, wobei Präsidium und Dekane im erweiterten Präsidium eng kooperieren. Bachelor- und Master-Abschlüsse sollen eingeführt werden. Fachhochschulabsolventen sollen die Chance erhalten, durch ein zweisemestriges universitäres Zusatzstudium das Diplom zu erlangen.

Niedersachsen: Durch Einrichtung von Schnellstudiengängen wollte die SPD-Landesregierung die Möglichkeit schaffen, die Regelstudienzeit radikal zu verkürzen. Ab Wintersemester 2000/01 werden an der TU Clausthal und an der Universität Göttingen Intensivstudiengänge in Maschinenbau und Molekulare Biologie/Neurowissenschaften angeboten. Durch

Nutzung der vorlesungsfreien Zeit soll sich die Studiendauer im Fach Maschinenbau z.B. von sechseinhalb auf vier Jahre verkürzen. Die vom Land geförderten Studiengänge – zum Wintersemester 2001/02 sind acht weitere geplant – sollen u.a. Berufspraktika, Auslandsaufenthalte, interdisziplinäre Angebote und Vorlesungen in Fremdsprachen enthalten.

NRW: Per Rechtsverordnung verpflichtete das Land seine Hochschullehrer ab Wintersemester 1999/2000, an mind. vier Tagen pro Woche an der Hochschule präsent zu sein und Lehrveranstaltungen an mind. drei Tagen pro Woche anzubieten. So sollten ausgedehnte Dienstreisen während des Semesters und eine reduzierte Anwesenheit von nicht am Lehrort wohnenden Professoren verhindert werden. Die Abwesenheit von Lehrkräften verlängert auch die Studienzeit.

Organisationsaufgaben abhängen. Nach den Vorschlägen der Kommission soll die Neuregelung nur für neue Hochschullehrer gelten, für bereits tätige Professoren soll ein Bestandsschutz gelten mit der Option, das Leistungsmodell zu wählen.

Kosten: Die vom Gremium vorgeschlagene Dienstrechtsreform ist kostenneutral angelegt. Für die Leistungszulagen wird nur das Geld verteilt, das durch die geplante Streichung der Altersstufen gespart wird.

Kritik: Die Reformvorschläge wurden u. a. von Bayern kritisiert: Wissenschaftsminister Hans Zehetmair (CSU) und die Bayerische Rektorenkonferenz sprachen von einer Vereinheitlichung auf niedrigem Niveau und forderten eine Öffnungsklausel für den Freistaat, um höhere Bezahlung zu ermöglichen. Hamburgs Wissenschaftssenatorin Krista Sager (Grün-Alternative Liste) forderte einen Verzicht auf den Beamtenstatus für Professoren und ein Dienstrecht, das den Ländern größere Gestaltungsmöglichkeiten bietet. Ihre Parteikollegen sprachen sich für ein gleiches Mindestgehalt für Lehrer an Universitäten und Fachhochschulen aus.

Juniorprofessur: Die von Bildungsministerin Bulmahn eingesetzte Expertenkommission schlug statt der Habilitationsarbeit eine Juniorprofessur vor, die Forschung und Lehre umfasst und höchstens sechs Jahre dauern soll. Nach drei Jahren soll eine Leistungskontrolle durchgeführt werden, die bei Nichtbestehen das vorzeitige Ende der akademischen Laufbahn bedeutet. Die nach Gehaltsstufe C2 dotierte Juniorprofessur soll die Abhängigkeit der Nachwuchswissenschaftler von ihren akademischen Ziehvätern verringern und das Einstiegsalter für die Hochschullaufbahn herabsetzen.

www.wrat.de (Wissenschaftsrat)
www.hrk.de (Hochschulrektorenkonferenz)
www.bmbf.de (Bundesbildungsministerium)
www.kmk.org (Kultusministerkonferenz d. Länder)
www.hochschulverband.de (Deutscher Hochschulverband, Berufsvertretung der Universitätslehrer)

Kopfnoten

Noten zur Beurteilung des Sozialverhaltens von Schülern

Sachsen: Zum Schuljahresbeginn 1999/2000 führte Sachsen als erstes Bundesland sog. K. für Ordnung, Mitarbeit, Fleiß und Betragen in den Schulzeugnissen ein. Sie werden von allen Lehrern eines Schülers gemeinsam bestimmt und in den Klassen zwei bis zehn vergeben (ohne Abgangszeugnis Klasse zehn). Die Noten reichen von »sehr gut« bis »mangelhaft«, schlechte K. sollen aber die Versetzung nicht gefährden.

Saarland: Zum Schuljahresbeginn 2000/01 plante das Saarland die Einführung von K., die das schulische Engagement und die Gesamtpersönlichkeit des Schülers beurteilen.

CDU: Der CDU-Vorstand befürwortete Anfang 2000, an deutschen Schulen Kopfnoten für Fleiß, Betragen und Ordnung als »bewährtes Element der erziehenden Schule« und der Wertevermittlung zu vergeben.

Meister-BAföG

Staatliche Leistungen nach dem Aufstiegsfortbildungs-Förderungsgesetz. Fachkräfte mit entsprechender Qualifikation, die sich zum Handwerks- bzw. Industriemeister weiterbilden wollen, können seit 1996 M. beantragen.

Förderhöhe: Alleinstehende ohne Kind erhielten Mitte 2000 monatlich bis zu 1085 DM als Beitrag zum Lebensunterhalt. Von diesem Betrag wurden bis zu 393 DM als Zuschuss gewährt, der Rest über ein zinsgünstiges Darlehen finanziert. Das Bankdarlehen erhöhte sich für Verheiratete um 420 DM und für jedes Kind um 250 DM. Alleinerziehende konnten bei Voll- und Teilzeitmaßnahmen einen monatlichen Zuschuss bis zu 200 DM zu den notwendigen Kosten der Kinderbetreuung erhalten.

Geförderte: Nach Angaben des Statistischen Bundesamtes (SB, Wiesbaden) bezogen 52 976 Personen 1998 (letztverfügbarer Stand) M., 7,4% mehr als 1997. Insgesamt 60,7% der Geförderten nahmen an einer Vollzeit- und 39,3% an einer Teilzeitfortbildung teil.

Aufstockung: Im Rahmen des Bündnisses für Arbeit und Ausbildung verständigten sich Arbeitgeber, Gewerkschaften und Bundesbildungsministerium auf Verwaltungsvereinfachungen beim M., das insbes. für Alleinerziehende und Existenzgründer aufgestockt werden sollte.

www.bmbf.de (Bundesbildungsministerium)

Privathochschulen

2000 gab es in Deutschland rund 80 Privathochschulen, die meisten davon in kirchlicher Trägerschaft. Zu den Neugründungen von P. gehörten u. a.:

– Das Northern Institute of Technology Hamburg-Harburg, das ab Herbst 1999 Masterstudiengänge in Structural Engineering Science, Environmental Engineering und Production Technology anbot
– Das Stuttgart Institute of Management and Technology, das ab Herbst 1999 Masterstudiengänge in International Management, Finance and Investment und Information Systems offerierte
– Die Bucerius Law School in Hamburg, die ab Herbst 2000 auf das erste juristische Staatsexamen und den international anerkannten Bachelor of Law vorbereitet
– Die International University Bremen mit Ingenieur-, Natur-, Geistes- und Sozialwissenschaften, die ab Herbst 2001 erste Studiengänge anbieten wollte.

Struktur: Die neuartigen P. mit straffen, praxisorientierten Studiengängen sind international ausgerichtet und häufig eng verbunden mit öffentlichen Hochschulen, von deren Laboratorien und Bibliotheken sie profitieren. Viele P. werden zumindest in der Anfangsphase z.T. durch öffentliche Gelder finanziert und nehmen Studiengebühren, die aber für viele Studenten durch Stipendien ausgeglichen werden.

www.nithh.de; www.uni-simt.de; www.zeit-stiftung.de; www.iu-bremen.de

Schule

Im Schuljahr 1999/2000 sank zum zweiten Mal in Folge die Zahl der Schüler an den allgemein bildenden Sch. in Deutschland (–5,9%). Betroffen waren wegen des starken Geburtenrückgangs in den 90er Jahren aber nur die neuen Bundesländer.

Schülerzahlen: 1999/2000 gab es nach Angaben des Statistischen Bundesamtes (SB, Wiesbaden) 10,05 Mio Schülerinnen und Schüler an allgemein bildenden Sch.

Im früheren Bundesgebiet sind die Einschulungszahlen seit dem Schuljahr 1998/99 rückläufig, in den neuen Ländern schon seit Mitte der 90er Jahre. Dort hat sich die Zahl der Schulanfänger binnen vier Jahren mehr als halbiert.

(1998/99: 10,11 Mio), davon 3,489 Mio an Grundschulen, 2,245 Mio an Gymnasien, 1,253 Mio an Real-, 1,097 an Haupt-, rund 551 000 an Gesamt- und 416 000 an Sonderschulen. Hinzu kamen 2,65 Mio Schüler an Berufschulen (+5,5%).

Schulanfänger: 1999/2000 wurden in Deutschland 850 158 Mädchen und Jungen eingeschult, knapp 4% weniger als im Schuljahr zuvor. Im alten Bundesgebiet sank die Zahl der Schulanfänger um 2,4%, in Ostdeutschland inkl. Berlin (Ost) um gut 13%.

Lehrer-Pflichtstunden: Die Pflichtstunden der Lehrer an allgemein bildenden Sch. betrugen 1999/2000 je nach Bundesland an der Grundschule 25 (Rheinland-Pfalz, Unterrichtsstunde hier 50 min, sonst 45 min) bis 29 Wochenstunden, an der Hauptschule ebenfalls 25–29, an Gymnasien 23–27 und an Gesamtschulen 23–27 Wochenstunden. Mit den Stimmen der großen Koalition aus CDU und SPD beschloss das Berliner Abgeordnetenhaus im April 2000 die Erhöhung der Lehrer-Pflichtstundenzahl um jeweils eine Stunde. 12 000 Lehrer protestierten mit einem eintägigen Warnstreik, an einer Großdemonstration gegen die Bildungspolitik des Senats beteiligten sich rund 50 000 Lehrer, Schüler und Eltern.

Lehrer-Status: Nach einer von der damaligen Hamburger Schulsenatorin Rosemarie Raab (SPD) 1999 in Auftrag gegebenen Studie des HWWA-Instituts für Wirtschaftsforschung (Hamburg) sind angestellte Lehrerinnen an allen Schultypen im Schnitt für den Arbeitgeber kostengünstiger als Beamtinnen, bei den Männern ist das Kostenverhältnis wegen längerer Berufs- und kürzerer Pensionszeit umgekehrt.

Personalbudgets: Nach einem Beschluss der SPD-Landesregierung in Niedersachen findet im Schuljahr 2000/2001 an 30 der rund 3400 Sch. des Landes ein Pilotversuch mit eigenem Personalkostenbudget statt. Die beteiligten Sch. erhalten für jede volle Lehrerstelle einen Betrag von 2850 DM, um mit diesem Geld ohne Rücksprache mit der Schulbehörde Vertretungslehrer, Hausmeister und Sekretäre beschäftigen zu können. Bei Unterrichtsausfall müssen die Kosten für die Vertretung in voller Höhe aus dem Budget bezahlt werden, nicht ausgegebenes Geld kann z. B. für die Anschaffung eines Computers verwendet werden. Die CDU-Opposition im Landtag kritisierte das Vor-

▬ Schule: Schulanfänger				
Schuljahr	*West*	*Ost[1]*		*Gesamt*
1999/2000	768 355	81 803		850 158
1998/99	786 335	94 184		880 519
1997/98	802 047	136 297		938 344
1996/97	783 340	170 293		953 633
1995/96	774 953	178 282		953 235
1) inkl. Berlin (Ost); Quelle: Statistisches Bundesamt (Wiesbaden), www.statistik-bund.de				

haben, mit dem den Sch. Mangelverwaltung aufgebürdet werde, statt für ausreichende Besetzung von Lehrerstellen zu sorgen.

Lehrerausbildung: Im Herbst 1999 präsentierte eine von der Kultusministerkonferenz der Länder (KMK, Bonn) eingesetzte Kommission Vorschläge für eine Reform der Lehrerausbildung. Die universitäre Lehrerausbildung sollte in der ersten Phase beibehalten, zugleich sollte aber ein Kerncurriculum erarbeitet werden. Für die zweite Phase (Referendariat) empfahl die Kommission bessere Qualifizierung des Ausbildungspersonals, präzisere Abstimmung der Lehrinhalte mit der ersten Phase sowie mehr Selbstorganisation der Referendare beim berufsbezogenen Lernen. Im Bereich »Lernen im Beruf« sollten die aus der Wirtschaft bekannten Instrumente der Personalführung und -entwicklung eingesetzt werden.

Schulzeit: Der saarländische Kultusminister Jürgen Schreier (CDU) kündigte im Oktober 1999 an, dass sein Bundesland als erstes in Westdeutschland das 13. Schuljahr an Gymnasien ganz abschaffen werde. Die kürzere Schulzeit soll erstmals für Schüler gelten, die 2001 von der Grundschule aufs

Schule: Investitionen in Multimedia-Ausstattung

Land	Ausgaben/Schule 1996–99 (DM)[1]
Baden-Württ.	20132
Bayern	2954
Berlin	12520
Brandenburg	446
Bremen	1812
Hamburg	39166
Hessen	5888
Meckl.-Vorp.	k.A.[2]
Niedersachsen	3132
Nordrh.-Westf.	2560
Rheinland-Pfalz	416
Saarland	3666
Sachsen	2859
Sachsen-Anhalt	643
Schlesw.-Holst.	1075
Thüringen	11298

1) für 1999 geschätzt; 2) keine Angaben; Quelle: Bundesbildungsministerium, www.bmbf.de

Schule: Sommerferien 2001–2008

	2001	2002	2003	2004	2005	2006	2007	2008
Baden-Württ.	26.7.–8.9.	25.7.–7.9.	24.7.–6.9.	29.7.–11.9.	21.7.–3.9.	27.7.–9.9.	19.7.–1.9.	24.7.–6.9.
Bayern	26.7.–10.9.	1.8.–16.9.	k.A.	k.A.	k.A.	k.A.	k.A.	k.A.
Berlin	19.7.–1.9.	4.7.–17.8	3.7.–13.8.	24.6.–4.8.	23.6.–3.8.	6.7.–16.8.	12.7.–22.8.	26.6.–6.8.
Brandenburg	19.7.–29.8.	4.7.–14.8	3.7.–13.8.	24.6.–4.8.	23.6.–3.8.	6.7.–16.8.	12.7.–22.8.	26.6.–6.8.
Bremen	28.6.–11.8.	20.6.–31.7.	10.7.–20.8.	8.7.–18.8.	7.7.–17.8.	13.7.–23.8.	5.7.–15.8.	17.7.–27.8.
Hamburg	19.7.–29.8.	4.7.–14.8.	3.7.–13.8.	24.6.–4.8.	30.6.–10.8.	6.7.–16.8.	12.7.–22.8.	26.6.–6.8.
Hessen	21.6.–3.8.	27.6.–9.8.	21.7.–29.8.	19.7.–27.8.	18.7.–26.8.	3.7.–11.8.	2.7.–10.8.	7.7.–15.8.
Meckl.-Vorp.	19.7.–29.8.	4.7.–14.8.	5.7.–15.8.	26.6.–6.8.	2.7.–12.8.	8.7.–18.8.	14.7.–24.8.	29.6.–8.8.
Niedersachsen	28.6.–8.8.	20.6.–31.7.	10.7.–20.8.	8.7.–18.8.	7.7.–17.8.	13.7.–23.8.	5.7.–15.8.	17.7.–27.8.
Nordrh.-Westf.	5.7.–18.8.	18.7.–31.8.	31.7.–13.9.	22.7.–4.9.	28.7.–10.9.	20.7.–2.9.	26.7.–8.9.	31.7.–13.9.
Rheinland-Pfalz	28.6.–10.8.	4.7.–16.8.	21.7.–29.8.	19.7.–27.8.	18.7.–26.8.	3.7.–11.8.	2.7.–10.8.	7.7.–15.8.
Saarland	21.6.–1.8.	27.6.–7.8.	21.7.–30.8.	19.7.–28.8.	18.7.–27.8.	3.7.–14.8.	2.7.–11.8.	7.7.–16.8.
Sachsen	28.6.–8.8.	20.6.–31.7.	12.7.–22.8.	10.7.–20.8.	9.7.–19.8.	15.7.–25.8.	7.7.–17.8.	19.7.–29.8.
Sachsen-Anhalt	28.6.–8.8.	20.6.–31.7.	10.7.–20.8.	8.7.–18.8.	7.7.–17.8.	13.7.–23.8.	5.7.–15.8.	17.7.–27.8.
Schlesw.-Holst.	19.7.–1.9.	4.7.–14.8.	30.6.–9.8.	28.6.–7.8.	4.7.–13.8.	10.7.–19.8.	16.7.–25.8.	30.6.–9.8.
Thüringen	28.6.–8.8.	20.6.–31.7.	10.7.–20.8.	8.7.–18.8.	7.7.–17.8.	13.7.–23.8.	8.5.7.–15.8.	17.7.–27.8.

Stand: Juli 2000; Quelle: Ständige Konferenz der Kultusmin. der Länder (Bonn), www.kmk.org

Schule: Entwicklungen in den Schulformen

▶ Grundschule: Der Empfehlung der Kultusministerkonferenz der Länder (KMK, Bonn), den Fremdsprachenunterricht im dritten Schuljahr beginnen zu lassen, folgten bis Mitte 2000 Saarland, Sachsen, Hamburg, Hessen, Rheinland-Pfalz, Thüringen und Baden-Württemberg durch Herausgabe entsprechender Erlasse. Ab 2003 soll auch in NRW Englisch ab der dritten Klasse eingeführt werden. Baden-Württemberg plante ab 2004/05 die Einführung eines obligatorischen Fremdsprachenunterrichts vom ersten Schuljahr an.

▶ Orientierungsstufe: Im März 2000 kündigte die niedersächsische SPD-Landesregierung eine Überprüfung der Orientierungsstufe an, die es als Bindeglied zwischen Grund- und weiterführenden Schulen in den Klassen fünf und sechs nur in Bremen und Niedersachsen gab. Nach Kritik des Landeselternrates soll ein unabhängiges Institut bis Sommer 2001 klären, ob diese Schulform sinnvoll ist. In Mecklenburg-Vorpommern beschloss die SPD/PDS-Landesregierung im März 2000, die schulartenunabhängige Orientierungsstufe nicht einzuführen, obwohl dies in der Koalitionsvereinbarung von 1998 vorgesehen war. Im koalitionsinternen Streit über diese Frage gab die PDS nach.

▶ Realschule: Ein Volksbegehren gegen die von der bayerischen CSU-Staatsregierung geplante Einführung einer sechsjährigen Realschule scheiterte im Mai 2000 an mangelnder Beteiligung. Die Neuregelung sieht vor, dass Schüler in Bayern nach der vierten Klasse nicht nur, wie bisher, zum Gymnasium, sondern auch zur Realschule wechseln können. Bis dahin erfolgte der Wechsel nach der sechsten Klasse. Die Initiatoren des Volksbegehrens befürworteten eine gemeinsame, die Klassen fünf und sechs umfassende Aufbaustufe.

▶ Gesamtschule: Das Max-Planck-Institut für Bildungsforschung (Berlin) stellte in einer 1999 veröffentlichten Längsschnitt-Stichprobe an insgesamt 71 Schulen in NRW fest, dass sich die Leistungen in Mathematik, Physik, Biologie und Englisch Ende der zehnten Jahrgangstufe um eine Note zwischen Gymnasiasten und Gesamtschülern unterschieden. Die Note »befriedigend« an der Gesamtschule entsprach »ausreichend« am Gymnasium.

▶ Gymnasium: Die KMK beschloss im Oktober 1999, den Gestaltungsspielraum der Länder auszuweiten, damit die Abiturprüfung. vier, je nach Entscheidung des Landes aber auch fünf Prüfungsfächer umfassen darf. Die fünfte Komponente könne eine schriftliche oder mündliche Prüfung in einem weiteren Fach bzw. eine sog. besondere Lernleistung sein. Sofern ein Land mehr als zwei Leistungskurse vorsieht, können sie auch vierstündig statt wie bisher fünfstündig unterrichtet werden. Durch den Beschluss wurde dem Wunsch der Regierungen Baden-Württembergs und Bayerns

nach einem fünften Prüfungsfach entsprochen. Das baden-württembergische Kabinett billigte im März 2000 die vom Bildungsministerium ausgearbeitete Oberstufenreform ab 2001/02. Die bisherige Differenzierung zwischen Leistungs- und Grundkursen in Deutsch, Fremdsprache und Mathematik wird abgeschafft, die Zahl der Prüfungsfächer auf fünf erhöht, wobei in Deutsch, einer Fremdsprache und Mathematik eine schriftliche Prüfung obligatorisch ist. Die Regierung Baden-Württembergs will die Grundkompetenzen der Schüler stärken.

▶ Berufsschule: Nach Berechnungen der KMK können bis 2010 etwa 1400–2000 jährlich frei werdende Lehrerstellen an beruflichen Schulen nicht mit neuen qualifizierten Fachkräften besetzt werden; bis dahin geht jeder Dritte der 110 000 Gewerbe- und Handelslehrer in den Ruhestand, die Studentenzahlen für das Lehramt an berufsbildenden Schulen sind seit Jahren rückläufig. Nur jeder zweite Examinierte des Studiengangs geht anschließend an die Schule. Eine 2000 veröffentlichte Studie über Berufszufriedenheit bei Lehrern und Lehrerinnen an berufsbildenden Schulen in Baden-Württemberg ergab, dass ein Berufsschullehrer im Durchschnitt 45,2 Wochenstunden arbeitet; er lag mit den Gymnasiallehrern an der Spitze. 90% der befragten Berufsschullehrer (80% an anderen Schulen) nannten ihre Arbeit »belastend«.

Gymnasium wechseln. Mitte 2000 gab es einen zwölfjährigen Bildungsweg bis zum Abitur nur in Sachsen und Thüringen sowie an Modellschulen in Baden-Württemberg, Berlin und Rheinland-Pfalz. Nach einer repräsentativen Umfrage im Auftrag des Bundesbildungsministeriums 1998/99 befürworteten 76% der ostdeutschen Erstsemester eine zwölfjährige Schulzeit bis zum Abitur, 50% ihrer westdeutschen Kommilitonen aber 13 Schuljahre.

Leistungstest: Im Frühjahr 2000 startete ein bis 2006 angelegter internationaler Leistungsvergleich von Schülern im Rahmen der OECD-Studie Programme for International Student Assessment (PISA), an dem sich 32 Staaten, darunter Deutschland, beteiligen. In einem ersten Testzyklus, dessen Ergebnisse Ende 2001 vorliegen sollten, wird vorrangig die Lesekompetenz 15-Jähriger untersucht. In späteren Zyklen stehen Mathematik und Naturwissenschaften im Vordergrund. Auch bereichsübergreifende Basiskompetenzen wie Selbstständig-

keit, Sozialverhalten und Ausdrucksfähigkeit sind Gegenstand der Untersuchung. Am internationalen Teil des Tests im Frühjahr 2000 nahmen 9000 Schüler teil, an einem spezifisch nationalen Test, der zusätzlich Daten über den Zusammenhang von Unterrichtsleistung und ökonomisch-sozialer Situation des Elternhauses gewinnen wollte, waren 49 000 Schüler beteiligt.

Hochbegabte: Das erste Gymnasium für hoch begabte Kinder in Deutschland sollte zum Schuljahresbeginn 2000/01 den Unterricht aufnehmen. Die Ganztagsschule in Geseke (NRW) sollte vor allem von Internatsschülern besucht werden. Das Schulgeld inkl. Unterbringung von 4000 DM monatlich sollte durch Stipendien mitfinanziert werden. In Meißen (Sachsen) war für 2001/2002 die Eröffnung einer staatlichen Förderschule für Hochbegabte geplant.

Rechtschreibreform: Mit parteiübergreifender Mehrheit beschloss der Kieler Landtag im Dezember 1999, dass auch an den schleswig-holsteinischen Schulen nach den neuen Rechtschreibregeln unterrichtet werden soll. Das Parlament setzte sich über das Ergebnis des Volksentscheids von 1998 hinweg. Es sei den Schülerinnen und Schülern nicht zuzumuten, als einzige im Bundesgebiet die alten Rechtschreibregeln zu lernen. **Schulen ans Netz:** Im Zusammenhang mit der 1996 vom Bundesbildungsministerium gestarteten Initiative kündigte Ministerin Edelgard Bulmahn (SPD) im März 2000 an, dass der Bund die Entwicklung von Lernsoftware für Schulen mit 200 Mio DM fördern werde. Die großen Online-Anbieter T-Online und AOL kündigten günstige Tarife für Schüler und teils auch für Lehrer an. **www.kmk.org; www.bmbf.de**

Studenten

Im Wintersemester 1999/2000 nahmen nach Angaben des Statistischen Bundesamtes (SB, Wiesbaden) 290 000 junge Menschen ein Studium an einer deutschen Hochschule auf, ca. 6% mehr als im Wintersemester 1998/99.
Studienanfänger: Besonders stark war der Zulauf in Informatik (+30%) und Maschinenbau (+16%). Nachdem es in den Kernfächern der Ingenieurwissenschaften (Maschinenbau, Elektrotechnik/Elektronik) bis in die zweite Hälfte der 90er Jahre rückläufige Anfängerquoten gegeben hatte, stieg seit 1997/98 die Zahl wieder. Dagegen sank 1999/2000 die Zahl der Studienanfänger in Bauingenieurwesen im Vergleich zum Wintersemester 1998/99 um 18%.
Absolventen: Im Studienjahr 1998 (letztverfügbarer Stand) beendeten nach SB-Angaben 228 000 Studenten ihre Hochschulausbildung, fast 10 000 oder 4% weniger als im Vorjahr. Hintergrund waren gesunkene Studienanfängerzahlen Mitte der 90er Jahre. Bei den Ingenieurwissenschaften betrug der Rückgang 10%. Die Absolventen des Jahres 1998 hatten im Durchschnitt fast sechs Jahre an einer Hochschule verbracht und waren 28,9 Jahre alt. 45% von ihnen erwarben ein Universitätsdiplom, 31% einen Fachhochschulabschluss, 11% promovierten. Jeder Dritte schloss ein Studium der Rechts-, Wirtschafts- oder Sozialwissenschaften ab, jeder Fünfte erwarb das Ingenieur-Diplom, jeder Sechste beendete ein Studium der Sprach- oder Kulturwissenschaften.

	Fach	Männliche Studierende
1.	Betriebswirtschaftslehre	84 213
2.	Rechtswissenschaft	60 170
3.	Maschinenbau	52 631
4.	Elektrotechnik/Elektronik	51 422
5.	Wirtschaftswissenschaften	51 069
6.	Informatik	45 813
7.	Bauingenieurwesen	45 172
8.	Medizin	41 188
9.	Architektur	27 529
10.	Wirtschaftsingenieurwesen	27 029

Stand: Wintersemester 1998/99; Quelle: Statsitisches Bundesamt (Wiesbaden), www.statistik-bund.de

Top Ten Studenten: Beliebteste Studienfächer (Frauen)

	Fach	Weibliche Studierende
1.	Germanistik/Deutsch	58 605
2.	Betriebswirtschaftslehre	52 916
3.	Rechtswissenschaft	50 196
4.	Medizin	41 145
5.	Erziehungswissenschaft	40 251
6.	Anglistik/Englisch	26 556
7.	Wirtschaftswissenschaften	26 454
8.	Biologie	23 620
9.	Psychologie	23 244
10.	Architektur	21 879

Stand: Wintersemester 1998/99; Quelle: Statistisches Bundesamt (Wiesbaden), www.statistik-bund.de

Materielle Situation: Ein nach BAföG geförderter Studierender erhielt 1998 nach SB-Angaben im Schnitt 618 DM pro Monat. Die monatlichen Ausgaben für die Lebenshaltung inkl. Miete lagen nach einer Untersuchung des Instituts der deutschen Wirtschaft (IW, Köln) zwischen 917 DM (Dresden) und 1568 DM (Frankfurt/M.). Nach IW-Angaben kostete ein 1999 abgeschlossenes Studium in Westdeutschland ca. 100 000 DM, in Ostdeutschland rund 75 000 DM. Über 80% der Studenten erhielten Geld sowie Sachmittel von den Eltern, zwei Drittel jobbten neben dem Studium. **www.studentenwerk.de**

Unter den zehn bei männlichen Studierenden beliebtesten Fächern war Medizin die einzige – angewandte – Naturwissenschaft. Physik, Biologie und Chemie folgten auf den Plätzen 11, 14, 15. Unter den zehn bei weiblichen Studierenden beliebtesten Fächern finden sich mit Medizin und Biologie zwei Naturwissenschaften, doch Ingenieurwissenschaften sind bei Frauen weiterhin verpönt.

Studiengebühren

Einer bundeseinheitlichen, in einem Staatsvertrag verankerten Regelung über S. erteilten die unionsregierten Länder im Juni 2000 eine Absage, obwohl sich die Kultusministerkonferenz der Länder (KMK, Bonn) Ende Mai 2000 darauf geeinigt hatte. Die KMK wollte festlegen, dass ein Studium in Deutschland bis zum ersten berufsqualifizierenden Abschluss innerhalb der Regelstudienzeiten frei von S. bleiben soll. Bei Überschreiten um mehr als vier Semester bzw. – beim Studienkontenmodell – der Semesterwochenstunden um 30% sollten die Länder Gebühren erheben können. Gegen das Vorhaben des Bundesbildungsministeriums, ein Verbot von S. für das Erststudium im Hochschulrahmengesetz zu verankern, kündigten Bayern und Baden-Württemberg Widerstand an.

Studienkonten: Die KMK hatte zudem die Einführung von gebührenfreien Studienkonten ermöglichen wollen. Danach können Studierende, die z.B. jobben oder Kinder groß ziehen, die vorgeschriebenen Seminare wie bei einer Telefonkarte in freier Zeiteinteilung abbuchen.

Langzeitstudierende: Bis Mitte 2000 hatte Baden-Württemberg als einziges Bundesland Gebühren von 1000 DM pro Semester für Langzeitstudierende (ab vier Semester über der Regelstudienzeit) eingeführt. Der Verwaltungsgerichtshof in Mannheim wies im April 2000 die Klage von vier Studenten gegen die Regelung ab. Als erstes SPD-geführtes Bundesland plante Niedersachsen Mitte 2000 ohne festen Zeithorizont die Einführung von S. für Langzeitstudierende.

www.bmbf.de; www.kmk.org

Stand: 1999; Quelle: Institut der deutschen Wirtschaft (IW, Köln), www.iwkoeln.de; Deutsches Studentenwerk (Bonn), www.studentenwerke.de

Teuerste Städte (West)

Stadt	*Lebenshaltungskosten für Stud./Monat (DM)*
Frankfurt/M.	1568
München	1532
Hamburg	1472
Köln	1425
Essen	1421

Teuerste Städte (Ost)

Stadt	*Lebenshaltungskosten für Stud./Monat (DM)*
Berlin	1233
Potsdam	1107
Magdeburg	1029
Leipzig	1025
Cottbus	1020

Billigste Städte (West)

Stadt	*Lebenshaltungskosten für Stud./Monat (DM)*
Bamberg	1102
Bayreuth	1143
Göttingen	1158
Marburg	1175
Ulm	1181

Billigste Städte (Ost)

Stadt	*Lebenshaltungskosten für Stud./Monat (DM)*
Dresden	917
Jena	948
Halle	977
Rostock	977
Weimar	993

Virtuelle Universität

Wissenschaftliche Einrichtung, die ihr Lehrangebot ganz oder teilweise online anbietet

Fernuniversität Hagen: Von den 55 000 Studenten der Fernuniversität Hagen nutzten 1999 bereits 6500 das virtuelle Angebot. Im Frühjahr 2000 starteten die Studiengänge Bachelor Elektrotechnik und Bachelor Informatik, die nur im Netz stattfinden. Bei anderen Studiengängen war das Online-Studieren ein Zusatz zum Fernstudium.

Verbünde: Zahlreiche virtuelle Lernprojekte in Deutschland wurden um 2000 im Verbund mehrerer Einrichtungen angeboten, z. B. die Mitte 1998 gestartete Virtuelle Universität Oberrhein (Viror), zu der sich die Universitäten Freiburg, Heidelberg, Karlsruhe und Mannheim zusammengeschlossen hatten. Die Universitäten Bremen und Oldenburg kündigten Ende Mai 2000 eine gemeinsame V. an. Unter Führung der Fachhochschule (FH) Lübeck soll 2002 die virtuelle FH für Technik, Informatik und Wirtschaft ans Netz gehen, an der 15 deutsche und vier schwedische Hochschulen beteiligt sind. Für 2002 ist der Start der virtuellen Hochschule Bayern geplant, an der alle bayerischen Hochschulen teilnehmen. Mit anderen europäischen Fernuniversitäten startete die Fernuniversität Hagen 1999 die Initiative Cuber, eine Suchmaschine, mit deren Hilfe sich Studierende Stundenpläne aus den Angeboten aller europäischen Internet-Universitäten zusammenstellen können.

Prognose: Nach einer Studie der Bertelsmann Stiftung (Gütersloh) und der Heinz-Nixdorf-Stiftung (Paderborn) werden bis 2005 mehr als 50% der Studierenden an einer Distance-Learning-Organisation (V., firmeneigene Universitäten oder Hochschulen, die mit Unternehmen kooperieren) eingeschrieben sein.

www.fernuni-hagen.de

Börse

Aktien

A. verbriefen Teilhaberrechte an A.-Gesellschaften (AG). Der Eigentümer von A. ist mit dem Nennwert der A. am Grundkapital der AG beteiligt.

Trends: Wurden bis Mitte der 90-er Jahre noch überwiegend A. mit einem Nennwert von 50 bzw. 100 DM an den deutschen Börsen gehandelt, hatten die AG 2000 bis auf wenige Ausnahmen ihre A. auf nennwertlose Stückaktien umgestellt. Die Menge der A. einer AG orientierte sich nicht mehr nach Grundkapital : 5 DM Nennwert pro A., sondern nach Grundkapital : Anzahl der A., welche die AG festsetzte. Der Eigentümer einer Stück-A. besaß mit seiner A. einen rechnerischen Anteil am Grundkapital der Gesellschaft. Hierdurch wurde die Geldanlage in A. auch für Kleinanleger populärer.

Börsengänge: Die stark gestiegene A.-Nachfrage der Deutschen zeigte sich Anfang 2000 u. a. in der 33-fachen Überzeichnung beim Börsengang der Siemens-Tochter Infineon, der größten Emission seit der Deutschen Telekom 1996 (Ausgabepreis: 35 Euro, Kurs am ersten Handelstag: 70 Euro) und des zehnfach überzeichneten

Online-Dienstes T-Online (Ausgabepreis: 27 Euro). Das Vermögen der privaten Haushalte wurde um 2000 zunehmend in A. angelegt. Unternehmen waren weniger auf Kreditfinanzierung durch Banken angewiesen, erhielten ihr Geld über die Börse, mussten aber auch den Aktionären sog. Shareholder-Value (Wertzuwachs der Aktien) liefern, was u.a. Einsparungen durch Rationalisierungen bedingte. In Deutschland gingen 1999 168 Unternehmen an die Börse (27,1 Mrd DM Anlage), vor allem an den Neuen

Aktie: Aktionärsanteil nach Berufsgruppen

Berufsgruppe	Anteil (%)	Zuwachs seit 1988 (%)
Leitende Angestellte, Beamte	17,4	+ 37
Selbstständige, Freiberufler	16,1	+ 40
sonstige Angestellte, Beamte	10,9	+ 93
Studenten	10,1	+ 2
Hausfrauen	6,9	+ 10
Facharbeiter	4,9	+157

Stand: Anfang 2000; Quelle: Der Spiegel, 13.3.2000

Top Ten — Die umsatzstärksten deutschen Aktien

	Wertpapier-kennnummer	Aktie/Firma (AG)	Aktien 1999 (Mrd)	Kurswert 1999 (Mrd Euro)	Anteil am Börsenumsatz (%)
1.	DE0007100000	DaimlerChrysler	2,755	220,543	7,65
2.	DE0006560303	Mannesmann	1,395	214,713	7,45
3.	DE0005557003	Deutsche Telekom	3,690	158,910	5,51
4.	DE0005140008	Deutsche Bank	2,453	142,992	4,96
5.	DE0007164634	SAP Vorzugsaktien	0,334	129,435	4,49
6.	DE0007236001	Siemens	1,698	128,955	4,47
7.	DE0008404005	Allianz	0,447	128,347	4,45
8.	DE0007664005	Volkswagen	1,296	77,509	2,69
9.	DE0005752000	Bayer	1,837	70,544	2,45
10.	DE0005151005	BASF	1,761	70,347	2,44

Quelle: Deutsche Börse AG (www.exchange.de, factbook 1999)

Börse: Glossar

▶ **Amtlicher Handel:** Marktsegment der Börsen mit den strengsten Formvorschriften. Hier werden die großen Standardwerte gehandelt. Auf den Amtlichen Handel folgen Geregelter Markt und Freiverkehr mit geringeren Auflagen an die Emittenten.

▶ **Anleihen:** Fest oder variabel verzinsliche Wertpapiere mit fester, meist längerer Laufzeit. Der Käufer einer Anleihe erhält zu festgesetzten Zeitpunkten den vorher definierten Zins und am Ende der Laufzeit sein Kapital zurück. Mit einem ausstehenden Emissionsvolumen von mehr als 2 Billionen Euro war der europäische Markt für Staatsanleihen 2000 der größte der Welt.

▶ **Arbitrage:** Geschäft, das Preisunterschiede für dasselbe Objekt an verschiedenen Märkten (vor allem Börsen) zur Gewinnerzielung ausnutzt. Dazu muss die Kursdifferenz größer sein als die durch das Geschäft entstehenden Kosten.

▶ **Baisse:** Stärkerer, meist länger anhaltender Kursrückgang an der Börse, Gegensatz: Hausse.

▶ **Bezugsrecht:** Recht des Aktionärs, bei einer Kapitalerhöhung seiner so viele (junge) Aktien zu erwerben. Die Aktionäre können auf die Ausübung ihres Bezugsrechts verzichten und die Bezugsrechte an der Börse verkaufen.

▶ **Blue Chip:** Aktie höchster Qualität von AG mit hoher Bonität, guten Wachstumsperspektiven, regelmäßigen Dividendenzahlungen und hohem internationalen Bekanntheitsgrad der AG.

▶ **Börsenkapitalisierung:** Siehe Marktkapitalisierung.

▶ **Bond:** englisch für Anleihe, Obligation, Schuldverschreibung.

▶ **Bulle und Bär:** Symbolfiguren der Börse, wobei der Bulle mit erhobenem Kopf für die Hausse (Börsenaufschwung) und der Bär auf allen Vieren mit gesenktem Kopf für die Baisse steht.

▶ **Chart:** Grafische Darstellung von Kursverläufen der Wertpapiere oder Indizes.

▶ **Computerbörse:** Elektronischer Handelsplatz für Wertpapiere (Aktien, Renten) und Derivate (Optionen, Terminkontrakte). Deutsche Computerbörsen sind Xetra und Eurex. Siehe auch Parkettbörse.

▶ **Dachfonds:** Dachfonds investieren nicht in einzelne Aktien, sondern in andere Fonds. Ihr Vorteil für den Anleger ist die größere Risikostreuung.

▶ **Derivate:** Finanzinstrumente wie Optionen, Terminkontrakte/Futures und Swaps.

▶ **Dividende:** Ausgeschütteter Gewinn einer Aktiengesellschaft an den Aktionär.

▶ **Dividendenstripping:** Kombination aus dem Verkauf einer Aktie kurz vor dem Dividendentermin und Rückkauf derselben Aktie kurz nach dem Dividendentermin. Ziel ist, die Differenz, die aufgrund des Dividendenabschlags zwischen dem Aktienkurs vor und nach der Dividendenzahlung entsteht, als steuerfreien Kursgewinn zu vereinnahmen. Unter Berücksichtigung der auf ein Jahr verlängerten Spekulationsfrist kann so eine steuerpflichtige Einnahme aus Kapitalvermögen in einen steuerfreien Spekulationsgewinn getauscht werden. Diese Vorgehensweise eignet sich vor allem für ausländische Anteilseigner sowie für Aktionäre mit hoher Steuerprogression.

▶ **Emission:** Ausgabe neuer Wertpapiere (Aktien, Anleihen) durch einen Emittenten (Unternehmen oder Land) an Kapitalanleger, meist über Banken.

▶ **Genussscheine:** Verbriefen ihren Besitzern keine festen Zinsen, sondern das Recht auf einen Anteil am Reingewinn des Unternehmens. Im Gegensatz zum Aktionär ist der Genussscheininhaber auf Hauptversammlungen des Unternehmens nicht stimmberechtigt.

▶ **Geregelter Markt:** Siehe Amtlicher Handel.

▶ **Hausse:** Siehe Baisse.

▶ **Institutionelle Anleger:** Anleger wie Versicherungs- und Kapitalanlagegesellschaften und Pensionsfonds, die bei neuen Emissionen einen hohen Prozentsatz der neuen Wertpapiere dauerhaft übernehmen.

▶ **Insider:** Mitglieder von Führungs- und Aufsichtsorganen von Unternehmen und Banken sowie Personen in deren Umfeld, die früh von wirtschaftlichen Vorgängen erfahren, die den Kurs eines Wertpapiers beeinflussen. Insidergeschäfte sind strafbar.

▶ **IPO** (Initial Public Offering), Börsen-Erstemission.

▶ **Kurswert:** Betrag, den ein Wertpapier zu einem bestimmten Zeitpunkt (z.B. bei Kursfeststellung an der Börse) wert ist. Der Kurswert richtet sich nach Angebot und Nachfrage und kann vom Nominalwert stark abweichen.

▶ **Marktkapitalisierung:** Anzahl der von einem Unternehmen ausgegebenen Aktien multipliziert mit dem Kurswert.

▶ **Nominalwert/Nennwert:** Der auf einem Wertpapier aufgedruckte Betrag des Papiers. Bei festverzinslichen Wertpapieren die Summe, die der Emittent dem Inhaber eines Papiers schuldet und ihm am Ende der Laufzeit zurückgeben muss. Siehe auch Kurswert.

▶ **Parkettbörse/Präsenzbörse:** Gebäude in den acht deutschen Börsenplätzen Berlin, Bremen, Düsseldorf, Frankfurt/M., Hamburg, Hannover, München und Stuttgart, in denen sich Börsenmakler und Wertpapierhändler von Banken für Geschäfte »auf dem Parkett« treffen. Diese Börsen verloren seit 1990 gegenüber Computerbörsen an Bedeutung.

▶ **Performance** (Steigerungsrate von Kursen; auch: Management von Investmentgesellschaften), der Begriff wird auch im Zusammenhang mit der Umsatzsteigerung von Börsen verwendet.

▶ **Portfolio/Portefeuille:** Gesamtheit der Anlage in Wertpapieren eines Kunden oder Unternehmens.

▶ **Rendite:** Tatsächliche Verzinsung von Kapital unter Betrachtung z.B. von Kauf- und Rückzahlungskursen sowie Laufzeit bei festverzinslichen Wertpapieren zusätzlich zum Zins.

▶ **Reptilienfonds:** Spöttischer Name für der öffentlichen Kontrolle entzogene Gelder, die zur Meinungssteuerung im Sinn der darüber verfügenden eingesetzt werden, z.B. für Unterstützungsgelder in zweistelliger Millionenhöhe des Bundesnachrichtendienstes (BND) an Parteien, die 1974–82 die Demokratie in Spanien und Portugal stabilisieren sollten. Der schon unter Reichskanzler Otto von Bismarck im 19. Jh. als »Welfenfonds« gebräuchliche Begriff war Anfang 2000 im Zusammenhang mit der CDU-Spendenaffäre wieder aktuell.

▶ **Shareholder Value:** Unternehmenspolitik, der vor allem auf die Erhöhung der Rendite für die Aktionäre des Unternehmens ausgerichtet ist. Beim Shareholder Value wird versucht, den Marktwert des Unternehmens und damit den Wert der Anteile der Eigentümer zu steigern.

▶ **Stammaktien, Vorzugsaktien:** Stammaktien gewähren ihrem Inhaber die normalen, durch das Aktiengesetz festgelegten Anteilsrechte (überwiegend gebräuchlicher Aktientyp). Bei Vorzugsaktien erhält ihr Inhaber Vorrechte für die Gewinnverteilung einer AG.

▶ **Warenterminbörse (WTB):** Rohstoffmärkte, die sich meist mit den Eigentumsrechten, nicht aber der tatsächlichen körperlichen Verfügungsgewalt über die Ware befassen. Teilnehmer an der WTB können einen Terminpreis für die Übertragung des Eigentums an einer bestimmten Menge einer Ware zu einem bestimmten Termin in der Zukunft vereinbaren. Spekulanten können von eventuellen Schwankungen profitieren, die sie früher als andere vorhergesehen haben. In Deutschland wurde um 2000 z.B. an der WTB Hannover mit Kartoffeln und Schweinen gehandelt.

▶ **Zerobonds** (auch Null-Kupon-Anleihen, Anleihen ohne laufende Verzinsung): Stattdessen werden sie stark unter dem Nominalwert emittiert und bei Fälligkeit zum Nominalwert eingelöst. Zu diesem Zeitpunkt sind mögliche Gewinne mit Zerobonds auch erst zu versteuern und insofern besonders für die Altersvorsorge interessant.

▶ **Zertifikate:** Anteilsscheine von Investmentfonds. Der Begriff wird z.T. auch für Genussscheine verwendet.

Markt (Technologiewerte, 132 Neuemissionen). Erste Warnsignale über ein Ende des Börsen-Booms kamen aus den USA. US-amerikanische Investoren waren im Januar 2000 mit 243,5 Mrd US-Dollar bei Brokern an der New Yorker Stock Exchange verschuldet; sie hatten Geld aufgenommen, um an der Börse zu spekulieren.

Aktienbewertung: Populärste Kennzahl bei der A.-Bewertung ist das Kurs-Gewinn-Verhältnis (KGV), der aktuelle Kurs geteilt durch den Gewinn je Aktie. Der Gewinn (Ergebnis) je Aktie ergibt sich aus den Unternehmensgewinn dividiert durch die Anzahl der umlaufenden A. Durch Rückkauf eigener A. durch die Unternehmen ist die Kennziffer jedoch manipulierbar.

Aktiensplit: Bei der A.-Teilung wird durch eine höhere Stückzahl der A. ein der Spaltung entsprechend niedrigerer Kurs erreicht, der zum Kauf der A. anregen soll. Die Zahl der A. wird in einem bestimmten Verhältnis vervielfacht, das A.-Kapital des Unternehmens aber nicht erhöht. Nach den Kursexplosionen Anfang 2000 waren Aktiensplits nach den USA auch in Deutschland populär. Beispiele waren zahlreiche Werte aus dem Neuen Markt wie Jumptec, Aixtron oder Elsa, aber auch DAX-Titel wie Schering oder SAP.

Bondmarkt

Markt für festverzinsliche Wertpapiere, sog. Rentenpapiere

Verlierer des Jahres 1999 bei den Anlegern waren die Renten Europas. In Euro rechnende Investoren mit Euro-Staatsanleihen verloren im langen Laufzeitenspektrum (ab 10 Jahre) knapp 9% inkl. Kuponzahlungen. Die Zehnjahresrendite der Bundesanleihen, Ende Januar 1999 noch auf das Nachkriegstief von 3,63% gefallen, stieg bis zum Oktober 1999 wieder auf 5,45%. Der steigende Ölpreis und die Hoffnung auf ein signifikantes Wachstum in Europa (rund 3%) reichten aus, die Asienkrise (Anleger flüchteten 1998 aus Aktien in Anleihen) zu vergessen und Inflationsängste zu schüren. Auch der nach der OPEC-Konferenz Ende März 2000 in Wien gefasste Beschluss, die Förderquoten um 7% zu erhöhen, was zum Rückgang des Ölpreises von über 30 auf 22 US-Dollar je Barrel (159 l) bis Ende April 2000 führte, sorgte nur für wenig Entspan-

nung am B. Zehnjährige Bundesanleihen rentierten Ende März bei 5,20%.

Euro-Bonds: Schon im ersten Jahr der 1999 eingeführten Einheitswährung Euro wurde aus den elf nationalen Anleihemärkten Europas inkl. Ecu-Markt der B. für Euro. Bundesanleihen etablierten sich als Messlatte für die Preisfindung neuer Anleihen am zweitgrößten Kapitalmarkt der Welt. Im Primärmarkt (Bildung von Verkaufssyndikaten und Konsortien zwecks Platzierung neuer Anleihen) übertraf der Euro-B. mit einem Volumen neuer Anleihen von rund 622 Mrd Euro den Markt für internationale US-Dollar-Papiere. Dort wurden Bonds im Wert von 524 Mrd Euro neu emittiert. Kaum einer der weltweiten Emittenten wählte am öffentlichen Kapitalmarkt noch eine der alten Währungen.

Börse

Handelsplatz für Wertpapiere, insbes. Aktien- und Rentenpapiere

Boom: Der seit 1992 anhaltende weltweite Aktienboom setzte sich um 2000 fort. Ende 1999 hatten die an den deutschen B. notierten Aktiengesellschaften einen Gesamtwert von rund 2,8 Billionen DM, etwa fünfmal so viel wie 1990. Der totale Börsenumsatz betrug rund 4,1 Billionen Euro, davon 2,5 Billionen Euro (61%) in Aktien. Weltweit verbuchten die B. durch den Wirtschaftsboom

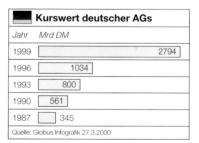

Kurswert deutscher AGs

Jahr	Mrd DM
1999	2794
1996	1034
1993	800
1990	561
1987	345

Quelle: Globus Infografik 27.3.2000

Von 1987 bis 1999 hat sich der Kurswert deutscher Aktiengesellschaften verachtfacht.

Börse: Aktionäre/Fondsbesitzer

Jahr	Mio
1999	8,1
1998	6,8
1997	5,6

Quelle: Institut der deutschen Wirtschaft, 20.12.1999

Binnen zwei Jahren stieg die Zahl der Aktionäre und Fondsbesitzer in Deutschland um 45%.

Börse: Wichtige Neuemissionen 1999

Unternehmen	Emissionspreis (Euro)	Kassakurs[1]	Veränderung[1)2)]
Agfa-Gevaert	22,00	19,50	▼ – 11,36
Epcos	31,00	134,50	▲ +383,87
Charles Vögele Holding	141,71	179,00	▲ + 26,31
Debitel	31,00	43,00	▲ + 38,71
Software AG	30,00	110,00	▲ +266,67
Consors	33,00	124,00	▲ +275,76
Stinnes	14,50	18,50	▲ + 27,59
Maxdata	31,00	27,20	▽ – 12,26
MVV Energie	16,00	14,70	▼ – 8,13
Medion	85,00	107,00	▲ + 25,88

1) Stand: 17.3.2000; 2) zum Emissionspreis (%); Quelle: Deutsche Börse AG, Datastream, FAZ-Archiv

in den USA und die anziehende Konjunktur in Europa starke Kurssteigerungen. Anhaltend geringe Inflationsgefahr und seit Jahren niedrige Zinsen förderten die Geldanlage in Aktien. Der US-amerikanische Dow-Jones-Index erhöhte sich 1999 um 26% auf 11568 Punkte, der deutsche Aktienindex DAX lag zum Jahresende 1999 bei 6958 Punkten und erreichte am 7.3.2000 seinen historischen Höchststand von 8136 Punkten.

Deutschland: Große B.-Gänge verstärkten auch bei Kleinanlegern das Interesse an Wertpapieren. Rund 8 Mio Deutsche (jeder achte Deutsche über 14 Jahre) besaßen Ende 1999 Aktien oder Fondsanteile. Im März 2000 ging die Siemens-Tochter Infineon (Computerchips) an die B., im April der Online-Dienst der Deutschen Telekom, T-Online. Bis Ende 2000 sollten die Comdirectbank und das Mobilfunk-Unternehmen T-Mobil folgen.

Börsenallianz: Im Mai 2000 fusionierten die Deutsche Börse (Frankfurt/M.), Träger des Xetra-Wertpapierhandelssystems) und die London Stock Exchange (LSE) zum Unternehmen iX (International Exchanges) mit Sitz in London. Gemeinsame Handelsplattform sollte Xetra werden. Als weitere mögliche Fusionspartner wurden zunächst Madrid und Mailand gesehen; auch mit der europäischen Tochter der US-Technologiebörse Nasdaq (National Association of Securities Dealers Automated Quotation) bestanden Pläne zur Kooperation. Hintergrund der Fusion in Europa war vor allem der Druck der Marktteilnehmer und die Konkurrenz durch kleine, günstigere Internet-Handelshäuser. Die Banken wollten unnötige Kosten wegen der Vielzahl der Handelsplätze und Abwicklungssysteme vermeiden. Erstmals werden durch die Fusion auch in London Werte in Euro gehandelt. Wenige Wochen zuvor hatten die Börsenplätze Amsterdam, Brüssel und Paris verkündet, sich bis September 2000 unter dem Namen Euronext zusammenzuschließen. Wie iX wollte Euronext eine einheitliche technische Plattform für B.-Handel und Abwicklung anbieten. Die Kunden sollten Kosten sparen und von der höheren Liquidität der gehandelten Papiere profitieren.
www.exchange.de (Deutsche Börse; Kursentwicklungen, Jobs, News)

DAX

(Deutscher Aktienindex), Kennziffer zu Entwicklung und Stand der deutschen Aktienkurse

Funktion: Der DAX wurde von der Arbeitsgemeinschaft der Deutschen Wertpapierbörsen, der Frankfurter Wertpapierbörse und der Börsen-Zeitung entwickelt und 1988 eingeführt. Er enthält die Werte der 30 umsatzstärksten deutschen Aktiengesellschaften, die zum überwiegenden Teil an allen deutschen Börsen zum amtlichen Handel zugelassen sind. Sie bilden rund 60% des Grundkapitals deutscher börsennotierter Aktiengesellschaften und 80% des deutschen Börsenumsatzes. In der DAX-Entwicklung drückt sich die allgemeine deutsche Börsentendenz aus. Da er den durchschnittlichen Wertzuwachs des Aktienkapitals widerspiegelt, dient er als Vergleichswert bei Anlageentscheidungen. Die Schlusskurse der 30 Aktien am Jahresultimo 1987 wurden als Basis gewählt und auf 1000 Indexpunkte festgesetzt. Der DAX wird während der amtlichen Börsenzeit fortlaufend neu ermittelt; er dient aber auch als Basis für den deutschen Index-Terminhandel.

Probleme: Der Erfolg des DAX wurde 2000 bestimmt durch Wachstumsbranchen wie Telekommunikation, Technologie und Software. Unternehmen z. B. aus der Automobilindustrie oder Chemie konnten ihre Gewinne, wenn überhaupt, nur moderat steigern. 2000 verhalfen Deutsche Telekom und Mannesmann (Telekommunikation), Siemens (Technologie) und SAP (Software) dem DAX zum Höhenflug; am 7.3.2000 erreichte er seinen historischen Höchststand von 8136 Punkten. Auch den MDAX (die auf die DAX-Werte folgenden nächsten 70 Werte) stärkten Firmen wie der TV-Sender Pro Sieben, die Beteiligungsgesellschaft WCM, die Software AG, der Finanzdienstleister MLP und der Großbäcker Kamps; die meisten anderen MDAX-Werte stagnierten. Grund war u.a. der Erfolg des Neuen Marktes, der mit seinen kleinen, wachstumsstarken Unternehmen für Anleger attraktiver schien als die klassischen deutschen Werte.

Derivate

Finanzinstrumente wie Futures, Optionen und Swaps, deren Wert aus zugrunde liegenden Vermögenswerten (Aktien, festverzinsliche Wertpapiere, Rohstoffe, Edelmetalle) oder Kursen (Wechselkurse, Zinsen) abgeleitet wird

1995–2000 verdoppelte sich der tägliche Umsatz mit D., mit denen Risiken handelbar werden, die sich aus Kursveränderungen von Währungen oder Zinsen ergeben. Der Großteil des Handels mit D. geschieht außerhalb der Börsen, in Banken und Brokerhäusern (Wert 1999: 81,5 Billionen US-Dollar). An den Börsen waren 1999 D. im Wert von 17 Billionen US-Dollar notiert; sie wurden gehandelt als
– Optionen: Der Käufer einer Option erwirbt gegen Zahlung einer Prämie das Recht (nicht die Pflicht), z.B. Aktien oder

DAX-Werte: Gewinner und Verlierer

Aktie	Kursentwicklung 1999 (%)
Deutsche Telekom	152,33
Mannesmann	145,25
Siemens	129,79
Thyssen Krupp	91,41
Deutsche Bank	71,92
BASF	56,84
Dresdner Bank	50,88
MAN	48,88
Preussag	47,21
SAP Vz.	47,08
Fresenius Medical Care	41,32
Commerzbank	35,28
Bayer	32,17
Lufthansa	22,77
Münchener Rück	22,05
BMW	19,16
Schering	12,16
Linde	10,24
Allianz	6,75
HypoVereinsbank	1,61
Viag	−5,27
Veba	−5,35
DaimlerChrysler	−8,21
Karstadt Quelle	−10,35
Degussa-Hüls	−10,91
Henkel Vz.	−14,02
RWE	−16,62
VW	−17,72
Adidas-Salomon	−19,50
Metro	−21,47

Quelle: Datastream, Wirtschaftswoche, 6.1.2000

auch Waren (Warenterminbörse) zu einem späteren Zeitpunkt und zum fest vereinbarten Preis zu kaufen (Call-Option) oder zu verkaufen (Put-Option). Der max. Verlust liegt für den Käufer der Option in der Höhe der gezahlten Prämie, falls er seine Option nicht ausübt.

TopTen Derivate: Umsätze an internationalen Terminbörsen

Börse	Land	Umsätze gesamt 1999[1]	davon Optionen	/	Futures[1]
1. Eurex		379 148 639	134 393 828	/	244 754 811
2. CBoT		254 561 215	59 413 936	/	195 147 279
3. CBOE		254 356 743	254 356 743	/	–
4. CME		200 737 123	32 723 766	/	168 013 357
5. Matif, Monep		185 571 802	149 899 563	/	35 672 239
6. Liffe		119 908 119	22 350 316	/	97 557 803
7. OM		56 810 013	34 971 574	/	21 838 439
8. AEX		49 530 755	46 589 755	/	2 941 000
9. SFE		30 443 201	2 610 167	/	27 833 034
10. MEFF R.F./R.V.		17 697 725	8 956 489	/	8 741 236

1) gehandelte Kontrakte (einfache Zählung); Quelle: Deutsche Börse AG, www.exchange.de

– Futures: Bei diesen Termingeschäften erfolgt die Erfüllung des Vertrages (Terminkontrakt) zu einem späteren Termin zum vereinbarten bzw. börsenmäßig festgestellten Kurs.

– Swaps: Tauschgeschäfte im Devisenhandel, bei dem ein Partner einem anderen sofort Devisen zur Verfügung stellt sowie Rückkauf zu festem Termin und Kurs vereinbart. Die Partner tauschen ggf. Zinsverpflichtungen, um von den guten Konditionen, die der jeweils andere auf einem bestimmten Markt eher erzielen kann, zu profitieren.

Dollarkurs

Trend: Seit Einführung des Euro (1.1.1999) prognostizierten Analysten einen Anstieg der Einheitswährung gegenüber dem US-Dollar. Tatsächlich stieg aber der US-Dollar von 0,85 Euro (=1,66 DM) Anfang Januar 1999 über die Marke von 1 Euro (=1,96 DM) zum Jahreswechsel 1999/2000. Zwar schien der Abwärtstrend des Euro im Sommer 1999 gebrochen zu sein, doch setzte sich im Oktober der Kursrückgang der europäischen Leitwährung gegenüber der US-Währung fort, der ihn bis Anfang Dezember 1999 auf die psychologisch wichtige Marke von 1 US-Dollar sinken ließ. Obwohl die Wirtschaftsdaten im Frühjahr 2000 für den Euro-Raum erneut einen Konjunkturaufschwung erwarten ließen, blieb die Stärke des US-Dollars nahezu ungebrochen. Im

Mai 2000 notierte der Euro mit 0,89 US-Dollar (=2,12 DM) auf neuem Tiefstand. **Ursachen:** Gründe waren vor allem der seit 1991 anhaltende Wirtschaftsaufschwung in den USA (reales Wachstum des BIP 1999: 4,1%, Inflationsrate: ca. 2,25%) und die positive Entwicklung der US-Aktienmärkte. Die US-Notenbank erhöhte seit Juni 1999 sechsmal die Leitzinsen um insgesamt 150 Basispunkte (=1,5%) auf 6,5%. Es sollte zwar das rasante Wachstum der US-Wirtschaft gebremst werden, doch blieben Anlagemöglichkeiten in US-Dollar aufgrund der gestiegenen US-Zinsen attraktiv. **Aussichten:** Volkswirtschaftler gingen Anfang 2000 davon aus, dass nur weitere Leitzinserhöhungen der US-Notenbank die Dynamik der US-Wirtschaft dämpfen könnten. Deshalb werde die Trendwende des US-Dollars zugunsten des Euro wegen der anhaltend guten US-Konjunktur auf sich warten lassen. Mittelfristiges Ziel war der Wertanstieg des Euro auf 1,00 US-Dollar.
▨ **Staaten** → USA

Eurex

Im September 1998 schlossen sich die 1988 gegründete Schweizer Terminbörse SOF-FEX (Swiss Options and Financial Futures Exchange) und die 1990 zunächst als Lizenznehmerin des SOFFEX-Computerbörsenhandelssystems in Betrieb genommene DTB (Deutsche Terminbörse) zur Computerbörse E. (European Exchange) zusam-

men. Gehandelt werden Optionen und Terminkontrakte (Futures) der beiden Computerbörsen. Mit dem Rekordumsatz von 379,15 Mio Kontrakte war die E. 1999 weltweit führender Terminmarkt. Die Teilnehmerzahl wuchs von 313 (Ende 1998) auf 414 (Ende 1999), 228 davon außerhalb Deutschlands und der Schweiz
Triade: Mit weltumspannenden Partnerschaften plante die E. 2000 die sog. Triade zu komplettieren; sie verfolgte eine Allianzstrategie mit dem Ziel, mit zwei starken Partnern die drei für den Börsenhandel wichtigen Zeitzonen abzudecken. Die E. zeichnete für den europäischen Markt, die CBoT (Chicago Board of Trade), die zweitgrößte Terminbörse der Welt, für den US-Markt verantwortlich, eine dritte Partnerbörse mit Schlüsselstellung im asiatischen Markt wurde gesucht. Abgesehen von den Partnerschaften ermöglichte es die E. kleineren Terminbörsen, z.B. der finnischen HEX, den technischen Handelsbetrieb auszugliedern und durch Kooperation mit E. an deren Größenvorteilen teilzuhaben.

Euro (Börse)

Gemeinsame Währung der elf EU-Staaten Belgien, Deutschland, Finnland, Frankreich, Irland, Italien, Luxemburg, Niederlande, Österreich, Portugal und Spanien ab 1.1.1999

Längerfristig sollte der E. auch in den anderen Mitgliedsstaaten der EU eingeführt werden. Die zahlenmäßigen Geldbeträge werden nach einem feststehenden Umtauschsatz von den bisherigen Währungen in E. umgerechnet, Wert und Kaufkraft des Geldes bleiben gleich. Während die deutschen Börsen bereits am 1.1.1999 alle Kursnotierungen auf E. umstellten, wird der E. bis 2002 nur im bargeldlosen Zahlungsverkehr benutzt; bis dahin bleiben nationale Währungen in Umlauf. Seit seiner Einführung bis Mitte 2000 verlor der E. gegenüber dem US-Dollar um rund 30% an Wert. Ursache war u.a. der fast zehnjährige Wirtschaftsaufschwung in den USA, der Anlegerkapital in die USA abfließen ließ.

Indexzertifikate

Im Zuge starker Kurssteigerungen an den Welt-Aktienmärkten emittierten um 2000 zahlreiche Kreditinstitute mit I. auf Indizes

Eurex: Teilnehmer- und Umsatzentwicklung[1]

Jahr	Teilnehmer	Umsatz (Mio Kontrakte)
1999	414	379
1998	313	248
1997	226	152
1996	210	117
1995	189	90
1994	165	87
1993	134	70
1992	129	50
1991	121	26
1990	116	16

1) vor 1998: Summe aus DTB und Soffex; Quelle: Gruppe Deutsche Börse, Geschäftsbericht 1999

wie DAX, Dow Jones, Euro STOXX 50 und Nemax. I. sind börsennotierte Wertpapiere, die dem Anleger die beste Möglichkeit des diversifizierten Aktienmarktinvestments eröffnen. Sie beziehen sich auf nationale, europäische oder internationale Aktienindizes und verringern das Anlagerisiko gegenüber dem Investment in Einzeltiteln. Die Indexprodukte wurden um 2000 auch in Europa populär, weil sie insbes. in den USA den gemanagten Fonds den Wertzuwachs oft überlegen waren. Das Anlagevolumen der in den USA gehandelten Indexfonds lag Anfang 2000 bei 45 Mrd US-Dollar; der Tagesumsatz bei 8 Mrd US-Dollar.
Verwaltung: I. bilden aktuell den zugrunde liegenden Index nach und berücksichtigen automatisch Indexveränderungen. Die transparente Preisberechnung parallel zum Index gibt einen stets aktuellen Überblick über die Wertentwicklung. Ausgabeaufschläge und Verwaltungsgebühren entfallen. Mit dem I. ist ein Aktienindex auch in kleinsten Einheiten handelbar. Ihr Basiswert liegt beim vollen Punktestand des Marktbarometers (DAX) oder bei einem Bruchteil (z.B. beträgt das Indexverhältnis 1:100, ein Indexzertifikat auf den Dax bei einem Dax-Stand von 7500 Punkten kostet 75 Euro).
Laufzeiten: Bei unterschiedlichen Laufzeiten gibt es I. mit und ohne garantierte Mindestrückzahlung. Am Fälligkeitstag werden dem Anleger entweder der garantierte Mindestbetrag (meist niedriger als der Basiswert) und eine positive Differenz zwischen

Indexniveau und Basiswert ausgezahlt, oder er erhält lediglich diese Differenz (Variante ohne Mindestrückzahlung). Der Börsenkurs des I. schwankt im Gleichlauf mit dem Index. Der Anleger profitiert von einem Indexanstieg und verliert Kapital bei dessen Rückgang. Ein Risiko auf Totalverlust wie beim Erwerb von Optionsscheinen hat der Anleger trotz der bestehenden Laufzeit nicht, da der Anleger nach dem Bewertungstag (letzter Tag der Laufzeit) sein Kapital zum dann aktuellen Indexstand zurückgezahlt bekommt und es sofort wieder neu in I. mit anderen Laufzeiten anlegen kann; er hat also nur das Wiederanlagerisiko bei seinem Engagement in I. zu berücksichtigen.

Steuer: Die Erträge bei I. mit garantierter Mindestauszahlung sind gemäß §20 (1) EstG steuerpflichtig, Erträge aus I. ohne Mindestauszahlung bei Fälligkeit nicht. Unterschiedliche Besteuerungsregeln gab es in Deutschland um 2000 auch bei der Veräußerung der I. vor Ende der Laufzeit: Einkünfte aus dem Verkauf nach §20 (2) EstG sind (nach Ablauf der einjährigen Spekulationsfrist) nur steuerpflichtig bei vorgesehener Rückzahlung des eingesetzten Kapitals. Im April 2000 bekamen die Institute, die dieses Börsenprodukt anboten, Konkurrenz durch die sog. Indexaktien.

Indexaktien: Diese Wertpapiere bilden die Entwicklung von Aktienindizes nach und werden wie Aktien von Unternehmen gehandelt. Da passive Anlagestrategien bei den Investoren um 2000 immer beliebter wurden, plante die Deutsche Börse (DBAG, Frankfurt/M.) einen Einstieg auch in diesem Bereich mit ihrem neuen Marktsegment XTF (Exchange Traded Funds, engl.; börsengehandelte Fonds). Nach Angaben der DBAG werden seit April 2000 zwei Indexaktien gelistet, die sich auf die europäischen Stoxx-Indizes beziehen, den Dow Jones Euro Stoxx 50 und den Dow Jones Stoxx 50. Weitere Indexaktien sollten folgen. Sie sind kostengünstiger als Fonds, da statt Ausgabeaufschlägen nur übliche Aktienkaufgebühren anfallen. Im Gegensatz zu Zertifikaten haben sie eine unbegrenzte Laufzeit und kein Wiederanlagerisiko. Der Anleger kann innerhalb der Börsenzeiten (im Juni 2000 von 9 bis 20 Uhr) Indexaktien auf Basis der aktuellen Indexstände kaufen.

Internet-Broker

Unternehmen, die durch Bereitstellung von Hard- oder Software den Wertpapierhandel via Internet ermöglichen

Konkurrenz erwuchs den Parkett- bzw. Präsenz- und Computerbörsen um 2000 durch die Möglichkeit preisgünstigen Wertpapierhandels via Internet. Die Gebühren beim Kauf bzw. Verkauf von Aktien online lagen um bis zu 75% unter denen im klassischen Bankgeschäft.

Verbreitung: Ende 1999 nutzten lt. Forrester Research (US-Marktforschungsinstitut) bundesweit bereits ca. 530 000 Anleger das Internet für Börsentransaktionen, bis Ende 2000 wurde mit einer Verdoppelung auf etwa 1 Mio Online-Wertpapierkonten gerechnet. In den USA, wo Mitte 2000 über

Internet-Broker: Online-Spekulanten (Mio)

	Frankreich	Deutschland	Großbritannien
2004	1,56	3,52	1,80
2003	0,95	2,51	1,03
2002	0,54	1,67	0,57
2001	0,33	1,12	0,35
2000	0,23	0,77	0,22

Quelle: Computerwoche, 4.2.2000

Internet-Broker: Anbieter und Konditionen

Broker	Depots 1999	Differenz (%)[1]	Online-Transaktions-Gebühren (DM) ab 10 000 DM	ab 50 000 DM
Comdirect Bank	167 000	▲ +47,1	44	108
Consors	130 000	▲ +51,2	30	k.A.[2]
Bank 24	100 000	▲ +25,0	49	163
Direkt Anlage Bank	94 000	▲ +16,8	31	112

1) gegenüber 1998; 2) keine Angabe; Quelle: Computerwoche, 13.8.1999

100 I. ihre Dienste anboten, eroberten sog. ATS (Alternative Handelssysteme bzw. Trading Systems) 30% der Geschäfte der Computerbörse Nasdaq (National Association of Securities Dealers Automated Quotation). Den I. fehlten allerdings oft die sicheren und schnellen Abwicklungsmöglichkeiten der etablierten Börsen, die in Deutschland den Bestimmungen des Börsengesetzes und der staatlichen Handelsaufsicht unterliegen. Systeme wie Xetra konnten im Gegensatz zu den I. auch große Datenmengen verarbeiten (rund 60 Orders/sec).

Daytrader: Um 2000 hatten Privatleute am heimischen PC via Internet je nach technischer Ausstattung und Online-Anbindung ohne Zeitverzögerung Zugriff auf aktuelle weltweite Marktdaten. Sie erledigten über I. Wertpapiergeschäfte (z. B. Käufe), die sie am gleichen Tag (day), idealerweise mit Gewinn, weiterveräußerten. Statistiken aus den USA zeigten allerdings, dass über 60% der Hobby-Börsianer große Verluste einstecken mussten und binnen eines Jahres das Daytrading aufgaben.

Computer → Internet
Dienstleistungen → E-Cash → E-Commerce

Investmentfonds

Soziale und demografische Veränderungen in Deutschland (wachsende Zahl von Rentnern, weniger Beitragszahler), die eine private Altersvorsorge notwendig erscheinen lassen, niedrige Zinsen und weltweit steigende Aktienkurse sorgten auch 1999 für hohe Mittelzuflüsse bei den I.

Aktienfonds: Die Aktienfonds lösten im Juni 1999 erstmals seit 1976 die Rentenfonds in ihrer Spitzenposition ab. Ende 1999 waren in deutschen Aktienfonds 244 Mrd DM angelegt, in Rentenfonds 230 Mrd. Hierzu trugen nicht nur gestiegene Mittelzuflüsse, sondern auch die Hausse an den Börsen bei. Das Vermögen in Aktienfonds wuchs mit den Kurssteigerungen an den Weltbörsen automatisch. Hinzu kamen neu aufgelegte Aktienfonds in Wachstumsbranchen wie Telekommunikation, Internet, Biotechnologie und Software. Nur in Technologieaktien investierende Fonds erzielten seit 1996 hohe Renditen, weil sie sich früh auf Marktführer in Wachstumssparten konzentriert hatten. So konnte z.B. der Henderson Horizon Global Technology Fund seinen Wert binnen drei Jahren fast versechsfachen, der Deutsche Vermögensbildungs-

Fondsvermögen	
Jahr	Mrd DM
1999	563
1997	345
1995	254
1993	182
1991	144

Quelle: Deutsche Bundesbank, Globus, 27.3.2000

Investmentfonds: Aufteilung	
Art der Fonds	Mrd DM
Aktienfonds	242
Rentenfonds	130
Immobilienfonds	100
Geldmarktfonds	43
gemischte Fonds	39
Sonstige	9

Quelle: Deutsche Bundesbank, Globus Infografik, 27.3.2000

In Deutschland hat sich das Fondsvermögen in den 90er Jahren vervierfacht und übertraf 1999 bereits deutlich das Volumen des Bundeshaushalts (486 Mrd DM).

fonds I erzielte 256% Wertsteigerung seit 1996. Der schlechteste der global anlegenden Aktienfonds konnte seinen Wert noch um 28% steigern.

Trading Fonds: Meist beträgt der Ausgabeaufschlag für Aktienfonds 5%, für Rentenfonds 3%. Der Ausgabeaufschlag wurde früher u. a. mit Beratungsleistung und Vertrieb durch die Banken begründet, die am liebsten Fonds ihrer Investmenttöchter anboten. Aufgrund rapide gestiegener Auswahl konnten Anleger ihre Fondsanteile um 2000 über Fonds-Center oder Direktbanken mit Rabatt erwerben. Als Reaktion entstanden Mitte der 90er Jahre erstmals Trading Fonds ohne Ausgabeaufschlag. Sie wenden sich an flexible Anleger, die ihre Anteile nicht länger als 4–5 Jahre halten wollen. Ihre Kostenstruktur ist so angelegt, dass der Anleger über eine höhere jährliche Verwaltungsgebühr per Saldo nach 4–5 Jahren ebenso viel an Gebühren zahlt wie der Anleger bei Fonds mit Ausgabeaufschlag.

AS-Fonds: Die AS-Fonds (Altersvorsorge-Sondervermögen) kamen Ende 1998 auf den Markt und galten als besonders geeignet für die private Alterssicherung. Diese Mischfonds investieren max. 75% in Aktien, max. 30% in Immobilien und max. 49%

in Anleihen und dürfen max. 49% Liquidität halten. Nach Angaben des Bundesverbandes Deutscher Investment-Gesellschaften (BVI) verwalteten sie Mitte 2000 rund 2 Mrd DM, weit weniger als von den Initiatoren erhofft. AS-Fonds bieten keine Steuervorteile gegenüber herkömmlichen I. (nur der Teil der Erträge, der aus Kursgewinnen von Wertpapieren stammt, ist steuerfrei, wenn der Fondsanteil länger als ein Jahr gehalten wird) oder gegenüber Lebensversicherungen (Erträge aus Kapital-Lebensversicherungen sind nach zwölf Jahren steuerfrei). Mit steigendem Aktienanteil bei den AS-Fonds erhöhen sich Gewinnchancen, aber auch Risiken.

www.bvi.de (Bundesverband Deutscher Investment-Gesellschaften)

Namensaktien

Bei N. wird ein Aktienbuch geführt, in dem der Eigner nicht nur mit Namen, Adresse und Beruf erfasst wird, sondern auch mit Informationen darüber, wann er wie viele Aktien ge- oder verkauft hat.

N. galten bis Mitte 1999 wegen ihrer Verwaltung als zu schwerfällig, um sich am Kapitalmarkt durchzusetzen; mit zunehmendem Einsatz elektronischer Medien ließen sich die Aktienbuch-Informationen jedoch in Sekundenschnelle verarbeiten. **Trend:** AGs wie Siemens, Dresdner Bank, Mannesmann, DaimlerChrysler, Telekom etc., insgesamt zehn der 30 DAX-Aktien, stellten ihre Inhaberaktien (nicht auf Namen lautend) auf N. um. Vorteilhaft für die Unternehmen ist die Kenntnis ihrer Anteilseigner, die sie im harten Wettbewerb um Kapital umwerben können. N. erleichtern die internationale Ausrichtung der AGs, da N. anders als Inhaberaktien weltweit an den Börsen gehandelt werden.

▄▄ **Neuer Markt: Verlierer**			
Aktie	*Höchstkurs 1999 (Euro)*	*Tiefstkurs 1999 (Euro)*	*Kursentwicklung 1999 (%)[1]*
1. Artnet	62,00	8,10	▼ −81,77
2. Datadesign	52,67	8,20	▼ −76,53
3. Ges. für Network Training	48,51	8,55	▼ −74,87
4. Cybernet	41,20	8,25	▼ −72,72
5. Refugium	32,88	6,90	▼ −68,93

1) Bei Neuemissionen seit dem ersten Börsenkurs; Quelle: Datastream, Börsen-Zeitung; Wirtschaftswoche, 6.1. 2000

Datenschutz: Das Aktienrecht stimmte um 2000 bei N. nicht mit den Anforderungen an den Datenschutz überein. Jeder Aktionär hat das Recht, das Aktienbuch einzusehen und alle dort registrierten Informationen über seine Miteigentümer zu erfahren (theoretisch auch das Finanzamt). Bis Ende 2000 sollte der Entwurf eines Gesetzes zur N. und zur Erleichterung der Stimmrechtsausübung ins rot-grüne Bundeskabinett eingebracht werden. Bis 2005 werden lt. Prognosen der Deutsche Börse Clearing alle Aktien der deutschen AGs N. sein.

Neuer Markt

Segment für Wachstumsunternehmen an der Frankfurter Wertpapierbörse (FWB), das innovativen Unternehmen Zugang zum Kapitalmarkt verschafft

Für Unternehmen am N., die nach den bisherigen Regeln nicht als börsenreif galten, führte die Deutsche Börse AG 1997 den N. ein. Dort wurden Mitte 2000 die Aktien von mehr als 200 Firmen vor allem aus den Bereichen Telekommunikation, Medien/ Unterhaltung, Internet/E-Commerce und Biotechnologie gehandelt (1997: 18 Unternehmen). Der N. war der führende Wachstumsmarkt in Europa; sein Anteil an der Marktkapitalisierung lag mit 111 Mrd Euro bei 56%, sein Jahresumsatz von 5,4 Mrd Aktien entsprach 54% der Umsätze aller Wachstumssegmente in Europa, zu denen auch der Brüsseler Euro.NM Belgium, der Pariser Nouveau Marché, der Mailänder Nuovo Mercato und der Amsterdamer NMAX gehörten. Für 2000 wurden 100–150 Neuemissionen am N. im Wert von ca. 50 Mrd Euro erwartet. Von den 201 am 31.12.1999 am N. notierten Unternehmen kamen 33 aus dem Ausland (1998 acht von 62 Unternehmen). **Probleme:** Mitte 1999 beeinträchtigten Einbrüche bei Technologiewerten an der US-Computerbörse Nasdaq (National Association of Securities Dealers Automated Quotation), als deren Gegenstück der N. konzipiert worden war, auch den Handel am N. Befürchtungen der Jahr-2000-Umstellung der Computer sorgten für Kurseinbrüche insbes. bei Werten der Informationstechnologie. Ende 1999 begann mit dem Börsengang des Internet-Dienstleisters Integra wieder ein Run auf N.-Werte. Dennoch hatte auch der N., der durch seine geringe Größe und schon bei kleinen Umsätzen im-

TOP TEN ▉ **Neuer Markt: Gewinner**

Aktie	Höchstkurs 1999 (Euro)	Tiefstkurs 1999 (Euro)	Kursentwicklung 1999 (%)[1]
1. Pixelpark	113,00	19,50	▲ 593,25
2. Intershop	300,00	33,20	▲ 567,84
3. Teleplan	209,30	34,00	▲ 499,98
4. MWG-Biotech	153,00	21,20	▲ 415,12
5. Adva	198,00	40,90	▲ 382,05
6. CE[2]	135,50	27,61	▲ 370,85
7. Trintech	61,00	11,50	▲ 341,67
8 Fantastic	188,00	52,00	▲ 317,78
9. Steag Hamatech	43,00	7,91	▲ 285,03
10. Highlight	107,30	27,20	▲ 283,21

1) Bei Neuemissionen seit dem ersten Börsenkurs; 2) Consumer Electronics; Quelle: Datastream, Börsen-Zeitung; Wirtschaftswoche, 6.1. 2000

mense Kurssprünge ermöglicht, den Ruf einer Börse für risikofreudige Spekulanten.
Nemax-50: Als neuer Index umfasst der Nemax seit Mitte 1999 die nach Marktkapitalisierung und Börsenumsatz 50 größten in- und ausländischen Werte am N.

Pfandbriefe

Der Markt für P. stellte 1999 in Europa das größte Marktsegment neben den Euro-Staatsanleihen. Ausländische Investoren aus Asien und den USA entdeckten den sog. Jumbo-P. mit einem Emissionsvolumen von mind. 500 Mio Euro. Vorteile waren seine hohe Liquidität (aktiver Börsenhandel und Umsätze in den Papieren aufgrund des hohen Emissionsvolumens) und die internationalen Vermarktungsmöglichkeiten der Banken. 1999 stieg der Anteil ausländischer Anleger am deutschen Jumbo-P.-Markt gegenüber dem Vorjahr um 40%.
Jumbos: Jumbo-P. zeichnen sich u.a. durch eine Market-Making-Verpflichtung von mind. drei Konsortialbanken aus; sie verpflichten sich, verbindliche An- und Verkaufskurse zu stellen und einen Markt in diesen Titeln zu gewährleisten. Sie müssen gegenüber Kunden und anderen Market Makern vorher definierte Geld-Brief-Spannen stellen und für eine hohe Liquidität des Segments bei hoher Kreditqualität der P.-Emittenten sorgen. 2000 wurde eine weitere Erhöhung der Liquidität durch Mindestvo-

lumina von 1 Mrd Euro und die Einbindung von fünf statt drei Market Makern erwogen.

Xetra

Kunstwort für Exchange electronic trading: engl.; elektronischer Börsenhandel

X. löste 1997/98 als elektronische Handelsplattform der Deutschen Börse AG (DBAG) die bestehenden Computerbörsen IBIS (Integriertes Börsenhandels- und Informationssystem) und IBIS-R (-Rentenhandel) ab. 1999 hielt X. einen Anteil am deutschen Aktienhandel von 74% (Anteil aller Parkettbörsen zusammen: 26%). Der Anteil von X. an den Aktienumsätzen in DAX-Werten, den umsatzstärksten deutschen Wertpapieren, stieg 1999 in Rekordmonaten auf über 94%. Außer den 30 DAX-Werten waren in X. Aktien des MDAX, des SMAX, des Neuen Marktes, die meisten Werte der STOXX-Indizes sowie Renten und Optionsscheine handelbar (3500 Wertpapiere).
Newex: In Kooperation mit der Wiener Börse AG gründete die DBAG Anfang 2000 eine Börse für mittel- und osteuropäische Werte, die New Europe Exchange (Newex). X. diente auch den Teilnehmern der Wiener Börse und der Newex als Handelsplattform.
Teilnehmer: Die Zahl der X.-Teilnehmer erhöhte sich bis Ende 1999 im Vergleich zum Vorjahr um 44% auf 404 (Banken, Wertpapierhandelshäuser und institutionelle Investoren aus 17 europäischen Ländern).

Berlin-Umzug

Im Sommer 1999 verlagerten das deutsche Parlament und große Teile der rot-grünen Bundesregierung ihren Sitz von der ehemaligen Bundeshauptstadt Bonn in die neue Machtzentrale Berlin.

Der erste Güterzug mit 32 Containern Akten traf am 6.7.1999 in Berlin ein. Die in Bonn verbleibenden Ministerien Bildung und Wissenschaft, Gesundheit, Landwirtschaft, Umwelt, Verteidigung und wirtschaftliche Zusammenarbeit errichteten in Berlin ihren zweiten Dienstsitz. Insgesamt waren 669 Abgeordnete und ihre Mitarbeiter vom Umzug betroffen. Ihnen folgten Tausende von Diplomaten, Beamten, Verwaltungsangestellten sowie Verbände, Lobbyisten und Institutionen aller Art.

Kosten: Das Bundesbauministerium bezifferte Ende 1999 die Mehrkosten für die drei Bundestagsbüroblöcke (Jakob-Kaiser-Haus, Paul Löbe-Haus, Marie-Elisabeth-Lüders-Haus) rund um das Reichstagsgebäude auf ca. 145 Mio DM. Damit summierten sich die Aufwändungen für das gesamte Parlamentsviertel auf ca. 2,1 Mrd DM. Beim Bundeskanzleramt, für das im Oktober 1999 Richtfest gefeiert worden war (voraussichtlicher Bezugstermin: Oktober 2000), steigerten sich die Kosten von 400 Mio DM auf 465 Mio DM. Die Bundesbaugesellschaft (BBB) erklärte den Kostenzuwachs von 16% mit den bautechnisch schwierigen Bodenverhältnissen in Berlin; Vertreter von Bündnis 90/Die Grünen warfen der BBB Planungsfehler und Versäumnisse vor.

Bauverzögerungen: Wegen Grundwasser- und Bodenproblemen verzögerte sich die Fertigstellung der Gebäude, so dass viele Abgeordnete in Übergangsquartieren logieren mussten. Das Paul-Löbe-Haus mit den 22 Ausschuss-Sitzungssälen sollte im Frühjahr 2001, das Jakob-Kaiser-Haus für die Fraktionsstäbe im Herbst 2001 bezugsfertig sein. Die Fertigstellung des Marie-Elisabeth-Lüders-Hauses mit der Parlamentsbibliothek war für Ende 2001 geplant.

www.bundesregierung.de; www.bundestag.de

Bundesgrenzschutz

(BGS), 1951 gegründete größte Bundespolizeibehörde, die dem deutschen Bundesinnenministerium untersteht

Aufgaben: Der B. ist zuständig für die Sicherung der Staatsgrenze (30 km im grenznahen Raum), den Schutz von Bundesorganen und Ministerien sowie die Sicherheit auf Bahnhöfen und Flughäfen. Im Verteidigungsfall und in Fällen des sog. inneren Notstands kann der B. im gesamten Bundesgebiet als Polizeitruppe eingesetzt werden. Eine Spezialeinheit des B. ist die 1972 gebildete Grenzschutztruppe 9 (GSG 9) mit rund 180 Freiwilligen zur Terrorismusbekämpfung. Seit Mitte 1999 sind Beamte des B. an der multinationalen Friedensmission der UN im Kosovo beteiligt. Dort helfen sie bei der Rückkehr von Flüchtlingen, der Herstellung und Sicherung rechtsstaatlicher Strukturen und der Aufrechterhaltung der öffentlichen Sicherheit.

Kompetenzerweiterung: Seit 1998 darf der B. je nach polizeilicher Lage auch außerhalb des 30-km-Grenzbereichs auf Verkehrsflughäfen und Bahnhöfen ohne konkreten Verdacht die Identität von Personen feststellen. Im ersten Halbjahr 1999 führte der B. im Rahmen der neuen Rechtsgrundlage rund 370 000 Kontrollen durch und ermittelte etwa 3500 unerlaubt eingereiste Personen.

Ausgaben: 1998 (letztverfügbarer Stand) mussten lt. BGS-Jahresbericht dem B. für Personalkosten, Beschaffungen zur Modernisierung der Führungs- und Einsatzmittel sowie zur Verbesserung der Arbeitsbedingungen 2,976 Mrd DM zur Verfügung gestellt werden, 4% mehr als im Vorjahr.

Personal: Mit 30 800 vollausgebildeten Polizeivollzugsbeamten (1997: 30 008, +2,6%) erreichte der B. 1998 die höchste Einsatzstärke seiner Geschichte. Zusätzlich standen etwa 1200 grenzpolizeiliche Unterstützungskräfte für Aufgaben im vollzugspolizeilichen Bereich und ca. 600 Tarifkräfte für die Gepäckkontrolle auf Flughäfen zur Verfügung. Inkl. 6020 Verwaltungsbeschäftigten, 755 Polizeianwärtern und 186 Auszubildenden für Zivilberufe beschäftigte der B. 1998 insgesamt 39 631 Mitarbeiter (1997: 40 346, −1,7%).

www.bgs.de

Bundespräsident

Das Staatsoberhaupt der BR Deutschland wird von der Bundesversammlung (alle Mitglieder des Bundestags und eine gleiche Zahl von den Landtagen bestimmter Mitglieder) für fünf Jahre gewählt. Eine einmalige Wiederwahl ist möglich.

Aufgaben: Der B. hat vor allem repräsentative Funktionen. Er vertritt die Bundesrepublik Deutschland völkerrechtlich, ernennt und entlässt auf Vorschlag des Bundeskanzlers die Bundesminister, Bundesrichter und Bundesbeamten, schlägt dem Bundestag den Bundeskanzler zur Wahl vor, übt das Begnadigungsrecht aus und prüft die Verfassungsmäßigkeit von Gesetzen. Amtssitz ist Schloss Bellevue in Berlin. Als achter B. amtiert seit 1999 Johannes Rau (SPD), ehemaliger Ministerpräsident von NRW.

Israel-Visite: Auf seinem Staatsbesuch in Israel im Frühjahr 2000 entschuldigte sich B. Rau im Namen des deutschen Volkes für den von Deutschen verübten Völkermord an den Juden während der NS-Zeit. Als besondere Würdigung durfte Rau im israelischen Parlament (Knesset) auf Deutsch reden.

Flugaffäre: Wegen der sog. Flugaffäre, der Bereitstellung von Maschinen der Westdeutschen Landesbank (WestLB) für Mitglieder der damaligen Landesregierung von NRW, geriet B. Rau 1999 unter öffentlichen Druck. Vor dem von der CDU-Opposition im Landtag eingerichteten Untersuchungsausschuss gab er an, dass er auf Kosten der WestLB stets nur dienstlich unterwegs gewesen sei. Vertreter der NRW-SPD betonten die Haltlosigkeit der Vorwürfe gegen den B.

www.bundespraesident.de

Bundesrat

Föderatives Verfassungsorgan der BR Deutschland, in dem die 16 Länder bei der Gesetzgebung und der Verwaltung des Bundes mitwirken (Sitz: Berlin)

Kompetenzen: Die wichtigste Funktion des B. liegt im Gesetzgebungsverfahren. Allen Bundesgesetzen, die Länderkompetenzen berühren, muss der B. zustimmen. Gegen Gesetzentwürfe, die vom Bundestag

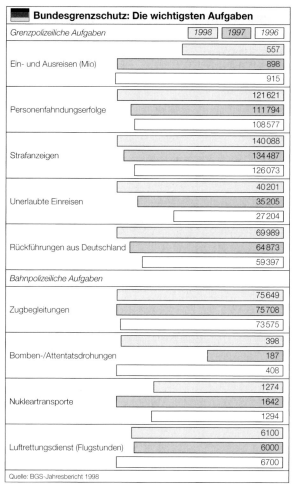

Bundesgrenzschutz: Die wichtigsten Aufgaben

Grenzpolizeiliche Aufgaben	1998	1997	1996
Ein- und Ausreisen (Mio)		557	
		898	
		915	
Personenfahndungserfolge		121 621	
		111 794	
		108 577	
Strafanzeigen		140 088	
		134 487	
		126 073	
Unerlaubte Einreisen		40 201	
		35 205	
		27 204	
Rückführungen aus Deutschland		69 989	
		64 873	
		59 397	
Bahnpolizeiliche Aufgaben			
Zugbegleitungen		75 649	
		75 708	
		73 575	
Bomben-/Attentatsdrohungen		398	
		187	
		408	
Nukleartransporte		1274	
		1642	
		1294	
Luftrettungsdienst (Flugstunden)		6100	
		6000	
		6700	

Quelle: BGS-Jahresbericht 1998

verabschiedet worden sind, kann der B. Einspruch erheben und die Einschaltung des Vermittlungsausschusses aus B. und Bundestag (je 16 Mitglieder) veranlassen, der den Gremien Einigungsvorschläge vorlegt.

Stimmenverteilung: Die Mitglieder des B. (seit dem Beitritt der DDR zur Bundesrepublik Deutschland 1990 insgesamt 68) werden von den Regierungen der Länder bestellt und abberufen. Die Stimmenzahl der Bundesländer richtet sich nach der Bevölkerungszahl. Jedes Land hat mind. drei Stimmen, Länder mit mehr als 2 Mio Einwoh-

▇ Bundesrat: Sitzverteilung

Bundesland	Partei	Sitze
Baden-Württ.	CDU/FDP	6
Bayern	CSU	6
Berlin	CDU/SPD	4
Brandenburg	SPD/CDU	4
Bremen	SPD/CDU	3
Hamburg	SPD-Bündnis 90/Die Grünen	3
Hessen	CDU/FDP	5
Meckl.-Vorp.	SPD/PDS	3
Niedersachsen	SPD	6
Nordrh.-Westf.	SPD-Bündnis 90/Die Grünen	6
Rheinland-Pfalz	SPD/FDP	4
Saarland	CDU	3
Sachsen	CDU	4
Sachsen-Anhalt	SPD	4
Schlesw.-Holst.	SPD-Bündnis 90/Die Grünen	4
Thüringen	CDU	4

Stand: Juli 2000

nern haben 4, mit mehr als 6 Mio Einwohnern 5 und mit mehr als 7 Mio Einwohnern 6 Stimmen. Mitte 2000 verfügten die von der SPD allein oder gemeinsam mit Bündnis 90/Die Grünen und der PDS regierten Länder mit 27 Stimmen nicht über die erforderliche Mehrheit von 35 Stimmen, um Entscheidungen durchzusetzen. Im Geschäftsjahr 1999/2000 (November 1999 bis Oktober 2000) stand der sächsische Ministerpräsident Kurt Biedenkopf (CDU) als Präsident an der Spitze des B.
www.bundesrat.de

Bundesregierung

Oberstes kollegial gebildetes Bundesorgan der vollziehenden Gewalt in Deutschland (Sitz: Berlin), bestehend aus Bundeskanzler und Bundesministern

Seit der Bundestagswahl 1998 amtiert Gerhard Schröder (SPD) als Bundeskanzler. Die B. aus SPD und Bündnis 90/Die Grünen besteht aus 15 Ministerien, drei werden von Ministern von Bündnis 90/Die Grünen geführt (Stand: Juli 2000).
Staatsminister: Unter der rot-grünen B. wurde das Bundeskabinett um fünf Staats-

▇ Bundesregierung: Kabinettsmitglieder

Ressort	Minister (Partei)	Anzahl der Staatssekretäre	
		Beamtete	Parlament.
Bundeskanzler	Gerhard Schröder (SPD, * 7.4.1944)	1	2
Äußeres	Joschka Fischer (B. 90/D. Grünen, * 12.4.1948)	2	2
Inneres	Otto Schily (SPD, * 20.7.1932)	2	2
Justiz	Herta Däubler-Gmelin (SPD, * 12.8.1943)	1	1
Finanzen	Hans Eichel (SPD, * 24.12.1941)	3	2
Wirtschaft/Technologie	Werner Müller (parteilos, * 1.6.1946)	2	1
Ernähr./Landw./Forsten	Karl-Heinz Funke (SPD, * 29.4.1946)	1	1
Arbeit/Soziales	Walter Riester (SPD, * 27.9.1943)	1	2
Verteidigung	Rudolf Scharping (SPD, * 2.12.1947)	2	2
Fam./Sen./Frauen/Jugend	Christine Bergmann (SPD, * 7.9.1939)	1	1
Gesundheit	Andrea Fischer (B. 90/D. Grünen, * 14.1.1960)	1	1
Verkehr/Bau-/Wohnungsw.	Reinhard Klimmt (SPD, * 16.8.1942)	2	3
Umwelt/Naturschutz/ Reaktorsicherheit	Jürgen Trittin (B. 90/D. Grünen, * 25.7.1954)	1	2
Bildung/Forschung	Edelgard Bulmahn (SPD, * 4.3.1951)	1	1
Wirtschaftliche Zusammenarbeit/Entwicklung	Heidemarie Wieczorek-Zeul (SPD, * 21.11.1942)	1	1
Bundeskanzleramt	Frank-Walter Steinmeier (SPD, * 5.1.1956)	–	–

Stand: Juli 2000

Bundestag: Ständige Ausschüsse und ihre Vorsitzenden

▸ **Europäische Union:**
Friedbert Pflüger (CDU/CSU)

▸ **Neue Länder:**
Paul Krüger (CDU/CSU)

▸ **Arbeit und Sozialordnung:**
Doris Barnett (SPD)

▸ **Auswärtiges:**
Hans-Ulrich Klose (SPD)

▸ **Bildung, Forschung und Technikfolgenabschätzung:**
Jürgen W. Möllemann (FDP)

▸ **Ernährung, Landwirtschaft und Forsten:**
Peter-Harry Carstensen (CDU/CSU)

▸ **Familie, Senioren, Frauen und Jugend:** Christel Hane-winckel (SPD)

▸ **Finanzen:** Christine Scheel (Bündnis 90/Die Grünen)

▸ **Gesundheit:**
Klaus Kirschner (SPD)

▸ **Haushalt:**
Adolf Roth (CDU/CSU)

▸ **Inneres:**
Wilfried Penner (SPD)

▸ **Kultur und Medien:**
Elke Leonhard (SPD)

▸ **Menschenrechte und humanitäre Hilfe:** Claudia Roth (Bündnis 90/Die Grünen)

▸ **Petition:**
Heidemarie Lüth (PDS)

▸ **Recht:**
Rupert Scholz (CDU/CSU)

▸ **Sport:** Julius Beucher (SPD)

▸ **Tourismus:**
Ernst Hinsken (CDU/CSU)

▸ **Umwelt, Naturschutz und Reaktorsicherheit:**
Christoph Matschie (SPD)

▸ **Verkehr, Bau- und Wohnungswesen:**
Eduard Oswald (CDU/CSU)

▸ **Verteidigung:**
Helmut Wieczorek (SPD)

▸ **Wahlprüfung, Immunität und Geschäftsordnung:**
Erika Simm (SPD)

▸ **Wirtschaftliche Zusammenarbeit und Entwicklung:** Rudolf Kraus (CDU/CSU)

▸ **Wirtschaft und Technologie:**
Matthias Wissmann (CDU/CSU)

Zu den regelmäßig tagenden Ausschüssen des Bundestages kommen auf Antrag Untersuchungsausschüsse zu aktuellen politischen Streitfragen. Art. 44 des GG legt fest: »(1) Der Bundestag hat das Recht und auf Antrag eines Viertels seiner Mitglieder die Pflicht, einen Untersuchungsausschuss einzusetzen, der in öffentlicher Verhandlung die erforderlichen Beweise erhebt. Die Öffentlichkeit kann ausgeschlossen werden (...) (4) Die Beschlüsse der Untersuchungsausschüsse sind der richterlichen Erörterung entzogen.«

minister erweitert. Die Bundesbeauftragten Michael Naumann (SPD, Kultur und Medien) und Rolf Schwanitz (SPD, Angelegenheiten der neuen Länder) sowie Staatsminister Hans Martin Bury (SPD) unterstehen dem Kanzleramt. Ludger Volmer (Bündnis 90/Die Grünen) und Christoph Zöpel (SPD) gehören als Staatsminister zum Auswärtigen Amt.

Ministerwechsel: Im Juli 1999 wurde der ehemalige Staatssekretär im Bundeskanzleramt und Beauftragte für den Nachrichtendienst, Frank-Walter Steinmeier (SPD), zum Chef des Bundeskanzleramts ernannt. Er gilt als enger Vertrauter von Bundeskanzler Schröder und löste Bodo Hombach (SPD) ab, der Koordinator der EU-Balkanhilfe wurde. Reinhard Klimmt (SPD), ehemaliger Ministerpräsident des Saarlands, rückte im September 1999 an die Spitze des Ministeriums für Verkehr, Bau- und Wohnungswesen. Er löste Franz Müntefering (SPD) ab, der zum SPD-Generalsekretär bestimmt worden war.

www.bundesregierung.de

Bundestag, Deutscher

Zentrales Organ der politischen Willensbildung und oberstes Bundesorgan der Gesetzgebung in Deutschland mit vierjähriger Legislaturperiode

Aufgaben: Der B. beschließt die Bundesgesetze und wählt den Bundeskanzler und den B.-Präsidenten. Er entscheidet über den gegen den Bundeskanzler gerichteten Misstrauensantrag und kann den Bundespräsi-

denten mit Zweidrittel-Mehrheit wegen Verfassungsbruch anklagen. Der B. wählt die Hälfte der Mitglieder des Bundesverfassungsgerichts, ist an der Wahl der Mitglieder der anderen Bundesgerichte beteiligt und kann Untersuchungsausschüsse einsetzen. Er übt die parlamentarische Kontrolle über die Bundesregierung aus und beschließt über den Bundeshaushalt. Die Arbeit des B. vollzieht sich z. T. im Plenum, z. T. in den über 20 Ausschüssen.

Bundestagspräsident: Seit 1998 amtiert Wolfgang Thierse (SPD) als B.-Präsident; er ist lt. Verfassung nach dem Bundespräsidenten und noch vor dem Bundeskanzler der zweithöchste deutsche Amtsräger. Seine fünf Stellvertreter sind Anke Fuchs (SPD), Rudolf Seiters (CDU/CSU), Antje Vollmer (Bündnis 90/Die Grünen), Hermann Otto Solms (FDP) und Petra Bläss (PDS). Zu den Befugnissen des B.-Präsidenten gehören u. a. die Leitung der Plenarsitzungen und die Ausübung des Hausrechts.

Fraktionen: Im dritten gesamtdeutschen B., der 1998 gewählt wurde, stellt die SPD mit 298 Sitzen die stärkste Fraktion. Die CDU/CSU erreichte 245, Bündnis 90/Die Grünen 47, FDP 43 und PDS 36 Sitze. Insgesamt setzt sich der 14. B. (seit 1949) aus 669 Abgeordneten von sechs Parteien und fünf Fraktionen zusammen.

Wehrbeauftragter: Im April 2000 wählte der B. Wilfried Penner (SPD) zum neuen Wehrbeauftragten als Nachfolger von Claire Marienfeld-Czesla (CDU). Bis 2005 übt Penner die parlamentarische Kontrolle über

Bundesverfassungsgericht: Richter

Erster Senat	Vorschlag	Zweiter Senat	Vorschlag
Hans-Jürgen Papier (CSU)	CDU/CSU	Jutta Limbach (SPD)	SPD
Evelyn Haas (CDU)	CDU/CSU	Lerke Osterloh (parteilos)	SPD
Udo Steiner (parteilos)	CDU/CSU	Berthold Sommer (SPD)	SPD
Dieter Hömig (parteilos)	FDP	Winfried Hassemer (parteilos)	SPD
Jürgen Kühling (SPD)	SPD	Siegfried Broß (parteilos)	CDU/CSU
Christine Hohmann-Dennhardt (SPD)	SPD	Klaus Winter (CDU)	CDU/CSU
Renate Jaeger (SPD)	SPD	Hans.-J. Jentsch (CDU)	CDU/CSU
Wolfgang Hoffmann-Riem (parteilos)	SPD	Udo Di Fabio (parteilos)	CDU/CSU

Stand: Juli 2000, www.bundesverfassungsgericht.de

die Bundeswehr aus und dient als Ansprechpartner für die Soldaten. Für sein neues Amt gab Penner sein B.-Mandat auf.
www.bundestag.de; www.bundeswehr.de

Bundesverfassungsgericht

(BverfG, Sitz: Karlsruhe), höchstes deutsches Rechtsprechungsorgan, 1951 eingerichtet

Aufgaben: Das b. entscheidet über die Vereinbarkeit von Bundes- oder Landesrecht mit dem GG bei Konflikten zwischen Bund und Ländern oder innerhalb eines Landes (Normenkontrolle), über die Verwirkung von Grundrechten, die Verfassungswidrigkeit von Parteien, Anklagen von Bundestag oder Bundesrat gegen den Bundespräsidenten und über Richteranklagen. Es beurteilt Verfassungsbeschwerden von Bundesbürgern, die 1999 mit 4729 Anträgen (+1,1% gegenüber dem Vorjahr) etwa 97% der Verfahren ausmachten. Die Erfolgsquote der Beschwerden betrug 1999 weniger als 5%. Das B. wird nur auf Antrag tätig.
Zusammensetzung: Das B. besteht aus zwei Senaten mit jeweils einem bzw. einer Vorsitzenden sowie sieben Richterinnen und Richtern. Jeder Senat bildet für ein Geschäftsjahr drei aus drei Richtern bestehende Kammern. Sie können Verfassungsbeschwerden durch einstimmigen Beschluss stattgeben, wenn sie begründet sind (d.h., der Sachverhalt durch eine Entscheidung des B. bereits geklärt ist), oder die Annahme einer Verfassungsbeschwerde einstimmig ablehnen, was nicht begründet werden muss. Präsidentin des B. und Vorsitzende des Zweiten Senats ist seit 1994 Jutta Limbach (SPD). Wolfgang Hoffmann-Riem

löste im Dezember 1999 Dieter Grimm als Richter des Ersten Senats ab, Udo Di Fabio ersetzte zur gleichen Zeit den Richter des Zweiten Senats, Paul Kirchhof.
www.jura.uni-sb.de/bverfg/

DDR-Unrecht

Am 1.1.2000 trat in Deutschland das »Zweite Gesetz zur Verbesserung rehabilitierungsrechtlicher Vorschriften für Opfer der politischen Verfolgung der ehemaligen DDR« in Kraft.
Entschädigung: Frühere politische Gefangene erhalten eine einheitliche Entschädigung von 600 DM pro Haftmonat, ebenso viel wie Opfer von Justizirrtümern in der Bundesrepublik Deutschland. Bis dahin erhielten Betroffene, welche die DDR nach ihrer Haft verlassen konnten, 300 DM je Haftmonat und solche, die bis zum Mauerfall am 9.11.1989 in Ostdeutschland gelebt hatten, 550 DM/Monat. Auch Hinterbliebene von Hingerichteten, Maueropfern und in der Haft verstorbenen Oppositionellen bekommen durch das neue Gesetz höhere Leistungen aus der Stiftung für ehemalige politische Häftlinge. Sie können einmalig bis zu 8000 DM, danach jährlich 6000 bis 8000 DM beanspruchen. Opfer von Deportation und Internierung jenseits von Oder und Neiße werden erstmals entschädigt, mit durchschnittlich 4800 DM. Für die Gesetzesnovelle wurden Gesamtkosten von 400 Mio DM veranschlagt, davon sollte der Bund 263 Mio DM (66%) tragen.
Kritik: Vertreter von Opferverbänden werteten die Entschädigung als unzureichend und verwiesen auf die fehlende Berücksichtigung von Benachteiligungen im Beruf und in der Ausbildung, die das Leben ostdeut-

scher Regimegegner überschattet hätten. Außerdem fehle es den Verbänden zufolge an ausreichenden Hilfen für die überlebenden Angehörigen. Die Gerechtigkeitslücke könne nur durch Würdigung mit einer Ehrenrente geschlossen werden.

Haftantritt: Im Januar 2000 trat Egon Krenz, der dritte SED-Parteichef und letzte DDR-Staatsratsvorsitzende, die Haftstrafe in der Justizvollzugsanstalt Berlin-Hakenfelde an. Vom Landgericht Berlin war Krenz wegen der Todesfälle an der Mauer zu sechseinhalb Jahren Freiheitsentzug verurteilt worden. Das Bundesverfassungsgericht (Karlsruhe) hatte seine Beschwerde zurückgewiesen. Mit Krenz wurde der höchste je verurteilte DDR-Repräsentant inhaftiert.

Finanzausgleich

Umverteilung der Mehrwertsteuereinnahmen der deutschen Bundesländer, um die unterschiedliche Finanzkraft der Länder auszugleichen und gleiche Lebensverhältnisse im Bundesgebiet herzustellen

Einigung: Nach jahrelangem Streit verständigten sich die Ministerpräsidenten der 16 Bundesländer im März 2000 auf Eckpunkte für die Neuregelung des F. Durch neue Anreize für die finanzschwachen Länder, ihre Leistungsfähigkeit zu verbessern, sollte zukünftig ein ausgewogenes Verhältnis zwischen Eigenständigkeit und Solidarität der Länder hergestellt werden.

Urteil: Im November 1999 hatte das Bundesverfassungsgericht (BverfG, Karlsruhe) den F. für teilweise verfassungswidrig erklärt und eine grundsätzliche Neuregelung des Ausgleichsystems bis spätestens 2005 gefordert. Der Bundestag muss bis Ende

2002 dem BverfG zufolge Maßstäbe für das neue Verfahren verabschiedet haben. Dem Urteil waren Verfassungsklagen der Bundesländer Bayern, Baden-Württemberg und Hessen vorausgegangen, die seit den 1990er Jahren bis zu 80% ihrer über dem Bundesdurchschnitt liegenden Steuereinnahmen an finanzschwächere Länder abtreten mussten. Die Geberländer hatten eine Übernivellierung beklagt und die Verringerung des Ausgleichs auf max. 50% gefordert.

Ausgleich: Außer Bundessteuern (z. B. Mineralölsteuern), Landessteuern (z. B. Kfz-Steuer) und Gemeindesteuern (z. B. Grundsteuern) tragen in Deutschland die sog. Gemeinschaftssteuern zum größten Teil der Einnahmen der öffentlichen Haushalte bei. Ihre Verteilung zwischen Bund, Ländern und Gemeinden ist unterschiedlich geregelt. Vom Länderanteil an der Mehrwertsteuer (48,411% der Einnahmen) werden den Bundesländern beim F. zunächst drei Viertel nach der Einwohnerzahl zugewiesen. Der Rest wird an die finanzschwachen Länder verteilt, so dass deren Finanzkraft 92% des Bundesdurchschnitts erreicht. In einem zweiten Schritt werden weitere Mehrwertsteuergelder von den reicheren zugunsten der ärmeren Länder abgeschöpft. 1999 wurden 14,6 Mrd DM zwischen den Bundesländern umverteilt. Der bundesstaatliche F. inkl. Zuweisungen des Bundes betrug 59,9 Mrd DM.

Stadtstaatenprivileg: Hauptstreitpunkt zwischen Geber- und Nehmerländern des F. war um 2000 die unterschiedliche Gewichtung der Einwohnerzahlen bei der Berechnung des Finanzbedarfs. Dabei wurden die Einwohner der Stadtstaaten Berlin, Bremen

---

▬ Finanzausgleich: Chronik des Streits

▶ **Grundgesetz:** Der F. ist in Art. 106 und 107 GG verankert. Er soll sicherstellen, dass »die unterschiedliche Finanzkraft der Länder angemessen ausgeglichen wird«. Die genaueren Bestimmungen des Umverteilungsprozesses, die sich an dem Verhältnis der Steuereinnahmen eines Bundeslandes pro Einwohner zum Bundesdurchschnitt orientieren, regelt das F.-Gesetz (FAG).

▶ **Erstes Urteil:** Bereits 1952 reagierte das Bundesverfassungsgericht (BverfG) auf eine Klage Baden-Württembergs und erklärte den horizontalen F. der Länder untereinander als verfassungskonform. Baden-Württemberg hatte die Position vertreten, dass

GG ermögliche allenfalls Bundeszuschüsse an finanzschwache Länder.

▶ **Zweites Urteil:** Aufgrund von Normenkontrollklagen der Länder Baden-Württemberg, Hessen, Nordrhein-Westfalen, Bremen und Hamburg verurteilte das BverfG 1985 die meisten Bestimmungen zur Ermittlung der Finanzkraft der Länder als verfassungswidrig und zwang den Gesetzgeber 1987 zur Änderung des FAG.

▶ **Drittes Urteil:** In dem von den Ländern Hamburg, Bremen, Saarland und Schleswig-Holstein beantragten Normenkontrollverfahren hielt das BverfG 1992 die Sonderlasten der klagenden Länder im FAG für ausreichend berücksichtigt, verpflichtete

den Bund jedoch zu Sonderzuweisungen gegenüber Bundesländern in extremen Haushaltsnotlagen.

▶ **Viertes Urteil:** Ausgehend von Klagen der Geberländer Bayern, Baden-Württemberg und Hessen verpflichtete das BverfG den Gesetzgeber 1999 zu einer grundsätzlichen Neuregelung des F. bis 2005.

▶ **Solidarpakt Ost:** Im Juli 1993 wurden auch die neuen Bundesländer in den F. einbezogen, erhielten aber aufgrund des erheblichen wirtschaftlichen Ungleichgewichts zunächst Gelder aus dem Fonds »Deutsche Einheit«. Ab 1995 wurden die neuen Länder in die Verteilungsschlüssel des F. integriert.

Finanzausgleich: Zahler und Empfänger

Bundesland		Nettozahler (Mio DM)	Nettoempfänger (Mio DM)
Hessen		4744	
Baden-Württ.		3426	
Bayern		3188	
Nordrh.-Westf.		2578	
Hamburg		665	
Schlesw.-Holst.			174
Saarland			294
Rheinland-Pfalz			379
Bremen			665
Meckl.-Vorp.			921
Niedersachsen			1037
Brandenburg			1147
Thüringen			1218
Sachsen-Anhalt			1300
Sachsen			2149
Berlin			5316

Quelle: Bundesfinanzministerium, www.bundesfinanzministerium.de.

und Hamburg im horizontalen F. um 35% höher gewichtet, um besondere Kosten der städtischen Infrastruktur zu berücksichtigen. Während die sog. Zehnergruppe (neun Nehmerländer und Hamburg) das Verfahren als angemessen bezeichnete, forderten die Geberländer Bayern, Baden-Württemberg, Hessen und Nordrhein-Westfalen die Abkehr von dem Privileg.

Ostdeutschland: Lohnniveau

Jahr	Tarifverdienste (% des Westniveaus)
1999	91
1998	90
1997	89
1996	89
1995	87
1994	84
1993	80
1992	73
1991	60

Quelle: Bundesarbeitsministerium

Seit der Vereinigung der beiden deutschen Staaten (1990) wurden die Tariflöhne in Ostdeutschland im Schnitt um 31 Prozentpunkte angehoben.

Ostdeutschland

Soziale Lage: 1999 werteten nur 48% aller Arbeitnehmer in O. die deutsche Einheit als Gewinn, 8% betrachteten sie eindeutig als Verlust. Bei den Arbeitslosen und Beschäftigten in Arbeitsbeschaffungsmaßnahmen ermittelte der Sozialreport 1999, eine vom Sozialwissenschaftlichen Forschungszentrum Berlin-Brandenburg herausgegebene Studie, lediglich einen Anteil von 13%, der sich positiv zum vereinten Deutschland äußerte. 47% der befragten ostdeutschen Bürger gaben 1999 an, besser zu leben als zu DDR-Zeiten, 33% votierten für vergleichbare und 12% für schlechtere Verhältnisse. Obwohl der Bericht eine deutliche Zunahme der Haushalts-Nettoeinkommen von 1624 DM/Monat 1990 auf 3021 DM/Monat 1999 (85% des Westniveaus) konstatierte, stieg die Armutsquote im gleichen Zeitraum auf mehr als den dreifachen Wert an, so dass 1999 jeder zehnte Ostdeutsche bereits in Einkommensarmut lebte. Das Geldvermögen der Ostdeutschen betrug dem Sozialreport zufolge Ende der 90er Jahre mit rund 50 000 DM pro Haushalt nur 32% des Westniveaus, das Produktivvermögen 14%. Bei Haus- und Grundbesitz erreichten die Menschen in O. 50% des im Westen Üblichen.

Prognosen: In seiner Konjunkturprognose für 2000 stellte das Institut für Wirtschaftsforschung Halle (IWH) O. ein Wirtschaftswachstum von 2,3% in Aussicht. Damit werde das BIP zwar stärker wachsen als 1999 (1,0%), jedoch zum dritten Mal in Folge hinter dem westdeutschen Wachstum (2000: 2,7%) zurückbleiben. Ausschlaggebend für den Rückstand war lt. IWH die Krise der ostdeutschen Bauwirtschaft. Wegen der anhaltenden Stellenreduzierung in der Baubranche und beim öffentlichen Dienst werde der Beschäftigungsaufbau 2000 auf Westdeutschland beschränkt bleiben. Ausgehend von moderaten Tarifabschlüssen prognostizierte das IWH für 2000 einen leichten Rückgang der ostdeutschen Arbeitslosenquote von 17,8% (1999) auf 17,6% (Westen: 8,4% auf 7,9%).

Aufbau Ost: Das Bundesministerium für Wirtschaft und Technologie legte der Europäischen Kommission im November 1999 den Regionalentwicklungsplan für O. vor. Er soll die Grundlage bilden für die Struk-

turfondsförderung 2000–2006. Wichtigste Ziele sind:
– Verbesserung der Wettbewerbsfähigkeit und Leistungskraft der regionalen Wirtschaft
– Schaffung dauerhafter Arbeitsplätze
– Förderung der infrastrukturellen Voraussetzungen für den Aufbau von Unternehmen
– nachhaltige Verbesserung der Umweltsituation
– Entwicklung der städtischen und ländlichen Gebiete.

Die EU stellte für die Förderung in O. für 2000–2006 insgesamt 19,9 Mrd Euro zur Verfügung, davon sollten 3,3 Mrd Euro (16,6%) für Bundesprogramme eingesetzt werden. Von den für Länderprogramme bereit gestellten 16,6 Mrd Euro sollten Brandenburg 3,1 Mrd Euro, Mecklenburg-Vorpommern 2,5 Mrd Euro, Sachsen 4,8 Mrd Euro, Sachsen-Anhalt 3,3 Mrd Euro und Thüringen 2,9 Mrd Euro erhalten.

Solidarpakt: Im März 2000 einigten sich die Ministerpräsidenten der 16 Bundesländer auf die Fortsetzung des sog. Solidarpaktes über 2004 hinaus. Er beinhaltet neben dem Finanzausgleich auch Förderprogramme des Bundes sowie direkte Zahlungen des Bundes an die ostdeutschen Länderhaushalte. Im Rahmen des Solidarpaktes I, der im Zeitraum 1995–2004 umfasst, werden jährlich 56,8 Mrd DM bereit gestellt, davon entfallen etwa 21 Mrd DM auf den Bund. Die Regierungschefs der ostdeutschen Länder legten 2000 ein Wirtschaftsgutachten vor, dass bis 2005 Investitionen für die ostdeutsche Infrastruktur in Höhe von 300 Mrd DM für erforderlich hielt, um die Lücke zu den westdeutschen Ländern schließen zu können. Für Wirtschaftsförderung, Arbeitsbeschaffungsmaßnahmen und die Stärkung der kommunalen Steuerkraft seien nach Einschätzung des Gutachtens weitere Milliardensummen nötig.

Bevölkerungsschwund: Forscher und Politiker warnten 2000 vor dem seit Jahrzehnten zu beobachtenden Bevölkerungsrückgang in O., der die ostdeutsche Wirtschaft durch einen massiven Mangel an Nachwuchskräften bedrohe. Der immense Geburtenrückgang ab 1989 um rund ein Drittel werde sich ebenso wie die zunehmende Überalterung der ostdeutschen Belegschaft in naher Zukunft auf den Arbeits-

Ostdeutschland: Wachstum[1]

Jahr	Bruttoinlandsprodukt (BIP, %)	Ost	West
2000[1]		2,3	2,7
1999		1,0	1,5
1998		2,1	2,9
1997		1,7	2,3
1996		3,2	1,1
1995		4,4	0,9
1994		9,6	2,1
1993		9,3	−2,0
1992		7,8	1,8

1) Prognose; Quellen: Deutsches Institut für Wirtschaftsforschung (DIW, Berlin), Statistisches Bundesamt, www.statistik-bund.de

Nach Jahren höherer Wachstumsraten in Ostdeutschland (allerdings von einem deutlich niedrigeren Niveau ausgehend) kehrte sich 1997 der Trend um: Seitdem wuchs das BIP im Westen stärker als im Osten.

markt auswirken. Ende der 90er Jahre lebten 15,2 Mio Menschen in O. Das Statistische Bundesamt (Wiesbaden) rechnete bis 2010 mit einem weiteren Verlust von ca. 250 000 Einwohnern. Den stärksten Bevölkerungsschwund von 2,8 Mio Menschen (1991) auf 2,6 Mio (2000) und 2,4 Mio (2020) verzeichnet Sachsen-Anhalt.
www.statistik-bund.de

Stasi

(Ministerium für Staatssicherheit, MfS)

Kartei Rosenholz: Im April 2000 traf die erste der insgesamt rund 1000 CD-Rom mit Datensätzen aus der DDR-Agentenkartei der S.-Hauptverwaltung Aufklärung (HVA) im Bundeskanzleramt ein. Der US-Geheimdienst CIA hatte die HVA-Zentralkartei mit mehr als 300 000 Personeneinträgen und Agentenklarnamen im Rahmen der sog. Operation Rosewood (engl.; Rosenholz) 1989 vermutlich über Moskau erbeutet.

Seitdem hatten sich deutsche Nachrichtendienste und Politiker vergeblich um die Zentralakte bemüht, bis sich die USA im Herbst 1999 zur Rückgabe bereit erklärten, jedoch mit der Auflage, die Daten von US-Amerikanern einzubehalten. Informationen über Agenten, die in anderen Staaten als Deutschland eingesetzt waren, sind von der Freigabe durch die jeweiligen Länder abhängig. Eine Arbeitsgruppe des Bundesinnenministeriums nahm im Frühjahr 2000 mit dem Bundesamt für Verfassungsschutz und der Berliner Gauck-Behörde Beratungen über die Auswertung des auch in Deutschland als geheim eingestuften Materials auf. Die Gauck-Behörde erhoffte sich von der S.-Kartei neue Erkenntnisse über Strukturen und Decknamen der HVA in der damaligen DDR.

Abhörprotokolle: Die im Deutschen Bundestag vertretenen Fraktionen beschlossen im Mai 2000, die S.-Abhörprotokolle nicht zur Aufklärung der CDU-Parteispendenaffäre im Untersuchungsausschuss zu verwenden. Seit Anfang 1970 waren die Telefongespräche westlicher Politiker, darunter auch die des langjährigen Bundeskanzlers Helmut Kohl, von der S. in großem Umfang abgehört worden. Zur Aufdeckung der Spendenaffäre hatten Vertreter von SPD und Bündnis 90/Die Grünen gefordert, die Protokolle nach Anhaltspunkten für die strittigen CDU-Geldtransfers zu durchsuchen.

Der S.-Beauftragte Joachim Gauck hatte sich mit Hinweis auf die rechtlichen Bestimmungen des S.-Unterlagengesetzes zur Herausgabe der Abhörprotokolle bereit erklärt, Kohl hatte allerdings für den Fall der Veröffentlichung juristische Schritte angekündigt.

Aktenvernichtung: Im Frühjahr 2000 bestätigte das bayerische Innenministerium Presseberichte, denen zufolge es 1990 personenbezogene S.-Dossiers über Bundesbürger, darunter Akten über den ehemaligen bayerischen Ministerpräsidenten und CSU-Chef Franz-Josef Strauß, gekauft haben sollte. Nach Weisung der damaligen CDU/CSU-FDP-Bundesregierung seien die S.-Unterlagen 1990 ohne Auswertung vernichtet worden.

Radioaktive Markierung: In einem im März 2000 vorgelegten Bericht wies die Gauck-Behörde nach, das die S. in den 80er Jahren zur Überwachung radioaktives Material eingesetzt hatte, um Menschen, Autos, Briefe, Geldscheine und Manuskripte zu markieren. Gestützt auf fragmentarisches Material vermutete die Behörde jährlich bis zu 50 nukleare Markierungsaktionen. Bei Menschen sollte die S. heimlich an der Kleidung befestigte radioaktive Stecknadeln oder auf die Kleidung aufgetragene radioaktive Flüssigkeitsspritzer verwendet haben. Die Strahlung der Kleidung erleichterte die Verfolgung der Zielpersonen. Nach Ansicht der Gauck-Behörde nahm die S. bei diesen Aktionen billigend in Kauf, die Opfer gesundheitlich zu schädigen. Der Krebstod der Bürgerrechtler und S.-Opfer Rudolf Bahro, Gerulf Pannach und Jürgen Fuchs Ende der 90er Jahre hatte Vermutungen über Strahleneinwirkungen aufkommen lassen. Der Verdacht, dass Radioaktivität bewusst zur Vernichtung von Regimegegnern eingesetzt worden war, bestätigte sich jedoch nicht.

Geldrückfluss: Nach achtjährigem juristischen Streit vor mehreren Gerichten sprach das Wiener Landgericht Mitte 1999 der Bundeskasse im Ausland angelegtes S.-Vermögen von 200 Mio DM zu. Nach Ansicht der österreichischen Richter sei das Geld nicht das Privatvermögen des Geschäftsführers der Firma F.C. Gerlach, eines enttarnten S.-Unternehmens, sondern als Staatsvermögen der Deutschen Demokratischen Republik zu handhaben.

▬ Stasi-Unterlagen-Gesetz

▶ **Gauck-Behörde:** Am 3.10.1990 übernahmen der Sonderbeauftragte der Bundesregierung für die Verwaltung der Stasi-Akten, Joachim Gauck, und seine Behörde die Verantwortung für die Aufbewahrung und Sicherung der hinterlassenen Unterlagen und Dateien des Staatssicherheitsdienstes. Das Stasi-Unterlagen-Gesetz (StUG) vom 20.12.1991 regelt den Umgang mit den vom DDR-Geheimdienst gesammelten Informationen.

▶ **Akteneinsicht:** Das StUG gewährt nach Antragstellung jedem Bürger das Recht auf Einsicht in seine personenbezogenen Unterlagen. Auch Parlamente, Behörden und in bestimmten Fällen private Arbeitgeber sind befugt, sich bei der Gauck-Behörde über die Vergangenheit ihrer Beschäftigten zu informieren. Bis Mitte 2000 machten etwa 4,5 Mio Bundesbürger und Institutionen von ihrem Recht Gebrauch.

▶ **Veröffentlichung:** Auch die Verwendung der Akten durch Journalisten und Wissenschaftler ist im StUG geregelt. Erlaubt ist die Herausgabe von Material, das keine personenbezogenen Informationen enthält bzw. in dem diese Angaben unkenntlich gemacht wurden. Bei öffentlichen Personen der Zeitgeschichte kann die Vorschrift entfallen, wenn keine schutzwürdigen Interessen der Betroffenen verletzt werden.

▶ **Anonymisierung:** Die Antragstellung auf Anonymisierung personenbezogener Informationen in Stasi-Akten ist lt. StUG ab Januar 2003 möglich. Der Anspruch auf Schwärzung ist zum Schutz von Stasi-Opfern gedacht. Hauptamtliche oder inoffizielle Stasi-Mitarbeiter sind ebenso von der Regelung ausgenommen wie DDR-Amtsträger und Personen der Zeitgeschichte.

Computer

Betriebssystem

Software, die das Arbeiten mit einem Computer durch Definition von Geräteschnittstellen (z. B. zu Druckern und Scannern), Datenstrukturen/Dateien und Programmen ermöglicht und steuert.
Zu den Komponenten eines B. gehören:
– Ressourcenverwaltung (Speicherplatz)
– Datenein-/ausgabe- sowie Gerätesteuerung
– Dateisystem und -verwaltung
– Benutzeroberfläche
– Sicherheitssystem
– Compiler (Übersetzer von Computersprachen in die Maschinensprache des Rechners).

Windows 2000: Von der Nachfolgeversion des in Unternehmen weit verbreiteten B. Windows NT (New Technology) von Microsoft waren Anfang 2000 weltweit bereits mehr als 1 Mio Exemplare verkauft. Die Entwicklung des B. hatte drei Jahre gedauert und mehr als 2 Mrd DM gekostet. Die Vollversion kostet in ihrer preisgünstigsten Ausführung 800 DM (Update, eine Aktualisierungslieferung für Nutzer von Windows NT: 350 DM). Das neue B. arbeitete nach ersten Tests langsamer als sein Vorgänger, u. a. weil es doppelt so viel Platz auf der Festplatte benötigte. Die B. aus der NT-Linie von Microsoft galten 2000 als sicherer als die mehr im Privatkundenbereich verbreiteten Windows 95 und 98. Von letzteren sollte bis Ende 2000 die weiter entwickelte Version »Millennium« auf den Markt kommen. Mehr als 90% aller PC weltweit arbeiteten um 2000 mit Windows-Varianten.

Linux: Konkurrenz erwuchs Microsoft durch das kostenlose B. Linux (Kunstwort für Linus Torvalds Unix, auf dem B. Unix basierendes B. des Finnen L. Torvalds). Torvalds strebte mittelfristig 5–35% Marktanteil insbes. auf dem PC-Desktop-Markt

an. Bei Linux kann der Benutzer anders als bei Windows das B. flexibel an Bedürfnisse anpassen. Der deutsche Linux-Dienstleister Suse erzielte im Jahr 1999 einen Umsatz von rund 50 Mio DM. Die Zahl der Dienstleister um Linux verzehnfachte sich 1999.

Chip

(engl.; Plättchen, auch Halbleiter), elektronischer Baustein, der Informationen speichert (DRAM-C., Dynamic Random Access Memory, engl.; dynamischer Speicher mit wahlfreiem Zugriff) oder als Mini-rechner (Mikroprozessor) Funktionen steuert. Mit zunehmender Miniaturisierung wird technisch etwa alle drei Jahre eine Vervierfachung der Speichermenge von Daten auf dem C. erreicht.

Infineon: Anfang 2000 wurde das von der Siemens AG ausgegliederte Halbleiterunternehmen Infineon (Kunstwort aus infinity,

TopTen **Betriebssystem: Die größten Anbieter**		
Name	Betriebssysteme (1000)	Wachstum 1999 (%)
1. Windows NT	2086	+23,6
2. Linux	1347	+93,2
3. Netware	1064	+ 5,9
4. Sun Solaris Sparc	186	+19,2
5. SCO Unixware	119	+ 4,1
6. IBM AIX	113	0
7. HP-UX	105	+11,7
8. Sun Solaris Intel	26	– 7,1
9. Tru 64 Unix	19	–25,0
10. SNI Reliant	8	–25,0

Quelle: Computerwoche, 25.2.2000

97

TopTen Chip: Die umsatzstärksten Halbleiterkonzerne

Firma	Umsatz 1999 (Mrd US-Dollar)	Veränderung zu 1998 (%)	Marktanteil 1999 (%)
1. Intel	25,8	▲ +13,3	16,1
2. Nec	9,2	▲ +12,0	5,8
3. Toshiba	7,6	▲ +28,4	4,7
4. Samsung	7,1	▲ +49,5	4,4
5. Texas Instruments	7,1	▲ +22,0	4,4
6. Motorola	6,4	▽ −9,4	4,0
7. Hitachi	5,5	▲ +18,3	3,4
8. St Microelectronics	5,1	▲ +21,0	3,2
9. Philips	5,1	▲ +13,9	3,2
10. Infineon	5,0	▲ +28,2	3,1
übrige	76,2	▲ +18,4	47,6

Gesamtmarkt: 160,1 Mrd US-Dollar Umsatz 1999; Veränderung zu 1998: +17,6; Marktanteil 1999: 100%; Quelle: Dataquest, Januar 2000; Neue Zürcher Zeitung, 8.1.2000

Chip-Weltmarkt nach den wichtigsten Regionen

Region	Anteil am Weltmarkt 1999 (%)	Zuwachs (%)[1]
Amerika	30	▲ +14,6
Asien/Pazifik	25	▲ +28,9
Japan	22	▲ +26,7
Europa	21	△ +8,4

1) gegenüber 1998; Quelle: SIA Semiconductor Industry Association; Handelsblatt, 10.2.2000

Chip: Innovationen und Fusionen

▶ **Biochip:** Erstmals gelang es Anfang 2000 Wissenschaftlern der Universität Berkeley (Kalifornien/USA), eine lebende menschliche Zelle in einen Computerschaltkreis einzubauen. Die Zelle wird in einer Nährlösung versorgt und kann über elektrische Kontakte an einen Stromkreis angeschlossen werden. Ziel der Forschung sind neue Erkenntnisse im Kampf gegen Erbkrankheiten.

▶ **Flash-Chip:** Dank starker Nachfrage aus dem Mobilfunkmarkt stieg der Umsatz mit Flash-Speichern 1999 auf 4,6 Mrd US-Dollar (+83%). Der Flash-Chip behält seine Daten auch dann, wenn die Stromzufuhr abgeschaltet

wird, und wird insbes. in kleinen Informationsgeräten wie Handys oder Organizern eingesetzt.

▶ **Intel:** Der größte Computer-Hersteller der Welt (Marktanteil bei Prozessoren: 80%, Umsatz 1999: 60 Mrd DM, Gewinn: 15 Mrd DM) kaufte allein 1999 zwölf Unternehmen und beteiligte sich an 250 weiteren Firmen. In Deutschland war Intel Mitte 2000 an den Firmen Brokat (Bank- und Sicherheits-Software), Infineon (Halbleiter), Open-Shop (Software für E-Commerce), Suse (Software für das Betriebssystem Linux) und Tecoplan (Konstruktions-Software) beteiligt.

engl., Unendlichkeit, und Aion, griech., Ewigkeit) an der Börse notiert. Es stellt C. für Computer, Telefonanlagen, Handys, Kreditkarten, Klimaanlagen u. a. in hunderten von Varianten her (Produktion 1999: rund 10 Mrd C.). Mit 173 Mio emittierten

Aktien löste die Firma in Deutschland einen Aktienrausch aus, der den Ansturm auf die Telekom-Aktie 1996 noch übertraf. Die Infineon-Aktie war 33-fach überzeichnet, d.h. auf jede angebotene Aktie kamen statistisch 33 Kaufinteressenten.

Crusoe: Anfang 2000 präsentierte das US-amerikanische Unternehmen Transmeta zwei neue Prozessortypen (Crusoe TM3120 und TM5400), die wegen ihres geringen Stromverbrauchs insbes. im Bereich Handheld-PC und Mini-Notebooks Marktanteile erobern sollten. Weitere Besonderheit der neuen C. ist das Code Morphing: Die Arbeitsweise des C. wird während der Nutzung optimiert, der Rechner passt sich automatisch an die Arbeitsweise des Anwenders an, wodurch die Rechnerleistung verbessert wird.

Markt: Der deutsche Halbleitermarkt wird lt. Prognosen des Zentralverbandes Elektrotechnik- und Elektronikindustrie (Frankfurt/M., ZVEI) 2000 erstmals die Umsatzgrenze von 10 Mrd Euro überschreiten (+23% gegenüber 1999), vor allem wegen der um 35% gestiegenen Nachfrage aus dem Bereich Telekommunikationstechnik. Größter Abnehmer für integrierte Schaltkreise blieb die Datentechnik-Industrie (+25%). Weltweit erwartete der ZVEI für 2000 ein Wachstum des Halbleitermarktes auf 185 Mrd Euro (+34%), davon entfallen rund 30% auf die USA, 26% auf Südostasien und je 21% auf Europa und Japan. Bis 2003 soll das Marktpotenzial der C.-Industrie auf weltweit 301 Mrd US-Dollar wachsen. Das jährliche Investitionsvolumen soll sich bis dahin wegen des Übergangs der Produktion auf 300-mm Scheiben (Wafers), dem Wechsel zu noch feineren C.-Strukturierungen und dem Einsatz neuartiger Werkstoffe wie Kupfer auf 51,2 Mrd US-Dollar verdoppeln.

Allianz: Anfang 2000 schlossen sich die fünf größten Produzenten von DRAM-C. mit insgesamt 80% Marktanteil – Infineon (Deutschland), Micron Technology (USA), NEC (Japan), Samsung und Hyundai (beide Korea) – und der weltweit führende Mikroprozessorhersteller Intel (mehr als 75% Marktanteil) zusammen, um Grundlagen und Design der kommenden Speicher-C.-Technologie zu erarbeiten.

www.zvei-be.zvei.org/ (Branchendaten)
Börse → Neuer Markt **Telekommunikation**

Chipkarte

Plastikkarte mit eingebautem Halbleiter (Mikroprozessor), die als Ausweis, Datenträger oder Bargeldersatz dient

1999/2000 stieg insbes. in den USA bei den Verbrauchern die Akzeptanz von Multifunktions-C. (All-in-One-Cards), die zahlreiche alltägliche Nutzungsmöglichkeiten bieten. Demgegenüber stand das Bestreben der C.-Emittenten, welche die C. auch als Marketing-Instrument sahen und ihre Anwendungen nicht auf andere C. überspielen lassen wollten. Die C.-Industrie nahm um 2000 an, dass in wenigen Jahren weltweit Millionen von Bürgern vier bis fünf C. verwenden werden, auf denen individuelle Anwendungen sinnvoll gebündelt sind.

Geldkarte: In Deutschland waren Anfang 2000 rund 50 Mio von Banken und Sparkassen ausgegebene EC-C. mit Zahlungsfunktion im Umlauf, deren Chip über das Konto des Kartenbesitzers für bargeldlose Bezahlung mit bis zu 400 DM aufgeladen werden konnte. Doch wurde im Gegensatz zur direkten Zahlung mit EC-Karte und Abbuchung des Betrages vom Konto der aufladbare Geldchip von den Verbrauchern als Zahlungsmittel nur unzureichend akzeptiert: Mit ihm wurden im ersten Halbjahr 1999 nur knapp 71 Mio DM in 9,2 Mio Zahlungsvorgängen umgesetzt, weniger als 0,1% am Gesamtumsatz des deutschen Einzelhandels. Zur wirtschaftlichen Nutzung der Geldkarte müsse aber lt. Unternehmensberatung PaySys mind. die 30-fache Summe an Zahlungsvorgängen erzielt werden.

Fineid: Finnland plante Anfang 2000, die Personalausweise seiner rund 5,2 Mio Bürger kurzfristig durch C. zu ersetzen. Die sog. Fineid-C. sollte 50 DM kosten und zusätzlich über Kartenlesegeräte und Eingabe von Pin-Codes als zertifizierte Unterschrift bei elektronischen Transaktionen (E-Commerce) und als beglaubigter Ausweis bei Vertragsabschlüssen dienen. Verstärkt sollte mit der C. der Kontakt der Bürger zu Behörden (z.B. Einwohnermeldeamt) über Internet erleichtert werden. Auch in anderen europäischen Ländern war für Anfang des 21. Jh. der Ersatz der Ausweisdokumente durch C. geplant.

Forschung und Technik → Biometrie
Dienstleistungen → E-Cash → E-Commerce
→ Geldkarten

Computer

Rechner zur elektronischen Verarbeitung von Daten, bestehend aus Hardware (Chips, CPU, Festplatte usw.) und Software (Programme, Betriebssystem)

Green Card: Für Aufsehen sorgte Anfang 2000 auf der C.-Messe CeBit in Hannover die Aussage von Bundeskanzler Gerhard Schröder (SPD), ausländischen Programmierern insbes. aus Indien nach Vorbild der Green Card in den USA unbürokratisch befristete Aufenthaltsgenehmigungen zu verschaffen, um dem C.-Fachkräftemangel in Deutschland entgegenzuwirken. Lt. Prognose des Bildungsministeriums müsse die Informationsindustrie in Deutschland mind. 60 000 hoch spezialisierte EDV-Kräfte pro Jahr einstellen, um wettbewerbsfähig zu bleiben. Allerdings verließen um 2000 nur

Computer: Ausstattung in Privathaushalten

Ausstattung	Anteil aller Haushalte (%)
CD-ROM-Laufwerk	78
Soundkarte	60
Farb-Tintenstrahldrucker	45
Modem	29
3D-Grafikkarte	24
Scanner	24
Laserdrucker	18
ISDN-Karte	13

Stand: 1999; Quelle: ComputerBild, 25.5.1999

TOP TEN   Computer: Die beliebtesten Arbeitgeber

Firma	Stimmen (%)[1]
1. Siemens AG	20,3
2. IBM Deutschland GmbH	18,1
3. Sun Microsystems GmbH	17,2
4. SAP AG	12,1
5. Fraunhofer Gesellschaft	11,3
6. Daimler-Chrysler AG	10,8
7. Microsoft GmbH	8,9
8. DASA DaimlerChrysler Aerospace	8,2
9. Nokia GmbH	6,7
10. Lufthansa IT Services	6,6

1) Umfrage unter 2000 Studenten, Mehrfachnennungen möglich; Quelle: Young Professional 2/2000

99

Computer: Glossar

▶ **ADSL:** Asymmetrical Digital Subscriber Line (engl.; asymmetrische digitale Anschlussleitung), Hochgeschwindigkeits-Breitband-Übertragungstechnik, die 2000 in den 43 größten deutschen Städten angeboten werden sollte.

▶ **Arbeitsspeicher:** siehe RAM.

▶ **BIOS:** Basic Input Output System (engl.; Basis-System für Ein- und Ausgabe), Grundprogramm eines PC. Es ist fest im Rechner installiert und sorgt dafür, dass der PC das Betriebssystem lädt, wenn er eingeschaltet wird.

▶ **Bit:** Kleinste Dateneinheit mit dem Wert 0 oder 1.

▶ **Bluetooth:** Offenes Normsystem, das um 2000 von einem internationalen Konsortium von Computer- und Kommunikationsunternehmen für die drahtlose Übertragung von Daten über kurze Strecken entwickelt wurde, insbes. für kleinere Rechner wie Personal Digital Assistants (PDA) und Handheld-C.

▶ **bps** (bits per second, engl.; Bits pro Sekunde), Datenübertragungsgeschwindigkeit von Modems und ISDN-Karten.

▶ **Bus:** Parallel geschaltete Datenleitung, welche die Bausteine eines Computers miteinander verbindet. Ende der 90er Jahre wurde die bis dahin gebräuchliche Datenleitung (PCI-Bus) vom Universal Serial Bus (USB) abgelöst. Alle Erweiterungsgeräte für Computer (Modem, Maus, Tastaturen usw.) können über den einheitlichen USB angeschlossen werden.

▶ **Byte:** Informationseinheit aus 8 Bit. 1 Kilobyte (KB, 1024 Byte) = 1024 Zeichen, z.B. Buchstaben in einem Text. 1 Megabyte (MB) = 1024 KB, 1 Gigabyte (GB) = 1024 MB. Die Speicherkapazität von Festplatten und RAM (Zugriffsspeicher) wird in diesen Größen angegeben.

▶ **Cache:** Speicher einer Festplatte, der häufig von der Festplatte zu lesende Daten im Arbeitsspeicher (Hauptspeicher) hält. Dies erhöht die Zugriffsgeschwindigkeit auf Daten.

▶ **Client/Server:** Netzwerk mit einem sehr leistungsfähigen Computer (Server, engl.; Diener), der eine Vielzahl von Programmen und Daten bereit hält. An den Server sind Clients (engl.; Kunden), Arbeitsplatzrechner mit geringerer Speicherkapazität, angeschlossen.

▶ **CPU:** Central Processing Unit (engl.; zentrale Verarbeitungseinheit), Prozessor-Chip, der alle internen Funktionen eines PC steuert. Im Inneren der CPU arbeiten mehrere Mio kleiner Schaltungen. Das Zusammenspiel von CPU und anderen Bauteilen (Festplatte, Haupt-/Arbeitsspeicher und Grafikkarte) bestimmt die Arbeitsgeschwindigkeit des Computers.

▶ **digital:** Zur digitalen Verarbeitung werden Informationen (Sprache, Daten, Bilder) in kleinste Einheiten (Bits) zerlegt. Text- oder Spracheinheiten werden z.B. je nach Größe, Stärke und Anzahl mit einem Zahlenwert belegt und in ein Zahlensystem übertragen. Bei der meist verwendeten sog. binären Codierung werden sie in eine Zahlenfolge von 0 und 1 umgesetzt, die vom Computer als »Spannung« bzw. »keine Spannung« entschlüsselt werden.

▶ **dpi** (dots per inch, engl.; Punkte pro Zoll), Maßeinheit der Auflösung bei Druckern und Scannern; je höher, desto feiner das Druck- oder Scan-Ergebnis.

▶ **Grafikkarte:** Einsteckkarte für den Computer, die das Bild auf dem Monitor erzeugt.

▶ **Hauptspeicher:** siehe RAM.

▶ **Megahertz:** Taktfrequenz der CPU, 1 Mio Takte/sec.

▶ **Motherboard** (Mainboard): Hauptplatine eines Computers. Hier befinden sich Prozessor (CPU), Hauptspeicher (RAM) und Steckplätze für Erweiterungskarten (z.B. für Sound oder Grafik) sowie Anschlüsse für Diskettenlaufwerk, Festplatte, CD-ROM-Laufwerk, Drucker, Maus und Tastatur.

▶ **RAM** (Random Access Memory, engl.; wahlfreier Zugriffsspeicher): Haupt-/Arbeitsspeicher des Computers, in dem der Rechner die Daten verwaltet, mit denen gerade gearbeitet wird. Der Computer holt die Daten von den Speichermedien, z.B. Festplatte, Diskette oder CD-ROM. Die Daten verschwinden aus dem RAM, sobald der Computer ausgeschaltet wird, nicht jedoch von den Speichermedien.

▶ **UMTS** (Universal Mobile Telecommunications System), Mobilfunk-Standard, der Datenübertragung mit bis zu 200-facher Geschwindigkeit bisheriger Netze ermöglicht und in Europa ab 2002 verfügbar sein sollte.

▶ **USB:** Siehe Bus.

---

rund 10 000 Informatikstudenten die deutschen Hochschulen, und nur 50% des Bedarfs an Fachkräften waren durch Umschulungen zu decken. Von den Anfang 2000 arbeitslos gemeldeten 32 000 EDV-Kräften und Ingenieuren war die Mehrheit nicht mit C.-Programmierung vertraut und deshalb für die freien Stellen ungeeignet. Kritiker der Green Card warfen Schröder vor, billige Arbeitskräfte engagieren zu wollen. Sie forderten höhere Investitionen in die Ausbildung heimischer C.-Fachkräfte.

Aktionsprogramm: Neben der Green Card sah das Aktionsprogramm der Bundesregierung folgende Ziele vor:
– Erhöhung der Zahl der Internet-Anschlüsse bis 2005 von 9% auf über 40%
– Verdopplung der Zahl der Multimedia-Unternehmen bis 2001 sowie Verbesserung der Vernetzung kleiner und mittlerer Unternehmen auf ein für Großkonzerne vergleichbares Niveau

– Ausstattung aller Schulen, Aus- und Weiterbildungsstätten mit C. und Internet-Anschlüssen bis 2001.

Übernahmen: Nach Übernahme der Firma Platinum im April 1999 erwarb Computer Associates (USA, 18 000 Angestellte) Anfang 2000 per Aktientausch im Volumen von 4 Mrd US-Dollar auch den Mitbewerber im Großrechnerbereich Sterling Software (Umsatz 1999: 807 Mio US-Dollar). Gleichzeitig sicherte sich die Deutsche Telekom 50,1% und damit die unternehmerische Führung des bis dahin zum Daimler-Chrysler-Konzern gehörenden größten deutschen Dienstleisters für Informationstechnik Debis (Umsatz 1999: 2,9 Mrd Euro, davon ein Drittel außerhalb Deutschlands). Europaweit nahm Debis Rang 5 ein; die Telekom wurde mit ihren Tochtergesellschaften DeTeSystem, DeTeCSM und T-Nova durch die Akquisition zum zweitgrößten Systemhaus Europas nach IBM.

Computerschnittstellen

(auch: Interfaces), mittels C. können z. B. Drucker und Scanner mit dem Computer verbunden werden. C. sind untereinander nicht kompatibel, eine SCSI-Festplatte kann z. B. nicht an einer parallelen C. angeschlossen werden.

SCSI: Small Computer Systems Interface, eine besonders leistungsfähige C., wird meist für Massenspeicher wie Festplatten, CD-ROM-Laufwerke, Streamer oder Scanner genutzt. Für diese C. wird eine spezielle Steckkarte benötigt, die einen Steckplatz auf der Hauptplatine belegt. Diese Technik gewährleistet eine höhere Geschwindigkeit, entlastet den Computerprozessor und benötigt weniger Speicher. Angeschlossene Geräte werden automatisch vom Betriebssystem erkannt, wodurch sich die Einbindung neuerer Produkte vereinfacht. An einer SCSI-Karte können bis zu 15 Geräte mit dem Computer verbunden werden. Um 2000 wurden häufig noch die preiswerteren IDE-C. verwendet.

Bluetooth (engl.; Blauzahn): Von der schwedischen Telekommunikationsfirma Ericsson nach König Harald Blåtand (vereinte im 10. Jh. Dänemark und Norwegen) benannte Funk-C. Sie war zunächst als Ersatz für Kabel und Stecker beim Datenaustausch zwischen Handy und Notebook geplant, kann aber auch für PC-Netzwerke und Haushaltsgeräte verwendet werden. Zur Bluetooth Special Interest Group gehörten Anfang 2000 außer Ericsson die Firmen Nokia (Telekommunikation), Intel (Chiphersteller), IBM (Computerkonzern) und Toshiba (Notebookhersteller). Als Ziel des Projekts sollen sich alle Geräte mit Mikroprozessor drahtlos verbinden lassen und auch große Datenmengen schnell austauschen können. Die Entwickler fanden für den Datentransfer eine weltweit verfügbare Funkfrequenz im 2,4 Gigahertz-Bereich, der für industrielle, wissenschaftliche und medizinische Anwendungen reserviert ist (ISM-Band: Industrial, Scientific, Medical). Mit einem Elektronikbaustein von der Größe eines Fingernagels lässt sich jedes Gerät Bluetooth-fähig verändern und nimmt per Knopfdruck bzw. Mausklick binnen weniger Sekunden Kontakt mit jedem Gerät im Umkreis von 10 m auf, das dieselbe C. aufweist. Im Gegensatz zur Infrarot-Schnittstelle kann sich keiner unbemerkt und ohne Erlaubnis in den Datenstrom einklinken.

Bis zu acht Geräte (z. B. Notebooks) können im kleinen Netzwerk (Piconet) zusammengeschaltet werden und bis 1 Megabit Daten/sec austauschen. Bis 2001/02 waren vielfältige Anwendungen für Bluetooth geplant; die C. sollte rund 10 DM kosten.

www.bluetooth.com
Telekommunikation → Handy

Computerspiele

Bildschirmspiele, in denen die Figuren und Gegenstände mit Tastatur, Maus oder Steuerhebel (Joystick) bewegt werden. Sie werden mit tragbaren Gameboys, mit Konsolen, die mit dem Fernseher verbunden werden, oder mit PC gespielt.

Dreamcast: Ende 1999 kam die neue Sega-Spielkonsole Dreamcast auf den Markt. Nach Hersteller-Angaben wurden bereits am ersten Tag 100 000 Exemplare verkauft (Preis: 499 DM). Lt. Sega ist die

Computerspiele: Anschaffungskosten

Gerät	Preis (DM)	Kosten für 40 Spiele (DM)
PC	2000	3200
Sega-Dreamcast	499	4800
Sony-Playstation	199	4000
Nintendo 64	199	4800
Gameboy	149	2400

Quelle: ComputerBild Spiele, November 1999

Computerspiele: Glossar

▸ **Cheat:** (engl., Betrügen) Tastenkombination, mit der ein Teilnehmer während eines Computerspiels seine Spielfiguren mit Ressourcen (Waffen, Geld, übernatürliche Fähigkeiten etc.) versorgen und sein Spielergebnis (z. B. Punktestand) erhöhen kann.

▸ **Direct-X:** Das Programm beschleunigt einen PC mit dem Betriebssystem Windows 95/98 bei der Bilddarstellung von Spielen.

▸ **3-D-Beschleunigerkarte:** Erweiterung für die Grafikkarte des PC, sorgt für bessere Bilddarstellung.

▸ **Gamepad:** Tastatur speziell für Computerspiele mit Richtungstasten (oft in Form eines Steuerkreuzes) sowie Tasten, die sich für verschiedene Funktionen vorbelegen lassen. Anfang 2000 kosteten Gamepads 20–100 DM.

▸ **Joystick:** Steuerknüppel insbes. zur Nutzung bei Flugsimulationen, Rennfahrer- und Geschicklichkeitsspielen.

Durch zusätzliche Motoren sind Effekte wie Rütteln (z. B. bei Fahrt über unebenes Gelände) möglich. Als Alternative zum Joystick gibt es für Autorennspiele Lenkräder inkl. Pedale für Bremse und Gas.

▸ **Mehrspieler-Modus:** Möglichkeit, gegen Teilnehmer anzutreten, die von ihrem eigenen PC aus spielen. Die PC der Spieler sind über ein Netzwerk verbunden.

▸ **Memory-Card:** Spielkonsolen-Erweiterung zur Speicherung von Spielständen (z. B. Punkte). Bei Unterbrechung kann der Teilnehmer das Spiel später von einem gespeicherten Stand aus wieder aufnehmen.

▸ **Patch:** Zusatzprogramm, das Fehler in der Software korrigiert bzw. behebt. Patches für fehlerhaft ausgelieferte Spiele sind i. d. R. beim Händler oder über die Internet-Seite des Spieleproduzenten erhältlich.

neue Konsole 15-mal leistungsfähiger als die marktführende Sony Playstation (Preis: 199 DM; weltweit 50 Mio Stück, in Deutschland 3,2 Mio verkauft) und zehnmal leistungsfähiger als die Nintendo-64-Konsole (199 DM; weltweit 24 Mio Stück verkauft). Die Leistung des Grafikprozessors (Teil der Grafikkarte, der Geschwindigkeit des Bildaufbaus und Qualität der Darstellung bestimmt) übersteigt die des Pentium-II-Prozessors in PC um das Vierfache.

X-Box: Für Herbst 2000 kündigte das US-Softwareunternehmen Microsoft die Konsole X-Box an, für die ein erweiterter 500-MHz-Prozessor von Intel oder ein vergleichbarer Prozessor von Athlon vorgesehen war. Als Microsoft-Partner auf dem C.-Konsolenmarkt waren Anfang 2000 die PC-Firmen Dell und Gateway im Gespräch. Das Betriebssystem der Konsole sollte eine veränderte Version von Microsofts Windows 2000 sein.

PC-Spiele: Die kleinen C.-Konsolen, die nur über einen eingebauten Computer und eine handliche Spieletastatur verfügen, müssen an den Fernseher angeschlossen werden. PC-C. bieten dagegen ein flimmerfreies Bild und bei Internet-Anschluss die Möglichkeit, online mit anderen zu spielen. PC-C. kosteten Anfang 2000 rund 80 DM, Spielesammlungen mit diversen weniger aktuellen C. rund 50 DM. Konsolen-C. waren ca. 20% teurer und nicht auf dem PC zu verwenden.

Markt: 1999 wurden allein in Deutschland 3,5 Mrd DM mit C.-Software umgesetzt (weltweit rund 22 Mrd DM), bis 2003 sagten Marktforscher von Datamonitor ein jährliches Wachstum von 20% voraus. 70% der C. wurden 1999 von Spielern gekauft, die älter als 19 Jahre waren.
www.Datamonitor.de

Computersucht

(auch Net-Addiction, engl.; Netz-Abhängigkeit, Internet-Abhängigkeits-Syndrom, IAS), Beschäftigung mit dem Computer unter suchtähnlichem Zwang.

Vereinsgründung: Ende 1999 wurde in Langenfeld bei Köln ein Selbsthilfeverein für Menschen gegründet, die an C. leiden. Lt. US-Studien von Anfang 2000 seien 13–17% der Internet-Nutzer süchtig (Deutschland: unter 5%). Als Kriterien gelten, dass Online-Nutzer ihr Surfen nicht mehr kontrollieren können und unter Entzugserscheinungen leiden. Insbes. Online-Spiele sowie Chatrooms, in denen die Betroffenen per Rechner z.T. in verschiedenen Identitäten mit anderen Internet-Nutzern korrespondieren, tragen dazu bei, dass die Computerbekanntschaften wichtiger werden als reale Freunde und sich die sog. Online-Junkies immer mehr aus dem Alltag zurückziehen. C. war jedoch 2000 weder in Deutschland noch in den USA (dortiger Name IAD: Internet Addiction Syndrome) als Krankheit anerkannt.

Sex-Seiten: Rund 200 000 Menschen waren lt. einer Studie der Universitäten Stanford (Kalifornien) und Duquesne (Pennsylvania) Anfang 2000 den Sex- und Pornoseiten im Internet verfallen, die jeden Monat von rund 20 Mio Computernutzern betrachtet wurden. Wer sich mehr als elf Stunden pro Woche mit Sexseiten oder einschlägigen Online-Chat-Rooms beschäftigte, hatte nach Beobachtungen der Psychologen Probleme in seinen Privatbeziehungen und am Arbeitsplatz.
www.onlinesucht.de; www.internetsucht.de; www.netaddiction.com

---

Computerviren: Die wichtigsten Typen

▶ **Companion-Viren:** Benötigen zur Ausbreitung kein Wirtsprogramm. Ein Companion-Virus z.B. mit Namen »Programm.com« kopiert sich auf der Festplatte eines Computers in ein Verzeichnis mit einer ausführbaren Datei gleichen Namens, aber mit der Endung .exe. Will man ohne Kenntnis der Virus und seiner Aktivitäten durch Eingabe von ›Programm‹ die vermeintliche .exe-Datei starten, wird stattdessen die Virendatei gestartet.

▶ **Dateiviren (Link-Viren):** Infizieren ausführende Dateien, d. h. Programme (Endungen u. a. .bat, .exe, .sys, .com), die unter verschiedenen Betriebssystemen ausgeführt werden.

▶ **Makroviren:** Breiten sich in Form ihres eigenen Quellcodes aus (d.h. in der Sprache, in der sie programmiert wurden) und infizieren Dateien der Anwendungsprogramme Word, Excel, Access usw.

▶ **Multipartite Viren (Mehrfachviren):** Infizieren Systembereiche des Computers und ausführende Dateien.

▶ **Polymorphe Viren:** Verschlüsselte Viren mit eigenem Mechanismus, den Virencode zu ver- und entschlüsseln. Sie verändern ihr Aussehen bei jeder

Infektion z. B. durch zufallsgesteuertes Einstreuen von unsinnigen Befehlsgruppen im Code, die für das Funktionieren des Virus nicht erforderlich sind. So können Milliarden von Varianten des Virus entstehen.

▶ **Speicherresidente Viren:** Der Code oder ein Teil des Codes bleibt nach dessen erster Ausführung im Arbeitsspeicher des Computers aktiv und übernimmt ggf. die Kontrolle über Betriebssystemfunktionen.

▶ **Stealth-Viren (Tarnkappen-Viren):** Besitzen spezielle Schutzmechanismen, um sich einer Entdeckung zu entziehen, wozu sie Kontrolle über verschiedene Betriebssystemfunktionen übernehmen und danach nicht mehr festgestellt werden können, indem sie z.B. einem Virensuchprogramm einen nicht infizierten Zustand einer infizierten Datei vorspiegeln.

▶ **Systemviren:** Infizieren den Startbereich (Boot) von Disketten und Festplatten bzw. deren Bootsektor.

▶ **Trojanische Pferde:** Programme, die sich in Dateien verstecken und aktiviert werden, sobald die Datei aufgerufen wird; sie sollen u.a. Kennwörter des Computernutzers ermitteln.

Quelle: Antivirenkit SE u. a.

Computerviren

Gegen den Willen des Nutzers in Computer bzw. Netzwerke eingeschleuste Programme, die sich wie ein biologischer Virus vermehren (bisweilen mutieren, ihren Code verändern) und Programme sowie Daten zerstören oder unerwünscht verändern.

Um 2000 rechneten Computerexperten mit mehr als 46 000 C. (1995: 9000); die meisten existierten aber nur in den Laboratorien von Forschungsinstituten und Firmen, die Antivirensoftware anboten. Nur 1–2% aller bekannten C. gelangten via Internet/E-Mail oder auf Disketten zu Computernutzern und verursachten Schaden.

»I love you«: Im Mai 2000 richtete der bis dahin schlimmste Virus »I love you« binnen weniger Wochen weltweit einen Schaden von rund 32 Mrd DM an. Das sog. Wurm-Virus trat in Aktion, sobald PC-Nutzer mit dem E-Mail-Programm Outlook von Microsoft eine scheinbar an sie adressierte Nachricht mit dem Titel »I love you« öffneten. Das Virus befiel nicht nur die Festplatte des PC, auf der es Bild- und Musikdateien überschrieb, sondern verschickte sich mit den dort gespeicherten E-Mail-Adressen selbst an die PC anderer Adressaten weiter. Die US-Firma Trend Micro schätzte, dass in den USA 2,5 Mio Computer von »I love you« befallen wurden, ca. 250 000 in Europa und 100 000 in Asien.

Datenbank: Von C. betroffene Computernutzer fanden um 2000 via Internet Rat in der Datenbank von Antivirus-Online, in der über 100 C.-Schutzprogramme, geordnet nach Betriebssystemen, verzeichnet sind. Der Nutzer der Datenbank kann sich über Wirkungsweise und Abwehrmaßnahmen von mehr als 1900 C. informieren.

Schutz: Folgende Schritte können die Gefahr durch C. minimieren:
– Kauf von Anti-C.-Software, die aber regelmäßig aktualisiert werden muss.
– Vorsicht beim Download (Herunterladen) von Dateien etc. aus Computernetzwerken wie dem Internet: Die Mehrheit der C. wird durch den Austausch von Daten im Netzwerk transportiert. Heruntergeladene Dateien sollten im eigenen Ordner auf der Festplatte gesammelt und vor dem Öffnen mit Anti-C.-Software untersucht werden.
– Anhänge (Attachments) von E-Mails vor dem Lesen überprüfen. Die E-Mail-Viren »Bubbleboy« und »I love you« aktivierten sich 2000 schon beim Lesen der E-Mail.

Computerviren: Die wichtigsten Schutzprogramme

Name	Preis (DM) / Internet-Adresse
G-Data Power-Anti-Virus	50
	www.gdata.de
G-Data Anti-Virus-Kit	200
	www.gdata.de
McAfee Virus-Scan	70
	download.mcafee.com/updates/updates.asp
Norman Virus Control Home	70
	www.norman.de/local/update.htm
Norton Antivirus	70
	www.symantec.de/region/de/product/antivirus/index.html
Trend PC-cillin	150
	www.trendmicro.de/downloads/default.htm
F-Prot	kostenlos
	www.f-prot-antivirus.com

Quelle: ComputerBild, 10.4.2000

– Kontrolle aller Datenträger wie CD-ROMs und Disketten; Überprüfung aller gespeicherten Dateien (nicht nur der Programmdateien .exe) mit Anti-C.-Software.
– Beim Austausch von Dateien über ein Netzwerk Speichern im Format .rtf (rich text format) oder ASCII. Diese Formate speichern keine Makro-C.
– Regelmäßige Datensicherung. Falls Betriebssystem/Festplatte des Rechners von C. befallen werden, hat der Nutzer noch (idealerweise C.-freie) Dateikopien.
– Erstellen einer C.-freien Startdiskette, um bei C.-Befall wieder starten zu können.

Hoaxes: Um 2000 traten meist via E-Mail verstärkt Falschmeldungen zu C. (Hoaxes) auf, die Computernutzer verunsicherten. Sie wurden vor angeblich neuen, gefährlichen C. gewarnt und aufgefordert, im Sinne von Kettenbriefen die Meldung an alle ihnen bekannten Computernutzer zu verbreiten.
www.antivirus-online.de; www.mcafee.de; www.symantec.de; www.antivir.de; www.trend-micro.de/virusinfo/h_virus.htm

Datenautobahn

(auch Information Highway), Netz zur Übertragung von Sprache, Bildern, Text und Ton, das den Zugriff auf Informationen aller Art ermöglichen soll.

Eine D. verbindet Elemente der Telekommunikation, Computertechnik und Unterhaltungselektronik. Mit dem Begriff D. wer-

▓ Datenautobahn: Der deutsche DSL-Markt

Produkt	Anbieter	Internetadresse (www.)	Geschwindigkeit (kbit/sec) aus dem Internet	ins Internet	Verbreitung (Städte)	Ausbau[1]
T-ISDN dsl	Deutsche Telekom	telekom.de	768	128	57	200
T-InterConnect dsl	Deutsche Telekom	telekom.de	1500–6000	160–576	57	200
ngi.adsl-connect	Next Generation Internet	ngi.de	1500–6000	160–576	57	200
Speedway 1 bis 20 (SDSL)	QSC	qsc.de	144–2300	144–2300	12	40
Arcor-Online DSL-Flatrate	Mannesmann Arcor	arcor.de	128	128	10	40
Contrib.ADSL	TCP/IP (Primus Telecommunications)	contrib.de	144–2300	144–2300	6	40
dslHighway (SDSL)	Highway One	highwayone.de	256–1024	256–1024	Frankfurt/M. und München	20

1) Städte bis Ende 2000; Quelle: Wirtschaftswoche, 17.2.2000

den digitales Telefonnetz und Internet ebenso umschrieben wie Techniken zum schnellen Datentransfer.

ATM: Der Asynchronous Transfer Mode (engl.; asynchroner Übertragungsmodus) ist der erste einheitliche Standard für Telekommunikation und Computer. Er integriert Daten-, Sprach- und Bildsignale in ein multimediales Hochgeschwindigkeitsnetz. Ähnlich wie bei ISDN werden bei ATM Informationen in Datenblöcke aufgeteilt und ins jeweilige Netzwerk eingespeist. Jedes Datenpaket erhält ein Adressfeld; die Pakete suchen sich unabhängig voneinander durch die Netze den besten Weg zum Adressaten. ATM ist ISDN überlegen u. a. durch die flexible Nutzung der zu einem Zeitpunkt benötigten Übertragungskapazitäten (z. B. Versendung von Sprach- und Faxdaten mit niedriger, von Videokonferenzsignalen mit hoher Übertragungsgeschwindigkeit). Als Alternative zu ATM gilt die Gigabit-Ethernet-Technik, die anders als ATM bestehende Datenübertragungsstandards unterstützt.

Richtfunkverbindungen: Anfang 2000 erreichte mediascape communications (Hamburg) Übertragungsraten bis zu 155 Mbit/sec, das war 2325-mal schneller als ISDN. Die meisten Richtfunk-Anbieter arbeiteten bis dahin mit höchstens 2–10 Mbit/sec und nutzten regional begrenzte Frequenzen. mediascape entwickelte den drahtlosen Übertragungsweg zunächst für den Datenverkehr in und zwischen Unternehmen. Das Richtfunknetz (jede Einheit besteht aus einem Modem und einer Antenne) wurde Anfang 2000 bereits in zehn deutschen Städten genutzt (u. a. 70 Großkunden in Hamburg). Die Verbindungen zwischen den Städten wurden mit Glasfaserkabeln überbrückt. Bis 2002 sollten weitere 30 deutsche Städte vernetzt und 10 000 Kunden gewonnen werden.

ADSL: Die ADSL-Modem Technik (Asynchronous Digital Subscriber Line, engl.: asynchrone digitale Teilnehmer-Verbindung) arbeitet mit max. 8000 Kbit/sec, dem 125-fachen einer ISDN-Verbindung. 1999 startete die Deutsche Telekom (Bonn) ein Pilotprojekt mit 450 Haushalten und Unternehmen in NRW. Bis 2003 sollten 75 Städte mit ADSL versorgt werden. Das ADSL-Modem wird an die Telefondose und per Netzwerkkarte an den Computer angeschlossen; wie beim ISDN-Anschluss kann der Nutzer gleichzeitig im Internet surfen und telefonieren.

Datenautobahn: Techniken

▶ **T-DSL** (Telekom Digital Subscriber Line): Markenname der Telekom für einen Standard-Anschluss auf ADSL-Basis. T-DSL kann bis zu 768 000 Bit/sec empfangen und 128 000 Bit/sec senden. Zusätzlich kann der Kunde einen vollwertigen ISDN-Anschluss nutzen. Bis Anfang 2000 war T-DSL erst in ca. 60 Ortsnetzen freigeschaltet. Abgesehen von den ISDN-Gebühren waren drastische Preissenkungen für die Kunden geplant: Die monatliche Grundgebühr zuzüglich 50 Freistunden beim somit beschleunigten Internetzugang T-Online-Speed sollte 2000 von zuvor 150 DM auf 50 DM sinken.
▶ **Sky-DSL:** Von der Strato AG angebotener Dienst zum schnellen Herunterladen großer Dateien oder Videosequenzen via Internet. Um Sky-DSL zu nutzen, sind Telefonanschluss und Satellitenantenne nötig, die auf den Kopernikus-Satelliten ausgerichtet ist. Über diese Verbindung werden Daten mit mind. 40 KB/sec an den Nutzer übertragen. Dessen Computer muss mit einer PCI-Karte und der Satellitenschüssel verbunden werden. Bei der Internet-Nutzung lässt sich die Satellitenübertragung von Daten per Mausklick anwählen. Die monatliche Grundgebühr für Sky-DSL betrug Ende 1999 59 DM für die Miete der Antenne und 20 Nutzungsstunden; hinzu kamen Telefongebühren für die Verbindung zum Internet-Anbieter.

Breitband-TV: Anfang 2000 bot Primacom (Leipzig) seinen Kunden eine Standleitung ins Internet mit 16-facher ISDN-Geschwindigkeit (1 Mbit). An die Fernsehkabelbuchse wird ein Kabelmodem angeschlossen, das Internet-Daten aus dem Informationsstrom herausfiltert und sie an eine Netzwerkkarte im Computer weiterreicht. Moderne Kabelfernsehanschlüsse hatten eine Bandbreite von 862 MHz (Telefonleitung: 3,1 KHz). Zum schnellen Senden von Daten vom Computer ins Netz braucht das TV-Kabel zusätzlich einen Rückkanal. Die Technik sollte im Jahr 2000 mit 20 000 Haushalten getestet werden. Zusätzlich zur schnelleren Internet-Nutzung war z. B. von der Bertelsmann Broadband Group (BBG) durch Verschmelzung von Internet und Fernsehen das interaktive Fernsehen geplant. Mit Set-Top-Box, Kabelmodem sowie TV und/oder PC sollten ab Mitte 2000 in zehn Städten 500 Testhaushalte Filme, Nachrichten, Sportsendungen usw. abrufen sowie Sendungen wie bei einer Videocassette vor- und zurückspulen können.

Powerline Communication (PLC): 2000 trieben die Energiekonzerne Preussen Elektra, RWE und Energie Baden-Württemberg die Stromkabel-Kommunikationstechnik voran. Powerline überträgt 2 Mio Bit/sec und ist damit 36-mal schneller als der Internet-Zugang per Modem (25-mal schneller als ISDN). Zu einem monatlichen Festpreis sollten Kunden rund um die Uhr das Internet ohne Telefonkosten nutzen können. Voraussetzung war die Installation eines PLC-Modems für 200–500 DM, nach der jede Steckdose im Haus als Internet-Zugang genutzt werden kann. Die Funkwellen werden mit 1 MHz bis 30 MHz durch das Stromkabel geschickt, wobei Funkwellen abgestrahlt werden und den Kurzwellen-Funk stören. Die Übertragungsleistung von 2 Mio Bit/sec stand nicht einem Kunden allein, sondern 40–150 Haushalten zur Verfügung.
www.telekom.de; www.strato.de
  Telekommunikation

Datenkomprimierung

Reduzierung des benötigten Platzes für die Speicherung oder Übertragung von Daten

In fast allen Dateien werden Zeichen wiederholt. Sie können mit Programmen zur D. entdeckt und zusammengefasst werden, z. B. eine Trennlinie im Text aus 50 Bindestrichen zu »50 x Bindestrich«. Je nach Leistung solcher D.-Programme lassen sich mehr als 50% Speicherplatz einsparen.

Verfahren: D. mit Informationsverlust werden oft für Ton- oder Bilddateien angewandt, wo ein kleiner Datenschwund vertretbar ist, solange der Gesamteindruck des Bildes bzw. Musikstückes erhalten bleibt. Die Ursprungsdateien lassen sich aber nicht zu 100% wiederherstellen. Dagegen sind in gepackten Archiven die Informationen in eine oder mehrere Dateien komprimiert gespeichert. Mit einem D.-Programm lassen sie sich verlustfrei in ein Archiv kopieren.

MP3 (Kurzname für MPEG Layer 3): Im Vergleich zu Musik, die auf üblichen Musik-CD oder als Klangdatei im WAVE-Format gespeichert ist, benötigt MP3 ein Zehntel des Datenvolumens. Dadurch passen auf eine CD rund zwölf Stunden Musik. Als Basis für die Technik dienen u. a. Erkenntnisse der Psychoakustik, wodurch nicht hörbare Klanganteile bei einer D. digital vorliegender Musikstücke auf MP3 weggelassen werden. Die Klangqualität ist so gut, dass rund 90% der Hörer den Unterschied zur CD mit nicht komprimierten Stücken bestenfalls im direkten Vergleich wahrnehmen. MP3 ermöglicht Softwarepiraten, z. T. illegal Musikstücke kostengünstig und ohne Beachtung von Urheberrechten über das Internet auszutauschen.

Datenkomprimierung: Glossar

▶ **Festplattenkomprimierer:** Programme, die während des normalen Speicherns Dateien auf der Festplatte des Computers komprimieren und sie bei erneuter Bearbeitung entkomprimieren. Beim Einsatz der Programme (z. B. DBLSPACE von Microsoft) wird das Speichervolumen der Festplatte künstlich erweitert. Die Arbeitsgeschwindigkeit am Computer kann aber durch die (Ent-)Komprimierung sinken.

▶ **GIF** (Graphics Interchange Format): Format zum Speichern von Bildern. Gleichartige Bildbereiche werden zusammengefasst. GIF kann nur 256 Farben speichern, sinkt daher die Bildqualität von Farbfotos bei Komprimierung.

▶ **HQX:** Komprimierungsverfahren insbes. für das Betriebssystem UNIX.

▶ **JPEG** (Joint Photographic Experts Group): Format zum Speichern von Bildern. Kaum sichtbare Bilddetails werden weggelassen. JPEG ist besonders geeignet zum Platz sparenden Speichern von Fotos.

▶ **MPEG** (Moving Pictures Experts Group): Format für Klang- und Videodaten.

▶ **TAR:** Komprimierungsverfahren insbes. für den Apple Macintosh PC.

▶ **TIF** (Tagged Image File): Weit verbreitetes Format zum Speichern von Bildern. Tif-Dateien können wahlweise komprimiert und unkomprimiert gespeichert werden.

▶ **ZIP:** Format für Dateien, das ein gepacktes Archiv kennzeichnet. Das Zip-Format hatte sich um 2000 unter Benutzern des Betriebssystems Windows als Standard durchgesetzt. Eine im ZIP-Format gespeicherte Datei muss vor ihrer Nutzung weder mit einem Entpack- bzw. Entkomprimierungsprogramm in eine lesbare Datei umgewandelt werden.

Datenschutz

Schutz persönlicher Informationen vor der Kenntnisnahme durch Unbefugte

Richtlinien: Das Recht auf D. geht auf das im GG verankerte Recht auf Menschenwürde (Art. 1) und freie Entfaltung der Persönlichkeit (Art. 2,1) zurück. Für den D. ist die Firma bzw. Behörde verantwortlich, bei der die Daten lagern. Die Rechte des Bürgers und die Verantwortlichkeit der Behörde regelt das deutsche D.-Gesetz. Um 2000 war jeder Bundesbürger im Schnitt in 52 Datenbanken kommerzieller Unternehmen erfasst. Die Ende 1998 in Kraft getretene D.-Richtlinie der EU war in Deutschland bis Mitte 2000 nicht umgesetzt. Danach müssen Bürger über gesammelte Daten informiert werden und dem Einholen sog. sensibler Daten (z. B. zu Gesundheit und Sexualität) vorher zustimmen. Erst sechs EU-Staaten hatten Anfang 2000 die Richtlinie ganz umgesetzt.

Safe Harbour: Nach zweijährigen Verhandlungen wurde Anfang 2000 der Entwurf eines Übereinkommens zwischen EU und USA vorgelegt, das gemeinsame Standards zum D. im Internet festlegt. US-Firmen, die sich freiwillig den Grundsätzen des D. unterwerfen, sollen das Zertifikat eines Trust Center erhalten. Mittelfristig sollen die Safe Harbour-Prinzipien (engl.: sicherer Hafen), die auf Kreditauskunfteien oder Hotelreservierungssysteme anwendbar sind, auch auf Datenspuren angewandt werden, die ein Kunde beim Kauf via Internet (E-Commerce) hinterlässt:

– Betroffene, deren Daten gesammelt oder weitergegeben werden, müssen informiert werden, auch über Wege, sich zu wehren.
– Betroffene müssen Zugang zu den gesammelten Daten erhalten, soweit der Aufwand nicht unverhältnismäßig ist.
– Sensible Daten dürfen nur mit Einverständnis erhoben oder weitergegeben werden. Ansonsten genügt ein Widerspruchsrecht der Betroffenen.

Double-Click: In den USA ist D. weitgehend der Selbstregulierung durch Behörden und Unternehmen überlassen. Für Aufsehen sorgte eine Beschwerde der D.-Organisation EPIC (Electronic Privacy Information Center) gegen die Internet-Agentur Double-Click, die im Internet gesammelte Informationen mit denen aus einer traditionellen Datenbank kombinieren wollte, die Daten zu mehr als 90% aller US-Haushalte enthält.

www.rewi.hu-berlin.de/Datenschutz/DSB/SH/material/themen/safesurf/safer/sitemap.htm;
www.bundesverfassungsgericht.de (Urteile)

▆ Datenschutz: Schaden durch unbefugten Datenzugriff

Schaden	Fälle mit Schäden (%)
Missbrauch von Benutzerrechten	70
Verlust der Vertraulichkeit	28
Verlust der Integrität	27
Virenbefall	19
Datenverlust	11
Abhören von Daten	10
Ausfall des Computersystems	6

Quellen: Meta Group, Computer Zeitung, 24.2.2000

▆ Datenschutz: Die wichtigsten Bestimmungen

▸ **Arbeitgeber:** Darf weder geschäftliche noch private Telefonate ohne Wissen des Arbeitnehmers abhören. Die geschäftliche E-Mail-Adresse darf nicht vom Arbeitnehmer für private Zwecke genutzt werden.

▸ **Bundeskriminalamt** (BKA): Fahnder des BKA durchsuchen das Internet nach verbotenen Bildern und Texten, auch ohne konkrete Hinweise oder Verdacht. In Deutschland werden pro Jahr mehrere tausend Netzdelikte wie Kinderpornographie, Geldwäsche, rechtsradikale Propaganda und Urheberrechtsverstöße ermittelt. Lauschangriffe des BKA müssen von Richtern oder Staatsanwälten genehmigt werden.

▸ **Bundesnachrichtendienst** (BND): Er darf in Deutschland alle Telefonate abhören, die über Satellit ins Ausland geführt werden,

und E-Mails ins Ausland lesen. Bei Verdacht auf Straftaten werden die Daten an die Polizei weitergegeben.

▸ **Call Center:** Das Abhören der Kundengespräche in ca. 1800 deutschen Call Centern ist verboten. Selbst Monitoring, d. h. Lauschen mit der Notwendigkeit, die Qualität des Gesprächs zu sichern und zu verbessern, ist nur zugelassen, wenn beide Gesprächspartner einwilligen.

▸ **Echelon:** Organisation des US-Geheimdienstes NSA (National Security Agency), der seit Anfang der 80er Jahre den internationalen Datenverkehr belauscht. Erst 1999 bestätigte die australische Regierung (Kooperationspartner bei Echelon) auf Anfrage der EU-Kommission die Existenz der Organisation.

▸ **Enfopool:** Geplante Überwachungsinitiative der EU. Enfopool soll Telefonate (auch über Handy), Telefax und elektronische Post kontrollieren. Die erste Enfopool-Vorlage sah vor, Internet- und Telekom-Anbieter zu zwingen, Abhörschnittstellen einzurichten, wurde aber 1999 vorerst zurückgezogen.

▸ **Telekommunikations-Überwachungsverordnung** (TKÜV): Fordert wie Enfopool Überwachungsschnittstellen, sogar in den Telefonanlagen von Krankenhäusern, Hotels und Unternehmen. Liegt dem Wirtschaftsministerium zur Entscheidung vor.

▸ **Zoll:** Darf bei Vermutung eines Verbrechens, das mit dem Außenhandel zusammenhängt, Daten abhören. Allerdings muss die Aktion vorher von einem Richter genehmigt werden.

Datenverschlüsselung

(auch: Kryptographie), Verfahren zum Schutz von Daten vor der Kenntnisnahme durch Unbekannte

Unter Verwendung mathematischer Algorithmen werden Daten verschlüsselt, d. h. durch Verknüpfung mit anderen Daten verändert oder ausgetauscht. Häufig wird ein Passwort verwendet. D. wird bei der Datenfernübertragung (z. B. über Netzwerke wie das Internet) eingesetzt. Die verschlüsselten Daten können vom Empfänger mit einem Code (Regel der D.) wieder dechiffriert werden.

USA: Das bis Ende der 90er Jahre geltende Verbot der US-Regierung zur Ausfuhr von D.-Produkten wurde Anfang 2000 weitgehend aufgehoben. US-Unternehmen dürfen ohne Auflagen ihre D.-Software weltweit verkaufen; bis dahin mussten sie z. B. ihre D.-Techniken bei Key-Recovery-Agenten hinterlegen, so dass US-Sicherheitsdienste bei Bedarf Zugriff auf den Klartext der Nachrichten hatten. Nur das Department of Commerce Bureau of Export Administration (BXA) prüft weiterhin die Produkte. Von der Neuregelung ausgenommen blieben die Staatsführungen von u. a. Kuba, Iran, Irak, Lybien, Nordkorea, Sudan und Syrien, die lt. US-Regierung den Terrorismus unterstützten.

Public-Key-Verfahren: Die Methoden zur D. von E-Mails und Dateien bieten verschiedene Zahlenkombinationen mit eindeutigem mathematischen Zusammenhang. Nur mit sehr hohem Rechenaufwand kann ein Hacker einen Key (Schlüssel) aus dem anderen errechnen, so dass ein Anwender des Verfahrens seinem Adressaten den öffentlichen (public) Schlüssel bekannt geben darf. Der Absender verwendet den public key zur d. einer Nachricht, die der Empfänger mit dem privaten Schlüssel wieder in Klartext umwandelt. Auch digitale Signaturen greifen auf dieses Verfahren zurück, wobei der Absender die Prüfsumme eines Dokuments mit seinem privaten Schlüssel bearbeitet, die der Empfänger decodiert und mit der Prüfsumme des übertragenen Textes vergleicht. Bei dem häufig verwendeten RSA-Algorithmus (nach seinen Entwicklern Rivest, Shamir und Adleman benannt) galt Anfang 2000 eine Schlüssellänge von 1024 Bit als sicher.

Set (Secure Electronic Transaction, engl.; sichere elektronische Geschäftsabwick-

▪ Computersicherheit: Ausgaben	
Jährliche Ausgaben/ Arbeitsplatz (DM)	Anteil der Firmen (%)[1]
bis 50	10
50–99	20
100–199	27
200–299	17
300–499	15
500–999	2
über 1000	9

1) 41 untersuchte deutsche Unternehmen; Quelle: Computerwoche, 18.2.2000

lung): Der Standard wurde 1996 von Mastercard und Visa entwickelt, um die Zahlung per Kreditkarte für Händler und Käufer sicherer zu gestalten. Set verschlüsselt mit 128 Bit und identifiziert alle an einem Geschäft beteiligten Parteien durch Zertifikate und digitale Unterschriften. Zahlungen erfolgen über eine Computerschnittstelle zwischen Händler und Bank. Der Kunde erhält von der Bank eine elektronische Brieftasche, welche die Zahlung durchführt und protokolliert.

www.bsi.de (Bundesamt für Sicherheit in der nformationstechnik; Dokumente und Studien)
www.sicherheit-im-internet.de (Initiative von BSI, Bundeswirtschafts und -forschungsministerium)

Digitale Signatur

Technisches und mathematisches Verfahren, mit dem der Wortlaut eines elektronischen Dokuments (E-Mail) mit dem Namen seines Autors eindeutig verknüpft werden kann. Im Online-Verkehr, z. B. beim E-Commerce über Internet oder Online-Dienste, ist durch D. die Originalität der verschickten Dokumente garantiert.

D. ist in Deutschland seit 1997 (Informations- und Kommunikationsdienste-Gesetz) zur elektronischen Besiegelung formfreier Verträge möglich. Seit Juli 1999 erlaubt eine Vorschrift dem Rechnungswesen der Sozialversicherungen, Verträge mit Banken elektronisch abzuwickeln; davon versprach sich das Bundesarbeitsministerium eine Kostenersparnis von 1 Mrd DM/Jahr. Mitte 2000 plante das Bundesjustizministerium ein Gesetz, das für die rund 400 Vorschriften, die lt. Bürgerlichem Gesetzbuch eine Unterschrift verlangen, auch D. zulässt.

Trust Center: Elektronische Dokumente werden mit Zahlenfolgen verschlüsselt. Für die Echtheit der Schlüssel bürgen die Trust Center, z. B. Telekom und Postcom. Der Bürger kann für ca. 120 DM eine Chipkarte mit einem für ihn bestimmten Schlüssel, ein Kartenlesegerät und dazugehörige Software erwerben. Am Computer weist er sich mit der zur Karte gehörenden Geheimnummer aus und versieht per Mausklick Dokumente mit einer D. Um Missbrauch bei Diebstahl von Karte und Geheimnummer vorzubeugen, waren für Anfang des 21. Jh. verstärkt biometrische Erkennungsmerkmale wie der digitalisierte Fingerabdruck vorgesehen.

■ **Dienstleistungen** → E-Commerce → E-Cash

E-Mail

(electronic mail, engl.; elektronische Post), Nachrichten, die auf elektronischem Weg über Netzwerke – z. B. das Internet oder ein firmeneigenes Intranet – verschickt werden. Außer Texten können u. a. Bilder, Grafiken, Video- oder Klangdateien und Computerprogramme als Anhang zur E. (Attachments) verschickt werden.

E. bietet hohen Nutzwert bei vergleichbar niedrigen Kosten. Mit 11 Mio Internet-Nutzern in Deutschland hatte E. 1999 nach nur fünf Jahren eine marktfähige Verbreitungsdichte (Telefax: 15 Jahre). Experten erwarteten, dass E. bis Ende 2001 das wichtigste Kommunikationsmedium vor Telefon und Fax werde. In den USA wurden 1999 mehrere Billionen E. gesendet.

■ E-Mail-Nutzung in deutschen Unternehmen

Unternehmens-kommunikationswege[1]	Anteil der Unternehmen 2000 (%)	Steigerung 2001 (Prozentpunkte)
Local Area Network (LAN)[2]	92	▲ +1
E-Mail	92	▲ +1
Intranet (firmeninternes Netzwerk)	79	▲ +1
Wide Area Network (WAN)[3]	79	○ 0
Online- und Internet-Dienste	56	○ 0
Fax-Lösungen	36	▲ +1
Groupware[4]	29	▲ +1
Extranet (erweitertes Intranet über die Firmengrenzen hinaus)	14	▲ +1
E-Commerce-Lösungen	13	▲ +4

1) Basis 805 deutsche Unternehmen; 2) lokales Netzwerk, Soft- und Hardware-Verbund mehrerer Computer; 3) größer als ein LAN, ggf. weltweit; 4) Software, welche die Zusammenarbeit von Arbeitsgruppen in einem Netzwerk koordiniert; Quelle: Computerwoche, 7.1. 2000

Permission E-Mail: Personalisierte E. an Personen, die hierzu ihr Einverständnis erklärt haben. Bei weiterer Online-Verbreitung in deutschen Haushalten (lt. Schätzung des Meinungsforschungsinstituts Jupiter Communications 25% aller Haushalte im Jahr 2000 und 41% im Jahr 2003) wird E. die herkömmliche Briefpost in vielen Bereichen ersetzen, insbes. bei Werbemaßnahmen wie direct marketing bzw. direct mailing. Permission E. an Kunden mit E.-Adresse ermöglicht schnelle, kostengünstige und individuelle Betreuung.

Rechtsschutz: Trotz ihrer Verbreitung war die Vertraulichkeit von E. im Gegensatz zu Telefonaten bis 2000 nicht strafrechtlich geschützt; für sie galt nicht einmal das Briefgeheimnis. In den USA waren E. als Beweismittel in Gerichtsprozessen erlaubt.

■ **Telekommunikation**

Festplatte

(hard disk, engl.; feste Scheibe), meist fest im Computer installierter Daten- und Programmspeicher

Die max. Speicherkapazität einer F. lag Ende 1999 bei 50,1 GB (1 GB = rund 1 Mrd Zeichen); IBM kündigte für 2000 eine F. mit 73 GB an. In Standard-PC waren Anfang 2000 F. mit rund 10 GB installiert (Preis: ca. 200 DM); das entsprach rund 3,3 Mio Schreibmaschinenseiten. 25 GB kosteten rund 500 DM. Teurer waren sog. SCSI-F. (F., die mit einer SCSI-Schnittstelle an den Computer angeschlossen werden) mit 500 DM für 10 GB und bis zu 2500 DM (50 GB). Seit 1988 verdoppelte sich die Speicherdichte einer F. etwa alle 18 Monate, für Anfang des 21. Jh. wurde mit einer Verdoppelung alle 12–13 Monate gerechnet.

Preiskampf: Um 2000 versuchten die Marktführer in der F.-Herstellung, die US-amerikanischen Firmen Seagate und Quantum (jeweils rund 20% Marktanteil), durch massive Preissenkungen ihre Marktanteile zu erhöhen. Seagate plante für das laufende Jahr 2000 den Absatz von ca. neun Mio F. Wegen des Preiskampfs sanken die Verkaufserlöse, während die Herstellungskosten nur langsam gesenkt werden konnten, so dass in der Branche zahlreiche Arbeitsplätze abgebaut wurden.

Cheetah X15: Die schnellste F. der Welt kündigte Seagate für Herbst 2000 an. Cheetah X15 soll doppelt so viele Daten/sec lesen und speichern können wie übliche F.; sie drehten sich 15 000-mal/min, bis Anfang 2000 galten 10 000 Umdrehungen als Höchstleistung für F.

Flachbildschirm

Bildschirme mit geringer Tiefe, niedrigem Volumen, Gewicht und Energieverbrauch

Vorteile: Flüssigkristall-F. (LCD-F.) werden insbes. beim Bau tragbarer Computer (Notebooks) eingesetzt. Anders als Röhrenbildschirme arbeiten sie flimmer- und strahlungsfrei, sind nicht gesundheitsschädlich, sparen Platz und stören nicht die Funktionstüchtigkeit z. B. von medizinischen Geräten. Gegenüber Röhrenbildschirmen sparen F. bis zu 90% Strom. Ein 18-Zoll-F. ist nur rund 10 cm tief und wiegt lediglich 10 kg.

Preis: Anfang 2000 kosteten 15-Zoll-F. etwa 2000 DM, 18-Zoll-F. rund 8000 DM. Die Zoll-Angabe entspricht der tatsächlich nutzbaren Bilddiagonale, bei Röhrenbildschirmen (Preis: 450–600 DM für 17 Zoll) müssen ein bis zwei Zoll abgezogen werden. Trotz des Preises überstieg die Nachfrage insbes. bei 18-Zoll-F. Ende 1999 die Kapazitäten der Hersteller, weil deutsche Großunternehmen verstärkt herkömmliche Bildschirme durch F. ersetzen wollten. Kaufwillige mussten mehr als zwölf Wochen auf ihren F. warten, auch bedingt durch ein Erdbeben in Taiwan, das schwere Schäden in den Produktionsanlagen der Zulieferer-Industrie verursachte.

Aktivmatrixdisplay (TFT-Display, engl.: Thin Film Transistor; Dünnfilm-Transistortechnik). Diese am häufigsten verwendeten Displays bestehen aus zwei Glasplatten mit einer Zwischenschicht aus Flüssigkristallen, deren Lichtdurchlässigkeit durch Transistoren steuerbar ist. Jeder einzelne Bildpunkt (Pixel) wird durch einen Transistor aktiviert. Wegen der geringen Lichtstreuung der Pixel wirkt das Bild besonders kontrastreich und plastisch.

PolyLED: Das von Philips entwickelte Verfahren nutzt die Fähigkeit von Kunststoff-Molekülen, Licht auszusenden, wenn sie unter Strom gesetzt werden. Philips präsentierte Anfang 2000 bereits marktreife Displays von wenigen cm² Fläche mit Darstellungen in einer Leuchtstärke, die Röhrenmonitoren entsprach. Die PolyLED

Top Ten **Flachbildschirm: Die größten Anbieter in Europa**		
Firma	*Marktanteil 1999 (%)*	*Marktanteil 1998 (%)*
1. Samsung	13,1	10,5
2. NEC	12,7	14,0
3. Philips	7,6	6,3
4. Compaq	7,1	9,4
5. Fujitsu	5,7	1,9
6. IBM	4,9	6,9
7. Eizo Nanao	4,6	7,5
8. Nokia	4,3	5,1
9. Acer	3,7	6,8
10. LG Electronics	3,5	0,6

Marktanteil (%); Sonstige: 1999 = 32,8; 1998 = 31,0; Quelle: Displaysearch; VDI-Nachrichten, 17.3.2000

leuchten nur in Orange und sind z. B. als Hintergrundbeleuchtung von LCD-F. verwendbar. Eine PolyLED-Folie ist nur 1 mm dick und verbraucht ein Drittel weniger Strom als eine herkömmliche Lichtquelle. Philips plante für 2003 gebrauchsfertige Bildschirme. Ein Konkurrenzverfahren auf gleicher Basis (Baytron P) entwickelte Bayer.

Medien → Fernsehen
Freizeit und Unterhaltung → Multimedia

Glasfaserkabel

Faserförmiges Kabel aus Flüssigglas. Mit dem G. aus hochreinem Glas (Durchmesser: 0,001–0,005 mm) werden Bild-, Text- und Tonsignale übertragen.

Beim G. werden Informationen mit Lichtwellen übertragen. Der Transfer wird nicht durch magnetische Felder gestört oder beeinflusst wie die elektronischen Signale bei herkömmlichen Kupferkabeln. Auch ist die Übertragung per G. kostengünstiger als bei anderen Medien. Über ein einziges Glasfaserpaar können bis zu 400 Mbit/sec übertragen werden (mehr als 5000 Telefongespräche). Die G.-Technik ist in puncto Kapazität den Übertragungstechniken xDSL, Kabelmodem, Point-to-Point-Funkverbindungen und Breitband-Satellitentechnik überlegen, der Aufbau eines G.-Netzes ist allerdings aufwändig und teuer. Es eignet sich insbes. für die Übertragung über weite Strecken und für die sog. letzten Meilen in Ballungszentren.

Global Crossing: Das US-amerikanische Telekommunikationsunternehmen hatte Anfang 2000 die modernste globale G.-Plattform auf IP-Basis (Protokolle, die den Datenaustausch via Internet steuern). Die Firma baute ein 150 000 km langes Netz über fünf Kontinente, 24 Länder und 200 Städte (u. a. Köln, Hamburg, Frankfurt/M., München, Amsterdam, London, Paris, Brüssel, Mailand und Stockholm).

Hacker

Computernutzer, die sich meist widerrechtlich Zugang zu Rechnern von Firmen oder Privatleuten verschaffen. Sie überwinden Passwortsperren und Verschlüsselungssysteme, um an Informationen zu gelangen oder sie zu verändern, Daten zu stehlen oder Computerviren einzuschleusen bzw. Systeme oder Festplatten durch Flooding (Überfluten mit sinnlosen Datenübertragungen) lahmzulegen.

H.-Angriffe nahmen in den USA 1998–2000 um 250% zu. Einem Test zufolge waren 88% der Computer in US-Behörden mit H.-Programmen zu überlisten; 96% der Einbrüche wurden nicht einmal bemerkt. In Deutschland waren 60% der Unternehmen von H.-Angriffen bedroht. Jährlich wurden dem Bundesamt für Sicherheit in der Informationstechnik (BSI, Bonn) Schäden durch H. von 75 Mio DM gemeldet; die Dunkelziffer lag nach Schätzungen des Bundeskriminalamts (Wiesbaden) aber bei mind. 300 Mio DM. Weltweit investierten Internetfirmen 1999 rund 4,4 Mrd US-Dollar in Programme und Geräte, die H. den Zugang zu ihren Computern verwehren

sollten; in Deutschland wurden pro Arbeitsplatz ca. 200 DM für Sicherheitsprodukte ausgegeben.

Denial of Service Attacks (DOS; engl.; Dienstverweigerungsangriffe): Anfang 2000 blockierten H. mit DOS-Angriffen einige der größten US-Internetanbieter wie den Suchdienst Yahoo, den Nachrichtendienst CNN, den Buchhändler Amazon und den Aktienhändler E*Trade und richteten einen Schaden von 1,2 Mrd US-Dollar an. Die DOS-Attacken beruhen auf Programmen, die automatisch eine Unzahl von Anfragen per E-Mail (z.T. 10 000/min) an die Rechner von Internetfirmen schicken, bis sie überlastet sind und keine Dienste mehr ausführen können. Verdächtigt wurde u. a. ein deutscher H., der das für die Attacken benutzte Programm Tribe Flood Network (TFN) geschrieben haben sollte, ohne sich an den Angriffen zu beteiligen.

Versicherungen: Um 2000 bot die deutsche Tochterfirma des weltgrößten Versicherungsmaklers Marsh eine Police für Internetfirmen an. Die Versicherung greift bei Umsatzverlusten durch Betriebsunterbrechungen, H.-Attacken und Datenmanipulation durch unternehmenseigene Mitarbeiter. Auch die Gothaer Versicherung bot eine Police für mind. 1000 DM/Jahr an, in der eine jährliche Sicherheitsüberprüfung durch eine Fachfirma enthalten war.

www.bsi.de (Infos über Sicherheit im Internet)
   Dienstleistungen → E-Cash

Hacker: Glossar

▶ **Filter:** Software z.B. von Internetdiensten, um unerwünschte E-Mails u. a. auszugrenzen.

▶ **Firewall:** Kombiniertes Hard- und Softwaresystem zum Schutz eines Netzwerks.

▶ **Flamen:** Eine »böse« Nachricht per E-Mail senden.

▶ **Flooding:** Überfluten eines Rechners oder Netzwerks mit Daten, um ihn zu blockieren.

▶ **Key Generator:** H.-Programm zur Ermittlung neuer Seriennummern für gewerbliche Programme, um sie illegal nutzen zu können.

▶ **Kurier:** H., der geknackte Programme gewerblicher Anbieter per Datenleitung auf verschiedene Computersysteme überspielt.

▶ **Mail Bombing:** Überschwemmen eines Empfängers mit gleich lautenden E-Mails.

▶ **Nuken:** Einen anderen Computer aus dem Internet »abschießen« (Datenleitung kappen).

▶ **Script Kiddie:** Name für H. auf der untersten Stufe der Hierarchie, oft Schüler und Studenten mit geringen Programmierkenntnissen.

▶ **Tribe Flood Network** (TFN): Programm für H.-Attacken, frei via Internet erhältlich. Weitere Programme: Trinoo, Stacheldraht.

▶ **Warez:** Illegal vertriebene Computerprogramme, deren Code von den H. geknackt wurde und die meist über das Internet jedem Interessierten kostenlos angeboten werden.

Informationstechnik

(IT), Oberbegriff für Computer- und (Tele-) Kommunikationstechnik

Markttendenzen: Nach der geglückten Hard- und Softwareumstellung auf das Jahr 2000 blieb das Auftragsvolumen der Branche Anfang 2000 auf höchstem Niveau; 93% der vom Bundesverband Informations- und Kommunikationssysteme (BVB, Bad Homburg) auf der Computermesse CeBit in Hannover befragten Mitgliedsunternehmen beurteilten die Geschäftstrends der Branche als gut bis sehr gut. Für 2000 wurde in allen Marktsegmenten mit höheren Umsätzen gerechnet; mit Ausnahme des Servicemarktes gingen die meisten Firmen von fallenden Preisen und Ertragseinbußen aus. Verstärkt widmete sich die Branche E-Commerce und Internet/Intranet-Technologien.

▓▓ Informationstechnik: Umsatz

Jahr	Mrd DM
2001[1]	254,0
2000[1]	234,8
1999	214,6
1998	195,8
1997	178,3

1) Prognose; Quellen: BITKOM, Globus, 6.3.2000

▓▓ Informationstechnik: Stellen

Jahr	Beschäftigte (Mio)
98/99	1,037
97/98	1,002
96/97	0,974
95/96	0,939
94/95	0,932

Quellen: Statistisches Bundesamt, BITKOM, Reuters; ComputerBild 27.3.2000

Arbeitskräfte: Die deutsche IT-Branche rechnete Anfang 2000 mit einem jährlichen Zuwachs von mind. 40 000 Arbeitskräften. Knapp die Hälfte der vom BVB befragten Unternehmen gab an, 1999 10–25% mehr Personal eingestellt zu haben, knapp 30% der Unternehmen gingen über 25% hinaus. Für 2000 waren Einstellungen in ähnlichem Umfang geplant. Besonders gefragt waren Vertriebsexperten, Consultants (Berater) und Softwareentwickler. Da Bedarf am Markt lt. Bundeskanzler Gerhard Schröder (SPD) und Vertretern der Wirtschaft nicht allein mit deutschen Arbeitskräften zu decken sei, wurde 2000 eine Green Card, eine befristete Aufenthaltsgenehmigung für ausländische Arbeitskräfte, eingeführt. Zusätzlich wollte die Bundesanstalt für Arbeit (BA, Nürnberg) bis 2005 mehr als 5 Mrd DM für Umschulungen zu IT-Fachkräften zur Verfügung stellen.

Deutschland: Anfang 2000 war in Deutschland wie in den Vorjahren das digitale Telefonnetz ISDN besser ausgebaut als in allen anderen Ländern. Allerdings verfügte nur jeder dritte Bundesbürger über einen Computer (USA: 50%). 13% der Deutschen hatten einen Internet-Anschluss (USA: rund 30%). Zum Jahreswechsel

▓▓ Informationstechnik: Branchendaten

Land		Umsatz 1999 in % des BIP	Ausgaben/Einw. (DM)
Schweden		7,7	3593
USA		7,3	3956
Schweiz		7,0	4614
Großbritannien		6,6	2801
Niederlande		6,5	2860
Portugal		6,4	1261
Finnland		6,2	2716
Spanien		6,1	1598
Dänemark		5,8	3458
Frankreich		5,7	2482
Norwegen		5,6	3383
Irland		5,4	2304
B/L[1]		5,4	2386
Deutschland		5,3	2474
Österreich		5,3	2525
Griechenland		5,3	1109
Japan		5,0	2639
Italien		5,0	1822

1) gemeinsamer Wirtschaftsraum Belgien und Luxemburg; Quelle: Die Zeit, 24.2.2000

▓▓ Ausländische Computerexperten in Deutschland

Herkunftsland	Abhängig Beschäftigte 1999
Türkei	1469
Osteuropa	1037
Balkan	887
Naher Osten	872
Vereinigte Staaten	843
Süd-/Ostasien[1]	792
Russland	719
Afrika	565
Amerika[2]	257
Indien	145
Australien	81
Sonstige	576

Nicht-EU-Länder gesamt: 8243; EU-Länder: 6751; Computerfachkräfte gesamt: 363500;
1) ohne Indien; 2) ohne USA; Quelle: FAZ, 13.4.2000

Internet: Glossar

▶ **ActiveX:** Programmiersprache für das I. von Microsoft.

▶ **Applet:** Kleines JAVA-Programm.

▶ **Banner:** Werbebotschaft auf einer Internet-Seite, oft in Form eines Bildes. Klickt man mit der Maus auf das Banner, gelangt man meist per Hyperlink auf die Homepage des Werbetreibenden.

▶ **bps:** bits per second, Bits pro sec. Maß für die Geschwindigkeit, mit der Daten z. B. über Telefonleitungen transportiert werden.

▶ **Bookmark:** Lesezeichen, unter dem man beim Surfen im Internet Web-Adressen speichern kann.

▶ **Browser:** Programm, das den Zugriff auf und die Darstellung von Seiten des World Wide Web ermöglicht. Die bekanntesten Browser sind Navigator von Netscape und Internet Explorer von Microsoft.

▶ **Chat** (engl.; schwatzen), Unterhaltung mit anderen Internet-Nutzern über die Tastatur, oft in Chat-Foren (Chatrooms), die vom Online-Dienst oder Internet-Provider bereitgestellt werden.

▶ **Cookie:** Kleine Dateien, die von den Internet-Zentralrechnern auf den PC des Anwenders (Internet-Surfer) übertragen werden. Sie speichern Informationen über die vom Anwender aufgerufenen Internet-Seiten und seine persönlichen Benutzerdaten.

▶ **Crawler:** Programm zur automatischen Erstellung eines Index von Internet-Seiten. Er wird laufend aktualisiert und von Internet-Suchmaschinen genutzt.

▶ **Domain:** Teilnetz in einem Netzwerk, z. B. im Internet. Die Struktur der Internet-Domains ist hierarchisch gegliedert. Die oberste Domain (top level domain) bezeichnet meist die Art der Einrichtung oder das Land, das die Domain verwaltet (z. B. ».de« für Deutschland, ».com« für private Unternehmen). Anfang 2000 waren über 2 Mio Domains mit der Endung .de registriert.

▶ **Download:** Siehe File Transfer Protocol.

▶ **E-Commerce:** Elektronischer Handel über Internet oder Online-Dienste. Man be-stellt z. B. eine Ware durch Anklicken auf der Homepage des Anbieters und trägt in ein Formular am Bildschirm Lieferadresse und Kreditkartennummer ein oder bezahlt per electronic cash.

▶ **FAQ:** Frequently Asked Questions, Antwortliste auf die am häufigsten gestellten Fragen z. B. in Newsgroups.

▶ **File Transfer Protocol** (FTP): Übertragungsprotokoll für Dateien, das im Internet oder Netzwerken eingesetzt wird, die das weit verbreitete TCP/IP (transmission control protocol/internet protocol) verwenden. Mit FTP kann sich der Internet-Nutzer Programme und Dateien von anderen Rechnern auf seinen Computer herunterladen (download).

▶ **Firewall:** Computer, der ein internes Netzwerk (z. B. ein Intranet) vom Internet trennt, um es vor unerlaubtem Zugriff zu schützen. Firewalls bestimmen, welche Arten von Daten aus dem bzw. in das interne Netzwerk dürfen.

▶ **Freeware:** Software, die man kostenlos aus dem Internet auf seinen PC laden kann.

▶ **Homepage:** Empfangsseite, Startbildschirm eines Anwenders bzw. Unternehmens im Internet.

▶ **HTML:** Hypertext Markup Language, Sprache zur Beschreibung der Bildschirmseiten im World Wide Web. Die Sprache enthält Formatierungsbefehle zur Seitengestaltung mit Schriftarten, Multimedia-Elementen und Hypertext-Verbindungen.

▶ **Hyperlink, Hypertext:** Hyperlinks (Links) sind Verweise in einem Hypertext (System von Dokumenten, die durch Verweise miteinander verbunden sind) auf andere Textstellen oder Dokumente (Grafiken, Bilder, Töne, Videos).

▶ **Intranet:** Ein mit Hilfe der Internet-Technologie aufgebautes internes Netzwerk, z. B. von Firmen.

▶ **Java:** Von der US-Firma Sun entwickelte Programmiersprache, oft für Internet-Applets eingesetzt.

▶ **Kindersicherung:** Filterprogramme wie Cyberpatrol, Cybersitter, die verhindern sollen, dass Kinder beim Internet-Zugang mit pornografischen und gewaltverherrlichenden Beiträgen konfrontiert werden.

▶ **Link:** siehe Hyperlink.

▶ **Netiquette:** Benimmregeln im Internet. Kunstwort aus Net/Netz und Etiquette.

▶ **Newsgroup:** Schwarzes Brett des Internet zu ausgewählten Themen aus Wissenschaft und Freizeit.

▶ **Online-Shopping:** Siehe E-Commerce.

▶ **PGP:** Pretty Good Privacy, Gratis-Datenverschlüsselung zum sicheren Versenden und Empfangen von E-Mails via Internet.

▶ **Spamming:** Ungefragtes und unerwünschtes Senden von Werbe-E-Mails an willkürlich ausgewählte Adressen; elektronisches Gegenstück zur Postwurfsendung.

▶ **Suchmaschinen:** Dienste, die dem Internet-Nutzer meist kostenlos zur Verfügung stehen und sich über Werbung auf ihren Homepages finanzieren. Der Nutzer trägt auf der Internet-Seite des Suchdienstes den von ihm gesuchten Begriff ein und erhält eine Liste von Internet-Adressen (URL).

▶ **Surfen:** Wechsel von einer Internet-Seite zur anderen mit Hilfe von (Hyper-) Links.

▶ **WAP:** Wireless Application Protocol, Standard zur Übertragung speziell aufbereiteter Internet-Seiten auf mobile Telefone.

▶ **Webcam** (engl. Kurzwort für Netzkamera): Videokamera zur Übertragung bewegter oder statischer Bilder im Internet.

▶ **Website:** Gesamtheit aller Seiten eines Anbieters im Internet zu einem Thema. Eine Seite/ein Dokument heißt Webseite. Im Februar 2000 gab es ca. 1 Mrd Websites.

▶ **World Wide Web** (WWW): Die bekannteste Anwendung im Internet hat dessen Nutzung durch eine grafische Bildschirmoberfläche vereinfacht; das WWW wird oft fälschlich mit dem Internet gleichgesetzt.

▶ **XML** (Extensible Markup Language): Eine Computersprache für das WWW, die über HTML hinausgeht.

1999/2000 wurde in Deutschland die Marke von 20 Mio Handy-Nutzern überschritten, weltweit wurden 1999 mehr als 200 Mio Handys verkauft.

www.bvb.de (Branchendaten)

■ **Arbeit** → Green Card

Internet

Weltweit größtes Computernetzwerk, das dem Benutzer den rechnergestützten Zugriff auf Datenbanken und damit auf Informationen in aller Welt sowie die Kommunikation mit anderen an das I. angeschlossenen Anwendern ermöglicht.

Anfang 2000 nutzten in Deutschland lt. Regulierungsbehörde für Telekommunikation und Post etwa 16 Mio Menschen (30% der Deutschen zwischen 14 und 69 Jahren) das I. oder Online-Dienste (Steigerung innerhalb der zweiten Jahreshälfte 1999: 59%). Bis Ende 2000 wurde mit einem Anstieg auf 20 Mio gerechnet. Europaweit sollte die Zahl bis 2002 lt. Marktforschungsinstitut EITO um jährlich 24% wachsen (USA: 13%). Bis 2005 wurde – u. a. durch Vernetzung von 300 Mio I.-Anschlüssen in China – mit 1 Mrd I.-Nutzern weltweit gerechnet.

Die I.-Gebühren waren um 2000 in der EU doppelt so hoch wie in den USA, eine Online-Stunde inkl. Telefongebühren kostete in Deutschland Anfang 2000 etwa 3 DM. Die private Nutzungsdauer des I. lag durchschnittlich bei 20 min/Tag (zehn Stunden/Monat). Das Verhältnis von geschäftlicher zu privater Nutzung kehrte sich 1999 um: 57% der deutschen Surfer nutzten das I. privat, 33% geschäftlich.

Zugang: Ins I. gelangt man über PC per Modem oder ISDN-Karte und Software von Online-Diensten oder Providern. Mit sog. Browser-Software werden die I.-Seiten auf dem PC dargestellt. Die Inanspruchnahme der meisten Dienste im I. war um 2000 kostenlos. Der private Anwender bezahlte meist eine monatliche Grundgebühr für einen Anschluss an einen Rechnerknotenpunkt; hinzu kamen Nutzungsgebühren und Telefonkosten.

Wirtschaftliche Nutzung: Auch Waren und Dienstleistungen aller Art wurden über das I. gehandelt (E-Commerce). Der Umsatz im E-Commerce wird lt. Marktforschungsinstitut IDC bis 2003 auf über 1,3 Billionen US-Dollar steigen (+86%/Jahr). 87% werden auf Geschäfte zwischen Unternehmen (Business-to-Business) entfallen. In Deutschland hatte E-Commerce 1999 ein Umsatzvolumen von ca. 1,5 Mrd Euro. Die Werbeausgaben der Internetfirmen stiegen 1999/2000 von 250 Mio auf 7,5 Mrd US-Dollar.

Schulen: Anfang 2000 kündigte Telekom-Chef Ron Sommer an, alle 44 000 deutschen Schulen kostenlos an das I. anzubinden. Bis dahin konnten lediglich 13 000 Schulen online surfen. Der konkurrierende Online-Dienst AOL machte der rot-grünen Bundesregierung das Angebot, nicht nur alle Schulen ans I. anzubinden, sondern auch allen 90 0000 Lehrern von zu Hause aus freien Zugang zum I. zu gewähren (geschätzte Kosten des Projekts: 150 Mio DM).

WAP (Wireless Application Protocol, engl.; Protokoll für Funkanwendungen). 1999 einigten sich über 120 Unternehmen, Handy-Hersteller, Netzbetreiber und Informationsanbieter auf den WAP-Standard, der Handy-Besitzern den Zugang ins I. erleichtern sollte. Da aufwändige I.-Seiten mit farbigen Grafiken, Videos und Ton auf dem kleinen Handy-Display kaum darstellbar sind, wurde für WAP die Sprache WML (Wireless Markup Language) entwickelt. WML-Seiten gab es Anfang 2000 kaum, per Handy-Funk ließen sich diese im Vergleich zu ISDN nur mit einem Siebtel der Geschwindigkeit übertragen (9600 bps); dennoch kündigten alle großen Hersteller WAP-Handys für 2000 an.

XML: Fast alle Dokumente im I. waren Anfang 2000 in der Sprache HTML geschrieben. Als zusätzlicher Standard wurde Extensible Markup Language (engl., erweiterbare Kennzeichnungssprache, XML) diskutiert. In XML können Text-, Bild-, Tondokumente und Datenbankeinträge sowie

Internet-Verbreitung

Land	Anteil der Haushalte mit Internet-Nutzung 1999 (%)
USA	51
Finnland	49
Schweden	48
Dänemark	35
Großbritannien	29
Niederlande	27
Deutschland	27
Belgien	23
Österreich	19
Irland	18
Frankreich	15
Spanien	13
Italien	13
Portugal	9
Griechenland	6

Quelle: Berliner Zeitung, 23.3.2000

Internet-Nutzer weltweit

Jahr	Mio Nutzer
2000[1]	195
1999	158
1998	125
1997	96
1996	68
1995	45

1) davon 107 Mio in Nordamerika, 47 Mio in Europa, 34 Mio in Asien/Pazifikraum, 5 Mio in Lateinamerika, 2 Mio in Afrika; Quelle: VDI-Nachrichten, 31.12.1999

Von 1995 bis 2000 hat sich die Zahl der Internet-Nutzer weltweit mehr als vervierfacht.

Informationen abgelegt werden, die für den Datenaustausch benötigt werden.

Kriminalität: Das Bundeskriminalamt (BKA, Wiesbaden) ermittelte 1999 in 2795 Fällen von I.-Kriminalität; 80% (2245 Fälle) bezogen sich auf Kinderpornografie. Verfolgt wurden auch 120 Betrugsdelikte, 57 Verstöße gegen Staatsschutzbestimmungen und 37 gegen das Urheberrecht.

Dienstleistungen → E-Cash → E-Commerce
Medien → Kabelnetz

Internet-Suchmaschinen

Programme von Internet-Dienstleistern, die fortlaufend die rund 1 Mrd Internet-Seiten durchsuchen und sie unter Stichworten in die Datenbank des Dienstleisters eintragen, auf die Surfer mit ihren Anfragen zugreifen können.

I. gewichten die Wörter auf Online-Seiten z. B. nach Häufigkeit und Standort im Text, um die Relevanz der Begriffe zu beurteilen. Die Nutzung ihrer Dienste war um 2000 kostenlos, sie finanzierten sich meist über

Internet-Suchmaschinen (Auswahl)

Name/ Adresse (www.)	Bedienung	Übersichtlichkeit der Ergebnisse	Zusatzfunktionen	Stärken	Schwächen
altavista altavista.de	einfach	sehr gut	Profisuche, Suche nach Musik, Videos und Bildern	aktuelle Ergebnisse, hohe Treffergenauigkeit	zu knappe Inhaltsbeschreibung in der Trefferliste
eule eule.de	verbesserungsbedürftig	Werbung in Trefferleiste stört	Profisuche	Relevanzanzeige	Treffergenauigkeit nicht immer überzeugend, oft irrelevante Anzeigen, viele Doppelungen
fast alltheweb.com (Fast Search)	einfach	sehr gut	Suche nach Dateien (FTP) und Musikdateien (MP3)	breit gestreute Ergebnisse	Datum fehlt häufig, teilweise irrelevante Treffer
fireball fireball.de	einfach	gut	Detailsuche, Rubrikensuche	hohe Aktualität, hohe Treffergenauigkeit, übersichtliche Führung	teilweise Doppelungen, Nummerierung in der Trefferliste fehlt
google google. com	sehr einfach	stark verbesserungsbedürftig	Verbindung zu anderen Suchmaschinen möglich	einfache, intuitive Eingabe	Datum fehlt häufig, phasenweise nicht mehr aktuelle Links
hotbot hotbot.com	mittelmäßig	gut	Profisuche, Rubrikensuche, E-Mail-Suche, Yellow-Pages-Suche	hohe bis sehr hohe Treffergenauigkeit, übersichtlich, weiterf. Links	Inhaltsangaben zu knapp, Gesamttrefferanzeige nur als Näherungswert
infoseek infoseek.de	sehr einfach	verbesserungsbedürftig	erweiterte Suche (Länder und Themen)	übersichtlich, Datumsanzeige	Aktualität schwankend, fehlendes Ranking
lycos lycos.de	mittelmäßig	verbesserungsbedürftig	Profisuche, Bibliotheken- und Datenbanken-Suche, E-Mail-Suche	Relevanzanzeige, Datumsanzeige, übersichtliche Trefferanzeige	kein Ranking der Treffer, teilweise nicht aktuell genug, inhaltlich nicht immer überzeugend,unübersichtliche Eingabemaske
Northern Light northernlight.com	einfach	gut	Detailsuche nach Themengebieten, Profi-, Businesssuche	aktuell, übersichtlich, präzise Trefferanzeige	Inhaltsangaben teilweise verwirrend
speedfind speedfind.de	einfach	stark verbesserungsbedürftig	E-Mail-Suche	aktuell, Datumsanzeige, Suchwort in Trefferanzeige farblich unterlegt	Treffer teilweise nicht relevant, unübersichtliche Ergebnisliste
yahoo yahoo.com	einfach	gut	erweiterte Suche möglich, Verbindung zu anderen I., weiterführende Themen	hohe Treffergenauigkeit, informative Inhaltsangaben	kein Ranking der Treffer

Quelle: PBM, Wirtschaftswoche, 10.2.2000

Werbung auf ihren Internet-Seiten. Das sich ständig ändernde Web-Angebot war aber so unübersichtlich, dass der Nutzer selbst mit I. nicht immer die gewünschten Informationen erhielt. Meistgenutzte I. in Deutschland waren 2000 Yahoo (48%), Lycos (Kooperation mit Bertelsmann, mit 29%) und Fireball (gehörte zum Lycos-Netzwerk, 27%).

Suchstrategien: Zur effizienten Suche mit I. sind folgende Schritte erforderlich:

- Vor Aufruf einer I.-Suchmaschine möglichst konkret das gesuchte Ergebnis (Wort ggf. inkl. Synonyme) und Zeitlimit für die Suche festlegen.
- Mehrere Suchmaschinen bieten auf ihrer Homepage Kataloge mit geordneten Themengebieten an. Hier ist die gesuchte Information ggf. leichter zu finden.
- Rechtschreibung und Bedienungsanleitung des Suchdienstes beachten.
- Mehrere Suchbegriffe zur Spezifizierung mit »und« bzw. »oder« verknüpfen.
- Portale sind Seiten, die zum Start ins I. aufgerufen werden. Sie bieten neben Suchhilfen und Katalogen wahlweise Zusatzservice (u. a. Nachrichten, Einkaufsmöglichkeiten, Software).
- »Intelligente Helfer« mancher I. schlagen z. B. ähnliche Seiten bei Suchergebnissen vor oder fassen Verweise (Hyperlinks) auf Dokumente desselben Suchergebnisses zusammen. Im Katalog von Lycos (USA) können Nutzer die Seiten bewerten, die Maschine lernt aus dem Ranking.

www.yahoo.com; www.lycos.de; www.fireball.de

Künstliche Intelligenz

(KI) Forschungszweig der Informatik, der sich mit der Nachahmung menschlichen Denkens und menschlicher Intelligenz durch Computer beschäftigt

Ziel: Mit der KI-Forschung soll möglichst viel Wissen über ein Anwendungsgebiet im Computer gespeichert werden. Dem Rechner werden Regeln (Algorithmen) für den Umgang mit dem Wissen eingegeben, so dass er Daten aus seiner Umgebung analysiert, wie der menschliche Verstand logisch schlussfolgert und die Informationen verknüpft. Dabei werden oft neuronale Netze eingesetzt (Neurocomputer). KI-Software regelte um 2000 z. B. die Klimatisierung von Gebäuden, verstand Sprache und Gestik und setzte Klassifikationsmethoden ein.

Heimautomatisierung: Das Haus schaltet z. B. selbstständig Licht in den Räumen an, die von seinen Benutzern betreten werden, regelt die Temperatur und steuert Sicherheitsmaßnahmen. In Duisburg ging Anfang 2000 das sog. intelligente Haus des Fraunhofer-Instituts mit Wohn- und Arbeitsbereich in Betrieb. Bei der Heimautomatisierung gab es 2000 aber noch keinen einvernehmlichen Standard für die Datenleitungen (Busse) und Netzsysteme zur Verbindung unterschiedlicher Infrastrukturen (u. a. Heizung, Strom, PC, Drucker). Einen ähnlichen Ansatz verfolgte das Media Lab des Massachusetts Institute of Technology (MIT, Cambridge/USA) mit intelligenten Zimmern (smart rooms). Sie sollten einen Menschen in einem Raum erkennen und von ihm durch Körperbewegungen, Sprache und Mimik Befehle entgegennehmen.

Intelligente Küche: Das Projekt CORA der Deutschen Telekom sah z. B. Kühlschränke vor, die selbstständig melden, welche Lebensmittel fehlen bzw. welche sich dem Verfallsdatum nähern. Kühlschrank u. a. Geräte sollten mit der Steuerzentrale der Küche am Herd kommunizieren, um Rezeptvorschläge zu unterbreiten. Solche Neuerungen waren um 2000 technisch realisierbar, aber noch relativ aufwändig. Die intelligente Küche erforderte u. a. neue Lebensmitteletiketten.

Roboter: Mit KI bestückte Roboter kamen insbes. bei stationären Industrieanwendungen zum Einsatz; für Haushalte erwiesen sie sich noch zu wenig flexibel. Der Putzroboter AutoCleaner der P+S Automatisierungstechnik (Ulm) konzentrierte sich auf große Flächen in Eingangs- und Schalterhallen. Bis Ende 1999 verkaufte eine Paderborner Firma 300 solarbetriebene, vollautomatische Rasenmäher, die ohne Aufsicht Gras auf eine definierte Länge schnitten.

VKI (verteilte KI): KI geht von der These aus, dass sich Intelligenz aus kleinen Modulen zusammensetzt, die primitive Aufgaben erledigen, deren Zusammenwirken erst Intelligenz erzeugt. Um 2000 beschäftigte sich Forscher beim sog. verteilten Problemlösen (Distributed Problem Solving) unter Einbeziehung von Erkenntnissen aus der Soziologie mit der Frage, wie komplexe Aufgaben in einfachere Teilaufgaben zerlegt werden können, um die Detaillösungen nach der Bearbeitung wieder zusammenzusetzen. Ein Anwendungsbereich für VKI wäre problemlösende Software im Internet (Akteure bzw. Agenten). Statt einem hoch komplexen Programm beizubringen, wie es das gesamte Internet systematisch zu durchsuchen hat, werden einfache, unabhängige Suchprogramme gestartet, die nächstgelegenen Links (Internetverbindungen) folgen. Die Such-Agenten stimmen sich ab, damit sie nicht dieselben Internetseiten anlaufen. In Multi-Systemen arbeiten mehrere Agenten für ein gemeinsames Ziel, z. B. beim Roboter-Fußballspiel RoboCup, bei der Analyse von Börsenkursen, bei Computersimulationen oder beim Filtern von Informationen.

vismod.www.media.mit.edu/;
vismod/demos/smartroom/;
www.mediacenter.de/ger/projekte/index.html;
www.robocup.org
▪ **Forschung und Technik** → Roboter

Modem

Kurzwort für Modulator/Demodulator. Ein M. setzt die digitalen Daten aus dem Computer, z. B. Bild- oder Textdateien, in Signale um (Modulation), die sich per Telefonleitung übertragen lassen. Das M. auf der Empfängerseite wandelt die Signale wieder in Computerdaten um (Demodulation).

Typen: Es werden externe und interne M. unterschieden. Das externe M. ist ein kleiner Kasten, der per Kabel mit der seriellen Anschlussstelle oder der USB-Schnittstelle sowie mit der Telefonbuchse verbunden wird. Das interne M. wird als Einsteckkarte im Rechner installiert. In Notebooks werden M. meist in Form von PCMCIA-Steckkarten (Personal Computer Memory Card International Association) integriert. Standard-M. erreichen Übertragungsgeschwindigkeiten von 56 000 Bit/sec (bps, etwa zwei Schreibmaschinenseiten Text), sie hängen aber davon ab, wie gut die Leitung zwischen zwei M. ist. Eine Obergrenze beim Datentransfer über die Telefonleitung wurde um 2000 bei 64 000 bps (wie bei ISDN) gesehen, da das digitale Vermittlungsnetz mit dieser Geschwindigkeit arbeitete.

▪ **Telekommunikation**

Notebook

(engl.; Notizbuch), tragbarer Klein-PC (zusammengeklappt etwa DIN A 4 groß), der über Akku oder Netzteil betrieben wird, mit geringem Gewicht (2–4 kg) und flachem Flüssigkristall-(LCD-) Bildschirm im Deckel sowie Tastatur im Boden des Geräts. Moderne N. haben ein ins Gehäuse integriertes Eingabegerät (z. B. Trackball statt Maus).

Wachsende Mobilität u. a. durch Globalisierung und der Wunsch, jederzeit und von jedem Ort Zugriff auf Dienste wie das Internet zu haben, ließen die Nachfrage nach N. um 2000 steigen. Die Unternehmensberatung Frost & Sullivan erwartete bis 2005

Notebook: Ausgewählte Geräte

Hersteller / Produkt	Prozessor	Bildschirm (Zoll)	Taktrate (MHz)	Festplatte (GB)	Arbeitsspeicher (MB)	Gewicht (kg)	Sonstiges	Preis (DM)
Acer TravelMate 722 TXV	Intel Pentium II	14,1	366	4,3	64	k.A.[1]	DVD-ROM, Modem	ca. 7900
Amadeus Amadeus XS	Pentium	10,4	266	6,4	k.A.	1,6	externes CD-ROM-Laufwerk, Modem	3990
Compaq Armada 7800	Mobile Pentium II	14,1	366	8,0	64	4,0	integriertes Netzteil, Modem	k.A.
IBM Thinkpad	Pentium II	13,3	400	10,0	64	2,3	DVD-ROM	ca. 12 500
Samsung SN 6300	Intel Celeron	12,1	300	6,4	32	k.A.	Composite TV-Ausgang	5400
Siemens Scenic Mobil 750 AGP	Intel Pentium II	13,3	366	6,0	64	k.A.	TV-Ausgang, MPEG-II-Decoder	ca. 9500
Toshiba Satellite 2520 CDT	AMD K6-2	12,1	333	4,0	64	k.A.	Modem	3899

1) keine Angabe; Quelle: Computerwoche, 20.8.1999

für den europäischen Markt ein Umsatzwachstum von rund 7 Mrd US-Dollar (1998) auf mehr als 12 Mrd US-Dollar.

Kosten: Im Vergleich zu herkömmlichen (Desktop-) PC blieben N. um 2000 relativ teuer. Ein N. der Mittelklasse mit TFT-Bildschirm, Pentium-II-Prozessor, 64 MB Arbeitsspeicher und CD-ROM-Laufwerk kostete rund 4000 DM, Modelle der Luxusklasse mit größeren Bildschirmen und Festplatten, mehr Arbeitsspeicher-Kapazität und schnelleren Prozessoren 7000–20 000 DM. Anfang 2000 bot Lebensmittel-Discounter Lidl ein N. mit DVD-Laufwerk für etwa 7000 DM an.

Marktführer Compaq: Nach über fünf Jahren in Folge verlor das japanische Unternehmen Toshiba den ersten Rang unter den N.-Verkäufern in Europa an die US-Firma Compaq (4. Quartal 1999: 242 642 verkaufte N., Marktanteil 17,2%). Toshiba hatte zu Spitzenzeiten fast ein Drittel aller N. produziert. Bei steigender Nachfrage hatte Toshiba mit Lieferschwierigkeiten bei N.-Komponenten zu kämpfen, die Konkurrenz holte auch auf technischem Gebiet auf.

I-Book: Nach dem Erfolg des PC I-Mac, der 1998/99 innerhalb eines Geschäftsjahres rund 2 Mio-mal verkauft worden war, brachte das US-Unternehmen Apple Ende 1999 ein ähnlich buntes N. auf den Markt, das insbes. für Einsteiger gedacht war. Das I-Book verfügte lediglich über 32 MB Arbeitsspeicher, ein 12,1-Zoll-Display und eine Festplatte mit 3,2 MB Speicherplatz. Mehr Aufsehen erregte jedoch ein Zusatzgerät namens Airport. Es kann bis zu zehn Rechner per Funk zusammenschließen und gleichzeitig mit dem Internet verbinden (Reichweite bis 45 m). Bei einem Preis von ca. 1600 US-Dollar für das I-Book und 300 US-Dollar für Airport waren binnen sechs Wochen nach der Präsentation der Geräte bereits über 140 000 Exemplare vorbestellt.

Online-Dienste

(online, engl.; am Netz), computergestützte Dienste, die den Zugriff auf Informationen (z. B. Computerdatenbanken) in aller Welt und die elektronische Kommunikation ermöglichen.

Nutzung: Im Gegensatz zum Internet, dem mit rund 200 Mio Nutzern (prognostiziert bis Ende 2000) weltweit größten Computernetzwerk, arbeiten O. gewinnorientiert. Ihre

![] Online-Dienste: Die größten Anbieter		
Name	Nutzer-Anteil 1999 (%)	Nutzer 1999 (Mio)[1]
1. T-Online	55	8,6
2. AOL	32	5,0
3. Yahoo Online	8	1,3
4. Freenet	6	0,9
5. Mannesmann Arcor	6	0,8
6. Viag Intercom	5	0,8
7. o.tel.o	4	0,7
8. CompuServe	4	0,7

1) Nutzerzahlen können nicht mit Kundenzahlen gleichgesetzt werden; Mehrfachnennungen möglich; Quelle: GfK Online-Monitor, Handelsblatt, 23.2.2000

Kunden zahlen für verschiedene Serviceleistungen – Zugang zum Internet, Reiseauskünfte, EDV-Hotlines, Telebanking und das Abrufen elektronischer Medien (z. B. Presseberichte am Bildschirm) – meist einen monatlichen Festbetrag sowie Nutzungs- und Telefongebühren. Außer O. boten sog. Provider (engl. to provide; zur Verfügung stellen) ihren Kunden meist über angemietete Standleitungen einen Internet-Zugang ohne weitere Dienste und Informationen an. Sie versuchten um 2000, mit etablierten O. wie AOL und T-Online durch günstigere Preisgestaltung zu konkurrieren, indem sie sich z. B. wie Germany.Net über Werbung finanzierten.

AOL: Der weltgrößte O. America Online hatte Mitte 2000 in Deutschland gut 1 Mio Kunden. Im Frühjahr kündigte der deutsche Medienkonzern Bertelsmann an, seine Beteiligung von 50% an AOL Bertelsmann Europe in Teilschritten über vier Jahre an AOL Online Inc. (USA) abzugeben (Kaufpreis: 13,5 Mrd–16,5 Mrd DM). Bertelsmann wollte die Mittel zum Ausbau seines E-Commerce nutzen und Weltmarktführer im Handel mit Büchern, Zeitschriften und Tonträgern werden. AOL war nach der Fusion mit dem US-Medienkonzern Time Warner im Januar 2000 auf Teilgebieten zum Konkurrenten von Bertelsmann geworden. Zu Time Warner gehörten u. a. der Nachrichtensender CNN, der Pay-TV-Kanal HBO, Zeitschriften wie »Time«, Warner Music und das zweitgrößte Kabelnetz der USA.

T-Online: Der nach AOL zweitgrößte O. der Welt sollte bis Jahresende 2000 europaweit rund 9 Mio Kunden haben. Anfang 2000

übernahm T-Online den zweitgrößten französischen O., Club Internet (320 000 Teilnehmer) für rund 2 Mrd Euro und beteiligte sich an der comdirect-Bank für gemeinsame Finanzdienstleistungen (u. a. Bankgeschäfte via Handy). Beim Börsengang des O. im April 2000 war die Aktienemission 20-fach überzeichnet. Trotz schwachen Börsenumfelds wegen Kurseinbrüchen in den USA und Japan stieg das Wertpapier im Laufe des ersten Handelstages von 27 auf über 37 Euro.
Terra/Lycos: Der spanische Internet-Anbieter Terra Networks S.A. gab im Mai 2000 die Übernahme des US-Konzerns Lycos Inc. für rund 12,5 Mrd US-Dollar bekannt. Terra Networks, ein Tochterunternehmen des spanischen Telekomkonzerns Telefónica, wollte mit dem Bertelsmann-Konzern, der an Lycos-Europa beteiligt war, bei Internet-Geschäften im Wert von einer 1 Mrd US-Dollar bis 2005 zusammenarbeiten. Terra erwartete vom Zusammenschluss einen besseren Zugang zum boomenden US-Online-Markt und zu den 30 Mio spanischsprachigen US-Amerikanern. Lycos konnte mit Terra auf den lateinamerikanischen Markt vordringen. Erstmals übernahm ein europäisches Internet-Unternehmen einen großen US-Anbieter.
Flatrate: Anfang 2000 boten Provider wie Mannesmann-Arcor (Düsseldorf) ihren Kunden nach anglo-amerikanischem Vorbild Flatrates für den Internet-Zugang an: Gegen eine Pauschale (bei Mannesmann

149 DM/Monat) können Kunden einen Monat lang ohne Zeitbeschränkung im Internet surfen. Noch im Jahr 2000 wollte T-Online eine Flatrate für weniger als 100 DM/Monat anbieten.
www.t-online.de; www.aol.com
  Dienstleistungen → E-Commerce
  Telekommunikation

Parallelcomputer

(auch Supercomputer) Datenverarbeitungsanlage, bei der mehrere Mikroprozessoren gleichzeitig verschiedene Rechenschritte ausführen

Durch Arbeitsteilung operieren P. schneller als Hochleistungsrechner mit Zentralprozessoren. Eingesetzt werden P. vor allem zu militärischen Zwecken (Datenentschlüsselung), in der Forschung sowie bei Computeranimation und -simulation (z. B. von Nuklearexplosionen).
Entwicklungen: Ende 1999 überrundete das US-Unternehmen IBM, gemessen an der Zahl der Installationen von P., den Konkurrenten Silicon Graphics/Cray (SGI, USA). In der Liste der 500 schnellsten P. der Welt war IBM mit 141, SGI mit 133 Systemen vertreten. Die Firma Sun belegte mit 113 Rechnern Rang 3. Bei der Rechenleistung lag SGI mit 19,5 Teraflops (1 Teraflop = 1000 Mrd Rechenoperationen/sec) vor IBM mit 13,7 und Sun mit 4,8 Teraflops. Die schnellsten Rechner der Welt waren im Rahmen des ASCI-Programms (Accelerated Strategic Computing Initiative) des US-

Top Ten **Parallelcomputer: Die führenden Hersteller**					
Hersteller	Name / Standort	Land	Installation	Zweck
1. Intel	ASCI Red / Albuquerque		1999	Forschung
2. IBM	ASCI Blue-Pacific SST, IBM SP 604e / Livermore		1999	Energieforschung
3. Silicon Graphics/Cray	ASCI Blue Mountain / Los Alamos		1998	Forschung
4. Silicon Graphics/Cray	T3E1200 / Regierung (Washington)		1998	geheim
5. Hitachi	SR8000/128 / Universität von Tokio		1999	akad. Nutzung
6. Silicon Graphics/Cray	T3E900 / Regierung (Washington)		1997	geheim
7. Silicon Graphics/Cray	Origin 2000 250 MHz / Los Alamos		1999	Forschung
8. Silicon Graphics/Cray	T3E900 / Saint Louis		1999	Wetterforschung
9. Silicon Graphics/Cray	T3E1200 / DWD Offenbach[1]		1999	Wetterforschung
10. IBM	SP Power3 222 MHz / San Diego / Poughkeepsie		1999	Forschung

1) Deutscher Wetterdienst; Stand: Ende 1999; Quelle: www.top500.org

Energieministeriums zur Simulation von Atomwaffenversuchen in den Laboratorien von Sandia, Lawrence Livermore und Los Alamos installiert. 1999 lagen 54% der installierten P. in den USA (60% der Gesamtleistung); es folgten Europa (30/25%) und Japan (11/13%). Von den Top 500 wurden 442 in den USA und 57 in Japan gefertigt.

Deutschland: Der schnellste zivil genutzte Computer der Welt wurde im April 2000 im Leibniz-Rechenzentrum in München installiert. Der P. SR8000 F1 des japanischen Herstellers Hitachi hat 896 Prozessoren und eine Geschwindigkeit von 1300 Mrd Rechenschritten/sec. Der Hauptspeicher fasst die Datenmenge von 14000 PC. Mit dieser Leistung werde der P. nach Schätzungen seiner Nutzer nur drei Jahre zu den Spitzen-P. zählen und bereits nach sechs Jahren veraltet sein.

Quantencomputer: Um 2000 arbeiteten Wissenschaftler des Massachusetts Institute of Technology (MIT, Cambridge/USA) am Prototyp eines neuartigen Rechners, in dem Atome statt der bis dahin üblichen Siliziumtransistoren rechnen sollten. Der Quantencomputer sollte die Geschwindigkeit eines Pentium-III-Prozessors um das Milliardenfache übertreffen; er könnte die gesamte Datenmenge des Internet (2000: rund 1 Mrd Webseiten) in Sekundenbruchteilen durchsuchen und jeden Sicherheitscode knacken. Mit seiner Marktreife wurde aber erst in ca. 30 Jahren gerechnet.

www.top500.org (Rangliste der Supercomputer)

PC

(Personalcomputer), 1999 wurden lt. Schätzungen des Marktforschungsunternehmens Dataquest weltweit rund 113,5 Mio PC verkauft (+21,7% gegenüber Vorjahr), davon in den USA ca. 43,83 Mio (+21,6%), in den Regionen Europa, Mittlerer Osten und Afrika zusammen knapp 33 Mio. Für 2000 wurde mit einem langsameren Wachstum der Branche gerechnet (etwa +18%). Konkurrenz erwuchs dem PC um 2000 durch Internet-Applicances (auch: Information Appliances) – kleine, nützliche, leicht zu bedienende Geräte, die u. a. den Zugriff aufs Internet gestatten (Handheld-Rechner/PDA, Spielekonsolen, Bildtelefone u. a.). Auch der Absatz von Notebooks nahm in Europa mit 20–25% etwa doppelt so schnell zu wie bei PC.

Vobis: Die führende PC-Einzelhandelskette Deutschlands musste 1999 bei einem Umsatz von 1,1 Mrd DM einen Verlust von rund 40 Mio DM hinnehmen. Um bis 2001

TopTen PC: Die größten Anbieter Europas

Firma	verkaufte Einheiten 1999 (Mio)	Wachstum (%)[1]	Marktanteil 1999 (%)
1. Compaq-Digital[2]	5,0	▲ + 4,0	15,6
2. Fujitsu-Siemens	3,5	▲ +19,5	10,8
3. Dell	2,6	▲ +16,3	9,2
4. IBM	2,4	▲ +15,8	8,5
5. Hewlett-Packard	2,0	▲ +25,6	6,9
6. Nec CI	1,5	▲ +32,3	5,4
7. Toshiba	1,0	▲ + 9,3	3,4
8. Acer	0,9	▲ +38,0	3,2
9. Apple	0,8	▲ +27,4	2,9
10. Vobis[2]	0,6	▽ –13,9	2,1

1) gegenüber 1998; 2) geschätzt; Quelle: Computerwoche, 28.1.2000

PC-Verbreitung

Jahr	PC je 100 Einwohner
2005[1]	61
2001[1]	40
2000	36
1999	32
1998	29
1997	26
1996	24
1995	19
1994	15
1993	12

1) Prognose; Quelle: Bitkom, Globus Infografik, 28.2.2000

2005 wird sich nach Hochrechnungen die Zahl der deutschen Haushalte mit einem PC gegenüber 1993 verfünffacht haben.

wieder Gewinne zu erwirtschaften, wurde das Sortiment von 8000 auf 2500 Artikel verkleinert (Ziel 2000: 1500 Artikel). Bereits 1998/99 war das Vertriebsnetz von Vobis von 335 auf 197 Standorte reduziert worden. Verstärkt gerieten Vobis u.a. PC-Händler durch Billigangebote von Discountern (Aldi, Plus, Norma, Lidl) unter Druck. Auch Weltmarktführer Compaq (USA) verkaufte 1999 etwa 40 000 PC über Lidl.

Wearable PC/WPC (engl.; am Körper tragbarer PC): Pionier auf dem Gebiet des WPC war die US-Firma Xybernaut. Ihre Geräte verwenden herkömmliche PC-Technik (Windows-Betriebssystem, Intel-Prozessoren), aber auch berührungssensitive Displays, am Unterarm befestigte Minitastaturen und Systeme zur Spracheingabe. Der Nutzer trägt ein Headset mit Mikrofon, Kopfhörer, Minikamera und Bildschirm in der Größe eines Brillenglases vor einem Auge. Zu den Anwendungsfeldern des WPC zählen insbes. Wartung, Inspektion und Instandhaltung großer technischer Anlagen. Das Marktforschungsunternehmen IDC schätzte Anfang 2000 das Umsatzvolumen für WPC in den USA bis 2003 auf 600 Mio US-Dollar.

Personal Digital Assistant

(PDA, engl.; persönlicher digitaler Assistent), jackentaschengroßer, batteriebetriebener Kleinstcomputer. Der P. gehört zur Gruppe der Pen Computer (pen, engl.; Stift), bei denen Zeichnungen und Texte mit einem elektronischen Stift auf dem Bildschirm eingegeben werden. Synonyme für PDA sind »Palm PC« (engl.; Handflächen-PC) und »Handheld PC« (engl.; in der Hand gehaltener PC).

Markt: Nach einer Studie von Dataquest von Anfang 2000 wächst der Markt für PDA jährlich um über 40% (USA 1998/99: 169%). Marktführer war der Palm Pilot der US-Firma 3Com. Der PDA wurde insbes. bei Verkäufern und Außendienstmitarbeitern benutzt, im Vergleich zum PC und Notebook preisgünstiger war (Mitte 2000: 800–1000 DM). Hinzu kam ein psychologischer Aspekt: Kunden fühlten sich gestört, wenn ein Beratungsgespräch durch Abfrage am PC oder am Notebook unterbrochen wurde. PDA wirken dezent wie Taschenrechner und sind in der Rechenleistung mit dem PC vergleichbar.

Personal Digital Assistant: Auswahl

Anbieter	Produkt
Compaq	Aero 1500, 2100
Casio	Cassiopeia 105, E-15G
IBM	Workpad
3Com	Palm
Hewlett-Packard	Jomada 420, 680
Psion	Revo, 5mx, Netbook
Ericsson	MC218, R380s
Nokia	Communicator 9110

Quelle: Computerwoche, 18.2.2000

Modelle: Auf dem Weltmarkt konkurrierten um 2000 Geräteklassen und -formate mit verschiedenen Betriebssystemen, wobei die stiftbasierten PDA im Westentaschenformat dominierten. Sie bieten allenfalls eine kleine virtuelle Tastatur auf dem Display und erkennen Eingaben via Stift. Etwas größer sind die sog. Tastatur-PDA wie das Netbook von Psion mit ausklappbarer Mini-Tastatur. Weit verbreitete Betriebssysteme sind Palm-OS insbes. für die Palm-PDA von 3Com, Windows CE von Microsoft und Epoc von Psion/Symbian. Die Geräte können über eine Docking-Station für Datenübertragungen an den PC angeschlossen werden, z. T. auch kabellos über Infrarot-Schnittstelle. Die meisten Geräte haben Farb-Displays, die aber für übermäßige Akku-Belastung sorgten. PDA müssen nach zwei bis zehn Stunden Rechenzeit aufgeladen werden.

Software

Die für den Betrieb eines Computers erforderlichen Programme, im Unterschied zur sog. Hardware, den technischen Einrichtungen einer EDV-Anlage (z. B. Rechner, Monitor, Tastatur).

Es wird unterschieden zwischen System-S. (Betriebssystemen wie DOS, Windows, Unix) und Anwender-S. (z. B. Textverarbeitung, Spiele). Der S.- und Servicemarkt war um 2000 der wichtigste Wachstumssektor in der Informationstechnik.

Microsoft: Der weltgrößte Hersteller von S. hielt um 2000 seinen Marktanteil von rund 90% bei der Basis-S. für PC (Betriebssysteme, Textverarbeitung, Tabellenkalkulation, Office-Programme). Die Gerichtsverfahren in den USA wegen Ausnutzung marktbeherrschender Stellung und Verstoßes gegen die US-Kartellgesetze führten zum Jahreswechsel 1999/2000 zum Rücktritt von Bill Gates als Vorstandsvorsitzender (Nachfolger: Steve Ballmer). Im April 2000 wurde Microsoft wegen wettbewerbswidrigen Verhaltens schuldig gesprochen, legte aber gegen das Urteil Berufung ein. Anwälte des US-Justizministeriums forderten die Aufspaltung des Konzerns in zwei kleinere Unternehmen, von denen sich eines mit dem Betriebssystem Windows 2000, das andere mit den Office-Produkten (Textverarbeitung Word, Tabellenkalkulation Excel und Datenbank Access) befassen sollte.

Star-Division: Das deutsche S.-Unternehmen trat um 2000 mit seinem Office-Paket (Textverarbeitung, Tabellenkalkulation, Terminplaner u. a.) in Konkurrenz zu Microsoft, indem es seine S. im Internet kostenlos zur Verfügung stellte. Beim Anwender entstehen nur die Kosten für rund sechs Stunden Telefonverbindung zum Herunterladen der Star Office Version 5.0 auf den PC. Das Angebot nutzten bis Ende 1999 rund 1 Mio Kunden. Als Alternative wurde der Kauf einer CD-ROM für 79 DM inkl. Handbuch angeboten. Ende 1999 kaufte der US-Konzern Sun (Java) Star-Division für 73,5 Mio US-Dollar, um sich stärker gegen Marktführer Microsoft zu positionieren.

Application Service Provider (ASP): Dienstleister in den USA offerierten gegen Mietgebühr in Datenzentren die Nutzung von S. für gängige Aufgaben des Geschäftslebens. Insbes. kleine und mittlere Unternehmen, denen der Betrieb einer EDV-Abteilung oder eines Rechenzentrums zu aufwändig erschien, konnten Aufgaben wie die firmenweite Organisation elektronischer Post (E-Mail) oder Schutz vor Computerviren auslagern. Der Online-Dienst America Online (AOL) sowie die S.-Firmen SAP, Microsoft und Sun kündigten 2000 an, sich im Markt für Miet-S. engagieren zu wollen. Lt. Marktstudien sei bis 2005 ein Umsatz von 2,2 Mrd bis 8 Mrd US-Dollar möglich (Anfang 2000: 574 Mio US-Dollar).
www.microsoft.com; www.sun.de

Softwarepiraterie

Unerlaubtes Kopieren, Vervielfältigen und Nach-
ahmen urheberrechtlich geschützter Software

Schaden: Auf einer Konferenz der Weltorganisation für Geistiges Eigentum (Wipo) in Genf Ende 1999 gab der Branchenverband Business Software Alliance (BSA), eine Schutzgemeinschaft der Softwarehersteller, bekannt, dass weltweit pro Jahr Software im Wert von über 19 Mrd DM durch Raubkopien gestohlen werde (Deutschland: rund 1 Mrd DM). Insbes. die zunehmende Nutzung des Internet und der Preisverfall auf dem Markt für CD-Brenner und -Rohlinge erleichterten die illegalen Geschäfte der Softwarepiraten. Nach Schätzungen innerhalb der Branche wurde in Deutschland um 2000 jede dritte Kopie von Software illegal genutzt.

Fälle: Den weltweit wohl größten Fall von S. mit einem Schaden von 1,5 Mrd DM enthüllte Ende 1999 die Hamburger Gesellschaft zur Verfolgung von Urheberrechtsverletzungen (GVU), in dem 80 Firmen, Gesellschaften und Hersteller von Unterhaltungssoftware zusammengeschlossen waren. Von den gefundenen Softwarefälschungen waren fast alle internationalen Anbieter interaktiver Computerprogramme betroffen (Computerspiele, Lernprogramme, Business-Software). Die weltweit vertriebenen Raubkopien umfassten mind. 57000 illegal gebrannte CD-ROM mit einem Marktwert von 9000 DM/Stück. Al-

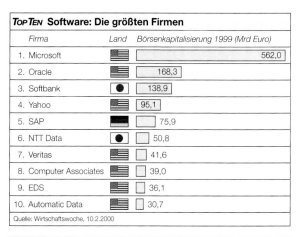

TopTen Software: Die größten Firmen

Firma	Land	Börsenkapitalisierung 1999 (Mrd Euro)
1. Microsoft		562,0
2. Oracle		168,3
3. Softbank		138,9
4. Yahoo		95,1
5. SAP		75,9
6. NTT Data		50,8
7. Veritas		41,6
8. Computer Associates		39,0
9. EDS		36,1
10. Automatic Data		30,7

Quelle: Wirtschaftswoche, 10.2.2000

Software: Marktführer Microsoft

Jahr	Umsatz (Mrd US-Dollar)	Gewinn (Mrd US-Dollar)	Beschäftigte (1000)
1999	19,75	7,79	31,6
1998	15,26	4,49	27,1
1997	11,94	3,45	22,2
1996	9,05	2,20	20,6
1995	6,08	1,45	17,8
1994	4,71	1,15	15,0
1993	3,79	0,95	14,4
1992	2,78	0,78	11,5
1991	1,85	0,46	8,2
1990	1,18	0,28	5,6

Quelle: dpa, ComputerBild 31.1.2000

lein der größte Softwarehersteller der Welt, Microsoft, erlitt durch die Raubkopien einen Verlust von 500 000 DM.

Aufgrund eines Hinweises von Microsoft hatte der deutsche Zoll bei Aachen 1998 u. a. 300 000 gefälschte CD-ROM beschlagnahmt. Für deren Einfuhr wurde Ende 1999 ein Texaner zu vier Jahren Haft ohne Bewährung verurteilt; es war die bis dahin höchste Freiheitsstrafe für S.

Musikpiraterie: Internet-Surfer, die urheberrechtlich geschützte Musiktitel illegal über das Internet im Speicherplatz sparenden MP3-Format auf private Datenträger (PC oder einen eigens entwickelten MP3-Walkman) überspielen, schädigten um 2000 die Musikbranche in Milliardenhöhe. Allein in Deutschland drohte die International Federation of the Phonographic Industry (IFPI), die über 1 Mrd illegal kopierter Musikstücke im Internet ausgemacht hatte, 500 Betreibern von sog. MP3-Servern durch Klagen Geld- oder Freiheitsstrafen an. Allein im ersten Halbjahr 1999 wurde in Deutschland die Hälfte der verkauften 35 Mio CD-Rohlinge zum Kopieren von Musik-CD genutzt. In den USA wurden im letzten Quartal 1999 zwei MP3-Anbieter auf Schadenersatz von mehreren Mrd US-Dollar verklagt. Anfang 2000 warf die Recording Industry Asscociation of America (RIAA) im Namen von zehn Aufnahmestudios dem Internet-Dienst MP3.com vor, unberechtigt 45 000 Musik-CD kopiert zu haben, und verlangte für jeden Fall von Urheberrechtsverletzung 150 000 US-Dollar Schadenersatz. Legt man pro CD eine Zahl von zehn geschützten Titeln zugrunde, ergibt sich ein Streitwert von 67 Mrd US-Dollar.

Markengrabbing: Cyber-Squatter (Markenpiraten) verwendeten um 2000 für ihre Homepages im Internet bekannte Markennamen, um die Rechte für die Verwendung des Namens im World Wide Web teuer an Firmen verkaufen zu können. Anfang 2000 sprachen sich aber Gerichte verstärkt gegen die Verwendung von Markennamen aus; die Nutzung des Namens außerhalb des Internet berechtigte meist auch zur Online-Verwendung durch die Firmen, auch wenn Markengrabber vor der Firma bereits Anträge gestellt bzw. Homepages installiert hatten.
www.bsa.de (aktuelle Zahlen über S.);
www.markengrabbing.de (Aktion im Internet)
Kriminalität → Produktpiraterie

Spracherkennungssoftware

Computerprogramme, die gesprochene Befehle verstehen

Funktion: S. arbeitet mit Wahrscheinlichkeiten bei Lautkombinationen und Wortfolgen. Benutzer der S. diktieren dem Computer vorgegebene Texte, um das Programm auf ihre Stimme zu eichen. Hierzu wird die S. oft mit einem Headset (Kopfbügelmikrofon) geliefert, das von einem Bügel direkt vor den Mund des Sprechers gehalten wird und störende Umgebungsgeräusche weitgehend unberücksichtigt lässt. Neue Wörter können wie bei Rechtschreibfunktionen von Textverarbeitungsprogrammen ins Vokabular aufgenommen werden. Um 2000 wurde S. vor allem bei Telefonauskunftsdiensten, Call Centern oder als Diktierprogramm mit z.T. speziellem Wortschatz für Berufsgruppen wie Ärzte und Rechtsanwälte genutzt.

Spracherkennungssoftware: Die wichtigsten Anbieter

Hersteller	Dragon Systems	IBM	Lernout & Hauspie	Philips
Internetadresse (www.)	dragonsystems.de	ibm.com/viavoice	lhsl.com	speech.philips.com
Programmfamilie	Naturally Speaking	ViaVoice Millennium Edition for Windows	L & H Voice Xpress	FreeSpeech 2000, Speech Pro
spezielle Fachversionen	Medizin, Recht	50 (Medizin, Recht, Informationstechnologie u. a.)	Radiologie, Pathologie	Medizin, Recht, Versicherung
Preis (DM)	99–1449	129–399	99–349	249–349
Headset-Mikro inkl.	ja	ja	ja	Headset/ SpeechMike
Besonderheiten	Mobilversion mit digitalem Diktiergerät	Versionen für Linux und Macintosh	Mehr als 700 000 Wörter, mobile Diktierlösung	13 Diktiersprachen

Quelle: Wirtschaftswoche, 17.2.2000

Markt: Studien der Unternehmensberatung Frost & Sullivan zufolge sollte der europäische Markt für S. bis 2005 auf 1,66 Mrd US-Dollar wachsen (1998: 15 Mio, 2000: 155 Mio US-Dollar). Die Marktdaten bezogen sich allerdings nicht nur auf S. für den PC, sondern auch z. B. auf Sprachsteuerung von Telefonen und Navigationssystemen in Autos. Führend auf dem Gebiet der S. waren Dragon Systems und IBM (beide USA), Lernout & Hauspie (Belgien) sowie Philips (Sprachforschungszentrum, Wien).

Probleme: Trotz Leistungsverbesserung der S. (Steigerung des Grundwortschatzes auf mehrere 100 000 Wörter, Reduzierung der Trainingszeiten zur Einstellung auf die Stimme des Anwenders und Möglichkeit des fließenden Diktierens ohne Sprechpausen) blieben die ca. 100 DM teuren Systeme für den heimischen Gebrauch fehlerbehaftet. Die in der Werbung hervorgehobene Erkennungsgenauigkeit von über 90% der gesprochenen Wörter bedeutete zugleich, dass noch bis zu 10% der Spracheingabe falsch erkannt wurden und nach Diktat korrigiert werden mussten. Einem versierten Schreiber bot die S. keinen Zeitvorteil. Die steigende Leistungsfähigkeit der S.-Programme schlug sich in den Anforderungen an den PC nieder: Es war ein 500 MHz-Prozessor mit 128 MB Arbeitsspeicher erforderlich.

NLips: Forscher der Carnegie Mellon University in Pittsburgh/Pennsylvania (USA) entwickelten Ende 1999 eine Software, die visuelle und akustische Informationen zur Spracherkennung nutzt. Wie herkömmliche S. teilte NLips gesprochene Passagen in Abschnitte (Phoneme). Simultan registrierte eine Kamera die Lippenbewegungen, die ein neuronales Netzwerk im Computer erkennt und verarbeitet. Das optische Äquivalent zu den Phonemen sind Viseme, Teilabschnitte der Bewegungsabfolge beim Sprechen. 50 Viseme dienen als Grundlage für diese Art der Spracherkennung. NLips ist auch in Räumen mit höherer Hintergrundlautstärke einsetzbar. Bei ruhiger Umgebung schnitt NLips mit einer Erkennungsrate von 92% aber kaum besser ab als gängige S. NLips sollte in ein Videokonferenzsystem integriert werden, das automatisch Mitschriften anfertigt.

www.dragonsystems.de; www.lhs.com;
www.speech.philips.com;
www.software.ibm.com; www.cmu.edu

Übersetzungssoftware

Computerprogramme zur Übertragung von Texten aus einer Sprache in eine andere Universal Networking Language (UNL)

Um 2000 galt u. a. das Fehlen einer Einheitssprache als eine der Barrieren für internationale Geschäfte via Internet (E-Commerce). Mit UNL wollen mehr als 120 internationale Sprachwissenschaftler in 17 Forschungsstätten unter Federführung der Universität der Vereinten Nationen (UNU, Tokio) seit 1996 eine Art Esperanto des Internet schaffen. 2000 sollte die erste Erprobungsphase abgeschlossen sein. Der Benutzer gibt einen Text in seiner Muttersprache in einen Editor (wie bei einem Textverarbeitungsprogramm), der den Text mit einem vom Deutschen Forschungszentrum für Künstliche Intelligenz (DFKI, Saarbrücken) entwickelten Generator automatisch in UNL überträgt. Liegt der Text einmal in UNL vor, lässt er sich in alle Sprachen, für die es Umwandlungsprogramme (Dekonverter) gibt, übersetzen. Steht diese Technik den Internet-Browsern zur Verfügung, soll dem Nutzer eine in UNL gespeicherte Webseite oder E-Mail sekundenschnell in seiner Muttersprache auf dem Bildschirm präsentiert werden. Bis 2006 sollen alle 150 Sprachen der UNO-Mitgliedstaaten durch UNL übersetzt werden können. Das UNL-Lexikon besteht aus rund 300 000 Universalwörtern – Begriffe, deren Bedeutung auch in jeder anderen natürlichen Sprache existiert.

Linguatec: Die Münchener Linguatec Sprachtechnologien GmbH brachte Ende 1999 mit dem Personal Translator PT 2000 eine Ü. für Geschäftskorrespondenz, Bedienungsanleitungen, Internetseiten und E-Mails auf den Markt. Die Basisversion kostete rund 100 DM, eine erweiterte Profiversion etwa 500 DM. Mit »Talk & Translate« offerierte die Firma einen automatischen Dolmetscher, der gesprochenen Text vom Deutschen direkt ins Englische und umgekehrt übersetzen und per Lautsprecher wiedergeben kann. Die Spracherkennung basiert auf der Viavoice-Technik von IBM; bei einer Diktiergeschwindigkeit von 150 Wörtern/min lag die Erkennungsgenauigkeit immerhin bei mehr als 95% (Preis: rund 300 DM).

www.iai.uni-sb.de/UNL;
www.unl.ias.unu.edu/eng/unlhp-e.html

Virtuelle Realität

(auch cyberspace, engl.; künstlicher Raum) Computer, mit denen dem Benutzer durch Ausnutzung mehrerer Sinneskanäle (optische, akustische und an den Tastsinn gerichtete Informationen sowie Daten über Wärme, Geruch und Gleichgewicht) ein realitätsnaher Eindruck der im Rechner erzeugten Welt vermittelt wird, die er interaktiv beeinflusst

Der Einstieg in die virtuelle Welt erfolgt meist mit Head Mounted Display (Datenhelm) und Datenhandschuh. V. wird für Computerspiele, in der Medizin und bei der Steuerung von Robotern in für Menschen unzugänglicher Umgebung eingesetzt. Auto- und Luftfahrtbranche setzten V. 1999 beim Entwurf von Prototypen ein (Flugsimulatoren); Architekten simulierten mit V. bauliche Veränderungen. Verstärkt wurde V. 1999 in den USA auch zur Unterhaltung in Freizeitparks mit Hightech Centern genutzt. Bei Tests zur Arbeit in V. hatten die Betrof-

fenen nach 15 min keine Probleme, nach 45 min traten aber Orientierungsprobleme auf. **3D-Caves** (cave, engl.; Höhle): Eine Cave ist ein großer Würfel, auf dessen Seitenflächen Bilder projiziert werden. Es entsteht eine Art betretbares Hologramm. Wer sich hineinbegibt, wird Teil der virtuellen Umwelt. Er kann mit Hand bzw. Datenhandschuh die virtuellen Objekte in der dargestellten Szene ergreifen und manipulieren. In Deutschland gab es um 2000 acht Caves, die allerdings noch nicht alle Wände, Decke und Boden eines virtuellen Raumes einschlossen. Caves wurden insbes. in der Automobilindustrie zur präzisen, maßstabgetreuen Darstellung von und Arbeit an CAD-Modellen eingesetzt. Caves mit einer Kantenlänge von 5 x 2 m kosteten um 2000 etwa 500 000 bis 2 Mio US-Dollar.
Virtueller Dom: 1999 wurde in Osaka/Japan ein Visualisierungsprojekt von Matsushita Electronic Works fertig gestellt: Der virtuelle Dom ist ein Zeltdach mit einem Durchmesser von 7 m. Mit dem Dom können städtebauliche Aspekte von der Umsetzung getestet werden. Sechs Projektoren werfen die V. auf die Innenwände, 180° in der Horizontalen und 90° in der Vertikalen.
Mike: Das zweihändige Interaktionswerkzeug in V. wurde Ende 1999 vom Fraunhofer-Institut für BMW entwickelt und ist leichter verwendbar als ein Datenhandschuh. Es besteht aus zwei Stiften mit jeweils mehreren Knöpfen und eingebautem Trackersensor, der die Daten an einen Computer weitergibt. Mike wird mit einem virtuellen Ball genutzt, der in vier Zonen eingeteilt ist, über die sich Menübereiche zum Bewegen von Objekten u. a. Funktionen auswählen lassen.

Forschung und Technik → Roboter
Freizeit und Unterhaltung

Virtuelle Realität: Glossar

▶ **CAD/CAM** (Computer-aided design/computer-aided manufacturing), computergestütztes Entwerfen bzw. computerunterstützte Fertigung.

▶ **Datenanzug:** Er erweitert das Konzept des Datenhandschuhs auf den ganzen Körper. Er erfasst mit Sensoren Bewegungen (z. B. eines Tänzers oder Sportlers) und wertet sie aus.

▶ **Datenhandschuh:** Das Gerät sieht aus wie ein von Drähten durchzogener normaler Handschuh. Auf den Drähten sind Sensoren für Dehnung, Druck u. a. physikalische Größen befestigt, die an der Hautoberfläche, an Muskeln oder hautnahen Nerven gemessen werden. Manche Datenhandschuhe enthalten aktive elektrische, pneumatische oder thermische Elemente, mit deren Hilfe sie Signale vom VR-System (Druck, Temperatur) direkt auf die Haut des Benutzers oder an sein Nervensystem senden können.

▶ **Head Mounted Display** (HMD): Zwei kleine Bildschirme werden mit Hilfe eines über den Kopf gestülpten Tragegeschirrs vor die Augen des Benutzers positioniert. Die Bilder der virtuellen Welt werden mit Umlenkspiegeln in die Augen projiziert. Um 2000 sollten HMD auf Größe und Gewicht herkömmlicher Brillen reduziert werden.

▶ **IPIX:** Verfahren zur dreidimensionalen fotografischen Reproduktion der Realität. IPIX erlaubt die Herstellung kugelförmiger Rundumbilder. Anfang 2000 konnte man auf über 4000 Inter-

netseiten mit IPIX in die Fotos hineintreten und im Bildraum frei navigieren.

▶ **Location Based Entertainment** (LBE): Lokale Installationen in Freizeitparks und Spiele- bzw. Unterhaltungszentren. Beispiele sind die Zentren von Disney (DisneyQuest), Sony (Sega-World) und das Dreamworks-Studio (GameWorks) des Regisseurs Steven Spielberg. Sonys LBE Metreon, das Ende 1999 in San Francisco eröffnete, umfasst 33 000 m² und kostete rund 85 Mio US-Dollar.

▶ **Telepräsenz:** Der Benutzer versetzt sich durch das VR-System an einen Ort, wo er physisch nicht ist, um dort Aufgaben zu erledigen; ein Arzt in Norddeutschland operiert z. B. einen Patienten in Süddeutschland.

▶ **Tracking:** Der Mechanismus teilt dem VR-System mit, wo sich der Benutzer oder seine Hand befinden. Der zu verfolgende Gegenstand sendet Signale aus, die vom Tracking-System empfangen werden (aktives Tracking, z. B. durch Sender am Datenhandschuh). Beim passiven Tracking wird der Gegenstand meist mit einer Infrarot-Videokamera verfolgt.

▶ **VRML:** Mit der Virtual Reality Markup Language lassen sich virtuelle Systeme ansatzweise via Internet transferieren. VRML überträgt Anweisungen über Gegenstände und die Art, wie sie sich verhalten, in einem Code, der sich mit einer geringen Bandbreite übermitteln lässt.

Wechselmedien

Datenspeichermedien wie Disketten, CD-ROM oder DVD, die in ein eigenes PC-Laufwerk eingeführt werden, um auf die Daten zugreifen zu können

W. werden in magnetische und magnetooptische (MO) Systeme unterschieden. Magnetische Systeme funktionieren wie die Festplatte eines PC, sind aber nicht in sie eingebaut, sondern stecken in einem Wechselrahmen (Cartridge). Bei MO-Laufwerken werden die Daten per Laserstrahl geschrieben und gelesen. Die magnetischen W.-Systeme kosteten um 2000 etwa 600–800 DM, MO-Laufwerke für kleinere Datenmengen rund 600 DM, für Datenmengen bis 5,2 GB etwa 4000 DM

Markt: Der europäische Markt für W.-Laufwerke sollte lt. einer Studie der New Yorker Unternehmensberatung Frost & Sullivan um durchschnittlich 12,8% pro Jahr von 3,38 Mrd US-Dollar (1998) auf 6,36 Mrd US-Dollar (2005) wachsen. Fast 60% des europäischen Gesamtumsatzes mit W.-Laufwerken wurde in Deutschland, Großbritannien und Frankreich erzielt.

Konkurrenz: W. werden zur Datensicherung, -archivierung und zum Informationstransport zwischen verschiedenen Computern eingesetzt. Durch ihre Speicherkapazität sind sie herkömmlichen Disketten mit 1,44 MB weit überlegen. Der Einbau eines 3,5-Zoll-Diskettenlaufwerks war aber auch um 2000 für PC-Hersteller noch am kostengünstigsten. Fehlende Standards, Konkurrenzkämpfe zwischen den Systemen der US-Firma Iomega (Zip-Laufwerk, Jaz-Laufwerk), 3M/Imation (120-MB-Superdisk) und Sonys 200-MB-HiFD-Diskette sowie hohe Preise verhinderten, dass sich ein System dauerhaft am Markt durchsetzte. Die hohen Verkaufszahlen bei CD-Brennern in Verbindung mit CD-R- bzw. CD-RW-Rohlingen und das große Publikumsinteresse an DVD bzw. DVD-RAM (wieder-

beschreibbare DVD) mit ebenfalls großem Speicherplatz (650 MB bzw. 5,2 GB) zeigten, dass diese Medien zur ernsthaften Konkurrenz für die anderen W. heranwachsen.

Dataplay: Die 1998 gegründete US-Firma präsentierte Anfang 2000 eine MO-Diskette in Münzgröße mit einer der CD-ROM vergleichbaren Speicherkapazität von 500 MB. Die Diskette sollte ab 2001 für rund 10 US-Dollar in den Handel kommen. Dataplay erhoffte sich insbes. vom Einsatz der Disketten als Musikspeicher große Umsätze und trat in Konkurrenz zu Sony. Der japanische Konzern kündigte 2000 eine mit Sharp entwickelte MO-Diskette mit 5 cm Durchmesser und 1 GB Fassungsvermögen an.

LS120: Als Nachfolger des Laufwerks LS120 der US-Firma Imation wurde Ende 1999 das Superdisk 120-MB-Laufwerk angekündigt. Außer mit den 120-MB-Disketten arbeitet es auch mit 3,5-Zoll-Disketten mit 1,44 MB. Die Superdisk ist doppelt so schnell wie ihr Vorgängertyp und 27-mal so schnell wie ein altes Diskettenlaufwerk. Als Computereinbauversion kostete sie 180 DM, die 120-MB-Diskette 22–25 DM.

Orb: Die Firma Castlewood stellte 2000 ihr Orb-Laufwerk vor, das bis zu 2,2 GB auf W. speichert. Es arbeitet etwa so schnell wie eine Festplatte (bis 12,2 MB/sec). Je nach Anschluss kostet das Laufwerk 500–700 DM, ein 2,2-GB-W. etwa 70 DM.

Freizeit und Unterhaltung → CD-ROM → DVD

Wechselmedien: Kosten und Leistung

Datenträger	Kosten Laufwerk (DM)	Speicher-kapazität (MB)	Kosten pro Datenträger (DM)	Vor-/Nachteile
Diskette	ab 30	1,44	0,50	universell einsetzbar, fast in jedem PC lesbar/geringe Kapazität
Superdisk	ab 300	120	20,00	handlich, kann auch alte Disketten lesen/recht langsam
HiFD	ab 450	200	27,00	handlich, kann auch alte Disketten lesen/nicht weit verbreitet
CD-Brenner	ab 350	650	2,00	robust und weit verbreitet/nur einmal beschreibbar
CD-Rewritable	ab 330	650	3,50	robust, mehrfach beschreibbar/Speichern ist zeitaufwändig
Zip 100	ab 220	100	24,00	weit verbreitet, robust, einfache Handhabung
Zip 250	ab 400	250	48,00	weit verbreitet, robust, einfache Handhabung
Clik	ab 465	40	20,00	winzig, praktisch und einfach
Streamer	ab 1200	ab 1000	ab 10,00	sicher, robust, einfach, für große Datenmengen/langsam, teuer
MO-Laufwerk	ab 1300	ab 640	28,00	schnell und zuverlässig/ungeeignet für mobilen Einsatz
Jaz	ab 300	1000/2000	200,00/250,00	hohe Speicherkapazität, mobil nutzbar, schnell

Quelle: Wirtschaftswoche, 17.2.2000

Dienstleistungen

Banken

Steigender Kostendruck und Globalisierung der Märkte führten um 2000 bei den B. zu Umstrukturierungen, Filialschließungen, Konzentrationen und Fusionen sowie Stellenabbau. Als Geschäft der Zukunft wurde das Internet-Banking angesehen.

Bankenaufsicht: Seit 1998 überwachte das Bundesaufsichtsamt für das Kreditwesen (BAKred, Berlin) große Teile des sog. grauen Kapitalmarktes. Bis Mitte 2000 wurden 2300 Ermittlungen gegen Anbieter unerlaubter Bank- und Finanzgeschäfte eingeleitet. Im gleichen Zeitraum sank die Zahl der zugelassenen Finanzdienstleister von 3460 auf 1813. B.-Vertreter forderten von der rot-grünen Bundesregierung, dubiosen Anbietern durch umfassende Regulierung die Geschäfte zu erschweren; als Vorbild wurde die strenge US-Aufsicht genannt, die den kompletten Vertrieb von Kapitalanlagen überwachte.

Bundesbank: Bundesfinanzministerium und Finanzressorts der deutschen Bundesländer bildeten Anfang 2000 eine Kommission zur Reform der Bundesbank. Die deutsche Nationalbank ist seit 1.1.1999 als Glied der Europäischen Zentralbank (EZB,

Bei Übernahmen und Fusionen diktierten 1999/ 2000 die Börsenkurse, nicht die Bilanzsummen den Wert der Bank. Hinter den Briten, Schweizern und Franzosen lag die Deutsche Bank auf Rang 7. Die HypoVereinsbank belegte Platz 14, die Dresdner Platz 15, die Commerzbank Rang 18.

Frankfurt/Main) u.a. für die Anpassung ihrer Betriebsabläufe an das Eurosystem verantwortlich. Die Bundesbank plante viele Aufgaben der Finanzmarktaufsicht (Banken-, Versicherungs- und Wertpapieraufsicht) unter ihrem Dach zu bündeln. 1999 konnte sie nur einen Gewinn von 7,61 Mrd DM (1998: 16,8 Mrd DM) an den Bund überweisen. Der Zinsertrag ging von 13,2 auf 9,8 Mrd DM zurück. Seit dem 1.1.1999 setzte sich der Gewinn der Bundesbank aus Zinserträgen der ihr verbleibenden Währungsreserven und aus anteiliger Gewinnabführung der Europäischen Zentralbank (EBZ) zusammen.

Weltbank: Eine vom US-amerikanischen Kongress beauftragte Kommission aus Ökonomen forderte 1999 weit reichende Reformen der Weltbank. An Länder mit Kapitalmarktzugang oder an solche mit einem Pro-Kopf-Einkommen von über 4000 Dollar sollten keine Kredite mehr vergeben werden. Die beiden Töchter International Finance Corporation (IFC) und Multilateral Investment Guarantee Agency (Miga) sollten aufgelöst werden. Die IWF-Beratungen im April 2000 brachten keine konkreten Reformergebnisse. Einig waren sich der Internationale Währungsfonds (IWF) und die Weltbank darüber, dass arme Länder zukünftig stärker unterstützt werden müssen.

Fusionen: Anfang 2000 übernahm der schwedische Finanzkonzern SEB (Skandinaviska Enskilda Banken AB) für 3,1 Mrd DM die deutsche BfG-Bank (Bilanzsumme 1998: 83 Mrd DM). Mit der einstigen Gewerkschaftsbank wollten die Skandinavier in Europa bei Internet-Banking, Vermögensverwaltung und im Investmentgeschäft expandieren. Der Name BfG-Bank blieb erhalten. Im März 2000 kündigten die japanischen Banken Dai-Ichi Kangyo (DKB), Fuji Bank und Industrial Bank of Japan (IBJ) ihre Fusion für 2002 an. Mit einer Bilanzsumme von 850 Mrd Euro (1,7 Billionen DM) wird dadurch das größte Kreditinstitut

TopTen Die größten Banken Europas

Bank	Börsenwert 1999 (Mrd Euro)
1. HSBC Holdings PLC 🇬🇧	92,9
2. Lloyds TSB Group 🇬🇧	65,4
3. UBS AG 🇨🇭	55,0
4. Credit Suisse Group 🇨🇭	48,3
5. BNP + Paribas 🇫🇷	46,2
6. Barclays PLC 🇬🇧	42,3
7. Deutsche Bank 🇩🇪	40,7
8. NatWest 🇬🇧	37,1
9. Banco Santander 🇪🇸	35,2
10. ABN Amro Holding 🇳🇱	32,6

Quelle: Süddeutsche Zeitung, Bloomberg

der Welt entstehen. Für 2001 gaben die japanischen Großbanken Sanwa, Tokai und Asahi ihre Fusion zum international zweitgrößten Finanzkonzern bekannt. Die geplante Fusion der Deutschen und der Dresdner Bank scheiterte im April 2000 am Streit um die Dresdner Investmenttochter Kleinwort Benson, welche die Dresdner nicht verkaufen wollte. Im Juni 2000 führten Dresdner Bank und Commerzbank Fusionsgespräche.

Gewinne: Die Deutsche Bank steigerte ihren Gewinn vor Steuern um 50% auf 2,6 Mrd Euro (Bilanzsumme: 840 Mrd Euro). Die Dresdner Bank erwirtschaftete 1999 einen Jahresüberschuss von 1,1 Mrd Euro (+13%, Bilanzsumme: 410 Mrd Euro). Die Commerzbank steigerte ihren Vorsteuergewinn auf 327 Mio Euro (+40%). Die Bilanzsumme der Sparkassen und Landesbanken stieg um 8,2% auf 2,1 Billionen Euro. Hiervon entfielen auf die Sparkassen 925,4 Mrd Euro (+4,6%), auf die Landesbanken 1,1 Billionen Euro (+11,2%).

Investitionen: Mit Investitionen von jährlich 1 Mrd Euro plante die Deutsche Bank ab 2000 in Kooperation mit den Online-Diensten AOL und Lycos, der Softwarefirma SAP und dem TV-Sender RTL den Ausbau ihrer E-Commerce-Angebote. Insbes. sollten der Vertrieb eigener Dienstleistungen verbessert und neue Märkte, u. a. der Aufbau gemeinsamer Marktplätze für Unternehmen erschlossen werden. Auch die deutschen Sparkassen starteten mit Investitionen von rund 870 Mio DM und Partnern wie AOL ins Online-Geschäft (u. a. Wertpapierhandel, Baufinanzierung). Mit einem Milliardenbündnis (genaue Zahlen wurden nicht bekannt gegeben) rüsteten sich Commerzbank und Deutsche Telekom für die Wachstumssparte Internet-Banking. Für die Töchter T-Online und comdirect wurde eine Überkreuz-Beteiligung vereinbart.

Arbeitsplätze: Nach der gescheiterten Fusion mit der Deutschen Bank plante die Dresdner Bank den Abbau von rund 5000 Stellen bis 2005. Auch die Deutsche Bank kündigte an, bei ihrer Tochter Deutsche Bank 24 rund 300 Filialen zu schließen. Insgesamt 2000 Arbeitsplätze werden betroffen sein. Nach der gescheiterten Tarifrunde 1999 (die Arbeitgeber zahlten seit April 1999 freiwillig 3,1% mehr Gehalt) forderten die Gewerkschaften Handel, Banken,

Banken: Anteile am Geschäft	
Bankform	*Anteil an Filialen (%)*
Sparkassen	39
Genossenschaftsbanken	38
Private Kreditbanken	15
Sonstige Banken	8

Anfang 1999 gab es in Deutschland 48 630 Geschäftsstellen; Quelle: Frankfurter Allgemeine Zeitung

Versicherungen (HBV) und die Deutsche Angestellten Gewerkschaft (DAG) in der Tarifrunde 2000 für die 470 000 Beschäftigten im Bankensektor 5,5% mehr Gehalt sowie beschäftigungssichernde Maßnahmen. Erstmals führten HBV und DAG gemeinsam die Tarifgespräche. Streitpunkt war die Samstagsarbeit, die im Rahmen eines Modellprojekts ab 4.10.2000 bis 30.9.2002 mit max. 6% der Beschäftigten erprobt wird. Die HBV lehnte das Angebot von Freizeitzuschlägen nur für Beschäftigte in bestehenden Arbeitsverträgen ab.

www.deutsche-bank.de; www.dresdner-bank.de; www.dsgv.de; www.bsw-bank.de; www.commerzbank.de; www.hbv.org; www.dag.de; www.bawe.de (Bundesaufsichtsamt für den Wertpapierhandel); www.bakred.de (Bundesaufsichtsamt für das Kreditwesen)

Call Center

Unternehmensinterne oder -externe Organisationseinheit zur telefonischen Kundenbetreuung

In Deutschland arbeiteten Mitte 2000 rund 200 000 Menschen in C., vor allem zur Bestellungsannahme, Produktinformation und Kundengewinnung. Lt. britischer Marktforschungsgruppe Data Monitor waren etwa 80% der 1800 Zentren als Abteilungen direkt in Unternehmen angesiedelt, der Rest als externe Agenturen oder Dienstleister. In Deutschland stieg die Zahl der Mitarbeiter in C. 1999 gegenüber dem Vorjahr um 23%, in Ostdeutschland wegen rund einem Viertel niedrigerer Lohnkosten sogar um 50%. Nach einer Umfrage des Deutschen Direktmarketing Verbandes (DDV) hatten 80% der C. um 2000 weiter hohen Personalbedarf, vor allem bei Finanzdienstleistern und Energieversorgungsunternehmen.

Service-Defizite: Hauptkritikpunkte von Kunden der C. waren lange Wartezeiten, inkompetente und/oder unfreundliche Mit-

Die größte Zahl an Filialen und Geschäftsstellen hielten in Deutschland 1999 Sparkassen und Genossenschaftsbanken. Im Wettbewerb mit den privaten Großbanken setzen sie besonders auf Kundenbetreuung und Service vor Ort.

Service, Erreichbarkeit und Gebühren der Direktbanken wichen 1999 z. T. erheblich voneinander ab. Vor allem Discount-Brokerage, Wertpapier- und Aktienhandel wurden dem Kunden zu unterschiedlichen Konditionen angeboten.

Direktbanken im Vergleich

Bank	Erreichbarkeit	Gebühren (DM/Jahr)	Beratung	Wertpapier-Gebühren (DM)[1]
1822 direkt	24 Std. tägl.	kostenlos	nein	37,92
Advance Bank	7–22 Uhr tägl.	kostenlos	ja	47,90
Allg. Deutsche Direktbank	Mo–Fr 8–20 Uhr	kostenlos	nein	42,50
Comdirekt	8–22 Uhr tägl.	kostenlos	nein	22,17
Consors	24 Std. tägl.	12	nein	25,90
Direkt Anlage Bank	Mo–Fr 7–24 Uhr	kostenlos	nein	32,65
Firmatex	Mo–Fr 8–22.15 Uhr	kostenlos	nein	22,88
Entrium Direct Brokers	Mo–Fr 8–20 Uhr	kostenlos	nein	35,00

1) bei Aktien-Order für 2500 DM; Stand: Ende 1999; Quelle: B&W Investment Research

arbeiter sowie mehrmaliges Durchstellen bis zum richtigen Ansprechpartner. Auf die Flut von Aktien-Neuemissionen waren die C. der deutschen Direktbanken 1999 nur unzureichend vorbereitet.

Branchentarif: DAG (Deutsche Angestellten Gewerkschaft), DPG (Deutsche Postgewerkschaft), HBV (Handel, Banken und Versicherungen), IG Medien und ÖTV (Öffentliche Dienste, Transport und Verkehr) forderten 2000 für Beschäftigte von Direktbanken, -versicherungen und Telefonservice-Gesellschaften einen Branchentarifvertrag. Große Unterschiede gab es bis dahin vor allem bei Gehältern, Urlaubszeiten und Arbeitsplatzgestaltung. Bis Mitte 2000 lehnten die betroffen Unternehmen einen Tarifvertrag ab.
www.ddv.de (Deutscher Direktmarketing Verband); **www.dag.de**

Direkt- und Internetbanken

(Banken ohne Filialen, bei denen der Kunde Geschäfte nur über Telefon oder Internet abwickeln kann, und zwar zu deutlich ermäßigten Preisen)

Das Internet verschärfte um 2000 den Konkurrenzkampf der Banken. Gewinner der Entwicklung waren die D. (z. B. Advance Bank, Comdirect, Direktbank, Consors). Die 1994 gegründete Commerzbank-Tochter Comdirect, die mit T-Online kooperiert, rechnete 2000 mit 240 000 Neukunden (Gesamtkundenzahl: 7,1 Mio) und war damit größter Anbieter für den direkten Wertpapierhandel. Die als D. gestartete Deutsche Bank-Tochter Bank 24 wurde im September 1999 Vollbank

und übernahm auch den Bereich Privat- und Geschäftskunden. Anfang 2000 unterhielt die Deutsche Bank 24 rund 1000 Filialen und 250 Finanzcenter. Das Betriebsergebnis des ersten Geschäftsjahres (Sept.–Dez. 1999) belief sich auf 177 Mio Euro. Wesentlich zum Wachstum beigetragen hatte die Sparte Brokerage 24. Deren Kundenzahl stieg 1999 um 60% auf 125 000 und seit Jahresbeginn um weitere 35% auf 165 000 Kunden.
Ab Februar 2000 gaben Bank 24 und der Internet-Provider Yahoo eine gemeinsame Kreditkarte für Online-Shopping heraus.
Nach der geplatzten Fusion mit der Dresdner Bank plante die Deutsche Bank bei ihrer Tochter die Schließung von rund 300 der 1000 Filialen; davon waren etwa 2000 (10,4%) der 19 300 Arbeitsplätze betroffen.
Europa: Der finnische Broker EQ, der US-amerikanische Finanzierungsspezialist E-Loan und die irisch-französische Cyberbank First-e eroberten als neue D. 2000 den deutschen Markt. First-e, ein Gemeinschaftsunternehmen von Enba, einem Dubliner Internet-Unternehmen, und dem französischen Bankhaus Banque d'Escompte, wickelte seine angebotenen Dienstleistungen nicht selbst ab, sondern kaufte sie als Outsourcing (Auslagerung von Aufgabenbereichen) ein. Die in Großbritannien gestartete Internetbank gab im April 2000 ihre Fusion mit Uno-e (Spanien) bekannt. Die Internet Banking Gruppe beabsichtigt in den folgenden Jahren, insgesamt 978 Mio DM zur Ausweitung ihrer Geschäftstätigkeit nach ganz Europa, in die USA, nach Lateinamerika und Asien zu investieren.

Kundenservice: Mitte 2000 boten fast alle D. Realtime-Kurse sowie Chat-Rooms und Diskussionsforen für Anleger an. Auf die Flut neuer Aktien-Emissionen 1999 waren die deutschen D. nur schlecht vorbereitet. Technische Probleme und lange Wartezeiten verärgerten die Kunden. Das Bundesaufsichtsamt für den Wertpapierhandel (BAWe, Frankfurt/Main) ermahnte eine Reihe von D., die Erreichbarkeit für die Kunden sicher zu stellen.

Gewinne: Die comdirekt Bank AG konnte 1999 ihren Gewinn auf 13,7 Mio Euro versechsfachen. Der Brokerage-Umsatz verdoppelte sich auf 15,8 Mrd Euro, die Zahl der Orders stieg um 122% auf 5,1 Mrd. 79% der Orders kamen via Internet. Im Juni ging die Tochter der Commerzbank an die Börse.

www.deutsche-bank24.de; www.brokerage.de; www.bdb.de; www.netbank.de; www.first-e.de

E-Cash: Umsätze in Europa		
Umsatz (Mrd US-Dollar)		*Veränd. (%)[1]*
2006	3,26	▲ +10,7
2005	2,94	▲ + 9,9
2004	2,68	▲ + 9,1
2003	2,45	▲ + 8,3
2002	2,27	▲ + 6,8
2001	2,12	▲ + 5,6
2000	2,01	▲ + 4,1
1999	1,93	▲ + 2,5
1998	1,88	△ + 0,9
1) gegenüber dem Vorjahr; Quelle: Frost & Sullivan Report 3/2000		

Gute Wachstumsaussichten hatte nach einer Studie der Unternehmensberatung Frost & Sullivan der europäische Markt für elektronische Kassen und Kartenzahlungsterminals. Wichtigste Wachstumsfaktoren sind die Zunahme des Zahlungsverkehrs mit EC- und Kreditkarten sowie der anhaltende Boom in E-Commerce und Multimedia.

E-Cash

Digital oder electronic cash oder e-money; bargeldloses Bezahlen von Waren oder Dienstleistungen

1999 wurden 21 Mio Geldtransfers per E. geleistet (lt. S-Card Service, Stuttgart, 1998: 14 Mio Zahlungen). Insgesamt 144 Mio DM wurden mit den Geldkarten 1999 umgesetzt. Während es zum Alltag gehörte, an Tankstellen, Restaurants oder Warenhäusern per E. zu bezahlen, scheuten viele Kunden wegen Sicherheitsbedenken vor dem Einkauf im Internet zurück. Das E-Payment-System Selfserve und der sog. SET-Standard (Secure Electronic Transaction) hatten jedoch die Kreditkartenzahlungen im Internet gegen Missbrauch sicherer gestaltet. Ohne Bankkonten und Kreditkarten kommt das 2000 eingeführte Net900 aus. Die Spezialsoftware der Telekom-Tochter TeleCash stellt über eine 0190-Nummer eine Datenverbindung zu einem Rechenzentrum her, wenn der Anwender ein kostenpflichtiges Angebot im Internet nutzen will. Die Rechnung erhält der Kunde mit der Telefonrechnung. Mit einer von der Deutschen Bank 24 gemeinsam mit dem Internet-Suchdienst Yahoo herausgegebenen Kreditkarte erhält der Kunde die Software für E-Cash, ein System für die Bezahlung von Kleinstbeträgen im Internet (Anbieter: Digicash). Hiermit kann er von seinem Konto einen Betrag in Cybergeld wechseln. Die virtuellen Münzen sind durch ein kryptografisches Verfahren verschlüsselt. Andere Banken, u. a. die Dresdner Bank, boten ein ähnliches System (CyberCoins) an.

www.digicash.com; www.electronic-commerce.org; www.shoppingservice.de (Einkaufsführer fürs Internet)

E-Commerce

Elektronischer Handel im Internet

Nach einer Untersuchung der Frankfurter Marktforschungsgruppe Forit wollten im Jahr 2000 rund 30% der deutschen Unternehmen erstmals E. in Einkauf und Vertrieb einsetzen. Das Transaktionsvolumen von 134 Mrd DM (1999) wird nach Schätzungen bis 2004 auf 1,1 Billionen DM wachsen. Der Business-to-Business-Bereich (B-to-B), die digitale Abwicklung von Geschäften zwischen Unternehmen, Lieferanten und Kunden, expandierte vor allem wegen erwarteter Kostenersparnis. In Deutschland stieg 1999 nach einer Studie der Gesellschaft für Konsumforschung (GfK, Nürnberg) die Zahl der privaten Internet-Anwender um mehr als 50% auf 16 Mio Bürger. Der Durchschnitts-Surfer verbrachte 42 min auf den Handelsseiten. Die meisten Einkäufe lagen noch unter der 100-DM-Grenze. Als Gründe für zögerndes Online-Shopping nannte das Online-Forschungsunternehmen Mediatransfer (Hamburg) Unsicherheit des Zahlungssystems (73% der Befragten), mangelnden Datenschutz (56%) und den nicht immer günstigeren Preis gegenüber dem herkömmlichen

Warenangebot (38%). Wachstumspotenziale boten u. a. die Bereiche Eintrittskarten, Flugtickets, Reisen, Hotelreservierungen und Geschenkartikel.

Auch der digitale Markt von Privat an Privat (consumer-to-consumer, C-to-C) durch überregionale Kleinanzeigenmärkte ge-

Im Vergleich zu den USA hatte Europa 1999 in der Nutzung des Internets aufzuholen. Der EU-Beschäftigungsgipfel im März 2000 stand ganz im Zeichen des Internets. Zur Stärkung der Wettbewerbsfähigkeit kündigte die EU-Kommission eine »E-Europe-Initiative« an.

E-Commerce im Internet

Land	Internet-Anschlüsse 1999 (%)[1]
USA	51
Finnland	49
Schweden	48
Dänemark	35
Großbritannien	29
Deutschland	27
Niederlande	27
Belgien	23
Österreich	19
Irland	18
Frankreich	15
Spanien	13
Italien	13
Portugal	9
Griechenland	6

1) Privathaushalte; Quelle: Europäische Kommission, Data Quest, Eurostat

E-Commerce: Verbraucherschutz und Rechtssicherheit

Eine Untersuchung des Verbandes der deutschen Internet-Wirtschaft, Electronic Commerce Forum (eco, Köln), fand in deutschen Online-Shops gravierende Lücken beim Verbraucherschutz. Nur 23% aller Internet-Warenhäuser teilten ihre allgemeinen Geschäftsbedingungen mit, lediglich rund 20% akzeptierten eine Kreditkarte. Das vergleichsweise sichere moderne Zahlverfahren SET (Secure Electronic Transaction) wurde überhaupt nicht eingesetzt. Nur 18% aller Anbieter setzen auf die sichere Datenübermittlung mit SSL (Secure Socket Layer), die im Jahr 2000 als technischer Standard galt. Nur 17% der Händler gaben einen Teil ihres Kostenvorteils an die Kunden weiter und verzichteten auf Versandkosten. Zur Abhilfe plante der eco-Verband gemeinsam mit der deutschen Internet-Wirtschaft für Herbst 2000 die

Einführung eines »Gütesiegels für Online-Shops«. Es soll Mindeststandards zur Rechtssicherheit, zum Verbraucherschutz und zum Einkaufskomfort festlegen. Mehr Rechte für deutsche Verbraucher beim E-Shopping (ab 1.7. 2000) brachte das im Juni 2000 vom Bundesrat gebilligte Fernabsatzgesetz. Danach müssen Internetfirmen ihre Kunden über Identität, Leistungen und Lieferbedingungen umfassend informieren. Der Kunde kann Lieferungen binnen 14 Tagen auf Kosten des Anbieters ohne Angabe von Gründen (Warenwert: mind. 80 DM) zurücksenden. Darüber hinaus gilt eine einheitliche Widerrufsfrist von sieben Tagen. Die EU-Kommission verabschiedete für 2000 ein umfassendes Regelwerk zum E. an. Streitfälle sollen in einem »Europäischen Außergerichtlichen Netzwerk« geschlichtet werden.

wann an Bedeutung. Das Marktforschungsunternehmen Forrester Research schätzte, dass der Umsatz im Auktionshandel bis 2002 weltweit rund 52 Mrd Dollar ausmachen wird (1999: 3,8 Mrd Dollar).

Branchen und Unternehmen: Branchenführer des Online-Buchhandels war Amazon (amazon.de), der 2000 auch Musik-CD und Geschenkartikel verkaufte (Umsatz 1998: 11 Mio DM; letztverfügbarer Stand); größter Konkurrent war der Bertelsmann-Konzern mit bol.de (Umsatz 1999: 40 Mio DM). Der virtuelle Vertrieb als E-Buch oder Book on Demand (BoD) wurde u. a. vom Hamburger Buchgroßhändler Libri (libri.de) angeboten.

Im Textilhandel existierten neben den traditionellen Versandhäusern wie Otto Versand (otto.de) und Quelle (quelle.de) zahlreiche Spezialisten. Der Otto-Versand-Konzern konnte seinen Online-Umsatz 1999 auf 10 Mio DM (1998: rund 3 Mio) mehr als verdreifachen. Mit der Citti-Handelsgesellschaft Kiel stieg der Konzern in den Lebensmittelversand ein. Größter Wachstumsmarkt beim Online-Shopping war 1999 der Computerbereich. In Deutschland wurden 1999 Hard- und Software im Wert von 232 Mio DM über das Netz verkauft, 130% mehr als 1998. Größter Anbieter im Direktversand war die US-Firma Dell (dell.de). Im Reisesektor einigten sich im Mai 2000 die Lufthansa und zehn große europäische Fluggesellschaften darüber, ein gemeinsames Online-Reisebüro aufzubauen.

Fusionen: Nur zwei Jahre nach der Gründung ihres Internet-Auktionshauses ricardo.de verkauften die Gründer für 1,1 Mrd Euro (zahlbar in QXL-Aktien) einen Anteil von 50% an das britisch-deutsche Internet-Auktionshaus QXL. Durch die Fusion entstand mit rund 1,3 Mio gemeinsamen Nutzern einer der größten europäischen Anbieter für elektronische Geschäfte im Internet.

Virtuelle Marktplätze: Unternehmen und Industriekonzerne planten für 2000 den Einstieg ins Business-to-Business-Geschäft. Sie wollten einen Großteil der Waren online auf sog. Plattformen ordern, um Kosten zu sparen und die Produktivität zu erhöhen. Die drei weltgrößten Autokonzerne DaimlerChrysler, Ford und General Motors gründeten ein Internet-Unternehmen für den Einkauf von Zulieferteilen. Renault und Nissan schlossen sich der Allianz an. Auch

BASF, Henkel und Degussa-Hüls verbündeten sich für den gemeinsamen Handel im weltweiten Netz. Die Deutsche Lufthansa AG gliederte im März 2000 ihren gesamten Internet-Vertrieb in eine eigenständige E-Commerce-GmbH aus.

Aus- und Weiterbildung: Hochschulen wie Frankfurt/M. und Würzburg boten 2000 als Studienschwerpunkt E. an. Kleine und mittlere Unternehmen konnten ihre Mitarbeiter in bundesweit 24 regionalen Kompetenzzentren für den E. schulen.

Technische Voraussetzungen: Den wachsenden Anforderungen des E. waren um 2000 das bisherige Web-Dokument-Format HTML (Hypertext Markup Language) sowie die Beschreibungssprache EDI (Electronic Data Interchange) nicht mehr gewachsen. Die neue Beschreibungssprache XML (Extensible Markup Language) wurde besonders für die Übertragung und Speicherung von strukturellen Datensätzen ausgelegt und erlaubt den Austausch von Datensätzen unterschiedlicher Betriebssysteme.

www.webstudie.de (Informationen zum Thema E-Commerce; **www.shop.de** (Suchmaschine für Einkäufe im Internet); **www.eco.de** (Electronic Commerce Forum; **www.ec-net.de** (Netzwerk der Kompetenzzentren Elektornischer Geschäftsverkehr; **www.bvb.de** (Bundesverband der Informations- und Kommunikationssysteme; **www.wiinf.uni-wuerzburg.de** (Website der Uni Würzburg mit Informationen zum E-Commerce-Studium)

Einzelhandel

Bilanz: Der deutsche E. steigerte seinen Umsatz 1999 um 2,2 Mrd auf 722,2 Mrd DM. Dies entsprach einem realen Umsatzanstieg von 0,5%. Für 2000 rechnete der Hauptverband des Deutschen Einzelhandels (HDE, Köln) mit einem moderaten Umsatzzuwachs von 5 Mrd DM. Zu den Gewinnern zählten 1999 erneut Großbetriebe wie SB-Warenhäuser, Verbrauchermärkte und Discounter, die durch aggressive Preispolitik Marktanteile auf sich zogen. Der weltgrößte Handelskonzern, das US-Unternehmen Wal-Mart, senkte Anfang 2000 für mehrere hundert Produkte die Preise um bis zu 20%. Die Handelskette Rewe reagierte auf die harte Konkurrenz mit der Einführung von Dauerniedrigpreisen für rund 10 000 Produkte. 1999 wurden im E. 40 000 der rund 3 Mio Stellen abgebaut.

E-Commerce: Umsatz im Internet

Bereich	Umsatz 1999 (Mrd US-Dollar)
Hard- und Software	7,4
Flüge/Reisen	7,3
Finanzgeschäfte/Wertpapierhandel	5,8
Auktionen	5,4
Musik und Videos	1,7
Bücher	1,5
Textilien/Sportartikel	1,4
Geschenke/Blumen	1,4
Web-Kaufhäuser	1,3
Veranstaltungstickets	1,2

Quelle: HDE/BCG

Lebensmittel: Die führenden Unternehmen beherrschten 1999 ca. 83% des Marktes (1998: 84%). Der inländische Umsatz aller deutschen Lebensmittelhändler betrug 354 Mrd DM, auf das reine Food-Geschäft entfielen 246 Mrd DM (+2,3%). Die Bundesvereinigung der Deutschen Ernährungs-

Zu den Gewinnern des Jahres 1999 gehörten Banken und Broker, die durch Online-Banking und Börsengeschäfte im Internet insgesamt 5,8 Mrd US-Dollar umsetzten.

Einzelhandel: Umsatz[1]

Bereich	Veränderung (%)
Zweiräder	+10
Uhren, Schmuck	+2
Lederwaren	+1
Buchhandel	+1
Lebensmittel	0
Schuhe	0
Eisenwaren, Hausrat	0
Blumen	0
Glas, Porzellan, Keramik	−1
Unterhaltungselektronik	−1
Musikalien	−1
Textilien	−2
Drogerien	−2
Sportartikel	−2
Möbel	−5

1) Entwicklung des Facheinzelhandels 1999 gegenüber dem Vorjahr; Quelle: Institut für Handelsforschung, HDE

Zwei Branchen ragten 1999 heraus: Der Fahrradhandel schloss mit einem überdurchschnittlichen Plus von 10% ab, der Möbelhandel musste sich mit 5% weniger zufrieden geben als 1998.

Mehr als die Hälfte aller 1999 in Deutschland verkauften Lebensmittel lieferten die vier führenden Handelsunternehmen Metro, Rewe, Edeka und Aldi. Der verschärfte Wettbewerb führte zu einem leichten Preisrückgang.

TOP TEN ■ Lebensmittelhandel[1]	
Unternehmen	Umsatz 1999 (Mrd DM)
1. Metro	59,6
2. Rewe	49,9
3. Edeka/AVA	45,8
4. Aldi	36,3
5. Tengelmann	26,9
6. Lidl & Schwarz	22,3
7. Karstadt	16,7
8. SPAR	15,7
9. Lekkerland-Tobaccoland	11,0
10. Schlecker	7,7
Quelle: M+M Eurodata	

industrie (BVE, Bonn) rechnete für 2000 mit einer Fortsetzung des Preisrückgangs in der Branche.

Handel im Internet: Nach Schätzungen des HDE wurden 1999 rund 3 Mrd DM Umsatz durch E-Commerce realisiert (0,5% des Branchenumsatzes). Die Metro AG, drittgrößtes Handelsunternehmen der Welt, schloss 2000 eine E-Commerce-Allianz mit GlobalNetXChange, der ersten globalen Internet-Plattform für Datentransfer des E. Mit dem Unternehmen Carrefour und Sears wurde eine Online-Allianz geschlossen. Im April 2000 startete Einkauf24.de, der virtuelle Supermarkt der Spar-Gruppe.

Expansion: Bis Ende 2000 will der Aldi-Konzern sein erstes Geschäft in Sydney/

■ Factory outlet: Verkauf ab Fabrik	
Bereich	Anteil des Fabrikverkaufs (%)[1]
Herrenbekleidung	1,5
Damenbekleidung	1,1
Schuhe/Sportschuhe	0,8
Haus-/Heimtextilien	0,7
Glas, Porzellan	0,6
Sportbekleidung u. -geräte	0,6
Lederwaren	0,5
Wäsche	0,4
Spielwaren	0,3
1) am Umsatz 1999; Quelle: HDE	

Handelsexperten wie die Ludwigsburger Gesellschaft für Markt- und Absatzforschung rechneten beim Factory outlet bis 2010 mit einem Jahresumsatz von 3,5 Mrd DM.

Australien eröffnen. Aldi betrieb 2000 bereits ca. 250 Geschäfte in Großbritannien und mehr als 500 in den USA.

Übernahmen: Die Tengelmann-Unternehmensgruppe trennte sich 2000 von insgesamt 111 Grosso- und Magnetmärkten. Die Großmärkte (Umsatz 1999: 2 Mrd DM) wurden von einem Konsortium aus Lidl & Schwarz, Bartels-Langness und der Dohle-Gruppe übernommen. Edeka Baden-Württemberg übernahm 42 Märkte von Tengelmann (Mai 2000); Edeka-Nord erwarb 19 Kaiser's Märkte, Edeka Südbayern 28 Tengelmann-Filialen. Die Rewe-Handelsgruppe (Köln) übernahm zum Jahresbeginn 2000 von der Deutschen Bahn Gruppe die Deutsches Reisebüro GmbH (DER). Touristik wurde damit zur tragenden Säule des Unternehmens, dem bereits der Pauschalreiseanbieter ITS Reisen und die Reisebürokette Atlas Reisen angehörten.

Rabattgesetz: In Deutschland durften Kunden bis 2000 nur einen Rabatt von 3% des Kaufpreises erhalten. Die rot-grüne Bundesregierung plante die Abschaffung des Rabattgesetzes aus dem Jahr 1933 wegen der neuen EU-Richtlinie zum elektronischen Warenverkauf. Von 2001 an gelten für jedes Unternehmen, das seine Waren im Internet anbietet, die Regeln seines Herkunftslandes (auch höhere Rabatte).
www.einzelhandel.de; www.edeka.de; www.tengelmann.de; www.rewe.de; www.aldi.de; www.metro.de

Factory outlet

(engl. etwa: Verkauf ab Fabrik), Direktverkauf vom Hersteller nach US-Vorbild

F. außerhalb innerstädtischer Einkaufsregionen boten 2000 Markenartikel zu Preisen deutlich unter denen des traditionellen Einzelhandels. Die Ende der 70er-Jahre in den USA entstandene Vertriebsform stieß aber in Deutschland auf starke Vorbehalte. Das Ende Mai 2000 eröffnete »B 5 Designer Outlet Center« im havelländischen Wustermark, direkt an der Bundesstraße 5 Berlin–Hamburg gelegen, ist bundesweit das erste Shopping-Zentrum für den Direktverkauf von Markenwaren. Auf ca. 10 600 m² bieten 60 Geschäfte ihre Waren an, insbes. Designer-Kleidung, exklusive Haushaltsartikel, Schmuck und Sportwaren. Preisnachlässe von 30–70% sollen jährlich 3,5 Mio

Kunden anlocken. Die in London ansässige Entwicklungsgesellschaft Outlet Centres International (OCI) und die Investmentbank Lehmann Brothers errichteten 2000 das größte europäische F. in Zweibrücken. Geplant war ein 38 000 m² großer Komplex mit 120 Ladengeschäften. Die größte Dichte an Fabrikverkäufen in Deutschland hatte 2000 die schwäbische Kleinstadt Metzingen mit 42 Firmen an 30 Standorten.

www.einzelhandel.de; www.direktverkauf.de (Einkaufsplattform im Aufbau); **www.billigershopping.de** (Einkaufsführer); **www.hersteller-direkt-Verkauf.de** (Einkaufsführer mit Adressen)

Geldkarten

Kreditkarten: Europaweit stieg die Zahl der Kreditkarten 1999 um 15% auf 155,4 Mio. Mit ihnen wurden 506 Mrd Euro (+17%) transferiert. In Deutschland waren Ende 1999 ca. 16 Mio Kreditkarten im Umlauf. Marktführer war Eurocard (8,8 Mio Kreditkarten) vor Visa (6 Mio) und American Express (1,3 Mio). Besonders stark legte Visa zu; der Marktanteil in Deutschland konnte um 12% ausgebaut werden.

EC-Karten: Die Zahl der Eurocheque-Karten in Deutschland stieg 1999 um 5,4% auf 45,5 Mio. Die Marktanteile veränderten sich kaum: Sparkassen 49%, Privatbanken 24% und Genossenschaftsbanken 26,2%. EC-Karteninhaber konnten 1999 in über 70 Ländern ohne Bargeld oder Schecks zahlen.

www.bvb.de (Bundesverband der Informations- und Kommunikationssysteme)

Ladenschluss

Wie die Dortmunder Sozialforschungsstelle (SFS) in einer im Herbst 1999 vorgelegten Studie feststellte, konnte die Liberalisierung des Ladenschlusses (1996) den Stellenabbau im Einzelhandel nicht stoppen. Die Zahl der Arbeitsplätze ging 1996–99 um rund 6% auf 2,85 Mio zurück, betroffen waren vor allem sozial abgesicherte Teilzeit- und Vollzeitstellen. Das Gutachten des Münchner ifo-Institutes (1999) kam in seiner Studie zu dem Schluss, dass die Lockerung des L. vor allem den großen Warenhauskonzernen deutliche Umsatzsteigerungen brachte. Rund 50% der Verbraucher nutzten die verlängerten Öffnungszeiten. Lt. ifo-Institut plädierten 45% der Kunden für

▬ Ladenschluss: Jobs im Verkauf		
Beschäftigte im Einzelhandel		*Veränderung (%)[1]*
Geringfügig Beschäftigte	▲	+ 2,5
Inhaber, Familienangehörige	▼	– 1,3
Auszubildende	▼	– 2,5
Teilzeit beschäftigte Arbeitnehmer	▼	– 5,2
Vollzeit beschäftigte Arbeitnehmer	▽	–11,1
1) 1996–99; Quelle: sfs/ifo		

Trotz der seit 1996 geltenden längeren Öffnungszeiten sank die Zahl der Beschäftigten im deutschen Einzelhandel um 6%. Die Zahl der Vollzeitarbeitsplätze ging sogar um 11% zurück. Insgesamt arbeiteten um 2000 rund 3 Mio Menschen im Einzelhandel.

die Abschaffung des gesetzlichen L. an den Wochentagen. Der Hauptverband des Deutschen Einzelhandels (HDE, Köln) sprach sich für die völlige Freigabe des L. während der Woche aus (6 bis 22 Uhr). Festhalten wollte der Verband aber an der Sonntagsruhe, wobei es den Geschäften freigestellt sein sollte, an vier Sonntagen im Jahr zu öffnen. Der HDE forderte in einem neuen L.-Gesetz für ganz Deutschland einheitliche Bedingungen.

www.einzelhandel.de; www.hbv.org

Messen

Der Messeplatz Deutschland setzte 1999 seinen Wachstumskurs fort. Nach Angaben des Ausstellungs- und Messeausschusses der Deutschen Wirtschaft (AUMA, Köln) wurden auf 132 internationalen und überregionalen M. 6,6 Mio m² Standfläche vermietet. Insgesamt verzeichneten die M. 1999 162 000 Aussteller, davon 77 000 aus

Die fünf großen deutschen Messeplätze konnten 1999 kräftige Umsatzzuwächse verzeichnen. Nur Berlin musste Einbußen hinnehmen. Für 2000 planten die Messeleitungen den Ausbau von Internet-Aktivitäten sowie Auslandskooperationen.

TopTen ▬ Die größten Messeplätze		
Messeplatz	Umsatz 1999 (Mio DM)	Veränderung(%)[1]
1. Düsseldorf	640	▲ + 23,1
2. Frankfurt/M.	533	▲ + 8,8
3. Hannover	490	▲ + 5,6
4. Köln	396	▲ + 20,4
5. München	352	▲ + 0,6
6. Berlin	204	▼ – 12,8
7. Stuttgart	155	▼ – 7,7
8. Nürnberg	133	▲ + 12,7
9. Leipzig	118	▼ – 4,8
10. Hamburg	72	▽ – 18,2
1) gegenüber dem Vorjahr; Quelle: Handelsblatt vom 11.4.2000		

Weltweit gab es um 2000 rund 12 Mio m² Hallenkapazitäten. Davon befanden sich mit 2,4 Mio m² knapp 20% in Deutschland.

Messen: Hallenkapazitäten

Fläche (m²)

Jahr	Fläche
1999	2 385 152
1998	2 330 922
1997	2 213 967
1996	2 128 639
1995	2 120 729
1994	2 145 558

Quelle: AUMA

dem Ausland. Die Besucherzahl erreichte 10,2 Mio (1998 : 9,8 Mio). Im Jahr 2000 sollte bei einer hochgerechneten Gesamtausstellerzahl von rund 173 000 (+3%) der Anteil ausländischer Unternehmen etwa 47% erreichen.

Cebit: Die größte Computermesse der Welt verbuchte 2000 mit über 7800 Ausstellern aus 63 Nationen einen Rekord. Schwerpunkte waren die Themen Internet und E-Commerce. Mit der »Cebit Job market« war eine Messe erstmals zentraler Anlaufpunkt für diejenigen, die einen neuen Arbeitsplatz in der IT-Branche suchten. Die Veranstalter planten für September 2001 eine »Cebit Asia« in Shanghai.
www.auma.de; www.cebit.de

Öffentlicher Dienst

Rund 19% der Gesamtausgaben aller öffentlichen Haushalte (349 Mrd DM) entfielen 1999 auf den Posten Personalkosten. Vor allem die Länder (38%) und Gemeinden (27%) waren übermäßig belastet.

In öffentlichen Einrichtungen von Bund, Ländern und Gemeinden beschäftigte Arbeiter, Angestellte und Beamte

Personalentwicklung: Die Zahl der Beschäftigten im Ö. ging lt. Statistischem Bundesamt (Wiesbaden) bis 30.6.1999 (letztverfügbarer Stand) gegenüber dem

Öffentlicher Dienst: Personalausgaben

Bereich	Anteil der Personalausgaben 1999 (%)
Alle öffentlichen Haushalte	19
Länder	38
Gemeinden	27
Sondervermögen des Bundes	18
Bund	10
Sozialversicherung	3

Quelle: Statistisches Bundesamt, www.statistik-bund.de

Vorjahr um 110 000 (2%) auf rund 4,35 Mio zurück. Insgesamt bestanden 3,3 Mio Vollzeitarbeitsstellen, 140 000 (4%) weniger als Mitte 1998. Im gleichen Zeitraum wurden 30 000 (3%) zusätzliche Teilzeitarbeitsplätze erfasst. Ein Teil des Anstiegs war auf neue gesetzliche Möglichkeiten zur Inanspruchnahme von Altersteilzeit zurückzuführen. Die Teilzeitquote im Ö. betrug 24% (1998: 23%). Im Vergleich zum Vorjahr blieb die Zahl der Beamten mit 1,76 Mio nahezu unverändert, während die Zahl der Angestellten mit rund 2 Mio um 74 000 (4%) sank. Mit 640 000 waren 1999 rund 34 000 (5%) Arbeiter weniger im Ö. beschäftigt als im Vorjahr.

Entlohnung: Die Tarifkommissionen der Gewerkschaft Öffentlicher Dienst, Transport und Verkehr (ÖTV) und der Deutschen Angestellten Gewerkschaft (DAG) einigten sich am 13.6.2000 in Stuttgart auf die Annahme des Tarifangebots der öffentlichen Arbeitgeber. Der neue Tarifabschluss sah ab 1.8. 2000 eine Einkommenserhöhung um 2%, ab 1.9.2001 um weitere 2,4 % vor. Von April bis Juli 2000 erhielten alle Arbeiter und Angestellten 100 DM/monatlich mehr Lohn und Gehalt. Für Auszubildende gab es 2% mehr ab April 2000. Die Einkommen in Ostdeutschland werden ab August 2000 auf 87%, ab Januar 2001 auf 88,5% und von Januar bis Dezember 2002 auf 90% des Westniveaus erhöht.

Zusatzrente: Die Zusatzrente sichert für die Beschäftigten im Ö. im Zusammenhalter eine Altersversorgung inkl. der gesetzlichen Rente von insgesamt bis zu 93% des letzten Arbeitsentgelts. Die Versorgungsanstalt des Bundes und der Länder (VBL, Karlsruhe) befürchtete bei der Zusatzrente bis Ende 2003 ein Defizit von 3,6 Mrd DM. Neben der steigenden Zahl der Versorgungsempfänger kam ein Urteil des Bundesverfassungsgerichts (1999) erschwerend hinzu, nach dem Teilzeitkräfte bei der Zusatzrente nicht benachteiligt werden dürfen.

Beamte: Der Städtetag forderte die rotgrüne Bundesregierung auf, ein Regelwerk zu erlassen, das es erleichtert, Gehaltskürzungen bei dienstunwilligen Beamten vorzunehmen. Der Deutsche Beamtenbund (DBB) und das Bundesinnenministerium hielten an dem Prinzip der Leistungsprämien und Einmalzahlungen für besondere Leistungen fest.

Dienstleistungsgewerkschaft: DAG (Deutsche Angestellten Gewerkschaft), DPG (Deutsche Postgewerkschaft), HBV (Handel, Banken und Versicherungen), IG Medien und ÖTV (Öffentliche Dienste, Transport und Verkehr) riefen im November 1999 die »Gründungsorganisation ver.di« ins Leben. Im Frühjahr 2001 sollte die Verschmelzung der fünf Einzelgewerkschaften vollzogen sein. Die Dienstleistungsgewerkschaft wird mit 3,2 Mio Mitgliedern die größte Einzelgewerkschaft der Welt und repräsentiert rund 1000 Berufe.

www.dag.de; www.ötv.de; www.dbb.de; www.statistik-bund.de; www.verdi.de

Online-Banking

(electronic banking) Bankgeschäfte im Internet

Ende 1999 wurden über 10 Mio Bankkonten online geführt. Im Vergleich zum Vorjahr (6,9 Mio) stieg die Zahl um rund 45%. Nach Angaben des Bundesverbandes deutscher Banken (BdB, Berlin) hatte sich die Zahl der Online-Konten seit 1995 bis 2000 mehr als versiebenfacht. Hauptursache für den Boom waren Aktiengeschäfte im Internet. Zum Standard im Online-Service der Banken gehören Kontostandsabruf, Ausführung von Überweisungen sowie die Möglichkeit, Daueraufträge oder Lastschriften am Bildschirm abzuwickeln. Auch Beispielrechnungen für Kredite oder Sondersparformen gehörten 2000 oft zum Service der großen Banken.

Versicherungen

Die Beitragseinnahmen der deutschen Versicherungswirtschaft betrugen 1999 rund 250 Mrd DM (1998: 237 Mrd DM, +5,5%); an Kapitalerträgen standen 103 Mrd DM zur Verfügung. Die Leistungen der V. bezifferte der Gesamtverband der Deutschen Versicherungswirtschaft (GDV, Berlin) auf 295 Mrd DM (+9% gegenüber 1998). Bei den Lebensversicherungen konnten die Einnahmen um 11,6 % auf rund 115 Mrd DM gesteigert werden. Die Private Krankenversicherung verdrängte mit 39 Mrd DM (+3,1%) die Kraftfahrzeugversicherung auf Platz 3 (38,7 Mrd DM, –0,8%). Den deutlichsten Rückgang im Beitragsaufkommen (–7%) wies die industrielle Sachsversicherung auf.

▬▬ Öffentlicher Dienst: Beschäftigte 1999		
Bereich	Beschäftigte (Mio)	Veränderung (%)[1]
Bund	0,51	▼ –1
Länder	2,3	▼ –2
Gemeinden	1,5	▼ –3
1) gegenüber 1998 (%); Quelle: Statistisches Bundesamt, www.statistik-bund.de		

Internet: 1999/2000 präsentierten große Versicherer ihre Angebote auch im Internet, Tarifinformationen gaben aber nur die wenigsten. Von 75 Kfz-V. boten lt. Stiftung Warentest (Berlin) nur 15 Gesellschaften online einen Tarifrechner an, mit dem der Kunde selbst seinen Beitrag ermitteln konnte. Nur bei zwei Unternehmen war ein Vertragsabschluss im Netz möglich. Für den 1.7.2000 plante die Mannheimer Versicherung mit der Internet Insurance Lebensversicherung AG den Verkaufsstart von Lebensversicherungen via Internet. Kunden erhalten zum günstigen Preis eines Direktanbieters eine Police ohne Zahlung einer Provision für den V.-Makler.

Tarifabschluss: Rückwirkend zum 1. Mai 2000 wurden die Gehälter der 220 000 Beschäftigten im deutschen Versicherungsgewerbe um 2,5% erhöht. Auszubildende erhielten 2,2% mehr. Im Monat April einigten sich Arbeitgeber und Gewerkschaft auf eine Einmalzahlung von 200 DM.

www.gdv.de (Infos aus der Versicherungsbranche)

Seit Jahren baut der Öffentliche Dienst Personal ab. 1999 setzte sich dieser Trend fort. Den höchsten Arbeitsplatzabbau vollzogen die Gemeinden.

▬▬ Versicherungen: Einnahmen	
Versicherungsart	Einnahmen 1999 (Mio DM)
Lebensversicherung	114,8
Krankenversicherung	38,9
Pflegeversicherung	3,8
Kfz	38,7
Allg. Haftpflicht	11,5
Unfall	10,3
Wohngebäude	6,8
Rechtsschutz	5,2
Hausrat	4,7
Transport	3,1
Feuer	2,3
Quelle: GDV-Schätzung	

Die Lebensversicherungen bauten 1999 ihre Position als bedeutendster Einnahmefaktor der Branche mit fast 115 Mrd DM aus. Angesichts unsicherer Renten in den kommenden Jahrzehnten setzten die Deutschen verstärkt auf private Altersversorgung.

Alkoholismus

Die Deutsche Hauptstelle gegen die Suchtgefahren (Hamm) ermittelte für 2000 rund 9,3 Mio Menschen mit riskantem Alkoholkonsum, d.h. einem täglichen Konsum von mehr als 20 g reinen Alkohols für Frauen und über 30 g für Männer (ca. drei Flaschen Bier). 2000 gab es 1,7 Mio behandlungsbedürftige Alkoholiker in Deutschland. Etwa 5 Mio–7 Mio Menschen waren durch A. eines Familienmitgliedes betroffen.

Schäden: A. schädigt nahezu alle Organe und kann psychische Krankheiten verursachen. Er begünstigt schwere Erkrankungen wie Krebs. Wenn Frauen täglich mehr als 20 g reinen Alkohols zu sich nehmen (etwa 0,5 l Bier oder 0,2 l Wein) und Männer mehr als 40 g, ist mit Gesundheitsschäden zu rechnen. Pro Jahr werden 2200 Babys in Deutschland mit schwersten körperlichen und geistigen Behinderungen infolge des A. ihrer Mütter geboren.

Konsum und Folgen: 1998 (letztverfügbarer Stand) sank zwar der Verbrauch reinen Alkohols um knapp 2% auf 10,5 l, womit sich der rückläufige Trend seit Beginn der 80er Jahre fortsetzte, doch lag Deutschland weiterhin in der Spitzengruppe aller Staaten. Frauen glichen ihren Umgang mit Alkohol zunehmend dem der Männer an. Berufstätige Frauen neigten eher zum Alkoholtrinken als Hausfrauen. Bei Jugendlichen und jungen Erwachsenen von 12 bis 25 Jahren zeigten sich ein Rückgang in der Häufigkeit des Alkoholkonsums und ein Anstieg der Anteile an Selten- und sog. Nietrinkern.

Gegenmaßnahmen: Die rot-grüne Bundesregierung verfolgte 1999 die Umsetzung des Aktionsplans Alkohol, den die Gesundheitsminister der Länder 1997, noch unter der damaligen konservativ-liberalen Regierung, beschlossen hatten. In Abstimmung mit deutscher Werbewirtschaft und Alkoholindustrie sollen Werberichtlinien für die alkoholischen Getränke verschärft werden. Das Bundesverkehrsministerium führte ab 1998 eine Kampagne gegen Alkohol am Steuer durch (Kosten pro Jahr: 3,5 Mio DM). In den Kampagne-Regionen, die jährlich wechseln sollten, fielen deutlich weniger alkoholisierte Fahrer auf.

www.bmgesundheit.de/themen/drogen/
99sucht/uebersi2.htm

Top Ten Weinkonsum in ausgewählten Ländern

Land	Liter/Kopf	Veränderung (%)[1]
1. Portugal	61,0	▲ + 0,7
2. Frankreich	60,0	▼ 0
3. Italien	53,5	▼ – 1,5
4. Luxemburg	52,0	▽ – 5,5
5. Schweiz	43,5	▲ + 0,5
6. Argentinien	40,0	▼ – 5,4
7. Griechenland	34,9	▼ + 2,7
8. Spanien	34,8	▲ +14,9
9. Uruguay	34,0	▲ + 6,3
10. Österreich	30,0	▼ – 4,8

Letztverfügbarer Stand 1997; 1) gegenüber dem Vorjahr; Quelle: Dt. Hauptstelle gegen Suchtgefahren

Top Ten Bierkonsum in ausgewählten Ländern

Land	Liter/Kopf	Veränderung (%)[1]
1. Tschechien	158,8	▲ +1,0
2. Irland	140,0	▼ –0,7
3. Deutschland	131,2	▼ –0,5
4. Dänemark	113,7	▽ –3,3
5. Österreich	113,2	▼ –0,7
6. Luxemburg	110,8	▼ –1,3
7. Großbritannien	103,6	▲ +1,7
8. Belgien	102,0	▼ 0
9. Slowakei	94,8	▲ +5,1
10. Australien	94,7	▼ –0,7

Letztverfügbarer Stand 1997; 1) gegenüber dem Vorjahr; Quelle: Dt. Hauptstelle gegen Suchtgefahren

Cannabis

(auch Hanf), Gattung der Hanfgewächse, vor allem in Indien, Vorderasien und im tropischen Afrika angebaut. Die Drüsen der Blätter und Zweigspitzen der weiblichen Pflanzen liefern das Haschisch. Die harzverklebten, getrockneten Pflanzenteile ergeben Marihuana. In C. ist der berauschende Wirkstoff Tetrahydrocannabiol (THC) enthalten. In Deutschland zählten Haschisch und Marihuana zu den illegalen Drogen. Bestimmte, wenig THC enthaltende C.-Sorten (Faser-Hanf) durften ab 1996 zur Herstellung von Segeltuch, Papier, Seilen und Textilien wieder angebaut werden.

Anfang 2000 beschloss das Bundesverfassungsgericht (BverfG, Karlsruhe), dass der medizinische Einsatz der berauschenden Substanzen aus C. im Einzelfall rechtlich erlaubt sei. Kranke könnten trotz gesetzlichen Verbots der Drogen die Erlaubnis zum C.-Einsatz beim Bundesinstitut für Arzneimittel und Medizinprodukte (Berlin) beantragen. Die Verfassungsbeschwerde von acht Schwerkranken gegen das C.-Verbot nahm das BVerfG nicht zur Verhandlung an, weil erst der Rechtsweg der unteren Instanzen beschritten werden müsse.
Begründung: Die Beschwerde führten acht Bürger, die u. a. an Aids, Multipler Sklerose, Hepatitis und schwerer Migräne litten. Sie betonten, dass Drogen aus C. Beschwerden wie Appetitlosigkeit, Übelkeit bei der Krebs-Chemotherapie, Abmagerung und Schmerzen lindern könnten und weitgehend nebenwirkungsfrei seien. Die Verfassungsrichter wiesen auf eine Ausnahmevorschrift im Betäubungsmittelgesetz hin, nach der die Erlaubnis zum Einsatz von illegalen Drogen für »im öffentlichen Interesse liegende Zwecke« erwirkt werden könne.
Zulassung: Das Bundesgesundheitsministerium hob hervor, dass die Zulassung von C. als Medikament wegen der Anforderungen des Arzneimittelgesetzes problematisch sei. Wirksamkeit und Unbedenklichkeit des Stoffes müssten nachgewiesen werden. In der Berliner Klinik Charité wurde um 2000 mit einem Extrakt experimentiert.
www.acmed.org/ (Arbeitsgemeinschaft Cannabis als Medizin)

Drogenkonsum

Die Zahl der an den Folgen ihres D. verstorbenen Menschen stieg in Deutschland 1999 um 8,2% auf 1812, den höchsten Wert seit 1992. Harte Drogen wie Heroin und Kokain

Drogentote			
Bundesland		*Drogenopfer 1999*	*Veränd. gegenüber 1998*
Baden-Württ.		276	▲ +52
Bayern		268	▽ −45
Berlin		205	▲ +45
Brandenburg		4	▼ − 2
Bremen		76	▲ + 9
Hamburg		115	▼ −17
Hessen		138	▼ − 3
Meckl.-Vorp.		4	▲ + 2
Niedersachsen		116	▼ − 4
Nordrh.-Westf.		422	▲ +62
Rheinland-Pfalz		71	▲ +11
Saarland		20	▼ − 2
Sachsen		5	▲ + 1
Sachsen-Anhalt		3	▲ + 1
Schlesw.-Holst.		80	▲ +26
Thüringen		7	▲ + 2

Quelle: Bundeskriminalamt (Wiesbaden), www.bka.de

sowie LSD wurden weniger konsumiert, der Gebrauch der Designerdroge Ecstasy stieg dagegen. Die weiche Droge Cannabis blieb das meistkonsumierte Rauschmittel.
Drogenopfer: Die Mehrzahl der Drogentodesfälle wurde durch Mischkonsum mehrerer Rauschgifte gleichzeitig sowie durch langjährigen Missbrauch verursacht. 323 Drogenopfer (+17,8% gegenüber 1998) hatten auch die Ersatzdroge Methadon konsumiert, bei 28% (8,7%) war Methadon alleinige Todesursache. Zurückzuführen sei dies lt. der Drogenbeauftragten der rot-grünen Bundesregierung, Christa Nickels (Bündnis 90/ Die Grünen), auf die grob fahrlässige Verschreibungspraxis vieler Ärzte.
Ursachen: Nickels betonte, dass z. B. in Berlin, wo die große Koalition aus SPD und CDU die Einrichtung von Fixerstuben zum stress- und hygienisch einwandfreien Gebrauch illegaler Drogen abgelehnt hatte, die Zahl der Drogenopfer 1999 um 28% gegenüber 1998 zunahm. Bayern, wo die absolute Zahl der Opfer um 14,4% auf 268 sank, hatte gemessen an der Bevölkerungszahl unter den Flächenländern die Spitzenposition. Das CSU-regierte Land lehnte

In Ostdeutschland wurden 1999 weiterhin deutlich weniger illegale Drogen konsumiert als in Westdeutschland. So hatten lediglich 5% der 18–59-Jährigen Erfahrung mit zumindest einer illegalen Droge, in Westdeutschland waren es mit 14,2% fast dreimal so viele.

Rauschgiftopfer

Jahr	Anzahl der Opfer
1999	1812
1998	1674
1997	1501
1996	1712
1995	1565
1994	1624
1993	1738
1992	2099
1991	2125
1990	1491
1989	991

Quelle: Bundesgesundheitsministerium, Bundeskriminalamt

Drogenkonsum: Botenstoff BP 897

BP 897 spricht einen Rezeptor im Gehirn an, der für die Dopamin-Aufnahme zuständig ist. Dopamin ist ein Botenstoff, der beim Drogenkonsum ausgeschüttet wird und Euphorie auslöst. Mit BP 897 wird die Aufnahme von Dopamin vorgetäuscht und das Verlangen nach Drogen deutlich verringert.

▶ **Entdeckung:** Mitte 1999 identifizierten französische und britische Forscher BP 897, das Drogenkranken problemlosen Entzug ermöglichen soll. Es verursacht keine neue Abhängigkeit wie die Ersatzdroge Methadon. Im Tierversuch war BP 897 erfolgreich, am Menschen sollten Tests folgen.

Drogenkonsum in Europa

▶ **Cannabis:** Die weiche illegale Droge war 1998 nach wie vor das am häufigsten konsumierte Rauschmittel in der EU. 5–30% der Erwachsenen sowie 10–40% der jüngeren Erwachsenen hatten es ausprobiert. Es wurde ein leichter Anstieg der Zahl der Therapie-Einsteiger infolge Cannabiskonsums registriert, doch kann dies u. a. an der besseren Erfassung liegen.

▶ **Amphetamine:** Der Konsum von Aufputschmitteln wird Prognosen zufolge künftig stärker ins Gewicht fallen als der Gebrauch von Ecstasy. Amphetamine waren in den meisten EU-Ländern die am zweithäufigsten eingenommene illegale Droge. Sie wurden von 1–9% der Erwachsenen und von bis zu 16% der jüngeren Erwachsenen schon einmal ausprobiert.

▶ **Ecstasy:** Der Anteil der Erwachsenen mit Ecstasy-Erfahrung lag bei 0,5–3%, wobei Schul- und Bevölkerungsumfragen einen mäßigen Anstieg im Zeitverlauf ergaben. In den Mitgliedstaaten, in denen Ecstasy zuerst auf den Markt gelangt war, stieg der Konsum nicht weiter an, in anderen nahm er dagegen zu.

▶ **Kokain:** EU-weit war eine leichte, stetige Zunahme des Konsums zu verzeichnen. 1–3% der Erwachsenen hatten Erfahrung mit Kokain, bei den jungen Erwachsenen lag der Anteil höher. Die Therapie-Einrichtungen registrierten eine Zunahme von Kokainproblemen. Der Gebrauch des schon nach einmaligem Konsum abhängig machenden Crack war lokal begrenzt.

▶ **Heroin:** Während die Zahl der Konsumenten der harten illegalen Droge in den meisten EU-Ländern stabil war, gab es in einigen Staaten Anzeichen für die Bildung einer neuen Generation junger Heroinkonsumenten. Doch war der Anteil der Heroinkonsumenten mit 0,2 bis 0,3% der Bevölkerung relativ gering. Volkswirtschaftlich betrachtet verursachte Heroinmissbrauch hohe Kosten (Strafverfolgung, gesundheitliche Betreuung, Sozialleistungen, Sterblichkeit).

Quelle: Jahresbericht über den Stand der Drogenproblematik in der EU 1998, Europäische Beobachtungsstelle für Drogen und Drogensucht (Lissabon)

Fixerstuben ebenfalls ab. Nickels befürwortete das sog. niedrigschwellige Angebot an Süchtige, die sonst nicht erreicht werden.

Europa: 1 Mio–1,5 Mio von insgesamt 375 Mio EU-Bürgern (0,3–0,4%) nahmen 1999 harte Drogen. In Deutschland, Finnland, Österreich und Schweden war 1999 im EU-weiten Vergleich der Missbrauch harter Drogen am geringsten. Etwa 30 von 100000 Einwohnern konsumierten Rauschgifte wie Heroin und Kokain. Am meisten wurden diese Drogen lt. Europäischer Beobachtungsstelle für Drogen und Drogensucht (EBBD, Lissabon) in Großbritannien, Italien und Luxemburg konsumiert (70–80 Einwohner von 100 000). 6000–7000 Menschen starben um 2000 jährlich in Europa an den Folgen ihres D.

www.sucht.de (Fachverband Sucht);
www.dhs.de (Dt. Hauptstelle gegen Suchtgefahren)

Drogenpolitik

Trotz Bemühungen des Internationalen Suchtstoffkontrollrats der Vereinten Nationen (INCB, Wien) weiteten sich um 2000 das weltweite Angebot an illegalen Drogen, Handel und Konsum kontinuierlich aus. Der INCB setzte seine restriktive D. fort, die Handel und Drogenmissbrauch strafrechtlich verfolgt und Abstinenz als Ziel betrachtet. In Europa war lt. Europäischer Beobachtungsstelle für Drogen und Drogensucht (EBBD, Lissabon) eine Vereinheitlichung in der D. zu mehr Suchtprävention und Hilfsangeboten für Süchtige zu erkennen.

Internationale Bekämpfung: Die erreichten Erfolge bei der Verringerung von Koka-Anpflanzungen in Bolivien und Peru wurden mit verstärktem Anbau in Kolumbien ausgeglichen. Der Kokainexport nach Europa und in die USA blieb stabil. Einziger Erfolg der internationalen D. war die Kontrolle von Vorläuferstoffen für die Kokainherstellung. Es gelang, den Handel mit der Ausgangschemikalie Kaliumpermanganat in größerem Ausmaß zu unterbinden.

Europa: Das Prinzip »Hilfe statt Strafe« gewann an Bedeutung. Unter den EU-Staaten bestand weitgehend Einvernehmen über den Nutzen der Behandlung Abhängiger mit Methadon als Ersatzdroge. Diskutiert wurden staatlich organisierter Tausch benutzter Spritzen zum intravenösen Drogenkonsum gegen neue, sterile Spritzen zur Verringerung des Infektionsrisikos, Einrichtung von Fixerstuben zum Drogenkonsum unter hygienisch einwandfreien Bedingungen und staatliche Heroinabgabe an Schwerstsüchtige. In zahlreichen EU-Ländern wurde die Einteilung in legale und illegale Suchtstoffe in Frage gestellt, da der Gebrauch illegaler Drogen oft mit dem Konsum legaler Suchtstoffe wie Nikotin und Alkohol einhergehe.

Deutschland: Die Drogenbeauftragte der rot-grünen Bundesregierung, Christa Nickels (Bündnis 90/Die Grünen), kündigte Anfang 2000 an, die Prävention stärker zu berücksichtigen. Krank machende gesellschaftliche Lebens- und Arbeitsbedingungen gelte es zu verhindern. Rot-grüne D. werde angesichts des weit verbreiteten Missbrauchs legaler Suchtstoffe wie Alkohol und Nikotin die Konzentration auf klassische Betäubungsmittel aufbrechen. Die Bundesregierung schaffte Anfang 2000 gesetzliche Voraussetzungen für die Einrichtung von Fixerstuben. Sie plante für Mitte 2000 einen Modellversuch zur staatlichen Heroinabgabe an Schwerstsüchtige.

www.bmgesundheit.de (Beratung, Projekte)
▓ **Staaten** → Kolumbien

Ecstasy

(engl.; Ekstase, Rausch, auch XTC), Sammelbezeichnung für als Pille oder Kapsel angebotene synthetische Drogen, die oft aus dem Wirkstoff Methylendioxymethylamphetamin (MDMA) und verwandten Stoffen bestehen und euphorisierend wirken. E. wird mit 50–150 mg Wirkstoff angeboten und kostete 2000 etwa 15–70 DM/Pille.

1999 stieg die Zahl der erstmals polizeilich aufgefallenen E.-Konsumenten gegenüber dem Vorjahr um 12%. Die Menge der beschlagnahmten E.-Pillen erhöhte sich um 233% auf 1,4 Mio. Nach Ansicht von Medizinern unterschätzten die meist jugendlichen Konsumenten die Spätfolgen von E.

Wirkung: E. wirkt in den meisten Fällen rund fünf Stunden stimmungsaufhellend, aktivitäts- und leistungsfördernd. Wahrnehmungsfähigkeit und Kontaktfreude werden gesteigert, die Libido lässt nach. Die Körpertemperatur erhöht sich, gleichzeitig werden Hunger- und Durstempfinden ausgeschaltet. Als unerwünschte Wirkungen traten Herzrasen, Kreislaufkollaps, innere Unruhe, optische Halluzinationen, Übelkeit, Gesichtskrämpfe, Angstzustände und Depressionen auf.

Drogenpolitik: Süchtige

Suchtstoff	Süchtige 2000 (Mio)
Nikotin	14
Alkohol[1]	9,3
Medikamente	1,4
Harte Drogen[2]	0,28
Cannabis[3]	0,27

1) z.B. drei oder mehr Flaschen Bier am Tag; 2) Heroin, Kokain; 3) etwa einmal am Tag; Quelle: Deutsche Hauptstelle gegen die Suchtgefahren (Hamm)

Den Konsumenten sog. harter Drogen (280 000) standen im Jahr 2000 in Deutschland über 23 Mio Nikotin- und Alkoholsüchtige gegenüber.

Spätfolgen: Angstzustände, Depressionen, Psychosen sowie Leber- und Nierenschäden wurden als Spätfolgen beobachtet. Niederländische und US-Studien ergaben, dass E. das Gehirn der Verbraucher vielleicht sogar dauerhaft schädigt.

Konsum: Im Gegensatz zu anderen illegalen Drogen ist bei E. kaum ein Unterschied im Konsumverhalten von ost- und westdeutschen Jugendlichen festzustellen. Bei der letztverfügbaren Befragung 1997 gaben etwa 5% der 12–25-Jährigen an, bereits E. genommen zu haben. Von ihnen hatte ein Drittel lediglich einmal die Droge konsumiert, 2% über 100-mal.

www.drogen-online.de (Projekt Koordination und Information Partydrogen)

Ecstasy: Neue Form Liquid Ecstasy

▸ **Definition:** L. (engl.; flüssige Ekstase) ist eine farb- und geruchlose, leicht salzig schmeckende flüssige Chemikalie, die erstmals 1960 in Frankreich hergestellt wurde
▸ **Deutschland:** 1999 wurde in Berlin erstmals in Deutschland eine Produktionsstätte von L. entdeckt. Die Drogenbeauftragte der Bundesregierung, Christa Nickels (Bündnis 90/Die Grünen) befürchtete, dass L. auch in Hamburg, Köln und Leipzig konsumiert wurde. L., das auch als Pulver oder Kapsel angeboten wurde, hatte zunächst eine euphorisierende Wirkung (sog. Flash) und löste dann regelmäßig Beschwerden bis hin zum Koma aus (sog. Crash). Es war mit rund 2 DM/g wesentlich preiswerter als die Droge Ecstasy (15–20 DM/Pille). Drogenexperten warnten vor L., das bei Überdosierung und gleichzeitigem Alkoholkonsum zum Tod führen könne.
▸ **Wirkstoff:** L. stimuliert die Ausschüttung von Wachstumshormonen und

wurde in den 90er Jahren vor allem in der Bodybuilding-Szene verwendet. Es ist relativ leicht aus zwei Substanzen herzustellen, wobei die Wirkstoffkonzentration variieren, was zur Gefährlichkeit mit L. beiträgt. In den USA wurden bis 2000 mehrere Todesfälle im Zusammenhang mit L. registriert.
▸ **Wirkung:** L. verursacht zunächst Wohlgefühl und intensiviert die Wahrnehmung. Es ist sexuell stimulierend und potenzfördernd. Danach kommt es zu Übelkeit, Erbrechen und Atemnot. Bei Überdosierung oberhalb von rund 50 mg/kg Körpergewicht führt L. nach stundenlangem Koma zum Tod. Einzige Behandlungsmöglichkeit ist die Verabreichung eines Gegenmittels (Anticholium, Physostigmin).
▸ **Entzugserscheinungen:** Das Suchtpotenzial von L. war 1999 weitgehend ungeklärt. Als Entzugserscheinungen wurden Schweißausbrüche, Schlaflosigkeit, Muskelkrämpfe, Zittern und Angstzustände beobachtet.

www.drogen-online.de (Projekt Koordination und Information Partydrogen)

Fixerstuben

(auch Drogenkonsum-, Konsum-, Gesundheitsräume), umgangssprachliche Bezeichnung für vom Land eingerichtete Räume, in denen sich Drogensüchtige unter hygienisch einwandfreien Bedingungen eine Heroinspritze setzen oder die Ersatzdroge Methadon konsumieren können.

Im Februar 2000 beschloss der deutsche Bundesrat die dritte Änderung des Betäubungsmittelgesetzes und ermöglichte die Einrichtung von F. Die bis dahin bereits bestehenden F. hatten in einer rechtlichen Grauzone operiert. Befürworter betonten, dass in F. Überlebenshilfe für Schwerstabhängige geleistet würde und sie z. T. zur Veränderung ihrer aussichtslos scheinenden Lebensumstände motiviert werden könnten. Die CDU/CSU-Opposition im Deutschen Bundestag sah in F. eine Kapitulation des Staates im Kampf gegen Drogen.

Ziel: Die rot-grüne Bundesregierung setzte mit der Zulassung von F. verstärkt auf qualifizierte Beratung und Hilfe für Süchtige. In den Städten mit F. sei die Zahl der Rauschgiftopfer gefallen. In Berlin dagegen, wo die große Koalition aus SPD und CDU sich nicht auf die Einrichtung von F. einigen konnte, stieg die Zahl der Drogentoten 1999 um 28%. Gesundheitliche Risiken wie Abszesse, Entzündungen und Infektionen mit der Immunschwächekrankheit Aids oder mit Hepatitis wurden in Städten mit F. verringert.

Einrichtung: Im April 2000 legalisierte Hamburg als erstes Bundesland F. Eröffnung und Betrieb von F. liegen der Gesetzesänderung zufolge in der Hand der Länder. Es wurde ein rechtlicher Rahmen geschaffen, der zehn Mindestanforderungen für F. vorsieht. Sie betreffen vor allem gesundheitliche Fragen sowie Sicherheit und Kontrolle bei dem in diesen Einrichtungen geduldeten Verbrauch mitgebrachter Drogen. Straftaten wie Beihilfe zum Konsum und Drogenhandel werden allerdings auch in den F. verfolgt.

Suchtstoffkontrollrat: Außer in Deutschland existierten F. Anfang 2000 in der Schweiz, in Spanien und den Niederlanden. Der Internationale Suchtstoffkontrollrat der Vereinten Nationen (INCB, Wien) bezeichnete F. Anfang 2000 als illegal. Mit ihnen werde die Toleranzschwelle für illegale Drogen erhöht, sie würden den illegalen Handel mit Rauschgiften erleichtern.

Methadon

Synthetisch hergestellte Droge, die seit 1988 in Deutschland ausgewählten Süchtigen als Ersatzrauschgift für Heroin verabreicht wird. Die Kosten für die M.-Abgabe (12 000–25 000 DM/Patient/Jahr) trugen um 2000 die Krankenversicherungen.

1999 stieg die Zahl der Rauschgifttoten, bei denen ein Zusammenhang mit M. bestand, um 17,8% auf 323 (1998: +140%). Die Drogenbeauftragte der rot-grünen Bundesregierung, Christa Nickels (Bündnis 90/Die Grünen), forderte eine verbesserte Kontrolle der M.-Vergabe in den Arztpraxen.

Wirkung: M. wirkt nicht wie andere Drogen bewusstseinsverändernd. Es stoppt den körperlichen Verfall Süchtiger, die von dem Druck befreit sind, sich Drogen illegal beschaffen zu müssen. Wegen der 24-stündigen Wirkung braucht der Abhängige nur einmal am Tag eine Dosis, während Heroinsüchtige alle vier Stunden ihre Droge nehmen müssen. M. besetzt im Gehirn dieselben Stellen (Rezeptoren) wie Opiate. Beim Absetzen von Heroin lindert M. Entzugserscheinungen, bekämpft aber nicht die Sucht.

Ziel: Nach einer Phase der gesundheitlichen Stabilisierung sollen M.-Patienten mit psycho-sozialer Betreuung einen Weg aus der Abhängigkeit finden und wieder in die Gesellschaft integriert werden.

Vergabe: Das Bundesgesundheitsministerium plante 2000 zusammen mit der Bundesärztekammer (Köln) Maßnahmen zur besseren Kontrolle der M.-Abgabe:

– Ein Zentrales Substitutionsregister mit allen M.-Patienten soll eingeführt werden, um zu vermeiden, dass einzelne Patienten sich von mehreren Ärzten M. verabreichen lassen und eventuell verkaufen

– Ärzte, die M. abgeben, sollen eine besondere Qualifikation nachweisen

– M. verabreichende Ärzte sollen durch Richtlinien der Bundesärztekammer beim Drogenersatz mit M. unterstützt werden.

www.bmgesundheit.de

Rauchen

1999 erreichten die Ausgaben für Tabakwaren in Deutschland mit 41,2 Mrd DM ein Rekordniveau (+5,9% gegenüber 1998). Allein die Ausgaben für Zigaretten stiegen um 6,8% auf 38,3 Mrd DM. 145,3 Mrd Zigaretten wurden geraucht (+5% gegenüber 1998). Der Staat profitierte erheblich mit

22,8 Mrd DM Einnahmen aus Tabak- und Mehrwertsteuer.

Raucher: Ende der 90er Jahre rauchten in Deutschland 43% der Männer und 30% der Frauen. Hochgerechnet auf die 18–59-Jährigen waren es 17,8 Mio Raucher. Bei den Jugendlichen erhöhte sich die Raucherquote von 1993 bis 1997 um 5%.

Gefahren: Pro Jahr sterben in Deutschland 100 000 Menschen an den Folgen des R. Es steht u. a. in Verbindung mit Erkrankungen des Herzens und der Gefäße, mit Krebs und Atemwegserkrankungen. Das Risiko, an Lungenkrebs zu erkranken und zu sterben liegt bei Rauchern 20-mal höher, bei Kehlkopfkrebs ca. zehnmal höher als bei Nichtrauchern. R. fördert den Konsum anderer Suchtmittel und begünstigt weitere Gesundheitsprobleme. An Passiv-R. sterben in Deutschland 300–400 Menschen pro Jahr.

EU-Maßnahmen: EU-Kommission und -Gesundheitsminister beschlossen Ende 1999 bzw. Mitte 2000, die Warnhinweise zu Gesundheitsschäden auf den Zigarettenpackungen zu vergrößern. Der max. Nikotingehalt von Zigaretten in der EU soll auf 1 mg festgesetzt werden, der Teergehalt von 12 auf 10 mg verringert und ein Grenzwert von 10 mg für Kohlenmonoxid eingeführt werden. Verharmlosende Bezeichnungen für Zigaretten wie »Leicht«, »Ultraleicht« oder »Teerarm« sollen weitgehend verboten werden. Vorbehaltlich der Zustimmung durch das EU-Parlament sollten die Maßnahmen bis 2004 in Kraft treten.

http://www.bmgesundheit.de (Suchtbericht 1999); **http://www.bzga.de** (Bundeszentrale für gesundheitliche Aufklärung)

Rauchentwöhnung

Mitte 2000 sollte in Deutschland ein Medikament zugelassen werden, mit dem ab 1997 in den USA Erfolge bei der R. erzielt wurden. Experten kritisierten 2000, dass Deutschland hinsichtlich der R. trotz rund 100 000 Todesfällen pro Jahr infolge Rauchens ein Entwicklungsland sei. In der Wissenschaft gelte R. als Außenseiterthema, in Kliniken seien R.-Angebote selten und die Krankenkassen finanzierten nur wenige Maßnahmen zur R.

Zyban: Das Arzneimittel Zyban mit dem Wirkstoff Bupropion verringert das Rauchverlangen und mildert die Entzugserschei-

Rauchen: Anteile der Firmen am Zigarettenmarkt

Marke/Hersteller	Anteil 1999 (%)	Veränderung[1]
Marlboro Philip Morris	33,4	▽ –0,9
West Reemtsma	10,6	▲ +0,5
HB BAT	6,2	▼ –0,5
F6 Philip Morris	4,5	● 0
Lucky Strike BAT	3,8	▲ +0,7
Camel Reynolds	3,3	▼ –0,4
Gauloises Blondes BAT	3,2	▲ +0,5
Peter Stuyvesant Reemtsma	3,1	▼ –0,2
Lord Extra Rothmans	2,7	▼ –0,3
R1 Reemtsma	2,3	● 0
Pall Mall BAT	1,5	▲ +0,1
Cabinet Reemtsma	1,5	● 0

1) gegenüber 1998 (Prozentpunkte); Quelle: British American Tobacco (BAT)

Rauchentwöhnung: Aufgabewillige

Land	Anteil (%)[1]
Schweden	81
Niederlande	75
Dänemark	68
Großbritannien	67
Finnland	63
Luxemburg	58
Irland	55
Belgien	53
Frankreich	51
Griechenland	49
Italien	49
Spanien	44
Deutschland	43[2]
Portugal	41
Österreich	38

1) Raucher, die einmal aufzuhören versucht haben, EU-Durchschnitt: 55%; 2) 39% der männlichen und 47% der weiblichen Raucher; Quelle: Europäische Raucherstudie von INRA 1999

nungen. Bei einer Studie in Madison/Wisconsin (USA) mit 100 Rauchern waren 1999 rund 36% der Testpersonen, die mit Zyban und/oder Nikotinpflaster behandelt wurden, nach einem Jahr nicht rückfällig

Rauchen: Zigarren und Zigarillos

Jahr Weltproduktion (Mrd Stück)

Jahr	Weltproduktion (Mrd Stück)
1999	2,29
1998	1,99
1997	1,59
1996	1,36
1995	1,06

Quelle: Westdeutsche Zeitung, 1.4.2000

geworden. Bei zusätzlicher psychosozialer Betreuung erhöhte sich der Anteil der nach einem Jahr erfolgreichen Ex-Raucher auf 40–60%. Negative Begleiterscheinungen wie Gewichtszunahme fielen mit Zyban gering aus. In Deutschland lehnten die Kassen eine Finanzierung des Medikaments für aufgabewillige Raucher bis Mitte 2000 ab.

Luxopunktur: Ein 1999 in Köln durchgeführtes Modellprojekt zur R. mit Luxopunktur, bei der nicht wie bei der Akupunktur mit Nadeln, sondern mit Infrarotstrahlen behandelt wird, verlief erfolgreich. 90% der 300 Teilnehmer hatten nach der Behandlung kein Bedürfnis mehr zu rauchen. Endgültige Aussagen über den Erfolg waren erst ab Mitte 2000, ein Jahr nach der Behandlung, möglich. Bei Luxopunktur werden 32 Punkte an Ohren, Nase und Händen stimuliert.

Bundesweite Rauchertelefone:
06221/424200; 0221/892031

Staatliche Heroinabgabe

2000 plante die rot-grüne Bundesregierung ein Modellprojekt, bei dem stark verelendete Schwerstabhängige unter strenger Kontrolle Heroin vom Staat erhalten sollten. Opiatabhängige, die mit anderen Hilfsangeboten nicht oder nur unzureichend behandelt worden waren, sollten gesundheitlich und sozial stabilisiert und zu einer weiterführenden Therapie motiviert werden. Die Kosten der S. sollten auf Bund, Länder und Kommunen verteilt werden. Die Regierungen von Bayern und Baden-Württemberg lehnten eine Beteiligung an der Finanzierung ab, weil das Projekt lediglich Ergebnisse liefern werde, die aus einem ähnlichen Schweizer Versuch bereits bekannt seien.

Projekt: U. a. in Essen, Frankfurt/M., Hamburg, Hannover und Köln sollten sich etwa

700 Schwerstabhängige an dem auf drei Jahre befristeten Projekt beteiligen. Sie erhalten mit Erlaubnis des zuständigen Bundesinstituts für Arzneimittel und Medizinprodukte (Berlin) und nach Maßgabe des Betäubungsmittelgesetzes kostenlos Heroin bei psychosozialer Betreuung. Der Versuch wird wissenschaftlich begleitet.

Schweiz: Ab 1994 erhielten in der Schweiz mehr als 1000 Schwerstsüchtige unter ärztlicher Kontrolle Heroin. Ein Großteil der Abhängigen nahm länger als 18 Monate am Projekt teil. Ihr Gesundheitszustand verbesserte sich, viele wurden wieder sozial integriert, die Beschaffungskriminalität sank. Auch in den Niederlanden verliefen ähnliche Projekte positiv.

www.bmgesundheit.de (Projekt-Informationen)

Yaba

(auch Jaba, Shabu, Ice, engl.; Eis), Metamphetamin aus der Gruppe der Amphetamine (Aufputschmittel), das als Kristall geraucht oder in Tablettenform eingenommen wird

Um 2000 wurde Y. in Deutschland vor allem von Anhängern der Musikrichtung Techno konsumiert. Erstmals wurden größere Mengen Y. in Deutschland in Frankfurt/M. sichergestellt. Amphetamine wurden 2000 für 15–20 DM/g gehandelt. Experten hielten Y. für gefährlicher als die Partydroge Ecstasy. Sie verglichen das Suchtpotenzial von Y. mit dem der harten Droge Kokain.

Wirkung: Das relativ einfach herzustellende Y. beeinflusst wie alle Amphetamine die Erregungsübertragung im Nervensystem, vorwiegend im Gehirn. Es kommt zu Euphorie und einer aufputschenden Wirkung im Körper. Y. hält den Konsumenten tagelang wach und vermittelt die Illusion, leistungsfähiger zu sein. Als Nebenwirkungen treten Unruhegefühle, Halluzinationen, Verfolgungswahn, Lungen- und Nierenschäden sowie im Extremfall Herzrhythmusstörungen, Herzstillstand und Muskelzerfall auf.

Herkunft: Y. war in Thailand unter Prostituierten verbreitet (lt. UN 1 Mio Abhängige). Von dort gelangte es über die Schweiz nach Deutschland. Laboratorien für Y. wurden auch in Tschechien betrieben. Erstmals in Deutschland wurde Y. Ende der 30er Jahre entwickelt, um Wehrmachtssoldaten länger wach und kampffähig zu halten.

www.drogen-online.de (Projekt über Partydrogen)

Energie

Atomenergie

Ausstieg: Die rot-grüne Bundesregierung und die deutschen Energieversorgungsunternehmen (EVU) vereinbarten am 15.6. 2000 Eckwerte des Ausstiegs aus der A.:
– Die Gesamtlaufzeit aller Atommeiler beträgt rund 32 Jahre; Bündnis 90/Die Grünen hatten eine Laufzeit von nur 30 Jahren gefordert, die EVU von 35 Jahren.
– Die 19 Atomkraftwerke (AKW) dürfen als Strommenge 2500 Mrd kWh produzieren. Beim 1988 wegen fehlerhafter Genehmigung stillgelegten AKW Mühlheim-Kärlich gelten Sonderregelungen.
– Entgegen dem ursprünglichen Ziel von Bündnis 90/Die Grünen wurde kein Datum festgelegt, wann das letzte deutsche AKW abgeschaltet werden muss.
– Ab 1.7.2005 soll auf Transporte zur Wiederaufarbeitung von Atommüll im Ausland (Sellafield/GB und La Hague/F) verzichtet werden. In der Nähe der deutschen AKW sollen bis dahin neue Zwischenlager für Atommüll errichtet werden.
– Die Erkundung des Salzstocks Gorleben als mögliches Endlager wird für höchstens zehn Jahre ausgesetzt, um alternative Standorte für ein Endlager zu prüfen.
Deutschland: Nach Angaben des Deutschen Atomforums (Berlin) erzeugten die inländischen Atomkraftwerke (AKW) 1999 zusammen 169,7 Mrd kWh Strom, ein Plus gegenüber 1998 um 8 Mrd kWh (4,9%). Der Anteil der A. an der öffentlichen Elektrizitätsversorgung lag 1999 bei 35% (1998: 33%), bezogen auf den Grundlastbereich (Sicherstellung der 24-stündigen Stromversorgung) erreichte er sogar 54%. Durch Nutzung der A. wurde 1999 in Deutschland der Klima schädigende Ausstoß von etwa 170 Mio t Kohlendioxid vermieden; seit

1968 (Beginn der A.-Nutzung in Deutschland) wurden 2831 Mrd kWh Elektrizität durch A. produziert. In der internationalen A.-Bilanz waren deutsche Atommeiler bei Leistungsstärke und Sicherheit führend. Die höchste Stromproduktion in Deutschland erreichte 1999 das Atomkraftwerk Isar 2 mit 12,27 Mrd kWh.
Welt: Um 2000 waren weltweit 436 Atomkraftwerke in Betrieb. Sie erzeugten zusam-

▬ Atomenergie: Betriebszeiten der Atomkraftwerke

Atommeiler	Betriebsmonate seit Inbetriebnahme
Obrigheim	376
Stade	336
Biblis A	306
Biblis B	286
Neckarwestheim 1	284
Brunsbüttel	283
Isar 1	266
Unterweser	256
Philippsburg 1	250
Grafenrheinfeld	229
Krümmel	196
Gundremmingen B	190
Grohnde	184
Gundremmingen C	183
Philippsburg 2	181
Brokdorf	158
Isar 2	144
Emsland	141
Neckarwestheim 2	133

Stand: Januar 2000; Quelle: Bundesumweltministerium

143

TOP TEN Atomenergie: Anteil an der Stromversorgung	
Land	Anteil (%)[1]
Frankreich	75,0
Litauen	73,1
Belgien	57,7
Bulgarien	47,1
Slowakei	47,0
Schweden	46,8
Ukraine	43,8
Korea-Süd	42,8
Ungarn	38,3
Armenien	36,4

1) Angaben z. T. geschätzt; Stand: März 2000; Quelle: IAEA

TOP TEN Leistungsstärkste AKW[1]		
AKW	Land	Mrd kWh 1999
1. Isar 2		12,27
2. Grohnde		11,83
3. Philippsburg 2		11,72
4. Brokdorf		11,67
5. Paolo Verde 3		11,55
6. Emsland		11,32
7. Neckar 2		11,20
8. Krümmel		10,96
9. Paolo Verde 2		10,34
10. Paluel 4		10,33

1) Atomkraftwerke (Bruttostrom); Quelle: Dt. Atomforum (Berlin)

men ca. 2,5 Billionen kWh Energie. Insgesamt 38 Atommeiler waren 1999 noch in der Bauphase. Den höchsten Atomstromanteil an der öffentlichen Elektrizitätsproduktion wies 1999 Frankreich auf mit 75% vor Litauen (73%) und Belgien (58%).

Export: Die deutsche Bundesregierung plante Anfang 2000 die Gewährung von Hermes-Bürgschaften für die Ausfuhr von Nukleartechnik. Die drei ausgewählten Projekte (AKW Ignalina, Litauen; AKW Atucha 1, Argentinien; AKW Lianyungang, China) hatten ein Finanzvolumen von über 300 Mio DM.

Sellafield: Im März 2000 verfügte das Bundesumweltministerium einen Importstopp für Mischoxid-Brennelemente aus der britischen Wiederaufarbeitungsanlage (WAA) in Sellafield. Nach Presseberichten würden in der WAA Sicherheitsstandards bewusst außer Acht gelassen und Prüfbe-

richte gefälscht. Brennelemente mit falschen Dokumenten waren auch im deutschen Atomkraftwerk Unterweser aufgetaucht und dort ausgetauscht worden.

Memorandum: Rund 500 Professoren von 50 deutschen Hochschulen forderten im Herbst 1999 die rot-grüne Bundesregierung auf, eine Neubewertung ihrer A.-Politik durchzuführen und folgende zehn Punkte besonders zu berücksichtigen:
– Fortschritte in der Sicherheitstechnik
– das Klimaproblem, das durch Emissionen aus anderen Kraftwerken verschärft werde
– Deutschland als Technologienation langfristig zu sichern
– den Industriestandort zu stärken
– die Frage der A. europaweit zu klären
– der »ökologische Rucksack«
– Chancen der regenerativen Energien
– Revidierbarkeit von Entscheidungen
– Nachwuchsförderung
– den Ausstieg nicht als Lösung zu sehen.

www.iaea.org; www.kernenergie.de (Informationskreis Kernenergie)

Öffentliche Stromversorgung	
Energiequelle	Anteil (%)
Atomenergie	35
Braunkohle	26
Steinkohle	25
Erdgas	8
Erneuerbare Energien	5
Heizöl/Sonstige	1

Stand: Anfang 2000; Quelle: VDEW

Atomtransport

Das Bundesamt für Strahlenschutz (BfS, Salzgitter) genehmigte im Januar 2000 erstmals wieder den A. in fünf sog. CASTOR-Behältern. Seit Mai 1998 galt wegen Sicherheitsbedenken in Deutschland ein A.-Verbot zu den Wiederaufarbeitungsanlagen in La Hague/Frankreich und Sellafield/Großbritannien sowie zu den inländischen

Zwischenlagern (Gorleben/Ahaus). Als Übergangslösung wurden die abgebrannten Brennelemente bei den Atomkraftwerken (AKW) deponiert. Mit der BfS-Erlaubnis sollte den akuten Entsorgungsengpässen der AKWs Biblis, Neckarwestheim und Philippsburg begegnet werden. Es blieb den Kraftwerksbetreibern überlassen, wann sie von der Genehmigung Gebrauch machen. Nach einem Beschluss der Innenminister der Bundesländer ist der konkrete Termin allerdings sechs Monate vorher bei den zuständigen Polizeibehörden anzumelden.

Rücktransport: Nach Ansicht der französischen Regierung ist Deutschland in der Pflicht, mehrere CASTOR-Behälter mit hoch radioaktiven Restabfällen aus der WAA in La Hague zurückzuführen. Der Transport der mit Glaskokillen gefüllten Container unterliegt aber dem A.-Stopp. Bundesumweltminister Jürgen Trittin (Bündnis 90/Die Grünen) sicherte zu, die entsprechenden Voraussetzungen schnellstmöglich zu schaffen. Nach Ansicht von Experten werden bis 2002 etwa 500 A. von Frankreich nach Deutschland rollen; der letzte A. aus La Hague fand 1997 statt.
www.bfs.de

Braunkohle

Aus untergegangenen Wäldern vor allem im Tertiär (vor 20 Mio–60 Mio Jahren) entstandene erdige bis faserige Kohle mit hohem Wasser- (bis 67%) und Aschegehalt. B. lagert oberflächennah und wird im Tagebau gefördert.

Reserven: Der fossile Energieträger B. hatte um 2000 mit über 510 Mrd t die weltweit größten Reserven aufzuweisen. Bis auf Afrika wurde B. auf allen Kontinenten gefördert. Hauptabbauländer waren Deutschland, Russland, Polen, Tschechien und Griechenland. Bliebe die internationale Förderquote konstant, wären die globalen B.-Vorräte erst in etwa 500 Jahren verbraucht (Reserven Steinkohle: 150 Jahre, Erdgas: 70 Jahre, Erdöl: 45 Jahre). B. dient zu rund 90% der Strom- und Wärmegewinnung.

Deutschland: Der nationale B.-Verbrauch sank 1999 um knapp 3% gegenüber 1998, die inländische B.-Förderung erreichte ca. 161 Mio t (1998: ca. 166 Mio t). Erstmals stieg die Abbauquote in den Revieren Lausitz (+1%) und Mitteldeutschland (+1,3%), insgesamt förderten die neuen Bundesländer 1999 zusammen 64,8 Mio t B. (1998: 64,1 Mio t). In den Revieren der alten Bundesländer war 1999 ein Rückgang der Fördermenge auf 96,5 Mio t zu verzeichnen, das Minus von 5,5 Mio t resultierte vor allem aus der geringeren Verfügbarkeit der Kraftwerke. Um das Jahr 2000 gab es bereits fertig gestellte oder geplante Kraftwerke u. a. in:
– Schopkau (Revier Mitteldeutschland, Leistung: 1010 MW, Inbetriebnahme: 1996),
– Schwarze Pumpe (Revier Lausitz, 1600 MW, Inbetriebnahme: 1997),
– Lippendorf (Revier Mitteldeutschland, 1866 MW, Inbetriebnahme: 1999/2000),
– Boxberg (Revier Lausitz, 907 MW, Inbetriebnahme: 2000),
– Niederaußem (Revier Rheinland, 1012 MW, Inbetriebnahme: 2002),
– Neurath (Revier Rheinland, 1000 MW, Inbetriebnahme: 2006).
Langfristig ist nach Energieprognosen mit einem stabilen Absatz der B. zu rechnen, da die öffentlichen Stromversorger Hauptabnehmer des fossilen Energieträgers bleiben werden. Auch 1999 wurden die deutschen B.-Reviere modernisiert, um international wettbewerbsfähig zu bleiben. Hierdurch sank die Beschäftigtenzahl um rund 2700 (11,5%) auf 23 500.

Sanierung: Im Juli 1997 hatten sich die damalige CDU/CSU/FDP-Bundesregierung sowie die Bundesländer Brandenburg, Sachsen, Sachsen-Anhalt und Thüringen auf die Fortsetzung der Sanierungsarbeiten in den Revieren Mitteldeutschland und Lausitz geeinigt. 1998–2002 werden 6 Mrd DM (1,2 Mrd DM/Jahr) investiert. Davon stammen 600 Mio DM aus dem Bundeshaushalt, 400 Mio DM steuern die vier Länder, die Bundesanstalt für Arbeit und die Lausitzer

Braunkohleförderung nach Revieren		
Revier	Mio t 1999	Veränderung (%) gegenüber 1998
Bayern	0,1	▽ –6,1
Helmstedt	4,3	▲ +0,9
Hessen	0,2	▲ +0,4
Lausitz	51,0	▲ +1,1
Mitteldeutschland	13,8	▲ +1,3
Rheinland	91,9	▽ –5,6
Quelle: Deutscher Braunkohlen-Industrie-Verein (Köln)		

Braunkohle-Abraum nach Revieren		
Revier	m³ 1999	Veränderung (%) gegenüber 1998
Helmstedt	14,6	▲ +13,9
Hessen	0,4	▽ −27,1
Lausitz	317,8	▼ − 1,4
Mitteldeutschland	45,9	▲ +28,0
Rheinland	483,2	▲ +1,8
Quelle: Deutscher Braunkohlen-Industrie-Verein (Köln)		

und Mitteldeutsche Bergbau-Verwaltungsgesellschaft bei; jährlich wird 1 Mrd DM im Rahmen eines Beschäftigungsprogramms zur Verfügung gestellt. Nach Schätzungen belaufen sich die Gesamtkosten für die B.-Sanierung auf rund 16 Mrd DM (Gesamtfläche: etwa 120 000 ha).

Brennstoffzelle

In einer B. wird wie bei einer Batterie durch Reaktion eines Brennstoffs (Wasserstoff, Erdgas, Kohlegas) mit Sauerstoff (Oxidation) chemische Energie in elektrische umgewandelt. Bei dieser kalten Verbrennung entsteht Wärme.

Mobile oder stationäre B. werden vor allem in den Bereichen genutzt, in denen Elektrizität oder eine Mischung aus Strom und Wärme gebraucht werden. Der erzielbare Wirkungsgrad (Verhältnis von eingesetzter und nutzbarer Energie) liegt bei 95%, um 2000 wurden bereits ca. 70% erreicht. Die Lebensdauer der B. hängt ab vom Verunreinigungsgrad des Brennstoffs oder der Aggressivität der Elektrolyten; Ziel der Forschung war es um 2000, eine Tauglichkeit für 40 000 Arbeitsstunden zu gewährleisten.

Vorteile: Als Hauptvorzüge der B. gelten:
– geringe Emmissionswerte und sauberes Abwasser
– geringe Lärmentwicklung und Vibrationsfreiheit
– hohe Wartungsfreundlichkeit
– multifunktionale Einsetzbarkeit
– vergleichsweise hohe Verstromungs- und Brennstoffnutzungsgrade
– gute Geschwindigkeiten bei sog. Laständerungen sowie Überlastfähigkeit bei sehr hohem Stromverbrauch, ausgezeichnete Teillastwirkungsgrade.

NRW: Im Frühjahr 2000 stellte das Bundesland NRW seine B.-Initiative der Öffentlichkeit vor. Im Rahmen eines Netzwerks

soll das Projekt lt. Wirtschaftsministerium Informationsaustausch und Kooperation zwischen Industrie und Forschung auf dem Sektor B.-Technologie wesentlich forcieren. Weitere B.-Hersteller sollen in NRW angesiedelt werden. Um 2000 arbeiteten in NRW mind. 45 Firmen bzw. Forschungseinrichtungen an der Weiterentwicklung der B., weitere rund zehn Unternehmen planten auf diesem Gebiet ihren Einstieg.

Bielefeld: Ende 1999 begann ein zweijähriger sog. Alltagstest für ein Kraftwerk mit Hochtemperatur-B. Die Karbonat-Anlage Hot Module der Firma MTU Friedrichshafen versorgt auf dem Gelände der Bielefelder Universität die Hochschulgebäude mit Energie. Das Pilotprojekt wird wissenschaftlich begleitet von der chemischen Fakultät der Hochschule.

CASTOR

(Cask for Storage and Transport of Radioactive Material, engl.; Behälter zur Lagerung und zum Transport radioaktiven Materials). In den USA und in Europa dient C. zur Beförderung von Brennmaterial aus Atomkraftwerken in Zwischenlager oder Wiederaufarbeitungsanlagen (WAA).

Bundeskanzler Gerhard Schröder (SPD) betonte Anfang 2000 erneut, dass alle C.-Transporte durchgeführt würden, die mit dem Verzicht Deutschlands auf atomare Wiederaufarbeitung verbunden seien. Dies schließe auch den Rücktransport Wärme entwickelnder (radioaktiver) Materials aus den WAA in La Hague/Frankreich und Sellafield/Großbritannien ein.

Transport: Um akute Entsorgungsengpässe der drei deutschen Atomkraftwerke Biblis, Neckarwestheim und Philippsburg zu beseitigen, genehmigte das zuständige Bundesamt für Strahlenschutz (BfS, Salzgitter) im Januar 2000 fünf C.-Transporte ins Zwischenlager Ahaus in NRW. Ein genauer Termin für die Verlegung des Atommülls stand Mitte 2000 noch aus.

Ahaus: Ende 1999 wurde dem Betreiber des nordrhein-westfälischen Brennelemente-Zwischenlagers Ahaus vom BfS und der rot-grünen Landesregierung nahe gelegt, die deponierten C.-Behälter einer exakten visuellen Überprüfung zu unterziehen und ggf. zu überholen. Die von dem Betreiber benutzten THTR-Container wiesen Korrosionsschäden auf, hervorgerufen vor allem durch Kondenswasser.

Drei-Schluchten-Damm

1999 wurden im Zuge des D.-Projektes 4,5 Mio m³ Zement verbaut. Seit Beginn der Arbeiten 1994 konnten erst 178 000 von rund 1,13 Mio Anwohnern sowie knapp 380 Fabriken umgesiedelt werden. Um die bislang größte geplante Verlegungsaktion bis zur vorgesehenen Fertigstellung des D. 2009 abzuwickeln, ordnete die Pekinger Führung an, dass alle Provinzen, die an den Jangtsekiang grenzen, mind. 10 000 Menschen eine neue Heimat bieten müssen. Bis 2002/03 sollen etwa 130 000 Bürger zusätzlich auf elf Städte und Provinzen der Volksrepublik verteilt werden.

Ziele: Nach offiziellen Angaben dient der D. dem Hochwasserschutz in der Region, der Stromerzeugung und der Erleichterung der Schifffahrt. Die Gesamtkosten des Projekts belaufen sich auf umgerechnet mind. 45 Mrd DM. Durch die aufgestauten Wassermassen werden etwa 98 753 ha Land überflutet. Der geplante Stausee ist 663 km lang mit einer Fläche von 104 500 ha, das gespeicherte Wasservolumen liegt bei 39,3 Mrd m³. Für die Stromerzeugung wird am Fuß des Damms ein Kraftwerk mit 26 Generatoren und zusammen 20 900 MW errichtet; dies entspricht etwa der Kapazität von 18 Atomkraftwerken oder mehr als 30 Kohlekraftwerken. Durch den Bau zweier Wasserstraßen mit je fünf Schleusen ist der mit 6300 km drittlängste Fluss der Welt stromaufwärts bis zur Stadt Chongqing für Schiffe bis zu 10 000 BRT befahrbar (bis dahin: 3000 BRT). Nach letzten Berechnungen wird sich hierdurch die Transportkapazität auf jährlich 50 Mio t verfünffachen.

Korruption: Im April und Mai 2000 wurden schwere Fälle von Korruption im Umfeld des D.-Baus ermittelt. Mind. 350 Mio DM wurden durch Veruntreuung, Vetternwirtschaft und Bestechung hoher Regierungsbeamter unterschlagen. Durch Verzögerungen und Korruption werden sich die Baukosten nach neuen Schätzungen um 55% auf bis zu 70 Mrd DM erhöhen.

Kritik: Umweltschützer sehen im D. einen irreparablen Eingriff in die Natur. Sie befürchten Klima-, Landschafts- und Feuchtigkeitsveränderungen sowie Erdverschiebungen. Im März 2000 wurde die chinesische Führung in Form einer Petition gebeten, die Arbeiten am D. langsamer als

Drei-Schluchten-Damm

© Härenberg

Staugebiet des geplanten Damms

geplant durchzuführen. Die Unterzeichner, chinesische Ingenieure, Wissenschaftler und Manager, gaben zu bedenken, dass bei vorgesehener Wasserfüllung im Jahr 2009 u. a. eine erhöhte Verschlickung drohe und die Abwassersysteme angrenzender Städte überflutet werden könnten.

Endlagerung

Zeitlich unbefristete Deponierung radioaktiver Abfälle. E. ist die letzte Stufe der Entsorgung kerntechnischer Anlagen.

Um 2000 gab es weltweit keine Anlage zur E. Wärme entwickelnden (hoch radioaktiven) Atommülls. Die USA planten, neben Yucca-Mountain ein atomares Endlager in einem Salzstock nahe Carlsbad/New Mexico zu errichten. Nach letzten geologischen Untersuchungen ließen sich dort aufgrund der Größe der unterirdischen, 800 m tiefen

Lagerstätte sogar strahlende Abfälle aus dem Ausland unterbringen.

Atommüll: Schwach radioaktiver Abfall mit (ca. 95% der bei der Atomenergienutzung anfallenden Rückstände) wird meist oberflächennah entsorgt. Er enthält nur etwa 1% Radioaktivität. Abgebrannte Brennstäbe aus Atomkraftwerken und Abfälle aus der Wiederaufarbeitung abgebrannten Brennmaterials machen 5% der Atomabfälle aus, bergen jedoch 99% der anfallenden Radioaktivität. Dieser Atommüll soll in tiefen, geologisch stabilen und wasserundurchlässigen Erdschichten endgelagert werden.

Sicherheit: An ein Endlager werden höchste Sicherheitsansprüche gestellt: Der strahlende Atommüll muss für mind. 10 000 Jahre von der Umwelt abgeschlossen sein, ein Zugang darf erst dann erfolgen, wenn die Strahlung die natürliche Hintergrundradioaktivität nicht überschreitet. Um die notwendigen Schutzvorschriften zu garantieren, werden die hoch radioaktiven Abfäl-

le als Glasblock in spezielle Behälter (Kokillen) überführt. Die gasdichten und rostgeschützten Stahlzylinder müssen in unterirdischen Hohlräumen geparkt werden, anschließend erfolgt die Verriegelung der Depots z. B. durch Betonit. Als dritte Sicherheitsmaßnahme fungiert die den Atommüll umgebende geologische Formation. Als optimal für die E. gelten Salz, Ton und kristalline Gesteine wie Granit.

Streit: Ende 1999 gründete die deutsche Atomindustrie die Internationale Expertengruppe Gorleben (IEG). Das Gremium erklärte im Frühjahr 2000, für den von Bundesumweltminister Jürgen Trittin (Bündnis 90/Die Grünen) favorisierten Gorleben-Erkundungsstopp gebe es keinen Grund, Zweifel an der Sicherheit des Salzstocks seien wissenschaftlich nicht nachvollziehbar. Nach Ansicht des Umweltministeriums sei aber weiter unklar, wie sich bei der Zersetzung von schwach radioaktiven Abfällen die Gasbildung auf die örtlichen Gegebenheiten auswirke. Seit Mitte der 80er Jahre laufen Erkundungsarbeiten in Gorleben (bisherige Kosten: 2,4 Mrd DM). Der überwiegende Teil der Gelder wurde von der Industrie bereitgestellt, etwa 400 Mio DM kamen vom Bund.

Energieverbrauch

Auch 1999 war wieder ein Rückgang des Primärenergieverbrauchs in Deutschland zu verzeichnen. Es wurden 484,5 Mio t SKE umgesetzt (1998: 493,2 Mio t SKE). Die Verringerung um 1,8% oder 8,7 Mio t SKE resultierte vor allem aus der milden Witterung und dem Anstieg der Energiepreise insbes. für Mineralölprodukte. Die Energieintensität (Verbrauch und Ausnutzung der Energieträger) konnte bei einem moderaten gesamtwirtschaftlichen Wachstum von 1,4% um 3% reduziert werden (1998: −4%). Die besondere klimatische Ausgangslage – nach ersten Berechnungen auf Grundlage sog. Gradtage war es 1999 ca. 5% wärmer als 1998 – führte bei den Energieträgern zu unterschiedlichen Effekten: Der Erdgasverbrauch stieg um 0,5%, beim Mineralöl war dagegen ein Rückgang um 3,3% zu konstatieren. Nach Einschätzung der Arbeitsgemeinschaft Energiebilanzen wäre der nationale E. unter Ausklammerung des Temperaturfaktors um 0,5% gesunken.

Energieverbrauch nach Energieträgern

Energieträger	Mio t SKE 1999[1]	Veränderung (%)[2]	Anteil Energieträger (%)[3]
Mineralöl	190,6	▼ – 3,3	39,4
Erdgas	103,3	▲ + 0,5	21,3
Steinkohle	65,0	▽ – 6,5	13,4
Atomenergie	63,2	▲ + 5,0	13,1
Braunkohle	50,1	▼ – 2,9	10,3
Wasser/Wind	3,2	▲ +14,8	0,6
Sonstige	9,1	▼ – 3,2	1,9

1) Angaben z.T. geschätzt und gerundet; 2) gegenüber 1998 ; 3) am Verbrauch; Quelle: Arbeitsgemeinschaft Energiebilanzen, www.diw-berlin.de/Projekte/Ag EB

Energieverbrauch: Bruttostromerzeugung[1]

Energieträger	Anteil 1999 (%)[2]	Veränderung[3]
Atomenergie	30,7	▲ +1,5
Steinkohle	26,1	▽ –1,6
Braunkohle	24,4	▼ –0,8
Erdgas	9,7	▲ +0,5
Wasserkraft	4,2	▲ +0,5
Sonstige	4,1	▲ +0,2
Heizöl	0,8	▼ –0,2

1) nach Energieträgern; 2) Angaben z. T. geschätzt und gerundet; 3) gegenüber 1998 (%); Quelle: Deutsches Institut für Wirtschaftsforschung (Berlin), www.diw-berlin.de

Quellen: Auch 1999 blieb Mineralöl in Deutschland mit einem Anteil am E. von 39,4% der mit Abstand wichtigste Energielieferant vor Erdgas (21,3%) und Steinkohle (13,4%). Die inländische Primärenergiegewinnung verminderte sich 1999 um knapp 1% auf ca. 129 Mio t SKE. Wichtigste nationale Energieträger waren Braun-(38%) und Steinkohle (31%).

Prognose: Die Esso AG prognostizierte Anfang 2000, dass der deutsche Energieverbrauch 2020 um 6% unter dem von 1998 liegen werde, bei einem Wirtschaftswachstum von insgesamt 59%. Der Anteil von Naturgasen und Erneuerbaren Energien nehme gegenüber Atomenergie und Mineralöl stetig zu.

Energiesparen: Nach Einschätzung der EU-Kommission könnte in Deutschland durch den Einsatz neuer Elektromotoren der Stromverbrauch in der produzierenden und verarbeitenden Industrie wesentlich gesenkt werden. Bis 2000 lag der jährliche gewerbliche Elektroenergiebedarf bei 500 Mrd kWh, durch Installation effizienterer Aggregate ließe sich ein Einsparpotenzial in Höhe von drei Standard-Kraftwerksblöcken realisieren. Eine zusätzliche Optimierung sei durch verbesserte Antriebs- und Prozesssteuerungen zu erzielen.

Emissionen: Der energiebedingte Ausstoß von Kohlendioxid (CO_2) ging 1999 um 3% auf 834 Mio t zurück (1998: 860 Mio t). Die Reduktion wurde insbes. hervorgerufen durch die veränderte Energieträgerstruktur (Verschiebung zu emissionsärmeren wie Erdgas bzw. emissionsfreien Energieträgern wie Wasser- und Windenergie). Die Rangfolge der CO_2-Emissionen nach Energieträgern blieb dagegen 1999 nahezu unverändert: Auf das Mineralöl entfielen ca. 37% der Abgase, es folgten die Gase mit einem Anteil von rund 24% sowie Braun- (fast 20%) und Steinkohle (ca. 19%).

www.esso.de; www.diw.de

Energieversorgung

Liberalisierung: Mit Änderung des Energiewirtschaftsgesetzes im April 1998 nach EU-Vorgaben von 1996 (Öffnung bzw. Liberalisierung der nationalen Energiemärkte bis Februar 1999) wurde der Strommarkt in Deutschland wesentlichen Veränderungen unterworfen. Nur in Ostdeutschland gelten

TopTen Nettostromverbrauch je Einwohner		
Land	*kWh/pro Kopf/Jahr[1]*	
1. Norwegen		25 230
2. Schweden		14 950
3. Finnland		14 270
4. Luxemburg		12 500
5. USA		11 400
6. Belgien		7430
7. Schweiz		6830
8. Frankreich		6730
9. Österreich		6260
10. Dänemark		6230

1) z.T. geschätzt; Stand: Ende 1999; Quelle: VDEW (Frankfurt/M.)

bis Ende 2003 Übergangsfristen für die Stromproduktion aus Braunkohle. Wegen der Auflösung der Gebietshoheiten müssen sich die nationalen Energieversorgungsunternehmen (EVU) einem verschärften Wettbewerb um Kunden und Marktanteile stellen. Aufgrund des Kostendrucks bauten sie 1996–99 die Beschäftigtenzahl um 16% von 179 000 auf ca. 155 000 ab. Die Deregulierung wirkte sich auch auf das Preisschema aus: Nach einer Untersuchung der Vereinigung Deutscher Elektrizitätswerke (VDEW, Frankfurt/M.) sanken die Strompreise für Industriekunden bis Ende 1999 um bis zu 35%, bei Privathaushalten um 10%.

Deutschland belegt in dieser Tabelle mit einem Nettostromverbrauch von 6015 kWh je Einwohner und Jahr Platz 12.

TopTen Länder mit den größten Primärenergiereserven[1]		
Land	*Mrd SKE*	
1. USA		212
2. Russland		94
3. China		84
4. Australien		69
5. Saudi-Arabien		61
6. Indien		54
7. Iran		46
8. Südafrika		37
9. Deutschland		36
10. VAE[2]		28

1) Rohstoffe Erdgas, Erdöl, Kohle, Uran; 2) Vereinigte Arabische Emirate; Stand: Ende 1999; Quelle: VEW-Welle 24/99

▬ Energieversorgung: Deutscher Stromaustausch

Land	Einfuhr (Mio kWh)	Ausfuhr (Mio kWh)
Dänemark	5195	
	241	
Frankreich	13090	
	570	
Luxemburg	929	
		4297
Niederlande	1491	
		13618
Österreich	4181	
		6251
Polen	504	
	3016	
Schweden	2219	
	93	
Schweiz	5640	
		10353
Tschechien	4883	
	328	

Stand: Ende 1999; Quelle: VDEW (Frankfurt/M.)

TopTen Die größten europäischen Energieversorger

Unternehmen (Land)	Stromerzeugung 1999 (Mrd kWh)[1]
1. EdF (F)	456
2. ENEL (I)	237
3. RWE/VEW (D)	212
4. Veba/Viag (D)	189
5. Vattenfall (S)	84
6. Electrabel (B)	72
7. Endesa (E)	70
8. British Energy (GB)	67
9. National Power (GB)	62
10. Iberdrola (E)	61

1) letztvergleichbarer Stand; Quelle: Stromthemen 4/2000

Durchleitung: Im Dezember 1999 einigten sich der Bundesverband der Industrie (BDI), der Verband der Industriellen Energie- und Kraftwirtschaft (VIK) sowie die VDEW auf neue Regeln für die Stromdurchleitung. Die sog. zweite Verbändevereinbarung gilt bis Ende 2001. Jeder Haushalt kann seinen Elektrizitätsversorger frei wählen, mit der Stromrechnung wird ein Betrag für die Netznutzung entrichtet. Deutschland wird in eine nördliche und südliche Stromhandelszone aufgeteilt. Erfolgt der Energietransport zu einem Abnehmer außerhalb der Erzeuger-Handelszone, muss ein Aufschlag (T-Komponente) von 0,025 Pf/kWh netto entrichtet werden. Beim Überschreiten der Grenzen zu den Nachbarländern beträgt die Erhöhung 0,0125 Pf/kWh. Für Kraftwerke mit gekoppelter Kraft-Wärme-Erzeugung (KWK-Anlagen) gilt eine Bonusregelung: Die dort produzierte Elektrizität wird mit 3 Pf/kWh bezuschusst; die Sonderausgaben werden durch erhöhte Strompreise gegenfinanziert.
Fusionen: Nach dem Zusammenschluss von Veba und Viag (künftiger Name EON) Anfang 2000 kündigten RWE und VEW zum 1.7.2000 ihre Zusammenführung zum größten deutschen EVU an. Jährlich spart die neue RWE AG etwa 1,4 Mrd DM. Mit 170000 Mitarbeitern soll ein Jahresumsatz von 84 Mrd DM (Elektrizitätsabsatz: 212 Mrd kWh/Jahr) erwirtschaftet werden. Die EU-Wettbewerbskommission meldete jedoch Bedenken an, dass durch die Vereinigung ein marktbeherrschendes Duopol auf dem nationalen Strommarkt entstehe. Auch die teilweisen Überkreuzbeteiligungen der Firmen wollte die EU nicht akzeptieren.
Beteiligungen: Anfang 2000 erwarb der französische Energiekonzern Electricité de France (EdF) für 4,7 Mrd DM den Anteil des Landes (25,01%) an der Energie Baden-Württemberg (EnBW). Ende März 2000 genehmigte die EU-Kommission den Einstieg des schwedischen Staatskonzerns Vattenfall bei den Hamburgischen Electricitäts-Werken (HEW). Der Kaufpreis für ca. ein Viertel der HEW-Aktien lag bei 1,7 Mrd DM.
www.strom.de (Vereinigung Dt. Elektrizitätswerke)

Entsorgung, Atomare

Das deutsche Atomgesetz schreibt die E. abgebrannter Brennelemente aus kerntechnischen Anlagen als Voraussetzung für den Betrieb eines Atomkraftwerks vor. Die Stromversorger können seit 1994 zwischen Wiederaufarbeitung und direkter Endlagerung wählen.
Um 2000 wurde der Großteil der Wärme entwickelnden (hoch radioaktiven) Atomabfälle zur Wiederaufarbeitung nach Frank-

reich (La Hague) und Großbritannien (Sellafield) transportiert. Die Endlagerung hat gegenüber der Wiederaufbereitung Kostenvorteile von 1000 DM/kg Atommüll. Mitte 2000 gab es jedoch weltweit kein Endlager für Wärme entwickelnden Nuklearabfall.

Lagerung: Zwei Arten der E. sind durchführbar:

– Abgebrannte Brennelemente werden in einer Konditionierungsanlage zerlegt und verpackt. Anschließend erfolgt die zeitlich unbefristete Aufbewahrung im Endlager für mind. 10 000 Jahre.

– Von den verbrauchten Brennelementen wird in einer Wiederaufarbeitungsanlage das noch nutzbare spaltbare Material abgetrennt. Der Wärme entwickelnde Abfall wird mit Glas verschmolzen und in Stahl gegossen, der mit vernachlässigbarer Wärmeentwicklung mit Zement vermischt und in Spezialcontainer gefüllt; beides wird endgelagert.

Deutschland: Die rot-grüne Bundesregierung trat 1998 mit der politischen Maxime an, dass das bisherige Entsorgungskonzept gescheitert sei. Ein neuer nationaler Entsorgungsplan für den anfallenden radioaktiv verseuchten Müll müsse entwickelt werden. Bei dem im Juni 2000 geschlossenen Kompromiss zwischen Bundesregierung und deutschen Energieversorgungsunternehmen (EVU) wurde u. a. festgelegt:

– An den Standorten der Atommeiler werden atomare Zischenlager eingerichtet.

– Nach dem Ende der deutschen Atomtransporte zur Wiederaufarbeitung (1.7.2005) werden verbrauchte Brennelemente nach Abkühlung in Zwischenlagern entsorgt.

– Der Bund verpflichtet sich weiterhin, ein Endlager für Atommüll einzurichten, der Standort Gorleben wird aber hinterfragt.

Plutonium: Bei der Wiederaufarbeitung abgebrannter Brennelemente aus deutschen Atomkraftwerken wurden bis 2000 mehr als 40 t Plutonium abgesondert. Auf Initiative des Bundesumweltministeriums untersuchten Anfang 2000 Experten, wie überschüssiges Plutonium abseits bestehender Verfahren sicher entsorgt werden kann; bis 2000 wurde die sog. Rezyklierung angewandt, d. h. die Rückführung des Plutoniums in den Reaktor-/Stromerzeugungkreislauf durch Verarbeitung zu Mischoxid-Brennelementen. Die Fachleute schlugen alternativ u. a. Lagerstab- oder Lagerelementverfahren vor.

Sollte die Endlagerung des hoch giftigen Stoffes praktiziert werden, müssten allerdings die Aspekte Langzeitsicherheit sowie Kritikalitätssicherheit (unerwünschte Kettenreaktionen) oberste Priorität genießen, als günstigste Wirtsformation gelte Salz.

Erdgas

Gemisch unterschiedlicher Gase (Methan-Gehalt: 80–95%). Wegen des wesentlich geringeren Schadstoffausstoßes im Vergleich zum Erdöl oder zur Kohle gilt dieser Energieträger als der umweltverträglichste fossile Brennstoff.

Die relativ milde Witterung wirkte sich 1999 nachhaltig auf den deutschen E.-Verbrauch aus. Er stieg gegenüber 1998 nur um 0,5% auf 103,3 Mio t SKE. Bei Normaltemperaturen hätte der Verbrauch bei ca. 107 Mio t SKE gelegen. Im Bereich private Haushalte sowie Gewerbe- und Dienstleistungsunternehmen war 1999 gegenüber dem Vorjahr keine erhöhte E.-Nutzung zu konstatieren. Nach Schätzungen der Ar-

Erdgaslieferungen

Herkunftsland	Anteil 1999 (%)
Russland	35
Deutschland	21
Norwegen	20
Niederlande	19
Sonstige	5

Quelle: Dt. Institut für Wirtschaftsforschung (Berlin)

TopTen Erdgaspreise für die Industrie

Land	Pf/kWh 1999
1. Schweden	6,28
2. Deutschland	4,12
3. Spanien	3,49
4. Frankreich	3,38
5. Südafrika	3,35
6. Italien	3,08
7. Australien	2,93
8. Niederlande	2,64
9. USA	2,31
10. Finnland	2,31

Quelle: FOCUS 11/2000

beitsgemeinschaft Energiebilanzen wurden bis Dezember 1999 etwa 16 Mio Wohnungen in Deutschland mit einem E.-Heizsystem ausgestattet, dies entsprach 43% des nationalen Wohnungsbestandes. Bei Neubauwohnungen hatte das E. einen Marktanteil von 75% (1998: 73%). Industrie und Kraftwerke setzten den fossilen Energieträger 1999 verstärkt ein. Der Verbrauch im produzierenden Gewerbe stieg gegenüber 1998 um knapp 2%, bei der Stromerzeugung durch E. lag der Zuwachs sogar bei 5%.

Importe: 1999 erhöhte sich das deutsche E.-Aufkommen gegenüber 1998 um 5%. Zu etwa 21% wurde der Bedarf aus inländischer Förderung gedeckt, wichtigste Lieferländer waren Russland (35%), Norwegen (20%) und die Niederlande (19%). Nach Berechnungen des Wirtschaftsverbandes Erdöl- und Erdgasgewinnung (WEG, Hannover) betrugen die nationalen E.-Reserven Ende 1999 rund 326 Mrd m^3 (1998: 339 Mrd m^3).

Preise: 1999 mussten die deutschen Endverbraucher im Schnitt ca. 11% mehr für E. bezahlen als im Vorjahr. Die rasante Verteuerung des Heizöls wirkte sich wegen der sog. Gleitklauseln auch auf den Gaspreis aus. Für ein zentral beheiztes Zwei-Familienhaus mit jährlichem Verbrauch von 56 000 kWh fielen 1999 z.B. in München 235 DM/Monat für E. an (1998: ca. 210 DM), in Hamburg 224 DM (1998: 205 DM).

Liberalisierung: Im Frühjahr 2000 vereinbarten der Bundesverband der Deutschen Industrie (BDI), der Verband der Industriellen Energie- und Kraftwirtschaft (VIK), der Bundesverband der deutschen Gas- und Wasserwirtschaft (BGW) und der Verband kommunaler Unternehmen (VKU) Eckpunkte für die E.-Durchleitung im nationalen Netz. Die Verständigung war ein wesentlicher Schritt in Richtung Liberalisierung und Öffnung des deutschen E.-Marktes. Die EU-Richtlinie für E. vom 22.6.1998 musste bis 10.8.2000 umgesetzt werden. Das ausgehandelte Papier sah u.a. vor, dass Nutzungsentgelte beim Ferntransport durch das Punkt-zu-Punkt-Modell berechnet werden, im regionalen Sektor sollen »Briefmarken«-Tarife gelten. Nach Experteneinschätzung werden in Deutschland zunächst nur Großkunden vom beginnenden E-Wettbewerb profitieren, die Privathaushalte folgen frühestens 2001, nach Ausarbeitung der Kleinkundenlastprofile.

Gashydrate: Ende 1999 begann ein internationales Konsortium unter Führung der Nationalen Ölgesellschaft Japans (JNOC) mit der Anbohrung von Gashydraten vor der japanischen Pazifikküste. Die beteiligten Unternehmen nahmen an, dort die größte fossile Energiequelle der Welt erschließen zu können. Für das Projekt entwickelte die US-Firma Syntroleum ein spezielles Bohrverfahren. Gashydrate bestehen zu mind. 90% aus Methan und gefrorenem Wasser und gelten als wichtige Energiereserve. Die weltweiten Vorräte wurden 1999 auf etwa 7600 Billiarden m^3 geschätzt, die Ausbeutung der Hydrate ist aufgrund der aufwändigen Erkundungs- und Bohrtechnik jedoch extrem schwierig.

Erdöl

Brennbares Gemisch diverser Kohlenwasserstoffe. In sog. Speichergesteinen bildet der Energieträger Lagerstätten; das E. wird nach Anbohrung der Fundorte durch natürlichen Druck oder Pumpen an die Erdoberfläche gebracht.

1999 betrug der gesamte Mineralölverbrauch in Deutschland ca. 134 Mio t. Das Minus von 3,3% oder 3,4 Mio t gegenüber dem Vorjahr resultierte aus der milden Witterung sowie Einspar- und Ersatzmaßnahmen der Verbraucher. Besondere Einbußen musste der Absatz von leichtem (−14%) und schwerem Heizöl (−11,5%) hinnehmen.

TopTen Die größten Erdölexporteure		
Land		Mio Barrel/Tag[1]
1. Saudi-Arabien		7,2
2. Russland		3,9
3. Norwegen		2,9
4. Venezuela		2,5
5. Iran		2,4
6. Irak		2,1
7. VAE[2]		2,0
8. Kuwait		1,8
9. Nigeria		1,8
10. Mexiko		1,4

1) 1999 (1 Barrel = 159 l); 2) Vereinigte Arabische Emirate; Quelle: Süddeutsche Zeitung, 28.3.2000

Importe: Die E.-Einfuhren Deutschlands betrugen 1999 rund 103,8 Mio t (1998: 109 Mio t). Trotz der Verringerung um 4,8% fiel die nationale E.-Rechnung mit 24,9 Mrd DM um 6,4 Mrd DM höher aus als 1998. Der sog. Grenzübergangspreis für 1 t Importöl belief sich auf 239,92 DM, eine Steigerung gegenüber 1998 um 41,2%. Zu den wichtigsten deutschen E.-Lieferanten zählten 1999 Russland (28 Mio t) und Norwegen (20,7 Mio t). Ein Drittel der Einfuhren stammten aus den Nordseefördergebieten. Am teuersten waren die E.-Importe aus Algerien (262 DM/t), am günstigsten aus Venezuela (189 DM/t) und Russland (220 DM/t).

Preise: Wegen Drosselungsbeschlüssen der Organisation Erdöl exportierender Länder (OPEC) im Frühjahr 1999 kostete Ende des Jahres 1 Barrel (engl. Fass, 159 l) der Rohölsorte Brent rund 23 US-Dollar. Das hohe E.-Preisniveau setzte sich Anfang 2000 fort. Zeitweise stieg der Barrelpreis bedingt durch verstärkte Nachfrage und kräftiges Wachstum der Weltwirtschaft auf über 30 US-Dollar. Internationaler Druck der Abnehmerländer (insbes. der USA) auf das Ölkartell führte ab 1.4.2000 zur deutlichen Erhöhung der E.-Fördermengen um 6,3% (1,45 Mio t) auf 21 069 Mio Barrel täglich und zur Stabilisierung des E.-Preises um 20 US-Dollar.

Raffinerien: Nach ersten Schätzungen des Verbandes der Mineralölwirtschaft (Hamburg) betrugen die finanziellen Einbußen durch hohe Rohölpreise, die nicht gleich an die Verbraucher weitergeleitet werden konnten, etwa 500 Mio DM. Die Auslastung der nationalen Raffinerien war mit 96% hoch, hinsichtlich der Rohöldestillationskapazität erwarteten die Experten für das Jahr 2000 eine Zunahme von rund 20% auf 490 Mio t (1999: 406 Mio t).

Fusion: Anfang 2000 genehmigte die EU-Kommission mit Einschränkungen (z.B. Abgabe von Tankstellen in Frankreich) die Übernahme des französischen Mineralölkonzerns Elf Aquitaine durch den französisch-belgischen Konkurrenten TotalFina. Durch den Zusammenschluss entstand der weltweit viertgrößte E.-Konzern (geschätzter Umsatz 1999: 140 Mrd DM, rund 150 000 Mitarbeiter).

www.opec.org
Organisationen →OPEC

TOP TEN	Erdöl: Importe nach Herkunftsländern		
Herkunftsland	*Mio t 1999*		*Veränderung (%)[1]*
1. Russland		27,5	▲ + 2,6
2. Norwegen		20,7	▼ − 5,5
3. Libyen		14,3	▲ + 6,7
4. Großbritannien		13,8	▽ − 29,6
5. Syrien		6,0	▲ + 17,6
6. Saudi-Arabien		4,5	▼ − 15,1
7. Algerien		4,2	▼ − 23,6
8. Kasachstan		2,8	▲ +115,4
9. Venezuela		2,1	▼ − 16,0
10. Aserbaidschan		1,2	−

1) gegenüber 1998,; Quelle: BMWi Tn. Nr. 10968/18.02.2000

Erdwärme

(auch Geothermie), natürliche Wärmeenergie aus Erdschichten, die als Heizenergie oder zur Elektrizitätsgewinnung genutzt werden kann. Dabei fallen keine Schadstoffe an.

Nordeuropa: Das vulkanreiche Island war um 2000 führend in der Nutzung von E. Bedingt durch seine günstige geologisch-tektonische Lage versorgte sich z.B. die Hauptstadt Reykjavik, in der über die Hälfte der rund 280 000 Einwohner Islands leben, nur mit heißem Wasser aus der Erde. Es wird mit Pipelines in sechs Wassertanks (Fassungsvermögen: 24 Mio l) überirdisch zwischengespeichert und nach einer Abkühlungsphase zum Endverbraucher geführt. Das Gemeinschaftsunternehmen Islandic New Energy untersuchte im Rahmen eines Forschungsprojektes, wie Wasserstoff aus E. erzeugt und für den Motorenantrieb genutzt werden kann. Geplant war, die Fischereiflotte sowie alle Automobile des Landes mit entsprechenden Aggregaten/Brennstoffzellen auszustatten. Unterstützt wurde das Zukunftsprojekt u.a. von DaimlerChrysler, Shell sowie Norsk Hydro.

Verfahren: E. kann aus unterirdischen Heißwasserspeichern (Aquiferen) gewonnen werden. Nach der Wärmeabgabe wird das Wasser wieder zurückgepumpt (Wasserdruck in der entsprechenden Erdtiefe muss aufrecht erhalten bleiben). Beim sog. Hot-Dry-Verfahren (engl.; heißer, trockener Stein) wird kaltes Wasser mit hohem Druck durch ein Bohrloch in die Tiefe gepumpt,

■ Strompreise aus Erneuerbaren Energien

Energieträger	Tarifstruktur	pf/kWh
Wasserkraft, Deponiegas	(bis 500 kW)	15,0
Grubengas, Klärgas	(von 500 kW bis 5 MW)	13,0
Biomasse[1]	(bis 500 kW)	20,0
	(von 500 kW bis 5 MW)	18,0
	(von 5 MW bis 20 MW	17,0
Windkraft[1]	(die ersten 5 Jahre)	17,8
	(danach je Menge)	17,8–12,1
Geothermie	(bis 20 MW)	17,5
	(über 20 MW)	14,0
Fotovoltaik[1]	(bis 5 MW)	99,0

1) Die Tarifsätze werden ab 1.1.2002 für Biomasse um 1%, für Windenergie um 1,5% und für Fotovoltaik per anno um 5% verringert; Quelle: VDEW (Frankfurt/M.)

Erneuerbare Energien

Energiegewinnung aus wieder verwertbaren bzw. unerschöpflichen Energieträgern (Abfall, Biomasse, Sonne, Wasser, Wind). Die Umwandlung von E. in Sekundärenergie führt nur zu geringen Umweltbelastungen, insbes. mit Kohlendioxid (verantwortlich für Erwärmung der Erdatmosphäre).

Potenzial: Die globalen Marktchancen für den Einsatz der E., vor allem Sonnen- und Windenergie, wurden 2000 positiv bewertet. Um E. betriebswirtschaftlich effizient zu nutzen, müsse lt. Experten die öffentliche Förderung weiter forciert werden.

Erzeugung: In Deutschland stieg 1999 die Stromproduktion aus E. gegenüber dem Vorjahr um 13% von 25,3 Mrd auf 28,7 Mrd kWh. Der Gesamtanteil der regenerativen Energien an der nationalen Elektrizitätsgewinnung lag bei 5,9% (1998: 5,2%). Die wichtigsten E.-Quellen waren 1999 Wasserkraft mit 19,5 Mrd kWh (1998: 17,3 Mrd kWh) und Windkraft mit 5,4 Mrd kWh (1998: 4,5 Mrd kWh). Aus Biomasse wurden 3,8 Mrd kWh erzeugt (+0,3 Mrd kWh gegenüber dem Vorjahr), die Stromproduktion aus Fotovoltaikanlagen erreichte 0,03 Mrd kWh (1998: 0,02 Mrd kWh).

Tarife: Im Frühjahr 2000 trat das Erneuerbare-Energien-Gesetz (EEG) in Kraft; es löste das Stromeinspeisungsgesetz ab. Mit gestiegenen Vergütungssätzen für Strom aus E. plant die Bundesregierung die Elektrizitätsproduktion aus regenerativer Energie bis 2010 auf 10% zu verdoppeln. Die Energieversorgungsunternehmen (EVU) wurden aufgefordert, den gesamten erzeugten Ökostrom abzunehmen (inkl. Erdwärme und Grubengas), die Gestaltung der E.-Tarife wurde gesetzlich festgeschrieben.

Welt: Anfang 2000 debattierten in Genf/Schweiz Delegierte aus über 100 Staaten über die Zukunft der E. Im Abschlusspapier betonten sie, dass die potenziell verfügbaren E. ausreichen, um den internationalen Bedarf mehrfach zu decken. Aufgrund fallender Investitions- und Betriebskosten könnten die Alternativenergien zunehmend den Wettbewerb mit den fossilen Energiequellen und Atomkraftwerken aufnehmen.

Holz: Im Rahmen eines Projektes der Expo 2000 in Hannover nutzen die Stadtwerke von Verden/Aller Holz als Heizmaterial. Das hierfür entwickelte Kraftwerk gibt eine jährliche Nutzwärme von über 6300 MWh ab, der Holzverbrauch liegt bei 2300 t.

um trockenes Gestein zu spalten. Das Wasser durchdringt die Gesteinsrisse- und -spalten, erhitzt sich und wird durch ein zweites Bohrloch an die Oberfläche transportiert.

Mitteleuropa: Wegen geologischer Gegebenheiten – die nötige Temperatur von 180 °C wird meist erst in 6000 m Tiefe erreicht – ist die Stromerzeugung aus E. in Europa oftmals unwirtschaftlich. Seit 1987 läuft ein Forschungsunternehmen im elsässischen Soultz-sous-Forêts. Der Ort liegt über einer etwa 3000 km² großen Wärmeanomalie (im Oberrheingraben steigt die Erdtemperatur z. T. um 6–10 °C pro 100 m Tiefe). 1997/98 wurde ein unterirdischer Wasserkreislauf in Gang gesetzt, die thermische Dauerleistung lag knapp über 10 MW. Seit Frühsommer 1999 werden in Soultz-sous-Forêts weitere Erkundungsbohrungen durchgeführt.

Deutschland: Mitte 2000 wurde in Dortmund mit dem Bau der zweitgrößten nur mit E. beheizten Wohnsiedlung Europas begonnen. Auf 59 000 m² entstehen bis Herbst 2000 insgesamt 80 Wohnungen, für die etwa 90 Bohrungen in 100–150 m tiefe durchgeführt werden. Sächsische Ingenieure arbeiteten um 2000 an einem E.-Verfahren, in dem verdampfendes Ammoniak die Energie aus dem Erdinnern an die Oberfläche führt. Das Gas wird erhitzt und in den äußeren Ringspalt der Erdbohrung eingeleitet. Unter kontrolliertem Druck strömt es durch eine Stahlwendel in die Tiefe und absorbiert die umgebende E.

Garzweiler II

Projekt: Im Rahmen des größten europäischen Braunkohle-Tagebauprojekts (Fläche: 48 km², Kosten: ca. 4,4 Mrd DM, Nachfolge für Garzweiler I) werden bis Anfang des 21. Jh. 7600 Anwohner aus elf betroffenen Ortschaften umgesiedelt. Rheinbraun, ein Tochterunternehmen von RWE, plant ab 2006/7 mit dem Abbau der bis 210 m tiefen und 30 m dicken Flöze zu beginnen (jährliche Braunkohleförderung: 40 Mio t). Die Modernisierung der Braunkohle-Kraftwerke im Rheinischen Revier (Investitionen bis 2030: rund 20 Mrd DM) machte das Unternehmen 1998/99 abhängig von einem positiven Genehmigungsverfahren für G.

Kraftwerk Neurath: Ende Mai 1999 beschloss RWE einen Kraftwerksneubau am Standort Neurath. Diese 1000 MW-Anlage (Inbetriebnahme ist für 2006 vorgesehen; die Kosten werden auf etwa 2,5 Mrd DM geschätzt) basiert auf dem BoA-Konzept (Braunkohleblock mit optimierter Anlagentechnik): Der Wirkungsgrad beträgt ca. 45% (Wirkungsgrad ältere Blöcke: 30–40%), der Kohlendioxid-Ausstoß verringert sich gegenüber herkömmlichen Braunkohlekraftwerkstypen um über 30%.

Kraftwerk Niederaußem: Im Herbst 1998 begannen die Bauarbeiten am ersten BoA-Werk (Nettoleistung: 965 MW) im rheinischen Revier. Nach der Fertigstellung im August 2002 werden im Gegenzug sechs veraltete 150 MW-Blöcke demontiert.

Heizung

Lt. Entwurf der Bundesregierung vom April 2000 sollen vor 1979 installierte H. ab 1.1. 2001 ersetzt werden, um den Energieverbrauch und den Ausstoß von Kohlendioxid zu senken. Für die 3 Mio betroffenen H. soll eine Übergangsfrist bis 2008 gelten. Nach Angaben der Vereinigung Deutscher Elektrizitätswerke (VDEW, Frankfurt/M.) lag der Anteil der Fernwärme am Markt für Wohnraum-H. 1998 bei 12%. Etwa 80% der inländischen Fernwärmenetze unterhielten die öffentlichen Stromversorger. 80% der Fernwärme wurde in Heizkraftwerken oder aus industrieller Abwärme erzeugt.

Hausenergie: Stationäre Brennstoffzellen könnten im 21. Jh. die Strom- und Wärmeproduktion in Ein- oder Mehrfamilien-

Heizungen mit Erdgas	
Jahr	*Erdgasheizungen (Mio)*
1999	16,0
1998	15,3
1996	13,9
1994	12,3
1992	10,7
1990	9,2
Quelle: FOCUS 11/2000	

Seit 1990 stieg die Zahl der in Deutschland installierten Erdgasheizungen um rund 74%.

häusern regeln. Seit Ende 1999 betreiben Rheinische Energie Aktiengesellschaft (Rhenag) und Mülheimer Energiedienstleistungs GmbH (Medl) in NRW ein Projekt, das die umweltschonende Hausenergieversorgung auf eine neue Ebene stellt: Eine Niedertemperatur-Brennstoffzelle versorgt ein Mülheimer Hotel mit einer elektrischen Leistung von max. 3 kW, das thermische Lastprofil liegt bei 8 kW. Nach Einschätzung der beteiligten Unternehmen dürfen die Mehrkosten für eine Brennstoffzelle gegenüber konventionellen Heizanlagen höchstens 2000–3000 DM betragen, um Wirtschaftlichkeit zu garantieren. Nach günstigen Prognosen wird ein Brennstoffzellenheizgerät für ein Einfamilienhaus 2005 immerhin noch etwa 11000 DM kosten.

Kohle

Gruppe kohlenstoffreicher, fester Brennstoffe, entstanden in Jahrmillionen durch Umbildung pflanzlicher Substanz. Die Steinkohle besteht zu gut 80% aus Kohlenstoff.

Verbrauch: 1999 sank der Steinkohleverbrauch in Deutschland um 6,5% auf 65 Mio t SKE. Ursachen waren vor allem der um 5,9% gesunkene K.-Einsatz zur Strom- bzw. Wärmeerzeugung in Kraftwerken (1999:

Kohle: Absatz deutscher Steinkohle		
Markt	*Miot t SKE 1999*	*Veränderung (%)[1]*
Elektrizitätswirtschaft (Inland)	30,8	▼ −1,2
Stahlindustrie (Inland)	9,4	▽ −2,4
Wärmemarkt (Inland)	1,0	▼ −0,3
Ausfuhr	0,4	● 0
1) gegenüber 1998; Quelle: Deutsches Institut für Wirtschaftsforschung, www.diw.de		

Kohle: Steinkohleförderung

Jahr	Mio t SKE
1999	40,5[1]
1998	41,9
1997	47,3
1995	54,2
1990	71,0
1980	87,9
1970	113,7
1960	145,6

1) geschätzt; Quelle: Deutsches Institut für Wirtschaftsforschung, www.diw.de

48 Mio t SKE; 1998: 51 Mio t SKE) und die abnehmende nationale Stahlproduktion (geringerer Kokskohle- und Koksverbrauch). Die Nutzung von Import- und Inlandskohle verlief auch 1999 konträr. Die K.-Einfuhren stiegen um 2,4%, der Absatz der nationalen K. verzeichnete ein Minus von fast 4%.

Förderung: Im Zuge des zwischen Bund, Ländern und Industrie vereinbarten Kohlekompromisses wurde der deutsche Abbau 1999 auf 40,5 Mio t SKE weiter reduziert (1998: 41,9 Mio t SKE). Ende 1999 waren im Bergbau noch knapp 66 500 Menschen beschäftigt, ein Rückgang gegenüber dem Vorjahr um 7,5% bzw. 5300 Personen. Dagegen stieg die bergbauliche Produktivität (gemessen in Leistung verwertbarer Förderung je Mann und Schicht unter Tage) deutlich um 7% auf 6230 kg (1998: 5819 kg).

Stellenabbau: Wegen des rückläufigen Verkaufs und niedriger Preise sah sich die Deutsche Steinkohle AG (DSK, Herne) Ende 1999 gezwungen, den weiteren An-

passungsprozess des K.-Bergbaus durch neue Verbundbergwerke und Stilllegungen zu modifizieren. Danach wird die Dortmunder Kokerei Kaiserstuhl Ende 2000 geschlossen, 2001 vereinigen sich die Zechen Auguste Victoria und Blumenthal Haard zu einem Verbundbergwerk, für Anfang 2002 ist die Kooperation der Bergwerke Friedrich Heinrich sowie Niederberg vorgesehen. Nach DSK-Angaben kostet die Umstrukturierung etwa 6200 Arbeitsplätze.

Kraftwerke

Bilanz: 1998 (letztverfügbarer Stand) lag die Nettostromerzeugung der K. in Deutschland (ohne private Einspeiser) bei 513 Mrd kWh (+0,5% gegenüber 1997). Der Anteil der öffentlichen Versorger an der deutschen Elektrizitätsgewinnung erreichte 89%, auf die Industrie entfielen 9,7%, auf die Deutsche Bahn AG 1,3%. Zum Betrieb der K. (sog. Kraftwerkseigenverbrauch) wurden mit knapp 39 Mrd kWh rund 7% der Gesamterzeugung benötigt. Die Nettostromerzeugung in den K. der Energieversorgungsunternehmen (EVU) betrug 1998 knapp 457 Mrd kWh, ein Plus gegenüber dem Vorjahr um 1,7%. Wichtigste Energieträger waren Kohle und Uran. Die rund 1000 K. der EVU erzeugten zu zwei Dritteln eine Leistung von max. 10 MW, nur 2% von mehr als 1000 MW.

Bis 2010 müssen in Deutschland aus technischen und ökologischen Gründen etwa 80%, in der EU ein Drittel der mit fossilen Energien befeuerten K. ersetzt werden. Ein Neubau von K. wird durch Stromaustausch mit anderen Staaten (z.B. über Seekabel), die Errichtung dezentraler Kraftanlagen und Energiesparmaßnahmen z.T. unnötig.

Emissionen: Aufgrund der um über 5% geringeren Elektrizitätsgewinnung durch die Atomkraftwerke erhöhten sich 1998 in Deutschland die Kohlendioxid (CO_2)-Emissionen der öffentlichen K. gegenüber dem Vorjahr um 5 Mio t bzw. knapp 2%. Trotz insgesamt gestiegener inländischer Stromerzeugung war 1998 aber der Zeitraum mit dem zweitniedrigsten Kohlendioxid-Ausstoß seit Festlegung der Klimakonvention.

KWK: Im Frühjahr 2000 trat das Gesetz zum Schutz der Stromerzeugung aus Kraft-Wärme-Kopplung (KWK) in Kraft. Die Energiegewinnung aus KWK wird in

Kraftwerke der Energieversorger

Kapazität	Kraftwerke 1998[1]	Leistung (MW)
bis 10 MW	641	1255
> 10 MW–50 MW	130	3071
> 50 MW–100 MW	50	3738
> 100 MW–500 MW	103	25 842
> 500 MW–1000 MW	35	25 193
> 1000 MW	23	38 138

1) letztverfügbarer Stand; Quelle: VDEW

Deutschland mit 3 Pf/kWh subventioniert, die Förderung reduziert sich jährlich um 0,5 Pf und läuft Ende 2004 aus. Weiterhin ist geplant, die KWK durch ein langfristiges Ausbauprogramm bundesweit zu sichern. KWK-Anlagen erzeugen Fernwärme und Elektrizität auf der Basis von Kohle, Erdgas, Erdöl oder Abfall. Sie befinden sich zumeist im kommunalen Besitz. Nach der Liberalisierung des europäischen Strommarktes um 2000 drohte vielen Produktionsorten aber die Schließung wegen fehlender wirtschaftlicher Rentabilität.

Projekte: Im Zuge des stetig wachsenden Energiebedarfs gewannen Gas-K. basierend auf kombinierter Gas- und Dampfturbinentechnik (GuD) an Gewicht. Experten sehen die Vorteile derartiger Anlagen in geringen Investitionen, kurzen Lieferzeiten (Baukastenprinzip), geringen Kohlenmonoxid- bzw. Stickoxid-Emissionen sowie akzeptablen Wirkungsgraden (z. T. über 50%).

Trend: Die Internationale Energieagentur (IEA, Paris) erwartet, dass die K.-Kapazität in Westeuropa bis 2010 jährlich um 1% steigt (erwarteter Zuwachs der Stromerzeugung: jährlich 1,6%). Für die einzelnen Sektoren bedeutet diese Entwicklung:

– Kohle- und Atomkraftwerke: keine Leistungsveränderungen
– Wasserkraft: leichter Anstieg
– Erneuerbare Energien: steigender Anteil an der Gesamtleistung (2010: etwa 2%)
– Die K.-Kapazität auf Erdgasbasis steigt im Berechnungszeitraum um ca. 87%
– Ölanlagen verlieren weiter an Bedeutung.

Reaktorsicherheit

Die inländischen Atomkraftwerke (AKW) lieferten 1999 insgesamt 169,7 Mrd kWh Strom), 4,9% mehr als 1998 (161,7 Mrd kWh). Nach Aussage des Deutschen Atomforums (Bonn) arbeiteten alle deutschen Reaktoren 1999 ohne einen Störfall, der Menschen oder Umwelt hätte gefährden können. Auch der Datumswechsel 1999/ 2000 verlief reibungslos. Für die Energiegewinnung waren die 19 Blöcke durchschnittlich 7980 Stunden aktiv (die Jahresstundenzahl lag 1999 bei 8760). Ohne die notwendigen Abschaltzeiten für Brennelementewechsel oder Revision betrug der unplanmäßige Betriebsstillstand der deutschen Atomkraftwerke 3,2% der Jahreslaufzeit.

▨ Kraftwerke: Nettostromerzeugung		
Energieträger Mio kWh 1998[1]		Veränderung (%)[2]
Atomenergie	151 820	▼ – 5,2
Braunkohle	122 450	▼ – 0,8
Steinkohle	122 000	▲ + 8,8
Erdgas	33 100	▲ +12,3
Wasserkraft	18 810	▲ + 1,8
Heizöl	2085	▽ –16,2
Sonstige	6735	▲ +12,8
1) letztverfügbarer Stand; 2) gegenüber 1997, gerundet ; Quelle: VDEW		

Strahlenschutz: Bis Sommer 2000 sollte nach den Vorstellungen der rot-grünen Bundesregierung die Novellierung der Strahlenschutzverordnung umgesetzt sein. Das Vorhaben erfolgt im Rahmen der Euratom-Richtlinien zur Vereinheitlichung des Strahlenschutzes in Europa. Durch die Überarbeitung werden diverse Grenzwerte neu und besondere Themenbereiche erfasst:
– Schutz des ungeborenen Lebens
– Senkung der Dosisgrenzwerte
– Minderung des Störfallplanungswertes
– Neugestaltung der Freigrenzen für radioaktive Stoffe
– Organdosen.

Unterweser: Der Energiekonzern Preussen Elektra musste Anfang 2000 sein AKW Unterweser vorübergehend abschalten, um einen Brennstabwechsel durchzuführen. Es hatte sich der Verdacht bestätigt, dass in der Anlage in der Nähe von Bremen seit 1996 Mischoxid-Brennelemente aus der britischen Wiederaufarbeitungsanlage (WAA) Sellafield genutzt wurden, deren Prüfbericht manipuliert worden war.

Jahr 2000: Der Datumswechsel 1999/2000 führte weltweit zu keiner Einschränkung der R. Bei der Internationalen Atomenergiebehörde (IAEA, Wien) wurden nur kleinere technische Unzulänglichkeiten registriert (z. B. in Spanien oder Japan).

Tokaimura: Ende September 1999 ereignete sich in der japanischen Atomanlage Tokaimura (etwa 10 km nordöstlich von Tokio) auf Grund von menschlichem Fehlverhalten ein schwerer Störfall. Nach offiziellen Angaben erhielten 439 Menschen eine erhöhte Strahlendosis, ein Werkmitarbeiter starb drei Monate nach dem Unfall, zwei weitere wurden gefährlich verletzt.

Die Leistung der weltweit produzierten Solarzellen konnte im Jahr 1999 gegenüber 1990 nahezu vervierfacht werden.

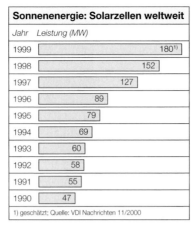

Sonnenenergie: Solarzellen weltweit

Jahr	Leistung (MW)
1999	180[1]
1998	152
1997	127
1996	89
1995	79
1994	69
1993	60
1992	58
1991	55
1990	47

1) geschätzt; Quelle: VDI Nachrichten 11/2000

Sonnenenergie

S. kann mit Solarzellen über chemische Prozesse in Strom umgewandelt werden (Fotovoltaik), über konzentrierte Wärme Strom erzeugen (Solarthermie), durch bauliche Maßnahmen Heizenergie einsparen (Solararchitektur) oder in Sonnenkollektoren zum Beheizen von Brauchwasser genutzt werden. Als Erneuerbare Energie verursacht S. im Gegensatz zu fossilen Energieträgern keine Umweltbelastungen.

Nach Berechnungen des Deutschen Fachverbandes Solarenergie (DFS) wurden 1999 Fotovoltaikanlagen mit einer Leistung von 14 MW neu installiert (12 MW netzgekoppelt, 2 MW Inselanlagen). Die gesamte installierte Leistung in Deutschland betrug Ende 1999 ca. 64 MW. Nach Expertenprognosen wird im Rahmen des gültigen Erneuerbare-Energien-Gesetzes (EEG) die Stromerzeugung aus S. einen Aufschwung erfahren, insbes. wegen des neuen Vergütungssatzes von mind. 99 Pf/kWh (bis dahin etwa 17 Pf/kWh).

100 000-Dächer: Seit 1999 subventioniert die rot-grüne Bundesregierung die Installation von Solarstromanlagen. Das 100 000-Dächer-Programm endet 2003, für 2000 wurden 180 Mio DM Fördermittel bereitgestellt. Entsprechende Anträge sind bei der Kreditanstalt für Wiederaufbau (KfW, Frankfurt/M.) einzureichen. Um Überhitzungseffekte am Markt wegen großer Nachfrage zu begegnen und eine Verstetigung der geplanten öffentlichen Maßnahmen sicherzustellen, legte das zuständige Bundeswirtschaftsministerium (BMWI) im Mai 2000 neue Konditionen fest:

– Die Kreditanstalt für Wiederaufbau gewährt weiter verbilligte Darlehen für den Einbau von Fotovoltaikanlagen, die Zinsverbilligung beträgt max. 4,5%-Punkte.
– Die öffentliche Hand finanziert bis zu 100% der förderfähigen Programmkosten; Preissteigerungen bei Solarmodulen soll Einhalt geboten werden durch Darlehenshöchstbeträge. Bei kleinen Anlagen (max. 5 kW) liegt der Grenzwert bei 13 500 DM/kW, bei größeren und gewerblichen Anlagen bei 6750 DM/kW.
– Der geplante Restschulderlass entfällt.

Solarfabrik: In Gelsenkirchen eröffnete der Mineralölkonzern Shell Ende 1999 die größte Solarfabrik Deutschlands. Die jährliche Solarzellen-Fertigung soll nach Unternehmensvorstellungen eine Gesamtleistung von 25 MW erreichen, als wichtigste Absatzmärkte gelten die Entwicklungländer.

Strompreise

Seit 1.4.2000 gilt in Deutschland das Erneuerbare-Energien-Gesetz (EEG). Die Förderung des sog. Ökostroms gehört zu den wesentlichen politischen Anliegen der rot-grünen Bundesregierung und verlangt von den Energieversorgungsunternehmen (EVU) Abnahmeverpflichtungen sowie feste Vergütungssätze für aus Biomasse, Deponiegas, Fotovoltaik, Wasser- und Windkraft gewonnenen Strom. Nach Auskunft von Vertretern der deutschen Elektrizitätswirtschaft summierten sich die Ausgaben für Strom aus Erneuerbaren Energien 2000 auf 2,4 Mrd DM (1999: 1,3 Mrd DM).

Umsatz: 1999 sank der Stromumsatz der nationalen EVU auf rund 65 Mrd DM (1998: 80 Mrd DM). Der Rückgang um knapp 15 Mrd DM (18,75%) war primär Ergebnis der allgemeinen S.-Senkungen. Zu den Gewinnern des Preisverfalls zählten industrielle Großkunden: Sie konnten Kosteneinsparungen bis zu 30% verzeichnen und bezahlten mit 25 Mrd DM etwa 11 Mrd DM weniger für Elektrizität als 1998.

Kritik: Die Vereinigung Deutscher Elektrizitätswerke (VDEW, Frankfurt/M.) schätzte, dass die S. für gewerbliche Kunden 1999/2000 ihren Tiefpunkt erreicht hatten. Als Folge harten Wettbewerbs um Kunden und des Verdrängungskampfes zwischen den EVU werde Elektrizität oftmals unterhalb der Vollkosten auf dem Markt angeboten. Dadurch könnten die Stromkonzerne Finanzlücken für nötige Investitionen nicht schließen, bei einigen Unternehmen drohte der Abbau von Arbeitsplätzen.

Internet: Die Tarifvielfalt der liberalisierten S. ist für den privaten Endverbraucher jederzeit im Internet abrufbar. Diverse Tarifrechner ermöglichen einen leichten und schnellen Stromkostenvergleich.

www.billiger-strom.de; www.fss-online.de; www.strom-guenstiger.de; www.stromtarife.de; www.stromkosten-senken.de; www.billige-steckdose.de

Stromverbund

Im S. werden unterschiedliche nationale Stromnetze zusammengeführt. Er vereinfacht Energietransport und -nutzung, spart den Neubau von Kraftwerken und senkt die Strompreise, weil Elektrizität dort erworben wird, wo sie unter den ökonomisch und ökologisch günstigsten Voraussetzungen erzeugt wird.

Investitionen: Nach Erhebung des ifo-Instituts (München) im Auftrag der Vereinigung Deutscher Elektrizitätswerke (VDEW, Frankfurt/M.) werden die nationalen Energieversorgungsunternehmen (EVU) ihre Investitionen im deutschen Stromgeschäft

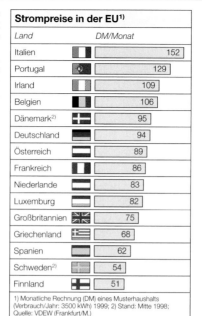

Strompreise in der EU[1]

Land	DM/Monat
Italien	152
Portugal	129
Irland	109
Belgien	106
Dänemark[2]	95
Deutschland	94
Österreich	89
Frankreich	86
Niederlande	83
Luxemburg	82
Großbritannien	75
Griechenland	68
Spanien	62
Schweden[2]	54
Finnland	51

1) Monatliche Rechnung (DM) eines Musterhaushalts (Verbrauch/Jahr: 3500 kWh) 1999; 2) Stand: Mitte 1998; Quelle: VDEW (Frankfurt/M.)

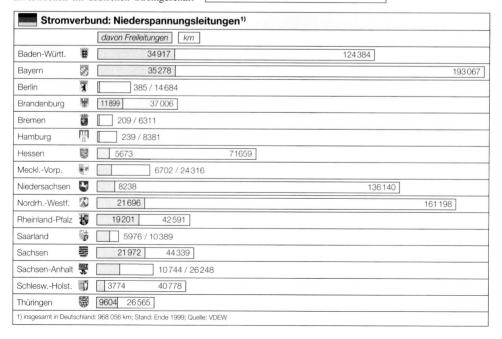

Stromverbund: Niederspannungsleitungen[1]

	davon Freileitungen	km
Baden-Württ.	34 917	124 384
Bayern	35 278	193 067
Berlin	385 / 14 684	
Brandenburg	11 899	37 006
Bremen	209 / 6311	
Hamburg	239 / 8381	
Hessen	5673	71 659
Meckl.-Vorp.	6702 / 24 316	
Niedersachsen	8238	136 140
Nordrh.-Westf.	21 696	161 198
Rheinland-Pfalz	19 201	42 591
Saarland	5976 / 10 389	
Sachsen	21 972	44 339
Sachsen-Anhalt	10 744 / 26 248	
Schlesw.-Holst.	3774	40 778
Thüringen	9604	26 565

1) insgesamt in Deutschland: 968 056 km; Stand: Ende 1999; Quelle: VDEW

in den ersten Jahren des 21. Jh. deutlich senken. Ursache sind die allgemein gestiegenen Investitionsrisiken im liberalisierten Energiemarkt. Die Planungen der nationalen Stromwirtschaft sehen 1999–2003 Ausgaben von ca. 43 Mrd DM vor (1994–98: 64 Mrd DM). Die Hälfte der Finanzmittel sollen lt. EVU ins Stromnetz fließen, ein Drittel dient dem Neubau bzw. der Modernisierung von Kraftwerken, der Rest ist für Verwaltung und Grundstücke eingeplant.

Strombörse: Mitte Juni 2000 begann der Stromhandel an der sog. Leipzig Power Exchange (LPX). Die erste deutsche Strombörse, an der u. a. die Landesbank Sachsen und die norwegische Energiebörse Nord Pool ASA beteiligt sind, plante bis 2003 die Gewinnzone zu erreichen. Hauptgeschäftsfeld war zunächst der Spotmarkt (sofortige Kasse und Lieferung), der Terminhandel war ab Ende 2000 geplant. Im Sommer 1999 hatte eine vom Bundeswirtschaftsministerium eingesetzte Expertenrunde als erste deutsche Strombörse Frankfurt/M. empfohlen, Mitbewerber waren Leipzig, Düsseldorf und Hannover. In Frankfurt/M. wurde die European Energy Exchange (EEX), ein Tochterunternehmen der Deutschen Börse AG sowie der Schweizer Börse Swiss Exchange (SWX), gegründet. Die Gesellschaft wollte ab Herbst 2000 den Stromhandel unter den Gegebenheiten des Terminmarktes abwickeln, die Etablierung eines Spotmarktes sollte zu einem späteren Zeitpunkt realisiert werden.

1999 waren weltweit 436 Reaktoren am Netz. Neue Atommeiler wurden in Frankreich, Indien, Korea-Süd und in der Slowakei (jeweils 1 Block) in Betrieb genommen.

Joint Venture: Der um 2000 liberalisierte europäische Energiemarkt zwingt auch kommunale Stadtwerke zu neuen betriebswirtschaftlichen Konzepten. Lt. Prognosen können sich von 900 örtlichen Energieversorgern auf Dauer nur 100 im Markt behaupten. Im Sommer 1999 gründeten die Stadtwerke Crailsheim mit dem schweizerischen Elektrizitätsunternehmen Aare-Tessin AG für Elektrizität (Atel) das Tochterunternehmen Ecoswitch AG. Ab Ende 1999 bot die Kooperation Energieerzeugung und Stromhandel an, bis 2003 soll die Elektrizitätslieferung 1 Terawattstunde/Jahr erreichen (Tera=1 Billion).

Tschernobyl

Nach einem Treffen mit US-Präsident Bill Clinton am 5.6.2000 in Kiew gab der ukrainische Präsident Leonid Kutschma bekannt, dass der Atomreaktor in T. am 15.12.2000 endgültig stillgelegt werde. Atomenergie-Fachleute erwarteten sogar das Ende der kerntechnischen Energieerzeugung in T. bereits für Spätsommer 2000 aufgrund gravierender technischer Probleme.

Reparaturen: Am 26.4.1986 war Block 4 des Atomkraftwerks in T. havariert und hatte zum bislang größten Atomunglück in der Geschichte der zivilen Kernenergienutzung (Super-GAU) geführt. Nach der Explosion war der Reaktor 4 mit einem Stahlbetonmantel umhüllt worden. Trotz mehrerer Nachdichtungen wies der Sarkophag immer wieder Risse und Undichtigkeiten auf, aus denen Radioaktivität entwich. Die ukrainischen Behörden sowie Experten nehmen an, dass die Erneuerung des Mantels mehr als 1,3 Mrd DM kostet (Anteil Ukraine: über 86 Mio DM; knapp 175 Mio DM für begleitende Standortmaßnahmen) und die Arbeiten frühestens 2005 abgeschlossen sind.

Neue Blöcke: 1995 hatten EU- und G 7-Staaten per Memorandum mit der ukrainischen Regierung vereinbart, das Atomkraftwerk T. bis 2000 komplett zu schließen und eine Reform der nationalen Energieversorgung durchzuführen. Der Ukraine wurde zugesagt, internationale Gelder für die Fertigstellung der Reaktoren Chmelnizkij-2 sowie Rivne-4 (Ausbau 1991 wegen Super-GAU gestoppt) im Nordwesten des Landes bereitzustellen (Kosten: 2,1 Mrd DM; deutscher Beitrag: 800 Mio DM).

TopTen Tschernobyl: Atomreaktoren weltweit

	Land	Reaktoren 1999
1.	USA	104
2.	Frankreich	59
3.	Japan	53
4.	Großbritannien	35
5.	Russland	29
6.	Deutschland	19[1]
7.	Korea-Süd	16
8.	Kanada	14
9.	Indien	11
10.	Schweden	11

1) ohne Atomkraftwerk Mülheim-Kärlich; Quelle: IAEA, März 2000

Wasserkraft

Die Stromerzeugung aus sog. regenerativen Energien stieg 1999 in Deutschland gegenüber dem Vorjahr um mehr als 10%, ihr Anteil an der öffentlichen Elektrizitätsproduktion belief sich auf 5,9%. Wie in den Jahren zuvor war die W. auch 1999 bedeutendste Erneuerbare Energiequelle. Wegen hoher Niederschlagsmengen erzeugten die deutschen Energieversorger in ihren W.-Werken 1999 über 20 Mrd kWh Strom (1998: 18,5 Mrd kWh), eine Steigerung von 8,2%. Energie durch W. wird in Laufwasser-, Speicherwasser- sowie aus den natürlichen Zuflüssen von Pumpspeicherkraftwerken erzeugt. Letztere zählt nicht zum Bereich Erneuerbare Energien, durch Pumpwasser wurde 1999 etwa 20% des Wasserkraftstroms produziert.

Welt: Nach Schätzungen lagen die weltweiten jährlichen W.-Reserven um 2000 bei rund 13 Mio GWh, was einer Kraftwerksleistung von 3 Mio MW entspricht. Nordamerika und Europa verwerteten um 2000 die vorhandenen W.-Reserven für die Energieversorgung zu 60–90%, in Afrika, Asien und Lateinamerika wurden dagegen erst 10% W. genutzt. 2015 sollen weltweit fast 30% der verfügbaren W.-Reserven für die Elektrizitätsgewinnung verwendet werden.

Umwelt: Der Bau von W.-Werken ist gegenüber Wärmekraftanlagen mit ökologischen Risiken sowie hohen Investitionssummen, darunter für Landgewinnung und Staudämme, verbunden. Die Betriebskosten fallen jedoch geringer aus. Umweltschützer bemängeln seit Jahren, dass viele deutsche W.-Werke flussabwärts wandernde Fische gefährden. Sie könnten durch engmaschigere Fanggitter für Treibgut vor den Turbinen geschützt werden.

Windenergie

Nutzung: Nach Berechnungen des Bundesverbandes Windenergie (BWE, Osnabrück) gingen in Deutschland im ersten Quartal 2000 insgesamt 170 neue Windturbinen ans Netz. Die Gesamtleistung der mehr als 8000 inländischen W.-Anlagen betrug etwa 4600 MW. Nach Prognosen erreichen die bis Ende 2000 realisierten W.-Neuinstallationen zusammen 1500 MW Leistung. Ursache der steigenden Akzeptanz der W. ist vor

Windenergie: Windkraftanlagen

Bundesland	Anlagen	Leistung (MW)
Baden-Württ.	65	32,6
Bayern	89	48,9
Berlin	–	–
Brandenburg	533	363,9
Bremen	25	10,8
Hamburg	39	18,4
Hessen	308	166,5
Meckl.-Vorp.	590	354,3
Niedersachsen	2123	1201,9
Nordrh.-Westf.	974	418,7
Rheinland-Pfalz	279	143,1
Saarland	16	8,3
Sachsen	368	261,2
Sachsen-Anhalt	393	303,8
Schlesw.-Holst.	1880	953,4
Thüringen	197	157,1

Stand: Ende 1999, Angaben gerundet; Quelle: Bundesverband Windenergie (Osnabrück)

TopTen Exporte deutscher Windkraftanlagen

Empfängerland	Exportierte deutsche Anlagen
1. Indien	132
2. Griechenland	54
3. Spanien	32
4. Ägypten	22
5. China	19
6. Dänemark	18
7. Japan	14
8. Schweden	12
9. Österreich	9
10. Portugal	8

Stand: 1999; Quelle: Bundesverband Windenergie (Osnabrück)

allem die am 1.4.2000 eingeführte neue Preisregelung: Nach den Vorgaben des Erneuerbare-Energien-Gesetzes (EEG) erhalten Betreiber von W.-Anlagen für ihren Strom in den ersten fünf Jahren 17,8 Pf/kWh (1999: 16,5 Pf/kWh). 1998 betrug der Anteil der W. an der deutschen Stromversorgung 0,9%, 1990 waren es erst 0,001%.

Nach Wasserkraft war W. um 2000 die zweitwichtigste regenerative Energiequelle in Deutschland.

Hersteller: Nach Berechnungen des Internationalen Wirtschaftsforums Regenerative Energien (IWR) erzielten die deutschen Produzenten von W.-Anlagen 1999 auf dem Inlandsmarkt 3,9 Mrd DM Umsatz (1998: ca. 2 Mrd DM), im Auslandsgeschäft stagnierte der Umsatz bei 200 Mio DM.

Offshore: Die Nutzung der W. durch Anlagen im Meer kam in Deutschland um 2000 nur schleppend voran. Nach Vorstellungen des W.-Investors Winkra soll 17 km nordöstlich von Helgoland ein Offshore-Windpark mit max. 200 Anlagen installiert werden. Der Baubeginn ist für Frühjahr 2005 vorgesehen, die Projektkosten belaufen sich auf 2 Mrd DM. Das EEG sieht für Offshore-Anlagen ab drei Seemeilen außerhalb der Küstenlinie in den ersten neun Jahren eine

Vergütung von 17,8 Pf/kWh vor. Die Regelung gilt aber nur für Mühlen, die bis zum 31.12.2006 in Betrieb gegangen sind.

N-80: Im Frühjahr 2000 wurde in Grevenbroich die weltgrößte W.-Anlage (Growian) in Betrieb genommen. Der Anlagentyp N-80 erreicht eine Höhe von 120 m, die Investitionskosten betrugen fast 9 Mio DM.

Zwischenlagerung

Zeitlich begrenzte Deponierung von Atommüll, z. B. verbrauchten Kernbrennstoffs, aus Atomkraftwerken oder Wiederaufarbeitungsanlagen. Eine Endlagerung Wärme entwickelnden (hoch radioaktiven) Atommülls kommt aufgrund der schleppenden Abkühlung erst nach etwa 40 Jahren in Betracht und ist wegen Sicherheitsfragen politisch umstritten.

Um 2000 gab es weltweit keine Möglichkeit zur Endlagerung. Die Z. des Wärme entwickelnden Materials oder kerntechnischer Abfälle mit vernachlässigbarer Wärmeentwicklung (schwach radioaktiv) erfolgt in vom deutschen Gesetzgeber ausgewiesenen Zwischenlagern oder direkt bei Atomkraftwerken, Forschungseinrichtungen und Industrieanlagen.

Lubmin: Ende 1999 erteilte das Bundesamt für Strahlenschutz (BfS, Salzgitter) den Gesellschaften Zwischenlager Nord GmbH und Energiewerke Nord GmbH die Genehmigung für die Aufbewahrung von sog. CASTOR-Behältern mit bestrahlten Brennelementen und anderen radioaktiven Abfällen im Zwischenlager Lubmin (Mecklenburg-Vorpommern). Der positive Bescheid umfasst aber nur radioaktive Materialien, die am Stichtag in den stillgelegten Atomkraftwerken Greifswald und Rheinsberg sowie im Zwischenlager für abgebrannte Brennstoffe (ZAB) in Lubmin lagerten.

Lagerung: Um möglichen Engpässen bei der Entsorgung abgebrannter Brennelemente zu begegnen, beantragten die Betreiber der deutschen Atomkraftwerke bei den entsprechenden Behörden diverse Standortzwischenlager. Seit Mai 1998 gilt wegen offener Sicherheitsfragen ein Transportverbot für Atommüll, außer für bis zum 2000 genehmigten fünf CASTOR-Transporte nach Ahaus/NRW. Die dezentrale, zeitlich begrenzte Entsorgungsoption in Atomeilern ist Bestandteil des Mitte Juni 2000 zwischen rot-grüner Bundesregierung und den deutschen Energieversorgern vereinbarten Atomausstiegskonzepts.

▪ Zwischenlagerung: Standorte

Name (Bundesland)	Lagerung	Inbetriebnahme
Ahaus (NRW)	Brennelemente	1992
Gorleben (Niedersachsen)	Brennelemente, Abfälle mit vernachlässigbarer Wärmeentwicklung	1984
Lubmin (Meckl.-Vorp.)	Brennelemente, Abfälle mit vernachlässigbarer Wärmeentwicklung	1985/1998

Stand: Mitte 2000

▪ Beantragte Zwischenlager bei Atomkraftwerken

Atomkraftwerk	beantragte Lagerkapazität	Stellplätze
Lingen	1500 Mg/1x10^{20}Bq[1]	130
Brokdorf	1200 Mg/1x10^{20}Bq	100
Unterweser	1000 Mg/8x10^{19}Bq	80
Stade	300 Mg/4x10^{19}Bq	80
Grohnde	1200 Mg/1x10^{20}Bq	100
Krümmel	1500 Mg/2x10^{20}Bq	150
Brunsbüttel	1500 Mg/2x10^{20}Bq	150
Biblis	2000 Mg/1x10^{20}Bq	152
Neckarwestheim	1600 Mg/1x10^{20}Bq	169
Philippsburg	1800 Mg/2x10^{20}Bq	152
Grafenrheinfeld	1050 Mg/5x10^{19}Bq	88
Isar	1800 Mg/2x10^{20}Bq	152
Gundremmingen	2500 Mg/3x10^{20}Bq	216

1) Mg = 1 Tonne (t), Bq = Becquerel; Stand: Frühjahr 2000; Quelle: Bundesamt für Strahlenschutz

Entsorgung

Abfall

1999 fielen in Deutschland rund 30 Mio t Siedlungs-A. an. Davon landeten knapp zwei Drittel direkt auf Deponien, ein Drittel in Müllverbrennungsanlagen (MVA).

Konkurrenz: Das Oberlandesgericht Düsseldorf entschied im November 1999, dass kommunale A.-Entsorgungsbetriebe mit Privatunternehmen konkurrieren können, da die A.-Entsorgung zu den angestammten Feldern der Kommunalwirtschaft gehöre. Private Entsorger beklagten Anfang 2000 weiterhin stagnierende Umsätze, da kommunale Deponien ihre Dienste vielfach zu billig anböten. Zahlreiche MVA waren nur schlecht ausgelastet, was die A.-Gebühren in die Höhe trieb.

EU: Die 1999 veröffentlichte EU-Deponierichtlinie sah u.a. vor, dass sämtliche Kosten der Deponierung einschl. Nachsorge und Rekultivierung auf die A.-Annahmepreise umgelegt werden müssen. Sie wurde bis Mitte 2000 noch nicht in deutsches Recht umgesetzt. Im Sommer 1999 vereinbarte der EU-Umweltrat Grundsätze einer neuen A.-Verbrennungsrichtlinie, welche die relativ hohen Umweltstandards z.B. der deutschen MVA auf alle EU-Staaten übertragen sollte, um sog. Mülltourismus zu verhindern.

Szenario: Eckpunkte für die Entwicklung der A.-Entsorgung bis zum Jahr 2020 legte das Bundesumweltministerium im August 1999 vor:
– Ab 2005 soll nur noch vorbehandelter Siedlungs-A. deponiert werden.
– Ab 2020 soll Siedlungs-A. nicht mehr deponiert, sondern vollständig verwertet werden.
– Vorrang haben A.-Vermeidung sowie getrennte Erfassung und Verwertung von Glas, Papier, Pappe, Bio-A. und Kunststoffen.

Abfall: Müllmengen im Vergleich

Land	Siedlungs-Abfall (kg/Einw./Jahr)
USA	720
Norwegen	630
Schweiz	600
Dänemark	560
Niederlande	560
Österreich	510
Ungarn	500
Belgien	480
Frankreich	480
Großbritannien	480
Deutschland	460
Italien	460
Japan	400
Spanien	390
Schweden	360
Russland	340
Polen	320
Tschechien	310

Letztvergleichbarer Stand: 1997; Quelle: OECD

Abfall: Müllverbrennungsanlagen

Bundesland	Zahl	Kapazität (t/Jahr)
Baden-Württ.	5	1 010 000
Bayern	17[1]	2 793 400
Berlin	1	520 000
Bremen	2	565 000
Hamburg	3	850 000
Hessen	4	964 000
Niedersachsen	2	505 600
Nordrh.-Westf.	16	5 028 300
Rheinland-Pfalz	2	330 000
Saarland	2	330 000
Sachsen	1[2]	ca 140 000
Schlesw.-Holst.	4	612 000

Verbrennungsanlagen gesamt: 59; Kapazität (t/Jahr) gesamt: 13 648 300; 1) darunter eine Pyrolyseanlage; 2) Vergasungsanlage; Stand: 1999; Quelle: Umweltbundesamt; www.umweltbundesamt.de/uba-info-daten/daten/tba.htm

Abfallentsorgung

Das deutsche und europäische Abfallrecht sieht begriffliche Abgrenzungen vor, die um 2000 in der Auslegung umstritten waren.

▶ **Abfall zur Beseitigung:** Müll, der noch nicht wirtschaftlich und schadlos verwertet werden kann und deponiert oder ohne Energiegewinn verbrannt werden muss.

▶ **Abfall zur Verwertung:** Müll, der stofflich oder energetisch verwertet werden kann und in Deutschland ab 2005 nicht mehr deponiert werden darf.

▶ **Energetische Verwertung:** Nutzung von Abfall als Brennstoff in Kraftwerken oder Industrieanlagen; sie erfordert einen Mindest-Brennwert des Abfallgemisches.

▶ **Mechanisch-biologische Behandlung:** Neuartige Verfahren, bei denen der Abfall mechanisch sortiert und z. T. biologisch beschleunigt verrottet wird; ein Teil kann danach stofflich oder energetisch verwertet werden.

▶ **Stoffliche Verwertung:** Gewinnung von Rohstoffen für neue Produkte aus Abfällen, z. B. von neuem Behälterglas aus Altglas.

▶ **Thermische Behandlung:** Verbrennung von Abfall in Müllverbrennungsanlagen (MVA) ohne energetische Verwertung; die zurückbleibende Schlacke und Asche muss weiterhin deponiert werden, soweit sie nicht im Bergbau (zum Verfüllen) oder im Straßenbau Verwendung findet.

– Restmüll soll möglichst in mechanisch-biologischen Verwertungsanlagen (MBA) aufgetrennt und dann verrottet, in Heizwerken verbrannt oder als Schrott, Granulat usw. verwertet werden.

A.-Exporte: Im Dezember 1999 einigten sich in Basel/Schweiz Vertreter von 115 Vertragsstaaten auf eine »Basler Erklärung zum umweltgerechten Management« der A.-Entsorgung und auf ein internationales Haftungsprotokoll. Damit sollen Umwelt- und Gesundheitsschäden als Folge illegaler A.-Exporte weltweit geltend gemacht werden können. Das Abkommen, dessen Verabschiedung von deutscher Seite forciert worden war, tritt in Kraft, sobald es 20 Staaten ratifiziert haben.

**www.umweltbundesamt.de/uba-info-daten/daten/abfallaufkommen.htm;
www.waste-information.com/de/ index.html
www.themes.eea.eu.int/
www.basel.int/** (Infos über A.-Exporte)
Umwelt und Natur → Umweltschutz

Abwasser

EU: Um 2000 waren in der EU rund 90% der Bevölkerung an die Kanalisation und rund 70% an Kläranlagen angeschlossen. In den geplanten Beitrittsländern (u. a. Polen, Tschechien, Ungarn) waren es jedoch nur 60% bzw. 42%. Auch die südeuropäischen Staaten lagen deutlich unter dem EU-Durchschnitt. Die Gewässerbelastung durch organische Stoffe und Phosphate ging in den 90er Jahren zurück, doch blieb die Nitratbelastung in den meisten EU-Staaten auf hohem Niveau.

Mittel- und Osteuropa: Um Wasserversorgung und A.-Entsorgung in den EU-Beitrittsländern auf EU-Niveau zu bringen, waren nach Schätzungen des Jahres 2000 Investitionen von rund 100 Mrd DM nötig, von denen jedoch bis 2010 wahrscheinlich nur etwa 40 Mrd DM aufgebracht werden können.

Klage: Da die deutsche Bundesregierung es versäumt hatte, die EU-Richtlinie über die Behandlung von kommunalem A. von 1991 rechtzeitig in deutsches Recht umzusetzen, wurde sie im Oktober 1999 von der EU-Kommission verklagt. Kernpunkt waren Bestimmungen über Kanalisation und industrielle A.

Markt: Auf dem europäischen Markt für Wasseraufbereitungsanlagen und Klärtechnik wurden 1999 rund 8,6 Mrd DM umgesetzt. Marktforscher prognostizierten ein Wachstum auf 11 Mrd DM bis 2005 – vor allem durch die laufende Umsetzung der EU-Richtlinie für kommunale A. Etwa 28% des Umsatzes entfielen auf biologische Kläranlagen.

**www.frost.com/verity/press/environment_
energy/pr379315.htm; www.themes.eea.eu.int/**

Batterien: Inhaltsstoffe von Geräte-Batterien

Stoff	t/Jahr	Tendenz
Mangandioxid	ca. 7000	●
Eisen	ca. 6000	●
Zink	ca. 4000	●
Nickel	1350	▲
Cadmium	440	▼
Quecksilber	4	▼
Lithium	k.A.[1]	▲

1) Keine Angaben; letztverfügbarer Stand: 1998; Quelle: Umweltbundesamt (Berlin)

Batterien

B. belasten die Umwelt, weil ihre Produktion energieaufwändig ist und manche Typen giftige Schwermetalle enthalten, vor allem Auto-B. (Blei), Knopfzellen der ersten Generation (Quecksilber) und Nickel-Cadmium-Akkus (Cadmium).

Verbrauch: Etwa 30 000 t Geräte-B. (900 Mio Stück) wurden 1998 in Deutschland verkauft; im Schnitt elf Stück pro Bundesbürger (ohne Auto-B.). Seit 1986 stieg der Jahresverbrauch um 44%. Nach Angaben der Hersteller waren rund 3000 t Geräte-B. schadstoffhaltig.

Rücknahme: Nach der 1998 in Kraft getretenen B.-Verordnung muss der Handel alle Alt-B. zurücknehmen, die Hersteller müssen sie verwerten oder entsorgen. Dafür hatten die Produzenten von Geräte-B. Rücknahmesysteme aufgebaut; das größte war Anfang 2000 das »Gemeinsame Rücknahmesystem B. (GRS)« mit dem »BATT-Man« als Maskottchen. Finanziert wurden diese Entsorgungssysteme über eine Abgabe auf den Verkaufspreis (z. B. 3 Pf auf eine Alkali-Mangan-Mignonzelle, Stand: Ende 1999).

Quecksilberverbot: Am 1.1.2000 trat ein EU-weites Verbot von Quecksilberoxid-Knopfzellen und quecksilberhaltigen Alkali-Mangan- oder Zink-Kohle-B. in Kraft, das jedoch nicht rechtzeitig in deutsches Recht umgesetzt wurde. Alkali-Mangan- und Zink-Kohle-B. machten Ende der 90er Jahre rund 90% der Geräte-B. aus. Da sie teilweise immer noch Quecksilber enthielten, konnten sie nach Angaben der deutschen Entsorgungsindustrie meist nicht wiederverwertet werden, sondern wurden deponiert. Verwertet wurden dagegen vor allem die Nickel-Cadmium- und Nickel-Metallhydrid-Akkus, quecksilber- und silberhaltige Knopfzellen sowie Auto-B.
www.umweltbundesamt.de/uba-info-daten/daten/battrend.htm;
www.grs-batterien.de/consumer/

Elektronikschrott

(Elektro- und E.); ausrangierte Kühlschränke, Waschmaschinen (Weiße Ware), Fernseher, HiFi-Geräte (Braune Ware), Computer, Drucker, Telefone (Informationstechnik, IT) u.a.

1999 fielen in der EU nach Schätzungen rund 6 Mio t Elektro- und E. an, darunter 2 Mio t in Deutschland. Da E. gefährliche Schadstoffe, aber auch wertvolle Rohstoffe enthält (z. B. Edelmetalle), strebten die deutsche Bundesregierung und die EU-Kommission eine Rücknahmepflicht für Handel und Hersteller sowie ein weitgehendes Recycling an.

Verordnung: Die geplante E.-Verordnung der rot-grünen Bundesregierung hing bis Mitte 2000 jedoch in den politischen Gremien fest. Die EU-Kommission legte im Juni 2000 nach langwierigen Verhandlungen mit der Industrie einen Richtlinienentwurf vor. Er soll die Industrie ab 2005 verpflichten, sämtliche Altgeräte (auch Fremdprodukte) zurückzunehmen. In der fünfjährigen Übergangszeit sollen gut wiederverwertbare Geräte entwickelt werden. Die deutsche Elektro- und Elektronikindustrie hatte sich zunächst geweigert, die Verantwortung für Rücknahme und Entsorgung von E. zu übernehmen, weil die Kosten zu hoch seien; der Zentralverband Elektro- und Elektronik-Industrie (ZVEI, Frankfurt/M.) schätzte sie innerhalb der EU auf knapp 12 Mrd DM im Jahr. Da die EU-Kommission das Einsammeln des E. den Kommunen aufzubürden plante, reduzieren sich die Kosten für die Industrie nach deren Angaben auf etwa die Hälfte.

Entwicklung: Die Gießerei Velmede im sauerländischen Bestwig stellte 1999 ein umweltfreundliches Verfahren für das Einschmelzen und Wiederverwerten von Elektronikteilen (Platinen) vor. Das Projekt war vom Bundesumweltministerium gefördert worden. Um 2000 gab es in Deutschland etwa 500 Firmen, die E. entsorgten und teilweise wiederverwerteten.
www.umweltbundesamt.de/uba-info-daten/daten/elektronikschrott.htm

Recycling

(recycling, engl.; Wiederverwertung, Kreislaufwirtschaft), Rückführung bereits benutzter Rohstoffe (Sekundärrohstoffe) in die Produktion

Die deutsche R.-Wirtschaft beklagte im Jahr 1999 weiterhin stagnierende Umsätze und machte dafür die Politik verantwortlich. Kommunale Deponien und Müllverbrennungsanlagen entzogen nach Angaben der R.-Wirtschaft große Mengen verwertbarer Abfälle dem R.

Recycling: Altpapier, Altglas und Altkunststoff		
Recycling-Art	*1999 (Mio t)*	*Veränderung[1]*
Altpapier eingesammelt[2]	12,9	▲ +0,5
davon in Deutschland verwertet	10,2	▲ +0,3
Altglas eingesammelt	3,21	▲ +0,05
davon in Deutschland verwertet	3,18	▲ +0,03
Altkunststoff eingesammelt[3]	0,61	▲ +0,01
davon rohstofflich verwertet	0,34	▽ −0,02
werkstofflich verwertet	0,29	▽ −0,02

1) gegenüber 1998 (Mio t); 2) nur durch Unternehmen im bvse, der um 2000 nach eigenen Angaben 70% des deutschen Altpapiermarktes organisiert; 3) durch das Duale System; Quelle: Bundesverband Sekundärrohstoffe und Entsorgung (bvse, Bonn)

Recycling: Verwertungstypen

▶ **Energetische Verwertung:** Gewinnung von Heizenergie und Strom aus der Verbrennung von gesammelten Altstoffen; sie gilt nicht als R. und ist die niedrigste Stufe der Verwertung.
▶ **Rohstoffliche Verwertung:** Gewinnung von Rohstoffen aus gesammelten Altstoffen, z.B. von Granulat, Erdöl oder Methanol aus Kunststoffteilen

▶ **Werkstoffliche Verwertung:** Gewinnung von Werkstoffen aus gesammelten Altstoffen, z.B. von Papierfasern aus Altpapier oder einer Glasschmelze aus Altglas; höchste Stufe der Verwertung. Die verschiedenen Werkstoffe gehen ohne stoffliche Umwandlung direkt in die Herstellung neuer Produkte.

Mehrweganteile bei Getränken

Jahr	Anteil (%)
1999	69,0[1]
1997	71,4
1995	72,3
1991	71,7
1980	74,5
1970	88,0

1) nach Schätzungen 68–70%; Quellen: BUND; Bundesumweltministerium; Süddeutsche Zeitung; Frankfurter Allgemeine Zeitung

Altpapier: Die Menge des 1999 in Deutschland gesammelten Altpapiers stieg gegenüber dem Vorjahr um 8%; der Altpapierbedarf der deutschen Papierindustrie erhöhte sich um 3% auf 10,2 Mio t. Allerdings sank die Qualität des gesammelten Materials, da von den Verbrauchern zu viel Restmüll in die Altpapier-Container geworfen wurde.
Altholz: Bundesumweltministerium und R.-Wirtschaft erarbeiteten im Jahr 2000 Kriterien für eine schadlose Altholz-Verwertung und -Verbrennung. Sie sollen gewährleisten, dass alte Möbel, gebrauchtes Bauholz usw. möglichst weitgehend zu Spanplatten, Aktivkohle u.ä. verarbeitet oder vergast werden.
www.bvse.de (Verband der R.-Wirtschaft)
www.dkr.de (Verband für Kunststoff-R.)

Verpackungen

Der Pro-Kopf-Verbrauch von V. in Deutschland sank in den 90er Jahren von 94,7 kg (1991) auf 82,3 kg (1997, letztverfügbarer Stand), der Gesamtverbrauch reduzierte sich um rund 1,5 Mio t.
Duales System: Insgesamt 5,7 Mio t gebrauchte Verkaufs-V. hatten die Deutschen 1999 in Gelben Säcken, Glascontainern usw. gesammelt und wurden vom Dualen System (DSD) erfasst; das entsprach 77,7 kg/Kopf (1998: 5,6 Mio t bzw. 75,8 kg/Kopf). Einen leichten Rückgang gab es bei der Erfassung von Getränkedosen. Das DSD kritisierte im Mai 2000, dass Transport-V. der Industrie kaum kontrolliert erfasst würden.
Urteil: Der hessische Verwaltungsgerichtshof verbot dem Lahn-Dill-Kreis im Sommer 1999, ein mit dem Dualen System (Grüner Punkt, Gelber Sack) konkurrierendes Sammel- und Verwertungssystem für V.-Müll zu betreiben, das teilweise die Restmülltonnen nutzt. Als Begründung betonte das Gericht, dass die deutsche V.-Ordnung den V.-Müll ausdrücklich der kommunalen Abfallentsorgung entziehe. Deshalb dürfe ein Kommunalverband seine Bürger nicht auffordern, einen Teil des V.-Mülls in die Restmülltonne zu werfen.
Mehrwegflaschen: Der Anteil an Getränken (außer Milch), der in Mehrwegflaschen verkauft wurde (Mehrwegquote), sank in Deutschland von 1980 bis 1999 nach Schätzungen von 74,5% auf unter 70%. Ursache war vor allem der zunehmende Absatz von Dosenbier. Er stieg 1999 gegenüber dem Vorjahr um rund 7%. Bundesweit wurde 1999 über 20% des Bieres in Dosen verkauft, in Berlin sogar ca. 44%. Die geltende V.-Verordnung schreibt vor, dass ein Zwangspfand von 50 Pf auf jede Getränkedose und Einwegflasche erhoben werden muss, wenn die Mehrwegquote unter 72% sinkt. Umwelt- und Verbraucherverbände lehnten jedoch ein Zwangspfand ab und forderten stattdessen eine Abgabe auf umweltschädliche Einweg-V., vor allem auf die stark zunehmende Zahl von Getränkedosen. In Handel und Industrie in Deutschland war die Einführung eines Pfand- und Rücknahmesystems für Getränkedosen um 2000 umstritten.
Expo: Für die Entsorgung der Abfälle der Expo 2000 wurde in Hannover eine neuartige automatische Sortieranlage installiert (Sortec 3.0), die später den V.-Müll von Hannover sortieren und die bisherigen Kosten für Abfallbeseitigung um 30–50% senken sollte. Sie trennt auch Kunststoffabfälle nach Sorten.
www.gruener-punkt.de (Duales System, Grüner Punkt)

Afrika

Positive Trends: Das Wirtschaftswachstum der Länder A. verzeichnete 1999 mit rund 3,5% einen leichten Rückgang gegenüber 1990, übertraf aber die Quote des Bevölkerungswachstums (südliches A.: 2,5%). Als weitere positive Tendenzen bewertete die Afrikanische Entwicklungsbank 1999 die Verringerung der durchschnittlichen Inflationsrate von 40% (1994) auf 10% und die Abnahme des durchschnittlichen Haushaltsdefizits von 5,4% auf 2,9%. Die Auslandsverschuldung des afrikanischen Kontinents, die sich um 2000 auf 605 Mrd DM summierte, beeinträchtigte jedoch das Wirtschaftswachstum. Internationale Finanzexperten bewerteten A. in ihren Prognosen für 2000 als Region mit der welthöchsten Wachstumsrate von 4%. Spitzenreiter waren die Staaten Botswana mit 8,9% und Angola mit 8,0%.

Krisenregion: Trotz insgesamt positiver Entwicklung blieb A., insbes. das Gebiet südlich der Sahara, um 2000 die von Armut, Hunger, Epidemien, Überbevölkerung, Schuldenlast, Naturkatastrophen und Kriegen am härtesten betroffene Region der Welt. Verheerende Überschwemmungen in Madagaskar und vor allem Mosambik Anfang 2000 vernichteten Ernten und Infrastruktur und machten den wirtschaftlichen Fortschritt der letzten Jahre zunichte. In Äthiopien, das sich 2000 im Grenzkrieg mit Eritrea befand, waren etwa 8 Mio Menschen von Hunger bedroht. Von den etwa 40 hoch verschuldeten Ländern nach Weltbank-Klassifikation (Highly Indebted Poor Countries, HIPC, engl.) befanden sich 33 in A. südlich der Sahara. Etwa 300 Mio Afrikaner waren um 2000 von Armut betroffen und mussten von weniger als 1 US-Dollar pro Tag leben. Fünf der zehn Länder mit dem weltweit höchsten Bevölkerungswachstum und sieben der zehn Staaten mit der höchsten Kinderzahl pro Frau waren ebenfalls in A. angesiedelt.

Aids: Durch die rasche Ausbreitung der Immunschwächekrankheit Aids entstand in A. in den 1990er Jahren ein neues Problem. Aids zerstörte Familienstrukturen, führte zum Ausfall der produktivsten Kräfte der Gesellschaft und stellte eine immense Belastung des Gemeinwesens dar. Von den weltweit 34,3 Mio HIV-Infizierten 1999 lebten über 23 Mio in A. südlich der Sahara. Vor allem in den subsaharischen Staaten wird das Virus die Bevölkerungsstatistiken bis 2020 negativ beeinflussen. 2015 werden Prognosen zufolge etwa 8% weniger Menschen in A. leben als ohne die Epidemie. Die Kindersterblichkeit wird sich bis 2015 durch Aids um rund 10% erhöhen, während die Lebenserwartung der Afrikaner um etwa acht Jahre sinken wird.

Gipfeltreffen: Im April 2000 tagte in Kairo/Ägypten der erste EU-Afrika-Gipfel, der allerdings weitgehend ergebnislos blieb. Die afrikanischen Staaten hatten vor allem materielle Unterstützung erhofft, die europäischen Teilnehmerländer die Regelung politischer Fragen wie die Achtung der Menschenrechte und die Bekämpfung von Korruption. Der von A.-Vertretern geforderte Erlass der Auslandsschulden wurde von der EU verweigert, stattdessen versprachen die Europäer eine Soforthilfe zur Linderung der Hungersnot im Osten von A.

Entschädigung: Die African World Reparations and Repatriation Truth Commission, eine Organisation verschiedener afrikanischer Staaten, kündigte Mitte 1999 eine Sammelklage gegen Industriestaaten an, die von der Versklavung von Afrikanern in den früheren Jahrhunderten profitiert hatten. Mit Hilfe der Vereinten Nationen (UN) und der Organisation für Afrikanische Einheit (OAU) sollten Entschädigungszahlungen in Höhe von 777 Billionen US-Dollar eingefordert werden. Nach dem Vorbild der erfolgreichen Sammelklagen von Opfern des Nationalsozialismus sollten international tätige Anwälte mit Klagen gegen die USA, Lateinamerika, die karibischen Staaten und die EU beauftragt werden. Mind. 12 Mio Afrikaner wurden von 1450 bis 1850 als Sklaven auf karibische Inseln sowie nach Nord- und Südamerika gebracht. Weitere 20 Mio Menschen wurden in den Nahen Osten und nach Nordafrika verkauft.

■ **Staaten** → Äthiopien → Mosambik

Analphabetismus

Fehlende oder unzureichende Lese- oder Schreibfähigkeit bei Erwachsenen

Die UN-Organisation für Erziehung und Kultur (UNESCO) schätzte die Zahl der Analphabeten im Jahr 2000 weltweit auf 993 Mio Menschen, fast ein Sechstel der Weltbevölkerung. 11% der Analphabeten waren lt. UNESCO Jugendliche ohne Schulausbildung, die nie schreiben und lesen gelernt hatten. Mit 63% waren Frauen vom A. besonders stark betroffen.

Die Mehrzahl der Menschen ohne Lese- und Schreibfähigkeit lebte in den sog. Entwicklungsländern, wo die Bildungsausgaben aufgrund der staatlichen Schuldenlast auf ein Minimum verringert worden waren. Viele der dort lebenden Kinder besuchten keine Schule, weil sie durch Arbeit zum Familieneinkommen beitragen mussten oder weil der Unterricht unzureichend war. Die

Menschen in den westlichen Industrienationen hatten um 2000 eine mehr als doppelt so hohe Lebenserwartung wie die meisten Bewohner in den Entwicklungsländern.

Die niedrigste Lebenserwartung

Region	Jahre
1. Sierra Leone	34
2. Malawi	36
3. Sambia	37
4. Swasiland	39
5. Simbabwe	40

Stand: 1999; Quelle: Weltbank; www.worldbank.org

Die höchste Lebenserwartung

Rang	Region	Jahre
1. Japan		80
2. Macao	1)	80
3. Schweden		79
4. Schweiz		79
5. Andorra		79

1) seit 20.12.1999 zu China; Stand: 1999; Quelle: Weltbank

Einschulungsrate lag 1999 in Afrika südlich der Sahara bei nur 57%, in Südasien bei 68%, im Nahen Osten und in Nordafrika bei 81%, in Lateinamerika bei 92%. Mit einer Einschulungsquote von 96% näherte sich Ostasien dem Status der Industrieländer an. **www.unesco.org** (Dokumente, Programme, Publikationen, Statistiken)

Armut

Bilanz: Ende der 1990er Jahre betrug die Zahl der extrem armen Menschen, die von weniger als 1 US-Dollar/Tag überleben mussten, weltweit 1,2 Mrd. In ihrem Anfang 2000 veröffentlichten A.-Bericht betonte die Weltbank, dass sich die Zahl der Armen gegenüber 1987 kaum verringert habe, während sich die regionalen Gewichte im gleichen Zeitraum verschoben hätten. Die Volksrepublik China verzeichnete 1987–99 eine Abnahme der A., Südasien mit rund 522 Mio A.-Fällen und Schwarzafrika mit 291 Mio Fällen dagegen eine Zunahme. Mit einem Pro-Kopf-Einkommen von 45 100 US-Dollar führte Luxemburg 1998 die Rangliste der reichsten Staaten an, ärmstes Land mit einem Pro-Kopf-Einkommen von rund 100 US-Dollar war Äthiopien.

Ungleichgewicht: Das reichste Sechstel der Menschheit vereinte Ende der 1990er Jahre 80% des Welteinkommens, auf die ärmsten 63 Länder mit 57% der Weltbevölkerung entfielen nur 6%. Die Weltbank machte die Öffnung der Märkte im Zuge der Globalisierung für eine weitere Verschärfung der sozialen Schere verantwortlich.

Kinderarmut: Nach einer Datenerhebung aus den Jahren 1967–97 verfügte nach Angaben des UN-Kinderhilfswerks UNICEF Großbritannien über den größten Anteil an armen Kindern (33%) in der EU. Der EU-Durchschnitt bei Kinderarmut betrug 20% (Deutschland: 12%).

Deutschland: Eine 1999 vom katholischen Wohlfahrtsverband Caritas vorgelegte Studie konstatierte wachsende A. in Deutschland und eine tiefe gesellschaftliche Kluft bei Einkommen und Vermögen. Etwa 7 Mio Menschen (8,7% der Gesamtbevölkerung), darunter 1 Mio Minderjährige, hatten 1998 monatlich weniger als 924 DM (die Hälfte des durchschnittlichen Nettoeinkommens) zur Verfügung. Weitere 20 Mio Menschen (25% der Gesamtbevölkerung) lebten in existenzieller Unsicherheit und waren davon bedroht, durch unvorhergesehene Ereignisse wie Krankheit oder Arbeitslosigkeit in die Sozialhilfe abzugleiten. Das obere Fünftel der deutschen Bevölkerung erzielte über ein Drittel des Gesamteinkommens, das untere Zehntel nur 4,1%. Das Gesamtvermögen in Westdeutschland (7,2 Billionen DM) verteilte sich zu 41% auf das obere Gesellschaftszehntel, den unteren 30% der Haushalte gehörte nicht einmal ein Hundertstel. In Ostdeutschland besaßen 20% der Bürger 75% des Vermögens.

Steuern und Finanzen →Einkommen

Emerging Markets

Aufstrebende Entwicklungsländer (auch Schwellenländer) mit hohem Wirtschaftswachstum, die ökonomisch den Anschluss an die Industrienationen suchen

Kriterien: Ende der 1990er Jahre wurden Asien (ohne Japan), Lateinamerika, osteuropäische Länder und Südafrika zu den E. gezählt, die nach Definition der Vereinten Nationen (UN) ein jährliches BIP/Einwohner von 2000 US-Dollar erreichten und ein Drittel davon aus industrieller Produktion erwirtschafteten. Anfang 2000 hatten sich die E. von den wirtschaftlich katastrophalen Folgen der Finanzkrisen 1997/98 in Asien, Russland und Brasilien erholt.

Bilanz: Mit einem Anstieg des BIP 1965–99 um 5,9% übertrafen sie das durchschnittliche Wachstum der OECD-Staaten (3,5%). Ihre Aktien und Anleihen fanden erneut das Interesse international operierender Fondsmanager, so dass der ausländische Kapitalfluss in die E. Anfang 2000 weiter zunahm. Hohe Produktivitätszuwächse in den Volkswirtschaften und ein starkes Gewinnwachstum der Unternehmen zogen Investoren an, die gleichzeitig mit dem Risiko der politischen und wirtschaftlichen Instabilität der Regionen kalkulieren mussten. Nach Ende der Finanzkrise waren die E. 2000 bemüht, ihre eigenen Finanzmärkte zu entwickeln, um die Abhängigkeit vom Zustrom ausländischen Kapitals zu mildern.

www.oecd.org (Finanz- u. Wirtschaftsdaten über E.)

Entwicklungshilfe

Bilanz: Obwohl die öffentlichen Leistungen für die E. 1998 (letztverfügbarer Stand) gegenüber dem Vorjahr weltweit um etwa 10%

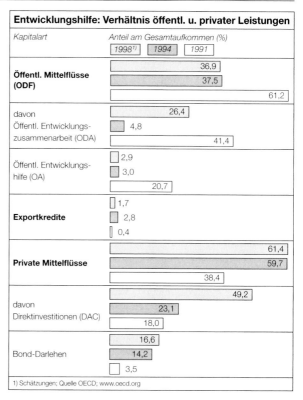

Entwicklungshilfe: Verhältnis öffentl. u. privater Leistungen

Kapitalart	Anteil am Gesamtaufkommen (%)		
	1998[1]	1994	1991
Öffentl. Mittelflüsse (ODF)	36,9	37,5	61,2
davon Öffentl. Entwicklungszusammenarbeit (ODA)	26,4	4,8	41,4
Öffentl. Entwicklungshilfe (OA)	2,9	3,0	20,7
Exportkredite	1,7	2,8	0,4
Private Mittelflüsse	61,4	59,7	38,4
davon Direktinvestitionen (DAC)	49,2	23,1	18,0
Bond-Darlehen	16,6	14,2	3,5

1) Schätzungen; Quelle OECD; www.oecd.org

auf 52 Mrd US-Dollar stiegen, dominierten private Mittelflüsse auch 1998 die Kooperation zwischen Gebern und Empfängern. Der durchschnittliche Anteil der E. am BIP der in der Organisation für Wirtschaftliche Zusammenarbeit und Entwicklung (OECD) assoziierten Industriestaaten erhöhte sich geringfügig auf 0,24% (1997: 0,22%), blieb aber wie die Jahre zuvor weit von der vereinbarten Zielvorgabe entfernt (mind. 0,7% des BIP).

Private Kapitalströme: Die ausländischen Direktinvestitionen stiegen 1999 lt. UN-Organisation für Handel und Entwicklung (UNCTAD) weltweit um 25% auf 827 Mrd US-Dollar. Der Hauptanteil konzentrierte sich auf die Industrieländer, auf die Entwicklungsländer entfiel ein ausländisches Investitionsaufkommen von 198 Mrd US-Dollar (1998: 173 Mrd US-Dollar, +12,6%). In der sog. Ersten Welt verdreifachten sich

Entwicklungshilfe: Privater Nettokapitalzufluss in die Entwicklungsländer (Mrd US-Dollar)

Region	1996	1997	1998
Asien	100,5	3,2	–55,1
Asiat. Krisenländer[1]	62,4	–19,7	–46,2
Afrika	7,6	16,3	10,3
Europa	25,2	35,3	17,5
Russland	–2,6	1,0	–14,7
Naher Osten	–3,1	7,1	22,6
Lateinamerika	82,0	87,3	69,0
Brasilien	35,2	20,5	17,1

1) Indonesien, Korea-Süd, Thailand, Philippinen, Malaysia; Quelle: Internationaler Währungsfonds (IWF)

die Direktinvestitionen 1995–99 nach UNCTAD-Angaben von 208 Mrd auf 609 Mrd US-Dollar, in der Dritten Welt wurden sie im gleichen Zeitraum von 107 Mrd auf 198 Mrd US-Dollar nur knapp verdoppelt.

Verteilung: Auch 1999 konzentrierten sich die ausländischen Kapitalströme auf wenige Regionen und Staaten der Dritten Welt. Die Volksrepublik China erhielt 1999 etwa 44% der nach Asien fließenden Direktinvestitionen (91 Mrd US-Dollar). Mit 31 Mrd US-Dollar entfielen auf Brasilien rund ein Drittel aller nach Lateinamerika geleiteten Transferleistungen. Nur 11 Mrd US-Dollar (5,6% der Direktinvestitionen in die Entwicklungsländer) erreichten Afrika, wobei Marokko (rund 2 Mrd US-Dollar) und Südafrika (1,3 Mrd US-Dollar) 1999 zu den bevorzugten Zielen zählten.

Neuorientierung: Die in den 1990er Jahren zu beobachtenden mangelnden Erfolge in der Entwicklungszusammenarbeit und E. sowie das nachlassende Interesse der Geberländer zwangen die OECD Ende der 1990er Jahre zur Neuausrichtung ihres Wirkungsbereichs. Mit der im Jahr 1996 erfolgten Gründung des Development Assistance Commitee (DAC) als Unterorganisation übernahm die OECD die Rolle eines internationalen Beratungsbüros, das über die Dienste einer Koordinationsstelle für E. hinausgeht und der Liberalisierung der Märkte sowie den durchlässiger werdenden Landesgrenzen im Rahmen der Globalisierung Rechnung tragen sollte.

Deutschland: Für 2000 stand dem Bundesministerium für wirtschaftliche Zusammenarbeit und Entwicklung (BMZ) ein Etat von 7,1 Mrd DM zur Verfügung, 14 Mio DM mehr als im Rahmen des Sparhaushalts zunächst vereinbart. Im Mai 2000 legte das BMZ im Zuge des Sparzwangs ein neues Konzept vor, wonach die Zahl der insgesamt 118 Entwicklungsländer, die bis dahin eine bilaterale Hilfe erhalten hatten, auf rund 70 Staaten reduziert werden sollte. Die Kooperation sollte auf wenige gesellschaftliche Problemfelder konzentriert und qualitativ verbessert werden.

Ziviler Friedensdienst: Als neues Instrument der Entwicklungszusammenarbeit entstand in Deutschland 1999 der zivile Friedensdienst, der zur Verbesserung der wirtschaftlichen, sozialen, ökologischen und politischen Verhältnisse in den Entwicklungsländern sowie zum Abbau der strukturellen Ursachen von Konflikten beitragen soll. Die wie im Entwicklungsdienst üblich ohne Erwerbsabsicht tätigen Fachkräfte, für deren Ausbildung im Haushaltsetat 2000 Ausgaben von 7,5 Mio DM vorgesehen waren, sollen durch Informations- und Bildungsangebote die Vorurteile und Feindbilder bei Angehörigen von Konfliktparteien entschärfen.

www.oecd.org (Art und Umfang der Entwicklungs- und Kooperationsprojekte);
www.bmz.de/publikationen/jahres-bericht1998.pdf

Entwicklungsländer

Etwa 170 vorwiegend auf der Südhalbkugel der Erde liegende Staaten, die im Vergleich zu den Industrienationen als wirtschaftlich und sozial unterentwickelt gelten. Kriterien zur Klassifizierung als E. sind u. a. niedriges Pro-Kopf-Einkommen, geringe

Arbeitsproduktivität, hohe Arbeitslosen- und Analphabetenquote, mangelhafte Infrastruktur sowie Abhängigkeit von Rohstoffausfuhren.

Aids: Nach Erkenntnissen der Weltbank (Washington) bedrohte die Ausbreitung der Immunschwächekrankheit Aids um 2000 die entwicklungspolitischen Erfolge in den E. Bis Ende 1999 waren weltweit etwa 50 Mio Menschen HIV-infiziert, rund die Hälfte davon lebte in Afrika. Da vor allem die für die Erwirtschaftung des Bruttosozialprodukts (BSP) entscheidende Bevölkerungsgruppe der 20–45-Jährigen von Aids betroffen war, hatten viele E. mit sinkender Produktivität im Industrie- und Agrarsektor und einem verringerten Pro-Kopf-Einkommen zu kämpfen. Die ab den 1960er Jahren deutlich steigende Lebenserwartung der afrikanischen Bevölkerung wurde in zahlreichen Ländern durch Aids um 15–20 Jahre verringert (z. B. Sambia: von 56 auf 37 Jahre). Die Weltbank kündigte 2000 ein verstärktes Engagement im Bereich der Aids-Bekämpfung an.

Verstädterung: Die Weltbank verwies 1999 auf den Prozess der Lokalisierung in den E.; Kommunen, Provinzen u.a. subnationale Einheiten erhielten wachsendes wirtschaftliches und politisches Gewicht. Als Folge nannte die Weltbank eine verstärkte Urbanisierung und wachsende soziale Unterschiede in Ballungsräumen. Ende der 1990er Jahre lebten rund 2 Mrd Menschen, ein Drittel der Weltbevölkerung, in den Städten der E. (zum Vergleich 1950: rund 300 Mio). Jedem vierten Stadtbewohner fehlte der Zugang zu ausreichender Sanitärausstattung. Wegen einseitig verteilter Globalisierungsgewinne zugunsten der Industriestaaten prognostizierte die Weltbank zunehmende Einkommensdifferenzen zu den E. Die Zahl der Menschen mit weniger als 1 US-Dollar Einkommen pro Tag (Armutsdefinition der Weltbank) werde in den E. von 1,5 Mrd Ende der 1990er Jahre auf 1,9 Mrd im Jahr 2015 steigen. Dadurch werde sich die Kluft zwischen reichem Norden und armem Süden vergrößern.

Die ärmsten Staaten: 1971–99 verdoppelte sich fast die Zahl der am wenigsten entwickelten Länder (Least Developed Countries, LDC) der Erde von 25 auf 48. Sie erwirtschafteten jährlich ein max. BSP/Kopf von weniger als 700 US-Dollar. Außer Botswana gelang es keinem Land,

sich aus der LDC-Gruppe zu lösen. 33 der LDC-Länder, die 13% der Weltbevölkerung stellten, lagen in Afrika, 14 im asiatisch-pazifischen Raum und einer in der Karibik (Haiti).

Rohstoffabhängigkeit: Nach Erhebungen der UN-Konferenz für Handel und Entwicklung (UNCTAD, Genf) lag der Anteil der LDC-Staaten am weltweiten Exportaufkommen Ende der 1990er Jahre bei 0,4%. Die Wirtschaft der ärmsten Länder litt vor allem an der oft noch aus der Kolonialzeit übernommenen einseitigen Rohstoffstruktur, die trotz jahrelanger Versuche zur Diversifizierung nicht überwunden werden konnte. Durch die Exportausrichtung auf einen einzigen Rohstoff oder eine Feldfrucht waren die Staaten von der Weltkonjunktur abhängig und mussten Nahrungsmittel u.a. Rohstoffe für die industrielle Produktion gegen knappe Devisen einführen. Die gravierendste Abhängigkeit mit 99,9% des kommerziellen Exports zeigten die afrikanischen E. Mauretanien (Eisenerz, Fischprodukte), Tschad (Baumwolle, Fleisch) sowie São Tomé und Príncipe (Kakao, Kopra, Kaffee).

www.worldbank.org; www.unctad.org
(Programme zur Armutsbekämpfung)
      Weltwirtschaft → Rohstoffe → Welthandel
→ Weltkonjunktur

Hunger

Bilanz: Die Zahl der Hungernden in den Entwicklungsländern verringerte sich nach letzten Erhebungen der UN-Organisation für Ernährung und Landwirtschaft (FAO, Rom) zwischen 1990/92 und 1995/97 um rund 5% von 830 Mio auf 790 Mio Menschen. Trotz positiver Tendenz schritt der Abbau lt. FAO nicht rapide genug voran, um das 1996 auf dem Welternährungsgipfel in Rom festgelegte Ziel, die Zahl der Hungernden bis 2015 auf 400 Mio zu halbieren, zu erreichen. Bis 2020 werden Prognosen der Deutschen Welthungerhilfe (Bonn) zufolge weltweit etwa 133 Mio Kinder unter sechs Jahren Untergewicht haben.

Krisenherde: Während die Zahl der Hungerleidenden Ende der 1990er Jahre weltweit sank, stieg die Quote in einzelnen Ländern wie Bangladesch (37%), Nordkorea und Mongolei (beide ca. 48%) sowie Afghanistan (62%) stark an. Am weitesten ver-

Hunger: Weltweite Krisenregionen

Region	Unterernährte (Mio) 1995/97	Anteil der Unterernährten (%) 1995/97 Veränderung[1]
Entwicklungsländer	791,5	18 ▼ −2
Asien, Pazifik	525,5	17 ▽ −4
Südasien	283,9	23 ▼ −3
Südostasien	63,7	13 ▽ −4
Lateinamerika, Karibik	53,4	11 ▽ −4
Naher Osten, Nordafrika	32,9	9 ▲ +1
Afrika südlich der Sahara	179,6	33 ▼ −2

1) gegenüber 1990/92 (Prozentpunkte); Quelle: FAO; www.fao.org

breitet war der Mangel an Nahrung in Asien und Afrika südlich der Sahara.

Afrika: Überschwemmungen und Dürren verschärften die Situation im südlichen und östlichen Afrika, so dass um 2000 der FAO zufolge 16 Mio Menschen südlich der Sahara auf Nahrungsmittelhilfe angewiesen waren. In zahlreichen Staaten wurde die Produktion und Verteilung von Lebensmitteln durch Bürgerkriege zusätzlich beeinträchtigt. Mosambik und Madagaskar waren von H. besonders betroffen. Hier vernichteten Unwetter nicht nur Ernten, Vorräte und Viehherden, sondern verursachten Schaden in Millionenhöhe im Bereich der Infrastruktur. Lt. Prognosen der FAO seien in beiden Ländern bis Frühjahr 2001 etwa 2,5 Mio Menschen auf Nahrungsmittelhilfe angewiesen. Auch in Äthiopien, das 2000 einen blutigen Grenzkrieg gegen Eritrea führte, wurde die Ernährungslage für 8 Mio Einwohner als äußerst angespannt eingestuft.

Industriestaaten: Selbst in der industrialisierten Welt litten nach FAO-Angaben Ende der 1990er Jahre rund 34 Mio Menschen H. Zu den Hauptkrisenregionen zählten Osteuropa und Gebiete der ehemaligen Sowjetunion. Auch im Wohlstandsland USA hatten etwa 800 000 Haushalte mit ernsthaftem Nahrungsmittelmangel zu kämpfen.

http://apps.fao.org/ (Datenbank u. a. zur Welternährung)

Kinderarbeit

Bilanz: Etwa 250 Mio Kinder von fünf bis 14 Jahren gingen um 2000 nach Schätzungen der Internationalen Arbeitsorganisation (ILO, Genf) weltweit täglich einer oft ge-

fährlichen und erniedrigenden Arbeit nach. Die Beschäftigung reichte von leichter körperlicher Tätigkeit bis zu sklavenähnlicher Schinderei in Gerbereien, Steinbrüchen und Kohleminen. Zwangsarbeit, Beteiligung am Rauschgifthandel, Prostitution und Mitwirkung an der Produktion pornografischer Darstellungen zählten 2000 zu den extremsten Auswüchsen von K. Durch Misshandlungen, Unterernährung und überlange Arbeitszeiten drohten den Kindern körperliche und seelische Schäden.

Asien: 60% aller Fälle von K. traten nach Angaben der ILO in Asien auf. Jedes fünfte der dort lebenden Kinder zwischen fünf und 14 Jahren war zur Arbeit gezwungen. Die Wirtschaftskrise, die 1997 die asiatischen Finanzmärkte erschüttert hatte, führte durch die Ausbreitung der illegalen Wirtschaftszweige zum Anstieg der schwersten Formen der K. wie Kinderhandel und Prostitution.

Abkommen: Mitte 1999 verabschiedeten die 174 Vertragsstaaten der ILO ein Übereinkommen gegen ausbeuterische K. Es verbietet Kinderverkauf und Kinderhandel, Schuldknechtschaft und Leibeigenschaft, Zwangsarbeit und -rekrutierung, »die Heranziehung, die Vermittlung oder das Anbieten eines Kindes zu Prostitution sowie zur Gewinnung und zum Verkehr von Drogen« und alle »Arbeit, die für die Gesundheit, die Sicherheit oder die Sittlichkeit der Kinder schädlich ist«. Nach der Ratifizierung des Abkommens in den Einzelstaaten können Regelverstöße auf nationaler Ebene strafrechtlich verfolgt werden. Das Übereinkommen ergänzt die ILO-Konvention Nr. 138 von 1973, die u.a. das Mindestalter für K. auf 15 Jahre festlegt.

Streitpunkte: Die Forderung nach einem generellen Verbot von K. blieb auch 2000 strittig. Während sich die ILO der Haltung der US-Regierung anschloss, die im Rahmen der Welthandelsorganisation (WTO) alle durch K. erzeugten Produkte vom Markt verbannen wollte, verurteilten Vertreter der Entwicklungsländer die Strategie als Protektionismus. Nach Meinung von Entwicklungsorganisationen wie Terre des hommes triebe eine generelle Ächtung von K. die arbeitenden Kinder und nicht die ausbeuterischen Arbeitgeber in die Illegalität. Wichtiger seien Aktionsprogramme im Kampf gegen die Armut und für soziale und wirtschaftliche Entwicklung sowie der freie, unentgeltliche Zugang aller Kinder und Jugendlichen zur Schule.

www.ilo.org (ILO-Konventionen im Wortlaut)

Schuldenerlass

Anfang 2000 begann die Umsetzung des im Juni 1999 in Köln auf dem Gipfeltreffen der acht wichtigsten Industrienationen (G 8) vereinbarten S. für die ärmsten Entwicklungsländer. Mit Bolivien, Mauretanien, Mosambik, Tansania und Uganda hatten sich bis Mitte 2000 erst fünf der etwa 40 Staaten aus der sog. HIPC-Gruppe (engl.: Highly Indebted Poor Countries; hochverschuldete arme Länder) für den Teilerlass ihrer Verbindlichkeiten bei den internationalen Kreditorganisationen qualifiziert. 15 weitere Staaten, darunter Kamerun, Ruanda, Sambia, Senegal, Tschad und Nicaragua sollten bis Ende 2000 hinzukommen.

Bedingungen: Qualifizierungsschwelle für den S. ist ein Schuldenstand von mehr als 150% der Exporte oder mehr als 250% der Staatseinnahmen. Damit der S. den Menschen in den betroffenen Regionen direkt zukommen kann, wurde als weitere Bedingung von jedem Staat eine eigene Strategie zur Armutsbekämpfung gefordert, die verschiedene gesellschaftliche Gruppen einbezieht. 2000 benannten die G8-Staaten als mögliche Kandidaten für den S. insgesamt 36 hoch verschuldete Länder: Äthiopien, Benin, Bolivien, Burkina Faso, Burundi, Côte d'Ivoire, Ghana, Guinea, Guinea-Bissau, Guyana, Honduras, Kamerun, Demokratische Republik Kongo, Republik Kongo, Laos, Liberia, Madagaskar, Malawi, Mali, Mauretanien, Mosambik, Myanmar, Nicaragua, Niger, Ruanda, Sambia, São Tomé und Príncipe, Senegal, Sierra Leone, Somalia, Sudan, Tansania, Togo, Tschad, Uganda und Zentralafrikanische Republik.

Volumen: Das Entschuldungsvolumen für alle Länder betrug lt. Schätzungen 70 Mrd US-Dollar. Ein Anteil von 20 Mrd US-Dollar betraf die auf die Regierungen übergegangenen Handelsforderungen, die im Rahmen des Pariser Clubs verhandelt werden, weitere Schulden von 20 Mrd US-Dollar stammten aus der Entwicklungszusammenarbeit, 5 Mrd US-Dollar bestanden gegenüber privaten Gläubigern und Regierungen und 25 Mrd US-Dollar an Schulden waren bei Weltbank, Internationalem Währungsfonds und Regionalen Entwick-

Schuldenerlass: Die höchstverschuldeten Staaten

Land[1]	Schulden (Mrd US-Dollar)[2]
Brasilien	204,8
Mexiko	171,4
Argentinien	154,0
China	148,0
Indonesien	116,6
Indien	100,4
Thailand	92,4
Philippinen	47,9
Malaysia	37,7
Kuba	35,1
Pakistan	34,4
Venezuela	32,9
Chile	30,4
Ägypten	30,3
Kolumbien	30,0
Saudi-Arabien	28,5
Peru	27,5
Vietnam	25,1
Nigeria	25,0
Marokko	22,9
Irak	20,4
Mongolei	19,7
Elfenbeinküste	18,2
VAE[3]	18,2
Bangladesch	16,8

1) ohne Länder mit höherem Einkommen wie Israel, Korea-Süd u. a., ohne mittel- und osteuropäische Reformländer; 2) letztverfügbarer Stand: Anfang 1999; 3) Vereinigte Arabische Emirate; Quelle: OECD; www.oecd.org

lungsbanken registriert. Mit der Teilentschuldung sollte die Absenkung der Schuldendienstquote von 15–25% auf max. 10% der Exporteinnahmen erreicht werden. Die Bundesrepublik Deutschland, die sich am multilateralen Programm mit insgesamt 150 Mio DM beteiligen wollte, stellte bis Mitte 2000 einen ersten Betrag von 50 Mio DM bereit. Die rot-grüne Bundesregierung beschloss im Frühjahr 2000, den HIPC-Ländern 100% (bisher: 90%) ihrer Schulden aus umschuldungsfähigen Handelsforderungen zu erlassen.

Kritik: Nichtregierungsorganisationen tadelten 2000 den schleppenden Fortgang der Entschuldungsinitiative und forderten Gläubigerstaaten sowie internationale Finanzorganisationen auf, die Auflagen für den S. zu verringern. Vor allem afrikanische Länder hatten sich über Probleme bei der Ausarbeitung und Abstimmung von Strategien zur Armutsbekämpfung beklagt.

www.bmz.de (Infos zum Schuldenerlass Deutschlands für die ärmsten Staaten)

Ureinwohner

Armut und Unterentwicklung zählten um 2000 zu den Hauptproblemen der U. (auch indigene Völker), einer Gruppe von weltweit ca. 300 Mio Menschen (5% der Weltbevölkerung), die in 5000 Völkern und 76 Staaten beheimatet waren. Sie litten unter mangelnder Gesundheitsversorgung, wirtschaftlicher Ausbeutung, kultureller Diskriminierung und oft fehlendem Zugang zu Bildungseinrichtungen. Trotz Teilerfolgen blieb ihnen um 2000 in vielen Regionen die gesellschaftliche Anerkennung verwehrt. Die UN-Unterkommission für Minderheitenschutz bereitete seit 1993 eine UN-Charta für die Rechte indigener Völker vor, die bis Mitte 2000 noch nicht verabschiedet war.

Australien: Mitte 2000 erreichte das Verhältnis zwischen der australischen liberal-konservativen Regierung von Premierminister John Howard und den etwa 386 000 U. (Aborigines) einen neuen Tiefpunkt, der eine Eskalation des Konflikts bei den 27. Olympischen Sommerspielen 2000 in Sydney befürchten ließ. Auslöser war Howards Bekanntgabe, sein öffentlich erklärtes Ziel aufgeben zu wollen, die Versöhnung zwischen Weißen und Aborigines bis zum 1.1.2001, dem hundertjährigen Jubiläum des australischen Staates, zu besiegeln. Verschärft wurde der Streit durch die Haltung John Herrons, des Ministers für Aborigines-Fragen, der die Existenz der sog. gestohlenen Generation öffentlich in Abrede gestellt hatte. Mit dem Begriff werden Aborigines-Kinder bezeichnet, die 1910–70 mit dem Ziel, sie in die Gesellschaft der weißen Mehrheit zu integrieren, ihren Familien entrissen und in Heimen oder bei weißen Pflegefamilien untergebracht worden waren.

Weltbevölkerung: Wachstum der Regionen					
Region	Bevölkerung 1999 (Mrd)	natürl. Zuwachs (%)	Projektion 2025 (Mrd)	Projektion 2050 (Mrd)	Bevölkerungsanteil 2050 (%)
Weltbevölkerung ges.	6,0	▲ +1,4	8,1	8,9	–
Industrieländer	1,2	▲ +0,1	1,2	1,0	11,2
Europa	0,7	▽ –0,1	0,7	0,6	6,7
Nordamerika	0,3	▲ +0,6	0,4	0,4	4,5
Entwicklungsländer	4,8	▲ +1,7	6,8	7,8	87,6
Lateinamerika	0,5	▲ +1,8	0,7	0,8	9,0
Afrika	0,8	▲ +2,5	1,3	1,8	20,2
Asien	3,6	▲ +1,5	4,9	5,3	60,0
VR China	1,3	▲ +1,0	1,6	1,5	16,9
Indien	1,0	▲ +1,9	1,4	1,5	16,9
Ozeanien[1]	0,03	▲ +1,1	0,04	0,05	0,6

1) mit Australien und Neuseeland; Quelle: Population Reference Bureau (Daten inkl. 2025), UN

USA: Anfang 2000 beschloss die US-Regierung, dem im Bundesstaat Utah lebenden Indianerstamm der Ute rund 350 km² Land zurückzugeben, das einst ihren Vorfahren gehört hatte. Das erdöl- und erdgasreiche Gebiet war den Ute 1882 übertragen worden, bevor es während des Ersten Weltkriegs wegen des für die Rüstungsindustrie benötigten Öls von der Regierung wieder konfisziert wurde. Der Transfer, über den sieben Jahre verhandelt worden war, gilt als größte Rückgabeaktion an U. im 20. Jh. Als Auflage mussten die Ute einräumen, 8,5% der Einnahmen aus der Öl- und Erdgasproduktion an die Regierung abzutreten. Das Geld soll die Säuberung eines uranverseuchten Gebietes rund 130 km südlich des Ute-Reservats mitfinanzieren.

Kanada: In K. waren um 2000 vor Gericht mehr als 300 Verfahren um Landrechte der U. anhängig, bei denen überwiegend die Nutzung natürlicher Ressourcen wie Holz, Gas und Öl geklärt werden musste.

www.un.org (Menschenrechte, Völkerrecht)
■ **Staaten** → Australien

Weltbevölkerung

Am 12.10.1999 überschritt die W. statistisch gesehen die Sechs-Milliarden-Grenze. Damit verdoppelte sich im Vergleich zu 1960 die Zahl der Menschen und erhöhte sich gegenüber 1987 um 1 Mrd. 1999 lebten 80% der W. in den Entwicklungsländern (1950: 68%); lt. Prognosen sollte dieser Anteil bis 2025 auf 85% steigen. Mit rund 1,26 Mrd Einwohnern war die Volksrepublik China 2000 das bevölkerungsreichste Land der Erde, gefolgt von Indien (1000 Mio), USA (276 Mio) und Indonesien (209 Mio).

Wachstum: Mit einer Zunahme von 1,3% oder 78 Mio Menschen (1970: 2,0%) setzte sich 1999 der Trend zu niedrigeren Zuwachsraten fort. Bereits 1997 hatten die Vereinten Nationen (UN) ihre Bevölkerungsprognosen für das nächste Jahrhundert nach unten korrigiert. Nach den 1999 vorgelegten UN-Berechnungen wird die Gesamtzahl der Menschen bis Mitte des 21. Jh. auf einen Wert zwischen 7,3 Mrd und 10,7 Mrd steigen. Als wahrscheinlich gilt eine mittlere Variante mit 9 Mrd Menschen.

Geburtenrate: Ursache des gebremsten Bevölkerungswachstums war ein in den letzten Jahrzehnten weltweit zu registrieren-

der Geburtenrückgang. In den Entwicklungsländern halbierte sich die Kinderzahl pro Frau 1970–99 von sechs auf drei, in den Entwicklungsregionen Lateinamerikas und Asiens ging sie um 43% bzw. 42% zurück. Nur Afrika blieb von den Erfolgen der Familienplanung weitgehend ausgenommen. Die UN-Prognosen für 2050 stellten in drei Szenarien die Bedeutung der Geburtenrate heraus: Bei 1,6 Kindern/Paar werde die W. auf 7,3 Mrd Menschen, bei 2,0 Kindern auf 8,9 Mrd und bei 2,5 Kindern auf 10,7 Mrd Menschen zunehmen.

Familienplanung: Die UN forderte 1999 die reichen Industrieländer auf, ihre finanziellen Zusagen für Maßnahmen zur Familienplanung und Geburtenkontrolle einzulösen. Vor allem die Position der Frauen in den sich entwickelnden Staaten müsse durch Bildungsprogramme gestärkt werden, damit sie freier über die Zahl der Kinder und den Zeitpunkt der Geburt entscheiden könnten.

Regionale Verteilung: Der afrikanische Kontinent, der nach UN-Prognosen seine Bevölkerung (1999: 771 Mio) bis 2050 um jährlich 2,4–3,3% erhöhen werde, gehörte zu den am schnellsten wachsenden Regionen. Auch Süd- und Südostasien mit Indien, Pakistan und Bangladesch verzeichneten eine hohe Bevölkerungszunahme. 2050 wird der

Die Menschheit brauchte 123 Jahre, um die Bevölkerung von 1 Mrd auf 2 Mrd zu verdoppeln. Der Übergang von der 2. Mrd zur 3. Mrd. dauerte nur noch 33 Jahre, von 5 Mrd auf 6 Mrd nur zwölf Jahre. Aufgrund des gebremsten Bevölkerungswachstums ab Ende der 1990er Jahre wird sich die Übergangszeit von der 8. auf die 9. Mrd – prognostiziert für Mitte des 21. Jh. – auf 26 Jahre wieder deutlich verlangsamen.

Weltbevölkerung: Wachstum der Menschheit

Zeitpunkt	Bevölkerung (Mio)
2054[1]	9000
2025[1]	8000
2013[1]	7000
1999	6000
1987	5000
1974	4000
1960	3000
1927	2000
1900	1650
1804	1000
1500	500
1250	400
1000	310
1 n.Chr	300

1) Prognosen; Quelle: United Nations Population Fund (UNFPA); www.unfpa.org

Weltbevölkerung: Menschen mit weniger als 1 $ pro Tag

Region	Bevölkerung (Mio)	Anteil (%)[1]
Südasien	515	43,1
Ostasien	446	26,0
Afrika südlich der Sahara	219	39,1
Lateinamerika und Karibik	110	23,5
Europa und Zentralasien	15	3,5
Naher Osten und Nordafrika	11	4,1

1) an der Bevölkerung in der Region; Stand: Ende 1999; Quelle: Weltbank, www.worldbank.org.

Die bevölkerungsreichsten Staaten

Land	Einwohner (Mio)
1. China	1259
2. Indien	1000
3. USA	276
4. Indonesien	209
5. Brasilien	168
6. Pakistan	152
7. Russland	147
8. Bangladesch	127
9. Japan	126
10. Nigeria	109

Stand: 1999; Quelle: UN-Weltbevölkerungsbericht

indische Subkontinent etwa 17% der W. auf sich vereinen. Aufgrund der rigiden Ein-Kind-Politik sollte sich Chinas Anteil an der W. bis 2050 verringern und etwa das Niveau Indiens erreichen. Den Industriestaaten wurde für 2050 ein Anteil von gut 11% an der W. (1950: 33%) vorausgesagt.

Welternährung: Steigender Nahrungsbedarf (kg/Person)

Nahrungsart	Industrieländer		Entwicklungsländer	
	1995	2020	1995	2020
Getreide	547		246	
		597		272
Fleisch	76		23	
		86		32
Wurzel-/	156		99	
Knollenfrüchte		152		108

Quelle: International Food Policy Research Institute (IFPRI)

Alterung: Niedrige Geburtenrate und steigende Lebenserwartung führen UN-Prognosen zufolge bis 2050 zur deutlichen Abnahme des Erwerbstätigenanteils an der W. Jeder fünfte Mensch wird 2050 das 60. Lebensjahr überschritten haben (Ende der 1990er Jahre: jeder zehnte). Erstmals in der Geschichte der Menschheit werde die Zahl der älteren Personen die der Kinder unter 14 Jahren übersteigen. Mit der veränderten Bevölkerungsstruktur verschiebe sich das Verhältnis vom produktiven zum wirtschaftlich abhängigen Bevölkerungsanteil, was die vor allem beitragsfinanzierten sozialen Sicherungssysteme gefährde.

www.unfpa.org (demografische, regionale, soziale und ökonomische Indikatoren)

Welternährung

Kalorienmenge: Die Verfügbarkeit von Nahrungsmitteln/Einwohner wird nach Prognosen der Deutschen Welthungerhilfe (Bonn) bis 2020 gegenüber 1995 um 7,4% von 2700 kcal/Tag auf 2900 kcal/Tag steigen. Für China und Südasien wurde die größte, für Westasien und Nordafrika die geringste Steigerung erwartet. Die im südlichen Afrika, das Ende der 1990er Jahre einer der Hauptkrisenregionen für Hunger war, im Jahr 2020 täglich zur Verfügung stehende Nahrungsmenge von etwa 2300 kcal/Tag werde knapp über dem für ein gesundes und produktives Leben vertretbaren Minimum liegen. Wegen regional ungleichmäßiger Verteilung der Nahrung sagte die Deutsche Welthungerhilfe voraus, dass ein Großteil der Menschen südlich der Sahara vom Nahrungsmittelangebot ausgeschlossen bleiben wird.

Nachfrage: Nach dem International Food Policy Research Institute (IFPRI, Washington), das ein Bevölkerungswachstum von insgesamt 32% und einen jährlichen Einkommenszuwachs von 4,3% zugrunde legte, steigt die weltweite Getreidenachfrage 1995–2020 um 39% auf 2,476 Mio t, die Fleischnachfrage um 59% auf 314 Mio t und der Bedarf an Wurzel- und Knollenfrüchten um 37% auf 868 Mio t. Der wachsende Getreidebedarf werde durch Produktivitätssteigerungen, also durch Verbesserung der Ernteerträge erwirtschaftet werden müssen, weil die verfügbare landwirtschaftliche Nutzfläche kontinuierlich abnehme.

Ernährung

Ernährung

Während sich Nahrungsmangel und Hunger 2000 insbes. in Ostafrika zur Katastrophe auswuchsen, herrschte in den Industrieländern weiterhin ein Überangebot an Nahrungsmitteln. In Deutschland waren 2000 rund 20% der Bevölkerung stark übergewichtig. Lt. Deutscher Gesellschaft für Ernährung (DEG, Frankfurt/M.) lag dies vor allem am zu hohen Fettverzehr, an zu viel Zucker- und Alkoholkonsum. Falsche E. und Übergewicht begünstigen Herz-Kreislauf-Erkrankungen, Diabetes, Gelenkprobleme und Krebs.

Trends: Der Fleischverzehr, der in Deutschland nach dem Tiefpunkt 1997 bereits 1998 angestiegen war, erhöhte sich 1999 erneut um rund 1 kg auf 63,6 kg/Kopf. Der Gemüseverbrauch ging in Deutschland der Centralen Marketing-Gesellschaft der deutschen Agrarwirtschaft (CMA, Bonn) zufolge 1999 gegenüber 1998 um 2,4 kg/

Kopf zurück, der Frischgemüseverzehr nahm aber wieder leicht zu. Dennoch hielt der Trend zu leicht zuzubereitenden Speisen wie Fertiggerichten aus der Tiefkühltruhe an. Beim Obstverzehr belegte Deutschland mit 123 kg/Kopf eine Spitzenposition in Europa, beim Brotverbrauch stand es mit 76 kg/Kopf weltweit an der Spitze. Bereits ein Drittel des gesamten Nahrungsbedarfs deckten die Deutschen 1999 durch Mahlzeiten außer Haus.

EU-Lebensmittelbehörde: Auf die Kette von Lebensmittelskandalen in den 80er und 90er Jahren (hormonbelastetes Fleisch, Rinderwahnsinn, Dioxin-Vergiftungen u. a.) reagierte die EU 2000 mit dem Plan, eine zentrale Lebensmittelbehörde einzurichten. Sie soll die Sicherheit von Nahrungsmitteln EU-weit überwachen. Aufgabenfelder werden Haltung, Fütterung und Zucht von Schlachtvieh, Einsatz von Düngemitteln in der Landwirtschaft und Genehmigung gentechnisch veränderter Lebensmittel sein.

Insgesamt wurden 1998 (letztverfügbarer Stand) in Westdeutschland 664,30 DM, im Osten 593,60 DM pro Monat für Lebensmittel aufgewendet.

■■ Die größten Lebensmittelhändler

Unternehmen	Umsatz[1] 1999 (Mrd DM)
Edeka/AVA	38,7
Rewe	37,8
Aldi	30,5
Metro	26,8
Tengelmann	18,0
Lidl & Schwarz	18,0
Spar	14,1
Lekkerland-Tobaccoland	10,6
Schlecker	7,3
Dohle	4,9
Norma	3,5
Globus	3,4
Karstadt	2,7
Walmart	2,7

1) Lebensmittelbereich, z.T. geschätzt; Quelle: M+M Eurodata

■■ Ernährung: Lebensmittelausgaben (Auswahl)[1]

Nahrungsmittel	Ausgaben West (DM)	Ausgaben Ost (DM)
Fleisch, Wurst	137,2	136,7
Brot, Backwaren	93,2	82,2
Milch, Käse, Butter	92,0	81,5
Obst, Gemüse	80,9	74,3

1) mittlerer Arbeitnehmerhaushalt mit zwei Erwachsenen und zwei Kindern pro Monat; Stand: 1998; Quelle: Statistisches Bundesamt, Bundesernährungsministerium

■■ Ernährung: Essen und Trinken pro Kopf und Jahr

Essen	kg	Trinken	Liter
Obst	123	Bohnenkaffee	159
Gemüse	85	Bier	127
Brot u. ä.	76	Wasser	100
Kartoffeln	71	Erfrischungsgetränke	100
Fleisch	64	Milch	79
Zucker	32	Fruchtsäfte	41

Stand: 1999; Quelle: Zentrale Markt- und Preisberichtstelle, Bundesernährungsministerium

▦ Ernährung: Die größten Fisch-Lieferanten

Herkunftsland		Anteil (%)[1]
Norwegen	🇳🇴	19
Dänemark	🇩🇰	15
Russland	🇷🇺	9
Niederlande	🇳🇱	8
Island	🇮🇸	5
Polen	🇵🇱	4
Thailand	🇹🇭	4
China	🇨🇳	4
Frankreich	🇫🇷	3
USA	🇺🇸	2
Philippinen	🇵🇭	2
Großbritannien	🇬🇧	2
Andere Länder		23

1) am deutschen Gesamt-Fischimport 1998; Quelle: Fisch-Informations-Zentrum

▦ Essgewohnheiten: Die größten Gastronomieketten

Unternehmen	Umsatz 1999 (Mio DM)[1]
McDonald's	4235
Lufthansa Service	1349
Autobahn Tank & Rast	957
Mitropa	625
Burger King	525
Nordsee	461
Dinea	450
Mövenpick	302
Karstadt	293
Tricon	213
Whitebread	198
Stockheim	194
Gate Gourmet	170
Wienerwald	165
Block-House-Gruppe	147
Gastronomie & Tanz	140
Roland Kuffler	137
Feinkost Käfer	130
Esso	130

1) ohne Mehrwertsteuer; Quelle: food-service/Deutscher Fachverlag

Die neue Behörde soll frühestens 2002 ihre Arbeit aufnehmen. Der Bund für Umwelt- und Naturschutz (BUND, Bonn) kritisierte, dass ein generelles Verbot von Tiermehl in der Fütterung und Antibiotika in der Mast nicht festgelegt worden sei. Die neue Behörde ändere nichts am Personalmangel bei den nationalen Kontrollinstanzen.

www.dge.de (Dt. Gesellschaft für Ernährung)
Entwicklungspolitik → Hunger

Essgewohnheiten

Ende 1999 ergaben mehrere Studien, dass sich die E. in Deutschland seit Beginn der 90er Jahre grundlegend geändert hatten. 1999 wurden in Deutschland rund 180 Mrd DM für Mahlzeiten außer Haus ausgegeben, für 2005 rechnete die Centrale Marketing-Gesellschaft der deutschen Agrarwirtschaft (CMA, Bonn) mit einer Steigerung von rund 11% auf 200 Mrd DM.

Mahlzeiten: Mehrgängige Menüs waren dem Deutschen Hotel- und Gaststättenverband (Dehoga, Bonn) zufolge nicht mehr gefragt. Der Gast ließ sich um 2000 immer weniger Zeit zum Essen, kleine Imbisse wurden im Vorübergehen eingenommen. Von diesem Trend profitierten Fast-Food-Restaurants, Bäckereien, Imbissstände und Kaufhausbars, deren Marktanteil sich in Deutschland 1991–99 verdoppelte. Der Anteil der traditionellen Gastronomie verringerte sich im gleichen Zeitraum von zwei Dritteln auf die Hälfte. Insbes. in Großstädten erhöhte sich die Nachfrage nach ins Haus gelieferten Mahlzeiten. Der Umsatz der Lieferservices und Firmen, die Essen zum Mitnehmen anboten, verdoppelte sich in den 90er Jahren auf rund 4 Mrd DM.

Novel Food

(engl.; neuartige Lebensmittel), gentechnisch veränderte Nahrungsmittel und deren Folgeprodukte

Im Februar 2000 einigten sich nach fünfjähriger Diskussion 138 Staaten weltweit auf das sog. Biosafety-Protokoll, nach dem jedes Land selbst entscheiden darf, ob es genmanipulierte Lebensmittel, Saatgut und Viehfutter einführt. Die deutsche Bundesregierung aus SPD und Bündnis 90/Die Grünen stoppte im Februar 2000 die Erlaubnis zum Anbau von gentechnisch verändertem Mais in Deutschland.

Biosafety-Protokoll: Erstmals gilt das Vorsorgeprinzip, d.h. der Import darf abgelehnt werden, auch wenn die Gefahr durch Gentechnikprodukte noch nicht lückenlos nachgewiesen ist. Exportländer müssen alle Lieferungen kennzeichnen, die möglicherweise gentechnisch veränderte Rohstoffe enthalten. Das Biosafety-Protokoll steht gleichwertig neben den Regelungen der Welthandelsorganisation (WTO, Genf). Die WTO gestattet Importverbote nur bei wissenschaftlichem Nachweis von Gefahren für Mensch und Umwelt. Im Streitfall gilt das Schlichtungsrecht der WTO.

Deutschland: Der sog. Bt-Mais wäre die erste gentechnisch veränderte Pflanze mit einer Erlaubnis zum uneingeschränkten Anbau in Deutschland gewesen. Der Mais trägt ein Gen aus dem Bacillus thuringiensis und produziert damit ein Gift gegen die schädlichen Larven des Maiszünslers. Die Erlaubnis wurde aufgrund eines Gutachtens des Öko-Instituts Freiburg i. Br. gestoppt. Danach könnte das Antibiotika-Resistenzgen in die Nahrungskette gelangen, vom Menschen aufgenommen und auch bei ihm Resistenz verursachen. Dies würde die Behandlung von Krankheiten erschweren. Die EU-Kommission, die den Mais 1997 EU-weit zugelassen hatte, akzeptierte die deutsche Entscheidung.

www.bgvv.de

Forschung und Technik → Gentechnik

Öko-Siegel

Anfang 2000 wurde in Deutschland erstmals ein bundesweit einheitliches Ö. für Produkte aus streng ökologischem Anbau eingeführt. Es trägt den rot-grünen Titel »Öko-Prüfzeichen – anerkannt ökologischer Landbau« im grünen Kreis. Ziel der Ö.-Firma, in der erstmals der Deutsche Bauernverband (DBV, Bonn) und die Arbeitsgemeinschaft Ökologischer Landbau (Agöl, Darmstadt) zusammenarbeiteten, war es, alle echten Öko-Produkte bundesweit mit dem Ö. zu kennzeichnen und die über 100 Ökozeichen abzulösen.

Konditionen: Das Ö. sollten nur Produkte tragen, die weitgehend ohne Einsatz von Chemie, Arzneien und Hormonen sowie ohne Massentierhaltung und Importfutter entstanden sind. Wer das Ö. als Erzeuger oder Händler nutzen wollte, musste 2000

0,27% seines Nettoumsatzes zahlen, Bauern führten 250 DM/ha Anbaufläche ab.

Umwelt und Natur → Ökologischer Landbau

Rindfleisch-Etikettierung

Nach jahrelangem Streit einigten sich die EU-Agrarminister im April 2000 auf eine europaweit einheitliche R. Hintergrund war der Skandal um den Rinderwahnsinn (BSE) ab Mitte der 90er Jahre vor allem in Großbritannien. Die geplante R. soll zeigen, aus welchem Land die Tiere stammen, um gesundheitsschädliches Fleisch schnell aus dem Verkehr ziehen zu können. Händler erhalten mit der R. die Chance, auf Fleischimporte aus BSE-Regionen zu verzichten.

Etikettierung: Ab 1.9.2000 muss auf einer Plakette am Fleisch das Land der Schlachtung und der Zerlegung vermerkt sein. Ferner muss eine Nummer angegeben sein, mit der die Herkunft des Tieres zu erschließen ist. Auch Kategorie des Rindes (Jungbulle, Ochse, Färse) und Zulassungsnummer des Schlachtbetriebs müssen zu finden sein. Ab 2002 müssen zusätzlich Geburts- und Mastort des Rindes vermerkt sein, der Zerlegungsort entfällt. Rindfleisch aus Großbritannien trägt das Länderkürzel GB, britische Metzgerwaren erhalten den Vermerk XEL.

Rind- und Kalbfleisch-Verzehr in Europa	
Land	*Verzehr 1999 (kg/Kopf)*
Frankreich	27,4
Italien	25,0
Belgien/Luxemburg	21,1
Österreich	20,2
Dänemark	19,6
Schweden	19,5
Niederlande	19,4
Finnland	18,8
Griechenland	18,1
Großbritannien	17,4
Irland	16,4
Deutschland	15,0
Portugal	14,6
Spanien	14,5
Quelle: Zentrale Markt- und Preisberichtsstelle	

Schokoladen-Richtlinie: Süßwarenverzehr

Artikel	Verzehr 1998 (kg/Kopf)[1]
Pralinen, Tafelschokolade u. ä.	8,2
Waffeln, Kekse u.ä.	7,2
Bonbons, Zuckerwaren	4,7
Speiseeis	3,5
Knabberartikel	3,3
Kakao u.ä.	1,6

1) letztverfügbarer Stand; Quelle: Bundesverband Süßwarenindustrie

Kritik: Bundeslandwirtschaftsminister Karl-Heinz Funke (SPD) wollte bereits ab September 2000 Angaben zur Geburt und Mast auf dem Etikett vorschreiben, nicht erst wie die EU ab 2002. Umstritten war in Deutschland die Kennzeichnung von Hackfleisch, die nach EU-Vorschrift nur Schlacht- und Herstellungsort enthält. Der ausschlaggebende Geburtsort bleibe unklar. Forderungen von Verbraucher- und Tierschutzverbänden hinsichtlich Art der Futtermittel, Einsatz von Medikamenten in der Tiermast, Haltung und Transport wurden im Kennzeichnungssystem nicht berücksichtigt.

EU → Agrarpolitik → Landwirtschaft → Rinderwahnsinn (BSE)

Schokoladen-Richtlinie

Nach vierjähriger Diskussion fiel Ende 1999 das aus den 70er Jahren stammende EU-Reinheitsgebot für Schokolade, die

Tiefkühlkost: Verbrauch

Jahr	Verbrauch (kg/Kopf)
1999	26,6
1998	25,5
1997	22,4
1996	20,7
1995	19,5
1994	19,0
1993	17,8
1992	17,3
1991	16,5
1990	14,9

Quelle: Deutsches Tiefkühlinstitut (Köln); www.tiefkuehlinstitut.de

außer Kakaobutter keine weiteren Fette enthalten durfte. Bis 1999 wurde diese Regel von Deutschland, Belgien, Frankreich, Italien, Luxemburg, den Niederlanden und Spanien eingehalten.

Richtlinie: Nach der im Oktober 1999 beschlossenen S. darf Schokolade 5% Fremdfette wie Palmöl, Sal, Shea-Nussöl oder Illipe beigemischt werden. Doch muss die Verwendung dieser Fette auf der Verpackung doppelt und gut sichtbar angezeigt werden. Später der EU beigetretene Länder wie Großbritannien, Irland, Dänemark, Schweden, Österreich, Portugal und Finnland erlaubten bereits die Beimischung anderer Fette, meist bis zu 5%, Finnland sogar bis zu 10%. Großbritannien und Irland dürfen ihrer Schokolade der S. zufolge einen höheren Milchanteil zusetzen. Wird das Produkt exportiert, muss es als Familien-Milchschokolade gekennzeichnet werden.

Tiefkühlkost

Um 2000 zählte T. zu den wenigen Produktgruppen der Lebensmittelindustrie, die ihren Absatz stetig steigerten. 1970–99 stieg der Pro-Kopf-Verbrauch von 3,4 kg auf 26,6 kg (ohne Geflügel und Speiseeis). Die Entwicklung ging zulasten von Konserven, deren Absatz sich verringerte.

Vorlieben: In Deutschland wurden Ende der 90er Jahre wie in Frankreich bevorzugt Teil- und Fertiggerichte aus der Tiefkühltruhe gekauft. In Belgien und in den Niederlanden lagen Kartoffelprodukte, in Italien Gemüse und in Spanien Fisch und Meeresfrüchte an der Spitze der Verbrauchergunst.

Qualität: Bei −18 °C und kälter gelagerte T. ist lt. Deutschem Tiefkühlinstitut (Köln) bezüglich des Nährwerts mit frischer Kost vergleichbar bzw. besser. Kurz nach der Ernte schockgefrorene grüne Bohnen speichern z. B. 97% ihres Vitamin-C-Gehalts, Brokkoli 84% und Erbsen 68%. Gemüse vom Markt kann mehr Vitamine verloren haben, wenn es nicht am Verkaufstag geerntet wurde. Bei Fisch, der gleich nach dem Fang schockgefroren wird, sind Frischeverluste durch Transport und Lagerung ausgeschlossen. Wissenschaftler rieten von einseitiger Ernährung aus tiefgekühlten Fertiggerichten ab, da sie zu viel Fett und Salz und zu wenig Nährstoffe enthalten.

www.tiefkühlinstitut.de

EU

Agenda 2000

Im März 1999 beschlossen die EU-Mitgliedstaaten in Berlin in der A. Reformen der Agrar- und Strukturpolitik sowie die Neuordnung der EU-Finanzierung. Die Finanzplanung der EU für 2000–2006 soll mit Blick auf die geplante Aufnahme mittel- und osteuropäischer Staaten (ab 2002) Haushaltsdisziplin und Ausgabeneffizienz der EU sicherstellen.

Finanzrahmen: Die Finanzielle Vorausschau 2000–2006 setzt als Höchstbetrag der Eigenmittel 1,27% des Bruttosozialproduktes der Länder fest. Der Höchstbetrag der Mittel für Verpflichtungen sinkt insgesamt von 92,03 Mrd Euro im Jahr 2000 auf 90,66 Mrd Euro im Jahr 2006. Die Beiträge der Mittel für Zahlungen belaufen sich auf 89,60 und 89,62 Mrd Euro, wodurch der BSP-Anteil von 1,13% auf 0,97% sinkt.

Budget 2001: Die EU-Kommission plante für 2001 Ausgaben von 93,9 Mrd Euro (ca. 183 Mrd DM). Dies ist eine Steigerung gegenüber 2000 um rund 5%. Die im Haushaltsplan vorgesehenen Zahlungen entsprechen 1,07% des BSP der Mitgliedstaaten. Rund 45% der Mittel entfallen auf den Agrarsektor. Für die Strukturfonds zur Unterstützung schwacher Regionen wurden rund 35% eingeplant. Die Ausgaben für Forschung verzeichnen mit 3,9 Mrd Euro gegenüber 2000 einen Anstieg um 8%. Für

den Wiederaufbau auf dem Balkan sind bis 2006 ca. 5,5 Mrd Euro vorgesehen (Kosovo: 1 Mrd Euro bis 2003). Aus dem Haushaltsabschluss 1999 erhalten die EU-Mitgliedstaaten 1,6 Mrd Euro zurück. Für Deutschland, den größten EU-Nettozahler, bedeutet dies ein Guthaben von 1,4 Mrd Euro.

Gemeinsame Agrarpolitik: Die Reform der Agrarpolitik (GAP), die sich auf eine Senkung der Marktstützungspreise und eine Anhebung der Direktbeihilfen für Landwirte stützt, soll eine multifunktionale Landwirtschaft erlauben und deren Wettbewerbsfähigkeit auf Dauer sichern. Der Reform liegt ein stabiler Finanzrahmen von jährlich 40,5 Mrd Euro zuzüglich der Mittel für die ländliche Entwicklung und für Veterinärprojekte zugrunde. Die Reform des Milchsektors wurde auf 2005/06 verschoben.

EU-Erweiterung: Als Hilfe zur Vorbereitung auf den Beitritt in die EU werden den Kandidaten (u. a. Bulgarien, Estland, Polen, Rumänien, Slowenien, Tschechien, Ungarn und Zypern) in der A. bis 2006 rund 22 Mrd Euro bereitgestellt. Für die aufgenommenen Länder werden 2002–2006 weitere Ausgaben in Höhe von 58 Mrd Euro kalkuliert. Die Finanzmittel fließen in Maßnahmen zur Verbesserung der Infrastruktur und in die Landwirtschaft der neuen Mitglieder.

Agrarpolitik

Für die A. standen im Haushalt 2000 rund 40,9 Mrd Euro zur Verfügung. Sie flossen in den Europäischen Ausrichtungs- und Garantiefonds für die Landwirtschaft (EAGFL), der alle mit dem Agrarbereich verbundenen Kosten trägt. Die EU reguliert den Agrarmarkt durch Festlegung von Quoten für die Erzeugung landwirtschaftlicher Produkte und die Garantie von Mindestpreisen, zu denen sie den Bauern die Erzeugnisse abkauft. Die EU-Mitgliedstaaten beschlossen im März 1999 in der Agenda 2000, die Ausgaben durch Herabsetzung der Garantiepreise einzudämmen. Dadurch sollen die Zahlungen für die Landwirte der EU 2000–2006 auf höchstens 43,9 Mrd Euro jährlich begrenzt werden.

Maßnahmen: Hauptziele der Reform sind:
– Der Agrar- und Forstsektor soll gestärkt werden durch die Förderung landwirtschaftlicher Qualitätserzeugnisse. Die Reform beinhaltet Maßnahmen zur Niederlassung von Junglandwirten und Bedingungen für den vorzeitigen Ruhestand älterer Bauern.
– Ländliche Gebiete sollen wettbewerbsfähiger gemacht werden, wobei eine Verbesserung der Lebensqualität für die ländlichen Gemeinschaften sowie neue Einkommensquellen für die Landwirte und ihre Familien angestrebt werden.
– Die Umwelt und das ländliche Erbe Europas sollen z. B. durch ökologischen Landbau erhalten werden. Um die Einbeziehung von Umweltaspekten in die Reform der A. zu verstärken, werden die bisher für benachteiligte Regionen bestimmten Ausgleichszulagen auf Gebiete ausgedehnt, in denen die Landwirtschaft umweltspezifischen Einschränkungen unterworfen ist.

Agrarpreise 2000/2001: Wie in der Agenda 2000 vorgesehen, werden die Interventionspreise für Getreide in zwei Schritten um je 7,5% gesenkt. Die EU-Kommission schlug vor, die monatlichen Zuschläge von 1 Euro/t für das Wirtschaftsjahr 2000/2001 auf 0,93 Euro und ab dem Wirtschaftsjahr 2001/2002 auf 0,85 Euro zu kürzen. Der Interventionspreis für sog. landwirtschaftliche Kulturpflanzen wird für das Wirtschaftsjahr 2000/2001 auf 110,25 Euro/t und für 2001/2002 auf 101,31 Euro/t gesenkt.

Ländliche Entwicklung: Ländlichen Regionen in allen Ländern der EU stehen von 2000 bis 2006 insgesamt 30,37 Mrd Euro zur Verfügung. Diese Summe bewilligte die EU-Kommission am 8.9.1999. Mit dem Geld sollen Maßnahmen zugunsten der ländlichen Entwicklung finanziert werden, u. a. berufliche Bildung, Diversifizierung, Investitionen, Verarbeitung und Vermarktung landwirtschaftlicher Produkte sowie Programme zur Verbindung von Landwirtschaft und Umweltschutz.

Futtermittel: Zur Sicherung der Qualität von Futtermitteln in den Mitgliedstaaten der EU soll nach einem Vorschlag der EU-Kommission vom 22.3.2000 ein Schnellwarnsystem beitragen. Erzeuger, Importeure und beteiligte Unternehmen werden verpflichtet, den zuständigen Behörden Fälle von Futtermittelkontaminationen u. a. Unregelmäßigkeiten in Zusammenhang mit Futtermittellieferung mitzuteilen. Die EU-Kommission forderte eine sofortige Informationspflicht, wenn bestimmte Futtermittel oder Futtermittelketten ernsthaft verseucht sind oder ein entsprechendes Risiko besteht.

Europäisches Logo: Landwirtschaftliche Erzeugnisse und Lebensmittel, die mind. 95% ökologisch erzeugte Inhaltsstoffe enthalten und vor der Produktion bis zur Etikettierung Kontrollen durchlaufen, können nach einer Verordnung der EU-Kommission vom 22.12.1999 mit einem europäischen Logo ausgezeichnet werden. Es besteht aus einem dunkelblauen Kreis mit einer grünen Weizenähre in der Mitte, die von den zwölf Sternen der europäischen Flagge umgeben ist. Der Kreis ist von einem grünen Rand mit der Aufschrift »Biologischer Landbau – ökologischer Landbau« eingerahmt.

Nahrungsmittelhilfe: 1999 gewährte die EU für bedürftige Bevölkerungsgruppen 200 Mio Euro, die sie Hilfsorganisationen

Agrarausgaben (Mrd Euro)

2006	41600
2005	41930
2004	42760
2003	43770
2002	43900
2001	42800
2000	40920

in Form von Agrarerzeugnissen aus Interventionsbeständen zur Verfügung stellte. Da Deutschland, die Niederlande, Schweden und Großbritannien nicht an dem Programm teilnahmen, wurde der Betrag auf die übrigen zehn Mitgliedstaaten aufgeteilt. Ähnliche Aktionen betrafen die Beihilfen für den Butterverbrauch in Irland (2 Mio Euro), die kostenlose Verteilung von Obst und Gemüse (15 Mio Euro) und die Schulmilchverteilung (53 Mio Euro).

Ausschuss der Regionen

▶ **Abkürzung:** AdR ▶ **Sitz:** Brüssel (Belgien)
▶ **Gründung:** 1993 ▶ **Mitglieder:** 222 Vertreter der Regionen aus 15 EU-Ländern ▶ **Präsident:** Jos Chabert, Belgien (seit 2000) ▶ **Funktion:** Unabhängiges Organ zur Beratung der EU in Fragen mit regionaler Auswirkung, insbes. der Regionalförderung

Der A. ist das jüngste Organ der EU. Er wurde eingesetzt, weil die Mitgliedstaaten ihre regionalen und lokalen Eigenheiten respektiert wissen und an der Entwicklung sowie Durchführung der EU-Politik beteiligt werden wollen. Der A. kann von sich aus Stellungnahmen abgeben oder sich zu Themen äußern, zu denen der Wirtschafts- und Sozialausschuss angehört wird. Als A.-Mitglieder werden Vertreter von Ländern, Regionen und Gemeinden auf Vorschlag der Mitgliedstaaten für vier Jahre ernannt. Der A. setzt sich zusammen aus 222 Vertretern von Regionen und Kommunen der Mitgliedstaaten. Deutschland ist wie Großbritannien, Frankreich und Italien mit 24 Mitgliedern vertreten. Davon entfallen 21 Sitze auf Länder-, drei auf kommunale Vertreter.
www.cor.eu.int

Bananen

Die geplante Bananenmarkt-Reform der EU stieß 1999/2000 in den USA weiterhin auf Ablehnung. Insbes. wurden die Übergangsfristen von sechs Jahren bis zur Einführung eines reinen Zollsystems ohne Mengenbegrenzungen kritisiert.
EU-Pläne: Nach den Vorstellungen der EU soll eine dritte Importquote mit 850 000 t jährlich – bisher für AKP-Bananen vorgesehen – auch für Produzenten aus dem Dollarraum gelten. Während der Übergangszeit ist geplant, das Kontingent für die Dollarbananen aus Mittel- und Lateinamerika beizubehalten (2,5 Mio t). Nach der Übergangszeit

soll es für die Einfuhren von Dollarbananen einen einheitlichen Zollsatz geben.
Marktorganisation: Am 10.11.1999 billigte die EU-Kommission einen Vorschlag zur Änderung der gemeinsamen Marktorganisation für B. Die Einfuhrregelung für B. soll mit den im Rahmen der Welthandelsorganisation WTO eingegangenen Verpflichtungen in Übereinstimmung gebracht, die Passagen des Lomé-Abkommens sollen beachtet und die Interessen der Erzeuger und Verbraucher in der EU geschützt werden.

EU-Beschäftigungspolitik

Der im Juni 1999 vom Europäischen Rat beschlossene Beschäftigungspakt enthielt keine konkreten Vorgaben und Maßnahmen für die Schaffung neuer Arbeitsplätze und den Abbau der Arbeitslosigkeit in den EU-Staaten. Nach Überzeugung der Regierungen hat Arbeitslosigkeit in den Mitgliedstaaten unterschiedliche Ursachen und kann nur national bekämpft werden.

Beschäftigungsgipfel: Auf ihrem Gipfeltreffen Ende März 2000 in Lissabon sprachen sich die europäischen Staats- und Regierungschefs dafür aus, die EU zur größten

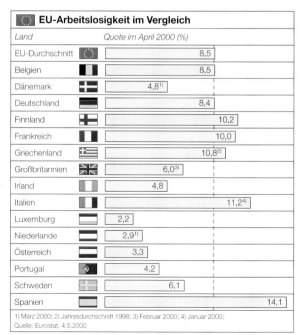

EU-Arbeitslosigkeit im Vergleich

Land		Quote im April 2000 (%)
EU-Durchschnitt		8,5
Belgien		8,5
Dänemark		4,8[1]
Deutschland		8,4
Finnland		10,2
Frankreich		10,0
Griechenland		10,8[2]
Großbritannien		6,0[3]
Irland		4,8
Italien		11,2[4]
Luxemburg		2,2
Niederlande		2,9[1]
Österreich		3,3
Portugal		4,2
Schweden		6,1
Spanien		14,1

1) März 2000; 2) Jahresdurchschnitt 1998; 3) Februar 2000; 4) Januar 2000;
Quelle: Eurostat, 4.5.2000

Wirtschaftskraft der Welt zu machen und bis 2010 insgesamt 20 Mio neue Arbeitsplätze zu schaffen. Ein Maßnahmenpaket, das nicht gemeinschaftlich finanziert werden sollte, setzt vor allem auf die Chancen des Internet. Zum definierten Qualifikationsprofil des Arbeitsnehmers im 21. Jh. gehörten u. a. Internetfertigkeiten, Fremdsprachenkenntnisse, technologische Kultur, Unternehmergeist und soziale Fähigkeiten.

Arbeitslosigkeit: In den elf Euro-Staaten fiel die Arbeitslosenquote im Oktober 1999 erstmals seit fast sieben Jahren auf unter 10% zurück (EU 15 = 9,1%). Am höchsten war die Arbeitslosigkeit in Spanien (15,3%), am geringsten in Luxemburg (2,7%). Deutschland hatte mit 9,1% die vierthöchste Quote. Bis April 2000 gingen die Erwerbslosenzahlen weiter zurück (siehe Tab. S. 183).

»Equal«:Die transnationale Gemeinschaftsinitiative des Europäischen Sozialfonds für 2000–2006 startete am 14.4.2000. Ziele sind die Bekämpfung von Diskriminierungen auf dem Arbeitsmarkt und die Erprobung neuer Wege zur Umsetzung der EU-Arbeitsmarktpolitik. Die Initiative stützt sich auf geografische oder sektorale Entwicklungspartnerschaften. Für »Equal«: stehen 2,847 Mrd Euro zur Verfügung.

http://europa.eu.int/comm/employment_social/equal/index_en.htm

EU-Bildungspolitik

Sokrates II: Die Bildungsminister der Mitgliedstaaten der EU verständigten sich Ende November 1999 auf das Sokrates-II-Programm, für das 2000–2006 rund 1,85 Mrd Euro zur Verfügung stehen. Für die Zusammenarbeit im Hochschulbereich (Erasmus) sollen 51% der Mittel eingesetzt werden, für die Schulbildung inkl. der Aneignung von Fremdsprachen 27%. In das Programm zur Erwachsenenbildung fließen 7% der Mittel. In Deutschland werden die Aktionen durch den Deutschen Akademischen Austauschdienst (Erasmus), den Pädagogischen Austauschdienst und die Carl-Duisberg-Gesellschaft (Comenius) sowie die Europäische Agentur beim Bundesinstitut für Berufsbildung (Erwachsenenbildung) betreut.

eLearning: Mit einer Initiative eLearning will die Europäische Kommission das Vorhaben eEurope im Bereich allgemeine und berufliche Bildung unterstützen. Elemente von eLearning sind: Ausstattung der Schulen mit Multimedia-PCs, Ausbildung der Lehrer in der Informationstechnik (IT), Entwicklung europäischer Bildungsdienstleistungen sowie der beschleunigte Netzanschluss der Schulen.

EU-Erweiterung

Im Rahmen der seit 1998 laufenden Beitrittsverhandlungen mit Estland, Polen, Slowenien, der Tschechischen Republik, Ungarn und Zypern wurde damit gerechnet, dass die EU bis 2003/2004 von 15 auf 23 Mitglieder wächst. Auch Bulgarien, Lettland, Litauen, Malta, Rumänien, die Slowakei und die Türkei strebten die Aufnahme in die EU an. Der Beitrittsantrag der Schweiz ruht seit 1992, nachdem sich die Mehrheit der Eidgenossen in einer Abstimmung gegen die Teilnahme am Europäischen Wirtschaftsraum ausgesprochen hatte.

Voraussetzungen: Zur Aufnahme in die EU sind im betreffenden Land eine demokratische und rechtsstaatliche Ordnung, die Achtung der Menschenrechte und der Schutz nationaler Minderheiten, eine funktionsfähige Marktwirtschaft sowie Mindeststandards in der Sozialgesetzgebung und im Umweltschutz erforderlich.

Kandidaten: Auf der Tagung des Europäischen Rates in Helsinki am 10./11.12.1999

EU-Erweiterung: Wirtschaftsleistung (Prognosen)

Land	BIP/Einw. 2000[1]	BIP/Einw.2006[2]
Zypern	78	k.A.
Slowenien	68	76,9
Tschechien	60	66,1
Ungarn	49	56,5
Slowakei	46	50,7
Polen	39	41,9
Türkei	37	k.A.
Estland	36	39,8
Litauen	31	33,1
Lettland	27	29,7
Rumänien	27	26,9
Bulgarien	23	25,1
Malta	k. A.	k. A.

1) EU-Durchschnitt= 100; 2) Prognose; Quellen: Eurostat; dpa; Der Tagesspiegel

EU-Erweiterung: Eckdaten der Beitrittskandidaten

Land	Einw. (Mio)	BIP/Einw.[1]	Arbeitslosenquote (%)
Bulgarien	8,23	23	16,0
Estland	1,45	36	9,9
Lettland	2,44	27	13,8
Litauen	3,70	31	13,3
Malta	0,38	–	5,1
Polen	38,67	39	10,6
Rumänien	22,49	27	6,3
Slowakei	5,39	46	12,5
Slowenien	1,98	68	7,9
Tschechien	10,29	60	6,5
Türkei	63,45	37	6,4
Ungarn	10,09	49	7,8
Zypern	0,66	78	3,3

1) EU = 100; Stand: BIP/Einw. 2000, Arbeitslosenquote 1998; Quelle: Eurostat (wegen unterschiedlicher Berechnungsgrundlage können die Daten mit anderen Angaben im Buch differieren)

beschlossen die Staats- und Regierungschefs der Mitgliedstaaten, Beitrittsverhandlungen mit Bulgarien, Lettland, Litauen, Malta, Rumänien und der Slowakei aufzunehmen und der Türkei den Status eines Beitrittskandidaten zuzuerkennen. Der Europäische Rat plante jedoch keine Beitrittsverhandlungen mit der Türkei, da diese nicht die Kriterien der EU in Hinblick auf Demokratie, Menschenrechte und Achtung von Minderheiten erfülle. Sechs weitere Länder verhandelten 2000 mit der EU über einen Beitritt: Estland, Polen, Slowenien, Tschechien, Ungarn und Zypern. Litauen wird voraussichtlich 2003/04, die Slowakei 2004 der EU beitreten.

Schweiz: Mit der Mehrheit von 67,2% bei einer Wahlbeteiligung von 48% nahmen die Schweizer am 21.5.2000 in einer Volksabstimmung den siebenteiligen Wirtschaftsvertrag mit der EU an. Da die Schweiz 1992 einen Beitritt zum EU-Wirtschaftsraum abgelehnt hat, sichert dieses neue Abkommen der eidgenössischen Wissenschaft und Forschung und den Arbeitnehmern den Zugang zum EU-Markt.

MOE-Länder: Einer von der SPD-nahen Friedrich-Ebert-Stiftung in Auftrag gegebenen Studie zufolge sollte der Beitritt von mittel- und osteuropäischen Staaten in die EU erst 2006 erfolgen, da ein früherer Eintrittstermin die realen Apassungskosten der Kandidaten weiter erhöhen würde. Das Gutachten empfiehlt, die finanziellen Mittel zur Beitrittsvorbereitung deutlich aufzustocken.

Türkei: Die Türkei erhielt den Status eines Beitrittskandidaten, womit jedoch keine Verhandlungen verbunden sind. Ihr kommt aber wie anderen beitrittswilligen Ländern eine Heranführungsstrategie zugute, so dass die Türkei an Gemeinschaftsprogrammen und -einrichtungen teilnehmen kann. Am 10.4.2000 nahmen die Außenminister der EU-Mitgliedstaaten den Vorschlag der EU-Kommission an, der Türkei für drei Jahre insgesamt 15 Mio Euro zur Verfügung zu stellen, womit die Angleichung der türkischen Rechtsvorschriften an den Besitzstand der EU sowie Projekte in den Bereichen Wettbewerb, Verbraucherschutz, neue Technologie/Informationsgesellschaft und Justiz/Inneres unterstützt werden. Im Rahmen der Zusammenarbeit zwischen der Türkei und der EU hatte die EU-Kommission 1996–99 insgesamt 376 Mio Euro gebunden. Ab 2000 wurde die Höhe der jährlichen Mittel verdoppelt. Die Zuweisung für 2000 beträgt 177 Mio Euro (127 Mio Euro für Meda-II-Programm, 45 Mio Euro zur Förderung der wirtschaftlichen und sozialen Entwicklung und die erwähnten 15 Mio Euro).

Kosten: Die EU schätzt die Mehrkosten bei der geplanten E. um sechs Staaten auf rund 46 Mrd Euro jährlich. Durch die Beschlüsse zur Agenda 2000 über straffe Haushaltsführung sollen die Kosten begrenzt werden.
Beitrittsszenario: Der für die Erweiterung der EU zuständige deutsche EU-Kommissar Günter Verheugen (SPD) wollte Ende 2000 ein »Beitrittsszenario« mit genauen Terminen vorlegen. Ein dafür von der EU-Kommission beschlossenes Informationsprojekt bis 2005 beläuft sich auf 150 Mio Euro.
Kritik: Deutschland, Österreich und Dänemark drängen auf zehn bis 15 Jahre bis zur Gültigkeit aller Binnenmarktfreiheiten, wie z. B. Freizügigkeit der Arbeitskräfte sowie Niederlassungs- und Gewerbefreiheit.

EU-Führerschein

Am 1.1.1999 trat in Deutschland die EU-Führerschein-Regelung in Kraft. Zentrale Punkte sind EU-einheitliche Fahrerlaubnis-Klassen sowie die Einrichtung eines zentralen Registers zur Bekämpfung des Führerschein-Tourismus. Der Erwerb einer Fahrerlaubnis ist nur noch in dem Staat möglich, in dem der Bewerber seinen or-

dentlichen Wohnsitz hat. Mit Ausnahme der Regelung für Lkw- und Busfahrer, die sich alle fünf Jahre einer medizinischen Untersuchung unterziehen müssen, gilt der E. unbefristet und überall in der EU.
Klassen: Die bis 1998 in Deutschland gültigen Klassen eins bis fünf werden ersetzt:
– Klasse A: Krafträder mit über 25 kW dürfen erst nach zweijährigem Führerscheinbesitz gefahren werden.
– Klasse B: Berechtigt zum Fahren von Kfz bis 3,5 t (Deutschland vorher: 7,5 t). Kraftfahrer, die ihren Führerschein vor dem 1.7.1994 erworben haben, dürfen weiter Fahrzeuge bis zu 7,5 t fahren.
– Klasse C: Erlaubt das Führen von Nutzfahrzeugen über 3,5 t.
– Klasse D: Ersetzt den Führerschein zur Personenbeförderung (ab acht Plätzen).
– Klasse E: Berechtigt zum Fahren mit Anhängern über 750 kg Gesamtgewicht.
– Klasse L: Ersetzt Klasse 5 und berechtigt zum Führen von Kfz bis 25 km/h (z. B. land- und forstwirtschaftliche Fahrzeuge, Kfz mit einem Hubraum bis 50 cm^3).
– Klasse T: Neue Klasse zum Führen von forst- und landwirtschaftlichen Fahrzeugen inkl. Anhänger bis max. 60 km/h.

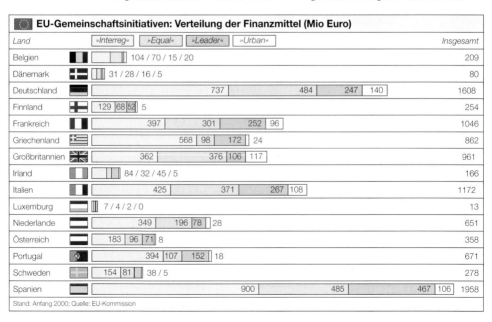

Land	»Interreg«	»Equal«	»Leader«	»Urban«	Insgesamt
Belgien	104 / 70 / 15 / 20				209
Dänemark	31 / 28 / 16 / 5				80
Deutschland	737	484	247	140	1608
Finnland	129 68 52 5				254
Frankreich	397	301	252	96	1046
Griechenland	568	98	172	24	862
Großbritannien	362	376	106	117	961
Irland	84 / 32 / 45 / 5				166
Italien	425	371	267	108	1172
Luxemburg	7 / 4 / 2 / 0				13
Niederlande	349	196	78	28	651
Österreich	183	96	71	8	358
Portugal	394	107	152	18	671
Schweden	154	81	38 / 5		278
Spanien	900	485	467	106	1958

EU-Gemeinschaftsinitiativen: Verteilung der Finanzmittel (Mio Euro)

Stand: Anfang 2000; Quelle: EU-Kommission

EU-Gemeinschafts-initiativen

Die EU-Kommission verabschiedete im Oktober 1999 die vier E. »Equal«, »Interreg«, »Leader« und »Urban« für 2000 bis 2006. Am 1.7.1999 hatte die Kommission für die E. Mittelausstattungen festgesetzt.

»Equal«: Die Zuteilung erfolgt u. a. auf der Basis des Beschäftigungsniveaus und Ausbildungsstands, der Ungleichbehandlung der Geschlechter beim Zugang zum Arbeitsmarkt, des Armutniveaus und der Anzahl von Asylbewerbern (2,847 Mrd Euro).

»Interreg«: Die Mittelzuteilung richtet sich nach den Einwohnerzahlen in den Grenzgebieten der Binnen- und Außengrenzen der EU, den Regionen in äußerster Randlage und den Gebieten an den Grenzen zu den ost- und mittelosteuropäischen Ländern, die durch die Programme »Tacis« und »Phare« gefördert werden (4,875 Mrd Euro).

»Leader«: Kriterien für die Zuteilung der Mittel sind eine Bevölkerungsdichte von weniger als 100 Einwohner/km^2 sowie regionale Kriterien, die sich auf Merkmale wie ländlicher Raum und landwirtschaftlich genutzte Fläche beziehen (2,020 Mrd Euro).

»Urban«: Die Mittelzuteilung richtet sich nach der Einwohner- und Erwerbslosenzahl sowie der Langzeitarbeitslosenquote in den städtischen Gebieten (700 Mio Euro).

Europäische Netze: Eines der Hauptziele der E. ist es, den Erfahrungsaustausch zwischen Mitgliedstaaten und Regionen zu fördern. Die EU-Kommission schlug vor, für jede Initiative ein europäisches Netz einzurichten. Zur Finanzierung werden von der Gesamtausstattung der einzelnen Initiativen für 2000–2006 feste Beträge einbehalten, jeweils 50 Mio Euro für »Interreg« und »Equal«, 40 Mio Euro für »Leader« und 15 Mio Euro für »Urban«.

EU-Haushalt

Der E. umfasste 2000 ein Volumen von rund 89,4 Mrd Euro. Die Summe der Zahlungsermächtigungen entsprach 1,11% des BIP der Mitgliedstaaten. Insgesamt enthielt der E. für 2000 Verpflichtungsermächtigungen von 93,3 Mrd Euro. Für die Landwirtschaft waren im E. 2000 ca. 40,9 Mrd Euro (44,5% des Gesamthaushaltes) vorgesehen. Die Unterstützungen für den Erweiterungsprozess

EU-Haushalt: Schuldenstand

Land	Schulden in % des BIP
EU-Durchschnitt	68,1
Belgien	114,4
Dänemark	52,6
Deutschland	61,1
Finnland	47,1
Frankreich	58,6
Griechenland	104,4
Großbritannien	46,0
Irland	52,4
Italien	114,9
Luxemburg	6,2
Niederlande	63,8
Österreich	64,9
Portugal	56,8
Schweden	65,5
Spanien	63,5

Stand: Anfang 2000; Quelle: Eurostat

EU-Haushalt: Defizit/Überschuss

Land	% des BIP
EU-Durchschnitt	−0,7
Belgien	−0,9
Dänemark	3
Deutschland	−1,2
Finnland	2,3
Frankreich	−1,8
Griechenland	−1,6
Großbritannien	1,2
Irland	2,0
Italien	−1,9
Luxemburg	2,4
Niederlande	0,5
Österreich	−2,0
Portugal	−2,0
Schweden	1,9
Spanien	−1,1

Stand: Anfang 2000; Quelle: Eurostat

EU: Schulden je Einwohner

Land		Schulden/Einw. (Euro)
Belgien		26070
Dänemark		16090
Deutschland		14740
Finnland		11010
Frankreich		13360
Griechenland		11470
Großbritannien		11040
Irland		11810
Italien		21910
Luxemburg		2500
Niederlande		14900
Österreich		15660
Portugal		5910
Schweden		17040
Spanien		9010

Stand: 1999; Quelle: Eurostat

wurden von 1,3 Mrd Euro 1999 auf 3,1 Mrd Euro im Jahr 2000 mehr als verdoppelt.
Einnahmen: Rund 50% des E. werden aus Mehrwertsteueranteilen finanziert. Die EU-Länder zahlen mit Beiträgen, die ihrer Wirtschaftskraft (BIP) entsprechen, ca. 30% des Haushaltsvolumens. Rund 20% der Einnahmen stammen aus Agrarabschöpfungen, Zuckerabgaben, Zöllen u. a.
Kosovo: Für den Wiederaufbau des Westbalkans nach dem Kosovo-Krieg 1999 wer-

den nach Schätzungen insgesamt 5,5 Mrd Euro benötigt. Die EU-Kommission schlug im Mai 2000 eine Revision der finanziellen Vorausschau vor, um den Bedarf zu decken. Im Planungszeitraum 2001–2006 waren nur 1,85 Mrd Euro an Hilfen vorgesehen. Weitere 200 Mio Euro waren bereits im Haushalt 2000 aus dem Flexibilitätsinstrument für den Wiederaufbau eingestellt worden.
Rückzahlung: Deutschland erhält 2000 ca. 2,8 Mrd DM (1,428 Mrd Euro) aus Brüssel zurück. Die Gelder stammen aus dem EU-Budget für 1999, aus dem 3,2 Mrd Euro an nicht ausgegebenen Mitteln an die Mitgliedstaaten zurückerstattet werden.
Sapard: Die mittel- und osteuropäischen Beitrittskandidaten sollen die EU-Hilfsgelder für die Modernisierung ihrer Landwirtschaft und Ernährungsindustrie in Zukunft selbst verwalten. Die EU-Kommission forderte die Länder Ende Januar 2000 auf, entsprechende Agenturen und Verwaltungsstellen aufzubauen. Im Sapard-Programm stellt die EU den Beitrittskandidaten Bulgarien, Tschechische Republik, Estland, Ungarn, Litauen, Lettland, Polen, Rumänien, Slowenien und der Slowakei Budget-Zuteilungen von jährlich 520 Mio Euro zur Verfügung.

EU-Konjunktur

Lt. EU-Kommission nahm das Wirtschaftswachstum im Jahresverlauf 1999 in der EU deutlich zu und steigerte sich von 1,8% im ersten auf 3% im letzten Quartal. Trotzdem ging es 1999 nach 2,7% im Vorjahr auf durchschnittlich 2,2% zurück. Die Europäer schnitten aber deutlich schlechter ab als die

EU-Konjunktur: Lieferländer

Einfuhren aus	Mrd Euro 1999
USA	158,7
Japan	70,2
Schweiz	52,8
China	49,5
Norwegen	28,9
Russland	25,9
Taiwan	19,9
Südkorea	17,9

Quelle: Eurostat

EU-Konjunktur: Nehmerländer

Ausfuhren nach	Mrd Euro 1999
USA	182,5
Schweiz	62,6
Japan	35,3
Polen	28,9
Norwegen	23,1
Türkei	20,5
China	19,3
Ungarn	18,6

Quelle: Eurostat

USA, deren BIP 1999 um 4,1% wuchs (nach anderen Quellen sogar um 5,7%). Die Preissteigerung in der EU wird sich 2000 nach Prognosen auf 1,8% beschränken. Trotz Ölpreisanstieg und Euro-Schwäche wird die Inflation im Euro-Raum auf niedrigem Niveau bleiben. Die Inflationsprognose der EU-Kommission deckte sich mit den Angaben der Europäischen Zentralbank.

Beschäftigung: 1999 waren durchschnittlich 16,3 Mio Menschen in der EU arbeitslos. Im Vergleich zu 1998 blieb die Erwerbslosenquote mit 10% weitgehend konstant. Für 2001 rechneten die EU-Experten mit einer Arbeitslosenquote von 8,4%. Damit würde sich der positive Trend seit 1997 (11,6%) fortsetzen. Die geringste Arbeitslosigkeit in der EU 1999 hatte Luxemburg mit 2,3%, die höchste Spanien mit 15,9%. Deutschland lag mit 8,7% geringfügig über dem EU-Durchschnitt.

Prognose: Für 2000 prognostizierte die EU-Kommission eine kräftige Beschleunigung des Wirtschaftswachstums auf 3,4%. Eine unter Federführung von EU-Wirtschaftskommissar Pedro Solbes verfasste Analyse rechnet für 2001 mit einem Wachstum von 3,1%. Für das Wachstum der deutschen Wirtschaft prognostiziert die Kommission nach 1,5% für 1999 je 2,9% für 2000 und 2001. Die Arbeitslosenquote in der EU wird sich nach 8,5% (2000) im Jahr 2001 bei 7,9% bewegen.

EU-Konjunktur: Veränderung der Verbraucherpreise

Land	1999	2000[1]
Belgien	1,1	1,8
Dänemark	2,2	2,5
Deutschland	0,6	1,5
Finnland	1,3	2,0
Frankreich	0,6	1,3
Griechenland	2,3	2,3
Großbritannien	1,3	1,2
Irland	2,5	4,0
Italien	1,6	2,2
Luxemburg	1,0	2,0
Niederlande	2,0	2,0
Österreich	0,5	2,0
Portugal	2,2	2,0
Schweden	0,6	1,4
Spanien	2,2	2,7

1) Schätzung; Quelle: Frühjahrsgutachten 2000 der Wirtschaftsforschungsinstitute

EU-Umweltschutz

»Life«: Zahlreiche Industriebetriebe und Gemeinden in allen EU-Ländern außer Luxemburg werden dank Mitteln in Höhe von 65 Mio Euro ihre Tätigkeiten oder ihr Gebiet umweltgerechter gestalten können. Mit

EU-Umweltschutz: Waldzustand

Baumarten	Laubbäume	Nadelbäume	alle Baumarten
EU			
Ungeschädigt (0-10%)	37,4	50,4	45,2
Warnstufe (>10-25%)	40,5	34,8	37,1
Geschädigt (>25-60%)	19,4	13,1	15,6
Stark geschädigt (>60%)	1,8	1,2	1,4
abgestorben	0,9	0,5	0,7
Europa insgesamt			
Ungeschädigt (0-10%)	35,1	36,9	36,2
Warnstufe (>10-25%)	40,4	39,3	39,8
Geschädigt (>25-60%)	21,3	21,5	21,4
Stark geschädigt (>60%)	2,0	1,5	1,7
abgestorben	1,2	0,8	0,9

Stand: 1998; Quelle: EU-Kommission

den Geldern, welche die EU-Kommission am 31.8.1999 bewilligte, können 152 Projekte des EU-Umweltprogramms »Life« in allen Regionen der EU unterstützt werden. **Waldzustandserhebung:** Die Ergebnisse der am 7.10.1999 veröffentlichten Untersuchung zeigten eine europaweite Verschlechterung des Kronenzustandes der Hauptbaumarten. Die Vitalität der Gemeinen Kiefer in Teilen Osteuropas erholte sich, während sich der Gesundheitszustand von Stil- und Traubeneichen in Westeuropa seit einigen Jahren verschlechterte. Europaweit waren 35,1% der erhobenen Bäume als gesund eingestuft, etwa 40% befanden sich im Warnstufenbereich, und ein Viertel aller Bäume wurde als geschädigt eingeschätzt, da sie über 25% Nadel-/Blattverlust aufwiesen. Der Schädigungsgrad war für Nadel- und Laubbäume ähnlich.

http://europa.eu.int
Umwelt und Natur →Wald

EU-Wettbewerbskontrolle

Aufgaben: Die Europäische Kommission kontrolliert die Einhaltung der Wettbewerbsregeln, die im Vertrag zur Gründung der Europäischen Gemeinschaft festgelegt wurden, u. a. Kartellverbot, Missbrauch marktbeherrschender Stellung und Verbot wettbewerbsverzerrender staatlicher Subventionen. Sie ist für alle Firmenzusammenschlüsse von EU-weiter Bedeutung zuständig, die damit nicht mehr der Kontrolle

nationaler Kartellbehörden unterstehen. Der für die E. zuständige EU-Kommissar ist seit Mitte 1999 Mario Monti (Italien). **Beschlüsse:** Am 18.4.2000 genehmigte die EU-Kommission den Ausbau der Zusammenarbeit zwischen den beiden deutschen Unternehmen Bayer AG und Röhn GmbH für die Produktion und Vermarktung von Polycarbonat-Platten. Am 19.4.2000 gab die EU-Kommission grünes Licht für den Ausbau einer Fabrikanlage der DASA-Gruppe im Naturschutzgebiet Mühlenberger Loch bei Hamburg, wo Teile des Airbus A3XX gebaut werden sollen. Ihre Zustimmung gab die Kommission auch für ein EURATOM-Darlehen von 212,5 Mio Euro für die Modernisierung des bulgarischen Kernkraftwerks Kosloduj. Im Mai 2000 beschloss die EU-Kommission, dass ab 2003 das Postmonopol nur noch für Briefsendungen bis 50 g gelten soll. Damit werden 20% des EU-Postmarktes für den Wettbewerb geöffnet (bisher 3%). Bis Ende Juni 2000 musste die grenzübergreifende Buchpreisbindung zwischen Deutschland und Österreich fallen. **Strafen:** Die EU-Kommission beschloss am 14.12.1999 Geldbußen gegen die Deutsche Post (2 x 50 000 Euro), die niederländische Fluggesellschaft KLM (40 000 Euro), die Brauerei Anheuser-Busch (3000 Euro) und die Brauerei Scottish & Newcastle, da die Unternehmen in wettbewerbsrechtlichen Verfahren ungenaue, unvollständige oder irreführende Angaben gemacht hatten. Die Kommission verhängte eine Geldbuße gegen den Automobilhersteller Volkswagen (VW), weil er seinen Vertragshändlern in Italien untersagt hatte, VW- und Audi-Modelle an ausländische Kunden zu verkaufen.

Kultur →Buchpreisbindung
Unternehmen →Fusionen und Übernahmen

Euro

Am 8.11.1999 beschlossen die Wirtschafts- und Finanzminister der elf EU-Länder, die am 1.1.1999 den E. eingeführt hatten (Belgien, Deutschland, Finnland, Frankreich, Irland, Italien, Luxemburg, die Niederlande, Österreich, Portugal und Spanien), nach der Einführung der E.-Scheine und -Münzen am 1.1.2002 die Landeswährungen höchstens zwei Monate später durch den E. abzulösen. Am 15.7.1999 wurden die ersten E.-Banknoten gedruckt. Die Herstellung der

Euro: Feste Wechselkurse		
Währung	Wert eines Euro	Wert einer DM
Belgische Francs	40,3399	20,6255
Deutsche Mark	1,95583	–
Finnische Mark	5,94573	3,04001
Französische Francs	6,55957	3,35386
Irisches Pfund	0,787564	0,402676
Italienische Lire	1936,27	990,002
Luxemburg. Francs	40,3399	20,6255
Niederländ. Gulden	2,20371	1,12674
Österr.Schillinge	13,7603	7,03552
Portugies. Escudos	200,482	102,505
Spanische Peseten	166,386	85,0722

Münzen hatte bereits im Frühjahr 1998 begonnen. Bei der Ausgabe des Bargelds werden am 1.1.2002 insgesamt 13 Mrd Scheine und 56 Mrd Münzen benötigt.

Kosten: Die Kosten der E.-Umstellung belaufen sich für die europäischen Unternehmen auf rund 77 Mrd E. Hauptfaktoren sind die Umstellung des Zahlungsverkehrs, Umprogrammierungen der Computer, neue Preiskennzeichnungen und die Reorganisation von Betriebsabläufen.

Scheine und Münzen: 2002 werden E.-Banknoten und -münzen ausgegeben. Auf den Scheinen zu 5, 10, 20, 50, 100 und 500 E. sind Motive aus der europäischen Kulturgeschichte abgebildet. Münzen zu 1, 2, 5, 10, 20 und 50 Cent sowie zu 1 und 2 E. werden von den Nationalregierungen mit eigenen Rückseiten geprägt (Deutschland: Bundesadler, Brandenburger Tor, Eichenzweig), sind aber im gesamten E.-Gebiet gültig.

Wechselkurs: Der Wechselkurs des E. verlor 1999 gegenüber Währungen der meisten Handelspartner des Eurogebiets deutlich an Wert, insbes. gegenüber dem US-Dollar, dem japanischen Yen und dem Pfund Sterling. Seit seiner Einführung bis Mitte 2000 verlor der E. gegenüber dem U-Dollar um rund 30% an Wert. Ursache war u. a. der fast zehnjährige Wirtschaftsaufschwung in den USA, der Anlegerkapital in die USA abfließen ließ. Mitte 2000 wurde aber wieder mit einem Anstieg des E.-Außenwertes gerechnet.

Werterhaltung: Vor dem Hintergrund der E.-Berg- und Talfahrt bis Mitte 2000 warb der Präsident der Europäischen Zentralbank, Wim Duisenberg, im Mai 2000 für Vertrauen in den E. Die Ersparnisse und Renten der Bürger würden auf lange Sicht ihren Wert behalten, doch könne ein dauerhaft niedriger Wechselkurs die Einschätzung des E. als stabile Währung gefährden.

Handel: Über 25% der EU-Unternehmen stellten 1999/2000 bereits Rechnungen in E. aus, doch erst wenige führten ihre Bücher in der neuen Währung. Allerdings hatte sich die doppelte Preisauszeichnung durchgesetzt. Nach Berechnungen des deutschen Einzelhandels wird die Einführung des E. Kosten in zweistelliger Milliardenhöhe verursachen. Auf den Verbraucher werde sich die Umstellung wahrscheinlich positiv auswirken, weil es bei den Preisen zu Abrundungen kommen werde.

Kritik: Angesichts der anhaltenden Euro-Schwäche wurde im Frühjahr 2000 der Ruf nach deutlicher Führung in der Währungspolitik laut. Während in Frankreich stärkerer politischer Einfluss erörtert wurde, forderten deutsche Stimmen eine straffere Führung der Europäischen Zentralbank. EU-Politiker warnten dagegen vor politischem Einfluss auf die Währungspolitik.
www.ecb.int (Europäische Zentralbank)

Europäische Agentur für die Beurteilung von Arzneimitteln

▸ **Sitz:** London ▸ **Gründung:** 1995 ▸ **Direktor:** Strachan Heppell ▸ **Funktion:** Beurteilung medizinischer Produkte auf dem Europäischen Binnenmarkt

Die E. beobachtet und bewertet die Entwicklungen auf dem europäischen Markt für medizinische Produkte zum Schutz der Verbraucher und im Interesse der Pharma-Unternehmen. Sie sammelt Informationen über Medikamente und unterrichtet über Zulassungsverfahren in den EU-Staaten.

Seltene Leiden: Im April 2000 verabschiedete die EU-Kommission eine Verordnung für seltene Leiden, die neue Behandlungsmöglichkeiten für Patienten eröffnet. Mit den Rechtsvorschriften wird die pharmazeutische Industrie ermutigt, in die Entwicklung von Therapien für seltene Leiden zu investieren, von denen in der EU weniger als fünf von 10 000 Bürgern betroffen sind.
www.eudra.org

Europäische Agentur für Sicherheit und Gesundheitsschutz am Arbeitsplatz

▸ **Sitz:** Bilbao (Spanien) ▸ **Gründung:** 1995 ▸ **Direktor:** Hans-Horst Konkolewsky ▸ **Funktion:** EU-Behörde zur Gewinnung von Informationen über die Sicherheit am Arbeitsplatz

Die E. hat die Aufgabe, die Institutionen der EU und die Mitgliedstaaten mit Daten über Sicherheit am Arbeitsplatz zu versorgen. Sie soll u. a. auf der Basis dieser Informationen Vorschläge für neue Richtlinien erarbeiten, die zur Erhöhung des Gesundheitsschutzes der Menschen am Arbeitsplatz beitragen. In Europa litten 1999/2000 ca. 30% der Arbeitnehmer unter Rückenschmerzen, 17% hatten Muskelschmerzen in Armen und Beinen und 45% mussten in schmerzhaften

oder ermüdenden Positionen arbeiten. Diese Beschwerden ließen sich nach Ansicht der E. vermeiden oder verringern, wenn die bestehenden Gesundheits- und Sicherheitsvorschriften eingehalten würden.
www.eu-osha.es

Europäische Investitionsbank

▸ **Sitz:** Luxemburg ▸ **Gründung:** 1958 ▸ **Präsident:** Philippe Maystadt, Großbritannien (seit 2000)
▸ **Funktion:** Autonomes EU-Organ zur Förderung einer ausgewogenen Entwicklung in der EU durch Finanzierung von Investitionen

Die E. stellte 1999 Finanzmittel für die verschiedenen politischen Bereiche in der EU von insgesamt 31,8 Mrd Euro zur Verfügung, darunter 27,8 Mrd Euro für Investitionen in der EU (+10,5% gegenüber 1998). Das Schwergewicht bildeten mit 68% Projekte in weniger begünstigten Regionen in Griechenland, Spanien und Portugal sowie in den ostdeutschen Bundesländern. An die Türkei flossen Erdbebenhilfen in Höhe von 900 Mio Euro. Die von Mittlerbanken gewährten Darlehen von 2,8 Mrd Euro betrafen 11 500 Unternehmen, von denen 80% in von der Union unterstützten Gebieten lagen.
Südosteuropa: Das Volumen des Stabilitätspakts für Südosteuropa umfasste rund 11 Mrd Euro. Im Februar 2000 lagen 131 Projektanträge vor, wovon die E. 47 als dringlich einstufte. An der Spitze der Prioritätenliste rangierten Verkehrsprojekte wie Straßen- und Flughafenbauten. 55% der Projekte entfielen auf Albanien, Bosnien und Mazdonien. Die höchste Summe für Investitionen erhielt Rumänien (2,88 Mrd Euro), davon 643 Mio Euro für den Ausbau der Bahnstrecke Bukarest–Constanza.
Risikokapital: Die E. stellte 1999 470 Mio Euro an Darlehen für Risikokapitalfonds bereit, die innovative Projekte unterstützten. Die Bereitstellung von Risikokapital für kleinere und mittlere Unternehmen erfolgte im Rahmen des 1997 auf dem EU-Gipfel von Amsterdam beschlossenen Sonderaktionsprogramms zur Förderung von Wachstum und Beschäftigung (ASAP).
Weitere Darlehen: Mit Darlehen von rund 10 Mrd Euro unterstützte die E. 1999 den Bau der transeuropäischen Netze. Für den Umweltschutz standen 6,2 Mrd Euro bereit.
Kontrolle und Finanzierung: Ein Rat der Gouverneure der 15 EU-Länder (meist die jeweiligen Finanzmitglieder) überwacht die Tätigkeit der E., die von einem Präsidenten und sieben weiteren Mitgliedern des Direktoriums geleitet wird. Die größten EU-Staaten Deutschland, Frankreich, Großbritannien und Italien zeichneten je 17,8% des Eigenkapitals der E., der Rest verteilte sich auf die anderen Mitgliedstaaten.
http://eib.eu.int

Europäische Kommission

▸ **Sitz:** Brüssel (Belgien) ▸ **Gründung:** 1967
▸ **Kommissare:** 20 ▸ **Präsident:** Romano Prodi, Italien (seit 1999) ▸ **Funktion:** Ausführendes Organ der Europäischen Union

Die E. verwaltet den EU-Haushalt, erlässt Durchführungsvorschriften zu EU-Rechtsakten und sorgt für die Einhaltung der im Vertrag niedergelegten Wettbewerbsregeln. Im Namen der EU führt sie Verhandlungen über Handels- und Kooperationsabkommen mit Staaten oder Gruppen von Ländern, die nicht der Union angehören. Mit mehr als 100 Drittstaaten hatte die EU um 2000 bereits Abkommen geschlossen.
Verhaltenskodex: Nach dem Rücktritt der alten E. unter Vorsitz von Jacques Santer im März 1999 wegen des Vorwurfs von Missmanagement und Korruption beschloss die neue E. unter Romano Prodi in ihrer ersten Sitzung einen neuen Verhaltenskodex. Er verbietet den Kommissionsmitgliedern, Nebenjobs u. a. öffentliche Ämter auszuüben. Geschenke dürfen nur bis zum Wert von 150 Euro angenommen werden. Für die Ernennung hochrangiger Beamter gilt:
– Ausschlaggebende Kriterien für die Ernennung sind Leistung und Erfahrung
– Für die Berufung eines Kandidaten wird die Nationalität keine Rolle mehr spielen
– Hochrangige Beamte werden dazu verpflichtet, regelmäßig ihr Amt zu wechseln
– Es sollen mehr Frauen Zugang zu ranghohen Ämtern bekommen.
Prioritäten für 2000: Die am 11.4.2000 beschlossenen Grundzüge der Wirtschaftspolitik umfassen Förderung von Wachstum und Stabilität, Forcierung der Wissensökonomie, tief greifende und umfassende Wirtschaftsreformen sowie Modernisierung der Sozialversicherungssysteme.
Milliardenverschwendung: Der Europäische Rechnungshof monierte in seinem Jahresbericht für 1999, dass ca. ein Drittel aller Zahlungen der E. im Bereich Forschung und

Entwicklung fehlerhaft sei. Die Rechnungsprüfer kritisierten die hohe Beitragsausschüttung und die nicht sachgerechte Verwendung jeder zehnten Zahlung.

Personalien: Der bisherige Kabinettschef David O'Sullivan wurde Generalsekretär (bisher Carlo Trojan), persönlicher Sprecher des Präsidenten wurde der Chefsprecher der E., Jonathan Faull (bisher Ricardo Levi).

Österreich: Nach dem Antritt der Regierung in Österreich am 4.5.2000, an der die rechtspopulistische FPÖ beteiligt ist, boykottierten EU-Vertreter gemeinsame Auftritte und verließen den Raum, wenn österreichische Delegierte eine Rede hielten. Die Sanktionen gegen Österreich waren im Konsens verhängt worden. Ende Mai 2000 zogen die EU-Staaten aber die Aufhebung der Sanktionen in Erwägung.

Strategische Ziele: Am 9.2.2000 verabschiedete die E. ihre strategischen Ziele bis zum Ende ihres Mandats im Januar 2005:

– Die Organe sollen an die geplante Erweiterung der EU angepasst, die Kooperation zwischen lokalen, regionalen und nationalen Ebenen soll verbessert werden

– Zweites Ziel ist die Schaffung einer echten europäischen Außenpolitik

– Die Förderung von Informationstechnik, Forschung, soliden Haushalten und Beschäftigungspolitik soll mit dem Kampf gegen regionale Unterschiede und soziale Ausgrenzung verbunden werden

– Die Lebensqualität der Bürger soll verbessert werden durch Innovationen in Umweltschutz, Sicherheit von Lebensmitteln, bei den Rechten der Verbraucher sowie in Justiz und Verkehr.

Budget 2001: Nach einem Vorentwurf, der vom Ministerrat der EU und vom EU-Parlament gebilligt werden musste, plante die E. für 2001 Ausgaben von 93,9 Mrd Euro (rund 183 Mrd DM). Die im Kommissionsentwurf vorgesehenen Zahlungen entsprechen 1,07% des BSP der Mitgliedstaaten. Gegenüber dem Budget 2000 sollen die Ausgaben um rund 5% steigen.

Telekommunikation: Bei der elektronischen Kommunikation präsentierte die E. am 26.4.2000 Vorschläge für einen neuen Rechtsrahmen. Der Marktzugang für Netze und Dienste, vor allem Nutzungsrechte für Frequenzen und Nummern, soll vereinfacht werden. Die Regulierungsbehörden sollen Mittel erhalten, um über Zugangs- und Zu-

---

Europäische Kommission: Kompetenzen

Die E. ist eine Art europäische Regierung, die mit ihren ca. 21 500 Bediensteten den EU-Haushalt von 89,4 Mrd Euro (2000) verwaltet. Sie besteht aus dem Präsidenten und 19 Kommissaren. Der Präsident wird von den Mitgliedstaaten mit Zustimmung des Europäischen Parlaments bestimmt. Im Einverständnis mit ihm werden die anderen Mitglieder der E. für fünf Jahre benannt.

▸ Die E. hat das alleinige Recht, Gesetzgebungsvorschläge zu unterbreiten (Initiativrecht). Europäischer Rat und Europäisches Parlament können sie jedoch auffordern, Gesetzesentwürfe vorzulegen.

▸ Die E. entscheidet meist selbst, wo und wie schnell sie aktiv wird. Sie stellt den Haushaltsentwurf auf, der vom Europäischen Rat und dem Europäischen Parlament geändert werden kann.

▸ Die E. kontrolliert, ob die Mitgliedstaaten das gemeinsam erlassene Recht ordnungsgemäß umsetzen und anwenden.

▸ Vor dem Europäischen Gerichtshof kann die E. Klage gegen Mitgliedstaaten erheben, die nach ihrer Ansicht gegen EU-Recht verstoßen haben. Gegen einzelne Unternehmen und Verbände darf sie Bußgelder verhängen, wenn sie EU-Recht missachten.

---

sammenschaltungsverpflichtungen verfügen zu können. Mobilfunkanbieter sollen verpflichtet werden, die Übertragung von Rufnummern anzubieten und die Entbündelung der Ortsanschlussnetze zu forcieren.

Flüchtlinge: Im Rahmen des Rückkehrprogramms »Obnova 2000«, das die E. am 17.3.2000 beschloss, werden 50,1 Mio Euro für die Rückkehr von Flüchtlingen und Vertriebenen nach Bosnien und Herzegowina bereit gestellt. Die Aktivitäten der E. werden weiterhin mit 2 Mio Euro gefördert.

www.eu-kommission.de
http://europa.eu.int/comm/economy_finance/document/99review/99reviewen.htm

Europäische Sozialpolitik

Europäischer Sozialfonds: Der 1960 eingerichtete Sozialfonds ist das wichtigste Finanzinstrument der E. Zielgruppen sind vor allem arbeitslose Jugendliche, Langzeiterwerbslose und sozial benachteiligte Gruppen. Die Mittel werden für Maßnahmen der Berufsbildung und beim Einstieg oder Wiedereinstieg ins Berufsleben eingesetzt.

Entsendung von Arbeitnehmern: Nach einem Urteil des EU-Gerichtshofs (Luxemburg) vom 23.11.1999 gilt das Sozialrecht eines EU-Landes für Arbeitnehmer, die aus einem anderen EU-Staat entsandt wurden, wenn sie vorteilhafter sind als die des Landes des entsendenden Unternehmens. Doch dürfen die Behörden des Beschäftigungslandes den freien Dienstleistungsverkehr auf dem europäischen Binnenmarkt nicht durch Formalitäten behindern, wenn die Arbeitnehmer über eine gleichwertige Sozialversicherung im Land ihrer Firma verfügen.

Europäische Stiftung für Berufsbildung

▸ **Sitz:** Turin (Italien) ▸ **Gründung:** 1994 ▸ **Direktor:** Peter de Rooij, Niederlande (seit 1994) ▸ **Funktion:** EU-Behörde zur Förderung der beruflichen Grund- und Fortbildung

Die E. befasst sich neben der beruflichen Grund- und Fortbildung mit der Neuqualifizierung von Jugendlichen und Erwachsenen. Sie trägt zur Weiterentwicklung der Berufsbildungssysteme der Länder Mittel- und Osteuropas bei und fördert die Verbreitung von Informationen über die Berufsbildung und den Erfahrungsaustausch.
www.etf.eu.int

Europäische Stiftung zur Verbesserung der Lebens- und Arbeitsbedingungen

▸ **Sitz:** Dublin (Irland) ▸ **Gründung:** 1975 ▸ **Direktor:** Clive Purkiss, Großbritannien (ab 1985) ▸ **Funktion:** Wissenschaftliche Beschreibung der Lebens- und Arbeitsbedingungen in den EU-Staaten und Erarbeitung von Vorschlägen für ihre Verbesserung

Die E. soll durch Forschungsstudien und die Verbreitung von Informationen zur Verbesserung der Lebens- und Arbeitsbedingungen in der EU beitragen. Hauptaufgaben sind der Datentransfer an die Institutionen der Gemeinschaft über die Lebensverhältnisse in den Mitgliedstaaten und die Beratung bei der Festlegung neuer Ziele auf diesem Gebiet.
www.eurofound.eu.int

Europäische Umweltagentur

▸ **Sitz:** Kopenhagen (Dänemark) ▸ **Gründung:** 1994 ▸ **Exekutivdirektor:** Domingo Jiménez-Beltrán, Spanien (seit 1994) ▸ **Funktion:** Sammlung und Aufbereitung umweltbezogener Daten als Basis für politische Entscheidungen im Umweltschutz

Die E. liefert auf europäischer Ebene Daten, die es der EU und den Mitgliedstaaten ermöglichen, notwendige Umweltschutzmaßnahmen zu ergreifen. Die E. ist auch Nicht-EU-Staaten zugänglich. Sie verfügt über ein Informations- und Beobachtungsnetz, mit dem sie u. a. zu Abfallbeseitigung, Bodenbeschaffenheit und -nutzung, Fauna, Flora, Küstenschutz, Luftqualität und Emissionen, Umweltschadstoffe sowie Wasserqualität und -ressourcen Daten auswertet.
www.eea.eu.int

Europäische Union

Die E. ist ein Staatenverbund (EU), der mit Beginn der Europäischen Währungsunion am 1.1.1999 einen weiteren Schritt auf dem Weg zur politischen Union vollzog. Als Verbund hat die EU mit ihren Organen (z. B. Kommission, Parlament, Ministerrat) Rechtsetzungsbefugnisse u. a. in der Agrarpolitik und bei den Richtlinien zur Umsetzung des Binnenmarktes. Die 15 Mitgliedstaaten verpflichten sich zur Kooperation bzw. gegenseitigen Abstimmung ihrer Politik. Die Selbstständigkeit der Staaten soll durch das Subsidiaritätsprinzip gewahrt werden. Die EU darf nur auf den Gebieten tätig werden, wo ihr durch Verträge der Mitgliedstaaten eine ausschließliche Kompetenz zugestanden wurde. In andere Bereiche darf sie nur in den Fällen eingreifen, wo die einzelnen EU-Länder ein gemeinsames Ziel allein nicht verwirklichen können.

Entwicklung: Die EU entstand aus der Europäischen Gemeinschaft (EG), die 1955 als Europäische Wirtschaftsgemeinschaft zur Schaffung eines gemeinsamen Marktes gegründet worden war. 1986 setzten sich die EG-Mitgliedstaaten in der Einheitlichen Europäischen Akte das Ziel, einen europäischen Binnenmarkt zu errichten. Nach dessen Verwirklichung am 1.1.1993 wurde die EG schrittweise zur EU weiterentwickelt. Im Vertrag von Maastricht, der 1993 in Kraft trat, verpflichteten sich die Staaten zur engeren Zusammenarbeit in der Außen-, Sicherheits-, Innen- und Rechtspolitik. Darüber hinaus beschloss die EU in Maastricht die Einführung der Wirtschafts- und Währungsunion zum 1.1.1999. Im Vertrag von Amsterdam wurden 1997 zusätzliche Reformen der EU eingeleitet, die im Mai 1999 in Kraft traten:
– Übertragung von Befugnissen an die EU auf dem Gebiet der inneren Sicherheit
– Stärkung des Mehrheitsprinzips bei Entscheidungen in der EU im Gegensatz zum Einstimmigkeitsprinzip
– Stärkung des Europäischen Parlaments bei Gesetzgebungsverfahren.
Damit sollte die Aufnahme mittel- und osteuropäischer Staaten vorbereitet werden.

Erweiterung: Um 2000 verhandelten insgesamt 13 Länder über einen Beitritt zur EU (Bulgarien, Lettland, Estland, Litauen, Malta, Rumänien, Slowenien, Slowakei,

Europäische Union: Mitgliedstaaten und Beitrittskandidaten

Legend:
- EU-Mitglieder
- Beitrittsgesuche
- Beitrittsverhandlungen

Staaten mit Beitrittsantrag

1987:	Türkei
1990:	Zypern, Malta
1994:	Ungarn, Polen
1995:	Bulgarien, Estland, Lettland, Litauen, Rumänien, Slowakei
1996:	Tschechische Republik, Slowenien

Europäisches   Jan Mayen (Norw.)   Nordmeer

ISLAND

Reykjavík

Färöer-Inseln (Dän.)

NORWEGEN

Shetland-Inseln

Orkney-Inseln

FINNLAND

SCHWEDEN   Helsinki

ATLANTISCHER

Nord-

Oslo   Stockholm

Ost-

ESTLAND   Tallinn

IRLAND   Dublin   GROSS-BRITANNIEN

see   DÄNEMARK   Kopenhagen

Riga   LETT-LAND

RUSSLAND

see   LITAUEN   (RUSSL.)   Vilnius   Minsk

NIEDER-LANDE

London   Amsterdam

Berlin

Warschau

WEISS-RUSSLAND

OZEAN

Brüssel   DEUTSCH-LAND

BELGIEN   Paris   LUX.

POLEN

Prag   TSCHECH. REP.

Kiew

UKRAINE

FRANKREICH   LIECH.   Wien   Bratislava   SLOWAKEI

Bern   ÖSTER-REICH   Budapest   MOLDAU   Chişinău

SCHWEIZ   SLOWENIEN   UNGARN   RUMÄNIEN

Zagreb   Bukarest

PORTU-   ANDORRA   SAN MARINO   KROATIEN   BOSNIEN-HERZEG.   Belgrad

Lissabon   Madrid   MONACO   Sarajevo   JUGO-SLAWIEN   Sofia

GAL   SPANIEN   VATIKAN-STADT   Rom   BULGARIEN

Korsika   Tirana   MAZEDO-NIEN   Sköpje

Sardinien   ITALIEN   ALBA-NIEN   GRIECHEN-LAND   TÜRKEI

Balearen   Athen

Gibraltar (GB)   Melilla (Sp.)   Algier   Mittel-   Sizilien   Kreta

Rabat

MAROKKO   MALTA   Valletta

Tunis   meer

ALGERIEN   TUNESIEN

Tripolis

LIBYEN

ZYPERN

0   250   500 km

© Harenberg

195

Polen, die Tschechische Republik, Ungarn, Zypern und die Türkei). 2002 sollen die ersten Beitrittsländer aufgenommen werden.
Afrika-Gipfel: In Kairo ging am 4.3.2000 das erste Treffen der Staats- und Regierungschefs der EU mit afrikanischen Staaten zu Ende. Ziel der Kooperation ist es, die Spirale aus steigender Verschuldung, Armut, Krieg und Katastrophen in Afrika zu stoppen.
http://europa.eu.int

Europäische Wirtschafts- und Währungsunion

Die E. begann am 1.1.1999 in elf Ländern (Belgien, Deutschland, Finnland, Frankreich, Irland, Italien, Luxemburg, Niederlande, Österreich, Portugal, Spanien) mit der Einführung des Euro und der Übertragung der Währungshoheit auf die Europäische Zentralbank (Frankfurt/M.). Für die Teilnahme an der E. gelten sog. Konvergenzkriterien:
– Die Inflationsrate darf höchstens 1,5 Prozentpunkte über dem Durchschnitt der drei preisstabilsten EU-Länder liegen
– Langfristige Zinsen dürfen um max. zwei Prozentpunkte den Durchschnitt der drei preisstabilsten EU-Länder übersteigen

– Im Haushalt ist ein Defizit von höchstens 3% des BIP erlaubt
– Die Verschuldung der öffentlichen Haushalte der Mitgliedstaaten darf höchstens 60% des BIP betragen.
Konjunkturbelebung: In der E. setzte sich ab dem 3. Quartal 1999 lt. Deutschem Institut für Wirtschaftsforschung (DIW, Berlin) der Aufwärtstrend fort. Nach Berechnungen des DIW stieg das reale Bruttoinlandsprodukt im 4. Quartal um 0,9%, was einer laufenden Jahresrate von 3,6% entsprach. Im 4. Quartal 1999 belief sich der Exportüberschuss auf 2,2% des realen BIP gegenüber 1,8% im gleichen Zeitraum 1998.
Griechenland: Im Juni 2000 wurde beschlossen, Griechenland als zwölftes Mitglied in die Europäische Währungsunion aufzunehmen. Der Beitritt zur E. wurde auf den 1.1.2001 festgelegt. Die Inflationsrate in G. lag in den letzten zwölf Monaten bei 2,0%, also unter dem Referenzwert von 2,4%. Die langfristigen Zinsen betrugen zuletzt 6,4%. Die Drachme hatte seit März 1998 ohne Abwertung am Wechselkursmechanismus des EWS teilgenommen.
Schweden: Die EU-Kommission kam nach Prüfung der Teilnahmevoraussetzungen zu dem Ergebnis, dass Schweden noch nicht eurofähig sei, weil es bisher nicht im Wechselkursmechanismus EWS vertreten war. Schweden hat noch nicht entschieden, ob es den Euro einführen will.
Staatsverschuldung: Italien, Belgien und Griechenland waren 1999/2000 die Industrieländer mit der höchsten Staatsverschuldung. Sie überstiegen dort die Summe dessen, was die Bürger pro Jahr erarbeiten.

EU: Bevölkerung und Wirtschaftsleistung		
Land	Bevölkerung (Mio)	BIP (Mrd Euro)
Belgien	10,2	232
Dänemark	5,3	163
Deutschland	82,0	1982
Finnland	5,2	121
Frankreich	58,9	1345
Griechenland	10,6	117
Großbritannien	58,7	1335
Irland	3,7	85
Italien	57,3	1090
Luxemburg	0,4	18
Niederlande	15,7	395
Österreich	8,2	196
Portugal	9,9	104
Schweden	8,9	224
Spanien	39,6	554

Stand: 1999; Quelle: Statistisches Bundesamt/OECD

Europäische Zentralbank

▶ **Abkürzung:** EZB ▶ **Sitz:** Frankfurt/M. ▶ **Gründung:** 1998 ▶ **Entscheidungsgremien:** Direktorium aus Präsident, Vizepräsident und vier weiteren Mitgliedern; Rat aus dem Direktorium und den Präsidenten der nationalen Zentralbanken der elf an der Wirtschafts- und Währungsunion teilnehmenden Länder ▶ **Präsident:** Wim Duisenberg, Niederlande (seit 1998) ▶ **Funktion:** Unabhängige Zentralbank für die elf an der Währungsunion teilnehmenden Länder; Gewährleistung der Preisstabilität

Die währungspolitischen Aufgaben in der Europäischen Wirtschafts- und Währungsunion gingen am 1.1.1999 von den nationalen Zentralbanken an die E. über.

Ziele und Aufgaben: Vorrangiges Ziel der E. ist die Preisstabilität. Die E. darf den Regierungen keine Kredite gewähren, sie handelt unabhängig von den Regierungen und Organen der EU. 2002 gibt die E. die auf Euro lautenden Banknoten aus. Die geld- und kreditpolitischen Beschlüsse der E. fasst der Europäische Zentralbankrat. Er besteht aus sechs Direktoriumsmitgliedern und den elf Zentralbankchefs der an der Wirtschafts- und Währungsunion beteiligten Länder. Die Direktoriumsmitglieder werden im europäischen Verfahren bestellt, die Zentralbankchefs im nationalen.

Zinspolitik: Anfang Juni 2000 hob die E. die Leitzinsen nach Erhöhungen im Februar, März und April um jeweils 0,25% von 3,75% auf 4,25% an. Die E. begründete diesen Schritt mit den Aussichten auf ein kräftiges Wirtschaftswachstum, dem starken Anstieg der Geldmenge und dem schwachen Wechselkurs.

Privilegien: Als supranationale Einrichtung genießt die E. das Privileg der Unverletzlichkeit. Beamte, die im Auftrag von Verwaltung, Justiz, Militär oder Polizei auftreten, dürfen die Räume der E. nur mit Genehmigung des Präsidenten betreten.

Bilanz: Ihr erstes Geschäftsjahr schloss die E. mit einem Verlust von 247,3 Mio Euro ab. Hauptgründe waren Abschreibungen auf Wertpapiere von 605 Mio Euro und Verluste aus dem Verkauf von Anleihen von 265 Mio Euro. Die Verluste müssen von allen Notenbanken der EU gemeinsam getragen werden (Deutsche Bundesbank: ca. 57 Mio Euro).

Personalaufwendungen: 1999 zahlte die E. an Gehältern und Zulagen 52,3 Mio Euro für durchschnittlich 648 Mitarbeiter.

Währungsreserven: Am 8.5.2000 wurden die Interventionsmittel von 44,5 Mrd Euro auf 89 Mrd Euro aufgestockt. Damit kann die E. für Stützungskäufe auf doppelt so hohe Währungsreserven zurückgreifen.

www.ecb.int

Europäischer Binnenmarkt

Seit 1993 besteht freier Verkehr von Waren, Dienstleistungen, Personen und Kapital zwischen den EU-Ländern. Es gilt der Grundsatz, dass jedes Produkt, das in einem Mitgliedstaat auf den Markt gebracht wurde, in jedem anderen verkauft werden darf.

Bilanz: Am 8.5.2000 beklagte der zuständige EU-Kommissar Frederik Bolkestein die

Europäische Zentralbank: Direktorium	
Wim Duisenberg (Niederlande), Präsident der EZB und Vorsitzender des Direktoriums	**Sirkka Hämäläinen** (Finnland), zuständig für operative Fragen, Controlling und Organisation
Christian Noyer (Frankreich), stellv. Vorsitzender, zuständig u. a. für Verwaltung und Personal	**Ottmar Issing** (Deutschland), zuständig für Volkswirtschaft und Forschung
Eugenio Solans: (Spanien), zuständig für Statistik, Banknoten und Informationssysteme	**Tommaso Padoa-Schioppa** (Italien), zuständig u. a. für internationale u. europäische Beziehungen

bisherige mangelhafte Umsetzung der Binnenmarktstrategie. Von den 53 Vorhaben, die im November 1999 veröffentlicht wurden, konnten voraussichtlich nur 26 bis zum 30.6. 2000 erreicht werden. Die Kommission betonte, dass sich die EU bei der weiteren Forcierung der Binnenmarktstrategie an den politischen Leitlinien des Lissabonner Sondergipfels orientieren und sich auf das Wesentliche konzentrieren müsse.

Strategie: Hauptziel bis 2005 ist, den E. für Verbraucher, Bürger und Firmen nützlicher und praktischer zu gestalten. Auf der Basis der am 24.11.1999 vorgestellten Leitlinien unterbreitete die EU-Kommission bis Mitte 2001 rund 100 Aktionen. Unverändert bleiben die vier großen Ziele:

– Verbesserung der Lebensqualität für die Bürger in den Mitgliedstaaten
– Erhöhung der Effizienz der europäischen Waren- und Kapitalmärkte
– Verbesserung des Handelsumfeldes
– Globale Nutzung der Vorteile des E.

Neue Initiativen: Zu den neuen Initiativen zugunsten der EU-Bürger gehören der Vorschlag eines gemeinsamen Formats für europäische Aufenthaltsgenehmigungen und Reisepässe sowie Maßnahmen zur Verbesserung der Anerkennung beruflicher Qualifikationen.

Unternehmen: Am 27.4.2000 appellierte die EU-Kommission angesichts der Herausforderungen der Globalisierung und der wissensbasierten Ökonomie an den Unternehmergeist der kleinen und mittleren Unternehmen (KMU). Das von der Kommission angenommene Mehrjahresprogramm (Laufzeit 2001–2005), das Mittel in Höhe von 230 Mio Euro bereitstellt, zielt insbes. auf die Bedürfnisse der KMU.

Neue Aktionen: Die Aktionen für Verbraucher reichen von der Nahrungsmittelsicherheit über den Zugang zu Rechtsmitteln bis zum Kampf gegen private Überschuldung.

Für die Firmen wollte die EU-Kommission die Systeme für Verbrauchsteuern (z. B. Kraftstoff, Tabak, Spirituosen) modernisieren. Ebenfalls auf dem Programm stehen die Vereinbarkeit der Mehrwertsteuer mit dem E-Commerce und der Zugang von Dokumentationsdiensten zu den Kabelnetzen. **Elektronische Signaturen:** Die in einem EU-Land zertifizierten elektronischen Signaturen werden auf dem E. überall anerkannt. Damit wird der freie Verkehr von Internet-gestützten Dienstleistungen, insbes. der elektronische Handel, ermöglicht. Eine Richtlinie, die am 30.11.1999 vom Rat der EU verabschiedet wurde, schaffte dafür einen Rechtsrahmen. Elektronische Signaturen erhalten den gleichen Stellenwert wie handschriftlich geleistete und sind auch als Beweismittel vor Gericht zugelassen.
www.eic.de

Europäischer Bürgerbeauftragter

▶ **Amtsinhaber:** Jacob Söderman, Finnland (seit 1995) ▶ **Sitz:** Straßburg ▶ **Einrichtung des Amtes:** 1995 ▶ **Aufgabe:** Aufdeckung von Missständen bei der Tätigkeit der Organe und Institutionen der EU im Umgang mit den Bürgern

Kompetenzen: An den E. kann sich jeder EU-Bürger wenden, der sich von den Institutionen der Gemeinschaft falsch behandelt fühlt. Der E. darf jedoch nicht in laufende Gerichtsverfahren eingreifen oder die Rechtmäßigkeit gerichtlicher Entscheidungen in Frage stellen. Die EU-Behörden dürfen dem E. bei seinen Untersuchungen die Übergabe von internen Dokumenten verweigern. EU-Beamte, die vom E. als Zeugen gehört werden, sind an die Wahrung ihres Berufsgeheimnisses gebunden.
Beschwerden: Eine Beschwerde kann mit einfachem Schreiben an den Bürgerbeauftragten (1 avenue du Président Robert Schuman, B.P. 403,67001 Strasbourg Cedex, Frankreich) in einer der elf Amtssprachen der Union gerichtet werden. Aus dem Schreiben muss hervorgehen, wer der Beschwerdeführer ist, auf welches Organ der EU er abzielt und welche Gründe für die Beschwerde er geltend macht. Eine Beschwerde muss binnen zwei Jahren ab dem Zeitpunkt, zu dem der Beschwerdeführer von dem Antrag Kenntnis erhalten hat, eingereicht werden.
www.euro-ombudsman.eu.int

Europäischer Gerichtshof

▶ **Abkürzung:** EuGH ▶ **Sitz:** Luxemburg ▶ **Gründung:** 1952 ▶ **Mitglieder:** 15 Richter, acht Generalanwälte, 15 Richter erster Instanz ▶ **Präsident:** Gil Carlos Rodríguez Iglesias, Spanien (seit 1994) ▶ **Präsident des Gerichts 1. Instanz:** Bo Vesterdorf, Dänemark ▶ **Funktion:** Rechtsprechungsorgan der EU zur Gewährleistung und Auslegung des Gemeinschaftsrechts

Die 15 Richter und acht Generalanwälte des EuGH werden von den Regierungen der EU-Staaten in gegenseitigem Einvernehmen für sechs Jahre ernannt. Die Richter wählen aus ihrer Mitte den Präsidenten. Die Generalanwälte unterstützen den EuGH und stellen in den Rechtssachen Schlussanträge.
Verfahrensarten: Beim EuGH werden folgende Verfahrensarten behandelt:
– Amtshaftungsklage bei Streitsachen über die Haftung der EU für den Schaden, den EU-Organe oder ihre Bediensteten in Ausübung ihrer Tätigkeit verursacht haben
– Nichtigkeitsklage, bei der die Richter des EuGH die Rechtmäßigkeit der Rechtsakte anderer Organe prüfen
– Untätigkeitsklage von den Mitgliedstaaten oder EU-Organen, wenn sie unter Verletzung von EU-Verträgen versäumt haben, einen notwendigen Beschluss zu fassen
– Vertragsverletzungsverfahren der EU-Kommission, wenn sie der Ansicht ist, dass ein Mitgliedstaat einer Verpflichtung aus den Verträgen nicht nachkommt
– Vorabentscheidungsverfahren, welches das nationale Gericht eines Mitgliedstaates einleiten kann, um beim EuGH eine vorzeitige Klärung in Fragen der Auslegung der Verträge oder über die Gültigkeit und Interpretation der Rechtsakte von EU-Organen herbeizuführen.
Dem EuGH ist ein Gericht 1. Instanz mit 15 Richtern beigeordnet. Es ist u. a. zuständig für Wettbewerbsrecht und Streitfälle, die das Personal der EU-Organe betreffen. Die Urteile des Gerichts 1. Instanz können beim EuGH angefochten werden, wobei dessen Prüfung sich auf Rechtsfragen beschränkt.
Bilanz: Am 10.2.2000 entschied der E., dass die Inlandsgebühren auf umfangreiche Briefsendungen, die in einen EU-Mitgliedstaat geliefert werden, um von dort zurückgesandt zu werden, mit dem europäischen Wettbewerbsrecht nicht grundsätzlich unvereinbar seien. Postdienste des Ziellandes können jedoch von den Absendern nur die Differenz zwischen den Gebühren, die von

den Postdiensten des absendenden Mitgliedstaates erhoben werden, und dem Gesamtbetrag der entsprechenden Inlandsgebühren verlangen. Am 21.9.1999 befand der E. in einem Rechtsstreit zwischen der deutschen BASF und dem Deutschen Patentamt, dass ein europäisches Patent in einem EU-Mitgliedstaat wirkungslos sein kann, wenn es nicht in die Amtssprache des entsprechenden Landes übersetzt wurde. Diese Bestimmung widerspricht nicht dem im EG-Vertrag garantierten freien Warenverkehr.
www.curia.eu.int

Europäischer Rechnungshof

▶ **Abkürzung:** EuRH ▶ **Sitz:** Luxemburg ▶ **Gründung:** 1975 ▶ **Zusammensetzung:** 15 Mitglieder (ein Vertreter/Mitgliedsland) ▶ **Präsident:** Jan O. Karlsson, Schweden (seit 1999) ▶ **Aufgabe:** Prüfung von Wirtschaftlichkeit und Rechtmäßigkeit der EU-Finanzen, jährlicher Bericht

Der E. vertritt die Interessen der Steuerzahler und wacht darüber, dass die EU ihre Gelder nach den Regeln der Haushaltsordnung und für vorgesehene Zwecke verwendet.
Bilanz: In dem im November 1999 vorgelegten Prüfungsbericht für 1998 beliefen sich die tatsächlichen Einnahmen im Haushaltsjahr 1998 auf rund 85 Mrd Euro, was einer Zunahme um 4,9% gegenüber 1997 entsprach. Nach dem Rücktritt der alten EU-Kommission im Frühjahr 1999 wegen des Vorwurfs von Missmanagement und Vetternwirtschaft sprachen die Luxemburger Rechnungsprüfer erneut von einer signifikanten Zahl wesentlicher und formaler Fehler bei den EU-Ausgaben. Zu den klassischen Fehlern bei der Berechnung der Einnahmen gehörte etwa die Unterbewertung von Gebäuden und Außenständen. Bei der Berechnung der Ausgaben monierte der E. die unkorrekten Darstellungen von Vorschusszahlungen bzw. eine Überbewertung der verplanten Mittel. Viele Unregelmäßigkeiten wurden jedoch nicht vorsätzlich begangen und wirkten sich nicht nachteilig auf die Gemeinschaftsfinanzen aus.
Kompetenzen: Den 15 Mitgliedern des E., die für sechs Jahre vom Rat der Union ernannt werden, unterstehen 460 Beamte. Sie prüfen Einnahmen und Ausgaben der EU auf ihre Rechtmäßigkeit, ihre ordnungsgemäße Verwendung und ihre Wirtschaftlichkeit. Die Mitglieder des E. müssen un-

abhängig sein und dürfen während ihrer Amtszeit keine andere entgeltliche oder unentgeltliche Berufstätigkeit ausüben.
www.eca.eu.int

Europäisches Markenamt

▶ **Name:** Harmonisierungsamt für den Binnenmarkt (Marken, Muster, Modelle) ▶ **Sitz:** Alicante (Spanien) ▶ **Gründung:** 1996 ▶ **Präsident:** Jean-Claude Combaldieu, Frankreich (seit 1996) ▶ **Funktion:** EU-Behörde zur Sicherung gewerblicher Schutzrechte und Markenzeichen

Das E. fördert auf EU-Ebene den Erwerb von Marken, Warenzeichen, Mustern und Modellen und verwaltet die entsprechenden Rechte. Es trägt Gemeinschaftsmarken ein, die einen einheitlichen Schutz genießen und im gesamten Gebiet der EU wirksam sind. Das Gemeinschaftsmarkensystem ergänzt das System nationaler Marken, die uneingeschränkt weiter bestehen. Das E. mit gut 400 Beschäftigten ist eine rechtlich, administrativ und finanziell souveräne Behörde. 1998 wurden gut 31 000 Markenanmeldungen eingereicht. Seit Eröffnung des E. erfolgten über 100 000 Anmeldungen.
www.oami.eu.int

Europäisches Parlament

▶ **Abkürzung:** EP ▶ **Sitz:** Straßburg (Frankreich) ▶ **Sitzungsorte:** Straßburg (Frankreich), Brüssel (Belgien) ▶ **Gründung:** 1958 ▶ **Abgeordnete:** 626 ▶ **Funktion:** Volksvertretung der EU

Etat-Entlastung: Im März 2000 verweigerte das E. der EU-Kommission die Entlastung für den Haushalt 1998, da wichtige Unterlagen über Finanzskandale nicht ein-

Europäisches Parlament: Parteien		
Partei/Fraktion	Sitze	Veränderung[1]
Europäische Volkspartei	232	▲ +31
Sozialdemokratische Partei Europas	180	▽ −34
Liberale und Demokratische Fraktion	51	▲ + 9
Die Grünen	48	▲ +21
Konföderale Fraktion der Vereinigten Europäischen Linken/Nord. Grüne Linke	42	▲ + 8
Unabhängige für das Europa d. Nationen	30	▲ +14
Europa d. Demokratien u. Unterschiede	16	▽ −18
Fraktionslos	26	▽ − 1

1) gegenüber der Europawahl von 1994

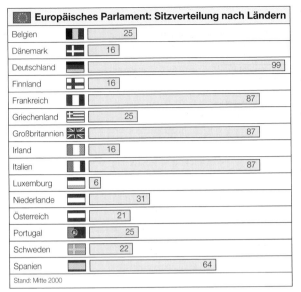

Europäisches Parlament: Sitzverteilung nach Ländern

Belgien	25
Dänemark	16
Deutschland	99
Finnland	16
Frankreich	87
Griechenland	25
Großbritannien	87
Irland	16
Italien	87
Luxemburg	6
Niederlande	31
Österreich	21
Portugal	25
Schweden	22
Spanien	64

Stand: Mitte 2000

gereicht worden seien. Thema war auch die Fléchard-Affäre, bei der Anfang der 90er Jahre hoch subventionierte irische Butter nach Polen verschoben worden war.

Le Pen: Durch einen Erlass des französischen Premierministers Lionel Jospin verlor der Rechtsradikale Politiker Jean-Marie Le Pen nach Verlust sämtlicher Abgeordnetenmandate im April 2000 auch seinen Sitz im E. Der Entzug der Mandate war Folge eines Urteils gegen Le Pen, der wegen eines gewalttätigen Wahlkampfauftritts 1997 für ein Jahr für unwählbar erklärt wurde.

Kompetenzen und Rechte: Seit dem Vertrag von Amsterdam (1997) ist das E. in wichtigen Bereichen an der Legislative der EU beteiligt. Es kann Gesetzesentwürfe der EU-Kommission ändern und sie stoppen, darf jedoch selbst keine Gesetzesentwürfe einbringen. Die Europäische Kommission kann es auffordern, Gesetzesentwürfe vorzulegen. Das E. hat u. a. folgende Rechte:
– Haushaltsrecht: Der von der Europäischen Kommission ausgearbeitete EU-Haushalt wird vom E. beraten. Auch wenn der Rat Änderungen zurückweist, kann sich das E. mit Dreifünftelmehrheit durchsetzen
– Beratungsrechte: Zu Entwürfen von Rechtsakten kann das E. Stellung nehmen, bevor der Rat der EU entscheidet

– Widerspruchsrechte: In bestimmten Angelegenheiten der Europäischen Wirtschafts- und Währungsunion kann das E. den Entwürfen von Rechtsakten widersprechen. Der Ministerrat kann den Widerspruch nur einstimmig zurückweisen
– Mitentscheidungsrechte: Auf vielen Gebieten kann das E. das Inkrafttreten von Vorschriften verhindern
– Zustimmungsrechte: Entscheidungen wie der Aufnahme neuer EU-Mitglieder, der Nominierung des Präsidenten der EU-Kommission und ihrer Zusammensetzung muss das E. zustimmen.
www.europarl.eu.int

Europäisches Zentrum für die Förderung der Berufsausbildung

▸ **Sitz:** Thessaloniki (Griechenland) ▸ **Gründung:** 1975 ▸ **Direktor:** Johan van Rens, Niederlande (seit 1994) ▸ **Funktion:** Unterstützung der Europäischen Kommission auf dem Gebiet der Berufsbildung

Das E. soll Informationen über Berufsbildungsfragen in den EU-Ländern sammeln sowie Analysen und Berichte verbreiten. Es fördert den EU-weiten Erfahrungsaustausch und stellt Verbindungen zwischen Forschung, Politik und Wirtschaft her.
www.cedefop.gr

Europ. Zentrum zur Beobachtung von Rassismus und Fremdenfeindlichkeit

▸ **Sitz:** Wien ▸ **Abkürzung:** EUMC ▸ **Vorsitzender des Verwaltungsrates:** Jean Kahn ▸ **Funktion:** Informationszentrum über Fragen zum Rassismus und Fremdenfeindlichkeit in Europa

Das E. nahm am 7.4.2000 seine Arbeit auf. Das Zentrum sammelte seit zwei Jahren Informationen und Statistiken über Rassismus in der EU und baute ein Netzwerk von Menschenrechtsorganisationen auf, die sich gegen Fremdenfeindlichkeit engagieren.

European Awards for the Spirit of Enterprise

Ziel der Europäischen Auszeichnungen für unternehmerische Initiativen ist die Ermutigung und Förderung von Unternehmensgründungen, die in Zusammenarbeit mit der Europäischen Kommission für 2000 ausge-

schrieben wurden. Teilnahmebedingungen an der Ausschreibung des Preises sind:
– Das Unternehmen muss am 31.3.2000 mind. drei Jahre alt sein
– Prämiert werden nur Firmen mit innovativen technischen bzw. sozialen Lösungen.
www.jee.org

Europol

▶ **Sitz:** Den Haag (Niederlande) ▶ **Gründung:** 1998 (Vorläufer 1994) ▶ **Direktor:** Jürgen Storbeck, Deutschland (seit 1998) ▶ **Funktion:** Bekämpfung grenzüberschreitender Kriminalität in EU-Staaten

Aufgaben: Die europäische Polizeibehörde nahm am 1.7.1999 ihren Dienst auf. E. bekämpft grenzüberschreitende Drogendelikte, Menschenhandel, Geldwäsche und Autodiebstahl. Darüber hinaus soll die Behörde gegen den internationalen Terrorismus vorgehen. E. hatte Mitte 2000 rund 220 Mitarbeiter und wird durch Beiträge der Mitgliedstaaten gemäß BSP-Schlüssel geführt. Das Haushaltsvolumen für 2000 betrug 27,5 Mio Euro. E. ist dem Rat der Justiz- und Innenminister verantwortlich.

Immunität: Innerhalb der EU war umstritten, ob die Beamten von E. bei Verfehlungen im Dienst strafrechtlich verfolgt werden sollen. Sieben EU-Länder inkl. Deutschland hatten Mitte 2000 das Immunitäten-Protokoll nicht ratifiziert. Kritiker bemängelten auch Defizite bei der Datenschutzkontrolle.

TECS: Das geplante E.-Computersystem TECS wird ein Informations-, ein Analyse- und ein Indexsystem enthalten. Analyse- und Indexsystem waren 2000 bereits eingerichtet, das Informationssystem sollte 2001 einsatzbereit sein.

Task Force: Der Europäische Rat rief auf seiner Sondertagung im Frühjahr 2000 in Tampere/Finnland dazu auf, eine operative Task Force der europäischen Polizeichefs einzurichten, die in Zusammenarbeit mit E. Erfahrungen, bewährte Methoden und Informationen zu Trends der grenzüberschreitenden Kriminalität austauscht und zur Planung operativer Maßnahmen beiträgt.
www.europol.eu.int

Fischereipolitik

Die EU-Kommission beteiligte sich 1999 an den Programmen mehrerer internationaler Fischereiorganisationen, u. a. der Organisation für die Fischerei im Nordwestatlantik

(NAFO) und im Nordostatlantik (NEAFC), der Tunfischkommission für den Indischen Ozean, der internationalen Kommission für die Erhaltung der Tunfischbestände im Atlantik (ICCAT) und der internationalen Kommission für die Erhaltung der lebenden Meeresschätze der Antarktis (CCAMLR).

Fangquoten: Der EU-Fischereirat verabschiedete im Dezember 1999 mit qualifizierter Mehrheit ein Maßnahmenpaket, das eine akzeptable Balance zwischen biologischen Erfordernissen zur Bestandsicherung sowie wirtschaftlichen Zwängen garantieren sollte. Danach bleiben nur einzelne Quoten, wie z. B. für den Fang von Seezungen, stabil oder werden erhöht. In der Mehrzahl der Fälle wurden für 2000 Kürzungen um bis zu 40% vereinbart. Für Kabeljau in der Irischen See wurden die Gesamtfangmengen (TAC) von 5500 t (1999) auf 2100 t (2000) heruntergesetzt. Die EU-Kommission beabsichtigte weitere Maßnahmen zur Erholung des Bestands zu ergreifen.

Gemeinsame Außen- und Sicherheitspolitik

(GASP), im Maastrichter Vertrag (1992) getroffene und im Amsterdamer Vertrag (1997) bekräftigte Vereinbarung, die Zusammenarbeit der EU-Staaten in der Außen- und Sicherheitspolitik zu verstärken

Ziel: Die G. soll auf internationaler Ebene eine eigene Identität der EU entwickeln. Sie umfasst alle die Sicherheit der EU-Staaten betreffenden Fragen, darunter die schrittweise Festlegung der gemeinsamen Verteidigungspolitik, die zur koordinierten Strategie im Verteidigungsfall führen könnte.

Solidarität: Die G. repräsentiert keine einheitliche Politik, jedes EU-Mitgliedsland bleibt für seine eigene Außenpolitik verantwortlich, die Verpflichtung zur Solidarität ist rechtlich nicht einklagbar.

Beschlüsse: Grundsätzliche Entscheidungen werden im Europäischen Rat der Staats- und Regierungschefs einstimmig getroffen. Über die Umsetzung entscheidet der Rat der EU in der Zusammensetzung der Außenminister mit qualifizierter Mehrheit (mind. zehn der 15 Mitgliedstaaten und mind. 62 von 87 Stimmen), wobei jeder Staat ein Vetorecht besitzt, wenn er wichtige Gründe der nationalen Politik benennt.

Ziviles Krisenmanagement: Neben der militärischen Eingreiftruppe will sich die

EU auch Kapazitäten für ein ziviles Einsatzkommando schaffen. Zu den Aufgaben der Einheit gehören u. a. Überwachung der Grenzen, Ausbildung von Polizisten, Beobachtung von Wahlen, Räumen von Minenfeldern, Aufbau von zivilen Institutionen. Nach dem Willen der EU soll jeder Einsatz auf neun Monate begrenzt sein und nicht mehr als 12 Mio Euro kosten. Für 2001 ist ein Budget von 30 Mio Euro, in den folgenden fünf Jahren je 40 Mio Euro vorgesehen.

Landwirtschaft

Nach dem schwierigen Jahr 1998/99 in der deutschen L. ließen fallende Schweinepreise die Gewinne z. T. dramatisch einbrechen. Die Veredlungsbetriebe verzeichneten einen Gewinnrückgang von 80%. Die Futterbaubetriebe dagegen profitierten vom Anstieg der Milchpreise und verbesserten ihr Einkommen. Insgesamt blieben die Betriebsergebnisse 7,3% unter dem Vorjahreswert. 1999/2000 zeichnete sich für die Veredlungsbetriebe ein Anstieg der Gewinne ab. Doch blieb die wirtschaftliche Lage vieler Unternehmen in der L. unbefriedigend.

Erlöse und Verdienste: 1998/99 erzielten deutsche Landwirte Verkaufserlöse von 59,3 Mrd DM (5% weniger als im Vorjahr).

![] Landwirtschaft: Verkaufserlöse	
Erzeugnis	*Erlös 1998/99 (Mrd DM)*
Milch	16,3
Schweine	7,1
Getreide	6,2
Rinder, Kälber	5,9
Blumen, Pflanzen, Sträucher, Bäume	4,6
Wein	2,5
Zuckerrüben	2,5
Kartoffeln	2,3
Gemüse	2,1
Obst	2,1
Ölsaaten	1,6
Eier	1,4
Geflügel	0,9
Quelle: Bundeslandwirtschaftsministerium, www.bml.de	

Die Bauern mussten bei den tierischen Produkten erhebliche Einbußen hinnehmen. Verglichen mit dem Vorjahresmonat war der Bruttomonatsverdienst eines Vollzeitarbeiters in der deutschen L. im September 1999 um ca. 1,7% auf 2901 DM gestiegen. In den alten Bundesländern erhöhte sich der Lohn im Vergleich zu September 1998 um 1,4% auf 3580 DM, in den neuen Ländern legte er um 1,7% auf 2830 DM zu.

Gemüseernte: 1999 gab es in Deutschland eine ungewöhnlich gute Gemüseernte. Im Freilandanbau wurden 2 472 000 t Gemüse geerntet (+ 7,8% zu 1998). Die Fläche für den Anbau von Freilandgemüse nahm 1999 um 2,7% auf 80 000 ha zu. Wichtigste Gemüsearten waren Weißkohl (559 000 t), Möhren (370 000 t), Zwiebeln (262 000 t), Blumenkohl (157 000 t), Gurken (146 000 t) und Spargel (45 000 t).

Obsternte: Die Bauern in der EU brachten 1999 mit fast 33 Mio t Tafelobst die größte Ernte seit dem Rekord 1992 (34,8 Mio t) ein. Die Ernte lag 11,5% über dem Ertrag von 1998 (28,7 Mio t). Es wurden 630 000 t Aprikosen, 890 000 t Erdbeeren, 440 000 t Kiwi, 8,41 Mio t Äpfel, ca. 10 Mio t Zitrusfrüchte, 4,18 Mio t Pfirsiche und Nektarinen, 470 000 t Kirschen und 620 000 t Pflaumen geerntet. Die Birnen- und Tafeltraubenernte blieb mit 2,3 Mio t bzw. 2,26 Mio t durchschnittlich.

Agraraußenhandel: Die deutschen Agrarausfuhren sanken 1999 insgesamt um 1,3% auf 43,3 Mrd DM. Die Einfuhren gingen um 4,9% auf 69,2 Mrd DM zurück. Diese Entwicklung war u. a. auf finanz- und währungspolitische Turbulenzen in Südamerika, Asien und Osteuropa zurückzuführen. Das Bundeslandwirtschaftsminis-

![] Landwirtschaft: Produktivität	
Jahr	*Zahl der Verbraucher[1]*
1998	124
1991[2]	85
1980	47
1970	27
1960	17
1950	10
1) die von einem landwirtschaftlichen Betrieb ernährt werden; 2) ab 1991 Gesamtdeutschland; Quelle: Bundeslandwirtschaftsministerium, www.bml.de	

terium erwartete für 2000 für Import und Export Umsatzsteigerungen. Bei den Ausfuhren waren Milch und Milcherzeugnisse mit 6,7 Mrd DM die wichtigste Produktgruppe vor Fleisch- und Fleischerzeugnissen (4,1 Mrd DM). Bei den Einfuhren verbuchten Fleisch und Fleischwaren 6,9 Mrd DM, Gemüse 5,2 Mrd DM.

Öko-Bauernhöfe: In Deutschland gab es Ende 1998 mehr als 9000 Öko-Bauernhöfe. Ihr Anteil an allen Höfen betrug insgesamt 1,8%. Trotz höherer Preise für ihre Produkte erwirtschaftete jeder Öko-Betrieb mit 53 972 DM einen um 6,5% niedrigeren Gewinn als die auf konventionelle Weise geführten Höfe (57 696 DM).

www.statistik-bund.de; www.bml.de

Lomé-Abkommen

Im ersten L. vom 28.2.1975 verzichteten die EU-Staaten im industriellen Bereich vollständig und im landwirtschaftlichen Sektor weitgehend auf Gegenpräferenzen bei Handelsabkommen.

Das Lomé-IV-Abkommen (1990 bis 29.2. 2000) gewährte den sog. AKP-Staaten (ehemalige Kolonien heutiger EU-Länder) freien Zugang zum EU-Markt für gewerbliche Produkte und weitgehende Agrarpräferenzen. Zur Stabilisierung der Exporterlöse bei vorwiegend agrarischen Rohstoffen waren Ausgleichszahlungen vorgesehen. Die EU stellte 1995–2000 insgesamt rund 14,6 Mrd Euro bereit. Am 4.2.2000 wurden die Verhandlungen zwischen der Europäischen Union und den AKP-Ländern über eine Nachfolgekonvention für das Lomé-IV-Abkommen abgeschlossen. Die bestehende Kooperation der EU mit 71 Entwicklungsländern in Afrika, der Karibik und dem Pazifik wurde fortgeschrieben.

Neuerungen: Wichtigste Änderungen des Lomé-IV-Nachfolgeabkommens sind:
– Verankerung des politischen Dialogs im regionalen und überregionalen Rahmen
– Einbeziehung der Effizienz der Zusammenarbeit durch Einführung »gleitender Programmierung« und verstärkte Berücksichtigung von Performance-Kriterien
– Neue Handelsregelung, nach der bis 2008 einseitige EU-Präferenzen durch Flexibilität und Freihandelsabkommen ersetzt werden
– Steigerung des Finanzvolumens für den 9. Europäischen Entwicklungsfonds von 12,5 Mrd auf 13,5 Mrd Euro

– Vertragsdauer 20 Jahre (bis dahin zehn Jahre) mit einer Überprüfungsmöglichkeit nach jeweils fünf Jahren.

Finanzierung: Das L. wird insbes. aus dem Europäischen Entwicklungsfonds (EEF) und durch Darlehen der Europäischen Investitionsbank finanziert. Deutschland ist mit 23% nach Frankreich der zweitgrößte Beitragszahler des EEF.

www.auswärtiges-amt.de

Rat der EU

▶ **Name:** eig. Rat der Union ▶ **Sitz:** Brüssel (Belgien), Luxemburg ▶ **Gründung:** 1967 ▶ **Vorsitz:** halbjährlicher Wechsel (I/2000: Portugal; II/2000: Frankreich) ▶ **Funktion:** Beschluss fassendes EU-Organ

Der R. ist das gesetzgebende Organ der EU, er sorgt für die Abstimmung der Wirtschaftspolitik der Mitgliedstaaten und schließt im Namen der Gemeinschaft internationale Übereinkünfte zwischen der EU sowie einem oder mehreren Staaten oder internationalen Organisationen. R. und Europäisches Parlament legen den Haushaltsplan der Gemeinschaft fest. Der R. trifft die für die Festlegung und Durchführung der gemeinsamen Außen- und Sicherheitspolitik erforderlichen Entscheidungen und koordiniert die unterschiedlichen Aktionen der EU-Mitgliedstaaten.

Kompetenzen: Der R. besteht aus den jeweils für ein Sachgebiet zuständigen Ministern der Mitgliedstaaten. Er tagt dreimal jährlich (April, Juni, Oktober) in Brüssel und in Luxemburg. Beschlüsse kann der R. mit einfacher oder qualifizierter Mehrheit sowie einstimmig fassen. Bei einstimmigen Entscheidungen oder einfachen Mehrheitsbeschlüssen hat jedes Land unabhängig von seiner Größe eine Stimme. Bei Beschlüssen mit qualifizierter Mehrheit haben die Länder entsprechend ihrer Größe unterschiedlich viele Stimmen.

Mehrheiten: Von den insgesamt 87 Stimmen werden 62 (71%) zur qualifizierten Mehrheit benötigt. Zur Verhinderung einer Mehrheitsentscheidung ist eine Sperrminorität von 26 Stimmen (30%) notwendig. Einstimmige Beschlüsse aller 15 Mitgliedstaaten (Stand: Mitte 2000) sind erforderlich in bedeutenden Angelegenheiten wie Beitritt eines neuen Staates, Vertragsänderungen oder Aufnahme und Initiierung einer neuen Gemeinschaftspolitik.

Rinderwahnsinn (BSE)

Die vor allem bei Rindern in Großbritannien ab 1984 aufgetretene tödliche Krankheit Bovine Spongioforme Encephalopathie (BSE) wird von Medizinern als Ursache einer Variante der Creutzfeldt-Jakob-Krankheit (CJK) angenommen, an der in Großbritannien 1995–99 bislang 57 Menschen starben.

Ursprung: R. geht auf die bei Schafen in Großbritannien weit verbreitete Krankheit Scarpie zurück. Schlachtabfälle infizierter Schafe wurden zu Beginn der 80er Jahre zu Tiermehl verarbeitet und an Rinder verfüttert. Britische Tiermehlproduzenten verzichteten auf chemische Mittel zum Herauslösen der Nervenstränge und senkten die Temperaturen bei der Kadaververbrennung, so dass die Erreger nicht abgetötet wurden.

Krankheiten: BSE-ähnliche Krankheiten wie CJK, Gerstmann-Sträussler-Syndrom, Kuru und letale familiäre Insomnie treten beim Menschen auf. Vermutlich werden die Krankheiten vom gleichen Erreger ausgelöst wie R. Bei Infizierten wird das Gehirn schwammig durchlöchert und von Eiweißfasern durchsetzt. Als wahrscheinlichste Hypothese gilt, dass der Erreger ein Eiweißstoff (Prion) ist, dessen Wirkung in den 80er Jahren vom Medizinnobelpreisträger Stanley Prusiner (USA) erkannt wurde. Am 4.1.2000 entschlüsselten Biophysiker in Zürich die dreidimensionale Struktur des menschlichen Prion-Proteins. Die Dekodierung hilft die Funktionsweise eines Prions sowie den Mechanismus der Übertragung von Tier auf Mensch besser zu verstehen.

Blutspenden: Um eine Übertragung der CJK zu verhindern, nahmen die USA ab August 1999 keine Blutspenden mehr von Personen an, die 1980–97 sechs Monate in Großbritannien gelebt und dort evtl. BSE-verseuchtes Rindfleisch gegessen hatten. Kanada, Japan und Australien wollten diesem Beispiel folgen.

Etikettierung: Am 12.10.1999 schlug die EU-Kommission Parlament und Rat der EU eine Pflichtetikettierung mit vollständigen Informationen über die Produktionskette des an den Verbraucher verkauften Rindfleischs vor. Am 14.12.1999 einigten sich die Agrarminister der Union in Brüssel auf eine Pflichtetikettierung ab 2001. Bis dahin blieb die derzeitige freiwillige Etikettierungsregelung in Kraft, die jeder Mitgliedstaat zur Pflicht machen konnte.

BSE-Datenbank: Seit 1.1.2000 gibt es in Bayern eine zentrale deutsche Datenbank, um Rindfleisch auf nationaler Ebene zu kennzeichnen. Sie soll Angaben über Identifizierung eines Rindes sowie die bisherigen Halter speichern.

EU-Lebensmittelamt: Mit einem europäischen Amt für Lebensmittelsicherheit wollte die EU das Vertrauen der Verbraucher in sauberes Rindfleisch zurückgewinnen. Die EU-Kommission legte am 12.1.2000 in Brüssel ein Weißbuch vor, in dessen Mittelpunkt die Schaffung einer solchen Aufsichtsbehörde bis spätestens 2002 steht. www.userpages.fu-berlin.de/~dittbern/BSE/News4.html

Rinderwahnsin: Chronik eines Skandals

▶ **11/1986:** In England wird erstmals eine BSE-verseuchte Kuh gemeldet.

▶ **1996:** Die britische Regierung gesteht öffentlich ein, dass von dem Rinderwahnsinn Gesundheitsgefahren für den Menschen ausgehen können. BSE steht im Verdacht, die tödliche Creutzfeldt-Jakob-Krankheit auszulösen.

▶ **3/1996:** Die Europäische Kommission verhängt zum Schutz der Verbraucher ein weltweites Exportverbot für britische Rinder und Rinderprodukte.

▶ **4/1996:** Großbritannien muss etwa 4 Mio Rinder, die älter als 30 Monate sind, vernichten.

▶ **6/1996:** Die Staats- und Regierungschefs verabschieden beim EU-Gipfel in Florenz den Plan für die schrittweise Aufhebung des Exportverbotes.

▶ **2/1997:** Der EU-Kommission, dem EU-Ministerrat und Großbritannien werden schwere Versäumnisse beim Umgang mit der Rinderseuche vorgeworfen.

▶ **2/1997:** Großbritannien beantragt die Aufhebung des Exportverbotes für Rinder aus BSE-freien Herden in Schottland und Nordirland.

▶ **7/1997:** Ein illegaler Export von 1600t brit. Rindfleischs wird aufgedeckt.

▶ **6/1998:** Rindfleisch-Ausfuhren aus bestimmten, als garantiert BSE-frei geltenden Herden in Nordirland werden wieder zugelassen.

▶ **11/1998:** Die EU-Kommission hebt das Exportverbot auf. Experten prüfen, ob die Voraussetzungen für die Aufhebung erfüllt sind.

▶ **7/1999:** Die EU-Kommission hebt das Exportverbot für brit. Rindfleisch auf.

▶ **10/1999:** Eine Expertenkommission der EU erklärt deutsche und französische Bedenken gegen brit. Rindfleisch für unangemessen. Großbritannien erwartet die endgültige Aufhebung der Importeinschränkungen.

Schengener Abkommen

Vertrag zwischen 13 EU-Staaten (ohne Großbritannien und Irland) sowie Island und Norwegen über die Abschaffung von Personen- und Warenkontrollen an den Binnengrenzen und eine gemeinsame Visa-, Asyl- und Polizeipolitik. Das S. schreibt u. a. den Wegfall der Grenzkontrollen zwischen den Teilnehmerstaaten, aber strenge Personenkontrollen an den Außengrenzen der Mitgliedstaaten vor.

Die Justiz- und Innenminister der EU sowie Norwegens und Islands einigten sich im Dezember 1999 darauf, die Kontrollen an den Seegrenzen grundsätzlich aufzuheben und ab 26.3.2000 bei Flügen zwischen Athen und Zielen in der EU die Grenzkontrollen schrittweise abzubauen. Freier Personenverkehr galt bereits zwischen Deutschland, Belgien, Frankreich, Italien, Luxemburg, den Niederlanden, Österreich, Portugal und Spanien. Das S. wurde auch von Dänemark, Finnland, Island, Norwegen und Schweden unterzeichnet, dort 2000 aber noch nicht angewandt.

Strukturfonds

Mit Geldern aus S. sollen die regionalen und sozialen Unterschiede in der EU überwunden werden.

Bei seinem Treffen in Berlin beschloss der Europäische Rat im März 1999 Form und Finanzierung der Strukturförderung für die Jahre 2000–2006 im Rahmen der Agenda 2000. Für benachteiligte Gebiete werden insgesamt ca. 195 Mrd Euro bereitgestellt.

Verteilung: Die Mittel für regionale Förderung kommen aus vier Fonds:
– Europäischer Fonds für regionale Entwicklung (EFRE), der wirtschaftliche Ungleichgewichte abbauen soll
– Europäischer Sozialfonds (ESF), der nationale Maßnahmen der Arbeitsförderung und Berufsbildung unterstützt
– Europäischer Ausrichtungs- und Garantiefonds für die Landwirtschaft (EAGFL), der Rationalisierungen fördert
– Finanzhilfen zur Ausrichtung der Fischerei (FIAF) auf Modernisierungen.

Reform: Die S. wurden 2000 vereinfacht: Zum Zielgebiet 1 (rund 70% der S.-Mittel) gehören Regionen mit einem BIP/Kopf unter 75% des Durchschnittseinkommens aller EU-Länder und Regionen in extremer Randlage. Im Zielgebiet 2 (rund 12% der S.-Mittel) durchlaufen Industrie und Dienstleistungssektor einen sozioökonomischen Wandel, hinzu kommen ländliche Gebiete mit rückläufiger Entwicklung, Problemregionen in Städten und von der Fischerei abhängige Krisengebiete. Als Zielgebiet 3 (12% der S.-Mittel) gelten Regionen mit Maßnahmen zur Modernisierung der Bildungs- und Beschäftigungspolitik.

Förderwürdige Gebiete: Für Zonen mit sozioökonomischer Umstrukturierung billigte die EU-Kommission am 26.10.1999 die Listen für vier Länder. Dazu gehören Belgien mit förderwürdigen Gebieten, in denen 1,269 Mio Menschen leben, sowie Regionen in Dänemark (538 000 Einwohner), den Niederlanden (2,333 Mio) und Finnland (1,582 Mio). Im Februar 2000 genehmigte die EU-Kommission deutsche Ziel-2-Gebiete (mit 10,3 Mio Einwohnern), darunter die bayerischen Grenzregionen zu Tschechien, altindustrielle Regionen in NRW, Rheinland-Pfalz und Saarland sowie strukturschwache ländliche Regionen in Schleswig-Holstein und Niedersachsen.

Transeuropäische Netze

Die Europäische Kommission stellte 1999 insgesamt 4,6 Mrd Euro für T. für den Zeitraum 2000–2006 zur Verfügung.

Bahnnetz: Eine von der EU-Kommission am 25.11.1999 vorgeschlagene Richtlinie soll die Interoperabilität von gewöhnlichen Zügen in der EU gewährleisten. Die Richtlinie sieht die Einrichtung eines transeuropäischen Bahnfrachtnetzes vor. Gleichzeitig untersuchte die EU-Kommission Engpässe der Bahnnetze. Dazu gehören die Nadelöhre Brenner zwischen Italien und Österreich oder die Strecke zwischen Belgien und Deutschland bzw. den Niederlanden. Geplant waren auch eine europäische Nutzungslizenz sowie eine Sicherheitskontrolle durch eine unabhängige Institution.

Bahn → Deutsche Bahn

Wirtschafts- und Sozialausschuss

▸ **Abkürzung:** WSA ▸ **Sitz:** Brüssel (Belgien) ▸ **Gründung:** 1993 ▸ **Zusammensetzung:** 222 Mitglieder aus 15 EU-Ländern, paritätische Zusammensetzung aus Gruppen des wirtschaftlichen und sozialen Lebens ▸ **Präsident:** Tom Jenkins, Irland (seit 1996) ▸ **Funktion:** Beratendes Gremium in wirtschaftlichen und sozialen Fragen

EU-Kommission und Rat der EU müssen den W. in allen sozialen Fragen anhören. Durch seine Stellungnahmen werden den EU-Organen die Standpunkte verschiedener Gruppen zu aktuellen Vorhaben der EU zur Kenntnis gebracht. Stellungnahmen und Leitlinien des W. sind aber nicht bindend.

Binnenmarktforum: Seit Ende der 90er Jahre nimmt der W. innerhalb der EU immer mehr Aufgaben wahr, die über das rein vertragliche Verpflichtungen hinausgehen. Als Binnenmarktforum führte er mit Unterstützung der anderen Institutionen zahlreiche Aktionen durch, um die Beziehungen zwischen den Bürgern Europas und den Gemeinschaftsorganen der EU zu verbessern.

www.ces.eu.int

Extremismus

ETA

(Euzkadi ta Azkatasuna, bask.; das Baskenland und seine Freiheit), 1959 gegründete Untergrundorganisation im spanischen Baskenland, die mit terroristischen Methoden für ein unabhängiges Baskenland kämpft. Seit der Aufnahme des bewaffneten Kampfes bis Mitte 2000 wurden über 800 Personen durch ETA-Anschläge getötet, vor allem Vertreter des spanischen Staats, aber auch Unbeteiligte.

Im November 1999 verkündete die ETA das Ende ihrer Waffenruhe, die sie im September 1998 unbefristet erklärt hatte. Bis Mitte 2000 folgte eine Serie von Bombenanschlägen in Spanien mit mehreren Todesopfern.

Rechtfertigung: Die ETA-Führung begründete die Rückkehr zur Gewalt mit der anhaltenden Repression in Spanien und Frankreich, wo während des 14-monatigen Waffenstillstands etwa 50 ETA-Aktivisten verhaftet worden seien. Die im autonomen Baskenland regierenden nationalistischen Parteien wurden von der ETA beschuldigt, gemeinsame Verpflichtungen zum Bruch mit dem spanischen System, die Basis des Waffenstillstands gewesen sein sollten, nicht eingehalten zu haben. Die regierende Baskisch-Nationalistische Partei (PNV) wies die Vorwürfe zurück.

Anschläge: Im Dezember 1999 verhinderte die spanische Polizei durch die Beschlagnahme von 1700 kg Sprengstoff, der in zwei Lieferwagen entdeckt worden war, ein vermutlich in Madrid geplantes großes ETA-Attentat. Im Januar 2000 kam in Madrid ein Oberstleutnant der spanischen Armee durch eine Autobombe der ETA zu Tode. Einen

Monat später tötete ein weiterer Bombenanschlag in der baskischen Provinzhauptstadt Vitoria den sozialistischen Abgeordneten und baskischen Ex-Regierungschef Fernando Buesa sowie seinen Leibwächter. In San Sebastian wurden im März 2000 durch die Explosion einer Autobombe zwei Beamte der Guardia Civil und sechs Passanten verletzt. Weitere Opfer der Gewaltserie waren im Mai und Juni 2000 ein ETA-kritischer Journalist und der konservative baskische Kommunalpolitiker Jesús María Pedrosa.

Klage: Eine spanische Vereinigung von ETA-Opfern reichte Anfang 2000 Beschwerde vor dem Europäischen Gerichtshof für Menschenrechte in Straßburg ein. Die 1500 Mitglieder zählende Organisation wandte sich gegen die Freilassung von 23 ehemaligen Anführern der HB Mitte 1999, die gegen die Rechte der Opfer und Hinterbliebenen verstoßen habe.

Verhaftungen: Im Januar 2000 setzte die spanische Polizei acht mutmaßliche ETA-Aktivisten fest. Sie wurden verdächtigt, die Versorgung der in Europa und Lateinamerika untergetauchten ETA-Terroristen organisiert zu haben. Mit ihrer Festnahme galt der für internationale Beziehungen zuständige Apparat der ETA als aufgelöst. Im Februar 2000 wurde in Frankreich Juan Carlos Iglesias Chouzas (Gaddafi), einer der meist gesuchten ETA-Terroristen, festgenommen.

www.mir.es/oris/infoeta
■ **Staaten** → Spanien

ETA: Protest des Volkes gegen den Terror

Reaktionen: Die spanische Bevölkerung reagierte 1999/2000 mit landesweitem Protest auf den erneuten ETA-Terror, spanische Parteien verlangten politische Konsequenzen.

Sympathisanten: Nach dem Februar-Attentat war der Rücktritt des baskischen Ministerpräsidenten Juan José Ibarretxe gefordert worden. Er wurde für die Eskalation mitverantwortlich erklärt, da seine Partei PNV mit Herri Batasuna (HB) kooperiert hatte, dem po-

litischen Arm der ETA, der im baskischen Parlament als Wahlplattform Euskal Herritarok (EH) vertreten ist. Ibarretxe hatte wegen der Attentate zwar die nach der Waffenruhe vereinbarte Zusammenarbeit aufgekündigt, doch forderten Vertreter der spanischen konservativen Regierungspartei PP und der oppositionellen Sozialisten (PSOE) eine deutlichere Distanzierung von der EH, welche die ETA-Gewaltakte nicht ausdrücklich verurteilt hatte.

Extremistische Ausländerorganisationen

Das Bundesamt für Verfassungsschutz (BfV, Köln) registrierte 1999 einen Anstieg der politisch motivierten Ausländerkriminalität um 8% auf 2536 Fälle. Bei den Gewaltdelikten wurde ein deutlicher Anstieg von 52% auf 391 ermittelt. Er wurde insbes. auf die Protestaktionen der Kurdischen Arbeiterpartei (PKK) nach der Festnahme von PKK-Chef Abdullah Öcalan im Februar 1999 zurückgeführt.

Die in Deutschland existierenden E. verzeichneten 1999 einen geringfügigen Anstieg der Mitgliederzahlen um 1% auf 59 700. Davon gehörten etwa 31 350 Personen islamistischen Organisationen wie der türkischen »Islamischen Gemeinschaft Milli Görüs« an, die mit 27 000 Mitgliedern die größte Gruppierung stellte. Das BfV wertete die zunehmende Aktivität islamistischer Gruppen als besondere Herausforderung für die freiheitlich-demokratische Gesellschaft. Diese Organisationen versuchten nicht nur die Ordnungen ihrer Heimatländer auf orthodoxe islamische Grundlagen zu stellen, sondern ihren Anhängern auch in Deutschland ein Leben nach islamischem Recht zu ermöglichen.

www.verfassungsschutz.de

IRA

(Irish Republican Army, engl.; Irisch-Republikanische Armee), katholische Untergrundorganisation, die den Anschluss des zu Großbritannien gehörenden, überwiegend protestantischen Nordirland (Anteil der Protestanten: ca. 64%) an die mehrheitlich katholische Republik Irland (Katholiken: 94%) fordert. Der militärische IRA-Flügel versuchte bis zur Waffenstillstandsvereinbarung im Juli 1997, das Ziel mit Terror zu erreichen.

Konzession: Ende Mai 2000 wurde die im Februar von der britischen Regierung abgesetzte Provinzregierung Nordirlands wieder eingesetzt. Mit der Erklärung, erstmals die Inspektion eines Teils ihrer Waffenarsenale zulassen zu wollen, hatte die IRA den bedrohten nordirischen Friedensprozess wieder in Gang gebracht. Als Inspektoren wurden der ehemalige finnische Präsident Martti Ahtisaari und der Ex-Generalsekretär des Afrikanischen Nationalkongresses (ANC), Cyril Ramaphosa, bestimmt. Im Februar 2000 hatte die britische Regierung die erst im November 1999 eingesetzte erste Allparteien-Provinzregierung Nordirlands abgesetzt, weil die IRA mit der vereinbarten Entwaffnung nicht begonnen hatte.

Entwaffnung: Nach dem Karfreitagsabkommen von 1998, das den Friedensprozess in Nordirland eingeleitet hatte, sollten alle paramilitärischen Gruppen ihre Waffen bis 22.5.2000 abgeben. Die pro-britischen protestantischen Unionisten unter ihrem Führer, Friedensnobelpreisträger David Trimble, waren der IRA im November 1999 entgegengekommen, indem sie auf ihre frühere Hauptforderung verzichtet hatten.

IRA: Erklärung zur Entwaffnung

(…) Wir werden den Kontakt mit der Unabhängigen Internationalen Entwaffnungskommission wiederaufnehmen und in weitere Diskussionen mit der Kommission auf der Basis der Verpflichtung der IRA-Führung eintreten, die Frage der Waffen zu lösen. Wir beobachten, ob die beiden Regierungen und vor allem die britische Regierung	ihre Verpflichtungen des Karfreitagsabkommens und ihrer gemeinsamen Erklärung erfüllen. Um die rasche und volle Umsetzung des Karfreitagsabkommens und die Maßnahmen der Regierung zu erleichtern, sind unsere Waffen ruhend und sicher. Es gibt keine Bedrohung des Friedensprozesses von Seiten der IRA. (…)*

* Übersetzung der Associated Press

Bis dahin hatte das protestantische Lager auf der Entwaffnung der IRA als Voraussetzung für die Bildung einer gemeinsamen Regionalregierung bestanden. Im November 1999 fand sich das Regionalkabinett unter Beteiligung der Sinn Féin, dem politischen Arm der IRA, erstmals zusammen – aber mit der Auflage, dass bis Ende Januar 2000 greifbare Fortschritte bei der Entwaffnung erzielt werden müssten. Trimble verpflichtete sich seiner eigenen Partei gegenüber, sein Amt als nordirischer Premier niederzulegen, sollte die IRA sich erneut einer Abgabe ihrer Waffen verweigern.

IRA-Forderung: Die IRA verlangte statt ihrer einseitigen Entwaffnung eine allgemeine Entmilitarisierung Nordirlands unter Einschluss der britischen Truppen. Sie begriff die Frage der Entwaffnung als Teil der Friedensübereinkunft, die nur mit den anderen Bestandteilen zusammen verwirklicht werden könne. Darüber hinaus forderte die IRA eine Reform der Notstands- und Antiterror-Gesetzgebung.

Absetzung: Nachdem die internationale Abrüstungskommission die Fortschritte in der Frage der IRA-Entwaffnung Anfang 2000 als mangelhaft bezeichnet hatte, wurde die etwa zehn Wochen amtierende Belfaster Regionalregierung unter Ministerpräsident Trimble abgesetzt. Das britische Kabinett hatte die Suspendierung gewählt, um dem drohenden Rücktritt Trimbles zuvorzukommen, der als moderater und reformwilliger Politiker hohes Ansehen genoss. Bis Mitte 2000 verhandelten die politischen Lager über die erneute Einsetzung der Regionalregierung. Trimble hatte sich bereit erklärt, schon vor Beginn der Entwaffnung der IRA ins Kabinett zurückzukehren, falls die IRA sich klar zur Abgabe der Waffen bekenne.

Krisen und Konflikte → Nordirland

207

Linksextremismus

Bilanz: Von den insgesamt 15 528 polizeilich registrierten politischen Straftaten
waren 1999 nach Angaben des Bundesamtes für Verfassungsschutz (BfV, Köln) 3055
(20%) Fälle dem L. zuzuordnen. Die Zahl
linksextremistischer Straftaten sank um 5%,
die der Gewalttaten um 9% auf 711. Das
linksextremistische Spektrum blieb lt. BfV
1999 etwa konstant bei 34 200 Personen.
Zum Potenzial gewaltbereiter Gruppen
gehörten 1999 etwa 7000 Personen, davon
6000 sog. Autonome.
Organisation: Seit Auflösung der Rote
Armee Fraktion (RAF) 1998 etablierte sich
dem BfV zufolge keine neue handlungs-
fähige linksterroristische Struktur. Doch
waren auch 1999 konspirative autonome
Kleingruppen aktiv, die unter ständig wechselnden Aktionsnamen Brandanschläge u.a.
schwere Straftaten verübten. Als zweite
Strömung gewaltbereiter Linksextremisten
nannte das BfV Gruppen und Personen aus
dem früheren RAF-Umfeld, die 1999 die
militante Arbeiterpartei Kurdistans (PKK)
unterstützten.
PDS: Unter dem Begriff des L. führte der
Verfassungsschutz 1999 weiterhin die Partei
des Demokratischen Sozialismus (PDS).
Sie bekenne sich nicht eindeutig zur frei-
heitlich-demokratischen Grundordnung der
Bundesrepublik Deutschland, zeige extremistische Strukturen innerhalb der Partei,
halte am Ziel der Systemüberwindung fest
und arbeite mit Linksextremisten im In- und
Ausland zusammen.
www.verfassungschutz.de

Rechtsextremismus

Bilanz: Das Bundesamt für Verfassungsschutz (BfV, Köln) erfasste 1999 insgesamt
10 037 Straftaten mit erwiesenem oder ver-
mutetem rechtextremistischen Hintergrund,
davon 746 Gewalttaten. Während sich die
Gesamtzahl der Straftaten gegenüber 1998
um 9% verringerte, stieg die Zahl der
vorwiegend gegen Fremde gerichteten Gewalttaten um 5%. Ende 1999 wurden in
Deutschland 9000 gewaltbereite Rechtsextremisten (meist sog. Skinheads und Mitglieder von Neonazi-Gruppen) gezählt,
rund 10% mehr als 1998. Die Mitglieder-
stärke des rechtsextremistischen Potenzials
gab das BfV mit 51 400 Personen an, 4%
weniger als 1998.
Ostdeutschland: Das BfV warnte Anfang
2000 vor einer stark wachsenden Zahl
gewaltbereiter Rechtsextremisten in den
neuen Bundesländern, die 1999 regionaler
Schwerpunkt der Gewaltdelikte blieben. In
Ostdeutschland kamen durchschnittlich
21,9 rechtsextremistische Gewalttaten auf
10 000 Einwohner, im Westen 6,8. Auch das
Personenpotenzial gewaltbereiter Anhänger
des R. konzentrierte sich dem BfV zufolge
in Ostdeutschland und sei 1999 durch Zulauf zur Skinhead-Szene stark gestiegen.
Antisemitismus: Das BfV registrierte in
Deutschland 1999 insgesamt 817 (1998:
991) Straftaten mit antisemitischem Hintergrund. Im April 2000 wurde auf die jüdische Synagoge in Erfurt ein Brandanschlag
verübt, der wegen Fehlzündung jedoch keinen Sachschaden verursachte. Als mutmaßliche Täter nahm die thüringische Polizei
drei 17- und 18-jährige Jugendliche fest, die
dem »Bund der Patrioten« angehörten, einer
Abspaltung der rechtsextremen Nationalde-
mokratischen Partei Deutschlands (NPD).
Propaganda: 1999 wurden in der rechtsextremistischen Musikszene mit 93 Skin-
head-Bands und 109 entsprechenden Konzerten anhaltend starke Aktivitäten
registriert. Mit 330 Homepages (1998: 200)
wurde das Internet von R. in Deutschland
1999 verstärkt als Kommunikations- und
Propagandamittel genutzt.
Parteien: Die Gesamtzahl der Mitglieder
in den rechtsextremen deutschen Parteien
Deutsche Volksunion (DVU), National-
demokratische Partei Deutschlands (NPD)
und Republikaner (REP) verringerte sich

Linksextremismus: Gewalttaten

	1997	1998	1999
Versuchte Tötungen	–	4	–
Körperverletzungen	165	227	215
Brandstiftungen	77	47	68
Sprengstoffanschläge	1	1	–
Landfriedensbruch	299	289	269
Gefährl. Eingriffe in den Bahn-, Luft-, Schiffs- u. Straßenverkehr	154	56	19
Widerstandsdelikte	137	157	140

Quelle: Bundesamt für Verfassungsschutz; Statistisches Bundesamt; www.verfassungsschutz.de; www.statistik-bund.de

1999 um 5% auf 37 000 Personen. Durch die Regierungsbeteiligung der Rechtspartei Die Freiheitlichen (FPÖ) seit Februar 2000 in Österreich erhofften sich auch deutsche Gruppierungen einen Aufschwung.
www.verfassungsschutz.de

Terrorismus

US-Report: 1999 wurden weltweit 31 Menschen durch Terrorakte getötet, 37 Personen weniger als 1998 (1997: 480). In ihrem jährlich erscheinenden Anti-Terror-Bericht listete die US-Regierung 2000 erstmals Südasien als Zentrum des T. auf. Vor allem Pakistan und Afghanistan wurden vorgeworfen, Terroristen zu unterstützen und Unterschlupf zu gewähren. Als Förderer des T. galten um 2000 Iran, Irak, Kuba, Libyen, Nord-Korea, Syrien und Sudan.

Haftstrafe: Im Januar 2000 wurde Johannes Weinrich nach vierjähriger Prozessdauer vom Berliner Landgericht zu lebenslanger Haft verurteilt. Gestützt auf Geheimdienstunterlagen und Aussagen von Zeugen wurde ihm zur Last gelegt, 1983 in Berlin den Sprengstoff-Anschlag auf das französische Kulturzentrum Maison de France im Auftrag der Gruppe um den internationalen Terroristen Carlos geplant und ausgeführt zu haben. Die Explosion hatte ein Todesopfer und 23 Verletzte gefordert. Weinrichs Verteidigung, die auf Freispruch plädiert hatte, kündigte Berufung an. Der als Vertrauter von Carlos (Ilich Ramirez Sanchez) geltende Weinrich war 1995 im Jemen festgenommen worden.

Staatsfeind: Trotz Druck der USA und der Drohung mit UN-Sanktionen weigerte sich die afghanische Taliban-Miliz bis Mitte 2000 den mutmaßlichen Terroristen Osama bin Laden, der sich zeitweise in Afghanistan versteckt hielt, auszuliefern. Nach den im August 1998 verübten Bombenanschlägen auf die US-Botschaften in Kenia und Tansania, bei denen 258 Menschen ums Leben kamen, hatten die USA den saudi-arabischen Millionär, der seine muslimischen Glaubensbrüder 1998 zum »heiligen Krieg« gegen die USA und Israel aufgerufen hatte, zum Drahtzieher der Attentate erklärt. Unter Berufung auf westliche Geheimdienste meldete ein Nachrichtenmagazin in Hongkong im Frühjahr 2000 eine lebensbedrohende Nierenerkrankung bin Ladens.

Rechtsextremismus: Gewalttaten

Bundesland		Gewalttaten je 10 000 Einw. 1999	Veränderung[1]
Baden-Württ.		5,8	▲ + 18,4
Bayern		4,8	▲ + 45,5
Berlin		8,8	▽ – 62,9
Brandenburg		23,9	▲ + 4,4
Bremen		9,0	▲ +200,0
Hamburg		13,5	▲ + 20,5
Hessen		3,5	▲ + 40,0
Meckl.-Vorp.		28,4	▽ – 3,4
Niedersachsen		10,2	▲ + 92,5
Nordrh.-Westf.		4,8	▲ + 11,6
Rheinland-Pfalz		6,0	▲ + 36,4
Saarland		1,9	▽ – 32,1
Sachsen		19,2	▽ – 2,5
Sachsen-Anhalt		30,4	▽ – 8,2
Schlesw.-Holst.		8,7	▽ – 33,1
Thüringen		20,4	▲ + 40,7

1) gegenüber 1998 (%); Quelle: Bundesamt für Verfassungsschutz; Statistisches Bundesamt; www.verfassungsschutz.de; www.statistik-bund.de

Rechtsextremismus: Rolle der Bundesanwaltschaft

1999/2000 strebte die Bundesanwaltschaft in Karlsruhe eine Erweiterung ihrer Zuständigkeit an, um den R. verstärkt verfolgen zu können. 1999 hatte die Behörde im Fall Eggesin erstmals Anklage gegen rechtsextreme Jugendliche erhoben, die keine Tötungsdelikte begangen hatten. Die fünf jugendlichen Angeklagten hatten im August 1999 zwei Vietnamesen durch die Kleinstadt Eggesin (Mecklenburg-Vorpommern) gehetzt und bewusstlos geschlagen. Mit der Begründung, die Ausländerhatz reihe sich in eine 1990 beginnende Kette rechtsextremistischer Gewalttaten ein, welche die innere Sicherheit Deutschlands gefährdeten, hatte die Bundesanwaltschaft im Oktober 1999 den Fall übernommen. Im Januar 2000 bestätigte der Bundesgerichtshof in Karlsruhe die Zuständigkeit für den Straffall. Nach den bis Mitte 2000 geltenden Vorschriften konnte die Bundesanwaltschaft nur bei schweren Straftaten krimineller oder terroristischer Vereinigungen tätig werden. Leichte Fälle fielen in den Zuständigkeitsbereich der Landesbehörden.

Terrorismus: Lockerbie-Prozess in den Niederlanden

Tribunal: Im Mai 2000 begann im niederländischen Camp Zeist der Prozess gegen die beiden mutmaßlichen Attentäter, die ein US-Flugzeug über dem schottischen Lockerbie zur Explosion gebracht haben sollten (270 Tote). Nach langem Streit und internationalen Sanktionen hatten sich Großbritannien, die USA und Libyen geeinigt, das Verfahren von schottischen Lordrichtern auf neutralem niederländischen Boden zu verhandeln.

Hintergrund: Am 21.12.1988 stürzte die Boeing 747 mit 259 Menschen an Bord nach einer Explosion auf den Ort Lockerbie in Schottland. Alle Insassen sowie elf Dorfbewohner starben. Kurz nach dem Unglück wurden Spekulationen der US-Regierung unter Ronald Reagan laut, das Attentat habe der libysche Revolutionsführer Muammar al-Gaddhafi in Auftrag gegeben – als Rache für seinen 1986 bei einem US-Luftangriff auf Libyen getöteten Sohn.

Bio-Chip

Fälschlich auch Bionik-Chip genannt; elektronischer Schaltkreis (Chip), der mit einer lebenden menschlichen oder tierischen Einzelzelle oder mit Nervenzellen im Körper verbunden ist. B. sollen der medizinischen Diagnostik, z. B. der Krebserkennung, dienen oder als Neuroprothese für Blinde, Taube oder Gelähmte.

»Bionik-Chip«: Ende 1999 gelang es dem US-Biomediziner Boris Rubinsky in Berkeley/Kalifornien, eine lebende menschliche Krebszelle mit einem elektronischen Schaltkreis zu verbinden. Durch Anlegen einer elektrischen Spannung wird die Zelle wie eine Diode leitend und ihre Membran durchlässig für zugegebene Proteine, die z. B. die Gene der Zelle verändern können. Das US-Forscherteam hoffte, einen neuen Weg für Gentherapien gegen Krebs gefunden zu haben. Lebende Zellen könnten auch als Dioden in Computern genutzt werden.

Anwendungen: Die medizinische Forschung entwickelte um 2000 elektronische Netzhaut- und Hörimplantate sowie Gehmaschinen, die durch gezielte Reizung von Nervenzellen Blinde wieder sehen, Taube hören und Querschnittsgelähmte gehen ließen. Das New Yorker Dobelle Institute stellte einen 62jährigen Blinden vor, der sich mit Hilfe einer Minikamera, eines tragbaren Computers und einer im Gehirn verankerten Elektrode wieder optisch orientieren konnte (Dobelle Eye). In Tübingen und Bonn arbeiteten zwei Forscherteams an Netzhautimplantaten, die mit winzigen Fotodioden bzw. einer Mikrokontaktfolie das Licht aufnehmen und in elektrische Impulse übersetzen, die über Elektroden an benachbarte Nervenzellen weitergegeben werden (Epi-Ret und Sub-Ret). Das europäische Industrieprojekt CALIES (computergestützte Fortbewegung durch implantierte Elektrostimulierung) verhalf Querschnittsgelähmten zur Möglichkeit, per Knopfdruck ihre Beine zu bewegen. Der Befehl wird von einem Computer über implantierte Elektroden an die Beinmuskeln weitergegeben.

www.morgenwelt.de/wissenschaft/9905retina.htm (Überblick über Netzhaut-Projekte); www.me.berkeley.edu/ (Bionic Chip)

Bioethik: Glossar

▶ **Blastozyste:** Keimbläschen, Vorstadium des menschlichen oder tierischen Embryos mit etwa 100 Zellen, beim Menschen am fünften Tag nach der Befruchtung.
▶ **Embryonale Stammzellen (ES):** Die inneren Zellen der Blastozyste, aus denen der Embryo entsteht. Jede von ihnen ist pluripotent: Sie kann sich zu viele verschiedenen Arten od Gewebe und zu unterschiedlichen Organen entwickeln.
▶ **Eugenik:** Bestrebungen, das Genom (Erbgut) der Bevölkerung zu »verbessern«, in dem man die Geburt oder Fortpflanzung von Menschen mit Genschäden verhindert.
▶ **In-vitro-Fertilisation** (IVF): Künstliche Befruchtung einer Eizelle im Reagenzglas.

▶ **Keimbahntherapie:** Gezielte Veränderung am Genom (Erbgut) von Embryonen, z. B. Entfernung des überzähligen Chromosoms bei Trisomie 21 (Down-Syndrom).
▶ **pluripotent** (wörtl.: zu vielem fähig): Embryonalzellen sind pluripotent, wenn sie sich zu vielen verschiedenen Geweben und Organen entwickeln können.
▶ **Präimplantationsdiagnostik** (PID, engl. PGD): Untersuchung des Genoms von Embryonen, die durch künstliche Befruchtung entstanden sind, vor der Implantation in die Gebärmutter. Wenn Genschäden erkannt werden, kann der Embryo »aussortiert« werden. Sie ist in Deutschland für totipotente Embryonalzellen verboten.

▶ **Therapeutisches Klonen:** Herstellung eines Embryos aus dem Kern einer Körperzelle des Kranken und einer entkernten Eizelle, um embryonale Stammzellen (und implantierbare Gewebe) mit dem Genom des Kranken zu gewinnen.
▶ **Totipotent** (wörtl.: zu allem fähig): Embryonalzellen sind totipotent, wenn sie sich zu allen Geweben und Organen des jeweiligen Lebewesens entwickeln können; beim Menschen ist es nur in den ersten beiden Tagen nach der Befruchtung möglich, so lange der Embryo nicht mehr als acht Zellen hat.
▶ **Xenotransplantation:** Übertragung tierischer Gewebe/Organe auf den Menschen.

Biometrische Identifizierung

▶ **Definition:** Computergestützte Systeme, die zugangsberechtigte Personen anhand gespeicherter körperlicher Muster wie Fingerabdruck, Auge oder Stimme erkennen.

▶ **Verfahren:** Mit Sensoren, Kameras oder Mikrofonen werden beim Eichen des Systems besondere Kennzeichen der Zugangsberechtigten wie Fingerabdruck, Gesicht, Augenmerkmale (Muster der Iris, Adergeflecht der Netzhaut) oder Stimme einzeln oder in Kombination erfasst und gespeichert. Wenn die Person später Zugang haben möchte, gibt sie ihr Kennzeichen ein, legt z. B. den Daumen auf einen Sensor, und der Computer vergleicht das aktuelle

Muster mit den gespeicherten Daten. Durch B. werden Schlüssel, Chipkarten, Geheimzahlen oder Passwörter überflüssig.

▶ **Anwendung:** Um 2000 wurde die B. wegen hoher Kosten fast nur in Hochsicherheitsbereichen eingesetzt, z. B. bei der Eingangskontrolle zu militärischen Anlagen oder Tresorräumen. 1999 kam die erste Computermaus mit Fingersensor auf den Markt (ID-Maus). Auf der Computermesse CeBIT 2000 in Hannover präsentierte Siemens-Infineon ein Handy, das den Fingerabdruck des Benutzers überprüfen konnte. Dafür hatte Infineon einen eigenen Bio-Sensor entwickelt. Auch die Augen- und Ge-

sichtskontrolle wurde von CeBIT-Ausstellern optimiert und preiswerter angeboten.

▶ **Probleme:** 1999 deckten Computerzeitschriften schwere Mängel von B.-Systemen auf: Fingerabdrücke oder Gesichter wurden nicht zuverlässig erkannt; manche Systeme ließen sich mit simplen Tricks täuschen. Viele Angestellte weigerten sich auch, ihren Fingerabdruck zur Verfügung zu stellen.

▶ **Markt:** 1999 wurden weltweit für 100 Mio DM B.-Systeme verkauft. Die Firma Infineon erwartete für 2003 ein Weltmarktvolumen für Biosensoren von 2 Mrd bis 3 Mrd DM. Darin sind kamera- und mikrofongestützte Systeme nicht enthalten.

www.infineon.com/products/chipcds/portfol/biometr/40021r.htm (Fingerabdruck-Sensor)
www.biometrics.org; www.siemens.de/newsline.d/pressfor/c_9844_d.htm (ID-Maus)

Bioethik

Ethische Minimalstandards für Gentechnik, Embryonenforschung und Organtransplantationen. Den Begriff prägte der Europarat 1996 durch seine B.-Konvention (eig.: Konvention über Menschenrechte und Biomedizin).

B.-Konvention: Dänemark ratifizierte als fünftes Land am 1.12.1999 die B.-Konvention des Europarats, die somit auch in den anderen Ratifizierungsstaaten Griechenland, San Marino, Slowakei und Slowenien in Kraft trat. Bis dahin hatten die Regierungen von 23 der 41 Mitgliedsstaaten die Konvention unterzeichnet, ohne dass sie in den Ländern ratifiziert worden war. Weil sie auch Forschung an menschlichen Embryonen und an »nicht einwilligungsfähigen Patienten« erlaubt, hatte die Bundesregierung die ethischen Standards nicht unterzeichnet.

Deutschland: Der Bundestag setzte im März 2000 eine Enquête-Kommission ein, die sich mit »Recht und Ethik der modernen Medizin« auseinander setzen sollte. Auf Einladung von Gesundheitsministerin Andrea Fischer (Bündnis 90/Die Grünen) diskutierten 600 Experten im Mai 2000 in Berlin über eine mögliche Lockerung des seit 1990 bestehenden Embryonenschutzes. Themen waren Stammzellenforschung und Präimplantationsdiagnostik (PID).

Embryonale Stammzellen: Europäische Forscher drängten um 2000 darauf, wie ihre US-amerikanischen Kollegen mit Stammzellen aus »überflüssigen« menschlichen Embryonen forschen zu dürfen. Solche Embryonen fallen bei der künstlichen Befruchtung an. Ihre Stammzellen können sich zu jedem beliebigen Gewebe entwickeln und in

Zukunft vielleicht bestimmte Hirn-, Drüsen- und Herzmuskelzellen ersetzen, die bei Parkinson- bzw. Diabetes- oder Herzkranken nicht funktionieren. Das deutsche Embryonenschutzgesetz von 1990 verbietet solche Forschungen. Kirchliche und Umweltgruppen forderten um 2000 ein Festhalten an dem Verbot. Sie befürchteten, dass Eizellen und Embryonen zu einem bloßen Rohstoff von Forschung und medizinischer Industrie werden könnten.

Präimplantationsdiagnostik (PID): Die Bundesärztekammer legte im Februar 2000 einen Entwurf für Richtlinien vor, die regeln sollen, unter welchen Umständen durch künstliche Befruchtung entstandene Embryonen vor dem Einsetzen in die Gebärmutter genetisch überprüft werden können. Das deutsche Embryonenschutzgesetz von 1990 verbietet die PID teilweise, in einigen anderen EU-Staaten war sie um 2000 erlaubt. Die Auslese von genetisch besonderen Embryonen war um 2000 auch in der Ärzteschaft ethisch umstritten. Kritische Frauengruppen warnten, dass nach einer Legalisierung Frauen unter Druck gesetzt werden könnten, Kinder nicht auszutragen, die möglicherweise behindert sind.

www.bundesaerztekammer.de;
www.reprokult.de (Frauen-Forum Fortpflanzungsmedizin, Kritikerinnen)

Bionik

Nachahmung biologischer Problemlösungen bei der Entwicklung von Techniken

Ziel: Mit B. wird versucht, die Technik besser an spezielle Erfordernisse anzugleichen und ähnlich vorzugehen wie die Natur,

wenn sich Lebewesen an besondere Lebensbedingungen anpassen müssen.

Anwendungen: 2000 wurden B.-Metho-
den u. a. in folgenden Bereichen angewandt:
– In Karlsruhe entwickelten Forscher 1999
  computergestützte Verfahren zur mecha-
  nischen Optimierung von Autofelgen,
  Motorhalterungen und Spezialschrauben.
  Sie orientierten sich daran, wie Bäume
  oder Knochen beim Wachsen mit möglichst geringem Materialeinsatz Zug- und
  Druckkräfte auffangen. Eine 1,5 kg
  schwere Motorhalterung konnte mit diesem Verfahren bei gleicher Haltbarkeit auf
  das halbe Gewicht reduziert werden.
– Reifenhersteller Continental brachte im
  Februar 2000 einen Sommerreifen auf den
  Markt, der seine Auflagefläche bei starker
  Belastung, vor allem beim Bremsen, wie
  eine Katzenpfote verbreitert. Das verkürzt
  den Bremsweg um 10%.
– Forscher der US-Armee und des US-amerikanischen Roten Kreuzes entwickelten
  1999 feste Wundbandagen, die natürliche

Blutgerinnungsfaktoren in hoher Konzentration enthalten und auch auf großen
Wunden in Minutenschnelle einen fibrin-
haltigen Schorf bilden. Damit können
sogar die gefürchteten Leberrisse abge-
dichtet werden. Die Bandagen werden im
Körper biologisch abgebaut.
– Im Zusammenhang mit der Genomanalyse entstand Ende der 90er Jahre die Bio-
informatik. Sie liefert den Genetikern
Computerprogramme für das Analysieren
und Zusammensetzen von Genbruch-
stücken und versucht gleichzeitig, aus den
Prozessen der biologischen Informations-
verarbeitung in den Genen Prinzipien der
Informatik und neue Speichertechniken
abzuleiten.
**wwwrz.rz.uni-karlsruhe.de/~pb01/Presse/
Pressespiegel/175.html** (anschaulicher Bericht
über die Karlsruher Projekte);
www.bionik.tu-berlin.de (Kurzdarstellung der verschiedenen Forschungsprojekte);
www.bioinformatik.de (Suchmaschine)

Biotechnologie

Integrierte Anwendung von Gentechnik, Biochemie,
Mikrobiologie und Verfahrenstechnik mit dem Ziel,
die Eigenschaften von Lebewesen (meist Mikroorganismen) für die industrielle Produktion von
Arzneimitteln, Pflanzenschutzmitteln u. a. zu nutzen

USA: Die weltgrößten B.-Firmen konzentrierten sich 1999 in Kalifornien, insbes. auf
die Bucht von San Francisco. In Kalifornien
rückte die B. mit 213 000 Beschäftigten zum
zweitwichtigsten Arbeitgeber auf (nach der
Elektronik mit 264 000).
Projekte: Das wichtigste Projekt in der
US-amerikanischen B. war um 2000 die
Analyse des menschlichen Genoms, der Gesamtheit des menschlichen Erbanlagen. Der
Streit darüber, inwieweit einzelne Gene, die
bestimmte Krankheiten auslösen, patentiert
werden können, ließ im März 2000 die Aktienkurse der B.-Unternehmen stark fallen,
nachdem sie in den Monaten zuvor zweistellige Steigerungsraten erfahren hatten.
In Stuttgart wurde 1999 ein Photo-Bioreak-
tor entwickelt, der die Biomasseproduktion
von Grünalgen auf das Dreifache steigern
kann. Aus den Algen sollten Arzneimittel
gewonnen werden, darunter Lipide, Vitamine, Pigmente und Antioxidantien. In Fluss-
mündungen des Mittelmeeres könnten
Algenfarmen belastenden Stickstoff und
Phosphate aus den Flüssen filtern und sinnvoll nutzen. In Klötze bei Wolfsburg produ-

Biotechnologie: Die meisten Beschäftigten weltweit

Region	Beschäftigte 1999
San Francisco Area	19 300
Los Angeles	16 000
New England	10 000
Cambridge	6000
San Diego	5500
Paris	5000
München	5000[1]

1) inkl. Hochschulforscher; Quelle: Roland Berger

Biotechnologie: Unternehmen[1] in USA und Europa

Land	Firmen 1999	Differenz (%)[2]
Europa	1351	+14,7
USA	1300	+ 1,3
Deutschland	279	+25,7
Großbritannien	275	+ 2,6
Frankreich	175	+23,2
Schweden	140	+48,9
Schweiz	95	+35,7

1) nur kleinere Unternehmen, die überwiegend im Kernbereich der B. tätig sind, teilweise geschätzt;
2) gegenüber 1998; Quelle: Ernst & Young: European Life Sciences Report 99, 2000; NZZ 18.4.2000

zierte ab Frühjahr 2000 die erste deutsche Grünalgenfarm gesunden Tierfutterzusatz.

Förderung: Bundesforschungsministerin Edelgard Bulmahn (SPD) startete im Sommer 1999 das Programm »BioChance«, das mit insgesamt 100 Mio DM die Forschungsinvestitionen junger B.-Unternehmen unterstützt. Im Wettbewerb »Bioprofile« sollten die 14 deutschen Regionen, in denen sich die B. konzentriert, mit ihren Konzepten gegeneinander antreten; die drei besten sollten ab 2001 besonders gefördert werden. Insgesamt unterstützte die Bundesregierung die Biowissenschaften 1999 mit 1,5 Mrd DM.

Branchenbilanz: Je nach verwendetem Maßstab wurden 1999 in Deutschland zwischen 279 und 550 kleinere Unternehmen gezählt, die ganz oder überwiegend im Kernbereich der B. tätig waren. Dort waren 6500–10 000 Mitarbeiter beschäftigt. In der europäischen B. stiegen die Umsätze 1999 gegenüber dem Vorjahr um 45% auf 10,5 Mrd DM. Die Branche arbeitete aber weiterhin defizitär mit einem Nettoverlust von 2,3 Mrd DM, 44% weniger als 1998. Mit 279 Firmen der B. (nach Ernst & Young) rückte Deutschland 1999 vom zweiten auf den ersten Platz in Europa vor Großbritannien (ca. 275 Firmen) vor.

Markt: Das Düsseldorfer B.-Unternehmen Qiagen errang 1999 Weltgeltung mit der Entwicklung des Verfahrens zur Reinigung von Nukleinsäuren. Andere europäische Firmen entwickelten z.B. maßgeschneiderte Antikörper, die Krankheitserreger bekämpfen. Analysten bescheinigten der deutschen B., sie sei oft technologielastig und nicht risikofreudig genug, um Produkte (z.B. Arzneien) bis zur Marktreife zu entwickeln.

www.biotech-europe.de/ (Überblick über die Forschungslandschaft in Deutschland; Links, Suchmaschinen; von der Laborbedarfsindustrie gestellt)

DNS-Chip

(auch DNA-Chip oder Gen-Chip); kleine Plättchen aus Glas o.a. Material, auf denen ausgesuchte Nukleinsäure-Moleküle (DNS, engl. DNA) aus einem menschlichen oder tierischen Zellkern befestigt sind, deren Reaktion mit Genproben oder Umweltgiften gemessen werden kann; D. dienen der medizinischen Diagnostik und Umweltanalysen.

Funktion: DNS-Moleküle bilden im Normalzustand einen wendeltreppenförmigen Doppelstrang mit Querverbindungen, die Doppelhelix. Der genetische Code (Aufbau

der Erbanlagen) liegt in der Abfolge der Querverbindungen, den Basenpaaren. Bei der Zellteilung trennt sich die Doppelhelix jeweils zwischen den Basen dieser Paare in zwei Einfachstränge auf. Auf dem D. werden solche Einfachstränge mit bekannter Basenfolge befestigt. Die zu untersuchende DNS-Probe enthält ebenfalls einsträngige Moleküle, die sich an passende Stellen der Chip-DNS anlegen können. Diese Stellen fluoreszieren unter Laserlicht und werden sichtbar. Eine ähnliche Wirkung entsteht, wenn giftige Chemikalien die Chip-DNS verändern (Toxchip). Die entstehenden Muster können mit gespeicherten Mustern von bekannten DNS- oder Chemikalienproben verglichen werden.

Biotechnologie: Regionen

Region	Zahl der Unternehmen 1999
Berlin	85
München	61
Düsseldorf/Köln/Aachen	39
Frankfurt, Rhein-Main	36
Freiburg i. Br.	35
Hamburg	26
Mannheim/Heidelberg	20
Stuttgart	14
Göttingen	11
Braunschweig	9
Marburg/Gießen	9
Leipzig	9
Hannover	8
Jena	7

1) nach den Maßstäben der Biocom AG; Quelle: Biocom AG, Berlin; Die Welt 6.11.1999

Biotechnologie: Wachstum

Kennzahl	Zahl[1]	Wachstum[2]
Unternehmen	222	△ +29
Beschäftigte	5200	▲ +30
Umsatz (Mio DM)	800	▲ +39
Forschungsinvestitionen (Mio DM)	500	▲ +77

1) letztverfügbarer Stand: 1998; 2) gegenüber dem Vorjahr (%)

Elementarteilchen: Glossar

Nach gültigem Forschungsstand (Mitte 2000) werden die E. nach ihrer Ruhmasse in Baryonen, Mesonen, Leptonen und Bosonen unterteilt, oder aber nach ihrem Energie- bzw. Quantenzustand in Fermionen und Bosonen. Baryonen und Mesonen bestehen wiederum aus Quarks. Zu jedem E. gibt es ein Antiteilchen.

▶ **Antimaterie** ist eine aus Antiteilchen bestehende Materie. Möglicherweise bestehen Galaxien am Rande des Universums aus Antimaterie.

▶ **Antiteilchen** besitzen die gleiche Masse, Lebensdauer und Eigendrehung (Spin) wie das zugehörige Teilchen, während ihre übrigen inneren Eigenschaften, vor allem die Ladung, genau entgegengesetzt sind. Wenn Teilchen und Antiteilchen zusammenkommen, zerstrahlen sie zu Energie.

▶ **Baryonen** bestehen je aus drei Quarks oder drei Antiquarks. Hierzu gehören Proton und Neutron (schwere E. des Kerns).

▶ **Bosonen** haben einen ganzzahligen Spin und können alle den gleichen Energie- bzw. Quantenzustand annehmen. Nach der Quantentheorie sind sie gleichzeitig Teilchen und Quanten (kleinste Einheiten) der zwischen den E. wirkenden Kräfte. Dazu gehören das Photon (Lichtquant), die Gluonen (Quanten der starken Wechselwirkung), das W- und das Z-Boson (Quanten der

schwachen Wechselwirkung). Photon und Gluonen haben keine Ruhmasse.

▶ **Elektron,** das negativ geladene leichte E. der Atomhülle gehört zu den Leptonen.

▶ **Fermionen** haben einen halbzahligen Spin und können nicht den gleichen Energie- bzw. Quantenzustand annehmen: Baryonen, Mesonen und Leptonen.

▶ **Hadronen** sind E., die aus Quarks zusammengesetzt sind und der starken Wechselwirkung unterliegen; dazu gehören Baryonen und Mesonen.

▶ **Leptonen** sind leichte E., die nicht der starken Wechselwirkung unterliegen: Elektron, Myon, Tauon und ihr Neutrino.

▶ **Mesonen** bestehen aus je einem Quark und Antiquark (u. a. die Kaonen).

▶ **Neutrinos** gehören zur Gruppe der Leptonen, sind elektrisch neutral und haben nur eine äußerst geringe Wechselwirkung mit anderen Teilchen. Sie können deshalb Materie fast ungehindert durchdringen.

▶ **Neutron,** das elektrisch neutrale schwere E. des Kerns, gehört zu den Baryonen.

▶ **Photon,** Lichtteilchen oder Lichtquant, gehört zur Gruppe der Bosonen.

▶ **Positron,** das Antiteilchen des Elektrons.

▶ **Proton,** das positiv geladene schwere E. des Atomkerns gehört zu den Baryonen.

▶ **Quarks** sind die (hypothetischen) Bausteine der Baryonen und Mesonen. Sie

konnten noch nicht isoliert beobachtet werden. Sechs verschiedene Quarks sind bekannt, die in drei Paare geordnet werden: Up- und Down-, Charme- und Strange-, Top- und Bottom-Quark.

▶ **Ruhmasse** heißt die Masse eines E. im hypothetischen Ruhezustand. Die tatsächliche Masse ist abhängig von der Geschwindigkeit, mit der sich das E. bewegt.

▶ **Schwache Wechselwirkung** zwischen E. kann beim radioaktiven Zerfall von Atomen beobachtet werden.

▶ **Spin** ist der Eigendrehimpuls der E.; auch kurz für die Quantenzahl des Spin; sie kann halb- und ganzzahlig sein.

▶ **Starke Wechselwirkung** (Kernkraft) ist die Wechselwirkung zwischen Hadronen.

▶ **String** (engl. Faden, Saite) nennen Physiker eine neue Sichtweise der E., in der sie nicht punkt- oder kugelförmig sind, sondern als »eindimensionale Fäden« in einem zehn- oder elfdimensionalen Raum-Zeit-Komplex schwingen.

▶ **Superstring-Theorie** wird die Kombination von String-Theorie und Theorie von der Supersymmetrie genannt.

▶ **Supersymmetrie** (Susy) beschreibt einen theoretischen Zustand, in dem jedes Fermion ein Partner-Boson besitzt und umgekehrt. Danach hätte auch das Photon ein Partner-Fermion (Photino).

Anwendung: D. können langwierige, teure und ethisch umstrittene Tierversuche ersetzen. Wenn die Vergleichsdatenbank einmal eingerichtet ist, liefern sie binnen Stunden Ergebnisse, auf die man früher monatelang warten musste. In Ulm identifizierten Mediziner mit D. 1999 zahlreiche Gene, die Metastasen (Tochtergeschwülste) des Bauchspeicheldrüsenkrebses auslösen. In Freiburg i. Br. wurde 1999 ein D. vorgestellt, der rasch Krankheitserreger in Lebensmitteln aufspüren kann. In North Carolina/USA begannen Umweltforscher Anfang 2000, mit Toxchips die genverändernde (mutagene) Wirkung von Chemikalien zu testen.

www.genescan-europe.com/
(Krankheitserreger in Lebensmitteln);
www.niehs.nih.gov/oc/news/toxchip.htm
(Toxchip, Chemikalien)

TopTen Elementarteilchen: Forschungspublikationen[1]

	Land		Publikationen gesamt	pro Mio Einw.[2]
1.	USA		2096	7,8
2.	Deutschland		1164	14,2
3.	Russland		966	6,6
4.	Italien		917	16,1
5.	Großbritannien		640	8,1
6.	Japan		616	4,9
7.	Schweiz[3]		572	81,7
8.	Frankreich		548	9,3
9.	China		379	0,3
10.	Spanien		286	7,2

1) erfasst in den Datenbanken SCI und SSCI; letztverfügbarer Stand 1998; 2) in dieser Rangordnung folgen auf die Schweiz Israel (26,0) und Dänemark (20,2). Italien steht an 4., Finnland (14,4) an 5., Deutschland an 6., Österreich (13,1) an 7. Stelle; 3) Sitz der europäischen Kernforschungszentrale CERN (Genf); Quelle: bild der wissenschaft 2/2000; eig. Berechnung

Elementarteilchen

Die kleinsten bisher beobachteten Teilchen, von denen viele sich ineinander umwandeln können. Von unbegrenzter Lebensdauer sind Protonen, Elektronen, Neutrinos, Photonen und Gluonen. Isolierte Neutronen existieren mehrere Minuten, die anderen E. nur Millionstel Sekunden und kürzer. E. und ihre Wechselwirkungen werden in Teilchenbeschleunigern erforscht.

Weltformel: Unter dem Titel »Strings ’99« kamen im Sommer 1999 in Potsdam rund 400 Wissenschaftler aus aller Welt zusammen. Sie suchten eine einheitliche physikalische Weltformel zu entwickeln, die vor allem die Erkenntnisse der modernen E.-Physik bzw. die drei dort beobachteten Wechselwirkungen der E. mit Albert Einsteins Allgemeiner Relativitätstheorie und der Gravitation mathematisch zusammenführen sollte. Zum Abschluss der Konferenz prognostizierte der britische Atomphysiker Stephen Hawking für das Jahr 2019 eine Wahrscheinlichkeit von 50%, dass es bis dahin die Weltformel gibt.

Supersymmetrie: Münchener Physiker beobachteten fast zeitgleich einen Vorgang, der die in Potsdam diskutierte Theorie von der Supersymmetrie zu bestätigen schien. In einem Tandem-Teilchenbeschleuniger beschossen sie Goldatome mit subatomaren Teilchen und beobachteten die Wechselwirkung zwischen beiden.

Neutronen: Wissenschaftler vom Hahn-Meitner-Institut in Berlin entwickelten Ende 1999 gemeinsam mit Kollegen aus den Vereinigten Staaten einen magnetischen Käfig für Neutronen. Damit wollten sie die Zerfallszeit von Neutronen erstmals exakt bestimmen. Da Neutronen keine elektrische Ladung haben und mit jeder Materie in ihrer Nähe sofort reagieren, waren sie bis dahin für die Forschung kaum zu handhaben. Die in Berlin entwickelte Apparatur, ein mit flüssigem Helium gefülltes Rohr, nutzt den Eigendrehimpuls (Spin) der Neutronen, der von Magnetfeldern beeinflusst werden kann.

www.strings99.aei-potsdam.mpg.de/ (Albert-Einstein-Institut: Konferenz »Strings '99«); **www.mpa-garching.mpg.de/~maria/popular/** (MPI für Astrophysik; populärwissenschaftliche Beiträge zum Thema); **www.hmi.de/pr/neutronenfalle.html** (Hahn-Meitner-Institut; Neutronenfalle); **www.physik.fu-berlin.de/quarkstext.html** (zum Thema Quarks); **www.cern.ch** (Europäisches Kernforschungszentrum CERN, Genf); **www.desy.de** (Deutsches Elektronen-Synchrotron, Hamburg)

Evolution

Entstehung der Tier- und Pflanzenarten und ihre Entwicklung von einfachen zu vielfältigen Formen

Anpassung: Manche Tier- und Pflanzenarten können sich innerhalb weniger Jahrzehnte, also in biologisch kürzester Zeit, genetisch an veränderte Umweltbedingungen anpassen. Zoologen entdeckten um 2000, dass die Wasserflöhe (Daphnien) im Bodensee um 1970 beinahe ausgestorben wären,

Evolution: Entwicklung der Tier- und Pflanzenarten

vor Mio Jahren/ Erdzeitalter	Tier- und Pflanzenarten
4000/Archaikum	Entstehung des Lebens, Blaualgen
2500/Algonkium	erste Hohltiere (Quallen), erste Gliederfüßer
590/Kambrium	erste Trilobiten (krebsähnliche Gliederfüßer), Armfüßer (muschelähnliche Weichtiere), Kopffüßer (Tintenfische), Stachelhäuter (Seesterne u.ä.)
505/Ordovizium	erste Korallen
438/Silur	erste Fische (die ersten Wirbeltiere), erste Landpflanzen (Gefäßpflanzen); Korallenriffe
408/Devon	erste Farne, Schachtelhalme, Bärlappe
360/Karbon	Steinkohle; erste Amphibien/Reptilien; baumförmige Farne
286/Perm 250	verschiedene Reptilien; erste Nadelwälder Katastrophe durch riesige Vulkanausbrüche
248/Trias	erste Dinosaurier, Säugetiere; Nadelwälder durch Schachtelhalme und Farne verdrängt
213/Jura	Ichthyosaurier im Meer, Dinosaurier, Urvogel Archäopteryx, Ammoniten (Kopffüßer mit Kalkgehäuse); Nadelwälder
201/Jura	Katastrophe durch riesige Vulkanausbrüche, wahrscheinlich nach Meteoriteneinschlägen
144/Kreide	Aussterben der Dinosaurier; erste Laubhölzer und Gräser, viele Muscheln und kleine Säugetiere
65/Tertiär	Katastrophe durch riesige Vulkanausbrüche, wahrscheinlich nach Meteoriteneinschlägen; Sumpfwälder; Entwicklung höherer Säugetiere und Vögel, erste Primaten; Schnecken
2/Quartär	Eiszeiten und Zwischeneiszeiten; erste Menschen; Entstehung der heutigen Flora und Fauna

weil sich durch Wasserverschmutzung immer mehr Blaualgen im See verbreiteten. Doch es überlebten offenbar einige (genetisch veränderte) Mutanten, die zufällig Blaualgen verdauen konnten, und daraus entstand eine neue, an die Umgebung besser angepasste Population.

Dinosaurier: Paläontologen legten Anfang 2000 in Patagonien (Argentinien) das Skelett des längsten bislang bekannten Dinosauriers frei; Bauern hatten es 1999 entdeckt. Der Pflanzenfresser war etwa 50 m lang, wog etwa 10 t, hatte einen sehr kleinen Kopf, einen langen Schwanz und ernährte sich wie ein Vogel.

Schulunterricht: Christliche Fundamentalisten setzten im August 1999 durch, dass im US-Bundesstaat Kansas die Lehren von der E. und vom Urknall ab 2001 aus dem verbindlichen Kanon des Unterrichtsstoffes und aus schulischen Einstufungstests verschwinden. Die Entscheidung des Board of Education löste in den USA jedoch große Empörung aus.

▓ Forschungsstellen in der Wirtschaft

Land		Stellen[1]
Baden-Württ.	▓	68 225
Bayern	▓	64 288
Berlin	▓	12 708
Brandenburg	▓	2860
Bremen	▓	2490
Hamburg	▓	7359
Hessen	▓	28 637
Meckl.-Vorp.	▓	724
Niedersachsen	▓	18 763
Nordrh.-Westf.	▓	43 568
Rheinland-Pfalz	▓	13 082
Saarland	▓	748
Sachsen	▓	11 438
Sachsen-Anhalt	▓	3073
Schlesw.-Holst.	▓	3340
Thüringen	▓	4922

1) umgerechnet in Vollzeit-Äquivalente, letztverfügbarer Stand: 1997; gesamte Stellen in Deutschland: 286 210; Quelle: Stifterverband für die deutsche Wissenschaft

▓ Forschungspolitik: Staatsausgaben[1]

Ausgabenbereich	1999[2]	Änderung (%)[3]
Hochschulen	33,6	▲ +4,0
sonstige Forschung	17,5	▲ +6,1
gesamt	51,1	▲ +4,7

1) Ausgaben von Bund, Ländern und Gemeinden in Mrd DM; 2) Haushaltsansatz (Soll); 3) gegenüber 1998; Quelle: Bund-Länder-Kommission für Bildung und Forschung (www.blk-bonn.de)

Forschungspolitik

Forschungsausgaben: Nach Angaben des Stifterverbandes für die deutsche Wissenschaft gaben Wirtschaft und Staat in Deutschland 1998 (letztverfügbarer Stand) rund 87 Mrd DM für Forschung und Entwicklung (FuE) in Unternehmen aus. Darin war die öffentliche Forschung in Hochschulen u. a. nicht enthalten. Die Wirtschaft finanzierte die FuE in Unternehmen zu 68% selbst, der Staat zu 32%. Dazu kamen die Ausgaben der Betriebe für Forschungsaufträge, die an externe Unternehmen, Institute und Hochschulen vergeben wurden (11,4 Mrd DM 1998, 12,4 Mrd DM 1999).

Bei den Branchen waren Fahrzeugbau (Anteil der FuE-Ausgaben am Umsatz: 16,8%) und Pharmazeutik (12,5%) die forschungsintensivsten, wobei die Autoindustrie überwiegend für Luft- und Raumfahrt forschte. Die deutschen Gesamtausgaben für Bildung und Forschung stiegen 1995–98 um 4,4% auf 330 Mrd DM. Der Anteil dieser Ausgaben am BIP fiel von 9 auf 8,7%.

Technologieförderung: Neue Technologien wurden vom Bundeswirtschaftsministerium 1999 mit 1,7 Mrd DM gefördert. Der zuständige Minister Werner Müller (parteilos) kündigte im Januar 2000 an, den Betrag trotz Haushaltskürzungen auf 1,87 Mrd DM im Jahr 2001 zu steigern.

Arbeitsplätze: Die Zahl der Arbeitsplätze in der FuE der deutschen Wirtschaft, umgerechnet auf Vollzeitstellen, stieg 1998 gegenüber dem Vorjahr um 0,6% auf 288 000.

Weltmarkt: Im Handel mit Hightech-Produkten hatte Deutschland 1997 einen Weltmarktanteil von 14,4% (USA: 18,8%).

EU: Im März 2000 beschloss der EU-Gipfel in Lissabon (Portugal) die Bildung eines gemeinsamen Forschungsraums in Europa. Im Juni 2000 einigten sich die Forschungsminister der EU-Staaten u. a. auf die Schaffung eines EU-Patentrechts bis Ende 2001.

Ausländische Studenten: Nach einem Bericht der Bildungsminister von Bund und Ländern (Oktober 1999) stieg die Zahl der ausländischen Studenten in Deutschland von Ende 1996 bis Ende 1998 um 10% auf 166 000. Das Studium in Deutschland sei attraktiver geworden durch neue Studiengänge und Abschlüsse, das neue Ausländergesetz, Ausbildungsförderung (BAföG und Stipendien) und Hochschulkooperationen.

Fälschungen: Nachdem vor allem in den Biowissenschaften erfundene oder gefälschte Forschungsergebnisse aufgetaucht waren, stellte eine von der Deutschen Forschungsgemeinschaft (DFG, Bonn) initiierte internationale Kommission 1999 Grundsätze einer »guten wissenschaftlichen Praxis« vor. Sie sollen Betrugsfälle und falsche Autorenangaben verhindern.

Naturwissenschaftler des Jahrzehnts: 124 deutsche Fachjournalisten wählten 1999 auf Initiative der Zeitschrift »bild der wissenschaft« die Medizinerin Christiane Nüsslein-Volhard zur »deutschen Naturwissenschaftlerin des Jahrzehnts«. Für ihre Arbeiten zur genetischen Steuerung der

Embryonalentwicklung hatte sie 1995 als erste deutsche Naturwissenschaftlerin den Nobelpreis erhalten (siehe Personenteil).

Zukunftspreis: Bundespräsident Johannes Rau verlieh den Deutschen Zukunftspreis 1999 an Peter Gruss, Herbert Jäckle und ihr Team beim Max-Planck-Institut für biophysikalische Chemie in Göttingen. Sie fanden zwei sog. Schaltergene, die jene Gene im Embryo aktivieren, die für die Bildung der Insulin produzierenden Zellen in der Bauchspeicheldrüse verantwortlich sind. Die Forscher hoffen, damit Diabetes heilen zu können, indem die Zellen (Langerhanssche Inseln) bei den Kranken nachwachsen.

Österreich: Bei der ersten »Science Week« (Wissenschaftswoche) in Österreich im Mai 2000 mit über 350 Ausstellungen und Veranstaltungen im ganzen Land präsentierten Universitätsinstitute, Schulen, Forschungsinstitute, Unternehmen und Vereine ihre Leistungen und Erkenntnisse, um Begeisterung für die Wissenschaften zu wecken.

www.blk-bonn.de/ (Bund-Länder-Kommission für Bildung und Forschung); **www.bmbf.de** (Bundesministerium für Bildung und Forschung); **www.bmwi.de** (Bundesministerium für Wirtschaft); **www.dfg.de** (Deutsche Forschungsgemeinschaft); **www.wissenschaft.de** (Naturwissenschaftler des Jahrzehnts); **www.deutscher-zukunftspreis.de; www.scienceweek.at** (Österreich); **www.mpg.de** (Max-Planck-Gesellschaft)

Transgene Nutzpflanzen nach Arten	
Pflanze	*Anteil an den transgenen Pflanzen (%)*
Sojabohnen	54
Mais	28
Baumwolle	9
Sommerraps	9
Stand: 1998; Quellen: C&EN 1.11.1999, ISB	

Anbau transgener Nutzpflanzen	
Land	*Mio ha*
USA	28,7
Argentinien	6,8
Kanada	4,0
China[1]	0,4
andere	0,3
weltweit	39,9
1) nach anderen Angaben gab es in China 1998 4,5 Mio ha.	

Forschungspolitik: Ausgaben	
Land	*% des BIP*
Schweden	3,8
Japan	2,9
Finnland	2,8
Schweiz	2,8
USA	2,7
Deutschland	2,3
Frankreich	2,3
Dänemark	2,1
Niederlande	2,1
Großbritannien	1,9
Belgien	1,6
Österreich	1,5
Italien	1,1
Spanien	0,9
Letztvergleichbarer Stand: 1997; Quellen: Eurostat, OECD	

Freilandversuche

Zeitlich und räumlich befristeter Anbau von gentechnisch veränderten (transgenen) Pflanzen zu Versuchszwecken

In F. sollen eventuelle Wechselwirkungen der transgenen Pflanzen mit anderen Wild- und Kulturpflanzen, Insekten usw. erforscht werden, auch um Umweltgefahren frühzeitig zu erkennen. Inwieweit F. selbst bereits umweltgefährlich sein können, war um 2000 vor allem innerhalb der EU umstritten. **Deutschland:** Im März 2000 erteilte Bundesgesundheitsministerin Andrea Fischer (Bündnis 90/Die Grünen) dem Agrarkonzern Novartis eine Ausnahmegenehmigung, auf 500 ha sog. Bt-Mais anzupflanzen. Der Mais enthält Gene des Bacillus thuringiensis (Bt) und produziert ein Toxin (Giftstoff), das ihn vor dem Maiszünsler, einem wichtigen Schädling, schützt. Im Sommer 1999 genehmigte das zuständige Robert-Koch-Institut (Berlin) einen F. mit transgenen Weinreben in Siebeldingen bei Würzburg. **Risiken:** Bei einem Laborversuch in Ithaca/New York (USA) wurde um 2000 festgestellt, dass Raupen des harmlosen Monarch-Schmetterlings nach dem Verzehr von Blättern, die mit Bt-Mais-Pollen bedeckt waren, teilweise starben. Vertreter der Industrie wandten ein, dass dieser Versuch nicht auf die Bedingungen von F. übertragbar sei. **EU-Freisetzungsrichtlinie:** Das Europäische Parlament billigte im April 2000 die vom Rat der EU-Umweltminister vorgelegte geänderte Richtlinie, fügte aber Bestimmungen hinzu. Deshalb konnte die Richtlinie noch nicht verabschiedet werden. Sie sollte u. a. die Haftung für mögliche Umweltschäden von F. und den Export transgener Nutzpflanzen regeln. Umstritten war ein Verbot von Markergenen, die Resistenzen gegen Antibiotika verbreiten könnten. **www.rki.de**

Frühmenschen

Stammesgeschichtliche Vorfahren des Menschen, genauer: Vormenschen (Australopithecus), F. (Homo erectus) und Altmenschen (Homo sapiens).

Australopithecus: 1999 entdeckten Anthropologen in Äthiopien Knochen und Zähne einer neuen Vormenschenart, des Australopithecus garhi, deren Vertreter vor rund 2,5 Mio Jahren lebten und bereits Fleisch verzehrten. Anfang 2000 wurde in Südafrika das 3,3 Mio Jahre alte Skelett eines Australopithecus africanus gefunden, das erste dieser Art mit vollständigen Armen und Händen. Die Hände sind denen heutiger Menschen viel ähnlicher als denen heutiger Menschenaffen.

Homo erectus: Die vor rund 2 Mio Jahren in Afrika entstandene F.-Art besiedelte offenbar schon früher als bis dahin angenommen Teile Europas und Asiens. Schädelfunde in Georgien wurden Anfang 2000 auf ein Alter von 1,8 Mio Jahre datiert. 800 000 Jahre alte Steinwerkzeuge, die auf der indonesischen Insel Flores entdeckt wurden, deuteten darauf hin, dass Homo erectus bereits seetüchtige Boote oder Flöße baute. In Japan wurden im Jahr 2000 die ältesten Spuren von Hütten gefunden (500 000 Jahre). Einige Anthropologen knüpften an die Entdeckungen die These, dass der Homo sapiens nicht, wie bis dahin von den Forschern angenommen, nur in Afrika, sondern auch in Asien aus Homo erectus hervorgegangen sein könne.

Kannibalismus: Bei Valence/Frankreich fanden Forscher 1999 Menschenknochen, die andere F. (Neandertaler) vor 100 000 Jahren mit Werkzeugen aufgebrochen hatten, wohl um das Knochenmark zu essen. Ähnliche Funde aus jüngerer Zeit gab es in den USA und auf den Fidschis. Die Deutung der Spuren war aber umstritten.

Lachen: US-Psychologen verglichen um 2000 das menschliche Lachen mit dem von Schimpansen. Die Forscher folgerten, dass erst der aufrechte Gang die Atmung des F. so weit befreit habe, dass sich die anatomischen Voraussetzungen für vokalbetontes Lachen (»Haha«, »Hihi«) und Sprechen entwickelten. Der Zeitpunkt ist unbekannt. **www.thunder.indstate.edu/~ramanank/ ritual.html** (Diskussion zum Kannibalismus); **www.senckenberg.uni-frankfurt.de; www.neanderthal.de**

Während die Zahl US-amerikanischer Publikationen 1998 gegenüber 1993 nur um 4% zunahm, wuchs die der deutschen um 52%, die der britischen um 30%, die der italienischen um 57% und die der schweizerischen um 68%.

Genomanalyse

Bestimmung der Basenfolge der DNS (Desoxyribonukleinsäure, engl. DNA), d.h. der chemischen Gen-»Buchstaben«, für das gesamte Genom (Summe der Erbanlagen) eines Lebewesens

Human-Genomprojekt: Ein internationales Forscherteam stellte Ende Juni 2000 in Washington den Entwurf des menschlichen Genoms vor, nach dem 85% der Erbbausteine entschlüsselt sind. 1990 wurde das 6 Mrd DM teure Human Genome Project (HGP) gestartet. Etwa 1000 Forscher in 40 Ländern begannen mit der Analyse des Genoms eines Menschen. Im Dezember 1999 legten sie das erste komplett analysierte Chromosom vor (Chromosom 22 mit 545 Genen), im Mai 2000 folgte Chromosom 21

Top Ten Genomanalyse/Genetik: Forschungspublikationen[1]			
Land	Publikationen gesamt		pro Mio Einw.[2]
USA		6284	17,6
Großbritannien		1963	25,0
Deutschland		1390	17,0
Japan		1329	10,5
Frankreich		1296	22,0
Kanada		873	21,8
Italien		834	14,6
Niederlande		583	36,4
Australien		537	21,2
Spanien		510	12,8

1) überwiegend englischsprachige, erfasst in den Datenbanken SCI und SSCI; letztverfügbarer Stand 1998; 2) In dieser Rangordnung steht die Schweiz an der Spitze (47,9); es folgen Schweden (44,9), Finnland (44,6), Dänemark (43,2), Israel (43,0) und die Niederlande. Österreich steht an 12., Deutschland an 14. Stelle; Quelle: bild der wissenschaft 3/2000; eig. Berechnung

Genomanalyse: Bausteine und Funktionen des Erbguts

▶ **Aminosäuren:** Die chemischen Bausteine der Proteine (Eiweiße) mit 20 Varianten. Ihre Abfolge wird von den Genen in der DNS festgelegt.

▶ **Basen:** Die Basenpaare der DNS bilden der Form nach die »Stufen« der molekularen »Wendeltreppe« (Doppelhelix). Chemisch gibt es vier verschiedene DNS-Basen: Adenin (A), Cytosin (C), Guanin (G) und Thymin (T). Adenin paart sich mit Thymin, Cytosin mit Guanin. Ihre Abfolge (Sequenz) bildet den genetischen Code.

▶ **Chromosom:** Bestandteil des Zellkerns aus spiralig aufgerollten DNS-Molekülen und einer Protein-Verpackung. Der Mensch hat 23 Chromosomenpaare, die in jedem Zellkern identisch sind. In jedem Paar stammt ein Chromosom vom Vater und eines von der Mutter.

▶ **DNS** (Desoxyribonukleinsäure, engl. DNA): Hauptbestandteil der Chromosomen, die chemischen Träger der Erbinformation (Gene). DNS-Moleküle bilden im Normalzustand einen wendeltreppenförmigen Doppelstrang mit Querverbindungen, die Doppelhelix. Der genetische Code liegt in der Abfolge der Querverbindungen, den

Basenpaaren. Bei der Zellteilung trennt sich die Doppelhelix jeweils zwischen den Basen dieser Paare wie ein Reißverschluss in zwei Einfachstränge auf. An die Einfachstränge legen sich freie Nukleotide an und ersetzen den anderen Strang (Replikation).

▶ **Gen:** Abschnitt der DNS, der den Bauplan eines Proteins darstellt. Jeweils drei Basen der DNS bilden einen »Buchstaben«, der für eine bestimmte Aminosäure des Proteins steht. Eine bestimmte Dreiergruppe markiert den Anfang, eine andere das Ende des Gens. Die Gesamtzahl der menschlichen Gene wurde im Jahr 2000 auf 40 000 geschätzt.

▶ **Genom:** Das Erbgut, d.h. die Gesamtheit der Gene eines Lebewesens.

▶ **Mutation:** Zufällige Veränderung der Basenfolge eines Gens; bewirkt meistens, dass ein bestimmtes Protein nicht mehr gebildet werden kann.

▶ **Nukleinsäuren:** Aus Nukleotiden zusammengesetzte langkettige Moleküle im Zellkern. Chemisch unterschieden werden DNS und RNS.

▶ **Nukleotid:** Baustein einer Nukleinsäure aus einer Base, einem Molekül des Zuckers

Desoxyribose (bei DNS) bzw. Ribose (bei RNS) und einem Phosphorsäurerest.

▶ **Ribosomen:** Körperchen im Zellplasma, in denen aus Aminosäure-Molekülen Proteine zusammengesetzt werden. Die Kopie eines Gens (als Boten-RNS) liefert den Bauplan für ein Protein.

▶ **RNS** (Ribonukleinsäure, engl. RNA): kurzkettige Nukleinsäuren im Zellkern. Als m-RNS (Messenger- oder Boten-RNS) kopieren sie einzelne Gene im Zellkern und tragen die Kopie zu den Ribosomen im Zellplasma. Als t-RNS (Transport-RNS) bringen sie einzelne Aminosäure-Moleküle zu den Ribosomen.

▶ **Sequenz:** Abfolge der Basen in der DNS. Beim Sequenzieren wird die Reihenfolge mit Hilfe chemischer Reaktionen und physikalischer Prozesse gelesen. Vorher muss die DNS in kleine Stücke zerlegt und stückweise vervielfacht (kloniert) werden.

▶ **SNP** (Single Nucleotide Polymorphisms, einzelne Nukleotid-Polymorphismen): Individuelle Abweichungen zwischen den Genomen einzelner Menschen. Forscher schätzen, dass von 1000 Basenpaaren eines individuell variiert.

---

mit 225 Genen. Daraus wurde eine Gesamtzahl von 40 000 Genen hochgerechnet, viel weniger als bis dahin angenommen (rund 100 000). Die Human Genome Organization (HUGO) kündigte an, im Sommer 2000 eine Rohfassung mit 90% des gesamten Genoms vorzulegen und bis 2003 die Feinfassung mit 100%. Alle vom HGP gewonnenen Daten wurden sofort im Internet der Weltöffentlichkeit zur Verfügung gestellt.

Celera: Das von dem US-amerikanischen Genetiker Craig Venter gegründete Unternehmen Celera Genomics gab im April 2000 bekannt, es habe bereits 99% des menschlichen Genoms analysiert – allerdings erst in Form von Millionen kleiner Bruchstücke, die von Computern noch in die richtige Reihenfolge gebracht werden müssten. Diese Arbeit solle bis Sommer 2000 fertig sein. Venter verwendete eine erheblich schnellere Methode als das HGP, die aber vermutlich eine höhere Fehlerquote hat. Viele Genetiker bezweifelten, dass Celera mit dieser Methode die zahlreichen Doppelungen im menschlichen Genom sicher bewältigen könne.

Im September 1999 hatte Celera die komplette Analyse des Genoms der Fruchtfliege (Drosophila) veröffentlicht. Celera hielt um

2000 seine Daten jeweils sechs Monate unter Verschluss, um sie in Form von Patenten kommerziell verwerten zu können.

Patentstreit: Gespräche zwischen HUGO und Celera über eine Koordinierung der Arbeit scheiterten Anfang 2000 am Konflikt zwischen Veröffentlichung und Patentierung der Daten. Im März 2000 erklärten US-Präsident Bill Clinton und der britische Premierminister Tony Blair, Wissenschaftler der ganzen Welt müssten freien Zugang zu den Ergebnissen des Humangenom-Projekts haben. Der Zugang dürfe nicht durch eine Patentierung von Gensequenzen behindert werden. Die Washingtoner Regierung kündigte an, das US-Patentamt werde keine Schutzrechte auf bloße Gensequenzen des Menschen erteilen, sondern nur auf konkrete medizinische Anwendungen. Bis Mitte 2000 zeichnete sich ab, dass dazu auch komplette Gene zählen, sobald deren medizinische Bedeutung bekannt ist.

SNP-Projekt: Während HUGO und Celera nur Aussagen über Gene gewinnen, die bei allen Menschen übereinstimmen, soll das Mitte 1999 gestartete SNP-Projekt einzelne Nukleotid-Polymorphismen (Single Nucleotid Polymorphisms) aufspüren, d. h. Gene, die im Erbgut von 24 Menschen ver-

Genomanalyse: Anwendungen

Auf den bis Mitte 2000 veröffentlichten Genom-Abschnitten befinden sich zahlreiche Gene, die mit Krebserkrankungen, Aids, Alzheimer-Demenz, Epilepsie u. a. Krankheiten in Verbindung gebracht werden. Über das Zusammenspiel der Gene und Umweltfaktoren war aber bis Mitte 2000 noch viel zu wenig bekannt, um aus den Daten der G. medizinische Therapien direkt ableiten zu können. Mit den bei der G. eingesetzten Sequenziermaschinen wurde auch das Genom von Viehparasiten analysiert, um u. a. in Afrika wirksamere Impfstoffe gegen Vieherkrankungen zu finden.

schiedener Bevölkerungsgruppen voneinander abweichen. Sie gelten als besonders anfällig für Genschäden. Das Projekt sollte 90 Mio DM kosten; 50 Mio DM wollten zehn Pharmakonzerne bereitstellen.
www.sanger.ac.uk/HGP/ (vom HGP ermittelte Daten); **www.embl-ebi.ac.uk;
www.dhgp.de/german/** (Deutsches HGP);
www.ornl.gov/hgmis/ (HUGO);
www.celera.com (Celera);
**www.genome.imb-jena.de;
www.wissenschaft.de/framer.hbs?URL=bdw/
high/00-04/humangen.html**

Genpatent

Fehlentscheidung: Ein im Dezember 1999 irrtümlicherweise vergebenes G. für die schottische Universität Edinburgh (EP 695 351), das u. a. die genetische Manipulation von menschlichen Organen und Stammzellen einschloss, löste Anfang 2000 internationale Debatten über die Grenzen der Patentierbarkeit aus. Mit dieser Entscheidung hatte das Europäische Patentamt (EPA, München) sowohl gegen das Europäische Patentübereinkommen als auch gegen die EU-Richtlinie über biologische Erfindungen verstoßen, die ausdrücklich die Patentierung von Verfahren zur Genmanipulation menschlicher Stammzellen und Embryonen verbieten.

Widerspruch: Als Reaktion auf die Fehlentscheidung, die das EPA mit Übersetzungsschwierigkeiten begründete, forderten zahlreiche Politiker und Organisationen die Einführung einer zusätzlichen Kontrollinstanz, um ethisch nicht zu rechtfertigende Patente zu verhindern. Die rot-grüne Bundesregierung kündigte im Februar 2000 Widerspruch in Form einer Einspruchsschrift an, die dem EPA innerhalb der festgesetzten neunmonatigen Einspruchsfrist zugeleitet werden sollte. Auch die Umweltorganisation Greenpeace initiierte Anfang 2000 einen Sammeleinspruch gegen die Entscheidung. Die Behörde selbst kann aus rechtlichen Gründen ein einmal erteiltes Patent nicht mehr rückgängig machen. Die Universität Edinburgh reichte im Mai 2000 beim EPA eine veränderte Fassung des umstrittenen Patents ein, die eine genetische Manipulation menschlicher Keimzellen vom Schutzumfang ausschloss.

EU-Richtlinie: Bis Juni 2000 bereitete das Bundesjustizministerium einen Gesetzentwurf vor, der die 1998 verabschiedete EU-Biopatent-Richtlinie über den rechtlichen Schutz biotechnologischer Erfindungen fristgerecht bis zum 30.9.2000 in deutsches Recht umsetzen soll. Nach den EU-Bestimmungen können sog. Patente auf Leben beim EPA angemeldet werden. Zulässig ist die Patentierung von sog. transgenen Tieren und Pflanzen sowie die von veränderten Genen und Genabschnitten. Nicht patentierbar ist die bloße Entdeckung von Genen sowie von Verfahren, die gegen die Menschenwürde und die guten Sitten verstoßen (u. a. das Klonen von Menschen, Eingriffe in die menschliche Keimbahn, die Entwicklung von Mensch-Tier-Lebewesen, Embryonenforschung für industrielle Zwecke). Mit der Patentierung von Erfindungen tritt nach deutschem Recht Patentschutz für die Dauer von 20 Jahren in Kraft, d. h., der Patentinhaber erhält das Recht, Anderen die Nutzung seiner Erfindung für gewerbliche Zwecke zu untersagen. Der Bereich Forschung bleibt vom Verbot ausgenommen.
www.european-patent-office.org

Gentechnik

Verfahren zur gezielten Veränderung des Genoms (Erbguts) von Lebewesen

Die »grüne G.« arbeitet in der Landwirtschaft und erzeugt transgene Nutzpflanzen, die z. B. gegen Herbizide (Unkrautvernichtungsmittel) oder Schädlinge resistent sind.

Gentechnik in der Schweiz

Im Mai 2000 erteilte das Europäische Patentamt dem Schweizer Pharmakonzern Novartis das Patent für ein Verfahren zur gentechnischen Manipulation von Zellen und Organen, das eine erneute Kontroverse über die G. entfachte. Das patentierte Verfahren zielt darauf ab, das Risiko von Abstoßreaktionen nach Organtransplantationen zu verringern. Die Ausweitung des Patentrahmens auf das veränderte Organ selbst war Hauptansatzpunkt der Kritik. Die Grüne Partei der Schweiz befürchtete, dass unentgeltlich gespendete Organe durch das Novartis-Verfahren zu für den Konzern lukrativen menschlichen Ersatzteilen umgewandelt würden.

Durch die »rote G.« in der Medizin entstehen z. B. transgene Bakterien, die Arzneimittel produzieren, sowie transgene Tiere für die Krebsforschung oder perspektivisch als Organlieferanten.

Dritte Welt: Das US-Forschungsinstitut IFPRI schätzte Ende 1999, dass die Reis- und Weizenproduktion weltweit bis 2020 um 40% zunehmen müsse, um den wachsenden Bedarf in den Entwicklungsländern zu decken; der Fleischbedarf Chinas u. a. Entwicklungsländer werde sich verdoppeln. Der Einsatz von G. in der Dritten Welt könne das Getreide entsprechend nahrhafter machen. Vor allem Landwirtschaft und G.-Industrie der USA versprachen sich 1999 neue Absatzmärkte in der Dritten Welt. In Schwellenländern wie China, Argentinien und Brasilien, aber auch in Kuba gab es um 2000 großflächige Freilandversuche mit transgenen Pflanzen, vor allem Soja, Mais, Baumwolle, Raps und Zuckerrohr. In der Schweiz wurde 1999 genmanipulierter Reis (Goldener Reis) entwickelt, der besonders viel Carotin (Provitamin A) enthält und den Vitamin-A-Mangel in Entwicklungsländern beheben sollte. Kritiker warnten vor der unkalkulierbaren Gefahr, durch jahrhundertelange Züchtung entstandene angepasste Sorten und Anbaumethoden zugunsten von Laborprodukten zu verdrängen.

Gennahrung: Nahrungsmittel aus transgenen Pflanzen gerieten um 2000 weltweit in die Kritik. In Japan, Brasilien und Indien wurde diskutiert, nach dem Vorbild der EU eine Kennzeichnungspflicht einzuführen. Nach den europäischen kündigten auch US-amerikanische und japanische Produzenten an, solche Nahrungsmittel nicht mehr zu verwenden. Ob transgene Nutzpflanzen ertragreicher sind und weniger Pestizide benötigen, war 2000 umstritten. Als Risiken wurden u. a. diskutiert:

– Resistenzen gegen Herbizide könnten auf andere Pflanzen auskreuzen und Antibiotika-Resistenzgene, die oft als Markergene benutzt werden, könnten sich auf Mikroorganismen übertragen.
– Resistenzen gegen schädliche Insekten schädigten eventuell auch nützliche und harmlose Insekten.
– Möglich sei das Auftreten bislang unbekannter Allergien.
– Die Saatgutproduktion könnte völlig unter die Kontrolle weniger Konzerne geraten.

Gentechnisch erzeugte Arzneien[1]

Krankheit	Arzneimittel
gesamt	350
gegen Krebserkrankungen	151
gegen Aids	29
gegen Autoimmunkrankheiten	19
gegen Blutkrankheiten	8
sonstige Krankheiten	143

1) Die USA sind das Land mit den weitaus meisten gentechnischen Versuchen; Stand: Mitte 1999; Quelle: IBS

Biosafety-Protokoll: Im Januar 2000 einigten sich in Montreal/Kanada Vertreter von 133 Staaten auf ein Zusatzprotokoll über die biologische Sicherheit, das die 1992 unterzeichnete UN-Konvention über biologische Vielfalt ergänzt. Es regelt die Kennzeichnung genetisch veränderter Organismen (GVO), Nahrungs- und Futtermittel beim Export und erlaubt den Staaten, solche Importe zu unterbinden. Auf der Konferenz zur Artenvielfalt im Mai 2000 in Nairobi zeichneten 60 Staaten, darunter Deutschland und die Schweiz, das Protokoll.

Medikamente: Anfang 2000 waren in der EU 42, in den USA 39 gentechnisch erzeugte Proteine als Medikamente zugelassen.

www.welt.de/wissenschaft/gentechnik;
www.novartis.de/novartis/html/d/genforum/
genforum.htm (Standpunkte der Industrie);
www.grain.org (GRAIN: Genetic Resources Action International); www.cgiar.org (Beratungsgruppe Internationale Agrarforschung)

Gentherapie

Behandlung erblicher oder erworbener Krankheiten durch Einschleusen von Genen in menschliche Zellen. Die intakten Gene sollen die Aufgaben jener Gene im menschlichen Organismus übernehmen, die aufgrund eines erblichen oder erworbenen Defektes nur fehlerhaft funktionieren. Durch übertragene Gene können Zellen auch mit anderen Eigenschaften ausgestattet werden und neue bzw. fremde Funktionen übernehmen.

Sterbefall: Der Tod eines 18-jährigen US-amerikanischen Patienten, dessen erbliche Leber-Stoffwechselkrankheit mit Hilfe von G. geheilt werden sollte, brachte die G. im September 1999 als Behandlungsmethode für den Menschen erneut in die wissenschaftliche Diskussion. Die als Transportmittel für das genetische Material benutzten

Gentherapie: Zukunftspreis

Neben Viren galten um 2000 auch Stammzellen als mögliche Vehikel der G. Bei einem erfolgreichen Versuch, diese Zellen mit neuen intakten Genen zu versehen, würden alle laufend gebildeten Zellabkömmlinge die neue Erbinformation tragen. Für ihre Forschung auf dem Gebiet gentechnisch manipulierter Zellen wurden die Göttinger Wissenschaftler Peter Gruss und Herbert

Jäckle 1999 von Bundespräsident Johannes Rau mit dem Deutschen Zukunftspreis ausgezeichnet. Sie hatten einen Genschalter, den sog. Pax4, entdeckt, der die Stammzellen in der Bauchspeicheldrüse zur Produktion von Insulin bildenden Zellen anregt. Die Therapie könnte bei Patienten mit Zuckerkrankheit (Diabetes mellitus) eingesetzt werden.

manipulierten Viren hatten im Körper des Patienten eine heftige Immunreaktion verursacht, die zum Organversagen führte. Die US-Arzneimittelbehörde FDA stoppte als Reaktion auf den Vorfall mehrere G.-Studien am Menschen und eröffnete ein Forum über Risiken der Behandlungsmethode, die sich 2000 noch im Versuchsstadium befand.

Einsatz: 1990–2000 wurden weltweit mehr als 3000 Menschen in rund 400 klinischen Studien mit G. behandelt, mehr als die Hälfte davon in den USA. Während die G. im Tierversuch überzeugte, blieben Behandlungserfolge beim Menschen bis 2000 selten. Ursprünglich war der Einsatz der G. für sog. monogenische Krankheiten wie Mukoviszidose (Bauchspeicheldrüsen-Erkrankung) und Bluterkrankheit vorgesehen, die auf den Defekt eines einzelnen Gens zurückzuführen sind. Im Jahr 2000 befassten sich nur etwa 13% der G.-Studien mit der Heilung von Erbkrankheiten, über zwei Drittel der Studien dienten der Krebsbekämpfung.

Gentransfer: Hauptgegenstand der Forschung zur G. war 2000 die Entwicklung geeigneter Transportsysteme (Vektoren) zur Übertragung von genetischem Material in die Körperzellen. Zu den gebräuchlichsten Genfähren zählten Viren, darunter Retroviren, Adenoviren (Erkältungserreger) und Herpes-Viren, die von Natur aus Erbsubstanz in menschliche Zellen einschleusen können. Die für den Behandlungserfolg notwendige hohe Konzentration der Viren birgt aber die Gefahr, dass das Immunsystem des Patienten auf die plötzliche Virenflut heftig reagiert und die infizierten Zellen zerstört.

Erfolge: In Boston/Massachusetts (USA) gelang es 1999, Patienten mit schweren Durchblutungsstörungen und offenen Geschwüren an den Beinen ein Gen zur Bildung neuer Blutgefäße zu injizieren. Zwei Kindern, die an einer schweren erblichen

Immunschwäche litten, konnte 1999 in Paris durch die gentherapeutische Manipulation von Blutzellen geholfen werden. US-Forscher setzten G. 1999 bei Tierversuchen gegen chronischen Schmerz ein. In die Nervenzellen von Mäusen eingeschleuste Gene bewirkten mehrwöchige Schmerzfreiheit.

Risiken: Als Hauptrisiko der G. bezeichneten Experten um 2000 die direkte Wechselwirkung der übertragenen Gene mit dem Erbgut des Empfängers, was zu unvorhersehbaren Veränderungen im Zellgeschehen führen könnte. Außerdem war nach Expertenmeinung eine sichere Platzierung des veränderten Erbgutes in der G. nicht garantiert, so dass dieses Material auch in die Zellen der menschlichen Keimbahn (Ei- bzw. Samenzellen) gelangen und sich damit fortpflanzen könnte. Bei der Verwendung von Viren als Transportmittel für Gene wurde auf die mögliche Entstehung von Viren mit neuen, unbekannten Eigenschaften verwiesen, die auf andere Menschen übertragen werden könnten.

Hirnforschung

Neurogenese: Neurologinnen der Princeton-Universität in New Jersey/USA belegten 1999 erstmals, dass auch die Großhirnrinde erwachsener Affen fähig ist, neue Nervenzellen zu bilden (Neurogenese). Zuvor hatten die Wissenschaftler angenommen, dass Erwachsene zerstörte Nervenzellen nicht reparieren können. Bei den untersuchten Affen wurden neue Nervenzellen in der Auskleidung der Hirnventrikel gebildet und von dort in verschiedene Hirnregionen transportiert.

Künstliche Neuronen: In Kalifornien gelang es 1999 Neurologen, einem Hummer eine künstliche Nervenzelle einzupflanzen, die funktionierte.

Intelligenzmaus: An der Princeton-Universität (USA) regten Forscher 1999 die Maus »Dookie« durch Genmanipulation an, mehr NR2B zu bilden als gewöhnlich. Dieses Protein beeinflusst die Empfindlichkeit von Nervenzellen. Nach der Proteinzufuhr konnte »Dookie« besser Gegenstände erkennen und erinnern als unbehandelte Artgenossen.

Erinnerung: Würzburger Hirnforscher fanden im Jahr 2000 ein Enzym (Adenylyl-Cyclase), welches das Gehirn von Taufliegen benötigt, um sich an Gerüche erinnern zu können. Beim Menschen ist der Botenstoff Dopamin von zentraler Bedeutung für das Gedächtnis. Die US-Neurologin Nora Volkow und ihr Team beschrieben Ende 1999, wie Dopaminmangel alte Menschen vergesslich werden lässt.

Alzheimer-Demenz: Schweizer Neurologen ermittelten 1999 mit einer speziellen Computertomografie, dass bei Alzheimer-Kranken vor allem die Sternzellen (Astrocyten) zu wenig aktiv sind. Diese Gehirnzellen versorgen benachbarte Nervenzellen mit Energie und stellen verbrauchte Botenstoffe wieder her.

www.biozentrum.uni-wuerzburg.de/cgi-bin/
user/search.pl (Erinnerung);
www.med-pharm53.bu.edu/framepages/
bs2.html (Dopamin, engl.);
www.uni-giessen.de/~gm1001/metz.htm

Holografie

Wellenoptische Technik der Speicherung und Wiedergabe dreidimensionaler Bilder, bei der zwei Wellenfelder aus kohärentem Licht überlagert werden und ein dreidimensionales Interferenzbild entsteht.

Riesenhologramm: US-amerikanische Techniker stellten Ende 1999 auf der Autoshow von Detroit/Michigan das 3,6 m² große Hologramm eines Zukunftsautos von Ford vor. Die Besucher sahen das Automodell dreidimensional und konnten es aus mehreren Richtungen betrachten. Es war aus 900 000 von einem Computer erstellten Bildern zusammengesetzt. Bei der Aufnahme wurden sie auf einen transparenten Flüssigkristall-Bildschirm geworfen und einem Laser-Objektstrahl durchleuchtet. Das Interferenzmuster von Objekt- und Referenzstrahl wurde fotografisch gespeichert. Das Gehirn des Betrachters setzt die zweidimensionalen Flecken zu einem großen dreidimensionalen Bild zusammen. Die Industrie hoffte um 2000 auf eine Technik, mit der Projektstudien direkt aus dem Computer dreidimensional dargestellt werden können.

Sicherheitshologramme: In Heidelberg wurde 1999 ein Gerät entwickelt, das individuelle Punkthologramme in Sekunden auf Folie oder in Autolack schreibt. Damit sollten Produkte fälschungssicher gemacht oder Autos gekennzeichnet werden.

Holografische Speicher: Auf der CeBIT 2000 in Hannover stellten zwei US-Unternehmen eine holografische Diskette vor, die 125 Gigabyte Daten speichern kann – so viel wie 27 DVD oder 190 CD-ROM. Die Zugriffsgeschwindigkeit sollte 25-mal größer sein als bei der DVD. Das Produkt soll etwa ab 2002 für die Datenarchivierung von Unternehmen zur Verfügung stehen. Ein anderes Speicherverfahren, die Volumen-H., in Darmstadt entwickelt. Dabei können theoretisch bis zu einem Terabyte (1000 Gigabyte) Daten in einem zuckerwürfelgroßen Lithiumniobat-Kristall untergebracht und gleichzeitig verschlüsselt werden.

www.zebraimaging.com (Riesenhologramm);
www.villa-bosch.de/eml/english/research/
optimem (Sicherheitshologramme);
www.imation.com (holografische Diskette);
www.odi.iap.physik.tu-darmstadt.de/pro-
dt.html (Volumen-H.)

Klonen

(Klon, griech.; Zweig), Erzeugung genetisch gleicher Kopien einer Zelle oder eines Organismus durch ungeschlechtliche Vermehrung. K. ist möglich, weil jede Zelle unabhängig von Differenzierungsgrad und Funktion die komplette Erbinformation enthält.

Primatenklon: Wissenschaftlern der Oregon Health Sciences University in Portland (USA) gelang es Anfang 2000, den ersten Primaten zu klonen. Der Rhesusaffe Tetra entstand durch Teilung von im Reagenzglas gezeugten Embryonen in einzelne Zellen, die nach Überführung in eine leere Eihülle verschiedenen Muttertieren implantiert worden waren. Als Ziel ihrer Studie nannten die US-Wissenschaftler, die geklonten Tiere bei der Entwicklung neuer Therapien für Krankheiten beim Menschen einzusetzen.

Klonfleisch: Anfang 2000 glückte japanischen Wissenschaftlern nach eigenen Angaben das K. eines Rindes in der zweiten Generation. Ein geklontes Tier noch einmal zu klonen war bis dahin nur bei Mäusen gelun-

---

Klonen: Embryonale Stammzellen

Bis Mitte 2000 waren in Deutschland Experimente mit menschlichen embryonalen Stammzellen aus ethischen Gründen durch das Gentechnik-Gesetz verboten. Die aus den bei der künstlichen Befruchtung entstehenden überzähligen Embryonen stammenden Zellen sind unbegrenzt vermehrungsfähig. Sie können sich in jeden der 210 Zelltypen des Körpers verwandeln, wenn sie ins entsprechende Gewebe verpflanzt werden. Ihren Einsatz finden sie vor allem beim therapeutischen K., bei dem Körperzellen des Patienten entnommen und als Zellkultur vermehrt werden. Die aus der Verschmelzung mit entkernten Eizellen entstehenden Embryonen liefern Stammzellen, die das gesamte Erbgut (Genom) des Patienten enthalten und zur systematischen Züchtung von Ersatzgewebe verwendet werden können.

223

gen. Neben dem Gewinn für die Forschung stand bei dem japanischen Institut die Optimierung der Tierzucht im Vordergrund. Rinder werden erst mit 14 Monaten geschlechtsreif, für das K. kann aber Hautgewebe von nur drei Monate alten Tieren verwendet werden. In Japan wurde um 2000 das Fleisch geklonter Rinder bereits auf dem Markt angeboten. Im April 1999 hatte die japanische Regierung durch ihre Ankündigung, auch den Verkauf von nicht gekennzeichnetem Klonfleisch zuzulassen, einen landesweiten Rindfleischboykott verursacht.

Forschungserfolge: Zwei Forschergruppen aus den USA und Japan berichteten Anfang 2000 über das K. von Rindern und Mäusen aus Zellen, die mit bis zu drei Monaten wesentlich länger als bis dahin üblich im Reagenzglas gezüchtet worden waren. Die Ergebnisse widerlegten Theorien, wonach das längere Halten das K. störe oder unmöglich mache. Die Erfolge mit der neuen Art der Zellhaltung eröffnete die Chance, die Zellen bereits vor dem K. genetisch zu manipulieren, so dass die Zucht sog. transgener Tiere mit gezielt veränderten Erbanlagen erleichtert würde.

Zellverjüngung: Bei der Untersuchung der Körperzellen von sechs zuvor geklonten Kälbern entdeckte ein internationales Forscherteam aus den USA und Kanada im April 2000 Zellverjüngung. Ein Vergleich mit biologisch gezeugten Kälbern im gleichen Alter ergab, dass die Zellen der Klonkälber weniger Anzeichen für einen Alterungsprozess aufwiesen. Die Forscher orientierten sich an den Telomeren, Endabschnitten der Chromosomen, die sich bei jeder Zellteilung verkürzen. Die Zellalterung galt bis dahin als Hürde beim K. Ursachen für die Zellverjüngung vermuteten die Wissenschaftler im Bereich der eingesetz-

ten Techniken: Während beim schottischen Klon-Schaf Dolly (1997), wo Zeichen frühzeitigen Alterns beobachtet worden waren, ruhende erwachsene Zellen aus dem Euter entnommen worden waren, stammten die Zellen der Kälber aus Embryonenteilung.

Laser

(engl.; Light Amplification by Stimulated Emission of Radiation; Lichtverstärkung durch angeregte Strahlungsemission), Verstärker für Licht oder andere elektromagnet. Strahlung. L. erzeugen durch gezielte Anregung von Elektronen in einem homogenen Medium kohärentes (im Gleichtakt schwingendes), einfarbiges Licht, das seine gesamte Energie in einem eng gebündelten Strahl zusammenhält.

Einsatz: L. werden in der Fertigungstechnik zum Schweißen, Schneiden, Bohren, Löten und Bearbeiten von Oberflächen eingesetzt, in der Vermessungstechnik, in der Elektronik zur optischen Datenübertragung (z.B. in Glasfaserkabeln), zum Beschreiben und Lesen von CD und DVD, in Druckern, in der Holografie, in der Chirurgie zum Schneiden und Verschweißen, aber auch in der physikalischen Grundlagenforschung.

Markt: Deutschland hatte 1999 bei der Produktion von L.-Quellen mit 350 Mio DM Umsatz einen Weltmarktanteil von 18,4%. Bis 2005 soll der weltweite Branchenumsatz nach Prognosen von 1,9 Mrd DM auf 4,5 Mrd DM steigen.

Medizin: Der Heidelberger Physiker Josef Bille und sein Team stellten 1999 einen Wellenfront-Refraktor und einen Ultrakurzpuls-L. vor, mit denen sie Augen auch in den Randbereichen des Blickfelds genau vermessen und optische Fehler der Hornhaut oder der Linse korrigieren können. Die Methode soll Brillen erübrigen und kann die Sehschärfe normaler Augen verdoppeln.

Freie-Elektronen-L.: Ein sog. Photokathoden-L. in Berlin erzeugte Anfang 2000 eine extrem kurzwellige L.-Strahlung mit 93 nm Wellenlänge (nm = Nanometer = Millionstel mm). Unterhalb von 80 nm beginnt die Röntgenstrahlung. Damit kamen die Physiker ihrem Ziel näher, mit Röntgen-L. einzelne Atome im Innern von Molekülen sichtbar zu machen oder z.B. Viren in Aktion zu beobachten.

www.deutscher-zukunftspreis.de/
dzp99_01b2/dzp99_01b2.html (Augenmedizin);
www.won.mayn.de/mm-physik/akt205.htm
(Freie-Elektronen-L.); www.ilt.fhg.de

Laser: Kernspaltung mit Laserlicht	
Physikern in Glasgow/Großbritannien und in Kalifornien/USA gelang es Anfang 2000 unabhängig voneinander erstmals, mit starkem L.-Licht eine Kernspaltung einzuleiten. Zunächst lösten sie mit einem L.-Puls Elektronen und Ionen (Atomarten) aus einem Stück Tantal bzw. Gold heraus. Das so entstandene Plasma (heißes Gas) beschossen sie mit einem 50 bzw. 1000 Terawatt (TW) starken L.-Puls	(1 TW = 1000 Gigawatt = 1 Mrd kW). Die intensive Gammastrahlung der vom L.-Puls angeregten Elektronen löste Neutronen aus den Kernen der Metallatome, die wiederum in einer benachbarten Uranprobe eine Kernspaltung bewirkten. Die Physiker hofften, mit der Methode bald kernphysikalische Experimente auch in kleinen Laboratorien ohne Teilchenbeschleuniger durchführen zu können.

Leuchtdiode

(LED, engl.; Light Emitting Diode, auch Lumineszenzdiode), Halbleiterdiode, die je nach Bauart rotes, gelbes, grünes, blaues oder weißes Licht aussendet, solange Strom hindurchfließt.

Weiße LED: Erstmals wurde um 2000 ein Weg gefunden, die sonst bunt leuchtenden Minilämpchen auch in Weiß erstrahlen zu lassen. Zum Erzeugen von weißem Licht – einem Gemisch verschiedener Wellenlängen – ist auch blaues Licht nötig; es gelang erst 1993. 2000 konnte der Durchbruch für die sparsamen und langlebigen weißen LEDs erzielt werden. Zunächst erfolgt der Übergang von Elektronen aus der blauen in die rote Schicht – blauviolettes Licht wird abgestrahlt. Strom pumpt die Elektronen zurück in die blaue Schicht und erzeugt einen kontinuierlichen Elektronenfluss. Eine neuartige Halbleiterschicht arbeitet als aktiver Farbfilter. Einige blaue Lichtteilchen treffen auf Elektronen, aktivieren sie und werden energiereduziert als langwellige orangefarbene Lichtteilchen wieder abgegeben. Danach mischen sich oranges und blaues zu weißem Licht. Eine nur fingernagelkleine LED-Einheit aus mehreren Dioden erreicht ungefähr die Stärke einer 75-Watt-Glühlampe bei lediglich 3 W Energieverbrauch.

Nachteile: Das Licht weißer L. ist vergleichsweise grell und der Preis war 2000 noch hoch (ca. 180 DM für eine 3-Watt-LED). In der Kfz-Industrie wurden außer roten L. für Rückleuchten schon weiße für die Tachobeleuchtung eingesetzt. Ziel waren weiße L. für den Hausgebrauch.

OLED: Große Zukunftsaussichten wurden um 2000 den OLED (organische L.) eingeräumt. Während normale LED aus einem Siliziumhalbleiter und (bei weißen LED) aus einem Leuchtstoff bestehen, ist die OLED ein Plastikfilm. Darin stecken große organische Moleküle, die je nach Sorte verschiedenfarbiges Licht aussenden, wenn eine Spannung angelegt wird. OLED sind wenige tausendstel Millimeter dünn, biegsam und leuchten gleichmäßig auf der ganzen Fläche. Sie können überall dort eingesetzt werden, wo kleine dünne Displays mit möglichst wenig Strom betrieben werden müssen. Geplant oder serienreif waren um 2000 bereits Geldkarten, die den gespeicherten Betrag anzeigen, sowie Displays

Leuchtdiode: Lichtband

Markttreif war 2000 die erste Festkörperbeleuchtung auf LED-Basis. Das LED-Lichtband besteht aus besonders kräftig abstrahlenden roten L., die auf einer flexiblen Trägerschiene befestigt sind. Es lässt sich einfach in den Gehäusen für Standardleuchtschriften installieren. Im Gegensatz zu den Neon-Glasröhren sind die mit 24 V Gleichspannung betriebenen LED-Module transportfest, witterungsbeständig und fast unempfindlich gegen Vandalismus. Durch die Kleinspannung sind keine speziellen Maßnahmen gegen Berührungsspannung oder zum Brandschutz notwendig. Da die Leistungsaufnahme pro Meter nur etwa 4 W beträgt, kann zu vergleichbaren Neon-Schriftzügen bis zu 80% elektrischer Energie gespart werden.

für Handys, Uhren und Taschencomputer, die sich zusammenrollen lassen.
www.lumileds.com (Hersteller der LED-Lichtbänder; **www.osram.de**

Mikrosystemtechnik

Entwicklung, Erprobung und Einsatz von Mikrosystemen, die sich oft aus Mikrostrukturen, Sensoren und Mikroaktoren zusammensetzen. M. umfasst mikroskopisch kleine Baugruppen, die messen, regeln, schalten, steuern und bewegen sowie Befehle von außen ausführen können.

Markt: M. gilt als Schlüsseltechnologie des 21. Jh. mit Einsatzmöglichkeiten z.B. in der Kraftfahrzeugtechnik, Medizin, Laboranalyse, Automatisierungstechnik, Luft- und Raumfahrt, Maschinenbau und Kommunikationstechnik. Das Potenzial der M. für Innovationen war jedoch um 2000 bei weitem nicht ausgeschöpft. Schwierig war die kostengünstige und zuverlässige Fertigung. Zu den führenden M.-Ländern gehörten die USA, Japan, Deutschland, die Schweiz, Frankreich, Großbritannien und die skandinavischen Länder.

Das »MST 2000+«-Förderkonzept des Bundesforschungsministeriums (BMBF) zielt darauf ab, bis zum Jahr 2004 Anwendungen

Mikrosystemtechnik: Marktvolumen

Jahr	Mrd US-Dollar
2002[1]	38
2001[1]	31
2000[1]	26
1999	21
1998	17
1997	15
1996	14

1) Prognosen; Quelle: NEXUS Task Force Report

Mikrosystemtechnik in Fahrzeugen

Bei der Forderung nach verbrauchsarmen Motoren mit geringer Schadstoffemission, intelligenten Fahrerinfosystemen und verbesserter aktiver und passiver Sicherheit sind M. unverzichtbar. Lt. Schätzungen wird 2005 der Wert von Systemen auf Basis von Mikrotechniken über 30% des Fahrzeugwertes betragen. Zu den laufend optimierten Komponenten zählt der Fahrdynamikregler im PKW (EPS). Kernstück des EPS, von dem Bosch 1999 das millionste System lieferte, ist der Drehratensensor. Er registriert die Fahrzeugbewegung um die senkrechte Achse und erfasst Schleuderbewegungen. Neuartige Drehratensensoren basieren auf Silizium und mikroskopisch feinen Strukturen. Die M. nimmt eine Anleihe bei der Natur, den Schwingkölbchen der Fliegen. Kommt die Masse ins »Taumeln«, führt der

Sensor eine Drehschwingung um die eigene Achse aus, winzige Bauteile führen präzise Bewegungen aus, werden gemessen und als Drehratensignal abgegeben. Außer bei der Fahrdynamikregelung finden diese elektromechanischen Bauelemente auch bei Überrolldetektoren und Navigationshilfen Verwendung. Wenn bei einem langsam ablaufenden Überrollen Gurtstraffung und Airbag nicht ansprechen, registriert der Drehratensensor das Kippen des Fahrzeugs und aktiviert ein Notfallprogramm. Auch bei kurzfristigem Ausfall des GPS-Navigationssystems in Häuserschluchten springt der Sensor zur Überbrückung ein. Er misst, um wie viel Grad das Fahrzeug von der Geradeausfahrt abweicht, und das System berechnet anhand der zurückgelegten Entfernung die neue Position.

der M. zu forcieren, die Information und Mobilität verbessern, Produktionsverfahren optimieren (dabei zugleich Ressourcen schonen) sowie Gesundheit, Lebensqualität und Sicherheit der Bürger steigern sollen.

Medizin: Eine daumennagelgroße, 2 mm hohe Mikropumpe wurde 2000 an der Uni Bremen entwickelt. Sie ist wichtiger Bestandteil eines implantierbaren Medikamentendosiersystems, das so groß wie ein Herzschrittmacher ist und aus Mikroprozessor, Batterie und Mikropumpe besteht. Herkömmliche Dosiersysteme arbeiteten weitgehend mechanisch und konnten nur feste Dosen abgeben. Den neuen Geräten soll es möglich sein, dem Patienten die Arzneien bedarfsgerecht zu verabreichen. Der Prozessor kann per Telemetrie von außen programmiert werden. An das Gesamtsystem, vor allem aber an die Mikropumpe, werden hohe Anforderungen gestellt, da sie mind. zehn Jahre im Körper bleiben soll. Der Markt für medizinische Mikrodosiersysteme wurde für 2002 auf 1 Mrd US-Dollar geschätzt. Mikrodosiersysteme finden nicht nur in der Medizin, sondern u. a. auch in der Bio- und Lebensmitteltechnologie Verwendung. Hier können sie in Mikroreaktoren und -analysegeräten eingesetzt werden.

www.actuator.de (Fachmesse in Bremen); **www.fzk.de** (Forschungszentrum Karlsruhe); **www.izm.fhg.de/mcm/vue** (Fraunhofer-Verbund Mikroelektronik); **www.bmbf.de** (Bundesministerium für Bildung und Forschung)

■ **Auto** → Autotechnik   ■ **Raumfahrt** → Satelliten

Nanotechnologie

Künstlicher Bau von Strukturen im Nanometerbereich (1 nm = 1 Millionstel mm), d. h. in der Größenordnung einzelner Moleküle. Möglich wurde die N. durch die in den 80er Jahren entwickelte Raster-tunnel- und Rasterkraftmikroskopie.

Eigenschaften: Nanoteilchen und -strukturen zeigen besondere elektrische und optische Reaktionen wegen ihres hohen Anteils an Oberflächenatomen sowie wegen Quanten- und Tunneleffekten: Kraftänderungen wirken sich nicht mehr kontinuierlich aus, sondern in Stufen (Quanten). Beim Tunneleffekt dringen Teilchen, meist Elektronen, durch eine schmale Zone (Potenzialwall), in der die potenzielle Energie höher ist als ihre kinetische Energie.

Moletronik: US-amerikanische Chemiker fanden im November 1999 ein Molekül, das als elektrischer Schalter funktionieren und in Zukunft vielleicht die herkömmlichen Transistoren aus Silizium ersetzen kann. Es gelang der Neueinstieg in die molekulare Elektronik (Moletronik), nachdem es erste Versuche schon Ende der 50er Jahre gegeben hatte. Das kreuzförmige Molekül besteht aus drei Benzolringen mit einer Nitro- und einer Aminogruppe am Zentralring. Eine zwischen zwei Elektroden liegende Schicht dieses Stoffes leitet ab einer bestimmten Spannung den Strom (»ein«), unterhalb der Schwelle leitet sie nicht (»aus«). Während herkömmliche Transistoren nicht kleiner werden können als 50 nm, könnten molekulare Schaltungen noch viel kleiner, schneller und billiger sein, weil Nanostrukturen selbstständig wachsen können.

Nanoröhrchen: In den 1990er Jahren wurde erkannt, dass Kohlenstoff unter bestimmten Bedingungen Röhrchen bildet, die nur wenige Nanometer dick und einige Mikrometer lang sind. Sie sind extrem steif, druck- und reißfest sowie leitfähig. Um 2000 arbeiteten Forscher weltweit daran, diese Röhrchen als elektrische Leiter (»Quantendrähte«), zur Verstärkung von Leichtbau-Werkstoffen oder als Wasserstoffspeicher für Brennstoffzellen einzusetzen.

Anwendungen: Nanopartikel (kurz Nanos) sollen Autolack, Brillen- und Uhrgläser kratzfest machen. Eisen-Nanos könnten in der Krebschirurgie zum Zerstören von Tumorzellen benutzt werden. Nanoporöse Katalysatoren haben dank ihrer

großen Oberfläche einen sehr hohen Wirkungsgrad und wurden 1999 bereits in Gassensoren eingebaut. Selbstreinigende Fenster, Dachziegel und Fassadenfarben waren 2000 bereits im Einsatz; von ihrer mikrorauen Oberfläche perlen Wassertropfen kugelförmig ab und nehmen den Schmutz mit.
www.hpl.hp.com/news/molecules_that_compute.html (Moletronik);
www.mail.planetx.com/transhumantech/ msg01003.html (Moletronik); **www.nanonet.de; www.nanoworld.de; www.vdi.de/nanotechnik**

Nobelpreis

Seit 1901 jährlich verliehene Auszeichnung für herausragende Leistungen in Chemie, Medizin und Physiologie, Literatur, Physik und (seit 1969) Wirtschaftswissenschaften sowie für besondere Verdienste um den Erhalt des Friedens

Die N. 1999 waren mit umgerechnet jeweils 1,8 Mio DM dotiert.
Chemie: Der N. ging an den in den USA lebenden Ägypter Ahmed H. Zewail für die Entwicklung einer Lasertechnik, mit der man Atome während einer chemischen Reaktion beobachten kann. Zewail gilt als Begründer der Femtochemie, die mit ultrakurzen Laserpulsen Prozesse von wenigen Femtosekunden (Billiardstel Sekunden) beobachtet.

TOP TEN Nobelpreise insgesamt von 1901 bis 1999

Rang	Land		Anzahl
1.	USA		251
2.	Großbritannien		92
3.	Deutschland		73
4.	Frankreich		50
5.	Schweden		29
6.	Schweiz		18
7.	Russland/UdSSR		17
8.	Italien		14
8.	Österreich		14
10.	Niederlande		13

Frieden: Mit dem Friedens-N. wurde das Engagement der internationalen Hilfsorganisation Ärzte ohne Grenzen (Médecins Sans Frontières) ausgezeichnet. Die 1971 in Frankreich gegründete Organisation leistet mit mehreren tausend freiwilligen Mitarbeitern, darunter Krankenschwestern, Pflegern und Technikern, medizinische Nothilfe in über 80 Ländern. Das norwegische Komitee lobte die »humanitäre Pionierarbeit« der Ärzte und ihre klaren Worte über Ursachen und Schuldige von Kriegen und Katastrophen (siehe James Orbinski, Personenteil).

Nobelpreise nach Ländern: Chemie[1]

Rang	Land		Anzahl
1.	USA		45
2.	Deutschland		26
3.	Großbritannien		25
1) 1901–99			

Nobelpreise nach Ländern: Frieden[1]

Rang	Land		Anzahl
1.	USA		19
2.	Großbritannien		14
3.	Frankreich		9
1) 1901–99			

Nobelpreise nach Ländern: Literatur[1]

Rang	Land		Anzahl
1.	Frankreich		12
2.	USA		10
3.	Großbritannien		7
	Schweden		7
1) 1901–99			

Nobelpreise nach Ländern: Medizin[1]

Rang	Land		Anzahl
1.	USA		79
2.	Großbritannien		23
3.	Deutschland		15
1) 1901–99			

Nobelpreise nach Ländern: Physik[1]

Rang	Land		Anzahl
1.	USA		70
2.	Deutschland		20
3.	Großbritannien		19
1) 1901–99			

Nobelpreise nach Ländern: WiWi[1]

Rang	Land		Anzahl
1.	USA		28
2.	Großbritannien		4
3.	Norwegen		2
	Schweden		2
1) WiWi = Wirtschaftswissenschaften 1969–99			

Literatur: Der deutsche Schriftsteller Günter Grass erhielt den N. für sein Gesamtwerk. Seine »vergnügten schwarzen Märchen porträtieren das vergessene Gesicht des Jahrhunderts«, hieß es zur Begründung. Das Komitee würdigte insbes. seine »Danziger Trilogie«, die Romane »Die Blechtrommel« (1959), »Katz und Maus« (1961) und »Hundejahre« (1963). 1999 veröffentlichte Grass sein Buch »Mein Jahrhundert«.

Medizin und Physiologie: Der deutsch-US-amerikanische Zellbiologe Günter Blobel erhielt den N. für seine Entdeckung, dass neugebildete Proteine (Eiweißmoleküle) in der Zelle mit einem Signalpeptid wie mit einer Art chemischer Erkennungsmarke versehen werden, damit sie den Weg an den Ort finden, wo sie gebraucht werden. Störungen des Mechanismus werden u. a. für Krankheiten wie Mukoviszidose verantwortlich gemacht.

Physik: Die beiden niederländischen Physiker Martinus Veltman und Gerardus 't Hooft wurden ausgezeichnet, weil sie die »Theorie der Elementarteilchenphysik auf festeren mathematischen Grund« gestellt hatten. In den 1970er Jahren vereinfachten sie mathematisch die von Sheldon Glashow, Abdus Salam und Steven Weinberg gefundene Theorie der elektroschwachen Wechselwirkung so, dass sie für praktische Berechnungen angewandt werden konnte.

Wirtschaftswissenschaften: Der kanadische Volkswirtschaftler Robert A. Mundell hatte bereits in den 60er Jahren untersucht, wie das Zusammenspiel von Geld- und Haushaltspolitik mit der Entwicklung einer Volkswirtschaft von der Frage beeinflusst wird, ob Wechselkurse von Währungen festgelegt oder flexibel sind. Bereits 1961 formulierte er eine Theorie für optimale Regionen mit einheitlicher Währung. Die bis heute aktuellen Arbeiten fanden 1999 eine späte Würdigung.

Preisverleihung: Die Preise für Chemie, Frieden, Literatur, Medizin und Physik wurden von dem schwedischen Unternehmer Alfred Nobel (1833–1896) gestiftet und seit 1901 verliehen, der Preis für Wirtschaftswissenschaften 1969 von der Schwedischen Reichsbank. Wissenschaftlerkomitees aus aller Welt nominieren alljährlich bis zum Sommer die Kandidaten. Der Friedens-N. wird am 10.12. (Todestag Nobels) in Oslo verliehen, der Preisträger vom norwegischen N.-Komitee bestimmt. Alle übrigen Preise werden am gleichen Tag in Stockholm verliehen, die Preisträger von den schwedischen N.-Komitees ausgewählt.

www.nobel.se (alle Nobelpreisträger seit 1901);
www.wissenschaft.de (bild der wissenschaft)

Alternative Nobelpreisträger nach Regionen 1980–1999[1]

Europa	23
Östl. und südl. Asien	16
Nordamerika	10
Lateinamerika	10
Afrika	8
Westl. Asien	4
Australien und Ozeanien	3
Internationale Gruppen	4

Alternative Nobelpreisträger nach Fachgebieten 1980–1999[2]

Umwelt- und Naturschutz	24
Wirtschaft und Entwicklung	20
Menschenrechte u. Minderheitenschutz	13
Frieden und Völkerverständigung	10
Bildung und Sozialwesen	9
Medizin und Gesundheitswesen	3

1) jeweils absolute Zahlen; 2) ein Preis international

Nobelpreis, Alternativer

(eigtl. Right Livelihood Award, engl.: Preis für rechte Lebensführung), seit 1980 jährlich verliehener Preis für herausragende Leistungen zur Lösung von Menschheitsproblemen

1999 vergab die Right Livelihood Foundation den undotierten Ehrenpreis an den deutschen Sozialdemokraten Hermann Scheer, der sich mit seinem Verein Eurosolar für Förderung und Ausbau regenerativer Energien, vor allem der Sonnenenergie, einsetzt. Das Preisgeld von umgerechnet 450 000 DM ging zu gleichen Teilen an
– den spanischen Staatsanwalt Juan Garces, der unentgeltlich das Auslieferungsverfahren gegen den chilenischen Ex-Diktator Augusto Pinochet vorangetrieben und »eine reale Aussicht geschaffen hat, dass es im nächsten Jahrtausend kein Versteck mehr geben wird für Diktatoren, die Verbrechen gegen die Menschheit begehen«

– die kubanische Organisation Grupo de Agricultura Orgánica (GAO), die den Aufbau einer organischen Landwirtschaft auf Kuba organisiert

– die kolumbianische Organisation COAMA (Consolidation of the Amazon Region), die ein Netzwerk von »Graswurzel-Initiativen« für den Schutz der Eingeborenen und der Artenvielfalt im Regenwald aufbaut.

Stifter: Der »Preis für rechte Lebensführung« wurde 1980 von dem deutschschwedischen Journalisten und Briefmarkenhändler Jakob von Uexküll gestiftet mit dem Ziel, »diejenigen zu ehren und zu fördern, die für unsere drängendsten Probleme eine praktische und beispielgebende Antwort bieten«. Uexküll war mit der Vergabepraxis des Nobelpreiskomitees unzufrieden, da es neue Ansätze abseits des etablierten Wissenschaftsbetriebes zu wenig berücksichtige.

www.rightlivelihood.se/; www.eurosolar.org/ Mitteilungen/nobelscheer.html

Patentanmeldungen

Anträge: 1999 gingen beim Deutschen Patent- und Markenamt (DPMA, München) 94 067 P. ein, 12,9% mehr als im Vorjahr. Dazu kamen 76 434 Anträge auf Markenschutz (11,7% mehr als im Vorjahr). 54,3% der P. kamen aus dem Inland (51 105, +7,3%). Stärker, nämlich um 26,7%, stiegen die P. aus dem Ausland (42 962), überwiegend aus den USA und aus Japan. Nur 14% der P. kamen von privaten Erfindern, der Rest von Unternehmen, vor allem aus der Auto- und Elektrobranche. Die meisten P. bezogen sich auf Fahrzeug- und Maschinenbau, Mess- und Prüftechnik. Stark angewachsen war die Zahl der P. in Kommunikations-, Bio- und Gentechnik. Mit 25,2% hatte Bayern den größten Länderanteil, gefolgt von Baden-Württemberg und NRW. Ursache war vor allem, dass die vier größten Einzelanmelder (Siemens mit 3743 P., Bosch mit 2393, BASF mit 1344 und DaimlerChrysler mit 1278) alle in Süddeutschland beheimatet sind.

Erteilte Patente: Die Zahl der erteilten Patente sank um 4,8% von 15 682 (1998) auf 14 921 (1999). Durch den drastischen Personalabbau beim DPMA 1995–98 wuchs die Zahl nicht erledigter Anträge auf fast

Patentanmeldungen nach Bundesländern

	Anteil[1] (%) 1999	pro 100 000 Einw. 1998	1999
Bayern	25,2	97	107
Baden-Württ.	22,9	105	112
Nordrh.-Westf.	19,8	54	56
übrige	32,1	37	39

1) an der Zahl der P. aus dem Inland (51 105); ganz Deutschland Anteil 1999: 100,0%; pro 100 000 Einw. 1998: 58, 1999: 62; Quelle: Deutsches Patent- und Markenamt; eigene Berechnung

Patentanmeldungen in Deutschland

	1999	Änderung (%)[1]
insgesamt	94 067	▲ +12,9
aus dem Inland	51 105	△ + 7,3
aus dem Ausland	42 962	▲ +26,7

1) gegenüber 1998; Quelle: Deutsches Patent- und Markenamt

100 000 Fälle; im Durchschnitt vergingen 31 Monate bis zur Erteilung des Patents. Anfang 2000 wurde das Personal des Amtes wieder leicht aufgestockt.

Biopatente: Erstmals widerrief das Europäische Patentamt im Mai 2000 ein Schutzrecht, das auf Öl des indischen Neembaumes, wegen fehlender Neuheit, und gab den Einsprüchen indischer Wissenschaftler und Unternehmer Recht. Der US-amerikanische Agrarkonzern Grace und das US-Landwirtschaftsministerium hatten sich ein pilztötendes (fungizides) Öl aus Neem-Samen patentieren lassen, das von indischen Bauern seit Jahrhunderten zum gleichen Zweck verwendet und von einem indischen Unternehmen seit 25 Jahren verkauft wird. In den USA war das Patent jedoch weiterhin gültig.

Internet-Patente: Umstritten waren in den USA und Europa Schutzrechte auf Internet-Geschäftsideen, die sonst nicht patentierbar sind. Da sie, übertragen auf das Internet, aber spezielle Software erfordern, konnten US-Unternehmen um 2000 zahlreiche Patente auf Verfahren anmelden, die in anderen Medien schon seit Jahrzehnten praktiziert wurden.

Urteil: Das Bundesverfassungsgericht in Karlsruhe entschied im Juni 2000, dass der Inhaber eines Patents nicht verhindern kann, dass seine Wettbewerber die geschützte Erfindung durch Experimente weiterentwickeln. Das Interesse der Allgemeinheit an der weiteren Forschung stehe vor den Schutzinteressen des Patentinhabers. In dem Rechtsstreit ging es um ein Medikament gegen Arthritis, das eventuell auch gegen andere Krankheiten hilft.

www.dpma.de (Deutsches Patent- und Markenamt); **www.european-patent-office.org** (Europäisches Patentamt); **patents.fiz-karlsruhe.de** (Patent- und Fachdatenbanken für Recherchen); **www.patent.net**

Quantenphysik

Die von Max Planck um 1900 begründete Physik (Quantenmechanik, Quantenoptik, Quantenelektronik), die auf dem Welle-Teilchen-Dualismus aufbaut: Mikrophysikalische Objekte verhalten sich je nach Art der Beobachtung als Teilchenkomplex oder wie eine Welle. Wechselwirkungen zwischen mikrophysikalischen Objekten (z. B. Elementarteilchen) erfolgen nicht stetig, sondern portionsweise, in Einheiten gleicher Größe (Quanten).

Bose-Einstein-Kondensat: Dank raffinierter Kühltechniken (Laser- und Verdampfungskühlung) gelang es 1995 erstmals, in einer Magnetfalle ein sog. Bose-Einstein-Kondensat zu erzeugen, in dem Gasatome kurz vor dem absoluten Nullpunkt (0 Kelvin = –273,15 °C) so eng zusammenrücken, dass sich ihre Materiewellen überlagern und sie ein einziges quantenmechanisches Objekt bilden. 1997 wurde die Existenz von Materiewellen in Cambridge/USA erstmals anhand von Interferenzbildern nachgewiesen. Physikern in Garching und München gelang es Ende 1999, den Übergang eines Gases in diesen Zustand sichtbar zu machen.

Atomlaser: Wissenschaftler um Wolfgang Ketterle vom Massachusetts Institute of Technology (MIT) in Cambridge/USA entwickelten 1999 einen Atomlaser, der die Teilchenzahl in einem Atomstrahl erhöht, also Materiewellen verstärkt. Sie schossen Laserpulse durch ein Bose-Einstein-Kondensat. Der erste Puls beschleunigte einige Atome zu einem dünnen Atomstrahl, der am anderen Ende austrat. Ein zweiter Laserpuls regte weitere Atome an, sich in den Atomstrahl einzuklinken.

Quanten-Fata-Morgana: In einem IBM-Forschungslabor in den USA wurde 1999 die Information über ein Atom an einen Ort projiziert, an dem sich gar kein Atom befand. Mit Hilfe eines Niedrigtemperatur-Rastertunnelmikroskops hatte das IBM-Team mehrere Dutzend Kobalt-Atome auf einer Kupfer-Oberfläche zu einer großen Ellipse angeordnet. Die Ellipse reflektierte die Atome der Kupfer-Oberfläche in einem bestimmten Wellenmuster. Als die Forscher ein weiteres, magnetisiertes Kobaltatom in einen der Brennpunkte der Ellipse platzierten, erschien im zweiten Brennpunkt ein »Phantombild« des Kobalt-Atoms: Die Oberflächenatome dort zeigten die selben angeregten Zustände, obwohl es in ihrer Nähe kein magnetisches Kobalt-Atom gab.

Atom-Pinzette: In Garching fingen Forscher 2000 erstmals ein ungeladenes Gasatom im Schwingungsbauch eines schwachen Laserstrahls und hielten es wie mit einer Pinzette fest. Dabei entstand kurzfristig eine Art Molekül aus Atom und Photon.

Anwendungen: Mit dem Atomlaser könnten extrem feine Mikroskope gebaut oder Strukturen auf Mikro- bzw. Nanochips Atom für Atom aufgebracht werden. Atom-Photon-Moleküle könnten Informationen zwischen superschnellen Quantencomputern übertragen.

www.mpq.mpg.de (MPI für Quantenoptik mit Einführung in das Thema Bose-Einstein-Kondensat); **www.rleweb.mit.edu/rlestaff/p-kett.htm** (W. Ketterle zu Atomlaser und Bose-Einstein-Kondensat); **www.ozk.uni-konstanz.de/ozk97/node21.html** (Bose-Einstein-Kondensat); **www.almaden.ibm.com/almaden/media/image_mirage.html** (Bilder des Fata-Morgana-Effekts)

Roboter in der Industrie	
Jahr	*Roboter*
2000[1)]	107 000
1998	85 565
1996	66 600
1994	48 480
1992	39 390
1990	28 240

1) Prognose; Quelle: Verband Deutscher Maschinen- und Anlagenbau (VDMA, Frankfurt/M.), www.vdma.de

Die Zahl der Industrie-Roboter in Deutschland hat sich 1990–2000 fast vervierfacht, der Umsatz seit Mitte der 90er Jahre verdoppelt.

Roboter

Computergesteuerte Automaten mit zahlreichen Bewegungsmöglichkeiten, die mit Greifern, Werkzeugen u. a. in mehreren Achsen bewegbar operieren können

Markt: In den 90er Jahren wuchs die Maschinenbausparte Robotik und Automation in Deutschland zweistellig. Der Umsatz

1999 erhöhte sich um 10% auf 9,56 Mrd DM, für 2000 wurden 10,5 Mrd DM erwartet. 10 550 R. wurden 1999 in Betrieb genommen, was die Summe der bis dahin in D. installierten R. auf 96 100 erhöhte. Bei einer max. Nutzungsdauer von 15 Jahren ergab sich für 2000 lt. Prognosen des Verbandes Deutscher Maschinen- und Anlagenbau (VDMA, Frankfurt/M.) ein Bestand von 107 000 R. Die Autoindustrie als wichtigste Abnehmerbranche steigerte ihren Marktanteil auf 50%. Anwendungen wie Kommissionieren und Palettieren, Handling und Montage hatten 2000 an Bedeutung gewonnen. Dank Sensoren, Aktoren und Bildverarbeitung können R. fühlen, hören und sehen. Durch weiteres Zusammenwachsen der Robotik mit anderen Technologien wie Industrie-Software, Elektronik/Elektrotechnik, Montage- und Handhabungstechnik sowie Antriebstechnik wird sich zukünftig als Sammelbegriff Fabrikautomation etablieren. Der Stundenpreis für eine Roboterzelle (inkl. Anschaffung, Abschreibung, Betriebskosten) lag um 2000 bei 15–30 DM (Automobilarbeiter: 80 DM/h).

Biomimetische Systeme (biologische Prozesse/Strukturen nachahmend): Als neue autonome Generation sollen diese R. Anfang des 21. Jh. Minen entdecken, Expeditionen unternehmen und in Katastrophengebieten selbständig und ohne menschliche Hilfe nach Verschütteten suchen. Gesteuert wird der R. über Software, die es ihm erlaubt, sich an die jeweiligen Erfordernisse der Umwelt anzupassen. Er lernt und kann selbst entscheiden, was er unternimmt. Um 2003 soll sich ein 30 cm langer R. namens »Scorpion« 25 Meilen durch die Mojave-Wüste nahe Death Valley/USA schlagen – allein, ohne Fernsteuerung, wochenlang. Vier Mikroprozessoren, die mit drei Satelliten kommunizieren, sollen ihn lotsen. In einem weiteren Projekt entstand um 2000 ein biomimetischer Unterwasser-R. nach Hummer-Vorbild. »Lobster« soll helfen, minenverseuchte Strände zu reinigen. Auftrag und Fördermittel kamen in diesem und in weiteren Fällen vom US-Militär. Auf dem Programm standen auch ein kletternder R. auf Basis eines Geckos und ein R. zur Kanaluntersuchung, dessen Konstruktion auf den Bewegungen einer Schlange beruht.

Meteoritensucher: »Nomad« ist ein vierrädriger R., der in der Antarktis voll-

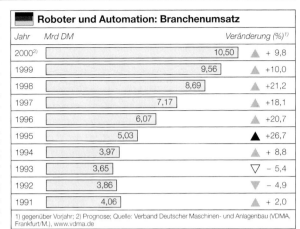

Roboter und Automation: Branchenumsatz

Jahr	Mrd DM	Veränderung (%)[1]
2000[2]	10,50	▲ + 9,8
1999	9,56	▲ +10,0
1998	8,69	▲ +21,2
1997	7,17	▲ +18,1
1996	6,07	▲ +20,7
1995	5,03	▲ +26,7
1994	3,97	▲ + 8,8
1993	3,65	▽ – 5,4
1992	3,86	▼ – 4,9
1991	4,06	▲ + 2,0

1) gegenüber Vorjahr; 2) Prognose; Quelle: Verband Deutscher Maschinen- und Anlagenbau (VDMA, Frankfurt/M.), www.vdma.de

kommen selbstständig nach Meteoriten suchen soll. Im Rahmen des von der NASA finanzierten ANSMET-Projekts (Antarctic Search for Meteorites) verfolgt der R. ein selbstgewähltes Suchmuster so lange, bis seine hochauflösende Kamera im Eis ein Gesteinsstück entdeckt. Vor Ort unterscheidet der R. außerirdisches von terrestrischem Geröll. Ergibt die Analyse Meteoritengestein, übermittelt »Nomad« die Position und liefert Bilddaten. Das erste Suchgebiet sollte die Elefanten-Moräne in der Antarktis sein, wo schon über 2000 Meteoriten gefunden wurden.

Service-Roboter: In der Erprobung war im Jahr 2000 eine Art interaktiver Pfadfinder auf Rädern mit Kamera. Die bis Ende 2000 geplante zweite Generation sollte eine neue Form der Telepräsenz schaffen. Statt selbst an einer Veranstaltung teilzunehmen, schickt man seinen »Stellvertreter«, den man von Zuhause via Internet steuert und z. B. an Gesprächen teilnehmen lässt. Um sich vor Ort bewegen zu können, muss das Fahrzeug eine innere Karte des Gebäudes erstellen, durch das es rollt und Zielanweisungen befolgt.

Hafenarbeiter: Beim Abstrahlen von Schiffen mit Sand gelangen meist giftige Farbreste in die Umwelt und belasten die Arbeiter. Ein neuer lenkbarer NASA-R. entfernt den Schiffslack ohne Umweltbelastung. Basierend auf NASA-R.-Technik für das All sammelt »M2000« das abgestrahlte Farb-Wasser-Gemisch und filtert es, auf

Roboter des Telerobotics-Programms der NASA, dessen Ziel es ist, bis 2004 mindestens 50% der notwendigen EVA-Aktivitäten im All und auf Planetenoberflächen durch Roboter ausführen zu lassen. Von o. l. nach u. r.: Marsokhod (Marserkundung), Nomad (Erkundung von Eiswüsten), Ambler, Robby, Ranger TFX (Freifliegender Roboter zur Wartung von Satelliten), Sojourner, Rocky VII und Dante (Erkundung von Vulkanen)

Sand wird verzichtet. Der R. hält sich bei der Arbeit mit Magneten am Schiff, setzt Hochdruckstrahler ein und wird von einem Controller auf dem Schiffsrumpf geführt. Das gefilterte Wasser kommt nach dem Entfernen der Farbreste wieder zum Einsatz.

Operateur: Weltweit erstmals wurden um 2000 am Berliner Klinikum Charité zwei Frauen mit einem Medizin-R. erfolgreich am Kopf operiert. Die 14- und 21-jährigen Patientinnen hatten schwere Fehlbildungen an jeweils einem Ohr. Mit Hilfe des an der Decke hängenden R. wurden ihnen zwei Magnetstifte implantiert, die ein täuschend echtes Silikonohr halten. Der Eingriff dauerte 3,5 h. Etwa 170 solcher Medizin-R. –

ca. 70 davon in Deutschland – waren 2000 im Einsatz. Sie assistierten beim Bohren von Löchern in Oberschenkelknochen für Hüftprothesen oder bei Bypassoperationen am Herzen.

www.c-lab.de (Pfadfinder/Stellvertreter im Einsatz); **www.wissenschaft.de** (Bild der wissenschaft); **www.borneo.gmd.de/BAR** (Biomimetische R.); **www.vdma.org/fabrikautomation** (Verband Deutscher Maschinen- und Anlagenbau)

Supraleiter

Stark gekühlte elektrische Leiter mit einem Widerstand nahe Null

Kabel: Im Jahr 2000 gelang es in den USA erstmals, praktisch verwendbare supraleitende Kabel zu konstruieren. Die Innenstadt von Detroit solle vom 1.1.2001 an über drei Kabel mit Strom versorgt werden. Sie bestehen aus Wellrohren, durch die der flüssige Stickstoff fließt, umwickelt vom keramischen S. in einer Silberhülle, außen eine Isolierung und ein Stahlrohr. Für den breiten Einsatz waren die Kabel Mitte 2000 noch nicht zuverlässig genug und zu teuer (500 DM pro Kiloampere und Meter).

Pioniere: 1986 hatten der Schweizer Karl Alex Müller und der Deutsche Georg Bednorz die Hochtemperatur-S. (HTS) entdeckt: keramische Stoffe, die Supraleitung nicht, wie bis dahin angenommen, erst beim absoluten Nullpunkt (−273,15 °C), sondern bereits bei der Temperatur von flüssigem Stickstoff (−196 °C) ermöglichten. Die beiden Forscher erhielten für ihre Entdeckung 1987 den Physiknobelpreis.

Mobilfunk: In Relaisstationen von US-Mobilfunknetzen wurden 1999 erstmals supraleitende Bandfilter im Normalbetrieb eingesetzt. Sie waren kleiner und leistungsfähiger als übliche Kupfer-Bandfilter und sollten auch in Kommunikationssatelliten eingebaut werden.

www.amsuper.com (Kabel, Motoren usw.); **www.ilsc.com** (Bandfilter)

Technologiezentren

(Gründer- und Innovationszentren, Technologieparks), konzentrierte Ansiedlungen junger und forschungsorientierter Kleinunternehmen auf von Kommunen oder privaten Investoren erschlossenen Geländen

Ende 1999 gab es in Deutschland mind. 380 T. mit insgesamt 10 300 Unternehmen und 69 000 Beschäftigten – deutlich mehr als im

Vorjahr (268 T. mit über 5000 Unternehmen und 56 000 Beschäftigten). Vor allem in Ostdeutschland wurden zahlreiche T. neu gegründet. Weitere 2340 Firmen mit 71 000 Beschäftigten verließen als erfolgreiche Unternehmen bis Ende 1999 die T., in denen sie gegründet worden waren.

Transgene Lebewesen

Tiere oder Pflanzen, in deren Genom (Gesamtheit des Erbguts) mit Gentechnik Erbanlagen (Gene) anderer Lebewesen eingesetzt wurden, z. B. Tiere mit menschlichen oder Pflanzen mit Bakteriengenen.

Nutzpflanzen: 1999 wurden weltweit auf fast 40 Mio ha transgene Nutzpflanzen angebaut; 72% der Fläche lagen in den USA. Anfang 1999 waren dort 35 transgene Nutzpflanzensorten zugelassen, in der EU acht. 1999 waren in den USA 35% der Mais- und 55% der Soja-Anbauflächen (16 Mio ha) mit transgenen Sorten bepflanzt. In Europa gab es nur sehr begrenzte Anpflanzungen in Spanien, Frankreich und Deutschland, vor allem 20 000 ha Bt-Mais in Spanien.

Gen-Raps: In Deutschland, Großbritannien, Frankreich und Schweden tauchte im Mai 2000 auf normalen Rapsfeldern genmanipulierter Raps auf. Das Saatgut war nach Angaben des kanadischen Herstellers verwechselt worden. Experten hielten es jedoch für wahrscheinlicher, dass es von Rapsfeldern stammte, in deren Nachbarschaft auch genmanipulierter Raps angebaut wurde. Pollen dieses Rapses hätten einzelne Pflanzen auf dem Nachbarfeld bestäuben und das Fremdgen verbreiten können. Der in der Baden-Württemberg gefundene Bestand war zu 0,03% genetisch verunreinigt und wurde lt. Bauernverband komplett zu Biodiesel verarbeitet.

Gentransfer: Forscher aus Jena wiesen im Frühjahr 2000 erstmals nach, dass transgenes Erbgut von Raps auf Mikroorganismen übertragen werden kann. Im Darm von Honigbienen, die Pollen von transgenem Raps gefressen hatten, fanden sie Mikroben mit dem veränderten Rapsgen. Die Folgen waren offen, die Bienen waren aber gesund.

Versuchstiere: In San Diego/USA wurden Anfang 2000 transgene Mäuse gezüchtet, die an der Parkinson-Krankheit (Schüttellähmung) litten. Ein neues Gen bewirkte bei den Mäusen die Bildung des menschlichen Proteins Alpha-Synuklein. Es lagert sich im

Technologiezentren		
Bundesland	Technologiezentren	
Baden-Württ.		38
Bayern		23
Berlin		19
Brandenburg		34
Bremen	4	
Hamburg	4	
Hessen	8	
Meckl.-Vorp.		23
Niedersachsen		19
Nordrh.-Westf.		91
Rheinland-Pfalz	15	
Saarland	4	
Sachsen		38
Sachsen-Anhalt		19
Schlesw.-Holst.		23
Thüringen		19

Stand: Ende 1999; Quelle: ADT, eigene Berechnung

Das bevölkerungsreichste Bundesland NRW investierte bis 2000 am meisten in Entwicklung und Ausbau von Technologiezentren. Die insgesamt 91 Forschungsstätten konzentrieren sich auf das Ruhrgebiet und den Raum Köln/Bonn.

Gehirn ab und erzeugt Lähmungen. Den Prozess wollten die Forscher an den Mäusen nachvollziehen. In Basel/Schweiz erzeugten Genetiker 1999 »geschrumpfte« Fruchtfliegen mit 50% kleineren Zellen als bei üblichen Exemplaren. Der Versuch, bei dem das Zellwachstum gentechnisch verlangsamt wurde, diente der Krebsforschung.

Xenotransplantation: Vor allem US-amerikanische und britische Unternehmen forschten um 2000 mit transgenen Schweinen als Organspender für Menschen. Um die Abstoßungsreaktion des menschlichen Körpers gegen Fremdorgane abzuschwächen, versuchten die Wissenschaftler gentechnisch, den Organen der Schweine die Protein-Oberfläche menschlicher Organe zu geben. Bis Mitte 2000 wurde noch kein solches Organ in einen Menschen verpflanzt. Wegen der Gefahr, dass unbekannte Viren übertragen werden könnten, wurden in der Schweiz 1999 Xenotransplantationen auf drei Jahre verboten (Moratorium).

www.dechema.de/deutsch/isb/zahlen.htm (Informationssekretariat Biotechnologie der Industrie); **www.biogene.org/themen/biotech/news1.html** (Öko-Institut); **agrar.de/news/**

Freizeit und Unterhaltung

After Work Clubbing

(engl.; nach der Arbeit ausgehen)

Ende 1999 hielt die Geschäftsidee des A., ursprünglich in den 90er Jahren in New York entstanden, Einzug in die Partyszene der deutschen Großstädte. Direkt nach der Arbeit nutzten Angestellte, Beamte und Manager von 20 bis 35 Jahren die Clubs in Hamburg, Berlin, Hannover u. a. deutschen Städten von ca. 18.00 bis 1.00 Uhr als Tanzfläche und Bar. Die Clubs dienten wie in den USA der Entspannung sowie der privaten und geschäftlichen Kontaktaufnahme für die Karriereplanung. Die Veranstalter der gewinnträchtigen Party-Variante A. planten 2000 die Ausweitung des Konzepts auf ganz Deutschland.

CD-ROM

(Compact Disc Read Only Memory, engl.; CD mit nur lesbarem Speicher), Speicherplatte für Computer, auf der nichtlöschbare Daten festgehalten werden, die vom Laserstrahl eines C.-Laufwerks abgetastet werden.

CD-ROM: Glossar

▸ **CD-ROM:** Beschreiben der CD-R bzw. CD-RW. Per Laserstrahl brennt der CD-Recorder winzige Vertiefungen (Pits) in die untere Polycarbonat-(Farbstoff-)Schicht der C. Zum Lesen der Informationen tastet der HiFi-CD-Spieler bzw. das CD-Laufwerk des PC Vertiefungen und unbeschriebene Stellen (Lands) ab. Die unterschiedliche Laufzeit des reflektierten Laserstrahls wird als Null oder Eins (Binärcode) gelesen.

▸ **CD-R** (CD-Recordable, engl.; beschreibbare CD): Ein CD-R-Laufwerk kann Daten auf einer speziellen CD speichern (nur einmal beschreibbar, Speicherkapazität bis 650 MB). Die Daten werden mit einem Laserstrahl bei einer Temperatur bis 700° C auf die CD gebrannt. Mit diesem Verfahren können Sicherungskopien von Computerdateien oder Musik-CD hergestellt werden. Das immer preiswertere

Brennen von C. (ab 400 DM für den C.-Recorder und 2–3 DM für leere C., sog. Rohlinge) wurde um 2000 verstärkt von Raubkopierern (Softwarepiraten) genutzt (Kosten pro gespeichertem MB: 0,5 Pf).

▸ **CD-RW** (CD-ReWriteable, engl.; wiederbeschreibbare CD): Ein CD-RW-Laufwerk kann Daten auf entsprechenden Medien löschen und sie neu beschreiben (bis zu 1000-mal). Die CD-RW besitzt eine Speicherkapazität bis 650 MB. CD-RW und CD-R können meist mit den gleichen Recordern beschrieben werden. Bis 2001 wurde mit weltweit 24 Mio verkauften CD-RW gerechnet (Stückkosten: ca. 6 DM). Lt. US-Marktforschungsinstitut IDC wird die DVD (Digital Versatile Disc, engl.; digitale vielseitige Scheibe) die C. in wenigen Jahren als Nachfolgemedium weitgehend ersetzen.

Mit einer Speicherkapazität von ca. 650 MB setzte sich die C. mit den wiederbespielbaren CD-R und CD-RW (ReWriteable) u. a. dank der Verbreitung von CD-Brennern um 2000 auch in Privathaushalten gegenüber der Diskette (Kapazität: 1,4 MB) als Speichermedium durch; C.-Laufwerke gehörten zur Standardausrüstung eines PC. Konkurrenz erhielt die C. um 2000 durch das jüngere Medium DVD (digital versatile disc; engl.; vielseitig verwendbare digitale Scheibe) mit bis zu 26-fach größerem Speichervermögen (bis 17 GB).

CD-Prom (Compact Disc Programmable ROM): Die hybride C., die 1999 bereits von Kodak als Speichermedium für Fotos genutzt wurde, besteht aus beliebig großen Teilen, die entweder wie eine C. gepresst worden sind oder wie eine CD-R beschreibbar sind (Gesamtspeicherplatz: 680 MB). Beim Verkauf größerer Stückzahlen sollte das neue Medium kaum teurer sein als eine CD-R. Marktchancen hatte es beim Direktmarketing und im Vertrieb von Software und Musik. So könnten z. B. aktuelle Software-Updates kurz vor Auslieferung auf die CD-Prom gebrannt werden; Kataloge könnten mit aktuellen Preisen versehen werden, ohne dass ein Kunde sie umständlich aus dem Internet herunterladen müsste.

d-Box

(digital box), Dekoder, der von der BetaResearch GmbH für die Kirchgruppe, Anbieter von Pay-TV-Programmen wie Premiere World, entwickelt wurde

Die d. bietet Abonnenten Informationen und Service; ein elektronischer Programmführer (EPG) liefert eine Übersicht aller empfangbaren Sender, Wissenswertes zu einzelnen Sendungen sowie Programmvorschauen. Sie programmiert den Videorekorder und aktiviert bei Bedarf die Kindersicherung. Durch Software-Updates via Kabel oder Satellit können die Services der d. aktualisiert werden.

d-Box II: Die neue d. wurde bereits vor Weihnachten 1999 auf den Markt gebracht, um vom Ansturm der Kunden auf Pay-TV zu profitieren. Allerdings waren noch nicht alle technischen Möglichkeiten der neuen d. nutzbar. Sie empfing aber außer Pay-TV auch freie Digitalprogramme wie ARD oder SAT.1. Für 2000 wurden weitere Verbesserungen angekündigt: Die d. sollte Dolby-Digital-Empfang ermöglichen (Pro 7 sendete bereits Spielfilme mit diesem an das Kino erinnernde Klangvolumen), außerdem sollte der Nutzer zwischen den Satelliten Astra und Eutelsat hin und her schalten können. Als weiteres Angebot waren über die d. auch Videotextempfang und Internet-Zugang gepplant.

Code-Karten: Ende 1999 knackten lt. Magazin »Focus« Hacker den Code der für den Betrieb der d. benötigten Chipkarte. Programme mit Namen wie »Kartenzauber« und »Key-All« konnten aus dem Internet auf PC heruntergeladen und auf die Code-Karten von Pay-TV-Sendern überspielt werden; die Sendungen konnten danach unverschlüsselt und kostenfrei empfangen werden. Schwarzmarktpreise für die sog. Piratenkarten lagen bei bis zu 600 DM.

www.kirchgruppe.de
  Computer → Chipkarte → Hacker → Softwarepiraterie **Medien** → Pay-TV

Digitale Kamera

Ende 1996 kamen erstmals kompakte und preisgünstige digitale Kameras auf den Markt. Die Bilder werden von Sensoren elektronisch eingelesen und gespeichert. Der Sensor besteht aus CCD-Fotozellen (charge coupled devices, engl.; ladungsgekoppelte Elemente). Sie reagieren mit Spannungsänderungen auf einfallendes Licht und wandeln die Informationen in digitale Signale um. Die Anzahl der CCD ist neben

Digitale Kamera: Modelle im Leistungsvergleich

Merkmale	Olympus C-21	Sony MVC-FD88	Fuji MX-2900 Zoom	Toshiba PDR-M5	Kodak DC 280	Canon Powershot 510
Aufnahmesystem	Tiff, Jpeg	Jpeg, Mpeg-1	Tiff, Jpeg	Jpeg	Jpeg	Jpeg
Speichermedium	Smart Media Karte mit 2–32 MB	3,5"-Diskette	Smart Media Karte mit 4–32 MB	Smart Media Karte mit 2–32 MB	20 MB Compact-Flash-Karte	Compact-Flash Typ I + II; Festplatten (z.B. IBM Microdrive 340 MB)
Speicherkapazität (min./max.)	8 MB-Karte (1–122)	k.A.	8 MB-Karte (1–35)	8 MB-Karte (k.A.)	20 MB-Karte (32 –245)	8 MB-Karte (4 –24)
Bildsensor	0,5" CCD	1/3,6" CCD	1/1,7" CCD	0,5" CCD	k.A.	0,5" CCD
Bildauflösung[1]	2 140 000	1 250 000	2 300 000	2 140 000	2 050 000	2 110 000
Fokus	7,0 mm/F 2,4	8 x opt./16 x digital Zoom	35 –105 mm (bez. auf KB-Format)	3 x opt./16 x digital Zoom	2 x opt./3 x digital Zoom	6,3 –12,6 mm/ F2,8 –4,0 (35 bis 70 mm bezogen auf KB-Format)
Stromversorgung	1 x 3V Li-io-Batterie (CR V3)	Li-io Akku	Li-io Akku	Li-io Akku	4 AA (Mignon) Batterien oder Akkus	NIMH-Akku, Netzadapter, 2 CR5 Li-Batterien, CR2016 Li-Batt. (für Datum/Uhrzeit)
Monitor	4,5" LCD Farbmonitor 114000 Pixel	2,5" LCD Farbmonitor	2-Inch-TFT-LCD 130000 Pixel	4,5" LCD 122320 Pixel	k.A.	2,5" LCD Farbmonitor 114000 Pixel
Gewicht	190 g (ohne Batt. und Speicherkarte)	530 g (ohne Akku)	345 g (ohne Akku)	320 g (ohne Akku)	k.A.	270 g (ohne Batt. und Speicherkarte)
Preis (DM)	ca. 1600	unter 2000	ca. 1800	k.A.	ca. 1700	ca. 1700

1) Pixel; Quelle: Die Welt 10/1999

der Linse der entscheidende Faktor für die Qualität des Bildes. Eine D. speichert meist je nach Auflösung 12–24 Bilder im JPEG-Format; bei Erweiterung der Speicherkapazität mit z. B. einer PC-Card erhöht sich die Bildmenge. Die Aufnahmen können direkt in den PC überspielt, dort nachbearbeitet und mit einem Farbdrucker ausgedruckt werden. Das Marktforschungsunternehmen Frost & Sullivan erwartete für Europa bis 2004 bei D. ein Umsatzvolumen von 900 Mio US-Dollar.

Camcorder: Anfang 2000 vorgestellte digitale Camcorder verfügten zusätzlich über die Funktionen einer D. Panasonic präsentierte den NV-D555 für rund 3000 DM, der mit einer zusätzlichen Speicherkarte bis zu 50 Fotos mittlerer Qualität festhalten und mit einem Adapter von der Karte zum Computer übertragen kann. Auch Filmaufnahmen können als Einzelbilder weiter verarbeitet werden. Ein ähnliches Leistungsspektrum bot die Videokamera GR-DVL 9800 von JVC (Preis: ca. 4000 DM). Bilder und Amateurfilme können von der Kamera in den Computer übertragen werden und umgekehrt.

www.digitalkamera.de (Produkt- und Händlerinformationen)

DVD

(Digital Versatile Disc, engl.: digitale vielseitige Scheibe), auch Digital Video Disc

Die CD-große D. (Durchmesser: 12 cm, Stärke: 1,2 mm), hat ein bis zu 26-fach größeres Speichervermögen (4,7 GB–17 GB), so dass ein kompletter Spielfilm in bester Bild- und Tonqualität gespeichert werden kann. Viele D.-Videos boten Mitte 2000 die Möglichkeit, den Film in bis zu acht verschiedenen Sprachen und mit bis zu 32 Untertiteln anzuschauen. Bei einigen D.-Sportvideos konnte der Zuschauer zwischen verschiedenen Kamerapositionen wählen.

DVD-Spieler: Die Geräte können an Fernseher und Musikanlage (sie spielen auch Musik-CD ab) angeschlossen oder als D.-Laufwerk in den PC eingebaut werden. Preiswerte Geräte kosteten Anfang 2000 rund 500 DM, Spitzenmodelle bis zu 2000 DM. Anfang 2000 gehörten D.-Laufwerke zur Standardausstattung gehobener PC- und Notebook-Modelle; auch tragbare D.-Abspielgeräte waren auf dem Markt.

Markt: In Deutschland waren Ende 1999 rund 1000 Videofilme auf D. erhältlich, die Zahl sollte sich bis Ende 2000 verdreifachen. Bis Ende 1999 wurden 200 000 D.-Spieler in Deutschland verkauft, bis Ende 2000 sollten es mehr als 400 000 sein. In den USA wurden 1999/2000 4 Mio D.-Spieler verkauft. Bis Ende 2000 wurde mit weiteren 10 Mio verkauften Geräten gerechnet.

DVD-Recorder: Der erste D.-Recorder zum einmaligen Beschreiben einer DVD-R war Anfang 2000 zum Preis von rund 5000 DM in Japan erhältlich. Auf der Fachmesse CeBit im Februar 2000 in Hannover zeigte der Hersteller Pioneer bereits den Prototypen eines DVD-RW-Recorders, mit dem eine wiederbeschreibbare D. (DVD-RW) produziert werden kann.

DVD-RAM (Digital Versatile Disc-Random Access Memory, engl.: digitale vielseitige Scheibe mit wahlfreiem Speicherzugriff): Als Konkurrenzprodukt zur DVD-RW kündigte Panasonic für Sommer 2000 das D.-Laufwerk LF-D201E an, das auf einer D.-Seite 4,7 GB Daten speichern kann. Das Laufwerk muss über eine SCSI-Schnittstelle an den PC angeschlossen werden und sollte 1100–1200 DM kosten, eine einseitig beschreibbare D. rund 80 DM, eine beidseitig beschreibbare rund 120 DM.

www.dvd.de (Online-Magazin)

Elektronisches Buch

Digitales Lesegerät in Buchformat mit LCD-Bildschirm (Flüssigkristallanzeige).

Hauptvorteile des E. gegenüber dem Buch sind bei gleicher Seitenzahl das geringere Gewicht, die Möglichkeit, mit Suchfunktionen schnell Textpassagen und Sachgebiete zu finden, sowie Umweltverträglichkeit. Zu den Nachteilen gehörten bis Mitte 2000 die relativ hohen Anschaffungskosten für das E. und die ins E. zu ladenden Texte (Online-Kosten für das Herunterladen der kopiergeschützten Texte aus dem Internet). Bis Ende 2000 wurde mit 500 deutschen Titeln für das Rocketbook gerechnet. Durch Kooperation des Rocketbook-Herstellers Nuvomedia mit dem US-Buchgroßhändler Barnes & Noble standen Ende 1999 im Internet ca. 1500 digitalisierte US-Bücher bereit.

Open-E-Book: Um 2000 arbeitete das Firmenkonsortium aus dem Software-Unternehmen Microsoft, dem E.-Hersteller Soft-

Elektronisches Buch: Die wichtigsten Typen

Typ	SoftBook	RocketBook	Everybook	Gembook Reader
Hersteller	SoftBook Press	NuvoMedia	Everybook Inc.	Gemtronics
Internet-Adresse	www. Softbook.com	www.Nuvomedia.com	www.everybk.com	www.gembooks.com
auf US-Markt seit	8/1998	10/1998	12/1998	1999
cm/kg	28 x 22 x 2,5/1,3	18 x 12,4 x 2,2/0,57	29 x 24 x 4,4/1,6	wie ein Taschenbuch
Display	Schwarzweiß	Schwarzweiß	2 Klapp-Farbdisplays	Schwarzweiß oder Farbe
Aktualisierung	per Internet	per Internet	per Internet	per Internet/Handel
Seitenkapazität	1500 (6000 mit 8 MB Erweit., max. 50000)	4000	500 000	wechselbare Chipkarte für ein Buch
Akkulaufzeit (h)	5	17–45[1]	4–6	30 (AA-Batterien)
Preis	ca. 600 DM	ca. 200 US-Dollar zzgl. ca. 20 DM/Buch	je nach Ausstattung 1000–3000 DM	keine Angaben

1) ohne Hintergrundbeleuchtung; Quelle: Computerwoche, 8.10.1999

book Press sowie den Verlagen und Medienkonzernen Bertelsmann, Harper Collins, Penguin, Simon & Schuster und Time Warner an einem Standard, der E. unter Wahrung der Kopiersicherheit auf allen E.-Modellen lesbar machen sollte. Dazu müssten aber alle bereits digitalisierten Bücher auf das neue Format umgestellt werden.

Alternativen: Besitzer von Notebooks können bei vergleichbarem Gewicht digitalisierte Bücher z. B. von CD-ROM lesen; Notebooks mit einem Speicherplatz von mehreren GB können Mio von Buchseiten speichern bzw. aus dem Internet laden. Dies bietet sich bei deutlich kleinerem Display z. T. auch für Minirechner wie Personal Digital Assistants an. Entsprechende Dienste offerierte Anfang 2000 die US-Firma Librius: Interessenten konnten im Internet das erste Kapitel des E. lesen und es bei Gefallen gegen Bezahlung auf einen beliebigen Computer laden. In Deutschland bot die Hamburger Firma Digibuch einen ähnlichen Service: Für rund die Hälfte des normalen Buchpreises konnten Leser ihre Lektüre online bestellen und auf den heimischen PC speichern.

Erfolg mit King: Anfang 2000 veröffentlichte US-Bestsellerautor Stephen King seinen aktuellen Roman »Riding the Bullet« nicht in Papierform, sondern nur im Internet. Interessenten konnten sich das Buch und zusätzliche Software zur Aufbereitung des Textes kostenlos auf den PC überspielen; dieser Vorgang dauerte aber oft 45 min;

auch war die Verbindung zur Internet-Seite wegen großer Nachfrage ständig überlastet.
www.barnesandnoble.com; www.digibuch.de www.books2read.com; www.librius.com; www.glassbook.com
   Kultur → Internet-Buchhandel → Book on Demand

Elektronisches Spielzeug

Nach dem Erfolg des millionenfach verkauften virtuellen »Haustiers« Tamagotchi 1997/98 kamen mit Furby von Tiger Electronics und Roboter »Cybermaster« des Herstellers Lego 1998/99 weitere elektronische Spielzeuge auf den deutschen Markt, welche die Idee, mit digitalen Wesen zu kommunizieren, ausbauten und abwandelten.

Lego: Insbes. Lego setzte Anfang 2000 den Trend fort, Computertechnik in Kinderspielzeug zu vermarkten. Neue Produkte, entwickelt mit dem Massachusetts Institute of Technology (MIT) in Cambridge/USA, setzen auf einen sog. intelligenten Lego-Baustein (RCX-Prozessor), der einen 8-Bit-Chip enthält und per Software am PC programmierbar ist. Die Sprache wurde von Seymour Papert, dem Erfinder der Kinder-Programmiersprache Logo, mit entwickelt. Die Befehle lassen sich per Infrarot-Übertragung ans Lego-Modell übermitteln. Das Robotics Invention System zum Erfinden von Robotern sollte im Herbst 2000 für ca. 400 DM auf den deutschen Markt kommen.

www.lego.com
   Computer → Computerspiele

1998 summierte sich der Glückspieleinsatz auf insgesamt rund 46 Mrd DM, wovon nur ein Teil wieder an die Mitspieler zurückfloss. Neben den Veranstaltern profitierte auch der Staat vom Geschäft. Er kassierte 1998 etwa 7,5 Mrd DM Steuern auf die Glückspiel-Einnahmen, rund 20% mehr als 1991.

Freizeitgestaltung: Glücksspiel	
Betreiber	*Umsätze 1998 (Mio DM)*
Spielbanken	17 200
Geldspielautomaten	10 500
Zahlenlotto	9510
Klassenlotterien	2875
Spiel 77	1560
Super 6	1210
Pferdewetten	835
Prämien-/Gewinnsparen	596
Rubbellose	528
Fernsehlotterien	511
Glücksspirale	428
Fußballtoto	283
Bingo	55
Rennquintett	3

Quelle: Deutsche Hauptstelle gegen die Suchtgefahren (DHS, Hamm)

Freizeitgestaltung

Ende der 90er Jahre betrug in Deutschland die durchschnittliche Freizeit eines Erwachsenen 2457 Stunden pro Jahr (gegenüber 1600 Arbeitsstunden). Die Freizeitindustrie erwirtschaftete nach Erhebungen der Deutschen Gesellschaft für Freizeit (DGF, Erkrath) etwa 15% (1998: rund 450 Mrd DM) des jährlichen Bruttosozialprodukts. 1,3 Mio Anbieter, Anlagen und Einrichtungen stellten Alternativen zur F. zur Verfügung. Im Jahr 2000 waren etwa 41,6 Mio Deutsche in mind. einem der rund 345 000 Vereine engagiert. Neben Sport und Entspannung zählten kulturelle und kreative Aktivitäten zu den Hauptbereichen der F.

Fun-Roller

Um 2000 eroberte der F. als High-Tech-Variante des herkömmlichen Tretrollers den deutschen Markt. Das aus Edelstahl hergestellte Gefährt mit einem auf Funktionalität reduzierten Design bietet vom Fahrgefühl eine Mischung aus Skateboard, Snowboard und Inline-Skates. Der F. besteht aus einem kurzen Brett, zwei oder drei Gummirollen und Lenkstange bzw. Powerstick.

Vorläufer: Der Prototyp des F., das heutige Modell Ciro, wurde Mitte der 90er Jahre von dem Berliner Sieghard Straka als Hobbybastelei entworfen, um die lästige Parkplatzsuche für den Pkw zu umgehen. 1999 erhielt der Ciro, mittlerweile in einer Menge von 3000 Stück pro Monat gefertigt, den IF-Design-Award, einen der renommiertesten Preise für Industriedesign. Neben dem Ciro waren 2000 als weitere Modelle das Kickboard und der Micro Skate Scooter auf dem Markt, die sich vor allem im Hinblick auf die Käuferschicht – Jugendliche, Sportbegeisterte und Anzugträger – unterschieden.

Millennium Dome

(engl.; Jahrtausend-Dom), größte Fest- und Ausstellungshalle der Welt im Londoner Stadtteil Greenwich (Fassungsvermögen: 35 000 Zuschauer)

Der genau auf dem Nullmeridian, dem die Weltzeit definierenden geografischen Längennullpunkt, liegende M. wurde wie geplant zur Jahrtausendwende am 31.12. 1999 in Anwesenheit der britischen Königin Elizabeth II. und des Premierministers Tony Blair eröffnet. Die Feierlichkeiten waren von Pannen begleitet: Die Inbetriebnahme des Millenium-Riesenrads an der Themse, mit 137 m das weltweit höchste seiner Art, musste aufgrund von Sicherheitsmängeln verschoben werden, 3000 der geladenen Gäste mussten bis zu vier Stunden warten, um die Sicherheitskontrollen passieren zu können.

Bis Mitte 2000 lagen Ticketverkäufe und Besucherzahlen der Erlebnishallen weit hinter den Erwartungen zurück. Zur Erwirtschaftung eines ausgeglichenen Ergebnisses für das rund 2,3 Mrd DM teure Gebäude waren bis Ende 2000 rund 33 000 Besucher/Tag kalkuliert worden, tatsächlich kamen aber nur etwa 20 000/Tag.

Modemarkt

Bilanz: Die deutsche Bekleidungsindustrie erzielte 1999 lt. Schätzungen ihres Bundesverbandes (Köln) einen Umsatz von 22 Mrd DM (1998: –5%). Die Aufträge aus dem Ausland legten leicht um 0,3% zu, Inlandsbestellungen gingen um über 7% zurück. Für 2000 wurde wegen des prognostizierten allgemeinen Wirtschaftswachstums (2,8%) eine Stabilisierung des Marktes erwartet.

Multimedia-Arbeitsplätze

Hardware, Software, Service	Erwerbstätige 1999 (1000)	Medien	Erwerbstätige 1999 (1000)
Software und Dienstleistungen	297	Druckgewerbe	284
Fernmeldedienste	237	Verlagsgewerbe	219
Fachhandel und Distribution	149	Hörfunk, TV, Programmherstellung	65
Büromaschinen und EDV-Geräte	136	Buch-, Zeitschriften-, Musikhandel	52
Nachrichtentechnik (Herstellung)	101	Korrespondenz-, Nachrichtenbüros, freie Journalisten	46
Elektronische Bauelemente	82	Filmtheater, Film, Video (Herstellung, Verleih, Vertrieb)	33
Unterhaltungselektronik	35		

Quelle: BITKOM, Globus Infografik, 21.2.2000

Kinderkleidung: Der Handel mit Kindertextilien erreichte 1999 erstmals seit fünf Jahren wieder ein Umsatzplus (1%) auf 6,2 Mrd DM. Das entsprach einem Bekleidungsbudget von 470 DM/Jahr für die bis 14-Jährigen, die vergleichbaren Pro-Kopf-Jahresausgaben lagen für Frauen bei 1600 DM, für Männer bei 1020 DM.

Ausland: Wachstumsimpulse für die deutsche Bekleidungsindustrie gab es 1999 wie im Vorjahr vor allem im Auslandsmarkt. 38% des Gesamtumsatzes wurden 1999 exportiert, bei Herstellern von Designermode und Markenartikeln sogar oft mehr als 50%. 1998 war Deutschland nach Italien zweitgrößter europäischer Bekleidungsexporteur.

Modetrends: Auf den italienischen Schauen für die Damen-Wintermode 2000/2001 dominierte Pelz; bei den Stoffen für Frauen bevorzugten die Couturiers Tweed und Chiffon, bei der Herrenmode helle Farben.

www.bekleidungsindustrie.de

Multimedia-Prognosen[1]

Um 2005	Die Beschaffung von Waren über das Internet wird den traditionellen Einkauf weitgehend abgelöst haben.
2009	Telekooperationen machen die Fokussierung der Firmen auf ihre Kernkompetenzen möglich.
2009	Das Internet hat Dienste mit Echtzeitinformationsübertragung.
2010	Das Mobilfunkterminal ist als Online-Service-Endgerät weit verbreitet.
2010–14	Die Breitband-Multimediakommunikation ist flächendeckend realisiert.
2014	Alle Unternehmen sind vernetzt.
2014	11% der Beschäftigten sind Telearbeiter.
2014	20% aller Autos hängen an einem Kommunikationssystem.

1) Befragung von internationalen Experten durch das Fraunhofer-Institut für Systemtechnik und Innovationsforschung; Quelle: Computer Zeitung, 24.2.2000

Multimedia

Name für die Verbindung von Telekommunikation, Computertechnik und Unterhaltungselektronik.

Technik: M.-Anwendungen integrieren durch Digitalisierung (Umwandlung analoger in digitale Signale) Text, Bild, Ton (Sprache und Musik), Video und Daten, z. B. bei Computerspielen, M.-CD-ROM und Internet-Anwendungen. Um 2000 waren u. a. durch M.-Technik und neue Datenübertragungsmöglichkeiten (ISDN, ATM, ADSL) die Grenzen zwischen Anwendungen für den Computer (insbes. Internet) und die Unterhaltungsindustrie (digitale Kameras und Bildbearbeitung, Set-Top-Box für den Fernseher, DVD) fließend.

Arbeitsmarkt: Wie in den Bereichen Computer/Informationstechnik boomte um 2000 der Markt für M.-Arbeitskräfte. Bis 2005 werden in diesem Bereich 150 000 neue Arbeitsplätze in Deutschland erwartet. Der Deutsche M.-Verband (dmmv, Düsseldorf) ermittelte 136 M.-Studiengänge. Davon hatten viele mit Vermittlung von IT-Kernqualifikationen (z. B. Software-Engineering) einen rein technischen Abschluss zum Ziel, konnten inhaltlich aber so modifiziert werden, dass die Schwerpunktwahl (z. B. Medieninformatik) die Absolventen zu M.-Spezialisten qualifiziert.

Pixelpark: Die 1991 gegründete Berliner M.-Firma Pixelpark, die Ende 1999 an die Börse ging, wollte durch Übernahme der schwedischen Firmengruppe Cell Network/Mandator Anfang 2000 europäischer Marktführer bei Beratung und Design im Internet werden. Ziel der Fusion war, künftig verstärkt globale Kunden insbes. mit

TOP TEN   Multimedia-Agenturen

Agentur	Umsatz 1999 (Mio DM)
1. GFT	70,0
2. USWeb/CKS	46,0
3. Pixelpark	31,4
4. I-D Media	30,0
5. Concept	27,3
6. Kabel New Media	27,0
7. WWL Internet	25,0
8. Die Argonauten	22,5
9. Infomedia	21,2
10. M.I.T.	20,0

Quelle: Wirtschaftswoche, 13.4.2000

Lösungen zu WAP-Technologie, Digitalfernsehen und Breitband-Übertragung bedienen zu können. Doch im April 2000 wurde die Fusion wegen konträrer Auffassungen der Firmenleitungen gestoppt.

Projektor-Modelle

▶ **Laserprojektor:** Er kommt ohne Bildröhre aus, das Bild wird von einem Dreifachlaser (rot, grün und blau) in einer hohen Auflösung erzeugt und auf eine (Lein-)Wand in nahezu beliebiger Größe projiziert. Der Laserstrahl enthält alle relevanten Bildinformationen über Helligkeit, Farbe und Kontraste. Der Laserprojektor selbst ist kaum größer als ein Videorecorder.

▶ **Röhrenprojektor:** In einem Röhrengerät arbeiten drei Bildröhren für die drei Grundfarben Rot, Grün und Blau (RGB). Sie erzeugen ein farbiges Bild, indem sie die Farben deckungsgleich auf einer weißen Wand oder Leinwand übereinander strahlen. Das Bild eines Röhrenprojektors kann eine Diagonale bis zu 5 m haben. Je kleiner es projiziert wird, um so brillanter wird es. Der Nachteil an diesen Geräten ist die sehr umständliche Installation und die nach der Installation des Gerätes nicht mehr ohne Schärfeverlust beim Bild mögliche Veränderung der Geräteposition.

▶ **LCD-Projektor** (Liquid Crystal Display, engl.; Flüssigkristall-Anzeige): Hier verlässt das Bild bereits farbig den LCD- Projektor, da es bereits im Gerät vermischt wird. Billige LCD-Projektoren besitzen nur ein LC-Display mit Pixeln in den drei Grundfarben. Teure bieten für jede Farbe ein eigenes Display, wobei das Bild über ein Prisma zusammengesetzt wird. Die Bildgröße hängt von der Auflösung und der Helligkeit ab. Billige LCD-Geräte erzeugen ein Bild mit einer Diagonalen von max. einem Meter, teure lichtstarke Projektoren hingegen können über drei Meter große Bilder an die Wand projizieren.

▶ **DMD-Projektor:** (engl.: Digital Mirror Device; digitale Spiegel Vorrichtung). Ein solcher Projektor enthält einen Mikrochip, der mit 500 000 winzigen Mikrospiegeln auf einer Fläche von 1,5 cm² Licht reflektiert und ein brillant leuchtendes Bild erzeugt. Im Gegensatz zu LCD absorbieren die Aluminium-Spiegel der DMD-Projektoren fast nichts vom einfallenden Licht. Die Spiegel werden digital angesteuert und bis zu 100-mal/sec geschaltet. Wie hell oder dunkel ein Bildpunkt werden soll, hängt von der Anzahl der Schaltvorgänge/sec ab.

▶ **Rückprojektoren:** Ein überwiegend im Sockel des Gehäuses eingebauter Bildwerfer projiziert über einen großen Ablenkspiegel das Bild auf eine lichtdurchlässige Scheibe. Sie ist auf der Frontseite entspiegelt, so dass der Zuschauer den Raum nicht verdunkeln muss, um sich Bilder anzusehen.

Pixelpark realisierte 1999 einen Umsatz von 38 Mio Euro mit weltweit 484 Mitarbeitern.

Computer → Computerspiele → Virtuelle Realität **Telekommunikation**

Projektor

(lat.; pro iacere=nach vorne /vorwerfen); Gerät zur direkten Abbildung auf einer Aufnahme auf einer weißen Zimmer- oder Leinwand

Um 2000 setzten sich tragbare Daten-P., auch Daten-Video- oder Multimedia-P., an die PC und Notebook sowie DVD-Laufwerke und Videorecorder angeschlossen werden können, in Unternehmen gegenüber herkömmlichen Overhead-P. (OHP) durch. Die Geräte erkennen selbstständig die Auflösung des an sie angeschlossenen Geräts, wiegen 2–6 kg und kosten im industriellen Bereich 7000–30 000 DM. Hohe Folgekosten verursachen die Lampen, die nach 2000–4000 Stunden Betriebsdauer ausgetauscht werden müssen und 600–1000 DM kosten.

Sony: Einen vergleichbaren P. für den Hausgebrauch bot Sony im April 2000 mit dem VPL-CS1 an. Er wiegt 2,9 kg, kostet 5900 DM (Lampe: 900 DM, Lebensdauer: 2000 Stunden) und bietet Anschlüsse für Videorecorder, DVD-Spieler, PC und Spielekonsole. Der P. kann übertragene Bilder in einer Größe bis zu 3,8 m Bilddiagonale auf eine weiße Wand projizieren. Mit 7,5 kg deutlich schwerer und mit ca. 8000 DM etwa ein Drittel teurer war der XV-Z1E von Sharp.

Radio-Daten-System

(RDS), Anzeige von Texten auf LC-Displays (Liquid Crystal, engl.; Leuchtkristallanzeige) moderner Autoradios

RDS dient zur Sender- und Frequenzkennung und zur Übertragung von Kurzmitteilungen. Radiosender strahlen Eigenwerbung, Verkehrshinweise, Wettervorhersagen und Nachrichten über RDS aus, wobei das nicht hörbare RDS-Signal zusammen mit dem Tonsignal übertragen wird. Diesen Vorteilen steht entgegen, dass lt. ADAC (Allgemeiner Deutscher Automobil Club, München) Autofahrer durch Textmitteilungen vom Straßenverkehr abgelenkt werden.

Tricsy: Autoradios, die den Verkehrsmeldungskanal Traffic Message Channel

(TMC) auswerten, können Autofahrer ggf. schon vor Fahrtantritt vor Staus etc. warnen, indem sie entsprechende Meldungen speichern und auf Knopfdruck vorspielen; sie kosteten Mitte 2000 aber ca. 900 DM. Eine preiswertere Alternative war Anfang 2000 das Taschenradio Tricsy der Firma Global Navigation Systems. Es empfängt UKW-Hörfunk und wertet als erstes tragbares Gerät den Verkehrsinformationsdienst TMC aus. Tricsy lässt sich durch Eingabe von Straßennummern, Start- und Zielort so programmieren, dass nur die für die gewünschte Strecke relevanten Verkehrsinformationen aus dem Datenstrom herausgefiltert, gespeichert und ständig aktualisiert werden. Es wird mit Batterien bzw. Akkus gespeist und kostet rund 200 DM (ohne Zubehör wie z. B. eine RDS-Steckkarte für Notebooks).

Tourismus

1999 legte der weltweite Reiseverkehr an Menge und Wert weiter zu. Die Welttourismusorganisation (WTO, Madrid) registrierte 1999 insgesamt 657 Mio Auslandsreisen, ein Plus gegenüber dem Vorjahr von 3%. Auch die Einnahmen aus dem internationalen T. verzeichneten mit 455 Mrd US-Dollar eine Steigerung von 3%. Mit 73 Mrd US-Dollar kamen den USA 1999 der größte Anteil zu.

Ziele: Der Zuwachs im internationalen T. war der WTO zufolge vor allem auf das Ende der Wirtschaftskrise in Asien zurückzuführen. Mit 94 Mio Ankünften ausländischer Gäste (+8%) meldete die Region 1999 einen Rekord. Auch Ägypten hatte sich mit rund 4,5 Mio ausländischen Gästen (+ 40%) von den Rückgängen wegen Terroranschlägen auf Touristen erholt. Frankreich (71,4 Mio Besucher, +2%) und Spanien (52,0 Mio Besucher, +8,8%) erreichten die Spitzenpositionen in der Weltrangliste der Reiseziele. Mit einem Minus von 36% musste die Türkei, einst prosperierendes Urlaubsland, 1999 die stärksten finanziellen Einbußen hinnehmen. Wegen des Kriegs im Kosovo und der wirtschaftlichen Unbeständigkeit in Russland verzeichnete auch Osteuropa teils starke Rückgänge bei den Gästezahlen.

Wirtschaftsfaktor: Um 2000 zählte die T.-Branche neben elektronischen Medien und Biotechnologie zu den wichtigsten Wachs-

tumszweigen. 1999 erwirtschaftete die Branche mit 3,5 Billionen US-Dollar 11,7% des Weltinlandsprodukts (+ 4,3% gegenüber 1998). Sie stellte weltweit jeden zwölften Arbeitsplatz (insgesamt 192 Mio Stellen). Das World Travel & Tourism Council (WTTC) errechnete für den weltweiten Reiseverkehr bis 2010 ein jährliches Wachstum von 3%. Die stärksten Zuwächse wurden für Südasien (+9,1%), Lateinamerika (+ 6,1%) und Afrika (+5,6%) erwartet. Umweltschützer forderten 2000 in Hinblick auf die prognostizierte Verdopplung der Übernachtungszahlen bis 2020 eine stärkere Verknüpfung von T. und Ökologie. Die Versorger- und Touristik-Gruppe Preussag plante Mitte

Tourismus und Wirtschaft im Ländervergleich

Land[1]	Anteil am BIP (%) 1999	Mrd US-Dollar[2]	Veränderung (%)[3]
Spanien	22,7	137,9	+2,1
Portugal	19,4	23,0	+2,8
Griechenland	18,3	23,6	+2,7
Österreich	17,6	40,2	+3,1
Neuseeland	16,9	9,4	+2,3
Irland	16,5	14,4	+5,8
Türkei	16,4	35,9	+5,3
Italien	16,1	205,5	+1,9
Schweiz	16,1	44,6	+2,8
Dänemark	15,1	29,0	+3,3
Frankreich	14,8	228,5	+2,4
Australien	13,8	53,3	+4,1
Belgien	13,8	37,2	+1,9
Kanada	13,6	84,7	+3,2
Niederlande	13,2	53,5	+2,8
Norwegen	12,6	20,6	+2,9
Großbritannien	12,3	167,0	+2,0
USA	12,1	1067,1	+2,4
Schweden	11,7	29,4	+2,1
Japan	10,9	388,8	+2,4
Deutschland	10,8	252,0	+2,4
Mexiko	6,5	27,6	+6,1

1) Ausgewählte OECD-Staaten, vorläufige Werte; 2) Summe aus privatem Verbrauch, Geschäftsreisen, öffentlichen Ausgaben, Kapitalinvestitionen und dem Saldo aus Exporten und Importen; 3) bis 2010, Jahresdurchschnitt; Prognose; Quelle: World Travel & Tourism Council

Tourismus und Beschäftigung im Ländervergleich

Land[1]		Anteil an allen Beschäftigten (%)	Tourismus-Beschäftigte (Mio)	Wachstum (%)[2]
Spanien		24,3	3,3	▲ +0,6
Portugal		19,5	0,9	▲ +0,8
Irland		18,8	0,3	▲ +2,3
Neuseeland		18,5	0,3	▲ +1,7
Italien		18,4	3,7	▲ +0,3
Österreich		17,2	0,6	▲ +1,0
Griechenland		16,3	0,6	▲ +0,0
Schweiz		16,3	0,5	▲ +0,9
Türkei		15,8	3,5	▲ +2,1
Australien		15,3	1,3	▲ +2,2
Dänemark		15,3	0,4	▲ +1,4
Kanada		14,9	2,2	▲ +2,0
Frankreich		14,7	3,6	▲ +0,7
Belgien		14,2	0,6	▲ +0,2
USA		13,2	17,5	▲ +1,3
Norwegen		13,1	0,3	▲ +1,0
Niederlande		12,7	0,9	▲ +1,1
Großbritannien		12,6	3,4	○ 0
Schweden		12,0	0,5	▲ +0,3
Japan		9,9	6,4	▲ +0,2
Deutschland		8,9	3,0	▲ +0,5
Mexiko		6,4	1,9	▲ +3,1

1) Ausgewählte OECD-Staaten, vorläufige Werte; 2) bis 2010, Jahresdurchschnitts-Prognose;
Quelle: World Travel & Tourism Council (WTTC), www.world-tourism.org

2000 die Fusion mit dem britischen Reisekonzern Thomson Travel. Dadurch entstünde der weltweit größte T.-Konzern mit einem Umsatz von 23,6 Mrd DM jährlich und 17,4 Mio Kunden.

Reisen der Deutschen: Die deutsche Bevölkerung gab 1999 insgesamt rund 89 Mrd DM für Urlaubsreisen aus, wobei sich die Ausgaben pro Person gegenüber 1998 um 19 DM (1,3%) auf 1423 DM pro Kopf reduzierten. Die Anzahl der Reisen verringerte sich um knapp 1% auf 62,6 Mio, die Reisedauer stieg im Schnitt geringfügig von 13,9 Tage auf 14 Tage. 29% (1998: 30%) der Deutschen bevorzugten 1999 Urlaubsziele in Deutschland, vor allem in Bayern, Schleswig-Holstein und Mecklenburg-Vor-

pommern. Im Ausland gehörten wie in den Vorjahren Spanien, Italien, Österreich und Griechenland zu den Favoriten unter den Zielländern. Rückgänge traten bei Frankreich, Dänemark und der Türkei auf. 33% aller Deutschen bevorzugten den Entspannungsurlaub, 30% den Strandurlaub, 19% den Erlebnisurlaub und 18% den Natururlaub. Die Studienreise erreichte mit 3% der Nennungen den letzten Platz.

Reisen nach Deutschland: Die Zahl der Übernachtungen in deutschen Hotels und Pensionen überstieg 1999 erstmals den Wert von 100 Mio (101,7 Mio, +5,6%). Wie in den Vorjahren entwickelte sich der T. in Ostdeutschland mit einem Plus an Gästen von 10,3% stärker als in Westdeutschland mit +4,6%. Mecklenburg-Vorpommern profitierte 1999 mit einer Steigerung von 17,6% bei den Übernachtungszahlen vom Zuwachs am stärksten, gefolgt von Berlin (+14,6%) und Thüringen (11,8%). Dort erzielte allein Weimar, die Kulturhauptstadt Europas 1999, Zuwachsraten von über 50%. Die meisten der in Deutschland registrierten Gäste kamen aus den Niederlanden, den USA, Großbritannien und Nordirland.

Internet-Buchung: Nachdem zuerst die Reisehändler den Online-Reisemarkt erobert hatten, zogen 1999/2000 auch die deutschen Reiseveranstalter nach. 1999 wurden rund 1,8 Mio Internet-Reisebuchungen registriert, viermal mehr als 1998. Verschiedene Veranstalter wie der europaweit größte Konzern TUI führten 1999 eine sog. Servicegebühr für den Einzelverkauf von Bahn- und Flugtickets oder die Buchung von Fährschiffen ein.

www.world-tourism.org

Unterhaltungselektronik

(auch: Consumer Electronics), 1999 setzte die Branche in Deutschland, dem größten europäischen Markt, 34,1 Mrd DM um (+9,5% gegenüber 1998). Für 2000 erwartete die Gesellschaft für Unterhaltungs- und Kommunikationselektronik (Berlin) eine weitere Steigerung um 7% auf 36,5 Mrd DM. Die größten Umsatzsteigerungen wiesen Settop-Boxen für den Empfang von digitalem Fernsehen, TV-Geräte mit integriertem Decoder und DVD-Spieler auf. Im Unterschied zu anderen Industrieländern war der Absatz von 16:9-Breitbildfernsehern in Deutschland noch gering.

Trends: Wie in den Vorjahren setzte sich die Tendenz zur Privatisierung traditionell öffentlicher Erlebnisse (Fernsehen, Video,

DVD usw. statt Kino) und das Streben der Kunden nach Unabhängigkeit von dem üblichen Unterhaltungsprogramm (Pay-TV, Pay-per-view, Video-on-demand statt Kabel- und Satellitenkanäle) fort. Beispiele aus den USA zeigten 1999, dass Familien nur 15% ihres Spielfilm-Budgets für Kinobesuche, aber 85% für Video und Pay-TV ausgaben.

Fusionen: Anfang 2000 entstand aus der Fusion des Online-Dienstes America Online (AOL) mit Time Warner der größte Medienkonzern der Welt. Noch vor der Übernahme hatte der Time-Konzernteil Warner Music Group mit der britischen EMI Group fusioniert. Das neue Unternehmen Warner EMI Music wurde mit einem Wert von rund 38 Mrd DM und 2500 Künstlern unter Vertrag zum Weltmarktführer im Musikgeschäft und in Verbindung mit AOL zum bedeutendsten Anbieter von Musik im Internet, das zur wichtigsten Vertriebsschiene des Unternehmens ausgebaut werden sollte. Die Bertelsmann-Tochter CLT-Ufa, Europas größter TV-Sender (u. a. RTL, Vox), fusionierte im April 2000 mit der TV-Tochter der britischen Mediengruppe Pearson. Das neue Unternehmen wurde mit mehr als 120 Mio Zuschauern Europas größte Radio-, TV- und Filmproduktionsfirma und Marktführer bei den Werbeumsätzen und stellte mit einem Börsenwert von ca. 20 Mrd Euro und einem Umsatz von 4 Mrd Euro ein Gegengewicht zu den US-TV-Networks.

Computer   Medien → Digitales Fernsehen → Telekommunikation

Videomarkt

Bilanz: 1999 gab es in 68,1% der deutschen Haushalte einen Videorecorder, das entsprach einem Zuwachs von 3,6 Prozentpunkten gegenüber 1998. Der Gesamtumsatz in der V.-Branche betrug 1999 rund 1,8 Mrd DM, 8% mehr als im Vorjahr. Im Leihvideo-Markt stieg der Umsatz um 4%. Bei den Kaufvideos waren 1999 im Bereich des neuen Bild- und Tonspeichermediums DVD (Digital Versatile Disc) Zuwächse von 37 Mio DM (1998) auf 196 Mio DM Umsatz zu verzeichnen. Der Verkauf herkömmlicher VHS-Videokassetten war dagegen mit 4% rückläufig und fiel von rund 935 Mio DM (1998) auf 875 Mio DM (1999).

Vertrieb: Wichtigste Vertriebswege des deutschen V. waren 1999 mit einem Anteil

Unterhaltungselektronik: Umsatz		
Produkte	Mio DM 1999	Veränderung (%)[1]
PC und Zubehör	13 177	▲ +24,9
Farb-TV-Geräte	5457	▼ – 3,0
HiFi	3133	▼ – 0,3
Telekommunikation (private Nutzung)	3096	▲ + 4,1
Sat.-Anlagen, Settop-Boxen u.a.	1735	▲ +27,8
Autoradio u.a.	1564	▼ – 1,3
Videorecorder	1548	▼ – 7,8
Videospiele, -konsolen	1429	▲ + 2,6
tragbare Audiogeräte	1165	▲ + 4,9
Camcorder	1122	▲ +19,4
unbespielte Bild-, Tonträger	664	▽ –13,9

1) gegenüber 1998; Quelle: Süddeutsche Zeitung, 25.4.2000

von 25,7% die Verbrauchermärkte und der Elektrofachhandel (21%). Der Absatz in Kaufhäusern ging dagegen um rund die Hälfte zurück (8,4%). Der Versandhandel büßte seit 1997 rund ein ein Viertel seines Marktanteils ein (1999: 19,8%). Von marginaler Bedeutung für den V.-Markt blieb Ende der 90er Jahre der Buchhandel.

Kunden: V.-Kunden waren 1999 vorwiegend Männer (56,6%). Der Anteil der Kundinnen stieg jedoch 1999 um 1,4 Prozentpunkte auf 43,4%. Auch der Anteil von Kinder- und Zeichentrickfilmen am Gesamtmarkt erhöhte sich 1999 um 2,2 Prozentpunkte auf 27,2%.

www.video.de (Neuerscheinungen mit Filmebeschreibung); **www.bv-video.de** (Marktinformationen, Vidotitel für Hörgeschädigte); **www.ivd.de** (Marktinformationen, prämierte Kinderfilme)

Videomarkt: Absatzwege		
Einkaufsort	Anteil 1999 (%)	Veränderung (%)[1]
Videotheken	4,3	▽ –6,5
Versandhandel	19,8	▲ +2,6
Verbrauchermärkte/Discounter	25,7	▲ +2,3
Kaufhäuser	8,4	▲ +7,7
Elektorfachhandel	21,0	▲ +1,9
Sonstige	20,8	▲ +4,0

1) gegenüber 1998; Quelle: Bundesverband Video (Hamburg)

Gesundheit

Ambulante Pflege

(Richtlinien) Auflistung der Leistungen der Krankenversicherungen als häusliche Krankenpflege und
der Ansprüche der Versicherten

Im April 2000 stimmte Bundesgesundheitsministerin Andrea Fischer (Bündnis 90/Die
Grünen) einer veränderten Fassung der A.
zu. Die ursprüngliche Version des Bundes-
ausschusses der Ärzte und Krankenkassen
vom Herbst 1999 war auf Kritik von Pflegeverbänden und Bundesgesundheitsministerium gestoßen. Auch die modifizierte Fassung wurde von Pflegeverbänden sowie den
Oppositionsparteien CDU und CSU bemängelt, weil sie zu massiven Einschnitten für
die Patienten führe.

Regelungen: Häufigkeit und Umfang bestimmter Leistungen wie Blutdruck- und
Blutzuckermessung, Infusions- und Injekti-
onsverabreichung sollen eingeschränkt werden. Nur noch für Patienten mit hochgradi-
ger Einschränkung der körperlichen und
geistigen Fähigkeiten übernehmen die Kassen Kosten für Medikamentengabe und das
Anlegen von Kompressionsstrümpfen. Vor-
beugende Maßnahmen gegen Druckge-
schwüre (Dekubitus) oder zur Erhaltung der

Beweglichkeit muss die Pflegeversicherung
zahlen, nicht mehr die Krankenkasse. Statt
24-Stunden-Pflege für Schwerkranke wird
nur noch eine 24-Stunden-Beobachtung erstattet, die dem Arzt eine Entscheidung erlauben soll, ob der Kranke überhaupt noch
zu Hause gepflegt werden kann oder stationär behandelt werden muss.

Kritik: Pflegeverbände kritisierten, dass
30–50% der Leistungen in der A. nach den
neuen Richtlinien nicht mehr von den Kassen finanziert würden. Die Patienten seien
unterversorgt oder müssten die Kosten für
ihre Pflege selbst tragen. Der Grundsatz,
nach dem so viele Kranke wie möglich zu
Hause gepflegt werden sollten, würde in
sein Gegenteil verkehrt, da nur noch der stationäre Aufenthalt eine adäquate Behandlung ermögliche.

Diagnoseschlüssel

Seit 1.1.2000 müssen Ärzte statt eines aus-
formulierten Textes als Diagnose eine
codierte Schlüsselnummer angeben. Der D.
richtet sich nach der von der Weltgesundheitsorganisation (WHO, Genf) eingeführten internationalen Klassifikation von
Krankheiten (ICD, International Classi-
fication of Diseases). Die Benutzung des
einheitlichen D. soll den Informationsaustausch zwischen Arzt, Krankenhaus oder
Pflegepersonal verbessern und zu einer
effektiveren Behandlung beitragen.

Digitale Patientenakte

Elektronischer Datensatz, der die komplette Kran-
kengeschichte eines Patienten enthält und von
miteinander durch ein Computernetz verbundenen
medizinischen Einrichtungen jederzeit abgerufen
werden kann

Im Jahr 2000 förderte die rot-grüne Landesregierung von NRW das bundesweit erste
Pilotprojekt zur D. am Medizinischen Zentrum für Gesundheit in Bad Lippspringe mit
1,5 Mio DM (Gesamtkosten: 4,6 Mio DM).
Bei dem Projekt, bei dem ausgewählte

Gesundheitswesen: Beschäftigte	
Beruf	Beschäftigte 1998
Krankenschwestern, -pfleger, Hebammen	785 000
Arzt-/Zahnarzthelfer	509 000
Ärzte	287 000
Helfer in der Krankenpflege	124 000
Masseure, Bademeister, Krankengymnasten	111 000
Medizinisch-technische Assistenten	100 000
Zahnärzte	62 000
Apotheker	52 000
Diätassistenten, pharmazeutisch-technische Assistenten	48 000
sonst. therapeutische Berufe	42 000
Heilpraktiker	14 000

Quelle: Statistisches Bundesamt (Wiesbaden), www.statistik-bund.de

Gesundheitsreform 2000: Neuregelungen

▶ **Ausgabenbegrenzung:** Statt des geplanten Globalbudgets über die Begrenzug der Gesamtausgaben der Krankenversicherungen werden die Einzelbudgets für Ärzte, Zahnärzte, Arzneimittel und Krankenhäuser fortgeführt.

▶ **Budgethaftung:** Kassen und Ärzte sollen jährlich ein Budget für Arznei- und Heilmittel aushandeln. Bei Überschreitung haftet zunächst der einzelne Arzt, der die Überschreitung wesentlich verursacht hat. Reicht dies nicht aus, um die Finanzlücke zu schließen, müssen alle Ärzte der Region bis zu 5% der Budgetsumme erstatten.

▶ **Arzneimittel:** Die bestehende Negativliste für Arzneimittel, die bei Verordnung von den Kassen nicht finanziert werden, wird erweitert. Die geplante Positivliste mit verschreibungsfähigen Medikamenten sollte 2000 erarbeitet werden. Ihre Einführung ist von der Zustimmung des Bundesrats abhängig.

▶ **Krankenhaus:** Das Preissystem der Fallpauschalen, nach dem die Krankenhäuser z. B. für eine Blinddarmoperation einen Einheitspreis von den Kassen unabhängig von der Verweildauer des Patienten im Kran-

kenhaus erhalten, wird flächendeckend ausgeweitet. Ausnahmen bleiben psychiatrische Kliniken.

▶ **Zusammenarbeit:** Die Kooperation zwischen Haus- und Fachärzten, Krankenhäusern u.a. Gesundheitseinrichtungen soll enger werden. Durch den Aufbau von Versorgungsnetzen sollen die Behandlungsqualität gesteigert und die Kosten reduziert werden.

▶ **Hausärzte:** Die Rolle der Hausärzte wurde gestärkt, sie haben ein eigenes Budget. Der Hausarzt soll als Lotse durch den Medizinbetrieb mit Einwilligung des Patienten dessen gesamte Befunde und Behandlungsberichte dokumentieren. Krankenkassen können ein sog. Hausarzt-Abo erproben, bei dem Patienten, die generell nur mit Überweisung des Hausarztes zum Facharzt gehen, nachträglich einen Bonus bekommen.

▶ **Vorsorge:** Gesundheitsförderung und Vorsorge erhalten mehr Gewicht. Kassen dürfen wieder Präventionsmaßnahmen wie Ernährungsberatung und betriebliche Gesundheitsförderung finanzieren. Für chro-

nisch kranke Kinder wurde der Zuschuss bei ambulanten Vorsorgeleistungen von 15 DM auf 30 DM pro Tag erhöht.

▶ **Kuren:** Die Begrenzung der Vorsorge- und Rehabilitationskuren auf drei Wochen wurde gelockert. Die Zuzahlung zu den Kuren sank in Westdeutschland von 25 DM auf 17 DM pro Tag, in Ostdeutschland von 20 DM auf 14 DM pro Tag. Mütter- und Müttergenesungskuren werden flexibler gestaltet.

▶ **Patientenrechte:** Unabhängige Beratungsstellen werden gefördert. Bei Schadenersatzforderungen müssen die Krankenkassen ihre Versicherten unterstützen.

▶ **Wechsel:** Für ältere Menschen wurde der Wechsel von der privaten in die gesetzlichen Krankenversicherungen erschwert. Gleichzeitig wurden die mit zunehmendem Alter überproportionalen Erhöhungen der privaten Beiträge begrenzt.

▶ **Rentner:** Für Rentner, die freiwillige Mitglieder der gesetzlichen Kassen sind, richten sich die Beiträge nach dem Einkommen (vorher: einheitliche Mindestbeiträge). So wurden Bezieher geringer Renten entlastet.

Ärzte, Kliniken und Rehabilitationseinrichtungen miteinander vernetzt wurden, sollen z. B. teure und den Patienten unnötig belastende Doppeluntersuchungen vermieden werden. Röntgenbilder können elektronisch übermittelt, Befunde sollen schnell weitergeleitet werden, ohne die Behandlung zu unterbrechen. Spezialisten an unterschiedlichen Orten können die Unterlagen gleichzeitig auswerten. Der Datenschutz sei nach Angaben der Projektbetreiber gewährleistet.

Gesundheitsreform

Im Januar 2000 trat eine gegenüber dem Entwurf von 1999 abgespeckte Version der G. 2000 in Kraft. Aus formalen und inhaltlichen Gründen hatten alle 16 deutschen Bundesländer den ersten Entwurf im November 1999 im Bundesrat (Vertretung der Länder) abgelehnt. Bundesgesundheitsministerin Andrea Fischer (Bündnis 90/Die Grünen) legte im Dezember 1999 eine G. vor, die ohne Zustimmung des Bundesrats verabschiedet werden konnte.

Ziel: Mit der G. sollen der Ausgabenanstieg der gesetzlichen Krankenversicherungen (GKV) eingedämmt und ihre Beitragssätze stabilisiert werden. Konstante Beitragssätze bedeuten keine weitere Erhöhung der Lohn-

Einrichtungen des Gesundheitswesens

Krankenhäuser	1996	1997	1998
Zahl	2269	2258	2263
Betten	593 743	580 425	571 629
Stationär Behandelte	15 232 000	15 511 000	15 952 000
Verweildauer (Tage)	11,4	11	10,7
Bettenauslastung (%)	80,2	80,7	81,9
Gesamtkosten (Mio DM)	97 172	97 690	99 605
Kosten/Patient (DM)	6210	6139	6085
Kosten/Pflegetag (DM)	543	557	568
Vorsorge und Rehabilitationseinrichtungen			
Zahl	1404	1387	1395
Betten	189 888	188 869	190 967
Behandelte	1 917 000	1 575 000	1 746 000
Verweildauer (Tage)	30,2	27,3	26,4

Quelle: Statistisches Bundesamt (Wiesbaden), www.statistik-bund.de

nebenkosten und gelten als Voraussetzung für die Schaffung neuer Arbeitsplätze zum Abbau der Erwerbslosigkeit.

Inhalt: Der Kernpunkt der ursprünglich geplanten Reform, das sog. Globalbudget, das eine Obergrenze für die Kassenausgaben parallel zum Einnahmenanstieg festgelegt hätte, scheiterte am Widerstand der deutschen Bundesländer. Anstelle des Globalbudgets wurden die bereits geltenden Einzelbudgets – Kostenbegrenzungen für Ärzte, Zahnärzte, Arzneimittel und Krankenhäuser – verlängert.

Kritik: Die Oppositionsparteien im Deutschen Bundestag befürchteten durch die G. eine Verschlechterung der Patientenversorgung. Anfang 2000 legten niedergelassene Ärzte in Mecklenburg-Vorpommern Verfassungsbeschwerde gegen die Kollektivhaftung bei Budgetüberschreitung ein. Die G. sah vor, dass alle Ärzte einer Region bis zu 5% der Budgetsumme zurückerstatten, wenn die Zahlung des einzelnen, die Überschreitung wesentlich verursachenden Arztes nicht ausreicht. Ferner wurde bemängelt, dass der Kostendruck durch die G. zu einem Personalnotstand in Einrichtungen des Gesundheitswesens führen werde, unter dem die verbleibenden Mitarbeiter und die Kassenpatienten zu leiden hätten.

www.bmgesundheit.de (Bundesgesundheitsministerium)

Integratives Krankenhaus

Klinik, in der klassische Schulmedizin mit Naturheilverfahren verknüpft wird

Ende 2000 sollte in Essen ein I. eröffnet werden. Das Land NRW hatte 1995 rund 11 Mio DM für die Errichtung der Modellklinik bereit gestellt. Die Behandlung im I. wird von den Krankenkassen finanziert.

Ziel: Im I. werden die Erkenntnisse der Schulmedizin mit wissenschaftlich anerkannten Naturheilverfahren sinnvoll ergänzt. Gleichzeitig soll die Wirksamkeit bestimmter Behandlungsmethoden durch umfassende wissenschaftliche Begleitung nachgewiesen werden.

Konzept: Die Behandlung im I. soll drei Medizinbereiche beinhalten:
– konventionelle Schulmedizin
– klassische Naturheilverfahren mit wissenschaftlicher Untermauerung oder zumindest hoher Plausibilität (z. B. Hydro-, Thermo-, Bewegungstherapie, Akupunktur)
– Ordnungstherapie.

Wissenschaftlich galt 2000 als erwiesen, dass die Lebensumstände und die psychi-

■ Krankenversicherungen: Ausgabenverteilung	
Bereich	*Anteil 1999 (%)*
Krankenhausbehandlung	33,53
Ärztliche Behandlung	16,24
Arzneien aus Apotheken	14,16
Zahnärztliche Behandlung (ohne Zahnersatz)	5,92
Krankengeld	5,46
Netto-Verwaltungskosten	5,42
Hilfsmittel	3,49
Zahnersatz	2,48
Heilmittel	2,31
Kuren	2,02
Fahrkosten	1,79
Häusliche Krankenpflege	1,21
Sterbegeld	0,61
Arzneien von Sonstigen	0,51
Leistungen im Ausland	0,26
Medizinischer Dienst, Gutachter	0,20
Sonstiges	4,39
Quelle: Bundesgesundheitsministerium, www.bmgesundheit.de	

■ Ausgabenanstieg der GKV[1]	
Leistungsbereich	*Veränderung (%)[2]*
Ärztl. Behandlung	▲ + 1,2
Zahnärztl. Behandlung (ohne Zahnersatz)	▽ – 1,6
Zahnersatz	▲ + 6,6
Arzneimittel	▲ + 8,4
Hilfsmittel	▲ + 3,6
Heilmittel	▼ – 0,4
Krankenhausbehandlung	▲ + 0,1
Krankengeld	▲ + 0,8
Fahrkosten	▲ + 7,2
Kuren und Rehabilitation	▲ + 7,8
Soziale Dienste/Krankheitsverhütung	▲ +14,1
Schwangerschaft/Mutterschaft	▼ – 0,5
Häusliche Krankenpflege	▲ + 1,4
Ausgaben insgesamt	▲ + 2,2
Verwaltungsausgaben	▲ + 4,9
1) Gesetzliche Krankenversicherungen; 2) pro Versichertem 1999 gegenüber 1998; Quelle: Bundesgesundheitsministerium, www.bmgesundheit.de/presse/2000/2000/20.htm	

sche Situation von Patienten einen starken Einfluss auf das Immunsystem haben. Mit der Ordnungstherapie sollen Patienten in die Lage versetzt werden, selbst etwas gegen ihre Krankheit zu unternehmen, u. a. durch Stressbewältigung, Entspannung, körperliche Fitness und richtige Ernährung.

Krankenversicherungen

1999 erwirtschafteten die gesetzlichen Krankenversicherungen (GKV) trotz erhöhter Leistungsausgaben pro Versichertem (+2,2% gegenüber 1998) einen Überschuss von rund 1 Mrd DM. Die Beitragssätze sanken im Bundesdurchschnitt leicht von 13,60% des Bruttomonatseinkommens (Anfang 1999) auf 13,57% (Anfang 2000). Auf Beitragssatzstabilität und Ausgabenbegrenzung zielte die 2000 in Kraft getretene Gesundheitsreform der rot-grünen Bundesregierung. Mit dem Geldtransfer von West nach Ost sowie dem Finanzausgleich zwischen den Kassen sollten GKV mit geringen Beitragseinnahmen gestärkt werden.

Ausgaben: In Westdeutschland betrug der Überschuss der K. 0,7 Mrd DM, in Ostdeutschland 0,3 Mrd DM. Erstmals seit 1994 stagnierte die Verschuldung der Ost-Kassen, die bis dahin kontinuierlich gestiegen war. Die Leistungsausgaben wuchsen bundesweit für alle Versicherten um 2,2% auf insgesamt 255,26 Mrd DM, die Einnahmen betrugen 256,22 Mrd DM (+1,65% pro Versichertem gegenüber 1998). Zum positiven Finanzergebnis trugen insbes. Einnahmen von sog. geringfügig Beschäftigten bei, die ab 1.4. 1999 pauschal 10% ihres Monatseinkommens an die GKV abführen mussten.

Ausgabenbereiche: Problematischster Kostensektor blieb mit einem Anstieg um 8,4% gegenüber 1998 der Arzneimittelbereich. Alle übrigen Sektoren, auch die Krankenhäuser (+0,1%), auf die ein Drittel aller Kosten der GKV entfielen, blieben in ihrer Ausgabenentwicklung unter dem Anstieg der Grundlöhne und wuchsen nicht stärker als die Einnahmen.

Kassenunterschiede: Der Jahresüberschuss verteilte sich nicht gleichmäßig auf alle GKV. Die Betriebskrankenkassen zogen 1999 mit geringen Beitragssätzen 970 000 neue Mitglieder an und erzielten gute Finanzergebnisse, Allgemeine Ortskrankenkassen (AOK) und Ersatzkassen verloren

![] Krankenversicherungen: Pflegesätze im Krankenhaus	
Abteilung	*Kosten / Tag (DM)*
Intensivmedizin	1658
Neurochirurgie	773
Hämatologie/int. Onkologie	697
Strahlenheilkunde	604
Pädiatrie	593
Gynäkologie/Geburtshilfe	560
Urologie	555
HNO-Heilkunde[1]	552
Kinder-/Jugend-Psychiatrie	536
Gefäßchirurgie	534
Unfallchirurgie	533
Allgemeine Chirurgie	501
Neurologie	501
Gastroenterologie	498
Kardiologie	467
Innere Medizin	430
Geriatrie	422
Augenheilkunde	413
Allgemeine Psychiatrie	387
Orthopädie	377

1) Hals, Nasen, Ohren; letztverfügbarer Stand: 1998; Quelle: Private Krankenversicherungen

![] GKV[1]: Ausgaben	
Jahr	*Mrd DM*
1999	255,26
1998	249,86
1997	246,74
1996	243,24
1995	235,38
1994	232,34

1) Gesetzliche Krankenversicherungen; Quelle: Bundesgesundheitsministerium, www.bmgesundheit.de

Der weniger starke Anstieg 1997 ist auf die dritte Stufe der Gesundheitsreform der CDU/CSU/FDP-Bundesregierung zurückzuführen. Sie hatte u. a. die Zuzahlung der Patienten für Arznei-, Heil- und Hilfsmittel sowie Klinikaufenthalte erhöht. Dauerhaft konnten die Ausgaben damit allerdings nicht gebremst werden.

hunderttausende Mitglieder und hatten z. T. Finanzschwierigkeiten. Die Kassen in Ostdeutschland profitierten von Ausgleichszahlungen (1,2 Mrd DM), zu denen die westdeutsche Kassen 1999 verpflichtet waren.

Risikostrukturausgleich: Ende 1999 beschloss der Bundesrat die Finanzhilfen an

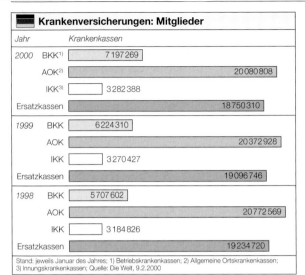

Krankenversicherungen: Mitglieder

Jahr	Krankenkassen	
2000	BKK[1]	7 197 269
	AOK[2]	20 080 808
	IKK[3]	3 282 388
	Ersatzkassen	18 750 310
1999	BKK	6 224 310
	AOK	20 372 928
	IKK	3 270 427
	Ersatzkassen	19 096 746
1998	BKK	5 707 602
	AOK	20 772 569
	IKK	3 184 826
	Ersatzkassen	19 234 720

Stand: jeweils Januar des Jahres; 1) Betriebskrankenkassen; 2) Allgemeine Ortskrankenkassen; 3) Innungskrankenkassen; Quelle: Die Welt, 9.2.2000

die Ost-Krankenkassen beizubehalten und auszubauen. Schrittweise soll ein für ganz Deutschland geltender Risikostrukturausgleich (RSA) unter den GKV eingeführt werden. Kassen mit gut verdienenden Mitgliedern und hohen Einnahmen sollen Zahlungen an GKV mit weniger verdienenden Versicherten leisten. Bis dahin existierte ein RSA bereits in Westdeutschland. Mit ihm sollte verhindert werden, dass GKV gut verdienende Versicherte mit geringem Krankheitsrisiko abwerben. Für 2002 ist die Überprüfung des gesamtdeutschen RSA geplant.
http://www.bmgesundheit.de

Medizinerausbildung

Zum Wintersemester 1999/2000 startete an der Medizinischen Fakultät Charité in Berlin der bundesweit erste Reformstudiengang Medizin mit mehr Praxisnähe als bei der bisherigen M. Ermöglicht wurde das Modell für 60 der 400 Charité-Studenten durch einen Bundesratsbeschluss von Anfang 1999, nach dem Modellprojekte zugelassen und aus der strikten Prüfungsordnung für Ärzte ausgenommen werden können.

Ausbildung: Die bisherige Trennung des Studiengangs in vorklinische und praktische Medizin entfällt. Vom ersten Semester an werden die Studenten in Krankenhäusern und Praxen an Patienten ausgebildet, Studieninhalte werden praxisnäher aufbereitet. In den ersten fünf Semestern werden nacheinander die menschlichen Organe behandelt, die nächsten fünf Semester sind den Lebensstadien des Menschen vom Säugling bis zum Greis mit ihren typischen Krankheiten gewidmet. Hinzu kommen regelmäßige Übungen in erster Hilfe. Bei Prüfungen soll das Multiple-Choice-Abfragen von Wissen durch Fragen ersetzt werden, die fallbezogene Lösungen erfordern.

Zulassung: Im Rahmen der Gesundheitsreform 2000 beschloss die rot-grüne Bundesregierung, bis 2002 die Zulassung für Ärzte neu zu regeln, um die Zahl der Mediziner zu begrenzen. Während sich die Ärztezahl 1991–99 um ca. 60 000 erhöht habe, sei die Zahl der Patienten gleich geblieben. Die steigende Zahl von Medizinern bringe die gesetzlichen Krankenversicherungen in Finanzierungsprobleme.
www.charite.de/rv/reform

Medizinerausbildung: Ärzte

Kassenärzte 1999	Veränderung (%)[1]	
Psychotherapeuten	▲	+20,4
Anästhesisten	▲	+19,1
Radiologen	▲	+ 2,5
Orthopäden	▲	+ 0,6
Urologen	▲	+ 0,6
Chirurgen	▲	+ 0,5
Internisten	▲	+ 0,1
Frauenärzte	▼	– 0,3
Kinderärzte	▼	– 0,3
Hautärzte	▼	– 0,4
Augenärzte	▼	– 0,6
HNO-Ärzte[2]	▼	– 0,6
Nervenärzte	▼	– 1,6
Allg.-/Praktische Ärzte	▽	– 2,0

1) gegenüber 1998; 2) HNO=Hals, Nasen, Ohren; Quelle: Kassenärztliche Bundesvereinigung

Die starke Zunahme der Zahl der Psychotherapeuten ist auf ein Gesetz von 1999 zurückzuführen, nach dem ausgebildete und staatlich geprüfte Psychotherapeuten erstmals wie Ärzte zur Kassenbehandlung zugelassen wurden.

Pflegeversicherung

1999 finanzierte die P., die 1995 als vierte Säule der Sozialversicherung neben Renten-, Kranken- und Arbeitslosenversiche-

Pflegeversicherung: Pflegestufen

Merkmal	Stufe I	Stufe II	Stufe III	Härtefall
Mindestzeitbedarf	> 90 min/Tag	> 180 min/Tag	> 270 min/Tag	> 420 min/Tag
Bedingungen des Hilfebedarfs	bei der Körperpflege, Ernährung oder Mobilität mind. 1x täglich mit mind. zwei Verrichtungen aus einem der obigen Bereiche	bei der Körperpflege, Ernährung oder Mobilität mind. 3x täglich zu verschiedenen Tageszeiten	bei der Körperpflege, Ernährung oder Mobilität täglich rund um die Uhr, auch regelmäßig nachts	bei der Körperpflege, Ernährung oder Mobilität täglich rund um die Uhr, auch regelmäßig nachts; nachts mind. 120 min
Max. Zeitanteil der Hauswirtschaft	44 min	60 min	60 min	60 min
Mögl. Pflegepers.	Laie + Fachkraft	Laie + Fachkraft	Laie + Fachkraft	nur Pflegefachkraft

Quelle: Die Pflegeversicherung. Ein Arbeitsbuch zur Begutachtung für Betroffene, Pflegekräfte und Ärzte. S. 28

rung geschaffen worden war, die Pflege für rund 1,7 Mio Menschen in Deutschland. Arbeitnehmer und Arbeitgeber zahlten je zur Hälfte Beiträge in die P. ein (2000: insgesamt 1,7% des Bruttomonatseinkommens). Die P. wird von den gesetzlichen Krankenversicherungen (GKV) bzw. privaten Kassen verwaltet.

Neuerungen: Die Bundesregierung führte zum 1.8.1999 Verbesserungen der P. ein.:
– Die Leistungsbeträge für Pflege in teilstationären Einrichtungen nur tagsüber oder nur nachts stiegen in Pflegestufe II von 1500 DM auf 1800 DM/Monat und in der Stufe III für Schwerstpflegebedürftige von 2100 DM auf 2800 DM/Monat.
– Um Kurzzeitpflege in Heimen zu erhalten, müssen Pflegebedürftige nicht mehr zwölf Monate zu Hause gepflegt worden sein.
– Verstirbt der Pflegebedürftige, wird das Pflegegeld bis Ende des Monats gezahlt, in dem er starb (vorher: Rückzahlung für den Sterbemonat).
Weitere Änderungen, z. B. ein freier Tag pro Woche für Angehörige, die altersverwirrte Menschen pflegen, waren geplant. Mehraufwändungen für die Neuerungen sollten aus Rücklagen der P. finanziert werden.

Rücklagen: Erstmals gaben die Pflegekassen 1999 mehr Geld aus, als sie einnahmen (Beiträge: 31,92 Mrd DM, Ausgaben: 31,98 Mrd DM). Sozialexperten warnten, dass die Rücklagen von 9,6 Mrd DM angesichts der steigenden Zahl alter, potenziell pflegebedürftiger Menschen bald aufgebraucht und Beitragserhöhungen unvermeidlich seien.

Bundesversicherungsamt: Ende 1999 kritisierte das Bundesversicherungsamt in Bonn, die Kassen würden oft Ausgaben z. B. für Hilfsmittel auf die von ihnen verwaltete

Pflegeversicherung: Leistungsempfänger

ambulant	Stufe I	Stufe II	Stufe III
1998	607 188	463 721	135 573
1997	568 768	486 338	142 997
1996	508 462	507 329	146 393

stationär[1]	Stufe I	Stufe II	Stufe III
1998	187 232	209 751	112 509
1997	159 467	189 862	113 278
1996	111 856	162 818	109 888

insgesamt	Stufe I	Stufe II	Stufe III
1998	794 420	673 472	248 080
1997	728 235	676 200	256 275
1996	620 318	670 147	256 281

1) zum 1.7.1996 eingeführt; letztverfügbarer Stand: Oktober 1999; Quelle: Bundesgesundheitsministerium; www.bmgesundheit.de

P. verschieben. Deshalb sei eine Rückzahlung von 50 Mio DM an die Pflegekassen veranlasst worden. Auch sei abgestellt worden, dass Krankenversicherungen Zinsgewinne aus Rücklagen der P. verbuchten.

Kritik: Zwar galt die P. 2000 als wichtiger Beitrag zur Verbesserung der Situation pflegebedürftiger Menschen, doch wurden weiter Missstände beklagt. Die Qualitätskontrollen waren unzureichend, Kranke wurden falsch behandelt oder misshandelt. Nicht erbrachte Leistungen wurden abgerechnet. Pflegedienste kritisierten die von den Kassen gezahlten Vergütungen als zu niedrig. Die rigiden Zeitvorgaben zwängen das Pflegepersonal zu einer »Satt-und-sauber-Pflege« statt menschlicher Zuwendung.
www.bmgesundheit.de/themen/pflege/leit.htm

1998 (letztverfügbarer Stand) erhielten in Deutschland in allen drei Stufen insgesamt 1,716 Mio Menschen Leistungen aus der Pflegeversicherung (1997: 1,661 Mio, 1996: 1,545 Mio).

249

Justiz und Kriminalität

Anwaltsschwemme

Lt. Bundesrechtsanwaltskammer (BRAK, Bonn) stieg die Zahl der zugelassenen Rechtsanwälte 1999 um 6,42% auf 104 067. Die BRAK ging davon aus, dass Ende 2000 bereits weit über 110 000 Anwälte zugelassen sein werden. Die größte Rechtsanwaltskammer war München (12 037 Mitglieder), gefolgt von Frankfurt/M. (10 427), Hamm (9841), Köln (8196), Düsseldorf (7259) und Berlin (7256). Auch die Zahl der Fachanwälte stieg 1999 um 17,6 % auf 11 080. Die stärksten Zuwächse gab es im Straf- und Familienrecht. Hier lag der Anstieg bei 60,3% bzw. 33,9%. Immer mehr Rechtsanwälte übten gleichzeitig andere Berufe aus. Ende 1999 waren 302 Juristen zugleich Wirtschaftsprüfer, 894 Steuerberater und 376 vereidigte Buchprüfer.

Frauenanteil: Zum 1.1.2000 zählte die BRAK 25 589 Rechtsanwältinnen. Das entsprach einer Steigerungsrate gegenüber dem Vorjahr von 10,6%. Der Frauenanteil nahm seit Jahren stetig zu und machte Ende 1999 ein Viertel (24,6%) der Gesamtzahl der Rechtsanwälte aus; 1996 hatte der Anteil erst bei ca. 20% gelegen.

Ausbildung: Die BRAK forderte, die zweijährige Referendariatsausbildung durch eine praxisorientierte zweijährige Ausbildung in der Anwaltschaft zu ersetzen. Jura-studenten müssten nach dem 1. Staatsexamen entscheiden, ob sie Anwalt, Richter oder Verwaltungsjuristen werden wollen. Nach Plänen der Justizminister der Bundesländer sollten die Anfänger-Studienplätze durch Festlegung der Teilnehmerzahlen in Seminaren und Vorlesungen von 17 500 auf 10 500 reduziert werden. Ziel sei eine bessere Ausbildungsqualität. Eine Beschränkung aus Bedarfsgründen hatte das Bundesverfassungsgericht (Karlsruhe) verboten.

Zusammenschlüsse: 1999 ging die Zahl der Rechtsanwalts GmbH nach Angaben der BRAK gegenüber dem Vorjahr um 56,4 % auf 39 zurück. Dagegen wurde ein Anstieg von Partnerschaftsgesellschaften um 44,9% auf 568 registriert. Seit Einführung der Handelnden Haftung bei Partnerschaftsgesellschaften 1998 stieß diese Gesellschaftsform auf größeres Interesse.

Zulassungsbeschränkung: Ab dem 1.1. 2000 durften Rechtsanwälte vor jedem Land- und Familiengericht in Deutschland Prozesse führen. Der Bundesrat hatte im Dezember 1999 einer entsprechenden Gesetzesvorlage des Bundestages zur Änderung der Zivilprozessordnung zugestimmt. Bis dahin durften Anwälte aus den alten Bundesländern nur beim Landgericht, an dem sie zugelassen waren, prozessieren. Anwälten aus den neuen Bundesländern war es erlaubt, an allen Landgerichten im Osten aufzutreten.

www.brak.de (Marktplatz Recht, Link zum Deutschen Anwaltsverein, Aktuelles, Anwaltverzeichnisse, Veröffentlichungen)

▬ Anwaltsschwemme (Auswahl)	
Bereich	*Anwälte*
Arbeitsrecht	3315
Familienrecht	2997
Steuerrecht	2792
Stand: 1999; Quelle: BRAK, Bonn	

Falschgeld

Anfang 2000 waren in Deutschland rund 2,6 Mrd Banknoten und knapp 2 Billionen Münzen im Umlauf. Ende 1999 registrierte die Deutsche Bundesbank (Frankfurt/M.)

22 532 falsche Banknoten, 38% weniger als 1998. Als Ursache für den Rückgang wurden die ab Mitte 1997 eingeführten Sicherheitsmerkmale von Kinegramm und Perlglanzstreifen bei 50-DM-, 100-DM- und 200-DM-Noten angesehen. Bei Münzen hatte das F.-Aufkommen Anfang 2000 mit 26 813 Stück um 34% gegenüber 1998 zugenommen. 98% der Nachbildungen entfielen auf das 5-DM-Stück.

Euro: Beim Übergang von der DM zum Euro zum 1.1.2002 geht die Deutsche Bundesbank von einer deutlichen Erhöhung des F.-Aufkommens aus. Das Eurobargeld werde wie DM-Noten und -Münzen mit Echtheitsmerkmalen gegen Fälschungen geschützt sein. Die Deutsche Bundesbank plante vor Einführung des Euro, die Bürger über besondere Kennzeichen des Euros zu informieren, damit sich jeder vor F. schützen könne.

Gefangenenarbeit

Tätigkeit während der Haft. Nach dem Strafvollzugsgesetz (§ 41 StVollzG) sind Gefangene zur Arbeit verpflichtet.

Ende Mai 2000 kündigte Bundesjustizministerin Herta Däubler-Gmelin (SPD) an, die Arbeitsentgelte von Strafgefangenen um 15% auf etwa 650 DM/Monat zu erhöhen (Stundenlohn: 1,95 DM). Die Löhne der Häftlinge wurden seit Beginn der 80er Jahre nicht angehoben. Im Juli 1998 hatte der Bundesgerichtshof (Karlsruhe) die damalige konservativ-liberale Regierung aufgefordert, eine angemessene Anerkennung für die Arbeit im Strafvollzug zu gewährleisten. Der Vorschlag des Bundesjustizministeriums bewegte sich an der unteren Grenze der von den Karlsruher Richtern geforderten Entlohnungshöhe. Die Justizbehörden von Bayern und Hessen warfen der Ministerin vor, zu spät auf das Urteil zu reagieren.

Strafmaß: Im Juni 2000 forderte der Deutsche Anwaltsverein (DAV, Bonn), die lebenslange Freiheitsstrafe durch eine zeitlich begrenzte Strafe zu ersetzen. Im Durchschnitt würden nur 17 bzw. 18 Jahre der Strafe vollstreckt. Der DAV beurteilte die lebenslange Haft als unehrlich. Er plädierte für einen Strafrahmen knapp jenseits der Grenze von 15 Jahren.

www.uni-karlsruhe.de/~bgh (Urteile)
www.bmj.bund.de

Falschgeld: Registrierte Blüten

Jahr	Banknoten	Münzen
1999	22 532	26 813
1998	36 139	19 990
1997	33 873	14 983
1996	25 769	35 352
1995	31 148	24 201
1994	23 028	15 561

Quelle: Deutsche Bundesbank

Geldwäsche

Anonymes Einschleusen illegaler Gewinne in den Finanzkreislauf

Ende 1999 schätzten Finanzexperten, dass die G. bis zu 5% des Welt-Bruttosozialproduktes ausmachte. 1999 stellten deutsche Zollfahnder im Rahmen von Bargeldkontrollen Zahlungsmittel von 20 Mio DM sicher und leiteten 88 Strafverfahren ein. Das Geld stammte vorrangig aus Drogenhandel, Betrugsdelikten, Schmuggel und illegalem Glücksspiel.

Internet: Das Internet bot Anfang 2000 der G. wachsende Möglichkeiten, die Herkunft der Finanzmittel zu verschleiern. Über das internationale Finanznetzwerk SWIFT wurden 1999 täglich Mrd US-Dollar zwischen den Banken transferiert. Jede Zahlung war genau zu verfolgen. Beim Electronic Cash blieb der Geldaustausch dagegen anonym. Das elektronische Geld besteht aus verschlüsselten Datensätzen (Token). Jeder, der diesen Schlüssel lesen kann, hat Zugriff auf das Geld. Über das Internet werden die Token ausgetauscht. Firmen wie DigiCash, Cybercash oder Mondex entwickelten Geldtransfersysteme, mit denen es möglich war, Gelder elektronisch zu überweisen, ohne dass Banken beteiligt waren. Auf diesem Weg war es möglich, illegale Gewinne zu »waschen«.

Bekämpfung: Während eines informellen Treffens der EU-Innen- und Außenminister Ende 1999 in Finnland betonte Bundesinnenminister Otto Schily (SPD), dass alle EU-Staaten den Informationsaustausch zwischen den nationalen Zentralstellen verbessern müssten. Das automatisierte Bankentransfersystem sollte überprüft werden, um dem Missbrauch durch G. vorzubeugen.

Weiterhin sollte eine vergleichende Studie über die Praxis der G.-Bekämpfung der Mitgliedsstaaten erstellt werden, damit die G.-Richtlinie von 1991 fortentwickelt werden könnte. Effektive Mittel zur globalen Bekämpfung der G. gab es bis Mitte 2000 noch nicht.

Genetischer Fingerabdruck

(auch DNA-oder DNS-Analyse), Verfahren zur Identifizierung von Personen anhand ihres in jeder Körperzelle enthaltenen Erbguts. Als Ausgangsmaterial der molekulargenetischen Untersuchung zur Erstellung eines Genprofils dienen Blut, Haut, Haare, Speichel oder Sperma.

Haaranalyse: Im Mai 2000 stellten Wissenschaftler vom Kriminaltechnischen Institut des Bundeskriminalamtes (BKA, Wiesbaden) ein neues Verfahren der Gen-Analyse vor. Ihnen war es gelungen, für ausgefallene Haare einen G. zu erstellen. Bis dahin galten Analysen von Blut, Speichel oder Sperma als treffsichere Methoden. Haare waren nur aufschlussreich, sofern ihre Wurzeln noch einen intakten Zellkern aufwiesen.

Neuerungen: Mit der vom BKA entwickelten Methode war es möglich, auch kurze Bruchstücke der DNA zu analysieren. Dabei wurden durch die sog. Polymerase-Ketten-Reaktion (PCR-Methode) die DNA-Fragmente vervielfältigt, so dass genügend Ausgangsmaterial vorhanden war. Danach wurden an den Enden des zu analysierenden DNA-Abschnittes kurze einsträngige DNA-Stücke mit bestimmter Basensequenz angekoppelt. So ergab sich eine Länge von bis zu 400 Basenpaaren. Ausgefallene Haare enthalten keine DNA-Fragmente dieser Länge. Mit der Methode wurde es erstmals möglich, die Kern-DNA ausgefallener Haare erfolgreich zu typisieren. Das Verfahren sollte auch helfen, verwestes Muskelgewebe und älteres Knochenmaterial zu untersuchen.

Gen-Datenbank: Anfang 2000 umfasste die DNA-Analyse-Datei des BKA etwa 40 000 Daten. Zu 90% waren sie Personen zugeordnet, denen Blut-, Speichel- oder Spermaproben entnommen worden waren. Kriminalexperten rechneten damit, dass sich die Datei durch die neue Methode des G. sprunghaft erhöhen wird. Seit Bestehen der Gen-Datenbank (1998) konnten 500 Verbrechen, darunter Tötungs- und Sexualdelikte durch Gen-Analyse aufgeklärt werden.

www.bka.de (Bundeskriminalamt)

Hundeverordnung

Ende Juni 2000 beschlossen die Innenminister der Bundesländer Maßnahmen gegen sog. Kampfhunde (u. a. American Staffordshire Terrier, Bullterrier). Die für die H. zuständigen Bundesländer wollten deren Zucht-, Handel- und Import verbieten; Zuwiderhandlungen werden je nach Bundesland mit Geldstrafen bis zu 100 000 DM geahndet. Halter, bei deren Hunden Gefährlichkeit vermutet wurde, müssen nach der neuen H. die Ungefährlichkeit ihres Hundes nachweisen. Tiere, die sich im Einzelfall als gefährlich erwiesen haben, erhalten Leinen- und Maulkorbzwang. Alle Tiere ab einer bestimmten Größe müssen an der Leine geführt werden. Die Besitzer gefährlich eingestufter Hunde müssen eine eigene Haftpflichtversicherung abschließen.

Kritik: Der Verband für das Deutsche Hundewesen (VDH, Dortmund) wehrte sich gegen die geplante Kategorisierung der Hunde. Es gebe keine Rasse, bei der jeder Hund gefährlich sei. Auch Tierschützer kritisierten die geplante Novelle. Nicht die Hunderasse, die Erziehung spiele eine tragende Rolle bei der Gefährlichkeit eines Hundes. Halter von sog. Kampfhunden verwiesen bei einer Demonstration Anfang 2000 in Berlin auf eine Umfrage des Deutschen Städtetages 1999 in 93 Kommunen.

TOP TEN ▨ Hundeverordnung: Beliebteste Rassen		
Rasse	*Gezüchtete Welpen*	*Veränderung[1)]*
1. Deutscher Schäferhund	27 834	▼ – 6,7
2. Teckel	10 479	▼ – 4,5
3. Deutsch Drahthaar	2849	▼ –15,3
4. Pudel	2844	▼ – 4,6
5. Rottweiler	2716	▼ –14,3
6. Deutscher Boxer	2594	▼ – 2,4
7. Cocker Spaniel	2212	▼ – 5,8
8. West Highland/White Terrier	2189	▼ –13,2
9. Berner Sennenhund	1640	▼ – 9,7
10. Deutsche Dogge	1630	▼ –12,0
Stand: 1998; 1) gegenüber 1997 (%); Quelle: Verband für das Deutsche Hundewesen (Dortmund)		

Danach bissen Mischlinge und Schäferhunde am häufigsten zu. Rottweiler und Pitbulls folgten an dritter und vierter Stelle.
www.vdh.de (Welpenstatistik, Züchter)

Informationsfreiheitsgesetz

Von der rot-grünen Bundesregierung geplantes Gesetz, das jedem Bürger Einsicht in die Akten der Verwaltung ermöglichen soll. Die Einsicht soll nur in Ausnahmefällen, z. B. wenn der Schutz persönlicher Daten Dritter angegriffen wird, verweigert werden.

Das I. sollte zunächst für die Verwaltung des Bundes gelten. Ausgenommen sind Akten der Landes- und Kommunalverwaltungen. Bis Ende 2000 war ein Arbeitsentwurf geplant, 2001 sollte das I. in Kraft treten. Das Vorhaben geht auf eine Vereinbarung im Koalitionsvertrag (1998) zwischen SPD und Bündnis 90/Die Grünen zurück. Die Grünen hatten bereits 1997 einen Gesetzentwurf in den Deutschen Bundestag eingebracht, der allerdings abgelehnt wurde.
Länderinitiativen: Einige Bundesländer hatten Mitte 2000 bereits ein I.: In Brandenburg können Bürger seit März 1998 Verwaltungsakten der Landes- und Kommunalbehörden einsehen. Nicht einbezogen sind Dokumente mit Bezug auf die Landesverteidigung und internationalen Beziehungen oder auf die nicht öffentlichen Beratungen von Regierung und Parlament sowie Akten der Strafverfolgung. Geschäfts-, Berufs- und Amtsgeheimnisse sind ebenfalls geschützt. Im Land Berlin gibt es seit Oktober 1999 ein I., in Schleswig Holstein seit Februar 2000.
Kritik: Industrie und Handelskammern (IHK) sahen ein Recht auf Akteneinsicht als Investitionshemmnis. Ansiedlungswillige Unternehmen müssten befürchten, dass vertrauliche Daten veröffentlicht würden. Der CDU-Innenpolitiker Wolfgang Bosbach sah die Effizienz der Verwaltung durch den Informationswillen der Bürger beeinträchtigt.

Justizreform

Ende 1999 legte das Bundesjustizministerium einen Referentenentwurf zur J. vor. Mit dem Ziel, mehr Bürgernähe und eine Entlastung der Gerichte zu erhalten. Im Mittelpunkt des Entwurfs stand die Rechtsmittelreform in Zivilsachen. Statt des viergliedrigen Gerichtssystems mit Amts-,

Hundeverordnung: Regelungen zu Kampfhunden (Auswahl)

▶ **Bayern:** In Bayern hatten Kampfhunde 2000 bereits Leinenzwang. Zucht und Ausbildung der Tiere waren verboten, Verstöße wurden mit bis zu 100 000 DM Geldstrafe geahndet. Die Haltung eines Kampfhundes ist nur möglich, wenn die Gemeinde die Erlaubnis erteilt. Als Kampfhunde gelten in Bayern Pitbulls, Bandogs, American Staffordshire Terrier, Staffordshire Bullterrier und Tosa-Inus.
▶ **Brandenburg:** Hundehalter in Brandenburg benötigen für als aggressiv geltende Hunderassen eine Ausnahmegenehmigung.
▶ **Hamburg:** Ende Juni 2000 wurde ein generelles Verbot von Kampfhunden beschlossen. Die Besitzer müssen ihre

Tiere bei der Polizei oder bei den Tierheimen abgeben. Der Besitz weiterer zehn Rassen (u. a. Bullterrier, Mastiff) ist nur noch in Ausnahmefällen erlaubt. Wenige Tage zuvor war in Hamburg ein sechsjähriger türkischer Junge von einem Kampfhund getötet worden.
▶ **NRW und Niedersachsen:** In beiden Bundesländern gilt seit Juli 2000 ein Zuchtverbot für 13 Hunderassen, die Haltung gefährlicher Hunde ist nur in Ausnahmefällen erlaubt. Für weitere 28 Rassen (u. a. Rottweiler) ist in NRW eine Halte-Erlaubnis nötig.
▶ **Rheinland-Pfalz:** Ab Juli 2000 sollten gefährliche Hunde kastriert und sterilisiert, Zucht und Handel mit den Tieren sollten verboten werden.

Land- und Oberlandesgericht sowie Bundesgerichtshof (Karlsruhe/Leipzig) war ein dreistufiges System vorgesehen. Amts- und Landgericht sollten nach den Plänen zu einer ersten Instanz verschmolzen werden.
Kernpunkte: Nach dem Entwurf sollten Zivilverfahren bereits am Amts- oder Landgericht (erste Instanz) umfassend und abschließend geklärt werden. Das Oberlandesgericht (OLG, zweite Instanz) sollte sich auf die Überprüfung von Rechtsfehlern beschränken. Die Aufnahme neuer Beweise oder das erneute Anhören von Zeugen würde wegfallen. Bei Annahme der Berufung sollte die Einzelrichter das letzte Wort haben. Davon versprach sich das Justizministerium eine Einsparung von 265 Richterstellen (Zivilrichterzahl 1999: ca. 6300). Der Bundesgerichtshof (dritte Instanz) sollte nach dem Entwurf für die Klärung von Grundsatzfragen und Wahrung der Rechtseinheit zuständig sein.
Streitschlichtung: Im Oktober 1999 hatte der Bundesrat (Bonn) das Gesetz zur Förderung der außergerichtlichen Streitbeilegung beschlossen. Den Ländern wurde ermöglicht, in Verfahren mit einem Streitwert unter 1500 DM sowie bei Ehe- und Nachbarschaftskonflikten die zivilrechtliche Klage von einer vorherigen außergerichtlichen Streitschlichtung abhängig zu machen.
Kritik: Der von Bundesjustizministerin Herta Däubler-Gmelin (SPD) vorgelegte Entwurf zur J. wurde von Richtern und Anwälten kritisiert. Die Bundesrechtsanwaltskammer (BRAK, Bonn) und der Deutsche Anwaltsverein (DAV, Bonn) bemängelten

vor allem die Zentralisierung der Oberlandesgerichte als Berufungsinstanzen. Dass OLG zunächst die Zulässigkeit der Berufung prüfen müssten, trage nur unwesentlich zur Entlastung der Gerichte bei. Die Abschaffung der zweiten Tatsacheninstanz setze außerdem das Vertrauen der Bürger in die Justiz aufs Spiel. Nach dem Willen des Justizministeriums würde eine Berufung keine neuen Tatsachen mehr aufrollen, sondern sich auf die Rechtsfehlerkontrolle beschränken. DAV und BRAK baten das Justizministerium Anfang 2000, gemeinsam ein Reformkonzept zu erarbeiten, das von der Praxis eher angenommen würde.

www.DAV.de; www.brak.de (aktuelle Pressemitteilungen, Reden zum download, Justizlinks, Adressensammlung juristischer Verbände, Aufgabenbeschreibung)

Kinder- und Jugendkriminalität

Straftäter: Die Zahl der tatverdächtigen Kinder und Jugendlichen nahm 1999 leicht zu. In der Polizeilichen Kriminalstatistik (PKS) waren 240 109 Tatverdächtige im Alter zwischen 18 bis 21 Jahren registriert (+1,3% gegenüber 1998). In der Gruppe der 14- bis 18-Jährigen ging die Zahl um 1,9% auf 296 781 zurück (1998: 302 413). 1999 wurden 150 626 tatverdächtige Kinder unter 14 Jahren erfasst, das entsprach einem Rückgang um 1,4% (1998: 152 774).

Delikte: Über die Hälfte der Straftäter im Kindesalter wurden wegen Ladendiebstahls registriert. In den alten Bundesländern stellten Kriminalexperten einen starken Anstieg fest. In den neuen Bundesländern nahm die Zahl der Körperverletzungen deutlich zu (+13,3%). Auch die Jugendkriminalität bezog sich lt. PKS vor allem auf Diebstahlsdelikte. Einen Rückgang stellten Kriminalexperten im Bereich des schweren Diebstahls und des Raubes fest. Die Zahl der Drogendelikte erhöhte sich, die Zahl der Drogentoten stieg 1999 um 8,2% auf 1812.

Fallbeispiele: Im November 1999 stach ein 15-jähriger Schüler in Meißen seine Lehrerin vor den Augen seiner 24 Mitschüler nieder. Die Pädagogin erlag nach neun Messerstichen vor Ort ihren Verletzungen. Der Täter konnte drei Stunden später festgenommen werden. Nach Angaben der ermittelnden Staatsanwaltschaft zeigte er keinerlei Schuldgefühle, als Motiv gab er Hass an. Im gleichen Monat schoss ein 16-jähriger in Bad Reichenhall um sich und tötete fünf Menschen, bevor er sich selbst erschoss.

Ursachen: Nach Angaben des Kriminologischen Forschungsinstitutes Niedersachsen waren es Sonderfälle. Insgesamt stellten Kriminologen um 2000 aber eine erhöhte Gewaltbereitschaft in der Altersklasse ab 14 Jahren fest. Jugendliche aus unteren sozialen Schichten neigten eher zu physischer Gewalt. Als Gründe wurden Frustration, Perspektivlosigkeit und die Medien angeführt. Studien hoben hervor, dass Jugendliche, die häufig Gewaltvideos konsumierten, weniger Mitleid und Sensibilität für Opfer zeigten.

www.bmi.bund.de (aktuelle Mitteilungen, Gesetzgebungsvorhaben)

Kinder- und Jugendkriminalität (Auswahl)[1]		
Straftaten	Alte Bundesländer[2]	Neue Bundesländer
Ladendiebstahl	54 024	
		23 125
Körperverletzung	27 971	
		12 518
Sachbeschädigung	24 284	
		16 050
Diebstahl	19 408	
		13 106
Betäubungsmittel-Verstöße	14 167	
mit Cannabis	3786	
Leistungserschleichung	9461	
	2546	
Raub, räuberische Erpressung und	6135	
räuberischer Angriff auf Kraftfahrer	2512	

1) deutsche Kinder und Jugendliche (bis 18 Jahre); 2) inkl. Berlin; Kinder- und Jugendkriminalität gesamt: Neue Bundesländer 71 334, Alte Bundesländer 166 575; Quelle Polizeil. Kriminalstatistik 1999

Korruption

Bestechung und Bestechlichkeit, z. B. die Zahlung von Schmiergeldern zur Erlangung eines Auftrages sowie die Annahme von Geld oder vergleichbarer Vorteile

Ausmaß: Nach einer Untersuchung der gemeinnützigen Gesellschaft Transparency International (Berlin) sowie der Universität Göttingen war die K. um 2000 in den Entwicklungsländern besonders ausgeprägt. In

Kamerun und Nigeria wurde am häufigsten bestochen. Auf der von Transparency International Ende 1999 veröffentlichten K.-Rangliste galt Schweden als äußerst korrektes Land, Taiwan, Südkorea und China bildeten die Schlusslichter. Deutschland teilte sich mit den USA Platz 9. Lt. Polizeilicher Kriminalstatistik (PKS) 1999 ging die Zahl der ermittelten K.-Fälle in Deutschland um 10,1% auf 6589 Fälle zurück. Weltweit wurde die Summe der jährlich gezahlten Schmiergelder auf 50 Mrd DM geschätzt, in Deutschland wurden nach Schätzungen der Weltbank rund 5 Mrd DM gezahlt.

Branchen: Bau- und Rüstungswirtschaft galten lt. Transparency International als äußerst korrupt, dicht gefolgt von der Energiewirtschaft. Auch das verarbeitende Gewerbe (inkl. Bergbau) und der Gesundheitsbereich zählten Fälle von K. Als wenig anfällig für K. galt dagegen die Landwirtschaft.

Bekämpfung: Viele Länder gingen 1999 härter gegen K. vor. In der südkoreanischen Hauptstadt Seoul konnte jeder die Vergabe öffentlicher Aufträge nachprüfen. In Chile, der Slowakei und Lettland wurden K.-Ausschüsse gebildet, dichte Fahndungsnetze geknüpft und Gratifikationsmodelle für Staatsbeamte entwickelt. Ende 1999 hatten 18 von 34 Nationen die Anfang 1999 ratifizierte Anti-K.-Konvention der Organisation für wirtschaftliche Zusammenarbeit und Entwicklung (OECD) in nationales Recht umgesetzt. Korrupten Unternehmern drohten bis zehn Jahre Haft.

China: 1999 wurde in China mehr K. ermittelt als je zuvor. Die Zahl der Fälle stieg um 9,4% auf 38 382. Die Zahl der Bestechungen mit mehr als 12 000 DM stieg um 40%, die der Unterschlagungen von über 25 000 DM um 35%.

Kriminalität

Ausmaß: Lt. Polizeilicher Kriminalstatistik (PKS) fiel die Zahl der registrierten Straftaten 1999 mit 6 302 316 (–2,4% gegenüber 1998) auf den niedrigsten Stand seit 1993, als zum ersten Mal Straftaten in West- und Ostdeutschland einheitlich erfasst wurden. Die Aufklärungsquote stieg um 0,5 Prozentpunkte auf 52,8%. Insgesamt wurden 2,263 Mio Tatverdächtige erfasst (–2,4% im Ver-

Korruption im internationalen Vergleich				
Land	Korruptionsgrad[1]	Land	Korruptionsgrad[1]	
Kamerun	1,5	Taiwan	5,6	
Nigeria	1,6	Japan	6,0	
Indonesien	1,7	Slowenien	6,0	
Russland	2,4	Frankreich	6,6	
Indien	2,9	USA	7,5	
Ägypten	3,3	Österreich	7,6	
Bulgarien	3,3	Deutschland	8,0	
Rumänien	3,3	Großbritannien	8,5	
China	3,4	Luxemburg	8,8	
Mexiko	3,4	Norwegen	8,9	
Türkei	3,6	Schweiz	8,9	
Brasilien	4,1	Niederlande	9,0	
Polen	4,2	Singapur	9,1	
Italien	4,7	Kanada	9,2	
Griechenland	4,9	Neuseeland	9,4	
Südafrika	5,0	Schweden	9,4	
Tunesien	5,0	Finnland	9,8	
Ungarn	5,2	Dänemark	10,0	
Belgien	5,3			

Stand: 1999; 1) Punkteskala: 0 = hochgradig korrupt, 10 = korruptionsfrei; Quelle: Transparency International/Uni Göttingen

gleich zu 1998), darunter 601 221 Ausländer (–4,3% gegenüber 1998) und 1,662 Mio Deutsche (–1,7%). In der Gruppe der 18- bis 21-Jährigen wurden 1999 insgesamt 240 109 Tatverdächtige registriert (+1,3%, 1998: 237 073). Die Zahl der Straftaten von Jugendlichen (14–18 Jahre) ging um 1,9% auf 296 781 zurück (1998: 302 413). 150 626 tatverdächtige Kinder wurden 1999 ermittelt (1998: 152 774, –1,4%).

Delikte: 1999 wurden 3 133 418 Diebstähle gezählt (1998: 3 323 989, –5,7%), insgesamt machten sie 49,7% aller in Deutschland registrierten Straftaten aus. Kriminologen zufolge kam es aufgrund verbesserter Sicherheits- und Präventionsmaßnahmen zu weniger Kfz-Diebstählen. Die Zahl der gestohlenen Pkw ging 1999 um 16,8% auf 93 745 zurück. Auch im Bereich der Wohnungseinbrüche verzeichneten Kriminalexperten einen deutlichen Rückgang (–10,6 %) auf 149 044 (1998: 166 742). Im

▰ Kriminalität: Straftaten nach Bundesländern

Bundesland	Straftaten
Baden-Württ.	567 655
Bayern	686 582
Berlin	572 553
Brandenburg	251 790
Bremen	86 677
Hamburg	281 214
Hessen	427 805
Meckl.-Vorp.	187 785
Niedersachsen	547 902
Nordrh.-Westf.	1 331 679
Rheinland-Pfalz	267 442
Saarland	62 162
Sachsen	367 733
Sachsen-Anhalt	264 620
Schlesw.-Holst.	237 589
Thüringen	161 128

Stand: 1999, Straftaten insgesamt: 6 302 316; Quelle: Polizeiliche Kriminalstatistik 1999

Bereich der Gewaltkriminalität wurde 1999 mit 186 655 verzeichneten Gewalttaten ein Anstieg von 0,2% gegenüber 1998 (186 306) festgestellt. Raubdelikte (1999: 61 420) sowie Fälle von Mord und Totschlag (1999: 2851) sanken. Einen stärkeren Anstieg stellten Kriminalexperten bei gefährlicher und schwerer Körperverletzung fest, hier stieg die Zahl um 3,8 % auf 114 516 Fälle (1998: 110 277). Weiter erhöhte sich die Zahl der Rauschgiftdelikte. Mit 226 563 Fällen betrug der Anstieg 4,0%. Auffällig war der Zuwachs von Betrugsdelikten mit Kreditkarten um 40,4% auf 36 613 Fälle.
Maßnahmen: Das Bundesinnenministerium plante im Frühjahr 2000 eine Ausweitung effizienter Maßnahmen zur K.-Vorbeugung durch Einrichtung des Deutschen Forums für Kriminalprävention (DFK). Es sollte Spitzenvertreter u. a. aus Wirtschaft, Industrie, Kirchen, Wohlfahrtsverbänden, Politik, Verwaltung und Medien zusammenführen, grundlegende Fragen der Sozial- und Kriminalpolitik erörtern und mit öffentlichen und privaten Entscheidungsträgern kooperieren. Das DFK sollte bundesweit Präventivprogramme iniitieren und für die

EU Ansprechpartner sein. Bundesinnenminister Otto Schily (SPD) betonte, ein Schwerpunkt solle die Vorbeugung bei der Jugendkriminalität sein.
www.bka.de (Bundeskriminalamt, aktuelle Fälle und Infos, Aufgaben, Lageberichte)

Ladendiebstahl

Bilanz: Lt. Polizeilicher Kriminalstatistik (PKS) wurden 1999 bundesweit 596 436 L. gezählt, 0,9% weniger als im Vorjahr. 53% der erfassten L. wurden von Kindern bis zu 14 Jahren verübt, 54 024 Jugendliche zwischen 14 und 18 Jahren wurden in den alten Ländern des L. verdächtigt (−10,3%) in den neuen Ländern waren es 23 125 (−0,5%). Nach Angaben des Hauptverbandes des Deutschen Einzelhandels (HDE, Bonn) wurden besonders Kosmetika, Textilien und Elektrowaren gestohlen. Der durchschnittliche Warenwert pro Einzelstraftat stieg gegenüber 1998 (50 DM) um 14 DM. Den Rückgang führte der HDE auf die Verstärkung der Prävention zurück. Jährlich investiert der HDE rund 1,5 Mio DM für Videoüberwachung, elektronische Artikelsicherung und Personalschulung.
Kritik: Der HDE kritisierte, dass viele der angezeigten L. nicht geahndet wurden und die gesetzlichen Regelungen in einzelnen Bundesländern nicht konsequent umgesetzt würden. Das gelte für die beschleunigte Bearbeitung und die Eintragung von eingestellten Verfahren ins zentrale staatsanwaltschaftliche Strafregister.
www.einzelhandel.de (aktuelle Zahlen, Vorhaben, Links zu Landesverbänden)

Lauschangriff

Akustische Überwachung von Wohn- und Geschäftsräumen mit technischen Mitteln wie Abhörgeräten (»Wanzen«), Richtmikrofonen und Infrarotsensoren. Mit dem L. soll die Bekämpfung der Schwerstkriminalität (Raub, Mord, Erpressung) und des organisierten Verbrechens sowie des Terrorismus verbessert werden.

Hörfalle: Nach dem seit 1996 geltenden Recht durfte ein Tatverdächtiger überführt werden, indem die Polizei einen Bekannten dazu brachte, den V. anzurufen und das Gespräch mit seinem Einverständnis mithörte. Die durch die sog. Hörfalle erlangten Beweise durften im Prozess verwertet werden, wenn es sich um eine Straftat von erheblicher Bedeutung handelte und die Aufklärung bei anderen Ermittlungsmethoden stark erschwert wurde.

Verfassungsbeschwerde: Im Mai 2000 lehnte das Bundesverfassungsgericht (BVerfG, Karlsruhe) zwei gegen die Hörfalle eingelegte Verfassungsklagen ab. Zwei Angeklagte waren unabhängig voneinander wegen schweren Raubes zu langjährigen Freiheitsstrafen verurteilt worden. In beiden Fällen hatte die Polizei Bekannte angestiftet, die Tatverdächtigen anzurufen und zur Tataufdeckung aufklärende Fragen zu stellen. Das Gespräch wurde mit Zustimmung der Zeugen abgehört. Die Verdächtigen wussten nichts von der H. Das BVerfG lehnte die Beschwerde der Inhaftierten mit der Begründung ab, die Kläger hätten nicht dargelegt, warum ein Beweiserhebungsverbot aus verfassungsrechtlichen Gründen verboten sein sollte.

www.bundesverfassungsgericht.de (Entscheidungen)

Menschenhandel

Internationalen Ermittlern zufolge war Deutschland um 2000 eines der bevorzugten Zielländer illegaler Einwanderer.

Deutschland: 1999 griffen deutsche Grenzschützer 37 789 illegal einreisende Ausländer auf, ca. 6% weniger als 1998 (40 201). Jugoslawische Staatsangehörige stellten mit 10 563 Personen (1998: 13 047) die größte Gruppe. Mit Abstand folgten rumänische (3760), afghanische (3236), irakische (2334) und türkische Staatsbürger (1516). Die meisten Ausländer kamen über organisierte Schleuserbanden ins Land. Lt. Bundeskriminalamt (BKA, Wiesbaden) blieben die Opfer auch nach der illegalen Einreise von den Menschenhändlern abhängig. Viele mussten bis zu 18 Stunden täglich unentgeldlich als Dienstboten, in Restaurants oder als Prostituierte arbeiten. Nach Schätzungen des BKA hielten sich 1999 rund 50 000 illegale Prostituierte aus Mittel- und Osteuropa in Deutschland auf.

Routen und Täter: Nach Angaben des Bundesinnenministeriums lagen die Brennpunkte des M. an der Grenze zu Tschechien und zu Österreich. An den Grenzen zur Schweiz und nach Dänemark sowie an den Seegrenzen nahm die Zahl illegal Einreisender um 926 (35%) auf 3579 (1998: 2653) zu. Die Behörden konnten 8% mehr Schleuser festnehmen (3410, 1998: 3162). Die Schleuser brachten 1999 nach Angaben des Bundesinnenministeriums 11 101 Ausländer nach Deutschland. In Dover (GB) wurden Mitte Juni 2000 in einem LKW 58 Leichen entdeckt, die erstickt waren. Die Opfer von M. stammten aus Südostasien.

Bekämpfung: Das Bundesinnenministerium führte die hohen Aufgriffszahlen auf das Bekämpfungskonzept zurück, das bereits in den Herkunftsländern durch Kooperation mit Verbindungsbeamten der illegalen Migration vorbeugen sollte. Durch verbesserte internationale Kooperation konnten Schleusergruppen zerschlagen, Transitwege unterbunden und eine konsequente Rückführung in vielen Fällen gewährleistet werden. Ende März 2000 unterzeichneten Bundesinnenminister Otto Schily (SPD) und sein belgischer Amtskollege Antoine Duquesne ein Abkommen, um Informationsaustausch und Zusammenarbeit der Polizei beider Länder im operativen Bereich zu verbessern. Eine geplante gemeinsame Polizeidienststelle in Eupen/Belgien sollte Daten über illegale Zuwanderung, Schleuser und gefälschte Reisedokumente sammeln.

Australien: Bis Ende 1999 wurden über 1500 illegale Einwanderer von der australischen Küstenwache aufgegriffen (1998: 200). Die meisten kamen über Indonesien aus Iran, Irak und Afghanistan. Nach Angaben von Immigrationsminister Philip Ruddock diente Indonesien Schlepperringen als Stützpunkt. Ruddock forderte die oppositionelle Labour Partei auf, die Einwanderungsgesetze zu verschärfen. Illegale Einwanderer sollten nach Asylantragstellung nicht automatisch eine Aufenthaltsgenehmigung, sondern ein zeitlich begrenztes »Schutzvisum« erhalten. Dies wurde von Kirchen und Flüchtlingsorganisationen kritisiert.

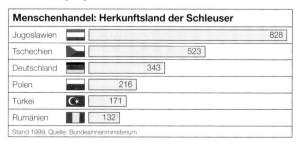

Menschenhandel: Herkunftsland der Schleuser		
Jugoslawien		828
Tschechien		523
Deutschland		343
Polen		216
Türkei		171
Rumänien		132
Stand 1999, Quelle: Bundesinnenministerium		

Organisierte Kriminalität

(OK) nach Definition des Europäischen Parlaments das planmäßige, arbeitsteilige und längerfristige Vorgehen einer größeren Zahl von Personen, die Straftaten mit erheblichen Schadenssummen begehen und die Gewinne durch Geldwäsche in den legalen Wirtschaftskreislauf überführen.

Ausmaß: 1999/2000 registrierten Polizei und Ermittlungsbehörden bei der O. eine zunehmende Internationalisierung. Nach Schätzungen des Bundesinnenministeriums vom 3.7.2000 wurden in Deutschland 1999 rund 2 Mrd DM mit O. umgesetzt. 1999 stellten deutsche Zollfahnder über 20 Mio DM aus der O. sicher und leiteten 88 Strafverfahren ein. Insgesamt wurden 12 t Marihuana, 2 t Haschisch, 1,5 t Kokain, 626 kg Heroin und rund 740 000 Tabletten Modedrogen wie Ecstasy sichergestellt. Außerdem beschlagnahmte der deutsche Zoll 653 Mio geschmuggelte Zigaretten, 60 Mio (10,1%) mehr als 1998. Die Steuerausfälle durch Zigarettenschmuggel wurden auf mehrere Millionen DM geschätzt.

Strukturen: Kriminalisten zufolge nutzten um 2000 immer mehr organisierte Banden neue Kommunikationsmedien wie das Internet für ihre Geschäfte. Ehemals lokale Organisationen wie die sizilianische Mafia, Hongkongs Triaden, die japanische Yakuza und zahllose Gruppen in Russland und Osteuropa operierten weltweit über Datennetze. Die aus der O. gewonnenen Gelder wurden über das Internet in legale Geschäfte investiert und »gewaschen«. Modernes Online-Banking ermöglichte ihnen problemlos und unerkannt, das Geld über verschiedene Konten zu verschieben.

Verfolgung: Auf dem 10. UN-Kongress für Verbrechensbekämpfung und Umgang mit Kriminellen im April 2000 berieten rund 2000 Experten über die UN-Konvention gegen Transnationale O. Erstmals wurde ein globaler Vertrag zur Bekämpfung international operierender krimineller Vereinigungen geschlossen. Mit ihm sollten die Strafgesetze zur O. harmonisiert werden. Staaten werden verpflichtet, Bankgeheimnisse bei Verdacht auf O. aufzuheben und anonyme Konten abzuschaffen. Die Kooperation im Kampf gegen Menschenhandel und Schmuggel sollte einheitlich geregelt, Verdächtige sollten ausgeliefert werden. Die Verabschiedung des Vertragsentwurfs durch die UN-Generalversammlung war für Ende 2000 geplant.

Deutschland: Anfang 2000 hatte die Flowtex-GmbH & Co KG aus Ettlingen (Süddeutschland) durch Betrug einen Schaden von mehreren hundert Mio DM verursacht. Gegen die beiden Manager wurde wegen Verdachts von Steuerhinterziehung, Betrug und Kapitalanlagebetrugs ermittelt. Die Flowtex-Gruppe hatte Leasinggeschäfte mit fingierten Bohrsystemen realisiert. Vom Betrug waren Banken und Leasinggesellschaften betroffen. Erste Ermittlungen förderten offene Leasingraten in Höhe von insgesamt 2,3 Mrd DM zu Tage.

www.bka.de

Produktpiraterie

(auch Markenpiraterie), Nachahmung von Produkten unter Missachtung der Urheberrechte und des Wettbewerbsrechts.

Ausmaß: Nach Erkenntnissen von Kriminalbehörden breitete sich die P. Ende 1999 international weiter aus. Der Zoll stellte gefälschte Waren im Wert von 42 Mrd DM sicher (50% mehr als 1998). Der Aktionskreis Deutsche Wirtschaft gegen Produkt- und Markenpiraterie (APM, Bonn) schätzte, dass 8% aller weltweit gehandelten Erzeugnisse gefälscht waren. Die deutsche Wirtschaft büßt nach Schätzungen jährlich rund 55 Mrd DM durch P. ein.

Fälschungen: Die größten Verluste durch P. verbuchte 1999 die Pharmabranche mit 17 Mrd US-Dollar weltweit. Lt. APM waren 7% aller Medikamente gefälscht. Umsatzeinbußen von 12 Mrd US-Dollar meldeten Hersteller von Kraftfahrzeug-Ersatzteilen; hier lag der Anteil gefälschter Produkte 1999 bei 10%. Die Textilbranche lag mit

---

Organisierte Kriminalität: Mafia-Stützpunkt Südspanien

Die spanische Südküste galt um 2000 als Operationsbasis internationaler Verbrecherbanden. Die spanische Polizei deckte Mitte 1999 einen weiteren Fall globaler Geldwäsche durch kriminelle Russen auf. Ihre Einnahmen aus illegalem Glücksspiel, Waffengeschäften und Schwarzhandel mit Kaviar und Alkohol überwiesen sie über New Yorker Banken auf die Konten verschiedener Briefkastenfirmen. Dort sollten die dreistelligen Millionensummen in Immobilien an der Costa del Sol und auf Konten europäischer Banken geflossen sein. Das Netz von Kontaktleuten weitete sich auf korrupte Polizisten und Richter aus. Die spanische Justiz versuchte seit 1998 vergeblich, Marbellas Bürgermeister Jesus Gil y Gil, zugleich Präsident des Fußballklubs Atletico Madrid, wegen angeblicher Geschäfte mit kriminellen Ausländern vor Gericht zu stellen. Im Dezember 1999 vereinbarten Bundesinnenminister Otto Schily (SPD) und sein spanischer Amtskollege Jaime Mayor Orja die Kooperation beider Staaten u. a. beim Einsatz verdeckter Ermittler gegen die O.

einem Gesamtschaden von 4,4 Mrd US-Dollar auf Platz drei. Besonders groß waren die Schäden durch Raubkopien im Software- und Tonträgersektor; sie machten bei Tonträgern 33%, bei Videokassetten 50% des Weltmarktanteils aus. Die Umsatzeinbußen wurden mit etwa 5 Mrd US-Dollar (Tonträger) bzw. rund 2 Mrd US-Dollar (Videokassetten) angegeben. Der deutschen Musikindustrie gingen 1999 nach eigenen Berechnungen 40 Mio DM durch illegal kopierte Stücke aus dem Internet verloren. Auf ihr Betreiben wurden 1999 insgesamt 800 Internet-Seiten geschlossen. Als neuen Trend bezeichnete der deutsche Zoll den Schmuggel gefälschter Zigaretten, rund 10% der 1999 sichergestellten Schmuggelzigaretten (1999: 653 Mio). Die Fälschungen wurden meist in China hergestellt.

Kritik: Nach Ansicht des APM wurden Marken- und Produktpiraten um 2000 immer dreister, da die Justiz sie nur unzureichend verfolgte. In Italien entschied das Oberste Gericht 1999 in einem Musterprozess zu Gunsten von P.: Kein Käufer werde geschädigt, wenn er gefälschte Artikel kaufe. Die italienische Industrie beurteilte die Entscheidung als skandalös. Auch in Deutschland kam es bei über 140 Fällen nur in einem Drittel zum Strafantrag.

www.diht.de (Deutscher Industrie und Handelstag, aktuelle Branchendaten)

Schleierfahndung

Personenkontrolle durch Polizei oder Bundesgrenzschutz (BGS) ohne konkreten Verdacht gegen die Betroffenen

Gesetzeslage: Der deutsche BGS darf nach einem 1998 novellierten Gesetz auf Bahnhöfen, in Zügen und auf Flughäfen verdachtsunabhängige Kontrollen vornehmen. Personen dürfen kurzzeitig angehalten und befragt, ihre Papiere und ihr Gepäck können überprüft werden. In der grenznahen Zone (30 km) darf der BGS auch Kofferräume oder LKW-Aufbauten ohne Verdachtsmomente kontrollieren.

Länderinitiative: Die Polizei in Mecklenburg-Vorpommern darf nur noch im Grenz- und Küstenbereich Personen ohne konkreten Verdacht kontrollieren. Auf Durchgangsstraßen wurde die S. Ende 1999 vom Landesverfassungsgericht nach einer Bürgerklage für unzulässig erklärt. Als Begrün-

Produktpriaterie: Softwarepiraterie

Land/Region		Anteil von Raubkopien an der Software (%)
Bulgarien		80
Ägypten		75
Griechenland		71
Osteuropa gesamt		70
Lateinamerika		59
Spanien		53
Südafrika		47
Tschechien		42
Kanada		41
Weltweit		36
Deutschland		27
USA		25

Stand 1999, Quelle Business Software Alliance (bsa, München)

dung betonten die Richter, dass der Einzelne insbes. in seinem Grundrecht auf informationelle Selbstbestimmung verletzt sei.

Auswirkungen: Nach dem Urteil in Mecklenburg-Vorpommern wurde auch in anderen Bundesländern die Forderung nach einer Änderung der S. erhoben. In Thüringen kündigten SPD, Bündnis 90/Grüne und PDS an, das Gesetz der S. zu ändern. Die unionsgeführten Regierungen von Bayern, Hessen und Sachsen sahen dagegen keinen Grund zur Novellierung. Die S. sei ein wichtiges Instrument zur Eindämmung organisierter Kriminalität.

www.bka.de; www.bmi.de

Sexualstraftaten

Ende 1999 verhaftete die deutsche Polizei nach einer internationalen Durchsuchungsaktion gegen Kinderpornografie einen 42-jährigen Mann aus Wuppertal. Die Fahnder entdeckten 2500 Dateien mit verbotenem Bildmaterial auf seinem Computer. Die Dateien waren zum Tausch im Internet angelegt worden. Dem Verdächtigen drohte eine Freiheitsstrafe zwischen drei Monaten und fünf Jahren.

Ausmaß: Nach der deutschen Polizeilichen Kriminalstatistik (PKS) wurden 1999 insgesamt 15 279 Fälle von sexuellem Missbrauch von Kindern erfasst (−7,9%

gegenüber 1998). Die Zahl der polizeilich registrierten Vergewaltigungen und besonders schweren Fälle sexueller Nötigung betrug 7565 (–4,4 % gegenüber 1998); davon endeten 39 Sexualdelikte mit dem Tod des Opfers. Als besonders gefährdet galten Jugendliche (35,4% der Opfer) und Heranwachsende (34,1%).

Täter: Bei 39,1% der Vergewaltigungen wurden Bekannte als Tatverdächtige ermittelt (2,1 Prozentpunkte mehr als 1998). Verwandtschaftliche Beziehungen wurden bei 15,9% der Fälle gezählt (1998: 15,5%). Beim sexuellen Missbrauch von Kindern lag der Verwandtenanteil bei 10,8% (–0,5 gegenüber 1998), der von Bekannten betrug 24,4% (+1,4). Die Polizei ging von einer hohen Dunkelziffer im Bereich der engeren Täter-Opfer-Beziehung aus, da viele Betroffene aus Angst oder Scham vor einer Anzeige zurückschreckten.

www.bka.de (Bundeskriminalamt)

Sicherheitsdienste, private

Nach Erhebungen des Statistischen Bundesamtes (SB, Wiesbaden) waren Anfang 2000 rund 130 000 Beschäftigte in 2500 Sicherheitsunternehmen tätig. Nach einer Prognose des Bundesverbandes Deutscher Sicherheitsunternehmen (BDWS, Bad Homburg) stieg der Umsatz 2000 um 3,8% auf 5,4 Mrd DM gegenüber dem Vergleichsjahr 1998 (5,2 Mrd DM). Im gleichen Zeitraum erhöhte sich die Zahl der Beschäftigten um 5000 (4%).

Einsatzgebiete: S. wurden insbes. im Werk- und Objektschutz als Pförtner bzw. Wachposten eingesetzt. Darüber hinaus übernahmen sie Aufgaben in militärischen Einrichtungen sowie im Bereich des Perso-

nenschutzes. Nach Angaben des BDWS wuchs das Aufgabenspektrum um 2000 über reine Bewachungsfunktionen hinaus. In privaten wie unternehmerischen Bereichen und im öffentlichen Verkehrsraum arbeiteten S. als Sicherungsposten in Bahnen, als Revier- und Streifenposten sowie als Ordnungshüter. Zu den wichtigsten Auftraggebern zählten im Jahr 2000 Industrie und Handel.

Ausbildung: Der BDWS erwartete für das Lehrjahr ab August 2001 die Einrichtung eines Ausbildungsberufs »Fachkraft für Schutz und Sicherheit«. Die entsprechenden Voraussetzungen zum Erlass einer Ausbildungsverordnung wurden im Frühjahr 2000 geschaffen.

Regierungspläne: Bundesinnenminister Otto Schily (SPD) betonte Anfang 2000, dass die expandierende Entwicklung im privaten Sicherheitsgewerbe und deren Tätigkeiten in neuen Aufgabenfeldern eine gesetzliche Novellierung erfordere. Vor allem die Qualifikation der Beschäftigten sollte neu geregelt werden. Die bis dahin kurzen Unterrichtsmaßnahmen ohne Abschlussprüfung seien nicht ausreichend. Lt. Schily würden den S. weiterhin keine hoheitlichen Aufgaben überlassen.

www.bdgw.de (Aufgaben, Daten und Fakten der Branche, Pressemitteilungen)

Täter-Opfer-Ausgleich

Im Dezember 1999 stimmte der Bundesrat dem Gesetz zur strafrechtlichen Verankerung des T. zu. Damit wollte die rot-grüne Bundesregierung die Opfer einer Straftat stärker in den Mittelpunkt von Strafverfahren rücken.

Anwendung: Richter und Staatsanwälte haben die Pflicht, in jedem Stadium des Verfahrens die Möglichkeit auf einen Ausgleich zwischen Täter und Opfer zu prüfen. Der T. soll sich strafmindernd auswirken. Zuvor war das strafrechtliche Instrument im Strafgesetzbuch geregelt, wurde aber kaum angewandt. Mit der Einführung des Gesetzes zum 1.1.2000 sollte er stärker berücksichtigt werden, sofern das Opfer dazu bereit ist. Der T. wird als alternativer juristischer Weg zur Reaktion auf leichte und mittelschwere Kriminalität angesehen. Ziel sind Konfliktlösungen von Täter und Opfer durch einen anerkannten Vermittler.

▓▓ **Private Sicherheitsdienste**	
Jahr	*Unternehmen*
2002[1]	2800
2000	2500
1998	2200
1996	1900
1994	1700
1992	1290

1) Prognose; Quelle: Bundesverband Deutscher Sicherheitsdienste (Bad Homburg)

Die Zahl privater Sicherheitsdienste in Deutschland soll sich bis 2002 gegenüber 1992 mehr als verdoppeln.

Opferhilfe: Nach Angaben der Opferschutzorganisation Weißer Ring (Mainz) stieg 1999 der finanzielle Aufwand der Opferhilfe um 17% auf über 4 Mio DM. Darüber hinaus stellte der Weiße Ring eine größere Bedeutung des Rechtsschutzes fest, für den 1999 rund 1500 Beratungsschecks ausgegeben wurden. Lt. Polizeilicher Kriminalstatistik wurden 1999 insgesamt 209 471 Personen Opfer eines Gewaltverbrechens, 0,9% mehr als 1998 (207 545).

Länderinitiative: Im Jahr 2000 verstärkte NRW seine Aktivitäten im Bereich des T. Bis August ließ NRW-Innenminister Jochen Dieckmann (SPD) vier Beratungsstellen zur professionellen psychosozialen Betreuung von Opferzeugen im Strafprozess in Düsseldorf, Essen, Köln und Bielefeld einrichten. 1999 waren zwölf Projekte zur T. mit 2,4 Mio DM gefördert worden. Alle 50 Polizeidienststellen hatten bis Ende 1999 einen Opferschutzbeauftragten.

www.bmj.bund.de (Bundesjustizministerium); **www.bka.de** (Bundeskriminalamt, (Polizeiliche Kriminalstatistiken, Verbrechensprävention)

Videoüberwachung

Beobachtung öffentlich zugänglicher Orte (Geschäftsräume, U-Bahnstationen, Parkhäuser, Banken u. a.) mit Videokameras

Anfang 2000 forderten CDU/CSU-Politiker eine Ausdehnung der V. auf Innenstädte zur Kriminalitätsvorbeugung. Befürworter der V. waren der nordrhein-westfälische CDU-Chef Jürgen Rüttgers sowie die Landesminister Günther Beckstein (CSU, Bayern), Eckart Werthebach (CDU, Berlin) und Jörg Schönbohm (CDU, Brandenburg).

Anwendung: Öffentliche Straßen und Plätze, die als Kriminalitätsschwerpunkte gelten, sollen CDU/CSU-Plänen zufolge rund um die Uhr mit Videokameras überwacht werden. Nach Angaben des Vorsitzenden der Datenschutzkonferenz Anfang 2000 in Hannover, Burkhard Nedden, waren bis dahin 30 000 Videokameras bundesweit im Einsatz. Unter die V. fielen Orte wie Kaufhäuser, Banken und Tankstellen.

Kritik: Datenschützer sahen in der Ausweitung der V. besondere Risiken für die in Art. 1 und 2 GG festgelegte Menschenwürde und freie Entfaltung der Persönlichkeit. Die Erfassung, Aufzeichnung und Übertragung von Bildern sei für den Einzelnen nicht durchschaubar. Sie forderten eine daten-

Videoüberwachung: Initiativen einzelner Bundesländer

▶ **NRW:** SPD und Bündnis 90/Die Grünen beschlossen im April 2000 eine Änderung im Polizeigesetz. Danach können auf Straßen und öffentlichen Plätzen Videokameras eingesetzt werden, an denen wiederholt schwere Straftaten (Raub, Körperverletzung, Drogenhandel) begangen wurden und weitere zu befürchten sind. Innenminister Fritz Behrens (SPD) sprach sich aber gegen flächendeckende V. aus.

▶ **Berlin:** In Berlin vereinbarten die beiden großen Koalitionspartner SPD und CDU, gefährdete Gebäude, Friedhöfe und Denkmäler per Video beobachten zu lassen. Die Zahl der Straftaten in der Hauptstadt ging jedoch 1999 gegenüber dem Vorjahr um 2,4% auf insgesamt 572 553 zurück. Die Aufklärungsquote der Polizei erhöhte sich leicht um 0,2 Prozentpunkte und erreichte mit 49,6% den höchsten Wert seit 1968.

schutzrechtliche Vorabkontrolle bei der Errichtung von Kameraüberwachungsanlagen sowie eine Verankerung im Strafprozess- und Polizeirecht. Zugleich wehrten sie sich gegen eine flächendeckende V.

www.datenschutz.de (Meldungen, Gesetzestexte, Entscheidungen, Publikationen, Presseservice)

Zeugnisverweigerungsrecht

Zum 1.1.2000 trat eine Änderung zum Z. für Journalisten in Kraft. Die rot-grüne Bundesregierung wollte nach eigenen Angaben Rechtssicherheit und ungehinderte Ausübung der Pressefreiheit stärken.

Kernpunkte: Das Z. wurde auf die Herstellung und Verbreitung von Büchern und Filmberichten erweitert. Infomaterial, das Journalisten für sich recherchiert haben, darf nicht von Polizeibehörden beschlagnahmt werden. Wird der Journalist jedoch selbst einer Straftat verdächtigt oder besteht Grund zur Annahme, dass er eine Straftat deckt, können die Unterlagen konfisziert werden, sofern die Pressefreiheit nicht unverhältnismäßig eingeschränkt wird. Eine Beschlagnahme sei auch dann rechtens, wenn die Ermittlungen eines Verbrechens ohne das Material wesentlich erschwert oder verhindert würden. Das Z. soll auch die Sicherung des Beweiserhebungsverbotes stärken. Hat der Journalist z. B. in einem anderen Verfahren keine Möglichkeiten auf Zeugnisverweigerung, dürfen die zum Vorschein kommenden Informationen nicht für das laufende Strafverfahren genutzt werden.

Kritik: Die Industriegewerkschaft Medien (Bonn) kritisierte die zulässige Konfiszierung bei Strafverstrickung von Journalisten als Gefährdung des Beschlagnahmeverbots. Sie forderte eine Beschränkung auf Fälle dringenden Tatverdachts.

www.bmj.bund.de (Bundesjustizministerium)

Klima

Arktis und Antarktis

Eisschmelze: Anfang 2000 wurden Messdaten bekannt, nach denen das Polareis in A. seit den 1970er Jahren stark schmilzt. Nach Angaben des Worldwatch-Instituts und des norwegischen Polar-Instituts wurde die arktische Eisplatte, die auf dem Nordmeer schwimmt, 1978–96 um 6% kleiner. Nach Messungen US-amerikanischer U-Boote wurde sie seit 1958 um 40% dünner (von 3,1 m auf durchschnittlich 1,8 m). Das Grönland-Eis schmolz vor allem an den südlichen und östlichen Rändern (um etwa 1 m pro Jahr). Der Columbia-Gletscher an der Südküste Alaskas verlor im Jahr 2000 zeitweise bis zu 35 m Eis am Tag. Ob auch der 2,3 km starke Eispanzer der Antarktis abschmilzt, war 2000 umstritten. 1999 lösten sich mehrfach riesige, bis zu 300 km lange Eisberge vom antarktischen Schelfeis.
Folgen: Kleinere Eisflächen an den Polen könnten nach Ansicht der Forscher Treibhauseffekt und Klimaveränderung verstärken, weil die weißen Flächen als Reflektoren wirken, die einen Teil des Sonnenlichts sofort in den Weltraum zurückwerfen.
www.kah-bonn.de/1/16/0.htm (Ausstellung der Bundeskunsthalle, Bilder);
www.wcmc.org.uk/index.html (globale Umweltinfos des World Conservation Monitoring Centre)

Atmosphäre

Die bis in eine Höhe von etwa 500 km reichende Gashülle des Planeten Erde. Sie besteht in Erdnähe zu 78,1% aus Stickstoff, zu 21% aus Sauerstoff und zu 0,9% aus dem Edelgas Argon. Dazu kommen Spurengase, z. B. Kohlendioxid (0,035%) und Wasserdampf.

Der Mensch verändert durch seine (vor allem wirtschaftliche) Tätigkeit die A. und damit das Klima durch Ausstoß von Gasen und Aerosolen (feinstverteilte Luft- und Stoffgemische). Der sich um 2000 verschärfende sog. Treibhauseffekt aufgrund von Kohlendioxid-Emissionen hält die Wärme in der unteren A. gefangen, so dass die Erde sich aufheizt und die höheren Schichten der A. abkühlen.

Klimaschutz

Weltweite Bemühungen, den Ausstoß von Kohlendioxid (CO_2) u. a. Treibhausgasen zu verringern, um Treibhauseffekt und Klimaveränderung in den Griff zu bekommen

Im Dezember 1997 hatte der Klimagipfel von Kyoto/Japan zum ersten Mal verbindliche Reduktionsziele für insgesamt 30 Industriestaaten, darunter die USA, Japan und die EU festgelegt, die bis 2008 bzw. 2012 erreicht werden sollen. Deren teilweise schwierige Umsetzung war 1999 Gegenstand internationaler Konferenzen und nationaler Aktionsprogramme.
Weltklimakonferenz: Im November 1999 tagte in Bonn die 5. Weltklimakonferenz mit 5000 Teilnehmern aus 150 Staaten. Sie wollten die 1997 in Kyoto strittig gebliebenen Fragen des K. klären und Hindernisse aus dem Weg räumen, die ein Inkrafttreten des Kyoto-Protokolls bis dahin verhindert hatten. Der Vertreter der USA betonte, dass die Vereinigten Staaten ihr Reduktionsziel von 7% nicht im eigenen Land erreichen könnten, sondern nur durch Kauf von Emissionsrechten anderer Länder und Beteiligung an sog. Mechanismen für saubere Entwicklung (in Entwicklungsländern). Die Vertreter der EU bestanden jedoch weiter darauf, dass auch die USA wenigstens die Hälfte der Reduktionsverpflichtung im eigenen Land erzielen müssten. Die Frage blieb in Bonn weitgehend ungeklärt, ebenso wie die von den USA geforderte Einbeziehung der Entwicklungsländer in K.-Verpflichtungen.
EU: Die EU-Kommission stellte im März 2000 die Einführung eines Handels mit CO_2-Emissionskontingenten ab 2005 zur Diskussion, um ökonomische Anreize zur Einsparung von Brennstoffen zu schaffen, ohne den Wettbewerb zu verzerren. Energieerzeuger und Großindustrie würden danach mit Kosten von ca. 65 DM/t CO_2 belastet. EU-Umweltkommissarin Margot Wallström verwies darauf, dass der K.-Ausstoß des Verkehrs bis 2010 um 40% anzusteigen drohe, wenn nichts geschähe. Der franzö-

Atmosphäre: Glossar

▶ **Aerosole:** Gemische flüssiger oder fester Stoffe mit Luft. Aerosole sind z.B. Nebel, Wolken, Staub- und Aschewolken, Rauch.

▶ **FCKW:** Fluor-Chlor-Kohlenwasserstoffe sind chemisch sehr stabile, ungiftige Gase, die als Kältemittel in Kühlschränken, als Treibmittel in Spraydosen und beim Verschäumen von Kunststoffen eingesetzt wurden. Sie tragen zum Treibhauseffekt bei und zerstören viele Jahre nach ihrem Ausstoß das Ozon in der Ozonschicht. Seit 1987 sind sie weltweit verboten.

▶ **Kohlendioxid** (CO_2, neue Nomenklatur: Kohlenstoffdioxid): Das Verbrennungsprodukt des Kohlenstoffs ist ein farb- und geruchloses Gas. Es wird bei der Atmung von Pflanzen und Tieren sowie beim Verbrennen von Holz und fossilen Brennstoffen (u.a. Kohle, Erdöl) in die A. entlassen und trägt wesentlich zum Treibhauseffekt bei.

▶ **Kühlhauseffekt** (engl. whitehouse effect): Die dem Treibhauseffekt entgegengesetzte Wirkung bestimmter Aerosole in der Atmosphäre, z.B. von Vulkanasche, Rauchgasen (Schwefeldioxid) aus Kraftwerken, Waldbränden usw. Aerosole reflektieren das Sonnenlicht nach außen und bewirken eine Abkühlung der Atmosphäre. Ähnlich wirken die polaren Eisflächen.

▶ **Methan** (CH_4): Das farb- und geruchlose, ungiftige Gas ist Hauptbestandteil von Erd- und Biogas. Es entsteht bei Fäulnisprozessen in Sümpfen, Reisfeldern, beim Wiederkäuen der Rinder, in Mülldeponien und Klärschlamm und trägt zum Treibhauseffekt bei.

▶ **Ozon** (O_3): Eine kurzlebige Verbindung aus drei Sauerstoff-Atomen; stechend riechendes, chemisch aggressives, gesundheitsschädliches Gas. Entsteht aus Sauerstoff (O_2) z.B. bei starker Einstrahlung von UV-(ultra-violettem)Licht, vor allem in der Ozonschicht der Stratosphäre (in 20 km bis 30 km Höhe). In Bodennähe kann sich an sonnigen Sommertagen unter dem Einfluss von Autoabgasen Ozon bilden (Sommersmog). Das bodennahe Ozon trägt zum Treibhauseffekt bei.

▶ **Ozonloch:** Ein Bereich der Ozonschicht über der Antarktis, in dem das Ozon regelmäßig im antarktischen Frühjahr (September/Oktober) stark abgebaut wird. Ungefiltertes, für Lebewesen schädliches UV-Licht gelangt bis zum Erdboden. Das Ozonloch war seit seiner Entdeckung 1985 in geraden Jahren stets größer als in ungeraden.

▶ **Ozonschicht:** Luftschicht in der Stratosphäre in etwa 20 km–30 km Höhe, in der sich durch das UV-Licht der Sonne besonders viel Ozon bildet. Dieses Ozon kann die schädliche UV-Strahlung absorbiert. Verschiedene von der Tätigkeit des Menschen produzierte Gase, vor allem FCKW und Halone, bauen das Ozon in der Ozonschicht ab. Als Folge gelangt mehr UV-Licht bis zur Erdoberfläche, und es kommt vermehrt zu Verbrennungen an Pflanzen, Sonnenbrand, Hautkrebs und Grauem Star.

▶ **Stratosphäre:** Die zweitunterste Schicht der A., zwischen 12 km und 50 km Höhe enthält die Ozonschicht.

▶ **Treibhauseffekt:** Die Erwärmung der unteren Troposphäre und der Meeresoberflächen unter dem Einfluss von Treibhausgasen. Diese Gase lassen das direkte Sonnenlicht ungehindert passieren, absorbieren aber einen großen Teil der von der Erdoberfläche reflektierten oder abgegebenen Wärmestrahlung und strahlen die Hälfte davon wieder nach unten ab. Ohne den natürlichen Treibhauseffekt des Wasserdampfs und des Kohlendioxids wäre es auf der Erde über 30 °C kälter. Der vom Menschen verursachte zusätzliche Treibhauseffekt geht nach Schätzungen (IPCC 1996) zu 64% auf Kohlendioxid aus der Verbrennung von fossilen Brennstoffen (Kohle, Erdöl, Erdgas); zu 20% auf Methan, zu 10% auf FCKW u. ä. Gasen, zu 6% auf Lachgas (N_2O).

▶ **Troposphäre:** Die unterste Schicht der A. (bis in etwa 12 km Höhe) enthält zwei Drittel der Gasmasse, in ihr entstehen Klima und Wetter.

---

sische Premierminister Lionel Jospin legte im Januar 2000 ein K.-Programm für Frankreich und Europa vor. Es sah ein europaweites Tempolimit, eine französische K.-Steuer nach deutschem Vorbild und längerfristig die Einführung des Emissionshandels vor. Eine EU-weite K.-Steuer wurde 1999 durch ein Veto Spaniens blockiert.

Deutschland: Bundesumweltminister Jürgen Trittin (Bündnis 90/Die Grünen) präsentierte im März 2000 Eckpunkte zum K. Er geht von Schätzungen aus, nach denen ohne weitere Maßnahmen Deutschland sein selbstgestecktes K.-Ziel für 2005, die Reduktion des CO_2-Ausstoßes um 25% gegenüber 1990, um rund 100 Mio t verfehlen wird. Während Industrie und Energiewirtschaft ihren CO_2-Ausstoß gegenüber 1990 um 31% bzw. 16% gesenkt hatten, war der Ausstoß der privaten Haushalte um 6%, der des Verkehrs um 11% gestiegen. Trittin schlug u. a. vor:

– Förderprogramm für Wärmedämmung bei Altbauten und schärfere Vorschriften für Neubauten
– Tempolimit

Klimaschutz: Glossar

▶ **Emissionshandel** (Emissions Trading): Handel mit Emissionskontingenten. Ein Staat oder Betrieb, der weniger Kohlendioxid ausgestoßen (emittiert) hat als ihm nach einem Protokoll erlaubt war, kann u.U. seine nicht ausgeschöpften Emissionsrechte an andere Staaten oder Betriebe verkaufen, welche die Differenzmengen ihrem eigenen Konto gutschreiben dürfen. Dadurch werden Emissionen am ehesten dort reduziert, wo es am kostengünstigsten ist.

▶ **Gemeinsame Umsetzung** (Joint Implementation): Klimaschutzprojekte (z.B. Ersatz ineffektiver durch effektivere Kraftwerke, die weniger Kohlendioxid ausstoßen), die ein Industriestaat in einem anderen Staat ohne Klimaschutzverpflichtung (z.B. in China) durchführt, und deren Sparwirkung der Investor seinem Kohlendioxid-Konto gutschreiben kann.

▶ **Heiße Luft** (Hot Air): Kohlendioxidmengen, die nicht mehr ausgestoßen werden, weil Industrieregionen wirtschaftlich zusammengebrochen sind. Wegen solcher Krisen ging z.B. der Kohlendioxid-Ausstoß Russlands in den 1990er Jahren stark zurück. Umstritten ist, ob auch Heiße Luft im Emissionshandel vermarktet werden kann.

▶ **Kohlendioxid-Senken:** Wälder gelten als »Kohlendioxid-Senken«, weil sie CO_2 aus der Luft binden und in Biomasse umsetzen. Aufforstungsprojekte im eigenen Land oder in anderen Ländern können z.T. dem Kohlendioxid-Konto gutgeschrieben werden.

▶ **Kyoto-Mechanismen:** Zusammenfassende Bezeichnung aller hier beschriebenen Bestimmungen, basierend nach dem 1997 verabschiedeten K.-Protokoll von Kyoto.

▶ **Lastenteilung** (Burden Sharing): Mehrere Länder (z.B. die EU-Staaten) können eine gemeinsame Gesamtverpflichtung zur Reduktion übernehmen und untereinander aushandeln, welches Land wie viel dazu beiträgt.

▶ **Mechanismus für saubere Entwicklung** (Clean Development Mechanism): Verschiedene Entwicklungshilfeprojekte von Industriestaaten in der Dritten Welt sollen eine Reduktion des Kohlendioxid-Ausstoßes bewirken. Deren Spareffekt kann sich der Investor gutschreiben.

– Schwerverkehrsabgabe auf LKW
– Flugverkehrsabgabe
– Steuerliche Gleichstellung der besonders effektiven Gas- und Dampfturbinenkraftwerke mit Kohle und Atomkraft.

www.unfccc.de (United Nations Framework Convention on Climate Change; Text des Kyoto-Protokolls, Liste der Unterzeichner usw.); www.unep.ch (UNO-Umweltprogramm; mit Text des Kyoto-Protokolls); www.themes.eea.eu.int (Europäische Umweltagentur, Themen); www.bmu.de (Bundesministerium für Umwelt)

Klimaveränderung

(Klimawandel, Erderwärmung, engl. Global Warming), ungewöhnlich rasche Erwärmung des Erdklimas seit 1880, vor allem aber seit Anfang der 1970er Jahre. Als wichtigste Ursache wird der Treibhauseffekt vermutet.

USA: Mitte Juni 2000 legten US-Klimaforscher einen Bericht zur Lage der Nation im Zuge der globalen K. vor, den der Kongress 1990 in Auftrag gegeben hatte. Sie prognostizierten für das 21. Jh. lange Hitze- und Dürreperioden in den Zentralgebieten der USA und stärkere Stürme, Niederschläge und Überschwemmungen an den Küsten.

Hintergrund: Die Weltmitteltemperatur ist seit 1880 bis 2000 vermutlich um 0,5 °C gestiegen und könnte nach Modellen der Klimaforscher bis 2100 um weitere 2–3 °C steigen. 1999 war weltweit nicht so heiß wie die Rekordjahre 1997 und 1998; die Klimaforscher stuften es auf der Skala der heißesten Jahre seit Beginn der Aufzeichnungen (um 1860) auf dem fünften Platz ein. Das Klimaphänomen La Niña hatte vor allem den Pazifik abgekühlt. Forscher des Ozeanografischen Datenzentrums der USA stellten Anfang 2000 fest, dass die Ozeane sich in 50 Jahren nicht nur an der Oberfläche, sondern im gesamten Wasserkörper bis hinab in 3000 m Tiefe aufgewärmt hatten, wenn auch nur minimal um 0,06 °C. Besonders stark wärmte sich der Atlantik auf. Da sich die meisten Industrieregionen der Erde um den Atlantik gruppieren, vermuteten die Forscher einen Zusammenhang.

Ursachen: Weltweit stieg die Konzentration von Kohlendioxid (CO_2) in der Atmosphäre seit Beginn der Industrialisierung um ca. 30%, die von Methan (CH_4) um 145% und die von Lachgas (Distickstoffoxid, N_2O) um 15%. Diese Gase entstehen bei der Verbrennung fossiler Energieträger wie Öl, Kohle oder Erdgas, beim Abholzen von Ur-

wäldern, in der Land- und Viehwirtschaft und verursachen den Treibhauseffekt in der Atmosphäre. Gleichwohl sahen sich die für den UN-Ausschuss zur K. (IPCC) arbeitenden internationalen Forscher im Dezember 1999 nicht in der Lage, mit ihren Klimamodellen den Einfluss des Menschen auf die K. eindeutig nachzuweisen und gegen natürliche Klimaschwankungen abzugrenzen. Möglich sind auch langfristige Zyklen der globalen Meeresströmungen.

Folgen: Durch die Erwärmung der Meere und das Abschmelzen von Polareis könnte nach den Prognosen der Klimaforscher (Stand 2000) der Meeresspiegel um 15 bis 95 cm steigen. Die Klimazonen könnten sich verschieben – mit entsprechenden Folgen für Wasserhaushalt und Landwirtschaft –, die Niederschläge zunehmen, die Gefahr schneller und heftiger Wetterumschwünge mit Stürmen, Überschwemmungen und Dürren könnte wachsen. Eine katastrophale Hitzewelle und Dürre suchte im Frühjahr 2000 den Westen Indiens heim; über 50 Mio Menschen waren betroffen. Zur gleichen Zeit litt auch Ostafrika unter einer Dürre. In Venezuela forderten Ende 1999 gewaltige Überschwemmungen ca. 20 000 Todesopfer. Für Deutschland konstatierten Klimaforscher eine seit den 1970er Jahren nachweisbare Umstellung auf immer häufigere Westwind-Wetterlagen mit feuchten, milden und sturmreichen Wintern. Der Orkan »Lothar«, der in den Weihnachtstagen 1999 mit Windgeschwindigkeiten von über 200 km/h über Frankreich und Süddeutschland raste und vor allem in Frankreich Milliardenschäden verursachte, passte in dieses Bild.

www.ipcc.ch/index.htm (UN-Ausschuss zur K.); www.themes.eea.eu.int/theme.php/issues/ climate (Europäische Umweltagentur); www.pik-potsdam.de/press/globalw_d.html (Klimaforschung); www.mpimet.mpg.de (Klimaforschung) www.usgerp.gov. (Bericht zur K. in den USA)

Kohlendioxid

(auch Kohlenstoffdioxid; CO_2), Verbrennungsprodukt des Kohlenstoffs, farb- und geruchloses, ungiftiges Gas. K. wird bei der Atmung von Pflanzen und Tieren sowie beim Verbrennen von Holz, Kohle, Erdöl und Erdgas in die Atmosphäre freigesetzt, wo es für den Treibhauseffekt verantwortlich ist.

Eine weltweite Reduzierung des K.-Ausstoßes galt um 2000 als wichtigstes Ziel des Klimaschutzes, um die gefährliche Erwärmung der Erde zu stoppen.

Kohlendioxid-Ausstoß pro Kopf[1]

Land		t/Kopf/Jahr
USA		20,5
Australien		16,5
Kanada		15,8
Russland		12,2
Niederlande		11,8
Deutschland		10,8
Großbritannien		9,4
Japan		9,3
Österreich		7,9
Italien		7,4
Spanien		6,5
Schweiz		6,3
Frankreich[2]		6,2
Malaysia		5,3
China		2,7
Brasilien		1,6
Afrika (Durchschnitt)		1,2
Indien		1,0

1) nur K. aus der Verbrennung fossiler Brennstoffe; 2) gering wegen hohen Anteils der Atomkraft an der Energieerzeugung; letztvergleichbarer Stand: 1995; Quellen: OECD, AFP, BUND

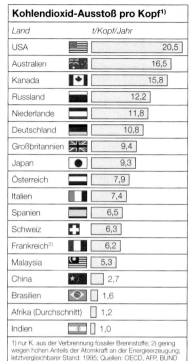

TOP TEN Kohlendioxid-Mengen

Land		Ausstoß (Mio t)[1]
1. USA		5456
2. China		3390
3. EU		3149
4. Russland		1660
5. Japan		1231
6. Indien		976
7. Kanada		519
8. Polen		362
9. Ukraine		323
10. Australien		308

1) Nur K. aus der Verbrennung fossiler Brennstoffe, letztvergleichbarer Stand: 1997; Quellen: IPCC, FAZ, AFP, eigene Berechnung

Kohlendioxid-Ausstoß

Jahr	Mio t[1]	Veränderung (%)	Mio t[2]	Veränderung (%)
2005[3]	760	▼ −25,0	k. A.	k. A.
2005[2]	850	▼ −16,2	k. A.	k. A.
1999	859	▼ −15,3	k. A.	k. A.
1998	886	▼ −12,6	1020	▼ −15,6
1996	924	▼ −8,9	1077	▼ −10,9
1994	904	▼ −10,8	1066	▼ −11,8
1992	928	▼ −8,5	1104	▼ − 8,7
1990	1014	● 0,0	1209	● 0,0

1) inkl. des K., das bei anderen Prozessen als der Verbrennung fossiler Brennstoffe frei wird; 2) gegenüber 1990; 3) inkl. anderer Treibhausgase, umgerechnet in K.-Äquivalente; für 1996 und 1998 nur vorläufige Angaben; 4) Prognose des Umweltbundesamtes für den Fall, dass keine weiteren Maßnahmen ergriffen werden; Quellen: Umweltbundesamt, BMU, eigene Berechnung

Weltweit: Der K.-Anteil der erdnahen Atmosphäre stieg in den letzten 100 Jahren von 0,28 auf 0,36 Promille. Dass daran der gestiegene K.-Ausstoß aus der Verbrennung fossiler Brennstoffe schuld ist, wurde um 2000 von den meisten Klimaforschern angenommen. Die USA waren Ende der 1990er Jahre für rund ein Viertel des energiebedingten K.-Ausstoßes der Menschheit verantwortlich. Ihr Ausstoß stieg 1990–98 um 8–10% (auf ca. 5,8 Mrd t), in den EU-Staaten sank er um 2,8%. Die Emission Russlands schrumpfte 1990–95 durch wirtschaftliche Zusammenbrüche um 35%, der Ausstoß Chinas wuchs dagegen auf niedrigem Niveau stark an. Auf dem Klimagipfel im Dezember 1997 in Kyoto/Japan verpflichteten sich 30 Industriestaaten, darunter die USA, Japan und die EU, ihren K.-Ausstoß bis 2008 bzw. 2012 gegenüber 1990 um 5,2% im Schnitt zu senken.
EU: Die EU verpflichtete sich 1997 in Kyoto, ihren Ausstoß von K. u. a. Treibhaus-

gasen im Zeitraum 2008–2012 gegenüber dem Stand von 1990 um 8% zu reduzieren. Tatsächlich war ihr K.-Ausstoß bis 1998 etwa konstant. Im sog. Business-as-usual-Szenario prognostizierte 1999 für den Fall, dass keine weiteren Maßnahmen ergriffen werden, bis 2010 einen Anstieg von 6%. Mit 40% wäre danach im Verkehrssektor der Anstieg am größten. Daraus ergibt sich ein Sparsoll von etwa 600 Mio t K., das nach der Prognose mit Maßnahmen zu erreichen ist, die weniger als 2 DM/t kosten.
Deutschland: Die damalige konservativ-liberale deutsche Bundesregierung hatte bereits 1995 das Ziel verkündet, den deutschen K.-Ausstoß im Zeitraum bis 2005

TOP TEN — Kohlendioxid-Ausstoß in der EU

Land	1990 Mio t[1]	1996[2] Mio t	Änderung (%)
1. Deutschland[3]	1014	910	▽ −10,3
2. Großbritannien[4]	615	593	▼ − 3,6
3. Italien	442	448	▲ + 1,4
4. Frankreich[5]	392	399	▲ + 1,8
5. Spanien	226	248	▲ + 9,7
6. Niederlande	161	185	▲ +14,9
7. Belgien	116	129	▲ +11,2
8. Griechenland	85	92	▲ + 8,3
9. Finnland[6]	59	66	▲ +11,9
10. Schweden[6]	55	63	▲ +14,5

EU insgesamt 1990: 3372 Mio t, 1996: 3348 Mio t, Änderung −0,7%; 1) inkl. des K., das bei anderen Prozessen als der Verbrennung fossiler Brennstoffe frei wird; 2) letztverfügbarer Stand. Im Jahr 1996 war klimatisch bedingt der K.-Ausstoß in der gesamten EU deutlich höher als 1995, 1997 und 1998; 3) Rückgang überwiegend in Ostdeutschland; 4) Rückgang wegen Umstellung der Energieerzeugung von Kohle auf Gas; 5) relativ wenig wegen des hohen Anteils der Atomkraft an der Energieerzeugung; 6) relativ wenig wegen des hohen Anteils der Wasserkraft an der Energieerzeugung; Quelle: EUA, www.eea.eu.int, eigene Berechnung

Kohlendioxid-Ausstoß aus Verbrennung[1]

Brennstoff	Anteil (%)
Mineralöl	36,9
Naturgas	23,6
Braunkohle	19,8
Steinkohle	19,3
sonstige Brennstoffe	0,4

1) fossiler Brennstoffe 1999 (vorläufige Zahlen); Quellen: DIW, Globus

gegenüber dem Stichjahr 1990 um 25% auf 760 Mio t zu reduzieren. 1999 sank der deutsche K.-Ausstoß gegenüber dem Vorjahr um 2,9% auf 859 Mio t (15,4% weniger als 1990). Der Pro-Kopf-Ausstoß blieb mit 10,4 t konstant. Die Einsparungen erfolgten fast nur in der Industrie (31% weniger als 1990, vor allem durch den Abbau von Fabriken in den neuen Ländern) und in der Energieerzeugung (16% weniger als im Jahr 1990), während der K.-Ausstoß von Privathaushalten (vor allem Heizung) und Verkehr weiter stieg.

Luftverkehr: Der UN-Ausschuss zur Klimaveränderung (IPCC) legte im Sommer 1999 einen Bericht über den wachsenden Anteil des Luftverkehrs am K.-Ausstoß vor. Danach wird sich der Treibstoffverbrauch des internationalen Luftverkehrs, wenn der gegenwärtige Trend anhält, von 130 Mio t (1992) auf 300 Mio t im Jahr 2015 vergrößern, die K.-Emissionen entsprechend. 1992 lag der Anteil des Luftverkehrs am K.-Ausstoß bei 2%.

Deponien: Sieben international operierende Erdölkonzerne, darunter BP Amoco, Shell und Texaco, kündigten im Mai 2000 an, mit rund 40 Mio DM bis zum Jahr 2003 zu erforschen, ob K. in großem Ausmaß aus den Rauchgasen der Kraftwerke herausgewaschen und unterirdisch oder am Meeresboden deponiert werden kann.

www.eia.doe.gov (US-amerikanische Umweltbehörde; carbon dioxide); www.warehouse.eea.eu.int/ (europäische Umweltdaten); www.umweltbundesamt.de

Methan

(CH_4): farb- und geruchloses, ungiftiges Gas, Hauptbestandteil von Erdgas und Biogas. M. entsteht bei Fäulnisprozessen z. B. in Sümpfen, Reisfeldern, beim Wiederkäuen der Rinder, in Mülldeponien und Klärschlamm; es gilt als bedeutendstes Treibhausgas nach Kohlendioxid.

M. wurde 1999 für etwa ein Viertel des vom Menschen verursachten zusätzlichen Treibhauseffekts verantwortlich gemacht. Im Oktober 1999 wurden Messungen der US-amerikanischen Ozean- und Atmosphärenbehörde vorgelegt, nach denen die M.-Konzentration in der Atmosphäre Ende der 1990er Jahre um 10 ppb (parts per billion, Teilchen/Milliarde Teilchen) anstieg. Experten vermuteten, dass dafür die Erwärmung von Tundra- und Taiga-Mooren in Sibirien infolge der Klimaveränderung ursächlich ist. Aufgetaute Permafrostböden, erwärmte und stärker durchnässte Moore geben mehr M. in die Atmosphäre ab als kalte.

Grubengas: Aus alten Kohlebergwerken des Ruhrgebiets entwichen Ende der 1990er Jahre jährlich 120 Mio m³ Grubengas, überwiegend M. In den Städten Herne und Lünen wurden im Frühjahr 2000 zwei Pilot-Heizkraftwerke in Betrieb genommen, die das Grubengas benachbarter Zechen absaugen, verbrennen und in Strom und Fernwärme verwandeln.

M.-Eis: In Form von gefrorenen M.-Hydraten lagerten riesige Mengen M. auf Meeres- und in Permafrostböden. Beim Schmelzen wird das M. freigesetzt und kann z. B. wie Erdgas verbrannt werden. Im Jahr 2000 wurde die Gefahr diskutiert, dass große Mengen M. etwa durch Erdbeben oder als

Folge einer Erwärmung der Meere plötzlich aus den Meeren in die Atmosphäre aufsteigen und den Treibhauseffekt verstärken könnten.

www.geomar.de (Forschungsprojekte zu M.-Hydraten am Meeresgrund)

Energie → Kohle → Kraftwerke

Ozon

Kurzlebige Verbindung aus drei Sauerstoff-Atomen; stechend riechendes, chemisch aggressives, gesundheitsschädliches Gas. O. entsteht aus Sauerstoff (O_2) z. B. bei starker Einstrahlung von UV-(ultra-violettem) Licht, vor allem in der Ozonschicht (in 20–30 km Höhe). In Bodennähe kann sich an sonnigen Sommertagen O. bilden (Sommersmog).

Der von der Weltgesundheitsorganisation (WHO, Genf/Schweiz) empfohlene Schwellenwert von 120 µg O. pro m³ Luft wurde im Sommer 1999 in Deutschland lt. Bundesumweltministerium an etwa 40 Tagen großräumig überschritten. Die Spitzenwerte befanden sich in der Nähe petrochemischer Anlagen oder im ländlichen Raum. Obwohl die Konzentration der O.-Vorläufersubstanzen (flüchtige organische Verbindungen, Stickstoffoxide) in den 1990er Jahren deutlich abnahm, gab es bei den gemessenen O.-Konzentrationen noch keinen Trend nach unten.

Ursachen: An der Bildung von bodennahem O. sind Stickstoffoxide (überwiegend aus Lkw- und Autoabgasen) sowie flüchtige Kohlenwasserstoffe beteiligt, die ebenfalls aus Auspuffen stammen (besonders von Motorrädern und Rasenmähern) oder aus Tankstellen, Erdölraffinerien und Lösemitteln (u. a. in Druckereien) ausgasen.

Folgen: O. reizt die Schleimhäute, kann Entzündungen der Atemwege und schwere, auch tödliche Asthmaanfälle auslösen. Nach Angaben des Umweltbundesamtes (Berlin) sind 10–15% der Bevölkerung sensibel O.-empfindlich. Außerdem schädigt das Gas Pflanzen (u. a. Zuckerrüben, Kartoffeln, Weizen) und trägt in Bodennähe zum Treibhauseffekt (Aufwärmung der Erde) bei.

Gegenmaßnahmen: Die Sommersmog-Verordnung der alten konservativ-liberalen Bundesregierung lief Ende 1999 aus. Im Mai 2000 legte das rot-grüne Bundeskabinett einen Maßnahmenkatalog zum Abbau der O.-Belastung vor. Steuerliche Anreize sollen bewirken, dass bis Ende 2001 die Hälfte der 6,3 Mio PKW ohne Katalysatoren entweder nachgerüstet oder stillgelegt wird. Längerfristig sind abgasorientierte Kfz-Steuern (auch für Motorräder), abgasorientierte Autobahngebühren für LKW und strengere Regeln für die Verwendung von Lösemitteln in Chemieindustrie und Druckereien vorgesehen. Die Einführung eines Tempolimits bei O.-Alarm scheiterte am Widerstand von Bundesverkehrsminister Reinhard Klimmt (SPD). Auf Druck der Bundestagsfraktionen von Sozialdemokraten und Bündnis 90/Die Grünen war als kurzfristig wirksame Maßnahme ab Sommer 2000 ein O.-Ticket geplant, das bei O.-Alarm Fahrten mit Bus und Bahn verbilligt.

www.umweltbundesamt.de/uba-info-daten (aktuelle O.-Messdaten für ganz Deutschland); **www.geowissenschaften.de** (Online-Magazin zu Geografie, Natur, Umwelt und Wissenschaft)

Ozonschicht

Luftschicht in der Stratosphäre in etwa 20–30 km Höhe, in der sich durch das ultraviolette (UV-) Licht der Sonne aus Sauerstoff (O_2) besonders viel Ozon (O_3) bildet. Dabei wird ein Großteil der schädlichen UV-Strahlung absorbiert.

Verschiedene durch menschliche Tätigkeit produzierte Gase, vor allem die jahrelang als Kälte- und Treibmittel eingesetzten Fluor-Chlor-Kohlenwasserstoffe (FCKW), bauen bei großer Kälte, besonders über der Antarktis, die O. ab (Ozonloch). Dadurch gelangt mehr UV-Licht bis zur Erdoberfläche, es gibt vermehrt Verbrennungen an Pflanzen, Sonnenbrand, Hautkrebs und Grauen Star. Nach Schätzungen des deutschen Umweltrates nahmen die Fälle des sog. schwarzen Hautkrebs (malignes Melanom) in den 1990er Jahren um 6–7% jährlich zu, insbes. durch übermäßiges Sonnenbaden in der Kindheit.

Methan-Ausstoß		
Mio t	Veränderung (%)[1]	Anteil (%)[2]
1998	3,48	▼-37,5	7,2
1996	3,56	▼-36,2	6,9
1994	3,02	▼-27,8	7,9
1992	4,65	▼-16,5	8,9
1990	5,57	● 0,0	9,7

1) gegenüber 1990 (%); 2) an der Gesamtemission von Treibhausgasen umgerechnet in Kohlendioxid-Äquivalente; Quelle: Bundesumweltministerium

Europa: Im Winter und Frühjahr 2000 war auch Europa von einem starken Abbau der O. betroffen. Anfang März 2000 lagen die über Nordskandinavien und Nordrussland gemessenen Ozonwerte etwa 40% unter dem langjährigen Mittelwert. Langfristig hat sich die O.-Konzentration in der Atmosphäre über Europa nach Angaben der Europäischen Umweltagentur seit 1976 um 15% verringert. In der Folge wurde die hautschädigende UV-Einstrahlung in Teilen Europas (England, Frankreich, Benelux, Westdeutschland, Schweiz, westliches Oberitalien) um 11–13% stärker.

Antarktis: Das Ozonloch über der Antarktis erreichte im Oktober 1999 eine Größe von 22 Mio km^2 (Vorjahr: 27 Mio km^2). Seine Ausdehnung schwankt von Natur aus ungefähr in einem Zwei-Jahres-Rhythmus; stets ist es in geraden Jahren größer als in ungeraden.

Ursachen und Trend: Grund für den starken Schwund der O. über Europa Anfang 2000 waren nach Auskunft des Deutschen Zentrums für Luft- und Raumfahrt (Köln) extrem tiefe Temperaturen in 15–20 km Höhe. Nach dem weltweiten Verbot von FCKW 1995 sank deren Konzentration in den unteren Schichten der Atmosphäre, aber noch nicht in der O. Nach Ansicht vieler Atmosphärenphysiker bewirkt der Treibhauseffekt unterhalb der O. eine Abkühlung der darüberliegenden Stratosphäre, was den Abbau der O. begünstigt. Doch sind auch natürliche Faktoren wie die Nordatlantische Oszillation (periodische Schwankungen des Meeresspiegels) und der Aufstieg natürlicher »Ozonkiller«, der Gase Methylchlorid und Methylbromid, an dem Prozess beteiligt.

www.geowissenschaften.de (Online-Magazin zu Geografie, Natur, Umwelt und Wissenschaft); **www.auc.dfd.dlr.de** (deutsche O.-Forschung); **www.wmo.ch** (Weltorganisation für Meteorologie); **www.nilu.no/projects/theseo2000** (internationales Forschungsprojekt Theseo 2000); **www.eurekalert.org; www.unep.ch** (Umweltprogramm der UN); **www.themes.eea.eu.int/** (Europäische Umweltagentur)

Wetterdienste

Die Trefferquote der deutschen W. bei der 36-Stunden-Vorhersage von Temperaturen und Windgeschwindigkeiten lag nach Angaben der Deutschen Meteorologischen Gesellschaft (Traben-Trarbach/Rheinland-Pfalz) Anfang 2000 bei 95%. Bei der Vorhersage von Niederschlägen wurden allerdings nur etwa 80% erreicht, da die Feuchtigkeit der Atmosphäre nur schwer zu messen war.

Wetterdaten: Die US-amerikanische Weltraumagentur NASA richtete im Januar 2000 die erste globale Langzeitdatenbank für Niederschläge ein. Die Informationen über monatliche Regenfälle stammen von Satelliten-Messgeräten und sollen Klimaphänomene wie El Niño und La Niña und ihre Folgen (u. a. Stürme und Überschwemmungen) besser verständlich und vorhersagbar machen.

Wettersatellit: Im Mai 2000 stationierte die NASA den neuen, umgerechnet 450 Mio DM teuren Wettersatelliten GOES-L über dem Atlantik. Er soll vor allem die Vorhersage von Hurrikanen verbessern. Der Wirbelsturm »Floyd« hatte im Sommer 1999 in Florida, Georgia und North Carolina 50 Menschen getötet.

www-pao.ksc.nasa.gov/kscpao/ captions/subjects/goes-l.htm (Wettersatellit GOES-L); **www.gsfc.nasa.gov** (NASA Goddard Space Flight Center); **www.meteodata.at** (weltweite Wetterberichte)

Ozon: Ausstoß gefährlicher Substanzen				
Verursacher	Stickoxide (kt)[1]		flüchtige Kohlenwasserst. (kt)[1]	
	1990	2010[2]	1990	2010[2]
Industrie	416		165	
		184		109
Kraft- und Heizwerke	576		8	
		308		6
Lösemittelverwendung	0			1160
in Druckereien usw.	0			850
Erdölraffinerien,	0		220	
Tankstellen usw.	0		22	
private Haushalte		173		138
und Kleinverbraucher		107		40
Straßenverkehr		1246		1428
		280[3]		172
übriger Verkehr		282		76
		237		9
geplante Reduzierung	▽ −59%		▼ −62%	

1) kt (Kilotonne) = 1000 t; 2) Prognose; 3) bei Verwirklichung der geplanten Abgasnorm Euro V; insgesamt: Stickoxide 1990: 2693 kt, 2010: 1116 kt, flüchtige Kohlenwasserstoffe 1990: 3195 kt, 2010: 1210 kt; Quelle: Umweltbundesamt

Konjunktur

Außenwirtschaft

In Deutschland hängt jeder vierte Arbeitsplatz von der A. ab. Deutschland ist nach
den USA das stärkste Exportland der Welt.
1999 wurde mit Ausfuhren von 994,2 Mrd
DM (1998: 955,2 Mrd DM) und Einfuhren
von 867,4 Mrd DM (1998: 828,2 Mrd DM)
ein neuer Rekord erzielt. Die Steigerung der
Exporte (+4,1%) fiel jedoch geringer aus als
im Vorjahr (+7,5%). Für 2000 rechnete der
Bundesverband des Deutschen Groß- und
Außenhandels (Bonn) mit einem erneuten
Anstieg um 5,5%.

Ursachen: Gründe für die erfolgreiche
Entwicklung und die optimistischen Erwartungen waren die Belebung der Wirtschaft
im Euroraum und die Bewältigung der Asienkrise. Der Fall des Eurokurses gegenüber
dem US-Dollar um bis zu 30% ermöglichte
es der A., durch preiswertere Waren außerhalb des Eurogebiets Konkurrenzvorteile zu
erzielen.

Handelspartner: 43,2% der deutschen Exporte gingen in Länder, welche 1999 die
Einheitswährung Euro eingeführt hatten.
Sie profitierten vom entfallenen Wechsel-
kurs-Risiko. Größter deutscher Handelspartner war wie in den Vorjahren Frankreich.

Zahlungsbilanz: Der deutsche Exportüber-
schuss blieb 1999 mit rund 127 Mrd DM auf
dem Vorjahresstand. Jedoch erhöhte sich das
Leistungsbilanzdefizit auf 36,5 Mrd DM
(1998: 8 Mrd DM). Ursachen waren höhere
Überweisungen von Erwerbs- und Vermö-
genseinkünften an das Ausland sowie die
Tatsache, dass Deutschland deutlich mehr
Dienstleistungen importierte als exportierte
(Bilanzdefizit 1999: 79,8 Mrd DM, Steige-
rung gegenüber 1998: 18%). Der Mangel an
Computerfachleuten in Deutschland zwang
Firmen, EDV-Dienstleistungen aus dem
Ausland zu beziehen.

Direktinvestitionen: 1999 investierten
deutsche Unternehmen 182 Mrd DM im
Ausland; über die Hälfte entfiel auf die vier
größten Unternehmenszusammenschlüsse,
an denen deutsche Firmen beteiligt waren.
Ausländische Unternehmen investierten
1999 rund 96 Mrd DM in Deutschland, etwa
so viel wie 1990–98 zusammen. Der Großteil dieser Investitionen konzentrierte sich
auf die Chemieindustrie.

Hermes-Bürgschaften: Erstmals seit Anfang der 80er Jahre erwirtschafteten die
Hermes-Bürgschaften 1999 einen Überschuss (215 Mio DM), der an den Bund ab-

Außenwirtschaft: Deutsche Exportziele

Land	Ausfuhr 1999 (Mrd DM)
Frankreich	112,9
USA	100,8
Großbritannien	83,3
Italien	73,3
Niederlande	64,5
Österreich	52,7
Belgien	51,3
Schweiz	44,7
Spanien	43,4
Polen	24,2
Schweden	22,3

Quelle: Deutsche Bundesbank

Außenwirtschaft: Zahlungsbilanz (Mrd DM)[1]

Bilanzwert	1998	1999
Exporte	955,2	994,2
– Importe	828,2	867,4
= Saldo des Außenhandels	**127,0**	**126,8**
+ Ergänzungen zum Warenhandel	–2,5	–9,8
+ Dienstleistungsbilanz	–67,6	–79,8
+ Erwerbs- und Vermögenseinkommen	–11,6	–23,4
+ Laufende Übertragungen	–53,3	–50,3
= Saldo der Leistungsbilanz	**–8,0**	**–36,5**

Quelle: Deutsche Bundesbank

geführt wurde. Das System stützt die A. mit Versicherungen für Exporte gegen Zahlungsunfähigkeit ausländischer Kunden oder Krisen des Empfängerlandes. Höhere Rückzahlungen aus Lateinamerika und weniger Risikofälle in Russland führten zum Überschuss. 1999 wurden neue Bürgschaften in Höhe von 26,7 Mrd DM vergeben (1998: 30,2 Mrd DM).

www.bfai.com (Bundesstelle für Außenhandelsinformation)
■ **Börse** → Dollarkurs   ■ **Weltwirtschaft** → Asienkrise → Lateinamerika-Krise

Bruttoinlandsprodukt

(BIP) Messgröße für die wirtschaftliche Gesamtleistung einer Volkswirtschaft. Das BIP umfasst den Geldwert aller in einem Jahr erzeugten Waren und Dienstleistungen. Berücksichtigt werden jedoch nur statistisch erfassbare Daten; unbezahlte Hausarbeit, Schwarzarbeit oder Umweltschäden gehen nicht in die Berechnung ein.

1999 stieg das BIP mit 3877,1 Mrd DM gegenüber dem Vorjahr inflationsbereinigt um real 1,5%. Für 2000 und 2001 sagten die sechs führenden deutschen Wirtschaftsforschungsinstitute in ihrem Frühjahrsgutachten 2000 deutliche Steigerungen um jeweils 2,8% voraus.

Wachstum: Motor des deutschen BIP-Anstiegs 1999 war der Export, der vom höheren Dollarkurs gegenüber dem Euro profitierte. Dieser Aufschwung wirkte sich positiv auf Investitionen aus, so dass es zu Neueinstellungen und Anfang 2000 zum leichten Rückgang der Arbeitslosenzahlen kam. Erste Entlastungen bei Steuern und Abgaben sowie das höhere Kindergeld belebten die Nachfrage bei Verbrauchern und stabilisierten das Wachstum. Es wurde damit gerechnet, dass die von der rot-grünen Bundesregierung geplanten weiteren Steuersenkungen den Trend 2000 und 2001 verstärken.

▬ Bruttoinlandsprodukt

Entstehung des BIP[1]	Mrd DM 1999	Veränderung zu 1998 (%)
Produzierendes Gewerbe ohne Baugewerbe	891,5	▲ +1,0
Baugewerbe	198,5	▽ −1,0
Handel, Gastgewerbe und Verkehr	640,9	▲ +2,8
Finanzierung, Vermietung und Unternehmensdienstleister	1066,9	▲ +3,6
Öffentliche und private Dienstleister	723,9	▲ +0,1
Alle Wirtschaftsbereiche	3569,0	▲ +1,8
davon Unternehmenssektor	3126,0	▲ +2,1
Wirtschaftsbereiche bereinigt[2]	3376,0	▲ +1,4
BIP inflationsbereinigt[1]	3732,3	▲ +1,5
Verwendung des BIP[3]		
Privater Konsum	2238,8	▲ +2,9
+ Konsumausgaben des Staates	736,2	▲ +2,3
+ Ausrüstungsinvestitionen	310,7	▲ +4,6
+ Bauten	458,2	▼ −0,5
+ Sonstige Anlagen	42,8	
+ Vorräte	47,1	
= Inländische Verwendung	3833,8	▲ +3,0
Außenbeitrag	43,3	
= BIP[3]	3877,1	

1) inflationsbereinigt in Preisen von 1995; 2) Bruttowertschöpfung nach Abzug von Bankgebühren; 3) in Preisen von 1999; Quellen: Deutsche Bundesbank, Statistisches Bundesamt, www.bundesbank.de; www.statistik-bund.de

Statistik: Seit 1999 wird das BIP nach einem neuen Europäischen System der Volkswirtschaftlichen Gesamtrechnung ermittelt, das in allen Mitgliedstaaten der EU angewandt wird. Dadurch sind die Statistiken der Länder jetzt vergleichbar. Unter den Staaten, die den Euro zum 1.1.1999 eingeführt hatten, verzeichnete Irland 1999 die höchste BIP-Steigerung (+8,0%), Deutschland (+1,5%) und Italien (+1,4%) hatten die niedrigste. Das Wachstum des Euro-Gebiets insgesamt betrug 2,3%.

Bruttosozialprodukt: Im Unterschied zum BIP zeigt das Bruttosozialprodukt (Bruttonationaleinkommen), welcher Wert von Staatsbürgern des betreffenden Gebiets geschaffen wurde. Es bezieht Einnahmen von Deutschen im Ausland ein, während Einnahmen von Ausländern in Deutschland abgezogen werden. Das BSP stieg 1999 um real 1,3%.

www.statistik-bund.de/indicators/d/d_vgr.htm
(Vierteljahresergebnisse zu BIP und Volkswirtschaftlicher Gesamtrechnung); **www.bundesbank.de** (Monatsberichte zur Wirtschaftsentwicklung, fortlaufende Statistiken)
Börse → Dollarkurs   **EU** → EU-Konjunktur
Steuern und Finanzen → Einkommen
→ Steuerreform

Inflation

Sinken des Geldwerts durch Preissteigerungen, die durch staatliche Maßnahmen wie Steuererhöhungen, durch einen allgemeinen Wertverfall der Währung oder dadurch entstehen können, dass die Nachfrage nach Gütern vom Angebot nicht befriedigt wird

1999 herrschte in Deutschland und weiteren sechs an der gemeinsamen europäischen Währung Euro teilnehmenden Staaten Preisstabilität, die von der Europäischen Zentralbank (EZB, Frankfurt/M.) als I.-Rate unter 2% definiert wurde. Die Teuerungsrate betrug in Deutschland 0,6%. Preissenkungen bei Telekommunikation (−9,4%) und für Nahrungsmittel (−1,3%) dämpften die I., Ausgaben für Verkehr (+2,8%) und Bildung (+4,1%) waren für den Anstieg der Teuerungsrate verantwortlich. In Irland (I.-Rate: 2,5%), Spanien und Portugal (2,2%) sowie in den Niederlanden (2,0%) bestanden I.-Risiken.

Anstieg: Im Februar 2000 betrug die I.-Rate in Deutschland gegenüber dem Vorjahresmonat 1,8%. Im Jahresdurchschnitt rechnete das Frühjahrgutachten der führenden

Wirtschaftswachstum 1999 (%)[1]

Deutschland gesamt		+1,5
Baden-Württemberg		+1,7
Bayern		+1,9
Berlin		+0,1
Brandenburg		+0,8
Bremen		+0,5
Hamburg		+1,2
Hessen		+1,8
Mecklenburg-Vorpommern		+1,7
Niedersachsen		+1,0
Nordrhein-Westfalen		+0,9
Rheinland-Pfalz		+1,6
Saarland		+1,7
Sachsen		+1,3
Sachsen-Anhalt		+0,9
Schleswig-Holstein		+2,0
Thüringen		+1,7

1) Veränderung des BIP gegenüber dem Vorjahr, inflationsbereinigt in Preisen von 1995; Quelle: Arbeitskreis Volkswirtschaftliche Gesamtrechnung der Bundesländer

Wirtschaftswachstum (%)[1]

Größe	2000	2001
BIP[2]	+2,8	+2,8
Investitionen[1]	+3,2	+3,8
Arbeitslose (Mio)	3,8	3,5
Preise	+1,5	+1,3
Nettolöhne und -gehälter	+2,9	+5,5

1) Prognose; 2) inflationsbereinigt in Preisen von 1995; Quelle: Frühjahrsgutachten 2000 der Wirtschaftsforschungsinstitute

Inflations-Entwicklung

Jahr	Steigerung des Preisindexes (%)[1]
2001[2]	1,3
2000[2]	1,5
1999	0,6
1998	1,0

1) für Lebenshaltung der privaten Haushalte gegenüber dem Vorjahr; 2) Prognose; Quellen: Statistisches Bundesamt, Frühjahrgutachten der Wirtschaftsforschungsinstitute

deutschen Wirtschaftsforschungsinstitute mit einem Anstieg um 1,5% (2001: 1,3%). Hauptursache der Preissteigerungen waren der höhere Rohölpreis auf dem Weltmarkt und der gestiegene Dollarkurs, der Importe von Rohstoffen ins Eurowährungsgebiet verteuerte.

Index: Die I.-Rate wird nach einem Warenkorb berechnet, der rund 750 typische Güter und Dienstleistungen enthält und Mieten ebenso wie Nahrungsmittel oder Freizeitausgaben berücksichtigt. Im internationalen Vergleich der EU gilt seit 1998 der harmonisierte Verbraucherpreisindex (HVPI), der von den nationalen Statistiken leicht abweichen kann. Deutschland hatte danach 1999 eine I.-Rate von 0,7%, der Anstieg von Februar 2000 gegenüber dem Vorjahresmonat betrug nach HVPI 2,1%.

www.statistik-bund.de/indicators/d/pre110jd. htm (aktuelle Preissteigerungsraten gegenüber Vorjahresmonat); **www.europa.eu-int/comm/ eurostat** (Informationen über den HVPI)

■ **Börse** → Dollarkurs
■ **Weltwirtschaft** → Rohstoffe

Investitionen

Einsatz von Kapital zur Vermehrung und Verbesserung des Produktionsmittelbestands und der Vorräte oder zum Ersatz verbrauchter Produktionsmittel

Die I. stiegen 1999 in Deutschland auf 858,8 Mrd DM, was inflationsbereinigt einer Steigerung um real 4,2% entsprach. Vorrats-I. nahmen nochmals zu und Ausrüstungs-I. stiegen um 5,6%, die Bau-I. erreichten dagegen nur das Vorjahrsniveau. Die Wirtschaftsforschungsinstitute rechne-

ten in ihrem Frühjahrsgutachten 2000 mit einem kräftigen Anstieg der I. für Ausrüstungen und sonstige Anlagen (2000: +6,7%, 2001: +7,2%), während die Bau-I. um höchstens 1% pro Jahr wachsen sollten. Insgesamt wurde für 2000 ein Zuwachs der I. um 3,2% vorhergesagt.

Ursachen: Die positive Entwicklung der Exportindustrie führte zu größeren I., die sich bei Zulieferern fortsetzte. Gleichzeitig zog die Konsumnachfrage infolge der Abgabenentlastung von Familien und Haushalten mit geringeren Einkommen an, so dass in weiteren Wirtschaftszweigen investiert wurde. Die pauschale Förderung von Bau-I. in Ostdeutschland in den 90er Jahren führte zu erheblichen Leerständen in Büro- und Wohnungsgebäuden. Dort bleibt der Markt auf längere Zeit übersättigt. Auch der Zuwachs der Bau-I. in Westdeutschland konnte den Negativtrend im Osten nicht ausgleichen.

■ **Bauen und Wohnen** → Bauwirtschaft
■ **Steuern und Finanzen** → Steuerreform
→ Wirtschaftsförderung Ost

Leitzinsen

Zinssätze, welche die Zentralbank einer Währung bei ihren Geldgeschäften mit den Banken des Währungsgebietes berechnet. Sie beeinflussen die Zinshöhe in der gesamten Volkswirtschaft. Hohe L. wirken inflationsdämpfend, niedrige L. fördern Investitionen, Konjunktur und Beschäftigung.

Seit 1999 werden die L. für die am Euro teilnehmenden Länder von der Europäischen Zentralbank (EZB, Frankfurt/M.) festgelegt. Wichtigster L.-Satz ist der Hauptrefinanzierungssatz der EZB für Kredite, die sie einmal pro Woche für 14 Tage vergibt. Er betrug 1999 zunächst 3,0%, danach vorübergehend 2,5% und wurde von Februar bis Juni 2000 insgesamt viermal erhöht (8.6.2000: 4,25%).

Diskont und Lombard: Wenn in Verträgen oder Vorschriften auf den früher von der Deutschen Bundesbank festgelegten Diskontsatz Bezug genommen wird, ist seit 1999 stattdessen der Basiszinssatz maßgeblich, der dreimal jährlich von der Bundesbank festgestellt wird. Bis 30.4.2000 betrug er 2,68%, ab 1.5.2000 3,42%. An die Stelle des früheren Lombardsatzes der Bundesbank trat der Zinssatz für eintägige Kredite (Spitzenrefinanzierungsfazilität) der EZB (ab 8.6.2000: 5,25%).

■ Privater Verbrauch: Wichtigste Ausgaben[1]		
Bereich	*Mrd DM 1999*	*Veränderung (%)[2]*
Bekleidung	136,7	▲ +0,8
Bildung, Freizeit, Kultur	212,1	▲ +2,6
Einrichtungsgegenstände	150,1	▲ +0,3
Gaststätten und Hotels	96,6	▽ −0,4
Haushaltsenergie	78,4	▲ +0,2
Mieten	442,7	▲ +4,3
Nahrungsmittel	333,1	▲ +1,3
Telekommunikation, Verkehr	373,9	▲ +5,8

1) ausgewählte Bereiche, auf die 82% der Konsumausgaben entfallen; 2) gegenüber 1998;
Quelle: Statistisches Bundesamt, www.statistik-bund.de

■ Leitzinsen: Glossar

▶ **Basiszinssatz:** Jeweils am 1.1., 1.5. und 1.9. berechnet die Deutsche Bundesbank (Frankfurt/M.) den Basiszinssatz, der in allen Verträgen und Vorschriften an die Stelle des früheren Diskontsatzes der Bundesbank getreten ist. Der Basiszinssatz verändert sich zu diesen Terminen, wenn sich der Zinssatz der Europäischen Zentralbank (EZB, Frankfurt/M.) für längerfristige Refinanzierungsgeschäfte um mehr als 0,5% verändert hat.

▶ **Diskontsatz:** In einigen Währungsgebieten können sich Banken durch Verkauf von Wechseln bei der Zentralbank Geld beschaffen; vor 1999 war es auch in Deutsch-

land möglich. Die Zentralbank berechnet einen Abzug (Diskont). Seit 1999 ist in Deutschland statt des Diskontsatzes der Basiszinssatz maßgeblich.

▶ **Einlagenfazilität:** Die Banken können bei der EZB Geld einzahlen, das ihnen verzinst wird. Der Zinssatz stieg von 2,0% (Ende 1999) auf 3,25% (8.6.2000).

▶ **Hauptrefinanzierungsgeschäft:** Einmal pro Woche können sich Banken für 14 Tage gegen entsprechende Sicherheiten bei der Europäischen Zentralbank Geld leihen. Dieser Zinssatz (8.6.2000: 4,25%) ist der wichtigste Leitzins innerhalb des Euro-Währungsgebiets.

▶ **Längerfristige   Refinanzierungsgeschäfte:** Einmal monatlich vergibt die EZB Kredite mit vierteljährlicher Laufzeit an die Banken.

▶ **Lombardsatz:** Gegen Verpfändung von Wertpapieren vergeben Zentralbanken Lombard-Kredite an Banken; vor 1999 gab es auch in Deutschland einen Lombard-Zinssatz. An seine Stelle trat der Zinssatz der EZB für sog. Spitzenrefinanzierungsgeschäfte.

▶ **Spitzenrefinanzierungsfazilität:** Die Banken können sich jederzeit gegen Sicherheiten für einen Tag Geld leihen (Zinssatz seit 8.6.2000: 5,25%).

Entwicklung: Da die Zentralbanken der Industriestaaten leichte Inflationsgefahren sahen, wurden 2000 die L. etwas erhöht. Wirtschaftsforscher sahen ein Problem im Zinswettlauf zwischen den USA und dem Euroraum, der die Währung Euro für Geldanlagen weniger attraktiv machte, während die exportorientierte deutsche Wirtschaft wegen des fallenden Eurokurses kräftige Gewinne verbuchen konnte.

www.ezb.de (Informationen über die EZB und ihre geldpolitischen Beschlüsse)
   EU → Europäische Zentralbank
   Organisationen → Deutsche Bundesbank

Privater Verbrauch

Teil der Summe aller verfügbaren Einkommen, der für Konsumausgaben verwendet wird

Insgesamt 2238,8 Mrd DM (90,7% aller verfügbaren Einkommen) wurden 1999 für den P. in Deutschland verwendet, der inflationsbereinigt um 2,1% wuchs. Mit dem Export wurde er zur wichtigsten Stütze des konjunkturellen Aufschwungs. Aufgrund der geplanten Steuerreform der rot-grünen Bundesregierung, die zu einer weiteren Abgabenentlastung führen sollte, rechneten die führenden deutschen Wirtschaftsforschungsinstitute für die Jahre 2000 und 2001 mit Steigerungen des P. um 2,3% bzw. 2,8%.

Hintergrund: Gestiegene Löhne, höheres Kindergeld und geringere Abzüge für Steuern und Sozialversicherung ließen 1999 die Summe aller verfügbaren Einkommen in Deutschland um 2,3% ansteigen. Für die Jahre 2000 und 2001 wurde mit weiteren deutlichen Zuwächsen um 3,8% und 4,3% gerechnet. Da etwas weniger gespart wurde

als in den Vorjahren, konnten viele Verbraucher jetzt auch Anschaffungen finanzieren, die sie in vorangegangenen Jahren zurückgestellt hatten.

   Steuern und Finanzen → Einkommen

Staatsquote

Statistische Größe, bei der die Höhe der Ausgaben der öffentlichen Haushalte (Bund, Länder, Gemeinden, Sozialversicherungen) rechnerisch zum Bruttoinlandsprodukt ins Verhältnis gesetzt wird. Die S. gibt an, wie viele der in der Volkswirtschaft geschaffenen Werte im Verlauf eines Jahres durch die Kassen des Staates fließen. Eine hohe S. über 50% gilt als Anhaltspunkt für einen starken Eingriff des Staates in die Marktwirtschaft.

Die S. betrug 1999 in Deutschland wie im Vorjahr 48%. 1995 hatte sie mit 51% einen Höchststand erreicht. Die rot-grüne Bundesregierung kündigte an, sie im Zuge der Steuerreform kontinuierlich bis 2003 auf 45,5% zu verringern.

Hintergrund: Die in den 90er Jahren stark gestiegene S. ist vor allem auf die Staatsverschuldung (hohe Zinszahlungen für Kredite) zurückzuführen. Die Politik der rot-grünen Bundesregierung, ein weiteres Anwachsen der Staatsschulden zu bremsen und mittelfristig die Schuldenlast abzubauen, senkt die S.

Internationaler Vergleich: In fast allen Industriestaaten sank 1999 die S. Für das Jahr 2001 planten die Regierungen von Schweden und Finnland ihre besonders hohe S. auf 53% zu verringern, Frankreich wollte 50% erreichen, Irland eine Rekordsenkung auf 29%. Die S. der USA lag 1999 bei rund 30%.

   Steuern und Finanzen → Staatsverschuldung

Krankheiten

Aids

(Aquired immune deficiency syndrome, engl.; erworbenes Immunschwäche-Syndrom), die schwere Störung des Immunsystems ist Folge einer Infektion mit dem HI-Virus. Es kommt zur massiven Verminderung der T-Helferzellen des Immunsystems, die für die Infektabwehr zuständig sind. Außer A. selbst können auch sonst harmlose Infektionskrankheiten tödlich für Patienten mit derartig geschwächtem Immunsystem sein. Die A.-Infektion erfolgt über Körperflüssigkeiten wie Blut und Sperma. Nach zehn bis 15 Jahren in den Industrieländern bzw. drei bis acht Jahren in den Entwicklungsländern bricht die Krankheit bei den Infizierten aus.

Aidsinfektionen weltweit

Region	1999	1994	Zunahme (%)
Nordamerika	920 000	730 000	▲ 26,0
Westeuropa	520 000	430 000	▲ 20,9
Osteuropa, Zentralasien	360 000	23 000	▲ 1465,2
Ostasien, Pazifik	530 000	26 000	▲ 1938,5
Nordafrika, Mittl. Osten	220 000	160 000	▲ 37,5
Süd-, Südostasien	6 000 000	3 100 000	▲ 93,5
Australien, Neuseeland	12 000	12 000	○ 0
Schwarzafrika	23 300 000	11 100 000	▲ 109,9
Südamerika	1 300 000	1 000 000	▲ 30,0
Karibik	360 000	220 000	▲ 63,6

Stand: Ende 1999; Quelle: Unaids

Bilanz: Seit Ausbruch der A.-Epidemie 1981 infizierten sich lt. Schätzungen weltweit 50 Mio Menschen mit dem HI-Virus. Ende 1999 lebten dem UNO-A.-Programm Unaids zufolge 34,3 Mio Menschen mit einer A.-Infektion, 19 Mio waren bereits daran verstorben. 1999 erreichten die Zahl der Todesfälle infolge A. mit 2,6 Mio und die Zahl der Neuinfektionen mit 5,6 Mio weltweit einen Höchststand. Laut Unaid war A. um 2000 in zahlreichen Ländern die größte Gefahr für Entwicklungsfortschritte.

Ausbreitung: 95% der Infizierten lebten in den Entwicklungsländern, die Mehrzahl von ihnen in Afrika südlich der Sahara sowie in Süd- und Südostasien. In Südostafrika lebten 2000 rund 4,8% der Weltbevölkerung, aber mehr als 50% aller A.-Infizierten. Drastische Anstiege der Infektionszahlen waren auch in Mittelamerika und der Karibik zu verzeichnen. Den größten Anstieg erlebten die Staaten der ehemaligen Sowjetunion, wo sich die Zahl der Infizierten seit 1997 verdoppelte. Als Ursache galt steigender Drogenmissbrauch mit verunreinigten Injektionsnadeln.

Folgen: Die Lebenserwartung in Afrika, die bis in die 90er Jahre hinein anstieg, wird Schätzungen zufolge bis 2010 auf 44 Jahre sinken. Weniger als die Hälfte der Bewohner des südlichen Afrika erreichten um 2000 das 60. Lebensjahr (Industriestaaten: 90%). Angesichts der A.-Epidemie werde sich lt. UNO das weltweite Bevölkerungswachstum verlangsamen. Sie korrigierte Schätzungen für 2050 von 9,4 Mrd Menschen auf 8,9 Mrd. Allein in Afrika lebten 2000 ca. 10 Mio Kinder, deren Eltern an A. verstorben waren (A.-Waisen).

Wirtschaft: Internationale Konzerne wiesen Ende 1999 darauf hin, dass A. die Wirtschaft in Schwellen- und Entwicklungsländern vor zunehmende Probleme stelle. In Simbawe z.B. sei die Produktivität im

Maisanbau aufgrund des Ausfalls von Arbeitern durch A. um 61% zurückgegangen. Eine Bank in Sambia verlor pro Jahr 36 ihrer 1600 Angestellten durch A., zehnmal so viele wie US-Unternehmen. 43 von 50 Angestellten einer Behörde in Kenia verstarben 1998 an A. Die Kosten der Unternehmen stiegen aufgrund von Versicherungs- und Pensionskosten rapide.

Deutschland: Mit rund 2100 blieb die Zahl der Erstinfektionen mit A. in Deutschland 1999 gegenüber 1998 relativ konstant. Auch die Zahlen der Erkrankungen (568) und der Todesfälle infolge A. (nach Schätzungen etwa 500) blieben im Vergleich zu 1998 stabil, was insbes. auf verbesserte Behandlungsmethoden zurückgeführt wurde. Nach Schätzungen des Robert Koch Instituts (RKI, Berlin) lebten 1999 in Deutschland insgesamt rund 37000 Menschen mit A.-Infektion, 29000 Männer und 8000 Frauen. Die Zahl der HIV-infizierten Kinder lag unter 400.

▶ Deutsche Aidshilfe e.V., Postfach 610149, 10921 Berlin, ▶ Deutsche Aids-Stiftung »Positiv leben«, Pippinstr. 7, 50667 Köln
www.rki.de (Epidemiologie, allgemeine Informationen); **www.aidshilfe.de** (regionale Aidshilfen)
Medikamente und Therapien → Aidstherapie

Allergie

Überempfindlichkeit des menschlichen Organismus gegenüber körperfremden Stoffen (Allergenen)

Bilanz: 2000 litt etwa ein Drittel der Bevölkerung in Deutschland an A. Etwa 20000 Stoffe waren als A. auslösend bekannt. Der Umweltrat aus von der Bundesregierung berufenen Sachverständigen forderte Mitte 1999, den Schutz von Allergikern durch das Emissionsschutz-, das Arbeitsschutz- und das Lebensmittelrecht zu verbessern.

Auslöser: Am häufigsten verursachen Blütenpollen, Katzen- und Hundehaare, die Ausscheidungen der Hausstaubmilbe sowie Schimmelpilze und Lebensmittel eine A.

Ursachen: Die Gründe für die Überempfindlichkeit des Immunsystems waren 2000 weitgehend ungeklärt. Als gesichert galt, dass eine ererbte Veranlagung A. fördert.

Umweltrat: Sachverständige befürworteten allergiebezogene Kennzeichnungen bei Lebensmitteln u. a. Produkten. Die A. auslösenden Stoffe seien häufig bekannt. Es müsse geklärt werden, inwieweit A. und das Ausmaß, in dem Menschen A. auslösenden Emissionen, Chemikalien oder Nahrungsmitteln ausgesetzt sind, zusammenhängen.

Allergie: Pollenflug in Europa[1]

Region		Hasel	Erle	Platane	Birke	Eiche	Ölbaum	Gräser	Beifuß
Deutschland		Feb.–März	März	April–Mai	April	Mai	–	Mai–Aug.	August
Benelux		Feb.–März	Feb.–März	–	April–Mai	Mai	–	Mai–Aug.	Aug.–Sept.
Nordfrankreich		Feb.–März	Feb.–März	April–Mai	April–Mai	April–Mai	–	Mai–Juli	August
Südfrankreich		Februar	Februar	April	–	April–Mai	Mai–Juni	März–Juli	Aug.–Sept.
Norditalien		Feb.–April	Feb.–März/Juni	April–Mai	April	April–Mai	April–Juni	Juli–Aug.	Juli–Sept.
Süditalien		Jan.–Feb.	Feb.+Juni	März–April	–	April–Mai	April–Juni	März–Juni	Juli+Sept.–Okt.
Jugoslawien		Jan.–Feb.	Jan.–März	–	April	April–Mai	Mai–Juni	Mai–Juli	Aug.–Okt.
Österreich		Feb.–März	Februar	–	April–Mai	–	–	Mai–Juli	August
Nordportugal		April	Feb.–März	März–April	–	April–Juni	Mai–Juni	Mai–Juli	–
Südportugal		–		März	–	April–Mai	April–Juni	März–Juli	September
Schweiz		Feb.–März	Feb.–April+Juni	April–Mai	April–Mai	–	–	Mai–Juli	August
Skandinavien		März–Mai	März–April	–	Mai	Mai	–	Juni–Aug.	Aug.–Sept.
Nordspanien		Jan.–Mai	Feb.–März	April–Mai	–	April–Mai	Mai–Juni	März–Juli+Sept.	Sept.–Nov.
Südspanien		Jan.–Feb.	Februar	April–Mai	–	April–Mai	Mai–Juni	März–Mai	–
Griechenland		Februar	–	März–April	–	Mai–Juni	Mai–Juni	März–Juni	August

1) je nach Wetterlage kann sich die Pollenflugzeit um zehn bis 14 Tage verschieben; Quelle: UCB Pharma, Globus

Medikament: 2001 sollte in Deutschland ein Medikament erhältlich sein, das mittels gentechnisch veränderter Mäuse-Antigene die Beschwerden bei Heuschnupfen und Asthma erheblich lindert. Eine A. wird durch überschießende Bildung von sog. Ige-Antikörpern im menschlichen Organismus ausgelöst. Sie binden sich an Mastzellen, die A.-Merkmale fördernde Substanzen freisetzen. Das Mäuse-Antigen, das deutsche Wissenschaftler entwickelten, wird unter die Haut injiziert und fängt die Ige-Antikörper ab. Eine allergische Reaktion bleibt aus. Das Mittel wirkt bei allen vorkommenden Allergenen.
www.daab.de (Deutscher Allergie- und Asthmabund; Infos u. a. über Asthma, Heuschnupfen und Neurodermitis)

Alzheimerkrankheit

Nach dem deutschen Neurologen Alois Alzheimer (1864–1915) benannte schwere, ständig fortschreitende, unheilbare Hirnleistungsschwäche. Die A. tritt meist nach dem 60. Lebensjahr auf, die vermutlich ererbte A. (10% der Fälle) nach dem 40. Lebensjahr. Sie macht sich durch Nachlassen bestimmter Gedächtnisleistungen bemerkbar, es folgen Störungen des Denk-, Orientierungs- und Sprachvermögens. Die A. mündet in Geistesverwirrung und führt bei ererbter A. nach etwa sieben, sonst nach 11–15 Jahren zum Tod.

Im Jahr 2000 litten nach Schätzungen der Deutschen Alzheimer Gesellschaft (Berlin) etwa 600 000 Menschen in Deutschland an der A. Jährlich wurden 135 000 Neuerkrankungen erwartet.

Ursachen: Mediziner nahmen 2000 an, dass die A. durch unlösliche, kristallartige Proteinablagerungen (Plaques) in der Hirnrinde verursacht wird. Die Ablagerungen zerstören den komplizierten Aufbau der Hirnrinde. Sie bestehen aus dem Protein Beta Amyloid, das in einer Vorläuferform (APP) auch von gesunden Nervenzellen gebildet wird. Warum es im Übermaß entsteht und sich im Gehirn ablagert, war ungeklärt.

Alzheimerkrankheit: Diagnose

▶ **Diagnose:** Die A. sicher zu diagnostizieren war 2000 erst nach dem Tod des Patienten anhand von Ablagerungen im Gehirn möglich. Tests mit Aufgaben zur verzögerten Reproduktion, zur zeitlichen Orientierung, zum Befolgen von Anweisungen, zur konstruktiven Praxis und zur Sprachflüssigkeit ließen aber eine über 90% sichere Diagnose schon im frühen Erkrankungsstadium zu.
▶ **Neue Methode:** Düsseldorfer Forscher entwickelten ein Verfahren, bei dem in Rückenmarksflüssigkeit von Patienten die zu A. führenden Plaques nachgewiesen werden können.

Im Jahr 2000 waren mehrere Gene als Auslöser für A. bekannt. Die Bakterie Chlamydia pneumoniae stand bei Wissenschaftlern im Verdacht, die zu A. führenden Vorgänge im Gehirn zu potenzieren.
Behandlung: In Deutschland waren 2000 zwei Medikamente gegen A. zugelassen, an zahlreichen weiteren wurde geforscht. Sie konnten den Krankheitsverlauf lediglich verzögern. Ein an der Universität Breslau (Polen) entwickeltes Mittel aus der Frühmilch von Schafen, die in den ersten Stunden nach der Geburt vom Mutterschaf produziert wird, stoppte bei den ab 1997 behandelten insgesamt 40 Probanden die Krankheit und verbesserte ihren Gesundheitszustand z. T. erheblich.
www.deutsche-alzheimer.de (Projekte, Infos zur Krankheit); **lisowski@immuno.ltd.pan.wroc.pl** (polnisches Pilotprojekt)

Arthritis, rheumatoide

(früher chronische Polyarthritis), Entzündung mehrerer Gelenke, die unbehandelt zu deren Zerstörung und zu Invalidität führt. Die schlanke Gelenkinnenhaut bildet plötzlich ein Bindegewebe, das in Knorpel und Knochen dringt und sie zerstört. Merkmale sind symmetrischer Gelenkbefall, morgendliche Steifigkeit der Gelenke, spindelförmige Schwellung und Gelenkerguss. Die Patienten sind müde und fühlen sich in ihrer Leistungsfähigkeit stark eingeschränkt.

Bis Mitte 2000 sollten in Deutschland zwei Medikamente angeboten werden, welche die Zerstörung von Knorpel und Knochen durch A. erstmals völlig stoppen. Die Jahresbehandlung sollte pro Patient allerdings 20 000 DM kosten. Über die Kassenfinanzierung war noch nicht entschieden. In Deutschland litten 2000 rund 2% der Bevölkerung (ca. 1,5 Mio Menschen) an entzündlichen rheumatischen Gelenkerkrankungen.
Ursachen: Bis Mitte 2000 waren die Ursachen der A. nicht eindeutig geklärt. Mediziner gingen von einer Störung des Immunsystems aus. Irrtümlich identifizieren Immunzellen (T-Zellen) Knorpelgewebe als fremd und versuchen, es abzustoßen. Hierbei benötigen sie Makrophagen (ebenfalls Immunzellen), die zerstörtes Gewebe zerfressen und Botenstoffe aussenden, die wiederum zerstörerische Zellen im Gelenk aktivieren. Die wichtigsten Botenstoffe sind TNF-alpha und Interleukin-1.
Medikamente: Die Präparate Remicade und Enbrel waren Anfang 2000 in den USA

bereits zugelasssen. Remicade ist ein mono-klonaler Antikörper, der außer TNF-alpha keine weiteren Stoffe des Körpers angreift. Enbrel basiert auf einem Wirkstoff, der ähnlich arbeitet wie ein Antikörper. Bei Studien u. a. an der Berliner Charité berichteten Probanden von einer schnell einsetzenden Heilwirkung. Die Funktion der Gelenke verbesserte sich, die Energie der Patienten kehrte zurück. Nebenwirkungen traten nur geringfügig auf (u. a. Kopfschmerzen, Übelkeit).

Creutzfeld-Jacob-Krankheit

Seltene Erkrankung des Gehirns überwiegend im Alter, die von Prionen (Eiweißmolekülen) ausgelöst wird. Nach einer langen Inkubationszeit werden Neuronen (Nervenzellen) im Hirngewebe zerstört, die u. a. zu Gedächtnisstörungen, Verwirrtheit und Krampfanfällen führen. In den 90er Jahren trat die C. vor allem in Großbritannien bei jungen Menschen in einer neuen Variante auf, die mit dem Rinderwahnsinn (BSE) in Zusammenhang steht und vermutlich durch den Verzehr von infiziertem Rindfleisch ausgelöst wird. Die C. führt zum Tod, ein Heilmittel gab es 2000 nicht.

Forscher vom Mainzer Institut für Physiologische Chemie entwickelten Ende 1999 einen Test, mit dem erstmals die Früherkennung von BSE bei lebenden Tieren und von der verwandten C. beim Menschen möglich ist. Bis dahin konnte die Krankheit erst an den Veränderungen im Gehirn nach dem Tod nachgewiesen werden. **Frühdiagnose:** Der Test, bei dem ein Eiweiß ein Protein in der Hirnflüssigkeit (14-3-3) bindet, das auf BSE bzw. C. hinweist, sollte Mitte 2000 standardisiert erhältlich sein. Die Wissenschaftler nahmen an, dass der Test erst nach einer gewissen Zeit der Erkrankung zuverlässige Ergebnisse liefert. Kritiker betonten, dass auch mit dem Test bereits infizierte Tiere nicht erkannt würden, die eventuell geschlachtet und verzehrt werden. **Therapie:** Am Robert Koch Institut (RKI, Berlin) entdeckten Forscher 2000 einen ersten Therapieansatz für C. Es gelang, die krankhaften Veränderungen im Gehirn zu verzögern und sie z. T. rückgängig zu machen. Die Forscher räumten ein, dass es vermutlich noch Jahre dauern werde, bis der Ansatz zu einer standardisierten erfolgreichen Therapie führe.

www.rki.de (Beratung, Datenerhebungen, Infos über Infektionskrankheiten)
EU → Rinderwahnsinn

Depression: Seelische und Nervenerkrankungen weltweit	
Krankheit	*Mio[1]*
Angst- und Zwangsstörungen	400
Depressionen	340
Alkoholabhängigkeit	288
Persönlichkeitsstörungen	250
Geistige Zurückgebliebenheit	60
Somatische Störungen	57
Schizophrenie	45
Epilepsie	40
Demenz (u. a. Alzheimerkrankheit)	29

1) Schätzungen Ende der 90er Jahre; Quelle: Weltgesundheitsorganisation (WHO), www.who.org

Depression

(depressio, lat.; das Niederdrücken), Zustand gedrückter Stimmung. In der Psychiatrie ist D. die häufigste Form der psychischen Störung. Die sog. reaktive D. entsteht als Reaktion auf ein äußeres Ereignis und klingt ab, sobald die Ursache wegfällt. Die endogene D. tritt unabhängig von äußeren Anlässen auf. Vor allem ältere Menschen sind betroffen.

1,5 Mrd Menschen, 25% der Weltbevölkerung, litten 2000 an seelischen Störungen und Nervenerkrankungen. An D. waren lt. Weltgesundheitsorganisation (WHO, Genf) 340 Mio Menschen erkrankt. 90% wurden falsch behandelt. Die WHO schätzte, dass sich jährlich 1 Mio Menschen mit psychischen Krankheiten das Leben nehmen und 10 Mio–20 Mio es versuchen.

Deutschland: D. bei älteren Menschen wurde in Deutschland oft nicht erkannt. Lt. Gerontopsychiatrie in Paderborn litten etwa 20% der Patienten über 65 Jahren an D. Fälschlicherweise würden die Betroffenen mit Neuroleptika gegen Halluzinationen und Wahnvorstellungen behandelt. Die Selbstmordrate war bei über 70-Jährigen dreimal so hoch wie in der übrigen Bevölkerung.

Diabetes

(eig. Diabetes mellitus, auch Zuckerkrankheit), Störung des Fett-, Kohlenhydrat- und Eiweißstoffwechsels, die durch die Zerstörung von Insulin bildenden Zellen in der Bauchspeicheldrüse (Typ I) ausgelöst wird oder im Alter durch zunehmende Resistenz des Körpers gegen eigenproduziertes Insulin (Typ II) entsteht. Als Spätfolgen treten u. a. Herzinfarkt, Schlaganfall, Nierenversagen, Impotenz, Erblindung und Blutgefäßverstopfungen auf, die zu Amputationen der Gliedmaßen führen können.

Etwa 130 Mio Menschen waren 2000 nach Schätzungen der Weltgesundheitsorganisation (WHO, Genf) weltweit an D. erkrankt. In Deutschland waren es dem Deutschen Diabetiker Bund (Lüdenscheid) zufolge rund 5 Mio. Ihre Zahl könnte sich lt. Experten bis 2010 verdoppeln.

Heilung möglich: In Kanada gelang es 1999 Medizinern erstmals, acht D.-Patienten zu heilen. Sie benötigten auch ein Jahr nach der Behandlung kein Insulin zur Regulierung des Blutzuckerspiegels. Den an D. Typ I leidenden Patienten wurden Insulin produzierende Zellen aus zwei Spender-Bauchspeicheldrüsen über eine zur Leber führende Vene injiziert. Die Zellen begannen, den Blutzuckerspiegel zu kontrollieren. Das Immunsystem der Patienten musste zur Vermeidung von Abstoßungsreaktionen unterdrückt werden, was ein hohes Infektionsrisiko bedeutet. Der Versuch sollte in acht Kliniken in den USA und Europa wiederholt werden.

Ursachenforschung bei Typ I: 20 000 Kinder und Jugendliche litten in Deutschland an D. Typ I, jährlich erkrankten 2000 Kinder neu, jedes fünfte war jünger als fünf Jahre. Die genetische Veranlagung galt als sichere Ursache für D. Typ I, eine Virusinfektion wurde angenommen. Eine Studie in Finnland ergab 1999, dass Neugeborene, die genetisch für D. anfällig sind und mit Nahrung auf Kuhmilchbasis gefüttert wurden, später um 50% häufiger an D. erkrankten, als gestillte Kinder. Die Forscher vermuteten, dass Kuh-Insulin in der Milch die Immunstoffe des Kindes falsch programmiert, so dass sie den Unterschied zwischen körpereigenem und fremdem Insulin nicht mehr erkennen und körpereigene, Insulin bildende Zellen zerstören.

Zukunftspreis: Wissenschaftler vom Max-Planck-Institut für biophysikalische Chemie in Göttingen erhielten 1999 den Deutschen Zukunftspreis. Sie identifizierten Schaltergene im Körper, die für die Bildung von Organen wesentlich sind. So könnte z. B. die Bauchspeicheldrüse wieder zur Insulinproduktion angeregt werden.

www.diabeticus.de (Allgemeine Infos u. Berichte)
▶ Bund diabetischer Kinder und Jugendlicher e.V., Hahnbrunnerstr. 46, 67659 Karlsruhe
▶ Deutscher Diabetiker Bund e.V., Danziger Weg 1, 58511 Lüdenscheid

Fettleibigkeit

(auch Adipositas, Obesitas), eine der häufigsten Stoffwechselstörungen

2000 waren rund 15,8 Mio Menschen in Deutschland (19% der Bevölkerung) stark übergewichtig. Der Anteil der übergewichtigen Kinder stieg von 10% (1980) auf 20–25% (2000). F. war die häufigste Ursache für Frühverrentung. Die durch Folgekrankheit entstehenden Kosten lagen um 2000 bei mind. 35 Mrd DM pro Jahr.

Ursachen: Bei 30–50% der Betroffenen war die F. erblich bedingt. Eine weitere Ursache lag in zu fetter Ernährung bei gleichzeitigem Bewegungsmangel. 5–10% der Übergewichtigen leiden unter Essstörungen. Während der Heißhungerattacken nehmen sie so viel Nahrung zu sich, dass sie ständig zunehmen. Auch Medikamente wie Anti-Depressiva, Cortison und Blutzucker senkende Mittel können zu F. führen.

Maßnahmen: Um 2000 waren in Deutschland zwei Medikamente gegen F. verfügbar (Reductil und Xenical), die Ärzte krankhaft übergewichtigen Menschen verordnen durften bei gleichzeitiger fettnormalisierter Kost (Preis 2000: 198 DM bzw. 132 DM pro Monatspackung, Kosten wurden nicht von Kassen getragen). Ernährungswissenschaftler zufolge ist eine Gewichtsverringerung mit Fettreduktion in der Nahrung, verändertem Essverhalten und Bewegung auch ohne Arzneien zu erreichen. In Kliniken wurden mit Sport, Ernährungs- und Verhaltensschulung für Übergewichtige gute Erfolge erzielt.

Grippe

(Influenza), epidemisch auftretende Infektionskrankheit, die mit hohem Fieber, Kopf- und Gliederschmerzen sowie Entzündungen der Atemwege einhergeht

Ende 1999 war in Deutschland erstmals ein gut verträgliches Medikament gegen G. erhältlich, das Verlauf und Dauer der Infek-

---

Diabetes: Ernährungsplan aus dem Computer

Diabetiker sind neben der regelmäßigen Einnahme von Blutzucker senkenden Mitteln bzw. dem Spritzen von Insulin auf einen genauen Ernährungsplan angewiesen, um ihre Blutzuckerwerte konstant zu halten.
▶ **Programm:** Forscher der Universität Freiburg/Br. entwickelten für Diabetiker ein Computer-Programm, mit dem ein individueller Speiseplan ausgearbeitet werden kann (Preis: 49,50 DM).
▶ **Software:** Das Programm ist auch für Ungeübte leicht zu handhaben. Der Nutzer wird durch ein übersichtliches Menü angeleitet und kann einen Speiseplan zusammenstellen, der auf seinem persönlichen Kalorien- und Kohlenhydratbedarf zugeschnitten ist.

tion lindert bzw. verringert. Das einzige zuvor angebotene Mittel wirkte lediglich gegen Infektionen mit Viren vom Typ A und verursachte schwere Nebenwirkungen.

Ausbreitung: Die G. wird durch Influenzaviren ausgelöst, von denen Ende der 90er Jahre drei Typen (A, B und C) sowie zahlreiche Untertypen bekannt waren, insgesamt rund 400 Erreger. Nur Typ A und B verbreiten sich über ganze Länder und Regionen. Jährlich erkranken in Europa, Japan und den USA etwa 100 Mio Menschen. Die G. wird durch Tröpfcheninfektion beim Sprechen, Husten und Niesen von Mensch zu Mensch übertragen. Allein in Deutschland sterben 15 000–30 000 Menschen pro Jahr an G.

Medikament: Das Mittel Relanza mit dem Wirkstoff Zanamivir (sog. Neuraminidase-Hemmer) blockiert die Vermehrung der G.-Viren im Körper. Es muss innerhalb von 36 Stunden nach der Infektion genommen werden. Eine Therapie umfasst 20 Einzeldosen in Pulverform, das inhaliert wird (Preis: 60 DM). Das Medikament verkürzt die Dauer der Krankheit um 40–60% (etwa drei Tage) und mildert im gleichen Maß die Schwere der Symptome. Komplikationen wie Lungen-, Herzmuskelentzündung und Bronchitis vermindern sich um 50–60%. Gegen die Anwendung der Arznei wurde angeführt, dass eine sichere G.-Diagnose binnen 36 Stunden schwer möglich sei.

www.grippe-info.de (Diagnose, Prophylaxe und Therapie)

Hepatitis

Leberentzündung mit Schädigung und Funktionsbeeinträchtigung der Leberzellen, die abhängig vom Erregertyp in unterschiedlichen Formen auftritt und zu Leberzerstörung (Zirrhose) und Leberkrebs führen kann.

Um 2000 waren der Weltgesundheitsorganisation (WHO, Genf) zufolge 200 Mio–300 Mio Menschen weltweit mit H. Typ B und 300 Mio mit H. Typ C infiziert. Allein in Deutschland waren es nach Schätzungen 600 000 bzw. 800 000. Das im Mai 2000 beschlossene Infektionsschutzgesetz der rot-grünen Bundesregierung sah erstmals eine namentliche Meldepflicht für mit H. Typ C Erkrankte vor. Die Koalition wollte Daten über diese erst seit 1988 bekannte H.-Art erhalten, um ihr Bedrohungspotenzial besser einschätzen zu können.

▓▓ Grippe-Impfung

Die seit 1940 verfügbare G.-Impfung ist lt. Arbeitsgemeinschaft Influenza (Marburg) unverzichtbar und der wirksamste Schutz vor G. Es sollten sich vor allem Risikogruppen jeden Herbst impfen lassen: ältere Menschen über 65 Jahre, Personen, die in Krankenhäusern und an Schulen arbeiten, sowie Patienten mit Asthma, Diabetes u. a. chronischen Erkrankungen.

▶ **Impfstoff:** Ein wirksamer Impfstoff, der jedes Jahr wieder verwendet werden könnte, stand bis 2000 nicht zur Verfügung. Influenzaviren ändern Teile ihres Erbguts verändern, so dass nur ein Impfstoff keinen wirksamen Schutz hervorruft. Auf der Basis weltweiter Beobachtungen – allein in Deutschland sammeln 600 Arztpraxen entsprechende Daten – versucht die Welt-

gesundheitsorganisation (WHO, Genf) jedes Jahr, die Gestalt des kommenden Virus vorherzusehen und spricht Empfehlungen für die Zusammensetzung eines Impfserums aus.

▶ **Nebenwirkungen:** Eine Grippe-Impfung kann unerwünschte Nebenwirkungen wie Schmerzen und Schwellungen an der Injektionsstelle, leichtes Fieber, Muskel- und Kopfschmerzen auslösen. Da der Impfstoff auf Hühnerei-Basis produziert wird, dürfen Menschen mit einer Hühnereiweiß-Allergie nicht geimpft werden.

▶ **Impfmüdigkeit:** Trotz zunehmender Akzeptanz in der Bevölkerung nahm um 2000 nur ein geringer Teil der Deutschen das kostenlose Angebot einer Grippe-Impfung wahr. 1998/99 ließen sich ca. 10 Mio Bundesbürger (12%) impfen.

Typen: Nur gegen H. Typ A und B schützte eine Impfung. Während Typ A ausheilt, können Typ B und C chronisch werden. Typ D und G haben einen mit Typ B vergleichbaren, aber schwereren Krankheitsverlauf. Typ E heilt zwar aus, ist aber für Schwangere wegen des schweren Krankheitsbilds gefährlich.

Typ C: Der Zeitverlauf von der Infektion mit Typ C bis zur sichtbaren Erkrankung war 2000 unklar: Warum bei 15–25% der Infizierten der Erreger wieder aus dem Blut verschwindet, während 75–85% chronisch infiziert bleiben, konnten Mediziner nicht erklären. Weiterhin ungelöst blieb, warum von den chronisch Infizierten 10–20% eine Zirrhose und 1–5% sogar Leberkrebs entwickeln, während bei anderen gar keine Symptome auftreten. Ebenfalls rätselhaft war für die Forscher, warum die Behandlung mit Medikamenten (meist eine Kombination aus Interferon alfa 2B und Ribavirin) nicht bei allen Patienten anschlägt.

Entschädigung: Im Juni 2000 verabschiedete der Bundestag ein Gesetz, nach dem Frauen, die Ende der 70er Jahre in der DDR vorsätzlich durch verseuchte Blutpräparate mit Hepatitis C infiziert wurden, eine Monatsrente bis zu 2000 DM und eine Einmalzahlung bis zu 30 000 DM erhalten. Kritiker bemängelten, dass nur die Hälfte der 2400 Opfer, die mit mind. 30%-iger Erwerbsminderung, Geld erhalten.

Gesetz: Das Infektionsschutzgesetz, welches das Seuchengesetz ablöst, sah eine

Sammlung der gemeldeten Daten beim Robert Koch Institut (RKI, Berlin) vor. Umstritten war Anfang 2000 die namentliche Nennung der mit H. Typ C Infizierten wie bei allen anderen Erkrankungen außer Aids. Befürworter betonten die nur dann bestehende Möglichkeit, Infektionsquellen zu erkennen und die Ausbreitung zu verhindern, Gegner befürchteten eine Diskriminierung der Erkrankten.

www.hepatitis-c.de (Internationales Informationsforum); **www.rki.de/GESUND/GESUND/htm** ▶ Deutsche Hepatitis Liga e.V., Bernhard Lunkenheimer, Postfach 200666, 80006 München, Tel. 089/504091 ▶ Robert Koch Institut, Nordufer 20, 13353 Berlin

Herz-Kreislauf-Erkrankungen

H. wie Herzinfarkt, Schlaganfall, Hirnschlag, Gefäßerkrankungen im Gehirn und an den Nieren waren Ende der 90er Jahre in Deutschland häufigste Todesursache. 1998 (letztverfügbarer Stand) starben 411 400 Menschen an den Folgen einer H. (1997: 415 900, −1,1%). Rauchen, Stress, Bluthochdruck und Bewegungsmangel fördern H. Ende 1999 wurde weltweit erstmals im Herzzentrum Bad Oeynhausen einem Mann mit Herzmuskelschwäche erfolgreich ein Kunstherz implantiert, das seine Herztätigkeit unterstützt. Die Mediziner sahen im Kunstherzen eine Alternative für Herzkranke, die auf ein Spenderherz warteten (1999 in Deutschland 500 Menschen.

Kunstherz: Das in den USA entwickelte, 1,3 kg schwere Kunstherz aus Titan namens Lion-Heart (engl. Löwenherz) ist eine künstliche Pumpe mit Steuerungselementen und Batterie. In Bad Oeynhausen wurde erstmals ein Kunstherz vollständig in den Körper implantiert, nicht nur zur Überbrückung einer Wartezeit, sondern zum langfristigen Einsatz. Die Energiezufuhr erfolgt von außerhalb des Körpers per Induktion durch die Haut. Bei der etwa fünfstündigen Implantierung wird in die Bauchdecke des Patienten unterhalb seines eigenen Herzens eine Bauchtasche geschnitten, wo die Pumpe und die Steuerungselemente fest verankert werden. Das Kunstherz übernimmt die Funktion der linken Herzkammer.

Vorteile: Der Patient hat keine offene Wunde für Schläuche zur Energieversorgung des Kunstherzens, das Infektionsrisiko ist erheblich vermindert. Es ist keine den Patienten belastende Unterdrückung des Immunsystems erforderlich, da der Körper die Titanpumpe nicht als Fremdkörper erkennt. Lediglich die Blutgerinnung wird gehemmt, damit sich keine Gerinnsel in der Pumpe bilden können.

Kosten: Die Kosten der Implantierung eines Kunstherzens trugen 1999/2000 die Krankenversicherungen. Das Kunstherz wurde zunächst kostenlos zur Verfügung gestellt. Was es bei späteren Standard-Operationen kostet, war 2000 ungeklärt.

www.herzstiftung.de (Infos, Themenmonate, Forschungsergebnisse)

▶ **Drogen** → Rauchen

Herz-Kreislauf-Erkrankungen: Bypass mit Roboter

Weltweit führten kanadische Ärzte Ende 1999 erstmals mit Hilfe eines Roboters am Herzen eine Bypass-Operation durch, bei der verstopfte Blutgefäße durch »Umleitungen« überbrückt werden. Allein in Deutschland wurden um 2000 jährlich 75 000 Bypass-Operationen vorgenommen.

▶ **Operation:** Der in den USA entwickelte Roboter namens Zeus erlaubt die Operation durch kleine, endoskopische Kanäle an einem schlagenden Herzen. Bis dahin mussten Ärzte die Brust des Patienten aufschneiden, die Rippen zertrennen und auseinander spreizen und das Herz an eine Bypass-Maschine anschließen, um den Herzschlag zu unterbrechen. Die durch die endoskopischen Kanäle in die Brust eingeführten winzigen Instrumente verfolgt der Operateur über einen Bildschirm und führt sie mit Hilfe des Roboters. Menschliche Mängel bei der Bewegung der Instrumente, etwa Zittern der Hände, gleicht der Roboter aus.

▶ **Vorteile:** Die endoskopische Bypass-Operation ist weniger belastend und gefährlich für den Patienten. Der Chirurg muss nicht am gleichen Ort wie der Patient sein, die Operation kann mit Hilfe der Elektronik über hunderte Kilometer Entfernung ausgeführt werden. Große Wunden werden nicht verursacht, der Patient erholt sich schneller.

Kinderlähmung

(auch Poliomyelitis anterior acuta, Polio, Heine-Medin-Krankheit), meldepflichtige, durch Tröpfchen- und Kotinfektion übertragene, stark ansteckende Krankheit der grauen Rückenmarksubstanz, seltener des Gehirns. Die K. befällt insbes. Kinder. Folgen sind irreparable Lähmungen, Wachstumsstörungen und Gelenkfehlstellungen. Ein Heilmittel gegen K. gab es bis 2000 nicht.

Die Weltgesundheitsorganisation (WHO, Genf) plante 2000, nach den Pocken bis zum Ende des Jahres auch die K. weltweit auszurotten. Sie startete die letzte große Impfkampagne in Indien, wo zwei Drittel der verbliebenen Polio-Fälle auftraten. Die Zahl der K.-Erkrankungen reduzierte sich durch Impfungen von weltweit 350 000 (1988) auf 5200 (1999). Europa, Nord-, Mittel- und Südamerika, der Westpazifik, der Nahe Osten sowie Nord- und Südafrika galten als nahezu K.-frei. Die Ausrottung der K. würde lt. WHO Einsparungen von weltweit jährlich 1,5 Mrd US-Dollar an Impf-, Behandlungs- und Verdienstausfallkosten mit sich bringen.

www.who.int/vaccines-polio (Informationen über Kampagnen gegen die Krankheit)

Krebs

Bezeichnung für rund 200 Arten bösartiger Gewebe- und Blutveränderungen, an deren Entstehung bis 2000 nur vereinzelt geklärte Faktoren beteiligt sind. K. gilt als Folge von Störungen im Bereich des genetisch gesteuerten Zellwachstums.

Um 2000 erkrankten nach Schätzungen der Weltgesundheitsorganisation (WHO, Genf) jährlich weltweit 9 Mio Menschen, etwa 5 Mio starben an K. In Deutschland schätzte das Robert Koch Institut (RKI, Berlin) 1999 die Zahl der jährlichen Neuerkrankungen auf 338 300, etwa 5000 (1,5%) mehr als 1995. Jedes Jahr starben in Deutschland 210 000 Menschen an K. Mediziner gingen 2000 davon aus, in naher Zukunft effektivere Therapien einsetzen zu können, die gezielter und für den Patienten nebenwirkungsärmer gestaltet sind.

Ursachen: Forschungen einer deutschen Medizinerin ergaben 1999, dass ein Mangel an körpereigenem Adrenalin, im Alter durch nachlassende Bewegung oder veränderte Ernährung, bei Jüngeren durch Stress, das Risiko für eine Tumorbildung erheblich erhöht. Wissenschaftler der Max-Planck-Institute für Hirnforschung in Frankfurt/M. und München wiesen im Tierversuch nach, dass gesteigerte Adrenalinproduktion bei Ratten zur Zerstörung von vorhandenen bösartigen Veränderungen führt und dass injizierte Tumorzellen nicht angehen.

Klassische Therapie: Die Standardbehandlungsmethoden – operatives Entfernen des K.-Herds, Chemo- und Strahlentherapie – wurden zwar in den 90er Jahren zunehmend schonender für den Patienten eingesetzt, waren aber mit z. T. schweren Nebenwirkungen verbunden. Damit konnten 45% der Erkrankten langfristig geheilt werden. K.-Erkrankungen von Kindern wurden in 80% der Fälle geheilt.

Monoklonale Antikörper: Eine Form des Blut-K. (Non Hodgkin-Lymphom) wurde an der Universität Erlangen mit injizierten monoklonalen Antikörpern behandelt. Sie erkannten die K.-Zellen und vernichteten

---

▰ Kinderlähmung: Impfung

▶ **Alter:** Kinderärzte empfehlen bereits für das Säuglingsalter dringend die erste Impfung gegen Polio. Sie muss einmal im Kleinkindalter wiederholt und anschließend alle zehn Jahre aufgefrischt werden. Dies gilt auch für Erwachsene.

▶ **Schluckimpfung:** Bis 1998 wurde das in den 50er Jahren von Jonathan Salk (USA) entwickelte Serum auf ein Stück Zucker geträufelt, das gelutscht werden konnte. Seitdem wird der Impfstoff aus abgetöteten Viren injiziert.

▶ **Reisen:** Urlauber, die in Länder wie die Türkei oder Ägypten reisen, sollten unbedingt zuvor ihren Impfschutz prüfen, denn dort tritt Kinderlähmung vereinzelt noch auf. Die Ansteckung kann bereits durch die gemeinsame Benutzung einer Toilette erfolgen.

---

sie. 6% der behandelten Patienten galten 1999 als geheilt, bei 44% verringerte sich die Zahl der K.-Zellen deutlich. Die Methode war mit geringen Nebenwirkungen verbunden (Fieber, Übelkeit und Kopfschmerzen nach der ersten Infusion) und kostete 4000 DM pro Infusion.

Impfung: In der Göttinger Universitätsklinik wurde ab 1998 an 30 Probanden mit metastasierenden Nierenzellkarzinomen, die bis dahin tödlich waren, ein Impfstoff getestet. Der Stoff aus K.-Zellen des Patienten und gesunden Zellen eines Spenders wurde injiziert, und das Immunsystem des Patienten bekämpfte die Tumorzellen. Der Hälfte der Probanden mit einer Lebenserwartung von zuvor sechs bis zwölf Monaten ging es zwei Jahre nach Therapiestart deutlich besser, bei sechs Patienten waren die Tumoren verschwunden, einer galt als geheilt.

Weltcharta: Anfang 2000 unterzeichneten die französische Regierung und Wissenschaftler aus aller Welt in Paris als Erste

---

▰ Krebs: Todesfälle

	Männer			Frauen	
Krebsart		Todesfälle 1998	Krebsart		Todesfälle 1998
Lunge		30 000	Brust		17 700
Prostata		11 400	Dickdarm		11 600
Dickdarm		9200	Lunge		9500
Leukämie		8000	Leukämie		8500
Magen		7000	Magen		6800
Bauchspeicheldrüse	5400		Bauchspeicheldrüse	6200	
Enddarm, After	4500		Eierstock	6000	
Lippen, Mund, Rachen	3800		Enddarm, After	4400	
Harnblase	3700		Gebärmutter	2900	
Leber	3300		Niere	2200	

Quelle: Statistisches Bundesamt (Wiesbaden), www.statistik-bund.de

▥ Krebs: Brustkrebsskandal und Folgen

1999 wurde der sog. Brustkrebsskandal von Essen durch die Staatsanwaltschaft erneut aufgerollt.

▸ **Skandal:** Rund 300 Frauen wurde 1994 bis 1997 fälschlicherweise mind. eine Brust amputiert. Ein Essener Radiologe, der Mammografien zur Früherkennung von Tumoren durchführte, veranlasste Gewebeentnahmen bei den Frauen, ohne dass er verdächtige Stellen auf dem Röntgenbild markierte. Krankenhausärzte entnahmen ebenfalls ohne Überprüfung Gewebeproben. Ein Professor, der die Proben als Pathologe begutachtete, stellte fälschlicherweise die Diagnose Krebs. Er beging im Sommer 1997 Selbstmord. Die Ermittlungen der Staatsanwaltschaft 1999 richteten sich gegen einen

Radiologen, drei Gynäkologen an Kliniken und die Ärztekammer Nordrhein wegen Verstoßes gegen die Kontrollpflicht.

▸ **Folgen:** Eine Studie der Gesellschaft für Senologie (Brustdrüsenkrankheiten) ergab 1999, dass die Brustkrebsvorsorge in Deutschland schlecht organisiert und kontrolliert sei. Radiologen, welche die Mammografien auswerten, seien häufig unzureichend ausgebildet. Der Berufsverband deutscher Radiologen (München) betonte, dass eine Initiative zur Verbesserung der technischen Ausstattung und der Qualifikation der Ärzte gestartet worden sei, deren Teilnahme allerdings freiwillig sei. Der Bundesausschuss der Ärzte und Krankenkassen (Köln) führte ab den 90er Jahren

Modellprojekte durch, um herauszufinden, ob die mammografische Reihenuntersuchung für alle Frauen, wie sie bereits in den Niederlanden und Schweden bestand, sinnvoll ist. Die Bundesärztekammer (Köln) diskutierte eine Verpflichtung zur Zweituntersuchung, bei der die Befunde einem zweiten Arzt vorgelegt werden müssen, um Fehldiagnosen zu vermeiden.

▸ **Fortschritt:** Radiologen der Universität Bonn verbesserten im Jahr 1999 die sog. Magnet-Resonanz-Tomografie zur Erkennung von Brusttumoren. Sie spritzten den Patienten Kontrastmittel, das sich bei den Tumorzellen schneller auswäscht. Die Diagnose-Genauigkeit wurde mit diesem Verfahren erhöht.

eine »Charta gegen den Krebs«. Damit sollen Experten und Politiker im Kampf gegen K. mobilisiert werden. Vorbeugung, Behandlung und Pflege der Erkrankten sollen verbessert werden.

www.krebshilfe.de (Broschüren, Fachbegriffe, Online-Informations- und Beratungsdienst, Literaturtipps, Videos)

Lepra

(griech.; schuppig, rauh, auch Aussatz) chronische bakterielle Infektionskrankheit beim Menschen, die überwiegend die Haut und das periphere Nervensystem befällt. L. führt zu Gefühllosigkeit und Deformation der Gliedmaßen, häufig zum Verlust von Fingern, Händen, Zehen und Füßen. Auch Entstellungen im Gesicht und Erblindungen treten auf. Die Infektion erfolgt bei lang andauerndem Kontakt mit Kranken vermutlich als Tröpfchen- und Schmierinfektion. Die Inkubationszeit beträgt zwei bis fünf Jahre. Die L. ist heilbar, Impfungen sind möglich.

Eine Kampagne der Weltgesundheitsorganisation (WHO, Genf) soll die L. bis zum Jahr 2005 nahezu ausrotten, d. h. das Auftreten weltweit unter einen Fall pro 10 000 Einwohner senken. Um 2000 litten weltweit der WHO zufolge weltweit 2,5 Mio–2,8 Mio Menschen an L., jährlich infizieren sich weitere 700 000 Personen neu. Die Kampagne führte die WHO mit den in der Dachorganisation ILEP zusammengeschlossenen Lepra-Hilfswerken und einer Pharmafirma durch, die Medikamente im Wert von 30 Mio DM bereitstellte.

Verbreitung: 2000 trat L. überwiegend in den Entwicklungsländern auf, am stärksten betroffen war mit 80% aller Fälle Indien. Etwa die Hälfte der Neuerkrankungen wurden in Bihar registriert, einem der ärmsten indischen Regionalstaaten im Norden des Subkontinents. Dort setzte die WHO-Kampagne gegen L. an.

Maßnahmen: Die Provinzregierung in Bihar setzte 80 000 Personen ein, die bis dahin unentdeckte Fälle von L. in den besonders betroffenen armen Bevölkerungs-

▥ Krebs: Erkrankungen[1]

Krebsart	Männer unter 60 Jahren / gesamt		Frauen unter 60 Jahren / gesamt	
Mundhöhle, Rachen	4000 / 7200		900 / 2500	
Verdauungsorgane	11100	47 900	7200	48 800
Atmungsorgane	8100	32 400	3000 / 10 100	
Weibl. Geschlechtsorgane	–/–		8200	26 500
Prostata	2500	27 800	–/–	
Lymphome, Leukämien	4500 / 12 300		3300 / 12 200	

1) insgesamt erkrankten an bösartigen Neubildungen ohne nicht-melanotischen Hautkrebs 164 900 Männer und 173 400 Frauen; Quelle: Schätzungen des Robert Koch Instituts für 1997 (letztverfügbarer Stand)

teilen aufspüren und einer Behandlung zuführen sollten. Viele Erkrankte verbargen die Infektion, weil nach hinduistischem Glauben der Aussätzige für Sünden im vorherigen Leben büßen muss und ihm soziale Ächtung drohte. Von den 81 Ärzten, deren Arbeit die Weltbank für die Anti-L.-Kampagne in Bihar finanzieren wollte, waren Anfang 2000 wegen bürokratischer Hemmnisse allerdings erst 27 eingestellt.

www.lepra.org.uk/home.html (Informationen, Maßnahmen, Projekte)

Listeriose

Von Bakterien (Listerien) hervorgerufene, auf den Menschen übertragbare Infektionskrankheit von Haus- und Wildtieren (sog. Zoonose)

Anfang 2000 wurden in Deutschland Listerien in Käse- und Wurstprodukten nachgewiesen. Ende 1999 starben in Frankreich sieben Menschen an L., die sich mit verseuchten Nahrungsmitteln infiziert hatten. Nach dem im Mai 2000 von der rot-grünen Bundesregierung beschlossenen Infektionsschutzgesetz soll der Nachweis von Listerien in Körpermaterialien bei den Gesundheitsbehörden meldepflichtig werden. Bis dahin mussten lediglich die L.-Erkrankungen und -Sterbefälle gemeldet werden.

Vorkommen: Listerien sind in der Umwelt allgegenwärtig. Der Darmtrakt von Mensch und Tier dient als Erreger-Reservoir. Von hier aus werden Boden, Abwasser und Pflanzen verseucht.

Übertragung: Tiere infizieren sich mit verseuchtem Futter. Auf den Menschen überträgt sich die L. mit verseuchten Naturprodukten wie z. B. Rohmilch, ungenügend gegartem Fleisch und ungewaschenem Gemüse. Käse und Wurst können bei der Herstellung durch unsaubere Geräte verseucht werden.

Symptome und Behandlung: Bei gesunden Erwachsenen macht sich die Infektion gar nicht oder mit leichten Grippe-Symptomen bemerkbar. Bei immungeschwächten Menschen kann L. tödlich sein. Schwangere erkranken 20-mal häufiger. Bei Infektionen im ersten Drittel der Schwangerschaft kommt es oft zu Fehl- oder Totgeburten. Im letzten Drittel der Schwangerschaft infiziert, treten bei den Säuglingen wenige Tage nach der Geburt Krampfanfälle und Atemstillstand auf. Die L. kann mit Antibiotika gut behandelt werden.

Lepra: Perspektiven

▶ **Bedenken:** Vertreter von Lepra-Hilfswerken betonten, dass die Krankheit in den besonders betroffenen Gebieten allein wegen der jahrelangen Inkubationszeit und wegen der häufig sehr schlechten hygienischen Verhältnisse kaum vollständig auszurotten sei. Auch im Jahr 2005 werde es Gegenden mit L.-Fällen geben, die weiter medizinisch betreut werden müssten. ▶ **Hilfe:** Die körperlichen Folgen der Erkrankung (Verstümmelungen und Entstellungen) müssten mit Wiederherstellungschirurgie möglichst weit beseitigt werden, um eine soziale Reintegration der Menschen zu gewährleisten.

Meldepflicht: Listerien werden in Körpermaterialien (Vaginalsekret, Stuhl u. a.) nachgewiesen. Die geplante Meldepflicht soll eine gezieltere Bekämpfung ermöglichen.

Malaria

(ital.; eig. schlechte Luft, auch Sumpffieber, Wechselfieber), durch Sporentierchen (Plasmodien) hervorgerufene Infektion, die vor allem in warmen Ländern vorkommt. M.-Erreger gelangen durch Stiche der Anophelesmücke in den menschlichen Organismus und reifen in der Leber. Nach der Vermehrung zerstören sie rote Blutkörperchen und bewirken Fieberschübe.

Um 2000 starben weltweit jährlich 2 Mio bis 4 Mio Menschen an M., bis zu 500 Mio infizierten sich mit dem M.-Erreger. Anfang 2000 wurden in Deutschland und Spanien einige Fälle von M. registriert, bei denen sich die Erkrankten im Urlaub in der Dominikanischen Republik infiziert hatten. Der Karibikstaat galt bis dahin als M.-frei.

Dominikanische Republik: Als Ursache für das Auftreten der M. wurde die Bautätigkeit angenommen. Infizierte Bauarbeiter aus Ländern wie Haiti, wo die M. vorkommt, hätten den Erreger eingeschleppt. Ärzte rieten Touristen zur M.-Prophylaxe bzw. zur Mitnahme geeigneter Medikamente gegen unerklärliche Fieberschübe.

Schutz: Einen wirksamen, allgemein einsetzbaren Impfstoff gegen die M. gab es bis Mitte 2000 nicht. Die M.-Prophylaxe schützt lediglich für einige Wochen. Die Medikamente gegen die gefährliche Infektion verloren zunehmend ihre Wirkung. In M.-Gebieten sollte die Haut möglichst mit Kleidung bedeckt und mit Antimückenmitteln eingerieben sein, um Stiche der Anophelesmücke zu vermeiden. Mit Insektiziden getränkte Moskitonetze verhindern die Stiche während des Schlafs.

www.bni.uni-hamburg.de (Bernhard-Nocht-Institut für Tropenmedizin in Hamburg; reisemedizinische Beratung)

Mikroben

Mikroorganismen wie Bakterien, Viren und Pilze

Um 2000 starben täglich weltweit 50 000 Menschen an Krankheiten durch M. Die Weltgesundheitsorganisation (WHO, Genf) wies darauf hin, dass der Wettlauf mit gefährlichen Krankheitserregern verloren zu gehen drohe. Gegen die meisten M. gab es weder Heilmittel noch Impfstoffe. Besiegt geglaubte Seuchen flammten wieder auf und allein Ende der 1990er Jahre entdeckten Wissenschaftler ein halbes Dutzend neue Erreger, die Menschen befallen.

Neue Infektion: 1999 tauchte in Hongkong ein neues Influenzavirus auf (H9N2), das offenbar direkt vom Huhn auf den Menschen überspringt. Es löste schwere, aber nicht tödliche Grippe-Erkrankungen aus. 1997 war ebenfalls in Hongkong erstmals eine Grippe-Epidemie von M. ausgelöst worden, die von Geflügel auf den Menschen übertragen wurde. Bis dahin hatten Forscher angenommen, dass nur in Schweinen aus verschiedenen Influenzaviren neue Erreger entstehen, die den Menschen befallen.

Ursachen: Einer der Hauptgründe für das Auftauchen neuer M. war Wissenschaftlern zufolge 1999 die fortschreitende Rodung und Bewässerung von Landwirtschaftsflächen, wodurch ideale Brutstätten für M. entstehen. Auch die Massentierhaltung auf engstem Raum wie in Hongkong, wo täglich mehr als 100 000 lebende Enten und Hühner auf den Markt kommen, begünstigt die Entstehung neuer M. Durch Kontakt mit den Ausscheidungen der Tiere können M. auf den Menschen überspringen. Frei lebende Herden fördern die Ausbreitung von M.,

weil die für die Tiere angelegten Tränken auch M. gute Lebensbedingungen bieten. Zur weltweiten Verbreitung der M. tragen Welthandel und Reisetätigkeit bei.

Bekämpfung: Während viele Seuchen zu Beginn des 20. Jh. mit Impfungen bekämpft und bei Pocken sogar ausgerottet werden konnten, gestaltete sich die Suche nach Impfstoffen um 2000 schwierig. Da M. wie Grippe- und Aidsviren ihre Gestalt ständig verändern, waren Impfungen nicht möglich. Mit Hilfe der zunehmend detaillierten Kenntnis von M. und zellulären Vorgängen bei Mensch und Tier erhofften sich Forscher Vorteile bei der Entwicklung neuer Medikamente gegen die Erreger.

www.who.int/emc/outbreak_news/index.html
(Informationen über neue Krankheiten)
Medikamente/Therapien → Antibiotika

Schmerz

Mehr als die Häfte der Menschen in Deutschland (über 40 Mio) litt um 2000 unter wiederkehrendem oder chronischem S. als Folge von Rückenleiden, Migräne, Rheuma u. a. Beschwerden. Etwa 800 000 Menschen waren von unerträglichem chronischem S. betroffen, z. B. wegen Krebs. Laut S.-Medizinern wurden 1999 drei von vier Patienten falsch behandelt. Gründe seien mangelnde Qualifikation der Ärzte

Schmerz: Häufigste Ursachen	
Ursache[1]	Anteil (%)
Rückenleiden	30
Migräne, Kopfschmerzen	20
Rheuma	15
Neuralgien	10
Tumorschmerzen	10
Osteoporose, Arthrose	10
Phantomschmerzen	5

1) für chronische, unerträgliche Schmerzen; Stand: Ende der 90er Jahre; Quelle: Deutsche Schmerzhilfe

Schmerz: Behandlungsmethoden	
Methode	Anteil (%)[1]
Tabletten, Tropfen	63
Massage	54
Krankengymnastik	42
Fango (Vulkanerde)	33
Wärme	30
Spritzen	28
Elektrotherapie	25
Neuraltherapie	16
Bäder	14
Operationen	13
Phytotherapie	11
Entspannungstherapie	11
Akupunktur	9

1) Mehrfachnennungen möglich; Stand: Ende der 90er Jahre; Quelle: Deutsche Schmerzhilfe (Grünendeich)

und das in Deutschland seit 1993 geltende Arzneimittelbudget, das die Ausgaben für Medikamente pro Patient begrenze.

Verordnungen: 75% der Patienten mit Bedarf an mittelstark wirkenden Opioiden und 90% der Personen, die stark wirkende (morphinhaltige) Opiate brauchten, um den S. zu ertragen, wurden in Deutschland S.-Medizinern zufolge 1999 unterversorgt. Für eine Vollversorgung der Betroffenen müssten pro Jahr 6,8 Mrd DM aufgebracht werden. Tatsächlich wurden 1998 aber S.-Mittel im Wert von nur 1,1 Mrd DM verschrieben, u. a. um das Arzneimittelbudget nicht zu überschreiten. Bei 25% Überschreitung muss der verordnende Arzt die darüber hinausgehende Summe selbst tragen. S.-Experten forderten 1999, Verordnungen für chronisch S.-Kranke aus dem Arzneimittelbudget herauszunehmen.

Neue Medikamente: In den ersten Jahren des 21. Jh. sollen in Deutschland Medikamente erhältlich sein, die S. wie herkömmliche Mittel (z. B. Aspirin und wirkstoffgleiche Präparate) bekämpfen, aber nicht die Magenschleimhaut angreifen. Bisherige Standardmittel verursachten bei einem von 100 Patienten Magengeschwüre, bei einem von 1000 lebensgefährliche innere Blutungen. Die neuen sog. Super-Aspirine wirken auf ein bestimmtes Enzym (Cyclooxygenase, Cox), von dem zwei Typen bekannt sind: Cox 2 produziert Botenstoffe, die eine Entzündung fördern und S. auslösen. Cox 1 stärkt die schützende Schleimhautschicht der Magenwand und kontrolliert die Bildung von Magensäure. Übliche Mittel setzten beides außer Kraft, die Super-Aspirine (Celebrex, Vioxx) hemmen nur Cox 2.

www.painweb.de (Interdisziplinäres Schmerzforum) ▶ Deutsche Schmerzhilfe e.V. Bundesverband, Sietwende 20, 21720 Grünendeich, Tel. 04141/810434

Tuberkulose

(Tb, Tbc), in Deutschland meldepflichtige Infektionskrankheit, die von Bakterien verursacht wird. In 90% der Fälle gelangen die Erreger in die Atemwege und setzen sich in der Lunge fest, die sie zerstören.

Um 2000 gehörte die T. zu den häufigsten gefährlichen Infektionskrankheiten. Weltweit erkrankten im Jahr 2000 lt. Schätzung des Robert Koch-Instituts (RKI, Berlin) 8 Mio Menschen an T., 3,5 Mio starben. Bis 2020 rechnete die Weltgesundheitsorganisation (WHO, Genf), mit einer Zunahme der

Tuberkulose: Staaten mit den meisten Erkrankten	
Land	*Erkrankte*
Indien	1 830 000
China	1 410 000
Indonesien	590 000
Bangladesch	310 000
Pakistan	270 000
Nigeria	260 000
Philippinen	220 000
Südafrika	170 000
Äthiopien	160 000
Russland	160 000
Vietnam	147 000
Dem. Rep. Kongo	130 000
Brasilien	120 000
Tansania	100 000
Quelle: WHO Tuberkulose Report 2000, Schätzungen	

Fälle in Afrika, Südostasien und im West-Pazifik um 41%. Gründe seien zunehmende Armut, Stigmatisierung von T.-Patienten, oft unzureichende Gesundheitsdienste und Wirtschaftskrisen. In Deutschland war die T. 2000 vierthäufigste Infektionskrankheit.

Ausbreitung: Das erfolgreiche Zurückdrängen der T. in den Industrieländern resultierte aus mehreren Faktoren:
– Verbesserung insbes. von Lebensstandard, Ernährung und Wohnverhältnissen
– Ausrottung der Rindertuberkulose
– aktives Aufspüren von Erkrankten
– Chemotherapie und Impfungen.

Die Faktoren fehlten in den Entwicklungsländern, wo 90% der Infizierten lebten.

Fälle: Wegen des geschwächten Immunsystems erkranken HIV-Infizierte siebenmal häufiger an T. In Osteuropa, wo sich die Lebensverhältnisse seit dem Zusammenbruch der Sowjetunion (1991) und mit den Kriegen auf dem Balkan (seit 1994/95) erheblich verschlechterten, breiteten sich zunehmend resistente Erreger der T. aus. Sie entstehen, wenn Patienten keine vollständig wirksame Therapie erhalten, oder wenn die Therapie nicht mind. sechs Monate dauert. In den Staaten der früheren UdSSR verdoppelten sich die T.-Fälle seit 1990.

www.rki.de (Tuberkulose-Infos)

Krisen und Konflikte

Kosovo

Überwiegend von Albanern bewohnte Provinz, die unter der Übergangsverwaltung der Vereinten Nationen (Unmik) steht, de jure aber noch zum Teilstaat Serbien gehört und mit Montenegro die Bundesrepublik Jugoslawien bildet. De facto ist das K. UN-Protektorat.

Brüchiger Frieden: Von einem friedlichen Zusammenleben der Volksgruppen war das K. Mitte 2000, gut ein Jahr nach dem NATO-Krieg gegen die Bundesrepublik Jugoslawien (Frühjahr 1999), die mit der Verfolgung und Vertreibung der Albaner durch serbische Truppen im K. begründet worden war, weit entfernt. Das ursprüngliche UN-Ziel – Aufbau einer multi-ethnischen Gesellschaft im K. – wurde im ersten Halbjahr 2000 nicht erreicht, es vollzog sich eine Trennung von K.-Albanern und -Serben, die von der internationalen Friedenstruppe Kfor bewacht wird. Vor allem in der geteilten Stadt Kosovska Mitrovica und an anderen Punkten, wo »serbische« und »albanische« Gebiete aneinander grenzen, kam es bis Mitte 2000 zu z.T. blutigen Konflikten, in die auch Kfor-Soldaten verwickelt wurden.

Rückkehr und Vertreibung: Nach der Annahme des Friedensplans und des Militärabkommens durch den jugoslawischen Präsidenten Slobodan Milosevic im Juni 1999, die u.a. die Einrichtung von Unmik, die Stationierung der Kfor und den Rückzug der jugoslawischen Truppen aus dem K. vorsahen, kehrten etwa 800 000 vertriebene und geflohene K.-Albaner zurück. Als Vergeltung für erlittenes Unrecht verfolgten und vertrieben sie die meisten K.-Serben, Roma u.a. Volksgruppen. Die gebliebenen Serben (März 2000: etwa 100 000 vor allem im Nord-K.) leben seitdem in Enklaven unter Kfor-Schutz. Das Mitte 2000 rund 5500 Mann starke deutsche Kontingent war für den Sektor um Prizren zuständig.

Tote und Vermisste: Seit dem Einmarsch der Kfor im Juni 1999 bis Frühjahr 2000 kamen über 500 Menschen – Serben und Albaner – infolge des albanisch-serbischen Konflikts und durch kriminelle Akte ums Leben. Ein Jahr nach Kriegsbeginn wurden noch rund 7000 K.-Albaner vermisst, die eventuell Opfer serbischer Verfolgung und Vertreibung geworden waren. Bis November 1999 waren 2108 Leichen aus Massengräbern exhumiert worden.

Zivile Strukturen: Der Aufbau ziviler Strukturen unter UN-Regie litt unter Personal- und Geldmangel. Die bewilligten Finanzmittel – im November 1999 wurde von 47 Ländern eine weitere Milliarde DM für 2000 aufgebracht – trafen nur schleppend ein, obwohl das gesamte Unmik-Jahresbudget geringer war als die Kosten für einen halben Tag NATO-Bombardement. Polizei und Justiz funktionierten nur teilweise, u.a., weil von den 4800 internationalen Polizisten, welche die UN bewilligt hatten, bis Mitte 2000 erst etwa die Hälfte eingetroffen waren. Der Aufbau der zerstörten Orte ging im Süden des K. rasch voran, doch die Arbeitslosenrate lag Mitte 2000 noch bei fast 70%.

Gemeinsame Gremien: Die unter dem Vorsitz der Unmik stehende Übergangsverwaltung sieht auch Sitze für Albaner und Serben vor. Eingebunden sind drei albanische Parteien: die LDK (Demokratische Liga Kosova) von Ibrahim Rugova, der 1992 die verbotenen Wahlen gewonnen

---

Kosovo: Hintergrund des Konflikts

▶ **Anlass:** Der jetzige Konflikt um das K. geht auf das Jahr 1989 zurück, als die Zentralregierung in Belgrad der Provinz die Autonomie nahm und die Albaner (etwa 90% der Bevölkerung) aus dem öffentlichen Leben drängte. Während sich der 1990 von den K.-Albanern gewählte Präsident Ibrahim Rugova mit friedlichen Mitteln für die Wiederherstellung der Autonomie einsetzte, forderte die Befreiungsarmee UCK, die 1996 erstmals in Erscheinung trat, die Unabhängigkeit auch mit Waffengewalt durchzusetzen.

▶ **Kämpfe:** Mitte 1998 entbrannten heftige Kämpfe zwischen UCK und serbischen Sicherheitskräften, die auch gegen Zivilisten vorgingen. Als die NATO der Bundesrepublik Jugoslawien Luftangriffe androhte, stimmte der sozialistische Präsident Slobodan Milosevic zu, unbewaffnete Beobachter der Organisation für Sicherheit und Zusammenarbeit in Europa (OSZE) ins K. zu lassen und die Militäraktionen einzustellen. Doch Ende 1998 brachen neue Kämpfe aus.

▶ **Krieg:** Als Verhandlungen über die weitgehende Autonomie und die Stationierung von NATO-Truppen gescheitert waren, flog die NATO ohne Mandat des UN-Sicherheitsrats vom 24.3. bis 9.6.1999 Luftangriffe auf Jugoslawien. Im K. gingen die Kämpfe zwischen serbischen Einheiten und UCK sowie die Vertreibung, Misshandlung und Hinrichtung von Albanern verstärkt weiter. Rund 860 000 Personen flohen aus der Provinz in die Nachbarländer.

---

hatte und den bewaffneten Kampf ablehnte, das Bündnis LBD (Vereinigte Demokratische Bewegung) und die PPDK (Partei des demokratischen Fortschritts im K.) unter Hashim Thaci, die aus der UCK (Befreiungsarmee Kosova) hervorgegangen war. Die UCK war im September 1999 aufgelöst und in ein 5000 Mann starkes Kosovo-Schutzkorps (TMK) umgewandelt worden. Sie hatte nach Kriegsende die Lokalverwaltungen besetzt, während Thaci ab April 1999 einer selbst ernannten Übergangsregierung vorstand. Anfang April 2000 beschloss der Serbische Volksrat für K., wieder Beobachter in die gemeinsamen Institutionen mit Albanern zu entsenden, nachdem die serbischen Vertreter im Herbst 1999 wegen anhaltender Gewalt gegen Serben die Zusammenarbeit mit der UN-Behörde eingestellt hatten. Der Serbische Nationalrat hingegen, dem politische Nähe zu Milosevic nachgesagt wurde, hielt am Boykott fest. Zur Einbindung der Bewohner des K. in die Entscheidungsprozesse sollen die für Oktober 2000 vorgesehenen Kommunalwahlen dienen.

Status: Ob die Zukunft des K., wie die UN-Resolution von 1999 besagt, in umfassender Selbstverwaltung mit Minderheitenschutz liegt, war Mitte 2000 unklar. Die meisten K.-Albaner wollten die Unabhängigkeit, manche mit Einverleibung des südserbischen Gebietes um Presevo, wo viele Albaner leben und es Anfang 2000 zu Unruhen kam; ein Teil der K.-Albaner votierten auch für einen Anschluss an Albanien.

Kurden

Die linksextreme Arbeiterpartei Kurdistans (PKK) erklärte im Januar 2000 im Nordirak den bewaffneten Kampf für beendet. Sie wollte sich als politische Partei für die Lösung der K.-Frage in der Türkei einsetzen.

Volk ohne Staat: Die K., ein rund 25 Mio Menschen starkes westasiatisches Volk mit eigener Sprache und Kultur, das seit Jh. in einem zusammenhängenden Siedlungsgebiet ohne eigenen Staat lebt, wollen ihre kulturelle Eigenständigkeit anerkannt haben. Etwa die Hälfte der K. lebten Mitte 2000 in der Türkei, ca 25% im Iran, 20% im Irak, 3–4% in Syrien und 1–2% in Armenien. 1 Mio K. hielten sich in Europa auf, davon 500 000 in Deutschland.

Kosovo: Kfor-Sektoren

Deutschland
Frankreich
Großbritannien
Italien
Niederlande
Österreich
Russland
Türkei
USA

····· Kfor-Sektoren mit Truppenverteilung
von Serben besiedelte Gebiete im Kosovo
von Albanern besiedelte Gebiete in Serbien

© Harenberg
0   60 km

Der Fall Öcalan: Mit der Abwendung vom bewaffneten Kampf folgte die PKK ihrem Führer Abdullah Öcalan, der einige Wochen nach seiner Verurteilung zum Tod (29.6. 1999) zur Aufgabe der Gewalt aufgerufen hatte. Im November 1999 wurde das Urteil gegen Öcalan bestätigt, die türkische Regierung schob im Januar 2000 die notwendige Parlamentsentscheidung über eine Hinrichtung auf, bis der von Öcalan angerufene Europäische Gerichtshof für Menschen-

Kurden in der Türkei

▶ **Bürgerkrieg:** In der Türkei, wo die K. als einzigem ihrer Siedlungsgebiete als nationale Minderheit nicht anerkannt sind, kämpften die PKK-Rebellen ab 1984 in Südostanatolien für ihre Autonomie. Der Bürgerkrieg mit der türkischen Armee forderte 37 000 Todesopfer, 3000 der 9000 K.-Dörfer wurden zerstört, 2 Mio–3 Mio Menschen in die Flucht getrieben. Durch Offensiven der Armee, auch gegen ihre Stützpunkte im Nordirak, und die Verhaftung ihres Chefs Abdullah Öcalan durch türkische Sicherheitskräfte im Februar 1999 ge-

schwächt, wollte sich die PKK zum politischen Gesprächspartner wandeln. ▶ **Neues Ziel:** Ihr Anfang 2000 verkündetes Ziel sei nicht mehr Autonomie, sondern eine demokratische Republik für K. und Türken. Einige PKK-Führer lehnten die Aufgabe des bewaffneten Kampfes ab, doch waren die meisten der 7000–10 000 Kämpfer bis Ende 1999 aus der Türkei abgezogen. Die türkische Regierung lehnte bis Mitte 2000 Verhandlungen ab und ging gegen Mitglieder der Hadep (legale prokurdische Partei der Türkei) vor.

rechte über den Fall entschieden habe. Für die von der Türkei angestrebte Mitgliedschaft in der EU ist die Abschaffung der Todesstrafe eine Vorbedingung.

Abschiebung: Lt. Türkei-Bericht des deutschen Auswärtigen Amtes vom September 1999 wurden K., die vom Ausland aus für in der Türkei verbotene Organisationen arbeiteten, bei der Rückkehr in die Türkei Repressionen ausgesetzt. Einige Abgeschobene wurden nach der Ankunft festgenommen und misshandelt. Mind. zwei aus Westeuropa abgeschobene K. starben beim türkischen Militär unter mysteriösen Umständen.

Naher Osten

Nach seinem Amtsantritt nahm der im Mai 1999 gewählte israelische Ministerpräsident Ehud Barak (Arbeiterpartei) Verhandlungen mit den Palästinensern und den arabischen Nachbarstaaten auf, um den unter seiner konservativ-religiösen Vorgängerregierung stockenden Friedensprozess im N. neu zu beleben. Trotz erster Ergebnisse blieb bis Mitte 2000 offen, ob sich der vorgesehene Zeitplan zum Abschluss weiterer Friedensabkommen einhalten lässt, denen mind. 50% der Israelis zustimmen müssten.

Palästinenser: Die im September 1999 in Scharm el-Scheich/Ägypten unterzeichnete Zusatzvereinbarung zum Wye-Abkommen

von 1998 legte die nächsten Schritte fest: Im September und Oktober 1999 ließ Israel 350 palästinensische Gefangene frei. Gleichzeitig wurden 7% des Westjordanlandes von Israel an die palästinensische Zivilverwaltung übergeben, die für Januar geplante Überstellung weiterer 6% fand wegen Differenzen über die einzubeziehenden Orte erst im März 2000 statt. Bis September 2000 sollte ein endgültiger Friedensvertrag zwischen Israel und den Palästinensern vorbereitet sein. Strittig waren die Frage der Grenzziehung bzw. die Forderung nach einem vollständigen Rückzugs Israels aus Westjordanland auf die Grenzen von 1967 (vor dem Sechstagekrieg), der Zugang zu Wasserquellen sowie ein Rückkehrrecht für geflohene und vertriebene Palästinenser und ihre Nachkommen (lt. UN: 3,6 Mio Menschen). Als möglicher Regierungssitz eines künftigen Palästinenserstaates war als Kompromiss anstelle von Ost-Jerusalem der Vorort Abu Dis im Gespräch.

Syrien: Im Dezember 1999 nahm Israel nach dreieinhalbjähriger Pause wieder Verhandlungen mit Syrien auf, die aber bereits im Januar 2000 wieder unterbrochen wurden. Israel war gegen Sicherheitsgarantien zur Aufgabe der 1967 besetzten Golanhöhen bereit; strittig blieb die Frage der gültigen Grenzmarkierung – die 1923 von den Mandatsmächten bestimmte oder die Waffenstillstandslinie von 1948 – sowie der Zugang zu wichtigen Wasserquellen (See Genezareth, Jordanquellen).

Libanon: Am 24.5.2000 beendete Israel den nach Baraks Wahl 1999 angekündigten Abzug aus der besetzten Sicherheitszone im Süden des Libanon. Verlustreiche Kämpfe mit der schiitischen Miliz Hisbollah hatten in 18 Jahren 900 israelische Gefallene gefordert. Nach verstärkten Angriffen in den Wochen zuvor erfolgte der Rückzug Israels vorzeitig, um Syrien, die Ordnungsmacht im Libanon, unter Zugzwang zu bringen. In die geräumten Gebiete zog die Hisbollah ein; die mit Israel verbündete (christliche) Südlibanesische Armee löste sich auf. Um das entstandene Machtvakuum auszufüllen, beschloss der UN-Sicherheitsrat, die im Südlibanon stationierte Blauhelm-Friedenstruppe Unifil aufzustocken.

Siedlungen: Nachdem die israelische Regierung im November 1999 eine ohne Genehmigung erbaute Siedlung im besetzten

---

Chronik des Nahost-Konflikts

▶ **Erster Weltkrieg:** Araber und Juden bekommen Zusicherungen für Errichtung eines Staates bzw. einer Heimstatt in Palästina.

▶ **1920:** Die Region Palästina wird zum Völkerbundmandat erklärt.

▶ **1947:** Araber lehnen von UNO geforderte Teilung Palästinas in jüdischen und arabischen Staat ab.

▶ **1948:** Proklamation des Staates Israel; erster israelisch-arabischer Krieg.

▶ **1956:** Suezkrieg gegen Ägypten.

▶ **1964:** Gründung der Palästinensischen Befreiungsorganisation (PLO).

▶ **1967:** Israel erobert im Sechstagekrieg Gaza, Westjordanland, Golanhöhen, den Sinai und Ost-Jerusalem.

▶ **1973:** Am Versöhnungstag (Jom-Kippur) bricht ein neuer Krieg aus.

▶ **1979:** Friedensvertrag zwischen Israel und Ägypten; Räumung des Sinai.

▶ **1982:** Israelischer Einmarsch in den Libanon, um die PLO-Verbände zum

Abzug zu zwingen; später Errichtung einer Sicherheitszone im Süden.

▶ **1987:** Beginn des Aufstands (Intifada) in den von Israel besetzten Gebieten.

▶ **1993:** Oslo-Rahmenabkommen zwischen Israel und PLO mit der Formel »Land gegen Frieden«.

▶ **1994:** Friedensvertrag zwischen Israel und Jordanien. Mit Einsetzung der Palästinensischen Autonomiebehörde Beginn der Selbstverwaltung im Gazastreifen und Teilen Westjordaniens.

▶ **1998:** Wye-Abkommen zwischen Israel und Autonomiebehörde über Truppenrückzug aus Westjordanland.

▶ **1999:** Scharm-el-Scheich-Vertrag über weitere Truppenrückzüge und Zeitplan für Friedensvertrag zwischen Israel und Palästinensischer Autonomiebehörde.

▶ **2000:** Für September angekündigte Proklamation des Staates Palästina durch Jasir Arafat.

Westjordanland erstmals seit 1982 räumen ließ, hob sie im April 2000 den während der Verhandlungen mit Syrien geltenden Baustopp für die Golanhöhen wieder auf – die jüdischen Siedlungen in den besetzten Gebieten blieben 1999/2000 eine umstrittene Frage in der israelischen Gesellschaft.

Nordirland

In N. gab es wiederholt gewaltsame Konflikte mit religiös-sozialem Hintergrund um den Status der zu Großbritannien gehörenden Provinz (Ulster). Das Friedensabkommen von April 1998 zwischen Großbritannien, Irland sowie den protestantischen und katholischen Parteien in N. hatte bei der Bevölkerung hohe Zustimmung gefunden und versprach einen Ausweg aus dem Konflikt zwischen Katholiken und Protestanten, dem seit Wiederaufflammen der Gewalt (1969) 3500 Menschen zum Opfer gefallen waren. Mit der erneuten Einsetzung der nordirischen Regionalregierung am 30.5.2000 kam der mit dem Karfreitagsabkommen von 1998 in Gang gesetzte und wegen der Entwaffnungsfrage stockende Friedensprozess wieder in Bewegung.

Regionalregierung: Die erste nordirische Regierung seit 1972 hatte am 2.12.1999 mit mehrmonatiger Verzögerung ihr Amt aufgenommen. Lt. Friedensvertrag, der einen halbautonomen Status für N. vorsieht, war sie für alle Bereiche außer Sicherheit und Steuergesetzgebung zuständig; Regierungschef (Erster Minister) wurde David Trimble, Friedensnobelpreisträger 1998 und Vorsitzender der protestantischen Ulster Unionist Party (UUP). Je fünf Minister stellten protestantische (UUP, Democratic Unionist Party/DUP) und katholische Parteien (Sinn Féin, Sozialdemokraten).

Suspendierung: Als die internationale Abrüstungskommission Ende Januar 2000 mitteilte, dass die IRA wie auch protestantische paramilitärische Organisationen noch keine Waffen ausgehändigt hatten, war der Rückzug der Unionisten aus der Regionalregierung absehbar. Um die katholisch-protestantischen Gremien, die in Sachfragen wie Verkehr oder Bildung gut zusammengearbeitet hatten, zu erhalten, setzte die britische Regierung am 11.2.2000 die nordirische Regionalversammlung und -regierung aus und übernahm wieder die Direktherrschaft.

Nordirland: Vorbehalte gegen die Provinzregierung	
Die Regierungsbildung in N. wurde erst möglich, nachem David Trimble im November 1999 – zumindest für die Anfangsphase – von der Bedingung abgerückt war, nur mit Sinn Féin zusammenzuarbeiten, wenn die mit ihr verbündete Irisch-Republikanische Armee (IRA) mit der Übergabe oder Vernichtung ihrer Waffen begonnen hätte. Sinn Féin und IRA, die Vorbedingungen von den Unionisten zurück-	wiesen, hatten auf der umgekehrten Reihenfolge bestanden und darauf verwiesen, dass der Friedensvertrag für die Entwaffnung paramilitärischer Organisationen eine Frist bis zum 22.5.2000 lasse und keine Regelung über deren Beginn enthalte. Dass die Frage der Entwaffnung der IRA eine große Rolle spielte, zeigte, wieviel Misstrauen am Friedenswillen des jeweils Anderen bestand.

Entwaffnung: Im Mai 2000 gab die IRA eine Entwaffnungserklärung ab. Sie sagte zu, ihre Waffen allmählich auszumustern, und bot eine regelmäßige Kontrolle ihrer Lager an. Nachdem die UUP am 27.5.2000 nach heftigen internen Auseinandersetzungen mit knapper Mehrheit für eine erneute Kooperation mit Sinn Féin gestimmt hatte, setzte die britische Regierung die Regionalregierung wieder ein. Die Frist für die Entwaffnung der paramilitärischen Organisationen wurde bis Juni 2001 verlängert.

Polizei- und Justizreform: Um der katholischen Bevölkerung mehr Gleichberechtigung zu gewähren, ist nach der für November 2000 angekündigten Polizeireform bei Neueinstellungen eine Quote von 50% für Katholiken geplant. Empfehlungen zur Justizreform von März 2000 sahen vor, dass mehr Befugnisse von London auf die Regionalregierung und ein zu schaffendes Justizressort übergehen.

Palästinensische Autonomiegebiete

Gazastreifen (365 km²) sowie acht Städte und mehrere Hundert Ortschaften und Dörfer im Westjordanland, die 1994–2000 von israelischer Oberhoheit in palästinensische Selbstverwaltung übergingen.

Mitte 2000 standen 40% des Westjordanlandes als Zone A oder Zone B unter palästinensischer Verwaltung. Zone A unterlag ganz dem palästinensischen Autonomierat, in der größeren Zone B war Israel noch für die Sicherheit zuständig. Unter den 2,9 Mio Menschen im Gazastreifen und in Westjordanien lebten ca. 175 000 jüdische Siedler.

Palästinenserstaat: Im Februar 2000 erklärte Jasir Arafat, der Präsident der Autonomiebehörde, im September 2000 ungeachtet des Stands der Verhandlungen mit Israel einen eigenen palästinensischen Staat

Palästinensische Autonomiegebiete: Wirtschaft

Die Wirtschaft in den P. verzeichnete 1999 nach UN-Angaben ein Wachstum von 4,5% (1998: 4,1%); das Pro-Kopf-Einkommen lag bei rund 1700 US-Dollar (Israel: 17 000 US-Dollar). Die Arbeitslosigkeit in den P. ging um etwa 2% zurück, u. a. infolge eines höheren Beschäftigungsgrades bei der öffentlichen Hand und mehr Arbeits- plätzen in Israel. Die Investitionen stagnierten wegen unklarer politischer Zukunft, zugesagte Gelder einer Nahost-Geberkonferenz (3 Mrd US-Dollar für 1999–2003) trafen nur schleppend ein. Im Oktober 1999 wurde die erste Transitstrecke zwischem dem Gazastreifen und dem Westjordanland eröffnet, eine zweite war geplant.

auszurufen. Bis September sollte lt. Vereinbarungen vom Herbst 1999 der endgültige Friedensvertrag mit der Festlegung des Status und der Grenzen der palästinensischen Gebiete geschlossen sein. Die Verhandlungen gerieten aber mehrfach ins Stocken; allerdings stellte Israel im Mai 2000 den Palästinensern erstmals die Gründung eines eigenen Staates in Aussicht.

Palästinensische Regierung: Die politische Macht in den P. lag beim Autonomierat (Legislative mit 88 gewählten Mitgliedern) und bei der Autonomiebehörde (Exekutive mit 30 Mitgliedern bzw. Ministern). Ihr Präsident Jasir Arafat war zugleich Vorsitzender der Palästinensischen Befreiungsorganisation (PLO), deren früher militante Fatah-Fraktion den Friedensprozess mit Israel trug und 50 Mitglieder im Autonomierat stellte. Im Sommer 1999 traf sich Arafat mit Vertretern zweier oppositioneller, in Damaskus/Syrien sitzender PLO-Fraktionen, der Demokratischen Front zur Befreiung Palästinas (DFLP) und der Volksfront zur Be-

freiung Palästinas (PFLP), um vor den entscheidenden Verhandlungen weitere Kräfte in den Friedensprozess einzubinden. Die islamisch-fundamentalistische Hamas, die Verhandlungen mit Israel ablehnte, verlor 1999/2000 durch Schließung ihrer jordanischen Büros sowie wegen Verfolgung durch israelische und palästinensische Sicherheitsdienste in den P. an Einfluss.

Tschetschenien

Ein Ende des zweiten T.-Krieges war Mitte 2000 nicht abzusehen, auch wenn russische Truppen weite Teile der muslimischen Kaukasus-Republik besetzt hielten, die seit dem ersten T.-Krieg weitgehend autonom agierte und im Juni 2000 unter russische Direktverwaltung gestellt wurde.

Kriegsanlass: Russland hatte Anfang September 1999 mit Luftangriffen auf T. begonnen, Anfang Oktober waren die ersten einer schließlich etwa 100 000 Mann starken Truppe ins Land eingerückt. Die russische Regierung machte islamische Rebellen aus dem Kaukasus für fünf Bombenanschläge in Moskau und zwei anderen russischen Städten zwischen dem 31.8. und 16.9.1999 verantwortlich, bei denen 300 Menschen ums Leben kamen, legte jedoch keine Beweise vor.

Dagestan: Im Kaukasus war es schon im August 1999 zu heftigen Kämpfen zwischen dort stationierten russischen Streitkräften und islamischen Fundamentalisten

Tschetschenien: Hintergrund des Kaukasus-Konflikts

Der Krieg in T. findet in einer Region mit politischen, wirtschaftlichen, ethnischen, religiösen und territorialen Konflikten statt. Mehr als 100 Völker und Volksgruppen, z.T. unter Josef Stalin in den 1940er Jahren willkürlich umgesiedelt oder in Republiken zusammengefasst, leben auf engem Raum. Die Region ist wegen Öl- und Erdgasvorkommen bzw. -Pipelines auch für Nicht-Anrainermächte von Bedeutung. Jeder Konflikt in einem Teil des Kaukasus kann Auswirkungen auf die ganze Region haben.
▶ **Territoriale und ethnische Konflikte:** Die seit 1991 unabhängigen früheren Sowjetrepubliken Georgien, Armenien und Aserbaidschan, die mit ungelösten ethnischen und territorialen Konflikten kämpfen (z. B. Nagorni-Karabach, Abchasien), befürchteten 2000 wie die russischen Teilrepubliken ein Überspringen von Unabhängigkeitsbestrebungen aus T. auf ihre Länder.

▶ **Politische Konflikte:** In der zweiten Hälfte der 90er Jahre nahmen die Spannungen zwischen Russland und den Staaten Georgien und Aserbaidschan zu. Russland unterstützte separatistische Bewegungen in beiden Republiken, die eine engere Kooperation mit der EU, die sich seit Mitte der 90er Jahre stärker im Kaukasus engagierte, und der NATO anstreben (Georgien wurde 1999 Mitglied im Europarat).
▶ **Fundamentalismus:** Gegenüber der im Kaukasus traditionell eher toleranten Form des Islam trat ein wegen der instabilen wirtschaftlichen und politischen Lage wachsender Einfluss fundamentalistischer Strömungen. In Tschetschenien galt der Islam als einigendes Band gegen Russland, Kommandanten wie Bassajew kämpften sogar für einen islamischen Gottesstaat. Sie wurden seit dem ersten T.-Krieg von Fundamentalisten aus anderen überwiegend

islamischen Staaten (vermutlich Saudi-Arabien, Pakistan und Afghanistan) unterstützt.
▶ **Erdöl:** Quer durch den Kaukasus laufen die Pipelines, die das Öl und Erdgas vom Kaspischen Meer, wo sich russische und US-Energiekonzerne engagierten, zum Schwarzen Meer oder weiter ins russische Landesinnere bringen. Russland ist daran interessiert, seine Pipelines, die auch durch Tschetschenien führen, zu sichern und das Exportgeschäft unter eigener Kontrolle zu behalten; Georgien, Aserbaidschan, Turkmenistan und die Türkei verständigten sich 1999 auf den Bau der Pipeline von Baku/Aserbaidschan nach Ceyhan/Türkei, ein von der US-Regierung favorisiertes, ökonomisch aber nicht abgesichertes Projekt. Auch bei den Clankämpfen in den Kaukasus-Republiken wie denen in Tschetschenien ging es um das Geschäft mit den eigenen Ölvorkommen.

Krisenregion Kaukasus

Anteil der Russen
- 68%
- 42%
- 32%
- 30%
- 13%
- 6%
- 2%

Vorherrschende Religion
- Christentum
- Islam

- Konfliktherd
- Pipeline
- geplante Pipeline

RUSSLAND

Adygien
Maikop
Tscherkessk
Karatschai-Tscherkessien
Kabardino-Balkarien
Naltschik
Nasran
Tschet-schenien
Abchasien
Suchumi
Wladikwakas
Nord-Igu-schetien
Grosny
Machatschkala
Schwarzes Meer
Süd-Ossetien
GEORGIEN
Adscharien
Tiflis
Dagestan

zum Mittelmeer

TÜRKEI
ARMENIEN
Eriwan
ASERBAIDSCHAN
Berg-Karabach
(z.Zt. armenisch kontrolliert)
Nachitschewan
(zu Aserbaidschan)
IRAN
Baku
Kaspisches Meer

0   200 km

© Harenberg

Republiken der Russischen Föderation	
Name	**Einwohner**
Adygien	450 000
Karatschai-Tscherkessien	436 000
Kabardino-Balkarien	792 000
Nord-Ossetien	663 000
Inguschetien	313 000
Tschetschenien	797 000
Dagestan	2 100 000
Selbstständige Kaukasus-Staaten	
Land	**Einwohner**
Georgien	5,4 Mio.
Armenien	3,7 Mio.
Aserbaidschan	7,7 Mio.

gekommen, als islamische Rebellen unter dem Kommandanten Schamil Bassajew aus T. in die zu Russland gehörende Vielvölkerrepublik Dagestan eingedrungen waren. Sie hatten einen unabhängigen, beide Republiken umfassenden islamischen Staat ausgerufen, der allerdings bei der Bevölkerung Dagestans wenig Unterstützung fand.

Tschetschenien-Konflikte: In T. (Eigenname Itschkerija) hatte sich die Lage nach dem ersten Krieg zwischen der Republik und Russland (1994–96) nicht wieder stabilisiert. Der Konflikt war wegen der einseitigen Unabhängigkeitserklärung von T. ausgebrochen, hatte 80 000 Tote gefordert und das Land weitgehend zerstört. Wirtschaftliche Zerrüttung u. a. wegen ausbleibender Aufbauhilfe Russlands, Kriminalität (Drogen, Menschenraub) und Machtkämpfe zwischen dem als gemäßigt geltenden, 1997 gewählten Präsidenten Aslam Maschadow und dem im Februar 1999 gebildeten, sich als oberstes Regierungsorgan verstehenden islamischen Rat mit dem Vorsitzenden Bassajew sowie zwischen Clans kennzeichneten die Lage. Die russischen Truppen waren Anfang 1997 abgezogen; über den künftigen Status – Unabhängigkeit oder Teilautonomie – sollte 2001 entschieden werden.

Erneuter Krieg: Von Beginn der neuen Kämpfe bis Frühjahr 2000 flohen 250 000

Menschen aus T., die meisten in die Nachbarrepublik Inguschetien, die dem Flüchtlingsstrom kaum gewachsen war. Nach mehrwöchigen, von Luftangriffen flankierten Kämpfen um die Hauptstadt Grosny zogen sich die tschetschenischen Truppen Anfang Februar 2000 aus der nahezu völlig zerstörten Stadt zurück, in der noch 40 000 Zivilisten geblieben waren. In den Kämpfen der nächsten Monate wurden die tschetschenischen Einheiten, deren Stärke auf 10 000 bis 20 000 Mann geschätzt wurde, in die Bergregion im Süden zurückgedrängt, von wo aus sie Mitte 2000 einen Partisanenkrieg führten. Augenzeugen berichteten mehrfach von Gräueln und Massakern an tschetschenischen Zivilisten in sog. Filtrationslagern durch russische Streit- und Sicherheitskräfte.

Ziele: Nach Beendigung der Kämpfe sollte T. besetzt bleiben. Die russische Regierung plante die Wiedereingliederung der Kaukasusrepublik in die Russische Föderation und die Absicherung seiner Südgrenze in einem Raum, der durch die Ölvorkommen und -pipelines sowie als Grenzgebiet von unterschiedlichen Bündnissen angehörenden Staaten geopolitisch von hoher Bedeutung ist. Es fehlte jedoch bis Mitte 2000 ein schlüssiges politisches Konzept zur Befriedung des Krisengebiets.

Kultur

Antiquarium

Nach fünfjähriger Restaurierung wurde das A. der Residenz von München im April 2000 wieder eröffnet. Der 1568–71 erbaute, 70 m lange Prunksaal, der zu den bedeutendsten Profanräumen der deutschen Renaissance zählt, wurde vom Wittelsbacher Herzog Albrecht V. (1528–79) für seine Antikensammlung bestimmt und später als Bibliothek und Festsaal genutzt. Statuen, Büsten und Medaillons mit Ansichten bayerischer Städte, Märkte, Burgen und Schlösser sowie ein im Manierismus ausgemaltes Tonnengewölbe schmücken das A., das 1944 bei einem Bombenangriff schwer beschädigt wurde. Das erneuerte A. ist für Staatsakte der bayerischen Landesregierung bestimmt und soll die Attraktivität der Residenz erhöhen (jährlich 110 000 Besucher).

Book on demand

(engl.; Buch auf Anforderung), elektronisch aufbereiteter Buchtitel, der erst hergestellt und ausgeliefert wird, wenn ein Kunde ihn verlangt

Das B.-Angebot ist für Buchtitel angemessen, die sonst wegen geringer Absatzchancen oder unzutreffender Markteinschätzungen nicht realisiert würden und bei denen eine Neuauflage zu teuer wäre. Es wird von Verlagen und Selbstverlegern genutzt. Der Buchgroßhändler Libri, der B. ab 1998 anbot, hatte Anfang 2000 rund 2000 Werke digital zur Verfügung.

B. erlaubt eine preiswerte Veröffentlichung, da Verlage oder Einzelanbieter ihre B.-Titel nur als Datei an den digitalen Verleger senden und für die elektronische Vorhaltung zahlen; Kosten für Lagerung und Produktion hoher Auflagen entfallen. Für ein 200-Seiten-Buch, das in Minuten gedruckt ist, belief sich die Investition um 2000 auf 250 DM. Der Kunde zahlt für das B. genauso viel wie für ein normales Hardcover-Buch.
www.bod.de (Libri); www.digibuch.de

Buchmarkt

Höhere Wachstumsraten bei den größten Verlagen und Buchhandlungen als in der Branche insgesamt sowie eine Fortführung des Konzentrationsprozesses kennzeichneten den deutschen B. um 2000.

Buchhandel: Der Buchhandel im deutschsprachigen Raum verzeichnete 1999 dem

---

Buchmarkt: Verlage

▶ **Bertelsmann:** Die Bertelsmann Buchverlage steigerten im Geschäftsjahr 1998/99 u. a. wegen der Übernahme des US-Verlags Random House ihren Umsatz auf 8,3 Mrd DM (1997/98: +28%). Der Gewinn erreichte jedoch nur 2,2% des Umsatzes, u. a. durch hohe Investitionen und Restrukturierungsaufwendungen bei den Buchclubs. Nach mehreren rückläufigen Jahren konnten 1999 die Mitgliederzahlen der deutschen Buchclubs bei gut 4,5 Mio stabilisiert werden, angestrebt war die Rückeroberung der an Weltbild übergegangenen Spitzenposition. Zur Erreichung einer größeren Ver-

netzung begann Anfang 2000 die Zusammenlegung der Buchclubs mit den Online-Buchläden und Internet-Firmen zum Unternehmensbereich Bertelsmann Direkt.
▶ **Rowohlt/Fischer:** Als symptomatisch für die Probleme von Publikumsverlagen – Verdrängungswettbewerb durch die jährlich steigende Zahl von Neuerscheinungen und höhere Kosten für den Einkauf ausländischer Titel – erschien die Krise in den zum Holtzbrinck-Konzern gehörenden Verlagen Rowohlt und S. Fischer, die 1999 fast 10 Mio DM bzw. 9 Mio DM Verluste verzeichneten (Umsatz: 115,3 Mio DM bzw. 107 Mio

DM). Eine Verringerung der Novitäten (1999: 665), größere Marktgängigkeit der Bücher und Profitabilität jedes Verlagsbereichs (ohne Subventionierung schwacher Titel durch starke) sowie eine Reduzierung der Mitarbeiterzahl galten 2000 als Mittel, Rowohlt aus den roten Zahlen zu bringen.
▶ **Eichborn:** Als erster Verlag ging Eichborn (Frankfurt/M.), bekannt durch Comics und die von Hans Magnus Enzensberger herausgegebene »Andere Bibliothek«, im Mai 2000 an die Börse. Ziel ist, sich langfristig zum Medienunternehmen mit geschlossener Verwertungskette auszuweiten.

TOP TEN Hardcover-Bestseller Belletristik[1]

	Land	Autor	Titel
1.		John Irving	Witwe für ein Jahr
2.		Henning Mankell	Die fünfte Frau
3.		Marianne Fredriksson	Simon
4.		John Grisham	Der Verrat
5.		Donna Leon	Nobiltà
6.		Henning Mankell	Die falsche Fährte
7.		Isabel Allende	Fortunas Tochter
8.		Minette Walters	Wellenbrecher
9.		Günter Grass	Mein Jahrhundert
10.		Walter Moers	Käpt'n Blaubär

1) 1999; ermittelt bei deutschen Sortimentsbuchhandlungen; Quelle: Der Spiegel, 27.12.1999

TOP TEN Hardcover-Bestseller Sachbuch[1]

	Land	Autor	Titel
1.		Waris Dirie	Wüstenblume
2.		Sigrid Damm	Christiane und Goethe
3.		Corinne Hofmann	Die weiße Massai
4.		Dale Carnegie	Sorge dich nicht, lebe!
5.		Klaus Bednarz	Ballade vom Baikalsee
6.		Jon Krakauer	In eisige Höhen
7.		Ben Jelloun	Papa, was ist ein Fremder?
8.		Marcel Reich-Ranicki	Mein Leben
9.		Jon Krakauer	Auf den Gipfeln der Welt
10.		Ruth Picardie	Es wird mir fehlen, das Leben

1) 1999; ermittelt bei deutschen Sortimentsbuchhandlungen; Quelle: Der Spiegel, 27.12.1999

TOP TEN Taschenbuch-Bestseller Belletristik[1]

	Land	Autor	Titel
1.		Donna W. Cross	Die Päpstin
2.		Marianne Fredriksson	Hannas Töchter
3.		Marlo Morgan	Traumfänger
4.		Frank McCourt	Die Asche meiner Mutter
5.		Henning Mankell	Mörder ohne Gesicht
6.		Ken Follett	Der dritte Zwilling
7.		Nicholas Sparks	Weit wie das Meer
8.		Donna Leon	Acqua alta
9.		Bernhard Schlink	Der Vorleser
10.		Henning Mankell	Die weiße Löwin

1) 1999; ermittelt bei dt. Sortimentsbuchhandl.; Quelle: Gong, 28.12.1999

TOP TEN Taschenbuch-Bestseller Sachbuch[1]

	Land	Autor	Titel
1.		Allen Carr	Endlich Nichtraucher
2.		Dieter Markert	Die Markert-Diät
3.		John Gray	Männer sind anders, Frauen auch
4.		Allen Carr	Endlich Wunschgewicht
5.			BGB – Bürgerliches Gesetzbuch
6.		Clarissa P. Estes	Die Wolfsfrau
7.		Daniel Goleman	EQ, Emotionale Intelligenz
8.		Franz Konz	1000 ganz legale Steuertricks
9.		Krämer/Trenkler	Lexikon der populären Irrtümer
10.		Paungger/Poppe	Vom richtigen Zeitpunkt

1) 1999; ermittelt bei dt. Sortimentsbuchhandl.; Quelle: Gong, 28.12.1999

Branchenmagazin »buchreport« zufolge ein Umsatzplus von 1,1% (1998: +1,4). Die 100 größten Geschäfte, die zusammen 30,5% Marktanteil hielten, konnten ihren Umsatz sogar um 5,9% steigern (1998: 6,7%). Mit einem Umsatz von 333 Mio DM (1998: +11,4%) war Heinrich Hugendubel wie im Vorjahr größter deutscher Buchhändler. In Österreich stand Libro (Umsatz: 194,7 Mio DM) an der Spitze, in der Schweiz Orell Füssli (Umsatz: 77,1 Mio DM). Den größten Umsatzzuwachs (29,2%) erzielte die 1994 vom Weltbild Verlag und Hugendubel gegründete Filialkette Weltbild plus, die Anfang 2000 über 144 Niederlassungen verfügte und weiter expandieren wollte.

Verlage: Die 100 größten Buchverlage im deutschsprachigen Raum, die zusammen einen Marktanteil von 82% hielten, steigerten 1999 ihren Umsatz lt. »buchreport« um 6% (1998: 5,1%). Die Verlage insgesamt meldeten nach einer Umfrage des Börsenvereins des Deutschen Buchhandels (Frankfurt/M.) einen Zuwachs von 2,9% (1998: 5,3%). Die höchste Steigerung, 9,2% (1998: 5,4%), wiesen nach einem inhaltlich starken Belletristik-Herbst die Publikums- und Touristikverlage auf, die geringste mit 1,3% (1998: 4,3%) die Fach- und Wissenschaftsverlage. Wegen der wachsenden Bedeutung von Fachinformationen erreichte 1999 die Firmengruppe Bertelsmann Springer S+B

Buchmarkt: Bedeutende Literaturpreise

Preis (Bedeutung)	Preisträger	Dotierung
Georg-Büchner-Preis 2000 (wichtigster dt. Literaturpreis)	Volker Braun	60 000 DM
aspekte-Literaturpreis 1999 (für Erstlingswerke)	Christoph Peters	15 000 DM
Peter-Huchel-Preis 2000 (für Lyrik)	Adolf Endler	20 000 DM
Nelly-Sachs-Preis 1999	Christa Wolf	25 000 DM
Leipziger Buchpreis zur europäischen Verständigung 2000	Hanna Krall	20 000 DM
Friedenspreis des Deutschen Buchhandels 2000	Asja Djebar	25 000 DM
Ingeborg-Bachmann-Wettbewerb 2000	Georg Klein	250 000 öS
Gottfried-Keller-Preis 1999 (für wichtigsten lebenden Schweizer Autor)	Peter Bichsel	25 000 sFr
Nobelpreis für Literatur 1999	Günter Grass	1,8 Mio DM
Booker-Preis 2000 (wichtigster Literaturpreis des Commonwealth)	John M. Coetzee	15 800 $
Pulitzer-Preis, Belletristik 2000 (bedeutende US-Auszeichnung)	Jhumpa Lahiri	5 000 $
Prix Goncourt 1999 (angesehenster französischer Literaturpreis)	Jean Echenoz	50 FF

(Science + Business) Media, die Anfang 1999 durch die Übernahme des wissenschaftlichen Verlags Springer durch die Bertelsmann Fachinformation entstanden war, mit 682 Mio DM Umsatz Rang eins der deutschsprachigen Verlage. Auf Rang drei, hinter der ebenfalls auf Fachinformation spezialisierten Weka Firmengruppe (Umsatz: 546,8 Mio DM), kam mit der Verlagsgruppe Bertelsmann (Umsatz: 449 Mio DM) der erste Belletristik-Verlag.

Buchpreisbindung

Die jahrelange Auseinandersetzung zwischen Deutschland, Österreich und der EU-Kommission um die grenzübergreifende B. zwischen Deutschland und Österreich, die einen Festpreis für jedes Buch im gemeinsamen Sprachraum garantiert, endete im Februar 2000 mit einem Kompromiss.

Regelung: Die grenzübergreifende B. zwischen beiden Ländern fiel Ende Juni 2000 und wurde durch nationale Regelungen er-

setzt; beide Staaten dürfen es aber untersagen, Bücher erst zu exportieren und dann wieder einzuführen, wenn damit ausschließlich die B. im jeweiligen Herkunftsland unterlaufen werden soll. An die Stelle der seit 1888 gültigen Vereinbarung zur grenzübergreifenden B. treten zwei nationale Preisbindungssysteme. In Deutschland war eine privatrechtliche Regelung vorgesehen, in Österreich beschloss der Nationalrat im Juni 2000 ein zunächst auf fünf Jahre befristetes B.-Gesetz. Österreichische Verleger können nicht mehr in den Börsenverein des Deutschen Buchhandels (Frankfurt/M.) aufgenommen werden.

Folgen: Mit nationalen Regelungen behält jedes Land feste Preise für Bücher, so dass sich für Käufer und Buchhändler nichts ändert. Doch gingen einige Fachleute davon aus, dass sich wegen einer Zunahme des nicht preisgebundenen Internet-Buchhandels auch die festen Buchpreise nicht mehr lange halten können.

Schweiz: Die Wettbewerbskommission der Schweiz leitete im Jahr 1999 ein Verfahren ein, um die Preisbindung für deutschsprachige Bücher zu untersagen, da Absprachen zwischen Verlagen, Groß- und Einzelhändlern nach dem Kartellgesetz unzulässig seien. Der eidgenössische Buchhändler- und Verlegerverband wandte sich gegen die Entscheidung, da dank der B. auf dem Schweizer Buchmarkt ein breites Sortiment erhältlich sei.

www.buchhandel.de (Buchtipps zum Thema)

Buchpreisbindung: Hintergrund des Streits

Die Auseinandersetzung um die B. war ausgelöst worden, als die Medienkette Librodisk (Wien) 1996 bei der EU eine Beschwerde gegen die B. einreichte. Die EU-Kommisssion leitete 1997 ein Verfahren gegen Deutschland und Österreich ein, da die B. den Wettbewerb einschränke und auf Preisabsprachen beruhe. Dagegen betonte der Börsenverein des Deutschen Buchhandels, eine Aufhebung der B. gefährde Arbeitsplätze sowie die Existenz kleinerer Verlage und Buchhandlungen. Die B. ermögliche es Verlagen, Qualitätsliteratur mit geringen Auflagen durch die mit Bestsellern erzielten Gewinne zu subventionieren, was den Lesern zugute komme.

documenta

Seit 1955 alle vier bis fünf Jahre in Kassel stattfindende Ausstellung zeitgenössischer Kunst

Die nächste d. (XI) ist für 2002 geplant
(8.6.–15.9.). Zum Leiter wurde 1998 der
Nigerianer Okwui Enwezor bestimmt, der
1997 die Johannesburg Biennale geleitet
und das »Journal of Contemporary African
Art« gegründet hatte. Als Themen der elften
d. benannte Enwezor die Globalisierung der
Kommunikation und die sich wandelnde
Rolle der Nationalstaaten. Nach der vielfach als zu intellektuell eingestuften zehnten d. von 1997 (Leiterin: Cathérine David,
Frankreich) kündigte er an, den Besuchern
auch Spaß bereiten zu wollen.

Expo

Auf einer E. werden industrielle, kulturelle und wissenschaftliche Errungenschaften der beteiligten
Länder vorgestellt. Weltausstellungen finden seit
1851 unregelmäßig an wechselnden Orten statt.
Über die Bewerbung der Veranstaltungsorte entscheidet das Bureau International des Expositions
(frz.; Internationales Ausstellungsbüro, Paris).

Expo 2000: Am 1.6.2000 eröffnete in Hannover auf einer Fläche von 170 ha die erste
Weltausstellung in Deutschland (bis zum
31.10.2000). Die E. mit 155 Teilnehmer-
nationen und 27 internationalen Organisationen stand unter dem Motto »Mensch –
Natur – Technik – Eine neue Welt entsteht«.
Programm: Ein Themenpark, eine Neue-
rung auf E., entfaltete in Erlebnislandschaf-
ten zu elf Bereichen (u. a. Arbeit, Mobilität,
Gesundheit, Kommunikation) Ideen über
die Welt von morgen. Praktische Umsetzun-
gen zeigten als weitere Neuheit über 400 der
E. zugeordnete Projekte aus aller Welt, von
denen sich 28 in Hannover präsentierten.
Die Länder stellten sich in Pavillons und
an den Nationentagen vor. Das Kulturpro-
gramm umfasste rund 15 000 Auftritte.
Kritik: Es wurde bemängelt, dass nicht alle
Projekte dem gestellten Anspruch genügten,
sich am Ziel einer nachhaltigen Entwicklung, eines besseren Gleichgewichts von
Mensch, Technik und Natur zu orientieren.
Mit der Absage der USA im April 2000 –
die erforderlichen Sponsorengelder waren
nicht zusammengekommen – erhob sich die
Frage, ob Weltausstellungen, zumal nach
Nationen strukturierte, in der Ära der Globalisierung noch zeitgemäß seien.

Expo: Besucher auf Weltausstellungen

Jahr	Stadt	Land	Besucher (Mio)
2000	Hannover		40,0[1]
1998	Lissabon		10,0[2]
1992	Sevilla		41,3
1970	Osaka		64,2
1967	Montreal		50,9
1958	Brüssel		41,5
1939	New York		44,9
1937	Paris		34,0
1935	Brüssel		20,0
1915	San Francisco		18,9
1913	Gent		11,0
1910	Brüssel		13,0
1904	St. Louis		19,7
1900	Paris		48,1

1) erwartet; 2) Expo war nur Themenausstellung; Quelle: Die Zeit, 11.5.2000

Finanzierung: Die Kosten der E. 2000 beliefen sich auf 3,5 Mrd DM, wobei ein Teil
der Investitionen (in Infrastruktur, Gewer-
beflächen und Modernisierung des Messe-
geländes) nach Ende der E. dem Land
Niedersachsen zu Gute kommen sollen. Das
Finanzierungskonzept basierte auf Rechte-
verwertungen, Sponsorengeldern aus der
Wirtschaft und dem Kartenverkauf, der
allerdings schleppend anlief. Erwartet wurden 40 Mio Besucher, die 1,8 Mrd DM an
Eintrittsgeldern erbringen sollten.
Bilanz: Mit einer ausgeglichenen Bilanz
wurde bereits vor Beginn der E. nicht gerechnet. Dem erwarteten Defizit von rund
400 Mio DM stellten die Ausrichter Anfang
2000 einen geschätzten Mehrumsatz von
15 Mrd DM gegenüber, den der E.-Betrieb
durch Einkäufe der Besucher der Wirtschaft
bringen könne. Das entspräche Steuermehreinnahmen von 4 Mrd DM. In die Finanzierung waren Bund, Land, Kreis und Stadt
Hannover und die Beteiligungsgesellschaft
der deutschen Wirtschaft eingebunden.
Expo 2005: Die nächste E. soll 2005 in
Nagoja/Japan unter dem Motto »Jenseits
der Entwicklung: Die Weisheit der Natur
wieder entdecken« stattfinden.
www.expo2000.de

Film

Bilanz: Die Zahl der Kinobesucher stieg in Deutschland 1999 gegenüber dem Vorjahr leicht um 0,1% auf 149 Mio. 1999 war das erfolgreichste Kinojahr seit 20 Jahren. Dennoch sprach die F.-Branche wegen des im Vergleich zu den Vorjahren (1998: +4%) geringen Zuwachses von Stagnation. Der Ticket-Umsatz ging erstmals seit fünf Jahren zurück, um 1,2% auf 1,58 Mrd DM. Dazu trugen gestiegene Ausleihgebühren ebenso bei wie ein auf 10,61 DM (1998: 10,75 DM) gesunkener Durchschnittspreis für Tickets wegen Sondertarifen in manchen Vorstellungen und in Niedrigpreis-Kinos.

Kinohits: Der erfolgreichste F. 1999 in Deutschland war wie in den Vorjahren ein US-Streifen: »Star Wars: Dunkle Bedrohung« (Regie: George Lucas) sahen 7,9 Mio Besucher in deutschen Kinos. Zwar waren US-Filme mit einem Marktanteil von 74% in Deutschland 1999 Spitzenreiter, doch kamen die britische Komödie »Notting Hill« (Regie: Roger Mitchell) auf Platz zwei und die deutsch-französisch-italienische Koproduktion »Asterix und Obelix gegen Cäsar« auf Rang neun.

Deutsche Filme: Der Marktanteil deutscher Produktionen stieg 1999 auf 14% (1998: 9,5%). Als Trendstoff erwies sich ein nostalgisch-spöttischer Blick auf die DDR wie in »Sonnenallee« von Leander Haußmann (Rang drei der deutschen F.) und »Helden wie wir« von Sebastian Peterson. Kommerziell und bei Kritikern erfolgreich war der Regisseur Wim Wenders mit »Buena Vista Social Club« (Rang sechs, bester Dokumentarfilm beim Europäischen Filmpreis 1999, Oscar-Nominierung) und »The Million Dollar Hotel« (Jury-Preis der Berlinale 2000).

Hollywood: Mit 1,5 Mrd Besuchern (1998: 1,48 Mrd) und Einnahmen von etwa 7,5 Mrd Dollar (1998: 7 Mrd Dollar) erzielte die F.-Branche der USA 1999 Rekordergebnisse. 17 F. (1998: 11) verzeichneten Einnahmen über 100 Mio Dollar, allen voran »Star Wars« mit 430 Mio Dollar. Dennoch zeigte die US-F.-Industrie einen Trend zur Diversifizierung und zur Verminderung der Abhängigkeit von wenigen Superproduktionen. Etwa die Hälfte der erfolgreichsten zehn F. hatten ein relativ geringes Budget von unter 40 Mio Dollar. Den höchsten Gewinn erzielte »The Blair Witch Project« (Rang zehn), das bei einem Budget von ca. 35 000 Dollar, auch dank guter PR via Internet, 140 Mio Dollar einspielte. Im Ausland mussten die US-Studios 1999 mit Einnahmen von 6,66 Mrd Dollar einen leichten Rückgang verzeichnen (1998: 6,82 Mrd).

Trends: Das Springen zwischen virtueller Welt und Realität bzw. die Frage, welche Welt die echte ist, kennzeichnete Filme wie »eXistenZ« (David Cronenberg) und »Matrix« (Zach Staenberg), der 2000 vier technische Oscars gewann. Eine Reihe von F. zeigte, dass die Themen Faschismus und Judenverfolgung Eingang ins Genrekino gefunden hatten, u.a. »Zug des Lebens« (Radu

Top Ten 🇩🇪 **Die erfolgreichsten Filme in Deutschland**		
Titel	*Land*	*Zuschauer 1999 (Mio)*
1. Star Wars: Dunkle Bedrohung	🇺🇸	7,95
2. Notting Hill	🇬🇧	5,35
3. Die Mumie	🇺🇸	4,87
4. Die Braut, die sich nicht traut	🇺🇸	4,85
5. Tarzan	🇺🇸	4,33
6. Matrix	🇺🇸	4,31
7. Das große Krabbeln	🇺🇸	3,57
8. James Bond – Die Welt ist nicht genug	🇺🇸	3,56
9. Asterix und Obelix gegen Cäsar	🇩🇪🇫🇷🇮🇹	3,55
10. E-Mail für dich	🇺🇸	3,54

Quelle: Filmförderungsanstalt (Berlin), www.ffa.de/Hitlisten/Hitliste99.html

Top Ten 🇩🇪 **Die erfolgreichsten deutschen Filme**		
Titel	*Zuschauer 1999*	*Rang[1]*
1. Asterix und Obelix gegen Cäsar[2]	3 550 622	9
2. Werner – Volles Rooäää!!!	2 755 103	13
3. Sonnenallee	1 863 297	20
4. Pünktchen und Anton	1 716 478	26
5. Aimée & Jaguar	1 180 224	32
6. Buena Vista Social Club	888 190	44
7. Late Show	864 627	45
8. 23 – Nichts ist so wie es scheint	686 265	54
9. Käpt'n Blaubär – der Film	632 895	57
10. Tobias Totz und sein Löwe	508 019	68

1) auf der deutschen Top-100-Liste; 2) Koproduktion mit Frankreich und Italien;
Quelle: Filmförderungsanstalt (Berlin), www.ffa.de/Hitlisten/Hitliste99.html

Die wichtigsten internationalen Filmpreise		
Preis/ Kategorie	Regie/Preisträger	Film
Goldener Bär 2000 (Berlin)	Paul Thomas Anderson (USA)	Magnolia
Goldene Palme 2000 (Cannes)	Lars von Trier (Dänemark)	Dancer in the Dark
Goldener Löwe 1999 (Venedig)	Zhang Yimou (China)	Nicht einer weniger
Deutscher Filmpreis 2000 (Berlin)	Oskar Roehler	Die Unberührbare
Oscar 2000 (Los Angeles)		
Bester Film	Sam Mendes (USA)	American Beauty
Bester Hauptdarsteller	Kevin Spacey (USA)	American Beauty
Beste Hauptdarstellerin	Hilary Swank (USA)	Boys Don't Cry
Beste Regie	Sam Mendes (USA)	American Beauty
Bester Auslandsfilm	Pedro Almodóvar (Spanien)	Alles über meine Mutter
Europäischer Filmpreis Europa 1999 (Berlin)		
Bester Film	Pedro Almodóvar (Spanien)	Alles über meine Mutter
Europ. Entdeckung des Jahres	Tim Roth (Großbritannien)	The War Zone

Mihaileanu), »Tee mit Mussolini« (Franco Zeffirelli), »Nichts als die Wahrheit« (Roland Suso Richter), »Ein Lied von Liebe und Tod – Gloomy Sunday« (Rolf Schübel) und »Jakob der Lügner« (Peter Kassowitz). www.ffa.de/uebersicht_IE.html (Filmförderungsanstalt); www.film.de (aktuelle Filme, Star-Biografien); www.movieline.de (Film-Datenbank)

Internet-Buchhandel

Die Umsätze im I. in Deutschland betrugen 1999 bei hohen Zuwachsraten 120 Mio DM. Damit hielt der I. aber nur ein Marktvolumen von 1,2% am gesamten Buchmarkt; bis 2003 wurde ein Anstieg auf 7% erwartet. Anbieter: Ende 1999 gab es 1200 Anbieter, zu denen neben nur online arbeitenden Versendern auch Verlags- und Buchhändlervereinigungen sowie auf Themen spezialisierte Buchhandlungen oder Antiquariate gehörten. Die Webseiten der meisten Internet-Anbieter enthielten Angaben zu Lieferbedingungen und Rezensionen. Die Lieferung erfolgte einige Tage nach Bestellung, in Deutschland meist versandkostenfrei; die Preise für die Bücher differierten stark. BOL: Der im Frühjahr 1999 in sechs europäischen Ländern gestartete I. der Bertelsmann AG (Gütersloh) kam innerhalb eines Jahres auf Rang zwei im europäischen und im deutschen E-Commerce nach US-Anbieter Amazon.com, wobei er in Deutschland etwa gleichauf mit Buecher.de (München) lag. Hier erreichte BOL 1999 einen Umsatz von 18 Mio DM. Im US-amerikanischen I. war Bertelsmann über eine 50%ige Beteiligung an barnesandnoble.com, einer Tochter der US-Buchhandelskette Barnes & Noble, vertreten. Für 2000 plante Bertelsmann die Eröffnung von Internet-Buchhandlungen in Italien, Asien und Lateinamerika. Amazon.com: Der weltgrößte Online-Einzelhändler aus Seattle (Washington), der 1998 in Deutschland einstieg, setzte auch um 2000 auf Erweiterung des Marktanteils. 1999 kam er bei einem weltweiten Umsatz von 1,64 Mrd US-Dollar wie in den Vorjahren nicht aus den roten Zahlen. Ergebnisse für Deutschland wurden nur für das letzte Quartal 1999 bekannt, wo der Umsatz 51,3 Mio DM erreichte (1998: 11,6 Mio DM). Booxtra.de: Im Sommer 1999 starteten die Verlagsgruppe Holtzbrinck sowie Springer und Weltbild mit dem Online-Dienst der Deutschen Telekom, T-Online, den I. Booxtra, der etwa 450 000 Titel anbot. Der Versandhandelskonzern Weltbild (Augsburg) stellte sein gesamtes Angebot ins Internet.
   Dienstleistungen →E-Commerce

Internet-Museum

Das Deutsche Historische Museum (Berlin, bis 2002 wegen Renovierung geschlossen) und das Haus der Geschichte (Bonn) zeigen ihre Archivbestände seit 1999 im »Lebendigen Virtuellen Museum Online« (Lemo). Mit aufwändiger Technik wurden Texte, Grafiken, Fotos, Filme und Tonspuren zur deutschen Geschichte vom Kaiserreich bis zur Gegenwart für das Internet aufbereitet und können mit entsprechender Software im virtuellen Museumsgang besichtigt werden. www.dhm.de/lemo

Kinos

Die Marktkonzentration in der deutschen Kinolandschaft nahm 1999 weiter zu: 231 der 471 neu oder wieder eröffneten Kinosäle befanden sich in Multiplexkinos, Groß-K. mit moderner Technik, bequemen Sitzen und gastronomischen Angeboten. 1999 vereinigten die Groß-K. 38,5% aller Besucher und 34,4% des Kartenumsatzes auf sich (1998: jeweils rund ein Drittel). Wie im Vorjahr schlossen 262 K. – etwa die Hälfte an Standorten mit Multiplexen –, die Zahl der Filmtheater-Unternehmen ging auf 1173 zurück. Von den 4651 Sälen, die 1999 Filme zeigten, war jeder vierte in den letzten drei Jahren erbaut worden.

Multiplex: Mit 27 Neueröffnungen 1999 bestanden Anfang 2000 in Deutschland 104 Multiplexe. Auch wenn jeder fünfte Kinosaal in einem Multiplex stand, waren nur die neuen, ab 1998 errichteten Publikumsmagneten, die anderen verzeichneten keine Besucherzuwächse mehr.

Kooperation: Nach der Vereinbarung über Zusammenarbeit Anfang 2000 kündigten die größten deutschen K.-Betreiber, CinemaxX (Umsatz 1998/99: 272 Mio DM) und Ufa (Umsatz 1999: 300 Mio DM), im April ihre Fusion an. CinemaxX war mit 27 Multiplexen Marktführer bei den Groß-K., Ufa mit 90 K., darunter 14 Multiplexen, größtes K.-Unternehmen. Hintergrund waren das Bestreben, wegen geringer Besucherzuwächse Kosten zu sparen sowie die (Über-)Sättigung des Marktes mit K.-Sälen durch die Konkurrenz der Groß-K.-Betreiber an günstigen oder neuen Standorten.

Ausleihgebühren: Im Februar 2000 warf der Hauptverband Deutscher Filmtheater (Berlin) den Verleihern vor, der Branche durch überhöhte Gebühren zu schaden. An einigen Orten waren die Filmmieten von 47,7% auf 53% der Kasseneinnahmen gestiegen, was beim gesunkenen Ticket-Erlös insbes. mittelständische K.-Betreiber traf.

www.ffa.de/uebersicht_IE.html (Deutsche Filmförderungsanstalt)

Kulturstadt Europas

Seit 1985 von der EU für jeweils ein Jahr benannte Stadt, die mit kulturellen Veranstaltungen (u.a. Aufführungen, Ausstellungen, Konzerten, Kongressen) die Vielfalt und die Gemeinsamkeiten des kulturellen Erbes in Europa dokumentieren und fördern soll.

2000: Aufgrund der symbolischen Bedeutung des Jahres ernannte die EU neun Städte zur K. 2000. Sie präsentierten in gut 1000 Veranstaltungen den kulturellen Reichtum Europas am Beginn des neuen Jahrtausends. Viele Programmpunkte waren auf die jeweiligen Besonderheiten der Städte, ihrer Geschichte und Traditionen zugeschnitten.

Ausstellungen: Alle K. zeigten große Ausstellungen, die sich z.T. mit dem Thema Zeit (Helsinki, Bergen) oder der eigenen Kunstgeschichte (Brüssel, Prag, Reykjavik) befassten. Eine Übersichtsschau zur europäischen Kunst im 20. Jh. war in Bologna zu sehen, Santiago de Compostela warf dagegen einen Blick auf den Islam. Krakau präsentierte Ikonen, und Avignon wählte als Generalthema die Schönheit.

Vernetzung: Im Brüsseler »Cafe9« waren vom 1.9.–31.10.2000 alle neun K. per Internet und Videokonferenz vertreten, um persönliche Kontakte zu knüpfen und gemeinsame künstlerische Projekte zu realisieren.

2001: Zu den K. 2001 wurden Porto/Portugal und Rotterdam/Niederlande ernannt.

Kunstmarkt

Die Zentren des Weltauktionsmarktes, auf dem 1999 rund 4 Mrd US-Dollar umgesetzt wurden, lagen Ende des 20. Jh. in New York und London: 48,5% der weltweiten Kunstgeschäfte wurden in der Saison 1998/99 lt. Angaben des Art Sales Index in den USA abgeschlossen, 27,8% in Großbritannien.

Teuerste Bilder: Auf dem internationalen K. waren 1999 Werke der Impressionisten und der klassischen Moderne marktbeherrschend. Das teuerste Bild, Paul Cézannes Stillleben »Rideau, Cruchon et Compotier«, stellte mit einem Preis von 55 Mio US-

Produktionsländer der Kinohits in Deutschland		
Produktionsland	*Marktanteil 1999 (%)*	
USA		74
Deutschland		14
Großbritannien		8
Frankreich		2
Italien		1
Sonstige		1
Quelle: Die Welt, 21.12.1999		

Dollar einen neuen Auktionsrekord für den Maler auf. Pablo Picassos »Femme Assise dans un Jardin »(Bildnis Dora Maars) und »Nu au Fauteil Noir« (Marie-Thérèse Walter) belegten Rang zwei (45 Mio US-Dollar) und drei (41 Mio US-Dollar) der Verkaufsliste. George Bellows' »Polo Crowd« (Rang sechs) erzielte mit 25 Mio US-Dollar einen Auktionsrekord für ein US-Kunstwerk.

Deutsche Auktionen: Den höchsten Zuschlag auf deutschen Auktionen, 2,25 Mio DM, erzielte 1999 ein Altmeister: »Der Tanz um den Maibaum« (o. J.) von Pieter Breughel d. J. Platz zwei und drei nahmen Expressionisten ein, »Akt« (1910, 1,8 Mio DM) von Erich Heckel, der unter den zehn teuersten Bildern dreimal vertreten war, und ein »Akt« (1914) von Karl Schmidt-Rottluff mit 1,5 Mio DM. Ein auf einem Dachboden gefundenes Bild, »Auf dem Petersplatz in Rom« (o.J.), das der Nachfolge von Gaspare Vanvitelli zugeschrieben wurde, kam mit dem Preis von 600 000 DM auf Rang sechs.

Preisabsprachen: Die beiden Auktionshäuser Christie's (London) und Sotheby's (New York), die 1999 etwa 95% des Weltmarktes für Kunstversteigerungen kontrollierten, verloren 1999/2000 an Vertrauen bei ihren Kunden, da die Kartellbehörden in Europa und den USA untersuchten, ob es bei Provisionserhöhungen 1992 und 1995 Preisabsprachen zwischen ihnen gegeben hatte. Verärgerte Kunden forderten in Sammelklagen Schadenersatz. Außerdem wurde den Häusern vorgeworfen, ihre Auktionstermine koordiniert und Sonderkonditionen für Top-Kunden angeglichen zu haben.

Phillips: Der Imageverlust von Christie's und Sotheby's kam Phillips (New York) zugute, dem drittgrößten Auktionshaus der Welt, dem im Jahr 2000 erstmals hochpreisige Kunstwerke anvertraut wurden.

Internet-Auktionen: International Auctioneers (IA), ein Verbund von neun kleinen Auktionshäusern aus acht Ländern, plante, ab Sommer 2000 seine Angebote über eine gemeinsame Homepage im Internet zu veröffentlichen und im Verbund zu den Top-Auktionshäusern aufzusteigen. Sotheby's investierte 1999 40 Mio US-Dollar in den Aufbau einer virtuellen Plattform, fand jedoch in den ersten Monaten nur für ein Viertel der Angebote einen Käufer.

www.sothebys.com; www.christies.com; www.phillips-auctions.com

TopTen Kunstmarkt: Die teuersten Bilder 1999		
Künstler	*Werk (Entstehungsjahr)*	*Preis (Mio US-Dollar)*
1. Paul Cézanne	Rideau, Cruchon et Compotier (1893/94)	55
2. Pablo Picasso	Femme Assise dans un Jardin (1938)	45
3. Pablo Picasso	Nu au Fauteil Noir (1932)	41
4. Georges Seurat	Paysage, L'Île de la Grande-Jatte (1884)	32
5. Paul Cézanne	Bouilloire et Fruits (um 1888/90)	16,5[1]
6. George Bellows	Polo Crowd (1910)	25
7. Edgar Degas	Danseuse au Repos (um 1879)	16[1]
8. Claude Monet	Nymphéas (1906)	20,5
9. Vincent Van Gogh	La Roubine du Roi (1888)	18
10. Amedeo Modigliani	Nu Assis sur un Divan (1917)	15,25
1) Mio Pfund Sterling; Quelle: Frankfurter Allgemeine Zeitung, 31.12.1999		

Museen

Besucher: 1998 (letztverfügbarer Stand) verzeichneten die deutschen M. 95,3 Mio Besucher (+2,9% gegenüber 1997). In den alten Bundesländern wurde ein Besucherzuwachs von 3,3%, in Ostdeutschland von 1,6% registriert. Hauptgrund waren erfolgreiche Sonderausstellungen, wobei Kunst-M. die höchsten Besucherzuwächse meldeten. Insgesamt 873 (rund 17%) der über 5000 M. waren 1998 mit einer Homepage im Internet vertreten.

Museumsinsel: Bei der Sanierung der Museumsinsel in Berlin, die 1999 ins Weltkulturerbe aufgenommen wurde, lag 2000 das Hauptaugenmerk auf der Restaurierung der Alten Nationalgalerie und des Bodemuseums. Es ist für Skulpturen gedacht, die wie die Gemäldesammlung lt. Generaldirektor der Staatlichen Museen Berlins, Klaus-Peter Schuster, auf die Museumsinsel zurückkehren sollen. Auf der Museumsinsel soll das Panorama der Weltkulturen, das in den dortigen M. im 19. und frühen 20. Jh. angesammelt worden war, neu entstehen.

Centre Pompidou: Nach 27 Monaten Umbau und Restaurierung wurde am 1.1.2000 das Centre Pompidou in Paris wieder eröffnet. Es bietet außer bildender Kunst auch Musik, Film, Vorträge und eine Bibliothek. Durch den über 170 Mio DM teuren Umbau erhielt das Musée d'Art moderne fast ein Drittel mehr Raum. Die erste Ausstellung war dem Thema Zeit gewidmet.

Museen: Ausgewählte Ausstellungen 1999/2000

▶ **Das XX. Jahrhundert:** Die thematisch gegliederte und auf drei Orte (Altes Museum, Neue Nationalgalerie, Hamburger Bahnhof) verteilte Berliner Ausstellung über ein ganzes Jahrhundert Kunst in Deutschland versuchte 1999 eine kritische Präsentation der Moderne.

▶ **Kaiser Karl V.:** Die im Frühjahr 2000 in der Bundeskunsthalle Bonn gezeigte Jubiläumsschau zum 500. Geburtstag des Herrschers zeigte Macht und Ohnmacht eines Kaisers, in dessen Reich die Sonne nie unterging.

▶ **Retrospektive Oppenheim:** Für die Gedächtnisausstellung zum 200. Geburtstag des jüdischen Malers Moritz Daniel Oppenheim (1800–1862) Anfang 2000 im Jüdischen Museum in Frankfurt/M. wurden Bilder aufgefunden, deren Verbleib infolge der Beschlagnahme durch die Nationalsozialisten bis dahin unbekannt war. Der Genremaler und Porträtist, u.a. von Heinrich Heine und den Rothschilds, steht für die Entdeckung jüdischen Selbstbewusstseins in der Kunst.

▶ **netz-bedingung:** Die Ausstellung zu Kunst und Politik im Online-Universum Ende 1999 im Zentrum für Kunst und Medientechnologie (ZKM) in Karlsruhe fragte danach, was die wachsende Ausdehnung des virtuellen Informationsraums für die Gesellschaft bedeutet, und war auch via Internet (www.zkm.de) zu sehen.

▶ **Glanz des Goldenen Jh.:** Zum 200-jährigen Bestehen zeigte das Rijksmuseum in Amsterdam von April bis Juni 2000 Meisterwerke niederländischer Malerei des 17. Jh., einer Zeit bürgerlichen Wohlstands und künstlerischer Höhepunkte.

▶ **Jhahrhundert des Design:** Produkte, Bildtafeln und audiovisuelle Medien von 1900 bis in die Gegenwart führte das Kestner-Museum in Hannover in der Zeit vom 27.7. bis 29.10.2000 anlässlich der Expo vor.

▶ **Helmut Newton:** Die Neue Nationalgalerie Berlin gratulierte dem australisch-deutschen Fotografen mit einer Schau des Lebenswerks zum 80. Geburtstag (31.10.2000–7.1.2001).

Tate Modern: Im Mai 2000 wurde in London als Dependance der Tate Gallery die Tate Modern eröffnet, ein Forum für Kunst des 20. und 21. Jh., das in einem von den Schweizer Architekten Jacques Herzog und Pierre de Meuron umgebauten Kraftwerk aus den 40er Jahren entstand.

Sammlung Essl: Ende 1999 eröffnete das erste Privat-M. moderner Kunst Österreichs, die Sammlung Essl, in einem von Heinz Tesar erbauten M. in Klosterneuburg bei Wien. Das M. wird von einer Stiftung des Ehepaars Essl getragen, der Schwerpunkt der Sammlung liegt auf österreichischer Kunst seit 1945.

www.museen.de (Daten über mehr als 9000 Museen im deutschsprachigen Raum)

Musical

Der Markt für M. in Deutschland zeigte sich 2000 stabil, doch stieg z.T. die Zahl neuer Produktionen schneller als die Nachfrage.

Stella: Falsche Standortwahl und die Ausweitung auf andere Geschäftsfelder trugen dazu bei, dass die Stella AG (Hamburg), das jahrelang führende M.-Unternehmen, ab 1998 Verluste verzeichnete und im November 1999 bei einem Fehlbetrag von 60 Mio DM für 1999 einen Insolvenzantrag stellte. Die rentablen Teile des Unternehmens, das nach harten Sparmaßnahmen (Absetzung von M., Abbau von Arbeitsplätzen) ab Ende 1999 wieder schwarze Zahlen schrieb, wurden im Februar 2000 von der Deutschen Entertainment AG (Deag, Berlin) übernommen. Sie plante die Fortführung von »Cats«, »Phantom der Oper« (beide in Hamburg, dem bedeutendsten M.-Standort Deutschlands), »Die Schöne und das Biest« (Stuttgart), »Starlight Express« (Bochum) und der »Glöckner von Notre Dame« (Berlin). Für den Spielort Essen mit »Jesus Christ Superstar« musste eine eigene Lösung gefunden werden. Die Stella-Schulden, u.a. für den Bau der Theater in Duisburg und Essen, und eine 30-Mio-DM-Bürgschaft der baden-württembergischen Landeskreditbank galten als verloren.

Premieren: Die Übernahme oder Adaption erfolgreicher Stoffe und Neukreationen bestimmten die Premieren. Ende März 2000 startete das noch von Stella produzierte M. »Tanz der Vampire« unter der Regie von Roman Polanski in Stuttgart. Bereits im Herbst 1999 hatte »Tabaluga & Lilli«, Peter Maffays Rockmärchen um einen kleinen Drachen, im Theater des CentrO in Oberhausen Premiere. »Mozart!« von Sylvester Levay und Michael Kunze feierte im Theater an der Wien Welturaufführung, »Saturday Night Fever« 22 Jahre nach dem gleichnamigen Kinoerfolg und dem Hit der Bee Gees im Kölner Musical Dome. Um den Dichter Edgar Allan Poe drehte sich die zweite Zusammenarbeit von Robert Wilson und Lou Reed, »POEtry« (Premiere: Februar 2000 am Hamburger Thalia Theater). Im April 2000 kam das M. »Ludwig II. – Sehnsucht nach dem Paradies« (Musik: Franz Hummel) auf die Bühne am Forggensee gegenüber von Schloss Neuschwanstein. Im Oktober 2000 sollte »Lady Di – Diana, Königin der Herzen« (Musik: Peter Thomas) in London oder Wien uraufgeführt werden.

www.musical.de (Stella AG)

Musikmarkt

Bilanz: Der Umsatz des deutschen Tonträgermarkts sank nach Angaben des Bundesverbandes der Phonographischen Wirtschaft (Hamburg) 1999 um 2,8% auf 4,89 Mrd DM (1998: 5,03 Mrd DM). Mit 272,6 Mio

Stück wurden 1,4% weniger CD, Vinylplatten und Musikkassetten verkauft. Begründet wurde der Rückgang mit der hohen Zahl von Raubkopien (bis 30%). Gut behaupteten sich Kinderlieder, die mit 27 Mio CD und Kassetten im Wert von 300 Mio DM sogar einen Zuwachs von gut 5% erzielten.

Raubkopien: Im Musterprozess gegen den Online-Dienst America Online (AOL) wegen Verbreitung illegaler Musikaufnahmen im Internet stellte das Landgericht München in erster Instanz im April 2000 fest, dass Internet-Anbieter Schadenersatz zahlen müssen, wenn auf ihren Diensten illegale Raubkopien von Musiktiteln ausgetauscht werden. Durch illegal aus dem Internet auf den heimischen PC geladene Musikstücke gingen dem M. 1999 allein in Deutschland 140 Mio DM verloren, weltweit 4,5 Mrd US-Dollar. Der Bundesverband der Phonographischen Wirtschaft richtete eine »Task Force« zum Aufspüren illegaler Musik im Internet ein und forderte 2000 eine Erhöhung der Urheberrechts-Abgabe auf Leermedien und Abspielgeräte.

Fusion: Anfang 2000 wurde der für Sommer geplante Zusammenschluss von Warner Music, der Musiksparte des US-Medienkonzerns Time Warner, und der britischen Emi Group bekannt gegeben. Zusammen hatten sie ca. 2500 Interpreten unter Vertrag (u. a. Madonna, Eric Clapton) und Rechte an 2 Mio Titeln (z. B. Beatles-Songs). Mit der Fusion, die jährlich Kosten von 750 Mio DM einsparen sollte und den Konzentrationsprozess in der Musikbranche forcierte, entstand der umsatzstärkste Musikkonzern der Welt (erwartet: 8,3 Mrd US-Dollar, 20% Weltmarktanteil). Marktführer 1999 war mit einem Umsatz von 6,34 Mrd US-Dollar Universal Music (Seagram/Polygram). Durch die im Januar 2000 beschlossene Fusion mit Time Warner mit dem weltgrößten Internet-Anbieter AOL könnte Warner Emi Music auch zum führenden Musikanbieter im Internet aufsteigen.

Grammy: Bei der 42. Verleihung der Grammys, der weltweit wichtigsten Musikpreise, im März 2000 dominierten Altstars. Latinrocker Carlos Santana bekam neun der als Musik-Oscars geltenden Preise (einen zusammen mit Rob Thomas von der Rockcombo Matchbox 20), posthum wurde Jimi Hendrix (1942–1970) geehrt.

Computer →Softwarepiraterie

Musikmarkt: Umsatzanteile nach Bereichen

Bereich	Anteil 1999 (%)	Veränderung[1]
Pop	45,5	▼ – 0,2
Rock	14,3	▲ + 0,2
Klassik	8,7	▽ – 0,9
Dance	7,7	▲ + 1,2
Schlager	6,4	▼ – 1,3
Kinderprodukte	4,5	▲ + 0,4
Soundtrack/Filmmusik	2,3	▼ – 0,3
Volksmusik	1,9	0
Jazz	1,8	▲ + 0,7
Instrumentalmusik	1,3	▼ – 0,4
Weihnachtsproduktionen	1,3	▼ – 0,1
Country/Folk	1,3	▲ + 0,2
Sonstige	2,9	▲ + 0,4

1) gegenüber 1998 (Prozentpunkte); Quelle: GfK Panel Services; Phonographische Wirtschaft

Musikmarkt: Umsatzanteile Tonträgereinkaufsstätten

Einkaufsstätte	Anteil 1999 (%)	Veränderung[1]
Großbetriebsformen	40,9	▲ + 2,7
Filialunternehmen, Facheinzelhandel, Verbrauchermärkte	37,4	▽ – 1,8
Direct Mail	15,9	▼ – 1,4
Sonstige	5,8	▲ + 0,6

1) gegenüber 1998 (Prozentpunkte); Quelle: GfK Panel Services, Phonographische Wirtschaft

TopTen Erfolgreichste Singles und Longplays 1999

	Singles (Sänger/in)	Longplays (Sänger/in)
1.	Mambo Nr. 5 (Lou Bega)	Bravo Hits 26 (Diverse)
2.	Blue/ Da Ba Dee (Eiffel 65)	Bravo Hits 25 (Diverse)
3.	Baby One More Time (Britney Spears)	Believe (Cher)
4.	Big, Big World (Emilia)	Nicht von dieser Welt (Xavier Naidoo)
5.	My Love Is Your Love (Whitney Houston)	Bravo Hits 24 (Diverse)
6.	So bist du (Oli P.)	My Love Is Your Love (Whitney Houston)
7.	Genie In A Bottle (Christina Aquilera)	Buena Vista Social Club (Buena Vista Social Club)
8.	Flat Beat (Mr. Oizo)	Millennium (Backstreet Boys)
9.	Sie sieht mich nicht (Xavier Naidoo)	4:99 (Die Fantastischen Vier)
10.	King Of My Castle (Wamdue Project)	Bravo Hits 27 (Diverse)

Quelle: Media Control

Netculture-Projekte

▶ **Null:** Am Anthologie-Projekt »Null« des DuMont Verlags (Köln), das 1999 im Internet stattfand und im Frühjahr 2000 als Buch erschien, beteiligten sich 37 Autoren, die miteinander diskutierten und unabhängig voneinander ihre unterschiedlichen Genres angehörenden Texte schrieben.

▶ **HypertextBerlin:** Zu diesem Projekt rief 1999 das Netzkultur-Festival Softmoderne auf. Texte und Bilder werden zu einem erzählerischen Stadtnetz verknüpft, mit dem sich Berlin, seine Gegenwart, Vergangenheit und Zukunft, einfangen lässt.

▶ **ampool:** Für diese Webseite wurden Autoren und Künstler eingeladen, sich

mit Beiträgen über sich oder das Leben allgemein an einem sich stetig entwickelnden literarischen Netzgespräch zu beteiligen. Die Texte können für sich oder als Teil des Ganzen gelesen werden; Leser können sich auf der »loop«-Seite zu Wort melden.

▶ **Medien Kunst Netz:** Dieses Gemeinschaftsprojekt des Zentrums für Kunst und Medientechnologie (ZKM, Karlsruhe) und des Goethe-Instituts entstand im Sommer 2000. Dabei sollen Surfern netzspezifische Möglichkeiten der Produktion, Dokumentation und Distribution von Medienkunst als work-in-progress vorgeführt und untersucht werden.

Netculture

(engl.; Netzkultur), über das Internet verbreitete und das neue Medium nutzende Literatur und Kunst

Ziel: N. strebt nach einer Verbindung von Technik, Ästhetik und Sozialem. Das soziale Moment bezieht sich auf einen direkten Austausch zwischen den Teilnehmern oder eine Einflussnahme der Rezipienten auf das ins Internet gestellte Werk.

Umsetzung: Nach vielen Gebrauchstexten Anfang der 90er Jahre kam um 2000 verstärkt anspruchsvolle Literatur ins Netz. Kunst im Internet versteht sich interaktiv; statt passivem Ansehen ist Mitmachen über die Tastatur gefragt. Der Künstler erscheint als Impuls- und Ideengeber, wie einige Arbeiten auf dem European Media Art Festival im Mai 2000 in Osnabrück zeigten. Interaktiver Kunst ist im Zentrum für Kunst und Medientechnologie (ZKM, Karlsruhe) ein eigener Bereich gewidmet.

www.dumont.de/null;
www.sofmoderne.de; ampool.de;
www.goethe.de/medienkunstnetz

Oberammergauer Passionsspiele

Seit 1634 etwa alle zehn Jahre von den Bewohnern Oberammergaus (Bayern) aufgeführte Passion Christi, deren älteste erhaltene Fassung von 1662 auf Augsburger Passionsspiele zurückgeht

Neuer Text: Die 40. O. vom 21.5. bis 8.10. 2000 kamen mit neuem Text, neuem Bühnenbild und neuen Kostümen für die mehr als 2000 Laiendarsteller und teilweise neu komponierter Musik auf die Freilichtbühne. Regisseur Christian Stückl, aus dem Ort

stammender Theaterprofi (Münchner Kammerspiele), der mit seinem Reformkonzept von den Oberammergauern als Spielleiter gewählt worden war, und Dramaturg Otto Huber hatten die umfassendste Textbearbeitung seit 1860 vorgenommen, um das O. gegenwartsnäher zu gestalten. Sie betonten die revolutionären Züge der Christus-Figur und strichen Anti-Judaismen. Die Inszenierung konzentrierte sich ebenso auf die Spannungen zwischen den Figuren wie auf das Glaubensthema.

Hintergrund: Die O. gehen auf ein Gelübde während des Pest-Jahres 1633 zurück, als Dank für die Errettung den Leidensweg Christi von Palmsonntag bis zum Auferstehungs-Fest (alle zehn Jahre) nachzuspielen. Im Jahr 2000 gehörten erstmals einige Darsteller der O. keiner Kirche an oder waren Muslime. Die Aufführungen haben sich zu einer Touristenattraktion und zu einem Wirtschaftsfaktor entwickelt. Für die Spielzeit 2000 wurde mit 100 000 zusätzlichen Übernachtungen gerechnet.

www.passionsspiele2000.de

Oper

Die Stuttgarter Staatsoper wurde 1999 zum dritten Mal nach 1998 und 1994 von der Fachzeitschrift »Opernwelt« zum Opernhaus des Jahres gekürt. Als maßstabsetzend galt die »Junge Oper«, die sich an junge Zuschauer wendet sowie Nachwuchskünstlern eine Chance gab, und die Fähigkeit des Hauses, Repertoirewerke neu zu deuten.

»Ring«: Das ehrgeizige Projekt der Staatsoper Stuttgart, die vier O. von Richard Wagners »Ring des Nibelungen« von vier Regisseuren ohne konzeptionelle Absprache auf die Bühne zu bringen, fand mit den Premieren von »Siegfried« (Regie: Jossi Wieler) und »Götterdämmerung« (Peter Konwitschny) in der Spielzeit 1999/2000 seinen erfolgreichen Abschluss. Die Konzentration auf das jeweils einzelne Werk förderte die Vielschichtigkeit der Figuren und ihrer Beziehungen zutage, während auf mythische Deutungen verzichtet wurde.

Premieren: Die Uraufführungen der Spielzeit 1999/2000 reichten von Märchen-O. wie Harald Banters »Der blaue Vogel« (in Hagen) über Literaturthemen wie der Mörike-O. »Eduard auf dem Seil« von Wilfried Hiller (in Halle) bis zum Spannungsverhältnis von Kunst und Macht wie in »Dmitri« (Schostakowitsch und Stalin) des Italieners Luca Lombardi (Leipzig).

Werkidentität: Peter Konwitschnys Inszenierung von »Die Czárdásfürstin« an der Dresdner Semperoper, welche die Operette in ihre Entstehungszeit, den Ersten Weltkrieg, verlegte, löste im Dezember 1999 außer Protesten auch einen Streit um Werkidentität aus. Intendant Christoph Albrecht kürzte die Aufführung um die umstrittensten Szenen. Im Februar 2000 untersagte das Landgericht Leipzig auf Antrag des Regisseurs, die verkürzte Fassung zu zeigen.

19-Stunden-Oper: Zum Ereignis wurde die Weltpremiere der berühmtesten chinesischen Kunju-O., »Der Pavillon der Pfingstrose« von Tang Xianzu, beim Lincoln Center Festival in New York im Sommer 1999. Die O., die in 55 Akten die Geschichte einer Liebe und ein Bild der Ming-Dynastie entwickelt, wurde wahrscheinlich seit ihrer Entstehung 1598 nicht mehr in voller Länge von 19 Stunden (nun über einige Tage verteilt) gezeigt. Die Inszenierung der Kunju-O., einer subtileren O.-Form als Peking-O., die der chinesisch-US amerikanische Regisseur Chen Shi-Zheng erarbeitete, kam 1999/2000 auch nach Europa.

Reichstag

Mit denkbar knapper Mehrheit von 260:258 Stimmen (bei 31 Enthaltungen) entschieden sich die Abgeordneten des Deutschen Bundestags im April 2000 für die Installation von Hans Haackes Kunstprojekt »Der Bevölkerung« im nördlichen Lichthof des R. in Berlin, der seit 1999 Parlamentssitz ist.

Kunststreit: Das umstrittene Projekt sieht vor, dass die Bundestagsabgeordneten Erde aus ihren Wahlkreisen in einen im Lichthof eingelassenen Trog füllen, aus dem sich um die Inschrift »Der Bevölkerung« ein Biotop entwickelt. Die Inschrift soll ein Gegengewicht zur Aufschrift über dem Portal des R., »Dem deutschen Volke«, bilden. Die Diskussion entzündete sich zum einen an der Gegenüberstellung von »Volk« und »Bevölkerung«, die Befürworter als Ergänzung verstanden, da der Begriff Bevölkerung darauf verweise, dass ca. 10% der in Deutschland Lebenden nicht hier geboren sind oder keinen deutschen Pass haben. Manche Kritiker erinnerte das Erdmotiv

Opernspitzenleistungen 1999	
Oper des Jahres	Staatsoper Stuttgart
Chor des Jahres	Chor der Stuttgarter Oper
Dirigent des Jahres	Lothar Zagrosek (Stuttgart)
Sängerin des Jahres	Angela Denoke (Stuttgart)
Sänger des Jahres	Peter Seiffert
Regisseur des Jahres	Peter Konwitschny

Quelle: Kritikerumfrage der Zeitschr. »Opernwelt«, Sommer 99

und die Verbindung mit Volk/Bevölkerung jedoch an die »Blut-und-Boden«-Ideologie der NS-Ära.

Besucherattraktion: 1999 besichtigten 2 Mio Menschen das umgebaute Gebäude des R., seit es am 19.4. seiner Bestimmung als Sitz des Deutschen Bundestages übergeben worden war. Herausragendes Merkmal des von Sir Norman Foster umgestalteten Baus, den Paul Wallot 1884–94 errichtete, ist die von innen begehbare Glaskuppel.

Sprachpanscher des Jahres

Titulierung einer Person für eine herausragende Fehlleistung im Umgang mit der deutschen Sprache

Der Verein zur Wahrung der Deutschen Sprache (Münster) wählte Johannes Ludewig, den damaligen Chef der Deutschen Bahn AG, zum S. 1999. Der 1997 gegründete Verein, der sich gegen den übertriebenen Gebrauch von englischen Begriffen in der Deutschen Sprache wendet, kritisierte die Wegweiser und Hinweisschilder der Bahn wie »ticket counters«, »McCleans« oder »BahnBakery« als »Ausstieg aus der deutschen Sprache« und kundenunfreundlich, da sie nur von Englisch Sprechenden verstanden würden. Zum S. 1998 war Telekom-Chef Ron Sommer gekürt worden.
www.vwds.de/Sprachpanscher_99.html

Stiftungen

Am 1.7.2000 trat in Deutschland ein neues S.-Recht in Kraft, das die bis dahin wenig entwickelte Stiftungskultur fördern soll.

Reform: Stiftungsbeiträge bis 40 000 DM im Jahr sind von der Steuer befreit, zuzüglich zu dem schon möglichen steuerlichen Abzug von 5% oder 10% des Einkommens. Die Stiftungszwecke, die als gemeinnützig gelten, wurden erweitert, u. a. um Sport und

TOP TEN ▄▄▄ **Die größten deutschen Stiftungen**

Stiftung	Vermögen 1999 (Mio DM)
1. Robert Bosch Stiftung GmbH	5483
2. Volkswagen Stiftung	3500
3. Deutsche Bundesstiftung Umwelt	2690
4. Gemeinnützige Hertie-Stiftung	1600
5. Bertelsmann Stiftung	1240
6. Bayerische Landesstiftung	1048
7. Bayerische Forschungsstiftung	790
8. Körber-Stiftung	700
9. Alfried Krupp von Bohlen Halbach-Stiftung	660
10. Carl-Zeiss-Stiftung	500

Quelle: Maecenata-Institut/Bethel

▄▄▄ **Zwecke deutscher Stiftungen**

Zweck	Anteil 1999 (%)
Soziales	29
Bildung und Erziehung	20
Wissenschaft und Forschung	12
Kunst und Kultur	11
Gesundheit	7
Umwelt	3
Religion	3
Sport	1
Politik	1
Sonstiges	13

Quelle: Maecenata-Institut/Bethel; Süddeutsche Zeitung, 11.10.1999

Umweltschutz. Die Steuerfreibeträge bei Erbschaften, die es bis dahin nur bei S. für Wissenschaft und Kultur gab, wurden auf alle gemeinnützigen Zwecke ausgedehnt; dies gilt auch für Spenden aus dem Unternehmensvermögen. Außerdem können binnen zehn Jahren steuerfrei bis 600 000 DM in den Vermögensstock neu gegründeter gemeinnütziger S. gespendet werden.

Zivilrecht: Der steuerrechtlichen soll eine zivilrechtliche Regelung folgen, um Missbrauch von Gemeinnützigkeit zu verhindern und die S.-Bilanzen offenzulegen.

Zahl und Ziele: Im Vergleich zu anderen Ländern war die Stiftungskultur in Deutschland um 2000 wenig ausgeprägt. Während

US-Amerikaner rund 12% ihres Jahreseinkommens spendeten, stifteten Deutsche nur 1,5 Promille. Dennoch nahm das Interesse an S. in Deutschland in den 90er Jahren zu: Fast ein Drittel der 10 000 bis Anfang 2000 von Unternehmen, Parteien und Privatleuten gegründeten S. waren jünger als zehn Jahre. 1999 wurden 300 S. eingerichtet. Die S. setzten sich für Soziales, Bildung und Forschung sowie für Kultur ein und könnten angesichts knapper öffentlicher Mittel eine immer größere Bedeutung bekommen.

Wissenschaft: Der Stifterverband für die Deutsche Wissenschaft (Essen) nahm 1999 aus Spenden und Stiftungserträgen 171,1 Mio DM zur Förderung von Wissenschaft, Bildung und Kultur ein (1998: 160 Mio DM, +6,9%). Schwerpunkte waren Hochschulreform, Stärkung internationaler Kooperation und Nachwuchsförderung.

Kultur: Private Kulturförderung deckte 1999 in Deutschland knapp 5% des Kulturbudgets, wobei die Sponsoren vor allem Großereignisse unterstützten. Fast zwei Drittel der dem Kulturbereich zur Verfügung stehenden Mittel kamen von Bund, Ländern und Gemeinden, knapp ein Drittel stammte aus Eintrittsgeldern und dem Verkauf von Publikationen.

www.stiftungen.de (Bundesverband deutscher Stiftungen, Berlin); **www.stifterverband.de**

Theater

Die Rückbesinnung auf das gesellschaftskritische T. sowie ein Generationswechsel zu jungen Regisseuren und Autoren prägte die deutschsprachige T.-Szene 1999/2000.

Theater des Jahres: Das Basler Schauspiel, das unter seinem jungen Leiter Stefan Bachmann einen Neuanfang erlebt hatte, kürte die Zeitschrift »Theater heute« zum T. des Jahres 1999. Bachmann hatte auch mit einer Inszenierung am Hamburger Schauspielhaus Erfolg: seine Fassung von »Jeff Koons«, Rainald Goetz' Stück um den US-Pop-Künstler, das den Mülheimer Dramatikerpreis 2000 bekam, wurde zum Berliner Theatertreffen eingeladen, das herausragende Regieleistungen des Jahres präsentiert.

Berliner Schaubühne: Den Anspruch des neuen jungen Schaubühnen-Teams um Regisseur Thomas Ostermeier und Choreografin Sasha Waltz, engagiertes politisches T. zu wagen, demonstrierten die ersten Schau-

Deutschsprachiges Theater: Spitzenleistungen des Jahres 1999

Theater	Schauspiel Basel
Inszenierungen	»Kuss des Vergessens« von Matthias Hartmann am Zürcher Schauspielhaus
	»Die Dämonen« von Frank Castorf, Wiener Festwochen und Berliner Volksbühne
	»Onkel Wanja« von Andrea Breth an der Berliner Schaubühne
	»Geschichten aus dem Wiener Wald« von Martin Kusej am Thalia Theater Hamburg
	»Die Spezialisten« von Christoph Marthaler am Deutschen Schauspielhaus Hamburg
Ausländisches Stück	»Gesäubert« von Sarah Kane in der Inszenierung von Peter Zadek
Regisseure	Frank Castorf (für »Dämonen«), Peter Zadek (für »Hamlet«)
Schauspieler	Otto Sander (in »Kuss des Vergessens«)
Schauspielerin	Angela Winkler (als Hamlet)
Autorin	Theresia Walser (»King Kongs Töchter«)
Nachwuchsdramatiker	Marius von Mayenburg (»Feuergesicht«)

Quelle: Kritikerumfrage der Zeitschrift »Theater heute« 1999

spielpremieren: Ostermeiers deutsche Erstaufführung von »Personenkreis 3.1« des schwedischen Dramatikers Lars Norén, der die Ausgestoßenen der Gesellschaft vorführt, und die Uraufführung von »Das Kontingent« in Koproduktion mit dem Frankfurter TAT (Theater am Turm) und seinen Regisseuren Tom Kühnel und Robert Schuster. Neu eröffnet wurde die Schaubühne im Januar 2000 mit dem Tanzabend »Körper« von Sasha Waltz, der auch beim Berliner Theatertreffen gezeigt wurde.

Berliner Ensemble: Aggressiv-politisches T. sah Claus Peymann, der neue Leiter des im Januar 2000 wieder eröffneten Berliner Ensembles (BE), als sein Ziel, das jedoch in den Anfangs-Aufführungen nach Meinung vieler Kritiker nicht ganz überzeugend umgesetzt wurde. Die erste Inszenierung war mit George Taboris jüngstem Werk »Brecht-Akte« dem Gründer des BE gewidmet und zeigte die Bespitzelung Bertolt Brechts durch das FBI. Peymanns erstes mit dem BE inszeniertes Stück war Franz Xaver Kroetz' »Das Ende der Paarung« über die Beziehung der 1992 gestorbenen Grünen-Politiker Petra Kelly und Gert Bastian.

Unwort des Jahres

Sprachlicher Missgriff in der öffentlichen Diskussion, der seit 1991 von einer Jury aus Sprachwissenschaftlern und Journalisten nach Einsendungen von Bürgern bestimmt wird

Begriff: Der Sprecher der Jury, der Linguist Horst Dieter Schlosser (Frankfurt/M.), erklärte »Kollateralschaden« zum U. 1999. Der aus der Militärsprache (collateral da-

mage, engl.; Rand- oder Begleitschaden) stammende Begriff wurde im Kosovo-Krieg Mitte 1999 von der NATO für zivile Opfer benutzt. Er vernebele, so Schlosser, die Tötung vieler Unschuldiger, indem er vom schlimmen Inhalt der Aussage ablenke, und verharmlose militärische Verbrechen als Nebensächlichkeit. Als sprachliche Fehlgriffe benannte die Jury, die Einsendungen von 1865 Personen erhalten hatte, auch »humanitäre Katastrophe«, »Treuhand-Anderkonto« und »Nachbesserung«.

Auswahl: Die Wahl des U. orientiert sich an sprachkritischen Kriterien, nicht an der Häufigkeit der Nennung. Dabei können beide Komponenten, wie bei »Kollateralschaden«, übereinstimmen. Seit 1994 wählt die Jury das U. unabhängig von der Gesellschaft für deutsche Sprache (GfdS, Wiesbaden) aus, die den U.-Wettbewerb ins Leben rief.

www.unwort.de (Jury, Geschichte)

▬ Unwörter des Jahres	
Jahr	*Unwort*
1999	Kollateralschaden
1998	Sozialverträgliches Frühableben
1997	Wohlstandsmüll
1996	Rentnerschwemme
1995	Diätenanpassung
1994	Peanuts
1993	Überfremdung
1992	Ethnische Säuberung
1991	Ausländerfrei

TopTen Länder mit den meisten Kultur- und Naturstätten	
Land	*Weltkultur- und Naturerbe-Stätten*
1. Italien	31
2. Spanien	31
3. Frankreich	26
4. China	23
5. Indien	22
6. Deutschland	22
7. Mexiko	21
8. USA	20
9. Großbritannien	18
10. Griechenland	16
Stand: Januar 2000; Quelle: UNESCO	

Weltkultur- und Naturerbe

Im Dezember 1999 kamen weltweit 35 Kultur- und elf Naturdenkmäler sowie zwei Kulturlandschaften in die Liste des W., die seitdem 630 schützenswerte Stätten in 118 Ländern enthält. Die Zahl der deutschen W.-Denkmäler erhöhte sich um zwei auf 22, die der österreichischen um eine auf fünf. Mit der Benennung von Denkmälern für die W.-Liste, die von der UN-Sonderorganisation für Bildung, Wissenschaft, Kultur und Kommunikation (UNESCO) geführt wird, verpflichten sich die Staaten, ihre W.-Stätten langfristig zu erhalten. Ärmere Länder bekommen Unterstützung aus einem Welterbefonds, in den jährlich etwa 4 Mio US-Dollar aus Pflicht- und freiwilligen Beiträgen der Mitgliedstaaten fließen.

Wörter des Jahres	
Jahr	*Wort*
1999	Millennium
1998	Rot-Grün
1997	Reformstau
1996	Sparpaket
1995	Multimedia
1994	Superwahljahr
1993	Sozialabbau
1992	Politikverdrossenheit
1991	Besserwessi
1990	Die neuen Bundesländer
Quelle: Gesellschaft für deutsche Sprache (GfdS, Wiesbaden)	

Aufnahmen: 1999 wurden u.a. folgende Denkmäler in die W.-Liste aufgenommen:
– Berliner Museumsinsel mit herausragenden architektonisch und museumshistorisch bedeutsamen Bauten des 19./ 20. Jh.
– Wartburg als eine der besterhaltenen Profanbauten des Mittelalters nördlich der Alpen und Ort, an dem Martin Luther die Bibel ins Deutsche übersetzte
– Altstadt von Graz als Habsburgerstadt, in der sich baukünstlerische Entwicklungen seit dem Mittelalter und kulturelle Einflüsse der Nachbarregionen spiegeln
– Robben Island/Südafrika, die Gefängnisinsel, wo der Bürgerrechtler Nelson Mandela 26 Jahre gefangen gehalten wurde, als Nationaldenkmal für die Überwindung der Rassentrennung (Apartheid)
– Darjeeling Himalayan Railway in Indien als erste der Personenbeförderung dienende Bergbahn der Welt (1881), die das Tiefland von Bengalen mit der ehemaligen Sommerfrische in Darjeeling verbindet.

Rote Liste: Anfang 2000 umfasste die Liste der durch Kriege, Verfall, Naturkatastrophen oder städtebauliche Vorhaben gefährdeten Stätten 27 Positionen.

www.unesco.welterbe.de (deutsch)
www.unesco.org/whc/index.htm (fremdsprachig)

Wort des Jahres

Seit 1971 von der Gesellschaft für deutsche Sprache (GfdS, Wiesbaden) gewählter Begriff, der eine wesentliche Entwicklung oder Strömung der letzten zwölf Monate bezeichnet

Begriff: Im Dezember 1999 kürte die GfdS »Millennium«, ein sich aus den lateinischen Wörtern »mille« (tausend) und »annum« (Jahr) zusammensetzendes Fremdwort, zum W. 1999. Der Begriff, der stellvertretend für »Jahr 2000« oder »Jahrtausendwechsel« in aller Munde war, wurde zu neuen Wortbildungen wie »Millennium-Reisen« genutzt.

Weitere Kandidaten: Auf Platz zwei kam der Begriff »Kosovo-Krieg« für einen die politische Diskussion beherrschenden Konflikt; Rang drei nahm »Generation @« ein, da für die junge Generation Computer und Internet selbstverständlich geworden seien. Es folgten »Euroland«, »nachbessern«, »Doppelpass«, »Anderkonto« und »feindliche Übernahme«.

www.geist.spacenet.de/gfds/verlag-D.html
(Beliebteste Vornamen, Sprachberatung, bisherige Wörter des Jahres)

Luftfahrt

Airbus

(engl.: Luftbus), das Verkehrsflugzeug A. ist eine Gemeinschaftsentwicklung europäischer Luftfahrt-unternehmen, die zur Airbus Industrie mit Sitz in Toulouse/Frankreich zusammengeschlossen sind

Bilanz: Das europäische A.-Konsortium erzielte 1999 mit 55% aller zivilen Verkehrsflugzeugbestellungen den höchsten Marktanteil seit Bestehen. 1999 verbuchte das Unternehmen 476 Aufträge im Wert von 30,5 Mrd US-Dollar (408 Flugzeuge der A320-Familie, 68 Langstreckenflugzeuge vom Typ A330/340). Am A.-Konsortium waren BAE Systems (GB), DaimlerCrysler Aerospace (Dasa, D), Aerospatiale Matra (F) und Casa (ES) beteiligt.

A318: Der offizielle Programmstart der um 2,39 m verkürzten Version der A319 erfolgte am 26.4.1999. Das Flugzeug, das die A.-Familie technisch nach unten abrundet (107 Passagiere), hat eine Reichweite von etwa 3700 km. Die Endmontage der Maschine findet ab Frühjahr 2001 in Hamburg statt, der Erstflug des A318 ist für Ende 2001 geplant.

A3XX: Das Projekt für den Bau des neuen Großraumflugzeugs kam 2000 nur mühsam voran. Mitte 2000 lagen ca. 50 Vorbestellungen – größtenteils aus dem asiatischen Raum – vor. Die Entwicklungskosten für den Super-A. wurden auf 12 Mrd US-Dollar (25,2 Mrd DM) geschätzt. Die Endmontage des geplanten europäischen Großraumflugzeugs sollte in Toulouse, der Innenausbau teilweise in Hamburg stattfinden. Am 19.4.

Airbus: Konkurrenz durch Boeing

▸ **B-777:** Am 29.2.2000 verkündete Boeing den Programmstart der neuen Langstreckenversionen B-777-200LR (440 Passagiere) und B-777-300LR (550 Passagiere) mit Reichweiten von 16 328 km bzw. 13 377 km. Die Maschine soll ab 2004 ausgeliefert werden.

▸ **Internet-Anschluss:** Der US-amerikanische Flugzeughersteller B. plante, ab Ende 2001 in seinen Maschinen besondere Telefonanschlüsse einzubauen, um Reisende mit Laptop während des Flugs Internet-Zugang zu bieten. Die B-777-Flugzeuge werden mit neuen Antennensystemen ausgerüstet.

www.boeing.com

Airbus-Unglücke 1990–2000

Datum	Ort	Typ	Airline	Ursache	Opfer
30.1.2000	Côte d'Ivoire	A-310	Kenya Airways	Absturz ins Meer	179
11.12.1998	Suratthani	A-310	Thai Airways	Absturz in Sumpfgebiet	101
16.2.1998	Taipeh	A-300	China Airlines	Absturz bei Landung	196
26.9.1997	Sumatra	A-300	Garuda	unbekannt	234
31.3.1995	Bukarest	A-310	Tarom	Absturz nach Start	60
30.6.1994	Toulouse	A-330	Testflug	unbekannt	7
26.4.1994	Nagoya	A-300	China Airlines	Absturz bei Landung	264
23.3.1994	Sibirien	A-310	Aeroflot	unbekannt	75
14.9.1993	Warschau	A-320	Lufthansa	Feuer bei Landung	2
28.9.1992	Kathmandu	A-300	Pakistan International	unbekannt	167
31.7.1992	Kathmandu	A-310	Thai Airways	unbekannt	113
20.1.1992	Vogesen	A-320	Air Inter	Kollision mit Berg	87
4.2.1990	Bangalore	A-320	India Airlines	Absturz bei Landung	90

Airbus und Boeing: Ausgelieferte Verkehrsflugzeuge

Jahr	Airbus	Boeing
2000[1]	315	480
1999	294	620
1998	229	563
1997	182	375
1996	126	270
1995	124	257

1) geschätzt; Quelle: Boeing

2000 stimmte die EU-Kommission dem Ausbau des Hamburger Airbus-Werkgeländes im Landschaftsschutzgebiet »Mühlenberger Loch« zu. Da im Zusammenhang mit dem Standort Hamburg rund 45 000 neue Arbeitsplätze entstehen, sagte die rot-grüne Bundesregierung im Mai 2000 die Förderung aus Bundesmitteln von rund 5,1 Mrd DM zu.
www.airbus.com; www.daimlerchrysler.com

Die größten Flughäfen

Flughafen	Fluggäste 1999	Veränderung[1]
Berlin gesamt	12 378 368	▲ + 5,2
Tegel	9 605 415	▲ + 8,1
Tempelhof	840 893	▽ – 9,9
Schönefeld	1 932 060	▼ – 0,8
Bremen	1 849 576	▲ + 7,9
Dresden	1 748 181	▲ + 3,5
Düsseldorf	15 925 941	▲ + 1,1
Erfurt	366 793	▲ +14,4
Frankfurt/M.	45 85 315	▲ + 7,3
Hamburg	9 458 608	▲ + 3,6
Hannover	5 097 912	▲ + 5,6
Köln/Bonn	5 990 238	▲ +11,3
Leipzig/Halle	2 156 941	▲ + 2,6
München	21 282 906	▲ +10,2
Münster/Osnabrück	1 564 288	▲ +22,2
Nürnberg	2 779 412	▲ +10,4
Saarbrücken	442 862	▲ + 5,5
Stuttgart	7 688 951	▲ + 6,2

1) gegenüber 1998; Quelle: Arbeitsgemeinschaft Deutscher Verkehrsflughäfen (ADV)

Flughäfen

Berlin: Die Berlin Brandenburg Flughafen Holding (BBF) investierte 1999 über 54 Mio DM u. a. für eine neue Verkehrszentrale in Tegel, Brandmeldeeinrichtungen in Tegel und Tempelhof sowie für ein neues Service-Center in Tegel, das am 21.5.2000 eröffnet wurde. Der Airport Tegel verzeichnete seit dem Parlaments- und Regierungsumzug im Sommer 1999 steigendes Passagieraufkommen. Die Abfertigungskapazität in Tegel wird sich durch Verlagerung des Mietwagencenters sowie durch eine Überbauung des Gebäudes (ab August 2000) um 2,1 Mio Passagiere pro Jahr erhöhen.

Dortmund: Das mehr als 170 Mio DM teure Gesamtprojekt, das im Herbst 2000 fertig gestellt sein sollte, umfasst die direkte Zufahrt und Anbindungen an die A 44/B 1, den Neubau eines zweigeschössigen Terminals und einer Tiefgarage für rund 1350 PKW sowie die Anpassung des Vorfeldes zur Positionierung von zehn Flugzeugen. Das neue Terminal ist für eine Passagierkapazität von rund 1,5 Mio Fluggästen ausgelegt. Die Start- und Landebahn wird bis 2001 auf 2000 m erweitert.

Dresden: Der Bau des neuen Terminals sollte im Dezember 2000 abgeschlossen sein und nach dreimonatigem Probebetrieb planmäßig im März 2001 in Betrieb gehen. Nach den im Herbst 1999 beendeten Rohbauarbeiten für den S-Bahn-Tunnel, durch den Pendelzüge unterirdisch vor das neue Terminal fahren, wurde der Tunnel für dieselbetriebene Bahnen ausgerüstet. Das neue Parkhaus für 1500 PKW-Stellplätze sollte im März 2001 eröffnet werden.

Düsseldorf: Mit einem Auftragsvolumen von 665 Mio DM entsteht bis 2003 ein komplett neuer Flughafen. Der Um- und Ausbauplan gliedert sich in drei Teilprojekte: Erweiterung des Zentralgebäudes; Neubau der Tiefgarage mit rund 800 Stellplätzen; Neubau Flugsteig B. Am 28.5.2000 nahm der neue Fernbahnhof seinen Betrieb auf.

Frankfurt/M.: Als erster Airport der Welt wird Frankfurt/M. ab Anfang 2002 mit dem TACSYS/CAPTS-System (Taxi and Control System/Cooperative Area Precision Tracking System) ein Verfahren zum Orten von Flugzeugen auf Rollwegen und Vorfeldflächen aufweisen, das die Flugsicherheit erhöht. Frankfurt/M. lag 2000 weiter bei der

Luftfracht-Tonnage auf Platz 1 in der Welt und nahm mit seiner Passagierzahl nach London-Heathrow die zweite Position in Europa ein. Die im April 2000 in Betrieb genommene Verlängerung von Flugsteig A schaffte 13 neue Abstellpositionen, die eine Steigerung der Abfertigungskapazitäten um 5 Mio Passagiere pro Jahr bewirkt.

Köln: Nach fast dreijähriger Bauzeit wurde das Terminal 2000 im April 2000 vollendet und im Juni für den Flugbetrieb freigegeben (Baukosten: ca. 380 Mio DM). Das für jährlich 6 Mio Passagiere konzipierte Gebäude ist 300 m lang und 75 m tief (Gesamtfläche: 67000 m²), verfügt über acht Fluggastbrücken und zwölf Busgates. Die Warteräume verteilen sich auf 4000 m².

Leipzig/Halle: Der von der Vereinigung Cockpit zum »Airport des Jahres 2000« gekürte Flughafen nahm am 24.3.2000 die neue 3600 m lange Interkontinental-Runway in Betrieb (Bauzeit: fünf Jahre; Kosten: 1,3 Mrd DM). Die Bauarbeiten an dem ICE-tauglichen Airport-Bahnhof und am neuen Terminal mit einer Kapazität von 7 Mio Passagieren sollten Mitte 2002 beendet sein.

München: Am 14.4.2000 wurde der Grundstein für das neue, exklusiv von Lufthansa und ihren Star-Alliance-Partnern ab 2003 genutzte Terminal gelegt (Kapazität: 20 Mio Passagiere/Jahr). Die Baukosten von ca. 1,3 Mrd DM teilen sich die Flughafen München GmbH (60%) und die Lufthansa (40%).

Nürnberg: Am 16.7.1999 wurde ein komplexes Röntgenprüfsystem zur automatischen Reisegepäckkontrolle in Betrieb genommen. Erstmals in Deutschland können verdächtige Inhalte exakt lokalisiert und identifiziert werden. Die Anlage kann bis zu 1400 Gepäckstücke pro Stunde überprüfen. Mit einer am 27.11.1999 eröffneten Station verfügt der Airport als einziger Verkehrsflughafen Deutschlands über einen direkten U-Bahn-Anschluss zur City bzw. zum Messegelände. Im November 2000 sollte das Mietwagen-Service-Center fertig sein.

Saarbrücken: Am 26.8.1999 begannen die Bauarbeiten für die Erweiterung des bestehenden Terminals (Baukosten: 23 Mio DM; Fertigstellung: geplant Frühjahr 2001). Der Flughafen rechnet für 2010 mit einem jährlichen Aufkommen von 700000 Passagieren (1999: 443000).

Stuttgart: Seit Mai 2000 steht mit Terminal 4 ein weiteres Fluggastgebäude zur Verfü-

Flughäfen: Die meisten Passagiere weltweit

Flughafen		Passagiere in Mio 1999	Veränderung[1]
1. Atlanta		77,9	+ 6,1
2. Chicago O'Hare		72,6	+ 0,1
3. Los Angeles		63,9	+ 4,3
4. London Heathrow		62,3	+ 2,6
5. Dallas		60,0	–
6. Tokio Haneda		54,3	+ 6,0
7. Frankfurt/M.		45,9	+ 7,3
8. Paris CDG		43,6	+12,9
9. San Francisco		40,4	+ 0,7
10. Denver		38,0	+ 3,3
11. Amsterdam		36,8	+ 6,9
12. Minneapolis		34,2	+12,7
13. Detroit		34,0	+ 7,9
14. Miami		33,9	– 0,1
15. Newark		33,8	+ 4,1
16. Las Vegas		33,7	+11,4
17. Phoenix		33,5	+ 5,6
18. Seoul		33,4	+13,4
19. Houston		33,1	+ 6,3
20. New York		32,0	+ 2,9

1) gegenüber 1998; Quelle: BAA plc. Stand: 1999

gung. Die ehemalige Lufthansa-Wartungshalle ist für ca. 2 Mio Passagiere ausgelegt (Kosten: 44 Mio DM). Um das bis 2010 zu erwartende Fluggastaufkommen von etwa 13 Mio Passagieren zu bewältigen, wird bis 2004 für ca. 250 Mio DM ein neues Terminal 3 gebaut, das für 4 Mio Fluggäste ausgelegt ist. Ab Herbst 2000 sollten auf einer Fläche von 15 ha die Anlagen für das neue Luftfrachtzentrum entstehen. Ab 2010 wird der Airport verstärkt über die Schiene erreichbar sein. Im Rahmen des Großprojektes Stuttgart 21 der Deutschen Bahn wird in 25 m Tiefe eine der beiden zum Filderbahnhof gehörenden Stationen an die geplante Bahn-Neubaustrecke Ulm–Stuttgart angeschlossen.

www.german-airports.de (Flughäfen, -schulen);
www.adv-net.de (Deutsche Verkehrsflughäfen);
www.reuss.de (Dok. aus Luft- und Raumfahrt);
www.luftfahrt-presse-club.de

Fluglinien

Allianzen: Zwei große Allianzen dominierten um 2000 den internationalen Luftverkehr, wobei je eine große europäische Airline mit einer bedeutenden US-Gesellschaft den Kern bildete. Hinzu kamen je eine kanadische Linie und Partner in Asien/Ozeanien sowie weitere internationale Airlines. Die Partner der Star-Alliance mit rund 2000 Flugzeugen flogen mehr als 800 Flughäfen an und kamen – gemessen an verkauften Personenkilometern – gemeinsam auf einen Weltmarktanteil von 21%. Das von American Airlines, British Airways, Quantas und Cathay Pacific angeführte Bündnis One World erreichte 19%. Der drittgrößte Zusammenschluss Wings mit Northwest Airlines, KLM, Continental Airlines und Alitalia hielt einen Weltmarktanteil von 11,9%. Delta Airlines, Air France und Korean Air kamen auf 10,3%.

Luftfracht: Im April 2000 gründeten Lufthansa Cargo AG, Singapore Airlines und die skandinavische SAS Cargo die Luftfracht-Allianz New Global Cargo mit Sitz in Frankfurt/M. Ihr standen ca. 60 Großraumfrachtflugzeuge zur Verfügung, die etwa 500 Ziele in 35 Ländern anflogen.

www.star-alliance.com; www.one-world.com; www.reuss.de (Dok. aus Luft- und Raumfahrt)

Flugsicherheit

Die Fluglotsen der Deutschen Flugsicherung GmbH (DFS, Offenbach) kontrollierten 1999 insgesamt 2,46 Mio Flüge. Gegenüber 1990 bedeutet dies eine Steigerung von nahezu 60%. 1999 wurde in Deutschland ein Verkehrszuwachs von 5,8% verzeichnet. Die deutschen Fluglotsen kontrollieren täglich bis zu 8000 Flüge.

Airbags: Luftkissen der US-Firmen AmSafe und BF Goodrich sollen Passagiere bis zur Aufprallenergie von 16 g (Erdbeschleunigung) schützen. Die Airbags werden in den Sicherheitsgurt eingearbeitet und im Notfall von einem Sensorsystem aktiviert. Das Luftfahrt-Bundesamt (LBA, Braunschweig) äußerte sich skeptisch, da eine schlagartige Erhöhung des Kabinendrucks, ausgelöst durch hunderte Airbags, das Flugzeug zerstören könne.

Beinahe-Zusammenstöße: Im Flugverkehr über Deutschland kam es 1999 nach Auskunft der unabhängigen Expertenkommission Aircraft Proximity Evaluation Group (APEG) zu insgesamt 21 Luftfahrzeug-Annäherungen, von denen zehn der Kategorie A (akute Zusammenstoßgefahr) und elf der Kategorie B (Sicherheit nicht gewährleistet) zugerechnet wurden.

Flugzeugabstürze: Nach Angaben der Internationalen Zivilluftfahrt-Organisation (ICAO, Montreal/Kanada) kamen 1999 in der zivilen Luftfahrt bei weltweit 49 Unfällen 740 Menschen ums Leben. Auf 1 Mio Starts kamen in Australien 0,2 Unfälle, in Mittel- und Westeuropa 0,9, in Nordamerika 0,5, in den ehemaligen GUS-Staaten 4,8, in Lateinamerika 5,7 und in Afrika 13 Unfälle.

Ramp-Checks: Die technische und flugbetriebliche Inspektion des LBA überprüfte 1999 insgesamt 1031 (1998: 922) nach Deutschland einfliegende Airlines. 91,4% der überprüften Flugzeuge entsprachen den

Flugsicherheit: Die größten Flugunfälle 1999/2000

Datum	Ort	Typ	Airline	Ursache	Opfer
19.4.2000	Philippinen	Boeing 737	Air Philippines	Absturz bei Landung	131
31.1.2000	Los Angeles	MD-83	Alaska Airlines	Verlust des Höhenruders	88
30.1.2000	Nairobi	Airbus A310	Kenya Airways	Absturz nach Start	170
26.12.1999	Caracas	YAK-42	Cubana	Kollision mit Berg	22
23.12.1999	London	Boeing 747	Korean Air	unbekannt	4
21.12.1999	Guatemala City	DC-10	Cubana	Absturz bei Landung	17
9.11.1999	Uruapan	DC-9	TAESA	Absturz nach Start	18
31.10.1999	Nantucket	Boeing 767	Egypt Air	unbekannt	216
31.8.1999	Buenos Aires	Boeing 737	LAPA	unbekannt	69

internationalen Standards (1998: 88%). Bei 7,1% (1998: 10%) der Luftfahrzeuge wurden Mängel festgestellt, bei denen der Abflug noch erlaubt wurde. Für 15 Flugzeuge (1998: 19) wurde ein Startverbot ausgesprochen, das nach Behebung der festgestellten Mängel vor Ort wieder aufgehoben werden konnte. Einer Airline wurden keine weiteren Einflüge nach Deutschland genehmigt, einem Unternehmen wurde ein vorübergehendes Einflugverbot für ein bestimmtes Flugzeug auferlegt. Die Daten der überprüften Fluggesellschaften werden im Kommunikations- und Informationssystem für Luftverkehrssicherheit (KISLS) zur Analyse erfasst und ermöglichen den Austausch von technischen und flugbetrieblichen Informationen zwischen dem LBA und weiteren für die zivile Luftfahrt zuständigen Stellen.

**www.dfs.de; www.lba.de
www.bfu.de; www.icao.com**

Flugsicherung

Euro-Telematik: Im Auftrag der EU-Kommission arbeitete Euro-Telematik um 2000 an der Untersuchung zukünftiger Luftverkehrsmanagement-Szenarien. Die Teilnahme am Projekt 3FMS (Free Flight – Flight Management System) ermöglicht eine aktive Beeinflussung von Definition und Entwicklung eines europäischen Systems für den sog. Free-Flight-Betrieb.

Europäisches Flugsicherungssystem: Die Einführung des europäischen Satellitennavigationssystems Galileo soll bis 2006 verwirklicht werden. Dadurch wird die Unabhängigkeit Europas von national kontrollierten Systemen – GPS (USA) und GLONASS (Russische Föderation) – erreicht.

Flughafenstrategie: Zur Verbesserung der Flughafensituation in Deutschland verabschiedeten Bund und Länder im Jahr 1998 ein Zehn-Punkte-Programm:
– Bedeutung und Sicherung des Luftverkehrsstandortes Deutschland
– Vernetzung von anderen Verkehrsträgern
– Konzept für die Kapazitätsentwicklung
– Vereinfachung des Planungsrechts
– Maßnahmen zur Lärmminderung
– Bedeutung der Regionalflugplätze
– Privatisierung von Flughäfen
– Kooperation von Flughäfen
– Kostensenkung
– Zusammenarbeit mit der EU.

Flugsicherheit: Verspätungen

Nach Angaben des Central Office for Delay Analysis der Europäischen Flugsicherungsorganisation Eurocontrol (Brüssel) waren 1999 87,7% aller Flüge in Europa pünktlich (1998: 91,5%). Im europäischen Schnitt waren die Flugzeuge 1999 um 5,4 min pro Flug verspätet (in Deutschland: 1,4 min). Die DFS hatte 1999 etwa 7% der flugsicherungsbedingten Verspätungen in Europa zu verantworten. Die EU-Verkehrsminister planten die Verzögerungen auf durchschnittlich 3,5 min zu reduzieren. Um Verspätungen abzubauen, ist langfristig u.a. ein einheitlicher europäischer Luftraum nötig. 1999 startete fast jedes dritte Passagierflugzeug auf den 27 wichtigsten europäischen Flughäfen mit mind. 15 min Verspätung.

Radarzentrale: Die Deutsche Flugsicherung GmbH (DFS, Offenbach) nahm am 3.2.2000 eine neue Radarzentrale in Langen bei Frankfurt/M. in Betrieb. Von hier wird der Flugverkehr in einem Gebiet zwischen Luxemburg, Kassel, Erfurt und der Schweizer Grenze bis zu einer Höhe von 24 500 Fuß (ca. 7500 m) kontrolliert. In dem neuen Gebäude, das mit einem Kostenaufwand von 380 Mio DM errichtet wurde, arbeiteten etwa 600 F.-Experten.

Satelliten: Mit Satellitennavigation lassen sich Positionskoordinaten, Geschwindigkeit und individuelle Flugplandaten über digitalen Datenfunk anderen Verkehrsteilnehmern und der Flugverkehrskontrolle übermitteln. Die mit ADS (Automatic Dependent Surveillance) bezeichnete Technologie garantiert ein bordautonomes, kooperatives Luftverkehrsmanagement.

**www.dfs.de; http://www.lba.de;
www.euro-telematik.de**

Luftfahrtforschung

Fluglärmreduzierung: Das Deutsche Zentrum für Luft- und Raumfahrt (DLR, Köln) wies in einer ersten Testserie des Projektes »Schall/Antischall« nach, dass der Lärm eines Triebwerks vermindert werden kann, wenn man ihn mit Gegenlärm phasenversetzt überlagert. Um den Fluglärm Anfang des 21. Jh. deutlich zu senken, seien nach

Flugsicherung: Tower der Zukunft

Am 23.3.2000 eröffnete die DFS am Flughafen Leipzig/Halle einen hochmodernen Tower (Investitionen: 50 Mio DM). Zu den wichtigsten technischen Innovationen gehören ein modernes Luftlagedarstellungssystem, das sog. TrackView, das Integrierte Daten-Verarbeitungssystem (IDVS) zur aktuellen Informationsversorgung der Fluglotsen sowie ein digitales Sprachvermittlungssystem für den Funk- und Fernsprechverkehr. Rund um die Uhr arbeiten im Wechsel 47 DFS-Angestellte. Bereits am 2.12.1999 hatte in Hannover der erste Tower dieser Art den Betrieb aufgenommen (Investitionen: 49 Mio DM).

Angaben des DLR weitere intensive Forschungs- und Entwicklungsarbeiten nötig.

Lärmarmer Anflug: Wissenschaftler des Instituts für Entwurfsaerodynamik des DLR untersuchten 1999 in Kooperation mit Airbus im Deutsch-Niederländischen Windkanal am Original-Tragflügel eines Airbus A 320 mit Hilfe komplizierter Mikrofonanordnungen lokale Quellen und Details der Lärmabstrahlung während des Landeanflugs. Diese Tests sind vor allem in Hinblick auf die Entwicklung künftiger Großraumflugzeuge von Bedeutung. Um auf dem Weltmarkt konkurrenzfähig zu bleiben, müssen neue Maschinen bei allen Flugzuständen, also auch beim Landeanflug, besonders lärmarm sein.

www.dlr.de; www.daimlerchrysler.de

Luftschiffe

Cargolifter: Ab 2004 sollen Serien-Luftschiffe schwere Lasten weltweit befördern. Ein patentiertes Lastaufnahme- und Lastabsetzverfahren ermöglicht es, eine etwa 50 x 8 x 8 m große Ladebucht für Nutzlasten bis 160 t unter den Bauch des Zeppelins zu

hängen. Bei Brand südlich von Berlin sollte bis Herbst 2000 die weltgrößte freischwebende Werkhalle (Baukosten: 156 Mio DM) fertig gestellt werden. Ende 2001 sollte ein Prototyp des Cargolifters CL 160 den Testbetrieb aufnehmen. Die ersten kommerziellen Starts waren für 2002 geplant, ab 2004 sollen jährlich vier L. produziert werden.

www.cargolifter.com

Luftverkehr

Die Zahl der Flüge über Deutschland stieg 1999 um 5,8% auf 2,46 Mio (1998: 2,32). Dabei machten die 735 000 Überflüge mit 30% den größten Anteil aus. Nach Angaben der Arbeitsgemeinschaft Deutscher Verkehrsflughäfen (ADV, Stuttgart) meldeten die deutschen Airports 1999 in allen Verkehrsbereichen deutliche Zuwächse. Insgesamt nahm das Passagieraufkommen auf den 17 internationalen deutschen Airports um 6,7% zu. Die Zahl der Starts und Landungen stieg gegenüber 1998 um 3,6%, das Luftfrachtaufkommen um 4,9%, das Luftpostaufkommen um 0,8%.

Fluggäste: Das Passagieraufkommen, das auf 134,6 Mio Fluggäste (Ein- und Umsteiger) stieg (1998: 125,9 Mio), war vor allem auf überdurchschnittliche Steigerungen des Verkehrs mit außereuropäischen Ländern (+13,4%) und innerhalb der EU (+9,7%) zurückzuführen. Im innerdeutschen Verkehr stieg die Zahl der Fluggäste um 5,1%. Insgesamt flogen 1999 von deutschen Airports 66,9 Mio Passagiere. Lt. Prognosen sollen die Passagierzahlen im Jahr 2010 die 200-Mio-Marke in Deutschland überspringen. Bis 2010 wird ein Luftfrachtaufkommen von 4,5 Mio t erwartet.

EADS: An der im Mai 2000 von der EU-Kommission unter Auflagen genehmigten Gründung der Aeronautic Defense and Space Company (EADS, Amsterdam) sind die deutsche DaimlerChrysler Aerospace (DASA), die französische Aerospatiale Matra und die spanische CASA beteiligt. EADS soll der drittgrößte Luft- und Raumfahrtkonzern der Welt werden und zivile sowie militärische Flugzeuge, Hubschrauber, Raumfahrttechnik und Waffen herstellen. Die Company, deren Partner 80% Anteile am Airbus-Konsortium gehören, sollte 23 Mrd Euro Jahresumsatz erwirtschaften.

www.adv-net.de; www.dfs.de

Luftverkehr: Airports mit den meisten Fluggästen in Europa		
Flughafen	Passagiere 1999 (Mio)	Veränderung[1]
London-Heathrow	62,3	▲ + 2,6
Frankfurt/M.	45,9	▲ + 7,3
Paris-Charles-de-Gaulle	43,6	▲ +12,9
Amsterdam	36,8	▲ + 6,9
London-Gatwick	30,5	▲ + 4,8
Madrid	27,5	▲ + 8,1
Paris-Orly	25,3	▲ + 1,6
Rom-Fiumicino	23,9	▽ – 5,7
München	21,3	▲ +10,2
Zürich	20,9	▲ + 8,3
Brüssel	20,0	▲ + 8,0
Palma de Mallorca	19,2	▲ + 8,9
Manchester	17,8	▲ + 1,2
Kopenhagen	17,4	▲ + 4,4
Barcelona	17,4	▲ + 7,7
Berlin (Tegel, Schönefeld, Tempelhof)	12,4	▲ + 5,2

1) gegenüber 1998; Quelle: Airports Council Intern.; BLZ/Kühl; ADV

Medien

Digitales Fernsehen

(auch DVB, Digital Video Broadcasting, engl.; digitale Fernsehausstrahlung), Übertragung von TV-Signalen mit digitaler statt analoger Technik und anschließender Datenkomprimierung. Damit wird eine erhöhte Übertragungskapazität ermöglicht.

Die Arbeitsgruppe der Deutschen TV-Plattform aus Rundfunkanbietern, Telekommunikations- und Unterhaltungselektronikunternehmen sowie Verbänden und Behörden, die sich mit der Einführung des D. in Deutschland beschäftigt, legte Anfang 2000 ein Basispapier vor. Darin wurden Grundforderungen für D. formuliert. Die rotgrüne Bundesregierung wollte bis 2010 die herkömmliche analoge Technik bei der Rundfunkübertragung durch digitale ersetzen. Die Digitalisierung erlaubt über den Radio- und Fernsehempfang hinaus das Zusammenwachsen von Fernsehen, Internet und Telekommunikation. Ziel ist, alle Dienste (TV, bestimmte Informationen, Navigationshilfen, Internetangebote) über ein und dasselbe Gerät zu nutzen.
Deutsche TV-Plattform: Die Beteiligten forderten, D. müsse ein offener Markt sein, bei dem auf allen Stufen der Wertschöpfungskette Wettbewerb möglich sei. Nur so könne eine Vielfalt an Programmen und neuen Diensten sowie die Möglichkeit der breiten Nutzung durch den Kunden sichergestellt werden. Als technischer Standard für das Empfangsgerät von D. in Europa war bereits Ende 1999 die Multimedia Home Platform (MHP) festgelegt worden.
Angebot: 2000 wurden in Deutschland nur ein Teil des kostenpflichtigen Pay-TV Premiere World sowie Angebote der öffentlichrechtlichen Sender ARD und ZDF, die frei empfangbar waren, digital gesendet.
Empfang: Voraussetzung für den Empfang von Premiere World und digitaler Angebote von ARD und ZDF war die d-box, die digitale Daten in Bild- und Tonsignale umwandelt. Als Zugang zu Bezahl-Programmen wird die d-box voraussichtlich nicht weiteren Anbietern der Konkurrenz zur Verfü-

gung gestellt. Eine breite Nutzung des Digitalangebots soll die MHP ermöglichen.
DVB-T: Neben der Verbreitung digitaler Angebote via Satellit und Kabel (DVB-S) wurde in Deutschland um 2000 das DVB-T getestet, mit dem die Übertragung digitaler Signale über eine terrestrische Frequenz möglich ist. Auf einer Frequenz konnten statt vorher ein mit DVB-T bis zu sechs Programme mit deutlichem besserem Empfang übertragen werden.

Fernsehen

1995–99 stieg die Dauer des täglichen Fernsehkonsums in Deutschland um 11 min auf 185 min. Einer Studie des Instituts der deutschen Wirtschaft (IW, Köln) zufolge trugen vor allem die Menschen in den neuen Bundesländern zum Anstieg bei. Ihr Fernsehkonsum erhöhte sich um 15 min pro Tag auf 207 min. Die Media Analyse ergab Anfang 2000, dass F. nach wie vor beliebteste Freizeitbeschäftigung der Deutschen war. Sportübertragungen und aktuelle Kinofilme waren Publikumsmagneten. Öffentlichrechtliche und private Sender konkurrierten auch mit Eigenproduktionen.
Eigenproduktionen: 1999 strahlten die fünf größten TV-Sender ARD, ZDF, RTL, SAT.1 und Pro 7 insgesamt die Rekordzahl von 290 eigenproduzierten TV-Dramen aus. Eine Eigenproduktion kostete 1999 im Schnitt 2 Mio–3 Mio DM und war teilweise erheblich preisgünstiger als die Film- und Serieneinkäufe aus den USA.

Fernsehen: Spartenkanäle

▶ **Definition:** Spartenkanäle sind Fernsehprogramme nur für eine bestimmte Zielgruppe mit eigenen Themen.

▶ **Wirtschaftliche Situation:** Bis auf wenige Ausnahmen wie den Nachrichtenkanal N-TV, den Musiksender Viva und das Familienprogramm Super RTL machten die rein werbefinanzierten 19 analogen Spartenkanäle in Deutsch-

land 1999 überwiegend Verluste. Ursache war u. a. die mangelnde Reichweite, die auf die begrenzten Kapazitäten im Kabelnetz zurückzuführen war. Ohne Einspeisung ins Kabelnetz erreichten die Spartenkanäle zu wenige Zuschauer, so dass sich auch die Werbung treibende Wirtschaft mit der Schaltung von Spots zurückhielt.

▓ Adolf-Grimme-Preisträger 2000

Kategorie / Preisträger	Beitrag	Sender
Fiktion und Unterhaltung		
Lars Kraume (Buch/Regie) Andreas Doub (Kamera) Oliver Korittke (Darsteller)	Dunkel	ZDF
Hartmut Schön (Buch/Regie) Peter Döttling (Kamera) Ulrich Tukur (Darsteller)	Warten ist der Tod	ZDF/Arte
Peter Freiberg, Michael Ganten- berg, Thomas Koch (Buch) Gaby Köster (Hauptdarstellerin)	Ritas Welt	RTL
Götz Alsmann (Moderation) Christine Westermann (Moderation) Jörg Thadeusz (Reporter)	Zimmer frei	WDR
Hussi Kutlucan (Buch/Regie)	Ich Chef, Du Turnschuh	ZDF
Publikumspreis der »Marler Gruppe«		
Alex Ross (Buch/Regie)	Move on up	ZDF
Information und Kultur		
Mischka Popp, Thomas Bergmann (Buch/Regie), Jörg Jeshel (Kamera) Peter Przygodda (Schnitt)	Kopfleuchten	ZDF
Dariusz Jablonski (Buch/Regie)	Der Fotograf	Arte/MDR
Claudia Richarz (Regie/Co-Autorin) Carl Ludwig Rettinger (Idee/Co-Autor)	Abnehmen in Essen	Arte/WDR
Jörg Hoppe (stellv. für Produktion) Rolf Bringmann (stellv. für Redaktion) Marcus Vetter (Buch/Regie)	Der Tunnel	SWR
Jerzy Stadkowski (Buch/Regie) Gunnar Källström (Kamera)	Schwedischer Tango	ZDF/Arte/ SVT/TVP
Spezial		
Sasha Waltz (Buch/Regie, Produktion)	Allee der Kosmonauten	ZDF/Arte
Gerhard Delling, Günter Netzer	Präsentation der Fußball-Länderspiele	NDR
Franz Xaver Gernstl (Buch/Regie)	Gernstl unterwegs	BR
Besondere Ehrung		
Dieter Stolte (Intendant des ZDF)		
Sonderpreis des Kulturministeriums NRW		
Christian Bettges (Autor)	Pop 2000	WDR/BR/ HR/MDR/
Frank Jastfelder (Autor) Stefan Kloos (Autor) Tom Theunissen (Autor) Simone Adelsbach (Koordination)		NDR/SFB/ SR/RB

Justizshows: 1999 setzten die TV-Veran-stalter zunehmend auf Gerichtssendungen, wie sie das ZDF seit 1974 überträgt (»Wie würden Sie entscheiden?«). SAT.1 strahlte »Richterin Barbara Salesch« aus, das ZDF »Streit um drei«. Die Vox-Sendung »Klarer Fall?! – Entscheidung bei Radka« wurde nach 14 Tagen mangels Quote eingestellt. Dem Anspruch, Zivilrecht durch authenti-sche Fälle transparenter zu machen, wurden die Sendungen lt. Kritikern nicht gerecht.

Homosexuelle: RTL (»anders-Trend«), die ARD-Anstalt WDR (»Andersrum«) und Vox (»gaywatch«) strahlten ab 1999 erst-mals Programme für Homosexuelle aus. Bis auf »gaywatch« erzielten die Sendungen gute Einschaltquoten und wurden von der Werbewirtschaft für Spots gebucht. Homo-sexuelle gehörten überwiegend zu den gut Verdienenden und stellten eine attraktive Zielgruppe für die Wirtschaft dar.

Jugendschutz: Seit 1.4.2000 müssen alle Fernsehsender lt. EU-Richtline nicht jugend-freie Filme deutlich ansagen. In Deutsch-land mussten 2000 Filme, die erst ab 16 Jah-ren gesehen werden durften, ab 22 Uhr, Filme ab 18 Jahren erst ab 23 Uhr gezeigt werden. Der digitale Anbieter Premiere World durfte ab April 2000 Filme ab 16 Jah-ren zwar rund um die Uhr ausstrahlen, musste sie aber mit einer Vorsperre ver-schlüsseln. Die Sperre kann mit einem vier-stelligen PIN-Code per Fernbedienung ent-fernt werden.

ARD-Finanzausgleich: Die für Rundfunk zuständigen Bundesländer beschlossen An-fang 2000, den Finanzausgleich in der ARD, nach dem finanzstarke Anstalten einkom-mensschwache unterstützen, bis 2005 auf 100 Mio DM nahezu zu halbieren. Das Stimmrecht im ARD-Verbund wurde nach Sendergröße neu gestaffelt. Insbes. die CDU hatte sich in der Vergangenheit ver-stärkt für die Abschaffung des Finanzaus-gleichs eingesetzt. Die ARD gilt als poli-tisch eher links orientierter Sender.

www.ard.de; www.zdf.de; www.rtl.de; www.sat1.de; www.pro7.de; www.vox.de

Fernsehwerbung

Wie in den Vorjahren steigerte das deutsche Fernsehen seine Einnahmen aus F. auch 1999. Öffentlich-rechtliche und private Sen-der erlösten insgesamt 8,4 Mrd DM aus F. (+6,8% gegenüber 1998). Der Zuwachs war lt. Zentralverband der deutschen Werbewirt-schaft (ZAW, Bonn) höher als prognostiziert und vor allem auf den Zugewinn bei Spar-tenkanälen mit einem Programmangebot für bestimmte Zielgruppen zurückzuführen. Die F. erhöhte ihren Anteil am Werbemarkt

Einschaltquoten: Zuschauer-Marktanteile 1999 (%)

Sender	ab 3 Jahre	Veränderung[1]	14–49 Jahre	Veränderung[1]
RTL	14,8	▽ –0,3	17,8	● 0
ARD	14,2	▽ –1,2	9,8	▲ +1,4
ZDF	13,2	▽ –0,4	8,2	▲ +0,2
ARD 3. Progr.	12,5	▲ +0,2	8,1	▽ –0,2
SAT.1	10,8	▽ –1,0	12,8	▽ –0,1
Pro 7	8,4	▽ –0,3	13,5	▽ –0,4
Kabel 1	5,4	▲ +1,0	5,3	▲ +0,6
RTL 2	4,0	▲ +0,2	5,7	▲ +0,7
Super RTL	2,8	▽ –0,1	2,3	▽ –0,3
Vox	2,8	–	3,9	▲ +0,2
DSF	1,3	▲ +0,2	1,5	▲ +0,2
Eurosport	1,1	–	1,1	▽ –0,1
tm3	1,0	▲ +0,4	1,1	▲ +0,4
N-TV	0,7	▲ +0,1	0,8	▲ +0,2

1) Prozentpunkte gegenüber 1998; Quelle: MA: PC#TV/RTL/Media 1, W&V2/2000

gegenüber 1998 um einen Prozentpunkt auf 20%; es war fast eine Verdoppelung gegenüber 1990 (11%). Das Fernsehen behielt 1999 den zweiten Rang unter den Werbeträgern hinter den Tageszeitungen (28% Markanteil).
Rundfunkstaatsvertrag: Ab April 2000 wurden die F.-Richtlinien mit der vierten Änderung des Rundfunkstaatsvertrags von 1987 von den für Rundfunk zuständigen Bundesländern gelockert. Die Änderung erlaubt den Split-Screen (engl.; geteilter Bildschirm), bei der auf einem Teil das Programm weiterläuft, während auf dem Rest F. eingeblendet wird. Auch das Überblenden von vorhandenen Werbeflächen, etwa den Banden des Fußballstadions, mit anderer Werbung ist gestattet. Virtuelle Werbung auf einer Reklamefläche auf dem Bildschirm, die real nicht vorhanden ist, bleibt dagegen

Entwicklung der Netto-Einnahmen aus Fernsehwerbung

Jahr	Netto-Werbeeinnahmen insgesamt (Mio DM)	TV-Einnahmen (Mio DM)	TV-Zuwachs (%)[1]	Anteil TV am Werbemarkt (%)
1999	42 668,6	8444,4	6,8	20
1998	41 113,6	7904,9	6,3	19
1997	38 653,7	7438,2	7,8	19
1996	37 285,8	6896,9	8,7	18
1995	36 338,5	6342,0	12,6	17
1994	33 927,5	5630,4	16,6	17
1993	31 917,9	4827,4	11,5	15
1992	31 255,0	4328,2	16,8	14
1991	28 347,0	3704,6	34,0	13
1990	24 613,2	2764,2	22,5	11

1) gegenüber 1998; Quelle: Zentralverband der deutschen Werbewirtschaft (ZAW)

Internet-Radio und -Fernsehen

Internet-Radio: Nach einer US-Studie verbreiteten um 2000 rund 6000 Radiostationen ihr Programm via Internet, 1500 davon waren außerhalb der USA ansässig. Weltweit hörten lt. einer weiteren US-Studie ca. 45 Mio Surfer via Internet Radio. Etablierte Radiosender in Deutschland wie die Deutsche Welle stellten ein Zusatzangebot zum herkömmlichen Programm ins Internet, neu entstandene Sender verbreiteten ihr Programm allein über Internet. Die populärsten Internet-Radios erreichten pro Woche bis zu 500 000 Hörer.

▶ **Empfang:** Für den Empfang von Internet-Radio sind ein PC mit Soundkarte und Boxen sowie ein Internetzugang nötig. Für die Dauer des Hörens musste der Nutzer um 2000 in Deutschland anders als in den USA Internet-Gebühren (Telefongebühren) zahlen. Die Klangqualität blieb weit hinter der des herkömmlichen Rundfunks zurück.

▶ **Angebot:** Etablierte Sender übertrugen im Internet-Radio Teile des eigenen Hörfunkprogramms oder boten die Möglichkeit, ausgewählte Sendungen abzurufen. Reine Internet-Radios suchten eine Programmnische, z. B. Underground-Musik. Am häufigsten wurden Musikprogramme und Konzerte gehört, Unterhaltung und Nachrichten folgten in der Beliebtheitsskala.

▶ **Finanzierung:** Der Betrieb eines Internet-Radios war preiswerter als der von Radiostationen. Kosten für Satelliten- oder Kabelverbreitung entfielen. Reine Internet-Radios finanzierten sich über Werbung.

▶ **Internet-TV:** Fernsehprogramme, die via Internet auf dem Computerbildschirm empfangen werden können, werden sich nach Studien 2003–2005 neben herkömmlichem Fernsehen etablieren. 2000 stellten die meisten Fernsehsender ein zusätzliches Angebot ins Internet. Veranstalter wie tv 1,

INETV und newsroom-tv übertrugen ihre Programme nur via Internet. Diese Sender finanzierten sich wie Internet-Radio aus Werbung und Sponsoring.

▶ **Empfang:** Internet-Nutzer benötigten für den Empfang von bewegten Bildern und Tönen über Internet ein Zusatzprogramm für ihren Browser, das kostenlos erhältlich war. Um Internet-TV in guter Fernsehqualität empfangen zu können, war ein ADSL-Anschluss der Deutschen Telekom oder eine 2-Mbit-Standleitung erforderlich.

▶ **Angebot:** Nutzer erhielten bei Internet-TV Zusatzangebote der etablierten Fernsehsender. Die reinen Internet-Sender wie tv1, INETV und newsroom-tv übertrugen um 2000 vor allem tägliche Pressekonferenzen von wichtigen Messen. Journalisten konnten Live-Videos und Hintergrundinfos abrufen und während der Pressekonferenz per E-Mail Fragen stellen.

---

untersagt. Die Dauer der Werbung wird auf die Länge eines Spielfilms bzw. einer Serie angerechnet (Bruttoprinzip). So sind Unterbrechungen durch F. eventuell öfter als bis dahin möglich. Privatsender nutzten ab April 2000 häufig die neue Werbefreiheit, die öffentlich-rechtlichen Sender waren zurückhaltend.

Zeitgleiche Spots: Die Kirch-Gruppe mit den Sendern SAT.1, Pro 7 und Kabel 1 sowie die CLT/Ufa mit den Anbietern RTL, RTL 2, Super RTL und Vox planten Mitte 2000 die Einführung des Roadblocking (engl.; Straßensperrung). Ein Spot wird zeitgleich auf allen Kanälen des Konzerns gezeigt. Zappen (engl.; umschalten) auf einen anderen Kanal, mit dem viele Zuschauer auf Werbeeinblendungen reagieren, nützen nichts mehr. Die Konzerne nahmen an, dass die Spots mehr Zuschauer erreichen und die Spot-Preise sich erhöhen.

Giga

Interaktives Fernsehprogramm, das die Möglichkeiten des Internet thematisiert und nutzt

Das 1998 gestartete Programm, das vom europäischen Ableger des US-Fernsehunternehmens NBC veranstaltet wird, plante für 2000 die Ausweitung der Sendezeit vom Nachmittag (15–20 Uhr) auf den Vormittag und die Abendstunden (20–22 Uhr). Das werbefinanzierte G. rechnete für 2000 mit Einnahmen von 36 Mio DM bei Programmkosten von 24 Mio DM.

Programm: Im Nachmittagsprogramm von G. geben Netzreporter Themen vor, zu denen sich die Zuschauer, um diese Zeit meist Jugendliche, via Internet äußern können. Sie weisen auf Internet-Seiten hin und senden per E-Mail Alltagsgeschichten, Kommentare und Meinungen.

Kosten: Die Sendungen von G. können relativ preiswert produziert werden, teure Außendrehs und Einkauf von Senderechten entfallen. G. kann im Internet und im TV von Werbeeinblendungen profitieren.
www.giga.de

Kabelnetz

Netz aus breitbandigem Kupferkoaxial- oder Glasfaserkabel, das die Telekom in Deutschland zur Verbreitung von Hörfunk und Fernsehprogrammen eingerichtet hat. Die Nutzung des K. erhöht die Zahl der zu empfangenden Programme (1999 analog: etwa 33) gegenüber der üblichen Hausantenne und garantiert einen weitgehend störungsfreien Empfang. Neben der Telekom betrieben private Firmen den Anschluss der Haushalte ans K. der Telekom, das in zwei Dritteln der Fälle nur bis zur Haustür verlegt war, und eigene kleinere Netze.

Mitte 2000 nutzten 59% der 35,5 Mio TV-Haushalte einen Kabelanschluss zum Rundfunkempfang. Die Deutsche Telekom hatte Mehrheitsanteile an acht der neun regionalen K. verkauft und damit auf Druck der EU-Wettbewerbsbehörde reagiert, die mehr Konkurrenz auf dem zweitgrößten K.-Markt der Welt gefordert hatte. Um 2000 hatte die Telekom mit dem K. jährlich bis 1,3 Mrd DM Verluste verkraften müssen.

Mit den neuen Partnern wollte sie das K. zum multimedialen Breitbandnetz ausbauen, das TV-Empfang, schnellere Internetnutzung als die Telefonleitung, interaktives TV, Video und Audio on Demand sowie Telefonieren erlaubt (Investitionen: ca. 10 Mrd DM).

Verkauf: Das K. wurde Anfang 2000 in den Verkaufsverhandlungen mit rund 25 Mrd DM bewertet. Das größte regionale deutsche K. in NRW mit 4,13 Mio angeschlossenen Haushalten und das K. in Baden-Württemberg mit 2,2 Mio Kunden wurden im Februar bzw. Mai 2000 von der Investorengruppe Callahan Associates (Denver/Colorado) erworben. Mit 20 Mio Anschlüssen war der Konzern 2000 einer der größten K.-Betreiber in Europa. Die Londoner Investorengruppe Klesch & Company Limited erwarb 65% Anteile am K. in Hessen mit 1,3 Mio Haushalten (Preis: rund 2 Mrd DM). Über den Verkauf weiterer vier Regionalnetze verhandelte die Telekom Mitte 2000.

Strategische Allianz: Telekom und Kirch-Gruppe (München), die in Deutschland um 2000 fünf Privatfernsehsender und den einzigen Pay-TV-Kanal kontrollierte, erwogen 2000 eine Kooperation. Gemeinsam wollten sie die Voraussetzungen für Internetzugang über K. schaffen. Das von Kirch entwickelte Dekodierungsgerät (d-box) sollte zum Empfang von digitalem Fernsehen aufgerüstet und als Standardgerät für Digital- und Pay-TV durchgesetzt werden. Auch der Anschluss ans Internet über das K. sollte exklusiv über die d-box erfolgen. Die Kartellbehörden wollten prüfen, ob die Telekom nach dem Teilverkauf des K. über den Decoder weiter bestimmen könne, was über Kabel laufe; dies sei wettbewerbswidrig.

Medienkonzentration

Die Jahre 1999/2000 waren im Medienbereich von Fusionen gekennzeichnet. Treibende Kraft war die Annahme, dass Angebote bei Telekommunikation, Fernsehen und Computer verschmelzen. Unternehmen mit klassischen Mediensparten suchten über Beteiligungen und Übernahmen mit neuen Medienfirmen u. a. den Einstieg ins Internet-Geschäft. Die führenden deutschen Medienunternehmen Bertelsmann (Gütersloh) und Kirch (München) versuchten, Inhalte (Filme, Serien, Shows, Sportübertragungen) zu erwerben und Wertschöpfungsketten zu schaffen – von der Produktion der Inhalte über den Handel bis zur Vermarktung bei Werbern und im Internet.

AOL Time Warner Inc.: Der Online-Dienst America Online (AOL) übernahm Anfang 2000 den weltgrößten Medienkonzern Time Warner. Die Fusion hatte ein Volumen von 165 Mrd US-Dollar. AOL verfügte über Internet-Know-how und einen wachsenden Kundenstamm von rund 200 Mio Abonnenten. Time Warner besaß Inhalte, die auch über Internet vermarktet werden sollten (Verlage, Musikfirmen, Film- und Fernsehproduktion, TV-Programme, Tele-Shopping).

Musikgeschäft: Anfang 2000 beschlossen Time Warner und die britische EMI Group die Fusion beider Unternehmen zum weltgrößten Musikkonzern. Er kontrollierte ein Viertel des Weltmarkts. In den folgenden Jahren sollten 10% des Geschäfts via Internet abgewickelt werden. Hintergrund war der Trend, online abgerufene Musikstücke später auf CD zu brennen.

Medienkonzentration: Bertelsmann

▶ **Vox:** Als Gegengewicht zur Kirch-Gruppe formierte sich auch Bertelsmann (Gütersloh), das weltweit zweitgrößte Medienunternehmen, neu. Es übernahm Anfang 2000 über das von ihm dominierte Privat-TV RTL von Rupert Murdoch für 650 Mio DM 49,9% Anteile an Vox. Murdoch hatte für die Anteile 1995 am damals verlustreichen Sender 1 DM bezahlt. Weitere 49,8% Anteile lagen beim RTL-Hauptgesellschafter CLT/Ufa, an dem Bertelsmann ebenfalls beteiligt war. Die CLT/Ufa wollte mit dem Kauf für ihre Senderbeteiligungen (auch RTL2, Super RTL) erreichen, dass Filmeinkäufe z.B. auf alle vier Sender aufgeteilt werden und sich besser refinanzieren lassen.

▶ **Pearson TV:** Im Mai 2000 gab Bertelsmann den Zusammenschluss der CLT/Ufa mit dem britischen Pearson TV zur RTL Group bekannt. Mit der Fusion stärkte die CLT/Ufa, die über 22 TV- und acht Radiosender verfügte, den Produktionsbereich, denn Pearson gehörte zu den weltweit führenden Anbietern von Serien und Spielshows. Um das Rundfunkgeschäft wollte Bertelsmann Internet-Aktivitäten ausbauen.

▶ **Strategische Allianz:** Mit dem Haupteigner des französischen gegen Gebühr zu beziehenden Pay-TV Canal plus, Vivendi, vereinbarte die RTL Group eine Kooperation bei Film- und Rechteeinkäufen. Diese Einkaufsmacht soll die Position gegenüber den großen Hollywood-Filmstudios stärken, die bis fahin überwiegend an die Kirch-Gruppe verkauften. Während Canal plus die Pay-TV-Rechte abnehme, kaufe RTL Group die Ausstrahlungsrechte für das frei empfangbare TV.

▶ **AOL:** Aus der Allianz mit dem Online-Dienst America Online (AOL) zog sich Bertelsmann Anfang 2000 zurück. Für 16,5 Mrd DM verkaufte der Konzern seine Anteile an den US-Mutterkonzern. Zugleich wurde eine Kooperation vereinbart: AOL wird bestimmte Bertelsmann-Angebote bevorzugt über seine Dienste im Internet verbreiten; Bertelsmann trägt dafür zur Verbreitung der Marke AOL bei.

Kritik: Medienexperten sahen die Meinungsunabhängigkeit der von der AOL-Time Warner-Fusion betroffenen Medien bedroht. So werde die Zeitschrift »Time« nicht mehr unbefangen über AOL-Konkurrenten wie Yahoo oder Amazon berichten können. Mit der Festigung der beiden großen Blöcke Bertelsmann und Kirch im deutschen Privat-TV sahen Kritiker die Meinungsvielfalt bedroht. Kleineren Fernsehunternehmern sei es unmöglich, ihr Geschäft unabhängig von den TV-Giganten zu betreiben. Lt. einer im Februar 2000 präsentierten deutschen Studie wurden Medienkonzerne kaum noch kontrolliert. Sie agierten ohne Opposition, was zur schleichenden Auflösung der politischen Klasse führe.
www.aol.com; www.time.com;
www.bertelsmann.de; www.kirch.de

Nachrichtenkanal

TV-Sender mit Schwerpunkt Information

Das drittgrößte Privat-TV Deutschlands, Pro 7, startete im Januar 2000 mit N 24 einen eigenen N. (Anteilseigner: Pro 7 Media AG, 74,9%, Frankfurter Allgemeine Zeitung, 25,1%). Das größte Privatfernsehen RTL will 2003/2004 einen N. starten. Medienexperten hielten N. weiter für einen Wachstumsmarkt. Der bis dahin einzige N.,

N-TV, erwirtschaftete 1999 nach verlustreichen Jahren zum zweiten Mal Gewinne (16,3 Mio DM, 1998: 0,6 Mio DM).
N 24: Der N. strahlte 2000 zu jeder vollen Stunde Nachrichten aus, zu jeder halben Stunde eine Aktualisierung der Informationen, um Viertel vor und um Viertel nach jeweils Wirtschaftsmeldungen. Liveschaltungen zu den Börsenplätzen der Welt, Talkshows mit Unternehmern, Magazine, politische Analysen und eine geplante Late-Night-Show rundeten das Programm ab. Um 21 Uhr wurde jeweils eine 45-minütige Hauptnachrichtensendung übertragen. N 24 soll die Programmpalette der zum Konzern gehörenden Sender Pro 7 und Kabel 1 (meist Filme und Serien) ergänzen. 2000 konnte N 24 nur 30% der Fernsehhaushalte über Kabel und Satellit erreichen, 2004 soll sich die Reichweite auf 70% erhöhen. Dann soll der N. Gewinne einfahren.
N-TV: Der Berliner Sender führte seinen Erfolg auf das in Politik und Wirtschaft ereignisreiche Nachrichtenjahr 1999 zurück. Bei den Börsengängen habe es einen Rekord gegeben, die Zuschauer interessierten sich zunehmend für Aktien. Die Zielgruppe von N-TV, jüngere Menschen mit hohem Bildungsniveau und gutem Einkommen, war für die Werbewirtschaft attraktiv.
Hintergrund: Fernsehexperten stellten um 2000 ein erhöhtes Informationsbedürfnis der Zuschauer fest. Ereignisse wie Wahlen, Katastrophen und Konflikte steigerten das Interesse an Nachrichten. Mit dem Run privater Anleger auf die Börsen verstärkte sich die Nachfrage nach Wirtschaftsinfos.

Pay-TV

(to pay, engl.; bezahlen, auch Bezahlfernsehen, Abonnentenfernsehen), TV-Programme, die gegen eine Gebühr abonniert werden

Rupert Murdoch, dessen News Corporation drittgrößter Medienkonzern der Welt war, kaufte Ende 1999 über sein britisches P. BskyB 24% Anteile am einzigen deutschen P. Premiere World (Anteile aus dem P. Premiere (Anteile der Kirch-Gruppe: 95%) und dem ab 1996 ebenfalls von Kirch betriebenen digitalen P. DF 1 hervorgegangene Sender Premiere World bot Mitte 2000 insgesamt 17 Kanäle und hatte 2,2 Mio Abonnenten. 2002 soll das dann nur digital verbreitete P. mit 4 Mio Abonnenten erste

---

Pay-TV in Europa und den USA

Großbritannien: Kein britisches Medienunternehmen verzeichnete 1999 ähnlich hohe Wachstumsraten wie das britische P. BskyB. In manchen Monaten kamen 100 000 neue Abonnenten hinzu. Ende 1999 wurde BskyB von rund 8 Mio Kunden in England und Irland empfangen. Diese Entwicklung wurde Ende 1998 ausgelöst, als BskyB begann, den für den Empfang erforderlichen Decoder an neue Kunden zu verschenken.

Frankreich: Lange Jahre war Canal plus einziges P. in Frankreich. 1996 kam CanalSatéllite, von Canal plus lanciert, hinzu, wenige Monate später TPS (Télévision par satéllite) vom Privatsender TF1. Ende 1999 hatten ca. 7,5 Mio Franzosen ein P.-Programm abonniert.

Italien: Um 2000 warben zwei Anbieter um Kunden, Tele+, das 1991 vom Medienunternehmer

und Politiker Silvio Berlusconi gegründet worden war, und Stream (ab 1993), das zu großen Teilen der News Corporation von Rupert Murdoch gehörte. Beide erreichten Ende 1999 insgesamt 2,5 Mio P.-Kunden.

Spanien: Der seit 1990 bestehende P.-Anbieter Canal Satélite Digital und der einstige Wettbewerber Via digital einigten sich Ende der 90er Jahre auf eine strategische Partnerschaft. Mit Exklusivrechten an Fußballiga, Stierkämpfen und mit Spielfilmangeboten eroberten die Sender private Kunden und Barbetreiber.

USA: Fast jeder US-Haushalt hatte Ende 1999 mind. einen Film-Sender abonniert (Preis: ca. 13 Dollar/Monat). Sie zeigten meist Filme, die auch in Vidcothekon auslagon. Ak tuellere Kinohits waren als Pay per view (engl.; zahlen fürs Sehen) zu beziehen. Der Kunde zahlte für jeden bestellten Film extra (rund 4 US-Dollar).

Quelle: Die Welt, 7.12.1999

Top Ten	Presse: Die erfolgreichsten Zeitschriften		
Titel	*Umsatz 1999 (Mio DM)*	*Veränderung (%)[1]*	*Anzeigenanteil (%)[2]*
1. Der Spiegel	775,36	▲ +4,7	65,1
2. Stern	713,79	▲ +1,5	63,4
3. Focus	665,92	▲ +6,5	72,6
4. Bild am Sonntag	546,83	▼ −0,3	47,2
5. TV Spielfilm	428,45	▲ +2,1	61,0
6. Hörzu	381,97	▼ −4,5	29,2
7. TV Movie	338,04	▼ −3,3	49,2
8. Brigitte	299,41	▲ +5,3	67,8
9. TV Hören u. Sehen	245,49	▽ −4,7	18,2
10. Bild der Frau	239,72	▲ +3,2	45,7

1) gegenüber 1998; 2) am Gesamtumsatz; Quelle: kress report 7/2000

Gewinne erzielen. Medienexperten befürchteten, dass mit dem Einstieg Murdochs ein Monopol der Kirch-Gruppe im digitalen Fernsehmarkt entstehe.

Empfang: Für den Empfang des herkömmlichen, analog verbreiteten P. war ein sog. Decoder zur Entschlüsselung der TV-Signale erforderlich. Digitales P. konnte lediglich mit der d-box empfangen werden.

Einstieg: Murdoch zahlte für seine Anteile an Premiere World 1 Mrd DM bar und Aktien des P. BSkyB für rund 2 Mrd DM. Daraus ergab sich für die Kirch-Gruppe ein Anteil von 4,6% am britischen P. und der Einstieg ins P. in Großbritannien. Kirch erhoffte sich vom britischen Marktführer mit rund 8 Mio Abonnenten Know-how-Transfer in Marketing und Vertrieb für Premiere World. Bis zur geplanten Erreichung der Gewinnzone 2002 wird Kirch seit 1991 ca. 11 Mrd DM in P. investiert haben.

Wettbewerb: Im März 2000 genehmigte die EU-Wettbewerbskommission den Zusammenschluss im deutschen P. Doch muss Premiere World technische Auflagen erfüllen. Die technische Plattform muss für Anbieter neuer digitaler interaktiver Dienstleistungen geöffnet werden. Konkurrenten sollen Decoder bauen und Kirch-Know-how für Zugangssysteme nutzen können. Bis Mitte 2000 wurde in Deutschland nur der von Kirch entwickelte Decoder d-box angeboten. Dieses Monopol im P.-Bereich sollte für interaktive TV-Dienste vermieden werden.
www.kirch.de

Presse

Die Mehrzahl der Publikationen wies Ende 1999 gegenüber 1998 sinkende Auflagen auf. Kostenlos verteilte Tageszeitungen verschärften den Wettbewerb. P.-Erzeugnisse waren um 2000 zunehmend im Internet vertreten, wobei das Engagement weitgehend nicht kostendeckend war.

Auflagen: Aktuelle Magazine wie »Der Spiegel« und »Focus« mussten 1999 gegenüber 1998 ebenso Auflagenverluste hinnehmen wie die meisten Wochenzeitungen. Ausnahme war »Die Welt«, die 6% mehr Käufer verzeichnete. Auflagenverluste der etablierten Programmzeitschriften von 2,3% bis 27,2% waren Folge der 1999 erstmals erschienenen preisgünstigeren Titel »TV 14« und »TV direkt«, die bis Ende 1999 über 2 Mio Exemplare pro Auflage verkauften. Ein boomendes Segment blieb 1999 die Wirtschafts-P. mit Steigerungsraten bis 48,5%. Hier machte sich das gesteigerte Interesse der Leser an Wirtschaftsthemen bemerkbar. Auch EDV- und Online-Titel wiesen hohes Wachstum auf. Das Kundenmagazin »T-Online für Einsteiger« erhöhte seine Auflage um 144% auf 779 534 verkaufte Exemplare, was auf den Anmelde-Boom beim Online-Provider T-Online zurückzuführen war.

Gratisblätter: Erstmals wurde mit »20 Minuten Köln« vom norwegischen Schibsted-Verlag 1999 in Deutschland eine kostenlose Tageszeitung herausgegeben, die Aktuelles

Pressefreiheit

In Deutschland ist die P. durch Art. 5 GG geschützt, der die freie Meinungsäußerung in Presse, Rundfunk und Film garantiert.

Weltweit war die P. 2000 nur in 30 Ländern sichergestellt. Der Internationalen Journalisten-Föderation (IJF, Brüssel) und dem Internationalen Presseinstitut (IPI, Brüssel) zufolge wurden 1999 weltweit 86 Journalisten (1998: 50) bei ihrer Berufsausübung getötet oder er-

mordet, darunter 25 im Kosovo-Krieg. Die jugoslawische Führung unter Slobodan Milosevic verbot und schloss 1999/2000 regimekritische Zeitungen und Rundfunksender, um ein weiteres Erstarken der Opposition zu unterbinden. Im Iran verboten konservative Gegner des als liberal geltenden Regierungschefs Mohammed Khatami mehrere liberale Zeitungen.

www.ijf.org

Pressekonzentration

Wie in anderen Wirtschaftsbereichen war um 2000 in der Presselandschaft eine Tendenz zu Fusionen und Übernahmen zu verzeichnen. Allein 1998 (letztverfügbarer Stand) registrierte das Bundeskartellamt 68 Fusionen in der Verlagsbranche. Ziel der Zusammenschlüsse war nicht mehr, wie in den ersten Jahrzehnten der Bundesrepublik, der Ausbau der Meinungsmacht, sondern die Stärkung der Marktposition. Kritiker wie das Formatt-Institut (Dortmund) und P.-Experte Prof. Walter J. Schütz (Universität Hannover) betonten, dass die Qualität der Berichterstattung wegen der Pressekonzentration leide.

▶ **Entwicklung:** Mit 55% erreichte der Anteil der Landkreise in Deutschland, in denen nur eine Zeitung erschien, 1998 einen Höchststand (1954: 15,2%). Der Anteil der Zeitungen, die

mit einem eigenen Hauptteil auftraten, sank nach einem Anstieg 1991 auf 158 wegen der deutschen Vereinigung bis 1998 auf 135 (1954: 225). Tageszeitungen des Springer Verlags erreichten 1999 mit einer Gesamtauflage von 7,5 Mio Exemplaren einen Marktanteil von 23,7%. Bei den überregionalen Zeitungen beherrschten »Bild«, »Die Welt«, »Bild am Sonntag« und »Welt am Sonntag« mit einem Anteil von 50,4% den Markt.

▶ **Ziele:** Um 2000 waren Zeitungsneugründungen mit hohen Kosten verbunden. Die Verlage versuchten, durch Übernahmen ihren Markteinfluss auszubauen. Bei Anzeigen und Vertrieb versuchten sie ebenso Einsparungen zu erzielen wie im Redaktionsbereich, z. B. durch einen sog. Mantel für mehrere lokale Ausgaben.

aus Politik, Wirtschaft, Sport, Lokales, Servicethemen und Unterhaltung bot und um 6 Uhr morgens erschien. Daneben wurden kostenlose Tageszeitungen ab 15 Uhr in Berlin, Hamburg und München, Anzeigenblätter und insbes. in Süddeutschland Sonntagszeitungen herausgegeben. Die Blätter finanzierten sich nur über Werbung. Die gute Resonanz von »20 Minuten Köln« bei den Lesern und in der Folge sinkende Auflagen der Konkurrenzblätter »Bild« und »Express« veranlassten die Mitbewerber zur Klage; in drei Gerichtsurteilen Anfang 2000 unterlagen sie. Der Bundesverband Deutscher Zeitungsverleger (BDZV, Köln) kritisierte die Entscheidungen, weil Gratisblätter seiner Ansicht nach auf Verdrängung von Qualitäts-P. abzielen.

Internet: 2000 waren rund 150 Tages- und Wochenzeitungen sowie weit mehr als 100 Publikumszeitschriften im Internet vertreten. Sie boten Inhaltsangaben der aktuellen

Ausgabe, aktuellere Informationen als in der gedruckten Nummer sowie zusätzliche Services und Anzeigen. Sie versprachen sich eine größere Leserbindung und Imagegewinne. Kritiker bemängelten den überwiegend einheitlichen, austauschbaren Auftritt der Verlage. Gewinne lassen sich Experten zufolge mit dem Internet-Auftritt erzielen, wenn Online-Werbung gebucht wird und kostenpflichtige Abzweigungen ins Angebot eingebaut und genutzt werden.

Privatfernsehen

Der größte deutsche Privat-TV-Sender RTL eroberte 1999 nach einem Jahr Unterbrechung seine Position als Marktführer (17,8% Anteil) zurück. Beim Kampf um Einschaltquoten strahlten Privatanbieter neue extreme Sendungen aus, die auf Provokation und Sensationslust zielten. Kritiker sahen z. T. die Menschenwürde verletzt.

Quoten: Größere Privatanbieter außer RTL mussten Zuschauerverluste hinnehmen, kleinere und Spartenkanäle verzeichneten Zuwächse. Medienexperten führten dies auf ein geschärftes Profil der kleinen Sender zurück und darauf, dass Zuschauer ihre Programme gezielter auswählten.

Extrem-TV: In der RTL-Action-Show »Ihr seid wohl wahnsinnig« mussten die Kandidaten 1999/2000 riskante Mutproben bestehen. In »Big Brother« auf RTL 2 wurden anfangs zehn Kandidaten 100 Tage von der Außenwelt abgeschottet in einem Wohncontainer untergebracht und 23 h/Tag mit Kameras in jedem Raum des Containers beobachtet. In der Reihe »Geld für Dein Leben« auf tm3 durfte die Teilnehmer mit Videokameras ihren Alltag. Kritiker meinten, Teilnahme und Zuschauen bei solchen Sendungen gerate in die Nähe von Exhibitionismus und Voyeurismus. Kommunikationswissenschaftler machten ein gesteigertes Bedürfnis zum Ausbreiten des Privatlebens vor der Öffentlichkeit aus.

Finanzen: Die großen Privatanbieter erzielten 1999 z. T. erhebliche Gewinne. Die finanzielle Situation vieler kleinerer und Spartensender gestaltete sich nach wie vor schwierig. Von ihnen erwirtschafteten lediglich Viva, N-TV und Kabel 1 Profite, Vox wollte 2000 erstmals Gewinne erlösen. Vom Start (1993) bis 2000 verbuchte Vox 281 Mio DM Anlaufverluste.

Perspektiven: Da die klassischen Fernsehmärkte nicht mehr rasantes Wachstum versprachen, planten die privaten Anbieter, ihr Internet-Geschäft auszuweiten. Im Juni 2000 beschlossen die Pro 7 Media AG und der Sender SAT.1 den Zusammenschluss zum größten deutschen Fernsehunternehmen Pro7Sat.1 Media AG. Zu dem Unternehmen gehören die Sender SAT.1, Pro 7, Kabel 1 und N 24.

Österreich: Im einzigen Land der EU ohne eigenes landesweites P. soll 2002 ein privater Anbieter ein Programm starten und mit der üblichen Hausantenne landesweit zu empfangen sein. Das bestehende regionale P. Austria Television wurde bis 2000 nur per Kabel verbreitet und erreichte ca. 1 Mio Haushalte. Der öffentlich-rechtliche ORF sollte sein zweites Programm für Fenster mit Regionalinformation, Sport und Kultur von privaten Anbietern öffnen.

www.rtl.de; www.pro7.de; www.sat1.de; www.vox.de; www.tm3.de

Rundfunkgebühren

Die für den Empfang öffentlich-rechtlichen Rundfunks monatlich zu entrichtende Gebühr

Mitte 2000 beschlossen die Ministerpräsidenten der Bundesländer eine Erhöhung der R. 2001–Ende 2004 um 3,33 DM auf 31,58 DM/Monat. Sie orientierten sich am Vorschlag der Kommission zur Ermittlung des Finanzbedarfs der Rundfunkanstalten. Bevor die Erhöhung gültig wird, müssen die Landesparlamente zustimmen. Der vorgesehene Anstieg blieb hinter den Erwartungen der öffentlich-rechtlichen Sender zurück, die 5,75 DM/Monat mehr gefordert hatten.

Erhöhung: Die ARD, die 5,5 Mrd DM Finanzbedarf für die vierjährige Gebührenperiode ab 2001 angemeldet hatte, erhält 3,2 Mrd DM, das ZDF statt der geforderten 2,7 Mrd DM nur 1,8 Mrd DM, das Deutschlandradio statt 300 Mio DM 190 Mio DM. Die Landesmedienanstalten, Aufsichtsbehörden für privaten Rundfunk, erhalten 2% aus den R. und sollen ab 2005 nicht mehr automatisch an den Erhöhungen teilhaben.

Verteilung: 1997–2000 erhielt die ARD für ihre TV- und Hörfunkprogramme 64% der R., das ZDF 36%. Davon leiteten beide Anstalten Summen für den deutsch-französischen Kulturkanal Arte, den gemeinsamen Kinderkanal und den Ereignis- und Dokumentationskanal Phönix ab. Das Deutschlandradio wurde von jedem Gebührenzahler mit insgesamt 0,70 DM/Monat aus den R. finanziert.

Teleshopping

(engl.; per Bildschirm einkaufen), 1999 boten in Deutschland die Kanäle Home Order Television (H.O.T., München) und QVC (Quality, Value, Convenience, Düsseldorf) Waren über das Fernsehen an, die Kunden per Telefon bestellen konnten. Daneben existierten virtuelle Warenhäuser im Internet, aus denen Kunden Waren am PC bestellen konnten.

Deutschland, das um 2000 hinter Großbritannien als T.-Nation auf Rang zwei in Europa lag, wird nach Branchenschätzungen im Jahr 2005 die Spitze in Europa übernehmen und nach den USA zweitgrößter T.-Markt der Welt sein. Das Marktvolumen soll von ca. 590 Mio DM (1999) auf 2 Mrd DM (2005) steigen.

Privatfernsehen: »Big Brother« – Erfolg mit umstrittener Dauersendung

▶ **Definition** (engl.; großer Bruder), in Anlehnung an den Zukunftsroman »1984« von George Orwell (1949) gewählte Bezeichnung für eine TV-Veranstaltung in Deutschland, bei der zehn Kandidaten 100 Tage von der Außenwelt abgeschottet im Wohncontainer lebten und 23 h/Tag von Kameras beobachtet wurden. Am 1.3.2000 startete Privatsender RTL 2 die Show B. mit fünf Frauen und fünf Männern zwischen 20 und 40 Jahren. Kosten von 30 Mio DM standen erwartete Einnahmen von 46 Mio DM gegenüber. Der Sender kam mit der Real-Life-Sendung (engl.; wirkliches Leben) dem seiner Ansicht nach

gesteigerten Interesse der Bevölkerung an gewöhnlichen Menschen auf dem Bildschirm entgegen. Kritiker sahen in B. eine Verletzung der Menschenwürde. ▶ **Konzept:** In den 153 m² großen Wohncontainer in Köln-Hürth wurden 28 Kameras und 60 Mikrofone installiert. Sie übertrugen täglich 24 h im Internet und 45 min abends auf RTL 2 die Geschehnisse. Jede Woche schlugen die Mitspieler zwei Kandidaten zum Ausscheiden vor. Endgültig entschieden aber die Fernsehzuschauer per Ted-Befragung, wer den Container verlassen musste. Der zuletzt übrig gebliebene Teilnehmer erhielt 250 000 DM Preisgeld.

▶ **Kritik:** Psychologen warnten, dass sich die Kandidaten vor Publikum zu Verhaltensweisen hinreißen lassen könnten, die sie später bereuen würden. Politiker kritisierten, mit B. sei eine neue Qualität von Sensationslust und Voyeurismus erreicht. Zuschauer bemängelten die Ereignislosigkeit der Übertragungen aus dem Container. ▶ **Weitere Projekte:** In den Niederlanden und Spanien liefen 1999 ähnliche Shows, die mit bis zu 8 Mio bzw. 11 Mio Zuschauern pro Zusammenschnitt die Ereignisse Publikumsmagneten waren (Deutschland: 3 Mio Zuschauer). In Großbritannien waren 2000 ähnliche Projekte geplant.

www.big-brother-haus.de/startscreen.html

▬ Teleshopping-Sender: Umsatz (Mio DM)

Jahr	H.O.T.	QVC
2000[1]	500	370
1999	370	220
1998	190	92
1997	82	28

1) Prognose; Quelle: Handelsblatt, 9.12.1999

Bilanz: Der führende deutsche T.-Kanal H.O.T. steigerte seinen Umsatz 1999 um 86% auf 370 Mio DM und erwirtschaftete erstmals seit der Gründung 1995 Gewinne. 1999 kauften 790 000 Kunden bei H.O.T. ein. QVC (ab 1996) erhöhte bei 800 000 Kunden seinen Umsatz 1999 um 139% auf 220 Mio DM und wollte 2000 mit 370 Mio DM Umsatz die Gewinnzone erreichen.

Angebot: Die beiden deutschen T.-Kanäle boten 1999 rund um die Uhr 12 000–18 000 Artikel an. Pro Jahr wurden 10 000 neue Angebote aufgenommen bzw. aus dem Sortiment entfernt. Verkaufsschlager waren Schmuck, Artikel für den Wohnbereich und Mode sowie Unterhaltungselektronik.

Reichweite: Ab Ende 1999 erhöhte sich die Reichweite beider T.-Programme. Durch Aufschaltung auf einen freien Kabelkanal erreichten sie 27 Mio–28 Mio (rund 75%) der 35,5 Mio TV-Haushalte in Deutschland.

Internet-Shop: Seit Dezember 1998 betreibt H.O.T. zusätzlich einen Internet-Shop. Aufgrund positiver Verkaufsentwicklung wurde das Angebot im Jahr 2000 auf 4000 Artikel verdoppelt, überwiegend Computer und Multimediazubehör. QVC plante die Eröffnung eines eigenen Internet-Shops für Ende 2000 bis Mitte 2001.

Neuregelung: Beim T. gilt nach einer Gesetzesnovelle ab Juni 2000 ein 14-tägiges Rücktrittsrecht vom Kauf ohne Angaben von Gründen. Der Anbieter muss über Lieferkosten informieren und verdeutlichen, wie lange Sonderangebote gelten.

▬ Dienstleistungen → E-Commerce

Videoserver

An den Fernseher angeschlossener Computer, der nach Programmierung aus dem TV-Angebot nur die ausgewählten Sendungen aufzeichnet

1999 wurden erstmals in den USA V. vorgestellt, in Deutschland wurden für Mitte 2000 V.-Systeme angekündigt. Der Nutzer kann die aufgezeichneten Sendungen abrufen, wann er will, auch während der Aufzeichnung. Lt. Werbewirtschaft kann mit V. Produktwerbung effizienter platziert werden.

USA: Das System TiVo, das 2000 in der kleineren Version 500 US-Dollar, in der leistungsstärkeren 1000 US-Dollar kostete, speicherte 26 Stunden Programm in vier Qulitätsstufen (2 Mbit/sec bis 6 Mbit/sec). Ein Zentralrechner aktualisierte täglich die V.-Programmierung (Einmalkosten für den Service: 199 US-Dollar). TiVo sollte in die deutsche d-box zum Empfang von digitalem Fernsehen integriert werden.

Deutschland: Deutsche V. sollten ab Mitte 2000 für ca. 5000 DM angeboten werden. Sie sollen am Gerät selbst oder über das Internet programmiert werden können und bis zu 30 Stunden Programm aufzeichnen.

Virtuelle Moderatoren

Um 2000 führten mehrere deutsche TV-Sender am Computer produzierte V. ein, die durch das Internet-Angebot der Sendeanstalt führten und insbes. junge Zuschauer anziehen sollten. Im Zuge der seit Ende der 1990er Jahre prognostizierten Verschmelzung von Internet- und Fernseh-Angeboten werden Experten zufolge V. eingesetzt, weil sie dem Medium entsprechen und kostengünstiger sind als reale Moderatoren.

Figuren: Durch das Internetangebot des ZDF führte die Kunstfigur Cornelia, das in Gesichtszügen, Gestik, Mimik und telegenem Auftreten digitale Double einer real existierenden Schülerin. Für den deutschfranzösischen Sender Arte trat die Kunstfigur Aimée im Internet auf, beim Musiksender Viva die farbige Tyra. Sie waren nach Ideen von Computergrafikern, 3D-Designern und Produzenten entstanden.

Reanimation: Mit Hilfe einer Bibliothek von Körperdaten und in 3D-Technik abgenommenen Bewegungsprofilen war 2000 die virtuelle Reanimation verstorbener Hollywood-Stars möglich. 1996 wurde eine digitalisierte Version der US-Schauspielerin Marilyn Monroe produziert. Die Grafikbibliothek wurde für rund 2000 US-Dollar für Film- und Werbeaufnahmen zur Verfügung gestellt. Experten für visuelle Effekte und 3D-Animation kündigten 2000 an, in den nächsten Jahren die größten Hollywoodstars virtuell wieder auferstehen zu lassen.

Werbung

Überproportional steigende Werbeumsätze z. B. in Telekommunikation und Energiewirtschaft glichen 1999 Einbrüche in anderen Sektoren wie Herstellung alkoholischer Getränke und Tabakindustrie aus – letztere war ab 1998 mit einem Werbeverbot belegt. Lt. Zentralverband der deutschen Werbewirtschaft (ZAW, Bonn) erhöhten sich die Werbeausgaben 1999 gegenüber 1998 um 4,2% auf 61,5 Mrd DM. Der Zuwachs lag erneut höher als die Steigerung des BIP. Für 2000 rechnete der ZAW mit einem Anstieg um 3,6% auf 63,7 Mrd DM.

Umsätze: Fast alle Werbeträger steigerten 1999 ihre Erlöse gegenüber 1998. Den größten Anstieg verzeichnete die Online-Werbung, die ihren Erlös auf 150 Mio DM verdreifachte. Der Hörfunk weitete seine Werbeeinnahmen um 14,3% auf 1,4 Mrd DM aus. Erstmals erlösten Anzeigenblätter weniger Werbeeinnahmen als im Vorjahr (3,4 Mrd DM, −1,1%). Der ZAW führte dies auf die schwache Verbrauchskonjunktur und reduzierte Werbebudgets des lokalen Einzelhandels zurück. Die Zeitungssupplements setzen ihren Abwärtstrend mit −21% auf 143 Mio DM Werbeerlöse fort.

Agenturen: Das Werbevolumen der 141 im Gesamtverband vereinten Werbeagenturen stieg um 5,2% auf 17,4 Mrd DM, doch der Ertrag sank erneut (Umsatzrendite: unter 2%). Die Agenturen führten dies auf den wachsenden Kostendruck zurück.

Vergleichende Werbung: Im Februar 2000 verabschiedete das rot-grüne Bundeskabinett einen Gesetzentwurf, der das seit 1997 in der EU geltende Recht zur vergleichenden W. in nationales Recht umsetzen sollte. Bis dahin war irreführende und vergleichende W. in Deutschland nicht genau geregelt. Dem Gesetzentwurf zufolge soll vergleichende W. erlaubt sein, außer wenn sie gegen gute Sitten verstößt. So ist z. B. W. verboten, die Waren eines Mitbewerbers herabsetzt oder verunglimpft und die zu Verwechslungen mit einem Konkurrenten führen kann. Zulässig ist dagegen der Vergleich des Preises oder objektiv nachprüfbarer Produkteigenschaften.

Tabakreklame: Der Generalanwalt des Europäischen Gerichtshof (EuGH, Luxemburg) empfahl Mitte 2000, das 1998 beschlossene Verbot der Tabak-W. in der EU aufzuheben, gegen das u. a. Deutschland geklagt hatte. Es fördere nicht, wie beabsichtigt, die Einheitlichkeit des EU-Marktes. Es verbiete den Handel mit Tabak-Werbeprodukten, so dass der Markt nicht mehr existiere. Außerdem sei es ein Verstoß gegen die Meinungsfreiheit und die Freiheit der Berufsausübung. Der EuGH, der im Oktober 2000 entscheiden wollte, folgt meist dem Plädoyer des Generalanwalts.

Die Branchen, deren Unternehmen erstmals um Kunden konkurrierten, z.B. Telekommunikation, erhöhten die Werbeausgaben 1999 am stärksten.

TopTen **Werbung: Die höchsten Bruttoausgaben**

Branche	Mio DM 1999	Veränderung (%)[1]
1. Automarkt	3168	▲ + 5,2
2. Massenmedien	2667	▲ + 8,2
3. Telekommunikation	2514	▲ +61,2
4. Handelsorganisationen	1887	▲ + 0,9
5. Schokolade, Süßwaren	1227	▲ + 8,1
6. Pharmazie	1026	▽ − 0,7
7. Banken, Sparkassen	966	▽ − 0,4
8. Rubrikenwerbung u. a.	897	▲ +11,3
9. Bier	743	▽ −11,8
10. Spezialversender	720	▽ − 0,3

1) gegenüber 1998; Quelle: AC Nielsen

Werbung: Wachstum der Nettoeinnahmen

Werbeträger	Mio DM 1999	Veränderung (%)[1]
Fernsehen	8444,4	▲ +195
Werbung per Post	6473,5	▲ +116
Außenwerbung	1333,3	▲ + 96[2]
Verzeichnis-Medien	2400,0	▲ + 75
Anzeigenblätter	3408,0	▲ + 73
Filmtheater	337,1	▲ + 57
Hörfunk	1351,5	▲ + 49
Tageszeitungen	11864,9	▲ + 47
Wochen-/Sonntagszeitungen	511,1	▲ + 44
Publikumszeitschriften	3924,4	▲ + 28
Fachzeitschriften	2327,0	▲ + 21
Zeitungssupplements	143,4	▽ − 34
Online-Angebote	150,0	n.v.[3]

1) gegenüber 1990, dem Jahr der deutschen Vereinigung; 2) wegen Präzisierung der Erhebungsmethode nur bedingt vergleichbar; 3) nicht vorhanden; Werbeträger 1999 gesamt: rund 42,7 Mrd DM, Veränderung zu 1990: +73%; Quelle: Zentralverband der deutschen Werbewirtschaft (Bonn)

Abtreibungspille

(Mifegyne, früher RU 486), Präparat zum medikamentösen Schwangerschaftsabbruch bis zum 49. Schwangerschaftstag. Der Wirkstoff Mifepriston ist Gegenspieler des schwangerschaftserhaltenden Hormons Progesteron und wirkt fruchtabtreibend. Die befruchtete Eizelle wird in 96% der Fälle aus der Gebärmutterschleimhaut gelöst und durch ein 48 Stunden später verabreichtes Wehenmittel (Prostaglandine) abgestoßen. In Frankreich und Schweden wird die A. bis zum 42. Tag nach der Befruchtung eingesetzt, in Großbritannien bis zum 63. Tag.

Im November 1999 kam die A. erstmals in Deutschland in den Handel, nachdem das Bundesinstitut für Arzneimittel und Medizinprodukte (Berlin) das Präparat im Juli 1999 zugelassen hatte (Preis pro Abbruch: 154 DM). Befürworter wie die rot-grüne Bundesregierung begrüßten, dass für deutsche Frauen diese Alternative zum operativen Schwangerschaftsabbruch zur Verfügung stehe. Gegner wie die Oppositionsparteien CDU und CSU und Vertreter der katholischen Kirche betrachteten die Zulassung als Bagatellisierung der Tötung ungeborenen Lebens.

Vorgeschichte: In Frankreich, Großbritannien und Schweden sowie in mehreren Ländern Asiens wurde die A. bereits ab 1988 bzw. seit Beginn der 90er Jahre eingesetzt.

Abtreibungspille: Vor- und Nachteile

▶ **Vorteile:** Befürworter der Abtreibungspille Mifegyne unter Medizinern wiesen darauf hin, dass die medikamentöse Alternative zum herkömmlichen operativen Schwangerschaftsabbruch durch Absaugen oder Ausschaben für die betroffenen Frauen schonender sei, da die Narkose entfalle und Infektionsrisiken ausgeschlossen würden. Die medikamentöse Methode belaste den Organismus der Frauen deutlich weniger.
▶ **Nachteile:** Nach Ansicht von Ärzten, welche die Abtreibungspille ablehnten, führt Mifegyne zu einem höheren und längeren Blutverlust beim Abbruch. Die

Pille sei keineswegs eine schonendere Alternative. Ferner kritisierten die Mediziner, dass die Frau bei dieser Methode selbst das Mittel einnimmt, welches das Embryo abtötet. Daraus resultiere eine große psychische Belastung. Die Begrenzung des Einsatzes bis zum 49. Schwangerschaftstag führe zu einer Reihe unnötiger Frühabtreibungen. Zu diesem Zeitpunkt sei es kaum möglich, einen lebensfähigen Embryo von einer nicht lebensfähigen Frucht zu unterscheiden. Vielen Frauen könne die Erfahrung einer Abtreibung erspart bleiben, wenn die Frucht von alleine abgehe.

In Deutschland wollte der Pharmakonzern Hoechst über eine französische Tochterfirma das Präparat anbieten. Wegen drohender Boykotte von Abtreibungsgegnern trat Hoechst 1997 die Rechte unentgeltlich an einen der Väter der A., Edouard Sakiz, ab.

Abgabe: Die A. ist nicht in Apotheken erhältlich, sondern wird nur an Ärzte und Kliniken abgegeben, die Abtreibungen vornehmen. Abbrüche mit der A. unterliegen den gleichen gesetzlichen Regelungen wie herkömmliche Schwangerschaftsabbrüche. Die Vertreiberfirma wollte Gewinne durch die A. in eine Stiftung überführen, deren Mittel für die Prävention ungewollter Schwangerschaften aufgewendet werden sollten.

www.frauenaerzte.de (Ärzte, die Schwangerschaftsabbrüche durchführen)

Aidstherapie

Behandlung der Immunschwächekrankheit Aids. 2000 gab es weder ein Medikament, das Aids heilen konnte, noch einen Impfstoff, der eine Infektion vermeiden konnte.

Während Mediziner wenige Jahre zuvor der Immunschwächekrankheit Aids noch hilflos gegenüber standen, existierten 2000 bereits 15 Medikamente, welche die Virusvermehrung im Körper verlangsamten, den Ausbruch der Krankheit verzögerten und die Lebensqualität der Infizierten entscheidend verbesserten. Entwicklungen in der Medikamentenforschung gingen um 2000 dahin, verbesserte Generationen bekannter Wirkstoffe und völlig neue Arzneien herzustellen, die z. B. eine Verschmelzung des Virus mit Wirtszellen im Körper verhindern.

Kombinationstherapie: Die größten Erfolge wurden ab 1996 mit der Kombinationstherapie nach dem Haart-Konzept (hoch aktive antiretrovirale Therapie) erzielt. Dem Patienten werden mind. drei verschiedene Medikamente verabreicht, die er nach einem strengen Zeitplan einnehmen muss (bis zu 60 Tabletten am Tag). Häufig gelingt es, die Viruszahl unter die Nachweisbarkeitsgrenze zu drücken.

Nachteile: Nach individuell unterschiedlichen Zeiten können sich Resistenzen bei den Patienten bilden, so dass sie nicht mehr auf die Medikamente ansprechen. Nicht erreicht werden mit der Kombinationstherapie Viren, die sich in Lymphknoten und im Gehirn verbergen und nach Absetzen der Medikamente schneller vermehren als zuvor. Auch war die Behandlung mit starken Nebenwirkungen verbunden wie erhöhte Blutfett- und Blutzuckerwerte, Bewusstseinstrübungen und einer Umverteilung von Körperfett. Dadurch wird das äußere Erscheinungsbild der Patienten völlig verändert. Fettansammlungen können z. B. auch die Darmpassage blockieren.

Test: Britische und US-amerikanische Wissenschaftler entwickelten 1999 einen verbesserten Aidstest, mit dem sich die Erreger auch dann nachweisen lassen, wenn sie sich im Körper z. B. im Gehirn oder in den Lymphknoten verstecken und vermehren. Das Verfahren weist kleine Stücke viraler Erbinformation nach, die bei der Vermehrung entstehen und von weißen Blutkörperchen aufgefangen werden.

www.hiv.net
Krankheiten → Aids

Amalgam

Vor allem als Zahnfüllung verwendete grauschwarze Legierung von Quecksilber mit Anteilen von Silber, Kupfer, Zink und Zinn. Das giftige Quecksilber wird im Mund freigesetzt und lagert sich im Körper ab. Es steht im Verdacht, u. a. Kopf- und Magenbeschwerden sowie Nierenschäden zu verursachen.

Urteil: Ende 1999 entschied das Bundessozialgericht (BSG, Kassel) in einem Grundsatzurteil (AZ B1 KR 13/97 R), dass Krankenversicherungen die Kosten für den Austausch von A.-Füllungen nicht übernehmen müssen, wenn ein Patient eine Quecksilberbelastung durch A. als Ursache seiner körperlichen Beschwerden lediglich vermutet. Bezahlen müssen die Kassen dagegen bei nachgewiesener Quecksilberunverträglichkeit. Das BSG begründete das Urteil damit, dass es bislang keinen wissenschaftlichen Nachweis für gesundheitliche Beeinträchtigungen durch A. gebe.

Einsatz: Etwa die Hälfte der jährlich 70 Mio in Deutschland gelegten Füllungen bestanden aus A. Sie wurden vor allem bei großen Defekten im Backenzahnbereich gelegt, wo A. die beste Alternative blieb. Blut und Speichel ließen bei der Behandlung von großen Defekten im Zahn das Kleben von Kunststofffüllungen kaum zu, Keramik war zu spröde für den großen Druck im Backenzahnbereich und Goldinlays, die eindeutig am längsten hielten, kosteten ein Vielfaches von A.-Füllungen. Wegen der vermuteten Gesundheitsschäden durfte A. in Deutschland bei Frauen im gebärfähigen Alter, Schwangeren und Kindern unter drei Jahren nicht eingesetzt werden.

Alternativen: Insbes. für kleinere Defekte boten sich Kunststoffgemische als Alternative zu A. an. Eine deutsche Firma entwickelte 2000 den Füllstoff Ormocer, der eine mit A. vergleichbare Abriebfestigkeit besitzt und kaum Allergie auslösende Substanzen freisetzt, wie zahlreiche andere Kunststoffgemische. Er besteht aus einer organischen Komponente (einer Art Silikon) und einem Keramikanteil von zwei Dritteln. Ormocer wird wie jeder andere Kunststoff mit einem Kleber am Zahn befestigt. Die Schrumpfung beim Aushärten fällt mit 1,9% geringer aus als bei anderen Kunststoffen. Durch Schrumpfung entstehen Spalten zwischen Füllung und Zahn, in denen sich Karies auslösende Bakterien einnisten können. Für eine Füllung aus Ormocer müssen Patienten voraussichtlich 80–120 DM zuzahlen.

www.aok.de/sa/presse/altpress/26857.htm

Aidstherapie: Erfolge durch Aidsimpfung

Bei der Injektion mit einem Aids-Impfstoff soll das Immunsystem des Körpers zur Bildung von Antikörpern gegen Aids-Viren angeregt werden.

▶ **Ausgangslage:** Die Entwicklung des Aids-Impfstoffs war um 2000 schwierig, weil die Virustypen HIV 1 und HIV 2 viele Untergruppen gebildet hatten (20 000 Virusvarianten). Ein Impfstoff muss gegen alle Varianten wirksam sein. Hamburger Forscher testeten 2000 ein neues Impfkonzept zunächst im Tierversuch, bei dem in den Körper Erbmaterial aus der Proteinhülle injiziert wird, unter der sich das HI-Virus im Körper tarnt. Der Organismus lerne, so die Hypothese der Forscher, das Hüllprotein zu erkennen und den Virus zu bekämpfen, bevor er in andere Zellen eindringt und sich vermehrt.

Impfkonzept: Weil sich das Aids-Virus im Körper unter einer Hülle aus Proteinen versteckt, erkennt die Immunabwehr den Eindringling nicht. Es braucht jedoch ein bestimmtes Protein, um in eine menschliche Zelle eindringen und sich vermehren zu können, das GP 120. Es befindet sich im sog. V3 Loup, einer kleinen Region der Hülle. In diesem Bereich unterscheiden sich die verschiedenen Virustypen. Die Hamburger Forscher wollten einen Impfstoff herstellen, der rund 20 000 Varianten des Hüllproteins GP 120 enthält. Der Genabschnitt, der die Synthese von GP 120 steuert, wird dazu gentechnisch verändert. Es entsteht eine sog. DNA-Vakzine, ein Impfstoff aus Erbmaterial, der in den Körper injiziert wird.

Krankheiten → Aids

www.cdc.gov/nchstp/hiv_aids/pubs/facts.htm

Antibiotika

Von Mikroorganismen, z. B. Schimmelpilzen, gebildete Stoffwechselprodukte und ihre chemisch erzeugten Abwandlungsformen (z. B. Penizillin, Tetrazyklin), die auf Bakterien vermehrungshemmend oder abtötend wirken. Gegen Viren oder Pilze sind sie wirkungslos.

Erstmals seit mehr als 30 Jahren wurde 2000 ein Antibiotikum einer neuen Wirkstoffklasse entwickelt. Das Medikament Zyvox wurde im April 2000 in den USA zugelassen, eine Erlaubnis für den europäischen Markt war beantragt. Um 2000 traten zunehmend Krankheitserreger auf, gegen die bis dahin existierende A. wirkungslos waren. Resistenzen der Erreger gegen die Mittel führten Mediziner auf unsachgemäße Verschreibung bzw. Einnahme zurück und auf übermäßigen Einsatz in der Tiermast.

Wirkungslosigkeit: A. werden meist gegen einen oder als Breitband-A. gegen mehrere Erreger eingesetzt. Bakterien können ihr Erbmaterial jedoch so verändern, dass sie ein Eindringen von A. verhindern oder A. zerstören. Diese Abwehrstrategien werden in der Erbinformation gespeichert und an andere Bakterien weitergegeben, so dass resistente Stämme entstehen.

Ursachen: Durch übermäßigen Einsatz und vorzeitigen Abbruch von A.-Therapien können Bakterien Resistenzen entwickeln. Als Wachstumsförderer und zur Vorbeugung gegen Infektionen eingesetzt A. in der Tiermast kommen mit dem Verzehr des Fleisches in den menschlichen Körper, mit A. angereicherte tierische Ausscheidungen gelangen ins Grundwasser.

Neues Medikament: Das in den USA entwickelte Zyvox greift früher als übliche A. in die Entwicklung der Bakterien ein, eine Resistenzentwicklung weitgehend vermeiden soll. Es behindert in grampositiven Bakterien wie Staphylokokken, Enterokokken und Streptokokken, die Lungenentzündungen, Infektionen von Haut und weichem Gewebe auslösen, die Synthese bestimmter Proteine und tötet die Bakterien ab. Zyvox sollte vor allem bei Infektionen eingesetzt werden, deren Erreger gegen die herkömmlichen A. um 2000 bereits resistent waren.

▶ **Krankheiten** → Mikroben

Arzneimittel

1999 stiegen die Ausgaben der gesetzlichen Krankenversicherungen (GKV) für A. auf 36,1 Mrd DM. Trotz kostensenkender Maßnahmen der rot-grünen Bundesregierung fiel der Anstieg mit 7,4% gegenüber 1998 stärker aus als im Vorjahr mit 5%. Das gesetzlich festgelegte Budget für die Ausgaben von A. wurde in mehreren Regionen überschritten. Bei Überschreitungen von mehr als 5% drohen vielverordnenden Ärzten Regressforderungen. Um die Ausgaben der Kassen für A. zu begrenzen, hielt die

---

▬ **Arzneimittel-Ausgaben der GKV[1] (Mrd DM)**			
Jahr	D-West	D-Ost	Patienten-Zuzahlung
1999	29,4	6,7	4,0
1998	27,3	6,3	5,5
1997	25,8	6,2	4,4
1996	26,8	6,7	3,0
1995	25,0	6,4	3,0
1994	22,9	6,3	2,9
1993	21,8	5,7	2,4

1) Gesetzliche Krankenversicherung; Quelle: Bundesgesundheitsministerium, Betriebskrankenkassen

---

▬ **Arzneimittel: Handbuch Medikamente**

▶ **Veröffentlichung:** Im März 2000 stellte die Stiftung Warentest (Berlin) ihr Handbuch für Medikamente vor, für das die 5000 meistverordneten A. auf Wirksamkeit und Verhältnis zwischen Risiko und Nutzen überprüft wurden. Rund ein Viertel der 1250 Pillen, die jeder Bundesbürger im Schnitt jährlich einnahm, war ungeeignet, seine Beschwerden zu lindern oder zu beheben. Die Stiftung Warentest deckte mit den untersuchten Präparaten etwa 80% des deutschen Medikamentenmarktes ab. Der Verzicht auf die ungeeigneten Arzneien

würde ihrer Ansicht nach den deutschen Krankenversicherungen Einsparungen von 3 Mrd–3,5 Mrd DM pro Jahr bringen.
▶ **Ungeeignete Mittel:** Hierzu zählte die Stiftung Warentest u. a. Schmerzmittelkombinationen, langwirkende Schlafmittel, Medikamente gegen niedrigen Blutdruck, Venensalben und Salben gegen rheumatische Schmerzen. 22 000 der im Jahr 2000 in Deutschland erhältlichen 50 000 A. (zum Vergleich Schweden: 2000–3000 A.) waren noch nicht vom Bundesinstitut für Arzneimittel und Medizinprodukte (BfArM, Berlin)

geprüft. Erst seit 1978 müssen Hersteller vor der Erstzulassung Wirksamkeit und Verträglichkeit ihres Präparats nachweisen. Für zuvor erhältliche Medikamente galt eine Nachzulassungsfrist bis 2004.
▶ **Kritik:** Vertreter der Arzneimittelindustrie bemängelten das Handbuch als in seinen Bewertungskriterien einseitig und wenig gegeignet, Transparenz in den Arzneimittel-Markt zu bringen. Über den Nutzen eines A. könne nur im Einzelfall zwischen Arzt und Patient entschieden werden.
www.stiftung-warentest.de

Bundesregierung am Budget fest und plante Anfang 2000 die Erweiterung der seit 1990 geltenden Negativliste. Dort sind A. aufgezählt, die trotz Verordnung nicht mehr von den Kassen finanziert werden.

Kostentreiber: Ausschlaggebend für den Kostenanstieg waren lt. Bundesgesundheitsministerin Andrea Fischer (Bündnis 90/Die Grünen) die Verordnung neuer, teurerer Medikamente. Oft seien die A. nicht wirklich innovativ gegenüber vorhandenen Präparaten. Bei Antibiotika seien 30–50% der Verordnungen überflüssig bzw. die Präparate könnten durch preiswertere ersetzt werden.

Regionale Unterschiede: Bundesgesundheitsministerium und Ärztevertreter fanden keine plausible Erklärung für gravierende regionale Unterschiede bei der Verordnungspraxis 1999. Ein Arzt in Baden-Württemberg verschrieb z. B. durchschnittlich für rund 430 DM pro Versichertem A., seine Kollegen im Saarland oder Sachsen-Anhalt stellten für mehr als 500 DM pro Versichertem Rezepte aus. Ministerin Fischer nahm die Differenzen als Beleg, dass ein Budget für A.-Ausgaben nicht unbedingt eine Rationierung medizinischer Leistung bedeute.

Einsparpotenziale: Die Krankenversicherungen wiesen darauf hin, dass 1999 durch Verordnung von Nachahmerprodukten (Generika) anstelle der teureren Originalpräparate 2,5 Mrd DM eingespart worden seien. Eine weitere Ersparnis von 2,5 Mrd DM sei möglich. Der Ende 1999 erschienene Arzneimittelreport 1998 bezifferte das Einsparpotenzial bei A. mit 6,9 Mrd DM pro Jahr. Sie seien zu erreichen, wenn teure Medikamente konsequent durch qualitativ gleichwertige, aber preiswertere ersetzt würden.

Alt-Arzneien: Eine Gesetzesnovelle der Bundesregierung sah vor, dass ab Juli 2000 Hersteller für Alt.-A. ebenso wie für neue A. bei der Nachzulassung Wirksamkeit, Unbedenklichkeit und Qualität nachweisen müssen. Betroffen waren etwa 13 000 Präparate, die bei Einführung des neuen Zulassungsverfahrens für Medikamente 1978 bereits auf dem Markt waren und bis dahin nur eine vorläufige Zulassung hatten. Bis 2005 soll über die Alt.-A. entschieden sein. Ziel es es, Alt.-A., die nicht modernen Standards genügen, vom Markt zu nehmen.

www.kbv.de (Kassenärztliche Bundesvereinigung)
Gesundheitswesen → Gesundheitsreform
→ Krankenversicherungen

Arzneimittel via Internet

Um 2000 bestellten einer Emnid-Umfrage zufolge 17% der Internet-Nutzer in Deutschland Arzneimittel über das Internet. Das Angebot deckte die gesamte Palette der verkäuflichen A. ab, vom Hustenbonbon bis zu Psychopharmaka. In Deutschland war der A.-Versandhandel 1998 verboten worden.

▸ **Abwicklung:** Auf den Seiten der A.-Anbieter im Internet ist das Angebot aufgelistet. Die Mittel werden wenige Tage nach Bestellung per Post oder Kurierdienst geliefert. Gezahlt wird mit Kreditkarte, Scheck oder Anweisung.

▸ **Risiken:** Der Bundesverband der pharmazeutischen Industrie (Frankfurt/M.) hielt viele im Internet angebotenen Mittel für lebensgefährlich. Starke Psychopharmaka würden als harmlose »Intelligenzverbesserer« angeboten. Die A.-Kommission der deutschen Ärzteschaft warnte vor einem Potenzmittel, das tödlich sein könne. Die A. aus dem Internet wurden oft in beschädigter Verpackung geliefert, der Beipackzettel fehlte meist, z. T. war das Verfallsdatum überschritten. Bis zu 10% der vertriebenen Medikamente waren Fälschungen.

▸ **Juristische Grauzone:** Die Anbieter von A. waren 2000 schwer zu belangen. Zahlreiche in Deutschland verbotene Mittel waren z. B. in den USA erlaubt, so dass gegen US-Anbieter kein Verfahren angestrengt werden konnte. Schadenersatzforderungen bei Lieferung von beschädigten, verdorbenen oder gefälschten Mitteln waren ebenfalls nur schwer durchzusetzen, da der Anbieter in seinem eigenen Land nach dortigen Gesetzen verklagt werden muss.

▬ Arzneimittel: Medikamentenzulassung

▸ **Voraussetzungen:** Seit 1978 muss der Arzneimittelhersteller vor der Erstzulassung seines Präparats dessen Wirksamkeit und Unbedenklichkeit nachweisen.

▸ **Tests:** In Phase 1 testen die Firmen die Substanz an gesunden Freiwilligen auf ihre Verträglichkeit. In Phase 2 und 3 wird an mehreren hundert Kranken die Wirksamkeit des Medikaments geprüft. Etwa die Hälfte der Probanden erhält die neue Substanz, die andere Hälfte ein Scheinmedikament (Placebo) oder ein bereits zugelassenes Mittel. Der Vergleich beider Gruppen soll die Wirksamkeit bestätigen.

▸ **Zulassungsantrag:** Hält der Hersteller seine Substanz nach diesen Tests für verträglich und wirksam, beantragt er die Zulassung beim Bundesinstitut für Arzneimittel und Medizinprodukte (BfArM, Berlin). Anhand der vorgelegten Unterlagen trifft das Institut seine Entscheidung.

▸ **Nachzulassung:** Die Zulassung ist auf fünf Jahre begrenzt. Danach ist eine Nachzulassung erforderlich, bei der die von Ärzten gemeldeten Nebenwirkungen während der ersten fünf Jahre berücksichtigt werden. Die Tests an einigen hundert Kranken können keine vollständige Sicherheit des Medikaments geben. Seltene, vielleicht tödliche Nebenwirkungen können sich erst bei der bereits zugelassenen Anwendung herausstellen. Das Medikament kann erneut zugelassen, in seiner Verordnung eingeschränkt oder die Zulassung widerrufen werden.

▸ **EU-Zulassung:** In der EU konnten Medikamente 2000 zentral und dezentral zugelassen werden. Die zentrale Überprüfung nahm die Arzneimittelbehörde Emea in London vor, an der alle 15 EU-Staaten beteiligt sind. Die Zulassung aller gentechnischen Präparate musste in London erfolgen. Damit wollte die EU die Entwicklung dieser Mittel fördern. Das dezentrale Verfahren bedeutet die gegenseitige Anerkennung eines Medikaments, d. h., war es bereits in einem EU-Land zugelassen, konnte über den Zulassungsantrag in einem anderen schnell entschieden werden.

Blutspenden

Freiwilligen entnommenes Blut für klinische Zwecke (meist Bluttransfusionen), für Forschung und Industrie (Gewinnung von Testseren). Das Deutsche Rote Kreuz deckte um 2000 mit den dort vorgenommenen B. jährlich 80% des Bedarfs.

Das Institut für Transfusionsmedizin der Universität Münster entwickelte Ende 1999 einen Gentest für B., mit dem Hepatitis- u. a.

Blutspenden: Blutbestandteile und -produkte

▶ **Fibrin:** Blutfaserstoff. Aus einer Wunde austretendes Blut trocknet zu einer gallertartigen Masse ein, die Blutserum abscheidet. Unter Einwirkung von Fibrin bildet sich Schorf, der die Wunde abschließt.

▶ **Blutplasma:** Blut enthält 55% Blutplasma, das zu 90% aus Wasser und zu 7–8% aus Eiweiß sowie Mineralien besteht. Ein Bestandteil von Blutplasma ist das für die Gerinnung wichtige Fibrinogen (Vorstufe des Fibrins).

▶ **Blutserum:** Blutplasma ohne Fibrinogen. Blutserum besteht zu 90% aus Wasser. Es sorgt für den Transport von Hormonen und Nährstoffen im Körper.

▶ **Blutzellkonzentrate:** 45% des Blutes bestehen aus Blutzellen wie roten und weißen Blutkörperchen (Erythrozythen bzw. Leukozythen) sowie Blutplättchen (Thrombozythen). Blutzellkonzentrate werden bei Blutarmut, chronischem Blutverlust und Mangel an Blutplättchen verabreicht.

▶ **Hämoglobin:** Sauerstoff transportierender roter Blutfarbstoff aus dem Eiweiß Globin und der Eisenporphirinverbindung Häm.

▶ **Heparin-Vollblut:** Heparin wirkt gerinnungshemmend. Transfusionen mit Heparin-Vollblut werden bei Blutwäschen eingesetzt, z.B. bei Nierenkranken und Patienten an Herz-Lungen-Maschinen.

▶ **Thrombozythen:** Im Knochenmark gebildete, für die Blutgerinnung wichtige Blutplättchen.

▶ **Vollblut:** Enthält alle Blutbestandteile. Es wird für Bluttransfusionen bei Operationen und Verletzungen verwendet. Vollblut kann nicht virusinaktiviert werden, weil dabei lebende Blutzellen zerstört würden.

Krankheitserreger früher nachgewiesen werden können und die Übertragung von Spenderblut auf einen fremden Empfänger sicherer würde. Bei dem neuen Test wird das Blut von Spendern auf spezielle genetische Informationen von Krankheitserregern untersucht. Während z.B. eine HIV- oder eine Hepatitis-Infektion mit herkömmlichen Verfahren erst nach Wochen nachweisbar waren, brachte der Münsteraner Test schon nach einigen Tagen verlässliche Ergebnisse. Das Risiko, sich über Spenderblut mit Hepatits C zu infizieren, sank um das Zehnfache von 1:20000 auf 1:200000. Auch für Hepatits-B-Viren und weitere Krankheitserreger sei der Test lt. Forschern denkbar.

Computerchip für Gelähmte

In die Bauchdecke von Querschnittgelähmten implantierter Computerchip, der an einen Sender außerhalb des Körpers angeschlossen ist und über Elektroden die Beinmuskulatur ansteuert

Im März 2000 stellten Mediziner in Brüssel einen querschnittgelähmten Mann vor, der mit einem C. seine Beine wieder bewegen konnte. Zwar räumten die Ärzte ein, dass der natürliche Bewegungsablauf beim Gehen mit einem C. nicht erreichbar sei, doch hofften sie, die erforderliche Software zunehmend an den natürlichen Gang anzupassen. Ziel sei, dass Querschnittgelähmte selbstständig einige Schritte gehen können.

Um 2000 waren in Europa 300000 Menschen querschnittgelähmt.

Voraussetzung: Für einen C. kommen nur Querschnittgelähmte in Frage, deren Beinmuskulatur sich wiederbeleben lässt. Bei dem vorgestellten Probanden war dies trotz zehnjähriger Lähmung möglich.

Technik: Die Hochtechnologie sollte ausgereift die Größe einer TV-Fernbedienung haben. Das Gerät sendet an den implantierten Chip, über den der Gelähmte selbst die Bewegungen seiner Beine steuern kann.

Frischzellentherapie

Medizinisch umstrittene Behandlung, bei der dem Patienten Zellen eines Schafsfötus ins Gewebe gespritzt werden

Anfang 2000 hob das Bundesverfassungsgericht (BVerfG, Karlsruhe) das 1997 vom Bundesgesundheitsministerium erlassene Verbot der F. aus formalen Gründen auf. Grundlage waren Gutachten des Bundesgesundheitsamts und Stellungnahmen des Wissenschaftlichen Beirats der Bundesärztekammer (Köln). Nicht der Bund, sondern nur die Länder könnten lt. BVerfG eine solche Entscheidung treffen. Damit war die F., die in Deutschland in Privatkliniken durchgeführt worden war, wieder erlaubt.

Therapie: Der Schweizer Arzt Paul Niehans (1882–1971) führte 1931 an einer Patientin erstmals eine F. durch. Seitdem wurde das Verfahren von ihren Anhängern als erfolgreiche Verjüngungskur des Körpers betrachtet. Sie helfe ihren Aussagen zufolge gegen Alterserscheinungen wie Schmerzen in den Gelenken, an der Wirbelsäule und den Bandscheiben, gegen verminderte geistige und körperliche Leistungsfähigkeit sowie Nervenerkrankungen. Der medizinische Nutzen war bis 2000 unbewiesen.

Risiken: Bereits 1956 hatte der Bundesärzteverband vor möglichen Nebenwirkungen der F. gewarnt. Allergologen befürchteten Abstoßungsreaktionen des Körpers gegen die körperfremden Zellen, die bis hin zum tödlichen Allegieschock reichen könnten. Mediziner wiesen auf die Gefahr hin, mit den Zellen Viren und Bakterien zu übertragen. Die Frischzellen müssten den Patienten innerhalb von 20 min nach dem Tod des Mutterschafs injiziert werden. In dieser Frist bleibe kaum Zeit für eine gründliche Überprüfung des Zellgemischs.

Handtransplantation

Anfang 2000 wurden einem Patienten in Lyon/Frankreich weltweit erstmals beide Hände und Teile der Unterarme eines kurz zuvor gestorbenen Spenders angenäht. Der operierende Chirurg hatte 1998 erstmals überhaupt eine Hand transplantiert. Er wollte den Einstieg in die Gliedmaßentransplantation ermöglichen, die Millionen von Unfall- und Minenopfern, Kriegsversehrten und mit missgebildeten Gliedern Geborenen zu funktionsfähigen Gliedmaßen verhelfen könnte. Kritiker wiesen auf medizinische Gefahren wie die Unterdrückung der Abstoßungsreaktion des Körpers hin.

Transplantation: Dem 33-jährigen Patienten, der seine Hände 1996 bei einem Feuerwerksunfall verloren hatte, wurden die Hände wie bei einer Replantation abgerissener eigener Gliedmaßen angenäht. Zunächst wird ein Knochengerüst aufgebaut. Dann werden Venen, Nerven, Sehnen und Muskeln zusammengenäht. Bei geglückter Operation können Bewegungsfähigkeit und Gefühl in den Händen wiederkehren.

Kritik: Der Patient erhielt nach der Operation vier schwere Medikamente, um eine Abstoßungsreaktion seines Immunsystems zu verhindern. Mit der Hemmung der körpereigenen Abwehr steigt lt. medizinischen Kritikern die Anfälligkeit für Infektionskrankheiten und vermutlich für einige Krebserkrankungen. Dieses Risiko dürfe nur bei Lebensgefahr, etwa bei einer lebensrettenden Herztransplantation, eingegangen werden. Auch sei die psychische Belastung des Patienten bei einer H. nicht zu unterschätzen.

Implantierbare Pille

Kunststoffröhrchen, das unter die Oberarmhaut von Frauen implantiert wird und drei Jahre ein Hormon (Etonogestrel) freisetzt, das den Eisprung unterdrückt und eine Schwangerschaft verhindert

Wirkung und Test: Ab Mitte 2000 sollte das Verhütungsmittel unter dem Namen Implanon erhältlich sein. Die Implantierung erfolgt im Krankenhaus in wenigen Minuten. Da der Wirkstoff zu den Gestagenen zählt, ist das Präparat einer sog. Minipille gleichzusetzen. Weltweit erprobten bis Mitte 2000 rund 2000 Frauen die I. Es trat keine unerwünschte Schwangerschaft auf.

Nebenwirkungen wie Blutungsstörungen, Akne und Gewichtszunahme kamen ebenso wie bei der Minipille nur selten vor.

Austausch: Nach drei Jahren ist das 4 cm lange und 2 mm breite Röhrchen leer und muss gegen ein neues ausgetauscht werden. Bei Kinderwunsch wird die I. entfernt, nach einigen Monaten stellt sich meist der für die Empfängnis nötige Eisprung wieder ein.

Negativliste

Vom Bundesgesundheitsministerium veröffentlichte Liste mit Wirkstoffen bzw. Medikamenten, die bei Verordnung von der Kostenübernahme durch die Krankenversicherungen ausgenommen sind. Der Patient muss die Mittel selbst bezahlen.

Bundesgesundheitsministerin Andrea Fischer (Bündnis 90/ Die Grünen) plante 2000 angesichts weiter steigender Ausgaben der Krankenversicherungen für Arzneimittel (1999: +8,4%) die Erweiterung der 1990 eingeführten N. bis Mitte 2000. Lt. Sozialgesetzbuch kann die N. mit Zustimmung des Bundesrats erweitert werden. Mittelfristig sollte die N. durch die in der Gesundheitsreform 1999 vorgesehene Positivliste ersetzt werden, die an der Zustimmung im Bundesrat gescheitert war. Die Positivliste sollte Arzneien umfassen, die bei Verordnung von den Kassen finanziert werden.

Inhalt: Die N. beinhaltet Arzneien, die für das Therapieziel oder zur Minderung von Risiken nicht erforderliche Bestandteile enthalten. Ferner gehören zur N. Präparate, deren Wirkung wegen der vielen Bestandteile nicht sicher beurteilt werden kann, sowie Arzneien, deren therapeutischer Nutzen nicht nachgewiesen ist. Die geltende N. sollte um einige Schmerzmittel, Hautpräparate, Kombinations-Antibiotika, Beruhigungsmittel mit dem Wirkstoff Meprobamat, Infusionslösungen (gegen Durchfall) und einige Lebermittel erweitert werden.

Geltende Liste: Die seit 1990 gültige N. umfasste zunächst 6700 Präparate. Vor Inkrafttreten der N. riefen Pharmahersteller 4000 betroffene Präparate zurück, so dass die endgültige N. nur 2700 Arzneien mit einem jährlichen Verordnungsvolumen von 384 Mrd DM beinhaltete. Die Einsparungen durch die N. blieben hinter den Erwartungen zurück, weil die Hersteller verordnungsfähige Nachfolgepräparate für die zurückgezogenen auf den Markt brachten.
www.bmgesundheit.de

■ **Organtransplantationen 1999**	
Niere	2275 (380)[1]
Leber	757 (41)[1]
Herz	500
Bauchspeicheldrüse	218
Lunge	146

1) davon Lebendspenden; Transplantationen insgesamt: 3896;
Quelle: Deutsche Stiftung Organtransplantation (Neu-Isenburg)

Organtransplantation

1999 ging die Zahl der O. in Deutschland im Vergleich zum Vorjahr um 0,6% auf 3896 zurück (1998: 3918 O., +13%). Die Deutsche Stiftung Organtransplantation (DSO, Neu-Isenburg) betonte, dass weniger Verstorbene infolge Krankheiten für eine Organspende in Frage kamen und dass häufig keine Einwilligung zur Organspende des Verstorbenen vorlag. Die vorgenommenen O. deckten lediglich ein Viertel des Bedarfs. 13 000 Menschen warteten 2000 in Deutschland auf ein geeignetes Spenderorgan. Dennoch bestätigte das Bundesverfassungsgericht (BVerfG, Karlsruhe) Ende 1999 das Transplantationsgesetz von 1997, das Organspenden zu Lebzeiten zu Gunsten von Unbekannten untersagt.

Beschluss: Lt. BVerfG war die gesetzliche Beschränkung der Organspende auf Verwandte oder dem Patienten nahestehende Menschen gerechtfertigt, um deren Freiwilligkeit sicherzustellen und dem Organhandel vorzubeugen (Az.:1 BvR 2181/98 u. a.).

Das Gericht lehnte die Verfassungsbeschwerde eines Dialysepatienten, eines dem Patienten unbekannten Spendenwilligen und eines Transplantationschirurgen ab.

Alternativen: Um den Mangel an Spenderorganen zu beheben, konzentrierte sich die weltweite Forschung um 2000 auf Xenotransplantationen, bei denen dem Menschen tierische Organe eingepflanzt werden, und auf die Züchtung embryonaler Stammzellen. Sie können sich zu jedem Zelltyp entwickeln. 1998 gelang es US-Forschern erstmals, Stammzellen aus einem menschlichen Embryo im Labor zu vermehren. Sie nahmen an, dass die Züchtung bestimmter Zelltypen in naher Zukunft Routine werde. Wurde eine solche Stammzelle aus der geklonten (künstlich erzeugten genetisch gleichen Kopie einer) Körperzelle des Patienten gewonnen, sei bei einer späteren Transplantation von Organen oder Gewebe nicht mit einer Abstoßungsreaktion zu rechnen. In Deutschland waren 2000 das Klonen menschlicher Zellen zur Therapie aus ethischen Gründen ebenso verboten wie Experimente mit embryonalen Stammzellen.

interfit.de/deutsch/html/organ.html

Pharma-Fusionen

1998–2000 war etwa die Hälfte der international führenden 25 Pharmakonzerne in Übernahmen und Fusionen involviert. Im Januar 2000 vereinbarten die britischen Firmen Glaxo Wellcome und Smithkline Beecham den Zusammenschluss zum weltgrößten Pharmakonzern Glaxo Smithkline. Im Februar 2000 fusionierten die US-Unternehmen Pfizer und Warner-Lambert zum zweitgrößten Hersteller von Arzneimitteln auf der Welt. Die fusionierten Konzerne erhofften sich Einspareffekte in Milliardenhöhe und durch erhöhte Forschungsinvestitionen eine gestärkte Marktposition im schärferen internationalen Wettbewerb.

Glaxo-Smithkline: Der fusionierte Konzern wird lt. Branchenberichten vor allem bei Medikamenten gegen Asthma, Aids und Hepatitis sowie bei Mitteln gegen Depressionen und Migräne seine Dominanz ausbauen. Beide Unternehmen erwarteten durch die Fusion Einsparungen von 3 Mrd DM jährlich, die in die Forschung investiert werden sollten (Forschungsbudget pro Jahr: 6,6 Mrd DM). Die Glaxo-Aktionäre sollten

Pharma-Fusionen: Die weltgrößten Pharmaunternehmen		
Konzern	*Umsatz 1998 (Mrd US-Dollar)*	*Anteil am Weltmarkt (%)*
Glaxo Wellcome/ Smithkline Beecham	21,4	7,5
Pfizer/Warner-Lambert	18,0	6,5
Merck	15,2	5,0
Aventis	13,6	4,5
AstraZeneca	12,7	4,2
Bristol-Myers Squibb	11,3	3,7
Novartis	10,0	3,3
Eli Lilly	8,6	2,8

Quellen: IMF Health, Geschäftsberichte, Frankfurter Rundschau, 15.1.2000

58,75% der Anteile, die Smithkline-Beecham-Aktionäre 41,25% erhalten.

Pfizer Inc.: Pfizer hatte 2000 sieben Produkte mit mehr als 2 Mrd DM Jahresumsatz im Angebot, darunter die Potenzpille Viagra. Umatzstärkstes Erzeugnis von Warner-Lambert war mit 7,4 Mrd DM Jahresumsatz 1999 ein Mittel zur Senkung des Cholesterinspiegels (Lipitor). Bis 2002 wollte der fusionierte Konzern 3,2 Mrd DM einsparen. Die Forschungsausgaben sollten auf 9,4 Mrd DM pro Jahr erhöht werden, das weltweit höchste Budget für diesen Bereich. Pfizer zahlte im Zuge eines Aktientauschs rund 180 Mrd DM für Warner-Lambert.

Unternehmen → Fusionen und Übernahmen

Pillen-Kamera

Torpedoförmige, 11x33 mm große Kapsel, die Übermittlungsstationen für Bilder und Ton enthält. Die P. wird geschluckt und sendet auf ihrer Reise durch den Körper Bilder vom Verdauungstrakt.

Mitte 2000 entwickelten Mediziner vom Royal London Hospital die P., die erstmals eine schmerzfreie Untersuchung des kompletten Verdauungstrakts inkl. schwer zugänglicher Körperregionen ermöglicht. Die P. soll die schmerzhaften Spiegelungen von Magen und Darm ersetzen. Sie wird geschluckt, die Patienten können während der Untersuchung ihrer normalen Tätigkeit nachgehen. Nach 24 h verlässt die P. auf natürlichem Weg den Körper. Für Ende 2000 waren klinische Versuche geplant.

Potenzpille

1998 erstmals in Deutschland zugelassenes Medikament (Viagra), das in 70% der Fälle Erektionsstörungen bei Männern behebt. Die P. erzeugt aber keine sexuelle Stimulanz.

Bilanz: Bis 2000 hatten in Deutschland rund 500 000 Männer zur P. gegriffen, fast jeder Urologe hatte sie P. mind. einmal verordnet. Anfang 2000 stellte eine sog. Anti-Viagra-Initiative in Deutschland Strafantrag gegen den Hersteller der P., den US-Pharmakonzern Pfizer, wegen fahrlässiger Tötung. Das Bundesinstitut für Arzneimittel (Berlin), bei dem der Hersteller wie bei anderen Behörden weltweit alle drei Monate einen Sicherheitsbericht einreichen musste, sah keinen Grund zur Neubewertung der P.

Strafantrag: Nach Auffassung der Initiative seien bis 2000 allein in Deutschland 23 Todesfälle auf Viagra zurückzuführen (welt-

Potenzpille: Gefahren

Die Arzneimittelkommission der deutschen Ärzteschaft wies Anfang 2000 darauf hin, dass die P. ohne ärztliche Verordnung via Internet bezogen werden könne – auch von Patienten, die sich großen Gefahren aussetzten. Jeder Arzt müsse seinen Patienten sorgfältig untersuchen und kontrollieren, ob er für die Verordnung der P. in Frage komme. Der P.-Hersteller Pfizer betonte nochmals das Risiko des Mittels für Herzkranke, bei denen Erektionsstörungen auf Gefäßverkalkungen zurückzuführen seien, die aber häufig auch das Herz beträfen. Wenn der Patient Nitrate gegen seine Herzprobleme einnehme, könne dies in Kombination mit Viagra einen tödlichen Blutdruckabfall verursachen. Bei bestimmungsgemäßem Gebrauch sei die P. sicher. Als Nebenwirkungen wurden bis Mitte 2000 u. a. Kopfschmerzen, Gesichtsrötungen und -schwellungen, Verdauungsstörungen, verstopfte Nase, Hautausschlag und eingeschränktes Sehvermögen registriert.

weit 581). Die Kläger prangerten auch die angeblich vom Pfizer-Konzern angestrebte Einführung der P. als Lifestyle-Droge an.

Finanzierung: Das Sozialgericht Hannover entschied Ende 1999, dass die Kosten der P. für Männer mit krankheitsbedingten Erektionsstörungen von den Krankenkassen getragen werden müssen (Az: S 2 KR 485). Als Begründung gab das Gericht an, dass die Erektionsfähigkeit zum Leitbild des gesunden, auch älteren Mannes gehöre.

Zweites Mittel: Für Mitte 2000 wurde in den USA mit der Zulassung einer zweiten P. (Uprima) gerechnet. Anders als Viagra fördert sie die Ausschüttung eines Botenstoffs im Gehirn (Dopamin), der die Erektion unterstützt. Viagra begünstigt dagegen den Blutfluss in den Penis. Als Nebenwirkungen von Uprima traten Ohnmacht und bei Alkoholgenuss gefährlicher Blutdruckabfall auf.

Präimplantationsdiagnostik

(PID), Verfahren der Fortpflanzungsmedizin, bei dem ein außerhalb des Körpers durch künstliche Befruchtung erzeugter Embryo auf genetische Schäden und möglich Erbkrankheiten untersucht wird.

In Deutschland war die P. Mitte 2000 nach dem Embryonenschutzgesetz verboten. Zahlreiche ungewollt kinderlose Paare traten dennoch mit dem Wunsch an Reproduktionsmediziner heran, bei einer künstlichen Befruchtung nur einen durch P. nachweislich gesunden Embryo einzupflanzen, um z. B. ein Absterben des Embryos zu vermeiden. Das Bundesgesundheitsministerium diskutierte Mitte 2000 mit Experten ein mögliches neues Gesetz, welches das Embryonenschutzgesetz ablösen könnte.

Diskussion: Befürworter der P. betonten 2000, dass mit neuen humangenetischen Möglichkeiten Schwangerschaftsabbrüche verhindert werden könnten – z. B. wenn sich Eltern gegen ein behindertes oder schwer krankes Kind entscheiden. Gegner kritisierten, dass mit der Verwerfung eines geschädigten Embryos ein Mensch im frühen Stadium seiner Entwicklung vernichtet wird. Das Recht auf Leben auch des behinderten Menschen sei in Gefahr, wenn im Zuge der P. einem behinderten Embryo das Lebensrecht aberkannt werde. Deutsche müssten wegen der geschichtlichen Erfahrung mit der NS-Euthanasie zurückhaltend sein.

Schwangerschaftsabbruch

In Deutschland war ein S. um 2000 nach der 1995 verabschiedeten Fristenregelung bis zur zwölften Schwangerschaftswoche zwar nicht rechtmäßig, blieb aber straffrei, wenn sich die Frau drei Tage vor dem Abbruch beraten ließ.

Ende 1999 beschloss der ständige Rat der Deutschen Bischofskonferenz den Ausstieg der katholischen Kirche aus dem Beratungssystem für Schwangere in Konfliktsituationen. Die Bischöfe folgten damit einer Weisung von Papst Johannes Paul II. Er hatte die Ausstellung des Beratungsscheins durch kirchliche Stellen kritisiert,

weil er eine Abtreibung ermögliche, welche die Kirche als Tötung ungeborenen Lebens ablehnte. Ohne den vom Gesetzgeber vorgeschriebenen Beratungsschein ist für Schwangere ein straffreier S. nicht möglich. Statt der katholischen Kirche wollte die katholische Laienorganisation Donum Vitae Beratungen anbieten.

■ **Religion/Sekten** → Schwangerenkonfliktberatung

Xenotransplantation

Übertragung tierischer Organe auf den Menschen

Aufgrund des Mangels an Spenderorganen – allein in Deutschland warteten 2000 rund 13 000 Menschen auf ein geeignetes Spenderorgan und zahlreiche Wartende starben, bevor es gefunden wurde – untersuchten Forscher weltweit Möglichkeiten der X. Erste Erfolge erzielte eine schottische Firma Anfang 2000 mit der Geburt von fünf geklonten Ferkeln – künstlich erzeugten, genetisch gleichen Kopien.

Beispiel Schwein: In der genetischen Forschung galten Schweine als Organspender als gut geeignet, da ihre Organe ähnlich groß und leistungsfähig sind wie die des Menschen. Die genetische Manipulation und das Klonen von Ferkeln bedeuteten den ersten Schritt zur X., weil es die Reproduktion von vielen genetisch dem Menschen angepassten Organen erlaubt.

Abstoßung: Die X. barg 2000 medizinische Gefahren. Das größte Hindernis war die Abstoßungsreaktion des menschlichen Körpers auf ein tierisches Organ. Forscher planten, das Immunsystem zu überlisten und im Transplantat die Gene abzuschalten, die Strukturen auf der Zelloberfläche entstehen lassen, an denen das menschliche Immunsystem die Zellen als fremd erkennt. Weiter wurde versucht, Gene, die für typisch menschliche Strukturen auf Zelloberflächen verantwortlich sind, in tierische Zellen zu verpflanzen.

Weitere Risiken: Bis 2000 war unbekannt, wie lange z. B. ein Schweineorgan im menschlichen Körper arbeitet. Auch könnten tierische Viren auf Menschen übertragen werden, sich an den Menschen anpassen oder sich mit Humanviren vermischen. Dies wäre nicht nur für den Patienten selbst gefährlich, sondern bei Ausbreitung als Infektion auch für andere Menschen.

▬ Gemeldete Schwangerschaftsabbrüche			
Bundesland	1999	1998	1997
Baden-Württ.	13738	14513	14588
Bayern	16681	15838	14414
Berlin	11949	11396	12156
Brandenburg	5532	5557	5100
Bremen	1740	1776	3145
Hamburg	3681	3983	4270
Hessen	9711	10062	11477
Meckl.-Vorp.	3465	3646	3647
Niedersachsen	10281	10089	7927
Nordrh.-Westf.	26895	26613	27150
Rheinland-Pfalz	4586	4716	3269
Saarland	1268	1193	1857
Sachsen	6875	7420	7627
Sachsen-Anhalt	5619	5748	5779
Schlesw.-Holst.	3764	3683	3164
Thüringen	5054	5139	4386

Quelle: Statistisches Bundesamt (Wiesbaden), www.statistik-bund.de

Gerichtshof für Menschenrechte

Vor dem Europäischen G. in Straßburg können alle Bewohner der 41 Mitgliedstaaten des Europarats gemäß Europäischer Menschenrechtskonvention (von 1950) Beschwerden gegen ihre Regierungen und Behörden erheben, wenn sie sich in ihren Menschenrechten verletzt sehen. Die Urteile des mit 41 hauptberuflichen Richtern besetzten G. sind völkerrechtlich verbindlich.

Urteile: 1999 verkündete der G. 177 Urteile; mehr als 3500 Beschwerden wurden für unzulässig erklärt oder z. B. wegen Streitbeilegung gestrichen. Am häufigsten wurde Italien verurteilt; in 90% der 44 Urteile rügten die Richter die zu lange Verfahrensdauer vor italienischen Gerichten. 18 Richtersprüche ergingen gegen die Regierung der Türkei, meist wegen Menschenrechtsverletzungen gegen kurdische Oppositionelle.

Beschwerden: Mit gut 20 000 eingegangenen Beschwerden wurde 1999 erneut eine starke Zunahme der Anrufungen des G. verzeichnet (+ 25%). Die meisten Beschwerden richteten sich gegen Italien (3652), Polen (2898) und Frankreich (2586). Knapp 2000 Kläger wandten sich gegen Deutschland, das in den Gerichtsverhandlungen von 1999 nicht verurteilt wurde. Ende 1999 hatte der G., der 1998 wegen der langen Dauer seiner Verfahren reformiert worden war, mehr als 12 000 Klagen noch nicht entschieden. Prominentester Fall war die Beschwerde des zum Tode verurteilten Chefs der Arbeiterpartei Kurdistans (PKK), Abdullah Öcalan.

Internationaler Strafgerichtshof

1999/2000 nahm die Errichtung des Internationalen Strafgerichtshofs, der Verbrechen gegen die Menschlichkeit ahnden soll und dessen Gründung 120 Staaten 1998 beschlossen hatten, Gestalt an.

Vorbehalte der USA: In mehreren Verhandlungsrunden wurden Regelungen zur Finanzierung sowie zur Verfahrens- und Beweisordnung getroffen. Vertreter der US-amerikanischen Regierung, die gegen die Errichtung des I. gestimmt hatte, um mögliche Ermittlungen gegen GIs zu verhindern, nahmen ebenfalls teil, scheiterten jedoch erneut mit ihrem Versuch, die Zuständigkeit des I. einzuschränken.

Zuständigkeit: Der I. soll die schlimmsten internationalen Verbrechen wie Völkermord, Kriegsgräuel und Verbrechen gegen die Menschlichkeit ahnden, wenn die nationalen Strafverfolgungsbehörden dazu nicht in der Lage oder nicht willens sind. Die Staaten, auf deren Gebiet die Verbrechen begangen wurden bzw. deren Staatsangehörigkeit die Beschuldigten besitzen, müssen Vertragsmitglieder sein. Ermittlungen kann der Öffentliche Ankläger von sich aus, auf Verlangen des UN-Sicherheitsrats oder auf Ersuchen eines der Mitgliedsländer einleiten.

Einsetzung: Der I. kann seine Arbeit in Den Haag/Niederlande aufnehmen, wenn 60 Staaten – die zweithöchste Zahl, die jemals für ein internationales Vertragswerk verlangt wurde – den Gründungsvertrag ratifiziert haben. Einige Länder müssen dafür vorher Gesetze oder ihre Verfassung ändern. Ende 1999 hatten fünf Länder den Vertrag ratifiziert, weitere 91 ihn unterzeichnet.

Kindersoldaten

Mindestalter: Im Januar 2000 verabschiedete die UN-Menschenrechtskommission (Genf) ein Zusatzprotokoll zur Kinderrechtskonvention der Vereinten Nationen (1989), nach der Kinder unter 18 Jahren nicht direkt an Kämpfen teilnehmen und nicht zwangsweise zu den Streitkräften eingezogen werden dürfen. Bis dahin lag das Mindesalter bei 15 Jahren. Die Zusatzvereinbarung sollte im Herbst 2000 von der UN-Generalversammlung verabschiedet und danach zur Ratifizierung durch die Mitgliedstaaten ausgelegt werden.

Ausmaß: Etwa 350 000 Kinder, manche unter zehn Jahren, kämpften Mitte 2000 lt. UN-Angaben in bewaffneten Konflikten. In mind. 34 Ländern wurden sie von regulären Armeen oder Rebellenverbänden rekrutiert bzw. vielfach entführt und als Meldegänger, Kundschafter, Minenräumer und Frontkämpfer eingesetzt. Viele K. nahmen Drogen, wurden sexuell missbraucht oder zu Selbstmordattentaten gezwungen. Kinder gelten als bevorzugte Kämpfer, da sie leicht manipulierbar sind, kaum Sold kosten und infolge immer leichterer Waffen auch Schnellfeuergewehre benutzen können. Gut ein Drittel der K. (ca. 200 000) wurde in Afrika eingesetzt, aber auch in Bosnien-Herzegowina, im Kosovo, in Tschetschenien und von der Arbeiterpartei Kurdistans (PKK) in der Türkei wurden sie rekrutiert. Überleben K. die Kämpfe, tragen sie oft schwere physische und seelische Verletzungen davon.

Freiwillige: Der Vorschlag einiger Staaten, im UN-Zusatzprotokoll auch für die Rekrutierung Freiwilliger in Regierungsarmeen ein Mindestalter festzulegen, setzte sich nicht durch. Vor allem die USA und Großbritannien wollten an ihrem niedrigeren Mindestalter von 17 bzw. 16 Jahren festhalten. Minderjährige konnten Mitte 2000 in 50 Ländern Soldaten werden. In die Bundeswehr dürfen Freiwillige ab 17 Jahren eintreten, Ende 1999 gab es 252 Bundeswehrsoldaten unter 18 Jahren.

Kriegsverbrechertribunal

Der 1993 vom UN-Sicherheitsrat in Den Haag/Niederlande eingerichtete Internationale Gerichtshof (ICTY) ahndet Kriegsverbrechen und solche gegen die Menschlichkeit im Gebiet des ehemaligen Jugoslawien. Chefanklägerin des Tribunals, das 1999/2000 infolge größerer Unterstützung durch die internationale Staatengemeinschaft erstmals auch Hauptverantwortlichen für Menschenrechtsverletzungen den Prozess machen konnte, wurde im September 1999 die Schweizerin Carla Del Ponte.

Bilanz: Bis Mitte 2000 erhob das K. gegen 94 Personen öffentlich Anklage; hinzu kam eine nicht bekannte Zahl geheim gehaltener Anklagen. Das Tribunal fällte 16 Urteile; 42 Beschuldigte waren Mitte 2000 inhaftiert. Als erster General wurde im März 2000 der bosnische Kroate Tihomir Blaskic zu einer Haftstrafe von 45 Jahren verurteilt. Er hatte Truppen befehligt, die 1992–94 an der systematischen Tötung und Vertreibung der muslimischen Zivilbevölkerung, u. a. am Massaker im Dorf Ahmici, beteiligt waren. Wegen Ermordung und Verfolgung der Bewohner von Ahmici erhielten im Januar 2000 im ersten Verfahren wegen »ethnischer Säuberungen« fünf bosnische Kroaten langjährige Haftstrafen. Im Dezember 1999 wurde der serbische Lageraufseher Goran Jelisic wegen Ermordung von mind. 13 Muslimen sowie der Misshandlungen von Muslimen und Kroaten im Lager Luka zu 40 Jahren Haft verurteilt.

Prozesse: Im März 2000 begann das erste Verfahren um Massenvergewaltigung als gezieltes Mittel der Kriegsführung. Den Angeklagten, drei bosnischen Serben, wurde in mind. 50 Einzelfällen Vergewaltigung, Folter und Versklavung von muslimischen Frauen und Mädchen vorgeworfen. Organisierte Gewalt gegen Frauen hatte die UN-Menschenrechtskommission erst 1992 als Kriegsverbrechen definiert. Ebenfalls im März 2000 begann der erste Prozess gegen einen Hauptverantwortlichen für die Verbrechen von Srebrenica, den serbischen General Radislav Krstic.

Arusha-Tribunal: Das bereits 1994 vom UN-Sicherheitsrat eingesetzte Internationale Ruanda-Tribunal in Arusha/Tansania untersucht den von Hutu-Stammesmitgliedern an den Tutsis 1994 begangenen Völkermord (rund 1 Mio Tote). Das dem Haager Gericht unterstellte Tribunal, dessen Verfahren anfangs nur schleppend vorankamen, fällte bis Mitte 2000 sechs Urteile; vier Angeklagte wurden zu lebenslanger Haft verurteilt, u. a. der frühere ruandische Ministerpräsident und der ehemalige Bürgermeister der Hauptstadt Kigali. Im März 2000 entschied die Berufungsinstanz des K., das Verfahren gegen Jean-Bosco Barrayagwiza wieder aufzurollen, der als Leiter der politischen Abteilung des ruandischen Außenministeriums Hasstiraden über den Rundfunk verbreitet hatte und als Drahtzieher des Genozids galt. Er war wegen eines Formfehlers im November 1999 freigelassen worden, was die Zusammenarbeit zwischen Ruanda, wo ebenfalls Völkermordprozesse stattfinden, und dem K. belastet hatte.

www.un.org/icty ■ **Staaten** →Ruanda

Menschenrechts-Verletzungen weltweit

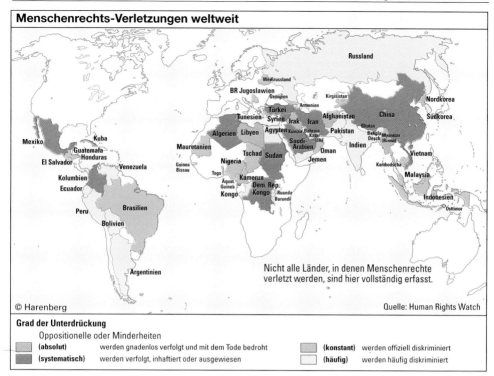

Russland

Weißrussland

BR Jugoslawien
Georgien
Kirgisistan
Armenien

Türkei
Tunesien Syrien Irak Iran Afghanistan China Nordkorea
Algerien Libyen Ägypten Kuwait Bahrain Pakistan Südkorea
Mauretanien Saudi- Katar Bhutan
Arabien UAE Bangla Myanmar
Oman Indien Desch (Birma)
Tschad Sudan Jemen Vietnam
Mexiko Kuba Nigeria Kambodscha
Guatemala
El Salvador Honduras Guinea
Venezuela Bissau Malaysia
Togo Kamerun
Kolumbien Aquat. Dem. Rep. Indonesien
Ecuador Guinea Kongo Ruanda Osttimor
Kongo Burundi
Brasilien
Peru
Bolivien

Argentinien

Nicht alle Länder, in denen Menschenrechte
verletzt werden, sind hier vollständig erfasst.

© Harenberg   Quelle: Human Rights Watch

Grad der Unterdrückung
Oppositionelle oder Minderheiten

(absolut) werden gnadenlos verfolgt und mit dem Tode bedroht   **(konstant)** werden offiziell diskriminiert

(systematisch) werden verfolgt, inhaftiert oder ausgewiesen   **(häufig)** werden häufig diskriminiert

Menschenrechts-Verletzungen

Menschenrechte sind uneingeschränkt geltende Grundrechte und Freiheiten, die jedem Menschen zustehen und in der Menschenrechtscharta der UNO von 1948 festgelegt sind.

Amnesty-Bericht: Die weltweit operierende Menschenrechtsorganisation Amnesty International (AI) stellte in ihrem Jahresbericht für 1999 fest, dass in Staaten mit Bürgerkriegen oder ohne unabhängige Justiz oder mit großen Unterschieden zwischen Arm und Reich M. vermehrt in aller Öffentlichkeit und nicht nur hinter Gefängnismauern stattfanden. Folter und Misshandlungen seitens staatlicher Stellen waren in 132 Ländern an der Tagesordnung. Politische Morde wurden für insgesamt 38 Staaten dokumentiert, in 46 Ländern waren auch bewaffnete Oppositionsgruppen für M. verantwortlich. In 37 Staaten verschwanden politische Gegner und in 63 Ländern saßen

Menschen ausschließlich aufgrund missliebiger politischer Ansichten in Haft.

Human Rights Watch: In ihrem »Weltbericht 2000« verzeichnete die internationale Menschenrechtsvereinigung als positive Trends im Jahr 1999, dass Regierungschefs, denen Verbrechen gegen die Menschlichkeit zur Last gelegt würden, seit 1999 eher mit einer Anklage (wie der frühere chilenische Diktator Augusto Pinochet Ugarte) oder einer direkten Intervention rechnen müssten und dass es Fortschritte bei der Schaffung eines internationalen Strafrechtssystems zur Ahndung schwerer M. gab (Internationales Kriegsverbrechertribunal in Den Haag/Niederlande, Verhandlungen über den geplanten Internationalen Strafgerichtshof).

China: Auf der Tagung der UN-Menschenrechtskommission Anfang 2000 in Genf/Schweiz wurde beklagt, dass die Verfolgung und Drangsalierung politischer Dissidenten, von Mitgliedern christlicher Kirchen oder

der Sekte Falun Gong sowie von ethnischen Minderheiten wie Tibetern und Uiguren zugenommen hatte. Zur Verurteilung Chinas kam es wie in den Vorjahren nicht.

UN-Kommission: Wegen anhaltender M. kritisierte die UN-Menschenrechtskommission im April 2000 Irak, Ruanda, Afghanistan, die Demokratische Republik Kongo, Burundi und Äquatorial-Guinea.

Südamerika: Die brasilianischen Streitkräfte wurden im Mai 2000 von der Justiz aufgefordert, ihre Geheimarchive aus der Zeit der Militärherrschaft (1964–85) zu öffnen, um die Zusammenarbeit der Diktaturen Südamerikas bei der brutalen Verfolgung von Regimegegnern in den 70er Jahren zu untersuchen. Brasilien sollte mit Chile und Argentinien, wo ebenfalls Ermittlungen zu dieser Frage stattfanden, kooperiert haben. Unter den etwa 30 000 Regimegegnern, die während der Militärdiktatur in Argentinien (1976–83) verschleppt und wahrscheinlich ermordet wurden, befanden sich 76 Deutsche, u. a. Nachkommen von Juden, die aus NS-Deutschland geflohen waren. Im Mai 2000 kündigte die Staatsanwaltschaft Nürnberg an, auch in diesen Fällen, in denen die Opfer keinen deutschen Pass mehr hatten,

weiter zu ermitteln. Im Mai 1998 hatte eine sog. Koalition gegen Straflosigkeit gegen einige argentinische Junta-Offiziere wegen Verdachts auf Geiselnahme, gefährliche Körperverletzung und Mord während der Militärdiktatur Anzeigen eingereicht.

Anti-Folter-Komitee: Das Gremium des Europarats (Straßburg), das seit der Gründung 1989 Haftanstalten, Polizeidienststellen und psychiatrische Kliniken in den Mitgliedsländern überprüft, warf Anfang 2000 Großbritannien vor, dass 1994–97 vier Verdächtige von Polizisten durch Würgegriffe überwältigt und getötet wurden und Misshandlungen durch Polizisten auch bei Schuldnachweis nicht geahndet würden. Der Bericht des Komitees konnte nicht vollständig erscheinen, da die britische Regierung von ihrem Recht Gebrauch machte, die Einwilligung für die Veröffentlichung einiger Passagen zu versagen.

OSZE-Raum: Die Internationale Helsinki-Föderation für Menschenrechte (IHF, Wien) bemängelte in ihrem 2000 veröffentlichten Jahresbericht M. in 44 der 54 Mitgliedstaaten der OSZE. In 31 Ländern wurden 1999 Folter und Misshandlung durch Polizei- und Gefängnispersonal festgestellt; in einigen

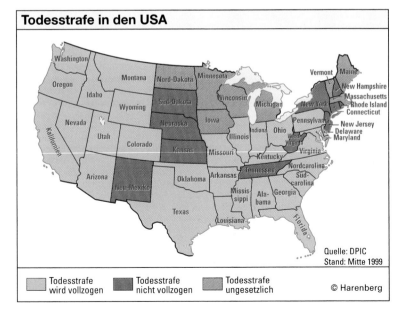

Todesstrafe in den USA

▢ Todesstrafe wird vollzogen	▨ Todesstrafe nicht vollzogen	▨ Todesstrafe ungesetzlich

Quelle: DPIC
Stand: Mitte 1999

© Harenberg

In den USA wurden seit Wiedereinführung der Todesstrafe (1976) bis Mitte 2000 rund 600 Menschen hingerichtet.

der einst kommunistischen Staaten wurden religiöse, ethnische und politische Minderheiten nicht geachtet.

Deutschland: Nach dem Selbstmord einer abgelehnten Asylbewerberin in der Flüchtlingsunterkunft am Frankfurter Flughafen, die schon vom Anti-Folter-Komitee beanstandet worden war, drängten Politiker von SPD und Bündnis 90/Die Grünen auf eine Lockerung des Flughafenverfahrens (verkürztes Asylverfahren und anschließende Transithaft). Im Jahr 1999 saßen rund 21% der Flughafen-Asylbewerber länger als 19 Tage fest, die gesetzlich vorgeschriebene Höchstdauer. Wenn innerhalb der Frist das Verfahren nicht abgeschlossen ist, kann der Asylbewerber nach Deutschland einreisen, wobei ihm Abschiebehaft droht, oder freiwillig länger in der Flüchtlingsunterkunft am Flughafen bleiben.
www.amnesty.de; www.hrw.org

Todesstrafe

Nach Angaben der Menschenrechtsorganisation Amnesty International von März 2000 wurde die T. in 88 Staaten vollstreckt. In weiteren 13 Ländern konnte sie nur in Kriegszeiten verhängt werden; in zusätzlichen 22 Staaten war sie legal, wurde aber seit Jahren nicht mehr vollzogen. 72 Länder hatten die T. für alle Tatbestände abgeschafft. In der Bundesrepublik Deutschland wurde sie 1949 (Art. 102 GG) außer Kraft gesetzt, in der DDR 1987.

Hinrichtungen: 1999 registrierte Amnesty International insgesamt 1813 Hinrichtungen in 31 Staaten (1998: 2258, –20%). Mit 1077 bekannt gewordenen Exekutionen vollzog China wie im Vorjahr mehr Hinrichtungen als alle anderen Staaten zusammen. Obwohl insgesamt die Zahl der registrierten Exekutionen sank, richteten die USA, Iran und Saudi-Arabien 1999 mehr Menschen hin als 1998. Mit 98 Hinrichtungen (1998: 68) vollstreckten die Vereinigten Staaten 1999 mehr Todesurteile als je zuvor seit Wiedereinführung der T. 1976; von den 38 US-Staaten, in denen es die T. gab, vollzog Texas die meisten Exekutionen (35). In Saudi-Arabien verdreifachte sich die Zahl der offiziell bestätigten Hinrichtungen 1999 auf 103 (1998: 29), im Iran auf 165 (1998: 66). Zum Tode verurteilt wurden 1999 insgesamt 3857 Menschen.

Moratorium: Im US-amerikanischen Bundesstaat Illinois wurden im Januar 2000 alle verhängten T. ausgesetzt, da eine Untersuchung ergeben hatte, dass seit 1976 über die Hälfte der zum Tode Verurteilten in einem zweiten Verfahren als unschuldig freigesprochen worden waren. Auf Bundesebene wurde eine Überprüfung des Vorwurfs angestrengt, die T. werde zu oft gegen Schwarze u. a. Minderheiten angestrengt. Ende 1999 waren 42% der zum Tode Verurteilten Schwarze, obwohl sie nur 12% der Bevölkerung stellten.

Pro und Kontra: Lt. Umfrage der Fernsehgesellschaft ABC waren 64% der US-Amerikaner Anfang 2000 für die T., 1996 waren es noch 77% gewesen.
www.amnesty.org/news/2000/A5000900.htm

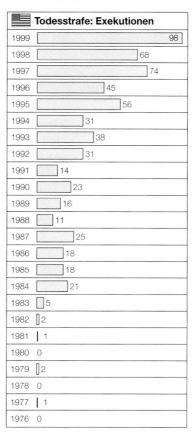

Todesstrafe: Exekutionen	
1999	98
1998	68
1997	74
1996	45
1995	56
1994	31
1993	38
1992	31
1991	14
1990	23
1989	16
1988	11
1987	25
1986	18
1985	18
1984	21
1983	5
1982	2
1981	1
1980	0
1979	2
1978	0
1977	1
1976	0

Militär

Abrüstung

Anfang 2000 begann eine neue Sitzungsperiode der UN-Abrüstungskonferenz. Tagungsort der 66 Mitgliedsstaaten war Genf/Schweiz. Das bislang einzige ständige multilaterale A.-Forum verabschiedete u. a. 1992 den Chemiewaffenvertrag, vier Jahre später gelang die Initiierung des Atomteststopp-Vertrags. Auf neue Verhandlungsthemen konnten sich die Teilnehmer bis Sommer 2000 nicht festlegen. Hauptstreitpunkte für eine allseits akzeptierte Agenda waren das geplante Produktionsverbot für waffenfähiges Spaltmaterial (Interessengegensatz zwischen den offiziellen Atommächten und den nuklearen Schwellenländern) sowie die Pläne der US-Administration, ein Raketenabwehrsystem im Weltraum zu stationieren. **Verpflichtung:** Im Zuge der UN-Konferenz zur Überprüfung des Atomwaffensperrvertrages im Mai 2000 in New York sagten die fünf offiziellen Atommächte USA, Russland, Frankreich, Großbritannien und China zu, ihre nuklearen Arsenale vollständig zu eliminieren. Doch beinhaltete die Formel keine Terminfestlegung, die Umsetzung des Vorhabens gilt als politisches Fernziel. Mitte 2000 verfügten die offiziellen Atommächte über ein Kernwaffenarsenal von rund 23 000 Sprengköpfen.

Atomtests 1945–99

Land		Atomtests
USA	🇺🇸	1032
GUS[1]		715
Frankreich	🇫🇷	210
Großbritannien	🏴	45
China	⭐	44
Indien		6[2]
Pakistan		6[2]

Stand: Ende 1999; 1) Gemeinschaft Unabhängiger Staaten; 2) nach eigenen Angaben; Quelle: agence france press

Atomtests

1996 wurde der Atomteststoppvertrag (Comprehensive Test Ban Treaty, CTBT) in New York unterzeichnet. Die Übereinkunft untersagt jegliche Art von Atomexplosionen, unabhängig, ob sie militärischen oder zivilen Zwecken dienen.

Bis Mitte 2000 hatten mehr als 150 Staaten das Abkommen paraphiert (völkerrechtliche Zustimmung in 28 Ländern). Der Vertrag konnte bis Mitte 2000 aber noch nicht in Kraft treten, da nicht alle Länder, die im Besitz von Atomtechnologie waren, ihn ratifiziert hatten (Art. 14, Anhang 2 des Werkes listet 44 ausgewählte Staaten auf). **Russland:** Der russische Präsident Wladimir Putin unterzeichnete Ende Mai 2000 den Atomteststoppvertrag. Wenige Wochen zuvor hatte das russische Unterhaus (Staatsduma) die Vereinbarung zur Rüstungskontrolle mit großer Mehrheit gebilligt (298:74 Stimmen). Allerdings betonten Vertreter des russischen Atomministeriums, dass subkritische Tests auch weiterhin durchgeführt werden. Bei diesen Experimenten bringt Sprengstoff geringste Mengen Atommaterial zur Explosion, eine Kettenreaktion entsteht allerdings nicht. Subkritische Tests fallen nicht unter die Regularien des Vertrages. **USA:** Im republikanisch dominierten US-Senat scheiterte im Oktober 1999 die Ratifizierung des Atomteststoppabkommens; 51 der 100 Senatoren votierten mit Nein, 48 Stimmberechtigte folgten der US-Regierung. Die Gegner des Teststopps monierten, dass er nicht ausreichend überwacht werden könne und der militärische Technologievorsprung der USA in Frage gestellt sei.

Atomwaffen

Die erste Überprüfungskonferenz über die Einhaltung des A.-Sperrvertrages (auch: Abkommen über die Nichtweiterverbreitung von A.; engl.: Non Proliferation Treaty, NPT) begann im Frühjahr 2000 am UN-Hauptsitz in New York. Der Vertrag war 1970 in Kraft getreten; 1995 hatten die heute 187 Signatarstaaten beschlossen, das Abkommen zur Abrüstung auf unbegrenzte Zeit zu verlängern und alle fünf Jahre auf einer Vertragsparteienkonferenz zu verifizieren. Die fünf offiziellen Atommächte USA, Russland, Frankreich, Großbritannien und China legten 2000 in New York u. a. fest, ihre A. vollständig abzubauen (ohne Terminierung) und den 1972 geschlossenen ABM (Anti-Ballistic Missile Treaty)-Vertrag einzuhalten, der den Bau von Raketenabwehrsystemen verbietet. Sie appellierten an »mögliche Atommächte«, dem Abkommen schnellstmöglich beizutreten.

Plutonium: Beim Gipfeltreffen Anfang Juni 2000 kamen der russische Präsident Wladimir Putin und sein US-Amtskollege Bill Clinton überein, 34 t waffenfähiges Plutonium zu vernichten. Das Langzeitprojekt (geschätzte Laufzeit: 20 Jahre) kostet ca. 6 Mrd US-Dollar, zwei Drittel der Summe tragen die USA, ein Drittel finanziert Russland. Zugleich vereinbarten die Staatschefs die Einrichtung eines gemeinsamen Frühwarnsystems gegen Raketenangriffe.

START II: Nach siebenjährigem politischen Widerstand stimmte Russland im Frühjahr 2000 dem Abrüstungsabkommen START II (Stratgic Arms Reduction Talks) zu. Die bilaterale Übereinkunft zwischen den USA und Russland stammt aus dem Jahr 1993 (Ergänzung zu START I), wurde 1996 vom US-Senat gebilligt und sieht u. a. vor, die strategischen A. (Reichweite: ab 5500 km) bis 2003 auf 3000 (Russland) bzw. 3500

Atomwaffen: Nukleare Sprengköpfe

Land		Sprengköpfe
Russland		11 000[1]
USA		10 000[1]
Frankreich		450
China		400
Großbritannien		200
Israel		100[2]
Indien		20[2]
Pakistan		10[2]

Stand: Ende 1999; 1) ohne aktive Reservewaffen; 2) Schätzung; Quelle: Süddeutsche Zeitung, 3.5.2000

(USA) zu reduzieren. 1997 einigten sich die Supermächte auf die zeitliche Streckung der A.-Verschrottung bis 2007, ihre Deaktivierung muss aber bis 2003 erfolgen.

START III: Gemäß einer Vereinbarung vom März 1997 zwischen dem damaligen russischen Präsidenten Boris Jelzin und US-Präsident Clinton begannen im Herbst 1999 in Moskau die ersten offiziellen START-III-Verhandlungen. Die Gespräche zur weiteren Minimierung der nuklearen Arsenale auf je 2000 bzw. 2500 Sprengköpfe wurden Anfang 2000 in Genf/Schweiz fortgesetzt.

Entschädigung: Nach den Vorstellungen der US-Regierung sollen Arbeiter, die während des Kalten Krieges in nationalen Atomrüstungsfabriken tätig waren und Gesundheitsschäden durch radioaktive Strah-

Atomwaffen: Neues Raketenabwehrsystem der USA

▶ **NMD:** Trotz z. T. vehementer internationaler Kritik hielt die US-Regierung an den Plänen zur Errichtung eines nationalen Raketen-Abwehrsystems im Weltraum bis 2005 fest. Es ist eine reduzierte Variante des 1993 verworfenen, 55 Mrd US-Dollar teuren SDI (Strategic Defense Initiative, engl.: Strategic Defense Initiative). Das neue System National Missile Defense (NMD, engl.; Nationale Raketenabwehr) ist gegen den möglichen Einsatz atomarer, biologischer oder chemischer Interkontinentalraketen aus sog. besorgniserregenden Staaten (z. B. Korea-Nord, Iran, Irak, Libyen).

▶ **Realisierung:** Das Schutzschild NMD (geschätzte Kosten: 40 Mrd–60 Mrd US-Dollar) soll in Etappen installiert werden: Die ersten 20 Abfangraketen könnten nach den Vorstellungen der US-Militärs 2005 in Alaska stationiert werden, die zweite Stufe sieht

2007 die Aufstellung 80 weiterer Raketen in der Region vor. Als ergänzender Standort ist später North Dakota geplant.

▶ **Technik:** NMD soll wie folgt funktionieren:
– Start der existierenden feindlichen Rakete
– Frühwarnsatelliten erfassen die Hitze des Raketentriebwerks und melden den Angriff an die US-Militärzentrale Norad
– Die Bodenkontrolle informiert Radarstationen auf Hawaii und dem Kwajalein-Atoll
– Radars erfassen den Angreifer, eine mehrstufige Abfangrakete wird gezündet
– Der feindliche Flugkörper wird außerhalb der Atmosphäre in 120–220 km Höhe von einem »Kill Vehicle« am Kopf der Abfangrakete zerstört.
Bis Sommer 2000 wurden zwei Tests durchgeführt. Im Oktober 1999 traf die Abwehrwaffe ihr Ziel trotz technischer Probleme, im Januar 2000 scheiterte der Versuch aufgrund einer Fehlfunktion der Hitzesenso-

ren. Eine definitive Entscheidung über NMD wurde in den USA im Wahljahr 2000 frühestens für den Herbst erwartet. US-Präsident Clinton könnte das Votum auch seinem Amtsnachfolger überlassen.

▶ **Kritik:** NMD verstößt gegen den 1972 zwischen den USA und der damaligen UdSSR geschlossenen ABM (Anti-Ballistic Missile)-Vertrag. In Art. 1 des Abkommens ist festgeschrieben, dass keiner der Unterzeichner landesweite Raketenabwehrsysteme installieren darf. Hierdurch soll eine Immunisierung der Supermächte gegen Interkontinentalwaffen ausgeschlossen und die Option auf den atomaren Erstschlag außer Kraft gesetzt werden. Kritiker betonen aber auch, dass NMD technisch nur begrenzt eingesetzt werden kann: Von U-Booten abgefeuerte Mittelstreckenraketen z. B. fliegen nah über die Erdoberfläche und können nicht geortet werden.

Bundeswehr: Frauen in den NATO-Armeen

Land		Streitkräfte / davon Frauen	Frauenanteil (%)	Einsatzgebiete
Belgien		42 100 3000	7,1	Alle Dienste, außer U-Boot
Dänemark		25 000 1200	4,8	Alle Dienste, außer Kommandotruppen
Deutschland		340 000 4300	1,3	Sanitäts- und Musikdienst
Frankreich		450 300 28 500	6,3	Alle Dienste, außer Kampftruppe
Griechenland		158 600 6300	4,0	Alle Dienste, außer Kampftruppe
Großbritannien		212 300 15 750	7,4	Alle Dienste, außer U-Boot u. Kampftruppe mit direktem Einsatz gegen Bodentruppen
Italien		377 500 –	0	Keine Frauen, Umsetzung polit. Entscheidungen steht aus
Kanada		61 000 6900	11,3	Alle Dienste, außer U-Boot
Luxemburg		730 –	0	
Niederlande		55 400 4000	7,2	Alle Dienste, außer U-Boot und Marine-Korps
Norwegen		30 200 1400	4,6	Alle Dienste
Polen		240 000 120	<0,1	Überwiegend Sanitätsdienst
Portugal		51 000 2600	5,1	Alle Dienste, außer Kampftruppe
Spanien		165 500 4300	2,6	Alle Dienste
Tschechien		64 000 1700	2,7	Sanitätsdienst, Fernmelde, Unterstützungseinheiten
Türkei		764 000 6900	0,9	Alle Dienste, außer Kampftruppen
Ungarn		52 000 2600	4,9	Alle Dienste
USA		1 441 000 201 800	14,0	Alle Dienste, außer U-Boot u. Kampftruppe mit direktem Einsatz gegen Bodentruppen

Stand: Ende 1999; Quelle: Bundesverteidigungsministerium

lung oder gefährliche Chemikalien erlitten, finanziell entschädigt werden. Für die Opfer werden bis 2005 400 Mio US-Dollar bereitgestellt. Seit 1945 bauten in US-Fabriken 600 000 Personen 70 000 Nuklearwaffen.

Biologische Waffen

(auch B-Waffen), lebende Organismen (Viren und Bakterien) oder von ihnen abstammende Gifte, die bei Lebewesen Krankheit oder Tod verursachen und zu militärischen Zwecken eingesetzt werden

Im März 2000 feierte die internationale Konvention zum Verbot von B. ihr 25-jähriges Bestehen. Der Übereinkunft von 1972 (1975 in Kraft getreten) waren bis Mitte 2000 insgesamt 143 Staaten beigetreten (inkl. Ratifikation). Das Abkommen verbietet Herstellung, Lagerung und Einsatz jeglicher bakteriologischer Kampfstoffe. Alle Vertragsländer verpflichteten sich, existierende B.-Potenziale spätestens neun Monate nach der Ratifikation zu vernichten. Zu Verteidigungszwecken können jedoch geringe Mengen an B. zurückgehalten werden. Seit den 90er Jahren verhandeln die Vertragsstaaten in Genf/Schweiz über ein Zusatzprotokoll, dass Kontrollmechanismen hinsichtlich Einhaltung der B.-Konvention verbindlich festlegt. Nach Einschätzung von US-Experten könnten folgende Länder Programme zur Produktion von B. betreiben: Irak, Russland, China, Israel, Pakistan, Korea-Nord, Indien, Libyen, Syrien, Iran, Taiwan, Vietnam und evtl. Laos.

Irak: Militärfachleute aus den USA und Großbritannien wiesen Anfang 2000 darauf hin, dass der Irak noch immer Krankheitserreger für B. herstellen könnte. Einige Verdachtsmomente sprächen für die Produktion des Beulenpesterregers.

Bundeswehr

Bundesverteidigungsminister Rudolf Scharping (SPD) kritisierte 1999/2000 mehrfach den Ausrüstungsstand der B. und bezweifelte, ob angesichts des veralteten Geräts die Bündnisfähigkeit der Truppe noch gegeben sei. Die Bereiche Kommunikation, Transport und Hochtechnologie müssten modernen technischen Erfordernissen angepasst werden. Scharping bezifferte den Investitionsrückstand der B. auf 15 Mrd DM. Im Entwurf zum Bundeshaushalt 2001 waren für die Modernisierung der B. 46,8 Mrd DM

Bundeswehr: Auslandseinsätze			
Jahr	Region/Organisation	Soldaten	Auftrag
2/2000	Mosambik/UN	110	Flutopferversorgung
1999–2/2000	Osttimor/UN	110	Krankenbetreuung
seit 1999	Balkan/NATO	5588	Kosovo-Friedensabkommen
seit 1996	Bosnien/NATO	2308	Überwachung Dayton-Abkommen
1995–1996	Kroatien/NATO	3600	IFOR, Adria-Überwachung
1995	Kroatien/NATO	1700	Unterstützung UNPROFOR
1994	Ruanda/UN	288 Flüge	Flüchtlingsversorgung
1993–1995	Balkan/NATO	484	Luftraumüberwachung
1992–1996	Adria/NATO	550	Embargoüberwachung
1992–1994	Somalia/UN	1800	Unterstützung UN-Truppen
1992–1993	Kambodscha/UN	448	Hospital für UN-Truppen

Stand: Anfang 2000; Quelle: Die Zeit, 16.3.2000

angesetzt. Einnahmen bis 1 Mrd DM (z. B. aus Immobilien- und Materialverkäufen) darf die B. für sich nutzen.

Reform: Aufgrund der neuen geostrategischen Lage – Deutschland ist seit Ende des Kalten Krieges nur noch von Bündnis- und Integrationspartnern umgeben, eine Gefährdung des Territoriums durch Nachbarstaaten ist auf absehbare Zeit auszuschließen – soll die B. umfassend neu strukturiert werden. Am 14.6.2000 verabschiedete die rotgrüne Bundesregierung folgende Reform:
– Reduzierung der Gesamtstärke der Soldaten von 340 000 auf 277 000 (150 000 Einsatzkräfte, 105 000 Soldaten im Bereich der Grundorganisation, mind. 22 000 Soldaten in Aus- und Weiterbildung),
– Verkürzung der Wehrpflicht von zehn auf neun Monate, 100 000 Wehrpflichtige/Jahr
– Aufhebung der Trennung von Hauptverteidigungs- und Krisenreaktionskräften
– Der Generalinspekteur der B. übernimmt den Vorsitz im Rüstungsrat und ist bei multinationalen Einsätzen der Streitkräfte Truppenbefehlshaber.
Der Umbau der Armee soll 2001 beginnen, das Ende der Reform ist für 2006 vorgesehen. Parallel wird eine Verschlankung der Verwaltung angestrebt. 1999/2000 beschäftigte die B. 120 000 Zivilbedienstete (geplant: etwa 80 000 Angestellte).
Kommission: Die 1999 von Scharping eingesetzte Kommission zur Zukunft der B. hatte im Mai 2000 weiter gehende Reform-

vorschläge gemacht. Das Gremium unter Leitung von Alt-Bundespräsident Richard von Weizsäcker (CDU) schlug u. a. vor:
– Reduzierung auf 240 000 Soldaten
– Verringerung der Wehrpflichtigenzahl durch »Auswahlwehrdienst« von 130 000 auf 30 000, Wehrdienstdauer zehn Monate
– Reduzierung der Zivilkräfte auf 80 000
– Personelle und technische Ausrichtung der B. auf Einsätze der Krisenvorsorge und -bewältigung (Interventionsarmee), Aufstockung der nationalen Krisenreaktionskräfte auf rund 140 000 Soldaten
– Stärkung der Position des Generalinspekteurs, neue Kommandostrukturen
– Gleichbehandlung der Frauen bei der B.

Frauen in der Armee: Nach einer Entscheidung des Europäischen Gerichtshofs (Luxemburg) von Anfang 2000 dürfen Frauen nicht generell von bewaffneten Einheiten der B. ausgeschlossen werden. Eine solche Regelung verstoße gegen die europäische Richtlinie zur Gleichbehandlung von Frauen und Männern im Arbeitsleben. Die Juristen hatten über den Fall einer deutschen Klägerin zu entscheiden. Sie wollte bei der B. als Elektronikerin arbeiten, ihre Bewerbung wurde aber mit dem Hinweis auf das Soldatengesetz abgewiesen (Frauen erhielten bis dahin nur Zugang zum Musik- sowie Sanitätsdienst). Lt. Bundesverteidigungsministerium werden Frauen ab 2001 nach entsprechenden Gesetzesänderungen sämtliche Laufbahnen bei der B. einschlagen können.

Bundeswehr: Personalentscheidungen

▶ **Wehrbeauftragter:** In ihrem Jahresbericht 1999 hielt die scheidende Wehrbeauftragte des Bundestages, Claire Marienfeld (CDU), fest, dass viele Soldaten aufgrund der Strukturdiskussionen über künftige Aufgaben und soziale Bedingungen verunsichert seien sowie mit Skepsis und Frustration ihren Dienst leisteten. Die Zahl der gemeldeten Vorgänge mit rechtsextremistischem Hintergrund ging 1999 auf 92 zurück (1998: 200 akute Verdachtsfälle). Nach Ansicht Marienfelds erklärt sich diese Entwicklung mit der positiven Wirkung der 1999 eingeleiteten politischen Bildungsmaßnahmen. Im Mai 2000 wurde Wilfried Penner (SPD) zum neuen Wehrbeauftragten gewählt. Er war seit 1972 Bundestagsabgeordneter und leitete zuletzt den Innenausschuss des Parlaments.

▶ **Generalinspekteur:** Mit Wirkung zum 1.7.2000 entließ Bundesverteidigungsminister Scharping den Generalinspekteur der B., Hans-Peter von Kirchbach, in den vorzeitigen Ruhestand. Die Nachfolge trat Planungsstabschef General Harald Kujat an. Kirchbach hatte sich im Sommer 1997 bei der Bekämpfung der Oder-Flut einen Namen gemacht und war von Ex-Verteidigungsminister Volker Rühe (CDU) zum Generalinspekteur ernannt worden. Die Entlassung des Vier-Sterne-Generals begründete die Hardthöhe mit notwendigen Veränderungen im Führungsbereich, um operative und konzeptionelle Arbeit enger zu verzahnen. Kirchbach hatte im Mai 2000 in einem Namen gemacht für eine B. mit 290 000 Soldaten und 84 500 Wehrpflichtigen plädiert.

Privatisierung: Im Dezember 1999 schloss die rot-grüne Bundesregierung mit 33 Wirtschaftsvertretern den Rahmenvertrag über »Innovation, Investition und Wirtschaftlichkeit in der B.«. Das erste Kooperationsprojekt wurde im Mai 2000 realisiert: Die Bewirtschaftung des bundeseigenen Lagers für Instandsetzungsmaterialien des Heeres ging für drei Jahre an das Unternehmen Elektronik System und Logistic GmbH. Nach Berechnungen spart die B. dadurch 3 Mio DM.
www.bundeswehr.de

Chemische Waffen

(auch C-Waffen), chemische Substanzen, die wegen ihrer giftigen Wirkung für militärische Zwecke verwendet werden

Vertrag: Als letztes europäisches Land erklärte Jugoslawien im April 2000 den Beitritt zur C.-Konvention (CWC). Damit hatten weltweit 134 Staaten dem Vertragswerk zugestimmt. Die Mitgliedschaft des Balkanlandes wurde Ende Mai 2000 wirksam, 30 Tage später musste Belgrad Angaben über C.-Bestände oder nationale chemische Fabrikationsanlagen vorgelegt haben. Der 1993 geschlossene CWC-Vertrag trat 1997 in Kraft, nachdem 65 Nationen ihre Ratifizierungsurkunden hinterlegt hatten. Das Abkommen verbietet Herstellung, Lagerung und Einsatz von C., vorhandene Bestände müssen bis 2007 zerstört werden. Als Kontrollbehörde fungiert die OPCW (Organization for the Prohibition of Chemical Weapons, Den Haag/Niederlande), ihre Inspektoren haben Zugang zu Industriebetrieben, militärischen Anlagen und C.-Lagern.

Probleme: Die Zerstörung der C. ging um 2000 in Russland nur schleppend voran. Bedingt durch Finanzprobleme, bürokratische Unzulänglichkeiten, Bürgerproteste etc. konnten bis Ende April 2000 nicht die in der CWC geforderten 1% der nationalen C.-Bestände abgebaut werden. In Russland lagerten verteilt auf mehrere Standorte im europäischen Teil und im Ural etwa 40 000 t Kampfstoffe (7500 t Hautgifte wie z.B. Yperit und Lewisit; 32 500 t Nervengifte wie Sarin, Soman und VX). Nach Einschätzung hochrangiger Regierungsvertreter war ungewiss, wann die erste russische Vernichtungsanlage von C. in Betrieb geht.

Eurofighter

Europäisches Kampfflugzeug; an der Entwicklung und Produktion des größten Rüstungsprojektes in Europa sind Deutschland, Großbritannien, Italien und Spanien beteiligt.

Projekt: Die Verteidigungsminister der am E.-Projekt beteiligten Länder vereinbarten 1997, dass 620 Kampfjets EF 2000 produziert werden, eine Option ermöglicht den Bau weiterer 90 Maschinen. Die Bundeswehr kauft 180 E. Neue Hochrechnungen vom Juli 2000 gingen von Gesamtkosten für die Bundeswehr von 29 Mrd DM statt der bis dahin veranschlagten 23 Mrd DM aus. Die Auslieferung der Maschinen erfolgt schrittweise 2002–2014. Die Jets sollen die dann veralteten Phantoms F 4 F sowie MiGs 29 ersetzen. Großbritannien bestellte 232 Flugzeuge, 121 E. sind für die italienische Luftwaffe, 87 für Spanien eingeplant.

Industrie: Bei der Verteilung des Produktions- sowie Arbeitsanteils erhielten British Aerospace (GB) 37,5%, Daimler-Benz Aerospace (D) 30%, Alenia (I) 19,5% und Casa (E) 13% des Herstellungsvolumens. Nach Prognosen sichert die Herstellung des E. in Europa langfristig fast 150 000 Arbeitsplätze, davon 18 000 in Deutschland.

Export: Auf dem Weltmarkt für Militärtechnik wird der E. unter dem geschützten Namen Typhoon (dt.; Taifun) präsentiert. Nach Einschätzung der Eurofighter GmbH könnten 2005–2025 etwa 400 E. außerhalb der Vertragsstaaten verkauft werden, der Geschäftswert läge bei rund 40 Mrd DM.

Kriegsdienstverweigerer

Lt. Art. 4,3 GG darf in Deutschland keiner gegen sein Gewissen zum Kriegsdienst mit der Waffe gezwungen werden.

1999 erreichte die Zahl der K. nach Angaben des Bundesverteidigungsministeriums (BMV) mit 174 347 einen neuen Höchststand. (1998: 171 657, +1,6%). Die Zunahme begründete die Hardthöhe u. a. mit veränderten Einstellungen der Jugendlichen und der Reformdebatte um die Zukunft der Bundeswehr. Ein Zusammenhang mit den Auslandseinsätzen der deutschen Armee ließe sich nicht nachweisen.

Zivildienst: Am 1.7.2000 verkürzte sich die Zivildienstzeit von 13 auf elf Monate. Die Sozialverbände machten darauf aufmerksam, dass aufgrund der sinkenden Zahl der Zivildienstplätze Engpässe in der sozialen Pflege und Versorgung drohten. Eine weitere Verkürzung oder Abschaffung der Wehrpflicht könne zum »nationalen Fürsorgekollaps« führen. Zivildienst ist in Deutschland Wehrpflichtersatzdienst für anerkannte K.

KSE-Vertrag

(KSE: Konventionelle Streitkräfte in Europa, auch CFE, engl.: Conventional Armed Forces in Europe)

Reform: Auf ihrem Gipfeltreffen in Istanbul im November 1999 unterzeichneten die 30 KSE-Staaten eine Neufassung des K. Die Überarbeitung war notwendig geworden, da die bislang gültige Begrenzung der Militärarsenale im Bereich Truppenstärke, Panzer, gepanzerte Mannschaftswagen, Artilleriegeschütze, Kampfhubschrauber und -flugzeuge gemeinsame Obergrenzen für die Verteidigungsbündnisse NATO und Warschauer Pakt vorsah. Das neue Verteilungssystem weist den Ländern direkt militärische Höchstkontingente zu.

Ausnahmen: Weitere Revisionen des Abkommens betreffen Möglichkeiten zur temporären Überziehung nationaler Höchstwerte. Bei Manövern und in Krisensituationen dürfen die territorialen Obergrenzen zeitweise um 153 Panzer, 140 Artilleriesysteme und 241 gepanzerte Kampffahrzeuge überschritten werden, bei »außerordentlichen Umständen« darf die zusätzliche Stationierung in einem Land 420 Artilleriesysteme, 459 Panzer sowie 723 gepanzerte Kampffahrzeuge umfassen; Verbände mit einem

Mandat der OSZE oder der UN fallen nicht unter diese Regelungen. Bei der Flankenregel (Beschränkung der russischen Stationierung in den Militärbezirken St. Petersburg und Kaukasus) kamen die Staaten überein, dass Russland an der Südflanke mehr Kontingente positionieren darf als bisher, im Gegenzug werden Truppen aus Georgien und der Moldaurepublik abgezogen. Die Vertragsmodifikation war u. a. möglich geworden, weil die seit 1999 neuen NATO-Mitglieder (Tschechien, Polen, Ungarn) auf russischen Wunsch einer rigorosen Verringerung ihrer bodengebundenen Waffensysteme bis 2003 zustimmten.

Landminen

Um 2000 verbargen sich nach Angaben der UN in aktuellen und früheren Kriegsregionen 120 Mio L.

EU: Die Europäische Union plante bis 2006 mind. 350 Mio DM zum Auffinden und Entschärfen von Antipersonenminen bereitzustellen. Chris Patten, EU-Kommissar für Außenbeziehungen, schätzte, dass die Gefahr durch L. in 15 Jahren gebannt sei.

Kriegsdienstverweigerer

Bundesland	Zivildienstleistende	Veränderung[1]
Baden-Württ.	19 034	−811
Bayern	16 380	−1977
Berlin	4607	−341
Brandenburg	3482	−278
Bremen	1300	−51
Hamburg	2436	−345
Hessen	9450	−514
Meckl.-Vorp.	1918	−293
Niedersachsen	10 218	−1120
Nordrh.-Westf.	27 697	−1811
Rheinland-Pfalz	5183	−224
Saarland	1684	−7
Sachsen	8549	−1016
Sachsen-Anhalt	3320	−513
Schlesw.-Holst.	3338	−425
Thüringen	4283	−571

Stand: April 2000, insgesamt: 122 879 Zivildienstleistende; 1) gegenüber Anfang 1999; Quelle: Bundesamt für den Zivildienst (Köln)

Verlegte Landminen (Auswahl)

Staat	Landminen (Mio)
Afghanistan	10
Angola	9
Kambodscha	10
Irak	10
Mosambik	2
Bosnien-H.	1,7
Somalia	1,5
Kroatien	1
Sudan	2
Serbien/Montenegro	1

Stand: 1999 (Höchstschätzungen); Quelle: Frankfurter Rundschau, 27.2.1999

Deutschland: Ende 1999 kritisierte der »Deutsche Initiativkreis für das Verbot von L.«, dass die rot-grüne Bundesregierung Fahrzeugminen vom Typ AT-2 und Splitterminen vom Typ Muspa nicht verbiete, obwohl diese Waffen in zahlreichen anderen Ländern als Antipersonenminen eingestuft werden. Die Bundeswehr sei weiterhin im Besitz von ca. 88 000 Splitter- und 1,2 Mio AT-2-Minen.

Militärausgaben im Verhältnis zur Wirtschaftsleistung

Land	Anteil am BIP 1998 (%)	Anteil am BIP 1988 (%)
Griechenland	4,8	6,2
Türkei	4,4	4,3
USA	3,2	6,4
Großbritannien	2,8	4,7
Frankreich	2,8	4,0
Portugal	2,3	3,2
Norwegen	2,2	3,3
Italien	2,0	2,4
Niederlande	1,8	3,1
Dänemark	1,6	2,1
Deutschland	1,5	3,0
Belgien	1,5	2,9
Spanien	1,3	2,4
Kanada	1,1	2,1

Quelle: Die Welt, 24.3.2000

Ächtung: Am 1.3.1999 trat das internationale Übereinkommen über das Verbot von Einsatz, Lagerung, Herstellung sowie Weitergabe von Antipersonenminen sowie über deren Vernichtung in Kraft. Bis Anfang 2000 hatten 136 Staaten die Konvention unterzeichnet, der Ratifizierungsprozess konnte in 89 Ländern abgeschlossen werden. Das Verbot der L. war im Dezember 1997 in Ottawa/Kanada von 125 Staaten beschlossen worden. Die Vertragsstaaten hatten sich u. a. verpflichtet, alle vorhandenen L. binnen vier Jahren zu zerstören und die Räumung der L.-Felder innerhalb von zehn Jahren abzuwickeln.

Militärausgaben

Lt. Stockholmer Friedensforschungsinstitut SIPRI stiegen 1999 erstmals seit zehn Jahren die weltweiten M. wieder. Im Vergleich zu 1998 erhöhten sich die Wehretats aller Staaten im Schnitt um 2,1% auf 1600 Mrd DM. In Deutschland setzte die rot-grüne Bundesregierung in der Frage der notwendigen Modernisierung der Streitkräfte den Sparkurs der alten CDU/CSU/FDP-Bundesregierung fort. Beim Anteil der Verteidigungsausgaben am BIP erreichte die Bundesrepublik 1998 (letztverfügbarer Stand) eine Quote von 1,5%, Griechenland und Frankreich lagen bei 4,8% bzw. 2,8%. Die gravierendsten militärischen Defizite der deutschen Streitkräfte wurden bei Transport, Aufklärung und Anpassung der Bundeswehrkommunikationssysteme an allgemeine Standards ermittelt.

Airbus A400M: Auf dem 75. deutsch-französischen Gipfeltreffen in Mainz Anfang Juni 2000 kamen beide Länder überein, als militärisches Transportflugzeug (Ablösung der veralteten Transall-Maschinen) den Airbus A400M (Stückpreis: 80 Mio–85 Mio US-Dollar) zu ordern. Deutschland wird 75 Flugzeuge dieses Typs erhalten, Frankreich kaufte 50 Carrier, der erste Airbus soll 2008 an die Bundeswehr ausgeliefert werden. Der A400M wird von vier Turboprop-Motoren angetrieben, erreicht 780 km/h Reisegeschwindigkeit und kann ohne Auftanken bei einer Frachtbelastung von 30 t 4400 km weit fliegen. Auch die NATO-Partner Großbritannien, Italien, Spanien, Belgien und die Türkei zeigten Mitte 2000 Interesse an dem 6-Mrd-US-Dollar-Projekt.

UN-Friedenstruppen

Anfang 2000 standen 18 927 Blauhelm-Soldaten (inkl. Polizisten) im Dienst der Vereinten Nationen (UN). 83 Länder stellten für die U. militärisches und ziviles Personal bereit, mehr als 8300 Zivilpersonen arbeiteten im UN-Auftrag. Seit 1948 kamen bei den Friedenseinsätzen 1610 Menschen ums Leben, bis Mitte 1999 beliefen sich die Kosten aller Peacekeeping Operations nach Schätzung der UN auf mehr als 19 Mrd US-Dollar. Mitte 2000 waren 16 Missionen der U. autorisiert bzw. in Vorbereitung.

Waffenhandel

Anfang 2000 modifizierte das rot-grüne Bundeskabinett die Rüstungs-Exportrichtlinien von 1982 mit dem Ziel einer restriktiveren Praxis des W. mit Nicht-NATO-Ländern. Bündnispartner haben meist keine Einschränkungen zu erwarten, die Schweiz, Australien, Japan und Neuseeland sind den NATO-/EU-Partnern formal gleichgestellt. Beurteilungskriterium für die Genehmigung von W. stellt die Beachtung der Menschenrechte im Bestimmungsland dar. Als weitere Präzisierung des alten Kodex wurden Spannungsgebiete exakter definiert, die Bundesregierung muss dem Bundestag jährlich einen Rüstungsexport-Bericht vorlegen.
Türkei: Im Frühjahr 2000 wurde bekannt, dass NATO-Mitglied Türkei aus finanziellen Gründen auf den Erwerb von 1000 deutschen Kampfpanzern vom Typ Leopard II verzichten wollte. Im Herbst 1999 hatte der Bundessicherheitsrat (BSR) gegen die Stimmen von Bundesaußenminister Joschka Fischer (Bündnis 90/Die Grünen) und Entwicklungshilfeministerin Heidemarie Wieczorek-Zeul (SPD) für die Lieferung eines Leopard-II-Testpanzers an die Türkei votiert; die Kritiker des Geschäfts warfen der Türkei Verletzung der Menschenrechte vor.
Schusswaffen: Nach einer Untersuchung der UN-Behörde für Abrüstung waren Ende 1999 weltweit mehr als 500 Mio Schusswaffen vorhanden. Dabei hatten insbes. Bürgerkriege auf allen Kontinenten und die weltweite Schwerkriminalität das illegale Geschäft in dieser Kategorie rasant anwachsen lassen. Die Waffenexperten schlugen vor, die spätestens 2001 stattfindende internationale Konferenz zum illegalen W. unter die Hauptthemen Waffenschmuggel sowie Eindämmung des Verkaufs von leichten Militärwaffen zu stellen.

Wehrpflicht

Angesichts der Diskussion um eine grundlegende Neuausrichtung der Bundeswehr wurden Mitte 2000 veränderte W.-Konzepte vorgestellt. Nach Plänen von Bundesverteidigungsminister Rudolf Scharping (SPD) soll die allgemeine W. in Deutschland bleiben. Der Grundwehrdienst verringert sich um einen Monat auf neun Monate, die Zahl der Rekruten beträgt dann 100 000 (bislang 130 000). Die W. kann in einem Stück abgeleistet werden – in diesen Fällen ist eine heimatnahe, berufsorientierte Verwendung vorgesehen – oder der Soldat kann eine sechsmonatige Dienstzeit wählen und die restlichen drei Monate auf Wehrübungen verteilen. Ab 2002 gilt das »Sechs-plus-drei-Modell« bei 75 000 W.-Stellen.

Wehrpflicht innerhalb der NATO		
Belgien		Berufsarmee
Deutschland		10 Monate
Dänemark		max. 12 Monate
Frankreich[1]		Berufsarmee
Griechenland		max. 21 Monate
Großbritannien		Berufsarmee
Island		keine Armee
Italien[2]		10 Monate
Kanada		Berufsarmee
Luxemburg		Berufsarmee
Niederlande		Berufsarmee
Norwegen		12 Monate
Polen		12 Monate
Portugal[2]		max. 12 Monate
Spanien[2]		9 Monate
Tschechien		12 Monate
Türkei		18 Monate
Ungarn		9 Monate
USA		Berufsarmee

Stand: Mitte 2000; 1) ab 2002 Berufsarmee; 2) Übergang zur Berufsarmee geplant; Quelle: dpa

Parteien

▬ Bündnis 90/Die Grünen: Landtagswahl-Ergebnisse

Wahl	Bundesland	Stimmenanteil (%)	Veränderung[1]
14.5.2000	Nordrh.-Westf.	7,1	▼ −2,9
27.2.2000	Schlesw.-Holst.	6,2	▼ −1,9
10.10.1999	Berlin	9,9	▽ −3,3
19.9.1999	Sachsen	2,6	▼ −1,5
12.9.1999	Thüringen	1,9	▼ −2,6
5.9.1999	Saarland	3,2	▼ −2,3
5.9.1999	Brandenburg	1,9	▼ −1,0

1) gegenüber der letzten Landtagswahl (Prozentpunkte)

Bündnis 90/Die Grünen

Seit der Bundestagswahl im September 1998 sind B. in einer Koalition mit der SPD an der Bundesregierung beteiligt. Die ökologisch-sozial ausgerichtete Partei ist mit 47 Abgeordneten als drittstärkste Fraktion im Deutschen Bundestag vertreten. B. stellten Mitte 2000 drei Bundesminister: Joschka Fischer (Äußeres), Jürgen Trittin (Umwelt) und Andrea Fischer (Gesundheit).

Parteitag: Auf dem Parteitag am 23./24.6. 2000 in Münster/Westf. wurden Fritz Kuhn (73,7% Ja-Stimmen) und Renate Künast (82,6%) als Nachfolger von Gunda Röstel

▬ CDU: Landtagswahl-Ergebnisse

Wahl	Bundesland	Stimmenanteil (%)	Veränderung[1]
14.5.2000	Nordrh.-Westf.	37,0	▼ −0,7
27.2.2000	Schlesw.-Holst.	35,3	▼ −2,0
10.10.1999	Berlin	40,8	▲ +3,4
19.9.1999	Sachsen	56,9	▽ −2,2
12.9.1999	Thüringen	51,0	▲ +8,4
5.9.1999	Saarland	45,5	▲ +6,9
5.9.1999	Brandenburg	26,6	▲ +7,9

1) gegenüber der letzten Landtagswahl (Prozentpunkte)

und Antje Radcke zu neuen Vorstandssprechern gewählt. Bundesaußenminister Joschka Fischer wurde in den 16-köpfigen Parteirat gewählt und war damit erstmals in ein führendes Parteigremium eingebunden. Mit der klaren Mehrheit von 64% stimmten die Delegierten für die Annahme des von der rot-grünen Bundesregierung und der Energiewirtschaft ausgehandelten Atomausstiegs mit einer durchschnittlichen Laufzeit der Reaktoren von 32 Jahren.

Bundesländer: In den deutschen Bundesländern waren B. Mitte 2000 an Koalitionsregierungen mit der SPD in Schleswig-Holstein, Hamburg und Nordrhein-Westfalen beteiligt. Bei den Landtagswahlen im Herbst 1999 im Saarland, in Brandenburg, Thüringen, Sachsen und Berlin konnten die B. ihren jeweiligen Stimmenanteil ebensowenig halten wie im Februar 2000 in Schleswig-Holstein und im Mai 2000 in Nordrhein-Westfalen. B. waren Mitte 2000 in zehn Landesparlamenten mit Abgeordneten vertreten.

Strukturreform: Eine von der Parteispitze angestrebte Strukturreform, welche die bisherige Trennung von Parteiamt und Mandat lockern sollte, scheiterte auf dem Parteitag in Karlsruhe im März 2000. Der Antrag erhielt nicht die für eine Satzungsänderung erforderliche Zweidrittelmehrheit der Delegiertenstimmen.

www.gruene.de

CDU

1999/2000 geriet die Christlich-Demokratische Union wegen ihrer Spendenaffäre in die tiefste Krise ihrer rund 50-jährigen Geschichte. Partei- und Fraktionsspitze wurden personell erneuert.

Spendenaffäre: Im Zusammenhang mit Ermittlungen gegen den früheren CDU-Schatzmeister Walther Leisler Kiep wurde seit November 1999 schrittweise bekannt, dass der Landesverband Hessen über geheime Konten mit Millionensummen verfügte, über die Spenden abgewickelt und Vermögensbestände verschleiert wurden. Für die Bundespartei hatte der langjährige CDU-Vorsitzende (1973–98) und Bundeskanzler (1982–98) Helmut Kohl Parteispenden in Höhe von rund 2 Mio DM entgegengenommen und nicht ordnungsgemäß verbucht. Der für die staatliche Parteienfinanzierung zuständige Bundestagspräsident Wolfgang Thierse (SPD) erklärte im Februar 2000, dass die CDU wegen des nicht korrekten Rechenschaftsberichts 1998, in dem die illegalen Spenden nicht vermerkt worden waren, Staatszuschüsse von 41,347 Mio DM zurückzahlen müsse. Die CDU kündigte rechtliche Schritte gegen die Entscheidung Thierses an.

Personelle Konsequenzen: Im Januar 2000 legte Kohl auf Druck der Partei den CDU-Ehrenvorsitz nieder, im Februar 2000 erklärte Wolfgang Schäuble seinen Verzicht auf eine Wiederwahl als Partei- und Fraktionschef. Wegen der zahlreichen Verstöße gegen das Parteiengesetz drohten der CDU, abgesehen von der Rückforderung von Mitteln aus der staatlichen Parteienfinanzierung, weitere Strafgelder in Millionenhöhe. Ein Untersuchungausschus des Deutschen Bundestages beschäftigt sich seit Anfang 2000 mit der Spendenaffäre.

Parteitag: Am 10.4.2000 wurde die bisherige Generalsekretärin Angela Merkel auf dem Parteitag in Essen mit 95,9% der Delegiertenstimmen zur Vorsitzenden der CDU und Nachfolgerin Schäubles gewählt. Die Delegierten bestätigten die stellv. Partei-

---

▅▅ CDU: Chronik der Spendenaffäre

▶ **5.11.1999:** Der frühere CDU-Schatzmeister Walther Leisler Kiep erklärt, die 1991 vom Waffenhändler Karlheinz Schreiber in seinem Beisein in der Schweiz in einem Koffer an den CDU-Steuerberater Horst Weyrauch übergebene Barspende von 1 Mio DM sei als Spende an die CDU gegangen.

▶ **6.11.1999:** Ex-Bundeskanzler Helmut Kohl versichert, er habe keine Kenntnis von der Spende gehabt.

▶ **17.11.1999:** Kiep berichtet vor der Staatsanwaltschaft in Augsburg, die gegen ihn wegen Steuerhinterziehung ermittelt, über das System inoffizieller Konten der CDU.

▶ **21.11.1999:** Kohl weist den Vorwurf von Schmiergeldzahlungen im Zusammenhang mit Panzerlieferungen an Saudi-Arabien zurück.

▶ **22.11.1999:** Der Bundestag beschließt die Einsetzung eines Untersuchungsausschusses »Parteispenden und Waffenhandel«. Er soll klären, ob im Zusammenhang mit dem Verkauf von Panzern 1991 nach Saudi-Arabien Bestechungsgelder an die CDU geflossen sind.

▶ **30.11.1999:** Kohl gibt zu, von den geheimen Parteikonten gewusst zu haben, und übernimmt die politische Verantwortung.

▶ **16.12.1999:** Kohl räumt in einem TV-Interview ein, 1993–98 Barspenden von 1,5 Mio bis 2 Mio DM angenommen zu haben, ohne dass sie ordnungsgemäß verbucht worden seien. Kohl weigert sich aber entschieden, die anonymen Spender zu nennen.

▶ **31.12.1999:** Die CDU legt einen korrigierten Rechenschaftsbericht für 1998 vor. Der Betrag der nicht ordnungsgemäß verbuchten Spenden liegt danach um rund 400 000 DM höher als von Kohl angegeben.

▶ **3.1.2000:** Die Bonner Staatsanwaltschaft eröffnet gegen Kohl ein Ermittlungsverfah-

ren wegen des Verdachts der Untreue zum Nachteil seiner Partei.

▶ **10.1.2000:** Der CDU-Vorsitzende Wolfgang Schäuble räumt in einem TV-Interview ein, von Karlheinz Schreiber 1994 eine Spende von 100 000 DM in bar erhalten zu haben. Das Geld wurde im Rechenschaftsbericht nicht als Spende ausgewiesen.

▶ **14.1.2000:** Auf einer gemeinsamen Pressekonferenz mit dem hessischen Ministerpräsidenten Roland Koch (CDU) erklärt der frühere hessische CDU-Chef und ehemalige Bundesinnenminister Manfred Kanther, dass 1983 mit seinem Wissen Millionenbeträge für die hessische CDU auf Schweizer Konten geleitet wurden. Das Geld floss später – getarnt als angebliche Vermächtnisse jüdischer Bürger und als Kredite – an den hessischen Landesverband zurück.

▶ **17.1.2000:** Kanther kündigt den Verzicht auf sein Bundestagsmandat an.

▶ **18.1.2000:** Präsidium und Vorstand der CDU fordern Kohl auf, den Ehrenvorsitz der Partei ruhen zu lassen, bis er die Namen der anonymen Spender nennt. Kohl legt den Ehrenvorsitz nieder.

▶ **27.1.2000:** Koch (CDU) korrigiert die von ihm angegebenen Angaben. Statt etwa 7 Mio–8 Mio DM seien für die hessische CDU knapp 18 Mio in die Schweiz transferiert worden.

▶ **31.1.2000:** Schäuble erinnert sich, den Waffenhändler Schreiber nach der Übergabe der 100 000-DM-Spende 1994 ein weiteres Mal 1995 getroffen zu haben. Über die Umstände der Begegnungen zwischen beiden gibt es unterschiedliche Darstellungen von Schäuble und der früheren CDU-Schatzmeisterin Brigitte Baumeister.

▶ **8.2.2000:** Koch räumt ein, bei einem Pressetermin am 10.1.2000 Einnahmen

des hessischen CDU-Schatzmeisters Prinz zu Sayn-Wittgenstein als regulär bezeichnet zu haben, obwohl er wusste, dass das Geld von einem Treuhandkonto stammte.

▶ **15.2.2000:** Nach einer Entscheidung von Bundestagspräsident Wolfgang Thierse (SPD) muss die CDU wegen des unvollständigen Rechenschaftsberichts für 1998 insgesamt 41,347 Mio DM aus der staatlichen Parteienfinanzierung zurückzahlen. Im Bericht waren die 18 Mio DM auf den Auslandskonten der hessischen CDU nicht aufgeführt worden. Die CDU legt Revision gegen den Entscheid ein.

▶ **16.2.2000:** Schäuble verzichtet nach wachsender Kritik an seinem Verhalten in der Spendenaffäre auf die erneute Kandidatur für den Fraktions- und Parteivorsitz.

▶ **29.2.2000:** Friedrich Merz wird als Nachfolger von Schäuble zum neuen Fraktionschef der CDU/CSU gewählt.

▶ **9.3.2000:** Kohl erklärt, den durch seinen gesetzeswidrigen Umgang mit Spenden für die CDU entstandenen finanziellen Schaden durch eine neue Spendensammlung auszugleichen. Bis Anfang Juni 2000 überweist er über 8 Mio DM an die Parteikasse.

▶ **10.4.2000:** Der Parteitag in Essen wählt Angela Merkel mit überwältigender Mehrheit zur neuen Vorsitzenden der CDU.

▶ **26.6.2000:** Aus dem Abschlussbericht des Sonderermittlers Burkhard Hirsch (FDP) für den Parteispenden-Untersuchungsausschuss geht hervor, dass in der Regierungszeit Kohls große Mengen Daten und Dokumente im Bundeskanzleramt vernichtet oder verlegt wurden. Sie betreffen u. a. Panzerlieferungen an Saudi-Arabien und die Privatisierung der Ölraffinerie Leuna. Lt. Bericht bestehe in beiden Fällen der Verdacht von Schmiergeldzahlungen.

vorsitzenden Annette Schavan, Volker Rühe und Christian Wulff in ihren Ämtern. Als Nachfolger von Norbert Blüm, der nicht wieder als Stellv. kandidierte, wählten die Delegierten Jürgen Rüttgers. Neuer Generalsekretär der Partei wurde Ruprecht Polenz, neuer Schatzmeister und Nachfolger von Matthias Wissmann der Bankier Ulrich Cartellieri.

Fraktion: Die CDU/CSU-Bundestagsfraktion wählte im Februar 2000 Friedrich Merz als Nachfolger Schäubles zum Fraktionschef. Zu Stellv. bestimmten die Abgeordneten Maria Böhmer, Wolfgang Bosbach, Klaus Lippold, Günter Nooke, Peter Rauen und Volker Rühe. Die bisherigen Stellv. aus der CSU, Michael Glos und Horst Seehofer, blieben im Amt.

Abgeordnete: Die CDU ist seit der Bundestagswahl 1998 mit 245 Abgeordneten (1994: 294) im Bundestag vertreten. In vier Bundesländern – Berlin, Brandenburg, Bremen, Hessen – war sie Mitte 2000 an der Regierung beteiligt, in Sachsen, Thüringen und im Saarland stellten die Christdemokraten allein die Landesregierung.

Mitglieder: Die Zahl der CDU-Mitglieder betrug bundesweit Ende September 1999 insgesamt 635 000 und lag damit um knapp 9000 (1,4%) über dem Mitgliederstand von Ende 1998.

Bundesländer: Bei den Landtagswahlen im Herbst 1999 erzielte die CDU in Brandenburg, Saarland, Thüringen und Berlin Stimmengewinne, in Sachsen konnte sie trotz leichter Verluste ihre absolute Mehrheit behaupten. Bei den Wahlen in Schleswig-Holstein im Februar 2000 gelang es dem CDU-Spitzenkandidaten Volker Rühe nicht, die rot-grüne Landesregierung abzulösen. Die CDU musste hier, ebenso wie bei den Landtagswahlen in Nordrhein-Westfalen im Mai 2000, leichte Einbußen hinnehmen.

Familienpolitik: Auf einem Kleinen Parteitag in Berlin verabschiedeten die Delegierten im Dezember 1999 neue familienpolitische Leitlinien. Die Familie bleibe nach Auffassung der CDU die attraktivste Lebensform, sie stehe allerdings zunehmend in Konkurrenz zu anderen Lebensentwürfen. Umstritten blieb bei den Delegierten die Ausgestaltung des einkommensabhängigen Familiengeldes, dessen Einführung die CDU für Familien mit Kindern bis zum sechsten Lebensjahr forderte.
www.cdu.de

CSU

Die nur in Bayern vertretene Christlich-Soziale Union stellte Mitte 2000 im Landtag mit 123 von 204 Abgeordneten die größte Fraktion. Im Bundestag war die CSU mit 47 von 669 Abgeordneten vertreten. Sie bildete als Landesgruppe eine Fraktionsgemeinschaft mit der CDU.

Vorstandwahlen: Der bayerische Ministerpräsident Edmund Stoiber wurde auf dem Parteitag im Oktober 1999 mit 90,0% der Delegiertenstimmen als CSU-Vorsitzender bestätigt. Als Stellv. wurden die bayerische Sozialministerin Barbara Stamm, Kultusministerin Monika Hohlmeier, Ingo Friedrich und Horst Seehofer wiedergewählt; Seehofer erzielte mit 96,8% das beste Ergebnis. Der frühere bayerische Justizminister Alfred Sauter scheiterte bei der Wahl für das Parteipräsidium. Sauter war im September 1999 als Minister entlassen worden, da er als Aufsichtsratsvorsitzender für Millionenverluste der Landeswohnungs- und Städtebaugesellschaft (LWS) verantwortlich gemacht wurde.

Mitglieder: Nach einem leichten Anstieg von rund 2% gegenüber dem Vorjahr gehörten der CSU im September 1999 insgesamt 182 419 Mitglieder an.
www.csu.de

✚ Stimmenanteil der Schweizer Parteien im Nationalrat[1]					
	1983	1987	1991	1995	1999
CVP	20,2	19,7	18,3	17,0	15,8
FDP	23,4	22,9	21,0	20,2	19,9
SPS	22,8	18,4	18,5	21,8	22,5
SVP	11,1	11,0	11,9	14,9	22,6
Grüne	2,6	5,3	6,8	5,8	5,0
1) bei Wahlen zur Großen Kammer (Volkskammer, Nationalrat, %)					

CVP

Die Christlichdemokratische Volkspartei stagnierte auch 1999/2000. Bei den Wahlen zum eidgenössischen Parlament in Bern legte sie zwar im Nationalrat (Volkskammer) einen Sitz zu und kam auf 35 Mandate, sie verlor jedoch einen knappen Prozentpunkt an Wählerstimmen (15,8%). Ihre 15

Sitze im Ständerat (Vertretung der Kantone) konnte die CVP halten. Bei den Erneuerungswahlen in den Bundesrat im Dezember 1999 wurden ihre beiden Bundesräte Joseph Deiss (Äußeres) und Ruth Metzler (Justiz und Polizei) wiedergewählt. Dennoch setzte sich der Popularitätsverlust der CVP fort, auch in ihren Stammlanden, den katholischen Kantonen. Im Kanton St. Gallen musste sie bei den Wahlen zum Großen Rat (Kantonsparlament) im Frühjahr 2000 wiederum Verluste an Sitzen und Wählerstimmen hinnehmen.

Politik: Die klassische Partei der Mitte geriet um 2000 mit dem Erstarken der Schweizerischen Volkspartei (SVP) in einen politischen Rechtssog. Der rechte Flügel der Partei und CVP-Präsident Adalbert Durrer stellten wesentliche sozialpolitische Programmpunkte zugunsten der schwächeren Schichten und der Bergregionen in Frage. Zwischen der Parteiführung und dem christlich-sozialen Flügel kam es zu Spannungen. Durrer wandte sich auch gegen die von den CVP-Frauen geforderte Fristenlösung beim Schwangerschaftsabbruch.

www.cvp.ch

Diäten

Aufwandsentschädigungen für Parlamentarier, um deren finanzielle Unabhängigkeit zu sichern

Über die Erhöhung der D. beschließen in Deutschland Bundestag und Länderparlamente (in Thüringen: automatische Anpassung an Einkommens- und Preisentwicklung). Die Bundestagsabgeordneten erhielten Mitte 2000 eine Grundentschädigung von monatlich 12 875 DM sowie eine zusätzliche steuerfreie Kostenpauschale von 6459 DM.

Zusatzzahlungen: Das Bundesverfassungsgericht (BVerfG, Karlsruhe) beschäftigte sich ab Mai 2000 in mündlicher Verhandlung mit den Zusatzzahlungen bei D. Es sollte die Frage klären, ob die in Landesparlamenten übliche Zahlung von Funktionszulagen an Fraktions- und Ausschussvorsitzende mit dem D.-Urteil von 1975 vereinbar ist, das eine Staffelung der Abgeordnetenbezüge untersagt. Parlamentarier von Bündnis 90/Die Grünen aus Thüringen und Rheinland-Pfalz hatten 1991 gegen die Funktionszulagen Klage eingereicht.

www.bundestag.de

Diäten in Bundestag und Länderparlamenten (DM)	Grundentschädigung[1]	Aufwandsentschädigung[2]
Bundestag	12 875	6459
Baden-Württ.	8475	1652
Bayern	10 463	4992
Berlin	5610	1700
Brandenburg	7576	1706
Bremen	4660	802
Hamburg	4080	600
Hessen	11 969	950
Meckl.-Vorp.	6880	1990
Niedersachsen	10 160	1930
Nordrh.-Westf.	8875	2306
Rheinland-Pfalz	9170	2200
Saarland	8091	1905
Sachsen	6753	2160
Sachsen-Anhalt	7700	1950
Schlesw.-Holst.	7570	1600
Thüringen	7614	1919

1) zu versteuern (DM/Monat); 2) steuerfrei (DM/Monat); Stand: Mitte 2000

FDP

Die Freie Demokratische Partei (FDP) erhielt bei den Bundestagswahlen im September 1998 einen Stimmenanteil von 6,2% und hat im Parlament über 43 Abgeordnete.

Bundesländer: Die Liberalen stellten Mitte 2000 Minister in den Landesregierungen von Baden-Württemberg, Rheinland-Pfalz und Hessen und waren außerdem in den Landesparlamenten von Schleswig-Holstein und Nordrhein-Westfalen mit Abgeordneten vertreten. Zwischen der hessischen FDP und der Bundespartei kam es im Frühjahr 2000 zu Differenzen über die Fortsetzung der Koalition mit der CDU in Hessen. Entgegen dem Willen des Parteichefs Wolfgang Gerhardt, der wegen der Rolle von Ministerpräsident Roland Koch (CDU) in der CDU-Spendenaffäre Konsequenzen für die Zusammenarbeit forderte, entschied ein Landesparteitag der FDP im März 2000 die Fortführung der Regierungskoalition.

Wahlergebnisse: Nachdem die Partei bei den Landtagswahlen im Herbst 1999 in Berlin, Brandenburg, Saarland, Sachsen und

Die Abgeordnetendiäten fallen in den einzelnen Bundesländern sehr unterschiedlich aus und sind nur begrenzt vergleichbar. In Baden-Württemberg, Berlin, Bremen und Hamburg gibt es z.B. nur Teilzeit- bzw. Feierabendparlamente. Bei der Aufwandsentschädigung sind nur im Bund und in Bayern Reisekosten inkl.

▰▰ FDP: Landtagswahl-Ergebnisse

Wahl	Bundesland		Stimmenanteil (%)	Veränderung[1]
14.5.2000	Nordrh.-Westf.	🛡	9,8 ▲	+5,8
27.2.2000	Schlesw.-Holst.	🛡	7,6 ▲	+1,9
10.10.1999	Berlin	🐻	2,2 ▼	−0,3
19.9.1999	Sachsen	🛡	1,1 ▼	−0,6
12.9.1999	Thüringen	🛡	1,1 ▽	−2,1
5.9.1999	Saarland	🛡	2,6 ▲	+0,5
5.9.1999	Brandenburg	🦅	1,9 ▼	−0,3

1) gegenüber der letzten Landtagswahl (Prozentpunkte)

Thüringen an der Fünfprozenthürde gescheitert war, konnte sie in Schleswig-Holstein im Februar 2000 ihren Stimmenanteil
ausbauen. Im Mai 2000 schaffte die FDP
bei den Landtagswahlen in Nordrhein-Westfalen mit 9,8% der Stimmen wieder den
Einzug ins Parlament. Die Liberalen wurden mit Spitzenkandidat Jürgen W. Möllemann nach SPD und CDU vor Bündnis 90/
Die Grünen unerwartet drittstärkste Fraktion im Landtag.

Parteienfinanzierung: Das Bundesverwaltungsgericht (Berlin) entschied im Mai
2000 in letzter Instanz, dass die FDP
12,4 Mio DM aus der staatlichen Parteienfinanzierung zu Recht erhalten hat. Der
frühere FDP-Schatzmeister Hermann Otto
Solms hatte das Geld 1996 nicht fristgerecht
beantragt, die Summe jedoch trotzdem bekommen. Die Grauen Panther, die Republi-

▰▰ FPÖ: Wahlergebnisse[1]

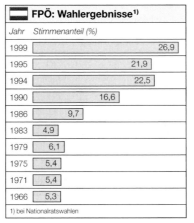

Jahr	Stimmenanteil (%)
1999	26,9
1995	21,9
1994	22,5
1990	16,6
1986	9,7
1983	4,9
1979	6,1
1975	5,4
1971	5,4
1966	5,3

1) bei Nationalratswahlen

kaner und der Südschleswigsche Wählerverband hatten dagegen geklagt, weil sie in
der Entscheidung eine Verletzung der Chancengleichheit sahen.
www.fdp.de; www.liberale.de

FDP (Schweiz)

Die Freisinnig-Demokratische Partei (FDP)
musste mit den nationalen Wahlen im
Herbst 1999 ihre Führungsrolle im bürgerlichen Lager an die rechtsgerichtete Schweizerische Volkspartei (SVP) abtreten. Die
FDP verlor im Nationalrat zwei Mandate
und erreichte noch 43 Sitze. Im Ständerat
(Kantonsvertretung) hielt sie ihre 17 Mandate. Mit Legislaturbeginn im Dezember
1999 wurden die beiden Bundesräte, Pascal
Couchepin (Volkswirtschaft) und Kaspar
Villiger (Finanzen), wiedergewählt. Nach
der Wahlniederlage im Frühjahr 1999 in
Zürich verlor die FDP in weiteren Nachwahlen zu Kantonsparlamenten nochmals
an Boden, außer in Graubünden.

Politik: Die einstmals führende Wirt-
schaftspartei wurde 1999/2000 wegen des
scharfen Rechtskurses von Blochers SVP
neuen Spannungen unterworfen. Auch die
FDP verschärfte ihre Positionen in der Sozi-
al- und Steuerpolitik. Über die vom eigenen
Finanzminister vorgeschlagene Steuerreform hinaus unterstützte der wirtschafts-
freundliche Flügel der FDP die Forderungen
der führenden Wirtschaftsverbände nach
Steuereinsparungen von über 6 Mrd sfr.
Dieser schon im Vorjahr eingeleitete Kurs
stieß in den Kantonalparteien im französisch sprechenden Landesteil auf starken
Widerstand, wo das sozialliberale Lager der
FDP sich den politischen Strömungen Richtung Sozial- und Staatsabbau widersetzte.
www.fdp.ch

FPÖ (Freiheitliche)

Erstmals seit 1986 trägt die FPÖ wieder Regierungsverantwortung in Österreich. In der
im Februar 2000 gebildeten Koalition mit
der ÖVP stellt sie die Vizekanzlerin, fünf
Ressortchefs und zwei Staatssekretäre. Die
Regierungsbildung mit der ÖVP wurde von
der Opposition und im Ausland scharf kritisiert. Um Angriffen wegen seiner rechtspopulistischen Politik auszuweichen, trat Jörg
Haider im April 2000 als Parteichef zurück,

Vizekanzlerin Susanne Riess-Passer wurde zur Parteiobfrau gewählt. Haider blieb Landeshauptmann in Kärnten und spielte in der Bundespolitik weiter eine wichtige Rolle.

Wahlen: Bei den Nationalratswahlen vom 3.10.1999 erreichte die FPÖ 26,9% der Stimmen, ein Zuwachs von fünf Prozentpunkten. Sie verfügt über 52 der 183 Mandate im Nationalrat (1995: 41).

Regierungsbildung: Nachdem am 21.1. 2000 die Koalitionsverhandlungen zwischen SPÖ und ÖVP gescheitert waren, machte die FPÖ dem Parteiobmann der ÖVP, Wolfgang Schüssel, ein Angebot: Obwohl nur drittstärkste Partei, sollte die ÖVP den Kanzler in einer Koalition stellen. Bundespräsident Thomas Klestil beauftragte nach tagelangem Zögern Wolfgang Schüssel mit der Bildung einer Regierung, die am 4.2.2000 vereidigt wurde. FPÖ-Obmann Haider hatte zuvor ein von Klestil vorgelegtes Dokument unterschrieben, in dem sich Haider zur Demokratie bekannte.

EU-Sanktionen: Die Sanktionen der 14 EU-Staaten gegen Österreich (u.a. Abbruch der Kontakte auf Regierungsebene) richteten sich gegen die Beteiligung der FPÖ an der Regierung. Auch nach dem Ausscheiden Haiders von der Parteispitze erlahmten die Proteste der EU-Länder nicht.

Personalien: Nach dem Rücktritt Haiders als Obmann wurde Vizekanzlerin Susanne Riess-Passer am 1.5.2000 mit 91,5% der Stimmen zur neuen Parteichefin gewählt. Nachfolgerin des bisherigen Generalsekretärs Peter Westenthaler wurde die ehemalige ORF-Moderatorin und Politik-Quereinsteigerin Theresia Zierler. Stellv. der Obfrau sind der neu gewählte Klubobmann Peter Westenthaler, Herbert Scheibner und Hubert Gorbach. Neuer Bundesgeschäftsführer wurde Gilbert Trattner.

Positionen: Die FPÖ zog mit der Forderung nach finanzieller Entlastung aller Bevölkerungsschichten in den Wahlkampf. Zur steuerlichen Entlastung der Betriebe sollte eine »Flat Tax« eingeführt werden. Um das Pensionssystem aufrecht erhalten zu können, forderte sie ein Dreisäulen-System: Neben die verpflichtende staatliche Pension sollten obligatorische Firmenpensionen und eine selbstfinanzierte Eigenvorsorge treten. Der Faktor Arbeit sollte weiter von unnötigen Kosten befreit werden. Im Bereich der Familienpolitik forderte die FPÖ einen Kinderbetreuungsscheck, Pensionsanspruch für alle Mütter und bessere Kinderbetreuungseinrichtungen. Um die Überfremdung zu verhindern, verlangte sie einen Einwanderungsstopp. In der Sicherheitspolitik trat die FPÖ für einen Volksentscheid in der Frage des NATO-Beitritts Österreichs ein.

Arbeiterkammerwahlen: Bei den Arbeiterkammerwahlen von März bis Mai 2000 musste die FPÖ schwere Verluste von zwei bis sieben Prozentpunkten hinnehmen. Nur in Vorarlberg verzeichneten die Freiheitlichen mit +1,2 Prozentpunkten leichte Stimmengewinne.
www.fpoe.at

GPS

Die oppositionelle Grüne Partei der Schweiz konnte 1999/2000 ihren in der Vorjahresperiode verzeichneten politischen Niedergang aufhalten.

Politik: Sie setzte sich für die Erhaltung der hohen Umweltstandards in der Schweiz ein und sprach sich 1999 vor allem gegen die Politik der rechtsbürgerlichen SVP aus, die das im Umweltschutzgesetz verankerte Beschwerderecht für Umweltschutzverbände beim Bau von Straßen und öffentlichen Bauten abschaffen wollte. Die GPS engagierte sich weiter für einen Atomausstieg und für eine ökologische Steuerreform mit höheren Energiesteuern und niedrigeren Einkommenssteuern. Ziel war ein liberalisierter Elektrizitätsmarkt, in dem erneuerbare Energien wie Wasser und Solarstrom subventioniert werden und Kernkraftwerke ihre Abschreibungen infolge wachsenden Marktdrucks nicht über staatliche Finanzhilfen amortisieren dürfen. Auf ihrem Wahlparteitag im August 1999 in Genf sprach sich die GPS für die Erhaltung des ihrer Ansicht nach gefährdeten Sozialstaates aus.

Wahlen: In der deutschen Schweiz stagnierte das Wählerpotenzial der GPS, im französischsprachigen Landesteil konnte sie ihren Stimmenanteil erheblich verbessern, insbes. bei den Nationalratswahlen in den Westschweizer Kantonen im Oktober 1999. In der Großen Kammer (Nationalrat) stellte die GPS weiterhin neun Abgeordnete. Ihr Stimmenanteil verringerte sich unwesentlich von 5,0% auf 4,96%.
www.gruene.ch

Grüne (Österreich)

Die österreichischen Grünen gewannen 1999/2000 an Akzeptanz und Stimmen, was aus einem Wählertrend zur Stimmenaufsplitterung resultierte.

Wahlen: Bei der Nationalratswahl vom 3.10.1999 erreichten die G. 342 000 Stimmen, was einem Prozentanteil von 7,4% entsprach (1995: 267 000 Stimmen). Im österreichischen Nationalrat sind sie mit 14 Mandaten vertreten (1995: 9).

EU-Sanktionen: Die Grünen und Parteisprecher Alexander van der Bellen brachten zwar Verständnis für die Proteste der 14 EU-Partner gegen die Regierungsbildung von ÖVP und FPÖ am 4.2.2000 auf, hielten Sanktionen aber für falsch.

Opposition: Im Parlament verlangten die G. 1999 die Aufklärung der Affäre »Euroteam«; die Firma sollte ihre im Auftrag des Sozialministeriums durchgeführten Projekte zur Lehrlingsoffensive nicht ordnungsgemäß verrechnet haben. In der neuen Legislaturperiode drängten die G. in der Affäre um Freiflüge der deutschen WestLB für Ex-Kanzler Franz Vranitzky auf Einsetzung eines Untersuchungsausschusses.

Positionen: Für die Nationalratswahlen hatten die G. sich als Verfechter des Frauenvolksbegehrens positioniert. Sie forderten eine Grundsicherung für jeden von 8000 öS (rund 1100 DM) und eine ökosoziale Steuerreform mit Entlastung der Abgaben auf Arbeit und Erhöhung der Energiesteuern.

Für die Grünen war die Vertiefung der Integration und Familienzusammenführung von Ausländern (ohne auf die Quote angerechnet zu werden) ein zentrales Thema. Außenpolitisch sollte Neutralität als Richtschnur bleiben, eine Annäherung an die NATO lehnten sie ab. Ein klares Bekenntnis legten die G. zur Osterweiterung der EU ab.

Arbeiterkammerwahlen: Bei den Arbeiterkammerwahlen (März–Mai 2000) erhöhten die G. in einigen Bundesländern ihren Anteil, in Burgenland, Niederösterreich und Tirol gewannen sie erstmals Stimmen.
www.gruene.at

Liberales Forum

Das Liberale Forum scheiterte bei den Nationalratswahlen am 3.10.1999 mit 3,65% der Stimmen (1995: 4,8%) an der 4%-Klausel, Vorsitzende Heide Schmidt trat zurück. Für Stabilisierung könnten nur die Landtagswahlen in der Steiermark im Oktober 2000 und die Wiener Landtags- und Gemeindewahlen 2001 sorgen; in beiden Parlamenten war das L. vertreten.

Personalien: Zum Parteichef wurde am 28.2.2000 Gesundheitsökonom Christian Köck gewählt. Die zurückgetretene Heide Schmidt wurde im März 2000 Moderatorin bei ATV (Austria TV). Nach der Wahlniederlage im Oktober war auch der Chef des L. in Oberösterreich, der prominente Hotelier Helmut Peter, zurückgetreten.

Finanzen: Da das L. nicht mehr im Nationalrat vertreten ist, wuchsen seine Schulden auf 30 Mio öS (4,26 Mio DM), denen 7 Mio öS (1 Mio DM) Wahlkampfrückerstattung gegenüberstanden. Wegen Verpfändung von Geldern des Wiener L. zur Abdeckung der Schulden kam es zu parteiinternem Streit.
www.lif.at

ÖVP

Trotz Wahlniederlage am 3.10.1999 – sie wurde nur drittstärkste Partei im Nationalrat – stellte die ÖVP erstmals seit 30 Jahren wieder den Bundeskanzler in Österreich.

Nationalratswahl: Die ÖVP erreichte 1,243 Mio Stimmen und einen Prozentsatz von 26,91; 1995 hatte sie noch 1,370 Mio Stimmen und 28,29% erhalten. Der Mandatsstand für die ÖVP blieb mit 52 Sitzen gleich. Nach Auszählung der Wahlkarten-

ÖVP: Wahlergebnisse[1]	
Jahr	*Stimmenanteil (%)*
1999	26,9
1995	28,3
1994	27,7
1990	32,1
1986	41,3
1983	43,2
1979	41,9
1975	42,8
1971	43,1
1966	48,3
1) Nationalratswahlen	

stimmen ergab sich ein Abstand von nur 415 Stimmen zur rechtspopulistischen FPÖ, so dass die ÖVP auf Platz drei zurückfiel.

Regierungsbildung: Wie vor der Wahl angekündigt, stellte die ÖVP als nur Drittplatzierte zunächst die Weichen auf Opposition. Sie beteiligte sich aber an den von Bundespräsident Thomas Klestil initiierten Sondierungsgesprächen mit allen Parteien. Die am 9.12.1999 von Bundeskanzler Viktor Klima (SPÖ) mit der ÖVP aufgenommenen Verhandlungen über die Fortsetzung der seit 1986 amtierenden großen Koalition scheiterten Ende Januar 2000. Am 4.2.2000 bildeten ÖVP-Chef Wolfgang Schüssel und FPÖ-Chef Jörg Haider unter Protesten aus dem In- und Ausland die Regierung. Präsident Klestil hatte von beiden Partnern zuvor schriftlich ein Bekenntnis zur Demokratie eingeholt.

Positionen: Die ÖVP forderte im Wahlkampf eine Senkung der Lohnnebenkosten zur Verbesserung der österreichischen Wettbewerbssituation. Sie verlangte Förderung selbstständiger Unternehmer, die mehr Arbeitsplätze schafften als die Arbeitsmarktverwaltung. Heftig umstritten war im Bereich der Familienpolitik die Forderung nach »Karenzgeld für alle«. Im Bereich Sicherheit wurde der organisierten Kriminalität der Kampf angesagt, bei der Armee sei ein Berufsheer anzustreben. Die ÖVP plädierte für eine NATO-Mitgliedschaft bei gleichzeitiger Europäisierung der NATO, d.h. mehr Zusammenarbeit zwischen EU und NATO und keine Stationierung von Atomwaffen. Die ÖVP setzte sich für die EU-Osterweiterung ein, doch sollten die wirtschaftlichen und sozialen Bedingungen eine problemlose Integration ermöglichen. Bei der Altersversorgung sollte die staatliche Pensionsversicherung die Hauptsäule bleiben und durch betriebliche wie steuerlich begünstigte private Vorsorge lediglich ergänzt werden.

Arbeiterkammerwahlen: Bei den Arbeiterkammerwahlen von März bis Mai 2000 in allen Bundesländern musste die ÖVP Verluste von 0,6 bis 5,6 Prozentpunkten hinnehmen. In Tirol kam es zu einem hohen Gewinn von 18,4 Prozentpunkten, was mit der Popularität des Tiroler Spitzenkandidaten Dinkhauser erklärt wurde. Auch in Vorarlberg und Kärnten gewann die ÖVP Stimmen hinzu.

Vorarlberg: Bei den Landtagswahlen in Vorarlberg am 19.9.1999 verlor die ÖVP 4,2 Prozentpunkte an Stimmen sowie zwei Mandate und damit die absolute Mehrheit. **www.oevp.at**

Parteienfinanzierung

Parteien finanzieren sich vor allem durch Mitgliedsbeiträge, staatliche Zuschüsse und Spenden. Staatliche Zuwendungen dürfen die von den Parteien selbst erwirtschafteten Einnahmen nicht übertreffen.

Ansprüche: Einen Anspruch auf Zahlungen haben Parteien, die bei der letzten Europa- oder Bundestagswahl mindestens 0,5% oder bei der letzten Landtagswahl mehr als 1% der Stimmen erhalten haben. Die Höhe der Zuschüsse richtet sich nach den erzielten Wahlergebnissen. Für jede Zweitstimme der ersten 5 Mio Wähler erhalten die Parteien 1,30 DM, für jeden weiteren Wähler 1 DM. Unabhängig vom Wahlerfolg wird ein staatlicher Zuschuss von 0,50 DM pro eingenommener 1 DM aus Mitgliedsbeiträgen und Spenden gewährt. Für den Gesamtumfang der staatlichen P. besteht eine Obergrenze von 245 Mio DM (Stand: Mitte 2000).

Kommission: Bundespräsident Johannes Rau (SPD) setzte im Januar 2000 eine unabhängige Kommission zur P. ein. Vorsitzende des aus elf Mitgliedern bestehenden Gremiums wurde die Präsidentin des Bundesrechnungshofs (Bonn), Hedda von Wedel. Die Kommission soll untersuchen, ob die Kontrolle der gesetzlichen Bestimmungen verbessert werden kann und die Sanktionen bei Missbrauch durch die Parteien verschärft werden müssen. Die Einsetzung des Gremiums stand nicht im Zusammenhang mit der CDU-Spendenaffäre. Das Parteiengesetz schreibt vor, dass jeder Bundespräsident eine solche Kommission berufen muss.

CDU-Spendenaffäre: Im Februar 2000 verfügte Bundestagspräsident Wolfgang Thierse (SPD), dass die CDU wegen unkorrekten Rechenschaftsberichts für 1998 insgesamt 41,347 Mio DM der staatlichen Zuschüsse zurückzahlen muss. Anlass waren die im Bericht nicht aufgeführten, auf sog. schwarzen Konten gelagerten Vermögensbestände der hessischen CDU. Die Bundes-CDU kündigte Klage gegen die Entscheidung an. Außer der Rückzahlung drohte der CDU wegen nicht angegebener oder rechtswidrig angenommener Spenden der Verlust

353

staatlicher Zuschüsse in doppelter Höhe des Spendenbetrags.

FDP-Urteil: Das Bundesverwaltungsgericht entschied im Mai 2000 rechtsgültig, dass die FDP 12,4 Mio DM für 1996 aus der staatlichen Parteienfinanzierung zu Recht erhalten hat, obwohl sie das Geld nicht frist- und formgerecht beantragt hatte. Kleinere Parteien hatten geklagt, weil sie die Chancengleichheit verletzt sahen.

www.bundestag.de

PDS

Die Partei des Demokratischen Sozialismus erhielt bei der Bundestagswahl im September 1998 5,1% der Stimmen und ist im Bundestag mit 37 Abgeordneten vertreten.

Bundesländer: In sechs Bundesländern – in den fünf neuen Ländern und in Berlin – stellte die PDS Mitte 2000 Vertreter in den Länderparlamenten. In Mecklenburg-Vorpommern bildete sie 1998 eine Koalitionsregierung mit der SPD, in Sachsen-Anhalt war die SPD-Minderheitsregierung auf die Zusammenarbeit mit der PDS angewiesen.

Wahlergebnisse: Bei Landtagswahlen in Berlin, Brandenburg, Sachsen und Thüringen im Herbst 1999 konnte die Partei ihren Stimmenanteil ausbauen. In den ostdeutschen Bundesländern Sachsen und Thüringen stellte die PDS nach der CDU die zweitstärkste Fraktion im Landesparlament.

Mitglieder: Ende 1999 gehörten der Partei bundesweit etwa 95 000 Mitglieder an. Die Zahl ist vor allem auf Grund der Altersstruktur (Überalterung) seit Anfang der 90er Jahre stark rückläufig.

Parteitag: Die Ankündigung von personellen Veränderungen und die Auseinandersetzung zwischen Dogmatikern und dem Reformflügel prägten im April 2000 den Parteitag in Münster. Der Parteivorstand scheiterte mit seinem Vorschlag, militärische UN-Friedenseinsätze in Einzelfällen zu akzeptieren, am Mehrheitsvotum der Delegierten. Der amtierende Parteivorsitzende Lothar Bisky und der Vorsitzende der Bundestagsfraktion, Gregor Gysi, kündigten an, im Herbst 2000 nicht mehr für ihre Ämter zu kandidieren.

Führungswechsel: Im Mai 2000 nominierte der Parteivorstand einstimmig die stellv. Parteichefin und thüringische Fraktionsvorsitzende Gabriele Zimmer, die dem Reformflügel zugerechnet wird, als Kandidatin für den Parteivorsitz. Die neue Führung der PDS sollte auf einem vorgezogenen Parteitag im Oktober 2000 in Cottbus gewählt werden.

www.pds-online.de

SPD

Die Sozialdemokratische Partei Deutschlands war Mitte 2000 als Ergebnis der Bundestagswahl vom September 1998 mit 297 von 669 Abgeordneten im 14. Deutschen Bundestag stärkste Fraktion mit Gerhard Schröder den Bundeskanzler. Zehn der 14 Minister der Regierungskoalition mit Bündnis 90/Die Grünen gehörten der SPD an. Seit Mitte 1999 ist mit Johannes Rau das Amt des Bundespräsidenten mit einem Sozialdemokraten besetzt.

Bundesländer: Die SPD stellte Mitte 2000 den Ministerpräsidenten in Niedersachsen (Alleinregierung), Brandenburg, Bremen (jeweils Koalitionen mit CDU), Hamburg, Nordrhein-Westfalen, Schleswig-Holstein (jeweils Koalitionen mit Bündnis 90/Die Grünen), Mecklenburg-Vorpommern (Koalition mit PDS), Rheinland-Pfalz (Koalition mit FDP) und Sachsen-Anhalt (Minderheitsregierung mit Duldung der PDS) und war in Berlin in einer großen Koalition mit der CDU an der Regierung beteiligt.

Wahlergebnisse: Bei den Landtagswahlen im Herbst 1999 in Brandenburg, Thüringen, Sachsen, im Saarland und in Berlin mussten die Sozialdemokraten teils erhebliche Stimmeneinbußen hinnehmen. In Brandenburg verlor die SPD ihre bisherige absolute Mehrheit und bildete eine große Koalition mit der CDU, im Saarland wurde die SPD durch eine CDU-Regierung abgelöst. In Sachsen und Thüringen rutschte die SPD auf den dritten Platz hinter CDU und PDS. Bei den Landtagswahlen im Frühjahr 2000

▬ PDS: Landtagswahl-Ergebnisse				
Wahl	Bundesland		Stimmenanteil (%)	Veränderung[1]
10.10.1999	Berlin	🦅	17,7	△ +3,1
19.9.1999	Sachsen		22,2	▲ +5,7
12.9.1999	Thüringen		21,3	▲ +4,7
5.9.1999	Brandenburg		23,3	▲ +4,6
1) gegenüber der letzten Landtagswahl (Prozentpunkte)				

konnte lediglich die SPD in Schleswig-Holstein ihr Ergebnis verbessern, während die Sozialdemokraten in NRW im Mai 2000 sich um 3,2 Prozentpunkte gegenüber den letzten Wahlen verschlechterten.

Parteitag: Auf dem Parteitag in Berlin im Dezember 1999 wurde Schröder mit 86,3% der Delegiertenstimmen im Amt des Parteichefs bestätigt. Er erhielt ein deutlich besseres Ergebnis als auf dem Sonderparteitag im April 1999, als er von knapp 76% der Delegierten als Nachfolger des zurückgetretenen Oskar Lafontaine zum SPD-Vorsitzenden gewählt worden war. Wiedergewählt wurden im Dezember 1999 die bisherigen Stellv. Rudolf Scharping, Wolfgang Thierse, Renate Schmidt und Heidemarie Wieczorek-Zeul. Als Nachfolger von Johannes Rau rückte NRW-Ministerpräsident Wolfgang Clement in den Kreis der stellv. Parteivorsitzenden auf. Auf den neuen Posten des Generalsekretärs wählten die Delegierten mit 94% der Stimmen den früheren Verkehrsminister und kommissarischen Bundesgeschäftsführer der Partei, Franz Müntefering. Als neuen Bundesgeschäftsführer bestellte der Parteivorstand Matthias Machnig.

Afa: Im März 2000 wählte die Arbeitsgemeinschaft für Arbeitnehmerfragen (AfA) Ottmar Schreiner zum Vorsitzenden und Nachfolger von Rudolf Dreßler, der nach 16-jähriger Amtszeit nicht mehr kandidiert hatte und als deutscher Botschafter nach Israel wechselte. Die AfA, der um 2000 rund 200 000 Betriebs- und Personalräte angehörten, ist die größte Arbeitsgemeinschaft in der SPD.

Mitglieder: In der SPD waren Ende September 1999 rund 765 000 Mitglieder eingeschrieben (1998: 772 000, –0,9%). Trotz Rückgangs Ende der 90er Jahre blieb die SPD vor der CDU größte Volkspartei.

www.spd.de

SPÖ

Nach der Niederlage der SPÖ bei der Nationalratswahl vom Oktober 1999 und dem Verlust der Kanzlerschaft wurde im April 2000 Bundesgeschäftsführer Alfred Gusenbauer mit 95,6% der Stimmen zum Parteiobmann und Nachfolger von Ex-Bundeskanzler Viktor Klima gewählt. Stellv. Parteichefin wurde die Salzburger SPÖ-Politikerin Gabi Burgstaller.

▬ SPD: Landtagswahl-Ergebnisse

Wahl	Bundesland		Stimmenanteil (%)	Veränderung[1]
14.5.2000	Nordrh.-Westf.		42,8	▼ – 3,2
27.2.2000	Schlesw.-Holst.		43,1	▲ + 3,3
10.10.1999	Berlin		22,4	▼ – 1,2
19.9.1999	Sachsen		10,7	▼ – 5,9
12.9.1999	Thüringen		18,5	▼ –11,1
5.9.1999	Saarland		44,4	▼ – 5,0
5.9.1999	Brandenburg		39,3	▽ –14,8

1) gegenüber der letzten Landtagswahl (Prozentpunkte)

SPD: Programm und Organisation

Grundsatzprogramm: Mit einem öffentlichen Forum zum Begriff Gerechtigkeit begann die SPD im April 2000 mit der Diskussion über ein neues Programm. Auf dem Parteitag im Dezember 1999 war eine Kommission eingesetzt worden, die unter Leitung Schröders und Scharpings in den kommenden Jahren ein neues Grundsatzprogramm formulieren soll.

Parteiorganisation: Generalsekretär Müntefering kündigte im April 2000 einen Umbau der Parteiorganisation an. Die SPD solle an die Erfordernisse der modernen Mediengesellschaft angepasst und auch für Menschen ohne politische Bindung geöffnet werden. Bei der Nominierung von Kandidaten sollten auch Nicht-Mitglieder mitentscheiden dürfen.

Nationalratswahl: Die SPÖ erhielt 1,532 Mio Stimmen (33,15%), fast fünf Prozentpunkte weniger als 1995 (1,843 Mio Stimmen, 38,06%). Im Nationalrat ist sie mit 65 von 183 Mitgliedern vertreten (1995: 71). Die von Bundeskanzler Klima am 9.12.1999 begonnenen Gespräche mit der ÖVP über die Fortsetzung der großen Koalition scheiterten am 21.1.2000. Ende 1999 war es zu Differenzen von SPÖ und Gewerkschaf-

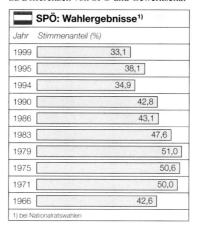

▬ SPÖ: Wahlergebnisse[1]

Jahr	Stimmenanteil (%)
1999	33,1
1995	38,1
1994	34,9
1990	42,8
1986	43,1
1983	47,6
1979	51,0
1975	50,6
1971	50,0
1966	42,6

1) bei Nationalratswahlen

ten gekommen, nachdem Finanzminister Rudolf Edlinger die Anhebung des Antrittsalters bei Frühpensionen zur Erhaltung des Pensionssystems gefordert hatte. Die Gespräche mit der ÖVP scheiterten auch an der Weigerung der Gewerkschaften, den Koalitionspakt zu unterzeichnen, und an der Uneinigkeit zwischen SPÖ und ÖVP über die Besetzung des Finanzressorts.

Zukunft: Neben der Umstrukturierung der Partei musste sich der neue Parteichef Gusenbauer der Rückzahlung der hohen Parteischulden von 245 Mio öS (etwa 35 Mio DM) widmen. Erste Maßnahme war ein parteiinterner Aufruf zu Spenden. Seit 1986 hat sich der Mitgliederstand der SPÖ (700 000) etwa halbiert.
www.spoe.at

SPS

Bei den National- und Ständeratswahlen (Bundesparlament) am 24.10.1999 verlor die Sozialdemokratische Partei der Schweiz erstmals ihren Spitzenrang als wählerstärkste Partei. Obwohl sie ihren Stimmenanteil nochmals leicht auf 21,5% steigern konnte, wurde sie von der rechtsbürgerlichen, populistschen SVP mit einem Anteil von 21,6% knapp überrundet. In der Volkskammer (Nationalrat) verlor die Linke (SPS und PdA) drei Sitze und stellt noch 54 von 200 Abgeordneten. Im Ständerat (Vertretung der Kantone, 46 Sitze) gewann die SPS ein Mandat hinzu (sechs). Bei den Neuwahlen in den Bundesrat (Landesregierung) Mitte Dezember 1999 wurden die beiden bisherigen Mitglieder von der SPS, Ruth Dreifuss (Inneres) und Moritz Leuenberger (Energie, Verkehr, Umwelt und Kommunikation), bestätigt.

Politik: Wegen fehlenden klaren Profils verloren die Sozialdemokraten 1999 die Wahlen zum Bundesparlament. Sie versuchten ihren sozialpolitischen Kurs gegen die drohende Gefahr des Sozialabbaus und die sich verstärkenden Rechtstendenzen in Wählerstimmen umzusetzen. Bei den Wahlen zu den Kantonsparlamenten stagnierte das Wähleraufkommen der SPS. In der Partei eskalierten die Richtungskämpfe, am 15.5. 2000 trat Ursula Koch überraschend vom Parteivorsitz zurück. Eine innerparteiliche Reform und ein schlankerer Parteiapparat sollen die SPS politisch wieder schlagkräftiger werden lassen, die bei den sozial schwächeren Schichten deutlich an politischem Einfluss verloren hatte.
www.sp-ps.ch

SVP

Bei den Nationalratswahlen 1999 legte die rechtsbürgerliche und teils zum Rechtsextremismus neigende Schweizerische Volkspartei – für schweizerische Verhältnisse ungewöhnlich – 15 Sitze zu und kam auf 44 Abgeordnete. Im Ständerat erhöhte sie ihre Vertretung um zwei auf sieben Sitze. In den Erneuerungswahlen zum Schweizer Bundesrat (Regierung) im Dezember 1999 wurde ihr dem liberalen Parteiflügel angehörender Bundesrat Adolf Ogi (Verteidigung) im Amt bestätigt. Christoph Blocher als Anführer der erstarkten rechtspopulistischen Fraktion scheiterte mit seiner Kandidatur als Bundesrat. In den eidgenössischen Kantonen verzeichnete die SVP zahlreiche Wahlsiege, darunter im Frühjahr 2000 in St. Gallen, wo die SVP ihre Sitzzahl auf 42 verdreifachte.

Politik: Der Rechtskurs der SVP verschärfte sich 1999/2000 durch fremdenfeindliche Parolen und die Polarisierung der Parteienlandschaft in ein Freund-Feind-Schema. Blocher und der Zürcher Flügel als Exponenten dieses Kurses gelang es, den Einfluss der liberalen Berner und Bündner SVP entscheidend zu schwächen. Mit dem Faschismus-Vorwurf an die SPS stellte die SVP die traditionellen Gespräche der Regierungsparteien in Frage. Mitte Mai 2000 nahm die SVP ihren Faschismus-Vorwurf jedoch wieder zurück. Im Bericht des Europarates über die Gefährdung der Demokratie durch extremistische Parteien wurde vor der Politik der SVP gewarnt. Die Partei, obwohl in der Schweizer Regierung vertreten, stellte sich auch 1999/2000 gegen die offizielle Außenpolitik, die eine Öffnung des Landes und den Beitritt sowohl zur EU als auch zur UNO anstrebte. Sie verwarf die Doktrin des eigenen Verteidigungsministers für bewaffnete Friedenseinsätze der Armee im Ausland. Auf dem Programmparteitag in Altdorf/Uri legte sie ein umstrittenes Reformpapier zur Altersvorsorge vor, das Rentenkürzungen und die Erhöhung des Rentenalters postulierte.
www.svp.ch

Raumfahrt

Ariane

A. ist eine von der Europäischen Raumfahrtagentur ESA entwickelte Trägerrakete zum Transport von Nutzlasten (insbes. Satelliten) ins Weltall. Die neue Generation A. 5 soll auch für Versorgungsflüge zur geplanten Internationalen Raumstation (ISS) eingesetzt werden.

Entwicklung: Über die Hälfte aller zivilen Satelliten wurden seit Entwicklungsbeginn Anfang der 70er Jahre mit der europäischen Trägerrakete A. gestartet. Beim Transport von Nachrichtensatelliten in eine geostatische Umlaufbahn (36 000 km Höhe) zählt A. zu den zuverlässigsten Systemen. Mitte 2000 gehörten der Betreibergesellschaft Arianespace (Sitz: Evry, Frankreich) 53 europäische Firmen an. Start- und Kontrollzentrum ist Kourou, Französisch-Guayana.

Zukunft: A. wird bis 2002 zwei zur Internet-Übertragung vorgesehene Satelliten in den Orbit befördern. iSKY-1 und iSKY-2 sind Ka-Band-Satelliten, die den Mikrowellenbereich 33–36 GHz nutzen und schnellere Übertragungsraten zulassen. Sie übermitteln Daten nach Nord- und Südamerika.

Trägersysteme: Wiederverwendbare Trägersysteme können Satelliten zu deutlich geringeren Kosten in Umlaufbahnen bringen. Mit einem Demonstratorprogramm sollen neue Technologien für den wiederverwendbaren, unbemannten Raumtransporter »Hopper« erprobt werden. Auch interplanetare Missionen wie der Energietransport aus dem All zur Erde und Flüge zu Mond und Mars sind denkbar. »Hopper« (ca. 40 m lang, 22 m Spannweite) wird mit drei weiterentwickelten »Vulcain«-Triebwerken der A. 5 ausgerüstet. Nach dem für das Jahr 2012 vorgesehenen Start von Kourou aus erreicht »Hopper« 20-fache Schallgeschwindigkeit. 150 km über der Erde wird die Fracht ausgestoßen. Lediglich 30 min nach dem Start landet der Raumtransporter wieder auf einer Rollbahn auf der Erde.

www.arianespace.com (Betreibergesellschaft); **www.dasa.de; www.esa.int**

Astronomie

Wissenschaftszweig zur Erforschung des Weltalls. Die A. befasst sich mit der Entstehungsgeschichte und Struktur des Kosmos, mit der Verteilung von Materie im All und ihren Erscheinungsformen.

Seit den 1960er Jahren bis 2000 spürten Astronomen rund 30 neue Welten auf. Keine ähnelt der Erde, hat also weder eine feste Oberfläche noch Wasser für die Entwicklung von Leben. Der direkte Nachweis solcher extrasolaren Planeten war um 2000 nicht möglich, da sie viel lichtschwächer als ihre Sterne sind und überstrahlt werden. Die Astronomen entwickelten verschiedene indirekte Methoden, um Spuren der Himmelskörper zu finden. Die Planeten lassen sich vor allem durch ihre Gravitation (Anziehungskraft) aufspüren.

Neue Planeten: Bis 2000 wurden 43 Planeten u. a. Sternenbegleiter außerhalb unseres Sonnensystems entdeckt. Damit ist endgültig der Beweis erbracht, dass unser Sonnensystem kein Einzelfall ist. Spuren von erdähnlichem Leben wurden jedoch bislang nicht gefunden. Drei der zuletzt entdeckten Planeten des 44 Lichtjahre (1 Lj = 9,46 Billionen km) entfernten Sterns Ypsilon Andromedae sind riesige Gasansammlungen. Erstmals beobachteten Astronomen einen etwa 50 Lj entfernten Planeten direkt, der von seiner Sonne angestrahlt ähnlich

---

Ariane: Raketentypen

▶ **Ariane 4:** Seit 1986 ist A. 4 in sechs Versionen als dreistufiger Träger im Einsatz. Je nach Schubleistung (max. 4,9 t Nutzlast) können bis zu vier Flüssigtreibstoff-Zusatzraketen an die erste Stufe angeschlossen werden.

▶ **Ariane 5:** Parallel zur A. 4 entstand die leistungsstärkere, zweistufige A. 5 (Nutzlast 5,9 t bei Doppelstarts). Ende 1999 erfolgte der erste kommerzielle A.-5-Start. Zur Nutzlast von zwei Satelliten gehörte der Röntgensatellit XXM/Newton (3,9 t, ca. 11 m lang, 4 m Durchmesser). Erstmals trägt ein deutsches Unternehmen, die Dasa, Verant-

wortung für Entwicklung und Bau der kompletten Oberstufe inkl. Triebwerk »Aestus« u. a. Komponenten. Ein Lageregelungssystem verhindert ein unkontrolliertes Drehen der Rakete nach Abwurf der Feststoff-Zusatzraketen während der Schubphase sowie beim Absetzen der Nutzlasten.

▶ **Ariane 5 plus:** Mit neuem Antriebssystem und neuer Oberstufe soll A. 5 noch leistungsstärker werden, um Satelliten in verschiedene Umlaufbahnen zu bringen. Bis 2005 soll in mehreren Schritten die Nutzlast auf 11 t fast verdoppelt werden.

bläulich wie die Erde schimmert. Er zieht um den weiß leuchtenden Stern Tau Boötis (Sternbild Bärenhüter). Nach Ansicht von Fachleuten kann die blaue Farbe des neu entdeckten Planeten auch durch Gase wie Wasserstoff oder Helium verursacht werden, muss also nicht auf Wasser hindeuten. Klarheit können neue Teleskope schaffen wie das von der NASA für 2007 geplante Space Interferometry Telescope.

Planetenparade: Im Mai 2000 ergab sich eine sehr seltene Konstellation aller fünf mit bloßem Auge sichtbaren Planeten sowie von Sonne und Mond: Merkur, Venus, Mars, Jupiter und Saturn reihten sich hintereinander in einer Linie von 25°. Die engste Zusammenballung am Himmel kann jedoch durch die Sonnenüberstrahlung nicht beobachtet werden. Erst 2040 kommt es wieder zu einem ähnlichen Planetentreffen. Ende Mai 2000 fand nur alle 20 Jahre die Große Konjunktion statt – der Riesenplanet Jupiter (Durchmesser: 142 800 km) überholte den Ringplaneten Saturn (Durchmesser: 120 800 km). Die gleiche Konjunktion ergab sich 7 v. Chr. (Stern von Bethlehem). Das Ereignis vom Mai 2000 war die 101. Wiederkehr dieses Phänomens.

Sonne: Von der 1 Mio–2 Mio °C heißen S.-Atmosphäre (Korona) dampft stetig ein Strom von Elektronen und Protonen (Plasma) ab. Dieser Sonnenwind bläst mit 400 km/sec durchs All, presst das Erdmagnetfeld vorn zusammen und zieht es auf der Rückseite bis über die Mondbahn auseinander. Zu den Folgen auf der Erde gehören Stromausfälle und Störungen bei der Telekommunika-

tion. Für 2003 plant die französische Raumfahrtagentur CNES den Start des Satelliten Picard zur Sonnenuntersuchung.

Monde: 1999 ging die US-Raumsonde »Lunar Prospector« auf dem Mond in einem Krater beim Südpol nieder. Durch den harten Aufprall sollte geklärt werden, ob auf dem Mond verborgenes Wasser aufgewirbelt wird. Bis 2000 konnte kein Wassernachweis erbracht werden. Mit an Bord war eine Kapsel mit 28 g der Asche des Weltraumgeologen Gene Shoemaker (†1997). Es war die erste Beerdigung auf dem Mond. Nach der seltenen Sonnenfinsternis im August 1999 fand im Januar 2000 eine totale Mondfinsternis statt. Der Kernschatten der Erde verdunkelte den Mond für mehr als 1 h (zuletzt 1997) und konnte überall beobachtet werden, wo der Mond am Himmel stand. Die NASA veröffentlichte 2000 Bilder der Raumsonde »Galileo« von den inneren Jupitermonden Thebe, Amalthea und Metis, deformiert von Meteoriteneinschlägen, eingetaucht in intensive Strahlung. Obwohl die »Galileo«-Mission 1997 abgeschlossen wurde, sendete die Sonde auch 2000 wissenschaftlich wertvolle Bilder.

Kometen: Zur Erforschung von Kometen gab die NASA den Bau der Sonde »Contour« (Comet Nucleus Tour) in Auftrag. Sie soll ab 2002 mit einer Delta-Rakete starten und die Kometen P/Encke, P/Schwassmann-Wachmann-3 sowie P/d'Arrest anfliegen. Dazwischen soll die Sonde jeweils die Erde passieren. Neben hoch auflösenden Fotos der Kometenkerne erwarten die Forscher Daten über die chemische Zusammensetzung der Gas- und Staubteilchen, die von den Kometen wegströmen und Koma sowie Kometenschweif entstehen lassen. »Contour« ist Teil des Discovery-Programms der NASA, deren Sonden nicht mehr als 150 Mio US-Dollar kosten dürfen.
www.ari.uni-heidelberg.de (Astronomisches Rechen-Institut, u. a. über Schwarze Löcher);
www.chandra.harvard.edu (Infos zur Mission);
www.iau.org (International Astronomical Union);
www.eso.org (Europäischen Südsternwarte)

Astronomie: Auf der Suche nach Schwarzen Löchern

▶ **Technik:** Mit neuen Beobachtungsmethoden, dem Hubble-Weltraumteleskop sowie Teleskopen auf der Erde entdeckten internationale Astronomen um 2000 ein isoliertes Schwarzes Loch in unserer Galaxie (Milchstraße). Die Forscher nutzten einen Effekt, abgeleitet aus den Gleichungen der allgemeinen Relativitätstheorie Albert Einsteins: Schiebt sich ein massives Himmelsobjekt (z. B. ein Schwarzes Loch) zwischen Erde und einen weit entfernten Stern, wirkt das Schwerefeld des Schwarzen Lochs wie eine Linse, die das Sternenlicht verstärkt.
▶ **»Chandra«:** Auch der 1999 gestartete Röntgensatellit »Chandra« (13,8 m lang, mit entfalteten Solarflügeln 19,5 m

breit) forscht nach Schwarzen Löchern. Sein Teleskop wurde über einen Tag auf eine scheinbar leere Himmelstelle gerichtet. Bei den erfassten neuen Röntgenquellen handelt es sich vermutlich um sog. aktive Galaxien, in deren Zentrum sich Schwarze Löcher befinden, die noch erheblich massereicher sind als das Schwarze Loch im Kern unserer eigenen Milchstraße. Möglicherweise sind diese neuen Objekte so weit entfernt, dass das sichtbare Licht auf dem langen Weg durch das Universum im Gas zwischen den Galaxien absorbiert wird – also bis zu 14 Mrd Lichtjahre. Es wären die entferntesten Objekte, die bislang von Forschern beobachtet wurden.

Erderkundung

Beobachtung der Erdoberfläche und -atmosphäre aus dem Weltraum

Nach der Telekommunikation ist die E. der wichtigste Anwendungsbereich von Satelliten in der Raumfahrt. Bis 2000 wurden große E.-Satelliten mit Mrd US-Dollar Gesamtkosten auf ihre Umlaufbahn gebracht. Anfang des 21. Jh. sollen kompaktere Satelliten erheblich weniger kosten.

»Ikonos 2«: Die US-Weltraumbehörde NASA brachte 1999 den ersten kommerziellen E.-Satelliten, »Ikonos 2«, in eine Umlaufbahn. Bei ihm misst das Teleskop nur noch 1,5 m im Vergleich zu bis 12-m-Teleskopen der herkömmlichen E.-Satelliten. Aus dem All werden u. a. Klima, Weltmeere und Landökosysteme beobachtet. Der seit September 1999 im All befindliche erste kommerzielle Bildsatellit lieferte äußerst präzise Schwarzweiß-Aufnahmen im 1-m-Bereich und Farbbilder im 4-m-Bereich. Mit einer Geschwindigkeit von 7 km/sec (ca. 25 000 km/h) überfliegt Ikonos 2 in 680 km Höhe die Erde. Die Kameras erfassen Gegenstände, Objekte und Personen von nicht gekanntem Auflösungsvermögen.

Envisat: Für 2001 ist der Start des von der ESA entwickelten E.-Satelliten Envisat geplant, der den seit 1995 im All befindlichen ERS-2 ersetzen soll. Der Radarsatellit (Gewicht: 8 t, Kosten: 3 Mrd DM) tastet die Erdoberfläche mit Mikrowellenstrahlung ab. E. besitzt zwei neuartige Messinstrumente: Das Infrarotspektrometer MIPAS misst die Konzentration von 20 Spurengasen wie Stickoxiden und Fluor-Chlor-Kohlenwasserstoffen (FCKW) in der Atmosphäre sowie die Temperatur. Die fünf Kameras von MERIS ermitteln 15 Spektralbereiche im sichtbaren und infraroten Licht. Aus dem Vergleich der Lichtspektren werden u. a. die Verteilung von Wolken, Eisbergen oder Meeresverschmutzungen berechnet.

InfoTerra/TerraSarTerraSAR: Bau und Betrieb von kommerziellen Erdbeobachtungs- und Navigationssatelliten wurden um 2000 gute Marktchancen eingeräumt. Für die InfoTerra der Dornier Satellitensysteme (Dasa, bis 2004) liefert der eigene Satellit »TerraSarTerraSAR« die Geo-Informationen. Die Kosten von etwa 1 Mrd DM teilen sich Industrie und öffentliche Hand.

Champ: Der im April 2000 mit einer russischen Rakete auf 300–470 km Höhe gebrachte 400 kg schwere Kleinsatellit Champ (Kosten: 31 Mio DM) vermisst bis 2005 Schwerefeld, Magnetfeld und Atmosphäre der Erde. Mitarbeiter des Geoforschungszentrums Potsdam (GFZ) erhofften sich von Champ neue Erkenntnisse über Prozesse im

---

Erderkundung: Dreidimensionale Karten

Erstmals gelang es 1999, die Erde vom Weltall aus in nie erreichter Qualität dreidimensional aufzunehmen.

▶ **Projekt:** Bei der SRTM-Mission (engl. Shuttle Radar Topography Mission) schauen zwei Antennensätze – eines in der Ladebucht der US-Raumfähre »Endeavour« und eines am Ende eines 60 m langen Auslegerarms – wie ein Augenpaar zur Erde. So wird ein Stereobild mit den auf 1 m genauen Höheninformationen ermittelt. Nachdem fast 120 Mio km^2 der Erde erfasst waren, lagen 10 Terrabyte Daten auf 300 Magnetbändern vor (ca. 20 000 CD-ROM). Die Auswertungszeit wurde mit rund zwei Jahren angesetzt. Außer militärischer Nutzung (die Finanzierung übernahm maßgeblich das US-Verteidigungsministerium) dienen die Daten zur Verkehrsinfrastruktur-Planung, Navigation, Wasserwirtschaft, Funkwellenausbreitung beim Mobilfunk, Wettervorhersage/Klimamodellierung und zum Katastrophenmanagement.

▶ **Beteiligte:** SRTM war ein Gemeinschaftsprojekt von NASA, NIMA (National Imagery and Mapping Agency), dem Deutschen Zentrum für Luft- und Raumfahrt (DLR) und der ASI (Italian Space Agency). Ein Teil der Radaranlage stammte aus deutscher Entwicklung und Fertigung. Unter der sechsköpfigen Besatzung der »Endeavour« befand sich der deutsche Physiker und ESA-Astronaut Gerhard Thiele, der den Gitterausleger aus ultraleichten Karbonfaserelementen fernsteuerte.

Erdinnern, Meeresströmungen und Klimaveränderungen. Auch die Wettervorhersage sollte mit den neuen Daten genauer werden.

www.dglr.de/erdanwendungen.html;
www.dlr.de (Nationale Raumfahrtagentur)
www.spaceimaging.com;
www.gfz-potsdam.de
   Telekommunikation → Mobilfunk

Großteleskope

Astronomische Instrumente zur Untersuchung der Weltraumstrahlung, die mit Spiegeln von mehreren Metern Durchmesser aufgefangen wird. G. beobachten ferne Regionen des Universums und sollen Informationen über dessen Entstehung liefern

Standorte: Anfang 2000 wurden G. in Texas, Arizona, Chile und Hawaii betrieben. Diese Regionen zeichnen sich insbes. durch trockene, klare Luft aus. Die Himmelsbeobachtung störende Einflüsse wie Luftschlieren kommen dort nur selten vor. Fachleute gehen davon aus, dass an den G.-Standorten in den chilenischen Anden rund 350 klare Nächte pro Jahr vorherrschen.

Südsternwarte: Ein überraschend scharfes Bild einer Galaxie im Sternbild Jungfrau konnte 1999 von der Europäischen Südsternwarte (ESO) auf dem Gipfel des Cerro Paranal/Chile aufgenommen werden. Damit zeigten die Astronomen, dass die erdgestützten Großteleskope (VLT – Very Large Telescope) der neuesten Generation es in der Qualität der Beobachtungen durchaus mit dem Hubble Weltraumteleskop aufnehmen können. Der wegen seines Aussehens Sombrero-Galaxie genannte Spiralnebel liegt über 50 Mio Lichtjahre von der Erde entfernt und wurde schon um 1800 von dem Franzosen Charles Messier entdeckt. Milliarden von Sternen verursachen das schwache Glimmen rund ums Galaxien-Zentrum. Im Mittelpunkt der Spirale wird ein sehr massereiches Schwarzes Loch vermutet, weil von dort eine intensive Strahlung in allen Wellenbereichen kommt.

Fliegende Sternwarte: Von einem Flugzeug aus sollen erstmals Galaxien und Schwarze Löcher erforscht werden. Die 23 Jahre alte Boeing 747 SP flog bis 1995 Passagiere und wird nun mit einem 2,7-m-Teleskop ausgerüstet. Durch eine 3 x 5 m große Öffnung mit Schiebetür im Heck kann die zwölfköpfige Besatzung das Teleskop in der rund 13 km hohen Stratosphäre ins All richten. Gemeistert werden muss bei diesem Projekt der NASA und des Deutschen Zentrums für Luft- und Raumfahrt (20% Anteil) die Außentemperatur von −60 °C und die erschütterungsfreie Teleskop-Ausrichtung auf einen fernen Himmelskörper. Infrarot-Astronomie im Spektralbereich zwischen 1 µm und 300 µm Wellenlänge wird erst durch Flughöhen von 12–15 km möglich, da 99% des die Infrarotstrahlung absorbierenden Wasserdampfs entfallen.

www.dlr.de/SOFIA (Projektvorstellung); **www.eso.org** (Europäische Südsternwarte); **www.seds.org** (umfangreiche Astronomie-Infos u. a. zu Messiers Entdeckungen)

Hubble Weltraumteleskop

(engl.: Hubble Space Teleskop), 1990 auf einer Erdumlaufbahn im All stationiertes Großteleskop zur Erforschung wenig bekannter Himmelskörper

Bis 2000 umrundete das 11 t schwere und 13 m lange H. fast 60 000-mal die Erde und legte etwa 2,3 Mrd km zurück. In zehn Jahren führten die Astronomen rund 250 000 Belichtungen durch und untersuchten über 13 000 Himmelskörper. Außerhalb der flimmernden Erdatmosphäre liefert H. zehnmal schärfere Bilder als erdgebundene Großteleskope. Der beobachtbare Bereich des Universums wurde um das Hundertfache ausgedehnt. Die ESA, mit 15% an H. beteiligt, lieferte die Sonnensegel und eines von insgesamt fünf Messgeräten, die Kamera FOC (engl. Faint Objekt Camera).

Wartung: Kurz nach dem Start 1990 wurde eine gravierende »Sehschwäche« des H. festgestellt. Durch Polierfehler am Rand des Hauptspiegels von etwa 2/1000 mm waren die gelieferten Bilder unscharf. Ende 1993 brachte der Shuttle Endeavour den optischen Korrektor COSTAR (Corrective Optics Space Telescope Axial Replacement) ins All, fing H. ein und installierte COSTAR in der Ladebucht der Raumfähre. Weitere Wartungen folgten, zuletzt Ende 1999. Ab 2002 soll H. mit verbesserten Instrumenten zehn weitere Jahre Sterne erforschen.

Nachfolger: Für 2007 ist der Nachfolger von H. geplant, das New Generation Space Telescope (NGST). H. und NGST sollen einige Jahre parallel arbeiten – H. im sichtbaren und im UV-Bereich und sein Nachfolger besonders im langwelligeren Infrarotbereich. NGST wird einen 8 m großen Hauptspiegel haben, der sich erst im Weltraum zur vollen Größe entfaltet. In 1,5 Mio km Entfernung von der Erde mit ihrer störenden Infrarotstrahlung soll das Observatorium die Sonne umkreisen. Die NASA veranschlagte Mitte 2000 für Bau, Start und Betrieb 2 Mrd US-Dollar. Die Forscher hoffen, dass NGST detaillierte Bilder der ältesten Galaxien und Sterne des Universums liefern wird.

www.heritage.stsci.edu (Bilder von Hubble); **www.origins.jpl.nasa.gov** (Infos über Teleskope)

Hubble-Entdeckungen (Auswahl)

▶ **HD141569:** Bei dem 320 Lichtjahre entfernten Stern im Sternbild Waage wurde die Entstehung eines Planetensystems beobachtet. Der Himmelskörper ist von einer Staubscheibe mit einem 75 Mrd km großen Durchmesser umgeben. Eine Lücke in der Scheibe deutet auf die Geburt eines Planeten hin.

▶ **Kometarische Knoten:** Sie wurden 1996 im 450 Lichtjahre entfernten Helix-Nebel tausendfach entdeckt. Heiße Ausdünstungen eines sterbenden Sterns haben vermutlich das kühlere Gas der Umgebung zu Knoten zusammengeballt. Jeder Knoten ist um ein Vielfaches größer als unser Sonnensystem.

▶ **Pluto:** Der entfernteste Planet unseres Sonnensystems wird vom Mond Charon – erst 1978 entdeckt – in 20 000 km Entfernung umkreist. Dank H. ließen sich Pluto und Charon deutlich getrennt beobachten, die Umlaufbahn genau vermessen und daraus Massen und Dichten der beiden Körper bestimmen. Detailaufnahmen zeigten zwei Polkappen sowie helle und dunkle Gebiete auf Pluto.

▶ **WR 124:** Der Riesenstern stößt mit über 150 000 km/h heiße Gase aus. Mit dem H. konnte erstmals die ungleichmäßige Struktur eines solchen »Sonnenwindes« sichtbar gemacht werden (Durchmesser des Gasballs: etwa 150 Mrd km)

▶ **Supernova 1987A:** In der Großen Magellanschen Wolke – einer 160 000 Lichtjahre entfernten Begleitgalaxie der Milchstraße – leuchtete eine Supernova auf. H. beobachtete heißes, expandierendes Gas, das einige zehntausend Jahre zuvor von dem Stern abgeströmt war.

Internationale Raumstation

(International Space Station, ISS), ständig im All stationierter Raumflugkörper, der als permanentes Forschungslabor und Wohnraum für sieben Astronauten sowie als Ankopplungsstation für Raumfahrzeuge dient. An der I. beteiligen sich 16 Nationen, darunter auch Deutschland. Die aus 36 Elementen zusammengefügte I. geht voraussichtlich 2006 für 10–20 Jahre in Betrieb.

Grundlegende Voraussetzung für den Erfolg der I. ist der kostengünstige Betrieb sowie die optimale Nutzung der wissenschaftlichen Einrichtungen. Anfang des 21. Jh. werden fast alle bemannten Raumflüge der Errichtung der I. im Orbit dienen. Mitte 2000 umkreisen bereits zwei ISS-Module (Sarja und Unity) ohne Besatzung die Erde, weshalb die 14 Jahre alte russische Raumstation Mir aufgegeben werden sollte. Durch ihre Wiederbelebung im Frühjahr 2000 fehlte den russischen Stellen das Geld, um das geplante Servicemodul fertig zu stellen und anzudocken. Die NASA räumte den Russen bis August 2000 eine letzte Frist ein, um das Modul ins All zu bringen.

Details: An der 100 Mrd US-Dollar teuren I. sind 16 Länder beteiligt. Die Innenräume des Wohnmoduls werden die Größe von zwei Jumbojets haben. Die I. wird 462 t wiegen und 108,4 x 74,1 m groß sein. Außer drei russischen, je einem US-amerikanischen und japanischen Modul wird die I. ein europäisches Forschungsmodul tragen.

Columbus: Das Modul Columbus Orbital Facility (COF), der europäische Beitrag zur I., sollte unter deutscher Federführung im Jahr 2000 zusammengefügt werden. Es ist 7 m lang, 4,5 m im Durchmesser und voll ausgerüstet ca. 12 t schwer. Drei Wissenschafts-Astronauten sollen ohne Druckanzüge unter Schwerelosigkeit forschen. Für 2004 ist der Transport mit einer US-Raumfähre in den Orbit und das Andocken an die I. geplant. Im Vorfeld werden die künftigen Astronauten ab 2002 in einem gleich großen Columbus-Simulator ausgebildet.

Atlantis-Mission: Nach drei Verschiebungen glückte am 19.5.2000 der Start der Raumfähre Atlantis mit sieben Astronauten (zwei Frauen, fünf Männer). Zwei Tage später dockten sie an der ISS an und tauschten defekte Batterien im russischen Modul Sarja aus. Weiter gelang es mit speziellen Steuerdüsen der Atlantis, die I. neu auszurichten und die Umlaufbahn von 333 km

---

Internationale Raumstation: Schutzschild

Mehr als 100000 Objekte von 2 bis 10 cm Größe umkreisen unkontrolliert die Erde. Nur 10000 Schrottteile sind mit ihren Umlaufbahnen in Höhen von 800 bis 1500 km registriert. Die Wahrscheinlichkeit, dass ein Objekt die I. in 400 km Höhe trifft, liegt bei rund 19%. Deshalb wurde für das ISS-Labor Columbus ein Schutzschild entwickelt, in dem sich auch Menschen aufhalten können. Das dosenförmige Bauteil entsteht nach Art eines Sandwichs: 2 mm dickes Alublech, auf das im 8-mm-Abstand eine 6 mm dicke, mit einer Fasermatte beschichtete Platte aus dem Spezial-Kunststoff Kevlar folgt. Der erste Schild pulverisiert die Geschosse, der zweite stoppt die durch die ungeheure Wucht des Aufpralls erzeugte Trümmerwolke. Das komplette Abwehrsystem von Columbus wiegt knapp 13 t.

---

vorsichtig auf 539 km über der Erdoberfläche zu bringen. Diese Position war erforderlich, damit das russische Wohnmodul »Swesda« (Stern) Mitte 2000 automatisch ankoppeln konnte. Bei einem sechsstündigen Außeneinsatz wurden der Lastkran »Strela« (Pfeil) und eine Antenne repariert. Zum weiteren Arbeitsprogramm gehörte die Installation von Ventilatoren in der Station zur besseren Luftzirkulation. Ende Mai 2000 kehrte Atlantis sicher zur Erde zurück.

www.dasa.de (Columbus-Labor);
www.nasa.gov (Atlantis-Mission)

Mars

Der Mars M. ist 55,8 Mio–399,9 Mio km von der Erde entfernt. Sein Äquatordurchmesser beträgt 6791 km. Ein M.-Tag sind 24:37:23 h, ein M.-Jahr dauert 687 Tage.

»Polar Lander«: Nach elfmonatigem Flug durch das All sollte im Dezember 1999 die Raumsonde »Mars Polar Lander« am Rande des M.-Südpols niedergehen, um dort im Boden evtl. Wasser aufzuspüren. An Bord waren eine ferngesteuerte Schaufel für Proben sowie zwei Mikrosonden, die sich kurz vor der Landung zu Messungen in den M.-Boden bohren sollten. Wegen defekter Sensoren stürzte die Sonde jedoch 40 m vor der M.-Oberfläche unkontrolliert ab. Eine Kontaktaufnahme scheiterte mehrfach. Kritiker betonten, dass die 300 Mio DM teure M.-Mission personell unterbesetzt war und Mitarbeiter nicht gut genug mit den Systemen vertraut waren. Auch eine 30%ige Unterfinanzierung sowie mangelhafte Kommunikation zwischen NASA und JPL (Jet Propulsion Laboratory) galten als Gründe für das Scheitern der letzten M.-Projekte. Die nächste M.-Mission 2001 mit den Sonden »Mars Surveyor Orbiter« und »Mars Surveyor Lander« wurde vorerst gestrichen.

»Pathfinder«: Bei den Versuchen, den M. zu erreichen, gab es seit den 1960er Jahren 17 Pannen und zwölf Erfolge. Die bisher erfolgreichste M.-Mission gelang den USA 1997, als »Pathfinder« auf dem roten Planeten landete. Mit dem »Sojourner« wurde erstmals ein Fahrzeug zur Erkundung eines Planeten von der Erde aus gesteuert.

www.ba.dlr.de (M.-Missionen);
www.mars.jpl.nasa.gov (M.-Missionen)

Mir

(russ., Frieden) von der russischen Betreibergesellschaft RKK Energija unterhaltene, seit 1986 in einer Erdumlaufbahn kreisende Raumstation, die als Forschungslabor und Wohneinheit dient

Bilanz: Als die M. 1986 ihren Betrieb aufnahm, sollte sie nur sechs Jahre im All bleiben. Mit ihrem Basismodul (Gewicht: 21 t, Länge: 13 m, Durchmesser: 4,2 m) und fünf Labormodulen umkreist M. mit 22 400 km/h in 350–400 km Höhe die Erde. An Bord wurden Forschungsprojekte zur Biomedizin, Erderkundung, Klimaforschung, Materialwissenschaft und Weltraumforschung durchgeführt. Ab Mitte der 90er Jahre traten bei M. Verschleißerscheinungen und Pannen auf. Nach mehr als 14 Jahren sollte die M. aus Geldmangel im Frühjahr 2000 im Pazifik versenkt werden.

Weiterbetrieb: Durch private Investoren wurde es möglich, im April 2000 eine neue zweiköpfige Besatzung zur M. zu entsenden. Die Kosmonauten berichteten, dass alle Systeme der M. nach 222 Tagen unbemanntem Flug noch funktionierten. Nach längerer Suche gelang es, ein Loch in der Außenhülle der Station zu finden und mit einem neuen Kleber abzudichten, aus dem ständig Sauerstoff entwich. Weiter konnten die Innentemperatur von ursprünglich 28 °C gesenkt und Spuren eines Kabelbrandes beseitigt werden. Die 28. M.-Mission endete Anfang Juni 2000. Es blieb unklar, ob die Raumstation weiterbetrieben werden kann.

www.wissenschaft.de/bdw (bild d. Wissenschaft)

Mir: Weltraumtourismus als Geldquelle

Zur Finanzierung der Raumstation Mir war Mitte 2000 ernsthaft geplant, Touristen ins Weltall zur M. zu schicken. US-amerikanische Unternehmen stellten Mittel zur Verfügung und verhandelten mit Interessenten, die 30 Mio US-Dollar für eine Woche auf der Raumstation ausgeben bereit waren. An der 28. M.-Mission hatte auch ein russischer Schauspieler teilnehmen sollen, um Szenen für den Film »Die letzte Reise« zu drehen. Seine Produktionsfirma hatte jedoch das Geld für den Flug nicht rechtzeitig überwiesen.

Raumfahrt

Weltweit: Über 2000 kommerzielle Satelliten, meist zur weltweiten Kommunikation, für Wissenschaft und Militär, sollen bis 2007 in den niederen Erdorbit gebracht werden. Um 2000 waren die Kapazitäten gering, die Startvorbereitungen langwierig und die Transportkosten hoch. Für 1 kg Fracht mussten ca. 16 000 US-Dollar aufgewendet werden (Ziel: 1000 US-Dollar/kg).

Wiederverwendung: Verschiedene Unternehmen planten um 2000 den Bau wieder verwendbarer unbemannter Raumtransportsysteme. Unter dem Namen »Airlaunch« entsteht im Auftrag des US-Militärs bis 2005 ein System, das 3 t Nutzlast befördern kann. Die NASA entwickelt unter X-34 ein unbemanntes Gefährt für 400 kg Nutzlast, wo der Flug nur 500 000 US-Dollar kosten soll. Kostenreduzierung ist auch der Ausgangspunkt für das Konzept »Hopper« von Dasa, Hochschulen und Deutschem Zentrum für Luft- und Raumfahrt (DLR, Köln).

Europa: Zur Neuordnung der europäischen Luft- und Raumfahrtindustrie ging im Sommer 2000 die Flug- und Raumfahrt-Tochter von DaimlerChrysler (Dasa) mit der französischen Aerospatiale Matra und der spanischen Casa zur European Aeronautic, Defense and Space Company (EADS) zusammen. Mit einem Umsatz von 41 Mrd DM ist die EADS nach Boeing (81 Mrd DM) und Lockheed Martin (51 Mrd DM) der drittgrößte Flugzeugbauer der Welt. Der Gesellschaftssitz von EADS soll in den Niederlanden liegen.

Im März 2000 genehmigte die EU-Kommission die Fusion zu Europas größtem Raumfahrtunternehmen Astrium – einer Tochter der EADS. Neben der Dasa gehört die britisch-französische Matra Marconi Space (MMS) zum Gemeinschaftsunternehmen mit etwa 8500 Mitarbeitern und knapp 5 Mrd DM Umsatz.

Deutschland: Die R.-Aktivitäten des Bundesforschungsministeriums (BMBF) beruhten um 2000 noch auf dem Programm von 1997. Es sah u.a. eine deutsche Führungsrolle innerhalb Europas bei der Internationalen Raumstation (ISS) mit dem Columbus-Modul vor. Für das nationale Programm stehen in den nächsten Jahren 310 Mio DM jährlich zur Verfügung. Hinzu kommen Beiträge für ESA und DLR (siehe Kasten unten), um die weltweite Spitzenposition deutscher Wissenschaftler auf dem Gebiet der Extraterrestrik zu erhalten bzw. auszubauen. Zu den industriepolitisch wichtigen R.-Bereichen der Zukunft gehören lt. Entwurf des »Deutschen Raumfahrtprogramms 2000–2003« Erderkundung, Kommunikation und Navigation. Deutschland hatte um 2000 erhebliche Mittel in Infrastrukturprojekten zur ISS und Ariane gebunden. Mit den Aufwendungen für das Pflichtprogramm Weltraumforschung ist die Teilnahme an neuen Raumfahrtprojekten spürbar eingeengt und nur längerfristig korrigierbar. **www.bmbf.de** (Bundesforschungsministerium) **www.nasa.gov**

Raumfahrt: Ausgaben für Forschung und Entwicklung		
Land	*Mio Euro 2000*	
USA		19800
EU (gesamt)		5000
Frankreich		1700
Japan		1700
Deutschland		662
Italien		550
Großbritannien		241
Letztverfügbarer Stand; Quelle: VDI Nachrichten/Eurostat		

Satelliten (Raumsonden)

Unbemannte Raumflugkörper auf einer Erdumlaufbahn (bis 36000 km Höhe, sog. geostationäre Bahn) und im interplanetaren Bereich. S. werden für die Erderkundung, Wetterbeobachtung, Nachrichten- und Datenübertragung und zur Fernerkundung des Weltraums genutzt

Fernerkundung: Zur ersten Mission im Rahmen des New Millennium-Programms der NASA war der S. »Deep Space 1« (DS1, engl. Tiefes Weltall 1) Ende 1998 gestartet. An Bord wurde u. a. erstmals ein mit Sonnenenergie gespeister Ionenantrieb eingesetzt. Dabei wird der Rückstoß-Effekt bei der Beschleunigung von positiv aufgeladenen Xenon-Treibstoff -Ionen genutzt. Im Juli 1999 wurde der 193 Mio km entfernte Asteroid Braille angeflogen, danach setzte der S. seinen Kurs zu den Kometen Wilson-Harrington und Borrelly fort.

Absturz: Erstmals ließ die NASA einen S. Anfang Juni 2000 kontrolliert zum Pazifik abstürzen. Das mehr als 17 t schwere und omnibusgroße Weltraumobservatorium Compton wurde nach Ausfall von zwei der drei Gyroskope (Kreiselkompasse) planmäßig in die Erdatmosphäre gesteuert. Der S. verglühte bis auf etwa 6 t Metalltrümmer, die südöstlich von Hawaii ins Meer stürzten. Die NASA hatte sich aus Sicherheitsgrün-

den für diesen Weg entschlossen, da die Flugbahn u. a. über Mexiko-Stadt verlief. Der 670 Mio US-Dollar teuere S. war seit 1991 im All, vier Jahre länger als geplant. **www.wave.xray.mpe.mpg.de** (»Newton«-Mission) **www.esa.int; www.nasa.gov; www.wissenschaft.de** (bild der Wissenschaft)

Satellitennavigation

Satellitengestützte Ortung, mit der sich die Position von Fahrzeugen, Schiffen, Flugzeugen und Personen auf wenige Meter genau bestimmen lässt

Mit einem eigenen S. ab 2003 planen die Europäer, sich vom US-System GPS (engl. Global Positioning System) unabhängig zu machen. GPS wurde für das Militär entwickelt, steht eingeschränkt zur Verfügung, kann aber vom Militär abgeschaltet werden. Der GPS-Betreiber nahm die künstliche Leistungsdrosselung zurück und lieferte auf 5 m genaue Positionierungen. Russland betrieb Mitte 2000 das System GLONASS (Global Navigation Satelite System).

Galileo: In der ersten Phase des Galileo-Programms sind 21 Satelliten auf mittleren, drei weitere auf geostationären Bahnen geplant. Komplett bis 2007 in Betrieb sind fast grenzenlose Nutzungen möglich: In der Luft- und Schifffahrt entfällt das Radar, Schiffe könnten optimal beladen werden,

Raumfahrt: Finanzplanung des Bundes (Mio DM)				
Posten	*2000*	*2001*	*2002*	*2003*
Nationales Raumfahrtprogramm	310	310	310	310
ESA-Beitrag	980	1030	1040	1040
DLR-Beitrag 2000: 133,7 Mio DM; Quelle: BMBF				

Satellitennavigation: Typen

▶ **Cluster II:** Vier baugleiche S. sollten Mitte 2000 mit zwei Sojus-Raketen von Baikonur (Kasachstan) ins All befördert werden, um zu erkunden, wie der Sonnenwind (Ausstoß heißer Gase) auf das Magnetfeld der Erde wirkt. Die 614 Mio DM teure Mission wird von der europäischen Raumfahrtagentur ESA geleitet. Der Zeitpunkt für das Forschungsprojekt ist besonders günstig: Im Herbst 2000 erreicht die Sonne wie alle elf Jahre den Höhepunkt ihrer Stürme und Eruptionen. Cluster II ist die erste wissenschaftliche Weltraummission, bei der vier baugleiche S. mit je einem Satz von elf identischen Instrumenten gleichzeitig eingesetzt werden. Auf den stark elliptischen polaren Umlaufbahnen in 19000–119000 km Höhe wird das je 1200 kg schwere Quartett zwischen Magnetosphäre und interplanetarem Raum hin und her pendeln.

▶ **Röntgensatelliten:** 1999 nahmen das US-Teleskop »Chandra« und der ESA-Satellit XXM (»X-ray Multi Mirror«) ihre Arbeit im All auf. Im XXM (auch »Newton«) arbeiten drei Teleskope mit speziell geformten Spiegeln, um die energiereiche Röntgenstrahlung aufzufangen. Als Novum ist bei diesem Röntgensatelliten auch ein normales optisches Teleskop an Bord, das Röntgenquellen im sichtbaren Licht beobachtet. »Newton« trägt Solargeneratoren (Spannweite: 16 m), ist 10 m lang und hat eine Masse von 3,8 t. Er ergänzt sich technisch mit »Chandra«, der zehnmal kleinere Details erkennt, aber weniger empfindlich ist und nicht so tief ins Universum vordringen kann wie »Newton«. Der 1,5 Mrd Dollar teure Röntgensatellit wird fünf Jahre Röntgenstrahlen messen und u. a. neue Daten über Schwarze Löcher ermitteln.

▶ **Nachrichtensatelliten:** Als erstes Mobilfunknetz zur weltweiten Datenübertragung per S. in erdnahen Umlaufbahnen bis etwa 1500 km Höhe nahm Ende 1998 das Iridium-Netz (Betreiber: Motorola) seinen Betrieb auf. Damit konnten von jedem Punkt der Erde Telefonate geführt werden. Anfang 2000 musste die Mobilfunkfirma Iridium LLC allerdings Konkurs anmelden. Das US-amerikanische Unternehmen Motorola plante die Fortführung des Netzes für eine begrenzte Zeit, damit die rund 55000 Kunden bis zum Umstieg auf andere Systeme versorgt blieben. Weitere Betreiber und Anbieter der Satellitentelefonie konkurrierten um 2000 mit Mobilfunkanbietern, die durch sog. Roaming-Abkommen (Übergang von Mobilfunknetzen in andere Netze) in dicht besiedelten Gebieten die herkömmlichen Satelliten-Telefone erübrigen.

Satellitennavigation: Pilotprojekt in Rotterdam

Ein von der Europäischen Weltraumagentur ESA geförderter Pilotversuch der TU Dresden soll auf direkte Satellitenkommunikation gestützt tauglich, präzise und zuverlässig Verkehrsnachrichten erarbeiten. Im Großraum Rotterdam/Niederlande fuhren Mitte 2000 rund 30 Testfahrzeuge (Taxen, Busse, Paketdienste) mit entsprechenden Übertragungseinrichtungen (sog. Terminals). Die ermittelten Daten gehen über den Telekom-Satelliten »Italsat« in 36000 km Höhe an eine Verkehrsleitzentrale. Von dort werden die ausgewerteten Daten wieder als aktuelle Verkehrsinformationen zurück auf die Terminals in markierte elektronische Straßenkarten übertragen.

weil Galileo permanent den Tiefgang des Schiffs mit der Fahrwassertiefe vergleicht. Auch bei Polizei, Feuerwehr, Grenzschutz, Küstenwache oder im Rettungs- und Vermessungswesen kann S. die Techniken revolutionieren. Autofahrer verließen sich 2000 bei der Verkehrsleitung noch auf GPS, doch könnten sie mit Galileo präziser und verlässlicher zum Reiseziel geführt werden.

www.et.tu-dresden.de (Pilotprojekt Rotterdam)

Wiedereintrittstechnologie: Anwendungen

▶ **Transport:** Die W. kann u. a. bei automatischen Rückkehrtransporten von Proben und Lasten der Internationalen Raumstation, bei Raumlaboren (die Nutzlasten im Orbit ausgesetzt haben) und bei Satelliten zur Wiederverwendung genutzt werden.

▶ **Missionsverlauf:** Nach fünf Erdumrundungen wurde ein Bremsmanöver eingeleitet. In ca. 150 km Höhe trennten sich Oberstufe und Demonstrator, die Hitzeschutzschilder aus hochflexiblem Material entfalteten sich, um den sicheren Eintritt in die Atmosphäre zu gewährleisten. Acht Stunden nach dem Start landete der Demonstrator in der russischen Steppe. Es wurden keine Anzeichen von Verbrennungen am Hitzeschutzschild festgestellt. Durch Abweichungen in der Flugphase nach dem Wiedereintritt erhöhte sich jedoch die Fallgeschwindigkeit und der Demonstrator wurde beim Aufprall deformiert. Dennoch war die russische Raumfahrt war der Fregat-Flug zugleich die Qualifikation für den 2000 geplanten Transport der Cluster-II-Satelliten zur Weltraum-Fernerkundung.

Wiedereintrittstechnologie

Entwicklung wieder verwendbarer Raumfahrtsysteme zur Kostenreduzierung bei Transporten ins All

Der weltweit erste Test einer neuen, deutschrussischen W. (engl. Inflatable Reentry and Descent Technology, IRDT) verlief Anfang 2000 erfolgreich. Die Reduzierung der Transportkosten gilt als Voraussetzung für die wirtschaftliche und wissenschaftliche Nutzung des Weltraums.

Mission 2000: Der deutsche Raumfahrtkonzern Dasa entwickelte 1999 mit einem russischen Unternehmen in neun Monaten ein wieder verwendbares Raumtransportfahrzeug. An Bord einer Sojus-Rakete befanden sich eine neue, knapp 2 t schwere Raketenoberstufe der Klasse Fregat und ein 110 kg schwerer Demonstrator. Beide waren mit einem neuen Schutzschild gegen die Reibungshitze beim Wiedereintritt in die Erdatmosphäre ausgestattet. Der Schild liegt zusammengefaltet im Transportsystem und breitet sich erst kurz vor dem Eintritt in die Erdatmosphäre aus. Er fungiert anschließend noch als Bremsfallschirm. Da der Hitzeschutzschild nicht wie bei der herkömmlichen W. (z. B. Space Shuttle, Kapseln) in endgültiger Größe in den Orbit transportiert werden muss, werden Raum, Gewicht und Transportkosten reduziert. Der entfaltete Schutzschild des Demonstrators hat einen Durchmesser von 4 m, bei der Fregat sind es 14 m.

www.dasa.de

Religion/Sekten

Islam

(arabisch; Hingabe an Gott), vom arabischen Propheten und Prediger Mohammed (um 570–632) gegründete monotheistische Religion mit über 80 Glaubensrichtungen.

Anfang 2000 lebten nach Angaben des Zentralinstituts Islam-Archiv (Soest) 3 040 000 Moslems in Deutschland (1997: 2,8 Mio). Die islamische Religion war nach den christlichen Kirchen die zweitgrößte Glaubensgemeinschaft in Deutschland. 2,3 Mio der Muslime waren türkischer Abstammung. Die meisten in Deutschland lebenden Moslems sind türkische Suniten, ein Drittel der türkischen Moslems gehören zu den liberalen Aleviten. Islamischen Glaubens waren 800 000 Kinder und Jugendliche, 310 000 Moslems hatten einen deutschen Pass, 11 000 waren deutschstämmig. Die Zahl der Moscheen in Deutschland verdreifachte sich fast von 1997 bis Anfang 2000 von 26 auf 66; weitere 30 Moscheen waren Anfang 2000 im Bau. Hinzu kamen 2200 Gebetshäuser in 2578 Gemeinden. Lt. einer Allensbacher-Studie von Ende 1999 sahen 54% der deutschen Bevölkerung den I. als Bedrohung an (Anfang der 90er Jahre: 13%). Knapp 15% der in Deutschland lebenden Türken waren Mitglied einer islamischen politischen Vereinigung. Extremistische oder islamistische Or-

▨ Islam: Glaubensrichtung Yezidi

Der islamische Yezidi-Glaube ist ein Monotheismus mit mythologisch-kosmologischen Vorstellungen; Zentrum der Religionsrichtung ist der Nordirak. Weltweit lag die Zahl der Yezidi bei rund 300 000. Mehr als die Hälfte der Mitglieder lebte im Nordirak. In Syrien wurde ihre Zahl auf 5000 geschätzt. In Deutschland hielten sich bis Anfang 2000 rund 30 000 Y. auf, vorrangig in NRW und Niedersachsen; alle Y. waren Kurden. Die religiösen Traditionen und Lehren der Y. werden seit dem 12. Jh. nur mündlich weitergegeben, ein heiliges Buch wie die Bibel oder den Koran gibt es nicht.

ganisationen zählten 2000 in Deutschland rund 31 000 Mitglieder. Viele der kleinen islamistischen Gruppen befürworteten Terror und Gewalt. Die größte und einflussreichste islamische Gruppe mit geschätzten 27 000 Mitgliedern war Milli Görüs (Nationale Sicht). Der Verband verfügte Anfang 2000 über 500 Gebetseinrichtungen.

Kirche, Evangelische

Bilanz: Zum zweiten Mal seit Beginn der gesamtdeutschen Statistik (1992) fiel die Zahl der Austritte aus der K. Ende 1998 (letztverfügbarer Stand) wie im Vorjahr unter die Marke von 200 000. 1998 standen 182 730 Kirchenaustritten (–7% gegenüber 1997) 61 528 Kircheneintritten gegenüber.
Sparzwang: Trotz leicht steigender Einnahmen aus der Kirchensteuer 1998 war die

▨ Islam-Unterricht

Nach GG Art. 7, 3, ist Religionsunterricht ein Pflichtfach an öffentlichen Schulen unter staatlicher Aufsicht nach den Grundsätzen der Religionsgemeinschaften. Kein Schüler kann zur Teilnahme verpflichtet werden. Es entscheiden die Erziehungsberechtigten.
▸ **Urteil:** Anfang 2000 urteilte das Bundesverwaltungsgericht (Berlin, Az.: BverwG 6 C 5.99), dass die Islamische Förderation Berlin (IFB) in Berliner Schulen I. erteilen darf. Bundesweit besuchten 56 000 muslimische Kinder eine Koranschule; es war der bis dahin einzige Weg, in Deutschland muslimischen Religionsunterricht zu erteilen.
▸ **Reaktionen:** Der Berliner Senat plante das Schulgesetz zu ändern. Bis Mitte 2000 durfte Religionsunterricht nur von Kirchen, Religions- und Weltanschauungsgemeinschaften erteilt werden. Der Berliner Senat hielt die IFB für eine Organisation, die mit dem türkischen Islamismus verwoben war, und hatte in jahrelangen Verwaltungs- und Gerichtsverfahren versucht, deren Anliegen abzuweisen. Auch der Verfassungsschutz beobachtete die als fundamentalistisch eingeschätzte IFB. Kritiker befürchteten, dass das Urteil andere islamische Glaubensgemeinschaften per Gerichtsbeschluss den Weg in die Schulen eröffne.
▸ **Bayern:** Ende 1999 plante das bayerische Sozialministerium, den islamischen Religionsunterricht an den Schulen einzuführen. Eine Arbeitsgruppe prüfte verfassungsrechtliche und religionspädagogische Fragen. Als problematisch erwies sich, einen konkreten Ansprechpartner auf Seiten des Islam zu finden. Das bayerische Innenministerium warnte davor, dass fun-

damentalistische Gruppierungen auf diesem Weg Einfluss auf den Religionsunterricht nehmen könnten.
▸ **Kopftuch-Streit:** Im März 2000 wurde vor dem Stuttgarter Verwaltungsgericht die Klage einer 27jährigen Lehrerin abgewiesen. Die Muslimin wollte an staatlichen Schulen mit Kopftuch unterrichten. Als Begründung führte sie an, es sei ein Teil ihrer Persönlichkeit und Glaubensidentität. Das Kultusministerium von Baden-Württemberg hatte nach erfolgreichem Referendariat 1998 die Übernahme der Klägerin ins Beamtenverhältnis abgelehnt. Nach Ansicht des Oberschulamtes stoße das unstrittige Recht der Lehrerin auf freie Glaubensausübung auf das Neutralitätsgebot des Staates. Die Pädagogin unterrichtete daraufhin an einer Privatschule in Berlin.

▬ Kirchensteuer

Die beiden großen christlichen Kirchen in Deutschland dürfen als Anstalten des öffentlichen Rechts nach Art. 140 GG von ihren Mitgliedern K. erheben. Bemessungsgrundlage ist die Lohn- und die Einkommensteuer. Der K.-Satz beträgt je nach Bundesland 8–9% der Einkommensteuer.

▸ **Steuereinnahmen:** Die beiden großen Kirchen in Deutschland konnten 1999 auf Mehreinnahmen bzw. einen Gleichstand hinsichtlich der Kirchensteuer blicken. 1999 verbuchte die ev. Kirche K.-Einnahmen von 8,2 Mrd DM (1998: 7,8 Mrd DM). Die K.-

Einnahmen der kath. Kirche lagen wie 1998 bei 8,4 Mrd DM. Insgesamt gesehen rechneten die Kirchen durch die Steuerreform der rot-grünen Bundesregierung bis 2002 mit Steuerausfällen bis zu 2,6 Mrd DM.

▸ **Folgen:** Trotz des Gleichstands bzw. Erhöhung der K.-Einnahmen klagten die großen Kirchen über eine Finanzmisere. Einschnitte im sozial-karitativen Bereich standen 2000 zur Diskussion. So sah sich die ev. Kirche gezwungen, ihren Personalbestand erheblich zu reduzieren und Einschnitte bei den sozialen Diensten vorzunehmen.

www.ekd.de; www.dbk.de

K. zu Sparmaßnahmen gezwungen. Gremien mussten verkleinert, Einrichtungen zusammengelegt und Stellen sozialverträglich abgebaut werden. 1998 zählte die Diakonie 419 438 Mitarbeiter. Ungewiss blieb auch die Zukunft der ev. Wochenzeitung »Sonntagsblatt« (Auflage: 45 000 Stück, Abonnenten: 15 000). Bis Mitte 2000 wurden Möglichkeiten der Übernahme durch andere Verlage geprüft.

Neuer Bevollmächtigter: Ende 1999 wurde Stephan Reimers neuer Bevollmächtigter des Rates der Ev. Kirche in Deutschland (EKD). Zuvor war er sieben Jahre Vorsitzender der Hamburger Diakonie. Dort rief er die Obdachlosenzeitung »Hinz und Kunz« sowie die Hamburger Tafel ins Leben. Von 1976 bis 1980 saß Reimers für die CDU im Bundestag und gehörte den Sozialausschüssen an. 1992 trat er aus persönlichen Gründen aus der Partei aus.

▬ Kirchenaustritte

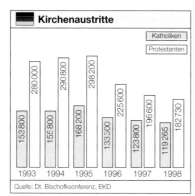

Katholiken
Protestanten

	1993	1994	1995	1996	1997	1998
Katholiken	280 000	290 800	298 200	225 600	196 600	182 730
Protestanten	153 800	155 800	168 200	133 300	123 800	119 265

Bei insgesamt zurückgehender Zahl von Kirchenaustritten bis 1997 blieb das Verhältnis von Protestanten und Katholiken etwa gleich. Im Schnitt traten in den 90er Jahren knapp doppelt so viele Christen aus der evangelischen als aus der katholischen Kirche aus.

Quelle: Dt. Bischofskonferenz, EKD

Bayern: Ende 1999 wurden im ev. Kirchengemeindeamt der zentralen Verwaltungsbehörde in Bayern Fehlbuchungen und Misswirtschaft entdeckt. Die Verwendung von 22 Mio DM konnte nicht nachgewiesen werden. Bis Januar 2000 wurden zwar 20 Mio DM nachgebucht, doch verblieb weiterhin eine Fehlsumme von 2,26 Mio DM aus dem laufenden Etat und 12 Mio DM aus dem Vermögen ungeklärt. Die Staatsanwaltschaft ermittelte gegen einen früheren Finanzbuchhalter des Kirchenamtes. Landesbischof Johannes Friedrich forderte eine lückenlose Aufklärung sowie die Prüfung der persönlichen Verantwortung.

www.ekd.de (aktuelle Pressemitteilungen, Stellungnahmen, Veröffentlichungen)

Kirche, Katholische

Bilanz: Der Streit um den Ausstieg aus der Schwangerenkonfliktberatung hatte bei der K. 1999 in einigen Regionen die Kirchenaustritte in die Höhe getrieben. Allein in Münster traten 1296 Mitglieder aus (+7,9% gegenüber 1998). In Frankfurt/M. wurden 3278 Austritte gezählt (+19,6%). In Köln betrug die Austrittsrate 7,9%, in Freiburg i.Br. 18,6%, in Berlin verlor die K. 3500 Mitglieder (+3,6%), in Hamburg 1352 (+18,8%). Eine stabile Mitgliedschaft zeigten die K. in Ostdeutschland. In der K. gab es 1999 nur 190 neue Priesteramtskandidaten, davon wurden 138 zum Priester geweiht.

Schuldbekenntnis: Papst Johannes Paul II. hatte im März 2000 eine große Vergebungsbitte zu den Verfehlungen in der Geschichte der Kirche, insbes. während des Zweiten Weltkrieges, geleistet. Sie galt als Höhepunkt innerhalb des Heiligen Jahres 2000. Der Papst hatte sein Bedauern über die Geschichte der christlichen Spaltung ausgedrückt. Im Heiligen Jahr sollte sich die Kirche stärker als je zuvor über die Schuld ihrer Vorfahren bewusst werden. Im Frühjahr 2000 besuchte der Papst Israel.

Katholische Büro: Ende März 2000 weihte der wieder gewählte Vorsitzende der Deutschen Bischofskonferenz (DBK), Karl Lehmann, das katholische Büro in Berlin ein. Als Leiter wurde Prälat Paul Bocklet nach 23 Dienstjahren von Diözesanpriester Karl Jüsten abgelöst. Das katholische Büro übernahm die Repräsentanz der DBK bei der rot-grünen Bundesregierung in Berlin.

Scientology

Die 1954 vom US-Autor L. Ron Hubbard gegründete Organisation hatte 1999 nach eigenen Angaben 8 Mio Miglieder.

Deutschland: Lt. Arbeitsgruppe S. der Hamburger Innenbehörde sowie des Verfassungsschutzes zählte S. in Deutschland Anfang 2000 rund 5000 Mitglieder. Besonders stark war S. in den neuen Bundesländern vertreten; Zwickau zählte zu den Hochburgen. In den alten Bundesländern war S. vor allem in Hamburg, Bayern und NRW aktiv. In Hamburg gäbe es nach Erkenntnissen der Innenbehörde Verbindungen zwischen S. und dem Generalkonsulat der USA.

Schweden: Im November 1999 anerkannte die schwedische Steuerbehörde S. als gemeinnützige, ideelle Vereinigung ohne Gewinnstreben und befreite sie von der Einkommen- sowie Mehrwertsteuer. Anfang 2000 wurde S. als Kirche anerkannt und stand damit auf derselben Stufe wie die römisch-katholische Kirche u.a. Glaubensgemeinschaften in Schweden. Die sozialdemokratische Regierung betonte, dass mit diesem Status keine besonderen Rechte verbunden seien, die Organisation S. würde nur als juristische Person anerkannt und als Gemeinschaft registriert.

Frankreich: Im März 2000 gab der Europäische Gerichtshof (EuGH, Luxemburg) S. in einem Verfahren gegen den Staat Frankreich wegen Investitionsbeschränkungen Recht. Beanstandet wurde die in Frankreich gesetzlich festgeschriebene Möglichkeit, ausländische Investoren bei Störung der öffentlichen Ordnung, Gesundheit oder Sicherheit abzuweisen. Den EU-Richtern war das Gesetz zu allgemein und nicht mit den Bedingungen des Kapitalverkehrs im vereinten Europa vereinbar. In Frankreich wurden die ca. 30000 S.-Mitglieder vom Verfassungsschutz beobachtet.

Gentechnik: In ihrer Osterbotschaft im April 2000 forderten die Vertreter der K. die Einhaltung von Grenzen in der Genforschung. Abgelehnt wurde die Idee, durch die Gentechnik einen Menschen nach Maß zu formen. DBK-Vorsitzender Lehmann betonte, dass es bei der Entschlüsselung der menschlichen Gene (Genomanalyse) nicht um finanzielle Vermarktung gehen dürfte.

www.dbk.de (Deutsche Bischofskonferenz, Bonn; aktuelle Presseinfos, Links zu kirchlichen Institutionen, Veröffentlichungen)

Schwangeren-konfliktberatung

Gesetzlich vorgeschriebene Beratung von Schwangeren in Not- und Konfliktsituationen, die einen Schwangerschaftsabbruch erwägen

Neuregelung: Im März 2000 erklärten die kath. Bischöfe, den Bestand der kath. Beratungsstellen auch nach dem Ausstieg der Kirche aus dem gesetzlichen Beratungssystem zu sichern. Berater stünden weiterhin für Gespräche zur Verfügung, jedoch ohne einen Beratungsschein auszustellen. Er war nötig, um einen Schwangerschaftsabbruch vornehmen lassen zu können. Bis Ende 2000 planten die Bischöfe, einheitliche Rahmenbedingungen der kath. Beratungsstellen zu schaffen. Ende 2000 sollten alle kath. Beratungsstellen die Ausstellung des Beratungsscheines beenden.

Modell: Die kath. Laienorganisation Donum Vitae (Geschenk des Lebens) hatte Anfang 2000 Landesverbände in Bayern, Rheinland-Pfalz, Niedersachsen und dem Saarland gegründet. Der Verein wollte die S. außerhalb der Amtskirche fortführen und den für eine straffreie Abtreibung notwendigen Beratungsschein ausstellen.

Sekten

Religiös-weltanschauliche Glaubensgemeinschaften mit Selbstverwirklichungs- und Heilsversprechen

In Deutschland waren Anfang 2000 rund 300 Sekten und Psychogruppen mit insgesamt 2,5 Mio Mitgliedern aktiv.

Afrika: Im März 2000 löste der Massenselbstmord der »Bewegung für die Wiedereinsetzung der Zehn Gebote Gottes« erneut die Diskussion über S. und Psychokulte auch in Deutschland aus. Rund 500 Anhänger der Gruppierung verbrannten 350 km südwestlich der ugandischen Hauptstadt Kampala in einer Kirche, nachdem sie ihren Besitz verkauft hatten.

Falun-Gong: Mitte 1999 hatte die chinesische Regierung die Falun-Gong-Sekte verboten. Anfang 2000 wurden zwei Führer der S. zu acht und sechs Jahren Haft verurteilt. Ihnen wurde vorgeworfen, Mio Bücher und Poster der buddhistischen Bewegung gedruckt zu haben. Nach eigenen Angaben zählte Falun-Gong um 2000 in China rund 80 Mio Anhänger. Seit Mitte 1999 wurden mehr als 36000 Mitglieder festgenommen. Die Lehre der S. ist eine Mischung aus Meditation, Körperübung sowie buddhistischer und chinesischer Mystik.

Aum: Anfang 2000 gab sich die S. Aum Shinrikyo (höchste Wahrheit) aus Japan eine neue Identität – aus Aum wurde Aleph. Die S. hatte sich bis Ende 1999 für ihre Verbrechen distanziert, u.a. für den Giftgasanschlag in der Tokioter U-Bahn 1995 (zwölf Tote, 5500 Verletzte). Im Januar 2000 gab Aum/Aleph zu, dass ihr Guru Asahara für die Anschläge verantwortlich war. Nachfolgerin Tatsuko Muraoka kündigte Opferentschädigung durch Immobilienverkauf an.

Altersvorsorge

Private Altersvorsorge: Einen Ausbau der privaten A. befürworteten Mitte 2000 die Regierungsparteien SPD und Bündnis 90/Die Grünen ebenso wie die oppositionellen CDU/CSU und FDP. Im Gespräch war u. a. eine gesetzliche Verpflichtung zur Vorsorge im Alter für alle abhängig Beschäftigten oder darüber hinaus auch für Gewerbetreibende, Freiberufler und Selbstständige. Außerdem wurde eine steuerliche Förderung der privaten A. für alle abhängig Beschäftigten bzw. nur für geringer Verdienende bzw. ein staatlicher Zuschuss zur privaten A. bis zum Erreichen bestimmter Einkommensgrenzen diskutiert. Umstritten blieb, ob nur solche Instrumente der privaten A. gefördert werden sollten, die in eine Lebenslang-Altersrente münden, oder auch andere Vorsorgemaßnahmen von der Geldanlage bis zum Wohneigentum.

Umfrage: Nach einer im Mai 2000 veröffentlichten Emnid-Umfrage waren 74% (1997: 56%) der Befragten zu Gunsten privater A. zu Konsumeinschränkungen bereit. Der Anteil derjenigen, die privat Vorsorge trafen, erhöhte sich von 55% (1997) auf 69%, die Zahl der Maßnahmen und Anlagen zur A. stieg im Schnitt von 2,7 auf 3,6.

Betriebliche Altersvorsorge: Um 2000 boten rund 28% aller Firmen in Deutschland ihren Mitarbeitern eine betriebliche A. an. Eine Pflicht zur Einführung betrieblicher A. befürworteten Mitte 2000 u. a. der Deutsche Gewerkschaftsbund und Bert Rürup, Rentenberater von Bundesarbeitsminister Walter Riester (SPD). Rürup verwies auf die Schweiz und die Niederlande, wo bis zu 90% der Beschäftigten kapitalgedeckte Betriebsrentenansprüche hätten, da es dort eine gesetzliche (Schweiz) bzw. eine tarifvertragliche (Niederlande) Pflicht zur Betriebsrente gebe. Nur bei Verpflichtung der Unternehmen könnten Betriebsrenten das Umlageverfahren der gesetzlichen Rentenversicherung systematisch ergänzen.

EU-Richtlinie: Die EU kündigte Mitte 2000 eine Richtlinie zur beruflichen A. an. Geplant waren u. a. die Zulassung von Pensionsfonds in den Mitgliedsstaaten, um den Wettbewerb der Fonds und die Arbeitsmobilität zu erhöhen, und eine Lockerung der Anlagevorschriften. In Deutschland konnten die Pensionskassen Mitte 2000 nur max. 30% des Kapitals in Aktien investieren.

Für Beamte im Ruhestand gab der deutsche Staat 1999 insgesamt 57 Mrd DM aus. Anders als Rentner müssen Pensionäre allerdings ihre Pensionen versteuern und ihre Krankenversicherung bezahlen.

Altersvorsorge: Pensionäre

Dienstherr	Bezieher[1]	Ruhegehalt (DM/Monat)[2]
Länder	323 704	4877
Bund	105 990	4457
Gemeinden[3]	61 581	4607
Witwen-/Witwergeld	401 811	2206

1) ohne Post und Bahn; 2) Durchschnittswert; 3) inkl. kommunale Verbände; Stand: 1999; Quelle: Statistisches Bundesamt (SB, Wiesbaden); www.statistik-bund.de

Altersvorsorge: Einkommensquellen im Alter

| Einkommensart | Anteil der Anspruchsberechtigten (%)[1] | West | Ost |
	Männer	Frauen	
gesetzliche Rente	95	94	
	100	100	
Leistungen aus privater A.	64	40	
	59	52	
betriebliche A.	36	12	
	4	2	
Zusatzversorgung des öffentl. Dienstes	12	16	
	12	20	

1) Jahrgänge 1936–55 (ohne Pensionäre); Quelle: AVID 96, Infratest Burke Sozialforschung

Ehe

1999 stieg erstmals seit 1991 wieder die Zahl der Eheschließungen in Deutschland. Lt. Statistischem Bundesamt (SB, Wiesbaden) wurden rund 430 100 Ehen geschlossen, 13 500 (3,2%) mehr als im Vorjahr. Im früheren Bundesgebiet gingen 1999 rund 369 600 Paare zum Standesamt (+2,2%), in den neuen Ländern und Ost-Berlin gaben sich 60 500 Paare (+10,3%) das Ja-Wort. Im April 1999 waren lt. SB rund 39 Mio Personen in Deutschland verheiratet.

Scheidungshäufigkeit: 1998 (letztverfügbarer Stand) wurden nach SB-Angaben in Deutschland 192 416 Ehen geschieden, 2,5% mehr als 1997. Für den Anstieg waren insbes. die neuen Bundesländer verantwortlich: In Ostdeutschland erhöhte sich die Zahl der Scheidungen um 9,4% auf 29 030, in Westdeutschland um 1,3% auf 163 386. Am stärksten war der Anstieg in Sachsen-Anhalt mit 17,4%. Doch lag die Scheidungshäufigkeit in Ostdeutschland mit 85,7 Scheidungen pro 10 000 Ehen weiter deutlich unter dem westdeutschen Wert (105,7 Scheidungen pro 10 000 Ehen). In über 50% der Scheidungsfälle waren minderjährige Kinder mit betroffen. Ihre Zahl verringerte sich 1998 geringfügig auf 156 735 (–2,3%).

Ursachen: Nach Auffassung von Soziologen lag die Ursache für die steigende Zahl der Scheidungen in der häufigeren Berufstätigkeit und finanziellen Unabhängigkeit der Frauen. Partner, die nicht kirchlich getraut waren, keine gemeinsamen Kinder und kein gemeinsames Wohneigentum hatten, neigten stärker zu Trennungen. Häufigster Scheidungsgrund war Ehebruch.

EU-Vereinbarung: Im Mai 2000 einigten sich die EU-Innen- und -Justizminister darauf, dass Scheidungs- und Sorgerechtsurteile in der Gemeinschaft anerkannt werden. Eine Verordnung soll am 1.3.2001 in Kraft treten. Es sollten Doppelverfahren bei Ehen von Angehörigen aus zwei EU-Staaten vermieden werden. Zuständig für Scheidungen sind die Gerichte des Landes, in dem sich die Ehepartner meist aufhalten. Die Verordnung wurde von allen EU-Staaten außer Dänemark getragen, das einen eigenen völkerrechtlichen Vertrag abschließen wollte.

Ehen ohne Trauschein: Nach SB-Zahlen gab es im April 1999 in Deutschland 2,1 Mio nicht eheliche Lebensgemeinschaften (+47% gegenüber 1991). Besonders hoch war der Anteil in den neuen Bundesländern und Berlin-Ost. Dort lebten 12% der Paare ohne Trauschein zusammen. In 46% der nicht ehelichen Partnerschaften waren beide Partner jünger als 35 Jahre, in 29% der Ehen ohne Trauschein wuchsen Kinder auf.

www.statistik-bund.de (umfangreiche Daten über Ehe und Familie)

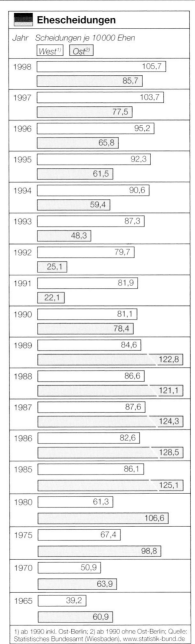

Ehescheidungen

Jahr Scheidungen je 10 000 Ehen

West[1]   Ost[2]

Jahr	West	Ost
1998	105,7	85,7
1997	103,7	77,5
1996	95,2	65,8
1995	92,3	61,5
1994	90,6	59,4
1993	87,3	48,3
1992	79,7	25,1
1991	81,9	22,1
1990	81,1	78,4
1989	84,6	122,8
1988	86,6	121,1
1987	87,6	124,3
1986	82,6	128,5
1985	86,1	125,1
1980	61,3	106,6
1975	67,4	98,8
1970	50,9	63,9
1965	39,2	60,9

1) ab 1990 inkl. Ost-Berlin; 2) ab 1990 ohne Ost-Berlin; Quelle: Statistisches Bundesamt (Wiesbaden), www.statistik-bund.de

In Ostdeutschland nahm die Zahl der Scheidungen pro bestehenden Ehen, die nach der deutschen Vereinigung dramatisch zurückgegangen war, seit 1993 wieder deutlich zu, erreichte bis 1998 jedoch weder den Stand in den letzten Jahren der DDR noch den Wert in Westdeutschland. Die Wahrscheinlichkeit, dass eine Ehe geschieden wird, verfünffachte sich in den alten Bundesländern seit 1978, während sie in den neuen Ländern um ein Viertel zurückging.

Erziehungsgeld: Die wichtigsten Neuerungen

▶ **Budget-Angebot:** Nach der für den 1.1.2001 geplanten Neuregelung werden Anspruchsberechtigte wie bisher bis zum zweiten Geburtstag des Kindes monatlich max. 600 DM E. gezahlt. Neu eingeführt wird die Möglichkeit, den Bezug von E. auf ein Jahr zu beschränken. Die monatliche Zahlung beträgt dann max. 900 DM.

▶ **Minderungsquote:** Bei Überschreiten der Einkommensgrenzen mindert sich die E. je 1200 DM, die das Jahreseinkommen über der Grenze liegt, nach der Neuregelung um 50 DM.

▶ **Behinderte Kinder:** Bei der Prüfung des Anspruchs auf E. gilt der vom steuerpflichtigen Einkommen abgezogene Pauschbetrag nicht nur für das behinderte Kind, für das E. beantragt wird, sondern auch für ein anderes behindertes Kind in der Familie.

▶ **Anspruchsberechtigte:** Während der ersten sechs Lebensmonate des Kindes erhielten ca. 50% das volle, gut 30% ein gekürztes und knapp 20% überhaupt kein E. Mit der Neuregelung sollte sich der Anteil der Familien, die ab dem 7. Lebensmonat ungekürztes E. erhalten, schrittweise auf 54% erhöhen. Bei der Einführung des E. 1986 erhielten über 80% der Empfängerinnen ein ungekürztes E.

Erziehungsgeld: Einkommensgrenzen[1]

Alter	Eltern		Alleinerziehende	
	alt	neu[2]	alt	neu[2]
Erste sechs Lebensmonate	100 000	100 000	75 000	75 000
ab dem 7. Lebensmonat				
1 Kind	29 400	32 200	23 700	26 400
weitere Kinder	+ 4 200	+ 4 800[3]	+ 4 200	+ 4 800[3]

1) Einkommensgrenze – Jahresnettoeinkommen in DM bei einem Kind; 2) zum 1.1.2001 nach Entwurf der Bundesregierung; 3) ab 1.1.2001, ab 1.1.2002: +5470 DM, ab 1.1.2003: +6140 DM; Quelle: Bundesministerium für Familie, Senioren, Frauen und Jugend (Berlin), www.bmfsfj.de

Erziehungsgeld

Nach der Geburt eines Kindes wird in Deutschland dem Elternteil, der das Kind betreut, vom Staat längstens 24 Monate ein E. gezahlt.

Neuregelung: Der im März 2000 von der rot-grünen Bundesregierung vorgelegte Entwurf zur Änderung des Bundeserziehungsgesetzes sah zum 1.1.2001 u. a. eine Anhebung der Einkommensgrenzen für den Bezug von E. vor. Mit der Neuregelung wollte die Koalition die finanzielle Lage von Familien verbessern. Die Mehrausgaben beliefen sich nach Schätzungen der Bundesregierung auf 300 Mio DM.

www.bmfsfj.de (Bundesfamilienministerium)

Erziehungsurlaub bei Teilzeitarbeit

▶ **Stunden:** Die zulässige Teilzeitarbeit während des E. wurde mit der Neuregelung, die voraus. am 1.1.2001 in Kraft tritt, von 19 auf 30 Wochenstunden erweitert. Bei gemeinsamen Elternurlaub sind insgesamt 60 Stunden möglich. Es soll dem Bestreben nach Wahrung des Lebensstandards bei gleichzeitiger Kindesbetreuung Rechnung getragen und für Väter ein Anreiz geschaffen werden, E. zu nehmen.

▶ **Betriebe:** Eltern, die in Betrieben mit über 15 Beschäftigten arbeiten, haben nach der Neuregelung einen Rechtsanspruch auf Verringerung der Arbeitszeit während des E. auf 15 bis 30 Wochenstunden, sofern nicht dringende Betriebsgründe dagegen sprechen. Nach Ende des E. besteht ein Rückkehranspruch zur alten Arbeitszeit.

▶ **Reaktionen:** Der Deutsche Gewerkschaftsbund (DGB, Berlin) begrüßte den Rechtsanspruch auf Teilzeitarbeit während des E., Arbeitgeberverbände kritisierten ihn als unzulässigen Eingriff in die Dispositionsfreiheit der Firmen.

Erziehungsurlaub

Der für die Betreuung des Kindes zuständige Elternteil kann in Deutschland einen E. bis zu drei Jahren nehmen. Es besteht Kündigungsschutz.

Der im März 2000 von der rot-grünen Bundesregierung vorgelegte Entwurf für eine Änderung des Bundeserziehungsgesetzes zum 1.1.2001 sah Neuregelungen beim E. vor. Mit ihnen sollte die Vereinbarkeit von Familie und Beruf für Mütter und Väter verbessert werden.

Elternurlaub: Bisher konnten die Elternteile nur abwechselnd E. nehmen, nun besteht die Möglichkeit eines ganz oder zeitweise gemeinsamen Elternurlaubs, ohne dass sich die E. für ein Kind verlängert.

Flexibles drittes Jahr: Musste der E. bis dahin unmittelbar nach der Geburt des Kindes genommen werden, ist nach der Neuregelung mit Zustimmung des Arbeitgebers eine Übertragung von einem Jahr E. auf die Zeit zwischen dem 3. und 8. Lebensjahr des Kindes möglich.

Inanspruchnahme: Nach Angaben des Bundesministeriums für Familie, Senioren, Frauen und Jugend (Bmfsfj) wurde E. 2000 nur zu 1,5% von Vätern in Anspruch genommen. Gründe für die zurückhaltung waren Furcht vor einem Karriereknick, Angst vor dem Verlust des Arbeitsplatzes und finanzielle Einbußen.

Umbenennung: Eine Unterschriftenaktion für die Umbenennung des E. in Erziehungszeit startete die Katholische Frauengemeinschaft Deutschlands (kfd, Köln) im Frühjahr 2000. Erziehung sei kein Urlaub, erklärte die kfd.

www.bmfsfj.de (Bundesfamilienministerium)

Familie

Nach dem Mikrozensus des Statistischen Bundesamtes (SB, Wiesbaden) gab es im April 1999 (letztverfügbarer Stand) in Deutschland 7,4 Mio Ehepaare (1991: 7,9 Mio) mit mind. einem Kind unter 18 Jahren.

Kinderzahl: Insgesamt 12,5 Mio Kinder unter 18 Jahren wuchsen 1999 bei Ehepaaren, weitere 2,8 Mio bei Alleinerziehenden auf.

Familie: Nicht eheliche Kinder

Bundesland		Anteil (%)[1]
Baden-Württ.		13
Bayern		15
Berlin (Ost)		52
Berlin (West)		29
Brandenburg		49
Bremen		27
Hamburg		25
Hessen		15
Meckl.-Vorp.		51
Niedersachsen		17
Nordrh.-Westf.		15
Rheinland-Pfalz		14
Saarland		17
Sachsen		44
Sachsen-Anhalt		49
Schlesw.-Holst.		21
Thüringen		44

1) an allen Geborenen 1998 (letztverfügbarer Stand);
Quelle: Statistisches Bundesamt (Wiesbaden);
www.bib-demographie.de

Familie: Kinderlose Frauen

Bundesland		Anteil (%)[1]
Baden-Württ.		24
Bayern		24
Berlin (Ost)		16
Berlin (West)		38
Brandenburg		12
Bremen		36
Hamburg		47
Hessen		27
Meckl.-Vorp.		10
Niedersachsen		23
Nordrh.-Westf.		29
Rheinland-Pfalz		21
Saarland		28
Sachsen		10
Sachsen-Anhalt		11
Schlesw.-Holst.		23
Thüringen		9

1) Alter: 35 bis 39 Jahre, letztverfügbarer Stand: 1998;
Quelle: K. Schwarz, Bundesinstitut für Bevölkerungsforschung
im Statist. Bundesamt/Focus; www.bib-demographie.de

Der Anteil der kinderlosen Frauen ist in Ostdeutschland deutlich geringer als im Westen – eine Folge u. a. der staatlichen Förderung von Familien mit Kindern zu DDR-Zeiten. In städtischen Regionen ist der Anteil der Kinderlosen besonders hoch.

Es gab knapp 500 000 Alleinerziehende mit Kindern unter 18 Jahren mehr als 1991. Wie schon 1991 war im April 1999 knapp jedes dritte Kind (31%) ein Einzelkind.

Paare ohne Kinder: Nach SB-Angaben stieg die Zahl der kinderlosen Paare zwischen 1991 und 1998 um 400 000 (1,8%) auf 22,4 Mio. In Westdeutschland betrug der Anteil der Familien ohne Kinder 42% (1991: 39%; 1957: 20%), in Ostdeutschland 40% (1991: 36%).

Nach einer Studie des Bundesinstituts für Bevölkerungsforschung (BiB) am SB wird der weibliche Geburtsjahrgang 1965 (inkl. in Deutschland lebende Ausländerinnen) zu gut 31% kinderlos bleiben. Der Anteil wird sich bei den um 1970 geborenen Frauen vermutlich auf ein volles Drittel erhöhen. Bei den Männern war der Anteil der Kinderlosen leicht höher. Nach einer Umfrage des Bundesinstituts unter 30- bis 39-jährigen kinderlosen Frauen war die meistgenannte Ursache für die Kinderlosigkeit Leben ohne festen Partner; erst mit deutlichem Abstand

folgten Unvereinbarkeit mit dem Beruf, allgemeine Sorge um die Zukunft der Kinder und der Wunsch nach Beibehaltung des Lebensstandards.

Familieneinkommen: Nach einer Langzeitstudie des BiB war das Pro-Kopf-Einkommen kinderloser Paare um 2000 deutlich höher als bei Paaren mit Kindern. Bei einem Pro-Kopf-Einkommen von 1954 DM bei der Eheschließung hatten nach sechs Jahren Ehe kinderlose Paare ein Pro-Kopf-Einkommen von 3166 DM, Paare mit einem

1970–1998 nahm der Anteil der kinderlosen Frauen zu, die der Frauen mit drei und mehr Kindern dagegen deutlich ab.

Familie: Kinderzahl[1]

Kinderzahl	1970	1985	1998
keine Kinder	10	21	27
1 Kind	24	28	23
2 Kinder	33	36	36
3 und mehr	33	14	14

1) 35- bis 39-jährige deutsche Frauen nach Kinderzahl, Anteil (%) der Altersgruppe, statistisch gerundet; Quelle: Bundesinstitut für Bevölkerungsforschung im Statistischen Bundesamt (Wiesbaden), www.bib-demographie.de

Familienförderung: Verfassungsgerichtsurteil

▶ **Urteil:** Lt. Beschluss des Bundesverfassungsgerichts (BVerfG, Karlsruhe) von Anfang 1999 war der Gesetzgeber aufgefordert, bis 1.1.2000 Neuregelungen zur steuerlichen Entlastung von Familien zu erlassen, da die bis dahin gültigen Gesetze in wesentlichen Teilen nicht verfassungskonform waren.

▶ **Begründung:** Das BVerfG bemängelte die Ungleichbehandlung von verheirateten und allein stehenden Eltern hinsichtlich steuerlicher Berücksichtigung von Kinderbetreuungskosten. Es stellte klar, dass bei der Berechnung des in voller Höhe steuerfrei zu stellen-

den Existenzminimums bei Kindern auch der Betreuungs- und Erziehungsaufwand zu berücksichtigen sei.

▶ **Reaktion:** Wäre es bis zum 1.1.2000 nicht zu einer Neuregelung durch den Gesetzgeber gekommen, hätte ein Betreuungsfreibetrag für Alleinstehende von 4000 DM für das erste und 2000 DM für jedes weitere Kind auch für Verheiratete gegolten. Doch der Vermittlungsausschuss von Bundestag und Bundesrat beschloss im Dezember 1999 die Einführung eines für alle Eltern gültigen Betreuungsfreibetrags von 3024 DM ab dem 1.1.2000.

Kind von 2011 DM und Paare mit zwei Kindern von 1698 DM. Die Differenzen resultierten u. a. aus den Unterschieden hinsichtlich der Berufstätigkeit der Frau.

Nicht eheliche Kinder: Nach SB-Angaben wurde 1998 (letztverfügbarer Stand) in den ostdeutschen Bundesländern etwa jedes zweite Kind nicht ehelich geboren, im Westen ungefähr jedes sechste. Die Ursachen für den hohen Anteil der nicht ehelich Geborenen im Osten liegen nach Ansicht von Soziologen u. a. darin, dass Alleinerziehende mehr soziale Unterstützung genießen und bei der Jobsuche auf dem Arbeitsamt nicht – wie Verheiratete – als »versorgt« gelten. Materielle Vorteile biete eine Eheschließung nur noch bei klassischer Rollenverteilung (»Hausfrauenehe«). Bei der Re-

form des Kindschaftsrechts 1998 wurden die Diskriminierungen von nicht ehelichen Kindern im Sorge-, Erbschafts- und Abstammungsrecht abgeschafft.

www.bib-demographie.de

Familienförderung

Finanzielle Leistungen des deutschen Staates zum Ausgleich von Kosten, die durch Kinder entstehen. Dazu gehört außer Kindergeld und Kinderfreibetrag ab dem 1.1.2000 auch ein Betreuungsfreibetrag.

Kindergeld: Kindergeld wird gezahlt für alle Kinder bis zum 18. Lebensjahr, für Kinder in der Ausbildung bis zum 27. Lebensjahr, für Kinder ohne Ausbildungsplatz bis zum 21. Lebensjahr und zeitlich unbegrenzt für Kinder, die wegen einer Behinderung nicht selbst für ihren Unterhalt sorgen können. Das Kindergeld für ein Kind über 18 Jahren entfällt bei eigenem Einkommen des Kindes ab 13 500 DM (ab 1.1.2002: 14 040 DM) im Jahr. Mit der Eheschließung eines Heranwachsenden erlischt der Kindergeld-Anspruch grundsätzlich ab dem folgenden Monat, es sei denn, die Einkünfte des Paares reichen nicht für seinen Lebensunterhalt, z. B. bei einer Studentenehe.

Nach einem mit den Stimmen der rot-grünen Regierungskoalition im Deutschen Bundestag beschlossenen und im Vermittlungsausschuss gebilligten Gesetz wurde das Kindergeld für das erste und zweite Kind zum 1.1.2000 von 250 auf 270 DM/Monat erhöht. Die Beträge von 300 DM für das dritte und 350 DM für jedes weitere Kind blieben unverändert.

Behinderte Kinder: Nach einem Urteil des Bundesfinanzhofs (München) von Anfang 2000 haben Familien für volljährige behinderte Kinder auch dann einen Anspruch auf Kindergeld, wenn es auf Kosten von Sozialleistungsträgern voll stationär in einem Heim untergebracht ist. Diese Gruppe war bis dahin von den für die Auszahlung von Kindergeld zuständigen Familienkassen der Arbeitsämter nicht berücksichtigt worden. Die Rechtsprechung gilt auch für den steuerlichen Kinderfreibetrag.

Betreuungsfreibetrag: Zusätzlich zum Kinderfreibetrag von 6912 DM (Stand: Mitte 2000) wurde zum 1.1.2000 ein Betreuungsfreibetrag von jährlich 3024 DM für Kinder eingeführt, die das 16. Lebensjahr noch nicht vollendet haben. Wenn beide Freibeträge zusammen einen größeren Steuer-

Familienförderung: Kindergeld

Jahr	Ausgaben des Staates (Mrd DM)
2000[1]	49,6
1999	46,5
1998	40,5
1997	37,3
1996[2]	37,3
1995	16,9
1994	16,6
1993	16,7
1992	16,7
1991	14,6

1) Schätzung; 2) ab 1996 nicht zusätzlich, sondern alternativ zum Kinderfreibetrag; Quelle: Bundesministerium für Familie, Senioren, Frauen und Jugend (Berlin); www.bmfsfj.de

vorteil als das Kindergeld bringen, wird es vom Finanzamt automatisch berücksichtigt. Das gezahlte Kindergeld wird dann wie bisher im Jahressteuerbescheid verrechnet. Allein stehende Mütter und Väter können ab dem 1.1.2000 ihre Kinderbetreuungskosten über den für alle geltenden Pauschfreibetrag hinaus nicht mehr geltend machen.

Kinder und Eigenheimförderung: Die Einkommensgrenzen für die Eigenheimzulage (acht Jahre lang je 5000 DM für einen Neu- bzw. 2500 DM für einen Altbau), die seit dem 1.1.2000 auf 80 000 DM für Ledige und 160 000 DM für Verheiratete festgesetzt sind, erhöhen sich mit jedem Kind im Haushalt um 30 000 DM.

Kinder und Jugendliche

Im September 1999 verabschiedete der Deutsche Bundestag mit den Stimmen von SPD, Bündnis 90/Die Grünen und PDS eine Entschließung, wonach alle künftigen Gesetzesvorhaben daraufhin überprüft werden sollen, ob sie kinderverträglich sind.

Kinderrechte: Nach einer 1999 zum zehnjährigen Bestehen der Kinderrechtskonvention der Vereinten Nationen (UN) bundesweit durchgeführten »Kinderrechtswahl« unter Kindern zwischen acht und 18 Jahren sahen 59% der Befragten das Gleichheitsprinzip, 43,7% das Recht auf gewaltfreie Erziehung und 37,4% das auf freie Meinungsäußerung verletzt. Kinderhilfsorganisationen forderten die Bundesregierung auf, die Diskriminierung von ausländischen Kindern in Deutschland zu beenden. Deutschland hatte die UN-Kinderrechtskonvention nur unter dem Vorbehalt unterzeichnet, dass das Ausländer- und Asylrecht nicht davon beeinflusst werde. Der Schutz minderjähriger Kinder war nach Ansicht der Kinderhilfsorganisation UNICEF dadurch eingeschränkt. Asyl suchende Jugendliche zwischen 16 und 18 Jahren wurden wie Erwachsene behandelt. Kinder von Asylbewerbern und geduldeten Flüchtlingen erhielten eine medizinische Behandlung nur bei akuten Beschwerden. Nach 1997 eingereiste Flüchtlingskinder erhielten keine

---

▨ Kinder und Jugendliche: Shell-Studie

Nach der 13. Shell-Studie »Jugend 2000« blickten Jugendliche in Deutschland an der Wende zum 21. Jh. zwar nicht sorgenfrei, aber doch mit gestiegenem Optimismus in die Zukunft.

▶ **Ausgangsbasis:** Für die Studie führten Sozialwissenschaftler von Juli bis September 1999 Befragungen von 4546 Personen im Alter von 15 bis 24 Jahren durch, darunter erstmals 648 in Deutschland lebende ausländische Jugendliche.

▶ **Optimismus:** Knapp die Hälfte (1996: 35%) aller Jugendlichen beurteilten 1999 ihre persönliche, zwei Drittel die gesellschaftliche Zukunft eher zuversichtlich. Weder verängstigt noch leichtsinnig unbekümmert, sondern in Kenntnis der Herausforderungen in der globalisierten Welt und überzeugt von der eigenen Leistungsfähigkeit, versuchte die Mehrheit der Jugendlichen nach Aussagen der Forscher die eigene Lebensperspektive aktiv vorzubereiten.

▶ **Familie und Beruf:** Für die übergroße Mehrheit der befragten Jugendlichen war die voreheliche/eheliche Lebensgemeinschaft die am stärksten angestrebte Lebensform. Die Ehe wurde nicht als Versorgungsinstitution, sondern als Ort des emotionalen Rückhalts und der Partnerschaft verstanden. Den meisten Jugend-

lichen galt als sicher, dass sich Beruf und Familie miteinander verbinden lassen; sie wünschten sich eine Balance zwischen beiden Bereichen. Rund 80% der jungen Frauen strebten dies an, klagten aber über Probleme. Der Beruf erschien als selbst gewähltes Lebenskonzept, für das man sich aktiv einsetzen muss.

▶ **Werte:** In der Werteorientierung schlossen sich für die Jugendlichen Autonomie und Menschlichkeit ebensowenig gegenseitig aus wie das Befürworten von Modernität und Technik sowie soziales Interesse.

▶ **Einstellung zur Politik:** Das politische Interesse der Jugendlichen sank lt. Studie weiter, auch das Vertrauen in nichtstaatliche politische Organisationen (Bürgerinitiativen und Umweltschutzgruppen), vor allem aber in Parteien, insbes. für ostdeutsche Jugendliche. Je belasteter ihnen ihre eigene Zukunft erschien, desto stärker lehnten sie den Politikbetrieb ab. Die (vor dem CDU-Parteispendenskandal durchgeführte) Erhebung ergab einen Anstieg der Sympathisanten für die CDU/CSU, insbes. unter den an Technik interessierten, an Modernität und klarer Lebensplanung orientierten Jugendlichen, während die Grünen stark an Attraktivität für die Jugendlichen verloren. Für wachsenden organisierten Rechtsradikalismus gab es in der Studie keine An-

haltspunkte. Für »Europa« interessierten sich die Jugendlichen in der Mehrheit nicht.

▶ **Verhältnis zu Ausländern:** Das Verhältnis zwischen deutschen und ausländischen Jugendlichen erschien in den meisten Fällen als undramatisch, auch wenn es wenig Kontakt zwischen beiden Gruppen gab. Ausländerfeindlich war nur eine Minderheit unter den Jugendlichen eingestellt, bei diesen aber entschieden und ausgeprägt. Dahinter verbarg sich nach Einschätzung der Jugendforscher weniger eine Gesinnung als die Angst vor Konkurrenz um Arbeitsplätze und Zukunftschancen. Die große Mehrheit der befragten Jugendlichen, insbes. in Ostdeutschland, war der Ansicht, dass zu viele Ausländer in Deutschland lebten.

▶ **Religion:** Bei den Glaubensvorstellungen und bei der Ausübung religiöser Rituale gab es in beiden christlichen Konfessionen einen deutlichen Rückgang.

▶ **Ost-West-Unterschiede:** In fast allen untersuchten Bereichen ergaben sich größer gewordene Unterschiede zwischen ost- und westdeutschen Jugendlichen. Jugendliche im Osten erlebten ihre Zeit als belastend, z. T. auch als bedrückender, auch wenn ein Teil der deutschen Jugendlichen einsatzbereiter, höher motiviert und leistungsorientierter erschien als westdeutsche Jugendliche.

www.shell-jugend2000.de

In Ostdeutschland waren Krippen, Horte und Kindergärten um 2000, zehn Jahre nach dem Ende der DDR, immer noch deutlich stärker verbreitet als in Westdeutschland.

Kinder: Kindergartenbesuch		
Bundesland		Anteil (%)[1]
Baden-Württ.		57
Bayern		47
Berlin		61
Brandenburg		74
Bremen		45
Hamburg		47
Hessen		52
Meckl.-Vorp.		63
Niedersachsen		42
Nordrh.-Westf.		46
Rheinland-Pfalz		52
Saarland		49
Sachsen		63
Sachsen-Anhalt		72
Schlesw.-Holst.		48
Thüringen		62

1) der Kinder bis zu sechs Jahren, die einen Kindergarten besuchten; letztverfügbarer Stand: 1998; Quelle: Statistisches Bundesamt (Wiesbaden); www.statistik-bund.de

Arbeitserlaubnis und damit keine Gelegenheit zur Berufsausbildung.

Familiäre Gewalt: Nach Angaben des Bundesministeriums für Familie, Senioren, Frauen und Jugend (Bmfsfj, Berlin) vom März 2000 waren etwa 80% der Kinder und Jugendlichen in Deutschland physischer Gewalt in der Familie ausgesetzt, ein etwa gleich hoher Anteil erlebte psychische Gewalt durch elterliche Ablehnung oder Vernachlässigung. Bundesfamilienministerin Christine Bergmann (SPD) kündigte an, das Recht auf gewaltfreie Erziehung gesetzlich zu verankern. Bis Mitte 2000 waren nur »unzulässige Erziehungsmaßnahmen« wie körperliche und seelische Misshandlungen in Deutschland strafbar.

Kindergärten: Der seit dem 1.1.1999 uneingeschränkt in Kraft getretene Rechtsanspruch auf einen Kindergartenplatz für Kinder zwischen drei Jahren und der Einschulung wurde nach Aussagen des Deutschen Städtetags (Köln) praktisch erfüllt. In Westdeutschland konnten Mütter aber meist nur eine Halbtagsbetreuung ihrer Kinder in Anspruch nehmen; der Anteil der Ganztags-kindergärten betrug 1999 z. B. in Baden-Württemberg und Niedersachsen nur 13% bis 14%. Krippenplätze existierten in Ostdeutschland für etwa 40% der Kinder, in Westdeutschland für etwa 5%.

Jugend und Politik: Nach einer im März/April 1999 vom EMNID-Institut (Bielefeld) durchgeführten repräsentativen Befragung von Jugendlichen zwischen 14 und 18 Jahren betrachteten 76% die Arbeitslosigkeit, 56% die Ausbildungs- und Lehrstellensituation und 51% Gewalt und Kriminalität als wichtige politische Themen. In dieser Altersgruppe schenkten 54% der Befragten Umweltschutzorganisationen, 44% Menschenrechtsgruppen, 36% der Polizei, 33% Gerichten und jeweils 5% Politikern und Parteien ihr Vertrauen.

Mitarbeiter der Forschungsgruppe Wahlen (Mannheim) ermittelten, dass seit Anfang 1990 unter jungen Menschen die Bereitschaft, rechtsextrem zu wählen, ausgeprägter war als im fortgeschrittenen Alter. Die Zustimmung zu rechtsextremen Aussagen blieb in dieser Altersgruppe aber konstant. Rechtsextreme Einstellungen waren unter deutschen Jugendlichen ausgeprägter als in vielen Nachbarländern.

www.bmfsfj.de (Bundesfamilienministerium);
www.jugendforschung.de

Rentenversicherung

Erhöhung: Die Altersrenten in Deutschland wurden zum 1.7.2000 im Ausmaß der Inflationsrate von 1999 um 0,6% erhöht. Die rot-grüne Bundesregierung hatte im Sommer 1999 beschlossen, die Kopplung der Renten an die Nettolohnentwicklung 2000 und 2001 auszusetzen und sie nur entsprechend dem Anstieg der Lebenshaltungskosten zu erhöhen. Trotz Bedenken einiger unionsregierter Länder passierte das Rentenerhöhungsgesetz im Mai 2000 den Bundesrat. Die monatliche Standardrente, der 45 Versicherungsjahre mit Durchschnittslohn zugrunde liegen, stieg von 2008 DM auf 2020 DM (West) bzw. von 1741 DM auf 1753 DM (Ost).

Beitragssenkung und Finanzierung: Der Beitragssatz zur R. wurde zum 1.4.1999 von 20,3% auf 19,5% und zum 1.1.2000 auf 19,3% des Bruttoarbeitsentgelts gesenkt. Die durch erhöhte Bundeszuschüsse ermöglichte Beitragssenkung wurde u. a. durch die Ökosteuer finanziert. Nach BfA-Angaben fließen 2000 rund 2,6 Mrd DM aus dieser Einnahmequelle in die Rentenkassen. Durch Neuregelung der Versicherungspflicht für geringfügig Beschäftigte ab 1.4.1999 rechnete die BfA mit jährlich knapp 4 Mrd DM Mehreinnahmen.

Bemessungsgrenzen: Die jährlich festgelegten Grenzen, bis zu denen Beiträge zur R. zu entrichten sind, betrugen 2000 monatlich 8600 DM (West) bzw. 7100 DM (Ost).

Finanzsituation: Erstmals seit 1994 konnte die R. 1999 die gesetzliche Vorgabe erfüllen und zum Jahresende eine Schwankungsreserve von einer Monatsausgabe (26 Mrd DM) vermelden. 1999 wiesen Arbeiter- und Angestelltenversicherung einen Überschuss von 9,8 Mrd DM aus, der sich aus einem Defizit von ca. 17 Mrd DM in den neuen und einem Überschuss von ca. 26,7 Mrd DM in den alten Bundesländern errechnete.

Reformvorschläge: Mitte Juni 2000 wurden die Rentenkonsensgespräche zwischen der rot-grünen Bundesregierung und der CDU/CSU/FDP-Opposition wieder aufgenommen. Beide Seiten wollten an der lohn- und beitragsbezogenen Rente festhalten, waren sich aber zugleich einig, dass aus demografischen Gründen eine Strukturreform der gesetzlichen R. unverzichtbar sei. Sie läuft auf einen Ausbau der privaten und/oder betrieblichen Altersvorsorge bei einer gleichzeitigen Kürzung der gesetzlichen Rente hianus. Bundesregierung und Opposition befürworteten eine Zulage bzw. einen Steuerfreibetrag für diese Aufwändungen zur privaten Vorsorge, wobei Familien mit Kindern einen Bonus erhalten sollen, waren sich aber über Details uneinig.

Renten und Steuern: Ein Urteil des Bundesverfassungsgerichts (BVerfG, Karlsruhe) zur steuerlichen Behandlung von Renten und Pensionen stand Mitte 2000 aus. Gegen die Ungleichbehandlung von Pensionären, die ihre Ruhegelder voll versteuern müssen, und Rentnern, die nur den Ertragsanteil der Renten (bei Renteneintritt mit 60 Jahren: 32%, mit 65 Jahren 27%) versteuern müssen und bei jährlichen Bezügen bis zu 70000 DM unter Nutzung aller Freibeträge steuerfrei bleiben, war in Karlsruhe eine Klage anhängig.

Kriegsopferrenten: Nach einem Urteil des BVerfG vom März 2000 wurden die Grundrenten für Kriegsopfer in den neuen Ländern rückwirkend zum 1.1.1999 auf das westdeutsche Niveau angehoben. Das BVerfG stellte fest, dass die Schlechterstellung der ostdeutschen Kriegsopfer – sie erhielten 86,71% des Westniveaus (1999) – mit dem Gleichheitsgrundsatz des GG (Art. 3) nicht vereinbar sei.

Rentenbeitrag: Entwicklung

Jahr	Beitragssatz[1]
2003[2]	19,4
2002[2]	19,1
2001[2]	19,2
2000	19,3
1999[3]	19,5
1998	20,3
1997	20,3
1996	19,2
1995	18,6
1994	19,2
1993	17,5
1992	17,7

1) Prozent des Bruttoverdienstes bis zur Beitragsbemessungsgrenze, Arbeitgeber- und Arbeitnehmeranteil; 2) Prognose der Bundesversicherungsanstalt für Angestellte (BfA, Berlin) auf der Basis der Mitte 2000 gültigen gesetzlichen Bestimmungen; 3) ab April; Quelle: BfA, Bundesministerium für Arbeit und Sozialordnung; www.bfa-berlin.de; www.bma.bund.de

Zwar erreichte das Rentenniveau eines sog. Eckrentners aus Ostdeutschland 2000 nur 86,7% der Rente eines westdeutschen Eckrentners, doch bei der tatsächlich ausgezahlten Durchschnittsrente lagen die Rentnerinnen und Rentner aus den neuen Ländern wegen ihrer im Schnitt längeren Erwerbsbiografie vorn. Im Westen gab es aber deutlich mehr Rentner und Rentnerinnen mit zusätzlichem Einkommen z. B. aus Kapitalanlagen und Versicherungen.

Rentenversicherung: Durchschnittsrente (DM/Monat)[1]

Jahr	D-West	D-Ost	Ostrente in % der Westrente
2000	2020	1752	86,7
1999	2008	1741	86,7
1998	1980	1694	85,6
1997	1974	1681	85,2
1996	1943	1598	82,2
1995	1933	1522	78,7
1994	1931	1451	75,1
1993	1868	1367	73,2
1992	1798	1120	62,3
1991	1751	889	50,8
1990	1667	672	40,3

1) verfügbare sog. Eckrente (Durchschnittsverdiener mit 45 Versicherungsjahren), jeweils ab 1.7.; Quelle: Bundesministerium für Arbeit und Sozialordnung, Verband deutscher Rentenversicherungsträger; www.bma.bund.de; www.vdr.de

DDR-Sonderrenten: Das Bundessozialgericht (Kassel) entschied im August 1999, dass »Offiziere im besonderen Einsatz«, die in der DDR dem Ministerium für Staatssicherheit Informationen beschafft hatten, wie Stasi-Mitarbeiter eine Rentenkürzung auf 990 DM monatlich hinnehmen müssen.
www.bfa-berlin.de; www.vdr.de

Sozialabgaben

Beiträge zur gesetzlichen Renten-, Kranken-, Pflege- und Arbeitslosenversicherung, von Arbeitnehmern und Arbeitgebern je zur Hälfte zu entrichten.

Die S.-Quote verringerte sich in Deutschland 2000 durch Senkung des Rentenbeitrags auf 41,0% (1998: 42,0%) in West- und 41,4% (1998: 42,4%) in Ostdeutschland. Politiker, Arbeitgeber, Gewerkschaften und Bundesanstalt für Arbeit (BA, Nürnberg) sahen in hohen S. ein Hemmnis für die Belebung des Arbeitsmarkts.
Sätze: Die Senkung der Rentenbeiträge von 20,3% auf 19,5% zum 1.4.1999 und auf 19,3% zum 1.1.2000 erfolgte im Rahmen der ersten Stufe der Ökosteuerreform, war aber auch Folge der Einbeziehung geringfügiger Beschäftigung in die Sozialversicherung. Die Beiträge zur Pflegeversicherung (1,7%) blieben 1996 bis Mitte 2000 stabil, die zur Arbeitslosenversicherung (6,5%) seit 1977. Die Beiträge zur Krankenversicherung lagen 1999 wie im Vorjahr bei 13,5% (D-West) bzw. bei 13,9% (D-Ost).
Grenzen: Die Beitragsbemessungsgrenzen, bis zu deren Höhe die S. berechnet werden, wurden zum 1.1.2000 im Westen auf

8600 DM für die Renten- und Arbeitslosenversicherung sowie auf 6450 DM für Kranken- und Pflegeversicherung festgesetzt, im Osten auf 7100 DM bzw. 5325 DM. Damit lag der Höchstbeitrag, der an S. zu entrichten war (je zur Hälfte von Arbeitnehmer und Arbeitgeber) in Westdeutschland bei 3199,20 DM (1999: 3179 DM), in Ostdeutschland bei 2662,50 DM (1999: 2714,40 DM).
Weihnachts-/Urlaubsgeld: Das Bundesministerium für Arbeit und Sozialordnung kündigte bereits Anfang 2000 an, die Sozialbeiträge auf Weihnachts- und Urlaubsgeld neu zu regeln. Die Einmalzahlungen sind nach der Mitte 2000 gültigen Regel sozialversicherungspflichtig, wirken sich jedoch nur auf Rentenansprüche, nicht auf Arbeitslosengeld, Arbeitslosenhilfe, Kranken- und Übergangsgeld aus. Das Bundesverfassungsgericht (BVerfG, Karlsruhe) erklärte dies im Juni 2000 für verfassungswidrig.

Sozialhilfe

Hilfe zum Lebensunterhalt (S. im engeren Sinne) und Hilfe in besonderen Lebenslagen für Bürger ohne Einkommen oder mit zu geringen Einkünften; S. soll ihnen ein menschenwürdiges Leben inkl. der Teilnahme am soziokulturellen Leben ermöglichen.

Empfänger: Nach einer Schnellumfrage des Instituts für Sozialforschung und Gesellschaftspolitik (ISG, Köln) im Auftrag des Bundesministeriums für Arbeit und Sozialordnung gab es Ende 1999 in Deutschland ca. 2,73 Mio Empfänger von S. im engeren Sinne, 5% weniger als Ende 1998. Den Rückgang führte das Ministerium u. a. auf das Regierungsprogramm zur Bekämp-

In den neuen Bundesländern reichen u. a. wegen der hohen Arbeitslosigkeit die Beitragseinnahmen in der Renten- und Arbeitslosenversicherung bei weitem nicht aus, um die Ausgaben zu decken, während die Sozialkassen im Westen Überschüsse erzielen. Eine insgesamt positive Bilanz hat die Arbeitslosenversicherung seit der deutschen Vereinigung nicht erreicht.

Sozialabgaben: Rentenkassen			
Defizite und Überschüsse (Mrd DM)			
Jahr	West	Ost	Gesamt
1999	+26,7	−17,0	+ 9,7
1998	+22,5	−19,1	+ 3,4
1997	+19,7	−17,8	+ 1,9
1996	+11,8	−18,9	− 7,1
1995	+ 6,0	−15,9	− 9,9
1994	+ 8,8	−10,7	− 1,9
1993	+ 0,2	− 7,9	− 7,7
1992	+10,4	− 4,6	+ 5,8
Quelle: Dt. Institut für Wirtschaftsforschung (DIW, Berlin)			

Arbeitslosenversicherung			
Defizite und Überschüsse (Mrd DM)			
Jahr	West	Ost	Gesamt
1999	+16,5	−22,9	− 6,4
1998	+18,9	−26,7	− 7,8
1997	+16,6	−26,3	− 9,7
1996	+11,0	−26,6	−15,6
1995	+15,7	−23,1	− 7,4
1994	+19,5	−29,6	−10,1
1993	+15,0	−38,6	−23,6
1992	+24,5	−38,0	−13,5
Quelle: Dt. Institut für Wirtschaftsforschung (DIW, Berlin)			

fung der Jugendarbeitslosigkeit und auf die ausgeweitete Familienförderung zurück.

Nach Angaben des Statistischen Bundesamtes (SB, Wiesbaden) bezogen Ende 1998 (letztverfügbarer Stand) 2,91 Mio Menschen in 1,51 Mio Haushalten S. (−0,4% gegenüber 1997). Der Rückgang beruhte nur auf der Entwicklung im alten Bundesgebiet: Während dort erstmals seit 1981 die Zahl der Empfänger von S. sank – um 1,6% im Vergleich zum Vorjahr auf 2,49 Mio –, erhöhte sich die Zahl der Empfänger in den neuen Ländern und Berlin (Ost) im Vergleich zum Vorjahr um 7,5% auf 418 000. Damit bezogen 1998 rund 3,5% der Bevölkerung S. (3,7% in D-West, 2,7% in D-Ost).

Ausgaben: Die Bruttoausgaben für laufende Hilfe zum Lebensunterhalt außerhalb von Einrichtungen verringerten sich 1999 nach ISG-Daten um 6% auf 19,5 Mrd DM. Die Gesamtausgaben für S. (inkl. Hilfe in besonderen Lebenslagen) sanken vor allem wegen der Einführung der Pflegeversicherung 1995–97 von 42,6 Mrd DM auf 38,7 Mrd DM. Sie stiegen nach SB-Zahlen 1998 erstmals wieder an – um 2,6% auf 39,7 Mrd DM. Auf Hilfen in besonderen Lebenslagen entfielen 1998 54,2% der Ausgaben für S., darunter 14,1 Mrd DM auf die Eingliederungshilfe für Behinderte, 4,5 Mrd DM auf die Hilfe zur Pflege und 2,3 Mrd DM auf die Krankenhilfe (Sonstiges: 583 Mio DM).

Sätze: Die Regelsätze für die Hilfe zum Lebensunterhalt betrugen von Mitte 1999 bis Mitte 2000 im Schnitt 546 DM (West) bzw. 527 DM (Ost) für den Haushaltsvorstand, zwischen 273 DM und 491 DM (West) bzw. 264 DM und 474 DM (Ost) nach Alter gestaffelt für andere Haushaltsmitglieder. Die Sätze wurden zum 1.7.2000 parallel zu den Renten erhöht. Hinzu kommen Kostenübernahme von Miete und Heizung sowie Einmalleistungen.

Abgrenzung: Die Verschmelzung von Sozial- und Arbeitslosenhilfe lehnte 1999 der Deutsche Städtetag ab. Langzeitarbeitslose, die den größten Anteil unter den Beziehern von Arbeitslosenhilfe stellen, würden noch stärker von Instrumenten der Arbeitsmarktpolitik entfernt. Kommunen, die für die Zahlung von S. zuständig sind, befürchteten die Abwälzung von Kosten, die bisher vom Bund getragen werden, auf sie. Der Städtetag plädierte für bessere Kooperation von Sozial- und Arbeitsverwaltung.

Sozialstaat: Abgaben in der EU		
Land	*Anteil (%)[1]*	
Belgien		42
Dänemark		43
Deutschland		42
Finnland		35
Frankreich		27
Griechenland		18
Großbritannien		25
Irland		25
Italien		29
Luxemburg		25
Niederlande		34
Österreich		29
Portugal		18
Schweden		34
Spanien		20

1) von Lohnsteuer und Sozialabgaben am Bruttolohn, bei Sozialabgaben nur Beiträge der Arbeitnehmer; letztvergleichbarer Stand: 1998; Quelle: OECD

Die Höhe der Sozial- • abgaben ist ein Spiegel des sozialen Standards eines Landes, allzu hohe Steuern und Sozialabgaben machen jedoch die Arbeit teuer und gelten als Hemmnis beim Abbau der Arbeitslosigkeit.

Sozialstaat

Die Diskussion um eine Reform der sozialen Sicherungssysteme wurde angesichts hoher, wenn auch rückläufiger Sozialabgaben in Deutschland 1999/2000 fortgesetzt.

Sozialversicherung: Die rot-grüne Bundesregierung betonte in ihrem Koalitionsvertrag vom Herbst 1998, langfristig alle Formen dauerhafter Erwerbstätigkeit, also auch die von Beamten und Selbstständigen, in die Sozialversicherung einzubeziehen. In konkrete Vorhaben mündete diese Absicht jedoch bis Mitte 2000 nicht. Sozialexperten forderten, sich angesichts zunehmender Individualisierung der Gesellschaft in der sozialen Sicherung nicht mehr am Leitbild des ununterbrochen Vollzeitbeschäftigten, sondern am tatsächlichen Bedarf zu orientieren und nicht Arbeitsplätze, sondern Menschen zu versichern. Der CDU-Sozialpolitiker Ulf Fink sprach sich aber Anfang 2000 für den Erhalt der lohnbezogenen Sozialkassen für abhängig Beschäftigte aus. Die Lohnquote (Bruttoeinkommen aus lohnabhängiger Arbeit in % des Volkseinkommens) sei seit den 70er Jahren in Deutschland stabil.

Sport

Doping

Einnahme oder Verabreichung aufputschender bzw. leistungsfördernder Mittel; auch niedrige Dosierungen können zu schweren Gesundheitsschäden führen.

Der Fall Baumann: Ende Juni 2000 hob der unabhängige Rechtsausschuss des Deutschen Leichtathletik-Verbandes (DLV) die Suspendierung des Langstreckenläufers Dieter Baumann vorläufig auf (ein endgültiges Urteil stand für August 2000 an). Der Olympiasieger über 5000 m (Barcelona 1992) war im Herbst 1999 nach zwei positiven D.-Tests vom DLV suspendiert worden, im Januar 2000 hatte der Verband dem Rechtsausschuss nahe gelegt, Baumann für zwei Jahre zu sperren. Baumann, bis dahin ein Verfechter dopingfreien Sports, hatte behauptet, seit Mai 1999 durch eine mit dem Anabolikum Norandrostendion manipulierte Zahncreme von einem Unbekannten hintergangen worden zu sein. Der Rechtsaus-

![] Fußball-Bundesliga[1]		
Mannschaft	*Punkte*	*Tore*
1. FC Bayern München	73	73:28
2. Bayer 04 Leverkusen	73	74:36
3. Hamburger SV	59	63:39
4. TSV München 1860	53	55:48
5. 1. FC Kaiserslautern	50	54:59
6. Hertha BSC Berlin	50	39:46
7. VfL Wolfsburg	49	51:58
8. VfB Stuttgart	48	44:47
9. SV Werder Bremen	47	65:52
10. SpVgg Unterhaching	44	40:42
11. Borussia Dortmund	40	41:38
12. SC Freiburg	40	45:50
13. Eintracht Frankfurt	39	42:44
13. FC Schalke 04	39	42:44
15. Hansa Rostock	38	44:60
16. SSV Ulm 1846	35	36:62
17. Arminia Bielefeld	30	40:61
18. MSV Duisburg	22	37:71
1) Abschluss der Saison 1999/2000		

schuss begründete den vorläufigen Freispruch damit, dass ein Vergehen Baumanns nicht eindeutig nachzuweisen sei. Bei einer zusätzlichen Haaranalyse sei kein D.-Mittel nachgewiesen worden.

DDR: Im Mai 2000 begann vor dem Berliner Landgericht der D.-Prozess gegen die früheren DDR-Sportfunktionäre Manfred Ewald (1961–88 Präsident des Deutschen Turn- und Sportbundes, Mitglied des Zentralkomitees der SED) sowie Manfred Höppner (ehem. stellv. Leiter des Sportmedizinischen Dienstes). Ihnen wurde vorgeworfen, minderjährigen DDR-Sportlerinnen in 22 Fällen ohne deren Wissen Hormonpräparate zur Leistungssteigerung verabreicht zu haben (Anklagepunkt: Beihilfe zur Körperverletzung). In dem Prozess traten 22 ehemalige Aktive als Nebenkläger auf. Nach dem Ende der Beweisaufnahme beantragte die Staatsanwaltschaft für die beiden Angeklagten jeweils zwei Jahre Haft auf Bewährung und 4500 DM Geldbuße.

WADA: Im Januar 2000 nahm die Welt-Anti-Doping-Agentur (WADA) ihre Arbeit auf, vorläufiger Sitz ist Lausanne/Schweiz. Das im November 1999 gegründete Organ zur internationalen D.-Bekämpfung ist paritätisch besetzt mit Sportfunktionären und Delegierten zwischenstaatlicher Einrichtungen (EU und Europarat stellen jeweils zwei Mitglieder). 2000 finanziert die EU Projekte zur D.-Forschung mit 3 Mio DM, ab 2002 trägt die EU 50% des Etats.

Fußball

WM 2006: Am 6.7.2000 vergab der Weltfußballverband FIFA (Zürich) die Austragung der Fußball-Weltmeisterschaft 2006 an Deutschland. Beworben hatten sich auch Brasilien, England, Marokko und Südafrika. **EM 2000:** Vom 10.6. bis 2.7.2000 richteten die Niederlande und Belgien mit anfangs 16 Mannschaften die Europameisterschaft aus. Im Finale schlug Frankreich, der amtierende Weltmeister, Italien mit 2:1 durch ein sog. Golden Goal in der Verlängerung. Titelverteidiger Deutschland schied bereits nach

Fußball-Europameisterschaft 2000

Gruppe A	Ergebnis	Gruppe B	Ergebnis	Gruppe C	Ergebnis	Gruppe D	Ergebnis
Deutschland–Rumänien	1:1	Belgien–Schweden	2:1	Spanien–Norwegen	0:1	Frankreich–Dänemark	3:0
Portugal–England	3:2	Türkei–Italien	1:2	Jugoslawien–Slowenien	3:3	Niederlande–Tschechien	1:0
Rumänien–Portugal	0:1	Italien–Belgien	2:0	Slowenien–Spanien	1:2	Tschechien–Frankreich	1:2
England–Deutschland	1:0	Schweden–Türkei	0:0	Norwegen–Jugoslawien	0:1	Dänemark–Niederlande	0:3
England–Rumänien	2:3	Türkei–Belgien	2:0	Jugoslawien–Spanien	3:4	Dänemark–Tschechien	0:2
Portugal–Deutschland	3:0	Italien–Schweden	2:1	Slowenien–Norwegen	0:0	Frankreich–Niederlande	2:3

Abschlusstabelle	Punkte	Abschlusstabelle	Punkte	Abschlusstabelle	Punkte	Abschlusstabelle	Punkte
1. Portugal	9	1. Italien	9	1. Spanien	6	1. Niederlande	9
2. Rumänien	4	2. Türkei	4	2. Jugoslawien	4	2. Frankreich	6
3. England	3	3. Belgien	3	3. Norwegen	4	3. Tschechien	3
4. Deutschland	1	4. Schweden	1	4. Slowenien	2	4. Dänemark	0

Viertelfinale

Spiel	Ergebnis	Spiel	Ergebnis	Spiel	Ergebnis	Spiel	Ergebnis
Türkei–Portugal	0:2	Italien–Rumänien	2:0	Jugoslawien–Niederlande	1:6	Spanien–Frankreich	1:2

Halbfinale				Finale		Europameister	
Spiel	Ergebnis	Spiel	Ergebnis	Spiel	Ergebnis		
Portugal–Frankreich	1:2 n.V.[1]	Italien–Niederlande	3:1 n.E.[2]	Frankreich–Italien	2:1 n.V.[1]	Frankreich	

1) nach Verlängerung; 2) nach Elfmeterschießen

der Vorrunde als Gruppenletzter aus (1:1 gegen Rumänien, 0:1 gegen England, 0:3 gegen Portugal), Teamchef Erich Ribbeck trat zurück. Am 2.7.2000 wurde Christoph Daum als Nachfolger ab 1.6.2001 ernannt; bis dahin ist Rudi Völler Teamchef und Karl-Heinz Rummenigge Berater.

Versicherung: Die Versicherungssumme der EM belief sich auf 300 Mio DM. So wies die Veranstalter-Haftpflicht eine Maximaldeckung von 100 Mio DM auf (EM 1996: 30 Mio DM), gegen Vermögensschäden versicherte sich die Europäische Fußball-Union UEFA mit 10 Mio DM, 40 Mio DM wurden eingeplant für einen eventuellen Totalausfall der EM oder Spielverlegungen.

Bundesliga: Der FC Bayern München wurde im Mai 2000 zum 16. Mal deutscher Fußballmeister. Für die internationalen Wettbewerbe in der Saison 2000/2001 qualifizierten sich Meister FC Bayern München und Vizemeister Bayer 04 Leverkusen (beide Champions League), der Hamburger SV sowie der TSV München 1860 treten in der 3. Qualifikationsrunde zur Champions League an, der 1. FC Kaiserslautern, Hertha BSC Berlin und DFB-Pokalfinalist SV Werder Bremen spielen im UEFA-Cup. Absteiger waren SSV Ulm, Arminia Bielefeld und MSV Duisburg, Aufsteiger 1. FC Köln, VfL Bochum und Energie Cootbus. Torschützenkönig der 1. Liga wurde Martin Max (TSV München 1860) mit 19 Treffern vor Ulf Kirsten (Bayer 04 Leverkusen, 17 Tore) und Giovane Elber (FC Bayern München, 14 Tore). Pokalsieger wurde ebenfalls der FC Bayern München durch ein 3:0 im Finale gegen Werder Bremen.

Europapokal: Real Madrid gewann im mai 2000 das Finale der Champions-League gegen den Fc Valencia mit 3:0 Toren. Mit Galatasaray Istanbul sicherte sich erstmals eine türkische Elf den UEFA-Cup (4:1 nach Elfmeterschießen gegen Arsenal London).

WM 2002: Nach einem Beschluss des Exekutivkomitees der FIFA dauert die Endrunde der Fußball-Weltmeisterschaft 2002 in Japan und Südkorea 31 statt 30 Tage. Die Vorrunden-Eintrittspreise (mit Ausnahme des Eröffnungsspiels) liegen zwischen 120 und 300 DM, Karten für das Finale kosten zwischen 600 und 1500 DM. Tickets können ab Anfang Oktober 2000 geordert werden, 880 000 WM-Billets kommen in den internationalen Verkauf bzw. gehen an die nationalen Verbände, 620 000 Karten sind bestimmt für die kommerziellen FIFA-Partner, der Rest ist für die Gastgeber eingeplant.

Olympische Spiele

Australien: Die XXVII. Olympischen Spiele in Sydney werden vom 15.9. bis 1.10.2000 ausgetragen. Die Organisatoren erwarteten über 10 000 Athleten aus 200 Ländern, 5000 Betreuer und 14 000 Journalisten. Als neue Sportarten kamen Taekwondo, Triathlon und Trampolinspringen hinzu. Das 760 h große Olympiagelände liegt ca. 14 km außerhalb von Sydney. Das Olympiastadion fasst 110 000 Zuschauer (Baukosten: 690 Mio Australische Dollar). Schätzungen zufolge bringen die O. Australien einen wirtschaftlichen Gewinn von 8 Mrd DM, die nationale Handelsbilanz profitiert 1994–2004 mit mehr als 4 Mrd DM von dem Ereignis, hinzu kommen zusätzliche Steuereinnahmen (etwa 3 Mrd DM). Seit Vergabe der Spiele (1993) entstanden etwa 10 000 neue Vollzeitarbeitsplätze.
Bewerbung 2008: Das Internationale Olympische Komitee (IOC, Lausanne/Schweiz) verkaufte die TV-Rechte für alle O. von 2000 bis 2008 für rund 12,3 Mrd DM an mehrere Sender; dem Ausrichter der O. 2008 sind Einnahmen aus diesem Topf von ca. 2 Mrd DM garantiert. Bis zum Meldeschluss Anfang 2000 bewarben sich zehn Städte (Bangkok, Havanna, Istanbul, Kuala Lumpur, Kairo, Osaka, Paris, Peking, Sevilla, Toronto) um die XXIX. Olympischen Sommerspiele. Die IOC-Entscheidung fällt bei der Vollversammlung im Juli 2001 in Moskau. Die O. 2004 finden in Athen statt.
www.aktuell-lexikon.de (Ergebnisse ab 15.9.)

Sportförderung

Mit Verabschiedung des Bundeshaushalts 2000 durch den Deutschen Bundestag Ende 1999 wurden für die nationale S. im Olympiajahr rund 279,4 Mio DM zur Verfügung gestellt, eine Steigerung gegenüber dem Vorjahr um 41 Mio DM. Als Sondermittel wurden 55 Mio DM ausgeschüttet, die sich wie folgt aufteilten: Zur Fortsetzung des Sonderförderprogramms Goldener Plan Ost standen 15 Mio DM bereit (Investitionsvolumen des Bundes bis 2002: 60 Mio DM), für die Protegierung des Berliner Olympiastadions sowie des Leipziger Zentralstadions im Rahmen der deutschen Fußball-WM-Bewerbung 2006 waren jeweils 20 Mio DM ausgewiesen.

Sportübertragungsrechte

Von Sportvereinen und Verbänden an Rechteverwerter oder Rundfunksender verkaufte Erlaubnis, Sportveranstaltungen zu übertragen. Durch die Ausstrahlung derartiger Ereignisse im sog. Pay-TV (Zugang für die Zuschauer gegen zusätzliche Gebühr) können die Honorare für S. refinanziert werden.

Champions League: Anfang Juni 2000 genehmigte die Europäische Fußball-Union (UEFA) einen TV-Vertrag (bis 2003) zwischen den Privatsendern RTL und Premiere World. RTL überträgt ab der Spielzeit 2000/2001 jeweils am Mittwoch ein Fußballspiel der europäischen Königsklasse live im Free-TV, dienstags erfolgt eine Zusammenfassung der Begegnungen. Der Pay-TV-Sender Premiere World zeigt alle Champions-League-Spiele auf seinem digitalen Fernsehkanal »Sportsworld«. 1999 hatte der australische Medienunternehmer Rupert Murdoch die vierjährigen TV-Rechte an der Champions League für 850 Mio DM erworben. Nach der verlustreichen Ausstrahlung der Begegnungen beim ehemaligen Frauensender Tele München 3 (tm3) wurden die nationalen Übertragungslizenen zum Kauf angeboten (Preis pro Saison: 220 Mio DM). Murdoch übernahm im April 2000 tm3 ganz, seit Ende 1999 hält er an Premiere World 24,9%.

Bundesliga: Der Ligaausschuss des Deutschen Fußball-Bundes (DFB) vergab im Frühjahr 2000 die Lizenzen 2000–2004 für das Free- und Pay-TV an das Medienimperium von Leo Kirch für 750 Mio DM pro Saison (bislang 180 Mio DM für Free-TV, 150 Mio DM für Pay-TV):
– Die Erstliga-Klubs erhalten 600 Mio DM pro Saison (Zweite Liga: 150 Mio DM).
– Den Erstligaklubs werden je 16,6 Mio DM garantiert, weitere 300 Mio DM werden nach dem Tabellenstand vergeben.
– Die Zweitliga-Klubs erhalten garantiert je 6,25 Mio DM, die restlichen 37,5 Mio DM werden wie bei der 1. Liga verteilt.
Der Pay-TV-Sender Premiere World bietet mit Beginn der Fußball-Bundesligasaison 2000/2001 (ab 12.8.2000) die Fernsehübertragung aller Spiele an. Für die 306 Begegnungen stellt der Sender dem Kunden zusätzlich 299 DM in Rechnung, die Pay-per-view-Gebühren für einen Spieltag betragen 25 DM, ein Match kostet 12 DM. Weiterhin strahlt Premiere World drei Spiele eines Spieltages ohne Extrakosten aus.

Steuern und Finanzen

Bundeshaushalt

Festlegung der Einnahmen/Ausgaben des Bundes durch ein vom Bundestag beschlossenes Gesetz

Der B. 2000 wurde mit Ausgaben von 478,8 Mrd DM (–1,4% gegenüber dem B. 1999) beschlossen. Erstmals seit 1993 wurde mit 49,5 Mrd DM eine Neuverschuldung unter 50 Mrd DM festgelegt (1998: 56,4 Mrd DM, 1999: 53,5 Mrd DM).

Konsolidierung: Um die Zinsen für die Schulden des Bundes zu bezahlen, mussten im B. 2000 fast 84 Mrd DM vorgesehen werden. Um das weitere Anwachsen dieser Summe zu verlangsamen, plante die Bundesregierung, bis 2006 die jährliche Neuverschuldung bis auf Null abzusenken. Das ist nur möglich, wenn die Ausgaben der einzelnen Ressorts Jahr für Jahr weiter gekürzt werden. Die jährlichen Einsparungen sollen bis 2003 auf 50 Mrd DM wachsen.

Sparpaket: Für den B. 2000 hatte die Bundesregierung ein Sparpaket von rund 30 Mrd DM vorgesehen, das im Dezember 1999 in einem Kompromiss zwischen Bundestag und Bundesrat von 28,2 Mrd DM verabschiedet wurde. Zu den Einsparungen gehörte auch die Absenkung der Einkommensgrenzen für die Eigenheimzulage auf 160 000 DM für Verheiratete und die Beschränkung der Rentenerhöhungen 2000 und 2001 auf die Inflationsrate des Vorjahrs.

Abschluss: 1999 gab die Bundesregierung 2,9 Mrd DM weniger aus, als sie es nach dem B. hätte tun können. Auch die tatsächlich aufgenommene Neuverschuldung (51,1 Mrd DM) lag 1999 unter dem Ansatz des B.

2001: In den ersten Diskussionen zum B. 2001 lehnte es die Bundesregierung ab, vorgesehene Sparmaßnahmen zu reduzieren, wenn sich einmalige Einnahmen durch Privatisierungen oder die Vergabe von Mobilfunklizenzen ergeben. Der erste Entwurf des B. 2001 sah fast gleiche Ausgaben wie 2000 (478,7 Mrd DM) und eine auf 46,1 Mrd DM sinkende Neuverschuldung vor. Der Verteidigungsetat sollte gegenüber dem Haushalt 2000 um 1,5 Mrd DM steigen, für Arbeit und Soziales waren 2 Mrd DM weniger vorgesehen. Im Zuge der anstehenden Beratungen des Bundestages wurde noch mit Veränderungen am B. 2001 gerechnet.

www.bundesfinanzministerium.de (aktuelle Infos über Bundeshaushalt, Steuern und Finanzen)

Soziales → Rentenversicherung

Bundeshaushalt 2000	
Haushaltsposten	Mrd DM
Arbeit und Soziales	170,4
Schuldzinsen	83,8
Verkehr und Bau	49,7
Verteidigung	45,3
Allgemeine Finanzverwaltung	28,2
Beamtenpensionen	17,0
Wirtschaft	14,9
Bildung und Forschung	14,6
Landwirtschaft	11,0
Familie	11,0
Finanzen	7,4
Wirtschaftliche Zusammenarbeit	7,1
Inneres	7,1
Auswärtiges Amt	3,5
Bundeskanzleramt	2,8
Gesundheit	1,8
Bundestag	1,1
Umwelt	1,1
Justiz	0,7
Andere Bundesorgane[1]	0,3

1) Bundespräsidialamt, Bundesrat, Bundesrechnungshof und Bundesverfassungsgericht; Quelle: Haushaltsgesetz 2000

381

Volkseinkommen: Entwicklung

	1996	Veränd.[1]	1997	Veränd.[1]	1998	Veränd.[1]	1999	Veränd.[1]
Volkseinkommen (Mrd DM)	2702	▲+1,7	2752	▲+1,9	2823	▲+2,6	2863	▲+1,4
Arbeitnehmerentgelte (Mrd DM)	1966	▲+1,3	1971	▲+0,3	2002	▲+1,6	2045	▲+2,1
Unternehmens- und Vermögenseinkommen (Mrd DM)	736	▲+2,8	781	▲+6,1	821	▲+5,1	818	▼−0,4
Lohnquote[2]	72,8		71,6		70,9		71,4	

1) Veränderung zum Vorjahr (%); 2) Anteil der Arbeitnehmerentgelte am Volkseinkommen in Prozent; Quelle: Deutsche Bundesbank, www.bundesbank.de

Einkommen

Die Summe aller Bruttolöhne und -gehälter stieg 1999 um 2,1% (1998: +1,6%) und damit erstmals seit Jahren stärker als das Volkseinkommen (+1,4%). In den Vorjahren war der Anteil des Arbeitnehmerentgelts am Volkseinkommen von 74,5% (1993) auf 70,9% (1998) gesunken, 1999 stieg es erstmals wieder, auf 71,4%.

Löhne: Die tariflich vereinbarten Monatslöhne stiegen 1999 um 2,6% (1998: 1,8%). Der Bruttoverdienst eines Arbeitnehmers betrug 4720 DM, mit großen Unterschieden zwischen Regionen und Branchen. Im produzierenden Gewerbe wurden in Westdeutschland brutto 5377 DM, im Osten 3932 DM (73,1% des Westlohns) gezahlt.

Verfügbares Einkommen: Rechnet man zu den Nettolöhnen und -gehältern öffentliche Zahlungen (Renten, Arbeitslosengeld, Sozialhilfe usw.) und Vermögenseinkünfte (Zinsen) hinzu, ergibt sich das verfügbare E., das in Deutschland 1999 2469,7 Mrd DM betrug (Steigerung gegenüber 1998: 2,2%). Im Durchschnitt verfügte ein Privathaushalt über 5020 DM pro Monat.

Sparquote: Das Verhältnis der Ersparnisse der privaten Haushalte zu ihren verfügbaren E. (Sparquote) sank 1999 auf 9,3% und damit den geringsten Stand seit 1962. Die sinkende Sparquote drückt aus, dass die Konsumausgaben der Verbraucher stärker wachsen als ihr Einkommen. Hintergrund war, dass gestiegene Netto-E. vielfach Anlass für Anschaffungen waren, die teurer waren als der E.-Zuwachs, so dass weniger gespart oder sogar ein Kredit aufgenommen wurde.

www.statistik-bund.de (aktuelle Daten)
Unternehmen → Unternehmensgewinne

Erbschaft- und Schenkungsteuer

Die Steuer wird auf Erbschaften ebenso erhoben wie auf Schenkungen unter Lebenden

Die Bundesregierung begann 2000 mit Planungen zur Erhöhung der E., nachdem der SPD-Parteitag 1999 beschlossen hatte, Vermögende durch höhere Besteuerung bei der Vererbung von Grundbesitz stärker zu belasten. Bisher werden bebaute Grundstücke nach der erzielbaren Miete (Ertragswertverfahren) bewertet. In der Diskussion waren neue Wertmaßstäbe, die sich stärker am Marktwert der Immobilien orientieren. Um Einfamilienhäuser und Eigentumswohnungen weiterhin steuerfrei vererben zu können, sollten gleichzeitig die Freibeträge der E. angehoben werden.

Freibeträge: Der persönliche Freibetrag für Ehegatten beträgt 600 000 DM, für Kinder 400 000 DM. Er darf bei Schenkungen in zehn Jahren nur einmal in Anspruch genommen werden. Im Erbfall erhalten die Ehegatten zusätzlich einen Versorgungsfreibetrag von 500 000 DM, Kinder bis zum Alter von 27 Jahren je nach Alter 20 000 bis 100 000 DM.

www.bundesfinanzministerium.de

Erbschaftsteuer: Tarifstufen (%)

Betrag (DM)	Steuerklasse I	Steuerklasse II	Steuerklasse III
bis 100 000	7	12	17
bis 500 000	11	17	23
bis 1 Mio	15	22	29
bis 10 Mio	19	27	35
bis 25 Mio	23	32	41
bis 50 Mio	27	37	47
über 50 Mio	30	40	50

Steuerklasse I: Ehegatten, Kinder, Enkel; Eltern und Großeltern bei Erbschaft; Steuerklasse II: Geschwister und deren Kinder, Schwiegereltern, Geschiedene; Eltern und Großeltern bei Schenkung; Steuerklasse III: übrige Personen

Garantiefrist

Ab 2002 soll in allen EU-Staaten eine einheitliche Garantie von zwei Jahren (bisher in Deutschland: sechs Monate) beim Kauf von Neuwaren gelten. Bis dahin muss eine entsprechende Richtlinie in nationales Recht umgesetzt sein; anderslautende Bestimmungen in Verträgen werden dann ungültig.

Reklamation: Kunden müssen ab 2002 einen Fehler innerhalb von zwei Monaten nach Feststellung reklamieren. Auch unsachgemäße Montageanleitungen oder nicht eingehaltene Versprechen aus der Werbung gelten als Fehler.

www.ihk-koeln.de/recht/redaktionelles/garantie.htm (Text der EU-Richtlinie)

Gebühren

Abgaben der Nutzer für öffentliche Leistungen

Die Einnahmen der Gemeinden aus G. sanken 1999 in Westdeutschland um 2,9% und in Ostdeutschland um 0,7%. Der Deutsche Städtetag rechnete für 2000 mit einem weiteren Rückgang um 2,1%. In den Vorjahren hatte eine sinkende Gesamtsumme der G.-Einnahmen zu kräftigen Erhöhungen der G.-Tarife geführt. So stiegen in Westdeutschland 1990–98 die Müllabfuhr-G. um 161% und die Abwasser-G. um 84%.

Ursache: Paradoxerweise war das umweltbewusstere Verhalten der Verbraucher ein Hauptgrund der G.-Steigerungen: Da z. B. weniger Müll anfiel, sanken die G.-Einnahmen der Gemeinden; da sie trotzdem die Kredite für neu angeschaffte Müllverbrennungsanlagen abbezahlen und trotz unausgelasteter Kapazitäten gleichbleibend hohe Fixkosten tragen mussten, blieb ihnen nur der Weg, die G.-Tarife für die Müllabfuhr zu erhöhen.

Entsorgung → Abfall

Gemeindefinanzen

Außer Gebühren erhalten die Gemeinden einen Anteil an bestimmten Steuern sowie Zuweisungen aus Bundes- und Landesmitteln. Sie erheben eigene Steuern, z. B. Gewerbe- und Grundsteuer. Ein großer Teil der Ausgaben betrifft die Sozialhilfe, für die die Gemeinden zuständig sind.

Die Städte und Gemeinden erzielten 1999 erneut einen Haushaltsüberschuss von 4,5 Mrd DM (1998: 4,8 Mrd DM). Die Gesamt-

Gemeindefinanzen: Haushalte	1999 (Mrd DM)	Veränderung[1]	2000 (Mrd DM)[2]	Veränderung[3]
Einnahmen	286,4	▲ +1,5	285,0	▼ −0,4
darunter:				
Steuern	99,8	▲ +5,0	101,7	▲ +1,9
Gebühren	33,4	▼ −2,7	32,7	▼ −2,1
Zuweisungen	90,3	▲ +0,7	93,6	▲ +3,7
Ausgaben	281,9	▲ +1,6	286,5	▲ +1,6
darunter:				
Personal	76,9	▲ +0,9	77,6	▲ +0,9
Sozialleistungen	51,1	▼ −0,2	53,5	▲ +4,7
Investitionen	48,5	▲ +1,7	48,5	● 0,0
Überschuss/Defizit		▲ +4,5		▼ −1,5

1) gegenüber 1998 (Mrd DM); 2) Prognose; 3) gegenüber 1999 (Prognose); Quelle: eigene Berechnungen nach Gemeindefinanzbericht 2000

verschuldung der Gemeinden ging leicht auf 197 Mrd DM (1998: 199 Mrd DM) zurück. Da die höheren Einnahmen z. T. auf Einmaleffekte durch Privatisierungen zurückzuführen waren und künftige höhere Belastungen durch Sozialleistungen erwartet wurden, rechnete der Deutsche Städtetag für 2000 wieder mit einem Defizit der G.

Gewerbesteuerumlage: Die Städte und Gemeinden kritisierten 2000 die Pläne der Bundesregierung, die Gewerbesteuerumlage zu erhöhen. Dieser auf Bund und Länder verteilte Anteil an den Steuereinnahmen der Gemeinden könne sich aufgrund der geplanten Neuregelung des sog. Vervielfältigersatzes bis zum Jahr 2004 auf bis zu 30% erhöhen (1999: 20,2%).

www.staedtetag.de (Infos zur Finanzlage der Gemeinden)

Kfz-Steuer

Während für Fahrzeuge von der Euro-2-Norm aufwärts die K.-Sätze unverändert bleiben, steigt ab 2001 die K. für Fahrzeuge der Euro-1-Norm von 13,20 DM auf 21,20 DM (Diesel: von 37,10 DM auf 45,10 DM) pro 100 cm³. Bei nicht schadstoffarmen PKW, die bei einem Ozonalarm fahren dürfen, steigt die Steuer auf 29,60 DM (Diesel: 53,50 DM) und bei schadstoffarmen PKW, die bei einem Ozonalarm nicht fahren dürfen, auf 41,20 DM (Diesel: 65,10 DM).

Für alle übrigen PKW muss ab 2001 pro 100 cm^3 eine Steuer von 49,60 DM (Diesel: 73,50 DM) bezahlt werden.

Mehrwertsteuer

Die M. wird nur vom Endverbraucher getragen und zusammen mit dem Kaufpreis bezahlt. Jeder Unternehmer erhebt beim Verkauf seiner Waren vom Kunden M., zieht die M. ab, die er selbst an andere Unternehmen gezahlt hat, und führt den Rest ans Finanzamt ab.

Mehrwertsteuer im Vergleich	
Land	*Vergleich (%)*
Dänemark	25,0
Schweden	25,0
Finnland	22,0
Belgien	21,0
Irland	21,0
Österreich	20,0
Italien	20,0
Frankreich	19,6
Griechenland	18,0
Großbritannien	17,5
Niederlande	17,5
Portugal	17,0
Deutschland	16,0
Spanien	16,0
Luxemburg	15,0

Stand: Mitte 2000; Quelle: EU-Kommission

1999 wurden in Deutschland 218,3 Mrd DM M. und 50,0 Mrd DM Einfuhrumsatzsteuer eingenommen. Die Bundesregierung widersprach Anfang 2000 Gerüchten, sie wolle die M. von derzeit 16% (ermäßigter Satz, u. a. für Lebensmittel und Bücher: 7%) demnächst erhöhen. Allerdings sei eine Anhebung im Rahmen einer EU-weiten Steuerangleichung denkbar.

Gemeinschaftssteuer: Ab 2000 wurde die Verteilung der M. geändert. Von den Einnahmen erhält der Bund vorab 5,63% für die Rentenversicherung. Von der verbleibenden Summe fließen 2,2% an die Gemeinden. Der Restbetrag wird im Verhältnis 50,25% zu 49,75% zwischen Bund und Ländern aufgeteilt.

Betrugsfälle: Die EU warnte 2000 davor, dass im Warenverkehr des Europäischen Binnenmarkts M.-Betrugsfälle zunehmen, und kritisierte mangelnde Koordination zwischen den Steuerbehörden der EU-Staaten.

Bund und Länder → Finanzausgleich

Öffentliche Haushalte

Einnahmen und Ausgaben der Gebietskörperschaften eines Staates (in Deutschland: Bund, Länder und Gemeinden) sowie der Sozialversicherungen

Die Lage der Ö. verbesserte sich 1999 erneut. In haushaltsmäßiger Abgrenzung der finanziellen Entwicklung betrug 1999 das Defizit 46,5 Mrd DM (1997: 91,9 Mrd DM, 1998: 50,5 Mrd DM). In Abgrenzung der Volkswirtschaftlichen Gesamtrechnung betrug der Finanzierungssaldo 40,9 Mrd DM (1,1 % des BIP). Während die große Mehrzahl der Länder des Euro-Währungsraums ähnliche Salden zwischen 0,9% und 2,0% aufwiesen, wurden in den Ö. in Finnland, Irland, Luxemburg und Niederlande Überschüsse erzielt.

Ökosteuer

Umbau des Steuersystems, um aus ökologischen Gründen Energie zu verteuern und gleichzeitig aus arbeitsmarktpolitischen Gründen die Lohnnebenkosten zu senken, damit der Faktor Arbeit verbilligt und die Schaffung neuer Arbeitsplätze angeregt wird

Im Mai 2000 lehnte die rot-grüne Bundesregierung Forderungen der CDU/CSU-Opposition ab, angesichts von Benzinpreiserhöhungen der Mineralölkonzerne nach gestiegenen Rohölpreisen auf die nächsten Stufen der Ö. zu verzichten.

Öffentliche Haushalte: Gesamtrechnung (Mrd DM)[1]		
	1998	*1999*
Einnahmen	1781,1	1850,6
Ausgaben	1845,6	1891,3
darunter:		
Vorleistungen	141,0	146,7
Arbeitnehmerentgelte	319,6	324,3
Zinsen	134,4	135,7
Sozialleistungen	995,0	1020,0
Bruttoinvestitionen	66,9	70,0
Finanzierungssaldo	64,5	40,9

1) in Abgrenzung der Volkswirtsch. Gesamtrechnung; Quelle: Dt. Bundesbank, www.bundesbank.de

Einführung: Am 1.4.1999 trat die erste Stufe der Ö. in Kraft, mit der eine Stromsteuer eingeführt und die Mineralölsteuer um 6 Pf pro Liter erhöht wurde. Die Einnahmen flossen in die gesetzliche Rentenversicherung. Ihr Beitrag, der je zur Hälfte von Arbeitgeber und Arbeitnehmer gezahlt wird, wurde so von 20,3% auf 19,5% gesenkt. Die zweite Stufe der Ö. vom 1.1.2000 erhöhte die Stromsteuer auf 2,5 Pf pro Kilowattstunde und die Mineralölsteuer um weitere 6 Pf pro Liter; der Beitrag zur Rentenversicherung sank auf 19,3%.

Ausnahmen: Das produzierende Gewerbe und die Landwirtschaft zahlen lediglich 20% der Ö. Begünstigt werden auch der öffentliche Personennahverkehr, der öffentliche Schienenverkehr, Kraftwerke der Kraft-Wärme-Kopplung und hocheffiziente Gaskraftwerke.

Nächste Stufen: In drei weiteren Stufen bis 2003 soll jeweils zum Jahresbeginn die Mineralölsteuer um 6 Pf pro Liter und die Stromsteuer um 0,5 Pf pro Kilowattstunde steigen. Der Rentenversicherungsbeitrag soll dadurch bis 2003 auf 18,5% sinken. Das Deutsche Institut für Wirtschaftsforschung rechnete mit bis zu 260 000 neuen Arbeitsplätzen aufgrund der niedrigeren Lohnnebenkosten.

Ausland: Ö.-Modelle werden seit mehreren Jahren erfolgreich in Skandinavien und Niederlande angewandt. Italien führte 1999 eine Ö. ähnlich dem deutschen System zur Senkung der Lohnnebenkosten ein. Frankreich kündigte 2000 die Einführung einer Ö. an, die nicht nur Energie, sondern auch klimaschädliche Produkte wie bestimmte Waschmittel einbezieht.

www.bundesfinanzministerium.de (aktuelle Infos zu Steuern)

Arbeit → Lohnnebenkosten **Energie** → Energieverbrauch **Soziales** → Rentenversicherung

Schulden

2,6 Mio Haushalte galten 1999 nach Angaben von Verbraucherverbänden als überschuldet. Das war ein höherer Prozentsatz (7%) als in allen anderen EU-Staaten. Den niedrigsten Satz von weniger als 1% verzeichnete Dänemark, wo bei Konsumkrediten eine Eigenleistung von 20% vorgeschrieben ist.

Verbraucherkonkurs: Seit 1999 gilt anstelle der früheren Konkurs- und Vergleichs-

ordnungen ein neues Gesetz (Insolvenzordnung) mit der Möglichkeit einer Restschuldbefreiung von Privatpersonen. Der Schuldner muss mit Hilfe einer Schuldnerberatungsstelle, eines Rechtsanwalts oder Steuerberaters versuchen, eine außergerichtliche Einigung mit den Gläubigern herbeizuführen. Bleibt das ohne Erfolg, kann er sich mit Vermögensverzeichnis und S.-Bereinigungsplan ans Gericht wenden. Während der anschließenden siebenjährigen Wohlverhaltenszeit muss der Schuldner den pfändbaren Teil seiner Einkünfte herausgeben und jede zumutbare Arbeit annehmen. Danach kann das Gericht die verbliebenen S. erlassen.

www.wuerzburg.de/schuldnerberatung.html

Solidaritätszuschlag

Ergänzungsabgabe zur Lohn-, Einkommen-, Körperschaft- und Kapitalertragsteuer für den wirtschaftlichen Aufbau Ostdeutschlands. Der S. steht dem Bund zu.

Im Mai 2000 kündigte die rot-grüne Bundesregierung an, der S. werde nach dem Auslaufen des bisherigen Konzepts der Wirtschaftsförderung Ost im Jahr 2004 weiter erhoben, da der Bund noch über längere Zeit für den Aufbau Ost besondere Belastungen zu tragen habe. Der S. beträgt 5,5% der Steuerschuld.

Staatsverschuldung

Die Verschuldung der öffentlichen Haushalte stieg 1999 auf 2343,9 Mrd DM (1998: 2280,2 Mrd DM). Um den Anstieg der S. in den nächsten Jahren zu verlangsamen, legte

▊ Staatsverschuldung: Zusammensetzung[1]	
Bund[2]	1396,6
Westdeutsche Länder	536,5
Ostdeutsche Länder	104,0
Westdeutsche Gemeinden	156,6
Ostdeutsche Gemeinden	40,2
Fonds »Deutsche Einheit«	78,7
ERP-Sondermögen[3]	31,3
insgesamt:	2343,9

1) Mrd DM am 31.12.1999; 2) inkl. der früheren Fonds Bundeseisenbahnvermögen, Erblastentilgungsfonds und Ausgleichsfonds Steinkohleneinsatz; 3) aus dem ehemaligen Marshall-Plan hervorgegangener Fonds zur Wirtschaftsförderung in Ostdeutschland; Quelle: Deutsche Bundesbank

Staatsverschuldung: Schulden und Zinszahlungen[1]

Jahr	Zinsausgaben (Mrd DM)	Nettokreditaufnahmen (Mrd DM)
2000	78,6	49,5
1999	81,5	53,5
1998	56,2	56,4
1997	53,4	63,7
1996	50,9	78,3
1995	49,7	50,1
1994	53,1	50,1
1993	45,8	66,2
1992	43,8	38,6
1991	39,6	52,0
1990	34,7	46,7

1) Zahlen des Bundes; 1990–98 Haushaltsabschlüsse ohne Zinszahlungen der Sondervermögen des Bundes; 1999/2000 Haushaltspläne mit Zinszahlungen der Sondervermögen, wobei nur die im jeweiligen Jahr kassenwirksam werdenden Zinsbeträge berücksichtigt sind; Quelle: Bundesfinanzminist.

die Bundesregierung 2000 einen Finanzplan vor, nach dem die Neuverschuldung des Bundes Jahr für Jahr verringert und einmalige Mehreinnahmen (Privatisierungen, Mobilfunk-Lizenzen) zur Tilgung verwendet werden sollen. Für 2006 soll erstmals ein Bundeshaushalt aufgestellt werden, der ohne neue Schulden auskommt.

Vergleich: Unter Zugrundelegung der Kriterien der Europäischen Währungsunion, die geringfügig von der deutschen Statistik abweichen, betrug 1999 die deutsche S. 61,1% des Bruttoinlandsprodukts (1998: 60,7%) und lag damit unter dem Durchschnitt des Euro-Währungsgebiets (72,2%). Eine besonders hohe S. haben Belgien und Italien mit jeweils über 114%, die anderen Länder der Euro-Währung liegen zwischen 52% und 65%; Luxemburg hat nur noch 6,2% S. und erzielt in seinem Staatshaushalt seit Jahren Überschüsse, die zur weiteren Schuldentilgung verwendet werden.

EU → Europ. Wirtschafts- und Währungsunion

Steuern

Geldleistungen, die nicht eine Gegenleistung darstellen und vom Staat allen auferlegt werden, bei denen der jeweilige S.-Tatbestand vorliegt

1999 stiegen die S.-Einnahmen von Bund, Ländern und Gemeinden um 6,4% auf 886,1 Mrd DM. Für 2000 und 2001 rechnete der unabhängige Arbeitskreis S.-Schätzungen im Mai 2000 mit weiteren Steigerungen um 2,9 und 3,2%. Für beide Jahre korrigierte er damit seine früheren Prognosen aufgrund des Wirtschaftsaufschwungs nach oben.

Steuerreform 2000 im Überblick

Das vom Bundestag im Mai 2000 mit den Stimmen der SPD und von Bündnis 90/Die Grünen verabschiedete Gesetz, zu dem im Vermittlungsverfahren mit dem Bundesrat vor dem Inkrafttreten noch Änderungen erwartet wurden, sah u.a. vor:

▶ **Steuersenkung 2001:** Senkung des Spitzensteuersatzes auf 48,5% und des Eingangssteuersatzes auf 19,9%, Anstieg des Grundfreibetrags auf 14040 DM. Senkung der Körperschaftsteuer auf 25%. Die CDU/CSU-Opposition verlangte, die Einkommensteuersätze bereits 2001 stärker zu senken.

▶ **Unternehmensteuerreform:** Senkung der Körperschaftsteuer auf 25% ohne Unterschied, ob Gewinne einbehalten oder ausgeschüttet werden; ausgeschüttete Gewinne werden zur Hälfte bei der Einkommensteuer berücksichtigt. Pauschale Anrechnung der Gewerbesteuer bei der Einkommensteuer. Steuerbefreiung von Gewinnen, die Kapitalgesellschaften aus dem Verkauf von Unternehmensbeteiligungen erzielen. Personenunternehmen dürfen

sich statt der Einkommensbesteuerung wie eine Kapitalgesellschaft besteuern lassen (Optionsmodell), was in einigen Fällen vorteilhaft sein kann. Die Regelungen sollten ab 2001 wirksam werden. Die CDU/CSU-Opposition kritisierte das Optionsmodell und forderte eine einheitliche Unternehmensbesteuerung unabhängig von der Rechtsform.

▶ **Steuersenkung 2003:** Der Eingangssteuersatz soll auf 17% und der Höchstsatz auf 47% sinken, der Grundfreibetrag wird auf 14525 DM angehoben.

▶ **Steuersenkung 2005:** Senkung des Spitzensteuersatzes auf 45% und des Eingangssteuersatzes auf 15%. Anhebung des steuerfreien Existenzminimums auf 15011 DM. Die CDU/CSU-Opposition wollte den Steuersatz für Spitzenverdiener stärker auf nur noch 35% senken und dies bereits 2003 wirksam werden lassen.

▶ **Entlastung:** Die Steuerreform 2000 sah insgesamt eine Entlastung der Steuerzahler von 76 Mrd DM vor. Ein lediger durchschnittlich verdienender Arbeitnehmer

müsste 2005 rund 2400 DM weniger Steuern pro Jahr als 1998, eine Familie mit zwei Kindern würde die Entlastung 4050 DM betragen.

▶ **Hintergrund:** Wirtschaftsforscher bewerteten die Steuerreform 2000 positiv. Die Senkung der Steuern für Arbeitnehmer vergrößere die Kaufkraft, so dass die Konsumausgaben steigen und vom Staat eingenommene Mehrwertsteuer erhöht. Mehr Konsum verstärke zugleich die Wirtschaftskonjunktur. Da gleichzeitig auch die Unternehmen steuerlich entlastet werden, würden Investitionen und die Schaffung neuer Arbeitsplätze gefördert. Ein Rückgang der Arbeitslosigkeit würde dem Staat trotz gesunkener Steuersätze Mehreinnahmen an Lohn- und Einkommensteuer verschaffen.

▶ **Kritik:** Die CDU/CSU-Opposition kritisierte, dass die Steuerreform zu spät komme. Der Einkommensteuersatz für Spitzenverdiener werde zu gering gesenkt. Außerdem werde der Mittelstand gegenüber den Großbetrieben benachteiligt.

www.bundesfinanzministerium.de

Entlastung: 1999 trat ein S.-Entlastungsgesetz in Kraft, das den Eingangssatz der Einkommen-S. von 25,9% auf 23,9% senkte, den Höchstsatz für gewerbliche Einkünfte und verringerte und das Kindergeld um 30 DM anhob. Ab 1.1.2000 sank der Eingangssteuersatz erneut um einen Prozentpunkt auf 22,9%, das steuerfreie Existenzminimum stieg von 12 365 auf 13 500 DM, und der Spitzensteuersatz wurde auf 51% gesenkt. Das Kindergeld stieg um weitere 20 DM auf 270 DM.

Steuerreform 2000: Im Mai 2000 beschloss der Bundestag auf Vorschlag der Bundesregierung eine S.-Reform 2000 (S.-Senkungsgesetz), mit der die für 2002 geplanten S.-Senkungen um ein Jahr vorgezogen werden sollten, weitere Senkungen bis 2005 festgelegt wurden und eine Reform der Unternehmensbesteuerung beschlossen wurde. Der Spitzensteuersatz der Einkommen-S. sollte danach ab 2003 nur noch 45% betragen, der Eingangssatz bis zum Jahr 2005 auf 15% fallen und das steuerfreie Existenzminimum ab 2005 auf dann 15 011 DM steigen. Es wurde damit gerechnet, dass nach Ablehnung des Reformpakets in dem von der Opposition dominierten Bundesrat anschließend im Vermittlungsausschuss ein Kompromiss gefunden wird.

Steuerhinterziehung: Während legale Möglichkeiten der S.-Verkürzung (sog. S.-Schlupflöcher) durch Gesetzesänderungen 1999/2000 weitgehend beseitigt wurden, stellte die S.-Hinterziehung 2000 weiterhin ein Problem dar. In mehreren tausend Fällen ermittelten Staatsanwaltschaften u. a. gegen Banken, deren Mitarbeiter und Kunden, weil Gelder nach Luxemburg und andere Staaten verschoben wurden.

www.bundesfinanzministerium.de (aktuelle Informationen zur Steuergesetzgebung)

Soziales → Familienförderung

Subventionen

Unterstützungszahlungen öffentlicher Haushalte (Finanzhilfen und Steuererleichterungen) zur Förderung bestimmter Wirtschaftszweige, wirtschaftspolitischer Ziele, Regionen oder Unternehmensarten

Nach dem S.-Bericht 1999 der Bundesregierung betrugen die S. 115,6 Mrd DM. Größter Empfänger (50%) war die gewerbliche Wirtschaft. Die Bundesregierung plante 2000, in den kommenden Jahren bis zu 20 Mrd DM zu kürzen.

Steuereinnahmen 1999 (Mrd DM)

Gemeinschaftliche Steuern	628,9
Lohnsteuer[1]	261,7
Veranlagte Einkommensteuer[1]	21,3
Körperschaftsteuer[2]	43,7
Kapitalertragsteuer[2]	33,9
Umsatzsteuer[3]	268,3
Bundessteuern	141,3
Mineralölsteuer	71,3
Tabaksteuer	22,8
Versicherungsteuer	13,9
Branntweinabgabe	4,4
Stromsteuer	3,6
Sonstige Bundessteuern[4]	25,3
Ländersteuern	38,3
Kfz-Steuer	13,8
Erbschaftsteuer	5,9
Biersteuer	1,7
Vermögensteuer[5]	1,1
Sonstige Ländersteuern	15,8
Gemeindesteuern	71,4
Gewerbesteuer[6]	52,9
Grundsteuer	16,9
Sonstige Gemeindesteuern	1,6
EU-Zölle	6,2
Summe:	886,1

1) das Aufkommen steht Bund, Ländern und Gemeinden im Verhältnis 42,5 : 42,5 : 15 zu; 2) das Aufkommen steht Bund und Ländern im Verhältnis 50 : 50 zu, an der Zinsabschlagsteuer sind vorab die Gemeinden mit 12% beteiligt; 3) Mehrwertsteuer und Einfuhr-Umsatzsteuer, vom Steueraufkommen erhält der Bund vorab 5,63%, die in die Rentenversicherung fließen, vom verbleibenden Betrag erhalten die Gemeinden 2,2%, der danach verbleibende Rest wurde 1999 im Verhältnis 50,5 : 49,5 zwischen Bund und Ländern aufgeteilt (ab 2000 im Verhältnis 50,25 : 49,75); 4) einschließlich Solidaritätszuschlag zu Einkommen-, Körperschaft- und Kapitalertragsteuer; 5) Nachzahlungen für frühere Jahre, die Steuer wird seit 1997 nicht mehr erhoben; 6) einschließlich der Gewerbesteuerumlage von 10,7 Mrd DM, die zu 42,2% dem Bund und zu 57,8% den Ländern zustand; Quelle: Deutsche Bundesbank

Umfang: Die Gesamthöhe der S. ist unter Ökonomen und Politikern umstritten, da verschiedene Abgrenzungen verwendet werden. Das Institut für Weltwirtschaft (Kiel) ging 2000 von einer deutlich höheren Summe (303 Mrd DM) als die rot-grüne Bundesregierung aus, weil es auch die Förderung halbstaatlicher Einrichtungen und sozialpolitisch begründete Vergünstigungen einbezog.

Kohle: Die Steinkohle-S. wurden 2000 auf 8,5 Mrd DM verringert (1999: 8,8 Mrd DM). Ab 2002 unterliegt die Kohle nicht mehr den Sonderbestimmungen des Montanvertrags aus dem Jahr 1952, sondern ist wie andere Waren dem Wettberwerbsrecht der Europäischen Union (EU) unterworfen. **Wettbewerbskontrolle:** S., die den Handel innerhalb der EU beeinträchtigen, können von der Europäischen Kommission untersagt werden. 1999 musste die Volkswagen AG nach einem Urteil des Europäischen Gerichtshofs auf 241 Mio DM Beihilfen für ihre sächsischen Werke verzichten.
Kritik: Nach Italien werden in Deutschland im Verhältnis zur Beschäftigtenzahl die höchsten S. gezahlt. Nach Auffassung von Wirtschaftsforschungsinstituten würde sich ein starker Abbau der S. positiv auf die Wirtschaftsentwicklung auswirken, u. a. weil dadurch Wettbewerbsverzerrungen entfallen würden.

> **EU** → Agrarpolitik → EU-Wettbewerbskontrolle
> **Energie** → Kohle

Vermögen

Das Gesamt-V. der Bundesbürger wurde 2000 auf 14,5 Billionen DM geschätzt. Das Geld-V. betrug rund 6,75 Billionen DM (1990: 3,1 Billionen DM). Nach einer 1999 veröffentlichten Analyse des Deutschen Instituts für Wirtschaftsforschung besaß ein Privathaushalt durchschnittlich 153 000 DM an Geldanlagen und weitere 236 000 DM an Sach- und Immobilienwerten. Das V. war jedoch sehr unterschiedlich verteilt: Während 50% aller Haushalte zusammen nur 11% des V. besaßen, verfügten die reichsten 5% der Haushalte über 28% des V.
Steuer: Die V.-Steuer wird seit 1997 nicht mehr erhoben, weil keine Änderung des V.-Steuergesetzes zustandekam, um den Vorgaben des Bundesverfassungsgerichts Rechnung zu tragen. In SPD und Bündnis 90/Die Grünen konnten sich 1999 die Befürworter eines neuen V.-Steuergesetzes nicht durchsetzen. Der SPD-Parteitag beschloss stattdessen die Heranziehung größerer Vermögen über eine höhere Erbschaftsteuer für Immobilienbesitz.
Geldanlage: Nach einem Bericht der Deutschen Bundesbank vom Juni 2000 wurden 1999 von den privaten Haushalten insgesamt 277 Mrd DM Geld-V. neu angelegt.

Davon entfielen 86 Mrd DM auf Aktien und Investmentfonds; das war eine Steigerung gegenüber 1998 von rund 30%. Neuanlagen in Sparguthaben gingen dagegen um rund 75% zurück. Unter Berücksichtigung der vorzeitigen Verkäufe von festverzinslichen Wertpapieren wurden im Jahr 1999 lediglich 230,9 Mrd DM angelegt (Rückgang gegenüber 1998: 4,5%).

Vermögensbildung

1999 trat in Deutschland eine Reform der V. für Arbeitnehmer in Kraft. Sie legt höhere staatliche Zulagen zu den vom Arbeitgeber gezahlten vermögenswirksamen Leistungen (VL) fest. Die Höhe der VL richtet sich nach den jeweiligen Tarif- bzw. Arbeitsverträgen. Die staatlichen Zulagen werden an Arbeitnehmer mit zu versteuerndem Jahreseinkommen bis zu 35 000 DM (Verheiratete: 70 000 DM) gezahlt.
Bausparen: Für Bausparverträge wird wie bisher eine Zulage von 10% auf VL bis zu 936 DM im Jahr gezahlt. VL für Lebensversicherungen und Banksparpläne sind weiterhin möglich, werden aber nicht mehr mit staatlichen Zulagen gefördert.
Aktien: Zusätzlich zur Bausparförderung werden VL in Form von Beteiligungen am eigenen oder an fremden Unternehmen bis zu 800 DM pro Jahr mit 20% in Westdeutschland und in Ostdeutschland bis 2004 mit 25% bezuschusst.

Wirtschaftsförderung Ost

Mittelfristiges Förderkonzept der Bundesregierung für die wirtschaftliche Entwicklung in den ostdeutschen Bundesländern bis 2004

2000 kündigte die rot-grüne Bundesregierung an, nach dem Auslaufen des derzeitigen Förderungskonzepts im Jahr 2004 einen sog. Solidarpakt II zur Unterstützung Ostdeutschlands einzuführen, mit dem bis 2030 weitere 500 Mrd DM Fördergelder in die ostdeutschen Bundesländer fließen sollen. Seit 1991 waren durch die W. über 1 Billion DM an Unterstützung geleistet worden.
Investitionszulagen: Seit 1999 wurden anstelle der weggefallenen Sonderabschreibungen die Investitionszulagen erhöht, auf die ein Rechtsanspruch besteht. Alle Unternehmen des verarbeitenden Gewerbes, produktnaher Dienstleistungen sowie bis 2001

des Handwerks und Kleinhandels erhalten 10% der Investitionen als staatliche Zulage, Betriebe unter 200 Arbeitnehmern 20%. Die Modernisierung von Wohnungen wird mit 15% gefördert.

Gemeinschaftsaufgaben: Im Rahmen der im Grundgesetz verankerten Gemeinschaftsaufgaben von Bund und Ländern zur Verbesserung von Wirtschafts- und Agrarstruktur zahlt der Staat auf Antrag Zuschüsse, die vor allem Ostdeutschland zugute kommen. Zur W. zählen auch zinsgünstige Darlehen, ein Programm zur Eigenkapitalhilfe, staatliche Bürgschaften, ein Sonderprojekt der Forschungsförderung bis 2001 sowie ein Fonds, über den sich Geldgeber an ostdeutschen Unternehmen beteiligen können.

Bund und Länder → Ostdeutschland

Zinsbesteuerung

Zinserträge aus Sparguthaben und Wertpapieren unterliegen oberhalb eines möglichen Freibetrags einer Quellensteuer, die vom Kreditinstitut einbehalten und abgeführt wird.

Ab 2000 sank der Freibetrag der Z. um 50% auf 3100 DM (Verheiratete: 6200 DM). Bis zu dieser Höhe konnten bei den Banken Freistellungsaufträge erteilt werden. Bei fehlendem Freistellungsauftrag bzw. für die über den Freibetrag hinausgehenden Zinseinkünfte führt die Bank pauschal 30% Quellensteuer zuzüglich 5,5% Solidaritätszuschlag ans Finanzamt ab. Wenn für 2000 kein neuer Freistellungsauftrag erteilt wurde, wurden automatisch 50% des Freistellungsauftrags 1999 zugrundegelegt.

Verfahren: Über die Einkommensteuererklärung kann der Sparer eine Verrechnung vornehmen lassen, wenn er Bankbelege über einbehaltene Z. vorlegt. Er zahlt dann statt 30% seinen möglicherweise niedrigeren Einkommensteuersatz und erhält den Rest erstattet. Der Solidaritätszuschlag steht dem Bund zu, die Quellensteuer der Z. verteilt sich zu 12% auf die Gemeinden und je 44% auf Bund und Länder.

EU-Vereinheitlichung: Mitte Juni 2000 wurde eine Einigung innerhalb der EU über die Z. erzielt. Da Dänemark, Luxemburg und Niederlande keine besondere Z. neben der allgemeinen Einkommensteuer kennen und in Großbritannien Finanzmärkte von der Z. ausgenommen sind, wurde der Kompromiss geschlossen, dass in jedem Land

Zinseinkünfte eines ausländischen EU-Bürgers an die Finanzbehörden seines Heimatlands gemeldet werden sollen. Die Regelung soll jedoch erst 2010 in Kraft treten und wurde u. a. davon abhängig gemacht, ob es gelingt, auch Nicht-EU-Staaten wie die Schweiz und Liechtenstein zur Übernahme dieses Verfahrens zu bewegen.

Abgeltungssteuer: Als einziges EU-Land erhebt Österreich als Z. eine Steuer von 25%, mit der die Einkommensteuerpflicht abgegolten wird, egal ob der individuelle Einkommensteuersatz höher oder niedriger als 25% liegt. Die Banken führen die Abgeltungssteuer pauschal ab, so dass der Staat nicht erfährt, welche Zinseinkünfte der Einzelne hatte. Die CDU/CSU-Opposition in Deutschland und Regierungspolitiker in Luxemburg setzten sich 2000 für die Übernahme dieses Modells der Z. ein.

Steuerflucht: Nach Schätzungen entgingen 1999 den deutschen Finanzbehörden über 32 Mrd DM, weil Gelder z. B. in Luxemburg angelegt wurden, wo bisher weder Z. noch eine Kontrolle von Zinseinkünften existierten.

Zinsbesteuerung: Steuersätze		
Land	*Steuersätze (%)*	
Belgien		15,0
Dänemark[1]		0,00
Deutschland[2][3]		31,65
Finnland		28,00
Frankreich		25,00
Griechenland		15,00
Großbritannien[3]		20,00
Irland[3]		26,00
Italien		27,00
Luxemburg[1]		0,00
Niederlande[1]		0,00
Österreich[4]		25,00
Portugal		20,00
Schweden		30,00
Spanien		25,00

1) nur allgemeine Einkommensteuer; 2) inkl. Solidaritätszuschlag; 3) Anrechnung bei der Einkommensteuer ohne besonderen zusätzlichen Antrag; 4) Abgeltungssteuer ohne Möglichkeit der Verrechnung bei der Einkommensteuer; Quelle: EU-Kommission

Handy

Kleines, mobiles, drahtloses Telefon, das auch zum Faxen und zur Datenfernübertragung benutzt werden kann

Anfang 2000 hatten über 30% der Deutschen (rund 37 Mio) ein H. Der H.-Absatz 1999 betrug 3,9 Mio (+52,9% gegenüber 1998). Bis Ende 2000 sollte die Zahl deutscher Mobilfunkteilnehmer auf über 50 Mio steigen (ca. 61% der Deutschen).

Technik: Sprache bzw. Daten werden digital per Funk übermittelt, Gesprächskosten

Handy-Nutzer weltweit

Jahr	Mio[1]
1999	500
1998	318
1997	215
1996	144
1995	91
1994	55
1993	34
1992	23
1991	16
1990	11

1) jeweils Jahresende; Quellen: International Telecommunication Union, Globus

Handy: Innovationen

Anfang 2000 kam die neueste H.-Generation, WAP-H., auf den Markt. WAP (Wireless Application Protocol; engl.: drahtloses Anwendungsprotokoll) ist ein gemeinsamer Standard von Herstellern und Diensteanbietern der Telekommunikations-Industrie, mit dem Internetangebote auf dem etwas vergrößerten H.-Display angezeigt werden können. So können E-Mails gelesen und verschickt werden. Depot- und Kontenabfragen sowie diverse Bankgeschäfte werden über das H. möglich. Moderne H. verfügen auch über Infrarotschnittstellen, Notizbücher, Kalender, Vibrationsalarm und integrierte Spiele. Eine weitere Innovation waren Anfang 2000 die ersten TRI-Band-H. Sie senden und empfangen auf den Frequenzen 900 MHz, 1800 MHz und 1900 MHz. Der Nutzer ist unabhängig vom Mobilfunknetzbetreiber. Die 1900 MHz Frequenz gestattet es ihm zusätzlich, in den USA zu telefonieren. In Asien gab es 2000 die ersten H. in Form einer Armbanduhr mit Display, Mikro und Lautsprecher, die Rufnummer wird eingesprochen. Anfang des 21. Jh. sollen mit H. auch Garagen geöffnet, Videos verschickt oder Fußballspiele verfolgt werden können.

über einen Mobilfunknetzbetreiber abgerechnet, der als Berechtigungsausweis dem Kunden eine ins H. eingelegte SIM-Karte (Subscriber Identification Module, engl.; Karte zur Kundenidentifizierung) zur Verfügung stellt. Die SIM-Karte beinhaltet eine dem Nutzer zugeordnete Telefonnummer, über die Gebühren abgerechnet werden.

Sicherheit: Jedes H. besitzt eine eindeutige Identifizierungsnummer (IMEI), die bei jedem Gespräch dem Mobilfunknetzbetreiber übertragen wird. Bei Verlust oder Diebstahl kann das H. vom letzten Eigentümer unabhängig vom genutzten Netzbetreiber gesperrt werden.

Gesundheitsrisiken: H. nutzen zur Übertragung hochfrequente elektromagnetische Wellen. Weil das Telefon direkt ans Ohr gehalten wird, bekommt der Kopf die Strahlung ab. Seit 1998/99 laufende wissenschaftliche Studien konnten bis Mitte 2000 keine Gesundheitsgefahren durch H.-Nutzung ermitteln. Jedoch können H. elektrische Geräte, wie z.B. Herzschrittmacher, beeinflussen. Daher wurde die Verwendung von H. an zahlreichen öffentlichen Orten verboten.

Mobilfunk

Fernmeldedienst zur standortunabhängigen Kommunikation durch Funk mit jedem beliebigen Teilnehmer. Die Funksignale können zur Datenübertragung, zum Faxen oder zum Telefonieren genutzt werden. Hierzu wird ein mit einer Sende- und Empfangseinrichtung ausgestattetes Funkgerät (Handy), das sich frei bewegen lässt, benutzt.

Anfang 2000 gab es in Deutschland fünf Mobilfunknetze: C, D1, D2, E-Plus und VIAG-Interkom, in denen über 32 Mio (1999: 16 Mio, 1998: 9 Mio) Teilnehmer telefonierten. Die Deutsche Telekom plante das veraltete analoge C-Netz Ende 2000 abzuschalten und den Kunden D1-Verträge anzubieten. Lt. Prognosen werden Ende 2000 über 60% der Deutschen (ca. 50 Mio) mobil telefonieren. Durch die rasant steigende Kundenzahl führten die Wettbewer-

Mobilfunk: Satellitensysteme

	Globalstar	ICO	Teledesic	Courier	Iridium
Betreiber	Konsortium unter Führung von Loral Space & Communications	Inmarsat und 46 weitere Unternehmen, inkl. T-Mobil	Teledesic LLC	Satcon GmbH	Iridium LLC
Dienste	Telefondienste, Datenübertragung, Funkruf, Telefax, Ortung, Navigation, Kurznachrichten, Roaming	Sprache, Daten, Fax und Mitteilungsdienste	Globales Breitband, Himmelsinternet	Ortung / Zielführung, Sicherheits- u. Rettungsdienste, Flottenmanagement	Drahtlose Telefondienste, Roaming, Funkruf
Investitionen (Mrd US-Dollar)	1,9	2,8	9	k.A.	3,4
Anzahl der Satelliten (Ersatz)	52 (8)	10 (2)	288	72	66 (4)
Sprache (kbit/s)	2,4 / 4,8 / 9,6	4,8	16	2,4 / 4,8 / 9,6	2,4 / 4,8
Daten (kbit/s)	7,2	2,4	16–2048	9,6	2,4 / 4,8
Sprachkanäle pro Satellit	2000 – 3000	4.500	k.A.	2.000	1.100
Orbitklasse	LEO	MEO	LEO	LEO	LEO
Anzahl der Bodenstationen	ca. 100	12	k.A.	19	15 – 20
Bahnhöhe (km)	1 414	10 390	695–705	800	780
Verbindungsgebühren	1 US-Dollar/min	k.A.	Tarife in Planung	k.A.	3 US-Dollar/min weltweit
Handy-Preis	750 US-Dollar	k.A.	kein Handy	k.A.	2500–3000 US-Dollar
Lebensjahre der Satelliten	7,5	12	10	5	5
Inbetriebnahme	Ende 1999	2000	2003	2000	1999

Stand: Ende 1999; Quelle: Netzbetreiber, Funkschau 24/99 und eigene Recherchen

ber weitere Vorwahlen ein (D2-Netz: 0172, 0173 und 0174; Deutsche Telekom mit D1: 0170, 0171 und 0175; E-Plus: 0177 und 0178; Viag Interkom: 0179).

GSM: (Global System for Mobile Communication, engl.; Globales System für Mobilkommunikation) Mit dem international anerkannten Standard kann man ein in Deutschland gekauftes Handy in über 143 Ländern benutzen. Die Übertragungsrate bei GSM liegt bei 9600 Bit/sec, max. 14,4 kbit/sec. In der GSM-Association waren Mitte 2000 insgesamt 373 Netzbetreiber, Hersteller und Regierungsvertreter zusammengeschlossen. Die GSM-Netzbetreiber hatten weltweit rund 285 Mio Kunden, davon telefonierten allein in Deutschland mehr als 32 Mio Menschen.

Satellitensysteme: Sie werden u.a. von Reportern und Hilfsorganisationen in Kriegs- oder Katastrophengebieten genutzt, da sie standortunabhängig telefonieren können. Am 17.3.2000 wurde der Betrieb des Satellitentelefonsystems der Firma Iridium aufgrund der aufgelaufenen Schulden von 5 Mrd US-Dollar eingestellt. Es wurde Ende 1998 von Motorola in Betrieb genommen und stützt sich auf 66 LEO-Satelliten (engl.: Low Earth Orbit Satellites; niedrig

fliegende Satelliten), die als Relaisstationen in 740–780 km Höhe über der Erde kreisen (zum Vergleich: ASTRA-TV-Satelliten: 68 000 km Höhe). Dadurch sind sehr kleine Endgeräte (Handys) möglich. Motorola arbeitete an einem Rückholplan für die insgesamt 70 Satelliten (inkl. vier Reservesatelliten). Ende 2000 sollten die Satelliten kontrolliert in die Ozeane stürzen, falls Teile nicht verglühen. Weiterhin können die Satellitensysteme von Inmarsat und Globalstar benutzt werden. Der Betreiber der vier Satelliten von Inmarsat war ein Konsortium von 38 Unternehmen aus 76 Ländern, darunter die Tochter der Deutschen Telekom, T-Mobil. Im Jahr 2000 plante T-Mobil das Nachfolgersystem von Inmarsat, ICO, in Betrieb zu nehmen. Dessen zwölf Satelliten werden auf zwei Umlaufbahnen von gut 10 000 km und geostationär von 36 000 km stationiert.

UMTS: (Universal-Mobile-Telecommunication-System) Bei der dritten Mobilfunk-Generation UMTS, auch ITM-2000-Standard genannt, gelang es erstmals, einen weltweiten Standard zu setzen. In Europa soll UMTS spätestens 2002 zur Verfügung stehen, in Japan bereits 2001. Jeder Nutzer ist über eine persönliche Nummer europaweit (weltweit) erreichbar. Mit 2 Mbit/sec Übertragungsgeschwindigkeit werden Multimedia-Anwendungen, Download aus dem Internet und Videokonferenzen zu den wichtigsten Diensten des neuen Standards. Bis Mitte 2000 wurde eine Datenrate von 384 kbit/sec realisiert, die für Bildtelefonie ausreicht. 1999 wurde ein UMTS-Testnetz in Düsseldorf-Oberkassel installiert. Die UMTS-Lizenzen in Deutschland werden von der Regulierungsbehörde versteigert. Finnland hatte 2000 als erstes Land der Welt UMTS-Lizenzen für die dritte Mobilfunk-Generation vergeben. Nach der Übernahme von Mannesmann durch Vodafone Airtouch Anfang 2000 ergab sich das kartellrechtliche Problem, das Vodafone bereits an zwei spanischen Mobilfunkbetreibern (Airtel und Xfera) beteiligt war. Vodafone muss sich von dem britischen Mobilfunkbetreiber Orange trennen. In London wurden im April 2000 fünf UMTS-Lizenzen für rund 74 Mrd DM versteigert.

Prepaid-Karten: Der Kauf von Prepaid-Boxen kann seit März 2000 an Kunden ab zehn Jahren – allerdings im Rahmen der gesetzlichen Bestimmungen zur Geschäftsfähigkeit von Minderjährigen – verkauft werden. Für die Registrierung ist ein Kinderausweis (mit Lichtbild) erforderlich. Im März 2000 entschieden sich Zweidrittel aller Neukunden für die Prepaid-Box. Mit Prepaid-Karten kann der Kunde ohne Vertragsbindung, ohne Grundgebühren und ohne Anschlussgebühr mobil telefonieren. Ist das Guthaben verbraucht, kann der Kunde einen Voucher (Gutschein meist über 50 DM) kaufen und sein Konto wieder aufladen. Dazu wird eine Geheimnummer auf der Voucherkarte freigerubbelt und über das Handy eingegeben.

news:de.comm.mobil.netze; news:alt.cellular; news:alt.cellular.gsm; news:alt.cellular.motorola; www.motorola.com; www.iridium.com; www.keepitblue.net

Deutsche Post AG

Die D. war 2000 die Nummer 1 Europas im Bereich Brief, Kommunikation und Logistik. Zum Börsengang der D. im Herbst 2000 wurde mit einem Konzernumsatz von rund 50 Mrd DM gerechnet. Verantwortlich waren steigende Erträge im Kerngeschäft, Beteiligungen im In- und Ausland sowie die Eingliederung der Postbank AG in den Konzern. Wichtigste Aufgaben der D. waren der Ausbau des Kerngeschäfts bei Briefen, Kommunikation, Paket/Express, Logistik und Finanzdienstleistungen. Außerdem engagierte sich die D. in neuen Geschäftsfeldern wie E-Commerce und E-Post. Durch Ausrichtung auf die vier Markttrends Globalisierung, Aufhebung der Produktgrenzen, Outsourcing und E-Business sei die D. nach eigenen Angaben auf dem Weg zur weltweiten Nummer 1.

Postgesetz: In Deutschland soll das Briefmonopol lt. Postgesetz (1.1.1998) Ende 2002 aufgehoben werden. Bis dahin behält die D. den Exklusivlizenzbereich zur Beförderung von Briefen bis 200 g und 5,50 DM Porto sowie für Massendrucksachen bis 50 g (80% der Briefsendungen). Private Wettbewerber benötigen eine Lizenz, die von der Regulierungsbehörde für Telekommunikation und Post (RTP) vergeben wird. 1999 wurden bei 339 Anträgen 253 (75%) Lizenzen vergeben. Durch schärfere Lizenzvergaben durch die RTP sollte die Dienstleistungsversorgung der geplanten Fläche gewährleistet werden.
Eine Gesetzesklausel soll sicherstellen, dass neue Firmen nicht mit übermäßig vielen geringfügig Beschäftigten oder Scheinselbstständigen arbeiten.

Bilanz: Der Gesamtumsatz der D. stieg 1999 um mehr als 50% auf 22,4 Mrd Euro. Der Gewinn erhöhte sich um 20% auf 1,1 Mrd Euro. Ende 1999 beschäftigte die Post 301 229 Mitarbeiter (+15,6% zum Vorjahr).

Wettbewerb: Der deutsche Postmarkt umfasste 1999 über 42 Mrd DM Umsatz. Knapp 70% – im Wesentlichen die Kurier-, Express- und Paketdienste – waren bereits für den Wettbewerb geöffnet. Im Briefbereich erwirtschaftete die Post rund 65% der Umsätze. Das restliche Drittel teilten sich zahlreiche Anbieter. Der Umsatz im lizenzierten Bereich (Beförderung von Briefsendungen bis 1000 g) betrug 1999 rund

■■■ **Deutsche Post AG: Umsatz 1999**	
Unternehmensbereich	*Umsatz 1999 (Mrd Euro)*
Brief	10,2
Express (inkl. Paketservice)	4,6
Logistik	4,2
Finanzdienstleistungen	2,9[1]

1) sonstiges: 0,5 Mrd Euro; Quelle: Deutsche Post AG

19,5 Mrd DM. Die D. hielt hier trotz Öffnung bestimmter Bereiche für den Wettbewerb einen Marktanteil von 99%.

Postbank: Zum 1.1.1999 übernahm die Post AG zu 100% das Kapital der Deutschen Postbank. Seit Anfang 2000 bietet die Postbank AG neben Bausparen, Investmentfonds, Kreditkarten, Krediten, Baufinanzierung und Versicherungen auch Direct Brokerage für Börsengeschäfte an.
www.postag.de

Regulierungsbehörde

Behörde zur Überwachung und Förderung des Wettbewerbs für Telekommunikation und Post als Teil des Bundesministeriums für Wirtschaft

Die seit 1.1.1998 arbeitende R. soll durch Liberalisierung und Deregulierung die Entwicklung des Post- und Telekommunikationsmarktes in Deutschland fördern. Zur Durchsetzung dieser Ziele erhielt sie Verfahren und Instrumente, die auch Informations- und Untersuchungsrechte sowie abgestufte Sanktionen einschließen. Die R. ging aus dem Bundespostministerium hervor.

UMTS-Lizenzen: Die R. ließ zehn Unternehmen zur Ersteigerung der Mobilfunklizenzen der dritten Generation (UMTS) in Deutschland Mitte 2000 zu, darunter die vier etablierten deutschen Netzbetreiber T-Mobil, D2 Mannesmann, E-Plus und Viag Interkom. Hinzu kamen MobilCom (im Verbund mit France Telecom), debitel (mit swisscom) und Talkline (mit Tele Danmark). Ein Konsortium namens Group 3G aus der spanischen Telefonica, der finnischen Sonera und der britischen Orange sowie die MCI WorldCom und Hutchison Whampoa durften am 31.7.2000 in Mainz ebenfalls mitsteigern. Die R. vergab zwölf Lizenzen zu je fünf Mhz gepaarte Blöcke. Jeder Bieter musste mind. zwei Blöcke und konnte höchstens drei ersteigern.

Telefonnummern: Bei der R. können u.a. persönliche Telefonnummern beantragt werden. Sie haben unabhängig vom Wohnort eine eigene Vorwahl (700). Dahinter folgt die persönliche achtstellige Ziffernfolge (Teilnehmerrufnummer). Mit der persönlichen Telefonnummer ist ein Zugang von und zu allen Telekommunikationsnetzen möglich – unabhängig vom Standort, vom Endgerät, von der Übertragungsart (Kabel oder Funk) und von der Technologie. Da nur noch Telefone mit einer kombinier-

Deutsche Post AG: Börsengang

Der geplante Börsengang der D. geriet 2000 unter Druck. Grund waren u.a. die hohen Monopolgewinne beim Briefversand, die juristisch angefochten wurden. Eine Verschiebung des Börsengangs von Herbst 2000 auf das nächste Jahr war nicht auszuschließen. Die EU-Wettbewerbshüter ermittelten Mitte 2000, ob die D. die Paketfracht, die im Wettbewerb steht, aus Monopolgewinnen des Briefbereichs subventionierte. Es drohten hohe Geldstrafen oder Auflagen bis zur	Absenkung des Briefportos. Damit müsste sich die D. kurz vor dem geplanten Börsengang mit einer Vielzahl von Portostreitigkeiten und Rückforderungen ihrer Kunden auseinandersetzen. Die D. kündigte an, mit einem Call Center für den vorgesehenen Börsengang zu starten. Interessierte Anleger könnten über die Nummer 01 80 18/5 55 55 zum Citytarif Infos abrufen. 2001 soll die hauseigene Bank an die Börse gehen, 30% ihrer Anteile sollen breit gestreut werden.

ten Tastatur aus Ziffern und Buchstaben zugelassen werden sollen, können aus Telefonnummern Wörter gebildet werden. So ergibt z.B. die persönliche Telefonnummer (700) 53 66 27 36 den Namen LEONARDO.

Telekommunikation

Elektronische Informationsübertragung über weite Strecken

Markt: Seit 1998 können Privatunternehmen nach der EU-weiten Auflösung der Monopole staatlicher Fernmeldegesellschaften ihre Festnetze für die Fernübertragung von Sprache und Daten und ihre eigenen Telefondienste auf dem deutschen Markt anbieten.

Glasfasernetze: Die faserförmigen Kabel aus flexiblem, hochreinem Glas (Durchmesser: 0,001–0,005 mm) sind zur Übertragung von Daten-, Bild-, Text- und Tonsignalen geeignet. In einer Glasfaser (auch Lichtwellenleiter), wird Licht, das an der Stirnfläche eintritt, durch mehrfache totale Reflexion (Lichtwellen) innerhalb der Faser weitergeleitet, bis es am anderen Ende wieder austritt. Ausgangspunkt der Entwicklung war, dass die Bandbreite des sicht- und unsichtbaren Lichts etwa 100-mal größer ist als die aller Radiowellen. 1970 wurde der erste brauchbare Lichtwellenleiter in den USA hergestellt. Seit 1988 verbindet das erste Glasfaser-Seekabel Europa und Amerika (Länge 3 600 km, 38 000 Sprechkanäle). Ab 1981 wurde in Deutschland ein flächendeckendes Glasfasernetz aufgebaut, da die Kapazität der vorhandenen Koaxialkabelnetzes den technischen Anforderungen nicht mehr gerecht wurde. Der Ausbau dieses Glasfaserfernliniennetzes, welches Deutschland maschenartig überzieht, war

2000 fast abgeschlossen. Mit dem Übertragungssystem Wavestar der US-Firma Lucent Technologies kann sich nach eigenen Angaben die Übertragungskapazität auf bis zu 3,2 Terabit/sec (3,2 Billionen Bits) ausbauen lassen. Das entspricht einer Übertragung von rund 90 000 Bänden einer Enzyklopädie in einer Sekunde. Dabei liefert das System Übertragungsleistungen über Strecken bis zu 640 km und kombiniert in einer einzigen Glasfaser bis zu 80 optische Kanäle mit einer Übertragungskapazität von je 2,5 Gigabit/sec. Im Mai 1998 ging Atlantic Crossing Cable in Betrieb. In der letzten Ausbauphase werden die USA, England, Deutschland und Holland miteinander verbunden. Die Gesamlänge des Glasfaserkabels beträgt 24 000 km. Die Übertragungsraten liegen bei 15,5 Gigabit/sec. Das Netz unterstützt Dienste wie ATM sowie Breitband-ISDN und überträgt ebenfalls Internet-Daten. Das US-T.-Unternehmen Global Crossing verfügte Anfang 2000 über die modernste globale Glasfaser-Plattform auf IP-Basis (Protokolle, die den Datenaustausch via Internet steuern). Die Firma baute ein Netz von rund 150 000 km Länge über fünf Kontinente, 24 Länder und 200 Städte auf.

Telekommunikationsdienste: Neuerungen

▶ **SDSL** (Symmetric Digital Subscriber Line, engl.; digitale, symmetrische Anschlussleitung): Die breitbandige digitale Anschlusstechnologie stellt in beide Richtungen gleiche Datenübertragungsrate zur Verfügung und integriert gleichzeitig ISDN-Dienste. Auf der Kupferdoppelader der normalen Telefonleitung sind Übertragungsraten von 2,3 Mbit/sec in beide Richtungen (vom und zum Anwender) möglich. Der Teilnehmer kann sämtliche ISDN-Leistungsmerkmale nutzen, darunter Anklopfen, Makeln, Rufweiterleitung und Dreierkonferenz. SDSL kann parallel zu ADSL eingesetzt werden: Durch eine reduzierte Datenrate werden größere Strecken zwischen Teilnehmer und Vermittlungsstelle überbrückt. Bei einer Datenrate von 2 Mbit/sec reicht das System rund 3,5 km weit, bei 656 Kbit/sec sogar bis zu 6 km. Die breitbandige Datenübertragung per SDSL eignet sich besonders für Internetnutzer z. B. bei Online-Spielen und Videoübertragungen. Unternehmen können Telekommunikations-Anlagen miteinander vernetzen oder Videokonferenzen mit hoher Qualität schalten. Die Inbetriebnahme des SDSL-Systems in Deutschland ist für 2000/2001 geplant.

▶ **xDSL** (Digital Subscriber Line, engl.; Digitale Anschlussleitung): Das x steht für verschiedene Ausprägungen der DSL-Technologie (ADSL, HDSL, RADSL, UADSL, UDSL, VDSL). Sie entstanden aufgrund wachsender Nachfrage nach breitbandigen Diensten insbes. im Bereich des Internet (schneller Zugang zum Internet Service Provider) und wegen der hohen Kosten einer flächendeckenden Umrüstung des TK-Netzes auf optische Übertragungsmittel. Ausgangspunkt ist die unvollkommene Auslastung der Bandbreite. Für die Übertragung von Sprache im Telefondienst werden die Frequenzen bis 4 kHz belegt. Die verlegten Kabel decken aber einen Frequenzbereich bis 1,1 MHz ab und bieten Raum für eine etwa 250-fach größere Bandbreite. Diese Reserven erschließen DSL-Systeme durch die spektrale Aufspaltung des Frequenzbereichs.

Telekommunikationsdienste

ADSL (Asymmetric Digital Subscriber Line, engl.; digitale, asymmetrische Anschlussleitung): ADSL ermöglicht über das normale Telefon-Kupferkabel den Datenaustausch mit bis zu 8 Mbit/sec Geschwindigkeit (ISDN 64 Kbit/sec). ADSL eignet sich besonders für Internet-Dienste, darunter Video on Demand und Multimedia-Anwendungen. Bis 2003 soll ADSL bundesweit ausgebaut sein und bei Internetanwendungen die herkömmliche ISDN-Technik ablösen.

ATM (Asynchronous Transfer Mode, engl.; Asynchroner Übertragungsmodus): ATM deckt eine Bandbreite von 2 Mbit/sec bis zu geplanten 155 Mbit/sec ab und kombiniert die Vorteile verbindungsorientierter Vermittlung (jeder Teilnehmer hat seine eigene Leitung) mit der sog. Paketvermittlung. Durch Zerlegung der Daten in einheitlich lange Pakete mit einer Kennung für den Zielort können unterschiedliche Signale (Sprache, Daten, Bilder) fast gleichzeitig bei höchster Übertragungsgeschwindigkeit über eine Leitung transportiert werden. Jeder Benutzer zahlt für die Datenübertragungsrate, die er auch im Netz nutzt.

ISDN (Integrated Services Digital Network, engl.; diensteintegrierendes digitales Netzwerk): Mit dem computergesteuerten Netz werden Sprache, Texte, Bilder und Computerdateien übermittelt. Grundlage für ISDN bildet das digitalisierte telefonische Fernmeldenetz. Die Zahl der ISDN-Kanäle der Deutschen Telekom stieg 1999 gegenüber dem Vorjahr um 32% auf rund 13,3 Mio Anschlüsse. Die Deutsche Telekom verfügte weltweit über das bestausgebaute ISDN-Netz und mehr ISDN-Leitungen als die hoch technisierten Staaten USA und Japan zusammen. ISDN ist leistungsfähiger als bestehende Netze (Übertragungsgeschwindigkeit ISDN: 64 Kbit/ sec, Telefonnetz: 4,8 Kbit/sec) und für die Übertragung großer Datenmengen geeignet.

EURO-ISDN: Der europäische Betriebsstandard, mit dem z. B. Rufnummern des analogen Telefonnetzes ins ISDN-Netz übernommen werden können, sollte bis Ende 2000 ISDN ablösen. Die Vereinheitlichung des ISDN-Betriebes, an der sich 20 Länder beteiligen, soll den europaweiten Informationsaustausch verbessern.

Telekommunikation: Unternehmen

▶ **Mannesmann/Vodafone** (Festnetz und Mobilfunk): Mit der teuersten Firmenfusion der Geschichte von Vodafone AirTouch und Mannesmann Anfang 2000 im Wert von 400 Mrd DM entstand der weltgrößte Mobilfunkanbieter. Die Mannesmann-Aktionäre wurden mit 49,5% am neuen Konzern beteiligt. Insgesamt kam der neue Verbund auf 48 Mio Kunden in 25 Ländern und einen Umsatz von ca. 30 Mrd DM.

▶ **MobilCom** (Festnetz und Mobilfunk): MobilCom gehörte um 2000 zu den erfolgreichsten privaten Telefongesellschaften Deutschlands. Neben dem beständig expandierenden Mobilfunkgeschäft profitierte sie von der Liberalisierung des deutschen TK-Marktes. 1999 erzielte MobilCom einen Gesamtumsatz von 2,44 Mrd DM (+66% im Vergleich zum Vorjahr). Der Jahresüberschuss vor Steuern stieg um 13,2% von 250,5 Mio DM auf 283,5 Mio DM. Nach Abzug der Steuern lag der Konzernüberschuss bei 244,3 Mio DM und damit 73% höher als 1998 (140,8 Mio DM). Mitte 2000 betreute MobilCom rund 1,86 Mio Mobilfunk-Kunden, mehr als 600 000 Preselectionkunden, über 820 000 aktive Internet-Nutzer sowie weitere 3,5 Mio–4 Mio Festnetz- und Internetkunden.

▶ **o.tel.o** (Festnetz): Im April 1999 wurde der von der RWE AG und der VEBA AG gegründete Konzern von Mannesmann Arcor aufgekauft. Als eigenständige Tochtergesellschaft der Arcor-Gruppe hatte o.tel.o seine Geschäftsfelder neu ausgerichtet. Das Unternehmen konzentrierte sich, mehr als die Muttergesellschaft Arcor, auf das Privatkundengeschäft. In den ersten Monaten 2000 erreichte es pro Monat 60 000 Neukunden. Im Februar 2000 hatte o.tel.o eine

eigene Telefonverbindung in die Türkei über ein neu verlegtes Seekabel in Betrieb genommen. Das Kabel verfügt über eine Übertragungsrate von 40 Gigabit/sec, so dass 500 000 Telefongespräche gleichzeitig geführt werden können.

▶ **Talkline** (Festnetz und Mobilfunk): Die Talkline GmbH, eine private Telefongesellschaft mit Sitz in Elmshorn, gehörte 2000 zur größten dänischen Telefongesellschaft Tele Danmark. Seit ihrem Eintritt in den liberalisierten deutschen TK-Markt (1992) zählt sie zu den führenden Anbietern in Deutschland. Mit rund 1600 Mitarbeitern erwirtschaftete das Unternehmen 1999 einen Umsatz von ca. 1,9 Mrd. DM. Talkline hatte im Frühjahr 2000 im Festnetz rund 170 000 Kunden, im Mobilfunk 1,1 Mio und im Internet 450 000.

▶ **Tele2** (Festnetz): Tele2 Europe nahm seinen Betrieb in Deutschland im März 1998 auf. Das Unternehmen konzentrierte sich auf den Einsatz einer leicht verständlichen Preisstruktur. Die Kunden werden vor einer Investition in kostspielige Netze über gemietete Tele-Kapazität erreicht, im Gegensatz zu den meisten Konkurrenten, die sich auf ihr Netzwerk konzentrieren.

▶ **Telekom, Deutsche** (Festnetz und Mobilfunk): Der größte europäische und weltweit drittgrößte TK-Anbieter scheiterte im April 1999 mit der geplanten Fusion mit der Telecom Italia und erwarb Ende Juni 1999 den britischen Mobilfunkbetreiber One2One. Der Konzern gehörte zu den größten Unternehmen der Welt. Die Deutsche Telekom AG verfügte 1999 mit mehr als 150 000 km über das dichteste Glasfasernetz der Welt. Die Zahl der Festnetz-Anschlüsse stieg 1999 um 1,3 Mio (3%) auf 47,8 Mio. Das Wachs-

tum bei den ISDN-Kanälen betrug 1999 rund 32% (insgesamt 13,3 Mio). Der Anteil der ISDN-Kanäle im Netz der Deutschen Telekom lag Ende 1999 bei 28%. Damit verfügte das Unternehmen weltweit über das am besten ausgebaute ISDN-Netz und mehr ISDN-Leitungen als die USA und Japan zusammen. Die Zahl der Mobiltelefonkunden im inländischen digitalen Mobilfunknetz D1 stieg 1999 gegenüber dem Vorjahr um 65% von 5,5 Mio auf 9,1 Mio. Mit dem Wachstum um 1,5 Mio T-Online-Teilnehmer auf 4,2 Mio Kunden (Ende 1999) gegenüber 1998 baute die Deutsche Telekom ihre Position als führender Online- und Internetzugang-Provider Europas aus. Im Bereich Kabel-TV betrug die Zahl der angeschlossenen Haushalte Ende 1999 rund 18 Mio. Das Kabelgeschäft wurde 1999 aus der Deutschen Telekom ausgegliedert und in neun Regionalgesellschaften überführt. Der Personalabbau des Konzerns wurde 1999 fortgesetzt. Ende 1999 betrug die Zahl der Mitarbeiter 172 900, rund 4% weniger als 1998.

▶ **Westcom** (Festnetz): Das Unternehmen der GTS-Gruppe (Global TeleSystems Group) verfügte um 2000 über eine bundes- und europaweite Infrastruktur. GTS betrieb das größte grenzüberschreitende Glasfasernetz mit aller mehr 16 000 km physikalischer Länge (über 132 000 Wellenlängen-Kilometer) in rund 50 europäischen Städten längste Breitbandnetz Europas. Mit Citynetze führte GTS seine Infrastruktur direkt in die Innenstädte der europäischen Metropolen. Das Unternehmen bediente Anfang 2000 gut 40 000 Geschäftskundenstandorte in Deutschland und über 100 000 Unternehmensstandorte in Europa.

Telekommunikations-Innovationen

Das seit Jahrzehnten genutzte analoge System über Hoch- und Niederspannungsleitungen (Stromnetz) ist wegen seiner Störanfälligkeit nicht für moderne Formen der Telekommunikation geeignet. Daher wurden digitale Übertragungswege entwickelt.

PLC: Beim PLC (Powerline Communication, engl; Datenübertragung über Stromnetz) der RWE Energie AG werden zusätzlich zur Netzfrequenz von 50 Hz weitere Frequenzen geschaltet, über die Sprache und Daten übertragen werden können. Ein Adapter wandelt die von einem PC gesendeten digitalen Daten in elektrische Schwingungen um und schickt sie über die Steckdose in die Stromleitung. Dort fließen die

Daten parallel zur elektrischen Spannung mit bis zu 2 Mbit/sec. Der Adapter des Empfänger-Computers wandelt die Informationen wieder in Daten zurück.

Internet-Telefon: Seit 1999 kann über das Internet telefoniert werden. Teilnehmer wählen mit einem Telefon einen Sprachcomputer des Telekommunikationsanbieters, der im Ortsnetz installiert ist, und lassen sich zum Anschluss des Telefonpartners durchstellen. Bei diesem Verfahren können die Kosten für Ferngespräche niedriger liegen als beim herkömmlichen Telefonieren. Auch per Computer ist Telefonieren über Internet möglich, wenn der Rechner über Soundkarte, Lautsprecher und Mikrofon verfügt. Die Gesprächspartner müssen die gleiche Software benutzen und sich zu einem bestimmten Zeitpunkt verabreden.

Abgasgrenzwerte

1995 wurden insgesamt noch 945 Kilotonnen (kt) Stickoxide von Fahrzeugen in Deutschland ausgestoßen. 2000 sollen es nur noch 690 kt, im Jahr 2005 490 kt sein.

PKW und LKW: Zum 1.1.2000 traten in der EU die strengeren A. der sog. Euro-III-Norm in Kraft. Sie gelten zunächst nur für neue Modelle, ab 1.1.2001 für alle neu zugelassenen Fahrzeuge, auch die aus älteren Modellreihen. Die Grenzwerte für Stick-

stoffoxide (NOx) und Kohlenwasserstoffe wurden gegenüber der Euro-II-Norm (1997) bei Benzin-PKW etwa halbiert, bei LKW und Bussen um ca. 30% reduziert. Die Grenzwerte für Rußpartikel wurden bei Diesel-PKW, LKW und Bussen um rund ein Drittel vermindert. Benzin-Neuwagen benötigen seit 1.1.2000 ein eingebautes Abgas-Diagnosesystem.

Schwefelarmer Kraftstoff: Im Rahmen des sog. Auto-Öl-Programms der EU wurden die Schwefelgrenzwerte für Benzin zum 1.1.2000 um 70%, für Dieselkraftstoff um 30% gesenkt. Schwefelarmer Kraftstoff reduziert den Ausstoß krebserregender Rußpartikel, verlängert die Haltbarkeit der Abgas-Katalysatoren und ermöglicht den Bau neuartiger Katalysatortypen. Der Benzolgehalt bei Benzin wurde auf 1%, der Gehalt an aromatischen Kohlenwasserstoffen auf 42% begrenzt. Schwefelarmer Kraftstoff, der bereits die Euro-IV-Norm von 2005 einhält, wird ab November 2001 um 3 Pf je Liter steuerlich begünstigt. Die Firma Greenergy brachte ihn 1996 in Deutschland und in der Schweiz erstmals in den Handel; im Mai 2000 folgte Shell als erste bundesweite Tankstellenkette.

■ Abgasgrenzwerte: Ausstoß von Stickstoffoxiden[1]

Fahrzeug	1995	2000[2]	2005[2]
PKW mit Ottomotor und Katalysator	140	160	140
PKW mit Ottomotor ohne Katalysator	275	70	0
Diesel-PKW	70	70	50
LKW und Busse	460	390	300

1) Kilotonnen pro Jahr (1 kt = 1000 t), gerundet; 2) Prognose; Quelle: Institut für Energie- und Umweltforschung (Wien), Neue Zürcher Zeitung, eigene Berechnung

▦ EU-Abgas- und Schwefelgrenzwerte

Fahrzeugart/ Schadstoffe	ab 1.1.1997 (Euro II)	ab 1.1.2000 (Euro III)	ab 1.1.2005 (Euro IV)
Schwefel im Benzin[1]	0,5	0,15	0,05
Schwefel im Dieselkraftstoff[1]	0,5	0,35	0,05
PKW mit Benzinmotor			
Stickoxide[2]	0,252	0,14	0,07
Kohlenmonoxid[2]	2,7	1,5	0,7
Kohlenwasserstoffe[2]	0,341	0,17	0,08
PKW und Klein-LKW mit Dieselmotor			
Stickoxide[2]	k.A.	0,5	0,25
Kohlenmonoxid[2]	k.A.	0,6	0,47
Rußpartikel[2][3]	0,08	0,05	0,025
LKW und Busse ab 3,5 t			
Stickoxide[4]	7,0	5,0	3,5
Kohlenmonoxid[4]	4,0	2,1	1,5
Kohlenwasserstoffe[4]	1,1	0,66	0,46
Rußpartikel[3][4]	0,15	0,1	0,02

1) Promille; 2) g/gefahrenem km; 3) inkl. sonstiger Partikel; 4) g/kWh Motorleistung;
Quellen: Bundesgesetzblatt; Bundesministerium für Umwelt; Frankfurter Rundschau 11.7.1998

Artenschutz

Maßnahmen zum Schutz der durch menschliche Eingriffe in die Natur vom Aussterben bedrohten Tier- und Pflanzenarten, d.h. gegen das Artensterben und für den Erhalt der Artenvielfalt (Biodiversität); Teilbereich des Naturschutzes.

Artensterben: Nach Angaben des Worldwatch-Instituts und der Welternährungsorganisation FAO waren Ende des 20. Jh. etwa 25% der bekannten Säugetierarten, 25% der Lurch-, 11% der Vogel-, 34% der Kriechtier- und 20% der Fischarten sowie 30% der Nutztierrassen vom Aussterben bedroht. Die Zahl der Tier- und Pflanzenarten wird auf 13 Mio bis 30 Mio geschätzt, wovon 1999 erst rund 1,8 Mio von den Biologen erfasst und beschrieben waren.

Konferenz: Auf der Vertragsstaatenkonferenz des A.-Abkommens CITES im März 2000 in Nairobi/Kenia übergaben Vertreter von Naturschutzgruppen 8 Mio weltweit gesammelte Unterschriften für das weitere Verbot des Handels mit Elfenbein-, Schildkröten- und Walprodukten (siehe Kasten).

Neuentdeckte Arten: Im Amazonas-Regenwald in Brasilien entdeckte der niederländische Zoologe Marc van Roosmalen Anfang 2000 zwei bis dahin unbekannte Affenarten. Die der Gattung Callithrex zugeordneten langschwänzigen Affen sind so klein wie Eichhörnchen.

www.cites.org (CITES); www.aga-international.de/cites.htm (A.-Konferenz in Nairobi); **www.altmuehlnet.de/~bn/LebJahr.htm** (Tiere und Pflanzen des Jahres); **www.conservation.org/WEB/NEWS/PRESSREL/00-0422.htm** (neue Affenarten); **www.wwf.de** (World Wide Fund for Nature); **www.bfn.de** (Bundesamt für Naturschutz; Rote Liste für Deutschland)

Bodenschutz

Der Schutz land- und forstwirtschaftlich nutzbarer Böden vor Erosion, Verkarstung und Wüstenbildung, aber auch der Schutz offener Böden vor Vergiftung und Versiegelung

Nach Schätzungen der Welternährungsorganisation FAO gingen in den 1990er Jahren jährlich 50 000 bis 70 000 km^2 Acker- und Weideland durch Übernutzung, Versalzung und Erosion unwiederbringlich verloren. Betroffen waren ein Drittel aller Landflächen und 1 Mrd Menschen.

Artenschutz: Konferenz 2000 in Kenia

Die wichtigsten Konfliktpunkte und Beschlüsse der Artenschutz-Konferenz in Nairobi/Kenia im März 2000 waren:

▸ **Elefanten:** Das seit 1989 gültige Handelsverbot für Elfenbein bleibt vorerst bestehen. 1999 durften Namibia, Simbabwe und Botswana, wo die Elefantenherden durch effektiven Schutz stark zugenommen hatten, ausnahmsweise 50 t Elfenbein nach Japan liefern, um mit dem Erlös ihre Nationalparks zu finanzieren. Auch Südafrika forderte in Nairobi die kontrollierte Freigabe des Elfenbeinhandels, während Kenia mit Hinweis auf wieder angewachsene Wilderei am Verbot festhielt. In Indien verschwanden dagegen die Elefanten: Anfang 2000 gab es noch 800 zeugungsfähige Bullen, wie eine indische Ministerin bekannt gab. Wil-

derer schossen in den 1990er Jahren jährlich 10% der Stoßzahnträger ab.

▸ **Meerestiere:** Die vor allem von den USA und Australien geforderte Handelsbeschränkung für Flossen und Zähne des Weißen Hais fand keine Mehrheit, ebenso wenig wie der Schutz des Riesen- und Walhais sowie des tansanischen Nilkrokodils. Der Handel mit Karibischen Meeresschildkröten und ihrem Schildpatt sowie mit Walprodukten bleibt verboten.

▸ **Heilpflanzen:** Die extrem gefährdeten russischen Bestände der Ginseng-Heilpflanze wurden in Anhang II aufgenommen (Handelskontrolle). Alle übrigen gefährdeten Heilpflanzen, darunter die vor allem in Deutschland beliebte Teufelskralle und das Adonisröschen, bleiben ungeschützt.

Artenschutz: Die Pflanzen und Tiere des Jahres 2000

▸ **Äskulapnatter** (Elaphe longissima): Die Schutzgemeinschaft Deutsches Wild kürte 1999 eine der wenigen einheimischen Schlangen zum Tier des Jahres 2000. Das Wappentier der Ärzte ist wie alle Nattern ungiftig, wird bis zu 1,80 m lang, kann klettern und frisst Mäuse, die sie zuvor erdrückt. Da die Jungtiere Eidechsen fressen, die es hier kaum noch gibt, ist die Äskulapnatter in Deutschland vom Aussterben bedroht; sie lebt vereinzelt im südl. Odenwald, im Wiesental bei Lörrach und im Donautal bei Passau.

▸ **Blauroter Steinsame** (Lithospermum purpureo-caeruleum): Das Rauhblattgewächs, die 30-60 cm hohe Staude, blüht von April bis Juni zunächst purpurrot, später azurblau. Die weißen, glatten Teilfrüchtchen sehen wie kleine Steine aus. Den typischen Vertreter der Steppenheide wählte die Stiftung Naturschutzring zur Blume 2000, weil licht- und wärmeliebende Pflanze- der Waldsäume durch land- und forstwirtschaftliche Eingriffe immer mehr verschwindet.

www.universe.sgh-net.de/natur/steinsame.html

▸ **Königs-Fliegenpilz** (Brauner Fliegenpilz, Amanita regalis): Der Pilz 2000 (Deutsche Gesellschaft für Mykologie) sieht durch seine weißen Punkte dem bekannten Roten Fliegenpilz ähnlich, ist aber viel seltener. Er kommt nur noch in natürlichen Fichtenwäl-

dern im Harz, Erzgebirge, Thüringer Wald, Vogtland, Fichtelgebirge, Bayerischen und Oberpfälzer Wald vor.

▸ **Lachs** (Salm, Salmo salar): Den früher erlesenen Speisefisch wählte der Verband Deutscher Sportfischer zum Fisch des Jahres 2000. Die Massentierhaltung und Mast in Lachsfarmen hatte ähnlich tierquälerische Züge angenommen wie bei Hühnern und Puten. Gleichzeitig bemühten sich Naturschützer, den Lachs wieder in Rhein, Elbe u. a. Flüssen anzusiedeln. Verschwunden ist er dort vor allem wegen der Schleusen, Flussbegradigungen und der Befestigung von Ufern.

▸ **Rosenkäfer** (Cetonia aurata): Der oben goldgrün, unten kupfergolden glänzende, 14-20 mm lange Blatthornkäfer steht unter Naturschutz und ist Insekt 2000. Die bis 45 mm großen Engerlinge entwickeln sich im Mulm (abgestorbenen Holz) alter Bäume (Eiche, Pappel, Weide, Obstbäume), in Humuserde, gern auch in Komposthaufen; die ausgewachsenen Käfer fressen gern in Rosen-, Flieder- und anderen Blüten.

www.dei-eberswalde.de/insekt00.htm

▸ **Roter Milan** (Gabelweihe, Milvus milvus): Der etwa 60 cm lange Greifvogel mit dem tief gegabelten rötlichen Schwanz ist Vogel 2000 (Naturschutzbund Deutschland). Von den weltweit noch 23 000 Paaren leben 60–70% im Sommer in Deutschland, meist

in Ostdeutschland. Sie lieben abwechslungsreiche Hügellandschaften und ernähren sich insbes. von Mäusen und Hamstern. Die Ersetzung der in der DDR üblichen Luzernen- durch Rapsfelder macht ihnen zu schaffen, da sie im Raps Beutetiere nicht sehen können. Seit 1990 gingen die ostdeutschen Bestände um 25% zurück.

www.nabu.de/vdj2000/vogel1.htm

▸ **Rotes Waldvöglein** (Cephalanthera rubra): Die Orchidee des Jahres 2000 fällt im Juni und Juli durch ihre großen, rotlila gefärbten Blüten auf und ist in Süddeutschland noch zerstreut in Buchenwäldern an lichten, warmen, kalkhaltigen Standorten zu finden, auch an Straßenrändern. Sie steht wie alle heimischen Orchideen unter Naturschutz.

▸ **Rottaler Pferd:** Von der Nutztierrasse 2000 gibt es auf Erden noch ganze 22 Exemplare. Das mittelgroße, vielseitig verwendbare, harmonisch gebaute, breite und starkknochige, meist einfarbig braune Warmblutpferd wurde im bayerischen Rottal seit dem 10. Jh. gezüchtet und hatte große Bedeutung als Kutschpferd.

▸ **Sandbirke** (Hängebirke, Betula pendula): Die Schutzgemeinschaft Deutscher Wald kürte diese Birke zum Baum 2000. Sie besiedelt Kahlschläge, Brachflächen, Aushaldhalden und Hausruinen und leitet die Wiederbewaldung ein.

www.dainet.de/sdw/baum_d_j.htm

Bodenschutz: Giftflächen in der EU[1]

Land	ausgewiesen	gesamt[2]
Frankreich	k.A.	700 000
Deutschland	202 880	240 000
Niederlande	k.A. / 120 000	
Großbritannien	k. A. / 100 000	
Österreich	28 000 / 80 000	
Dänemark	37 000 / 40 000	
Finnland	10 396 / 25 000	
Belgien[3]	5528 / 9 000	
Italien	8 873 / k. A.	
Portugal	7000 / k. A.	
Spanien	4902 / k. A.	

1) mit mutmaßlicher Giftbelastung; 2) Schätzung; 3) nur in Flamen; von den nicht genannten EU-Staaten liegen keine oder nur niedrige Werte vor; letztverfügbarer Stand: 1998; Quellen: EUA, ETCIS

In der EU waren Ende der 1990er Jahre insgesamt 300 000 Flächen als giftbelastet ausgewiesen, Schätzungen gingen aber von insgesamt 1,5 Mio belasteten Flächen aus.

Wüstenkonvention: Im November 1999 tagte die vierte Vertragsstaatenkonferenz der UN-Konvention zur Bekämpfung der Wüstenbildung (UNCCD) in Recife/Brasilien. Erstmals mussten die Vertreter der beteiligten afrikanischen Länder detailliert Auskunft geben, was sie für den B. getan und wie sie die betroffene Bevölkerung, vor allem die Frauen, dabei einbezogen hatten. Frauen sind in vielen Staaten Afrikas traditionell für die Feldarbeit zuständig.
www.unccd.ch (UNO-Wüstenkonvention)

Gewässerschutz

Die Zahl der stark verschmutzten Flüsse nahm in der EU in den 1990er Jahren ab, weil die Abwässer besser geklärt wurden. Die Belastung mit Phosphaten und organischen Verbindungen ging zurück, doch die Nitratbelastung (u. a. durch Landwirtschaft) blieb seit 1980 konstant. In deutschen Flüssen wurden 1998 an jeder dritten Messstation die Biotop-Grenzwerte für Pflanzenschutzmittel überschritten, insbes. wegen der Herbizide Isoproturon und Diuron.
Oder: Im Sommer 1999 trat die neu gebildete internationale Oderschutzkommission erstmals zusammen. Im Dezember 1999 präsentierten die Vertreter der Oder-Anliegerstaaten Polen, Tschechien, Deutschland und der EU ein Sofortprogramm über Neubau oder Modernisierung von 85 kommunalen und 52 Industriekläranlagen (118 in Polen, 13 in Tschechien, 7 in Deutschland), um die Schadstofffracht der Oder zu senken.
Theiß und Donau: Im Januar 2000 ergossen sich aus dem Sedimentationsbecken einer Goldmine in Baia Mare/Rumänien große Mengen zyanidhaltiges Wasser über zwei Nebenflüsse in die Theiß. Die Giftflut tötete fast im gesamten ungarischen Abschnitt der Theiß (über 200 km) alles Leben, erreichte bei Szeged Serbien und oberhalb von Belgrad die Donau. Etwa 16 t tote Fische wurden aus Theiß und Donau geholt, tausende von Fischern ruiniert. Das Zyanid, ein schweres Atemgift, stammte aus der Goldmine Aurul. Dort wurde mit dem Gift Restgold aus alten Abraumhalden ausgewaschen. Das Sedimentationsbecken für die zyanidhaltigen Schlämme war nach starken Regenfällen und einer Schneeschmelze übergelaufen, der Erddamm gebrochen. Im März 2000 wurden auf ähnliche Weise rund 25 000 t schwermetallhaltige Schlämme vom rumänischen Baia Borsa in die Theiß gespült. Sie stammten aus einer Zink-, Kupfer- und Bleimine. Im April 1998 war der spanische Doñana-Nationalpark von einem ähnlichen Unglück betroffen. Umweltschützer forderten, alle vergleichbaren Becken in Europa zu erfassen, zu kontrollieren und die Verwendung von Zyaniden zu verbieten.
www.umweltbundesamt.de

Lärm

1999 fühlten sich lt. Umfragen etwa 70% der Deutschen durch den L. des Straßenverkehrs belästigt, 50% durch Fluglärm. 16% der Bevölkerung waren tagsüber einem Lärmpegel von über 65 dB ausgesetzt – meist als Anwohner innerstädtischer Hauptverkehrsstraßen. Im Jahresbericht 1998 des Umweltbundesamtes (vorgelegt im September 1999) spielte die L.-Bekämpfung eine zentrale Rolle. Um das vom L. ausgehende Herz-Kreislauf-Risiko zu verringern, empfahl der Sachverständigenrat für Umweltfragen im August 1999 einen Grenzwert von 62 dB und längerfristig von 55 dB. Das Umweltbundesamt (Berlin) forderte, den Verkehrslärm drastisch zu reduzieren.

www.themes.eea.eu.int/ (Europäische Umweltagentur, Themen); **www.fluglaerm.de** (Initiativen gegen Fluglärm); **www.dalaerm.de** (Details zum Thema Lärmbekämpfung)

Luftverschmutzung

Die L. mit Staub und Schwefeldioxid (SO_2), letzteres hauptverantwortlich für den sauren Regen, wurde in Deutschland und Europa in den 1990er Jahre beträchtlich geringer, vor allem durch die Filterung und Entschwefelung von Kraftwerks-Rauchgasen. Bis 2010 wird für Europa beim SO_2 ein Rückgang um 70% gegenüber 1990 erwartet. Der Ausstoß von Stickstoffoxiden (NOx) ging ebenfalls zurück, aber weniger stark. Bis 2010 wird für Europa ein Rückgang um 45% gegenüber 1990 prognostiziert.

Göteborg-Protokoll: Am 1.12.1999 unterzeichnete Deutschland in Göteborg/Schweden ein neues Protokoll über die Eindämmung weiträumiger L. in Europa, auf das sich die Europäische Wirtschaftskommission bei der UNO geeinigt hatte. Es schreibt das Genfer Abkommen über Luftreinhaltung (1979) fort und formuliert Minderungsziele bis 2010 für den Ausstoß von Schwefeldioxid, Stickstoffoxiden, flüchtigen Kohlenwasserstoffen und Ammoniak (aus der Landwirtschaft). Ziel ist, in jeder 150x150 km großen Gitterzelle Europas bis 2010 die übersäuerten Flächen um 50%, die stickstoffbedingte Überdüngung um 60%, die Ozonbelastung der Menschen um 66% und die Vegetation um 33% zu verringern.

EU: Die seit Juli 1999 gültige EU-Richtlinie zur Luftqualität legt schärfere Grenzwerte für die L. mit Schwefeldioxid, Stickstoffoxiden, Staubpartikeln und Blei fest, die ab Juli 2001, Januar 2005 und Januar 2010 gelten (siehe Tabelle). Für die Messung von gesundheitsschädlichen Feinststäuben (PM 10= Partikelgrößen unter 10 µg) müssen die Bundesländer neue Verfahren einführen. Industriebetriebe in Ballungsräumen müssen ab 2005 vermutlich ihre Abgase zusätzlich filtern, um die Staubgrenzwerte einhalten zu können.

Schwarzes Dreieck: Rund um das Dreiländereck Deutschland–Polen–Tschechien, jahrzehntelang eines der Gebiete mit der stärksten L. in Europa, sank die Konzentration von Schwefeldioxid (SO_2) 1996 bis 1998 von teilweise 70 auf unter 30 µg/m³ Luft. Eine Regionalkonferenz der Umweltverwaltungen der drei Länder bilanzierte im März 2000 in Dresden eine erfolgreiche Kooperation. Auf tschechischer Seite wurde mit deutscher Hilfe der SO_2-Ausstoß seit

Luftverschmutzung: EU-Grenzwerte[1]

Schadstoffbereich	1.1.2005	1.1.2010
Schwefeldioxid im Jahres- u. Wintermittel im ländl. Raum	20	20
Schwefeldioxid-Spitzen[2] im Tagesmittel, Ballungsräume	3*125	3*125
Schwefeldioxid-Spitzen im Stundenmittel, Ballungsräume	24*350	24*350
Stickstoffoxide im Jahresmittel, ländlicher Raum	30	30
Stickstoffdioxid im Jahresmittel, Ballungsräume	–	40
Stickstoffdioxid-Spitzen im Stundenmittel, Ballungsräume	–	18*200
Staubpartikel (PM10) im Jahresmittel, Ballungsräume	50	20
PM10-Spitzen im Tagesmittel, Ballungsräume	35*50	7*50
Blei im Jahresmittel, Ballungsräume	0,5[3]	0,5[3]

1) µg/m3 Luft (1 g = 1 Mio µg [Mikrogramm]); 2) Spitzen: 3*125 bedeutet z. B., der Grenzwert 125 µg darf nicht öfter als dreimal im Kalenderjahr überschritten werden; 3) in Gebieten mit traditionell hoher Blei-Belastung 1,0 µg/ m3 Luft; Quelle: Bundesumweltministerium, www.bmu.de

Luftverschmutzung: Dieselruß

Ein Forschungsprojekt des deutschen Umweltbundesamtes (Berlin) und externer Toxikologen ermittelte im Sommer 1999, dass die Rußpartikel in den Abgasen älterer Diesel-PKW (Baujahr um 1985) zehnmal so krebserregend sind wie die von Benzin-PKW ohne Katalysator. Dieses Verhältnis bleibt in allen höheren Abgasnormen (Euro II, III und IV) erhalten, wobei die Krebsgefahr insgesamt aber deutlich gesunken ist. Erst die Einführung von Partikelfiltern könnte die Krebspotenz von Diesel-Abgasen auf das Niveau der mit Katalysatoren gereinigten Ottomotorabgasen reduzieren.

1992 um 85000 t reduziert. SO_2 ist Hauptverursacher von Bodenversauerung und Waldsterben im Erzgebirge.

www.unece.org/env/lrtap (Text des Göteborg-Protokolls); http://themes.eea.eu.int (Europäische Umweltagentur, Themen); http://warehouse.eea.eu.int (europäische Umweltdaten); www.umweltbundesamt.de

Naturkatastrophen

Die Münchener Rückversicherung zählte 1999 weltweit 755 große N. (Vorjahr: 702, +7,5%). Es war ein neuer Rekord und lag weit über dem langjährigen Mittel von 600.

Weltweite Naturkatastrophen: Schäden

Zeitraum	Mrd DM[1]
1990er Jahre[2]	1072
1980er Jahre	386
1970er Jahre	248
1960er Jahre	138
1950er Jahre	77

1) berechnet in Werten von 1998; von US-Dollar in DM umgerechnet (Faktor 2); 2) Die Steigerung beruht z. T. auf Verbesserungen in der Informationsbeschaffung seit etwa 1985; Quelle: Münchener Rück 1999; eigene Berechnung

Naturkatastrophen: Anteile	
Naturkatastrophen	*Anteile (%)[1]*
Erdbeben	35
Überschwemmungen	30
Stürme	28
Dürren, Waldbrände, Frost u. a.	7

1) an der Gesamtschadenssumme 1950–1999

Bei den N. 1999 starben 70 000–100 000 Menschen. Die volkswirtschaftlichen Schäden von N. stiegen in den 1990er Jahren auf über 1000 Mrd DM. In den 1980er Jahren lagen sie noch bei 386 Mrd DM (in Preisen von 1998). Die Münchener Rück, weltgrößter Versicherer, führte die Steigerung auf die wachsende Konzentration der Weltbevölkerung in gefährdeten Millionenstädten (an Küsten und Flüssen) sowie auf die Klimaveränderung zurück.

Naturschutz

Der Schutz von natürlichen und naturnahen Landschaften, Biotopen (natürlichen Lebensräumen), Pflanzen- und Tierarten vor Schädigungen durch die menschliche Zivilisation, vor allem durch Ausweisung von N.-Gebieten

Gesetz: Das Bundesumweltministerium bereitete im Frühjahr 2000 eine Neufassung des Bundes-N.-Gesetzes vor, die das Verhältnis zwischen N. und Landwirtschaft neu definieren sollte. Auf Bundesebene soll ein Verbandsklagerecht für N.-Verbände eingeführt und den Ländern das Ziel aufgegeben werden, auf 10% der Landesfläche einen großflächigen Verbund naturnaher Biotope (Lebensräume) zu schaffen. Damit soll die seit 1997 fällige Flora-Fauna-Habitat-(FFH-)Richtlinie der EU erfüllt werden. Die Entschädigung der Landwirte, die durch N.-Projekte nutzbare Flächen verlieren, soll den Ländern überlassen werden. An dieser Frage war bis 2000 in den meisten Bundesländern die von der EU verlangte Benennung von Gebieten für den europäischen FFH-Verbund »Natura 2000« gescheitert. Die FFH-Flächen sollen dem Schutz natürlicher Pflanzen (Flora), Tiere (Fauna) und Standorte (Habitate) dienen. Deutschland hatte Ende 1999 erst 1,7% seiner Fläche gemeldet und bildete das Schlusslicht in der EU (Dänemark: 26%; Griechenland: 20%; Italien: 15%).

Biosphärenreservate: Das Reservat Mittlere Elbe wurde 1999 zum Reservat Flusslandschaft Elbe ausgeweitet, das auf 3750 km^2 das Elbetal in Sachsen-Anhalt, Brandenburg, Mecklenburg-Vorpommern, Niedersachsen und Schleswig-Holstein umfasst. Die Elbe ist – anders als Rhein und Mosel – von Begradigungen und Staustufen verschont geblieben und noch sehr natur-

Naturschutz: Beute der Jäger	
Getötete Tiere	*Stück*
Rehe	1 035 000
Füchse	665 000
Wildtauben	664 000
Wildenten	487 000
Feldhasen	446 000
Wildkaninchen	287 000
Fasanen	271 000
Wildschweine	251 000
Hirsche	50 000
Steinmarder	47 000
Damhirsche	39 000
Dachse	34 000
Wildgänse	32 000
Wiesel	30 000

Letztverfügbarer Stand: 1998; Quellen: DJV, Die Woche 2000

TOP TEN	Naturschutz: Die größten Naturparks		
Name		*Bundesland*	*Naturfläche (km²)*
1. Bayerischer Wald			3020
2. Altmühltal			2962
3. Fränkische Schweiz/ Veldensteiner Forst			2310
4. Saar-Hunsrück			1951
5. Bergisches Land			1910
6. Pfälzer Wald			1798
7. Nordeifel – Hohes Venn			1751
8. Oberer Bayerischer Wald			1738
9. Bayerischer Spessart			1710
10. Bergstraße/Odenwald			1629

Stand: 1999; Quelle: BfN 1999

nah. 2000 wurde das mecklenburgische Reservat Schaalsee (303 km²) von der UNESCO anerkannt. Die Seen mit ihren Röhrichtgürteln, Mooren und Bruchwäldern bieten Lebensraum für seltene Tier- und Pflanzenarten wie Fischotter, Seeadler, Unken, Sonnentau und Orchideen.

Weltweit: US-Botaniker und Zoologen legten 1999 eine Liste von 25 Regionen mit insgesamt 800 000 km² vor, in denen etwa 44% aller bekannten höheren Pflanzen- und 35% der bekannten Landtierarten beheimatet sind. Dazu gehören u. a. Madagaskar, die Philippinen, die Inseln Indonesiens und Malaysias, der Kaukasus, Teile Brasiliens, Kaliforniens und der Mittelmeerländer (u. a. Mallorca). Durch primären Schutz dieser Regionen (»biodiversity hotspots«) könnten die meisten bedrohten Tier- und Pflanzenarten gerettet werden.

www.bfn.de (Bundesamt für N.);
www.europarc.org (europ. Verbund von Nationalparks und N.-Gebieten); **www.nationalpark.net** (Verbund der deutschen Nationalparks)

Ökologischer Landbau

Form der Landwirtschaft, die auf Mineraldünger, Pestizide und Futterzusatzstoffe völlig, auf zugekauftes Tierfutter weitgehend verzichtet. Die den Feldern entzogenen Nährstoffe werden durch optimale Fruchtfolgen, Gründüngung mit stickstoffbindenden Pflanzen (z. B. Klee), Kompost und Mist wieder zugeführt; Unkraut wird von Hand entfernt, Schädlingsbefall biologisch reguliert. Das Vieh wird artgerecht gehalten und gefüttert.

Anfang 2000 waren in Deutschland 9700 Höfe mit insgesamt ca. 490 000 ha als Betriebe des Ö. anerkannt (+30% Anbaufläche gegenüber 1999). 2,9% der landwirtschaftlichen Nutzfläche wurden ökologisch bewirtschaftet. Die höchsten Anteile gab es in Mecklenburg-Vorpommern (6,1%), Brandenburg (4,3%), Baden-Württemberg und Bayern. Führend in Europa war Österreich (10,1% 1998).

Markt: Naturkostprodukte erreichten 1999 in Deutschland ein Umsatzvolumen von fast 4 Mrd DM (1,8% des deutschen Nahrungsmittelumsatzes). Die Zahl der Naturkostkunden nahm ab, doch stieg der Naturkostanteil in Supermärkten, weil die Produzenten zunehmend die von Lebensmittelhandel geforderten großen, einheitlichen Produktpartien liefern konnten. Der Preisverfall bei Nahrungsmitteln schlug 1999 auch auf Naturkostprodukte durch.

Naturschutz: Schutzgebiete in der EU

Land	Schutzgebiete	Anteil (%)[1]
Belgien	4313	13,7
Dänemark[2]	9601	22,1
Deutschland[3]	14 121	3,7
Finnland	27 500	7,9
Frankreich	7794	1,3
Griechenland	4965	3,7
Großbritannien	7718	3,2
Irland	2226	3,2
Italien	9472	3,2
Luxemburg	160	6,0
Niederlande[2]	3448	15,8
Österreich	11 333	13,2
Portugal	3323	3,7
Schweden	22 820	5,3
Spanien	33 191	6,3

1) an der Landesfläche; 2) inkl. Meeresflächen (Wattenmeer); 3) inkl. Flächen, die Naturschutz-Organisationen der EU-Kommission vorgeschlagen haben; Stand: 1999; Quellen: Europäische Kommission, eigene Berechnung und Schätzung

Naturschutz: Begrenzung der Jagd

Frankreich: Umweltministerin Dominique Voynet (Grüne) legte Ende 1999 den Entwurf eines Jagdgesetzes vor, das die Freiheit der 1,7 Mio französischen Jäger zugunsten anderer Nutzer der Natur (z. B. Wanderer) einschränken soll. Zehntausende von Jägern protestierten monatelang gegen die Pläne.

Deutschland: Naturschützer warfen den 300 000 Jägern vor, durch Füttern der Rehe im Winter übermäßige Wildbestände heranzuzüchten, die den Wald schädigten.

TopTen Öko-Landbau in Europa

Land	Anteil (%)[1]
1. Österreich	10,1
2. Schweiz	7,3
3. Finnland	5,9
4. Schweden	3,7
5. Dänemark	3,6
6. Italien	3,2
7. Deutschland	2,4
8. Norwegen	1,5
9. Spanien	1,1
10. Niederlande	0,9

1) an der landwirtschaftlichen Nutzfläche; letztverfügbarer Stand: 1998; Quelle: AGÖL

Tierhaltung: Mitte 2000 trat die EU-Verordnung zur ökologischen Tierhaltung in Kraft. Danach muss u. a. eine ökologische Legehennenhaltung komplett ebenerdig angelegt sein – mit max. 3000 Tieren pro Stall und Auslauffläche. In Deutschland überstieg die Nachfrage nach Öko-Eiern 1999 das Angebot nach Schätzungen der Genossenschaft Bioland um 60%.
www.agoel.de (Arbeitsgemeinschaft Ö. L., u. a. Bioland, Demeter, Gäa und Naturland); **www.soel.de** (Stiftung Ökologie und Landbau, Forschung zum Thema); **www.n-bnn.de** (Bundesverband Naturkost, Naturwaren)

Ölpest

Bretagne: Im Dezember 1999 brach der unter maltesischer Flagge fahrende Öltanker »Erika« mit 25 000 t Schweröl an Bord vor der Südküste der Bretagne im Sturm auseinander und sank. Die französische Atlantikküste wurde auf 450 km zwischen Quimper und La Rochelle von einer Ö. heimgesucht. Tausende von Helfern versuchten monatelang, die beliebten Ferienstrände zu reinigen und ca. 20 000 ölverschmierte Seevögel zu retten, die angetrieben worden waren. Zahllose Muschel- und Krebsbestände wurden vollständig vernichtet.
Ursachen: Die »Erika« hatte im Auftrag des französischen Konzerns Totalfina in Dunkerque Schweröl für Italien geladen. Wie der Kapitän später berichtete, war die Mannschaft viel zu klein, unqualifiziert und schlecht ausgerüstet. Obwohl die Spundwände des Schiffes verrostet waren, hatte die italienische Werft Rina die »Erika« 1998 für seetüchtig erklärt. Betreiber des Schiffes waren italienische und maltesische Firmen.
Dänemark: Von einer dänischen Bohrinsel liefen im Mai 2000 etwa 2000 t Rohöl in die Nordsee. Ein 300 km langer Ölteppich wurde ins offene Meer hinausgetrieben.

▮ Tierschutz: Kampfhunde

1999/2000 wurden einige Menschen in Deutschland von sog. Kampfhunden getötet oder schwer verletzt – zuletzt starb am 26.6.2000 ein sechsjähriger türkischer Junge bei einem Angriff in Hamburg. Im Januar 2000 hatte das Bundesverwaltungsgericht (Berlin) geurteilt, bestimmte Hunderassen seien aggressiver als andere und dürften	vom Staat reglementiert und gesondert besteuert werden. Die Konferenz der Landesinnenminister beschloss im Mai 2000 Maßnahmen gegen aggressive Hunde sowie ihre Züchter und Halter. Dazu gehören Zucht- und Handelsverbote für bestimmte Rassen sowie ein »Hunde-Führerschein« für Tiere ab einer bestimmten Größe.

Regenwald

Der immergrüne Wald der Tropen mit ganzjährig heißem und feuchtem Klima (Mittagsregen), der noch etwa 4% (ursprünglich 9%) der Landfläche der Erde bedeckt (Amazonasbecken, Zentralafrika, Indien, Südostasien).

Der R. gilt als artenreichster natürlicher Lebensraum. Biologen nehmen an, dass dort ein Drittel der Tier- und Pflanzenarten lebt, von denen die meisten um 2000 noch gar nicht bekannt und beschrieben waren.
Brasilien: Der brasilianische R. schrumpfte nach Angaben des brasilianischen Umweltministeriums Ende der 1990er Jahre um 16 926 km^2 pro Jahr (etwa die Größe Thüringens). Der Umfang der Brandrodungen nahm nicht mehr zu. Die brasilianische Umweltbewegung stoppte im Mai 2000 vorläufig das Motorsägengesetz, das den Großgrundbesitzern erlauben sollte, im R. bis zu 50%, in Savannen bis zu 80% ihrer Ländereien zugunsten der Viehzucht zu roden.
Waldbrände: 1999 legte die Welternährungsorganisation FAO eine erste Bilanz der verheerenden Waldbrände 1997/98 vor. Die Verluste wurden auf 40 000 km^2 in Indonesien, 20 000 km^2 in Brasilien und 20 000 km^2 in Russland geschätzt. Extreme Hitze und Dürren als Folge des Klimaphänomens El Niño hatten die Brände begünstigt.
Markt: Nach Schätzungen der FAO (1999) steigt der Rundholzbedarf der Industrie bis 2010 jährlich um 1,7%. Organisationen wie die FAO förderten Projekte, die den R. nutzten, ohne ihn zu zerstören, z. B. Sammeln von Heilkräutern, die nur im R. wachsen.
www.fao.org/forestry/ (Berichte der Welternährungsorganisation); **www.panda.org/ forests4life** (Internationale Kampagne zum Schutz der R.; aktuelle Meldungen); **www.umwelt.org/ robin-wood** (Umweltorganisation Robin Wood: Hintergrundberichte zum Tropenholzimport u. a.)

Tierschutz

Schutz der vom Menschen genutzten Tiere vor vermeidbaren Schäden und Qualen

Im April 2000 scheiterte im Bundestag zum dritten Mal der Antrag, den T. als Staatsziel ins GG aufzunehmen, am Widerstand der CDU/CSU-Fraktion. SPD, Bündnis90/Die Grünen, FDP und PDS wollten in Art. 20b u. a. den Satz einfügen: »Tiere werden als Mitgeschöpfe geachtet.« Unionssprecher sahen durch diesen Passus die Freiheit der Forschung gefährdet.

Legebatterien: Im Juni 1999 beschloss der Ministerrat der EU eine neue Richtlinie zur Haltung von Legehennen. Ab 2003 stehen jeder Henne 650 cm^2 Platz zu (vorher 550 cm^2). Im Juli 1999 erklärte das Bundesverfassungsgericht (Karlsruhe) die deutsche Hennenhaltungs-Verordnung (1987), welche die Käfigbatterien erlaubt, für nichtig, weil sie zu Unrecht auf das T.-Gesetz aufgebaut wurde. Im Dezember 1999 begann im tschechischen Kreis Domazlice nahe der bayerischen Grenze der Bau einer Kükenzucht- und zweier Legebatterien für insgesamt 1,4 Mio Tiere. Umweltschützer warnten vor massiven Umwelt- und Gesundheitsgefahren für die Bevölkerung. Jeder Deutsche verzehrte 1999, Verarbeitungsprodukte mitgerechnet, im Schnitt 230 Eier.

Tiertransporte: Nach Angaben internationaler T.-Organisationen wurden 1999 etwa 1 Mio Schweine, 500 000 Schafe und 200 000 Rinder von ihren Aufzuchtorten in Großbritannien, Irland, den Niederlanden und Deutschland zum Schlachten nach Spanien, Italien oder Griechenland gefahren, meist unter tierquälerischen Bedingungen. Die EU-Richtlinie zur Begrenzung von Tiertransporten sei regelmäßig schwer missachtet worden.

www.tierschutzbund.de (u. a. zu Legebatterien); **www.ciwf.co.uk** (Compassion in World Farming, u. a. zu Tiertransporten); **www.zet.bartl.net/ ALTEX** (Alternativen zu Tierversuchen)
  Justiz/Kriminalität → Hundeverordnung

Umweltgifte

POP-Konvention: Im September 1999 und März 2000 bereitete ein Ausschuss der UN in Genf/Schweiz und Bonn eine Konvention zum weltweiten Verbot der zwölf gefährlichsten U. vor, der persistenten (langlebigen) organischen Schadstoffe (persistent organic pollutants, POP). Dieses »dreckige Dutzend« (engl.: Dirty Dozen) umfasst acht Pestizide (Aldrin, Chlordan, Dieldrin, DDT, Endrin, Heptachlor, Mirex, Toxaphen), zwei Industriechemikalien (Hexachlorbenzol, polychlorierte Biphenyle [PCB] sowie Dioxine und Furane, die bei Verbrennungsprozessen als Nebenprodukte entstehen. Die Stoffe reichern sich in Nahrungsketten, Tieren und menschlichen Geweben an und stehen im Verdacht, Krebs, Mutationen und Missbildungen auszulösen sowie das Immunsystem zu schwächen.

▮▮ Tierschutz: Tierversuche

Die Zahl der Versuchstiere in deutschen Labors stieg 1998 (letztverfügbarer Stand) gegenüber dem Vorjahr auf 1,53 Mio leicht an (1997: 1,5 Mio). Darunter waren rund 763 000 Mäuse, 399 000 Ratten, 134 000 Fische, 75 000 Vögel und 1711 Affen. 45% der Tierversuche dienten der Arzneimittel-, 25% der Grundlagenforschung, 18% der Erforschung medizinischer Methoden, 12% anderen Zwecken. 1991 hatte es noch 2,4 Mio Tierversuche gegeben. Im Juni 2000 trat EU-weit ein Verbot von Tierversuchen mit Kosmetika in Kraft. Ob Tierversuche durch Experimente mit Zellkulturen und Gen-Chips ersetzt werden können, war in der Wissenschaft um 2000 umstritten.

Belgien: Im Juni/Juli 1999 wurden in Belgien in Eiern und Geflügel, später in Schweinefleisch erhöhte Dioxinwerte gemessen. Das Dioxin war über verschmutztes Tierfutter in den Organismus gelangt. Deutschland stoppte zeitweise die Einfuhr von belgischem Schweinefleisch. Im Mai 2000 fanden belgische Kontrolleure erhöhte PCB-Werte in einer Tierfuttercharge. PCB sind in Transformatoren- und Hydrauliköl, Kältemitteln und Kunststoff-Weichmachern enthalten.

TBT: Spuren des U. Tributylzinn (TBT) wurden 2000 in Textilien gefunden, die in Deutschland auf dem Markt waren. Das Pestizid wird Schiffsanstrichen beigemischt, um Muschelbesatz an den Schiffen zu verhindern, und vergiftete in den 1990er Jahren zahlreiche Küstenmeere nahe stark befahrener Schifffahrtsrouten.

www.irptc.unep.ch/pops/ (UN-Umweltprogramm zur POP-Konvention); **www.umweltanalytik.com/ ing1.htm; www.galab.de/analytik/Orgmet/ TBT.htm** (zu Tributylzinn); **http://lebensmittel.org/ dioxin/blc_diox.htm** (Lebensmittelchemiker zu Dioxinen)

Umweltschutz

Maßnahmen zum Schutz der Natur vor der Zerstörung durch menschliche Eingriffe (Arten-, Boden-, Klima-, Natur- und Tierschutz), zum Schutz des Menschen vor gesundheitsschädlichen Belastungen an Arbeitsplatz und Wohnort sowie durch Konsumartikel

Bilanz: Im Zentrum des Jahresberichts des Umweltbundesamtes (Berlin) von September 1999 standen Energieerzeugung und Klimaschutz. Die Liberalisierung des Strommarktes werde nach Einschätzung von Bundesumweltminister Jürgen Trittin (Bündnis 90/Die Grünen) den Ausstieg aus der Atomkraft beschleunigen. Die klimaschonende Kraft-Wärme-Kopplung müsse jedoch vor der Konkurrenz billigerer und schädlicherer Kraftwerke geschützt werden.

Umweltschutz: Naturaktienindex NAX

Drei Jahre nach Einführung des Naturaktienindex NAX hatte sich dessen Wert im Frühjahr 2000 verdoppelt. Im Sommer 2000 kam der erste Fonds auf Basis des NAX auf den Markt. Dem NAX gehören 20 internationale Werte an, deren Produkte und Produktionsweise ökologischen und ethischen Maßstäben genügen, darunter der Solaranlagenhersteller AstroPower, der Speiseeisproduzent Ben & Jerry's (beide USA), die Kosmetikkette Body Shop (GB) und der Fahrradproduzent Shimano (J). Aus Deutschland waren Kunert (Textilien) und Wedeco (Wasseraufbereitung), aus Österreich Jenbacher (Energiesysteme) und Mayer-Melnhof (Verpackungen) vertreten.

Um das Klima zu stabilisieren, müsse der Kohlendioxid-Ausstoß der Industrieländer bis 2050 mind. halbiert werden. Weitere Themen des Berichts waren Lärm, Kraftstoffe, Selbstverpflichtungen der Unternehmen und Gentechnik.

Umweltgutachten: Im Umweltgutachten (März 2000) monierte der Sachverständigenrat für Umweltfragen erhebliche Versäumnisse der rot-grünen Bundesregierung in der Umweltpolitik. Natur-, Boden- und Gewässerschutz sowie Entsorgungsfragen seien zu kurz gekommen. Auf 15% des Bundesgebiets müsse Naturschutz Vorrang vor Wirtschaftsinteressen haben.

Ziele: Der Wissenschaftliche Beirat der rotgrünen Bundesregierung für Globale Umweltveränderungen stellte im Dezember 1999 eine Rangfolge globaler U.-Ziele auf. Dazu zählten den Klimaschutz und den Schutz des »Weltnaturerbes«, vor allem Urwälder, Korallenriffe und Seen (u. a. den Baikalsee).

EU: Die Europäische Umweltagentur sah 1999 beim Schutz der Ozonschicht, bei Luft- und Wasserreinhaltung sowie in der Luftqualität der Städte positive Trends, negative bei Klimaveränderung, Bodendegradation, Abfallentsorgung, biologischer Vielfalt und dem Zustand der Küsten- und Meeresregionen. Im Januar 2000 legte EU-Umweltkommissarin Margot Wallström (Schweden) ein Weißbuch zur Umwelthaftung vor. Darin wird eine Rahmenregelung vorgeschlagen, nach der Verursacher von Umweltschäden auch für Schäden am öffentlichen Gut Natur haften.

www.bmu.de/index1.htm (Bundesumweltministerium); **www.umweltbundesamt.de/ uba-info-daten** (deutsche Umweltdaten); **www.ubavie.gov.at** (Umweltbundesamt Österreich); **www.admin.ch/ buwal** (Schweizer Bundesamt für Umwelt, Wald usw.); **http://warehouse.eea.eu.int** (EU-Umweltdaten); **www.unep.ch** (UNO-Umweltprogramm); **www.grid.unep.ch** (internationale Umweltdaten); **www.worldwatch.org** (Worldwatch-Institut, USA); **www.bund.net** (Bund für Umwelt- und Naturschutz Deutschland); **www.umwelt.de** (U. und Öko-Produkte)

Umwelttechnik

Markt: Der Anteil Deutschlands am Weltmarkt für U. sank in den 90er Jahren von 21 auf 17,5% (1999). Damit fiel Deutschland hinter die USA (18%) auf den zweiten Platz zurück; Dritter war Japan (13%). Das Volumen des Weltmarkts wuchs von 320 Mrd

Umwelttechnik: Innovationen

▸ **Altlasten:** Hannoveraner Physiker entwickelten um 2000 eine Laser- und Fluoreszenztechnik, mit der Schadstoffe wie Mineralöl und Pestizide in Böden und Gewässern ohne aufwändige Laborverfahren vor Ort nachgewiesen und gemessen werden können.

▸ **Atommüll:** US-amerikanische und britische Ingenieure fanden eine einfache Lösung zur Entseuchung stillgelegter Atommeiler: Schwefelbakterien werden mit Cellulose vermischt auf den Beton aufgetragen. Sie produzieren bei hoher Luftfeuchtigkeit Schwefelsäure, welche die radioaktiv verseuchte Betonschicht zerbröseln lässt. Die losen Stücke werden abgesaugt.

▸ **Autoreifen:** Ingenieure in Arizona/USA bauten einen Flussdeich aus alten Autoreifen, der das Ufer vor Erosion schützt. Er kostet nur ein Zehntel der Summe für die üblichen Betonbauwerke und ist vermutlich haltbarer.

▸ **Biodiesel:** Ein Konsortium aus Wissenschaftlern und Herstellern einigte sich im Mai 2000 auf einen deutschen Qualitätsstandard für Rapsöl als Kraftstoff. Damit kann ein problemloser Betrieb von Dieselmotoren mit Biodiesel gleichbleibender Qualität gewährleistet werden.

▸ **Drei-Liter-Häuser:** In Celle begann der Bau von zehn Ultra-Niedrig-Energiehäusern, die nur 30 kWh Heizenergie pro m² und Jahr verbrauchen sollen. Eine gewöhnliche Neubauwohnung braucht dreimal mehr Heizenergie (90 kWh).

▸ **Hafenschlick:** Bremer Geologen und eine Ziegelei präsentierten im April 2000 die ersten 10 000 aus Bremer Hafenschlick gebrannten Ziegelsteine.

▸ **Kläranlagen:** Pflanzenkläranlagen, auch Bodenfilter genannt, waren um 2000 im kleineren Maßstab für dezentrale Einsätze in Deutschland marktreif. Ein Prototyp entstand bei Weimar. Da die Technik viel weni-

ger aufwändig ist als die herkömmliche, wurde sie als preiswerte Alternative zu biologischen Großkläranlagen diskutiert.

▸ **Molke:** Stuttgarter Ingenieure fanden eine Methode, die bei der Käseherstellung anfallende Molke mit Mikroben in waschaktive Tenside oder Biodiesel zu verwandeln. Bis dahin belastete Molke das Abwasser.

▸ **Reis:** Japanische Ingenieure machten Reiskörner mit einer 15-minütigen Elektroschocktherapie keimfrei. Die Methode kann das übliche Schutzgas Methylbromid ersetzen, das die Ozonschicht abbaut.

▸ **Schiffslack:** Ein von der NASA entwickelter Roboter entfernt umweltfreundlich alte Schiffsanstriche, die bis dahin Umwelt und Gesundheit der Werftarbeiter gefährdeten.

▸ **Schwermetalle:** US-Chemiker fanden eine Methode, giftige Uranminerale im Boden unschädlich zu machen. Sie werden langsam von Kristallnadeln des Eisenminerals Goethit eingeschlossen.

auf 480 Mrd DM, der deutsche Anteil von 67 Mrd auf 84 Mrd DM.

www.wissenschaft.de/bdw/ticker;
www.tec.agrar.tu-muenchen.de/flanzoel/pflo-el_home.html (zum Rapsöl-Standard);
www.marum.de/news/2000/04-13.html (zum Hafenschlick-Ziegel); **www.bodenfilter.de/boden-filt1.htm; http://www2.jpl.nasa.gov/files/ima-ges/browse/paintstripper.gif** (Bild des Roboters, der Schiffslack entfernt)

Wald

Schäden: Nach dem Waldzustandsbericht 1999 der rot-grünen Bundesregierung waren 22% der Bäume deutlich (1998: 21%), weitere 41% schwach geschädigt. 2% der Bäume hatten zwei Drittel oder mehr ihrer Blätter verloren. Buchen, Eichen und Kiefern ging es wieder etwas schlechter als im Vorjahr, Fichten etwas besser. Mit 44% hatten die Eichen weiterhin den höchsten Anteil deutlich geschädigter Bäume mit verlichteten Kronen. Keine Besserung gab es auch bei der Übersäuerung und Überdün-gung der Waldböden vor allem durch Salpe-tersäure (aus den Stickstoffoxiden der Auto- und LKW-Abgase) und Ammoniak aus der Landwirtschaft.

Orkanschäden: Orkan »Lothar« richtete im Dezember 1999 in den Wäldern Frank-reichs, der Schweiz und Süddeutschlands schwere Schäden an. In Baden-Württemberg und Bayern wurden etwa 29 Mio Bäume entwurzelt oder geknickt (23 Mio m³ Holz), in der Schweiz 15 Mio (12 Mio m³ Holz). In Baden-Württemberg, das am schlimmsten betroffen war, wurden die Schäden auf 1,5 Mrd DM geschätzt. Anders als nach den Orkanen des Jahres 1990 solle der Wind-bruch diesmal teilweise der natürlichen Re-generation überlassen werden, empfahlen Schweizer Forstwissenschaftler.

www.bml.de (Bundesministerium für Landwirt-schaft und Forsten); **www.loebf.nrw.de** (NRW-Landesanstalt für Ökologie und Forsten); **www.dainet.de/sgw** (Schutzgemeinschaft Deutscher Wald); **www.admin.ch/buwal** (Schweizer Bundesamt für Umwelt, Wald usw.)

Wasserknappheit

Ende der 1990er Jahre hatten etwa 1,4 Mrd Menschen keinen Zugang zu sauberem Trinkwasser. Lt. Bericht der Weltwasser-kommission (März 2000) entfiel vom Welt-wasserverbrauch 1999 etwa 70% auf die Landwirtschaft, 20% auf die Industrie und

Wald: Geschädigte Bäume[1]

	1997	1998	1999
Buche	29	29	32
Eiche	46	37	44
Fichte	18	26	25
Kiefer	12	10	13
alle Bäume	22	21	22

1) Anteil (%); Quelle: BMELF 1999

Waldflächen

Bundesland	Waldanteil (%)[1]
Baden-Württ.	38
Bayern	36
Brandenburg	34
Hessen	41
Meckl.-Vorp.	23
Niedersachsen	23
Nordrh.-Westf.	26
Rheinland-Pfalz	41
Saarland	35
Sachsen	27
Sachsen-Anhalt	21
Schlesw.-Holst.	10
Thüringen	32

1) der Landesfläche; Quelle: Bundesministerium für Landwirt-schaft und Forsten 1999

10% auf die Haushalte. Nach der Prognose wären ohne Änderungen in der Wasser-wirtschaft 2025 etwa 50% des Bedarfs an sauberem Wasser nicht mehr gedeckt. Besonders stark werden der Mittelmeer-raum, Nordafrika, der Nahe Osten, Indien, Teile Chinas, die Sahelzone, Mexiko und der Westen der USA von W. betroffen sein. Dürrekatastrophen suchten um 2000 Ostafrika und den Westen Indiens heim; auch auf den Balearen wurde das Wasser knapp.

Weltwasserforum: Im März 2000 trafen sich 5000 Vertreter aus etwa 150 Staaten und Organisationen zum zweiten Weltwas-serforum in Den Haag/Niederlande. Disku-tiert wurde u. a. die von der Weltwasser-kommission geforderte Privatisierung der

Wasserversorgung. Die Regierungen dürften den Wasserbrauch nicht länger subventionieren. Die von Umwelt- und Entwicklungsorganisationen geforderte Formulierung eines Menschenrechts auf sauberes Wasser wurde abgelehnt.

Naher Osten: In Nordafrika und dem Nahen Osten sank die zur Verfügung stehende Wassermenge von 3400 m³ pro Kopf und Jahr (1960) auf 1300 m³ (1999). Zwischen Israel und den palästinensischen Autonomiegebieten spitzten sich um 2000 die Konflikte um knappe Wasservorräte zu. Jeder Israeli hatte im Schnitt 250–300 l Wasser pro Tag zur Verfügung, ein Palästinenser nur 30–60 l pro Tag.

Deutschland: Im Oktober 1999 genehmigte das Berliner Verfassungsgericht die Teilprivatisierung der Berliner Wasserbetriebe, des größten kommunalen Wasserversorgers in Europa. Das Land Berlin verkaufte für 3,3 Mrd DM 49% des Unternehmens an den Energiekonzern RWE, den französischen Mischkonzern Vivendi und die Allianz-Versicherungen. Die Verfassungsrichter wiesen eine Klage ab, strichen aber die Garantierendite aus dem Vertrag. Bundeswirtschaftsminister Werner Müller (parteilos) musste die für den 1.1.2001 geplante Liberalisierung der Wasserversorgung verschieben. u.a. die Kommunen warnten vor Arbeitsplatzverlusten, ungerechten Wasser-

preisen und negativen Folgen für Umwelt und Gesundheit.

www.world-waterforum.org (Weltwasserforum); **www.gci.ch/GreenCrossPrograms/** (Green Cross, internationale Umwelt-Organisation); **www.watervision.org; www.wasser.de; www.lawa.de; water.org**

Weltmeere

Nordsee: Am 1.8.1999 trat eine internationale Regelung in Kraft, nach der die Nordsee als Sondergebiet ähnlichen Schutz vor Öleinleitungen aus Schiffen genießt wie Ostsee und Mittelmeer. Dafür hatten sich die deutschen Bundesregierungen seit 1984 eingesetzt. Der Südteil der Nordsee war um 2000 weiterhin stark mit Nährstoffen belastet. Aus deutschen Flüssen strömten in den Jahren 1993 bis 1997 insgesamt 3,2 Mio t Stickstoff in die Nordsee. Gegenüber dem gleichen Zeitraum der 1980er Jahre sank der Stickstoff-Eintrag um 26%. Der Stickstoff (meist in Form von Nitraten) stammte zu 47% aus dem Grundwasser (insbes. aus der Landwirtschaft), zu 27% aus kommunalen Abwässern, zu 16% direkt aus der Landwirtschaft, zu 10% aus sonstigen Quellen. Die Nährstoffe führten mehrfach zur Massenvermehrung von Algen. Zoologen fanden im Sommer und Herbst 1999 vor der Nordsee-Insel Helgoland große Bestände Wasserflöhe, die bis dahin nur in tropischen und subtropischen Meeren vorkamen – Anzeichen für eine ungewöhnliche Erwärmung der Nordsee.

Golf von Mexiko: Vor dem Mississippi-Delta wurden in den 1990er Jahren immer mehr sog. Todeszonen entdeckt, aus denen sämtliche Tiere verschwunden waren. Bis 1999 vergrößerte sich deren Fläche auf über 20 000 km². Sie entstanden in der Folge von Algenblüten, die wiederum von der gewaltigen Stickstofffracht des Mississippi ausgelöst worden waren. Die Nitrate stammten, wie Chemiker nachwiesen, zu 90% aus der Landwirtschaft, meist aus den US-Nordstaaten. Um die Selbstreinigungskräfte des Mississippi zu stärken, schlug eine Regierungskommission vor, mind. 20 000 km² Feuchtgebiete im Flusstal wiederherzustellen.

www.ngo.grida.no/wwfneap (WWF: Nordostatlantik-Programm); **www.ospar.org/** (OSPAR-Konferenz zum Schutz des Nordatlantik); **www.odin.dep.no/nsc/** (Internationale Nordsee-Schutzkommission)

Wasserknappheit: Wasserverbrauch[1]

Land	Liter pro Kopf und Tag
Kanada	791
USA	666
Saudi-Arabien	613
Venezuela	450
Russland	272
Deutschland	174
Südafrika	166
Brasilien	147
Großbritannien	113
China	76
Indien	49
Mosambik	11

1) inkl. Landwirtschaft und Industrie; Quelle: Bericht der Weltwasserkommission, März 2000

Unternehmen

Chemieindustrie

Bilanz: Für 2000 rechnete der Verband der chemischen Industrie (VCI, Frankfurt/M.) mit einem Produktionswachstum um 4% und einer Umsatzsteigerung um 6%. Im Durchschnitt stieg die Chemieproduktion 1999 gegenüber 1998 um 4,5%. Die erhöhte Nachfrage nach Chemieerzeugnissen in den wichtigsten Märkten der deutschen C. war treibende Kraft der guten Mengenkonjunktur. Den höchsten Produktionszuwachs verzeichnete 1999 die Sparte chemische Grundstoffe (+6,6%). Der gesteigerten Produktionsmenge stand ein fast stagnierender Umsatz von 188 Mrd DM gegenüber. Bei einem deutlichen Anstieg des Auslandsumsatzes um 2,7% auf 93,4 Mrd DM war ein Rückgang des Inlandsumsatzes um 2,5% auf 94,1 Mrd DM zu verzeichnen.

Export: Bis Oktober 1999 wurden Chemieerzeugnisse im Wert von 104,3 Mrd DM exportiert. Das bedeutete einen Zuwachs gegenüber dem Vorjahreszeitraum um 1,2%. Der Exportüberschuss mit Chemieerzeugnissen betrug in den ersten zehn Monaten knapp 39 Mrd DM. Die C. profitierte 1999 von der Erholung der Weltkonjunktur (+3,5%). In den wichtigsten Absatzmärkten der deutschen C. stieg die Nachfrage nach Chemieerzeugnissen. Die Asienexporte übertrafen das Niveau des Vorjahresquartals um mehr als 11%, im dritten Quartal sogar um 22,6%. Die Exporte nach Japan als dem wichtigsten Abnehmer deutscher Chemieerzeugnisse stiegen um knapp 14%, weitere bedeutende Absatzmärkte mit zweistelligen Zuwachsraten waren Korea-Süd, Thailand, Singapur und Indonesien.

Beschäftigte: In der C. waren 1999 insgesamt 477 613 Mitarbeiter beschäftigt (–1,5% gegenüber 1998). Lt. Bundesarbeitgeber-Verband Chemie (BAVC, Wiesbaden) war ein großer Teil des Rückgangs auf die Auslagerung von Unternehmensteilen zurückzuführen, deren Beschäftigte statistisch anderen Branchen zugeordnet werden.

Von einem weitgehend konstanten Niveau ging der VCI für das Jahr 2000 aus.

Forschung und Entwicklung (F+E): Rund 14,1 Mrd DM wendete die Chemie 1999 für die Erforschung neuer Produkte auf. Mit dem Straßenfahrzeugbau und der Elektrotechnik gehörte sie zu den forschungsintensivsten Industriezweigen in Deutschland. Zahlreiche andere Branchen können ihre Produkte erst mit den Innovationen der Chemie realisieren.
www.vci.de; www.bavc.de

Elektroindustrie

Der Umsatz der E. in Deutschland stieg 1999 gegenüber dem Vorjahr um 8,1% auf 273,6 Mrd DM. Der Zentralverband Elektrotechnik und Elektronikindustrie (ZVEI, Frankfurt/M.) prognostizierte für das Jahr 2000 ein Umsatzplus von 6% und ein Anwachsen der Produktion um 3–4%. Die Zahl der Beschäftigten in der E. lag 1999 bei 856 300. Der ZVEI prognostizierte für 2000 eine Zunahme von 15 000–20 000 Stellen.

Export: Wachstumsmotor war der Export. Allein von November 1999 bis Januar 2000 legten die Auftragseingänge aus dem Ausland in der Automatisierungs-, Energie- und Messtechnik um über 20% gegenüber dem Vorjahreszeitraum zu. Dennoch erwartete ZVEI-Präsident Dietmar Harting mit über 45 Mrd DM für 2000 einen Ausfuhrrekord in der Automatisierungs-, Energie- und

Elektroindustrie: Umsatz

Jahr	Umsatz (Mrd DM)	Beschäftigte
2000	281,0	870 000
1999	273,6	856 300
1998	253,1	850 000
1997	242,3	840 000
1996	229,5	880 000
1995	221,8	930 000

Messtechnik. Führend waren Zulieferbereiche zu Exportbranchen wie z. B. die Automobilindustrie sowie der Maschinen- und Anlagenbau. Die kommunikationstechnische Industrie verspürte nach dem Einbruch 1999 auch bei den Investitionen im Inland eine deutliche Erholung.

Politik: Der ZVEI befürchtete durch die im Bundesrat zu verabschiedende Elektronikschrott-Verordnung erhebliche Einbußen. Die Hersteller elektrischer und elektronischer Geräte würden zur Rücknahme und Verwertung ausgedienter Produkte verpflichtet (Kosten: 1 Mrd DM). Dafür müssten die Unternehmen lt. ZVEI Rückstellungen von 30 Mrd–40 Mrd DM bilden.

www.zvei.de

Existenzgründungen

Bilanz: Nach Angaben der Wirtschaftsauskunftei Creditreform (Neuss) wurden 1999 insgesamt 722 000 neue Betriebe in die Register eingetragen (Vorjahr: 714 700, +1%). Dem standen 591 000 (Vorjahr: 585 500, +0,9%) Löschungen gegenüber. Daraus ergibt sich ein Saldo von 131 000 Betrieben (Vorjahr: 129 000, +1,6%), von dem aber 35 000 nicht wirtschaftsaktive Eintragungen abzuziehen sind. Unterm Strich standen 96 000 (+ 6,2%) neue Wirtschaftsbetriebe. Für das Kriterium Wirtschaftsaktivität gilt für die Creditreform die Schaffung mind. eines Arbeitsplatzes und ob das junge Unternehmen einen Lieferanten oder Bankkredit in Anspruch genommen hat. Die neuen Bundesländer verzeichneten im Vergleich zum Vorjahr 14 000 aktive Firmen (1998: 21 000, –34,6%). 1999 wurden durch E. rund 269 000 Arbeitsplätze geschaffen.

Förderung: In Westdeutschland vergab die Deutsche Ausgleichsbank (Dta, Bonn) 1999 ca. 67 000 Kredite (10% mehr als 1998) mit einem Volumen von 10,8 Mrd DM an neue Firmen und Gründer. In Ostdeutschland wurden rund 10 000 Darlehen mit einem Volumen von ca. 2 Mrd DM bewilligt. Seit Mitte 1999 fördert die DtA E. schon mit einer Startsumme bis zu 50 000 Euro. Auf etwa 70 000 Kredite kamen 50 000 E. Die Selbständigenquote lag 1999 in Deutschland bei 9,9%.

Beteiligungskapital: Als Kapitalgeber bei E. fungierten Banken und Sparkassen sowie Wagnisfinanzierungsfirmen (Venture Capital). Sie statten sog. Start-up-Firmen mit Eigenkapital aus und erhalten im Gegenzug Firmenanteile. Mehr als 200 solcher Beteiligungsgesellschaften gab es in Deutschland, die 1999 rund 11 Mrd DM auf Konten junger Existenzgründer überwiesen. Lt. Bundesverband Deutscher Kapitalbeteiligungsgesellschaften (BVK, Berlin) stieg das Portfolio der 138 ordentlichen Mitglieder des BVK bis Dezember 1999 gegenüber dem Vorjahreszeitraum von 9,8 Mrd DM auf 13,5 Mrd (+38%). Dieses Volumen entfiel auf 4400 kleine und mittlere Firmen in 6000 Beteiligungen.

Branchen: Die meisten E. verzeichneten 1999 Handel und Dienstleistung. In Westdeutschland gehörten 54% der E. zu den Dienstleistern (1998: 48%), 29% zum Handel (Ostdeutschland: Dienstleister 49%, Handel 23%). Die Bauwirtschaft verzeichnete im Westen nur 9% E., im Osten hingegen 19%.

www.bmwi.de; www.bma; www.arbeitsamt.de; www.bmj.bund.de

Franchising

In den USA entwickelte Lizenzvergabe getesteter Firmenkonzepte an Existenzgründer. Durch Übernahme der bewährten Geschäftsidee hat der Franchisenehmer einen Wettbewerbsvorteil. Er ist aber an Weisungen des Franchisegebers gebunden.

Deutschland: Nach Angaben des Deutschen Franchise-Verbandes (DFV, München) waren im Jahr 1999 insgesamt 720 F.-Geber branchenübergreifend am Markt tätig (+14% gegenüber 1998). Registriert wurden 34 000 F.-Nehmer. Die Unternehmensnetzwerke erwirtschafteten zusammen einen Umsatz von 38 Mrd DM. In der deutschen F.-Wirtschaft arbeiteten 330 000 Beschäftigte, darunter 75% in Handel und Dienstleistungen.

▬ Existenzgründungen	
Jahr	*Zahl*
1999[1]	722 000
1998	714 700
1997	655 000
1996	600 000
1995	537 000
1) Schätzung; Quelle: Creditreform	

Recht: Die seit dem 1.1.2000 gültige Gruppenfreistellungsordnung für vertikale Vertriebsvereinbarungen lässt mehr Flexibilität in der Gestaltung von F.-Verträgen zu und erweitert die Anwendungsbereiche des Konzepts. Im Rahmen des deutschen und EU-Kartellrechts kann ein F.-Geber auf Antrag eine Freistellung von Verbotsklauseln bekommen. So könnte F. auch für große Vertriebsnetze wie z. B. in der Automobilindustrie angewendet werden. Um 2000 setzte sich F. in der Energiewirtschaft, im Gesundheits- und Verkehrswesen durch.

www.franchise-net.de (F.-Know-how, Geschäftsideen, Gründer-Links)

Fusionen und Übernahmen

Bilanz: Nach Angabe der Unternehmensberatung M&A International GmbH wurden 1999 insgesamt 1845 mehrheitliche Firmenübernahmen mit deutscher Beteiligung im Wert von 390 Mrd DM registriert. Dies bedeutete einen Rückgang von 10% gegenüber dem Vorjahr (2046). M&A sah den Grund im Wegfall der steuerlichen Begünstigung der Veräußerungsgewinne seit 1.1.1999. 552 deutsche Unternehmen wurden an Ausländer verkauft (–20%); deutsche Firmen im Ausland erwarben 3% mehr Unternehmen als im Vorjahr. Die Zahl rein deutscher Transaktionen fiel um 10,3% von 1000 auf 897. Das gesamte Marktvolumen betrug 1999 rund 389 Mrd DM.

Ursachen: F. wurden um 2000 forciert durch fortschreitende Liberalisierung und Globalisierung der Märkte, Etablierung der europäischen Währungsunion, hohen Rationalisierungsdruck und neue Informationstechnologien, welche die Transaktionskosten senkten. Auch die Konsolidierung von Unternehmen stellte ein Fusionsmotiv dar.

Vorteile: Zu den Vorteilen von F. zählen:
– Verbesserung der Marktposition
– Erweiterung der Produktpalette
– Stückpreissenkung bei Massenproduktion
– Risikostreuung durch globale Präsenz
– Abbau von Überkapazitäten im Verbund.

Politik: Die rot-grüne Bundesregierung plante noch für 2000 ein neues Gesetz zu F. in der Wirtschaft. Der bereits existierende freiwillige Übernahmekodex soll Gesetz werden. Verlangt wird u. a. die vollständige Information der Aktionäre; ein Bieter wird gehalten, den übrigen Aktionären ein

Pflichtangebot zu unterbreiten, sobald er über eine Kontrollmehrheit verfügt. Außerdem soll es Vorschriften über den Preis geben, den Minderheitsaktionäre für Anteile erhalten. Ferner soll das Gesetz sicherstellen, dass Aktionäre den höchstbezahlten Preis für ihre Anteile bekommen und dass es keine Paketzuschläge mehr gibt.

TopTen **Die größten Franchise-Systeme**

	Franchisegeber	Branche	Betriebe
1.	Foto Porst	Fotohandel	2050
2.	Foto Quelle	Fotohandel	1368
3.	TUI/First	Reisebüros	700
4.	Schülerhilfe	Nachhilfe	680
5.	McDonald's	Schnellimbiss	597
6.	Quick-Schuh	Schuhhandel	500
7.	Ad-Auto-Dienstag	Autoreparatur	500
8.	Fröhlich	Musikpädagogik	500
9.	Minit	Dienstleistungen	480
10.	Sunpoint	Sonnenstudios	469

Stand 2000: Quelle: Advisa

Die wichtigsten Fusionen und Übernahmen 1999/2000

▶ **Automobilindustrie:** Für den symbolischen Preis von 10 Pfund kaufte im Mai 2000 die britische Phoenix-Gruppe die BMW-Tochter Rover. BMW zahlt als Anschubfinanzierung an Phoenix 1,7 Mrd DM. Das Phoenix-Konsortium wird die Produktion des Rover 25 und 45, des MGF Sportwagens sowie des neuen Mini im Werk Birmingham übernehmen.

▶ **Elektrizität:** Durch die F. der Stromkonzerne RWE und VEW am 1.7.2000 entstand mit einem Umsatz von 84 Mrd DM und 170 000 Mitarbeitern der drittgrößte Energieversorger Europas. Die neue RWE AG wird ihren Sitz in Essen haben.

▶ **Luftverkehr:** Die weltgrößte Fluggesellschaft, United Airlines, kaufte Ende Mai 2000 die Fluglinie US Airways. United Airlines ein »Star Alliance«-Partner der Lufthansa, zahlte für US Airways 9,2 Mrd DM. Mit 6500 Flügen/Tag beherrscht United Airlines den US-Markt. Beide Firmen werden jährlich 58 Mrd DM Umsatz mit mehr als 145 000 Beschäftigten erzielen.

▶ **Medien:** Der weltgrößte Online-Dienst America Online (AOL) schloss

sich Anfang 2000 mit dem größten Medienunternehmen Time Warner Inc. zusammen (Transaktionswert: 165 Mrd US-Dollar). Es entstand ein Multimedia-Konzern mit einem Umsatz von 40 Mrd US-Dollar und etwa 80 000 Mitarbeitern. Der Marktwert des Konzerns wurde auf 350 Mrd US-Dollar geschätzt.

▶ **Telekommunikation:** Der größte Zusammenschluss der Wirtschaftsgeschichte war im Februar 2000 die Übernahme von Mannesmann (D) durch Vodafone Airtouch (GB, Transaktionswert: 371 Mrd DM). Für eine Mannesmann-Aktie gab es 56,3 Vodafone-Aktien. Mannesmann-Aktionäre erhielten am gemeinsamen Unternehmen Vodafone-Mannesmann einen Anteil von 49,5%.

▶ **Verpackungen:** Die größte F. in der Verpackungsindustrie wurde im August 1999 beschlossen. Die kanadische Alcan-Gruppe, die französische Pechiney SA und die schweizerische Algroup schlossen sich zu einem Konzern zusammen. Der Großkonzern APA rechnete mit einem Umsatz von 39,3 Mrd DM und beschäftigt 91 000 Mitarbeiter in 59 Ländern.

Trotz Megafusionen in der Weltwirtschaft gab es um 2000 eine steigende Zahl von geplanten Transaktionen, die scheiterten.

Gescheiterte Fusionen 1999/2000

Unternehmen	Fusionsvolumen (Mrd US-Dollar)	Gründe für das Scheitern
Glaxo/SmithKline	70,0	Managementprobleme
American Home Products/Monsanto	35,0	Streit über Führungsstil
Deutsche Bank/Dresdner Bank	29,0	Streit über Zukunft von Kleinwort Benson
USA Networks/Lycos	22,0	Einspruch der Aktionäre
Bell Atlantic/TCI	21,4	Aktienkurs fiel, Senkung der Kabelgebühren
Royal/Bank of Montreal	12,3	Veto der Bank von Kanada
Toronto-Dominion/CIBC	8,7	Veto der Bank von Kanada
VIAG/Algroup	8,7	Streit über Bewertungsverhältnis
Clariant/Ciba	8,0	Meinungsverschiedenheit
Tellabs/Ciena	7,1	Einspruch der Aktionäre
Volvo/Scania	6,0	Verbot der EU-Kommission
Zions/First Security	5,3	Einspruch der Aktionäre
Microsoft/Intuit	2,1	Wettbewerbsprobleme
Monsanto/DLP	1,3	Wettbewerbsprobleme

Geplatze Fusionen: Die gescheiterte F. von Deutscher und Dresdner Bank markierte im Jahr 2000 einen in der Weltwirtschaft auftretenden Trend. Häufig führten Differenzen im Management oder Wettbewerbsprobleme zum Scheitern geplanter Firmenzusammenschlüsse.

Handwerk: Computereinsatz

Arbeitsbereich	Anteil (%)[1]
Textverarbeitung	95
Kundenkartei	68
Angebotskalkulation	68
Auftragsbearbeitung	57
Offene-Posten-Rechnung	50
Nachkalkulation	40
Finanzbuchhaltung	37
Personalbuchhaltung	35
Datenaustausch	33
Lagerverwaltung	31
Werbung	22
Konstruktionszeichnung	20

1) der Unternehmen mit EDV-Nutzung im jeweiligen Bereich;
Quelle: Handwerkskammer Düsseldorf

Ohne moderne Computertechnik kam um 2000 kaum ein Handwerksbetrieb aus. Nur 7% der Unternehmen, die von der Handwerkskammer Düsseldorf befragt wurden, hatten keinen PC in ihrem Büro. Bei der Nutzung des PC stand Textverarbeitung an erster Stelle.

Handwerk

In deutschen H.-Betrieben arbeiteten 1999 knapp 6 Mio Menschen. Fast 20% aller Erwerbstätigen und 36% der Auszubildenden in Deutschland waren im H. tätig. Die Selbstständigenquote lag bei 8,7%.
Umsatz: 1999 stieg der Umsatz gegenüber dem Vorjahr um 0,5% auf 984,6 Mrd DM. Für 2000 setzte der Zentralverband des Deutschen Handwerks (ZDH, Bonn) ein reales Umsatzplus von 1,5% an. 1999 wurden in Gesamtdeutschland 685 456 H.-Betriebe gezählt (Vorjahr: 686 939, –0,2%).
Lehrverträge: Mit dem Anteil von 34,1% (217 031) an allen neuen Lehrverträgen war das H. 1999 größter Anbieter von Ausbildungsplätzen in Deutschland. Mit insgesamt 616 870 Plätzen 1999 bildete das H. 36,3% aller 1,7 Mio Lehrlinge aus.
Gesetz: Ohne Meisterprüfung dürfen Handwerksbetriebe in Deutschland nicht arbeiten. Per Gesetz sollen die Zugangsbedingungen für Existenzgründer im H. erleichtert werden. An den Grundsätzen der Handwerksordnung werde lt. ZDH nicht gerüttelt. Novellierungen seien aber nötig, damit sich das H. dem wirtschaftlichen, technologischen, institutionellen und rechtlichen Änderungen marktgerecht anpassen

könne. Das Bundeswirtschaftsministerium arbeitete Mitte 2000 an der Liberalisierung des Meisterzwangs. H.-Gesellen ab 40 Jahre sollen ohne Meisterbrief Betriebe eröffnen können; junge Gesellen sollen eventuell die Chance erhalten, nach drei Jahren Betriebszugehörigkeit ihre Firma zu übernehmen.
www.zdh.de

Ideenmanagement

Vorschläge von Mitarbeitern zur Verbesserung der ökonomischen, sozialen, technischen und ökologischen Bedingungen und Wirkungen der Betriebsabläufe. Mit I. sollen auch innovative und marktfähige Produkte und Leistungen entwickelt werden. Bringt die Idee rechenbare Vorteile für das Unternehmen, erhält der Mitarbeiter eine Prämie.

Bilanz: 1999 wurden durch I. bei den Unternehmen 1,86 Mrd DM eingespart. Es wurden 1,146 Mio Verbesserungsvorschläge eingereicht, 82 000 (8%) mehr als 1998. Lt. Deutschem Institut für Betriebswirtschaft (DIB, Frankfurt/M.), das 438 Unternehmen aus 15 Branchen und Behörden mit rund 2,9 Mio Mitarbeitern befragte, stärkt I. die Wettbewerbsfähigkeit deutscher Unternehmen. Mehr als Rationalisierungs- und Einspareffekte stünde lt. Wolfgang Werner, Geschäftsführer des DIB, Anfang des 21. Jh. die Mitarbeitermotivation im Mittelpunkt.

Prämien: An die Mitarbeiter wurden 1999 rund 330 Mio DM Prämien gezahlt. Die höchste Vergütung erhielt ein Beschäftigter von DaimlerChrysler (562 860 DM). Der Prämiensatz liegt bei 15–25% der errechenbaren Einsparungen für das erste Benutzungsjahr. Die Vergütungen pro prämiertem Verbesserungsvorschlag betrugen 1999 bei Banken 968 DM, in Dienstleistungsbetrieben 782 DM, in der Eisenschaffenden Industrie 743 DM, in der Chemieindustrie 728 DM und in der Energie- und Grundstoffindustrie 691 DM. Im Schnitt waren 61,5% der Ideen für die Firma nutzbringend.
www.dib-ev.de

Insolvenzen

Deutschland: Der Verband der Vereine Creditreform (Neuss) zählte 1999 27 400 I., ein Minus von 1,5% gegenüber dem Vorjahr. In den alten Bundesländern sank die Zahl der I. um 2,6%, in den neuen Ländern stieg sie dagegen um 1,6%. Lasten und Kosten der I. 1999 verursachten bei privaten und öf-

Ideenmanagement in Unternehmen

Jahr	1997	1998	1999
Anzahl Unternehmen/Behörden	361	409	438
Beschäftigte (Mio)	2,8	2,7	2,9
Ideen/100 Beschäftigte	37,5	40	39,5
Eingereichte Ideen (Mio)	0,970	1,064	1,146
Prämiensumme (Mio DM)	288	299	330
Durchschnittsprämie (DM)	558	510	491
Höchstprämie (DM)	501 900	750 000	562 860
Einsparungen (Mio DM)[1]	1757	1921	1860

1) aus errechenbaren Ideen und geschätztem, nicht errechenbarem Nutzen im ersten Jahr

Ideenmanagement: Vorschläge

Branche	Vorschläge/100 Beschäftigte
Gummi	256
Metallverarbeitende Industrie	88
Autozulieferer	78
Autohersteller	75
Elektro	53
Chemie	39
Maschinenbau	36
Energie/Grundstoff	15
Banken	14
Dienstleistung	14
Eisenschaff. Industrie	13
Versicherungen	12
Krankenhäuser	6
Behörden	1

Stand: 1999; Quelle: Deutsches Insitut für Betriebswirtschaft

fentlichen Gläubigern einen Schaden von 54 Mrd DM (1998: 59 Mrd DM, –8,5%). In Westdeutschland verloren private Gläubiger 25 Mrd DM, im Osten 10 Mrd DM. Die öffentliche Hand büßte in Westdeutschland 12 Mrd DM, im Osten 7 Mrd DM ein.

Arbeitsplätze: In Westdeutschland verloren 1999 rund 291 000, in Ostdeutschland 180 000 Beschäftigte durch I. ihren Arbeitsplatz. 1998 waren es im Westen 313 000 Betroffene, in Ostdeutschland 188 000. Rund 90% aller I.-Anträge wurden von Betrieben mit höchstens 20 Mitarbeitern gestellt.

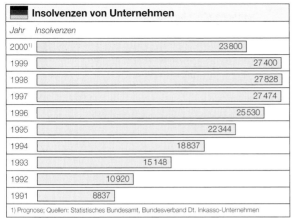

▰ Insolvenzen von Unternehmen

Jahr	Insolvenzen
2000[1]	23800
1999	27400
1998	27828
1997	27474
1996	25530
1995	22344
1994	18837
1993	15148
1992	10920
1991	8837

1) Prognose; Quellen: Statistisches Bundesamt, Bundesverband Dt. Inkasso-Unternehmen

einem weiteren Wachstum der Ausgaben für Ausrüstungskäufe um 8%, für Investitionen im Nichtwohnungsbau um 1,5%.

Branchen: Die L.-Güterarten untergliedern sich in Immobilien (Geschäfts- und Bürogebäude, Produktionsbauten, Hallen) und Mobilien (Fahrzeuge, Büro- und Produktionsmaschinen, Nachrichtentechnik, Handelsobjekte). Der Mobilienbereich machte 1999 rund 85%, der Immobiliensektor 15% aus. Seit 1999 erhalten Firmen in den neuen Bundesländern für geleaste Maschinen Bundesfördermittel.

Bund und Kommunen: Die deutsche L.-Wirtschaft sah um 2000 ihr wichtigstes Betätigungsfeld in der Gewinnung von Bund, Ländern und Kommunen als L.-Partner, vor allem bei Ver- und Entsorgung, in Gesundheitswesen, Erholung und Kultur.

Westeuropa: 1999 wurden in Westeuropa 182 200 I. gezählt (–4,3% gegenüber dem Vorjahr). Deutschland (–1,4%), Frankreich (–24%), Italien (–14,7%), Niederlande (–24,5%), Schweden (–20,7%) und Spanien (–14,1%) registrierten 1999 gegenüber dem Vorjahr z. T. einen deutlichen Rückgang der I.-Zahlen. Dagegen nahmen sie in Großbritannien (+25,1%), Irland (+21%) und Österreich (+21,6%) überdurchschnittlich zu.

Leasing

Vermietung von (Investitions-)Gütern, insbes. Industrieanlagen, wobei die Mietzahlungen beim eventuellen späteren Kauf angerechnet werden können

Bilanz: Die deutsche L.-Branche verzeichnete 1999 ein Investitionsvolumen von 82,6 Mrd DM (+7,3% gegenüber dem Vorjahr). Damit erhöhte sich die L.-Quote von 14,5 auf 14,8%. Der größte Anteil entfiel mit 51,2% auf Straßenfahrzeuge; inkl. Luft-, Wasser- und Schienenfahrzeuge betrug der Anteil aller Fahrzeuge 58,8%. Für 2000 rechnete das ifo-Institut (München) mit

Maschinen- und Anlagenbau

Mit einem Gesamtumsatz von 257,8 Mrd DM lag der deutsche M. 1999 auf dem zweiten Platz hinter dem Straßenfahrzeugbau und vor der Elektrotechnik. Mit 927 000 Mitarbeitern war er Deutschlands Arbeitgeber Nummer eins im verarbeitenden Gewerbe. Mit Ausfuhren von Maschinenexporten im Wert von 167,3 Mrd DM gehörte Deutschland zum Spitzentrio auf dem Weltmarkt für Maschinen. Nach Berechnungen des Verbandes Deutscher Maschinen- und Anlagenbau (VDMA, Frankfurt/M.) übertrafen nur die USA und Japan den deutschen Maschinenexport. Für 2000 prognostizierte der Verband ein Wachstum von 3%.

Auftragslage: Der Auftragseingang im M. wies im März 2000 lt. VDMA im Vergleich zum Vorjahresmonat einen Anstieg um real 15% auf. Die Bestellungen aus dem Inland gingen um 4% zurück, aus dem Ausland stiegen sie hingegen um 32%. Im Drei-Monats-Vergleich Januar bis März 2000 nahmen die Aufträge gegenüber dem gleichen Zeitraum 1999 um 17% zu.

Branchen: Die Antriebstechnik, die größte Zulieferbranche im Maschinenbau, rechnete für 2000 mit einem Umsatzplus von 10% (Umsatz 1999: 16,6 Mrd DM). Mit einem Weltmarktanteil von 25% war die deutsche Antriebstechnik-Branche globaler Spitzenreiter. Zur Unterstützung des Exportgeschäftes (2000: 60% des Umsatzes) richtete

▰ Leasing-Entwicklung

	1997	1998	1999
Leasing-Investitionen (Mrd DM)[1]	69000	76950	82590
Veränderungen zum Vorjahr (%)	+ 3,1	+ 11,5	+ 7,3
Leasingquote (%)	13,6	14,5	14,8

1) Bruttoanlageinvestition; Quelle: ifo Investitiostest, Statistisches Bundesamt

der VDMA einen Marktplatz im Internet ein. Bereits in der Pilotphase wurden 10 000 Produkte angeboten. Im M. arbeiteten 1999 ca. 120 000 Ingenieure, 50% mehr als 1982.
www.vdma.org/markt

Standort Deutschland

Deutschland verbesserte sich 1999 in der Spitzenliga der 24 konkurrenzfähigsten Länder lt. Studie der Schweizer Management-Schule (IMD) um einen Rang auf Platz 8. Bei der Bewertung lagen 250 Kriterien zur Beurteilung der globalen Wettbewerbsfähigkeit zugrunde.
Negativ zu Buche schlug u. a.:
– Diskussion um die Steuerreform
– geringe Flexibilität auf dem Arbeitsmarkt
– hohe Büro- und Engergiekosten
– durchschnittliche Steuerbelastung der Unternehmensgewinne von 53%
– der in Deutschland gültige Rechtsrahmen, der Arbeitslosen keine Anreize zur Beschäftigungsaufnahme biete
– hohe Staatsquote
– kurze Arbeitszeit
– strenge Umweltgesetze
– inflexibel und verschlossene Mentalität.
Investitionen: Die Bruttoanlageinvestitionen in Deutschland betrugen 1999 real 815,23 Mrd DM, die Bruttoinvestitionen 866,39 Mrd DM. Ein gemeinsames Gutachten der führenden Forschungsinstitute in Deutschland (Stand: April 2000) prognostizierte für das laufende Jahr die Bruttoanlageinvestitionen auf 841,1 Mrd DM, für 2001 auf 872,8 Mrd DM.
Industrieproduktion: Nach Angaben des ifo-Instituts (München) stieg die deutsche Industrieproduktion seit Mitte 1999 wieder an. Wesentliche Impulse kamen von der Auslandsnachfrage. Der gesamte Auslandsumsatz des verarbeitenden Gewerbes stieg um 6%; im vierten Quartal 1999 war er um 11% höher als im Vorjahreszeitraum.
Branchen: Für das verarbeitende Gewerbe wurde für 2000 ein Produktionswachstum von mind. 3,5% erwartet (1999: 2,0%). Von Januar bis April 2000 errechnete das ifo-Institut (München) ein Produktionswachstum von 6,8%. Die Zahlen entsprachen dem für die EU-Länder zu erwartenden Anstieg der industriellen Produktion. Für die Metallerzeugung- und verarbeitung schätzte das ifo-Institut 2000 rund 6% (1999: –3,3%)

Deutsche Maschinenexporte

Region	Exporte (Mrd DM)	Veränderung (%)[1]
Europa	105,0	– 4,6
EU-Länder	76,7	– 2,8
Sonst. Westeuropa	12,6	– 7,5
Mittel- und Osteuropa	15,6	–10,4
Amerika	28,1	– 1,2
davon USA	19,5	+ 2,2
Brasilien	2,5	–14,4
Afrika	4,4	+ 5,2
Asien	22,3	– 8,0
davon China	4,9	+11,9
Japan	2,3	– 6,9
Taiwan	2,4	+ 1,9
Australien u. Ozeanien	1,7	– 8,9

1) gegenüber 1998; Quelle: VDMA

Produktionswachstum, für chemische Grundstoffe 6% (1999: 6,7%), für elektrotechnische Investitionsgüter 6% (1999: 3,9%), für Geräte zur Datenverarbeitung 9% (1999: 8,3%).

Unternehmensgewinne

Nach einer Studie der Deutschen Bundesbank (Frankfurt/M.) stiegen die U. Ende der 1990er Jahre sprunghaft an. Die Jahresergebnisse vor Steuern erhöhten sich 1998 (letztverfügbarer Stand) gegenüber dem Vorjahr um 14% auf 192 Mrd DM. Der Untersuchung lagen 21 840 Jahresabschlüsse westdeutscher Firmen aus produzierendem Gewerbe, Handel und Verkehr zu Grunde. Die Brutto-Umsatzrendite stieg 1998 um 0,5 auf 3,5%.
Prognosen: Ganz (West-) Europa steht nach Einschätzung der Dresdner Bank am Anfang eines dauerhaften Wirtschaftsaufschwungs. Forschungsinstitute erwarteten eine Beschleunigung des Wachstums von mind. 2,6% im Jahr 2000 und 2,9% im Jahr 2001. Von der Verbesserung werde die deutsche Ausfuhr profitieren. Die höchsten Ertragszuwachsraten wurden für 2000 bei Grundstoffen, Energie, zyklischen Konsumwerten und Chemie, bei Telekommunikation und Medien vorausgesagt.

Verkehr

Binnenschifffahrt

Transportmengen: 1999 sank die Beförderungsmenge in der deutschen B. um 3,3% auf 228,6 Mio t Güter. Rund 91,6 Mio t (−4%) wurden auf deutschen Schiffen transportiert. Das Aufkommen der ausländischen Konkurrenz ging um 2,6% auf 137 Mio t zurück. Der Marktanteil deutscher Schiffe verringerte sich 1999 von 40,5 auf 41,1%. Die im Wettbewerb mit der B. stehende Eisenbahn beförderte 1999 rund 6% weniger (287,9 Mio t). Bei den Vor- und Endprodukten der Montanindustrie verzeichnete die B. erhebliche Einbußen: Erze und Metallabfälle −11,3%, Metalle −8,9% und Kohle −3,1%. Wegen der geringen Heizölnachfrage sank die Beförderungsmenge von Mineralölerzeugnissen deutlich (−9,7%). Der Transport von Baustoffen, der größten Gütergruppe, verringerte sich um 0,9%. Steigerungen gab es bei den Transporten landwirtschaftlicher Erzeugnisse, sonstiger Nahrungs- und Futtermitteln sowie von chemischen Produkten. Für 2000 erwartete das Ifo-Institut (München) aufgrund von Konjunkturimpulsen in wichtigen Transportbereichen einen Anstieg von 2,7%.

EU: 2000 verabschiedete das EU-Parlament den Entwurf einer Wasserrahmenrichtlinie, die nach Angaben des BDB den Ausbau der Wasserstraßen erschwere. Ziel der Richtlinie ist die Sicherung der (ökologischen) Qualität von Oberflächen- und Grundwasser.

Bestand: Um 2000 gab es in Deutschland 7300 km Binnenwasserstraßen, darunter 6500 km Binnenschifffahrtsstraßen und ca. 750 km Seeschifffahrtstraßen. 35% waren

▬ Binnenschifffahrt: Infrastruktur

Im Verkehrsinvestitionsprogramm der rot-grünen Bundesregierung sind bis 2002 insgesamt 3,6 Mrd DM für Wasserwege vorgesehen. Der Bundesverband der Deutschen Binnenschifffahrt (BDB, Duisburg) kritisierte die jährliche Kürzung der Investitionsmittel für Wasserstraßenbau von 1,3 Mrd DM auf 800 Mio DM. Neben einer schnellen Realisierung des Projektes 17 Deutsche Einheit, dem Ausbau der Wasserstraßenverbindung über die Elbe nach Berlin, forderte der BDB den Ausbau für Großmotorschiffe in folgenden Engpassbereichen: Donauausbau zwischen Straubing und Vilshofen, Vertiefung der Mittelweser, Ausbau der Saale und eine Fahrverbindung zwischen Magdeburg und Lauenburg. Zusätzlich plant Bundesverkehrsminister Reinhard Klimmt (SPD) 2003–2007 insgesamt 7,4 Mrd DM für ein »Anti-Stau-Programm« für alle Verkehrswege ein, mit dem auch Engpässe im Wasserstraßennetz (Dortmund-Ems-Kanal) beseitigt werden sollen.

▬ Binnenschifffahrt: Verkehr nach Hauptgüterarten

Güterarten	Mio t 1999	Anteil (%)[1]	Veränderung[2]
Steine und Erde einschl. Baustoffe	52,5	22,9	▼ − 0,9
Erdöl, Mineralölerzeugnisse, Gase	38,3	16,7	▼ − 9,7
Erze und Metallabfälle	35,2	15,4	▽ −11,3
Feste mineralische Brennstoffe (Kohle)	30,8	13,4	▼ − 3,1
Chemische Erzeugnisse	18,2	7,9	▲ + 7,7
Eisen, Stahl und NE-Metalle	12	5,2	▲ − 8,9
Nahrungs- und Futtermittel	14,6	6,4	▲ + 2,3
Land-, forstwirtschaftliche Erzeugnisse	9,6	4,3	▲ + 9,0
Düngemittel	7,7	3,4	▲ + 2,0
Andere Halb- und Fertigerzeugnisse	9,9	4,3	▲ + 3,0

1) am Gesamtverkehr 1999; 2) gegenüber 1998 (Prozentpunkte); Abweichungen in den Summen ergeben sich durch Runden der Zahlen; 1999 gesamt: 228,6 Mio t, −3,3%; Quelle: Statistisches Bundesamt (Wiesbaden), www.statistik-bund.de

frei fließende Flussstrecken, 41% staugeregelte und 24% Kanäle. 70% der deutschen Wasserstraßen hatten internationale Bedeutung. 1999 gab es in der gewerblichen B. in Deutschland 1183 Unternehmen mit 7483 Beschäftigten. Im Werkverkehr kamen 29 Unternehmen mit 173 Beschäftigte hinzu.
www.binnenschiff.de; www.binnenhafen.de

Kanaltunnel

Eisenbahnverbindung zwischen Großbritannien und Frankreich unter dem Ärmelkanal (seit 1994)

Die britisch-französische Betreibergesellschaft Eurotunnel steigerte ihren Umsatz 1999 um 3% auf 1895,2 Mio DM. Der Reingewinn konnte dank Restrukturierungsmaßnahmen auf 653 Mio DM verdreifacht werden. Erwartete Einbußen durch das Verbot des Duty-free-Handels (ab 1.7.1999) wurden durch Erfolge bei der Telekommunikation z. T. ausgeglichen. Eurotunnel stellte seine Infrastruktur Dritten für die Installation von Kabeln und Glasfaserleistungen zur Verfügung (1999 fünf neue Verträge) und betrieb selbst Hochleistungsdatenleitungen zwischen London und Paris.

Transport: Ein Drittel des Umsatzes 1999 fiel auf den Personen- und Güterverkehr. Den Eurostar, der bis zu 66-mal täglich die Strecke Paris/Brüssel–London zurücklegt, nutzten 1999 ca. 6,6 Mio Reisende (+4,5%). Der Güterverkehr sank um 8,8% von 3,1 Mio t auf 2,9 Mio t. Der Transport von Fahrzeugen machte 43,1% des Umsatzes aus und stieg 1999 dank Anschaffung dreier Eisenbahnzüge um 31%. Bei LKW wurde der Marktanteil auf 39% gesteigert (1999: 838 776 LKW, +19%), bei PKW auf 54%.

Schuldenabbau: Mit einer Kapitalerhöhung verringerte die Betreibergesellschaft Eurotunnel 1999 ihre Verbindlichkeiten. Sie

TopTen	Binnenschifffahrt: Die größten Binnenhäfen		
Hafen	Güterumschlag 1999 (Mio t)		Veränderung (%)[1]
1. Duisburg		45,8	▼ – 3,8
2. Köln	11,2		▼ – 1,8
3. Hamburg	10,1		▲ + 4,8
4. Mannheim	7,8		▼ – 3,5
5. Ludwigshafen	7,3		▲ + 0,6
6. Karlsruhe	5,5		▼ – 8,3
7. Heilbronn	5,3		▼ – 1,0
8. Berlin	5,2		▽ –12,7
9. Bremische Häfen		5,1	▼ – 4,8
10. Neuss,		4,5	▼ – 9,1
Frankfurt/M		4,5	▼ – 5,1

1) gegenüber 1998; Quelle: Statistisches Bundesamt (Wiesbaden), www.statistik-bund.de

kaufte Schuldentitel für 946 Mio DM zur Hälfte ihres Nominalwertes auf und erhöhte das Kapital durch Ausgabe von 250 Mio Aktien zum Nominalwert von 1,02 Euro (ca. 2 DM). Damit wurde die Zinslast jährlich um ca. 38,5 Mio DM (129 Mio Franc) gemindert. Privatanleger hielten 1999 gut 50% an Eurotunnel, 15–20% Banken, den Rest angelsächische institutionelle Anleger.
www.eurotunnel.com

Kreisverkehr

Nach britischen und französischen bauten auch deutsche Verkehrsbehörden um 2000 verstärkt auf K. Ende 1999 gab es etwa 800 K.-Stellen in Deutschland (Frankreich: 8000; Großbritannien: 11 000), mehr als 1000 waren geplant. Im K. mit einem Durchmesser von 28–45 m und einspuriger Fahrbahn können bis zu 25 000 Autos/Tag

Kreisverkehr: Vor- und Nachteile

Vorteile:
▶ Einspuriger Kreisel verkraftet doppelt so viele Autos wie eine Kreuzung ohne Ampel.
▶ Am Kreis wartet man im Schnitt 5 sec statt 25 sec vor einer Ampel.
▶ Vorfahrtmissbrauch kommt am Kreis nicht vor, da Autofahrer über die rechtwinklige Einmündung in den Kreis einbiegen.
▶ K. verbraucht bis zu 40% weniger Fläche als komplizierte Kreuzungen.
▶ Schadstoffausstoß (Kohlenmonoxid und Stickoxide) sowie Treibstoffverbrauch las-

sen sich nach Studien der Universität Lund (S) in sechs Monaten um 25% senken.
▶ Lärmbelästigungen an der Ampelkreuzung, verursacht durch geräuschvolle Start- und Bremsvorgänge, reduzieren sich nach dem Umbau auf Werte um drei Dezibel.
▶ Untersuchungen des Bundesverkehrsministeriums an 25 umgebauten Knotenpunkten ergaben eine über 50% gesunkene Unfallkostenrate (Zahl und Schwere von Unfällen je 1000 Autos); Frontalcrashs bleiben aus, es gibt 50% weniger Verletzte.

▶ Die Ersparnis gegenüber den Betriebskosten beampelter Kreuzungen liegt im Durchschnitt bei 100 000 DM/Jahr.
Nachteile:
▶ Kreuzungen mit mehr als 80 000 Autos/ Tag eignen sich nicht für den Umbau.
▶ Großraum-K. mit mehr als 140 m und 2–3 Spuren erfordern viele Autofahrer in ihrem Reaktionsverhalten.
▶ Beim Herausfahren aus dem Kreisel neigen Autofahrer dazu, Fußgänger und vorfahrtberechtigte Radfahrer zu übersehen.

durchfahren, mit zusätzlichen Rechtsabbie-gespuren liegt die Zahl noch höher. Doch ist K. nur bedingt eine Maßnahme gegen Staus. **Mini-Kreisel:** Preiswerte Variante ist der Mini-Kreisel. 15 000 DM kostet der Umbau, eine einzige Ampelanlage 30 000 DM. Auto- und Zweiradfahrer nutzen die kreisförmige Fahrbahn, LKW und Busse können über die leicht erhöhte Mittelinsel fahren. Dem kleinsten Mini genügen 13 m Durchmesser. An 18 untersuchten Stellen in NRW gab es keine Schwerverletzten mehr, die Unfallkosten gingen um 90% zurück. Der Mini-Kreisel verkraftet max. 17 000 Fahrzeuge/Tag.

LKW-Verkehr

Das Transportaufkommen des L. in Deutschland stieg 1999 um 6,9% auf 3427,8 Mio t, stärker als das Beförderungsvolumen der Eisenbahn (+6%) und das der Binnenschifffahrt (−3,3,%). Der größte Teil der Zunahme im L. beruhte auf einer Veränderung der statistischen Erfassung. Seit 1.1.1999 werden bislang von der Meldepflicht freigestellte Transporte (lebender Tiere oder Abfalltransporte) stärker erfasst. 2000 stieg das Transportaufkommen des L. in Deutschland nach Prognosen des Ifo-Instituts für Wirtschaftsforschung (München) um 3,4% auf 3545 Mio t. In Deutschland entfielen 2000 ca. 70% der Güterverkehrsleistung auf den

▬ Öffentl. Nahverkehr: Fahrgäste	
Jahr	*Mrd*
2000[1]	9,60
1999	9,51
1998	9,44
1997	9,30
1996	8,75
1995	8,50
1994	8,49
1993	8,71
1992	8,41
1991	7,07
1990	7,25

1) Schätzungen des Ifo-Instituts (München); Quellen: Verband Deutscher Verkehrsunternehmen (Köln), Statistisches Bundesamt (Wiesbaden)

L., 14% auf Bahntransporte und 12,6% auf die Binnenschifffahrt. Für 2020 schätzte das Prognos-Institut (Basel) eine Transportleistung des L. von 500 Mrd tkm (1999: 340,2 Mrd tkm). Für den wachsenden L. forderte der ADAC 2000 eine dritte Fahrspur auf Autobahnen; auf 1880 km (16,6%) gab es sie 1999 bereits. **LKW-Abgabe:** Die rot-grüne Bundesregierung plante ab 2003 in Deutschland die Einführung einer streckenbezogenen Maut (25 Pf/km) für schwere LKW (ab 12 t). Die Gebühr soll über satellitengestützte Kommunikation weitgehend vollautomatisch und elektronisch erhoben werden. Bis 2000 zahlten Unternehmen für einen 40-t-LKW eine Jahrespauschale von 2500 DM. Bei 120 000 gefahrenen km im Jahr waren es 2 Pf/km. Mit der LKW-Maut soll der Wettbewerbsnachteil der Bahn beendet und der Verkehrsausbau finanziert werden. Die Schweiz plante für 2001 die Einführung einer L.-Abgabe, die nach dem Gewicht der LKW gestaffelt ist. **Produktion:** Deutsche LKW-Hersteller produzierten 1999 etwa 889 900 (+3,3%) Nutzfahrzeuge, davon 57% im Ausland. Die Inlandsproduktion sank um 0,2% auf rund 378 000 Fahrzeuge. Bei den Neuzulassungen erlebte Deutschland 1999 eine weitere Steigerung um 9,5% auf 324 901 LKW, bei denen über 16 t Gesamtgewicht einen Zuwachs von 16,3%. Der Anteil der Auslandsmarken betrug 36,9%. **Umwelt:** Die EU-Umweltminister einigten sich Ende 1998 auf eine stufenweise Verschärfung der Grenzwerte für Stickoxid- und Rußpartikelausstoß 2000–2008 um bis zu 80%. Durch Einführung von mehr Elektronik in der Motortechnik, welche die EU-Abgasnorm Euro 3 erfülle, erwartete das Umweltbundesamt (Berlin) bis zum Jahr 2010 eine Senkung der Emissionen von Stickoxiden (−40%) und Partikeln (−70%) gegenüber 1990.

www.ifo.de; www.kba.de; www.vda.de
      Umwelt und Natur → Abgasgrenzwerte
→ Luftverschmutzung   **Auto** → Autoindustrie

Öffentlicher Nahverkehr

Aufkommen: Die Passagierzahlen in Omnibussen und Straßenbahnen nahmen 1999 um 1% auf 8,77 Mrd zu (gezählt wird jede Einzelfahrt), im Bahn-Nahverkehr um 2,1%

auf 1,797 Mrd Fahrgäste. Die Zahl der Fahrgäste in den Ballungsgebieten stieg 1999 um 1% auf 5,253 Mrd Personen. Für 2000 rechnete das Ifo-Institut (München) mit einem leichten Anstieg der Personenfahrten mit U-Bahnen, Straßenbahnen und Omnibussen (+0,6%). Der Eisenbahnverkehr soll 2000 noch stärker expandieren (+2,5%). Ursachen sind die Verbesserung der Konjunktur, steigende Kraftstoffpreise sowie Zusatzverkehr im Rahmen der Expo 2000 in Hannover.

Liberalisierung: Nach dem Entwurf einer EU-Verordnung sollen Städte, Gemeinden und Regionen gezwungen werden, ihre Verkehrsleistungen alle fünf Jahre international auszuschreiben. Deutschland war um 2000 mit 40 Mrd DM Umsatz im Jahr der lukrativste Ö.-Markt innerhalb der EU und nach einer Studie der EU-Kommission auch der teuerste: Ein Buskilometer kostete 6 DM. Durch »geregelten Wettbewerb« würden sich die Kosten auf 4,42 DM verringern. In den sechs EU-Ländern mit »geregeltem Wettbewerb« (seit Anfang der 90er Jahre) stieg der Ö. um 14%. Gewerkschaften und die Mehrheit der 130 000 Beschäftigten der 350 deutschen Verkehrsbetriebe kritisierten die unterschiedlichen Arbeitsbedingungen im öffentlichen und privaten Sektor: Längere Arbeitszeiten und 30–50% niedrigere Entlohnungen.

Konzept: Mit dem »Modell Regent« plante die Deutsche Bahn AG ihren Nahverkehr neu zu organisieren. Es sollen 37 eigenständige Regionalbahnen gegründet werden, die den Betrieb von Nebenstrecken mit insgesamt 9000 km übernehmen sollen (25% des deutschen Schienennetzes). Lokale Teilhaber sollen Kommunen, Länder sowie private Bahn- und Busgesellschaften werden. Ziel sind besserer Service und reduzierte Personalkosten.

www.vdv.de; www.fahrplan-online.de
Bahn → Bahn, Deutsche

Ostseeautobahn

Verbindung in Mecklenburg-Vorpommern von Lübeck über Wismar, Rostock und Vorpommern bis zur A 11 nahe der polnischen Stadt Stettin (Kosten: 4,3 Mrd DM; Gesamtlänge: 324 km, Fertigstellung: 2005)

Projekt: Die O. (A 20) gilt als wichtigstes der 17 Verkehrsprojekte Deutsche Einheit, mit dem stark befahrene Bundesstraßen ent-

▬ Öffentlicher Nahverkehr in Ballungsgebieten

Bereiche	Mio Fahrgäste 1999	Veränderung (%)[1]
Rhein-Ruhr (VRR)	1068,0	● 0,0
Berlin (Tarifverbund)	957,2	▲ + 0,5
Rhein-Main (RMV)	575,7	▲ + 1,0
München (MW)	542,0	▲ + 0,5
Hamburg (HW)	486,6	▲ + 1,0
Rhein-Sieg (VRS)	395,3	▲ + 1,2
Stuttgart (WS)	287,1	▲ + 2,0
Rhein-Neckar (VRN)	223,0	▲ + 4,1
Nürnberg (VGN)	198,5	▲ + 0,5
Hannover (GHV)	176,6	▽ –0,5
Dresden (DVB)	135,5	▲ + 1,2
Sachsen (VBN)	116,3	▲ + 1,0
Leipzig (LVB)	91,1	▲ +15,3

1) gegenüber 1998; Quellen: Statistisches Bundesamt (Wiesbaden), Verband deutscher Verkehrsunternehmen (Köln), Ifo-Institut (München)

▬ Öffentlicher Nahverkwehr: Finanzierung

▶ **Kürzungen:** Aufgrund der Liberalisierung im Strommarkt entfielen 2000 Quersubventionen der Stadtwerke für defizitäre Bereiche im Ö. von 1,5 Mrd DM. Weitere Einbußen drohten durch Kürzungen der Länderzuschüsse im Berufsverkehr von Schülern, Studenten und Auszubildenden (300 Mio DM). Hinzu kamen nach Angaben des Verbands Deutscher Verkehrsunternehmen (VDV, Köln) Belastungen durch die Ökosteuer von 2 Mrd DM.

▶ **Kooperation:** Viele Kommunen reagierten mit innerstädtischen Verbünden (Essen, Mülheim, Oberhausen),

Mutter-Tochter-Modellen (München) und Privatisierungen (Bad Kreuznach).

▶ **Vorschläge:** Als Gegenmaßnahmen schlug der VDV eine Senkung der Kilometerpauschale von 70 auf 50 Pf vor. Die Steuermehreinnahmen (1,7 Mrd DM) sollten zweckgebunden den städtischen Verkehrsunternehmen zukommen. 2 Pf aus dem Mineralölsteueraufkommen des Bundes (1,4 Mrd DM) sollten an die Kommunen gehen.

▶ **Bund:** Im Mai 2000 kündigte der Bund an, die Modernisierung von Bussen und Bahnen im Ö. mit 15 Mrd DM zu unterstützen.

lastet werden und das wirtschaftlich schwache Vorpommern eine bessere Verkehrsanbindung erhält. Im Mai 2000 wurde ein zweiter, 16 km langer Abschnitt der O. zwischen Grevesmühlen und Schönberg für den Verkehr freigegeben. Bis Ende 2000 sollte der Verkehr auf rund 100 km zwischen Schönberg und dem Verkehrsschnittpunkt zur A 19 rollen.

Von den 300 Brückenbauwerken des Gesamtprojektes waren die meisten Mitte 2000 bereits fertig gestellt oder in Arbeit, darunter die Warnow-, Peene- und Uecker-Flussquerungen, die jeweils über 1 km lang sind.

■■ **Ostseeautobahn: Geplante Streckenabschnitte**

Folgende Strecken der O. sollen bis 2005 fertig gestellt werden:
▶ Die Freigabe der 14 km langen Lücke von Schönberg bis zur schleswig-holsteinischen Grenze mit der naturschutzrechtlich brisanten Wakenitz-Querung ist für 2003 geplant. Umwelt- und Wirschaftlichkeitsgutachten über die bislang strittige Frage einer Brücken- oder Tunnellösung gaben der oberirdischen Variante den Vorzug.
▶ Im Bau befand sich das 17,5 km lange Anschlussstück zur A 1 südlich von Lübeck.
▶ An die A 11 bei Prenzlau in Brandenburg, wo die letzten 40 km der A 20 auslaufen, wurde ein Anschlussstück gebaut.
▶ Ebenso entstanden bei Jarmen und Grimmen Autobahn-Teilstücke.

Ostsee-Überbrückung

Verbindungen mit Tunneln und Brücken zwischen Skandinavien und dem westeuropäischen Festland zur Verbesserung des Personen- und Warenverkehrs in der Region

Am 1.7.2000 wurden Tunnel und Brücke für Eisenbahn- und Autoverkehr über den Öresund von Schweden nach Dänemark freigegeben. Die Nutzung der vierspurigen Autobahn kostet ca. 60 DM Maut.

Öresund: Die 16-km-Strecke des Öresund-Projekts führt vom südlichen Kopenhagen durch einen Tunnel (3,5 km) zu einer künstlichen Insel (4 km) und von dort über eine 7,8 km lange Brücke in Schwedens drittgrößte Stadt Malmö. Baubeginn war 1995 (Kosten: 4,7 Mrd DM). Im oberen Teil des Tunnels fahren Autos, unten Eisenbahnzüge.

Großer Belt: Im Juni 1998 wurde die Autobahnbrücke über den Großen Belt freigegeben. Sie verläuft parallel zum Eisenbahntunnel und verbindet die dänischen Inseln Seeland und Fünen. Die Autobahnbrücke (Höhe: 65 m, Länge: 6,8 km) ist die zweitlängste Hängebrücke der Welt. Die Spannweite im Mittelteil beträgt zwischen den Pfeilern 1624 m. Parallel zur Autobahnbrücke verläuft ein Eisenbahntunnel (Länge: 7,7 km), der Seeland mit der kleinen Insel Sprogø verbindet. Die komplette Eisenbahnverbindung über den Großen Belt, zu der auch noch eine Brücke gehört, wurde im April 1997 für den Güterverkehr, im Juni 1998 für den übrigen Bahnbetrieb freigegeben.

Fehmarnbelt: Anfang 2000 befürwortete die rot-grüne Landesregierung von Schleswig-Holstein den Bau einer festen Fehmarnbelt-Querung zwischen der Insel Fehmarn und der dänischen Insel Lolland. Bei fester Verbindung mit zweigleisiger Eisenbahnstrecke und einer Autobahn mit vier Fahrstreifen rechneten die Experten bis 2010 für den Fehmarnbelt mit einen Anstieg des Personenverkehrs von 45% und des Güterverkehrs von 129%. Mehrere vermutlich privat finanzierte Varianten wurden angedacht: abgesenkter Tunnel mit Fahrstreifen für Autos und Spur für die Bahn (5,5 Mrd DM, Rendite für Investoren: 9,1%); gebohrter Tunnel (5,8 Mrd DM, Rendite: 7,9%); Schrägkabel- oder Hängebrückenprojekt mit vier Fahrstreifen und zwei Bahngleisen (6,8 Mrd DM, Rendite: 7,8%). Letztere Variante galt jedoch als ökologisch ungünstig.

Promillegrenze

In Tausendstel gemessener Alkoholgehalt im Blut, ab dem das Führen eines Kfz verboten ist

Bilanz: Die Zahl der Unfälle in Deutschland, bei denen mind. ein Beteiligter unter Alkoholeinfluss stand, sank 1999 um 3,1% auf 57 906. Schwer verletzt wurden 10 258 Personen (–6,4%), leicht 20 852 (–0,7%). Bei Unfällen unter Alkoholeinfluss starben 1999 935 Menschen, 2,3% weniger als 1998 (1107; alle Zahlen Januar bis Oktober).

Neue Grenzen: Ursache für den Rückgang war die seit 1.5.1998 geltende 0,5-P. (vorher: 0,8‰). Wer mit 0,5‰ Alkohol im Blut am Steuer erwischt wurde, musste bis Mitte 2000 mit einer Geldstrafe von 200 DM und

Promillegrenzen in Europa

Land		Wert	Land		Wert
Großbritannien		0,8	Mazedonien		0,5
Irland		0,8	Niederlande		0,5
Italien		0,8	Norwegen		0,5
Schweiz		0,8	Österreich[2]		0,5
Luxemburg		0,8	Portugal		0,5
Belgien		0,5	Slowenien		0,5
Bulgarien		0,5	Spanien		0,5
Dänemark		0,5	Türkei		0,5
Deutschland[1]		0,5	Polen		0,2
Finnland		0,5	Schweden		0,2
Frankreich		0,5	Rumänien		0,0
Griechenland		0,5	Slowakei		0,0
Jugoslawien		0,5	Tschechien		0,0
Kroatien		0,5	Ungarn		0,0

Stand: Mitte 2000; 1) in der ersten Hälfte 2000 drohte ab 0,8‰ Fahrverbot, bei 0,5‰ Geldstrafe und Eintrag ins Verkehrssünder-Register in Flensburg; ab Herbst 2000 droht Fahrverbot ab 0,5‰;
2) Fahrverbot nur im Wiederholungsfall, sonst Geldstrafe

zwei Punkten in der Flensburger Verkehrssünderkartei rechnen, ab Herbst 2000 mit Fahrverbot. Nach Angaben des Kraftfahrt-Bundesamt (Flensburg) lag die Zahl der monatlich gemeldeten Alkoholstraftaten 1999 bei 15 000, vor Einführung der neuen P. bei 17 000 (–10% jährlich).

Kontrollen: Die im Frühjahr 1999 eingeführte Atemalkoholmessung (AAK) sorgte für Verwirrung. Nicht alle AAK-Ergebnisse ließen sich wissenschaftlich exakt in Promillewerte umsetzen. Nur im unteren Bereich gab es gesetzlich definierte Werte: 025mg/l=0,5‰ und 0,4 mg/l=0,8‰. Über diese Grenzen hinaus waren Promillezahlen nicht festgelegt. Die Verwaltungsvorschriften der meisten Bundesländer sahen eine AAK nur im unteren, also Ordnungswidrigkeitsbereich, vor. Ab 0,55‰ sollte eine Blutprobe genommen werden.

www.kba.de (Kraftfahrt-Bundesamt)

Schifffahrt

Bilanz: Auch 1999 beeinflussten die Finanzkrisen in Asien, Lateinamerika und Russland die globalen S.-Märkte. Weltweit stieg die Transportleistung nur leicht um 0,8% auf 5,1 Mrd t. Die Einnahmen der deutschen S. kletterten 1999 lt. Deutscher Bundesbank aber auf 13,1 Mrd DM (+6,5%). Ursache war die Steigerung der Tonnage (+13%): 1999 fuhren 1850 Schiffe (+5,4%) für deutsche Reeder mit 19,9 Mio BRZ (Bruttoraumzahl, internationale Schiffsbemessungsgröße), davon 717 mit 6,5 Mio BRZ unter deutscher Flagge (1998: 844 mit 8,1 Mio BRZ). Ursache dieses Rückgangs waren ca. 130 ausgeflaggte deutsche Schiffe.

Steuer: Die am 1.10.1998 eingeführte Tonnage-Steuer (Pauschalsätze/Nettotonne), die als Alternative zur Unternehmenssteuer für jeweils zehn Jahre eingesetzt werden kann, zeigte 1999 positive Signale. Der Verband Deutscher Reeder (VDR, Hamburg) erwartete für 2000, dass über 100 Unternehmen mit Schiffen ins deutsche Register zurückkehren. Nach Angaben der Gewerkschaften DAG und ÖTV arbeiteten 13 000 deutsche Beschäftigte auf deutschen Schiffen, 1500 (10,3%) weniger als 1998.

Welthandelsflotte: Nach Angaben des Instituts für Seeverkehrswirtschaft und Logistik (ISL, Bremen) wurden 1999 neue

Schifffahrt: Güterumschlag deutscher Häfen		
Hafen	1000 t (1999)	Veränderung (%)[1]
Hamburg	73 357,6	▲ + 6,5
Wilhelmshaven	39 730,7	▼ – 9,6
Bremische Häfen	31 612,4	▲ + 2,4
Bremerhaven	20 126	▲ +17,4
Lübeck	17 541,9	▲ + 0,6
Rostock	17 405,8	▲ +12,9
Bremen Stadt	11 486,3	▼ –16,4
Brunsbüttel	7312,0	▼ – 6,3
Brake	5015,2	▲ + 6,0
Büthfleth	4335,6	▲ +10,1
Puttgarden	3813,6	▼ – 1,4
Emden	3298,1	▲ +13,0
Saßnitz	2860,7	▼ – 3,0
Kiel	2694,6	▼ – 1,4
Nordenham	2596,1	▲ +31,7
Wismar	2440,1	▼ – 3,0
Cuxhaven	1087,8	▼ –20,1
Flensburg	526,9	▼ – 5,5
Leer	509,9	▲ + 5,0
Stralsund	472,6	▽ –21,0
Rendsburg	407,4	▼ – 6,2
Husum	407,4	▼ – 5,4

1) gegenüber 1998; Quelle: Statistisches Bundesamt (Wiesbaden), www.statistik-bund.de

Handelsschiffe mit 38,8 Mio tdw (Tonnen Tragfähigkeit) in Betrieb genommen. Nach Abzug von Verschrottungen und Totalverlusten erhöhte sich die Welthandelstonnage um 1,1% auf 760 Mio t. Öltanker waren mit 38,9% beteiligt, Massengutfrachter mit 35,8%, Stückgutfrachter und Ro/Ro-Schiffe mit 13,2%, Containerschiffe mit 8,1%.

Schiffsbau: 1999 lieferten die 24 deutschen Werften 62 Neubauten mit insgesamt 807 000 BRZ aus. Deutsche Reeder erhielten 35 Einheiten mit knapp 420 000 BRZ. Von ausländischen Werften wurden 1999 an deutsche Reeder 93 Seeschiffe mit 1,302 Mio BRZ ausgeliefert. Die Lieferungen der deutschen Schiffsbauindustrie 1999 betrugen 4,01 Mrd DM, die Auftragseingänge erreichten 6,1 Mrd DM. Damit stieg der Auf-

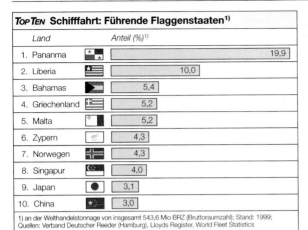

TopTen Schifffahrt: Führende Flaggenstaaten[1]

Land		Anteil (%)[1]
1. Pananma		19,9
2. Liberia		10,0
3. Bahamas		5,4
4. Griechenland		5,2
5. Malta		5,2
6. Zypern		4,3
7. Norwegen		4,3
8. Singapur		4,0
9. Japan		3,1
10. China		3,0

1) an der Welthandelstonnage von insgesamt 543,6 Mio BRZ (Bruttoraumzahl); Stand: 1999; Quellen: Verband Deutscher Reeder (Hamburg), Lloyds Register, World Fleet Statistics

TopTen Schifffahrt: Führende Handelsflotten

Land		Schiffe[1]	Anteil (%)[2]
1. Griechenland		3167	17,5
2. Japan		2863	12,6
3. Norwegen		1324	7,1
4. USA		925	6,2
5. China		1952	5,1
6. Hongkong		546	4,1
7. Deutschland		1900	3,9
8. Korea-Süd		814	3,3
9. Taiwan		490	2,7
10. Singapur		889 889	2,4

Stand: 1.1.2000, 1) Handelsschiffe über 1000 Bruttoraumzahl (BRZ); 2) an der Welttonnage (tdw = Tonnen Tragfähigkeit); Quelle: Institut für Seeverkehrswirtschaft und Logistik (ISL, Bremen)

tragsbestand 1999 um 14,8 Mrd DM. Trotzdem sank der Marktanteil leicht; Spitzenreiter Korea-Süd hatte 1999 einen Marktanteil von 35%, im Containerschiffbau sogar von 70%. Bedingt durch die in Korea geschaffenen Überkapazitäten der vergangenen Jahre fielen die Schiffsbaupreise 1999 auf ein historisches Tief. Koreanische Werften unterboten die Preise deutscher und westeuropäischer Werften um bis zu 40%. Bis 2003 unterstützt die rot-grüne Bundesregierung deutsche Werften mit 310 Mio DM. www.reederverband.de; www.vsm.de

Tankersicherheit

Schwere Tankerunfälle in den 90er Jahren führten zur Verschärfung der Sicherheitsvorschriften in der Schifffahrt. Der letzte große Unfall war die Havarie der »Erika« im Dezember 1999 vor der französischen Küste. 12 000 t der Gesamtladung von ca. 25 000 t Schweröl flossen ins Meer. Mögliche Ursache waren Materialermüdungen des fast 25-jährigen Tankers, der mit einfacher Rumpfwand fuhr. Wie in anderen Fällen leisteten die Verantwortlichen kaum Schadensersatz. Den Preis für die Umweltverschmutzung und den Tod vieler Tiere und Pflanzen zahlten Steuerzahler, Fischer und Fremdenverkehrsbetriebe.

Unfallursachen: Englische Schiffsversicherer errechneten, dass 1990–2000 rund 60% der großen Schiffsunfälle auf menschliche Fehler zurückzuführen waren, vor allem auf Sprachprobleme in den multinationalen Besatzungen mit unzureichender Ausbildung sowie Übermüdung infolge Mehrbelastung durch Unterbesetzung. Weitere Unfallursachen waren nach Angaben der für die Seeschifffahrt zuständigen International Maritime Organization (IMO, London) mangelnde Sicherheitsstandards und Überalterung der Schiffe.

EU: Die EU-Kommission beschloss im März 2000 neue Maßnahmen zur Sicherheit im Schiffsverkehr. Einwandige Tanker sollen je nach Tonnage ab 2005, 2010 oder 2015 die EU-Häfen nicht mehr anlaufen dürfen. Hafenkontrollen sowie die Überprüfung der Klassifikationsgesellschaften, die den Sicherheitszustand der Schiffe untersuchen, sollen verschärft werden.

Energie → Erdöl
Umwelt und Natur → Ölpest

Tankstellen

Im Mai 2000 gab es nach Angaben des Bundesverbandes Tankstellen und Gewerbliche Autowäsche (BTG, Minden) 16 061 T., 1,4% weniger als 1999 (16 287). Ursache

Tankersicherheit: Internationale Richtlinien

Nach einem internationalen Abkommen müssen alle Tanker, die nach dem 6.7.1995 gebaut wurden, mit doppelter Rumpfwand konstruiert sein. Schiffe, die vor dem 1.6.1982 gebaut wurden, müssen erst nach 25 Jahren mit einer Doppelhülle nachgerüstet werden, Schiffe der Baujahre 1982–95 nach 30 Jahren. Die Doppelhülle reduziert den Laderaum um 30%. 2000 durften rund 3000 Tanker ohne Doppelhülle über die Weltmeere fahren.

des Rückgangs, der geringer ausfiel als erwartet, waren hohe Investitionen in Umweltauflagen (u. a. kraftstoffundurchlässige Bodenbeläge, Saugrüssel) bis zu 500 000 DM pro T.

Benzinpreise: Die Benzinpreise kletterten 1999/2000 auf über 2 DM/l. Ursachen waren nach Angaben des Erdöl Energie Infomationsdienstes (EID) der starke Dollarkurs (+13,3 Pf/l seit Anfang 1999) und der hohe Rohölpreis (+30 Pf/l seit Anfang 1999), der im Vergleich zu 1998 um das dreifache je Barrel (159 Liter) stieg. Mit Einführung der Ökosteuer (ab 1.4.1999) stieg der Steueranteil um 18,6 Pf/l. Die Transportkosten sanken dagegen um 15,3%/l. Da der Anstieg der Benzinpreise um 15 Pf/l hinter dem Anstieg der Kosten zurückblieb, machte die Mineralölbranche 1999 Verluste in dreistelliger Millionenhöhe. Unter dem Preiskampf der großen Markenanbieter litten vor allem die 4800 freien T. in Deutschland, die meist 1 Pf/l unter den Markenpreisen lagen.

Shops: Wachstumschancen sahen Experten nur noch in der Ausweitung der Geschäftsfelder Shop und Autowäsche. 43% des Bruttoverdienstes erwirtschafteten die T. 1999 bereits mit dem Shop-Geschäft, 26% durch Treibstoffverkauf, 15% mit Autowäsche, 7% mit Dienstleistungen und 9% mit Sonstigem. Der Durchschnitts-Umsatz der T.-Läden vervierfachte sich binnen 13 Jahren (1999: 1,3 Mio DM; 1985: 330 000 DM). Wichtigste Umsatzbereiche waren Tabakwaren (46%), Getränke (20%), Zeitungen und Süßwaren (9%).

Kraftstoff: Im Mai 2000 ersetzte Shell an über 900 T. die Sorte Super Plus durch das schwefelfreie Optimax. Der neue Sprit hat eine höhere Oktanzahl (99) und ist 3 Pf teurer. BP bot seit Ende April 2000 in Münchener Filialen schwefelreies Super Plus an. Optimax sorgt für deutlich weniger Emissionen und ist Voraussetzung für die Einführung sparsamer Benzinmotoren mit Direkteinspritzung.

www.mvw.de; www.btg-minden.de
    Auto → Kraftstoffe

Tempolimit

2000 war Deutschland das einzige europäische Land ohne generelles T. auf Autobahnen. Zur Vermeidung von Staus sowie zur

▬▬ **Tankstellen**	
Jahr	*Tankstellen*
2000	16 061
1999	16 287
1995	17 971
1990	18 271
1985	18 747
1980	27 705
1975	35 071
1970	40 081
1968	40 260

Stand: Mai 2000; Quelle: Bundesverband Tankstellen und Gewerbliche Autowäsche Deutschland (BTG, Minden); www.btg-minden.de

Reduzierung von Lärm- und Schadstoffemissionen gab es 2000 auf einem Drittel des Autobahnnetzes permanente T., 5% der Strecken waren mit situationsabhängig geschalteten Wechselverkehrszeichen ausgerüstet, auf weiteren 10% der Strecken gab es T. bei Nässe oder Baustellen. In anderen europäischen Ländern war auf Autobahnen eine Höchstgeschwindigkeit von 120 oder 130 km/h erlaubt, in Norwegen 90 km/h. Deutsche Behörden empfahlen eine Richtgeschwindigkeit von 130 km/h. Auf Landstraßen differierten die T. in Europa um bis zu 30 km/h (80–110 km/h).

Bußgeld: Seit 1.5.2000 zahlen Autofahrer bis zu 850 DM Bußgeld, wenn sie die Höchstgeschwindigkeit um über 60 km/h überschreiten. Radfahrer müssen bei Regelverstößen bis zu 20 DM mehr zahlen.

Tempo 30: Die rot-grüne Bundesregierung plante im Jahr 2000 eine deutliche Ausweitung der Tempo-30-Zonen in Städten und Gemeinden. Die deutschen Kommunen sol-

Tempolimit: Bundesumweltminister für Klimaschutz	
Im Frühjahr 2000 sprach sich Umweltminister Jürgen Trittin (Bündnis 90/Die Grünen) für ein T. auf Autobahnen von 130 km/h und 80 km/h auf Landstraßen aus, um die deutschen Ziele beim Klimaschutz zu erreichen. Die CO_2-Emissionen sollen bis 2005 gegenüber 1990 um 25% reduziert werden. 1999 sank der Ausstoß um 15,5%. Im Straßenverkehr, der neben den Industriefeuerungen Hauptemittent ist, stiegen aber die Emissionen	seit 1990 um 11% auf 160 Mio t CO_2. Bis 2005 sollen nach Trittins Vorstellung im Straßenverkehr 20 Mio t CO_2 weniger anfallen. Ein Drittel (6 Mrd t) könnte seiner Ansicht nach ein T. beisteuern. Bundesverkehrsminister Reinhard Klimmt (SPD), Autoindustrie und Automobilclubs plädierten für den verstärkten Einsatz intelligenter Verkehrsleitsysteme und bessere Verzahnung der Verkehrsmittel. Lt. ADAC würden durch ein T. max. 1,5 Mio t eingespart.

len mehr Spielräume bei der Ausweisung weiterer Tempo-30-Zonen erhalten.
Unfälle: Lt. EU-Kommission würde sich bei einer Absenkung der Durchschnittsgeschwindigkeit um 5 km/h auf allen Straßen die Zahl der Verkehrstoten um 25% verringern. Von Januar bis Oktober 1999 starben in Deutschland 7749 Personen bei Verkehrsunfällen, 3,1% weniger als 1998 (7776).
www.adac.de

Tempolimit in Europa					
Land	(km/h)	innerorts	außerorts	Autobahn	
Belgien		50	90	120	
Bulgarien		50	90	120	
Dänemark		50	80	110	
Deutschland		50	100	130[1]	
Finnland		50	100	120	
Frankreich		50	90	130	
Griechenland		50	110	120	
Großbritannien		48	96	112	
Irland		48	96	112	
Italien		50	90	130	
Jugoslawien		60	80	120	
Kroatien		50	80	130	
Luxemburg		50	90	120	
Mazedonien		50	80	120	
Niederlande		50	80	120	
Norwegen		50	80	90	
Österreich		50	100	130	
Polen		60	90	130	
Portugal		50	90	120	
Rumänien		50	90	120	
Schweden		50	90	110	
Schweiz		50	80	120	
Slowakei		60	90	130	
Slowenien		50	90	130	
Spanien		50	90	120	
Tschechien		50	90	130	
Türkei		50	90	130	
Ungarn		50	80	120	

1) Richtgeschwindigkeit; Stand: Mitte 2000; Quelle: ADAC

Tunnel

Schwere Brandkatastrophen im Montblanc- und Tauern-T. mit mehr als 45 Toten lösten 1999 Kritik an den Sicherheitsbedingungen der europäischen T. aus. Der französisch-italienische Montblanc-T. ist seit dem Unglück gesperrt, der Tauern-T. seit dem 28.8.1999 wieder durchgehend befahrbar. Trotz neuen Lüftungssystems wurde der Tauern-T. beim ADAC-Test im Frühjahr 2000, bei dem 25 Tunnel überprüft wurden, nur mit »ausreichend« bewertet.
Sicherheit: Ein Drittel der 25 von ADAC und acht weiteren europäischen Automobilclubs untersuchten T. an den wichtigsten Reiserouten wurden mit »bedenklich« oder »mangelhaft« bewertet. Hauptkritikpunkte waren mangelhafte Fluchtmöglichkeiten, Fehlen von Pannenbuchten, Standstreifen, Lautsprecheranlagen, Videoüberwachungen sowie Defizite bei Belüftungsanlagen und bei der Ausbildung der Feuerwehr. Alle drei in Deutschland getesteten Tunnel – Engelberg bei Stuttgart, Königshainer bei Görlitz und Elbtunnel in Hamburg – bekamen die Note »gut«. Schlusslicht mit der Bewertung »mangelhaft« waren der T. Alfonso XIII bei Lleida in Spanien sowie der Fornaci-T. bei Savona in Italien. Als kurzfristige Maßnahmen forderte der ADAC, stehenden Verkehr durch Verkehrssteuerung zu vermeiden sowie Gefahrguttransporte nur mit Begleitfahrzeugen und Sicherheitsabstand passieren zu lassen. Langfristig forderte der ADAC für jeden Straßen-T. eine zweite Röhre.
Österreich: Als Folge der Tauern-T.-Katastrophe gelten in Österreich seit Mitte 1999 neue gesetzliche Regelungen für Gefahrguttransporteure: Warnleuchten auf Transporter und Begleitfahrzeugen, die mitfahren müssen; Ankündigung beim Tunnelwart; Mindestabstand zum vorausfahrenden Fahrzeug von 100 m.
Neubauten: Folgende T. waren geplant:
– Im Mai 2002 soll die mit offenen Zufahrten 3,1 km lange vierte Elbtunnelröhre fertig sein. Der Verkehrsengpass auf der Nord-Süd-Verbindung (A7) von und nach Dänemark soll damit erweitert werden. 120 000 Fahrzeuge passieren die drei anderen Röhren täglich. Seit 1995 ist die vierte Röhre in Bau, Mitte 2000 wurde die Bohrung der neuen Elbröhre beendet (Kosten: 850 Mio DM).

– Anfang 2000 wurde mit dem Bau des privat finanzierten, gebührenpflichtigen Warnow-T. in Rostock begonnen (Fertigstellung: 2003).
– 2005 soll der ebenfalls privat finanzierte, gebührenpflichtige T. unter der Trave bei Lübeck fertig gestellt sein. Der zweiröhrige, 1040 m lange Straßen-T. wird die baufällige Klappbrücke über die Trave ersetzen (Baukosten: 316 Mio DM).
www.adac.de

Verkehr

Anfang 2000 waren 93,5% (+20%) aller PKW in Deutschland schadstoffreduziert. Der Anteil der Schadstoffklasse D3/D4 bzw. Euro2/Euro4 stieg gegenüber dem Vorjahr (11,6%) auf 18,8%. Der PKW-Bestand übertraf 1999 mit 42,7 Mio Fahrzeugen das Vorjahresniveau um 1,7%. Den stärksten Zuwachs zeigte das Bundesland Hamburg mit 8,7%. Für 2001 wurde eine Steigerung des PKW-Bestandes um 1,7% auf 43,15 Mio Fahrzeuge erwartet.

Aufkommen: Das Ifo-Institut (München) rechnete 2000 mit einem Anstieg des Personenverkehrs um 1,4% auf 968,0 Mrd Personenkilometer (Pkm), begünstigt durch die leicht verbesserte Arbeitsmarktlage und die daraus resultierende Ausweitung des PKW-Bestandes. Auch von der Weltausstellung Expo 2000 (Hannover) wurde eine Nachfrageanregung von ca. 10 Mrd Pkm erwartet. 79,4% der Gesamtleistung des Personenverkehrs bewältigte der PKW. Öffentliche Nahverkehrsmittel, Eisenbahn und Flugzeug deckten gemeinsam 20,6% ab. Die durchschnittliche Fahrleistung pro PKW sank 2000 nach Schätzungen des Ifo-Instituts um 1%. Hauptfaktor sei die Erhöhung des Kraftstoffpreises (Durchschnitt 2000: +13%). Rund 70% der Güterverkehrsleistung erbrachte der LKW-Verkehr. Die Bahn erzielte einen Anteil von 14%. Das Wachstum der Industrieproduktion (+3%), positive Impulse des Außenhandels sowie ein leichtes Wachstum bei der Bautätigkeit (+0,2%) ließ für 2000 im Güterverkehr einen Anstieg von 4,8% erwarten.

Investitionen: Bis 2002 plante der Bund 67,35 Mrd DM für die Verkehrsinfrastruktur auszugeben (34,3 Mrd DM für die Straße, 29,5 Mrd DM für die Schiene, 3,6 Mrd für Wasserwege). 36 Mrd DM waren für Neu-

und Ausbaumaßnahmen vorgesehen. Die restlichen Mittel werden für den Erhalt der Infrastruktur benötigt. Bis 2002 ist eine Annäherung der Ausgaben für Schiene und Straße vorgesehen. Nicht enthalten im Investitionsprogramm sind 400 Mio DM für

▬ Verkehr: Beförderungsleistungen[1]

Verkehrsmittel			Veränderung (%)[3]
Personenverkehr	*Mrd Pkm[2]*		
Personenkraftwagen		768,8	△ +0,7
U-/Straßenbahn/Busse		77,6	▲ +1,7
Eisenbahn		77,9	▲ +5,1
Flugzeug	43,7		▲ +8,5
Güterverkehr	*Mrd Tonnen-km*		
Lastkraftwagen		360,1	▲ +5,8
Eisenbahn		73,6	▲ +3,1
Binnenschiff		64,7	▲ +2,9
Pipeline	14,4		▽ −2,0
Flugzeug	4,6		▲ +4,6

1) Schätzung für 2000; 2) Personenkilometer; 3) gegenüber 1999; Personenverkehr insgesamt: 968 Mrd Pkm (+1,4%); Güterverkehr insgesamt 513,4 Mrd t/km (+4,8%); Quelle: Ifo-Institut (München)

▬ Verkehrsdichte nach Bundesländern

Bundesland		Kfz/km²
Berlin		1557
Hamburg		1135
Bremen		816
Nordrh.-Westf.		311
Saarland		273
Baden-Württ.		191
Hessen		188
Sachsen		138
Rheinland-Pfalz		135
Bayern		119
Schlesw.-Holst.		112
Niedersachsen		106
Thüringen		89
Sachsen-Anhalt		72
Brandenburg		52
Meckl.-Vorp.		43

Stand: Mitte 2000; Quellen: Kraftfahrt-Bundesamt (Flensburg), Statistisches Bundesamt (Wiesbaden)

Lärmschutz an Schienenwegen, 800 Mio DM für Eisenbahnkreuzungsprojekte, 1,1 Mrd DM für S-Bahn-Investitionen sowie 3 Mrd DM für das privat vorfinanzierte Schienenprojekt München-Ingolstadt-Nürnberg. Hinzu kommen 3 Mrd DM Eigenmittel der Bahn. Für die neuen Länder sind Investitionen von 32,1 Mrd DM einkalkuliert.
Zusätzlich kündigte Bundesverkehrsminister Reinhard Klimmt (SPD) für 2003–2007 ein »Anti-Stau-Programm« von 7,4 Mrd DM an, mit dem Engpässe im Netz der deutschen Autobahnen (3,7 Mrd DM), Schienenwege (2,8 Mrd DM) und Wasserstraßen (900 Mio DM) beseitigt werden sollen. Das Geld soll teilweise aus der Abgabe für Schwerverkehr kommen.

www.ifo.de

Auto → Autobahnen → Autoverkehr

Verkehrssicherheit

Bilanz: Erstmals seit Jahren waren im ersten Quartal 2000 in Deutschland mit 1702 Verkehrstoten wieder mehr Opfer als im Vorjahreszeitraum zu beklagen (+10%). Ursachen waren die Verlängerung des Februar im Schaltjahr (21 Verkehrstote/Tag gibt es durchschnittlich in Deutschland) sowie das milde Februarwetter. Auch die Zahl der Verletzten stieg von Januar bis März 2000 auf 108 500 (+4%). 1999 war dagegen die Zahl der Unfalltoten mit 7749 auf ein Rekordtief seit Beginn der Erhebungen 1953 gesunken (–0,6%). Die Zahl der Verletzten stieg aber um 4,7% auf 521 000. In Mecklenburg-Vorpommern (208 Verkehrstote/1 Mio Einwohner) und Brandenburg (187) war das Unfallrisiko doppelt so hoch wie im Bundesdurchschnitt (94).

Unfälle: 1999 gab es in Deutschland 2,4 Mio Unfälle (+6,4%). Das weniger Menschen bei Verkehrsunfällen starben, liegt Experten zufolge an den besseren Sicherheitsstandards der Autos. Auch das mit hoher Verkehrsdichte meist verbundene langsamere Fahren ist für den Rückgang der Verkehrstoten verantwortlich. 1999 verunglückten 42 710 Kinder, 4,6% mehr als 1998. 272 (+1,1%) starben bei Verkehrsunfällen. Im Auto verunglückten 13 709 Kinder, als Fußgänger 10 802, mit dem Fahrrad 16 195 (alle Zahlen Januar bis Oktober).

Zweirad-Unfälle: 40 644 Motorradfahrer waren im Jahr 1999 in Verkehrsunfälle verwickelt (+9,4%). Dabei starben insgesamt 932 (+11,6%), 13 058 (+8,6%) wurden schwer und 26 654 (+9,8%) leicht verletzt.

Verkehrstote in den Bundesländern

Länder	*Verkehrstote/1 Mio Einwohner*
Bundesdurchschnitt	94
Baden-Württ.	83
Bayern	115
Berlin	30
Brandenburg	187
Bremen	26
Hamburg	27
Hessen	93
Meckl.-Vorp.	208
Niedersachsen	118
Nordrh.-Westf.	60
Rheinland-Pfalz	95
Saarland	84
Sachsen	101
Sachsen-Anhalt	131
Schlesw.-Holst.	94
Thüringen	137

Stand: 1999; Quelle: Statistisches Bundesamt (Wiesbaden), www.statistik-bund.de

Verkehrstote

Jahr	*Verkehrstote*
1999[1]	7749
1998	7776
1997	8758
1996	8758
1995	9454
1994	9814
1993	9949
1992	10 631
1991	11 300
1990	11 046
1985	10 070
1980	15 050

1) Jan.-Okt.; Quelle: Statistisches Bundesamt (Wiesbaden)

Neue Regelungen: Seit 1.5.2000 zahlen Autofahrer bis zu 850 DM Bußgeld, wenn sie die Höchstgeschwindigkeit um mehr als 60 km/h überschreiten. Radfahrer müssen bei Regelverstößen bis zu 20 DM mehr zahlen. Ab Mitte 2000 dürfen Kraftfahrzeuglenker während des Fahrens nur noch mit Freisprechanlage telefonieren. Ab 2001 sollen bei einer Promillegrenze von 0,5‰ stärkere Sanktionen wie Fahrverbot, ein höheres Bußgeld (500–3000 DM) und vier Punkte in der Flensburger Verkehrssünderkartei gelten. Bis dahin drohten nur eine Geldstrafe von 200 DM sowie zwei Punkte in der Flensburger Kartei.

Verkehrstelematik

Kollektive und individuelle Steuerungssysteme des Autoverkehrs für sichereres, kosten- und zeitsparendes Fahren, inklusive Informations- und Beratungsdienstleistungen. Durch V. soll das Straßennetz 15–30% mehr Verkehr aufnehmen können.

Bilanz: Im Jahr 2000 waren bereits mehr als 700 Autobahnkilometer mit Verkehrsbeeinflussungsanlagen (Wechselverkehrszeichen oder -wegweiser bzw. Lichtsignale) zur Erhöhung der Verkehrssicherheit und Verbesserung des Verkehrsablaufs ausgerüstet. Bis 2001 sollen weitere 400 km folgen. Pro Jahr stellt die Bundesregierung 60 Mio DM zur Verfügung.

Die für die Anlagen notwendigen Verkehrsdaten werden im Minutentakt über Induktionsschleifen in der Fahrbahn oder über Radardetektoren, die in 1–2 km Abstand über der Fahrbahn angebracht sind, erfasst und in Auswerte- und Schaltzentralen in Steuerbefehle für die Anlagen umgewandelt. Die automatisch erhobenen Verkehrsdaten sind auch Basis für den Verkehrsfunk u. a. Telematikdienste. In den ausgerüsteten Bereichen gingen die Unfallzahlen um rund 30% zurück, die Zahl der schweren Unfälle mit Personenschaden um rund 50%. Die Staulängen und -zeiten konnten mit V. deutlich reduziert werden, die Streckenkapazität stieg um 5–20%.

In den Städten beeinflussen dynamische Parkleit- und P&R-Informationssysteme den Verkehr. Für spezielle Fahrtstrecken gibt der automatisierte Verkehrswarndienst im Radio mit RDS-TMC (Traffic Message Channel) Warnmeldungen an.

Markt: Nach einer Marktstudie der Europäischen Kommission wird das Umsatzvolumen für V. in Europa bis zum Jahr 2010 auf etwa 40 Mrd bis 60 Mrd Euro (80 Mrd bis 120 Mrd DM) wachsen. Hieraus würden sich auch deutliche Impulse für den Arbeitsmarkt ergeben, ähnlich wie auf dem Telekommunikationsmarkt.

Auto → Navigationssysteme

Zweiradauto

Der Anfang 2000 vorgestellte überdachte Motorroller C1 von BMW begründete eine neue Fahrzeugkategorie. Dank einer Sicherheitszelle aus gläserner Windschutzscheibe mit Scheibenwischern und Überkreuzgurt darf das Z. ohne Helm und Schutzkleidung gefahren werden.

Technische Daten: Der Viertakt-Motor des C1 wird elektrisch gestartet, besitzt ein automatisches Variomatik-Getriebe sowie einen Dreiwegekatalysator. Dank des drehstarken 125-ccm-Motors erreicht das Z. eine Höchstgeschwindigkeit von 103 km/h. Der Verbrauch liegt nach Herstellerangaben bei etwa 2,9 l Superbenzin/100 km. Zum Zubehör des rund 10 000 DM teuren Z. gehören u. a. Audio-Anlage, Bordcomputer, beheizbarer Sitz, Leselampe und ein variables Gepäcksystem. Hinter der Sicherheitszelle kann auch ein Sitz für eine zweite Person montiert werden, die aber einen Helm tragen muss.

Hergestellt wird das Z. nahe Bertone in Italien. Fahren dürfen es alle Autofahrer, die vor dem 1.4.1980 den Führerschein der Klasse 3 erworben haben. Sonst genügt die Klasse A1 für ab 16-Jährige. Bis zur Volljährigkeit dürfen sie mit dem Z. aber nur 80 km/h fahren.

Verkehrstelematik im Fahrzeug

▸ **Individuelle Telematik:** Die individuellen Fahrzeugleitsysteme dienen der Routenplanung und der Zielführung von PKW, aber auch z. B. zum Flottenmanagement im Transportgewerbe. Im Jahr 2000 waren in 1,5 Mio PKW Auto-Navigationssysteme mit akustischer oder optischer Führung (Monitore) installiert, die den Fahrer auf einer festen Route von A nach B lotsen. Beliebt waren Multifunktionsgeräte als Plattform für Navigationssysteme mit Monitor, Radio, CD-Player und Spielkonsole. Nachrüstbar waren sie für nahezu jeden Fahrzeugtyp.

▸ **Dynamische Navigationssysteme:** Dynamische V.-Systeme waren in rund 170 000 PKW der Oberklasse installiert. Sie können aktuelle TMC-Informationen verarbeiten und beziehen bei ihrer Routenplanung Staus oder Baustellen ein (Preise: ab 3000 DM).
▸ **Private Dienstleister:** Unternehmen wie Tegaron und Passo und ADAC boten unter Ausnutzung des flächendeckenden digitalen Mobilfunknetzes außer dynamischer Routenführung auch Pannen- und Notfallhilfe sowie Informationen über Hotels, Tankstellen oder Sehenswürdigkeiten.

Weltwirtschaft

Asienkrise

Die 1997 in asiatischen Ländern, vor allem in Indonesien, Malaysia, Südkorea und Thailand, ausgebrochene schwere Wirtschaftskrise beeinflusste Welthandel und Finanzmärkte negativ.

1999 verzeichneten die von der A. betroffenen Länder erstmals wieder Wachstumraten (gesamte Region 1999: +6,0%). Anfang 2000 nahm die Verarmung der Bevölkerung im statistischen Durchschnitt erstmals nicht weiter zu. Nach Einschätzung der OECD hatten die meisten betroffenen Staaten wieder einen stabilen Wachstumspfad erreicht.
Japan: In Japan fielen die Auswirkungen der A. mit Investitionsrückgang, Einkommensverschlechterungen und einer Strukturkrise der Banken und Großunternehmen zusammen. Das Wachstum betrug 1999 nur 0,2%. Es wurde damit gerechnet, dass die Schwäche der japanischen Wirtschaft auch 2000 anhält und erst 2001 wieder Produktionssteigerungen erzielt werden.
Hintergrund: Hauptursache der A. waren ausländische Kredite für Großprojekte. Als für die Abzahlung verstärkt Devisen nachgefragt wurden, reichten die staatlichen Reserven nicht aus. Das löste Währungsverfall, Klientenwertung, Firmenzusammenbrüche und Inflation aus, die große Teile der Bevölkerung in Armut stürzten.
www.oecd.org ■ Organisationen →OECD

Asienkrise und ihre Folgen[1]				
Land/Region	*1998*	*1999*	*2000[2]*	*2001[2]*
Hongkong	▼ – 5,1	● 0,0	▲ + 4,0	▲ + 6,0
Indonesien	▽ –13,2	▽ – 0,5	▲ + 2,5	▲ + 6,0
Japan	▼ – 2,8	▲ + 0,2	△ + 0,3	△ + 1,5
Korea-Süd	▼ – 5,8	▲ + 9,0	▲ + 6,5	▲ + 5,7
Malaysia	▼ – 7,5	▲ + 4,5	▲ + 5,5	▲ + 6,5
Philippinen	▼ – 0,5	▲ + 3,2	▲ + 4,5	▲ + 4,3
Thailand	▼ –10,0	▲ + 3,8	▲ + 5,0	▲ + 7,0

1) Veränderung des realen BIP gegenüber dem Vorjahr (%); 2) Prognose; Quelle: OECD, www.oecd.org

Globalisierung

Weltumspannende Verflechtung des Wirtschaftslebens, die zur Herausbildung eines einzigen, den gesamten Erdball umfassenden Marktes führt

Die UN-Handelskonferenz (UNCTAD) forderte im Jahr 2000 internationale Vereinbarungen zur Regulierung der weltweiten Kapitalströme, da die Politik vieler Staaten im Zuge der G. zur Geisel der Finanzmärkte geworden sei. Die G. beschleunigte sich 1999 durch eine weitere Zunahme des Welthandels, vermehrte internationale Firmenzusammenschlüsse, zunehmende internationale Kapitalströme (+29% gegenüber 1998) und ein wachsendes Volumen der Finanzmärkte (täglicher Devisenhandel: 1,5 Billionen Dollar, +19% gegenüber 1998). Die Zahl multinationaler Unternehmen stieg auf über 60 000 (zum Vergleich 1970: 7000). Das Internet stellte für Aktienhandel und eine stetig wachsende Zahl von Waren einen 24-stündigen Markt her.
G7-Forum: 1999 wurde von den sieben führenden Industriestaaten (G7) ein Forum für Finanzstabilität zur Abwehr weltweiter Währungs- und Finanzkrisen im Zuge der G. gebildet. Ziel ist eine bessere Aufsicht über Banken, Versicherungen und Wertpapierhandel. Das Gremium besitzt jedoch keine eigenen Befugnisse, sondern wird nur koordinierend tätig.
Proteste: Aus Anlass der im Kern ergebnislos verlaufenen Tagung der Welthandelsorganisation WTO in Seattle/USA sowie bei anderen internationalen Ereignissen protestierten 1999/2000 Gegner der G. gegen die Folgen ungehemmten Welthandels für Sozial- und Umweltstandards. Der zügellose Warenverkehr sei verantwortlich für Kinderarbeit und zunehmende Verarmung in der Dritten Welt.
Kritik: Vertreter von Regierungen und Wirtschaftsverbänden riefen dazu auf, die Chancen der G. im Wettbewerb der Unternehmen und Nationen zu nutzen. Es mehrten sich um 2000 aber kritische Stimmen wie John Sweeny, Vorsitzender des Gewerkschafts-

Dachverbandes AFL-CIO in den USA: Das globale Kapital spanne die Politik für sich ein, um sich von moralischen Regeln zu befreien. Papst Johannes Paul II. nutzte das Heilige Jahr 2000, um die Gläubigen aufzurufen, der G. der Wirtschaft eine G. der Solidarität entgegenzusetzen.

⬛ **Organisationen** →G7/G8 →UNCTAD →WTO

Gold

Der G.-Preis betrug im Jahresdurchschnitt 1999 pro Feinunze (rund 31 g) 279 US-Dollar und lag Mitte 2000 bei ungefähr 271 US-Dollar. 1996 hatte der Preis noch 400 US-Dollar betragen.

Entwicklung: Die Jahresnachfrage nach G. lag um 2000 bei durchschnittlich 2400 t; durch den Verkauf größerer G.-Bestände kann es leicht zu einem Überangebot und zu sinkenden Preisen kommen. 1999 kamen große Mengen neu geförderten G. aus Russland und G.-Reserven verschiedener Länder auf den Markt, die durch den Verkauf Staatsschulden abbauen wollten. Ab Mai 2000 verkaufte die Schweizerische Nationalbank große Teile ihrer G.-Reserven. Wirtschaftsforscher rechneten damit, dass der G.-Preis bis 2001 auf seinem niedrigen Niveau bleibt.

Handelssanktionen

Im Jahr 2000 hatten allgemeine Zölle und Import-Kontingentbeschränkungen zum Schutz einheimischer Produkte im Zuge der Liberalisierung des Welthandels durch die Regeln der Wethandelsorganisation (WTO) an Bedeutung verloren. Stattdessen verhängten zahlreiche Staaten aus politischen oder wirtschaftlichen Gründen H. gegen andere Länder.

Agrarpolitik: In der Agrarpolitik sind viele Subventionen nur noch bis 2001 mit den Regeln der WTO vereinbar. Danach gelten Subventionen der EU, durch die eigene Exporterzeugnisse im Ausland preiswerter angeboten werden können, als unzulässige H. **USA–EU:** Seit 1999 belegen die USA zahlreiche Produkte aus der EU mit Strafzöllen, um zu erreichen, dass die EU die Einfuhr von hormonbehandeltem Fleisch zulässt und in ihrer Bananenmarktordnung die Bevorzugung der Länder Afrikas und der Karibik einstellt. In beiden Fällen hatte

die WTO geurteilt, dass die EU gegen die Regeln des freien Welthandels verstößt, so dass Gegenmaßnahmen der USA nicht als H. gelten.

US-Gesetze: Die meisten H. wurden 2000 von den USA ausgesprochen. US-Gesetze über H. gegen ausländische Unternehmen, die mit Iran, Kuba oder Libyen Handel treiben, wurden zunächst ausgesetzt. Anti-Dumping-Gesetze erlauben es der US-Regierung, preiswerte Produkte aus dem Ausland als unfair einzustufen und Strafzölle festzulegen. Betroffen waren 2000 u.a. Stahlunternehmen aus Italien, Korea-Süd und Taiwan.

⬛ **EU** → Agrarpolitik → Bananen
⬛ **Organisationen** →WTO

Investitionsabkommen

Vorläufig gescheiterter internationaler Vertrag über den umfassenden Schutz ausländischer Investitionen

Die im Rahmen der Organisation für wirtschaftliche Zusammenarbeit und Entwicklung (OECD) geführten Verhandlungen über ein I. (Multilateral Agreement on Investment, MAI) wurden 1999 als gescheitert angesehen. Der Entwurf sah u.a. vor, dass Staaten ausländischen Kapitaleignern bei Streiks Schadenersatz zahlen und in ihrer Gesetzgebung Investitionshindernisse, z.B. Auflagen zum Sozial- und Umweltschutz, beseitigen müssen. Die französische Regierung aus Sozialisten, Grünen und Kommunisten lehnte 2000 die Wiederaufnahme der Verhandlungen ab.

⬛ **Organisationen** →OECD

Lateinamerika-Krise

In den Jahren 1998/99 brach eine Wirtschaftskrise in Lateinamerika aus, als Brasilien am Rand des Staatsbankrotts stand und seine Währung Real 50% an Wert verlor.

Die Region verzeichnete 1999 einen Produktionsrückgang um 0,5%, konnte jedoch Anfang 2000 wieder ein Wachstum verbuchen. Für 2000 und 2001 wurde mit einer Steigerung um jeweils 3% gerechnet.

Unterschiede: Die Entwicklung verlief in den einzelnen Staaten sehr unterschiedlich. Die Wirtschaft Brasiliens stabilisierte sich nach einem steilen Absturz der Konjunktur schnell und erzielte bereits 1999 wieder ein Wachstum von 0,8%. Für seinen wichtigsten Handelspartner Argentinien (Produk-

tionsrückgang 1999: 3,0%) waren die Folgen Mitte 2000 noch nicht überwunden.
Armut: Die L. trieb große Teile der Bevölkerung in die Armut. Nach einem Bericht der Weltbank lebten Anfang 2000 in Lateinamerika 36% aller Menschen unterhalb des Existenzminimums. Die Kluft zwischen Arm und Reich verschärfte sich, das ärmste Fünftel der Bevölkerung verfügte nur noch über 4,5% der Einkommen (Afrika: 5,2%, Asien: 8,8%).
■ **Staaten** → Argentinien → Brasilien

Osteuropa

Anfang 2000 hatte die Wirtschaft in O. den Tiefpunkt ihrer Entwicklung nach dem Zusammenbruch des Ostblocks erreicht und begann danach wieder zu wachsen. 1999 hatten insbes. Rumänien und die Ukraine noch einmal einen Rückgang der Produktion hinzunehmen, während in Russland erstmals wieder ein Anstieg zu verzeichnen war.
Erfolge: Besonders erfolgreich verlief das Jahr 1999 für Polen (Wachstum: 4,0%), Ungarn (4,0%) und Slowenien (3,7%). Tschechien konnte seine krisenhafte Entwicklung durch verstärkte Exporte z. T. überwinden. Estland, Lettland und Litauen, deren Wirtschaft stark unter dem Rückgang im Handel mit Russland gelitten hatte, erholten sich ab Ende 1999 ebenfalls.
Russland: Nach Jahren rückläufiger Produktionszahlen betrug in Russland das Wachstum 2%, für 2000 wurde mit einer weiteren Steigerung um 2% gerechnet. Allerdings war diese Entwicklung von einer sehr hohen Inflationsrate (36,5%) überschattet, die zur weiteren Verarmung eines großen Teils der Bevölkerung führte. Die profitablen Wirtschaftszweige des Landes lagen in den Händen von mafiosen, korrupten Gruppen. Zinsverpflichtungen gegenüber dem Ausland konnte Russland nur noch durch zusätzliche Kredite des IWF erfüllen.
■ **Organisationen** → IWF
■ **Staaten** → Polen → Rumänien → Russland → Ungarn

Rohstoffe

Während Rohöl im Schnitt 1999 pro Barrel (ca. 159 Liter) 17 Dollar kostete, stieg der Preis bis Mai 2000 auf bis zu 28 US-Dollar. Durch den hohen Dollarkurs verteuerte sich die Einfuhr von Öl zusätzlich. Die meisten anderen R. blieben bis Mitte 2000 auf niedrigem Niveau in US-Dollar preisstabil.
Hintergrund: Der Produktionseinbruch im Zuge der Asien- und Lateinamerika-Krise hatte zum Nachfragerückgang und zur Senkung der R.-Preise geführt. Der vom Hamburger Welt-Wirtschafts-Archiv ermittelte Index der R.-Preise sank von 115 (1997) auf 80 Punkte (1999). Da in Asien und Lateinamerika die Produktion wieder zunahm, rechneten Wirtschaftsforscher für 2000 und 2001 mit einem Wiederanstieg der R.-Preise. Hintergrund der Ölpreissteigerungen war eine verstärkte Nachfrage der Ölkonzerne, die auf Lager kauften, weil sie für das zweite Halbjahr 2000 eine Drosselung des Angebots der Erdöl exportierenden Staaten befürchteten.
Reserven: In den 70er Jahren wurde angenommen, dass 2000 R.-Probleme durch Erschöpfung von Lagerstätten auftreten könnten, doch das Gegenteil trat ein: Die Entdeckung neuer Vorkommen (u. a. in Mittelasien), Recyclingwirtschaft und die Fortschritte der Chemieindustrie bei der Herstellung von Ersatzstoffen für R. führten zu einem R.-Überangebot. Nur die Erdölvor-

Osteuropa: Wachstum und Inflation (%)[1]				
Land	Wachstum 2000	Wachstum 2001	Inflation 2000	Inflation 2001
Bulgarien	▲ + 4,0	▲ + 4,0	▲ +17,0	▲ +16,0
Estland	▲ + 4,0	▲ + 3,5	▲ + 4,0	▲ + 3,0
Jugoslawien	▲ + 3,0	▲ + 3,0	▲ +35,0	▲ +50,0
Kroatien	▲ + 1,0	▲ + 2,0	▲ + 4,0	▲ + 4,0
Lettland	▲ + 3,5	▲ + 3,5	▲ + 3,5	▲ + 3,0
Litauen	▲ + 2,5	▲ + 2,5	△ + 2,0	△ + 2,0
Mazedonien	▲ + 3,0	▲ + 5,0	▲ + 3,0	▲ + 5,0
Polen	▲ + 4,5	▲ + 5,0	▲ + 7,0	▲ + 5,0
Rumänien	▲ + 0,0	△ + 1,0	▲ +40,0	▲ +35,0
Russland	▲ + 2,0	▲ + 3,0	▲ +22,0	▲ +20,0
Slowakei	○ 0,0	▲ + 2,0	▲ +13,0	▲ +10,0
Slowenien	▲ + 3,7	▲ + 4,0	▲ + 5,5	▲ + 4,5
Tschechien	▲ + 1,5	▲ + 2,0	▲ + 3,5	▲ + 3,5
Ukraine	▲ + 1,0	▲ + 3,0	▲ +20,0	▲ +20,0
Ungarn	▲ + 4,5	▲ + 5,0	▲ + 8,3	▲ + 6,5

1) Prognose der Steigerung des realen Bruttoinlandsprodukts bzw. der Verbraucherpreise gegenüber dem Vorjahr; Quelle: Wiener Institut für internationale Wirtschaftsvergleiche

räte werden um 2015 zu 50% erschöpft sein. Die Recyclingraten für R. lagen 1999 in Deutschland zwischen 35% (Kupfer) und über 50% (Blei).

www.commerzbank.de/daten/preise/preise. htm (monatliche Übersicht über Rohstoffpreise); **www.eia.doe.gov/oil_gas/petroleum/ info_glance/prices.html** (Ölpreisentwicklung)
Börse → Dollarkurs ■ **Organisationen** → OPEC

Welthandel

Das W.-Volumen stieg 1999 um 4,5% auf 5,6 Billionen US-Dollar und nahm seit 1994 (4,2 Billionen US-Dollar) um ein Drittel zu. Hauptursache waren verstärkte Importe der Industrienationen aus weniger entwickelten Ländern. Die Steigerung des W. übertraf 1999 erneut den weltweiten Produktionszuwachs, was als Intensivierung der Globalisierung gewertet wurde.

Einschätzung: Die Welthandelsorganisation (WTO) sah in den um 8,5% gestiegenen Exporten der Entwicklungsländer ein positives Zeichen. Kritiker warnten jedoch, dass sich die Ungleichgewichte weiter verschärft hätten. Die entwickelten Länder bezögen ihren Wirtschaftsaufschwung aus verstärkter Ausbeutung der Dritten Welt. Bei Welthandel und Einfuhren der Industriestaaten komme es zu höheren Steigerungsraten als beim Wachstum der Entwicklungsländer.

Länder: Deutschland belegte 1999 mit Exporten von 994,2 Mrd DM und Importen von 867,4 Mrd DM im internationalen Vergleich der W.-Nationen Rang 2 hinter den USA. Mehr als 18% aller Exporte auf der Welt flossen in die USA, deren Importe um 10,7% zunahmen.

Prognose: Die WTO rechnete für 2000 mit einer weiteren Steigerung des W. um 6,5%. Die deutschen Wirtschaftsforschungsinstitute nahmen sogar 8,5% Wachstum an.

www.wto.org (aktuell Infos zum Welthandel)

Weltkonjunktur

Das weltweite Wirtschaftswachstum beschleunigte sich 1999 auf 3,5% (1998: 2,5%), da sich die globale Wirtschaft von der Asienkrise erholt und sich die ökonomische Lage in Lateinamerika und Russland stabilisiert hatte. Für 2000 und 2001 rechneten internationale Wirtschaftsorganisationen mit etwa gleich bleibenden Steigerungsraten.

TOPTEN Welthandel: Die größten Exportnationen

Land/Region		Exporte 1999 (Mrd US-Dollar)
1. USA		695
2. Deutschland		540
3. Japan		419
4. Frankreich		299
5. Großbritannien		268
6. Kanada		238
7. Italien		231
8. Niederlande		204
9. China[1]		195
10. B/L[2]		184

1) ohne Hongkong (eigenständiges Außenhandelsgebiet); 2) Belgien/Luxemburg, gemeinsames Außenhandelsgebiet; Quelle: Welthandelsorganisation (WTO)

TOPTEN Welthandel: Die größten Importnationen

Land/Region		Einfuhren 1999 (Mrd US-Dollar)
1. USA		1060
2. Deutschland		473
3. Großbritannien		321
4. Japan		311
5. Frankreich		286
6. Kanada		220
7. Italien		216
8. Niederlande		189
9. Hongkong[1]		182
10. Belg./Luxemb.[2]		169

1) eigenständiges Außenhandelsgebiet gegenüber China; 2) gemeinsames Außenhandelsgebiet; Quelle: Welthandelsorganisation (WTO)

Inflation: In den Industrieländern betrug der Anstieg der Verbraucherpreise 1999 ca. 1,3%, was als Preisstabilität gilt. U.a. wegen anziehender Rohölpreise verzeichneten jedoch die USA (2,2%) und einige europäische Länder (Irland: 2,5%) Teuerungsraten über 2%, welche die Zentralbanken zu vorbeugenden Zinserhöhungen veranlassten.

USA: Wichtigster Motor der W. waren 1999 erneut die USA, die sich seit Anfang der 90er Jahre dynamisch entwickelten. 1999 wurde in den USA 4,1% Wachstum erzielt (Deutschland: 1,5%). Die Arbeitslosigkeit sank dort auf 4,2%.

www.uni-kiel.de/ifW/pub/konjunkt.htm

Zeitgeschichte

Beutekunst

Von Kriegsgegnern oder verfolgten Gruppen erbeutete Kulturgüter, insbes. Kunstwerke

»Linzer Liste«: Um jüdischen Besitzern ihre von den Nationalsozialisten geraubten Kunstwerke zurückzugeben, richteten der Bund und die Länder im April 2000 eine Internet-Datenbank ein (www.lostart.de). Sie enthält 2242 Werktitel aus dem 13 000 Kunstgegenstände umfassenden Restbestand der »Linzer Sammlung«, der größten NS-Raub- und Erwerbskampagne für das geplante, aber nie gebaute »Führermuseum« in Linz. Die Werke befanden sich Mitte 2000 im Besitz des Bundes und wurden seit den 50er Jahren z. T. auf die Museen des Landes verteilt.

Bestandsüberprüfung: Bereits 1999 forderte die Kulturstiftung der Länder – gemäß Vereinbarungen der Washingtoner Konferenz über Rückführung von entwendetem jüdischen Besitzes von Ende 1998 – deutsche Museen auf, die Herkunft ihrer Bestände zu überprüfen. Ende 1999 erstellte die Berliner Gemäldegalerie eine Dokumentation ihres »Fremdbesitzes«, um 168 Bilder unbekannter Herkunft, die z. T. schon seit Beginn des Zweiten Weltkriegs im Depot lagerten und von denen vermutlich einige aus beschlagnahmtem jüdischen Besitz stammten, den rechtmäßigen Eigentümern zurückgeben zu können. Bereits im Sommer 1999 hatten die Staatlichen Museen Berlin und die Kunsthalle Emden je ein Bild den Erben jüdischer Besitzer wiedergegeben, die während der NS-Zeit zum Verkauf gezwungen worden waren. Auch in niederländischen, französischen und britischen Museen wurde nach Kunstwerken aus jüdischem Besitz geforscht, die in der NS-Ära geraubt worden waren.

Russisches Gesetz: Das russische Verfassungsgericht beschied im Sommer 1999 das B.-Gesetz für verfassungskonform, das die Werke, die im Zuge des Zweiten Weltkriegs von Deutschland in die Sowjetunion verschleppt worden waren – etwa 200 000 Kunstwerke, 2 Mio Bücher und Archivalien –, entgegen der Haager Landkriegsordnung (1907) zum russischen Eigentum erklärte. Lt. einer im April 2000 von der Duma (Parlament) verabschiedeten Gesetzesnovelle wird jedoch zwischen offiziell beschlagnahmter B., die eine Wiedergutmachung für die von Deutschen in der UdSSR angerichteten Schäden darstelle, und privaten Aneignungen durch Sowjetsoldaten unterschieden. Einzelpersonen und Organisationen, die NS-Opfer waren, können Anträge auf Rückgabe stellen.

Positives Signal: Ende April 2000 erhielt Russland zwei in Deutschland aufgetauchte Teile aus dem verschollenen Bernsteinzimmer; die Bremer Kunsthalle bekam 101 Zeichnungen und Druckgrafiken zurück, die ein russischer Kriegsveteran schon 1993 der Deutschen Botschaft übergeben hatte.

Enteignungen

Debatten und Konferenzen über enteignete oder gestohlene Vermögenswerte von Holocaust-Opfern setzten in mehreren von NS-Deutschland besetzten Ländern Ermittlungen über E. jüdischen Besitzes und eigene Beteiligung an den E. in Gang.

Frankreich: Lt. einem im April 2000 vorgelegten Untersuchungsbericht belief sich

Enteignungen: Ins Ausland transferierte jüdische Vermögen		
Herkunftsland	Mrd US-Dollar 1938/39[1]	Fluchtkapital (Mrd US-Dollar)[2]
Deutschland	5,0[3]	1,61
Österreich	0,8	0,22
Niederlande	1,0	0,19
Frankreich	1,4	0,42
Polen	3,2	0,38
Ungarn	0,7	0,15

Ins Ausland transferiertes jüdisches Vermögen gesamt: 12,1 Mrd US-Dollar; Fluchtkapital gesamt: 2,97 Mrd US-Dollar; 1) Vermögensteile der Wohnbevölkerung vor dem Zugriff der Nationalsozialisten zu historischen Preisen vor dem Zweiten Weltkrieg; 2) Schätzungen aufgrund von Steuer- und anderen Einkommens- und Vermögensdaten, die z.T. aus Enteignungsprotokollen stammen, geschätzte Beiträge, die auf ausländische Konten, u.a. in der Schweiz, den USA und Großbritannien, geflossen sein könnten; 3) Stand von 1933; Quelle: Studie von Helen B. Junz, die abzuschätzen sucht, wie viele Gelder vor dem Zugriff der Nazis gerettet werden konnten, Anhang des Volcker-Berichts über nachrichtenlose Konten in der Schweiz; Neue Zürcher Zeitung, 10.12.1999

der Umfang der E. jüdischen Besitzes in Frankreich während der deutschen Besatzung (1940–44) auf 8,8 Mrd heutige Francs (rund 2,8 Mrd DM). E. wurden von den NS-Besatzern (wofür Deutschland 1957 Entschädigungen zahlte) und von dem mit der Besatzungsmacht kollaborierenden Vichy-Regime vorgenommen. Große Teile des geraubten Eigentums, insbes. Betriebs- und Immobilienbesitz sowie Finanzwerte und Geldvermögen, wurden nach dem Krieg zurückerstattet. Für Versicherungen und Kunstwerke sowie für Wertgegenstände und Geld, das Juden in französischen Durchgangslagern abgenommen worden war, konnten nur wenige Inhaber ermittelt werden. Die Kommission unter Vorsitz des früheren Ministers Jean Mattéoli empfahl, das vom Staat verwahrte herrenlose Vermögen von 1,4 Mrd Franc und die von Banken gehaltenen nachrichtenlosen Werte in Höhe von 950 Mio Francs in einen »Fonds zur Erinnerung« einzubringen.

Niederlande: Ab 1941 waren Juden in Holland gezwungen, ihre Vermögen (u. a. Wertpapiere, Versicherungen, Leibrenten, Schmuck und Kunstwerke) an die von den Deutschen übernommene Bank Lippmann, Rosenthal & Co., die spätere Lirobank, abzuliefern, welche die Besitztümer , darunter Aktien im Wert von 300 Mio bis 400 Mio Gulden, an der Amsterdamer Börse und ab 1943 als Policen an niederländische Versicherungen verkaufte. Nach dem Krieg wiesen Börse und Versicherungen Ansprüche jüdischer Besitzer oft zurück, und niederländische Behörden zogen Guthaben ein, wenn der Kontoinhaber umgekommen war, oder verlangten überhöhte Erbschaftssteuern. Nach einer Einigung mit der Versicherungswirtschaft verhandelte die jüdische Gemeinde ab Anfang 2000 mit der niederländischen Regierung und mit der Börsenbetreibergesellschaft Amsterdam Exchanges. Im März 2000 einigten sie sich auf eine Entschädigung von 360 Mio DM.

Polen: Im Sommer 1999 strengten elf polnische Juden, die den Holocaust überlebten, beziehungsweise ihre Erben in New York eine Sammelklage gegen die Republik Polen, das Schatzministerium, mehrere namentlich nicht genannte Personen und Institutionen an. Sie verlangten die Herausgabe des nach dem Zweiten Weltkrieg enteigneten oder illegal angeeigneten jüdi-

---

Holocaust-Mahnmal: Hintergrund

Die Planungen zum H. mit zwei Wettbewerben und teilweise kontroversen Diskussionen erstreckten sich über zwölf Jahre. Die Initiative ging von einem Förderkreis aus (Vorsitzende: Lea Rosh). Er will ein Drittel der auf ca. 15 Mio DM geschätzten Baukosten, deren Finanzierung Mitte 2000 nicht völlig gesichert war, durch Spenden aufbringen. Der Förderkreis ist wie Vertreter des Bundes und des Landes Berlin sowie jüdischer Organisationen und von Gedenkstätten im Kuratorium der Stiftung vertreten.

---

schen Eigentums. In den kommunistischen Staaten war das von den NS-Besatzern »arisierte« jüdische Eigentum nach dem Krieg von den Regierungen in Besitz genommen worden.

Staaten → Niederlande

Holocaust-Mahnmal

Im Herbst 1999 richtete die rot-grüne Bundesregierung eine Stiftung ein, die den Beschluss des Deutschen Bundestages von Juni 1999 umsetzen sollte, ein zentrales Mahnmal für die während der NS-Herrschaft ermordeten Juden Europas zu errichten. Der Bundestag hatte sich für den Entwurf des US-Architekten Peter Eisenman entschieden, ein Feld aus 2700 unterschiedlich hohen, von Linden eingefassten Betonstelen. Es sollte durch einen Ort der Information über den Holocaust ergänzt werden, für dessen Entwurf die Stiftung ebenfalls Eisenman vorgesehen hatte.

Standort: Das H. soll auf dem 20 000 m^2 großen Freigelände der ehemaligen Ministergärten an der Ebertstraße nahe dem Brandenburger Tor in Berlin stehen. Nach der symbolischen Grundsteinlegung am 27.1.2000 wurde für Mitte 2001 mit dem Baubeginn gerechnet.

www.holocaust-denkmal-berlin.de (Förderkreis)

Raubgold

Ende 1999 legte die 1996 vom Schweizer Parlament eingesetzte Historikerkommission, die sämtliche Goldgeschäfte zwischen der Schweiz und NS-Deutschland untersuchen sollte, ihren Abschlussbericht vor.

Bericht: Während des Zweiten Weltkriegs flossen 1,6 Mrd–1,7 Mrd sfr in Gold nach Deutschland in die Schweiz, von denen etwa 600 000 sfr als R. nachgewiesen sind. Das NS-Regime hatte Gold aus jüdischem Privatbesitz und Goldreserven der Nationalbanken in den eroberten Staaten konfisziert

Gedenkstätten für NS-Opfer in und um Berlin

Name/Ort	Aufgabe
Topographie des Terrors Ort früherer Terrorzentralen des NS-Regimes (u. a. Gestapo, SS) in Berlin-Mitte	Dokumentationszentrum mit Ausstellung und Begegnungszentrum
Haus der Wannsee-Konferenz Haus, in dem 1942 die »Endlösung der Judenfrage« beschlossen wurde	Dauerausstellung und Bildungsstätte
Gedenkstätte Deutscher Widerstand Bendlerblock, Zentrale des Umsturzversuchs vom 20. Juli 1944	Dauerausstellung, Bildungsstätte, mit der Freien Universität Berlin betriebene »Forschungsstelle Widerstandsgeschichte«
Deutsch-russisches Museum Berlin-Karlshorst Ort, an dem die deutsche Kapitulation unterzeichnet wurde	Dauerausstellung zu deutsch-sowjetischen Beziehungen im 20. Jh., insbes. zum Krieg gegen die Sowjetunion 1941–45
Gedenkstätte Sachsenhausen Ehemaliges Konzentrationslager	Dauerausstellung
Mahn- und Gedenkstätte Ravensbrück Ehemaliges Frauen-Konzentrationslager bei Fürstenberg	Dauerausstellung und Ausstellungen über die Herkunftsländer verschiedener Häftlingsgruppen
Dokumentationsstätte Brandenburg Ehemals größtes Zuchthaus des NS-Regimes in Brandenburg	Ausstellung

und es u. a. an Schweizer Banken verkauft. Der Bericht stellte ferner fest, dass Schweizer Bankiers ab 1941 vom R. in Deutschland wussten, jedoch erst ab 1943 Herkunftsnachweise verlangten.

Nachrichtenlose Konten: Eine zweite, ebenfalls 1996 eingesetzte Untersuchungskommission unter Leitung des früheren Chefs der US-Notenbank, Paul Volcker, befasste sich mit den nachrichtenlosen Konten auf Schweizer Banken, als deren Eigentümer auch jüdische Holocaust-Opfer vermutet wurden. Anträge von Überlebenden des Völkermords oder Angehörigen ermordeter Juden auf Auszahlung der Guthaben

Wehrmachtsausstellung: Zentrale These

▶ **These:** Die Ausstellungsveranstalter räumten ein, die Bildlegenden der genutzten Archive ungeprüft übernommen zu haben, gaben jedoch zu bedenken, dass die grundlegende These der W. – Angehörige der deutschen Wehrmacht waren im Zweiten Weltkrieg an NS-Verbrechen und der Ermordung von Juden beteiligt – nicht in Frage stehe. Die W. verdeutlicht diese These an drei Beispielen: dem Partisanenkrieg in Serbien, dem Weg der 6. Armee nach Stalingrad und der Besetzung Weißrusslands.

▶ **Quellen:** Für die W. wurden bis dahin meist unveröffentlichte Fotos über Hinrichtungen und Demütigungen in Gettos, Dokumente über Wehrmachtsbefehle, Briefe von Soldaten und Aussagen von Wehrmachtsmitgliedern bei gerichtlichen Untersuchungen genutzt. Ihre zentralen Thesen über die Rolle der Wehrmacht wurden von der Forschung schon vorher dargelegt.

waren vielfach wegen unzureichend dokumentierter Ansprüche oder mit Hinweis auf das Bankgeheimnis abgelehnt worden. Die Volcker-Kommission fand 53 886 Konten, die möglicherweise zu Holocaust-Opfern in Beziehung stehen; Ende 1999 führten die Banken noch 2726 Konten, zu deren Besitzern kein Kontakt bestand. Die Kommission machte keine Angaben zum Vermögenswert auf den Konten, nahm jedoch an, dass die Berechtigten aus der Vergleichssumme von 1,25 Mrd US-Dollar entschädigt würden, auf die sich Schweizer Banken und Vertreter jüdischer Opfer 1998 geeinigt hatten.

Shoah-Stiftung

(eig. Survivors of the Shoah Visual History Foundation, engl.; Stiftung für die visuelle Geschichtsschreibung der Überlebenden der Shoah)

Dokumentarfilm: Anfang 2000 kam der erste Kinodokumentarfilm der S. in die deutschen Kinos: »Die letzten Tage« von James Moll. Fünf ungarische Juden, die den Holocaust überlebten, berichten, unterbrochen von historischem Filmmaterial, von ihrer Verfolgung und dem Grauen der Konzentrationslager. Wie die 1998 vorgestellte CD-Rom für den Schulunterricht baut der Film nicht auf historischem Vorwissen auf. Historiker kritisierten jedoch, dass er eine Wendung zum Happy-End suggeriere, das es in der Geschichte so nicht gegeben habe.

Ziel: Die 1994 von dem US-Regisseur jüdischer Abstammung Steven Spielberg gegründete S. möchte die Erinnerungen der Überlebenden der Shoah (hebr.; Katastrophe, Untergang) umfassend dokumentieren, für das Archiv in Los Angeles wissenschaftlich erschließen und für Schulen in aller Welt didaktisch aufbereiten. Bis Anfang 2000 hat die S. mehr als 50 000 Video-Interviews mit Überlebenden in 32 Sprachen und in 57 Ländern aufgezeichnet und das weltgrößte Archiv mit Holocaust-Berichten aufgebaut. Etwa 10 000 Interviews wurden in deutscher Sprache geführt.

Wehrmachtsausstellung

(eig. »Vernichtungskrieg. Verbrechen der Wehrmacht 1941 bis 1944«, vom Hamburger Institut für Sozialforschung erstellte Wanderausstellung)

Überprüfung: Im November 1999 zogen das Hamburger Institut und der Förderverein, der seit Sommer 1999 als Träger fungierte, die W. nach heftiger Kritik an einzelnen Quellen und Dokumenten zurück, um alle Fotos und Bildtexte von einem unabhängigen Gremium von Wissenschaftlern überprüfen zu lassen.

Kritik: Der polnische Historiker Bogdan Musial hatte in einem im Oktober 1999 veröffentlichten Aufsatz darauf hingewiesen, dass mind. neun der 800 Fotos nicht Verbrechen der Wehrmacht, sondern des sowjetischen Geheimdienstes NKWD dokumentieren. Er bezog sich auf Bilder mit Ermordeten aus Tarnopol (Galizien), wo die Wehrmacht nach dem NKWD eingezogen war. Gleichzeitig stellte der ungarische Historiker Krisztián Ungváry die These auf, nur 10% der Bilder zeigten eindeutig Taten der Wehrmacht. Er unterschied Verbrechen von Wehrmachtsmitgliedern, sog. Hilfswilligen aus den besetzten Gebieten, Polizisten, der SS und des SD, was nach Ansicht anderer Historiker aber der Sachlage nicht angemessen ist, da die Wehrmacht mit den anderen Organisationen zusammenarbeitete.

Resonanz: Nach der Überarbeitung, für die mehrere Monate angesetzt wurden, sollte die W., die seit ihrer Eröffnung im März 1995 bis November 1999 von etwa 900 000 Menschen in 33 Städten gesehen wurde und bis 2003 ausgebucht war, wieder gezeigt werden. Von Anfang an wurden Ausstellungskonzept und einzelne Objekte kritisiert. Die W. stieß auf Proteste rechtskonservativer und rechtsextremer Kreise, doch löste sie auch eine kritische öffentliche Debatte über die Rolle der Wehrmacht aus, die jahrzehntelang als moralisch »sauber« galt.

Wiedergutmachung

Eine Entscheidung des obersten Gerichts Griechenlands (Aeropag) gab Mitte April 2000 Ansprüchen von NS-Opfern auf W. Recht, wodurch neue Reparationsforderungen auf Deutschland zukommen könnten.

Schmerzensgeld: Der Aeropag bestätigte das Urteil des Landgerichts von Livadia, das Deutschland 1997 verurteilt hatte, Überlebenden und Hinterbliebenen eines in Griechenland verübten Massakers Schmerzensgeld von rund 56 Mio DM zu zahlen. SS-Soldaten hatten am 10.6.1944 als Vergeltung für einen Partisanenüberfall 218 Bewohner des Dorfes Distomon getötet und den bei Delphi gelegenen Ort zerstört. Der

Wiedergutmachungszahlungen[1]	
Bundesentschädigungsgesetz (BEG)	78,344
Bundesrückerstattungsgesetz	3,955
Israel-Vertrag	3,450
Leistungen der Länder außerhalb des BEG	2,488
Härteregelungen	1,675
Globalverträge	2,500
Entschädigungsrentengesetz	0,897
Sonstige Leistungen[2]	8,800

1) Mrd DM; 2) u. a. Opfer von Menschenversuchen, rassisch Verfolgte nicht-jüdischen Glaubens; Stand: 1.1.1998; Quellen: Bundesregierung, Frankfurter Allgemeine Zeitung, 8.9.1998

deutsche Einspruch gegen das erstinstanzliche Urteil, die Staatenimmunität lasse Klagen von Einzelpersonen gegen einen Staat zu, wurde vom Aeropag für diesen Fall von »Racheakten an Zivilpersonen« abgelehnt. Nach dem Aeropag-Urteil waren Tausende weiterer Klagen denkbar, weil die NS-Besatzer 1941–44 etwa 130 000 griechische Zivilisten exekutiert oder in Konzentrationslager verschleppt hatten und das Deutsche Reich bei der Bank von Griechenland eine Zwangsanleihe erhoben hatte, um die Stationierungskosten zu decken.

Politische Lösung: Die Anwälte der Opfer drohten Mitte 2000 mit der Pfändung deutschen staatlichen Besitzes in Griechenland, die griechische Regierung setzte weiter auf eine politische Lösung. Die deutschen Vertreter gingen bis Juli 2000 darauf nicht ein, da sie Reparationsforderungen für völkerrechtlich unbegründet hielten und beim Entgegenkommen auch aus anderen Ländern Europas Ansprüche auf W. befürchteten.

Zwangsarbeiter

Nach der Einigung über die Verteilung der zugesicherten Entschädigungsgelder im März 2000 wurde mit ersten Auszahlungen an die ehemaligen Z., die während des Zweiten Weltkriegs im Deutschen Reich und den besetzten Ländern Frondienste leisten mussten und bis auf wenige Ausnahmen bis dahin keine Wiedergutmachung erhielten, vor Jahresende 2000 gerechnet.

Einigung: Im Dezember 1999 verständigten sich Bundesregierung, US-Regierung und Vertreter der Opfergruppen darauf, die ehemaligen Z. mit 10 Mrd DM zu entschä-

digen, nachdem das erste deutsche Angebot von 6 Mrd DM von den Opfern zurückgewiesen worden war. Der Betrag wird je zur Hälfte vom Bund und von der Wirtschaft aufgebracht und wie folgt aufgeteilt:
– 8,25 Mrd DM Entschädigung für die Z.
– 1 Mrd DM Vermögensschäden-Ausgleich
– 700 Mio DM für den »Zukunftsfonds« zur Förderung sozial-kultureller Projekte
– 200 Mio DM für Verwaltungskosten.

Stiftung: Die Entschädigungszahlungen erfolgen im Rahmen der Stiftung »Erinnerung, Verantwortung und Zukunft«, die per Gesetz im Sommer 2000 gegründet werden sollte. Die Verteilung sollen gemeinnützige Organisationen übernehmen. Osteuropäische Stiftungen erhalten 67,5%, die Jewish Claims Conference 22,3% der Summe und nicht jüdische Z. aus West- und Mitteleuropa inkl. Sinti und Roma 9,9%. Ehemalige Z., die einen Anspruch nachweisen, können einmalig 5000 DM oder, wenn sie KZ-Häftlinge waren, 15 000 DM erhalten. Damit sollen alle Ansprüche abgegolten sein. Die von der Wirtschaft geforderte Rechtssicherheit, die Abwendung anhängiger und weiterer Klagen, bietet die im Juni 2000 in den USA ausgehandelte Vereinbarung, nach der die US-Regierung den Gerichten des Landes empfiehlt, weitere Klagen abzuweisen.

Finanzdecke: In der im Frühjahr 1999 von zwölf Unternehmen gegründeten Stiftungsinitiative der deutschen Wirtschaft zur Entschädigung für NS-Z. waren bis Juni 2000 erst rund 3,1 Mrd DM von den zugesagten 5 Mrd DM eingegangen; von den bis dahin beigetretenen 2814 Firmen wird ein Beitrag von mind. 1‰ des Jahresumsatzes erwartet.

Ansprüche: Die Forderungen der Z. auf Wiedergutmachung konnten jahrzehntelang abgegolten werden, weil das Bundesentschädigungsgesetz (1953) Zwangsarbeit ausgeklammert und das Londoner Schuldenabkommen (1953) solche Ansprüche bis zur Regelung der Reparationsfrage in einem Friedensvertrag zurückgestellt hatte. Mit dem Zwei+Vier-Abkommen (1990), das die Vereinigung und die Souveränität Deutschlands festschrieb, änderte sich die Rechtslage. 1996 erklärte das Bundesverfassungsgericht (Karlsruhe) die Klagen von Z. grundsätzlich für zulässig. Die Einrichtung einer Stiftung zur Entschädigung ehemaliger Z. erfolgte vor dem Hintergrund von seit August 1998 in den USA erhobenen Sammelklagen vieler NS-Opfer gegen deutsche Unternehmen. Kurz nach ihrem Amtsantritt nahm 1998 die rot-grüne Bundesregierung Verhandlungen mit allen Beteiligten auf.

Österreich: Im Mai 2000 vereinbarte die österreichische Regierung mit Delegierten aus Russland, Weißrussland, der Ukraine, Polen, Ungarn und Tschechien sowie dem US-Unterhändler Stuart Eizenstat, die nach Österreich deportierten Z. aus einem Fonds von 6 Mrd Schilling (857 Mio DM) zu entschädigen. Am Fonds sollten sich Bund, Länder, Gemeinden und Unternehmen beteiligen; für die Verteilung der Gelder waren lt. Gesetzentwurf der Regierung Stiftungen in den Heimatländern der ehemaligen Z. vorgesehen. Nach Schätzungen lebten um 2000 von den 992 900 Z., die in Österreich nach dem »Anschluss« an das NS-Reich in Industrie und Landwirtschaft arbeiten mussten, noch 150 000–239 000 Menschen.

Zwangsarbeiter: Hintergrund

▶ **Gegenwart:** 1 Mio–1,8 Mio ehemalige Z. waren Anfang 2000 noch am Leben; lt. Schätzungen sterben jedes Jahr 100 000 mögliche Antragsteller.

▶ **NS-Vergangenheit:** Im NS-Staat mussten 10 Mio–14 Mio Menschen, unter ihnen 150 000 Kinder, Zwangsarbeit leisten. Zwangsverpflichtete aus den besetzten Ländern, vor allem aus Osteuropa, KZ-Häftlinge in »kriegswirtschaftlich wichtigen Betrieben« und die Kriegsgefangenen (die von Entschädigungen ausgenommen werden) mussten unter z. T. unmenschlichen Bedingungen ohne oder gegen geringen Lohn in Industrie und Landwirtschaft arbeiten, wo sie 1944 die Hälfte der Beschäftigten stellten.

Zwangsarbeiter: Chronik der Entschädigungs-Diskussion

▶ **März 1998:** Sammelklage in den USA gegen Automobilhersteller Ford, der von Zwangsarbeit in seinen Kölner Werken profitiert habe.

▶ **Juni 1998:** SPD-Kanzlerkandidat Gerhard Schröder erklärt, im Fall seiner Wahl einen Entschädigungsfonds einzurichten.

▶ **August 1998:** Mehrere in den USA erhobene Sammelklagen ehemaliger Zwangsarbeiter gegen deutsche Unternehmen (BMW, VW, Daimler-Benz, Siemens, Krupp, MAN, Leica).

▶ **September 1998:** Volkswagen und Siemens richten einen Entschädigungsfonds von je 20 Mio DM ein (Diehl schon 1997 mit 3 Mio DM).

▶ **Februar 1999:** Verhandlungen von Kanzleramtsminister Bodo Hombach mit US-Regierung, Jüdischem Weltkongress u. a. Opferverbänden über Fonds; Zusage von deutschen Unternehmen (u. a. BMW, DaimlerChrysler, Deutsche Bank, Krupp, Siemens, VW), Entschädigungsfonds einzurichten.

▶ **Juli 1999:** Amtsantritt von Otto Graf Lambsdorff als Entschädigungsbeauftragten der Bundesregierung.

▶ **Oktober 1999:** Bundesregierung und deutsche Industrie bieten Entschädigung von 6 Mrd DM an, was Opferanwälte als zu niedrig ablehnen.

▶ **November 1999:** Angebot der deutschen Seite um 2 Mrd DM erhöht; »Verein gegen das Vergessen« veröffentlicht aus einer Liste von 1891 Firmen, die im Dritten Reich Z. beschäftigten, 29 Firmen, die dem Fonds nicht beigetreten sind (andere Listen folgen).

▶ **Dezember 1999:** Vertreter ehemaliger Zwangsarbeiter fordern 11 Mrd DM; der Bund erhöht Anteil um 2 Mrd DM, grundsätzliche Einigung über Entschädigung in Höhe von 10 Mrd DM.

▶ **März 2000:** Verständigung über Verteilung des Geldes; Bundesregierung beschließt Gesetzentwurf für Stiftung.

▶ **Juni 2000:** Juristische Garantie für die deutschen Firmen gegen weitere Rechtseinsprüche.

Staaten

Der Teil Staaten enthält die wichtigsten Daten auf dem letztverfügbaren Stand für alle 192 selbstständigen Länder. Die Pilotkarte erleichtert eine geografische Einordnung. Unter »Lage« findet sich der Verweis auf den Kartenteil dieser Ausgabe.
Die Standarddaten ermöglichen einen Vergleich aller Länder zu Fläche, Einwohnern, Einwohnern/km², Bevölkerungswachstum/Jahr, BSP/Kopf, Inflation, Arbeitslosenrate, Urbanisierung, Alphabetisierung, Kindersterblichkeit und Einwohner pro Arzt. Für Fläche und Einwohnerzahl wird in Klammern der Platz in der Weltrangliste (WR) aller Staaten angegeben. Die Daten zum Bevölkerungswachstum/Jahr beziehen sich auf das durchschnittliche jährliche Wachstum

1995–2000. Einige Wirtschaftsdaten (Arbeitslosigkeit, Inflation) können gegenüber den Angaben im EU-Teil wegen verschiedener Berechnungsgrundlagen variieren. Die Bevölkerungsdaten beruhen auf neuesten Quellen, so dass sich in einigen wenigen Fällen stärkere Unterschiede zu den Daten in früheren »Aktuell«-Ausgaben ergeben. Die Angaben zum Parlament geben Auskunft über die letzte Wahl und die Sitzverteilung. In Einzelfällen waren keine aktuellen Daten (Kürzel k. A.) erhältlich.

Quellen: Bundesstelle für Außenhandelsinformation (bfai), CIA World Factbook, World Bank Atlas, World Development Report, World Education Report, World Health Report, World Population Report u. a.
http://www.agora.stm.it/elections/election/_.htm

Kriege und Krisenherde 2000

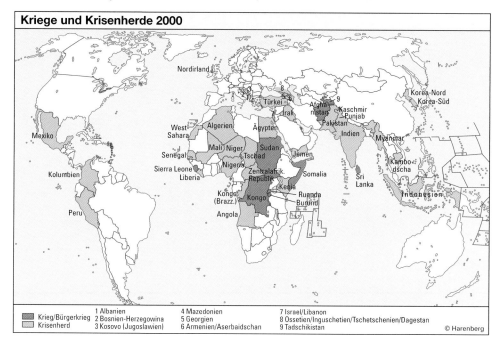

	Krieg/Bürgerkrieg	1 Albanien	4 Mazedonien	7 Israel/Libanon
	Krisenherd	2 Bosnien-Herzegowina	5 Georgien	8 Ossetien/Inguschetien/Tschetschenien/Dagestan
		3 Kosovo (Jugoslawien)	6 Armenien/Aserbaidschan	9 Tadschikistan

© Harenberg

Europäisches Nordmeer

Jan Mayen (Norw.)

ISLAND

Reykjavik

■● Hauptstadt

■□ Millionenstadt

○ sonstige Stadt

0   250   750 km

NORWEGEN

Färöer (Dän.)

Shetland-Inseln

Orkney-Inseln

Bergen

Oslo

FINNLAND

SCHWEDEN   Helsinki

Stockholm   St. Petersburg

Tallinn

ATLANTISCHER   Nord-   Ost-   ESTLAND

Glasgow

Belfast

Göteborg

Riga   LETT-LAND   RUSSLAND

IRLAND   Dublin   GROSS-BRITANNIEN   see   DÄNEMARK

Birmingham   NIEDER-LANDE

London   Amsterdam

Kopenhagen

Hamburg

Berlin

see   LITAUEN

(RUSSL.)   Vilnius   Minsk

WEISS-RUSSLAND

OZEAN   Brüssel   DEUTSCH-LAND

BELGIEN   Paris   LUX.

FRANKREICH

POLEN   Warschau

Łódź

UKRAINE   Kiew

Lwow (Lemberg)

Prag   TSCHECH. REP.

München   Wien   SLOWAKEI

LIECH.□   Bratislava

Bern   ÖSTER-REICH   Budapest

MOLDAU

Chişinău   Odessa

Lyon   SCHWEIZ   Mailand   SLOWENIEN   UNGARN   RUMÄNIEN

PORTU-   ANDORRA   Marseille   Turin   SAN MARINO   KROATIEN   Zagreb   Bukarest

Lissabon   Madrid

Barcelona   MONACO

VATIKAN-STADT   BOSNIEN-HERZEG.   Belgrad

Korsika   Rom   Sarajevo   JUGO-SLAWIEN   Sofia   BULGARIEN

SPANIEN   Valencia   Sardinien   ITALIEN   Tirana   Skopje   MAZEDO-NIEN   Istanbul

GAL   Sevilla   ALBA-NIEN   GRIECHEN-LAND   TÜRKEI

Málaga   Balearen   Neapel

Gibraltar (GB)   Mittel-   Izmir

Melilla (Sp.)   Sizilien   Athen

Rabat   Palermo

MAROKKO   Algier   Tunis   MALTA   Valletta   Kreta

ALGERIEN   TUNESIEN   meer

Tripolis

LIBYEN

© Harenberg

437

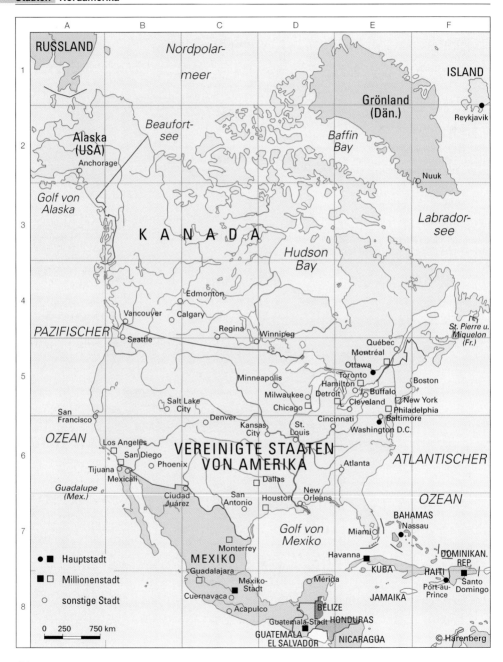

A B C D E F

RUSSLAND

Nordpolar-
meer

ISLAND

Grönland
(Dän.)

Reykjavik

Beaufort-
see

Baffin
Bay

Alaska
(USA)

Anchorage

Golf von
Alaska

Labrador-
see

K A N A D A

Hudson
Bay

Edmonton

Vancouver   Calgary

Regina
Winnipeg

Québec

St. Pierre u.
Miquelon
(Fr.)

PAZIFISCHER

Seattle

Montréal

Ottawa

Toronto

Minneapolis

Hamilton   Buffalo

Boston

Salt Lake
City

Milwaukee   Detroit
Cleveland
Chicago

New York

Philadelphia

San
Francisco

Denver
Kansas
City

Cincinnati   Baltimore

St.
Louis

Washington D.C.

OZEAN

Los Angeles

San Diego

VEREINIGTE STAATEN
VON AMERIKA

Atlanta

ATLANTISCHER

Tijuana
Mexicali

Phoenix

Dallas

Guadalupe
(Mex.)

Ciudad
Juárez

San
Antonio

Houston

New
Orleans

OZEAN

BAHAMAS

Nassau

Golf von
Mexiko

Miami

Monterrey

MEXIKO

Havanna

KUBA

DOMINIKAN.
REP.

●■ Hauptstadt

Guadalajara

Mérida

HAITI

Santo

■□ Millionenstadt

Mexiko-
Stadt

Port-au-
Prince

Domingo

○   sonstige Stadt

Cuernavaca

JAMAIKA

Acapulco

BELIZE

0   250   750 km

Guatemala-Stadt   HONDURAS

© Harenberg

GUATEMALA
EL SALVADOR

NICARAGUA

438

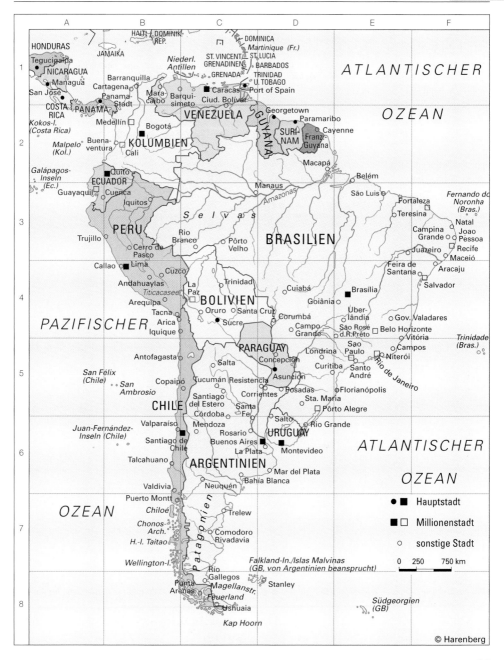

A   B   C   D   E   F

HONDURAS
Tegucigalpa
NICARAGUA
Managua
San José
COSTA PANAMA
RICA
Kokos-I.
(Costa Rica)
Malpelo
(Kol.)
Galápagos-
Inseln
(Ec.)

JAMAIKA

Barranquilla
Cartagena
Panama-
Stadt
Medellín
Bogotá
Buena-
ventura
Cali

HAITI DOMINIK.
REP.
Niederl.
Antillen
Mara-
caibo
Barqui-
simeto
Ciud. Bolívar

DOMINICA
Martinique (Fr.)
ST. VINCENT ST. LUCIA
GRENADINEN BARBADOS
GRENADA TRINIDAD
U. TOBAGO
Caracas Port of Spain

VENEZUELA
KOLUMBIEN

GUYANA
SURI-
NAM
Franz.-
Guyana

Georgetown
Paramaribo
Cayenne

ATLANTISCHER

OZEAN

ECUADOR
Quito
Guayaquil
Cuenca
Iquitos

Macapá
Manaus
Amazonas
Belém

São Luis
Fortaleza
Teresina

Fernando do
Noronha
(Bras.)
Natal

Selvas

PERU
Trujillo
Rio
Branco
Pôrto
Velho
Cerro de
Pasco
Callao Lima
Cuzco

BRASILIEN

Campina
Grande
Juazeiro
Feira de
Santana

Joao
Pessoa
Recife
Maceió
Aracaju

Andahuaylas
Titicacasee
Arequipa
Tacna
Arica
Iquique

La
Paz
Trinidad
BOLIVIEN
Oruro
Sucre
Santa Cruz

Cuiabá
Corumbá

Brasília
Goiânia

Uber-
lândia
Campo
Grande
São Rose
d.R.Prêto
Gov. Valadares
Belo Horizonte
Vitória

Salvador

Trinidade
(Bras.)

PAZIFISCHER

PARAGUAY
Antofagasta
Salta
Copaipó
Tucumán
San Félix
(Chile)
San
Ambrosio

Concepción
Resistencia
Corrientes
Posadas
Santa Maria
Pôrto Alegre
Florianópolis

Sao
Paulo
Londrina
Curitiba
Santo
André
Asunción
Campos
Niterói
Rio de Janeiro

ATLANTISCHER

CHILE
Juan-Fernández-
Inseln (Chile)
Valparaíso
Santiago de
Chile
Talcahuano

Santiago
del Estero
Córdoba
Mendoza
Rosario
Buenos Aires
La Plata

Santa
Fe
Salto
URUGUAY
Montevideo
Rio Grande

ARGENTINIEN
Valdivia
Neuquén
Mar del Plata
Bahía Blanca

OZEAN

OZEAN

Puerto Montt
Chiloé
Chonos-
Arch.
H.-I. Taitao
Wellington-I.

Trelew
Comodoro
Rivadavia

Patagonien

Falkland-In./Islas Malvinas
(GB, von Argentinien beansprucht)

0   250   750 km

Río
Gallegos
Punta
Arenas
Magellanstr.
Feuerland
Ushuaia

Stanley

Südgeorgien
(GB)

Kap Hoorn

Hauptstadt

Millionenstadt

sonstige Stadt

© Harenberg

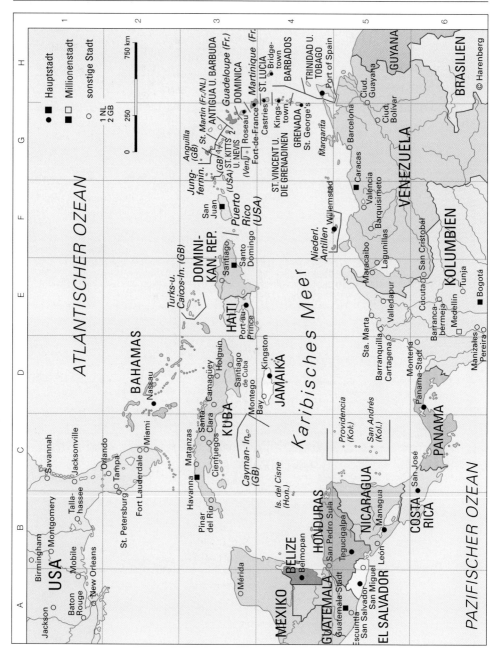

Hauptstadt
Millionenstadt
sonstige Stadt

1 NL
2 GB

0   250   750 km

ATLANTISCHER OZEAN

BAHAMAS
Nassau
Miami
Fort Lauderdale
Orlando
Tampa
St. Petersburg
Jacksonville
Savannah
Montgomery
Birmingham
Mobile
Talla-hassee
New Orleans
Baton Rouge
Jackson

USA

Turks-u. Caicos-In. (GB)

DOMINI-KAN. REP.
Santiago
Santo Domingo

HAITI
Port-au-Prince

Niederl. Antillen
Willemstad

Anguilla (GB)
Jung-fernin.
St. Martin (Fr./NL)
ANTIGUA U. BARBUDA
Guadeloupe (Fr.)
DOMINICA
Martinique (Fr.)
ST. LUCIA
Bridge-town
BARBADOS
Kings-town
GRENADA
St. George's
TRINIDAD U. TOBAGO
Port of Spain

St. KITTS U. NEVIS
(USA)
Roseau
Fort-de-France
Castries
ST. VINCENT U. DIE GRENADINEN
(Ven.)
(GB)

San Juan
Puerto Rico (USA)

Matanzas
Havanna
Pinar del Rio
Cienfuegos
Santa Clara
Camagüey
Holguin
Santiago de Cuba

KUBA

Cayman-In. (GB)

Is. del Cisne (Hon.)

Montego Bay
Kingston

JAMAIKA

Karibisches Meer

Providencia (Kol.)
San Andrés (Kol.)

MEXIKO
Mérida

BELIZE
Belmopan

GUATEMALA
Guatemala-Stadt
Escuintla
San Salvador
San Miguel
EL SALVADOR

HONDURAS
San Pedro Sula
Tegucigalpa

NICARAGUA
León
Managua

COSTA RICA
San José

PANAMA
Panama-Stadt

Sta. Marta
Barranquilla
Cartagena
Barranca-bermeja
Medellín
Montería
Manizales
Pereira
Valledupar
Tunja
Bogotá

KOLUMBIEN

Maracaibo
Lagunillas
Valencia
Valera
Barquisimeto
Barcelona
Caracas
San Cristóbal
Cúcuta

VENEZUELA

Margarita

Ciud. Guayana
Ciud. Bolívar

GUYANA

BRASILIEN

© Harenberg

PAZIFISCHER OZEAN

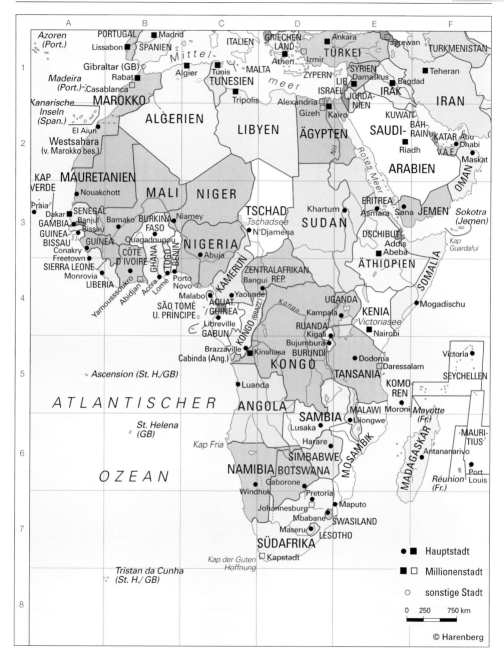

A map of Africa showing states and capitals.

Azoren (Port.)
PORTUGAL ■ Madrid
Lissabon ● SPANIEN
ITALIEN
GRIECHEN-LAND
Ankara
Jerewan
TURKMENISTAN
Mittel-
Gibraltar (GB)
Athen
Izmir
TÜRKEI
Madeira (Port.)
Rabat
Algier
Tunis
MALTA
ZYPERN
SYRIEN
Damaskus
Bagdad
Teheran
Casablanca
TUNESIEN
meer
LIB
ISRAEL
JORDA-NIEN
IRAK
IRAN
Kanarische Inseln (Span.)
MAROKKO
Tripolis
Alexandria
Gizeh
Kairo
KUWAIT
BAH-RAIN
KATAR
Abu Dhabi
El Aiun
ALGERIEN
LIBYEN
ÄGYPTEN
SAUDI-
RAIN
V.A.E.
Maskat
Westsahara (v. Marokko bes.)
Riadh
ARABIEN
OMAN
KAP VERDE
MAURETANIEN
Nil
Rotes Meer
Praia
Nouakchott
MALI
NIGER
TSCHAD
Khartum
ERITREA
Asmara Sana
JEMEN
Sokotra (Jemen)
Dakar
SENEGAL
Bamako
BURKINA FASO
Niamey
N'Djamena
SUDAN
DSCHIBUTI
Kap Guardafui
GAMBIA
Banjul
Bissau
GUINEA-BISSAU
GUINEA
Ouagadougou
NIGERIA
Abuja
ZENTRALAFRIKAN. REP.
Addis Abeba
Conakry
Freetown
CÔTE D'IVOIRE
GHANA
TOGO
BENIN
Bangui
ÄTHIOPIEN
SIERRA LEONE
Monrovia
Porto Novo
KAMERUN
Yaounde
UGANDA
KENIA
SOMALIA
Mogadischu
LIBERIA
Abidjan
Accra
Lomé
Malabo
ÄQUAT. GUINEA
Kampala
Yamoussoukro
SÃO TOMÉ U. PRINCIPE
Libreville
GABUN
KONGO (BRAZZ.)
Kongo
RUANDA
Kigali
Victoriasee
Nairobi
Brazzaville
Kinshasa
BURUNDI
Bujumbura
Dodoma
Victoria
SEYCHELLEN
Cabinda (Ang.)
KONGO
Daressalam
Ascension (St. H./GB)
TANSANIA
KOMO-REN
ATLANTISCHER
Luanda
ANGOLA
SAMBIA
MALAWI
Lilongwe
Moroni
Mayotte (Fr.)
St. Helena (GB)
Lusaka
Harare
MADAGASKAR
MAURI-TIUS
Kap Fria
SIMBABWE
MOSAMBIK
Antananarivo
OZEAN
NAMIBIA
BOTSWANA
Port Louis
Réuhion (Fr.)
Gaborone
Windhuk
Pretoria
Maputo
Johannesburg
Mbabane
SWASILAND
Maseru
LESOTHO
SÜDAFRIKA
Kap der Guten Hoffnung
Kapstadt
Tristan da Cunha (St. H./GB)

● ■ Hauptstadt

■ □ Millionenstadt

○ sonstige Stadt

0 250   750 km

© Harenberg

441

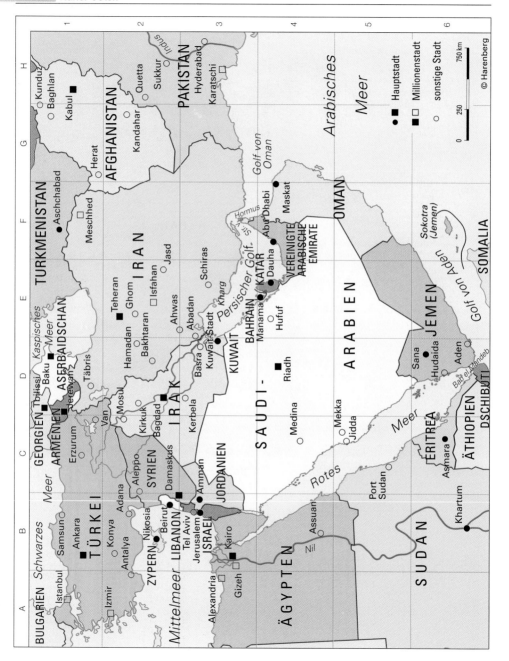

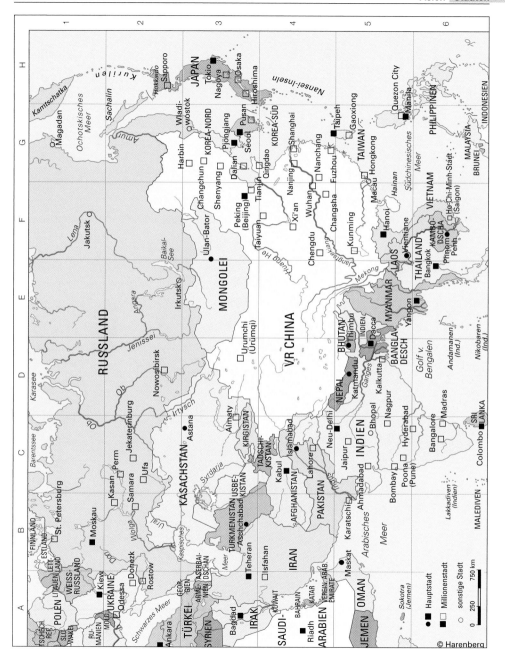

© Harenberg

443

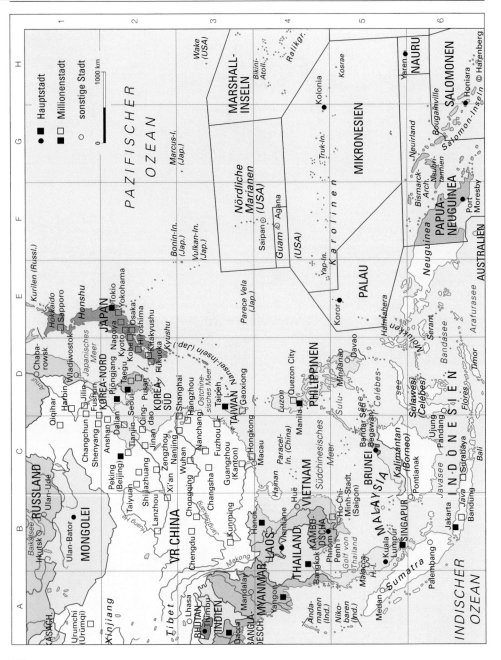

Hauptstadt
Millionenstadt
sonstige Stadt

1000 km

PAZIFISCHER OZEAN

Wake (USA)

MARSHALL-INSELN

Bikini-Atoll.
Kosrae
Kolonia

MIKRONESIEN

Marcus-I. (Jap.)

Ralikgr.

Truk-In.

NAURU
Yaren

SALOMONEN
Honiara

Bougainville
Salomon-Inseln © Hafenberg

Neuirland
Bismarck-Arch.
Neubri-tannien

PAPUA-NEUGUINEA
Port Moresby

Nördliche Marianen (USA)

Saipan
Guam © Agaña (USA)

Bonin-In. (Jap.)

Vulkan-In. (Jap.)

Parece Vela (Jap.)

Yap-In.

Karolinen

PALAU
Koror

Halmahera

Molukken

Neuguinea

AUSTRALIEN

Arafurasee

Kurilen (Russ.)

Chaba-rowsk

Amur

Harbin

Qiqihar

Jilin
Fushun
Changchun
Shenyang

Anshan
Dalian

Wladiwostok

Japanisches Meer

Hokkaido
Sapporo

Honshu

JAPAN
Tokio
Yokohama
Nagoya
Kyoto
Osaka
Kobe
Kitakyushu
Fukuoka
Hiroshima
Kyushu

Nansei-Inseln (Jap.)

Ostchinesisches Meer

Pjöngjang
KOREA-NORD
Seoul
Pusan
Taegu
KOREA-SÜD

Shanghai
Hangzhou

Qing-dao
Jinan

Tianjin

Peking (Beijing)

Shijiazhuang
Taiyuan

Xi'an

Zengzhou
Nanjing
Wuhan

Nanchang
Fuzhou

TAIPEH
Gaoxiong
Taipeh

Hongkong
Macau

Guangzhou (Kanton)

Changsha

Hainan

Paracel-In. (China)

Südchinesisches Meer

Luzon
Quezon City
Manila
PHILIPPINEN
Davao
Mindanao

Sulu-See

Celebes-See

Banda See
Bandar Seri Begawan
BRUNEI

Kalimantan (Borneo)

Sulawesi (Celebes)

Seram
Bandasee

Timor

Flores-

INDONESIEN

Ujung Pandang

Java See
Bali

Javasee

Surabaya
Jakarta
Java
Bandung

Palembang

Pontianak

Sumatra

Medan

Malacca-H.-I.

SINGAPUR
Kuala Lumpur
MALAYSIA

Golf von Thailand

Ho-Chi-Minh-Stadt (Saigon)

Phnom Penh
KAMBO-DSCHA
VIETNAM

Hué
Hanoi
Vientiane
LAOS

Mekong

Bangkok
THAILAND

Andamanen (Ind.)

Nikobaren (Ind.)

Yangon
Mandalay
MYANMAR

Lhasa

Tibet

Xinjiang

Urumchi (Ürümqi)

KASACH

Irkutsk
Baikalsee
Ulan-Ude
RUSSLAND

Ulan-Bator
MONGOLEI

VR CHINA

Chengdu
Chongqing
Kunming
Lanzhou

Huang He

Dacca
BANGLA-DESCH
INDIEN
BHUTAN
Thimbu

INDISCHER OZEAN

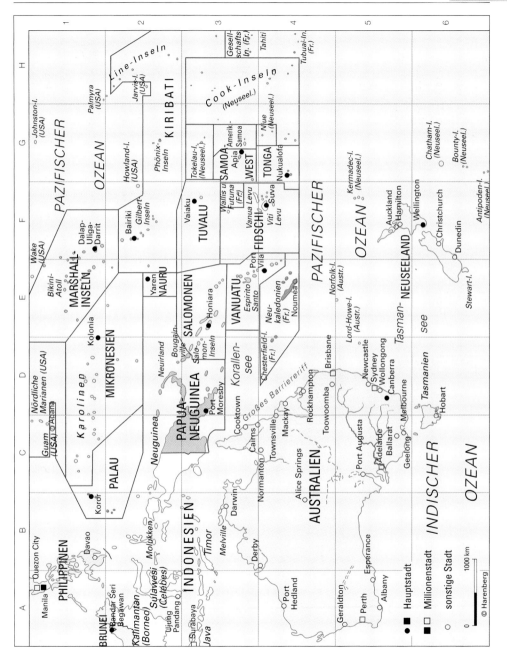

445

Afghanistan
Asien, Karte S. 443, C 4

Um 2000 verdichteten sich Hinweise, dass die fundamentalistischen islamischen Taliban in A. die Rebellen in Tschetschenien im Kampf gegen Russland unterstützen.
Außenpolitik: Nach Informationen des Bundesnachrichtendienstes (BND, Pullach) stieg die Rauschgiftproduktion in A. 1999 um 100%. Mit Devisen aus dem Verkauf der Drogen in Westeuropa wurden angeblich Lager für die militärische Ausbildung von Tschetschenen unterhalten. Ziel der Taliban sei es, gemeinsam mit den tschetschenischen Kämpfern einen supranationalen islamischen Gottesstaat zu errichten. Eine wichtige Rolle spielte der international gesuchte Terroristenführer Osama bin Laden, der die Rebellen angeblich finanziell massiv unterstützt. Der saudiarabische Millionär gilt als Drahtzieher mehrerer Anschläge auf US-amerikanische Einrichtungen in Afrika. Er hielt sich 2000 weiter in A. auf, obwohl die USA mehrfach versucht hatten, ihn mit Waffengewalt auszuschalten.
Innenpolitik und Wirtschaft: Die UN-Menschenrechtskommission kritisierte im März 2000 die Taliban wegen ihrer anhaltenden inhumanen Politik. Dazu gehörten Zwangsumsiedlungen der Zivilbevölkerung, absichtliche Zerstörung von Häusern, Hinrichtung von Zivilisten, willkürliche Verhaftungen, Zwangsarbeit und der Einsatz von Kindersoldaten. Die Zivilbevölkerung litt unter dem Konflikt zwischen den Taliban und den Kämpfern der oppositionellen »Vereinten Front«. Eine militärische Offensive der Taliban führte zu einer Massendeportation von rund 200 000 Menschen. Als größte Leidtragende der Taliban galten Frauen, die kaum Zugang zu Arbeitsplätzen, Schulen oder ärztlicher Versorgung hatten. Die UN beschuldigten die Taliban der Massenvergewaltigung und der Verschleppung von Frauen in besondere Frauengefängnisse.

Afghanistan Islamische Republik		AFG
Landesfläche	652 090 km² (WR 40)	
Einwohner	21,9 Mio (WR 45)	
Hauptstadt	Kabul (1,4 Mio Einwohner)	
Sprachen	Paschtu, Dari u. a.	
Währung	1 Afghani (AF) = 100 Puls (PL)	
Zeit	Mitteleuropäische Zeit +3,5 h	
Gliederung	31 Provinzen	
Politik		
Staatsform	Islamische Republik	
Regierungschef	M. Mohamed Rabbani (seit 1996), *1940	
Staatspräsident	M. Mohamed Rabbani (seit 1996), *1940	
Parlament	–	
Internet	k. A.	
Bevölkerung		
Religion	Muslime (99%): Sunniten 84%, Schiiten 15%; Sonstige (1%)	
Ethn. Gruppen	Paschtunen (38%); Tadschiken (25%); Hazara (19%); Usbeken (6%); Sonstige (12%)	

Wirtschaft und Soziales			
Dienstleistung	k. A.	Urbanisierung	20%
Industrie	k. A.	Einwohner/km²	34
Landwirtschaft	k. A.	Bev.-Wachstum/Jahr	2,9%
BSP/Kopf	k. A.	Kindersterblichkeit	15,2%
Inflation	k. A.	Alphabetisierung	31,5%
Arbeitslosigkeit	k. A.	Einwohner pro Arzt	6690

Afghanistan: Ursprung des Bürgerkriegs

Am 27.12.1979 marschierten sowjetische Truppen in A. ein. Die UdSSR gab vor, einen Streit innerhalb der kommunistischen Regierung beilegen zu wollen. Eigentliches Motiv für die Intervention waren aber Ängste der Sowjetunion, zu einer Zeit die Kontrolle über A. zu verlieren, als die islamische Revolution im Iran ausgebrochen war. Durch die Besetzung von A. sollte verhindert werden, dass sich der islamische Fundamentalismus über A. weiter in die islamischen Sowjetrepubliken ausbreitete. Ähnlich wie im 19. Jh., als in A. die Stämme und Clans ihre Rivalitäten beilegten, um in zwei Kriegen gegen Großbritannien (1839–42, 1878–80) die Unabhängigkeit des Landes zu verteidigen, schlossen sich die afghanischen Bevölkerungsgruppen nach der sowjetischen Invasion zur sog. Mudschaheddin zusammen.

Nach der Vertreibung der Sowjettruppen (1989) und dem Sturz Mohammed Nadschibullahs, des letzten prosowjetischen Präsidenten von A. (1992), fiel die Mudschaheddin auseinander. Die Volksgruppen der Mudschaheddin (u.a. die Truppen des damaligen Staatschefs Burhanuddin Rabbani, des Ministerpräsidenten Gulbuddin Hekmatyar, des usbekischen Militärführers Abdul Malik sowie des Tadschiken Ahmed Massud) verfielen wieder in ihre Stammesrivalitäten und begannen 1992 einen Bürgerkrieg um die Macht in A.
▶ **Konfliktverlauf:** Ende 1994 trat mit der radikal-islamischen Taliban-Milizen eine weitere Partei in den Bürgerkrieg ein. Für sie kämpfen vor allem sunnitische Muslime und die Volksgruppe der Paschtunen. Die Taliban hatte sich unter afghanischen Flüchtlin-

gen in Pakistan insbes. unter Koranschülern formiert und setzte sich zum Ziel, in A. eine auf den Grundsätzen des Koran basierende Gesellschaft aufzubauen. Mit der Unterstützung Pakistans eroberten die Taliban Ende 1996 die Hauptstadt Kabul, ermordeten den früheren Staatschef Nadschibullah und errichteten unter Mohammed Omar ein islamisches Emirat, in dem strenge Verhaltensregeln insbes. für Frauen eingeführt wurden (u.a. das Tragen von Ganzkörperschleiern in der Öffentlichkeit). Im Juni 1997 kontrollierten die Taliban rund 80% des Landes, im Norden A. leistete aber die sog. Nordallianz unter Ahmed Massud weiter Widerstand. Die Nordallianz wurde von Russland und dem Iran unterstützt, die eine Ausbreitung der radikal-islamischen Bewegung der Taliban befürchteten.

Ägypten

Naher Osten, Karte S. 442, B 3

Im September 1999 wurde Präsident Hosni Mubarak in einem Referendum für weitere sechs Jahre im Amt bestätigt.

Innenpolitik: Mubarak erzielte mit 93,8% der Stimmen das schlechteste Ergebnis seit seinem Amtsantritt (1981). Der im Vergleich zu den Resultaten der drei vorherigen Plebiszite hohe Anteil der Nein-Stimmen (6,2%) wurde insbes. auf die andauernde Kritik der inner- und außerparlamentarischen Opposition an der Korruption in der Verwaltung und auf fehlende Wirtschaftsreformen zurückgeführt. Das Referendum war allerdings keine demokratische Wahl; bereits im Juni 1999 hatte das ägyptische Parlament mit 443 Stimmen bei elf Enthaltungen und ohne Gegenstimme Mubarak zum einzigen Kandidaten des Volksentscheides bestimmt.

Verbot: Im Mai 2000 untersagte die ägyptische Regierung der Partei der Arbeit bis auf weiteres jegliche politischen Aktivitäten. Außerdem wurde ihr der Druck der Zeitung »Ash-Shaab« untersagt, die Demonstrationen von Studenten provoziert hatte. Die Zeitung hatte einen Roman der Gotteslästerung bezichtigt und alle Gläubigen aufgefordert, den Islam zu verteidigen. Die 1978 gegründete Partei der Arbeit wurde insbes. durch ihre scharfe Kritik an der ägyptischen Friedenspolitik gegenüber Israel bekannt. Sie drängte auf die Einführung der islamischen Scharia als Hauptquelle der Gesetzgebung. Wegen der Mischung eines auf dem Islam beruhenden Reformismus und eines ausgeprägten arabisch-ägyptischen Nationalismus galt die Partei als gefährlich für den inneren Frieden in Ä.

Muslimbrüder: Im Oktober 1999 nahm die Polizei 20 Mitglieder der verbotenen Organisation der ägyptischen Muslimbrüder fest. Ihnen wurde vorgeworfen, die gesellschaftlichen Organisationen zu unterwandern und die Massen gegen den Staat aufzuhetzen. Die ägyptische Regierung reagierte mit der Verhaftung auf den zunehmenden Einfluss der Muslimbrüder in wichtigen Berufsverbänden (u. a. bei Anwälten, Ärzten und Ingenieuren), in denen Sympathisanten der radikalen Organisation in der Mehrheit waren.

Scheidungsrecht: Im Januar 2000 billigte das ägyptische Parlament eine Gesetzesvorlage über größere Rechte für Frauen. Erstmals wurde ihnen ein Recht auf Scheidung gewährt, wenngleich sie höhere juristische Hürden als Männer überwinden müssen. Bei einer Scheidung riskieren die Frauen, ihren Anspruch auf Unterhalt durch den Mann zu verlieren. Das Gesetz rief heftige Kritik islamischer Fundamentalisten hervor. Sie erreichten, dass eine Passage aus der Vorlage gestrichen wurde, die Ehefrauen Auslandsreisen ohne Zustimmung des Ehemanns gestattet hätte.

Religiöse Unruhen: In El Kosheh und Daressalam im Süden von Ä. starben im Januar 2000 bei schweren Auseinandersetzungen zwischen Muslimen und Christen ca. 30 Menschen. Nach einem Streit zwischen Marktverkäufern zündeten Muslime Geschäfte der christlichen Minderheit der Kopten an. Durch die Verhängung einer Ausgangssperre wurden die Unruhen beigelegt. Internationale Menschenrechtsorganisationen beschuldigten die ägyptische Polizei, die Rechte der Kopten im Süden von Ä. nicht ausreichend zu schützen. Bereits 1998 hatte die Polizei 1200 christliche Bewohner in El Kosheh festgenommen und angeblich gefoltert.

Ägypten Arabische Republik		ET
Landesfläche	1,0 Mio km² (WR 29)	
Einwohner	67,2 Mio (WR 15)	
Hauptstadt	Kairo (16 Mio Einwohner)	
Sprachen	Arabisch, Englisch	
Währung	1 Ägypt. Pfund £ = 100 Piaster	
Zeit	Mitteleuropäische Zeit +1 h	
Gliederung	26 Gouvernate	
Politik		
Staatsform	Präsidiale Republik	
Regierungschef	Atif Mohamed Ubaid (seit 1999), *14.4.1932	
Staatspräsident	Mohamed Hosni Mubarak (seit 1981), *4.5.1928	
Parlament	Nationalversammlung mit 444 Abgeordneten: 415 Sitze für Nationaldemokratische Partei, 6 für Neue Wafd-Partei, 23 für andere (Wahl von 1995); Schura als beratendes Organ (210 Sitze)	
Internet	www.sis.gov.eg. www.assembly.gov.eg.	
Bevölkerung		
Religion	Sunnitische Muslime (90%); Christen (10%)	
Ethn. Gruppen	Arabisierte Hamiten (99%); Sonstige (1%)	

Wirtschaft und Soziales			
Dienstleistung	51,8%	Urbanisierung	45%
Industrie	31,7%	Einwohner/km²	67
Landwirtschaft	16,5%	Bev.-Wachstum/Jahr	1,9%
BSP/Kopf	1290 $ (1998)	Kindersterblichkeit	5,1%
Inflation	4% (1999)	Alphabetisierung	52,7%
Arbeitslosigkeit	8,2% (1999)	Einwohner pro Arzt	1340

Wirtschaft: Gestiegene Erlöse aus dem Export von Erdöl und höhere Einnahmen aus dem Tourismus führten 1999 zu einer Steigerung des BIP um 5,1% (1998: 5,7%). Die Inflationsrate betrug 4,0% (1998: 4,3%). Eines der größten Probleme blieb 1999 das hohe Zahlungsbilanzdefizit, das aufgrund des Abflusses von ausländischem Kapital von 135 Mio auf 2,2 Mrd US-Dollar stieg. Dagegen verringerte sich das Leistungsbilanzdefizit wegen höherer Einnahmen aus dem Export um 31% auf 1,709 Mrd US-Dollar.

Privatisierung: Im Oktober 1999 kündigte die ägyptische Regierung eine weitere Liberalisierung der Wirtschaft an. 1995 begann ein Programm zur Privatisierung von insgesamt 314 Unternehmen, das Ende 1999 zu etwa 40% verwirklicht worden war (Verkauf von 127 Staatsbetrieben für 3,13 Mrd US-Dollar). Anfang des 21. Jh. sollten Banken, Versicherungen und Dienstleistungsbereiche, die sich noch in staatlichem Besitz befinden, veräußert werden. Mit der Privatisierung vollzieht Ä. die Abkehr vom sog. arabischen Sozialismus, der insbes. während der Regierungszeit von Gamal Abd el-Nasser (1954–70) vorangetrieben worden war.

Wirtschaftsrat: Im Februar 2000 gründeten Ä. und Deutschland einen gemeinsamen Wirtschaftsrat. Er soll Finanztransaktionen zwischen beiden Staaten erleichtern. Eine weitere Aufgabe des Rates ist die Verbesserung der Bedingungen für deutsche Direktinvestitionen in Ä. Die ägyptische Regierung forderte Deutschland auf, mehr Waren aus Ägypten einzuführen. 1999 importierte Deutschland ägyptische Güter im Wert von ca. 510 Mio DM, der deutsche Export nach Ä. erreichte 1999 einen Umfang von rund 4 Mrd DM.

Freihandelsabkommen: Ä. und die EU planten Mitte 2000 ein Partnerschaftsabkommen, in dem sich Ä. verpflichten wollte, seine Zollschranken gegenüber der EU bis 2012 zu beseitigen. Die durchschnittliche Zollbelastung in Ä. lag bei 34%, während z.B. Marokko lediglich 10% erhob. Durch Zollsenkungen sollten ausländische Unternehmen zu stärkeren Investitionen in Ä. bewegt werden. Neben den USA sind die EU-Staaten (insbes. Deutschland und Italien) die wichtigsten Handelspartner von Ä.

Albanien	Republik Albanien	AL
Landesfläche	28748 km² (WR 140)	
Einwohner	3,1 Mio (WR 128)	
Hauptstadt	Tirana (245 000 Einwohner)	
Sprachen	Albanisch (Toskisch)	
Währung	1 Lek = 100 Quindarka	
Zeit	Mitteleuropäische Zeit	
Gliederung	35 Bezirke, Hauptstadtdistrikt	
Politik		
Staatsform	Parlamentarische Republik	
Regierungschef	Ilir Meta (seit 1999), *24.3.1969	
Staatspräsident	Rexhep Mejdani (seit 1997), *17.8.1944	
Parlament	Volksversammlung (155 Sitze), für vier Jahre gewählte Abgeordnete; 99 Sitze für Sozialisten (SP), 29 für Demokratische Partei (DP), 27 für Andere (Wahl vom Juni/Juli 1997)	
Internet	www.albanian.com presidenca.gov.al	
Bevölkerung		
Religion	Muslime (65%); Christen (33%): Orthodoxe 20%, Katholiken 13%; Sonstige (2%)	
Nationalitäten	Albaner (98%); Griechen (1,8%); Sonstige (0,2%)	
Wirtschaft und Soziales		

Dienstleistung	19,1%	Urbanisierung	38%
Industrie	24,4%	Einwohner/km²	108
Landwirtschaft	55,5%	Bev.-Wachstum/Jahr	–0,4%
BSP/Kopf	810 $ (1998)	Kindersterblichkeit	3%
Inflation	k.A.	Alphabetisierung	72%
Arbeitslosigkeit	16% (1999)	Einwohner pro Arzt	735

Albanien
Europa, Karte S. 437, E 7

Im Oktober 1999 trat Pandeli Majko von der Sozialistischen Partei (SP) von seinem Amt als Ministerpräsident zurück. Sein Nachfolger wurde Ilir Meta.

Innenpolitik: Majko zog mit seinem Rücktritt die Konsequenz aus der Niederlage bei der Wahl um den Vorsitz der SP, bei der er lediglich 261 Stimmen erhalten hatte und seinem Vorgänger Fatos Nano unterlegen war (291 Stimmen). Die Mehrheit der Partei warf Majko seine versöhnliche Haltung gegenüber dem Vorsitzenden der oppositionellen Demokratischen Partei (PD), Sali Berisha, vor, der A. 1992–97 autokratisch regiert und das Land 1997 in bürgerkriegsähnliche Zustände geführt hatte. 1998 sollte Berisha einen Staatsstreich geplant haben. Majko erklärte seine Haltung gegenüber Berisha mit der Absicht, den Parlamentsboykott der PD zu beenden, einen Ausgleich zwischen den beiden verfeindeten Parteien herbeizuführen und die ständigen innenpolitischen Unruhen beizulegen.

Regierungsprogramm: Der neue Ministerpräsident Meta versprach bei seinem Amtsantritt im November 1999, die weit verbreitete Korruption in A. zu bekämpfen, die Kriminalität zu verringern und die öffentliche Ordnung zu stärken. Außenpolitisch plante Meta die Eingliederung von A. in EU und NATO.

Menschenrechte: Ministerpräsident Meta unterzeichnete im April 2000 in Straßburg das Europäische Protokoll zur Abschaffung der Todesstrafe. Außerdem ratifizierte A. mehrere Rechtshilfeabkommen und die Anti-Korruptions-Konvention. Damit verpflichtete sich die Regierung zur grenzüberschreitenden Zusammenarbeit beim Kampf gegen Korruption, Geldwäsche und Terrorismus sowie zur Auslieferung verurteilter Straftäter. Die Unterzeichnung der Verträge wurde als Beweis für den Willen der albanischen Regierung gewertet, A. an die EU heranzuführen.

Wirtschaft: Während des Krieges in der zu 90% von Albanern bewohnten jugoslawischen Provinz Kosovo (März–Juni 1999) lebten ca. 450 000 Flüchtlinge in A., was einem Bevölkerungszuwachs von fast 15%

entsprach. Der Konflikt belastete den Haushalt mit rund 147 Mio Euro, wodurch das Budget-Defizit 1999 auf 5,5% des BIP stieg. Der albanische Einzelhandel profitierte von den hohen Devisenzuflüssen während der Stationierung der NATO-Soldaten. Die ausländischen Investitionen in A. sanken 1999 mit 60 Mio US-Dollar deutlich unter die von der albanischen Regierung prognostizierten 100 Mio US-Dollar. Das mangelnde Interesse ausländischer Kapitalgeber wurde auf die fehlende innere Sicherheit in A. zurückgeführt. Vor allem im Norden, der 1999/2000 von bewaffneten Banden beherrscht wurde, waren weite Landstriche der staatlichen Kontrolle weitgehend entzogen.

Europäisches Armenhaus: A. gehörte bereits vor dem Kosovo-Krieg zu den ärmsten Ländern in Europa. Das Land verfügt zwar über Bodenschätze wie Chrom, Nickel, Kupfer und Kobalt sowie über kleinere Vorkommen an Erdöl, Erdgas und Braunkohle; politische Instabilität und das dadurch bedingte Ausbleiben von ausländischen Investitionen verhinderten aber einen nachhaltigen wirtschaftlichen Aufschwung.

Algerien

Afrika, Karte S. 441, C 1

Die Armee des Islamischen Heils (AIS), der militärische Flügel der verbotenen Islamischen Heilsfront (FIS), kündigte im Januar 2000 ihre Auflösung an.

Innenpolitik: Die AIS reagierte auf ein Dekret des Präsidenten Abdul Aziz Bouteflika, das ihnen Straffreiheit zusicherte. Bouteflika belohnte mit der Amnestie den Waffenstillstand, den die AIS seit Ende 1997 eingehalten hatte. Kritiker des Dekretes betonten, dass nicht dem Präsidenten, sondern nur dem Parlament das Recht auf Erteilung von Strafverfolgungsfreiheit zustehe.

Im September 1999 hatten 98,63% der Bevölkerung für einen Friedensplan des Präsidenten gestimmt, der u. a. einen Straferlass für Mitglieder bewaffneter Gruppen vorsah, die sich freiwillig stellen und an Massakern, Bombenanschlägen und Vergewaltigungen beteiligt waren. Trotz Auflösung der AIS war der Terrorismus durch radikale Islamisten in A., dem seit 1992 rund 80 000 Menschen zum Opfer fielen, bis Mitte 2000

Algerien	DZ
Landesfläche	2,38 Mio km² (WR 11)
Einwohner	30,8 Mio (WR 34)
Hauptstadt	Algier (3,1 Mio Einwohner)
Sprachen	Arabisch, Französisch
Währung	1 Alg. Dinar (DA) = 100 Centimes
Zeit	Mitteleuropäische Zeit
Gliederung	48 Bezirke
Politik	
Staatsform	Präsidiale Republik
Regierungschef	Ahmed Benbitour (seit 1999)
Staatspräsident	Abdul Aziz Bouteflika (seit 1999), *2.3.1937
Parlament	Nationalversammlung mit 380 Abgeordneten; 156 Sitze für Nationaldemokratische Sammlungsbewegung (RND), 69 für Bewegung für eine friedliche Gesellschaft (MSP), 155 für Andere (Wahl vom Juni 1997)
Internet	www.algeria-un.org www.ons.dz
Bevölkerung	
Religion	Sunnitische Muslime (99,5%); Sonstige (0,5%)
Ethn. Gruppen	Araber (82,6%); Berber (17%); Sonstige (0,4%)

Wirtschaft und Soziales			
Dienstleistung	44%	**Urbanisierung**	58%
Industrie	45,1%	**Einwohner/km²**	13
Landwirtschaft	10,9%	**Bev.-Wachstum/Jahr**	2,3%
BSP/Kopf	1550 $ (1998)	**Kindersterblichkeit**	4,4%
Inflation	ca. 8,5% (1999)	**Alphabetisierung**	60,3%
Arbeitslosigkeit	30% (1999)	**Einwohner pro Arzt**	1064

nicht beendet; die gewalttätige Bewaffnete Islamische Gruppe (GIA) bestand weiter. Der Kampf der algerischen Sicherheitskräfte gegen den islamischen Terror wurde erschwert, weil sich die GIA in kleinere Einheiten aufspaltete, die sich verselbstständigten. Bei einer Großoffensive des algerischen Militärs gegen die GIA starben im Januar 2000 ca. 150 Menschen.

Parteigründung: Im Dezember 1999 riefen Islamisten in A. eine neue Partei ins Leben. Die Bewegung der Treue und Gerechtigkeit (Wafa) wurde von Ahmed Taleb Ibrahimi angeführt, der als Anhänger der FIS galt. Ibrahimi hatte bei den Präsidentschaftswahlen vom April 1999 den zweiten Platz belegt, obwohl er einen Tag vor der Abstimmung seine Kandidatur wegen angeblicher Wahlmanipulationen zurückgezogen hatte. Anlässlich der Gründung der neuen Partei versprach Ibrahimi, bei der Durchsetzung ihrer islamistischen Ziele auf jegliche Gewalt zu verzichten.

Attentat: Im November 1999 wurde Abdelkader Haschani, der als einer der wichtigsten Repräsentanten der FIS galt, von einem Unbekannten erschossen. Die Bluttat wurde als Rückschlag in den Bemühungen des Präsidenten Bouteflika gewertet, den Bürgerkrieg in A. zu beenden. Haschani hatte eine Beilegung der gewaltsamen Auseinandersetzungen zwischen Staat und radikalen Islamisten befürwortet.

Neue Regierung: Präsident Bouteflika ernannte im Dezember 1999 Ahmed Benbitour zum Regierungschef. Benbitour gilt als liberaler Ökonom, der wirtschaftliche und soziale Reformen in A. vorantreiben sollte. Im neu gebildeten Kabinett aus 32 Ministern von sieben verschiedenen Parteien übernahm Bouteflika selbst das Verteidigungsministerium, das als wichtigstes Ressort in A. gilt.

Korruption: Im August 1999 entließ Präsident Bouteflika 20 der insgesamt 47 Präfekten in A. wegen Misswirtschaft. 16 von ihnen wurden wegen besonders schwerer Verstöße auf Lebenszeit aus dem öffentlichen Dienst entfernt. Zu den neu ernannten Präfekten gehörte mit Zahraouni Yamina erstmals in der algerischen Geschichte eine Frau; sie wurde ranghöchste Vertreterin der Präfektur Tipasa.

Außenpolitik: Im Juni 2000 reiste Präsident Bouteflika zu einem viertägigen Staatsbesuch nach Frankreich. Die Visite galt als Zeichen für die Erneuerung der französisch-algerischen Beziehungen, die wegen der Erinnerung an den Unabhängigkeitskampf (1954–62) lange Zeit belastet waren. Frankreich sah sich um 2000 als Anwalt der Maghreb-Staaten. Es bemühte sich um eine Verbesserung der Wirtschaftsbeziehungen zwischen A. und der EU sowie um weitere finanzielle Hilfen für das Land.

Wirtschaft: A. profitierte in der zweiten Jahreshälfte 1999 vom Anstieg der Preise für Rohöl und Gas, der wichtigsten Exportgüter des Landes (60% der staatlichen Einnahmen). Das BIP stieg 1999 insgesamt um 3,7%. Die Arbeitslosigkeit blieb mit 30% der Erwerbsbevölkerung hoch. Jährlich drängen 250 000 Menschen neu auf den Arbeitsmarkt. Um die Arbeitslosigkeit deutlich zu verringern, benötigt A. einen jährlichen Anstieg des BIP um 8%. Die algerische Regierung kündigte im Februar 2000 an, durch eine grundlegende Reform der Volkswirtschaft die Voraussetzung für die Schaffung von 250 000 Arbeitsplätzen jährlich zu schaffen. Das Bankenwesen und die Telekommunikationsbranche sollen privatisiert, ausländische Investoren für Partnerschaften mit algerischen Unternehmen gewonnen werden. Die algerische Regierung befürchtete Mitte 2000 aber, durch Umstrukturierung der Volkswirtschaft die inneren Unruhen in A. zu fördern, da durch Privatisierung öffentlicher Unternehmen 600 000 Menschen ihre Arbeit verlieren könnten.

Börse: Im Sommer 1999 wurde in Algier nach drei Jahrzehnten wieder die Aktienbörse eröffnet, die während der sozialistischen Planwirtschaft geschlossen war. Das erste Unternehmen, das an der Börse wieder auftrat, war die Ölgesellschaft Sonatrach. Internationale Wirtschafts- und Finanzinstitute beurteilten die Wiedereröffnung skeptisch, weil nach Jahrzehnten der Zentralverwaltungswirtschaft nur wenige Unternehmen Gewinne erwirtschafteten. Die Entwicklung der Börse wird durch das Fehlen einer Investitionskultur gehemmt. Viele Aktionäre waren Einzelpersonen, die nicht langfristig investierten, sondern ihre Aktien immer dann wieder abstießen, wenn sie Geld für religiöse oder Familienfeste benötigten. Dies führte zu erheblichen Kursschwankungen.

Andorra

Europa, Karte S. 437, B 6

Der andorranische Regierungschef Marc Forné bestätigte im Februar 2000 in einem Interview mit der spanischen Tageszeitung »La Vanguardia« Überlegungen der Regierung, ausländischen Unternehmen zu erlauben, in Andorra Niederlassungen zu gründen, deren Kapital zu 100% von Ausländern gehalten werden darf. Die Liberalisierung sollte allerdings auf Technologie- und Know-how-Unternehmen begrenzt werden, die für die Entwicklung der andorranischen Wirtschaft von Vorteil seien. Der Regierungschef bezeichnete die bestehende Beschränkung des Ausländeranteils an andorranischen Gesellschaften auf 33% als unzeitgemäß. Er bekräftigte die Absicht, den Euro als offizielle Währung des Fürstentums einzuführen. A. ist etwas größer als das Stadtgebiet von Köln. Der Wohlstand des Zwergstaates beruht auf dem Verkauf steuerfreier Waren (u. a. Spirituosen, Tabakerzeugnisse, Schmuck, Parfüm, elektronische Geräte) an überwiegend ausländische Kurzbesucher.

Andorra Fürstentum Andorra	AND
Landesfläche	453 km² (WR 178)
Einwohner	79 000 (WR 180)
Hauptstadt	Andorra la Vella (20 000 Einw.)
Sprachen	Katalanisch, Span., Franz.
Währung	Franz. Francs, span. Peseten
Zeit	Mitteleuropäische Zeit
Gliederung	7 Gemeindebezirke
Politik	
Staatsform	Parlamentarisches Fürstentum (seit 1993)
Regierungschef	Marc Forné Molne (seit 1994) *1946
Staatspräsident	Bischof v. Urgel/Spanien, franz. Staatspräsident
Parlament	Generalrat mit 28 für vier Jahre gewählten Abgeordneten; 16 Sitze für Liberale, 6 für Nationaldemokraten, 6 für Sonstige (Wahl vom Februar 1997)
Internet	www.andorra.ad/govern; www.andorra.ad/consell
Bevölkerung	
Religion	Katholiken (94,2%); Juden (0,4%); Sonstige (5,4%)
Nationalitäten	Spanier (46,4%); Andorraner (28,3%); Portugiesen (11,1%); Franzosen (7,6%); Sonstige (6,6%)

Wirtschaft und Soziales			
Dienstleistung	80%	Urbanisierung	63%
Industrie	17%	Einwohner/km²	174
Landwirtschaft	3%	Bev.-Wachstum/Jahr	4,2%
BSP/Kopf	17 500 $ (1997)	Kindersterblichkeit	k. A.
Inflation	k. A.	Alphabetisierung	100%
Arbeitslosigkeit	k. A.	Einwohner pro Arzt	502

Angola

Afrika, Karte S. 441, C 5

Bei einer Militäroffensive der Streitkräfte der linksgerichteten Regierung von Oktober bis Dezember 1999 verlor die rechtsorientierte Rebellenbewegung Unita ihre beiden Stützpunkte Andulo und Bailundo im zentralen Hochland von A.
Innenpolitik: Dem Feldzug der Regierungstruppen gingen massive Waffenkäufe voraus, die der angolanischen Armee die Überlegenheit in der konventionellen Kriegsführung sicherten. Internationale Organisationen warfen A. vor, bei der Militäroffensive schwere Menschenrechtsverletzungen begangen zu haben. Zahlreiche Zivilisten sollten am Nordufer des Kavango-Flusses zusammengetrieben, misshandelt und erschossen worden sein. Die angolanische Regierung behauptete, die Zivilisten seien Sympathisanten der Unita gewesen. Seit 1975 führt die Regierung einen Bürgerkrieg gegen die Unita, die 1993 die Unterstützung der USA, Frankreichs und Großbritanniens verlor, weil sie sich

Angola Republik Angola	ANG
Landesfläche	1,25 Mio km² (WR 22)
Einwohner	12,5 Mio (WR 62)
Hauptstadt	Luanda (2,1 Mio Einwohner)
Sprachen	Portugiesisch, Bantusprachen
Währung	1 Neuer Kwanza (NKz) = 100 Lwei
Zeit	Mitteleuropäische Zeit
Gliederung	18 Provinzen
Politik	
Staatsform	Präsidiale Republik (seit 1992)
Regierungschef	Fernando Franca van Dunem (seit 1996) *1952
Staatspräsident	José Eduardo dos Santos (seit 1979) *1942
Parlament	Volksversammlung mit 223 Abgeordneten; 129 Sitze für Volksbewegung zur Befreiung Angolas, 70 für Nationalunion für die völlige Unabhängigkeit Angolas, 24 für Andere (Wahl von 1992)
Internet	www.angola.org
Bevölkerung	
Religion	Katholiken (70%), Protestanten (20%); Sonstige (10,0%)
Ethn. Gruppen	Ovimbundu (37,3%); Mbundu (21,6%); Kongo (13,2%); Luimbe-Nganguela (5,4%); Sonstige (22,5%)

Wirtschaft und Soziales			
Dienstleistung	32%	Urbanisierung	33%
Industrie	56%	Einwohner/km²	10
Landwirtschaft	12%	Bev.-Wachstum/Jahr	3,2%
BSP/Kopf	380 $ (1998)	Kindersterblichkeit	12,5%
Inflation	k.A.	Alphabetisierung	37%
Arbeitslosigkeit	k.A.	Einwohner pro Arzt	25 000

Vermittlungsbemühungen der Vereinten Nationen (UN) widersetzt hatte. Insgesamt kamen bei den gewaltsamen Auseinandersetzungen ca. 1 Mio Menschen ums Leben. Mitte 2000 standen etwa 110 000 Regierungssoldaten rund 70 000 Unita-Guerillakämpfern gegenüber.

Außenpolitik: Im Januar 2000 griff der angolanische Bürgerkrieg auf die Nachbarländer Namibia und Sambia über. 200 angolanische Rebellen der Unita wurden im Caprivi-Zipfel im Nordosten Namibias gefangen genommen, nachdem sie Zivilisten angegriffen hatten. In Sambia griffen Unita-Rebellen mehrere Dörfer an. Sambias Präsident Frederick Chiluba lehnte die Bitte der angolanischen Regierung ab, die Unita im Nachbarland verfolgen zu dürfen. Daraufhin beschuldigte die Führung in A. Chiluba, die Rebellenorganisation zu unterstützen. Der namibische Präsident Sam Nujoma hingegen gilt als enger Verbündeter des angolanischen Präsidenten José Eduardo dos Santos.

Kleinkrieg: Im Februar 2000 warf der ehemalige portugiesische Staatschef Mário Albert Soáres der angolanischen Regierung und der Unita vor, den Bürgerkrieg nicht beenden zu wollen, um sich an ihm bereichern zu können. Daraufhin beschuldigte die angolanische Regierung Soáres und seinen Sohn João, sich am illegalen Diamantenhandel der Unita beteiligt zu haben. Diese Behauptung rief in Portugal große Empörung hervor.

Wirtschaft: Im Dezember 1999 bewertete die angolanische Zentralbank die Währung Kwanza neu, um die hohe Inflationsrate (1999: ca. 230%) zu verringern. 1 Mio »angepasster Kwanza« (bisherige Währung) entspricht einem Neuen Kwanza. Mit der Währungsreform erfüllte A. Forderungen der Weltbank und des Internationalen Währungsfonds (IWF), welche die Wiederaufnahme von Finanzhilfen von einer tief greifenden Restrukturierung der angolanischen Volkswirtschaft abhängig gemacht hatten. IWF und Weltbank kritisierten aber die weiterhin mangelhafte Buchführung in A. über die Einkünfte aus Ölexporten, die 90% des gesamten Ausfuhrwertes betrugen. In A. besteht eine enge Verflechtung zwischen Staat und Ölindustrie, welche die Korruption begünstigt.

Antigua und Barbuda	AG
Landesfläche	442 km² (WR 179)
Einwohner	67 000 (WR 183)
Hauptstadt	St. John's (36 000 Einwohner)
Sprachen	Englisch, kreolisches Englisch
Währung	1 Ostkaribischer Dollar (EC$) = 100 Cents
Zeit	Mitteleuropäische Zeit –5 h
Politik	
Staatsform	Parlamentarische Monarchie (seit 1981)
Regierungschef	Lester Bryant Bird (seit 1994) *21.2.1938
Staatsoberhaupt	Königin Elizabeth II. (seit 1981) *21.4.1926
Parlament	Senat mit 17 ernannten und Repräsentantenhaus mit 17 gewählten Abgeordneten; 12 Sitze für Antigua Labour Party, 4 für Progressive Party, 1 für Barbuda People's Movement (Wahl von 1999)
Internet	www.polisci.com/world/nation/AC.htm
Bevölkerung	
Religion	Protestanten (73,7%); Katholiken (10,8 %); Sonstige (15,5%)
Ethn. Gruppen	Schwarze (91,3%); Mischlinge (3,7%); Sonstige (5%)

Wirtschaft und Soziales			
Dienstleistung	81,0%	Urbanisierung	31%
Industrie	13,2%	Einwohner/km²	152
Landwirtschaft	5,8%	Bev.-Wachstum/Jahr	0,4%
BSP/Kopf	8450 $ (1998)	Kindersterblichkeit	k.A.
Inflation	k.A.	Alphabetisierung	96%
Arbeitslosigkeit	k.A.	Einwohner pro Arzt	1333

Antigua u. Barbuda
Mittelamerika, Karte S. 440, G 3

Der karibische Inselstaat liegt im Norden der Kleinen Antillen und umfasst außer den beiden namensgebenden Eilanden die knapp 50 km südwestlich von Antigua gelegene, 1,3 km² große Vulkaninsel Redonda. Die Inseln sind überwiegend aus Korallenkalken aufgebaut, relativ flach und stark verkarstet. Lediglich im Südwesten von Antigua kommen mit den im Tertiär (vor 5 Mio–60 Mio Jahren) vulkanisch gebildeten Sheekerley Mountains höhere Erhebungen vor, die im Boggy Peak mit 402 m den höchsten Punkt des Landes bilden. Seit Mitte der 1990er Jahre verstärken sich die Unabhängigkeitsbestrebungen von Barbuda. Die Bewohner der Insel fühlen sich von der Zentralregierung auf Antigua politisch und ökonomisch benachteiligt. Außenpolitisch ist das seit 1981 unabhängige A. insbes. um die Festigung der engen Beziehungen zur früheren Kolonialmacht Großbritannien und den USA bemüht. Schwerpunkt der Wirtschaft ist der Tourismus.

Äquatorialguinea
Afrika, Karte S. 441, C 4

Zum Staatsgebiet von Ä., dem einzigen Spanisch sprechenden Land in Afrika, zählen neben mehreren kleinen Eilanden die Inseln Bioko und Pagalu sowie der festländische Teil Mbini. Bioko und Pagalu gehören zur Vulkankette der Guinea-Inseln, auf denen die größten Höhen des Landes erreicht werden (Pico Basilé auf Bioko, 3007 m). Der festländische Teil besteht aus einer Küstenebene, von der durch eine Bergkette eine Hochfläche abgetrennt ist. Auf dieser ist das zentrale Bergland die Wasserscheide zwischen dem Flusssystem des Río Benito im Norden und dem Río Utamboni im Süden. Das Land wurde 2000 vom autoritären Herrscher Teodoro Nguema Mbasogo Obiang regiert, der 1979 nach einem Militärputsch an die Macht gekommen war. Trotz gegenteiliger Versprechungen weigerte er sich bis 2000, den Demokratisierungsprozess in Ä. voranzutreiben. Oppositionspolitiker wuden unterdrückt. In den 1990er Jahren wurden in Ä. größere Ölvorkommen entdeckt.

Äquatorialguinea Rep. Äquatorialguinea	GQ	
Landesfläche	28051 km² (WR 141)	
Einwohner	442 000 (WR 159)	
Hauptstadt	Malabo (40000 Einwohner)	
Sprachen	Spanisch, Bantu, Pidgin-Englisch, Kreolisches Portugiesisch	
Währung	CFA-Franc	
Zeit	Mitteleuropäische Zeit	
Gliederung	7 Provinzen	
Politik		
Staatsform	Präsidiale Republik (seit 1982)	
Regierungschef	Serafin Seriche Dugan (seit 1996)	
Staatspräsident	Teodoro Nguema Mbasogo Obiang (seit 1979) *1942	
Parlament	Nationalversammlung mit 80 für fünf Jahre gewählten Abgeordneten; 75 Sitze für Demokratische Partei von Äquatorial-Guinea (PDGE), 5 für Andere (Wahl von 1999)	
Bevölkerung		
Religion	Christen (88,8%); Volksreligionen (4,6%); Muslime (0,5%); Sonstige (0,2%); Konfessionslose (5,9%)	
Ethn. Gruppen	Fang (82,9%); Bubi (9,6%); Ndowe (3,8%); Annobonés (1,5%); Bujeba (1,4%), Sonstige (0,8%)	
Wirtschaft und Soziales		
Dienstleistung	35,5%	Urbanisierung	42%
Industrie	14,3%	Einwohner/km²	15
Landwirtschaft	50,2%	Bev.-Wachstum/Jahr	2,6%
BSP/Kopf	1110 $ (1998)	Kindersterblichkeit	10,8%
Inflation	6% (1996)	Alphabetisierung	79,9%
Arbeitslosigkeit	k. A.	Einwohner pro Arzt	3622

Argentinien
Südamerika, Karte S. 439, D 6

Im Oktober 1999 wurde Fernando de la Rúa zum neuen Präsidenten von A. gewählt. Er löste Carlos Menem ab, der nach zwei fünfjährigen Amtszeiten in Folge nicht wiedergewählt werden durfte.

Innenpolitik: Rúa, Kandidat einer Mitte-Links-Allianz aus der Partei der Radikalen Bürgerunion (UCR) und dem Bündnis Front Solidarisches Land (Frepaso), erhielt 48,5% der Stimmen. Auf seinen peronistischen Gegner Eduardo Duhalde entfielen 38%. Es war das schlechteste Ergebnis eines peronistischen Kandidaten seit den 1940er Jahren. Domingo Cavallo, ehemaliger Wirtschaftsminister in der Regierung von Menem, erreichte einen Stimmenanteil von 10,2%. Der neue Präsident Rúa bildete im Dezember 1999 ein Kabinett überwiegend aus Ökonomen. Er schuf zwei neue Ministerien (für Infrastruktur und für Wohnungsbau), verschlankte jedoch den Ministerialapparat durch Streichung von ca. 60 Staatssekretariaten und mehreren hundert Untersekretariaten.

Argentinien	RA	
Landesfläche	2,78 Mio km² (WR 8)	
Einwohner	36,6 Mio (WR 31)	
Hauptstadt	Buenos Aires (12,6 Mio Einw.)	
Sprache	Spanisch	
Währung	1 Peso (P) = 100 Centavos	
Zeit	Mitteleuropäische Zeit –4 h	
Gliederung	22 Provinzen	
Politik		
Staatsform	Bundesrepublik seit 1853	
Regierungschef	Fernando de la Rúa (seit 1999) *15.9.1937	
Staatspräsident	Fernando de la Rúa (seit 1999) *15.9.1937	
Parlament	Abgeordnetenhaus mit 257 Abgeordneten und Senat mit 72 Senatoren; im Abgeordnetenhaus 124 Sitze für zentralistische Alianza, 101 für peronistische Gerechtigkeitspartei, 12 für die konservative Aktion für die Republik, 20 für Andere (Wahl 1997/99)	
Bevölkerung		
Religion	Katholiken (90%); Protestanten (2%); Sonstige (8%)	
Ethn. Gruppen	Weiße (90%); Mestizen (5%); Indios (0,1%); Sonstige (4,9%)	
Wirtschaft und Soziales		
Dienstleistung	63%	Urbanisierung	89%
Industrie	31%	Einwohner/km²	13
Landwirtschaft	6%	Bev.-Wachstum/Jahr	1,3%
BSP/Kopf	8030 $ (1998)	Kindersterblichkeit	2,2%
Inflation	–1,1% (1999)	Alphabetisierung	96,5%
Arbeitslosigkeit	13,8% (1999)	Einwohner pro Arzt	329

Rücktritt des Militärchefs: Der Oberbefehlshaber der argentinischen Armee, General Martín Balza, erklärte im November 1999 seinen Rücktritt. Der General wurde verdächtigt, in eine Affäre um illegale Waffenlieferungen nach Kroatien und Ecuador verwickelt zu sein. Balza trug während seiner Amtszeit (1991–99) wesentlich zur Verbesserung des Rufes der argentinischen Armee bei, die während der Militärdiktatur (1976–83) durch zahlreiche Menschenrechtsverletzungen in der Bevölkerung in Misskredit geraten war.

Aufarbeitung: Bis Mitte 2000 wurden die Ermittlungen gegen frühere hochrangige Mitglieder des Militärs wegen Verbrechen gegen die Menschlichkeit während der Junta-Herrschaft (1976–83) verstärkt. Die argentinische Justiz sowie Menschenrechtsorganisationen aus dem In- und Ausland hatten Beweise gesammelt, dass die früheren Diktatoren Jorge Videla und Reynaldo Bignone für den Raub von Kindern verantwortlich waren. Neugeborene von Gefangenen wurden an kinderlose Angehörige des Militärs verschenkt, wobei Kinder, die nicht einem blonden Ideal entsprachen, ebenso wie die Mütter verschwanden. Im November 1999 wurden die sterblichen Überreste von 124 während des Militärregimes Ermordeten namentlich ermittelt. Der Identifizierung der Skelette, die zumeist in Massengräbern gefunden worden waren, war eine 18-monatige Forschungsarbeit forensischer Anthropologen in den Archiven der Provinzpolizei von Buenos Aires vorausgegangen. Die Toten waren Gegner des Militärregimes, die vor ihrer Hinrichtung gefoltert worden waren. Bis Ende 1999 wurde in A. 19 ehemaligen Militärs oder Mitgliedern politischer Parteien wegen Menschenrechtsverletzungen der Prozess gemacht, 251 Verfahren waren anhängig. Die bereits Verurteilten wurden aber bis Mitte 2000 begnadigt bzw. durch Sondergesetze (Schlussstrichgesetz) amnestiert.

Außenpolitik: Im November 1999 erließ der spanische Richter Baltasar Garzón gegen 98 argentinische Staatsbürger internationale Haftbefehle wegen Verbrechen während der Militärdiktatur. Die Gesuchten, unter ihnen der ehemalige Diktator Videla, der in A. Mitte 2000 in Untersuchungshaft saß, sollten für die Ermordung von ca. 600 Spaniern bzw. Angehörigen spanischer Staatsbürger während der Militärherrschaft (1976–83) zur Verantwortung gezogen werden. Garzón berief sich bei seiner Forderung nach Auslieferung der argentinischen Staatsbürger auf die Schwere der Taten (u. a. Völkermord), die eine Strafverfolgung außerhalb von A. rechtfertige. Die argentinische Regierung wies den spanischen Antrag auf Auslieferung der Beschuldigten zurück, da Völkermord im argentinischen Strafgesetzbuch nicht als Delikt beschrieben werde und die Voraussetzung für eine Strafverfolgung nicht gegeben sei.

Wirtschaft: 1999 sank das BIP um ca. 3%. Die Rezession wurde u. a. auf das hohe Haushaltsdefizit zurückgeführt, das 1999 von 4,2 Mrd auf 7 Mrd US-Dollar stieg (ca. 3% des BSP). Durch die Fehlbeträge war A. gezwungen, Geld mit hohen Zinszahlungen im Ausland aufzunehmen. Dadurch wurde der Spielraum für Ausgaben zur Förderung der Wirtschaftsleistung stark eingeengt.

IWF: Der Internationale Währungsfonds (IWF) stellte A. im Januar 2000 im Rahmen eines dreijährigen Überbrückungskredites 5 Mrd US-Dollar zur Verfügung. Als Gegenleistung verpflichtete sich A., das Haushaltsdefizit um ca. 30% auf 4,7 Mrd US-Dollar zu verringern. Die argentinische Regierung beschloss Steuererhöhungen im Gesamtvolumen von 2,4 Mrd US-Dollar. Die Opposition befürchtete, dass durch die Steuererhöhungen das Wirtschaftswachstum weiter gebremst werden könnte.

Arbeitslosigkeit: Durch die schwache wirtschaftliche Entwicklung stieg die registrierte Arbeitslosigkeit 1999 auf 13,8% (1998: 12,4%). Lediglich 42% der arbeitsfähigen Bevölkerung hatten 1999 eine reguläre Anstellung und 13% Gelegenheitsjobs, 20% arbeiteten in der Schattenwirtschaft, 12% waren selbstständig.

Lohnkosten: Im Februar 2000 beschloss die argentinische Regierung, durch eine Reform der Arbeitsgesetze die Lohnkosten zu senken, um den Arbeitsmarkt zu beleben. Vorgesehen waren u. a. Dezentralisierung der Lohnverhandlungen auf Regional- oder Betriebsebene und Verlängerung der Probezeit für neue Beschäftigte auf bis zu ein Jahr ohne Anspruch auf Abfindung. Die Sozialversicherungsbeiträge der Arbeitgeber für neu eingestellte Kräfte sollten deutlich gesenkt werden.

Armenien
Asien, Karte S. 443, A 3

Armenien Republik Armenien	ARM	
Landesfläche	29 800 km² (WR 138)	
Einwohner	3,7 Mio (WR 120)	
Hauptstadt	Jerewan (1,3 Mio Einwohner)	
Sprachen	Armenisch, Russisch, Kurdisch	
Währung	1 Dram = 100 Luma	
Zeit	Mitteleuropäische Zeit +2 h	
Gliederung	37 Distrikte, 21 Städte	
Politik		
Staatsform	Präsidiale Republik (seit 1991)	
Regierungschef	Andranik Markaryan (seit 2000)	
Staatspräsident	Robert Kotscharjan (seit April 1998) *31.8.1954	
Parlament	Abgeordnetenversammlung mit 131 für vier Jahre ge-wählten Abgeordneten; 55 Sitze für den Wahlblock »Ein-heit«, 11 für orthodoxe Kommunisten, 6 für Nationalisti-sche Partei, 59 für Sonstige (Wahl von 1999)	
Internet	www.parliament.am www.gov.am	
Bevölkerung		
Religion	Christen: Armenisch-Orthodoxe, Russisch-Orthodoxe; Muslime	
Nationalitäten	Armenier (93%); Aseri (3%); Russen (2%); Kurden (2%)	
Wirtschaft und Soziales		
Dienstleistung	21%	Urbanisierung	69%
Industrie	35%	Einwohner/km²	124
Landwirtschaft	44%	Bev.-Wachstum/Jahr	–0,3%
BSP/Kopf	460 $ (1998)	Kindersterblichkeit	2,6%
Inflation	k.A.	Alphabetisierung	99%
Arbeitslosigkeit	k.A.	Einwohner pro Arzt	260

Im Oktober 1999 erschossen fünf Attentäter im Parlament von Jerewan den armenischen Ministerpräsidenten Wasgen Sarkisjan, Parlamentspräsident Karen Demirtschjan und sechs weitere führende Politiker des Landes.
Innenpolitik: Die Attentäter verschanzten sich nach dem Anschlag mit 200 Geiseln im Parlamentsgebäude. Einen Tag später ergaben sie sich, nachdem ihnen Staatspräsident Robert Kotscharjan ein faires Gerichtsverfahren und keine Anwendung physischer Gewalt gegen sie garantiert hatte. Die Mörder durften eine Erklärung im Fernsehen abgeben, in der sie ihre Aktion als Protest gegen den wirtschaftlichen und sozialen Niedergang des Landes darstellten. Nachfolger des getöteten Regierungschefs wurde dessen Bruder Aram Sarkisjan.
Rücktritt: Als Konsequenz aus dem Attentat traten Geheimdienstchef Sersch Sarkisjan und Innenminister Suren Abramjan zurück. Ihnen wurde vorgeworfen, im Vorfeld des Anschlags nur unzureichende Maßnahmen für die Sicherheit der armenischen Parlamentarier eingeleitet zu haben.
Diasporakonferenz: Im September 1999 trafen sich in Jerewan im Ausland lebende Armenier aus 54 Ländern zur ersten Armenien-Diaspora-Konferenz. Während in A. Ende 1999 rund 3,7 Mio Armenischstämmigen im Ausland etwa 7 Mio. Staatspräsident Kotscharjan erhoffte sich von ihnen Unterstützung beim politischen und wirtschaftlichen Aufbau des Landes. Durch die Aktivitäten armenischstämmiger Menschen im Ausland erhielt A. 1996–99 ca. 850 Mio US-Dollar humanitäre Hilfe.
Wirtschaft: Der Mordanschlag vom Oktober 1999 führte in A. zum Vertrauensverlust bei ausländischen Investoren und zu einer erneuten Auswanderungswelle. Etwa 40 000 Armenier verließen bis Ende 1999 das Land; in den 1990er Jahren verlor A. bereits rund 700 000 Menschen (ca. ein Fünftel der Gesamtbevölkerung), die in die Nachbarländer oder in westlichen Staaten eine neue Existenz suchten. Da sich unter den Auswanderern zahlreiche hoch qualifizierte Kräfte befanden, fehlte in A. in vielen Bereichen das für den Wiederaufbau der Volkswirtschaft notwendige Fachpersonal. Mit der Ermor-

dung Sarkisjans wurde auch die Antikorruptionskampagne unterbrochen, die er als Ministerpräsident vorangetrieben hatte und die für ausländische Unternehmen eine wichtige Voraussetzung für neue Engagements in A. war.
Wirtschaftliche Grundprobleme: Die armenische Volkswirtschaft leidet u.a. unter der Rohstoffarmut. Die Kupfer-, Zink- und Molybdänvorkommen von Alawerdi und Kadscharan wurden nach dem Zweiten Weltkrieg verstärkt abgebaut und vor Ort verarbeitet. Primärenergieträger (Steinkohle, Erdöl und Erdgas) fehlen; dies führte nach dem Zerfall der Sowjetunion zum Zusammenbruch der Energieversorgung und zur Abhängigkeit von ausländischen Energieversorgern. Außerdem zerstörten das schwere Erdbeben von 1988, bei dem rund 50 000 Menschen starben, und der langjährige Krieg mit Aserbaidschan die Infrastruktur. Das gebirgige Land erschwert eine weitere Erschließung. Der einzige nennenswerte Industriezweig ist die Textilindustrie. In der Landwirtschaft werden insbes. Kartoffeln, Getreide und Obst für den Eigenbedarf angebaut.

Aserbaidschan	Aserbaidschanische Rep. **AZ**
Landesfläche	86 600 km² (WR 111)
Einwohner	7,7 Mio (WR 89)
Hauptstadt	Baku (1,1 Mio Einwohner)
Sprachen	Aseri-Türkisch, Russisch
Währung	1 Manat = 100 Gepik
Zeit	Mitteleuropäische Zeit +3 h
Gliederung	54 Distrikte
Politik	
Staatsform	Präsidiale Republik (seit 1995)
Regierungschef	Artur Rasizade (seit 1996) *26.2.1935
Staatspräsident	Heydar Alijew (seit 1993) *10.5.1923
Parlament	Nationalrat mit 125 Sitzen; 67 Sitze für Neues Aserbaidschan, 4 für Aserbaidschan. Volksfront, 8 für Andere, 46 für Unabhängige (Wahl v. Nov. 1995/Feb. 1996)
Internet	www.president.az/ www.azerb.com
Bevölkerung	
Religion	Schiiten (62%); Sunniten (26%); Russisch-Armenisch-Orthodoxe (12%)
Nationalitäten	Aseri (85,4%); Russen (4%); Armenier (2%); Sonstige (8,6%)

Wirtschaft und Soziales			
Dienstleistung	41%	Urbanisierung	57%
Industrie	32%	Einwohner/km²	89
Landwirtschaft	27%	Bev.-Wachstum/Jahr	0,5%
BSP/Kopf	480 $ (1998)	Kindersterblichkeit	3,6%
Inflation	5,5% (1998)	Alphabetisierung	96%
Arbeitslosigkeit	k.A.	Einwohner pro Arzt	260

Aserbaidschan

Asien, Karte S. 443, B 3

Die Regierung von A. unterzeichnete im November 1999 mit der Türkei und Georgien ein Abkommen über den Bau einer 1730 km langen Petroleum-Pipeline. Das Öl soll unter Umgehung Irans und Russlands vom Kaspischen Meer über Georgien nach Ceyhan an der türkischen Mittelmeerküste transportiert und von dort auf die internationalen Märkte transferiert werden. Die Kosten für den Bau der Leitung wurden mit 2,4 Mrd US-Dollar angesetzt. A. produzierte 1999 rund 14 Mio t Erdöl. Obwohl im Kaspischen Meer mit 200 Mrd Barrel Öl und 410 Billionen m³ Erdgas die größten Energievorkommen der Welt vermutet werden, brach Anfang 2000 in A. eine Energiekrise aus. In einigen Städten wurde der Strom rationiert, weil es den Kraftwerken an Brennstoffen mangelte. Aufgrund des gestiegenen Preises für Rohöl wurde es für die Energieproduzenten des Landes lukrativer, das Rohöl ins Ausland zu exportieren, statt es für den heimischen Verbrauch zu verarbeiten.

Äthiopien	Demokratische Bundesrepublik **ETH**
Landesfläche	1,1 Mio km² (WR 26)
Einwohner	61,1 Mio (WR 18)
Hauptstadt	Addis Abeba (3,0 Mio Einw.)
Sprachen	Oromiffa, Amharisch, Englisch; insgesamt etwa 70 Sprachen
Währung	1 Birr (Br) = 100 Cents
Zeit	Mitteleuropäische Zeit +2 h
Gliederung	9 Bundesstaaten
Politik	
Staatsform	Bundesrepublik (seit 1994)
Regierungschef	Meles Zenawi (seit 1995) *9.5.1955
Staatspräsident	Negasso Gidada (seit 1995) *1944
Parlament	Nationalversammlung mit 550 Sitzen; 177 Sitze für Demokrat. Volksunion; 134 für Nationaldemokrat. Bewegung, 38 für Volksbefreiungsfront; 201 für Sonst. (Wahl von 2000)
Bevölkerung	
Religion	Äthiopisch-orthodoxe Christen (35–40%); Muslime (45–50%); Animisten (12%); Sonstige (3–8%)
Ethn. Gruppen	Oromo (40%); Amhara und Tigre (32%); Sonstige (28%)

Wirtschaft und Soziales			
Dienstleistung	34,1%	Urbanisierung	17%
Industrie	11,5%	Einwohner/km²	56
Landwirtschaft	54,4%	Bev.-Wachstum/Jahr	2,5%
BSP/Kopf	100 $ (1998)	Kindersterblichkeit	11,6%
Inflation	ca. 10% (1999)	Alphabetisierung	35,4%
Arbeitslosigkeit	k.A.	Einwohner pro Arzt	32650

Äthiopien

Afrika, Karte S. 441, E 3

Mitte 2000 deutete sich ein Ende des Krieges zwischen Ä. und Eritrea an, der die äthiopische Volkswirtschaft ruiniert hatte. **Außenpolitik:** Im Juni 2000 unterzeichneten beide Staaten ein Abkommen zur Beendigung ihrer Feindseligkeiten. Die Vereinbarung sah eine Kampfpause vor, während die Konfliktparteien den Grenzverlauf abstecken sollten. Außerdem war der Einsatz einer UNO-Friedenstruppe entlang der Grenze geplant. Bereits im Juli 1999 hatten die Staatsführungen von A. und Eritrea einen von der Organisation für Afrikanische Einheit (OAU) entwickelten Plan zur Beendigung des Grenzkrieges akzeptiert. Die ausgehandelte Vereinbarung sah den Rückzug eritreischer Truppen aus der Grenzstadt Badme mit Unterstellung unter ihre Umgebung vor. Die Besetzung Badmes durch Eritrea hatte 1998 zum Ausbruch des Konfliktes geführt. Ä. verlangte, dass sich Eritrea auch aus den umkämpften Städten Zalambessa und Bure zurückziehen solle. Daher zog die äthiopische Regierung im September 1999 ihre Zustimmung zum Friedensplan zurück. Im Februar 2000 brachen wieder heftige Gefechte zwischen Ä. und Eritrea aus, bei denen rund 1000 Soldaten ums Leben kamen. Im Mai 2000 nahmen die Gefechte insbes. bei Zala Anbesa-Egala und im Westen nahe des Flusses Mereb an Heftigkeit zu. Die UN forderten die Kriegsparteien zur Beendigung der Gefechte auf. Nach Ablauf eines Ultimatums konnte sich der UN-Sicherheitsrat nicht auf Sanktionen gegen Ä. und Eritrea einigen. Ende Mai 2000 zog Eritrea seine Truppen aus dem Grenzgebiet zurück.

Wirtschaft: Der Krieg mit Eritrea, anhaltende Dürre, die mangelhafte Wirtschaftsstruktur und die Zerstörung der Umwelt führten 1999/2000 zu einer weiteren Verschlechterung der Ernährungssituation. Mitte 2000 litten mind. 8 Mio Äthiopier an Hunger. Rund 20 Mio Menschen (ca. ein Drittel der Bevölkerung) galten als unterernährt. Im ländlichen Raum waren wegen der Fehlernährung fast zwei Drittel der Kinder in ihrer Entwicklung zurückgeblieben. Jedes sechste Kind starb aufgrund schlechter Hygiene und mangelnder Gesundheits-

Äthiopien: Hintergrund des Krieges mit Eritrea

▶ **Ursprung des Konflikts:** Eritrea war äthiopische Provinz, bis es im 19. Jh. italienische Kolonie wurde. 1962 annektierte Äthiopiens Herrscher Haile Selassie die Region, konnte sie aber wegen des Widerstandes einer Unabhängigkeitsbewegung nicht unter seine Kontrolle bringen. Dem 2000 regierenden Präsidenten von Eritrea, Isaias Afewerki, gelang es 1991, mit seinem Waffenbruder Meles Zenawi Eritrea zu befreien und in die Unabhängigkeit zu führen. Zenawi marschierte anschließend nach Ä. ein, stürzte den Marxisten Haile-Mariam Mengistu und wurde dort 1995 Premierminister. Während des gemeinsamen Kampfes hatten die ehemaligen Waffenbrüder die Autonomie Eritreas vereinbart. Als sich Eritrea der Kontrolle durch Ä. zu entziehen begann und u. a. Gebühren und Zölle beim Handel verlangte, brach die Feindschaft zwischen beiden

Ländern aus. Ä. verlor durch die Unabhängigkeit Eritreas (1993) den Zugang zum Meer und wurde zum ökonomischen Hinterland des kleinen Nachbarn.

▶ **Konfliktverlauf:** Auslöser des Krieges war der Grenzstreit um ein 400 km² großes Stück Ödland in der Nähe der Stadt Badme. Dieses Gebiet ist weder strategisch wichtig, noch gibt es dort Bodenschätze. Dennoch besetzte Eritrea 1998 die Region und bezog sich bei seinen Ansprüchen auf die Kolonialgrenze von 1908. Seitdem bekämpften sich die Armeen beider Länder, wobei nach kurzen, durch logistische Probleme bedingten Waffenruhen die Gefechte immer wieder aufflammten. Bis Mitte 2000 starben rund 100 000 Menschen in den Gefechten. Beide Länder gaben zusammen etwa 1,5 Mrd DM für den Krieg aus, obwohl sie zu den ärmsten Staaten der Welt gehören.

vorsorge vor seinem sechsten Geburtstag. Die Durchführung von geplanten Hilfsmaßnahmen westlicher Staaten wurde durch die Kriegshandlungen wesentlich erschwert.

▪ **Staaten** → Eritrea

Australien

Ozeanien, Karte S. 445, D 5

In einem Referendum stimmte die australische Bevölkerung im November 1999 gegen die Einführung der Republik.

Innenpolitik: 54,7% der 12,3 Mio Wähler befürworteten die Beibehaltung der parlamentarischen Monarchie im britischen Commonwealth mit Königin Elizabeth II. als Staatsoberhaupt. Das Ergebnis wurde nicht als Zustimmung der Bevölkerung zur gegenwärtigen Verfassungsform gewertet, sondern auf die Ablehnung des vorgeschlagenen Regierungsmodells zurückgeführt, das die Wahl des Präsidenten durch das Parlament und nicht durch das Volk vorsah. Daher stimmten auch viele republikanisch gesinnte Einwohner (laut Umfragen etwa 80% der Australier) gegen die Einführung der Republik und forderten, in einem eventuellen neuen Verfassungsentwurf die Direktwahl des Staatsoberhauptes zu verankern.

Asylrecht: Die australische Regierung verabschiedete im Dezember 1999 ein Gesetz zur Verschärfung der Asylbestimmungen.

Australien Australischer Bund		AUS
Landesfläche	7,74 Mio km² (WR 6)	
Einwohner	18,7 Mio (WR 52)	
Hauptstadt	Canberra (310 000 Einwohner)	
Sprache	Englisch	
Währung	1 austr. Dollar (A$) = 100 Cents	
Zeit	Mitteleuropäische Zeit +9 h	
Gliederung	6 Bundesstaaten, 2 Territorien	
Politik		
Staatsform	Parlamentarisch-föderative Monarchie (seit 1901)	
Regierungschef	John Howard (seit 1996) * 26.7.1939	
Staatsoberhaupt	Königin Elizabeth II. (seit 1952) * 21.4.1926	
Parlament	Senat mit 76 für sechs Jahre gewählten und Repräsentantenhaus mit 148 für drei Jahre gewählten Abgeordneten; im Senat 31 (Repräsentantenhaus: 64) für Liberal Party, 29 (67) für Labor Party, 3 (16) für National Party, 13 (1) für Andere (Wahl vom Oktober 1998)	
Bevölkerung		
Religion	Christen (74%); Sonstige (13,1%); Konfessionslose (12,9%)	
Ethn. Gruppen	Weiße (95,2%); Ureinwohner (1,5%); Sonstige (3,3%)	
Wirtschaft und Soziales		
Dienstleistung	72,7%	Urbanisierung	85%
Industrie	24,3%	Einwohner/km²	2
Landwirtschaft	4,0%	Bev.-Wachstum/Jahr	1%
BSP/Kopf	20 640 $ (1998)	Kindersterblichkeit	0,6%
Inflation	1,7% (1999)	Alphabetisierung	99%
Arbeitslosigkeit	6,9% (1999)	Einwohner pro Arzt	438

457

Anerkannte Asylbewerber sollen keine unbegrenzte Aufenthaltsgenehmigung mehr erhalten, sondern nur noch ein auf drei Jahre begrenztes Visum. Ihnen wurde verboten, ihre Familien nachkommen zu lassen. Ihr Anspruch auf Sozialleistungen wurde beschnitten. 1999 nahmen australische Behörden ca. 3000 Bootsflüchtlinge aus Vietnam, China und Indonesien fest, die in A. illegal einwandern wollten. Nach Angaben der Regierung war bis Ende 2000 mit weiteren 10 000 Flüchtlingen in A. zu rechnen. Die Marine erhielt die Erlaubnis, verdächtige Schiffe in den Gewässern vor der rund 37 000 km langen australischen Küste aufzubringen und zu durchsuchen. Humanitäre Organisationen kritisierten das Vorgehen der australischen Behörden gegen Flüchtlinge und betonten, dass 1999 in A. nur 8000 Anträge auf Asyl gestellt wurden (zum Vergleich Großbritannien: 50 000, Deutschland: 100 000).

Aborigines: Ministerpräsident John Howard entschuldigte sich im August 1999 im Namen des australischen Staates bei den Ureinwohnern von A. (Aborigines) für das seit der englischen Kolonisierung (ab 1788) erlittene Unrecht. 1997 hatte Howard eine Entschuldigung noch verweigert, weil die heutigen Bürger nicht für vergangenes Unrecht verantwortlich gemacht werden könnten. In einem Referendum lehnten im November 1999 ca. 61% der Bevölkerung eine Verfassungsänderung ab, nach der die Aborigines als »erste Völker der Nation« anerkannt werden sollten. Nach Beginn der Besiedlung von A. durch die Europäer (1788) waren die Ureinwohner in unfruchtbare Reservate verdrängt worden.

Außenpolitik: Im August 1999 gab A. als erstes westliches Land die Isolationspolitik gegenüber Myanmar auf, das seit 1988 von einer Militärjunta diktatorisch regiert wird. Außenminister Alexander Downer entsandte einen australischen Menschenrechtskommissar nach Myanmar, um mit der dortigen Regierung über die Einsetzung einer humanitären Kommission zu beraten. Myanmars Oppositionsführerin, Friedensnobelpreisträgerin Aung San Suu Kyi, kritisierte die australische Entscheidung wegen der anhaltenden Menschenrechtsverletzungen der Militärjunta. Doch Downer glaubte, mit seiner Entscheidung die Militärjunta zur Demokratisierung Myanmars zu bewegen.

Wirtschaft: Die australische Volkswirtschaft wuchs 1999 um 4,5% (1998: 4%). Der Anstieg war insbes. auf die wirtschaftliche Erholung der Handelspartner in Südostasien und den starken Konsum zurückzuführen, durch den allein das BIP um 2,5% zunahm. Die Arbeitslosenquote sank erstmals seit 1993 auf unter 7% (1998: 8%), wobei sie regional stark schwankte. Auf dem Inselstaat Tasmanien erreichte sie 9,9%, in New South Wales, wo die Vorbereitungen auf die Olympischen Spiele (15.9.–1.10.2000) den Arbeitsmarkt belebten, 5,6%. Durch eine strenge Ausgabenkontrolle wurden die Defizite in den öffentlichen Haushalten, die 1993/94 noch 5% betrugen, bis Ende 1999 ausgeglichen. Trotz der boomenden Wirtschaft blieb die Inflationsrate mit 1,7% moderat.

Steuerpolitik: Im September 1999 setzte die Regierung eine Steuerreform durch. Die Körperschaftssteuer wurde für das Finanzjahr 2000/2001 von 36% auf 34% und für 2001/2002 auf 30% gesenkt. Eine Konsumsteuer in Höhe von 10% wurde zum 1.7.2000 eingeführt. Die Kursgewinnsteuer für ausländische Versicherungsgesellschaften wurde abgeschafft, wodurch der Börsenplatz Sydney für ausländische Investoren attraktiver gestaltet werden sollte. Durch Steuererleichterungen für Investitionen in Risikokapital sollte die Gründung neuer Unternehmen gefördert werden.

Privatisierung: Im Januar 2000 kündigte die Regierung an, den australischen Telekommunikationskonzern Telstra vollständig zu privatisieren. Der Verkauf des restlichen Staatsanteils von 51% wurde von Gewerkschaften kritisiert, weil er zum Abbau von Arbeitsplätzen führen könne. Mit dem Verkaufserlös wollte die Regierung eine Modernisierung der Infrastruktur vorantreiben.

Wasser: Unter dem Wüstenboden Westaustraliens wurde im Mai 2000 ein riesiges Wasserreservoir entdeckt. Es befindet sich in einer Sandsteinformation, dem Officer Basin, mit einer Gesamtausdehnung von rund 200 000 km². Die Wassermenge soll sich auf zwei Trillionen Hektoliter belaufen. Diese Menge reicht nach offiziellen Schätzungen aus, um eine Stadt mit 1 Mio Einwohnern 4000 Jahre lang mit Trinkwasser zu versorgen. Das allerdings leicht salzige Wasser befindet sich in einer Tiefe zwischen 50 m und 2 km.

Bahamas

Mittelamerika, Karte S. 440, D 2

Die B. gehören zu den Westindischen Inseln. Sie liegen in einem etwa 1000 km langen Bogen aus 30 größeren und rund 700 kleineren Inseln sowie rund 2400 Riffen im westlichen Atlantik. Die B. sind überwiegend nur wenige Meter hoch und aus gehobenen Korallenkalken und verfestigten Kalksanden aufgebaut. Die 301 000 Einwohner leben auf nur 22 Inseln, die meisten in der Hauptstadt Nassau. Die Bevölkerung stammt vor allem von den im 18. und frühen 19. Jh. aus Afrika importierten Sklaven ab. Der Tourismus entwickelte sich seit den 1960er Jahren zur mit Abstand wichtigsten Wirtschaftsbranche. Im Dienstleistungssektor arbeiteten Ende 1999 rund 80% der Erwerbstätigen, 31% direkt im Tourismusgeschäft. Rund 4 Mio Feriengäste, zu über 80% US-Amerikaner, bringen dem Land jährlich Einnahmen von rund 1,5 Mrd US-Dollar. Die Landwirtschaft und die Fischerei hingegen verloren an wirtschaftlicher Bedeutung und produzierten meist für den Eigenbedarf.

Bahamas Commonwealth of the Bahamas	BS	
Landesfläche	13 878 km² (WR 154)	
Einwohner	301 000 (WR 166)	
Hauptstadt	Nassau (170 000 Einwohner)	
Sprache	Englisch	
Währung	1 Bahama-Dollar (B.-$) = 100 Cents	
Zeit	Mitteleuropäische Zeit –6 h	
Gliederung	21 Distrikte	
Politik		
Staatsform	Parlamentarische Monarchie	
Regierungschef	Hubert Ingraham (seit 1992) * 4.8.1947	
Staatsoberhaupt	Königin Elizabeth II. (seit 1973) *21.4.1926	
Parlament	Senat mit 16 ernannten und Abgeordnetenhaus mit 40 gewählten Mitgliedern; 34 Sitze für Free National Movement, 6 für Progressive Liberal Party (Wahl v. März 1997)	
Internet	www.bahamas.com	
Bevölkerung		
Religion	Christen (94,1%): Protestanten (75,3%); Katholiken (18,8%); Sonstige (5,9%)	
Ethn. Gruppen	Schwarze (85%); Weiße (12%); Asiaten, Hispanier (3%)	
Wirtschaft und Soziales		
Dienstleistung	80,3%	**Urbanisierung**	87%
Industrie	16,7%	**Einwohner/km²**	22
Landwirtschaft	2,9%	**Bev.-Wachstum/Jahr**	1,9%
BSP/Kopf	12 800 $ (1997)	**Kindersterblichkeit**	1,6%
Inflation	k.A.	**Alphabetisierung**	95,8%
Arbeitslosigkeit	k.A.	**Einwohner pro Arzt**	714

Bahrain

Nahost, Karte S. 442, E 4

Der seit März 1999 regierende Emir von B., Scheich Hamad bin Isa al-Chalifa, stellte im Januar 2000 Kommunalwahlen in Aussicht. Diese Ankündigung wurde als Wiederbelebung der Demokratie gewertet, die 1975 mit der Auflösung des Parlaments beendet worden war. Außerdem versprach der Emir, sich um eine Verbesserung der Beziehungen zu den Schiiten in B. (ca. 57% der Bevölkerung) zu bemühen, die sich von den regierenden Sunniten (ca. 25%) benachteiligt fühlten. Er verfügte die Freilassung von 300 Schiiten, die nach blutigen Unruhen (1996/97) inhaftiert worden waren. Zur Belebung der Volkswirtschaft erhöhte der Emir die Investitionen in die touristische Infrastruktur und verfügte die Fusion der beiden staatlichen Ölgesellschaften (Bahrain National Oil Company und Bahrain Petroleum Company). Aufgrund der gestiegenen Preise für Erdöl, mit einem Anteil von etwa 75% an der Gesamtausfuhr das wichtigste Exportgut, stieg das BIP 1999 um 4,5%.

Bahrain Staat Bahrain	BRN	
Landesfläche	694 km² (WR 173)	
Einwohner	606 000 (WR 157)	
Hauptstadt	Manama (140 000 Einwohner)	
Sprachen	Arabisch, Englisch	
Währung	1 Bahrain-Dinar (BD) = 1000 Fils	
Zeit	Mitteleuropäische Zeit +2 h	
Gliederung	10 Regionen, 2 Stadtdistrikte	
Politik		
Staatsform	Emirat (seit 1971)	
Regierungschef	Salman bin al-Chalifa (seit 1971)	
Staatspräsident	Hamad bin Isa al-Chalifa (seit 1999)	
Parlament	Seit 1975 aufgelöst, keine polit. Parteien, Konsultativorgan mit 30 durch Staatsoberhaupt ernannten Mitgliedern	
Internet	www.gna.gov.bh	
Bevölkerung		
Religion	Muslime (81,8%): Schiiten (57,3%), Sunniten (24,5%); Christen (8,5%); Sonstige (9,7%)	
Ethn. Gruppen	Bahrain-Araber (63,6%); sonstige Araber (3,5%); Iraner, Inder, Pakistani, andere Asiaten (30,3%); Sonstige (2,6%)	
Wirtschaft und Soziales		
Dienstleistung	59,1%	**Urbanisierung**	90%
Industrie	40%	**Einwohner/km²**	873
Landwirtschaft	0,9%	**Bev.-Wachstum/Jahr**	2,7%
BSP/Kopf	7640 $ (1998)	**Kindersterblichkeit**	1,7%
Inflation	k.A.	**Alphabetisierung**	84,4%
Arbeitslosigkeit	k.A.	**Einwohner pro Arzt**	953

Bangladesch Volksrepublik Bangladesch	**BD**
Landesfläche	143 998 km² (WR 92)
Einwohner	126,9 Mio (WR 8)
Hauptstadt	Dacca (6,4 Mio Einwohner)
Sprachen	Bengali, Englisch
Währung	1 Taka (TK) = 100 Poisha
Zeit	Mitteleuropäische Zeit +5 h
Gliederung	5 Provinzen, 64 Bezirke
Politik	
Staatsform	Parlamentarische Republik (seit 1991)
Regierungschef	Sheikh Hasina Wajed (seit 1996) *28.9.1947
Staatspräsident	Justice Sahhabuddin Ahmed (seit 1996) *1930
Parlament	Nationalversammlung mit 300 für fünf Jahre gewählten Abgeordneten und 30 vom Parlament zusätzlich gewählten weiblichen Abgeordneten; 176 für Awami-Liga, 113 Sitze für Bengalische National-Partei, 33 für Jatiya-Partei, 8 für Andere (Wahl vom Juni 1996)
Internet	members.aol.com/banglaemb
Bevölkerung	
Religion	Muslime (86,8%); Hindus (11,9%); Sonstige (1,3%)
Ethn. Gruppen	Bengalen (97,7%); Bihari (1,3%); Sonstige (1%)

Wirtschaft und Soziales			
Dienstleistung	42%	Urbanisierung	20%
Industrie	20%	Einwohner/km²	881
Landwirtschaft	38%	Bev.-Wachstum/Jahr	2,9%
BSP/Kopf	350 $ (1998)	Kindersterblichkeit	7,9%
Inflation	ca. 10% (1998)	Alphabetisierung	38,9%
Arbeitslosigkeit	k.A.	Einwohner pro Arzt	12 500

Bangladesch
Asien, Karte S. 443, D 5

In B. wurden Frauen um 2000 zunehmend Opfer von Säureanschlägen. Die Täter waren meist junge Männer, die mit Heiratsanträgen oder bei sexuellen Annäherungsversuchen zurückgewiesen worden waren. Etwa 200 Frauen und junge Mädchen wurden 1999 in B. nach Angaben der regierungsunabhängigen Stiftung für Säureüberlebende Opfer dieser besonders grausamen Form von Gewalt. Internationale Menschenrechtsorganisationen gingen von einer hohen Dunkelziffer in den ländlichen Gebieten aus. Säure ist in B. eine billige und leicht erhältliche Waffe. Die Täter blieben meist unbestraft oder wiesen jede Schuld von sich. Oft wurden Patientinnen mit Verätzungen im Krankenhaus gar nicht erst aufgenommen. Auf eine Behandlung mussten sie manchmal Wochen warten, weil es kaum Medikamente, Blutkonserven und Verbandsmaterial gab. Wenn sie schließlich behandelt wurden, waren die Wunden meist infiziert oder entstellend vernarbt. Die Frauen blieben so ohne Möglichkeit zur Heirat.

Barbados	**BDS**
Landesfläche	430 km² (WR 180)
Einwohner	269 000 (WR 169)
Hauptstadt	Bridgetown (10 000 Einwohner)
Sprachen	Englisch, Bajan
Währung	1 Barbados-Dollar (B.–$)
Zeit	Mitteleuropäische Zeit –5 h
Gliederung	11 Bezirke
Politik	
Staatsform	Parlamentarische Monarchie im Commonwealth (seit 1966)
Regierungschef	Owen Seymour Arthur (seit 1994) *1937
Staatsoberhaupt	Königin Elizabeth II. (seit 1966) *21.4.1926
Parlament	Senat mit 21 vom Generalgouverneur ernannten und Volkskammer mit 28 für fünf Jahre gewählten Abgeordneten; 26 Sitze für Labour Party, 2 für Dem. Labour Party (Wahl von 1999)
Internet	www.barbados.gov.bb
Bevölkerung	
Religion	Protestanten (65,3%), Katholiken (4,4%); Sonstige (30,3%)
Ethn. Gruppen	Schwarze (80%); Mulatten (16%); Weiße (4%)

Wirtschaft und Soziales			
Dienstleistung	85,4%	Urbanisierung	47%
Industrie	10,3%	Einwohner/km²	626
Landwirtschaft	4,3%	Bev.-Wachstum/Jahr	1,7%
BSP/Kopf	6600 $ (1997)	Kindersterblichkeit	1,2%
Inflation	k.A.	Alphabetisierung	97,6%
Arbeitslosigkeit	k.A.	Einwohner pro Arzt	1042

Barbados
Mittelamerika, Karte S. 440, H 4

B. ist die östlichste der sog. Inseln über dem Winde, die zu den Kleinen Antillen gehören. Der Karibikstaat besteht zu über 80% aus gehobenen Korallenkalken. Während die Nordostküste durch steile, bis 240 km hohe Kliffe gebildet wird, weist die Süd- und Westküste flache Sandstrände auf. B. verfügt über fruchtbare Ackerböden. Auf ihnen werden Baumwolle, Bananen, Tabak, Indigo und Ingwer angebaut. Fast zwei Drittel der Nutzflächen werden jedoch für den Zuckerrohranbau verwendet. Volkswirtschaftlich spielte der Agrarsektor um 2000 mit einem Anteil von 4,3% am BIP eine untergeordnete Rolle. Zum wichtigsten Wirtschaftszweig entwickelte sich seit den 1970er Jahren der Tourismus. Im Dienstleistungssektor waren rund drei Viertel aller Erwerbstätigen beschäftigt. Die jährlichen Einnahmen aus dem Tourismusgeschäft beliefen sich auf 800 Mio US-Dollar. Außerdem gibt es auf B. kleinere Zuliefererbetriebe im Bereich elektronischer Bauteile.

Belgien
Europa, Karte S. 437, C 5

Im Januar 2000 führte B. für drei Wochen wieder Kontrollen an seinen Außengrenzen ein, um illegale Einwanderung von Ausländern zu verhindern.

Innenpolitik: Die Maßnahme richtete sich gegen Schlepperbanden, die ein belgisches Amnestiegesetz ausnutzten. Nach dieser Regelung konnten Ausländer, die illegal in B. lebten, die belgische Staatsbürgerschaft beantragen, wenn sie sich innerhalb von drei Wochen bei den Behörden meldeten. Schlepperbanden schleusten Menschen aus Osteuropa nach B. ein, rund 25 000 illegale Einwanderer stellten innerhalb der Frist einen Antrag auf Legalisierung ihres Aufenthaltes. In B. lebten Mitte 2000 etwa 70 000 nicht gemeldete Ausländer. Nach diesen Erfahrungen schloss die Regierung aus, illegalen Einwanderern erneut ein vergleichbares Angebot zu unterbreiten.

Koalitionsstreit: Im Januar kündigte Verkehrsministerin Isabelle Durant von den Grünen ein Nachtflugverbot ab 2003 für den Brüsseler Flughafen National an. Der Beschluss rief einen Streit innerhalb der Regierungskoalition aus Liberalen, Sozialisten und Grünen hervor. Der Brüsseler Flughafen liegt auf dem Boden der flämischen Gemeinde Zaventem. Sie gilt als Hochburg der Liberalen Partei von Ministerpräsident Guy Verfofstadt, die bei Inkrafttreten des Verbotes für die Region schwere wirtschaftliche Einbußen und den Verlust von ca. 6000 Arbeitsplätzen prognostizierte. Premier Verhofstadt revidierte die Entscheidung seiner Verkehrsministerin und setzte eine Kommission ein, die Vorschläge zur Entschärfung des Konfliktes zwischen ökonomischen und ökologischen Interessen entwickeln soll. Vorgesehen waren u. a. die Reduzierung der Nachtflüge um mind. 20% und ein Landeverbot für besonders laute Flugzeuge.

Wirtschaft: Die belgische Volkswirtschaft litt 1999 unter den Folgen des Dioxin-Skandals. Im Juni 1999 mussten heimische Geflügelprodukte vom Markt genommen werden, weil in einigen Zuchtbetrieben mit dioxinhaltigem Tierfett verseuchtes Futtermittel verwendet worden war. Rund 14 000 landwirtschaftliche Betriebe wurden in B. unter Quarantäne gestellt, etwa 1500 Geflü-

Belgien Königreich Belgien		B
Landesfläche	30 519 km² (WR 136)	
Einwohner	10,2 Mio (WR 76)	
Hauptstadt	Brüssel (950 000 Einwohner)	
Sprachen	Niederländisch, Französisch, Deutsch	
Währung	1 belg. Franc (bfr) = 100 Centimes	
Zeit	Mitteleuropäische Zeit	
Gliederung	10 Provinzen	
Politik		
Staatsform	Parlamentarische Monarchie (seit 1831)	
Regierungschef	Guy Verhofstadt (seit 1999) * 11.4.1953	
Staatsoberhaupt	König Albert II. (seit 1993) *6.6.1934	
Parlament	Senat mit 71 und Abgeordnetenhaus mit 150 für vier Jahre gewählten Abgeordneten; im Abgeordnetenhaus 23 Sitze für flämische Liberale, 22 für CVP, 19 für Sozialistische Partei (PS), 76 für Andere (Wahl 1999)	
Internet	www.fed-parl.be www.belgium.fgov.be	
Bevölkerung		
Religion	Katholiken (75%); Freisinnige (12%); Sonstige (13%),	
Nationalitäten	Flamen (57,7%); Wallonen (31,8%); Deutsche (0,7%); Zweisprachige (9,8%)	

Wirtschaft und Soziales			
Dienstleistung	68%	Urbanisierung	97%
Industrie	30%	Einwohner/km²	335
Landwirtschaft	2%	Bev.-Wachstum/Jahr	0,1%
BSP/Kopf	25 380 $ (1998)	Kindersterblichkeit	0,7%
Inflation	1,3% (1999)	Alphabetisierung	99%
Arbeitslosigkeit	10,8% (1999)	Einwohner pro Arzt	298

gelfarmen sowie Schweine- und Rinderzüchter mussten ihre Produktion einstellen. Das BIP stieg 1999 um 1,75%, wobei der Dioxinskandal einen Schaden von ca. 0,25% des BIP verursachte. Der Export stieg lediglich um 1% statt der prognostizierten 3%. Die Arbeitslosigkeit ging um 1 Prozentpunkt auf 10,8% zurück. Die Inflationsrate lag bei 1,3%. Durch Wiederbelebung des Exportes wurde für 2000 ein Wirtschaftswachstum von etwa 3% erwartet.

Jugendarbeitslosigkeit: Im Januar 2000 trat ein Gesetz zur Bekämpfung der Erwerbslosigkeit Jugendlicher in Kraft: Betriebe mit mehr als 50 Beschäftigten müssen 3% aller Stellen mit Jugendlichen unter 25 Jahren besetzen und ihnen eine Ausbildung gewähren. Als Gegenleistung werden die Lohnnebenkosten des Arbeitgebers für ein Jahr pro Stelle um umgerechnet 1000 DM gesenkt. Für jeden Jugendlichen, den ein Unternehmen über die 3%-Grenze hinaus beschäftigt, werden die Lohnnebenkosten um 2250 DM vermindert. Die Arbeitslosenquote unter Jugendlichen betrug 1999 in B. rund 17% (Gesamterwerbslosenquote: 10,8%).

Belize	BH
Landesfläche	22 696 km² (WR 147)
Einwohner	230 000 (WR 170)
Hauptstadt	Belmopan (4000 Einwohner)
Sprachen	Englisch, Kreolisch, Spanisch
Währung	1 Belize-Dollar (Bz–$) = 100 Cents
Zeit	Mitteleuropäische Zeit –7 h
Gliederung	6 Distrikte
Politik	
Staatsform	Parlamentarische Monarchie im Commonwealth (seit 1981)
Regierungschef	Said Musa (seit 1998) *19.3.1944
Staatsoberhaupt	Königin Elizabeth II. (seit 1981) *21.4.1926
Parlament	Senat mit 9 ernannten und Repräsentantenhaus mit 29 für 5 Jahre gewählten Abgeordneten; 26 für People's United Party, 3 Sitze für United Democratic Party (Wahl vom August 1998)
Internet	www.belize.gov.bz
Bevölkerung	
Religion	Katholiken (57,7%), Protestanten (28,5%); Sonstige (13,8%)
Ethn. Gruppen	Mestizen (43,6%); Kreolen (29,8%); Maya (11%); Garifuna (6,6%); Weiße (3,9%); Sonstige (5,1%)
Wirtschaft und Soziales	

Dienstleistung	58,2%	Urbanisierung	47%
Industrie	22,0%	Einwohner/km²	10
Landwirtschaft	19,8%	Bev.-Wachstum/Jahr	2,4%
BSP/Kopf	2660 $ (1998)	Kindersterblichkeit	2,9%
Inflation	k.A.	Alphabetisierung	90%
Arbeitslosigkeit	k.A.	Einwohner pro Arzt	1708

Belize
Mittelamerika, Karte S. 440, A 4

B. ist nach El Salvador der flächenmäßig zweitkleinste Staat Mittelamerikas. Im Süden reichen mit den stark zerschnittenen und ca. 1000 m hohen Maya Mountains, in denen der Victoria Peak mit 1122 m die höchste Erhebung ist, Ausläufer des zentralamerikanischen Grundgebirges in das Land. Der Küste sind im Abstand von 20 bis 40 km zahlreiche Koralleninseln und -riffe (Cays) vorgelagert, von denen die Turneffe Islands die größte Gruppe sind. In diesem Küstenbereich wurden größere Erdölvorkommen entdeckt. Sie sollen dazu beitragen, die Abhängigkeit der Volkswirtschaft vom Zuckerexport zu verringern. Doch verstärkte die Regierung von B. 1999 zunächst weiter ihre Politik der Förderung kleinbäuerlicher Betriebe, um durch moderne Anbau- und Vermarktungsmethoden die wirtschaftliche Ertragskraft des Agrarsektors zu verbessern. Die wichtigsten Anbauprodukte in B. sind neben Zuckerrohr Bananen, Kokosnüsse, Kautschukbäume, Edelhölzer und Zitrusfrüchte.

Benin Republik Benin	DY
Landesfläche	112 622 km² (WR 99)
Einwohner	5,9 Mio (WR 98)
Hauptstadt	Porto Novo (194 000 Einw.)
Sprachen	Franz.; ca. 60 Stammessprachen
Währung	CFA-Franc
Zeit	Mitteleuropäische Zeit
Gliederung	12 Départements
Politik	
Staatsform	Präsidiale Republik (seit 1991)
Regierungschef	Adrien Houngbédji (seit 1996) *5.3.1942
Staatspräsident	Mathieu Kérékou (seit 1996) *29.9.1933
Parlament	Nationalversammlung mit 83 für vier Jahre gewählten Abgeordneten; 27 Sitze für Renaissance du Benin (RB), 11 für Partei der Demokratischen Erneuerung (PRD), 10 für Fard-Alafia, 9 für Sozialdemokratische Partei (PSD), 26 für Andere (Wahl von 1999)
Bevölkerung	
Religion	Naturreligionen (62%); Christen (23,3%); Sonstige (14,7%)
Ethn. Gruppen	Fon (39,8%); Yoruba (12,2%); Adja (11,1%); Bariba (8,7%); Aizo/Pédah (8,7%); Sonst. (19,5%)
Wirtschaft und Soziales	

Dienstleistung	50,6%	Urbanisierung	41%
Industrie	12,6%	Einwohner/km²	52
Landwirtschaft	36,8%	Bev.-Wachstum/Jahr	2,7%
BSP/Kopf	380 $ (1998)	Kindersterblichkeit	8,8%
Inflation	k.A.	Alphabetisierung	33,9%
Arbeitslosigkeit	k.A.	Einwohner pro Arzt	14 216

Benin
Afrika, Karte S. 441, B 4

Mit einem jährlichen BSP pro Kopf von 380 US-Dollar zählte B. um 2000 zu den ärmsten Ländern der Erde. Größte ökonomische Probleme waren insbes. die hohe Auslandsverschuldung und die Strukturschwäche der überwiegend für den Eigenbedarf produzierenden Landwirtschaft, in der etwa 55% aller Erwerbstätigen beschäftigt waren. Hauptanbauprodukte waren Maniok und Mais. Palmöl und Baumwolle wurden überwiegend exportiert. In größeren Mengen wurden auch Edelhölzer ausgeführt. Die wenig entwickelte Industrie bestand hauptsächlich aus Lebensmittelfabriken (Ölmühlen). Traditionelle Handwerksbetriebe hatten in der Volkswirtschaft einen großen Stellenwert. Das Straßennetz von B. umfasste um 2000 rund 7400 km, von denen 15% ausgebaut waren. Hauptverkehrsmittel waren Überlandbusse und LKW. Wichtigster Hafen ist der Tiefseehafen von Cotonu. Das Eisenbahnnetz war ca. 600 km lang.

Bhutan
Asien, Karte S. 443, D 5

B., das im südostlichen Himalaya liegt, gehörte 1998 mit einem BSP pro Kopf von 470 US-Dollar zu den ärmsten Ländern der Welt. Das Land ist zu ca. 55% von Wäldern bedeckt. Etwa 10% der Fläche wurden für den Ackerbau genutzt. Neben Reis- und Maisanbau waren Yak-, Rinder- und Schafhaltung die wichtigsten Zweige der Landwirtschaft. Traditionelle Handwerkssektoren waren Papierherstellung, Holz- und Lederverarbeitung. Mit indischer Unterstützung wurden seit den 1960er Jahren Wasserkraftwerke sowie Kleinbetriebe der Metallverarbeitung und Nahrungsmittelproduktion errichtet.

Etwa 63% der Bevölkerung, die Bhotia, sind tibetanischer Herkunft. Die Nepalesen, die mit 25% die größte Minderheit stellen, wanderten überwiegend nach dem Zweiten Weltkrieg in B. ein. Eines der gravierendsten sozialen Probleme ist die hohe Analphabetenrate von rund 56%, welche die schlechte Bildungssituation des Landes kennzeichnet.

Bhutan		BHT
Landesfläche	47 000 km² (WR 128)	
Einwohner	2,1 Mio (WR 138)	
Hauptstadt	Thimbu (30 000 Einwohner)	
Sprachen	Dzonka, Engl., tibet. Dialekte	
Währung	1 Ngultrum (NU) = 100 Chetrum	
Zeit	Mitteleuropäische Zeit +5 h	
Gliederung	18 Distrikte	
Politik		
Staatsform	Konstitutionelle Monarchie (seit 1968)	
Regierungschef	König Jigme Wangchuk (seit 1972) *1955	
Staatsoberhaupt	König Jigme Wangchuk (seit 1972) *1955	
Parlament	Nationalversammlung (Tshogdu) mit 150 Mitgliedern; 105 gewählte Abgeordnete, 35 vom König nominierte Beamte, 10 Vertreter buddhistischer Klöster (willkürlich festgelegter Wahltermin)	
Internet	bhutan.org	
Bevölkerung		
Religion	Buddhisten (69,6%); Hindus (24,6%); Sonstige (5,8%)	
Nationalitäten	Bhotia (63%); Nepalesen (25%); Sonstige (12%)	
Wirtschaft und Soziales		

Dienstleistung	38,8%	Urbanisierung	6%
Industrie	23,3%	Einwohner/km²	45
Landwirtschaft	37,9%	Bev.-Wachstum/Jahr	2,8%
BSP/Kopf	470 $ (1998)	Kindersterblichkeit	6,3%
Inflation	k.A.	Alphabetisierung	44,2%
Arbeitslosigkeit	k.A.	Einwohner pro Arzt	5335

Bolivien
Südamerika, Karte S. 439, C 4

In Cochabamba, der drittgrößten Stadt von B., brachen im Februar 2000 gewaltsame Auseinandersetzungen zwischen der Polizei und Koka-Bauern aus. Als Konsequenz aus den Unruhen trat im April 2000 das Kabinett von Präsident Hugo Bánzer kollektiv zurück.

Innenpolitik: Anlass der Zusammenstöße, bei denen sechs Menschen starben, ca. 50 Personen teilweise schwer verletzt und 200 Bauern festgenommen wurden, war die Ankündigung der Regierung, die Wassertarife um 20% zu erhöhen, um die Kosten für ein Staudammprojekt von 200 Mio US-Dollar tragen zu können. Nachdem sich die Gewalttätigkeiten im April 2000 noch einmal verschärft hatten, rief Bánzer den Ausnahmezustand in der Region aus. Doch als selbst Spezialeinheiten der Polizei in den Streik traten und gegen ihre niedrigen Löhne protestierten, nahm Bánzer die Erhöhung der Wassertarife zurück und hob die Bezüge der Polizisten an. Ursache des Kon-

Bolivien Republik Bolivien		BOL
Landesfläche	1,1 Mio km² (WR 27)	
Einwohner	8,1 Mio (WR 86)	
Hauptstadt	Sucre (131 000 Einwohner)	
Sprachen	Spanisch, Aymará, Ketschua	
Währung	1 Bs = 100 Centavos	
Zeit	Mitteleuropäische Zeit –5 h	
Gliederung	9 Departements	
Politik		
Staatsform	Präsidiale Republik (seit 1967)	
Regierungschef	Carlos Iturralde Ballivian (seit 1997)	
Staatspräsident	Hugo Bánzer Suaréz (seit 1997) *10.5.1926	
Parlament	Kongress aus Abgeordnetenhaus mit 130 und Senat mit 27 für vier Jahre gewählten Mitgliedern; 33 Sitze (Senat: 13) für Nationalkons. (ADN), 26 (3) für Nationalrev. Bewegung (MNR), 25 (6) für Sozialdemokr. (MIR), 21 (2) für Bürgerunion (UCS), 25 (3) für Andere (Wahl v. Juni 1997)	
Bevölkerung		
Religion	Katholiken (85%); Protestanten (11%); Sonstige (4%)	
Ethn. Gruppen	Mestizen (31,2%); Ketschua (25,4%); Aymará (16,9%); Weiße (14,5%); Sonstige (12%)	
Wirtschaft und Soziales		

Dienstleistung	54,2%	Urbanisierung	63%
Industrie	28,8%	Einwohner/km²	7
Landwirtschaft	17%	Bev.-Wachstum/Jahr	2,3%
BSP/Kopf	1010 $ (1998)	Kindersterblichkeit	6,6%
Inflation	3,1% (1999)	Alphabetisierung	83,6%
Arbeitslosigkeit	4,5% (1999)	Einwohner pro Arzt	2564

flikts war die Vernichtung von Koka-Anbauflächen, welche die Regierung seit 1997 vorantreibt (Reduzierung bis Mitte 2000 von 36 000 ha auf 18 000 ha). In einem Substitutionsprogramm versuchte die bolivianische Führung, die Koka-Pflanzungen durch Palmen-, Zitrus- oder Bananenplantagen zu ersetzen. Doch die Bauern erzielten mit dem Anbau von Koka höhere Erlöse als mit anderen landwirtschaftlichen Produkten und wehrten sich gegen das Regierungsprogramm.

Neues Kabinett: Die Minister im Kabinett von Bánzer traten im April 2000 kollektiv zurück, nachdem sie sich gegenseitig vorgeworfen hatten, für die landesweite Krise verantwortlich zu sein. Bánzer bildete eine neue Regierung, wobei er nur fünf Minister des alten Kabinetts (ein Drittel) auswechselte. Als wichtigste Änderung gilt die Ernennung von Ronald McLean zum neuen Wirtschaftsminister, der den wegen seiner Austeritätspolitik zur Inflationseindämmung in der Bevölkerung unpopulären Herbert Muller ablöste.

Menschenrechte: Im April 2000 entschuldigte sich Präsident Bánzer für seine Menschenrechtsverstöße während der Militärherrschaft. Während Bánzers Diktatur (1971–78) wurden nach Angaben von Menschenrechtsorganisationen 200 Personen ermordet sowie Tausende verhaftet oder ins Exil getrieben. Bánzer gelangte 1997 als erster der lateinamerikanischen Diktatoren der 1970er Jahre auf demokratischem Wege erneut an die Macht.

Wirtschaft: Die bolivianische Volkswirtschaft befindet sich seit Mitte der 1990er Jahre auf Wachstumskurs. Doch der Anstieg des BIP von durchschnittlich 4% jährlich wird bei einem Bevölkerungswachstum von 2,3% als zu gering erachtet, um den Entwicklungsrückstand gegenüber anderen südamerikanischen Staaten aufzuholen. Die fehlende Dynamik der Konjunktur wird auf die mangelhafte Durchsetzungsfähigkeit der Regierung zurückgeführt, welche durchgreifende marktwirtschaftliche Reformen wegen der Proteste in der Bevölkerung nicht konsequent durchführt. Die Inflationsrate betrug 1999 3,1%, die Arbeitslosenrate war mit 4,5% zwar niedrig, es wird allerdings von einer Unterbeschäftigtenquote von ca. 25% ausgegangen.

Bosnien-Herzegowina Republik	BiH	
Landesfläche	51 129 km² (WR 124)	
Einwohner	4,1 Mio (WR 117)	
Hauptstadt	Sarajewo (465 000 Einwohner)	
Sprachen	Kroatisch, Serbisch	
Währung	1 Dinar = 100 Para	
Zeit	Mitteleuropäische Zeit	
Gliederung	Bosnisch-Kroatische Föderation/Serbische Republik	
Politik		
Staatsform	Republik (seit 1992)	
Regierungschef	Spasoje Tusevljak (seit 2000) *1952	
Staatspräsident	Alija Izetbegovic (seit 1990/96) *8.8.1925	
Parlament	Haus der Völker mit 15 Deputierten; Abgeordnetenhaus mit 42 Mitglieder, davon 17 für KCD (Koalition für ein einheitliches Bosnien-Herzegowina), 25 für Andere (Wahl: 1998)	
Bevölkerung		
Religion	Muslime (40%); Serbisch-Orthodoxe (31%); Sonstige (29%)	
Nationalitäten	Bosniaken (49,2%); Serben (31,1%); Kroaten (17,3%); Sonstige (2,4%)	
Wirtschaft und Soziales		
Dienstleistung	24,4%	Urbanisierung	49%
Industrie	64,7%	Einwohner/km²	80
Landwirtschaft	10,9%	Bev.-Wachstum/Jahr	3%
BSP/Kopf	k. A.	Kindersterblichkeit	1,5%
Inflation	k. A.	Alphabetisierung	85,5%
Arbeitslosigkeit	k. A.	Einwohner pro Arzt	4500

Bosnien-Herzegowina
Europa, Karte S. 437, E 6

Die Mitglieder des bosnischen Staatspräsidiums, der Muslim Alija Izetbegovic, der Kroate Ante Jelavic und der Serbe Zivko Radisic, beschlossen im November 1999 die Gründung einer gemeinsamen Grenzpolizei aus serbischen und kroatisch-muslimischen Einheiten. Im Juni 2000 kündigte Izetbegovic sein Ausscheiden aus dem Staatspräsidium zum 12. Oktober an.

Innenpolitik: Die Verbände der gemeinsamen Grenzpolizei sollen die serbischen und kroatischen Polizeikräfte ersetzen, die bislang ihre eigenen Grenzabschnitte überwachten. Das Staatspräsidium beschloss die Ausgabe eines einheitlichen Passes für ganz B. und erklärte seine Bereitschaft, einen multiethnischen Staat zu schaffen. Die Entscheidungen der Landesführung wurden als wesentlicher Fortschritt für den Friedensprozess in Bosnien gewertet. B. ist seit Ende des Bürgerkrieges zwischen Serben, Bosniaken und Kroaten (1995) in eine serbische Republik und eine muslimischkroatische Föderation geteilt. Militärische Sicherheit und innere Ordnung werden durch die multinationale Friedenstruppe Sfor gewährleistet.

Izetbegovic: Präsident Izetbegovic erklärte im Juni 2000, zum 12.10. vorzeitig aus dem Staatspräsidium ausscheiden zu wollen. Er begründete die Entscheidung mit seinem schlechten Gesundheitszustand und seinem Alter (75). Sein Mandat im Präsidium lief noch bis 2002. Die provisorischen Wahlgesetze, die von der Organisation für Sicherheit und Zusammenarbeit in Europa (OSZE) eingeführt wurden, regelten bis Mitte 2000 nicht die Nachfolge eines vorzeitig ausscheidenden Präsidiumsmitglieds.

Wahlen: Eine provisorische Wahlkommission entschied im Mai 2000 auf Empfehlung der Organisation für Sicherheit und Zusammenarbeit in Europa (OSZE), am 11.11. 2000 allgemeine Wahlen in B. durchzuführen. Gewählt werden das Abgeordnetenhaus des Gesamtstaates B., die Nationalversammlung der Republik Srpska (RS), des serbischen Landesteiles, das Abgeordnetenhaus in der Föderation von muslimischen Bosniaken und Kroaten, der Präsident der RS sowie die Parlamente in den zehn Kantonen der Föderation.

Wirtschaft: Das BIP von B. stieg 1999 um 8%. Das hohe Wachstum ist insbes. auf die massiven Finanzhilfen aus dem Westen zurückzuführen, der 1996–2000 5,1 Mrd US-Dollar für den Wiederaufbau des durch den Bürgerkrieg zerstörten Landes zur Verfügung stellte. Ohne diese Hilfe wuchs das BIP von B. lediglich um 1%. Der Wiederaufbau wurde durch geringe private Investitionen aus dem Ausland erschwert, die 1999 nur 160 Mio US-Dollar betrugen. Internationale Unternehmen beklagten mangelhafte Rahmenbedingungen in B.: zerstörte Infrastruktur, kleiner Binnenmarkt und eine schwache Nachfrage nach Produkten.

Deutsche Wirtschaftshilfe: Im Juni 2000 sagte Deutschland B. für das laufende Jahr finanzielle Hilfen in Höhe von 45 Mio DM zu. 18 Mio DM sind für Privatisierung, Förderung von kleinen und mittleren Unternehmen sowie der Landwirtschaft und Entwicklung des Finanzsektors vorgesehen. 27 Mio DM werden in die Infrastruktur (regionale Stromverbünde, Wasserversorgung und Abwasserbeseitigung) investiert.

Botswana
Afrika, Karte S. 441, D 6

Im Dezember 1999 legte der Internationale Gerichtshof in Den Haag (Niederlande) den Territorialstreit zwischen B. und Namibia um eine rund 3,5 km² große Insel im Chobe-Fluss bei.

Außenpolitik: Das in B. Sedudu und in Namibia Kasikili genannte Eiland wurde B. zugesprochen, die Gewässer um die Insel dürfen von beiden Staaten genutzt werden. Seit Ausbruch des Streites (1989) standen sich Soldaten beider Staaten an der Grenze im Caprivi-Zipfel feindlich gegenüber. Die Spannungen verschärften sich 1992, als die Führung in Namibia mit einer Wasserentnahme aus dem Okavango-Fluss gedroht hatte, welche die Wasserversorgung der Anrainer-Staaten gefährdet hätte. Das Urteil des Internationalen Gerichtshofes wurde als bedeutender Schritt zur Befriedung der Region gewertet.

Gemeinsames Naturschutzgebiet: Im Mai 2000 eröffneten B. und Südafrika das erste Naturschutzgebiet, das sich über Staats-

Botswana Republik Botswana			RB
Landesfläche	581 730 km² (WR 45)		
Einwohner	1,6 Mio (WR 144)		
Hauptstadt	Gaborone (182 000 Einwohner)		
Sprachen	Setswana, Englisch		
Währung	1 Pula (P) = 100 Thebe		
Zeit	Mitteleuropäische Zeit +1 h		
Gliederung	10 Landdistrikte, 4 Stadtdistrikte		
Politik			
Staatsform	Präsidiale Republik (seit 1966)		
Regierungschef	Festus G. Mogae (seit 1998) *21.8.1939		
Staatspräsident	Festus G. Mogae (seit 1998) *21.8.1939		
Parlament	Nationalversammlung mit 47 für fünf Jahre gewählten Abgeordneten; 33 Sitze für Botswana Democratic Party, 6 für Botswana National Front, 1 für Botswana Congress Party, dazu 7 vom Parlament bestimmte Mitgl. (Wahl von 1999)		
Internet	www.gov.bw		
Bevölkerung			
Religion	Christen (50,2%): Protestanten(29%), Afrikanische Christen (11,8%), Katholiken (9,4%); Naturreligionen (49,8%)		
Ethn. Gruppen	Tswana (75,5%); Shona (12,4%); San (3,4%); Sonstige (8,7%)		
Wirtschaft und Soziales			
Dienstleistung	44%	Urbanisierung	68%
Industrie	51%	Einwohner/km²	3
Landwirtschaft	5%	Bev.-Wachstum/Jahr	1,9%
BSP/Kopf	3070 $ (1997)	Kindersterblichkeit	5,9%
Inflation	k.A.	Alphabetisierung	74,4%
Arbeitslosigkeit	27% (1999)	Einwohner pro Arzt	4395

465

grenzen hinweg erstreckt. Beide Länder legten den südafrikanischen Kalahari Gemsbok Park und den botswanischen Moremi National Park zum Kgalagadi Transfrontier Park zusammen, der unter gemeinsamer Verwaltung stehen soll. Touristen können sich in dem Park frei bewegen, ohne ihren Pass vorzeigen zu müssen. Das Naturschutzgebiet ist mit 38 000 km² doppelt so groß wie der Krügernationalpark und das größte in der südlichen Hemisphäre. 28 400 km² liegen in B., 9600 km² in Südafrika.

Wirtschaft: 1999 stieg das BIP von B. um ca. 9%. B. war das Land, dessen Wirtschaft zwischen 1965–99 weltweit am stärksten und beständigsten wuchs (durchschnittlich 11% pro Jahr). Mit Devisenreserven von 10 Mrd DM und einem Pro-Kopf-Einkommen von 3070 US-Dollar galt B. als das reichste Land Schwarzafrikas. Der Wohlstand ist insbes. auf die reichen Vorkommen an Diamanten zurückzuführen, die 1999 mit ca. 70% am Gesamtexportvolumen das wichtigste Ausfuhrgut waren. Die Arbeitslosigkeit blieb hingegen 1999 mit 27% auf einem hohen Niveau (1998: 25%), weil sich ausländische Unternehmen aufgrund des kleinen Binnenmarktes (1,6 Mio Konsumenten), des knappen Wassers, der hohen Stromkosten und der mangelhaften Ausbildung der Bewohner in B. mit Investitionen zurückhielten. Die botswanische Regierung befürchtete Mitte 2000 eine Verschlechterung der wirtschaftlichen Aussichten infolge der hohen Zahl an Einwohnern, die mit dem HIV-Virus infiziert waren. 25% der Bevölkerung zwischen 15 und 49 Jahren und 60% der Studenten hatten sich bis Mitte 2000 mit dem Aids-Virus angesteckt oder waren bereits erkrankt.

Wirtschaftsstruktur: Neben Diamanten verfügt B. über zahlreiche weitere Rohstoffvorkommen (Gold, Platin, Silber), von denen vor allem der Kupfer- und Nickelanbau mit 5% der Exporterlöse einen nennenswerten Stellenwert einnimmt. Die Steinkohleförderung ist weniger für den Export als für die landeseigene Energieversorgung von Bedeutung. Im industriellen Sektor bilden die Textilunternehmen die bedeutendste Branche. Ein landwirtschaftlich nutzbarer Landstreifen, der die Größe von 1% der Gesamtfläche einnimmt, befindet sich im Südosten; 45% werden als Weidefläche genutzt.

Brasilien Förderative Republik Brasilien	**BR**
Landesfläche	8,5 Mio km² (WR 5)
Einwohner	168 Mio (WR 5)
Hauptstadt	Brasilia (1,5 Mio Einwohner)
Sprachen	Portugiesisch
Währung	1 Real (R$) = 100 Centavos
Zeit	Mitteleuropäische Zeit –4 h
Gliederung	26 Bundesstaaten
Politik	
Staatsform	Präsidiale Bundesrepublik (seit 1988)
Regierungschef	Fernando Henrique Cardoso (seit 1994) *18.6.1931
Staatspräsident	Fernando Henrique Cardoso (seit 1994) *18.6.1931
Parlament	Kongress aus Abgeordnetenhaus mit 513 und Senat mit 81 Abgeordneten; im Kongress 106 für Liberale Front, 99 für Sozialdemokratische Partei Brasiliens, 82 Sitze für brasilianische Demokratische Bewegung, 60 für brasilianische Fortschrittspartei,166 für Andere (Wahl vom Oktober 1998)
Bevölkerung	
Religion	Katholiken (87,8%), Protestanten (6,1%); Sonstige (6,1%)
Ethn. Gruppen	Weiße (53%); Mulatten (22%); Mestizen (12%); Sonst. (13%)

Wirtschaft und Soziales			
Dienstleistung	48,3%	**Urbanisierung**	80%
Industrie	39,3%	**Einwohner/km²**	20
Landwirtschaft	12,4%	**Bev.-Wachstum/Jahr**	1,3%
BSP/Kopf	4630 $ (1998)	**Kindersterblichkeit**	4,2%
Inflation	8,9% (1999)	**Alphabetisierung**	84%
Arbeitslosigkeit	7,3% (1999)	**Einwohner pro Arzt**	847

Brasilien
Südamerika, Karte S. 439, E 4

Im Februar 2000 beendete die Regierungspartei der Sozialdemokraten (PSDB) die Koalition mit der Liberalen Front (PFL).

Innenpolitik: Die Sozialdemokraten des seit 1994 regierenden und 1998 wieder gewählten Staatspräsidenten Fernando Cardoso vereinbarten mit einer unbedeutenden Splitterpartei ein Fraktionsabkommen, wodurch der bisherige Koalitionspartner PFL entmachtet wurde. Die PFL, mit 106 Abgeordneten die größe Gruppierung im 513 Sitze umfassenden Parlament, hatte 1999 wiederholt die Autorität des Präsidenten in Frage gestellt und eine Anhebung des monatlichen Mindestlohns für brasilianische Arbeiter auf 100 US-Dollar verlangt. Cardoso lehnte die Forderung ab, um den Haushalt zu konsolidieren; für 2000 wurde ein Defizit von 1,2 Mrd US-Dollar erwartet. Cardoso war 1994 die Koalition mit der PFL eingegangen, weil er im Kongress eine Zweidrittelmehrheit benötigte, um Verfassungsreformen durchzusetzen. Da Cardoso für den Rest seiner Amtszeit (bis 2003) keine Verfassungsänderungen plante, wechselte er den Koalitionspartner, von dem er sich eine bessere Unterstützung seiner Regierungsarbeit erhoffte.

Opposition: Die Arbeiterpartei (PT), die größte linksrevolutionäre Gruppierung in B., beschloss auf ihrem Kongress im Dezember 1999 eine Modernisierung ihres Programms. Bis dahin hatte sich die PT gegen Privatisierungen und für die Verstaatlichung des gesamten Finanzsystems ausgesprochen. Künftig wollte sie sich nur für eine stärkere Kontrolle der Privatisierung und des Kapitalmarktes einsetzen. Der Marxismus, der als Anleitung politischen Handelns galt, sollte lediglich noch historischer Bezugspunkt sein.

Drogenkartell: Die parlamentarische Untersuchungskommission zum Drogenhandel ließ im November 1999 den landesweit bekannten Rechtsanwalt Artur Eugenio Mathias verhaften. Ihm wurde vorgeworfen, als Verbindungsmann von in Rauschgiftdelikten verwickelten Abgeordneten, Unternehmern, Polizisten und Verbrecherbanden tätig gewesen zu sein. Brasilianische Behörden versuchten 2000 stärker gegen das Syndikat vorzugehen, dessen Jahresumsatz u. a. aus Drogenhandel und Erpressungen auf 10 Mrd DM geschätzt wurde.

Großgrundbesitzer: Im Dezember 1999 hob die brasilianische Regierung die Eigentumsrechte von Großgrundbesitzern an 3065 Landgütern auf. Betroffen waren rund 100 Mio ha Land, ca. 11% der brasilianischen Fläche. Laut Regierung seien die Besitzurkunden für die Anwesen in den Notariaten gefälscht worden. Sie verlangte von den bisherigen Besitzern, ihr Eigentumsrecht zu beweisen. Die Maßnahme sollte auch zur effektiveren Bekämpfung des Raubbaus der Regenwälder durch die Großgrundbesitzer beitragen. Mitte 2000 erwog die Regierung, die freien Grundstücke an landlose Bauernfamilien zu geben.

Freispruch: Im April 2000 wurde der brasilianische Bauernführer José Rainha in einem Mordprozess in zweiter Instanz freigesprochen. 1997 war er noch im ersten Verfahren des Mordes an einem Polizisten und einem Großgrundbesitzer für schuldig befunden und zu 26 Jahren und sechs Monaten Haft verurteilt worden. Lt. Anklage soll Rainha während einer Landgutbesetzung landloser Bauern in Espirito Santo im Juni 1989 den Doppelmord begangen haben. Viele Künstler – darunter der portugiesische Literaturnobelpreisträger José Saramago – hatten sich mit Rainha solidarisch erklärt. Sein Freispruch wurde von der Landbevölkerung begeistert aufgenommen.

Indianerreservat: Im Januar 2000 verstärkte sich der Widerstand regionaler Politiker gegen die Einrichtung eines Reservates für die Macuxí-, Wapishana-, Taurepang- und Ingaricó-Indianer im nordöstlichen Teil von Roraima an der Grenze zu Guyana. Die brasilianische Regierung hatte 1998 den etwa 12 500 Ureinwohnern ein eigenes Gebiet von 16 000 km^2 zugesprochen. Der Gouverneur von Roraima, Neudo Campos, forderte die Verkleinerung des geplanten Reservates um 4000 km^2. Die weiße Bevölkerung von Roraima befürchtete, nach Einrichtung des Reservates die umfangreichen Gold- und Diamantenvorkommen an der Grenze zu Guyana nicht mehr ausbeuten zu können.

Wirtschaft: Trotz Währungskrise wuchs das BIP 1999 um 0,8% (1998: 0,2%). Der Internationale Währungsfonds (IWF) hatte B. für 1999 noch ein Minus von 4% vorausgesagt. Die unerwartet positive Entwicklung der Volkswirtschaft war auf die guten Ernten in der Landwirtschaft (+9%) und auf die Verringerung der Mindestlöhne für Arbeiter von 107 auf 77 US-Dollar monatlich zurückzuführen, wodurch die Preise für wichtige Exportgüter gesenkt werden konnten. Die Inflation blieb mit 8,9% hoch, die Arbeitslosigkeit konnte mit einer Quote von 7,3% (1998: 7,6%) leicht gesenkt werden.

Haushaltskonsolidierung: Die öffentlichen Haushalte erzielten ohne Berücksichtigung der Zinsleistungen 1999 einen Überschuss von rund 17,3 Mrd US-Dollar (3,1% des BIP). B. erfüllte den Zielwert, den der IWF im März 1999 zur Bedingung für einen Beistandskredit von 41,5 Mrd US-Dollar gestellt hatte. Unter Einschluss der Zinslasten betrug 1999 das Staatsdefizit 10% des BIP.

Beamte: Im August 1999 verabschiedete das brasilianische Unterhaus ein Gesetz, das die Entlassung von Beamten wegen ungenügender Leistungen ermöglichen sollte. Damit sollten die Motivation der Staatsdiener gesteigert und die Personalkosten verringert werden. 1987–98 stiegen die Ausgaben für die ca. 500 000 Beamten um 16% auf 14 Mrd US-Dollar.

Brunei Brunei Darussalam	**BRU**
Landesfläche	5765 km² (WR 161)
Einwohner	322 000 (WR 165)
Hauptstadt	Bandar Seri Begawan (46 000 Einwohner)
Sprachen	Malaiisch, Chinesisch, Englisch
Währung	1 Brunei-Dollar (Br-$) = 100 Cents
Zeit	Mitteleuropäische Zeit +7 h
Gliederung	4 Distrikte
Politik	
Staatsform	Sultanat (seit 1984)
Regierungschef	Sultan M. Hassanal Bolkiah (seit 1967) *15.7.1946
Staatsoberhaupt	Sultan M. Hassanal Bolkiah (seit 1967) *15.7.1946
Parlament	Legislativrat mit 20 vom Sultan ernannten Mitgl.; nur beratende Funktion; keine politischen Parteien, Parlament ist seit Verhängung des Ausnahmezustandes 1962 aufgelöst
Internet	www.brunei.gov.bn www.pmo.gov.bn
Bevölkerung	
Religion	Muslime (66,5%); Buddhisten (11,8%); Sonstige (21,7%)
Nationalitäten	Malaien (66,9%); Chinesen (15,6%); Sonstige (17,5%)
Wirtschaft und Soziales	

Dienstleistung	45%	Urbanisierung	90%
Industrie	52%	Einwohner/km²	56
Landwirtschaft	3%	Bev.-Wachstum/Jahr	2,2%
BSP/Kopf	k.A.	Kindersterblichkeit	1%
Inflation	k.A.	Alphabetisierung	87,9%
Arbeitslosigkeit	5% (1998)	Einwohner pro Arzt	1473

Brunei
Ostasien, Karte S. 444, C 5

Die irische Popband Westlife gab im Mai 2000 vor insgesamt 50 Mitgliedern der Familie des Sultans von B., Muda Hassanal Bolkiah, ein Privatkonzert. Für den 30-minütigen Auftritt erhielt sie eine Gage von 7,5 Mio DM. Der Sultan von B. gilt mit einem geschätzten Privatvermögen von 36 Mrd US-Dollar als einer der reichsten Menschen der Welt. Kritiker des Herrschers bemängelten die fehlende Transparenz seiner Finanzen und die Vermischung von Staats- und Privatvermögen in B. Der Sultan regiert das Land seit 1967 als absoluter Monarch und hatte um 2000 die Ämter des Premierministers, Verteidigungsministers und Chefs der Streitkräfte inne. Basis seines Reichtums waren die Einnahmen aus der Erdöl- und Erdgasförderung im Off-shore-Bereich. Sie beliefen sich um 2000 auf ca. 2 Mrd US-Dollar. Doch werden die Ölvorräte voraussichtlich 2015, die Gasvorkommen 2035 erschöpft sein. Bislang ermöglichen die hohen Einnahmen aber noch, importierte Waren großzügig zu subventionieren.

Bulgarien Republik Bulgarien	**BG**
Landesfläche	110 912 km² (WR 102)
Einwohner	8,3 Mio (WR 85)
Hauptstadt	Sofia (1,1 Mio Einwohner)
Sprache	Bulgarisch
Währung	1 Lew (Lw) = 100 Stotinki
Zeit	Mitteleuropäische Zeit +1 h
Gliederung	9 Regionen
Politik	
Staatsform	Parlamentarische Republik (seit 1991)
Regierungschef	Ivan Kostov (seit 1997) *23.12.1949
Staatspräsident	Petar Stoyanov (seit 1997) *25.5.1952
Parlament	Volksversammlung mit 240 Abgeordneten; 137 Sitze für Vereinigte Demokratische Kräfte (ODS), 58 für Sozialistische Partei Bulgariens, 45 für Andere (Wahlen von 1997)
Internet	www.parliament.bg www.government.bg
Bevölkerung	
Religion	Bulgarisch-Orthodoxe (85,7%); sunnitische Muslime (12,1%); schiitische Muslime (1%); Sonstige (1,1%)
Nationalitäten	Bulgaren (85,8%); Türken (9,7%); Sonstige (4,5%)
Wirtschaft und Soziales	

Dienstleistung	51,1%	Urbanisierung	69%
Industrie	34,8%	Einwohner/km²	75
Landwirtschaft	14,1%	Bev.-Wachstum/Jahr	-0,7%
BSP/Kopf	1220 $ (1998)	Kindersterblichkeit	1,7%
Inflation	6,2% (1999)	Alphabetisierung	98,2%
Arbeitslosigkeit	16% (1999)	Einwohner pro Arzt	300

Bulgarien
Europa, Karte S. 437, E 6

Der Europarat beendete im Januar 2000 das Überwachungsverfahren (Monitoring) über B. Er verdeutlichte, dass B. in den Bereichen Demokratie, Rechtsstaatlichkeit und Achtung der Menschenrechte die Normen des Europarates erfüllt.

Innenpolitik: 1999 schaffte B. die Todesstrafe ab, das Gerichtswesen und das Strafrecht wurden reformiert. Der Europarat lobte insbes. die Veränderungen im Mediengesetz, aus dem die Straftatbestände Verleumdung und Beleidigung gestrichen wurden. Er kritisierte aber die teilweise große Brutalität der bulgarischen Polizei gegenüber Sinti und Roma.

Kabinettsumbildung: Im Dezember 1999 entließ der bulgarische Ministerpräsident Ivan Kostov zehn der 16 Minister und schuf ein großes Ministerium für Wirtschaft, Industrie, Handel und Tourismus, das Petar Jotec übernahm. Durch Verkleinerung des Kabinetts sollte die Regierungsarbeit effizienter gestaltet werden. Zugleich wollte

Kostov durch die Umbesetzung eine Voraussetzung für die geplante Aufnahme in die Europäische Union (EU) erfüllen, welche eine deutliche Verkleinerung der Verwaltung verlangte.
Außenpolitik: Beim ersten offiziellen Besuch eines US-Präsidenten in B. sagte Bill Clinton im November 1999 der Regierung in Sofia weit reichende wirtschaftliche, politische und militärische Hilfe zu. Die USA stellten B. 25 Mio US-Dollar zur Bewältigung der wirtschaftlichen Nachteile aus dem Kosovo-Krieg zur Verfügung. B. hatte von März bis Juni 1999 trotz Protesten der Bevölkerung die Luftangriffe der NATO gegen Jugoslawien unterstützt. Langfristig strebte B. den Beitritt zum westlichen Verteidigungsbündnis an.
Wirtschaft: Trotz des Kosovo-Krieges wuchs das BIP in B. 1999 um 2,5%. Der Anstieg war insbes. auf den höheren Konsum (+11%) und die staatlichen Investitionen (+24%) zurückzuführen. Die starke konjunkturelle Belebung führte aber zu einem drastischen Anstieg der Inflation auf 6,2% (1998: 1%). Sie soll 2000 durch Sparmaßnahmen aber wieder auf 2,8% zurück-

geführt werden. Die Arbeitslosigkeit blieb mit 16% hoch (1998: 12,2%) und wird voraussichtlich auch 2000 wegen Privatisierungen von Staatsbetrieben weiter ansteigen. Nach einer Studie der Konföderation Unabhängiger Bulgarischer Gewerkschaften (KNSB) reicht ein Durchschnittseinkommen nur, um die Hälfte der monatlichen Lebenshaltungskosten zu decken. 15–20% der bulgarischen Bevölkerung litten um 2000 angeblich Hunger.
IWF-Kredit: Der Internationale Währungsfonds (IWF) stellte B. im März 2000 eine weitere Tranche von 72 Mio US-Dollar aus dem 1998 vereinbarten Gesamtkredit in Höhe von 850 Mio US-Dollar zur Verfügung. Als Gegenleistung forderte der IWF eine Umstrukturierung des staatlich subventionierten Strommonopolisten NEK und den Aufbau von effizienten Steuerverwaltungen und Sozialversicherungen. Außerdem verlangte der IWF, durch Verbesserung der Infrastruktur die Voraussetzungen für höhere Investitionen aus dem Ausland zu schaffen. Der IWF war der größte Geldgeber von B., das Ende 1999 Auslandsschulden von 10 Mrd US-Dollar verzeichnete.

 ## Burkina Faso
Afrika, Karte S. 441, B 3

1999/2000 verstärkte sich der Unmut der Bevölkerung gegen Präsident Blaise Compaoré. Hintergrund war der Bericht einer Untersuchungskommission über den Tod von Norbert Zongo, dem Chefredakteur einer Wochenzeitung. Er war im Dezember 1998 mit drei weiteren Männern in seinem ausgebrannten Auto tot aufgefunden worden. Der Untersuchungsausschuss stellte fest, dass die vier Männer erschossen worden waren. Als Hauptverdächtige galten sechs Angehörige der Präsidentengarde, die Zongo getötet haben sollen, weil er über die Affäre David Ouédraogo berichtet hatte. Ouédraogo war als Chauffeur des Bruders von Präsident Compaoré wegen Gelddiebstahls im Haus des Bruders an die Präsidentengarde überstellt worden, die ihn zu Tode gefoltert hatte. Die Opposition in B. fragte, warum Ouédraogo ungestraft getötet werden konnte und bei der berüchtigten Armee-Einheit gelandet war, statt von den Justizbehörden gerichtet zu werden.

Burkina Faso		BF
Landesfläche	274 000 km² (WR 72)	
Einwohner	11,6 Mio (WR 64)	
Hauptstadt	Ouagadougou (1 Mio Einwohner)	
Sprachen	Französisch, More, Diula, Fulbe	
Währung	CFA-Franc (FCFA)	
Zeit	Mitteleuropäische Zeit −1 h	
Gliederung	45 Provinzen	
Politik		
Staatsform	Präsidiale Republik (seit 1960)	
Regierungschef	Kadre Désiré Ouedraogo (seit 1996)	
Staatspräsident	Blaise Compaoré (seit 1987) *3.2.1951	
Parlament	Volksdeputiertenversammlung mit 111 und Repräsentantenhaus mit 178 Abgeordneten; in Volksdeputiertenversammlung 101 Sitze für Kongress für Demokratie und Fortschritt, 6 für Sozialdemokraten, 4 für Andere (Wahl 1997)	
Bevölkerung		
Religion	Naturreligionen (44,8%); Muslime (43%); Christen (12,2%)	
Ethn. Gruppen	Mossi (47,9%); Mandé (8,8%); Fulani (8,3%); Lobi (6,9%); Bobo (6,8%); Sonstige (21,3%)	
Wirtschaft und Soziales		
Dienstleistung	40,6%	**Urbanisierung**	17%
Industrie	26,4%	**Einwohner/km²**	42
Landwirtschaft	33%	**Bev.-Wachstum/Jahr**	2,7%
BSP/Kopf	240 $ (1998)	**Kindersterblichkeit**	9,9%
Inflation	k.A.	**Alphabetisierung**	20,7%
Arbeitslosigkeit	k.A.	**Einwohner pro Arzt**	27 158

Burundi Republik Burundi		**RU**
Landesfläche	27 834 km² (WR 142)	
Einwohner	6,6 Mio (WR 94)	
Hauptstadt	Bujumbura (278 000 Einwohner)	
Sprachen	Kirundi, Französisch, Suaheli	
Währung	1 Burundi-Franc (FBu) = 100 Centimes	
Zeit	Mitteleuropäische Zeit +1 h	
Gliederung	15 Provinzen	
Politik		
Staatsform	Präsidiale Republik (seit 1966)	
Regierungschef	Pascal Firmin Ndimira (seit 1996)	
Staatspräsident	Pierre Buyoya (seit 1996) *24.11.1949	
Parlament	Nationalversammlung mit 81 Sitzen; 65 Sitze für Front für die Demokratie, 16 für Partei des Nationalen Fortschritts (Wahl von 1993)	
Internet	www.burundi.gov.bi	
Bevölkerung		
Religion	Christen (78,9%): Katholiken (65,1%), Protestanten (13,8%); Naturreligionen (19,5%); Muslime (1,6%)	
Ethn. Gruppen	Hutu (82,9%); Tutsi (14,5); Sonstige (2,6%)	
Wirtschaft und Soziales		
Dienstleistung	29,1%	Urbanisierung	8%
Industrie	16,8%	Einwohner/km²	237
Landwirtschaft	54,1%	Bev.-Wachstum/Jahr	1,7%
BSP/Kopf	140 $ (1998)	Kindersterblichkeit	11,9%
Inflation	k.A.	Alphabetisierung	44,6%
Arbeitslosigkeit	k.A.	Einwohner pro Arzt	k.A.

 Burundi
Afrika, Karte S. 441, D 5

In der nordtansanischen Stadt Arusha begannen im Januar 2000 unter Leitung des ehemaligen Präsidenten (1994–99) Südafrikas, Nelson Mandela, Vermittlungsgespräche zur Beilegung des Bürgerkriegs in B. zwischen Hutus und Tutsi.

Innenpolitik: Die Verhandlungen, an denen sieben afrikanische Staatschefs teilnahmen, fanden zunächst ohne die beiden wichtigsten Hutu-Rebellengruppen statt. Als Bedingungen für ihre Teilnahme forderten sie die Auflösung von Massenlagern, die Freilassung von ca. 10 000 politischen Gefangenen und die Wiederherstellung des vor 1992 bestehenden Mehrparteiensystems. Wegen Abwesenheit der Hutu-Rebellen wurden die Aussichten der Gespräche anfangs als gering eingeschätzt. Im März 2000 erklärten die Hutu-Rebellen auf Druck Mandelas doch ihre Bereitschaft zu Friedensgesprächen. In B. herrscht eine Tutsi-Minderheit (rund 15% der Einwohner) über die Hutu (ca. 83% der Bevölkerung). Seit dem Ausbruch des Bürgerkrieges (1993) starben

200 000 Menschen, mehr als 1 Mio wurden vertrieben und 350 000 Hutu in Massenlagern gefangen genommen.

Außenpolitik: Die Beilegung des Bürgerkrieges wurde 1999/2000 durch den Konflikt im Nachbarland Kongo erschwert. Tutsi aus Burundi, Ruanda und Uganda kämpften im Osten des Kongo gegen die Regierung von Staatspräsident Laurent Kabila, der von Hutu-Milizen aus denselben Ländern unterstützt wurde. Außerdem flüchteten Hutu-Rebellen nach Tansania, wo sie Überfälle auf ruandische Dörfer begingen. Burundische Rebellen sollten in einer Militärbasis in Simbabwe westlich der Hauptstadt Harare eine militärische Ausbildung erhalten haben. Internationale Organisationen fürchteten Mitte 2000 eine Eskalation des Krieges, in den B., Ruanda, Tansania und der Kongo verwickelt waren.

Wirtschaft: Wegen des langjährigen Bürgerkrieges brach die burundische Volkswirtschaft zusammen. Über die ökonomischen Eckdaten (Wachstum, Inflation, Arbeitslosenquote) gab es keine zuverlässigen Informationen. Die Infrastruktur wurde zerstört. Als eines der ärmsten Länder der Welt (Pro-Kopf-Einkommen: ca. 140 US-Dollar) hatte B. mit vier weiteren Nachteilen zu kämpfen: der einseitigen Ausrichtung des Exportes auf Kaffee, der zu hohen Transportkosten führenden Binnenlage, der für ein Agrarland extrem hohen Bevölkerungsdichte sowie der beträchtlichen Abhängigkeit von Importen und Finanzhilfen aus anderen Ländern. Dabei verfügt B. über Rohstoffvorkommen von Gold, Kassiterit, Kupfer, Kobalt, Nickel, Phosphat und Uran; doch der Abbau der Vorkommen war um 2000 wirtschaftlich ohne Bedeutung.

Landwirtschaft: Die burundische Volkswirtschaft ist stark agrarisch geprägt. 90% der Bevölkerung arbeiten in der Landwirtschaft, überwiegend als Kleinbauern. Angesichts der wachsenden Siedlungsdichte und der abnehmenden Bodenfruchtbarkeit kann die ehemals funktionsfähige Subsistenzwirtschaft den Nahrungsmittelbedarf der Bevölkerung nicht mehr decken. Traditionell angebaute Hauptnahrungspflanzen sind Cassava, Hülsenfrüchte, Kartoffeln, Mais, Reis, Hirse und Bananen. Neben Kaffee werden auch Tee und Baumwolle überwiegend zum Export angebaut.

■ **Staaten** → Kongo

Chile

Südam., Karte S. 439, C 6

Im Januar 2000 wurde Ricardo Lagos zum ersten sozialistischen Präsidenten in C. seit Salvador Allende (1970–73) gewählt.

Innenpolitik: Lagos setzte sich in einer Stichwahl mit 51,3% der Stimmen gegen Joaquin Lavin vom konservativen Parteienbündnis Allianz für Chile durch. Mit Lagos stellt zum dritten Mal in Folge seit Ende der Militärdiktatur (1990) die Concertación genannte Mitte-Links-Koalition aus Christdemokraten, Sozialisten und Sozialdemokraten den Präsidenten. Der letzte Sozialist im höchsten Staatsamt, Salvador Allende, kam 1973 beim Militärputsch General Augusto Pinochets ums Leben. Die Konservativen, die mit 48,7% das beste Ergebnis bei Präsidentschaftswahlen in ihrer Geschichte erzielen, kündigten eine konstruktive Oppositionspolitik an. Die politischen Differenzen zwischen Concertación und Allianz für Chile galten Mitte 2000 als nicht gravierend, weil sich die Sozialisten in den 1990er Jahren nach dem Ende des Kommunismus in Osteuropa von sozialistischen Forderungen wie Verstaatlichung von Unternehmen und vollständige Kontrolle des Finanzwesens distanziert hatten.

Geplante Verfassungsänderung: Der neu gewählte Präsident Lagos kündigte in seiner ersten programmatischen Rede im März 2000 eine Verfassungsreform an, mit der einige aus der Ära Pinochet stammende autoritäre Bestimmungen beseitigt würden. So sollen die neun Senatorenposten abgeschafft werden, die bislang nicht gewählt, sondern vom Präsidenten bestimmt worden waren. Dies ermöglichte dem Staatsoberhaupt, Einfluss auf die Abstimmungen im Senat auszuüben. Außerdem schlug Lagos einschneidende Veränderungen im Wahlgesetz vor, durch die auch im Ausland lebenden Chilenen die Möglichkeit gegeben werden soll, an Wahlen teilzunehmen. Bis 2000 mussten chilenische Staatsbürger nach C. reisen, um ihre Stimme abgeben zu können.

Freilassung Pinochets: Im März 2000 kehrte Augusto Pinochet, der 1973–90 als Diktator mit Terror und Gewalt C. regiert hatte, in seine Heimat zurück. Er war im Oktober 1998 in London (Großbritannien) aufgrund eines spanischen Haftbefehls festgenommen worden. Ihm wurde die Verantwortung

Chile Republik Chile		**RCH**
Landesfläche	756 626 km² (WR 37)	
Einwohner	15,0 Mio (WR 59)	
Hauptstadt	Santiago de Chile (4,6 Mio Einw.)	
Sprache	Spanisch	
Währung	1 Chilen. Peso = 100 Centavos	
Zeit	Mitteleuropäische Zeit –5 h	
Gliederung	13 Regionen	
Politik		
Staatsform	Präsidiale Republik (seit 1925)	
Regierungschef	Ricardo Lagos (seit 2000) *2.3.1938	
Staatspräsident	Ricardo Lagos (seit 2000) *2.3.1938	
Parlament	Kongress aus Senat mit 46 und Deputiertenkammer mit 120 Abgeordneten; in der Deputiertenkammer 39 Sitze für Christdemokraten (PDC), 23 für Konservative (RN), 17 für Unabhäng. Demokrat. Union, 41 für Andere (Wahl: 1997)	
Internet	www.estado.gov.cl	
Bevölkerung		
Religion	Katholiken (76,7%), Protestanten (13,2%); Sonstige (10,1%)	
Ethn. Gruppen	Mestizen (91,6%), Indios (6,8%); Sonstige (1,6%)	

Wirtschaft und Soziales			
Dienstleistung	58,1%	**Urbanisierung**	84%
Industrie	33,9%	**Einwohner/km²**	20
Landwirtschaft	8%	**Bev.-Wachstum/Jahr**	1,4%
BSP/Kopf	4990 $ (1998)	**Kindersterblichkeit**	1,3%
Inflation	2,3% (1999)	**Alphabetisierung**	95,2%
Arbeitslosigkeit	9,7% (1999)	**Einwohner pro Arzt**	943

für die Ermordung von chilenischen Oppositionellen in Spanien angelastet. Die englische Justiz ließ ihn wegen angeblicher Prozessunfähigkeit frei. Menschenrechtsorganisationen protestierten gegen die Freilassung und forderten, Pinochet vor ein chilenisches Gericht zu stellen. Die chilenische Staatsanwaltschaft nahm zwar Ermittlungen auf, doch für einen Prozess muss sie die Aufhebung der Immunität erwirken, die Pinochet als Senator auf Lebenszeit genießt. Mitte 2000 verdichteten sich die Hinweise darauf, dass sich das Appelationsgericht von Santiago für die Aufhebung der Immunität entscheidet. Während Pinochets Diktatur wurden ca. 5000 Oppositionelle verschleppt, gefoltert und getötet.

Außenpolitik: Die konservative spanische Regierung begrüßte im März 2000 die Entscheidung der englischen Justiz, den Antrag der spanischen Staatsanwaltschaft auf Auslieferung Pinochets abzulehnen. Sie hatte das Vorgehen der spanischen Staatsanwaltschaft von Anfang an als unangenehm empfunden, weil das Auslieferungsgesuch nicht nur in C., sondern auch in mehreren anderen lateinamerikanischen Staaten als kolonialistische Einmischung des einstigen Mutterlandes empfunden wurde. In C. hatte der spanische Haftbefehl insbes. unter den konservativen Parteien heftige Kritik hervorgerufen. Die chilenische Oppositionspartei Renovacíon Nacional (RN) wertete den spanischen Haftbefehl als Einmischung in innere Angelegenheiten und forderte die Regierung auf, sich in den diplomatischen Beziehungen von Spanien zu distanzieren.

Wirtschaft: Die chilenische Volkswirtschaft litt 1999 unter den Folgen der Krise in Asien, wohin C. einen Großteil seiner Rohstoffe exportiert, und dem nachlassenden Konsum im Inland. Das BIP verringerte sich um 1,5%. Die Arbeitslosenquote erhöhte sich von 7,1% auf 9,7%, die Inflationsrate wurde jedoch gegenüber 1998 auf 2,3% halbiert. Insbes. aufgrund der wirtschaftlichen Erholung in Asien erwartete die chilenische Regierung aber für 2000 wieder ein Wachstum von 6%.

Maßnahmen: Der neue Präsident Lagos versprach bei Amtsantritt, bis Ende 2001 rund 300 000 neue Arbeitsplätze zu schaffen. Die Wirtschaft sollte durch ein umfassendes Infrastrukturprogramm belebt werden. Lagos

plante den Bau von 100 000 Sozialwohnungen und hohe Investitionen in den Bereichen Telekommunikation und Verkehr. Die chilenische Zentralbank akzeptierte einen Wertverlust der nationalen Währung (Peso), um die Exportwirtschaft zu stimulieren. Zur sozialen Absicherung der Beschäftigungslosen sollte eine gesetzliche Arbeitslosenversicherung für 600 000 Betroffene geschaffen werden.

Wirtschaftsstruktur: Seit dem 19. Jh. ist der Bergbau im Norden des Landes die Hauptstütze der Wirtschaft. Etwa 44% der Ausfuhrgüter waren 1999 Bergbauerzeugnisse, davon rund 38% Kupfer. C. stand mit einer jährlichen Gesamtproduktion von über 2,4 Mio t Kupfer an der Weltspitze und verfügte über die ertragreichste Kupfermine (La Escondida). Die verarbeitende Industrie erreichte in den 1990er Jahren die größten Zuwachsraten, die durch den Aufbau neuer Betriebe zur Verarbeitung von Primärprodukten (Holz-, Agrar- und Fischereiprodukte) erreicht wurden. Der Anteil der Industriewaren an der Gesamtausfuhr betrug 1999 etwa 46%, davon verarbeitete Nahrungsmittel ca. 15%.

China Volksrepublik China		TJ
Landesfläche	9,56 Mio km² (WR 3)	
Einwohner	1,259 Mrd (WR 1)	
Hauptstadt	Peking (Beijing, 13 Mio Einwohner)	
Sprache	Chinesisch	
Währung	1 Yuan (RMB) = 10 Jiao = 100 Fen	
Zeit	Mitteleuropäische Zeit +7 h	
Gliederung	23 Provinzen	
Politik		
Staatsform	Sozialistische Volksrepublik (seit 1949)	
Regierungschef	Zhu Rongji (seit 1998) *20.10.1928	
Staatspräsident	Jiang Zemin (seit 1993) *17.8.1926	
Parlament	Nationaler Volkskongress mit rund 2979 Abgeordneten; sämtliche Sitze sind für die von der Kommunistischen Partei beherrschte Nationale Front bestimmt	
Internet	www.cei.gov.cn	
Bevölkerung		
Religion	Volksreligionen (20,1%); Buddhisten (6%); Muslime (2,4%); Christen (0,2%); Sonstige (0,1%); Konfessionslose (71,2%)	
Ethn. Gruppen	Han-Chinesen (92,0%); Zhuang (1,4%); Sonstige (6,6%)	

Wirtschaft und Soziales			
Dienstleistung	28%	**Urbanisierung**	33%
Industrie	48%	**Einwohner/km²**	132
Landwirtschaft	24%	**Bev.-Wachstum/Jahr**	0,9%
BSP/Kopf	750 $ (1998)	**Kindersterblichkeit**	4,1%
Inflation	–3,0% (1999)	**Alphabetisierung**	82,9%
Arbeitslosigkeit	3,1% (1999)	**Einwohner pro Arzt**	3446

China
Asien, Karte S. 443, F 3

Die chinesischen Reformen in Wirtschaft und Verwaltung wurden 1999/2000 vor allem durch die weit verbreitete Korruption behindert. Im Oktober 1999 verabschiedete das chinesische Parlament ein Gesetz, das die Zugehörigkeit zu religiösen Kulten unter Strafe stellte.

Innenpolitik: Das Gesetz richtete sich insbes. gegen die verbotene Falun-Gong-Sekte, der in C. Mitte 2000 rund 80 Mio Menschen angehörten. Es ermöglichte Schnellverfahren gegen Mitglieder der Sekte. Ihre Anführer mussten mit langjährigen Haftstrafen oder mit Todesurteilen rechnen. Die Mitglieder der Falun-Gong-Sekte vertreten die Lehre eines Heilsverkünders namens Li Hongzhi, der Ende der 1980er Jahre angab, ein von Gott abgesandter Retter der durch Einflüsse von Technik und Moderne zugrunde gehenden Welt zu sein. Im September 1999 hatten Hunderte Anhänger drei Tage auf dem Tiananmen-Platz in Peking gegen ihre Verfolgung protestiert.

Bürgerrechtler: Im Schnellverfahren wurden im August 1999 Zha Jianguo und Gao Hongming von der Demokratischen Partei Chinas zu neun bzw. acht Jahren Haft verurteilt. Das Gericht befand sie der Verschwörung zum Sturz der Staatsgewalt für schuldig. Die Urteile wurden von internationalen Menschenrechtsorganisationen heftig kritisiert und als eine willkürliche Maßnahme der chinesischen Regierung gegen die verbotene oppositionelle Demokratische Partei gewertet, die sich seit ihrer Gründung (1998) für ein demokratisches C. einsetzte.

Ein-Kind-Politik: Im Januar 2000 wurde die staatliche Geburtenkontrolle (sog. Ein-Kind-Politik) gelockert. Alle Stadtbewohner erhielten das Recht, in Zukunft wieder zwei Kinder zu haben. Die chinesische Regierung reagierte auf das verringerte Bevölkerungswachstum (0,9%) um 11 Mio auf 1,259 Mrd. Die Ein-Kind-Politik konnte 1999 ohnehin in lediglich sechs der 23 Provinzen durchgesetzt werden (insbes. Bauernfamilien in C. hatten oft mehr als ein Kind). Allerdings soll gerade in ländlichen Regionen die Geburtenkontrolle beibehalten und die Aufklärung der Bevölkerung über Verhütungsmethoden weiter verstärkt werden. 1999 lebten in den 365 Mio Familien in C. 60 Mio Einzelkinder.

Zeitungen: Im Dezember 1999 entschied die Kommunistische Partei (KP), 200 der etwa 2200 chinesischen Zeitungen zu schließen. Insbes. kleine Regionalblätter, die mit einer boulevardhaften Berichterstattung 1999 zahlreiche Leser gewannen, waren betroffen. Die KP befürchtete, dass durch die Blätter das Interesse der Bevölkerung an den staatlichen Propagandazeitungen nachlassen könnte. Die staatlich geführten Zeitungen konnten sich Mitte 2000 im Wettbewerb nur schwer behaupten, weil sie ab Januar 2000 im Zuge marktwirtschaftlicher Reformen keine Subventionen mehr erhielten.

Korruption: Im Herbst 1999 deckten chinesische Ermittler einen Schmuggelring in der südchinesischen Hafenstadt Xiamen auf, an dem hochrangige Partei- und Regierungskader beteiligt gewesen sein sollten. Der Geschäftsmann Lai Changxing wurde verdächtigt, mit Hilfe führender Militärs, von Zoll, Polizei und Staatssicherheit Öl, Autos und Computer im Wert von 30 Mrd

---

China: Korruption beim Staudammbau

▶ **Projekt:** Im November 1997 wurde der Chang Jiang, der längste Fluss in C., in ein künstliches Bett umgeleitet. Im alten Flussbett wurde in der Provinz Hubei der Bau des 185 m hohen und 2,3 km langen Drei-Schluchten-Dammes begonnen. Die Arbeiten für das weltweit größte Wasserkraftprojekt begannen 1994, die Fertigstellung ist für 2009 vorgesehen. Das Vorhaben dient dem Hochwasserschutz, der Stromerzeugung und der Erleichterung der Schifffahrt in der Region.

▶ **Korruption:** Im April und Mai 2000 wurden schwere Fälle von Korruption im Umfeld des Drei-Schluchten-Damms aufgedeckt. Der Leiter des Projektes, Jin Wenchao, floh mit 230 Mio DM, die für den Bau des Staudammes vorgesehen waren. Jin wurde beschuldigt, sechs Jahre lang wichtige Posten rund um das Projekt an Freun-

de und Verwandte vergeben zu haben. Hohen chinesischen Regierungsbeamten wurde vorgeworfen, von Jin bestochen worden zu sein. Er soll ihnen angeblich Autos geschenkt haben, um an notwendige Garantien für seine Importgeschäfte zu gelangen. Bereits 1999 hatten chinesische Rechnungsprüfer die Veruntreuung von 120 Mio DM aufgedeckt. Durch Verzögerungen, Korruption und schlampige Bauweise werden sich die Baukosten nach neuen Schätzungen von 22 Mrd auf bis zu 70 Mrd DM erhöhen. Die Ingenieure baten die Pekinger Regierung im März 2000 in einer Petition, den Bau des Drei-Schluchten-Damms zu verlangsamen, um die Verschlammung des Flusses als Folge des 600 km Rückstaus zu verringern und einen Dammbruch zu vermeiden.

Energie → Drei-Schluchten-Damm

DM nach C. geschmuggelt zu haben. Der Vorfall galt als weiterer Beweis für die weit verbreitete Korruption in C., die 1999 einen Schaden von ca. 4% des BIP verursachte (zum Vergleich chinesische Ausgaben für Bildung: 2,5% des BIP). Die offizielle Zahl der Schmuggelfälle stieg 1999 um 36% auf ca. 21 000. Beamte unterschlugen Staatsgelder in Höhe von 30 Mrd DM.

Tibet: Im Januar 2000 setzten chinesische Behörden einen zwei Jahre alten Jungen in der tibetischen Hauptstadt Lhasa als »lebenden Buddha« ein. Der Junge wurde in einem Tempel in seine Aufgaben als siebter Reting Rinpoche eingeführt. Der im indischen Exil lebende Dalai Lama, das geistige und politische Oberhaupt der Tibeter, erkannte den Jungen nicht als Wiedergeburt des Propheten an. Der Reting Rinpoche ist einer von mehreren Dutzend »lebenden Buddhas« in der tibetischen Religion, die einen großen Einfluss auf die Bevölkerung des seit 1950 von C. besetzten T. ausübt. Internationale Menschenrechtsorganisationen vermuteten, dass die chinesische Regierung mit der angeblichen Reinkarnation die religiösen Aktivitäten in Tibet überwachen wollte und mit dem Reting Rinpoche einen C. treu ergebenen Nachfolger des Dalai Lama aufzubauen versuchte. Seit der Flucht des Dalai Lama ins Exil (1959) hatte die chinesische Armee wiederholt Unruhen unter der religiösen Bevölkerung in T. bekämpft.

Außenpolitik: Im Januar 2000 nahmen C. und die USA ihre Militärbeziehungen wieder auf, die nach der Zerstörung der chinesischen Botschaft in Belgrad durch NATO-Flugzeuge während des Kosovo-Krieges im Mai 1999 abgebrochen worden waren. Voraussetzung für die Wiederaufnahme der Militärkontakte war die Ankündigung der US-Regierung, den Kongress um die Bewilligung von 28 Mio US-Dollar Schadenersatz für die Zerstörung der Botschaft zu ersuchen. Im Gegenzug erklärte sich C. bereit, 2,87 Mio US-Dollar für Schäden zu zahlen, die bei Demonstrationen gegen den Bombenangriff an der US-Botschaft in Peking und mehreren Konsulaten entstanden waren. Die chinesisch-US-amerikanischen Beziehungen blieben aber wegen der anhaltenden Kritik der USA an den Menschenrechtsverletzungen in C. bis Mitte 2000 gespannt.

Verteidigungshaushalt: Im März 2000 kündigte die chinesische Regierung eine Steigerung des Militärbudgets für 2000 um 12,7% auf 29 Mrd DM an. Damit wuchs es zum zwölften Mal in Folge um eine zweistellige Prozentzahl. Mit einem Anteil von 1,35% am BSP galten die Militärausgaben als moderat, doch ein großer Teil der Aufwändungen für die chinesische Armee wurde in anderen Posten des Haushaltes versteckt (z.B. Waffenkäufe, militärische Forschung und Renten für die ca. 5 Mio pensionierten Soldaten). C. hatte 2000 mit ca. 2,5 Mio Soldaten unter Waffen die größte Armee der Welt.

Kampfflugzeuge: Im Oktober 1999 kündigte die chinesiche Führung an, von Russland etwa 30 Kampfflugzeuge vom Typ Su-30 für insgesamt 3,66 Mrd DM zu kaufen. Sie haben eine größere Reichweite als die chinesischen Flugzeuge und können insbes. bei der Bekämpfung von Kriegsschiffen eingesetzt werden. Außerdem verfügen sie über

ein völlig neues System luftgestützter Raketen, das Russland vorher nicht an C. verkaufen wollte. Das Waffengeschäft wurde als Zeichen für die Verbesserung der Beziehungen zwischen Russland und C. gewertet, die der Ausdehnung von NATO und EU auf die ehemaligen Staaten des Warschauer Paktes misstrauisch gegenüberstanden.

Wirtschaft: Das BIP stieg 1999 in C. um 7,1% (1998: 7,8%). Die leichte Abschwächung der Konjunktur war insbes. auf den Rückgang der ausländischen Direktinvestitionen (−6,8%) und den nachlassenden Konsum (−3,0%) zurückzuführen. Aufgrund guter Ernten und eines Überangebotes an Agrarprodukten setzte sich die seit Mitte 1997 bestehende deflatorische Tendenz fort. Die Konsumentenpreise fielen 1999 im Vergleich zum Vorjahr um 3%. Größtes wirtschaftliches Problem blieb 1999 die Arbeitslosigkeit, die offiziell zwar bei leidglich 3,1% lag, nach ausländischen Schätzungen aber etwa 15% betrug. Um neue Arbeitsplätze zu schaffen, plante die chinesische Regierung 2000, in den folgenden Jahren den Dienstleistungssektor zu fördern. Zur Linderung der sozialen Folgen der Arbeitslosigkeit sollte das Sozialversicherungssystem ausgebaut und das Bildungswesen gestärkt werden.

Staatsbetriebe: C. trieb 1999 den Umbau der ca. 60 000 Staatsbetriebe voran, so dass sie 70% mehr Gewinn als 1998 erwirtschafteten. 8000 Staatsbetriebe wurden geschlossen, rund 18 000 wurden entschuldet. Durch den starken Kapazitätsabbau (insbes. in der Textilwirtschaft, der Kohlegewinnung und der Metallindustrie) mussten 11 Mio Menschen entlassen werden.

Bankenreform: Im Januar 2000 kündigte die chinesische Regierung an, den Bankensektor zu reformieren. Danach dürfen chinesische Banken künftig ihre Zinssätze unabhängig von Vorgaben der nationalen Notenbank festlegen. Dadurch sollte der Wettbewerb unter den Banken um Einlagen und um die Kreditvergabe belebt und die Kundenfreundlichkeit erhöht werden. Außerdem versprach die chinesische Regierung, die Zahl der sog. bad loans (engl.; schlechte Kredite) zu verringern. Bis dahin mussten Banken auf Anordnung der Regierung maroden Staatsbetrieben Kredite zur Verfügung stellen, deren Rückzahlung als äußerst zweifelhaft galt.

⚑ Chinas Entwicklung seit Gründung der Volksrepublik				
	1950	*1966*	*1982*	*1998*
Bevölkerung (Mio)	547	735	1000	1237
BIP (Mrd US-Dollar)[1]	306	554	1192	4105
BIP/Einw. (US-Dollar)	537	753	1192	3319
Wert der Exporte (Mrd US-Dollar)	0,6	2,4	22,3	183,6
1) In Preisen von 1990; Quellen: OECD, IWF, CIA				

WTO-Verhandlungen: Im März 2000 wurden die Verhandlungen zwischen der EU und C. über den Beitritt der Volksrepublik zur Welthandelsorganisation (WTO) abgebrochen. Die chinesischen Vertreter hatten sich geweigert, den Telekommunikations- und Versicherungsmarkt des Landes für ausländische Mehrheitsbeteiligungen (mind. 51%) zu öffnen und strategische Staatsmonopole im Handel (Erdöl, Dünger) aufzulösen. Auch ein Kompromissvorschlag wurde von C. abgelehnt, der flexible Übergangsfristen für die Öffnung des chinesischen Marktes vorsah. Der Beitritt C. zur WTO war für Ende 2000 vorgesehen. Die Zustimmung der EU ist aber eine Voraussetzung für die Aufnahme von C. Der Wert der Einfuhren ausländischer Erzeugnisse nach C. erhöhte sich zwar 1999 um 18,3% auf 165,8 Mrd US-Dollar, hatte aber in den Jahren zuvor stagniert. Der Wert der Ausfuhren chinesischer Produkte war hingegen von 151,1 Mrd US-Dollar (1996) auf 194,9 Mrd US-Dollar (1999) gestiegen.

Wassermangel: Dürre sowie die fortschreitende Industrialisierung und Verschwendung führten 1999 in vielen Teilen von C. zu akutem Wassermangel. Rund 26 Mio ha Ackerland, etwa 20% der Gesamtfläche, waren von den Folgen der Trockenheit betroffen. In den Provinzen richtete der Wassermangel Schäden von insgesamt 10,7 Mrd US-Dollar an. In den bewässerten Gebieten, die überwiegend zum Getreideanbau genutzt wurden, fehlten etwa 30 Mrd m³ Wasser.

Flusssanierung: Die chinesische Regierung stellte im März 2000 rund 21 Mrd US-Dollar zur Sanierung des Gelben Flusses zur Verfügung. Mit dem Geld wurden Maßnahmen finanziert (u. a. Verstärkung der Deiche auf einer Länge von 1000 km), durch die lebensbedrohliche Überschwemmungen sowie die Austrocknung des Flusses infolge schlecht organisierter Trink- und Nutzwassergewinnung verhindert werden sollten. Die Austrocknung des Gelben Flusses, der rund 12% des gesamten chinesischen Trinkwasserbedarfs deckte, hatte 1999 zu Wasserknappheit in Ostchina geführt. Im Sommer hingegen gefährdete Hochwasser das Leben von 13,5 Mio Menschen, die auf dem 250 000 ha großen Ackerland arbeiteten.

▪ **Staaten** → Taiwan

Costa Rica
Mittelam. Karte S. 440, C 6

Im April 2000 brach in C. ein Generalstreik gegen die geplante Privatisierung der staatlichen Telefon- und Elektrizitätsgesellschaft aus. Die Streikenden legten den Schiffsverkehr lahm und blockierten die Panamericana, die Hauptverkehrsstraße des Landes. Universitäten und Schulen blieben geschlossen. Das Parlament von C. hatte zuvor in erster Lesung das Gesetz zur Privatisierung des staatlichen Telefon- und Stromkonzerns verabschiedet. Bevölkerung und Gewerkschaften fürchteten durch die Zulassung privater Investoren eine wesentliche Verschlechterung ihrer Arbeitsbedingungen oder sogar den Verlust des Arbeitsplatzes. Wegen der landesweiten Proteste zog die sozialdemokratische Opposition ihre parlamentarische Unterstützung für das Gesetz zurück. Präsident Miguel Rodríguez Echeverria von der Christlich Sozialen Einheitspartei PUSC plante, mit den Erlösen aus der Privatisierung die inländische Staatsschuld zu tilgen.

Costa Rica Republik Costa Rica		CR
Landesfläche	51 100 km² (WR 125)	
Einwohner	3,9 Mio (WR 118)	
Hauptstadt	San José (325 000 Einwohner)	
Sprache	Spanisch	
Währung	1 Costa Rica-Colón (C)	
Zeit	Mitteleuropäische Zeit −7 h	
Gliederung	7 Provinzen	
Politik		
Staatsform	Präsidiale Republik (seit 1949)	
Regierungschef	Miguel A. Rodríguez Echeverria (seit 1998) *9.1.1940	
Staatspräsident	Miguel A. Rodríguez Echeverria (seit 1998) *9.1.1940	
Parlament	Kongress mit 57 für vier Jahre gewählten Abgeordneten; 29 Sitze für Christlich Soziale Einheitspartei (PUSC), 22 Sitze für Partei der nationalen Befreiung (PLN), 6 für Andere (Wahl vom Februar 1998)	
Internet	www.casapres.go.cr www.asamblea.go.cr	
Bevölkerung		
Religion	Katholiken (80%); Protestanten (15%); Sonstige (5%)	
Ethn. Gruppen	Weiße (87%); Mestizen (7%); Sonstige (6%)	

Wirtschaft und Soziales			
Dienstleistung	61,7%	**Urbanisierung**	51%
Industrie	22,5%	**Einwohner/km²**	76
Landwirtschaft	15,8%	**Bev.-Wachstum/Jahr**	2,5%
BSP/Kopf	2770 $ (1998)	**Kindersterblichkeit**	1,2%
Inflation	10% (1999)	**Alphabetisierung**	95,1%
Arbeitslosigkeit	6% (1999)	**Einwohner pro Arzt**	800

Côte d'Ivoire
Afrika, Karte S. 441, B 4

Im Dezember 1999 stürzte General Robert Guei die Regierung des seit 1993 amtierenden, demokratisch gewählten Präsidenten Henri Konan Bédié, der nach Togo floh.

Innenpolitik: Der neue Machthaber von C. ernannte eine Übergangsregierung, der auch Zivilisten angehörten, und kündigte für Oktober 2000 demokratische Neuwahlen an. Grund für den Staatsstreich war die Weigerung Bédiés, ein Gesetz zu ändern, das für Präsidentschaftswahlen nur Kandidaten mit zwei ivoirischen Elternteilen zuließ. Diese Bestimmung hätte die Kandidatur des populären Oppositionspolitikers Alassane Outtara verhindert, dessen Vater aus Burkina Faso stammt. Putschist Guei kündigte im Januar 2000 die Änderung des Gesetzes an. Als weitere Gründe für den Sturz Bédiés nannte die neue Regierung das hohe Maß an Korruption in C. und die Unterdrückung oppositioneller Kräfte.

Urteil gegen Oppositionelle: Im November 1999 hatte ein Gericht in Abijan 16 führende Politiker der oppositionellen Sammlung der Demokratischen Republikaner (RDR) zu Gefängnisstrafen von einem bis zwei Jahren verurteilt. Sie wurden beschuldigt, für Ausschreitungen am Rande einer Demonstration gegen die Regierung im Oktober 1999 verantwortlich gewesen zu sein. Internationale Menschenrechtsorganisationen werteten die Verurteilung als Versuch des damaligen Präsidenten Bédié, die Opposition im Vorfeld der geplanten Präsidentschaftswahlen zu schwächen.

Außenpolitik: Dem neuen Machthaber Guei gelang es, die Nachbarländer und die westlichen Staaten von seinen demokratischen Absichten zu überzeugen. Die Außenminister der Westafrikanischen Wirtschaftsgemeinschaft (Ecowas) verzichteten auf eine militärische Intervention in C., um Bédié als Präsidenten wieder einzusetzen. Die EU beschloss, ihre Entwicklungshilfe für C. fortzusetzen. Die USA und Kanada froren zwar vereinbarte Zahlungen an C. ein, stellten aber für den Fall, dass die angekündigten Neuwahlen ordnungsgemäß durchgeführt würden, die Wiederaufnahme ihrer Hilfen in Aussicht. Frankreich, bis 1960 Kolonialmacht in C., zog die Truppen, die es in den Senegal entsandt hatte, um auf eine Massenflucht von 20000 Franzosen vorbereitet zu sein, zurück, nachdem sich die Lage in C. entspannt hatte.

Wirtschaft: C. gehörte 1999 mit einem Pro-Kopf-Einkommen von 717 US-Dollar und einem BIP-Anstieg von 5% zu den wirtschaftlich stabilsten Ländern Afrikas. Das hohe Wirtschaftswachstum war insbes. auf neue Erdölfunde vor der Küste zurückzuführen, die ausländische Unternehmen zu Investitionen in C. veranlassten. Die Inflation wurde 1999 auf 2% gesenkt (1998: 4%), das Haushaltsdefizit lag bei 1,8% des BIP. Wichtigster Wirtschaftssektor blieb 1999 die Landwirtschaft mit rund 67% der Exporteinnahmen. Weltweit ist C. mit jährlich etwa 900000 t der größte Kakaoexporteur. Weitere wichtige Ausfuhrgüter sind Kaffee und Palmöl. Obwohl sich das Land selbst mit Fisch, Reis, Mais, Hirse, Sorghum, Yams, Maniok, Süßkartoffeln und Kochbananen versorgen könnte, führte C. 1999 relativ viele Nahrungsmittel ein. Dies liegt u.a. an den Ernährungsgewohnheiten der Bevölkerung, die Weißbrot bevorzugt. Im industriellen Sektor des Landes werden insbes. landwirtschaftliche Erzeugnisse verarbeitet (z. B. Palmölindustrie).

Côte d'Ivoire Republik Côte d'Ivoire		CI		
Landesfläche	322 463 km² (WR 68)			
Einwohner	14,5 Mio (WR 61)			
Hauptstadt	Yamoussoukro (150 000 Einw.)			
Sprachen	Französisch, Dialekte			
Währung	1 CFA-Franc (FCFA)			
Zeit	Mitteleuropäische Zeit –1 h			
Gliederung	16 Regionen, 50 Departements			
Politik				
Staatsform	Präsidiale Republik (seit 1960)			
Regierungschef	Seydou Elimane Diarra (seit 2000) *23.11.1933			
Staatspräsident	Robert Guei (seit 1999) *16.3.1941			
Parlament	Nationalversammlung mit 175 für fünf Jahre gewählten Abgeordneten; sie wurde nach dem Putsch von 1999 aufgelöst; größte Parteien waren die Demokrat. Partei der Elfenbeinküste und die Sammlung der Demokrat. Republikaner			
Bevölkerung				
Religion	Muslime (38,7%); Christen (26,1%); Sonstige (35,2%)			
Ethn. Gruppen	Akan (41,8%); Volta (16,3%); Malinké (15,9%); Kru (14,6%); Mandé (10,7%); Sonstige (0,7%)			
Wirtschaft und Soziales				
Dienstleistung	47,8%	**Urbanisierung**	44%
Industrie	21,5%	**Einwohner/km²**	45
Landwirtschaft	30,7%	**Bev.-Wachstum/Jahr**	1,8%
BSP/Kopf	717 $ (1999)	**Kindersterblichkeit**	8,7%
Inflation	2% (1999)	**Alphabetisierung**	42,6%
Arbeitslosigkeit	k.A.	**Einwohner pro Arzt**	k.A.

Dänemark

Europa, Karte S. 437, D 4

Dänemark Königreich Dänemark		DK
Landesfläche	43 094 km² (WR 130)	
Einwohner	5,3 Mio (WR 105)	
Hauptstadt	Kopenhagen (1,4 Mio Einwohner)	
Sprache	Dänisch	
Währung	1 Dänische Krone (dkr) = 100 Øre	
Zeit	Mitteleuropäische Zeit	
Gliederung	14 Kreisgemeinden	
Politik		
Staatsform	Parlamentarische Monarchie	
Regierungschef	Poul Nyrup Rasmussen (seit 1993) *15.6.1943	
Staatsoberhaupt	Königin Margrethe II. (seit 1972) *16.4.1940	
Parlament	Folketing mit 179 für vier Jahre gewählten Abgeordneten; 63 Sitze für Sozialdemokr., 27 für Liberale Venstre, 16 für Konservative Volkspartei, 13 für Sozialistische Volkspartei, 13 für Dänische Volkspartei, 8 für Zentrum für Demokratie, 24 für Andere (Wahl von 1998)	
Internet	www.folketinget.dk www.stm.dk	
Bevölkerung		
Religion	Christen (89,3%): Lutheraner (87,7%), Andere (1,6%); Muslime (1,4%); Sonstige und Konfessionslose (9,3%)	
Nationalitäten	Dänen (96,5%); Asiaten (1,5%); Skandinavier (0,5%); Briten (0,2%); Deutsche (0,2%); Sonstige (1,1%)	
Wirtschaft und Soziales		
Dienstleistung	70,9%	Urbanisierung	86%
Industrie	25,0%	Einwohner/km²	123
Landwirtschaft	4,1%	Bev.-Wachstum/Jahr	0,3%
BSP/Kopf	33 040 $ (1998)	Kindersterblichkeit	0,7%
Inflation	2,3% (1999)	Alphabetisierung	99%
Arbeitslosigkeit	5,5% (1999)	Einwohner pro Arzt	360

Im innenpolitischen Klima in D. war 1999/2000 ein Rechtsruck spürbar, der sich vor allem gegen die Ausländer im Land richtete. Im Februar 2000 bildete der an Popularität verlierende sozialdemokratische Ministerpräsident Poul Nyrup Rasmussen sein Mitte-Links-Kabinett um.

Innenpolitik: Der für Einwanderungsfragen zuständige Innenminister Thorkild Simonsen wurde durch die vorherige Sozialministerin Karen Jespersen ersetzt. Neue Agrar- und Nahrungsmittelministerin wurde die ehemalige EU-Kommissarin Ritt Bjerregaard. Mit der Kabinettsumbildung reagierte Rasmussen auf die nachlassende Popularität seiner Regierung, die wegen der zunehmenden Furcht der Bevölkerung vor einer Überfremdung und der Befürwortung eines Beitritts von D. zur Europäischen Währungsunion (EWU) in Umfragen nur 22% der Stimmen erhielt. Bei den Parlamentswahlen 1998 hatten die Sozialdemokraten noch einen Stimmenanteil von 35,9% gewonnen.

Ausländer: Im November 1999 wies die dänische Ausländerbehörde einen Türken, der in D. geboren und aufgewachsen war, nach drei Jahren Gefängnishaft in die Türkei aus. Daraufhin kam es im Kopenhagener Stadtteil Nørrebro zu schweren Kravallen zwischen Polizei und Einwanderern, bei denen ganze Straßenzüge verwüstet wurden. Die Auseinandersetzungen stärkten die rechtspopulistische Dänische Volkspartei, die bis dahin nur 13 der 179 Parlamentssitze stellte. Sie sprach sich gegen jegliche Zuwanderung von Ausländern aus und forderte die Wiederbelebung dänischen Brauchtums. In D. waren 2000 rund 3,5% der Bevölkerung Ausländer (zum Vergleich Deutschland: ca. 9%).

Einwanderung: Die dänische Regierung beschloss im Februar 2000 strengere Einwanderungsgesetze. So wurde u.a. die Familienzusammenführung deutlich erschwert: In D. lebende Ausländer müssen künftig mind. 25 Jahre (bis dahin 18 Jahre) alt sein, bis ihr Partner nachziehen darf. Heiratswillige müssen bei der Einwanderungsbehörde intime Fragen nach Art des Verhältnisses beantworten. Gleichzeitig beabsichtigte die dänische Regierung, durch ein umfassendes Integrationsprogramm die Eingliederung der in D. lebenden Ausländer zu beschleunigen. Vorgesehen waren u.a. Beihilfen für Ausbildungsprojekte und -betriebe, die Ausländer einstellen. Ausländischen Familien, die ihre Kinder in nicht dänische Kindergärten oder Schulen schicken, sollen Finanzhilfen gekürzt werden.

EWU-Beitritt: Die Ächtung des ehemaligen österreichischen FPÖ-Vorsitzenden Jörg Haider durch die EU im Februar 2000 verstärkte in D. die Kritik an dem von der Regierung befürworteten Beitritt zur EWU. Ministerpräsident Rasmussen wurde vorgeworfen, den außenpolitischen Ausschuss des dänischen Parlaments nicht rechtzeitig von den Maßnahmen der EU gegen Haider informiert zu haben. Außerdem wurden sie bei einem großen Teil der Bevölkerung als Einmischung in innere Angelegenheiten Österreichs gewertet. Haider genoss wegen seiner fremdenfeindlichen Äußerungen insbes. unter den Wählern der Dänischen Volkspartei große Beliebtheit. Mitte 2000 wurden die Aussichten der dänischen Regierung als schlecht eingestuft, bei der für den 28.9.2000 vorgesehenen Volksabstimmung die Mehrheit der Bevölkerung für den EWU-Beitritt zu gewinnen.

Färöer-Inseln: Im März 2000 begannen die Verhandlungen zwischen der dänischen Regierung und den im Nordatlantik gelegenen Färöer-Inseln über eine eventuelle Unabhängigkeit vom Königreich. Ministerpräsident Rasmussen drohte, die jährlichen Subventionen von 350 Mio DM nach einer Loslösung der Färöer von D. einzustellen. Anfinn Kallsberg, Chef der färörischen Lokalregierung, bezeichnete die Ankündigung als Versuch, seine Heimat von der Unabhängigkeit abzuhalten. Für den Herbst 2000 war auf den Färöern ein Referendum über diese Frage vorgesehen.

Wirtschaft: Die Konjunktur in D. schwächte sich 1999 ab, das BIP wuchs nur um 1% (1998: 2,7%). Das geringere Wirtschaftswachstum wurde insbes. auf die 1998 beschlossenen Steuererhöhungen zurückgeführt, welche die Kaufkraft der Bevölkerung einschränkten. Die Arbeitslosigkeit reduzierte sich 1999 im Vergleich zum Vorjahr trotz schlechterer Konjunktur von 6,5

auf 5,5%. Die Inflationsrate stieg mit 2,3% (1998: 1,8%) leicht an. Für 2000 wurde aufgrund des allgemeinen Aufschwungs in Westeuropa wieder mit einem etwas stärkeren Wirtschaftswachstum von 1,5% für D. gerechnet, weshalb sich voraussichtlich auch die Inflation wieder leicht auf 2,5% erhöhen wird. Der leichte Aufschwung wird aber Prognosen internationaler Wirtschafts- und Finanzinstitute zufolge keine nachhaltigen Auswirkungen auf den dänischen Arbeitsmarkt haben. Die Arbeitslosenquote wird 2000 mit 5,6% nahezu unverändert bleiben.

Wirtschaftsstruktur: Den größten Anteil an der Entstehung des BIP in D. hatte 1998 (letztverfügbarer Stand) der Dienstleistungssektor (70,9%). Der industrielle Sektor trug 25% bei, während in der Landwirtschaft nur noch 4,1% des BIP erwirtschaftet wurden. Seit 1961 sank der Anteil der Landwirtschaft am BIP (damals 19%) fast kontinuierlich ab, obwohl im Agrarsektor 1998 noch 11,4% aller dänischen Exportgüter entstanden. Insgesamt sind in D. 56% des Landes kultiviert.

Verkehr → Ostsee-Überbrückung

Deutschland	Bundesrepublik Deutschland	D
Landesfläche	357 022 km² (WR 61)	
Einwohner	82,1 Mio (WR 12)	
Hauptstadt	Berlin (3,4 Mio Einwohner)	
Sprache	Deutsch	
Währung	1 Deutsche Mark = 100 Pfennig	
Zeit	Mitteleuropäische Zeit	
Gliederung	16 Bundesländer	
Politik		
Staatsform	Parlamentarische Bundesrepublik (seit 1949)	
Regierungschef	Gerhard Schröder (seit 1998, SPD) *7.4.1944	
Staatspräsident	Johannes Rau (seit 1999, SPD) *16.1.1931	
Parlament	Bundesrat mit 669 und Bundesrat mit 69 Mitgliedern; im Bundestag 298 Sitze für SPD, 198 für CDU, 47 für CSU, 47 für Bündnis 90/Die Grünen, 43 für FDP, 36 für PDS (Wahl vom September 1998)	
Bevölkerung		
Religion	Christen (66,8%): Katholiken (33,4%), Protestanten (33,4%); Muslime (3,1%); Juden (0,1%); Sonstige (30%)	
Nationalitäten	Deutsche (91,1%); Türken (2,5%); Sonstige (6,4%)	
Wirtschaft und Soziales		
Dienstleistung	63,8%	Urbanisierung	87%
Industrie	35,3%	Einwohner/km²	230
Landwirtschaft	0,9%	Bev.-Wachstum/Jahr	–0,02%
BSP/Kopf	26 570 $ (1998)	Kindersterblichkeit	0,5%
Inflation	0,5% (1999)	Alphabetisierung	99%
Arbeitslosigkeit	10,5% (1999)	Einwohner pro Arzt	298

Deutschland
Europa, Karte S. 437

D. stand 2000 am Beginn eines Konjunkturaufschwungs, der in den kommenden Jahren nach Prognosen der Wirtschaftsforscher zur deutlichen Verringerung der Arbeitslosigkeit führen soll. Die ökonomische Belebung soll nach Plänen der rot-grünen Bundesregierung durch tief greifende Reformen bei Steuern und Sozialversicherungen unterstützt werden. In der deutschen Innenpolitik stand der Parteispenden-Skandal der CDU im Mittelpunkt.

Innenpolitik: Im November 1999 gab der ehemalige Bundeskanzler (1982–98) Helmut Kohl bei einer Sondersitzung des CDU-Präsidiums zu, dass es während seiner Amtszeit als Parteichef schwarze Konten der CDU gegeben habe. Im Dezember 1999 bekannte er in einem Fernsehinterview, 1993–98 persönlich 1,5–2 Mio DM bar an Spenden entgegengenommen zu haben. Kohl weigerte sich, die Namen der Spender zu nennen, obwohl dies gesetzlich vorgeschrieben ist. Mit dem Geständnis, gegen das Parteiengesetz verstoßen zu haben, stürzte er die CDU als größte deutsche Oppositionspartei in ihre tiefste Krise. Sie wurde verschärft, als die hessische CDU im Januar 2000 zugeben musste, Anfang der 1980er Jahre mehrere Mio DM in die Schweiz gebracht und sie als angebliche Vermächtnisse jüdischer Emigranten getarnt zu haben. Der Parteivorsitzende Wolfgang Schäuble trat im April 2000 von seinem Amt zurück, nachdem er verspätet zugegeben hatte, auch Barspenden entgegengenommen zu haben, deren Verbleib nicht genau geklärt werden konnte. Seine Nachfolgerin wurde Angela Merkel. Insgesamt lähmte die Affäre die CDU in ihrer Aufgabe, eine wikungsvolle Oppositionspolitik zu betreiben, und beeinträchtigte ihr Abschneiden bei den Landtagswahlen.

Landtagswahlen: Als wichtiger Stimmungstest nach der CDU-Spendenaffäre galten die Landtagswahlen in Schleswig-Holstein und in Nordrhein-Westfalen. Die SPD gewann im Februar 2000 die Landtagswahlen in Schleswig-Holstein mit 43,2% der Stimmen und legte gegenüber der letzten Wahl (1996: 39,8%) deutlich zu. Die nach der Spendenaffäre der Union erwarteten schweren Verluste für die CDU traten nicht ein; sie büßte mit 35,2% gegenüber 1996 lediglich 2 Prozentpunkte ein. Die Grünen, die seit 1996 an der Regierungskoalition mit der SPD beteiligt sind, kamen auf 6,2% (1996: 8,1%). Ministerpräsidentin Heide Simonis setzte die Koalition mit den Grünen im Kieler Landtag fort. In Nordrhein-Westfalen erzielte die SPD im Mai 2000 nur 42,8%. Regierungschef Wolfgang Clement blieb weit hinter dem SPD-Ergebnis von 1995 zurück, als sein Vorgänger Johannes Rau 46% gewonnen hatte. Die CDU schnitt mit 37% nur wenig schlechter ab als bei der Landtagswahl 1995 (37,7%). Bündnis 90/Die Grünen, seit 1995 an der Landesregierung beteiligt, wurden durch die FDP überraschend klar vom dritten Platz verdrängt. Die FDP kam auf 9,8% (1995: 4%), Bündnis 90/Die Grünen erreichten nur 7,1%, deutlich weniger als bei ihrem bisherigen Spitzenergebnis von 1995 (10%). Im Juni 2000 vereinbarten SPD und Grüne die Fortsetzung der Koalition.

Bundeswehrreform: Im Juni 2000 verabschiedete die rot-grüne Bundesregierung eine umfassende Reform der Bundeswehr, deren Truppenstärke in den nächsten Jahren von 324 000 auf 255 000 Mann reduziert werden soll. Etwa 150 000 Soldaten sollen insbes. für internationale Einsätze (Krisenreaktionskräfte) ausgebildet und in Bereitschaft gehalten werden. Die übrigen 105 000 fungieren als allgemeine Truppen. Hinzu kommen 22 000 Dienstposten von Soldaten, die sich beim Übergang ins Zivilleben in einer Berufsausbildung befinden. Ziel der Reform ist es, die Bundeswehr leistungsfähiger und flexibler zu machen.

Außenpolitik: Der deutsche Außenminister Joschka Fischer (Bündnis 90/Die Grünen) rief im April 2000 zu Solidarität mit den afrikanischen Staaten auf. Im Rahmen seiner Afrikareise, die ihn u. a. nach Nigeria, Mosambik und Südafrika führte, kündigte er an, dass D. trotz starker Haushaltskürzungen die afrikanischen Staaten bei inneren Reformen und bei der Integration in die Weltwirtschaft finanziell unterstützen werde. Mit Südafrika vereinbarte D. eine Reihe von wirtschaftlichen, kulturellen und wissenschaftlichen Kooperationsprojekten. Auch in militärischen Fragen wollen die beiden Staaten enger zusammenarbeiten. D. will Südafrika bei der Planung und Ausbildung von »Peace keeping«-Einheiten helfen, die bei regionalen Konflikten unter UN-Mandat eingesetzt werden könnten. Der Bundessicherheitsrat stimmte dem Verkauf von vier U-Booten und drei Korvetten aus deutscher Produktion an Pretoria zu.

Wirtschaft: Die deutsche Volkswirtschaft wies 1999 eine Wachstumsdelle auf. Das BIP nahm lediglich 1,4% zu, nachdem es 1998 noch um 2,2% gestiegen war. Bei der Entstehung des BIP kamen die stärksten Impulse aus den Bereichen Finanzierung, Vermietung und Dienstleistungen, die um 3,8% zulegten. Die Industrie hingegen wuchs nur um 0,9%. Im gleichen Maße wie das BIP erhöhte sich das Volkseinkommen. Wegen der Ökosteuer landete ein Teil der höheren Einkommen nicht bei den Privathaushalten, sondern beim Staat. Jeder Einwohner hatte 1999 im Schnitt 34 900 DM zur Verfügung. Die sog. Lohnquote, der Anteil der Arbeitnehmerentgelte am Volkseinkommen, betrug 71,4%. Die Produktivität nahm 1999 um lediglich 1,1% zu. Die Arbeitslosenquote sank 1999 auf 10,5% (1998: 11,2%), was insbes. auf die hohe Zahl der Erwerbstätigen zurückgeführt

▬ Deutschland: Politische Skandale und Affären

▶ **Spiegel-Affäre:** Im Zusammenhang mit einem Artikel im Nachrichtenmagazin »Der Spiegel« über das NATO-Manöver »Fallex 62«, der angeblich den Tatbestand des Verrats von Staatsgeheimnissen erfüllte, wurden im Oktober 1962 auf Anordnung des Ermittlungsrichters beim Bundesgerichtshof die Geschäftsräume des Nachrichtenmagazins in Bonn und Hamburg durchsucht. Die Chefredakteure Claus Jacobi und Johannes K. Engel sowie Herausgeber Rudolf Augstein wurden verhaftet. Die Aktion löste in der deutschen Öffentlichkeit heftige Proteste aus, zumal Zweifel an der Rechtmäßigkeit des Vorgehens nicht ausgeräumt werden konnten. Im Mittelpunkt aller Debatten stand der damalige Verteidigungsminister Franz Josef Strauß (CSU), dem unzulässige Eingriffe in die Polizeihoheit vorgeworfen wurden. Die fünf Minister der FDP in der gemeinsamen Regierung mit der CDU/CSU forderten den Rücktritt von Strauß als Bedingung für eine Fortsetzung der Koalition. Strauß verzichtete im November 1962 auf sein Ministeramt.

▶ **Spionage im Kanzleramt:** Im Mai 1974 erfuhr die deutsche Öffentlichkeit, dass

Günter Guillaume, einer der beiden persönlichen Referenten des damaligen Bundeskanzlers Willy Brandt (SPD), wegen Spionage für die DDR verhaftet worden war. Im Mai 1974 zog Brandt die Konsequenz und trat von seinem Amt zurück. Zu seinem Nachfolger wählte der Bundestag im Mai 1974 Helmut Schmidt.

▶ **Flick-Affäre:** Die Entdeckung von Spendenlisten bei Rudolf Diehl, dem Buchhalter des Flick-Konzerns, zog 1981 umfangreiche Untersuchungen der Bonner Staatsanwaltschaft nach sich. Firmen, Parteibüros und Wohnungen wurden überprüft, etwa 200 Zeugen vernommen. Die Staatsanwälte und Steuerfahnder stießen auf ein kaum zu überschauendes Netz von Scheinfirmen und gemeinnützigen Organisationen, die einer von der Steuer unabhängigen Finanzierung der Parteien dienten. Die Staatsanwaltschaft leitete insgesamt 1700 Verfahren gegen Politiker und Industrielle u. a. wegen Steuerhinterziehung ein. Der damalige Bundeskanzler Helmut Kohl versuchte eine Amnestie durchzusetzen, die aber an der heftigen Kritik der Öffentlichkeit scheiterte.

▶ **Barschel-Affäre:** Am Vorabend der Landtagswahlen in Schleswig-Holstein im September 1987 wurde ein Bericht des Nachrichtenmagazins »Der Spiegel« bekannt, in dem der Pressereferent in der Kieler Staatskanzlei, Rainer Pfeiffer, behauptete, er habe im Auftrag von Ministerpräsident Uwe Barschel (CDU) gegen SPD-Spitzenkandidat Björn Engholm eine Verleumdungskampagne geführt. Barschel wies die Vorwürfe Pfeiffers zurück und gab der gesamten deutschen Öffentlichkeit sein persönliches Ehrenwort, nicht von Pfeiffers Aktionen gegen Engholm gewusst zu haben. Als sich jedoch immer mehr Widersprüche in Barschels Behauptungen zeigten, erklärte er seinen Rücktritt vom Amt des Ministerpräsidenten. Im Oktober 1987 wurde Barschel in einem Genfer Hotelzimmer tot in seiner Badewanne aufgefunden. Die Obduktion ließ auf einen Selbstmord mit Hilfe einer Überdosis Schlaf- und Beruhigungsmittel schließen.

▶ **Parteispenden-Affäre:** Die im November 1999 bekannt gewordene Affäre um Schwarzkonten zur Parteifinanzierung stürzt die CDU in ihre schwerste Krise.

---

wurde, die in Rente und Pension gegangen waren. Die Inflationsrate lag bei 0,5% (1998: 1%), das Staatsdefizit erreichte mit 45,9 Mrd DM eine Quote von 1,2% des BIP. *Positive Aussichten:* Internationale Wirtschafts- und Finanzinstitute gingen für 2000 von einer deutlichen Konjunkturbelebung in D. aus, die auf den allgemeinen Wirtschaftsaufschwung in Westeuropa zurückgeführt wurde. Das BIP sollte um 2,7%, 2001 sogar um 3% steigen. Einen wichtigen Impuls erhielt die Konjunktur vom Außenhandel, der von der Wechselkursschwäche des Euro profitierte. Bei den verfügbaren Einkommen wurde für 2000 ein Zuwachs von 4,1%, für 2001 von 5,2% prognostiziert. Die Belebung der Konjunktur wird voraussichtlich zu einer Entlastung des Arbeitsmarktes führen. Die Erwerbslosenquote soll von 10,5% auf 9,7% (2000) bzw. 8,6% (2001) sinken.

Steuerreform: Im Mai 2000 verabschiedete der Bundestag die Steuerreform. Bürger und Unternehmen sollen ab 2001 um 45 Mrd DM netto entlastet werden. Für den Gesetzentwurf votierten in namentlicher Abstimmung 324 Abgeordnete, 298 lehnten ihn ab. Das Steuerpaket sieht bis 2005 eine Senkung des Eingangssatzes von 22,9 auf 15% und des Spitzensteuersatzes von 51 auf

45% vor. Die Körperschaftsteuer soll auf 25% gesenkt werden. Veräußerungsgewinne bei Kapitalgesellschaften werden steuerfrei. Personengesellschaften wird ein Wahlrecht eingeräumt, sich wie Kapitalgesellschaften besteuern zu lassen (Optionsmodell). Die CDU/CSU-Fraktion kündigte an, im Bundesrat ein Veto gegen die Steuerreform einzulegen.

Green Card: Die Bundesregierung beschloss im Mai 2000 die sog. Green-Card-Verordnung. Sie erlaubt deutschen Firmen, dringend benötigte Experten im Bereich Informationstechnologie (IT) aus Staaten außerhalb der Europäischen Union anzuwerben und für max. fünf Jahre in Deutschland zu beschäftigen. Die Spezialisten müssen für den Aufenthalt bestimmte Bedingungen erfüllen, darunter einen Hochschulabschluss und ein gesichertes Jahreseinkommen von 100 000 DM bei dem deutschen Unternehmen, von dem sie angeworben werden. Die Bundesregierung hoffte, etwa 20 000 Fachkräfte für einen begrenzten Arbeitsaufenthalt gewinnen zu können.

▬ **Arbeit** → Green Card   **Militär** → Bundeswehr
▬ **Parteien** → CDU → Parteienfinanzierung
▬ **Soziales** → Rentenversicherung
▬ **Steuern und Finanzen** → Steuern

Dominica
Mittelamerika, Karte S. 440, G 3

Die USA kritisierten 1999 D. wiederholt wegen des Economic Citizenship Programme (engl.; wirtschaftliches Staatsangehörigkeits-Programm). Es ermöglicht Ausländern, Bürger von D. zu werden. Investitionen in bestimmte Unternehmen des Tourismus, der Kauf von Staatsanleihen oder die Direktzahlung von 50 000 US-Dollar berechtigt eine vierköpfige Familie zum Erwerb der Staatsbürgerschaft von D. Das Programm war nur zur Sanierung der Staatsfinanzen entwickelt worden. 1995–99 wurden 600 Pässe für insgesamt 30 Mio US-Dollar verkauft. Im Jahr 2000 wurde D. verdächtigt, Kriminelle aus der ganzen Welt anzulocken, etwa Steuerflüchtige aus den USA und korrupte Regierungsbeamte aus den Staaten der ehemaligen UdSSR. Ende 1999 wurden kriminelle Chinesen bei der Einreise in Kanada mit dominicanischen Pässen festgenommen. Für D. ist das Programm ein wichtiger Schritt zur Beseitigung der starken Abhängigkeit der Volkswirtschaft vom Bananen-Export.

Dominica Commonwealth of Domenica	WD	
Landesfläche	751 km² (WR 169)	
Einwohner	71 000 (WR 182)	
Hauptstadt	Roseau (16 000 Einwohner)	
Sprachen	Englisch, Patois	
Währung	1 Ostkaribischer Dollar EC-$	
Zeit	Mitteleuropäische Zeit –5 h	
Gliederung	10 Bezirke	
Politik		
Staatsform	Parlamentarische Republik im Commonwealth (seit 1978)	
Regierungschef	Rosie Douglas (seit 2000)	
Staatspräsident	Vernon Lorden Shaw (seit 1998)	
Parlament	Abgeordnetenhaus mit 9 ernannten und 21 für fünf Jahre gewählten Mitgliedern; 10 Sitze für Arbeitspartei, 9 für Vereinigte Arbeiterpartei, 2 für Freiheitspartei, (Wahl von 2000)	
Internet	www.dominica.dm	
Bevölkerung		
Religion	Katholiken (70,1%); Protestanten (17,2%); Sonstige (12,7%)	
Ethn. Gruppen	Schwarze (89,1%); Mischlinge (7,2%); Indianer (2,4%); Weiße (0,4%); Sonstige (0,9%)	
Wirtschaft und Soziales		
Dienstleistung	68,8%	Urbanisierung	25%
Industrie	13,7%	Einwohner/km²	95
Landwirtschaft	17,5%	Bev.-Wachstum/Jahr	–1,3%
BSP/Kopf	3150 $ (1998)	Kindersterblichkeit	k.A.
Inflation	k.A.	Alphabetisierung	94%
Arbeitslosigkeit	k.A.	Einwohner pro Arzt	1947

Dominikanische Republik
Mittelamerika, Karte S. 440, E 3

Bei der Präsidentschaftswahl in der D. im Mai 2000 stimmte die Bevölkerung für einen Regierungswechsel. Der Kandidat der oppositionellen linksgerichteten Revolutionären Front, Hipolito Mejia, erhielt 49,6% der Stimmen. Der Zweitplatzierte Danilo Medina von der regierenden sozialistischen Partei der Dominikanischen Befreiung (PLD) erreichte 24,9%. Er verzichtete auf eine Stichwahl, obwohl Mejia die notwendige absolute Mehrheit verfehlt hatte. Der 92-jährige Joaquin Balaguer von der christlich-sozialen Reformpartei kam auf lediglich 24,6%. Balaguer war bereits 1966–78 und ab 1986 Staatschef, musste aber nach Vorwürfen der Wahlmanipulation 1996 unter dem Druck der USA zurücktreten. Die Wahl 2000 galt als Test für die marktwirtschaftliche Politik der PLD. Wahlsieger Mejia hatte mehr Sozialleistungen versprochen. Die wirtschaftliche Lage der meisten Dominikaner hatte sich 1999 kaum verbessert.

Dominikanische Republik	DOM	
Landesfläche	48 734 km² (WR 127)	
Einwohner	8,4 Mio (WR 84)	
Hauptstadt	Santo Domingo (2,2 Mio Einw.)	
Sprache	Spanisch	
Währung	1 Dominikanischer Peso (dom$) = 100 Centavos	
Zeit	Mitteleuropäische Zeit –6 h	
Gliederung	26 Provinzen, 1 Hauptstadtdistrikt	
Politik		
Staatsform	Präsidiale Republik (seit 1966)	
Regierungschef	Hipolito Mejia (seit 2000)	
Staatspräsident	Hipolito Mejia (seit 2000)	
Parlament	Abgeordnetenhaus mit 149 und Senat mit 30 für vier Jahre gewählten Abgeordneten; im Abgeordnetenhaus 83 Sitze für Sozialdemokraten (PRD), 49 für Sozialisten (PLD), 17 für Christlichsoziale (PRSC) (Wahl von 1998)	
Internet	www.presidencia.gov.do www.congreso.do	
Bevölkerung		
Religion	Katholiken (92,2%), Protestanten (0,3%); Sonstige (7,5%)	
Ethn. Gruppen	Mulatten (70%); Weiße (15%); Schwarze (15%)	
Wirtschaft und Soziales		
Dienstleistung	56%	Urbanisierung	64%
Industrie	26%	Einwohner/km²	172
Landwirtschaft	18%	Bev.-Wachstum/Jahr	1,7%
BSP/Kopf	1770 $ (1998)	Kindersterblichkeit	3,4%
Inflation	5,9% (1999)	Alphabetisierung	82,6%
Arbeitslosigkeit	ca. 30% (1998)	Einwohner pro Arzt	935

Dschibuti Republik Dschibuti		**DJI**
Landesfläche	23 200 km² (WR 146)	
Einwohner	629 000 (WR 156)	
Hauptstadt	Dschibuti-Stadt (450 000 Einw.)	
Sprachen	Franz., Arab., kuschit. Dialekte	
Währung	1 Franc de Djibouti (FD) = 100 Centimes	
Zeit	Mitteleuropäische Zeit +2 h	
Gliederung	5 Distrikte	
Politik		
Staatsform	Präsidiale Republik (seit 1977)	
Regierungschef	Barkat Gourad Hamadou (seit 1978) *1930	
Staatspräsident	Ismael Omar Guelleh (seit 1999) *1947	
Parlament	Nationalversammlung mit 65 für fünf Jahre gewählten Abgeordneten; 54 Sitze für Volkspartei für den Fortschritt (RPP), 11 für FRUD (Wahl von 1997)	
Bevölkerung		
Religion	Sunnitische Muslime (96%); Christen (4%): Katholiken 2%, Protestanten 1%, Orthodoxe 1%	
Ethn. Gruppen	Somali (61,7%): Issa (33,4%), Gadaboursi (15%), Issaq (13,3%); Afar (20%); Sonstige (18,3%)	

Wirtschaft und Soziales			
Dienstleistung	79,2%	Urbanisierung	83%
Industrie	17,8%	Einwohner/km²	27
Landwirtschaft	3%	Bev.-Wachstum/Jahr	2,6%
BSP/Kopf	k. A.	Kindersterblichkeit	10,6%
Inflation	3% (1997)	Alphabetisierung	48,3%
Arbeitslosigkeit	ca. 50% (1997)	Einwohner pro Arzt	5258

Dschibuti
Afrika, Karte S. 441, E 3

D. wurde um 2000 vom Krieg zwischen Eritrea und Äthiopien sowie von einer schweren Dürre in seiner Entwicklung stark gehemmt. Die EU-Außenminister zeigten sich im April 2000 nicht nur besorgt über die kontinuierlich schwieriger werdende Lebensmittelversorgung in den Kriegsstaaten, sondern auch über die wirtschaftliche Lage der Bevölkerung in D. Die Situation wurde verschärft, weil Hilfslieferungen ihre Empfänger zu spät erreichten. Die Häfen in der Region konnten die benötigten Hilfsgüter nicht schnell genug löschen. Nach Angaben der Vereinten Nationen (UN) waren im Jahr 2000 in D., Eritrea, Äthiopien, Burundi, Tansania und Somalia rund 16 Mio Menschen vom Hungertod bedroht. D. galt um 2000 als eines der ärmsten Länder der Welt. Die nomadische und agrarische Selbstversorgungswirtschaft litt unter dem besonders trockenen Klima. Mit einer Jahresdurchschnittstemperatur von 30,1 °C gilt Dschibuti-Stadt als der heißeste bewohnte Ort der Welt.

Ecuador Republik Ecuador		**EC**
Landesfläche	283 561km² (WR 71)	
Einwohner	12,4 Mio (WR 63)	
Hauptstadt	Quito (1,5 Mio Einwohner)	
Sprachen	Spanisch, Ketschua	
Währung	1 Sucre (S/.) = 100 Centavos	
Zeit	Mitteleuropäische Zeit –6 h	
Gliederung	20 Provinzen	
Politik		
Staatsform	Präsidiale Republik (seit 1979)	
Regierungschef	Gustavo Noboa (seit 2000), *21.8.1937	
Staatspräsident	Gustavo Noboa (seit 2000), *21.8.1937	
Parlament	Nationalkongress mit 125 für fünf Jahre gewählten Abgeordneten; 35 für Christlich Demokratische Volkspartei, 26 Sitze für Christlich-Soziale (PSC), 25 für Roldos/Zentrum (PRE), 17 für Sozialdemokraten (ID), 6 für Pachakutik, 16 für Andere (Wahl von 1998)	
Bevölkerung		
Religion	Katholiken (85%); Protestanten (15%)	
Ethn. Gruppen	Mestizen (40%); Indios (40%); Weiße (15%); Schwarze (5%)	

Wirtschaft und Soziales			
Dienstleistung	51%	Urbanisierung	61%
Industrie	35%	Einwohner/km²	44
Landwirtschaft	14%	Bev.-Wachstum/Jahr	2,0%
BSP/Kopf	1520 $ (1998)	Kindersterblichkeit	4,6%
Inflation	61% (1999)	Alphabetisierung	90,7%
Arbeitslosigkeit	mind. 17% (1999)	Einwohner pro Arzt	671

Ecuador
Südamerika, Karte S. 439, B 2

Nach Unruhen u. a. wegen Preiserhöhungen stürzte die Armee in E. im Januar 2000 Präsident Jamil Mahuad. Nachfolger wurde Vizepräsident Gustavo Noboa.
Innenpolitik: Hintergrund des Staatsstreichs war Mahuads Ankündigung, die schwache nationale Währung Sucre durch den US-Dollar zu ersetzen. Der mit Einführung der US-Währung verbundene Kaufkraftverlust löste insbes. unter Indianern (ca. 40% der Bevölkerung) und Gewerkschaftsanhängern heftige Proteste aus. Sie besetzten das Parlament, während mehrere hundert Soldaten den Präsidentenpalast einnahmen. Vertreter der Indianer-Organisation Conaie und mehrere Offiziere bildeten eine Junta der nationalen Rettung, aus der ein sog. Triumvirat hervorging. Es entließ Präsident Mahuad per Dekret und trat wenige Tage später selbst zurück, um die Verfassungsmäßigkeit wieder herzustellen. Mit Zustimmung der in E. mächtigen Armeeführung legte Vizepräsident Noboa

den Amtseid ab; das Parlament bestätigte ihn als Staatsoberhaupt.

Dollarisierung: Im März 2000 beschloss das Parlament, am Plan des gestürzten Präsidenten Mahuad festzuhalten und den US-Dollar als neues Zahlungsmittel binnen eines Jahres einzuführen. Außerdem wurden Gesetze zum Verkauf von bis zu 51% des Gesellschaftskapitals der Staatsunternehmen und zur generellen Öffnung bisheriger Monopolbereiche wie des Erdöl-, Elektrizitäts- und Fernmeldewesens verabschiedet. Die Gesetze, welche die Wirtschaft beleben sollten, riefen nach dem erfolgreichen Sturz Mahuads insbes. unter der indianischen Bevölkerung Enttäuschung hervor.

Benzinpreiserhöhung: Im Juli 1999 hatte der damalige Präsident Mahuad nach zehntägigen Demonstrationen im ganzen Land die Erhöhung der Benzinpreise um 13,1% zurücknehmen müssen. Ein Streik der Transportunternehmer sowie der Bus- und Taxifahrer legte alle größeren Städte in E. lahm und führte zur Verknappung von Lebensmitteln. Mit den zusätzlichen Einnahmen aus der Benzinpreiserhöhung woll-

te Mahuad einen Teil der Auslandsschulden von 16 Mrd US-Dollar begleichen. 1999 flossen 42% des Staatshaushaltes in den Schuldendienst.

Wirtschaft: Wegen mangelnder Strukturreformen und der Abhängigkeit von wenigen Exportgütern (Erdöl, Bananen) verschärfte sich 1999 die ökonomische Krise in E. Die Wirtschaftsleistung sank um 7% (1998: –1%), die Inflationsrate stieg deutlich auf 61% (1998: 37%). Mind. 17% der arbeitsfähigen Bevölkerung waren 1999 ohne Beschäftigung, 50% galten als unterbeschäftigt. Im April 2000 billigte der Internationale Währungsfonds (IWF) einen Unterstützungskredit von 300 Mio US-Dollar. Weltbank, Interamerikanische Entwicklungsbank und die Entwicklungsbank der Andengemeinschaft wollten weitere 1,8 Mrd US-Dollar an Krediten zur Verfügung stellen. Mit dem Geld sollen marktwirtschaftliche Reformen in E. vorangetrieben werden. In den 1990er Jahren versuchten die Regierungen von E., Strukturreformen durchzusetzen, scheiterten aber wiederholt am Widerstand der Bevölkerung, von der ca. 60% unterhalb der Armutsgrenze leben.

El Salvador
Mittelamerika, Karte S. 440, A 5

Bei den Parlamentswahlen im März 2000 siegten zum ersten Mal seit Beendigung des jahrzehntelangen Bürgerkrieges (1992) die linksgerichteten früheren Guerilleros der Nationalen Befreiungsfront Farabundo Marti (FMLN). Die Partei erreichte 31 der 84 Sitze in der Nationalversammlung, die regierende rechtsgerichtete Nationalistische Republikanische Allianz (ARENA) bekam nur 29 Mandate. Die Arena stellte aber weiterhin die Regierung, da ihr Partner, die konservative Nationale Versöhnungspartei (PCN), 13 Abgeordnete ins Parlament entsandte und beide Parteien zusammen mit 42 Mandaten die Hälfte der Sitze hielten. Der Sieg der FMLN wurde insbes. auf die wirtschaftlichen Probleme in E. zurückgeführt, wo die Arbeitslosenquote 1999 von 7,2% auf 8% stieg. Die FMLN bot der Regierungskoalition ihre Zusammenarbeit an, um die notwendigen Maßnahmen zur Belebung der Konjunktur und zur sozialen Absicherung der Bevölkerung einzuleiten.

El Salvador Republik El Salvador	ES	
Landesfläche	21 041 km² (WR 149)	
Einwohner	6,2 Mio (WR 97)	
Hauptstadt	San Salvador (480 000 Einw.)	
Sprachen	Spanisch, indianische Dialekte	
Währung	1 El-Salvador-Colon (C) = 100 Centavos	
Zeit	Mitteleuropäische Zeit –7 h	
Gliederung	14 Departamentos	
Politik		
Staatsform	Präsidiale Republik (seit 1983)	
Regierungschef	Francisco Flores (seit Juni 1999) *17.10.1959	
Staatspräsident	Francisco Flores (seit Juni 1999) *17.10.1959	
Parlament	Nationalversammlung mit 84 Abgeordneten; 31 Sitze für Nationale Befreiungsfront (FMLN), 29 für Nationalistische Republikanische Allianz (ARENA), 13 für Nationale Versöhnungspartei (PCN), 11 für Sonstige (Wahl von 2000)	
Bevölkerung		
Religion	Katholiken (93,6%); Sonstige (6,4%)	
Ethn. Gruppen	Mestizen (89%); Indianer (10%); Weiße (1%)	
Wirtschaft und Soziales		
Dienstleistung	66%	Urbanisierung	46%
Industrie	24%	Einwohner/km²	295
Landwirtschaft	10%	Bev.-Wachstum/Jahr	2,0%
BSP/Kopf	1850 $ (1998)	Kindersterblichkeit	3,2%
Inflation	–0,6% (1999)	Alphabetisierung	77%
Arbeitslosigkeit	8% (1999)	Einwohner pro Arzt	1563

Eritrea Republik Eritrea		ER
Landesfläche	121 144 km² (WR 96)	
Einwohner	3,7 Mio (WR 120)	
Hauptstadt	Asmara (400 000 Einwohner)	
Sprachen	Arabisch, Tigrinja, Englisch, verschiedene Dialekte	
Währung	Nakfa	
Zeit	Mitteleuropäische Zeit +2 h	
Gliederung	6 Verwaltungsregionen	
Politik		
Staatsform	Präsidiale Republik (seit 1993)	
Regierungschef	Isaias Afwerki (seit 1993) *1946	
Staatspräsident	Isaias Afwerki (seit 1993) *1946	
Parlament	Seit 1991 Provisorischer Nationalrat mit 150 Sitzen; alle Sitze für die Sozialisten (EPLF)	
Internet	www.netafrica.org/eritrea	
Bevölkerung		
Religion	Muslime (50%); Christen (50%)	
Ethn. Gruppen	Tigrinja (49%); Tigre (31,7%); Afar (4,3%); Sonstige (15%)	

Wirtschaft und Soziales			
Dienstleistung	61%	Urbanisierung	18%
Industrie	19%	Einwohner/km²	31
Landwirtschaft	20%	Bev.-Wachstum/Jahr	3,8%
BSP/Kopf	200 $ (1998)	Kindersterblichkeit	9,1%
Inflation	4% (1997)	Alphabetisierung	20%
Arbeitslosigkeit	k. A.	Einwohner pro Arzt	36 000

Eritrea
Afrika, Karte S. 441, E 3

Durch den 1998 ausgebrochenen Grenzkrieg gegen Äthiopien kam die Wirtschaft von E. 1999 praktisch zum Erliegen. Das Wirtschaftswachstum lag 1999 bei lediglich 0,5%, nachdem es 1998 noch ca. 4% betragen hatte. Die Ausrichtung der Wirtschaft auf den Krieg und die Mobilisierung von rund 200 000 Soldaten (6% der Gesamtbevölkerung) behinderten die Entwicklung der Industrie (u. a. Gold- und Erdölförderung aus dem Roten Meer). Die Rüstungsausgaben und der Verlust von Deviseneinnahmen aus Erdölexporten führten Ende 1999 zu einer Verringerung der Devisenreserven im Wert von sieben Importmonaten auf weniger als drei. Der Wiederaufbau der Lebensmittelproduktion und der Landwirtschaft stagnierte wegen fehlender finanzieller Mittel. Größte Probleme des Landes blieben 1999/2000 fehlendes Fachpersonal, Energiemangel und die zerstörte Infrastruktur, die zusammen mit dem Krieg jeglichen wirtschaftlichen Aufschwung verhindern.
■ Staaten → Äthiopien

Estland Republik Estland		EST
Landesfläche	45 100 km² (WR 129)	
Einwohner	1,4 Mio (WR 145)	
Hauptstadt	Tallinn (Reval, 499 000 Einw.)	
Sprache	Estnisch, Russisch	
Währung	1 Estnische Krone (ekr) = 100 Senti	
Zeit	Mitteleuropäische Zeit +1 h	
Gliederung	15 Bezirke	
Politik		
Staatsform	Parlamentarische Republik (seit 1991)	
Regierungschef	Mart Laar (seit 1999) *22.4.1960	
Staatspräsident	Lennart Meri (seit 1992) *29.3.1929	
Parlament	Staatsversammlung mit 101 auf 3 Jahre gewählten Abgeordneten; 28 für Zentrumspartei, 18 für konservative Vaterlandsunion, 18 für liberale Reform-Partei, 17 für gemäßigte Sozialdemokraten, 20 für Andere (Wahl von 1999)	
Internet	www.riik.ee/estno	
Bevölkerung		
Religion	Protestanten, Russisch-Orthodoxe	
Nationalitäten	Esten (63,2%); Russen (29,4%); Sonstige (7,4%)	

Wirtschaft und Soziales			
Dienstleistung	64%	Urbanisierung	74%
Industrie	28%	Einwohner/km²	31
Landwirtschaft	8%	Bev.-Wachstum/Jahr	-1,2%
BSP/Kopf	3360 $ (1998)	Kindersterblichkeit	1,9%
Inflation	4% (1999)	Alphabetisierung	99%
Arbeitslosigkeit	8% (1998)	Einwohner pro Arzt	260

Estland
Europa, Karte S. 437, E 3

Die estnische Regierung bat im Januar 2000 die Europäische Kommission, den Euro schon 2001 einführen zu dürfen, obwohl der Beitritt zur EU erst für 2003 vorgesehen war. Sie begründete ihr Ersuchen mit der Stabilität der nationalen Währung (Krone) und der Notwendigkeit, die wirtschaftliche Integration von E. in die EU zu erleichtern. Mit Einführung des Euro sollten die Senkung der Zinsen ermöglicht, die Investitionsbedingungen für ausländische Unternehmen verbessert, die estnische Konjunktur belebt und Gerüchte um eine Abwertung der nationalen Währung beendet werden. Die Europäische Zentralbank (EZB, Frankfurt/M.) beurteilte die estnische Initiative skeptisch und betonte, dass E. zunächst zwei Jahre lang am Europäischen Wechselkurssystem (EWS) teilnehmen müsse. Außerdem erfülle E. mit einer Inflationsrate 1999 von 4% noch nicht die für die Einführung des Euro notwendigen sog. Konvergenzkriterien.

Fidschi

Ozeanien, Karte S. 445, F 4

Mitte Mai 2000 nahmen bewaffnete Putschisten den Premierminister von F., Mahendra Chaudhry, und mehrere seiner Minister im Parlament des Inselreichs als Geiseln. Ende Mai 2000 übernahm die Armee die Macht auf den F. und verhängte das Kriegsrecht. Militärchef Frank Bainimarama erklärte Präsident Ratu Sir Kamisese Mara für abgesetzt. Ende Juni deutete sich die Freilassung der Gefangenen an. Das Militärregime beabsichtigte, einer zivilen Übergangsregierung zu weichen. Die Putschisten hofften, dass die neue Regierung die Mehrheit der Bevölkerung besser repräsentiert als Chaudhry, der indischer Abstammung ist. Bereits nach seinem Wahlsieg im Mai 1999 waren Unruhen befürchtet worden, weil in breiten Teilen der Bevölkerung eine Abneigung gegen eine indisch dominierte Regierung bestand. Etwa die Hälfte der Bevölkerung sind eingeborene Fidschianer (Melanesier), etwa gleich viele Inder kamen während der britischen Kolonialzeit als Gastarbeiter.

Fidschi Republik Fidschi			FJI
Landesfläche	18274 km² (WR 151)		
Einwohner	806 000 (WR 153)		
Hauptstadt	Suva (166000 Einwohner)		
Sprachen	Englisch, Fidschianisch, Hindi		
Währung	1 Fidschi-Dollar (F$) = 100 Cents		
Zeit	Mitteleuropäische Zeit +12 h		
Gliederung	4 Regionen		
Politik			
Staatsform	Republik (seit 1987)		
Regierungschef	Laisenia Quarase (seit 2000)		
Staatspräsident	Frank Bainimarama (seit 2000)		
Parlament	Repräsentantenhaus mit 71 für fünf Jahre gewählten Abgeordneten und Senat mit 34 Mitgliedern; 37 für Labour-Partei, 11 für nationale Föderationspartei, 8 Sitze für Politische Partei von Fidschi, 16 für Andere (Wahl von 1999)		
Internet	www.fiji.gov.fj		
Bevölkerung			
Religion	Christen (52,9%); Hindus (38,1%); Sonstige (9,0%)		
Nationalitäten	Fidschianer (50,7%); Inder (43,5%); Sonstige (5,8%)		
Wirtschaft und Soziales			
Dienstleistung	62,1%	Urbanisierung	41%
Industrie	15,9%	Einwohner/km²	44
Landwirtschaft	22%	Bev.-Wachstum/Jahr	1,5%
BSP/Kopf	2210 $ (1998)	Kindersterblichkeit	2%
Inflation	3% (1997)	Alphabetisierung	91,8%
Arbeitslosigkeit	6% (1997)	Einwohner pro Arzt	2161

Finnland

Europa, Karte S. 437, E 3

Im Februar 2000 gewann die Sozialdemokratin und bisherige Außenministerin Tarja Halonen die Präsidentschaftswahlen in F. und wurde Nachfolgerin ihres Parteikollegen Martti Ahtisaari.

Innenpolitik: Halonen setzte sich mit 51,6% der Stimmen gegen den Kandidaten der Zentrumspartei, Esko Aho, durch. Halonen erhielt insbes. die Unterstützung linker und liberaler Wähler, da sie als Pazifistin und Befürworterin einer Besserstellung von homosexuellen Paaren galt. Zugleich brachte sie 57% der konservativen Wählerinnen hinter sich, die im obersten Staatsamt von F. zum ersten Mal in der Geschichte eine Frau sehen wollten.

Eingeschränkte Kompetenzen: Die Machtbefugnisse des Staatspräsidenten wurden durch eine im März 2000 in Kraft getretene Verfassungsänderung stark eingeschränkt. Präsidentin Halonen hat nicht mehr das Recht, nach Parlamentswahlen den Regierungschef eigenmächtig zu küren. In der

Finnland Republik Finnland			SF
Landesfläche	338145 km² (WR 63)		
Einwohner	5,2 Mio (WR 107)		
Hauptstadt	Helsinki (525000 Einwohner)		
Sprachen	Finnisch, Schwedisch		
Währung	1 Finnmark (FMk) = 100 Penniä		
Zeit	Mitteleuropäische Zeit +1 h		
Gliederung	12 Provinzen		
Politik			
Staatsform	Parlamentarische Republik		
Regierungschef	Paavo Lipponen (seit 1995) *23.4.1941		
Staatspräsident	Tarja Halonen (seit 2000) *24.12.1943		
Parlament	Reichstag mit 200 für vier Jahre gewählten Abgeordneten; 51 Sitze für Sozialdemokraten, 48 für Zentrumspartei, 46 für Konservative, 55 für Andere (Wahl von 1999)		
Internet	www.vn.fi www.eduskunta.fi		
Bevölkerung			
Religion	Christen (87%); Konfessionslose (12%); Sonstige (1%)		
Nationalitäten	Finnen (93%); Schweden (5,8%); Sonstige (1,2%)		
Wirtschaft und Soziales			
Dienstleistung	60,7%	Urbanisierung	64%
Industrie	34,2%	Einwohner/km²	15
Landwirtschaft	5,1%	Bev.-Wachstum/Jahr	0,3%
BSP/Kopf	24 280 $ (1998)	Kindersterblichkeit	0,6%
Inflation	0,9% (1999)	Alphabetisierung	99%
Arbeitslosigkeit	10,2% (1999)	Einwohner pro Arzt	405

Außenpolitik, die vorher ganz in den Machtbereich des Staatsoberhauptes fiel, muss sie das Einvernehmen mit der Regierung suchen.

Außenpolitik: Im Januar 2000 beschloss die finnische Regierung, für ein halbes Jahr die Visumpflicht für Reisende aus der Slowakei einzuführen. Die Maßnahme sollte den weiteren Zustrom von Roma aus der Slowakei verhindern. Allein im November und Dezember 1999 waren 376 Roma aus der Slowakei nach F. gekommen, um dort Asyl zu beantragen. Sie hatten jedoch keine Aussicht auf Erfolg ihres Antrags, da die finnische Regierung sie nicht als verfolgte Minderheit betrachtete. Bereits im Sommer 1999 hatte F. für vier Monate eine Visumpflicht für Reisende aus der Slowakei eingeführt, nachdem in den Wochen zuvor 1200 Roma Asyl beantragt hatten. In F. dauerte um 2000 die Behandlung eines Asylgesuches mind. ein halbes Jahr, selbst wenn keinerlei Aussicht auf Aufnahme bestand. Die Regierung der Slowakei zeigte Verständnis für die finnische Maßnahme, forderte aber eine Vereinheitlichung der Asylpolitik innerhalb der EU.

Wirtschaft: Das BIP wuchs 1999 in F. mit 4% stärker als in den anderen EU-Staaten (2,1%). Die höchsten Wachstumsraten verzeichnete die Bauwirtschaft (+16%) und die Kommunikationsbranche (+10%). Trotz drohender Überhitzung der Konjunktur beschloss die finnische Regierung im Januar 2000, die Steuern bis 2004 im Umfang von insgesamt 7 Mrd DM zu senken (rund 1% aller Staatseinnahmen). Mit diesem Schritt sollten die Gewerkschaften zur Zurückhaltung bei Lohnverhandlungen bewogen werden. Auf dem Arbeitsmarkt zeichnete sich 1999 ein Mangel an Fachkräften ab. Die damit verbundene Gefahr steigender Löhne und anziehender Inflationsrate (1999: 0,9%) sollte durch die Steuersenkungen verringert werden. Im Außenhandel konnten die Einnahmen aus den Exporten 1999 um lediglich 1% gesteigert werden, während die Importe um 2% zunahmen. Die wichtigsten Exportartikel waren elektronische Ausrüstungen (27,9% der Gesamtausfuhr), Papier und Papierprodukte (23,2%), Maschinen (10,4%) sowie Metall und Metallprodukte (8,7%). Die bedeutendsten Handelspartner waren Deutschland und Schweden.

Frankreich Französische Republik	F
Landesfläche	543 965 km² (WR 47)
Einwohner	58,9 Mio (WR 20)
Hauptstadt	Paris (9,3 Mio Einwohner)
Sprachen	Französisch
Währung	1 Franz. Franc (FF)=100 Centimes
Zeit	Mitteleuropäische Zeit
Gliederung	22 Regionen
Politik	
Staatsform	Parlamentarische Republik (seit 1875)
Regierungschef	Lionel Jospin (seit 1997) *12.7.1937
Staatspräsident	Jacques Chirac (seit 1995) *29.11.1932
Parlament	Senat: 321 Abgeordnete; Nationalversammlung: 577 für 5 Jahre gewählte Abgeordnete; Nationalversammlung: 241 Sitze für Sozialisten, 134 für Neogaullisten, 108 für Rechtsliberale, 38 für Kommunisten, 56 für Andere (Wahl: 1997)
Internet	www.premier-ministre.gouv.fr www.senat.fr
Bevölkerung	
Religion	Christen (77,7%); Muslime (4,5%); Sonstige (17,8%)
Nationalitäten	Franzosen (93,6); Algerier (1,1%); Sonstige (5,3%)
Wirtschaft und Soziales	
Dienstleistung	64,1%	Urbanisierung	75%
Industrie	31,3%	Einwohner/km²	108
Landwirtschaft	4,6%	Bev.-Wachstum/Jahr	0,4%
BSP/Kopf	24 210 $ (1998)	Kindersterblichkeit	0,6%
Inflation	0,7% (1999)	Alphabetisierung	99%
Arbeitslosigkeit	11,2% (1999)	Einwohner pro Arzt	333

Frankreich
Europa, Karte S. 437, C 5

Die vom sozialistischen Premierminister Lionel Jospin und vom konservativen Präsidenten Jacques Chirac geplante Justizreform wurde Anfang 2000 verschoben. Die französische Konjunktur ging 1999 auf hohem Niveau leicht zurück. Mit einer Kabinettsumbildung im März 2000 hoffte Regierungschef Jospin, seine wegen Affären von Kabinettsmitgliedern sinkende Popularität bei den Wählern zurückzugewinnen.

Innenpolitik: Der ehemalige Premier Laurent Fabius von der Sozialistischen Partei (PS) löste Finanzminister Christian Sautter im Amt des Finanzministers ab. Neuer Bildungsminister und Nachfolger von Claude Allègre wurde Jack Lang (PS), der dieses Amt bereits in den 1980er Jahren unter dem sozialistischen Präsidenten François Mitterrand geführt hatte. Aus dem Bildungsressort wurde als neues Ressort der Forschungsbereich ausgegliedert, den Roger-Gérard Schwartzenberg von der Radikalsozialistischen Partei (PRG) übernahm.

Gescheiterte Justizreform: Im Januar 2000 einigten sich der gaullistische Staatspräsident Jacques Chirac und der sozialistische Regierungschef Lionel Jospin auf die Verschiebung der geplanten Justizreform. Mit der Umgestaltung sollten Richter und Staatsanwälte mehr Unabhängigkeit erhalten und die bis dahin vorherrschende Einflussnahme der Politik auf laufende Verfahren verhindert werden. Durch Aufschiebung des Projekts wollten Chirac und Jospin eine drohende Abstimmungsniederlage im französischen Kongress verhindern. Insbes. die Neogaullisten und Teile der Sozialisten hielten die Justizreform für mangelhaft vorbereitet. Die Verschiebung wurde als schwere Niederlage für Chirac und Jospin gewertet, welche die Cohabitation (Zusammenarbeit von Präsident und Premier aus unterschiedlichen politischen Gruppierungen) erschweren könnte.

Geplante Verfassungsreform: Im Herbst 2000 sollte die Bevölkerung in einem Referendum über eine Änderung des Art. 6 der französischen Verfassung entscheiden. Die Amtszeit des französischen Staatspräsidenten soll von sieben auf fünf Jahre verringert werden. Staatspräsident Chirac befürwortete die Reform, weil er angeblich durch häufigere Wahlen die französische Demokratie modernisieren will. Kritiker des Präsidenten behaupteten, dass er sich aufgrund seines Alters (68) beim nächsten Urnengang (2002) bessere Chancen auf eine Wiederwahl ausrechnete, wenn die Amtszeit auf fünf Jahre begrenzt ist.

Rücktritt von Dumas: Im Februar 2000 kündigte der Präsident des französischen Verfassungsrates, Roland Dumas, seinen Rücktritt an. Er musste sich vor einem Pariser Strafgericht wegen Verdachts der Veruntreuung von Geldern des staatlichen Ölkonzerns Elf Aquitaine verantworten. Dumas sollte seiner Geliebten zu einer Stellung bei Elf Aquitaine verholfen haben, die wiederum 20 Mio DM Provisionen u. a. an Dumas gezahlt haben sollte, um den Politiker für die Lieferung von Fregatten an Taiwan zu gewinnen. Dumas bestritt alle Vorwürfe.

Entschädigung: Eine französische Regierungskommission dokumentierte im April 2000 erstmals umfassend eine Mitverantwortung F.s an der Judenverfolgung im Zweiten Weltkrieg und sprach Empfehlungen für eine Wiedergutmachung aus. Die Kommission belegte, dass die etwa 330 000 Juden, die 1940 in F. lebten, vom damaligen NS-freundlichen Vichy-Regime systematisch ausgeplündert worden waren. Die Kommission schlug die Einrichtung eines Entschädigungsfonds vor, an dem sich die französische Regierung mit umgerechnet 420 Mio DM beteiligen sollte. Banken und Versicherungen garantierten bereits 270 Mio DM. Der Fonds soll Nachfahren ermordeter Juden entschädigen sowie eine Stiftung finanzieren, welche die Erinnerung an die Judenverfolgung in F. wach halten soll.

Frauenquote: Die französische Nationalversammlung verabschiedete im Januar 2000 ein Gleichstellungsgesetz, das Frauen den Zugang zu politischen Ämtern erleichtern sollte. Es verpflichtete die Parteien, bei Wahlen jeweils zur Hälfte männliche und weibliche Kandidaten aufzustellen. Bei Verstößen gegen das Gesetz werden den Parteien staatliche Subventionen gekürzt.

Friedensplan für Korsika: Im Februar 2000 legte die korsische Autonomiebewegung Unita einen Plan zur Beilegung des Konflikts mit der französischen Regierung um die Unabhängigkeit der Mittelmeerinsel Korsika vor. Darin bestätigte die Unita den im Dezember 1999 proklamierten Waffenstillstand. Sie verlangte die Anerkennung des Korsischen als Amtssprache und die Amnestierung korsischer Terroristen. Die französische Regierung reagierte insbes. wegen der Forderung nach einem in der Verfassung festgeschriebenen Sonderstatus für das korsische Volk zurückhaltend, weil er nach ihrer Auffassung das Prinzip der Unteilbarkeit der französischen Republik verletze. Seit den 1970er Jahren verstärkten sich auf Korsika die Unabhängigkeitsbestrebungen, die von den französischen Re-

Frankreich: Französische Soldaten in Afrika			
Land	1997		1999
Côte d'Ivoire		600	700
Dschibuti		3400	2500
Gabun		600	560
Senegal		1200	1000
Tschad		980	980
Zentral. Rep.		1400	0

Quelle: Frankfurter Allgemeine Zeitung, 8.1.2000

gierungen durch Stärkung der staatlichen Autorität bekämpft wurden.

Außenpolitik: Im Februar 2000 bezeichnete Premierminister Jospin auf einer Nahostreise die Angriffe der schiitischen Miliz Hisbollah im Südlibanon gegen Israel als terroristischen Akt und rief Proteste bei den arabischen Staaten hervor. Staatspräsident Chirac kritisierte die Äußerung Jospins, weil sie die Glaubwürdigkeit der französischen Außenpolitik im Nahost-Friedensprozess gefährdet habe. Chirac betonte, dass die Verantwortung für die Außen- und Sicherheitspolitik beim Präsidenten und nicht beim Premier liege. Der Streit zwischen Jospin und Chirac wurde als Zeichen für die Krise der sog. Cohabitation gewertet (Zusammenarbeit von Staatspräsident und Premierminister, die unterschiedlichen politischen Richtungen angehören).

Afrikapolitik: Nach dem Putsch gegen die Regierung der ehemaligen französischen Kolonie Côte d'Ivoire im Dezember 1999 verzichtete F. auf die vom gestürzten General Robert Guei geforderte militärische Intervention französischer Truppen. Premierminister Jospin verwies auf die Neuorientierung in der französischen Afrikapolitik, deren Hauptmerkmal die Doktrin der Nichteinmischung sei. In den Jahrzehnten zuvor hatte F. in ähnlichen Fällen in den ehemaligen französischen Kolonien Afrikas interveniert. Die französische Führung erwartete von den frankophonen Partnern wie Dschibuti, Gabun, Senegal, Tschad, der Zentralafrikanischen Republik oder Côte d'Ivoire größere Selbstständigkeit. Das französische Truppenkontingent in diesen Staaten sollte bis 2002 von ca. 5700 auf 4000 Soldaten verringert werden. Gleichzeitig strebte F. eine Verbesserung der Beziehungen zu den portugiesisch- und englischsprachigen Regionalmächten Angola, Nigeria, Uganda und Südafrika an.

Wirtschaft: Die französische Konjunktur schwächte sich 1999 auf hohem Niveau ab.

Frankreich: Die umsatzstärksten Unternehmen

Unternehmen / Branche	Umsatz 1999 (Mrd Euro)	Veränderung gegenüber 1998 (%)	Gewinn 1999 (Mrd Euro)	Veränderung gegenüber 1998 (%)
Total Fina Öl/Chemie	42,0	▲ +20	1,73	▲ + 12
Vivendi Versorgung/Telekommunikation/Medien	41,5	▲ +31	1,43	▲ + 28
PSA Peugeot Citroën Fahrzeugbau	37,8	▲ +12	0,73	▲ + 51
Renault Fahrzeugbau	37,6	▲ + 5	0,53	▽ – 60
Elf Aquitaine Öl/Chemie/Pharma	35,5	▲ +10	2,07	▲ +284
Electricité de France Energie	32,1	▲ + 9	0,71	▲ + 6
Suez-Lyonnaise des Eaux Versorgung/Kommunikation	31,6	△ + 1	1,45	▲ + 45
France Télécom Telekommunikation	27,2	▲ +11	2,80	▲ + 20
Alcatel Telekommunikation	23,0	▲ + 8	0,64	k.A.
Saint-Gobain Baustoffe	23,0	▲ +29	1,22	▲ + 12

Quelle: Frankfurter Allgemeine Zeitung, 11.4.2000

Das BIP stieg um 2,7% (1998: 3,1%). Das starke Wirtschaftswachstum war u.a. auf die hohen Investitionen der Unternehmen aus den Bereichen Telekommunikation, Medien und Elektronik zurückzuführen (+7,3% gegenüber 1998). Die Inflationsrate blieb mit 0,7% gering (1998: 1,3%). Trotz der boomenden Konjunktur ging der Handelsbilanzüberschuss 1999 um 17% auf 18,8 Mrd Euro zurück. Gründe waren die Asienkrise, die sich Anfang 1999 negativ auf die französische Exportwirtschaft auswirkte, und der hohe Preis für Erdöl.

35-Stunden-Woche: Im Februar 2000 trat in F. die 35-Stunden-Woche für 14% der Betriebe mit über 20 Beschäftigten in Kraft. Die Arbeitszeitverkürzung gilt für 2,7 Mio Beschäftigte (23% aller Erwerbstätigen). Die Einführung löste bei mehreren Berufsgruppen Proteste aus. Fernfahrer errichteten tagelang Straßensperren, um eine bessere Bezahlung und die 35-Stunden-Woche auch für Betriebe mit weniger als 20 Mitarbeitern durchzusetzen. In Krankenhäusern legten Beschäftigte vorübergehend die Arbeit nieder und forderten Neueinstellungen, um die hohe Zahl an Überstunden zu verringern.

Arbeitslosigkeit: Die Arbeitslosenrate lag 1999 bei 11,2%, nachdem sie 1998 noch 11,8% betragen hatte. Aufgrund der boomenden Konjunktur entstanden 1998/99 insgesamt 500 000 neue Arbeitsplätze. Durch Einführung der 35-Stunden-Woche sollten bis 2002 weitere 450 000 neue Arbeitsplätze entstehen. Größtes Problem blieb die hohe Zahl der Beschäftigungslosen bei den unter 25-Jährigen (1999: ca. 20%). Die Jugendarbeitslosigkeit wurde insbes. auf die mangelnde Ausbildung der meisten Betroffenen zurückgeführt.

Steuerlast: Die Regierung beschloss im März 2000 Steuersenkungen in Höhe von 12 Mrd DM. Anfang April wurde die Mehrwertsteuer um einen Prozentpunkt auf 19,6% gesenkt. Die zwei niedrigsten Einkommensklassen wurden bei der Einkommenssteuer um insgesamt 3,2 Mrd DM entlastet. Der Anteil der Steuern und Abgaben an der gesamten Produktion von Gütern und Dienstleistungen hatte 1999 in F. mit 45,7% (1998: 44,7%) einen historischen Höchststand erreicht. Die Regierung versprach, ihn bis Ende 2001 auf 44,7% zu senken.

Staaten → Côte d'Ivoire

Gabun
Afrika, Karte S. 441, C 4

Der kanadische UN-Botschafter Robert Fowler suchte 1999 im Auftrag des Weltsicherheitsrates nach Lücken bei der Durchsetzung der Sanktionen gegen die angolanische Rebellenbewegung Unita. Er kam zu dem Schluss, dass mind. sieben afrikanische Staaten, darunter G., die UN-Sanktionen unterliefen und der Unita gegen Diamanten Waffen geliefert hatten. Insbes. gabunesische Staatsdiener wurden verdächtigt, mit der Unita regen Handel zu treiben.

Aufgrund reicher Erdölvorkommen und der weitgehend friedlichen Entwicklung des Landes zählte G. um 2000 zu den ökonomisch stärkeren Ländern Schwarzafrikas. Allerdings führten der Ölpreis-Verfall sowie Misswirtschaft und Korruption zu einem Anstieg der Auslandsverschuldung. Zwar erholte sich Ende 1999 der Erdölpreis, doch G. blieb auf die Wirtschaftshilfe ausländischer Staaten angewiesen. Neben Erdöl verfügt G. auch über Vorkommen an Mangan, Uran, Eisenerz und Gold.

Gabun Gabunische Republik		GAB
Landesfläche	267 668 km² (WR 74)	
Einwohner	1,2 Mio (WR 148)	
Hauptstadt	Libreville (419 000 Einwohner)	
Sprachen	Französisch, Bantu-Sprachen	
Währung	CFA-Franc (FCFA)	
Zeit	Mitteleuropäische Zeit	
Gliederung	9 Provinzen	
Politik		
Staatsform	Präsidiale Republik (seit 1961)	
Regierungchef	Jean-François Ntoutoume (seit 1999) *6.10.1939	
Staatspräsident	Omar Bongo (seit 1967) * 30.12.1935	
Parlament	Nationalvers. mit 120 (111 für fünf Jahre gewählt, 9 ernannt) u. Senat mit 91 für sechs Jahre gewählten Mitgliedern; 85 (54) Sitze für PDG, 10 (4) für PGP, 7 (20) für RNB, 18 (13) für Andere (Wahl von 1996/97)	
Internet	www.alderan.com/presidence-gabon	
Bevölkerung		
Religion	Katholiken (65,2%), Protestanten (18,8%), Sonstige (16%)	
Ethn. Gruppen	Fang (35,5%); Mpongwe (15,1%); Mbete (14,2%); Punu (11,5%); Sonstige (23,7%)	

Wirtschaft und Soziales			
Dienstleistung	40,4%	Urbanisierung	50%
Industrie	50,3%	Einwohner/km²	4
Landwirtschaft	9,3%	Bev.-Wachstum/Jahr	2,6%
BSP/Kopf	4170 $ (1998)	Kindersterblichkeit	8,7%
Inflation	k.A.	Alphabetisierung	66,2%
Arbeitslosigkeit	k.A.	Einwohner pro Arzt	2337

Gambia Republik Gambia		**WAG**
Landesfläche	11 295 km² (WR 156)	
Einwohner	1,3 Mio (WR 146)	
Hauptstadt	Banjul (271 000 Einwohner)	
Sprachen	Englisch, Mandingo, Wolof	
Währung	1 Dalasi (D) = 100 Butut	
Zeit	Mitteleuropäische Zeit −1 h	
Gliederung	6 Bezirke	
Politik		
Staatsform	Präsidiale Republik (seit 1970)	
Regierungschef	Yahya A. J. J. Jammeh (seit 1994) *1965	
Staatspräsident	Yahya A. J. J. Jammeh (seit 1994) *1965	
Parlament	Repräsentantenhaus mit 45 Abgeordneten; 33 für Patriotische Allianz, 7 für Demokratische Partei, 1 für Sozialistische Unabhängigkeitspartei, 4 für Sonstige (Wahl: 1997)	
Internet	www.gambia.com	
Bevölkerung		
Religion	Muslime (95%); Christen (4%); Sonstige (1%)	
Ethn. Gruppen	Malinké (34%); Fulbe/Fulani (16%); Wolof (13%); Diola (9%); Soninke (8%); Sonstige (20%)	

Wirtschaft und Soziales			
Dienstleistung	58%	Urbanisierung	37%
Industrie	15%	Einwohner/km²	115
Landwirtschaft	27	Bev.-Wachstum/Jahr	2,8%
BSP/Kopf	350 $ (1999)	Kindersterblichkeit	12,2%
Inflation	2,2% (1997)	Alphabetisierung	33,1%
Arbeitslosigkeit	k.A.	Einwohner pro Arzt	14 536

Gambia

Afrika, Karte S. 441, A 3

Als einziges Land der Erde war G. von computerbedingten schweren Störungen beim Wechsel ins Jahr 2000 betroffen. Dort brach um Mitternacht die Stromversorgung zusammen, was den Flug- und Seeverkehr stark beeinträchtigte, aber zu keinen schweren Unfällen führte. Mit einem Pro-Kopf-Einkommen von 350 US-Dollar zählte G. 1999 zu den ärmsten Staaten der Welt. Die Einwohner lebten überwiegend von der Landwirtschaft, die 27% zum BIP beitrug. Erdnüsse waren neben Fisch und den Einnahmen aus dem Tourismus die wichtigsten Devisenbringer. Ein stärkerer Ausbau der Industrie galt wegen des kleinen Binnenmarktes, fehlender internationaler Konkurrenzfähigkeit und der schlechten Infrastruktur als nicht lohnenswert. Ziel der Regierung von G. war, den Dienstleistungssektor, insbes. den Fremdenverkehr und das Finanzwesen, auszubauen. Dadurch sollte die einseitige Abhängigkeit der Volkswirtschaft vom Fisch- und Erdnuss-Export verringert werden.

Georgien Republik Georgien		**GE**
Landesfläche	69 700 km² (WR 118)	
Einwohner	5,4 Mio (WR 102)	
Hauptstadt	Tblissi (1,25 Mio Einwohner)	
Sprache	Georgisch, Russisch, Armen.	
Währung	1 Lari = 100 Tetri	
Zeit	Mitteleuropäische Zeit +2 h	
Gliederung	79 Bezirke	
Politik		
Staatsform	Präsidialrepublik (seit 1995)	
Regierungschef	Wascha Lordkipanidse (seit Juli 1998) *28.11.1949	
Staatspräsident	Eduard Schewardnadse (seit 1992) *25.1.1928	
Parlament	235 für vier Jahre gewählten Abgeordnete; 130 Sitze für Bürgerunion, 64 für Union für Wiedergeburt, 15 für Industrie rettet Georgien, 26 für Andere (Wahl: 1999)	
Internet	www.parliament.ge www.presidpress.gov.ge	
Bevölkerung		
Religion	Christen (83%); Muslime (11%); Sonstige (6%)	
Nationalitäten	Georgier (72%); Armenier (8%); Aseri (5,6%); Russen (5,5%); Osseten (3%); Sonstige (5,9%)	

Wirtschaft und Soziales			
Dienstleistung	11%	Urbanisierung	60%
Industrie	22%	Einwohner/km²	77
Landwirtschaft	67%	Bev.-Wachstum/Jahr	−1,1%
BSP/Kopf	970 $ (1998)	Kindersterblichkeit	2%
Inflation	19% (1999)	Alphabetisierung	96%
Arbeitslosigkeit	12,9% (1999)	Einwohner pro Arzt	180

Georgien

Asien, Karte S. 443, A 3

Bei der Präsidentenwahl im wirtschaftlich angeschlagenen G. im April 2000 wurde der seit 1992 regierende Amtsinhaber Eduard Schewardnadse mit der überragenden Mehrheit von über 82% der Stimmen wiedergewählt.

Innenpolitik: Schewardnadses Gegenspieler, der frühere Kommunistenchef Dschumber Patiaschwili, kam nur auf 17% der Stimmen. Wahlberechtigt waren 3,1 Mio Georgier, die Wahlbeteiligung lag bei 70%. Der Urnengang wurde von 150 Beobachtern der Organisation für Sicherheit und Zusammenarbeit in Europa (OSZE) überwacht. Schewardnadses Kontrahent Patiaschwili hatte Vorwürfe erhoben, dass Unregelmäßigkeiten beim Wahlgang zu erwarten seien. Schewardnadse hatte bereits zur Zeit der UdSSR die damalige Sowjetrepublik Georgien 13 Jahre regiert. Ende der 1980er Jahre war er als sowjetischer Außenminister unter Michail Gorbatschow an der Beendigung des Kalten Krieges und der Wiedervereinigung Deutschlands maßgeblich beteiligt. Bei der Präsidentenwahl 1995 erhielt er 74% der Stimmen, Patiaschwili 19%.

Außenpolitik: Im November 1999 kündigte Präsident Schewardnadse an, sich um einen Beitritt G.s zur NATO zu bewerben. Er reagierte auf den russischen Feldzug in der nördlich gelegenen russischen Kaukasus-Region Tschetschenien, der in G. als Bedrohung empfunden wurde. Die georgische Regierung befürchtete, dass Russland Schewardnadse aufgrund seiner positiven Haltung gegenüber der NATO notfalls gewaltsam aus dem Amt drängen wollte. Ein eventueller georgischer Antrag auf NATO-Beitritt schien Mitte 2000 aussichtsreich, da G. als geopolitisch wichtiges Brückenland zwischen den rohstoffreichen Regionen des Kaspischen Beckens und Europa galt.

Wirtschaft: Die georgische Volkswirtschaft befand sich 1999 in einer schweren Krise. Das BIP stieg zwar um 2,4% (1998: 10%), doch die deutliche Verlangsamung des Wachstums führte zu einem Haushaltsdefizit von 200 Mio US-Dollar. Die georgische Verwaltung konnte 1999 Löhne und Renten von 50 Mio US-Dollar nicht auszahlen. Die Inflationsrate stieg auf 19% (1998: 10,7%). 70% der Bevölkerung lebten 1999 unter dem Existenzminimum. G. hat nur wenige Bodenschätze. Insbes. bei den Energieträgern gibt es Defizite. Deshalb bildeten Öl und Erdgas 1999 mit 18,9% den größten Teil der Einfuhren. Wichtigste Exportgüter waren Eisenlegierungen (9,8% der Gesamtausfuhren), Flugzeuge (8,4%), Nüsse (7,9%) und Wein (6,5%).

IWF-Verhandlungen: Im Dezember scheiterten Unterredungen zwischen G. und dem Internationalen Währungsfonds (IWF) über einen Kredit von 100 Mio US-Dollar. Der IWF verweigerte jegliche finanzielle Unterstützung aufgrund des hohen Maßes an Korruption in G. Er forderte eine bessere Eintreibung der Steuern, die 1999 lediglich 9% der staatlichen Einnahmen betrugen. Internationale Finanzinstitute gewährten 1999 monetäre Hilfen nur für ausgewählte Projekte. Die Europäische Investitionsbank stellte 120 Mio US-Dollar für den Ausbau der Infrastruktur im Bereich des Ölterminals von Supsa an der georgischen Schwarzmeerküste bereit.

Ghana

Afrika, Karte S. 441, B 4

Internationale Menschenrechtsorganisationen verwiesen um 2000 darauf, dass G. zur Drehscheibe für Abschiebungen von Asylbewerbern aus westlichen Staaten in den Großraum Afrika geworden sei. Es mehrten sich Berichte von schweren Menschenrechtsverletzungen, in welche die nationale Fluglinie Ghana Airways und ghanaische Soldaten verwickelt sein sollten. Danach übernehmen ghanaische Militärs (»Ghana Armed Forces«) die Eskorte von abgeschobenen Afrikanern, wobei unter den aus Deutschland Abgeschobenen nicht nur ghanaische, sondern auch senegalesische, nigerianische, kamerunische und gambische Staatsangehörige waren. Bei diesen Flügen sollte es wiederholt zu Übergriffen gegen die Abgeschobenen gekommen sein. Die ghanaische Regierung versprach, den Anschuldigungen nachzugehen. G. galt lange Zeit als eines der wenigen Länder Afrikas, in denen weitgehend politische und soziale Stabilität herrscht.

Ghana Republik Ghana		GH
Landesfläche	238533 km² (WR 78)	
Einwohner	19,7 Mio (WR 50)	
Hauptstadt	Accra (1,9 Mio Einwohner)	
Sprachen	Englisch, 75 Sprachen u. Dialekte	
Währung	1 Cedi (c) = 100 Pesewas	
Zeit	Mitteleuropäische Zeit –1 h	
Gliederung	10 Regionen, 58 Distrikte	
Politik		
Staatsform	Präsidiale Republik (seit 1979)	
Regierungschef	Jerry John Rawlings (seit 1981) *22.6.1947	
Staatspräsident	Jerry John Rawlings (seit 1981) *22.6.1947	
Parlament	Nationalversammlung mit 200 Abgeordneten; 132 für Nationaldemokratischer Kongress, 60 für Patriotische Partei, 5 für Volkspartei, 1 für Sonstige, 2 nicht besetzt (Wahl von 1996)	
Bevölkerung		
Religion	Christen (62%): Protestanten (28%), Katholiken (18%), Unabhängige (16%); Naturreligionen (23%); Muslime (15%)	
Ethn. Gruppen	Akan (52,4%); Mossi (15,8%); Ewe (11,9%); Ga-Adangme (7,8%); Gurma (3,3%); Sonstige (8,8%)	

Wirtschaft und Soziales			
Dienstleistung	37%	**Urbanisierung**	37%
Industrie	16%	**Einwohner/km²**	83
Landwirtschaft	47%	**Bev.-Wachstum/Jahr**	2,7%
BSP/Kopf	390 $ (1998)	**Kindersterblichkeit**	6,6%
Inflation	ca. 12,4% (1999)	**Alphabetisierung**	66,4%
Arbeitslosigkeit	35% (1997)	**Einwohner pro Arzt**	22970

Grenada State of Grenada	WG
Landesfläche	344 km² (WR 182)
Einwohner	94 000 (WR 178)
Hauptstadt	St. George's (10 000 Einwohner)
Sprachen	Englisch, Patois
Währung	1 Ostkaribischer Dollar (EC-$) = 100 Cents
Zeit	Mitteleuropäische Zeit −5 h
Politik	
Staatsform	Parlamentarische Monarchie im Commonwealth (seit 1974)
Regierungschef	Keith Mitchell (seit 1995) *12.11.1946
Staatsoberhaupt	Königin Elizabeth II. (seit 1974) *21.4.1926
Parlament	Senat mit 13 ernannten und Repräsentantenhaus mit 15 für fünf Jahre gewählten Abgeordneten; 15 für New National Party (Wahl von 1999)
Internet	www.grenada.org
Bevölkerung	
Religion	Katholiken (53%), Protestanten (22,5%), Sonstige (24,5%)
Ethn. Gruppen	Schwarze (84,9%); Mischlinge (11%); Sonstige (4,1%)

Wirtschaft und Soziales			
Dienstleistung	70,1%	Urbanisierung	65%
Industrie	18,3%	Einwohner/km²	273
Landwirtschaft	11,6%	Bev.-Wachstum/Jahr	0,8%
BSP/Kopf	3250 $ (1998)	Kindersterblichkeit	k.A.
Inflation	k.A.	Alphabetisierung	98%
Arbeitslosigkeit	k.A.	Einwohner pro Arzt	1617

Grenada
Mittelamerika, Karte S. 440, G 4

G. umfasst neben der namensgebenden Hauptinsel die Korallenriffe und Inseln (u. a. Carriacou und Petit Martinique) der südlichen Grenadinen und ist die südlichste Gruppe der sog. Inseln über dem Winde. Die Lage von G. am südlichen Ende des ostkaribischen, tektonisch hoch aktiven Inselbogens erklärt die häufigen Erdbeben und den überwiegend von Vulkangestein bestimmten Aufbau der Hauptinsel. Die Bevölkerung setzt sich vor allem aus den Nachkommen afrikanischer Sklaven zusammen. Hinzu kommt eine indischstämmige Minderheit, die nach Abschaffung der Sklaverei 1833 als Plantagenarbeiter nach G. einwanderten. Neben der Ausfuhr landwirtschaftlicher Produkte (insbes. Muskatnüsse, Bananen, Kakao und Gemüse) war der Tourismus um 2000 die wichtigste Devisenquelle von G. Jährlich kamen rund 325 000 Ausländer ins Land. Die unterentwickelte Industrie bestand überwiegend aus Kleinbetrieben, in denen landwirtschaftliche Produkte verarbeitet wurden.

Griechenland Griechische Republik	GR
Landesfläche	131 990 km² (WR 94)
Einwohner	10,6 Mio (WR 70)
Hauptstadt	Athen (800 000 Einwohner)
Sprache	Neugriechisch
Währung	1 Drachme (Dr) = 100 Lepta
Zeit	Mitteleuropäische Zeit +1 h
Gliederung	10 Regionen
Politik	
Staatsform	Parlamentarische Republik (seit 1975)
Regierungschef	Kostas Simitis (seit 1996) *23.6.1936
Staatspräsident	Kostis Stephanopoulos (seit 1995) *15.8.1926
Parlament	Ein-Kammer-Parlament mit 300 für 4 Jahre gewählten Abgeordneten; 158 Sitze für Panhellenische Sozialistische Bewegung (PASOK), 125 für Nea Demokratia (ND), 17 für Andere (Wahlen von 2000)
Internet	www.primeminister.gr www.parliament.gr
Bevölkerung	
Religion	Christen (98,1%); Muslime (1,5%); Sonstige (0,4%)
Nationalitäten	Griechen (95,5%); Makedonier (1,5%); Sonstige (3,0%)

Wirtschaft und Soziales			
Dienstleistung	59,4%	Urbanisierung	60%
Industrie	28,2%	Einwohner/km²	80
Landwirtschaft	12,4%	Bev.-Wachstum/Jahr	0,3%
BSP/Kopf	11 740 $ (1998)	Kindersterblichkeit	0,8%
Inflation	2,7% (1999)	Alphabetisierung	96,6%
Arbeitslosigkeit	11,3% (1999)	Einwohner pro Arzt	313

Griechenland
Europa, Karte S. 437, E 7

Die seit 1996 wieder regierende Panhellenische Sozialistische Bewegung (PASOK) von Ministerpräsident Kostas Simitis gewann im April 2000 knapp die griechischen Parlamentswahlen.
Innenpolitik: Die PASOK erreichte mit 43,6% der Stimmen eine hauchdünne Mehrheit vor der konservativen Partei Neue Demokratie unter Kostas Karamanlis (43,1%). Etwa 9 Mio Wähler waren zur Stimmabgabe verpflichtet. Auf Grund des griechischen Wahlrechts behaupteten die Sozialisten die absolute Parlamentsmehrheit (158 der 300 Mandate). In G. erhält die Partei mit den meisten Stimmen die absolute Mehrheit der Mandate, unabhängig, wie groß ihr Stimmenvorsprung vor der zweitplatzierten Partei ist. Bis auf 1990–93 regierten die Sozialisten G. seit 1981. Premier Simitis hatte im Februar 2000 die erst für den Herbst vorgesehenen Wahlen vorgezogen, um ein neues Mandat für die Verhandlungen über den Beitritt von G. zur Europäischen Wirt-

Griechenland Staaten

schafts- und Währungsunion (EWWU) zu erhalten.

Präsidentenwahl: Das griechische Parlament votierte im Februar 2000 mit 269 von 300 Stimmen für eine zweite fünfjährige Amtszeit des Staatspräsidenten Kostis Stephanopoulos. Er ist der siebte Präsident in G. seit Abschaffung der Monarchie (1973) und der erste, der in seinem Amt bestätigt wurde.

Personalausweise: Im Juni 2000 rief ein neues Gesetz, wonach die griechischen Personalausweise künftig keine Angaben über das religiöse Bekenntnis enthalten sollen, heftigen Protest bei der orthodoxen Kirche hervor. Sie wertete das Gesetz als Beginn einer Reihe von geplanten Angriffen auf die Autorität der Kirche. Die Regierung begründete ihre Entscheidung u. a. mit der notwendigen Anpassung an europäische Normen und bereits geltende gesetzliche Datenschutzbestimmungen. Neben Hinweisen auf die Religionszugehörigkeit sollen auch Angaben über Beruf und den Namen der Frau aus dem Personalausweis gestrichen werden, die jeder griechische Staatsbürger vom 14. Lebensjahr an bei sich tragen muss.

Außenpolitik: 1999/2000 verbesserte G. seine u. a. wegen der Zypern-Frage traditionell gespannten Beziehungen zur Türkei. Im Dezember 1999 unterzeichneten beide Staaten fünf Abkommen zur Förderung von Handel, Kultur, Verkehr und Bildung. Die Regierungen erklärten, den Konflikt um die geteilte Insel Zypern beenden zu wollen. G. und die Türkei waren wegen territorialer Streitigkeiten in der Ägäis und der Besetzung Nordzyperns durch türkische Streitkräfte (1974) verfeindet. Die Bereitschaft beider Staaten zur Beilegung des Konflikts wurde auf ihren Wunsch einer stärkeren Integration in die EU zurückgeführt. Die EU forderte seit den 1980er Jahren das Ende des Streits.

Schengener Abkommen: Im Januar 2000 traten auch in G. die Bestimmungen des Schengener Abkommens in Kraft. Die Grenzkontrollen zwischen G. und 13 EU-Staaten (ohne Großbritannien und Irland) wurden abgeschafft. Nur Reisende aus oder nach Italien mussten weiterhin mit Überprüfungen rechnen. Damit sollte die Weiterreise von illegalen Einwanderern in G. verhindert werden, die überwiegend über

Italien in andere EU-Staaten zu gelangen versuchten. 1999 lebten in G. rund 700 000 illegale Einwanderer, vor allem Flüchtlinge aus Albanien.

Wirtschaft: Das BIP in G. stieg 1999 um 3,5% (1998: 3,4%). Die gute Konjunktur war insbes. auf die Möbel- und Chemieindustrie zurückzuführen, deren Gewinne 1999 um 15% stiegen. Die Arbeitslosenquote erhöhte sich 1999 trotz hohen Wirtschaftswachstums wegen des Eintritts geburtenstarker Jahrgänge ins Berufsleben von 10,0% auf 11,3%, die Inflationsrate sank auf 2,7% (1998: 4,8%).

Währungsunion: Im Juni 2000 beschlossen die Staats- und Regierungschefs der Europäischen Union (EU) auf einem Gipfeltreffen in Feira (Portugal) die Aufnahme von G. in die Europäische Wirtschafts- und Währungsunion (EWWU). G. wird zum 1.1.2001 als zwölftes Mitglied der EU in die Eurozone aufgenommen. Erst im März 2000 hatte G. die Aufnahme in die EWWU beantragt. 1999 erfüllte das Land die Konvergenzkriterien noch nicht vollständig. Die Inflationsrate (2,7%) lag 1,8 Prozentpunkte über dem Durchschnitt der drei preisstabilsten EU-Länder (Kriterium: max. 1,5 Prozentpunkte), die Staatsverschuldung betrug 105,6% des BIP (Kriterium: max. 60%). Das Haushaltsdefizit konnte 1999 aber von 2,4% auf 1,5% des BIP gesenkt werden (Kriterium: 3,0%). Finanzinstitute bezweifelten, dass G. insbes. das Inflationskriterium nachhaltig erfüllen könne. Die im Vergleich zum Vorjahr niedrige Teuerungsrate erreichte G. 1999 durch staatliche Eingriffe wie Steuersenkungen, Lohn-Preis-Abkommen und Aufwertung der nationalen Währung (Drachme) um 3,5%. Dennoch wurde der griechische Antrag auf Beitritt zur EWWU angenommen, weil die EU bei ihrer Entscheidung nicht allein ökonomische, sondern auch politische Kriterien berücksichtigte.

Schattenwirtschaft: Das Ausmaß der Schattenwirtschaft in G. stieg nach Schätzungen der EU-Kommission 1999 auf 29–35% des BIP an (1998: etwa 25%; zum Vergleich Deutschland: 4–14%). Der starke Anstieg wurde insbes. auf die hohe Zahl der illegalen Einwanderer (700 000) zurückgeführt, die ohne Arbeitserlaubnis Gelegenheitsbeschäftigungen nachgingen.

■ **Staaten** → Türkei → Zypern

493

Großbritannien
Europa, Karte S. 437, B 4

Im April 2000 entspannte sich der Streit zwischen G. und Spanien über Gibraltar. Gleichzeitig wurde in G. das Asylgesetz verschärft. Die Labour-Regierung von Premierminister Tony Blair hoffte, die Zahl der Asylsuchenden in G. zu verringern.

Innenpolitik: 1999 stellten 71 000 Menschen in G. einen Antrag auf Asyl, 50% mehr als im Vorjahr. Nach dem neuen Gesetz erhalten Asylbewerber nur noch Einkaufsgutscheine statt Geld. Menschenschmugglern drohen Geldstrafen von umgerechnet 6200 DM. Insbes. an den Häfen sollten die Maßnahmen zur Verhinderung illegaler Einwanderung verstärkt werden. Internationale Menschenrechtsorganisationen kritisierten vor allem die Ausgabe von Einkaufsgutscheinen als Maßnahme, die Asylsuchende erniedrige.

Reform des Oberhauses: Im November 1999 schuf das Parlament das etwa 700 Jahre alte Recht der Adeligen ab, allein aufgrund ihrer Abstammung im Oberhaus (House of Lords) an der Gesetzgebung mitzuwirken. Das Oberhaus sollte zwar weiterhin bestehen, doch sollten ihm nur noch auf Lebenszeit ernannte Peers und Ladies sowie 92 vom Oberhaus bereits gewählte Erblords angehören. Die Zahl seiner Mitglieder sollte von 1198 auf nahezu 632 halbiert werden. Das britische Oberhaus besaß bis dahin keine demokratische Legitimität. Seine Mitglieder wurden entweder von der Regierung bestimmt oder erbten ihren Sitz als Vorrecht der Hochadeligen. Lt. Reform soll der Großteil der Mitglieder künftig direkt gewählt oder von einer unabhängigen Kommission ernannt werden. Zugleich war geplant, mehr Frauen und mehr Vertreter ethnischer Minderheiten ins House of Lords zu entsenden. In ihrer politischen Zusammensetzung sollte die Kammer das jeweils bei den letzten Unterhauswahlen entstandene Kräfteverhältnis widerspiegeln.

Rücktritt: Im Januar 2000 trat Peter Kilfoyle von der Labour-Partei vom Amt als parlamentarischer Staatssekretär im Verteidigungsministerium zurück. Er protestierte gegen die nach seiner Ansicht zu starke Ausrichtung der Regierung Blair an den Interessen des hauptstädtischen Mittelstandes. Kilfoyle vertrat die Überzeugung, dass Labour durch die sog. New-Labour-Politik (u. a. Reform der Sozialversicherungssysteme, Umstrukturierung der Volkswirtschaft zugunsten moderner Technologien) die Unterstützung der traditionellen Wählerschichten in der Arbeiterschaft verliere.

Bürgermeisterwahl: Londons erster gewählter Bürgermeister wurde im Mai 2000 Ken Livingstone. Er war im Februar aus der Labour Party ausgeschlossen worden, als er seine Kandidatur gegen den Labour-Bewerber Frank Dobson erklärt hatte. Dieser hatte die Nominierung nur gewonnen, weil die Labour-Führung das Wahlverfahren manipuliert hatte. Premier Tony Blair wollte Livingstone als Bürgermeister verhindern, da dieser den traditionellen Old-Labour-Flügel verkörpert. Das Ergebnis der Bürgermeisterwahlen wurde auch als persönliche Niederlage für Blair gewertet.

Übertritt: Der konservative Unterhausabgeordnete Shaun Woodward wechselte im Dezember 1999 zur Labour-Fraktion. Als Grund nannte er die seiner Ansicht nach steigende Intoleranz in der Konservativen Partei (Tories). Woodward kritisierte insbes. ihre ablehnende Haltung gegenüber Minderheiten wie den Homosexuellen und ihre

Großbritannien Vereinigtes Königreich	GB		
Landesfläche	244 100 km² (WR 76)		
Einwohner	58,7 Mio (WR 21)		
Hauptstadt	London (7 Mio Einwohner)		
Sprachen	Englisch, Walisisch, Gälisch		
Währung	1 Pfund Sterling (£)		
Zeit	Mitteleuropäische Zeit −1 h		
Gliederung	54 Counties, 26 Distr., 12 Reg.		
Politik			
Staatsform	Parlamentarische Monarchie (seit 1921)		
Regierungschef	Tony Blair (seit 1997) *6.5.1953		
Staatsoberhaupt	Königin Elizabeth II. (seit 1952) *21.4.1926		
Parlament	Oberhaus mit 1198 Lords und Unterhaus mit 659 für fünf Jahre gewählten Abgeordneten; 415 Sitze für Labour, 160 für Konservative, 47 für Liberale, 37 für Andere (Wahl: 1997)		
Internet	www.parliament.uk www.number-10.gov.uk		
Bevölkerung			
Religion	Anglikaner (30%), Katholiken (21%), Presbyterianer (14%), Andere (15%); Muslime (11%); Sonstige (9%)		
Nationalitäten	Engl. 80%, Schotten 10%, Iren 4%, Waliser 2%, Sonst. 4%		
Wirtschaft und Soziales			
Dienstleistung	64%	Urbanisierung	89%
Industrie	34%	Einwohner/km²	240
Landwirtschaft	2%	Bev.-Wachstum/Jahr	0,2%
BSP/Kopf	21 410 $ (1998)	Kindersterblichkeit	0,7%
Inflation	2,1% (1999)	Alphabetisierung	99%
Arbeitslosigkeit	5,3% (1999)	Einwohner pro Arzt	611

destruktive Einstellung zum eventuellen Beitritt von G. zur Europäischen Währungsunion (EWU).

Sexualkunde: Im März 2000 legten die britische Regierung und die Kirchen des Landes ihren Streit über den Sexualkundeunterricht an Schulen bei. Nach den neuen Richtlinien müssen Schulen über den Wert der Ehe u. a. auf Dauer angelegter Partnerschaften informieren. Weiter sollen Minderjährige vor sexuellen Beziehungen gewarnt und unangemessenes Unterrichtsmaterial verboten werden. Der Streit zwischen Staat und Kirchen hatte sich an der von der Regierung geplanten Abschaffung der Section 28 entzündet, welche die Förderung der Homosexualität verbietet. Die Glaubensgemeinschaften in G., unter ihnen Juden, Muslime und Hindus, sahen darin einen Angriff auf die Moral und die Institution der Ehe. Der neue Kompromiss hält an der Aufhebung der Section 28 fest, versucht aber den Befürchtungen der Glaubensgemeinschaften Rechnung zu tragen.

Hunde und Katzen: Im Februar 2000 wurde die sechsmonatige Quarantäne für Haustiere aufgehoben, die nach G. mitgeführt werden. Jedes Haustier muss aber bei der Einreise einen Impfpass besitzen. Ihm sollte ein Mikrochip unter die Haut implantiert werden, um die Identität nachweisen zu können. Durch die neuen Regelungen werden sich die Kosten von Reisenden für die Mitnahme von Tieren voraussichtlich von 6400 DM (für die Quarantäne) auf ein Zehntel (ca. 600 DM) verringern.

Außenpolitik: G. und Spanien verständigten sich im April 2000 über die Behandlung Gibraltars in der EU. Die Vereinbarung ebnete den Weg für die Annahme von EU-Regelungen auf Gibraltar, die seit Jahren wegen des Konfliktes zwischen den beiden Staaten um den seit 1713 zu G. gehörenden sog. Felsen blockiert waren. Dies gilt insbes. für die EU-Regelung zum Schutz der Anteilseigner von Unternehmen vor feindlichen Übernahmen und die EU-Vorschriften zur engeren Zusammenarbeit bei der Rechtshilfe in Strafsachen. Obwohl sich die spanisch-britische Vereinbarung lediglich mit europolitischen Fragen des Status von Gibraltar befasst, wurde das Abkommen als Grundlage für eine endgültige Beilegung des Streites gewertet. Die spanische Regierung fordert die Rückgabe Gibraltars,

während G. nur bei einer Unterstützung durch die Mehrheit der Bürger auf Gibraltar bereit ist, über die Zukunft des umstrittenen Gebietes zu verhandeln.

Wirtschaft: Das BIP stieg in G. 1999 um 1,9% (1998: 2,2%). Es war insbes. auf den Dienstleistungssektor zurückzuführen, der um 2,6% wuchs, während der Produktions- und Bausektor lediglich um 0,6% zunahm. Die Inflationsrate lag mit 2,1% etwas höher als 1998 (2,0%). Insgesamt litt die britische Konjunktur 1999 unter dem starken Pfund, das insbes. die exportorientierten Unternehmen belastete. Deshalb blieb der Wert der britischen Ausfuhren 1999 unverändert bei etwa 512 Mrd DM, während die Einfuhren um 2% auf ca. 600 Mrd DM zunahmen. Die wichtigsten Abnehmerländer für britische Waren waren 1999 neben den USA (Anteil von 15%) und Japan (5%) EU-Staaten wie Deutschland (12%), Frankreich (9%), Niederlande (7%) und Italien (5%). Daher mehrten sich 2000 in G. die Stimmen, welche die Einführung des Euro forderten, um zukünftig das Risiko einer zu starken Währung, welche die Konkurrenzfähigkeit der Unternehmen auf dem Weltmarkt beeinträchtigt, zu verringern.

🇬🇧 Großbritannien: Der Streit um Gibraltar

▶ **Ursprung des Konfliktes:** Die etwa 6 km² große britische Besitzung im Südwesten der Iberischen Halbinsel sorgt seit Jahrhunderten zwischen Spanien und G. für Zwietracht. 1462 entrissen die Spanier den Mauren Gibraltar, verloren es aber wieder 1704 im Spanischen Erbfolgekrieg durch einen britischen Handstreich. Für die Seemacht Großbritannien war der 426 m hohe Felsen ein strategisch wichtiger Stützpunkt, von dem sich der Zugang zum Mittelmeer kontrollieren ließ. Deshalb bestand Großbritannien 1713 darauf, dass im Vertrag von Utrecht der Besitz von Gibraltar völkerrechtlich anerkannt wurde. Spanien hingegen betrachtete Gibraltar weiterhin als natürlichen Bestandteil seines Territoriums.

▶ **Konfliktverlauf:** Der Streit führte beide Staaten mehrfach an den Rand eines großen Krieges. Zwischen 1789 und 1792 belagerten Spanier und Franzosen erfolglos Gibraltar. 1898 errichtete Spanien im Krieg gegen die USA militärische Befestigungsanlagen bei Algeciras in unmittelbarer Nähe von Gibraltar, um sich gegen eventuelle Angriffe US-amerikanischer Schiffe auf spanische Häfen zu schützen. Großbritannien verstand dies als Akt der Aggression und drohte Spanien mit militärischer Gewalt, wovon sie nur durch die diplomatische Intervention anderer Staaten (u. a. Russlands und Frankreichs) abgehalten werden konnte. 1967 ließ die UNO eine Volksabstimmung in Gibraltar durchführen, bei der sich die überwältigende Mehrheit der Bevölkerung für den Verbleib bei Großbritannien aussprach. Trotzdem schloss Spanien unter General Franco 1969 die Grenze, so dass Besucher über Marokko nach Gibraltar reisen mussten. Eine erste Lockerung ergab sich 1982 aus der Öffnung der Grenze für den Fußgängerverkehr. Erst seit 1985, als Spanien um die Aufnahme in die Europäische Gemeinschaft (EG) nachsuchte, ist der Grenzverkehr wieder völlig frei gegeben. Durch die gemeinsame Mitgliedschaft in der EU wurde der Streit zwar weitgehend entschärft, dennoch besteht die Rivalität weiter, weil beide Staaten den Besitz von Gibraltar als eine Frage der nationalen Ehre und des Prestiges betrachten.

Sinkende Arbeitslosigkeit: Die Erwerbslosenquote sank 1999 von 6,5% auf 5,3%. Im September 1999 ging sie kurzzeitig sogar auf 4,2% zurück, den niedrigsten Stand seit 1980. Die Zahl der Beschäftigten lag mit 27,4 Mio auf dem höchsten Niveau in der Geschichte von G. Durch die hohe Erwerbsrate stiegen die Gehälter durchschnittlich um 4,9%. Dadurch erhöhte sich nach Auffassung der Bank of England die Inflationsgefahr, die 2000 nicht über 2,5% steigen sollte. 1999 erhöhte die Nationalbank mehrfach die Leitzinsen.

Mindestlöhne: Die britische Regierung beschloss im Februar 2000, den nationalen Mindestlohn um 10 Pence auf 3,70 Pfund zu erhöhen. Für junge Beschäftigte zwischen 18 und 21 Jahren wurde der Mindestlohn um 20 Pence auf 3,20 Pfund angehoben. Die Entscheidung wurde als Zugeständnis der Regierung an die traditionellen Kräfte in der Labour-Partei gewertet, die aufgrund der wirtschaftsfreundlichen Politik des Premierministers Blair die Interessen der Arbeiter in G. für vernachlässigt hielten. Die Gewerkschaften verlangten automatische jährliche Steigerungen deutlich oberhalb der Infla-

tionsrate. Industrieverbände und Regierung lehnten diese Forderung allerdings ab.

Quellensteuer: Im März 2000 kündigte die Regierung an, die Quellensteuer auf Zinsen von internationalen Anleihen und von ausländischen Dividenden vollständig abzuschaffen. Die Inländer in G. wurden den ausländischen Anlegern gleichgestellt, die schon vorher von der Quellensteuer ausgenommen waren. Durch die Maßnahme entstand im Fiskaljahr 2001/2002 voraussichtlich ein Einnahmeverlust von 1 Mrd DM.

Armut: Lt. einer Studie des UN-Kinderhilfswerks UNICEF lebten 1999 in G. etwa 20% der Kinder in relativer Armut (Familieneinkommen mit weniger als der Hälfte des nationalen Durchschnitts). Der Anteil der Kinder, die in absoluter Armut leben (Familieneinkommen unter der US-amerikanischen Armutsgrenze), belief sich auf knapp 30%. Die Kinder dieser einkommensschwachen Familien leiden nach Erkenntnissen der Studie häufiger als andere Kinder unter Krankheiten. Außerdem sind sie meist lernschwächer und gefährdeter, vorzeitig die Schule zu verlassen, Drogen zu nehmen oder straffällig zu werden.

Guatemala Republik Guatemala		GCA
Landesfläche	108889 km² (WR 104)	
Einwohner	11,1 Mio (WR 67)	
Hauptstadt	Guatemala-Stadt (1,2 Mio Einw.)	
Sprachen	Spanisch, Maya-Quiché-Dialekte	
Währung	1 Quetzal (Q) = 100 Centavos	
Zeit	Mitteleuropäische Zeit −7 h	
Gliederung	22 Departamentos	
Politik		
Staatsform	Präsidiale Republik (seit 1986)	
Regierungschef	Alfonso Portillo (seit 2000) *24.9.1951	
Staatspräsident	Alfonso Portillo (seit 2000) *24.9.1951	
Parlament	Kongress mit 113 für vier Jahre gewählten Abgeordneten; 63 Sitze für Republikanische Front, 37 für Nationale Fortschrittspartei, 9 für Nationale Revolutionäre Einheit, 2 für Christdemokraten, 2 für Andere (Wahl von 1999)	
Internet	www.congreso.gob.gt	
Bevölkerung		
Religion	Katholiken (ca. 75%); Protestanten (ca. 25%)	
Ethn. Gruppen	Indianer (45%); Mestizen (45%); Weiße (5%); Sonstige (5%)	
Wirtschaft und Soziales		

Dienstleistung	59%	Urbanisierung	40%
Industrie	16,7%	Einwohner/km²	102
Landwirtschaft	24,3%	Bev.-Wachstum/Jahr	2,6%
BSP/Kopf	1640 $ (1998)	Kindersterblichkeit	4,6%
Inflation	5,1% (1999)	Alphabetisierung	66,6%
Arbeitslosigkeit	ca. 10% (1999)	Einwohner pro Arzt	7143

Guatemala
Mittelamerika, Karte S. 440, A 5

Im Dezember 1999 wurde Alfonso Portillo von der rechtsgerichteten Republikanischen Front (FRG) zum neuen Präsidenten gewählt.

Innenpolitik: Im zweiten Durchgang setzte sich Portillo mit 68% der Stimmen gegen Oscar Berger von der Nationalen Fortschrittspartei (PAN) durch. Die Wahlbeteiligung lag bei nur etwa 40%. Portillo wurde Nachfolger von Alvaro Arzú, der Ende 1999 beschuldigt worden war, bei der Privatisierung von Staatsbetrieben Bestechungsgelder angenommen zu haben. Das neue Staatsoberhaupt Portillo hatte im Wahlkampf zugegeben, 1982 als Student aus Notwehr zwei Menschen umgebracht zu haben.

Flucht: Im Oktober 1999 floh der guatemaltekische Staatsanwalt Celvin Galindo nach Deutschland. Galindo führte ab Januar 1999 die Ermittlungen im Fall des im April 1998 erschlagenen Bischofs Juan Gerardi, der eine Dokumentation über 476 von Armee und Polizei verübte Massaker veröffentlicht hatte. Bei seinen Nachforschungen trug Galindo Indizien zusammen, die auf eine Verwicklung des Militärs in den Mordfall hinwiesen. Daraufhin wurden er und seine Familie bedroht. Der neu gewählte Präsident Portillo versprach zwar, die Aufklärung des Mordfalls voranzutreiben, doch internationale Menschenrechtsorganisationen bezweifelten seine Aussage, weil die Regierung von G. traditionell vom Wohlwollen des Militär abhängt. Im Bürgerkrieg zwischen Armee und linksgerichteter Guerilla (1961–97) in G. wurden ca. 140 000 Menschen getötet.

Außenpolitik: Im März 2000 akzeptierte der spanische Richter Guillermo Ruiz Polanco vom Nationalen Gerichtshof in Madrid eine im Dezember 1998 eingereichte Klage der guatemaltekischen Friedensnobelpreisträgerin Rigoberta Menchu. Darin wurde drei ehemaligen Staatschefs von G. sowie fünf führenden Armeemitgliedern Völkermord, Folter, Terrorismus und Freiheitsberaubung während des Bürgerkrieges vorgeworfen. Die spanische Justiz berief sich bei ihren Ermittlungen gegen die Beschuldigten auf das Beispiel des ehemaligen

chilenischen Diktators Augusto Pinochet, gegen den sie auch einen internationalen Haftbefehl erlassen hatte. Vom guatemaltekischen Konflikt war Spanien vor allem betroffen, als im Oktober 1980 mehrere Ureinwohner in die spanische Botschaft in Guatemala-Stadt eindrangen und bei der folgenden Belagerung durch die Polizei 37 Menschen, darunter ein spanischer Diplomat, starben.

Wirtschaft: Die Konjunktur schwächte sich 1999 in G. ab. Das Wirtschaftswachstum lag mit 3,5% unter dem von 1998 (4,7%). Etwa 48% der Bevölkerung waren 1999 arbeitslos oder unterbeschäftigt, 80% lebten in Armut. Gründe für die nachlassende Konjunktur waren der Rückgang ausländischer Direktinvestitionen von 673 Mio US-Dollar (1998) auf 150 Mio US-Dollar und der Rückgang bei den Ausfuhren (–4%). Zu den wichtigsten Exportgütern gehörten 1999 Kaffee (Anteil an der Gesamtausfuhr: 23%), Zucker (8%) und Bananen (5%). Hauptabnehmerländer waren die USA (Anteil von 34%), El Salvador (14%), Honduras (9%), Costa Rica (5%), Nicaragua (4%) und Deutschland (4%).

Guinea
Afrika, Karte S. 441, A 3

G. wurde Anfang 2000 immer stärker in den Bürgerkrieg in Sierra Leone verwickelt, wo Regierungstruppen seit 1991 gegen Rebellen vorgehen. Im Mai 2000 drangen Soldaten von Sierra Leone ins Grenzgebiet von G. vor, um die dort lebenden Rebellen zu bekämpfen. Sie lösten eine Flüchtlingswelle Zehntausender aus, auf die G. nicht vorbereitet war.

G. zählt mit einem BSP/Kopf von 530 US-Dollar zu den ärmsten Staaten der Erde. Das Land verfügt zwar über größere Bodenschätze, vor allem Bauxit, Gold und Diamanten, doch die fehlende Infrastruktur verhinderte bis 2000 mit Ausnahme des Bauxit-Abbaus eine umfassende Erschließung. Seit Mitte der 1990er Jahre folgte die Entwicklung der Wirtschaft den Vorgaben des Internationalen Währungsfonds (IWF) und der Weltbank. Die Staatsausgaben sollten begrenzt, private Investoren gefördert und das Verkehrs- und Telekommunikationsnetz ausgebaut werden.

Guinea Republik Guinea		RG
Landesfläche	245 857 km² (WR 75)	
Einwohner	7,4 Mio (WR 91)	
Hauptstadt	Conakry (1,5 Mio Einwohner)	
Sprachen	Franz., Stammessprachen	
Währung	1 Guinea-Franc (FG) = 100 Cauris	
Zeit	Mitteleuropäische Zeit –1 h	
Gliederung	4 Supraregionen	
Politik		
Staatsform	Präsidiale Republik (seit 1991)	
Regierungschef	Laimine Sidime (seit 1999) *1944	
Staatspräsident	Lansana Conté (seit 1984) *1934	
Parlament	Nationalversammlung mit 114 Abgeordneten; 71 Sitze für Partei der Einheit und des Fortschritts (PUP), 19 für Sammlungsbewegung, 24 für Andere (Wahlen von 1995)	
Bevölkerung		
Religion	Sunnitische Muslime (86,9%); Naturreligionen (4,6%); Christen (4,3%); Sonstige (4,2%)	
Ethn. Gruppen	Fulani (40,3%); Malinké (25,8%); Soussou (11%); Kissi (6,5%); Kpelle (4,8%); Sonstige (11,6%)	

Wirtschaft und Soziales			
Dienstleistung	45%	Urbanisierung	31%
Industrie	31%	Einwohner/km²	30
Landwirtschaft	24%	Bev.-Wachstum/Jahr	0,8%
BSP/Kopf	530 $ (1998)	Kindersterblichkeit	12,4%
Inflation	3,5% (1996)	Alphabetisierung	37,9%
Arbeitslosigkeit	k. A.	Einwohner pro Arzt	7445

Guinea-Bissau	Republik Guinea–Bissau GNB
Landesfläche	36 125 km² (WR 133)
Einwohner	1,2 Mio (WR 148)
Hauptstadt	Bissau (223 000 Einwohner)
Sprachen	Portugiesisch, Kreolisch, Stammesdialekte
Währung	CFA-Franc
Zeit	Mitteleuropäische Zeit –2 h
Gliederung	8 Regionen, 36 Sektoren
Politik	
Staatsform	Präsidiale Republik (seit 1984)
Regierungchef	Caetano N'Tchama (seit 2000)
Staatspräsident	Kumba Yala (seit 2000) *1953
Parlament	Nationalversammlung mit 102 für fünf Jahre gewählten Abgeordneten; 38 Sitze für Partei der sozialen Erneuerung, 28 für Bafatá-Bewegung, 24 für Partei der Unabhängigkeit von Guinea und Kap Verde, 12 für Andere (Wahl 1999)
Bevölkerung	
Religion	Naturreligionen (54%); Muslime (38%); Christen (8%)
Ethn. Gruppen	Balanté (27,2%); Fulani (22,9%); Malinké (12,2%); Mandyako (10,6%); Pepel (10%); Sonstige (17,1%)
Wirtschaft und Soziales	

Dienstleistung	38,4%	Urbanisierung	22%
Industrie	16,9%	Einwohner/km²	33
Landwirtschaft	44,7%	Bev.-Wachstum/Jahr	2,2%
BSP/Kopf	160 $ (1998)	Kindersterblichkeit	13%
Inflation	k.A.	Alphabetisierung	33,6%
Arbeitslosigkeit	k. A.	Einwohner pro Arzt	3245

Guinea-Bissau
Afrika, Karte S. 441, A 3

Bei den Präsidentschaftswahlen im Januar 2000 siegte Kumba Yala von der oppositionellen Sozialen Erneuerungspartei (PRS) mit rund 72% der abgegebenen Stimmen gegen Malan Bacai Sanha von der bis dahin regierenden Afrikanischen Partei für die Kap Verden und Guinea-Bissau (PAIGCV). Bei seinem Amtsantritt versprach Yala, insbes. gegen die in G. weit verbreitete Korruption vorzugehen, welche die wirtschaftliche Entwicklung hemmt. Die PAIGCV regierte in G. seit der Unabhängigkeit von Portugal (1974). Sie verlor im Dezember 1999 auch die Parlamentswahlen, bei denen sie lediglich 24 der 102 Mandate errang. Die PRS wurde mit 38 Sitzen stärkste Partei. Vor den Wahlen hatte die Armee vergeblich versucht, die Parteien zu einem Abkommen zu zwingen, das dem Militär von G. für zwei Amtszeiten (zehn Jahre) die Funktion eines Aufsichtsorgans über die gewählten Institutionen geben sollte. Die politische Lage in G. galt Mitte 2000 wegen der Gefahr eines Putsches als instabil.

Guyana	Kooperative Republik Guyana GUY
Landesfläche	214 969 km² (WR 81)
Einwohner	855 000 (WR 152)
Hauptstadt	Georgetown (200 000 Einwohner)
Sprachen	Englisch, Hindi, Urdu
Währung	1 Guyana-$ (G$) = 100 Cents
Zeit	Mitteleuropäische Zeit –7 h
Gliederung	10 Regionen
Politik	
Staatsform	Präsidiale Republik im Commonwealth (seit 1980)
Regierungchef	Samuel Hinds (seit 1997) *27.12.1943
Staatspräsident	Bharrat Jagdeo (seit 1999) *23.1.1964
Parlament	Nationalversammlung mit 53 Abgeordneten; 29 Sitze für PPP (Sozialisten), 22 für PNC (Sozialisten), 1 für Vereinigte Kräfte, 1 für Allianz (Wahl von 1997)
Internet	guyana.org
Bevölkerung	
Religion	Christen (52%): Protestanten (34%), Katholiken (18%); Hindus (34%); Muslime (9%); Sonstige (5%)
Ethn. Gruppen	Inder (49,4%); Schwarze (35,6%); Sonstige (15,0%)
Wirtschaft und Soziales	

Dienstleistung	38%	Urbanisierung	36%
Industrie	30%	Einwohner/km²	4
Landwirtschaft	32%	Bev.-Wachstum/Jahr	0,4%
BSP/Kopf	780 $ (1998)	Kindersterblichkeit	5,8%
Inflation	4,5% (1997)	Alphabetisierung	98,1%
Arbeitslosigkeit	k.A.	Einwohner pro Arzt	2552

Guyana
Südamerika, Karte S. 439, D 2

Internationale Umweltorganisationen verwiesen um 2000 darauf, dass die Natur von G. zunehmend unter den Folgen des Goldabbaus litt. Bei der Gewinnung von 1 t Gold in G. fielen 3 Mio t Abraum an. Dadurch entstanden riesige Krater. Im industriellen Abbau wurde häufig das hochgiftige Blausäuresalz Zyanid benutzt, um Gold aus dem Erz herauszulösen, wobei Unfälle mit Zyanid verheerend sein können. Bereits 1996 war in G. das Rückhaltebecken einer Mine geborsten und hatte einen Fluss verseucht, aus dem Menschen Trinkwasser schöpften. Andere Schürfer, die nur mit Hacke und Sieb arbeiteten, benutzten das giftige Schwermetall Quecksilber. Die Goldgewinnung wurde um 2000 für die Länder immer weniger lukrativ, weil die Goldpreise auf den internationalen Märkten seit den 1990er Jahren mit kurzen Unterbrechungen kontinuierlich sanken. 80% der Nachfrage nach Gold kamen um 2000 aus der Schmuckindustrie.

Haiti

Mittelamerika, Karte S. 440, E 3

Bei den Parlamentswahlen im Mai 2000 errang Teilergebnissen zufolge die sog. Lavalas des ehemaligen Präsidenten Jean-Bertrand Aristide mind. 16 von 27 Senatssitzen. Die gegenerischen Parteien und ein Großteil der internationalen Gemeinschaft kündigten aber an, die Ergebnisse der Wahl nicht anzuerkennen, weil zahlreiche Manipulationen nachgewiesen werden konnten. Ein für Ende Juni 2000 geplanter zweiter Wahlgang wurde kurzfristig verschoben, ohne einen neuen Termin festzulegen.

Die USA lösten im Januar 2000 ihren Militärstützpunkt in H. auf. Statt der bis dahin stationierten Streitkräfte sollten nur noch wechselnde Einheiten zur Unterstützung humanitärer Einsätze nach H. entsandt werden. Die US-Regierung wollte durch diesen Beschluss Kosten von 20 Mio US-Dollar einsparen. Im September 1994 hatten die USA 20000 Soldaten nach H. geschickt, um die dort herrschende Diktatur zu beenden und dem 1991 gestürzten Präsidenten Aristide die Rückkehr zu ermöglichen.

Haiti Republik Haiti		RH
Landesfläche	27750 km² (WR 143)	
Einwohner	8,1 Mio (WR 86)	
Hauptstadt	Port-au-Prince (800000 Einw.)	
Sprachen	Französisch, Kreolisch	
Währung	1 Gourde (Gde) = 100 Centimes	
Zeit	Mitteleuropäische Zeit –6 h	
Gliederung	9 Départem., 27 Arrondissements	
Politik		
Staatsform	Präsidiale Republik (seit 1987)	
Regierungschef	Jacques Edouard Alexis (seit 1999) *1947	
Staatspräsident	René Préval (seit 1996) *17.1.1943	
Parlament	Senat 27 Sitze, Abgeordnetenhaus mit 83 gewählten Mitgliedern; 68 Sitze (Senat 19) für Lavalas, 13 (7) für FNCD, 2 (1) nicht besetzt (Wahl von 1995, Wahl 2000 umstritten)	
Internet	www.haiti.org	
Bevölkerung		
Religion	Katholiken (80,3%), Protestanten (15,8%); Sonstige (3,9%). 70% der Bev. zugleich Anhänger afrikan. Voodoo-Kulte	
Ethn. Gruppen	Schwarze (95%); Mulatten (4,9%) Weiße (0,1%)	
Wirtschaft und Soziales		

Dienstleistung	41,9%	Urbanisierung	34%
Industrie	19,5%	Einwohner/km²	292
Landwirtschaft	38,6%	Bev.-Wachstum/Jahr	1,7%
BSP/Kopf	410 $ (1998)	Kindersterblichkeit	6,8%
Inflation	17% (1997)	Alphabetisierung	45,8%
Arbeitslosigkeit	60% (1996)	Einwohner pro Arzt	7143

Honduras

Mittelamerika, Karte S. 440, B 5

Im Dezember 1999 verschärfte sich der Grenzkonflikt zwischen H. und Nicaragua. **Außenpolitik:** Der honduranische Präsident Carlos Flores warf Nicaragua vor, Truppen an der Grenze zu H. zusammengezogen zu haben. Vorausgegangen war die Ratifizierung eines Grenzvertrages zwischen H. und Kolumbien durch das honduranische Parlament. In dem Abkommen wurde u. a. die kolumbianische Hoheit über die Karibik-Insel San Andres anerkannt, die Nicaragua für sich beanspruchte. Nicaraguas Präsident Arnoldo Alemán erhöhte als Repressalie die Zölle für honduranische Produkte und schränkte den Personenverkehr an der Grenze ein. Die Nachbarstaaten El Salvador, Costa Rica und Guatemala befürchteten, dass der Konflikt das sog. System der zentralamerikanischen Integration (SICA) gefährde, das Zollfreiheit zwischen den Mitgliedstaaten vorschreibt. Die honduranische Führung kündigte an, die Vereinten Nationen (UN) und die Organisation Ame-

Honduras Republik Honduras		HN
Landesfläche	112088 km² (WR 100)	
Einwohner	6,3 Mio (WR 96)	
Hauptstadt	Tegucigalpa (738500 Einwohner)	
Sprachen	Span., Englisch, indian. Dialekte	
Währung	1 Lempira (L) = 100 Centavos	
Zeit	Mitteleuropäische Zeit –7 h	
Gliederung	18 Departamentos	
Politik		
Staatsform	Präsidiale Republik (seit 1982)	
Regierungschef	Carlos Roberto Flores (seit 1998) *17.10.1959	
Staatspräsident	Carlos Roberto Flores (seit 1998) *17.10.1959	
Parlament	Nationalversammlung mit 128 für vier Jahre gewählten Abgeordneten; 67 Sitze für Liberale Partei, 54 Sitze für Nationalpartei, 5 für Partei für Nationale Erneuerung und Einheit, 2 für Andere (Wahl von 1997)	
Internet	www.undp.org/missions/honduras	
Bevölkerung		
Religion	Katholiken (85%), Protestanten (10%); Sonstige (5%)	
Nationalitäten	Mestizen (89,9%); Indianer (6,7%); Sonstige (3,4%)	
Wirtschaft und Soziales		

Dienstleistung	20%	Urbanisierung	44%
Industrie	30%	Einwohner/km²	56
Landwirtschaft	50%	Bev.-Wachstum/Jahr	2,8%
BSP/Kopf	740 $ (1998)	Kindersterblichkeit	3,5%
Inflation	15% (1997)	Alphabetisierung	73%
Arbeitslosigkeit	3,2% (1997)	Einwohner pro Arzt	1266

rikanischer Staaten (OAS) um die Entsendung von internationalen Beobachtern zu bitten, welche die Grenze zwischen beiden Ländern kontrollieren sollten.

Innenpolitik: Im Oktober 1999 lösten in Tegucigalpa Sondereinheiten der honduranischen Polizei mit großer Brutalität eine Demonstration von rund 5000 Ureinwohnern anlässlich des Jahrestages der Entdeckung Amerikas durch Christoph Kolumbus auf. Obwohl die Kundgebung genehmigt war und friedlich verlief, gingen etwa 300 Polizisten mit Tränengas, Gummigeschossen und Knüppeln gegen die Teilnehmer vor. Bei den Auseinandersetzungen wurden 20 Indianer teilweise schwer verletzt. Präsident Flores suspendierte den Leiter der städtischen Polizei von Tegucigalpa und kündigte eine Untersuchung der Vorgänge an.

Wirtschaft: Die Volkswirtschaft von H. litt 1999 unter den Folgen des Hurrikans »Mitch«, der 1998 rund 70% der Infrastruktur vernichtet hatte (Gesamtschaden: 7 Mrd DM, etwa 75% des honduranischen BSP). Außerdem belastete der Verfall der Weltmarktpreise für Kaffee und Bananen, der

beiden wichtigsten Exportgüter von H., die Konjunktur. Die Landwirtschaft trägt etwa 20% zum BIP bei und erbringt rund 65% der Exporterlöse. Etwa 50% der Erwerbstätigen sind in diesem Bereich beschäftigt. Der Großteil des Agrarlandes wird von Großplantagen bestimmt, die sich zumeist in US-amerikanischem Besitz befinden. Die ausgedehnten Wälder werden seit den 1970er Jahren zur Gewinnung von Edelhölzern genutzt. Die Industrie erwirtschaftet einen BIP-Anteil von 30,4%, ist jedoch noch wenig entwickelt. Es überwiegen Nahrungsmittel- sowie Textil- und Schuhfabriken. Wichtigster Handelspartner waren 1999 die USA, mit denen über 50% des Im- und Exports abgewickelt wurden. Die honduranische Regierung erhoffte sich langfristig einen wirtschaftlichen Aufschwung von den etwa 4 Mrd t Erdöl, die Geologen überwiegend in der Mosquitia-Region an der Atlantikküste fanden. Für den Beginn der Förderung wurden Investitionen von mind. 100 Mio US-Dollar angesetzt. Mit der Förderung soll um 2007 begonnen werden. Darüber hinaus verfügt H. noch über Vorkommen an mineralischen Bodenschätzen.

Indien
Asien, Karte S. 443, C 5

Hauptproblem der indischen Politik blieb um 2000 das rasante Bevölkerungswachstum. Zu den wirtschaftlichen Boombranchen gehörte vor allem die Informationstechnologie. Bei den Parlamentswahlen im Oktober 1999 erreichte die aus 24 Parteien bestehende National Democratic Alliance (NDA) mit 272 der 537 Sitze die absolute Mehrheit.

Innenpolitik: Die größte Gruppierung der NDA, die hindu-nationalistische Bharatiya Janata Partei (BJP) von Ministerpräsident Atal Behari Vajpayee, erhielt 182 Mandate. Ihr wichtigster Partner, die fortschrittliche südindische Regionalpartei TDP, bekam 29 Sitze. Der Indische Nationalkongress (INC) erreichte als größte Oppositionspartei mit 112 Mandaten sein schlechtestes Ergebnis aller Zeiten. Der INC litt insbes. unter dem innerparteilichen Machtkampf zwischen Sonia Gandhi und Sharad Pawar, der sich von der Partei trennte und eine eigene Gruppierung gründete. Aufgrund

Indien Republik Indien		IND
Landesfläche	3,29 Mio km² (WR 7)	
Einwohner	1 Mrd (WR 2)	
Hauptstadt	Neu-Delhi (11 Mio Einwohner)	
Sprachen	Hindi, Englisch, über 1500 Sprachen und Dialekte	
Währung	1 Indische Rupie (iR) = 100 Paise	
Zeit	Mitteleuropäische Zeit +4,5 h	
Gliederung	25 Bundesstaaten, 7 Territorien	
Politik		
Staatsform	Parlamentarische Bundesrepublik (seit 1950)	
Regierungschef	Atal B. Vajpayee (seit 1998) *25.12.1924	
Staatspräsident	Kocheril Raman Narayanan (seit 1997) *1920	
Parlament	Oberhaus mit 232 für 6 Jahre und Unterhaus mit 543 für 5 Jahre gewählten Abgeordneten; im Unterhaus 182 Sitze für Bharatiya Janata Partei, 112 für Indisch. Nationalkongress, 36 für Kommunist., 213 für Andere (Wahl von 1999)	
Bevölkerung		
Religion	Hindus (80,3%); Muslime (11%); Sonstige (8,7%)	
Nationalitäten	Inder (97%), Mongolen (3%)	
Wirtschaft und Soziales		
Dienstleistung	44,4%	Urbanisierung	28%
Industrie	25,3%	Einwohner/km²	304
Landwirtschaft	30,3%	Bev.-Wachstum/Jahr	1,6%
BSP/Kopf	440 $ (1998)	Kindersterblichkeit	7,2%
Inflation	ca. 5,5% (1999)	Alphabetisierung	53,5%
Arbeitslosigkeit	10,4% (1998)	Einwohner pro Arzt	2439

Indien: Sitzverteilung im Parlament

Partei	1984	1989	1991	1996	1998	1999
Indischer Nationalkongress (INC)	415	197	244	140	141	112
Bharatiya Janata Partei (BJP)	2	86	120	161	182	182
Janata Partei/Janata Dal	10	142	64	46	6	21
Kommunistische Partei Indiens (Marxisten) (CPI(M))	22	33	35	32	32	32
Kommunistische Partei Indiens (CPI)	6	12	14	12	9	4
Sonst. nationale Parteien	8	1	1	12	17	14
Regionale Parteien	73	27	51	127	101	162
Unabhängige	5	12	1	9	6	4
Andere	1	19	4	4	49	12
Gesamt	542	529	534	543	543	543

organisatorischer Schwierigkeiten und des Mangels an Sicherheitskräften dauerten die Wahlen vier Wochen. Sie wurden in einigen Regionen von Gewalttätigkeiten begleitet, bei denen rund 350 Menschen starben.

Regierungsbildung: Nach seinem Wahlsieg bildete Ministerpräsident Vajpayee ein neues Kabinett, dem 70 Minister von 24 Parteien angehörten. Angesichts der Größe des Kabinetts wurde die Wirksamkeit der künftigen Regierungsarbeit bezweifelt. Die Opposition kritisierte, dass mit Mamata Banerjee als Eisenbahnministerin lediglich eine Frau ins Kabinett berufen wurde, obwohl die BJP im Wahlkampf versprochen hatte, 30% aller öffentlichen Ämter mit Frauen zu besetzen.

Pläne: Premierminister Vajpayee verkündete nach seinem Wahlsieg, in der neuen Legislaturperiode durch eine Verfassungsänderung Misstrauensvoten des Parlaments gegen die Regierung zu erschweren. Er war 1998 durch ein Misstrauensvotum gestürzt worden, wodurch die Neuwahlen notwendig geworden waren. Zugleich plante Vajpayee, die Infrastruktur des Subkontinents zu verbessern und den staatlichen Energie- und Telekommunikationssektor zu privatisieren.

Flutkatastrophe: Bei einem Zyklon an der Ostküste des Bundesstaates Orissa starben im Oktober 1999 rund 7000 Menschen. Der Wirbelsturm trieb Flutwellen vom Meer ca. 15 km tief ins Landesinnere. 1,5 Mio Menschen wurden obdachlos, 12 Mio waren von den Zerstörungen betroffen. Die

indische Regierung stellte rund 227 Mio DM zur Beseitigung der Schäden zur Verfügung. 1971 und 1977 waren in I. bei Flutkatastrophen 25 000 bzw. 12 000 Menschen ums Leben gekommen.

Bevölkerungswachstum: Im September 1999 erreichte die Zahl der Einwohner in I. nach Berechnungen der Vereinten Nationen (UN) 1 Mrd Menschen. 1999 wurden 25 Mio Kinder geboren. Jährlich wuchs die indische Bevölkerung um 17 Mio Menschen, was fast der Bevölkerung Australiens entspricht. Die jährliche Wachstumsrate lag mit 1,6% fast doppelt so hoch wie in China. Nach Schätzungen wird I. im Jahr 2040 mit 1,5 Mrd Einwohnern das bevölkerungsreichste Land der Welt sein. Der Anteil armer Menschen mit einem Einkommen von weniger als 1 US-Dollar/Tag (Minimum für ausreichende Ernährung) sank in den 1990er Jahren von ca. 36% auf 33%, stieg aber in absoluten Zahlen von 290 Mio auf 325 Mio Menschen. Während in den 1970er und 1980er Jahren die Regierungen durch Zwangssterilisierungen und Verteilung von Verhütungsmitteln die Geburtenrate zu reduzieren versuchten, sollten Anfang des 21. Jh. Bildungsprogramme und die Betonung von Frauenrechten zur Verringerung des Bevölkerungswachstums führen.

Außenpolitik: Im Februar 2000 kündigte die Regierung die Erhöhung der indischen Militärausgaben um 28,2% auf 26,6 Mrd DM an. I. reagierte auf den weiter schwelenden Kaschmir-Konflikt mit dem über-

Indien: Militärstärke[1]

Militärteile	Indien	Pakistan
Soldaten	1 175 000	587 000
Kampfpanzer	3400	2120
Artilleriegeschütze	4350	1830
Kampfflugzeuge	839	417
Kampfhubschrauber	115	32
Flugzeugträger	1	0
Zerstörer	6	2
Fregatten	18	8
U-Boote	19	9
Atomwaffen	unbekannt	unbekannt

1) im Vergleich zu Pakistan; Stand: Mitte 1999; Quelle: FAZ vom 18.8.1999

wiegend islamischen Pakistan. Seit 1947, dem Jahr der Unabhängigkeit beider Staaten, führten sie drei Kriege gegeneinander – insbes. wegen Kaschmir, der 1947 zwischen Pakistan und I. aufgeteilten Hochlandregion. Internationale Organisationen kritisierten die Vergrößerung des indischen Militärhaushaltes, der sich seit 1996 verdoppelte, und befürchteten einen weiteren Rüstungswettlauf zwischen beiden Atommächten.

Clinton-Besuch: Im März 2000 besuchte US-Präsident Bill Clinton im Rahmen einer Südasienreise auch I. Es war der erste Besuch eines US-Präsidenten seit 1978 (Jimmy Carter). Clinton warb für ein Ende des Wettrüstens zwischen I. und Pakistan. Es wurden mehrere bilaterale Vereinbarungen über bessere Zusammenarbeit in Wissenschaft, Technologie, Energie und Umweltschutz unterzeichnet. Der Besuch Clintons wurde von Demonstrationen begleitet, auf denen die indischen Kommunisten Clinton als Repräsentanten des Neo-Kolonialismus und hemmungsloser Wirtschaftsliberalisierung bezeichneten.

Wirtschaft: Die indische Volkswirtschaft wuchs im Fiskaljahr 1999/2000 um rund 7%. Sie profitierte von der weltweiten konjunkturellen Erholung, die zu einer Zunahme der indischen Ausfuhren um 13% und zu einem Aufschwung u. a. in der indischen Produktion von Nutz- und Personenfahrzeugen (+30%), Verbrauchsgütern (+15%) sowie in der Agrochemie (+15%) führte. Wichtigste Ausfuhrgüter waren 1999 Textilien (24,9% der Gesamtausfuhr), Edelsteine und Schmuck (17,5%) sowie Maschinen und Instrumente (12,9%). Die Hauptabnehmerländer waren die USA (Anteil von 25,5%), Großbritannien (5,7%) und Deutschland (5,6%). Da die heimische Erdölförderung (u.a. im Hinterland des Golfs von Khambat im Nordwesten von I.) nicht ausreichte, um den steigenden Energiebedarf zu decken, betrug der Anteil von Erdöl an der Gesamteinfuhr 1999 ca. 15%. *Informationstechnologie:* 1990–99 wuchsen in I. die Erträge aus der Informationstech-

Indien: Chronik des Kaschmir-Konfliktes

▸ **Juni 1947:** Der britische Vizekönig Lord Louis Mountbatten gibt einen Plan zur Teilung I.s bekannt.

▸ **August 1947:** Pakistan wird von I. abgetrennt, Kaschmir zwischen den beiden Ländern aufgeteilt. Pakistan und I. erhalten die Unabhängigkeit.

▸ **Oktober 1947:** Beginn des ersten Krieges zwischen Pakistan und I. um Kaschmir, das beide Staaten beanspruchen.

▸ **Dezember 1948:** Waffenstillstand.

▸ **April 1950:** Abkommen sichert die Rechte der Moslem-Minderheit in I. und der Hindu-Minderheit in Pakistan.

▸ **September 1965:** Beginn des zweiten Krieges zwischen I. und Pakistan um Kaschmir.

▸ **Januar 1966:** Waffenstillstand.

▸ **Dezember 1971:** Dritter indisch-pakistanischer Krieg endet mit der Niederlage Pakistans.

▸ **Juli 1972:** I. und Pakistan vereinbaren auf einer Friedenskonferenz, den Konflikt beizulegen.

▸ **September 1987:** Bei heftigen Grenzkämpfen zwischen I. und Pakistan sterben ca. 200 Soldaten.

▸ **1989:** Beginn des bewaffneten Kampfes von Separatistenbewegungen im indischen Teil Kaschmirs.

▸ **Oktober 1992:** Pakistanische Demonstrationen an der Grenze zu I. gegen die Teilung Kaschmirs.

▸ **August 1994:** I. fordert Pakistan auf, sich aus Kaschmir zurückzuziehen; Kämpfe zwischen militanten Muslimen und indischen Sicherheitskräften.

▸ **Juli 1998:** Erneuter Ausbruch von bewaffneten Auseinandersetzungen zwischen Muslimen und indischen Milizen in Kaschmir.

▸ **Februar 1999:** Beim ersten Besuch eines indischen Premierministers in Pakistan seit

1989 vereinbaren der indische Regierungschef Vajpayee und der pakistanische Ministerpräsident Sharif Gespräche über die Kaschmir-Frage.

▸ **April 1999:** Zündung von Testraketen in I. und Pakistan belasten das Verhältnis beider Staaten.

▸ **Mai 1999:** Die indische Luftwaffe bekämpft aus Pakistan eingedrungene Separatisten und eröffnet die schwersten Gefechte seit 20 Jahren.

▸ **Juni 1999:** Ministerpräsident Vajpayee schließt einen Krieg gegen Pakistan nach dem Scheitern von Friedensgesprächen nicht aus.

▸ **August 1999:** Abschuss eines pakistanischen Flugzeugs mit 16 Insassen durch indisches Kampfflugzeug.

▸ **Februar 2000:** Indische Regierung kündigt drastische Erhöhung der Militärausgaben um 28,2% auf 26,6 Mrd DM an.

nologie jährlich im Durchschnitt um 50%. Bis 2006 werden die Erlöse aus der Ausfuhr von Software voraussichtlich 35 Mrd US-Dollar betragen, was den Exporterlösen der gesamten indischen Wirtschaft im Jahr 1999 entspräche. Insgesamt trug 1999 die Informationstechnologie ca. 7% zum indischen BIP bei. I. gilt als Land mit den besten Software-Ingenieuren, die an den Eliteschulen des Landes ausgebildet werden. Allerdings fehlten 1999 in I. aufgrund des anhaltenden Booms 67 000 Computerexperten. Bis 2008 könnte der Bedarf an diesen Fachkräften sogar auf 2 Mio steigen.

Privatisierung: Im Januar 2000 beschloss die indische Regierung, die staatliche Fluglinie Indian Airlines Co. (IAC) und Modern Foods Ltd., die Bäckereibetriebe und Eiscrème-Fabriken unterhielt, an private Investoren zu verkaufen. Die Privatisierung ist Teil der erklärten Politik der Regierung, sich weitgehend aus der Wirtschaftsproduktion zu verabschieden. Durch Verkäufe sollte das Haushaltsdefizit, das für 2000/2001 auf 26 Mrd US-Dollar hochgerechnet wurde, verringert werden. Die Regierung veranschlagte die Einnahmen aus der Ver-

äußerung von staatlichen Unternehmen für 2000 auf 2,5 Mrd US-Dollar.

Auslandsinvestitionen: Im Februar 2000 lockerte die indische Regierung die Bestimmungen für ausländische Direktinvestitionen. Die Liste von Wirtschaftsbereichen, in denen sich ausländisches Kapital ohne langwieriges Bewilligungsverfahren engagieren darf, wurde durch eine Negativliste ersetzt. Sie enthält fünf Produktgruppen (Alkoholika, Zigaretten, Explosionskörper, Rüstungsgüter und Produkte aus der Kleinindustrie), bei denen ausländische Investitionen der behördlichen Genehmigung bedürfen. Die Erleichterungen gelten aber lediglich für Investitionen in neue Unternehmen, Engagements bei existierenden Firmen müssen weiterhin bewilligt werden. Durch den Beschluss der indischen Regierung sollte der Zustrom von ausländischem Kapital im Jahr 2000 von 4 Mrd US-Dollar auf 10 Mrd US-Dollar erhöht werden. Seit 1990 flossen rund 19 Mrd US-Dollar Auslandskapital nach I. (etwa 47% des jährlich von ausländischen Unternehmen in China investierten Kapitals).

■ **Staaten** → Pakistan

Indonesien
Ostasien, Karte S. 444, B 6

Im Januar 2000 verschärften sich in verschiedenen Teilen des Vielvölkerstaates I. innerhalb der Bevölkerung die politisch-religiösen Auseindersetzungen.

Innenpolitik: Bei schweren Kämpfen zwischen Christen und Muslimen kamen im Januar und Juni 2000 auf den ost-indonesischen Molukken mind. 1500 Menschen ums Leben. Die Unruhen griffen auch auf Lombok über, wo Muslime durch die Straßen der Inselhauptstadt Mataram zogen und den Tod des christlichen Bevölkerungsteils forderten. In Jakarta riefen Zehntausende Muslime zum heiligen Krieg gegen die Christen auf. In Aceh verübten nach Unabhängigkeit von I. strebende Terroristen Anschläge auf staatliche Einrichtungen. Die indonesische Regierung stationierte 9000 Soldaten auf den Inseln, um die Ausschreitungen zu unterbinden. Im Mai 2000 unterzeichneten die indonesische Regierung und die Unabhängigkeitsbewegung von Aceh ein Abkommen, in dem sich beide Parteien zu einem

Indonesien Republik Indonesien			**RI**
Landesfläche	1,91 Mio km² (WR 15)		
Einwohner	209,3 Mio (WR 4)		
Hauptstadt	Jakarta (ca. 12 Mio Einwohner)		
Sprachen	Indones., Engl., lokale Sprachen		
Währung	1 Rupiah (Rp) = 100 Sen		
Zeit	Mitteleuropäische Zeit +6 h		
Gliederung	27 Provinzen		
Politik			
Staatsform	Präsidiale Republik (seit 1945)		
Regierungschef	Abdurrahman Wahid (seit 1999) *4.8.1940		
Staatspräsident	Abdurrahman Wahid (seit 1999) *4.8.1940		
Parlament	Repräsentantenhaus mit 462 gewählten und 38 vom Präsidenten aus Reihen des Militärs ernannten Mitgl.; 154 Sitze für Demokratische Partei (PDIP), 120 für Golkar, 58 für Vereinig. Entwicklungspartei, 130 für Andere (Wahl: 1999)		
Internet	www.dpr.go.id		
Bevölkerung			
Religion	Muslime (87,2%); Christen (9,6%); Sonstige (3,2%)		
Nationalitäten	Javanesen (39,4%); Sundanesen (15,8%); Malaien (12,1%); Maduresen (4,3%); Chinesen (3%); Sonstige (25,4%)		
Wirtschaft und Soziales			
Dienstleistung	43,1%	Urbanisierung	38%
Industrie	41,7%	Einwohner/km²	110
Landwirtschaft	15,2%	Bev.-Wachstum/Jahr	1,4%
BSP/Kopf	640 $ (1998)	Kindersterblichkeit	4,8%
Inflation	ca. 2% (1999)	Alphabetisierung	83,2%
Arbeitslosigkeit	15% (1998)	Einwohner pro Arzt	7143

Indonesien: Unabhängigkeitsbestrebungen einzelner Inseln

	Aceh	Irian Jaya/Westpapua	Molukken	Osttimor
Geschichte	bis zum späten 19. Jh. unabhängiges Sultanat, dann niederländische Kolonie; seit 1945 Teil von I.	ehemals niederländische Kolonie, blieb zunächst auch nach der Gründung von I. unter der Verwaltung der Niederländer	seit dem 16. Jh. von verschiedenen Kolonialmächten wegen lukrativem Gewürzanbau begehrt; ab 1512 unter portugiesischer, im 17. Jh. unter niederländischer Herrschaft; 1942 bis 1945 von Japan besetzt	ehemals portugiesische Kolonie, ab 1952 portugiesische Überseeprovinz, die 1976 offiziell in den indonesischen Staat eingegliedert wurde
Bevölkerung	streng muslimische Bevölkerung, die den übrigen Teil von I. als unreligiös empfindet	ethnisch gemischte Bevölkerung; die meisten Einwohner betreiben mit primitiven Mitteln Landwirtschaft	hoher christlicher Bevölkerungsanteil, aber zahlreiche muslimische Einwanderer aus anderen Teilen von I.; zahlreiche religiös und sozial motivierte Auseinandersetzungen zwischen den Bevölkerungsgruppen	überwiegend christliche Bevölkerung
Rohstoffe	reiche Öl- und Erdgasvorkommen	Kupfer, Gold, Silber, Erdöl, Erdgas	–	–
Status/ Unabhängigkeitsbestrebungen	seit den 1950er Jahren Unabhängigkeitsbestrebungen, seit 1959 Sonderstatus mit Autonomie in religiösen und Erziehungsfragen; 1977 Gründung der Bewegung »Aceh Merdeka« (Freies Aceh); indonesische Regierung plante Mitte 2000 größere Autonomie, aber keine Unabhängigkeit für Aceh	1962 nach dem Abzug der Niederländer sieben Monate unter UN-Verwaltung; anschließend übertrugen die UN die Herrschaft provisorisch an I. mit der Auflage, innerhalb von sechs Jahren freie Wahlen durchzuführen. Da die Einwohner angeblich zu primitiv für ein Referendum waren, bestimmte die indonesische Verwaltung den Wahlausgang; die Inseln blieben bei I.	im April 1950 riefen die Molukken ihre Unabhängigkeit aus, im Dezember 1950 wurden sie von I. besetzt und zur Provinz erklärt; im Juni 2000 verhängte die indonesische Regierung nach tagelangen Kämpfen zwischen Christen und Moslems den Notstand über die Molukken	im November 1975 rief die Front für ein unabhängiges Osttimor die Unabhängigkeit aus, im Dezember 1975 marschierten indonesische Truppen in Osttimor ein, um es zu annektieren; im August 1999 stimmten 78,5% der Bevölkerung für die Loslösung von I.; der Unabhängigkeitsprozess wird von multinationalen Truppen überwacht, da proindonesische Milizen die Bevölkerung terrorisierten

Quelle: Die Welt vom 2.12.1999

Abbau der Spannungen in der Krisenregion verpflichteten. Präsident Abdurrahman Wahid beschuldigte pensionierte Armeeoffiziere und fanatische Muslime, die Spannungen in I. zwischen den religiösen Gruppen zu schüren, um die Regierung zu schwächen. Internationale Organisationen werteten die Auseinandersetzungen auch als Zeichen der sozialen Spannungen infolge der schweren wirtschaftlichen Krise. Auf I. lebten um 2000 etwa 400 ethnische Gruppen. In der Vergangenheit richteten sich Ausschreitungen insbes. gegen wirtschaftlich einflussreiche Minderheiten wie Chinesen, die ca. 3% der indonesischen Bevölkerung stellten.

Multinationale Truppe: Rund fünf Monate nach ihrer Ankunft in der früheren indonesischen Provinz Osttimor übergab die von Australien geführte multinationale Truppe INTERFET im Februar 2000 das Kommando an die Friedenstruppe der Vereinten Nationen (UN). Mit der Ablösung der 10 000 INTERFET-Soldaten kehrten 72 Bundeswehr-Soldaten zurück, die Verletzte nach Australien ausgeflogen hatten. Die Verantwortung für die Sicherheit in Osttimor übernahm die von 23 Staaten gebildete Friedenstruppe der UN unter dem Kommando des philippinischen Generals Jaime de los Santos. 80% der INTERFET-Soldaten wurden von den sog. Blauhelmen übernommen. Sie sollten bis etwa 2003 die Unabhängigkeit Osttimors von I. vorbereiten helfen. Im August 1999 hatte sich die Bevölkerung Osttimors mit 78,5% der Stimmen für die Unabhängigkeit ausgesprochen. Die INTERFET-Truppe war am 20.9.1999 in Osttimor einmarschiert, nachdem nationalistische indonesische Milizen mit Gewalt auf den Volksentscheid reagiert hatten.

Suspendierung: Im Februar 2000 setzte Präsident Wahid den Sicherheitsminister und früheren Armeechef Wiranto ab. Dem General wurde vorgeworfen, für die Ausschreitungen indonesischer Milizen gegen die Bevölkerung von Osttimor mitverantwortlich zu sein. Wahid kündigte ein gerichtliches Verfahren gegen Armeemitglieder an, die nach dem Referendum in Osttimor gewaltsam gegen Einwohner vorgegangen waren.

Hausarrest: Im Mai 2000 wurde der 1998 gestürzte Präsident Suharto unter Hausarrest gestellt. Die Generalstaatsanwaltschaft wollte die Ermittlungen gegen Suharto sicher stellen, der beschuldigt wird, sich während seiner Amtszeit (1966–98) um bis zu zweistellige Milliarden-US-Dollar-Beträge bereichert zu haben.

Wirtschaft: Die indonesische Volkswirtschaft litt 1999 unter den Folgen der innenpolitischen Unruhen, das BIP stieg lediglich um 0,2%. Im vierten Quartal 1999 waren allerdings mit einem Wachstum von 5,8% im Vergleich zum Vorjahresquartal Anzeichen einer konjunkturellen Erholung erkennbar, die insbes. auf den wachsenden privaten Konsum im Umfeld von chinesischen und muslimischen Feiertagen zurückgeführt wurde. Die Belebung der Konsumgüterindustrie beschleunigte die Produktion der verarbeitenden Industrie, die im vierten Quartal 1999 gegenüber der Vergleichsperiode von 1998 um 9% stieg. Wegen der positiven Anzeichen ging die indonesische Regierung für 2000 wieder von einem Wirtschaftswachstum um 4% aus. Zur Unterstützung des Aufschwungs gewährten Weltbank, Asiatische Entwicklungsbank und japanische Regierung im Februar 2000 einen Kredit von 4,7 Mrd US-Dollar.

Korruption: Durch Ineffizienz und Korruption in den Staatsunternehmen verlor I. 1995–98 unter dem gestürzten Präsidenten Suharto schätzungsweise 10 Mrd US-Dollar. Unregelmäßigkeiten bei staatlichen Programmen für die Wiederaufforstung illegal abgeholzter Wälder kosteten I. allein 5,25 Mrd US-Dollar. Durch das hohe Maß an Korruption sanken die ausländischen Investitionen in I. von 33,8 Mrd US-Dollar (1997) auf 10,6 Mrd US-Dollar (1999).

Irak

Nahost, Karte S. 442, D 2

Der diktatorisch regierte I. litt um 2000, neun Jahre nach Ende des Golfkriegs, weiterhin unter den Folgen des Krieges und der UN-Sanktionen. Bei der Parlamentswahl im I. im März 2000 erhielt der älteste Sohn Saddam Husseins, Udai, in seinem Bezirk 99,99% der Stimmen.

Innenpolitik: Insgesamt standen 522 Kandidaten für 220 Parlamentssitze zur Wahl; der Nationalrat hat 250 Sitze, 30 Mandate gehen an Vertreter der kurdischen Minderheiten. Alle Bewerber gehörten der regierenden Baath-Partei an oder standen ihr nahe. Oppositionelle Parteien und Gruppierungen waren nicht zugelassen. Das Parlament im I. hat jedoch nur beschränkten Einfluss. Es kann Gesetze einbringen und Minister befragen. Die Leitlinien der irakischen Politik bestimmt der achtköpfige Revolutionäre Kommandorat unter Staatschef Hussein. Husseins Sohn Udai sollte der nächste Parlamentspräsident werden. Dieses Amt ist in der irakischen Staatshierar-

Irak Irakische Republik		**IRQ**
Landesfläche	438 317 km² (WR 57)	
Einwohner	22,5 Mio (WR 43)	
Hauptstadt	Bagdad (4,89 Mio Einwohner)	
Sprachen	Arabisch, Kurdisch, Türkisch, Kaukasisch, Persisch	
Währung	1 Irak-Dinar (ID) = 1000 Fils	
Zeit	Mitteleuropäische Zeit +2 h	
Gliederung	18 Gouvernate	
Politik		
Staatsform	Präsidiale Republik (seit 1968)	
Regierungschef	Saddam Hussein (seit 1994) *28.4.1937	
Staatspräsident	Saddam Hussein (seit 1979) *28.4.1937	
Parlament	Nationalrat mit 250 für vier Jahre gewählten Abgeordneten; sämtliche Sitze für die Baath-Partei und Unabhängige sowie der Baath-Partei nahe stehende Kandidaten	
Bevölkerung		
Religion	Muslime (95,5%): Schiiten (61,5%), Sunniten (34%); Christen (3,7%); Sonstige (0,8%)	
Ethn. Gruppen	Araber (77,1%); Kurden (19%); Sonstige (3,9%)	

Wirtschaft und Soziales			
Dienstleistung	47%	**Urbanisierung**	75%
Industrie	23%	**Einwohner/km²**	51
Landwirtschaft	30%	**Bev.-Wachstum/Jahr**	2,8%
BSP/Kopf	k.A.	**Kindersterblichkeit**	9,5%
Inflation	k.A.	**Alphabetisierung**	56,8%
Arbeitslosigkeit	k.A.	**Einwohner pro Arzt**	1667

chie gleichrangig mit dem des Premierministers. Udai galt Mitte 2000 im I. als
ebenso brutaler Tyrann wie sein Vater; ihm
wurde von Regimegegnern die Ermordung
von mind. vier Menschen vorgeworfen. Als
Präsident des irakischen Olympischen Komitees, des Dachverbandes der irakischen
Kulturschaffenden, der Journalistenunion
und des Studentenverbandes besetzte Udai
Hussein 2000 bereits wichtige gesellschaftliche Posten. Außerdem kontrollierte er lt.
Oppositionsangaben den Whisky-, Zigaret-
ten- und Benzinschmuggel des Landes.
Hinrichtungen: Bei einer Hinrichtungswelle
im I. im Januar 2000 wurden mind. 39 Menschen getötet. Im Staatssicherheitsgefängnis
von Abu Ghraib nahe Bagdad wurden
26 politische Häftlinge exekutiert. Als Folge
brutaler Folter sowie Unterernährung starben 13 weitere Personen. Nach Angaben der
irakischen Opposition verstärkte Saddam
Hussein Anfang 2000 seine Terrormaß-
nahmen, um die stetig wachsende Unzufriedenheit in der irakischen Bevölkerung zu
unterdrücken.

Außenpolitik: Im Februar 2000 traten Hans
von Sponeck, der Koordinator der Vereinten
Nationen (UN) für die humanitäre Hilfe im
I., und Jutta Burghardt, Vertreterin des Welt-
ernährungsprogramms der UN, von ihren
Posten zurück. Sie protestierten gegen die
seit 1990 bestehenden Wirtschaftssanktionen gegen den I., die nach ihrer Ansicht
lediglich die irakische Bevölkerung träfen.
Im I. litten 1999 nach Schätzungen 250 000
Kinder an Unterernährung oder mangelnder
medizinischer Versorgung. Das Außenministerium der USA kritisierte den Rücktritt der deutschen UN-Diplomaten, Vertreter Russlands und Frankreichs forderten
eine Verbesserung der von den Diplomaten
bemängelten humanitären Lage im I.
Abrüstungskommission: Im Januar 2000
wurde Hans Blix (Schweden) vom UN-
Sicherheitsrat zum Chef der neuen UN-
Abrüstungsmission (Unmovic) ernannt, die
das ballistische, chemische und biologische
Waffenarsenal im I. kontrollieren sollte. Die
irakische Regierung nahm Blix' Ernennung
zum Anlass, erneut jegliche Zusammenarbeit mit der Abrüstungskommission auszuschließen. UN-Inspekteure mussten
den I. im Dezember 1998 verlassen. Seitdem flogen US-amerikanische und britische
Flugzeuge wiederholt Angriffe gegen iraki-

sche Stellungen im Süden und Norden des
Landes, um das Hussein-Regime zur Zusammenarbeit zu zwingen.
Einreiseerlaubnis: Im April 2000 hob Präsident Saddam Hussein die Einreisebeschrän-
kungen für Staatsangehörige einiger arabischen Länder auf. Sie waren 1991 für alle
Araber mit Ausnahme der Bürger aus Jordanien und dem Jemen eingeführt worden,
weil sich die arabischen Staaten im Golfkrieg auf die Seite der USA gestellt hatten.

Wirtschaft: Die irakische Volkswirtschaft
litt 1999 weiterhin unter den Folgen der
Golfkriege und der Wirtschaftssanktionen.
Über die ökonomischen Eckdaten (Wirtschaftswachstum, Inflation, Arbeitslosenquote etc.) gab es keine gesicherten Informationen. Nach einem Bericht des
Internationalen Komitees vom Roten Kreuz
(IKRK) ist insbes. das Gesundheitswesen
von den Sanktionen betroffen. Krankenhäuser zerfielen, es fehle an Fachpersonal;
Seife, Verbandszeug, Infusionsmaterial und
-flüssigkeit seien äußerst knappe Güter.
Landwirtschaft: Die ökonomische Lage
verschlechterte sich 1999 durch eine lang
anhaltende Dürre, die insbes. die Landwirtschaft stark beeinträchtigte. Die Wasser-
stände des Euphrat und des Tigris sanken
um 60%, die Weizenproduktion ging um
63%, die Erzeugung von Gerste um 37%
zurück. Rund 1,5 Mio Tiere verendeten
wegen Wassermangels oder an den Folgen
der Maul- und Klauenseuche. Nach der Verhängung der Wirtschaftssanktionen hatte
die irakische Regierung es zum Ziel erklärt,
die landwirtschaftliche Produktion auszubauen und zu intensivieren. Das Land sollte
dadurch in die Lage versetzt werden, sich
selbst zu versorgen. Insges. beträgt die für
den Anbau nutzbare Fläche ca. 11 Mio ha,
davon sind 8 Mio ha auf Bewässerung angewiesen. Rund 40% der irakischen Bevölkerung waren 1999 in der Landwirtschaft
beschäftigt. Eines der wichtigsten Agrarprodukte ist neben Weizen und Gerste der
Reis, der im Süden angebaut wird.
Kredit: Indien gewährte dem I. trotz bestehender Handelssanktionen im August 1999
einen Kredit über 25 Mio US-Dollar zum
Kauf von 1000 indischen Bussen. Als Gegenleistung wurde Indien ein Vertrag zur
Förderung von Erdöl im I. in Aussicht gestellt, sobald die UN-Sanktionen gelockert
würden.

Iran
Nahost, Karte S. 442, E 2

1999/2000 verschärfte sich im I. der Kampf zwischen konservativen Kräften und Reformern. Der Richtungsstreit wurde insbes. in der Frage nach dem Umgang mit den liberalen Zeitungen des Landes deutlich. Bei den Parlamentswahlen im Februar 2000 gewannen die Reformer um Präsident Mohammed Khatami mit rund 67% der Stimmen. Erstmals seit der islamischen Revolution von 1979 erreichten liberale Kräfte die Mehrheit im Parlament.

Innenpolitik: Das Reformbündnis des Zweiten Khordad gewann 189 der 290 Sitze, die dem konservativen Klerus nahe stehenden Kandidaten dagegen nur 54. Unabhängige Bewerber erhielten 42 Sitze. 32 Mio der etwa 38,7 Mio Wahlberechtigten (82,7%) gaben ihre Stimme ab. 1997 hatte die Wahl des damaligen Außenseiters Khatami zum Präsidenten eine politische Wende im I. eingeleitet, die im Sieg der Reformkräfte in der Parlamentswahl 2000 ihren bis dahin deutlichsten Ausdruck fand. Zum neuen Parlamentspräsidenten wurde im Mai 2000 der Reformer Mehdi Karrubi gewählt.

Presseverbote: Im April und Mai 2000 wurden im I. insgesamt 17 reformorientierte Zeitungen und Zeitschriften verboten. Als Begründung nannte das Justizministerium, dass die Blätter trotz wiederholter Warnungen weiter Artikel veröffentlicht hätten, in denen der Islam und die Errungenschaften der Revolution im I. verunglimpft worden seien. Der geistliche Führer des I., Ajatollah Ali Khamenei, hatte im August 1999 noch Ajatollah Mahmud Haschemi Schahrudi zum Leiter des Justizwesens ernannt. Er wurde Nachfolger des dem fundamentalistischen Lager angehörenden Ajatollah Mohammed Jasdi, der abgelöst wurde, weil er liberale Zeitungen verboten hatte. Die Ernennung Schahrudis war als Erfolg der gemäßigten Kräfte von Präsident Khatami gewertet worden, die von den verbotenen Tageszeitungen im politischen Kurs unterstützt worden waren.

Bombenanschlag: Im Februar 2000 verübte die linksislamische Volksmudschaheddin, die ihre Stützpunkte im Irak hatte, einen Anschlag auf den Amtssitz des Präsidenten Khatami. Dabei wurden ein Mensch getötet

Iran Islamische Republik Iran		IR
Landesfläche	1,63 Mio km² (WR 17)	
Einwohner	66,8 Mio (WR 16)	
Hauptstadt	Teheran (6,75 Mio Einwohner)	
Sprachen	Persisch, Kurdisch, Turksprachen	
Währung	1 Rial (RI) = 100 Dinar	
Zeit	Mitteleuropäische Zeit +2,5 h	
Gliederung	25 Provinzen	
Politik		
Staatsform	Islamisch-präsidiale Republik (seit 1979)	
Regierungschef	S. Mohamed Khatami (seit 1997) *1943	
Staatspräsident	S. Ali Khamenei (religiöser Führer seit 1989) *1939	
Parlament	Islamischer Rat mit 290 Mitgl.; 189 für Zweiten Khordad, 54 für radikale Islamisten, 47 für Andere (Wahl: 2000)	
Internet	www.president.ir	
Bevölkerung		
Religion	Muslime (99%); Christen (0,5%); Sonstige (0,5%)	
Ethn. Gruppen	Perser (45,6%); Aseri (16,8%); Kurden (9,1%); Gilaki (5,3%); Luri (4,3%); Sonstige (18,9%)	

Wirtschaft und Soziales			
Dienstleistung	42,9%	Urbanisierung	61%
Industrie	36,3%	Einwohner/km²	41
Landwirtschaft	20,8%	Bev.-Wachstum/Jahr	1,7%
BSP/Kopf	1650 $ (1997)	Kindersterblichkeit	3,5%
Inflation	ca. 22,1% (1999)	Alphabetisierung	73,3%
Arbeitslosigkeit	ca. 16% (1998)	Einwohner pro Arzt	2685

und fünf Personen verletzt. Grund für den Anschlag war vermutlich eine Karikatur in der Zeitung Asad, welche die Reformpolitik Khatamis unterstützte. Sie zeigte einen prominenten Gegner der Pressefreiheit als Krokodil, das einen missliebigen Journalisten zwischen den Zähnen hält. In Ghom protestierten konservative Geistliche und Studenten drei Tage lang gegen die Karikatur.

Attentat: Im März 2000 wurde Saied Hadscharin, einer der engsten Vertrauten des iranischen Reformpräsidenten Khatami, bei einem Anschlag durch Schüsse lebensgefährlich verletzt. Der Täter entkam auf einem Motorrad. Das Attentat wurde als Versuch gewertet, die Reformbemühungen Khatamis zu beeinträchtigen.

Verurteilung: Im November 1999 wurde der ehemalige Innenminister Abdullah Nouri von einem religiösen Gericht in Teheran zu fünf Jahren Gefängnis verurteilt. Die geistlichen Richter befanden ihn für schuldig, den Islam und das islamische Herrschaftssystem angegriffen zu haben. Nouri hatte im Namen von Demokratie und Rechtstaatlichkeit die religiösen Grundlagen des iranischen Staates hinterfragt. Das Urteil, bei dem keine Berufung möglich war, wurde aber nicht als

🏴 Iran: Chronik der iranischen Revolution

▶ **16.1.1979:** Schah Reza Pahlewi, seit 1941 Herrscher über den I., flieht nach Ausbruch von innenpolitischen Unruhen.

▶ **1.2.1979:** Ajatollah Khomeini kehrt aus dem französischen Exil in den I. zurück und wird von Millionen Menschen begeistert empfangen.

▶ **1.4.1979:** Nach einer Volksabstimmung proklamiert Khomeini die Islamische Republik I.

▶ **4.11.1979:** Studentische Anhänger Khomeinis stürmen die US-Botschaft in Teheran, nehmen 52 Geiseln und fordern die Auslieferung des Schahs. Im April 1980 scheitert eine US-Militäroperation zur Befreiung der Geiseln in der ostiranischen Wüste bei Tabas. Im Januar 1981 werden die Geiseln nach 444 Tagen freigelassen.

▶ **3.12.1979:** In einem Referendum stimmt die Mehrheit der Bevölkerung für eine neue Verfassung. Im I. entsteht eine Halb-Theokratie, in der Elemente eines schiitischen Gottesstaates sich mit Elementen der französischen Präsidialverfassung verbinden.

▶ **22.9.1980:** Beginn des irakisch-iranischen Krieges um Grenzgebiete. Der Konflikt, in dem ca. 1 Mio Menschen sterben, endet ohne militärischen Sieger im Juli 1988.

▶ **4.6.1989:** Tod Khomeinis; Staatspräsident Khamenei wird zum Nachfolger und geistlichen Führer im I. bestimmt.

▶ **28.7.1989:** Der bisherige Parlamentspräsident Ali Haschemi Rafsandschani, der als Pragmatiker gilt, wird mit 94,5% der Stimmen zum Staatspräsidenten gewählt.

▶ **21.2.1994:** Sonderberichterstatter der UN verurteilen religiösen Fanatismus und Willkür im iranischen Rechtssystem und fordern mehr Unabhängigkeit der iranischen Gerichte. Angehörige der Bahai-Religionsgemeinschaft, die als Abtrünnige vom Islam gelten, werden inhaftiert oder hingerichtet.

▶ **23.5.1997:** Bei den Präsidentenwahlen gewinnt Mohammed Khatami, der als Reformer gilt, mit ca. 70% der Stimmen.

▶ **26.2.1999:** Kommunalwahlergebnisse stärken die Position Khatamis gegenüber dem Fundamentalismus.

▶ **8.7.1999:** Demonstrationen in Teheran für die Pressefreiheit.

▶ **27.11.1999:** Der ehemalige Innenminister Nouri wird wegen seiner Angriffe gegen den Islam und das islamische Herrschaftssystem zu fünf Jahren Gefängnis verurteilt.

▶ **18.2.1999:** Die Reformer um Präsident Mohamed Khatami gewinnen die Parlamentswahlen mit rund 67% der Stimmen.

Sieg der islamischen Traditionalisten gewertet, da sich die Bevölkerung nach dem Richterspruch mehrheitlich gegen die Verurteilung von Nouri aussprach und eine Fortsetzung des Erneuerungskurses forderte.

Außenpolitik: Im Januar 2000 wurde der deutsche Geschäftsmann Helmut Hofer nach zweijähriger Haft im I. frei gelassen. Ein Teheraner Kammergericht hatte ihn wegen Beleidigung zweier Sicherheitsbeamter zu einer Geldstrafe von 12 600 DM verurteilt. Das zuvor ergangene Todesurteil wegen einer angeblich sexuellen Beziehung zu einer Muslimin war wenige Wochen vorher revidiert worden. Durch seine Gefangennahme im September 1997 hatten sich die Beziehungen zwischen Deutschland und Iran deutlich verschlechtert.

Lockerung der US-Sanktionen: Im August 1999 hob das US-amerikanische Außenministerium einige Sanktionen gegen I., Libyen und Sudan auf. US-Unternehmen dürfen wieder Lebensmittel, Medikamente und medizinische Ausrüstung an die drei Länder liefern, die unter der Regierung von US-Präsident Ronald Reagan bis Anfang der 1990er Jahre als »Exporteure des Terrorismus« mit Handelssanktionen belegt worden waren. Seit März 2000 darf der I. auch wieder Luxusgüter wie Teppiche oder Kaviar in die USA exportieren. Das US State Department hob die Beschränkungen auf, weil sie nicht den Regimen schadeten, sondern den US-Firmen, denen wichtige Exportmärkte verloren gingen.

Irak: Obwohl I. im April 2000 begann, etwa 2000 irakische Kriegsgefangene zu entlassen, die während des ersten Golfkrieges (1980–88) gefangen genommen waren, traten neue Spannungen im Verhältnis zum Irak auf. Grund war das Verhalten der iranischen Küstenwache im Persischen Golf, die zwölf Tanker mit geschmuggeltem irakischen Erdöl aufbrachte. Die iranische Regierung begründete das Vorgehen der Küstenwache mit der Notwendigkeit, den UN-Embargo-Resolutionen gegen den Irak Geltung zu verschaffen. Die irakische Regierung warf dem I. vor, sich zum Gehilfen der USA zu machen. Die Vereinigten Staaten hatten I. mehrfach aufgefordert, gegen den Schmuggel irakischen Erdöls vorzugehen.

Wirtschaft: Die iranische Konjunktur schwächte sich 1999 weiter ab, das BIP stieg nur noch um 1% (1998: 1,9%). Die nachlassende Wirtschaftsleistung war u. a. auf den schlechten Zustand der Industriebetriebe und den Mangel an Ersatzteilen zurückzuführen, die eine ungenügende Kapazitätsauslastung insbes. in der Textilindustrie (25%) hervorriefen. Das Haushaltsdefizit blieb 1999 trotz gestiegener Einnahmen aus dem Export von Erdöl (15 Mrd US-Dollar) mit 4% des BIP hoch. Die Kosten für die hoch defizitären Staatsbetriebe und Banken betrugen 1999 ca. 60% aller Ausgaben.

Fünfjahresplan: Im Oktober 1999 verabschiedete die iranische Regierung einen Fünfjahresplan, durch den das BIP um jährlich 6% gesteigert werden sollte. Das größere Wirtschaftswachstum erhoffte sich die iranische Führung vor allem von der Stärkung der vom Erdöl unabhängigen Bereiche z. B. im Dienstleistungssektor. Ein großer Teil der staatlichen Produktionsmittel sollte privatisiert werden. Die Regierung plante außerdem, durch den Ausbau des Tourismus 760 000 neue Arbeitsplätze zu schaffen.

Irland

Europa, Karte S. 437, B 4

Der gesamtirische Ministerrat, dessen Gründung 1998 im Nordirland-Friedensvertrag beschlossen worden war, trat im Dezember 1999 in Armagh (Nordirland) zur ersten Sitzung zusammen.

Innenpolitik: An dem Treffen nahmen u. a. das gesamte irische Kabinett unter Premierminister Bertie Ahern sowie der Erste Minister Nordirlands, David Trimble, teil. Auf nordirischer Seite boykottierten die beiden Minister der protestantischen Democratic Unionist Party (DUP) von Ian Paisley die Sitzung. Der Ministerrat beschloss die Einrichtung von sechs Gremien, die für ihre jeweilige Regierung Empfehlungen ausarbeiten sollten, mit denen die Zusammenarbeit in den Bereichen Landwirtschaft, Ausbildung, Umwelt, Gesundheit, Verkehr und Tourismus verbessert werden konnte. Der Ministerrat wurde als wichtiger Schritt zur Beilegung des Nordirland-Konflikts gewertet, in dem Katholiken und Protestanten insbes. seit 1969 um den Status des zu Großbritannien gehörenden Nordirland kämpften. Die Angst der nordirischen Protestanten, von der katholischen Mehrheit auf der gesamten Insel überstimmt zu werden, hatte vorher die Einrichtung eines gesamtirischen Ministerrates verhindert.

Regierungsumbildung: Im Januar 2000 bildete Premierminister Ahern sein Kabinett um. Der bisherige Gesundheitsminister Brian Cowen übernahm das Außenministerium. An Cowens Stelle trat der bisherige Erziehungsminister Martin, während dessen Ressort an den vorherigen Marineminister Woods ging. Der Staatssekretär Frank Fahey stieg als Nachfolger von Woods neu in die Regierung auf. Die Kabinettsumbildung war durch den altersbedingten Rücktritt des Außenministers David Andrews notwendig geworden.

Wirtschaft: Das BIP in I. ging 1999 auf 6,5% zurück (1998: 9%). Die Abschwächung der Konjunktur war insbes. auf den Mangel an Fachkräften zurückzuführen, der vor allem in der verarbeitenden Industrie zu einem Produktionsrückgang führte. Durch die hohe Nachfrage nach Experten verringerte sich die Arbeitslosenquote von 7,8% auf 5,8%. Bis Ende 2002 wurde ein weiteres Sinken auf 4,5% prognostiziert.

Irland	Republik Irland	IRL
Landesfläche	70 282 km² (WR 117)	
Einwohner	3,7 Mio (WR 120)	
Hauptstadt	Dublin (478 000 Einwohner)	
Sprachen	Englisch, Gälisch (Irisch)	
Währung	1 Irisches Pfund (Ir £) =100 New Pence	
Zeit	Mitteleuropäische Zeit –1 h	
Gliederung	4 Provinzen	
Politik		
Staatsform	Parlamentarische Republik (seit 1937)	
Regierungschef	Bertie Ahern (seit Juni 1997) *12.9.1951	
Staatspräsident	Mary McAleese (seit Okt. 1997) *27.6.1951	
Parlament	Repräsentantenhaus mit 166 für fünf Jahre gewählten und Senat mit 60 Abgeordneten; im Repräsentantenhaus 77 Sitze für Fianna Fáil, 54 für Fine Gael, 17 für Labour Party, 4 für Progressive Democrats, 4 für Democratic Left, 2 für Grüne, 1 für Sinn Féin, 7 für Unabhängige (Wahl von1997)	
Internet	www.irlgov.ie	
Bevölkerung		
Religion	Christen (96,3%): Katholiken 93,1%, Anglikaner 2,8%, Presbyterianer 0,4%; Sonstige (3,7%)	
Nationalitäten	Iren (93,7%); Sonstige (6,3%)	
Wirtschaft und Soziales		
Dienstleistung	65,0%	**Urbanisierung**	58%
Industrie	25,0%	**Einwohner/km²**	53
Landwirtschaft	10,0%	**Bev.-Wachstum/Jahr**	0,7%
BSP/Kopf	18 710 $ (1998)	**Kindersterblichkeit**	0,7%
Inflation	3,8% (1999)	**Alphabetisierung**	99%
Arbeitslosigkeit	5,8% (1999)	**Einwohner pro Arzt**	633

Durch den Arbeitskräftemangel stiegen die Löhne im Schnitt um 4,5%. Dies trug zur Erhöhung der Inflationsrate auf 3,8% (1998: 2,7%) bei, die nunmehr 1,6 Prozentpunkte über dem Durchschnitt der anderen EU-Staaten lag.

Schuldentilgung: Aufgrund der hohen Steuereinnahmen bilanzierte der irische Haushalt 1999 einen Überschuss von 1,4% des BIP. Da ein Teil des Überschusses für die Schuldentilgung verwandt wurde, sanken die Staatsverbindlichkeiten von 52,1% auf 47% des BIP. Um eine weitere Abschwächung der Konjunktur zu verhindern, plante die Regierung für 2000–2006 Investitionen in Höhe von 100 Mrd DM, mit denen umfangreiche Maßnahmen zur Verbesserung der Infrastruktur und der Ausbildung finanziert werden sollten. Zur Bekämpfung der gestiegenen Inflation vereinbarten die Tarifparteien im März 2000 einen Lohnpakt, durch den Lohnerhöhungen bis 2002 an die Entwicklung des Bruttosozialprodukts gekoppelt werden sollten.

Krisen und Konflikte → Nordirland

Island	Republik Island	IS
Landesfläche	103 000 km² (WR 105)	
Einwohner	279 000 (WR 167)	
Hauptstadt	Reykjavik (156 000 Einwohner)	
Sprache	Isländisch	
Währung	1 isländische Krone = 100 Aurar	
Zeit	Mitteleuropäische Zeit −1 h	
Gliederung	8 Bezirke	
Politik		
Staatsform	Parlamentarische Republik (seit 1944)	
Regierungschef	David Oddsson (seit 1991) *17.1.1948	
Staatspräsident	Olafur Ragnar Grimsson (seit 1996) *1943	
Parlament	Althing mit 63 für vier Jahre gewählten Abgeordneten; 26 Sitze für Unabhängigkeitspartei, 17 für Volksallianz, 12 für Fortschrittspartei, 6 für Linke Grüne, 2 für Liberale (Wahl von 1999)	
Bevölkerung		
Religion	Christen (96,7%): Protestanten 95,7%, Katholiken 1%; Sonstige (1,9%); Konfessionslose (1,4%)	
Nationalitäten	Isländer (96,1%); Dänen (0,8%); Schweden (0,5%); US-Amerikaner (0,5%); Deutsche (0,3%); Sonstige (1,8%)	
Wirtschaft und Soziales		
Dienstleistung	62,4%	Urbanisierung	92%
Industrie	24,3%	Einwohner/km²	3
Landwirtschaft	13,3%	Bev.-Wachstum/Jahr	1,2%
BSP/Kopf	28 830 $ (1998)	Kindersterblichkeit	0,6%
Inflation	4,1% (1999)	Alphabetisierung	ca. 70%
Arbeitslosigkeit	2,8% (1998)	Einwohner pro Arzt	355

Island
Europa, Karte S. 437, B 1

I. ist nach Großbritannien die zweitgrößte Insel in Europa. Sie ist extrem arm an mineralischen Bodenschätzen. Dagegen sind die verfügbaren Wasserkraftressourcen, die um 2000 rund 95% des isländischen Strombedarfs deckten, und die nutzbare Geothermalenergie, die in 85% der verbrauchten Heizwärme umgewandelt wurde, beachtlich. Wichtigster Wirtschaftszweig auf I. ist die Fischerei, die um 2000 über 80% der Exporteinnahmen einbrachte. Ein Viertel der Bevölkerung war direkt oder indirekt für die Fischindustrie tätig. Die Landwirtschaft hingegen beschränkte sich klimatisch bedingt auf die Weidewirtschaft, insbes. Schafhaltung, und Treibhausanbau. I. konnte seinen eigenen Bedarf nicht nur an Fisch, sondern auch an Molkereiprodukten decken. Im industriellen Sektor machten zahlreiche mittlere Unternehmen Umsätze mit der Produktion von Eisensilikon und der Verarbeitung von Kieselgur. Textilien wurden hauptsächlich für den heimischen Markt hergestellt.

Israel	Staat Israel	IL
Landesfläche	21 056 km² (WR 148)	
Einwohner	6,1 Mio (WR 98)	
Hauptstadt	Jerusalem (602 000 Einwohner)	
Sprachen	Iwrith, Arabisch, Englisch	
Währung	1 Neuer Israel Schekel = 100 Agorot	
Zeit	Mitteleuropäische Zeit +1 h	
Gliederung	6 Distrikte, 17 Unterdistrikte	
Politik		
Staatsform	Parlamentarische Republik (seit 1948)	
Regierungschef	Ehud Barak (seit 1999) *2.2.1942	
Staatspräsident	bis 10.07. 2000 Ezer Weizman (seit 1993) *15.6.1924	
Parlament	Knesset mit 120 für vier Jahre gewählten Abgeordneten; 26 Sitze für Arbeitspartei bzw. Ein Israel, 19 für Likud-Block, 10 für linkes Parteienbündnis Meretz, 17 für Schas, 5 für Nationalreligiöse, 43 für Andere (Wahl von 1999)	
Bevölkerung		
Religion	Juden (81,9%); Muslime (14,1%); Sonstige (4,0%)	
Nationalitäten	Israelis (81,9%); Sonstige (18,1%)	
Wirtschaft und Soziales		
Dienstleistung	58%	Urbanisierung	95,4%
Industrie	38%	Einwohner/km²	290
Landwirtschaft	4%	Bev.-Wachstum/Jahr	2,2%
BSP/Kopf	16 180 $ (1998)	Kindersterblichkeit	0,8%
Inflation	2,9% (1999)	Alphabetisierung	95%
Arbeitslosigkeit	9,2% (1999)	Einwohner pro Arzt	345

Israel
Nahost, Karte S. 442, B 3

I. schuf 1999/2000 mit dem Rückzug der Armee aus dem Südlibanon und aus Teilen Westjordaniens wichtige Voraussetzungen für die Fortführung des Nahost-Friedensprozesses. Der Konflikt mit Syrien um die Rückgabe der von I. besetzten Golanhöhen dauerte an. Am 9.7.2000 brach die israelische Regierungskoalition von Ministerpräsident Ehud Barak (Arbeitspartei) endgültig auseinander, nachdem der größte Koalitionspartner, die ultraorthodoxe Schas-Partei, ihren Rückzug aus der Regierungsverantwortung erklärt hatte.
Innenpolitik: Schas-Parteichef Eli Ischai begründete die Entscheidung damit, dass Barak auf dem bevorstehenden Nahost-Gipfel in Camp David/USA große Zugeständnisse an die Palästinenser machen könnte. Noch im Juni 2000 hatte eine Regierungskrise beigelegt werden können, nachdem das Parlament (Knesset) in erster Lesung schon für seine Auflösung gestimmt hatte. Unter den 61 der 109 anwesenden Abgeord-

Israel: Chronik der Besetzung des Libanon

▶ **16.6.1982:** Israelische Truppen dringen im Libanonfeldzug bis nach Beirut vor und besetzen den Westteil der Stadt.

▶ **September 1982:** PLO-Führer Jasir Arafat und mehr als 11000 palästinensische Kämpfer verlassen Beirut unter Aufsicht einer multinationalen Friedenstruppe.

▶ **17.5.1983:** I. und Libanon unterzeichnen einen Vertrag über die Beendigung des Kriegszustandes und die Errichtung einer Sicherheitszone im Südlibanon.

▶ **April 1985:** Die schiitische Fundamentalisten-Organisation Hisbollah beginnt mit der Errichtung von militärischen Stützpunkten im Libanon.

▶ **6.6.1985:** Die israelischen Truppen ziehen sich bis auf eine zehn Kilometer breite Sicherheitszone im Süden aus dem Libanon zurück.

▶ **17.5.1991:** In einem Freundschaftsvertrag zwischen Syrien und Libanon wird der syrische Einfluss im Libanon festgeschrieben.

▶ **30.10.1991:** Auf der Nahost-Friedenskonferenz in Madrid (Spanien) verhandeln erstmals nach 43 Jahren israelische Regierungsvertreter mit einer libanesischen und einer syrischen Delegation.

▶ **17.12.1992:** Nachdem israelische Soldaten Anhänger der radikalen Hamas im Südlibanon deportiert haben, boykottiert die PLO weitere Gespräche mit I.

▶ **Juli 1993:** Israelische Streitkräfte greifen mit Raketen und Panzern Hisbollah-Stellungen im L. an.

▶ **26.8.1993:** Der israelische Ministerpräsident Yitzhak Rabin nennt als Voraussetzung für einen Frieden im L. u. a. die Entwaffnung der Hisbollah.

▶ **11.4.1996:** Nach Hisbollah-Angriffen auf Nordisrael greift I. Stellungen der Hisbollah an der libanesischen Mittelmeerküste bis nach Beirut an. I., Syrien und Libanon vereinbaren wenige Wochen später, keine zivilen Ziele mehr anzugreifen. Die Hisbollah erklärt, sich ebenfalls an diese Vereinbarung zu halten.

▶ **1.4.1998:** Die israelische Regierung beschließt, die Resolution 425 des UN-Sicherheitsrates von 1978 anzuerkennen, die den Rückzug der israelischen Truppen aus dem Südlibanon fordert.

▶ **5.3.2000:** Das israelische Kabinett stimmt dem Abzug aus dem Südlibanon bis zum 7.7.2000 zu.

▶ **Mai 2000:** Israelische Truppen vollenden den Rückzug aus dem Libanon früher als vorgesehen.

---

neten, die für die Parlamentsauflösung votierten, befanden sich auch Mitglieder der Sechs-Parteien-Koalition von Ministerpräsident Barak (Arbeitspartei), die 68 der 120 Knesset-Mandate stellte. Die Regierungskrise begann, als Barak der Schas-Partei zusätzliche Finanzmittel für Religionsschulen verweigert hatte. Daraufhin kündigten die vier Minister der Schas-Partei ihren Rücktritt aus dem Kabinett an. Nach Zugeständnissen Baraks kehrten die Minister Ende Juni ins Kabinett zurück. Schas ist im Parlament mit 17 Abgeordneten drittstärkste Kraft nach der Arbeitspartei (26 Mandate) und dem Likud-Block (19).

Rücktritt: Unter starkem öffentlichen Druck wegen Erhalt einer privaten Geldspende kündigte Präsident Ezer Weizman im April 2000 seinen Rücktritt zum 10.7.2000 an. Seine Amtszeit endete eigentlich erst 2003. Weizman begründete seinen Schritt offiziell mit seinem Gesundheitszustand. Es galt aber als sicher, dass er mit seiner Demission die Konsequenz aus den strafrechtlichen Ermittlungen der israelischen Polizei zog. Weizman wurde beschuldigt, 1988–93 rund 900000 DM von einem französischen Millionär geschenkt bekommen und sie weder gegenüber staatlichen Stellen erwähnt noch versteuert zu haben. Bereits im Januar 2000 hatte der Präsident erklärt, bis zum Ende der Ermittlungen auf die Vereidigung von Richtern und die ihm vorbehaltene Begnadigung von Strafgefangenen zu verzichten.

Parteienfinanzierung: Im Januar 2000 verurteilte die israelische Generalstaatsanwalt-schaft mehrere Parteien wegen illegaler Finanzierung zu hohen Geldstrafen. Das Parteienbündnis »Ein Israel« des sozialdemokratischen Ministerpräsidenten Ehud Barak musste 6,7 Mio DM, die Zentrumspartei 1,5 Mio DM, der Likud-Block 250000 DM und die Schas-Partei 400000 DM zahlen. Die Staatsanwaltschaft warf ihnen Geldwäsche und illegale Finanztransfers im Vorfeld der Wahlen vom Mai 1999 vor. Nach israelischem Recht darf der Wahlkampf nicht aus dem Ausland finanziert werden. Israelische Bürger und Institutionen dürfen Parteien max. 800 DM spenden.

Rücktritt: Im Mai 2000 trat der israelische Verkehrsminister und stellvertretende Regierungschef Yitzhak Mordechai zurück. Er zog die Konsequenz aus der Einleitung eines Strafverfahrens gegen ihn. Ihm wurde vorgeworfen, drei Mitarbeiterinnen sexuell belästigt zu haben.

Außenpolitik: Im März 2000 erschwerte das israelische Parlament (Knesset) durch Verabschiedung eines Gesetzes die von der Regierung in Aussicht gestellte Rückgabe der Golanhöhen an Syrien. Mit 60 gegen 53 Stimmen legten die Abgeordneten fest, dass bei einer Volksabstimmung über die politische Zukunft der Region nicht die relative Mehrheit der Stimmen, sondern die absolute Mehrheit der Wahlberechtigten erforderlich sei. Danach müssten rund 60% der tatsächlich Abstimmenden für die Rückgabe der Golanhöhen votieren, die als Voraussetzung für einen Friedensvertrag mit Syrien galt. Das Gesetz wurde als politische Niederlage für Premier Barak gewertet, da auch drei der Regierungskoalition angehörende Gruppierungen (Schas-Partei, Nationalreligiöse Partei und Partei der russischen Einwanderer) für die vom oppositionellen Likud-Block eingebrachte Vorlage gestimmt hatten. Im April 2000 genehmigten israelische Behörden den Bau von 200 neuen Häusern auf den Golan-Höhen. Diese Entscheidung galt als weitere Belastung für die Fortsetzung der Friedensgespräche mit Syrien. Nach dem Tod des syrischen Staatspräsidenten Hafiz al-Assad im Juni 2000 bot die israelische Regierung seinem Nachfolger Baschar al-Assad einen umfassenden Dialog über alle strittigen Fragen in den Beziehungen beider Länder an.

Libanon: Im März 2000 beschloss das Kabinett einstimmig, die israelischen Truppen aus dem Südlibanon zurückzuziehen. Im Mai 2000 war der Rückzug abgeschlossen. I. beanspruchte seit 1985 eine rund 15 km breite sog. Sicherheitszone im Südlibanon, um die Entwaffnung der radikal-islamischen Hisbollah-Miliz zu erreichen, die den jüdischen Staat u.a. mit Terroraktionen bekämpfte. Nach dem Rückzug aus der Sicherheitszone sollte die Armee von der Grenze aus für den Schutz der Siedlungen und Ortschaften in Nordisrael sorgen.

Westjordanland: Die israelische Regierung stimmte im September 1999 dem Beginn des Truppenabzugs aus weiteren Teilen des besetzten Westjordanlandes mit großer Mehrheit zu. Bei nur einer Enthaltung und einer Gegenstimme votierten 17 Minister für die Umsetzung der am 5.9.1999 getroffenen Übereinkunft mit den Palästinensern, in einer ersten Stufe weitere 7% des Westjordanlandes an die palästinensische Autonomiebehörde zu übergeben. Mitte 2000 wurden etwa 40% Westjordaniens von Palästinensern verwaltet, die Hälfte davon stand vollständig unter palästinensischer Kontrolle. Das israelische Kabinett unter dem damaligen konservativen Ministerpräsidenten Benjamin Netanjahu (Likud) hatte im Oktober 1998 auf dem Gipfel in Wye Plantation (Maryland/USA) zugestimmt, seine Armee aus einem Teil des Westjordanlandes zurückzuziehen.

Entschädigung: Ein Friedensgericht in der nordisraelischen Stadt Afula verurteilte im März 2000 den israelischen Staat dazu, fünf Palästinenser mit insgesamt 335 000 DM zu entschädigen. Ihnen war 1988 während des Palästinenseraufstandes Intifada in Kabatia (Westjordanland) von israelischen Soldaten Hände und Beine gebrochen worden. Die Soldaten beriefen sich darauf, dass ihr Verhalten vom Staat gebilligt worden sei. Der damalige israelische Verteidigungsminister hatte angekündigt, palästinensischen Aufständischen notfalls die Knochen brechen zu lassen.

Verteidigungspakt: I. und die USA planten Mitte 2000 ein bilaterales Verteidigungsbündnis. Der Pakt sollte die Sicherheit von I. nach Unterzeichnung der angestrebten Friedensabkommens mit Syrien garantieren. Ein erster Entwurf enthielt die Verpflichtung der USA, einen Angriff gegen Israel wie eine Attacke gegen das eigene Land zu werten. Im Gegenzug sollte I. den USA logistische Unterstützung und Militärstützpunkte zur Verfügung stellen.

Neues Raketenabwehrsystem: Im März 2000 nahm die israelische Luftwaffe das Raketenabwehrsystem Arrow 2 in Betrieb. Die Arrow-2-Raketen mit einer Reichweite von 150 km sollen auch mit nuklearen Sprengköpfen bestückte Flugkörper in 50–75 km Höhe abschießen können. Die Entwicklung dieses Systems war nach dem Golfkrieg beschleunigt worden, in dem I. mit 39 irakischen Scud-Raketen beschossen worden war. Damals waren die US-amerikanischen Patriot-Raketen das einzige Abwehrsystem I.s gegen solche Angriffe.

Assoziierungsabkommen: Im Juni 2000 trat der Assoziierungsvertrag zwischen I. und der Europäischen Union (EU) in Kraft. Mit dem Abkommen sollen die politischen, kulturellen und insbes. die wirtschaftlichen Beziehungen zwischen beiden Seiten intensiviert werden. Ziel ist die Errichtung einer gemeinsamen Freihandelszone. Gleichzeitig soll der Vertrag als Basis für Verhandlungen mit anderen Staaten des Nahen Ostens über eine Ausweitung der Handelsbeziehungen mit der EU dienen. Das Abkommen war bereits 1995 unterzeichnet worden. Wegen des stockenden Nahost-Friedensprozesses während der Amtszeit des israelischen Ministerpräsidenten Benjamin Netanjahu (1996–99) hatten sich aber Belgien und Frankreich lange Zeit geweigert, das Abkommen zu ratifizieren.

Deutsch-israelische Beziehungen: Im Februar 2000 war der deutsche Präsident

Johannes Rau zu einem Staatsbesuch in I. In einer Rede vor dem israelischen Parlament entschuldigte sich Rau für die deutschen Verbrechen an den Juden während der Herrschaft der Nationalsozialisten (1933–45). Am Rande des Staatsbesuchs unterzeichneten Bundesjugendministerin Christine Bergmann und ihr israelischer Amtskollege Jossi Sarid ein Abkommen über den verstärkten Austausch Jugendlicher.

Wirtschaft: Die israelische Volkswirtschaft litt 1999 unter der starken Landeswährung (Schekel) und der damit verbundenen Verteuerung israelischer Waren und Dienstleistungen, durch die das Handelsbilanzdefizit um 23,2% auf 7,1 Mrd US-Dollar zunahm. Während die Einfuhren um 13,4% auf 30,6 Mrd US-Dollar stiegen, legten die Exporte um lediglich 10,7% auf 23,5 Mrd US-Dollar zu. Wegen der ungünstigen Entwicklung im Außenhandel stieg das BIP 1999 nur um 1,9%, obwohl die israelische Regierung eine Wachstumsrate von 3,5–4% veranschlagt hatte. Die Arbeitslosenquote blieb mit 9,2% nahezu unverändert hoch (1998: 9,4%). Insbes. in den strukturschwachen Kleinstädten und Dörfern im Norden und Süden von I. war die Beschäftigungslosigkeit mit ca. 20% überdurchschnittlich hoch.

Armut: Nach einem im Dezember 1999 veröffentlichten Sozialbericht lebten rund 1,02 Mio Menschen (18% der Bevölkerung) unter der Armutsgrenze. 440000 Kinder (26% der Jugendlichen unter 14 Jahren) wurden als arm eingestuft. Als arm galten Familien, die weniger als den monatlichen Mindestlohn von rund 870 DM zur Verfügung hatten. Die wachsende soziale Not wurde u. a. auf die rigiden Sparmaßnahmen der Regierung und der Notenbank seit Mitte der 1990er Jahre zur Bekämpfung der Inflation zurückgeführt.

Rücktritt: Im November 1999 kündigte der Chef der israelischen Zentralbank, Jacob Frenkel, seinen Rücktritt zum 2.1.2000 an. Er habe sein wichtigstes Ziel, die Eindämmung der Inflation, erreicht. Seit seiner Wahl zum Notenbankchef (1991) sank die Inflationsrate von 18% auf 2,9% (1999). Frenkel galt wegen seiner rigiden Anti-Inflationspolitik in der Bevölkerung als unbeliebt, weil sie mit Sparmaßnahmen und der Schließung unrentabler Unternehmen verbunden war.

Italien
Europa, Karte S. 437, D 6

Im April 2000 wurde die neue italienische Mitte-Links-Regierung unter Ministerpräsident Giuliano Amato vereidigt. Er löste nach 18 Monaten das Kabinett des ehemaligen Kommunisten Massimo D'Alema ab, der kurz zuvor zurückgetreten war.

Innenpolitik: D'Alema übernahm mit seinem Rücktritt die Verantwortung für die Niederlage bei den Regionalwahlen vom April 2000, bei denen die rechtsgerichtete Opposition um den früheren Regierungschef Silvio Berlusconi in acht von 15 Regionen gewonnen hatte. Bei den Wahlen von 1995 hatte sie lediglich in sechs Regionen vorn gelegen. Besonders gut schnitt Berlusconi, zu dessen Allianz die Neofaschisten und die separatistische Lega Nord gehörten, im wohlhabenden Norden ab. D'Alemas Nachfolger Amato sollte als 58. italienischer Ministerpräsident seit Ende des Zweiten Weltkriegs bis zum Ende der Legislaturperiode im Mai 2001 für stabile Regierungsverhältnisse sorgen.

Italien Italienische Republik		I
Landesfläche	301 268 km² (WR 69)	
Einwohner	57,3 Mio (WR 22)	
Hauptstadt	Rom (2,72 Mio Einwohner)	
Sprache	Italienisch	
Währung	1 Lira = 100 Centesimi	
Zeit	Mitteleuropäische Zeit	
Gliederung	20 Regionen, 95 Provinzen	
Politik		
Staatsform	Parlamentarische Republik (seit 1948)	
Regierungschef	Giuliano Amato (seit 2000) *13.5.1938	
Staatspräsident	Carlo Azeglio Ciampi (seit 1999) *9.12.1920	
Parlament	Abgeordnetenkammer mit zwei mit 326 Abgeordneten; in der Abgeordnetenkammer 156 Sitze für Linksdemokraten (DS), 123 für Forza Italia, 93 für Nationale Allianz (AN), 67 für Italienische Volkspartei (PPI), 191 für Andere (Wahl vom April 1996)	
Internet	www.parlamento.it www.palazzochigi.it	
Bevölkerung		
Religion	Katholik. (83,2%); Konfessionslose (16,2%); Sonst. (0,6%)	
Nation. Gruppen	Italiener (94,1%); Sarden (2,7%); Sonst. (3,2%)	
Wirtschaft und Soziales		
Dienstleistung	58,1%	Urbanisierung	67%
Industrie	38,0%	Einwohner/km²	190
Landwirtschaft	3,9%	Bev.-Wachstum/Jahr	0,0%
BSP/Kopf	20 090 $ (1998)	Kindersterblichkeit	0,7%
Inflation	1,6% (1999)	Alphabetisierung	98,3%
Arbeitslosigkeit	11,6% (1999)	Einwohner pro Arzt	211

Italien: Die wichtigsten Regierungsposten

Regierungschef	Giuliano Amato (parteilos)
Außenminister	Lamberto Dini (RI)
Innenminister	Enzo Bianco (Demokraten)
Justizminister	Piero Fassino (DS)
Verteidigungsminister	Sergio Mattarella (PPI)
Minister für Schatz und Haushalt	Vincenco Visco (DS)
Finanzminister	Ottaviano del Turco (SDI)
Gesundheitsminister	Umberto Veronesi (parteilos)
Arbeitsminister	Cesare Salvi (DS)
Bildungsminister	Tullio De Mauro (parteilos)
Minister für Industrie und Außenhandel	Enrico Letta (PPI)

Wahlwerbung: Das italienische Parlament beschloss im Februar 2000 ein Gesetz, das politische Fernsehwerbung in Wahlkampfzeiten verbietet. Alle Parteien müssen vor Wahlen und Referenden im selben Maße Zugang zu den Fernsehsendern des Landes haben. Das neue Gesetz wurde insbes. von Oppositionschef Silvio Berlusconi kritisiert. Der Mailänder Unternehmer besaß 2000 eines der größten Medienimperien Europas mit u. a. drei landesweit empfangbaren Fernsehkanälen, die er seit 1994 zur Förderung seiner politischen Karriere massiv einsetzte.

Haftstrafe gegen Radikalen: Im Januar 2000 bestätigte ein Berufungsgericht in Venedig die 22-jährige Haftstrafe gegen Adriano Sofri, den ehemaligen Chef der linksradikalen italienischen Gruppe Lotta Continua. Er wurde für schuldig befunden, 1972 die Ermordung des Polizeikommissars Luigi Calabresi in Auftrag gegeben zu haben. Sofri gehörte der Studentenbewegung von 1968 an. Mit zwei weiteren Linksradikalen war er nach der belastenden Aussage eines Mitkämpfers 1988 inhaftiert und 1990 zu 22 Jahren Haft verurteilt worden. Sofri bestritt aber stets die Vorwürfe.

Mafia: Sondereinheiten der italienischen Polizei fassten im Juni 2000 Ferdinando Cesarano, der als letzter großer Boss der im Großraum Neapel operierenden Mafia-Organisation Camorra galt. Cesarano war wegen mehrfachen Mords bereits zu lebenslanger Haft verurteilt worden, konnte aber 1998 durch einen von Komplizen gegrabenen Tunnel fliehen.

Begnadigung: Präsident Carlo Azeglio Ciampi begnadigte im Juni 2000 Mehmet Ali Agca, der im Mai 1981 Papst Johannes Paul II. bei einem Attentat lebensgefährlich verletzt hatte. Das italienische Justizministerium verfügte die Ausweisung des zu lebenslanger Haft verurteilten Agca in seine Heimat, die Türkei. Nach der italienischen Verfassung muss jeder, der ein Attentat auf einen Papst verübt, zu lebenslanger Haft verurteilt werden. Lediglich der Präsident darf ihn begnadigen. Der Vatikan hatte zuvor sein Einverständnis zur Entscheidung des italienischen Präsidenten gegeben.

Neues Streikrecht: Das Im April 2000 vom italienischen Parlament verabschiedete Streikrecht zielt darauf ab, die Folgen der zahlreichen Arbeitsniederlegungen im Sektor des öffentlichen Verkehrs zu mildern. Auch während einer Streikaktion muss künftig ein Minimum an Service garantiert werden. Die Arbeitnehmer müssen mind. 50% der normalen Transportdienste gewährleisten. Außerdem wurde mit dem neuen Gesetz das vornehmlich von kleinen Gewerkschaften praktizierte Ritual des sog. virtuellen Streiks verboten – Kampfmaßnahmen, die unmittelbar vor ihrem angekündigten Beginn wieder abgeblasen werden. Die Syndikate wandten diese Taktik an, um in der Öffentlichkeit ein Höchstmaß an Unsicherheit hervorzurufen, ohne selbst die Risiken eines Streiks eingehen zu müssen.

Schulreform: Im Februar 2000 verabschiedete das italienische Parlament ein Gesetz zur Erneuerung des Schulsystems. Ab 2001 wurde die Schulzeit bis zum Abitur von 13 auf zwölf Jahre verkürzt. Alle Schüler müssen ab einem Alter von sechs Jahren sieben Jahre eine Grund- und Hauptschule besuchen. Danach schließt sich für alle eine zweijährige Mittelstufe an, mit der die Schulpflicht endet. Ihr folgt eine dreijährige berufsorientierte Ausbildung oder die Oberstufe zum Abitur.

Privatschulen: Im März 2000 beschloss das italienische Parlament ein Gesetz über die finanzielle Gleichstellung von staatlichen und privaten (mehrheitlich katholischen) Schulen. Dadurch wurde ein langjähriger Streit zwischen laizistischen und christlich orientierten Politikern um einen Verfassungsartikel beigelegt, der die Unterstützung religiöser Organisationen mit staatlichen Mitteln verbot. Das Problem wurde gelöst, indem Schulen künftig nicht direkt, sondern die Eltern finanziell unterstützt werden, und zwar unabhängig, ob ihre Kinder staatliche oder private Schulen besuchen. Die alte italienische Regierung D'Alema wollte bis 2003 ca. 1 Mrd DM zur Verfügung stellen, die bedürftigen Familien in Form von Steuerrabatten oder direkten Zuwendungen von max. 600 DM monatlich zufließen sollten. In I. gab es im Jahr 2000 insgesamt 46 000 staatliche Schulen und rund 17 000 private Erziehungseinrichtungen.

Wirtschaft: Wegen der schwachen Exportindustrie stieg das BIP in I. 1999 lediglich um 1,1%. Es war das geringste Wachstum aller EU-Staaten. Der Wert der Exporte sank 1999 im Vergleich zum Vorjahr von 240 Mrd auf 230 Mrd US-Dollar. Getragen wurde die Konjunktur von der Binnennachfrage, die gegenüber 1998 um 1,3% stieg, und den Bruttoanlageinvestitionen, die insbes. den Bausektor förderten (+3%). Größte Probleme blieben die im EU-Vergleich überdurchschnittliche Inflationsrate von 1,6%, und die schwache Produktivität, die seit 1994 jährlich nur um 1,8% zunahm (zum Vergleich Deutschland: 5%). Für 2000 prognostizierte die italienische Regierung wieder ein höheres Wirtschaftswachstum von 2,7%, aber auch einen stärkeren Anstieg der Inflationsrate auf ungefähr 2,2%.

Anti-Inflationsprogramm: Im März 2000 beschloss die italienische Regierung Maßnahmen zur nachhaltigen Senkung der Inflationsrate. So sollten u. a. alle staatlich festgesetzten Gebühren (Wasser, Autobahn, öffentlicher Nahverkehr, Fernsehen) nicht stärker als 1,2% steigen. Um den hohen Ölpreis als Inflationstreiber auszuschalten, wurde die Benzinsteuer um umgerechnet 5 Pf gesenkt. Unfallfreie Autofahrer wurden von Prämienerhöhungen der Haftpflichtversicherung ausgenommen.

Energie: Im Juni 2000 verhängte die italienische Kartellbehörde gegen acht Erdölgesellschaften des Landes eine Rekord-Geldstrafe von insgesamt 640 Mio DM. Die Behörde warf den Firmen illegale Benzin-Preisabsprachen vor, durch die den italienischen Verbrauchern ein Schaden in Milliardenhöhe entstanden sei. Vertreter der Erdölindustrie wiesen die Vorwürfe zurück und bezeichneten die Entscheidung als unbegründet und ungerecht.

Jamaika

Mittelamerika, Karte S. 440, D 4

J. ist die südlichste Insel der Großen Antillen. Zum Staatsgebiet gehören auch die kleinen, südlich der Hauptinseln gelegenen Koralleninseln Morant Cays und Pedro Cays. Die Nordküste von J. ist überwiegend von Sandstränden aufgebaut, an der Südküste wechseln landwirtschaftlich genutzte Schwemmebenen mit tiefen Buchten ab. In der Landwirtschaft gab es um 2000 neben wenigen Großbetrieben zahlreiche kleine Höfe mit weniger als 2 ha Nutzfläche. Hauptanbauprodukte sind Zuckerrohr, Bananen, Mais, Kakao, Kaffee, Zitrusfrüchte und Gewürze. Im Zuge eines ökonomischen Wandlungsprozesses löste die Industrie, inkl. Bergbau, seit Anfang der 1980er Jahre die Landwirtschaft als wichtigsten Wirtschaftsfaktor ab. Neben dem Bauxit-Abbau bestanden um 2000 auf J. auch leistungsfähige Metall verarbeitende und petrochemische Unternehmen. Wichtigster Handelspartner waren die USA, Großbritannien und Kanada.

Jamaika		JA
Landesfläche	10 990 km² (WR158)	
Einwohner	2,6 Mio (WR 132)	
Hauptstadt	Kingston (588 000 Einwohner)	
Sprache	Englisch, Patois	
Währung	1 Jamaika-Dollar (J$) = 100 Cents	
Zeit	Mitteleuropäische Zeit –6 h	
Gliederung	14 Bezirke	
Politik		
Staatsform	Parlamentarische Monarchie im Commonwealth (seit 1962)	
Regierungschef	Percival James Patterson (seit 1992) *10.4.1935	
Staatsoberhaupt	Königin Elizabeth II. (seit 1962) *21.4.1926	
Parlament	Senat mit 21 ernannten und Repräsentantenhaus mit 60 für fünf Jahre gewählten Abgeordneten; 50 Sitze für People's National Party, 10 für Jamaica Labour Party (Wahl von 1997)	
Internet	www.jis.gov.jm	
Bevölkerung		
Religion	Protestanten (55,9%); Katholiken (5,0%); Rastafari (5%); Sonst. (16,4%); Konfessionslose (17,7%)	
Ethn. Gruppen	Schwarze (74,7%); Mischlinge (12,8%); Sonstige (12,5%)	
Wirtschaft und Soziales		
Dienstleistung	50,3%	**Urbanisierung**	55%
Industrie	40,0%	**Einwohner/km²**	237
Landwirtschaft	9,7%	**Bev.-Wachstum/Jahr**	0,9%
BSP/Kopf	1740 $ (1998)	**Kindersterblichkeit**	2,2%
Inflation	7% (1999)	**Alphabetisierung**	85,5%
Arbeitslosigkeit	15,2% (1999)	**Einwohner pro Arzt**	7143

Japan

Asien, Karte S. 443, H 3

Der bisherige Generalsekretär der konservativen Liberal-Demokratischen Partei (LDP), Yoshiro Mori, wurde im April 2000 von beiden Parlamentskammern zum neuen Ministerpräsidenten gewählt. Mori wurde Nachfolger des nach einem Schlaganfall gestorbenen Keizo Obuchi. Bei den Parlamentswahlen im Juni 2000 wurde die Regierung von Mori bestätigt.

Innenpolitik: Die Koalition aus Moris Liberaldemokratischer Partei (LDP), Komeito und Konservativer Partei (KP) gewann die Parlamentswahl mit klarer Mehrheit. Die drei Regierungsparteien sprachen Mori ihr Vertrauen aus, obwohl die LDP und die Koalition Einbußen erlitten. Das Regierungslager errang zwar 271 von 480 Stimmen, wird im neuen, um 20 Sitze verkleinerten Parlament aber 60 Mandate weniger kontrollieren als bisher. Die Dreierkoalition hat damit ihre bisherige Zweidrittelmehrheit, die LDP

Japan	J
Landesfläche	377 801 km² (WR 60)
Einwohner	126,5 Mio (WR 9)
Hauptstadt	Tokio (11,8 Mio Einwohner)
Sprache	Japanisch
Währung	1 Yen = 100 Sen
Zeit	Mitteleuropäische Zeit +8 h
Gliederung	9 Regionen (47 Präfekturen)
Politik	
Staatsform	Parlamentarische Monarchie (seit 1947)
Regierungschef	Yoshiro Mori (seit 2000) *14.7.1937
Staatsoberhaupt	Kaiser Akihito Tsuyu No Mija (seit 1989) *23.12.1933
Parlament	Oberhaus mit 252 und Unterhaus mit 480 Abgeordneten; 233 Sitze für Liberaldemokratische Partei (LPD), 127 für Demokratische Partei (DP), 31 für Komeito, 22 für Liberale Partei (LP), 20 für Kommunistische Partei (KPJ), 19 für Sozialdemokratische Partei (SPD), 7 für Konservative Partei (KP), 5 für Unabhängige, 16 für Sonstige (Wahl von 2000)
Internet	www.kantei.go.jp; www.shugiin.go.jp
Bevölkerung	
Religion	Shintoisten (39,5%); Buddhisten (38,3%); Christen (3,9%); Sonstige (18,3%)
Nationalitäten	Japaner (98,5%); Koreaner (0,5%); Chinesen (0,2%); Brasilianer (0,1%); Sonstige (0,7%)

Wirtschaft und Soziales			
Dienstleistung	56,4%	**Urbanisierung**	79%
Industrie	40,1%	**Einwohner/km²**	335
Landwirtschaft	3,5%	**Bev.-Wachstum/Jahr**	0,2%
BSP/Kopf	32 350 $ (1998)	**Kindersterblichkeit**	0,4%
Inflation	-0,2% (1999)	**Alphabetisierung**	99%
Arbeitslosigkeit	4,7% (1999)	**Einwohner pro Arzt**	610

ihre bisherige einfache Mehrheit verloren. Die oppositionelle Demokratische Partei (DP) konnte sich hingegen überraschend um 32 auf 127 Mandate verbessern. Das gute Ergebnis der Opposition wurde u.a. auf rechtslastige Aussagen Moris im Wahlkampf zurückgeführt, die ihm nach Analysen von Wahlforschern zahlreiche Stimmen gekostet haben sollen. Während die Wähler auf dem Land mehrheitlich für die LDP stimmten, legte die DP vor allem in den Städten zu. Allerdings gilt die Opposition als zerstritten, weil sich die DP weigert, mit der zweitgrößten Oppositionspartei, den Kommunisten (KPJ), zusammenzuarbeiten.

Mori: Im April 2000 wurde Mori mit 335 von 488 Parlamentsstimmen zum Übergangspremierminister gewählt. Zuvor war er zum neuen Parteivorsitzenden der LDP bestimmt worden. Er wollte das bisherige Kabinett beibehalten und Obuchis Stabilitätspolitik fortsetzen. Der neue japanische Premier war bereits mehrfach Minister (u. a. Handelsminister) und galt als enger Vertrauter Obuchis. Das gesamte Kabinett war geschlossen zurückgetreten, um die Wahl Moris zu ermöglichen. Die LDP bildete mit der Konservativen Partei und der buddhistischen Komeito eine Regierungskoalition.

Boykott: Im Februar 2000 beendeten die Abgeordneten der japanischen Oppositionsparteien einen elftägigen Boykott des Parlaments. Sie waren der Volksvertretung wegen eines neuen Wahlgesetzes ferngeblieben, durch das die Zahl der Sitze im Unterhaus von 500 auf 480 verringert werden sollte. Die Opposition behauptete, dass die Novelle nicht ausreichend debattiert worden sei und die kleineren Parteien benachteilige. Die Regierung warf der Opposition vor, den Boykott aus wahltaktischen Gründen durchgeführt zu haben.

Verfassungsdebatten: Im Februar 2000 begann eine Kommission des japanischen Parlaments, über eine Änderung der Verfassung zu diskutieren. Das Gremium sollte binnen fünf Jahren konkrete Empfehlungen für das Parlament ausarbeiten. Die geplanten regelmäßigen Debatten wurden als ungewöhnlich eingestuft, weil die 1947 unter US-amerikanischer Besatzung in Kraft getretene Verfassung noch nie geändert wurde. Insbes. der sog. Friedensartikel, in dem J. das Recht zur Kriegsführung untersagt wird, galt bis 2000 als unantastbar. Die Abgeordneten der regierenden LDP befürworteten eine Änderung des Artikels, um größeren außen- und verteidigungspolitischen Handlungsspielraum zu bekommen. Linksgerichtete Parlamentarier lehnten eine Verfassungsrevision ab.

Atompolitik: Im März 2000 kündigte die japanische Regierung an, weniger Atomkraftwerke als geplant zu bauen. Bis 2010 sollen nur noch 13 statt der ursprünglich geplanten 20 Reaktoren errichtet werden. Die japanische Regierung zog mit ihrer Entscheidung die Konsequenz aus dem wachsenden Widerstand innerhalb der Bevölkerung gegen die Atomkraft. Japanische Bürger und einzelne Medien hatten seit dem Atomunfall von Tokaimura beharrlich eine Reduzierung des Atomprogramms gefordert. Im September 1999 war es dort in einer Uranverarbeitungsanlage zu einem Unfall gekommen, bei dem drei Menschen schwer und mehr als 150 Menschen leicht verstrahlt wurden.

Frauen in der Politik: Im Februar 2000 wurde Fusae Ota zur neuen Gouverneurin von Osaka gewählt. Als erste Frau in der Geschichte von J. steht sie einer Präfektur vor. Ota wurde Nachfolgerin von Knock Yokoyama, der zurücktreten musste, weil eine Studentin ihn wegen sexueller Belästigung verklagt hatte. J. galt hinsichtlich der Repräsentation von Frauen in der Politik um 2000 als rückständig. Im Unterhaus besetzten sie lediglich 25 von 500 Mandaten, in den Regionalparlamenten stellten sie 10% der 1825 Sitze. Gemessen am Anteil weiblicher Parlamentarier belegte J. im Jahr 2000 weltweit noch hinter den islamischen Staaten Iran und Irak Rang 97.

Außenpolitik: Im Dezember 1999 hob die japanische Regierung die Sanktionen gegen die kommunistische Volksrepublik Nordkorea auf. J. hatte 1998 Lebensmittellieferungen und Finanzhilfen eingestellt, nachdem eine nordkoreanische Mittelstreckenrakete japanisches Territorium überflogen hatte. Die Führung Nordkoreas versprach im September 1999, vorläufig auf weitere Raketentests zu verzichten. Die japanische Regierung kündigte an, nach der Normalisierung der Beziehungen sich wieder im internationalen Konsortium Korean Peninsula Energy Development Organization (Kedo) zu beteiligen, das in Nordkorea den Bau zweier atomarer Leichtwasserreaktoren plante. Die Gesamtkosten für das

Japan: Sitzverteilung nach Parlamentswahlen

Partei	Wahl 25.6.2000[1]	Zusammensetzung vor der Wahl[2]
LP	22	18
LDP	233	271
KP	7	18
Komeito	31	42
DP	127	95
SPD	19	14
KJP	20	26
Unabhängige	5	4
Sonstige	16	11

1) Parlament von 500 auf 480 Sitze reduziert; 2) Zusammensetzung direkt vor der Wahl inkl. der Veränderung innerhalb der vergangenen Wahlperiode; ein Sitz vakant; Quelle: FAZ vom 27.6.2000

1995 gegründete Kedo-Projekt wurden auf 4,6 Mrd US-Dollar angesetzt. Davon sollten Südkorea 3 Mrd und J. 1 Mrd US-Dollar tragen. Im April 2000 wurden erstmals seit mehr als sieben Jahren auch auf offizieller Ebene umfassende Gespräche zur Normalisierung ihrer Beziehungen aufgenommen.

Kurilen: Ministerpräsident Mori erklärte im April 2000, die stockenden Friedensvertragsverhandlungen mit Russland im Streit um die Kurilen-Inseln vorantreiben zu wollen. J. fordert von Russland die Rückgabe der Kurilenisenln (Etorofu, Habomai, Kunashiri, Shikotan), die Russland kurz vor der japanischen Kapitulation im Zweiten Weltkrieg 1945 besetzt hatte. Mori erhoffte sich von der russischen Regierung größere Kompromissbereitschaft durch die japanische Zusage, den Bau einer Gasleitung von Russland durch das Schwarze Meer bis nach Ankara finanziell massiv zu unterstützen.

Wirtschaft: Die japanische Volkswirtschaft erholte sich 1999 langsam von den Folgen der Asienkrise. Das BIP wuchs um 0,6%, nachdem es 1998 noch um 2,6% zurückgegangen war. Eine weitere Belebung der Konjunktur wurde durch den schwachen Konsum verhindert, der aufgrund geringerer Bonus-Zahlungen an die Arbeitnehmer um 1% zurückging. Mit einem Anteil von 60% am BIP gilt der private Konsum als wichtigster Faktor für eine nachhaltige Erholung der japanischen Wirtschaft. Durch Aufwertung der nationalen Währung (Yen) und Verteuerung japanischer Exportwaren verschlechterte sich 1999 die japanische

Außenhandelsbilanz. Die Einnahmen aus dem Export gingen um 6,1% auf 47,6 Bio Yen zurück, der Wert der Importe sank um 4% auf 35,2 Bio Yen.

Arbeitslosigkeit: Die Erwerbslosenquote stieg 1999 leicht auf 4,7% (1998: 4,4%). Bei einer insgesamt stagnierenden arbeitsfähigen Bevölkerungszahl von 67,2 Mio Menschen ging die Erwerbsbevölkerung um 160 000 (–0,2) auf 64,3 Mio Menschen zurück. Überdurchschnittlich hoch war die Arbeitslosenquote bei den 15–24-Jährigen (ca. 8%). Die weiter steigende Arbeitslosigkeit wurde auf die Umstrukturierung der japanischen Unternehmen zurückgeführt, die 1999 rund 550 000 Stellen abbauten. Dennoch prognostizierten die Vereinten Nationen (UN) für J. in den nächsten Jahrzehnten einen Arbeitskräftemangel, da die Zahl der arbeitsfähigen Bevölkerung aufgrund der Überalterung und der geringen Geburtenrate bis zum Jahr 2050 um ca. 37% zurückgehen werde. Die UN empfahlen der japanischen Regierung eine liberale Einwanderungspolitik, durch die jährlich 660 000 neue Arbeitskräfte aus dem Ausland nach J. kommen sollten.

Schulden: 1999 betrug das japanische Haushaltsdefizit 9,4% des BIP. Die Staatsverschuldung stieg auf 103% des BIP (1998: 97%; Deutschland: 61,1%). Der Schuldendienst nahm für den Haushalt 2000 um 10,8% zu und beanspruchte bereits ein Viertel des Gesamthaushalts. Trotz der zunehmenden Schuldenlast forderten internationale Wirtschaftsforschungsinstitute zusätzliche Ausgabenprogramme, um die Konjunktur weiter zu beleben.

Gutscheine: 1999 scheiterte der Plan der japanischen Regierung, den schwachen Konsum mit Einkaufsgutscheinen im Gesamtwert von ca. 620 Mrd Yen zu beleben. Sie waren 1998 nach dem Ausbruch der Asienkrise im Rahmen eines Konjunkturprogramms an Haushalte mit Kindern unter 15 Jahren, Rentner und Geringverdiener verteilt worden. Lediglich 32,6% der Gutscheine wurden für zusätzlichen Konsum genutzt; die Wirtschaft wurde nur um 0,1% angekurbelt. 67,4% der Gutscheine nutzten die privaten Haushalte, um notwendige tägliche Einkäufe zu erledigen, und das Geld, das sie sonst ausgegeben hätten, stattdessen zu sparen.

Jemen Republik Jemen		ADN
Landesfläche	527 968 km² (WR 48)	
Einwohner	17,5 Mio (WR 54)	
Hauptstadt	Sana (427 000 Einwohner)	
Sprache	Arabisch	
Währung	1 Rial (YRI) = 100 Fils	
Zeit	Mitteleuropäische Zeit +2 h	
Gliederung	17 Prov. (11 Nord-, 6 Südjemen)	
Politik		
Staatsform	Republik (seit 1990)	
Regierungschef	Abd Al-Karim Al-Iryani (seit 1998) *20.2.1935	
Staatspräsident	Ali Abdullah Salih (seit 1990) *1942	
Parlament	301 Abgeordnete; 187 Sitze für Allgemeinen Volkskongress, 54 für Jemenitische Vereinigung für Reform (Islah), 5 für Andere, 55 für Unabhängige (Wahl von 1997)	
Internet	www.yemeninfo.gov.ye www.parliament.gov.ye	
Bevölkerung		
Religion	Sunniten (53,0%), Schiiten (46,9%); Sonstige (0,1%)	
Ethn. Gruppen	Araber (100%)	
Wirtschaft und Soziales		
Dienstleistung	59,9%	**Urbanisierung**	36%
Industrie	20,2%	**Einwohner/km²**	33
Landwirtschaft	19,9%	**Bev.-Wachstum/Jahr**	3,7%
BSP/Kopf	280 $ (1998)	**Kindersterblichkeit**	8%
Inflation	5% (1997)	**Alphabetisierung**	42,5%
Arbeitslosigkeit	27% (1999)	**Einwohner pro Arzt**	4348

Jemen
Nahost Karte S. 442, D 6

Bei der Präsidentenwahl im J. wurde im September 1999 Ali Abdullah Salih mit großer Mehrheit im Amt bestätigt.

Innenpolitik: Salih erhielt 96,3% der Stimmen, während auf den einzigen Gegenkandidaten, Najib Quahtan al-Shaabi, lediglich 3,7% entfielen. Die sozialistische Opposition kritisierte die Wahlen, weil beide Kandidaten dem regierenden Allgemeinen Volkskongress angehörten. Von den 17 Mio Jemeniten ließen sich 5,6 Mio für die Abstimmung registrieren. 66% von ihnen gaben ihre Stimme ab. Die Präsidentenwahl war die erste im J., bei der das Staatsoberhaupt direkt vom Volk bestimmt wurde und es zwei Kandidaten gab. Bis dahin war das Staatsoberhaupt vom Parlament bestimmt worden, das aus allgemeinen Wahlen hervorgeht.

Außenpolitik: Nach fünftägiger Geiselhaft wurde im März 2000 der polnische Botschafter Krzysztof Suprowicz freigelassen. Er war von Angehörigen des Jamanejatein-

Stammes verschleppt worden. Die Entführer verlangten die Freilassung von inhaftierten Stammesmitgliedern. Seit den 1990er Jahren wurden im J. rund 100 Ausländer entführt. Hintergrund ist der Konflikt zwischen der Zentralregierung und autonomen Stammesführern, die sich der staatlichen Autorität nicht unterwerfen wollten. Die jemenitische Regierung verdächtigte das nördlich gelegene Nachbarland Saudi-Arabien, die Entführungen veranlasst zu haben, um dem Ruf des J. zu schaden. Saudi-Arabien und der J. stritten sich um 2000 um kleinere Grenzgebiete.

Grenzabkommen: Im Juni 2000 legten der J. und Saudi-Arabien anlässlich eines Besuches des jemenitischen Präsidenten Salih in Jidda einen jahrzehntealten Grenzkonflikt bei. Saudi-Arabien verzichtete im Südosten weitgehend auf seine Ansprüche im Hadramaut. Beide Staaten vereinbarten, ihre Streitkräfte 20 km von der Grenze zurückzuziehen.

Wirtschaft: Die jemenitische Volkswirtschaft wuchs 1999 um 5,3%. Der starke Anstieg des BIP wurde u.a. auf die in den 1990er Jahren durchgeführten Wirtschaftsreformen wie den Abbau von Subventionen für Güter des täglichen Bedarfs zurückgeführt. Allerdings galt das Wirtschaftswachstum immer noch als zu gering, um die hohe Arbeitslosenquote von 25% zu verringern. Jedes Jahr drängen 400 000 Menschen zusätzlich auf den Arbeitsmarkt. Das Bevölkerungswachstum im J. beträgt 3,7%. Etwa die Hälfte der Jemeniten ist jünger als 15 Jahre.

Belastungen: Fehlende Rechtssicherheit, Korruption und Kriminalität beeinträchtigten 1999/2000 die wirtschaftliche Entwicklung. So wurden u.a. wegen der andauernden Entführungen von Ausländern 1999 keine nennenswerten ausländischen Investitionen im J. verzeichnet. Die Zahl der Touristen sank von 100 000 (1990) auf ca. 10 000 (1999). Die Außenverschuldung lag 1999 bei 3,7 Mrd US-Dollar, der Schuldendienst machte 10% der Ausfuhrerlöse (1,5 Mrd US-Dollar) aus. Eine Verbesserung der finanziellen Lage erhoffte sich die jemenitische Regierung von dem Anstieg des Erdölpreises in der zweiten Hälfte 1999. Der Ölexport trägt rund 90% zu den Ausfuhrerlösen bei. Der J. fördert täglich rund 400 000 Fass Rohöl.

Jordanien
Nahost, Karte S. 442, B 3

Im Januar 2000 entließ der seit rund einem Jahr regierende König Abdullah, der seine Rolle im Friedensprozess in Nahost zu stärken suchte, bei einer Regierungsumbildung acht von 23 Ministern.

Innenpolitik: Als wichtigste Veränderung wurde die Ernennung von Fajis Taraunah als Minister für Hofangelegenheiten gewertet, der als einer der engsten Mitarbeiter des Königs galt. Er löste Abdel Karim el Kabariti ab, der für eine außenpolitische Annäherung an Syrien und ein Abrücken von Israel eintrat. Abdullah hoffte, durch den Personalwechsel größeren Einfluss auf die Nahost-Friedensverhandlungen zwischen Israel, Plästinenser-Vertetern und Syrien ausüben zu können.

Korruptionsvorwurf: Im Januar 2000 setzte das jordanische Parlament eine Untersuchungskommission ein, um die Korruptionsvorwürfe gegen Ministerpräsident Abdel Rauf Rawabdeh zu klären. Sein Sohn sollte von den Promotoren eines Touris-

Jordanien Haschemitisches Kgr. Jordanien JOR		
Landesfläche	97 740 km² (WR 108)	
Einwohner	6,5 Mio (WR 95)	
Hauptstadt	Amman (963 000 Einwohner)	
Sprachen	Arabisch, Englisch	
Währung	1 Jordan-Dinar = 1000 Fils	
Zeit	Mitteleuropäische Zeit +1 h	
Gliederung	12 Bezirke	
Politik		
Staatsform	Konstitutionelle Monarchie (seit 1952)	
Regierungschef	Ali Abul Raghib (seit 2000) *1946	
Staatsoberhaupt	König Abdullah (seit 1999) *30.1.1962	
Parlament	Senat mit 40 vom König ernannten und Abgeordnetenhaus mit 80 für vier Jahre gewählten Abgeordneten; 76 Sitze für parteilose Königstreue, 4 für Sonstige (Wahl von 1997)	
Bevölkerung		
Religion	Muslime (93%); Christen (4,9%); Sonstige (2,1%)	
Ethn. Gruppen	Araber (99,2%), davon 50% Palästinenser; Tscherkessen (0,5%); Armenier (0,1%); Türken (0,1%); Kurden (0,1%)	
Wirtschaft und Soziales		
Dienstleistung	67,1%	**Urbanisierung**	73%
Industrie	25,0%	**Einwohner/km²**	67
Landwirtschaft	7,9%	**Bev.-Wachstum/Jahr**	3,0%
BSP/Kopf	1150 $ (1998)	**Kindersterblichkeit**	2,6%
Inflation	ca. 1,9% (1999)	**Alphabetisierung**	87,2%
Arbeitslosigkeit	ca. 27% (1999)	**Einwohner pro Arzt**	649

tikprojektes rund 21 Mio US-Dollar erhalten haben, um die Erteilung der notwendigen Bewilligungen zu beschleunigen. Rawabdeh bestritt die Vorwürfe. Dennoch wurde er im Juni 2000 von König Abdullah entlassen. Zum neuen Ministerpräsidenten ernannte der König Ali Abul Raghib.

Außenpolitik: König Abdullah plante im Laufe des Jahres 2000, sich im Nahost-Friedensprozess insbes. bei den Verhandlungen zwischen Israel und den Palästinensern stärker zu engagieren. J. war u. a. aufgrund des Flüchtlingsproblems an einer Beilegung des Konflikts in der Region interessiert. In J. wohnten 1999 rund 2 Mio palästinensische Flüchtlinge, von denen 60% in Armut lebten. Die jordanische Regierung hoffte, dass sie bei einem Friedensschluss ins Westjordanland zurückkehren können.

Staatsbesuch: Im April 2000 besuchte König Abdullah zum ersten Mal seit seinem Amtsantritt (Februar 1999) Israel. Abdullah äußerte den Wunsch, den Nahost-Friedensprozess voranzutreiben zu können. Am Rande des Staatsbesuches diskutierten jordanisch-israelische Arbeitsgruppen über einen gemeinsamen Flughafen, Handelsbeziehungen, Tourismus und Wasserprobleme. Beide Seiten erklärten es zu ihrem Ziel, den Umfang des Handels von 20 Mio US-Dollar jährlich auf 100 Mio US-Dollar zu erhöhen. Gespräche über eine Freihandelszone sollten aufgenommen werden.

Freihandelszone mit Syrien: Im Mai 2000 errichteten J. und Syrien zur Stärkung ihrer wirtschaftlichen Beziehungen an der gemeinsamen Grenze eine Freihandelszone. Bis Mitte 2000 ließen sich in dem Gebiet bei Dara 87 Industriebetriebe sowie 65 Versicherungsfirmen nieder. Sie genießen u. a. Steuerfreiheit und Privilegien bei Bankgeschäften. Die Kosten von etwa 3,6 Mio DM für die Verbesserung der Infrastruktur in dem Gebiet wollen sich beide Staaten teilen.

Festnahme von Hamas-Führern: Im September 1999 verhaftete die jordanische Polizei drei Exilführer der palästinensischen Hamas-Bewegung. Die Polizei warf ihnen vor, J. als Militärbasis im Kampf gegen Israel benutzt zu haben. Der israelische Inlandgeheimdienst beschuldigte sie, für zwei gescheiterte Bombenanschläge in den israelischen Städten Haifa und Tiberias verantwortlich zu sein. Die Hamas-Führer im Gazastreifen bestritten die Vorwürfe gegen die in J. festgenommenen Mitglieder. Gewaltsame Reaktionen auf die Verhaftungen lehnten sie ab. Die Festnahme wurde als Zugeständnis von J. an Israel gewertet.

Wirtschaft: Das BIP stieg 1999 in J. um 2%, was bei einem Bevölkerungswachstum von 3% als zu wenig erachtet wurde, um die hohe Arbeitslosigkeit zu verringern. Die Erwerbslosenrate nahm 1999 gegenüber dem Vorjahr von ca. 25% auf rund 27% zu. Etwa 40% der Bevölkerung lebten unterhalb der Armutsgrenze und waren auf Hilfe karitativer Organisationen angewiesen. Der Haushalt 2000 hatte einen Ausgabenrahmen von 5,8 Mrd DM bei einer Deckungslücke von rund 1,1 Mrd DM. Zur Finanzierung des Defizites stellten die USA, die EU und einige Golfemirate Kredite von ca. 735 Mio DM bereit. Die Auslandsverschuldung belief sich Ende 1999 auf etwa 7,32 Mrd US-Dollar. Aufgrund der fehlenden finanziellen Mittel konnten 1999 notwendige Investitionen in die Infrastruktur zur Belebung der Volkswirtschaft nicht durchgeführt werden.

Reformen: Um die Konjunktur zu beleben, plante die jordanische Regierung Mitte 2000 eine tief greifende Steuerreform. Sie sollte zu höheren Einnahmen und zur Vereinfachung des als undurchsichtig geltenden Systems beitragen. Die allgemeine Umsatzsteuer sollte durch ein modernes Mehrwertsteuersystem ersetzt, Körperschafts- und persönliche Einkommensteuer sollten vereinheitlicht werden. Außerdem plante die Regierung die Privatisierung großer Staatsunternehmen. In den 1990er Jahren hatten jordanische Regierungen wiederholt die Liberalisierung der Wirtschaft angekündigt, waren aber an Widerständen in der Bürokratie gescheitert.

Wirtschaftsrat: Im März 2000 gründete König Abdullah einen Wirtschaftsrat, der die vorgesehenen Reformen gegen die erwarteten Vorbehalte der Bürokratie durchsetzen sollte. Der Rat setzte sich aus 20 Mitgliedern zusammen, von denen 14 aus der Privatwirtschaft und sechs aus dem öffentlichen Sektor kamen. Durch die hohe Zahl der Vertreter aus der Privatwirtschaft wollte Abdullah die Entpolitisierung des öffentlichen Sektors vorantreiben. Der starke Einfluss von Staatsbediensteten in den Aufsichtsräten öffentlicher Unternehmen sollte verringert werden.

■ **Staaten** → Israel

Jugoslawien
Europa, Karte S. 437, E 6

Jugoslawien	Bundesrepublik Jugoslawien	YU
Landesfläche	102 173 km² (WR 106)	
Einwohner	10,6 Mio (WR 71)	
Hauptstadt	Belgrad (1,17 Mio Einwohner)	
Sprachen	Serbisch, Albanisch, Ungarisch	
Währung	1 Dinar = 100 Para	
Zeit	Mitteleuropäische Zeit	
Gliederung	Serbien, Montenegro	
Politik		
Staatsform	Bundesrepublik (seit 1992)	
Regierungschef	Momir Bulatovic (seit Mai 1998) *21.9.1956	
Staatspräsident	Slobodan Milosevic (seit Juli 1997) *29.8.1941	
Parlament	Kammer der Republiken (40 Mitglieder); Kammer der Bürger (138 Abgeordnete; 108 für Serbien, 30 für Montenegro): 64 Sitze für serbischen Linksblock, 22 für Zajedno, 20 für montenegrinische Sozialisten, 16 für Serbische Radikale Partei, 16 für Andere (Wahl von 1996)	
Internet	www.gov.yu	
Bevölkerung		
Religion	Serbisch-Orthodoxe (65%); Muslime (19%); Sonstige (16%)	
Nationalitäten	Serb. 62,3%; Alban. 16,6%; Monteneg. 5%; Sonst. 16,1%	
Wirtschaft und Soziales		
Dienstleistung	29,2%	Urbanisierung	57%
Industrie	47,9%	Einwohner/km²	104
Landwirtschaft	22,9%	Bev.-Wachstum/Jahr	0,1%
BSP/Kopf	k.A.	Kindersterblichkeit	1,8%
Inflation	ca. 150% (1999)	Alphabetisierung	93%
Arbeitslosigkeit	ca. 50% (1999)	Einwohner pro Arzt	502

J. litt 1999/2000 unter den Folgen der bei den NATO-Luftangriffen fast vollständig zerstörten Infrastruktur des Landes. Im Juni 2000 wurde der serbische Oppositionspolitiker Vuk Draskovic bei einem Mordanschlag leicht verletzt. Bei mehreren Attentaten wurden führende Repräsentanten des autoritären sozialistischen Regimes von Präsident Slobodan Milosevic getötet.

Innenpolitik: Im Februar 2000 wurde Verteidigungsminister Pavle Bulatovic mit zwei weiteren Personen in Belgrad im Restaurant des Fußballvereins Rad von einem Unbekannten erschossen. Die jugoslawische Regierung beschuldigte den Westen, für das Attentat verantwortlich zu sein, um J. zu destabilisieren. Internationale Beobachter vermuteten hinter dem Anschlag die kosovo-albanische Befreiungsbewegung UCK oder einen Machtkampf innerhalb der Armee. Zum Nachfolger von Bulatovic ernannte Präsident Slobodan Milosevic den vorherigen Generalstabschef Dragoljub Ojdanic, der vom Haager Kriegstribunal als mutmaßlicher Kriegsverbrecher gesucht wurde. Im April 2000 wurde der Generalsekretär der staatlichen jugoslawischen Luftverkehrsgesellschaft JAT, Zika Petrovic, von unbekannten Tätern erschossen.

Opposition: Im November 1999 riefen die Führer der serbischen Opposition in Szentendre nahe Budapest (Ungarn) zum Kampf gegen Präsident Milosevic auf. In einer gemeinsamen Erklärung, die u. a. der in Londoner Exil lebende serbische Kronprinz Alexander, der Vorsitzende der Demokratischen Partei, Zoran Djindjic, und der Belgrader Bürgermeister Vojislav Mihailovic unterzeichneten, wurde die Durchführung von freien Wahlen in J. als Hauptziel genannt. Vertreter von ca. 3 Mio im Ausland lebender Serben stellten einen Hilfsfonds von 1 Mio US-Dollar in Aussicht, um den Kampf der Opposition zu unterstützen. Die regierende Sozialistische Partei Serbiens (SPS) bezeichnete im Februar 2000 auf ihrem vierten Kongress die oppositionellen Gruppen als Verräter, die mit der NATO zusammenarbeiteten.

Außenpolitik: Im März 2000 beschlossen die EU-Außenminister, für sechs Monate das Flugverbot gegen J. auszusetzen. Im Gegenzug verschärften sie die direkt gegen die serbische Nomenklatura gerichteten Maßnahmen. So wurde u. a. der Kreis der vom Visumsverbot betroffenen Personen auf weitere Regierungskader ausgedehnt. Die EU-Außenminister bezeichneten ihre Beschlüsse als Geste zur Ermutigung der serbischen Opposition. 1991 hatte die EU zahlreiche Handelssanktionen gegen J. (u. a. Aufkündigung von Handels- und Kooperationsabkommen, Einfrieren von Auslandsguthaben) wegen der aggressiven serbischen Eroberungspolitik in Kroatien und Bosnien-Herzegowina verhängt.

C-Waffen-Konvention: Als letztes europäisches Land erklärte J. im April 2000 seinen Beitritt zur Konvention für das Verbot chemischer Waffen. Weltweit hatten damit 134 Nationen der Produktion, Lagerung und Anwendung chemischer Waffen eine Absage erteilt. Die Konvention verpflichtet zur Beseitigung von Chemiewaffen-Vorräten und zur Zerstörung von Produktionsanlagen bis 2007.

Wirtschaft: Die serbische Volkswirtschaft brach 1999 unter den Folgen der NATO-Angriffe im Frühjahr und der anhaltenden

Wirtschaftssanktionen zusammen. Das BSP sank um ca. 40%, die Exporte gingen um mehr als 50% zurück, die Arbeitslosigkeit stieg auf etwa 50%, die Inflationsrate betrug rund 150%. Der Durchschnittslohn sank auf unter 55 US-Dollar/Monat. Der durch den Krieg mit der NATO entstandene Schaden wurde auf 30 Mrd US-Dollar geschätzt. Etwa 770 000 Einwohner benötigten Nahrungsmittelhilfe. Das Welternährungsprogramm (WFP) stellte 74 000 t Nahrungsmittel im Wert von 69 Mio US-Dollar zur Verfügung. Zu den Bedürftigen gehörten 140 000 vertriebene Serben aus dem Kosovo sowie 330 000 Vertriebene aus Bosnien-Herzegowina und Kroatien. Das Nahrungsmittelproblem wurde abgeschwächt, weil 60–70% der Bevölkerung in der Landwirtschaft arbeiteten oder über Familienmitglieder Zugang zu Nahrungsmitteln hatten. Hauptanbauprodukte sind Weizen, Mais, Zuckerrüben und Kartoffeln.

Montenegro: Die Regierung der jugoslawischen Teilrepublik Montenegro erwog 2000 die Einführung einer liberalen, vollständig deregulierten Wirtschaftsordnung. Der Großteil der staatlichen Unternehmen sollte privatisiert werden. Mitte 2000 waren bereits 71% dieser Firmen überwiegend an die Belegschaft veräußert. Einzige Ausnahme bei den Privatisierungen war die Tabakindustrie, eine der wichtigsten Einnahmequellen Montenegros. Die Regierung kündigte an, durch ein neues Investitionsgesetz in- und ausländische Unternehmer rechtlich gleichzustellen. Eine eigene Währung sollte an die DM gekoppelt werden. Bereits im November 1999 hatte die Führung Montenegros beschlossen, die DM parallel zum jugoslawischen Dinar als zweites Zahlungsmittel einzuführen. Mit den radikalen Reformen in der Wirtschaft wollte sich Montenegro von Serbien entfernen, da es die gegen J. gerichteten Sanktionen nicht mittragen mochte. Die serbische Regierung behinderte 1999 die wirtschaftlichen Unabhängigkeitsversuche, indem sie u. a. hohe Zölle auf Produkte aus Montenegro erhob. Da Montenegro um 2000 wirtschaftlich zunehmend unter dem serbischen Regime litt, beschlossen die EU-Außenminister im Juni 2000 eine Finanzhilfe für die jugoslawische Teilrepublik in Höhe von etwa 40 Mio DM.

Kambodscha Königreich Kambodscha	K
Landesfläche	181 035 km² (WR 87)
Einwohner	10,9 Mio (WR 69)
Hauptstadt	Phnom Penh (920 000 Einw.)
Sprachen	Khmer, Französisch, Vietnamesisch
Währung	1 Riel = 100 Sen
Zeit	Mitteleuropäische Zeit +6 h
Gliederung	19 Prov. und zwei Stadtregionen
Politik	
Staatsform	Konstitutionelle Monarchie (seit 1993)
Regierungschef	Hun Sen (seit 1998) *1951
Staatsoberhaupt	König Norodom Sihanouk (seit 1993) *31.10.1922
Parlament	Nationalversammlung mit 122 Abgeordneten; 64 Sitze für Sozialistische Volkspartei, 43 für Funcipec, 15 für Pak Sam Rainsy (Wahl von 1998)
Internet	www.embassy.org/cambodia
Bevölkerung	
Religion	Buddhisten (95%); Muslime (2%); Sonstige (3%)
Nationalitäten	Khmer (88,6%); Vietnamesen (5,5%); Sonstige (5,9%)
Wirtschaft und Soziales	

Dienstleistung	35,6%	Urbanisierung	22%
Industrie	13,2%	Einwohner/km²	60
Landwirtschaft	51,2%	Bev.-Wachstum/Jahr	2,3%
BSP/Kopf	300 $ (1999)	Kindersterblichkeit	11,5%
Inflation	5% (1999)	Alphabetisierung	35%
Arbeitslosigkeit	k.A.	Einwohner pro Arzt	16 365

Kambodscha

Asien, Karte S. 443, F 6

Mitte 2000 konnten sich die kambodschanische Regierung und die UNO nicht auf die Zusammensetzung eines geplanten internationalen Tribunals einigen, das den Völkermord in K. (rund 2 Mio Tote) während der Herrschaft der Roten Khmer unter Pol Pot (1975–79) aufarbeiten sollte.

Innenpolitik: Ministerpräsident Hun Sen, der bis 1977 als Offizier selbst in den Reihen der Roten Khmer gedient hatte, betonte, dass ein internationales Tribunal nicht der Hoheit der UNO unterstehen dürfe. Die UNO und die kambodschanische Regierung hatten sich bereits prinzipiell auf ein »gemischtes« Tribunal verständigt, das sich im Gegensatz zu den Ruanda- und Jugoslawien-Tribunalen aus internationalen und nationalen Richtern zusammensetzen und nach kambodschanischem Recht verhandeln sollte. Über die Frage, wer im Gremium die Mehrheit stellen durfte, wurde hingegen keine Einigung erzielt. Internationale Menschenrechtsorganisationen bezweifelten die Glaubwürdigkeit eines Tribunals, das mehrheitlich von kambodschanischen Juristen bestellt wäre, da Hun Sen großen Einfluss auf die Justiz ausübte. In seinem Kabinett befanden sich mit Außenminister Hor Namhong, Verteidigungsminister Tea Banh und Innenminister Sar Kheng Mitglieder der alten Führungsgarde der Roten Khmer.

Wirtschaft: Infolge der Stabilisierung der innenpolitischen Verhältnisse erholte sich 1999 die kambodschanische Konjunktur, die jahrzehntelang unter den Folgen bürgerkriegsähnlicher Zustände gelitten hatte. Das BIP stieg um 4% (1998: 2%). Die Belebung der Volkswirtschaft war auch auf die gute Ernte zurückzuführen, durch die der Export von Reis von 30000 t auf 60000 t verdoppelt werden konnte. Die Landwirtschaft trug 1999 etwa 51% zum BIP bei. Über die Arbeitslosenquote fehlten 1999/2000 gesicherte Daten, es herrschte aber ein Mangel an qualifizierten Arbeitskräften, da während der Herrschaft Pol Pots eine ganze Generation von Ärzten, Lehrern und Anwälten ermordet worden war. Mit einem Pro-Kopf-Einkommen von 300 US-Dollar zählte K.

1999 zu den ärmsten Entwicklungsländern. Ein Drittel der Bevölkerung lebte unterhalb der Armutsgrenze. Von 1000 Kindern starben 115 unmittelbar nach der Geburt. Nur 13% der Bevölkerung hatten Zugang zu sauberem Wasser. Dennoch gab K. 1999 lediglich 10% des Staatshaushalts für soziale Aufgaben aus, während 60% des Geldes ans Militär flossen. 40% des kambodschanischen Budgets werden von Entwicklungshilfe finanziert.

Kredite: Im Januar 2000 einigten sich die kambodschanische Regierung und die Weltbank auf einen neuen dreijährigen Strukturanpassungskredit über 30 Mio US-Dollar. Der Internationale Währungsfonds (IWF) gewährte einen weiteren dreijährigen Kredit über 88 Mio US-Dollar. Als Gegenleistung versprach K., den Holzeinschlag zu verringern. Schätzungen von Umweltorganisationen zufolge könnte der kambodschanische Regenwald bis 2006 vollkommen abgeholzt sein, falls die Regierung keine Maßnahmen ergreift. Im Westen von K. befinden sich noch weite Teile mit tropischem Regenwald, während der Osten von Trockenwald und Savanne bestimmt ist.

Kamerun
Afrika, Karte S. 441, C 4

Im September 1999 wurden der kameruanische Minister für Post und Telekommunikation, Seidou, und der Direktor der Sozialversicherung, Engo, wegen des Verdachts der Vorteilsannahme verhaftet und in Kondengui, dem größten Gefängnis in der Hauptstadt Yaoundé, inhaftiert. Die Festnahme galt als Zeichen dafür, dass die Regierung des seit 1982 amtierenden Staatspräsidenten Paul Biya den Kampf gegen die weit verbreitete Korruption vorantreiben wollte. K. stand 1997 und 1998 auf dem Index von Transparency International über die korruptesten Staaten der Welt an erster Stelle. Bis 2000 galt Bestechung für jeden Präsidenten von K. als wichtigstes Mittel zum Machterhalt. In K. leben ca. 200 verschiedene Ethnien, deren Oberhäupter meist Zuwendungen oder einflussreiche Ämter verlangen, bevor sie die staatliche Autorität anerkennen. 1982–99 gehörten den Kabinetten von Biya rund 180 verschiedene Minister an.

Kamerun Republik Kamerun		CAM
Landesfläche	475442 km² (WR 52)	
Einwohner	14,7 Mio (WR 60)	
Hauptstadt	Yaoundé (1,12 Mio Einwohner)	
Sprachen	Franz., Englisch, Bantusprachen	
Währung	CFA-Franc	
Zeit	Mitteleuropäische Zeit	
Gliederung	10 Provinzen, 58 Départements	
Politik		
Staatsform	Präsidiale Republik (seit 1972)	
Regierungschef	Peter Mafany Musonge (seit 1996) *3.12.1942	
Staatspräsident	Paul Biya (seit 1982) *13.2.1933	
Parlament	Nationalversammlung mit 180 für fünf Jahre gewählten Mitgl.; 109 Sitze für Demokrat. Sammlung, 43 für Sozialdemokraten, 13 für Nationalunion für Demokratie und Fortschritt, 5 für Demokrat. Union, 10 für Sonst. (Wahl: 1997)	
Bevölkerung		
Religion	Christen (52,2%); Animisten (26%); Muslime (21,8%)	
Nationalitäten	Fang (19,6%); Bamiléké, Bamum (18,5%); Duala, Luanda, Basa (14,7%); Fulani (9,6%); Tikar (7,4%); Sonstige (30,2%)	

Wirtschaft und Soziales			
Dienstleistung	38,1%	**Urbanisierung**	47%
Industrie	21,7%	**Einwohner/km²**	31
Landwirtschaft	40,2%	**Bev.-Wachstum/Jahr**	2,7%
BSP/Kopf	610 $ (1998)	**Kindersterblichkeit**	7,4%
Inflation	3% (1997)	**Alphabetisierung**	ca. 60%
Arbeitslosigkeit	k.A.	**Einwohner pro Arzt**	11 996

523

Kanada

Nordamerika, Karte S. 438, E 5

Innenpolitisches Hauptthema in K. war auch 1999/2000 der Konflikt um separatistische Tendenzen in der frankophonen Provinz Québec. Im Dezember 1999 brachte die kanadische Regierung im Parlament ein Gesetz ein, das festlegen sollte, unter welchen Bedingungen Verhandlungen über die Unabhängigkeit Québecs möglich sind.

Innenpolitik: Danach wollte die Regierung in Ottawa einer Trennung Québecs von K. nur dann zustimmen, wenn sich die Bevölkerung der Provinz in einem Referendum aufgrund einer eindeutigen Frage mit deutlicher Mehrheit dafür ausgesprochen habe. Was dies konkret bedeutete, legte das Gesetz nicht fest. Der kanadische Premierminister Jean Chrétien betonte, dass eine Mehrheit von 50% plus einer Stimme nicht ausreiche und dass über die Eindeutigkeit der Frage das Bundesparlament zu entscheiden habe. Die Provinzregierung von Québec

warf Chrétien eine Verletzung des Selbstbestimmungsrechtes vor. Die Bevölkerung von Québec hatte 1980 und 1995 gegen die Loslösung der Provinz von Kanada gestimmt. Obwohl nach Meinungsumfragen die Bürger kein weiteres Referendum wollten, strebte der Regierungschef von Québec, Lucien Bouchard, bis spätestens 2003 eine dritte Volksabstimmung an.

Zusammenschluss: Im Februar 2000 kündigten die Konservative Reformpartei und die Progressiv-Konservative Partei ihren Zusammenschluss an. Unter dem Namen Kanadische Konservative Reform-Allianz wollten sie verhindern, dass durch die Zersplitterung des konservativen Lagers die Macht der Liberalen gefestigt wurde. Bei den Wahlen 1997 konnten die Liberalen wegen des Mehrheitswahlrechtes 157 der 301 Mandate gewinnen, obwohl sie nur 37,3% der Stimmen erhielten. Die Konservative Reformpartei kam auf 19%, die Progressiv-Konservative Partei auf 18,6%, zusammen erreichten sie aber nur 80 Sitze.

Datenschutz: Der für Datenschutz zuständige Beauftragte der Regierung, Bruce Phillips, enthüllte im Mai 2000, dass Regierungsstellen intime Daten über praktisch alle Bürger des Landes gesammelt hätten. Die Computer-Akten enthalten sensible Informationen über Einkommen, Beschäftigung, Ausbildung, Familiensituation, Ortswechsel oder Behinderungen. Insgesamt wurden Dateien über 33,7 Mio Kanadier angelegt, die in manchen Fällen bis zu 2000 Einzelinformationen enthalten. Da die Bevölkerung nur etwa 30,9 Mio Menschen zählt, wurden offensichtlich selbst Daten von Verstorbenen nicht gelöscht. Die zuständigen Behörden betonten, dass das geltende Gesetz die Sammlung von Daten über kanadische Bürger erlaube. Phillips widersprach der Behauptung nicht, forderte aber ein strengeres Gesetz über den Umgang mit solchen Daten, weil sie gelegentlich zu Forschungszwecken an Privatfirmen weitergegeben worden seien.

Generalgouverneurin: Im Oktober 1999 wurde Adrienne Clarkson neue Generalgouverneurin in K. Sie löste Roméo Le-Blanc ab, der aus gesundheitlichen Gründen zurückgetreten war. Mit Clarkson wurde zum ersten Mal in der kanadischen Geschichte eine ethnische Chinesin Generalgouverneurin, welche das nominelle Staats-

Kanada	CDN
Landesfläche	9,97 Mio km² (WR 2)
Einwohner	30,9 Mio (WR 33)
Hauptstadt	Ottawa (1,03 Mio Einwohner)
Sprachen	Englisch, Französisch
Währung	1 kanadischer Dollar (kan.$) = 100 Cents
Zeit	Mitteleuropäische Zeit –6
Gliederung	10 Provinzen/Bundesländer; 2 Territorien
Politik	
Staatsform	Parlamentarische Monarchie im Commonwealth (seit 1931)
Regierungschef	Jean Chrétien (seit 1993) *11.1.1934
Staatsoberhaupt	Königin Elizabeth II. (seit 1952) *21.4.1926
Parlament	Senat mit 104 auf Vorschlag des Premierministers ernannten und Unterhaus mit 301 für fünf Jahre gewählten Abgeordneten; 157 Sitze für Liberale (LP), 57 für Konservative Reformpartei (RPC), 44 für Bloc Québécois (BQ), 43 für Andere (Wahl von 1997)
Internet	www.gc.ca www.parl.gc.ca
Bevölkerung	
Religion	Katholiken (45,7%), Protestanten (36,3%), Orthodoxe (1,5%); Juden (1,2%); Muslime (1%); Sonstige (14,3%)
Nationalitäten	Franzosen (22,8%); Briten (20,8%); Deutsche (3,4%); Italiener (2,8%); Chinesen (2,2%); Sonstige (48%)

Wirtschaft und Soziales			
Dienstleistung	75,8%	Urbanisierung	77%
Industrie	21,8%	Einwohner/km²	3
Landwirtschaft	2,4%	Bev.-Wachstum/Jahr	1%
BSP/Kopf	19 170 $ (1998)	Kindersterblichkeit	0,6%
Inflation	1,7% (1999)	Alphabetisierung	96,6%
Arbeitslosigkeit	7,9% (1999)	Einwohner pro Arzt	446

oberhaupt von K., die englische Königin Elizabeth II., vertritt. Ihre Ernennung ins höchste Staatsamt wurde als erneuter Beweis für die Toleranz der Kanadier gegenüber Einwanderern gewertet. Im Vielvölkerstaat K. stellten die Chinesen um 2000 mit 2,2% die fünftgrößte Bevölkerungsgruppe.
Indianer: Im September 1999 entschied der Oberste Gerichtshof K.s, dass die Mi'kmaq-Indianer aufgrund eines im Jahr 1760 mit der britischen Krone abgeschlossenen Vertrages Fische zum Eigenverbrauch fangen dürfen und weitgehend von staatlichen Reglementierungen ausgenommen sind. Das Gericht bekräftigte die Gültigkeit jahrhundertealter Abkommen und legte sie entsprechend den heutigen Bedingungen aus. Mit dem Urteil wurde auch ein Indianer freigesprochen, der 1993 an der Küste der Provinz Nova Scotia rund 200 kg Aale gefangen hatte und wegen Fischfangs außerhalb der Saison angeklagt worden war. Indianervertreter begrüßten das Urteil, kanadische Unternehmen befürchteten weit reichende Auswirkungen auf die Nutzungsrechte von Natur- und Bodenschätzen im Land. In K. waren Ende 1999 mehr als 300 Verfahren um Landrechte der Ureinwohner anhängig, bei denen es überwiegend um die Nutzung natürlicher Ressourcen wie Holz, Gas und Öl ging.
Homosexuelle: Im November 1999 kündigte die kanadische Statistikbehörde an, bei der nächsten Volkszählung erstmals gleichgeschlechtliche Partnerschaften erfassen zu wollen. Sie reagierte auf die gewachsene rechtliche Absicherung homosexueller Beziehungen durch die Rechtsprechung. Seit Mitte der 1990er Jahre forderten kanadische Gerichte wiederholt die Gleichstellung homosexueller Partnerschaften. Einige der zehn Provinzen setzten die Gleichstellung bereits im Versorgungsrecht, bei Unterhaltsleistungen und im Adoptionsrecht durch. Bei den alle fünf Jahre durchgeführten Volkszählungen bezogen sich die Fragen zu den Beziehungen zwischen den in einem Haushalt lebenden Menschen bis dahin nur auf die traditionelle Ehe, sonstige verwandtschaftliche Beziehungen und eheähnliche Lebensgemeinschaften zwischen Mann und Frau. Die kanadischen Behörden brauchen nun verlässliche statistische Angaben, um der veränderten Rechtslage z. B. bei den Haushaltsplanungen Rechnung zu tragen.

Kanada: Separatismus in Québec

▶ **Ursprung des Konfliktes:** Nach der Übernahme der französischen Kolonie Québec durch Großbritannien (1763) kämpften radikale Frankokanadier teilweise gewaltsam für die politische und kulturelle Unabhängigkeit bzw. die Abspaltung vom englisch dominierten K. Sie beriefen sich u. a. auf ihre eigene kulturelle Identität. Außerdem beklagten sie, dass Schlüsselstellungen in Wirtschaft und Politik Québecs vorwiegend von Anglokanadiern besetzt seien. Frankokanadier waren in führenden Positionen unterrepräsentiert.

▶ **Verlauf des Konfliktes:** In den 1970er Jahren verstärkte sich die Unabhängigkeitsbewegung, als steigende Arbeitslosenzahlen und Inflationsraten die soziale Unzufriedenheit unter den Frankokanadiern in Québec förderten. Der liberale kanadische Ministerpräsident Pierre Elliott Trudeau versuchte während seiner Amtszeit (1968 bis 1979; 1980–84) den separatistischen Tendenzen entgegenzuwirken,

indem er die Chancengleichheit von Franko- und Anglokanadiern in Québec verbesserte und die Zweisprachigkeit gesetzlich verankerte. Dadurch konnte er aber nicht verhindern, dass die Parti Québécois, ein Zusammenschluss der Separatisten, welche die vollständige Souveränität fordern, 1976 Regierungspartei Québecs wurde (bis 1985; wieder ab 1994). 1980 scheiterte ein erster Versuch der Partei, Québec aus dem kanadischen Staat zu lösen, an der Ablehnung der Bevölkerung. Ein weiterer Versuch, durch das sog. Meech-Lake-Abkommen mehr Autonomie zu erhalten, scheiterte am Widerstand einzelner Provinzparlamente. In einem Referendum von 1995 sprach sich die Mehrheit der Bevölkerung von Québec für den Status quo aus. 1997 wurde im Bemühen um die nationale Einheit eine Resolution verabschiedet, die Québec eine Sonderrolle innerhalb des Bundes einräumte.

Außenpolitik: Der rechtspopulistische österreichische Politiker Jörg Haider (FPÖ) wurde im Februar 2000 bei einem zweitägigen Privatbesuch in Montreal von der Öffentlichkeit teilweise feindselig aufgenommen. Das Holocaust-Museum der Stadt verwehrte ihm den Zutritt. Jüdische Organisationen demonstrierten vor der österreichischen Botschaft in Ottawa und vor dem Generalkonsulat in Toronto gegen die Anwesenheit Haiders. Die kanadische Regierung bezeichnete den Besuch als »unangenehm«. K. hatte sich von Österreich in den diplomatischen Beziehungen distanziert, nachdem die FPÖ im Februar 2000 an der österreichischen Regierung beteiligt wurde.
Wirtschaft: Das kanadische BIP stieg 1999 um 3,7% (1998: 3%). Das hohe Wirtschaftswachstum wurde insbes. auf die starke Inlandsnachfrage (+6,6%) und kräftigen Exportzuwächse (+13%) zurückgeführt. Den größten Anteil an der Entstehung des BIP in K. hatten 1999 die verarbeitende Industrie und der Bergbau (21,8%) sowie die Versicherungs- und Finanzbranche (16,5%), während die Land-, Forst- und Fischwirtschaft lediglich 2,4% und die Energieversorgung 3,3% zum BIP beitrugen. Die Inflationsrate stieg 1999 leicht auf 1,7% (1998: 1%), die Arbeitslosenquote sank 1999 mit 7,9% auf den niedrigsten Stand seit 1981. Insgesamt wurden 1999

etwa 315 000 neue Arbeitsplätze geschaffen. Die Arbeitslosenquote soll 2000 sogar weiter auf 6,8% sinken. Bei der Beschäftigung gab es allerdings 1999 weiterhin starke regionale Unterschiede. Während in Neufundland im Nordosten des Landes die Arbeitslosenquote bei 16,7% lag, betrug sie im zentralen Weizenstaat Manitoba nur 5,7%. Im Haushalt erwirtschaftete K. im Fiskaljahr 1998/99 einen Überschuss von ca. 5 Mrd kanadischen Dollar. Die positive Haushaltsbilanz wurde auf die stark gestiegenen Steuereinnahmen infolge der boomenden Konjunktur zurückgeführt.

Außenhandel: Der Wert der Ausfuhren stieg 1999 in K. um 13% auf 361 kanadische Dollar, während die Einfuhren lediglich um 7% auf 327 Mrd kanadische Dollar zunahmen. Die wichtigsten Ausfuhrgüter waren Kfz (27% der Gesamtausfuhr), Maschinen und Ausrüstungen (24%) und Produktionsgüter (16%). Das mit Abstand wichtigste Abnehmerland für kanadische Güter waren 1999 die USA (Anteil von 86%). Es folgten Japan (3%) und Deutschland (ca. 1%). Die wichtigsten Einfuhrgüter waren Produkte aus dem Maschinen- und Anlagenbau (33%

aller Einfuhrgüter) sowie Kfz (23%). Zu den größten Lieferländern gehörten die USA (Anteil von 76%), Japan (3%) und Deutschland (ca. 2%).

Auswanderung: Nach Schätzungen des Statistischen Amtes von K. verlassen jährlich ca. 30 000 gut ausgebildete Studienabgänger das Land. Insbes. Ärzte, Computerwissenschaftler und Ingenieure gehen in die USA, weil sie sich dort bessere Entwicklungsmöglichkeiten erhoffen. Wissenschaftler wiesen darauf hin, dass für K. durch die Abwanderung hoch qualifizierter Arbeitskräfte ein kaum zu ermessender volkswirtschaftlicher Schaden entstehe.

Übernahmen: 1999 wurden 186 kanadische Firmen im Gesamtwert von 41,2 Mrd kanadischen Dollar von Ausländern übernommen; 1998 waren es lediglich 152 Unternehmen im Wert von 19 Mrd kanadischen Dollar. Nationalistische Kreise in K. fürchteten 1999 einen Ausverkauf der kanadischen Volkswirtschaft, durch den die Souveränität des Landes in Frage gestellt werden könnte. Sie forderten die Regierung auf, ausländische Firmenübernahmen in K. zu erschweren.

Kap Verde Republik Kap Verde	CV
Landesfläche	4033 km² (WR 163)
Einwohner	418 000 (WR 162)
Hauptstadt	Praia (68 000 Einwohner)
Sprachen	Portugiesisch, Kreolisch
Währung	1 Kap Verde Escudo
Zeit	Mitteleuropäische Zeit −2
Gliederung	9 Inseln, 14 Distrikte
Politik	
Staatsform	Republik (seit 1975)
Regierungschef	Carlos de Carvalho Veiga (seit 1991) *21.10.1949
Staatspräsident	António M. Monteiro (seit 1991) *16.2.1944
Parlament	Nationale Volksversammlung mit 72 für fünf Jahre gewählten Abgeordneten; 50 Sitze für Bewegung für die Demokratie, 21 für Afrikanische Partei für die Unabhängigkeit von Kap Verde, 1 für Demokratische Partei (Wahl von 1995)
Internet	www.capeverdeusembassy.org
Bevölkerung	
Religion	Katholiken (93,2%); Sonstige (6,8%)
Ethn. Gruppen	Mulatten (71%); Schwarze (28%); Weiße (1%)
Wirtschaft und Soziales	

Dienstleistung	70%	Urbanisierung	52%
Industrie	17%	Einwohner/km²	104
Landwirtschaft	13%	Bev.-Wachstum/Jahr	1,4%
BSP/Kopf	1200 $ (1998)	Kindersterblichkeit	5,6%
Inflation	3,5% (1999)	Alphabetisierung	71%
Arbeitslosigkeit	k.A.	Einwohner pro Arzt	4208

Kap Verde
Afrika, Karte S. 441, A 3

Der Internationale Währungsfond (IWF) lobte im Herbst 1999 die Reformpolitik der kapverdischen Regierung. Durch zahlreiche Gesetze verbesserte sie das Investitionsklima und trieb die Diversifizierung der Volkswirtschaft voran. Durch Förderung des Tourismus, der exportorientierten verarbeitenden Industrie und der Bautätigkeit stieg das BIP 1999 um 6%, nachdem es bereits 1998 um 5% gewachsen war. Durch die strikte Sparpolitik (Haushaltsdefizit 1999: 3% des BIP) wurde die Inflationsrate von 4,4% (1998) auf 3,5% gesenkt. Zu weiteren Steigerungen beim Wachstum sollte u. a. der Fremdenverkehr beitragen. 1999 kamen etwa 52 000 Touristen nach K. Die 3100 Betten, die den 23 Hotels und 47 weiteren Unterkünften angeboten wurden, waren zu über 70% belegt. Die Regierung rechnete mit einem Anstieg der Besucherzahlen von 22% jährlich. Um Engpässe zu vermeiden, suchte K. Investoren, um mit deren Hilfe den Fremdenverkehr auszubauen.

Kasachstan
Asien, Karte S. 443, C 3

Im Oktober 1999 trat Ministerpräsident Nurlan Balgimbajew nach zweijähriger Amtszeit zurück. Er zog die Konsequenz aus der zunehmenden Kritik von Präsident Nursultan Nasarbajew an seiner Wirtschaftspolitik. Nasarbajew machte ihn für die mäßige ökonomische Entwicklung in K. verantwortlich, wo das BIP 1999 um nur 0,3% stieg. Zum Nachfolger Balgimbajews ernannte Nasarbajew seinen Außenminister Kasymshomart Tokajew. Gleichzeitig bestimmte er Grigori Martschenko zum Präsidenten der Nationalbank. Außerdem ernannte Nasarbajew weitere fünf für die Wirtschaft zuständige Minister. Lt. Verfassung hat der Staatschef weit reichende Vollmachten und kann mit Erlassen regieren. Nasarbajew kontrollierte das kasachische Parlament, das im Oktober 1999 neu gewählt worden war (Republikanische Partei Otan mit 23 Sitzen vor der Bürgerpartei mit 13 Sitzen und den Kommunisten mit 3 Sitzen). Es nahm aber keinen großen Einfluss auf die politischen Entscheidungen in K.

Kasachstan Republik Kasachstan		
Landesfläche	2,717 Mio km^2 (WR 9)	
Einwohner	16,3 Mio (WR 55)	
Hauptstadt	Astana/Akmola (286000 Einw.)	
Sprachen	Kasachisch, Russisch	
Währung	1 Tenge = 100 Tiin	
Zeit	Mitteleuropäische Zeit +4/5 h	
Gliederung	21 Regionen	
Politik		
Staatsform	Präsidiale Republik (seit 1991)	
Regierungschef	Kasymshomart Tokajew (seit 1999) *17.5.1953	
Staatspräsident	Nursultan A. Nasarbajew (seit 1991) *6.7.1940	
Parlament	Abgeordnetenkammer mit 77 für vier Jahre gewählten Mitgliedern und Senat (47 Sitze); im Abgeordnetenhaus 23 Sitze für Republikanische Partei, 13 für Bürgerpartei, 3 für Kommunisten, 38 für Andere (Wahl von 1999)	
Internet	www.online-konzepte.de/kazachstan	
Bevölkerung		
Religion	Muslime (47%); Russisch-Orthodoxe (44%); Ukrainische Katholiken (2%); Protestanten (2%); Sonstige (5%)	
Nationalitäten	Kasach. (42%); Russen (37%); Ukrain. (5,2%); Sonst. (15,8%)	
Wirtschaft und Soziales		
Dienstleistung	48,5%	Urbanisierung	61%
Industrie	38,7%	Einwohner/km^2	6
Landwirtschaft	12,8%	Bev.-Wachstum/Jahr	−0,4%
BSP/Kopf	1340 $ (1998)	Kindersterblichkeit	3,5%
Inflation	8,3% (1999)	Alphabetisierung	97,5%
Arbeitslosigkeit	3,9% (1999)	Einwohner pro Arzt	250

Katar
Nahost, Karte S. 442, E 4

Scheich Hamad bin Khalifa al-Thani bekräftigte 1999/2000 seinen Willen, sein Emirat weiter zu demokratisieren und zu liberalisieren. Ein 32-köpfiger Ausschuss beschäftigte sich mit der Ausarbeitung einer neuen Verfassung, die Mitte 2002 in Kraft treten sollte. Vorgesehen war u. a. eine gewählte Volksversammlung, deren Mitglieder das Recht erhalten sollten, Minister und hohe Beamte über ihre Tätigkeit zu befragen. Offen blieb, ob politische Parteien zugelassen werden sollten. Bereits im März 1999 fanden die ersten demokratischen Wahlen (auf kommunaler Ebene) statt. Der Scheich förderte die Pressefreiheit und duldete Kritik an seiner Regierung. In der Wirtschaft sollte der Privatsektor gestärkt werden. Internationale Wirtschafts- und Finanzinstitute befürchteten jedoch, dass der Anstieg der Rohölpreise ab Mitte 1999 die Umstrukturierungsversuche in K. hemmen könnte. 1999 stieg das BIP um 9%, wobei der Ölsektor um knapp 19% expandierte.

Katar Staat Katar		Q
Landesfläche	11000 km^2 (WR 157)	
Einwohner	589000 (WR 158)	
Hauptstadt	Doha (240000 Einwohner)	
Sprachen	Arabisch, Farsi, Urdu	
Währung	1 Katar-Rial (QR) = 100 Dirham	
Zeit	Mitteleuropäische Zeit +2 h	
Gliederung	9 Bezirke	
Politik		
Staatsform	Absolute Monarchie, Emirat (seit 1971)	
Regierungschef	Scheich Abdullah bin Khalifa al-Thani (seit 1996)	
Staatspräsident	Scheich Hamad bin Khalifa al-Thani (seit 1995) *1948	
Parlament	Beratende Versammlung mit 35 Mitgliedern, keine politischen Parteien	
Internet	www.mofa.gov.qa	
Bevölkerung		
Religion	Muslime (92,4%); Christen (5,9%); Hindus (1,1%); Bahai (0,2%); Sonstige (0,4%)	
Ethn. Gruppen	Inder, Pakistani (34%); Araber (Nicht-Katarer) (25%); Araber (Katarer) (20%); Iraner (16%); Sonstige (5%)	
Wirtschaft und Soziales		
Dienstleistung	49,1%	Urbanisierung	91%
Industrie	49,9%	Einwohner/km^2	54
Landwirtschaft	1,0%	Bev.-Wachstum/Jahr	2,4%
BSP/Kopf	11750 $ (1997)	Kindersterblichkeit	1,7%
Inflation	k.A.	Alphabetisierung	78,9%
Arbeitslosigkeit	k.A.	Einwohner pro Arzt	660

Kenia
Afrika, Karte S. 441, E 4

Im Juli 1999 ernannte Präsident Daniel Arap Moi mit dem britischstämmigen Richard Leakey erstmals einen Weißen zum Chef des Beamtenapparates.

Innenpolitik: Die Ernennung wurde als außergewöhnlich bewertet, weil bis dahin ausnahmslos Kenianer schwarzer Hautfarbe hohe Regierungsämter bekleideten. Sie erfolgte auf Druck des Internationalen Währungsfonds (IWF) u. a. Geldgeber, um die in K. weit verbreitete Korruption zu bekämpfen. 1996 hatte die Weltbank K. einen Kredit von 205 Mio US-Dollar in Aussicht gestellt, aber wegen der ineffizienten kenianischen Regierungsarbeit nicht ausgezahlt. Als Chef des Beamtenapparates erhielt Leakey den Rang eines Kabinettssekretärs. Er organisiert und koordiniert die Regierungsgeschäfte und ist für die Verteidigung und Polizei ebenso zuständig wie für die Überwachung staatlicher Ausschreibungen. Leakey sollte für mehr Transparenz in Regierung und Verwaltung sorgen.

Außenpolitik: Im August 1999 beschloss die kenianische Regierung die Schließung der Übergänge an der Grenze zu Somalia. Sie begründete ihre Entscheidung damit, dass aus Somalia größere Mengen Waffen und Rauschgift nach K. geschmuggelt würden. Außerdem sollten viele Gebrauchsgüter nach K. gelangen, die unverzollt auf den Märkten und in den Geschäften der kenianischen Städte verkauft würden. Die Regierungen der kenianischen Nachbarstaaten vermuteten, dass Präsident Moi mit der Schließung der Grenzen die somalischen Parteien dazu drängen wollte, die Ordnung im eigenen Land wieder herzustellen. 1999 suchten mehrere Tausend vom Hungertod bedrohte Somalier in K. eine neue materielle Existenz.

Wirtschaft: Anfang 2000 standen ca. 3 Mio Menschen im Norden und Osten von K. vor einer Hungersnot. Das Welternährungsprogramm der Vereinten Nationen rief zu Nahrungsmittelhilfe auf, nachdem die Ernteerträge zum dritten Mal hintereinander infolge von Dürre um die Hälfte geringer ausfielen. In vielen Landesteilen (insbes. in der Turkana-Region an der Grenze zu Äthiopien, Sudan und Uganda) aßen die Menschen Saatgut, um zu überleben. Die Lebensmittelknappheit wurde insbes. auf die Unfähigkeit der Regierung zurückgeführt, ein System zur Produktion und Verteilung von Nahrung aufzubauen. Kleinbauern wurden in K. finanziell kaum unterstützt. 75% des landwirtschaftlich nutzbaren Landes gehörten 10% der Bevölkerung. Viele Eigentümer betrachteten das Land als Wertanlage, anstatt es landwirtschaftlich zu nutzen.

Stromrationierung: Im Mai und Juni 2000 traten in K. einschneidende Maßnahmen zur Rationierung der Elektrizität in Kraft. Danach erhielten Unternehmen nur noch an 3–4 Tagen/Woche für acht Stunden Strom. Private Haushalte wurden nach einem rotierenden Plan zwischen 36 und 55 Stunden/Woche versorgt. Nach 23 Uhr wurde der Strom überall abgeschaltet. Die Maßnahmen wurden mit den niedrigen Wasserständen der Flüsse begründet, durch welche die Wasserkraftwerke nur noch mit einem Bruchteil ihrer Kapazität arbeiten könnten.

Kenia Republik Kenia		EAK	
Landesfläche	580 367 km² (WR 46)		
Einwohner	29,5 Mio (WR 35)		
Hauptstadt	Nairobi (1,5 Mio Einwohner)		
Sprachen	Swahili, Englisch, Stammessprachen, Arabisch		
Währung	1 Kenya-Shilling (KSh) = 100 Cents		
Zeit	Mitteleuropäische Zeit +2 h		
Gliederung	7 Provinzen und Hauptstadtbezirk		
Politik			
Staatsform	Präsidiale Republik (seit 1963)		
Regierungschef	Daniel Arap Moi (seit 1978) *2.9.1924		
Staatspräsident	Daniel Arap Moi (seit 1978) *2.9.1924		
Parlament	Nationalversammlung (224 Sitze) mit 210 für fünf Jahre gewählten Abgeordneten (12 vom Präsidenten ernannt, 2 zusätzliche); 114 Sitze für Kenian. Afrikan. Nationalunion (KANU), 41 für Demokratische Partei (DP), 22 für Nationale Entwicklungspartei (NDP), 18 für Forum für die Wiederherstellung der Demokratie (Ford-Kenya), 29 für Sonstige (Wahl von 1997)		
Internet	www.kenyaweb.com/kenyagov		
Bevölkerung			
Religion	Christen (73%): Katholiken (27%), Protestanten (19%), Andere (27%); Animisten (19%); Sonstige (8%)		
Ethn. Gruppen	Kikuyu (20,9%); Luhya (13,8%); Luo (12,8%); Kamba (11,3%); Kalenjin (10,8%); Sonstige (30,4%)		
Wirtschaft und Soziales			
Dienstleistung	54%	Urbanisierung	31%
Industrie	19%	Einwohner/km²	51
Landwirtschaft	27%	Bev.-Wachstum/Jahr	2%
BSP/Kopf	350 $ (1998)	Kindersterblichkeit	6,6%
Inflation	ca. 5,5% (1999)	Alphabetisierung	79,3%
Arbeitslosigkeit	ca. 37% (1998)	Einwohner pro Arzt	5999

Kirgistan

Asien, Karte S. 443, C 3

Kirgistan Kirgisische Republik		–
Landesfläche	198 500 km² (WR 84)	
Einwohner	4,7 Mio (WR 109)	
Hauptstadt	Bischkek (634 000 Einwohner)	
Sprachen	Kirgisisch, Russisch	
Währung	1 Kirgisistan-Som (K.S.) = 100 Tyin	
Zeit	Mitteleuropäische Zeit +4 h	
Gliederung	6 Provinzen, 1 Hauptstadtbezirk	
Politik		
Staatsform	Präsidiale Republik (seit 1991)	
Regierungschef	Amangeldi Mursadikovich Muralijew (seit 1999) *1947	
Staatspräsident	Askar Akajew (seit 1990) *10.11.1944	
Parlament	Oberster Rat mit 105 für fünf Jahre gewählten Abgeordneten (Abgeordnetenversammlung mit 60 Sitzen, Oberhaus mit 45 Sitzen); 15 Sitze für Kommunisten, 4 für Union der Demokratischen Kräfte, 45 für Unabhängige, 41 für Andere (Wahl von 2000)	
Bevölkerung		
Religion	Sunnitische Muslime; Baptisten, Adventisten, Orthodoxe	
Nationalitäten	Kirgisen (60,3%); Russen (15,7%); Usbeken (14,2%); Ukrainer (3,1%); Deutsche (0,5%); Sonstige (6,2%)	

Wirtschaft und Soziales			
Dienstleistung	25,2%	Urbanisierung	40%
Industrie	37,6%	Einwohner/km²	24
Landwirtschaft	37,2%	Bev.-Wachstum/Jahr	0,6%
BSP/Kopf	380 $ (1998)	Kindersterblichkeit	4%
Inflation	15% (1997)	Alphabetisierung	97%
Arbeitslosigkeit	k.A.	Einwohner pro Arzt	310

Bei den Parlamentswahlen in K. im Februar 2000 wurden die oppositionellen Kommunisten mit 27,7% der Stimmen zur stärksten Partei gewählt.

Innenpolitik: Die vier regierungstreuen bzw. zentristischen Parteien Union der Demokratischen Kräfte, Demokratische Frauenpartei, Partei der Afghanistan-Veteranen sowie Partei »Mein Land« kamen zusammen auf einen Stimmenanteil von 42,4%. Die beiden nach der KP größten Oppositionsgruppen waren von der Wahl ausgeschlossen worden. Es war die erste Wahl in der seit 1991 unabhängigen, ehemaligen Sowjetrepublik, bei der die Bürger über Kandidaten mit Parteizugehörigkeit abstimmen durften. Allerdings wurden lediglich 25 der insgesamt 105 Sitze im Zweikammern-Parlament über Parteilisten vergeben; um die übrigen 80 Mandate bewarben sich unabhängige Kandidaten. Die Organisation für Sicherheit und Zusammenarbeit in Europa (OSZE) kritisierte die Einschränkung des Parteienspektrums bei der Wahl. Seit 1990 regiert in K. Staatspräsident Askar Akajew, der ab Mitte der 1990er Jahre zu autoritären Mitteln griff, um das Land politisch und wirtschaftlich zu kontrollieren.

Außenpolitik: Im August 1999 drangen islamische Rebellen aus dem benachbarten Tadschikistan in den Süden von K. ein. Sie besetzten vier Dörfer und nahmen rund 100 Menschen als Geiseln. Durch Verstärkung der Armee und Verhängung des Ausnahmezustandes konnte die kirgisische Regierung die Kämpfer wieder vertreiben. Auch aus dem zu Usbekistan gehörenden Fergana-Becken drangen 1999/2000 wiederholt islamische Rebellen nach K. ein. Militante Islamisten entführten im August 1999 vier japanische Geologen, die zwei Monate später nach Zahlung von 2 Mio US-Dollar Lösegeld freigelassen wurden. Wegen der instabilen Lage in der gesamten Region (u. a. Unruhen in Tadschikistan, kriegerische Auseinandersetzungen in Afghanistan) strebte die kirgisische Regierung eine Annäherung an die EU und eine Loslösung von der GUS an.

Wirtschaft: Die kirgisische Volkswirtschaft litt 1999 noch unter den Folgen der russischen Finanzkrise (1998). Das BIP wuchs lediglich um 0,1% (1998: 1,2%). Eine deutliche Belebung der Konjunktur wurde insbes. durch das mangelhafte Interesse ausländischer Unternehmen an K. erschwert. Die ausländischen Direktinvestitionen blieben 1999 mit 62 Mio US-Dollar auf einem geringen Niveau (1998: 52 Mio US-Dollar). Die Auslandsschulden stiegen im gleichen Jahr auf 1,4 Mrd US-Dollar, was etwa dem gesamten BSP von K. entsprach. Für 2000 plante die Regierung 87 Mio US-Dollar, ca. 44% des gesamten Haushalts, für Zinsen und Tilgung der Auslandsschulden ein. Wegen der fehlenden Mittel für den Aufbau eines Sozialversicherungssystems lebten 1999 etwa 55% der Kirgisen unterhalb der Armutsgrenze. Das monatliche Durchschnittsgehalt betrug 36 DM. Wichtigste Wirtschaftsgüter in K. waren die großen Vorkommen an Bodenschätzen (Kohle, Quecksilber, Gold). Die Maschinenbauindustrie stellte u.a. Bohrwerke, Traktoren und andere Landmaschinen her. Viele Industriebetriebe galten aber um 2000 als veraltet. Einige Unternehmen verarbeiteten landwirtschaftliche Produkte, z.B. Baumwolle.

Kiribati	Republik Kiribati
Landesfläche	726 km² (WR 171)
Einwohner	84500 (WR 179)
Hauptstadt	Bairiki (29000 Einw.)
Sprachen	Englisch, Gilbertesisch
Währung	1 Australischer Dollar = 100 Cents
Zeit	Mitteleuropäische Zeit +11 h
Gliederung	33 Inseln, in 3 Gruppen aufgeteilt
Politik	
Staatsform	Präsidiale Republik (seit 1979)
Regierungschef	Teburoro Tito (seit 1994) *25.8.1953
Staatspräsident	Teburoro Tito (seit 1994) *25.8.1953
Parlament	Abgeordnetenhaus mit 41 für vier Jahre gewählten Mitgl.; 14 Sitze für MMP, 11 für BKP, 15 für Parteilose, 1 Sitz ist reserviert für einen Vertreter der Insel Banaba (Wahl: 1998)
Bevölkerung	
Religion	Katholiken (53,3%), Protestanten (39,2%), Baha'i (2,4%), Adventisten (1,9%), Mormonen (1,6%), Sonstige (1,6%)
Ethn. Gruppen	Kiribatier (97,4%); Tuvaluer (0,5%); Sonstige (2,1%)
Wirtschaft und Soziales	

Dienstleistung	69,2%	Urbanisierung	35%
Industrie	7%	Einwohner/km²	116
Landwirtschaft	23,8%	Bev.-Wachstum/Jahr	1,8%
BSP/Kopf	1170 $ (1998)	Kindersterblichkeit	5,9%
Inflation	k.A.	Alphabetisierung	90%
Arbeitslosigkeit	k.A.	Einwohner pro Arzt	4483

Kiribati
Ozeanien, Karte S. 445, G 2

Im September 1999 wurde K. in die Vereinten Nationen (UN) aufgenommen. Das Land erhoffte sich von der Mitgliedschaft, die internationale Staatengemeinschaft auf die umweltpolitischen Probleme des aus 33 Inseln bestehenden Landes aufmerksam machen zu können. Die meisten Eilande liegen nur wenige Meter über dem Meeresspiegel, was bei einem ansteigenden Pegel infolge des weltweiten Treibhauseffektes zu Überflutungen führen könnte. Einzige Ausnahme ist die gehobene Koralleninsel Banaba. K. ist stark durch tropische Wirbelstürme gefährdet, insbes. von November bis März. Die agrarisch geprägte Volkswirtschaft war um 2000 wegen der Unwägbarkeiten bei den Erlösen aus Ernten und Fischfang auf neue Einnahmequellen angewiesen. Die Regierung von K. begann in den 1990er Jahren mit dem Ausbau des Fremdenverkehrssektors. Zu den wichtigsten Geldgebern gehörte Japan, das durch Entwicklungshilfe die Verbesserung der Infrastruktur von K. anstrebte.

Kolumbien	Republik Kolumbien	CO
Landesfläche	1,14 Mio km² (WR 25)	
Einwohner	41,6 Mio (WR 27)	
Hauptstadt	Santafé de Bogotá (5,2 Mio Einw.)	
Sprachen	Spanisch, indianische Sprachen	
Währung	1 Peso = 100 Centavos	
Zeit	Mitteleuropäische Zeit −6 h	
Gliederung	24 Gebiete, 4 Intendanturen, 5 Kommissariate	
Politik		
Staatsform	Präsidiale Republik (seit 1886)	
Regierungschef	Andrés Pastrana Arango (seit August 1998) *17.8.1954	
Staatspräsident	Andrés Pastrana Arango (seit August 1998) *17.8.1954	
Parlament	Abgeordnetenhaus mit 161 und Senat mit 102 Abgeordneten; im Abgeordnetenhaus 98 Sitze (im Senat: 57) für Liberale, 52 (25) für Konservative, 11 (20) für Andere (Wahl von 1998)	
Bevölkerung		
Religion	Katholiken (93,1%); Sonstige (6,9%)	
Ethn. Gruppen	Mestizen (58%); Weiße (20%); Mulatten (14%); Sonst. (8%)	
Wirtschaft und Soziales		

Dienstleistung	57,2%	Urbanisierung	74%
Industrie	29,5%	Einwohner/km²	36
Landwirtschaft	13,3%	Bev.-Wachstum/Jahr	1,9%
BSP/Kopf	2470 $ (1998)	Kindersterblichkeit	3,0%
Inflation	7,6% (1999)	Alphabetisierung	90,9%
Arbeitslosigkeit	18,6% (1999)	Einwohner pro Arzt	1064

Kolumbien
Südamerika, Karte S. 439, B 2

Die Revolutionäre Armee Kolumbiens (Farc) verkündete im Dezember 1999 in dem seit Jahrzehnten von Bürgerkrieg, Drogenhandel und Bandenkriminalität erschütterten K. den ersten Waffenstillstand seit zehn Jahren.

Innenpolitik: Die Farc reagierte auf Fortschritte in den Gesprächen mit der kolumbianischen Regierung über eine Beendigung des seit 1948 dauernden Bürgerkrieges, in dem allein in den 1990er Jahren rund 43000 Menschen starben. Im Januar 1999 begannen beide Parteien Verhandlungen über die Reform von Staat, Streitkräften und Justiz sowie über eine gerechte Einkommensverteilung, eine Agrarreform und die Möglichkeiten zum Schutz der Menschenrechte. Als vertrauensbildende Maßnahme hatte die kolumbianische Regierung ein Gebiet von 40000 km² im Umland des Konferenzortes San Vicente del Caguán geräumt. Die Gespräche wurden 1999 wiederholt durch den Ausbruch schwerer Gefechte belastet. Die Farc war 2000 mit 12 000 Mitgliedern die größte Guerillaorganisation Lateinamerikas und beherrschte bis zu 40% des kolumbianischen Territoriums. Als marxistische Guerillagruppe gegründet, betrachtete sie den Marxismus nicht mehr als Dogma, sondern nur noch als Leitbild.

ELN: Die kolumbianische Regierung und die prokubanische Guerillagruppe Ejército de Liberación Nacional (ELN) einigten sich im Februar 2000 auf die Einrichtung einer entmilitarisierten Zone zur Aufnahme von Friedensgesprächen. Die ELN hatte als Voraussetzung für die Verhandlungen von der Regierung die Ausrufung einer entmilitarisierten Zone von etwa 6000 km² im Süden des Departements Bolívar gefordert. Vorbild war das seit 1998 bestehende 40 000 km² große entmilitarisierte Areal im Süden des Landes, wo die Friedensgespräche zwischen Regierung und Farc stattfanden. Im Februar 1999 hatte die ELN noch Verhandlungen in Caracas (Venezuela) abgebrochen, weil die kolumbianische Regierung nicht bereit gewesen war, ein so großes Gebiet militärisch zu räumen. Der ELN gehörten um 2000 etwa 5000 Kämpfer an.

Gewalt: 1999 wurden 23 000 Menschen in K. Opfer von Gewalttaten. 8000 von ihnen kamen bei Zusammenstößen zwischen den Guerillagruppen, rechtsgerichteten Paramilitärs und der Armee ums Leben. Bei 402 Massakern wurden 1863 Zivilisten getötet. Rund 38% der Mordtaten verübten paramilitärische Einheiten, denen Verbindungen zum kolumbianischen Militär nachgesagt wurden. Der Farc und der ELN wurden 17%, der Armee 2% der Morde angelastet. Für den Rest sollten nicht identifizierbare kriminelle Banden verantwortlich sein.

Korruption: Im März trat der Vorsitzende des Repräsentantenhauses, Armando Pomárico von der Liberalen Partei, wegen des Verdachtes der Korruption von seinem Amt zurück. Ihm wurde vorgeworfen, staatliche Aufträge an Freunde zu überhöhten Honoraren vergeben zu haben. Insgesamt sollte bei dem Skandal ein Schaden von 2,8 Mio US-Dollar entstanden sein.

Wirtschaft: Die kolumbianische Volkswirtschaft befand sich 1999 in der tiefsten Rezession seit 1931. Das BIP ging um 4,8% zurück (1998: +0,4%). Die schlechte Konjunktur wurde auf den Bürgerkrieg sowie auf fallende Preise für Kaffee und Erdöl, die

Kolumbien: Kampf gegen den Drogenanbau

▶ **Drogenproduktion:** 1990–99 verdreifachten sich in K. die Flächen für den illegalen Anbau von Drogen auf rund 135 000 ha. Die Erträge aus dem Anbau von Rauschgift-Pflanzen, an dem etwa 50 000 kolumbianische Bauern beteiligt waren, betrugen 1999 rund 1,9 Mrd US-Dollar. Die Kokain-Exporte stiegen 1990–99 von 32 t um das 14-Fache auf 464 t. Der Weltmarktanteil K.s am Kokainhandel lag bei rund 85%, obwohl nur 7% der Koka-Anbauflächen in K. lagen.

▶ **Gründe:** Der Baumwollhandel im Norden und in der Mitte von K. ging in den 1990er Jahren wegen mangelnder Rentabilität zurück. Die Anbaufläche für Baumwolle sank 1993 bis 1999 von 250 000 ha auf 15 000 ha. Dadurch wurden etwa 30% der Landarbeiter (campesinos) arbeitslos. Sie zogen in den Süden von K., wo Guerilla-Organisationen in einem nahezu rechtsfreien

Raum den rentablen Drogenanbau förderten. 1 kg Kokain kostete 1999 in K. 500–700 US-Dollar, beim Grenzübergang bereits 1200 US-Dollar, in Miami (USA) 32 000 US-Dollar und in Chicago (USA) sogar 158 000 US-Dollar.

▶ **Maßnahmen der Regierung:** Die kolumbianische Regierung wollte im Rahmen des sog. Plan Colombia den Anbau von Baumwolle intensivieren und finanziell unterstützen. Die Anbaufläche für Baumwolle soll von 15 000 ha wieder auf 180 000 ha erhöht werden. Die vom Kokain profitierenden Guerilleros sollen durch Verhandlungen und militärischen Druck dazu bewogen werden, den Drogenanbau nicht weiter zu fördern. Außerdem werden große Flächenanbaugebiete aus Flugzeugen mit Pflanzengift besprüht. Die USA beschlossen im Juni 2000 eine Militärhilfe von 1 Mrd US-Dollar für K. für den Aufbau von Drogenabwehrbataillonen.

wichtigsten kolumbianischen Exportgüter, zurückgeführt. Von der Rezession besonders stark betroffen war die Bauwirtschaft, die um 42% einbrach. Die Arbeitslosigkeit stieg auf 18,6% (1998: 15,5%).

IWF: Der Internationale Währungsfonds (IWF) sicherte K. im Januar 2000 einen Kredit bis zu 7 Mrd US-Dollar für den Zeitraum bis 2003 zu. Als Gegenleistung verlangte der IWF die Verringerung des Haushaltsdefizites von 6,2% des BIP auf max. 1,5%. Der hohe Schuldenstand (Auslandsschulden 1999: rund 35 Mrd US-Dollar) führte zu einer starken Abwertung der nationalen Währung (Peso) und auf den internationalen Kapitalmärkten zu einem Vertrauensverlust hinsichtlich der kolumbianischen Zahlungsfähigkeit.

Erdöl: Die kolumbianische Regierung erteilte im September 1999 einem Erdölunternehmen die Lizenz für Bohrungen in unmittelbarer Nachbarschaft des Reservates der U'wa-Indianer. Das dafür vorgesehene Gebiet Samore in der Grenzregion zu Venezuela, in dem ca. 2,5 Mrd Barrel Erdöl vermutet wurden, gehört nach Ansicht der Indianer zum Territorium ihrer Vorfahren. Die U'wa bezeichneten die Erteilung der Lizenz als kulturellen und ökologischen Völkermord. In der Region lebten im Jahr 2000 noch ca. 8000 Indianer, die sich überwiegend von Fischfang und Landwirtschaft ernährten.

Komoren Islamische Republik Komoren	**COM**
Landesfläche	2235 km² (WR 166)
Einwohner	676 000 (WR 155)
Hauptstadt	Moroni (36 000 Einwohner)
Sprachen	Französisch, Komorisch
Währung	1 Komoren-Franc = 100 Centimes
Zeit	Mitteleuropäische Zeit +2 h
Gliederung	3 Inseldistrikte
Politik	
Staatsform	Islamische Bundesrepublik (seit 1982)
Regierungschef	Bianrifi Tarmidi (seit 1999)
Staatspräsident	Azali Assoumani (seit 1999) *1959
Parlament	Nationalversammlung mit 42 für fünf Jahre gewählten Abgeordneten wurde aufgelöst; bei der Wahl von 1996 gab es 39 Sitze für das Parteienbündnis (RND), 2 für islamische Front National pour la Justice (FNJ), 1 für einen Unabhängigen
Bevölkerung	
Religion	Sunnitische Muslime (98,9%); Christen (1%); Bahai (0,1%)
Nationalitäten	Komoraner (96,9%), Makua (1,6%), Sonstige (1,5%)
Wirtschaft und Soziales	

Dienstleistung	49,3%	Urbanisierung	30,8%
Industrie	11,5%	Einwohner/km²	302
Landwirtschaft	39,2%	Bev.-Wachstum/Jahr	3,1%
BSP/Kopf	370 $ (1998)	Kindersterblichkeit	7,6%
Inflation	k.A.	Alphabetisierung	ca. 60%
Arbeitslosigkeit	k.A.	Einwohner pro Arzt	6600

Komoren
Afrika, Karte S. 441, E 5

Im März 2000 erlebten die K. den 20. Putschversuch seit ihrer Unabhängigkeit (1975). Als Urheber wurden u. a. einige Militärs, ein französischer Staatsbürger und zwei Söhne von Ahmed Abdallah, dem ersten Präsidenten des Inselstaates, festgenommen. Abdallah war im November 1989 vom Militär mit Hilfe des französischen Söldners Bob Denard gestürzt worden. Einer der Söhne Abdallahs war bereits 1993 wegen eines Putschversuchs zum Tode verurteilt worden. Denard befreite ihn zwei Jahre später. Ein Grund für die ständigen inneren Unruhen auf den K. ist die Rivalität einzelner Inseln. 1996 hatten sich die beiden Eilande Anlouan und Moheli von der Hauptinsel Grand Comore losgesagt, weil sich die Einwohner von der Zentralregierung benachteiligt fühlten. Anfang 1999 vereinbarten Vertreter der drei Inseln eine weitgehende Autonomie unter dem gemeinsamen Staatsdach. Danach kam es auf Grand Comore wiederholt zu Ausschreitungen gegen Personen von der Anlouan-Insel.

Kongo Demokratische Republik Kongo	**CGO**
Landesfläche	2 344 858 km² (WR 12)
Einwohner	50,3 Mio (WR 24)
Hauptstadt	Kinshasa (4,66 Mio Einwohner)
Sprachen	u.a. Französisch, Swahili, Luba
Währung	1 Kongolesischer Franc
Zeit	Mitteleuropäische Zeit
Gliederung	10 Regionen, Hauptstadtbezirk
Politik	
Staatsform	Präsidiale Republik (seit 1964)
Regierungschef	Laurent-Désiré Kabila (seit Mai 1997) *1.1.1938
Staatspräsident	Laurent-Désiré Kabila (seit Mai 1997) *1.1.1938
Parlament	Übergangsregierung und Auflösung des Parlaments nach der Machtübernahme durch Kabila
Internet	www.undp.org/missions/drcongo
Bevölkerung	
Religion	Christen (94,5%): Katholiken 48,4%, Protestanten 29%, Kimbanguisten 17,1%; Animisten (3,4%); Sonstige (2,1%)
Ethn. Gruppen	Bantu-Gruppen (80%): u.a. Luba 18,0%, Kongo 16,2%, Mongo 13,5%; Sudan-Gruppen (15,0%); Sonstige (5%)
Wirtschaft und Soziales	

Dienstleistung	24,5%	Urbanisierung	30%
Industrie	17,5%	Einwohner/km²	21
Landwirtschaft	58%	Bev.-Wachstum/Jahr	3%
BSP/Kopf	110 $ (1998)	Kindersterblichkeit	9,0%
Inflation	k.A.	Alphabetisierung	77,3%
Arbeitslosigkeit	k.A.	Einwohner pro Arzt	15584

Kongo
Afrika, Karte S. 441, C 5

Als letzte aller beteiligten Kriegsparteien unterzeichneten im August 1999 in der sambischen Hauptstadt Lusaka die Führer der zersplitterten größten Rebellengruppe Kongos, das Rassemblement Congolais Démocratique (RCD), einen Friedensvertrag mit der Regierung des zentralafrikanischen Staates. Doch im November 1999 zerbrach der Vertrag de facto nach dem Wiederausbruch heftiger Gefechte zwischen den Kriegsparteien.
Innenpolitik: Das Waffenstillstands-Abkommen sah die Bildung eines gemeinsamen Militärausschusses, einen 90-tägigen politischen Dialog sowie freie Wahlen in der Demokratischen Republik Kongo, dem früheren Zaire, vor. Friedenstruppen der Vereinten Nationen (UN) und der Organisation Afrikanischer Einheit (OAU) sollten die Einhaltung der Vertragsklauseln überwachen. Die in den im August 1998 ausgebrochenen Bürgerkrieg verwickelten Länder Simbabwe, Angola und Namibia, die Präsi-

Kongo: Der afrikanische Weltkrieg

▶ **Ursachen:** 1994 verübten Hutu-Milizen einen grausamen Völkermord an rund 800 000 Tutsi in Ruanda. Die UNO blieb untätig, französische Soldaten verhalfen den Hutu-Milizen zur Flucht, westliche Hilfsorganisationen versorgten sie in ihren Camps im K. Von dort terrorisierten die Hutu die neue von Tutsi dominierte Regierung in Ruanda. Die Tutsi griffen daraufhin mit ugandischer Unterstützung die Hutu an und lösten eine Revolte im K. gegen den korrupten Präsidenten Mobuto Sese Seko aus, der ins Exil fliehen musste. Rebellenchef Laurent Kabila wurde im Mai 1997 neuer Präsident. Kabila überwarf sich mit den Regierungen in Uganda und Ruanda,

die im August 1998 eine Revolte gegen Kabila anzettelten.

▶ **Kriegsparteien:** Zehntausende Kongolesen schlossen sich den ruandischen und ugandischen Truppen im K. im Kampf gegen den als autoritär und korrupt geltenden Kabila an. Die beiden größten Rebellentruppen waren um 2000 das von Uganda unterstützte Mouvement de Liberation du Congo (MLC) im Nordosten des Landes und das von Ruanda aus dirigierte Rassemblement Congolais Démocratique (RCD) im Südosten des Landes. Die von Tutsi dominierte Armee Burundis unterstützte die Rebellen. Auf Kabilas Seite kämpften Hutu-Milizen, ugandische Rebellen und Regie-

rungstruppen aus Simbabwe, Angola, Namibia und dem Tschad.

▶ **Ziele:** Die Tutsi-Regierung von Ruanda wollte die Hutu-Milizen vernichten. Uganda hatte das Ziel, durch Bekämpfung der aus dem K. operierenden Rebellen das eigene Land zu stabilisieren. Angola erhoffte sich durch die Unterstützung Kabilas eine Schwächung der Unita-Rebellen, die sich oft in den K. zurückzogen, um von dort aus gegen die angolanische Regierung zu operieren. Simbabwe unterstützte Kabila, um Konzessionen für den Abbau von Rohstoffen zu erhalten. Bei allen Kriegsparteien galten Machtstreben und persönliche Bereicherung als weitere wichtige Motive.

dent Laurent Kabila unterstützten, sowie Ruanda und Uganda, die auf Seiten der Aufständischen kämpften, hatten das Dokument bereits im Juli 1999 unterzeichnet.

Erneute Kämpfe: Im November 1999 entbrannten erneut heftige Kämpfe zwischen den Rebellen und den Truppen Kabilas. Der Chef der Kongolesischen Befreiungsbewegung, Jean Pierre Bemba, erklärte, das Friedensabkommen sei nicht mehr gültig, da Regierungstruppen den Waffenstillstand gebrochen und Zivilisten ermordet hätten. Kabila drohte seinen Gegnern mit einem Vernichtungsfeldzug und verhängte eine nächtliche Ausgangssperre über die Hauptstadt Kinshasa sowie alle Gebiete, die seine Truppen kontrollierten (insbes. im Westen des K.). Der Osten und Norden des Landes wurden um 2000 von verschiedenen Rebellengruppen regiert, die untereinander zerstritten waren.

UN-Absage: Im Januar 2000 beschloss der UN-Sicherheitsrat, vorerst nur Militärberater in den K. zu schicken. Er blieb hinter den Forderungen der im Krieg verwickelten afrikanischen Nachbarländer zurück, die in ihrem Friedensvertrag vom August 1999 die Entsendung von umfassenden UN-Friedenstruppen eingeplant hatten. Der Sicherheitsrat erklärte, zu einem angemessenen Zeitpunkt der Empfehlung des UN-Generalsekretärs Kofi Annan nachzukommen, der die Entsendung von 3400 Blauhelmsoldaten und 5000 Militärbeobachtern erwogen hatte. Die Absage der Völkergemeinschaft wurde auf den Einfluss der US-Diplomatie zurückgeführt, welche die Bereitstellung einer Friedenstruppe

wegen der wieder ausgebrochenen Kämpfe im K. als zu gefährlich erachtet hatte.

Menschenrechtsverletzungen: Die Menschenrechtsorganisation Amnesty International (AI) warf Präsident Kabila im Januar 2000 schwere Menschenrechtsverletzungen vor. Kabila benutzte den Krieg, um Regimegegner auch außerhalb der Konfliktzonen zu unterdrücken. Anhänger von oppositionellen Gruppierungen würden ohne formelle Anklage oder Prozess verhaftet. Folter und Vergewaltigungen seien in den Gefängnissen weit verbreitet.

Kriegsbilanz: Dem Krieg im K. fielen seit 1998 mehr als 1,7 Mio Menschen zum Opfer. 200 000 starben durch militärische Gewalt, die anderen an Hunger und Krankheiten. Ein Drittel der Toten waren nach Schätzungen des Internationalen Rettungskomitees in New York (USA) Kinder unter fünf Jahren.

Wirtschaft: Der Bürgerkrieg verhinderte 1999 eine Erholung der vollkommen zerrütteten Wirtschaft des K. Über die ökonomischen Eckdaten (Wirtschaftswachstum, Inflation etc.) gab es keine gesicherten Informationen. Nach Schätzungen der UN blieb der K. mit einem durchschnittlichen BSP/Kopf von ca. 110 US-Dollar eines der ärmsten Länder der Welt. Der K. ist reich an Diamanten, Kohle und Kupfer, die nach der Befriedung des Landes als Basis für den wirtschaftlichen Wiederaufbau dienen könnten. Dabei wird es voraussichtlich in starkem Maße auf die finanzielle Unterstützung durch internationale Wirtschafts- und Finanzorganisationen angewiesen sein.

■ Staaten → Ruanda

Kongo (Brazzaville) Republik Kongo	**RCB**
Landesfläche	342 000 km² (WR 62)
Einwohner	2,9 Mio (WR 129)
Hauptstadt	Brazzaville (1 Mio Einwohner)
Sprachen	Französisch, Lingala, Kikongo u. a.
Währung	CFA-Franc (FCFA)
Zeit	Mitteleuropäische Zeit
Gliederung	9 Regionen und 6 Kommunen
Politik	
Staatsform	Demokratische Republik (seit 1992)
Regierungschef	Denis Sassou-Nguesso (seit 1997) *1943
Staatspräsident	Denis Sassou-Nguesso (seit 1997) *1943
Parlament	Volksvertretung mit 125 für fünf Jahre gewählten Abgeord- neten (Senat, 60 Sitze); 64 Sitze für Sozialdemokraten, 58 für Sozialisten, 3 für Andere (Wahl von 1993)
Bevölkerung	
Religion	Katholiken (53,9%); Protestanten (24,9%); Afrikanische Christen (14,2%); Animisten (4,8%); Sonstige (2,2%)
Ethn. Gruppen	Kongo (51,5%); Téké (17,3%); Mboshi (11,5%); Mbete (4,8%); Punu (3%); Sonstige (11,9%)

Wirtschaft und Soziales			
Dienstleistung	47%	Urbanisierung	61%
Industrie	42,3%	Einwohner/km²	8
Landwirtschaft	10,7%	Bev.-Wachstum/Jahr	2,8%
BSP/Kopf	680 $ (1998)	Kindersterblichkeit	9,0%
Inflation	k.A.	Alphabetisierung	76,9%
Arbeitslosigkeit	k.A.	Einwohner pro Arzt	3873

Kongo (Brazzaville)
Afrika, Karte S. 441, C 5

Im Januar 2000 unterzeichneten die kongo-lesische Regierung und der Nationale Widerstandsrat, der Dachverband von Rebellentruppen, in Brazzaville einen Friedensvertrag, mit dem die Kämpfe im K. beendet werden sollten. Das Abkommen sagte den Rebellen, die ihre Waffen niederlegen, Straffreiheit und ihre Eingliederung in die Armee oder Polizei zu. Außerdem sah es eine von Präsident Denis Sassou-Nguesso geleitete Übergangsperiode von fünf Jahren vor, der freie Wahlen folgen sollen. Grund für die Auseinandersetzungen zwischen Regierung und Rebellen war die Rivalität unter französischen und US-amerikanischen Ölkonzernen um Bohrkonzessionen. Der ehemalige Präsident Pascal Lissouba wollte Konzessionen von französischen auf US-amerikanische Unternehmen übertragen, wurde aber Ende 1997 von Denis Sassou-Nguesso gestürzt. Seitdem führten die Ölfirmen eine Art Stellvertreterkrieg, in dem sie die beiden Kriegsparteien unterstützten.

Korea-Nord Demokrat. Volksrepublik Korea	**–**
Landesfläche	120 538 km² (WR 97)
Einwohner	23,7 Mio (WR 40)
Hauptstadt	Pjöngjang (2,4 Mio Einwohner)
Sprache	Koreanisch
Währung	1 Won (W) = 100 Chon
Zeit	Mitteleuropäische Zeit +8 h
Gliederung	9 Provinzen, 4 Städte
Politik	
Staatsform	Kommunistische Volksrepublik (seit 1948)
Regierungschef	Hong Song-Nam (seit Febr. 1997) *1923
Staatspräsident	Kim Jong-Il (seit 1994) *16.2.1942
Parlament	Oberste Volksversammlung mit 687 für fünf Jahre gewähl- ten Abgeordneten; sämtliche Sitze für die Kandidaten der von der kommunistischen Partei der Arbeit beherrschten Einheitsliste des Nationalen Blocks (Wahl von 1998)
Bevölkerung	
Religion	Volksreligionen (15,6%); Chondogyo (13,9%); Buddhisten (1,7%); Christen (0,9%); Konfessionslose (67,9%)
Nationalitäten	Koreaner (99,8%); Chinesen (0,2%)

Wirtschaft und Soziales			
Dienstleistung	40%	Urbanisierung	61%
Industrie	35%	Einwohner/km²	197
Landwirtschaft	25%	Bev.-Wachstum/Jahr	- 0,1%
BSP/Kopf	k.A.	Kindersterblichkeit	2,2%
Inflation	4,2% (1997)	Alphabetisierung	99%
Arbeitslosigkeit	2,6% (1997)	Einwohner pro Arzt	k.A.

Korea-Nord
Ostasien, Karte S. 444, D 2

Der seit 1995 andauernden Hungersnot in K. fielen bis Mitte 2000 rund 3,5 Mio Menschen zum Opfer. Die Schätzungen beruhen auf Hochrechnungen aus Aussagen nordkoreanischer Flüchtlinge, die von Mitarbeitern einer buddhistischen Hilfsorganisation durchgeführt worden waren. Die Angaben wurden von der nordkoreanischen Regierung heftig bestritten, welche die Zahl der seit 1995 verhungerten Menschen auf 270 000 bezifferte. Japanische Forschungsinstitute beschuldigten im Februar 2000 die chinesische Regierung, für die Hungerkatastrophe in K. mitverantwortlich zu sein. 1994 hatte China seine regelmäßigen Getreidelieferungen an K. von 500 000 t jährlich eingestellt, um das Land zur Aufgabe seines Atomprogramms zu zwingen. 1996 nahm die Volksrepublik die Lieferungen wieder auf, weil es einen Zusammenbruch des kommunistischen Herrschaftssystems in K. befürchtete.

■ **Staaten** → Japan → Korea-Süd

Korea-Süd

Ostasien, Karte S. 444, D 2

Staatschef Kim Dae-Jung ernannte im Mai 2000 den früheren Innenminister Lee Han-Dong zum neuen Ministerpräsidenten des Landes.

Innenpolitik: Lee trat die Nachfolge von Park Tae-Joon an, der wegen angeblicher Steuerhinterziehung als Regierungschef zurückgetreten war. Lee ist bereits der dritte Premier der Regierungszeit von Kim (seit Februar 1998). Er ist Chef der Vereinten Liberal-Demokraten (ULD), die im Vorfeld der Parlamentswahlen im April 2000 die zweijährige Koalition mit Präsident Kims Regierungspartei abgebrochen hatten und bei den Wahlen nur 17 ihrer zuvor 50 Parlamentsmandate halten konnten. Das Kabinett hatte sich jedoch um die Fortsetzung der Zusammenarbeit mit der ULD bemüht. Kims regierende Demokratische Millenniumspartei (MDP) verfügte im 273 Sitze zählenden Parlament über keine Mehrheit und war auf Stimmen aus der ULD sowie von einigen Unabhängigen angewiesen. Größte Fraktion war nach den Wahlen die oppositionelle Große Nationalpartei (GNP) mit 133 Sitzen.

Amnestie: Anlässlich des Jahreswechsels verkündete die südkoreanische Regierung im Dezember 1999 eine Amnestie für etwa 1 Mio Menschen. Darunter fielen nicht nur Häftlinge, die aus dem Gefängnis entlassen wurden, sondern auch die Aufhebung von Bewährungsstrafen und die Streichung von Bußgeldern. Von dem Straferlass waren außerdem zwei Langzeithäftlinge betroffen, die wegen Spionage für das kommunistische Nachbarland Nordkorea zu hohen Freiheitsstrafen verurteilt worden waren.

Außenpolitik: Im Juni 2000 trafen sich in Pjöngjang der nordkoreanische Machthaber Kim Jong-Il und der südkoreanische Präsident Kim Dae-Jung zum ersten innerkoreanischen Gipfel seit der Teilung des Landes. Sie unterzeichneten ein Abkommen, das die Spannungen zwischen beiden Staaten verringern sollte und als Grundstein für eine Wiedervereinigung beider Staaten galt. Es sah u.a. eine engere wirtschaftliche Zusammenarbeit und die Erleichterung von Familienzusammenführungen vor. Über 7 Mio Menschen waren 2000 nicht in der Lage, mit Verwandten im anderen Teil des Landes

Korea-Süd Republik Korea		ROK
Landesfläche	99 274 km² (WR 107)	
Einwohner	46,5 Mio (WR 25)	
Hauptstadt	Seoul (11,6 Mio Einwohner)	
Sprache	Koreanisch	
Währung	1 Won (W) = 100 Chon	
Zeit	Mitteleuropäische Zeit +8 h	
Gliederung	9 Provinzen, 6 Stadtregionen	
Politik		
Staatsform	Präsidiale Republik (seit 1948/88)	
Regierungschef	Lee Han-Dong (seit 2000) *1934	
Staatspräsident	Kim Dae-Jung (seit Feb. 1998) *3.12.1925	
Parlament	Nationalversammlung mit 273 für vier Jahre gewählten Mitgliedern; 133 Sitze für Große Nationalpartei, 115 für Demokratische Millenniumspartei, 17 für Vereinte Liberal-Demokraten, 8 für Andere (Wahl von 2000)	
Internet	www.korea.go.kr/ www.assembly.go.kr	
Bevölkerung		
Religion	Buddhisten (27,6%); Christen (24,3%); Konfuzianer (1%); Wonbulgyo (0,3%); Konfessionslose (46%); Sonstige (0,8%)	
Nationalitäten	Koreaner (99,9%), Chinesen (0,1%)	

Wirtschaft und Soziales			
Dienstleistung	65%	Urbanisierung	84%
Industrie	31%	Einwohner/km²	468
Landwirtschaft	4%	Bev.-Wachstum/Jahr	0,95%
BSP/Kopf	8600 $ (1998)	Kindersterblichkeit	1,0%
Inflation	3,8% (1999)	Alphabetisierung	98%
Arbeitslosigkeit	6,3% (1999)	Einwohner pro Arzt	817

Kontakt aufzunehmen. Das Treffen wurde von beiden Seiten als Erfolg und wesentlicher Fortschritt in den bilateralen Beziehungen gewertet.

Kooperation: Präsident Kim hatte schon im Januar 2000 die nordkoreanische Regierung zur engeren Kooperation mit K. aufgefordert. Er schlug die Einrichtung von gemeinschaftlichen Forschungsinstituten vor, die über die Möglichkeiten einer gesamtkoreanischen Wirtschaftsgemeinschaft beraten sollten. Kim war überzeugt, eine politische Öffnung des kommunistischen Nordkorea langfristig nur über ökonomische Anreize erreichen zu können. Seit Kims Amtsübernahme im Februar 1998 wurden 9000 südkoreanische Fachkräfte nach Nordkorea entsandt; 130 südkoreanische Firmen bauten dort Produktionsstätten auf.

Wirtschaft: Die südkoreanische Volkswirtschaft erholte sich 1999 von den Folgen der Asienkrise. Das BIP wuchs um 10,7%, nachdem es 1998 noch um 6,1% zurückgegangen war. Die deutliche Belebung war insbes. auf den starken Anstieg der Brutto-Anlageinvestitionen um 34,2% (1998: −38,5%) und des privaten Konsums um

Korea: Ein Land – zwei Systeme

▶ **Ursprung des Konfliktes:** Die Teilung Koreas war ein Ergebnis des Kalten Krieges und des Gegensatzes zwischen den USA und der Sowjetunion. Nach der Kapitulation Japans, das bis 1945 Korea als Kolonie besetzt hatte, marschierten sowjetische Truppen in den Norden, US-Einheiten in den Süden des Landes ein. Die Grenze zwischen beiden Staaten verlief entlang des 38. Breitengrades. USA und UdSSR betrachteten Korea-Süd bzw. Korea-Nord als ihren jeweiligen Einflussbereich, der im Interesse der nationalen Sicherheit und als Schutz vor einer Ausdehnung des Kommunismus bzw. Kapitalismus gehalten werden musste.

▶ **Koreakrieg:** Nachdem die US-Besatzungstruppen im Juni 1949 Korea-Süd auf einige Militärberater verlassen hatten, häuften sich die Grenzzwischenfälle am 38. Breitengrad. Im Juni 1950 überschritten nordkoreanische Truppen die Demarkationslinie nach Korea-Süd. Der UN-Sicherheitsrat verurteilte Korea-Nord als Aggressor und

beschloss in Abwesenheit der Sowjetunion die Aufstellung einer UN-Streitmacht, in der die USA die militärische Hauptlast trugen und mit General Douglas MacArthur den Oberbefehlshaber stellten. Korea-Nord wurde von China unterstützt, weshalb sich MacArthur während des Krieges sogar für die Ausweitung des Konfliktes auf China aussprach und den Einsatz von Nuklearwaffen forderte. Nach wechselvollem Kriegsverlauf stabilisierte sich die Front in der ersten Hälfte 1951 am 38. Breitengrad. Die UdSSR schlug Friedensverhandlungen vor, die sich mit Unterbrechungen bis 1953 hinzogen. Im Vertrag von Panmunjom wurde die Grenze am 38. Breitengrad endgültig festgelegt. Weitere Friedensgespräche in Genf scheiterten 1954.

▶ **Weiterer Konfliktverlauf:** 1961 schloss Korea-Nord einen Freundschaftsvertrag mit der Sowjetunion, der 1967 als Wirtschafts- und Verteidigungsabkommen erneuert wurde. Trotz anhaltender Spannungen mit

den USA, die Korea-Süd unterstützten, einigten sich beide Staaten 1972 nach Geheimverhandlungen auf eine gemeinsame Erklärung über eine mögliche Wiedervereinigung. 1985 wurde ein Abkommen über Familienzusammenführungen und wirtschaftliche Kooperation unterzeichnet. 1991 traten beide Staaten der UNO bei und schlossen 1992 einen Nichtangriffspakt. Nach dem Zusammenbruch der UdSSR (1991) geriet Korea-Nord in die Isolation. Weil sich das Land weigerte, seine Nuklearanlagen inspizieren zu lassen, kam es zu schweren Auseinandersetzungen mit Korea-Süd, USA und Japan. 1994 verpflichtete sich Korea-Nord, sein Atomprogramm einzufrieren. Im Dezember 1997 begannen in Genf Friedensverhandlungen zwischen beiden koreanischen Staaten, an denen auch die USA und China teilnahmen. Doch wurden sie wegen Differenzen über die Gestaltung eines Friedensvertrages mehrfach vertagt.

8,2% (1998: –9,6%) zurückzuführen. Die Arbeitslosigkeit, die 1998 noch 7,3% betragen hatte, fiel auf 6,3%. Die Inflation ging von 7,5% auf 3,8% zurück, was u. a. an der Senkung der Stückkosten in der Industrie

um 14% lag. Dies wurde als Zeichen für die gelungene Umstrukturierung der südkoreanischen Unternehmen gewertet. 1999 kam es in K. zu 237 Fusionen und Übernahmen im Wert von 19,4 Mrd US-Dollar.

Kroatien Republik Kroatien		HR
Landesfläche	56 538 km² (WR 123)	
Einwohner	4,5 Mio (WR 112)	
Hauptstadt	Zagreb (981 000 Einwohner)	
Sprache	Kroatisch	
Währung	1 Kuna (K) = 100 Lipa	
Zeit	Mitteleuropäische Zeit	
Gliederung	20 Provinzen, Hauptstadtregion	
Politik		
Staatsform	Republik (seit 1991)	
Regierungschef	Ivica Racan (seit 2000) *24.4.1943	
Staatspräsident	Stipe Mesic (seit 2000) *24.12.1934	
Parlament	Sabor mit 151 Abgeordneten; 40 Sitze für Demokrat. Gemeinschaft (HDZ), 44 für Sozialdemokrat. Partei (SDP), 24 für Sozialliberale (HSLS), 43 für Andere (Wahl: 2000)	
Bevölkerung		
Religion	Katholiken (76,5%); Serbisch-Orthodoxe (11,1%); Protestanten (1,4%); Muslime (1,2%); Sonstige (9,8%)	
Nationalitäten	Kroaten (78,1%); Serben (12,2%); Bosnier (0,9%); Slowenen (0,5%); Ungarn (0,5%); Sonstige (7,8%)	
Wirtschaft und Soziales		
Dienstleistung	58,5%	**Urbanisierung**	57%
Industrie	30,1%	**Einwohner/km²**	80
Landwirtschaft	11,4%	**Bev.-Wachstum/Jahr**	–0,1%
BSP/Kopf	4620 $ (1998)	**Kindersterblichkeit**	1,0%
Inflation	3,5% (1999)	**Alphabetisierung**	97,7%
Arbeitslosigkeit	20% (1999)	**Einwohner pro Arzt**	356

Kroatien
Europa, Karte S. 437, D 6

Im Dezember 1999 starb der kroatische Präsident Franjo Tudjman im Alter von 77 Jahren. Sein Nachfolger wurde im Februar 2000 Stipe Mesic von der Volkspartei HNS. Er setzte sich in einer Stichwahl mit 56,2% der Stimmen gegen seinen Konkurrenten Drazen Budisa von der Sozialliberalen Partei HSLS (43,8%) durch.

Innenpolitik: Mesic kündigte an, in seiner fünfjährigen Amtszeit das Land weiter zu demokratisieren und die Pläne zum Beitritt K.s zur EU und zur NATO so schnell wie möglich zu realisieren. Die bis dahin weit reichenden Machtbefugnisse des Staatsoberhauptes sollten eingeschränkt werden. In der ersten Runde der Präsidentenwahl im Januar 2000 hatte keiner der anfangs neun Bewerber die absolute Mehrheit erreicht, für Mesic hatten 42% der Wähler gestimmt. Mesic und sein Konkurrent Budisa hatten im Wahlkampf die Abkehr von der nationalistischen Politik des verstorbenen konservativen Präsidenten Franjo Tudjman angekündigt, um K. enger an Westeuropa zu binden.

Parlamentswahlen: Bei den Parlamentswahlen im Januar 2000 siegte das oppositionelle Wahlbündnis der Sozialdemokratischen Partei (SDP) und der HSLS, das 41% der Stimmen und zusammen mit zwei weiteren kleinen Parteien 71 von 150 Mandaten erhielt. Die bis 1999 unter ihrem Vorsitzenden Tudjman regierende Kroatische Demokratische Gemeinschaft (HDZ) erreichte 28% und 40 Sitze. Bei den Parlamentswahlen von 1995 hatte die HDZ noch 44% der Stimmen und 75 Mandate erhalten. Zur Wahl standen mehr als 4000 Kandidaten von 35 Parteien und 15 Parteikoalitionen. Neuer Regierungschef von K. wurde Ivica Racan, der einem Kabinett aus 22 Ministern von sechs Parteien vorsteht.

Auslieferung: Im März 2000 lieferte K. den wegen Verbrechen im Bosnien-Krieg angeklagten Mladen Naletilic an das UN-Kriegsverbrechertribunal in Den Haag (Niederlande) aus. Die Aktion war wegen einiger Einsprüche und aufgrund des schlechten Gesundheitszustandes des Angeklagten mehrfach verzögert worden. Naletilic war während des Krieges in Bosnien-Herzegowina Kommandant eines Strafbataillons der Miliz der bosnischen Kroaten.

Außenpolitik: Im Februar 2000 sicherte die US-amerikanische Außenministerin Madeleine Albright bei einem Besuch in Zagreb der neuen kroatischen Regierung weit reichende Unterstützung der USA beim wirtschaftlichen Aufbau des Landes zu. Die finanziellen Hilfen Washingtons für K. wurden für 2000 von 12 Mio auf 20 Mio US-Dollar erhöht. Albright äußerte die Überzeugung, dass K. zu einem bedeutenden strategischen Partner der Vereinigten Staaten in der Region werden könne. Während der Regierungszeit von Tudjman (1990–99) hatten sich die US-amerikanisch-kroatischen Beziehungen verschärft. Die USA erwogen mehrfach die Verhängung von Sanktionen, weil Tudjman eine großkroatische Bosnienpolitik betrieb, die Zusammenarbeit mit dem Haager Kriegsverbrechertribunal verweigerte und einen undemokratischen Regierungsstil pflegte.

NATO und EU: Im Mai 2000 nahm die NATO K. in ihr Programm Partnerschaft für den Frieden auf. Außerdem kündigte der kroatische Außenminister Tonino Picula an, einen Antrag auf Mitgliedschaft in die NATO zu stellen. Der Beitritt K.s zum Programm Partnerschaft für den Frieden wurde als historisches Zeichen der Annäherung des Landes an den Westen gewertet. Es beinhaltet u. a. gemeinsame Verteidigungsplanung, Ausbildung, Manöver für humanitäre Einsätze sowie den Austausch von Militärpersonal. Im Juli 2000 bat die EU-Kommission den Außenministerrat der EU um ein Mandat für die Aufnahme von Assoziierungsverhandlungen mit K. Der Assoziierungsstatus sieht engere politische und wirtschaftliche Beziehungen zur EU vor und gilt als erster Schritt auf dem Weg zur Mitgliedschaft in der EU.

Wirtschaft: Infolge des Kosovo-Krieges fiel die kroatische Volkswirtschaft 1999 in eine Rezession. Das BIP sank um 1,5%, nachdem es 1998 noch um 4% gestiegen war. Die Industrieproduktion brach in vielen Bereichen vollständig zusammen. In der Bürogerätebranche ging sie im Vergleich zu 1998 um 28,7%, im Maschinenbau um 17,8%, in der Metallindustrie um 15,1% zurück. Größere Zuwächse verzeichneten lediglich die Papierindustrie (+22%), der Schiffsbau (+11,8%) und die Tabakindustrie (+9,9%). Der Wert der Ausfuhren kroatischer Güter ging 1999 um 5,7% zurück. Die wichtigsten Abnehmerländer waren Italien (Anteil von 18%), Deutschland (17,5%) und Bosnien-Herzegowina (12,8%). Die Arbeitslosenquote stieg 1999 von 17,6% auf 20,0%. Fortschritte gab es bei der Bekämpfung der Inflation, die aufgrund niedriger Lohnzuwächse von 6% auf 3,5% fiel.

Perspektiven: Für 2000 rechnete die kroatische Regierung mit einer deutlichen Erholung der Konjunktur, weil die Auslandsinvestitionen insbes. aus Deutschland 1999 zunahmen. So gab die Deutsche Telekom im Oktober 1999 den Einstieg bei der staatlichen Hrvatske Telekomunikacije (HT) bekannt, wo sie der 35% des Kapitals für 1,55 Mrd DM erwarb. Die Deutsche Allianz übernahm für 20 Mio DM 5% der Zagrebacka Banka, der größten Geschäftsbank von K. Die Weltbank transferierte K. 800 Mio US-Dollar für die Finanzierung des Strukturwandels. Durch die Belebung der Konjunktur wird 2000 voraussichtlich die Inflation moderat auf 4% steigen. Bei der Arbeitslosgkeit wurde mit einem leichten Rückgang auf 18,3% gerechnet.

537

Kuba

Mittelamerika, Karte S. 440, C 3

Im November 1999 verschlechterten sich zunächst die Beziehungen zwischen den USA und K. wegen des Streits über die Zukunft des sechsjährigen kubanischen Flüchtlingsjungen Elian.

Außenpolitik: Elian wurde am 25.11.1999 nach einem Fluchtversuch, bei dem seine Mutter ertrank, vor der Küste Floridas aus dem Meer gerettet und in die USA gebracht. Der Vater, der auf K. zurückgeblieben war, forderte mit Unterstützung der kubanischen Regierung die Rückkehr Elians, während seine in den USA lebenden Verwandten sich für den Verbleib des Jungen einsetzten. Ein US-Gericht entschied im Frühjahr 2000, dass Elian seinem Vater übergeben werden müsse. Daraufhin stürmten maskierte und bewaffnete Beamte der US-Einwanderungsbehörde im April 2000 das Haus von Elians Verwandten in Miami und holten den Jungen. In einer Sondermaschine wurde er zu seinem Vater nach Washington geflogen, der aus K. angereist war. Bei einem Berufungsgericht in Atlanta/Georgia legten Elians exilkubanische Verwandten Widerspruch gegen die Entscheidung des Gerichtes ein. Sie wollten, dass der Sechsjährige politisches Asyl in den USA erhält. Im Juni 2000 lehnte das Gericht diesen Antrag ab. Daraufhin musste er wieder nach K. zurückkehren. Der Fall belastete die US-amerikanisch-kubanischen Beziehungen, weil regelmäßig zehntausende Menschen in Havanna gegen die USA und Exilkubaner in den Vereinigten Staaten gegen das sozialistische Regime des seit 1959 regierenden Fidel Castro demonstrierten.

Lockerung der Sanktionen: Im Dezember 1999 wurde mit einem Direktflug von New York nach Havanna das seit Anfang der 1960er Jahre bestehende Handelsembargo der USA gegen K. gelockert. Vorher war der Transfer von den USA nach K. nur über Mexiko oder die Bahamas möglich. Bei Reisen nach K. dürfen US-amerikanische Bürger aber weiterhin nur unter Auflagen Geld ausgeben. Die US-Regierung erwog Mitte 2000 die Wiederaufnahme von Lebensmittel- und Medikamentenlieferungen nach K., um die schwierige wirtschaftliche Lage der Bevölkerung in K. zu lindern.

Menschenrechte: Die UN-Kommission für die Einhaltung der Menschenrechte verurteilte K. im April 2000 wegen der Verletzung fundamentaler Freiheiten. 21 Nationen sprachen sich für den von Tschechien und Polen gemeinsam eingebrachten Resolutionstext aus, 18 stimmten dagegen, 14 enthielten sich. In der Resolution wird die Freilassung von Dissidenten gefordert, welche auf friedliche Weise politische, religiöse oder soziale Ansichten äußerten. Die kubanische Regierung solle das Gespräch mit der Opposition aufnehmen und mit der UN-Menschenrechtskommission kooperieren. Sie möchte Sonderberichterstatter nach K. entsenden, welche die dortige Lage der Menschenrechte untersuchen sollen.

Innenpolitik: Im Februar 2000 billigte das kubanische Parlament Gesetzesvorlagen der Regierung, die eine Verschärfung des Strafrechts vorsehen. Für Besitz, Produktion und Handel von Drogen sowie für Kinderhändler wird die Todesstrafe eingeführt. Bandenkriminalität und Gewaltverbrechen können mit lebenslanger Haft bestraft werden. Aktivitäten, die als staatsschädigend betrachtet werden bzw. US-amerikanischen Interessen dienen, werden mit bis zu 30 Jahren Haft

Kuba Republik Kuba		C
Landesfläche	110.861 km² (WR 103)	
Einwohner	11,2 Mio (WR 66)	
Hauptstadt	Havanna (2,2 Mio Einwohner)	
Sprache	Spanisch	
Währung	1 Kubanischer Peso (Kub$) = 100 Centavos	
Zeit	Mitteleuropäische Zeit –6 h	
Gliederung	14 Provinzen	
Politik		
Staatsform	Sozialistische Republik (seit 1959)	
Regierungschef	Fidel Castro Ruz (seit 1959) *13.8.1927	
Staatspräsident	Fidel Castro Ruz (seit 1959) *13.8.1927	
Parlament	Nationalversammlung mit 601 für fünf Jahre gewählten Abgeordneten; sämtliche Sitze für die Einheitspartei PSCC (Kommunistische Partei Kubas; Wahl von 1998)	
Internet	www.cubaweb.cu	
Bevölkerung		
Religion	Christen (42,9%): Katholiken 39,6%, Protestanten 3,3%; Sonstige (2%); Konfessionslose (55,1%)	
Ethn. Gruppen	Weiße (70%); Schwarze (12,5%); Mulatten (17,5%)	

Wirtschaft und Soziales			
Dienstleistung	31,5%	**Urbanisierung**	76%
Industrie	52,6%	**Einwohner/km²**	101
Landwirtschaft	15,9%	**Bev.-Wachstum/Jahr**	0,4%
BSP/Kopf	k.A.	**Kindersterblichkeit**	0,9%
Inflation	2,9% (1997)	**Alphabetisierung**	95,9%
Arbeitslosigkeit	k.A.	**Einwohner pro Arzt**	231

Kuba: Das schwierige Verhältnis zu den USA

▶ **Ursprung des Konfliktes:** Ende des 19. Jh. verstärkte sich das Interesse der USA an K. In den 1890er Jahren entwickelte sich ein lebhafter US-amerikanisch-kubanischer Handel, der insgesamt rund 100 Mio US-Dollar jährlich umfasste. Außerdem wuchs die geostrategische Bedeutung K.s für die USA: Der Besitz der Karibikinsel sicherte nach US-Auffassung die Kontrolle über die Schwelle des sich damals im Bau befindlichen Panamakanals sowie den gesamten US-Einfluss in der Karibik und in Lateinamerika. Daher unterstützten die USA in den 1890er Jahren die kubanische Unabhängigkeitsbewegung gegen Spanien und erklärten 1898 aus alten Kolonialmacht den Krieg, weil Spanien es nicht gelang, die Unruhen auf K. wirksam zu bekämpfen, und sich weigerte, K. zu verlassen. Nach dem Sieg über Spanien besetzten die USA 1899 K. Zwar verließen sie 1902 die Insel, doch zuvor hatten sie K. das sog. Platt-Amendment aufgezwungen, das in die kubanische Verfassung von 1901 aufgenommen wurde.

Die Bestimmung räumte den USA ein jederzeitiges Interventionsrecht auf K. ein.
▶ **Konfliktverlauf:** Von dem Interventionsrecht machten die USA zur Niederschlagung von innenpolitischen Unruhen auf K. bis 1920 mehrfach Gebrauch. Nach einem Militärputsch gegen den autoritär regierenden Präsidenten Gerardo Machado y Morales stieg der Oberbefehlshaber der Armee, Fulgencio Batista y Zaldivar, ab 1933 zum starken Mann von K. auf. 1940 wurde Batista Präsident und errichtete eine von den USA unterstützte Militärdiktatur. 1956 begann Fidel Castro den Guerillakrieg gegen das Batista-Regime. Dabei kämpfte er nicht nur für die Einführung des Sozialismus, sondern auch gegen die USA, die K. nach seiner Auffassung in allen Bereichen ausbeuteten. 1959 stürzten Castros Revolutionäre Batista, der in die USA fliehen musste. Der US-Geheimdienst CIA begann, das Castro-Regime zu bekämpfen, und startete 1961 eine (gescheiterte) Invasion von Exil-Kubanern in der Schweinebucht. Castro lehnte sich außen-

politisch an die UdSSR an und genehmigte 1962 die Stationierung sowjetischer Raketen auf K., wodurch die Welt an den Rand eines atomaren Krieges geführt wurde. Die Sowjetunion zog zwar nach einem Ultimatum der USA die Raketen wieder ab, doch die Beziehungen zwischen K. und den USA verschlechterten sich weiter. Die USA sahen in der Existenz eines sozialistischen Regimes etwa 180 km vom US-Territorium entfernt eine Gefahr für die innere Sicherheit. 1962 verhängten sie ein umfassendes Handelsembargo gegen K., mit dem das Castro-Regime geschwächt werden sollte. 1974 wurde das Embargo zwar gelockert, doch das militärische Engagement K.s in Angola (1977) belastete wieder das bilaterale Verhältnis. Schrittweise wurden die Handelssanktionen bis in die 1990er Jahre verschärft. Die Lockerung der Sanktionen 1999 ist das Ergebnis der wachsenden Kritik an den Maßnahmen, die das Castro-Regime nicht wesentlich geschwächt, die Bevölkerung allerdings schwer getroffen haben.

---

geahndet. Staatspräsident Castro begründete die Verschärfung der Strafen mit der Notwendigkeit, die kubanische Revolution zu schützen.
Wirtschaft: Die kubanische Volkswirtschaft litt 1999 u.a. unter den gestiegenen Preisen für Energie und sinkenden Erlösen aus der Zuckerproduktion, die zu einem Devisenverlust von 40 Mio US-Dollar beitrugen. Dennoch stieg das BIP 1999 um 6% (1998: 2%), was auf die Hochkonjunktur im Tourismussektor sowie Investitionen ausländischer Firmen in Joint-Ventures mit dem kubanischen Staat zurückgeführt wurde. Ausländische Unternehmen engagierten sich 1999 insbes. in der Erdölproduktion, die von der kubanischen Regierung gefördert wurde, um die Abhängigkeit von teuren Energieimporten zu verringern. 1992–99 vervierfachte K. die Erdölförderung auf 50 000 Barrel täglich. Bis Ende 2001 sollten 72% des kubanischen Energiebedarfs aus heimischen Rohstoffquellen gedeckt werden.
Umschuldung: Im Mai 2000 gewährte Deutschland K. bei der Rückzahlung von Schulden zahlreiche Erleichterungen. Beide Staaten unterzeichneten ein Umschuldungsabkommen mit einem Umfang von etwa 230 Mio DM. Danach hat K. bis zu 21 Jahre Zeit, um seine Verbindlichkeiten zu begleichen.

Wirtschaftsstruktur: Seit dem Zusammenbruch des Ostblocks (1989/90) ist K. eines der letzten staatssozialistischen Länder der Welt. Misswirtschaft, Korruption, der Wegfall ökonomischer Unterstützung nach Auflösung der Sowjetunion (1991) und das US-amerikanische Wirtschaftsembargo riefen eine wirtschaftliche Dauerkrise hervor (kontinuierlicher Rückgang der Produktionsziffern seit 1990). Der insbes. aus ideologischen Gründen seit 1960 stark ausgebaute Industriesektor (BIP-Anteil: 52,6%) hat die Landwirtschaft als wichtigsten Wirtschaftszweig abgelöst. 1999 überwogen Fabriken zur Verarbeitung landwirtschaftlicher Produkte. Darüber hinaus wurde in größerem Umfang Kunstdünger hergestellt. Im Agrarsektor wurden neben Zuckerrohr Tabak, Zitrusfrüchten und Bananen überwiegend für den Export, Kartoffeln, Reis, Bohnen und Hirse hingegen für den Eigenbedarf angebaut. Der einzige Sektor, der seit den 90er Jahren kontinuierliche Zuwachsraten verzeichnete, war der Tourismus, der auch in den nächsten Jahren durch den Bau neuer Ferienanlagen und Investitionen in die touristische Infrastruktur gezielt gefördert werden soll. Das Gesundheitswesen wurde auf K. derart stark ausgebaut, dass es mittlerweile auch international hohes Ansehen genießt und sich allmählich zu einer wichtigen Devisenquelle entwickelt.

Kuwait
Nahost, Karte S. 442, D 3

Gewaltsame Zusammenstöße zwischen ägyptischen Gastarbeitern und kuwaitischen Sicherheitskräften lösten im November 1999 in der Regierung eine Auseinandersetzung um den illegalen Handel mit ausländischen Arbeitskräften aus.

Innenpolitik: Ein Streit zwischen einem Ägypter und einem bengalischen Verkäufer in Kheitan war Ausgangspunkt einer zweitägigen Straßenschlacht, an der sich etwa 5000 Ägypter und 1000 kuwaitische Sicherheitskräfte beteiligten. Bei den Zusammenstößen wurden rund 100 Menschen verletzt und 3000 verhaftet. In einer anschließenden Parlamentsdebatte forderte der stellv. Regierungschef und Außenminister Sabah al-Ahmad, den Zustand der Sklaverei von Gastarbeitern in K. zu beenden und Schlepperbanden stärker zu bekämpfen. In K. wurden jährlich Zehntausende von Ausländern, meistens aus Ägypten, über Agenten für hohe Geldsummen nach K. gebracht, wo sie unter ärmlichsten Bedingungen ihren Lebensunterhalt zu verdienen versuchten. Fast zwei Drittel der Einwohner in K. waren um 2000 ausländische Arbeitskräfte. Regierungsmitglieder und hohe Beamte standen im Verdacht, mit den Schlepperbanden zu kollaborieren und gegen Geld Einreise- und Arbeitsbewilligungen zu verteilen.

Frauenwahlrecht: Das kuwaitische Parlament lehnte im November 1999 mit knapper Mehrheit eine Gesetzesvorlage ab, durch die das Stimm- und Wahlrecht für Frauen eingeführt werden sollte. Eine Allianz von sunnitischen Islamisten und konservativen Stammespolitikern brachte 32 Stimmen gegen die Vorlage zusammen, während die Minister der Regierung und ein Bündnis von Liberalen, Schiiten und Unabhängigen mit nur 30 Stimmen für die Vorlage votierten. Das Gesetz war von der Regierung ins Parlament eingebracht worden. Eine Woche vor der Abstimmung hatte die Nationalversammlung bereits ein Dekret des Emirs Scheich Jabir al-Ahmad as-Sabah für das Frauenwahlrecht aufgehoben, das im Mai 1999 in Abwesenheit des Parlaments erlassen worden war. Der Emir hatte den Frauen von K. das Wahlrecht bereits während der Besatzung durch den Irak 1990/91 versprochen. Damals hatten sich Frauen an die Spitze des Widerstands gegen die irakische Armee gesetzt.

Wirtschaft: Internationale Wirtschafts- und Finanzinstitute kritisierten 2000 die mangelhafte Bereitschaft des kuwaitischen Parlaments zu durchgreifenden Wirtschaftsreformen. Sie sollten die Abhängigkeit der kuwaitischen Volkswirtschaft vom Erdöl verringern. Die Nationalversammlung wehrte sich insbes. gegen die Öffnung der Wirtschaft für Auslandsinvestitionen und gegen die Privatisierung von Staatsunternehmen. Die Reformbereitschaft wurde u. a. durch die Erholung der Ölpreise in der zweiten Jahreshälfte 1999 verringert. Dadurch stiegen die Einnahmen aus dem Ölexport um 50% gegenüber dem ersten Halbjahr 1999. Das BIP erhöhte sich 1999 um 12%, nachdem es im Vorjahr noch um 16,3% eingebrochen war.

Landwirtschaft: 8% der Gesamtfläche von K. waren Ende der 1990er Jahre landwirtschaftlich nutzbar; kultiviert wurden mithilfe künstlicher Bewässerung 0,2%. Das vor dem Golfkrieg erreichte Niveau bei der Eigenversorgung mit Nahrungsmitteln von 35% wurde bis 1999 nicht wieder erreicht.

Kuwait Staat Kuwait		KWT
Landesfläche	17 818 km² (WR 152)	
Einwohner	1,9 Mio (WR 142)	
Hauptstadt	Kuwait-Stadt (193 000 Einw.)	
Sprachen	Arabisch, Englisch	
Währung	1 Kuwait-Dinar (KD) = 1000 Fils	
Zeit	Mitteleuropäische Zeit +2 h	
Gliederung	5 Provinzen, 10 Verwaltungsbezirke	
Politik		
Staatsform	Emirat	
Regierungschef	Saad al-Abdallah as-Sabah (seit 1978) *1930	
Staatsoberhaupt	Jabir al-Ahmad al-Jabir as-Sabah (seit 1978) *25.6.1926	
Parlament	Nationalversammlung mit 50 für vier Jahre gewählten Abgeordneten; 30 Sitze für Anhänger des Emirs, 16 für Islamisten, 4 für Liberale; keine Parteien (Wahl von 1996)	
Internet	www.kuwait-info.org	
Bevölkerung		
Religion	Sunniten (45%); Schiiten (30%); Sonstige (25%)	
Nationalitäten	Kuwaitis (41,1%); Ausländer (58,9%)	
Wirtschaft und Soziales		
Dienstleistung	46,4%	**Urbanisierung**	97%
Industrie	53,2%	**Einwohner/km²**	107
Landwirtschaft	0,4%	**Bev.-Wachstum/Jahr**	3,1%
BSP/Kopf	19 000 $ (1998)	**Kindersterblichkeit**	1,2%
Inflation	k.A.	**Alphabetisierung**	ca. 80%
Arbeitslosigkeit	k.A.	**Einwohner pro Arzt**	515

Laos

Ostasien, Karte S. 444, B 4

L. litt 1999 unter den Kürzungen von Krediten internationaler Wirtschafts- und Finanzorganisationen. Die Weltbank z. B. verringerte ihre Zahlungen an L. um die Hälfte auf 25 Mio US-Dollar und forderte von der kommunistischen Regierung, tief greifende Reformen einzuleiten und die gesamte Volkswirtschaft zu liberalisieren. Die staatlichen Unternehmen erreichten 1999 etwa 80% der Produktivität vietnamesischer und rund 70% der Leistung chinesischer Betriebe. Die Regierung konzentrierte sich bei ihren Investitionen auf die Umgebung der Hauptstadt Vientiane, so dass dort das BIP um rund 13% stieg (fast dreimal so schnell wie im Landesdurchschnitt). Das Wirtschaftswachstum von 4,5% galt als viel zu gering, um die Armut der Bevölkerung zu beseitigen. Ein wesentlicher Grund für die Verarmung der Menschen war die hohe Inflation, die im Frühjahr 1999 noch 167% betrug. Insgesamt büßten die Arbeiter in L. innerhalb eines Jahres mehr als 80% an Kaufkraft ein.

Laos Laotische Demokratische Volksrep.	LAO	
Landesfläche	236 800 km² (WR 80)	
Einwohner	5,3 Mio (WR 105)	
Hauptstadt	Vientiane (534 000 Einwohner)	
Sprachen	Lao, Franz., Engl., Chinesisch	
Währung	1 Kip (K) = 100 AT	
Zeit	Mitteleuropäische Zeit +6 h	
Gliederung	16 Provinzen	
Politik		
Staatsform	Volksrepublik (seit 1975/91)	
Regierungschef	Sisavat Keobounphan (seit 1998) *1.5.1928	
Staatspräsident	Khamtay Siphandone (seit Feb. 1998) *8.2.1924	
Parlament	Nationalversammlung mit 99 für fünf Jahre gewählten Abgeordneten; 98 Sitze für die kommunistische PPPL, 1 Sitz für einen Unabhängigen (Wahl von 1997)	
Internet	www.laoembassy.com	
Bevölkerung		
Religion	Buddhisten (58%); Naturreligionen (34%); Sonstige (8%)	
Ethn. Gruppen	Laoten (67%); Mon-Khmer (16,5%); Thai (7,8%); Miao und Man (5,2%); Sonstige (3,5%)	
Wirtschaft und Soziales		
Dienstleistung	27%	Urbanisierung	26%
Industrie	18%	Einwohner/km²	22
Landwirtschaft	55%	Bev.-Wachstum/Jahr	2,6%
BSP/Kopf	320 $ (1998)	Kindersterblichkeit	9,3%
Inflation	ca. 50% (1999)	Alphabetisierung	58,6%
Arbeitslosigkeit	ca. 20% (1999)	Einwohner pro Arzt	k.A.

Lesotho

Afrika, Karte S. 441, D 7

Im Mai 2000 zog Südafrika seine letzten Truppen aus L. ab. Sie waren 1998 auf Bitten der Regierung von L. in das von Südafrika umgebene Königreich einmarschiert, um Unruhen, eine Armeemeuterei und einen Putschversuch niederzuschlagen. Die Regierung von L. beschuldigte im November 1999 acht internationale Firmen im Zusammenhang mit dem Bau des Lesotho-Hochland-Wasser-Projekts. Sie sollten den für das Projekt zuständigen Regierungsvertreter bestochen haben, um an Aufträge zu gelangen. Der Beamte war bereits im Oktober 1999 von einem Gericht in L. wegen Bestechlichkeit zur Rückzahlung von etwa 1,5 Mio US-Dollar verurteilt worden. Das Lesotho-Hochland-Wasser-Projekt soll die industrialisierte südafrikanische Region um Johannesburg mit Wasser versorgen und L. von südafrikanischen Energielieferungen unabhängig machen. Nach seiner Fertigstellung (etwa 2025) soll das Projekt L. jährlich 60 Mio US-Dollar an Einnahmen bringen.

Lesotho Königreich Lesotho	LS	
Landesfläche	30 355 km² (WR 137)	
Einwohner	2,1 Mio (WR 138)	
Hauptstadt	Maseru (150 000 Einwohner)	
Sprachen	Englisch, Sotho	
Währung	1 Loti (M) = 100 Lisente	
Zeit	Mitteleuropäische Zeit +1 h	
Gliederung	10 Distrikte	
Politik		
Staatsform	Konstitutionelle Monarchie (seit 1966)	
Regierungschef	Pakalitha Mosisili (seit 1998) *14.3.1945	
Staatsoberhaupt	König Letsie III (seit März 1996) *17.7.1963	
Parlament	Nationalversammlung mit 80 für fünf Jahre gewählten Abgeordneten und Senat mit 33 ernannten Mitgliedern; in der Nationalversammlung 78 Sitze für Lesotho Congress for Democracy (LCD), 2 für Andere (Wahl vom Mai 1998)	
Internet	www.un.int/lesotho	
Bevölkerung		
Religion	Christen (93%): Katholiken 42,8%, Protestanten 29,1%, Andere 21,1%; Traditionelle Religionen (7%)	
Nationalitäten	Basotho (85%); Zulu (15%)	
Wirtschaft und Soziales		
Dienstleistung	53%	Urbanisierung	26%
Industrie	35,7%	Einwohner/km²	69
Landwirtschaft	11,3%	Bev.-Wachstum/Jahr	2,2%
BSP/Kopf	570 $ (1998)	Kindersterblichkeit	9,3%
Inflation	k.A.	Alphabetisierung	82,3%
Arbeitslosigkeit	k.A.	Einwohner pro Arzt	14 306

Lettland

Europa, Karte S. 437, E 4

Die seit der Unabhängigkeit von L. (1991) angespannten Beziehungen zu Russland verschlechterten sich 1999/2000 weiter. Im April 2000 trat der lettische Ministerpräsident Andris Skele nach einem Streit mit seinen beiden Koalitionspartnern nach nur neun Monaten Amtszeit zurück.

Innenpolitik: Die liberal-konservative Partei Lettlands Weg sowie die rechtsgerichtete Union für Vaterland und Freiheit hatten Skele ihre weitere Unterstützung verweigert. Der Konflikt in der Dreierkoalition mit Skeles Volkspartei war wenige Tage zuvor nach der Entlassung von Wirtschaftsminister Wladimir Makarows (Vaterland-Partei) ausgebrochen. Anlass seiner Entlassung war ein Streit um die Führung der Privatisierungsbehörde, in dem Makarows deren Chef Janis Naglis entmachtet hatte. Die Union für Vaterland und Freiheit hatte vergeblich verlangt, Makarows wieder einzusetzen. Die Partei stellt 16 der 100 Parlamentssitze, Lettlands Weg 21 und Skeles Volkspartei 24. Beide Gruppierungen erklärten sich jedoch bereit, wieder eine Koalitionsregierung in gleicher Zusammensetzung zu bilden. Sie einigten sich auf Andris Berzins als Nachfolger von Skele.

Machtkampf: Im Februar 2000 warf der Chef eines parlamentarischen Untersuchungsausschusses, der sozialdemokratische Oppositionspolitiker Janis Adamsons, u. a. Ministerpräsident Skele, Justizminister Valdis Birkavs und dem Chef der lettischen Steuerbehörde, Andrejs Sonciks, vor, in einen Skandal um Kinderprostitution verwickelt sein. Adamson konnte aber weder Beweise noch konkrete Angaben liefern, wie sich die Politiker schuldig gemacht haben sollten. Adamson selbst war in L. umstritten und wurde verdächtigt, während der sowjetischen Okkupation des Landes Mitarbeiter des KGB gewesen zu sein. Ministerpräsident Skele behauptete, dass sich hinter den Anschuldigungen Russland verberge. Die russische Führung wolle L. destabilisieren, weil es sich der NATO und der EU zuwende. Justizminister Birkav trat wegen der gegen ihn erhobenen Vorwürfe zwischenzeitlich in einen Hungerstreik.

Außenpolitik: Im Januar 2000 bezeichnete Ministerpräsident Skele den russischen Feldzug in der Kaukasusregion Tschetschenien als Völkermord. Die russische Regierung warf L. Missachtung von Menschenrechten und Unterstützung von Terroristen vor. Anlass für die Kritik aus Moskau war die Ausweisung eines mutmaßlichen lettischen Kriegsverbrechers aus Großbritannien nach Australien. Russland beschuldigte L. der Passivität, weil es nicht die Auslieferung des Kriegsverbrechers beantragt hatte, der für die Ermordung zehntausender Juden während des Zweiten Weltkriegs mitverantwortlich sein sollte.

Wirtschaft: Die lettische Wirtschaft litt 1999 noch unter den Folgen der russischen Finanzkrise, durch die ein bedeutender Markt für die lettischen Exportunternehmen verloren gegangen war. Das BIP sank um 2%, nachdem es 1998 noch um 5% gestiegen war. Infolge sinkender Staatseinnahmen und erhöhter Sozialausgaben nahm das Budgetdefizit 1999 auf 6% des BIP zu. Es sollte aber bis Ende 2000 durch Einsparungen auf 3,5% des BIP gesenkt werden. Zu den Sparmaßnahmen gehörte u. a. die schrittweise Erhöhung des Rentenalters von 60 Jahren (Männer) bzw. 57,5 Jahren (Frauen) auf 62 Jahre.

Lettland Republik Lettland		LV
Landesfläche	64 600 km² (WR 121)	
Einwohner	2,4 Mio (WR 136)	
Hauptstadt	Riga (921 000 Einwohner)	
Sprachen	Lettisch, Russisch	
Währung	1 Lats = 100 Santims	
Zeit	Mitteleuropäische Zeit +1 h	
Gliederung	7 Stadtbezirke, 26 Landbezirke	
Politik		
Staatsform	Parlamentarische Republik (seit 1918)	
Regierungschef	Andris Berzins (seit 2000) *4.8.1951	
Staatspräsident	Vaira Vike-Freiberga (seit 1999) *1.12.1937	
Parlament	Seimas mit 100 für drei Jahre gewählten Abgeordneten; 24 Sitze für Konservative, 21 für Lettlands Weg, 17 für Nationalkonservative, 16 für Fortschrittspartei, 14 für Sozialdemokraten, 8 für JP (Wahl vom Oktober 1998)	
Internet	www.saeima.lv www.mfa.gov.lv	
Bevölkerung		
Religion	Luth. (38%); Kath. (35%); Russ.-Orth. (15%); Sonst. (12%)	
Nationalitäten	Lett. (54,8%); Russ. (32,8%); Weißruss. (4%); Sonst. (8,4%)	
Wirtschaft und Soziales		

Dienstleistung	58,2%	**Urbanisierung**	74%
Industrie	32,7%	**Einwohner/km²**	37
Landwirtschaft	9,1%	**Bev.-Wachstum/Jahr**	1,9%
BSP/Kopf	2420 $ (1998)	**Kindersterblichkeit**	−1,5%
Inflation	2,4% (1999)	**Alphabetisierung**	99%
Arbeitslosigkeit	9,1% (1999)	**Einwohner pro Arzt**	280

Libanon

Nahost, Karte S. 442, B 2

Seit Ende des libanesischen Bürgerkrieges (1991) vergab der damals gegründete Rat für Entwicklung und Wiederaufbau (CDR) insgesamt 1814 Aufträge mit einem Volumen von 5,5 Mrd US-Dollar für die Restrukturierung des L. Bis Ende 1999 wurden 1304 Projekte für 1,8 Mrd US-Dollar abgeschlossen. Schwerpunkte des Programms waren die Elektrizitätsversorgung mit Investitionen von 1,4 Mrd US-Dollar, Telekommunikation (797 Mio US-Dollar), Häfen und Flughäfen (667 Mio US-Dollar) sowie die Beseitigung von Festmüll (665 Mio US-Dollar). Als wichtigste Geldgeber zahlten die multilateralen arabischen Institutionen AFESD 509 Mio US-Dollar und KFAED 253 Mio US-Dollar. Die Weltbank sagte Finanzierungen von 685 Mio US-Dollar zu, Deutschland trug 113 Mio US-Dollar für den Wiederaufbau des L. bei. Die CDR kündigte im April 2000 an, bis 2005 das Gesundheits- und Erziehungswesen sowie den sozialen Wohnungsbau zu fördern.

Staaten → Israel

Libanon Republik Libanon			RL
Landesfläche	10 400 km² (WR 159)		
Einwohner	3,2 Mio (WR 127)		
Hauptstadt	Beirut (1,1 Mio Einw.)		
Sprachen	Arabisch, Französisch		
Währung	1 Liban. Pfund (L£) = 100 Piastres		
Zeit	Mitteleuropäische Zeit +1 h		
Gliederung	5 Provinzen		
Politik			
Staatsform	Parlamentarische Republik (seit 1926)		
Regierungschef	Salim al-Hoss (seit 1998) *20.12.1929		
Staatspräsident	Emile Lahhud (seit 1998) *10.1.1936		
Parlament	Nationalversammlung mit 128 für vier Jahre gewählten Abgeordneten: 34 Sitze für Maroniten, 27 für Sunniten, 27 für Schiiten, 14 für Griech.-Orth., 8 für Drusen, 8 für Griech.-Kath., 5 für Armenisch-Orth., 5 für Andere (Wahl von 1996)		
Internet	www.lp.gov.lb		
Bevölkerung			
Religion	Muslime (53%); Christen 40%; Drusen (7%)		
Nationalitäten	Libanesen (80%); Palästinenser (16%); Sonstige (4%)		
Wirtschaft und Soziales			
Dienstleistung	75,3%	**Urbanisierung**	89%
Industrie	15,9%	**Einwohner/km²**	308
Landwirtschaft	8,8%	**Bev.-Wachstum/Jahr**	1,7%
BSP/Kopf	3560 $ (1998)	**Kindersterblichkeit**	2,9%
Inflation	ca. 3% (1999)	**Alphabetisierung**	84,4%
Arbeitslosigkeit	ca. 30% (1999)	**Einwohner pro Arzt**	2174

Liberia

Afrika, Karte S. 441, A 4

Der Präsident von L., Charles Taylor, erreichte im Mai 2000 die Freilassung von 500 UNO-Soldaten in Sierra Leone, die von der Revolutionären Vereinigten Front (RUF) festgehalten worden waren. Westliche Diplomaten warfen Taylor allerdings vor, die Geiselnahme indirekt gefördert zu haben, weil er ein Verbündeter von Rebellenführer Foday Sankoh war und die RUF förderte. Über sein Land schmuggelten die Rebellen die Diamanten aus Sierra Leone, um Ausrüstung und Waffen zu finanzieren. Über L. konnte die RUF 1991 auch ihren Krieg gegen die Regierung von Sierra Leone beginnen. Zwar war Taylor damals nicht Präsident von L., doch hatte er bereits weite Teile des Landes unter seiner Kontrolle. Taylor gilt als autoritärer Herrscher, der auf seinem Weg ins Präsidentenamt (seit 1997) auch Kinder mit Drogen und unter Anwendung von Gewalt zu Soldaten ausgebildet haben soll. Bei Amtsantritt versprach er demokratische Reformen, setzte sie aber nicht um.

Liberia Republik Liberia			LB
Landesfläche	111 369 km² (WR 101)		
Einwohner	2,9 Mio (WR 129)		
Hauptstadt	Monrovia (1 Mio Einwohner)		
Sprachen	Englisch, Kpelle, Bassa, 9 andere Stammessprachen		
Währung	1 Liber. Dollar (Lib$) = 100 Cents		
Zeit	Mitteleuropäische Zeit –1 h		
Gliederung	13 Bezirke		
Politik			
Staatsform	Präsidiale Republik (seit 1847)		
Regierungschef	Charles Taylor (seit 1997) *27.1.1948		
Staatspräsident	Charles Taylor (seit 1997) *27.1.1948		
Parlament	Repräsentantenhaus mit 64 Sitzen; 49 für Nation. Patriotische Front, 7 für Einheitspartei, 8 für And. (Wahl von 1997)		
Internet	www.liberiaemb.org		
Bevölkerung			
Religion	Christen (67,7%); Muslime (13,8%); Tradition. Rel. (18,5%)		
Ethn. Gruppen	Kpelle (19,4%); Bassa (13,8%); Grebo (9%); Gio (7,8%); Kru (7,3%); Sonstige (42,7%)		
Wirtschaft und Soziales			
Dienstleistung	56,4%	**Urbanisierung**	45%
Industrie	9,2%	**Einwohner/km²**	26
Landwirtschaft	34,4%	**Bev.-Wachstum/Jahr**	8,2%
BSP/Kopf	k. A.	**Kindersterblichkeit**	11,6%
Inflation	k.A.	**Alphabetisierung**	38,3%
Arbeitslosigkeit	30–40% (1998)	**Einwohner pro Arzt**	9687

Libyen
Afrika, Karte S. 441, C 1

Auf Vorschlag des Revolutionsführers Muammar al-Gaddhafi löste das Parlament im März 2000 die Zentralverwaltung des Landes weitgehend auf und übergab die Kompetenzen an die Distriktparlamente und ihre Exekutivausschüsse.

Innenpolitik: Von der Zentralregierung blieb lediglich ein kleines Volkskomitee, das u. a. für Außenpolitik, Sicherheit und Information verantwortlich sein sollte. Unter zentraler Kontrolle blieb auch der Energiesektor, der einer Nationalen Ölgesellschaft unterstand. Gaddhafi bezeichnete die Entscheidung des Parlamentes als Test für die Souveränität der Volksmassen. In dem von ihm erdachten dezentralisierten Staat sollen politische Parteien und zentrale Regierungseinheiten zu Gunsten direkter Demokratie der Volkskongresse und -komitees aufgehoben werden. Die aufgewerteten Volkskongresse sind das Bindeglied zwischen lokaler Ebene (z. B. Stadträten) und Nationalparlament.

Libyen Libysch-Arabische Volksrepublik	LAR	
Landesfläche	1 759 540 km² (WR 16)	
Einwohner	5,5 Mio (WR 101)	
Hauptstadt	Tripolis (600 000 Einwohner)	
Sprachen	Arabisch, Berberdialekte	
Währung	1 Libyscher Dinar (LD) = 1000 Dirham	
Zeit	Mitteleuropäische Zeit +1 h	
Gliederung	3 Provinzen, 10 Gouvernate	
Politik		
Staatsform	Volksrepublik auf islamischer Grundlage (seit 1977)	
Regierungschef	Mubarak Abdullah al-Shamikh (seit 2000)	
Staatspräsident	Z. M. Zentani (seit 1994), de facto Muammar al-Gaddhafi (seit 1969) *1942	
Parlament	Allgemeiner Volkskongress mit 750 von sog. arabisch-sozialistischen Volkskomitees und Volkskongressen ernannten und delegierten Mitgliedern	
Internet	www.columbia.edu/cu/libraries/ indiv/area/MiddleEast/Libya.html	
Bevölkerung		
Religion	Sunnitische Muslime (97%); Sonstige (3%)	
Ethn. Gruppen	Libysche Araber, Berber (89%); Sonstige (11%)	
Wirtschaft und Soziales		
Dienstleistung	50,1%	Urbanisierung	86%
Industrie	42,4%	Einwohner/km²	3
Landwirtschaft	7,5%	Bev.-Wachstum/Jahr	2,4%
BSP/Kopf	k.A.	Kindersterblichkeit	2,8%
Inflation	ca. 18% (1999)	Alphabetisierung	76,5%
Arbeitslosigkeit	ca. 30% (1999)	Einwohner pro Arzt	957

Unterdrückung: Amnesty International (AI) warf L. im Oktober 1999 schwere Verstöße gegen die Menschenrechte vor. Nach AI befanden sich Hunderte politischer Gefangener ohne Anklageerhebung oder Gerichtsverfahren teilweise seit über 20 Jahren in Haft. Die Libysche Liga für Menschenrechte (LLHR, Hauptsitz in Genf/Schweiz) erklärte, dass Gaddhafi seit seiner Machtübernahme (1969) die Methoden zur Unterdrückung oppositioneller Bewegungen systematisch verschärft habe. Mitte 2000 sollten von den rund 5,5 Mio Einwohnern ca. 300 000 (5%) in Armee, Polizei, Eliteeinheiten, Revolutions- und Säuberungskomitees beschäftigt sein. Da die Mitgliedschaft in diesen Einheiten mit Prestige und Privilegien verbunden ist, galten sie als wichtigste Stütze von Gaddhafis jahrzehntelanger Herrschaft.

Außenpolitik: Im Dezember 1999 reiste der damalige italienische Ministerpräsident Massimo D'Alema als erster westlicher Regierungschef seit Beginn der internationalen Sanktionen (1992) zu einem Staatsbesuch nach L. Die Reise diente insbes. der Stärkung der Wirtschaftskontakte. L. unterzeichnete einen Vertrag über die Lieferung von Erdöl an Italien im Wert von 5,5 Mrd US-Dollar. Italien deckte 1999 etwa 25% seines Erdölbedarfs aus L. Die 1992 gegen L. verhängten Wirtschaftssanktionen waren im April 1999 aufgehoben worden, nachdem das Land zwei Agenten an ein internationales Gericht in den Niederlanden ausgeliefert hatte, die für den Anschlag auf ein Passagierflugzeug über dem schottischen Lockerbie (1988, 270 Tote) verantwortlich sein sollten.

Wirtschaft: L. plante Mitte 2000 eine weit reichende Umstrukturierung der Volkswirtschaft, um die Abhängigkeit vom Erdölsektor zu verringern. 1999 trugen die Ölausfuhren etwa 95% (7 Mrd US-Dollar) zu den Deviseneinnahmen bei. Insbes. der Dienstleistungssektor sollte gestärkt werden, um die hohe Arbeitslosenquote von 30% zu senken. Für 2001–2005 plante die Regierung rund 35 Mrd US-Dollar in die Verbesserung der libyschen Infrastruktur zu investieren. Die Mittel sollten vor allem in den Tourismus fließen. Durch den Bau von Hotels im westlichen Qualitätsstandard sollte die Zahl der Touristen von 88 000 (1999) auf 150 000 bis 2005 fast verdoppelt werden.

Liechtenstein

Europa, Karte S. 437, C 5

Im November 1999 warf der Bundesnach-richtendienst (BND, Pullach) dem Fürsten-tum L. vor, mit der internationalen organi-sierten Kriminalität zusammenzuarbeiten. Nach Erkenntnissen des BND werde mit Hilfe von Finanzverwaltern in L. Geld ge-waschen, d.h. Millionensummen aus krimi-nellen Geschäften landeten auf Banken in L. Auch der deutsche Finanzminister Hans Eichel (SPD) beschuldigte L., Geldwäsche-rei zu fördern, und bemängelte die Koope-ration des Fürstentums bei der Verfolgung von Finanzvergehen. Forderungen der EU nach einer Lockerung des Bankgeheimnis-ses wies Fürst Hans-Adam II. entschieden zurück, er versprach aber eine konsequente Bekämpfung eventueller Missstände. Im Mai und Juni 2000 ging die Polizei von L. in Großrazzien gegen mutmaßliche Geldwä-scher vor. Dabei wurden fünf Personen fest-genommen. Außerdem beschloss die Regie-rung von L., die Strafe für Geldwäsche von fünf auf zehn Jahre Gefängnis zu erhöhen.

▪ **Staaten** → Schweiz

Liechtenstein	Fürstentum Liechtenstein	FL
Landesfläche	160 km² (WR 187)	
Einwohner	32000 (WR 187)	
Hauptstadt	Vaduz (5100 Einwohner)	
Sprachen	Deutsch, alemannische Dialekte	
Währung	1 Schw. Franken = 100 Rappen	
Zeit	Mitteleuropäische Zeit	
Gliederung	11 Gemeinden	
Politik		
Staatsform	Parlamentarische Monarchie (seit 1921)	
Regierungschef	Mario Frick (seit 1993) *8.5.1965	
Staatsoberhaupt	Fürst Hans-Adam II. (seit 1989) *14.2.1945	
Parlament	Landtag mit 25 für vier Jahre gewählten Abgeordneten; 13 Sitze für Vaterländische Union, 10 für Fortschrittliche Bürgerpartei, 2 für Freie Liste/Grüne (Wahl von 1997)	
Internet	www.firstlink.li	
Bevölkerung		
Religion	Katholiken (80,3%); Protestanten (7,1%); Sonstige (12,6%)	
Nationalitäten	Liechtensteiner (61,6%); Schweizer (15,6%); Österreicher (7,2%); Deutsche (3,6%); Sonstige (12,0%)	
Wirtschaft und Soziales			
Dienstleistung	50%	Urbanisierung	46%
Industrie	48%	Einwohner/km²	200
Landwirtschaft	2%	Bev.-Wachstum/Jahr	1%
BSP/Kopf	36500 $ (1998)	Kindersterblichkeit	k. A.
Inflation	0,5% (1997)	Alphabetisierung	100%
Arbeitslosigkeit	ca. 2% (1998)	Einwohner pro Arzt	957

Litauen

Europa, Karte S. 437, E 4

Im Oktober 1999 trat der konservative litauische Premierminister Ronaldas Paksas nach nur fünfmonatiger Amtszeit zurück. Das Parlament wählte Andrius Kubilius zum Nachfolger.

Innenpolitik: Anlass für den Rücktritt Pak-sas' waren Differenzen zwischen ihm und Staatspräsident Valdas Adamkus über den Verkauf von Anteilen des staatlichen Erdöl-komplexes Mazeikui an den US-amerikani-schen Konzern Williams. Paksas vertrat die Auffassung, dass der gebotene Preis von 150 Mio US-Dollar für 33,3% Anteile zu niedrig sei. Außerdem kriti-sierte er, dass L. die Schulden des Konzerns von 360 Mio US-Dollar allein beheben solle. Adamkus und die Mehrheit der Kon-servativen Partei sprachen sich dagegen für die Unterzeichnung des Vertrags aus. Wegen des umstrittenen Geschäfts waren bereits Wirtschaftsminister Eugenijus Mal-deikis und Finanzminister Jonas Lionginas zurückgetreten. Auch Studenten und Profes-

Litauen	Republik Litauen	LT
Landesfläche	65200 km² (WR 120)	
Einwohner	3,7 Mio (WR 120)	
Hauptstadt	Vilnius (Wilna; 584000 Einw.)	
Sprachen	Litauisch, Polnisch, Russisch	
Währung	1 Litas (LTL) = 100 Centas	
Zeit	Mitteleuropäische Zeit +1 h	
Gliederung	44 Landbezirke, 11 Stadtbezirke	
Politik		
Staatsform	Parlamentarische Republik (seit 1991)	
Regierungschef	Andrius Kubilius (seit 1999) *8.12.1956	
Staatspräsident	Valdas Adamkus (seit 1998) *3.11.1926	
Parlament	Seimas mit 141 für vier Jahre gewählten Abgeordneten; 70 Sitze für Kons. Vaterlandsunion, 16 für Christdemokr., 13 für Zentrumspartei LCS, 12 für Arbeiterpartei LDDP, 12 für Sozialdemokraten, 18 für Andere (Wahl von 1996)	
Internet	www.lrvk.lt www.lrs.lt	
Bevölkerung		
Religion	Katholiken (80%); Sonstige (20%)	
Nationalitäten	Litauer (81,3%); Russen (8,4%); Polen (7%); Sonst. (3,3%)	
Wirtschaft und Soziales			
Dienstleistung	53,4%	Urbanisierung	72%
Industrie	35,2%	Einwohner/km²	57
Landwirtschaft	11,4%	Bev.-Wachstum/Jahr	−0,3%
BSP/Kopf	2540 $ (1998)	Kindersterblichkeit	2,1%
Inflation	0,8% (1999)	Alphabetisierung	99%
Arbeitslosigkeit	8,4% (1999)	Einwohner pro Arzt	230

soren protestierten in Vilnius gegen das Geschäft, da es den Ausverkauf der litauischen Industrie fördere.

Reaktorschließung: Im Mai 2000 beschloss das litauische Parlament ein Gesetz zur Stilllegung des ersten von insgesamt zwei Reaktoren im Atomkraftwerk Ignalina nahe der weißrussischen Grenze. Danach soll der Reaktor vom Typ des Kraftwerks in Tschernobyl bis zum 1.1.2005 abgeschaltet werden. Die Kosten für die Abschaltung des ersten Blocks werden auf etwa 435 Mio DM geschätzt. Die Europäische Union (EU) wollte davon 300 Mio DM übernehmen, L. selbst 40 Mio DM. Das Kraftwerk produzierte 1999 etwa 75% des Stroms in L.

Entschuldigung der Kirche: Die litauische Bischofskonferenz bat im Januar 2000 um Vergebung, dass sich viele Katholiken während des Zweiten Weltkrieges an der Ermordung der Juden beteiligt hatten. Sie drückte zugleich ihr Bedauern über die Zusammenarbeit Geistlicher mit dem sowjetischen Geheimdienst KGB aus. Die Bischöfe griffen mit ihrer Erklärung in eine Debatte über die Rolle der Litauer im Zweiten Weltkrieg ein. Der damalige sowjetische Staatschef Josef Stalin hatte gezielt Schlüsselpositionen in der sowjetischen Geheimpolizei mit Juden besetzt. Die Verfolgung der litauischen Intelligenz durch den KGB-Vorläufer NKWD zu Beginn des Zweiten Weltkrieges trug zur Steigerung des Antisemitismus in L. bei. Während der deutschen Besatzung (1941–44) wurden 95% der litauischen Juden (ca. 220000 Menschen) teilweise mit Hilfe einheimischer Ordnungskräfte ermordet.

Wirtschaft: Die litauische Volkswirtschaft litt 1999 noch unter den Folgen der russischen Wirtschafts- und Finanzkrise. Das BIP fiel um 0,5%, nachdem es 1998 noch um 5,1% gestiegen war. Besonders stark betroffen war die Exportindustrie, die infolge des Rubel-Zerfalls 1999 rund 70% weniger Waren nach Russland ausführen konnte. Durch die schwache Konjunktur stieg die Arbeitslosenquote 1999 von 6,4% auf 8,4%. Die Steuereinnahmen sanken um 13%. Das Haushaltsdefizit stieg auf 8,3% des BIP (1998: 1,6%). Größter Erfolg in der Wirtschaftspolitik war die deutliche Senkung der Inflationsrate auf 0,8%, nachdem sie 1998 noch bei 5,1% gelegen hatte.

Luxemburg Großherzogtum Luxemburg L	
Landesfläche	2586 km² (WR 165)
Einwohner	426 000 (WR 161)
Hauptstadt	Luxemburg (77 000 Einwohner)
Sprachen	Lëtzebuergesch, Franz., Deutsch
Währung	1 Lux. Franc (lfr) = 100 Centimes
Zeit	Mitteleuropäische Zeit
Gliederung	3 Distrikte
Politik	
Staatsform	Konstitutionelle Monarchie (seit 1866)
Regierungschef	Jean-Claude Juncker (seit 1995) *9.12.1954
Staatsoberhaupt	Großherzog Jean (seit 1964) *5.1.1921
Parlament	Abgeordnetenkammer mit 60 für fünf Jahre gewählten Mitgl.; 19 Sitze für Christl.-Soz. Volkspartei, 15 für Demokr. Partie, 13 für Sozialist. Arbeiterpartei, 13 für Andere (Wahl: 1999)
Internet	www.gouvernement.lu www.chd.lu
Bevölkerung	
Religion	Christen (96%): Kath. 94,9%, Protest. 1,1%; Sonstige (4%)
Nationalitäten	Luxemburger (69,7%); Portugiesen (10,8%); Italiener (5%); Franzosen (3,4%); Sonstige (11,1%)

Wirtschaft und Soziales			
Dienstleistung	64,9%	Urbanisierung	89%
Industrie	33,7%	Einwohner/km²	165
Landwirtschaft	1,4%	Bev.-Wachstum/Jahr	1,4%
BSP/Kopf	45 100 $ (1998)	Kindersterblichkeit	0,7%
Inflation	1,2% (1999)	Alphabetisierung	99%
Arbeitslosigkeit	2,9% (1999)	Einwohner pro Arzt	469

Luxemburg
Europa, Karte S. 437, C 5

Im August 1999 vereidigte das Staatsoberhaupt von L., Großherzog Jean, die neue bürgerliche Koalitionsregierung. Das Kabinett wird wie das vorherige von Jean-Claude Juncker von der konservativen Christlich-Sozialen Volkspartei (CSV) geführt. Koalitionspartner sind jedoch erstmals seit 1984 nicht mehr die Sozialisten, die im Sommer 1999 bei den Parlamentswahlen 4 ihrer 17 Sitze in der 60-köpfigen Abgeordnetenkammer verloren hatten. An ihre Stelle trat die liberale Demokratische Partei (DP) in die Regierung ein. Die CSV blieb mit 19 (vorher 21) Parlamentssitzen stärkste Gruppierung vor der DP mit 15 (12) Sitzen. Die CSV stellte in der neuen Regierung, die aus zwölf Ministern und zwei Staatssekretären gebildet wurde, außer Premierminister Juncker sechs weitere Ressortleiter. Die Kabinettsmitglieder der DP wurden von der Parteivorsitzenden Lydie Polfer angeführt, die u. a. das Außen- und Außenhandelsministerium übernahm.

Madagaskar
Afrika, Karte S. 441, F 6

Im Februar und März 2000 wurde M. von den Wirbelstürmen »Eline« und »Gloria« heimgesucht, denen rund 200 Menschen zum Opfer fielen. 10000 Personen wurden obdachlos. Die Naturkatastrophen zerstörten große Teile der Infrastruktur, insbes. wichtige Verbindungsstraßen zu den Dörfern. Außerdem förderten sie die Verbreitung der Cholera, an der bereits 1999 rund 20000 Menschen erkrankt und 1200 gestorben waren. Besonders betroffen war die Stadt Morondava an der Westküste von M., die im Januar 2000 vom verseuchten Kabatomena-Fluss überflutet wurde. Weitere Choleraherde bildeten sich um 2000 in Antananarivo und in Mahajunga. Große Teile der Bevölkerung lebten ohne sauberes Wasser; in den ländlichen Gebieten gab es keine Kanalisation. Das Gesundheitsministerium versuchte, die weitere Verbreitung der Seuche mit Straßensperren zu stoppen, und verteilte kostenlos Medikamente. Wirkungsvolle Maßnahmen scheiterten aber an dem chronischen Geldmangel von M.

Madagaskar Demokratische Republik		**RM**
Landesfläche	587 041 km² (WR 44)	
Einwohner	15,5 Mio (WR 58)	
Hauptstadt	Antananarivo (1,05 Mio Einw.)	
Sprachen	Französisch, einheimische Idiome	
Währung	1 Madag.-Franc = 100 Centimes	
Zeit	Mitteleuropäische Zeit +2 h	
Gliederung	6 Provinzen	
Politik		
Staatsform	Republik (seit 1992)	
Regierungschef	Tantely Andrianarivo (seit 1998) *25.5.1954	
Staatspräsident	Didier Ratsiraka (seit 1997) *4.11.1936	
Parlament	Nationale Volksversammlung mit 150 für vier Jahre gewählten Abgeordneten; 63 Sitze für Arema, 32 für Nonpartisans, 16 für Leader Fanilo, 14 für Avi, 11 für Sozialdem. (RPSD), 6 für Affa, 8 für Sonstige (Wahl von 1998)	
Internet	www.an.online.mg	
Bevölkerung		
Religion	Christen (51%); Trad. Religionen (46%); Sonst. 3%	
Nationalitäten	Madagassen (98,9%); Sonst. (1,1%)	
Wirtschaft und Soziales		
Dienstleistung	47,5%	**Urbanisierung**	28%
Industrie	13,3%	**Einwohner/km²**	26
Landwirtschaft	39,1%	**Bev.-Wachstum/Jahr**	3%
BSP/Kopf	260 $ (1998)	**Kindersterblichkeit**	8,5%
Inflation	k.A.	**Alphabetisierung**	81,4%
Arbeitslosigkeit	k.A.	**Einwohner pro Arzt**	8333

Malawi
Afrika, Karte S. 441, E 6

Präsident Bakali Muluzi erklärte im November 1999 die Bekämpfung der Armut zum wichtigsten Ziel seiner Politik. Das Pro-Kopf-Einkommen von 210 US-Dollar/ Jahr erreichte etwa die Hälfte des Durchschnittswertes der anderen Staaten im südlichen Afrika. Rund 64% der Bevölkerung lebten 1999 unterhalb der Armutsgrenze. Muluzi kündigte den massiven Ausbau des Bildungs- und Erziehungswesens an, um die Massenarmut zu beseitigen. Bereits 1994 begann in M. ein umfangreiches Bildungsprogramm, das u. a. den kostenlosen Besuch der Grundschule ermöglichte. 1994–99 stieg die Zahl der Kinder, die auf eine Schule gehen, von 1,9 Mio auf 3,5 Mio. Größtes ökonomisches Problem blieb die einseitige Ausrichtung der Volkswirtschaft. 85% der Bevölkerung arbeiteten in der Landwirtschaft. Das BIP stieg 1999 um 5,5%, was bei einem Bevölkerungswachstum/Jahr von 2,4% als zu gering erachtet wurde, um den Wohlstand zu erhöhen.

Malawi Republik Malawi		**MW**
Landesfläche	118 484 km² (WR 98)	
Einwohner	10,6 Mio (WR 71)	
Hauptstadt	Lilongwe (437 000 Einwohner)	
Sprachen	Englisch, Chichewa, Lomwe u.a.	
Währung	1 Malawi-Kwacha = 100 Tambala	
Zeit	Mitteleuropäische Zeit +1 h	
Gliederung	3 Regionen, 24 Distrikte	
Politik		
Staatsform	Präsidiale Republik (seit 1966)	
Regierungschef	Bakali Muluzi (seit 1994) *17.3.1943	
Staatspräsident	Bakali Muluzi (seit 1994) *17.3.1943	
Parlament	Nationalvers. mit 192 für fünf Jahre gewählten Abgeordn.; 93 Sitze für Verein. Demokr. Front, 66 für Malawi Kongresspartei, 29 für Allianz der Demokr., 4 für Sonst. (Wahl: 1999)	
Internet	www.columbia.edu/cu/libraries/indiv/area/ Africa/Malawi.html	
Bevölkerung		
Religion	Christen (64%); Anim. (19%); Muslime (16,2); Sonst. (0,8%)	
Ethn. Gruppen	Maravi (58%); Lomwe (18%); Yao (13%), Sonst. (11%)	
Wirtschaft und Soziales		
Dienstleistung	47,0%	**Urbanisierung**	15%
Industrie	16,5%	**Einwohner/km²**	89
Landwirtschaft	36,5%	**Bev.-Wachstum/Jahr**	2,4%
BSP/Kopf	210 $ (1998)	**Kindersterblichkeit**	13,8%
Inflation	33,8% (1990–97)	**Alphabetisierung**	57,7%
Arbeitslosigkeit	k. A.	**Einwohner pro Arzt**	50 000

Malaysia
Ostasien, Karte S. 444, B 5

Die Wirtschaft in M. erholte sich 1999 von den Folgen der Asienkrise. Bei der Parlamentswahl im November 1999 verteidigte die Nationale Front des seit 1981 regierenden Präsidenten Mahathir Mohamad ihre Zweidrittelmehrheit mit 148 von 193 Sitzen.

Innenpolitik: Die Oppositionskoalition aus 14 Parteien erhöhte ihre Mandatszahl gegenüber der letzten Parlamentswahl (1995) von 23 auf 42 Sitze. Weitere drei Sitze entfielen auf eine kleine, der Opposition nahe stehende Gruppe. Die vereinigten Regierungsgegner hatten im Wahlkampf demokratische Reformen und politische Stabilität versprochen. Ihre Spitzenkandidatin Azizah Ismail, Ehefrau des von Mahathir abgesetzten stellv. Ministerpräsidenten Anwar Ibrahim, gewann in ihrem Wahlkreis überlegen. Ihr Mann, einst als Nachfolger des Präsidenten im Gespräch, verbüßte wegen angeblicher Korruption eine sechsjährige Haftstrafe.

Verhaftungen: Im Januar wurden mehrere führende malaysische Oppositionelle festgenommen. Karpal Singh, Anwalt des inhaftierten ehemaligen Vize-Ministerpräsidenten Anwar Ibrahim, wurde Volksverhetzung vorgeworfen. Er hatte in einem Prozess behauptet, dass sein Mandant vergiftet werden sollte. Mohamed Ezam Mohamed Nor, Führer von Anwars Nationaler Gerechtigkeitspartei, wurde der Verletzung von Regierungsgeheimnissen angeklagt. Er sollte geheime Dokumente an die Medien weitergeleitet haben. Internationale Menschenrechtsorganisationen kritisierten die Festnahmen als Versuch des Präsidenten Mahathir, die Opposition in M. zu unterdrücken.

Wirtschaft: Das BIP stieg in M. 1999 um 4,3%, nachdem es 1998 noch um 6,7% zurückgegangen war. Die deutliche Verbesserung der Konjunktur wurde insbes. auf die massiven Zinssenkungen zurückgeführt, welche die Investitionen anregten. Die Regierung nahm 1999 eine Erhöhung des Haushaltsdefizits von 3,1% auf 5,8% des BIP in Kauf, um durch Mehrausgaben den inländischen Konsum zu fördern. Ein weiterer Grund für den wirtschaftlichen Aufschwung war die gestiegene Nachfrage nach malaysischen Gütern (insbes. Elektronikerzeugnisse, Maschinen, Palmöl, mineralische Erzeugnisse wie z.B. Eisenerz, chemische Produkte). Der Wert der Ausfuhren stieg 1999 im Vergleich zum Vorjahr von 73,1 Mrd US-Dollar auf 84,5 Mrd US-Dollar. Infolge der konjunkturellen Belebung sank die Arbeitslosenquote leicht auf 3,0% (1998: 3,2%).

Bankenreform: Im Oktober 1999 verwarf Präsident Mahathir den Plan der malaysischen Zentralbank zur Restrukturierung des Bankensystems, der die Verschmelzung von 58 Finanzinstituten zu sechs Gruppen vorgesehen hatte. Insbes. die wirtschaftlich bedeutende chinesische Minderheit in M. protestierte gegen die geplante Zusammenfassung, weil zu den sechs ausgewählten Banken, welche die Modernisierung des Finanzsystems organisieren sollten, nur zwei von Chinesen beherrschte Institute gehörten. Mahathir gab den Protesten nach, weil er bei den Wahlen vom November 1999 mit Stimmenverlusten unter den chinesischstämmigen Wählern (ca. 30% der Bevölkerung) rechnete.

Malaysia	MAL
Landesfläche	329758 km² (WR 65)
Einwohner	21,8 Mio (WR 46)
Hauptstadt	Kuala Lumpur (1,15 Mio Einw.)
Sprachen	Bahasa Malaysia, Chinesisch u. a.
Währung	1 Ringgit (R) = 100 Sen
Zeit	Mitteleuropäische Zeit +7 h
Gliederung	13 Bundesländer
Politik	
Staatsform	Parlamentarische Wahlmonarchie (seit 1963)
Regierungschef	D. S. Mahathir bin Mohamad (seit 1981) *20.12.1925
Staatspräsident	Salahuddin Abdul Aziz Shah Alhaj (seit 1999) *8.3.1926
Parlament	Abgeordnetenhaus mit 193 für fünf Jahre gewählten Mitgliedern; 71 für Vereinigte Malaysische nationale Organisation (UNMO), 29 für Malayisisch-chinesische Organisation (MCA), 93 für Andere (Wahl von 1999)
Internet	www.smpke.jpm.my www.parlimen.gov.my
Bevölkerung	
Religion	Muslime (52,9%); Buddhisten (17,3%); Chinesische Volksreligionen (11,6%); Hindus (7%); Christen (6,4%); Sonstige (4,8%)
Nationalitäten	Malaien (61,7%); Chinesen (29,7%); Inder (8,1%); Sonstige (0,5%)

Wirtschaft und Soziales			
Dienstleistung	42%	Urbanisierung	56%
Industrie	43%	Einwohner/km²	66
Landwirtschaft	15%	Bev.-Wachstum/Jahr	2%
BSP/Kopf	3670 $ (1998)	Kindersterblichkeit	1,1%
Inflation	ca. 2,8% (1999)	Alphabetisierung	85,7%
Arbeitslosigkeit	3% (1999)	Einwohner pro Arzt	2564

Malediven

Asien, Karte S. 443, C 6

Der Tourismusminister der M., Hassan Sobir, erwog Anfang 2000, das Wachstum des Fremdenverkehrs stärker zu begrenzen. Ursprünglich war geplant, bis 2005 neue Inseln der M. für Touristen zu öffnen, so dass insgesamt 20 000 Gästebetten für Reisende zur Verfügung stehen (5000 mehr als Ende 1999). Sobir hingegen wollte die Expansion des Fremdenverkehrs deutlich verlangsamen und die frei werdenden Finanzmittel für die Verbesserung der Qualitätsstandards auf den vorhandenen 84 Touristeninseln verwenden. Ziel war es, durch Investitionen in die Infrastruktur eines der weltweit edelsten Reiseziele zu werden. 1999 brachten Reisende 70% der Devisen ins Land. Durch die Einnahmen aus dem Fremdenverkehr verbesserten sich die Lebensverhältnisse der Bevölkerung seit Ende der 1970er Jahre kontinuierlich. 1977 betrug die durchschnittliche Lebenserwartung nur 46 Jahre, 1998 bereits 74 Jahre. Seuchen und Krankheiten wie Cholera oder Tuberkulose wurden ausgerottet.

Malediven Republik der Malediven	k.A.	
Landesfläche	298 km² (WR 184)	
Einwohner	278 000 (WR 168)	
Hauptstadt	Malé (63 000 Einwohner)	
Sprachen	Divehi, Englisch	
Währung	1 Rufiyaa (RF) = 100 Laari	
Zeit	Mitteleuropäische Zeit +4 h	
Gliederung	20 Distrikte	
Politik		
Staatsform	Präsidale Republik im Commonwealth (seit 1968)	
Regierungschef	Maumoon Abdul Gayoom (seit 1978) *1937	
Staatspräsident	Maumoon Abdul Gayoom (seit 1978) *1937	
Parlament	Versammlung mit 40 für fünf Jahre gewählten und 8 vom Präsidenten ernannten Abgeordneten, keine politischen Parteien (Wahl von 1999)	
Internet	www.undp.org/missions/maldives	
Bevölkerung		
Religion	Sunnitische Muslime	
Nationalitäten	Mischvolk arabischer, singalesischer und malaiischer Abstammung	
Wirtschaft und Soziales		
Dienstleistung	51%	Urbanisierung	27%
Industrie	18%	Einwohner/km²	933
Landwirtschaft	31%	Bev.-Wachstum/Jahr	4,3%
BSP/Kopf	1130 $ (1998)	Kindersterblichkeit	5,0%
Inflation	k.A.	Alphabetisierung	95,7%
Arbeitslosigkeit	k.A.	Einwohner pro Arzt	5377

Mali

Afrika, Karte S. 441, B 3

Nach Untersuchungen des Kinderhilfswerkes Terre des hommes wurden in M. 1999 Zehntausende von Kindern verkauft und unter unmenschlichen Bedingungen zur Arbeit gezwungen. Der Studie zufolge werden die Jungen meist auf Plantagen nach Côte d'Ivoire geschafft, wo sie über zwölf Stunden täglich arbeiten müssen. Internationale Organisationen verwiesen darauf, dass sich in M. aus der Kinderarbeit ein kriminelles Geschäft entwickelt habe. Lt. amtlichen Schätzungen waren 1999 über 80 000 Minderjährige betroffen. Die Regierung von M. bemühte sich, die Händlerbanden zu sprengen. Nicht-Regierungsorganisationen versuchten, präventiv tätig zu werden und die Kinder vor falschen Versprechungen der Schlepperbanden zu warnen. Behörden von Côte d'Ivoire wurde vorgeworfen, den Handel mit den Kindern zumindest zu dulden, um den Export der Landwirtschaftsprodukte nicht zu gefährden, der von billigen Feldarbeitern abhängig ist.

Mali Republik Mali	RMN	
Landesfläche	1 240 192 km² (WR 23)	
Einwohner	11,0 Mio (WR 68)	
Hauptstadt	Bamako (913 000 Einwohner)	
Sprachen	Französisch, Bambara, Arabisch	
Währung	CFA-Franc (FCFA)	
Zeit	Mitteleuropäische Zeit –1 h	
Gliederung	8 Regionen	
Politik		
Staatsform	Präsidiale Republik (seit 1960)	
Regierungschef	Mande Sidibe (seit 2000)	
Staatspräsident	Alpha Oumar Konaré (seit 1992) *2.2.1946	
Parlament	Nationalversammlung mit 147 Abgeordneten; 128 Sitze für Adéma, 8 für Nation. Erneuerungsp., 4 für Sozialdemokr., 2 für Fortschrittli. Demokr.; 5 für Sonstige (Wahl von 1997)	
Internet	www.maliembassy-usa.org	
Bevölkerung		
Religion	Muslime (90%); Animisten (9%); Christen (1%)	
Ethn. Gruppen	Bambara (31,9%); Fulani (13,9%); Senufo (12%); Soninké (8,8%); Tuareg (7%); Sonstige (26,4%)	
Wirtschaft und Soziales		
Dienstleistung	40%	Urbanisierung	29%
Industrie	16%	Einwohner/km²	9
Landwirtschaft	44%	Bev.-Wachstum/Jahr	2,3%
BSP/Kopf	250 $ (1998)	Kindersterblichkeit	11,8%
Inflation	3,0% (1997)	Alphabetisierung	35,5%
Arbeitslosigkeit	k.A.	Einwohner pro Arzt	18 046

Malta Republik Malta		M
Landesfläche	316 km² (WR 183)	
Einwohner	386 000 (WR 164)	
Hauptstadt	Valletta (9000 Einwohner)	
Sprachen	Maltesisch, Englisch	
Währung	1 Lira (Lm) = 100 Cents	
Zeit	Mitteleuropäische Zeir	
Gliederung	6 Bezirke	
Politik		
Staatsform	Parlamentarische Republik (seit 1974)	
Regierungschef	Eddie Fenech Adami (seit 1998) *7.2.1934	
Staatspräsident	Guido de Marco (seit 1999) *22.7.1931	
Parlament	Repräsentantenhaus mit mindestens 65 für fünf Jahre vom Volk direkt gewählten Abgeordneten; 35 für Nationalist Party (PN), 30 Sitze für Malta Labour Party (Wahl vom September 1998)	
Internet	www.magnet.mt	
Bevölkerung		
Religion	Katholiken (98,9%); Sonstige (1,1%)	
Nationalitäten	Malteser (95,7%); Briten (2,1%); Sonstige (2,2%)	

Wirtschaft und Soziales			
Dienstleistung	65%	Urbanisierung	89%
Industrie	32%	Einwohner/km²	1222
Landwirtschaft	3%	Bev.-Wachstum/Jahr	0,9%
BSP/Kopf	10 100 $ (1998)	Kindersterblichkeit	0,8%
Inflation	ca. 2,4% (1999)	Alphabetisierung	91,1%
Arbeitslosigkeit	5,5% (1999)	Einwohner pro Arzt	890

Malta

Europa, Karte S. 437, D 8

Im Februar 2000 nahm die EU mit M. und fünf weiteren Ländern (Bulgarien, Rumänien, Lettland, Litauen und Slowakei) Verhandlungen über eine Mitgliedschaft auf. Mit der Aufnahme von M. wurde frühestens 2003 gerechnet, dennoch wurden M. von den sechs neuen Kandidaten die besten Chancen auf eine baldige Mitgliedschaft eingeräumt, da die Volkswirtschaft von M. und das Rechtssystem die Voraussetzungen für einen Beitritt erfüllten. Haupteinnahmequellen sind die Leichtindustrie (Textilien, Leder), Werften und Tourismus. Anfang des 21. Jh. sollte M. zum wichtigen Finanz- und Dienstleistungszentrum im gesamten Mittelmeerraum ausgebaut werden. Die Bewerbung von M. um eine Mitgliedschaft in die EU war im Herbst 1998 nach dem Wahlsieg der Nationalistischen Partei erneuert worden. Die vorherige Regierung der Maltesischen Arbeiterpartei hatte im November 1996 den 1990 gestellten Beitrittsantrag zurückgenommen, weil sie damals meinte, dass M. noch nicht reif für die EU sei.

Marokko Königreich Marokko		MA
Landesfläche	446 550 km² (WR 56)	
Einwohner	27,9 Mio (WR 37)	
Hauptstadt	Rabat (1,38 Mio Einwohner)	
Sprachen	Arab., Franz., Span.,	
Währung	1 Dirham (DH) = 100 Centimes	
Zeit	Mitteleuropäische Zeit –1 h	
Gliederung	16 Regionen, 65 Provinzen	
Politik		
Staatsform	Konstitutionelle Monarchie (seit 1972)	
Regierungschef	Abderrahmane Youssoufi (seit 1998) *8.3.1924	
Staatsoberhaupt	König Mohammed VI. (seit 1999) *21.8.1963	
Parlament	Nationalversamml. aus 325 für fünf Jahre gewählten Abgeordneten und Beratende Versamml. mit 270 Mitgliedern; Nationalversamml.: 102 für Koutla-Bündnis; 100 für Wifaqa-Bündnis; 97 für Centrum; 26 für Andere (Wahl von 1997)	
Internet	www.mincom.gov.ma www.pm.gov.ma/fr	
Bevölkerung		
Religion	Sunnit. Muslime (98,7%); Christen (1,1%); Juden (0,2%)	
Nationalitäten	Araber (70%); Berber (30%)	

Wirtschaft und Soziales			
Dienstleistung	49,7%	Urbanisierung	54%
Industrie	30,8%	Einwohner/km²	62
Landwirtschaft	19,5%	Bev.-Wachstum/Jahr	1,3%
BSP/Kopf	1240 $ (1998)	Kindersterblichkeit	5,1%
Inflation	0,8% (1999)	Alphabetisierung	45,9%
Arbeitslosigkeit	ca. 19% (1999)	Einwohner pro Arzt	4415

Marokko

Afrika, Karte S. 441, B 1

Der neue marokkanische König Mohammed VI. bekräftigte 1999 seinen Willen zur Demokratisierung des Landes. Im November 1999 entließ er einen Repräsentanten des alten autoritären Systems, Innenminister Driss Basri.

Innenpolitik: Basri galt als wichtigster Mitarbeiter des im Juli 1999 verstorbenen Königs Hassan II., Mohammeds Vater. Für die Opposition und Menschenrechtsorganisationen war er ein Symbol der Unterdrückung, der seit 1974 jegliche Ansätze um eine Demokratisierung in M. konsequent bekämpft hatte. Er hatte Polizei sowie Geheimdienste kontrolliert und ein System der inneren Machtkontolle aufgebaut, das innerstaatliche Reformen verhindern sollte. Seine Entlassung wurde als Zeichen für den Willen des neuen Königs gewertet, das Land zu demokratisieren. Zum Nachfolger von Basri ernannte Mohammed VI. den früheren Direktor der Staatssicherheit Ahmed Midaoui.

⭐ Marokko: Kampf um Selbstbestimmung in der Sahara

▸ **1963/64:** In der Spanischen Sahara (heute Westsahara) werden große Phosphatvorkommen entdeckt.	▸ **6.11.1975:** König Hassan II. von M. schickt etwa 350000 Untertanen auf den sog. Grünen Marsch in die Westsahara und besetzt sie; die Gefahr eines Krieges in Nordafrika steigt.	▸ **1979–91:** Marokkanische Truppen erobern 80% der Westsahara, darunter alle Erz- und Phosphatgruben. Die Auseinandersetzung fordert 10000 Menschenleben.
▸ **1973:** Die Befreiungsbewegung Frente Polisario wird gegründet. Sie erklärt M. und Mauretanien den Krieg wegen deren Ansprüchen auf die Spanische Sahara.	▸ **28.2.1976:** Die Befreiungsbewegung Polisario proklamiert die Arabische Demokratische Republik Sahara. Sitz der Exilregierung ist Tindouf (Algerien).	▸ **6.9.1991:** M. und die Polisario vereinbaren einen Waffenstillstand.
▸ **1975:** Die Spanische Sahara erlangt die Unabhängigkeit.	▸ **1976:** M. und Mauretanien teilen die Westsahara unter sich auf.	▸ **29.4.1991:** Friedensplan des UNO-Sicherheitsrates für die Westsahara, der eine Volksabstimmung über die Unabhängigkeit des Territoriums vorsieht.
▸ **16.10.1975:** Der Internationale Gerichtshof in Den Haag (Niederlande) erklärt in einem Urteil die Ansprüche von M. und Mauretanien auf Teile der Westsahara für nicht rechtens.	▸ **1979:** Nach militärischen Erfolgen der Polisario gibt Mauretanien seine Ansprüche auf die Westsahara auf.	▸ **seit 1994:** Wahltermine für Referenden werden wegen unterschiedlicher Auffassungen über die Zahl der Stimmberechtigten immer wieder verschoben.

Amnestie: Im Juli 1999 beschloss Mohammed VI. die Freilassung von etwa 8000 Häftlingen und erhebliche Straferleichterungen für rund 38000 Gefangene. Gleichzeitig bekannte sich der König in seiner ersten Rede an die Nation zu Rechtsstaat, politischem Pluralismus und zur Achtung der Menschenrechte. Unter den Straferlass fiel auch der marokkanische Jude Abraham Serfaty, der als bekanntester Regimegegner galt. Serfaty, der 1974 erstmals festgenommen und 1977 des Hochverrats und des Anschlags auf die Sicherheit des Staates angeklagt worden war, durfte im Oktober 1999 nach M. zurückkehren. Er kündigte an, die Demokratisierung in M. mitzugestalten.

Außenpolitik: Die Befreiungsbewegung von Westsahara, Frente Polisario, ließ im Februar und März 2000 186 marokkanische Gefangene frei. Die Freigelassenen wurden vom Internationalen Komitee des Roten Kreuzes (IKRK) aus Tindouf (Algerien) nach M. ausgeflogen. In der Gewalt der Frente Polisario, die für einen eigenen Staat in der 1975 von M. annektierten Westsahara kämpft, waren Mitte 2000 etwa 1600 weitere Marokkaner, die teilweise bereits seit 25 Jahren festgehalten wurden. Die Rebellen erklärten, dass eine Freilassung erst nach Durchführung eines Referendums über die Zukunft der Westsahara in Frage komme. Ein ursprünglich für den 31.7.2000 geplantes Referendum wurde im Dezember auf 2002 verschoben, weil sich M. und die Frente Polisario nicht auf die Wahlberechtigten einigen konnten. Die Befreiungsbewegung wehrte sich gegen die Registrierung von etwa 65000 Bewohnern des Gebietes. M. behauptete, dass es sich um stimmberechtigte Saharouis handele, während die Frente Polisario sie als nicht stimmberechtigte Marokkaner bezeichnete.

Ceuta und Melilla: Regierungschef Abderrahmane Youssoufi erneuerte im August 1999 den marokkanischen Anspruch auf Ceuta und Melilla, die beiden spanischen Exklaven am nordafrikanischen Mittelmeer. Er forderte Spanien zu einem politischen Dialog über das zukünftige Statut der Gebiete auf. Die spanische Regierung lehnte jegliche Diskussion über dieses Thema ab. Sie betonte, dass Melilla und Ceuta seit 1497 bzw. 1580 zu Spanien gehörten, also schon spanisch waren, bevor es Marokko gab. Es handle sich nicht um Kolonien, sondern um Städte, die seit Jahrhunderten fester Bestandteil von Spanien seien. Trotz der Spannungen kündigten M. und Spanien im August 1999 an, auf wirtschaftlichem und sozialem Gebiet in Zukunft enger kooperieren zu wollen.

Wirtschaft: Im März 2000 trat zwischen M. und der Europäischen Union (EU) das sog. Europa-Mittelmeerabkommen in Kraft. Es sieht die schrittweise Errichtung einer Freihandelszone für industriell hergestellte Waren bis 2012 vor. M. verpflichtete sich, den heimischen Markt für ausländische Investoren zu öffnen. Die EU-Staaten waren die wichtigsten Handelspartner von M. Von den marokanischen Importen im Wert von rund 9,8 Mrd US-Dollar (1998) stammten etwa 62% aus der EU. Bei den Exporten von insgesamt 6,9 Mrd US-Dollar war die Bedeutung der Absatzmärkte der EU für M. mit ca. 74% noch größer. Durch die Liberalisierung soll auch die marokkanische Konjunktur belebt werden. 1999 sank das BIP um 1,5%, nachdem es 1998 noch um 6,3% gestiegen war.

Marshall-Inseln	Republ. Marshall-Inseln	–
Landesfläche	181 km² (WR 186)	
Einwohner	63 000 (WR 184)	
Hauptstadt	Dalap-Uliga-Darrit (Majuro-Atoll, 15 000 Einwohner)	
Sprachen	Kajin-Majol, Englisch	
Währung	1 US-Dollar ($) = 100 Cents	
Zeit	Mitteleuropäische Zeit +11 h	
Gliederung	25 Gemeindebezirke	
Politik		
Staatsform	Republik (seit 1990)	
Regierungschef	Kessai H. Note (seit 2000)	
Staatspräsident	Kessai H. Note (seit 2000)	
Parlament	Nityela mit 33 Abgeordneten und beratende Versammlung mit Stammesführern, keine Parteien (Wahl von 1995)	
Internet	www.rmiembassyus.org	
Bevölkerung		
Religion	Christen (98,6%): Protestanten (90,1%), Katholiken (8,5%); Sonstige (1,4%)	
Nationalitäten	Mikronesier (96,9%); Sonstige (3,1%)	

Wirtschaft und Soziales			
Dienstleistung	82,2%	Urbanisierung	55%
Industrie	2,9%	Einwohner/km²	337
Landwirtschaft	14,9%	Bev.-Wachstum/Jahr	3,8%
BSP/Kopf	1540 $ (1998)	Kindersterblichkeit	k. A.
Inflation	k.A.	Alphabetisierung	91%
Arbeitslosigkeit	k. A.	Einwohner pro Arzt	2217

Marshall-Inseln
Ozeanien, Karte S. 445, F 1

Die rund 1200 M. erstrecken sich über 1130 km im zentralen Pazifik. Die Inseln bestehen alle aus Korallenkalk. Die Böden sind wenig ergiebig und meist nicht sehr tiefgründig. Auf den Atollinseln gibt es keine Flüsse, so dass die Versorgung mit Trinkwasser gelegentlich Schwierigkeiten bereitet. Im Gesundheitswesen war um 2000 die Grundversorgung auf den Hauptinseln zwar gewährleistet, doch beeinträchtigten Fehlernährung und mangelndes Fachpersonal auf einigen Inseln den Gesundheitszustand der Bevölkerung, insbes. von Kindern. In der Landwirtschaft wurden zur Selbstversorgung Kokosnüsse, Maniok, Süßkartoffeln, Brotfrüchte und Bananen angebaut. Neben der Fischerei werden als weitere Zweige der Meeresnutzung die Austernzucht und die Kultivierung von Seetang entwickelt. Die Industrie beschränkte sich auf wenige Kleinbetriebe zur Verarbeitung von Kopra, Kokosnussöl und Tunfisch. Die M. waren stark von den Finanzhilfen der USA abhängig (ca. 60% der Einnahmen).

Mauretanien	Islam. Republ. Mauretanien	**RIM**
Landesfläche	1 025 520 km² (WR 28)	
Einwohner	2,6 Mio (WR 132)	
Hauptstadt	Nouakchott (735 000 Einwohner)	
Sprachen	Arabisch, Französisch, afrik. Stammessprachen	
Währung	1 Ouguiya (UM) = 5 Khoums	
Zeit	Mitteleuropäische Zeit −1 h	
Gliederung	12 Regionen	
Politik		
Staatsform	Präsidialrepublik (seit 1960)	
Regierungschef	Afia Ould Mohawed Khouna (seit 1996)	
Staatspräsident	Mouamiya Sid Ahmed Ould Taya (seit 1984) *1943	
Parlament	Nationalversammlung mit 79 für fünf Jahre gewählten Abgeordneten; 71 Sitze für Republikanisch-Soziale Partei (PRDS), 8 für Andere (Wahl vom Oktober 1996)	
Internet	www.mauritania.mr	
Bevölkerung		
Religion	Muslime (99,5%); Christen (0,2%); Sonstige (0,3%)	
Ethn. Gruppen	Mauren (30%); Haratin (40%); Schwarzafrikaner (30%)	

Wirtschaft und Soziales			
Dienstleistung	43,4%	Urbanisierung	54%
Industrie	29,5%	Einwohner/km²	3
Landwirtschaft	27,1%	Bev.-Wachstum/Jahr	2,5%
BSP/Kopf	410 $ (1998)	Kindersterblichkeit	9,2%
Inflation	k.A.	Alphabetisierung	38,4%
Arbeitslosigkeit	k.A.	Einwohner pro Arzt	11 085

Mauretanien
Afrika, Karte S. 441, A 3

Menschenrechtsorganisationen beklagten 1999 wiederholt die sozialen Verhältnisse in M. Sie betonten, dass die Regierung keine Maßnahmen gegen Rassendiskriminierung, Sklaverei, Analphabetentum, Armut und Korruption ergreife. Insbes. die weit verbreitete Praxis der Genitalbeschneidung wurde kritisiert. Sie ist ein alter Brauch, der bereits vor der Ausbreitung des Islam entstand, heute aber oft religiös begründet wird. Mädchen werden meist von der zweiten Woche nach der Geburt an ohne Betäubung und unter schlechten hygienischen Bedingungen verstümmelt. Folge sind Blutungen und Infektionen, später vielfältige organische Komplikationen und psychische Probleme. Im März 1998 hatte die Weltbank M. einen Kredit über 24 Mio US-Dollar gewährt, der zur Finanzierung von Gesundheitsprogrammen bestimmt war. Viele Staatsbedienstete in M. standen Ende 1999 im Verdacht, das Geld für eigene Belange ausgegeben zu haben.

Mauritius

Afrika, Karte S. 441, F 6

Lt. Bericht der UN-Drogenbehörde INCB (Wien) entwickelte sich M. wie zahlreiche andere Staaten in Afrika 1999 zum wichtigen Umschlagplatz für den Rauschgifthandel. Nachdem Nigeria als Transitland für die illegalen Handelsrouten aus Lateinamerika in die USA und nach Europa durch internationale Anstrengungen an Bedeutung verloren hatte, wichen die Drogenhändler auf andere Routen aus. Als Zwischenstationen für Heroin aus Lateinamerika und Asien galten um 2000 außer M. auch Tansania, Kenia und Ghana. In diesen Ländern wurden die Flughäfen, die über internationale Verbindungen verfügten, schlecht kontrolliert. Entlang der Handelsrouten nahm lt. INCB auch der Drogenkonsum in Afrika deutlich zu. Die Gewinne aus dem kriminellen Handel wurden zur Finanzierung von Bürgerkriegen in Afrika verwendet. Dem Bericht zufolge wurden in den Bürgerkriegen z. B. im Kongo oder in Sierra Leone Kindersoldaten durch Drogen willig gemacht, gefährliche Operationen auszuführen.

Mauritius Republik Mauritius		MS
Landesfläche	2040 km² (WR 167)	
Einwohner	1,2 Mio (WR 148)	
Hauptstadt	Port Louis (165000 Einwohner)	
Sprachen	Englisch, Kreolisch, Hindi, Urdu, Chinesisch, Französisch	
Währung	1 Mauritius-Rupie = 100 Cents	
Zeit	Mitteleuropäische Zeit +3 h	
Gliederung	9 Distrikte, 3 Inselgruppen	
Politik		
Staatsform	Republik (seit 1992)	
Regierungschef	Navin Ramgoolam (seit 1995) *1947	
Staatspräsident	Cassam Uteem (seit 1992) *22.3.1941	
Parlament	Nationalversamml. mit 62 für fünf Jahre gewählten Mitgl.; 35 Sitze für Sozialdem., 25 für MMM, 2 Sonst. (Wahl: 1995)	
Internet	http://ncb.intnet.mu/govt/house.htm	
Bevölkerung		
Religion	Hindus (53%); Christen (30%); Muslime (13%); Sonst. (4%)	
Ethn. Gruppen	Indo-Pakistani (68%); Kreolen (23%); Chinesen (3%); Weiße (3%); Sonstige (3%)	
Wirtschaft und Soziales		
Dienstleistung	61%	Urbanisierung	43,6%
Industrie	30%	Einwohner/km²	588
Landwirtschaft	9%	Bev.-Wachstum/Jahr	0,8%
BSP/Kopf	3730 $ (1998)	Kindersterblichkeit	1,6%
Inflation	6,9% (1999)	Alphabetisierung	83%
Arbeitslosigkeit	ca. 6,4 (1999)	Einwohner pro Arzt	1182

Mazedonien

Europa, Karte S. 437, E 7

Bei der Teilwiederholung der Stichwahl um das Amt des mazedonischen Präsidenten siegte im Dezember 1999 der Kandidat der Regierungspartei VMRO, Boris Trajkovski (43). Er erhielt rund 70000 Stimmen mehr als sein sozialdemokratischer Gegenkandidat Tito Petkovski. Die Stichwahlen mussten wiederholt werden, weil zuvor in 199 von 2793 Wahlbüros Fälschungen festgestellt worden waren.

Innenpolitik: Trajkovski, der seinen Sieg vor allem den Stimmen der albanischen Minderheit (rund 23% der 2,2 Mio Einwohner in M.) verdankte, trat für die Wiederbelebung der traditionellen Werte des Landes und eine engere Kooperation mit den Nachbarländern ein. Sein Gegenspieler Petkovski hatte in der ersten Runde noch mit 112000 Stimmen vor Trajkovski gelegen. Petkovski gehört dem aus der KP hervorgegangenen Sozialdemokratischen Bund Mazedoniens an und widersetzte sich der Forderung der Albaner nach mehr Autonomie. Nach sei-

Mazedonien Republik Mazedonien		MK
Landesfläche	26713 km² (WR 144)	
Einwohner	2,0 Mio (WR 140)	
Hauptstadt	Skopje (466000 Einwohner)	
Sprachen	Mazedon., Alban.,Türk., Serb.	
Währung	Mazedonischer Denar	
Zeit	Mitteleuropäische Zeit	
Gliederung	34 Gemeindebezirke	
Politik		
Staatsform	Republik (seit 1991)	
Regierungschef	Ljupco Georgievski (seit 1998) *17.1.1966	
Staatspräsident	Boris Trajkovski (seit 1999) *25.6.1956	
Parlament	120 für vier Jahre gewählte Abgeordneten; 59 Sitze für demokr. altern. Sozialisten (VMRO und DA), 29 für sozialdemokr. Liga Mazedoniens (SDSM), 25 für Albaner (PDP/PDPA/NDP), 7 für Sonst. (Wahl von 1998)	
Bevölkerung		
Religion	Unabhängige Mazedonisch-, Serbisch-, Bulgarisch- und Griechisch-Orthodoxe (59%); Muslime (26%); Sonst. (15%)	
Nationalitäten	Mazedonier (66,5%); Albaner (22,9%); Sonstige (10,6%)	
Wirtschaft und Soziales		
Dienstleistung	59,1%	Urbanisierung	61%
Industrie	30,9%	Einwohner/km²	75
Landwirtschaft	10,0%	Bev.-Wachstum/Jahr	0,6%
BSP/Kopf	1290 $ (1998)	Kindersterblichkeit	2,5%
Inflation	−1,1% (1999)	Alphabetisierung	94%
Arbeitslosigkeit	32,4% (1999)	Einwohner pro Arzt	430

nem Sieg im ersten Wahlgang war befürchtet worden, dass das labile Gleichgewicht zwischen den Volksgruppen in M. gefährdet werden könne. Der vorherige Präsident Kiro Gligorov (82) war aus Altersgründen nicht mehr zur Wiederwahl angetreten. Er hatte die Republik 1991 in die Unabhängigkeit von Jugoslawien geführt.

Wirtschaft: Die mazedonische Volkswirtschaft litt 1999 unter den Folgen des Kosovo-Krieges, zeigte aber in der zweiten Jahreshälfte deutliche Erholungstendenzen. Nachdem das BIP in den ersten Monaten um bis zu 15% gesunken war, stieg es gegen Ende des Jahres wieder deutlich an, so dass die Volkswirtschaft 1999 insgesamt mit 2,7% nur unwesentlich langsamer wuchs als im Vorjahr (2,9%). Die Arbeitslosenquote ging gegenüber dem Vorjahr (34,5%) auf 32,4% zurück. Eines der größten wirtschaftlichen Probleme war, dass mit Jugoslawien der nach Deutschland wichtigste Exportmarkt verloren ging. Die Transportkosten für Ausfuhren stiegen um etwa ein Drittel, weil der Korridor durch Jugoslawien nach Mittel- und Westeuropa versperrt war. Die Weltbank schätzte die Verluste der ma-

zedonischen Wirtschaft durch den Kosovo-Krieg auf 630 Mio US-Dollar. Eine weitere Verbesserung der ökonomischen Lage erhoffte sich M. insbes. vom Stabilitätspakt für Südosteuropa, in dem die westeuropäischen Staaten und die USA für den Wiederaufbau im Kosovo rund 1 Mrd Euro bereitstellten.

Privatisierung: Seit M. 1991 seine Unabhängigkeit erklärte, wurden weite Teile der staatlichen Wirtschaft privaten Betreibern übergeben. Allein zwischen 1995–97 wurden etwa 1000 der 1200 Staatsbetriebe verkauft. Nach Ausbruch der Kosovokrise geriet der Privatisierungsprozess kurzzeitig ins Stocken, wurde danach aber wieder stärker vorangetrieben. So zahlte im März 2000 der griechische Konzern Hellenic Petroleum die erste Rate von 5 Mio US-Dollar für die mazedonische Ölraffinerie OKTA. Der Staatsbetrieb war hoch verschuldet, so dass der Großteil der Einnahmen aus der Veräußerung zur Tilgung der Kredite verwendet werden musste. Den Rest aus dem Verkaufserlös wollte M. in den Bau der Ölpipeline zwischen Skopje und Thessaloniki (Griechenland) investieren.

Mexiko Vereinigte Mexikanische Staaten **MEX**	
Landesfläche	1,96 Mio km² (WR 14)
Einwohner	97,4 Mio (WR 11)
Hauptstadt	Mexiko-Stadt (19,4 Mio Einw.)
Sprachen	Spanisch, indianische Sprachen
Währung	1 Peso (mex$) = 100 Centavos
Zeit	Mitteleuropäische Zeit –7 h
Gliederung	31 Bundesstaaten, 1 -distrikt
Politik	
Staatsform	Präsidiale Bundesrepublik (seit 1917)
Regierungschef	Vicente Fox (seit 2000) *2.7.1942
Staatspräsident	Vicente Fox (seit 2000) *2.7.1942
Parlament	Kongress aus Abgeordnetenhaus mit 500 für drei Jahre gewählten Abgeordneten und Senat mit 128 Mitgliedern; im Abgeordnetenhaus 234 Sitze für Allianz für den Wechsel (weitere Sitzverteilung noch unklar)
Bevölkerung	
Religion	Christen (94,6%); Juden (0,1%); Sonstige (5,3%)
Ethn. Gruppen	Mestizen (60%); Indios (30%); Weiße (9%); Sonstige (1%)
Wirtschaft und Soziales	

Dienstleistung	61,2%	Urbanisierung	74%
Industrie	31,4%	Einwohner/km²	50
Landwirtschaft	7,4%	Bev.-Wachstum/Jahr	1,6%
BSP/Kopf	3840 $ (1998)	Kindersterblichkeit	3,1%
Inflation	12,3% (1999)	Alphabetisierung	90,1%
Arbeitslosigkeit	2,5% (1999)	Einwohner pro Arzt	621

Mexiko
Mittelamerika, Karte S. 440, C 8

Bei den Präsidentschaftswahlen im Juli 2000 siegte der Oppositionskandidat Vicente Fox von der Partei Allianz für den Wechsel mit 42,7% der Stimmen.

Innenpolitik: Damit löste Fox die seit 71 Jahren regierende Partei der Institutionalisierten Revolution ab, deren Kandidat Francisco Labastida lediglich 35,8% der Stimmen bekam. Allerdings muss Fox ohne parlamentarische Mehrheit regieren, weil seine Partei im Abgeordnetenhaus lediglich 234 von 500 Sitzen erhielt.

Studentenstreik: Im Februar 2000 räumten mehr als 2500 Polizisten die Autonome National-Universität von Mexiko-Stadt und nahmen rund 650 Studenten fest. Die größte Universität Lateinamerikas wurde seit April 1999 von Studenten besetzt und bestreikt. Ihre Aktion richtete sich ursprünglich gegen eine Erhöhung der Einschreibegebühren. Nachdem die Universität sie zurückgenommen hatte, forderte der »Allgemeine Streikrat« eine größere Beteiligung der Studenten an der Verwaltung. Die Mehrheit der Hochschüler hatte sich bereits im Januar 2000 in einer Abstimmung für die Beendigung des Streiks ausgesprochen. Bei den anschließenden gewaltsamen Auseinandersetzungen zwischen Befürwortern und Gegnern des Ausstands wurden ca. 30 Studenten verletzt.

Massengräber: Im November 1999 wurden bei Ciudad Juárez nahe der mexikanisch-US-amerikanischen Grenze zwei Massengräber entdeckt. Bei den rund 100 Leichnamen handelte es sich vermutlich um Opfer von Rauschgiftverbrechern. Die Untersuchungsbehörden machten das Juárez-Drogenkartell für die mutmaßlichen Morde verantwortlich, das unter dem Mexikaner Amado Carrillo Fuentes Anfang der 1990er Jahre zur beherrschenden kriminellen Organisation des Landes geworden war. 1997 starb Carrillo nach einer angeblich missglückten Gesichtsoperation. Danach kam es zum Krieg zwischen dem Juárez-Kartell und rivalisierenden Banden, bei denen mehrere hundert Menschen getötet wurden.

Wirtschaft: Die mexikanische Volkswirtschaft wuchs 1999 um 3,7%, nachdem das BIP 1998 noch um 4,8% gestiegen war. Die stabile konjunkturelle Entwicklung wurde u. a. auf die steigenden Preise für Rohöl, eines der wichtigsten mexikanischen Ausfuhrgüter, und die gute wirtschaftliche Verfassung der USA zurückgeführt, in die rund 80% der mexikanischen Exporte gingen. Die Inflationsrate fiel 1999 von 19% auf 12,3%; es war der tiefste Stand seit 1994. Im Jahr 2000 sollte die Inflationsrate sogar deutlich unter 10% fallen. Die Verringerung der Preissteigerungsquote wurde insbes. auf die Aufwertung des Peso gegenüber dem US-Dollar zurückgeführt, welche die Importe begünstigte und den Preisdruck auf einheimische Unternehmen erhöhte. Wegen der Inflation betrug die Kaufkraft der Mexikaner 1999 nur 75% des Wertes von 1994.

Freihandelsabkommen: Vertreter von M. und der EU einigten sich im Februar 2000 auf ein Freihandelsabkommen, das im Juli 2000 in Kraft trat. Danach werden die Zölle für 95% der Produkte im gegenseitigen Handel schrittweise abgeschafft. Die Einigung soll für industrielle Güter bis 2007 und für landwirtschaftliche Produkte bis 2010 verwirklicht sein.

Mikronesien
Ozeanien, Karte S. 445, D 1

M. besteht aus 900 kleinen Inseln und Atollen, die sich über 3200 km in Ozeanien zwischen Palau und den Marshall-Inseln erstrecken. Die Inseln bestehen aus Korallenkalk, dem einzigen Bodenschatz. Die Böden sind wenig ergiebig und meist nicht sehr tiefgründig. Nur auf einigen etwas höheren Inseln mit Vulkankernen gibt es fruchtbarere Böden. Das Bevölkerungswachstum war um 2000 mit 3,3% jährlich extrem hoch; allerdings wanderten viele Menschen in die USA aus. Da die Einwohner in M. weit verstreut leben, gibt es zahlreiche mikronesische Dialekte. Die Insulaner betreiben Ackerbau und Fischerei zumeist zur Selbstversorgung. Finanziell ist der Inselstaat von den USA abhängig, die um 2000 rund 70% des Haushaltes von M. bestritten. Der Tourismus war zwar eine wichtige Einnahmequelle, doch die weitere Entwicklung des Fremdenverkehrs wurde durch die mangelhafte Infrastruktur erheblich behindert.

Mikronesien Föderat. Staaten Mikronesien **FSM**	
Landesfläche	702 km² (WR 172)
Einwohner	138000 (WR 175)
Hauptstadt	Kolonia (Pohnpei; 33 100 Einw.)
Sprachen	Englisch, mikronesische Dialekte
Währung	1 US-Dollar (US-$) = 100 Cents
Zeit	Mitteleuropäische Zeit +8/9 h
Gliederung	4 Teilstaaten
Politik	
Staatsform	Bundesrepublik (seit 1991)
Regierungschef	Leo Falcam (seit 1999)
Staatspräsident	Leo Falcam (seit 1999)
Parlament	Kongress mit 14 Sitzen; 4 Abgeordnete für vier Jahre und 10 Abgeordnete für 2 Jahre gewählt, die vier Bundesstaaten wählen eigene Parlamente; keine politischen Parteien
Internet	www.fsmgov.org
Bevölkerung	
Religion	Christen (100%): Katholiken (42,5%), Sonstige (57,5%)
Ethn. Gruppen	Trukese (41,4%); Pohnpeian (25,9%); Mortlockese (8,3%); Kosraean (7,4%); Yapese (6%); Sonstige (11%)

Wirtschaft und Soziales			
Dienstleistung	57,8%	**Urbanisierung**	43%
Industrie	–	**Einwohner/km²**	197
Landwirtschaft	42,2%	**Bev.-Wachstum/Jahr**	3,2%
BSP/Kopf	1800 $ (1998)	**Kindersterblichkeit**	k.A.
Inflation	k.A.	**Alphabetisierung**	77%
Arbeitslosigkeit	k.A.	**Einwohner pro Arzt**	2069

Moldawien Republik Moldau	MD
Landesfläche	33 700 km² (WR 135)
Einwohner	4,4 Mio (WR 114)
Hauptstadt	Chisinau 765 000 Einwohner)
Sprachen	Rumänisch, Russ., Ukrainisch
Währung	1 Moldau-Leu = 100 Bani
Zeit	Mitteleuropäische Zeit +1 h
Gliederung	38 Distrikte, 10 Städte
Politik	
Staatsform	Republik (seit 1991)
Regierungschef	Dumitru Braghi (seit 1999) *1957
Staatspräsident	Petru Lucinschi (seit Januar 1997) *27.1.1940
Parlament	101 für fünf Jahre gewählte Abgeordnete; 40 Sitze für Kommunisten; 26 für Demokr. Konvention; 24 für Bündnis BDPM; 11 für Demokr. Kräfte, 3 für Andere (Wahl: 1998)
Internet	www.rol.org/moldova
Bevölkerung	
Religion	Orthodoxe Christen (60%); Juden (10%); Sonstige (30%)
Nationalitäten	Moldauer (Rumänen 64,5%); Ukrainer (13,8%); Russen (13%); Gagausen (3,5%); Bulgaren (1,5%); Sonstige (3,7%)
Wirtschaft und Soziales			

Wirtschaft und Soziales			
Dienstleistung	30%	**Urbanisierung**	54%
Industrie	32%	**Einwohner/km²**	131
Landwirtschaft	38%	**Bev.-Wachstum/Jahr**	0%
BSP/Kopf	380 $ (1998)	**Kindersterblichkeit**	2,9%
Inflation	43,8% (1999)	**Alphabetisierung**	98,3%
Arbeitslosigkeit	2% (1999)	**Einwohner pro Arzt**	250

Moldawien
Europa, Karte S. 437, F 5

Im November 1999 wurde die erst seit Februar regierende Mitte-Rechts-Koalition von Premierminister Ion Sturza durch ein Misstrauensvotum des Parlaments gestürzt. Unabhängige, Christdemokraten und Kommunisten initiierten das Misstrauensvotum aus Protest gegen den Budgetentwurf für 2000. Er sah u.a. die Privatisierung staatlicher Wein- und Tabakmonopole vor. Die neue Regierung stellten Kommunisten, rechtsnationale kommunistische Volksfront und Unabhängige, die aus ehemaligen Sozialdemokraten, Konservativen, Ökologen und Kommunisten bestand. Neuer Regierungschef wurde Dumitru Braghi. Das Misstrauensvotum und die ideologisch konträre Zusammensetzung der neuen Führung wurden als Zeichen für den politischen Niedergang von M. gewertet. Die politische Elite im Land galt als korrupt und unter dem Einfluss von kriminellen Organisationen stehend. Unter den Parlamentariern kursierte große Angst vor Attentaten, so dass sie im Plenum oft Waffen trugen.

Monaco Fürstentum Monaco	MC
Landesfläche	1,95 km² (WR 191)
Einwohner	33 000 (WR 186)
Hauptstadt	Monaco-Ville
Sprachen	Franz., Mone-gassisch, Italienisch
Währung	1 Französischer Franc (FF) = 100 Centimes
Zeit	Mitteleuropäische Zeit
Gliederung	Fürstentum
Politik	
Staatsform	Konstitutionelle Monarchie (seit 1962)
Regierungschef	Patrick Leclercq (seit 2000) *1938
Staatsoberhaupt	Fürst Rainier III. (seit 1949) * 31.5.1923
Parlament	Nationalrat mit 18 für fünf Jahre direkt vom Volk gewählten Abgeordneten; 18 Sitze für Union Nationale et Démocratique (Wahl: 1998)
Bevölkerung	
Religion	Katholiken (87%); Protestanten; Juden; Antoniter; Muslime
Nationalitäten	Franzosen (47%); Italiener (17%); Monegassen (17%); Sonstige (19%)
Wirtschaft und Soziales			

Wirtschaft und Soziales			
Dienstleistung	73%	**Urbanisierung**	100%
Industrie	27%	**Einwohner/km²**	17000
Landwirtschaft	0%	**Bev.-Wachstum/Jahr**	0,4%
BSP/Kopf	ca. 40 000 $ (1997)	**Kindersterblichkeit**	k. A.
Inflation	k. A.	**Alphabetisierung**	100%
Arbeitslosigkeit	k. A.	**Einwohner pro Arzt**	490

Monaco
Europa, Karte S. 437, C 6

M. erfuhr um 2000 einen Imageverlust durch Berichte, wonach das Fürstentum zum Fluchtpunkt krimineller Organisationen geworden sei. Insbes. die russische Mafia sollte in M. etabliert haben. Der Chef der russischen Abteilung für Wirtschaftsverbrechen, Wladimir Makarow, bestätigte gegenüber der russischen Agentur RIA-Nowosti, dass annähernd 500 000 Unternehmen in Russland von der Mafia kontrolliert würden. Milliardensummen wurden jedes Jahr ins Ausland, vor allem nach M., transferiert. Anfang der 1990er Jahre wurde M. erstmals eine Schlüsselrolle bei der »Wäsche« internationaler Drogengelder zugewiesen. Mit der Sondereinheit »Siccfin« wurde 1994 eine Kontrollinstanz eingerichtet, die M. vor internationalen Verbrecherorganisationen schützen sollte. Doch häuften sich 1999 Vorfälle, die den Verdacht verstärkten, dass die monegassischen Banken nicht allen Verdachtsmomenten der Geldwäsche nachgingen und meldeten.

Mongolei

Asien, Karte S. 443, F 3

Bei den Parlamentswahlen im Juli 2000 siegte die oppositionelle Mongolische Revolutionäre Volkspartei. Sie erhielt 71 der 76 Mandate. Die Kommunisten hatten mehr als 70 Jahre lang die M. regiert, bevor sie 1996 einer Koalition aus National- und Sozialdemokraten weichen mussten. Die beiden vorherigen Regierungsparteien erlitten eine vernichtende Niederlage. So erhielten die Nationaldemokraten lediglich noch zwei Sitze, die Sozialdemokraten keinen einzigen. Je ein Mandat ging an das Bündnis Zivilcourage/Grüne, an die Demokratischen Neuen Sozialisten und an einen unabhängigen Kandidaten aus dem Bezirk Khuwsgul. Die Niederlage der vorherigen Regierungsparteien wurde auf die Unzufriedenheit der Bevölkerung mit ihrer Wirtschaftspolitik zurückgeführt. Außerdem galten beide Parteien als zerstritten. Als aussichtsreichster Kandidat für den Posten des Ministerpräsidenten galt Mitte 2000 Nambariin Enkhbayar, der mit der Regierungsbildung beauftragt wurde.

Mongolei	MNG
Landesfläche	1,57 Mio. km² (WR 18)
Einwohner	2,6 Mio (WR 132)
Hauptstadt	Ulan-Bator (666000 Einwohner)
Sprachen	Mongolisch, Kasachisch, Russ.
Währung	1 Tugrik (Tug) = 100 Mongo
Zeit	Mitteleuropäische Zeit +7/8 h
Gliederung	18 Provinzen
Politik	
Staatsform	Republik (seit 1992)
Regierungschef	Nambariin Enkhbayar (Mitte 2000 mit Regierungsbildung beauftragt)
Staatspräsident	Natsagiin Bagabandi (seit 1997) *22.4.1950
Parlament	Großer Staatschural mit 76 für vier Jahre gewählten Abgeordneten; 71 Sitze für Mongolische Revolutionäre Volkspartei, 5 für Sonstige (Wahl von 2000)
Internet	www.pmis.gov.mn www.parl.gov.mn
Bevölkerung	
Religion	Buddhistische Lamaisten; Schamanisten; Muslime
Ethn. Gruppen	Mongolen (88,5%); Turkvölker (6,9%); Sonstige (4,6%)
Wirtschaft und Soziales	

Wirtschaft und Soziales			
Dienstleistung	55,8%	Urbanisierung	62%
Industrie	29,5%	Einwohner/km²	2
Landwirtschaft	14,7%	Bev.-Wachstum/Jahr	1,7%
BSP/Kopf	380 $ (1998)	Kindersterblichkeit	5,1%
Inflation	17,5% (1997)	Alphabetisierung	84%
Arbeitslosigkeit	15% (1997)	Einwohner pro Arzt	389

Mosambik

Afrika, Karte S. 441, E 7

Bei den Parlamentswahlen im Dezember 1999 erhielt die regierende linksgerichtete Befreiungsfront Mosambiks (Frelimo) von Präsident Joaquim Chissano 48,9% der Stimmen, das konservative Bündnis Nationaler Widerstand Mosambiks (Renamo) 38,6%. Bei der Präsidentschaftswahl siegte der seit 1986 regierende Sozialist Chissano mit 52% vor Renamo-Chef Afonso Dhlakama mit 48%.

Innenpolitik: Frelimo besetzte im neuen Parlament 133 der 250 Sitze, Renamo 117 Mandate. Die Renamo weigerte sich aber, das Ergebnis anzuerkennen, weil es nach ihrer Auffassung zu zahlreichen Fehlern bei der Auszählung der Stimmen gekommen sei. Der Oberste Gerichtshof von M. erklärte jedoch das Ergebnis der Wahlen für rechtmäßig. Die Renamo erwog daher Mitte 2000, zur Politik der Konfrontation zurückzukehren. 1976–90 führte die Renamo einen blutigen Bürgerkrieg gegen die regierende Frelimo-Partei, in dem ca. 100000 Men-

Mosambik Republik Mosambik	MOC
Landesfläche	801590 km² (WR 34)
Einwohner	19,3 Mio (WR 51)
Hauptstadt	Maputo (2,2 Mio Einwohner)
Sprachen	Portugiesisch, Bantu, Suaheli
Währung	1 Metical (MT) = 100 Centavos
Zeit	Mitteleuropäische Zeit +1 h
Gliederung	10 Provinzen
Politik	
Staatsform	Präsidiale Republik (seit 1990)
Regierungschef	Pascoal Manuel Mocumbi (seit 1994) *1941
Staatspräsident	Joaquim Alberto Chissano (seit 1986) *1939
Parlament	Volksversammlung mit 250 für fünf Jahre gewählten Abgeordneten; 133 Sitze für Frelimo, 117 für Renamo (Wahl von 1999)
Internet	www.mozambique.mz
Bevölkerung	
Religion	Volksreligionen (48%); Christen (39%); Muslime (13%)
Ethn. Gruppen	Makua (47,3%); Tsonga (23,3%); Malawi (12%); Shona (11,3%); Yao (3,8%); Sonstige (2,3%)
Wirtschaft und Soziales	

Wirtschaft und Soziales			
Dienstleistung	55%	Urbanisierung	38%
Industrie	12%	Einwohner/km²	24
Landwirtschaft	33%	Bev.-Wachstum/Jahr	2,5%
BSP/Kopf	210 $ (1998)	Kindersterblichkeit	11,4%
Inflation	5% (1998)	Alphabetisierung	83,6%
Arbeitslosigkeit	5% (1998)	Einwohner pro Arzt	143351

schen starben und 6 Mio Menschen vertrieben wurden.
Umwelt: Im Februar und März 2000 wurde M. von einer Flutkatastrophe heimgesucht. Wochenlange Regenfälle und Hochwasser führende Flüsse richteten Schäden von 165 Mio US-Dollar an. 800 000 Menschen wurden obdachlos, rund 1000 Menschen ertranken in den Fluten. Zahlreiche Bezirke, insbes. in der Provinz Gabo Delgado nahe der Grenze zu Tansania, waren von der Außenwelt abgeschnitten. Es bestand die Gefahr des Ausbruchs von Seuchen.
Wirtschaft: Internationale Wirtschafts- und Finanzinstitute fürchteten, dass durch die Katastrophe die wirtschaftliche Erholung in M. beendet werden könnte, die seit den 1990er Jahren zu Wachstumsraten bis zu 10% geführt hatte. Die Staatschefs im südlichen Afrika forderten die internationale Gemeinschaft auf, M. alle Schulden zu erlassen. Die Gesamtschulden von M. beliefen sich Anfang 2000 auf etwa 5,4 Mrd US-Dollar. Die deutsche Regierung kündigte an, die im Pariser Club zusammengeschlossenen Gläubigerländer zur Aussetzung des Schuldendienstes zu drängen.

Wirtschaftsstruktur: Obwohl sich der Agrarsektor infolge des Bürgerkriegs und mehrerer Dürrekatastrophen in einer tiefen Krise befand, bildete er Ende der 1990er Jahre mit einem BIP-Anteil von etwa einem Drittel und rund 80% aller Beschäftigten die Grundlage der Wirtschaft. Die Entstehung kleinbäuerlicher Betriebe nach der Rückkehr der Flüchtlinge aus dem In- und Ausland wurde durch unzureichende Vermarktungsmöglichkeiten und mangelnden Zugang zu Saatgut, Düngemitteln und Krediten erschwert, so dass nur etwa 10% der agrarisch nutzbaren Landesfläche bewirtschaftet wurden. Für den Export wurden 1999 insbes. Baumwolle, Zucker, Cashewnüsse und Kopra produziert. Der Anbau von Mais, Maniok, Hülsenfrüchten, Hirse und Reis reichte für die Eigenversorgung aber nicht aus. Von den Unruhen und Bürgerkrieg weitgehend unbeeinflusst blieb in den 1990er Jahren die Fischwirtschaft. Der Garnelenfang war 1999 einer der bedeutendsten Wirtschaftszweige des Landes. Klimakatastrophen und Verschmutzung durch Erdöl gefährdeten allerdings 1999 eine weitere Entwicklung dieses Bereiches.

Myanmar (Birma) Union Myanmar	MYA
Landesfläche	676 578 km² (WR 39)
Einwohner	45,1 Mio (WR 26)
Hauptstadt	Yangon/Rangun (3,87 Mio Einw.)
Sprachen	Birmanisch, regionale Sprachen
Währung	1 Kyat (K) = 100 Pyas
Zeit	Mitteleuropäische Zeit +5,5 h
Gliederung	7 Staaten, 7 Provinzen
Politik	
Staatsform	Sozialistische Republik, Militärregime (seit 1974, Putsch 1988)
Regierungschef	Than Shwe (seit 1992) *1933
Staatspräsident	Than Shwe (seit 1992) *1933
Parlament	Volksversammlung mit 485 für vier Jahre gewählten Abgeordneten; 392 Sitze für Nation. Liga für Demokratie, 93 für And. (Wahl von 1990, vom Militärregime nicht anerkannt)
Internet	www.itu.int/missions/Myanmar
Bevölkerung	
Religion	Buddh. (89%); Christen (5%); Muslime (5%); Sonst. (1%)
Ethn. Gruppen	Birmanen (69%); Shan (8,5%); Kayin (Karen, 6,2%); Rakhine (Arakan, 4,5%); Mon (2,4%); Sonstige (9,4%)

Wirtschaft und Soziales			
Dienstleistung	28%	Urbanisierung	27%
Industrie	10%	Einwohner/km²	67
Landwirtschaft	62%	Bev.-Wachstum/Jahr	1,2%
BSP/Kopf	770 $ (1997)	Kindersterblichkeit	7,9%
Inflation	49,1% (1999)	Alphabetisierung	82,7%
Arbeitslosigkeit	k. A.	Einwohner pro Arzt	12 500

Myanmar (Birma)
Asien, Karte S. 443, E 6

M. gehörte 1999 mit einem Pro-Kopf-Einkommen von 770 US-Dollar weiterhin zu den ärmsten Ländern der Welt. Dabei verfügt das Land über reiche Vorkommen an Erdgas, Gold, Kupfer, Steinkohle und Edelsteinen. Der seit 1988 regierenden Militärjunta, die jegliche Opposition im Land unterdrückt, gelang es ansatzweise, ausländische Investoren nach M. zu holen. Die Direktinvestitionen stiegen zwar von 1994 (2,1 Mio US-Dollar) bis 1999 (226 Mio US-Dollar) kontinuierlich an, reichten aber bei weitem nicht aus, um die Wirtschaft nachhaltig anzukurbeln. US-amerikanische, japanische, französische und niederländische Unternehmen investierten insbes. in die Ausbeutung der Offshore-Gasfelder. Ab Ende 1999 montierten japanische Autohersteller Kfz und Motorräder in M. Insgesamt stieg das BIP 1999 um 4,8% (1998: 4,3%), was beim Bevölkerungswachstum von 1,7% als zu gering eingestuft wurde, um die weit verbreitete Armut deutlich zu verringern.

Namibia

Afrika, Karte S. 441, C 6

Namibia	Republik Namibia		NAM
Landesfläche	824 292 km² (WR 33)		
Einwohner	1,7 Mio (WR 143)		
Hauptstadt	Windhuk (190 000 Einwohner)		
Sprachen	Englisch, Afrikaans, Dt., Bantu		
Währung	1 Namib. Dollar (ND) = 100 Cents		
Zeit	Mitteleuropäische Zeit +1 h		
Gliederung	13 Regionen		
Politik			
Staatsform	Präsidiale Republik (seit 1990)		
Regierungschef	Hage Geingob (seit 1990) *3.8.1941		
Staatspräsident	Sam Nujoma (seit 1990) *12.5.1929		
Parlament	Nationalversammlung mit 72 für fünf Jahre gewählten Mitgliedern; 55 Sitze für Südwestafrikan. Volksorganisation (SWAPO), 7 für Demokrat. Turnhallen-Allianz, 7 für Kongress der Demokraten. (COD), 3 für Andere (Wahl von 1999)		
Bevölkerung			
Religion	Christen (82%); Sonstige (18%)		
Ethn. Gruppen	Ovambo (47,4%); Kavango (8,8%); Sonstige (43,8%)		
Wirtschaft und Soziales			
Dienstleistung	59%	Urbanisierung	39%
Industrie	25,6%	Einwohner/km²	2
Landwirtschaft	15,4%	Bev.-Wachstum/Jahr	2,2%
BSP/Kopf	1940 $ (1998)	Kindersterblichkeit	6,5%
Inflation	ca. 10% (1998)	Alphabetisierung	75,8%
Arbeitslosigkeit	ca. 40% (1998)	Einwohner pro Arzt	4328

Bei den Parlaments- und Präsidentschaftswahlen im November und Dezember 1999 verteidigte Amtsinhaber Sam Nujoma mit einer Zweidrittelmehrheit seiner Südwestafrikanischen Volksorganisation (SWAPO) für weitere fünf Jahre die Macht in Namibia. Der seit 1990 regierende Nujoma erhielt rund 77% der Stimmen, Gegenkandidat Ben Ulenga vom Kongress der Demokraten (COD) etwa 12%.

Innenpolitik: Bei den Parlamentswahlen kam die SWAPO auf einen Stimmenanteil von rund 76%. Die Demokratische Turnhallen-Allianz (DTA) und der COD hatten einen Stimmenanteil von 9,8% bzw. 9,3%. Die früher eng mit dem Apartheidregime im benachbarten Südafrika verbundene DTA verlor im Vergleich zu den Wahlen von 1994 fast die Hälfte ihrer Stimmen. Der COD war im März 1999 von unzufriedenen ehemaligen SWAPO-Mitgliedern gegründet worden. Die rund 30 europäischen Wahlbeobachter kritisierten, die SWAPO habe im Wahlkampf ungerechtfertigte Vorteile genossen: Öffentliche Gelder und Sendezeit im Staatsfernsehen seien in Relation zur Zahl der Parlamentssitze vergeben worden, was der regierenden Partei einen überwältigenden Vorteil gebracht habe. In Einzelfällen stellten EU-Beobachter Einschüchterung und Schikanen von Oppositionellen fest.

Sezessionsbestrebungen: Im August brachen in Katima Mulilo im namibischen Caprivi-Zipfel Gefechte zwischen den Sezessionisten der Caprivi Liberation Army (CLA) und namibischen Sicherheitskräften aus. Bei den gewaltsamen Auseinandersetzungen starben mind. 13 Menschen. Die Behörden verhängten über die Caprivi-Region eine Ausgangssperre; eine von der namibischen Regierung in den Caprivi-Zipfel entsandte Sondereinheit führte eine Militäraktion durch, bei der angeblich mehrere hundert Menschen gefoltert und umgebracht wurden. Internationale Menschenrechtsorganisationen kritisierten insbes. das brutale Vorgehen der Regierung. Die Autonomiebestrebungen im Caprivi-Zipfel verstärkten sich seit der Unabhängigkeit N.s (1990); die CLA hatte wiederholt behauptet, dass die Caprivi-Region mit ihren etwa 90 000 Einwohnern von der Regierung wirtschaftlich vernachlässigt und politisch unterdrückt werde.

Landreform: Präsident Nujoma schloss im Juni 2000 illegale Landbesetzungen nach dem Vorbild Simbabwes vorerst aus. Obwohl Nujoma Marxist war, ließ er nach der Unabhängigkeit von N. (1990) eine Verfassung ausarbeiten, in der das Prinzip der Freiwilligkeit bei einer Landreform festgeschrieben wurde. Die Regierung von N. muss Land von Weißen kaufen, wenn sie es an landlose Schwarze verteilen will. Bis 1999 kaufte die Regierung 76 Farmen mit einer Gesamtfläche von 461 000 ha für etwa 17 Mio DM. Allerdings verfügte Nujoma Mitte 2000 über eine ausreichende Mehrheit im Parlament, um die Verfassung zu ändern. Deshalb wuchs Mitte 2000 die Sorge der weißen Bevölkerung in N., dass Nujoma seine Meinung ändern und dem Vorbild Simbabwes folgen könnte. Ende 1999 besaß die weiße Minderheit (Bevölkerungsanteil: 6,1%) noch immer etwa 44% des gesamten Staatsgebietes.

Außenpolitik: Im Dezember 1999 griffen namibische Truppen erstmals an der Seite von Angola in den angolanischen Bürgerkrieg ein. Sie beschossen Stützpunkte der rechtsgerichteten Unita-Rebellen im Süden Angolas. Nach Vergeltungsangriffen der Unita gegen namibische Siedlungen und Armeestützpunkte flüchteten Bewohner aus der Okavango-Region im Norden von N. Die namibische Regierung erlaubte Angola, den Krieg gegen die Unita auch in N. weiterzuführen: Angolanische Regierungstruppen durften ihre Gegner über die namibische Nordgrenze verfolgen und Militärflugplätze in N. benutzen. N. unterstützte Angola u.a., weil Unita-Soldaten wiederholt die Grenze zu N. illegal überquert und im Caprivi-Zipfel Überfälle zur Geldbeschaffung ausgeübt hatten.

Wirtschaft: Im April 2000 sagte die deutsche Bundesregierung der namibischen Regierung Finanzhilfen von 31,2 Mio DM zu. Das Geld sollte für den Bau von Grundschulen und Straßen, zur Förderung des Kleingewerbes und für Programme zur Dezentralisierung der öffentlichen Dienstleistungen (z.B. Wasserversorgung) verwendet werden. Die deutsche Regierung kritisierte N. allerdings wegen der deutlichen Erhöhung des namibischen Verteidigungsetats um 65% auf ca. 213 Mio DM.

Tourismus: Im Dezember 1999 beschloss die Regierung, den vom Fremdenverkehr bislang ausgesparten Norden touristisch zu erschließen. Bis dahin setzten nur wenige Touristen die Reise von dem tierreichen Nationalpark der Etosha-Pfanne ins nahe gelegene traditionelle Wohngebiet des Volkes der Ovambo fort. Dies wurde u.a. auf die flache monotone Landschaft, den Mangel an touristischen Attraktionen und die Sorge vor der Malaria zurückgeführt. Die Regierung plante den Aufbau einer touristischen Infrastruktur im Norden und die Errichtung mehrerer Museen zur Geschichte des N.

Gesundheit: N. war um 2000 nach Simbabwe und Botswana das am stärksten vom Aids-Virus betroffene Land. Nach einer Studie der Vereinten Nationen (UN) waren etwa 20% der Namibier im Alter zwischen 15 und 49 Jahren mit dem HIV-Virus infiziert. Die Immunschwächekrankheit Aids war 1999 mit einem Anteil von 22% der Sterbefälle die häufigste Todesursache im Land. Die Lebenserwartung sank wegen der starken Verbreitung des Virus in den 1990er Jahren von 58 auf 55 Jahren.

■ **Staaten** → Angola → Kongo → Simbabwe

Nauru Republik Naruru	–
Landesfläche	21 km² (WR 190)
Einwohner	11 000 (WR 190)
Hauptstadt	–
Sprachen	Englisch, Nauruisch
Währung	1 Australischer Dollar (A$) = 100 Cents
Zeit	Mitteleuropäische Zeit +10,5 h
Gliederung	14 Gemeindedistrikte
Politik	
Staatsform	Parlamentarische Republik im Commonwealth (seit 1968)
Regierungschef	Bernard Dowiyogo (seit 2000) *14.2.1946
Staatspräsident	Bernard Dowiyogo (seit 2000) *14.2.1946
Parlament	Gesetzgebender Rat mit 18 für drei Jahre gewählten unabhängigen Abgeordneten, keine politischen Parteien (Wahl von 1997)
Bevölkerung	
Religion	Christen (90%); Sonstige (10%)
Ethn. Gruppen	Naruer (58%); sonstige Südseeinsulaner (26%); Europäer (8%); Chinesen (8%)

Wirtschaft und Soziales			
Dienstleistung	k.A.	Urbanisierung	48%
Industrie	k.A.	Einwohner/km²	524
Landwirtschaft	k.A.	Bev.-Wachstum/Jahr	1,3%
BSP/Kopf	10500 $ (1998)	Kindersterblichkeit	k.A.
Inflation	k.A.	Alphabetisierung	99%
Arbeitslosigkeit	k.A.	Einwohner pro Arzt	700

Nauru

Ozeanien, Karte S. 445, E 2

Das US-amerikanische Außenministerium stellte im März 2000 in seinem Jahresbericht zur Kontrolle des Drogenhandels fest, dass sich N. zu einem der weltweit wichtigsten Stützpunkte für Rauschgifthändler und Geldwäscher entwickelt habe. Vor allem die russische Mafia nutze den Pazifikstaat N. als Standort für Geldanlage aus dem Drogenhandel. Nach Angaben der russischen Zentralbank flossen 1999 rund 80 Mrd US-Dollar der russischen Drogenmafia nach N. Der im westlichen Pazifik gelegene Staat entwickelte sich in den 1990er Jahren zu einem Steuerparadies. Da die Phosphatvorkommen, bis dahin die wichtigste Einnahmequelle von N., bis 2010 erschöpft sein sollten, gründete der Staat Finanzinstitute, die von keiner zentralen Aufsichtsbehörde kontrolliert wurden. Internationale Wirtschafts- und Finanzinstitutionen drohten mit der Streichung von Krediten, falls N. keine geeigneten Maßnahmen zur Unterbindung der Geldwäsche treffen sollte.

Nepal

Asien, Karte S. 443, D 5

Im März 2000 trat Ministerpräsident Krishna Prasad Bhattarani von seinem Amt zurück, Nachfolger wurde Girija Prasad Koirala. 74 der insgesamt 113 Abgeordneten des regierenden Nepali Congress (NC) hatten Bhattarani zum Rücktritt aufgefordert und ein Misstrauensvotum gegen ihn angedroht. Bereits im Februar 2000 hatten elf Minister ihre Demission aus dem Kabinett des Ministerpräsidenten erklärt. Sie warfen Bhattarani vor, in seiner Amtszeit (seit Juni 1999) bei der Durchsetzung von Wirtschaftsprojekten ebenso versagt zu haben wie bei der Bekämpfung der seit 1996 andauernden inneren Unruhen. Wenige Tage vor dem Rücktritt der Minister waren bei einem Angriff maoistischer Guerilleros 15 nepalesische Polizisten getötet worden. Seit Ausbruch des sog. Volkskriegs der Maoisten für die Abschaffung der Monarchie starben etwa 1100 Menschen. Amnesty International (AI) warf im Januar 2000 beiden Parteien schwere Menschenrechtsverletzungen vor.

Nepal Königreich Nepal		NEP
Landesfläche	147 181 km² (WR 91)	
Einwohner	23,4 Mio (WR 42)	
Hauptstadt	Katmandu (420 000 Einwohner)	
Sprachen	Nepali, Newari, Maithili u. a.	
Währung	1 Nepal. Rupie (NR) = 100 Paisa	
Zeit	Mitteleuropäische Zeit +4,75 h	
Gliederung	14 Zonen	
Politik		
Staatsform	Konstitutionelle Monarchie (seit 1990)	
Regierungschef	Girija Prasad Koirala (seit 2000) *1925	
Staatsoberhaupt	König Birendra Bir Bikram Schah Deva (seit 1972) *1945	
Parlament	Oberhaus mit 60 Sitzen, Unterhaus mit 205 für fünf Jahre gewählten Mitgl.; 110 Sitze für Kongressp., 68 für Kommunist., 11 für Nationaldemokr., 16 für And. (Wahl: 1999)	
Internet	www.catmando.com/gov/industry/fipd/fipd.htm	
Bevölkerung		
Religion	Hindus (86%); Buddhisten (7%); Muslime (4%); Sonst. (3%)	
Ethn. Gruppen	Nepalesen (Gurkha, 53%); Bihan (18%); Tharu (5%); Niwar (3%); Tamang (5%); Sonst. (16%)	
Wirtschaft und Soziales		

Dienstleistung	30%	Urbanisierung	11%
Industrie	18%	Einwohner/km²	159
Landwirtschaft	52%	Bev.-Wachstum/Jahr	2,4%
BSP/Kopf	210 $ (1998)	Kindersterblichkeit	8,3%
Inflation	7,5% (1997)	Alphabetisierung	38,1%
Arbeitslosigkeit	k. A.	Einwohner pro Arzt	k. A.

Neuseeland

Ozeanien, Karte S. 445, F 6

Bei den Parlamentswahlen im November 1999 unterlag die konservative Regierung der National-Partei (NP) unter Premierministerin Jenny Shipley. Siegerin war die Labour-Partei von Helen Clark, die neue Regierungschefin wurde.

Innenpolitik: Labour kam auf 49 und die mit ihr verbündete Alliance-Partei auf zehn der 120 Sitze. Die Grünen, die erstmals an einer Parlamentswahl in N. teilgenommen hatten, übersprangen überraschend die Fünfprozenthürde (7 Parlamentssitze). Sie kündigten an, die neue Regierungskoalition zu dulden. Dem Parlament gehörten außer den drei Gruppierungen die Nationale Partei (39 Sitze), die liberale Partei ACT (9), die Gruppierung Neuseeland zuerst (5) und die Vereinigte Partei (1) an. Der Wahlkampf war geprägt vom Streit um die zukünftige wirtschaftliche Ausrichtung von N. Die Alliance-Partei hatte u. a. schärfere Kontrollen ausländischer Investoren und höhere Steuern zur Finanzierung größerer Sozial-

Neuseeland		NZ
Landesfläche	270 534 km² (WR 73)	
Einwohner	3,8 Mio (WR 119)	
Hauptstadt	Wellington (158 300 Einwohner)	
Sprachen	Englisch, Maori	
Währung	1 Neuseel-Dollar = 100 Cents	
Zeit	Mitteleuropäische Zeit +11 h	
Gliederung	16 Regionen	
Politik		
Staatsform	Parlamentarische Monarchie im Commonwealth (seit 1907)	
Regierungschef	Helen Clark (seit 1999) *26.2.1950	
Staatsoberhaupt	Königin Elizabeth II. (seit 1952) * 21.4.1926	
Parlament	Repräsentantenhaus mit 120 für drei Jahre gewählten Mitgliedern; 49 für Labour, 39 Sitze für National Party, 10 für Progressive Alliance, 9 für ACT, 13 für Sonst. (Wahl von 1999)	
Internet	www.govt.nz www.parliament.govt.nz	
Bevölkerung		
Religion	Anglikaner (21,4%); Presbyterianer (16%); Katholiken (14,8%); Sonstige (28,1%); Konfessionslose (19,7%)	
Ethn. Gruppen	Weiße (74%); Maori (10%); Polynesier (4%); Sonst. (12%)	
Wirtschaft und Soziales		

Dienstleistung	70%	Urbanisierung	87%
Industrie	21%	Einwohner/km²	14
Landwirtschaft	9%	Bev.-Wachstum/Jahr	1%
BSP/Kopf	14 600 $ (1998)	Kindersterblichkeit	0,7%
Inflation	2,1 (1999)	Alphabetisierung	99%
Arbeitslosigkeit	7,2% (1999)	Einwohner pro Arzt	301

ausgaben gefordert. Clark kündigte nach der Wahl an, die umstrittenen Arbeitsgesetze, mit denen die Macht der Gewerkschaften in N. beschnitten worden war, zu Gunsten der Arbeitnehmervertretungen zu ändern und das Arbeitsunfall-Versicherungssystem wieder zu verstaatlichen. Internationale Wirtschafts- und Finanzinstitutionen befürchteten, dass N., das in den 1980er und 1990er Jahren als Modell für den Freihandel galt, in eine protektionistische, stark reglementierende Wirtschaftspolitik zurückfallen könnte.

Außenpolitik: Die australische Regierung kritisierte im März 2000 die nach ihrer Ansicht viel zu geringen Verteidigungsausgaben von N. Sie betrugen 1999 mit rund 880 Mio australischen Dollar ca. 1% des BSP, während Australien mit rund 11 Mrd australischen Dollar 1,8% des BSP für die Landesverteidigung ausgab. Australien und N. sind militärisch seit dem Ersten Weltkrieg (1914–18) eng miteinander verbunden. In mehreren Verträgen hatten sie sich seitdem zur militärischen Kooperation verpflichtet, um die strategische Sicherheit der Pazifik-Region zu gewährleisten. Die neu-

seeländische Premierministerin Clark kündigte an, hinsichtlich der Verteidigung in Zukunft eigene Prioritäten zu setzen, um die Militärausgaben zu begrenzen.

Wirtschaft: Die Konjunktur in N. erholte sich 1999 von der Rezession des Vorjahres. Das BIP stieg um 2%, nachdem es 1998 wegen der Wirtschafts- und Finanzkrisen in Asien sowie außergewöhnlichen Dürreperioden um 0,2% gesunken war. Die Verbesserung der Wirtschaftslage war insbes. auf die gestiegenen Exporte nach Asien (+16% genüber 1998) zurückzuführen. Mehr als ein Drittel aller Ausfuhren von N. gingen 1999 nach Asien.

Steuererhöhungen: Im Dezember 1999 kündigte die neue neuseeländische Regierung an, den Spitzensteuersatz von 33% auf 39% zu erhöhen. Durch die Mehreinnahmen von rund 400 Mio neuseeländischen Dollar sollte das Sozial- und Bildungswesen verbessert werden. Außerdem versprach die Regierung, den Mindestlohn um rund 8% zu erhöhen. Insbes. die Landwirtschaftsverbände protestierten gegen diesen Anstieg, da Kostensteigerungen ihre Konkurrenzfähigkeit gefährdeten.

Nicaragua Republik Nicaragua		NIC
Landesfläche	130 000 km² (WR 95)	
Einwohner	4,9 Mio (WR 108)	
Hauptstadt	Managua (820 000 Einwohner)	
Sprachen	Spanisch, Chibcha	
Währung	1 Córdoba (C$) = 100 Centavos	
Zeit	Mitteleuropäische Zeit –7 h	
Gliederung	9 Regionen, 17 Departamentos	
Politik		
Staatsform	Präsidiale Republik (seit 1987)	
Regierungschef	Arnoldo Alemán Lacayo (seit Jan. 1997) *1946	
Staatspräsident	Arnoldo Alemán Lacayo (seit Jan. 1997) *1946	
Parlament	Nationalversamml. mit 93 vom Volk gewählten Mitgl.; 42 Sitze für Liberale Allianz, 37 für Sandinisten, 4 für Christdemokraten, 10 für Andere (Wahl von 1996)	
Internet	www.asamblea.gob.ni	
Bevölkerung		
Religion	Kath. (89,3%); Methodisten, Baptisten, Sonstige (10,7%)	
Ethn. Gruppen	Mestizen (69%); Weiße (17%); Schwarze, Mulatten, Zambos (9%); Indianer (5%)	
Wirtschaft und Soziales		
Dienstleistung	47,3%	**Urbanisierung**	64%
Industrie	19,9%	**Einwohner/km²**	38
Landwirtschaft	32,8%	**Bev.-Wachstum/Jahr**	2,4%
BSP/Kopf	370 $ (1998)	**Kindersterblichkeit**	4,3%
Inflation	k.A.	**Alphabetisierung**	63,4%
Arbeitslosigkeit	13,3% (1997)	**Einwohner pro Arzt**	1566

Nicaragua
Mittelamerika, Karte S. 440, B 5

Im Herbst 1999 verschärfte sich der Machtkampf zwischen Präsident Arnoldo Alemán und dem obersten Rechnungsprüfer von N., Agustín Jarquín.

Innenpolitik: Der populäre Christdemokrat Jarquín, der wegen seines energischen Einsatzes gegen die in N. weit verbreitete Korruption als größter Rivale Alemáns bei den Präsidentschaftswahlen von 2001 galt, wurde im November 1999 auf Antrag eines Strafgerichtes des Distriktes von Managua verhaftet. Jarquín sollte veruntreut haben. Im Dezember 1999 ließ ihn das Gericht aber wegen Mangels an Beweisen wieder frei. Die Verhaftung des Oppositionellen wurde auf den Einfluss Alemáns zurückgeführt, der den Ruf seines Rivalen zerstören wollte. Zuvor hatte Jarquín als Rechnungsprüfer zahlreiche Indizien gegen Alemán gesammelt, die darauf hindeuteten, dass er sich bereits als Bürgermeister von Managua Anfang der 1990er Jahre im Amt bereichert hatte. Mehrere von

Jarquín gegen Alemán eingeleitete Untersuchungen waren am Widerstand der Justizorgane gescheitert.

Verfassungsänderung: Im Februar 2000 setzte Präsident Alemán im Parlament eine Verfassungsänderung durch. Sie garantiert einem aus dem Amt scheidenden Staatsoberhaupt einen Sitz im Parlament. Nach einer Niederlage bei den Präsidentenwahlen von 2001 würde Alemán als Erster von der Neuregelung profitieren. Sie sicherte ihm nicht nur weiteren Einfluss auf die politischen Entscheidungen in N., sondern auch Immunität gegen gerichtliche Ermittlungen. Auf Initiative Alemáns beschloss die Nationalversammlung auch, das Amt des Rechnungsprüfers, das Alemáns Rivale Jarquín bekleidete, durch eine Kollegialbehörde zu ersetzen. Sie sollte aus fünf von Regierung und Parlament vorgeschlagenen Mitgliedern bestehen.

Wirtschaft: Die wirtschaftliche Entwicklung N.s wurde durch den jahrelangen Bürgerkrieg, staatssozialistische Experimente und Korruption stark beeinträchtigt. Das nach Haiti zweitärmste Land Lateinamerikas war auf massive Finanzhilfen aus dem Ausland angewiesen. Eines der größten wirtschaftlichen Probleme ist die äußerst schwach entwickelte Industrie, die sich hauptsächlich auf Fabriken zur Verarbeitung von Agrarprodukten und zur Textilherstellung beschränkte. Wichtigster Wirtschaftszweig war um 2000 immer noch die Landwirtschaft mit einem Anteil am BIP von 32,8%. Hauptanbauprodukte waren neben Grundnahrungsmitteln (Mais, Hirse, Reis und Bohnen) Kaffee, Zuckerrohr, Baumwolle und Bananen, von denen ein großer Teil exportiert wurde. Der Anteil von Agrarprodukten an der gesamten Ausfuhr des Landes betrug um 2000 rund 70%. Seit der Abwahl der Sandinisten (1990) gingen auch die nicht mehr bezahlbaren Sozialleistungen deutlich zurück, so dass 1998 etwa 40% der Bevölkerung in absoluter Armut (1 US-Dollar/Tag) lebten. Die Ausgaben für die Bildung wurden reduziert, so dass die Analphabetenquote bei ca. 37% lag. Ein weiteres Problem war die ungleiche Verteilung der Bevölkerung. Zwei Drittel lebten nahe der Pazifikküste in einem Gebiet, das ca. 15% des gesamten Territoriums ausmacht.

▪ **Staaten** → Honduras

Niederlande
Europa, Karte S. 437, B 3

Die Explosion eines Lagers für Feuerwerkskörper in einem Wohnviertel von Enschede führte im Mai 2000 zu einer schweren Katastrophe mit 18 Todesopfern. Der seit Ende der 1990er Jahre anhaltende Boom der niederländischen Wirtschaft führte um 2000 zu Arbeitskräftemangel und leichter Inflationsgefahr. Im März 2000 beschloss das Parlament, der jüdischen Gemeinschaft in den N. rund 360 Mio DM als Wiedergutmachung für im Zweiten Weltkrieg erlittene Schäden zu zahlen.

Innenpolitik: Die Volksvertreter gingen mit ihrer Entscheidung weit über die Empfehlung einer staatlichen Kommission hinaus, die eine Entschädigungssumme von etwa 225 Mio DM für angemessen gehalten hatte. Die Kommission hatte drei Jahre finanzielle u. a. Vermögenswerte jüdischer Bürger untersucht, die während der deutschen Besatzung (1940–45) gestohlen worden waren. Nach Schätzungen des Gremiums betrug das den Juden gestohlene

Niederlande Königreich der Niederlande	NL
Landesfläche	41 500 km² (WR 131)
Einwohner	15,7 Mio (WR 56)
Hauptstadt	Amsterdam (724 000 Einwohner)
Sprachen	Niederländisch, Friesisch
Währung	1 Gulden (hfl) = 100 Cent
Zeit	Mitteleuropäische Zeit
Gliederung	12 Provinzen
Politik	
Staatsform	Parlamentarische Monarchie (seit 1848)
Regierungschef	Wim Kok (seit 1994) *29.9.1938
Staatsoberhaupt	Königin Beatrix (seit 1980) *31.1.1938
Parlament	1. Kammer mit 75 von Provinzparl. entsandten, 2. Kammer mit 150 gewählten Abgeordneten; 45 Sitze für Sozialdemokr., 38 für Volkspartei; 29 für Christdemokr.; 14 für Demokr. '66; 11 für Grün Links; 13 für And. (Wahl: 1998)
Internet	www.postbus51.nl www.parlement.nl
Bevölkerung	
Religion	Christen (59%); Sonstige (4%); Konfessionslose (37%)
Nationalitäten	Niederländer (95,3%); Türken (1,4%); Sonstige (3,3%)

Wirtschaft und Soziales			
Dienstleistung	66,0%	**Urbanisierung**	89%
Industrie	29,8%	**Einwohner/km²**	378
Landwirtschaft	4,2%	**Bev.-Wachstum/Jahr**	0,4%
BSP/Kopf	24 780 $ (1998)	**Kindersterblichkeit**	0,6%
Inflation	2,1% (1999)	**Alphabetisierung**	99%
Arbeitslosigkeit	3,2% (1999)	**Einwohner pro Arzt**	398

Niederlande: Wirtschaftsentwicklung

	BIP-Anstieg (%)	Inflations-rate (%)	Arbeitslosen-quote	Haushaltsbilanz (% des BIP)
1999	4,0	2,1	3,2	▲ +0,5
1998	3,7	2,0	4,2	▼ −0,7
1997	3,8	2,2	5,6	▽ −0,9
1996	3,0	2,0	6,6	▼ −2,0

Vermögen mind. 900 Mio DM. Nach dem Krieg hatte der niederländische Staat bereits etwa 800 Mio DM zurückgegeben. Die jüdische Gemeinschaft in den N., die bis zu 2 Mrd DM gefordert hatte, akzeptierte die vom Parlament beschlossene Summe. Der Großteil des Geldes sollte bis 2003 an Überlebende oder deren Nachkommen ausgezahlt werden. Gegen den Plan, etwa 45 Mio DM für humanitäre Projekte im Ausland auszugeben, hatten einige jüdische Gruppen protestiert.

Enschede: Bei der Explosion in Enschede wurden im Mai 2000 18 Menschen getötet und ca. 600 Menschen teilweise schwer verletzt. Bis zu 400 Häuser wurden zerstört, weitere tausend schwer beschädigt. Die Explosion wurde durch ein Feuer in einer Halle von S.E. Fireworks, einem Lagerunternehmen für Feuerwerkskörper, ausgelöst. Dabei detonierten rund 100 t Feuerwerkskörper. Den Behörden in Enschede wurde vorgeworfen, den Bau eines solchen Lagers in einem dicht besiedelten Gebiet erlaubt zu haben.

Rücktritt des Innenministers: Im März 2000 trat Bram Peper von seinem Amt als Innenminister zurück. Ihm wurde vorgeworfen, in seiner früheren Funktion als Bürgermeister von Rotterdam (1982–98) Geld aus der Gemeindekasse für Privatausgaben verwendet zu haben. Er sollte u. a. zahlreiche private Feste auf der städtischen Jacht veranstaltet und die städtische Kreditkarte für private Reisen, Essen oder Einkäufe zweckentfremdet haben.

Asylgesetz: Im Juni 2000 wurde ein neues Asylgesetz verabschiedet, durch das die Verfahren über den Verbleib von Asylbewerbern beschleunigt werden sollten. Nach dem neuen Gesetz werden in den N. eintreffende Asylsuchende künftig nicht mehr in verschiedene Gruppen und nach einem bestimmten Flüchtlingsstatus beurteilt, sondern werden alle einem gleichen Prüfungsverfahren unterworfen. Insbes. für Asylsuchende, die ohne Dokumente in die N. einreisen, soll das Anerkennungsverfahren erschwert werden.

Wirtschaft: Die niederländische Wirtschaft befand sich 1999 in einer Boom-Phase. Das BIP wuchs um 4%, nachdem es bereits 1998 um 3,8% angestiegen war. Schon 1996 und 1997 hatte das Wirtschaftswachstum rund 3% betragen. Eine ähnliche Hochkonjunktur erlebten die N. zuletzt Anfang der 1970er Jahre vor der Ölpreiskrise. Die niederländische Wirtschaft profitierte 1999 von dem hohen US-Dollarkurs, der die heimischen Produkte auf dem Weltmarkt preiswerter machte. Die Ausfuhren nahmen 1999 im Vergleich zum Vorjahr um rund 5% zu. Die gute wirtschaftliche Lage regte den privaten Konsum an, der um 3,8% zunahm. Durch die Hochkonjunktur stiegen die Staatseinnahmen 1999 nach Schätzungen um 5,5 Mrd Euro, so dass der Haushalt einen Überschuss von 0,5% des BIP aufwies (1998: Defizit von 0,7% des BIP). Sorge bereitete den N. lediglich die Inflationsrate, die auf 2,1% stieg (1998: 1,8%) und aufgrund des anhaltenden Booms bis 2001 einen Wert von 3,25% erreichen könnte.

Arbeitskräftemangel: Im Dezember 1999 sank die Erwerbslosenquote in den N. auf ein Rekordtief von 3%. 207 000 Menschen waren ohne Arbeit, während die Zahl der offenen Stellen auf 182 000 stieg. Die niederländische Industrie klagte 1999 bereits über einen Mangel an Arbeitskräften, der nach ihrer Einschätzung zur Gefahr für die Wirtschaftsentwicklung werden könnte. Die niederländische Zentralbank (DNB) forderte, die Inaktiven wieder ins Arbeitsleben zu integrieren. In den N. hatten 1999 rund 1,6 Mio Menschen in irgendeiner Form Anrecht auf finanzielle Unterstützung durch den Staat. Um diese Gruppe für die Arbeitswelt zurückzugewinnen, erwog die niederländische Regierung, soziale Leistungen zu kürzen. Allerdings scheiterte im Oktober 1999 der Plan der Regierung, allein erziehenden Eltern die staatliche Unterstützung zu streichen, falls sie sich keine Arbeit suchen, am Widerstand des Parlamentes. Nach Ansicht der Mehrheit der Abgeordneten gebe es in den N. zu wenig Einrichtungen für die Kinderbetreuung.

Zeitgeschichte → Zwangsarbeiter

Niger

Afrika, Karte S. 441, B 3

Im Dezember 1999 legte der pensionierte Offizier Tandja Mamadou in der Hauptstadt Niamey seinen Amtseid ab. Das Militär unter Machthaber Daouda Mallam Wanke übergab nach dem Putsch vom April 1999 die Regierung wieder an einen zivilen Präsidenten. Das neue Staatsoberhaupt Mamadou versprach, für Frieden und Stabilität im N. zu sorgen. Das Land galt um 2000 mit einem BSP/Kopf von rund 200 US-Dollar als eines der ärmsten Staaten der Welt, das insbes. unter Wassermangel und dem Vordringen der Wüste (Desertifikation) litt. Das Militär hatte im Frühjahr 1999 unter Führung des Chefs der Leibgarde, Wanke, die Macht übernommen, nachdem Präsident Ibrahim Mainassara Barre von Leibgardisten ermordet worden war. Unter dem Druck westlicher Geberländer hatte Wanke im November 1999 einen Präsidenten und ein Parlament wählen lassen. Mamadou, der bei den Wahlen im November 1999 ca. 62% der Stimmen erhielt, gehörte in den 70er Jahren einer Militärregierung an.

Niger Republik Niger		RN
Landesfläche	1,27 Mio km² (WR 21)	
Einwohner	10,4 Mio (WR 73)	
Hauptstadt	Niamey (587 000 Einwohner)	
Sprachen	Französisch, Haussa u. a.	
Währung	CFA-Franc (FCFA)	
Zeit	Mitteleuropäische Zeit	
Gliederung	7 Dep., 38 Arrondissements	
Politik		
Staatsform	Präsidiale Republik (seit 1960)	
Regierungschef	Hama Amadou (seit 2000) *1950	
Staatspräsident	Tandja Mamadou (seit 1999) *1938	
Parlament	Nationalversamml. mit 83 für fünf Jahre gewählten Mitgl.; 38 Sitze für Nationale Bewegung (MNSD), 17 für Demokratische und Soziale Konvention (CDS), 16 für Sozialdemokraten (PNDS), 12 für Andere (Wahl von 1999)	
Internet	www.unesco.org/delegates/niger	
Bevölkerung		
Religion	Sunnitische Muslime (98,6%); Sonstige (1,4%)	
Ethn. Gruppen	Haussa (53%); Songhai (21%); Tuareg (11%); Sonst. (15%)	
Wirtschaft und Soziales		

Dienstleistung	43,6%	**Urbanisierung**	20%
Industrie	17,9%	**Einwohner/km²**	8
Landwirtschaft	38,5%	**Bev.-Wachstum/Jahr**	3,2%
BSP/Kopf	200 $ (1998)	**Kindersterblichkeit**	11,5%
Inflation	k.A.	**Alphabetisierung**	14,3%
Arbeitslosigkeit	ca. 30% (1997)	**Einwohner pro Arzt**	40 000

 # Nigeria

Afrika, Karte S. 441, C 4

Im Januar 2000 wurde in 19 Bundesstaaten im muslimisch geprägten Norden von N. die islamische Scharia als Recht eingeführt. Daraufhin brachen schwere Unruhen zwischen Christen und Muslimen aus. Im April 2000 sahen sich die meisten Gouverneure der 19 Bundesstaaten gezwungen, die Scharia wieder auszusetzen. Mitte 2000 galt aber in den Bundesstaaten Zamfara und Sokoto das islamische Recht.

Innenpolitik: Nach der Schaffung von 24 Scharia-Gerichten in Zamfara demonstrierten tausende von Christen in Kaduna gegen die Einführung des islamischen Rechts. Bei den Auseinandersetzungen zwischen Muslimen und Christen starben ca. 300 Menschen, Kirchen und Moscheen wurden in Brand gesetzt. Im Februar 2000 begannen Jugendliche in Aba, der Hauptstadt des südostnigerianischen Bundesstaates Abia, eine Jagd auf Muslime, der etwa 30 Menschen zum Opfer fielen. Bereits im November 1999 waren in Lagos schwere Kämpfe zwi-

Nigeria Bundesrepublik Nigeria		WAN
Landesfläche	923 768 km² (WR 30)	
Einwohner	108,9 Mio (WR 10)	
Hauptstadt	Abuja (310 000 Einwohner)	
Sprachen	Englisch, Arabisch u. a.	
Währung	1 Naira (N)= 100 Kobo	
Zeit	Mitteleuropäische Zeit	
Gliederung	36 Bundesstaaten	
Politik		
Staatsform	Präsidiale Republik (seit 1979), Militärregime (ab 1983)	
Regierungschef	Olusegun Obasanjo (seit 1999) *5.5.1937	
Staatspräsident	Olusegun Obasanjo (seit 1999) *5.5.1937	
Parlament	Senat mit 109 für vier Jahre und Repräsentantenhaus mit 360 für vier Jahre gewählten Abgeordneten; 59 (206) Sitze für Demokrat. Volkspartei, 29 (74) für Volkspartei, 20 (68) für Allianz für Demokratie, 1 (12) für Sonst. (Wahl: 1999)	
Bevölkerung		
Religion	Muslime (50%); Christen (40%); Sonstige (10%)	
Ethn. Gruppen	Haussa (21,3%); Yoruba (21,3%); Igbo (Ibo, 18%); Fulani (11,2%); Sonstige (28,2%)	
Wirtschaft und Soziales		

Dienstleistung	40%	**Urbanisierung**	42%
Industrie	22%	**Einwohner/km²**	118
Landwirtschaft	38%	**Bev.-Wachstum/Jahr**	2,4%
BSP/Kopf	300 $ (1998)	**Kindersterblichkeit**	8,1%
Inflation	ca. 12% (1999)	**Alphabetisierung**	59,5%
Arbeitslosigkeit	30% (1997)	**Einwohner pro Arzt**	3701

Nigeria: Islamisches Recht Scharia

▸ **Entstehung:** Das islamische Recht wird allgemein als Scharia (arab.; der Weg, der zum Wasser führt) bezeichnet. Es entstand im Laufe der Jahrhunderte, als veränderte soziale und politische Probleme dazu drängten, aus dem Koran und dem Hadith (Überlieferung der Worte und Taten des Propheten Mohammed) systematische Verhaltensweisen abzuleiten. Die Scharia wurde nie kodifiziert, nur ihr rechtlicher Teil wurde erstmals 1869 im Osmanischen Reich in Gesetzesform gefasst. Sie steht unter der Aufsicht geistlicher Richter (Kadi).

▸ **Strafrecht:** Insbes. das Strafrecht der Scharia gilt im Westen als grausam. Es unterscheidet vier Arten von Strafe:
1. Die talio, wobei der Schuldige getötet oder verstümmelt werden kann, wenn die Schuld – z. B. widerrechtliche vorsätzliche Tötung – gerichtlich bewiesen wurde.
2. Wenn auf die Tötung verzichtet wird, muss der Schuldige Blutgeld zahlen; außerdem muss er eine Sühne leisten, weil er nicht nur menschliches, sondern auch göttliches Recht verletzt hat.
3. Für bestimmte Verbrechen gibt es festgelegte Strafen, z. B. Abschlagen der rechten Hand bei Diebstahl.
4. Der Richter kann nach eigenem Ermessen Strafen festsetzen, wobei sich im Laufe der Zeit bestimmte Strafmaße entwickelt haben. So werden für Ehebruch zwischen zwei freien Individuen 100 Peitschenhiebe oder nach strengerer Form Steinigung fällig. Doch müssen vier unbescholtene Zeugen die Straftat beobachtet haben. Aufgrund dieser Bestimmung ist z. B. eine Bestrafung des Mannes bei Vergewaltigung einer Frau fast ausgeschlossen.

schen Mitgliedern der Volksgruppen Yoruba und Haussa ausgebrochen, bei denen etwa 100 Menschen ums Leben kamen. Die Unruhen wurden auch auf das fehlende Nationalbewusstsein der Bevölkerung zurückgeführt. N. ist ein künstliches Gebilde, in dem die ehemalige Kolonialmacht Großbritannien (bis 1960) rund 400 Ethnien zusammenfasste. Die politische Elite spielte religiöse und ethnische Gegensätze in der Bevölkerung oft aus, um die eigene Macht zu sichern und die Bildung größerer Oppositionen zu verhindern.

Generalstreik: Im Juni 2000 rief der nigerianische Gewerkschaftsbund zu einem Generalstreik gegen die Erhöhung des Benzinpreises um 50% auf. Der Aufruf fand lediglich im Südwesten des Landes stärkere Beachtung. Benzin in N. galt 2000 im Vergleich zu den Nachbarstaaten als billig.

Korruption: Präsident Olusegun Obasanjo behauptete im Februar 2000, dass der ehemalige nigerianische Diktator Sani Abacha (†1998) während seiner Herrschaft (ab 1993) 4,3 Mrd US-Dollar an öffentlichen Geldern unterschlagen habe. 2,3 Mrd US-Dollar sollten aus dem Staatshaushalt stammen, 1 Mrd US-Dollar sollte er über Scheinfirmen und fingierte Aufträge sowie 1 Mrd US-Dollar als Bestechungsgeld erhalten haben. Schweizer Behörden sperrten im Januar 2000 etwa 140 Konten mit insgesamt 645 Mio US-Dollar aus dem Vermögen Abachas. Weitere Gelder wurden auf Konten in Großbritannien, Frankreich, im Libanon und in den USA vermutet.

Außenpolitik: Im Januar 2000 verschärften sich die Spannungen zwischen N. und Kamerun um die Halbinsel Bakassi am Golf von Guinea. Die nigerianische Regierung versetzte Armee und Luftwaffe im Nordosten in Alarmzustand. Bereits 1996 hatten Truppen beider Länder gegeneinander gekämpft, bis die Auseinandersetzungen durch eine einstweilige Anordnung des Internationalen Gerichtshofes in Den Haag (Niederlande) untersagt worden waren. Ab 1994 hatte der Haager Gerichtshof über den Fall beraten. In dem 1000 km^2 großen Gebiet gibt es nicht nur Öl-, sondern auch reiche Fisch- und Holzvorkommen.

Hilfe der USA: Im Oktober 1999 stellte die US-amerikanische Außenministerin Madeleine Albright eine deutliche Erhöhung finanzieller Hilfen in Aussicht, falls N. der Übergang von der Militärdiktatur zur Demokratie gelinge. Die finanzielle Unterstützung der USA (1999: etwa 27 Mio US-Dollar) sollte bis Ende 2000 auf mind. 80 Mio US-Dollar erhöht werden, um die demokratischen Institutionen zu stärken, die Lehrerausbildung zu verbessern und die Aids-Prävention zu fördern. Albright lobte insbes. den Entschluss von Präsident Obasanjo, drei Kommissionen zur Untersuchung von Menschenrechtsverletzungen während der Herrschaft Abachas einzusetzen. Mohammed Abacha, ein Sohn des Ex-Diktators, sowie Abachas früherer Sicherheitschef al-Mustapha waren Mitte 2000 des Mordes angeklagt.

Wirtschaft: Im September 1999 leitete N. die Privatisierung des Bankensektors und der staatlichen Zementindustrie ein. Durch Veräußerung von Staatsfirmen, die bis Ende 2000 abgeschlossen sein sollte, erhoffte sich die nigerianische Führung Einnahmen von 4,5 Mrd US-Dollar. 1971–98 investierte N. rund 70 Mrd US-Dollar in die staatseigenen Betriebe. Die Regierung kündigte an, bis 2007 die staatliche Telefongesellschaft, die Luftverkehrsgesellschaft und die Ölindustrie zu privatisieren. Durch die Liberalisierung der Volkswirtschaft sollte die Konjunktur belebt und eine Forderung des Internationalen Währungsfonds (IWF) erfüllt werden, welche die Gewährung von Krediten von der Privatisierung staatlicher Unternehmen abhängig gemacht hatte.

Norwegen

Europa, Karte S. 437, D 3

Im Mai 2000 endete der größte norwegische Streik seit 1986 mit einem Kompromiss zwischen den Tarifparteien. Seit März 2000 regiert in N. eine neue sozialdemokratische Minderheitsregierung. Nach einer zweieinhalbjährigen Oppositionszeit löste Fraktionschef Jens Stoltenberg den bisherigen Ministerpräsidenten Kjell Magne Bondevik von der Christlichen Volkspartei ab.

Innenpolitik: Bondevik war nach einer Abstimmungsniederlage im Parlament Anfang März 2000 zurückgetreten. Der von König Harald V. mit der Regierungsbildung beauftragte frühere Öl- und Finanzminister Stoltenberg betonte, dass er bei der Zusammenstellung seines Kabinetts auch umweltpolitische Fragen berücksichtigen werde, an denen sein Amtsvorgänger Bondevik im Parlament gescheitert war. Stoltenberg hielt mit seiner Arbeiterpartei nur 65 der 165 Sitze im Parlament. So musste seine Regierung in jeder wichtigen Angelegenheit verhandeln, um eine Mehrheit zu erhalten. In der Frage des Baus von Gaskraftwerken, der von Stoltenberg befürwortet wurde, stieß er auch in den eigenen Reihen auf Widerstand. In der Arbeiterpartei hatte Stoltenberg die Umweltschützer gegen sich, nachdem er mitgeholfen hatte, den bislang regierenden Bondevik zu stürzen. Bondevik war nicht bereit gewesen, die bestehenden Umweltgesetze für den Bau von Gaskraftwerken zu lockern. Die bisherige Opposition aus Arbeiterpartei und Konservativen hatte aber eine Erhöhung der Emissionsgrenzen für Kohlendioxid (CO_2) gefordert.

Außenpolitik: Der neue Ministerpräsident Stoltenberg plante N. an die Europäische Union (EU) heranzuführen. Bis 2000 scheiterte der Beitritt N.s zur EU am Widerstand der Bevölkerung, die sich in zwei Volksabstimmungen 1972 und 1994 aus Sorge um Fischereirechte, Walfanginteressen, die Konkurrenzfähigkeit der Landwirtschaft, soziale Errungenschaften und die nationale Identität gegen eine Mitgliedschaft aussprach. Anfang 2000 deuteten aber Umfragen in N. auf einen Stimmungsumschwung bei den Bürgern zugunsten der EU hin. Die zunehmende außenpolitische und wirtschaftliche Isolation N.s wurde als Nachteil empfunden.

Norwegen Königreich Norwegen		N
Landesfläche	323 877 km² (WR 66)	
Einwohner	4,4 Mio (WR 114)	
Hauptstadt	Oslo (488 000 Einwohner)	
Sprachen	Norwegisch	
Währung	1 norw. Krone (nkr) = 100 Øre	
Zeit	Mitteleuropäische Zeit	
Gliederung	19 Provinzen	
Politik		
Staatsform	Parlamentarische Monarchie (seit 1905)	
Regierungschef	Jens Stoltenberg (seit 2000) *1959	
Staatsoberhaupt	König Harald V. (seit 1991) *21.2.1937	
Parlament	Storting mit 165 für vier Jahre gewählten Abgeordneten; 65 Sitze für Arbeiterpartei, 25 für Christl. Volkspartei, 25 für Fortschrittspartei, 23 für kons.Høyre, 11 für Zentrumspartei, 9 für Sozialist. Linkspartei, 6 für liberale Venstre, 1 für Sonst. (Wahl von 1997)	
Internet	odin.dep.no www.stortinget.no	
Bevölkerung		
Religion	Lutheraner (87,9%); Konfessionslose (3,2%); Sonstige (8,9%)	
Nationalitäten	Norw. (96,5%); Dänen (0,4%); Briten (0,3%); Schweden (0,3%); Pakist. (0,3%); Sonst.(2,2%)	
Wirtschaft und Soziales		
Dienstleistung	62%	Urbanisierung	74%
Industrie	35%	Einwohner/km²	14
Landwirtschaft	3%	Bev.-Wachstum/Jahr	0,5%
BSP/Kopf	34 310 $ (1998)	Kindersterblichkeit	0,5%
Inflation	2% (1999)	Alphabetisierung	99%
Arbeitslosigkeit	3,3% (1999)	Einwohner pro Arzt	309

Wirtschaft: Die norwegische Volkswirtschaft schwächte sich 1999 ab. Das BIP stieg um 0,8%, nachdem es 1998 noch um 2,1% gewachsen war. Die Abkühlung der Konjunktur war insbes. auf die restriktive norwegische Geldpolitik zurückzuführen, die zu einem Einbruch bei den Investitionen führte (1999: –5,9%; 1998: +8,1%). Gleichzeitig nahm der private Konsum lediglich um 1,8% nach 3,7% im Vorjahr zu. Durch knappe Geldpolitik wollte die norwegische Regierung eine Überhitzung der Konjunktur verhindern, welche die Gefahr der Inflation erhöht hätte. 1999 betrug die Teuerungsrate 2% (1998: –1,3%). Im Außenhandel steigerte N. die Ausfuhren 1999 um 15%, während die Einfuhren im Vergleich zum Vorjahr um 7% zurückgingen. Rohöl und Naturgas waren mit einem Anteil von 39,4% an der Gesamtausfuhr die wichtigsten Exportgüter. Hauptabnehmerländer für norwegische Güter waren Schweden (Anteil von 13%), Großbritannien (13%) und Deutschland (12%). Insgesamt gingen ca. 72% aller norwegischen Exportartikel in EU-Staaten.

◫ Norwegen: Die wichtigsten Regierungsposten

Premierminister	Jens Stoltenberg (Sozialdemokrat)
Außenminister	Thorbjörn Jagland (Sozialdemokrat)
Verteidigungsminister	Björn Tore Godal (Sozialdemokrat)
Finanzminister	Karl Eirik Schjött-Pedersen (Sozialdemokrat)
Wirtschaftsministerin	Grete Knudsen (Sozialdemokratin)
Öl- und Energieminister	Olav Akselsen (Sozialdemokrat)
Fischereiminister	Otto Gregussen (Sozialdemokrat)
Landwirtschaftsminister	Bjarne Haakon Hansen (Sozialdemokrat)
Justizministerin	Hanne Harlem (Sozialdemokratin)
Kultusministerin	Ellen Horn (Sozialdemokratin)

Streik: Die umfassenden Streiks für höhere Einkommen und mehr Urlaub in N. wurden im Mai 2000 nach sechs Tagen mit einer Einigung zwischen Gewerkschaftsverband LO und Arbeitgebervereinigung NHO beendet. Beide Seiten nahmen einen Spruch des staatlichen Schlichters Reidar Webster an. Die Arbeitnehmer erhalten im laufenden Jahr 4,6% mehr Lohn. 2000 und 2001 sollen je zwei zusätzliche freie Tage gewährt werden, um bis 2002 eine fünfte Ferienwoche einzuführen. Beim größten Arbeitskampf in N. seit 14 Jahren hatten 85 000 Streikende weite Bereiche des produzierenden Gewerbes und Teile des Transportsektors lahm gelegt. Die Einigung kam wenige Stunden vor einer von den Gewerkschaften angedrohten Ausdehnung der Aktion auf über 100 000 Mitglieder zu Stande. Der Streik hatte begonnen, nachdem die Arbeitnehmer das Angebot von 3,5–4% mehr Lohn und Gehalt abgelehnt hatten.

Ölinvestitionen: Im November 1999 kündigten norwegische Ölgesellschaften an, rund 12 Mrd DM in die Erschließung neuer Ölfelder zu investieren. 1999 lagen die Investitionen noch bei lediglich 2 Mrd DM. Das stärkere Engagement war insbes. auf den Anstieg der Erdölpreise zurückzuführen, durch den die Erschließung neuer Ölquellen wieder rentabel geworden war. Im Laufe des Jahres 1999 stieg der Ölpreis von 12 US-Dollar/Barrel auf zweitweise über 30 US-Dollar/Barrel. N. war mit einer Förderquote von 2,9 Mio Barrel/Tag 1999 nach Saudi-Arabien und Russland der drittgrößte Erdölförderer der Welt. Die größten Vorkommen befinden sich vor der norwegischen Küste auf dem Festlandsockel.

Oman Sultanat Oman	OM
Landesfläche	212 457 km² (WR 82)
Einwohner	2,5 Mio (WR 135)
Hauptstadt	Maskat (52 000 Einwohner)
Sprachen	Arabisch, Persisch, Urdu
Währung	1 Rial Omani (RO) = 1000 Baizas
Zeit	Mitteleuropäische Zeit +2,5 h
Gliederung	59 Distrikte
Politik	
Staatsform	Sultanat (absolute Monarchie seit 1744)
Regierungschef	Sultan Kabus bin Said (seit 1970) *18.11.1940
Staatspräsident	Sultan Kabus bin Said (seit 1970) *18.11.1940
Parlament	Kein Parlament, keine politischen Parteien; beratende Versammlung mit 82 Mitgliedern und Staatsrat mit 41 ernannten Mitgliedern
Internet	www.modevelop.com
Bevölkerung	
Religion	Muslime (86%); Hindus (13%); Sonstige (1%)
Nationalitäten	Omaner (73,5%); Pakistani (21%); Sonstige (5,5%)

Wirtschaft und Soziales			
Dienstleistung	50%	**Urbanisierung**	13%
Industrie	46%	**Einwohner/km²**	12
Landwirtschaft	4%	**Bev.-Wachstum/Jahr**	3,3%
BSP/Kopf	k.A.	**Kindersterblichkeit**	2,5%
Inflation	k.A.	**Alphabetisierung**	67,1%
Arbeitslosigkeit	k. A.	**Einwohner pro Arzt**	1078

Oman
Nahost, Karte S. 442, F 4

O. zog im April 2000 eine weitgehend positive Bilanz der 30-jährigen Herrschaft des Sultans Kabus bin Said. 1970 gab es im O. drei Schulen mit insgesamt 900 Schülern. 2000 waren es 1000 staatliche und 118 private Schulen mit 530 000 Kindern und Jugendlichen. 1970 lag die durchschnittliche Lebenserwartung im O. bei etwa 50 Jahren, 1999 bei 71 Jahren. Das asphaltierte Straßennetz stieg 1970–2000 von 10 km auf 6000 km. Der gestiegene Wohlstand der Bevölkerung war auf die effektive Ausbeutung der Erdölfelder zurückzuführen, auf denen in den 1990er Jahren durchschnittlich 850 000 Barrel/Tag gefördert wurden. Ziel der Wirtschaftspolitik ist es, die Abhängigkeit vom Erdöl zu verringern, weil mit einer Ausschöpfung der Reserven für spätestens 2020 gerechnet wurde. Im April 2000 wurde eine Erdgasverflüssigungsanlage in Betrieb genommen, durch die ein erster Schritt zur stärkeren Ausbeutung dieser Energiequelle vollzogen wurde.

Österreich

Europa, Karte S. 437, D 5

Die rechtsgerichtete FPÖ erzielte bei den Nationalratswahlen vom 3.10.1999 Stimmenzuwächse und wurde erstmals zweitstärkste Partei in Ö. Deutliche Verluste gab es für die SPÖ. Im Februar 2000 bildeten ÖVP und FPÖ eine Regierungskoalition, die von den anderen 14 Mitgliedern der Europäischen Union wegen Beteiligung der rechtspopulistischen FPÖ mit bilateralen Sanktionen beantwortet wurde. Wirtschaftlich gab es ab Frühjahr 2000 positive Tendenzen. Die Wachstumsprognose wurde von 2,8% auf 3,2% nach oben korrigiert. Die Arbeitslosigkeit lag im April 2000 bei 3,3% (EU-Schnitt 8,8%).

Innenpolitik: Bei den Nationalratswahlen vom 3.10.1999 erreichte die SPÖ 33,15% der Stimmen, was einen Verlust von sechs Mandaten (bisher 71 Mandate, nunmehr 65 Mandate) bedeutete. Die FPÖ wurde stimmenmäßig mit 26,91% zweitstärkste Partei, die ÖVP rutschte mit 26,91% auf den dritten Platz, die um 415 Stimmen weniger als die FPÖ erzielte. ÖVP und FPÖ erhielten beide 52 Mandate. Die Grünen gewannen mit 7,4% der Stimmen fünf Mandate hinzu und stellen im neuen Nationalrat 14 Abgeordnete. Das Liberale Forum scheiterte an der 4%-Klausel (3,65% der Stimmen).

Regierungsbildung: Bundespräsident Thomas Klestil beauftragte am 9.12.1999 Bundeskanzler Viktor Klima von der SPÖ mit der Bildung einer neuen Regierung. Zuvor hatte das Staatsoberhaupt wochenlang im Hinblick auf die schwierige Mandatsverteilung im Nationalrat Sondierungsgespräche mit allen im Parlament vertretenen Parteien geführt. Anfänglich stellte die ÖVP gemäß ihrem Wahlspechen, sollte sie drittstärkste Partei werden, gehe sie in die Opposition, die Weichen für den Austritt aus der Regierung. Bundeskanzler Klima handelte jedoch in langwierigen Gesprächen mit der ÖVP ein Papier zur Fortsetzung der seit 1986 regierenden großen Koalition aus. Während der Verhandlungen kündigte Finanzminister Rudolf Edlinger die Anhebung des Frühpensionsalters an. Dies stieß auf erheblichen Widerstand der Gewerkschaften, die in die Koalitionsverhandlungen eingebunden waren. Die Unterredungen zwischen SPÖ und ÖVP scheiterten am 21.1.2000, weil sich die Vertreter der Gewerkschaften weigerten, den Koalitionspakt zu unterschreiben. Auch gab es erhebliche Differenzen über die Besetzung des Finanzressorts. Versuche Klimas, ein Minderheitskabinett zu bilden, scheiterten.

Machtwechsel: Die FPÖ setzte sich nun für eine Koalitionsregierung mit ÖVP-Chef Wolfgang Schüssel als Bundeskanzler ein. In wenigen Tagen wurde ein Regierungsabkommen beschlossen, dass keine gravierenden Unterschiede zur Vereinbarung zwischen SPÖ und ÖVP aufwies. Bundespräsident Klestil vereidigte am 4.2.2000 das neue Kabinett Schüssel, hatte aber vorher von Schüssel und FPÖ-Chef Jörg Haider die Unterzeichnung einer »Deklaration für Österreich« verlangt, in der das Bekenntnis zu Demokratie, Menschenrechten und europäischen Werten festgeschrieben war.

EU-Sanktionen: Nach Bildung der ÖVP-FPÖ-Regierung in Ö. verhängten die EU-Partnerländer am 5./6. Februar 2000 umfangreiche Sanktionen gegen Österreich. Die bilateralen Kontakte wurden auf technische Ebene heruntergeschaltet. Der öster-

Österreich	Republik Österreich	A
Landesfläche	83 853 km² (WR 112)	
Einwohner	8,1 Mio (WR 86)	
Hauptstadt	Wien (1,6 Mio Einwohner)	
Sprachen	Dt., Slowen., Kroat., Ungar.	
Währung	1 Schilling (öS) = 100 Groschen	
Zeit	Mitteleuropäische Zeit	
Gliederung	9 Bundesländer	
Politik		
Staatsform	Parlamentarische Bundesrepublik (seit 1955)	
Regierungschef	Wolfgang Schüssel (seit 2000) *7.6.1945	
Staatspräsident	Thomas Klestil (seit 1992) *4.11.1932	
Parlament	Nationalrat mit 183 für 4 Jahre gewählten und Bundesrat mit 64 von den Landtagen entsandten Mitgliedern; im Nationalrat 65 Sitze für SPÖ, 52 für FPÖ, 52 für ÖVP, 14 für Grüne (Wahl von 1999)	
Internet	www.austria.gv.at www.parlament.gv.at	
Bevölkerung		
Religion	Katholiken 84,8%, Protestanten 5,7%; Sonstige (9,5%)	
Nationalitäten	Österreicher (91,1%); Sonstige (8,9%)	
Wirtschaft und Soziales		

Dienstleistung	66,2%	Urbanisierung	56%
Industrie	31,6%	Einwohner/km²	97
Landwirtschaft	2,2%	Bev.-Wachstum/Jahr	0,5%
BSP/Kopf	26 830 $ (1998)	Kindersterblichkeit	0,6%
Inflation	1% (1999)	Alphabetisierung	99%
Arbeitslosigkeit	6,3% (1999)	Einwohner pro Arzt	230

reichische Standpunkt wurde vor Verhängung der Sanktionen nicht gehört. Seitdem unternahm die österreichische Regierung auf diplomatischer Ebene und in vielfältigen Kontakten Versuche zur Aufhebung der Sanktionen. Die Argumentation der Befürworter, dass sich die Maßnahmen nur gegen die Regierung, nicht aber gegen die Bevölkerung richteten, war in Ö. schwer nachvollziehbar. Auch der Rücktritt Jörg Haiders, der zum Zeitpunkt der Verhängung der Sanktionen durch emotionale Äußerungen den Konflikt verschärft hatte, vom Parteivorsitz der FPÖ im April 2000 änderte den Standpunkt der EU-Staaten nicht. Haiders Demission wurde vielfach als taktisches Manöver gedeutet.

Am 5.5.2000 präsentierte die österreichische Bundesregierung ein Aktionsprogramm zur Aufhebung der EU-Sanktionen. Neben einer diplomatischen Offensive sollten »Ö.-Aktionstage«, eine Initiative der Auslandsösterreicher, Besuchsdiplomatie und Medientage den Konflikt entschärfen. Am 17.5.2000 beschlossen alle neun österreichischen Landeshauptleute eine gemeinsame Deklaration gegen die EU-Sanktionen. Ihr stimmten auch die SPÖ-Regierungschefs von Burgenland und Wien zu.

Außenpolitik: Am 15.2.2000 nominierte die Bundesregierung die ehemalige Notenbankpräsidentin Dr. Maria Schaumayer als Regierungsbeauftragte für die Entschädigung der Zwangsarbeiter. Ihr Aufgabenbereich umfasst die während des sog. Dritten Reiches auf österreichischem Boden geleistete Zwangsarbeit in Industrie und Landwirtschaft. Auf einer Konferenz am 16./17.5.2000 wurde mit den Vertretern der Opferverbände Osteuropas und US-Vizefinanzminister Stuart Eizenstat eine grundsätzliche Übereinkunft erzielt. Wirtschaft und Bundesregierung in Ö. bringen eine Gesamtsumme von etwa 6 Mrd öS (850 Mio DM) für die ca. 150 000 noch lebenden Zwangsarbeiter auf. Dafür soll für Ö. Rechtssicherheit herrschen, d.h. keine weiteren Ansprüche hinsichtlich Zwangsarbeit über den Klageweg mehr geltend gemacht werden können. Für die Behandlung von Ansprüchen aus sog. NS-Arisierungen wurde Mitte Mai 2000 Botschafter Ernst Sucharipa bestellt. Er soll Fälle bearbeiten, die mit den Rückstellungsgesetzen nicht abgedeckt waren.

Wirtschaft: Wegen der verzögerten Regierungsbildung wurde erst am 18.5.2000 rückwirkend zum 1.1.2000 im Parlament das Budget beschlossen. Es sieht ein administratives Nettodefizit von 54,6 Mrd öS (7,76 Mrd DM) bzw. 2% des BIP vor. Damit liegt das Nettodefizit um rund 15,5 Mrd öS (2,20 Mrd DM) niedriger als der Bundesvorschlag für 1999. Die Sanierung des Haushalts erfolgt vor allem durch Einsparungen bei den Beamten sowie durch Privatisierung von Staatsbetrieben (z. B. Telekom Austria, Austria Tabak oder Postsparkasse).

Konjunktur: Die Wirtschaft in Ö. befand sich in der ersten Jahreshälfte 2000 im Aufschwung. Ursachen waren eine Exportbelebung und die starke Inlandsnachfrage. Für 2000 wurde ein Wachstum von 2,8% vorausgesagt. Die Inflationsrate für 1999 wurde mit 1,0% ermittelt (1998: 0,9%). Im Januar und Februar 2000 stiegen die Exporte um 11% auf 130 Mrd öS (18,47 Mrd DM), die Einfuhren um 87,6% auf 143 Mrd öS (10,04 Mrd DM). Auch der Tourismus verzeichnete unerwartet hohe Zuwächse: In der Wintersaison (November 1999 bis März 2000) lagen die Umsätze um 3,75% höher als im gleichen Zeitraum des Vorjahres. Trotz der EU-Sanktionen gab es 2% mehr Übernachtungen von Ausländern und 3,4% von Österreichern.

Arbeitsmarkt: Dank der günstigen Konjunktur erholte sich auch der Arbeitsmarkt. Von März 1999 bis März 2000 fiel die Zahl der Erwerbslosen von 4,7% auf 3,9% (gemäß EU-Berechnung). Auffallend war die sinkende Arbeitslosenziffer bei den über 50-Jährigen, in der Altersgruppe der 50 bis 55-Jährigen fiel die Erwerbslosenzahl um 5,4 Prozentpunkte.

Technologie: Mitte April 2000 startete die neue Bundesregierung das Informations- und Kommunikationstechnologiekonzept e-Austria in e-Europe. In Anlehnung an die Beschlüsse des Europäischen Rates von Lissabon vom März 2000 wurde ein nationales Projekt für die gesamte Dauer der Legislaturperiode gestartet. Bis 2001 erhalten alle österreichischen Schulen Zugang zum Internet und zu virtuellen Bildungsangeboten. Bis 2003 sollen die grundlegenden Dienste der öffentlichen Verwaltung über einen elektronischen Zugang verfügen. Ab 2004 soll der Großteil der Amtswege online abgewickelt werden.

Pakistan
Asien, Karte S. 443, C 4

Der Streit um Kaschmir blieb 1999/2000 außenpolitisches Konfliktfeld zwischen P. und Indien. Im Oktober 1999 stürzte die pakistanische Armee unter General Pervez Musharraf Premierminister Nawaz Sharif und errichtete ein Militärregime.

Innenpolitik: General Musharraf setzte die Verfassung außer Kraft, verhängte den Ausnahmezustand und erklärte sich zum alleinigen Machthaber. Das nationale Parlament und alle regionalen Volksvertretungen wurden aufgelöst, die Konten des gestürzten Regierungschefs u. a. Politiker eingefroren. Die Staatsgeschäfte übernahm ein nationaler Sicherheitsrat, dem auch vier Zivilisten angehörten. Musharraf hatte den Putsch initiiert, weil Sharif ihn entlassen wollte. Zugleich warf die Armee Sharif vor, im Kaschmir-Konflikt mit Indien zu nachgiebig zu sein. Die Bevölkerung begrüßte zunächst mehrheitlich den Umsturz, weil sich Sharif seit seinem Amtsantritt (Februar 1997) eine immer größere Machtfülle gesichert und oppositionelle Gruppierungen unterdrückt hatte. Die USA und die EU befürchteten wegen des Machtwechsels eine Verschärfung des Kaschmir-Konfliktes und forderten Musharraf auf, zur Demokratie zurückzukehren. Der neue Machthaber kündigte im März 2000 Kommunalwahlen zwischen Dezember 2000 und Mai 2001 an.

Justiz: Sechs der 13 obersten Richter des Landes weigerten sich im Januar 2000, den Eid auf die von Musharraf ausgerufene Notstandsverfassung zu schwören. Sie zweifelten öffentlich die Rechtmäßigkeit des Umsturzes vom Oktober 1999 an und wurden von Musharraf entlassen. Mitte 2000 befand sich die pakistanische Rechtsprechung unter Kontrolle der Militärs.

Urteil gegen Sharif: Der gestürzte Ministerpräsident Sharif wurde im April 2000 vom Staatssicherheitsgericht in Karachi wegen Terrorismus und Luftpiraterie zu zweimal lebenslanger Haft verurteilt. Die Anklage hatte die Todesstrafe gefordert und Sharif versuchten Mord sowie Entführung vorgeworfen, wovon das Gericht ihn jedoch freisprach. Sharif soll aber im Oktober 1999 einem Verkehrsflugzeug mit Musharraf und 197 weiteren Passagieren an Bord trotz knappen Treibstoffs die Landung in Karachi

Pakistan	Islamische Republik Pakistan	**PAK**
Landesfläche	796 095 km² (WR 35)	
Einwohner	152,3 Mio (WR 6)	
Hauptstadt	Islamabad (400 000 Einwohner)	
Sprachen	Urdu, Englisch	
Währung	1 Pakist. Rupie (pR) = 100 Paisa	
Zeit	Mitteleuropäische Zeit +4 h	
Gliederung	4 Provinzen, 2 administr. Bezirke	
Politik		
Staatsform	Föderative Republik (seit 1973)	
Regierungschef	Pervez Musharraf (seit 1999) *11.8.1943	
Staatspräsident	Rafiq Mohammad Tarar (seit 1997) *2.11.1929	
Parlament	Parlament (Senat mit 87 für sechs Jahre und Nationalversammlung mit 217 für fünf Jahre gewählten Abgeordneten) wurde nach dem Putsch vom Oktober 1999 aufgelöst; Neuwahlen für Ende 2000 ab Mitte 2001 angekündigt	
Internet	www.pak.gov.pk www.na.gov.pk	
Bevölkerung		
Religion	Muslime (96%); Christen (2%); Hindus (1,5%); Sonst. (0,5%)	
Nationalitäten	Pakistani (85%); Iraner (2,5%); Sonstige (12,5%)	

Wirtschaft und Soziales			
Dienstleistung	49%	Urbanisierung	36%
Industrie	27%	Einwohner/km²	191
Landwirtschaft	24%	Bev.-Wachstum/Jahr	2,8%
BSP/Kopf	470 $ (1998)	Kindersterblichkeit	7,4%
Inflation	ca. 5,5% (1999)	Alphabetisierung	40,9%
Arbeitslosigkeit	ca. 6,1% (1999)	Einwohner pro Arzt	2000

verweigert haben. Die Staatsanwaltschaft, aber auch die Verteidigung, die Freispruch gefordert hatte, kündigten Berufung an.

Außenpolitik: Der neue pakistanische Außenminister Abdul Sattar versprach im November 1999 die Beibehaltung des außenpolitischen Kurses. Auch im Konflikt mit Indien um die von beiden Staaten beanspruchte Hochgebirgsregion Kaschmir wolle P. weiterhin den Dialog mit Indien suchen, wobei Sattar als Voraussetzung für eine friedliche Lösung die Durchführung eines Referendums unter der Bevölkerung Kaschmirs verlangte. Die USA und die Staaten der EU bezweifelten die friedliche Ausrichtung des Militärregimes. Das pakistanische Offizierskorps hatte sich in den 1990er Jahren stark islamisiert. Seitdem verstand es sich als Schützer des muslimischen Charakters von P., wo um 2000 rund 97% der Bevölkerung dem Islam angehörten. Die pakistanische Regierung engagierte sich für die fundamentalistische Taliban-Miliz in Afghanistan und forderte die Guerillas in Kaschmir wiederholt auf, ihren Kampf gegen den hinduistischen Erzfeind Indien fortzusetzen.

Aufrüstung: Im Februar 2000 testete P. eine neue Kurzstreckenrakete. Das Militärregime erklärte, dass der Flugkörper Ziele in 100 km Entfernung zerstören und mit verschiedenen Sprengköpfen ausgestattet werden könne. Gleichzeitig warf der Militärmachthaber Musharraf Indien vor, Versuche eines Dialoges über Kaschmir mit aggressiven Äußerungen zu behindern. Bereits im Januar 2000 hatte P. angekündigt, sein atomares Waffenarsenal weiter auszubauen, weil es für eine glaubwürdige Abschreckung gegen Bedrohungen der eigenen Sicherheit nötig sei.

China: Die chinesische Regierung sagte im Januar 2000 dem neuen Militärregime in P. weit reichende Unterstützung zu. Den Umsturz vom Oktober 1999 wertete sie als innere Angelegenheit von P., in die sich ausländische Staaten nicht einzumischen hätten. China war um 2000 nach Darstellung des US-Außenministeriums für P. wichtigster Lieferant von Nuklearwaffentechnologie und Raketen. Die Pekinger Führung sah in P. ein strategisches Gegengewicht zu Indien, auf das Russland seit den 70er Jahren starken Einfluss ausübte.

Wirtschaft: P. befand sich 1999 in einer schweren Schuldenkrise. Ende 1999 beliefen sich die Verbindlichkeiten gegenüber dem Ausland auf 38 Mrd US-Dollar. P. gab rund 60% seines Haushalts für den Schuldendienst aus. Der Internationale Währungsfonds (IWF) machte 2000 die Auszahlung von Krediten in Höhe von 1,56 Mrd US-Dollar von umfassenden Wirtschaftsreformen in P. abhängig. Die Einführung einer allgemeinen Umsatzsteuer scheiterte 1999 am Widerstand der Einzelhändler. Da aus den notwendigen Angaben zum Umsatz Rückschlüsse auf das Einkommen gezogen werden können, befürchteten sie hohe Nachzahlungsforderungen für bis dahin nicht gezahlte Abgaben. In P. zahlten um 2000 nur 1–2% der Bürger Einkommensteuer. Ein Grund für die hohe Verschuldung des Landes sind die seit Jahrzehnten hohen Rüstungsetats, die in den1980er Jahren rund 40% der staatlichen Ausgaben verschlangen. Die hohen Militärausgaben gingen zu Lasten traditioneller Wirtschaftsbereiche wie beispielsweise der Zement- oder Düngemittelindustrie.

Staaten → Indien

Palau Republik Palau	–
Landesfläche	487 km² (WR 176)
Einwohner	17 000 (WR 189)
Hauptstadt	Koror (10 500 Einwohner)
Sprachen	Englisch, zahlreiche mikronesische Dialekte
Währung	1 US-Dollar (US-$) = 100 Cents
Zeit	Mitteleuropäische Zeit +9 h
Gliederung	241 Inseln
Politik	
Staatsform	Präsidiale Republik (seit 1994)
Regierungschef	Kuniwo Nakamura (seit 1993)
Staatspräsident	Kuniwo Nakamura (seit 1993)
Parlament	Delegiertenhaus 16 Sitze (Legislaturperiode vier Jahre) und Senat 14 Sitze, keine Parteien (Wahl vom November 1996)
Internet	www.visit-palau.com
Bevölkerung	
Religion	Christen (65,4%): Katholiken 40,7%, Protestanten 24,7%; Traditionelle Religionen (27,1%); Sonstige (7,5%)
Ethn. Gruppen	Palauer (83,2%); Filipinos (9,8%); Sonstige (7%)

Wirtschaft und Soziales			
Dienstleistung	50,4%	**Urbanisierung**	65%
Industrie	20,8%	**Einwohner/km²**	35
Landwirtschaft	28,8%	**Bev.-Wachstum/Jahr**	1,96%
BSP/Kopf	k. A.	**Kindersterblichkeit**	k. A.
Inflation	k. A.	**Alphabetisierung**	97,6%
Arbeitslosigkeit	k. A.	**Einwohner pro Arzt**	1518

Palau
Ozeanien, Karte S. 445, B1

Im Oktober 1999 beschlossen die Inselnationen auf der 30. Gipfelkonferenz des Südpazifik-Forums in P. die Einrichtung einer Freihandelszone bis 2010. Vertreter der Fidschis erklärten sich bereit, die eigenen Märkte den anderen Forum-Ländern bis spätestens 2008 zu öffnen. Den kleineren Staaten wurde allerdings mehr Zeit eingeräumt, sich auf wachsende regionale Konkurrenz einzustellen. Bis dahin war die Liberalisierung des Handels stets am Widerstand von Papua-Neuguinea, Fidschi, Vanuatu und den Salomonen gescheitert. Die südpazifischen Inselnationen wollten auch Australien und Neuseeland bitten, dem Handelsblock beizutreten. Der Präsident von P., Kunivo Nakamura, bezeichnete die Entscheidung als eine notwendige Verteidigungsmaßnahme gegen die Auswirkungen der stetig fortschreitenden Globalisierung, durch die es den kleinen Staaten schwer falle, sich im internationalen Wettbewerb zu behaupten.

Panama

Mittelamerika, Karte S. 440, D 6

Mit einem Festakt an der Kanalschleuse feierte die Regierung von P. am 31.12.1999 mit internationalen Gästen die Übergabe des Panamakanals. Zum Jahreswechsel erhielt sie die Kontrolle über die 1914 eröffnete wichtige Wasserstraße zwischen Atlantik und Pazifik von den USA. P. erlangte erstmals seit der Unabhängigkeit (1903) die volle Souveränität über sein Staatsgebiet. Der ehemalige US-Präsident Jimmy Carter war mit einer US-amerikanischen Delegation angereist. Er hatte die Kanalübergabe 1977 mit der panamaischen Regierung nach schweren Auseinandersetzungen wegen der US-Präsenz im Land beschlossen. Die rund 82 km lange Wasserstraße wurde ab 1904 von den USA erbaut, nachdem sie P. im Unabhängigkeitskampf von Kolumbien unterstützt hatten. Die US-Amerikaner kontrollierten einen 16 km breiten Landstreifen rund um die Wasserstraße. Seither wurden jährlich 13 000 Schiffe durch die Landenge geschleust. Anang des 21. Jh. sollen die Kapazitäten des Kanals ausgeweitet werden.

Panama	Republik Panama	PA	
Landesfläche	75 517 km² (WR 115)		
Einwohner	2,8 Mio (WR 131)		
Hauptstadt	Panama-Stadt (967 000 Einw.)		
Sprachen	Spanisch, Englisch		
Währung	1 Balboa (B/.) = 100 Centésimos		
Zeit	Mitteleuropäische Zeit –6 h		
Gliederung	9 Provinzen		
Politik			
Staatsform	Präsidiale Republik (seit 1972)		
Regierungschef	Mireya Moscoso (seit 1999) *1.7.1946		
Staatspräsident	Mireya Moscoso (seit 1999) *1.7.1946		
Parlament	Nationalversammlung mit 72 für fünf Jahre gewählten Abgeordneten; 42 für Neue Nation, 24 für Union für Panama, 6 für Oppositions-Aktion (Wahl von 1999)		
Internet	www.presidencia.gob.pa		
Bevölkerung			
Religion	Katholiken (80%), Protestanten (10%); Sonstige (10%)		
Ethn. Gruppen	Mestizen (64%); Mulatten (14%); Weiße (10%); Sonst. (12%)		
Wirtschaft und Soziales			
Dienstleistung	73,9%	Urbanisierung	57%
Industrie	15,9%	Einwohner/km²	37
Landwirtschaft	10,2%	Bev.-Wachstum/Jahr	1,6%
BSP/Kopf	2990 $ (1998)	Kindersterblichkeit	2,1%
Inflation	1,3% (1999)	Alphabetisierung	90,1%
Arbeitslosigkeit	11,6% (1999)	Einwohner pro Arzt	808

Papua-Neuguinea

Ozeanien, Karte S. 445, D 3

Im März 2000 unterzeichneten die Regierung von P. und Führer der nach Unabhängigkeit strebenden Insel Bougainville in Port Morseby das Loloata-Abkommen über die Gewährung von Autonomie.

Innenpolitik: Nach diesem Vertrag wird auf Bougainville, das rund 800 km nordöstlich von Port Morseby liegt, eine Provinzregierung eingesetzt, die den gleichen Status wie die anderen 18 Provinzregierungen erhält. Die Regierung von P. akzeptierte die Forderung der Führer von Bougainville nach einem verbindlichen Referendum über die Unabhängigkeit der Insel. Das Loloata-Abkommen gilt als wichtigstes Dokument seit Beginn der Sezessionsbewegung 1989, als viele Landbesitzer begannen, die Abspaltung von P. zu fordern. Nationalisten in P. kritisierten die Vereinbarung, weil es Signalwirkung auf die zahlreichen anderen Ethnien des Staates haben könnte, die um 2000 ebenfalls nach Unabhängigkeit strebten.

Papua-Neuguinea	Unabhängiger Staat	PNG	
Landesfläche	462 840 km² (WR 53)		
Einwohner	4,7 Mio (WR 109)		
Hauptstadt	Port Moresby (247 000 Einw.)		
Sprachen	Englisch, Pidgin, Papua-Sprachen		
Währung	1 Kina (K) = 100 Toea		
Zeit	Mitteleuropäische Zeit +9 h		
Gliederung	19 Provinzen		
Politik			
Staatsform	Parlamentarische Monarchie im Commonwealth (seit 1975)		
Regierungschef	Mekere Morauta (seit 1999) *1946		
Staatsoberhaupt	Königin Elizabeth II. (seit 1975) *21.4.1926		
Parlament	Abgeordnetenhaus mit 109 für fünf Jahre gewählten Abgeordneten; 16 Sitze für Konservative (PPP), 13 für Pangu Pati, 10 für Volksdemokratische Bewegung (konservativ), 30 für Sonstige, 40 für Unabhängige (Wahl vom Juni 1997)		
Internet	www.presidencia.gov.py www.pm.gov.pg/pmsoffice/PMsoffice.ns		
Bevölkerung			
Religion	Protestanten (58,4%); Katholiken (32,8%); Sonstige (8,8%)		
Ethn. Gruppen	Papua-Neuguineer (84%); Melanesier (15%); Sonstige (1%)		
Wirtschaft und Soziales			
Dienstleistung	32,7%	Urbanisierung	17%
Industrie	41,3%	Einwohner/km²	10
Landwirtschaft	26%	Bev.-Wachstum/Jahr	2,2%
BSP/Kopf	890 $ (1998)	Kindersterblichkeit	6,1%
Inflation	k.A.	Alphabetisierung	73,7%
Arbeitslosigkeit	k.A.	Einwohner pro Arzt	12 750

Papua-Neuguinea: Unabhängigkeit auf Bougainville

▶ **Ursprung des Konflikts:** 1972 nahm die Mine von Panguna unter Führung eines britisch-australischen Bergbauunternehmens den Betrieb auf. Sie beutete die Kupfervorkommen auf Bougainville aus. Panguna war der größte Devisenbringer von P. Starke Umweltbelastungen (Abraumhalden, Wasserverschmutzung) und unzureichende Entschädigungssummen riefen insbes. unter den Landbesitzern von Bougainville Unzufriedenheit hervor. 1988 begannen sie sich mit Sabotageakten und politischen Morden zu wehren.

▶ **Konfliktverlauf:** Nach Ausbruch der Gewalt bildete sich eine separatistische Guerilla. 1989 zerstörte sie die Mine und 1990 erklärte sie einseitig die Unabhängigkeit der Insel. 1991 landete die Regierungsarmee auf Bougainville und drängte die Guerillabewegung gewaltsam zurück. Berichten internationaler Organisationen zufolge stießen beide Seiten während der Gefechte, bei denen bis 1999 rund 13000 Menschen starben, massiv gegen Menschenrechte. Militärische Erfolge der Armee führten zu einem Waffenstillstand und An-

fang 1998 zu einem von Neuseeland vermittelten Friedensabkommen zwischen Regierung und Rebellen. Es sah u.a. einen stufenweisen Rückzug aller bewaffneten Kräfte, eine Generalamnestie und die Aufnahme von Gesprächen über den Status und den Wiederaufbau der Insel vor. Allerdings flackerten die Kämpfe bis zum Abschluss des Lolota-Abkommens im März 2000, in dem die Regierung den Rebellen die Wahl einer autonomen Provinzregierung auf Bougainville in Aussicht stellte, immer wieder auf.

Wirtschaft: Im Dezember 1999 legte Premierminister Mekere Morauta den Haushaltsplan für 2000 vor. Zum ersten Mal seit der Unabhängigkeit von P. (1975) sah das Budget keine direkte Zahlung durch die australische Regierung mehr vor. Erstmals seit 1990 wollte die Regierung von P. ohne Kreditaufnahmen auskommen. Die Staatsverschuldung sollte von 560 Mio australischen Dollar auf 160 Mio australische Dollar gesenkt werden. Ein radikales Privatisierungsprogramm, von dem sich P. Einnahmen von 1,3 Mrd australischen Dollar erhoffte, sollte die finanzielle Situation des Staates entscheidend verbessern. Der Landentwicklungsfonds, der in P. auch als Schmiergeldfonds bezeichnet wurde, sollte stärker kontrolliert werden. Jedem der 109 Abgeordneten standen aus dem Fonds Beträge zur Entwicklung lokaler Projekte zur Verfügung. Doch wurden mit dem Geld bis dahin meist die Stimmen einflussreicher Interessengruppen gekauft. Die Regierung plante, mit den eingesparten finanziellen Mitteln u.a. das marode Straßennetz des Landes zu verbessern.

Paraguay	Republik Paraguay	PY
Landesfläche	406752 km² (WR 58)	
Einwohner	5,4 Mio (WR 102)	
Hauptstadt	Asunción (608000 Einwohner)	
Sprachen	Spanisch, Guarani	
Währung	1 Guarani (G) = 100 Céntimos	
Zeit	Mitteleuropäische Zeit –5 h	
Gliederung	17 Departamentos	
Politik		
Staatsform	Präsidiale Republik (seit 1967)	
Regierungschef	Luis Ángel González Macchi (seit 1999) *13.12.1947	
Staatspräsident	Luis Ángel González Macchi (seit 1999) *13.12.1947	
Parlament	Senat mit 45 und Abgeordnetenhaus mit 80 für fünf Jahre gewählten Mitgliedern; 45 Sitze (Senat 24) für Colorado-Partei (ANR), 35 (20) für Demokratische Allianz, 0 (1) für Blanco-Partei (Wahl vom Mai 1998)	
Internet	www.camdip.gov.py	
Bevölkerung		
Religion	Christen (98,1%): Katholiken 96%, Protestanten 2,1%; Sonstige (1,9%)	
Ethn. Gruppen	Mestizen (95%); Indianer (2%); Weiße (2%); Asiaten (1%)	
Wirtschaft und Soziales		
Dienstleistung	53,4%	Urbanisierung	55%
Industrie	20,2%	Einwohner/km²	13
Landwirtschaft	26,4%	Bev.-Wachstum/Jahr	2,6%
BSP/Kopf	1760 $ (1998)	Kindersterblichkeit	3,9%
Inflation	4,9% (1999)	Alphabetisierung	92,4%
Arbeitslosigkeit	14% (1999)	Einwohner pro Arzt	1406

Paraguay
Südamerika, Karte S. 439, D 5

Wegen fehlender Steuereinnahmen war P. 1999 am Rande der Zahlungsunfähigkeit. Im Mai 2000 beendete die Armee einen Putschversuch von Anhängern des ehemaligen Heereschefs Lino Oviedo unblutig.

Innenpolitik: Die Aufständischen waren mit zehn Panzern nach Asunción vorgerückt und hatten den Parlamentssitz beschossen. Bei der Niederschlagung der Erhebung wurden ca. 100 Menschen verletzt. Ein Teil der Aufständischen wurde verhaftet, einigen gelang die Flucht. Der ehemalige Armeechef Oviedo bestritt jegliche Verbindung zu dem Staatsstreich. Die Meuterer hingegen beriefen sich nach Regierungsangaben in Verhören auf Oviedo, der im Juni 2000 in Brasilien festgenommen wurde. Wegen eines Umsturzversuches von 1996 muss er nach seiner Festnahme mit einer zehnjährigen Gefängnisstrafe rechnen. Außerdem wurde er verdächtigt, für den Mord an den Vizepräsidenten Luis Maria Argaña vom März 1999 verantwortlich zu sein.

Korruption: Im August 1999 hob der paraguayische Senat mit 22 gegen 8 Stimmen die Immunität des ehemaligen Staatspräsidenten Juan Carlos Wasmosy auf. Die Volksvertretung ermöglichte die Einleitung einer gerichtlichen Untersuchung von Korruptionsvorwürfen. Wasmosy wurde beschuldigt, Gelder des staatlichen Instituts für soziale Fürsorge der Entwicklungsbank überwiesen zu haben, von wo aus sie dann an Wasmosy weitergeleitet worden sein sollten. Insgesamt soll Wasmosy während seiner Amtszeit (1993–98) für Unregelmäßigkeiten in Höhe von 1 Mrd US-Dollar verantwortlich sein.

Außenpolitik: Im September 1999 verschlechterten sich die Beziehungen zwischen P. und Argentinien. Die argentinische Regierung lehnte ein vom paraguayischen Außenministerium gestelltes Gesuch um Auslieferung von General Oviedo ab. Oviedo wurden nicht nur mehrere Umsturzversuche zur Last gelegt, sondern auch die Mitverantwortung für den Mord am paraguayischen Vizepräsidenten Argaña, der im März 1999 auf offener Straße erschossen worden war. Das argentinische Außenministerium begründete die Ablehnung des Gesuches mit dem landeseigenen Gesetz, das die Auslieferung eines Exilierten grundsätzlich verbiete. Vertreter von P. verwiesen hingegen auf ein bilaterales Abkommen, durch das die argentinischen Bestimmungen hinfällig geworden seien. Oviedo galt als langjähriger Freund des ehemaligen argentinischen Präsidenten Carlos Menem. Als Konsequenz aus dem gescheiterten Auslieferungsgesuch trat der paraguayische Außenminister Miguel Abdón Saguier von seinem Amt zurück; Nachfolger wurde José Félix Fernández Estigarriba.

Wirtschaft: 1999 stand P. vor der Zahlungsunfähigkeit u.a. wegen des ineffizienten Steuersystems, das nach Ansicht internationaler Finanzinstitute die Hinterziehung von Abgaben begünstigte. Nach Schätzungen des paraguayischen Finanzministeriums betrug 1999 der Umfang der Steuerflucht 50% aller möglichen Einnahmen. Zur Behebung der Finanzkrise plante die Regierung eine umfassende Steuerreform und die Privatisierung der Staatsbetriebe, bei der ein Großteil der 200 000 Stellen im öffentlichen Dienst abgebaut werden sollten.

Peru

Südamerika, Karte S. 439, B 4

Bei der Stichwahl um das Amt des Präsidenten wurde Alberto Fujimori Ende Mai 2000 mit 75% der Stimmen wiedergewählt. Der Wahlgang war heftig umstritten.

Innenpolitik: Fujimoris Gegner Alejandro Toledo erkannte dessen Wiederwahl nicht an und rief seine Anhänger zum friedlichen Widerstand auf. In vielen Städten des Landes kam es zu massiven Protesten, denen Polizei und Militär mit Gewalt begegneten. Toledo war zur Stichwahl nicht angetreten, weil er die Bedingungen für eine faire Wahl nicht gegeben sah. Dabei konnte er sich auf die Organisation Amerikanischer Staaten (OAS) berufen, deren Beobachter im Vorfeld der Wahl ihre Tätigkeit niedergelegt hatten, weil sie einen unfairen Wahlgang mit ihrer Anwesenheit nicht legitimieren wollten. Kritisiert wurden u. a. das mangelhafte Computerprogramm zur Stimmauszählung, der Missbrauch staatlicher Mittel für Fujimoris Wahlkampf und die Weigerung des Präsidenten, Toledo den Zugang zu

Peru Republik Peru		PE
Landesfläche	1,29 Mio km² (WR 19)	
Einwohner	25,2 Mio (WR 38)	
Hauptstadt	Lima (6,02 Mio Einwohner)	
Sprachen	Spanisch, Ketschua, Aymará	
Währung	1 Nuevo Sol (S/.) = 100 Céntimos	
Zeit	Mitteleuropäische Zeit–6 h	
Gliederung	25 Departamentos	
Politik		
Staatsform	Präsidiale Republik (seit 1980)	
Regierungschef	Alberto Bustamante Belaúnde (seit 1999) *1950	
Staatspräsident	Alberto K. Fujimori (seit 1990) *28.7.1938	
Parlament	Kongress mit 120 für fünf Jahre gewählten Mitgliedern; im Abgeordnetenhaus 52 Sitze für Peru 2000, 26 für Mögliches Peru, 9 für Moralisierende Unabhängige Front, 8 für Wir sind Peru, 25 für Sonstige (Wahl von 2000)	
Internet	www.congreso.gob.pe www.pcm.gob.pe	
Bevölkerung		
Religion	Christen (98%): Kathol. 92,5, Protest. 5,5%; Sonstige (2%)	
Ethn. Gruppen	Ketschua (47,1%); Mestizen (32,0%); Weiße (12,0%); Aymará (5,4%); Mulatten, Schwarze, Asiaten (3,5%)	
Wirtschaft und Soziales		

Dienstleistung	47,0%	Urbanisierung	72%
Industrie	38,9%	Einwohner/km²	20
Landwirtschaft	14,1%	Bev.-Wachstum/Jahr	1,7%
BSP/Kopf	2440 $ (1998)	Kindersterblichkeit	4,5%
Inflation	6,2% (1999)	Alphabetisierung	88,7%
Arbeitslosigkeit	9% (1999)	Einwohner pro Arzt	1116

den über Antenne zu empfangenden Fernsehkanälen zu gewähren. Beim ersten Urnengang im April 2000 hatte keiner der beiden Kandidaten die erforderliche absolute Mehrheit der Stimmen erreicht. Fujimori erhielt 48%, Toledo 41,6% der Stimmen. 14 Mio Peruaner waren zur Wahl aufgerufen. Der seit 1990 autoritär regierende Präsident Fujimori bewarb sich um eine dritte Amtszeit und hatte von seinen Anhängern im Kongress die Verfassung ändern lassen, die vorher nur zwei Amtszeiten zuließ. 1992 hatte er die Verfassung außer Kraft gesetzt und die Volksvertretung aufgelöst. Einflussreiche Posten in Justiz und Medien besetzte er mit eigenen Leuten. Wegen der Eindämmung der Inflation und der Niederschlagung der linksextremen Guerillagruppe Leuchtender Pfad wurde Fujimori 1995 mit großer Mehrheit wiedergewählt. Sein Kontrahent Toledo sammelte seine Anhänger vor allem im Mittelstand und bei der armen Stadtbevölkerung.

Außenpolitik: Im November 1999 legten P. und Chile einen 120 Jahre alten Grenzstreit bei. In einem Abkommen verpflichtete sich Chile, für P. in der nordchilenischen Hafenstadt Arica eine Landungsbrücke, ein Zollgebäude und einen Güterbahnhof für die Eisenbahnstrecke zur südperuanischen Stadt Tacna zu bauen. Chile behielt dafür die Souveränität über Arica, gestand P. jedoch Hoheitsrechte über die drei Einrichtungen zu. Vor dem Pazifik-Krieg (1879–84), in dem Chile die Armeen von P. und Bolivien besiegt hatte, gehörte Arica zu P.

Wirtschaft: Die peruanische Volkswirtschaft erholte sich 1999 von den Folgen der Finanzmarkt-Turbulenzen in Südamerika und den Auswirkungen des Klimaphänomens El Niño. Das BIP stieg 1999 um 3,1%, nachdem es 1998 nur um 0,7% gewachsen war. Die Inflationsrate nahm nur leicht von 5% auf 6,2% zu. Durch höhere Steuereinnahmen verringerte sich das Haushaltsdefizit von 1,6% auf 0,8% des BIP. Die peruanische Regierung plante, die Wirtschaft vor allem durch Schaffung investitionsfreundlicher Rahmenbedingungen zu beleben. P. wies zwar mit durchschnittlich 13,3% einen der höchsten Importzölle in Südamerika auf, hatte aber das übersichtlichste System mit lediglich zwei Zollsätzen. Dividenden und Kapitalerträge waren in P. steuerfrei.

Philippinen Republik der Philippinen	RP
Landesfläche	300 000 km² (WR 70)
Einwohner	74,5 Mio (WR 14)
Hauptstadt	Manila (9,23 Mio Einwohner)
Sprachen	Filipino, Spanisch, Englisch
Währung	1 Phil. Peso = 100 Centavos
Zeit	Mitteleuropäische Zeit +7 h
Gliederung	76 Provinzen
Politik	
Staatsform	Präsidiale Republik (seit 1987)
Regierungschef	Joseph Estrada (seit 1998) *19.4.1937
Staatspräsident	Joseph Estrada (seit 1998) *19.4.1937
Parlament	Repräsentantenhaus mit 221 Abgeordneten und Senat mit 24 Senatoren; 110 (Senat: 50 (7) für LMP, 50 (7) für Christdemokrat. (LE-NUCD-UMDP), 15 (0) für Konservat. (NPC), 14 (0) für Liber. (PL), 32 (7) für Sonst. (Wahl: 1998)
Bevölkerung	
Religion	Christen (93,8%); Muslime (4,6%); Sonstige (1,6%)
Ethn. Gruppen	Jungmalaiische Filipinos (40%); Indonesier, Polynesier (30%); Altmalaien, Negritos (10%); Sonstige (20%)

Wirtschaft und Soziales			
Dienstleistung	47,9%	Urbanisierung	57%
Industrie	31,1%	Einwohner/km²	248
Landwirtschaft	21,0%	Bev.-Wachstum/Jahr	2,1%
BSP/Kopf	1050 $ (1998)	Kindersterblichkeit	3,6%
Inflation	6,8% (1999)	Alphabetisierung	94,6%
Arbeitslosigkeit	9,8% (1999)	Einwohner pro Arzt	849

Philippinen
Ostasien, Karte S. 444, D 4

Im April 2000 wurden auf der malaysischen Ferieninsel Sipadan 21 Touristen von der philippinischen extremistischen Moslemgruppe Abu Sayyaf in den Dschungel der philippinischen Insel Jolo entführt. Im Januar 2000 erklärte Präsident Joseph Estrada überraschend seinen Verzicht auf geplante Änderungen der Verfassung.

Innenpolitik: Estrada hatte bessere Voraussetzungen für die Liberalisierung der Wirtschaft und für Investitionen aus dem Ausland schaffen wollen. Ausländern sollte das Recht zugestanden werden, auf den P. Land zu besitzen. Die Bestimmung, wonach ausländisches Kapital in philippinischen Unternehmen auf 40% beschränkt war, sollte aufgehoben werden. Die Mehrheit der Bevölkerung lehnte die geplanten Verfassungsänderungen jedoch ab, weil sie hinter Estradas Plänen persönliche Wirtschaftsinteressen vermuteten. Der Präsident engagierte seit seinem Amtsantritt (Juni 1998) zahlreiche persönliche Berater, die von der

Philippinen: Islamische Extremisten

▶ **Abu Sayyaf:** Die islamische Rebellengruppe Abu Sayyaf, die für die Entführung der Touristen auf Jolo im Frühjahr 2000 verantwortlich war, kämpft seit 1991 auf den südlichen P. für einen islamistischen Staat. Ihr gehörten um 2000 etwa 1000 Mitglieder an, von denen aber nur ca. 200 bewaffnet waren. Obwohl die Rebellengruppe schlecht ausgerüstet war, gelang es der philippinischen Armee nicht, den Stützpunkt auf der Insel Basilan auszuheben. Die Gruppe gilt als äußerst gewalttätig. Viele ihrer Mitglieder sollen in Afghanistan gekämpft haben.

▶ **MILF:** Die Moro Islamische Befreiungsfront (MILF) kämpft mit rund 30 000 Anhängern um einen unabhängigen islamischen Staat. Zwar verhandelte die MILF Mitte 2000 mit der Regierung, setzte aber gleichzeitig ihre gewaltsamen Aktionen fort. Besonders erfolgreich ist sie bei Sabotageakten gegen staatliche Einrichtungen. So gelang es ihr, für mehrere Stunden die Stromversorgung von Mindanao zu unterbrechen, der zweitgrößten Insel der P.

▶ **MNLF:** Als größte Unabhängigkeitsbewegung auf den südlichen P. gilt die Moro Nationale Befreiungsfront (MNLF). Sie verfügte um 2000 über etwa 60 000 Anhänger. 1996 unterzeichnete die MNLF mit der philippinischen Regierung ein Abkommen, in dem sie ihrem Ziel eines unabhängigen islamischen Staates entsagte; die Regierung sicherte als Gegenleistung umfangreiche Finanzhilfen für die Entwicklung der südlichen P. zu. Da die Regierung ihre Versprechungen aber nicht hielt und der Süden arm blieb, erwogen sich MNLF-Mitglieder wieder zu bewaffnen und sich der MILF anzuschließen.

liberalisierten Wirtschaft angeblich am meisten profitiert hätten. Oppositionsgruppierungen befürchteten, dass Estrada eine umfangreiche Verfassungsrevision dazu benutzen könnte, die von der Konstitution vorgeschriebene Beschränkung der Amtszeit des Präsidenten auf sechs Jahre aufzuheben.

Geiseldrama: Unter den Urlaubern, die im April von der radikalen Moslemgruppe Abu Sayyaf entführt wurden, befanden sich neben Franzosen, Südafrikanern, Finnen, Malaysiern und Filipinos auch drei Deutsche. Die philippinische Regierung schaltete zwar einen Vermittler ein, der mit den Geiselnehmern verhandelte, verstärkte aber gleichzeitig die Militärpräsenz auf Jolo. Dadurch kam es wiederholt zu Gefechten zwischen Soldaten und den Guerillakämpfern, durch welche die Gefahr für das Leben der Geiseln erhöht wurde. Die Moslemgruppe Abu Sayyaf forderte neben Lösegeld die Errichtung eines islamischen Staates im Süden der P.

Mindanao: Im Oktober 1999 nahmen die philippinische Regierung und die Moro Islamische Befreiungsfront (MILF) Gespräche über eine Beilegung ihres Konfliktes in Mindanao im Süden der P. auf. Die MILF, die rund 30 000 Mann unter Waffen hatte, begann 1971 ihren Kampf um die Unabhängigkeit Mindanaos von den überwiegend christlichen P. und für die Gründung eines eigenen muslimischen Staates. Die Regierung in Manila wollte Mindanao aber nur mehr Selbstverwaltungsrechte einräumen. Die Verhandlungen über eine Beilegung des Konflikts, in dem trotz eines 1997 vereinbarten Waffenstillstandes bei schweren Gefechten bis 1999 weitere 500 Soldaten starben, galten Mitte 2000 dennoch als

aussichtsreich. Die MILF benötigte von den P. Wirtschaftshilfe für den Aufbau der zerstörten Infrastruktur in Mindanao, die Regierung war auf einen dauerhaften Frieden angewiesen, um die zahlreichen Bodenschätze in der Region ungehindert abbauen zu können. Außer Uran, Gold und Erdöl wurde allein bei Sultan Sabarongis in der Provinz Süd-Cotabato ein Erdgasvorkommen von 60 Mrd Kubikfuß vermutet.

Wirtschaft: Der wirtschaftliche Aufschwung auf den P. hielt 1999 an. Das BIP wuchs um 3%, nachdem es im Vorjahr trotz schwerer Wirtschafts- und Finanzkrise in Südostasien noch um 0,2% gestiegen war. Hauptstütze der stabilen Konjunktur waren die USA, der Hauptabnehmer philippinischer Güter (Exportanteil: ca. 35%). 1999 stiegen die Ausfuhren um 18,8% auf ca. 35 Mrd US-Dollar, die Importe um 3,6% auf 30,7 Mrd US-Dollar. Da der Konsum auf den P. nachließ, sank die Inflationsrate 1999 von 10% auf 6,8%. Wegen des Anstiegs der Rohölpreise prognostizierte die philippinische Regierung für 2000 wieder eine deutlich höhere Teuerungsrate, die zu steigenden Zinsen und zur Abschwächung der Konjunktur führen könne.

Wirtschaftsstruktur: Obwohl das verarbeitende Gewerbe mittlerweile mehr zum BIP beiträgt als der traditionell starke Agrarsektor, ist die Landwirtschaft die Lebensgrundlage eines Großteils der Bevölkerung. In diesem Bereich arbeiteten um 2000 immer noch über 40% der Erwerbspersonen (BIP-Anteil: 21,0%). Hauptanbauprodukte sind Reis, Mais und Kokospalmen. In der Industrie bildeten um 2000 neben der Weiterverarbeitung von Lebensmitteln und Bergbauprodukten die Textil- und Bekleidungsindustrie ein Schwergewicht.

Polen Republik Polen		PL
Landesfläche	312685 km² (WR 67)	
Einwohner	38,7 Mio (WR 30)	
Hauptstadt	Warschau (1,64 Mio Einwohner)	
Sprachen	Polnisch	
Währung	1 Zloty (Zl) = 100 Groszy	
Zeit	Mitteleuropäische Zeit	
Gliederung	49 Provinzen	
Politik		
Staatsform	Republik (seit 1989)	
Regierungschef	Jerzy Buzek (seit Oktober 1997) *3.7.1940	
Staatspräsident	Aleksander Kwasniewski (seit 1995) *15.11.1954	
Parlament	Sejm mit 460 und Senat mit 100 für vier Jahre gewählten Mitgliedern; 201 Sitze (Senat: 51) für Wahlallianz Solidarität (AWS); 164 (28) für Linksallianz (SLD), 60 (8) für Freiheits- union (UW), 27 (3) für Bauernp.(PSL), 6 (5) für Nationalkon- servative (ROP), 2 (5) für Andere (Wahl von 1997)	
Internet	www.poland.pl	
Bevölkerung		
Religion	Katholiken (90,7%); Orthodoxe (1,4%); Sonstige (7,9%)	
Nationalitäten	Polen (98,7%); Ukrainer (0,6%); Sonstige (0,7%)	
Wirtschaft und Soziales		
Dienstleistung	55,6%	Urbanisierung	65%
Industrie	38,1%	Einwohner/km²	124
Landwirtschaft	6,3%	Bev.-Wachstum/Jahr	0,1%
BSP/Kopf	3910 $ (1998)	Kindersterblichkeit	1,5%
Inflation	7,3% (1999)	Alphabetisierung	99%
Arbeitslosigkeit	13% (1999)	Einwohner pro Arzt	436

Polen
Europa, Karte S. 437, E 5

Im Mai 2000 zerbrach die bisherige polnische Regierungskoalition aus dem breiten
konservativen Parteienbündnis Wahlaktion
Solidarität (AWS) und der liberalen Frei-
heitsunion (UW).

Innenpolitik: Die fünf Minister der UW,
unter ihnen Außenminister Bronislaw Gere-
mek und Verteidigungsminister Janusz
Onyszkiewicz, reichten ihren Rücktritt ein.
Ministerpräsident Jerzy Buzek (AWS) lehnte das Gesuch der UW-Minister zunächst ab
und forderte sie auf, zumindest solange ihre
Ressorts weiterzuführen, bis sich heraus-
stellt, ob sich AWS und UW auf eine neue
Regierung verständigen können. Im Juni
2000 akzeptierte er schließlich den Rücktritt
der UW-Minister und kündigte an, eine
Minderheitsregierung der AWS bilden zu
wollen. Mitte 2000 galt es aber als zweifelhaft, ob ein Minderheitskabinett bis zum
nächsten regulären Wahltermin Ende 2001
durchhalten kann. Grund für den Bruch der
Koalition war die Unzufriedenheit der UW

mit Buzek, der es 1999/2000 mehrere Male
nicht geschafft hatte, bei wichtigen Abstimmungen über Gesetzesvorlagen, die P. auf
die Mitgliedschaft in der EU vorbereiten
sollten, die Fraktionsdisziplin durchzusetzen. Die UW war bei einem Rücktritt
Buzeks zu einer Fortsetzung der Koalition
bereit. Auch innerhalb der AWS mehrten
sich im Juni 2000 Stimmen, die den Rückzug Buzeks verlangten.

Krise: Bereits im Januar 2000 befand
sich die polnische Regierungskoalition in
einer schweren Krise. Ein von 74 AWS-
Abgeordneten eingebrachter Misstrauensantrag gegen Schatzmeister Wasacz, der
selbst der AWS angehört, verfehlte im Parlament die notwendige Mehrheit von 231
Stimmen nur um zwei Mandate. Ein Erfolg
des Misstrauensvotums hätte wahrscheinlich zum Bruch der Koalition und zu vorgezogenen Neuwahlen geführt; regulär ist die
Legislaturperiode erst im Herbst 2001 zu
Ende. Wasacz wurde aus dem nationalis-
tisch-protektionistischen Flügel seiner Partei vorgeworfen, bei der Privatisierung polnischer Unternehmen ausländisches Kapital
zu bevorzugen. 1999 wurden z.B. 70% des
polnischen Bankensektors von Auslands-
gesellschaften kontrolliert.

Neuer Innenminister: Im Oktober 1999 ernannte Ministerpräsident Jerzy Buzek den
Abgeordneten Marek Biernacki zum neuen
Innenminister. Er trat die Nachfolge von
Janusz Tomaszewski an, der im September
1999 entlassen worden war. Gegen Tomaszewski war ein Verfahren zur Überprüfung
des Wahrheitsgehalts seiner schriftlichen
Erklärung über mögliche Verstrickungen in
die Arbeit der kommunistischen Geheimdienste eröffnet worden.

Außenpolitik: Die polnische Regierung
kritisierte im Februar 2000 die Sanktionen
der EU-Staaten gegen Österreich. Sie
drückte zwar ihre Beunruhigung darüber
aus, dass eine Partei wie die FPÖ, die
extrem rechte Vorstellungen vertrete und
sich gegen die Ost-Erweiterung der EU aus-
spricht, in die österreichische Regierung
aufgenommen wurde. Den Sanktionen
wollte sich P. aber nicht anschließen, weil
dies eine Einmischung in die inneren Angelegenheiten Österreichs bedeute.

Wirtschaft: Die polnische Volkswirtschaft
setzte 1999 ihre positive Entwicklung fort.
Das BIP stieg um 4% (1998: +4,8%). Getra-

gen wurde die Konjunktur von der inländischen Nachfrage, die 1999 um 5,1% stieg. Rückläufig war hingegen der Export, der sich um 2% verringerte. Insbes. die Ausfuhren in die Länder Ost- und Mitteleuropas brachen um fast ein Drittel ein. Größtes Abnehmerland für polnische Waren (u. a. Maschinen, Metallerzeugnisse, Textilwaren) war 1999 Deutschland (Anteil von 36,1%).

Arbeitslosigkeit: Die Arbeitslosenquote stieg 1999 auf 13,0% (1998: 10,4%), den höchsten Wert seit 1996. Etwa 2,5 Mio Menschen waren 1999 in P. erwerbslos, darunter 700 000 im ländlichen Raum. Hinzu kamen lt. Schätzungen 1,9 Mio Beschäftigungslose, die in den offiziellen Arbeitsmarktstatistiken nicht mehr geführt wurden, weil sie bereits das Anrecht auf Arbeitslosengeld verloren hatten. Die Zahl der Polen ohne ein legales Arbeitsverhältnis betrug 1999 ca. 3,5 Mio, von denen ein erheblicher Teil in großer Armut lebte.

Steuerreform: Nach einer im November 1999 vom polnischen Parlament verabschiedeten Reform sollten die Steuern auf Einkommen und auf die Einkünfte vieler Kleinunternehmen ab 2000 schrittweise gesenkt werden. Statt der bisherigen Steuersätze von 19%, 30% und 40% gelten ab 2000 die Sätze 19%, 29% und 36%. 2002 sollte es mit 18% und 28% nur noch zwei Sätze geben. Durch den eingeführten Kinderfreibetrag beim zweiten Kind sparen Geringverdiener umgerechnet 65 DM jährlich. Die Steuerfreibeträge für den Bau von Häusern und Wohnungen wurden dagegen gestrichen. Die Gewinnsteuer auf Unternehmen (GmbH, AG, Staatsbetriebe), die 1996 noch bei 40% gelegen hatte und 1999 auf 34% gesunken war, wurde zum 1.1.2000 auf 30% erneut reduziert und sollte 2004 nur noch 22% betragen.

Korruption: Nach Einschätzung internationaler Wirtschafts- und Finanzinstitute nahm in P. die Korruption stark zu. In einer Analyse von Transparency International über das Ausmaß der Korruption 1999 belegte P. Platz 13. Danach bewegte sich P. auf ukrainische und russische Verhältnisse zu. Polnische Unternehmen kalkulierten bereits ca. 3% ihrer Kosten für Bestechungsgelder ein. 84% der Polen hielten nach einer Meinungsumfrage Korruption für eine alltägliche Erscheinung.

Portugal

Europa, Karte S. 437, A 6

1999 setzte sich in P. der seit Jahren anhaltende Wirtschaftsaufschwung fort. Bei den Parlamentswahlen im Oktober 1999 errangen die regierenden Sozialisten (PS) des seit 1995 amtierenden Ministerpräsidenten Antonio Guterres einen klaren Wahlsieg.

Innenpolitik: Die PS erhielt knapp 44% der Stimmen, verfehlte aber mit 115 Sitzen knapp die absolute Mehrheit von 116 Mandaten. Die Sozialdemokraten (PSD) erreichten 32,3% der Stimmen und 81 Sitze, das kommunistische Linksbündnis 17 Sitze. Ins Parlament wurden mit der Volkspartei (PP) und dem Linksblock auch zwei kleinere Gruppierungen gewählt. Kommunisten und PSD versprachen, auch in der neuen Legislaturperiode mit der Minderheitsregierung zusammenzuarbeiten. Der Wahlerfolg der Sozialisten wurde vor allem auf deren erfolgreiche Wirtschaftspolitik zurückgeführt.

Außenpolitik: P. kündigte mit Beginn seiner sechsmonatigen EU-Präsidentschaft im

Portugal Portugiesische Republik		P
Landesfläche	91 982 km² (WR 110)	
Einwohner	9,9 Mio (WR 78)	
Hauptstadt	Lissabon (830 000 Einwohner)	
Sprachen	Portugiesisch	
Währung	1 Escudo (ESC) = 100 Centavos	
Zeit	Mitteleuropäische Zeit +1 h	
Gliederung	18 Distrikte	
Politik		
Staatsform	Parlamentarische Republik (seit 1976)	
Regierungschef	António Guterres (seit 1995) *30.4.1949	
Staatspräsident	Jorge Sampaio (seit März 1996) *18.9.1939	
Parlament	Nationalversammlung mit 230 für vier Jahre gewählten Abgeordneten; 115 Sitze für Sozialisten (PS), 81 für Sozialdemokraten (PSD), 17 für Linksbündnis (CDU), 15 für Volkspartei (PP), 2 für Linksblock (Wahl von 1999)	
Internet	www.pcm.gov.pt www.parlamento.pt	
Bevölkerung		
Religion	Katholiken (94,5%); Protestanten (0,6%); Juden (0,1%); Muslime (0,1%); Sonst. (0,9%); Konfessionslose (3,8%)	
Nationalitäten	Portugiesen (99,5%); Kapverder (0,2%); Sonstige (0,3%)	
Wirtschaft und Soziales		
Dienstleistung	62%	Urbanisierung	37%
Industrie	32%	Einwohner/km²	108
Landwirtschaft	6%	Bev.-Wachstum/Jahr	0,0%
BSP/Kopf	10 670 $ (1998)	Kindersterblichkeit	0,9%
Inflation	2,3% (1999)	Alphabetisierung	90,8%
Arbeitslosigkeit	4,5% (1999)	Einwohner pro Arzt	352

Januar 2000 an, sich im Rahmen der EU künftig stärker in der Außenpolitik engagieren zu wollen. Bereits im Dezember 1999 nahm P. wieder diplomatische Beziehungen zu Indonesien auf. Sie waren 1975 abgebrochen worden, nachdem die gerade aufgegebene Kolonie Osttimor vom damaligen indonesischen Regime Suharto besetzt worden war. Im Dezember 1999 gab P. mit der Abtretung von Macao an China den letzten Teil seines einst mächtigen Kolonialreiches auf. P. wollte seine immer noch starke politische Präsenz in den ehemaligen Kolonien Lateinamerikas und Afrikas nutzen, um die Zusammenarbeit zwischen den anderen EU-Staaten und den Entwicklungsländern zu verbessern.

Wirtschaft: Hohes Wirtschaftswachstum und eine von der Regierung initiierte effizientere Finanzverwaltung konsolidierten den portugiesischen Staatshaushalt. Das BIP stieg 1999 um 3,1% (1998: 4,2%) und sollte 2000 um 3,3% wachsen. P. profitierte von der allgemeinen konjunkturellen Belebung in Europa, die zu einem Anstieg der Exporte um 3,3% beitrug. Wichtigste Abnehmerländer für portugiesische Waren (u. a. Tex-

tilien, Schuhe, Maschinen, Fahrzeuge, Holz und Papier) waren Deutschland (Anteil von 20%), Spanien (15%) und Frankreich (14%). Eine weitere Stütze der Wirtschaft war die starke Binnennachfrage, die 1999 um 4,7% zunahm. Die Inflationsrate lag mit 2,3% noch 0,9 Prozentpunkte über dem EU-Durchschnitt. Die portugiesische Regierung versuchte durch Senkung der Mineralölsteuer die Preissteigerung zu bremsen. Die Arbeitslosenquote verringerte sich von 5,1% auf 4,5%.

Bankenfusionen: Im Januar 2000 kündigten die Banco Espírito Santo (BES) und die Banco Portugues de Investimiento (BPI) ihren Zusammenschluss an. Kurz zuvor hatten bereits die Banco Comercial Portugues (BCP) und die Finanzgruppe Mello ihre Vereinigung bekannt gegeben. Durch die Fusionen entstanden in P. drei Großbanken (BCP/Mello, BES/BPI und die staatseigene Caixa Geral de Depósitos), die das gemeinsame Finanzgeschäft zu mehr als 70% kontrollierten. Die Zusammenschlüsse wurden durch Spekulationen um spanische Großbanken ausgelöst, die angeblich in P. nach Übernahmekandidaten suchten.

Ruanda	Republik Ruanda	RWA
Landesfläche	26 338 km² (WR 145)	
Einwohner	7,2 Mio (WR 93)	
Hauptstadt	Kigali (300 000 Einwohner)	
Sprachen	Französisch, Kinyarwanda, Kisuaheli, Englisch	
Währung	1 Ruanda-Franc (RFr)	
Zeit	Mitteleuropäische Zeit +1 h	
Gliederung	10 Präfekturen	
Politik		
Staatsform	Präsidiale Republik (seit 1962)	
Regierungschef	Bernard Makuza (seit 2000)	
Staatspräsident	Paul Kagame (seit 2000) *1958	
Parlament	Nationalversammlung des Übergangs mit 70 ernannten Abgeordneten; Tutsi-Befreiungsfront FPR und acht kleinere Parteien	
Internet	www.rwandemb.org	
Bevölkerung		
Religion	Katholiken (50%); Muslime (9%); Sekten u. Animisten (41%)	
Ethn. Gruppen	Hutu (85–90%); Tutsi (10–14%); Twa (Pygmäen, ca. 1%)	
Wirtschaft und Soziales		

Dienstleistung	45,8%	**Urbanisierung**	6%
Industrie	5,2%	**Einwohner/km²**	273
Landwirtschaft	49,0%	**Bev.-Wachstum/Jahr**	7,7%
BSP/Kopf	230 $ (1998)	**Kindersterblichkeit**	12,4%
Inflation	k.A.	**Alphabetisierung**	63%
Arbeitslosigkeit	k.A.	**Einwohner pro Arzt**	24 697

Ruanda
Afrika, Karte S. 441, D 4

Der bisherige Vizepräsident und Verteidigungsminister Ruandas, Paul Kagame, wurde im April 2000 zum neuen Staatspräsidenten des Landes gewählt.

Innenpolitik: Kagame erhielt vom Parlament 81:5 Stimmen. Er folgte dem im März 2000 zurückgetretenen Pasteur Bizimungu im Amt. Als Vorsitzender der von der Tutsi-Minderheit (Bevölkerungsanteil: ca. 10 bis 14%) dominierten Ruandischen Patriotischen Front (FPR) galt der frühere Guerillaführer Kagame schon während der Amtszeit (ab 1994) des Hutus Bizimungu als dominierende politische Persönlichkeit in R. In dem zentralafrikanischen Land kämpfen seit Jahrzehnten ethnische Gruppen gegeneinander. 1994 ermordeten Hutu-Milizen rund 1 Mio Tutsi.

Neuer Regierungschef: Im März 2000 ernannte der damalige Präsident Bizimungu den Hutu-Politiker Bertrand Makuza zum Ministerpräsidenten. Makuza wurde Nachfolger von Pierre-Celestin Rwigema, der im

Februar 2000 unter dem Druck von Korruptionsvorwürfen zurückgetreten war. Einem Abkommen zufolge wird der Ministerpräsident in R. von der größten Hutu-Partei, Republikanisch-Demokratische Bewegung, und der Präsident von der Tutsi-Partei RPF gestellt.

UN-Tribunal: Die Regierung von R. brach im November 1999 die Zusammenarbeit mit dem UN-Kriegsverbrechertribunal ab, das 1994 im tansanischen Arusha eingerichtet worden war, um die Verantwortlichen des Völkermordes zu bestrafen. Hintergrund war die Entscheidung des Tribunals, einen der Hauptangeklagten, Jean-Bosco Barrayagwiza, wegen eines Formfehlers frei zu lassen. Barrayagwiza leitete während des Völkermordes die politische Abteilung des Außenministeriums von R. und wurde verdächtigt, einer der Drahtzieher des Genozides gewesen zu sein. Im Februar 2000 erklärte die Regierung von R., mit dem Tribunal erneut zu kooperieren, nachdem das Gericht zugesagt hatte, den Fall Barrayagwiza erneut zu prüfen.

Außenpolitik: UN-Generalsekretär Kofi Annan gestand im Dezember 1999 ein, dass die Vereinten Nationen während des Völkermordes in Ruanda versagt hätten. Im Bericht einer von Annan eingesetzten dreiköpfigen Expertenkommission wurde den UN vorgeworfen, Hinweise auf bevorstehende Gräuel ignoriert zu haben. Die USA wurden beschuldigt, den UN-Sicherheitsrat blockiert zu haben. US-Präsident Bill Clinton hatte sich 1998 in R. für das Verhalten der USA entschuldigt.

Wirtschaft: Die ruandische Volkswirtschaft wuchs 1999 um 7%, erreichte aber nicht den Stand vor dem Jahr des Völkermordes 1994. Auslandshilfen trugen 1999 zu rund 55% der Staatseinnahmen bei. Ein großer Teil der öffentlichen Ausgaben floss ins Gefängniswesen, in dem mehr als 120 000 des Völkermords Verdächtige einsaßen. Eines der größten wirtschaftlichen Probleme blieb 1999 die hohe Bevölkerungsdichte (273 Einwohner/km²). Da die meisten Einwohner von der Landwirtschaft lebten, wurden die Böden ausgelaugt und die Wälder abgeholzt. Nach Schätzungen der UN lebten zwei Drittel der Bevölkerung unter der Armutsgrenze.

▪ **Staaten** → Kongo

Rumänien
Europa, Karte S. 437, F 6

Staatspräsident Emil Constantinescu setzte im Dezember 1999 Ministerpräsident Radu Vasile wegen Regierungsunfähigkeit ab. Sein Nachfolger wurde der bisherige Zentralbankchef Mugur Isarescu.

Innenpolitik: Der seit April 1998 regierende Vasile sah die Absetzung als nicht verfassungsgemäß an, akzeptierte aber die Entlassung, nachdem seine Partei, die Nationale Christlichdemokratische Bauernpartei (PNTCD), ihm die Unterstützung entzogen hatte. Hintergrund der politischen Krise war die angespannte wirtschaftliche Lage in R. und der schleppende Reformprozess, den die EU 1999 mehrfach gerügt hatte. Durch die Ernennung des neuen Premierministers sollte auch die Bevölkerung beruhigt werden, in der sich 1999 wiederholt Proteste gegen die ökonomische Situation und die Untätigkeit der Regierung geregt hatte.

Securitate: Präsident Constantinescu beklagte im Februar 2000 den wachsenden

Rumänien Republik Rumänien			RO
Landesfläche	238 391 km² (WR 79)		
Einwohner	22,4 Mio (WR 44)		
Hauptstadt	Bukarest (2,1 Mio Einwohner)		
Sprachen	Rumän., Ungar., Deutsch, Serb.		
Währung	1 Leu (Pl.: Lei) = 100 Bani		
Zeit	Mitteleuropäische Zeit +1 h		
Gliederung	40 Bezirke		
Politik			
Staatsform	Republik (seit 1991)		
Regierungschef	Mugur Isarescu (seit 1999) *1.8.1949		
Staatspräsident	Emil Constantinescu (seit 1996) *19.11.1939		
Parlament	Abgeordnetenkammer mit 328 und Senat mit 143 für vier Jahre gewählten Mitgl.; 126 Sitze (Senat: 51) für Demokrat. Konvention, 91 (41) für Partei der Sozial. Demokratie, 53 (23) für Sozialdem. Union, 25 (11) für Demokrat. Union der Ungarn in Rumänien, 33 (17) für Sonst. (Wahl: 1996)		
Bevölkerung			
Religion	Rumänisch-Orth. (86,8%); Kath. (5,0%); Sonst. (8,2%)		
Nationalitäten	Rumänen (89,4%); Ungarn (7,1%); Sonstige (3,5%)		
Wirtschaft und Soziales			
Dienstleistung	38,3%	**Urbanisierung**	57%
Industrie	42,6%	**Einwohner/km²**	94
Landwirtschaft	19,1%	**Bev.-Wachstum/Jahr**	−0,4%
BSP/Kopf	1360 $ (1998)	**Kindersterblichkeit**	2,3%
Inflation	54,8% (1999)	**Alphabetisierung**	97,8%
Arbeitslosigkeit	11,5% (1999)	**Einwohner pro Arzt**	552

Einfluss ehemaliger Mitarbeiter des kommunistischen Geheimdienstes Securitate auf die rumänische Gesellschaft. Er verwies insbes. auf das Bündnis der extrem nationalistischen Partei Großrumänien (PRM) mit der Partei der Sozialen Demokratie (PDSR) des früheren Staatspräsidenten Ion Iliescu. Beide Gruppierungen würden nach Constantinescus Einschätzung von früheren Securitate-Mitarbeitern kontrolliert, die mit gezielten Kampagnen das rumänische Staatswesen zu diskreditieren versuchten. Bei Umfragen Ende 1999 führte die PDSR deutlich vor den anderen Parteien in der Wählergunst.

Securitate-Akten: Im Oktober 1999 verabschiedete das rumänische Parlament ein Gesetz, das der Bevölkerung das Recht auf Einsicht in ihre Akten bei der Securitate sicherte. Außerdem erlaubte es, sich über eine eventuelle Securitate-Vergangenheit von Amtsträgern oder Kandidaten für öffentliche Ämter zu informieren. Es enthielt jedoch keine Regelung, die enttarnten Spitzeln Zugang zu Ämtern verwehrt. Offen gelegt werden durften die Vergangenheit des Staatspräsidenten, des gesamten Regierungs-, Parlaments- und Verwaltungsapparates, aber auch von Schuldirektoren, Vereinsvorsitzenden, Führern von Religionsgemeinschaften sowie Journalisten. Politiker aus Regierung und Opposition versprachen, ehemalige Securitate-Mitarbeiter nicht in ihren Reihen zu dulden. Gegner des Gesetzes betonten, dass ehemalige Mitarbeiter der Securitate wahrscheinlich Hunderttausende kompromittierender Akten bereits unmittelbar nach der politischen Wende von 1989 vernichtet oder gefälscht hätten.

Lehrerstreik: Im Februar 2000 traten die rumänischen Volks- und Mittelschullehrer in einen Ausstand. Sie protestierten gegen die finanzielle Lage des Schulwesens und forderten eine deutliche Erhöhung der staatlichen Bildungsausgaben. Lehrergewerkschaften wiesen darauf hin, dass die Gehälter des Lehrpersonals auf der Basis von 1997 etwa 50% der Kaufkraft eingebüßt hätten. Die rumänische Regierung kündigte als Zugeständnis an die Lehrer an, die Bildungsausgaben 2001 um 0,5% des BIP zu erhöhen.

Außenpolitik: Im Januar und März 2000 belasteten zwei Giftunfälle die Beziehungen zwischen R. und Ungarn. Nach einem Unfall im nordrumänischen Bergwerk Borsa floss giftiges Zyanid in die Theiß, einem Nebenfluss der Donau. Nach einem Deichbruch von Klärbecken bei Baia Mare gelangten giftige Schlämme in die Theiß und Donau. Durch die Verschmutzung wurden auch Ökosysteme in Ungarn zerstört. Der materielle Schaden wurde auf insgesamt 44 Mrd DM geschätzt. Der ungarische Umweltminister Pál Pepó kritisierte die mangelhaften Sicherheitsvorkehrungen in rumänischen Betrieben und forderte die Einrichtung eines effizienten Überwachungssystems. Ungarn kündigte Klage gegen die Betreiberfirmen der rumänischen Bergwerke an, die für die Verseuchung der Flüsse verantwortlich waren.

Wirtschaft: 1999 verlangsamte sich der seit 1995 zu beobachtende Niedergang der rumänischen Volkswirtschaft. Das BIP sank um 3,2%, nachdem es 1998 noch um 7,3% geschrumpft war. Wesentlicher Grund für die lang anhaltende Rezession ist der Verlust der ehemaligen osteuropäischen Märkte, die insbes. nach dem Beginn der Wirtschafts- und Finanzkrise in Osteuropa (1998) fast vollständig wegbrachen. Die Industrieproduktion ging 1999 noch einmal um 8% zurück, nachdem sie bereits 1998 um 17% eingebrochen war. Überdurchschnittlich stark betroffen vom Rückgang war der Maschinen- und Anlagenbau (−22,9%), der Bergbau (−9,6%) und das Verlagswesen (−9,4%), während die Messtechnik- (+34%) und Bekleidungsbranche (+ 12,2%) zulegen konnten. Der Wert der Ausfuhren stieg zwar 1999 im Vergleich zum Vorjahr leicht von 8,3 Mrd US-Dollar auf 8,5 Mrd US-Dollar, blieb aber weit unter dem Wert der Einfuhren (10,4 Mrd US-Dollar). Wichtigste Abnehmerländer für rumänische Güter waren 1999 Italien (Anteil von 23,3%), Deutschland (17,8%) und Frankreich (6,2%). Als ein weiterer Grund für die Rezession in R. galt der schleppende Verlauf der Privatisierungen. 1999 wurden 1347 Unternehmen, insbes. kleine und mittlere Betriebe veräußert. Ursprüngliches Ziel der Regierung war es, bis Ende 2000 alle staatlichen Unternehmen privatisiert zu haben. Die Verwirklichung dieses Ziels galt als äußerst unwahrscheinlich, weil sich Anfang 2000 noch etwa 2900 Firmen in staatlichem Besitz befanden.

Russland

Europa/Asien, Karte S. 443

Bei den Präsidentschaftswahlen im März 2000 erreichte Wladimir Putin bereits im ersten Wahlgang mit 52,5% der Stimmen die erforderliche absolute Mehrheit. Putin führte das Präsidentenamt seit Januar 2000, nachdem Boris Jelzin Ende 1999 überraschend zurückgetreten war.

Innenpolitik: Hinter Putin folgten bei der Präsidentschaftswahl KP-Chef Gennadi Sjuganow mit 29,45%, Grigori Jawlinski von den Liberalen (5,85%), der Gouverneur von Kemerowo Aman Tulejew (3,06%) und der Nationalist Wladimir Schirinowski (2,72%). Die übrigen sechs Kandidaten erhielten jeweils nur 1% der Stimmen oder weniger, 1,9% der Wähler sprachen sich gegen alle Kandidaten aus. Die Wahlbeteiligung lag bei rund 68%. Insgesamt waren 108 Mio Bürger zum Urnengang aufgerufen. Aus Angst vor Terroranschlägen waren vor allen Wahllokalen in R. strenge Sicherheitsvorkehrungen getroffen worden.

Machtwechsel: Silvester 1999 trat der russische Präsident Boris Jelzin überraschend von seinem Amt zurück. Für die Zeit bis zu den Wahlen im März 2000 setzte er Putin als Interimspräsidenten ein. In seiner Rücktrittsrede bat Jelzin, dessen Amtszeit erst im August 2000 ausgelaufen wäre, die Bevölkerung um Verzeihung für enttäuschte Hoffnungen. Eine der ersten Amtshandlungen Putins war die Unterzeichnung eines Erlasses, mit dem Jelzin Immunität vor eventueller Strafverfolgung gewährt wurde. Jelzin und seine Umgebung waren in zahlreiche undurchsichtige Korruptionsskandale verwickelt. Der Präsident galt wegen Krankheit als nicht mehr fähig, das Amt weiter auszuüben. In den letzten Jahren sollten die Staatsgeschäfte von Angehörigen und engen Freunden Jelzins geführt worden sein, bei denen sich großer Reichtum ansammelte.

Neuer Regierungschef: Im Mai 2000 bestätigte die Staatsduma mit großer Mehrheit bereits im ersten Wahlgang Michail Kasjanow als neuen Ministerpräsidenten von R. Für ihn stimmten 325 der 450 Abgeordneten. Eine solch hohe Zustimmung hatte seit dem Ende der Sowjetunion kein Kandidat für das Amt des Regierungschefs im Parlament erhalten. Die große Unterstützung galt als Vertrauensbeweis für Präsident Putin,

Russland Russische Föderation		**RUS**
Landesfläche	17 Mio km² (WR 1)	
Einwohner	147,2 Mio (WR 7)	
Hauptstadt	Moskau (8,53 Mio Einwohner)	
Sprachen	Russisch, Nationalsprachen	
Währung	1 Rubel (Rbl) = 100 Kopeken	
Zeit	Mitteleuropäische Zeit +2–12 h	
Gliederung	7 Distrikte	
Politik		
Staatsform	Bundesrepublik (seit 1991)	
Regierungschef	Michail Kasjanow (seit 2000) *1957	
Staatspräsident	Wladimir Putin (seit 2000) *7.10.1952	
Parlament	Föderationsrat mit 178 Mitgliedern, Staatsduma mit 450 Abgeordneten; in der Staatsduma 113 Sitze für KPRF, 72 für Jedinstwo, 66 für Vaterland - Ganz Russland, 29 für Union rechter Kräfte, 21 für Jabloko, 17 für Liberal-demokrat. Partei/Block Schirinowski, 132 für Andere (Wahl: 1999)	
Internet	www.gov.ru www.duma.ru	
Bevölkerung		
Religion	Christen (82%); Muslime und Sonstige (18%)	
Nationalitäten	Russen 81,5%; Tataren 3,8%; Ukrainer 3%; Sonstige 11,7%	

Wirtschaft und Soziales			
Dienstleistung	49,5%	Urbanisierung	77%
Industrie	44,3%	Einwohner/km²	9
Landwirtschaft	6,2%	Bev.-Wachstum/Jahr	−0,2%
BSP/Kopf	2260 $ (1998)	Kindersterblichkeit	1,8%
Inflation	36,5% (1999)	Alphabetisierung	99%
Arbeitslosigkeit	11,7% (1999)	Einwohner pro Arzt	220

der Kasjanow im Mai 2000 als geschäftsführenden Regierungschef eingesetzt hatte.

Verwaltungsreform: Präsident Putin verfügte im Mai 2000 eine große Verwaltungsreform, mit der die 89 russischen Föderationssubjekte in sieben neu geschaffene Distrikte eingeteilt werden. Sie sollen von Präsidenten-Vertretern geleitet werden. Bis dahin hatte es in jedem Subjekt der Föderation einen Repräsentanten des Staatsoberhauptes gegeben, der jedoch kein politisches Gewicht hatte. Mit der Reorganisation will Putin die Zentralgewalt stärken. In den 1990er Jahren hatte der damalige Präsident Jelzin die Föderationssubjekte zu größerer Souveränität ermutigt. Die Unabhängigkeitsbestrebungen in Tschetschenien wurden auf diese Politik zurückgeführt.

Der Fall Skuratow: Im April 2000 bestätigte der russische Föderationsrat die Entlassung des Generalstaatsanwaltes Jurij Skuratow. Er hatte Anfang 1999 gegen mehrere Spitzenpolitiker aus der Umgebung des damaligen Präsidenten Jelzin wegen Korruption ermitteln lassen. Jelzin hatte ihn von seinem Amt suspendiert, doch hatte der Föderationsrat seiner Entlassung nicht zugestimmt. Der neue Präsident Putin forderte im April 2000 die Mitglieder des Föderationsrates erneut auf, die Ablösung Skuratows zu bestätigen. Diesmal folgten die Abgeordneten mit 136:10 Stimmen bei sechs Enthaltungen der Aufforderung.

Personalwechsel: Im Januar 2000 besetzte Putin die Präsidentenverwaltung um. Er entließ die einflussreiche Tochter Jelzins, Tatjana Djatschenko, von ihrem Posten als Präsidentenberaterin. Jelzins Pressesprecher Dmitrij Jakuschkin musste von seinem Amt ebenso zurücktreten wie drei stellv. Leiter der Verwaltung, Wladimir Schewtschenko, Walerij Sementschenko und Wladimir Makarow. Die Entlassung von Jelzins Gefolgsleuten wurde als Zeichen für den Willen des neuen Präsidenten gewertet, alte Machtstrukturen aufzubrechen.

Parlamentswahl: Bei der Wahl zur Staatsduma im Dezember 1999 siegte die Kommunistische Partei der Russländischen Föderation (KPRF) mit 24,3% der abgegebenen Stimmen. Knapp dahinter folgte die überregionale Bewegung Jedinstwo mit 23,3%. Auf den dritten Platz kam mit 13,3% die Bewegung Vaterland – Ganz Russland (VGR). Die Wahlbeteiligung war mit 61,9% etwas geringer als 1995 (64,3%). Damit eine Wahl in R. rechtsgültig ist, müssen mind. 25% der Wahlberechtigten ihre Stimmen abgeben. Das Ergebnis wurde auch als Erfolg Wladimir Putins gewertet, da er die Gründung der zweitstärksten Partei,

Jedinstwo, wenige Wochen vor den Wahlen gefördert hatte. Durch das gute Abschneiden von Jedinstwo wurde die mächtige Stellung der Kommunisten in der Staatsduma beschnitten. Die russische Regierung erhoffte sich, Reformgesetze im Parlament nun schneller durchsetzen zu können.

Tschetschenien: Im Konflikt mit den Separatisten in der Kaukasus-Region Tschetschenien erzielte die russische Armee 1999/2000 zwar militärische Erfolge, konnte den Widerstand aber nicht entscheidend brechen. Nach der völligen Zerstörung der tschetschenischen Hauptstadt Grosny verkündete der tschetschenische Präsident Aslan Maschadow im April 2000 eine einseitige Waffenruhe, um Gespräche mit der russischen Regierung aufnehmen zu können. Der russische Präsident Putin lehnte das Angebot ab, weil er dahinter den Versuch der Tschetschenen vermutete, während eines Waffenstillstandes den Widerstand neu zu organisieren.

Außenpolitik: Im April 2000 unterzeichnete Präsident Putin eine neue Militärdoktrin. Sie räumte der Regierung das Recht auf einen atomaren Erstschlag ein. Mit der geänderten Militärdoktrin regierte R. nach eigenen Angaben auf die Bedrohung durch die NATO im Westen und islamische Separatisten im Osten. Putin verwies auf die Entscheidung des westlichen Bündnisses, militärische Entschlüsse auch ohne Zustimmung des Sicherheitsrates der Vereinten Na-

▬ Russland: Die wichtigsten Parteien in der Staatsduma

▶ **Kommunistische Partei der Russländischen Föderation (KPRF):** Die KPRF erhielt bei der letzten Wahl 24,3%. Sie ist mit 113 Abgeordneten in der Staatsduma vertreten. Die KPRF gilt als die bestorganisierte Partei in R., wobei sie immer noch von ihrer staatstragenden Rolle zur Zeit der ehemaligen Sowjetunion profitiert. Die 540000 Mitglieder sind in 27000 Parteigliederungen unterteilt. Ihre Wähler sind meist ältere Menschen, die durch das Ende der UdSSR ihre soziale Sicherheit verloren haben.

▶ **Jedinstwo (Einheit):** Die Bewegung Jedinstwo erhielt 23,3% der Stimmen und 72 Mandate in der Staatsduma. Sie wurde erst im September 1999 gegründet. Geleitet wird die Partei vom russischen Polizeigeneral Gurow, dem Katastrophenschutzminister Schojgu und dem Olympiaringer Karelin, die allesamt als äußerst populär in

der Bevölkerung gelten. Die Gründung der Partei wurde vom Kreml, insbes. von Präsident Putin gefördert, der sich durch Jedinstwo eine wirkungsvolle Unterstützung für seine Politik in der Staatsduma erhofft.

▶ **Vaterland – Ganz Russland:** Diese Partei erhielt 13,1% der Stimmen und ist mit 66 Abgeordneten in der Staatsduma vertreten. Sie wird überwiegend von Politikern aus der Hauptstadt Moskau geleitet, definiert sich selbst als Mitte-Links-Gruppierung. Zu ihren Wählern gehören Anhänger der alten Nomenklatura und erfolgreiche Russen, die vom Ende der UdSSR ökonomisch profitierten.

▶ **Jabloko:** Jabloko erhielt bei den Wahlen 6% der Stimmen und 21 Mandate. Die Partei wurde insbes. vom Westen favorisiert, weil sich ihr Vorsitzender Grigorij Jawlinski konsequent für marktwirtschaftliche Reformen einsetzt. Die Wähler von Jabloko

stammen insbes. aus der städtischen Elite, während die breite Bevölkerung den marktwirtschaftlichen Konzepten der Partei skeptisch gegenübersteht.

▶ **Union rechter Kräfte:** Sie erhielt 8,5% der Stimmen und 29 Mandate. Ihr Fraktionsvorsitzender ist Sergej Kirijenko. Die Führung stammt überwiegend aus der Garde der glücklosen Wirtschaftsreformer von Boris Jelzin. Ihr Ziel, R. in eine bürgerliche Gesellschaft und eine soziale Marktwirtschaft zu verwandeln, wird vom Großteil der Bevölkerung mit Skepsis betrachtet.

▶ **Liberal-demokratische Partei/Block Schirinowski:** Die ultrarechte Gruppierung Wladimir Schirinowskis kam auf 6,2% der Stimmen und 17 Abgeordneten im Parlament. Sie fordert die Rückkehr zur russischen Großmachtpolitik sowie einen autoritären Staat und gibt sich extrem antikommunistisch.

tionen (UN) fällen zu können. R. beanspruche nun das Recht, bei einem Angriff den Einsatz jeder zur Verfügung stehenden Waffe befehligen zu können. Mitte 2000 verfügte R. über rund 6300 strategische Atomsprengköpfe und etwa 4000 taktische Atomwaffen. Der von der russischen Führung ratifizierte START-II-Vertrag sieht eine Verringerung der Zahl der strategischen Sprengköpfe auf 3000–3500 vor.

Höhere Rüstungsausgaben: Im Januar 2000 kündigte R. eine deutliche Aufstockung der Rüstungsausgaben für das laufende Jahr um 70% an. Ursprünglich waren für die Anschaffung neuer Rüstungsgüter Ausgaben von 2,2 Mrd DM vorgesehen. Nun sollten sie auf ca. 3,8 Mrd DM steigen. Putin begründete die Entscheidung mit dem schlechten Rüstungsstand der Streitkräfte und dem anhaltenden Konflikt in Tschetschenien.

Spionagevorwürfe: Im März 2000 warfen sich die Regierungen von R. und Norwegen gegenseitig Spionage vor. Das russische Verteidigungsministerium betrachtete die Anfang 2000 von den USA in Nordnorwegen in Betrieb genommene Radaranlage Globus II als Bedrohung der nationalen Sicherheit. Es handele sich um einen großen Spionageknotenpunkt, durch den weite Teile Nordwestrusslands überwacht werden sollten. Die norwegische Regierung warf R. vor, in Norwegen umfangreich Spionage zu betreiben, sodass sie als eine der größten Bedrohungen für das Land betrachtet werden müsse. Der Nordwesten Norwegens ist für Russland von großer strategischer Bedeutung, weil er das einzige Gebiet ist, in dem R. an einen NATO-Staat grenzt.

Wirtschaft: Die russische Konjunktur erholte sich 1999 leicht von der Finanzkrise. Das BIP stieg um 2%, nachdem es 1998 noch um 5% gesunken war. Getragen wurde der Aufschwung von der 1999 um 8% gestiegenen Industrieproduktion (1998: –5,5%). Auch der Anstieg der Inflation verlangsamte sich 1999 auf 36,5% (1998: 84,8%). Die niedrigste Teuerungsrate seit Ende der Sowjetunion (1991) war 1997 mit 11% festgestellt worden. Trotz der besseren Konjunktur verschlechterte sich 1999 weiter die soziale Lage der russischen Bevölkerung. Die realen Einkommen der Menschen sanken im Vergleich zum Vorjahr um 15%. Das statistische Existenzminimum betrug in R. rund 72 DM/Monat. Ende 1999 hatten

![] Russland: Die wichtigsten Regierungsposten	
Premierminister	Michail Kasjanow
Vizeministerpräsidenten	Alexei Kudrin (Finanzen) Viktor Christjenko (Wirtschaft) Walentina Matwijenko (Soziales) Alexei Gordijew (Landwirtschaft) Ilja Klebanow (Rüstungsindustrie)
Außenminister	Igor Iwanow
Innenminister	Wladimir Ruschailo
Verteidigungsminister	Igor Sergejew
Justizminister	Juri Tschaika
Wirtschafts- und Handelsminister	German Gref
Energieminister	Alexander Gawrin
Minister für Steuern	Gennadi Bukajew
Minister für Katastrophenschutz	Sergei Schoigu
Technologieminister	Alexander Dondukow

mehr als 50 Mio Russen (etwa 35% der Gesamtbevölkerung) weniger als diesen Betrag zur Verfügung; 1998 waren es erst 27,3% gewesen.

Schuldenerlass: Im Februar 2000 wurden R. durch den Londoner Klub privater Gläubigerbanken 10,6 Mrd US-Dollar (33%) der sowjetischen Altschulden von etwa 31,8 Mrd US-Dollar erlassen. Die Restsumme von 21,2 Mrd US-Dollar wurde in russische Euro-Obligationen mit einer Laufzeit von 30 Jahren umgewandelt. Auf sie sollten zunächst 2,25–5% Zinsen gezahlt werden. Erst vom siebten Jahr an wird der volle Zinssatz von 7,5% fällig. Durch die Umschuldung sollten Finanzmittel für den Wiederaufbau der Wirtschaft freigesetzt werden. Ende 1998 betrugen die russischen Auslandsschulden 158 Mrd US-Dollar.

Investitionen: Die Europäische Bank für Wiederaufbau und Entwicklung (EBRD) kündigte im Dezember 1999 an, im Jahr 2000 etwa 400 Mio–600 Mio Euro in Projekte in R. zu investieren. Bis 2003 sollte das jährliche Investitionsvolumen auf 1 Mrd Euro gesteigert werden. Die Beträge sollten vorrangig in kleine und mittlere Unternehmen fließen. Als Voraussetzung für eine reibungslose Auszahlung der Gelder nannte die EBRD aber eine deutliche Verbesserung des Investitionsklimas für ausländische Unternehmen. Sie kritisierte die Unberechenbarkeit des russischen Rechtssystems, staatliche Einmischung und das hohe Maß an Korruption im Land.

Krisen und Konflikte → Tschetschenien

585

Saint Kitts und Nevis	SCN
Landesfläche	261 km² (WR 185)
Einwohner	41000 (WR 185)
Hauptstadt	Basseterre (18000 Einwohner)
Sprachen	Englisch, kreolische Dialekte
Währung	1 Ostkaribischer Dollar (EC$) = 100 Cents
Zeit	Mitteleuropäische Zeit –5 h
Gliederung	14 Gemeinden
Politik	
Staatsform	Parlamentarische Monarchie im Commonwealth (seit 1983)
Regierungschef	Denzil Douglas (seit 1995)
Staatsoberhaupt	Königin Elizabeth II. (seit 1983) *21.4.1926
Parlament	Nationalversammlung mit 11 für fünf Jahre gewählten Abgeordneten; 8 Sitze für Labour Party, 2 für Concerned Citizens Movement, 1 für Nevis Reformation Party (Wahl von 2000)
Internet	www.stkittsnevis.net
Bevölkerung	
Religion	Protestanten (76,4%); Katholiken (10,7%); Sonstige (12,9%)
Ethn. Gruppen	Schwarze (86%); Mischlinge (11%); Sonstige (3%)
Wirtschaft und Soziales	

Dienstleistung	64,6%	Urbanisierung	49%
Industrie	28,3%	Einwohner/km²	157
Landwirtschaft	7,1%	Bev.-Wachstum/Jahr	1,2%
BSP/Kopf	6190 $ (1998)	Kindersterblichkeit	k. A.
Inflation	k.A.	Alphabetisierung	90%
Arbeitslosigkeit	k. A.	Einwohner pro Arzt	1498

Saint Kitts und Nevis
Mittelamerika, Karte S. 440, G 3

S. gehören zu den sog. Inseln über dem Winde und damit zu den Kleinen Antillen. Die nur 3 km voneinander entfernten Eilande befinden sich auf dem tektonisch hoch aktiven ostkaribischen Inselbogen und werden von Schichtvulkanen aufgebaut. Der Vulkan Mount Misery auf St. Kitts ist mit 1156 m die höchste Erhebung des Staates. Er war zuletzt im Jahr 1692 aktiv und hat einen 729 m tiefen Krater. Die Bevölkerung von S. stammt überwiegend von afrikanischen Sklaven ab. Nachkommen indischer und pakistanischer Einwanderer, die nach Aufhebung der Slaverei in den 1830er Jahren als Plantagenarbeiter ins Land geholt worden waren, bildeten um 2000 mit etwa 1% die kleinste Minderheit. In der Landwirtschaft, die etwa 7% zum BIP beitrug, sind Zuckerrohr und Baumwolle die wichtigsten Anbau- und Ausfuhrprodukte. Daneben werden vor allem Bananen, Kokosnüsse und Jams produziert. Der Agrarsektor erwirtschaftete etwa 40% aller Exporteinnahmen.

Saint Lucia	WL
Landesfläche	622 km² (WR 174)
Einwohner	148000 (WR 173)
Hauptstadt	Castries (54000 Einwohner)
Sprachen	Engl., Patois (kreolisches Franz.)
Währung	1 Ostkaribischer Dollar (EC$)
Zeit	Mitteleuropäische Zeit –5 h
Gliederung	11 Gemeinden
Politik	
Staatsform	Parlamentarische Monarchie im Commonwealth (seit 1979)
Regierungschef	Kenny Anthony (seit 1997) *1951
Staatsoberhaupt	Königin Elizabeth II. (seit 1979) *21.4.1926
Parlament	Senat mit 11 ernannten und Abgeordnetenhaus mit 17 für fünf Jahre gewählten Mitgliedern; im Abgeordnetenhaus 16 Sitze für St. Lucia Labour Party, 1 für konservative United Workers Party (Wahl vom Mai 1997)
Bevölkerung	
Religion	Katholiken (79,0%); Protestanten (15,5%); Sonstige (5,5%)
Ethn. Gruppen	Schwarze (90,5%); Mulatten (5,5%); Sonstige (4,0%)
Wirtschaft und Soziales	

Dienstleistung	70,3%	Urbanisierung	48,1%
Industrie	17,4%	Einwohner/km²	238
Landwirtschaft	12,3%	Bev.-Wachstum/Jahr	1,1%
BSP/Kopf	3660 $ (1998)	Kindersterblichkeit	k. A.
Inflation	k.A.	Alphabetisierung	80%
Arbeitslosigkeit	k.A.	Einwohner pro Arzt	2234

Saint Lucia
Mittelamerika, Karte S. 440, H 4

S. gehört als eine der Inseln über dem Winde zu den Kleinen Antillen. Es liegt auf dem erdbebenreichen ostkaribischen Inselbogen und ist vulkanischen Ursprungs. Das zentrale Bergland, das von relativ kleinen Flüssen durchzogen ist, erreicht mit dem Mount Gimie eine Höhe von 950 m. Die Küste ist buchtenreich; ihr sind an mehreren Stellen Korallenriffe vorgelagert. Der ursprünglich tropische Regen- und Bergwald ist nur noch in den höheren und unzugänglicheren Lagen des zentralen Hochlandes erhalten. Rund 55% der Exporterlöse erzielte S. um 2000 mit Agrarprodukten, insbes. mit Zitrusfrüchten und Gemüse. Der früher weit verbreitete Zuckerrohranbau wurde 1964 eingestellt. In der wenig entwickelten Industrie wurden um 2000 Landwirtschaftsprodukte verarbeitet und in geringerem Umfang Elektroteile und Textilien hergestellt. Der Fremdenverkehr verzeichnete seit den 1980er Jahren hohe Wachstumsraten und entwickelte sich zur Hauptdevisenquelle.

Saint Vincent/ Grenadinen

Mittelamerika, Karte S. 440, H 4

Der Führung von S. wurden um 2000 von Umweltorganisationen wiederholt hemmungsloses Profitstreben, undurchsichtige Unternehmensverhältnisse und verantwortungslose Geschäftspraktiken im Welt-Seegüterverkehr vorgeworfen. Der Inselstaat gehörte zu etwa einem Dutzend Ländern mit nur 0,4% der Weltbevölkerung, die ihre Souveränität auf dem internationalen Chartermarkt verkaufen und ausländische Schiffe unter ihrer Flagge fahren lassen, ohne über die nötigen Management- und Aufsichtskapazitäten zu verfügen. Dadurch wächst die Gefahr schwerer Umweltkatastrophen durch Havarie veralteter Tanker. Der Anteil der zehn wichtigsten Billigflaggen-Nationen an der Welthandelsflotte stieg von 23% (1970) auf 56,5% (1998). Die entsprechende Tonnage nahm 1980–98 um 77% zu. Das Durchschnittsalter der in S. registrierten Schiffe lag bei 21 Jahren, darunter viele Frachter, welche die notwendigen Sicherheitsbestimmungen nicht mehr erfüllten.

Saint Vincent/Grenadinen	WV
Landesfläche	388 km² (WR 181)
Einwohner	116 000 (WR 176)
Hauptstadt	Kingstown (27 000 Einwohner)
Sprachen	Englisch, kreolisches Englisch
Währung	1 Oskaribischer Dollar (EC$)
Zeit	Mitteleuropäische Zeit –5 h
Gliederung	St. Vincent und Inselketten
Politik	
Staatsform	Parlamentarische Monarchie im Commonwealth (seit 1979)
Regierungschef	James Mitchell (seit 1984) *15.3.1931
Staatsoberhaupt	Königin Elizabeth II. (seit 1979) *21.4.1926
Parlament	Senat mit 6 ernannten und Abgeordnetenhaus mit 15 für fünf Jahre gewählten Abgeordneten; im Abgeordnetenhaus 8 Sitze für konservative neue demokratische Partei (NDP), 7 für Vereinigte Arbeiterpartei (ULP) (Wahl vom Juni 1998)
Bevölkerung	
Religion	Protestanten (80,5%); Katholiken (11,6%); Sonstige (7,9%)
Ethn. Gruppen	Schwarze (65,5%); Mulatten (19,0%); Inder (5,5%); Weiße (3,5%); Sonstige (6,5%)

Wirtschaft und Soziales			
Dienstleistung	66,3%	**Urbanisierung**	24,7%
Industrie	22,0%	**Einwohner/km²**	296
Landwirtschaft	11,7%	**Bev.-Wachstum/Jahr**	0,6%
BSP/Kopf	2560 $ (1998)	**Kindersterblichkeit**	k.A.
Inflation	k.A.	**Alphabetisierung**	82%
Arbeitslosigkeit	k.A.	**Einwohner pro Arzt**	2708

Salomonen

Ozeanien, Karte S. 445, E 3

Auf den S. kam es im Juni 2000 zu einem Umsturz. Eine Rebellengruppe stellte Premierminister Bartholomew Ulufa'alu unter Hausarrest. Anfang Juli wurde Mannasseh Sogavare neuer Premierminister. Bereits im Januar 2000 waren auf Guadalcanal, der Hauptinsel der S., Unruhen zwischen den Isatabu Freedom Fighters (IFF) und Zuwanderern von anderen Inseln ausgebrochen. Die ethnischen Spannungen flackern seit 1999 regelmäßig auf und forderten bis Mitte 2000 ca. 100 Todesopfer. Rund 30 000 Personen, die meisten ursprünglich Bewohner der benachbarten Insel Malaita, hatten Guadalcanal fluchtartig verlassen müssen, nachdem sie von den IFF terrorisiert worden waren. Die IFF beanspruchen Guadalcanal für sich allein. Ende 1999 bildete sich eine Gruppierung mit dem Namen Malaita Eagle Force aus Flüchtlingen, die sich für ihre Vertreibung rächen wollten. Sie verlangte hohe Entschädigungszahlungen für die Enteignung ihres Landes auf Guadalcanal.

Salomonen	–
Landesfläche	28 896 km² (WR 139)
Einwohner	430 000 (WR 160)
Hauptstadt	Honiara (43 600 Einwohner)
Sprachen	Englisch, Pidgin-Englisch
Währung	1 Salomonen-Dollar (SI$)
Zeit	Mitteleuropäische Zeit +10 h
Gliederung	7 Provinzen, 990 Inseln
Politik	
Staatsform	Parlamentarische Monarchie im Commmonwealth (seit 1978)
Regierungschef	Mannasseh Sogavare (seit 2000)
Staatsoberhaupt	Königin Elizabeth II. (seit 1978) *21.4.1926
Parlament	Nationalparlament mit 50 für vier Jahre gewählten Abgeordneten; 26 Sitze für Wahlbündnis Alliance for Change, 24 für Group for National Unity and Reconciliation (Wahl vom August 1997)
Internet	www.commerce.gov.sb
Bevölkerung	
Religion	Protestanten (77,5%); Katholiken (19,2%); Sonstige (3,3%)
Ethn. Gruppen	Melanesier (94,2%); Polynesier (3,7%); Sonstige (2,1%)

Wirtschaft und Soziales			
Dienstleistung	43,9%	**Urbanisierung**	23,3%
Industrie	7,7%	**Einwohner/km²**	15
Landwirtschaft	48,4%	**Bev.-Wachstum/Jahr**	3,6%
BSP/Kopf	760 $ (1998)	**Kindersterblichkeit**	2,3%
Inflation	k.A.	**Alphabetisierung**	62%
Arbeitslosigkeit	k.A.	**Einwohner pro Arzt**	6154

Sambia Republik Sambia		Z
Landesfläche	752618 km² (WR 38)	
Einwohner	9 Mio (WR 82)	
Hauptstadt	Lusaka (1,32 Mio Einwohner)	
Sprachen	Englisch, Bantusprachen	
Währung	1 Kwacha (K) = 100 Ngwee	
Zeit	Mitteleuropäische Zeit +1 h	
Gliederung	9 Provinzen	
Politik		
Staatsform	Präsidiale Republik	
Regierungschef	Frederick Chiluba (seit 1991) *30.4.1943	
Staatspräsident	Frederick Chiluba (seit 1991) *30.4.1943	
Parlament	Nationalvers. mit 150 für fünf Jahre gewählten Abgeord.; 127 Sitze für Bew. f. eine Mehrparteiendemokratie, 5 für Nationalp., 8 für Sonstige, 10 Unabh. (Wahl v. Nov. 1996)	
Internet	www.statehouse.gov.zm	
Bevölkerung		
Religion	Christen (72%): Protestanten 35,3%, Katholiken 27,3%, Afrikanische Christen 9,4%; Animisten (27%); Sonstige (1%)	
Ethn. Gruppen	Bemba (36,2%); Nyanja (17,6%); Tonga (15,1%); Nordwest-Gruppe (10,1%); Sonstige (21%)	
Wirtschaft und Soziales		

Dienstleistung	38,0%	Urbanisierung	44%
Industrie	45,5%	Einwohner/km²	12
Landwirtschaft	16,5%	Bev.-Wachstum/Jahr	2,3%
BSP/Kopf	330 $ (1998)	Kindersterblichkeit	8,2%
Inflation	k.A.	Alphabetisierung	75,1%
Arbeitslosigkeit	k.A.	Einwohner pro Arzt	6959

Sambia
Afrika, Karte S. 441, D 6

Im November 1999 wurde Oppositionspolitiker Wezi Kaunda, Sohn des Ex-Präsidenten Kenneth Kaunda, vor seinem Haus in der Hauptstadt Lusaka erschossen. Oppositionsgruppen behaupteten, dass Regierungskreise unter dem Einfluss von Präsident Frederick Chiluba für den Mord verantwortlich seien. Kenneth Kaunda, der Gründervater des unabhängigen S. (1964), hatte 1991 die Alleinherrschaft seiner Vereinigten Nationalen Unabhängigkeitspartei (Unip) aufgegeben und freie Wahlen zugelassen. Chiluba siegte als Chef der Bewegung für Mehrparteiendemokratie (MMD). Danach bemühte sich Chiluba mit allen Mitteln (u. a. durch Verfassungsänderung), ein politisches Comeback der Unip und Kaundas zu verhindern. Der ermordete Wezi Kaunda war von seinem Vater als politischer Nachfolger aufgebaut worden. Chiluba verlor bereits unmittelbar nach seiner Machtübernahme an Popularität in der Bevölkerung, weil er einen strikten wirtschaftlichen Liberalisierungskurs verfolgte.

Samoa Unabhängiger Staat W-Samoa		WS
Landesfläche	2831 km² (WR 164)	
Einwohner	177000 (WR 172)	
Hauptstadt	Apia (Upolu; 34000 Einwohner)	
Sprachen	Samoanisch, Englisch	
Währung	1 Tala (WS$) = 100 Sene	
Zeit	Mitteleuropäische Zeit –12 h	
Gliederung	11 Distrikte	
Politik		
Staatsform	Parlamentarische Monarchie (seit 1962)	
Regierungschef	Tuilaepa Sailele Malielegaoi (seit 1998) *1945	
Staatspräsident	Malietoa Tanumafili II. (seit 1963) *4.1.1913	
Parlament	Gesetzgebende Versammlung mit 49 für fünf Jahre gewählten Mitgliedern; 24 Sitze für Human Rights Protection, 11 für Samoa National Development, 14 für Andere (Wahl von 1996)	
Internet	www.interwebinc.com/samoa/index2.html	
Bevölkerung		
Religion	Protestanten (70,9%); Katholiken (22,3%); Sonstige (6,8%)	
Ethn. Gruppen	Polynesier (88%); Euronesier (10%); Sonstige (2%)	
Wirtschaft und Soziales		

Dienstleistung	35,6%	Urbanisierung	21%
Industrie	21,5%	Einwohner/km²	63
Landwirtschaft	42,9%	Bev.-Wachstum/Jahr	2,4%
BSP/Kopf	1070 $ (1998)	Kindersterblichkeit	2,3%
Inflation	k.A.	Alphabetisierung	99%
Arbeitslosigkeit	k.A.	Einwohner pro Arzt	2682

Samoa
Ozeanien, Karte S. 445, G 3

Im April 2000 wurden zwei ehemalige Minister von einem Schwurgericht auf S. wegen Mordes an einem Regierungsmitglied zum Tode verurteilt. Die Vollstreckung galt jedoch als äußerst unwahrscheinlich, da die Regierung seit der Unabhängigkeit von S. (1962) alle Todesstrafen in lebenslange Haft umgewandelt hatte. Die Verurteilten waren Leafa Vitale, ehemaliger Minister für Frauenangelegenheiten, und Toi Aukuso, früherer Minister für Telekommunikation. Die Geschworenen hielten die beiden für schuldig, den Mord an Luagalau Levaula Kamu geplant und angeordnet zu haben. Der Regierungsbeauftragte für öffentliche Arbeiten war im Juli 1999 bei einer politischen Zusammenkunft erschossen worden. Kamu galt als ein in der Bevölkerung äußerst beliebter Politiker, da er gegen die Korruption auf S. vorging. Vitale und Aukuso sollten Enthüllungen über Bestechungsfälle befürchtet haben, in die sie verwickelt waren.

San Marino

Europa, Karte S. 437, D 6

Im September 1999 sprach sich die Bevölkerung von S. in einem Referendum gegen
eine Gesetzesreform aus, die eine Lockerung der Bestimmungen über die Staatsangehörigkeit vorsah. Das Bürgerrecht sollte
nicht nur vom Vater, sondern auch von der
Mutter auf die Kinder vererbt werden können. Im Gegenzug hätten die Bürger von S.
sowie deren männliche Nachkommen, die
im Ausland wohnen, in Zukunft formal erklären müssen, ob sie die Staatsangehörigkeit behalten bzw. erwerben wollen. Die Ablehnung der Rechtsgleichheit zwischen
männlichen und weiblichen Bürgern wurde
damit begründet, dass die Bevölkerung
mehrheitlich für die Aufrechterhaltung traditioneller Rechtsformen sei, weil sie darin
eine Garantie für den Fortbestand der kleinen Republik sehe. Von den rund 26 000
Staatsbürgern S. lebte 1999 rund ein Drittel
in Italien, das S. geografisch vollständig
umgibt. Viele Staatsbürger wanderten 1999
auch nach Übersee (Kanada, USA oder
Australien) aus.

San Marino Republik San Marino	RSM
Landesfläche	61,2 km² (WR 188)
Einwohner	26 000 (WR 188)
Hauptstadt	San Marino (4178 Einwohner)
Sprache	Italienisch
Währung	1 Ital. Lira (Lit) = 100 Centesimi
Zeit	Mitteleuropäische Zeit
Gliederung	10 Castelli (Gemeindebezirke)
Politik	
Staatsform	Parlamentarische Republik (seit 1600)
Regierung	Staatsrat (10 Mitglieder)
Staatspräsident	Zwei regierende Kapitäne (Wechsel alle 6 Mon.)
Parlament	Großer und Generalrat mit 60 für fünf Jahre gewählten Mit-gliedern; 25 Sitze für Christdemokraten (PDCS), 14 für Sozialisten (PSS), 11 für Linksdemokraten (PPDS), 6 für Demokratische Volksalliance (APDS), 4 für Sonstige (Wahl von 1998)
Bevölkerung	
Religion	Katholiken (95,2%); Sonstige (1,8%); Konfessionslose (3%)
Nationalitäten	Sanmarinesi (76,8%); Italiener (22%); Sonstige (1,2%)
Wirtschaft und Soziales	

Wirtschaft und Soziales			
Dienstleistung	52,4%	Urbanisierung	90%
Industrie	41,6%	Einwohner/km²	425
Landwirtschaft	6%	Bev.-Wachstum/Jahr	0,7%
BSP/Kopf	k. A.	Kindersterblichkeit	k. A.
Inflation	2,5% (1998)	Alphabetisierung	98%
Arbeitslosigkeit	k. A.	Einwohner pro Arzt	375

São Tomé und Príncipe

Afrika, Karte S. 441, C 4

S. sind ebenso wie einige kleinere, zum
Staatsgebiet gehörende Inseln vulkanischen
Ursprungs. Kraterseen, enge Täler und steile Felshänge sowie eine Reihe erloschener
Vulkane, von denen der Pico de São Tomé
mit 2024 m der höchste ist, kennzeichnen
die Gebirgslandschaften. Die Bevölkerung
besteht größtenteils aus Nachfahren europäischer (meist portugiesischer) Kolonia-
listen und afrikanischer Sklaven. Die aus
den Küstenländern des Golfs von Guinea
stammenden Forros stellen die weitaus
größte Gruppe. Zahlreiche Portugiesen und
Kontraktarbeiter verließen in den 1990er
Jahren S., was zu einem Arbeitskräftemangel auf den Plantagen führte. Die Wirtschaft
von S. war um 2000 fast ausschließlich auf
den Kakaoanbau ausgerichtet, der rund 80%
der Ausfuhrerlöse einbrachte. Für den Export wurden auch Kaffee, Kokos- und Öl-
palmen, für die Eigenversorgung Maniok,
Mais und Yamswurzeln angepflanzt.

São Tomé und Príncipe	STP
Landesfläche	964 km² (WR 168)
Einwohner	145 000 (WR 174)
Hauptstadt	São Tomé (57 000 Einwohner)
Sprachen	Portugiesisch, Crioulo
Währung	1 Dobra (Db) = 100 Céntimos
Zeit	Mitteleuropäische Zeit –1 h
Gliederung	2 Provinzen, 7 Distrikte
Politik	
Staatsform	Präsidiale Republik (seit 1975)
Regierungschef	Guilherme Posser da Costa (seit 1999)
Staatspräsident	Miguel Trovoada (seit 1991) *27.12.1936
Parlament	Nationalversammlung mit 55 für Jahre gewählten Abgeordneten; 31 Sitze für Bewegung für die Befreiung von São Tomé und Principe (MLSTP), 16 für Demokrati-sche Unabhängige Tat (ADI), 8 für Demokratische Annähe-rungspartei (PCD) (Wahl vom November 1998)
Bevölkerung	
Religion	Katholiken (81%); Sonstige (19%)
Ethn. Gruppen	Schwarze, Mulatten, Portugiesen
Wirtschaft und Soziales	

Wirtschaft und Soziales			
Dienstleistung	58,7%	Urbanisierung	44,1%
Industrie	13,6%	Einwohner/km²	146
Landwirtschaft	27,7%	Bev.-Wachstum/Jahr	3,1%
BSP/Kopf	270 $ (1998)	Kindersterblichkeit	k. A.
Inflation	k.A.	Alphabetisierung	60%
Arbeitslosigkeit	k.A.	Einwohner pro Arzt	1881

Saudi-Arabien Königreich Saudi–Arabien **SA**	
Landesfläche	2,15 Mio km² (WR 13)
Einwohner	20,9 Mio (WR 49)
Hauptstadt	Riadh (2,1 Mio Einw.)
Sprachen	Arabisch, Englisch
Währung	1 Saudi-Riyal (SRI) = 20 Qirshes
Zeit	Mitteleuropäische Zeit +2 h
Gliederung	5 Provinzen
Politik	
Staatsform	Absolute Monarchie (seit 1932)
Regierungschef	König Fahd ibn Abd al-Asis (seit 1982) *1920
Staatsoberhaupt	König Fahd ibn Abd al-Asis (seit 1982) *1920
Parlament	Konsultativrat mit 90 vom König ernannten Mitgliedern (seit 1997), Parteien verboten
Internet	www.saudinf.com
Bevölkerung	
Religion	Sunnitische Muslime (98,8%); Christen (0,8%); Sonstige (0,4%)
Ethn. Gruppen	Saudis (82%); Jemeniten (9,6%); andere Araber (3,4%); Sonstige (5%)

Wirtschaft und Soziales			
Dienstleistung	41%	**Urbanisierung**	80%
Industrie	52%	**Einwohner/km²**	10
Landwirtschaft	7%	**Bev.-Wachstum/Jahr**	3,4%
BSP/Kopf	6910 $ (1998)	**Kindersterblichkeit**	2,3%
Inflation	ca. 2% (1999)	**Alphabetisierung**	73,4%
Arbeitslosigkeit	k. A.	**Einwohner pro Arzt**	523

Saudi-Arabien
Nahost, Karte S. 442, D 4

Der saudi-arabische Wirtschafts- und Finanzminister Ibrahim el Assaf kündigte im November 1999 während eines Besuches in Deutschland an, die Wirtschaft seines Landes stärker für ausländische Investitionen zu öffnen. Ausländischen Unternehmen sollte u. a. ermöglicht werden, sich in S. im Erdölsektor zu engagieren. Die deutsche Regierung versprach, die Liberalisierungs- und Deregulierungspolitik von S. durch verstärkte Kooperationen zu unterstützen. S. war 1999 der wichtigste Handelspartner Deutschlands in der arabischen Welt (Gesamtvolumen: rund 5,2 Mrd DM).

Im November 1999 erklärte die saudi-arabische Regierung, erstmals Personalausweise an Frauen auszuteilen. Trotz dieser Entscheidung blieben Frauen in S. aufgrund der wahhabitischen Ausrichtung des Herrscherhauses benachteiligt. Sie durften nicht Auto fahren, mussten in der Öffentlichkeit verschleiert auftreten und hatten in allen Bereichen außer im Gesundheits- und Bildungswesen Berufsverbot.

Schweden Königreich Schweden **S**	
Landesfläche	449 964 km² (WR 54)
Einwohner	8,9 Mio (WR 83)
Hauptstadt	Stockholm (693 000 Einwohner)
Sprachen	Schwedisch
Währung	1 Schwed. Krone (skr) = 100 Öre
Zeit	Mitteleuropäische Zeit
Gliederung	24 Provinzen, 284 Kommunen
Politik	
Staatsform	Parlamentarische Monarchie (seit 1909)
Regierungschef	Göran Persson (seit 1996) *20.1.1949
Staatsoberhaupt	König Carl XVI. Gustav (seit 1973) *30.4.1946
Parlament	Reichstag mit 349 für vier Jahre gewählten Mitgliedern; 131 Sitze für Sozialdemokraten, 82 für Konservative, 43 für Linkspartei, 42 für Christdemokraten, 18 für Zentrumspartei, 17 für Liberale Volkspartei, 16 für Grüne, (Wahl von 1998)
Internet	www.regeringen.se www.riksdagen.se
Bevölkerung	
Religion	Lutheraner (88,2%); Katholiken (1,7%); Sonstige (10,1%)
Nationalitäten	Schweden (90,4%); Finnen (2,4%); Sonstige (7,2%)

Wirtschaft und Soziales			
Dienstleistung	63,4%	**Urbanisierung**	83%
Industrie	33,4%	**Einwohner/km²**	20
Landwirtschaft	3,2%	**Bev.-Wachstum/Jahr**	0,3%
BSP/Kopf	25 580 $ (1998)	**Kindersterblichkeit**	0,5%
Inflation	0,6% (1999)	**Alphabetisierung**	99%
Arbeitslosigkeit	5,6% (1999)	**Einwohner pro Arzt**	395

Schweden
Europa, Karte S. 437, E 3

Das wirtschaftlich prosperierende S. leitete 1999 den Ausstieg aus der Kernkraft ein, der 1997 vom Parlament beschlossen worden war. Im November 1999 wurde der erste Block des Kernreaktors in Barsebäck abgeschaltet.

Innenpolitik: Die schwedische Regierung stellte etwa 1,4 Mrd DM für die Stilllegung des ersten von zwölf Atomreaktoren zur Verfügung. Mit dem Betreiber des Kernkraftwerkes in Barsebäck, Sydkraft, dessen größter Aktionär die deutsche Preussen-Elektra war, einigte sie sich auf eine Entschädigung. Sie sah ein Dreiecksgeschäft zwischen Sydkraft, dem schwedischen Staat und dem öffentlichen Energiekonzern Vattenfall vor. Sydkraft sollte durch Strom aus dem Kernkraftwerk in Ringhals entschädigt werden, dessen vier Reaktorblöcke von Vattenfall betrieben werden sollten. Aus den Kernkraftwerken in Barsebäck und Ringhals sollte ein gemeinsames Unternehmen gebildet werden, an dem Vattenfall mit

74,2% und Sydkraft mit 25,8% beteiligt waren. Für die Ringhals-Anteile, die Vattenfall an Sydkraft übertrug, erhielt Vattenfall umgerechnet rund 650 Mio DM.

Rechtsextremismus: Im Oktober 1999 wurde in einem Vorort von Stockholm der Gewerkschafter Björn Söderberg erschossen. Die Polizei nahm als Tatverdächtige drei Neonazis fest, die Söderberg aus Rache getötet haben sollten, da der Gewerkschafter die Wahl eines rechtsextrem eingestellten Betriebsrates in seinem Unternehmen an die Öffentlichkeit gebracht hatte. Nach der Ermordung demonstrierten rund 10 000 Menschen in 20 Städten gegen rechtsextremistische Gewalt und forderten ein Verbot rechtsradikaler Vereinigungen.

Trennung von Kirche und Staat: Im Januar 2000 wurde in Schweden die 407 Jahre alte Verbindung der evangelisch-lutherischen Staatskirche, der rund 88% der Gläubigen angehörten, mit dem Thron aufgelöst. Die lutherische Kirche wurde den übrigen Religionen und Glaubensgemeinschaften gleichgestellt. Weiterhin müssen jedoch König und Thronfolger evangelisch-lutherischen Glaubens sein. Die Kirche, eine der größten Waldbesitzer in S., bedeutende Aktieninhaberin sowie Eigentümerin von über 3000 Kirchen, zog sich mit einem Vermögen von umgerechnet rund 6,8 Mrd DM aus dem öffentlichen Sektor zurück. Die Ernennung von Bischöfen und Erzbischof übernahm statt der Regierung die Kirche. Die Kirchensteuer wurde formell abgeschafft, doch konnte die Kirche den Staat bitten, für sie eine »Kirchenabgabe« in Höhe der bisherigen Steuer (ca. 1,9% des Bruttoeinkommens) zu erheben. Gleiches Recht erhielten die übrigen Glaubensgemeinschaften. Die rund 3300 Pastoren sollten künftig von den Gemeinden angestellt werden. Bereits Mitte des 19. Jh. hatte der schwedische Reichstag erstmals diskutiert, die auf König Gustav Vasa (1496–1560) zurückgehende Einheit von lutherischer Kirche und Thron aufzuheben. 1957 wurde die erste Gutachterkommission eingesetzt, aber erst 1995 beschlossen der damalige Regierungschef Ingvar Carlsson und seine Kirchenministerin Marita Ulvskog, gestützt von einer Mehrheit in Parlament und Kirchenrat, die Trennung.

Außenpolitik: Die sozialdemokratische schwedische Regierung von Ministerpräsident Göran Persson kündigte im Oktober 1999 an, die nationalen Streitkräfte drastisch zu reduzieren. Die Zahl der Armeebrigaden sollte von 13 auf sechs sinken, die Luftwaffe von zehn auf acht Divisionen verkleinert werden. Die Regierung begründete ihre Entscheidung mit der nicht mehr vorhandenen äußeren Bedrohung nach dem Ende des kalten Kriegs Anfang der 90er Jahre. Die Armee war bis dahin auf die Verteidigung des schwedischen Territoriums gegen eine eventuelle Invasion der Sowjetunion ausgerichtet. Teile der Armee kritisierten die Pläne der Regierung und forderten den Beitritt S. zur Nato, weil das Land aufgrund der verringerten Verteidigungsbereitschaft einen militärischen Partner benötige.

Wirtschaft: Die schwedische Volkswirtschaft befand sich 1999 in einem Boom. Das BIP stieg um 3,6%, was insbes. auf die hohe Bautätigkeit (+10%) und den starken Konsum (+3%) zurückgeführt wurde. Der Konsum der schwedischen Bevölkerung wurde durch Reallohnerhöhungen angeregt. Seit 1996 stiegen die realen Einkommen jährlich um durchschnittlich 4%. Durch die starke Konjunktur ging die Arbeitslosigkeit 1999 von 6,5% auf 5,6% zurück. Trotz hohen privaten Verbrauchs und kräftigen Wirtschaftswachstums blieb die Inflationsrate mit 0,6% auf niedrigem Niveau (1998: 1,2%). Die geringe Teuerungsrate wurde aber durch einmalige Faktoren wie die Senkung indirekter Steuern herbeigeführt. Für 2000 und 2001 wurde wieder ein deutlicher Anstieg der Inflationsrate auf 1,7% bzw. 2,2% prognostiziert.

Euro: Die schwedische Regierung sprach sich im Januar 2000 für die Teilnahme S. an der Europäischen Währungsunion (EWU) aus. Spätestens 2005 sollte der Euro in S. eingeführt werden. Eine wesentliche Voraussetzung für den Beitritt ist aber die Zustimmung der Bevölkerung, die in einem Referendum über diese Frage entscheiden sollte. Die schwedische Politik war von der EU wiederholt kritisiert worden, weil sich das Land mit Unterzeichnung des Maastrichter Vertrags (1992) zur Einführung des Euro verpflichtet hatte. Obwohl S. die sog. Konvergenzkriterien erfüllte, lehnten die regierenden Sozialdemokraten bis 2000 einen Beitritt zur EWU ab, weil die Partei in dieser Frage politisch tief gespalten war.

Schweiz

Europa, Karte S. 437, C 5

Nach dem Sieg der rechtsgerichteten Schweizerischen Volkspartei (SVP) bei den Parlamentswahlen im Oktober 1999 verschärfte sich das innenpolitische Klima. Im Land nahm die Fremdenfeindlichkeit zu, die Innenpolitik polarisierte sich zusehends zwischen Linken und Rechten. Die Einrichtung eines Entschädigungsfonds für Holocaust-Opfer stand kurz vor dem Abschluss, nachdem sich im Mai 2000 die Schweizer Großbanken mit der zuständigen Volcker-Kommission auf einen neuen Kompromiss geeinigt hatten. Im Mai 2000 stimmte das Volk den bilateralen Verträgen mit der EU zu und machte einen ersten, für die Volkswirtschaft wesentlichen Integrationsschritt Richtung Europa.

Innenpolitik: Bei den Wahlen zur Bundesversammlung (National- und Ständerat) gewann die SVP mit einem in der Schweiz

Schweiz Schweizer. Eidgenossenschaft	CH
Landesfläche	41 293 km² (WR 132)
Einwohner	7,3 Mio (WR 92)
Hauptstadt	Bern (127 000 Einwohner)
Sprachen	Deutsch, Französisch, Italienisch, Rätoromanisch
Währung	1 Schweizer Franken (sfr) = 100 Rappen
Zeit	Mitteleuropäische Zeit
Gliederung	26 Kantone
Politik	
Staatsform	Parlamentarische Bundesrepublik (seit 1848)
Regierung	Bundesrat aus 7 gleichberechtigten Mitgliedern
Staatspräsident	Adolf Ogi (für 2000) *18.7.1942
Parlament	Nationalrat mit 200 und Ständerat mit 46 für vier Jahre gewählten Abgeordneten; im Nationalrat 51 Sitze (Ständerat: 6) für Sozialdemokratische Partei, 44 (7) für Schweizerische Volkspartei, 43 (18) für Freisinnig-Demokrat. Partei, 35 (15) für Christlich-Demokrat. Volkspartei, 9 (0) für Grüne, 18 (0) für Andere (Wahl von 1999)
Internet	www.admin.ch www.parlament.ch
Bevölkerung	
Religion	Katholiken (46,2%), Protestanten (40%); Orthodoxe (1,0%), Muslime (2,2%); Juden (0,3%); Sonstige (10,3%)
Nationalitäten	Schweizer (83,7%); Italiener (5,6%); Spanier (2,1%); Deutsche (1,7%); Türken (1,3%); Sonstige (5,6%)

Wirtschaft und Soziales			
Dienstleistung	64,9%	Urbanisierung	62%
Industrie	32,2%	Einwohner/km²	177
Landwirtschaft	2,9%	Bev.-Wachstum/Jahr	0,7%
BSP/Kopf	39 980 $ (1998)	Kindersterblichkeit	0,6%
Inflation	0,8% (1999)	Alphabetisierung	99%
Arbeitslosigkeit	2,8% (1999)	Einwohner pro Arzt	585

seit Kriegsende nie dagewesenen Zuwachs von 15 Sitzen im Nationalrat. Verlierer waren FDP, SPS und die kleinen Parteien. Die gemäßigten Parteien erfuhren eine Schwächung, die zu Rechtsextremismus und Fremdenfeindlichkeit neigende SVP erhöhte ihren Einfluss auf die Innenpolitik. Es verschärfte sich die Auseinandersetzung um die Sanierung der Sozialwerke, der Invaliden- und Rentenversicherung (AHV und IV). Über die Verwendung der Goldreserven der Nationalbank (Zentralbank) konnten sich die politischen Lager vorerst nicht einigen. 1999 schlossen die Sozialversicherungen mit einem Defizit von knapp 0,8 Mrd Franken ab. Nach dem Nein des Volkes zur Mutterschaftsversicherung im Juni 1999 erwogen die welschen, sozial eingestellten Kantone die Einführung der Versicherung auf kantonaler Ebene. In einem mehrere Monate dauernden Lohnkonflikt im Baugewerbe, mit punktuellen Streikaktionen, musste im März 2000 der Bundesrat schlichten. Die Einigung kam nur auf politischen Druck zustande, ein Streik hätte den Ausgang der Abstimmung über die bilateralen Verträge mit der EU negativ beeinflusst. In den Abstimmungen am 12.3.2000 nahmen Volk und Stände (Kantone) die Justizreform an. Sie brachte der S. erstmals eine einheitliche Strafprozessordnung. Dagegen verwarf das Volk deutlich eine Initiative für ein Verbot der Samenspende und von Retortenbabys. Ebenfalls verworfen wurde die Initiative der SVP auf Verkürzung der Behandlungsfristen von Initiative und Referendum. Mit der Vorlage sollten die Volksrechte beschnitten werden.

Ausländerpolitik: Bundesrat und Parlament verschärften gegen den Willen der Linken erneut die Zulassungspraxis für Asylbewerber, obwohl deren Zahl stetig abnahm. Wurden im Zeitraum der ersten 5 Monate 2000 5433 Asylgesuche registriert, waren es bis Ende Mai 1999 noch 12 500. 1999 kamen 46 000 Flüchtlinge in die Schweiz. Auf 1000 Einwohner kamen 1999 6,5 Asylsuchende. Damit stellt sich die S. an die Spitze aller Asylländer. Die Kosovo-Flüchtlinge mussten die Schweiz verlassen, Verweigerer werden gewaltsam aus dem Land gebracht. Die SVP nützte die wachsende fremdenfeindliche Stimmung (die sie mit angeheizt hatte) und forderte, dass die Stimmbürger in den Gemeinden über Einbürgerungen zu

✚ Schweiz: Geldwäsche

▶ **Milliardengeschäft:** 1995–2000 flossen rund 12 Mrd Franken auf Schweizer Banken, deren Herkunft als zwielichtig eingeschätzt wurde. Die Gelder können aus kriminellen mafiosen Geschäften, aus »Geldwaschanlagen« im Ausland u. a. dunklen Geschäften stammen. Hierunter fallen auch außer Landes verschobene Gelder von Diktatoren und ihrer Machtclans. In der S. mussten sich die Staatsanwaltschaften der Kantone Genf, Tessin und Zürich am meisten mit solchen Wirtschaftsdelikten auseinander setzen (z. B. Genf: 65 Fälle 1999).

▶ **Russische Verbindungen:** Viele Fälle führen in den Moskauer Kreml. Der Finanzchef des Kreml unter Boris Jelzin, Pawel Borodin, sollte 4 Mrd–10 Mrd US-Dollar ins Ausland verschoben haben. Davon wurde in der S. nur ein Bruchteil als »kriminelle« Gelder auf Bankkonten festgestellt (26 Mio

Franken). Strafbarer Geldtransaktionen verdächtigt wurde die Tessiner Baufirma Mabatex. Deren Besitzer, Beghjet Pacolli, hatte in Moskau und St. Petersburg jahrelang lukrative Aufträge für den Kreml und die Nomenklatura unter Jelzin ausgeführt. Weiter sollte der russische Milliardär Boris Beresowski, ebenfalls ein Vertrauter Jelzins, zum Schaden der russischen Fluggesellschaft Aeroflot rund 600 Mio Franken über Finanzinstitute in Lausanne gewaschen haben.

▶ **CDU-Spendenaffäre:** In der CDU-Spendenaffäre waren Schwarzgelder von rund 20 Mio Franken auf Schweizer Konten auszumachen. Allein 8 Mio Franken stammten nach Aussage des früheren deutschen Innenministers Manfred Kanther aus der hessischen Parteikasse. Mitte 2000 waren mehrere Rechtshilfesuche bei den Obergerichten der Kantone Genf, Nidwalden, St. Gallen und Zürich blockiert wegen Ein-

sprüchen von Betroffenen. Die Staatsanwaltschaft Augsburg musste sich mit ihren Rechtshilfegesuchen gedulden. In den Fällen des früheren Staatssekretärs Pfahls und des Waffenhändlers Schreiber hatte die Staatsanwaltschaft Augsburg das gewünschte Material erhalten.

▶ **Drogenhandel:** Am 23.1.2000 wurde in Chicago der Tessiner Giorgio Pelossi wegen Verdachts auf Drogenhandel und Geldwäscherei verhaftet. Er sollte über Verbindungen zur Kokainmafia in Kolumbien rund 27 Mio Franken in der S. »gewaschen« haben. Pelossi hatte enge Verbindungen zum Waffenhändler Schreiber und sollte über Liechtenstein den Kauf deutscher Fuchs-Panzer durch Saudi-Arabien eingefädelt haben. 1991 leitete Pelossi Schreibers Firma in Vaduz.

Parteien → CVP → FDP → GPS → SPS → SVP   **Zeitgeschichte** → Raubgold

entscheiden hätten. Langjährige Niedergelassene aus dem ehemaligen Jugoslawien hätten praktisch keine Chance mehr, den Schweizer Pass zu bekommen, wie das Beispiel im luzernischen Emmen zeigt, wo alle Italiener eingebürgert wurden, nicht aber Bosnier, Serben, Kroaten und Kosovo-Albaner. Ähnliche Fälle ereigneten sich auch in Pratteln (Basel) und Beromünster (Luzern). Im Sommer 1999 kam es bei Lausanne und Yverdon (Waadt) zu neuen Anschlägen auf Flüchtlingsheime.

Zweiter Weltkrieg: Am 10.12.1999 kam die von der Landesregierung eingesetzte Bergier-Kommission in ihrem Bericht zum Schluss, dass die offizielle S. im Zweiten Weltkrieg Tausende von Flüchtlingen – Juden, Sinti und Roma – fahrlässig und ohne Not der Ermordung durch die Nationalsozialisten ausgesetzt hatte. Die S. hatte damals rund 25 000 Flüchtlinge an der Grenze zurückgewiesen. Die Kommission, die Verhalten und Rolle der S. gegenüber Hitler-Deutschland zu klären hatte, verneinte aber den Vorwurf der Kriegsverlängerung durch die Schweizer Rüstungsindustrie. Die meisten politischen Parteien und die jüdischen Organisationen lobten den Bericht, SVP u. a. politisch rechts stehende Verbindungen kritisierten ihn als »Nestbeschmutzung«. Wenige Tage zuvor ortete die Volcker-Kommission (geleitet vom früheren US-Notenbankchef Paul Volcker) auf Schweizer Banken knapp 54 000 Konten »mit möglichem oder wahrscheinlichem«

Zusammenhang zu NS-Opfern. Die Entschädigungszahlungen verzögerten sich jedoch durch die Frage, wie weit die involvierten Kreditinstitute ihr Bankgeheimnis lüften müssen. Im Frühsommer 2000 kam es in New York zu einem Kompromissangebot der Banken vor dem zuständigen Richter, so dass die Opfer auf Auszahlungen hoffen konnten. Der Bundesrat legte am 17.5.2000 seinen definitiven Plan der Solidaritätsstiftung vor. 500 der 1300 t des von der Nationalbank zu verkaufenden Goldes sollen NS-Opfern zufließen.

Armee: Die Schweizer Armee (Sollbestand: 3 600 000 Mann) soll nach den Plänen von Verteidigungsminister Adolf Ogi auf 120 000 Mann und eine Reserve von höchstens 80 000 Mann, auf sechs bis acht Kampfbrigaden plus Luftwaffe verkleinert werden. Ogi und hohe Offiziere forderten als Ersatz für die sinkende Kampfkraft eine technisch hochgerüstete Kleinarmee. Dies führte zu Kontroversen zwischen der Linken und den bürgerlichen Parteien innerhalb des Bundesrates.

Wirtschaft: Bis Sommer 2000 nahmen insbes. die Exporte der S. stark zu und dürften 2000 (nach mittlerer Prognose) ein Zuwachs von 8,5% erreichen. Nach der Asienkrise erholten sie sich 1999 und wuchsen, auch dank dem leicht abgeschwächten Schweizer Franken, um 6,1%. Die Arbeitslosigkeit sank im Mai 2000 auf den tiefsten Stand seit acht Jahren (1,9%). Im Jahresmittel 1999 lag sie bei 2,8% (1998 4,0%).

Hingegen stieg die Jahresteuerung 1999 auf 0,8% (1998: 0%). Konjunkturmotoren waren die Maschinenindustrie, die in der ersten Hälfte 1999 noch Auftragseinbußen zu verzeichnen hatte, der Uhrenexport mit einem neuen Ausfuhrrekord 1999 und die Bautätigkeit, die eine mehrjährige Talsohle durchschritten hatte. Allein im ersten Quartal 2000 konnte die Maschinenindustrie, die praktisch jeden zweiten Franken mit dem Handel im EU-Raum erwirtschaftet, ihre Ausfuhren um 14,7% steigern. Das BIP stieg 1999 kaufkraftbereinigt um 1,7%, nominal um 2,5%. Für 2000 rechneten die helvetischen Konjunkturforscher mit einem BIP-Wachstum zwischen 2,8 und 3,0%. Der Privatkonsum dürfte nach 1999 (+2,2%) im Jahr 2000 nur noch um etwa 2,1% wachsen. Als Ursache gilt, dass die Löhne 1999 real um 0,6% gesunken waren. Einen gewaltigen Sprung machten dagegen die Unternehmensgewinne: Die 120 größten Firmen konnten ihre Gewinne von 1998 auf 1999 um 40% erhöhen.

Steuern und Finanzen: 1999 wuchs der Druck auf Finanzminister Kaspar Villiger, die Steuern zu senken. In der S. wurden in immer mehr Kantonen die Erbschaftssteuern abgeschafft. Mit dem Konjunkturanstieg hatten sich die Finanzen von Bund und Kantonen verbessert. Hauptgrund war jedoch die um sich greifende Steuermüdigkeit und die lauter werdende Forderung des rechten politischen Lagers, die Steuern zu senken und die Sozialaufwändungen einzufrieren. Der Dachverband der Wirtschaft forderte die Senkung der Bundessteuern um 4 Mrd bis 6 Mrd Franken.

Umwelt: 1999 wurde in der S. zu einem Jahr der Naturkatastrophen. Nach den schweren Hochwasserschäden im Frühsommer fegte nach Weihnachten der Sturm »Lothar« über das Land hinweg. Der stärkste Orkan des 20. Jh. fällte rund 10 Mio m^3 Holz, das Fünffache der jährlich in der S. genutzten Holzmenge. Am schlimmsten waren die Schäden in den Kantonen Bern, Freiburg, Nid- und Obwalden. Strom- und Verkehrsverbindungen fielen in einzelnen Landesteilen über mehrere Tage aus, Tausende von Häusern, vorab in den Bergtälern, wurden beschädigt. Insgesamt kamen durch Hochwasserschäden und den Orkan 34 Menschen ums Leben.

Senegal Republik Senegal		SN
Landesfläche	196 722 km² (WR 85)	
Einwohner	9,2 Mio (WR 81)	
Hauptstadt	Dakar (1,8 Mio Einwohner)	
Sprachen	Franz., Wolof, Stammesdialekte	
Währung	CFA-Franc (FCFA)	
Zeit	Mitteleuropäische Zeit –1 h	
Gliederung	10 Regionen	
Politik		
Staatsform	Präsidiale Republik	
Regierungschef	Moustapha Niasse (seit 2000) *4.11.1939	
Staatspräsident	Abdoulaye Wade (seit 2000) *1927	
Parlament	Nationalversammlung mit 140 für fünf Jahre gewählten Abgeordneten; 93 Sitze für Sozialisten (PS), 23 für Demokratische Partei (PDS), 11 für Dem. Erneuerung (JEF-FEL/USD), 13 für Sonstige (Wahl vom Mai 1998)	
Internet	www.primature.sn	
Bevölkerung		
Religion	Muslime (94,0%); Christen (4,9%); Sonstige (1,1%)	
Ethn. Gruppen	Wolof (42,7%); Serer (14,9%); Fulani (14,4%); Tukulor (9,3%); Diola (5,3%); Malinke (3,6%); Sonstige (9,8%)	
Wirtschaft und Soziales		

Dienstleistung	65,5%	Urbanisierung	46%
Industrie	13,5%	Einwohner/km²	47
Landwirtschaft	21%	Bev.-Wachstum/Jahr	2,6%
BSP/Kopf	520 $ (1998)	Kindersterblichkeit	6,3%
Inflation	2,5% (1998)	Alphabetisierung	34,6%
Arbeitslosigkeit	ca. 30% (1998)	Einwohner pro Arzt	14 825

Senegal
Afrika, Karte S. 441, A 3

Im S. gab Ministerpräsident Moustapha Niasse im April 2000 in Dakar die Bildung einer Koalition aus sieben Parteien bekannt. Sein Kabinett war die erste Mehrparteien-Regierung in S. seit der Unabhängigkeit von Frankreich (1960). Der Regierung gehörten auch mehrere parteilose Experten an. Niasse war von dem im März 2000 neu gewählten Präsidenten Abdoulaye Wade als Regierungschef ernannt worden. Wades Wahlsieg gegen das bisherige sozialistische Staatsoberhaupt Abdou Diouf hatte die Alleinherrschaft der Sozialisten im S. nach 40 Jahren beendet. Wade, der zur Demokratischen Partei Senegals (PDS) gehörte, profitierte insbes. davon, dass zahlreiche Mitglieder der alten Regierung in Korruptionsaffären verwickelt waren. Der S. galt 2000 als eines der politisch stabilsten Länder Afrikas. Dennoch wurde befürchtet, dass der Machtwechsel zu inneren Unruhen führen könnte, da Wade ein autoritärer Führungsstil nachgesagt wurde.

Seychellen
Afrika, Karte S. 441, F 5

Die Unterwasserwelt der S. war um 2000 zunehmend durch den Handel mit Korallen und Fischen gefährdet. In den USA wurden jährlich rund 100 Mio US-Dollar mit Aquarienfischen umgesetzt, in Deutschland 10 Mio–20 Mio DM. Auf den S. fangen Einheimische in den tropischen Gewässern die bunten Korallenfische mit Netzen, Reusen oder Betäubungsmitteln. Insbes. das billige Natriumzyanid, verdünnte Blausäure, wird von den Tauchern gelegentlich eingesetzt. Durch das Gift sterben nicht nur 30–50% der Fische nach einigen Wochen qualvoll, es werden auch die Korallenstöcke u. a. Riffbewohner geschädigt. Die Steinkorallen waren um 2000 bei den S. ebenso wie bei den Malediven fast verschwunden. Als stark gefährdet galten Preußenfische, Seepferdchen und die regenbogenfarbenen Drückerfische. Um die Unterwasserwelt zu schützen, begann 1999 eine Forschergruppe am Meeresinstitut der Universität Texas (USA), empfindliche Korallenfische mit besonderer Planktonnahrung zu züchten.

Seychellen Republik Seychellen		SY
Landesfläche	455 km² (WR 177)	
Einwohner	76 000 (WR 181)	
Hauptstadt	Victoria (24 000 Einwohner)	
Sprachen	Kreolisch, Englisch, Französisch	
Währung	1 Seychellen-Rupie = 100 Cents	
Zeit	Mitteleuropäische Zeit +3 h	
Gliederung	23 Verwaltungsbezirke	
Politik		
Staatsform	Präsidiale Republik (seit 1976)	
Regierungschef	France-Albert René (seit 1976) *16.11.1935	
Staatspräsident	France-Albert René (seit 1977) *16.11.1935	
Parlament	Nationalversammlung mit 34 für fünf Jahre gewählten Abgeordneten; 30 Sitze für Sozialisten (FPPS), 3 für Vereinte Opposition, 1 für Demokratische Partei (Wahl von 1998)	
Internet	www.seychelles.net/misd	
Bevölkerung		
Religion	Christen (97,1%): Katholiken 88,6%, Anglikaner 8,5%; Hindus (0,4%); Sonstige (2,5%)	
Ethn. Gruppen	Kreolen (89,1%); Inder (4,7%); Madagassen (3,1%); Chinesen (1,6%); Europäer (1,5%)	

Wirtschaft und Soziales			
Dienstleistung	74,4%	Urbanisierung	59,3%
Industrie	20,5%	Einwohner/km²	167
Landwirtschaft	5,1%	Bev.-Wachstum/Jahr	0,67%
BSP/Kopf	6420 $ (1998)	Kindersterblichkeit	k. A.
Inflation	1,4% (1997)	Alphabetisierung	85%
Arbeitslosigkeit	k. A.	Einwohner pro Arzt	974

Sierra Leone
Afrika, Karte S. 441, A 4

Der Anführer der Guerillaorganisation Revolutionäre Vereinigte Front (RUF) in S., Foday Sankoh, wurde im Mai 2000 von regierungsnahen Milizen festgenommen. Rund 500 von der RUF verschleppte UN-Soldaten wurden freigelassen. Rebellenchef Sankoh war zuvor während einer Demonstration vor seinem Haus in Freetown spurlos verschwunden. Er wurde bereits 1997 einmal verhaftet und ein Jahr später wegen Landesverrats zum Tode verurteilt. Seine Anhänger nahmen im Januar 1999 die Hauptstadt Freetown ein, wurden aber wenige Wochen später vertrieben. Die RUF hatte Anfang Mai 2000 rund 500 UN-Mitarbeiter als Geiseln genommen und nach zehnmonatiger Waffenruhe ihre Kämpfe gegen die Regierungstruppen wieder aufgenommen. Unter Vermittlung des liberianischen Präsidenten Charles Taylor ließen die Rebellen die Geiseln frei. Dem Kampf der RUF gegen die Regierung fielen seit 1991 zehntausende Menschen zum Opfer.

Sierra Leone Republik Sierra Leone		WAL
Landesfläche	71 740 km² (WR 116)	
Einwohner	4,7 Mio (WR 109)	
Hauptstadt	Freetown (700 000 Einwohner)	
Sprachen	Englisch, sudanesische Sprachen	
Währung	1 Leone (LE) = 100 Cents	
Zeit	Mitteleuropäische Zeit –1	
Gliederung	Hauptstadtdistrikt u. 3 Provinzen	
Politik		
Staatsform	Präsidiale Republik (seit 1971)	
Regierungschef	Ahmad Tejan Kabbah (seit 1996) *16.2.1932	
Staatspräsident	Ahmad Tejan Kabbah (seit 1996) *16.2.1932	
Parlament	Abgeordnetenhaus mit 12 Provinzvertretern (paramount chiefs) und 68 für vier Jahre gewählten Mitgliedern; 27 Sitze für Sierra Leone People's Party, 17 für United National People's Party, 24 für Sonstige (Wahl von 1996)	
Internet	www.sierra-leone.gov.sl	
Bevölkerung		
Religion	Naturreligionen (51,5%); Muslime (39,4%); Sonstige (9,1%)	
Ethn. Gruppen	Mande (34,6%); Temne (31,7%); Limba (8,4%); Kono (5,2%); Fulani (3,7%); Sonst. (16,4%)	

Wirtschaft und Soziales			
Dienstleistung	33,2%	Urbanisierung	35%
Industrie	28,0%	Einwohner/km²	66
Landwirtschaft	38,8%	Bev.-Wachstum/Jahr	3%
BSP/Kopf	140 $ (1998)	Kindersterblichkeit	17,0%
Inflation	ca. 40% (1997)	Alphabetisierung	34,3%
Arbeitslosigkeit	k. A.	Einwohner pro Arzt	10832

Simbabwe
Afrika, Karte S. 441, D 6

In S. eskalierte 1999/2000 der Streit zwischen schwarzen Landbesetzern und weißen Farmern. Bei den Parlamentswahlen im Juni 2000 siegte die Regierungspartei von Präsident Robert Mugabe mit knapper Mehrheit. **Innenpolitik:** Die ZANU-PF gewann 62 der 120 Wahlkreise. Da Mugabe 30 Abgeordnete ernennen darf, verfügt die Partei im Parlament über 92 der 150 Mandate. Die Oppositionspartei Bewegung für einen demokratischen Wandel (MDC) errang 57 Sitze. Im vorigen Parlament hatte die ZANU-PF noch 147 von 150 Abgeordneten gestellt. Mugabes Partei verlor mit diesem Ergebnis erstmals die Zweidrittelmehrheit, die nötig wäre, um Verfassungsänderungen durchzusetzen. Internationale Wahlbeobachter sprachen von einem unfairen Wahlverlauf, der insbes. auf dem Land von Einschüchterungen seitens der ZANU-PF geprägt gewesen seien.

Farmbesetzungen: Im Februar 2000 besetzten schwarze Veteranen des Unabhängigkeitskrieges mehr als 1000 Höfe weißer Farmer. Als Begründung gaben sie an, dass die Weißen, die etwa 1% der Bevölkerung stellten, drei Viertel des besten Farmlandes besäßen. Die weißen Landwirte lehnten ein Verfassungsreferendum über die entschädigungslose Zuteilung von Land an besitzlose Bauern ab. Präsident Mugabe unterstützte die Aktion der Schwarzen und initiierte eine wochenlange Kampagne zur Einschüchterung der weißen Farmer. Bei den folgenden gewaltsamen Auseinandersetzungen wurden Hunderte von weißen Farmern von ihren Höfen vertrieben, mind. 13 Menschen starben. Im April 2000 sagte Mugabe zum 20. Jahrestag der Unabhängigkeit den Landbesitzern den Kampf an. Ende April einigten sich weiße Farmer und schwarze Kriegsveteranen auf ein Ende der Gewalt und die Aufnahme von Verhandlungen über eine eventuelle Landreform. Die vertriebenen Farmer durften auf ihre Höfe zurückkehren. Trotz der Absprache und der Zusage Mugabes, Landbesetzungen zu beenden, gingen die Gewaltaktionen der Kriegsveteranen gegen weiße Farmer und ihre Höfe weiter.

Landreform: Im Mai 2000 erließ Präsident Mugabe ohne vorherige Verhandlungen per Dekret ein neues Landgesetz. Damit schuf er die juristischen Voraussetzungen für die Enteignung weißer Farmer in S. Das neu gewählte Parlament muss Mugabes Dekret innerhalb von sechs Monaten bestätigen. Da sofortige Enteignungen aber bereits juristisch erlaubt waren, wurde im Juni 2000 mit der Umverteilung von Land begonnen. Betroffen waren 841 Farmen und etwa 2 Mio ha Land. Der Verband der Großfarmer (CFU) wies darauf hin, dass S. nach der Enteignung jährliche Produktionsverluste von 275 Mio DM verkraften müsste.

Gescheiterte Verfassungsreform: Im Februar 2000 lehnte die Bevölkerung per Referendum mit 54,7% der Stimmen eine von Präsident Mugabe befürwortete Verfassungsänderung ab. Er hatte seine Befugnisse als Staatsoberhaupt stärken wollen. Das Ergebnis des Referendums, an dem nur 26% der Wahlberechtigten teilnahmen, wurde als schwere Niederlage für Mugabe und als Zeichen für die wachsende Unzufriedenheit des Volkes mit seiner Politik sowie mit der trostlosen Wirtschaftslage in S. gewertet.

Wirtschaft: 1999 verzeichnete S. eine Arbeitslosenquote von etwa 50% und eine Inflationsrate von 55,2%. Eine schwere Energiekrise führte zum Mangel an Dieselöl,

Simbabwe Republik Simbabwe	ZW	
Landesfläche	390 757 km² (WR 59)	
Einwohner	11,5 Mio (WR 65)	
Hauptstadt	Harare (1,18 Mio Einwohner)	
Sprachen	Englisch, Bantu-Sprachen	
Währung	1 Simbabwe-Dollar (Z$) = 100 Cents	
Zeit	Mitteleuropäische Zeit +1	
Gliederung	8 Provinzen	
Politik		
Staatsform	Präsidiale Republik (seit 1980)	
Regierungschef	Robert Gabriel Mugabe (seit 1980) *21.2.1925	
Staatspräsident	Robert Gabriel Mugabe (seit 1987) *21.2.1925	
Parlament	Abgeordnetenhaus mit 30 ernannten und 120 für sechs Jahre gewählten Abgeordneten; unter den gewählten Mitgliedern 62 Sitze für ZANU-PF, 57 für MDC, 1 für ZANU-Ndonga (Wahl von 2000)	
Bevölkerung		
Religion	Protestanten (17,5%); Afrikanische Christen (13,6%); Katholiken (11,7%); Animisten (40,4%); Sonstige (16,8%)	
Ethn. Gruppen	Shona (70,8%), Ndebele (15,8%), Sonstige (13,4%)	
Wirtschaft und Soziales		
Dienstleistung	42,0%	Urbanisierung	34%
Industrie	47,9%	Einwohner/km²	29
Landwirtschaft	10,1%	Bev.-Wachstum/Jahr	1,4%
BSP/Kopf	620$ (1998)	Kindersterblichkeit	6,9%
Inflation	55,2% (1999)	Alphabetisierung	90,9%
Arbeitslosigkeit	ca. 50% (1999)	Einwohner pro Arzt	6909

Simbabwe: Konflikt zwischen Schwarz und Weiß

▶ **Ursprung des Konflikts:** Seit Großbritannien 1891 das Gebiet des heutigen S. zum britischen Protektorat erklärte, befand sich die Regierung in den Händen von Weißen. Bei der Landverteilung 1930/31 erhielten 52000 Weiße 52% des Landes, die 1,2 Mio Schwarzen nur 48%. 1953–63 bildete das Südrhodesien genannte Land mit den Kolonien Nordrhodesien und Njassaland die Zentralafrikanische Föderation unter britischer Herrschaft. Während Njassaland und Nordrhodesien 1964 als Malawi und Sambia in die Unabhängigkeit entlassen wurden, blieb Südrhodesien lange Zeit die Selbstständigkeit verwehrt, weil die weiße Minderheit keine schwarze Mehrheitsregierung zulassen wollte. Nach dem Scheitern von Verhandlungen mit der britischen Regierung, welche die Gleichberechtigung der schwarzen Bevölkerungsmehrheit wünschte, rief die weiße Regierung 1965 einseitig die Unabhängigkeit aus, die international jedoch nicht anerkannt wurde.

▶ **Konfliktverlauf:** Die repressive Haltung der weißen Regierung, die der schwarzen Bevölkerung jegliche politische Mitsprache verweigerte, mündete in den 70er Jahren in einen Guerillakrieg. Er wurde von der in der Patriotischen Front (PF) zusammengeschlossenen Befreiungsbewegungen Zimbabwe African People's Union (ZAPU) und Zimbabwe African National Union (ZANU) getragen. Auf internationalen Druck vereinbarte die weiße Regierung 1978 mit Vertretern des nichtmilitanten Widerstands die sog. innere Lösung: Sie sprach den Schwarzen zwar die Parlamentsmehrheit zu, garantierte den Weißen aber eine Sperrminorität gegen Verfassungsänderungen und wichtige Führungsämter. Die »innere Lösung« wurde von der PF nicht anerkannt. Dennoch einigten sich Regierung und PF 1979 auf einen Waffenstillstand. Obwohl der schwarze Robert Mugabe 1980 aus den von Großbritannien überwachten ersten Wahlen als Sieger hervorging und Premierminister wurde, hielten die Unruhen an. Die verfehlte Wirtschaftspolitik des Marxisten Mugabe führte in den 80er und 90er Jahren zur Verschlechterung des Lebensstandards der Schwarzen. 1996 brach in S. die größte Streikwelle in der Geschichte des Landes aus. Mugabe reagierte mit verstärkten Angriffen auf die wirtschaftlich weiter dominierende weiße Minderheit. 1998 versuchte Mugabe, mehr als 1000 weiße Farmer zur Übergabe ihres Landes zu zwingen, wurde jedoch durch Gerichtsverfahren daran gehindert. Die Gegner Mugabes behaupten, dass er mit den Angriffen auf die Weißen von den eigenen Fehlern in der Wirtschaftspolitik ablenken will. Seine Anhänger hingegen machen die weiße Bevölkerung für die wirtschaftlich schwierige Lage verantwortlich.

Benzin sowie Petroleum für Lampen und Kocher. Die Bevölkerung machte vor allem Präsident Mugabe für die ökonomische Krise verantwortlich, da er S. in den Krieg im Kongo verwickelt hatte. 1998 entsandte Mugabe eine Streitmacht von 11000 Soldaten in den Kongo, um den dortigen Machthaber Laurent Kabila im Kampf gegen Rebellen zu unterstützen. Der Internationale Währungsfonds (IWF) strich darauf jede weitere Finanzhilfe für S.

▬ **Staaten** → Kongo

Singapur

Ostasien, Karte S. 444, B 5

Der ehemalige Botschafter von S. in den USA, Sellapan Ramanathan, wurde im August 1999 von einer Wahlkommission zum neuen Präsidenten des südostasiatischen Stadtstaates ausgerufen. Er erfüllte als einziger Kandidat die Kriterien für das Präsidentenamt. Dazu gehören u. a. Regierungserfahrung oder eine leitende Stellung in einem großen Unternehmen. Außerdem muss der Bewerber mind. 45 Jahre alt sein und eine Kaution in Höhe von umgerechnet 33000 DM hinterlegen können. Da zwei andere Kandidaten abgelehnt worden waren und Ramanathan der einzige Anwärter war, entfiel die von der Verfassung vorgesehene Direktwahl des Präsidenten. Ramanathan war 1990–96 Botschafter S. in den USA und leitete das Institut für Verteidigung und Strategische Studien in S. Sein Vorgänger Ong Teng Cheong wurde nach Ablauf seiner Amtszeit von der Regierung wegen seines angegriffenen Gesundheitszustandesnicht mehr zur Wiederwahl vorgeschlagen.

Singapur Republik Singapur		SGP
Landesfläche	618 km² (WR 175)	
Einwohner	3,5 Mio (WR 125)	
Hauptstadt	Singapur (2,9 Mio Einwohner)	
Sprachen	Engl., Malaiisch, Chinesisch, Tamil	
Währung	1 Singapur-Dollar (S$) = 100 Cents	
Zeit	Mitteleuropäische Zeit +7	
Gliederung	Stadtstaat	
Politik		
Staatsform	Parlamentarische Republik (seit 1959)	
Regierungschef	Goh Chok Tong (seit 1990) *1941	
Staatspräsident	Sellapan Ramanathan (seit 1999) *3.7.1924	
Parlament	Abgeordnetenhaus mit 83 für fünf Jahre gewählten Abgeordneten; 81 Sitze für People's Action Party, 1 für Singapore Democratic Party, 1 für Workers' Party (Wahl v. Jan. 1997)	
Internet	www.gov.sg www.gov.sg/parliament	
Bevölkerung		
Religion	Buddhisten (33,9%); Taoisten (20%); Muslime (15,4%); Christen (12,6%); Hindus (3,6%); Konfessionslose (14,5%)	
Nationalitäten	Chinesen (77,6%); Malaien (14,2%); Sonstige (8,2%)	
Wirtschaft und Soziales		
Dienstleistung	62%	**Urbanisierung**	ca. 100%
Industrie	38%	**Einwohner/km²**	5663
Landwirtschaft	0%	**Bev.-Wachstum/Jahr**	1,4%
BSP/Kopf	30170 $ (1998)	**Kindersterblichkeit**	0,5%
Inflation	6,1% (1999)	**Alphabetisierung**	91,4%
Arbeitslosigkeit	13% (1999)	**Einwohner pro Arzt**	693

Slowakei
Europa, Karte S. 437, E 5

Der ehemalige slowakische Machthaber Vladimir Meciar und seine nationalistische Bewegung für eine demokratische Slowakei (HZDS) begannen im Februar 2000 mit der Sammlung von Unterschriften für ein Referendum, in dem das Volk zu vorgezogenen Neuwahlen befragt werden sollte.

Innenpolitik: Staatspräsident Rudolf Schuster hatte dem Referendum zustimmen müssen, nachdem Rechtsexperten keine Einwände geäußert hatten. Für die Volksbefragung waren 350 000 Unterschriften erforderlich. Selbst wenn es der HZDS gelänge, die notwendige Zahl an Unterschriften zu bekommen, müssten Neuwahlen noch per Verfassungsgesetz mit 90 der 150 Stimmen im Parlament beschlossen werden. Dies galt Mitte 2000 angesichts der Mehrheitsverhältnisse (nur 43 Mandate für die HDZS) als ausgeschlossen. Die nächsten Parlamentswahlen waren für Herbst 2002 vorgesehen. Die Unterschriftenaktion der HZDS wurde als Versuch ihres Chefs Meciar gewertet, die Regierungskrise zu verschärfen.

Regierung: 1999 erwog die sozialistische SDL, zweitstärkste Partei in der fünf Parteien umfassenden Regierungskoalition, aus der Koalition auszutreten, weil sie in Umfragen stark an Popularität eingebüßt hatte. Bei der Parlamentsabstimmung über einen Misstrauensantrag, den Nationalist Meciar im April 2000 gegen den gemäßigten Ministerpräsidenten Mikulas Dzurinda gestellt hatte, sprachen sich lediglich sechs der 20 SDL-Abgeordneten für Dzurinda aus. Dennoch stimmte die Mehrheit des Nationalrats mit 72:60 gegen den Antrag.

Fall Kovac: Im Dezember 1999 beschloss ein Senat des slowakischen Verfassungsgerichts, dass die Strafverfolgung der einst dem Geheimdienst (SIS) angehörenden mutmaßlichen Verantwortlichen für die Entführung von Michal Kovac jr., dem Sohn des ehemaligen slowakischen Präsidenten, eingestellt werden müsse. Der Anlass war eine Beschwerde des ehemaligen SIS-Vizepräsidenten Jaroslav Svechota, der sich durch die Ermittlungen in seinen verfassungsmäßigen Rechten eingeschränkt fühlte. Im März 1995 hatte die Staatsanwaltschaft München einen internationalen Haftbefehl gegen Kovac jr. wegen mutmaßlicher Wirtschaftsvergehen erlassen. Im August 1995 wurde Kovac jr. nach einem brutalen Überfall ins benachbarte Österreich verschleppt und den dortigen Behörden ausgeliefert. Ein Wiener Gericht setzte Kovac jr. aber auf freien Fuß, so dass er in seine Heimat zurückkehren konnte. Bei den ersten Untersuchungen mehrten sich die Anzeichen, dass der damalige slowakische Premierminister Meciar und der SIS Drahtzieher der Entführung gewesen waren. Sie sollten in der Auslieferung von Kovac jr. und einem Prozess eine Möglichkeit gesehen haben, den damaligen Staatspräsidenten Michal Kovac sr. zu Fall zu bringen. Meciar erließ im Sommer 1998 eine Amnestie für alle, die mutmaßlich in den Fall verwickelt waren. Sein Nachfolger Mikulas Dzurinda hob die Amnestie aber wieder auf. Im April 2000 wurde Meciar vorläufig festgenommen, da er sich geweigert hatte, vor einem Untersuchungsbeamten, der dem Fall Kovac nachging, freiwillig zu erscheinen. Die Entscheidung des obersten Gerichtshofes vom Dezember 1999 bezeichneten zahlreiche Verfassungsexperten in der S. als krasses Fehlurteil.

Slowakei Slowakische Republik		**SK**
Landesfläche	49 012 km² (WR 126)	
Einwohner	5,4 Mio (WR 102)	
Hauptstadt	Bratislava (460 000 Einwohner)	
Sprachen	Slowakisch, Ungarisch	
Währung	1 slowakische Krone (SK) = 100 Haleru	
Zeit	Mitteleuropäische Zeit	
Gliederung	4 Regionen	
Politik		
Staatsform	Republik (seit 1993)	
Regierungschef	Mikulas Dzurinda (seit 1998) *4.2.1955	
Staatspräsident	Rudolf Schuster (seit 1999) *4.1.1934	
Parlament	Nationalrat mit 150 Abgeordneten; 43 Sitze für Nationalisten (HZDS), 42 für Slowak. Demokrat. Koalition, 23 für Linke Demokrat., 42 für Andere (Wahl von 1998)	
Internet	government.gov.sk www.nrsr.sk	
Bevölkerung		
Religion	Katholiken (60,3%); Protestanten (7,9%); Sonstige (31,8%)	
Nationalitäten	Slowaken (85,6%); Ungarn (10,6%); Tschechen (1,1%); Ukrainer/Russen (0,7%); Deutsche (0,1%); Sonstige (1,9%)	

Wirtschaft und Soziales			
Dienstleistung	40%	**Urbanisierung**	60%
Industrie	54%	**Einwohner/km²**	110
Landwirtschaft	6%	**Bev.-Wachstum/Jahr**	0,1%
BSP/Kopf	3700 $ (1998)	**Kindersterblichkeit**	1,1%
Inflation	10,6% (1999)	**Alphabetisierung**	99%
Arbeitslosigkeit	17,3 (1999)	**Einwohner pro Arzt**	290%

Außenpolitik: Im Mai 2000 legten die S. und Tschechien ihren jahrealten Streit um die Teilung des Eigentums der 1993 aufgelösten Tschechoslowakei bei. Tschechien hatte nach der Selbstständigkeit beider Länder insgesamt 4,1 t slowakischen Goldes einbehalten und wollte von der S. die Rückzahlung von umgerechnet 1,4 Mrd DM erzwingen, die sie nach seiner Auffassung Tschechien noch schuldete. Die S. erkannte diese Forderung nie offiziell an. Tschechien gab im Streit nach, übergab das Gold an die S. und verzichtete auf die Rückzahlung der Schulden.

Wirtschaft: Die slowakische Konjunktur schwächte sich 1999 deutlich ab. Das BIP stieg lediglich um 2%, nachdem es 1998 noch um 4,5% zugenommen hatte. Die Verringerung des Wirtschaftswachstums wurde u. a. auf zusätzliche Abgaben und Sparmaßnahmen im Haushalt zurückgeführt, durch die das Etatdefizit auf 4,1% des BIP verringert werden konnte (1998: 5,3%). Im Außenhandel nahmen die Ausfuhren um 11,8% zu, während die Einfuhren lediglich um 1,6% stiegen. Im Juni 1999 war unter Protest zahlreicher Unternehmen und internationaler Wirtschafts- und Finanzinstitute eine Sonderabgabe von 7% auf Importe eingeführt worden, die aber Ende 2000 wieder abgeschafft werden sollte. Wichtigster Handelspartner waren 1999 Deutschland, in das 27,7% der slowakischen Exportgüter ausgeführt wurden, Tschechien (18,1%) und Italien (8,8%). Durch Freigabe vorher staatlich festgesetzter Preise wie z. B. bei Mieten und im Transportsektor stieg die Inflationsrate 1999 auf 10,6% (1998: 6,7%). Bei der Restrukturierung der Unternehmen wurden Arbeitsplätze abgebaut, so dass die Erwerbslosenquote 1999 auf 17,3% zunahm (1998: 13,7%).

Banken: Nach Angaben der Slowakischen Nationalbank nahm 1999 die Zahl der sog. Problemkredite bei den Banken des Landes stark zu. Die Forderungen, die als »kaum einbringbar« klassifiziert wurden, stiegen 1999 von 1,1 Mrd DM auf rund 8 Mrd DM. Die Verluste der slowakischen Banken durch nicht zurückbezahlte Kredite betrugen etwa 500 Mio DM. Internationale Wirtschafts- und Finanzinstitute befürchteten Mitte 2000 den Ausbruch einer Bankenkrise in der S.

Slowenien
Europa, Karte S. 437, D 6

Im Mai 2000 wählte das Parlament von S. Andrej Bajuk von der Volkspartei zum neuen Ministerpräsidenten. Er erhielt im dritten Wahlgang 46 der 90 Stimmen. Zuvor war es den Parteien im Nationalrat (u. a. Volkspartei und Sozialdemokraten) gelungen, Ministerpräsident Janez Drnovsek von der Liberaldemokratischen Partei (LDS) zu stürzen. Drnovsek hatte die Vertrauensfrage gestellt, nachdem die Volkspartei angekündigt hatte, ihre Minister aus dem Kabinett zurückzuziehen. Gemäß Verfassung musste das Parlament nach dem Sturz eines Ministerpräsidenten innerhalb von 30 Tagen einen neuen Regierungschef wählen. Kurz vor Ablauf der Frist brachte Bajuk eine knappe Parlamentsmehrheit hinter sich, so dass Neuwahlen vermieden wurden. Der neue Premierminister kündigte an, während seiner Amtszeit die slowenische Volkswirtschaft weiter zu reformieren und den Beitritt von S. zur Europäischen Union (EU) voranzutreiben.

Slowenien Republik Slowenien		SLO	
Landesfläche	20 256 km² (WR 150)		
Einwohner	2,0 Mio (WR 141)		
Hauptstadt	Ljubljana (323 000 Einwohner)		
Sprachen	Slowenisch		
Währung	1 Tolar (SLT) = 100 Stotin		
Zeit	Mitteleuropäische Zeit		
Gliederung	148 Gemeinden		
Politik			
Staatsform	Republik (seit 1991)		
Regierungschef	Andrej Bajuk (seit 2000) *1943		
Staatspräsident	Milan Kucan (seit 1990) *14.1.1941		
Parlament	Nationalrat mit 90 für vier Jahre Abgeordneten; 25 Sitze für Liberaldemokraten, 19 für Volkspartei, 16 für Sozialdemokraten, 10 für Christdemokraten, 18 für Andere, 2 für Minoritäten (Wahl vom Nov. 1996)		
Internet	www.sigov.si www.dz-rs.si/		
Bevölkerung			
Religion	Katholiken (90%); Muslime (0,7%); Sonstige (9,3%)		
Nationalitäten	Slowen. (87,8%); Kroat. (2,8%); Serb. (2,4%); Sonst. (7,0%)		
Wirtschaft und Soziales			
Dienstleistung	60,2%	Urbanisierung	52%
Industrie	35,4%	Einwohner/km²	99
Landwirtschaft	4,4%	Bev.-Wachstum/Jahr	−0,1%
BSP/Kopf	9780 $ (1998)	Kindersterblichkeit	0,7%
Inflation	6,1% (1999)	Alphabetisierung	99%
Arbeitslosigkeit	13% (1999)	Einwohner pro Arzt	496

Somalia Demokratische Republik Somalia	**SP**
Landesfläche	637 657 km² (WR 41)
Einwohner	9,7 Mio (WR 79)
Hauptstadt	Mogadischu (1 Mio Einwohner)
Sprachen	Somali, Arabisch, Englisch
Währung	1 Somalia-Shilling (SoSh) = 100 Cents
Zeit	Mitteleuropäische Zeit +2
Gliederung	–
Politik	
Staatsform	Präsidiale Republik (seit 1979)
Regierungschef	z.Z. keine Regierung, Kämpfe zw. rivalisierenden Clans
Staatspräsident	z.Z. keine Regierung, Kämpfe zw. rivalisierenden Clans
Parlament	Volksversammlung Ende 1991 aufgelöst
Internet	www.columbia.edu/cu/libraries/indiv/area/ Afrca/Somalia.html
Bevölkerung	
Religion	Muslime (99,8%); Christen (0,1%); Sonstige (0,1%)
Nationalitäten	Somalier (98,3%); Araber (1,2%); Bantu (0,4%); Sonstige (0,1%)

Wirtschaft und Soziales			
Dienstleistung	26,4%	Urbanisierung	26%
Industrie	9,1%	Einwohner/km²	15
Landwirtschaft	64,5%	Bev.-Wachstum/Jahr	4,2%
BSP/Kopf	k. A.	Kindersterblichkeit	12,2%
Inflation	k. A.	Alphabetisierung	24,1%
Arbeitslosigkeit	k. A.	Einwohner pro Arzt	19 071

Somalia
Afrika, Karte S. 441, F 4

Bei schweren Kämpfen rivalisierender Milizen in S. wurden im September 1999 mind. 36 Menschen getötet und etwa 70 verletzt. In der 400 km südwestlich der Hauptstadt Mogadischu gelegenen Stadt Kismayu bekämpften sich zwei Gruppen, die vorher als Verbündete galten. Obwohl im Südwesten von S. eine schwere Hungersnot herrschte und allein in der Region Bakol mind. 10 Menschen täglich an Unterernährung starben, stellten die Vereinten Nationen (UN) u. a. internationale Hilfsorganisationen im September 1999 ihre Aktivitäten vorläufig ein, weil sie die Sicherheit ihrer Mitarbeiter nicht mehr garantieren konnten. S. hatte seit 1993 keine Zentralregierung mehr. Damals wurde der sozialistische Diktator Mohammed Siad Barre von Rebellen gestürzt. Die Intervention einer UN-Friedenstruppe schlug 1995 fehl. Seitdem beherrschten rivalisierende Clans mit großer Brutalität die Regionen des Landes. Aufgrund der permanenten Gewalt kam die Wirtschaft des Landes zum Erliegen.

Spanien Königreich Spanien	**E**
Landesfläche	505 992 km² (WR 50)
Einwohner	39,6 Mio (WR 29)
Hauptstadt	Madrid (3,03 Mio Einwohner)
Sprachen	Span., Katalan., Bask., Galic.
Währung	Peseta (Pta)
Zeit	Mitteleuropäische Zeit
Gliederung	17 Regionen, 50 Provinzen
Politik	
Staatsform	Parlamentarische Monarchie (seit 1978)
Regierungschef	José Maria Aznar (seit 1996) *25.2.1953
Staatsoberhaupt	König Juan Carlos I. (seit 1975) *5.1.1938
Parlament	Cortes aus Abgeordnetenhaus mit 350 und Senat mit 248 für vier Jahre gewählten Mitgliedern; im Abgeordnetenhaus 183 Sitze für Volkspartei, 125 für Sozialisten, 8 für Vereinigte Linke, 34 für Andere (Wahl von 2000)
Internet	www.la-moncloa.es www.congreso.es
Bevölkerung	
Religion	Katholiken (97,0%); Protestanten (0,4%); Sonstige (2,6%)
Ethn. Gruppen	Spanier (72,3%); Katalanen (16,3%); Sonst. (11,4%)

Wirtschaft und Soziales			
Dienstleistung	60,6%	Urbanisierung	77%
Industrie	34,6%	Einwohner/km²	78
Landwirtschaft	4,8%	Bev.-Wachstum/Jahr	0%
BSP/Kopf	14 100 $ (1998)	Kindersterblichkeit	0,7%
Inflation	2,9% (1999)	Alphabetisierung	97,2%
Arbeitslosigkeit	15,8% (1999)	Einwohner pro Arzt	262

Spanien
Europa, Karte S. 437, A 6

Ministerpräsident José María Aznar gewann mit seiner konservativen Volkspartei Partido Popular (PP) bei den Parlamentswahlen im März 2000 überraschend die absolute Mehrheit.
Innenpolitik: Die PP erreichte 44,5% der Stimmen (+5,6 Prozentpunkte gegenüber den letzten Wahlen 1996) und 183 (+27) der insgesamt 350 Sitze im Parlament; die absolute Mehrheit liegt bei 176 Mandaten. Die oppositionellen Sozialisten (PSOE), die ein Bündnis mit den Kommunisten angestrebt hatten, erhielten nur noch 34,1% der Stimmen (–5,5) und 125 Abgeordnete (–16). Die Vereinte Linke kam auf 5,5% und acht Mandate (1996: 21 Mandate). Ministerpräsident Aznar hatte seine Regierung auf die beiden Regionalparteien der katalanischen Nationalisten und der Kanarischen Inseln gestützt. Die PP strebte eine Fortsetzung der Koalition an. Die katalanischen Nationalisten verzeichneten mit 4,2% der Stimmen und 15 Sitzen nur leichte Einbußen.

Ausländergesetz: Das spanische Parlament lehnte im Dezember 1999 die von der Regierung vorgelegten Änderungsanträge zum neuen Ausländergesetz ab. Damit trat automatisch die ursprüngliche Fassung der Novelle in Kraft, die als eine der großzügigsten in Europa galt. Das neue Gesetz sieht vor, dass illegal Eingewanderte eine erste befristete Aufenthaltsbewilligung erhalten, sobald sie nachweisen können, dass sie seit zwei Jahren in S. leben und den eigenen Lebensunterhalt bestreiten können. Die Familienzusammenführung gilt als Anrecht und nicht mehr als administrative Ermessensfrage. Die Verweigerung eines Visums muss begründet werden. Die Ausländer erhalten alle von der Verfassung den Spaniern zugesprochenen Rechte, die illegal Eingewanderten zumindest die humanitären Basisrechte (z. B. Krankenversorgung). Die Strafen für Schlepperorganisationen wurden verschärft. Das reformierte Ausländergesetz entsprang einer von allen Parteien im Parlament getragenen Gesetzesinitiative. Doch kurz vor der Verabschiedung bemerkte die Regierung, dass es im Widerspruch zu Beschlüssen der EU über die Ausländerpolitik stehen und eine unkontrollierbare Immigrantenwelle nach sich ziehen könnte.

Minister-Rücktritt: Im Februar 2000 trat der spanische Arbeits- und Sozialminister Pimentel zurück, nachdem bekannt geworden war, dass die Ehefrau eines Ministerialdirektors seines Ressorts als Miteigentümerin einer Firma etwa 23,5 Mio DM Subventionen für Fortbildungskurse aus dem Arbeitsministerium erhalten hatte. Der Ministerialdirektor war ein guter Freund Pimentels und dessen Kabinettschef, als dieser noch Staatssekretär im gleichen Ministerium gewesen war.

Baskenland: Die regierende Baskisch-Nationalistische Partei (PNV) erklärte im Januar 2000 erneut die Unabhängigkeit des spanischen Baskenlandes und seine Vereinigung mit dem französischen Baskenland sowie der spanischen Region Navarra zum obersten Ziel. Die Delegierten der III. Parteiversammlung stimmten einem von der Führung ausgearbeiteten Plan zur völligen Souveränität des Baskenlandes zu. Dieser Plan schloss ein Referendum in den entsprechenden Regionen über die Zukunft des Landes ein. Die spanische Regierung erklärte, dass sie weder die Unabhängigkeit

Spanien: Die wichtigsten Regierungsposten	
Regierungschef	José María Aznar (PP)
Erster stellv. Regierungschef und Präsidentschaftsminister	Mariano Rajoy (PP)
Zweiter stellv. Regierungschef und Wirtschaftsminister	Rodrigo Rato (PP)
Außenminister	Josep Piqué (PP)
Justizminister	Angel Acebes (PP)
Finanzminister	Cristóbal Montoro (PP)
Verteidigungsminister	Federico Trillo (PP)
Innenminister	Jaime Mayor Oreja (PP)
Arbeits- und Sozialminister	Juan Carlos Aparicio (PP)
Kulturministerin	Pilar del Castillo (parteilos)

des Baskenlandes noch eine Volksabstimmung hinnehmen werde.

Im April 2000 verlor die nationalistische baskische Regierung ihre Mehrheit im Parlament. Nach dem Auszug der mit der terroristischen Organisation ETA eng verbundenen Partei Herri Batasuna (HB) aus der baskischen Volksvertretung verfügten die Nationalisten – Baskisch-Nationalistische Partei (PNV) und Eusko Alkartasuna (EA) – nur noch über 27 der insgesamt 75 Sitze. Vorher hatten die 14 Abgeordneten der HB, des politischen Arms der ETA, die Regierung unterstützt. Nach der Ermordung eines baskischen Parlamentariers und der Weigerung von HB, diesen Mord zu verurteilen, hatte der baskische Regierungschef Juan José Ibarretxe (PNV) die Zusammenarbeit mit der HB aufgekündigt.

Terror: Im Februar 2000 starben bei der Explosion einer Autobombe auf dem Gelände der Universität von Vitoria im Baskenland zwei Menschen. Einer von ihnen war der Vorsitzende der PSOE der Provinz Alava, Fernando Buesa Blanco. Für den Anschlag wurde die ETA verantwortlich gemacht, die seit Jahrzehnten für die Unabhängigkeit des Baskenlandes kämpft. Im Dezember 1999 hatte die ETA ihren 14 Monate zuvor verkündeten Waffenstillstand aufgehoben. Bereits im Januar töteten Mitglieder der Terrorgruppe einen spanischen Armeeoffizier.

Katalonien: Im November 1999 wurde Jordi Pujol vom katalanischen Parlament zum sechsten Mal als Regionalpräsident bestätigt. Seine Koalition, die bürgerlich-nationalistische Convergéncia i Unió (CiU), hatte bei den Wahlen im Oktober 1999 weniger Stimmen, aber wegen des Wahlsystems mehr Sitze erhalten als die Sozialisten. Dank der Unterstützung durch die zwölf Abgeordneten der PP erhielt Pujol die erforderliche Mehrheit von 68 der 135 Mandate.

Außenpolitik: Im Februar 2000 wurde der Chief Minister von Gibraltar, Peter Caruana, bei den Wahlen in seinem Amt bestätigt. Die bürgerliche Sozialdemokratische Partei (GSD) von Caruana erhielt 58% der Stimmen, die Gibraltar Socialist Labour Party (GSLP) hingegen 41%. Caruana strebte mehr Autonomie von Großbritannien an. Gleichzeitig wehrte er den Anspruch von S. auf Gibraltar ab. 1999 war es zu Spannungen zwischen S. und Gibraltar gekommen, nachdem die britische Polizei Gibraltars einen spanischen Fischkutter aufgebracht hatte. Im Gegenzug hatte S. die Grenzkontrollen vorübergehend verschärft.

Wirtschaft: Die spanische Volkswirtschaft befand sich 1999 weiterhin im Boom. Das BIP stieg um 3,7% und lag um 1,6 Prozentpunkte über dem EU-Durchschnitt. Getragen wurde der Aufschwung von der hohen Binnennachfrage, die gegenüber 1998 um 5% zunahm. Außerdem profitierte S. vom anhaltenden Boom im Fremdenverkehr: 1999 stieg die Zahl der Spanien-Reisenden mit mind. einer Übernachtung um 8,8% auf 51,5 Mio. Die Einkünfte aus dem Tourismus nahmen um 9,5% auf 25,1 Mrd US-Dollar zu. Im Außenhandel stiegen die Exporte um 7%, wobei Frankreich (Anteil von 20%) und Deutschland (14%) die größten Abnehmerländer für spanische Güter waren.

Inflation und Arbeitslosigkeit: Das starke Wirtschaftswachstum förderte allerdings die Inflation, die 1999 bei 2,9% lag (1998: 2,6%). Insbes. die Preise für Energieprodukte stiegen mit 11,5% überdurchschnittlich. Durch die Hochkonjunktur sank die Arbeitslosenquote 1999 um 3,0 Prozentpunkte auf 15,8%. Es war der niedrigste Stand seit 1979. Mit 400 000 neu geschaffenen Stellen verzeichnete S. den höchsten Beschäftigungszuwachs in der EU. Erstmals seit 1979 stieg die Erwerbsquote auf über 50% (zum Vergleich Deutschland: rund 70%). Die große Mehrzahl der Erwerbstätigen arbeitete im Dienstleistungssektor (61,5%), in dem 60,6% des BIP erwirtschaftet wurden.

■ **Staaten** → Chile → Großbritannien

Sri Lanka Demokrat. Sozialist. Republik	**CL**
Landesfläche	65 610 km² (WR 119)
Einwohner	18,6 Mio (WR 53)
Hauptstadt	Colombo (610 000 Einwohner)
Sprachen	Singhalesisch, Tamilisch, Englisch
Währung	1 Sri-Lanka-Rupie (SLRe) = 100 Cents
Zeit	Mitteleuropäische Zeit +5
Gliederung	9 Provinzen, 24 Distrikte
Politik	
Staatsform	Republik (seit 1978)
Regierungschef	Sirimavo Bandaranaike (seit 1994) *1916
Staatspräsident	Chandrika B. Kumaratunga (seit 1994) *1945
Parlament	Nationalvers. mit 225 für sechs Jahre gewählten Abgeord.; 105 Sitze für People's Alliance, 94 für United National Party, 7 für Sri Lanka Muslim Congr., 19 für Andere (Wahl v. 1994)
Internet	www.priu.gov.lk
Bevölkerung	
Religion	Buddhisten (68%); Hindus (22%); Muslime (7%); Christen (3%)
Ethn. Gruppen	Singhalesen (72%); Tamilen (20%); Moor (6%); Sonstige (2%)

Wirtschaft und Soziales			
Dienstleistung	49%	Urbanisierung	23%
Industrie	26%	Einwohner/km²	283
Landwirtschaft	25%	Bev.-Wachstum/Jahr	1%
BSP/Kopf	810 $ (1998)	Kindersterblichkeit	1,8%
Inflation	8% (1999)	Alphabetisierung	90,7%
Arbeitslosigkeit	ca. 9% (1999)	Einwohner pro Arzt	5203

Sri Lanka
Asien, Karte S. 443, C 6

Bei der Präsidentenwahl in S. im Dezember 1999 wurde Amtsinhaberin Chandrika Kumaratunga mit 51,12% der Stimmen für fünf Jahre bestätigt. Ihr Herausforderer Ranil Wickremesinghe erreichte einen Stimmenanteil von 42,7%.

Innenpolitik: Kumaratunga blieb jedoch hinter ihrem Wahlergebnis von 1994 (62%) weit zurück. Nach Angaben von Wahlforschern waren viele Bürger enttäuscht, dass die Präsidentin den versprochenen Friedensschluss mit den tamilischen Rebellen nicht erreicht hatte. Bei politisch motivierten Gewalttaten wurden am Wahltag mind. sieben Menschen getötet. Trotz Drohungen der tamilischen Separatisten gaben 73% der 11,7 Mio Wahlberechtigten ihre Stimme ab. Kumaratunga setzte im Bürgerkrieg gegen die tamilischen Rebellen auf eine militärische Lösung und bot ihnen ein autonomes Gebiet im Nordosten der Insel an. Ihr Gegenkandidat Wickremesinghe befürwortete bedingungslose Friedensverhandlungen mit

Sri Lanka: Konflikt zwischen Tamilen und Singhalesen

▶**Ursprung des Konflikts:** Die größte Volksgruppe in S. bilden mit 72% der Gesamtbevölkerung die Singhalesen, die sich in die Hochland-Singhalesen (Kandyans) und die dem kolonialen Einfluss stärker ausgesetzten Tiefland-Singhalesen unterteilen. Die zweitgrößte Volksgruppe stellen mit rund 20% die Tamilen, bei denen zwei Gruppen unterschieden werden: Die Jaffna-Tamilen (11% der Gesamtbevölkerung) wanderten im Mittelalter aus Südindien ein und leben überwiegend an der Ostküste sowie im Norden der Insel; die indischen Tamilen (9%) wurden von den Briten im 19. Jh. als Landarbeiter für die Tee- und Kautschuk-Plantagen angeworben und wohnen seit einem nach der Unabhängigkeit (1948) nur teilweise umgesetzten Rückführungsabkommen mit Indien als Staatenlose im zentralen Bergland. Ein Grund für das hohe

Konfliktpotenzial zwischen Singhalesen und Tamilen ist die unterschiedliche Religionszugehörigkeit: Während die Tamilen sich mehrheitlich zum Hinduismus bekennen, sind die Singhalesen mehrheitlich buddhistisch. Wirtschaftliche Probleme schürten in den 1950er Jahren (fallende Tee- und Kautschukpreise auf dem Weltmarkt sowie höhere Lebensmittelpreise in S.) die Spannungen zwischen den beiden Bevölkerungsgruppen. Die Tamilen fühlten sich politisch und wirtschaftlich unterprivilegiert. Die singhalesische Regierung versuchte den Konflikt zu entschärfen, indem sie den Tamilen völlige Religionsfreiheit zusicherte und 1978 Tamil als Nationalsprache einführte.
▶**Konfliktverlauf:** 1983 steigerten sich die Spannungen zu einem Bürgerkrieg zwischen den Rebellen der Befreungstiger von Tamil Eelam und den singhalesischen Regie-

rungskräften. Auslöser war die Erschießung von 13 Regierungssoldaten durch Tamilen-Kämpfer in Jaffna. Die Rebellen kämpften für einen eigenen Tamilenstaat im Nordosten von S. und beanspruchten ca. 40% des Territoriums. 1987–89 griffen auf Bitten der Regierung von S. indische Truppen in den Konflikt ein. Ende 1995 eroberte die Regierungsarmee Jaffna, die Hochburg des tamilischen Widerstandes. Trotz dieser Niederlage setzten die Tamilen ihren Kampf mit Anschlägen gegen militärische und zivile Ziele fort. 1996 forderten die Tamilen internationale Vermittler, um Friedensverhandlungen voranzutreiben. Die Regierung lehnte jedoch bis Februar 2000, als sie das norwegische Vermittlungsangebot akzeptierte, eine Einmischung ausländischer Staaten in den Konflikt ab. In dem Bürgerkrieg starben bis Mitte 2000 über 60 000 Menschen.

den militanten Befreiungstigern von Tamil Eelam (LTTE). In dem Konflikt starben seit 1983 über 60 000 Menschen.

Vermittlung: Im Februar 2000 akzeptierte Staatschefin Kumaratunga das Angebot der norwegischen Regierung, im Bürgerkrieg zwischen S. und den Tamilen zu vermitteln. Der damalige norwegische Außenminister Vollebaek besuchte im Februar 2000 Kumaratunga in Colombo, nachdem er vorher mit dem in London lebenden Sprecher der Tamilen-Organisation LTTE, Anton Balasingham, gesprochen hatte. Norwegens Bemühungen scheiterten allerdings im Juli 2000. Es war der zweite internationale Vermittlungsversuch im Bürgerkrieg nach dem erfolglosen Engagement Indiens von 1987. Die Aussichten auf eine Beilegung des Konflikts wurden Mitte 2000 als gering eingeschätzt, nachdem im Mai in Jaffna wieder heftige Gefechte zwischen den Kriegsparteien ausgebrochen waren.

Terror: Im Dezember 1999 wurde Präsidentin Kumaratunga bei einem Anschlag verletzt. Auf einer Wahlveranstaltung zündete ein Selbstmordattentäter eine Bombe, durch die 21 Menschen starben und 110 verletzt wurden. Der Präsidentin mussten Bombensplitter aus dem Gesicht entfernt werden. Kumaratunga konnte nach wenigen Tagen wieder ihre Amtsgeschäfte aufnehmen. Im Juni 2000 starben 21 Menschen, darunter der Industrieminister Gooneratne, bei einem Bombenanschlag in Colombo. Ca. 80 Menschen wurden zum Teil lebensgefährlich

verletzt. Hinter beiden Attentaten vermutete die Regierung die LTTE.

Wirtschaft: Als Folge konsequenter Liberalisierung der Volkswirtschaft stieg das BIP in S. 1999 wie im Vorjahr um 5%. Getragen wurde die gute Konjunktur vom boomenden Fremdenverkehr. Die Zahl der Touristen in S. erhöhte sich 1999 im Vergleich zum Vorjahr um 21%. Die Inflationsrate fiel von 9,9% auf 8%. Der Bürgerkrieg auf S. verhinderte 1999 eine noch bessere wirtschaftliche Entwicklung. Die Militärausgaben der Regierung betrugen 1999 nach offiziellen Angaben rund 5% des BSP; die Gesamtkosten des Krieges inkl. der Ausgaben für den Wiederaufbau der zerstörten Infrastruktur wurden 1999 auf rund 20% des BSP geschätzt.

Landwirtschaft: Die Weltbank kritisierte die Regierung von S. Anfang 2000 wegen ihrer Landwirtschaftspolitik. Sie bemängelte das komplizierte Subventionssystem, das keine marktwirtschaftliche Preisbildung zulasse und keine neuen Produktionsanreize im Agrarsektor schaffe. Trotz massiver Subventionierung von Grundstoffen wie Saatgut und Düngemitteln war Mitte 2000 in S. importierter Reis billiger als der einheimische. Es gab keine moderne Nach-Ernte-Technologie (für Transport und Lagerung), was zu Ernteverlusten von rund 25% führte. Daher gaben in S. immer mehr Bauern ihre Arbeit auf und zogen in die Städte, wodurch das Problem der Arbeitslosigkeit verstärkt wurde.

Südafrika
Afrika, Karte S. 441, D 7

Im Februar 2000 trat in S. das sog. Gesetz zur Förderung der Gleichheit und Verhinderung ungerechter Diskriminierung in Kraft, das von verschiedenen Gruppierungen des Landes heftig kritisiert wurde.

Innenpolitik: Das Gesetz verbietet Medien, Privatpersonen, Firmen und Körperschaften, andere Menschen wegen Rasse, Geschlecht, Alter, Religion, Staatsangehörigkeit, Sprache oder Gesundheitszustand zu diskriminieren. Juristenverbände fürchteten um die Unabhängigkeit der Justiz, da die Neuregelung dem Justizminister das Recht einräumt, Richter in sog. Gleichheitskammern zur Entscheidung umstrittener Fälle zu ernennen. Presseverlage kritisierten, dass der Staat zur Klärung von Fällen mutmaßlicher Diskriminierung Informationen von Privatpersonen und Firmen erzwingen kann. Die Versicherungsindustrie beklagte, dass ihnen verboten wird, mit Aids infizierten Menschen eine Police zu verweigern oder mit einem speziellen Tarif zu versehen. Besonders umstritten war die Umkehrung eines rechtsstaatlichen Prinzips: Nach dem neuen Gesetz gilt eine der Diskriminierung angeklagte Person als schuldig, bis sie ihre Unschuld bewiesen hat.

Schwarzer Polizeichef: Im Oktober 1999 ernannte die südafrikanische Regierung mit Jackie Selebi erstmals einen Schwarzen zum nationalen Polizeikommandanten. Als Begründung betonte die Regierung von Präsident Thabo Mbeki, dass Selebis weißer Vorgänger George Fivaz wenige Angehörige der schwarzen Bevölkerungsmehrheit (rund 76%) in die höheren Posten der Polizei befördert habe. Die Opposition kritisierte die Ernennung, weil Selebi, der vorher fünf Jahre im diplomatischen Dienst war, die notwendige Erfahrung in der Verbrechensbekämpfung fehle.

Neue Parteienallianz: Im Januar 2000 ging die Democratic Party (DP), die stärkste Oppositionspartei in S., mit der kleineren United Christian Democratic Party (UCDP) eine Allianz ein. Beide Parteien verfügten zusammen über lediglich 41 von 400 Sitzen im Parlament, während der regierende ANC 266 Abgeordnete stellte. Die DP wurde vor allem von liberalen weißen Afrikanern gewählt, die UCDP fand im Gebiet des ehemaligen Homelands Bophuthatswana ihren stärksten Rückhalt. Beide Parteien erhofften sich von der Allianz eine wirksamere Oppositionspolitik gegen den ANC.

Sexualstraftäter: Im Oktober 1999 erklärte die Regierung, wegen der hohen Zahl der Vergewaltigungen in S. die Möglichkeit zu prüfen, mehrfach verurteilte Sexualstraftäter chemisch kastrieren zu lassen. Eine Kommission aus Ärzten und Juristen sollte prüfen, ob die Behandlung von Sexualstraftätern mit Hormonen juristisch unbedenklich und medizinisch geeignet sei, den Geschlechtstrieb zu unterdrücken. Lt. Statistik wurde um 2000 in S. alle 17 Sekunden eine Frau vergewaltigt.

Urteil gegen Boesak: Das Oberste Gericht von S. in Bloemfontein wies im Mai 2000 den Einspruch des früheren Anti-Apartheid-Aktivisten Allan Boesak ab, der vom Obergericht in Kapstadt zu einer dreijährigen Haftstrafe wegen Veruntreuung und Betrugs verurteilt worden war. Boesak wurde für schuldig befunden, den US-Popsänger Paul Simon, der mit südafrikanischen Musikern zusammengearbeitet hatte, betrogen zu haben. Außerdem soll er Gelder der von ihm geleiteten Stiftung für Frieden und Gerech-

Südafrika Republik Südafrika		ZA	
Landesfläche	1,22 Mio km² (WR 24)		
Einwohner	39,9 Mio (WR 28)		
Hauptstadt	Pretoria (1,31 Mio Einwohner)		
Sprachen	Zulu, Xhosa, Afrikaans, Englisch		
Währung	1 Rand (R) = 100 Cents		
Zeit	Mitteleuropäische Zeit +1		
Gliederung	9 Provinzen		
Politik			
Staatsform	Präsidiale Republik (seit 1961)		
Regierungschef	Thabo Mbeki (seit 1999) *18.6.1942		
Staatspräsident	Thabo Mbeki (seit 1999) *18.6.1942		
Parlament	Abgeordnetenhaus mit 400 Mitgliedern; 266 Sitze für Afrikanischer Nationalkongress, 38 für Demokratische Partei, 34 für Inkatha-Freiheitspartei, 62 für Sonstige (Wahl von 1999)		
Internet	www.parliament.gov.za www.gov.za		
Bevölkerung			
Religion	Christen (67,8%); Hindus (1,3%); Muslime (1,1%); Juden (0,4%); Sonstige (29,4%)		
Ethn. Gruppen	Schwarze (76,3%); Weiße (12,7%); Sonstige (11,0%)		
Wirtschaft und Soziales			
Dienstleistung	63,2%	Urbanisierung	50%
Industrie	32,3%	Einwohner/km²	33
Landwirtschaft	4,5%	Bev.-Wachstum/Jahr	1,6%
BSP/Kopf	3310 $ (1998)	Kindersterblichkeit	5,9%
Inflation	5,5% (1999)	Alphabetisierung	84%
Arbeitslosigkeit	37,6% (1999)	Einwohner pro Arzt	1523

tigkeit veruntreut haben. Boesak war in den 1980er Jahren Mitbegründer der United Democratic Front, der Tarnorganisation des damals verbotenen ANC.

Außenpolitik: Bei einem Staatsbesuch in S. im November 1999 drückte die britische Königin Elizabeth II. ihr Bedauern über den Burenkrieg vor 100 Jahren aus. Das britische Empire hatte den Konflikt Ende 1899 begonnen, um das kostbare Gold in den unabhängigen Burenrepubliken zu rauben. Bei dem bis 1902 dauernden Feldzug, der teilweise mit äußerst großer Brutalität geführt wurde, kamen fast 30000 Buren und Schwarze in den von Briten errichteten Konzentrationslagern ums Leben. Bei ihrer Staatsvisite in S. kritisierten zahlreiche Demonstranten die britische Königin, weil sie nicht bereit war, sich für die Verbrechen Großbritanniens im Burenkrieg offiziell zu entschuldigen.

Wirtschaft: Nach fast zwei Jahren wirtschaftlicher Stagnation erholte sich 1999 die südafrikanische Volkswirtschaft. Das BIP stieg um 1%, nachdem es 1998 kein Wachstum gegeben hatte. Der leichte Aufschwung wurde insbes. auf die gestiegenen Rohstoffpreise für wichtige südafrikanische Exportgüter (u. a. Mangan, Chrom, Diamanten) und die verbesserte Produktivität im Agrarsektor zurückgeführt, der um 19% zulegte. Die Inflationsrate ging von 6,9% auf 5,5% zurück und soll 2000 nur noch bei 4,6% liegen. Größtes wirtschaftliches Problem blieb 1999 die extrem hohe Arbeitslosenquote, die auf 37,6% kletterte (1998: 35,8%). Bei einem Bevölkerungswachstum von 1,6% benötigte S. einen BIP-Anstieg von mind. 4% jährlich, um die Erwerbslosigkeit spürbar abzubauen.

Steuerreform: Im Februar 2000 kündigte die südafrikanische Regierung eine umfassende Steuerreform an, die 2001 in Kraft treten sollte. Rentner mit einem Jahreseinkommen unter umgerechnet 12000 DM sollten von der Einkommensteuer befreit werden. Alle Steuerzahler mit einem Jahreseinkommen bis 10000 DM sollten 19 Prozentpunkte weniger zahlen, der Spitzensteuersatz für Private wurde von 45% auf 42% gesenkt. Auch Kleinunternehmen wurden steuerlich entlastet, wobei sie allerdings stärker in das Steuernetz einbezogen werden sollten.

▪ **Staaten** → Kongo → Sudan

Sudan
Afrika, Karte S. 441, E 3

Militärmachthaber Hassan Ahmad al-Baschir löste im Dezember 1999 das Parlament auf und verhängte für drei Monate den Ausnahmezustand.

Innenpolitik: Staats- und Regierungschef Baschir stand im Konflikt mit dem einflussreichen Parlamentspräsidenten Hassan Turabi, dem 1999 viele Vollmachten Baschirs übertragen wurden. Baschir kam 1989 durch einen Militärputsch an die Macht und wurde von Turabi und dessen Nationaler Islamischer Front jahrelang unterstützt. Das sudanesische Parlament sollte 1999 über Verfassungsänderungen abstimmen, nach denen Präsident Baschir mit Zweidrittelmehrheit abgewählt werden könnte. Der Ministerpräsident sollte direkt gewählt werden und dem von der Nationalen Islamischen Front dominierten Parlament verantwortlich sein. Durch Auflösung der Nationalversammlung konnte Baschir die seine Macht bedrohenden Verfassungsänderungen verhindern.

Sudan Republik Sudan		SDN
Landesfläche	2505813 km² (WR 10)	
Einwohner	28,9 Mio (WR 36)	
Hauptstadt	Khartum (2,25 Mio Einwohner)	
Sprachen	Arabisch, Englisch, hamitische und nilotische Dialekte	
Währung	1 Sudanesisches Pfund = 100 Piastres	
Zeit	Mitteleuropäische Zeit +1	
Gliederung	9 Bundesstaaten, 66 Provinzen und 218 Bezirke	
Politik		
Staatsform	Islamische Republik (seit 1973)	
Regierungschef	U. Hassan Ahmad al-Baschir (seit 1989) *1944	
Staatspräsident	U. Hassan Ahmad al-Baschir (seit 1989) *1944	
Parlament	Nationalversammlung (im Dezember 1999 aufgelöst) mit 400 Mitgliedern; 125 Abgeordnete wurden auf einem »Nationalkongress« bestimmt, 275 in direkter Wahl ermittelt	
Bevölkerung		
Religion	Sunniten (74,7%); Animisten (17,1%); Christen (8,2%)	
Ethn. Gruppen	Araber (49,1%); Dinka (11,5%); Nuba (8,1%); Sonst. (31,3%)	
Wirtschaft und Soziales		

Dienstleistung	47,9%	**Urbanisierung**	24,6%
Industrie	15,0%	**Einwohner/km²**	12
Landwirtschaft	37,1%	**Bev.-Wachstum/Jahr**	2,1%
BSP/Kopf	290 $ (1998)	**Kindersterblichkeit**	7,1%
Inflation	ca. 27% (1997)	**Alphabetisierung**	53,3%
Arbeitslosigkeit	k. A.	**Einwohner pro Arzt**	9369

Friedensgespräche: Im Januar 2000 begannen in Nairobi (Kenia) Verhandlungen zwischen der Regierung des S. und der Rebellenorganisation Sudanesische Volksbefreiungsarmee (SPLA). Die seit 1983 gegen die islamistische Regierung kämpfenden Einheiten wollten im Süden des Landes einen eigenen Staat oder zumindest mehr Autonomie. Beide Parteien einigten sich darauf, eine Volksbefragung über die Autonomie des Südsudan zu organisieren. Umstritten blieben der Grenzverlauf für die Gebiete, denen eventuell größere Autonomie zugestanden werden sollte, und die Forderung der SPLA, das muslimische Scharia-Gesetz in diesen Regionen aufzuheben.

Außenpolitik: Nach dem viertägigen Besuch des US-amerikanischen Sondersandten Harry Johnston in Khartum verbesserten sich im März 2000 die angespannten Beziehungen zwischen dem S. und den USA. Johnston hatte den Auftrag, die Menschenrechtslage in S. zu überprüfen. Es war die erste offizielle Visite eines US-Regierungsbeamten seit dem Angriff der USA auf eine pharmazeutische Fabrik in Khartum im August 1998. Die Administration in Washington hatte behauptet, in der Fabrik würden wichtige Bestandteile zur Herstellung von Nervengas produziert.

Uganda: Im November 1999 kündigte der südafrikanische Präsident Thabo Mbeki an, im Konflikt zwischen dem S. und Uganda vermitteln zu wollen. In den 90er Jahren hatten sich die Beziehungen zwischen beiden ostafrikanischen Staaten verschlechtert. Der S. lieferte islamistischen Rebellengruppen im Norden Ugandas Waffen für ihren Kampf gegen die ugandische Regierung; Uganda hingegen unterstützte die sudanesische Guerilla-Organisation SPLA.

Wirtschaft: 13 internationale Hilfsorganisationen verließen im März 2000 den Südsudan. Die SPLA-Kämpfer hatten versucht, Einfluss auf die Finanzierung von Projekten der Hilfsorganisationen zu bekommen. In einem Vertrag sollten die humanitären Gruppen die Souveränität über ihre Aktionen abtreten. Der S. ist zwar ein rohstoffreiches Land, das um 2000 über Erdölreserven von 800 Mio Barrel verfügte (1 Barrel = 159 l), doch galt das Land wegen des Bürgerkrieges und der fehlenden Infrastruktur als eines der ärmsten Staaten Afrikas.

Suriname Republik Suriname		SME
Landesfläche	163 265 km² (WR 90)	
Einwohner	415 000 (WR 163)	
Hauptstadt	Paramaribo (201 000 Einwohner)	
Sprachen	Niederl., Hindustani, Javan., Engl.	
Währung	1 Suriname-Gulden = 100 Cents	
Zeit	Mitteleuropäische Zeit −4,5	
Gliederung	9 Bezirke und Hauptstadtdistrikt	
Politik		
Staatsform	Präsidiale Republik (seit 1987)	
Regierungschef	Ronald Venetiaan (seit 2000) *18.6.1936	
Staatspräsident	Ronald Venetiaan (seit 2000) *18.6.1936	
Parlament	Nationalversammlung mit 51 für fünf Jahre gewählten Abgeordneten; 32 Sitze für Niew Front, 11 für Millenium Cominatie, 3 für Demokratisch Nationaal Platform, 5 für Andere (Wahl von 2000)	
Bevölkerung		
Religion	Christen (39,6%): Katholiken 21,6%, Protestanten 18,0%; Hindus (26,0%); Muslime (18,6%); Animisten (15,8%)	
Ethn. Gruppen	Kreolen (37%); Inder (35%); Indonesier (14%); Marons (9%); Indios (3%); Chinesen (2%)	
Wirtschaft und Soziales		
Dienstleistung	58,9%	Urbanisierung	49,6%
Industrie	27,4%	Einwohner/km²	3
Landwirtschaft	13,7%	Bev.-Wachstum/Jahr	0,9%
BSP/Kopf	1660 $ (1998)	Kindersterblichkeit	2,9%
Inflation	ca. 100% (1999)	Alphabetisierung	93,5%
Arbeitslosigkeit	25–35% (1999)	Einwohner pro Arzt	1348

Suriname
Südamerika, Karte S. 439, D 2

Aus den Parlamentswahlen im Mai 2000 ging die Oppositionskoalition Niew Front des ehemaligen Präsidenten Ronald Venetiaan, der das Land bereits 1991–96 regiert hatte, als klare Siegerin hervor.

Innenpolitik: Sie erhielt 32 der 51 Sitze im Parlament. Die vom bisherigen Präsidenten Jules Wijdenbosch geführte Demokratisch Nationaal Platform (DNP) erreichte lediglich drei Mandate. Wijdenbosch sah sich 1999 infolge von Massenprotesten gegen seine Regierung gezwungen, frühzeitig Parlamentswahlen auszurufen. Die Proteste der Bevölkerung richteten sich insbes. gegen den wirtschaftlichen Niedergang des Landes. Als ein weiterer Grund für die Niederlage wird der Bruch zwischen Wijdenbosch und Desi Bouterse gewertet. Bouterse hatte 1980 und 1990 als starker Mann des Militärs die Führung des Landes durch Putsche an sich gerissen. Mit seiner Partei Millenium Combinatie erreichte er im neuen Parlament elf Sitze und wurde stärkste oppositionelle Kraft. Insgesamt waren 23 Parteien zu den Parlamentswahlen angetreten. Aufgrund mangelhafter Organisation hatten nicht alle der 265 000 Stimmberechtigten eine Stimmkarte erhalten. Da die Regierung rechtzeitig den Fehler korrigierte, waren die Wahlen gültig.

Außenpolitik: Im März 2000 wurden auf dem internationalen Flughafen Amsterdam-Schiphol (Niederlande) in der sonst nicht kontrollierten diplomatischen Kurierpost aus S. 9 kg Kokain entdeckt. Nach Auskunft der Staatsanwaltschaft wurden die Drogen durch Zufall gefunden, da eine Tasche vom Gepäckwagen gefallen und geplatzt war. Der surinamische Botschafter bestritt jegliche Schuld. Die niederländische Justiz hatte immer wieder darauf hingewiesen, dass Diplomatenpost aus S. für Drogentransporte missbraucht werde. Der Ex-Präsident von S., Desi Bouterse, gilt als führendes Mitglied des surinamischen Drogenkartells und wurde 1999 in Abwesenheit in Den Haag (Niederlande) wegen Drogenhandels zu 16 Jahren Gefängnis verurteilt. Die USA hatten bereits 1983 und 1986 erwogen, gemeinsam mit den Niederlanden militärisch in S. einzugreifen, um die Kokain-Transporte zu unterbinden. Die damalige Haager Regierung lehnte dies jedoch ab.

Wirtschaft: S. befand sich 1999 in einer tiefen wirtschaftlichen Krise. Das BIP ging um 1,5% zurück, die Inflation stieg auf etwa 100%. Ein wesentlicher Grund für die Rezession waren die stagnierenden bzw. rückläufigen Weltmarktpreise für Bauxit, Gold, Eisen und Mangan, die wichtigsten Ausfuhrgüter von S. Die Regierung war 1999/2000 nicht in der Lage, die Gehälter für die Staatsbediensteten regelmäßig zu zahlen. Etwa die Hälfte der Bevölkerung lebte unterhalb der Armutsgrenze. Die Landwirtschaft, in der etwa 15% der Einwohner u.a. Reis, Bananen, Mais, Zuckerrohr und Gemüse anbauen, stellte in einigen Regionen nicht einmal die Grundversorgung der Bevölkerung sicher. Rund ein Drittel der Einwohner erhielt Unterstützung von Verwandten und Bekannten aus den Niederlanden, die sich nach der Unabhängigkeit des Landes (1975) in das ehemalige Mutterland abgesetzt hatten. In den Niederlanden lebten 2000 etwa 400 000 Einwohner aus S.

 ## Swasiland
Afrika, Karte S. 441, D 7

Der Parlamentspräsident von S., Mgabhi Dlamini, wurde im Januar 2000 von einem Tribual von Häuptlingen des versuchten Raubes für schuldig befunden. Dlamini war gefasst worden, als er im Viehgehege von König Mswati III. nahe Mbabane den im S. symbolträchtigen Rinderkot zu stehlen versuchte. Dem traditionellen Glauben zufolge besitzen die Ausscheidungen der Kühe magische Eigenschaften, die von der majestätischen Kraft des Herrschers ausgehen. Dlamini wurde verurteilt, eine Anzahl Rinder an den Monarchen zu liefern. Der Vorfall wurde als Zeichen für die weiterhin große Bedeutung der Stammesbräuche in S. gewertet, wo ca. 23% der Bevölkerung Anhänger von Naturreligionen sind. 77% bekennen sich zum christlichen Glauben. König Mswati III. regiert seit 1986 als Alleinherrscher. Politische Parteien waren Mitte 2000 verboten, Demokratisierungsbemühungen wurden vom Königshaus konsequent blockiert.

Swasiland Königreich Swasiland		SD
Landesfläche	17 364 km² (WR 153)	
Einwohner	980 000 (WR 151)	
Hauptstadt	Mbabane (75 000 Einwohner)	
Sprachen	Englisch, Si-Swati	
Währung	1 Lilangeni (E) = 100 Cents	
Zeit	Mitteleuropäische Zeit +1	
Gliederung	4 Bezirke	
Politik		
Staatsform	Absolute Monarchie (seit 1973)	
Regierungschef	Barnabas Sibusiso Dlamini (seit 1996) *1942	
Staatsoberhaupt	König Mswati III. (seit 1986) *1968	
Parlament	Nationalversammlung mit 55 gewählten und 10 vom König ernannten und, Senat mit 10 gewählten und 20 vom König ernannten Mitgliedern; politische Parteien verboten	
Internet	www.swazi.com/government	
Bevölkerung		
Religion	Protestanten (37,3%), Afrikanische Christen (28,9%), Katholiken (10,8%); Animisten (20,9%); Sonstige (2,1%)	
Ethn. Gruppen	Swasi (84,3%); Zulu (9,9%); Tsonga (2,5%); Sonstige (3,3%)	
Wirtschaft und Soziales		
Dienstleistung	44,9%	**Urbanisierung**	31%
Industrie	43,0%	**Einwohner/km²**	56
Landwirtschaft	12,1%	**Bev.-Wachstum/Jahr**	3,3%
BSP/Kopf	1400 $ (1998)	**Kindersterblichkeit**	6,5%
Inflation	9,5% (1997)	**Alphabetisierung**	77,5%
Arbeitslosigkeit	k. A.	**Einwohner pro Arzt**	9061

Syrien

Nahost, Karte S. 442, C 2

Am 10.6.2000 starb der syrische Staatspräsident Hafiz al-Assad, der das Land seit 1971 regiert hatte. Zum Nachfolger wurde sein Sohn Baschar al-Assad ernannt.

Innenpolitik: Kurz nach Bekanntgabe des Todes von Assad senkte das syrische Parlament in einer Sondersitzung durch eine Verfassungsänderung das Mindestalter für das höchste Staatsamt von 40 auf 34 Jahre, das Alter von Baschar al-Assad. Es galt als einziges formales Hindernis für die Nachfolge. Die Führung der herrschenden Baath-Partei schlug ebenfalls einstimmig den Präsidentensohn für den Posten des Staatsoberhaupts vor. Ende Juni 2000 erklärte sich das Parlament mit der Nominierung Baschars einverstanden; in einer Volksabstimmung muss die Bevölkerung den neuen Präsidenten bestätigen, was als reine Formalität galt. Als weiterer Schritt zur Machtübernahme wurde Baschar zum Oberkommandierenden der Armee ernannt, nachdem er zuvor vom Obersten zum Generalleutnant befördert worden war. Rifaat al-Assad, der ehemalige syrische Vizepräsident und jüngere Bruder des verstorbenen Präsidenten, meldete allerdings ebenfalls Machtansprüche an. Daraufhin wurden die syrischen Streitkräfte und Geheimdienste angewiesen, gegen Rifaat, der Mitte 2000 in Marbella (Spanien) lebte, Gegenmaßnahmen zu ergreifen, falls er versuchen sollte, nach S. zurückzukehren.

Der verstorbene Präsident Assad hatte Sohn Baschar nach dem Unfalltod seines ursprünglich als Nachfolger vorgesehenen ältesten Sohnes Basil (1994) aus London nach S. zurückbeordert. Der an der Militärakademie geschulte und zum Oberst beförderte Baschar galt als Kontaktmann zur neuen Politikergeneration in arabischen Ländern wie Jordanien (König Abdullah) und Marokko (König Mohammed VI.).

Neuer Ministerpräsident: Noch im März 2000 hatte Hafiz al-Assad Ministerpräsident Mahmud Zubi und die von ihm geführte 37-köpfige Regierung abgesetzt. Zubi beging im Mai 2000 Selbstmord, u. a. weil ihm Korruption nachgewiesen wurde. Nachfolger als Premier wurde der bisherige Gouverneur der Provinz Aleppo, Mohammed Mustafa Miro. Er gilt als Reformer und Gegner der in S. weit verbreiteten Korruption und Bürokratisierung. Als treibende Kraft hinter der Regierungsumbildung wurde schon damals der neue Staatspräsident Baschar al-Assad vermutet. Er hatte u.a. mehr Offenheit, Modernisierung der Verwaltung, einen härteren Kampf gegen die Korruption sowie Verjüngung der Führungsmannschaft gefordert.

Außenpolitik: Im Februar 2000 brach Israel die Kontakte zu S. ab. Anlass war der Ausbruch von Gewalttätigkeiten im Süden des Libanon, wo vier israelische Soldaten von der pro-iranischen, von S. unterstützten Hisbollah-Miliz getötet worden waren. Hintergrund der syrisch-israelischen Spannungen war die Ankündigung S., erst dann offizielle Friedensgespräche mit Israel aufzunehmen, wenn sich Israel zu einer Rückgabe der 1967 im Sechstagekrieg eroberten Golanhöhen bereit erkläre. Das israelische Parlament erschwerte im März 2000 per Gesetz die von der Regierung in Aussicht gestellte Rückgabe des strategisch wichtigen Höhenzuges. Mit 60:53 Stimmen beschlossen die israelischen Abgeordneten, dass bei einer Volksabstimmung über die

Syrien Arabische Republik Syrien			**SYR**
Landesfläche	185 180 km² (WR 86)		
Einwohner	15,7 Mio (WR 56)		
Hauptstadt	Damaskus (1,55 Mio Einwohner)		
Sprachen	Arabisch, Kurdisch, Armenisch		
Währung	1 syrisches Pfund (syr.£) = 100 Piastres		
Zeit	Mitteleuropäische Zeit +1		
Gliederung	13 Provinzen und Hauptstadt		
Politik			
Staatsform	Präsidiale Republik (seit 1973)		
Regierungschef	Mohammed Mustafa Miro (seit 2000) *1941		
Staatspräsident	Baschar al-Assad (seit 2000, nominiert)		
Parlament	Volksversammlung mit 250 für vier Jahre gewählten Abgeordneten; 167 Sitze für die von der regierenden Baath-Partei dominierte Nationale Front, 83 für unabhängige Kandidaten (Wahl von 1998)		
Internet	www.syrecon.org		
Bevölkerung			
Religion	Muslime (89,6%): Sunniten 70%, Alawiten 12%, Andere 7,6%; Christen (8,9%); Sonstige (1,5%)		
Ethn. Gruppen	Araber (88,8%); Kurden (6,3%); Sonstige (4,9%)		
Wirtschaft und Soziales			
Dienstleistung	47%	**Urbanisierung**	54%
Industrie	23%	**Einwohner/km²**	85
Landwirtschaft	30%	**Bev.-Wachstum/Jahr**	2,5%
BSP/Kopf	1020 $ (1998)	**Kindersterblichkeit**	3,3%
Inflation	ca. −1,5% (1999)	**Alphabetisierung**	71,6%
Arbeitslosigkeit	15% (1999)	**Einwohner pro Arzt**	966

politische Zukunft der Region statt der relativen Mehrheit die absolute Majorität der Wahlberechtigten erforderlich sei. Danach müssten rund 60% der Abstimmenden für die Rückgabe der Golanhöhen votieren, was allerdings Mitte 2000 als sehr unwahrscheinlich galt.

Wirtschaft: Die syrische Volkswirtschaft befand sich 1999 in einer Rezession. Das BIP sank um 1,5%, was insbes. auf die niedrigen Erdölpreise im ersten Halbjahr 1999 zurückgeführt wurde. 1999 war Rohöl mit einem Anteil am Gesamtexport von ca. 48% das wichtigste syrische Exportgut. Die syrischen Erdölreserven wurden 1999 auf rund 2,3 Mrd Barrel geschätzt; die Erdgasreserven beliefen sich auf 8,5 Trillionen Kubikfuß. Die wichtigsten Abnehmerländer waren 1999 Italien, Frankreich und die Türkei. Nach dem kräftigen Anstieg der Rohölpreise Ende 1999 ging die syrische Regierung für 2000 wieder von einem BIP-Anstieg von 2,1% aus. Dies wurde aber als zu gering erachtet, weil die Bevölkerung jährlich um 2,5% zunahm. Dadurch wurde mit einem Rückgang des BIP/Kopf um 1,2% auf 960 US-Dollar gerechnet.

Landwirtschaft: Ein weiterer wichtiger Pfeiler der syrischen Volkswirtschaft war um 2000 neben dem Erdöl die Landwirtschaft, die 30% zum BIP beitrug und in dem rund 32% aller Erwerbstätigen beschäftigt waren. Die wichtigsten Anbauprodukte waren Weizen, Gerste, Gemüse, Obst, Oliven und Zuckerrohr. Allerdings konnten etwa 16% des Ackerlandes nur mit Hilfe künstlicher Bewässerung genutzt werden. Einen hohen Stellenwert hatte die Schafhaltung. Klimatisch bedingt kann der gesamte zentrale und östliche Teil von S. lediglich als Weideland genutzt werden.

Mobilfunk: Im Februar 2000 wurde in S. das erste Mobilfunknetz in Betrieb genommen. Für 2000 erwarteten die Betreiber einen Absatz von 50 000 Funktelefonen. Die Zahl der zugelassenen Faxgeräte sollte sich auf 55 000 verdoppeln. Etwa 10 000 Internetanschlüsse sollten entstehen. Die Technologisierung des rückständigen S. wurde als Anzeichen für eine bevorstehende innenpolitische Umwälzung gewertet, da durch die Telekommunikation der Demokratiegedanke in S. gefördert werden könnte.

Staaten → Israel

Tadschikistan

Asien, Karte S. 443, C 4

Bei der ersten Parlamentswahl nach dem Bürgerkrieg in Tadschikistan im Februar 2000 erhielt die Volksdemokratische Partei, die Präsident Emomali Rachmonow unterstützte, 64,5% der Stimmen. Die Kommunisten wurden mit 20,6% zweitstärkste politische Kraft. Die oppositionelle Islamische Erneuerungspartei gewannen 7,5% der Stimmen. Beobachter der UN und der OSZE werteten die Wahl als wichtigen Schritt zur Demokratisierung und Aussöhnung des Landes, da alle ehemaligen Kriegsparteien teilgenommen hätten (Wahlbeteiligung: 93%). 1997 hatte ein Friedensabkommen den fünfjährigen Bürgerkrieg in der früheren Sowjetrepublik beendet. Bei den Präsidentschaftswahlen im November 1999 wurde Amtsinhaber Rachmonow mit 97% der Stimmen bestätigt. Gegenkandidat Dawlat Usmon von der islamischen Opposition hatte aus Protest gegen den undemokratischen Verlauf des Wahlkampfes seine Kandidatur zurückgezogen.

Tadschikistan Republik Tadschikistan		**TJ**
Landesfläche	143 100 km² (WR 93)	
Einwohner	6,1 Mio (WR 98)	
Hauptstadt	Duschanbe (582 000 Einwohner)	
Sprachen	Tadschikisch, Russ., Usbekisch	
Währung	1 Tadsch. Rubel = 100 Kopeken	
Zeit	Mitteleuropäische Zeit +5	
Gliederung	3 Gebiete	
Politik		
Staatsform	Republik (seit 1991)	
Regierungschef	Akil Akilow (seit 1999) *1944	
Staatspräsident	Emomali Rachmonow (seit 1994) *1952	
Parlament	Nationalversammlung mit 63 für fünf Jahre gewählten Abgeordneten; 30 Sitze für Volksdemokratische Partei, 13 für Kommunistische Partei, 2 für Islamische Erneuerungspartei, 18 für Andere (Wahl von 2000)	
Bevölkerung		
Religion	Sunnitische und schiitisch-ismailitische Muslime	
Ethn. Gruppen	Tadschiken (63,8%); Usbeken (24%); Russen (6,5%); Tataren (1,4%); Kirgisen (1,3%); Sonstige (3%)	

Wirtschaft und Soziales			
Dienstleistung	32%	Urbanisierung	33%
Industrie	35%	Einwohner/km²	43
Landwirtschaft	33%	Bev.-Wachstum/Jahr	1,5%
BSP/Kopf	370 $ (1998)	Kindersterblichkeit	5,7%
Inflation	k. A.	Alphabetisierung	98,9%
Arbeitslosigkeit	k. A.	Einwohner pro Arzt	447

Taiwan

Ostasien, Karte S. 444, D 3

Bei einer Rekordbeteiligung von fast 83% wählte die taiwanesische Bevölkerung im März 2000 den Kandidaten der oppositionellen Democratic Progressive Party (DPP), Chen Shui-bian, mit 39,3% der Stimmen zum neuen Präsidenten. Die seit 1949 regierende nationalistische Guomindang erlitt eine vernichtende Niederlage.

Innenpolitik: Guomindang-Kandidat, Vizepräsident Lien Chan, belegte mit 23,1% der Stimmen nur den dritten Platz hinter dem unabhängigen Bewerber James Soong (36,8%), der mit der Regierungspartei gebrochen hatte und den Aufbau einer neuen Gruppierung ankündigte.

Verfassungsänderung: Die zweite Kammer des Parlaments in Taiwan verabschiedete im April 2000 einen Verfassungszusatz, mit dem sie die meisten ihrer Befugnisse an die erste Kammer (Legislativ-Yüan) abgab. Die 339 Mitglieder starke Nationalversammlung war seit Jahren als ineffektiv kritisiert worden. 1999 hatten die Mitglieder der Versammlung ihr Mandat von vier auf sechs Jahre verlängert und Proteste in der Wahl-

bevölkerung ausgelöst. Nach der jüngsten Entscheidung wurde die für den Mai 2000 geplante Wahl zur Nationalversammlung abgesagt. Die Mitglieder des Gremiums sollten von den Parteien entsprechend der Sitzverteilung in der ersten Kammer bestimmt werden. Nach dem verabschiedeten konstitutionellen Zusatz tritt die neue Versammlung nur noch zusammen, wenn Beschlüsse der Legislativ-Yüan laut Verfassung bestätigt werden müssen.

Außenpolitik: Im Vorfeld der Präsidentschaftswahlen vom März 2000 verschlechterten sich die Beziehungen zwischen T. und der Volksrepublik China. Die Pekinger Regierung drohte T., das sie als chinesische Provinz betrachtet, mit der Anwendung von Gewalt, falls nicht bald Verhandlungen über die Wiedervereinigung aufgenommen würden. In den vergangenen Jahrzehnten hatte China bei einer eventuellen Unabhängigkeitserklärung oder der Besetzung von T. durch ausländische Mächte mit Krieg gedroht. Die Ankündigung, selbst bei einer Verzögerung von Wiedervereinigungsgesprächen Gewalt anzuwenden, wurde als Zeichen wachsender Spannungen zwischen beiden Staaten gewertet. Der neue Präsident von T., Chen Shui-bian, beantwortete die Kriegsdrohungen aus Peking, mit denen seine Wahl hatte verhindert werden sollen, mit einem Angebot für einen konstruktiven Dialog zur Herstellung direkter Handels- und Reiseverbindungen. Chen lud nach seinem Wahlsieg Vertreter der Volksrepublik zu Gesprächen nach Taipeh ein. Zugleich machte er klar, dass Pekings Formel »Ein Land, zwei Systeme«, unter der Hongkong (1997) und Macau (1999) zurückgewonnen wurden, für die Bevölkerung von T. unannehmbar sei. Obwohl Chen eine Unabhängigkeitserklärung unter den gegebenen Bedingungen ausschloss, ließ er erkennen, dass eine Wiedervereinigung nur nach demokratischen Reformen in der Volksrepublik China denkbar sei.

Wirtschaft: Die taiwanesische Volkswirtschaft erholte sich 1999 von den Folgen der asiatischen Wirtschaftskrise. Das BIP stieg um 5,5% (1998: 4,8%). Getragen wurde die gute Konjunktur von der günstigen Entwicklung im Außenhandel. Die Einnahmen aus dem Export nahmen um 10% auf 121,6 Mrd US-Dollar zu. 1998 war das Ausfuhrvolumen noch um 5,8% zurückgegan-

Taiwan Republik China			RC
Landesfläche	36 000 km² (WR 134)		
Einwohner	21,78 Mio (WR 47)		
Hauptstadt	Taipeh (2,7 Mio Einwohner)		
Sprachen	Chinesisch, Fukien-Dialekte		
Währung	1 Neuer Taiwan-Dollar = 100 Cent		
Zeit	Mitteleuropäische Zeit +7		
Gliederung	7 Stadtkreise, 16 Landkreise		
Politik			
Staatsform	Republik (seit 1947)		
Regierungschef	Tang Fei (seit 2000)		
Staatspräsident	Chen Shui-bian (seit 2000)		
Parlament	Legislativ-Yüan mit 225 Mitgliedern; 123 Sitze für Guomindang, 70 für Demokraten, 11 für Neue Partei , 21 für Sonstige (Wahl von 1998)		
Internet	www.gio.gov.tw		
Bevölkerung			
Religion	Chin. Rel. (49%); Buddh. (43%); Chr. (7%); Sonstige (1%)		
Ethn. Gruppen	Taiwaner (84%); Festland-Chinesen (14%); Ureinwohner (2%)		
Wirtschaft und Soziales			
Dienstleistung	62,8%	Urbanisierung	92%
Industrie	33,7%	Einwohner/km²	605
Landwirtschaft	3,5%	Bev.-Wachstum/Jahr	0,7%
BSP/Kopf	13 233 $ (1997)	Kindersterblichkeit	k. A.
Inflation	0,2% (1999)	Alphabetisierung	93,7%
Arbeitslosigkeit	ca. 3% (1999)	Einwohner pro Arzt	864

Taiwan: Konflikt mit China

▶ **Ursprung des Konflikts:** 1949 flohen die chinesische Nationalregierung unter Präsident Chiang Kai-shek und rund 1,5 Mio Chinesen vor der revolutionären Volksarmee Mao Zedongs auf die Insel Formosa. Während in China die Kommunisten mit rücksichtsloser Härte ihre Macht sicherten, wurde T. durch massive wirtschaftliche und politische Unterstützung der USA zum vergleichsweise wohlhabenden Land und bedeutenden wirtschaftlichen Faktor in Asien. China bestand aber weiterhin auf dem Alleinvertretungsanspruch und forderte die Vereinigung von T. und China.

▶ **Konfliktverlauf:** Aufgrund der zunehmenden politischen Bedeutung Chinas im internationalen Staatensystem wandten sich insbes. die USA Anfang der 70er Jahre von T. ab. So wurde China 1971 in die UNO aufgenommen, T. hingegen ausgeschlossen. 1972 besuchte der damalige US-amerikanische Präsident Richard Nixon China und respektierte den chinesischen Standpunkt in der Frage der Zugehörigkeit von T. zum chinesischen Festland. 1978 brachen die USA die diplomatischen Beziehungen zu T. ab und nahmen sie zu China auf. Dennoch verpflichteten sich die USA 1979 im Taiwan Relations Act, der Insel im Falle eines nichtprovozierten Angriffs militärisch zu helfen.

▶ **Verhandlungen und Krisen:** 1993 begannen erstmals seit 1949 Gespräche auf inoffizieller Ebene. Fortschritte in den bilateralen Beziehungen (z. B. Wiederaufnahme des Kulturaustauschs 1994) wechselten sich mit Rückschlägen ab (Scheitern von Gesprächen über ein Abkommen zur Auslieferung von Flugzeugentführern 1994). Zentraler Streitpunkt blieb die Forderung Chinas nach Wiedervereinigung, die T. ablehnt. Bis Ende der 90er Jahre drohte China wiederholt mit militärischer Intervention.

▶ **Militärpotenziale:** Bei einem Militäretat von 38 Mrd US-Dollar, 2,9 Mio Soldaten, 9600 Panzern, 63 U-Booten und 939 Kriegsschiffen gilt China gegenüber T. als militärisch deutlich überlegen. Außerdem stellte es 1999 neue Mittelstreckenraketen gegen T. auf. T. ist hingegen mit einem Verteidigungshaushalt von 7,4 Mrd US-Dollar, 376 000 Soldaten, 1525 Panzern und 171 Kriegsschiffen militärisch schwächer, verfügt aber über technologische und strategische Vorteile. Die Küste der Provinz Fukien, die T. gegenüberliegt, ist felsig und zerklüftet; größere Truppenbewegungen könnten frühzeitig entdeckt werden.

gen. Insbes. in zukunftsträchtigen Branchen wie Informationstechnik und Telekommunikation verbesserte die taiwanesische Volkswirtschaft ihre Konkurrenzfähigkeit. Der Export elektronischer Produkte wurde um 30% auf 21,8 Mrd US-Dollar gesteigert. Die Inflationsrate blieb auf 0,2% begrenzt (1998: 1,7%).

Erdbeben: Bei einem schweren Erdbeben der Stärke 7,6 auf der Richter-Skala im September 1999 in T. wurden rund 2400 Menschen getötet und etwa 100 000 obdachlos. Das Epizentrum lag in Wufun in Zentraltaiwan in einer primär landwirtschaftlich ausgerichteten Region. Der volkswirtschaftliche Schaden belief sich auf ca. 15 Mrd DM.

Tansania
Afrika, Karte S. 441, E 5

Im Dezember 1999 schlossen sich die drei Staaten T., Uganda und Kenia im tansanischen Arusha zur Ostafrikanischen Gemeinschaft zusammen.

Außenpolitik: Mit der Unterzeichnung des Vertrages knüpften die drei Staaten an die 1977 durch ideologische Rivalitäten und Feindschaften gescheiterte Ostafrikanische Gemeinschaft an. Der bereits für 1998 geplante Zusammenschluss, der sich an der EU orientieren sollte, war wegen Uneinigkeit über eine Zollunion und einen gemeinsamen Markt zweimal verschoben worden. Diese Streitpunkte wurden aus dem Vertrag ausgegliedert. Bis 2004 wollten sich die Staaten auf die Rahmenbedingungen für eine Zollunion und einen gemeinsamen Handelsraum einigen, dem ca. 85 Mio Menschen angehören werden. Insbes. die tansanischen Unternehmen wehrten sich gegen einen gemeinsamen Markt, weil sie befürchteten, durch kenianische Waren Marktanteile zu verlieren. Kenia importierte um

Tansania Vereinigte Republik Tansania		EAT	
Landesfläche	883 749 km² (WR 32)		
Einwohner	32,8 Mio (WR 32)		
Hauptstadt	Dodoma (204 000 Einwohner)		
Sprachen	Suaheli, Engl., Stammessprachen		
Währung	1 Tansania Shilling = 100 Cents		
Zeit	Mitteleuropäische Zeit +2		
Gliederung	25 Prov. in Tanganjika, 5 Sansibar		
Politik			
Staatsform	Präsidiale föderative Republik (seit 1964)		
Regierungschef	Frederick Sumaye (seit 1995) *1950		
Staatspräsident	Benjamin W. Mkapa (seit 1995) *12.1.1938		
Parlament	Nationalversamml. mit 275 Mitgl., davon 232 für fünf Jahre gewählt; 214 Sitze für Rev. Staatsp., 28 für Bürg. Union, 19 für Nationale Konvention,14 für Sonstige (Wahl: 1995)		
Internet	www.bungetz.org www.tanzania-gov.de		
Bevölkerung			
Religion	Muslime (35%); Animisten (35%); Christen (30%)		
Ethn. Gruppen	Niamwezi, Sukuma (26,3%); Swahili (8,8%); Haya (5,3%); Hehet, Bena (5%); Makonde (3,7%); Sonstige (50,9%)		
Wirtschaft und Soziales			
Dienstleistung	32,8%	**Urbanisierung**	26%
Industrie	15,2%	**Einwohner/km²**	37
Landwirtschaft	52,0%	**Bev.-Wachstum/Jahr**	2,3%
BSP/Kopf	220 $ (1998)	**Kindersterblichkeit**	8,2%
Inflation	ca. 15% (1997)	**Alphabetisierung**	71,6%
Arbeitslosigkeit	k. A.	**Einwohner pro Arzt**	22 900

2000 etwa zehnmal so viele Industriewaren nach T., wie es aus dem südlichen Nachbarland importierte. Mit der Wirtschaftsgemeinschaft wollten T., Kenia und Uganda dem wachsenden Einfluss südafrikanischer Unternehmen in Ostafrika begegnen. Der Beitritt von T. wurde mit dem Austritt des Landes aus dem Gemeinsamen Markt des östlichen und südlichen Afrika (Comesa) im August 1999 eingeleitet. Als weitere Kandidaten für die Ostafrikanische Gemeinschaft galten Mitte 2000 Burundi und Ruanda.

Innenpolitik: 1999 wurden in T. etwa 250 Menschen getötet, weil sie angeblich Angehörige verhext hatten. Den Opfern wurde häufig die Haut abgezogen, weil einige Volksstämme in T. glauben, damit böse Geister und Dämonen von ihrem Land fern halten, die Ernten verbessern oder Kunden in ihre Geschäfte locken zu können. Die meisten Hexenmorde wurden 1999 im Süden T. nahe Mbeya verübt, wo auch Menschenhaut verkauft wurde.

Wirtschaft: T. gehörte um 2000 mit einem Pro-Kopf-Einkommen von 220 US-Dollar zu den ärmsten Ländern der Welt. Rund 80% der arbeitenden Bevölkerung waren in der Landwirtschaft tätig, die etwa 52% zum BSP beitrug. Aufgrund fehlender Finanzmittel für Investitionen und wiederholter Dürreperioden sanken die Zuwachsraten im Agrarsektor 1996–99 von 7,6% auf 3,5%. Weitere ergiebige Einnahmequellen fehlen. Mit Ausnahme der Diamantenvorkommen, die Mitte der 90er Jahre weitgehend erschöpft waren, wurden die anderen Rohstoffe des Landes (u.a. Gold, Phosphate, Zinn) nur wenig genutzt. So war die tansanische Regierung 1999 gezwungen, befreundete Länder und internationale Organisationen um Lebensmittelspenden zu bitten. Der Pariser Klub der Gläubigernationen erließ T. 650 Mio US-Dollar Schulden.

Privatisierung: Im April 2000 kündigte die tansanische Regierung an, 64% der staatlichen Telefongesellschaft Telecommunicatios Company Ltd. zu verkaufen. 35% waren einem ausländischen Investor vorbehalten, 10% sollten an einheimische Unternehmen und 14% an ausländische Finanzinstitute gehen. Weitere 5% waren für Betriebsangehörige bestimmt. Die restlichen 36% blieben vorläufig bei der Regierung, sollten später aber über die Börse verkauft werden.

Thailand Königreich Thailand		T
Landesfläche	513 115 km² (WR 49)	
Einwohner	60,9 Mio (WR 19)	
Hauptstadt	Bangkok (5,62 Mio Einwohner)	
Sprachen	Thai, Englisch, Chinesisch	
Währung	1 Baht (B) = 100 Stangs	
Zeit	Mitteleuropäische Zeit +6	
Gliederung	6 Regionen, 76 Provinzen	
Politik		
Staatsform	Konstitutionelle Monarchie (seit 1932)	
Regierungschef	Chuan Leekpai (seit Nov. 1997) *28.7.1938	
Staatsoberhaupt	König Rama IX. Bhumibol Adulayedej (s. 1946), *5.12.1927	
Parlament	Abgeordnetenhaus mit 393 für vier Jahre gewählten und Senat mit 270 ernannten Mitgliedern; im Abgeordnetenhaus 125 Sitze für Konservative, 123 für Liberale, 52 für Chart Pattana, 39 für Chart Thai, 54 für And. (Wahl: 1996)	
Internet	www.thaigov.go.th www.parliament.go.th	
Bevölkerung		
Religion	Buddhisten (93%); Muslime (4%); Sonstige (3%)	
Ethn. Gruppen	Thai (85%); Chinesen (10%); Malaien (2,5%); Sonst. (2,5%)	
Wirtschaft und Soziales		
Dienstleistung	54%	Urbanisierung	21%
Industrie	35%	Einwohner/km²	119
Landwirtschaft	11%	Bev.-Wachstum/Jahr	0,9%
BSP/Kopf	2160 $ (1998)	Kindersterblichkeit	2,9%
Inflation	0,3% (1999)	Alphabetisierung	94,7%
Arbeitslosigkeit	5% (1998)	Einwohner pro Arzt	4245

Thailand
Asien, Karte S. 443, E 6

Kennzeichen thailändischer Innenpolitik blieben 1999/2000 Vetternwirtschaft und Korruption. Im März 2000 trat Innenminister Sanan Kachornprasart zurück.

Innenpolitik: Die Antikorruptionsbehörde (NCCC) überführte Sanan des Betrugs und wies nach, dass er Kreditpapiere gefälscht hatte, um 1,2 Mio US-Dollar unbekannten Ursprungs zu verschieben. Bereits bei der Senatswahl im März 2000 fiel Sanan durch Betrug auf. Die Wahlkommission überführte seine kandidierende Ehefrau Chaweewan der Wahlfälschung ebenso wie 77 weitere der insgesamt 200 gewählten Senatoren, so dass der Urnengang wiederholt werden musste. Bei der Neuauflage im April 2000 fand die Wahlkommission erneut Hinweise auf massiven Wahlbetrug, so dass die Ergebnisse nicht anerkannt werden konnten. Der Rücktritt des Innenministers und die Wiederholung der Wahlen wurden als Zeichen für die Auflehnung kleiner Beamter und der Bevölkerung gegen die allmächtigen Politiker gewertet. Rund 200 Schwerverbrecher standen um 2000 lt. Presseberichten im Dienst thailändischer Politiker, die mehrfach Attentate auf Oppositionelle in Auftrag gegeben haben sollten. Viele Kabinettsmitglieder galten als korrupte Lokalfürsten, die das Amt ihrer Machtbasis in den Provinzen zu verdanken hatten.

Außenpolitik: Im Januar 2000 beendete ein thailändisches Spezialkommando mit Gewalt die Geiselnahme in einem Krankenhaus der Provinzhauptstadt Ratchburi nahe der Grenze zu Myanmar. Bei dem Sturm auf die Klinik, in der birmesische Rebellen der sog. Gottesarmee fast 24 Stunden ca. 400 Menschen festgehalten hatten, wurden zehn Geiselnehmer erschossen. Die vermummten Aufständischen gehörten zur Minderheit der Karen, die in Myanmar für einen unabhängigen Staat im Osten des Landes kämpfen. Sie forderten von der thailändischen Regierung, die Karen-Rebellen im Grenzgebiet zwischen T. und Myanmar nicht länger zu verfolgen. Die Gottesarmee ist eine Splittergruppe der Rebellenorganisation Karen National Union. Die britische Kolonialmacht hatte bei ihrem Abzug 1948 dem Bergvolk der Karen einen eigenen Staat zugesichert, den Myanmar (damals Birma) aber ein Jahr später annektierte. Durch die Kämpfe mit der Regierung von Myanmar mussten etwa 100 000 Karen ins Grenzland zu T. flüchten, wo sie meist unter verheerenden hygienischen Bedingungen in Vertriebenenlagern lebten. Die thailändische Regierung unterstützte die Führung Myanmars im Kampf gegen die Karen.

Wirtschaft: Die thailändische Volkswirtschaft erholte sich 1999 von der schweren Wirtschafts- und Finanzkrise, die 1997 in Asien ausgebrochen war. Das BIP stieg um 4%, nachdem es 1998 noch um 10% zurückgegangen war. Getragen wurde der wirtschaftliche Aufschwung insbes. vom Außenhandel. Die Einnahmen aus dem Export nahmen um ca. 10% auf 58 Mrd US-Dollar zu. Wegen der verbesserten Finanzlage infolge der guten Konjunktur verzichtete die thailändische Regierung im September 1999 auf weitere Finanzhilfen durch den Internationalen Währungsfonds (IWF). Von dem 1997 bereit gestellten Kreditpaket von 17,2 Mrd US-Dollar beanspruchte T. nur 13,5 Mrd US-Dollar.

Togo
Afrika, Karte S. 441, B 4

Im Januar 2000 ließ Präsident Etienne Eyadéma den 33. Jahrestag seiner gewaltsamen Machtergreifung von 1967 mit einer Parade auf den Straßen von Lomé feiern. Zuvor hatten Sicherheitskräfte den Versuch der Opposition, einen Protestmarsch zu veranstalten, mit Tränengas verhindert. Die Kundgebung war von der Regierung mit der Begründung verboten worden, dass kein ausreichend starker Ordnungsdienst zur Verfügung gestellt werden könne, um die Sicherheit der Demonstranten zu garantieren. Noch im Sommer 1999 hatte Eyadéma versprochen, die von seiner Partei Rassemblement du Peuple Togolais (RPT) dominierte Nationalversammlung aufzulösen und demokratische Wahlen durchführen zu lassen. Doch die RPT lehnte im Parlament ein Wahlgesetz ab, weil ihr der Grad der Unabhängigkeit der Wahlkommission zu hoch erschien. Dafür verschärfte die Nationalversammlung das Pressegesetz (u.a. höhere Strafen für Beleidigung des Präsidenten).

Togo Republik Togo		TG
Landesfläche	56 785 km² (WR 122)	
Einwohner	4,5 Mio (WR 112)	
Hauptstadt	Lomé (662 000 Einwohner)	
Sprachen	Französisch, Ewe, Kabyé	
Währung	CFA-Franc (FCFA)	
Zeit	Mitteleuropäische Zeit -1	
Gliederung	5 Regionen, 23 Präfekturen	
Politik		
Staatsform	Präsidiale Republik (seit 1960)	
Regierungschef	Koffi Eugene Adoboli (seit 1999)	
Staatspräsident	Etienne G. Eyadéma (seit 1967) *26.12.1935	
Parlament	Nationalversammlung mit 81 für fünf Jahre gewählte Mitgl.; 79 Sitze für Rassembl. du Peuple Togolais, 2 für Sonstige	
Internet	www.republicoftogo.com	
Bevölkerung		
Religion	Animisten (58,9%); Katholiken (21,5%); Muslime (12,1%); Protestanten (6,8%); Sonstige (0,7%)	
Ethn. Gruppen	Adja-Ewe (43,1%); Kabyé-Tem (26,7%); Gurma (16,1%); Kebu-Akposo (3,8%); Ana-Ife (3,2%); Sonstige (7,1%)	
Wirtschaft und Soziales		

Dienstleistung	42,3%	**Urbanisierung**	32%
Industrie	23,8%	**Einwohner/km²**	79
Landwirtschaft	33,9%	**Bev.-Wachstum/Jahr**	2,6%
BSP/Kopf	330 $ (1998)	**Kindersterblichkeit**	8,4%
Inflation	k. A.	**Alphabetisierung**	53,2%
Arbeitslosigkeit	k. A.	**Einwohner pro Arzt**	12 299

Tonga Königreich Tonga		**TO**
Landesfläche	747 km² (WR 170)	
Einwohner	100 000 (WR 177)	
Hauptstadt	Nuku'alofa (40000 Einwohner)	
Sprachen	Tonga, Englisch	
Währung	1 Pa'anga (T$) = 100 Jenti	
Zeit	Mitteleuropäische Zeit +12	
Gliederung	3 Insel-Distrikte; 172 Inseln	
Politik		
Staatsform	Konstitutionelle Monarchie im Commonwealth (seit 1875)	
Regierungschef	Lavaka Ata Ulukalala (seit 2000) *1959	
Staatsoberhaupt	König Taufa'ahau Tupou IV. (seit 1965) *1918	
Parlament	Gesetzgebende Versammlung mit 30, darunter 9 vom Volk und 9 von Adelsfamilien für drei Jahre gewählten Mitgliedern sowie Kronrat (12 Personen), 9 für Demokratische Volkspartei (Wahl vom Januar 1999)	
Internet	www.vacations.tvb.gov.to	
Bevölkerung		
Religion	Protest. 76%, Kath. 16%; Baha'i (4%); Sonstige (4%)	
Ethn. Gruppen	Tongaer (98,3%); Sonstige (1,7%)	
Wirtschaft und Soziales		
Dienstleistung	48,9%	Urbanisierung	42%
Industrie	12,5%	Einwohner/km²	134
Landwirtschaft	38,6%	Bev.-Wachstum/Jahr	0,8%
BSP/Kopf	1750 $ (1998)	Kindersterblichkeit	k. A.
Inflation	ca. 2% (1997)	Alphabetisierung	93%
Arbeitslosigkeit	k. A.	Einwohner pro Arzt	2201

Tonga
Ozeanien, Karte S. 445, G 4

Die nahe des 180. Längengrades (Datumsgrenze) gelegenen etwa 170 T.-Inseln führten im Oktober 2000 die Sommerzeit ein, um als erstes Land ins Jahr 2000 zu gelangen. Vor allem mit Neuseeland lieferte sich T. einen Wettstreit, welches Land als erstes das neue Jahrtausend begrüßen durfte, da es sich davon höhere Touristeneinnahmen erhoffte. Das Inselreich T. erlebte seit den 1990er Jahren einen nachhaltigen wirtschaftlichen Aufschwung. Nach der Übernahme von Hongkong durch China (1997) siedelten Hongkonger Unternehmen nach T. um. Die Regierung förderte die wirtschaftliche Entwicklung z. B. im kommerziellen Fischfang mit zeitlich begrenzten Steuererleichterungen. Etwa die Hälfte der Einwohner auf T. lebte um 2000 von der landwirtschaftlichen Selbstversorgung. Wichtigste Agrarerzeugnisse waren Yam, Taro (Blattwurz), Maniok, Brotfrucht, Kokosnüsse, Bananen und Gemüse. Zahlreiche Tonganer verdienten ihr Geld als Arbeitskräfte in Neuseeland und den USA.

Trinidad und Tobago Republik		**TT**
Landesfläche	5130 km² (WR 162)	
Einwohner	1,3 Mio (WR 146)	
Hauptstadt	Port of Spain (52000 Einwohner)	
Sprachen	Englisch, Patois, Spanisch, Franz.	
Währung	1 Tr.-u.-Tob.-Dollar = 100 Cents	
Zeit	Mitteleuropäische Zeit −5 h	
Gliederung	8 Counties und Tobago	
Politik		
Staatsform	Präsidiale Republik im Commonwealth (seit 1976)	
Regierungschef	Basdeo Panday (seit 1995) *1932	
Staatspräsident	Arthur N. Robinson (seit 1997) *16.12.1926	
Parlament	Senat mit 31 vom Präs. ernannten und Repräsentantenhaus mit 36 für fünf Jahre gewählten Mitgl.; 17 Sitze für Nat. Bewegung des Volkes, 17 für Vereinigter Nat.-Kongr., 2 für Allianz für den Nat. Wiederaufbau (Wahl von 1995)	
Internet	www.ttgov.gov.tt www.ttparliament.org	
Bevölkerung		
Religion	Christen (59%); Hindus (24%); Muslime (6%); Sonst. (11%)	
Ethn. Gruppen	Inder (40%); Schwarze (40%); Mischl. (18%); Sonst. (2%)	
Wirtschaft und Soziales		
Dienstleistung	53,0%	Urbanisierung	71,8%
Industrie	44,9%	Einwohner/km²	253
Landwirtschaft	2,1%	Bev.-Wachstum/Jahr	0,5%
BSP/Kopf	4520 $ (1998)	Kindersterblichkeit	1,5%
Inflation	3,2% (1999)	Alphabetisierung	97,8%
Arbeitslosigkeit	14,6% (1999)	Einwohner pro Arzt	1191

Trinidad und Tobago
Mittelamerika, Karte S. 440, H 4

T. begannen Ende der 1990er Jahre mit dem Aufbau einer verarbeitenden Industrie. Dadurch wollte der Kleinstaat die Länder der karibischen Wirtschaftsgemeinschaft Caricom (die englischsprachigen Inseln Guyana, Surinam und Belize) mit Möbeln, Bier und Textilien beliefern. Weitere wichtige Einnahmequelle war um 2000 der Fremdenverkehr, insbes. auf Tobago. Allerdings legten T. großen Wert auf nachhaltigen Tourismus, mit dem sie sich vom Billig-Fremdenverkehr wie z. B. in der Dominikanischen Republik abgrenzen wollten. Westlich der Hauptstadt Port of Spain in Chaguaramas entstand in den 1990er Jahren ein großer Yachthafen, der zum bedeutenden Wirtschaftszentrum mit Werften und Zulieferbetrieben wurde. Größtes soziales Problem war die hohe Kriminalität. Im Sommer 1999 wurden fünf Menschen wegen Raub und Mord hingerichtet. T. wurden deshalb aus der Interamerikanischen Menschenrechtskommission ausgeschlossen.

Tschad

Afrika, Karte S. 441, C 3

Im Januar 2000 ließ ein senegalesischer Staatsanwalt eine Klage gegen den früheren Präsidenten des T., Hissen Habré, zu. Habré wurde vorgeworfen, während seiner Amtszeit (1982–90) für Folterungen der Geheimpolizei des T. verantwortlich gewesen zu sein. Sieben Menschenrechtsorganisationen hatten als Vertreter von mehreren zehntausend Opfern Klage gegen Habré erhoben. Mit der Entscheidung des senegalesischen Staatsanwaltes hatte zum ersten Mal ein afrikanisches Gericht eine Verhandlung über Menschenrechtsverletzungen eines ehemaligen Staatsoberhauptes eröffnet. Der Präsident des T., Idriss Déby, hatte bereits kurz nach seiner Machtübernahme (1990) eine Kommission eingesetzt, welche die Machenschaften Habrés untersuchen sollte. Nach den ersten Ergebnissen dieses Gremiums sollte Habré nicht nur öffentliche Gelder in Millionenhöhe unterschlagen haben, sondern auch für rund 40 000 politisch motivierte Morde und 200 000 Fälle von Folter verantwortlich sein.

Tschad Republik Tschad			TCH
Landesfläche	1,28 Mio km² (WR 20)		
Einwohner	7,5 Mio (WR 90)		
Hauptstadt	N'Djaména (531 000 Einwohner)		
Sprachen	Französisch, Arabisch		
Währung	CFA-Franc (FCFA)		
Zeit	Mitteleuropäische Zeit		
Gliederung	14 Präfekturen, 53 Unterpräf.		
Politik			
Staatsform	Präsidiale Republik (seit 1962)		
Regierungschef	Nagoum Yamassoum (seit 1999)		
Staatspräsident	Idriss Déby (seit 1990) *1952		
Parlament	Nationalversamml. mit 125 für vier Jahre gewählten Mitgl.; 63 Sitze für Patriot. Rettungsbewegung, 29 für Union für Erneuerung u. Demokratie, 15 für Nationalunion für Demokratie u. Erneuerung (UNDR), 18 für Sonst. (Wahl: 1997)		
Internet	www.chadembassy.org		
Bevölkerung			
Religion	Muslime (53,9%); Christen (34,7%); Animisten (11,4%)		
Ethn. Gruppen	Sara (27,7%); Sudan-Araber (12,3%); Mayo-Kebbi (11,5%); Kanem-Bornu (9%); Ouaddai (8,7%); Sonstige (30,8%)		
Wirtschaft und Soziales			
Dienstleistung	33,5%	Urbanisierung	23%
Industrie	17,7%	Einwohner/km²	6
Landwirtschaft	48,8%	Bev.-Wachstum/Jahr	2,6%
BSP/Kopf	230 $ (1998)	Kindersterblichkeit	11,2%
Inflation	ca. 15% (1997)	Alphabetisierung	50,3%
Arbeitslosigkeit	k. A.	Einwohner pro Arzt	27 765

Tschechien

Europa, Karte S. 437, D 5

Die Modernisierung der tschechischen Volkswirtschaft kam 1999/2000 kaum voran. Die beiden wichtigsten Parteien des Landes, Sozialdemokraten (CSSD) und Demokratische Bürgerpartei (ODS), einigten sich im Januar 2000 auf eine Vertiefung ihrer politischen Zusammenarbeit.

Innenpolitik: Die Vorsitzenden der beiden Parteien, Milos Zeman (CSSD) und Vaclav Klaus (ODS), kündigten an, einen bereits bestehenden Vertrag, durch den die ODS de facto an der Minderheitsregierung der CSSD beteiligt war, durch begleitende Sachabkommen zu erweitern. Nach den neuen Bestimmungen sollten regelmäßige Kommunikationsmechanismen zwischen beiden Parlamentsfraktionen eingerichtet und die ODS bei Fragen der Kabinettsumbildung konsultiert werden. Mit dem Abkommen gewann die CSSD die Unterstützung der ODS für den Budgetentwurf der Regierung für 2000, der zweimal im Parlament zurückgewiesen worden war.

Tschechien Tschechische Republik			CZ
Landesfläche	78 884 km² (WR 114)		
Einwohner	10,3 Mio (WR 74)		
Hauptstadt	Prag (1,22 Mio Einwohner)		
Sprachen	Tschechisch, Slowakisch		
Währung	1 Tschech. Krone = 100 Haleru		
Zeit	Mitteleuropäische Zeit		
Gliederung	Gemeinden		
Politik			
Staatsform	Parlamentarische Republik (seit 1993)		
Regierungschef	Milos Zeman (seit Juli 1998) *28.9.1944		
Staatspräsident	Václav Havel (seit 1993) *5.10.1936		
Parlament	Kammer mit 200 für vier Jahre gewählten und Senat mit 81 für sechs Jahre gewählten Mitgliedern; 74 Sitze (Senat: 23) für CSSD, 63 (26) für ODS, 24 (4) für Kommunisten, 20 (17) für KDU-CSL, 19 (4) für US, 0 (7) für Sonstige (Wahl vom Juni 1998/November 1996)		
Bevölkerung			
Religion	Christen (43,4%); Sonst. (16,7%); Konfessionslose (39,9%)		
Nationalitäten	Tschechen (94,4%); Slowaken (3,1%); Sonst. (2,5%)		
Wirtschaft und Soziales			
Dienstleistung	33%	Urbanisierung	66%
Industrie	61%	Einwohner/km²	131
Landwirtschaft	6%	Bev.-Wachstum/Jahr	–0,2%
BSP/Kopf	5150 $ (1998)	Kindersterblichkeit	0,6%
Inflation	2,1% (1999)	Alphabetisierung	99%
Arbeitslosigkeit	9,4% (1999)	Einwohner pro Arzt	270

Wahlrecht: Im Mai 2000 verabschiedete das Parlament ein neues Wahlrecht, durch das die großen Parteien wahrscheinlich gestärkt, die Kleinparteien hingegen verdrängt werden. Künftig wird in 35 statt acht Wahlkreisen gewählt. Dadurch entfallen auf jeden Wahlkreis weit weniger Kandidaten, so dass für eine erfolgreiche Bewerbung Prominenz, Persönlichkeit und Propaganda wichtiger werden. Die Wahl selbst findet nach Parteilisten im Proporzsystem statt, aber nach dem d'Hondtschen Auszählverfahren, das Großparteien begünstigt. Die großen Parteien in T. begründeten die Wahlrechtsreform damit, stabile politische Verhältnisse im Land schaffen zu wollen.

Außenpolitik: Die Regierungen von Estland, Lettland, Litauen und Russland protestierten im Januar 2000 gegen die zu Jahresbeginn in Kraft getretene Verschärfung des Visumrechts in der T. Durch die Neuregelung wurde eine schwarze Liste von Staaten eingeführt, deren Bürger bei der Einreise eine Karte der Grenzbehörden bzw. der Ausländerpolizei ausfüllen müssen. Ausgenommen waren die Staaten der EU, die USA, die Schweiz, Israel, Kanada sowie die mitteleuropäischen Länder Ungarn, Slowenien, Polen und Slowakei. Estland, Lettland, Litauen und Russland sahen in den Beschlüssen eine Diskriminierung ihrer Staatsbürger und betonten, dass insbes. in den Ferienmonaten an den Grenzübergängen und Flughäfen der T. Einreisestaus zu befürchten seien.

Wirtschaft: Die tschechische Volkswirtschaft befand sich 1999 weiterhin in einer tiefen Krise. Das BIP sank allerdings mit 0,5% nicht so stark wie 1998 (−2,6%). Die schwache Konjunktur wurde u. a. auf die mangelhaften Umstrukturierungsbemühungen der Regierung zurückgeführt. Die OECD betonte im Februar 2000, dass die staatlich kontrollierten Banken zu viele Kredite an Unternehmen gewährten, die auf Dauer nicht konkurrenzfähig seien. Durch die Darlehen werde den Unternehmen der Reformdruck genommen. Die Arbeitslosigkeit in der T. stieg 1999 nach zahlreichen Firmenpleiten auf 9,4% (1998: 7,5%). Die Inflationsrate konnte hingegen durch die staatliche Kontrolle von Mieten sowie der Tarife für Strom und Gas von 10,7% auf 2,1% gesenkt werden.

Tunesien Tunesische Republik	TN
Landesfläche	163 610 km² (WR 89)
Einwohner	9,5 Mio (WR 80)
Hauptstadt	Tunis (1,8 Mio Einwohner)
Sprachen	Arabisch, Französisch u. a.
Währung	1 Tunes. Dinar = 1000 Millimes
Zeit	Mitteleuropäische Zeit
Gliederung	23 Gouvernorate
Politik	
Staatsform	Präsidiale Republik (seit 1959)
Regierungschef	Mohamed Ghannouchi (seit 1999) *18.8.1941
Staatspräsident	Zain al-Abidin Ben Ali (seit 1987) *3.9.1936
Parlament	Nationalversammlung mit 182 für fünf Jahre gewählten Abgeordneten; 148 Sitze für Demokratische Verfassungspartei, 13 für Bewegung der Sozialdemokraten, 21 für Sonstige (Wahl von 1999)
Internet	www.ministeres.tn
Bevölkerung	
Religion	Sunnitische Muslime (99,4%); Sonstige (0,6%)
Ethn. Gruppen	Araber (98,2%); Berber (1,2%); Sonstige (0,6%)
Wirtschaft und Soziales	

Dienstleistung	62,7%	**Urbanisierung**	64%
Industrie	25,6%	**Einwohner/km²**	58
Landwirtschaft	11,7%	**Bev.-Wachstum/Jahr**	1,4%
BSP/Kopf	2060 $ (1998)	**Kindersterblichkeit**	3,0%
Inflation	2,7% (1999)	**Alphabetisierung**	67%
Arbeitslosigkeit	ca. 20% (1999)	**Einwohner pro Arzt**	1640

Tunesien

Afrika, Karte S. 441, C 1

Der seit 1987 regierende Präsident Zain al-Abidin Ben Ali wurde im Oktober 1999 mit 99,42% der Stimmen für weitere fünf Jahre wiedergewählt. Bei den gleichzeitig abgehaltenen Parlamentswahlen siegte die regierende Demokratische Verfassungspartei mit 91,59% und 148 von 182 Sitzen in der Nationalversammlung. Den sechs erlaubten Oppositionsparteien im Land, die weniger als 10% der Stimmen erhielten, stand lt. Verfassung ein Fünftel der Parlamentssitze zu (34 Abgeordnete).

Im Februar 2000 brachen u. a. in Zarzis, Ben Guerdane und Médenine im Süden von T. Unruhen wegen Preiserhöhungen für Lebensmittel aus. Die Regierung entsandte Sondereinheiten, um die Kontrolle über die Städte zu behalten. Die Demonstrationen wurden als Zeichen für die zunehmende Unzufriedenheit der Jugendlichen mit der schlechten ökonomischen Lage gewertet. In Süd-T. waren 70% der unter 25-Jährigen arbeitslos.

Türkei

Nahost, Karte S. 442, B 1

Im Mai 2000 wählte das türkische Parlament den Vorsitzenden des türkischen Verfassungsgerichts, Ahmet Necdet Sezer, zum Nachfolger des konservativen Staatspräsidenten Süleyman Demirel.

Innenpolitik: Sezer war von der Koalitionsregierung unter Ministerpräsident Bülent Ecevit vorgeschlagen worden. Er erhielt im dritten Wahlgang mit 330 von 533 abgegebenen Stimmen die absolute Mehrheit, nachdem er in den ersten beiden Wahlgängen die bis dahin erforderliche Zweidrittelmehrheit verfehlt hatte. Außer Sezer standen zwölf weitere Bewerber zur Wahl, darunter Staatsminister Sadi Somuncuoglu von der rechtsextremen Partei der Nationalen Bewegung (MHP). Die Amtszeit des Konservativen Demirel endete am 16.5. 2000. Premierminister Ecevit war Mitte April im Parlament mit dem Versuch gescheitert, seinem alten politischen Rivalen Demirel eine zweite Amtszeit zu ermöglichen. Sein Vorschlag einer Verfassungsänderung, welche die Umwandlung der bislang siebenjährigen Amtszeit des Staatsoberhauptes in zwei fünfjährige Amtsperioden vorsah, wurde vom Parlament mehrheitlich abgelehnt.

Hizbullah: Im Januar 2000 wurden in der T. Massengräber mit verstümmelten Leichen entdeckt. Die Personen waren vermutlich von der türkischen islamischen Untergrundorganisation Hizbullah (Partei Gottes) ermordet worden, deren Mitglieder als besonders kriegerisch galten. Sie hatten mehrfach die Einführung der islamischen Gerichtsbarkeit (Scharia) in der T. verlangt. In den 1990er Jahren sollte die Hizbullah, die ihren Rückhalt in der Bevölkerung Südostanatoliens hatte, von der Regierung unterstützt worden sein, weil die Terrororganisation auch gegen Mitglieder der Kurdischen Arbeiterpartei PKK vorgegangen war. Nach der Entdeckung der Massengräber wurden etwa 1000 Anhänger der Hizbullah festgenommen. Dies wurde als Zeichen für die Bereitschaft der türkischen Regierung gedeutet, den Krieg gegen die kurdische Minderheit im Land (6% der Bevölkerung) zu beenden.

Kurden: Anfang 2000 entbrannte ein offener Streit zwischen der türkischen Regierung und dem einflussreichen Militär über die Kurdenfrage. Der liberale Außenminister Ismail Cem erwog die Zulassung der kurdischen Sprache und die Gewährung bescheidener Autonomierechte für die vornehmlich in Südostanatolien lebenden Kurden, doch das Militär lehnte jegliche Zugeständnisse ab. Es befürchtete, dass im Rahmen eines Gesamtfriedens im Nahen Osten der Druck auf die T. wachsen könnte, den Kurden den von ihnen gewünschten eigenen Staat einzuräumen. Durch Gewährung von Autonomierechten könnte sich nach Auffassung der Armee der internationale Druck auf die Führung in Ankara verstärken.

Atomenergie: Im März 2000 beschloss die türkische Regierung den Bau eines ersten Atomkraftwerks in der T. Es sollte in der Nähe der am Mittelmeer gelegenen Ortschaft Akkuyu in der Provinz Mersin entstehen (Kosten: 5 Mrd US-Dollar) und 2007 ans Netz gehen. Die Regierung begründete ihre Entscheidung mit dem jährlich um 7,4% wachsenden Energiebedarf. Umweltorganisationen kritisierten die Pläne der Re-

Türkei Republik Türkei		**TR**
Landesfläche	774 815 km² (WR 36)	
Einwohner	65,5 Mio (WR 17)	
Hauptstadt	Ankara (2,7 Mio Einwohner)	
Sprachen	Türkisch, Kurdisch	
Währung	1 Türkische Lira (TL) = 100 Kurus	
Zeit	Mitteleuropäische Zeit +1	
Gliederung	76 Provinzen	
Politik		
Staatsform	Parlamentarische Republik (seit 1982)	
Regierungschef	Bülent Ecevit (seit 1999) *28.5.1925	
Staatspräsident	Ahmet Necdet Sezer (seit 2000) *1941	
Parlament	Große Nationalversammlung mit 550 für fünf Jahre gewählten Abgeordneten; 136 Sitze für Demokratische Linkspartei, 129 für Nationalistische Aktionspartei, 111 für Wohlfahrtspartei, 86 für Mutterlandspartei (Anap), 85 für Partei des Rechten Weges, 3 Parteilose (Wahl von 1999)	
Internet	www.basbakanlik.gov.tr www.tbmm.gov.tr	
Bevölkerung		
Religion	Sunnitische Muslime (80%); Aleviten (19,8%); Christen (0,2%)	
Ethn. Gruppen	Türken (92%); Kurden (6,2%); Araber (1,4%); Sonst. (0,4%)	

Wirtschaft und Soziales			
Dienstleistung	49,7%	**Urbanisierung**	73%
Industrie	35,2%	**Einwohner/km²**	85
Landwirtschaft	15,1%	**Bev.-Wachstum/Jahr**	1,7%
BSP/Kopf	3160 $ (1998)	**Kindersterblichkeit**	4,5%
Inflation	65% (1999)	**Alphabetisierung**	83,2%
Arbeitslosigkeit	6,6% (1999)	**Einwohner pro Arzt**	1176

gierung und betonten, dass die T. rund 25% ihrer Energieproduktion wegen veralteter und ineffizienter Leitungen verliere. Bereits 5% der Gesamtkosten vom neuen Atomkraftwerk in Akkuyu könnten genügen, um das vorhandene Verteilungsnetz zu renovieren und doppelt so viel Elektrizität zu gewinnen, wie in dem Atommeiler jemals produziert werden könnte.

Attentat: Der Generalsekretär des türkischen Gewerkschaftsverbandes Türk-Is, Semsi Denizer, wurde im August 1999 vor seinem Haus in Zonguldak erschossen. Der mutmaßliche Mörder, der wegen eines anderen Tötungsdeliktes bereits eine Haftstrafe von sieben Jahren verbüßen musste, wurde kurz nach der Tat festgenommen. Hintergrund der Tat war offensichtlich ein privater Streit um lediglich 170 DM.

Sexualkunde-Unterricht: Im Februar 2000 erklärte das türkische Erziehungsministerium, dass an den Schulen für 13–16 Jahre alte Jungen und Mädchen der Sexualkunde-Unterricht eingeführt werde. Da die türkische Regierung um die Akzeptanz des neuen Unterrichts insbes. unter dem konservativen Teil der Bevölkerung fürchtete, sollten zunächst nur Schüler ausgewählter Privatschulen in Istanbul in dem neuen Fach unterrichtet werden. Bis 2003 sollte aber in allen türkischen Provinzen Sexualkunde-Unterricht auf dem Lehrplan stehen.

Außenpolitik: Im Dezember 1999 wurde die T. in den Kreis der EU-Beitrittskandidaten aufgenommen. Allerdings betonten Vertreter der meisten EU-Staaten, dass die Aufnahme noch Jahrzehnte dauern könne. Die türkische Regierung erhoffte sich jedoch bereits für 2004 den Beitritt. EU-Erweiterungskommissar Günter Verheugen (Deutschland) verlangte von der T. als Voraussetzung für eine rasche Aufnahme die Einführung europäischer Standards im Bereich der Demokratie und der Menschenrechte. Dazu gehöre insbes. die Lösung der Kurdenfrage. Außerdem müsste die T. den Konflikt mit Griechenland u. a. um die zwischen Griechen und Türken seit 1974 geteilte Insel Zypern beilegen. Hinsichtlich des wirtschaftlichen Anpassungsprozesses der T. an die anderen EU-Staaten hatte das Land den Vorteil, durch ein Zollabkommen von 1995 bereits stärker in den europäischen Wirtschaftsraum integriert zu sein als die EU-Beitrittskandidaten aus Osteuropa.

Spenden: Die türkische Regierung bestritt im Februar 2000 Berichte, wonach in den 1970er Jahren Gelder aus einem deutschen Geheimfonds in die Türkei geflossen seien. Der Bundesnachrichtendienst (BND, Pullach bei München) sollte 1974–82 nicht mehr identifizierbare Gruppierungen finanziell unterstützt haben, um dortige Demokratiebemühungen zu stärken. Es wurden auch Verbindungen zur Spendenaffäre der CDU in Deutschland gezogen, da in den späten 1970er Jahren der langjährige CDU-Schatzmeister Walther Leisler Kiep in engem Kontakt zum jetzigen türkischen Ministerpräsidenten Bülent Ecevit gestanden hatte. Kiep sollte der T. bei Umschuldungsverhandlungen mit ausländischen Gläubigern geholfen haben.

Wirtschaft: Bei einem schweren Erdbeben mit Zentrum Ismit starben im August 1999 ca. 17000 Menschen. Der wirtschaftliche Schaden wurde auf 20 Mrd–25 Mrd US-Dollar geschätzt. Das Beben traf insbes. die sieben türkischen Provinzen um das östliche Marmarameer, die 1998 noch 34,5% zum türkischen BSP beigetragen hatten. Um die zusätzlichen Ausgaben für den Wiederaufbau finanzieren zu können, beschloss die Regierung in Ankara im November 1999 Steuererhöhungen im Gesamtvolumen von 5,7 Mrd US-Dollar. Die Weltbank stellte Kredite von 758 Mio US-Dollar zur Verfügung. Das Erdbeben galt als wichtigster Grund dafür, dass das BIP 1999 um 2,3% zurückging und die Arbeitslosenquote auf 6,6% stieg (1998: 6,3%).

Rigide Sparmaßnahmen: Mit einem umfassenden Programm begann die türkische Regierung 1999, die hohe Inflationsrate (65%) und das wachsende Haushaltsdefizit (14% des BSP) zu verringern. Die staatlichen Sozialversicherungen, deren Fehlbetrag 1999 rund 3% des BSP erreichte, wurden entlastet, die Pensionsgrenzen von 58 auf 60 Jahre angehoben. Das System der Agrarsubventionen, die mit steigender Tendenz bei 8% des BSP lagen, sollte in den kommenden Jahren schrittweise reduziert werden. Die türkische Regierung beabsichtigte, die Privatisierung staatlicher Unternehmen voranzutreiben, durch die allein im Jahr 2000 etwa 8 Mrd US-Dollar eingenommen werden sollten.

■ **Staaten** ›Griechenland ›Zypern
Krisen und Konflikte ›Kurden

Turkmenistan

Asien, Karte S. 443, B 3

Im Dezember 1999 ernannte das Parlament von T. den seit 1990 regierenden Separmu-rad Nijasow zum Präsidenten auf Lebens-zeit. Alle 50 Abgeordneten der Versamm-lung waren Mitglieder von Nijasows Demokratischer Partei Turkmeniens, der Nachfolgegruppierung der jahrzehntelang regierenden Kommunisten. Nijasow kün-digte an, bis 2010 in T. keine anderen Par-teien zuzulassen, da sich das Land dem Wiederaufbau widmen müsse und sich ein demokratisches System nicht leisten könne. Nach seiner Ernennung zum Staatsober-haupt auf Lebenszeit ließ sich Nijasow mit den Insignien uneingeschränkter Macht be-schenken. Er erhielt eine schwere Goldkette mit einem Stern aus Brillanten und einen weißen Pelzmantel. Außerdem wurde ihm ein Stab aus Olivenholz überreicht, der bei Muslimen als Zeichen von Heiligkeit und moralischer Reinheit gilt. Der Staatshaus-halt von T. lag bei 400 Mio–600 Mio US-Dollar. Das Privatvermögen des Präsidenten wurde auf mind. 3 Mrd US-Dollar geschätzt.

Turkmenistan	Republik Turkmenistan	TM
Landesfläche	488 100 km² (WR 51)	
Einwohner	4,4 Mio (WR 114)	
Hauptstadt	Aschgabad (517 000 Einwohner)	
Sprachen	Turkmenisch	
Währung	1 Manat = 100 Tenge	
Zeit	Mitteleuropäische Zeit +4	
Gliederung	4 Provinzen u. Hauptstadtbezirk	
Politik		
Staatsform	Präsidiale Republik (seit 1991)	
Regierungschef	Separmurad Nijasow (seit 1990) *19.2.1940	
Staatspräsident	Separmurad Nijasow (seit 1990) *19.2.1940	
Parlament	Versammlung mit 50 für fünf Jahre gewählten Ab-geordneten; 50 Sitze für Demokratische Partei (DPT, Wahl von 1999)	
Internet	www.turkmenistanembassy.org	
Bevölkerung		
Religion	Sunnitische Muslime	
Ethn. Gruppen	Turkmenen (73,3%); Russen (9,8%); Usbeken (9%); Kasachen (2%); Aseri (0,8%); Sonst.(5,1%)	
Wirtschaft und Soziales		

Dienstleistung	20%	Urbanisierung	45%
Industrie	38%	Einwohner/km²	9
Landwirtschaft	42%	Bev.-Wachstum/Jahr	1,8%
BSP/Kopf	640 $ (1997)	Kindersterblichkeit	5,5%
Inflation	k.A.	Alphabetisierung	97,7%
Arbeitslosigkeit	k.A.	Einwohner pro Arzt	274

Tuvalu

Ozeanien, Karte S. 445, F 3

Im Februar 2000 sprach sich der UN-Sicherheitsrat für die Aufnahme der Insel-gruppe T. als 189. Mitgliedsland in die Ver-einten Nationen aus. 14 der 15 Mitglieder des UN-Sicherheitsrats befürworteten den Aufnahmeantrag der Regierung von T., le-diglich die Volksrepublik China enthielt sich, weil T. diplomatische Beziehungen zu Taiwan pflegte. T. besteht aus neun Atollen, die sich über ein Meeresgebiet von etwa 1,3 Mio km² erstrecken. Die rund 10 000 Einwohner leben überwiegend vom Fisch-fang und der Landwirtschaft. Durch den Beitritt zur UNO erhoffte sich T., bei inter-nationalen Gesprächen über den Klima-schutz mehr Gehör zu finden. T. fürchtete einen weiteren Anstieg des Meeresspiegels, wodurch die nur wenige Meter hohen Inseln überschwemmt werden könnten. Mit dem Verkauf des Länderkürzels (sog. Domain) für Internet-Adressen an eine kanadische Firma (1998) sicherte sich T. Einnahmen von rund 80 Mio DM.

Tuvalu		TUV
Landesfläche	26 km² (WR 189)	
Einwohner	10 000 (WR 191)	
Hauptstadt	Vaiaku (4000 Einwohner)	
Sprachen	Tuvalu, Englisch	
Währung	1 Australischer Dollar (A$) = 100 Cents	
Zeit	Mitteleuropäische Zeit +11	
Gliederung	9 Atolle	
Politik		
Staatsform	Konstitutionelle Monarchie im Commonwealth (seit 1978)	
Regierungschef	Ionatana Ionatana (seit 1999)	
Staatsoberhaupt	Königin Elizabeth II. (seit 1978) *21.4.1926	
Parlament	mit 13 Mitgliedern, 12 für vier Jahre gewählt; keine politi-schen Parteien, traditionelle Familien- und Sippenverbände (Wahl vom März 1998)	
Bevölkerung		
Religion	Christen (98,5%): Protestanten 96,9%, Adventisten 1,4%, Katholiken 0,2%; Bahai (1%); Sonstige (0,5%)	
Nationalitäten	Polynesier (91,2%); Europäer (1%); Sonstige (7,8%)	
Wirtschaft und Soziales		

Dienstleistung	58,5%	Urbanisierung	46%
Industrie	19,3%	Einwohner/km²	385
Landwirtschaft	22,2%	Bev.-Wachstum/Jahr	1,4%
BSP/Kopf	k.A.	Kindersterblichkeit	k.A.
Inflation	k.A.	Alphabetisierung	95%
Arbeitslosigkeit	k.A.	Einwohner pro Arzt	1152

Uganda
Afrika, Karte S. 441, E 4

Im Februar 2000 beschloss die ugandische Regierung, ihre Truppen in der von ugandischen Einheiten besetzten ostkongolesischen Provinz Ituri zu verstärken.

Innenpolitik: Die Soldaten sollten weitere Auseinandersetzungen zwischen den Volksgruppen der Hema und Lendu verhindern, bei denen allein in der zweiten Jahreshälfte 1999 etwa 4000 Menschen ums Leben gekommen waren. 150 000 Personen waren vertrieben worden. An einzelnen Massakern an der Bevölkerung sollten auch ugandische Verbände beteiligt gewesen sein. Die ugandische Regierung kündigte Ermittlungen gegen einen Offizier der Armee wegen schwerer Menschenrechtsverletzungen an, bestritt aber, in größerem Rahmen in Gräueltaten verwickelt gewesen zu sein. Der Konflikt zwischen Hema und Lendu war im April 1999 ausgebrochen, als ein Grundbesitzer vom Volk der Hema in der Region von Kpandroma seinem Lendu-Nachbarn mit Hilfe von Ugandern Land abgenommen hatte. Die Vereinten Nationen (UN) erwogen Mitte 2000 die Stationierung von Friedenstruppen, welche die Ruhe in der Region überwachen sollten.

Sekten-Massenmord: Im März 2000 wurden 530 Jünger der ugandischen Sekte »Bewegung für die Wiedereinsetzung der Zehn Gebote Gottes« in der Nähe des Sekten-Grundstücks in Kanungu verbrannt aufgefunden. Die Polizei vermutete zunächst einen kollektiven Selbstmord. Nach Untersuchung der Leichen, die in Massengräbern lagen, gingen die Behörden jedoch von Mord aus. Es wurde angenommen, dass die Sektenführer die Mitglieder zur Verbrennung gezwungen hatten.

Wirtschaft: Im Mai 2000 kündigten der Internationale Währungsfonds (IWF) und die Weltbank einen umfassenden Schuldenerlass für U. an. Das ostafrikanische Land braucht Forderungen in Höhe von 1,3 Mrd US-Dollar, die bis 2020 fällig gewesen wären, nicht zu begleichen. Als Gegenleistung verpflichtete sich U., die frei werdenden Mittel für die Armutsbekämpfung einzusetzen. Die Entscheidung der Finanzinstitute war u. a. von den USA zunächst heftig kritisiert worden, da sich der ugandische Präsident Yoweri Museveni ein 35 Mio US-Dollar teures Flugzeug ausschließlich für seine Beförderung gekauft hatte. Museveni versicherte, dass die Anschaffung der Maschine durch Einsparungen im Verteidigungshaushalt finanziert werde und die Sozialausgaben durch den Kauf nicht beeinträchtigt würden.

Wirtschaftsstruktur: 80% der Bevölkerung lebten um 2000 von der Landwirtschaft, die etwa 50% des BIP-Anteils erwirtschaftete. Die wichtigsten Ausfuhrgüter waren Kaffee, Tee und Baumwolle. Das Agrarland bot für die Eigenversorgung der Bevölkerung mit den Hauptnahrungsprodukten Hirse, Mais, Maniok und Kochbananen gute Voraussetzungen. Obwohl U. über eine Vielzahl von Rohstoffen verfügt, betrug der BIP-Anteil des Bergbaus um 2000 lediglich etwa 1%. Die meisten Vorkommen an Kupfer, Zinn, Wismut, Tantalit, Wolfram, Phosphat, Kalkstein und Gold müssen noch erschlossen werden. Der industrielle Sektor bestand überwiegend aus Betrieben zur Verarbeitung von Agrarprodukten sowie aus Textil- und Baustoffunternehmen.

Uganda Republik Uganda		EAU	
Landesfläche	241 038 km² (WR 77)		
Einwohner	21,1 Mio (WR 48)		
Hauptstadt	Kampala (954 000 Einwohner)		
Sprachen	Englisch, Swahili, Luganda		
Währung	1 Uganda-Shilling (USh) = 100 Cents		
Zeit	Mitteleuropäische Zeit +2		
Gliederung	4 Regionen, 38 Distrikte		
Politik			
Staatsform	Präsidiale Republik (seit 1967)		
Regierungschef	Apolo Nsibambi (seit 1999) *1938		
Staatspräsident	Yoweri K. Museveni (seit 1986) *1943		
Parlament	Nationalversammlung mit 276 Mitgliedern; 156 Sitze für Nationale Widerstandsbewegung (NRM), 62 für best. Bevölkerungsgruppen und Organisationen, 58 für Sonst.; Parteien nicht zugelassen (Wahl vom Juni 1996)		
Internet	www.uganda.co.ug/govern www.parliament.go.ug		
Bevölkerung			
Religion	Christen (78,3%): Katholiken 49,6%, Protestanten 28,7%; Muslime (6,6%); Sonstige (15,1%)		
Ethn. Gruppen	Ganda (17,8%); Teso (8,9%); Nkole (8,2%); Soga (8,2%); Gisu (7,2%); Sonstige (49,7%)		
Wirtschaft und Soziales			
Dienstleistung	36,9%	**Urbanisierung**	14%
Industrie	13,5%	**Einwohner/km²**	88
Landwirtschaft	49,6%	**Bev.-Wachstum/Jahr**	2,8%
BSP/Kopf	310 $ (1998)	**Kindersterblichkeit**	10,7%
Inflation	6% (1997)	**Alphabetisierung**	64%
Arbeitslosigkeit	k. A.	**Einwohner pro Arzt**	20 720

Ukraine

Europa, Karte S. 437, F 5

Bei den Präsidentschaftswahlen im Oktober und November 1999 wurde der seit 1994 regierende ehemalige Kommunist Leonid Kutschma in seinem Amt bestätigt.

Innenpolitik: Im ersten Wahlgang im Oktober 1999, bei dem 13 Kandidaten antraten, belegte der inzwischen parteilose Kutschma mit 36,5% der Stimmen vor Kommunisten-Führer Simonenko (22,2% der Stimmen) den ersten Rang. Da keiner der Kandidaten die erforderliche absolute Mehrheit der Stimmen auf sich vereinigen konnte, kam es im November 1999 zur Stichwahl zwischen den beiden Erstplatzierten. Kutschma setzte sich mit 56,3% gegen Simonenko (37,8%) durch.

Im Vorfeld der Wahlen hatte es zahlreiche Verstöße und Unregelmäßigkeiten gegeben, darunter die Behinderung von Wahlveranstaltungen, Verleumdungskampagnen gegen einige Kandidaten und Einschüchterungsversuche, welche die Opposition Kutschma zuschrieb. Im Oktober 1999 wurde in Krivyj Rih (Gebiet Dnjpropetrovsk) von Unbekannten ein Anschlag auf die linksradikale Präsidentschaftskandidatin Natalija Vitrenko verübt, bei dem neben Vitrenko ca. 30 weitere Personen schwer verletzt wurden.

Verfassungsänderung: Bei einem Referendum im April 2000 stimmten die Ukrainer mit großer Mehrheit von über 80% für die Stärkung des Präsidentenamtes und für eine Beschneidung der Befugnisse des Parlaments. Die vor allem von der Opposition bekämpfte Vorlage des Staatsoberhauptes Kutschma sieht eine Verkleinerung der Volksvertretung vor. Aus dem bisherigen Einkammerparlament mit 450 Abgeordneten soll eines mit zwei Kammern und insgesamt 300 Mitgliedern werden. Die Abgeordneten einer Kammer sollen gewählt, die der zweiten vom Präsidenten ernannt werden. Der Staatschef erhält das Recht, die Volksvertretung aufzulösen, falls sie innerhalb eines Monats keine Mehrheit findet oder einen Haushalt drei Monate lang ablehnt. Auch die Immunität der Abgeordneten sollte aufgehoben werden. Der Europarat, der ebenso wie die ukrainische Opposition das Referendum abgelehnt hatte, drohte mit der Suspendierung der Mitgliedschaft der U., falls die autoritär re-

gierende Kutschma sich zur Durchsetzung der Ergebnisse verfassungswidriger Mittel bediene. Die Opposition warf Kutschma vor, eine Diktatur mit einem ihm ergebenen Scheinparlament errichten zu wollen.

Neuer Regierungschef: Im Dezember 1999 bestätigte das Parlament den vorherigen Zentralbankchef Viktor Juschtschenko als Ministerpräsidenten der U.; 296 der 450 Abgeordneten stimmten für ihn. Juschtschenko war von Präsident Kutschma für das Amt vorgeschlagen worden. Der neue, als liberal geltende Premier kündigte weit reichende Reformen in Wirtschaft und Verwaltung an und sagte der Korruption den Kampf an. Er wollte die Regulierung der Volkswirtschaft verringern, die Staatsfinanzen konsolidieren und Staatsunternehmen privatisieren. Die linksgerichtete Opposition kündigte Widerstand gegen Wirtschaftsreformen an.

Todesstrafe: Im Dezember 1999 schaffte die U. die Todesstrafe ab, nachdem das Verfassungsgericht sie für rechtswidrig erklärt hatte. Bereits im März 1997 war die Ver-

Ukraine Republik Ukraine		UA
Landesfläche	603700 km² (WR 43)	
Einwohner	50,7 Mio (WR 23)	
Hauptstadt	Kiew (2,64 Mio Einwohner)	
Sprachen	Ukrainisch, Russisch	
Währung	1 Hrywna = 100 Kopeken	
Zeit	Mitteleuropäische Zeit +1	
Gliederung	24 Regionen, Hauptstadtbezirk und autonome Krimrepublik	
Politik		
Staatsform	Präsidialrepublik (seit 1991)	
Regierungschef	Viktor Juschtschenko (seit 1999) *23.2.1954	
Staatspräsident	Leonid Kutschma (seit 1994) *1938	
Parlament	Oberster Rat mit 450 für vier Jahre gewählten Abgeordneten; 113 Sitze für Kommunisten, 46 für Ruch, 44 für Sozialisten, 28 für Nationaldemokraten, 26 für Sozialdemokraten, 23 für Hromada, 19 für Grüne, 151 für Sonstige (Wahl vom März 1998)	
Internet	www.rada.gov.ua www.kmu.gov.ua	
Bevölkerung		
Religion	Ukrainisch-Orthodoxe; Griechisch-Katholische; Russisch-Orthodoxe; Römisch-Katholische	
Nationalitäten	Ukrainer (72,7%); Russen (22,1%); Weißrussen (0,9%); Rumänen (0,6%); Polen (0,4%); Sonstige (3,3%)	

Wirtschaft und Soziales			
Dienstleistung	40,7%	Urbanisierung	72%
Industrie	37,8%	Einwohner/km²	84
Landwirtschaft	21,5%	Bev.-Wachstum/Jahr	-0,4%
BSP/Kopf	980 $ (1998)	Kindersterblichkeit	1,9%
Inflation	19,2% (1999)	Alphabetisierung	98,8%
Arbeitslosigkeit	5% (1999)	Einwohner pro Arzt	224

hängung der Todesstrafe von Präsident Kutschma ausgesetzt worden. Anlässlich ihres Beitritts zum Europarat hatte sich die U. 1995 verpflichtet, sie innerhalb von drei Jahren abzuschaffen. Wegen der Weigerung des ukrainischen Parlaments, der Verpflichtung nachzukommen, hatte der Europarat wiederholt mit Sanktionen gedroht. Umfragen zufolge befürworteten drei Viertel der ukrainischen Bevölkerung die Todesstrafe.

Zerstrittene Opposition: Im Februar 2000 spaltete sich die ukrainische Oppositionspartei Ruch, die 1990 aus der Unabhängigkeitsbewegung des Landes entstanden war. Sie stellte mit 46 Abgeordneten die zweitgrößte Fraktion im Parlament. Auf ihrem Parteitag entzogen die Ruch-Delegierten dem Vorsitzenden Wjatscheslaw Tschornowil das Vertrauen. Der ehemalige Dissident, der in der Sowjetunion wegen seiner Regimekritik etwa 20 Jahre im Straflager verbracht hatte, wurde zwar für seine Verdienste im Kampf um die Unabhängigkeit der U. gewürdigt; doch warfen ihm die Delegierten eigenmächtiges Handeln vor. Tschornowil kündigte an, mit 18 Ruch-Parlamentariern eine neue Fraktion zu gründen.

Wirtschaft: Die ukrainische Volkswirtschaft befand sich 1999 weiterhin in einer tiefen Krise. Das BIP sank um 0,4%, nachdem es 1998 bereits um 1,7% zurückgegangen war. Die krisenhafte Konjunktur wurde insbes. auf die fehlende Bereitschaft des ukrainischen Parlamentes zurückgeführt, Maßnahmen zur vollständigen Restrukturierung der Wirtschaft zu billigen. Der Internationale Währungsfonds (IWF) verweigerte im Oktober 1999 die Auszahlung weiterer Kreditraten wegen der fehlenden Reformen im Agrar- und Energiesektor sowie der fortlaufenden Subventionierung der kommunalen Tarife. Die U. konnte im Herbst 1999 ihre Auslandsschulden nicht mehr begleichen.

Tschernobyl: Im Juni 2000 beschloss die ukrainische Regierung, das Atomkraftwerk von Tschernobyl zum Dezember 2000 zu schließen. Die USA versprachen als Gegenleistung finanzielle Hilfen von etwa 100 Mio US-Dollar für den Bau neuer Reaktoren. 1986 waren beim schwersten Unfall in der Geschichte der zivilen Nutzung der Atomenergie in Tschernobyl mehr als 15 000 Menschen ums Leben gekommen.

Ungarn Republik Ungarn		H
Landesfläche	93 032 km² (WR 109)	
Einwohner	10,1 Mio (WR 77)	
Hauptstadt	Budapest (1,91 Mio Einwohner)	
Sprachen	Ungarisch	
Währung	1 Forint (Ft) = 100 Filler	
Zeit	Mitteleuropäische Zeit	
Gliederung	19 Komitate, 5 Stadtbezirke, 1 Hauptstadtdistrikt	
Politik		
Staatsform	Parlamentarische Republik (seit 1989)	
Regierungschef	Viktor Orbán (seit 1998) *31.5.1963	
Staatspräsident	Ferenc Madl (seit 2000) *29.1.1931	
Parlament	Nationalversammlung mit 386 für vier Jahre gewählten Abgeordneten; 148 Sitze für Jungdemokraten-Bürgerpartei, 134 für Sozialisten, 48 für Kleinlandwirte-Partei, 24 für Freidemokraten, 32 für Sonstige (Wahl vom Mai 1998)	
Internet	www.kancellaria.gov.hu www.mkogy.hu	
Bevölkerung		
Religion	Katholiken (64,1%), Protestanten (23,3%), Sonstige (12,6%)	
Ethn. Gruppen	Ungarn (97,8%); Roma (1,4%); Sonstige (0,8%)	
Wirtschaft und Soziales		
Dienstleistung	63%	Urbanisierung	66%
Industrie	30%	Einwohner/km²	109
Landwirtschaft	7%	Bev.-Wachstum/Jahr	-0,4%
BSP/Kopf	4510 $ (1998)	Kindersterblichkeit	1,0%
Inflation	10% (1999)	Alphabetisierung	99%
Arbeitslosigkeit	9,6% (1999)	Einwohner pro Arzt	344

Ungarn

Europa, Karte S. 437, E 6

Die ungarische Regierung kündigte im Oktober 1999 an, den Wehretat deutlich anzuheben. Durch die höheren Rüstungsausgaben sollte die ungarische Armee den Anforderungen der NATO gerecht werden, der U. im März 1999 als eines der ersten Staaten des ehemaligen Warschauer Paktes beigetreten war.

Außenpolitik: Die Verteidigungsausgaben für 2000 wurden um 41% auf 1,45 Mrd DM erhöht. Das Waffenarsenal stammte überwiegend aus sowjetischer Produktion und sollte modernisiert werden. Ein grundlegender Wechsel bei den Waffensystemen stand aber nicht zur Diskussion, da z.B. die Anschaffung moderner Jagdflugzeuge allein 2 Mrd DM kosten würde. Außerdem beschloss die Regierung, den Generalstab der Armee ins Verteidigungsministerium zu integrieren. Dadurch sollte die Unterordnung des Militärs unter die Politik betont werden, die eine Voraussetzung für den Beitritt zum westlichen Verteidigungsbündnis war.

Innenpolitik: Im Juni 2000 wurde Ferenc Madl vom Parlament zum neuen Präsidenten von U. gewählt. Der parteilose Jura-Professor, einziger Kandidat bei der Wahl, war von der Mitte-rechts-Regierung des Premierministers Viktor Orbán für das Amt des Staatsoberhauptes vorgeschlagen worden. Er wurde Nachfolger von Arpad Göncz, der nach zwei Amtsperioden nicht mehr kandidierte.

Entlastung: Premierminister Orbán gab im Januar 2000 den Vorsitz der Fidesz-Bürgerpartei ab. Orbán wurde von der Parteiarbeit entlastet, damit er sich auf die Regierungsarbeit konzentrieren konnte. Neuer Vorsitzender wurde der bisherige Geheimdienstminister Laszlo Köver. Um die Wahlen in U. 2002 für seine Partei besser vorbereiten zu können, gab Köver sein Ministeramt auf.

Entlassung: Im Mai 2000 entließ Regierungschef Orbán den Minister für Kommunikation, Verkehr und Wasserwirtschaft, Kalman Katona. Orbán begründete seine Entscheidung mit der Notwendigkeit, das Informatikwesen innerhalb der Regierungsstrukturen aufzuwerten und aus dem bisherigen Ministerium herauszulösen. Urban wollte dafür ein eigenes Ministerium einrichten. Katona hingegen war mit einer Verkleinerung seines Kompetenzbereiches nicht einverstanden. Sein Nachfolger wurde im Juni 2000 Laszlo Nogradi.

Wirtschaft: Die ungarische Volkswirtschaft erholte sich 1999 weiter vom Zusammenbruch des russischen Finanzsystems, der 1998 Osteuropa in eine tiefe Wirtschaftskrise gestürzt hatte. Das BIP stieg 1999 um 4% (1998: 5,1%). Die robuste wirtschaftliche Lage wurde insbes. auf die in der zweiten Jahreshälfte 1999 beschleunigte Konjunktur in den EU-Staaten zurückgeführt, die 1999 etwa 75% der ungarischen Exporte aufnahmen. Ein großes ökonomisches Problem blieb aber die hohe Inflationsrate. Sie konnte zwar 1999 um 4,3 Prozentpunkte auf 10% gesenkt werden, überstieg aber deutlich die Anforderungen, welche an U. für den geplanten Beitritt zur EU gestellt werden. Die Arbeitslosenquote nahm u. a. infolge der Umstrukturierung ungarischer Unternehmen und dem damit verbundenen Stellenabbau von 9,1% auf 9,6% zu. Die öffentliche Staatsverschuldung sank um 0,3 Prozentpunkte auf 60% des BIP.

Staaten → Rumänien

 # Uruguay

Südamerika, Karte S. 439, D 6

Der Kandidat der rechtsgerichteten Colorado-Partei, Jorge Batlle, setzte sich im November 1999 bei der Stichwahl um das Präsidentenamt in Uruguay mit 52% der Stimmen gegen seinen sozialistischen Konkurrenten Tabare Vazquez (44%) durch. Für Batlle war es der fünfte Versuch, Präsident von U. zu werden. Im März 2000 trat er die Nachfolge des bisherigen Amtsinhabers und Parteifreundes Julio Maria Sanguinetti an. Batlle wollte nach eigenen Angaben die neoliberale Politik seines Vorgängers fortsetzen. Sein Gegenkandidat Vazquez, der im ersten Wahlgang mit 38% noch den höchsten Stimmenanteil erhalten hatte, hatte in einer friedlichen Revolution die Ablösung der Colorado-Partei durch die Linke geplant. Im Wahlkampf hatte Vazquez versprochen, mehr als 300 Mio US-Dollar für neue Arbeitsplätze zur Verfügung zu stellen und eine umstrittene Einkommensteuer zu erheben. In U. waren 1999 11,3% der Bevölkerung erwerbslos.

Uruguay Republik östlich des Uruguay		U
Landesfläche	177 414 km² (WR 88)	
Einwohner	3,3 Mio (WR 126)	
Hauptstadt	Montevideo (1,31 Mio Einwohner)	
Sprachen	Spanisch	
Währung	1 Peso Uruguayo	
Zeit	Mitteleuropäische Zeit −4	
Gliederung	19 Departamentos	
Politik		
Staatsform	Präsidiale Republik (seit 1967)	
Regierungschef	Jorge Batlle (seit 2000) *25.10.1927	
Staatspräsident	Jorge Batlle (seit 2000) *25.10.1927	
Parlament	Senat mit 31 und Abgeordnetenhaus mit 99 für 5 Jahre gewählten Mitgliedern; 40 Sitze (Senat: 12) für linksgerichtete Fortschrittliche Begegnung, 32 (10) für Colorado-Partei, 22 (7) für Blanco-Partei, 5 (2) für Andere (Wahl: 1999)	
Internet	www.presidencia.gub.uy www.parlamento.gub.uy	
Bevölkerung		
Religion	Katholiken (66%), Protestanten (2%); Sonstige (32%)	
Ethn. Gruppen	Europäische Abstammung (86%); Mestizen (8%); Mulatten/Schwarze (6%)	
Wirtschaft und Soziales		

Dienstleistung	68,5%	**Urbanisierung**	91%
Industrie	22,6%	**Einwohner/km²**	19
Landwirtschaft	8,9%	**Bev.-Wachstum/Jahr**	0,7%
BSP/Kopf	6070 $ (1998)	**Kindersterblichkeit**	1,8%
Inflation	4% (1999)	**Alphabetisierung**	97,1%
Arbeitslosigkeit	11,3% (1999)	**Einwohner pro Arzt**	282

USA

Nordamerika, Karte S. 438

1999 setzte sich in den USA der längste Wirtschaftsaufschwung in der Geschichte des Landes fort. Anfang 2000 brach erneut Streit um die Verschärfung des US-Waffenrechts aus. Bei den Vorausscheidungen für die Präsidentschaftswahl am 7.11.2000 siegten im März 2000 die Favoriten George Bush (Republikaner) und Vizepräsident Al Gore (Demokraten).

Innenpolitik: Am sog. Super-Tuesday (Super-Dienstag), dem 7.3.2000, wurde in 16 der 50 US-Bundesstaaten vorgewählt. Bush schlug seinen parteiinternen Herausforderer John McCain in den bevölkerungsreichen Staaten Kalifornien, New York und Ohio sowie in weiteren vier Bundesstaaten. Vietnam-Veteran McCain lag nur in den vier kleinen Nordoststaaten Massachusetts, Connecticut, Rhode Island und Vermont vorn. Bei den Demokraten gewann Al Gore

USA Vereinigte Staaten von Amerika	USA
Landesfläche	9 363 520 km² (WR 4)
Einwohner	276,2 Mio (WR 3)
Hauptstadt	Washington D.C. (567 000 Einw.)
Sprache	Englisch
Währung	1 US-Dollar (US-$) = 100 Cents
Zeit	Mitteleuropäische Zeit -6
Gliederung	50 Bundesstaaten und Hauptstadtdistrikt
Politik	
Staatsform	Präsidiale Bundesrepublik (seit 1787)
Regierungschef	Bill Clinton (seit 1993) *19.8.1946
Staatspräsident	Bill Clinton (seit 1993) *19.8.1946
Parlament	Kongress aus Senat mit 100 für sechs Jahre u. Repräsentantenhaus mit 435 für ein Jahre gewählten Mitgliedern; 223 Sitze (Senat: 55) für Republikaner, 211 (45) für Demokraten, 1 Unabh. (Wahl vom Nov. 1998)
Internet	www.whitehouse.gov; www.house.gov; www.senate.gov
Bevölkerung	
Religion	Christen (85,3%): Protestanten 57,9%, Katholiken 21%, Sonstige 6,4%; Juden (2,1%); Muslime (1,9%); Sonstige (10,7%)
Ethn. Gruppen	Weiße (73,7%); Schwarze (12,0%); Hispano-Amerikaner (10,3%); Asiaten (3,3%); Indianer, Inuit, sonstige Ureinwohner (0,7%)
Wirtschaft und Soziales	

Dienstleistung	75,4%	**Urbanisierung**	77%
Industrie	22,7%	**Einwohner/km²**	29
Landwirtschaft	1,9%	**Bev.-Wachstum/Jahr**	0,8%
BSP/Kopf	29 240 $ (1998)	**Kindersterblichkeit**	0,7%
Inflation	1,1% (1999)	**Alphabetisierung**	85%
Arbeitslosigkeit	4,2% (1999)	**Einwohner pro Arzt**	381

alle Vorwahlen vor seinem Rivalen, dem ehemaligen Basketballstar Bill Bradley. Die Präsidentschaftskandidaten beider Parteien wurden im August 2000 von den Wahldelegierten bestimmt, die sich nach den Vorwahlergebnissen dem jeweiligen Sieger in ihren Bundesstaaten verpflichtet fühlen. Für die Präsidentschaftswahl am 7.11.2000 durfte Amtsinhaber Bill Clinton nach zwei Regierungszeiten nicht wieder kandidieren.

Schusswaffen: Im März 2000 verschärfte sich in den USA der Streit um eine schärfere Kontrolle von Schusswaffen, nachdem in Michigan ein sechsjähriges Mädchen dem Pistolenschuss eines Klassenkameraden zum Opfer gefallen war. Den Vorfall nahm Präsident Clinton zum Anlass, um auf das Versäumnis des Repräsentantenhauses hinzuweisen, wo eine vom Senat bereits angenommene Gesetzesvorlage über die schärfere Kontrolle von Waffenkäufern noch nicht verabschiedet worden war. Diese Vorlage war unter dem Eindruck der Schießerei an der Columbine High School von Littleton/Colorado ausgearbeitet worden, bei der im April 1999 insgesamt 15 Personen gestorben waren. Clinton machte die einflussreiche National Rifle Association (NRA), die sich für das Recht des US-Bürgers auf das Waffentragen einsetzt, für die Verzögerung verantwortlich. Sie beeinflusste die Abgeordneten des Repräsentantenhauses, um die Verabschiedung der Vorlage zu verhindern. Die NRA, deren Vorsitzender um 2000 der Filmschauspieler Charlton Heston war, verweist auf einen Verfassungszusatz von 1791, worin das Waffenrecht und Waffentragen garantiert werden.

Weniger Kriminalität: In den USA wurden 1999 weniger Verbrechen begangen als im Vorjahr. Nach Angaben der US-Bundespolizei FBI wurden 8% weniger Morde und Raubüberfälle verzeichnet, die Zahl der Vergewaltigungen ging um 7% zurück. Es wurden 11% weniger Einbruchsdelikte und sinkende Kriminalitätsraten in allen Regionen registriert. Städte mit mehr als 500 000 Einwohnern meldeten einen Rückgang von 6%, Kleinstädte von 8%. New York registrierte 1999 insgesamt 299 523 Straftaten, darunter 671 Morde. In Los Angeles waren es 167 494 Straftaten (424 Morde), in Washington 41 220 Straftaten (238 Morde).

Fehlerhafte Todesurteile: Unabhängige Untersuchungen, die im Juni 2000 veröffentlicht wurden, behaupteten, dass in den USA bei der Verhängung von Todesurteilen in den letzten Jahrzehnten mehrere tausend Fehler unterlaufen seien. Insbes. im US-amerikanischen Bundesstaat Texas, wo seit 1995 insgesamt 131 Menschen hingerichtet wurden, seien gravierende Verfahrensfehler geschehen. Bei 40 der 131 Todesurteile habe es praktisch keine Verteidigung gegeben, weil die Pflichtanwälte sich keine Mühe gegeben hätten, Gegenbeweise vorzulegen oder Entlastungszeugen zu präsentieren. Ein Drittel der Verteidiger der 131 zum Tode verurteilten Menschen sei später aus der Anwaltskammer ausgeschlossen worden oder landete selbst im Gefängnis. 23 Menschen seien hingerichtet worden, nur weil ein Zellennachbar vor Gericht ausgesagt hatte, dass der Beschuldigte ihm gegenüber die Tat gestanden habe. In zahlreichen Fällen sei auf der Basis fehlerhafter oder sogar gefälschter Gutachten das Todesurteil ausgesprochen worden.

Außenpolitik: Die Beziehungen der USA zu China und Russland wurden um 2000 durch Pläne der US-Regierung getrübt, ein landesweites Raketenabwehrsystem zu errichten. Mit dem National-Missile-Defense-System (NMD) wollten die USA bis 2005 über einen funktionstüchtigen Abwehrschirm verfügen, der Schutz vor Angriffen mit einzelnen Raketen bietet. Das Projekt, für das sich insbes. die oppositionellen Republikaner 1994 eingesetzt hatten, wurde von der Administration Clinton zögernd übernommen. Nach Ansicht von Militärexperten verstoßen die USA mit dem Programm gegen den 1972 mit der UdSSR geschlossenen, für die Begrenzung des Wettrüstens wichtigen ABM-Vertrag (Anti-Ballistic-Missile Treaty). Dennoch erwog die US-Regierung weiterhin die Errichtung des NMD-Systems, weil nach einer Militärexpertise die Gefahr zunehme, dass sog. Schurkenstaaten Raketenangriffe auf die USA wagen könnten. In einem internen Bericht des US-amerikanischen Kongresses hingegen wurde im Juni 2000 der Sinn dieses Programms bezweifelt, weil nicht sicher sei, dass das Abwehrsystem im Falle eines Angriffs überhaupt funktioniere. Eine endgültige Entscheidung über das Raketenabwehr-Programm war für November 2000 vorgesehen. Die Regierungen Russlands und Chinas sollten mit dem Argument be-

---

USA: Verfahren der Präsidentschaftswahl

Der Präsident der USA wird für vier Jahre gewählt, wobei er außer in Kriegszeiten lediglich einmal für eine zweite Amtszeit kandidieren darf. Nur Franklin D. Roosevelt amtierte 1933 bis 1945 insgesamt viermal im Weißen Haus. Der Wahlvorgang ist mehrstufig: Zunächst werden in Vorwahlen (den sog. Primaries) von den registrierten Anhängern einer Partei in jedem US-Bundesstaat Wahlmänner (sog. Electors) für die Parteikonvente ermittelt, auf denen die Electors einen Kandidaten für das Amt des Präsidenten nominieren. Auf die Nominierung der Präsidentschaftskandidaten folgt der meist zweimonatige Hauptwahlkampf zwischen den Kandidaten der Parteien. Am ersten Dienstag im November wählt die Bevölkerung in jedem Bundesstaat Wahlmänner. Der in einem Einzelstaat erfolgreichen Partei fallen alle Wahlmännerstimmen zu, die wiederum regelmäßig, aber nicht zwingend dem jeweils nominierten Präsidentschaftskandidaten gegeben werden. Der gewählte Präsident wird offiziell am 20. Januar des nächsten Jahres (Inaugural Day) ins Amt geführt.

---

ruhigt werden, dass NMD keinen Schutz vor ihren atomaren Potenzialen biete, sondern lediglich Angriffe kleinerer Mächte abwehren könne.

Wirtschaft: Der Wirtschaftsboom in den USA hielt 1999 an. Das BIP wuchs um 4,1%, nachdem es 1998 bereits um 4,3% gestiegen war. Im Juni 1999 befand sich die Wirtschaft seit 112 Monaten ununterbrochen auf Wachstumskurs. Nie zuvor in der US-Geschichte gab es einen derart langen Aufschwung. Die bis dahin längste Wachstumsphase war 1961–69, in denen vor allem die Ausgaben für den Vietnamkrieg die Konjunktur förderten. Allerdings mehrten sich Mitte 2000 die Anzeichen auf eine leichte Abkühlung der Konjunktur, die von der US-Notenbank durch mehrfache Zinserhöhungen bewusst herbeigeführt wurde, um die Gefahr von Inflation zu verringern. Getragen wurde der Boom der 1990er Jahre vom privaten Konsum, der allein 1999 um 7,1% stieg. Wegen des anhaltenden Aufschwungs wurden eine Überhitzung der Konjunktur und eine steigende Inflationsrate befürchtet, die 1999 bei 1,1% lag (1998: 1,2%). Die US-Notenbank erhöhte 1999/2000 mehrfach die kurzfristigen Zinssätze.

Vollbeschäftigung: Die Arbeitslosenquote ging 1999 von 4,6% auf 4,2% nochmals zurück, auf den niedrigsten Wert seit 1969 (3,5%). Seit 1993 entstanden in den USA etwa 20 Mio neue Arbeitsplätze. 1999 standen 134 Mio Beschäftigten nur 5,8 Mio Erwerbslose gegenüber. Es waren vor allem ungelernte Arbeiter (»unskilled workers«), die aufgrund mangelnder Qualifikationen selbst für anspruchslose Tätigkeiten ungeeignet waren. Wegen des Mangels an

Arbeitskräften stiegen die Löhne 1999 um 3,7%, dreimal stärker als die Inflationsrate.

Außenhandelsdefizit: Das Defizit zwischen Aus- und Einfuhren der USA erreichte 1999 einen neuen Rekordwert. Unter Einschluss der Dienstleistungen erhöhte es sich gegenüber 1998 um 65% von 164,3 Mrd US-Dollar auf 271,3 Mrd US-Dollar. Im reinen Warenverkehr kletterte das Defizit sogar von 230 Mrd US-Dollar auf über 330 Mrd US-Dollar. Das hohe Handelsdefizit wurde u.a. auf die Konsumfreudigkeit der US-amerikanischen Staatsbürger zurückgeführt. Konsumgüter bildeten 1999 einen Anteil von 23% an der Gesamteinfuhr

(davon Autos und Autozubehör: 16%; Computer: 7%; Nahrungsmittel: 4%). Hauptlieferländer waren Kanada (Anteil von 19%), Japan (13%) und Mexiko (11%). Den größten Fehlbetrag erwirtschafteten die USA im Warenaustausch mit Japan: Das bilaterale Defizit stieg gegenüber dem Vorjahr um 15,5% auf 73,9 Mrd US-Dollar. Ursache des Ungleichgewichts war die unterschiedliche Handelspolitik der Länder: Die USA hielten ihre Grenzen für den Warenaustausch gegenüber allen Staaten offen, während zahlreiche andere Länder weiterhin hohe Importhürden für US-Waren erhoben. Wichtigste US-amerikanische Exportgüter waren 1999 Maschinen und Transportausrüstungen (48% der Gesamtausfuhr) und industrielle Rohstoffe (22%). Die Hauptabnehmerländer waren Kanada (Anteil von 24%), Mexiko (13%) und Japan (8%).

Haushalt: Das US-Budget für 2001 sah bei Ausgaben von 1843 Mrd US-Dollar und Einnahmen von 2019 Mrd US-Dollar einen Überschuss von 184 Mrd US-Dollar vor. Bis 2010 sollen die Überschüsse auf insgesamt 2200 Mrd US-Dollar steigen. Das Geld soll zur Hälfte für Steuererleichterungen und die Verbesserung der Krankenversicherung verwendet werden. Mit der anderen Hälfte sollen Schulden getilgt werden. Bis 2013 wollen die USA zum ersten Mal seit 1835 wieder schuldenfrei sein.

Soziales: Die Einkommenslücke zwischen den ärmsten und den reichsten Familien in den USA vergrößerte sich 1988–98 deutlich. Hauptsächlich wegen der enormen Gewinne an den Aktienbörsen, an denen die Armen nicht teilhaben konnten, stiegen die Einkommen des reichsten Fünftels der US-amerikanischen Familien im Durchschnitt um 15%, während die Einkommen des ärmsten Fünftels weniger als 1% zunahmen. Das Jahreseinkommen der ärmsten Familien erhöhte sich 1988–98 nur um 110 US-Dollar (0,8%) auf 12990 US-Dollar. Die reichsten Familien konnten ihr Jahreseinkommen im Zeitraum um 17870 US-Dollar (14,9%) auf 137480 US-Dollar erhöhen. Die größten Einkommensunterschiede gab es in New York (10770 US-Dollar zu 152350 US-Dollar), die geringsten in Utah (18170 US-Dollar zu 125930 US-Dollar).

■ **Staaten** → Kuba

🇺🇸 USA: Wirtschaftswunder

Jahr	BIP[1]	Inflation[1]	Arbeitslosigkeit[2]	Haushaltsbilanz[3]
1999	▲ +4,1	1,1	4,2	▲ + 24,6
1998	▲ +4,3	1,2	4,6	▲ + 54,4
1997	▲ +4,5	1,7	5,0	▼ − 2,4
1996	▲ +3,7	1,9	5,4	▼ −110,8
1995	▲ +2,7	2,2	5,6	▼ −146,2
1994	▲ +4,0	2,2	6,1	▼ −184,6
1993	▲ +2,4	2,7	6,8	▼ −226,5
1992	▲ +3,3	2,3	7,5	▼ −326,8
1991	▼ −0,2	3,4	6,8	▼ −265,6

1) Veränderung zum Vorjahr (%); 2) in %; 3) in Mrd US-Dollar

🇺🇸 USA: Löhne und Beschäftigung 1999

Monat	Beschäftigte (Mio)	Stundenlohn (US-Dollar)	Arbeitslosigkeit (%)
Januar	127,4	13,04	4,3
Februar	127,7	13,06	4,4
März	127,8	13,11	4,2
April	128,1	13,14	4,3
Mai	128,2	13,18	4,2
Juni	128,4	13,24	4,3
Juli	128,8	13,28	4,3
August	128,9	13,29	4,2
September	129,0	13,35	4,2
Oktober	129,3	13,39	4,1
November	129,6	13,40	4,1
Dezember	129,9	13,46	4,1

Usbekistan

Asien, Karte S. 443, C 3

Der usbekische Staatschef Islam Karimow wurde bei der Präsidentenwahl im Januar 2000 mit großer Mehrheit im Amt bestätigt. Nach Angaben der zentralen Wahlkommission in der Hauptstadt Taschkent erhielt Karimow 91,9% der abgegebenen Stimmen. Für den einzigen Gegenkandidaten, Abdulchafis Dschalalow, votierten nur 4,1% der Wähler. Karimow steht seit 1991 an der Spitze des mit 24,1 Mio Einwohnern bevölkerungsreichsten Landes Zentralasiens. In einem Referendum wurde seine Amtszeit 1995 bis 2000 verlängert. Nach der Verfassung sind nur zwei aufeinander folgende Regierungsperioden als Staatsoberhaupt möglich. Karimow regierte seit seinem Amtsantritt autoritär, eine Opposition war verboten. Vier der fünf zugelassenen Parteien hatten seine Kandidatur unterstützt. Selbst sein einziger Gegenkandidat Dschalalow gab zu, für Karimow gestimmt zu haben. Die OSZE hatte sich geweigert, Wahlbeobachter nach U. zu schicken, da sie von einer undemokratischen Wahl ausging.

Usbekistan Republik Usbekistan		UZB	
Landesfläche	447 400 km² (WR 55)		
Einwohner	23,9 Mio (WR 39)		
Hauptstadt	Taschkent (2,2 Mio Einwohner)		
Sprachen	Usbekisch, Russisch		
Währung	Usbekistan-Sum (U.S.)		
Zeit	Mitteleuropäische Zeit +4		
Gliederung	12 Provinz., 1 autonome Republik		
Politik			
Staatsform	Republik (seit 1991)		
Regierungschef	Utkur Sultanow (seit 1995) *1939		
Staatspräsident	Islam Karimow (seit 1991) *30.1.1938		
Parlament	Nationalversammlung mit 250 für fünf Jahre gewählten Abgeordneten; 48 Sitze für Kommunisten, 34 für Fidokorlar, 20 für Fortschritt des Vaterlandes, 11 für Gerechtigkeit, 137 für Andere (Wahl von 1999)		
Internet	www.gov.uz		
Bevölkerung			
Religion	Muslime (88%); Russisch-Orthodoxe (9%); Sonstige (3%)		
Ethn. Gruppen	Usbeken (73,7%); Russen (5,5); Tadschiken (5,1%); Kasachen (4,2%); Tataren (2%); Sonstige (9,5%)		
Wirtschaft und Soziales			
Dienstleistung	34%	Urbanisierung	42%
Industrie	34%	Einwohner/km²	53
Landwirtschaft	32%	Bev.-Wachstum/Jahr	1,6%
BSP/Kopf	950 $ (1998)	Kindersterblichkeit	4,4%
Inflation	30% (1998)	Alphabetisierung	97,2%
Arbeitslosigkeit	0,5% (1998)	Einwohner pro Arzt	280

Vanuatu

Ozeanien, Karte S. 445, E 4

Die zwölf großen und 70 kleineren Inseln von V. erstrecken sich im südwestlichen Pazifik über ca. 800 km. Alle Inseln sind mit Ausnahme von Aniwa (eine flache Koralleninsel) gebirgige, von Korallenriffen umgebene Vulkaninseln. Rund 98% der Bevölkerung sind Melanesier. Aus der französisch-englischen Kolonialzeit stammen rund 5000 Europäer. Die Hauptsprache Bislama ist eine Form des Pidginenglisch, außer Englisch und Französisch als offiziellen Amtssprachen werden rund 110 melanesische Dialekte gesprochen. Wichtigster Wirtschaftszweig ist die Landwirtschaft, von der um 2000 ca. 80% der Bevölkerung in Selbstversorgung lebten. Die Industrieproduktion beschränkte sich auf Kopratrocknung sowie Fisch- und Fleischverarbeitung, eine Holzindustrie wurde aufgebaut. In den 1990er Jahren entwickelte sich wegen günstiger Investitionsbedingungen eine Bankenbranche mit mehr als 100 Kreditinstituten.

Vanuatu Republik Vanuatu		k.A.	
Landesfläche	12 189 km² (WR 155)		
Einwohner	200 000 (WR 171)		
Hauptstadt	Port Vila (23 000 Einwohner)		
Sprachen	Englisch, Französisch, Bislama		
Währung	1 Vatu (VT) = 100 Centimes		
Zeit	Mitteleuropäische Zeit +10		
Gliederung	6 Provinzen		
Politik			
Staatsform	Parlamentarische Republik im Commonwealth (seit 1980)		
Regierungschef	Barak Sope (seit 1999) *1951		
Staatspräsident	John Bani (seit 1999)		
Parlament	mit 52 für vier Jahre gewählten Abgeordneten; 18 Sitze für Sozialisten (VP), 12 für Konservative (UMP), 11 für Sozialdemokraten (NUP), 11 für Unabhängige (Wahl vom März 1998)		
Internet	www.vanuatutourism.com		
Bevölkerung			
Religion	Christen (77,2%): Protestanten 62,8%, Katholiken 14,4%; Animisten (4,6%); Sonstige (18,2%)		
Ethn. Gruppen	Melanesier (97,9%); Europäer (1%); Sonstige (1,1%)		
Wirtschaft und Soziales			
Dienstleistung	66%	Urbanisierung	20%
Industrie	14%	Einwohner/km²	16
Landwirtschaft	20%	Bev.-Wachstum/Jahr	2,4%
BSP/Kopf	1260 $ (1998)	Kindersterblichkeit	3,9%
Inflation	ca. 2,2% (1997)	Alphabetisierung	52,9%
Arbeitslosigkeit	k. A.	Einwohner pro Arzt	14 025

627

Vatikanstadt		SCV
Landesfläche	0,44 km² (WR 192)	
Einwohner	464 (WR 192)	
Hauptstadt	Vatikanstadt	
Sprachen	Lateinisch, Italienisch	
Währung	Italienische Lira (Lit) = 100 Centesimi	
Zeit	Mitteleuropäische Zeit	
Gliederung	Gebiet um die Peterskirche, Sommersitz Castel Gandolfo, weitere exterritoriale Gebäude und Grundstücke	
Politik		
Staatsform	Souveränes Erzbistum, Wahlmonarchie (seit 1929)	
Regierungschef	Kardinalstaatssekretär Angelo Sodano (seit 1991)	
Staatsoberhaupt	Papst Johannes Paul II. (seit 1978) * 18.5.1920	
Parlament	Papst und Kardinalskollegium	
Internet	www.vatican.va	
Bevölkerung		
Religion	Katholisch (100%)	
Ethn. Gruppen	Kirchenbedienstete aus aller Welt	
Wirtschaft und Soziales		
Dienstleistung	–	Urbanisierung	100%
Industrie	–	Einwohner/km²	–
Landwirtschaft	–	Bev.-Wachstum/Jahr	k.A.
BSP/Kopf	k.A.	Kindersterblichkeit	k. A.
Inflation	k.A.	Alphabetisierung	100%
Arbeitslosigkeit	k.A.	Einwohner pro Arzt	k.A.

Vatikanstadt
Europa, Karte S. 437, D 6

Das Oberhaupt des V. und der römisch-katholischen Kirche, Papst Johannes Paul II., feierte am 18.5.2000 seinen 80. Geburtstag. Seit 1978 ist er im Amt. Wegen seines angegriffenen Gesundheitszustandes gab es 1999/2000 wiederholt Spekulationen über seinen Rücktritt. Es wurde vermutet, dass der Papst, der auf Lebenszeit gewählt ist, an der Parkinsonschen Krankheit leidet. Das Kirchenrecht gibt ihm die Möglichkeit zurückzutreten. Während Kardinäle von ihrem 80. Geburtstag an nicht mehr am Papstkonklave teilnehmen dürfen, das zur Wahl eines neuen Oberhauptes zusammentritt, gibt es für die Ausübung des höchsten Amtes der katholischen Kirche keine Altersbegrenzung. Johannes Paul II. zog einen Ruhestand öffentlich nie in Erwägung. 2000 reiste er weiter in verschiedene Länder, u. a. in den portugiesischen Wallfahrtsort Fatima. Dabei deutete er an, dass das dritte Geheimnis, das Maria am 13.5.1917 drei Kindern anvertraut haben soll, das 1981 auf den Papst verübte Attentat gewesen sei.

Venezuela Republik von Venezuela		YV
Landesfläche	912 050 km² (WR 31)	
Einwohner	23,7 Mio (WR 40)	
Hauptstadt	Caracas (1,82 Mio Einwohner)	
Sprachen	Spanisch, indianische Sprachen	
Währung	1 Bolivar (vB) = 100 Céntimos	
Zeit	Mitteleuropäische Zeit –5	
Gliederung	22 Bundesst., 1 Distrikt, 72 Inseln	
Politik		
Staatsform	Präsidiale Bundesrepublik (seit 1961)	
Regierungschef	Hugo Chávez (seit 1998) *28.7.1954	
Staatspräsident	Hugo Chávez (seit 1998) *28.7.1954	
Parlament	Mitte 2000 gab es in V. lediglich eine verfassungsgebende Versammlung, die im Juli 1999 gewählt wurde; die ursprünglich für Mai 2000 vorgesehene Wahl einer neuen Nationalversammlung wurde wegen technischer Schwierigkeiten verschoben	
Bevölkerung		
Religion	Katholiken (90%); Protestanten (8%); Sonstige (2%)	
Ethn. Gruppen	Mestizen (67%); Weiße (21%); Schwarze (10%); Indianer (2%)	
Wirtschaft und Soziales		
Dienstleistung	49,5%	Urbanisierung	87%
Industrie	45,9%	Einwohner/km²	26
Landwirtschaft	4,6%	Bev.-Wachstum/Jahr	2%
BSP/Kopf	3530 $ (1998)	Kindersterblichkeit	2,1%
Inflation	20% (1999)	Alphabetisierung	92%
Arbeitslosigkeit	15,4% (1999)	Einwohner pro Arzt	576

Venezuela
Südamerika, Karte S. 439, C 1

Das Oberste Gericht von V. setzte die für den 28.5.2000 vorgesehenen sog. Megawahlen, bei denen Präsident, Parlament, Provinzgouverneure, Bürgermeister und Stadtparlamente neu ermittelt werden sollten, drei Tage vorher aus.

Innenpolitik: Das Gericht begründete seine Entscheidung mit dem mangelhaften Zustand des für die Auszählung der Stimmen angeschafften Computersystems, das technisch nicht in der Lage sei, den großen Urnengang zu bewältigen. Außerdem seien die Bürger von V. noch nicht ausreichend über die Kandidaten informiert. Bis zwei Tage vor den Wahlen waren noch nicht alle Namen der ca. 36 000 Kandidaten für die 6241 zu besetzenden Ämter in das Computersystem eingespeist.

Neue Verfassung: Im Dezember 1999 billigte die Bevölkerung in einem Referendum mit 71% der Stimmen eine neue Verfassung, welche die Macht von Präsident Chávez stärkte. Sie ersetzte die Verfassung von

1961 und besteht aus 350 Artikeln. Das neue Grundgesetz unterstellt die Armee der alleinigen Kontrolle des Präsidenten und gewährt ihm bei einem Ausnahmezustand größere Freiheiten. Das Parlament soll nur noch aus einer Kammer bestehen. Der Senat, die Repräsentation der Provinzen, wurde abgeschafft. Die Amtszeit des Präsidenten wurde von fünf auf sechs Jahre verlängert. Das neue Grundgesetz lässt eine bis dahin nicht vorgesehene Wiederwahl zu, so dass Chávez theoretisch bis 2012 regieren könnte. Außerdem wurden weit reichende Wirtschaftskontrollen eingeführt. So sollte z. B. die Ölindustrie des Landes verstaatlicht werden. Nach Auflösung der Verfassungsversammlung und des Parlaments wurde im Februar 2000 in V. ein 21-köpfiger »Minikongress« geschaffen, der bis zur Wahl des neuen Parlaments die Gesetzgebung wahrnahm. Mitglieder des Gremiums waren fast ausnahmslos Anhänger von Präsident Chávez.

Naturkatastrophe: Im Dezember 2000 starben nach einer verheerenden Naturkatastrophe in den Küstenregionen von V. ca. 20 000 Menschen. Durch starke Regenfälle durch-weichte die Erde auf beiden Seiten des Avila, der Gebirgskette, welche die Hauptstadt Caracas von der Küste trennt, und fiel in bis zu 12 m hohen Schlammwellen über zahlreiche Dörfer. Etwa 23 000 Häuser und Wohnungen wurden zerstört. 130 000 Menschen mussten evakuiert werden. Der finanzielle Schaden wurde auf 15 Mrd US-Dollar geschätzt.

Wirtschaft: Die venezolanische Volkswirtschaft befand sich 1999 in einer tiefen Rezession. Das BIP brach gegenüber dem Vorjahr um 10% ein, nachdem es bereits 1998 um 0,7% zurückgegangen war. Durch die ökonomische Krise stieg die Arbeitslosenquote auf ein Rekordniveau von 15,4% (1998: 10,6 %). Grund für die schlechte Konjunktur war der geringe Rohölpreis, der in der ersten Jahreshälfte 1999 auf unter 9 US-Dollar je Barrel sank war (1 Barrel = 159 l), sich dann aber wieder erholte. V. war in hohem Maße vom Erdölexport abhängig. 1999 trugen die Mineralölausfuhren ca. 80% zu den Deviseneinnahmen bei. Die venezolanische Regierung hoffte, dass sich mit dem Anstieg des Erdölpreises Ende 1999 auch die Konjunktur erholen werde.

Vereinigte Arabische Emirate

Nahost, Karte S. 442, F 4

Im September 1999 kündigte die Regierung von Abu Dhabi an, auf der Insel Saadiyat ein Finanzzentrum zu errichten, das sich in seiner Bedeutung mit New York, London und Tokio messen lassen sollte. Die 26 km² große Insel war bis dahin Ödland. Für die Erschließung von Saadiyat und den Aufbau der notwendigen Infrastruktur stellte Abu Dhabi 3,3 Mrd US-Dollar zur Verfügung. Gesellschaften, die bereit sind, ihre Tätigkeit auf Saadiyat aufzunehmen, sollten zahlreiche Vergünstigungen erhalten. Ihnen wurde Steuerbefreiung, Repatriierung aller Gewinne und des Kapitals sowie Einstellung ausländischer Arbeitskräfte ohne Einschränkungen zugesichert. Der Aufbau eines Finanzzentrums steht im Zusammenhang mit der sog. Diversifizierungspolitik. Damit sollten die Abhängigkeit Abu Dhabis vom Erdölexport verringert und Arbeitsplätze im zukunftsträchtigen Dienstleistungssektor geschaffen werden.

Vereinigte Arabische Emirate	UAE	
Landesfläche	83 600 km² (WR 113)	
Einwohner	2,4 Mio (WR 137)	
Hauptstadt	Abu Dhabi (363 000 Einwohner)	
Sprachen	Arabisch, Engl., Hindi, Urdu, Farsi	
Währung	1 Dirham (DH) = 100 Fils	
Zeit	Mitteleuropäische Zeit +3	
Gliederung	7 Emirate	
Politik		
Staatsform	Föderation von sieben Emiraten (seit 1971)	
Regierungschef	Scheich Maktum ibn Raschid al-Maktum (seit 1990) *1943	
Staatsoberhaupt	Scheich Said ibn Sultan An-Nuhajan (seit 1971) *1918	
Parlament	Föderative Nationalversammlung mit 40 Mitgliedern, die von den Oberhäuptern der Emirate für zwei Jahre ernannt werden, beratende Funktion, keine Parteien	
Internet	www.uae.gov.ae	
Bevölkerung		
Religion	Muslime (94,9%): Sunniten 81,0%, Schiiten 13,9%; Christen (3,8%); Sonstige (1,3%)	
Ethn. Gruppen	Araber (87,1); Pakistani, Inder (9,1%); Sonstige (3,8%)	
Wirtschaft und Soziales		
Dienstleistung	43%	Urbanisierung	86%
Industrie	55%	Einwohner/km²	29
Landwirtschaft	2%	Bev.-Wachstum/Jahr	2%
BSP/Kopf	ca. 17 870 $ (1998)	Kindersterblichkeit	1,6%
Inflation	4% (1999)	Alphabetisierung	74,8%
Arbeitslosigkeit	k.A.	Einwohner pro Arzt	1042

Vietnam
Ostasien, Karte S. 444, B 4

Fast 25 Jahre nach Ende des insgesamt 30-jährigen Vietnamkriegs (1975) wurde im August 1999 in Ho-Chi-Minh-Stadt, dem früheren Saigon, das neue Konsulat des ehemaligen Feindes USA eröffnet.

Außenpolitik: Die neue diplomatische Vertretung entstand genau an der Stelle der früheren US-Botschaft. Nach der Eroberung Saigons durch die kommunistischen Vietcong-Einheiten am 30.4.1975 hatten die letzten US-Diplomaten V. fluchtartig verlassen. 1996 hatten Washington und Hanoi erstmals wieder diplomatische Kontakte aufgenommen. Die US-Behörden erwarteten Mitte 2000, dass das Konsulat jährlich etwa 150 000 Visa-Anträge bearbeiten werde, 15-mal so viel wie vorher. 1999 stand V. auf Platz 5 der Liste der Auswandererzahlen in die USA. Die Eröffnung des Konsulates wurde als Zeichen für die weitere Normalisierung der vietnamesisch-US-amerikanischen Beziehungen gewertet. Ende 1999 schlossen beide Staaten Vereinbarungen über technische und wissenschaft-liche Zusammenarbeit ab. Im März 2000 sagten die USA der sozialistischen Regierung in V. Unterstützung in regionalen Sicherheitsfragen zu.

Innenpolitik: In V. sollten bis Ende 2001 etwa 500 000 der 3,3 Mio Staatsdiener entlassen werden, um die aufgeblähte Verwaltung zu verschlanken. Nach einer Erhebung der staatlichen Personalbehörde waren 17% der lokalen Beamten und ein Drittel des Personals der Zentralverwaltung unnötig. Den Angaben zufolge wuchs die Zahl der Staatsbediensteten seit 1994 jährlich um ca. 5%. Die meisten von ihnen waren sozialistische Parteikader oder arbeiteten in unrentablen Staatsbetrieben.

Amnestie: Aus Anlass des 25. Jahrestages des Kriegsendes verkündete Präsident Tran Duc Luong die umfangreichste Amnestie in der vietnamesischen Geschichte; 12 000 Häftlinge wurden frei gelassen. Während des Krieges gegen die USA und die mit ihnen verbündete südvietnamesische Armee kamen rund 3 Mio Vietnamesen ums Leben. Die US-amerikanische Armee verlor 58 000 Soldaten.

Wirtschaft: Die vietnamesische Konjunktur kühlte sich 1999 weiter ab. Während die vorsichtige Öffnung und Liberalisierung Anfang der 1990er Jahre noch zu jährlichen Wachstumsraten von rund 8% geführt hatten, stieg das BIP 1999 wie im Vorjahr lediglich um 4,8%. Bei einem Bevölkerungswachstum von 1,6% wurde es als viel zu wenig erachtet, um den Wohlstand spürbar zu erhöhen und die ca. 1,2 Mio Menschen aufzunehmen, die jährlich auf den Arbeitsmarkt drängen. Die nachlassende Konjunktur wurde vor allem auf den stockenden Reformprozess des sozialistischen Regimes zurückgeführt. Die Direktinvestitionen aus dem Ausland brachen 1999 um ein Drittel ein, weil die Regierung angekündigte Liberalisierungen und Privatisierungen nicht realisierte. Weiterhin dominierten die maroden Staatsbetriebe mit einem Anteil von ca. 40% am BIP die vietnamesische Wirtschaft. Sie wurden künstlich aufrecht erhalten, indem ihnen über die Hälfte aller Bankkredite zuflossen. Der kleine Privatsektor litt dagegen unter Kapitalmangel. Wichtigste Ausfuhrgüter waren 1999 landwirtschaftliche Produkte (u.a. Reis, Fisch), die überwiegend nach Japan, Singapur und Taiwan exportiert wurden.

Vietnam Republik Vietnam			VN
Landesfläche	331 689 km² (WR 64)		
Einwohner	78,7 Mio (WR 13)		
Hauptstadt	Hanoi (2,16 Mio Einwohner)		
Sprachen	Vietnamesisch		
Währung	1 Dong (D) = 10 Hào = 100 Xu		
Zeit	Mitteleuropäische Zeit +7		
Gliederung	50 Provinzen, 3 Stadtbezirke		
Politik			
Staatsform	Volksrepublik		
Regierungschef	Phan Van Khai (seit 1997) *25.12.1933		
Staatspräsident	Tran Duc Luong (seit 1997) *5.5.1937		
Parlament	Nationalversammlung mit 450 für fünf Jahre gewählten Abgeordneten; 447 Sitze für die von der Kommunistischen Partei und Massenorganisationen dominierte Einheitsliste, 3 für Unabhängige (Wahl vom Juli 1997)		
Bevölkerung			
Religion	Buddhisten (67%); Katholiken (8%); Sonstige (25%)		
Ethn. Gruppen	Vietnamesen (87,1%); Tho (1,8%); Chinesen (1,5%); Thai (1,5%); Khmer (1,4%), Sonst.(6,7%)		
Wirtschaft und Soziales			
Dienstleistung	41,7%	Urbanisierung	20%
Industrie	29,6%	Einwohner/km²	237
Landwirtschaft	28,7%	Bev.-Wachstum/Jahr	1,6%
BSP/Kopf	350 $ (1998)	Kindersterblichkeit	3,8%
Inflation	0,1% (1999)	Alphabetisierung	91,9%
Arbeitslosigkeit	k.A.	Einwohner pro Arzt	2502

Weißrussland
Europa, Karte S. 437, F 4

Im Dezember 1999 unterzeichneten W. und Russland in Moskau einen Vertrag zur Gründung einer politischen Union.

Außenpolitik: Mit dem Abkommen wurden erstmals gemeinsame Institutionen geschaffen. An der Spitze der Union steht ein Oberster Staatsrat, in dem die beiden Präsidenten und Minister der Vertragsstaaten vertreten sind. Außerdem sollten ein gemeinsamer Ministerrat, ein Zwei-Kammern-Unionsparlament, ein Rechnungshof und ein Unionsgericht gebildet werden. 2005 sollen die Rechtssysteme angeglichen und eine gemeinsame Währung eingeführt werden. Bereits ab 2000 betrieben beide Staaten eine gemeinsame Rüstungspolitik. Die weißrussische und die russische Regierung luden die benachbarte Ukraine ein, der Union beizutreten. Die weißrussische Opposition kritisierte das Vertragswerk, durch das sie die Souveränität des Landes gefährdet sah.

Innenpolitik: Der seit 1994 mit eiserner Hand regierende Präsident Lukaschenko unterdrückte auch 1999/2000 alle oppositionellen Kräfte. Im Oktober 1999 ließ er die Zeitung Nawiny schließen, nachdem sie einen Bericht über die Luxusvilla des Sekretärs des weißrussischen Sicherheitsrates, Wiktar Scheiman, veröffentlicht hatte. Die Villa sollte mit Geldern unbekannter Herkunft finanziert worden sein. Im Sommer 1999 verschwanden Gegner des Präsidenten spurlos, ohne dass Lukaschenko eine Verantwortung nachgewiesen werden konnte. Im November 1999 musste die Staatsanwaltschaft den früheren Regierungschef Michail Tschigir nach acht Monaten Untersuchungshaft frei lassen. Er galt als prominentester Gegner des als selbstherrlich geltenden Präsidenten und war im März 1999 wegen angeblicher Unterschlagung von Krediten festgenommen worden. Im März 2000 wurde ein Protestmarsch von 5000 Oppositionellen in Minsk von der Polizei gewaltsam aufgelöst. Die Organisation für Sicherheit und Zusammenarbeit in Europa (OSZE) und die USA hatten bereits im Herbst 1999 gegen die Unterdrückung der Opposition protestiert. Lukaschenko versprach, mit den Regimegegnern in einen Dialog zu treten.

Weißrussland	Rep. Weißrussland (Belarus) **BY**	
Landesfläche	207 600 km² (WR 83)	
Einwohner	10,3 Mio (WR 74)	
Hauptstadt	Minsk (1,671 Mio Einwohner)	
Sprachen	Weißrussisch, Russisch	
Währung	1 Weißruss. Rubel = 100 Kopeken	
Zeit	Mitteleuropäische Zeit +1	
Gliederung	6 Regionen und Hauptstadt Minsk	
Politik		
Staatsform	Präsidiale Republik	
Regierungschef	Uladzimir Jamorshin (seit 2000)	
Staatspräsident	Alexander Lukaschenko (seit 1994) * 30.8.1954	
Parlament	Oberster Sowjet mit 198 Abgeordneten vom Präsidenten im November 1996 nach einem Verfassungsreferendum aufgelöst; stattdessen Abgeordnetenhaus mit 110 Abgeordneten und Oberhaus	
Internet	www.president.gov.by	
Bevölkerung		
Religion	Russisch-Orthodoxe (60%); Katholiken (8%); Sonst. (32%)	
Nationalitäten	Weißrussen (77,9%); Russen (13,2%); Sonstige (8,9%)	
Wirtschaft und Soziales		
Dienstleistung	50%	Urbanisierung	73%
Industrie	26%	Einwohner/km²	50
Landwirtschaft	24%	Bev.-Wachstum/Jahr	-0,3%
BSP/Kopf	2180 $ (1998)	Kindersterblichkeit	k. A.
Inflation	351,2% (1999)	Alphabetisierung	97,9%
Arbeitslosigkeit	2,0% (1999)	Einwohner pro Arzt	282

Wirtschaft: Die weißrussische Volkswirtschaft befand sich 1999 in einer tiefen Krise. Das BIP stieg um lediglich 0,5%, nachdem es 1998 noch um 8% gewachsen war. Die schwache Konjunktur wurde vor allem auf die planwirtschaftliche Politik von Präsident Lukaschenko zurückgeführt. Die weißrussische Regierung versuchte 1999, ihren Einfluss auf die Unternehmen zu erhöhen und durch Ausweitung der Preis- und Außenhandelsregulierungen die Wirtschaftsabläufe zu dirigieren. Das Tempo der Privatisierung staatlicher Unternehmen verlangsamte sich deutlich. 1991–99 wurden 1900 kleinere Firmen veräußert, in denen nicht mehr als 15% der Beschäftigten in W. arbeiteten. 1999 wurden nur noch 67 kommunale Betriebe verkauft. Internationale Wirtschaftsinstitute schätzten, dass wegen der schlechten Wirtschaftslage die Ernährung der Weissrussen ohne die Selbstversorgung aus privatem Anbau gefährdet wäre. Etwa zwei Drittel der Einwohner hatten eine eigene landwirtschaftliche Anbaufläche. Die Arbeitslosenquote wurde offiziell mit 2% angegeben, lag aber ausländischen Schätzungen zufolge bei etwa 20%.

Zentralafrikanische Republik	RCA
Landesfläche	622 984 km² (WR 42)
Einwohner	3,6 Mio (WR 124)
Hauptstadt	Bangui (597 000 Einwohner)
Sprachen	Französisch, Sangho, Bantu
Währung	CFA-Franc (FCFA)
Zeit	Mitteleuropäische Zeit
Gliederung	16 Präfekturen, Hauptstadtbezirk
Politik	
Staatsform	Präsidiale Republik
Regierungschef	Anicet Georges Dologuele (seit 1999)
Staatspräsident	Ange-Félix Patassé (seit 1993) *25.1.1937
Parlament	Nationalversammlung mit 109 für fünf Jahre gewählten Abgeordneten; 47 Sitze für MLPC, 20 für RDC, 8 für MDD, 7 für FPP, 6 für PSD, 5 für ADP, 3 für PUN, 2 für PLD, 2 für FODEM, 9 für Andere (Wahl von 1998)
Bevölkerung	
Religion	Christen (50%): Protestanten 25%, Katholiken 25%; Animisten (24%); Muslime (15%); Sonstige (11%)
Ethn. Gruppen	Baja (23,7%); Banda (23,4%); Mandija (14,7%); Mbaka (7,6%); Sara (6,9%); Mbum (6,3%); Sonstige (17,4%)

Wirtschaft und Soziales			
Dienstleistung	29,7%	Urbanisierung	40%
Industrie	16,9%	Einwohner/km²	6
Landwirtschaft	53,4%	Bev.-Wachstum/Jahr	1,9%
BSP/Kopf	300 $ (1998)	Kindersterblichkeit	k. A.
Inflation	0,1% (1997)	Alphabetisierung	42,4%
Arbeitslosigkeit	k. A.	Einwohner pro Arzt	18 660

Zentralafrikanische Republik

Afrika, Karte S. 441, D 4

Präsident Ange-Felix Patassé wurde im Oktober 1999 mit 51,6% der Stimmen bereits im ersten Wahlgang in seinem Amt bestätigt. Internationale Wirtschafts- und Finanzinstitutionen sowie die Opposition in der Z. kritisierten Patassé 1999/2000 wegen seiner fehlenden Bereitschaft, die Wirtschaft umzustrukturieren. Insbes. die versprochene Sanierung der öffentlichen Finanzen und die Privatisierung verlustbringender Staatsbetriebe kamen nicht voran. Außerdem wurde Patassé vorgeworfen, den Nepotismus in der Z. zu fördern. Die Opposition forderte vom Präsidenten, seine persönliche Garde – die Force spéciale pour la defense des institutions de la République (Forsdir) – aufzulösen. Die Forsdir entwickelte sich Ende der 90er Jahre zum eigenständigen Gebilde in der Armee und war wegen der rücksichtslosen Arroganz ihrer Mitglieder berüchtigt. Allerdings galt die Forsdir als einzige Kraft in der Z., die das weit verbreitete Banditenwesen bekämpfte.

Zypern Republik Zypern	CY
Landesfläche	9251 km² (WR 160)
Einwohner	778 000 (WR 154)
Hauptstadt	Nikosia (177 000 Einwohner)
Sprachen	Griechisch, Türkisch, Englisch
Währung	1 Zypern-Pfund (Z£) = 100 Cents
Zeit	Mitteleuropäische Zeit +1
Gliederung	Insel de facto geteilt in Zypern u. Türkische Republik Nordzypern
Politik	
Staatsform	Präsidiale Republik (seit 1960)
Regierungschef	Glafkos Klerides (seit 1993) * 24.4.1919
Staatspräsident	Glafkos Klerides (seit 1993) * 24.4.1919
Parlament	Repräsentantenhaus mit 80 für 5 J. gewählten Abg.; 20 Sitze für Demokr. Samml., 19 für Kommun., 10 für Demokr. Part., 7 für Sonst., 24 für türk. Zyprioten (Wahl v. 1996)
Internet	www.pio.gov.cy
Bevölkerung	
Religion	Orthodoxe Christen (82%); Sonstige (18%)
Nationalitäten	Griechische Zyprioten (78%); Türkische Zyprioten (12,3%); Briten (0,8%); Sonstige (8,9%)

Wirtschaft und Soziales			
Dienstleistung	72,8%	Urbanisierung	67,7%
Industrie	22%	Einwohner/km²	84
Landwirtschaft	5,2%	Bev.-Wachstum/Jahr	1,1%
BSP/Kopf	11 920 $ (1998)	Kindersterblichkeit	0,9%
Inflation	1,7% (1999)	Alphabetisierung	95,9%
Arbeitslosigkeit	3% (1998)	Einwohner pro Arzt	428

Zypern

Nahost, Karte S. 442, B 2

Das Oberhaupt der international nicht anerkannten »Türkischen Republik Nordzypern«, Rauf Denktasch, blieb für eine zweite Amtszeit Präsident des türkisch besetzten Teils der Insel. Sein Herausforderer, Ministerpräsident Derwisch Eroglu, zog im April 2000 seine Kandidatur für eine geplante Stichwahl zurück. Der Sieg Denktaschs, der im ersten Wahlgang im April 2000 rund 44% der Stimmen erhalten hatte (Eroglu: 30%), erfolgte wenige Wochen vor Beginn neuer Gespräche mit der griechischen Republik Zypern über die Zukunft der seit 1974 geteilten Insel. Die Verhandlungen, die im Mai 2000 zwischen Vertretern beider zypriotischer Landesteile in New York aufgenommen wurden, standen unter Schirmherrschaft der UNO. Denktasch hatte zuvor wiederholt die Anerkennung seines nur von der Türkei akzeptierten Separatstaates gefordert. Zugleich solle die Türkei ihr Garantieversprechen für die Sicherheit der türkischen Volksgruppe auf Z. aufrecht erhalten.

Bundesländer Deutschland

Der Teil Bundesländer Deutschland enthält Informationen zu den 16 deutschen Ländern. Die Angaben konzentrieren sich auf politische und wirtschaftliche Entwicklungen im Berichtszeitraum August 1999 bis Juli 2000. Jeder Artikel beginnt mit einer Zusammenstellung von Strukturdaten auf dem letztverfügbaren Stand, in Klammern ist die Rangstelle für Fläche und Einwohner innerhalb der Bundesrepublik Deutschland angegeben. Die Nennung von Arbeitslosenquote und Bruttoinlandsprodukt pro Erwerbstätige ermöglicht einen direkten wirtschaftlichen Vergleich aller Bundesländer. Regierungstabellen nennen für jedes Bundesland die Kabinettsmitglieder mit Parteizugehörigkeit, Jahr des Amtsantritts und Geburtsjahr.

Baden-Württemberg

Erwin Teufel
Ministerpräsident von
Baden-Württemberg
(CDU), * 4.9.1939 in Rott-
weil. Das Amt des Minis-
terpräsidenten und den
CDU-Landesvorsitz hatte
T. 1991 von Lothar Späth
übernommen. Seitdem –
1996 trat er seine dritte
Amtszeit an – bestimmt
der Diplom-Verwaltungs-
fachwirt die Politik Baden-
Württembergs in einer
Koalition mit der FDP.

Ministerpräsident Erwin Teufel (CDU)
plante eine erneute Kandidatur bei der
Landtagswahl im März 2001 als Spitzenkandidat seiner Partei. Seit 1996 führt er in
B. eine Koalitionsregierung von CDU und
FDP. Auf Bundesebene setzt sich Teufel mit
den Ministerpräsidenten von Hessen und
Bayern für eine Neugestaltung des Länderfinanzausgleichs ein.

Bundespolitik: Teufel kündigte Widerstand gegen den von Bundesregierung und
Energieversorgern im Juni 2000 vereinbarten Ausstieg aus der Atomenergie an. B.
werde, falls die Zustimmungspflicht des
Bundesrats im Gesetz nicht vorgesehen
sei, vor dem Bundesverfassungsgericht
(BVerfG, Karlsruhe) klagen. Teufel schloss
sich der vom bayerischen Ministerpräsidenten Edmund Stoiber (CSU) im Februar 2000
geäußerten Kritik am Atomausstieg an.

Landespolitik: Aus den Kommunalwahlen
im Oktober 1999 ging die CDU als klare
Gewinnerin hervor. Sie erhöhte ihren Stimmenanteil in den Gemeinden um 3,5 Prozentpunkte und in den Kreistagen um 4,9
Punkte. Die meisten Gemeinderatsmandate
gingen an unabhängige Wählergruppen, die
43,2% aller Sitze errangen, gefolgt von
CDU (31,9%), SPD (15,7%) und Bündnis
90/Die Grünen (2,3%). Die Wahlbeteiligung betrug 52,9%.
Nach im November 1999 bekannt gewordenen Plänen des Kabinetts soll ein Teil der
Erlöse aus dem geplanten Verkauf der Lan-
desbeteiligung an der Energie Baden-Württemberg AG in eine Landesstiftung eingebracht werden. Mit dem Zinsertrag von
150 Mio DM pro Jahr sollen Ausbildung
und Forschung gefördert werden.
Das Staatsministerium von B. erklärte Mitte
1999, dass B. 2000 und 2001 insgesamt 100

Baden-Württemberg: Regierung	
Ressort	*Name (Partei, Amts-antritt), Geburtsjahr*
Ministerpräsident	Erwin Teufel (CDU, 1991), *1939
Wirtschaft und stellv. Ministerpräs.	Walter Döring (FDP, 1996), *1954
Staatsministerium	Christoph Palmer (CDU, 1998), *1962
Inneres	Thomas Schäuble (CDU, 1996), *1948
Finanzen	Gerhard Stratthaus (CDU, 1998), *1942
Soziales	Friedhelm Repnik (CDU, 1998), *1949
Justiz	Ulrich Goll (FDP, 1996), *1950
Kultus, Jugend, Sport	Annette Schavan (CDU, 1995), *1955
Wissenschaft, Forschung, Kunst	Klaus von Trotha (CDU, 1991), *1938
Umwelt, Verkehr	Ulrich Müller (CDU, 1998), *1944
Ländlicher Raum	Gerdi Staiblin (CDU, 1996), *1942

Mio DM zu Unrecht kassierter Sonderab-
fallabgabe an die betroffenen Firmen
zurückzahlen wird. Das BVerfG hatte die
1991–96 erhobene Abgabe für verfassungswidrig erklärt.

Finanzen: Im Februar 2000 verabschiedete
der Stuttgarter Landtag mit den Stimmen
von CDU und FDP den Doppelhaushalt für
2000/2001 mit einem Volumen von insgesamt 119 Mrd DM. Die geplante Kreditaufnahme beträgt 1,9 Mrd DM für 2000 und
1,8 Mrd DM für 2001. Die Steuereinnahmen in B. lagen 1999 um 1,6 Mrd DM über
der im Nachtragshaushalt veranschlagten
Summe. Durch die Zusatzeinnahmen musste B. 350 Mio DM mehr in den Finanzausgleich einzahlen, insgesamt 3,5 Mrd DM.

Wirtschaft: Das BIP stieg 1999 nach einer
vorläufigen Berechnung gegenüber dem
Vorjahr real um 1,7%; der Anstieg lag über
dem Bundesdurchschnitt von 1,4%. Die Arbeitslosenquote verringerte sich in B. auf
6,5% (1998: 7,1%).

Bildung: Die Landesregierung billigte im
März 2000 Pläne für die Oberstufenreform
an Gymnasien. Die Zahl der Prüfungsfächer
für das Abitur wird ab 2001/02 von vier auf
fünf erhöht; Deutsch, Mathematik und eine
Fremdsprache werden Pflichtfächer, die
Aufteilung in Grund- und Leistungskurse
wird in diesen Fächern abgeschafft.

Baden-Württemberg	
Landesfläche	35 752 km² (Rang 3/D)
Einwohner	10,40 Mio (Rang 3/D)
Hauptstadt	Stuttgart (551 218 Einwohner)
Arbeitslosigkeit	6,5% (1999)
BIP/Erwerbstät.	103 642 DM (1998)
Regierungschef	Erwin Teufel (CDU)

Parlament Landtag mit 155 für fünf Jahre gewählten Abgeordneten; 69 Sitze
für CDU, 39 für SPD, 19 für Bündnis 90/Die Grünen, 14 für FDP, 14 für Republikaner (nächste Wahl: 25.3.2001); **www.baden-wuerttemberg.de**

Bayern

Seit 1993 steht Edmund Stoiber (CSU) als bayerischer Ministerpräsident an der Spitze einer CSU-geführten Regierung, die sich im Landtag auf eine deutliche absolute Mehrheit stützen kann.

Bundespolitik: Der Chef der Staatskanzlei Erwin Huber (CSU) bekräftigte im April 2000 die Kritik an den Plänen der rot-grünen Bundesregierung zum Atomausstieg. Sollte das Bundeskabinett beim Ausstiegsgesetz die Zustimmungspflicht des Bundesrates umgehen wollen, werde B. vor dem Bundesverfassungsgericht (BVerfG, Karlsruhe) klagen.

Im November 1999 entschied das BVerfG, dass die Bundesländer sich bis Ende 2002 auf eine Nachfolgeregelung für den 2004 auslaufenden Länderfinanzausgleich einigen müssen. Ab 2005 müssen vor allem die beträchtlichen Zahlungen des Bundes an die ärmeren Länder deutlich gekürzt werden. Gegen die jetzige Form des Finanzausgleichs hatten B. sowie Baden-Württemberg und Hessen unter dem Vorwurf der Übernivellierung Klage eingereicht.

Landespolitik: Ministerpräsident Stoiber entließ im September 1999 Justizminister Alfred Sauter, der als Aufsichtsratsvorsitzender für die Millionenverluste bei der Landeswohnungs- und Städtebaugesellschaft (LWS) verantwortlich gemacht wurde. Neuer Justizminister wurde Manfred Weiß (CSU).

Der Bayerische Verfassungsgerichtshof erklärte im April 2000 das geplante Volksbegehren über die künftige Durchführung von Volksbegehren für verfassungswidrig. Die Aktion »Mehr Demokratie« wollte u.a. die notwendige Quote der Stimmberechtigten für die Herbeiführung einer Volksbefragung von 10% auf 5% herabsetzen und bei verfassungsändernden Volksentscheiden den bislang erforderlichen Mindestanteil von 25% aller Stimmberechtigten abschaffen. Nach Auffassung der Richter widersprechen Abstimmungen, an denen sich eventuell nur eine kleine Minderheit der Bevölkerung beteiligt, dem in der bayerischen Verfassung verankerten demokratischen Prinzip.

Wirtschaft: Nach vorläufigen Berechnungen stieg das Bruttoinlandsprodukt (BIP) real um 1,9%. B. lag über dem Bundesdurchschnitt von 1,4% und an zweiter Stelle aller Bundesländer hinter Schleswig-Holstein (2,0%). Die Wirtschaft in B. profitierte 1999 von günstigen Exportbedingungen durch den niedrigen Eurokurs. Die Arbeitslosenquote sank 1999 auf 6,4% (1998: 7,0%), die niedrigste aller Bundesländer.

Im Oktober 1999 kündigte Ministerpräsident Stoiber an, dass ein Großteil der Erlöse aus dem Verkauf von 10% der staatlichen VIAG-Aktien (3,1 Mrd DM) zur Förderung von Forschung, Bildung und für den Ausbau der Infrastruktur verwendet wird. Es sollen 2,65 Mrd DM investiert werden, darunter 1,3 Mrd DM für die Universitäten. Die sieben Regierungsbezirke in B. erhalten je 50 Mio DM für Einzelprojekte.

Bayern	
Landesfläche	70 552 km² (Rang 1/D)
Einwohner	12,07 Mio (Rang 2/D)
Hauptstadt	München (1,315 Mio Einwohner)
Arbeitslosigkeit	6,4% (1999)
BIP/Erwerbstät.	103 130 DM (1998)
Regierungschef	Edmund Stoiber (CSU)

Parlament Landtag mit 204 für fünf Jahre gewählten Abgeordneten; 123 Sitze für CSU, 67 für SPD, 13 für Bündnis 90/Die Grünen, 1 Unabhängiger (nächste Wahl: 2003); **www.bayern.de**

Edmund Stoiber
Ministerpräsident von Bayern (CSU), * 28.9.1941 Oberaudorf. Der Jurist zog mit 33 Jahren in den Bayerischen Landtag ein. 1978 bis 1983 war er CSU-Generalsekretär, die Bayerische Staatskanzlei leitete er 1982 bis 1986. 1988 wurde er Innenminister im Kabinett von Max Streibl, den er im Jahr 1993 als Regierungschef Bayerns ablöste.

Bayern: Regierung	
Ressort	Name (Partei, Amtsantritt), Geburtsjahr
Ministerpräsident	Edmund Stoiber (CSU, 1993), *1941
Leiter der bayerischen Staatskanzlei	Erwin Huber (CSU, 1998), *1946
Inneres	Günther Beckstein (CSU, 1993), *1943
Justiz	Manfred Weiß (CSU, 1999), *1944
Unterricht, Kultus	Monika Hohlmeier (CSU, 1998), *1962
Wissenschaft, Forschung, Kunst	Hans Zehetmair (CSU, 1986), *1936
Finanzen	Kurt Faltlhauser (CSU, 1998), *1940
Wirtschaft, Verkehr, Technologie	Otto Wiesheu (CSU, 1993), *1944
Ernährung, Land-wirtschaft, Forsten	Josef Miller (CSU, 1998), *1947
Arbeit u. Sozialordnung, Familie, Frauen, Gesundheit	Barbara Stamm (CSU, 1994), *1944
Landesentwicklung und Umweltfragen	Werner Schnappauf (CSU, 1998), *1953
Bundes- und Europa-angelegenheiten	Reinhold Bocklet (CSU, 1998), *1943

Justiz: Die Zahl der registrierten Straftaten in B. sank 1999 geringfügig um 1300 (0,2%) auf 686 582. Die Zahl der Diebstähle nahm ab, Gewalt- und Wirtschaftskriminalität stiegen. Die Aufklärungsquote der Polizei lag bei fast 75%. Statistisch gehörte B. mit 5681 Straftaten je 100 000 Einwohner nach Baden-Württemberg zu den sichersten Bundesländern.

Bildung: Im April 2000 beschloss der Landtag die Einführung der umstrittenen sechsstufigen Realschule. Im Februar 2000 war ein Volksbegehren dagegen gescheitert, da die erforderliche Beteiligung von 10% aller Wahlberechtigten nicht erreicht wurde.

👁 Berlin

In B. steht der Regierende Bürgermeister Eberhard Diepgen (CDU) nach den Wahlen vom 10.10.1999 weiterhin an der Spitze einer großen Koalition von CDU und SPD. Hauptziel der Arbeit des Senats ist es, die hohe Verschuldung der Stadt zu senken und den Haushalt zu konsolidieren.

Eberhard Diepgen
Regierender Bürgermeister Berlins (CDU), * 13.11.1941 Berlin. D. wurde 1991 nach der ersten Gesamtberliner Wahl der Nachkriegszeit Regierungschef. Er führt die große Koalition aus CDU und SPD (1996 erneuert). Bereits 1984–89 war Diepgen als Nachfolger Richard von Weizsäckers (CDU) Regierender Bürgermeister von Berlin/West.

Berlin: Regierung

Ressort	Name (Partei, Amtsantritt), Geburtsjahr
Regierender Bürgermeister	Eberhard Diepgen (CDU), 1991), *1941
Arbeit, Soziales, Frauen	Gabriele Schöttler (SPD, 1998), *1953
Stadtentwicklung	Peter Strieder (SPD, 1999), *1952
Finanzen	Peter Kurth (CDU, 1999), *1960
Inneres	Eckart Werthebach (CDU, 1998), *1940
Schule, Jugend, Sport	Klaus Böger (SPD, 1999), *1945
Wirtschaft und Technologie	Wolfgang Branoner (CDU, 1998), *1956
Wissenschaft, Forschung, Kultur	Christoph Stölzl (parteilos, 2000), *1944

Berlin

Landesfläche	892 km² (Rang 14/D)
Einwohner	3,398 Mio (Rang 8/D)
Arbeitslosigkeit	15,9% (1999)
BIP/Erwerbstät.	105 523 DM (1998)
Regierungschef	Eberhard Diepgen (CDU)

Parlament Abgeordnetenhaus mit 169 für fünf Jahre gewählten Abgeordneten; 76 Sitze für CDU, 42 für SPD, 33 für PDS, 18 für Bündnis 90/Die Grünen (nächsteWahl:2004); **www.berlin.de**

Landespolitik: Aus den Wahlen zum Abgeordnetenhaus am 10.10.1999 ging die CDU als stärkste Partei hervor. Sie erzielte mit 40,8% der Stimmen ihr bisher bestes Ergebnis in Berlin. Die SPD verlor leicht auf 22,4% und erreichte den niedrigsten Stand seit 1945. Die PDS verbesserte ihr Ergebnis auf 17,7%; sie ist in Ost-B. mit 39,5% die mit Abstand stärkste Partei. Die Wahlbeteiligung betrug 65,9% (1995: 68,6%). Am 7.12.1999 einigten sich CDU und SPD auf die Fortsetzung der großen Koalition. Die CDU stellte zunächst fünf Senatoren, die SPD drei. Die als Sparkommissarin bekannte Annette Fugmann-Heesing (SPD) gehört der Landesregierung nicht mehr an.

Im April 2000 wählte das Abgeordnetenhaus den parteilosen Christoph Stölzl zum Senator für Wissenschaft, Forschung und Kultur. Vorgängerin Christa Thoben (CDU) war nach vier Monaten im März 2000 aus Protest gegen die geringe Finanzausstattung ihres Ressorts zurückgetreten.

Im März 2000 wurde in B. das Landesamt für Verfassungsschutz als eigenständige Behörde aufgelöst. Der Verfassungsschutz war in die Kritik geraten, als bekannt wurde, dass frühere Mitarbeiter der DDR-Staatssicherheit als V-Leute eingesetzt worden waren. Die Aufgaben des Verfassungsschutzes sollen der Innenbehörde zugeordnet werden.

Finanzen: Der im April 2000 beschlossene Haushalt für das laufende Jahr hat ein Volumen von 40,8 Mrd DM. Die Ausgaben liegen um 429 Mio DM (rund 1%) niedriger als im Vorjahr. Nur ca. zwei Drittel der Posten können aus Einnahmen gedeckt werden. Die fehlenden Mittel kommen aus dem Länderfinanzausgleich (9,1 Mrd DM) und aus Vermögensverkäufen (2,7 Mrd DM). Die Kreditaufnahme für 2000 wurde auf 3,7 Mrd DM festgelegt. Die Neuverschuldung soll nach Plänen von Finanzsenator Peter Kurth (CDU) bis 2004 halbiert und bis 2009 auf null gesenkt werden. Bei Verabschiedung des Haushalts war B. mit 65,5 Mrd DM verschuldet, für Zinsen mussten täglich 10,2 Mio DM aufgewendet werden.

Wirtschaft: Nach vorläufigen Berechnungen stieg das Bruttoinlandsprodukt (BIP) 1999 um real 0,1%. Damit lag B. an letzter Stelle aller Bundesländer. Ursache des schwachen Wirtschaftswachstums war die schlechte Auftragslage im produzierenden

Gewerbe und in der Bauwirtschaft. Der Abbau in diesen Bereichen konnte durch die starken Zuwächse im Dienstleistungssektor nicht ausgeglichen werden. Die Zahl der Erwerbstätigen ging 1999 in B. um 1,3% auf 1,481 Mio zurück. Die Arbeitslosenquote sank leicht auf 15,9% (1998: 16,1%).

Das Berliner Vergabegesetz ist lt. Urteil des Bundesgerichtshofs (BGH, Karlsruhe) vom Januar 2000 verfassungswidrig. Nach Auffassung der Richter greift die sog. Tariftreueerklärung, die B. bei der Vergabe von Straßenbauaufträgen von Unternehmen verlangt, unzulässig in die Koalitionsfreiheit ein und verstößt gegen das Tarifvertragsgesetz und das Kartellgesetz. Bei der Vergabe von Aufträgen besteht B. auf der Verpflichtung der Unternehmen, nur Löhne zu zahlen, welche die in B. geltenden Tarife nicht unterschreiten. Über die Zulässigkeit des Gesetzes hat endgültig das Bundesverfassungsgericht (BVerfG, Karlsruhe) zu entscheiden.

Justiz: Die Zahl der registrierten Straftaten sank 1999 um 2,4% auf 572 553. Die Aufklärungsquote der Polizei erhöhte sich um 0,2 Prozentpunkte auf 49,6% und erreichte den höchsten Wert seit 1968. Ein Rückgang war 1999 bei Raubdelikten und Diebstählen zu verzeichnen, dagegen stiegen die Zahlen bei der Gewaltkriminalität und bei Vermögens- und Fälschungsdelikten.

Bildung: Im April 2000 beschloss das Abgeordnetenhaus mit den Stimmen von CDU und SPD die umstrittene Verlängerung der Arbeitszeit für Lehrer. Gegen die Arbeitszeiterhöhung um eine Wochenstunde hatten 12 000 Pädagogen mit einem Warnstreik protestiert sowie 50 000 Lehrer und Schüler demonstriert. Der Regierende Bürgermeister Diepgen (CDU) kündigte im Februar 2000 an, dass Religionsunterricht in B. vom kommenden Schuljahr an Wahlpflichtfach unter staatlicher Kontrolle werde.

Verkehr: Die Berliner Staatsanwaltschaft stellte im April 2000 ihre Ermittlungen im Zusammenhang mit dem Vergabeverfahren für den geplanten Großflughafen Berlin-Schönefeld ein, da kein Schaden entstanden sei. Bereits im Februar 2000 war das Konsortium um den Essener Baukonzern Hochtief wegen Unregelmäßigkeiten bei der Vergabe ausgeschlossen worden. Anlass war eine Beschwerde des bei der Vergabe unterlegenen Baukonsortiums IVG AG.

Berlin: Abgeordnetenhauswahl 1999

Partei	Stimmen 1999 (%)	Veränd.[1]	Sitze	Veränd.[2]
CDU	40,8	▲ +3,4	76	▽ −11
SPD	22,4	▽ −1,2	42	▽ −13
PDS	17,7	▲ +3,1	33	▼ − 1
Bü90/Grüne	9,9	▽ −3,3	18	▽ −12
Sonstige	9,2	▲ +2,0	0	● 0

1) gegenüber 1994 (Prozentpunkte); 2) gegenüber 1994, das Abgeordnetenhaus wurde von 206 um 37 Sitze auf 169 verkleinert

Brandenburg

Seit der Landtagswahl im September 1999 wird B. erstmals von einer SPD/CDU-Koalition unter Ministerpräsident Manfred Stolpe (SPD) regiert. Die Arbeit der neuen Koalition wird durch die hohe Verschuldung des Landes (25 Mrd DM) belastet.

Landespolitik: Die SPD verlor nach den Landtagswahlen im September 1999 mit −14,8 Prozentpunkten ihre absolute Mehrheit. Die CDU konnte sich auf 26,5% (+7,8) deutlich verbessern. Die rechtsextreme DVU (5,3%) ist erstmals im Potsdamer Landtag vertreten (5 Sitze). Die Wahlbeteiligung lag bei 54,4% (1994: 56,3%).

Bei der Wahl zum Ministerpräsidenten am 13.10.1999 erhielt Stolpe 58 von 85 abgegebenen Stimmen im Landtag. Sein Stellv. wurde der CDU-Landesvorsitzende und frühere Berliner Innensenator Jörg Schönbohm. Im Kabinett stellt die SPD fünf, die CDU vier Minister. Die populäre Sozialministerin Regine Hildebrandt (SPD), eine Gegnerin der CDU, ist in der neuen Regierung nicht mehr vertreten und verzichtete auch auf ihr Landtagsmandat.

Im März 2000 sprachen sich der Berliner Senat und die Landesregierung von B. dafür aus, die beiden Bundesländer bis spätestens

Manfred Stolpe
Ministerpräsident von Brandenburg (SPD), * 16.5.1936 in Stettin. Die Diskussionen über die Kontakte des ehemaligen Kirchenjuristen zur DDR-Staatssicherheit führten am 22.3.1994 zum Bruch der seit 1990 bestehenden Ampelkoalition (SPD, Bündnis 90/Die Grünen, FDP). Seit den Landtagswahlen vom 11.9.1994 regiert S. mit einer absoluten SPD-Mehrheit.

Brandenburg

Landesfläche	29 479 km² (Rang 5/D)
Einwohner	2,60 Mio (Rang 11/D)
Hauptstadt	Potsdam (129 798 Einwohner)
Arbeitslosigkeit	17,7% (1999)
BIP/Erwerbstät.	56 099 DM (1998)
Regierungschef	Manfred Stolpe (SPD)

Parlament Landtag mit 89 für fünf Jahre gewählten Abgeordneten; 37 Sitze für SPD, 25 für CDU, 22 für PDS, 5 für DVU (nächste Wahl: 2004); **www.brandenburg.de**

Brandenburg: Landtagswahl 1999

Partei	Stimmen 1999 (%)	Veränd.[1]	Sitze	Veränd.[2]
SPD	39,3	▼ −14,8	37	▲ −14
CDU	26,5	▲ + 7,8	25	▲ +7
PDS	23,3	▲ + 4,6	22	▲ +4
DVU	5,3	▲ + 5,3	5	▲ +5
Sonstige	5,6	▼ − 2,9	0	● 0

1) gegenüber 1994 (Prozentpunkte); 2) gegenüber 1994

Brandenburg: Regierung

Ressort	Name (Partei, Amts-antritt), Geburtsjahr
Ministerpräsident	Manfred Stolpe (SPD, 1990), *1936
Inneres	Jörg Schönbohm (CDU, 1999), *1937
Justiz und Europa-angelegenheiten	Kurt Schelter (CDU/CSU, 1999), *1946
Finanzen	Wilma Simon (SPD, 1995), *1945
Wirtschaft, Mittel-stand, Technologie	Wolfgang Fürniß (CDU, 1999), *1944
Arbeit, Soziales, Gesundheit, Frauen	Alwin Ziel (SPD, 1999), *1941
Landwirt., Umwelt-schutz, Raumordnung	Wolfgang Birthler (SPD, 1999), *1947
Bildung, Jugend, Sport	Steffen Reiche (SPD, 1999), *1960
Wissenschaft, Forschung, Kultur	Wolfgang Hackel (CDU, 1999), *1942
Stadtentwicklung, Wohnen, Verkehr	Hartmut Meyer (SPD, 1993), *1943

2010 zu vereinigen. Die geplante Fusion war im Mai 1996 von den Wählern in B. in einer Volksabstimmung abgelehnt worden.

Finanzen: Im Februar 2000 verabschiedete das Kabinett von B. den Entwurf des Doppelhaushalts 2000/2001. Die Ausgaben betragen für das laufende Jahr 19,7 Mrd DM. Die geplante Nettokreditaufnahme wurde für 2000 auf 625 Mio DM festgelegt. Die Neuverschuldung soll 2001 auf 275 Mio DM sinken und 2002 bei null liegen. Durch den Abbau von Stellen im öffentlichen Dienst sollen 2000 und 2001 jeweils 200 Mio DM eingespart werden. Der Koalitionsvertrag zwischen SPD und CDU sieht bis 2005 den Wegfall von 8000 Stellen vor. Zur weiteren Haushaltsentlastung sollen ABM-Stellen gestrichen und die Subventionen für den Nahverkehr reduziert werden. Per Gesetz soll der geltende Rechtsanspruch auf eine Unterbringung von Kindern in einer Tagesstätte eingeschränkt werden.

Wirtschaft: Das Bruttoinlandsprodukt (BIP) stieg 1999 in B. nach vorläufigen Berechnungen real um 0,8% und lag unter dem Durchschnitt der neuen Bundesländer (0,9%). Die Arbeitslosenquote stieg 1999 geringfügig auf 17,7% (1998: 17,6%).

Justiz: Die Zahl der registrierten Straftaten in B. verringerte sich 1999 gegenüber dem Vorjahr um 9,5% auf 251 900. Insbes. die Zahl der Diebstähle ging zurück. Der Anteil

von Kindern und Jugendlichen unter den Straftätern stieg auf 36%. Die Zahl der fremdenfeindlichen Delikte erhöhte sich auf 118 (1998: 94); die Zahl linksextremistischer Straftaten verdoppelte sich auf 46. Drei Gemeinden scheiterten im Januar 2000 vor dem Verfassungsgericht von B. mit ihrer Klage gegen das Abwassergesetz. Wegen hoher Verschuldung vieler Verbände hatte die Landesregierung 1998 ein Gesetz erlassen, in dem die Zwangsmitgliedschaft der Gemeinden nachträglich geregelt wurde.

Bremen

B. wird seit 1995 von einer großen Koalition aus SPD und CDU unter Führung des Ersten Bürgermeisters Henning Scherf (SPD) regiert. Das kleinste Bundesland steht vor der schwierigen Aufgabe, bis 2005 eine grundlegende Sanierung seiner Finanzen durchzuführen. Danach laufen die Sonderzuweisungen des Bundes, die B. seit 1994 auf Grund seiner extremen Haushaltsnotlage erhält, endgültig aus. Bis 2004 wird B. aus dem Bundeshaushalt noch 7,6 Mrd DM erhalten, die allein zur Schuldentilgung verwendet werden dürfen. Weitere Belastungen ergeben sich für B. aus der geplanten Neuordnung des Länderfinanzausgleichs, die nach einem Urteil des Bundesverfas-

Bremen

Landesfläche	404 km² (Rang 16/D)
Einwohner	0,67 Mio (Rang 16/D)
Arbeitslosigkeit	14,3% (1999)
BIP/Erwerbstät.	107 064 DM (1998)
Regierungschef	Henning Scherf (SPD)

Parlament Bürgerschaft mit 100 für vier Jahre gewählten Abgeordneten; 47 Sitze für SPD, 42 für CDU, 10 für Bündnis 90/Die Grünen, 1 für DVU (nächste Wahl: 2003); **www.bremen.de**

sungsgerichts (BVerfG, Karlsruhe) vom November 1999 notwendig geworden ist. Die bisherige Form des Finanzausgleichs zwischen reichen und strukturschwachen Bundesländern endet im Jahr 2004, danach müssen u. a. die Mittelzuwendungen des Bundes an die ärmeren Bundesländer deutlich beschränkt werden.

Landespolitik: Im Februar 2000 trat erstmals eine Sachverständigenkommission zusammen, welche die Personalsituation an Gerichten und Staatsanwaltschaften in B. untersucht. Vor dem Hintergrund notwendiger Einsparungen im Haushalt soll die Kommission den künftigen Personalbedarf in diesen Bereichen festlegen.

Mit den Stimmen von SPD und CDU beschloss die Bürgerschaft im September 1999 eine Verringerung der Abgeordnetenzahl des Landesparlaments. Von der nächsten Legislaturperiode im Jahr 2003 an soll es statt 100 nur noch 80 Abgeordnete geben. Die SPD gewann im September 1999 die Kommunalwahlen in Bremerhaven. Sie wurde mit 42,1% (1995: 29,7%) stärkste Fraktion im Stadtparlament. Die CDU erhielt einen Stimmenanteil von 39% (1995: 36,9%), Bündnis 90/Die Grünen rutschten auf 6,4% (1995:11,6%), die rechtsextreme DVU kam auf 5,2% (1995: 5,7%).

Finanzen: Der Senat beschloss im April 2000 einen Finanzplan für die Sanierung des Haushalts bis 2005. Ziel ist es, einen verfassungskonformen Haushalt vorzulegen und die Wirtschaftskraft von B. nachhaltig zu stärken. Voraussetzung sind weitere Einsparungen insbes. bei den Personalkosten und neue Investitionen in Maßnahmen zur wirtschaftlichen Stärkung der Stadt.

Wirtschaft: Das Bruttoinlandsprodukt (BIP) stieg 1999 nach vorläufigen Berechnungen real um 0,5% und lag unter dem bundesdeutschen Durchschnitt von 1,4%. Eine der Ursachen für die verhaltene Entwicklung lag in der Stagnation im Verarbeitenden Gewerbe. Die positive Entwicklung im Dienstleistungssektor, der in B. verglichen mit dem Bundesdurchschnitt jedoch unterrepräsentiert ist, reichte nicht aus, Rückgänge in anderen Wirtschaftsbereichen auszugleichen. Die Arbeitslosenquote sank 1999 auf 14,3% (1998: 15,2%). In den Häfen von Bremen und Bremerhaven wurden 1999 insgesamt 36 Mio t Güter umgeschlagen (1998: 34,5 Mio).

Bremen: Regierung

Ressort	Name (Partei, Amtsantritt), Geburtsjahr
Bürgermeister, Präs. des Senats, Kirchen, Justiz, Verfassung	Henning Scherf (SPD, 1995), *1938
Finanzen, Personal, Zweiter Bürgermeister	Hartmut Perschau (CDU, 1997), *1942
Inneres, Kultur und Sport	Bernt Schulte (CDU, 1999), *1942
Wirtschaft, Häfen, überregionaler Verkehr, Mittelstand, Technologie	Josef Hattig (CDU, 1997), *1931
Bildung und Wissenschaft	Willi Lemke (SPD, 1999), *1946
Frauen, Gesundheit, Jugend, Soziales, Arbeit	Hilde Adolf (SPD, 1999), *1953
Bau, örtlicher Verkehr, Umwelt, Energie	Christine Wischer (SPD, 1999), *1944

Hamburg

Seit September 1997 regiert Bürgermeister Ortwin Runde (SPD) mit einer Koalition von SPD und Grün-Alternativer Liste (GAL). Auf seine Initiative entstand im März 2000 eine Allianz für H. aus Vertretern aller Bürgerschaftsfraktionen, der Kirchen, Verbände, Gewerkschaften und Medien. Hauptziel ist die Unterstützung des Senats bei der Neuregelung des Länderfinanzausgleichs.

Bundespolitik: Im April 2000 verständigten sich zehn der 16 Bundesländer auf Eckpunkte der künftigen Gestaltung des Finanzausgleichs. Die Einwohnergewichtung für die Stadtstaaten Hamburg, Bremen und Berlin bleibt erhalten. Den besonderen Aufgaben und Belastungen der Stadtstaaten und dem höheren Finanzbedarf soll Rechnung getragen werden. Die bisherige Form des Finanzausgleichs läuft 2004 aus. Das Bundesverfassungsgericht hatte nach einer von Bayern, Baden-Württemberg und Hessen

Henning Scherf Präsident des Bremer Senats (SPD), * 31.10.1938 in Bremen. Nach der Wahlniederlage der Sozialdemokraten bei den Bürgerschaftswahlen 1995 bildete der studierte Jurist S. zusammen mit der CDU einen Senat der großen Koalition. Sie wurde bei den Landtagswahlen im Juni 1999 eindrucksvoll bestätigt. Seit 1978 ist S. Mitglied des Bremer Senats. 1984 wurde er in den Bundesvorstand der SPD gewählt.

Hamburg

Hamburg	
Landesfläche	755 km² (Rang 15/D)
Einwohner	1,71 Mio (Rang 14/D)
Arbeitslosigkeit	10,4% (1999)
BIP/Erwerbstät.	138 244 DM (1998)I
Regierungschef	Ortwin Runde (SPD)

Parlament Bürgerschaft mit 121 für vier Jahre gewählten Abgeordneten; 54 Sitze für SPD, 46 für CDU, 16 für Grün-Alternative Liste (GAL), 5 für Regenbogen – für eine neue Linke (nächste Wahl: 2001); **www.hamburg.de**

Ortwin Runde
Erster Bürgermeister
von Hamburg (SPD),
* 12.4.1944 in Elbing (Ost-
preußen). Nach der Nie-
derlage der SPD bei den
Bürgerschaftswahlen am
19.9.1997 und dem Rück-
tritt Henning Voscheraus
wurde der bisherige
Finanzminister R. dessen
Nachfolger. Der Volkswirt
und Soziologe regiert in
einer Koalition mit der
Grün-Alternativen Liste.

Hamburg: Regierung

Ressort	Name (Partei, Amts-antritt), Geburtsjahr
Erster Bürgermeister	Ortwin Runde (SPD, 1997), *1944
Wissenschaft u. For-schung, Gleichstellung, Zweite Bürgermeisterin	Krista Sager (GAL, 1997), *1953
Inneres	Hartmuth Wrocklage (SPD, 1994), *1939
Finanzen	Ingrid Nümann-Seide-winkel (SPD, 1997), *1943
Arbeit, Gesundheit und Soziales	Karin Roth (SPD, 1998), *1949
Justiz, Bezirksangelegenheiten	Lore Maria Peschel-Gutzeit (SPD, 1997), *1932
Wirtschaft	Thomas Mirow (SPD, 1997), *1953
Kultur	Christina Weiss (parteilos, 1991), *1953
Schule, Jugend und Berufsbildung	Ute Pape (SPD, 2000), *1949
Umwelt	Alexander Porschke (GAL, 1997), *1954
Bau	Eugen Wagner (SPD, 1983); *1942
Stadtentwicklung	Willfried Maier (GAL, 1997), *1942

eingereichten Klage im November 1999 entschieden, dass die Länder sich bis Ende 2002 auf eine neue Regelung einigen müssen, welche die Zuwendungen des Bundes an finanzschwache Länder kürzt.

Landespolitik: Die bisherige Bürger-schaftspräsidentin Ute Pape (SPD) wurde im April 2000 als Nachfolgerin von Rosemarie Raab (SPD) Schul- und Jugend-senatorin. Bürgerschaftspräsidentin wurde Dorothee Stapelfeldt (SPD).

Finanzen: Die Steuereinnahmen lagen 1999 knapp 780 Mio DM über der im Haus-halt angesetzten Summe. Wegen der von der rot-grünen Bundesregierung beschlossenen Steuerreform rechnete Finanzsenatorin In-grid Nümann-Seidewinkel (SPD) allein 2001 mit Steuerausfällen von 700 Mio DM.

Wirtschaft: Das Bruttoinlandsprodukt (BIP) erhöhte sich nach vorläufigen Berech-nungen im Jahr 1999 um real 1,2%, die Ar-beitslosenquote in H. sank 1999 auf 10,4% (1998:11,3%).

Im Juni 2000 entschied das Airbus-Konsor-tium, das geplante Großraumflugzeug Air-bus A 3XX teils in Toulouse/Frankreich, teils in H. zu bauen; bei den Dasa-Werken in H. soll u. a. der Innenausbau erfolgen. Das Airbus-Management rechnete mit 4000 neuen Arbeitsplätzen in H., davon 2000 in der Zulieferindustrie. Für die notwendige Erweiterung des Werksgeländes muss das Mühlenberger Loch, eine unter Naturschutz stehende Elbbucht, teilweise zugeschüttet werden. Die EU-Kommission hatte dafür im April 2000 grünes Licht gegeben.

Im November 1999 beschloss der Senat den Verkauf von 25,1% der Aktien der Hambur-gischen Electrizitäts-Werke (HEW) für 1,7 Mrd DM an den schwedischen Energiekon-zern Vattenfall. H. behielt einen Minder-heitsanteil von 25,1% an der HEW.

Gesellschaft: Als erstes Bundesland lega-lisierte H. im April 2000 Fixerstuben und folgte den seit Anfang April 2000 geltenden geänderten Bestimmungen des Betäubungs-mittelgesetzes. Drogenabhängige werden in den Einrichtungen medizinisch und sozial betreut und können hier unter hygienischen Bedingungen Drogen konsumieren. H. hatte sich im Bundesrat für die Legalisierung sol-cher Einrichtungen eingesetzt.

Justiz: Die Zahl der registrierten Straftaten sank 1999 gegenüber 1998 um 2628 (0,9%) auf 281 214. Der Anteil jugendlicher Straf-taten ging um 19% auf 31 097 zurück.

Hessen

Das Land H. wird seit April 1999 von einer CDU/FDP-Koalition unter Ministerpräsi-dent Roland Koch (CDU) regiert. Im Land-tag kann sie sich auf eine knappe Mehrheit von zwei Stimmen stützen. In der Regie-rung stellt die CDU sechs, die FDP zwei Minister. Der durch die Erklärung des ehe-maligen hessischen CDU-Vorsitzenden und früheren Bundesinnenministers Manfred Kanther im Januar 2000 bekannt gewordene Finanzskandal der hessischen CDU zog

Hessen

Hessen	
Landesfläche	21 114 km² (Rang 7/D)
Einwohner	6,04 Mio (Rang 5/D)
Hauptstadt	Wiesbaden (267 574 Einwohner)
Arbeitslosigkeit	8,3% (1999)
BIP/Erwerbstät.	121 063 DM (1998)
Regierungschef	Roland Koch (CDU)

Parlament Landtag mit 110 für vier Jahre gewählten Abgeordneten; 50 Sitze für CDU, 46 für SPD, 8 für Bündnis 90/Die Grünen, 6 für FDP (nächste Wahl: 2003); **www.hessen.de**

auch den amtierenden Ministerpräsidenten Koch in Mitleidenschaft. Versuche der Opposition, Neuwahlen in Hessen herbeizuführen, scheiterten jedoch ebenso wie Bestrebungen einzelner Gruppen in der FDP, die Koalition mit der CDU aufzukündigen.

Landespolitik: Der Hessische Landtag lehnte im Januar 2000 mit den Stimmen von CDU und FDP den Antrag von SPD und Bündnis 90/Die Grünen auf Selbstauflösung und Neuwahlen ab. Die Oppositionsparteien hatten dies gefordert, nachdem Kanther eingeräumt hatte, dass die hessische CDU über schwarze Auslandskonten verfügte. Nach Auffassung von SPD und Bündnis 90/Die Grünen wurde der CDU-Wahlkampf zur letzten Landtagswahl z. T. mit Geld aus Schwarzkonten finanziert.

Im März 2000 begann das Wahlprüfungsgericht in H. mit der Untersuchung der Rechtmäßigkeit der Landtagswahl von 1999. Die Landesregierung reichte im Mai 2000 vor dem Bundesverfassungsgericht (BVerfG, Karlsruhe) gegen das Gericht Klage ein. Nach ihrer Ansicht ist das Wahlprüfungsgericht, gegen dessen Entscheidung keine Berufung möglich ist, verfassungswidrig. Kritisiert wird u. a. die Zusammensetzung des Gerichts aus zwei Richtern und drei Landtagsabgeordneten.

Finanzen: Die Steuereinnahmen lagen in H. 1999 um 1,9 Mrd DM höher als erwartet. Von den Mehreinnahmen verblieben nur 811 Mio in H., mehr als die Hälfte des Geldes musste in den Länderfinanzausgleich abgeführt werden. H. überwies 1999 insgesamt 4,8 Mrd DM in diesen Fonds.
Im Dezember 1999 beschloss der Landtag mit Zustimmung von CDU und FDP den Haushalt 2000 von 39,5 Mrd DM. Die Neuverschuldung beträgt 1,35 Mrd DM. 45% der Ausgaben sind Personalkosten.

Wirtschaft: Das Bruttoinlandsprodukt (BIP) stieg nach vorläufigen Berechnungen 1999 um 1,8% und lag über dem bundesdeutschen Durchschnitt (1,4%), die Arbeitslosenquote sank auf 8,3% (1998: 9,0%).
Im November 1999 beschloss das Kabinett die Gründung der Investitionsbank Hessen AG (IBH). Über das neue Institut, an dem die Landesbank Hessen-Thüringen (Helaba) beteiligt ist, sollen Förderprogramme abgewickelt werden. Die Gründung kleinerer und mittlerer Betriebe in H. wird unterstützt und die Infrastruktur verbessert.

Hessen: Regierung

Ressort	Name (Partei, Amtsantritt), Geburtsjahr
Ministerpräsident	Roland Koch (CDU, 1999), *1958
Bundes- und Europaangelegenheiten, Chef der Staatskanzlei	Franz Josef Jung (CDU, 1999), *1949
Justiz	Christean Wagner (CDU, 1999), *1943
Inneres, Sport	Volker Bouffier (CDU, 1999), *1951
Finanzen	Karlheinz Weimar (CDU, 1999), *1950
Kultus	Karin Wolff (CDU, 1999), *1959
Wissenschaft und Kunst	Ruth Wagner (FDP, 1999), *1940
Wirtschaft, Verkehr, Landesentwicklung	Dieter Posch (FDP, 1999), *1944
Umwelt, Landwirtschaft und Forsten	Wilhelm Dietzel (CDU, 1999), *1948
Soziales	Marlies Mosiek-Urbahn (CDU, 1999), *1946

Justiz: Der Europäische Gerichtshof entschied im März 2000, dass das 1993 verabschiedete hessische Gesetz zur Frauenförderung nicht gegen die EU-Richtlinien über die Gleichbehandlung von Männern und Frauen verstoße. Da das Gesetz bei Einstellungen und Beförderungen keine absolute und unbedingte Bevorzugung von Frauen verlange, seien Männer nicht unzulässig benachteiligt. Gegen das Gesetz hatten 46 Mitglieder der CDU-Fraktion 1994 Normenkontrollklage erhoben.
Das hessische Kabinett billigte im März 2000 den Gesetzentwurf über einen Freiwilligen Polizeidienst. Freiwillige Hilfskräfte sollen zunächst bis Ende 2001 in vier hessischen Städten die Polizei bei ihren Aufgaben unterstützen. Die Landesregierung plante, in H. die bundesweit erste z. T. privat betriebene Haftanstalt zu errichten. Die Justizvollzugsanstalt mit 500 Plätzen soll bis 2004 fertig gestellt sein.
Bildung: Das Kabinett billigte im März 2000 den Entwurf für eine Novelle des Hochschulgesetzes. Schwerpunkte sind die Reform der Universitätsverwaltung, die Einführung obligatorischer Zwischenprüfungen und die Regelung der Frauenförderung. Mit der Zuweisung von Globalbudgets erhalten die Universitäten und Fachhochschulen eine weitgehende finanzielle Selbstständigkeit.

Roland Koch
Ministerpräsident von Hessen (CDU), *24.3.1958 in Frankfurt/M. Der Jurist ist seit 1987 Mitglied des hessischen Landtags, seit 1989 umweltpolitischer Sprecher seiner Fraktion. 1993 wurde er Fraktionsvorsitzender, nachdem er 1990/91 das Amt schon einmal inne hatte. 1998 trat er die Nachfolge von Manfred Kanther als CDU-Landesvorsitzender an.

Mecklenburg-Vorpommern

Landesfläche	23 170 km² (Rang 6/D)
Einwohner	1,79 Mio (Rang 13/D)
Hauptstadt	Schwerin (105 213 Einwohner)
Arbeitslosigkeit	18,2% (1999)
BIP/Erwerbstät.	46 006 DM (1998)
Regierungschef	Harald Ringsdorff (SPD)

Parlament Landtag mit 71 für vier Jahre gewählten Abgeordneten;
27 Sitze für SPD, 24 für CDU, 20 für PDS (nächste Wahl: 2002);
www.mecklenburg-vorpommern.de

Harald Ringsdorff
Ministerpräsident von
Mecklenburg-Vorpom-
mern (SPD) * 25.9.1939 in
Wittenburg (Mecklenburg).
Der Chemiker gehörte vor
der Wende in der DDR
1989 zu den Gründern der
damals illegalen SPD in
Rostock. In der Großen
Koalition von CDU und
SPD 1994–98 wurde er
Stellvertreter des damals
regierenden Berndt Seite
(CDU) und übernahm das
Wirtschaftsressort. Seit
1998 führt er in Mecklen-
burg-Vorpommern die
erste Koalition von SPD
und PDS auf Landes-
ebene an.

 # Mecklenburg-Vorpommern

Die von Ministerpräsident Harald Ringsdorff (SPD) seit November 1998 geführte,
bundesweit erste Koalitionsregierung von
SPD und PDS war Anfang 2000 durch einen
schulpolitischen Streit ernsthaft belastet.

Bildung: Im Koalitionsstreit gab die PDS
im März 2000 nach: Die schulartenunabhängige Orientierungsstufe wird in M. nicht
eingeführt. Die SPD war im November
1999 von dem im Koalitionsvertrag festgelegten Plan abgerückt, im Anschluss an
die vierte Klasse eine Orientierungsstufe
einzurichten, in der alle Kinder gemeinsam
unterrichtet werden sollten, so dass erst
nach der sechsten Klasse eine Differenzierung in Schularten erfolgt wäre. Die PDS
wollte die Klassenverbände generell bis zur
sechsten Klasse erhalten.

Bundespolitik: Auf einem Treffen im
Januar 2000 im Ostseebad Boltenhagen

Mecklenburg-Vorpommern: Regierung

Ressort	Name (Partei, Amts-antritt), Geburtsjahr
Ministerpräsident, Justiz	Harald Ringsdorff (SPD, 1998), *1939
Arbeit, Bau, Landesent-wickl., stellv. Ministerpräs.	Helmut Holter (PDS, 1998), *1953
Inneres	Gottfried Timm (SPD, 1998), *1956
Finanzen	Sigrid Keler (SPD, 1996), *1942
Ernährung, Land-wirtschaft, Forsten, Fischerei	Till Backhaus (SPD, 1998), *1959
Umwelt	Wolfgang Methling (PDS, 1998), *1947
Wirtschaft	Rolf Eggert (SPD, 1998), *1944
Bildung und Wissenschaft	Peter Kauffold (SPD, 1998), *1937
Soziales	Martina Bunge (PDS, 1998), *1951

vereinbarten die fünf norddeutschen Küs-
tenländer Schleswig-Holstein, Hamburg,
Bremen, Niedersachsen und M. enge politische Zusammenarbeit und regelmäßige
Konferenzen. Die fünf sozialdemokratisch
regierten Länder wollten bundespolitisch
ein Gegengewicht schaffen zu den CDU-
regierten Ländern Bayern, Baden-Württemberg und Hessen, deren Klage gegen den
Finanzausgleich die norddeutschen Länder
als gegen ihre Interessen gerichtet ansehen.

Landespolitik: Nach Kritik der Kirchen
und Gewerkschaften änderte die Regierung
im April 2000 die Bäderverordnung, die in
192 Orten eine verlängerte Öffnungszeit ermöglicht hatte. Künftig dürfen die Geschäfte nur noch in knapp 100 Orten zwischen
März und Oktober auch an Sonntagen öffnen. Nicht mehr dazu gehören die Zentren
der sechs größten Städte in M.

Finanzen: Im Dezember 1999 verabschiedete der Landtag mit den Stimmen von SPD
und PDS den Haushalt 2000 in Höhe von
14,04 Mrd DM. Größte Einzeletats sind das
Bildungs- (2,7 Mrd DM) und das Wirtschaftsressort (1,8 Mrd DM). Die geplante
Neuverschuldung wurde gegenüber 1999
um ein Drittel auf 650 Mio DM gesenkt. Bis
2003 soll die Kreditaufnahme auf 400 Mio
DM sinken. Ende 1999 hatte M. rund 14,1
Mrd DM Schulden.

Wirtschaft: Das Bruttoinlandsprodukt
(BIP) in M. erhöhte sich 1999 nach ersten
Berechnungen real um 1,7%. Konjunktur-
motoren waren das hohe Wachstum im
Verarbeitenden Gewerbe (6,9%) und gute
Ergebnisse in Handel, Gastgewerbe und
Verkehr. Die Zahl der Konkurse erhöhte
sich 1999 gegenüber dem Vorjahr um 4,5%
auf 838. Von Insolvenzen am stärksten be-
troffen war das Baugewerbe mit 360 Fällen.
Die Arbeitslosigkeit sank 1999 auf 18,2%
(1998: 19,2%).

Der Tourismus gewann 1999 weiter an Bedeutung. Es wurden 3,8 Mio Gäste in M. registriert (+13,5%). Der Anteil der ausländischen Besucher betrug 11,8%. Die Zahl der
Übernachtungen erhöhte sich um 17,6% auf
15,6 Mio. Die Auslastungsquote in den
Übernachtungsbetrieben verbesserte sich
auf 33,9% (1998: 33,2%). Rund 12% aller
Beschäftigten in M. arbeiteten 1999 im
Fremdenverkehr. Nach ersten Berechnungen betrug das Bruttoumsatzvolumen in der
Tourismusbranche rund 5,7 Mrd DM.

Justiz: Die Zahl der registrierten Straftaten ging 1999 in M. um 7,7% auf 187 785 Fälle zurück. Besonders deutlich war der Rückgang der Diebstahlsdelikte um mehr als 15 000 Fälle. Die Aufklärungsquote der Polizei konnte auf 47,4% (1998: 43,1%) angehoben werden. 19 775 (1998: 19 585) Straftaten wurden von Jugendlichen zwischen 14 und 21 Jahren verübt. Die Anzahl registrierter rechtsextremistischer Straftaten verringerte sich 1999 um 45 auf 268. Die Zahl der Gewalttaten stieg auf 53 (1998: 51). Etwa 800 Personen werden in M. dem harten Kern der Neonazis zugerechnet.

Niedersachsen

Nach dem Rücktritt von Gerhard Glogowski (SPD) steht Sigmar Gabriel (*1959; SPD) seit Dezember 1999 als jüngster deutscher Ministerpräsident an der Spitze der SPD-Alleinregierung in N. Gabriel kündigte die Fortsetzung der bisherigen Politik an, vor allem die finanzielle Konsolidierung des mit über 70 Mrd DM verschuldeten Landes. Bis Ende der Legislaturperiode 2003 sollen 2000 neue Lehrerstellen geschaffen werden.
Landespolitik: SPD-Fraktionsvorsitzender Gabriel wurde am 15.12.1999 vom Landtag zum Regierungschef gewählt. Er trat die Nachfolge von Gerhard Glogowski (SPD) an, der wegen einer Reisekosten-Affäre und dem Vorwurf der Vermischung privater und dienstlicher Angelegenheiten nach nur 13 Monaten Amtszeit im November 1999 zurückgetreten war. Mit der Klärung der Vorwürfe, die Glogowski stets zurückwies, ein von der Landesregierung eingesetzter Sonderermittler aber in wesentlichen Punkten bestätigte, beschäftigte sich von Januar bis Juni 2000 auch ein Untersuchungsausschuss des Landtags. Als Konsequenz aus der Affäre regte Gabriel an, die Zahl der Aufsichtsratsmandate für Minister auf zwei zu begrenzen. Nach dem geänderten Ministergesetz soll die Übernahme der Mandate nur bei Firmen möglich sein, an denen das Land beteiligt ist. Die Bestimmungen über Flugreisen der Minister sollen schärfer gefasst werden.
Finanzen: Im November 1999 reichten die CDU-Landtagsfraktion und neun Kommunen vor dem Staatsgerichtshof Klage wegen des geplanten kommunalen Finanzaus-

Niedersachsen

Niedersachsen	
Landesfläche	47 612 km² (Rang 2/D)
Einwohner	7,88 Mio (Rang 4/D)
Hauptstadt	Hannover (506 252 Einwohner)
Arbeitslosigkeit	10,3 % (1999)
BIP/Erwerbstät.	94 357 DM (1998)
Regierungschef	Sigmar Gabriel (SPD)

Parlament Landtag mit 157 für fünf Jahre gewählten Abgeordneten; 83 Sitze für SPD, 62 für CDU, 11 für Bündnis 90/Die Grünen, 1 für PDS (nächste Wahl: 2003); **www.niedersachsen.de**

Niedersachsen: Regierung

Ressort	Name (Partei, Amtsantritt), Geburtsjahr
Ministerpräsident	Sigmar Gabriel (SPD, 1999), *1959
Frauen, Arbeit, Soziales, stellv. Ministerpräsidentin	Heidi Merk (SPD, 1998), *1945
Inneres	Heiner Bartling (SPD, 1998), *1946
Finanzen	Heinrich Aller (SPD, 1998), *1947
Wirtschaft, Technologie, Verkehr	Peter Fischer (SPD, 1990), *1941
Justiz, Europa	Wolf Weber (SPD, 1998), *1946
Wissenschaft, Kultur	Thomas Oppermann (SPD, 1998), *1954
Kultus	Renate Jürgens-Pieper (SPD, 1998), *1951
Ernährung, Landwirtschaft, Forsten	Uwe Bartels (SPD, 1998), *1946
Umwelt	Wolfgang Jüttner (SPD, 1998), *1948
Bundes- und Europaangelegenheiten	Wolfgang Senff (SPD, 1999), * 1941

Sigmar Gabriel
Ministerpräsident von Niedersachsen (SPD), * 12.9.1959 in Goslar. G. trat mit 18 Jahren in die SPD ein und war kurze Zeit als Lehrer (Deutsch und Gemeinschaftskunde) tätig. 1990 wurde er in den Landtag gewählt. In den 90er Jahren war er ein enger Vertrauter des damaligen Fraktionschefs Gerhard Glogowski und des niedersächsischen Ministerpräsidenten Gerhard Schröder. 1998 wurde er Vorsitzender der SPD-Landtagsfraktion, im Dezember 1999 als Nachfolger Glogowski mit 40 Jahren jüngster Ministerpräsident eines Bundeslandes.

gleichs ein. Nach 1995 und 1997 muss das Gericht ein drittes Mal über das umstrittene Gesetz verhandeln, das in N. die Mittelverteilung zwischen Land und den Kommunen regelt.
Nach einer Entscheidung des Oberverwaltungsgerichts Lüneburg vom November 1999 muss N. Förderabgaben von 2,3 Mrd DM, die das Land von der hannoverschen BEB Erdgas und Erdöl GmbH 1980–88 zu viel kassiert hat, an das Unternehmen zurückzahlen. Sofern die von N. angekündigte Revision vor dem Bundesverfassungsgericht (BVerG, Karlsruhe) erfolglos bleibt, kommen auf das Land Zahlungen von 187 Mio DM zu. Zudem und Gemeinden müssten im Rahmen des kommunalen Finanzausgleichs 38 Mio DM zahlen. Der größte Teil der Summe ginge über den Finanzausgleich zu Lasten der übrigen Bundesländer.

643

Wirtschaft: Das Bruttoinlandsprodukt (BIP) stieg 1999 nach vorläufigen Berechnungen real um 1,0%. Die Arbeitslosigkeit in N. sank 1999 auf 10,3% (1998:11,1%).
Justiz: Die Zahl der registrierten Straftaten verringerte sich 1999 um 3,5% auf 547 902 Delikte. Rückläufig war insbes. die Zahl der Diebstähle um 6% auf 298 500 Fälle. Die polizeiliche Aufklärungsquote betrug 50,3%. Insgesamt wurden 199 800 Tatverdächtige ermittelt, darunter 31% unter 21 Jahren. Lt. Verfassungsschutz stieg die Zahl militanter Rechtsextremisten und Skinheads in N. 1999 um 10% auf ca. 1100 Personen. Die Zahl rechtsextremistischer Gewalttaten erhöhte sich auf 44 (1998: 25), fremdenfeindliche Delikte wurden 35 registriert (1998: 24).

Bildung: Kultusministerin Renate Jürgens-Pieper kündigte im April 2000 an, dass eine Reihe von niedersächsischen Schulen ab 2000/2001 probeweise selbst über einen Teil ihrer Personalkosten entscheiden kann. Die Schulen erhalten ein eigenes Budget, das für zusätzliches Personal, etwa für Vertretungen, aufzuwenden ist. Gelder, die nicht eingesetzt werden müssen, verbleiben den Schulen und können an anderer Stelle investiert werden.
Das Kabinett beschloss im März 2000, die Effizienz der seit mehr als 20 Jahren in N. bestehenden Orientierungsstufe untersuchen zu lassen. Sie umfasst die fünfte und sechste Klasse und soll eine fundiertere Entscheidung über den weiteren Schulbesuch der Kinder ermöglichen.

Nordrhein-Westfalen	
Landesfläche	34 072 km^2 (Rang 4/D)
Einwohner	17,98 Mio (Rang 1/D)
Hauptstadt	Düsseldorf (567 396 Einwohner)
Arbeitslosigkeit	10,2% (1999)
BIP/Erwerbstät.	100 128 DM (1998)
Regierungschef	Wolfgang Clement (SPD)

Parlament Landtag mit 231 für fünf Jahre gewählten Abgeordneten; 102 Sitze für SPD, 88 für CDU, 24 für FDP, 17 für Bündnis 90/Die Grünen (nächste Wahl: 2005); www.nrw.de

Nordrhein-Westfalen: Regierung	
Ressort	Name (Partei, Amtsantritt), Geburtsjahr
Ministerpräsident	Wolfgang Clement (SPD, 1998), *1940
Wohnen und Bauen, stellv. Minister-präsident, Kultur, Sport	Michael Vesper (Bündnis 90/Die Grünen, 1995), *1952
Finanzen	Peer Steinbrück (SPD, 2000), *1947
Wirschaft, Mittelstand, Technologie, Verkehr	Ernst Schwanhold (SPD, 2000), *1948
Inneres	Fritz Behrens (SPD, 1995), *1948
Justiz	Jochen Dieckmann (SPD, 1999), *1948
Arbeit, Soziales, Qualifikation, Technologie	Harald Schartau (SPD, 2000), *1953
Umwelt, Naturschutz, Landwirtschaft, Verbraucherschutz	Bärbel Höhn (Bündnis 90/Die Grünen, 1995), *1952
Schule, Wissenschaft, Forschung	Gabriele Behler (SPD, 1985), *1951
Frauen, Jugend, Familie, Gesundheit	Birgit Fischer (SPD, 1998), *1953
Europa- und Bundesangelegenheiten[1]	Detlev Samland (SPD, 2000), *1953

1) der Staatskanzlei zugeordnet

 Nordrhein-Westfalen

Nach den Landtagswahlen im Mai 2000 blieb Wolfgang Clement (SPD) Ministerpräsident von N. Die SPD konnte ihre Position als stärkste Fraktion im Landtag trotz Verlusten behaupten. Nach langwierigen Verhandlungen wurde Mitte Juni 2000 die Fortsetzung der Koalition mit Bündnis 90/ Die Grünen vereinbart. Im Kabinett gab es zwei Änderungen: Harald Schartau (SPD) übernahm von Ilse Brusis das um Qualifizierung und Technologie erweiterte Arbeitsressort. Das neue Ressort für Europaangelegenheiten führt Detlev Samland (SPD); es ist der Staatskanzlei zugeordnet.
Wahlen: Bei den Wahlen am 14.5.2000 mussten alle drei bis dahin im Landtag vertretenen Parteien Stimmenverluste hinnehmen. Auf die SPD entfielen 42,8% (1995: 46,0%), auf die CDU 37,0% (37,7%), auf Bündnis 90/Die Grünen 7,1% (10,0%). Klarer Gewinner war die FDP, die unter ihrem Landeschef Jürgen Möllemann mit 9,8% (4,0%) nach fünf Jahren wieder den Einzug in den Landtag schaffte. Die Wahlbeteiligung betrug 56,7% (1995: 64,0%).
Aus den Kommunalwahlen im September 1999 ging die CDU als klare Siegerin hervor. Sie erhielt 8568 (+762) Mandate in Kreistagen und Stadträten, die SPD nur noch 5294 (−1624). In den Großstädten und Kreisen stellen Christdemokraten nun 14 (+11) der 23 Oberbürgermeister und 28 (+11) von 31 Landräten.

Landespolitik: Im Januar 2000 trat Finanzminister Heinz Schleußer (SPD) wegen der sog. Flugaffäre zurück. Er hatte entgegen früheren Aussagen einräumen müssen, seine Dienstflüge nach Jugoslawien mit privater Begleitung durchgeführt zu haben. Nachfolger Schleußers wurde der bisherige Wirtschafts- und Verkehrsminister Peer Steinbrück (SPD), dessen Amt der stellv. Fraktionsvorsitzende der SPD im Bundestag, Ernst Schwanhold, übernahm.

Bei der Flugaffäre, mit der sich seit dem 10.1.2000 ein Untersuchungsausschuss des Düsseldorfer Landtags beschäftigt, geht es um die Frage, ob Mitglieder der Landesregierung von N. die Flugbereitschaft der Westdeutschen Landesbank (WestLB) zu privaten bzw. Parteizwecken genutzt haben. Auch gegen den Ex-Ministerpräsidenten und seit 1999 amtierenden Bundespräsidenten Johannes Rau (SPD) wurden Vorwürfe erhoben, die Rau allerdings bestritt.

Der Landtag verabschiedete im April 2000 die zweite Stufe der Verwaltungsreform. Das Gesetz erweitert die Kompetenzen der fünf Regierungsbezirke. Acht der bisher 15 Landesoberbehörden werden aufgelöst. Gegen die Reform reichten die Landschaftsverbände Rheinland und Westfalen-Lippe Klage vor dem Verfassungsgericht von N. ein. Beide Verbände verlieren durch die Neuregelung ihre Mitzuständigkeit im Straßenbau.

Mit den Stimmen von SPD und Bündnis 90/Die Grünen beschloss der Landtag im November 1999 ein Gleichstellungsgesetz. Es stärkt die Position der Gleichstellungsbeauftragten und verpflichtet Städte und Gemeinden, Förderpläne für weibliche Beschäftigte aufzustellen. Im Bereich der Hochschulen wird die Vergabe bestimmter Landesmittel mit der Einhaltung von Frauenförderplänen verknüpft.

Wirtschaft: Der Anstieg des Bruttoinlandsprodukts (BIP) blieb 1999 nach vorläufigen Berechnungen mit real 0,9% unter dem Bundesdurchschnitt von 1,4%. Die Arbeitslosenquote in NRW sank 1999 auf 10,2% (1998: 10,7%).

Im Streit um die Übertragung von Vermögen der landeseigenen Wohnungsbauförderungsgesellschaft (WfA) an die WestLB in Höhe von 1,57 Mrd DM reichte die EU-Kommission im April 2000 vor dem Europäischen Gerichtshof (Luxemburg) Klage

gegen die Bundesrepublik ein. Die EU-Kommission hatte im Juli 1999 gefordert, dass die ihrer Auffassung nach als verdeckte Beihilfe zu wertende Vermögensübertragung von der WestLB zurückzuzahlen sei. Die Bundesrepublik wird verklagt, weil sie den Beschluss der Kommission nicht umgesetzt hat. Das Land N. bestreitet, dass es sich bei der Übertragung um Subventionen handelte.

Justiz: Die Zahl der registrierten Straftaten blieb 1999 in N. mit 1,3 Mio fast unverändert. Diebstähle machten einen Anteil von 53,6% aus. Die Zahl der Gewaltdelikte ging um 1,4% zurück. Die Aufklärungsquote erreichte mit 50,1% (1998: 49,8%) den höchsten Stand seit 1974.

Bildung: Im April 2000 teilte Bildungsministerin Gabriele Behler (SPD) mit, dass in N. ab August 2003 für alle Grundschulen ab Klasse drei Englisch als Unterrichtsfach eingerichtet wird. Für die geplanten zwei Wochenstunden in den dritten und vierten Klassen werden 1200 neue Lehrerstellen benötigt. Mit den Stimmen von SPD und Bündnis 90/Die Grünen beschloss der Landtag im Februar 2000 ein neues Hochschulgesetz, das die Stellung der Rektoren und Hochschulpräsidenten stärkt. Die Fachhochschulen sollen gegenüber den Universitäten weiter aufgewertet werden.

Nordrhein-Westfalen: Landtagswahl 2000

Partei	Stimmen 2000 (%)	Veränd.[1]	Sitze	Veränd.[2]
SPD	42,8	▽ –3,2	102	▼ – 6
CDU	37,0	▼ –0,7	88	▼ – 1
FDP	9,8	▲ +5,8	24	▲ +24
Bü90/Grüne	7,1	▼ –2,9	17	▽ – 7
Sonstige	3,3	▲ +1,0	0	● 0

1) gegenüber 1995 (Prozentpunkte); 2) gegenüber 1995

Wolfgang Clement
Ministerpräsident von Nordrhein-Westfalen (SPD), * 7.7.1940 in Bochum. Im Mai 1998 übernahm der bisherige Minister für Wirtschaft und Mittelstand, Technologie und Verkehr (1995–98) das Amt des Ministerpräsidenten von Johannes Rau, der von 1978–98 an der Spitze des Landes Nordrhein-Westfalen gestanden hatte. C. arbeitete als Journalist 1969–81 für die Westfälische Rundschau und 1987/88 als Chefredakteur der Hamburger Morgenpost. Ab 1989 leitete er die Staatskanzlei in NRW.

 Rheinland-Pfalz

Seit 1996 steht Ministerpräsident Kurt Beck (SPD) an der Spitze einer SPD/FDP-Regierung. Der einzigen sozialliberalen Landesregierung gehören sechs SPD- und zwei FDP-Minister an.

Landespolitik: Der Landtagsabgeordnete Herbert Martin (FDP) wurde im September 1999 Nachfolger von Justizminister Peter

Rheinland-Pfalz

Landesfläche	19852 km² (Rang 9/D)
Einwohner	4,05 Mio (Rang 7/D)
Hauptstadt	Mainz (199046 Einwohner)
Arbeitslosigkeit	8,2% (1999)
BIP/Erwerbstät.	95854 DM (1998)
Regierungschef	Kurt Beck (SPD)

Parlament Landtag mit 101 für fünf Jahre gewählten Abgeordneten; 43 Sitze für SPD, 41 für CDU, 10 für FDP, 7 für Bündnis 90/Die Grünen (nächste Wahl: 17.5.2001); **www.rlp.de**

Kurt Beck
Ministerpräsident von Rheinland-Pfalz (SPD), * 5.2.1949 in Bad Bergzabern. Bei den Landtagswahlen vom 24.3.1996 wurde die seit 1994 unter B. als Ministerpräsident amtierende Regierungskoalition mit der FDP bestätigt. Ein Mandat für den Landtag erhielt B. erstmals 1979. 1994 löste er Rudolf Scharping als Regierungschef ab.

Caesar (FDP), der im August 1999 aus Gesundheitsgründen von seinem Amt zurückgetreten war. Im Februar 2000 beschloss der Landtag mit den Stimmen der Regierungskoalition und der oppositionellen CDU eine Reform der Landesverfassung. Das Staatsziel wurde um eine Reihe von Bestimmungen ergänzt. Sie betreffen u. a. den Schutz des ungeborenen Lebens, die Achtung sprachlicher und ethnischer Minderheiten, den Tierschutz und die soziale Marktwirtschaft. Erstmals wurde in der Landesverfassung die Rolle der Opposition im Parlament explizit geregelt. Geändert wurden auch die Fristen und Quoten bei Volksbegehren und Volksentscheiden.

Finanzen: Nach Plänen der Landesregierung soll die jährliche Nettokreditaufnahme weiter verringert werden. 1999 betrug sie 1,57 Mrd DM, für 2000 wurden 1,55 Mrd DM veranschlagt, für 2001 sind 1,28 Mrd DM vorgesehen. Der Doppelhaushalt 2000 und 2001 sieht Ausgaben von 21,85 Mrd DM bzw. 22,19 Mrd DM vor. 1999 war R. mit insgesamt 36 Mrd DM verschuldet.

Wirtschaft: Das Bruttoinlandsprodukt (BIP) stieg nach vorläufigen Berechnungen 1999 um real 1,6% und lag knapp über dem Bundesdurchschnitt von 1,4%. Die Arbeitslosenquote sank auf 8,2% (1998: 8,8%). Die Zahl der Firmeninsolvenzen ging 1999 gegenüber dem Vorjahr um 23,8% auf 851 zurück. Am stärksten betroffen war die Baubranche mit 250 Pleiten.

Justiz: Die Zahl der registrierten Straftaten erhöhte sich 1999 um ungefähr 4700 auf 267442 Fälle. Nach Angaben von Innenminister Walter Zuber (SPD) ist der Anstieg eine Folge von Ermittlungen gegen Ärzte und Laborbetreiber, in deren Verlauf rund 10 000 Einzelverfahren wegen betrügerischer Abrechnungen bearbeitet wurden. Die polizeiliche Aufklärungsquote in R. betrug 56,9% (1998: 56,9%).

Rheinland-Pfalz: Regierung

Ressort	Name (Partei, Amtsantritt), Geburtsjahr
Ministerpräsident	Kurt Beck (SPD, 1994), *1949
Wirtschaft, Verkehr, Landwirtschaft, Weinbau, stellv. Ministerpräsident	Hans-Artur Bauckhage (FDP, 1998), *1943
Inneres und Sport	Walter Zuber (SPD, 1991), *1943
Finanzen	Gernot Mittler (SPD, 1993), *1940
Justiz	Herbert Mertin (FDP, 1999), *1958
Arbeit, Soziales, Gesundheit	Florian Gerster (SPD, 1994), *1949
Kultur, Jugend, Familie und Frauen	Rose Götte (SPD, 1991), *1938
Umwelt und Forsten	Klaudia Martini (SPD, 1991), *1950
Bildung, Wissenschaft, Weiterbildung	E. Jürgen Zöllner (SPD, 1991), *1945

Die Zahl der Ermittlungsverfahren wegen rechtsextremistischer und fremdenfeindlicher Delikte in R. stieg 1999 gegenüber dem Vorjahr um 22% auf 849 Verfahren, vor allem Prozesse wegen Verbreitung von verfassungswidrigem Propagandamaterial und Verwendung von Abzeichen verfassungsfeindlicher Organisationen. Die Ermittlungen wegen Landfriedensbruch, Körperverletzung und Brandstiftung blieben mit 19 Fällen nahezu unverändert.

 Saarland

Mit Peter Müller regiert erstmals seit 1985 wieder ein Christdemokrat im S. Im Landtag verfügt die CDU nach den Landtagswahlen vom 5.9.1999 über eine Stimme Mehrheit. Durch gezielte Mittelstands- und Existenzgründerförderung, ein umfangreiches Privatisierungsprogramm – das Land will sich u. a. von Beteiligungen an Stahlunternehmen trennen – und die Unterstützung zukunftsträchtiger Technologien wie der Informationstechnik erhofft sich die CDU-Regierung Impulse für die Bewältigung des Strukturwandels in S.

Bundespolitik: Im Februar 2000 brachte das S. einen Entwurf für ein neues Parteiengesetz in den Bundesrat ein. Er sieht bei Verstößen u. a. Freiheitsstrafen von sechs Monaten bis zu fünf Jahren vor. Das Recht auf Bekleidung öffentlicher Ämter soll grundsätzlich aberkannt werden können.

Landespolitik: Bei der Landtagswahl am 5.9.1999 erhielt die CDU 45,5% der Stimmen und kann mit der absoluten Mehrheit der Mandate regieren. Die vom damaligen Ministerpräsidenten Reinhard Klimmt in den Wahlkampf geführte SPD verlor fünf Prozentpunkte (44,4%). Bündnis 90/Die Grünen und die FDP scheiterten an der Fünf-Prozent-Hürde. Die Wahlbeteiligung betrug 68,7% (1994: 83,5%). Der Landtag im S. ist das einzige deutsche Landesparlament mit nur zwei Parteien. Das noch im September 1999 ernannte Kabinett umfasst sieben statt wie bisher sechs Minister, da das gemeinsame Ressort für Wirtschaft und Finanzen wieder geteilt wurde. Nach heftiger Kritik gab Müller seine Absicht auf, zusätzlich zum Ministerpräsidentenamt auch das Justizressort zu übernehmen.

Finanzen: Lt. Finanzminister Peter Jacoby (CDU) wird die Verschuldung des S. 2000 um 67 Mio DM steigen. Ursache ist die verringerte Sonderzuweisung für das S. aus dem Bundeshaushalt zum Abbau seiner Schulden. 1999–2004 bekommt das S. Bundesbeihilfen von insgesamt 5 Mrd DM.

Wirtschaft: Das Bruttoinlandsprodukt (BIP) wuchs nach vorläufigen Berechnungen 1999 real um 1,7%, etwas stärker als im Bundesdurchschnitt (1,4%). Zum Wirtschaftswachstum im S. trugen der Dienstleistungssektor, Automobilindustrie mit Zulieferern sowie der Maschinenbau bei,

Saarland	
Landesfläche	2570 km² (Rang 13/D)
Einwohner	1,07 Mio (Rang 15/D)
Hauptstadt	Saarbrücken (184 787 Einwohner)
Arbeitslosigkeit	10,8% (1999)
BIP/Erwerbstät.	92 695 DM (1998)
Regierungschef	Peter Müller (CDU)

Parlament Landtag mit 51 für fünf Jahre gewählten Abgeordneten; 26 Sitze für CDU, 25 für SPD (nächste Wahl: 2004); **www.saarland.de**

Saarland: Landtagswahl 1999

Partei	Stimmen 1999 (%)	Veränd.[1]	Sitze	Veränd.[2]
SPD	44,4	▽ –5,0	25	▼ –2
CDU	45,5	▲ +6,9	26	▲ +5
Bü90/Grüne	3,2	▼ –2,3	0	▽ –3
Sonstige	6,9	▲ +0,4	0	● 0

1) gegenüber 1994 (Prozentpunkte); 2) gegenüber 1994

die traditionell im S. vertretene Stahl- und Metallindustrie erlitt jedoch Einbußen. Die Arbeitslosenquote sank auf 10,8% (1998: 11,5%). Die Zahl der Erwerbstätigen nahm 1999 gegenüber 1998 um 0,9% zu (Bundesdurchschnitt: 0,3%).

Justiz: Im Dezember 1999 billigte der Landtag mit den Stimmen der CDU-Mehrheit die Novelle zum Pressegesetz. Die im Jahr 1994 unter dem damaligen Ministerpräsidenten Oskar Lafontaine (SPD) eingeführte Verschärfung des Gegendarstellungsrechtes, das Zeitungen keine Erläuterungen beim Abdruck von Gegendarstellungen erlaubte, wurde zurückgenommen.

Im Dezember 1999 verabschiedete die saarländische Regierung den Entwurf zur Verschärfung des Polizeigesetzes. Im Vorfeld von Demonstrationen oder vor befürchteten Ausschreitungen können Verdächtige statt 24 Stunden bis zu acht Tage in Polizeigewahrsam bleiben.

Bildung: Kultusminister Jürgen Schreier (CDU) gab im Oktober 1999 bekannt, dass das S. als erstes der alten Bundesländer das 13. Schuljahr an Gymnasien abschaffen werde. Die neue Regelung gilt für Schüler, die ab dem Jahr 2001 zum Gymnasium wechseln. Ministerpräsident Müller kündigte Schulreformen an. So sollen die Schulämter abgeschafft werden und Lehrergutachten bei der Entscheidung über den Besuch einer weiterführenden Schule den Ausschlag geben.

Saarland: Regierung

Ressort	Name (Partei, Amtsantritt), Geburtsjahr
Ministerpräsident	Peter Müller (CDU, 1999), *1955
Finanzen, Bundesangelegenheiten, stellv. Ministerpräsident	Peter Jacoby (CDU, 1999), *1951
Inneres und Sport	Klaus Meiser (CDU, 1999), *1954
Wirtschaft	Hanspeter Georgi (CDU, 1999), *1942
Justiz	Inge Spoerhase-Eisel (CDU, 1999), *1947
Bildung, Kultur, Wissenschaft	Jürgen Schreier (CDU, 1999), *1948
Frauen, Arbeit, Gesundheit, Soziales	Regina Görner (CDU, 1999), *1950
Umwelt	Stefan Mörsdorf (parteilos, 1999), *1961

Peter Müller
Ministerpräsident des Saarlandes (CDU), *25.9.1955 in Illingen. Nach dem Jurastudium und Assistenz an der Universität Saarbrücken war M. Richter am Amtsgericht Ottweiler (ab 1986) und am Landgericht Saarbrücken sowie Lehrbeauftragter an der Universität des Saarlandes. 1990 wurde er in den Landtag gewählt, 1994 zum Vorsitzenden der CDU-Landtagsfraktion. Mit seinem Wahlsieg am 5.9.1999 führte er die CDU nach 14 Jahren wieder in die Landesregierung.

Sachsen	
Landesfläche	18 413 km² (Rang 10/D)
Einwohner	4,46 Mio (Rang 6/D)
Hauptstadt	Dresden (471 133 Einwohner)
Arbeitslosigkeit	17,2% (1999)
BIP/Erwerbstät.	47 289 DM (1998)
Regierungschef	Kurt Biedenkopf (CDU)

Parlament Landtag mit 120 für fünf Jahre gewählten Abgeordneten; 76 Sitze für CDU, 30 für PDS, 14 für SPD (nächste Wahl: 2004); **www.sachsen.de**

 Sachsen

Auch nach der Landtagswahl vom 19.9.1999 blieb Kurt Biedenkopf (CDU) Ministerpräsident von S. Trotz leichter Verluste konnte die CDU ihre absolute Mehrheit souverän verteidigen. In seiner Regierungserklärung benannte Biedenkopf die Verwaltungsreform als einen Schwerpunkt der künftigen Arbeit.

Landespolitik: Verlierer der Landtagswahl war die SPD, die mit 10,7% der Stimmen ihr schlechtestes Resultat bei einer Landtags- oder Bundestagswahl seit 1949 verzeichnete. Die PDS baute ihr Ergebnis auf 22,2% aus und wurde zweitstärkste Fraktion. Trotz geringer Verluste blieb die CDU mit 56,9% klar stärkste Partei. Die Wahlbeteiligung erhöhte sich auf 61,1% (1994: 58,4%).

Bis 2003 sollen, wie Finanzminister Georg Milbradt im April 2000 bekannt gab, 9000 (8,6%) der 105 000 Stellen im öffentlichen Dienst abgebaut werden. Langfristig sollen die Arbeitsplätze von 13 000 Landesbediensteten abgeschafft werden. Zur Begründung verwies der CDU-Politiker auf den Bevölkerungsrückgang und den Rationalisierungseffekt durch moderne Bürotechnologie.

Die sächsische Regierung stimmte im August 1999 einer Einigung mit dem früheren Königshaus Wettin über die nach dem Zwei-

ten Weltkrieg beschlagnahmten Besitztümer zu. Nach der in sechsjährigen Verhandlungen erzielten Übereinkunft erhalten die Wettiner vom Freistaat S. Immobilien, Bargeld und Kunstobjekte im Wert von 48,5 Mio DM. Mehr als 1000 Gegenstände von großer historischer Bedeutung aus dem Besitz der Wettiner wurden von S. angekauft.

Wirtschaft: Das Bruttoinlandsprodukt (BIP) stieg nach vorläufigen Berechnungen 1999 real um 1,3% und blieb knapp unter dem Bundesdurchschnitt von 1,4%. Die Arbeitslosenquote sank leicht auf 17,2% (1999: 17,5%). Die Erwerbstätigenzahl verringerte sich gegenüber 1998 um 0,2%. Nach einer vom Europäischen Gerichtshof im Dezember 1999 gefällten Entscheidung sind die von S. an den VW-Konzern als Investitionshilfen für zwei Autowerke gezahlten 241 Mio DM nicht mit dem EU-Gemeinschaftsrecht vereinbar. Bereits ausgezahlte Gelder müssen an S. zurückgegeben werden, noch ausstehende Beträge dürfen nicht angewiesen werden.

Justiz: Der Gesamtumfang der in S. registrierten Straftaten blieb 1999 mit 368 000 gegenüber dem Vorjahr nahezu unverändert. Die Zahl der Diebstähle sank, die der Gewalttaten erhöhte sich um 8,3% auf 7833.

Kurt Biedenkopf
Ministerpräsident von Sachsen (CDU), * 28.1.1930 in Ludwigshafen. Nach den Wahlen 1994 wurde B. als Chef einer CDU-Regierung bestätigt. 1964–70 war er Rektor der Ruhr-Universität Bochum. 1973–77 bekleidete B. das Amt des CDU-Generalsekretärs. 1986/87 war er CDU-Vorsitzender in NRW. 1990 wurde er sächsischer Ministerpräsident.

Sachsen: Landtagswahl 1999

Partei	Stimmen 1999 (%)	Veränd.[1]	Sitze	Veränd.[2]
CDU	56,9	▼ −1,2	76	▼ −1
PDS	22,2	▲ +5,7	30	▲ +9
SPD	10,7	▼ −5,9	14	▼ −8
Bü90/Grüne			0	● 0
Sonstige	10,2	▲ +1,4	0	● 0

1) gegenüber 1994 (Prozentpunkte); 2) gegenüber 1994

Sachsen: Regierung

Ressort	Name (Partei, Amtsantritt), Geburtsjahr
Ministerpräsident	Kurt Biedenkopf (CDU, 1990), *1930
Inneres	Klaus Hardraht (CDU, 1995), *1941
Justiz	Steffen Heitmann (CDU, 1990), *1944
Finanzen	Georg Milbradt (CDU, 1990), *1945
Soziales, Gesundheit, Familie	Hans Geisler (CDU, 1990), *1940
Wirtschaft, Arbeit	Kajo Schommer (CDU, 1990), *1940
Wissenschaft, Kunst	Hans Joachim Meyer (CDU, 1990), *1936
Staatskanzlei	Thomas de Maizière (CDU, 1990), *1954
Umwelt, Landwirtschaft	Steffen Flath (CDU, 1999), *1957
Kultus	Matthias Rößler (CDU, 1990), *1955
Gleichstellung	Christine Weber (CDU, 1999), *1948
Bundes- und Europaangelegenheiten	Stanislaw Tillich (CDU, 1999), *1959

Sachsen-Anhalt

Die seit April 1998 regierende SPD-Minderheitsregierung unter Reinhard Höppner (SPD) ist auf die Unterstützung der PDS angewiesen. Als schwere Belastung des sog. Magdeburger Modells erwies sich im April 2000 die Ablehnung einer Novelle des Polizeigesetzes durch die PDS.

Landespolitik: Zu der von der SPD geplanten Ausweitung polizeilicher Kompetenzen gehören Videoüberwachung von besonders kriminalitätsbelasteten Straßen und Plätzen sowie Ausdehnung von verdachtsunabhängigen Polizeikontrollen auf Bundesstraßen. Über die Gesetzesnovelle war ein monatelanger Streit zwischen SPD und PDS entbrannt. Die PDS sah durch das neue Polizeigesetz die Bürgerrechte bedroht. Die CDU kündigte daraufhin die Unterstützung des Gesetzes im Landtag an.

Im September 1999 beschloss die Regierung eine Neugliederung der Amtsgerichtsbezirke. Elf der 35 Amtsgerichte werden geschlossen. Justizministerin Karin Schubert (SPD) begründete die Zusammenlegung mit wirtschaftlichen und justizpolitischen Gründen. Größere Amtsgerichtsbezirke ermöglichen eine Spezialisierung der Richter.

Die Brüsseler EU-Kommission entschied im Februar 2000, dass die von S. für den Mineralölkonzern Elf Aquitaine vorgesehenen Subventionen von 120 Mio DM mit EU-Regeln vereinbar sind. Der Konzern soll die Mittel für den Aufbau der Raffinerie Leuna 2000 erhalten. Das Geld bleibt allerdings auf einem Sperrkonto, bis die EU über alle staatlichen Beihilfen in diesem Zusammenhang entschieden hat.

Finanzen: Der Landesrechnungshof würdigte in dem im April 2000 vorgelegten Jahresbericht die Rückführung der Nettokreditaufnahme von 3,1 auf rund 1,8 Mrd DM jährlich. Er betonte jedoch, dass S. immer noch mit 12 000 DM die höchste Pro-Kopf-Verschuldung in Ostdeutschland habe und bei einer Gesamtverschuldung des Landes von 26 Mrd DM auch bei weiterer Senkung der Kreditaufnahme mit steigender Zinsbelastung zu rechnen sei. Gerügt wurden die hohen Personalausgaben des Landes.

Wirtschaft: Das Bruttoinlandsprodukt (BIP) stieg 1999 nach vorläufigen Berechnungen real um 0,8% und lag deutlich unter

Sachsen-Anhalt	
Landesfläche	20 444 km² (Rang 8/D)
Einwohner	2,65 Mio (Rang 10/D)
Hauptstadt	Magdeburg (235 072 Einwohner)
Arbeitslosigkeit	20,3% (1999)
BIP/Erwerbstät.	47 724 DM (1998)
Regierungschef	Reinhard Höppner (SPD)

Parlament Landtag mit 116 für vier Jahre gewählten Abgeordneten; 47 für SPD, 28 für CDU, 25 für PDS, 6 für DVU, 9 für FDVP (=DVU-Abspaltung), 1 Fraktionsloser (nächste Wahl: 2002); **www.sachsen-anhalt.de**

Sachsen-Anhalt: Regierung

Ressort	Name (Partei, Amtsantritt), Geburtsjahr
Ministerpräsident	Reinhard Höppner (SPD, 1994), *1948
Arbeit, Frauen, Soziales, Gesundheit, stellv. Ministerpräsidentin	Gerlinde Kuppe (SPD, 1994), *1945
Umwelt, Raumordnung	Ingrid Häußler (SPD, 1998), *1944
Inneres	Manfred Püchel SPD, 1994), *1951
Finanzen	Wolfgang Gerhards (SPD, 1998), *1949
Wirtschaft, Technologie	Matthias Gabriel (SPD, 1999), *1953
Kultus	Gerd Harms (1998), *1953[1)]
Wohnungswesen, Städtebau, Verkehr	Jürgen Heyer (SPD, 1994), *1944
Justiz	Karin Schubert (SPD, 1994), *1944
Landwirtschaft, Ernährung, Forsten	Johann K. Keller (SPD, 1998), *1944

1) Mitglied von Bündnis 90/Die Grünen, lässt Parteiarbeit ruhen

Reinhard Höppner
Ministerpräsident von Sachsen-Anhalt (SPD), * 2.12.1948 in Haldensleben. Seit 1994 steht H. an der Spitze von Sachsen-Anhalt. Mit Bündnis 90/Die Grünen bildete er die einzige Minderheitsregierung, die von der PDS toleriert wurde. Nach den Wahlen von 1998 regiert die SPD ohne Koalitionspartner und ist auf Unterstützung durch PDS und CDU angewiesen.

dem Bundesdurchschnitt (1,4%). Die Zahl der Erwerbstätigen nahm 1999 um 1,0% ab. Die Arbeitslosenquote von 20,3% blieb die höchste aller Bundesländer.

Justiz: Die Zahl der fremdenfeindlichen Straftaten ging 1999 um mehr als ein Drittel auf 114 zurück. Die Zahl rechtsextremistisch motivierter Delikte (781) blieb fast konstant. Der Anteil der Tatverdächtigen unter 21 Jahren lag bei 71%.

Schleswig-Holstein

Ministerpräsidentin Heide Simonis (SPD) wurde im März 2000 zum dritten Mal in ihrem Amt bestätigt. Die einzige Regierungschefin in einem Bundesland führt eine Koalitionsregierung von SPD und Bündnis 90/Die Grünen. Sie kann sich nach der

Schleswig-Holstein

Landesfläche	15 770 km² (Rang 12/D)
Einwohner	2,77 Mio (Rang 9/D)
Hauptstadt	Kiel (230 463 Einwohner)
Arbeitslosigkeit	9,4% (1999)
BIP/Erwerbstät.	94 879 DM (1998)
Regierungschef	Heide Simonis (SPD)

Parlament Landtag mit 89 für fünf Jahre gewählten Abgeordneten; 41 Sitze für SPD, 33 für CDU, 7 für FDP, 5 für Bündnis 90/Die Grünen, 3 für SSW (nächste Wahl: 2005); **www.schleswig-holstein.de**

Schleswig-Holstein: Landtagswahl 2000

Partei	Stimmen 2000 (%)	Veränd.[1]	Sitze	Veränd.[2]
SPD	43,1	▲ +3,3	41	▲ +12
CDU	35,2	▼ −2,0	33	▼ −3
FDP	7,6	▲ +1,9	7	▲ +3
Bü90/Grüne	6,2	▽ −7,0	5	▼ −1
SSW[3]	4,1	▲ +1,6	3	▲ +1
Sonstige	3,8	▲ +2,2	0	● 0

1) gegenüber 1996 (Prozentpunkte); 2) gegenüber 1996; 3) Südschleswigscher Wählerverband (dänische Minderheit) ohne Fünf-Prozent-Hürde

Heide Simonis
Ministerpräsidentin von Schleswig-Holstein (SPD), * 4.7.1943 in Bonn. 1993 wurde S. als erste Frau Regierungschefin eines deutschen Bundeslandes. Seit den Wahlen von 1996 regiert sie in Schleswig-Holstein mit einer Koalition aus SPD und Bündnis 90/Die Grünen. Ab 1988 war die Volkswirtin Finanzministerin des nördlichsten Bundeslandes.

Schleswig-Holstein: Regierung

Ressort	Name (Partei, Amtsantritt), Geburtsjahr
Ministerpräsidentin	Heide Simonis (SPD, 1993), *1943
Justiz, Frauen, Jugend, Familie, stellv. Ministerpräsident	Anne Lütkes (Bündnis 90/Die Grünen, 2000), *1948
Inneres	Klaus Buß (SPD, 2000), *1942
Finanzen, Energie	Claus Möller (SPD, 1993), *1942
Wirtschaft, Technologie, Verkehr	Bernd Rohwer (SPD, 2000), *1951
Ländliche Räume, Landesplanung, Landwirtschaft, Tourismus	Ingrid Franzen (SPD, 2000), *1947
Arbeit, Gesundheit, Soziales	Heide Moser (SPD, 1993), *1943
Bildung, Wissenschaft, Forschung, Kultur	Ute Erdsiek-Rave (SPD, 1998), *1947
Umwelt, Natur und Forsten	Klaus Müller (Bündnis 90/Die Grünen, 2000), *1971

Landtagswahl vom 27.2.2000 auf eine Mehrheit von 46 der 89 Mandate stützen. Schwerpunkte des rot-grünen Koalitionsvertrages vom März 2000 sind Bildung und Arbeit. Es sollen 1000 neue Lehrerstellen geschaffen und die umstrittene Ostsee-Autobahn A 20 zügig fertig gestellt werden.

Im neuen Kabinett, das um ein Ressort verkleinert wurde, besetzen SPD sechs, die Grünen zwei Ministerposten.

Landespolitik: Die SPD gewann die Landtagswahlen klar mit 43,1% der Stimmen. Die CDU konnte nach der Parteispendenaffäre ihr bisheriges Ergebnis nicht halten und kam auf 35,2% (1996: 37,2%). Die FDP überrundete mit 7,6% Bündnis 90/Die Grünen (6,2%) als drittstärkste Kraft. Die Wahlbeteiligung betrug 69,5% (1996: 71,8%).

Finanzen: Im Dezember 1999 verabschiedete der Landtag den Haushalt 2000 in Höhe von 14,8 Mrd DM (+0,9% gegenüber 1999). Die Investitionsquote beträgt 10,3% (1999: 10,9%). Die geplante Neuverschuldung wurde auf 1,2 Mrd DM festgelegt, 11 Mio DM unter der in der Verfassung festgelegten Höchstgrenze. Für 1999 betrug die Neuverschuldung 846,4 Mio DM und lag um 103,6 Mio DM unter der eingeplanten Summe. Insgesamt beliefen sich Ende 1999 die Schulden auf rund 30 Mrd DM, die Pro-Kopf-Verschuldung lag 1999 bei 10 996 DM (1998: 10 793 DM).

Wirtschaft: Das Bruttoinlandsprodukt (BIP) stieg 1999 nach vorläufigen Berechnungen um real 2,0% (1998: 1,3%). S. lag damit an erster Stelle aller Bundesländer vor Bayern (1,9%) und Hessen (1,8%). Wesentliche Impulse erhielt die Wirtschaft aus dem Verarbeitenden Gewerbe (+3,6%) und der gesteigerten Stromproduktion. Rückgänge waren im Baubereich zu verzeichnen. Die Arbeitslosenquote verringerte sich 1999 auf 9,4% (1998: 10,0%). Insgesamt wurden 1999 158 Betriebe (1998: 146) in S. angesiedelt.

Justiz: Die Zahl der registrierten Straftaten sank 1999 um 5% auf 237 589. Etwa ein Drittel der 76 500 ermittelten Straftäter war jünger als 21 Jahre. Bei Gewaltkriminalität und schwerem Diebstahl lag der Anteil jugendlicher Täter bei 50%. Die Aufklärungsquote der Polizei betrug 46%.

Bildung: Im Dezember 1999 billigte der Landtag die Einführung der neuen Rechtschreibregeln an den Schulen in S. Das Parlament hob den Volksentscheid von 1998 auf, bei dem sich die Wähler gegen die Einführung der Reform ausgesprochen hatten. Sprecher aller Parteien betonten, dass es den Schülern nicht zuzumuten sei, als einzige in Deutschland noch nach den alten Regeln lernen zu müssen.

Thüringen

Nach den Landtagswahlen vom 12.9.1999 wählte der Landtag Bernhard Vogel (CDU) zum dritten Mal zum Ministerpräsidenten. Er stützt sich auf eine absolute CDU-Mehrheit. Zwar war die Wirtschaftslage in T. besser als in anderen östlichen Bundesländern, Wegen der schwierigen Haushaltssituation sind aber einschneidende Sparmaßnahmen notwendig. Im Juni 2000 kündigte die Regierung den Abbau von 8900 Stellen im Öffentlichen Dienst bis 2005 an.

Landespolitik: Bei den Landtagswahlen im September 1999 konnte die CDU ihre Position deutlich verbessern und errang mit 51,0% der Stimmen die absolute Mehrheit. Die SPD (18,5%), bisher Koalitionspartner der CDU in der Regierung, erlitt 11,1 Punkte Verlust und ist nur noch drittstärkste Fraktion hinter der PDS (21,3%). Bei den Kommunalwahlen am 14.5.2000 erwies sich die CDU mit 47,2% erneut als stärkste Kraft vor der SPD mit 28,1% und der PDS mit 12,5% (Sonstige: 12,2%). Die Wahlbeteiligung erreichte mit 45,7% den niedrigsten Stand seit 1990.

Bundespolitik: Nach dem Brandanschlag auf die Synagoge in Erfurt im April 2000 forderte Innenminister Christan Köckert (CDU) ein Verbot der rechtsextremen NPD. Einer der drei festgenommenen Tatverdäch-

Thüringen	
Landesfläche	16 171 km² (Rang 11/D)
Einwohner	2,46 Mio (Rang 12/D)
Hauptstadt	Erfurt (198 178 Einwohner)
Arbeitslosigkeit	15,4% (1999)
BIP/Erwerbstät.	46 930 DM (1998)
Regierungschef	Bernhard Vogel (CDU

Parlament Landtag mit 88 für fünf Jahre gewählten Abgeordneten; 49 Sitze für CDU, 21 für PDS, 18 für SPD (nächste Wahl: 2004); **www.thueringen.de**

tigen gehörte früher der Partei an und ist Mitglied einer Gruppierung, die sich von der NPD abspaltete. Ein Großteil der in T. verübten Straftaten Rechtsextremer geht auf das Konto von NPD-Mitgliedern oder -Sympathisanten.

Finanzen: Der Haushalt 2000 für T. sieht Ausgaben von 19,1 Mrd DM vor, eine Steigerung gegenüber dem Vorjahr um 200 Mio DM. Die Neuverschuldung soll auf 1,6 Mrd DM sinken (1999: 1,8 Mrd DM).

Wirtschaft: Das Bruttoinlandsprodukt (BIP) stieg 1999 nach vorläufigen Berechnungen real um 1,7%. T. lag damit über dem Durchschnitt aller Bundesländer von 1,4%. Grundlage der günstigen Entwicklung ist die differenzierte Wirtschaftsstruktur, die weniger auf konjunkturelle Schwankungen reagiert. Besondere Wachstumsimpulse kamen aus dem Verarbeitenden Gewerbe (+6,7%). Die Arbeitslosenquote sank auf 15,4% (1997: 18,1%), den niedrigsten Wert aller ostdeutschen Bundesländer.

Justiz: Die Zahl der registrierten Straftaten verringerte sich 1999 um 7,1% auf 161 128. Die Aufklärungsquote betrug 58%. Von den ermittelten 68 322 Tatverdächtigen waren 11 216 Jugendliche, 8408 Heranwachsende und 5464 Kinder. Die Zahl rechtsextremistischer Delikte erhöhte sich 1999 um 5,1% auf 1118. Im März 2000 stellte Landesinnenminister Christian Köckert (CDU) ein härteres Vorgehen gegen extremistische Täter in Aussicht.

Thüringen: Regierung	
Ressort	*Name (Partei, Amtsantritt), Geburtsjahr*
Ministerpräsident	Bernhard Vogel (CDU, 1992), *1932
Finanzen, stellv. Ministerpräs.	Andreas Trautvetter (CDU, 1994), *1955
Wirtschaft, Arbeit, Infrastruktur	Franz Schuster (CDU, 1994), *1943
Inneres	Christian Köckert (CDU, 1999), *1957
Wissenschaft, Forschung, Kunst	Dagmar Schipanski (parteilos, 1999), *1943
Justiz	Andreas Birkmann (CDU, 1999), *1939
Kultus	Michael Krapp (CDU, 2000), *1944
Landwirtschaft, Umwelt, Naturschutz	Volker Sklenar (CDU, 1990), *1944
Soziales, Familie, Gesundheit	Frank-Michael Pitzsch (CDU, 1999), *1942
Staatskanzlei, Bundes- u. Europaangelegenh.	Jürgen Gnauck (CDU, 1999), *1958

Bernhard Vogel
Ministerpräsident von Thüringen (CDU), * 19.12.1932 in Göttingen. Seit 1992 ist V. Regierungschef von Thüringen. Nachdem der Koalitionspartner FDP nach der Landtagswahl 1994 ausgeschieden war, regierte er in einer großen Koalition mit der SPD. Der Ministerpräsident war von 1976 bis 1988 rheinland-pfälzischer Regierungschef.

Thüringen: Landtagswahl 1999					
Partei	*Stimmen 1999 (%)*	*Veränd.[1)]*	*Sitze*		*Veränd.[2)]*
CDU	51,0	▲ + 8,4	49		▲ +7
PDS	21,3	▲ + 4,7	21		▲ +4
SPD	18,5	▽ −11,1	18		▽ −11
Sonstige	9,2	▽ − 2,0	0		● 0
1) gegenüber 1994 (Prozentpunkte); 2) gegenüber 1994					

651

Bundesländer Österreich

Der Teil österreichische Bundesländer enthält Informationen zu den neun österreichischen Ländern, vor allem Angaben über politische und wirtschaftliche Entwicklungen im Berichtszeitraum August 1999 bis Juli 2000. Jeder Artikel beginnt mit einer Zusammenstellung der Strukturdaten auf dem letztverfügbaren Stand. In Klammern ist die Rangstelle für Fläche und Einwohner innerhalb Österreichs angegeben. Für jedes Bundesland nennt eine Tabelle alle Regierungsmitglieder mit Parteizugehörigkeit, Amtsantritt und Geburtsjahr.

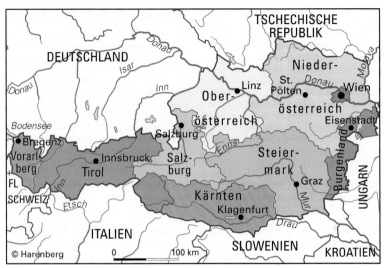

Burgenland

Landeshauptmann Karl Stix (SPÖ) gab im Januar 2000 seinen Rückzug aus der Politik zum Ende der Legislaturperiode bekannt. Als Nachfolger für die Landtagswahl 2001 bestellte die Partei Manfred Moser, der aber wegen des Howe-Skandals im Juni 2000 zurücktrat. In der FPÖ zog sich Spitzenkandidat Wolfgang Rauter im Oktober 1999 auf die Funktion des Klubobmanns zurück (Nachfolger ab Anfang 2000: Stefan Salzl). **Finanzen:** Ende Juni 2000 erschütterte eine Betrugsaffäre um die Bank Burgenland das

Land. Nur eine Landesgarantie konnte sie vor dem Konkurs bewahren. Das Minus der Bank, die sich mehrheitlich im öffentlichen Besitz, befindet, beläuft sich auf 2,35 Mrd öS (335 Mio DM). Der Verlust entstand durch nicht entsprechend gesicherte Kredite an das Unternehmen Howe.

Burgenland: Regierung

Ressort	Name (Partei, Amtsantritt), Geburtsjahr
Landeshauptmann und Finanzen	Karl Stix (SPÖ, 1991), *1939
Stellv. Landeshaupt., Gemeinden, Jugend,	Gerhard Jellasitz (ÖVP, 1993), *1949
Wirtschaft, Verkehr	Karl Kaplan (ÖVP, 1996), *1942
Land- und Forstwirtschaft	Paul Rittsteuer (ÖVP, 1987), *1947
Krankenanstalten, Gesundheit, Soziales	Peter Rezar (SPÖ, 1999), *1956
Wohnbau, Raumordnung, Kultur	Helmut Bieler (SPÖ, 1999), *1952
Bauwesen	Gabriel Wagner (FPÖ, 1997), *1940

Burgenland

Landesfläche	3965 km² (Rang 7/A)
Einwohner	277 756 (Rang 9/A)
Hauptstadt	Eisenstadt (10 000 Einw.)
Arbeitslosigkeit	8,5 (1999)
Landeshauptmann	Karl Stix (SPÖ) * 24.10.1939

Parlament Landtag mit 36 für fünf Jahre gewählten Abgeordneten; 17 Sitze für SPÖ, 14 für ÖVP, 5 für FPÖ (nächste Wahl: 2001); **www.burgenland.at**

Wirtschaft: Nach einer Entscheidung vom April 2000 ist das B. noch bis 2006 Ziel-1-Gebiet der EU-Förderung. Bis dahin fließen 3,6 Mrd öS (511,68 Mio DM) EU-Gelder in das Land. Schwerpunkte der zweiten Förderperiode werden Ausbau bestehender und Schaffung neuer Technologiezentren sein. Im Bereich Tourismus wird ein Wellness-Ausbildungszentrum in Schloss Jormannsdorf bei Bad Tatzmannsdorf geschaffen. Die Förderung von Klein- und Mittelbetrieben wird vorangetrieben. Vermehrt um Kofinanzierungsmittel von Bund und Land und privates Kapital werden 21 Mrd öS (2,98 Mrd DM) im B. investiert.

Arbeiterkammerwahlen: Im April 2000 gewann die Fraktion sozialistischer Gewerkschafter (FSG) 6 Punkte hinzu, der Österreichische Arbeiter- und Angestelltenbund (ÖVP) verlor 5,6, die Freiheitlichen büßten 2,7 Prozentpunkte ein.

Kärnten

Gleich nach der Nationalratswahl vom Oktober 1999, bei der die FPÖ mit 39% der Stimmen (+5,9%) stärkste Partei in K. wurde, kam es zu einer tiefen Krise in der Kärntner SPÖ, welche die meisten Stimmen an die FPÖ verloren hatte. Nach langer Kandidatensuche wurde auf dem Landesparteitag am 12.2.2000 Peter Ambrózy, der bereits bis 1994 dieses Amt inne hatte, zum Parteiobmann wiedergewählt. Ende Februar 2000 übernahm er auch die Funktion des

Kärnten: Regierung	
Ressort	Name (Partei, Amtsantritt), Geburtsjahr
Landeshauptmann, Kultur, Personal, EU u. a.	Jörg Haider (FPÖ, 1999), *1950
Jugend, Sport, Kindergärten, stellv. Landeshauptmann u.a.	Mathias Reichhold (FPÖ, 1999), *1957
Landeshochbau, Krankenanstalten u. a., stellv. Landeshauptmann	Peter Ambrózy (SPÖ, 2000), *1946
Umweltschutz, Wasserwirtschaft u. a.	Herbert Schiller (SPÖ, 1999), *1946
Gemeinden, Land-/ Forstwirtschaft u.a.	Georg Wurmitzer (ÖVP, 1999), *1943
Finanzen, Wirtschaft, Gewerbe, Tourismus	Karl Pfeifenberger (FPÖ, 1999), *1955
Soziales, Jugend, Familie, Frauen	G. Schaunig-Kandut (SPÖ, 1999), *1965

Landeshauptmann-Stellv. Der bisherige Landesrat Adam Unterrieder wechselte als Klubobmann in den Landtag.

Finanzen: Nach monatelangem Streit um das Landesbudget, vor allem die Sparmaßnahmen im Sozialbereich, stimmte die SPÖ im November 1999 dem von Finanzlandesrat Karl Pfeifenberger (FPÖ) vorgelegten Budget 2000 und dem Entwurf bis 2004 zu, die ÖVP verweigerte ihre Zustimmung.

Landespolitik: Nachdem Landeshauptmann Jörg Haider im Mai 2000 Sozianlandesrätin Gabriele Schaunig-Kandut in ihren Kompetenzen geschmälert hatte – sie verlor die Bereiche Familienförderung, Aufsicht über den Familienfonds sowie Kindertagesstätten und Kindertagesmütter –, drohte er eine Änderung der Landesverfassung mit Hilfe der ÖVP an. Damit könnte das gültige Proporzmodell, nach dem alle im Landtag vertretenen Parteien an der Regierung teilhaben, beseitigt werden.

Wirtschaft: Der Papierkonzern Frantschach erwirtschaftete 1999 ca. 1 Mrd öS (142,13 Mio DM) Gewinn. Im Februar 2000 erwarb Frantschach einen der größten osteuropäischen Verpackungsanbieter, der einen Umsatz von 1,58 Mrd öS (DM 224,57 Mio DM) erwirtschaftete. Die weitere Übernahme von 25 europäischen Werken bis Sommer 2000 soll den Gesamtumsatz auf über 30 Mrd öS (4,24 Mrd DM) erhöhen.

Arbeiterkammerwahlen: Die FPÖ verlor im April 2000 1,9% der Stimmen, die Fraktion sozialistischer Gewerkschafter erzielte +3,5%, der ÖAAB (ÖVP) +1,9%.

Niederösterreich

Landespolitik: Der langgediente Landesrat Blochberger (ÖVP) plante Ende 2000 aus gesundheitlichen Gründen auszuscheiden. Als Nachfolger wurde der Agrarmarkt-Austria-Vorstandsvorsitzende Josef Plank

Karl Stix
Landeshauptmann des Burgenlandes (SPÖ), *24.10.1939 in Wiener Neustadt. S. ist seit 1991 Regierungschef und wurde 1996 nach den für die SPÖ erfolgreichen Landtagswahlen wieder gewählt.

Jörg Haider
Landeshauptmann von Kärnten (FPÖ), *26.1.1950 in Bad Goisern/Oberösterreich. 1989–91 war H. schon einmal Landesregierungschef, musste aber wegen seines Lobes über die Beschäftigungspolitik des NS-Regimes abtreten. 1979 - 1999 vertrat der Jurist die FPÖ als Abgeordneter im Nationalrat, seit 1986 ist er Vorsitzender der Partei.

Kärnten		
Landesfläche	9533 km² (Rang 5/A)	
Einwohner	564 063 (Rang 6/A)	
Hauptstadt	Klagenfurt (91 141 Einw.)	
Arbeitslosigkeit	8,3% (1999)	
Landeshauptmann	Jörg Haider (FPÖ) *26.1.1950	
Parlament Landtag mit 36 für fünf Jahre gewählten Abgeordneten; 16 Sitze für FPÖ, 12 für SPÖ, 8 für ÖVP (nächste Wahl: 2004); **www.kaernten.gv.at**		

Niederösterreich

Landesfläche	19173 km² (Rang 1/A)
Einwohner	1,538 Mio (Rang 2/A)
Hauptstadt	St. Pölten (50000 Einw.)
Arbeitslosigkeit	6,4 % (1999)

Landeshauptmann Erwin Pröll (ÖVP) * 24.12.1946

Parlament Landtag mit 56 für fünf Jahre gewählten Abgeordneten; 27 Sitze für die ÖVP, 18 für SPÖ, 9 für FPÖ, 2 für Grüne (nächste Wahl: 2003); **www.noe.gv.at**

Niederösterreich: Regierung

Ressort	Name (Partei, Amts-antritt), Geburtsjahr
Landeshauptmann Verkehr, Personal, Kultur	Erwin Pröll (ÖVP, 1992), *1946
Familie, Wohnbau, Sport, stellv. Landes-hauptmann	Lise Prokop (ÖVP, 1981), *1941
Gemeinden, Berufs-schulwesen, stellv. Landeshauptmann	Hannes Bauer (SPÖ, 1991), *1941
Finanzen, Raum-ordnung, Umwelt	Wolfgang Sobotka (ÖVP, 1992), *1958
Agrarwesen, National-parks, Landschaftsfonds, Energiewirtschaft	Franz Blochberger (ÖVP, 1981), *1942
Wirtschaft, Tourismus	Ernest Gabmann (ÖVP, 1992), *1949
Kindergärten, Soziales, Frauen, Schulen	Christa Kranzl (SPÖ, 1991), *1960
Wohnbaugesellschaften, Hochbau, Gemeinden	Friedrich Knotzer (SPÖ, 1999), *1944
Wasserrecht, Baurecht	Ewald Stadler (FPÖ, 1999), *1961

Erwin Pröll
Landeshauptmann von Niederösterreich, *24.12.1946 in Radlbrunn bei Ziersdorf. Im Jahr 1992 wurde der promovierte Agraringenieur P. zum Landeshauptmann gewählt und bei der Landtagswahl 1998 von den Niederösterreichern für weitere fünf Jahre in seinem Amt bestätigt.

bestätigt. Bei der SPÖ sollte der frühere Bundesinnenminister Karl Schlögl Landeshauptmann-Stellv. Hannes Bauer ablösen. Bauer, der erst seit 1999 diese Funktion inne hatte, wechselt in den Nationalrat. Soziallandesrätin Traude Votruba wurde im Herbst 1999 durch Christa Kranzl ersetzt. Das Ressort des ausgeschiedenen Landeshauptmann-Stellv. Ernst Höger übernahm Ende 1999 Friedrich Knotzer (SPÖ). Seit Juni 2000 leitet statt Hans Jörg Schimanek Ernest Windholz die Geschicke der mit 77 Mio öS (11 Mio DM) verschuldeten FPÖ. Im März 2000 wurde der frühere FPÖ-Mandatar Peter Rosenstingl wegen schweren Betrugs und Untreue zu sieben Jahren Haft verurteilt. Der frühere FPÖ-Landeschef Bernhard Gratzer bekam drei Jahre Haft.

Wirtschaft: Der Ansiedlungsberater Eco-Plus investiert etwa 200 Mio öS (28,42 Mio DM). Die Berndorf-Industriegruppe kooperiert mit dem französischen Tafelkultur-Unternehmen Guy Degrenne (Umsatz: rund 1,8 Mrd öS, 255,8 Mio DM).

Energie: Anfang 2000 wurde mit dem Bau des größten Windparks von N. in Rußbach (Bezirk Korneuburg) begonnen. Zu zwei schon bestehenden Windrädern errichtet eine private Betreibergesellschaft sieben weitere Anlagen, die 4,6 MW Strom produzieren sollen. Die Kosten von 63 Mio öS (=8,9 Mio DM) tragen 260 Teilhaber. Der im Juli 1999 in Betrieb gegangene Windpark bei Zistersdorf erzielte mit vier Anlagen 2,1 Mio kWh. In Gänserndorf nördlich der Donau sollten im Herbst 2000 fünf Windräder in Betrieb gehen.

Forschung: Im Juli 2000 wurde in Wiener Neustadt ein Kompetenzzentrum für Elektrochemie eröffnet. Es ist die erste Realisierung eines Kooperationsprojektes zwischen Forschungseinrichtungen und Unternehmen. Vor allem Klein- und Mittelbetriebe, die allein nicht über ausreichende Mittel verfügen, sind an solchen Zentren inte-

siert. Von 19 Antragstellern wurden fünf ausgesucht. Für vier Jahre übernimmt der Bund 35% der Kosten, das Land 25%, die restlichen 40% kommen von den Unternehmen. Vorbild für das Kompetenzzentrum sind die deutschen Frauenhofer-Institute.

Finanzen: In der zweiten Junihälfte 2000 wurde im Landtag der Haushaltsentwurf für 2001 beschlossen. Er sieht Einnahmen von 53 Mrd öS (7,57 Mrd DM) und Ausgaben von 57 Mrd öS (8,14 Mrd DM). Zusätzlich werden mit diesem Budget 1,5 Mrd öS (214 Mio DM) Schulen abgetragen.

Verkehr: Im Juli 1999 bewilligte der Nationalrat ein Finanzpaket von 15 Mrd öS (2,1 Mrd DM) für den Ausbau des Straßennetzes in N. bis 2010: die Nordautobahn Richtung Drasenhofen zur tschechischen Grenze, den Autobahnring um Wien sowie zwei neue Donaubrücken (Traismauer und Lobau).

Arbeiterkammerwahlen: Die Fraktion sozialistischer Gewerkschafter gewann im Mai 2000 insgesamt 8 Prozentpunkte hinzu, der ÖAAB (ÖVP) verlor 5,6, die FPÖ 3.

 # Oberösterreich

2000 erstellte das Land O. bereits zum vierten Mal ein Budget ohne Neuverschuldung, trotz Steuerreform des Bundes. Finanzlandesrat Christoph Leitl wechselte Mitte 2000

Oberösterreich: Regierung

Ressort	Name (Partei, Amts-antritt), Geburtsjahr
Landeshauptmann, Kultur, Presse, Bildung, Sport, Land- und Forstwirtschaft	Josef Pühringer (ÖVP, 1995), *1949
Personal, Baurecht, Straßenbau, Bauange-legenheiten, stellvertret. Landeshauptmann	Franz Hiesl (ÖVP, 1995), *1952
Wohnungswesen, Verkehr, Arbeitnehmerförderung-Bildungskonto, stellvertret. Landeshauptmann	Erich Haider (SPÖ, 1997), *1957
Finanzen, Gewerbe, Wirtschaft, Energie,	Josef Fill (ÖVP, 2000), *1939
Gesundheits-/Sanitäts-wesen, Natur-/Tierschutz	Silvia Stöger (SPÖ, 2000), *1945
Veterinärwesen, Wasser-bau, -recht, Sparkassen	Hans Achatz (FPÖ, 1991, *1943)
Jugendwohlfahrt, Sanitäts-bau, -recht, Sparkassen	Josef Ackerl (SPÖ, 1995), *1946
Umwelt, Frauenangelegen-heiten, Preisüberwachung, Lebensmittelpolizei	Ursula Haubner (FPÖ, 1997), *1945
Jugendförderung, Boden-reform, Landesanstalten, Baupolizei	Walter Aichinger (ÖVP, 1995), *1953

an die Spitze des Wirtschaftsbundes (ÖVP), sein Nachfolger wurde der Unternehmer Josef Fill. Im Januar 2000 nahm der Landesrechnungshof seine Tätigkeit auf.
Finanzen: Die Haushaltsrechnung für 2000 sieht Einnahmen von 51,5 Mrd öS (735 Mio DM) sowie Ausgaben von 52,8 Mrd öS (754 Mio DM) vor. Schwerpunkte sind der Zukunftsfonds (Forschung und Technologie sowie Bildung und Arbeitsmarkt). Für beide Bereiche wendet das Land 550 Mio öS (79,5 Mio DM) auf.
Die Raiffeisenlandesbank O. (Bilanzsumme 1999: 112,5 Mrd öS, 16 Mrd DM), die Mitte 2000 bereits über 177 Beteiligungen verfügte, plante die Beteiligungen auf 10% der Bilanzsumme (bisher 7%) zu steigern. Expansionen nach Bayern und Tschechien waren geplant. Die RLB Oberösterreich setzt auf Electronic Banking und innovative Finanzierungen. Sie plante die Beteiligung am Ausbau des Adriahafens Koper.
Energie: 25% der Landesenergie-Anstalt sollten Mitte 2000 verkauft werden. Kandidat Nummer 1 war der Verbund, die österreichweite Energiegesellschaft. Die Angebote reichten von 5,2 Mrd öS (743 Mio DM) bis über 7 Mrd öS (1 Mrd DM).

Oberösterreich

Landesfläche	11 979 km² (Rang 4/A)
Einwohner	1,377 Mio (Rang 3/A)
Hauptstadt	Linz (208 046 Einw.)
Arbeitslosigkeit	4,8 % (1999)

Landeshauptmann Josef Pühringer (ÖVP) * 30.10.1949
Parlament Landtag mit 56 für sechs Jahre gewählten Abgeordneten; 25 Sitze für ÖVP, 16 für SPÖ, 12 für FPÖ, 3 für Grüne (nächste Wahl: 2003); **www.ooe.gv.at**

Soziales: Die Zahl der Arbeitslosen in O. sank im ersten Quartal 2000 um einen Prozenpunkt auf rund 3,8%; es war der niedrigste Stand seit 1990.
Arbeiterkammerwahlen: Die Fraktion sozialistischer Gewerkschafter erzielte im Frühjahr 2000 bei den Arbeiterkammerwahlen einen Stimmengewinn von 9,6 Punkten, der ÖAAB (ÖVP) verlor 5,4, die FPÖ 5,3 Punkte. Die Grünen gewannen 1,4 Punkte.

 ## Salzburg

Josef Pühringer
Landeshauptmann von Oberösterreich (ÖVP), * 30.10.1949 in Linz. Der Jurist P. zog 1979 in den oberösterreichischen Landtag ein. Seit 1995 führt er die Landesregierung, 1997 wurde er wiedergewählt. Als Landeshauptmann führt er zugleich den Bereich Kultur, Presse, Bildung und Sport sowie Land- und Forstwirtschaft.

Die Landespolitik in S. stand 1999/2000 im Zeichen des Übergangs von der Proporz- zur Koalitionsregierung aus ÖVP und SPÖ. Der bisherige stellv. Landeshauptmann Arno Gasteiger wechselte im Februar 2000 nach 16 Jahren in die Wirtschaft zur Salzburger Landesenergiegesellschaft. Zu seinem Nachfolger wurde der Steuerberater aus St. Gilgen, Wolfgang Eisl, bestellt.
Wirtschaft: S. lag 1999 mit einer Arbeitslosenquote von 4,6% deutlich unter dem österreichischen Schnitt (6,7%). Für die Stadt Salzburg und Umgebung wurde mit 3,4% Arbeitslosigkeit fast Vollbeschäftigung erreicht. Beim Bruttoregionalprodukt je Einwohner kam S. auf 108% des österreichischen Vergleichswertes. Die Prognosen für 2000 ließen ein weiteres Sinken der Erwerbslosenzahl auf 4,3% erwarten. In Branchen wie dem Fremdenverkehr kam es sogar zu einem Arbeitskräftemangel.

Salzburg

Landesfläche	7154 km² (Rang 6/A)
Einwohner	515 087 (Rang 7/A)
Hauptstadt	Salzburg (143 120 Einw.)
Arbeitslosigkeit	4,6 % (1999)

Landeshauptmann Franz Schausberger (ÖVP) * 5.2.1950
Parlament Landtag mit 36 für fünf Jahre gewählten Abgeordneten; 15 Sitze für ÖVP, 12 für SPÖ, 7 für FPÖ, 2 für Grüne (nächste Wahl: 2004); **www.land-sbg.gv.at**

Franz Schausberger
Landeshauptmann von
Salzburg (ÖVP), *5.2.1950
in Steyr (Oberösterreich).
In der von ihm seit 1996
geführten Regierung sind
neben der ÖVP auch SPÖ
und Freiheitliche vertreten.

Salzburg: Regierung

Ressort	Name (Partei, Amts-antritt), Geburtsjahr
Landeshauptmann, Personal, Rechts-fragen, Bildung u. a.	Franz Schausberger (ÖVP, 1996), *1950
Jugend, Sozial- und Wohlfahrtswesen u. a.	Gerhard Buchleitner (SPÖ, 1989), *1942
Landesplanung und Raumordnung, Finanzen, Wirtschaft/Tourismus u. a.	Wolfgang Eisl (ÖVP, 2000), *1954
Frauenfragen u. Gleich-behandlung, Gewerbe- und Verkehrsrecht u. a.	Gabi Burgstaller (SPÖ, 1999), *1963
Wohnungswesen, Umweltschutz, Kultur und Sport	Othmar Raus (SPÖ, 1984), *1945
Land- und Forstwirt-schaft, Volkskultur, Natur-schutz, Energiewirtschaft	Josef Eisl (ÖVP, 1997), *1964
Familien, Kindergärten, Landeskrankenanstal-ten, Tierschutz u. a.	Maria Haidinger (ÖVP, 1999), *1950

Steiermark: Regierung

Ressort	Name (Partei, Amts-antritt), Geburtsjahr
Landeshauptfrau, Gemeinden, Katastro-phenschutz, Europa	Waltraud Klasnic (ÖVP, 1996), *1945
Stellv. Landeshaupt., Forschung, Wissenschaft, Kultur, Europa	Peter Schachner-Blazizek (SPÖ, 1990), *1942
Wirtschaft, Telekommunikation	Herbert Paierl (ÖVP, 1996), *1952
Personal, Sport, Natur-schutz, Tourismus	Gerhard Hirschmann (ÖVP, 1993), *1951
Land- und Forstwirt-schaft, Umweltschutz	Erich Pöltl (ÖVP, 1993), *1942
Finanzen, Verkehr, Landesforste u. a.	Hans-Joachim Ressel (SPÖ, 1991), *1943
Wohnbau, Baurecht, Raumplanung	M. Jost-Bleckmann (FPÖ, 2000), *1969
Gesundheit, Spitäler, Jugend	Günter Dörflinger (SPÖ, 1996), *1957
Soziales, Kindergärten, Schulen	Anna Rieder (SPÖ, 1994), *1943

Arbeiterkammerwahlen: Im Frühjahr 2000 gewann die Fraktion sozialistischer Gewerkschafter 1,5 Punkte, der ÖAAB (ÖVP) verlor 2,9, die FPÖ 2,2. Die Grünen gewannen 2,1 Punkte hinzu.

Steiermark

Bei den Landtagswahlen 2001 stellt sich Landeshauptfrau Waltraud Klasnic (ÖVP) erneut den Wählern. In der SPÖ gab es Machtkämpfe, die FPÖ erlitt durch Abwanderung des Spitzenkandidaten Schmid in die Bundesregierung eine Führungskrise. Im Juni 2000 wurde FPÖ-Generalsekretärin Theresia Zierler als Kandidatin nominiert.

Wirtschaft: Beim Vergleich von 243 EU-Regionen verbesserte sich die St. von Platz 119 (1993) auf 53 (2000). Nur in der Verkehrsinfrastruktur rangierte die St. auf Platz 165. Nach EU-Definition gibt es in der St. keine Krisengebiete mehr, nur noch Ziel-2-Gebiete mit Strukturproblemen. Künftig will sich die St. noch mehr den Märkten im Osten und der Osterweiterung widmen. Mit 30 Fachhochschullehrgängen hatte die St. 2000 die größte Dichte eines österreichischen Bundeslandes auf diesem Sektor.

AVL List in Graz, Österreichs größte private Forschungseinrichtung, verkaufte im April 2000 den Bereich Medizintechnik (750 Mitarbeiter, Jahresumsatz: 1,6 Mrd öS, 227,41 Mio DM) an den Schweizer Großkonzern Roche. In Graz-Unterpremstätten begann Austria Mikro Systeme (AMS) im Sommer 2000 mit dem Bau einer neuen Chip-Fertigungsanlage. Mit der Serienfertigung soll im zweiten Quartal 2002 begonnen werden. Bund und Land St. fördern das Projekt mit 11% der Mittel.

Arbeiterkammerwahlen 2000: Im Mai 2000 gewann wie in anderen Bundesländern die Fraktion sozialistischer Gewerkschafter (+7,6), der ÖAAB (ÖVP) verlor 1,3, die Freiheitlichen büßten 6,5 Punkte ein.

Kultur: Im Juni 2000 wurde Grazer Altstadt in die Weltkulturerbeliste aufgenommen. 2003 ist Graz Kulturhauptstadt Europas.

Tirol

Auch in der Tiroler Landespolitik stand 2000 ein Generationswechsel bevor. Landeshauptmann Wendelin Weingartner trat

Waltraud Klasnic
Landeshauptfrau
der Steiermark (ÖVP),
*27.10.1945 in Graz. Seit
1996 führt mit K. erstmals
eine Frau eine österreichi-sche Landesregierung
(ab 1993 stellv. Regie-rungschefin). Seit 1988
hatte K. das Amt
der Landrätin für Wirt-schaft, Tourismus und
Soziales inne.

Steiermark

Landesfläche	16 387 km² (Rang 2/A)
Einwohner	1,203 Mio (Rang 4/A)
Hauptstadt	Graz (240 967 Einw.)
Arbeitslosigkeit	7,4% (1999)
Landeshauptmann	Waltraud Klasnic (ÖVP) * 27.10.1945

Parlament Landtag mit 56 für fünf Jahre gewählten abgeordneten;
21 Sitze für ÖVP, 21 für SPÖ, 10 für FPÖ, 2 für Liberales Forum, 2 für Grüne
(nächste Wahl: 2000); **www.land.steiermark.at**

Tirol: Regierung

Ressort	Name (Partei, Amts-antritt), Geburtsjahr
Landeshauptmann, Außenbeziehungen, Tourismus, Personal u. a.	Wendelin Weingartner (ÖVP, 1993), * 1937
Finanzen, Wirtschaft stellv. Landeshaupt.	Ferdinand Eberle (ÖVP, 1994), * 1949
Soziales, Fachhoch-schulen, stellv. Landes-hauptmann	Herbert Prock (SPÖ, 1994), * 1955
Raumordnung, Grund-verkehr, Gemeinden u. a.	Konrad Streiter (ÖVP, 1994), * 1947
Gesundheit, Familie, Frauen, Wohnbau	Elisabeth Zanon (ÖVP, 1994), * 1955
Umwelt, Naturschutz, Baurecht	Christa Gangl (SPÖ, 1999), * 1948
Kultur, Arbeitsmarktförd., Schulen, Sport	Fritz Astl (ÖVP, 1989), * 1944

Tirol

Landesfläche	12 648 km² (Rang 3/A)
Einwohner	666 363 (Rang 5/A)
Hauptstadt	Innsbruck (130 638 Einw.)
Arbeitslosigkeit	5,7% (1999)
Landeshauptmann W. Weingartner (ÖVP) * 7.2.1937	

Parlament Landtag mit 36 für fünf Jahre gewählten Abgeordneten; 18 Sitze für ÖVP, 8 für SPÖ, 7 für FPÖ, 3 für Grüne (nächste Wahl: 2004); **www.tirol.gv.at**

18 Mandaten (bisher 20) in den Landtag ein. Wahlsieger war die FPÖ mit 27,5% (+9,1 Punkte) und 11 Mandaten (+4). Die SPÖ er-hielt nur 13% (−3,2) und 5 (statt 6) Sitze im Landtag. Die Grünen verloren 1,8 Punkte (6%) und ein Mandat (2 statt 3).

Bei den Gemeinderatswahlen in V. wurden erstmals in 66 von 96 Kommunen die Bür-germeister direkt gewählt. Die ÖVP legte um 0,7 Punkte zu, die SPÖ verlor 1,6.

Wirtschaft: Das Beleuchtungsunterneh-men Zumtobel AG fusionierte im März 2000 mit der britischen Wassall Group. Das Transaktionsvolumen betrug etwa 14 Mrd öS (2 Mrd DM). Zumtobel verdoppelte damit fast sein Geschäftsvolumen und über-

Wendelin Weingartner Landeshauptmann von Tirol (ÖVP), * 7.2.1937 in Innsbruck. Der ehemalige Direktor der Hypobank (seit 1984) wurde 1991 Parteiobmann (Vorsitzen-der) der Tiroler ÖVP, 1993 zum Landeshauptmann gewählt und nach der Landtagswahl 1994 bestätigt.

beim Landesparteitag der ÖVP am 1.7.2000 nicht wieder an. Nachfolgekandidat war der Stellv. Weingartners, Ferdinand Eberle.

Verkehr: Ende Juni 2000 blockierte das Transitforum Austria die Brennerautobahn bei Schönberg, um die EU zu viele LKW über die Nord-Süd-Strecke rollen lasse. Seit 1990 hat sich der LKW-Transit durch Öster-reich von 900 000 Fahrzeugen auf 1,75 Mio 1999 fast verdoppelt. Für 2010 wird mit jährlich 2,85 Mio LKW gerechnet.

Arbeiterkammerwahlen: Für den Urnen-gang im März 2000 wurden erstmals von der Hauptwahlkommission drei türkische Staatsbürger als Kandidaten zugelassen. Der Tiroler ÖAAB (ÖVP) verzeichnete mit seinem Spitzenkandidaten Fritz Dinkhauser einen Stimmenzuwachs von 18,4%. Die so-zialistischen Gewerkschafter (FSG) verlo-ren 17,1%, die Freiheitlichen 4,6%.

⊞ Vorarlberg

Bei den Landtagswahlen vom 19.9.1999 verlor die ÖVP erstmals seit 1945 die abso-lute Mehrheit im Landtag in V. und musste mit der zweitstärksten Partei FPÖ einen förmlichen Koalitionspakt schließen. Bis dahin gab es eine eher lose politische Zu-sammenarbeit. Der Obmann der Freiheit-lichen, Hubert Gorbach wurde auf Grund des Wahlsieges Landesstatthalter.

Landespolitik: Bei den Landtagswahlen erreichte die ÖVP einen Stimmenanteil von 45,7% (−4,2 Prozentpunkte) und zog mit

Vorarlberg: Regierung

Ressort	Name (Partei, Amts-antritt), Geburtsjahr
Landeshauptmann, Finanzen, Personal, Europa, Außenbezieh.	Herbert Sausgruber (ÖVP, 1997), * 1946
Landesstatthalter, Abfall-wirt., Gewässerschutz, Straßenbau, Hochbau	Hubert Gorbach (FPÖ, 1993), * 1956
Kultur, Soziales, Gesund-heit, Landeskrankenanst.	Hans-Peter Bischof (ÖVP, 1997), * 1947
Landwirtschaft, Umwelt, Wasserbau, Veterinärw.	Erich Schwärzler (ÖVP, 1993), * 1953
Wirtschaft, Raumplanung, Verkehr	Manfred Rein (ÖVP, 1984), * 1948
Schule, Wissenschaft, Jugend, Familie, Frauen	Eva Maria Waibel (ÖVP, 1995), * 1953
Gesetzgebung, Sport	Siegmund Stemer (ÖVP, 1997), * 1951

Vorarlberg

Landesfläche	2601 km² (Rang 8/A)
Einwohner	347 711 (Rang 8/A)
Hauptstadt	Bregenz (28 000 Einw.)
Arbeitslosigkeit	5,2% (1999)
Landeshauptmann Herbert Sausgruber (ÖVP) * 24.7.1946	

Parlament Landtag mit 36 für fünf Jahre gewählten Abgeordneten; 18 Sitze für ÖVP, 11 für FPÖ, 5 für SPÖ, 2 für Grüne (nächste Wahl: 2004), **www.vorarlberg.at**

657

Herbert Sausgruber
Landeshauptmann
von Vorarlberg (ÖVP),
*24.7.1946 in Bregenz.
Der promovierte Jurist ist
als Landeshauptmann (ab
1997) u. a. für Finanzen,
Personal und Europaan-
gelegenheiten zuständig.

Michael Häupl
Landeshauptmann und
Bürgermeister von Wien
(SPÖ), *14.9.1949 in
Altlengbach (Niederöster-
reich). Nachdem die SPÖ
bei der Wahl zum Wiener
Gemeinderat 1996 unter
die 40%-Marke gerutscht
war, bildete sie unter H.
eine Koalition mit der ÖVP.
1994 löste H. Helmut Zilk
als Landeshauptmann ab.

holte den bisherigen europäischen Marktführer Philipps. Das Unternehmen beschäftigt weltweit über 5000 Mitarbeiter, der
Konzernumsatz betrug 1999 8,1 Mrd öS
(1,17 Mrd DM). Für 2000 wurde eine zehn-
prozentige Steigerung erwartet. Das Unternehmen Doppelmayr erhielt einen Großauf-
trag für den Bau einer Einseilbahn in
Caracas/Venezuela. Die Firma hielt 1999
bei einem Jahresumsatz von 3,3 Mrd öS
(471 Mio DM) 40% des Weltmarkts.

Arbeiterkammerwahlen: Im April 2000
gewann der ÖAAB (ÖVP) 3,7 Punkte und
erreichte 60% der Stimmen. Die Fraktion
sozialistischer Gewerkschafter verlor 11,7,
die Freiheitlichen gewannen 1,2 Punkte.

 # Wien

Die Wiener Landesregierung befand sich
2000 wegen der Sparpläne der Bundesregierung und der durch einen Entscheid des
Europäischen Gerichtshofs (EUGH, Luxemburg) abgeschafften Getränkesteuer in einer
schwierigen Finanzlage. Verluste bis 15 Mrd
öS (2,13 Mrd DM) für das Wiener Budget
wurden befürchtet. Als möglicher Termin
für vorgezogene Landtagswahlen wurde der
März 2001 genannt.

Finanzen: Für das Haushaltsjahr 2000 sieht
das Wiener Budget die Senkung von Einnahmen und Ausgaben vor, gleichzeitig
wird das Defizit geringfügig steigen. Die
prognostizierten Einnahmen belaufen sich
auf 121 Mrd öS (17,19 Mrd DM), die Ausgaben werden 131 Mrd öS (18,61 Mrd DM)
erreichen. Damit wird das Budgetdefizit um
200 Mio öS (28,4 Mio DM) höher sein als
noch im Jahr 1999.

Wirtschaft: Zur Verbesserung des Wirt-
schaftsstandorts wurde Mitte 2000 die erste
Ausbaustufe des Wissenschafts- und Technologieparks mit 32 000 m² Nutzfläche fertig gestellt. In einer weiteren Ausbaustufe

soll das Angebot auf 55 000 m² erhöht werden. Als erster großer Ansiedler konnte u.a.
der kanadische Netzwerkanbieter Nortel
Networks gewonnen werden.
Für 2000 wurde in W. ein Anstieg der Beschäftigtenzahl um 8000 auf 781 000 erwartet. Die Zahl der Erwerbslosen soll von
68 385 (Februar 2000) auf 65 000 zurückgehen. Nur bei den älteren Arbeitslosen
wurde kein Rückgang prognostiziert.

Verkehr: Das von der Europäischen Union
geförderte »Urban-Wien Gürtel Plus Projekt« sollte Ende 2000 abgeschlossen werden. Der Gürtel, eine der verkehrsreichsten
Straßen der Stadt, wurde seit 1995 revitali-
siert. Vor allem die von Otto Wagner
gestaltete Stadtbahn mit den entsprechenden Bauten wird durch architektonische
Neuakzentuierungen und innovative Nutzungen saniert. Seit 1995 wurden 156 Mio
öS (22,17 Mio DM) investiert.

Tourismus: 1999 war Wien führende Kon-
gressstad der Welt. Für 2000 peilte die
Tourismuswerbung, trotz Sanktionen der
EU-14, ein gleiches Ergebnis an. Der Kon-
gresstourismus brachte der Stadt 1999 einen
Umsatz von 3,5 Mrd öS (497 Mio DM).

Arbeiterkammerwahlen: Im Mai 2000
verbuchte die Fraktion der sozialistischen
Gewerkschafter einen Zuwachs von 6,7
Punkten, der ÖAAB (ÖVP) verlor 0,6, die
Freiheitlichen büßten 7 Prozentpunkte ein,
die Grünen gewannen 1,5.

Wien

Landesfläche	415 km² (Rang 9/A)
Einwohner	1,603 Mio (Rang 1/A)
Hauptstadt	Wien
Arbeitslosigkeit	8,1 % (1999)
Landeshauptmann	Michael Häupl (SPÖ) * 14.9.1949
Parlament Landtag mit 100 für fünf Jahre gewählten Abgeordneten; 43 Sitze für SPÖ, 29 für FPÖ, 15 für ÖVP, 7 für Grüne, 6 für Liberales Forum (nächste Wahl: 2001); www.magwien.gv.at	

Wien: Regierung

Ressort	Name (Partei, Amts-antritt), Geburtsjahr
Landeshauptmann und Bürgermeister	Michael Häupl (SPÖ, 1994), *1949
Jugend, Soziales, Sport Vizebürgermeisterin	Grete Laska (SPÖ, 1994), *1951
Vizebürgermeister und stellv. Landeshaupt., Planung und Zukunft	Bernhard Görg (ÖVP, 1996), *1942
Integration, Frauen-fragen, Konsumenten-schutz und Personal	Renate Brauner (SPÖ, 1996), *1956
Finanzen, Wirtschafts-politik, Stadtwerke	Brigitte Ederer (SPÖ, 1997), *1956
Kultur	Peter Marboe (ÖVP, 1996), *1942
Gesundheits- und Spitalwesen	Sepp Rieder (SPÖ, 1990), *1939
Umwelt und Verkehrskoordination	Fritz Svihalek (SPÖ, 1994), *1958
Wohnen, Wohnbau und Stadterneuerung	Werner Faymann (SPÖ, 1994), *1960

■ Kantone Schweiz

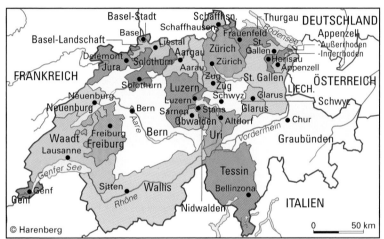

© Harenberg

Der Teil Schweizer Kantone enthält Informationen zu den 26 Schweizer Kantonen und Halbkantonen, vor allem Angaben über politische und wirtschaftliche Entwicklungen im Berichtszeitraum August 1999 bis Juli 2000. Jeder Artikel beginnt mit einer Zusammenstellung der Strukturdaten auf dem letztverfügbaren Stand. In Klammern ist die Rangstelle für Fläche und Einwohner innerhalb der Schweiz angegeben.

 Aargau

Wahlen: Im zweiten Wahlgang zu den Ständeratswahlen (Kleine Kammer) am 28.11.1999 gewann der Freisinnige Thomas Pfisterer den zweiten Standessitz in Bern. Bestätigt wurde im ersten Wahlgang im Oktober Maximilian Reimann (SVP). Im ersten Gang der Ersatzwahlen in den Regierungsrat am 12.3.2000 erreichte kein Kandidat die absolute Mehrheit. Die SVP hatte ihren Anspruch auf einen zweiten Regierungssitz angekündigt, scheiterte aber klar. Ihr Kandidat, Medienunternehmer Rolf Stärkle, blieb mit über 12 000 Stimmen hinter dem Freisinnigen Peter Beyeler zurück. Stärkle verzichtete auf den zweiten Wahlgang, Beyeler wurde am 21.5.2000 klar in die Regierung gewählt. **Abstimmungen:** Bei den Abstimmungen vom 28.11.1999 wurde u.a. das Einführungsgesetz zu den Bundesgesetzen über die AHV

(staatliche Altersvorsorge) und IV (Invalidenversicherung) verworfen. Die Aargauer lehnten eine stärkere Finanzbeteiligung ihrer Gemeinden an den kantonalen Rentenleistungen der beiden Sozialwerke ab. Sie votierten für ein neues Baugesetz und lehnten zwei Initiativen der Linken ab: einen Vorschlag auf vollständige Ausschöpfung der Bundessubventionen bei der Verbilligung von Kranken-

Aargau		
Landesfläche	1404 km² (Rang 10/CH)	
Einwohner	540 209 (Rang 4/CH)	
Hauptstadt	Aarau (15 600 Einwohner)	
Arbeitslosigkeit	1,6% (April 2000)	
Amtssprache	Deutsch	
Regierungschef	Peter Wertli (CVP), *1943	

Parlament Großer Rat mit 200 für vier Jahre gewählten Abgeordneten: 48 Sitze für SPS, 48 für SVP, 40 für FDP, 37 für CVP, 8 für EVP, 7 für Schweizer Demokraten (SD), 6 für Grüne, 3 für Freiheitspartei (FPS, früher Autopartei), 2 für sonstige (früher Landesring der Unabhängigen), 1 für Eidg. Demokratische Union, EDU (nächste Wahl: 2001); **www.ag.ch**

kassenprämien an Personen und Familien mit niedrigem Einkommen und die Initiative auf Ausbau des Bildungsangebotes und für die Schaffung neuer Ausbildungsstellen. Bei der Prämienverbilligung stimmten sie für den Gegenvorschlag der Regierung, der A. finanziell weniger belastet. Am 21.5.2000 befürworteten die Bürger eine Revision der demokratischen Rechte. Das angenommene Gesetz strafft den Wahl- und Abstimmungsmechanismus und bringt eine Entlastung des Souveräns von Urnengängen.

Wirtschaft: Der in der Schweiz marktführende Getränkekonzern Feldschlösschen-Hürlimann kündigte Ende März 2000 an, den Braubereich und das Getränkegeschäft an einen ausländischen Bierhersteller verkaufen und sich aufs Immobiliengeschäft konzentrieren zu wollen, was bei einem Teil der Aktionäre auf Widerstand stieß.

 # Appenzell-Außerrhoden

Wahlen: Am 12.3.2000 wurde Hans Altherr (FDP) zum neuen Landammann gewählt. Er löste die ebenfalls freisinnige Finanzdirektorin Marianne Kleiner ab, die das Amt im Zuge der angestrebten Verfassungsrevision nicht hätte abgeben müssen.

Abstimmungen: Am 21.5.2000 stimmten die Bürger Teilrevisonen des Steuergesetzes und der Kantonsverfassung zu. Die Revision der Kantonsverfassung spiegelt den Wechsel des Halbkantons von der früheren Landsgemeinde-Verfassung zur Urnendemokratie. Die Bürger sprachen sich für die Einführung des fakultativen Referendums und des Behördenreferendums aus. Dem revidierten Steuergesetz wurde zugestimmt; es bringt Erleichterungen für Familien, Einkommensschwache und Unternehmen.

 # Basel-Landschaft

Wahlen: Um die Vertretung des Kantons im Bundesparlament in Bern (Ständerat) kam es in zwei Wahlgängen zum Kopf-an-Kopf-Rennen zwischen FDP und SPS. Im zweiten Wahlgang am 28.11.1999 gewann der freisinnige Finanzdirektor Hans Fünfschilling die Ständeratswahl. Sein Nachfolger als Regierungsrrat wurde am 16.4.2000 Adrian Balmer (FDP) gewählt. Bei der Abstimmung zu den Gemeindevertretungen und den Einwohnerräten am 6.2.2000 gewann die SVP deutlich an Mandaten hinzu.

Abstimmungen: Am 26.9.1999 akzeptierte das Baselbieter Volk die revidierte Strafprozessordnung. Erstmals wurde im Kanton der Einsatz von verdeckten Ermittlern (V-Personen) gesetzlich geregelt.

Wirtschaft: Am 12.11.1999 beschloss der deutsche, zu ABB (Asea Brown Boveri) gehörende Bahnbauer ADtranz in Berlin, die zur ADtranz Schweiz gehörenden Produktionsstätten für Lokomotiven und Waggons in Zürich-Oerlikon und Pratteln (Baselland) zu schließen. Für den international reputierten Schweizer Lokomotivbau bedeutete es das Ende. Bis 2001 baut ADtranz Schweiz 710 von 1380 Stellen ab. Die Auffanggesellschaft Railtech AG (Pratteln) wird über 2001 hinaus neue Trambahnen für die größte Schweizer Stadt Zürich bauen.

Appenzell-Außerrhoden

Landesfläche	243 km² (Rang 23/CH)
Einwohner	53 700 (Rang 21/CH)
Hauptstadt	Herisau (15 900 Einwohner)
Arbeitslosigkeit	0,9% (April 2000)
Amtssprache	Deutsch
Regierungschef	Hans Altherr (FDP), *1950

Parlament Kantonsrat mit 65 für vier Jahre gewählten Abgeordneten: 29 für FDP, 21 ohne erklärte Parteibindung, 7 für SVP, 4 für SPS, 3 für CVP und 1 für Forum Herisau (nächste Wahl: 2003); **www.appenzellerland.ch**

Appenzell-Innerrhoden

Landesfläche	172 km² (Rang 25/CH)
Einwohner	14 900 (Rang 26/CH)
Hauptstadt	Appenzell (5630 Einwohner)
Arbeitslosigkeit	0,3% (April 2000)
Amtssprache	Deutsch
Regierungschef	Carlo Schmid-Sutter (CVP), *1950

Parlament Im Landsgemeindekanton A. wurde am 2.5.1999 in einem Urnengang erstmals ein auf vier Jahre gewähltes Parlament bestellt. Im Gegensatz zu ihren Wahlerfolgen in andern Kantonen gelang es der rechtsbürgerlichen SVP nicht, in den Kantonsrat einzuziehen. Alle 46 Gewählten sind Mitglieder der CVP (nächste Wahl: 2003); **www.ktai.ch**

Basel-Landschaft

Landesfläche	518 km² (Rang 18/CH)
Einwohner	258 500 (Rang 10 CH)
Hauptstadt	Liestal (12 850 Einwohner)
Arbeitslosigkeit	1,5% (April 2000)
Amtssprache	Deutsch
Regierungschef	Andreas Koellreuter (FDP), *1947

Parlament Landrat mit 90 für vier Jahre gewählten Abgeordneten: 25 Sitze für die SPS, 22 für FDP, 14 für SVP, 12 für CVP, 9 für SD, 5 für GPS, 3 für EVP (nächste Wahl: 2003); **www.baselland.ch**

Basel-Stadt: Regierung

Ressort	Name (Partei, Amtsantritt), Geburtsjahr
Bauwesen	Barbara Schneider (SPS, 1997), *1953
Erziehung	Veronica Schaller (SPS, 1992), *1955
Finanzen	Ueli Vischer (LPS, 1992), *1951
Gesundheit	Carlo Conti (CVP, 2000), *1954
Justiz	Hans Martin Tschudi (DSP, 1994), *1951
Polizei und Militär	Jörg Schild (FDP, 1992), *1946
Wirtschaft und Soziales	Ralph Lewin (SPS, 1997), *1953

Basel-Stadt

Landesfläche	37 km² (Rang 26/CH)
Einwohner	188 406 (Rang 14/CH)
Hauptstadt	Basel (170 000 Einwohner)
Arbeitslosigkeit	2,1% (April 2000)
Amtssprache	Deutsch
Regierungschef	2000: Ralph Lewin (SPS), *1953

Parlament Großer Rat mit 130 für vier Jahre gewählten Abgeordneten: 39 Sitze für SPS, 16 für FDP, 14 für LPS, 13 für CVP, 13 für Grüne, 11 für DSP, 7 für FraB (Frauenliste Basel), 6 für VEW (Vereinigung Evangelischer Wähler, EVP), 5 für FPS/SD, 5 für SB (Starkes Basel, gemäßigte Schweizer Demokraten), 1 für SVP (nächste Wahl: 2001); **www.bs.ch**

Bern

Landesfläche	5964 km² (Rang 2/CH)
Einwohner	944 380 (Rang 2/CH)
Hauptstadt	Bern (126 440 Einwohner)
Arbeitslosigkeit	1,5% (April 2000)
Amtssprache	Deutsch, Französisch
Regierungschef	Dora Andres (FDP), *1957

Parlament Großer Rat mit 200 für vier Jahre gewählten Abgeordneten: 66 für SVP, 58 für SPS, 38 für FDP, 9 für Grüne (Freie Liste, FL), 8 für EVP, 5 für Grünes Bündnis (GB), 4 für FPS (Freiheitspartei, früher Autopartei), 4 für EDU (Eidg. Demokratische Union), 3 für SD (Schweizer Demokraten), 2 für CVP, 2 für PSA (Parti socialiste autonome im Berner Jura), 1 für CVP/LPS im Berner Jura (nächste Wahl 2002); **www.be.ch**

Basel-Stadt

Abstimmungen und Wahlen: Am 24.10. 1999 wählten die Bürger mehrere Vertreter der rechtsgerichteten SVP in den Verfassungsrat. Dadurch kam es unter den bürgerlichen Parteien in der Stadt zu Spannungen. Die SVP meldete ihren Anspruch auf einen Regierungssitz an. Am 12.3.2000 gewann jedoch der Christdemokrat Carlo Conti die Nachwahl und ersetzte den aus Gesundheitsgründen zurückgetretenen Regierungsrat Stefan Cornaz.

Wirtschaft: In der durch Auslagerung von Staatsbetrieben teilprivatisierten Großwäscherei Zeba (früher Basler Zentralwäscherei) kam es im März 2000 zu Warnstreiks, als die Angestellten gegen Lohnkürzungen protestierten. Der Konflikt erhielt nationales Ausmaß, als sich große Gewerkschaftsverbände hinter die Streikenden stellten und die Lohnpolitik der Regierungsrätin Veronica Schaller (SPS), die 1994 die Privatisierung unterstützt hatte, heftig kritisierten.

Nach der Teilzusammenlegung der Chemiefirmen Novartis und der britisch-schwedischen Astra-Zeneca zur Syngenta AG protestierten die Gewerkschaften am 3.12.1999 gegen den geplanten Stellenabbau. Mitte Dezember verkaufte die Ciba-Spezialitätenchemie ihr Polymer-Geschäft für 1,85 Mrd Franken an die Morgan Grenfell Private Equity (MGPE). Ebenfalls Ende 1999 beschlossen die Basler Kantonalbank und die Coop Bank (Hausbank der Coop-Genossenschaft, der zweitgrößten Detailhandelskette) eine engere Zusammenarbeit.

Bern

Abstimmungen und Finanzen: Am 21.5.2000 stimmten die Bürger der vom Großen Rat aufgelegten Variante des revidierten Steuergesetzes zu, die dem finanzschwachen Kanton mit der dritthöchsten Steuerbelastung Mindereinnahmen von 118 Mio Franken jährlich bringt und vor allem die Unternehmen entlastet. 1998 und 1999 schloss die Staatsrechnung erstmals nach

Bern: Regierung

Ressort	Name (Partei, Amtsantritt), Geburtsjahr
Polizei und Militär	Dora Andres (FDP, 1998), *1957
Erziehung und Bildung	Mario Annoni (FDP, 1990), *1954
Regierungspräsident, Gesundheit, Fürsorge	Samuel Bhend (SPS, 1997), *1943
Finanzen	Hans Lauri (SVP, 1994), *1944
Justiz, Gemeinden und Kirchen	Werner Luginbühl (SVP, 1998), *1958
Bau, Verkehr und Energie	Dori Schaer-Born (SPS, 1992), *1942
Volkswirtschaft	Elisabeth Zölch-Balmer (SVP, 1994), *1951

zehn Jahren wieder mit einem leichten Überschuss ab. Die Finanzpolitik der Regierung und der bürgerlichen Mehrheit im Kantonsrat blieb jedoch umstritten, ebenso der für 2000–2003 ausgerichtete Finanzplan. Er ist mit erheblichen Einsparungen im Sozialbereich, z.B. mit Schließungen von Spitälern und Kürzungen der Fürsorgeleistungen, verbunden. Die SP des Kantons B., Gewerkschaften und Lehrer sprachen sich gegen die Sparmaßnahmen und das neue Steuergesetz aus. Der Zwang zu Spitalschließungen gilt jedoch als unausweichlich. Im Kanton B. standen um 2000 mehr Kliniken als in ganz Schweden. Auch die Finanzlage der Bundesstadt blieb prekär. Am 21.5.2000 lehnten die Stadtberner das Budget und damit eine Steuererhöhung ab.

Kultur: B. erhält ein neues Kultur- und Forschungszentrum, das die weltweit bedeutendste und größte Paul-Klee-Sammlung ausstellen wird. Das vom italienischen Architekten Renzo Piano entworfene Museum dürfte 2005 fertig gestellt sein, Stadt und Kanton B. gaben die nötigen Kredite auch für die Umgebungsarbeiten frei. Das Großprojekt (Kosten: rund 40 Mio Franken) wird durch eine private Stiftung finanziert.

Wirtschaft: Am 1.1.2000 fusionierten die fünf größten Berner Finanzinstitute zur größten Regionalbank der Schweiz.

Umwelt: Nach den schweren Hochwasserschäden im Vorsommer 1999, die im Aaretal, namentlich in den Städten B. und Thun, Schäden von 40 Mio Franken hinterließen, wurde die Bevölkerung im Berner Oberland und im Emmental Opfer des Jahrhundert-Orkans »Lothar«. 3,3 Mio m³ Holz, 6–8% der kantonalen Waldfläche, wurden vernichtet. Regierung und Parlament bewilligten ein Notprogramm in Höhe von 81,2 Mio Franken für die geschädigten Waldbesitzer und zur Sanierung des Staatswaldes.

Freiburg

Abstimmungen: Am 21.5.2000 nahm das Volk in F. eine Teilrevision des Wahlgesetzes an, das die Chancen der kleinen politischen Parteien auf Erringen von Sitzen in Kantonsparlament und Gemeinderäten verbessert. In F. führte die vom Staatsrat (Kantonsregierung) vorgeschlagene Gemeindereform zu heftigen Auseinandersetzungen. Die Zwerggemeinden mit einem aufgeblähten Verwaltungsapparat belasteten die Kantonsfinanzen. Die Gemeindereform sieht neben freiwilligen auch Zwangsfusionen vor. In der Schweiz hatte 2000 erst ein Kanton (Thurgau 1990) eine von der Regierung vorgeschlagene Gemeindereform, die auf Vereinfachung und Straffung der Kommunalstrukturen ausgelegt war, verwirklicht.

Umwelt: Der Orkan »Lothar«, der am Stephanstag (26.12.1999) in den Wäldern gewaltige Schäden anrichtete, suchte im Mittelland am stärksten den Kanton F. heim, der 15% seiner Waldfläche verlor (über 1 Mio m³ Holz), das Fünffache der jährlich geschlagenen Nutzmenge. Die Regierung richtete ein Hilfsprogramm (40 Mio Franken bis 2003) für die geschädigten Waldbesitzer und die Gemeinden ein.

Genf

Abstimmungen: Am 26.9.1999 stimmten die Bürger gegen den Willen der Kantonsregierung einer Initiative der Liberalen Partei auf Steuersenkungen zu. Die Regierung hatte die Vorlage der LPS mit dem Argument bekämpft, der hoch verschuldete Kanton werde durch Steuersenkungen an der Schuldentilgung gehindert. Am 12.3.2000

Freiburg	
Landesfläche	1671 km² (Rang 8/CH)
Einwohner	234 200 (Rang 12/CH)
Hauptstadt	Freiburg (32 400 Einwohner)
Arbeitslosigkeit	1,9% (April 2000)
Amtssprache	Französisch, Deutsch
Regierungschef	2000: Ruth Lüthi (SPS), *1947, 2001: Claude Grandjean (SPS), *1943

Parlament Großer Rat/Grand Conseil mit 130 auf fünf Jahre gewählten Abgeordneten: 45 für CVP, 34 für SPS, 25 für FDP, 10 für CSP, 8 für SVP, 5 für DSP, 2 für Grüne, 1 sonstige (nächste Wahl: 2001; **www.fr.ch**

Genf	
Landesfläche	282 km² (Rang 21/CH)
Einwohner	401 950 (Rang 6/CH)
Hauptstadt	Genf (176 500 Einwohner)
Arbeitslosigkeit	4,5% (April 2000)
Amtssprache	Französisch
Regierungschef	Carlo Lamprecht (CVP), *1935

Parlament Großer Rat/Grand Conseil mit 100 für vier Jahre gewählten Abgeordneten: 23 Sitze für LPS, 22 für SPS, 19 für AG (Alliance de Gauche, Linksallianz), 14 für FDP, 12 für CVP, 10 für Grüne (nächste Wahl: 2001); **www.geneve.ch**

Genf: Regierung

Ressort	Name (Partei, Amts-antritt), Geburtsjahr
Bauwesen	Laurent Moutinot (SPS, 1997), *1953
Erziehung, Militär	Martine Brunschwig-Graf (LPS, 1993),*1950
Finanzen	Micheline Calmy-Rey (SPS, 1997), *1945
Gesundheit, Soziales	Guy-Olivier Segond (FDP, 1989), *1945
Inneres, Umwelt, Energie	Robert Cramer (Grüne, 1997), *1954
Justiz, Polizei	Gérard Ramseyer (FDP, 1993), *1941
Wirtschaft und Arbeit	Carlo Lamprecht (CVP, 1997), *1935

verwarf der Souverän die von der Gruppe Schweiz ohne Armee lancierte Initiative zur armeefreien Zone. Für die Kantonsregierung hätte es bedeutet, dass die am Genfer UN-Sitz ansässigen Organisationen nicht mehr wirksam geschützt werden können.

Soziales und Finanzen: Erstmals seit über zehn Jahren schloss 1999 die Genfer Finanzrechnung wieder mit einem minimalen Überschuss. Der mit dem Nachbarstand Waadt am stärksten verschuldete Schweizer Kanton konnte einen Teil der Verbindlichkeiten abbauen. Die Soziallasten blieben jedoch hoch (20% des Kantonsbudgets). Mit 4,5% war die Arbeitslosigkeit im April 2000 mehr als doppelt so hoch wie im Landesdurchschnitt. G. hatte weiter die größte Zahl der Ausgesteuerten (Arbeitslose, die in der Statistik nicht mehr erscheinen und von der kantonalen Sozialhilfe unterstützt werden).

Glarus

Abstimmungen: Am 7.5.2000 beschloss die Landsgemeinde die Abschaffung der Erbschaftssteuern für direkte Nachkommen. Während der Kanton Schwyz überhaupt keine Erbschaftssteuern erhob, hatten Mitte 2000 16 Kantone die Steuer für die direkten Nachkommen (Kinder) abgeschafft, zuletzt die Kantone Tessin und Zürich – und damit den Standortwettbewerb zwischen den Kantonen verschärft. Noch neun Kantone erhoben Erbschaftssteuer, meist Kantone mit hoher Steuerbelastung. Jährlich werden in der Schweiz Vermögen von rund 60 Mrd Franken vererbt.

Glarus

Glarus		
Landesfläche	685 km² (Rang 17/CH)	
Einwohner	38 700 (Rang 22/CH)	
Hauptstadt	Glarus (5900 Einwohner)	
Arbeitslosigkeit	1,0% (April 2000)	
Amtssprache	Deutsch	
Regierungschef	2000: Rudolf Gisler (CVP), *1942 2001: Jakob Kamm (SPS), *1947	

Parlament Landrat mit 80 für vier Jahre gewählten Abgeordneten: 25 für FDP, 21 für SVP, 15 für SPS, 13 für CVP, 6 für Grüne (nächste Wahl: 2002); www.glarusnet.ch

Graubünden

Graubünden		
Landesfläche	7106 km² (Rang 1/CH)	
Einwohner	186 800 (Rang 15/CH)	
Hauptstadt	Chur (33 850 Einwohner)	
Arbeitslosigkeit	1,2% (April 2000)	
Amtssprache	Deutsch, Rätoro., Italienisch	
Regierungschef	2000: Peter Aliesch (FDP), *1946 2001: Eveline Widmer-Schlumpf (SVP), *1956	

Parlament Großer Rat mit 120 für drei Jahre gewählten Abgeordneten: 33 Sitze für SVP, 37 für CVP, 34 für FDP, 13 für SPS, 1 für DSP, 2 parteilos (nächste Wahl: 2003); www.gr.ch

Graubünden

Wahlen: Gegen den landläufigen Trend, welcher der SVP in der deutschen Schweiz nach 1997 regelmäßig beträchtlichen Stimmenzuwachs gebracht hatte, verlor sie die Wahlen vom 7.5.2000 ins Kantonsparlament. Ihr Verlust von sieben Sitzen im Großen Rat kam in dem sonst politisch sehr stabilen Bergkanton G. einem Erdrutsch gleich. Dagegen legte die FDP sieben Sitze zu. Während die Christlichsoziale Partei (CSP) aus dem Parlament verschwand, gewannen auch die Sozialdemokraten mit plus drei Sitzen überdurchschnittlich. Die Verluste der SVP wurden mit der Politik der schweizerischen Parteizentrale in Verbindung gebracht, deren Parolen für Sozialabbau und Rechtspopulismus in G. wenig Gehör fanden.

Abstimmungen: Am 12.3.2000 nahmen die Stimmberechtigten die Verfassungsreform an. Der Kanton G. soll eine neue Kantonsverfassung erhalten, mit der die 39 Kreisgerichte abgeschafft und die Justiz gestrafft werden sollen. Das Revisionsverfahren zielt auch auf eine Gemeindereform, die Zusammenlegung der Zwerggemeinden und auf die Aufhebung der Landsgemeinden in den Kreisen. Diese Ziele wurden in Bünden

Jura

Jura	
Landesfläche	839 km² (Rang 14/CH)
Einwohner	68 900 (Rang 20/CH)
Hauptstadt	Delsberg/Delémont (11 500 Einw.)
Arbeitslosigkeit	2,0% (April 2000)
Amtssprache	Französisch
Regierungschef	2000: Pierre Kohler (CVP), *1964 (seit 1993)
	2001: Claude Hêche (SPS), *1952 (seit 1995)

Parlament Parlement mit 60 für vier Jahre gewählten Abgeordneten: 19 Sitze für CVP, 15 für FDP, 15 für SPS, 8 für CSP, 3 für Sozialisten und PdA (nächste Wahl: 2002); **www.jura.ch**

politisch stark bestritten. Am 21.5.2000 befürworteten die Bürger das neue Spielbankengesetz. Glücksspielbetriebe können mit einer kantonalen Spielbankenabgabe belastet werden. Gleichzeitig garantiert diese Neuordnung dem Kanton, dass ein Teil der vom Bund erhobenen Spielbankensteuer wieder in die Kantonskasse zurückfließt.

Verkehr: Am 21.11.1999 wurde in Klosters der mit 19,1 km längste Schmalspurtunnel vom Prättigau ins Unterengadin eingeweiht.

Jura

Abstimmungen: In den Gemeinden Delsberg und Pruntrut entschieden die Stimmberechtigten am 21.5.2000, dass Ausländern mit mehr als zehn Jahren Wohnsitz im Kanton neben dem aktiven das passive Wahlrecht zuerkannt werden soll. Niedergelassene Ausländer können in die politischen Behörden gewählt werden und politische Ämter übernehmen – ein Novum in der Schweiz. Im einzigen Kanton mit Verfassungsgerichtsbarkeit annullierte im März 2000 das Verfassungsgericht des J. das vom »Parlament« angenommene Subventionsgesetz. Die Bindung der Subventionsauszahlung an Leistungsverträge, so der »Verfassungshof«, verstoße gegen das Gesetz der

politischen Rechte und verhelfe der Regierung zu einem ungebührlichen Druckmittel. Der Versuch des Bundesrates, parallel zu der vom Schweizervolk angenommenen Totalrevision der Bundesverfassung auch die Verfassungsgerichtsbarkeit einzuführen, scheiterte am Widerstand in der Bundesversammlung (National- und Ständerat) und der Mehrzahl der politischen Parteien. Das Parlament und seine Exponenten fürchteten eine Beschneidung der legislativen Macht.

Umwelt: Mitte Mai 2000 erklärte sich der Verband der Basler Chemischen Industrie bereit, sich an der Sanierung der Chemiedeponie in Bonfol/Ajoie zu beteiligen. Die Kosten werden auf über 200 Mio Franken geschätzt. 1961–76 hatten in Bonfol Firmen wie Ciba, Roche oder Henkel 114 000 t giftiger Chemikalien abgelagert.

Wirtschaft: Anfang Mai 2000 lancierte die Regierung ihr Projekt »Offenes Land«. Im dünn besiedelten Jurabogen sollen neue Unternehmen angesiedelt werden. Die lange angespannte Finanzlage hatte sich 2000 verbessert, so dass der J. erstmals seit seiner Gründung 1979 die Steuern senken konnte.

Luzern

Wahlen: Bei den Gemeindewahlen im Kanton am 16.4.2000 stagnierte die SVP erstmals in den Landgemeinden. Zulegen konnten sie dagegen in den Parlamenten der Hauptstadt L. (von vier auf sieben Sitze) und in der zweitgrößten Stadt der Zentralschweiz, Emmen. Die Stadt L. wird künftig von einer rot-grünen Mehrheit regiert.

Abstimmungen: Am 12.9.1999 verwarfen die Stimmberechtigten eine Initiative der Grünen für einen Systemwechsel in der Verbilligung der Krankenkassenprämien. Das Volksbegehren hätte den Kreis der Subventionsempfänger in unteren Einkommensschichten beträchtlich erweitert und die Staatskasse stärker belastet. Am 21.5.2000 stimmten die Luzerner dem Universitätsgesetz zu. Damit erhielt die Zentralschweiz eine von der Eidgenossenschaft anerkannte Universität, die durch eine Fakultät für Rechtswissenschaften erweitert wird. Im Gegensatz zur Stadt Zürich lehnten die Stimmberechtigten im Kanton L. die von der SVP geforderte Beschränkung der Beamtengehälter ab.

Luzern	
Landesfläche	1492 km² (Rang 9/CH)
Einwohner	344 400 (Rang 7/CH)
Hauptstadt	Luzern (60 000 Einwohner)
Arbeitslosigkeit	1,5% (April 2000)
Amtssprache	Deutsch
Regierungschef	2000: Max Pfister (FDP), *1951
	2001: Anton Schwingruber (CVP), *1950

Parlament Großer Rat mit 120 Abgeordneten, auf vier Jahre gewählt: 48 Sitze für CVP, 31 für FDP, 22 für SVP, 12 für SPS, 7 für Grüne (nächste Wahl: 2003); **www.lu.ch**

Neuenburg

Mit den Wahlen ins eidgenössische Parlament am 24.10.1999 verloren die Liberalen ihren langjährigen Sitz im Ständerat. Dafür zog die SPS mit Jean Studer wieder in den Ständerat ein. Bei den Gemeindewahlen am 7.5.2000 behielten die Linksparteien in den großen Gemeinden wie La Chaux-de-Fonds und Le Locle die Mehrheit.

Abstimmungen: Am 21.5.2000 nahmen die Stimmberechtigten das neue Gesetz über den Finanzausgleich im Kanton an. Finanzschwache Gemeinden erhalten höhere Subventionen aus der Kantonskasse.

Im Herbst 1999 kam es zu mehreren Protestaktionen der Neuenburger Staatsangestellten gegen die Einführung eines neuen Lohn- und Qualifikationssystems, das auch eine teilweise Einführung des Leistungslohnes mit sich brachte. Das Gesetz, ein Regierungsbeschluss, der die Spitzengehälter der Beamten begrenzt, wurde dennoch vom Großen Rat unverändert angenommen.

 # Nidwalden

Abstimmungen: Am 28.11.1999 stimmten die Bürger der Justizreform zu, die nach der Abschaffung der Landsgemeinde notwendig geworden war. Richter werden in N. künftig vom Landrat (Parlament) gewählt. In einer eher seltenen Koalition hatten sich SPS und SVP im Kanton für eine Richterwahl des Souveräns an der Urne ausgesprochen, drangen aber mit ihren Abstimmungsempfehlung bei den Bürgern nicht durch.

Umwelt: N. wurde Weihnachten 1999 vom Orkan »Lothar« von den Bergkantonen mit Schutzwäldern am stärksten getroffen; er verlor 20% seiner Waldfläche, das Zehnfache der jährlich geschlagenen Holzmasse. Der den Hauptort Stans schützende Bannwald wurde total vernichtet. Die Schweizerische Arbeitsgemeinschaft für die Berggebiete (SAB) rechnete mit mind. einem Jahrzehnt für die Wiederaufforstung. Im Lawinen- und Katastrophenjahr 1999 (ohne »Lothar«) gab der Bund für Schutzbauten 50 Mio Franken und für die Wiederaufforstung von Schutzwäldern 40 Mio Franken aus. Diese Maßnahmen wurden durch den Orkan teilweise zunichte gemacht.

Neuenburg

Landesfläche	796 km² (Rang 15/CH)
Einwohner	166 651 (Rang 16/CH)
Hauptstadt	Neuenburg (32 000 Einwohner)
Arbeitslosigkeit	2,5% (April 2000)
Amtssprache	Französisch
Regierungschef	Thierry Béguin (FDP), *1947

Parlament Großer Rat/Grand Conseil mit 115 auf vier Jahre gewählten Abgeordneten: 41 Sitze für SPS, 38 für LPS, 24 für FDP, 6 für POP (PdA), 5 für Grüne, 1 für sonstige (nächste Wahl: 2001); **www.etatne.ch**

Nidwalden

Landesfläche	276 km² (Rang 22/CH)
Einwohner	37 480 (Rang 23/CH)
Hauptstadt	Stans (6750 Einwohner)
Arbeitslosigkeit	0,5% (April 2000)
Amtssprache	Deutsch
Regierungschef	Werner Keller (LP/FDP), *1937

Parlament Landrat mit 60 für vier Jahre gewählten Abgeordneten: 30 Sitze für CVP, 21 für LP (FDP), 8 für DN (Demokratisches Nidwalden, eher grün, linksstehend), 1 für SPS (nächste Wahl: 2002); **www.nidwalden.ch**

Obwalden

Landesfläche	492 km² (Rang 19/CH)
Einwohner	32 200 (Rang 25/CH)
Hauptstadt	Sarnen (9200 Einwohner)
Arbeitslosigkeit	0,5% (April 2000)
Amtssprache	Deutsch
Regierungschef	Hans Hofer (CSP) *1.7.1944

Parlament Landrat mit 55 auf vier Jahre gewählten Abgeordneten: 25 Sitze für CVP, 13 für FDP, 10 für CSP, 7 für SPS/DE (DE= Demokratisches Engelberg; nächste Wahl: 2002); **www.obwalden.ch**

 # St. Gallen

Wahlen: In zwei Wahlgängen zum Ständerat (Vertretung der Kantone in Bern) gelang es der CVP nicht, ihren Kandidaten durchzubringen. Statt dessen wählten die Stimmberechtigten am 28.11.1999 den dem christlichsozialen Flügel der CVP zuzurechnenden Nationalrat Eugen David in den Ständerat. Bei den Wahlen ins Kantonsparlament am 6.2.2000 kam es zu einem politischen Erdbeben: Die rechtsbürgerliche und mit fremdenfeindlichen Untertönen operierende SVP – im Kanton S. strikt auf die Politik Christoph Blochers ausgerichtet – verdreifachte ihre Sitzzahl im Großen Rat. FDP und CVP verloren je vier Mandate, die SP trotz Zuwachs an Wählerstimmen wegen des Proporzes sieben Sitze. Die Autopartei (FPS, bis dahin zehn Sitze) delegiert keinen

St. Gallen

Landesfläche	2012 km² (Rang 6/CH)
Einwohner	446 400 (Rang 5/CH)
Hauptstadt	Sankt Gallen (69 800 Einwohner)
Arbeitslosigkeit	1,7% (April 2000)
Amtssprache	Deutsch
Regierungschef	Anton Grüninger (CVP), *1947 (seit 1996)

Parlament Großer Rat mit 180 für vier Jahre gewählten Abgeordneten: 62 Sitze für CVP, 40 für FDP, 27 für SPS, 42 für SVP, 6 für Grüne/LdU, 2 für EVP, 1 parteilos (nächste Wahl: 2004); **www.ktsg.ch**

Abgeordneten mehr in die Legislative. Der in die Grünen integrierte Landesring (LdU) verschwand praktisch von der politischen Bühne. Am 12.3.2000 kam es bei den Wahlen in die Regierung zu einem neuen Eklat: Die noch im März 1999 als Bundesratskandidatin mit nur einer Stimme knapp gescheiterte Regierungsrätin Rita Roos wurde nicht mehr gewählt. Gegen die sozialliberale CVP-Volkswirtschaftsdirektorin führten im Wahlkampf rechtsbürgerliche Kreise eine Diffamierungskampagne wegen ihres harten Führungsstils im Departement. Die Politikerin gab den Anstoß, als herauskam, dass sie ihre Bundesratskampagne teilweise mit Geldern aus der St. Galler Staatskasse beglichen hatte. In der Stichwahl am 16.4. siegte der Anwärter der CVP, Josef Keller.

Abstimmungen: Am 21.5.2000 verwarfen die Bürger die von Grünen, Gewerkschaften und SPS eingereichte Initiative zur Verbilligung der Krankenkassenprämien für Familien und Alleinstehende mit niedrigen Einkommen. Nach dem Krankenversicherungsgesetz des Bundes würden die Gelder zur Prämienverbilligung zur Verfügung stehen. Sie werden von vielen Kantonen aber nicht voll ausgeschöpft, um den an die Leistung der Eidgenossenschaft gekoppelten kantonalen Subventionsbeitrag einzusparen.

Schaffhausen

Landesfläche	298 km² (Rang 20/CH)
Einwohner	73 800 (Rang 19/CH)
Hauptstadt	Schaffhausen (33 250 Einwohner)
Arbeitslosigkeit	1,8% (April 2000)
Amtssprache	Deutsch
Regierungschef	2000: Hans Peter Lenherr (FDP), *1948 2001: Hermann Keller (SP), *1945

Parlament Großer Rat mit 80 für vier Jahre gewählten Abgeordneten: 23 Sitze für SPS, 23 für SVP, 17 für FDP, 4 für CVP, 3 für ÖBS (Ökoliberale Bewegung Schaffhausen), 2 für FPS, 2 für EVP, 2 für ALS (Alternative Liste SH), 2 für JS (Jugendparlamentsliste SH), 1 für GB (Grüne), 1 parteilos (nächste Wahl: August 2000); **www.sh.ch**

 # Schaffhausen

Wahlen: Im zweiten Wahlgang am 26.9.1999 wurde überraschend der Öko-liberale Herbert Bühl in einer Ersatzwahl für den scheidenden Finanzdirektor Peter Briner neuer Schaffhauser Regierungsrat. Damit verloren die Freisinnigen ihren langjährigen zweiten Sitz in der Kantonsexekutive. In den Ständeratswahlen (Kantonsvertretung im Bundesparlament) schied die national bekannte SP-Politikerin Ursula Hafner wegen weniger fehlender Stimmen aus. Peter Briner (FDP) und Rico Wenger (SVP) vertreten den Kanton in Bern.

Abstimmungen: Am 12.3.2000 stimmte das Volk dem revidierten Landwirtschaftsgesetz zu. Es wurde notwendig wegen der Liberalisierung der Agrarpolitik in Bund und Kantonen, die statt Produktsubventionen mehr Investitionshilfen für die Bauern vorsieht. Am 21.5.2000 nahmen die Bürger das Elektrizitätsgesetz an. Im liberalisierten Strommarkt werden die Elektrizitätswerke in eine Aktiengesellschaft umgewandelt und sind nicht mehr ein reiner Staatsbetrieb.

Politik: Bereits 1997 stimmten die Schaffhausener für die Ausarbeitung einer neuen Kantonsverfassung. Sie soll im Jubiläumsjahr 2001 (500 Jahre Zugehörigkeit zum Bund der Eidgenossen) in Kraft treten. Auf Kritik stießen jedoch die Gebietsreform, die den Entscheid über den Zusammenschluss von Kleingemeinden ans Kantonsparlament überträgt, und die Einführung des aktiven und passiven Stimmrechts ab 16 Jahre.

 # Schwyz

Wahlen: Am 12.3.2000 bestimmten die Bürger ihre Vertreter in Regierung und Parlament neu. Die SVP gewann acht Sitze, je drei verloren CVP und LVP (FDP), die SPS hielt ihre elf Mandate. Bei den Wahlen in den Regierungsrat scheiterten im zweiten Anlauf am 16.4.2000 die beiden SVP-Kandidaten. Nationalrat Peter Föhn, Exponent des rechten Parteiflügels um Christoph Blocher, landete auf dem letzten Platz, die SPS verteidigte ihren bedrohten Regierungssitz.

Abstimmungen: Am 21.5.2000 verwarfen die Stimmberechtigten, neben den Tessinern als einziger Deutschschweizer Kanton, die bilateralen Verträge mit der EU, allerdings mit 50,8% Nein-Stimmen nur knapp.

Finanzen: Am 17.3.2000 präsentierte Finanzdirektor Franz Marty (CVP) erneut einen Rekordüberschuss beim Kantonshaushalt. Sch. wird, wie bereits im Vorjahr angekündigt, 2001 zum fünften Mal in Serie die Steuern senken können, vorab zu Gunsten kinderreicher Familien und Personen mit niedrigem Einkommen. Marty will den innerkantonalen Finanzausgleich zwischen reichen und armen Gemeinden neu regeln. Pro Kopf umgerechnet, übersteigt das Steueraufkommen in der reichsten Kantonsgemeinde dasjenige der ärmsten um mehr als das Zehnfache. Nach Marty soll der Kostenaufwand der kommunalen Dienste Basis des Finanzausgleichs sein, die Subventionen an die finanzschwachen Gemeinden sollen neu berechnet werden.

Solothurn

Justiz: Im Februar 2000 beantragte der Staatsanwalt, die eingeleiteten Verfahren gegen acht Beschuldigte in der Bankenaffäre um den Crash der früheren und inzwischen in der UBS eingegangenen Solothurner Kantonalbank bis auf eines einzustellen. Den im Skandal verhängten Regierungsräten konnte keine strafbare Handlung nachgewiesen werden. Dagegen musste sich der frühere Verwaltungsratspräsident der Bank in Kriegstetten wegen Betrugs vor Gericht verantworten. 1993 war sie in die Solothurner Kantonalbank übernommen worden. Deren Geschäftätigkeit löste später den Zusammenbruch des kantonalen Finanzinstituts aus.

Wirtschaft und Finanzen: Nach dem Kollaps der Kantonalbank und deren Sanierung durch die UBS, welche den Staatshaushalt mit über 375 Mio Franken belastete, legte die Regierung für 2000 erstmals wieder ein ausgeglichenes Budget vor. Der freisinnige Finanzdirektor Christian Wanner setzte einen konsequenten Sparkurs durch, die Kantonsregierung hielt den im Jahr 1995 eingesetzten Niedergang der Industrie auf und schuf neue Arbeitsplätze. Doch konnte sie nicht die Bally-Schuhfabrik retten. Am 29.11.1999 gab der neue Besitzer, die US-Beteiligungsgesellschaft Texas Pacific Group (TPG), die Schließung der Produktionsstätte in Schönenwerd bekannt.

Schwyz

Landesfläche	907 km² (Rang 13/CH)
Einwohner	128 200 (Rang 17/CH)
Hauptstadt	Schwyz (14 100 Einwohner)
Arbeitslosigkeit	1,0% (April 2000)
Amtssprache	Deutsch
Regierungschef	Werner Inderbitzin (CVP), *1942

Parlament Kantonsrat mit 100 für vier Jahre gewählten Abgeordneten 43 Sitze für CVP, 26 für die LVP (FDP), 20 für SVP, 11 für SPS (nächste Wahl: 2004); **www.sz.ch**

Solothurn

Landesfläche	791 km² (Rang 16/CH)
Einwohner	245 400 (Rang 11/CH)
Hauptstadt	Solothurn (15 000 Einwohner)
Arbeitslosigkeit	1,9% (April 2000)
Amtssprache	Deutsch
Regierungschef	2000: Ruth Gisi (FDP), *1951
	2001: Walter Straumann (CVP), *1943

Parlament Kantonsrat mit 144 für vier Jahre gewählten Abgeordneten: 54 Sitze für FDP, 37 für SPS, 35 für CVP, 10 für SVP, 6 für Grüne, 2 für FPS (nächste Wahl: 2001); **www.ktso.ch**

Tessin

Landesfläche	2812 km² (Rang 5/CH)
Einwohner	308 198 (Rang 8/CH)
Hauptstadt	Bellinzona (17 500 Einwohner)
Arbeitslosigkeit	3,1% (April 2000)
Amtssprache	Italienisch
Regierungschef	Giuseppe Buffi (FDP), *1938

Parlament Großer Rat (Gran Consiglio) mit 90 für vier Jahre gewählten Abgeordneten: 29 Sitze für FDP, 23 für CVP, 16 für Lega die Ticinesi, 15 für SPS, 3 für SVP, 2 für Grüne, 2 für LSP (Liberalsozialisten; nächste Wahl: 2003); **www.ti.ch**

Tessin

Abstimmungen: Am 6.2.2000 akzeptierten die Bürger zwei Initiativen der rechtsbürgerlichen, populistischen Lega die Ticinesi. Die eine schafft die Erbschafts- und Schenkungssteuer für direkte Nachkommen ab, die zweite bringt eine Ermäßigung der Einkommensteuer für Personen um 5% und für Unternehmen um 3%. Die Mehrheit der Parteien hatte den Vorstoß der Lega abgelehnt. Der Kanton war um 2000 überschuldet und wendete für Sozialausgaben rund ein Drittel seiner Steuereinnahmen auf. Der moderate Gegenvorschlag des Parlaments war vom Souverän mit der kleineren Stimmenzahl gutgeheißen worden. Er hätte ebenfalls leichte Steuersenkungen gebracht und vor allem kinderreiche Familien und

Thurgau

Thurgau	
Landesfläche	990 km² (Rang 12/CH)
Einwohner	227 900 (Rang 13/CH)
Hauptstadt	Frauenfeld (21 000 Einwohner)
Arbeitslosigkeit	1,5% (April 2000)
Amtssprache	Deutsch
Regierungschef	Roland Eberle, SVP, *1953

Parlament Großer Rat mit 130 auf vier Jahre gewählten Abgeordneten: 42 Sitze für SVP, 27 für CVP, 24 für FDP, 22 für SPS, 8 für Grüne, 5 für EVP, 1 für EDU (Eidg. Demokratische Union), 1 für FPS (nächste Wahl: 2004); **www.kttg.ch**

untere Einkommen entlastet. Am 21.5.2000 verwarfen der Tessiner (neben Schwyz als einziger Kanton) mit 57% der Stimmen die bilateralen Verträge mit der EU. Ausschlaggebend waren Ängste vor einem mächtigen Wirtschaftspotenzial in der benachbarten italienischen Lombardei und vor einer LKW-Lawine aus Südeuropa.

 Thurgau

Wahlen und Abstimmungen: In den Ständeratswahlen vom 24.10.1999 verlor die SPS ihren Sitz. Den Kanton in der Bundesversammlung vertreten CVP-Politiker und Ex-Finanzdirektor Philipp Stähelin und SVP-Vertreter Hermann Bürgi. Am 28.11. 1999 stimmte das Volk der Justizreform im Kanton zu, einer vollständigen Gewaltentrennung: Mitglieder der Anklagekammer und Justizrekurskommissionen dürfen nicht mehr fürs Parlament kandidieren. Bei Nachwahlen in den Regierungsrat am 12.3.2000 rückten Bernhard Koch (CVP) und Claudius Graf-Schelling (SPS) auf. Die einzige Frau in der Thurgauer Regierung, Vreni Schawalder-Linder (SPS), musste aus Gesundheitsgründen zurücktreten. In den Neuwahlen zum Kantonsparlament baute die im T. traditionell stärkste Partei SVP ihre führende Position um weitere vier Sitze aus. Gegen den allgemeinen Trend legte die SPS zwei Sitze zu, während die FDP stagnierte.

Uri	
Landesfläche	1077 km2 (Rang 11/CH)
Einwohner	35 560 (Rang 24/CH)
Hauptstadt	Altdorf (8700 Einwohner)
Arbeitslosigkeit	0,6% (April 2000)
Amtssprache	Deutsch
Regierungschef	Martin Furrer (CVP), *1942

Parlament Landrat mit 64 für vier Jahre gewählten Abgeordneten: 29 Sitze für CVP, 21 für FDP, 10 für SPS, 4 für SVP (nächste Wahl: 2004); **www.uri.ch**

Zu den Verlierern gehörten Grüne (−3) und die FPS (−6). Die frühere Autopartei wurde bis auf einen Sitz aufgerieben.

Wirtschaft: In Kreuzlingen musste der Sportschuh-Hersteller Raichle im März 2000 schließen. 1995 war der Betrieb, damals noch mit über 400 Mitarbeitern, infolge Missmanagements in Konkurs gegangen und von der österreichischen Kneissl-Dachstein-Gruppe übernommen worden.

 Uri

Wahlen: In den zwei Wahlgängen zum Landrat am 12.3. und 21.5.2000 verlor die CVP acht Sitze, FDP und SP gewannen zwei Mandate. Die SVP zog in Altdorf mit vier Sitzen ins Parlament ein, verfehlte aber ihr Wahlziel der Fraktionsstärke (5 Mandate). Der neuen Kantonsregierung gehören vier CVP- und zwei FDP-Vertreter sowie ein Parteiloser an, die SPS verlor nach 32 Jahren ihren einzigen Regierungsrat.

Abstimmungen: Am 24.10.1999 verwarf das Urner Volk eine kleine Verfassungsrevision. Der Regierungsrat wollte nur noch Gesetze dem Entscheid an der Urne zuweisen, wenn sie im Landrat ohne Zweidrittelmehrheit beschlossen worden waren. Ebenfalls lehnten die Bürger ein Gesetz ab, das den Finanzaufwand für den Straßenbau zu Lasten der Gemeinden verlagert hätte. Am 21.5.2000 schafften die Bürger an der Urne den Beamtenstatus ab.

 Waadt

Wahlen: Im zweiten Wahlgang zum Ständerat (Vertretung der Kantone) im November 1999 verlor die Liberale Partei (LPS) ihren letzten Sitz. Nach Verlusten in Neuenburg und der Waadt entsendet sie keinen Ständerat mehr nach Bern. Neben der früheren Bundesratskandidatin Christiane Langenberger-Jaeger (FDP) wechselt Sozialdemokrat Michel Béguelin nach Bern.

Abstimmungen: Am 21.5.2000 akzeptierten die Bürger den neuen Finanzausgleich zwischen finanzstarken und -schwachen Gemeinden. Die Kommunen des Kantons bilden einen mit 46 Mio Franken dotierten Fonds, aus dem Subventionsgelder für ärmere Gemeinden verteilt werden.

Waadt: Regierung

Ressort	Name (Partei, Amts-antritt), Geburtsjahr
Bildung und Jugend	Francine Jeanprêtre (SPS, 1998), *1946
Finanzen	Charles Favre (FDP, 1994), *1957
Gesundheit und Fürsorge	Charles-Louis Rochat (LPS, 1998), *1946
Institutionen, Äußeres	Claude Ruey (LPS, 1990), *1949
Öffentliche Bauten	Philippe Biéler (Grüne, 1994), *1954
Polizei, Sicherheit	Jean-Claude Mermoud (SVP, 1998), *1952
Wirtschaft	Jacqueline Maurer (FDP, 1997), *1947

Waadt

Landesfläche	3219 km² (Rang 4/CH)
Einwohner	614 800 (Rang 3/CH)
Hauptstadt	Lausanne (125 000 Einwohner)
Arbeitslosigkeit	3,2% (April 2000)
Amtssprache	Französisch
Regierungschef	2000: Jacqueline Maurer-Mayor (FDP), *1947 2001: Charles Favre (FDP), *1957

Parlament Großer Rat/Grand Conseil mit 180 für vier Jahre gewählten Abgeordneten: 53 Sitze für FDP, 46 für SPS, 36 für LPS, 16 für Grüne, 14 für SVP, 12 für POP (PdA), 3 für CVP (nächste Wahl: 2002); **www.vd.ch**

Wallis

Landesfläche	5254 km² (Rang 3/CH)
Einwohner	276 600 (Rang 9/CH)
Hauptstadt	Sion (26 500 Einwohner)
Arbeitslosigkeit	2,4% (April 2000)
Amtssprache	Französisch, Deutsch
Regierungschef	Jean-René Fournier (CVP), *1957

Parlament Großer Rat/Grand Conseil mit 130 für vier Jahre gewählten Abgeordneten: 57 Sitze für CVP, 34 für FDP, 21 für SPS, 14 für CSP, 4 für LPS (nächste Wahl: 2001); **www.vs.ch**

Finanzen: Anfang Februar 2000 streikten Tausende Staatsangestellte in Spitälern, Schulen sowie einem Großteil der öffentlichen Dienste und der Verwaltung. Sie opponierten erfolgreich gegen die Abschaffung des Beamtenstatus und die Einführung des Leistungslohns. Im Sommer und Herbst 1999 hatten National- und Ständerat das Beamtengesetz revidiert und für die Angestellten der eidgenössischen Verwaltung den Leistungslohn eingeführt. Beschäftigte bei Post, Telekommunikation und Bahn wurden Gesamtarbeitsverträgen unterstellt. Dagegen ergriffen SPS und Gewerkschaften auf Druck ihrer Sektionen in der französischen Schweiz das Referendum. In den meisten Kantonen wurde das Privileg des Kündigungsschutzes für Beamte abgeschafft, zuletzt am 21.5.2000 in Uri.

Der mit 6,8 Mrd Franken hoch verschuldete Kanton W. schloss 1999 mit einem Defizit in der Staatsrechnung von knapp 200 Mio Franken ab und konnte erstmals nach 1991 seinen Aufwand für die Staatsaufgaben ohne Neuverschuldung tätigen. Die geplante Finanzreform blieb unter den Parteien umstritten, da sie Steuererhöhungen notwendig macht – in einem Kanton mit ohnehin hoher Steuerbelastung.

Wallis

Soziales: Im W. spitzte sich die Krise im Gesundheitswesen wegen der Überkapazität an Krankenbetten zu. Die Reform von Gesundheitsdirektor Thomas Burgener (SPS) sah die Einteilung des Kantons in drei Spi-

talregionen vor. Doch konnten sich die sechs Akutspitäler nicht auf eine Zusammenlegung und Reduzierung einigen. Im W. gehören die Spitäler Trägergemeinschaften der Gemeinden. Sie konnten die Defizite, die in den ersten vier Monaten 2000 bereits wieder auf über 12 Mio Franken aufgelaufen waren, nicht mehr decken. Auch die Krankenkassen wollten die Patientenkosten aus allen Kliniken nicht mehr übernehmen. Im Mai 2000 wurden die Untersuchungen über das Finanzdebakel des Kurorts Leukerbad beendet. Der Regierung des W. wurde vorgeworfen, die Oberaufsicht über die Gemeinde vernachlässigt zu haben. Sie muss ein neues Gemeindegesetz mit wirksamerer Finanzkontrolle schaffen. Die Schulden des Ortes betrugen gut 240 Mio Franken.

Wirtschaft: Im November 1999 forderte die Alusuisse, an deren Spitze der Bankier Martin Ebner und SVP-Politiker Christoph Blocher stehen, die Regierung des W. zu Steuerzugeständnissen und Investitionshilfen für das Unternehmen auf, um den Standort zu sichern. Der Kanton gewährte der Algroup auf den Strombezug 30 Mio Franken Preisnachlass und reduzierte die an den Kantonsfiskus auszurichtende Gewinnsteuer um 30%. Die Kantonsregierung plante, ihre Wirtschaftsförderung von rund 40 Mio Franken im Jahr gezielter für Hochtechnologiefirmen einzusetzen.

Zug

Landesfläche	240 km² (Rang 24/CH)
Einwohner	98 100 (Rang 18/CH)
Hauptstadt	Zug (22 650 Einwohner)
Arbeitslosigkeit	1,4% (April 2000)
Amtssprache	Deutsch
Regierungschef	Hanspeter Uster (Sozialist.-Grüne Altern.), *1958

Parlament Kantonsrat mit 80 für vier Jahre gewählten Abgeordneten: 27 Sitze für FDP, 26 für CVP, 9 für SVP, 8 für SPS, 6 für Alternative Gruppierungen, teils den Grünen nahestehend, 3 für SGA (Soz.-Grüne Alternative), 1 leer (nächste Wahl: 2002); **www.zug.ch**

Zürich

Abstimmungen: Am 28.11.1999 nahmen die Stimmberechtigten die gemäßigtere Vorlage der Regierung auf Abschaffung der Erbschaftssteuer für direkte Nachkommen (Kinder) an und verwarfen die Forderung der im Kanton einen radikalen Sparkurs einschlagenden SVP auf völlige Abschaffung der Erbschafts- und Schenkungssteuer. Für den Kanton bedeutet dies Steuerausfälle von rund 235 Mio Franken. Mit einer Annahme der SVP-Vorlage hätte der Fiskus jährlich 420 Mio Franken weniger eingenommen. Gleichzeitig stimmten die Zürcher der Privatisierung des internationalen Flughafens Zürich-Kloten zu. Widerstand gegen die mit dem geplanten Ausbau verbundenen hohen Flugfrequenzen regte sich auch in Süddeutschland. Am 12.3.2000 stimmten die Bürger der Einrichtung der neuen Pädagogischen Hochschule zu und öffneten den Weg zu einer einheitlichen Grundausbildung aller Lehrerinnen und Lehrer von der Vorschulstufe (Kindergarten) bis zur Maturstufe. Die Revision der Finanzordnung beschränkt die Neuaufnahme von Geldern und Anleihen durch die öffentliche Hand und setzt der Verschuldung enge Grenzen. Größere Projekte mit hohem Finanzaufwand kann der Kantonsrat nur noch mit der absoluten Mehrheit gutheißen. Am 21.5.2000 nahmen die Stimmbürger der größten Schweizer Stadt Zürich eine Initiative auf Kürzung der Gehälter ihrer Stadtregierung an. Stadträten und Stadtpräsident werden nun die Saläre gekürzt.

Soziales: Als erste Kantone legten Zug und Z. mit einer Spitalreform fest, welche Krankenhäuser auf Kantonsgebiet geschlossen werden müssen – trotz teilweise heftigen Widerstands in den betroffenen Regionen. Sie vollzogen die vom Bundesparlament in Bern beschlossenen Sparmaßnahmen im Gesundheitswesen.

Finanzen: Die Rechnungen von Stadt und Kanton Z. schlossen für 1999 erstmals nach Jahren wieder mit Überschüssen von gut 150 Mio bzw. 450 Mio Franken ab. Damit konnte vor allem der kantonale Finanzdirektor Christian Huber (SVP) Schulden abbauen. Doch muss der Kanton 2002 und 2003 wieder mit roten Zahlen kalkulieren. Ohne die Überschüsse, Konsequenz der anziehenden Konjunktur, hätte die Kantonsregierung die Steuern um 10 bis 16 Punkte erhöhen müssen, um den Wegfall der Erbschaftssteuer kompensieren zu können.

Wirtschaft: Mitte September 1999 gab die Zürcher Waffenschmiede Oerlikon Bührle wegen totaler Umstrukturierung ihr traditionelles Rüstungsgeschäft auf, wie später auch die SIG in Neuhausen am Rheinfall. Damit werden in der Schweiz keine Waffen mehr in größeren Serien produziert. Im Oktober 1999 kündigte der Winterthurer Industriekonzern Sulzer AG den Abbau von 1900 Arbeitsplätzen an. 880 Stellen gingen im Raum Z. und Basel verloren.

Zürich

Landesfläche	1728 km² (Rang 7/CH)
Einwohner	1,197 Mio (Rang 1/CH)
Hauptstadt	Zürich (361 000 Einwohner)
Arbeitslosigkeit	2,1% (April 2000)
Amtssprache	Deutsch
Regierungschef	Rita Fuhrer (SVP), *1953 (seit 1995)

Parlament Kantonsrat mit 180 auf vier Jahre gewählten Abgeordneten: 60 Sitze für SVP, 43 für SPS, 36 für FDP, 12 für CVP, 11 für Grüne, 9 für EVP, 2 für LdU, 2 für SD, 5 für sonstige (nächste Wahl: 2003); **www.zueri.ch**

Zürich: Regierung

Ressort	Name (Partei, Amtsantritt), Geburtsjahr
Bildung und Erziehung	Ernst Buschor (CVP, 1993), *1943
Finanzen	Christian Huber (SVP, 1999), *1944
Gesundheit, Fürsorge, Regierungspräsidentin	Verena Diener (Grüne, 1995), *1949
Inneres und Justiz	Markus Notter (SPS, 1996), *1960
Öffentliche Bauten	Dorothée Fierz (FDP, 1999), *1947
Polizei und Militär	Rita Fuhrer (SVP, 1995), *1953
Volkswirtschaft	Rudolf Jeker (FDP, 1999), *1944

Größte Städte

Der alphabetisch geordnete Städteteil enthält eine Übersicht der 100 größten Städte Deutschlands und detaillierte Informationen zu den 50 größten deutschen Städten sowie zu den acht größten Städten in Österreich und in der Schweiz. Die Daten aller Städte sind direkt vergleichbar. Die Rangzahlen hinter den wichtigsten Daten (Einwohner, Fläche, Einwohnerdichte pro km^2) sind mit * markiert und erlauben eine sofortige Einordnung. Alle Angaben wurden bei den jeweiligen Stadtverwaltungen ermittelt. Jede Städtetabelle gliedert sich in vier Teile:
– Im Tabellenkopf stehen Name der Stadt, Bundesland, Höhe (über Normalnull, NN) und Internet-Adresse.
– Zu den Grundinformationen gehören Telefonvorwahl, Postleitzahlbereich, Kfz-Kennzeichen und eine Kontaktadresse, über die Interessenten zusätzliche Informationen anfordern können. Außerdem wird die nächstgelegene Flughafenanbindung genannt. Darunter folgen die Kerndaten (Einwohner, Veränderung der Einwohnerzahl, Fläche, Einwohnerdichte) und aktuelle Angaben zur Kulturlandschaft (Anzahl der Theater, Opern und Museen sowie Hochschulen).

– Die Rubrik Soziales/Wirtschaft enthält Informationen zu Altersstruktur sowie Anteil der Ausländer und Erwerbstätigen an der Bevölkerung und die Arbeitslosenquote. Sie liefert außerdem Daten zum Angebot offener Stellen sowie zu Haushaltsvolumen und Schuldenstand der Städte.
– Die Rubrik Politik nennt Regierungspartei(en) und (Ober-)Bürgermeister sowie die Ergebnisse der letzten beiden Kommunalwahlen. So werden politische Entwicklungen und Verschiebungen in der Parteienlandschaft deutlich.
www.staedtetag.de; www.dstgb.de

Symbole für die Grunddaten der größten Städte

☎ Telefonvorwahl	↔ Veränderung der Einwohnerzahl +/– in absoluten Zahlen und Veränderung (%) zum Vorjahr
✉ Postleitzahlbereich(e)	
🚗 Kfz-Kennzeichen	☐ Fläche
ℹ Informationsadresse	⬛ Einwohnerdichte pro km^2
☎ Durchwahl der Informationsadresse	🏛 Theater
✈ Nächster Flughafen (mit Verkehrsverbindung vom Hauptbahnhof: Linie und Entfernung in Minuten)	Ⓥ Opernhäuser
	🏛 Museen
👥 Einwohner	Uni Universitäten/Gesamthochschulen (ohne Fachhochschulen) mit Studentenzahlen

Die 100 größten deutschen Städte

Stadt	Einwohner	Stadt	Einwohner	Stadt	Einwohner	Stadt	Einwohner
1. Berlin	3398822	26. Chemnitz	260849	51. Neuss	149108	76. Moers	106840
2. Hamburg	1704831	27. Augsburg	254477	52. Heidelberg	139285	77. Bergisch Gladb.	106026
3. München	1315254	28. Halle (Saale)	253224	53. Darmstadt	137511	78. Schwerin	105213
4. Köln	1014837	29. Aachen	251272	54. Paderborn	136429	79. Hildesheim	104866
5. Frankfurt/M.	645263	30. Braunschweig	240846	55. Potsdam	129798	80. Witten	103126
6. Essen	598968	31. Krefeld	239469	56. Göttingen	125984	81. Erlangen	100775
7. Dortmund	588605	32. Magdeburg	235072	57. Würzburg	125588	82. Kaiserslautern	100689
8. Düsseldorf	567396	33. Kiel	230463	58. Recklinghausen	125556	83. Trier	99650
9. Stuttgart	551218	34. Oberhausen	221984	59. Regensburg	124852	84. Iserlohn	99603
10. Bremen	543279	35. Lübeck	215327	60. Bremerhaven	124686	85. Jena	99095
11. Duisburg	518448	36. Hagen	207471	61. Wolfsburg	122185	86. Zwickau	98840
12. Hannover	506252	37. Rostock	204500	62. Bottrop	121305	87. Gütersloh	94435
13. Leipzig	489586	38. Freiburg/Br.	201044	63. Heilbronn	120012	88. Marl	93671
14. Nürnberg	486628	39. Mainz	199046	64. Remscheid	119650	89. Lünen	91491
15. Dresden	471133	40. Erfurt	198178	65. Pforzheim	117606	90. Ratingen	90417
16. Bochum	397638	41. Kassel	196500	66. Gera	116419	91. Düren	90057
17. Wuppertal	372109	42. Hamm	188946	67. Offenbach/M.	115905	92. Velbert	89994
18. Bielefeld	322364	43. Saarbrücken	184787	68. Ulm	115701	93. Esslingen	89722
19. Mannheim	319983	44. Mülheim/Ruhr	174356	69. Cottbus	114872	94. Hanau	87716
20. Bonn	306826	45. Herne	173155	70. Salzgitter	114104	95. Wilhelmshaven	87590
21. Gelsenkirchen	283135	46. Ludwigshafen	166982	71. Ingolstadt	113677	96. Dessau	86623
22. Karlruhe	267959	47. Solingen	164676	72. Reutlingen	110037	97. Ludwigsburg	86596
23. Mönchengladb.	267693	48. Leverkusen	160930	73. Siegen	109974	98. Flensburg	84742
24. Wiesbaden	267574	49. Osnabrück	157035	74. Fürth	109123	99. Minden	83655
25. Münster	264055	50. Oldenburg	154222	75. Koblenz	108959	100. Lüdenscheid	81373

Aachen

Nordrhein-Westfalen, −174 m über NN
www.aachen.de

☎ 0241   ✉ Bereich 52…   AC

🛈 Atrium Elisenbrunnen, 52062 A.   ☎ 1802961

⚓ Maastricht-Aachen (vom Hbf: ca. 60 min)

👥 251272 (29*) ↔ −119 (−0,05%)

⬜ 160,83 km² (30*)   🚗 1562 (33*)

🏛 3   🎭 1   📷 5

🎓 1/Stud.: 30960   *Hochschulen:* 3/7703

Soziales/Wirtschaft

Altersstruktur: 0–17 J.: 16%, 18–60 J.: 64%, über 60 J.: 20%

Ausländer: 34588 (13,8%), davon aus der Türkei: 8958 (25,9%)

Arbeitslose: 16063 (13,5%, 1998: 13,9%)   *Offene Stellen:* 1060

Haushaltsvolumen: 1,506 Mrd DM   *Schuldenstand:* 1,209 Mrd DM

Politik CDU/FDP (seit 1999); 32 von 58 Sitzen

Stärkste Parteien	CDU/CSU	SPD	B.90/Gr.	FDP	PDS
1999: %/Sitze	49,5/29	32,3/19	10,9/6	4,4/3	2,2/1
1994: %/Sitze	45,5/29	36,4/23	11,9/7	3,5/–	–/–

Oberbürgermeister: Jürgen Linden (SPD, seit 1989; *1947)

Augsburg

Bayern, 561 m über NN
www.augsburg.de

☎ 0821   ✉ Bereich 86…   A

🛈 Bahnhofstr. 7, 86150 A.   ☎ 502070

⚓ Augsburg (vom Hbf: 30 min)

👥 254477 (27*) ↔ −304 (−0,1%)

⬜ 147 km² (33*)   🚗 1731 (29*)

🏛 7   🎭 0   📷 9

🎓 1/Stud.: 13154   *Hochschulen:* 1/3256

Soziales/Wirtschaft

Altersstruktur: 0–17 J.: 16,0%, 18–60 J.: 60,0%, über 60 J.: 24,0%

Ausländer: 43497 (16,4%), davon: aus der Türkei: 17045 (39,2%)

Arbeitslose: 17618 (6,7%, 1998: 8,1%)   *Offene Stellen:* 4289

Haushaltsvolumen: 1,329 Mrd DM   *Schuldenstand:* 0,552 Mrd DM

Politik CSU (seit 1990); 28 von 60 Sitzen

Stärkste Parteien	CSU	SPD	B.90/Gr.	FDP	Sonstige
1996: %/Sitze	44,1/28	29,4/19	10,5/6	1,7/1	15,3/6
1990: %/Sitze	43,0/27	28,4/17	10,8/6	2,5/1	15,3/9

Oberbürgermeister: Peter Menacher (CSU, seit 1990; *1939)

Berlin

Berlin, 29,5–115 m über NN
www.berlin.de

☏ 030   ✉ Bereich 10/12   🚗 B

ℹ️ Martin-Luther-Str. 105, 10825 B.   ☏ 2123-4

✈ Schönefeld, Tegel, Tempelhof (vom Hbf: 60 min)

👥 3398822 (1*)   ↔ –26937 (–0,8%)

◻ 890,2 km² (1*)   🏭 3818 (2*)

🏛 47   🏟 4   📞 141

Uni 3/Stud.: 108858   Hochschulen: 13/22917

Soziales/Wirtschaft

Altersstruktur: 0–17 J.: 17,3%, 18–60 J.: 62,6%, über 60 J.: 20,1%

Ausländer: 431654 (12,7%), davon aus der Türkei: 135159 (30,9%)

Arbeitslose: 477141 (17,6%, 1998: 18,0%)   *Offene Stellen: 15725*

Haushaltsvol. (1999): 42,2 Mrd DM   *Schuldenstand (1998): 61 Mrd DM*

Politik CDU/SPD (seit 1990); 118 von 169 Sitzen

Stärkste Parteien	CDU	SPD	PDS	B.90/Gr.	FDP
1999: %/Sitze	40,8/76	22,4/42	17,7/33	9,9/18	2,2/–
1995: %/Sitze	37,4/87	23,6/55	14,6/34	13,2/30	2,5/–

Regierender Bürgermeister: Eberhard Diepgen (CDU, seit 1991; *1941)

Bielefeld

Nordrhein-Westfalen, –113 m über NN
www.bielefeld.de

☏ 0521   ✉ Bereich 33…   🚗 BI

ℹ️ Niederwall 23, 33602 B.   ☏ 178899

✈ Paderborn (45 km), Hannover (110 km)

👥 322364 (18*)   ↔ –776 (–0,2%)

◻ 257,73 km² (11*)   🏭 1251 (42*)

🏛 3   🏟 1   📞 13

Uni 1/Stud.: 19825   Hochschulen: 3/5775

Soziales/Wirtschaft

Altersstruktur: 0–17 J.: 18,2%, 18–60 J.: 56,5%, über 60 J.: 25,3%

Ausländer: 39922 (12,4%), davon aus der Türkei: 17388 (43,6%)

Arbeitslose: 18010 (12,9%, 1998: 13,1%)   *Offene Stellen: 2299*

Haushaltsvolumen: 1,466 Mrd DM   *Schuldenstand: 1,507 Mrd DM*

Politik CDU (seit1999); 32 von 70 Sitzen

Stärkste Parteien	CDU	SPD	B.90/Gr.	FDP	Sonstige
1999: %/Sitze	45,7/32	31,3/22	10,6/8	3,3/2	9,1/6
1994: %/Sitze	36,2/24	41,3/28	12,5/8	2,5/–	7,4/5

Oberbürgermeister: Eberhard David (CDU, seit 1999; *1941)

Bochum

Nordrhein-Westfalen, 45–196 m über NN
www.bochum.de

☏ 0234   ✉ Bereich 44…   🚗 BO

ℹ️ Kurt-Schumacher-Platz, 44787 B.   ☏ 96302-0

✈ DO-Wickede (25 km), Düsseldorf (50 km)

👥 397638 (16*)   ↔ –1380 (–0,3%)

◻ 145,4 km² (34*)   🏭 2735 (6*)

🏛 5   🏟 –   📞 6

Uni 1/Stud.: 35295   Hochschulen: 4/8046

Soziales/Wirtschaft

Altersstruktur: 0–17 J.: 15,8%, 18–60 J.: 60,6%, über 60 J.: 23,7%

Ausländer: 34340 (8,6%), davon aus der Türkei: 12491 (36,4%)

Arbeitslose: 21036 (13,2%, 1998: 13,6%)   *Offene Stellen: 1339*

Haushaltsvolumen: 4,16 Mrd DM   *Schuldenstand: 1,4 Mrd DM*

Politik SPD (seit 1946); 27 von 66 Sitzen

Stärkste Parteien	SPD	CDU	B.90/Gr.	FDP
1999: %/Sitze	41,3/27	40,5/27	10,6/7	2,9/2
1994: %/Sitze	50,5/38	29,4/22	12,6/9	1,7/–

Oberbürgermeister: Ernst-Otto Stüber (SPD, seit 1994; *1940)

Bonn

Nordrhein-Westfalen, 42,6 m über NN
www.bonn.de

☏ 0228   ✉ Bereich 53…   🚗 BN

ℹ️ Windeckstr. 2, 53103 B.   ☏ 77 50 00

✈ Köln/Bonn (vom Hbf: 30 min)

👥 306826 (20*)   ↔ –3476 (–1,1%)

◻ 141,22 km² (36*)   🏭 2173 (18*)

🏛 12   🏟 1   📞 29

Uni 1/Stud.: 38209   Hochschulen: –

Soziales/Wirtschaft

Altersstruktur: 0–17 J.: 16,6%, 18–60 J.: 61,6%, über 60 J.: 21,8%

Ausländer: 42031 (13,7%), davon aus der Türkei: 6903 (16,4%)

Arbeitslose: 9573 (7,7%, 1998: 8,0%)   *Offene Stellen: 3800*

Haushaltsvolumen: 2,03 Mrd DM   *Schuldenstand: 1,744 Mrd DM*

Politik CDU (seit 1999); 34 von 66 Sitzen

Stärkste Parteien	CDU	SPD	B.90/Gr.	FDP	REP[1]
1999: %/Sitze	51,0/34	27,6/18	10,3/7	5,8/4	–/–
1994: %/Sitze	41,1/31	35,3/26	13,6/10	4,6/–	0,3/–

Oberbürgermeist.: Bärbel Dieckmann (SPD, seit 1994; *1949) 1) Sonst.: 3

Braunschweig

Niedersachsen, 70 m über NN
www.braunschweig.de

☎ 0531	✉ Bereich 38…	🚗 BS
ℹ Vor der Burg 1, 38100 BS.		☎ 2 7355-0
✈ BS-Waggum (vom Hbf: Bus 13, 30 min)		
👥 240 846 (30*)	↔ –1377 (–0,6%)	
⬜ 192,1 km² (23*)		📊 1254 (41*)
🏛 3	🚩 1	🛏 12
🎓 TU/Stud.: 13 505	Hochschulen: 3/2141	

Soziales/Wirtschaft

Altersstruktur: 0–17 J.: 15,4%, 18–60 J.: 60,1%, über 60 J.: 24,5%

Ausländer: 17 598 (7,3%), davon aus der Türkei: 6616 (37,6%)

Arbeitslose: 16 270 (12,3%, 1998: 13,7%)   *Offene Stellen: 1599*

Haushaltsvolumen: 1,3 Mrd DM   *Schuldenstand: 0,7 Mrd DM*

Politik SPD/Bündnis 90/Die Grünen (seit 1991); 29 von 57 Sitzen

Stärkste Parteien	*CDU*	*SPD*	*B.90/Gr.*	*FDP*	*Sonstige*
1996: %/Sitze	39,8/24	37,6/22	11,7/7	4,4/2	6,5/2
1991: %/Sitze	43,7/25	40,5/23	8,8/5	5,7/3	1,3/1

*Oberbürgermeister: Werner Steffens (SPD, seit 1991; *1937)*

Bremen

Bremen, 0,7–1,8 m über NN
www.bremen.de

☎ 0421	✉ Bereich 28	🚗 HB
ℹ Hillmannplatz 6, 28195 B.		☎ 3 0800-0
✈ Bremen (vom Hbf: S 6, 20 min)		
👥 543 279 (10*)	↔ –3689 (–0,7%)	
⬜ 326,78 km² (5*)		📊 1664 (31*)
🏛 7	🚩 1	🛏 12
🎓 1/Stud.: 17 338	Hochschulen: 1/665	

Soziales/Wirtschaft

Altersstruktur: 0–17 J.: 16,4%, 18–60 J.: 59,1%, über 60 J.: 24,5%

Ausländer: 67 259 (12,4%), davon aus der Türkei: 26 359 (37,2%)

Arbeitslose: 35 531 (15,7%, 1998: 15,8%)   *Offene Stellen: 2899*

Haushaltsvol. (Stadt): 4,0 Mrd DM   *Schuldenstand (Land): 16,9 Mio DM*

Politik SPD/CDU (seit 1995); 72 von 80 Sitzen

Stärkste Parteien	*SPD*	*CDU*	*B.90/Gr.*	*FDP*	*AFB*
1999: %/Sitze	42,7/38	37,7/34	9,1/8	–/–	–/–
1995: %/Sitze	33,0/29	32,3/29	13,4/12	–/–	k.A

*Erster Bürgermeister: Henning Scherf (SPD, seit 1995; *1938)*

Chemnitz

Sachsen, 309 m über NN
www.chemnitz.de

☎ 0371	✉ Bereich 09…	🚗 C
ℹ Bahnhofstr. 6, 09111 C.		☎ 6 906822
✈ Dresden-Klotzsche (80 km), Leipzig-Halle (90 km)		
👥 260 849 (26*)	↔ –5131 (–1,9%)	
⬜ 220,85 km² (15*)		📊 1181 (44*)
🏛 2	🚩 1	🛏 11
🎓 1/Stud.: 4969 (WS 97/98)	Hochschulen: –/–	

Soziales/Wirtschaft

Altersstruktur: 0–17 J.: 14,9%, 18–60 J.: 59,8%, über 60 J.: 25,3%

Ausländer: 5256 (2%), davon aus Vietnam: 690 (13,1%)

Arbeitslose: 21 751 (17,9%, 1998: 18,9%)   *Offene Stellen: 1257*

Haushaltsvolumen: 1,2 Mrd DM   *Schuldenstand: 0,674 Mrd DM*

Politik CDU (seit 1999); 21 von 60 Sitzen

Stärkste Parteien	*CDU*	*SPD*	*PDS*	*B.90/Gr.*	*Sonstige*
1999: %/Sitze	32,6/21	29,3/18	26,1/16	4,4/2	7,6/3
1994: %/Sitze	24,6/15	33,3/21	21,8/13	9,5/6	9,5/5

*Oberbürgermeister: Peter Seifert (SPD, seit 1993; *1941)*

Dortmund

Nordrhein-Westfalen, 118 m über NN
www.dortmund.de

☎ 0231	✉ Bereich 44..	🚗 DO
ℹ Königswall 25–27, 44122 D.		☎ 50 25666
✈ Dortmund-Wickede (vom Hbf: U 47, 30 min)		
👥 588 605 (7*)	↔ –509 (–0,1%)	
⬜ 280,3 km² (9*)		📊 2100 (20*)
🏛 4	🚩 1	🛏 15
🎓 1/Stud.: 24 648	Hochschulen: 1/7917	

Soziales/Wirtschaft

Altersstruktur: 0–17 J.: 17,3%, 18–60 J.: 57,6%, über 60 J.: 25,1%

Ausländer: 77 489 (13,2%), davon aus der Türkei: 29 640 (38,2%)

Arbeitslose: 39 182 (16,1%, 1998: 16,6%)   *Offene Stellen: 2781*

Haushaltsvolumen: 3,4 Mrd DM   *Schuldenstand: 1,712 Mrd DM*

Politik SPD (seit 1952); 42 von 82 Sitzen

Stärkste Parteien	*SPD*	*CDU*	*B.90/Gr.*	*FDP*	*REP[1)]*
1999: %/Sitze	41,5/34	41,5/34	9,8/8	–/–	–/–
1994: %/Sitze	51,4/46	30,4/27	12,2/10	2,1/–	1,9/–

*Oberbürgermeist: Gerhard Langemeyer (SPD, seit 1999; *1944); 1) Sonst.: 6*

Dresden

Sachsen, 113 m über NN
www.dresden.de

☎ 0351	✉ Bereich 01… 🚗 DD
ℹ Ostra-Allee 11, 01067 D.	☎ 4 91 92-0
✈ Dresden-Klotzsche (vom Hbf: Bus City L., 40 min)	
👥 471 133 (15*)	↔ –903 (–0,2%)
⬜ 328,6 km² (4*)	🛏 1434 (36*)
🏛 17	🎭 1	🎬 25
🎓 1/Stud.: 22 646	Hochschulen: 6/6139

Soziales/Wirtschaft

Altersstruktur: 0–17 J.: 16%, 18–60 J.: 61%, über 60 J.: 23%

Ausländer: 12 950 (2,7%), davon aus Vietnam: 1502 (11,6%)

Arbeitslose: 36 420 (16,1%, 1998: 15,49%) *Offene Stellen:* 1599

Haushaltsvolumen: 2,4 Mrd DM *Schuldenstand:* 1,54 Mrd DM

Politik CDU (seit 1990); 32 von 70 Sitzen

Stärkste Parteien	CDU	PDS	SPD	B.90/Gr.	Sonstige
1999: %/Sitze	42,8/32	24,2/18	13,3/9	5,8/4	13,1/7
1994: %/Sitze	34,2/25	22,2/16	14,7/11	8,3/6	20,6/12

Oberbürgermeister: Herbert Wagner (CDU, seit 1990; *1948)

Duisburg

Nordrhein-Westfalen, 33 m über NN
www.stadt-duisburg.de

☎ 0203	✉ Bereich 47… 🚗 DU
ℹ Am Buchenbaum 40–42, 47051 D. ☎ 2 85 44 -0
✈ Düsseldorf (vom Hbf: S 1/S 21, 20 min)	
👥 518 448 (11*)	↔ –4001 (–0,8%)
⬜ 232,8 km² (13*)	🛏 2227 (15*)
🏛 1	🎭 1	🎬 5
🎓 1/Stud.: 14.988	Hochschulen: 2/475

Soziales/Wirtschaft

Altersstruktur: 0–17 J.: 18,4%, 18–60 J.: 57,5%, über 60 J.: 24,1%

Ausländer: 82 177 (15,9%), davon aus der Türkei: 48 771 (59,3%)

Arbeitslose: 33 662 (15,8%, 1998: 16,6%) *Offene Stellen:* 1813

Haushaltsvolumen: 3,14 Mrd DM *Schuldenstand:* 2,3 Mrd DM

Politik SPD/Bündnis 90/Die Grünen (seit 1999); 38 von 74 Sitzen

Stärkste Parteien	SPD	CDU	B.90/Gr.	FDP	PDS
1999: %/Sitze	45,3/34	41,5/31	6,0/4	2,6/2	4,2/3
1994: %/Sitze	58,5/46	28,7/22	8,7/7	1,7/–	–

Oberbürgermeisterin: Bärbel Zieling (SPD, seit 1997; *1949)

Düsseldorf

Nordrhein-Westfalen, 36 m über NN
www.duesseldorf.de

☎ 02 11	✉ Bereich 40… 🚗 D
ℹ Konrad-Adenauer-Platz, 40210 D. ☎ 1 72 02-0
✈ Düsseldorf (vom Hbf: S 7, 11 min)	
👥 567 396 (8*)	↔ –1004 (–0,18%)
⬜ 217 km² (16*)	🛏 2615 (9*)
🏛 11	🎭 1	🎬 15
🎓 1/Stud.: 23 554	Hochschulen: 4/10 210

Soziales/Wirtschaft

Altersstruktur: 0–17 J.: 15,3%, 18–60 J.: 60,4%, über 60 J.: 24,3%

Ausländer: 94 096 (16,6%), davon aus der Türkei: 15 808 (16,8%)

Arbeitslose: 30 577 (11,9%, 1998: 12,5%) *Offene Stellen:* 5977

Haushaltsvolumen: 5,2 Mrd DM *Schuldenstand:* 3,2 Mrd DM

Politik CDU/FDP (seit 1999); 44 von 82 Sitzen

Stärkste Parteien	CDU	SPD	B.90/Gr.	FDP	PDS	REP
1999: %/Sitze	49,4/40	35,2/29	7,1/6	4,3/4	2,3/2	1,5/1
1994: %/Sitze	39,7/35	41,5/37	12,7/11	3,8/–	–/–	1,8/–

Oberbürgermeister: Joachim Erwin (CDU, seit 1999; *1949)

Erfurt

Thüringen, 158–430 m über NN
www.erfurt.de

☎ 0361	✉ Bereich 99… 🚗 EF
ℹ Fischmarkt 27, 99084 E. ☎ 6 64 00
✈ E.-Bindersleben (vom Hbf: L 91/92, 20 min)	
👥 198 178 (40*)	↔ –2891 (–1,4%)
⬜ 269 km² (10*)	🛏 736 (50*)
🏛 4	🎭 —	🎬 24
🎓 1/Stud.:145	Hochschulen: 3/5911

Soziales/Wirtschaft

Altersstruktur: 0–17 J.: 17,0%, 18–60 J.: 60,5%, über 60 J.: 22,5%

Ausländer: 3826 (1,9%), davon aus der Türkei: 254 (6,6%)

Arbeitslose: 18 769 (17,4%, 1998: 17,1%) *Offene Stellen:* 1545

Haushaltsvolumen: 996 Mio DM *Schuldenstand:* 415 Mio DM

Politik CDU (seit 1990); 25 von 50 Sitzen, wechselnde Mehrheiten

Stärkste Parteien	CDU	PDS	SPD	B.90/Gr.	Sonstige
1999: %/Sitze	46,2/25	24,3/13	22,3/12	4,1/–	3,1/–
1994: %/Sitze	32,2/17	23,2/13	26,6/14	10,7/6	7,3/–

Oberbürgermeister: Manfred Ruge (CDU, seit 1990; *1945)

Essen

Nordrhein-Westfalen, –116 m über NN
www.essen.de

Soziales/Wirtschaft

Altersstruktur: 0–17 J.: 16,7%, 18–60 J.: 56,5%, über 60 J.: 26,8%

Ausländer: 56 775 (9,5%) davon aus der Türkei: 17 238 (30,4%)

☎ 02 01	✉ Bereich 45...	🚗 E
ℹ Norbertstr. 2, 45127 E.	☎ 72 44-401	
🚉 Düsseldorf, Dortmund (vom Hbf: 38 min)		
👥 598 968 (6*)	↔ –4367 (–0,7%)	
⬜ 210,36 km² (18*)	🚗 2847 (5*)	
🏛 4	🎭 1	🎫 4
Uni 1/Stud.: 22 737	Hochschulen: –/–	

Arbeitslose: 32 571 (13,2%, 1998: 13,3%)   *Offene Stellen:* 3226

Haushaltsvolumen: 3,114 Mrd DM   *Schuldenstand:* 2,0 Mrd DM

Politik CDU (seit 1999); 40 von 82 Sitzen

Stärkste Parteien	CDU	SPD	B.90/Gr.	FDP	REP[1]
1999: %/Sitze	49,4/40	35,0/29	8,1/7	2,9/2	2,1/2
1994: %/Sitze	33,6/30	49,3/44	10,9/9	2,8/–	1,4/–

Oberbürgermeist.: Wolfgang Reiniger (CDU, seit 1999; *1944); 1) Sonst.: 2

Frankfurt/M.

Hessen, –212 m über NN
www.frankfurt.de

Soziales/Wirtschaft

Altersstruktur: 0–17 J.: 15,3%, 18–60 J.: 62,3%, über 60 J.: 22,4%

Ausländer: 180 629 (28,0%), davon aus der Türkei: 35 403 (19,6%)

☎ 0 69	✉ Bereich 60/63/65	🚗 F
ℹ Kaiserstr. 56, 60329 F.	☎ 212-38800	
🚉 Rhein-Main-F. (vom Hbf: 12 min)		
👥 645 263 (5*)	↔ –5205 (–0,8%)	
⬜ 248,4 km² (12*)	🚗 2598 (11*)	
🏛 7	🎭 1	🎫 35
Uni 1/Stud.: 34 510	Hochschulen: 4/10 201	

Arbeitslose: 42 699 (7,6%, 1998: 8,6%)   *Offene Stellen:* 11 537

Haushaltsvolumen: 6,2 Mrd DM   *Schuldenstand:* 4,3 Mrd DM

Politik wechselnde Mehrheiten

Stärkste Parteien	CDU	SPD	B.90/Gr.	FDP	REP
1997: %/Sitze	36,3/36	29,2/29	16,9/17	5,6/5	6,2/6
1993: %/Sitze	33,4/35	32,0/33	14,0/15	–/–	9,3/10

Oberbürgermeisterin: Petra Roth (CDU, seit 1995; *1944)

Freiburg/Br.

Baden-Württemberg, 278 m über NN
www.freiburg.de

Soziales/Wirtschaft

Altersstruktur: 0–17 J.: 17%, 18–60 J.: 62%, über 60 J.: 21%

Ausländer: 26 541 (13,2%) davon aus der Türkei: 1925 (7.3%)

☎ 07 61	✉ Bereich 79...	🚗 FR
ℹ Rotteckring 14, 79098 F.	☎ 3881-01	
🚉 Basel-Mulhouse-Freiburg/B. (vom Hbf: 55 min)		
👥 201 044 (38*)	↔ +728 (+0,4%)	
⬜ 153 km² (32*)	🚗 1314 (37*)	
🏛 6	🎭 –	🎫 5
Uni 1/Stud.: 18 768	Hochschulen: 4/4777	

Arbeitslose: 7676 (10,3%, 1998: 10,7%)   *Offene Stellen:* 0

Haushaltsvolumen: 1,01 Mrd DM   *Schuldenstand:* 0,64 Mrd DM

Politik SPD (seit 1984); 11 von 48 Sitzen, wechselnde Mehrheiten

Stärkste Parteien	CDU	SPD	B.90/Gr.	FDP	REP1)
1999: %/Sitze	31,1/16	20,8/11	19,7/10	5,1/2	1,8/–
1994: %/Sitze	24,8/13	21,8/11	23,1/12	5,1/2	3,5/1

Oberbürgermeister: Rolf Böhme (SPD, seit 1982; *1934); 1) Sonstige: 9

Gelsenkirchen

Nordrhein-Westfalen, 28–96 m über NN
www.gelsenkirchen.de

Soziales/Wirtschaft

Altersstruktur: 0–17 J.: 18,4%, 18–64 J.: 62,4%, über 64 J.: 19,2%

Ausländer: 38 532 (13,6%) davon aus der Türkei: 22 741 (59,0%)

☎ 02 09	✉ Bereich 45...	🚗 GE
ℹ Ebertstr. 19, 45879 G.	☎ 2 33 76	
🚉 Dortmund, Düsseldorf (vom Hbf: 50 min)		
👥 283 135 (21*)	↔ –2123 (–0,74%)	
⬜ 104,8 km² (42*)	🚗 2701 (7*)	
🏛 4	🎭 1	🎫 1
Uni –/Stud.: –	Hochschulen: 2/7206	

Arbeitslose: 19 994 (18,0%, 1997: 18,5%)   *Offene Stellen:* 721

Haushaltsvolumen: 1,36 Mrd DM   *Schuldenstand:* 0,621 Mrd DM

Politik CDU (seit 1999); 28 von 66 Sitzen

Stärkste Parteien	CDU	SPD	B.90/Gr.	FDP	Sonstige
1999: %/Sitze	41,9/28	41,6/27	6,0/4	2,2/1	8,3/6
1994: %/Sitze	28,9/20	55,7/40	9,8/7	1,4/–	3,9/–

Oberbürgermeister: Oliver Wittke (CDU, seit 1999; *1966)

Hagen

Nordrhein-Westfalen, 86–438 m über NN
www.hagen.de

Soziales/Wirtschaft					
Altersstruktur: 0–17 J.: 18,6%, 18–60 J.: 55,6%, über 60 J.: 25,8%					

☎ 02331 ✉ Bereich 58... 🚗 HA

Ausländer: 29326 (14,1%), davon aus der Türkei: 10670 (36,4%)

ℹ Friedrich-Ebert Platz, 58042 H. ☎ 207-3383

Arbeitslose: 11545 (12,5%, 1998: 13,1%) *Offene Stellen:* 1155

🚆 Dortmund (vom Hbf: 29 min)

Haushaltsvolumen: 1,241 Mrd DM *Schuldenstand:* 0,514 Mrd DM

👥 207471 (36*) ↔ –2210 (–1,1%)

Politik CDU (seit 1999); 27 von 58 Sitzen

Stärkste Parteien	*CDU*	*SPD*	*B.90/Gr.*	*FDP*	*REP*
1999: %/Sitze	45,5/27	39,8/23	5,9/3	4,6/3	3,2/2
1994: %/Sitze	35,5/23	48,7/31	8,3/5	3,2/–	2,5/–

⬜ 160,4 km² (31*) 🚄 1293 (40*)

🏛 1 🎭 1 🛏 4

Uni 1 (Fernuni)/Stud.: 57776 *Hochschulen:* –/–

Oberbürgermeister: Wilfried Horn (CDU, seit 1999; *1938)

Halle

Sachsen-Anhalt, 87 m über NN
www.halle.de

Soziales/Wirtschaft					
Altersstruktur: 0–17 J.: 16,6%, 18–60 J.: 60,1%, über 60 J.: 23,3%					

☎ 0345 ✉ Bereich 06... 🚗 HAL

Ausländer: 7998 (3,2%), davon aus Vietnam: 952 (11,9%)

ℹ Steinweg 7, 06110 H. ☎ 2024700

Arbeitslose: 27136 (21,5%, 1998: 20,2%) *Offene Stellen:* 1190

🚆 Leipzig-Halle (vom Hbf: Bus, 30 min)

Haushaltsvolumen: 1,303 Mrd DM *Schuldenstand:* 0,554 Mrd DM

👥 253224 (28*) ↔ –6701 (–2,6%)

Politik CDU (seit 1990); 16 von 56 Sitzen, wechselnde Mehrheiten

Stärkste Parteien	*CDU*	*PDS*	*SPD*	*FDP*	*B.90/Gr.*	*Sonstige*
1999: %/Sitze	29,0/16	24,4/14	22,6/13	4,4/2	3,0/2	16,6/9
1994: %/Sitze	23,3/13	26,0/15	24,7/14	9,0/5	6,3/3	10,7/6

⬜ 135 km² (38*) 🚄 1876 (25*)

🏛 3 🎭 1 🛏 7

Uni 1/Stud.: 13438 *Hochschulen:* 2/905

Oberbürgermeisterin: Ingrid Häußler (SPD, seit 2000; *1944)

Hamburg

Hamburg, –5,9 m über NN
www.hamburg.de

Soziales/Wirtschaft					
Altersstruktur: 0–17 J.: 16%, 18–60 J.: 61%, über 60 J.: 23%					

☎ 040 ✉ Bereich 20-22 🚗 HH

Ausländer: 269179 (15,8%), davon aus der Türkei: 69795 (26%)

ℹ Burchardstr. 14, 20095 H. ☎ 30051-0

Arbeitslose: 84047 (11,7%, 1998: 13%) *Offene Stellen:* 7957

🚆 HH-Fuhlsbüttel (vom Hbf: Bus, 30 min)

Haushaltsvolumen (Stadt+Land): 18,5 Mrd DM *Schuldenstand:* k.A.

👥 1704831 (2*) ↔ +4226 (+0,2%)

Politik SPD/GAL (seit 1997); 75 von 121 Sitzen

Stärkste Parteien	*SPD*	*CDU*	*GAL*	*STATT*	*DVU*
1997: %/Sitze	36,2/54	30,7/46	13,9/21	3,8/–	4,9/–
1993: %/Sitze	40,4/58	25,1/36	13,5/19	5,6/8	2,8/–

⬜ 755,3 km² (2*) 🚄 2257 (14*)

🏛 34 🎭 1 🛏 49

Uni 4/Stud.: 49420 *Hochschulen:* 5/16842

Erster Bürgermeister: Ortwin Runde (SPD, seit 1997; *1944)

Hamm

Nordrhein-Westfalen, 50–102 m über NN
www.hamm.de

Soziales/Wirtschaft					
Altersstruktur: 0–17 J.: 19,8%, 18–60 J.: 59,1%, über 60 J.: 21,1%					

☎ 02381 ✉ Bereich 59... 🚗 HAM

Ausländer: 20224 (10,7%), davon aus der Türkei: 12008 (59,4%)

ℹ Willy-Brandt-Platz 3, 59065 H. ☎ 28525

Arbeitslose: 9823 (13,5%, 1998: 14,1%) *Offene Stellen:* 472

🚆 Münster, Dortmund (vom Hbf: 50 min)

Haushaltsvolumen: 0,9 Mrd DM *Schuldenstand:* 0,5 Mrd DM

👥 188946 (42*) ↔ +220 (+0,1%)

Politik CDU (seit 1999); 29 von 58 Sitzen

Stärkste Parteien	*CDU*	*SPD*	*B.90/Gr.*	*FWG*	*FDP*
1999: %/Sitze	49,6/29	35,8/21	5,4/3	6,8/4	2,4/1
1994: %/Sitze	42,1/26	41,5/26	6,6/4	5,2/3	1,7/–

⬜ 226,26 km² (14*) 🚄 835 (49*)

🏛 – 🎭 – 🛏 1

Uni –/Stud.: – *Hochschulen:* –/–

Oberbürgermeister: Th. Hunsteger-Petermann (CDU, seit 1999; *1953)

Hannover

Niedersachsen, 55 m über NN
www.hannover.de

☎ 05 11   ✉ Bereich 30...   🚗 H

ℹ️ Ernst-August-Platz 2, 30159 H.   ☎ 30 1 40

✈ H-Langenhagen (vom Hbf: 30 min)

👥 506 252 (12*)   ↔ −1253 (−0,2%)

▭ 204,1 km² (20*)   📈 2480 (13*)

🏛 9   🎓 1   🎭 7

🎓 1/Stud.: 30 586   Hochschulen: 5/12 946

Soziales/Wirtschaft

Altersstruktur: 0–17 J.: 15,4%, 18–60 J.: 61,3%, über 60 J.: 23,3%

Ausländer: 75 622 (14,9%), davon aus der Türkei: 21 579 (28,5%)

Arbeitslose: 33 379 (14,6%, 1998: 15,0%)   Offene Stellen: 5871

Haushaltsvolumen: 2,8 Mrd DM   Schuldenstand: 1,7 Mrd DM

Politik SPD/Bündnis 90/Die Grünen (seit 1996); 34 von 64 Sitzen

Stärkste Pareien.	SPD	CDU	B.90/Gr.	FDP	REP	Sonstige
1996: %/Sitze	36,9/25	34,9/24	14,3/9	4,3/2	2,7/1	5,1/3
1991: %/Sitze	41,6/27	34,5/23	9,6/6	6,1/4	3,4/2	3,6/2

Oberbürgermeister: Herbert Schmalstieg (SPD, seit 1972; *1943)

Herne

Nordrhein-Westfalen, 61 m über NN
www.herne.de

☎ 02 3 23   ✉ Bereich 44...   🚗 HER

ℹ️ Friedrich-Ebert-Platz 1, 44623 H.   ☎ 16-0

✈ Dortmund-Wickede (vom Bhf Wanne-E.)

👥 171 129 (45*)   ↔ −865 (−0,5%)

▭ 51,4 km² (50*)   📈 3329 (3*)

🏛 −   🎓 −   🎭 2

🎓 −/Stud.: −   Hochschulen: −/−

Soziales/Wirtschaft

Altersstruktur: 0–17 J.: 17,8%, 18–60 J.: 56,4%, über 60 J.: 25,8%

Ausländer: 21 309 (12,5%), davon aus der Türkei: 12 873 (60,4%)

Arbeitslose: 10 647 (15,7%, 1998: 16,3%)   Offene Stellen: 612

Haushaltsvolumen: 0,941 Mrd DM   Schuldenstand: 0,502 Mrd DM

Politik SPD (seit 1948); 27 von 59 Sitzen

Stärkste Parteien	SPD	CDU	B.90/Gr.	REP	FDP[1]
1999: %/Sitze	44,5/27	40,1/23	6,4/4	3,7/2	1,8/1
1994: %/Sitze	58/36	28,8/18	9,3/5	2,6/−	1,3/−

Oberbürgermeister: Wolfgang Becker (SPD, seit 1994; *1938); 1) Sonst.: 2

Karlsruhe

Baden-Württemberg, −115 m über NN
www.karlsruhe.de

☎ 07 21   ✉ Bereich 76...   🚗 KA

ℹ️ Bahnhofplatz 6, 76137 K.   ☎ 35 53-0

✈ Stuttgart (vom Hbf: 90 min)

👥 267 959 (22*)   ↔ +361 (+0,1%)

▭ 173,5 km² (26*)   📈 1545 (34*)

🏛 3   🎓 1   🎭 16

🎓 1/Stud.: 14 379   Hochschulen: 6/8932

Soziales/Wirtschaft

Altersstruktur: 0–17 J.: 16,1%, 18–60 J.: 59,5%, über 60 J.: 24,4%

Ausländer: 35 258 (13,2%), davon aus der Türkei: 6724 (19,1%)

Arbeitslose: 10 543 (8,1%, 1998: 10,3%)   Offene Stellen: 2361

Haushaltsvolumen: 1,426 Mrd DM   Schuldenstand: 0,578 Mrd DM

Politik CDU (seit 1975); 22 von 48 Sitzen

Stärkste Parteien	CDU	SPD	B.90/Gr.	FDP	REP
1999: %/Sitze	43,8/22	24,7/12	9,8/5	10,0/5	1,6/−
1994: %/Sitze	37,8/22	28,4/16	13,6/8	6,3/3	2,6/−

Oberbürgermeister: Heinz Fenrich (CDU, seit 1998; *1945)

Kassel

Hessen, 163 m über NN
www.kassel.de

☎ 05 61   ✉ Bereich 34...   🚗 KS

ℹ️ Königsplatz 53, 34117 K.   ☎ 70 77 07

✈ Kassel-Calden (vom Hbf: 32 min)

👥 196 500 (41*)   ↔ −1500 (−0,8%)

▭ 106,78 km² (41*)   📈 1840 (27*)

🏛 2   🎓 1   🎭 13

🎓 1/Stud.: 17 500   Hochschulen: 1/k.A.

Soziales/Wirtschaft

Altersstruktur: 0–17 J.: 17%, 18–60 J.: 58%, über 60 J.: 25%

Ausländer: 27 250 (13,9%), davon aus der Türkei: 10 600 (38,9%)

Arbeitslose: 13 991 (15,8%, 1998: 16,9%)   Offene Stellen: 928

Haushaltsvolumen: 2,0 Mrd DM   Schuldenstand: 0,579 Mrd DM

Politik SPD/CDU (seit 1999); 58 von 71 Sitzen

Stärkste Parteien	CDU	SPD	B.90/Gr.	FDP	REP
1997: %/Sitze	33,0/28	36,0/30	15,6/13	3,3/−	4,6/−
1993: %/Sitze	36,9/28	29,8/22	14,0/11	7,7/6	5,4/4

Oberbürgermeister: Georg Lewandowski (CDU, seit 1993; *1944)

Kiel

Schleswig-Holstein, 74 über NN
www.kiel.de

☎ 0431   ✉ Bereich 24…   🚗 KI

ℹ️ Andreas-Gayk-Str.31, 24103 K.   ☎ 679100

✈️ Kiel-Holtenau (vom Hbf: Bus 501/502, 25 min)

👥 230463 (33*)   ↔ –3524 (–1,5%)

▢ 118,4 km² (40*)   🚇 2080 (23*)

🏛 6   📖 1   🛏 5

🎓 1/Stud.: 20413   Hochschulen: 2/5469

Soziales/Wirtschaft

Altersstruktur: 0–17 J.: 15,6%, 18–60 J.: 61,5%, über 60 J.: 22,9%

Ausländer: 20019 (8,7%), davon aus der Türkei: 7536 (37,6%)

Arbeitslose: 17715 (11,1%, 1998: 12,0%)   *Offene Stellen:* 1317

Haushaltsvolumen: 1,35 Mrd DM   *Schuldenstand:* 0,78 Mrd DM

Politik SPD (seit 1998); 25 von 49 Sitzen

Stärkste Parteien	*SPD*	*CDU*	*B.90/Gr.*	*FDP*	*S-U-K*
1998: %/Sitze	47,8/25	31,4/16	9,6/5	3,1/–	6,9/3
1994: %/Sitze	39,3/20	31,1/16	16,1/8	3,9/–	9,5/5

Oberbürgermeister: Norbert Gansel (SPD, seit 1997; *1940)

Köln

Nordrhein-Westfalen, –116 m über NN
http://www.koeln.de

☎ 0221   ✉ Bereich 50, 51…   🚗 K

ℹ️ Unter Fettenhennen 19, 50667 K.   ☎ 22123340

✈️ Köln-Bonn (vom Hbf: Bus 170, 30 min)

👥 1014837 (4*)   ↔ +2925 (+0,3%)

▢ 405,2 km² (3*)   🚇 2504 (12*)

🏛 31   📖 1   🛏 28

🎓 1/Stud.: 58157   Hochschulen: 3/7501

Soziales/Wirtschaft

Altersstruktur: 0–17 J.: 16,0%, 18–60 J: 62,5%, über 60 J.: 21,5%

Ausländer: 191847 (18,9%), davon aus der Türkei: 77965 (40,6%)

Arbeitslose: 54813 (13,0%, 1998: 14,1%)   *Offene Stellen:* 7469

Haushaltsvolumen: 6,4 Mrd DM   *Schuldenstand:* 4,8 Mrd DM

Politik CDU (seit 1999); 43 von 94 Sitzen

Stärkste Parteien	*CDU*	*SPD*	*B.90/Gr.*	*FDP*	*PDS*	*REP*
1999: %/Sitze	45,2/43	30,3/29	15,7/15	4,1/4	2,1/2	1,2/1
1994: %/Sitze	39,9/33	42,5/42	16,2/16	–/–	–/–	–/–

Oberbürgermeister: z. Z. N. N.

Krefeld

Nordrhein-Westfalen, –39 m über NN
www.krefeld.de

☎ 02151   ✉ Bereich 47…   🚗 KR

ℹ️ Theaterplatz 1, 47798 K.   ☎ 801018

✈️ Düsseldorf (vom Hbf: 45 min)

👥 239469 (31*)   ↔ –1453 (–0,6%)

▢ 137,7 km² (37*)   🚇 1739 (28*)

🏛 5   📖 –   🛏 5

🎓 –/Stud.: –   Hochschulen: 1/2504

Soziales/Wirtschaft

Altersstruktur: 0–17 J.: 18,2%, 18–60 J.: 57,5%, über 60 J.: 24,3%

Ausländer: 34724 (14,5%), davon aus der Türkei: 12407 (35,7%)

Arbeitslose: 15646 (13,3%, 1998: 13,8%)   *Offene Stellen:* 1640

Haushaltsvolumen: 1,529 Mrd DM   *Schuldenstand:* 0,817 Mrd DM

Politik CDU (seit 1994); 33 von 58 Sitzen

Stärkste Parteien	*CDU*	*SPD*	*B.90/Gr.*	*FDP[1]*
1999: %/Sitze	55,9/33	28,6/17	7,0/4	3,9/2
1994: %/Sitze	46,8/30	36,2/23	9,4/6	3,0/–

Oberbürgermeister: Dieter Pützhofen (CDU, seit 1994; *1942); 1) Sonst.: 2

Leipzig

Sachsen, –113 m über NN
www.leipzig.de

☎ 0341   ✉ Bereich 041–044 🚗 L

ℹ️ R.-Wagner-Str. 1, 04109 L.   ☎ 7104260

✈️ Leipzig-Halle (vom Hbf/Innenstadt: Bus, 30 min)

👥 489586 (13*)   ↔ +52485 (+12,0%)

▢ 290,4 km² (8*)   🚇 1686 (30*)

🏛 17   📖 2   🛏 24

🎓 1/Stud.: 22357   Hochschulen: 3/1455

Soziales/Wirtschaft

Altersstruktur: 0–17 J.: 15,3%, 18–60 J.: 60,1%, über 60 J.: 24,6%

Ausländer: 24438 (5%), davon aus Polen: 2764 (11,3%)

Arbeitslose: 40038 (18,3%, 1998: 15,9%)   *Offene Stellen:* 3451

Haushaltsvolumen: 2,73 Mrd DM   *Schuldenstand:* 1,6 Mrd DM

Politik CDU/SPD (seit 1990); 42 von 70 Sitzen

Stärkste Part.	*CDU*	*SPD*	*PDS*	*B.90/Gr.*	*FDP*	*Sonstige*
1999: %/Sitze	32,0/23	26,2/19	25,7/19	7,5/5	2,6/1	6,1/3
1994: %/Sitze	23,4/17	29,9/20	22,9/16	13,8/10	3,4/2	6,6/5

Oberbürgermeister: Wolfgang Tiefensee (SPD, seit Juli 1998; *1955)

Leverkusen

Nordrhein-Westfalen, 35–199 m über NN
www.leverkusen.de

☎ 0214	✉ Bereich 51…	🖨 LEV
ℹ City Point	☎ 406-3384	
✈ Köln-Bonn, Düsseldorf (vom Hbf: 30–40 min)		
👫 160930 (48*)	↔ −133 (−0,1%)	
⬜ 78,86 km² (47*)		🚗 2041 (21*)
🏛 –	📺 –	📷 1
Uni –/Stud.: –	Hochschulen: –/–	

Soziales/Wirtschaft

Altersstruktur: 0–17 J.: 18,0%, 18–60 J.: 58,4%, über 60 J.: 23,6%

Ausländer: 19553 (12,2%), davon aus der Türkei: 4887 (25,0%)

Arbeitslose: 8102 (11,4%, 1998: 12,0%)   *Offene Stellen:* 633

Haushaltsvolumen: 0,788 Mrd DM   *Schuldenstand:* 0,257 Mrd DM

Politik wechselnde Mehrheiten

Stärkste Part.	CDU	SPD	B.90/Gr.	FDP	Sonstige
1999: %/Sitze	46,3/27	30,0/17	6,7/4	3,6/2	13,4/8
1994: %/Sitze	37,1/24	37,4/24	10,0/6	3,9/–	11,5/5

Oberbürgermeister: Paul Hebbel (CDU, seit 1999; *1947)

Lübeck

Schleswig-Holstein, 11 m über NN
www.luebeck.de

☎ 0451	✉ Bereich 235…	🖨 HL
ℹ Beckergrube 95, 23552 L.	☎ 122-1902	
✈ HH-Fuhlsbüttel (vom Hbf: 70 min)		
👫 215327 (35*)	↔ −627 (−0,3%)	
⬜ 214 km² (17*)		🚗 1005 (47*)
🏛 6	📺 –	📷 10
Uni 1/Stud.: 1810	Hochschulen: 2/2965	

Soziales/Wirtschaft

Altersstruktur: 0–17 J.: 16,4%, 18–60 J.: 57,2%, über 60 J.: 26,4%

Ausländer: 19699 (9,1%), davon aus der Türkei: 7302 (37,1%)

Arbeitslose: 14927 (13,5%, 1998: 13,8%)   *Offene Stellen:* 1098

Haushaltsvolumen: 1,175 Mrd DM   *Schuldenstand:* 0,939 Mrd DM

Politik SPD (seit 1990); 23 von 49 Sitzen, wechselnde Mehrheiten

Stärkste Parteien	SPD	CDU	B.90/Gr.	WIR
1998: %/Sitze	41,2/23	38,1/22	7,9/4	–/–
1994: %/Sitze	41,3/23	31,7/18	10,5/5	6,1/2

Bürgermeister: Bernd Saxe (SPD, seit 2000; *1954)

Ludwigshafen

Rheinland-Pfalz, 90 m über NN
www.ludwigshafen.de

☎ 0621	✉ Bereich 67…	🖨 LU
ℹ Pavillon am Hbf., 67059 L.	☎ 512036	
✈ Rhein-Main-F. Frankfurt/M. (vom Hbf: 65 min)		
👫 166982 (46*)	↔ −840 (−0,5%)	
⬜ 77,6 km² (48*)		🚗 2152 (19*)
🏛 1	📺 –	📷 5
Uni –/Stud.: –	Hochschulen: 2/2997	

Soziales/Wirtschaft

Altersstruktur: 0–17 J.: 17,9%, 18–60 J.: 58,7%, über 60 J.: 23,4%

Ausländer: 33797 (20,2%), davon aus der Türkei: 11401 (33,7%)

Arbeitslose: 9195 (8,3%, 1998: 9,6%)   *Offene Stellen:* 1945

Haushaltsvolumen: 0,981 Mrd DM   *Schuldenstand:* 0,622 Mrd DM

Politik CDU/B.90/Grüne/FWG (seit 1999); 32 von 60 Sitzen

Stärkste Parteien	CDU	SPD	B.90/Gr.	REP	FWG
1999: %/Sitze	42,9/26	41,2/25	4,3/3	5,3/3	4,0/3
1994: %/Sitze	33,9/22	45,2/29	7,0/5	5,6/4	2,9/–

Oberbürgermeister: Wolfgang Schulte (SPD, seit 1993; *1947)

Magdeburg

Sachsen-Anhalt, 50 m über NN
www.magdeburg.de

☎ 0391	✉ Bereich 39…	🖨 MD
ℹ TIM Julius-Bremer Str.10, 39104 M.	☎ 19433	
✈ Leipzig (vom Hbf: 80 min)		
👫 235072 (32*)	↔ −4409 (−1,8%)	
⬜ 192,8 km² (22*)		🚗 1218 (43*)
🏛 5	📺 –	📷 6
Uni 1/Stud.: 7206	Hochschulen: 1/3939	

Soziales/Wirtschaft

Altersstruktur: 0–17 J.: 16,1%, 18–60 J.: 58,9%, über 60 J.: 24,9%

Ausländer: 6563 (2,8%), davon aus der Türkei: 368 (5,6%)

Arbeitslose: 24591 (20,8%, 1998: 19,8%)   *Offene Stellen:* 766

Haushaltsvolumen: 1,2 Mrd DM   *Schuldenstand:* 0,4 Mrd DM

Politik wechselnde Mehrheiten

Stärkste Parteien	CDU	SPD	PDS	B.90/Gr.	FDP
1999: %/Sitze	30,9/17	30,2/17	23,9/12	4,4/3	2,7/2
1994: %/Sitze	21,4/12	32,4/18	27,1/15	10,5/6	3,9/2

Oberbürgermeister: Willi Polte (SPD, seit 1990; *1938)

Mainz

Rheinland-Pfalz, 80 m über NN
www.mainz.de

☎ 06131 ✉ Bereich 55… 🚗 MZ	
ℹ Brückenturm Rheinstr., 55116 M. ☎ 286210	
🚆 Rhein-Main-F. Frankfurt/M. (vom Hbf: S 8, 20 min)	
👫 199046 (39*) ↔ −988 (−0,9%)	
⬜ 97,7 km² (44*) 🚙 2037 (22*)	
🏛 5 🎭 − 🛏 7	
🎓 1/Stud.: 28281 Hochschulen: 2/–	

Soziales/Wirtschaft

Altersstruktur: 0–17 J.: 15,4%, 18–60 J.: 64,0%, über 60 J.: 20,6%

Ausländer: 33325 (16,7%), davon aus der Türkei: 7254 (21,8%)

Arbeitslose: 9068 (6,8%, 1998: 6,9%)   *Offene Stellen:* 2098

Haushaltsvolumen: 950 Mio DM   *Schuldenstand:* 284 Mio DM

Politik SPD (seit 1948); 21 von 60 Sitzen, wechselnde Mehrheiten

Stärkste Parteien	CDU	SPD	B.90/Gr.	FDP	REP
1999: %/Sitze	41,9/26	34,4/22	9,2/6	5,5/4	3,8/2
1994: %/Sitze	39,0/25	33,8/21	11,6/7	7,3/5	3,8/2

Oberbürgermeister: Jens Beutel (SPD, seit 1997; *1946)

Mannheim

Baden-Württemberg, 99 m über NN
www.mannheim.de

☎ 0621 ✉ Bereich 68… 🚗 MA	
ℹ Kaiserring 10–16, 68161 M. ☎ 24141	
🚆 Stuttgart, Frankfurt/M. (vom Hbf: jeweils 60 min)	
👫 319983 (19*) ↔ −157 (+0,03%)	
⬜ 144,97 km² (35*) 🚙 2207 (17*)	
🏛 2 🎭 1 🛏 3	
🎓 1/Stud.: 10540 Hochschulen: 7/8000	

Soziales/Wirtschaft

Altersstruktur: 0–17 J.: 16,0%, 18–60 J.: 62,9%, über 60 J.: 21,1%

Ausländer: 65452 (20,5%), davon aus der Türkei: 22678 (34,6%)

Arbeitslose: 17229 (11,7%, 1998: 12,5%)   *Offene Stellen:* 2753

Haushaltsvolumen: 1,657 Mrd DM   *Schuldenstand:* 0,757 Mrd DM

Politik SPD (seit 1966); 17 von 48 Sitzen, wechselnde Mehrheiten

Stärkste Part.	SPD	CDU	B.90/Gr.	ML	REP	FDP[1]
1999: %/Sitze	33,9/17	44,8/23	7,5/3	–/–	2,0/1	2,5/1
1994: %/Sitze	35,3/18	32,4/17	12,9/6	6,3/3	5,2/2	3,1/1

Oberbürgermeister: Gerhard Widder (SPD, seit 1983; *1940); 1) Sonst.: 3

Mönchengladbach

Nordrhein-Westfalen, 60 m über NN
www.mgladbach.com

☎ 02161/66 ✉ Bereich 41… 🚗 MG	
ℹ Bismarckstr. 23, 41061 M. ☎ 22001	
🚆 Mönchengladbach (vom Hbf: Bus 10, 16 min)	
👫 267693 (23*) ↔ −696 (−0,3%)	
⬜ 170,4 km² (27*) 🚙 1570 (32*)	
🏛 1 🎭 1 🛏 1	
🎓 –/Stud.: Hochschulen: 1/5539	

Soziales/Wirtschaft

Altersstruktur: 0–17 J.: 18,8%, 18–60 J.: 59,9%, über 60 J.: 22,2%

Ausländer: 27860 (10,4%), davon aus der Türkei: 9020 (33,4%)

Arbeitslose: 15034 (12,0%, 1998: 13,1%)   *Offene Stellen:* 2082

Haushaltsvolumen: 1,286 Mrd DM   *Schuldenstand:* 0,809 Mrd DM

Politik CDU/SPD (seit 1989); 53 von 68 Sitzen

Stärkste Parteien	CDU	SPD	B.90/Gr.	FDP	FWG
1999: %/Sitze	48,8/33	28,4/20	7,7/5	5,9/4	8,9/6
1994: %/Sitze	43,5/31	37,3/26	10,3/7	5,1/3	–/–

Oberbürgermeisterin: Monika Bartsch (CDU, seit 1997; *1949)

Mülheim/Ruhr

Nordrhein-Westfalen, 40 m über NN
www.muelheim-ruhr.de

☎ 0208 ✉ Bereich 45… 🚗 MH	
ℹ Viktoriaplatz 17–19, 45468 M. ☎ 4559902	
🚆 Essen/Mülheim (vom Hbf: 10 min)	
👫 174356 (44*) ↔ −534 (−0,3%)	
⬜ 91,3 km² (45*) 🚙 1909 (24*)	
🏛 1 🎭 − 🛏 3	
🎓 –/Stud.: − Hochschulen: –/–	

Soziales/Wirtschaft

Altersstruktur: 0–17 J.: 16,6%, 18–60 J.: 55,8%, über 60 J.: 27,6%

Ausländer: 16451 (9,4%), davon aus der Türkei: 5812 (35%)

Arbeitslose: 7441 (10,6%, 1998: 10,8%)   *Offene Stellen:* 864

Haushaltsvolumen: 0,805 Mrd DM   *Schuldenstand:* 0,197 Mrd DM

Politik wechselnde Mehrheiten

Stärkste Parteien	SPD	CDU	B.90/Gr.	FDP	MBI
1999: %/Sitze	42,3/22	39,3/20	6,0/3	6,8/4	5,5/3
1994: %/Sitze	40,7/26	37,4/25	14,7/9	3,7/–	–/–

Oberbürgermeister: Jens Baganz (CDU, seit 1999; *1961)

München

Bayern, 530 m über NN
www.muenchen.de

☎ 0 89   ✉ Bereich 8...   🚗 M

ℹ️ Sendlinger Str. 1   ☎ 2 33-03 00

✈ München (vom Hbf: S 8, 40 min)

👥 1 315 254 (3*) ↔ +16 717 (+1,3%)

⬜ 310,4 km² (6*)   🏭 4237,3 (1*)

🏛 59   🎭 1   🎬 46

🎓 3/Stud.: 78 685   Hochschulen: 5/2703

Soziales/Wirtschaft

Altersstruktur: 0–17 J.: 13,9%, 18–60 J: 66,2%, über 60 J.: 19,9%

Ausländer: 269 653 (20,5%), davon aus der Türkei: 46 287 (13,5%)

Arbeitslose: 54 875 (5,1%, 1998: 5,7%)   *Offene Stellen:* 21 527

Haushaltsvolumen: 9,776 Mrd DM   *Schuldenstand:* 4,141 Mrd DM

Politik SPD/Bündnis 90/Grüne (seit 1996); 39 von 80 Sitzen

Stärkste Parteien	CSU	SPD	B.90/Gr.	FDP	REP
1996: %/Sitze	37,9/32	37,4/31	9,6/8	3,3/2	2,1/1
1994: %/Sitze	35,5/30	34,4/29	10/1/9	4,2/3	–/–

Oberbürgermeister: Christian Ude (SPD, seit 1993; *1947)

Münster

Nordrhein-Westfalen, 61 m über NN
www.muenster.de

☎ 02 51   ✉ Bereich 48...   🚗 MS

ℹ️ Klemensstr. 10, 48127 M.   ☎ 492-13 13

✈ Münster/Osnabrück (vom Hbf: Bus, 30 min)

👥 264 055 (25*) ↔ +160 (+0,06%)

⬜ 302,20 km² (7*)   🏭 874 (48*)

🏛 4   🎭 1   🎬 19

🎓 1/Stud.: 44 681   Hochschulen: 6/11 433

Soziales/Wirtschaft

Altersstruktur: 0–17 J.: 16,1%, 18–60 J.: 64,8%, über 60 J.: 19,1%

Ausländer: 23 917 (9,1%), davon aus der Türkei: 2388 (10,0%)

Arbeitslose: 9665 (8,7%, 1998: 9,8%)   *Offene Stellen:* 1219

Haushaltsvolumen: 1,37 Mrd DM   *Schuldenstand:* 0,786 Mrd DM

Politik CDU (seit 1999); 36 von 66 Sitzen

Stärkste Parteien	CDU	SPD	B.90/Gr.	FDP	Sonstige
1999: %/Sitze	54,0/36	26,2/17	11,2/8	5,0/3	3,5/2
1994: %/Sitze	44,1/32	32,7/23	16,7/12	4,2/–	2,3/–

Oberbürgermeister: Berthold Tillmann (CDU, seit 1999; *1950)

Nürnberg

Bayern, 298 m über NN
www.nuernberg.de

☎ 09 11   ✉ Bereich 90...   🚗 N

ℹ️ Hauptmarkt 18, 90403 N.   ☎ 23 36-135

✈ Nürnberg (vom Hbf: U-Bahn U2, 12 min)

👥 486 628 (14*) ↔ –517 (–0,1%)

⬜ 186,4 km² (24*)   🏭 2611 (10*)

🏛 13   🎭 1   🎬 29

🎓 1/Stud.: 5416   Hochschulen: 4/8172

Soziales/Wirtschaft

Altersstruktur: 0–17 J.: 16%, 18–60 J.: 59,6%, über 60 J.: 23%

Ausländer: 88 084 (18,1%), davon aus der Türkei: 22 813 (25,9%)

Arbeitslose: 27 973 (9,5%, 1998: 10,7%)   *Offene Stellen:* 2552

Haushaltsvolumen: 2,89 Mrd DM   *Schuldenstand:* 1,68 Mrd DM

Politik CSU (seit 1996); 33 von 70 Sitzen

Stärkste Part.	CSU	SPD	B.90/Gr.	REP	FDP	Sonstige
1996: %/Sitze	43,7/33	34,3/25	8,1/6	3,0/2	2,4/1	8,4/3
1990: %/Sitze	36,3/26	43,1/32	8,3/6	6,7/4	3,4/2	2,1/–

Oberbürgermeister: Ludwig Scholz (CSU, seit 1996; *1937)

Oberhausen

Nordrhein-Westfalen, 25–78 m über NN
http://www.oberhausen.de

☎ 02 08   ✉ Bereich 46...   🚗 OB

ℹ️ Willy-Brandt-Platz 2, 46045 O.   ☎ 824-570

✈ Düsseldorf (vom Hbf: 30 min)

👥 221 984 (34*) ↔ –222 (–0,1%)

⬜ 77,03 km² (49*)   🏭 2882 (4*)

🏛 2   🎭 –   🎬 3

🎓 –/Stud.: –   Hochschulen: –/–

Soziales/Wirtschaft

Altersstruktur: 0–17 J.: 18,3%, 18–60 J.: 56,9%, über 60 J.: 24,8%

Ausländer: 25 331 (11,4%), davon aus der Türkei: 10 879 (42,9%)

Arbeitslose: 12 548 (13,7%, 1998: 14,3%)   *Offene Stellen:* 1167

Haushaltsvolumen: 1,347 Mrd DM   *Schuldenstand:* 0,75 Mrd DM

Politik SPD (seit 1952); 29 von 58 Sitzen

Stärkste Parteien	SPD	CDU	Grüne	PDS	FDP
1999: %/Sitze	50,1/29	37,9/22	5,9/3	3,2/2	3,0/2
1994: %/Sitze	57,7/37	29,4/18	7,0/4	–/–	2,8/–

Oberbürgermeister: Burkhard Drescher (SPD, seit 1997; *1951)

Oldenburg
Niedersachsen, 5 m über NN
www.oldenburg.de

Soziales/Wirtschaft					
Altersstruktur: 0–17 J.: 17,2%, 18–60 J.: 62,2%, über 60 J.: 20,6%					
Ausländer: 8793 (5,7%), davon aus der Türkei: 2689 (30,6%)					
Arbeitslose: 8905 (13,5%, 1998: 14,0%)				*Offene Stellen:* 1444	
Haushaltsvolumen: 785,9 Mio DM			*Schuldenstand:* 636,6 Mio DM		
Politik SPD/Bündnis 90/Die Grünen (seit 1996); 27 von 50 Sitzen					
Stärkste Parteien	*SPD*	*CDU*	*B.90/Gr.*	*FDP*	*Sonstige*
1996: %/Sitze	34,9/18	32,8/18	18,3/9	5,3/2	6,0/3
1991: %/Sitze	41,4/20	36,5/18	13,0/6	7,2/4	2,0/–
Oberbürgermeister: Jürgen Poeschel (CDU, seit 1996; *1942)					

☎ 04 41   ✉ Bereich 26…   🚗 OL
ℹ️ Bürgeramt/Osterstr. 15   ☎ 2 35-35
🚆 Bremen (Anfahrt mit PKW: 30 min)
👥 154 222 (50*)   ↔ –165 (–0,1%)
🔲 102,96 km² (43*)   🏠 1497 (35*)
🏛 6   🎭 –   🏥 3
🎓 1/Stud.: 11 223   *Hochschulen:* 1/1800

Osnabrück
Niedersachsen, 64 m über NN
www.osnabrueck.de

Soziales/Wirtschaft					
Altersstruktur: 0–17 J.: 16,2%, 18–60 J.: 60,7%, über 60 J.: 23,1%					
Ausländer: 15 896 (10,1%), davon aus der Türkei: 3943 (24,3%)					
Arbeitslose: 7865 (10,8%, 1998: 12,3%)				*Offene Stellen:* 1086	
Haushaltsvolumen: 757 Mio DM			*Schuldenstand:* 431 Mio DM		
Politik SPD/Bündnis 90/Die Grünen (seit 1991); 27 von 51 Sitzen					
Stärkste Parteien	*CDU*	*SPD*	*B.90/Gr.*	*FDP*	*Sonstige*
1996: %/Sitze	41,6/22	38,8/21	12,5/6	5,2/2	2,0/–
1991: %/Sitze	41,0/21	40,7/21	11,7/6	6,6/3	–/–
Oberbürgermeister: Hans-Jürgen Fip (SPD, seit 1991; *1940)					

☎ 05 41   ✉ Bereich 49…   🚗 OS
ℹ️ Krahnstr. 58, 49074 O.   ☎ 3 23-22 02
🚆 Münster/Osnabrück (vom Hbf: 35 min)
👥 157 035 (49*)   ↔ –813 (–0,5%)
🔲 119,8 km² (39*)   🏠 1311 (39*)
🏛 2   🎭 1   🏥 4
🎓 1/Stud.: 9865   *Hochschulen:* 3/5927

Rostock
Mecklenburg-Vorpommern, 13 m ü. NN
www.rostock.de

Soziales/Wirtschaft					
Altersstruktur: 0–17 J.: 16,8%, 18–60 J.: 60,1%, über 60 J.: 23,1%					
Ausländer: 4351 (2,2%), davon aus Vietnam: 816 (18,8%)					
Arbeitslose: 17 660 (17,3%, 1998: 18,7%)				*Offene Stellen:* 1311	
Haushaltsvolumen: 1049,1 Mio DM			*Schuldenstand:* 272,9 Mio DM		
Politik PDS/SPD (seit 1999); 34 von 53 Sitzen					
Stärkste Parteien	*PDS*	*CDU*	*SPD*	*Bündnis90*	*Sonstige*
1999: %/Sitze	31,9/18	28,0/16	27,6/16	5,9/3	6,6/–
1994: %/Sitze	33,2/20	18,3/11	27,3/16	10,7/6	10,5/–
Oberbürgermeister: Arno Pöker (SPD, seit 1995; *1959)					

☎ 03 81   ✉ Bereich 18…   🚗 HRO
ℹ️ Neuer Markt 3, 18055 R.   ☎ 38 12 22 22
🚆 Rostock-Laage (vom Hbf: 25 min)
👥 204 500 (37*)   ↔ –4488 (–2,1%)
🔲 180,7 km² (25*)   🏠 1132 (45*)
🏛 1   🎭 –   🏥 5
🎓 1/Stud.: 10 934   *Hochschulen:* 1/444

Saarbrücken
Saarland, 230 m über NN
www.saarbruecken.de

Soziales/Wirtschaft					
Altersstruktur: 0–17 J.: 15,8%, 18–60 J: 59,5%, über 60 J.: 24,7%					
Ausländer: 23 316 (12,3%), davon aus der Türkei: 2629 (11,5%)					
Arbeitslose: 13 287 (16,9 %, 1998: 17,7%)				*Offene Stellen:* 1778	
Haushaltsvolumen: 1,36 Mrd DM			*Schuldenstand:* 0,41 Mrd DM		
Politik SPD (seit 1999); 28 von 63 Sitzen (seit 8.12.99 Minderheitsregierung)					
Stärkste Parteien	*CDU*	*SPD*	*B.90/Gr.*	*FDP*	*REP*
1999: %/Sitze	42,5/29	39,9/28	8,6/6	4,8/–	2,5/–
1994: %/Sitze	32,1/22	44,2/30	11,7/8	5,3/3	4,2/–
Oberbürgermeister: Hajo Hoffmann (SPD, seit 1991; *1945)					

☎ 06 81   ✉ Bereich 66…   🚗 SB
ℹ️ Am Hauptbahnhof 4, 66111 S.   ☎ 3 65 15
🚆 Saarbrücken-Ensheim (vom Hbf: 20 min)
👥 184 787 (43*)   ↔ –1104 (–0,6%)
🔲 167,1 km² (29*)   🏠 1106 (46*)
🏛 1   🎭 1   🏥 4
🎓 1/Stud.: 17 444   *Hochschulen:* 5/3624

Solingen

Nordrhein-Westfalen, 260 m über NN
www.solingen.de

☎ 02 12   ✉ Bereich 42...   🚗 SG

ℹ Cronenberger Str., 42651 S.   ☎ 2 90-23 33

🚆 Düsseldorf (vom Hbf: 35 min)

👥 164 676 (47*)   ↔ +93 (+0,06%)

⬜ 89,5 km² (46*)/📊 1841 (26*)

🏛 1   📯 –   📷 6

🎓 –/Stud.: –   Hochschulen: –/–

Soziales/Wirtschaft

Altersstruktur: 0–17 J.: 18,9%, 18–60 J.: 56,1%, über 60 J.: 25,0%

Ausländer: 24 356 (14,8%), davon aus der Türkei: 8579 (35%)

Arbeitslose: 6605 (9,4%, 1998: 10,1%)   Offene Stellen: 1067

Haushaltsvolumen: 0,615 Mrd DM   Schuldenstand: –

Politik CDU/FDP (seit 1999); 34 von 58 Sitzen

Stärkste Parteien	CDU	SPD	B.90/Gr.	FDP	Sonstige
1999: %/Sitze	50,6/29	29,6/17	5,9/4	6,6/4	7,2/4
1994: %/Sitze	41,3/25	40,0/25	8,3/5	6,8/4	–/–

Oberbürgermeister: Franz Haug (CDU, seit 1999, *1942)

Stuttgart

Baden-Württemberg, 245 m über NN
www.stuttgart.de

☎ 07 11   ✉ Bereich 70...   🚗 S

ℹ Königstr. 1 A, 70173 S.   ☎ 22 28-0

🚆 Stuttgart (vom Hbf: S 2/S 3, 27 min)

👥 551 218 (9*)   ↔ –3416 (–0,6%)

⬜ 207,34 km² (19*)   📊 2659 (8*)

🏛 ca. 30   📯 1   📷 33

🎓 2/Stud.: 19 275   Hochschulen: 6/4413

Soziales/Wirtschaft

Altersstruktur: 0–17 J.: 16,2%, 18–59 J.: 60,3%, ab 60 J.: 23,5%

Ausländer: 131 629 (23,9%), davon aus der Türkei: 25 236 (19,2%)

Arbeitslose: 20 783 (8,3%, 1998: 9,2%)   Offene Stellen: 7604

Haushaltsvolumen: 5,2 Mrd DM   Schuldenstand: 1,2 Mrd DM

Politik CDU (seit 1971); 20 (u. mehr) von 60 Sitzen, wechselnde Mehrh.

Stärkste Parteien	CDU	SPD	B.90/Gr.	FDP	REP
1999: %/Sitze	38,2/25	23,4/15	13,0/8	6,2/4	4,9/3
1994: %/Sitze	31,4/20	26,2/16	17,3/11	7,5/4	7,2/4

Oberbürgermeister: Wolfgang Schuster (CDU, seit 1997; *1949)

Wiesbaden

Hessen, 115 m über NN
www.wiesbaden.de

☎ 06 11   ✉ Bereich 65...   🚗 WI

ℹ Marktstr. 6, 65183 W.   ☎ 1 72 97 80

🚆 Frankfurt (vom Hbf: S 8, 27 min)

👥 267 574 (24*)   ↔ +848 (+0,3%)

⬜ 203,9 km² (21*)   📊 1312 (38*)

🏛 4   📯 1   📷 3

🎓 –/Stud.: –   Hochschulen: 1/7526

Soziales/Wirtschaft

Altersstruktur: 0–17 J.: 16,7%, 18–60 J.: 60,6%, über 60 J.: 22,7%

Ausländer: 47 731 (17,8%), davon aus der Türkei: 11 837 (24,8%)

Arbeitslose: 11 755 (9,7%, 1998: 10,0%)   Offene Stellen: 1896

Haushaltsvolumen: 1,704 Mrd DM   Schuldenstand: 0,751 Mrd DM

Politik SPD/Bündnis 90/Die Grünen (seit 1997); 43 von 81 Sitzen

Stärkste Parteien	SPD	CDU	B.90/Gr.	REP	FDP	Sonstige
1997: %/Sitze	36,5/31	34,2/29	13,5/12	9,9/9	4,3/–	1,6/–
1993: %/Sitze	33,7/29	28,9/25	11,9/10	13,1/10	7,0/6	5,4/1

Oberbürgermeister: Hildebrand Diehl (CDU, seit 1997; *1939)

Wuppertal

Nordrhein-Westfalen, 100–350 m über NN
www.wuppertal.de

☎ 02 02   ✉ Bereich 42...   🚗 W

ℹ Infozentr. Döppersberg, 42103 W.   ☎ 5 63 22 70

🚆 Düsseldorf (vom Hbf: 50 min)

👥 372 109 (17*)   ↔ –3629 (–0,9%)

⬜ 168,37 km² (28*)   📊 2210 (16*)

🏛 2   📯 1   📷 26

🎓 1/Stud.: 15 191   Hochschulen: 3/k.A.

Soziales/Wirtschaft

Altersstruktur: 0–17 J.: 17,8%, 18–60 J.: 57,5%, über 60 J.: 24,7%

Ausländer: 52 034 (14,0%), davon aus der Türkei: 15 071 (29,0%)

Arbeitslose: 17 861 (11,2%, 1998: 12,0%)   Offene Stellen: 1593

Haushaltsvolumen: 2,004 Mrd DM   Schuldenstand: 0,709 Mrd DM

Politik CDU/FDP (seit 1999); 34 von 66 Sitzen

Stärkste Parteien	CDU	SPD	B.90/Gr.	FDP	Sonstige
1999: %/Sitze	46,3/31	37,8/25	6,8/4	4,6/3	4,1/3
1994: %/Sitze	39,1/29	40,5/30	11,6/8	4,3/–	–/–

Oberbürgermeister: Hans Kremendahl (SPD, seit 1996; *1948)

Graz

Steiermark, Reg.-Bez. G., 353 m über NN
www.graz.at

Soziales/Wirtschaft

Altersstruktur: 0–17 J.: 16,7%, 18–60 J.: 61,7%, über 60 J.: 21,6%

☎ 0316	✉ Bereich 80…	🚗 G	*Ausländer:* 28 831 (11,96%), davon aus der Türkei: 2860 (11,8%)				

Arbeitslose: 11 101 (4,6%, 1998: 3,1%)   *Offene Stellen:* 659

ℹ️ Herrengasse 16, 8010 G.   ☎ 80–750

Haushaltsvolumen: 7,7 Mrd DM öS   *Schuldenstand:* 3,85 Mrd öS

🛬 Graz-Thalerhof (vom Hbf: Bus, 20 min)

Politik SPÖ/ÖVP (seit 1993); 31 von 56 Sitzen

👥 240967 (2*) ↔ +454 (+0,18%)	*Stärkste Parteien*	SPÖ	ÖVP	FPÖ	KPÖ	Sonstige
⬜ 127,6 km² (3*) 📷 1865 (4*)	*1998:* %/Sitze	30,9/18	23,2/13	26,8/16	7,9/4	11,2/5
🏛 4 📺 1 🎭 21	*1993:* %/Sitze	34,7/21	26,1/15	20,1/12	4,2/2	14,9/5

Uni 2/Stud.: 40340   *Hochschulen:* 1/1140

Bürgermeister: Alfred Stingl (SPÖ, seit 1986; *1939)

Innsbruck

Tirol, Reg.-Bez. I.-Stadt, 575 m über NN
www.innsbruck.at

Soziales/Wirtschaft

Altersstruktur: 0–17 J.: 15,2%, 18–60 J.: 66,4%, über 60 J.: 18,4%

☎ 0512	✉ Bereich 6020..	🚗 I	*Ausländer:* 17663 (13,5%), davon aus der Türkei: 2900 (16,4%)				

Arbeitslose: 2384 (4,8%, 1998: 5,3%)   *Offene Stellen:* 611

ℹ️ Burggraben 3, 6020 I.   ☎ 59850-0

Haushaltsvolumen: 3,6 Mrd öS   *Schuldenstand:* 707 Mio öS

🛬 Innsbruck-Kranebitten (vom Hbf: Bus, 15 min)

Politik Für Innsbruck (seit 1994); 16 von 40 Sitzen

👥 130 638 (5*) ↔ +819 (+0,6%)	*Stärkste Parteien*	Für Innsbr.	Grüne	SPÖ	ÖVP	FPÖ[1)]
⬜ 105 km² (5*) 📷 1244 (6*)	*2000:* %/Sitze	36,3/16	12,6/5	11,7/5	11,5/5	7,8/3
🏛 8 📺 1 🎭 10	*1994:* %/Sitze	22,8/10	10,4/4	26,6/11	18,9/8	12,2/5

Uni 1/Stud.: 29361   *Hochschulen:* 2/k.A.

Bürgermeister: Herwig van Staa (Für Innsbr., seit 1994; *1942); 1) Sonst.: 6

Klagenfurt

Kärnten, Reg.-Bez. K.-Stadt, 445 m ü. NN
www.klagenfurt.at

Soziales/Wirtschaft

Altersstruktur: 0–17 J.: 18,6%, 18–60 J: 61,6%, über 60 J.: 19,8%

☎ 0463	✉ Bereich 9020…	🚗 K	*Ausländer:* 7578 (8,3%), davon aus der Türkei: 131 (0,1%)				

Arbeitslose: 3248 (7,0%, 1998: 8,1%)   *Offene Stellen:* 360

ℹ️ Rathaus, Neuer Platz 1   ☎ 537/223

Haushaltsvol. (1998): 2,5 Mrd öS   *Schuldenstand (1998):* 1,4 Mrd öS

🛬 Klagenfurt-Wörthersee (5 km vom Zentrum)

Politik SPÖ/ÖVP/FPÖ (seit 1997); 42 von 45 Sitzen

👥 91 141 (6*) ↔ +376 (+0,4%)	*Stärkste Parteien*	SPÖ	FPÖ	ÖVP	VGÖ	Grüne	Sonstige
⬜ 120,1 km² (4*) 📷 759 (7*)	*1997:* %/Sitze	30,3/14	29,3/14	28,7/14	5,6/2	2,6/1	3,4/–
🏛 1 📺 – 🎭 8	*1991:* %/Sitze	40,2/19	21,2/10	31,3/14	4,2/2	–/–	3,2/–

Uni 1/Stud.: 7149   *Hochschulen:* 1/–

Bürgermeister: Harald Scheucher (ÖVP, seit 1997; *1940)

Linz

Oberösterreich, Reg.-Bez. L., 266 m ü. NN
www.linz.at

Soziales/Wirtschaft

Altersstruktur: 0–17 J.: 15,5%, 18–60 J.: 64,2%, über 60 J.: 20,3%

☎ 0732	✉ Bereich 40…	🚗 L	*Ausländer:* 24769 (11,9%), davon aus der Türkei: 3096 (12,5%)				

Arbeitslose: 8526 (4,6%, 1998: 5,2%)   *Offene Stellen:* 1768

ℹ️ Hauptplatz 1, 4020 L.   ☎ 7070/1777

Haushaltsvol. (1999): 8,831 Mrd öS   *Schuldenstand:* 4,137 Mrd öS

🛬 Linz-Hörsching (vom Hbf: Shuttle, 20 min)

Politik SPÖ/ÖVP/FPÖ (seit 1991); 54 von 60 Sitzen

👥 208046 (3*) ↔ –147 (–0,07%)	*Stärkste Parteien*	SPÖ	FPÖ	ÖVP	GRÜNE	LIF
⬜ 96,1 km² (6*) 📷 2165 (3*)	*1997:* %/Sitze	40,7/26	22,9/14	22,5/14	7,6/4	3,3/2
🏛 7 📺 – 🎭 4	*1991:* %/Sitze	44,8/29	19,4/12	24,7/15	4,4/2	–/–

Uni 1/Stud.: 25000   *Hochschulen:* 2/1000

Oberbürgermeister: Franz Dobusch (SPÖ, seit 1988; *1951)

Salzburg

Salzburg, Reg.-Bez. S.-Stadt, 424 m ü. NN
www.stadt-salzburg.at

☎ 0662	✉ Bereich 50…	🚗 S
ℹ️ Auerspergstr. 7, 5020 S.		☎ 88987-0
✈️ Salzburg (vom Hbf: 30 min)		
👥 143120 (4*)	↔ +242 (+0,2%)	
⬜ 65,64 km² (7*)		🛏️ 2180 (2*)
🏛️ 34	🎭 4	🎬 7
🎓 1/Stud.: 12338	Hochschulen: 3/1819	

Soziales/Wirtschaft

Altersstruktur: 0–17 J.: 16,8%, 18–60 J.: 61,7%, über 60 J.: 21,5%

Ausländer: 27024 (18,9%), davon aus Ex-Jugoslawien: 14478 (53,6%)

Arbeitslose: 2474 (2,7%, 1998: 2,92%)   *Offene Stellen:* 931

Haushaltsvolumen: 5,415 Mrd öS   *Schuldenstand:* 3,041 Mrd öS

Politik SPÖ (seit 1999); 12 von 40 Sitzen, wechselnde Mehrheiten

Stärkste Parteien	SPÖ	ÖVP	FPÖ	Bürgerliste	Sonstige
1999: %/Sitze	31,3/13	25,3/11	19,6/8	13,7/6	10,1/2
1992: %/Sitze	28,0/12	24,8/11	14,5/6	16,5/7	16,2/4

Bürgermeister: Heinz Schaden (SPÖ, seit 1999; *1954)

Villach

Kärnten, Reg.-Bez. V.-Stadt, 501 m ü. NN
www.villach.at

☎ 04242	✉ Bereich 95…	🚗 VI
ℹ️ Rathausplatz 1, 9500 V.		☎ 2052900
✈️ Klagenfurt (vom Hbf: IC, 25 min)		
👥 57422 (8*)	↔ +121 (+0,2%)	
⬜ 134,85 km² (2*)		🛏️ 425 (8*)
🏛️ 2	🎭 –	🎬 1
🎓 –/Stud.: –	Hochschulen: 1/k.A.	

Soziales/Wirtschaft

Altersstruktur: 0–17 J.: 17,9%, 18–60 J.: 59,2%, über 60 J.: 22,9%

Ausländer: 5544 (9,7%), davon aus der Türkei: 182 (0,3%)

Arbeitslose: 3967 (8,7%, 1998: 8,3%)   *Offene Stellen:* 408

Haushaltsvolumen: 1,8 Mrd öS   *Schuldenstand:* 2 Mrd öS

Politik SPÖ (seit 1949); 25 von 45 Sitzen

Stärkste Parteien	SPÖ	FPÖ	ÖVP	VIG
1997: %/Sitze	50,9/25	29,7/14	12,0/5	3,8/1
1991: %/Sitze	49,9/24	22,0/10	16,7/8	4,6/2

Bürgermeister: Helmut Manzenreiter (SPÖ, seit 1987; *1946)

Wels

Oberösterr., Reg.-Bez. W.-Stadt, 317 m ü. NN
www.wels.gv.at

☎ 07242	✉ Bereich 4600	🚗 WE
ℹ️ Stadtplatz 55, 4600 W.		☎ 43495
✈️ Linz-Hörsching (vom Hbf: 30 min)		
👥 60181 (7*)	↔ –11 (–0,02%)	
⬜ 46 km² (8*)		🛏️ 1308 (5*)
🏛️ 1	🎭 –	🎬 1
🎓 –/Stud.: –	Hochschulen: 2/433	

Soziales/Wirtschaft

Altersstruktur: 0–19 J.: 23%, 20–60 J.: 58%, über 60 J.: 19%

Ausländer: 9070 (15%), davon aus der Türkei: 1620 (18%)

Arbeitslose: 2864 (5,5%, 1998: 6,3%)   *Offene Stellen:* 428

Haushaltsvolumen: k.A.   *Schuldenstand:* k.A.

Politik SPÖ (seit 1985); 15 von 36 Sitzen

Stärkste Parteien	SPÖ	FPÖ	ÖVP	GAL	LIF
1997: %/Sitze	40,4/15	26,8/10	21,0/8	6,9/2	2,9/1
1991: %/Sitze	49,2/18	21,1/8	21,4/8	5,8/2	–/–

Bürgermeister: Peter Koits (SPÖ, seit 1999; *1941)

Wien

Wien, Reg.-Bez. W.-Stadt, 171 m über NN
www.wien.at

☎ 01	✉ Bereich1…	🚗 W
ℹ️ Obere Augartenstraße 40		☎ 21114-0
✈️ Wien-Schwechat (vom Hbf: 35 min)		
👥 1608144 (1*)	↔ +1301 (+0,1%)	
⬜ 415 km² (1*)		🛏️ 3875 (1*)
🏛️ 13	🎭 3	🎬 150
🎓 5/Stud.: 127282	Hochschulen: 3/k.A.	

Soziales/Wirtschaft

Altersstruktur: 0–18 J.: 18,5%, 19–60 J.: 60,6%, über 60 J.: 20,9%

Ausländer: 284691 (17,7%) davon aus Jugoslawien: 123739 (43,5%)

Arbeitslose: 68385 (8,1%, 1998: 8,7%)   *Offene Stellen:* 6188

Haushaltsvol.: 131 Mrd öS   *Schuldenstand :* 50 Mrd öS

Politik SPÖ/ÖVP (seit 1996); 58 von 100 Sitzen

Stärkste Parteien	SPÖ	FPÖ	ÖVP	Grüne	LIF	Sonstige
1996: %/Sitze	39,2/43	27,9/29	15,3/15	7,9/7	8,0/6	1,7/–
1991: %/Sitze	47,8/52	22,5/23	18,1/18	9,1/7	–/–	2,5/–

Bürgermeister: Michael Häupl (SPÖ, seit 1994; *1949)

Basel

Kanton Basel-Stadt, 245–300 m über NN
www.bsonline.ch

☎ 061	✉ Bereich 40…	🚗 BS
ℹ Schifflände 5, 4001 B.		☎ 2615050
✈ Basel-Mulhouse (vom Hbf: 15 min)		
👥 167913 (3*)	↔ –2120 (–1,2%)	
⬜ 23,9 km² (7*)		📈 7040 (2*)
🏛 7	🏆 1	🛏 26
Uni 1/Stud.: 7788	Hochschulen: –/–	

Soziales/Wirtschaft

Altersstruktur: 0–17 J.: 15,1%, 18–60 J.: 60,3%, über 60 J.: 24,6%

Ausländer: 49315 (29,4%), davon aus der Türkei: 8132 (16,5%)

Arbeitslose: 2237 (2,2%, 1998: 3,1%)   *Offene Stellen:* 160

Haushaltsvolumen: 3,51 Mrd sfr   *Schuldenstand:* 5,446 Mrd sfr

Politik   (seit 2000); 93 von 130 Sitzen, wechselnde Mehrheiten

Stärkste Parteien	SP	FDP	LDP	CVP	GP/BastA!
1996: %/Sitze	27,0/39	12,4/17	10,7/14	9,5/13	9,4/13
1992: %/Sitze	22,2/32	15,1/21	12,1/17	10,2/15	–/–

Regierungspräsident: Ralph Lewin (SP, seit 2000; *1953)

Bern

Bern, Amtsbezirk B., 540 m über NN
www.bernonline.ch

☎ 031	✉ Bereich 30…	🚗 BE
ℹ Hauptbahnhof, 3001 B.		☎ 3116611
✈ Zürich-Kloten (vom Hbf: 90 min) u./Bern-Belpmoos		
👥 126467 (4*)	↔ –419 (–0,3%)	
⬜ 51,6 km² (4*)		📈 2451 (5*)
🏛 3	🏆 1	🛏 8
Uni 1/Stud.: 10100	Hochschulen: 1/900	

Soziales/Wirtschaft

Altersstruktur: 0–19 J.: 14,9%, 20–60 J.: 61,2%, über 60 J.: 23,9%

Ausländer: 25231 (20,0%), davon aus Italien: 5646 (22,4%)

Arbeitslose: 2058 (2,8%, 1998: 4,1%)   *Offene Stellen:* 274

Haushaltsvolumen: 1,05 Mrd sfr   *Schuldenstand:* k.A.

Politik Liste Rot-Grüne-Mitte (seit 1992); 4 von 7 Sitzen

Stärkste Parteien	Liste Rot-Grün-Mitte	Bürgerliche
1996: %/Sitze	55,5/4	37,6/3
1992: %/Sitze	44,3/4	35,7/3

Stadtpräsident: Klaus Baumgartner (SP, seit 1993; *1937)

Genf

Genf, Reg.-Bez. G., –420 m über NN
www.ville-ge.ch

☎ 022	✉ Bereich12…	🚗 GE
ℹ Pont de la Machine 1, 1204 G.		☎ 3119970
✈ Genf (vom Hbf: 10 min)		
👥 176435 (2*)	↔ +1225 (+0,7%)	
⬜ 15,86 km² (8*)		📈 11125 (1*)
🏛 40	🏆 1	🛏 19
Uni 1/Stud.: 12624	Hochschulen: –/–	

Soziales/Wirtschaft

Altersstruktur: 0–17 J.: 16,5%, 18–60 J.: 63,8%, über 60 J.: 19,7%

Ausländer: 76620 (43,4%), davon aus der Türkei: 876 (1,1%)

Arbeitslose: 5622 (5,9%, 1998: 6,9%)   *Offene Stellen:* 1055

Haushaltsvolumen: k.A.   *Schuldenstand:* 1,95 Mrd sfr

Politik SPS/Linke Allianz/Grüne (seit 1995); 44 von 80 Sitzen

Stärkste Parteien	Linke Allianz	Liberale	SPS	FDP	Sonstige
1999: Sitze	22	19	12	8	19
1995: Sitze	18	19	18	9	16

Oberbürgermeister: Alain Yaissade (Grüne, seit 2000; *1946)

Lausanne

Reg.-Bez. Vaud, Kreis Lausanne 374–930 m
www.lausanne.ch

☎ 021	✉ Bereich 10…	🚗 VD
ℹ Avenue de Rhodanie 2, 1000 L.		☎ 6137373
✈ Cointrin, Genf (vom Hbf: 45 min)		
👥 125174 (5*)	↔ +969 (+0,8%)	
⬜ 54,8 km² (3*)		📈 2284 (6*)
🏛 6	🏆 1	🛏 21
Uni 1/Stud.: 9416	Hochschulen: 1/4598	

Soziales/Wirtschaft

Altersstruktur: 0–19 J.: 19,4%, 20–60 J.: 59,2%, über 60 J.: 21,3%

Ausländer: 44430 (35,5%), davon aus Italien: 7064 (15,9%)

Arbeitslose: 4107 (6,3%, 1998: 10,6%)   *Offene Stellen:* k.A.

Haushaltsvolumen: 1,285 Mrd sfr   *Schuldenstand:* 1,724 Mrd sfr

Politik Sozialisten/Grüne/POP/Part. d. Arbeit (seit 1994); 60 v. 100 Sitzen

Stärkste Parteien	Sozialisten	Radikale	Liberale	Grüne	Sonstige
1997: Sitze	35	26	14	12	13
1993: Sitze	32	27	15	11	15

Bürgermeister: Jean-Jacques Schilt (Sozialisten, seit 1998; *1943)

Luzern

Luzern, Reg.-Bez. L., 433 m über NN
www.stadtlutzern.ch

☎ 041   ✉ Bereich 60...   🚗 LU

ℹ️ Bahnhofstrasse 3, 6003 L.   ☎ 2088111

✈ Zürich-Kloten (vom Hbf: 70 min)

👫 60398 (8*)   ↔ –473 (–0,78%)

☐ 24,14 km² (6*)   🚹 2516 (4*)

🏛 4   🍴 1   🛏 5

🎓 –/Stud.: –   Hochschulen: 2/k.A.

Soziales/Wirtschaft

Altersstruktur: 0–19 J.: 16%, 20–59 J.: 57%, über 60 J.: 27,6%	
Ausländer: 12437 (ca. 21,9%)	
Arbeitslose: 1145 (2%, 1997: 2,5%)	*Offene Stellen:* k.A.
Haushaltsvolumen: 143,6 Mio sfr	*Schuldenstand:* 0

Politik LPL/SP/CVP/Grüne/SV/FWP/CSP (seit 2000); 48 Sitze

Stärkste Parteien	LPL	SP	CVP	Grüne	Sonstige
1999: %/Sitze	12	11	8	8	9
1996: %/Sitze	12	11	6	6	5

Stadtpräsident: Urs W. Studer (seit 1996)

St. Gallen

St. Gallen, Reg.-Bez. St. G., 670 m ü. NN
www.stgallen.ch

☎ 071   ✉ Bereich 9000   🚗 SG

ℹ️ Bahnhofplatz 1a, 9001 St. G.   ☎ 2273737

✈ Zürich-Kloten (vom Hbf: 70 min)

👫 69798 (7*)   ↔ –51 (–0,07%)

☐ 39,38 km² (5*)   🚹 1772 (7*)

🏛 3   🍴   🛏 7

🎓 1/Stud.: ca. 4550   Hochschulen: 3/k.A.

Soziales/Wirtschaft

Altersstruktur: 0–17 J.: 18%, 18–60 J.: 60%, über 60 J.: 22%	
Ausländer: 18624 (26,7%), davon aus Italien: 3795 (20,4%)	
Arbeitslose: 1109 (2,9%, 1998: 3,7%)	*Offene Stellen:* 141
Haushaltsvolumen: 435,8 Mio sfr	*Schuldenstand:* 184,4 Mio sfr

Politik k.A.

Stärkste Parteien	FDP	CVP	SP	LdU	Sonstige
1996: Sitze	13	13	14	6	18
1992: Sitze	14	14	11	7	17

Stadtammann: Heinz Christen (SP, seit 1981; *1941)

Winterthur

Zürich, Reg.-Bez. W., 459 m über NN
www.zhol.ch/tmh/winterthur

☎ 052   ✉ Bereich 84...   🚗 ZH

ℹ️ Tourist Service W., Hbf, 8400 W.   ☎ 2676700

✈ Zürich-Kloten (vom Hbf: 12 min)

👫 90000 (6*)   ↔ –209 (–0,2%)

☐ 67,9 km² (2*)   🚹 1337 (8*)

🏛 1   🍴 –   🛏 15

🎓 –/Stud.: –   Hochschulen: 2/1623

Soziales/Wirtschaft

Altersstruktur: 0–19 J.: 22%, 20–64 J.: 62%, über 64 J.: 16%	
Ausländer: 21572 (24%), davon aus der Türkei: 2329 (10,8%)	
Arbeitslose: 1666 (1,6%, 1998: 2,3%)	*Offene Stellen:* 215
Haushaltsvolumen: 1 Mrd sfr	*Schuldenstand:* 890 Mio sfr

Politik Grosser Gemeinderat

Stärkste Parteien	SP	FDP	SVP	CVP	Sonstige
1998: %/Sitze	35/21	18/11	18/10	6/4	23/14
1994: %/Sitze	20/18	20/12	13/8	8/5	29/17

Stadtpräsident: Martin Haas (FDP, Stadtrat seit 1981; *1935)

Zürich

Zürich, Reg.-Bez. Z., 392 m über NN
www.zhol.ch

☎ 01   ✉ Bereich 80...   🚗 ZH

ℹ️ Bahnhofbrücke 1, 8001 Z.   ☎ 2114000

✈ Zürich-Kloten (vom Hbf: 10–15 min)

👫 360704 (1*)   ↔ +1631 (+0,5%)

☐ 91,9 km² (1*)   🚹 3925 (3*)

🏛 12   🍴 1   🛏 45

🎓 1/Stud.: 19837   Hochschulen: 1/11819

Soziales/Wirtschaft

Altersstruktur: 0–17 J.: 14,4%, 18–60 J.: 62,5%, über 60 J.: 23,1%	
Ausländer: 105519 (29,3%), davon aus Ex-Jugoslawien: 26817 (25,4%)	
Arbeitslose: 6505 (3,2%, 1998: 4,9%)	*Offene Stellen:* 661
Haushaltsvolumen: 6,6 Mrd sfr	*Schuldenstand :* 481,5 Mio sfr

Politik SP (seit 1986); 49 von 125 Sitzen, wechselnde Mehrheiten

Stärkste Parteien	SP	FDP ·	SVP	CVP	Sonstige
1998: %/Sitze	39,2/49	20,8/26	20,8/26	6,4/8	12,8/16
1994: %/Sitze	34,4/43	22,4/28	15,2/19	8,0/10	20,0/25

Stadtpräsident: Josef Estermann (SP, seit 1990; *1947)

Organisationen

Der Teil Organisationen enthält Informationen zu 90 Organisationen und Institutionen in der Welt. Ihre Auswahl erfolgte unter dem Gesichtspunkt ihrer Bedeutung für das nationale und internationale Geschehen während des Berichtszeitraumes von Mitte 1999 bis Mitte 2000. Die Zusammenstellung von Strukturdaten vermittelt ein Bild von der Größe, Struktur und Funktion der jeweiligen Organisation oder Institution. Sofern bei den Organisationen oder Institutionen während des Berichtszeitraumes wichtige Veränderungen stattfanden (z. B. Aufnahme neuer Mitglieder), werden sie in Artikeln zusammengefasst. Aktuelle Grafiken und Tabellen verschaffen einen schnellen Überblick über den geografischen Wirkungsbereich sowie über den Aufbau von einzelnen Organisationen und ermöglichen das rasche Verständnis komplizierter Entwicklungen.

Amnesty International

▶ **Abkürzung:** ai ▶ **Sitz:** London ▶ **Gründung:** 1961 ▶ **Mitglieder:** Über 1 Mio in mehr als 140 Ländern und Territorien ▶ **Internationaler Generalsekretär:** Pierre Sané/Senegal (seit 1992) ▶ **Dt. Generalsekretär:** Barbara Lochbihler (1999) ▶ **Funktion:** ai setzt sich weltweit für Menschen ein, die in ihren grundlegenden Rechten unterdrückt werden. Für ai ist die Allgemeine Erklärung der Menschenrechte der Vereinten Nationen Maßstab, an der das Handeln von Regierungen zu messen ist. 1977 erhielt ai den Friedensnobelpreis ▶ **www.amnesty.org (international); www.amnesty.de (Deutschland)**

APEC

▶ **Name:** Asia-Pacific Economic Cooperation (engl.: Asiatisch-pazifische wirtschaftliche Zusammenarbeit) ▶ **Sitz:** Singapur ▶ **Gründung:** 1989 ▶ **Mitglieder:** 21 Staaten in Asien und im pazifischen Raum (Australien, Brunei, Chile, China, Hongkong, Indonesien, Japan, Kanada, Korea-Süd, Malaysia, Mexiko, Neuseeland, Papua-Neuguinea, Peru,

Philippinen, Russland, Singapur, Taiwan, Thailand, USA, Vietnam) ▶ **Exekutivdirektor:** Timothy J. Hannah/Neuseeland (seit 1999) ▶ **Funktion:** Errichtung einer Freihandelszone in der Region ▶ **www.apecsec.org.sg**

Wichtigste Themen des Treffens der APEC-Staaten in Auckland (Neuseeland) im September 1999 waren weitere Schritte auf dem Weg zur Freihandelszone im asiatisch-pazifischen Raum, der Abbau von Subventionen, die stärkere eigenständige Entwicklung neuer Technologien sowie die bessere Nutzung von E-Commerce und E-Education. Die EU wurde kritisiert, weil sie sich der von der APEC geforderten weiteren Liberalisierung des Welthandels und der Wettbewerbsbedingungen weitgehend widersetze. Es wurde die Aufnahme Chinas in die Welt-

handelsorganisation (WTO) verlangt sowie eine Globalisierung, die den ökonomischen Aufschwung unter marktwirtschaftlichen Bedingungen mit der sozialen Absicherung der Bevölkerung in Einklang bringen solle. Als größte Erfolge galten die am Rand der Konferenz getroffenen politischen Entscheidungen, u. a. die Einflussnahme auf Indonesien, das unter dem Druck der APEC-Staaten einer Entsendung von UN-Friedenstruppen in die umkämpfte Provinz Osttimor zustimmte. US-Präsident Bill Clinton suchte mit seinem chinesischen Amtskollegen Jiang Zemin die abgekühlten Beziehungen beider Staaten wieder zu verbessern.

Arabische Liga

▶ **Name:** engl.: Arab League, Liga der arabischen Staaten ▶ **Sitz:** Kairo/Ägypten ▶ **Gründung:** 1945 ▶ **Mitglieder:** 21 arabische Länder und Palästina (Ägypten, Algerien, Bahrain, Dschibuti, Irak, Jemen, Jordanien, Katar, Komoren, Kuwait, Libanon, Libyen, Marokko, Mauretanien, Oman, Saudi-Arabien, Somalia, Sudan, Syrien, Tunesien, Vereinigte Arabische Emirate) ▶ **Generalsekretär:** Esmat Abdel Meguid/Ägypten (seit 1991) ▶ **Funktion:** Ziel der Liga ist es, in Wirtschaft, Finanzwesen, Transport, Kultur und Gesundheit zusammenzuarbeiten, die Unabhängigkeit und Souveränität der Mitgliedsländer zu wahren sowie deren gemeinsame Interessen zu fördern.

Arktischer Rat

▶ **Name:** engl.: Arctic Council ▶ **Gründung:** 1996 ▶ **Mitglieder:** Dänemark, Finnland, Island, Kanada, Norwegen, Russland, Schweden, USA ▶ **Vorsitz:** alle 2 Jahre wechselnd, 1999/2000 USA ▶ **Funktion:** Schutz der Umwelt und der Ureinwohner sowie Koordination von Forschungs- und Verkehrsprojekten in der Arktis ▶ **arctic-council.usgs.gov/**

ASEAN

▶ **Name:** Association of Southeast Asian Nations (engl.: Vereinigung südostasiatischer Nationen) ▶ **Sitz:** Jakarta/Indonesien ▶ **Gründung:** 1967 ▶ **Mitglieder:** Brunei, Indonesien, Kambodscha, Laos, Malaysia, Myanmar, Philippinen, Singapur, Thailand, Vietnam ▶ **Generalsekretär:** Rodolfo Certeza Severino/Philippinen (seit 1997) ▶ **Funktion:** Beschleunigung des Wirtschaftswachstums, Förderung des sozialen und kulturellen Fortschritts sowie Sicherung von Frieden und Stabilität in der Region ▶ **www.asean.or.id**

Stabilität: Auf der Jahreskonferenz der ASEAN-Staaten in Manila (Philippinen) im November 1999 beschlossen die zehn Mitgliedsstaaten eine engere politische Zusammenarbeit, den weiteren Abbau der Zoll-

Deutscher Warenverkehr mit der Arabischen Liga (Mio DM)

Land[1]		Import[2]	Veränd. (%)[3]	Export[2]	Veränd. (%)[3]
Ägypten		459,4	▼ − 9,4	3830,6	▲ + 14,6
Algerien		1265,3	▲ + 5,0	1117,6	▲ + 13,0
Bahrain		63,1	▼ − 20,6	222,5	▽ − 28,8
Dschibuti		1,5	▼ − 11,8	14,8	▼ − 6,3
Irak		162,4	▲ + 18,3	142,9	▼ − 4,4
Jemen		8,9	▽ − 86,1	164,4	▲ + 13,9
Jordanien		28,2	▼ − 3,4	641,1	▲ + 14,8
Katar		11,2	▼ − 7,4	294,3	▲ − 25,6
Kuwait		178,0	▲ + 26,1	937,7	▼ − 4,8
Libanon		33,0	▼ − 13,6	798,5	▼ − 9,2
Libyen		3590,8	▲ + 51,0	906,7	▼ − 2,4
Marokko		996,3	▲ + 5,9	1087,5	▼ − 0,8
Mauretanien		42,9	▲ + 1,2	65,7	▼ − 5,5
Oman		18,6	▼ − 10,1	449,6	▼ − 0,2
Palästina		0,9	▲ +125,0	75,2	▲ + 55,7
Saudi-Arabien		1204,6	▲ + 17,9	4373,7	▲ + 3,4
Somalia		0,6	▲ +100,0	1,6	▼ − 11,1
Sudan		59,0	▲ + 6,7	170,0	▲ + 17,7
Syrien		1545,4	▲ + 56,4	606,6	▼ − 15,3
Tunesien		1833,9	▲ + 1,9	1808,0	▼ − 12,9
VAE		360,2	▲ + 0,1	3454,7	▲ + 3,2
Gesamt		11 864,2	▲ + 20,8	21 163,7	▲ + 1,3

1) für die Komoren lagen keine Zahlen vor; 2) vorläufiges Ergebnis; 3) gegenüber 1998; 4) Vereinigte Arabische Emirate; Quelle: Statistisches Bundesamt

schranken sowie die Förderung von Frieden und Stabilität in der Region. Die Bildung einer Währungsunion wurde vorerst abgelehnt. Die Teilnehmer einigten sich aber darauf, eine engere Kooperation mit der Volksrepublik China, Japan und Südkorea anzustreben, deren Vertreter ebenfalls an der Konferenz teilnahmen. Die ASEAN-Staaten sicherten der neuen indonesischen Regierung von Abdurrahman Wahid ihre Unterstützung zu und wandten sich gegen die Unabhängigkeitsbewegung in der indonesischen Provinz Aceh. Eine neu gebildete »Außenminister-Troika« soll bei politischen Konflikten vermitteln.

Angesprochen wurde auch der Streit um die Spratley Islands im südchinesischen Meer, den die ASEAN-Staaten bereits auf ihrem Sicherheitsforum im Juli 1999 in Singapur ohne Ergebnis erörtert hatte. Die Spratley-Inseln werden von vier ASEAN-Staaten sowie von China und Taiwan beansprucht.

Proteste: Linksgerichtete Demonstranten forderten in Manila eine Diskussion der Menschenrechte in den ASEAN-Staaten. Philippinische Frauen, die im Zweiten Weltkrieg von japanischen Soldaten zur Prostitution gezwungen worden waren, machten durch Kundgebungen gegen Japan auf sich aufmerksam. Die Demonstrationen wurden von der Polizei gewaltsam aufgelöst.

ASEAN+3: Auf der ASEAN+3-Konferenz im Mai 2000 in Yangon (Myanmar) trafen die ASEAN-Staaten mit Vertretern Japans, der Volksrepublik China und Südkoreas zusammen. Die wirtschaftliche Erholung nach der Asienkrise 1997/98 war besonders im ASEAN-Handel mit diesen drei Ländern spürbar. Allein für 1998 wurde das Handelsvolumen mit 122 Mrd US-Dollar errechnet. Die ASEAN+3-Konferenz beschloss u. a. eine Ausweitung des Handels, verstärkten Technologietranfer, gemeinsame Investitionen in industriell schwach entwickelten Regionen sowie den Ausbau von Landwirtschaft und Tourismus. Die Aufnahme Chinas, Vietnams, Laos' und Kambodschas in die WTO solle vorangetrieben werden.

Asiatische Entwicklungsbank

▶ **Abkürzung:** ADB (engl.: Asian Development Bank) ▶ **Sitz:** Manila/Philippinen ▶ **Gründung:** 1966 ▶ **Mitglieder:** 42–58 aus der Region, 16 von außerhalb (regional: Afghanistan, Aserbaidschan, Austra-

lien, Bangladesch, Bhutan, China, Cookinseln, Fidschi, Hongkong, Indien, Indonesien, Japan, Kambodscha, Kasachstan, Kirgistan, Kiribati, Korea-Süd, Laos, Malaysia, Malediven, Marshallinseln, Mikronesien, Mongolei, Myanmar, Nauru, Nepal, Neuseeland, Pakistan, Papua-Neuguinea, Philippinen, Salomonen, Samoa, Singapur, Sri Lanka, Tadschikistan, Taiwan, Thailand, Tonga, Tuvalu, Usbekistan, Vanuatu, Vietnam; außerdem: Belgien, Dänemark, Deutschland, Finnland, Frankreich, Großbritannien, Italien, Kanada, Niederlande, Norwegen, Österreich, Schweden, Schweiz, Spanien, Türkei, USA) ▶ **Präsident:** Tadao Chino/Japan (seit 1999) ▶ **Funktion:** Entwicklungshilfe in Asien ▶ **www.adb.org**

Bilanz: Noch vor der Jahrestagung Anfang Mai 2000 in Chiang Mai (Thailand) legte die ADB ihren Geschäftsbericht vor, wonach sie 1999 Kreditzusagen von rund 5 Mrd US-Dollar (–16,1% gegenüber 1998) für 48 (–15,7%) Projekte gewährt hatte. 25% der Kredite erhielt China, als meistbegünstigte Länder folgten Indonesien, Indien und Pakistan.

Armut: Als wichtigstes Ziel der ADB nannte Präsident Tadao Chino die Bekämpfung der Armut. Trotz des Anstiegs des Wirtschaftswachstums in den ärmeren Mitgliedsländern von 2,3% (1998) auf 6,1% lebten Millionen Menschen unterhalb der Armutsschwelle. Besonderes Augenmerk will die ADB auf die Verbesserung der Trinkwasserversorgung legen; rund 830 Mio Menschen in der Region hatten um 2000 nicht genug sauberes Trinkwasser, etwa 2 Mrd Menschen standen keine sanitären Einrichtungen zur Verfügung. Weitere langfristige Ziele sind die Verbesserung von Bildung und Erziehung, die Förderung von Frauen und der Umweltschutz.

Bank für internationalen Zahlungsausgleich

▶ **Abkürzung:** BIZ ▶ **Sitz:** Basel/Schweiz ▶ **Gründung:** 1930 ▶ **Mitglieder:** 45 Zentralbanken ▶ **Präsident:** Urban Bäckström/Schweden ▶ **Funktion:** Förderung der Zusammenarbeit der Mitgliedsbanken ▶ **www.bis.org**

BDA

▶ **Name:** Bundesvereinigung der Deutschen Arbeitgeberverbände ▶ **Sitz:** Köln ▶ **Gründung:** 1949 ▶ **Aufbau:** 15 Landesvereinigungen und 53 auf Bundesebene organisierte Branchenverbände ▶ **Präsident:** Dieter Hundt (seit 1996) ▶ **Funktion:** Vertretung der sozialpolitischen Interessen der Privatwirtschaft in Deutschland ▶ **www.bda-online.de**

BDI

▶ **Name:** Bundesverband der Deutschen Industrie
▶ **Sitz:** Berlin ▶ **Gründung:** 1949 ▶ **Aufbau:** 34
industrielle Branchenverbände ▶ **Präsident:** Hans-
Olaf Henkel (seit 1995) ▶ **Funktion:** Vertretung
wirtschaftspolitischer Interessen der deutschen
Industrie ▶ **www.bdi-online.de**

Blockfreie Staaten

▶ **Name:** engl.: Non Aligned Movement (NAM)
▶ **Sitz:** New York/USA ▶ **Gründung:** 1961 ▶ **Mitglieder:** 113 Staaten ▶ **Vorsitz:** Thabo Mbeki/Süd-
afrika (seit 1999) ▶ **Funktion:** Interessenvertretung
der Entwicklungsländer ▶ **www.nonaligned.org**

Bundesanstalt für Arbeit

▶ **Abkürzung:** BA ▶ **Sitz:** Nürnberg ▶ **Gründung:**
1952 (Vorgängerorganisation 1927) ▶ **Präsident:**
Bernhard Jagoda (seit 1993) ▶ **Funktion:** Zentrale
Bundesbehörde für Arbeitsvermittlung, Abwicklung
der Arbeitslosenversicherung, Berufsberatung und
Fortbildung ▶ **www.arbeitsamt.de**

Arbeitsmarkt: Präsident Bernhard Jagoda
äußerte sich im April 2000 optimistisch zur
Arbeitsmarktentwicklung. Für das nächste
Jahrzehnt erwartete er eine Halbierung der
Arbeitslosenzahlen auf unter zwei Mio. Vor-
aussetzung sei aber eine Reform der Sozial-
und Bildungssysteme, damit der deutschen
Wirtschaft wieder mehr Naturwissenschaft-
ler und Informatiker zur Verfügung stünden.
Kritik am Etat: Zum weiteren Abbau der
Arbeitslosigkeit hatte die BA im November
1999 u. a. einen Betrag von 1,6 Mrd DM für
die aktive Arbeitsmarktpolitik sowie 43 Mrd
DM für Eingliederungshilfen bereitgestellt.

■ Ausgaben der Bundesanstalt für Arbeit		
Jahr	Ausgaben (Mrd DM)	Arbeitslose (Mio)
2000	104,1	3,97[1]
1999	105,2	4,13[2]
1998	98,9	4,28
1997	102,7	4,38
1996	105,6	3,97
1995	97,1	3,61
1994	99,9	3,70
1993	109,5	3,42
1992	93,5	2,98

1) Regierungsprognose zum Zeitpunkt der Aufstellung des Haushalts 1999; 2) Regierungsprognose;
Quelle: Bundesanstalt für Arbeit, www.arbeitsamt.de; Statistisches Bundesamt

Diese Initiativen trafen auf Protest der
Arbeitgeberverbände, die eine Kürzung des
Etats in den Bereichen Arbeitsförderung,
Arbeitslosengeld und Sofortprogramm
gegen Jugendarbeitslosigkeit gefordert hatten, um eine Verminderung der Sozialversicherungsbeiträge zu erreichen.

Bundesarbeitsgericht

▶ **Abkürzung:** BAG ▶ **Sitz:** Erfurt ▶ **Gründung:**
1953 ▶ **Präsident:** Hellmut Wißmann (seit 1999)
▶ **Funktion:** Oberstes Bundesgericht in Deutschland auf dem Gebiet des Arbeitsrechts
▶ **www.bundesarbeitsgericht.de**

Bundesbank, Deutsche

▶ **Sitz:** Frankfurt/M. ▶ **Gründung:** 1957 ▶ **Organisation:** Dezentrale Struktur mit neun Hauptver-
waltungen in den Bundesländern (Landeszentralbanken) ▶ **Präsident:** Ernst Welteke (seit 1999)
▶ **Funktion:** Als Zentralbank der Bundesrepublik
Deutschland integraler Bestandteil des Europäischen Systems der Zentralbanken (ESZB). Außer
der Mitwirkung an der Erfüllung der Aufgaben des
ESZB ist sie für die Abwicklung des Zahlungsverkehrs im Inland und mit dem Ausland zuständig.
▶ **www.bundesbank.de**

Gewinn: Im April 2000 überwies die B. der
Staatskasse den geringsten Betrag seit Jahren. Mit 7,633 Mrd DM erwirtschaftete sie
1999 nur einen Bruchteil des Überschusses
der Jahre 1998 (16 Mrd DM) und 1997
(24 Mrd DM). Der geringere Überschuss
wurde maßgeblich durch die Einführung
des Euro am 1.1.1999 bewirkt. Es wurde
u. a. eine Geldreserve angelegt, mit der
Bewertungsverluste ausgeglichen werden
können. Diese Beträge standen für das
Geldgeschäft nicht zur Verfügung. Bis
zur Einführung der europäischen Währung
hatte die B. von der starken Position der DM
im Vergleich zu anderen Währungen profitiert. Die Erträge der B. waren auch wegen
der niedrigen Zinssätze 1999 geringer als in
den Vorjahren. Im Bundeshaushalt waren
vorsorglich nur 7 Mrd DM aus der B. eingeplant, mit dem Restbetrag von 633 Mio DM
wurden Schuldzinsen gezahlt.
Reform: Bundesfinanzminister Hans Eichel (SPD) kündigte 1999 eine umfassende
Reform der B. an. Er plante u. a., die Bank
von der Verwaltung der Bundesschuldenlast
zu entheben. Um 2000 befassten sich B.,
Bundesschuldenverwaltung und Bundes-
finanzamt mit dem Bereich. Eine einzige
neutrale Stelle könne lt. Eichel diese Auf-

gabe aber kostengünstiger erledigen. B. und Landeszentralbanken protestierten gegen Eichels Vorhaben. Sie fürchteten bei einer Einschränkung ihrer Kompetenzen um ihren Einfluss in der deutschen Finanzpolitik und um ihre Position im Rat der Europäischen Zentralbank, dem der Präsident der B. angehört. Zugleich bemühte sich die B. darum, mit der Finanz- und Kreditaufsicht betraut zu werden. Bis 2000 oblag diese Aufgabe einer gesonderten Behörde.

Bundesfinanzhof

▶ **Abkürzung:** BFH ▶ **Sitz:** München ▶ **Gründung:** 1950 ▶ **Präsidentin:** Iris Ebling (seit 1999) ▶ **Funktion:** Oberstes Bundesgericht im Finanzrecht

Bundesgerichtshof

▶ **Abkürzung:** BGH ▶ **Sitz:** Karlsruhe/Leipzig ▶ **Gründung:** 1950 ▶ **Präsident:** Günter Hirsch (seit 2000) ▶ **Funktion:** Oberstes deutsches Bundesgericht für Zivil- und Strafrecht ▶ **www.uni-karlsruhe.de/~bgh**

Bundeskartellamt

▶ **Sitz:** Berlin ▶ **Gründung:** 1957 ▶ **Präsident:** Ulf Böge (seit 2000) ▶ **Funktion:** Verfolgung aller Wettbewerbsbeschränkungen mit Auswirkungen in Deutschland; Durchsetzung des Kartellverbotes und Durchführung der Fusionskontrolle; Wahrnehmung aller Aufgaben, die den Mitgliedstaaten durch die Wettbewerbsregeln des EG-Vertrages übertragen sind ▶ **www.bundeskartellamt.de**

Bundeskriminalamt

▶ **Abkürzung:** BKA ▶ **Sitz:** Wiesbaden ▶ **Gründung:** 1951 ▶ **Präsident:** Ulrich Kersten (seit 1997) ▶ **Funktion:** Zentralstelle für polizeiliches Auskunft- und Nachrichtenwesen ▶ **www.bundeskriminalamt.de**

Bundesnachrichtendienst

▶ **Abkürzung:** BND ▶ **Sitz:** Pullach bei München ▶ **Gründung:** 1958 ▶ **Präsident:** August Hanning (seit 1998) ▶ **Funktion:** Beschaffung und Auswertung geheimer politischer, militärischer, wirtschaftlicher und wissenschaftlich-technischer Informationen aus dem Ausland ▶ **www.bundesnachrichtendienst.de**

Bundespatentgericht

▶ **Abkürzung:** BPatG ▶ **Sitz:** München ▶ **Gründung:** 1961 ▶ **Präsidentin:** Antje Sedemund-Treiber ▶ **Funktion:** Oberstes Bundesgericht in Deutschland für Schutzrecht (Patent, Marke, Gebrauchsmuster, Topografie, Geschmacksmuster, Sortenschutzrecht) ▶ **www.dpma.de/bpatg**

Bundesrechnungshof

▶ **Abkürzung:** BRH ▶ **Sitz:** Bonn (ab 2000) ▶ **Gründung:** 1950 ▶ **Präsidentin:** Hedda von Wedel (seit 1993) ▶ **Funktion:** Prüfung der Haushalts- u. Wirtschaftsführung d. Bundes inkl. seiner Sondervermögen und Betriebe, der Sozialversicherungsträger sowie der Aktionen des Bundes bei Privatunternehmen, an denen er beteiligt ist ▶ **www.bundesrechnungshof.de**

Bundessozialgericht

▶ **Abkürzung:** BSG ▶ **Sitz:** Kassel ▶ **Gründung:** 1953 ▶ **Präsident:** Mathias von Wulffen (seit 1995) ▶ **Funktion:** Oberstes Bundesgericht in Deutschland f. Sozialrecht ▶ **www.bundessozialgericht.de**

Bundesverfassungsgericht

▶ **Abkürzung:** BVG, BVerfG ▶ **Sitz:** Karlsruhe ▶ **Gründung:** 1951 ▶ **Präsidentin:** Jutta Limbach (seit 1994) ▶ **Funktion:** Der allen übrigen Verfassungsorganen gegenüber selbstständige und unabhängige Gerichtshof der Bundesrepublik Deutschland ▶ **www.bundesverfassungsgericht.de**
Bund und Länder → Bundesverfassungsgericht

Bundesverwaltungsgericht

▶ **Abkürzung:** BVerwG ▶ **Sitz:** Berlin (ab 2003 Leipzig) ▶ **Gründung:** 1952 ▶ **Präsident:** Everhardt Franßen (seit 1991) ▶ **Funktion:** Oberstes Bundesgericht in Deutschland für Verwaltungsrecht ▶ **www.bverwg.de**

CEFTA

▶ **Name:** Central European Free Trade Agreement (engl.: mitteleuropäisches Freihandelsabkommen) ▶ **Sitz:** ohne festen Sitz ▶ **Gründung:** 1993 ▶ **Mitglieder:** Bulgarien, Polen, Rumänien, Slowakei, Slowenien, Tschechien, Ungarn ▶ **Funktion:** Errichtung einer Freihandelszone der Mitglieder und Aufnahme in die Europäische Union

CERN

▶ **Name:** Conseil Européenne pour la Recherche Nucléaire (frz.: Europäischer Rat für Kernforschung) ▶ **Sitz:** Genf/Schweiz ▶ **Gründung:** 1952 ▶ **Mitglieder:** 20 europäische Staaten ▶ **Generaldirektor:** Luciano Maiani/Italien (seit 1999) ▶ **Funktion:** Internationale Organisation für Kern-, Hochenergie- und Elementarteilchenphysik sowie Grundlagenforschung ▶ **www.cern.ch**

CGB

▶ **Name:** Christlicher Gewerkschaftsbund Deutschlands ▶ **Sitz:** Bonn ▶ **Gründung:** 1959 ▶ **Mitglieder:** 15 selbstständige Einzelgewerkschaften ▶ **Vorsitzender:** Peter Konstroffer (seit 1991) ▶ **Funktion:** Zusammenschluss eigenständiger Gewerkschaften und Berufsverbände von Arbeitern, Angestellten und Beamten mit dem Ziel, christliche Wert- und Ordnungsvorstellungen in Wirtschaft, Staat und Gesellschaft zu verwirklichen ▶ **www.dhv-cgb.de/cgb**

CIA

▸ **Name:** Central Intelligence Agency (engl.: Zentrale Nachrichtenbehörde) ▸ **Sitz:** Washington/USA ▸ **Gründung:** 1947 ▸ **Direktor:** George J. Tenet (seit 1997) ▸ **Funktion:** Auslandsgeheimdienst der USA ▸ www.odci.gov/cia

Commonwealth

▸ **Name:** Commonwealth of Nations (engl.: Gemeinschaft der Staaten des ehemaligen britischen Weltreichs) ▸ **Sitz:** London/Großbritannien ▸ **Gründung:** 1931/1949 ▸ **Mitglieder:** 54 Staaten, 16 davon sind konstitutionelle Monarchien mit der britischen Königin Elizabeth II. als Staatsoberhaupt ▸ **Generalsekretär:** Donald C. McKinnon/Neuseeland (seit 2000) ▸ **Funktion:** Vereinigung Großbritanniens, Australiens, Neuseelands und ihrer früheren Kolonien zur Förderung der politischen, wirtschaftlichen und kulturellen Kooperation
▸ www.thecommonwealth.org

Gipfeltreffen: Während der alle zwei Jahre stattfindenden Konferenz der C.-Mitglieder, die im November 1999 in Durban (Südafrika) tagte, standen die Situation in Pakistan nach dem Militärputsch und die Frage nach der zukünftigen Rolle der nach den Vereinten Nationen (UN) größten Regierungskonferenz auf dem Programm. In Bezug auf Pakistan einigten sich die Regierungschefs, die im Oktober ausgesprochene Suspendierung aufrecht zu erhalten. Das zu demokratischen Verhältnissen zurückgekehrte Nigeria wurde wieder aufgenommen. Die vom britischen Foreign Policy Centre geforderte Einrichtung eines Good Governance Commissioner, der über die Demokratisierung in den Mitgliedstaaten zu wachen habe, wurde von einigen C.-Staaten abgelehnt.

▪ DGB-Mitglieder

Jahr	Mio[1]		Veränderung (%)[2]	
1999	8,04		▼	– 3,2
1998	8,31		▼	– 3,6
1997	8,62		▽	– 8,8
1996	8,97		▼	– 4,1
1995	9,35		▼	– 4,3
1994	9,77		▼	– 5,1
1993	10,29		▼	– 6,6
1992	11,02		▼	– 8,2
1991	11,90		▲	+12,9[3]

1) jeweils Jahresende; 2) gegenüber dem Vorjahr; 3) Beitritt von rund 3 Mio ostdeutschen Gewerkschaften; Quelle: Deutscher Gewerkschaftsbund, www.dgb.de

DAG

▸ **Name:** Deutsche Angestellten-Gewerkschaft ▸ **Sitz:** Hamburg ▸ **Gründung:** 1949 ▸ **Mitglieder:** 489 266 (Stand: 1.1.1998) ▸ **Vorsitzender:** Roland Issen (seit 1987) ▸ **Funktion:** Zusammenschluss aller Angestellten in Deutschland zur demokratischen Interessenvertretung ▸ www.dag.de

Die DAG und die DGB-Gewerkschaften Öffentliche Dienste, Transport und Verkehr (ÖTV), Handel, Banken und Versicherungen (HBV), Deutsche Postgewerkschaft (DPG) und IG Medien planten zum 1.4.2001 die Gründung der gemeinsamen Dienstleistungsgesellschaft ver.di mit 3,2 Mio Mitgliedern aus über 1000 Berufen. Zweck der Fusion ist die Stärkung der Interessenvertretung im boomenden Dienstleistungssektor.
Arbeit → ver.di

DBB

▸ **Name:** Deutscher Beamtenbund ▸ **Sitz:** Bonn ▸ **Gründung:** 1949 ▸ **Mitglieder:** 37 Fachgewerkschaften mit ca. 1,1 Mio Einzelmitgliedern ▸ **Vorsitzender:** Erhard Geyer (seit 1995) ▸ **Funktion:** Organisation zur Vertretung und Förderung berufsbedingter politischer, rechtlicher und sozialer Belange der Mitglieder der einzelnen Verbände
▸ www.dbb.de

DGB

▸ **Name:** Deutscher Gewerkschaftsbund ▸ **Sitz:** Düsseldorf ▸ **Gründung:** 1949 ▸ **Mitglieder:** 11 Einzelgewerkschaften ▸ **Vorsitzender:** Dieter Schulte (seit 1994) ▸ **Funktion:** Dachverband der 11 Einzelgewerkschaften ▸ www.dgb.de; www.dgb2000.de (Imagekampagne)

Mitgliederschwund: Die Mitgliederzahl der im DGB vereinten Gewerkschaften verringerte sich von Ende 1998 bis Ende 1999 um 270 000 (3,2%) auf 8,04 Mio. Seit Ende 1991 verloren die DGB-Gewerkschaften fast ein Drittel ihrer Mitglieder. Um den Abwärtstrend zu stoppen, startete der DGB am 1.5.2000 eine 10 Mio DM teure Imagekampagne. Bis Ende 2000 wollte er sich mit Printanzeigen, Kinospots und Internet-Auftritt als Institution präsentieren, die Modernisierungen in der Wirtschaft im Interesse der Arbeitnehmer mitgestaltet.

Dienstleistungsgewerkschaft: Zum 1.4. 2001 war die Fusion der DGB-Gewerkschaften Öffentliche Dienste, Transport und Verkehr (ÖTV), Handel, Banken und Versicherungen (HBV), Deutsche Postgewerkschaft (DPG) und IG Medien sowie der Deutschen Angestellten-Gewerkschaft (DAG) zur

Dienstleistungsgewerkschaft ver.di geplant.
Organisation: Eine hochrangig besetzte DGB-Arbeitsgruppe schlug im Mai 2000 Grundsätze zu den Organisationsbeziehungen zwischen den Einzelgewerkschaften vor, um Konkurrenzstreit hinsichtlich neu entstandener Wirtschaftszweige beizulegen. Die Arbeitsgruppe regte an, die Federführung für Telekommunikation der geplanten Dienstleistungsgewerkschaft ver.di zu übertragen und die Informationstechnik teils der IG Metall, teils ver.di zuzusprechen.

DIHT

▶ **Name:** Deutscher Industrie- und Handelstag
▶ **Sitz:** Bonn ▶ **Gründung:** 1949 ▶ **Mitglieder:** 83 Industrie- und Handelskammern (IHK) ▶ **Vorsitzender:** Hans Peter Stihl (seit 1988) ▶ **Funktion:** Repräsentant der gesamten gewerblichen Wirtschaft in Deutschland ▶ **www.diht.de**

EBWE

▶ **Name:** Europäische Bank für Wiederaufbau und Entwicklung (engl.: European Bank for Reconstruction and Development, EBRD, auch Osteuropabank) ▶ **Sitz:** London/Großbritannien ▶ **Gründung:** 1991 ▶ **Mitglieder:** 58 Staaten, Europäische Investitionsbank und EU ▶ **Präsident:** Jean Lemierre/Frankreich (seit 2000) ▶ **Funktion:** Förderung des Übergangs zur offenen Marktwirtschaft sowie des privaten und unternehmerischen Handelns in den Ländern Mittel- und Osteuropas und der Gemeinschaft Unabhängiger Staaten (GUS). Als Voraussetzung müssen die Länder sich den Prinzipien von Mehrparteiendemokratie, Pluralismus und Marktwirtschaft verpflichten ▶ **www.ebrd.com**

ECOSOC

▶ **Name:** Economic and Social Council (engl.: Wirtschafts- und Sozialrat) ▶ **Sitz:** New York/USA ▶ **Gründung:** 1945 ▶ **Mitglieder:** 54 Staaten ▶ **Präsident:** Makarim Wibisono/Indonesien (seit 2000) ▶ **Funktion:** Unterorganisation der UNO zur Koordination im wirtschaftlichen und sozialen Bereich ▶ **www.un.org/esa/coordination/ecosoc/**

EFTA

▶ **Name:** European Free Trade Association (engl.: Europäische Freihandelsvereinigung) ▶ **Sitz:** Genf/Schweiz ▶ **Gründung:** 1960 ▶ **Mitglieder:** Island, Liechtenstein, Norwegen, Schweiz ▶ **Generalsekretär:** Kjartan Jóhannsson/Island (seit 1994) ▶ **Funktion:** Förderung des Freihandels zwischen den Mitgliederländern und durch Freihandelsabkommen mit 23 anderen Staaten ▶ **www.efta.int**

Die EFTA feierte 2000 ihr 40-jähriges Bestehen. Die Handelsgemeinschaft, die 1960 als Gegengewicht zur Europäischen Wirtschaftsgemeinschaft (EWG), der Vorläuferin der EU, von acht Staaten (Dänemark, Finnland, Großbritannien, Norwegen, Österreich, Portugal, Schweden, Schweiz) gegründet worden war, schrumpfte im Lauf der Jahre durch den Eintritt Großbritanniens, Österreichs, Portugals und Schwedens in die EU auf vier Mitgliedsstaaten zusammen, doch zählten sie um 2000 zu den wohlhabendsten Europas. Ihr jährliches Pro-Kopf-Einkommen von 35 000 US-Dollar lag an der Weltspitze, Inflations- und Arbeitslosenraten waren mit 1% bzw. 3,5% weit unter EU-Durchschnitt.

Für die ersten Jahre des 21. Jh. hat sich die EFTA, die keine gemeinsamen politischen Ziele verfolgt, sondern sich nur als Wirtschaftsgemeinschaft versteht, eine Ausweitung ihrer Freihandelszone auf Amerika und die nicht in der EU organisierten Mittelmeer-Anrainerstaaten vorgenommen. Zuletzt wurden Verträge u. a. mit Palästina (1999) und Kanada (2000) abgeschlossen.

EUREKA

▶ **Name:** European Research Coordination Agency (engl.: Europäische Agentur für Forschungskoordination) ▶ **Sitz:** Brüssel/Belgien ▶ **Gründung:** 1985 ▶ **Mitglieder:** 26 Staaten und die Europäische Kommission, 7 mittel- und osteuropäische Staaten sind assoziiert ▶ **Vorsitz:** Deutschland (1999/2000), Spanien (2000/2001) ▶ **Funktion:** Internationale Organisation zur Forschungsförderung
▶ **www.kp.dlr.de/EUREKA; www.eureka.be**

Mitglieder von EUREKA

Vollmitglieder (Beitritt)			assoziierte Mitglieder
Belgien*		Österreich*	Albanien
Dänemark*		Polen (1995)	Bulgarien
Deutschland*		Portugal*	Estland
Finnland*		Rumänien (1997)	Kroatien
Frankreich*		Russland (1993)	Lettland
Griechenland*		Schweden*	Slowakei
Großbritannien*		Schweiz*	Ukraine
Irland (1986)		Slowenien (1994)	
Island*		Spanien*	
Italien*		Tschechien (1995)	
Litauen (1999)		Türkei*	
Luxemburg*		Ungarn (1992)	
Niederlande*		Europäische Kom.*	
Norwegen*			

*Gründungsmitglied 1985

Europarat

▶ **Sitz:** Straßburg/Frankreich ▶ **Gründung:** 1949
▶ **Mitglieder:** 41 europäische Staaten ▶ **Generalsekretär:** Walter Schwimmer/Österreich (seit 1999)
▶ **Funktion:** Förderung der wirtschaftlichen, sozialen, kulturellen und wissenschaftlichen Kooperation;
Stärkung der Demokratien in Osteuropa, Durchsetzung der Menschenrechte. Der Europarat ist
kein Organ der Europäischen Union
▶ **www.coe.fr; www.europarat.de**

Menschenrechte: Die parlamentarische
Versammlung des E. wählte im September
1999 den Spanier Álvaro Gil-Robles zum
Menschenrechtskommissar. Zu seinen Aufgaben gehört die Sensibilisierung der Öffentlichkeit für Menschenrechtsverletzungen und die Verhinderung von Verstößen
durch Gespräche mit Regierungen und oppositionellen Gruppen.

Bioethik-Konvention: Zum 1.12.1999 trat
die 1997 beschlossene Bioethik-Konvention
in Kraft. Sie regelt den Umgang mit Gentechnik, Embryonenforschung und Organtransplantation. Ein Zusatzprotokoll verbietet das Klonen von Menschen. Deutschland
beteiligte sich nicht an der Rahmenkonven-
tion, u. a. wegen der umstrittenen Regelungen zum Embryonenschutz.

Tschetschenien: Die parlamentarische
Versammlung des E. verurteilte im Januar
2000 Russland wegen des harten militärischen Vorgehens in der Kaukasus-Republik
Tschetschenien. Die russische Regierung
wurde aufgefordert, umgehend Verhandlungen über einen Waffenstillstand und eine
politische Lösung des Konflikts aufzunehmen. Außerdem müsse Moskau den internationalen Hilfsorganisationen sowie den
Medien ungehinderten Zugang gewähren.
Andernfalls werde die Mitgliedschaft Russlands im E. überprüft. Ein weiter gehender
Antrag auf sofortige Aberkennung des
Stimmrechts der russischen Delegation fand
keine Mehrheit.

Wegen des Fortgangs des militärischen
Konflikts forderte die parlamentarische Versammlung im April 2000 den Ministerrat
auf, Russland aus dem E. auszuschließen.
Das russische Stimmrecht wurde aberkannt.
Bei ihrer Sitzung in Straßburg im Mai 2000
einigten sich jedoch die Außenminister der
41 Mitgliedsländer darauf, keine weiteren
Sanktionen gegen Russland zu verhängen.

Forschung und Technik → Bioethik-Konvention
Krisen und Konflikte → Tschetschenien

Mitglieder im Europarat

Mitglieder[1]		Sitze	Weitere Mitglieder (Beitritt)		Sitze	Weitere Mitglieder (Beitritt)		Sitze
Belgien		7	Griechenland (1949)		7	Estland (1993)		3
Dänemark		5	Türkei (1949)		12	Litauen (1993)		4
Frankreich		18	Island (1950)		3	Slowenien (1993)		3
Großbritannien		18	Deutschland (1950)		18	Tschechien (1993)		7
Irland		4	Österreich (1956)		6	Slowakei (1993)		5
Italien		18	Zypern (1961)		3	Rumänien (1993)		10
Luxemburg		3	Schweiz (1963)		6	Andorra (1994)		2
Niederlande		7	Malta (1965)		6	Lettland (1995)		3
Norwegen		5	Portugal (1976)		7	Albanien (1995)		4
Schweden		6	Spanien (1977)		12	Moldawien (1995)		5
			Liechtenstein (1978)		2	Mazedonien (1995)		3
			San Marino (1988)		2	Ukraine (1995)		12
			Finnland (1989)		5	Russland (1996)		18
			Ungarn (1990)		7	Kroatien (1996)		5
			Polen (1991)		12	Georgien (1999)		5
			Bulgarien (1992)		5			

1) Gründungsmitglieder 1949

FAO

▶ **Name:** Food and Agricultural Organization (engl.: Ernährungs- und Landwirtschaftsorganisation) ▶ **Sitz:** Rom/Italien ▶ **Gründung:** 1945 ▶ **Mitglieder:** 175 Staaten und die Europäische Union ▶ **Generalsekretär:** Jacques Diouf/Senegal (seit 1994) ▶ **Funktion:** Verbesserung der Ernährungslage und Förderung der Landwirtschaft weltweit

G7/G8

▶ **Name:** Gruppe der Sieben/Gruppe der Acht ▶ **Gründung:** 1975 ▶ **Mitglieder:** Deutschland, Frankreich, Großbritannien, Italien, Japan, Kanada (seit 1976) und USA (G7) sowie Russland (seit 1998; G8) und die EU (seit 1977) ▶ **Funktion:** Informelle Treffen der weltweit wichtigsten Wirtschaftsländer zur Behandlung von ökonomischen, politischen und Sicherheitsfragen ▶ **www.g7.utoronto.ca**

Golf-Kooperationsrat

▶ **Abkürzung:** GCC (engl.: Gulf Cooperation Council) ▶ **Sitz:** Riad/Saudi-Arabien ▶ **Gründung:** 1981 ▶ **Mitglieder:** Bahrain, Katar, Kuwait, Oman, Saudi-Arabien, Vereinigte Arabische Emirate ▶ **Generalsekretär:** Jamil Al-Hejailan/Saudi-Arabien (seit 1996) ▶ **Funktion:** Bündnis arabischer Staaten für politische, wirtschaftliche und militärische Kooperation sowie Friedenssicherung in der Golfregion

Greenpeace

▶ **Sitz:** Amsterdam/Niederlande ▶ **Gründung:** 1971 ▶ **Mitglieder:** ca. 3 Mio (1999) ▶ **Vorstandsvorsitzende:** Cornelia Durrant/Großbritannien (seit 1996) ▶ **Geschäftsführer (international):** José María Mendiluce (seit 1999) ▶ **Geschäftsführerin (national):** Brigitte Behrens seit (1999) ▶ **Funktion:** Internationaler Verein für den aktiven Schutz von Natur und Umwelt ▶ **www.greenpeace.org; www.greenpeace.de**

Mit der Wahl des neuen Geschäftsführers im Dezember 1999 schien sich bei der rund 3 Mio Mitglieder weltweit umfassenden Umweltschutzorganisation eine Änderung der Zielsetzung anzudeuten. Der Spanier Mendiluce kündigte an, dass sich G. stärker um wirtschaftliche und soziale Entwicklungen kümmern werde und den Einfluss auf den Schutz der Menschenrechte ausweiten wolle.

GUS

▶ **Name:** Gemeinschaft Unabhängiger Staaten ▶ **Sitz:** ohne festen Sitz ▶ **Gründung:** 1991 ▶ **Mitglieder:** 12 ehemalige Sowjetrepubliken: Armenien, Aserbaidschan, Kasachstan, Kirgistan, Georgien, Moldawien, Russland, Tadschikistan, Turkmenistan, Ukraine, Usbekistan und Weißrussland ▶ **Höchstes Gremium:** Rat der Staatsoberhäupter ▶ **Funktion:** Lockeres Bündnis für politische, wirtschaftliche, militärische und kulturelle Zusammenarbeit ▶ **www.cis.minsk.by**

Golf-Kooperationsrat: Mitglieder

		Einw. (Mio)	Fläche (km²)	BSP/Kopf (US-$)
Bahrain		0,606	694	7640
Katar		0,589	11 000	11 750
Kuwait		1,900	17 818	19 000
Oman		2,500	212 457	k. A.
Saudi-Arabien		20,900	2 150 000	25 580
VAE[1]		2,400	83 600	17 870

1) Vereinigte Arabische Emirate; Stand: 1998

Auf dem GUS-Gipfel in Moskau im Januar 2000 wurde die Position Russlands als wichtigster Staat im Bündnis durch die Wahl Wladimir Putins zum neuen Vorsitzenden des Rats der Staatsoberhäupter bestätigt. Der Vorsitz im Rat wird im Rotationsprinzip übernommen. Für 2000 verzichtete der tadschikische Präsident Emomali Rachmonow zugunsten Putins auf den Vorsitz. Das Bündnis vereinbarte ein Programm zur Bekämpfung des Terrorismus. Damit unterstützte die GUS indirekt den von Russland geführten Tschetschenienkrieg, der offiziell als Anti-Terror-Operation bezeichnet wurde, obwohl die GUS-Staaten im Südkaukasus den Konflikt mit Besorgnis betrachteten. Der künftige Zusammenhalt der GUS-Staaten blieb 2000 ungewiss. Georgien und Aserbaidschan bemühten sich um die Aufnahme in die NATO, während Russland die NATO-Osterweiterung als Gefährdung der nationalen Sicherheit betrachtete.

IAEA

▶ **Name:** International Atomic Energy Agency (engl.: Internationale Atomenergie-Agentur) ▶ **Sitz:** Wien ▶ **Gründung:** 1957 ▶ **Mitglieder:** 130 Staaten ▶ **Generalsekretär:** Mohamed El Baradei/Ägypten (seit 1997) ▶ **Funktion:** Sonderorganisation der UNO zur weltweiten Kontrolle kerntechnischer Anlagen und des Atomwaffensperrvertrags von 1968 ▶ **www.iaea.org**

ICAO

▶ **Name:** International Civil Aviation Organization (engl.: Internationale Zivilluftfahrtorganisation) ▶ **Sitz:** Montreal/Kanada ▶ **Gründung:** 1944 ▶ **Mitglieder:** 185 Staaten ▶ **Generalsekretär:** Renato Cláudio Costa Pereira/Brasilien (seit 1997) ▶ **Funktion:** Sonderorganisation der UNO zur Förderung der zivilen Luftfahrt ▶ **www.icao.org**

IDA

▸ **Name:** International Development Association engl.: Internationale Entwicklungsorganisation) ▸ **Sitz:** Washington/USA ▸ **Gründung:** 1959 ▸ **Mitglieder:** 160 Staaten ▸ **Präsident:** James D. Wolfensohn/ USA, Präsident der Weltbank (seit 1995) ▸ **Funktion:** Sonderorganisation der UNO zur Förderung der wirtschaftlichen Entwicklung der ärmeren Länder

IEA

▸ **Name:** Internationale Energie-Agentur ▸ **Sitz:** Paris/ Frankreich ▸ **Gründung:** 1974 ▸ **Mitglieder:** 24 Staaten ▸ **Exekutivdirektor:** Robert Priddle/Großbritannien (seit 1994) ▸ **Funktion:** Mit der OECD vernetzte Organisation, die als Reaktion auf die Erdölkrise zur Sicherung der Energieversorgung in den Mitgliedsstaaten gegründet wurde ▸ **www.iea.org**

IFAD

▸ **Name:** International Fund for Agricultural Development (engl.: Internationaler Agrarentwicklungsfonds) ▸ **Sitz:** Rom/Italien ▸ **Gründung:** 1977 ▸ **Mitglieder:** 161 Staaten ▸ **Präsident:** Fawzi H. al-Sultan/Kuwait (seit 1993) ▸ **Funktion:** Sonderorganisation der UNO zur Förderung der landwirtschaftlichen Entwicklung und zur Verbesserung des Ernährungsstands der Landbevölkerung ▸ **www.ifad.org**

IFC

▸ **Name:** International Finance Corporation (engl.: Internationale Finanzgesellschaft) ▸ **Sitz:** Washington/ USA ▸ **Gründung:** 1955 ▸ **Mitglieder:** 174 Staaten ▸ **Präsident:** James D. Wolfensohn/USA, Präsident der Weltbank (seit 1995) ▸ **Funktion:** Sonderorganisation der UNO zur Förderung des Wirtschaftswachstums der Entwicklungsländer durch Unterstützung produktiver privater Unternehmen (Tochterorganisation der Weltbank) ▸ **www.ifc.org**

ILO

▸ **Name:** International Labour Organization (engl.: Internationale Arbeitsorganisation) ▸ **Sitz:** Genf/ Schweiz ▸ **Gründung:** 1919 (Neugründung 1946) ▸ **Mitglieder:** 174 Staaten ▸ **Generaldirektor:** Juan Somavía/Chile (seit 1999) ▸ **Funktion:** Sonderorganisation der UNO zur Verbesserung der Lebens- u. Arbeitsbedingungen in der Welt u. zur Erschließung neuer Beschäftigungsfelder ▸ **www.ilo.org**

IMO

▸ **Name:** International Maritime Organization (engl.: Internationale Seeschifffahrtsorganisation) ▸ **Sitz:** London/Großbritannien ▸ **Gründung:** 1948 ▸ **Mitglieder:** 158 Staaten ▸ **Generalsekretär:** William A. O'Neill/Kanada (seit 1990) ▸ **Funktion:** Sonderorganisation der UNO zur Beratung von Fragen der internationalen Seeschifffahrt ▸ **www.imo.org**

INCB

▸ **Name:** International Narcotics Control Board (engl.: Internationaler Drogenkontrollrat) ▸ **Sitz:** Wien/Österreich ▸ **Gründung:** 1961 ▸ **Mitglieder:** 13 Einzelpersonen, ausgewählt durch ECOSOC ▸ **Generalsekretär:** António Lourenço Martins/ Portugal (seit 1999) ▸ **Funktion:** Unterorganisation der UNO zur Überwachung von Drogenkontrollmaßnahmen ▸ **www.incb.org**

Interamerikanische Entwicklungsbank

▸ **Name:** engl.: Interamerican Development Bank (IADB) ▸ **Sitz:** Washington/USA ▸ **Gründung:** 1959 ▸ **Mitglieder:** 46 Staaten ▸ **Generalsekretär:** Enrique V. Iglesias/Uruguay (seit 1988) ▸ **Funktion:** Förderung der wirtschaftlichen und sozialen Entwicklung der weniger entwickelten Länder Lateinamerikas und der Karibik ▸ **www.iadb.org**

Generalsekretär Iglesias stellte bei der Jahrestagung der IADB in New Orleans im März 2000 ehrgeizige Ziele für das kommende Jahrtausend auf: Neben der Halbierung der Zahl der Armen von 40% auf 20% der Bevölkerung und der Verdopplung des Wirtschaftswachstums auf 6% stand die Verbesserung der Schulbildung an dritter Stelle vor weiteren ökonomischen Zielen. Die IADB will sich vor allem um Verbesserungen im sozialen Bereich, Reformen im öffentlichen Sektor sowie um die regionale Integration bemühen. 1999 flossen rund 9 Mrd US-Dollar an Krediten der IADB in die Region, von denen 42% im Sozialbereich verwendet wurden.

Internationaler Gerichtshof

▸ **Name:** engl.: International Court of Justice (ICJ) ▸ **Sitz:** Den Haag/Niederlande ▸ **Gründung:** 1945 ▸ **Mitglieder:** 15 Richter ▸ **Präsident:** Gilbert Guillaume/Frankreich (seit 2000) ▸ **Funktion:** Hauptrechtsprechungsorgan der UNO ▸ **www.icj-cij.org**

Internationaler Seegerichtshof

▸ **Sitz:** Hamburg ▸ **Gründung:** 1996 ▸ **Mitglieder:** 21 Richter ▸ **Präsident:** Thomas A. Mensah/Ghana (seit 1996) ▸ **Funktion:** Rechtsprechungsorgan der UNO auf dem Gebiet der Seefahrt und der Hochseefischerei ▸ **www.un.org/depts/los**

Internationaler Währungsfonds

▸ **Abkürzung:** IWF ▸ **Name:** engl.: International Monetary Fund (IMF) ▸ **Sitz:** Washington/USA ▸ **Gründung:** 1944 ▸ **Mitglieder:** 182 Staaten ▸ **Geschäftsführender Direktor:** Horst Köhler/ Deutschland (seit 2000) ▸ **Funktion:** Überwachung des internationalen Währungssystems und Förderung der Entwicklungshilfe ▸ **www.imf.org**

Streit um den Chef: Die Neubesetzung des Geschäftsführerpostens des IWF im März 2000 geriet zu einem Prüfstein für die Beziehungen Deutschlands zu den anderen IWF-Mitgliedstaaten. Die rot-grüne Bundesregierung hatte sich für die Kandidatur des ehemaligen Vizedirektors der Weltbank und Finanzstaatssekretärs Caio Koch-Weser stark gemacht, die von den meisten europäischen Nationen unterstützt wurde. Die USA lehnten seine Kandidatur jedoch ab. Auch Großbritannien und Frankreich äußerten Bedenken, weil Koch-Weser ihrer Ansicht nach über zu wenig Erfahrung auf den internationalen Finanzmärkten verfüge. Wichtigste Gegenkandidaten waren der amtierende Vize-IWF-Chef Stanley Fischer (USA) und der frühere japanische Vizefinanzminister Eisuke Skakibara. Japan betonte wie Deutschland, dass es in den Ämtern des IWF gemessen an seinen Beitragszahlungen unterrepräsentiert sei. Schließlich nominierte die Bundesregierung den Chef der Osteuropabank, Horst Köhler, anstelle Koch-Wesers. Auch Köhler wurde von den USA abgelehnt, errang aber bei der Abstimmung im IWF die notwendige Mehrheit.

Reform: Das Treffen des IWF-Lenkungsausschusses im April 2000 in Washington wurde von Diskussionen über eine Neuorientierung des Währungsfonds dominiert. Der neue IWF-Chef Köhler hatte sein Amt mit der Ankündigung angetreten, die Organisation umgestalten zu wollen. Die USA plädierten für wesentlich weiter gehende Reformen, für die eine US-Expertenkommission bereits 1999 Vorschläge ausgearbeitet hatte. Dazu gehört u. a. die Forderung, der IWF solle sich aus dem Kreditgeschäft vollständig zurückziehen. Der Vorschlag wurde von den übrigen Mitgliedsländern nicht unterstützt. Statt dessen wurde von den europäischen Staaten angeregt, private Investoren stärker in die Finanzierung der vom IWF vergebenen Kredite einzubinden. Insbes. die deutschen Vertreter hatten argumentiert, dass der private Sektor zwar von den Finanzierungsprogrammen des IWF profitiere, er in Krisenzeiten jedoch sein Kapital meist schnell aus der betroffenen Region abziehe und daher stärker in die Pflicht genommen werden solle. Der Vorschlag scheiterte am Widerstand der USA, die sich aber für eine bessere Verfügbarkeit der Vorsorgekredite einsetzten, die Ländern schnel-

ler gewährt werden sollen, um Probleme schon im Vorfeld abzuwenden. Bis dahin hatte kein Land diese Kreditform in Anspruch genommen. Angeregt wurde auch, die Zinsen für Kredite anzuheben, damit ein größerer Anreiz zur schnellen Zurückzahlung besteht.

Sparkurs: 1999 finanzierte der IWF Kredite von 14,7 Mrd US-Dollar und lag weit unter dem Vorjahresstand von 21,5 Mrd US-Dollar. 1998 waren hohe Ausgaben für die von der asiatischen Wirtschaftkrise betroffenen Länder notwendig gewesen. Größte Kreditnehmer waren 1999 Brasilien (6 Mrd US-Dollar), Mexiko (1,4 Mrd US-Dollar) und Indonesien (1,4 Mrd US-Dollar). Noch im Dezember 1999 wurde ein Kredit über 4 Mrd US-Dollar für die Türkei bewilligt. Mit dem über drei Jahre laufenden Darlehen sollen die Inflationsrate gesenkt, Strukturreformen finanziert und die öffentlichen Finanzen konsolidiert werden. Neue Verhandlungen wurden für die Kredite für Russland angekündigt, die 1999 storniert wurden wegen des Verdachts auf Unregelmäßigkeiten in der russischen Zentralbank sowie wegen mangelnder Bereitschaft der russischen Regierung, den Forderungen des IWF nachzukommen, Monopole aufzulösen und marktwirtschaftliche Strukturen zu fördern.

Kritik: Bei der Tagung der Gruppe der 77, in der Entwicklungsländer organisiert sind, im April 2000 in Havanna wurde dem IWF vorgeworfen, er vergrößere mit seiner Finanzpolitik die Kluft zwischen armen und reichen Nationen und habe weltweit Armut verbreitet. Auch wurde die Überschneidung der Aufgaben von IWF und Weltbank kritisiert.

IPI

▶ **Name:** Internationales Presse Institut ▶ **Sitz:** Zürich/Schweiz ▶ **Gründung:** 1950 ▶ **Mitglieder:** Rund 2000 Mitglieder weltweit ▶ **Generalsekretär:** Moegsin Williams/Südafrika (seit 1998) ▶ **Funktion:** Schutz der Pressefreiheit gegen staatliche Eingriffe ▶ **www.freemedia.at**

ITU

▶ **Name:** International Telecommunication Union (engl.: Internationale Fernmeldeunion) ▶ **Sitz:** Genf/Schweiz ▶ **Gründung:** 1865 (Neugründung 1947) ▶ **Mitglieder:** 189 Staaten ▶ **Generalsekretär:** Yoshio Utsumi/Japan (seit 1999) ▶ **Funktion:** Seit 1967 Sonderorganisation der UNO zur Förderung der Telekommunikation ▶ **www.itu.ch**

Maghreb-Union

▸ **Name:** Gemeinschaft des Vereinigten Arabischen Maghreb (arab.: Westen; engl.: Arab Magreb Union, AMU) ▸ **Sitz:** Rabat/Marokko ▸ **Gründung:** 1989 ▸ **Mitglieder:** Algerien, Libyen, Marokko, Mauretanien ▸ **Generalsekretär:** Mohamed Amanou/Tunesien (seit 1991) ▸ **Funktion:** Zusammenarbeit in Handel, Industrie, Tourismus und Wissenschaft, Errichtung einer Freihandelszone
▸ **www.imf.org/exter-nal/np/sec/decdo/amu.htm; www.maghrebarabe.org**

Mercosur

▸ **Name:** Mercado Común del Cono Sur, span.; Gemeinsamer Markt des südlichen Teils Amerikas ▸ **Sitz:** Montevideo/Uruguay ▸ **Gründung:** 1990 ▸ **Mitglieder:** Argentinien, Brasilien, Paraguay, Uruguay; assoziierte Mitglieder: Bolivien, Chile ▸ **Vorsitz:** Präsidentenkonferenz ▸ **Funktion:** Freihandel unter den Mitgliedstaaten; Festlegung gemeinsamer Außenzölle ▸ **www.mercosur.com**

Die Beziehungen der größten Handelspartner des M., Brasilien und Argentinien, befanden sich Anfang 2000 in einer tiefen Krise. Zahlreiche Industriebetriebe wanderten aus Argentinien nach Brasilien ab, das die Industrieproduktion stark subventionierte. Durch Abwertung des brasilianischen Real um 30% gegenüber dem US-Dollar 1999 und die weiter bestehende Dollarbindung des argentinischen Peso verstärkte sich das ökonomische Gefälle zwischen beiden Staaten zusätzlich. Besonderer Streitpunkt waren die Ein- und Ausfuhrbedingungen für Autos und Autoteile. Auf dem Höhepunkt des Konflikts drohte Argentinien sogar mit dem Ausstieg aus dem gemeinsamen Markt, betonte dann jedoch, dass es langfristig neben der Freihandelszone in Südamerika auch eine politische Annäherung anstrebe. Brasilien dagegen berief sich auf seine wirtschaftliche Vormachtstellung in der Region und zeigte sich an einer stärkeren Bindung an die übrigen M.-Länder wenig interessiert. So lehnte die brasilianische Führung die Einrichtung eines gemeinsamen Gerichtshofs für alle M.-Länder ab.

MIGA

▸ **Name:** Multilateral Investment Guarantee Agency (engl.: Multilaterale Investitionsgarantieagentur) ▸ **Sitz:** Washington/USA ▸ **Gründung:** 1988 ▸ **Mitglieder:** 152 Staaten ▸ **Präsident:** James D. Wolfensohn/USA, Präsident der Weltbank (seit 1995) ▸ **Funktion:** Sonderorganisation der UNO zur Sicherung privater Investitionen in den Entwicklungsländern, Mitglied der Weltbankgruppe
▸ **www.miga.org**

NAFTA

▸ **Name:** North American Free Trade Agreement (engl.: Nordamerikanisches Freihandelsabkommen) ▸ **Sitz:** ohne festen Sitz ▸ **Gründung:** 1994 ▸ **Mitglieder:** Kanada, Mexiko, USA ▸ **Vorsitz:** ohne festen Vorsitz ▸ **Funktion:** Förderung des Handels zwischen den Mitgliedsstaaten ▸ **www.nafta.org**

EU-Kontakte: Erstmals schloss 2000 Mexiko als NAFTA-Mitglied ein Freihandelsabkommen mit der EU. Darin ist der schrittweise Abbau der Zollschranken zwischen Mexiko und der EU bis 2007 vorgesehen. Die mexikanische Führung erhoffte sich ein stärkeres Engagement europäischer Investoren und einen größeren Absatzmarkt für die heimischen Produkte. 1999 wurden 80% der Exporterzeugnisse Mexikos in die USA geliefert. Gleichzeitig profitierten US-Firmen von den Bedingungen der NAFTA, die es ihnen erlaubten, Mexiko als Standort für Billiglohnproduktionen zu nutzen.
Kritik: Das NAFTA-Abkommen traf in Mexiko auf scharfe Kritik. Die heimischen Bauern konnten oft nicht mit den subventionierten Agrarprodukten der US-Farmer konkurrieren. Folgen waren Verarmung der Landbevölkerung und Landflucht. Die in der Industrie geschaffenen Arbeitsplätze trugen wegen des niedrigen Lohnniveaus kaum zur Besserung der sozialen Lage in Mexiko bei.

NATO

▸ **Name:** North Atlantic Treaty Organisation (engl.: Organisation des Nordatlantik-Vertrags) ▸ **Sitz:** Brüssel/Belgien ▸ **Gründung:** 1949 ▸ **Mitglieder:** 19 Staaten ▸ **Generalsekretär:** Lord George Robertson of Port Ellen/Großbritannien (seit 1999) ▸ **Funktion:** Militärbündnis zur gemeinsamen Verteidigung, Sicherung von Frieden und Freiheit
▸ **www.nato.int**

Einsatz im Kosovo: Informationen über gefälschte Videos aus dem Kosovo-Krieg ließen Anfang 2000 erneut Kritik an der Informationspolitik des Militärbündnisses während der Luftangriffe im Frühjahr 1999 aufleben. Am 12.4.1999 hatte die NATO einen Personenzug auf einer Eisenbahnbrücke bei Grdelicka bombardiert, wobei mind. 14 Menschen starben. Der damalige Oberbefehlshaber der NATO-Truppen in Europa, US-General Wesley Clark, hatte den Vorfall damit entschuldigt, dass der Personenzug zu schnell erschienen sei und die Bomben nicht mehr hätten umgelenkt werden können. Mit zwei Videos sollte die Version bekräftigt werden. Im Januar 2000 wurde jedoch bekannt, dass die Videos mind. dreimal schneller als Realzeit abgespielt worden waren. NATO-Sprecher James Shea erklärte den Vorfall als »technischen Fehler«, der nichts an der Einschätzung der Ereignisse von Grdelicka ändere.

Der NATO-Einsatz im Kosovo war auch Thema von Berichten des US-Verteidigungsministeriums (Pentagon), der Menschenrechtsorganisation Human Rights Watch (HRW) und des Flüchtlingshilfswerks der UNO (UNHCR). Während im Bericht des Pentagon die Opfer unter unbeteiligten Zivilisten als »Kollateralschaden« abgehandelt wurden, nannte der HRW-Report rund 500 zivile Opfer und mind. neun Angriffe auf rein zivile Ziele. Um das Vorgehen der NATO zu überprüfen, forderten die Menschenrechtler die Einberufung eines unparteiischen Untersuchungsgremiums – ähnlich wie die fünfköpfige Kommission, die den Bericht für das UNO-Flüchtlingshilfswerk vorlegte. Dieser kam zu dem Ergebnis, dass der UNHCR auf die Massenflucht der Kosovo-Albaner überhaupt nicht vorbereitet war und entgegen seiner Neutralitätspflicht mit der NATO kooperieren musste.

Im März 2000 bestätigte die NATO in einem Brief an das UNO-Umweltprogramm UNEP, dass bei 100 Einsätzen während des Kosovo-Kriegs 31 000 Geschosse mit angereichertem Uran verwendet worden waren; es wurden 10 t angereichertes Uran im Kriegsgebiet freigesetzt. Der Staub solcher Geschosse gilt als Krebs erregend, so dass in den Regionen erhöhte Vorsichtsmaßnahmen und umfangreiche Messungen zur Feststellung von Radioaktivität durchgeführt werden mussten.

Ein Jahr nach dem Kosovo-Krieg war die Situation in der betroffenen Region weiter instabil. Auf ihrer Frühjahrstagung in Brüssel forderte die NATO die Mitgliedstaaten auf, ihre Kontingente für die internationale Kosovo-Truppe (Kfor) bis Herbst 2000 um ca. 5000 Mann zu verstärken.

Europa und die NATO: Die seit Ende 1999 verstärkten Bemühungen der EU um eine eigene »Europäische Verteidigungsidentität« (ESDI) wurden in den USA mit Skepsis aufgenommen. Washington bestand auf verstärkten Rüstungsanstrengungen der Europäer innerhalb der NATO, befürchtete aber, dass durch die Beschlüsse der EU vom De-

NATO-Generalsekretäre

Name	Land	Amtszeit
Lord George Robertson of Port Ellen		seit 1999
Javier Solana		1995–1999
Willy Claes		1994–1995
Manfred Wörner		1988–1994
Lord Peter Carrington		1984–1988
Joseph Luns		1971–1984
Manlio Brosio		1964–1971
Dirk U. Stikker		1961–1964
Paul Henri Spaak		1957–1961
Lord Hastings Ismay		1952–1957

NATO-Staaten in Zahlen

Land	Einwohner[1]	Wehrform	Truppenstärke	Frauenanteil (%)
Belgien	10,1	Berufsarmee	42 100	7,1[1]
Dänemark	5,2	Wehrpflicht	25 000	4,8[2]
Deutschland	81,0	Wehrpflicht	340 000	1,3[3]
Frankreich	59,0	Berufsarmee	450 000	6,3[4]
Griechenland	10,6	Wehrpflicht	158 000	4,0[4]
Großbritannien	59,0	Berufsarmee	212 000	7,4[5]
Island	0,3	keine	keine	keine
Italien	58,0	Wehrpflicht	377 500	keine
Kanada	29,0	Berufsarmee	61 000	11,3[1]
Luxemburg	0,4	Berufsarmee	730	keine
Niederlande	15,6	Berufsarmee	55 000	7,2[2]
Norwegen	4,4	Wehrpflicht	30 000	4,6[6]
Polen	39,0	Wehrpflicht	240 000	0,1[3]
Portugal	9,9	Wehrpflicht[3]	51 000	5,1[4]
Spanien	39,0	Wehrpflicht[3]	165 500	2,6[6]
Tschechien	10,0	Wehrpflicht	64 000	2,7[3]
Türkei	62,0	Wehrpflicht	764 000	0,9[4]
Ungarn	10,0	Wehrpflicht	52 000	4,9[6]
USA	270,0	Berufsarmee	1 441 000	14,0[5]

1) alle Dienstposten, auch Kampftruppen, außer U-Boote; 2) alle Dienstposten, auch Kampftruppen, außer Kommandotruppen/Kampfschwimmer; 3) nur Sanitätsdienst, Musikdienst, Unterstützung; 4) Kampfunterstützung, aber keine Kampftruppe; 5) keine Kampftruppen mit Direkteinsatz gegen Bodentruppen, keine U-Boote; 6) alle Dienstposten, auch Kampftruppen; Quellen: Bundesverteidigungsministerium, Das Parlament, 21.1.2000

zember 1999, binnen drei Jahren eine eigene Streitmacht mit bis zu 60 000 Mann für Krisensätze aufzustellen, eine Konkurrenz zur von den USA dominierten NATO entstehen könne. Ein weiterer Streitpunkt im Verhältnis zwischen den USA und Europa waren die US-Pläne zur Installierung eines atomaren Raketenabwehrsystems. Nach Ansicht vieler europäischer Politiker und vor allem Russlands verstieße ein solcher Schutzschild gegen den ABM-Vertrag von 1972 und gefährde das atomare Gleichgewicht.

Verhältnis zu Russland: Nachdem die Beziehungen zwischen Russland und der NATO seit dem Kosovo-Krieg knapp ein Jahr geruht hatten, wurde im Februar 2000 anlässlich des Besuchs des NATO-Generalsekretärs Robertson in Moskau die Zusammenarbeit wieder aufgenommen. Der russische Präsident Wladimir Putin mahnte die Aufwertung Russlands als gleichberechtigter Partner der NATO an, Robertson kritisierte die russische Kriegführung in Tschetschenien.

OAS

▶ **Name:** Organization of American States (engl.: Organisation amerikanischer Staaten) ▶ **Sitz:** Washington/USA ▶ **Gründung:** 1948 ▶ **Mitglieder:** alle 35 amerikanischen Staaten, seit 1962 ist die kubanische Regierung von der Teilnahme ausgeschlossen ▶ **Generalsekretär:** César Gaviria/ Kolumbien (seit 1994) ▶ **Funktion:** Bündnis amerikanischer Staaten für gemeinsame militärische Sicherung ▶ www.oas.org

OAU

▶ **Name:** Organization for African Unity, engl.; Organisation für afrikanische Einheit ▶ **Sitz:** Addis Abeba/ Äthiopien ▶ **Gründung:** 1963 ▶ **Mitglieder:** 54 afrikanische Staaten ▶ **Generalsekretär:** Salim Ahmed Salim/Tansania (seit 1989) ▶ **Funktion:** Bündnis afrikanischer Staaten für Kooperation in Politik, Kultur, Wirtschaft und Wissenschaft ▶ www.oau-oua.org

Während ihres Gipfeltreffens im September 1999 im libyschen Sirte beschlossen die 43 anwesenden afrikanischen Präsidenten eine raschere Gangart bei der Schaffung einer wirtschaftlichen, politischen und kulturellen Einheit nach dem Vorbild der EU. Noch 2000 sollte ein panafrikanisches Parlament eingerichtet werden. Die für 2025 geplante Afrikanische Wirtschaftsgemeinschaft sollte wesentlich früher realisiert werden, ohne dass ein genaues Datum genannt wurde. Entsprechende Regelungen sollten Mitte 2000 beim nächsten OAU-Gipfel in Togo beraten und 2001 in Sirte ratifiziert werden.

OECD

▶ **Name:** Organization for Economic Cooperation and Development (engl.: Organisation für wirtschaftliche Zusammenarbeit und Entwicklung) ▶ **Sitz:** Paris/Frankreich ▶ **Gründung:** 1961 (Nachfolgeorganisation der 1948 gegründeten OEEC) ▶ **Mitglieder:** 29 Staaten ▶ **Generalsekretär:** Donald J. Johnston/Kanada (seit 1996) ▶ **Funktion:** Koordination der Wirtschafts- und Entwicklungspolitik der Mitgliedsstaaten ▶ www.oecd.org

Im November 1999 korrigierte die OECD ihre Prognosen für die Wirtschaft der Mitgliedsstaaten. War sie noch im Mai 1999 von 2,25% Wachstum für 1999 und 2,1% im Jahr 2000 ausgegangen, so veranlasste die ungewöhnlich starke Wirtschaft in den USA und die wesentlich schnellere Erholung der japanischen Konjunktur die Experten der OECD zur Korrektur. Für 2000 rechneten sie nun mit 2,9% Wirtschaftswachstum. Schwächer fielen die Vorhersagen für Deutschland aus (2,25% Wachstum für 1999, 2,5% für 2000). Die Sparpolitik der rot-grünen Bundesregierung wurde begrüßt, doch glaubten die OECD-Vertreter nicht, dass die erwarteten Einsparungen realistisch seien. Die Bundesregierung wurde ermahnt, zur Schaffung neuer Arbeitsplätze den Arbeitsmarkt zu flexibilisieren.

OIC

▶ **Name:** Organization of the Islamic Conference (engl.: Organisation der Islamischen Konferenz) ▶ **Sitz:** Dschidda/Saudi-Arabien ▶ **Gründung:** 1971 ▶ **Mitglieder:** 56 Staaten mit islamischen Bevölkerungsanteilen ▶ **Generalsekretär:** Azeddin Laraki/ Marokko (seit 1997) ▶ **Funktion:** Zusammenarbeit der Mitgliedsstaaten auf den Gebieten Wirtschaft, Soziales, Kultur und Wissenschaft; Schutz der heiligen Stätten des Islam
▶ www.sesrtcic.org/oicdefault.shtml

OPEC

▶ **Name:** Organization of Petroleum Exporting Countries (engl.: Organisation Erdöl exportierender Länder) ▶ **Sitz:** Wien/Österreich ▶ **Gründung:** 1960 ▶ **Mitglieder:** 11 Staaten ▶ **Generalsekretär:** Rilwanu Lukman/Nigeria (seit 1995) ▶ **Funktion:** Kartell zur Koordinierung der Erdölpolitik
▶ www.opec.org

Im März 2000 einigten sich die OPEC-Staaten auf ihrer Zusammenkunft in Wien darauf, die im Vorjahr beschlossene Reduzierung der Ölproduktion wieder aufzuheben. Es wurde eine Steigerung der Ölförderung beschlossen, die allein für Saudi-Arabien, den größten Ölproduzenten der OPEC, bei 1,45 Mio Barrel/Tag (1 Barrel=159 l) lag.

1999 war eine drastische Reduzierung der Fördermengen beschlossen worden, um den Ölpreis zu stabilisieren. Mit der erhöhten Produktion 2000 sollte der Ölpreis von 30 US-Dollar/Barrel auf 20–25 US-Dollar sinken. Vertreter Saudi-Arabiens stimmten wegen der hohen Staatsverschuldung einer Steigerung des Ölexports zu, der 75% der Devisen ins Land bringt. Iran, zweitgrößter Erdölproduzent in der OPEC, beurteilte dagegen die erhöhte Förderquote skeptisch. Wegen des Handelsembargos gegen das Land waren die Absatzmöglichkeiten gering. Daher war Teheran an einem hohen Ölpreis interessiert.

OPEC: Erdölproduktion (Mio Barrel/Tag)

Jahr	gesamt	davon Saudi-Arabien	davon Iran	davon Irak
1999	29,44	7,52	3,50	2,52
1998	30,83	8,09	3,63	2,11
1997	30,00	8,08	3,63	1,15
1996	28,46	7,91	3,67	0,58
1995	27,66	7,94	3,65	0,55
1994	27,37	7,90	3,61	0,53

Quelle: Internationale Energie-Agentur/Handelsblatt, 30.3.2000

Ostseerat

▸ **Name:** engl.: Council of the Baltic Sea States ▸ **Sitz:** Stockholm Gründung: 1992 ▸ **Mitglieder:** Dänemark, Deutschland, Estland, Finnland, Island, Lettland, Litauen, Norwegen, Polen, Russland, Schweden und EU-Staaten ▸ **Vorsitz:** Norwegen (1999/2000), Deutschland (2000/2001) ▸ **Generalsekretär:** Jacek Starosciak/Polen ▸ **Funktion:** Zusammenarbeit der Ostseeanrainer in den Bereichen Wirtschaft, Energie- und Verkehrspolitik sowie Menschenrechte, Kultur, Bildungswesen und Tourismus
▸ www.baltinfo.org; www.ud.dep.no/balt/

Während ihres Treffens im Februar 2000 in Bergen (Norwegen) verabschiedeten die Handels- und Wirtschaftsminister des O. Maßnahmen zur Verbesserung der Handelsbeziehungen untereinander. Im Vordergrund standen die Förderung der kleinen und mittleren Unternehmen der Region sowie der Kampf gegen Korruption und Organisierte Kriminalität. Neben der Verlängerung des Mandats der gemeinsamen Arbeitsgruppe (Task Force) gegen Organisierte Kriminalität bis 2004 waren die EU-Osterweiterung und die Beziehungen zu Russland Hauptthemen beim Treffen der Außenminister im April 2000 in Kolding (Dänemark).

OSZE

▸ **Name:** Organisation für Sicherheit und Zusammenarbeit in Europa ▸ **Sitz:** Wien ▸ **Gründung:** 1975 (unter dem Namen Konferenz für Sicherheit und Zusammenarbeit in Europa; KSZE) ▸ **Vorsitz:** jährlicher Wechsel, Österreich (2000); Rumänien (2001) ▸ **Mitglieder:** 55 Staaten (Jugoslawien suspendiert) ▸ **Generalsekretär:** Jan Kubis (seit 1999) ▸ **Funktion:** Organisation für Sicherheitspolitik, militärische Vertrauensbildung, Konfliktverhütung, Krisenmanagement, Durchsetzung von Menschen- und Bürgerrechten sowie wirtschaftliche, technische und ökologische Kooperation
▸ www.osce.org

Gipfel: Der russische Feldzug in Tschetschenien überschattete die jährliche Ratstagung der OSZE im November 1999 in Istanbul, auf der drei Dokumente zur Verbesserung der europäischen Sicherheit unterzeichnet wurden. In der Neufassung des Vertrags über die Reduzierung konventioneller Streitkräfte (KSE) wurden die Obergrenzen für schwere Waffen neu definiert und ein Rüstungsabbau um rund 10% vereinbart. Die Europäische Sicherheitscharta verpflichtete alle OSZE-Mitglieder zum Aufbau demokratischer Institutionen und soll sie bei der Konfliktregelung stärken. Hauptstreitpunkt des Abschlusskommuniqués (Istanbuler Erklärung) war der Krieg in Tschetschenien. Obwohl Russland in dem Dokument die Notwendigkeit einer politischen Lösung in der Kaukasus-Republik erstmals anerkannte, war die Vermittlerrolle der OSZE strittig. Im Tschetschenienkrieg blieb sie ebenso hinter den eigenen hohen Ansprüchen zurück wie im Kosovokonflikt. Gegenüber der NATO und der geplanten Europäischen Verteidigungsidentität (ESDI) blieben die Möglichkeiten der OSZE zur Friedenssicherung und Konfliktbewältigung begrenzt.

Qualitätssicherung: Mit dem Ziel, die Arbeit der OSZE kritisch zu begleiten, wurde im Januar 2000 in Hamburg das Zentrum für OSZE-Forschung gegründet. Die Einrichtung unter Leitung von Dieter Lutz ist dem Institut für Friedensforschung an der Hamburger Universität angegliedert und soll die Wirksamkeit der Arbeit der OSZE untersuchen, Analysen aktueller Konflikte liefern und Strategien zur Krisenprävention weiterentwickeln.

Krisen und Konflikte → Tschetschenien

703

Rotes Kreuz, Internationales

▸ **Abkürzung:** IRK ▸ **Sitz:** Genf/Schweiz ▸ **Zusammensetzung:** Nationale Rotkreuz- und Halbmondgesellschaften aus 175 Ländern, Internationales Komitee vom Roten Kreuz (IKRK), Föderation der Rotkreuz- und Halbmondgesellschaften ▸ **Gründung:** 1963 (IKRK), 1919 (Föderation) ▸ **Präsident:** Jakob Kellenberger/Schweiz (Präsident des IKRK ab 2000); Astrid Heiberg/Norwegen (Präsidentin der Föderation seit 1997) ▸ **Funktion:** Schutz und Hilfe bei internationalen und innerstaatlichen Konflikten. 1917, 1944 und 1963 erhielt das IKRK den Friedensnobelpreis ▸ **www.icrc.org; www.ifrc.org**

Neuer Präsident: Mit der Wahl von Jakob Kellenberger wurde die Diskussion um eine Straffung der Strukturen weitergeführt. Angesichts der wachsenden Konkurrenz anderer Hilfsorganisationen bemühte sich das Rote Kreuz 2000 um mehr Transparenz bei der Mittelvergabe, Steigerung des Kostenbewusstseins und systematische Planung der Hilfsoperationen. Um die finanzielle Basis der Organisation zu verbreitern, sollen auch private Geldquellen aus dem Bereich der Wirtschaft erschlossen werden. Als seine vordringlichsten Aufgaben sah Kellenberger neben dem Versuch, das Engagement in Tschetschenien auszuweiten, vor allem Hilfsmaßnahmen in Afrika.

Städtetag, Deutscher

▸ **Sitz:** Köln ▸ **Gründung:** 1905 (Neugründung 1945) ▸ **Mitglieder:** 6000 Mitgliederstädte (davon 256 unmittelbare Mitgliederstädte) mit über 51 Mio Einwohnern und Einwohnerinnen ▸ **Präsident:** Hajo Hoffmann, Oberbürgermeister von Saarbrücken ▸ **Funktion:** Vertretung der Interessen der kreisfreien und kreisangehörigen Städte gegenüber Bund und Bundesländern ▸ **www.staedtetag.de**

Starken Nachholbedarf bei Investitionen konstatierte der Präsident des Deutschen Städtetags, Hajo Hoffmann, bei der Vorstellung der Finanzdaten für 1999 im Januar 2000 in Berlin. Die Ausgaben der Kommunen seien zwar leicht gestiegen, lägen aber trotz gewachsener Aufgaben nur geringfügig über dem Wert von 1992. Der Umfang der Investitionen sei von 65,5 Mrd DM (1992) auf etwa 47,9 Mrd DM (2000) zurückgegangen, wodurch die Entwicklung vieler Städte stagniere.

Während seiner Tagung im April 2000 in Wismar beschäftigte sich das Präsidium der Städtevertretung mit dem Verhältnis zur EU. Der S. fürchtete die Beschneidung städtischer Kompetenzen bei der Grundversorgung der Bevölkerung sowie beim Öffentlichen Personennahverkehr (ÖPNV) und wandte sich gegen die Abschaffung des Querverbunds, des Kostenausgleichs z. B. zwischen ÖPNV und städtischem Strommarkt. Außerdem kritisierte das Präsidium die geplante Erhöhung des Anteils von Bund und Ländern an der Gewerbesteuer zu Lasten der Kommunen.

UNCTAD

▸ **Name:** United Nations Conference on Trade and Development (engl.: Handels- und Entwicklungskonferenz der Vereinten Nationen) ▸ **Sitz:** Genf/Schweiz ▸ **Gründung:** 1964 ▸ **Mitglieder:** 188 Staaten ▸ **Generalsekretär:** Rubens Ricupero/Brasilien (seit 1995) ▸ **Funktion:** Unterorganisation der UNO zur Förderung des internationalen Handels vor allem mit den Entwicklungsländern ▸ **www.unctad.org**

Forderungen und Folgen der Globalisierung standen auf der Tagesordnung der UNCTAD-Konferenz im Februar 2000 in Bangkok (Thailand). Sie wollte nach dem Scheitern der WTO-Konferenz im Winter in Seattle (USA) mit hochrangiger Besetzung (UN, WTO, Bretton-Woods-Institutionen) die Fronten in der Welthandelspolitik aufbrechen. In einem Aktionsplan beschlossen die Teilnehmer der Konferenz bezüglich der Globalisierung, die Handelsliberalisierung – wenn auch mit Einschränkungen – fortzuführen. Die Industriestaaten wurden aufgefordert, Einfuhrbeschränkungen für alle wichtigen Exportgüter der 48 ärmsten Länder abzuschaffen. Für den Agrarbereich konnte eine entsprechende Regelung gegen den Widerstand der EU nicht erzielt werden. Strittig blieben die Themen Demokratisierung und Kampf gegen Korruption, die im Entwurf der Abschlusserklärung von Bangkok als Voraussetzungen für den erfolgreichen weltweiten Wettbewerb genannt wurden. Nach Protest afrikanischer und asiatischer Regierungen wurde die Formulierung wesentlich entschärft.

UNDP

▸ **Name:** United Nations Development Programme (engl.: Entwicklungsprogramm der Vereinten Nationen) ▸ **Sitz:** New York/USA ▸ **Gründung:** 1965 ▸ **Mitglieder:** 174 Staaten ▸ **Direktor:** Mark Malloch Brown/Großbritannien (seit 1999) ▸ **Funktion:** Unterorganisation der Vereinten Nationen zur Finanzierung und Koordination der technischen Hilfe für die Entwicklungsländer ▸ **www.undp.org**

UNEP

▸ **Name:** United Nations Environment Programme (engl.: Umweltprogramm der Vereinten Nationen) ▸ **Sitz:** Nairobi/Kenia ▸ **Gründung:** 1972 ▸ **Mitglieder:** alle UNO-Staaten ▸ **Exekutivdirektor:** Klaus Töpfer/Deutschland (seit 1998) ▸ **Funktion:** Unterorganisation der UNO zur Koordination von Umweltschutzmaßnahmen und zur Beratung der Regierungen in den Entwicklungsländern
▸ **www.unep.org**

UNESCO

▸ **Name:** United Nations Educational, Scientific and Cultural Organization (engl.: Organisation der Vereinten Nationen für Erziehung, Wissenschaft und Kultur) ▸ **Sitz:** Paris/Frankreich ▸ **Gründung:** 1945 ▸ **Mitglieder:** 188 Staaten ▸ **Generaldirektor:** Koichiro Matsuura/Japan (seit 1999) ▸ **Funktion:** Sonderorganisation der UNO zur Förderung der Bildung und Kultur sowie der internationalen Kooperation bei Erziehung, Wissenschaft und Information ▸ **www.unesco.org**

UNFPA

▸ **Name:** United Nations Fund for Population Activities (engl.: Bevölkerungsfonds der Vereinten Nationen) ▸ **Sitz:** New York/USA ▸ **Gründung:** 1966 als United Nations Trust Fund for Population Activities ▸ **Exekutivdirektorin:** Nafis Sadik/Pakistan (seit 1987) ▸ **Funktion:** Unterorganisation der UNO zur Förderung von Familienplanung und Aufklärung über Zusammenhänge von Bevölkerungs- und Wirtschaftsentwicklung ▸ **www.unfpa.org**

UNHCR

▸ **Name:** United Nations High Commissioner of Refugees (engl.: Hoher Flüchtlingskommissar der Vereinten Nationen) ▸ **Sitz:** Genf/Schweiz ▸ **Gründung:** 1950 ▸ **Mitglieder:** 140 Staaten ▸ **Hochkommissarin:** Sadako Ogata/Japan (seit 1991) ▸ **Funktion:** Unterorganisation der UNO zur Hilfe für rassisch, religiös oder politisch verfolgte Flüchtlinge und Vertriebene. 1954 und 1981 erhielt UNHCR den Friedensnobelpreis ▸ **www.unhcr.de; www.unhcr.ch**

Haushalt: Nach dem im Januar 2000 vorgelegten Finanzbericht für 1999 hatte der UNHCR rund 220 Mio DM weniger zur Verfügung als vorgesehen, wobei Deutschland seinen Beitrag um ca. 8 Mio DM auf 41,3 Mio DM erhöht hatte. Darüber hinaus hatte die Deutsche Stiftung für UN-Flüchtlingshilfe weitere 2 Mio DM für Projekte in Westafrika und dem Balkan bereit gestellt. Insgesamt lag Deutschland aber erst auf Rang zehn der Geberländer, die von den USA (539,5 Mio DM), Japan (252 Mio DM) und der EU (179,8 Mio DM) angeführt wurden.

Kosovo: Im Februar 2000 wurde der vom UNHCR in Auftrag gegebene Bericht einer unabhängigen Expertenkommission über die Arbeit des Flüchtlingshilfswerks im Kosovo vorgelegt. Die Gutachter bemängelten, dass der UNHCR auf die Flüchtlingsströme nicht ausreichend vorbereitet gewesen sei und – entgegen der gebotenen Neutralität – mit der Kriegspartei NATO zusammenarbeiten musste. Bei der Entsendung der Helfer ins Krisengebiet seien erhebliche Verzögerungen entstanden, viele Helfer seien nicht qualifiziert genug gewesen. Die Lagerbestände der wichtigsten Hilfsgüter waren lt. Bericht unzureichend, die diplomatische Zusammenarbeit mit Mazedonien, Albanien und Montenegro mangelhaft. Die Glaubwürdigkeit der UNHCR habe im Kosovo gelitten.

UNICEF

▸ **Name:** United Nations International Childrens' Fund (engl.: Internationales Kinderhilfswerk der Vereinten Nationen) ▸ **Sitz:** New York/USA ▸ **Gründung:** 1946 ▸ **Exekutivdirektorin:** Carol Bellamy/USA (seit 1995) ▸ **Funktion:** Unterorganisation der UNO zur weltweiten Versorgung von Kindern und Müttern mit Nahrungsmitteln, Kleidern, Medikamenten und medizinischer Hilfe ▸ **www.unicef.org**

UNIDO

▸ **Name:** United Nations Industrial Development Organization (engl.: Organisation der Vereinten Nationen für industrielle Entwicklung) ▸ **Sitz:** Wien/Österreich ▸ **Gründung:** 1966 ▸ **Mitglieder:** 168 Staaten ▸ **Generaldirektor:** Carlos Alfredo Magariños/Argentinien (seit 1997) ▸ **Funktion:** Sonderorganisation der UNO zur Förderung der industriellen Entwicklung vor allem in den Entwicklungsländern ▸ **www.unido.org**

UNO

▸ **Name:** United Nations Organization (engl.: Organisation der Vereinten Nationen) ▸ **Sitz:** New York/USA ▸ **Gründung:** 1945 ▸ **Mitglieder:** 189 Staaten ▸ **Generalsekretär:** Kofi A. Annan/Ghana (seit 1997) ▸ **Funktion:** Staatenzusammenschluss zur Sicherung des Weltfriedens und zur Förderung der wirtschaftlichen und sozialen Entwicklung der ärmeren Länder sowie der internationalen Zusammenarbeit ▸ **www.un.org; www.uno.de**

Finanzen: Die UNO finanziert sich aus den Beiträgen ihrer Mitglieder und, vor allem für Einzelprogramme der UN-Organisationen, durch freiwillige Zahlungen auch von Nichtmitgliedern. Der Beitrag eines jeden Mitgliedstaats wird auf der Grundlage seines Anteils an der Weltwirtschaft und seiner Zahlungsfähigkeit berechnet. Die Beiträge

UNO: Die größten Beitragszahler 2000

Mitglied		Anteil (%)	Mio US-Dollar
USA		25,0	312,1
Japan		20,6[1)	166,7
Deutschland		9,9	96,5
Frankreich		6,5	68,4
Italien		5,5	55,9
Großbritannien		5,1	56,7
Kanada		2,7	33,1
Spanien		2,6	25,3
Niederlande		1,6	16,9
Australien		1,5	15,8
Brasilien		1,5	17,3
Belgien		1,1	10,8
Argentinien		1,1	5,1
Schweden		1,1	13,1
Russland		1,1	45,5

1) Dezimalstellen gerundet; Quelle: UNO

werden für drei Jahre festgelegt und reichen von 0,001% bis 25% des Gesamthaushalts der UNO, der um 2000 etwa 2,6 Mrd US-Dollar jährlich betrug. Die USA zahlten 2000 als einzige den Höchstbetrag. An zweiter Stelle stand Japan mit 20,6%. Der größte Teil der Mitglieder musste aber weit weniger als 1% aufbringen.

Die USA als größter Beitragszahler waren zugleich der größte Schuldner der UNO mit Rückständen von 1 Mrd US-Dollar Anfang

Weltbank: Die größten Kreditnehmer

Land	Mrd US-Dollar
Argentinien	3,23
Indonesien	2,74
China	2,10
Korea-Süd	2,05
Russland	1,90
Brasilien	1,69
Thailand	1,30
Indien	1,05

Stand: 1998/99; Quelle: Neue Züricher Zeitung, 28.7.1999

2000. Lt. Bericht des UN-Finanzsekretärs Joseph Connor hatte die UNO das Geschäftsjahr 1999 mit einem Überschuss von ca. 1 Mrd US-Dollar abgeschlossen. Diese Gelder sollten insbes. für die UNO-Programme in Osttimor und im Kosovo gebraucht werden.

Millenniumsgipfel: Im Vorfeld der für September 2000 geplanten 55. Generalversammlung in New York, die als Milleniumsgipfel durchgeführt werden sollte, veröffentlichte Generalsekretär Kofi Annan im April seinen Milleniumsbericht, in dem er vier neue Initiativen ankündigte:

– Ein Freiwilligenkorps von Fachkräften, der United Nations Information Technology Service (UNITeS), soll Experten in den Entwicklungsländern schulen.

– Ein Gesundheitsnetzwerk mit 10000 Online-Anschlüssen soll Krankenhäusern in Entwicklungsländern den Zugang zu aktueller medizinischer Information ermöglichen.

– Im Katastrophenfall sollen vor Ort modernste Kommunikationsmittel bereitgestellt werden.

– Ein globales Politik-Netzwerk u. a. mit Vertretern von Weltbank und ILO soll sich vor allem mit der Jugendarbeitslosigkeit beschäftigen.

UNPO

▸ **Name:** Unrepresented Nations' and Peoples' Organization (engl.: Organisation nichtrepräsentierter Nationen und Völker) ▸ **Sitz:** Den Haag/Niederlande ▸ **Gründung:** 1991 ▸ **Mitglieder:** 52 Nationen und Völker ▸ **Generalsekretär:** Erkin Alptekin/China (seit 1999) ▸ **Funktion:** Interessenvertretung von Nationen und Völkern, die in der UNO nicht oder unzureichend vertreten sind ▸ www.unpo.org

UPU

▸ **Name:** Universal Post Union (engl.: Weltpostverein) ▸ **Sitz:** Bern/Schweiz ▸ **Gründung:** 1874 (Neugründung 1948) ▸ **Mitglieder:** 189 Staaten ▸ **Generaldirektor:** Thomas W. Leavy/USA (seit 1995) ▸ **Funktion:** Sonderorganisation der UNO zur Verbesserung der intern. Postdienste ▸ www.upu.int

Weltbank

▸ **Name:** engl.: International Bank for Reconstruction and Development, IBRD; Internationale Bank für Wiederaufbau und Entwicklung ▸ **Sitz:** Washington/USA ▸ **Gründung:** 1944 ▸ **Mitglieder:** 181 Staaten ▸ **Präsident:** James Wolfensohn/USA (seit 1995) ▸ **Funktion:** Sonderorganisation der UNO zur Förderung der wirtschaftlichen Entwicklung in den Mitgliedsländern ▸ www.worldbank.org

Südostasien: Die W. äußerte sich 2000 zuversichtlich zur wirtschaftlichen Entwicklung in Südostasien und betrachtete die Krise von 1997/98 als weitgehend überwunden. Hauptproblem bleibe aber die weit verbreitete Korruption.

Entschuldung: Anfang 2000 beschloss die W. ein Entschuldungsprogramm für Bolivien, Uganda und Mauretanien. Es wurden erste Schulden erlassen, endgültig sollen die Verpflichtungen der Staaten aber erst aufgehoben werden, wenn die von W. und Internationalem Währungsfonds (IWF) gestellten Bedingungen zur Sanierung der Staatsfinanzen erfüllt sind. Anfang des 21. Jh. sollen den HIPC-Staaten (Heavily Indepted Poor Countries; engl.: höchst verschuldeten Ländern) Verbindlichkeiten von 60 Mrd–70 Mrd US-Dollar erlassen werden. Die Schulden der Entwicklungsländer sollen nicht mehr die Obergrenze von 150% der Exporterlöse und 250% der Staatseinnahmen überschreiten.

Kredite: Im Geschäftsjahr 1998/99 hatte die W. mit 29 Mrd US-Dollar die höchste Kreditsumme ihrer Geschichte vergeben. Sie beurteilte die Vergabe effizienter und kundenorientierter als in den Jahren davor. Als besonderes Ziel hat sich die W. die Überwindung der Armut gesetzt. Lt. Präsident James Wolfensohn könne das Ziel, die Weltarmut bis 2015 zu halbieren, aber nicht erreicht werden. Es fehle an der Kooperation der betroffenen Länder, die nicht genug in die Überwindung der Armut investierten.

Flexibilität: Als neue Herausforderung für die W. wurde das flexible Reagieren auf aktuelle Krisen gesehen. So erforderten 1998/99 die Kosovokrise und ihre Folgen für Südosteuropa oder die Zerstörungen durch Hurrikan »Mitch« in Mittelamerika rasche Maßnahmen. Die Kooperation mit anderen Nichtregierungsorganisationen soll verstärkt werden, um finanziellen oder humanitären Krisen schneller begegnen zu können.

WEU

▶ **Name:** Westeuropäische Union ▶ **Sitz:** Brüssel/Belgien ▶ **Gründung:** 1954 ▶ **Mitglieder:** 10 EU-Staaten, 6 assoziierte Mitgl., 5 Beobachter, 7 assoziierte Partner ▶ **Generalsekretär:** Javier Solana/Spanien (seit 1999) ▶ **Funktion:** Beistandspakt (militär. Schutz durch die NATO), europäische Integration; humanitäre, Friedens- u. Militäreinsätze ▶ **www.weu.int**

WEU und EU: Im Vertrag von Amsterdam (seit 1.5.1999 in Kraft) wurde als Ziel bekräftigt, »die WEU stufenweise zur Verteidigungskomponente der Europäischen Union auszubauen«. Um die Zusammenführung von EU und WEU zu erleichtern, wurde der außenpolitische Repräsentant der EU, Javier Solana, zum neuen Generalsekretär der WEU gewählt. Unklar blieb das Verhältnis zur NATO, da einige Mitglieder der WEU 2000 nicht dem Nordatlantikpakt angehörten. Die USA standen dem Aufbau einer »Europäischen Verteidigungsidentität« äußerst kritisch gegenüber, da sie eine Konkurrenz zur NATO befürchteten.

Truppen: Im November 1999 beschlossen die Außen- und Verteidigungsminister der WEU in Luxemburg den Aufbau europäischer Krisenreaktionskräfte bis zum Jahr 2003. Die Truppenstärke soll 50 000–60 000 Mann betragen, die durch 300–500 Flugzeuge unterstützt werden. Basis dieser Streitkräfte, die notfalls auch ohne die NATO eingesetzt werden sollen, könnte das aus Truppen von fünf Nationen gebildete Eurokorps sein.

Manöver mit NATO: Im Februar 2000 probten WEU und NATO unter WEU-Führung erstmals ihre Zusammenarbeit im Krisenfall mit einem virtuellen Einsatz auf der fiktiven Insel Kiloland vor der westafrikanischen Küste. NATO-Generalsekretär George Robertson und Solana zogen eine positive Bilanz des Manövers. Solana bekräftigte, dass sich die WEU als Ergänzung der NATO verstünde.

WFP

▶ **Name:** World Food Programme ▶ **Sitz:** Rom/Italien ▶ **Gründung:** 1963 ▶ **Exekutivdirektorin:** Catherine Bertini/USA (seit 1992) ▶ **Funktion:** Unterorganisation der UNO zur Ernährungssicherheit und Nahrungsmittelnothilfe ▶ **www.wfp.org**

Das WFP warnte für 2000 vor einer Hungerkatastrophe am Horn von Afrika, die 16 Mio Menschen in Äthiopien, Dschibuti, Eritrea, Kenia, Somalia und im Sudan bedrohte. Wie bei der Hungersnot 1984/85 in Äthiopien war eine anhaltende Dürre Hauptursache für die schlechte Versorgung mit Nahrungsmitteln. Lt. WFP trügen auch die Kriege in der Region zum Entstehen einer Hungerkatastrophe bei. Einen weiteren Schwerpunkt der WFP-Programme bildete die Hilfe für die Opfer der Flutkatastrophe in Mosambik, die 1999 rund 570 000 Menschen obdachlos zurückgelassen hatte.

WFP: Dürren am Horn von Afrika

Land	Jahr	Betroffene Menschen
Äthiopien, Eritrea u. a.	1999	16 Mio
Kenia	1992	2,7 Mio
Tansania	1992	800 000
Äthiopien	1991	6,2 Mio
Sudan	1991	8,6 Mio
Uganda	1988	600 000
Äthiopien	1984	7,8 Mio
Sudan	1984	8,4 Mio
Ruanda	1976	1 Mio
Äthiopien	1973	3 Mio

Quelle: World Food Programme, Mai 2000

WHO

▶ **Name:** World Health Organization (engl.: Weltgesundheitsorganisation) ▶ **Sitz:** Genf/Schweiz ▶ **Gründung:** 1948 ▶ **Mitglieder:** 191 Staaten ▶ **Generaldirektorin:** Gro Harlem Brundtland/ Norwegen (seit 1998) ▶ **Funktion:** Sonderorganisation der UNO zur Bekämpfung von Seuchen und Epidemien und zur Verbesserung der Gesundheitsversorgung ▶ www.who.org

WIPO

▶ **Name:** World Intellectual Property Organization (engl.: Weltorganisation für geistiges Eigentum) ▶ **Sitz:** Genf/Schweiz ▶ **Gründung:** 1967 ▶ **Mitglieder:** 171 Staaten ▶ **Generaldirektor:** Kamil Idris/Sudan (seit 1997) ▶ **Funktion:** Sonderorganisation der UNO zur Förderung des gewerblichen Rechtsschutzes sowie des Urheberrechts
▶ www.wipo.org

WMO

▶ **Name:** World Meteorological Organization (engl.: Weltorganisation für Meteorologie) ▶ **Sitz:** Genf/ Schweiz ▶ **Gründung:** 1947 ▶ **Mitglieder:** 185 Staaten ▶ **Generalsekretär:** Godwin Obasi/Nigeria (seit 1984) ▶ **Funktion:** Sonderorganisation der UNO zur Kooperation bei der Errichtung von Stationsnetzen und meteorologischen Messstellen
▶ www.wmo.ch

WTO

▶ **Name:** World Trade Organization (engl.: Welthandelsorganisation) ▶ **Sitz:** Genf/Schweiz ▶ **Gründung:** 1995 (Nachfolgeorganisation des 1947 gegründeten GATT, Allgemeines Zoll- und Handelsabkommen)
▶ **Mitglieder:** 135 Staaten ▶ **Generaldirektor:** Mike Moore/Neuseeland (seit 1999) ▶ **Funktion:** Sonderorganisation der UNO zur Förderung und Überwachung des Welthandels ▶ www.wto.org

Seattle: Der WTO-Gipfel in Seattle im Dezember 1999 wurde ergebnislos abgebrochen. Die Teilnehmer konnten sich nicht auf einen Themenkatalog für die Konferenz einigen; die Entwicklungsländer beklagten, dass sie in den wichtigsten Gremien der Konferenz nicht ausreichend vertreten waren. Die Tagung wurde von massiven Ausschreitungen begleitet. Gewerkschaften und Umweltschützer begrüßten den Abbruch der Verhandlungen. Sie befürchteten im Zuge der Liberalisierung des Welthandels eine Verschlechterung der ökologischen Bedingungen.

Beitritt Chinas: Der Beitritt der Volksrepublik zur WTO rückte 2000 durch die Ausarbeitung eines Abkommens mit der EU näher. Voraussetzung ist der Abschluss bilateraler Abkommen mit den sieben wichtigsten Handelspartnern. Bereits Ende 1999 war eine entsprechende Vereinbarung mit den USA getroffen worden. Besondere Probleme zwischen China und der EU bereiteten die Einigung über die Öffnung des Telekommunikations- und des Finanzmarkts für ausländische Firmen in China. Trotz schwieriger Verhandlungen betrieben USA, EU und ASEAN den schnellen Beitritt Chinas, um neue Märkte zu erschließen.

Agrarstreit: Eines der schwierigsten Themen innerhalb der WTO blieb der Handel mit Agrarprodukten. Die USA, Brasilien, Kanada und Australien wehrten sich gegen die hohen Subventionen für Agrarprodukte aus der EU, die ihrer Ansicht nach den Handel verzerrten. Die EU rechtfertigte die Subventionen u. a. mit der tragenden Rolle der Landwirtschaft in Umweltschutz und Regionalpolitik in Europa. Hart umkämpft waren die Einfuhrbedingungen für Bananen, für die in der EU hohe Schutzzölle bestanden. Die USA klagten gegen die EU und reagierten mit der Einführung von Zöllen von 100% auf ausgewählte Produkte aus der EU. Die WTO gab der US-Praxis Recht.

WWF

▶ **Name:** World Wide Fund For Nature ▶ **Sitz:** Gland/ Schweiz ▶ **Gründung:** 1961 ▶ **Mitglieder:** 26 nationale Organisationen und 5 Assoziierte internationale Organisationen ▶ **Generaldirektor:** Claude Martin (seit 1993) ▶ **Dt.Geschäftsführer:** Georg Schwede ▶ **Funktion:** Der WWF möchte die Vielfalt der Pflanzen- und Tierwelt bewahren, die natürlichen Ressourcen sichern und Maßnahmen zum Umweltschutz fördern.
▶ www.wwf.de; www.panda.org

Personen

Der Personenteil verzeichnet Kurz-biografien von Personen aus Politik, Wirtschaft, Kultur, Wissenschaft, Gesellschaft und Sport, die im Berichtszeitraum von August 1999 bis Juli 2000 im Blickpunkt standen, u. a.:

– deutsche Bundesminister
– EU-Ministerpräsidenten
– neu gewählte oder ernannte Staats-und Regierungschefs
– Nobelpreisträger.

Hinzu kommen Empfänger wichtiger Kulturpreise und Personen von allgemeinem öffentlichen Interesse. Dem jeweiligen Namen folgen Na-tionalität, Funktion oder Beruf, Geburtsdatum und -ort. Danach werden die herausragenden Aufgaben und Leistungen der Personen im Berichtszeitraum dargestellt. Bei den meisten Personenartikeln sind im Datenblock die wichtigsten biografischen Stationen nachgezeichnet.

Ahern, Bertie

Irischer Politiker, *12.9.1951 Dublin
Ministerpräsident (seit 1997)

Wichtigstes politisches Ziel von A., der mit einem Parteienbündnis aus Fianna Fáil (FF) und Progressiven Demokraten (PD) regiert, ist die Schaffung des Friedens in der überwiegend protestantischen britischen Provinz Nordirland. Die 1999 erstmals in Nord-irland eingesetzte Provinzregierung wurde im Februar 2000 vom britischen Premier Tony Blair kurzfristig abgesetzt, nachdem es in der Frage der Waffenabgabe durch die Irisch-Republikanische Armee (IRA) keine Fortschritte gegeben hatte. Im Mai 2000 kündigte die IRA auch auf Drängen von A. die Bereitschaft an, ihren Waffenbestand vollständig und nachprüfbar abzubauen.

☐ 1977 Mitglied im Parlament ☐ 1986–91 Bürger-meister von Dublin ☐ 1991–94 Finanzminister ☐ seit 1994 Vorsitzender der Finna Fáil (FF) ☐ seit 1997 Ministerpräsident.

Almodóvar, Pedro

Spanischer Filmregisseur, *25.9.1951 La Mancha

A. wurde mit dem Oscar des Jahres 2000 für den besten nicht englischsprachigen Film ausgezeichnet, das Melodram »Alles über meine Mutter«. A. schildert nicht – wie in vielen seiner Filme – extravagante Charaktere, sondern die Sehnsüchte und Träume seiner Figuren. Der Aufstieg des Regisseurs begann Anfang der 80er Jahre in der Madri-der Jugend- und Kulturbewegung Movida. A. versuchte sich als Rockmusiker, spielte Theater und drehte experimentelle Under-ground-Filme. Der internationale Durch-bruch gelang ihm mit »Frauen am Rande des Nervenzusammenbruchs« (1988). Inter-nationale Anerkennung fand A. auch mit dem Film »High Heels« (1991).

www.almodóvar.de

Amato, Giuliano

Italienischer Politiker und Jurist, *13.5.1938 Turin
Ministerpräsident (seit 2000)

Nach der Niederlage der Mitte-Links-Parteien bei den Regionalwahlen im April 2000 trat Massimo d'Alema vom Amt des Ministerpräsidenten zurück. Nachfolger wurde der bisherige Schatzmeister A. Bis zu den Parlamentswahlen im Frühjahr 2001 soll er die 58. italienische Nachkriegsregie-rung aus acht Parteien anführen. Wichtigste Ziele des parteilosen Politikers sind die Senkung der Steuern und Abgaben sowie die Wahlreform, die für klare Mehrheiten im Parlament sorgen soll. A., der 1958 als Student der Sozialistischen Partei beitrat, begann seine politische Karriere unter So-zialistenchef Bettino Craxi (1934–2000).

☐ seit 1975 Professor für Verfassungsrecht an der Universität Rom ☐ 1980–81 Vors. der Regierungs-kommission zur Reorganisation der Staatsbetriebe ☐ seit 1983 Mitglied des Abgeordnetenhauses ☐ 1983–87 Staatssekretär ☐ 1987–89 Schatz-meister ☐ 1992–93 Ministerpräsident ☐ 1994–97 Leiter des Kartellamtes ☐ 1998–2000 Schatz-meister ☐ seit 2000 Ministerpräsident.

Bertie Ahern

Giuliano Amato

Arafat, Jasir

Palästinensischer Politiker, *24.8.1927 Kairo, Vorsit-zender des Palästinensischen Autonomierats u. der Palästinensischen Autonomiebehörde (seit 1996)

Nach Unruhen in den palästinensischen Autonomiegebieten zum Gründungstag des Staates Israel im Mai 2000 setzte Minister-präsident Ehud Barak die Friedensverhand-lungen mit den Palästinensern in Stockholm vorzeitig aus. PLO-Chef A. bekräftigte, im September 2000 einen unabhängigen paläs-tinensischen Staat im Gazastreifen und Westjordanland auszurufen. Das israelische Parlament (Knesset) hatte zuvor beschlos-sen, den arabischen Ort Abu Dis und zwei weitere arabische Dörfer am Stadtrand von

Steve Ballmer

Jerusalem an die Palästinenser zu übergeben. Mit dem damaligen israelischen Premier Yitzhak Rabin (1922–1995) handelte A. 1995 das Autonomieabkommen für das Westjordanland aus, das die Erweiterung der begrenzten Selbstverwaltung auf einen Teil der 1967 von Israel besetzten Gebiete besiegelte.

☐ 1957–65 Bauingenieur in Kuwait ☐ 1959 Mitbegründer der Palästinenserbewegung Al Fatah ☐ seit 1969 Vors. des Exekutivkomitees der PLO ☐ seit 1989 Präsident des »Unabhängigen Staates Palästina« ☐ seit 1996 Vors. des Palästinens. Autonomierats und der Palästinens. Autonomiebehörde.

Assad, Baschar al-

Syrischer Politiker,
syrischer Staatspräsident (seit 2000)

Baschar al-Assad

A., Sohn des im Juni 2000 verstorbenen syrischen Präsidenten Hafis al-Assad, konnte das Erbe seines Vaters erst nach einer Verfassungsänderung antreten: Seine regierende Baath-Partei setzte im syrischen Parlament durch, dass das Mindestalter für das höchste Staatsamt von 40 auf 34 Jahre herabgesenkt wurde. Der jüngste Präsident in der Geschichte Syriens kündigte eine Demokratisierung und den Kampf gegen die weit verbreitete Korruption an. 1994, als sein älterer Bruder Basil bei einem Autounfall ums Leben kam, hatte A. auf Wunsch seines Vaters das Studium der Augenmedizin in London aufgegeben und sein Land seitdem im Ausland diplomatisch vertreten.

Aznar, José Maria

Spanischer Politiker, * 25.2. 1953 Madrid
Ministerpräsident (seit 1996)

Ehud Barak

Bei den Parlamentswahlen am 12.3.2000 gewann die von A. geführte konservative Volkspartei (Partido Popular, PP) die absolute Mehrheit. In der ersten Amtszeit hatte er eine Minderheitsregierung geführt, die von Nationalisten und Regionalparteien gestützt worden war. Erfolge verbuchte A. in der Wirtschaftspolitik: Die Arbeitslosenquote sank 1996–2000 von über 20% auf 15,4%. Für seine zweite Amtszeit plante er eine Reform des Rentensystems und die Abschaffung der Wehrpflicht. Bis 2010 soll in Spanien Vollbeschäftigung erreicht sein.

☐ seit 1979 Mitgl. der Volkspartei (PP) ☐ 1987–89 Regierungschef der Provinz Castilla y Leon ☐ seit 1990 Vorsitzender der PP ☐ seit 1996 Ministerpräs.

Ballmer, Steve

US-amerikanischer Manager, *1946 Detroit/
Michigan, Microsoft-Vorsitzender (seit 2000)

B. wurde im Januar 2000 Chef des weltgrößten Software-Unternehmens Microsoft. B. übernahm die Führungsposition in der schwersten Krise der Konzerngeschichte: Im Mai 2000 gab das Washingtoner Bezirksgericht der Klage u. a. des US-Justizministeriums Recht, Microsoft habe seine Monopolstellung im Bereich der Betriebssysteme missbraucht. Gegen das Urteil auf Zerschlagung des Konzerns in zwei Firmen legte Microsoft Berufung ein. Die US-Regierung forderte außerdem starke Beschränkungen der Geschäftspraktiken.

☐ 1974–78 Mathematikstudium an der Harvard University in Cambridge/Massachusetts ☐ seit 1974 Mitarbeiter bei Microsoft ☐ 1982 Vizepräs. ☐ 1998 Microsoft-Präs. ☐ seit 2000 Konzernchef. **www.microsoft.de**

Barak, Ehud

Israelischer Politiker, *12.2.1942 Kibbuz Mischmar Hascharon bei Netanja, Premierminister (seit 1999)

Im Juni 2000 verlor B. nach dem Auszug einiger Mitglieder seiner Sechsparteien-Regierungskoalition die Mehrheit im israelischen Parlament (Knesset). Da er 1999 vom Volk gewählt worden war, blieb seine Position als Premier vorerst unberührt. Im Mai 2000 hatte B. die israelischen Truppen aus der 1982 besetzten Sicherheitszone im Südlibanon abziehen lassen. Nach Unruhen in den palästinensischen Autonomiegebieten zum 52. Gründungstag des Staates Israel (14.5.) hatte B. die Friedensgespräche in Stockholm abgebrochen. Wenige Wochen zuvor hatte die Knesset auf Druck von B. die Übergabe von drei Siedlungen am Ortsrand Jerusalems an die palästinensische Autonomiebehörde beschlossen.

☐ 1982 stellv. Kommandeur der Armee ☐ 1991 bis 1995 Leitung des Generalstabs ☐ 1995 Innenminister im Kabinett von Premier Yitzhak Rabin ☐ 1995–96 Außenminister ☐ seit 1999 Ministerpräs.

Baumann, Dieter

Deutscher Leichtathlet, *9.2.1965 Blaustein

Der Olympiasieger von 1992 in Barcelona im 5000-Meter-Lauf wurde im Herbst 1999 positiv auf das Dopingmittel Nandrolon getestet. Die vom Deutschen Leichtathletik-

José Maria Aznar

Verband (DLV) verhängte zweijährige Sperre gegen B., der sich stets als Verfechter »sauberen« Sports hervorgetan und seine Unschuld beteuert hatte, wurde nach einer Haaranalyse im Juni 2000 vom DLV-Rechtsausschuss überraschend aufgehoben. Der 35-fache Deutsche Meister B. (über 1500 m, 3000 m, 5000 m, 10 000 m und im Crosslauf) führte die positiven Dopingergebnisse auf Manipulationen an Zahnpastatuben in seinem Haus zurück. Die ermittelnde Tübinger Staatsanwaltschaft fand dafür keine entscheidenden Indizien.

☐ 1986 Deutscher Meister im 5000-Meter-Lauf (erneut 1988, 91, 92, 94–98) ☐ 1988 Olympiasieger in Seoul über 5000 m ☐ 1992 Olympiasieger in Barcelona über 5000 m ☐ 1994 Europameister über 5000 m ☐ 1998 Weltcupsieger
www.dieterbaumann.de

Baumbauer, Frank

Deutscher Regisseur und Theaterdirektor, * 2.9.1945 München

Mit Beginn der Spielzeit 2001 übernimmt B., der seit 1993 Chef des Hamburger Schauspielhauses ist, die Intendanz der Münchner Kammerspiele. Er wird Nachfolger von Dieter Dorn, der ans Münchner Residenztheater wechselt. Der gebürtige Münchner B., der 1983–86 das Bayerische Staatsschauspiel leitete, plant die Modernisierung der Kammerspiele und ihre Öffnung für Festivals. Bis 2001 ist B. auch Schauspieldirektor der Salzburger Festspiele.

☐ 1969–71 Regieassistent am Düsseldorfer Schauspielhaus, 1971–74 am Bayerischen Staatsschauspiel in München ☐ 1974–83 Regisseur und Spielleiter am Bayerischen Staatsschauspiel ☐ 1983–86 Kommissarischer Leiter ebd. ☐ 1986–88 stellv. Intendant an den Württembergischen Staatstheater Stuttgart ☐ 1988–93 Direktor des Basler Stadttheaters ☐ 1993–2000 Intendant des Hamburger Schauspielhauses.

Beatty, Warren

US-amerikanischer Filmproduzent, Schauspieler und Regisseur, *30.3.1937 Richmond/Virginia

B. erhielt im März 2000 für sein Lebenswerk den Ehren-Oscar. Wie seine ältere Schwester Shirley MacLaine (*1934) strebte B. schon früh eine Schauspielerlaufbahn an. Seinen Durchbruch feierte er 1967 im Filmklassiker »Bonnie und Clyde« (Regie: Arthur Penn) an der Seite von Faye Dunaway. Nach 1975 wandte sich B. zunehmend dem Produzieren zu; sein Debüt als Regisseur

mit »Der Himmel soll warten« (1978) brachte ihm die erste Oscar-Auszeichnung für den besten Film ein. Für das Politdrama »Reds« (1981) erhielt B. den Oscar für die beste Regie.

Bergmann, Christine

Deutsche Politikerin (SPD), *7.9.1939 Dresden, Bundesministerin für Familie, Senioren, Frauen und Jugend (seit 1998)

B. setzte für 2001 eine Erhöhung des Erziehungsgeldes für Familien bei gleichzeitiger Anhebung der Einkommensgrenzen durch. Bei einer unveränderten Dauer bis zu drei Jahren sollen beide Elternteile auch gemeinsam Erziehungsurlaub nehmen können. B. trat 1989 nach der politischen Wende in der damaligen DDR in die SPD ein und gehörte der ersten frei gewählten Ostberliner Stadtverordnetenversammlung an. Als einzige Ostdeutsche – neben Staatsminister Rolf Schwanitz – ist sie seit 1998 im rot-grünen Kabinett von Bundeskanzler Gerhard Schröder vertreten.

☐ 1957–63 Pharmaziestudium ☐ 1963–67 Apothekerin ☐ 1967–77 freiberufliche Tätigkeit am Institut für Arzneimittelwesen in Berlin ☐ ab 1978 Abteilungsleiterin ☐ 1989 Promotion ☐ 1989 Eintritt in die SPD, stellv. Landesvorsitzende der Berliner SPD ☐ 1990–91 Präs. der Berliner Stadtverordnetenversammlung ☐ 1991 Bürgermeisterin von Berlin und Senatorin für Arbeit und Frauen ☐ seit 1995 im Parteivorstand und Präsidium der Bundes-SPD ☐ Bundesministerin für Familie, Senioren, Frauen und Jugend (seit 1998).
www.bmfsfs.de; www.bundesregierung.de

Christine Bergmann

Björk

eigtl. B. Gudmundsdottir, isländische Popsängerin, *21.11.1965 Reykjavik

Bei den Internationalen Filmfestspielen in Cannes im Mai 2000 wurde B. für ihre Rolle in dem Film-Musical »Dancer in the Dark« als beste Hauptdarstellerin ausgezeichnet. In dem Film des dänischen Kultregisseurs Lars von Trier spielt sie eine junge Frau, die an einer Erbkrankheit erblindet und ihren Sohn vor dem gleichen Schicksal bewahren will. B. begann ihre erfolgreiche Musikkarriere bereits mit elf Jahren, als ihr erstes Album erschien. Als vorläufig letzte CD erschien 1997 »Homogenic«. Seit 1993 lebt die in ihrer Heimat populärste Isländerin überwiegend in London.
www.bjork.com

Frank Baumbauer

Anthony Blair

Blair, Anthony (Tony)

Britischer Politiker, *6.5.1953 Edinburgh,
Premierminister (seit 1997)

Ein Jahr vor den Parlamentswahlen 2001
konnte B. eine florierende Wirtschaft und
die geringste Arbeitslosenrate (5,3%) seit
1980 vorweisen. Bei den Kommunalwahlen
am 4.5.2000 musste die Labour Party aber
Verluste hinnehmen. Das drohende Scheitern des Nordirland-Abkommens konnte B.
mit seinem irischen Amtskollegen Bertie
Ahern abwenden; im Mai 2000 erklärte sich
die Irisch-Republikanische Armee (IRA)
bereit, ihre Waffen vollständig und nachprüfbar abzubauen.

□ 1975 Eintritt in die Labour Party (LB) □ 1983
Wahl ins Unterhaus als Sprecher für Finanz- und
Wirtschaftsfragen □ 1988 Mitgl. im Schattenkabi-
nett von Neil Kinnock □ 1992 Mitgl. im Schattenka-
binett von John Smith (Arbeit, Inneres) □ seit 1994
Vors. der Labour Party □ seit 1997 Premierminister.

Blobel, Günter

Deutsch-US-amerikanischer Mediziner und Chemiker, *21.5.1936 Waltersdorf (Schlesien), heute Polen

Für die Entdeckung, dass Eiweißstoffe eine
Art »Postleitzahl« besitzen, die ihren Ein-
satzort im Körper bestimmt, wurde der gebürtige Deutsche 1999 mit dem Nobelpreis
für Medizin/Physiologie ausgezeichnet. Mit
seiner Arbeit konnte der Mechanismus von
Erbkrankheiten entdeckt werden, die auf
dem fehlerhaften Transport von Botenstof-
fen beruhen. Der seit über 30 Jahren an der
New Yorker Rockefeller-Universität for-
schende B. kündigte an, einen Teil des Preis-
geldes für den Wiederaufbau der Dresdner
Frauenkirche und der Synagoge zu spenden.

□ Medizinstudium in Frankfurt/M., München, Kiel,
Freiburg i.Br. und Tübingen □ 1962–67 Studium in
New York □ seit 1967 Tätigkeit an der Rockefeller
University in New York □ 1992 Max-Planck-For-
schungspreis □ 1999 Medizinnobelpreis.

Braun, Volker

Deutscher Schriftsteller, *7.5.1939 Dresden,
Georg-Büchner-Preisträger 2000

Der Berliner Lyriker, Erzähler und Dramati-
ker B. erhält im Oktober 2000 in Darmstadt
den diesjährigen Georg-Büchner-Preis, die
mit 60 000 DM dotierte bedeutendste deutsche Literaturauszeichnung. 1977 wurde
er Mitarbeiter des Berliner Ensembles. Mit
kritischen Theaterstücken und Romanen

über Missstände der sozialistischen Gesellschaft wurde B. bekannt, doch hielt er am
Ideal einer kommunistischen Gesellschaft
fest. Nachdem er 1976 gegen die Ausbürge-
rung des Liedermachers Wolf Biermann
protestiert hatte, wurde er aus dem DDR-
Autorenverband ausgeschlossen. Zu seinen
Hauptwerken gehören das Drama »Über-
gangsgesellschaft« (1987), die Gedicht-
sammlung »Der Stoff zum Leben 1–3« und
der »Hinze-Kunze-Roman« (1985). Nach
der deutschen Vereinigung veröffentlichte
B. 1995 den Roman »Der Wendehals«.

Brender, Nikolaus

Deutscher Fernsehjournalist, *24.1.1949 Freiburg i.
Br., ZDF-Chefredakteur (seit April 2000)

Der studierte Jurist B. prägte 1997 die Pro-
grammreform des WDR-Fernsehens entscheidend mit. Gegenüber der privaten TV-
Konkurrenz will der Chefredakteur des
ZDF das Profil des öffentlich-rechtlichen
Informationskanals durch mehr Features,
aktuelle Sendungen und Dokumentationen
schärfen. In den 80er Jahren berichtete B.
als ARD-Korrespondent aus Südamerika,
seit Anfang der 90er Jahre war er vor der
Kamera als Kommentator in den »Tagesthe-
men« sowie als Moderator des »Weltspie-
gels« zu sehen.

□ ab 1979 freier Mitarbeiter des SWR und der Ham-
burger Wochenzeitung »Die Zeit« □ ab 1980 Redak-
teur und Reporter beim SWR □ 1984–89 ARD-
Fernsehkorrespondent in Buenos Aires □ ab 1989
Leiter der Programmgruppe Ausland beim WDR
□ ab 1992 stellv. Chefredakteur ebd. □ ab 1994
Chefredakteur Fernsehen ebd. □ seit April 2000
Chefredakteur des ZDF.

Breuer, Rolf Ernst

Deutscher Bankmanager, *3.11.1937 Bonn, Vorstandssprecher der Deutschen Bank (seit Mai 1997)

Das Scheitern der Fusion von Deutscher
und Dresdner Bank Anfang 2000 wegen
Differenzen über den Verkauf der Dresdner
Investmenttochter Kleinwort Benson wurde
in der Branche als persönliche Niederlage
von B. gewertet. Mit dem Zusammengehen
beider deutscher Banken hatte er das Privatkundengeschäft kostengünstiger gestalten
und beim Investmentbanking gegenüber
den USA konkurrenzfähig werden wollen.
Durch Fusion mit Bankers Trust New York
1999 ließ B. im Bereich Investment bereits
seine globale Marktstrategie erkennen.

Rolf Ernst Breuer

1999 kündigte er an, mit jährlichen Investitionen von 1 Mrd Euro das Internet-Geschäft systematisch auszubauen.

☐ 1966–74 Mitarbeiter bei der Deutschen Bank Karlsruhe und Frankfurt/M. ☐ 1974–85 Direktor und Leiter der Börsenabt. ☐ 1985 stellv., 1987 ordentliches Vorstandsmitglied ☐ 1993–97 Frankfurter Börsenpräsident und Aufsichtsratvors. der Deutsche Börse AG ☐ seit 1997 Vorstandssprecher der Deutschen Bank.
www.deutsche-bank.de

Bulmahn, Edelgard

Deutsche Politikerin (SPD), *4.3.1951 Minden/Westfalen, Bundesministerin für Bildung und Forschung (seit 1998)

B. verwies im Berufsbildungsbericht 2000 auf die auf 631 000 gestiegene Zahl der Lehrstellen für Jugendliche. Bei knapper Haushaltslage setzt sie auf Ausweitung der betrieblichen Ausbildungsplätze durch den im Bündnis für Arbeit erzielten Konsens mit Industrie und Handwerk. Bis 2002 plant B. mit der Reform des Hochschuldienstrechts die deutschen Universitäten international wettbewerbsfähiger zu gestalten: Für junge Forscher soll durch bessere Einstiegschancen (Juniorprofessur ohne Habilitation) der Wissenschaftsstandort Deutschland attraktiv werden.

☐ 1969 Eintritt in die SPD ☐ seit 1987 MdB ☐ 1990–94 stellv. Sprecherin für Forschungs- und Technologiepolitik der SPD-Fraktion ☐ seit 1993 Mitglied im Parteivorstand ☐ seit 1996 Sprecherin für Bildung und Forschung der SPD-Fraktion ☐ seit 1998 Landesvors. der SPD Niedersachsen; Bundesministerin für Bildung und Forschung (seit 1998)
www.bmbf.de; www.bundesregierung.de

Bush, George W. (jun.)

US-amerikanischer Politiker, *6.7.1946 Midland/Texas, Gouverneur von Texas (seit 1994)

Der gemäßigt konservative B. tritt als Kandidat der Republikaner bei der Präsidentenwahl am 7.11.2000 gegen den demokratischen Vizepräsidenten Al Gore an. Der Sohn des früheren Präsidenten (1989–93) George Bush hatte sich im Frühjahr 2000 im Vorwahlkampf gegen mehrere Parteirivalen (u. a. Senator Ed McCain) durchgesetzt. B., der u. a. eine Reform des US-Bildungswesens propagierte, versprach seinen Wählern umfangreiche Steuersenkungen.

☐ 1975–86 Arbeit in der texanischen Energiewirtschaft ☐ 1988 Unterstützung der Wahlkampagne seines Vaters ☐ seit 1994 Gouverneur von Texas.
www.georgewbush.com

Chirac, Jacques René

Französischer Politiker, *29.11.1932 Paris, Staatspräsident Frankreichs (seit 1995)

Der Gaullist C. gilt als Befürworter eines starken Europa. Seit den vorgezogenen Parlamentswahlen 1997, bei denen die Sozialisten (PS) gewannen, regiert er in einer sog. Cohabitation mit dem sozialistischen Premier Lionel Jospin. Um seine Chancen für eine Wiederwahl zu erhöhen, plädierte C. im Frühjahr 2000 für die Verkürzung der Amtszeit des Präsidenten von sieben auf fünf Jahre. 2002 will der dann fast 70-jährige C. für das höchste Amt der 5. Republik gegen Jospin erneut kandidieren.

☐ 1967 erste Wahl in die Nationalversammlung ☐ 1971 Minister für Beziehungen zum Parlament ☐ 1972/73 Landwirtschaftsminister ☐ 1974 Innenminister ☐ 1974–76, 1986–88 Premier ☐ 1976–80, 1982–84 Vors. der von ihm gegründeten gaullistischen Sammelbewegung RPR ☐ 1977–95 Bürgermeister von Paris ☐ seit 1995 Staatspräsident.

Edelgard Bulmahn

Ciampi, Carlo Azeglio

Italienischer Politiker, *9.12.1920 Livorno, Staatspräsident Italiens (seit 1999)

Im April 2000 vereidigte C. die 58. italienische Nachkriegsregierung unter Führung des parteilosen Giuliano Amato. Nach der Niederlage der Mitte-Links-Parteien bei den Regionalwahlen wenige Tage zuvor war Ministerpräsident Massimo d'Alema gegen den Wunsch von C. zurückgetreten. C. trat erst 1993 in die Politik ein. Bis dahin hatte er in internationalen Bankgremien gearbeitet und sich 1979 als Modernisierer der italienischen Notenbank profiliert.

☐ 1946 Eintritt in die Zentralbank (Banca d'Italia) ☐ seit 1979 Gouverneur auf Lebenszeit ☐ 1993–94 Ministerpräs. ☐ 1996–99 Finanzminister ☐ seit 1999 Staatspräsident.

Carlo Azeglio Ciampi

Clinton, Bill

US-amerikanischer Politiker, *19.8.1946 Hope/Arkansas, Präsident der USA (seit 1992)

Das Gipfeltreffen von C. mit Russlands Präsidenten Wladimir Putin im Mai 2000 in Moskau brachte keine konkreten Ergebnisse. Hauptstreitpunkt blieb die von den USA geplante reduzierte Version des SDI-Raketenabwehr-Programms aus den 80er Jahren. Es verstößt gegen den 1972 zwischen den USA und der UdSSR geschlossenen ABM-Vertrag. Bei seinem Deutschland-Besuch

George W. Bush (jun.)

713

im Juni 2000 erhielt C. den Karlspreis der Stadt Aachen für besondere Verdienste um die europäische Einigung. In seiner im Januar 2001 zu Ende gehenden achtjährigen Amtszeit überstand C. innenpolitische Skandale wie die Affäre mit der Praktikantin im Weißen Haus, Monica Lewinsky. Die US-Wirtschaft erlebte seit dem Amtsantritt von C. (1993) den längsten Aufschwung der US-Nachkriegsgeschichte mit konstantem Wachstum (3–4%), Abbau des Staatsdefizits und niedriger Arbeitslosenrate (unter 5%).

□ 1964–68 Studium der internationalen Angelegenheiten in Washington □ 1970–74 Jurastudium und Promotion □ 1974–76 Assistenzprof. an der Universität von Arkansas in Little Rock □ 1976–78 Generalstaatsanwalt in Arkansas □ 1978–82 Gouverneur von Arkansas □ 1993–2001 Präs. der USA.

Herta Däubler-Gmelin

Däubler-Gmelin, Herta

Deutsche Politikerin (SPD), *12.8.1943 Preßburg, Bundesministerin der Justiz (seit 1998)

Die noch für diese Legislaturperiode (bis 2002) von D. geplante Zivilprozessreform soll durch beschleunigte und transparentere Gerichtsverfahren für mehr Bürgernähe sorgen und die Verfahrensflut an deutschen Gerichten eindämmen. Die Absicht von D., Berufungen weitgehend auszuschließen und Rechtsstreitigkeiten im Grundsatz durch Urteil des Amtsgerichts zu beenden, stieß auf Kritik des Deutschen Richterbunds und der Länderjustizminister. Mit einem weiteren Gesetzentwurf wollte D. 2000 die Gewalt in Lebensgemeinschaften eindämmen: Gewalttätigen Lebenspartnern soll auf Antrag der Zutritt zur gemeinsamen Wohnung zeitweilig gerichtlich untersagt werden.

□ seit 1965 Mitglied in der SPD □ seit 1972 MdB □ 1980–83 Vors. des Rechtsausschusses □ 1983–93 stellv. Vors. der SPD-Fraktion □ 1988 bis 1997 stellv. Bundesvorsitzende der SPD □ seit 1998 Bundesministerin der Justiz.
www.bmj.bund.de; www.bundesregierung.de

Wim Duisenberg

Daum, Christoph

Deutscher Fußballtrainer, *24.10.53 Zwickau, Cheftrainer von Bayer 04 Leverkusen, Deutscher Bundestrainer (ab Juni 2001)

Bei der Fußball-Europameisterschaft 2000 in Belgien/Niederlande schied Titelverteidiger Deutschland in der Vorrunde aus, der glücklose DFB-Trainer Erich Ribbek trat zurück. Wunschnachfolger D. ist als Cheftrainer vertraglich an Bayer 04 Leverkusen

Christoph Daum

gebunden. Bis zu seinem Amtsantritt am 1.6.2001 wird er von Rudi Völler, dem diesjährigen Sportchef von Bayer 04 Leverkusen, als Teamchef vertreten. Mit D. soll der Neuaufbau des DFB-Teams beginnen.

□ 1992 Deutscher Meister und Supercupsieger mit dem VfB Stuttgart □ 1994 Türkischer Pokalsieger mit Besiktas Istanbul □ 1995 Türkischer Meister mit Besiktas Istanbul □ 1996–2001 Cheftrainer von Bayer 04 Leverkusen (2000 Deutscher Vizemeister) □ ab 1.6.2001 Trainer der dt. Nationalelf.
www.bayer04.de

Djebar, Assia

eigtl. Fatima-Zohra Imalayene, algerische Schriftstellerin und Historikerin, *1936 Cherchell/Algier

D. erhält im Oktober 2000 den Friedenspreis des Deutschen Buchhandels. Nach Ansicht der Jury setzte sie mit ihrem Werk ein Zeichen der Hoffnung für die demokratische Erneuerung Algeriens. Als erste Algerierin studierte D. Ende der 50er-Jahre an der renommierten Ecole Normale Superieure in Paris (Geschichte). Wegen Beteiligung an Streiks algerischer Studenten zum Unabhängigkeitskampf in der Heimat wurde sie von der Hochschule suspendiert. 1957 entstand ihr Debütroman »La Soif«. Ein Jahr später ging sie nach Tunis, wo sie ihr Studium beendete und als Journalistin und Universitätsassistentin arbeitete. 1980 übersiedelte D. endgültig nach Paris und arbeitete für Film, Fernsehen und am Theater.

Duisenberg, Wim (Willem)

Niederländischer Ökonom und Finanzpolitiker, *9.7.1935 Heerenven/Friesland, Präsident der Europäischen Zentralbank (EZB, seit 1999)

Nach einem Verlust des Außenwertes von rund 30% seit dem Euro-Start 1999 verloren viele Verbraucher noch vor Einführung des Euro-Bargeldes 2002 das Vertrauen in die gemeinsame europäische Währung. EZB-Chef D. sah angesichts niedriger Inflationsraten in Europa keinen übermäßigen Grund zur Besorgnis. Doch erhöhte die EZB im Juni 2000 die drei wichtigsten Leitzinsen zur Eindämmung der Teuerungsrate. D. hatte bereits als Präsident der Niederländischen Zentralbank den Gulden zu einer der stabilsten Währungen Europas gemacht.

□ 1970–73 Prof. für Makroökonomie an der Universität Amsterdam □ seit 1973 Mitgl. der Partei der Arbeit (PvdA) □ 1973–77 Finanzminister

☐ 1982–97 Präs. der Niederländischen Zentralbank
☐ 1988 bis 1990 Präs. der Bank für Internationalen
Zahlungsausgleich (BIZ) ☐ 1997–99 Präs. des
Europäischen Währungsinstitutes (EWI) ☐ seit 1999
Präs. der Europäischen Zentralbank.

Eichel, Hans

Deutscher Politiker (SPD), *24.12.1941 Kassel,
Bundesminister der Finanzen (seit 12.4.1999)

Mit Kürzungen in allen Ressorts setzte sich
E. mit seinem Haushalt 2000 gegen die
Forderungen seiner Ministerkollegen durch.
Die drastischen Sparmaßnahmen und die
in der Bevölkerung umstrittene jährliche
Erhöhung der Ökosteuersätze sollen zur Fi-
nanzierung der Steuerreform 2000 bzw. zur
Senkung der Lohnnebenkosten beitragen.
Bürger und Unternehmen sollen durch nied-
rigeren Eingangs- und Spitzensteuersatz mit
insgesamt 45 Mrd DM entlastet werden.

☐ seit 1964 Mitgl. der SPD ☐ 1969–72 stellv. Bun-
desvorsitzender der Jungsozialisten ☐ 1975–91
Oberbürgermeister von Kassel ☐ seit 1989 Mitglied
des SPD-Bundesvorstandes ☐ 1991–98 Ministerpräs. Hessens ☐ seit 1999 Bundesfinanzminister.
www.bundesfinanzministerium.de;
www.bundesregierung.de

Fischer, Andrea

Deutsche Politikerin (Bündnis 90/Die Grünen),
*14.1.1960 Arnsberg/Westfalen,
Bundesgesundheitsministerin (seit 1998)

Die in Teilen am 1.1.2000 in Kraft getretene
Gesundheitsreform – Kernstück der Arbeit
von F. in der laufenden Legislaturperiode –
stieß bei Ärztevertretern und Opposition auf
Widerstand, vor allem die Budgetierung der
Finanzmittel im Gesundheitswesen (Verteilung durch die Krankenkassen) und die
Positivliste für verordnungsfähige Medikamente (ab Sommer 2001). Ziel der Reform
sind Eindämmung der Kosten und dadurch
langfristig stabile Krankenkassenbeiträge.

☐ seit 1985 Mitgl. der Grünen ☐ 1985–90 Studium
der Volkswirtschaft ☐ seit 1994 MdB ☐ seit 1998
Bundesgesundheitsministerin
www.bmgesundheit.de

Fischer, Joseph (Joschka)

Deutscher Polititker (Bündnis 90/Die Grünen),
*12.4.1948 Gerabronn, Bundesaußenminister
und Vizekanzler (seit 1998)

F. forderte im Mai 2000 in einer Grundsatz-
rede die Umwandlung der EU in eine Föderation mit einem Zweikammer-Parlament.

Seine souveräne Haltung im Kosovokrieg
1999 und als Botschafter Deutschlands im
Ausland machten den einstigen »Turn-
schuhpolitiker« in Meinungsumfragen zeitweise zum beliebtesten Politiker der Deutschen. Nach seiner Wahl in den parteirat
Ende Juni 2000 ist F. erstmals in einem
wichtigen Parteigremium vertreten.

☐ seit 1982 Mitgl. der Grünen ☐ 1983–85 MdB
☐ 1985–87 Staatsminister für Umwelt und Energie
in Hessen (erneut 1991–94) ☐ 1987–91 Mitgl.
des Hessischen Landtags ☐ 1994–98 Sprecher
der Fraktion Bündnis 90/Die Grünen im Bundestag
☐ seit 1998 Bundesaußenminister und Vizekanzler.
www.auswaertiges-amt.de;
www.bundesregierung.de

Hans Eichel

Flimm, Jürgen

Deutscher Regisseur und Theaterintendant,
*17.7.1941 Gießen

Der Intendant des Hamburger Thalia Theaters und Präsident des Deutschen Bühnen-
vereins wird ab Oktober 2001 die Leitung
des Schauspiels der Salzburger Festspiele
übernehmen. F. folgt Frank Baumbauer, der
zum September 2001 als Intendant an die
Münchner Kammerspiele wechselt. F. überzeugte mit Theaterinszenierungen ebenso
wie mit zahlreichen Fernsehfilmen. 1989
wurde seine »Platonow«-Inszenierung als
Aufführung des Jahres ausgezeichnet.

☐ 1972 Spielleiter am Nationaltheater Mannheim
☐ 1973–74 Oberspielleiter Thalia Theater Hamburg
☐ 1974–79 freier Regisseur ☐ 1979–85 Intendant
des Schauspiels Köln ☐ seit 1985 Intendant des
Thalia Theaters Hamburg ☐ ab 2001 Leiter des
Schauspiels der Salzburger Festspiele.

Andrea Fischer

Funke, Karl-Heinz

Deutscher Politiker, *29.4.1946 Dangast, Bundesminister für Ernähr., Landwirtsch., Forsten (ab 1998)

Mit den im Rahmen der EU-Agrarreform
(Agenda 2000) verbundenen Beschränkungen der Agrarsubventionen hatte F. den
deutschen Landwirten zunächst unbeliebte
Maßnahmen zu vermitteln. Sein Ministerium legte im Frühjahr 2000 Förderprogramme des Bundes für nachwachsende
Rohstoffe sowie für sog. biogene Treib- und
Schmierstoffe vor.

☐ 1966 Eintritt in die SPD ☐ 1968–72 Studium der
Staats- und Wirtschaftswissenschaften ☐ seit 1988
Mitgl. des Niedersächsischen Landtags ☐ 1981–96
Bürgermeister von Varel ☐ 1990–98 Niedersächsi-
scher Minister für Ernährung, Landwirtschaft und
Forsten ☐ seit 1998 Bundesminister.
www.bml.de; www.bundesregierung.de

Joschka Fischer

Karl-Heinz Funke

Garces, Juan

Spanischer Rechtsanwalt, *1944 Madrid

Der Right Livelihood Award (Alternative Nobelpreis) 1999 ging u. a. an den spanischen Juristen G. Er hatte das Auslieferungsgesuch gegen den früheren chilenischen Militärmachthaber Augusto Pinochet vorangetrieben. Pinochet wurde deswegen 18 Monate in Großbritannien festgehalten, durfte aber im Frühjahr 2000 aus Gesundheitsgründen nach Chile ausreisen. G. hatte 4000 Arbeitsstunden unentgeltlich über Verletzungen der Menschenrechte während der Pinochet-Diktatur in Chile (1973–90) ermittelt. Nach Studien in Madrid und Paris war G. Berater des sozialistischen Präsidenten Salvador Allende, musste Chile aber nach dessen Sturz durch Pinochet verlassen.

Gates, William Henry (Bill)

US-amerikanischer Computer-Unternehmer, *28.10.1955 Seattle/Washington

Im Januar 2000 übertrug G. den Chefposten bei der von ihm 1975 gegründeten Software-Firma Microsoft an seinen Freund und langjährigen Mitarbeiter Steve Ballmer. G. selbst, dessen Unternehmen seit 1998 Mittelpunkt eines Kartellverfahrens ist, wollte sich als »Chief Software Architect« ganz auf die weitere technologische Entwicklung konzentrieren. Im Mai 2000 gab das Washingtoner Bezirksgericht der Klage u. a. des US-Justizministeriums Recht, Microsoft habe seine Monopolstellung im Bereich der Betriebssysteme missbraucht. Gegen das Urteil auf Zerschlagung des Konzerns in eine Firma für Betriebssysteme und eine für Anwendersoftware legte G. Berufung ein. G. hatte das Unternehmen mit 19 Jahren gegründet und mit der Entwicklung des Betriebssystems MS-DOS (1980) sowie durch viele Allianzen und Übernahmen zum größten Softwarehersteller der Welt ausgebaut.
www. microsoft.de

Gent, Chris

Britischer Manager, *1949 Gosport/Portsmouth

Seit der von ihm mit großer Zähigkeit verfolgten Übernahme des Mannesmann-Konzerns im Frühjahr 2000 leitet G. als Chef von Vodaphone Airtouch den viertgrößten Telekommunikationskonzrn der Welt (Bör-

senwert Mitte 2000: 700 Mrd DM). Schlagzeilen machte G. bereits Anfang 1999, als er den US-Mobilfunkbetreiber Airtouch erwarb. G. begann seine Karriere 1967 als Management-Trainee bei der National Westminster Bank. Nach einigen Jahren in der Computerbranche wechselte er 1985 als Managing Direktor zu Vodaphone. Zum Vorsitzenden des Mobilfunkbetreibers wurde er 1997 bestimmt; unter seiner Führung ging die Internationalisierung des Konzerns zügig voran. Bis 2002 plant G. die Positionierung seines Konzerns auf allen Telekommunikationsmärkten der Welt.
www.vodaphone.de

Gerhardt, Wolfgang

Deutscher Politiker (FDP), *31.12.1943 Ulrichstein-Helpershain, Parteivorsitzender (seit 1998)

Die Landtagswahlen im größten Bundesland NRW im Mai 2000 brachten der von G. geführten FDP den erhofften Umschwung: Mit 9,8% der Stimmen (1995: 4%) zog die Partei unter Führung von FDP-Landeschef und G.-Rivale Jürgen W. Möllemann als drittstärkste Kraft wieder in Landesparlament ein. Der in den eigenen Reihen als führungsschwach kritisierte G. lehnte eine (von Möllemann geforderte) Öffnung der FDP zur SPD ab. G. forderte umfangreiche Reformen in der Wirtschafts- und Sozialpolitik und setzte in der Frage der Sicherung des Rentensystems vor allem auf die Förderung der privaten Vorsorge.
☐ seit 1982 Vors. des FDP-Landesverbandes Hessen, Mitgl. im FDP-Bundesvorstand ☐ 1985 stellv. Bundesvors. der FDP ☐ seit 1995 Bundesvors. der FDP ☐ 1978–82, 1983–87, 1991–94 MdL Hessen ☐ 1987–91 Minister für Wissenschaft und Kunst und Bevollmächtigter des Landes Hessen beim Bund ☐ seit 1994 MdB ☐ seit Oktober 1998 zusätzlich Vors. der FDP-Bundestagsfraktion.
www.bundestag.de; www.fdp.de

Gore, Albert

US-amerikanischer Politiker, *31.3.1948 Washington, D.C., US-Vizepräsident (seit 1993)

G. tritt am 7.11.2000 als Kandidat der Demokraten bei den Präsidentschaftswahlen gegen den Republikaner George Bush jr. an. In der Innen-, Wirtschafts- und Sozialpolitik gelangen G. und US-Präsident Bill Clinton große Erfolge. Die USA erleben seit 1992 den längsten Wirtschaftsboom ihrer Nachkriegsgeschichte. Das Wirtschaftswachstum

Wolfgang Gerhardt

Bill Gates

Albert Gore

betrug durchschnittlich ca. 3–4 %. G. profilierte sich als moderater Liberaler, der sozialstaatlichen Prinzipien ebenso verpflichtet ist wie den konservativen Werten seines heimatlichen Südstaates Tennessee.

☐ 1971–76 Heereskorrespondent und Journalist ☐ 1976–84 Demokratischer Verteter Tennessees im Repräsentantenhaus ☐ 1984–92 Senator für Tennessee ☐ seit 1993 Vizepräs. der USA.

Graf, Steffi (Stefanie Maria)

Deutsche Tennisspielerin, *14.6.1969 Brühl, Deutsche Sportlerin des Jahres 1999

Zum fünften Mal (nach 1986–89) wurde G. im Dezember 1999 von einer Jury aus 1200 Fachjournalisten zur Deutschen Sportlerin des Jahres gekürt. Die Ausnahmespielerin hatte mehr als ein Jahrzehnt das Profi-Damentennis dominiert. Mit ihrem sechsten Finalsieg bei den Internationalen Meisterschaften von Frankreich in Paris und dem insgesamt 22. Grand-Slam-Titel ihrer Karriere schaffte die erfolgreichste Tennisspielerin aller Zeiten im Juni 1999 nochmals den Sprung unter die ersten drei der Damen-Weltrangliste. Nach insgesamt 377 Wochen an der Spitze des Welttennis beendete die 30-jährige 1999 ihre Karriere.
www.dtb-tennis.de

Grass, Günter

Deutscher Schriftsteller, *16.10.1927 Danzig

Nach 27 Jahren (1972: Heinrich Böll) erhielt 1999 mit G. wieder ein deutscher Schriftsteller den Literaturnobelpreis. Die Schwedische Akademie ehrte G., »weil er in munter schwarzen Fabeln das vergessene Gesicht der Geschichte gezeichnet hat«. Viele seiner Novellen und Romane kreisen um Heimat, Geschichte und Verantwortung, vor allem der Welterfolg »Die Blechtrommel« (1959). Doch hat sich G. nie auf die Literatur beschränkt. Kritisch äußerte er sich zum verschärften deutschen Asylrecht ebenso wie zum Rechtsradikalismus.

☐ bis 1956 Bildhauer- und Grafikstudium ☐ 1959 »Die Blechtrommel« (Roman, 1980 Oscar für die Verfilmung von Volker Schlöndorff) ☐ 1961 »Katz und Maus« (Novelle) ☐ 1963 »Hundejahre« (Roman) ☐ 1965 Georg-Büchner-Preis ☐ 1966 »Die Plebejer proben den Aufstand« (Drama) ☐ 1969 »Örtlich betäubt« (Roman) ☐ 1972 »Aus dem Tagebuch einer Schnecke« (Roman) ☐ 1977 »Der Butt« (Roman) ☐ 1979 Das Treffen in Telgte« (Erzählung) ☐ 1986 »Die Rättin« (Roman) ☐ 1995 »Ein weites Feld« (Roman) ☐ 1998 »Mein Jahrhundert«.

Guterres, António

Portugiesischer Politiker, * 30.4.1949 Santos-o-Veho bei Lissabon, Ministerpräsident (seit 1995)

Aus den Parlamentswahlen im Oktober 1999 ging die regierende Sozialistische Partei (PS) von G. mit 44% der Stimmen erneut als Sieger hervor. G. setzte die bisherige Minderheitsregierung fort und kündigte Reformen im Bildungs-, Kranken- und Sozialwesen an. Mit seiner Sanierungspolitik hatte es G. seit 1995 geschafft, die Arbeitslosenzahlen von über 7% auf 5% zu senken. Im November 1999 wurde G. als Nachfolger Pierre Mauroys zum Präsidenten der Sozialistischen Internationale (SI) gewählt. In seine Amtszeit als EU-Ratspräsident (1.1. bis 30.6.2000) fiel der Beschäftigungsgipfel von Lissabon; durch Qualifizierung von Arbeitskräften und Nutzung neuer Technologien soll bis 2010 der Rückstand Europas gegenüber den USA bei Wachstum und Beschäftigung aufgeholt werden.

☐ 1984–85 Abteilungsleiter bei der Staatsholding IPE ☐ 1976–79 Mitgl. der Kommission für die Verhandlungen über den EG-Beitritt ☐ seit 1992 Generalsekretär der PS ☐ 1992 –2000 Vizepräs. der Sozialistischen Internationale (SI) ☐ seit 1995 Ministerpräs. Portugals ☐ seit 2000 Präs. der SI.

António Guterres

Haider, Jörg

Österreichischer Politiker (FPÖ) und Jurist, *26.1.1950 Bad Goisern (Oberösterreich), Landeshauptmann in Kärnten (seit 1999)

Bei den Parlamentswahlen im Oktober 1999 konnte die rechtsgerichtete Freiheitliche Partei (FPÖ) von H. rund 27% der Stimmen erzielen. Sie wurde mit 4000 Stimmen Vorsprung gegenüber der ÖVP erstmals zweitstärkste Partei Österreichs hinter der SPÖ; die Regierungsbildung der FPÖ mit der konservativen ÖVP im Februar 2000 wurde im In- und Ausland heftig kritisiert. Am 1.5.2000 gab H. den Vorsitz der Partei an seine Vertraute Susanne Riess-Passer ab. H. kündigte an, sich auch weiterhin in der Bundespolitik zu Wort zu melden.

Günter Grass

Halonen, Tarja Kaarina

Finnische Juristin und Politikerin, *24.12.1943 Helsinki, Staatspräsidentin (seit 2000)

In einer Stichwahl setzte sich die Sozialdemokratin H. im März 2000 mit 51,6% gegen Esko Aho von der Zentrumspartei durch

Tarja Kaarina Halonen

717

und wurde erste Präsidentin Finnlands. Zu den wichtigsten Themen ihres Wahlkampfs hatten die Verteidigung des skandinavischen Sozialsystems sowie die Respektierung der Menschenrechte gehört. H. startete ihre Karriere 1970 als Anwältin des finnischen Gewerkschaftsbundes. Als Außenministerin unter Ministerpräsident Paavo Lipponen wurde sie während der finnischen EU-Präsidentschaft 1999 bekannt.

□ 1970–77 Anwältin des finnischen Gewerkschaftsbundes □ seit 1979 Abgeordnete in der Eduskunta (Parlament) □ 1984–87 Vors. des Sozialausschusses □ 1987–90 Sozial- und Gesundheitsministerin □ 1990–91 Justizministerin □ 1995–2000 Außenministerin □ seit 2000 Staatspräs.

Hans-Olaf Henkel

Henkel, Hans-Olaf

Deutscher Industriemanager, *14.3.1940 Hamburg, Präsident des Bundesverbandes der Deutschen Industrie (seit 1995)

Nach der Green-Card-Offensive im Frühjahr 2000 zur Anwerbung ausländischer Fachleute in der Informationstechnik forderte H. die rot-grüne Bundesregierung auf, über solche Projekte auch in anderen Branchen nachzudenken. Fachkräftemangel sah H. vor allem in der Pharmaforschung und bei öffentlichen Forschungsinstituten. Er forderte eine offenere Gesellschaft für Eliten aus dem Ausland und kritisierte wiederholt den Reformstau in Deutschland.

□ 1962–64 Mitarbeit im Produktionsbereich von IBM Deutschland □ 1964–82 Linien- und Stabspositionen in den USA, Ostasien, Paris und Deutschland □ 1982–83 Vizepräs. von IBM Europa □ 1983–85 Präs. der Areas Division □ 1985–87 stellv. Vors. □ 1987–93 Vors. der Geschäftsführung von IBM Deutschland □ 1993–94 Präs. der IBM World Trade Europe/Middle East/Africa Corp. □ 1995–97 Vors. □ seit 1997 Mitgl. im Aufsichtsrat der IBM Deutschland □ seit 1995 Präs. des Bundesverbandes der Deutschen Industrie.

Andreas Homoki

Hitzfeld, Ottmar

Deutscher Fußballtrainer, *12.1.1949 Lörrach, Trainer des FC Bayern München (seit 1998)

H. gewann mit dem FC Bayern im Mai 2000 wie im Vorjahr die Deutsche Fußball-Meisterschaft. Zwei Wochen zuvor hatten die Münchner auch das Pokalendspiel in Berlin gegen Werder Bremen für sich entschieden. H. zum sechsten Team gelang ein Erfolg, den es in der 100-jährigen Geschichte des Deutschen Fußball-Bundes nur fünfmal gab: das Double (Meisterschaft und Pokal), das der FC Bayern bereits 1969 und 1986 gewon-

nen hatte. Im Halbfinale der UEFA-Champions League scheiterten die Münchner im Mai 2000 am späteren Sieger Real Madrid.

□ 1971–75 Spieler des FC Basel (1972 und 1973 Schweizer Meister) □ 1975–78 Spieler des VfB Stuttgart □ 1980–83 Spieler des FC Luzern □ 1984–88 Trainer des FC Aarau (1985 Schweizer Meister und Pokalsieger) □ 1988–91 Trainer bei Grashoppers Zürich (1989 und 90 Schweizer Pokalsieger, 1990 und 91 Schweizer Meister) □ 1991–97 Trainer bei Borussia Dortmund (1995 und 96 Deutscher Meister, 1997 Sieger der Champions League) □ 1997 Welt-Klubtrainer des Jahres □ 1997/98 Sportdirektor bei Borussia Dortmund □ seit 1998 Trainer des FC Bayern München (1999 Deutscher Meister, 2000 Deutscher Meister und Pokalsieger).
www.fcbayern.de

Homoki, Andreas

Deutscher Regisseur, *16.2.1960 Marl/Westf.

Mit der Spielzeit 2002/2003 wird H. Nachfolger von Chefregisseur Harry Kupfer an der Komischen Oper Berlin. Er inszenierte dort bereits »Falstaff« und »Die Liebe zu den drei Orangen«. H., der seit 1993 als freier Regisseur in Köln, Hamburg, Paris, Hannover, Essen, Basel und Berlin tätig war, erhielt für seine Inszenierung der »Frau ohne Schatten« am Pariser Théâtre du Châtelet 1993/94 den Französischen Kritikerpreis für die beste Opernproduktion der Saison.

□ 1987–93 Regieassistent und Spielleiter an der Oper Köln □ 1988–92 Lehrer an der Opernschule Köln □ seit 1993 freier Regisseur □ ab 2002 Chefregisseur an der Komischen Oper Berlin.

t'Hooft, Gerardus

Niederländischer Physiker, *5.7.1946 Den Helder

Mit seinem ehemaligen Professor, dem niederländischen Physiker Martinus Veltman, wurde H. mit dem Nobelpreis für Physik 1999 geehrt. Die beiden Forscher stellten die Theorie der elektroschwachen Wechselwirkung auf, die sie auf eine festere mathematische Basis stellten. Ihr Verdienst ist es, das sog. Standardmodell der Elementarteilchenphysik auf eines der Fundamentalprinzipien, der Eichsymmetrie, zu transportieren. H. ist u. a. Mitglied der Kgl. Niederländischen Akademie der Wissenschaften und der Académie des Sciences (Paris).

□ 1972–74 am Europäischen Kernforschungszentrum CERN in Genf (Schweiz) □ 1974–77 Assistenz-Prof. an der Universität Utrecht □ 1976 Gastprof. an den US-Universitäten Harvard (Cambridge/Massachusetts) und Stanford (Palo Alto/Kalifornien) □ seit 1977 Prof. an der Universität Utrecht.

Gerardus t'Hooft

Jelzin, Boris Nikolajewitsch

Russischer Politiker, *1.2.1931 Butko (Sibirien)

Am 31.12.1999 kündigte J., seit 1996 Präsident Russlands, überraschend seinen Rücktritt vom Amt an. Bereits im August 1999 hatte er Geheimdienstchef Wladimir Putin zum Ministerpräsidenten ernannt und ihn als seinen Wunschnachfolger im Kreml bezeichnet. J., gegen den wiederholt Korruptionsvorwürfe erhoben wurden, erhielt lebenslange Immunität zugesichert.

☐ 1985–88 Parteichef in Moskau ☐ 1988–90 Bauminister ☐ 1990 Austritt aus der KPdSU ☐ 1991 Wahl zum Präs. der Russischen Sozialistischen Föderation; Minsker Abkommen zur Schaffung der Gemeinschaft Unabhängiger Staaten ☐ 1996–1999 Präs. der Republik Russland.

Jospin, Lionel

Französischer Politiker, *12.7.1937 Meudon bei Paris, Premierminister (seit 1997)

Innenpolitisch verbuchte J., studierter Ökonom und Führer der Sozialisten (PS), 1999 Erfolge; ein Wirtschaftswachstum von ca. 4 % und sinkende Arbeitslosenzahlen (für 2000 wurde eine Senkung unter 10 % prognostiziert) sorgten für hohe Steuereinnahmen. Für 2000 kündigte J. Steuersenkungen für Einkommensschwache an. Nach der gescheiterten Schul- und Steuerverwaltungsreform geriet J. unter öffentlichen Druck. Er reagierte mit einer Kabinettsumbildung im Frühjahr 2000, bei der vier Ministerien neu besetzt und ein Forschungsministerium ins Leben gerufen wurden.

☐ 1965–70 Tätigkeit im Außenministerium ☐ 1970 bis 1981 Dozent für Wirtschaftswiss. an der Universität Paris ☐ 1973 Parteisekretär der PS ☐ ab 1979 zuständig für Außenpolitik ☐ 1981–88 Vors. der PS ☐ 1988–92 Erziehungsminister ☐ seit 1994 Vors. der PS ☐ seit 1997 Premierminister.

Juncker, Jean-Claude

Luxemburgischer Politiker, *9.12.1954 Redingen/Attert, Ministerpräsident (seit 1995)

Die Parlamentswahlen 1999 brachten den Parteien der seit 1984 regierenden Koalition aus der von J. geführten christlich-sozialen Volkspartei (CSV) und der sozialistischen Arbeiterpartei (LSAP) deutliche Stimmenverluste. J. trat zurück, wurde aber erneut mit der Regierungsbildung beauftragt. Seitdem regiert er in einer Koalition mit der liberalen Demokratischen Partei (DP).

☐ ab 1979 Sekretär der Parlamentsfraktion der Christlich Sozialen Volkspartei (CSV) ☐ 1979–85 Präs. des Christlich-Liberalen Jugendverbandes ☐ seit 1982 Staatssekretär im Ministerium für Arbeit und soziale Sicherheit ☐ 1989 Arbeits- und Finanzminister ☐ seit 1990 Vors. der CSV ☐ seit 1993 Präs. der Europäischen Union Christlich-Demokratischer Arbeitnehmer ☐ seit 1995 Ministerpräs.

Kasjanow, Michail

Russischer Politiker, *8.12.1957 Solnzewo bei Moskau, Ministerpräsident (seit 2000)

Mit großer Mehrheit bestätigte das russische Parlament im Mai 2000 K. als neuen Ministerpräsidenten. Der reformfreudige Finanz- und Wirtschaftsexperte hatte bereits seit Januar 2000 als Erster stellv. Premier das Kabinett geleitet. Wegen seines Alters (42) galt K. ebenso wie Präsident Wladimir Putin (47), der ihn eingesetzt hatte, als Vertreter einer neuen Politikergeneration. Nach seiner Ausbildung zum Ingenieur war K. bis Anfang der 90er-Jahre Leiter der Abteilung für Außenhandelsbeziehungen in der zentralen Planungsbehörde Gosplan. Dann wechselte er ins russische Wirtschaftsministerium, wo er ab 1993 die Abteilung für Auslandskredite und -schulden leitete. 1995 wurde K. stellv. Finanzminister, ab 1999 leitete er das Ressort.

Kirch, Leo

Deutscher Medienunternehmer, *21.10.1926 Würzburg

Durch Kooperation mit dem australisch-US-amerikanischen Medienzaren Rupert Murdoch will K. bis 2003 den Durchbruch im deutschen Bezahlfernsehen erreichen. Der britische Murdoch-Sender BskyB übernahm 2000 für rund 3 Mrd DM 24% an Premiere World von K. Im Gegenzug erwarb K. 4,3% an BskyB. Mit dem Zusammenschluss der Sender SAT.1, Pro 7, Kabel 1 und N 24 will K. bis Ende 2000 die größte deutsche Senderfamilie etablieren. Im Mai 2000 erwarb K. für vier Jahre die TV-Live-Übertragungsrechte für die Fußball-Bundesligaspiele ab August 2000 im Pay TV Premiere World. Die Kirch-Gruppe, deren erste Firma zur Verwertung von Filmrechten K. bereits 1955 gründete, umfasste 2000 alle Produktions- und Verwertungsstufen im Film- und Fernsehbereich. Bei Printmedien war K. am Axel-Springer-Verlag beteiligt.
www.leo-kirch.de

Jean-Claude Juncker

Michail Kasjanow

Lionel Jospin

Leo Kirch

Helmut Kohl

Klein, Georg

Deutscher Schriftsteller, *1953 Augsburg
Ingeborg-Bachmann Preisträger 2000

K. erhielt Anfang Juli 2000 in Klagenfurt/
Österreich den mit 250 000 öS (rund 36 000
DM) dotierten Ingeborg-Bachmann-Preis
2000 für einen dort gelesenen Auszug aus
einem Text, der im Frühjahr 2001 unter dem
Titel »Barbar Ross« erscheinen soll. Im
Frankfurter Alexander Fest Verlag wurden
1998 K.s Erzählwerke »Libidissi« und »An-
rufung des Fischers« veröffentlicht. K. lebt
heute mit seiner Familie in Ostfriesland.

Klestil, Thomas

Österreichischer Politiker, *4.11.1932 Wien,
Bundespräsident (seit 1992)

Um Neuwahlen zu vermeiden, stimmte K.
im Februar 2000 unter Vorbehalten einer
Regierungskoalition aus der konservativen
Österreichischen Volkspartei (ÖVP) und
der rechtsgerichteten Freiheitlichen Partei
(FPÖ) zu; zuvor ließ er die Parteichefs
Wolfgang Schüssel (ÖVP) und Jörg Haider
(FPÖ) ein Bekenntnis zu Freiheit und Demokratie unterzeichnen. Die Beteiligung
der FPÖ an der Regierung war im In- und
Ausland umstritten. Die EU-Staaten boykottierten die österreichischen Vertreter auf
diplomatischer Ebene. Der seit 1992 amtierende K. setzte sich vehement für die Aufhebung der Sanktionen ein.

Thomas Klestil

□ 1962–66 Wirtschaftsattaché in Washington
□ 1966–69 Staatssekretär im Kabinett des Bundeskanzlers Josef Klaus □ 1969–74 Generalkonsul
in Los Angeles □ 1974–78 Referatsleiter im Bundesministerium für Ausländische Angelegenheiten
□ 1978–82 Botschafter bei den Vereinten Nationen
□ 1982–87 Botschafter in den USA □ 1987–91
Generalsekretär für Auswärtige Angelegenheiten
□ seit 1992 Bundespräsident.

Reinhard Klimmt

Klimmt, Reinhard

Deutscher Politiker (SPD), *16.8.1942 Berlin,
Bundesminister für Verkehr, Bau und Wohnungswesen (seit 1999)

Nach nur einem Jahr als Ministerpräsident
und Nachfolger von Oskar Lafontaine im
Saarland verlor K. bei den Landtagswahlen
am 5.9.1999 die Mehrheit an die CDU.
Danach löste K. Franz Müntefering als Bundesverkehrsminister ab, der Generalsekretär
der SPD wurde. Mit der Amtsübernahme
von K. wurde der Plan einer Magnet-

Horst Köhler

Schwebebahn-Trasse (Transrapid) Berlin–
Hamburg wegen Lücken in der Finanzierung und Fehlern in der Wirtschaftlichkeits-
prognose endgültig aufgegeben. Im Frühjahr 2000 legte K. ein Anti-Stau-Programm
2003–2007 von insgesamt 7,4 Mrd DM zur
Entlastung besonders stark frequentierter
Autobahnen und Fernstraßen vor.
□ Studium d. Geschichte □ 1964 Eintritt in die SPD
□ 1970–75 Landesvors. der saarländ. Jungsozialisten □ 1975–99 Mitgl. des saarländ. Landtags
□ 1985–98 Vors. der SPD-Landtagsfraktion im
Saarland □ seit 1996 Vors. der saarländ. SPD □
1998/99 Ministerpräs. des Saarlands □ seit 1999
Bundesminist. für Verkehr, Bau u. Wohnungswesen.
www.bmvbw.de; www.bundesregierung.de

Kohl, Helmut

Deutscher Politiker (CDU), *3.4.1930 Ludwigshafen,
Bundeskanzler 1982–98

K. brachte 1999/2000 mit seinem behar-
lichen Schweigen in der CDU-Spendenaffäre die Partei an den Rand der Handlungs-
unfähigkeit. Auf parteiinternen Druck legte
er im Frühjahr 2000 den Ehrenvorsitz der
CDU nieder. Die in seiner Amtszeit als
Kanzler erhaltenen anonymen Millionen-
spenden für die CDU bedeuteten einen
eklatanten Verstoß gegen das deutsche Parteiengesetz. Der Versuch von K., den wirtschaftlichen Schaden (u. a. durch Rückforderung staatlicher Zuschüsse) für seine
Partei durch eine private Sammelaktion
Anfang 2000 wieder gutzumachen, konnten
die Zweifel innerhalb der CDU an ihm nicht
beseitigen. Die Kanzler-Ära K. war im
Herbst 1998 nach 16 Jahren mit seiner
Wahlniederlage gegen SPD-Kandidat Gerhard Schröder zu Ende gegangen.
□ 1966–73 Vors. der CDU Rheinland-Pfalz. □
1969–76 Ministerpräs. ebd. □ 1973–98 Bundesvors. der CDU □ 1976–82 Vors. der CDU/CSU-
Bundestagsfraktion □ 1982–98 Bundeskanzler.
www.cdu.de
▸ **Parteien** → CDU → Parteienfinanzierung

Köhler, Horst

Deutscher Finanzfachmann, *22.2.1943 Skier-
bieszow, Polen, Präsiden des Internationalen
Währungsfonds (seit Mai 2000)

K. löste Michel Camdessus als Präsidenten
des IWF ab. Der zunächst für diesen Posten
vorgesehene Staatssekretär Caio Koch-Weser
war u. a. von den USA abgelehnt worden.
K. war 1990–93 unter Bundeskanzler Hel-

mut Kohl (CDU) Finanzstaatssekretär und wurde 1998 zum Präsidenten der Europäischen Bank für Wiederaufbau und Entwicklung (Osteuropabank) gewählt. Trotz Mitgliedschaft in der CDU gilt er als politisch weitgehend unabhängig und versiert in internationalen Finanzfragen.

☐ 1965–69 Studium der Wirtschaftswiss. in Tübingen, Diplom-Volkswirt ☐ 1977 Promotion zum Dr. rer. pol. ☐ 1976–81 Arbeit in der Grundsatzabteilung des Bundeswirtschaftsministeriums ☐ 1981/82 Mitgl. der schleswig-holst. Staatskanzlei ☐ ab 1982 leitende Positionen im Bundeswirtschafts- und im Bundesfinanzministerium ☐ 1990 bis 1993 Staatssekretär im Bundesfinanzministerium ☐ 1993–98 Präs. des Deutschen Sparkassen- und Giroverbandes ☐ seit 1998 Präs. der Osteuropabank ☐ seit 2000 Präs. des IWF.

Kok, Wim

Niederländischer Politiker, *29.9.1938 Bergambacht, Ministerpräsident (seit 1994)

Mit Teilzeitjobs insbes. bei Dienstleistungen, moderater Lohnpolitik der Gewerkschaften und Steuersenkungen konnte der Ökonom und einstige Gewerkschaftschef K. 1994–99 den Haushalt der Niederlande sanieren. Die Lockerung der Regelungen zum Kündigungsschutz und flexiblere Arbeitszeiten ließen die Erwerbslosenquote von 7% (1995) auf rund 3% (1999) fallen. K. regiert in einer Koalition aus Partei der Arbeit (PvdA), liberaler Volkspartei für Freiheit und Demokratie (VVD) und linksliberalen Demokraten '66.

☐ 1973–86 Präs. des Gewerkschaftsverbandes NVV ☐ seit 1986 Partei- und Fraktionsvors. der Partei der Arbeit (PvdA) ☐ 1989–94 stellv. Ministerpräs. und Finanzminister ☐ seit 1994 Premierminister.

Kuhn, Fritz

Deutscher Politiker, *29.6.1955 Bad Mergentheim, Vorsitzender von Bündnis 90/Die Grünen (seit 2000)

Der enge Vertraute von Bundesaußenminister Joschka Fischer wurde am 24.6. 2000 mit 73,7% der Stimmen von den Delegierten des Münsteraner Parteitags neben Renate Künast zu einem der beiden Parteivorsitzenden von Bündnis 90/Die Grünen gewählt. K. kündigte für die Grünen einen Neuanfang an: Die Partei werde sich besonders für Ökologie, soziale Innovation, gesellschaftliche Modernisierung und Menschenrechte einsetzen.

☐ 1975–80 Studium der Germanistik und Philosophie in München und Tübingen ☐ seit 1979 Mitgl.

der Grünen ☐ 1984–88 und 1992–2000 Grünen-Fraktionsvors. und Abgeordneter im baden-württembergischen Landtag ☐ seit 1989 (beurlaubt seit 1992) Prof. für sprachliche Kommunikation an der Stuttgarter Merz-Akademie ☐ seit Juni 2000 Bundesvors. von Bündnis 90/Die Grünen.
www.gruene.de

Künast, Renate

Deutsche Politikerin, *15.12.1955 Recklinghausen, Vorsitzende von Bündnis 90/Die Grünen (seit 2000)

Die ehemalige Fraktionschefin von Bündnis 90/Die Grünen im Berliner Abgeordnetenhaus wurde am 24.6.2000 in Münster/Westf. mit 82,6% zu einem der beiden Vorsitzenden der Bundespartei neben Fritz Kuhn gewählt. K. unterstützt den auf dem Münsteraner Parteitag gebilligten Konsens zwischen rot-grüner Regierung und Energieversorgern über den Ausstieg aus der Kernenergie (32 Jahre Restlaufzeit der bestehenden Kraftwerke). Die gelernte Sozialarbeiterin und Rechtsanwältin hatte 1989 mit dem späteren Regierenden Bürgermeister Walter Momper erfolgreiche Verhandlungen über einen Senat aus (damaliger) Alternativer Liste und SPD geführt.

☐ 1977–79 Sozialarbeiterin am Gefängnis Berlin-Tegel ☐ 1977–1982 Jura-Studium an der Freien Universität Berlin ☐ seit 1985 Rechtsanwältin ☐ 1985–87 MdA in Berlin ☐ 1990–93 und 1998–2000 Fraktionsvors. von Bündnis90/Die Grünen im Berliner Abgeordnetenhaus ☐ seit Juni 2000 Bundesvorsitzende von Bündnis90/Die Grünen.
www.gruene.de

Renate Künast

Wim Kok

Lagos, Ricardo

Chilenischer Politiker und Jurist, *2.3.1938 Santiago, Präsident (seit 2000)

Mit L. regiert erstmals seit 27 Jahren wieder ein Sozialist in Chile. Er plant die nach Ende der Pinochet-Diktatur (1990) begonnene Demokratisierung des Landes fortzusetzen. Im Frühjahr 2000 kündigte er die Schaffung neuer Arbeitsplätze und zusätzliche Gelder für die Bekämpfung der Armut an (u. a. Einführung der Arbeitslosenversicherung). 1999 lebten in Chile ca. vier Mio Menschen (rund 27% der Bevölkerung) unterhalb der Armutsgrenze. Zugleich versprach L. die Justiz beim möglichen Prozess gegen den ehemaligen Diktator Augusto Pinochet zu unterstützen, dessen Immunität als Senator auf Lebenszeit im Juni 2000 aufgehoben wurde.

Fritz Kuhn

Hartmut Mehdorn

Lipponen, Paavo

Finnischer Politiker, *23.4.1941 Turtola, Ministerpräsident (seit 1995)

Trotz Verlusten bei den Parlamentswahlen im März 1999 konnte L. die Koalition aus Nationalen, Linksverband, Schwedischer Volkspartei und den Grünen fortsetzen. Mit drastischer Sparpolitik hatte er die Arbeitslosigkeit von 17% (1995) auf 10% (1999) gesenkt und das Wirtschaftswachstum auf 4% gesteigert. Die 1999 vom Reichstag verabschiedete neue Verfassung stärkt seit März 2000 die Befugnisse des Parlaments gegenüber dem Staatsoberhaupt.

Madl, Ferenc

Ungarischer Politiker, *29.1.1931 Band, Staatspräsident (seit 2000)

Der Rechtsprofessor wurde im Juni 2000 Nachfolger von Arpad Göncz als ungarischer Präsident. M., der bereits 1995 – damals chancenlos – gegen Göncz zur Wahl um das höchste ungarische Amt angetreten war, wurde von Ministerpräsident Victor Orban favorisiert. Der Wissenschaftler M. galt im kommunistischen Ungarn vor 1989 als Ausnahmeerscheinung, da ihm ohne Parteimitgliedschaft Reisen zu Lehraufträgen ins Ausland gestattet wurden. Erst seit dem gesellschaftlichen Umbruch in Ungarn 1989/90 politisch tätig, war M. in der ersten frei gewählten Regierung Kulturminister.

Ferenc Madl

Masur, Kurt

Deutscher Dirigent, *18.7.1927 Brieg/Schlesien

2001 wird M., seit 1991 Leiter der New Yorker Philharmoniker, musikalischer Leiter des französischen Nationalorchesters. Bis zur Spielzeit 2002/03 wird er zugleich als Chefdirigent die Londoner Philharmoniker leiten. Der durch seine Arbeit am Leipziger Gewandhaus weltbekannte Künstler setzt sich vor allem für die Pflege zeitgenössischer Musik ein.
☐ 1948–51 Kapellmeister in Halle ☐ 1951–53 Erster Kapellmeister an den Städtischen Bühnen Erfurt, 1953–55 an der Oper Leipzig ☐ 1955–58 Dirigent bei der Dresdner Philharmonie ☐ 1958–60 Generalmusikdirektor am Staatstheater Schwerin ☐ 1960 bis 1964 Chefdirigent der Komischen Oper Berlin ☐ 1967–72 Chefdirigent der Dresdner Oper ☐ 1970 bis 1996 Gewandhauskapellmeister in Leipzig ☐ seit 1991 Musikdirektor der New Yorker Philharmonie ☐ ab 2001 Leiter des frz. Nationalorchesters.

Angela Merkel

Mehdorn, Hartmut

Deutscher Manager und Ingenieur
*31.7.1942 Berlin, Vorstandsvorsitzender der Deutschen Bahn AG (seit 1999)

M. gilt als hervorragender Techniker und Organisator. Nach rund 30 Jahren Arbeit in der Flugzeugindustrie führte er ab Mitte der 90er-Jahre die Heidelberger Druckmaschinen AG zur Weltspitze. Nach dem ICE-Unglück 1998 in Eschede und anhaltender Kritik an Service und Pünktlichkeit hatte die Bahn mit M. einen Neubeginn starten wollen. Zur Sanierung kündigte M. rigoroses Sparen an: Der Schienenverkehr soll nur dort aufrecht erhalten werden, wo er sich als wirtschaftlich erweist; soziale Leistungen der Bahnangestellten sollen gekürzt werden.
☐ 1974–77 Programmleiter für das erste Airbus-Modell ☐ 1984–86 Geschäftsbereichsleiter bei MBB (Hamburg) ☐ 1986–89 Mitgl. der Geschäftsführung ☐ 1989–92 Vors. der Geschäftsführung der Deutschen Airbus AG ☐ 1993–95 Vorstandsmitgl. der Deutschen Aerospace (DASA) ☐ 1995–99 Vorstandsvors. der Heidelberger Druckmaschinen AG ☐ seit 1999 Vorstandsvors. der Dt. Bahn AG.
www.deutsche-bahn.de

Mendes, Sam

Britischer Regisseur, *1.8.1965

Die Gesellschaftssatire »American Beauty« machte den Theaterregisseur M. zum Star der Oscar-Verleihung 2000. Sein Filmdebüt über das funktionsgestörte Leben zweier US-Familien erhielt fünf Academy Awards: bester Film, Regie, männlicher Hauptdarsteller (Kevin Spacey), Kamera und Drehbuch. Mit 27 Jahren wurde M. künstlerischer Leiter des Donmar Warehouse in Covent Garden (London). Seine »Cabaret«-Inszenierung wurde viermal mit dem Theaterpreis Tony geehrt.

Merkel, Angela

Deutsche Politikerin, Dr. rer. nat, *17.7.1954 Hamburg, CDU-Vorsitzende (seit April 2000)

M. wurde im April 2000 auf dem Essener Parteitag von über 90% der Delegierten zur CDU-Vorsitzenden und Nachfolgerin des wegen der Parteispendenaffäre nicht wieder kandidierenden Wolfgang Schäuble gewählt. Sie ist die erste Frau an der Parteispitze der CDU. Sie wolle keine Übergangs-Parteichefin sein, sondern über das Jahr 2002 hinaus (Bundestagswahl) die CDU als

Volkspartei modernisieren. Die promovierte Physikerin machte nach der Wende in der DDR rasch Karriere in der CDU und wurde 1990 für den Wahlkreis Stralsund (Mecklenburg-Vorpommern) in den Deutschen Bundestag gewählt. Unter Bundeskanzler Helmut Kohl war sie Bundesfamilien- und -umweltministerin.

☐ 1978–90 wissenschaftliche Mitarbeiterin am Zentralinstitut für Physikalische Chemie an der Akademie der Wissenschaften ☐ 1986 Promotion ☐ 1990 stellv. Sprecherin der DDR-Regierung von Lothar de Maizière; Referentin im Presse- und Informationsamt der Bundesregierung. ☐ seit 1990 MdB ☐ 1991–94 Bundesfamilienministerin ☐ seit 1993 Vors. der CDU Mecklenburg-Vorpommern ☐ 1991–98 Stellv. Bundesvors. der CDU ☐ Bundesumweltministerin ☐ seit 1998 CDU-Generalsekretärin ☐ seit April 2000 Bundesvors. der CDU.

Michalczewski, Dariusz
Deutscher Boxer, *5.5.1968 Danzig (Polen)

Im April 2000 verteidigte der Weltmeister der World Boxing Organization (WBO) in Hannover seinen Titel zum 19. Mal und zum zweiten Mal gegen den Berliner »Rocky« Graciano Rocchigiani. Der »Tiger« genannte M. ist seit 1992 deutscher Staatsbürger und mit 42 Profikämpfen ohne Niederlage der erfolgreichste deutsche Boxer aller Zeiten. Noch vor dem geplanten Ende seiner Karriere 2002 will M. gegen Roy Jones jr. (USA) antreten, den Weltmeister der drei Boxverbände WBC, WBA und IBF.

☐ 1985–87 Polnischer Juniorenmeister ☐ 1991 Europameister im Halbschwergewicht ☐ seit 1994 WBO-Weltmeister im Halbschwergewicht.
www.triquart.de/dariusz_hompage

Middelhoff, Thomas
Deutscher Medienmanager, *11.5.1953 Düsseldorf, Vorstandsvorsitzender d. Bertelsmann AG (seit 1998)

M. bereitete 1999/2000 alle Abteilungen des Bertelsmann-Konzerns auf das Internet und den elektronischen Handel vor. Sein Ziel ist, im Wachstumssektor E-Commerce weltweit führend zu werden. Das Schlüsselprojekt des Unternehmens, BOL (Bertelsmann Online International) – der elektronische Handel mit Büchern, Zeitschriften, Videos und Musik – soll die Buchclub-Idee in die virtuelle Welt übertragen. Als strategischer Partner des Inernet-Unternehmens Terra Lycos soll BOL ausgebaut werden, um weltweit 250 Mio Kunden zu erreichen. Nach der Fusion des Medienkonzerns Time

Warner und des Online-Dienstes America Online (AOL) im Frühjahr 2000 wollte Bertelsmann sich aus der Beteiligung an AOL Europe zurückziehen.

☐ 1986/87 Assistent der Geschäftsführung der Mohndruck GmbH ☐ 1987/88 Geschäftsführer von Elsnerdruck Berlin ☐ 1989/90 Geschäftsführer von Mohndruck ☐ 1990 Vorstandsmitgl. des Bertelsmann-Unternehmenbereichs Druck- und Industriebetriebe und Vors. der Geschäftsführung von Mohndruck ☐ seit 1994 im Konzernvorstand der Bertelsmann AG ☐ seit 1998 Vorstandsvors.
www.bertelsmann.de

Thomas Middelhoff

Milberg, Joachim
Deutscher Manager, *10.4.1943 Verl (Westfalen), Vorstandsvorsitzender der BMW AG (seit 1999)

Nach dem Verkauf der verlustreichen britischen Konzerntochter Rover an die Phoenix-Gruppe im Frühjahr 2000 und Landrover an Ford wollte M. wieder verstärkt auf eigene Marken setzen. Das sechsjährige Engagement von BMW bei Rover brachte rund 9 Mrd DM Minus. Als Ersatz stellte M. die Entwicklung einer eigenen BMW-Mittelklasse-Modellreihe in Aussicht. Der gelernte Maschinenschlosser und Fertigungstechniker wurde 1999 Nachfolger von Bernd Pischetsrieder.

☐ 1959–62 Ausbildung zum Maschinenschlosser ☐ 1962–69 Studium der Fertigungstechnik ☐ 1970 bis 1972 Wiss. Assistent an der TU Berlin ☐ 1972 bis 1978 Leitender Angestellter bei der Werkzeugmaschinenfabrik Gildemeister AG ☐ 1978–81 Leiter des Geschäftsbereichs Automatische Drehmaschinen ☐ 1981 Ordinarius für Werkzeugmaschinen und Betriebswiss. der TU München ☐ 1993 Vorstandsmitgl. für Produktion und Engineering bei BMW ☐ seit 1999 Vorstandsvors. der BMW AG.
www.bmw.de

Joachim Milberg

Müller, Werner
Deutscher Politiker, *1.6.1946 Essen, Bundesminister für Wirtschaft und Technologie (seit 1998)

Der parteilose M. bringt seine Erfahrungen aus dem Industriemanagement ins Amt des Bundesministers für Wirtschaft und Technologie ein. Er plante das Internet als Medium für alle auszubauen, auch um die Macht der Verbraucher zu stärken. Sein Ministerium will mit Finanzhilfen die Zahl der Auszubildenden in der Informationstechnik 2000 auf 40000 und bis 2003 auf 60000 steigern. In der Energiepolitik war M. im Juni 2000 an der Vereinbarung zwischen Regierung und Nuklearwirtschaft über den langfristigen Ausstieg aus der Atomenergie beteiligt.

Werner Müller

1970–72 Fachhochschullehrer für Wirtschafts-mathematik und Statistik ☐ 1970–73 Lehrauftrag der Universität Mannheim für Wirtschaftsmathematik ☐ 1973–80 Referatsleiter Marktforschung bei RWE AG ☐ 1980–92 Veba AG, seit 1990 als Generalbevollmächtigter ☐ 1992–97 Veba Vorstand Kraftwerke Ruhr AG ☐ 1991–98 Berater des niedersächsischen Ministerpräs. Gerhard Schröder ☐ seit 1997 Industrieberater ☐ Bundesminister für Wirtschaft und Technologie (seit 1998).
www.bmwi.de; www.bundesregierung.de

Müntefering, Franz

Deutscher Politiker, *16.1.1940 Neheim, Generalsekretär der SPD (seit 1999)

Franz Müntefering

Erstmals in ihrer über 130-jährigen Geschichte wählte die SPD mit M. einen Generalsekretär und wertete das Amt des Bundesgeschäftsführers auf. Der oft als »Vater« des Erfolgs der SPD in dem von ihm geleiteten Bundestagswahlkampf 1998 apostrophierte M. legte im Frühjahr 2000 ein Zehnpunkte-Papier zur organisatorischen Modernisierung der SPD vor. Das parteiintern umstrittene Konzept sieht außer Volksentscheiden in wichtigen Fragen die Einbindung von Nicht-SPD-Mitgliedern als Mandatsträger und Vorentscheidungen bei der Mandatsverteilung nach US-Muster vor.
☐ kaufmännischer Angestellter in der Metallverarbeitenden Industrie ☐ seit 1966 Mitgl. der SPD ☐ 1992–95 Minister für Arbeit, Gesundheit und Soziales in NRW ☐ 1992–98 Vors. des Bezirkes Westliches Westfalen ☐ seit 1998 Vors. des SPD-Landesverbandes NRW ☐ 1995–98 Bundesgeschäftsführer der SPD ☐ MdB 1972–92 und seit 1998 ☐ 1990–92 Parlamentar. Geschäftsführer der SPD-Fraktion ☐ 1998/99 Bundesverkehrs- und bauminister ☐ seit 1999 Generalsekretär der SPD.
www.spd.de

Mundell, Robert Alexander

Kanadischer Wirtschaftswissenschaftler, *24.10.1932 Kingston (Ontario)

Robert Mundell

Der an der Columbia-Universität in New York lehrende Ökonom erhielt für seine Analyse der Geld- und Fiskalpolitik den Nobelpreis für Wirtschaftswissenschaften 1999. M. hatte in den 60er-Jahren an der Universität Chicago die Abhängigkeiten zwischen Geld- und Haushaltspolitik in einem Land und dem internationalen Kapitalverkehr sowie Voraussetzungen für einen optimalen Währungsraum über Ländergrenzen hinweg erforscht. Bis heute haben seine Erkenntnisse praktischen Bezug in der Wirtschafts- und Finanzpolitik.

1957/58 Dozent an der Universität Vancouver/Kanada ☐ 1958–59 Wirtschaftswiss. Berater in Ottawa ☐ 1959–61 Prof. in Bologna ☐ 1961–63 Arbeit für den IWF (International Monetary Fund) ☐ 1963–64 und 1989–90 Gastprof. an der McGill University ☐ 1965–75 Lehrer am Graduate Institute of International Studies (Genf) ☐ 1972–74 Prof. an der Universität von Ontario ☐ seit 1974 Prof. an der Columbia University, New York.

Murdoch, Rupert

Australisch-US-amerikanischer Medienunternehmer, *11.3.1931 Melbourne

M. übernahm im Mai 2000 den Münchner Fernsehsender tm3, an dem er bereits 66% Anteile hielt. Die Verlust bringenden Rechte an der Fußball-Champions-League-Seite des UEFA, die er erst 1999 für vier Jahre erworben hatte, veräußerte er an RTL und Premiere World für rund 100 Mio DM pro Saison. Bereits Ende 1999 schloss M. ein Bündnis mit dem deutschen Medienunternehmer Leo Kirch. Für rund 3 Mrd DM Mark erwarb er 24% Anteile an Kirchs Sender Premiere World. Das gegenseitige Beteiligungsmodell zwischen der Holding Kirch Pay TV und dem Murdoch-Sender BskyB soll bis 2003 den Durchbruch im deutschen Bezahlfernsehen schaffen; dann soll für Kirch Pay TV der Weg an die Börse vorbereitet werden. Zum Imperium von M. gehörten Mitte 2000 auch Fernsehsender wie Fox Broadcast (USA), Star TV (Hongkong), Foxtel (Australien) und Zeitungen wie »The Times« (GB) und »New York Post« (USA). Er besaß die Filmgesellschaft Twentieth Century Fox (USA) und den Buchverlag Harper-Collins (USA).

Musharraf, Pervez

Pakistanischer General, *11.8.1943 Delhi, Regierungschef (seit 1999)

Nach dem Militärputsch gegen Nawaz Sharif im Oktober 1999 übernahm M. die Regierungsgewalt. Er verhängte den Ausnahmezustand, setzte die Verfassung außer Kraft und suspendierte das Parlament. Neben der Bekämpfung der Korruption kündete M. einen harten wirtschaftlichen Sanierungskurs an. Für 2001 versprach der General demokratische Wahlen.
☐ 1947 Übersiedlung mit seinen Eltern von Indien in den neu geschaffenen Staat Pakistan ☐ 1964 Beginn der Militärlaufbahn ☐ 1995 Generalleutnant ☐ 1998 Heeresstabchef ☐ 1999 Chef des Generalstabs ☐ seit 12.10.1999 Ministerpräs.

Nüsslein-Volhard, Christiane

Deutsche Biologin, *20.10.1942 Magdeburg

N., seit 1985 Direktorin am Tübinger Max-Planck-Institut für Entwicklungsbiologie, wurde 1999 von Wissenschaftsjournalisten zur Deutschen Naturwissenschaftlerin des Jahrzehnts gewählt. Neben ihren herausragenden wissenschaftlichen Leistungen wurde ihr öffentliches Engagement gewürdigt. 1995 hatte sie mit den US-Forschern Edward Lewis und Eric Wieschaus für ihre Entdeckungen im Bereich der »genetischen Kontrolle der frühen Embryonalentwicklung« den Medizinobelpreis erhalten. Mehrere Gastprofessuren führten sie in die USA.

☐ 1962–68 Studium der Biologie und Biochemie ☐ 1978–80 Forschungsgruppenleiterin am Europ. Molekularbiologischen Laboratorium Heidelberg ☐ 1981–85 Forschungsgruppenleiterin der Tübinger Max-Planck-Gesellschaft ☐ seit 1985 Direktorin ebd. ☐ 1995 Medizinnobelpreis.

Ogi, Adolf

Schweizer Politiker, *18.7.1942 Kandersteg (Bern), Bundespräsident für 2000

O. bekleidet das Amt des Bundespräsidenten für 2000 nach 1993 zum zweiten Mal. Seit 1988 gehört er dem Bundesrat (Regierung) an. Er gilt als Befürworter des Euro. Im Mai stimmten 67,2% der Wähler den sieben Abkommen der Schweiz mit der EU zu. O. engagierte sich für die politische Öffnung der Eidgenossenschaft und für ihre Teilnahme an internationalen Organisationen. Er führte die Schweiz u.a. in die NATO-Partnerschaft für den Frieden und entsandte eidgenössische Friedenssoldaten ins Ausland.

☐ seit 1978 Mitglied der Schweizerischen Volkspartei (SVP) ☐ 1979 Wahl in den Nationalrat ☐ 1984–87 Präs. der SVP ☐ 1982–87 Mitgl. der Sicherheitspolitischen Kommission des Nationalrats ☐ 1993 Bundespräs. ☐ 1995–98 Chef des Eidgenössischen Militärdepartements ☐ 1999 Vizepräs. des Bundesrats ☐ 2000 Bundespräsident.

Orbinski, James

Kanadischer Arzt, *5.8.1960, Präsident des internationalen Rates von Ärzte ohne Grenzen

Mit seiner 1971 unter dem Namen Médicins sans Frontières (Ärzte ohne Grenzen) in Frankreich gegründeten Organisation erhielt ihr Präsident O. den Friedensnobelpreis 1999. Als Begründung nannte das nor-wegische Nobelkomitee, dass Ärzte ohne Grenzen durch Hinweise auf die Ursachen der jeweiligen Katastrophen, in denen sie zum Einsatz käme, die öffentliche Meinung gegen Machtmissbrauch und Übergriffe mobilisiere. Die Hilfsorganisation leistet mit mehr als 2000 Freiwilligen in über 80 Ländern medizinische Nothilfe.

www.aerzteohnegrenzen.de

Ostermeier, Thomas

Deutscher Regisseur, *3.9.1968 Soltau, Leiter der Berliner Schaubühne (seit 2000)

Zusammen mit der Choreografin Sasha Waltz und den beiden Dramaturgen J. Hillje (Schauspiel) und J. Sandig (Tanz) übernahm O. Anfang 2000 die künstlerische Leitung der Schaubühne Berlin. Als erstes Stück zeigten sie »Personenkreis 3.1« von Lars Norén, einen pathetischen Abgesang auf die Gewissheiten der Wohlstandsgesellschaft. O. plante das Theater als Kulturinstitution herauszufordern, schonungslos die Wirklichkeit aufzuzeigen und Grenzen zu überschreiten. Für seine Inszenierungen erhielt O. 1997 den »Friedrich-Luft-Preis«.

☐ 1990–91 Schauspiel-Gaststudent an der Hochschule der Künste Berlin ☐ 1992–96 Regiestudium an der Hochschule für Schauspielkunst Berlin ☐ 1993–95 Assistent und Schauspieler in Weimar, 1995–96 in Berlin ☐ 1996 Regisseur und künstlerischer Leiter am Deutschen Theater Berlin ☐ seit 2000 künstlerischer Leiter der Berliner Schaubühne.

Persson, Göran

Schwedischer Politiker, * 20.1.1949 Vingåker, Ministerpräsident (seit 1996)

Das Minderheitskabinett der Sozialdemokraten unter P. verbuchte nach einer konsequenten Sparpolitik innenpolitische Erfolge. Die Arbeitslosigkeit wurde bis 1999 auf 5,5% halbiert, der Haushalt saniert und die Wachstumsrate des BIP erreichte mit 3,6% europäisches Spitzenniveau. Einschnitte ins soziale Netz konnten teilweise wieder rückgängig gemacht werden; für 2000 kündigte P. weitere Steuererleichterungen an. Um mittelfristig die Einführung des Euro auch in Schweden vorzubereiten, wurden die Statuten der Zentralbank geändert. Sie kann nun eine von der Regierung unabhängige Geldpolitik betreiben. P. kündigte über den Eintritt Schwedens in die Europäische Währungsunion eine Volksabstimmung an.

Christiane Nüsslein-Volhard

Göran Persson

Ferdinand Piëch

Piëch, Ferdinand

Deutscher Manager, *17.4.1937 Wien Vorstandsvorsitzender der Volkswagen AG (seit 1993)

Mit der 34%-igen Beteiligung am schwedischen Konzern Scania im Frühjahr 2000 gelang P. der geplante Einstieg ins Geschäft mit Nutzfahrzeugen. VW deckt damit die komplette Fahrzeugpalette vom Dreiliterauto Lupo bis zum Lkw und Bus ab. Im Zuge der 1993 von P. gestarteten Spar- und Rationalisierungsmaßnahmen erreichten die Haustarife von VW und der sozialverträgliche Firmenvertrag zur Altersteilzeit Modellcharakter. Im März 2000 kündigte P. neue Sparmaßnahmen bei VW, Audi und Skoda von jährlich 1,8 Mrd DM an.

☐ 1963–71 Mitarbeiter der Porsche KG Stuttgart 1971–72 Technischer Geschäftsführer ☐ 1972–75 Leitende Tätigkeit bei der Audi AG ☐ 1975–83 Geschäftsbereich Technische Entwicklung ☐ 1988–93 Vorstandsvors. der Audi AG ☐ seit 1993 Vorstandschef der Volkswagen AG.
www.volkswagen.de

Pierer, Heinrich von

Deutscher Manager, *26.1.1941 Erlangen, Vorstandsvorsitzender der Siemens AG (seit 1992)

P., der 1969 als Jurist seine Tätigkeit im Siemens-Konzern aufnahm, steht für die große Umstrukturierung des Unternehmens. Durch Aufgabe von ca. 50 Geschäftsfeldern (u. a. Halbleitertechnik) konnte die Rendite des Konzerns deutlich gesteigert werden. Im Mai 2000 kündigte P. an, auch die Beteiligung (71%) am Chiphersteller Infineon, der im März 2000 erfolgreich an die Börse gegangen war, bis 2001 zu verkaufen.

☐ 1969–77 Syndikus in der Rechtsabteilung der Siemens AG ☐ 1977–88 Betreuer und Leiter von Großprojekten bei der Siemens-Tochter Kraftwerk Union AG (KWU) ☐ 1988–91 Kaufmännischer Leiter der KWU ☐ 1991–92 stellv. Vorstandsvors. der Siemens AG ☐ seit 1992 Vorstandsvorsitzender.
www.siemens.de

Heinrich von Pierer

Putin, Wladimir

Russischer Politiker und Jurist, *7.10.1952 Leningrad, Präsident (seit 2000)

Beim Staatsbesuch Mitte Juni 2000 in Deutschland erklärte P., dass Russland die Wirtschaftsbeziehungen zu seinem wichtigsten Handelspartner intensivieren wolle. P. war im März 2000 mit 52% der Stimmen zum russischen Präsidenten gewählt wor-

Wladimir Putin

den, hatte das Amt aber schon im Januar von Boris Jelzin nach dessen überraschenden Rücktritt übernommen. Der ehemalige Geheimdienstchef P. gilt als Verfechter einer harten innenpolitischen Linie (u. a. im Kampf gegen die Korruption) und in der Außenpolitik (Krieg gegen die Rebellen in Tschetschenien).

☐ 1975–91 im Auslandsressort des KGB ☐ 1991 Leiter des Petersburger Komitees für Auslandsbeziehungen ☐ 1994–96 Erster Stellv. des St.-Petersburger Bürgermeisters ☐ 1996–97 stellv. Leiter der Wirtschaftsabteilung des Präsidialamtes in Moskau ☐ 1997/98 Leiter der Hauptabteilung Kontrolle der Präsidentenverwaltung und Vizestabschef Jelzins ☐ 1998/99 Chef des Föderalen Sicherheitsdienstes ☐ 1999 Ministerpräs. ☐ seit 2000 Staatspräs.

Ralston, Joseph

US-amerikanischer General, *4.11.1943 Hopkinsville/Kentucky, NATO-Oberbefehlshaber (seit 2000)

Im Mai 2000 übernahm R. den wichtigsten Posten eines US-Militärs außerhalb der USA, den NATO-Oberbefehl in Europa. Er wurde Nachfolger von Wesley Clark, der seinen Posten vorzeitig aufgab. R. kam 1965 nach Chemie- und Personalführungsstudium zur Air Force. Nach seiner Ausbildung zum Piloten hatte er mehrere Truppenkommandos sowie einflussreiche Personal- und Managementposten inne. 1996 stieg er zum Vize-Generalstabschef auf.

Rasmussen, Poul Nyrup

Dänischer Politiker, * 15.6.1943 Esbjerg, Ministerpräsident (seit 1993)

Seit 1996 regiert R. in einer Koalition aus Sozialdemokraten und Sozialliberalen. Durch eine Arbeitsmarktreform, welche die Kriterien für die Zumutbarkeit von Arbeit verschärfte, und ein Aktivierungprogramm, das Arbeitslose innerhalb bestimmter Fristen verpflichtet, sich von staatlich finanzierten Projekten beschäftigen zu lassen, konnte R. die Erwerbslosenquote in Dänemark von 10% (1995) auf 4,5% (1999) senken. Andere Einschnitte in den Wohlfahrtsstaat (u. a. Kürzung der Frührente und der Volksrente) führten zur Stärkung der rechtspopulistischen Dänischen Volkspartei (DF), die 1998 erstmals ins Parlament einzog.

☐ seit 1986 Geschäftsführender Direktor der Arbeitnehmerorganisation ECPF ☐ 1987 stellv. Vorsitzender der Sozialdemokratischen Partei ☐ seit 1988 Mitglied des Folketing ☐ seit 1993 Ministerpräsident.

Rattle, Simon

Britischer Dirigent und Orchesterleiter,
Sir (seit 1994) *19.1.1955 Liverpool

R. wird 2002 als Nachfolger von Claudio
Abbado Chefdirigent der Berliner Philharmoniker. Der weltweit arbeitende R. leitete
17 Jahre das Orchester in Birmingham, das
er auf Weltniveau hob. Ab 1991 veranstaltete
R. mit seinem Orchester jedes Frühjahr das
Festival »Towards the Millennium«. 2003
wird R. zugleich die künstlerische Leitung
der Salzburger Osterfestspiele übernehmen.

☐ 1973–75 Chefassistent beim Bournemouth Symphony Orchestra ☐ 1980–98 Kapellmeister des City
of Birmingham Symphony Orchestra ☐ 1991–93
Künstlerischer Direktor der South Bank Summer
Music-Festspiele London ☐ ab 2002 Chefdirigent
der Berliner Philharmonie.

Rau, Johannes

Deutscher Politiker (SPD), *16.1.1931 Wuppertal,
Bundespräsident (seit 1999)

Als erstem deutschen Politiker wurde R. im
Februar 2000 im Rahmen seiner Nahost-
Reise ein Auftritt vor dem israelischen Par-
lament (Knesset) ermöglicht. In seiner als
historisch bezeichneten, auf Deutsch gehal-
tenen Rede bat er das israelische Volk um
Vergebung für die Verbrechen der National-
sozialisten. Im Mai 2000 sprach sich R. in
Berlin für klare Regeln zur Einwanderung
und den Erhalt des Asylrechts aus. In die
Kritik geriet das Staatsoberhaupt 1999 im
Zusammenhang mit der Flugaffäre in NRW:
R. betonte aber, dass er Flugzeuge der West-
LB nur für Dienstreisen genutzt habe.

☐ 1957 Eintritt in die SPD ☐ 1959–62 Vors. der
Jungsozialisten in Wuppertal ☐ 1964–67 Vors. der
SPD-Fraktion ☐ 1969 Oberbürgermeister von Wuppertal ☐ 1970–78 Minister für Wissenschaft und
Forschung in NRW ☐ 1978–98 Ministerpräs. ebd.
☐ 1968–99 Mitgl. im Parteivorstand der Bundes-
SPD ☐ 1982–99 SPD- Präsidiumsmitgl. ☐ seit
1999 Bundespräsident.
www.bundespraesident.de

Riess-Passer, Susanne

Österreichische Politikerin, Dr. jur., *3.1.1961
Braunau/Inn, FPÖ-Vorsitzende (seit 2000)

R. gilt als Vertraute des zurückgetretenen
Jörg Haider, von dem sie im Februar 2000
den Vorsitz der rechtsgerichteten Freiheitlichen Partei Österreichs (FPÖ) übernahm.
R. begann 1987 im Pressereferat der FPÖ
und war 1995/96 stellv. Vorsitzende der Par-

tei. 1996 wurde sie geschäftsführende Bun-
desparteiobfrau. Im Januar 2000 wurde sie
Vizekanzlerin der neuen FPÖ/ÖVP-Bun-
desregierung.

☐ 1984 nach Studium der Rechtswiss. und Betriebswirtschaft in Innsbruck Promotion zum Dr. jur.
☐ 1987–93 Bundespresserefentin der FPÖ ☐ seit
1993 Referentin für internationale Angelegenheiten
der FPÖ ☐ seit 1996 Leiterin des Bundesobmann-
büros von Haider. ☐ seit 1994 stellv. Bundesobfrau
☐ 1995/96 Mitgl. des Europäischen Parlaments
☐ ab 1996 Geschäftsführende Bundesobfrau.
☐ März–Oktober 1999 Landtagsabgeordnete in
Tirol ☐ seit 2000 Vizekanzlerin und FPÖ-Vors.

Riester, Walter

Deutscher Politiker (SPD), *27.9.1943 Kaufbeuren,
Bundesminister f. Arbeit u. Sozialordnung (seit 1998)

Ziel der von R. geplanten, in Gesprächen mit
der Opposition kontrovers diskutierten Ren-
tenreform ist es, trotz der erwarteten demografischen Entwicklung – weniger Beitragszahler, mehr Rentenempfänger – bis 2030
die Altersbezüge zu sichern und die private
Altersvorsorge zu fördern. Der ehemalige
Gewerkschafter R. erwirkte die Zustimmung
von Bundestag und Bundesrat, die Rentenerhöhungen 2000 und 2001 von den Netto-
Lohnerhöhungen abzukoppeln und nur
einen Inflationsausgleich zu gewähren.

☐ 1957 Eintritt in die Gewerkschaft IG Bau-Steine-
Erden ☐ seit 1966 Mitgl. der SPD ☐ 1970–77 Refe-
ratssekretär für Jugendfragen beim Deutschen
Gewerkschaftsbund ☐ 1977 Wechsel zur IG Metall
☐ 1988–93 Bezirksleiter der IG-Metall in Stuttgart
☐ 1993–98 Zweiter Vors. der IG Metall ☐ seit 1998
Bundesminister für Arbeit und Sozialordnung.
www.bma.de; www.bundesregierung.de

Walter Riester

Rivaldo

(eig. Vitor Borba Ferreira), brasilianischer Fußballer,
*10.8.1972 Recife, Weltfußballer 1999

Der Spielmacher des FC Barcelona wurde
am 24.1.2000 in Brüssel bei der Gala des
Weltverbandes FIFA von 140 Nationaltrai-
nern zum Weltfußballer 1999 gewählt.
Seine sportlich bitterste Niederlage erlebte
R. 1998 bei der Weltmeisterschaft in Frank-
reich mit Brasilien im Finale gegen den
Gastgeber (0:3). 1996 wechselte R. von
Palmeiras Sao Paulo zum spanischen Klub
Deportivo La Coruña, ein Jahr später zum
FC Barcelona, mit dem er 1999 spanischer
Meister wurde. Nach Vereinsangaben ist in
seinem Vertrag (bis 2003) eine Ablösesum-
me von über 100 Mio DM bei vorzeitigem
Vereinswechsel festgeschrieben.

Johannes Rau

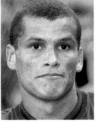
Rivaldo

George Robertson

Robertson, George

Britischer Politiker, *12.4.1946 Port Allen (Schottland), NATO-Generalsekretär (seit 1999)

R. trat am 14.10.1999 in Brüssel sein Amt als NATO-Generalsekretär an. Der Schotte war seit 1997 britischer Verteidigungsminister. Als politischer Führer der NATO ist er Nachfolger des Spaniers Javier Solana, der nach vierjähriger Amtszeit den neuen Posten des Koordinators der EU-Außenpolitik antrat. Als Ziele seiner Arbeit nannte R. die Stärkung der europäischen Verteidigung, engere Beziehungen zu Russland und einen dauerhaften Frieden auf dem Balkan.

☐ 1970–78 Gewerkschaftssekretär der General Municipal and Boilermakers' and Allied Trade Union ☐ seit 1978 Mitgl. des britischen Unterhauses für die Scottish National Party (SNP), 1979 Wechsel zur Labour Party ☐ 1987/88 Labour-Vors. in Schottland ☐ 1997–99 brit. Verteidigungsminister ☐ seit 1999 NATO-Generalsekretär.

Ruzicka, Peter

Deutscher Komponist und Dirigent, *3.7.1948 Düsseldorf, künstlerischer Leiter der Salzburger Festspiele (ab 2001)

R. wurde am 2.12.1999 in Salzburg zum Nachfolger von Gerard Mortier als künstlerischer Leiter der Salzburger Festspiele ab 2001 gewählt. Eine herausragende Stellung im deutschen Musikbetrieb hatte R. 1980 bis 1987 als Intendant des Radiosymphonieorchesters Berlin inne. Danach war er neun Jahre Intendant der Hamburger Staatsoper, bevor er 1997 als Nachfolger von Hans Werner Henze die Leitung der Münchner Biennale übernahm.

☐ 1969–77 Studium der Rechts-, Theater- und Musikwissenschaft ☐ 1971 UA von »Metastrofe« (Orchesterwerk) in Berlin ☐ 1977 Promotion zum Dr. jur. ☐ 1980–87 Intendant und Geschäftsführer des Radiosymphonieorchesters Berlin ☐ 1981 UA »Annäherung und Stille. Vier Fragmente über Schumann« in Interlaken (Schweiz) ☐ 1988–97 Intendant der Hamburger Staatsoper ☐ 1997 UA »...Insel, Randlos« (nach einem Gedicht von Paul Celan) in Frankfurt/M. ☐ ab Oktober 2001 künstlerischer Leiter der Salzburger Festspiele.

Said

Iranischer Dichter, *27.5.1947 Teheran, Präsident des deutschen PEN-Zentrums (seit 2000)

Der aus dem Iran vertriebene Lyriker S. wurde im Mai 2000 auf der Jahrestagung der deutschen Autorenvereinigung zum Präsidenten des deutschen PEN-Zentrums ge-

wählt. S. folgte Christoph Hein nach, der seit der Vereinigung der beiden deutschen PEN-Clubs 1998 die Organisation geführt hatte. S., der sich seit Jahren für verfolgte Autorenkollegen einsetzte, wollte sich besonders für das von Kulturstaatsminister Michael Naumann unterstützte Programm »Writers in Exile« einsetzen.

☐ 1965 Studium in München ☐ 1981 »Liebesgedichte« ☐ 1987 »Die Beichte des Ayatollah« (Hörspiel) ☐ 1995 »Der lange Arm des Mullahs, Notizen aus meinem deutschen Exil« ☐ 1996 Preis »Literatur im Exil« der Stadt Heidelberg ☐ seit 2000 Präs. des deutschen PEN-Zentrums.
www.literaturhaus.de

Scharping, Rudolf

Deutscher Politiker (SPD), * 2.12.1947 Niederelfert/ Westerwald, Bundesverteidigungsminister (seit 1998)

Im Juni 2000 verabschiedete das rot-grüne Bundeskabinett die von S. konzipierte Reform der Bundeswehr. Danach wird die Truppenstärke von 320000 auf 277000 Mann und die Wehrpflicht von zehn auf neun Monate reduziert. Der Forderung der Grünen nach Abschaffung der Wehrpflicht trat S. ebenso entgegen wie den im Mai 2000 präsentierten Vorschlägen der Kommission unter Leitung von Ex-Bundespräsident Richard von Weizsäcker, die Zahl der Wehrpflichtigen auf 30000 zu begrenzen. Durch Privatisierung von Logistikbereichen der Bundeswehr plant S. Einsparungen bis zu 1 Mrd DM, die in neue Ausrüstungen investiert werden sollen.

☐ 1975–94 Mitgl. des Landtags von Rheinland-Pfalz ☐ 1979–85 Parl. Geschäftsführer der SPD-Landtagsfraktion, 1985–91 deren Vors. ☐ 1985–93 Vors. der SPD Rheinland-Pfalz ☐ seit 1988 Mitgl. des SPD-Parteivorstandes ☐ 1991–94 Ministerpräs. von Rheinland-Pfalz ☐ 1993–95 Vors. der Bundes-SPD ☐ 1994–98 Vors. der SPD-Bundestagsfraktion ☐ seit 1998 Bundesverteidigungsminister.
www.bundeswehr.de; ww.bundesregierung.de

Schäuble, Wolfgang

Deutscher Politiker (CDU), *18.9.1942 Freiburg i. Br.

Im Sog der CDU-Spendenaffäre um Altbundeskanzler Helmut Kohl musste sein langjähriger »Kronprinz« S. auf alle Parteiämter verzichten. Nachdem er im Februar 2000 den Bundestags-Fraktionsvorsitz der CDU/CSU an den Finanzexperten Friedrich Merz abgegeben hatte, trat er im April 2000 als Parteichef ab. Seine Nachfolgerin wurde

Rudolf Scharping

Wolfgang Schäuble

die bisherige Generalsekretärin der CDU, Angela Merkel. S., der lange als »Aufklärer« in Sachen Spendenaffäre galt, musste zugeben, vom Waffenhändler Karl Heinz Schreiber eine 100 000-DM-Spende für seine Partei erhalten zu haben.

☐ seit 1972 MdB ☐ 1981–84 Parl. Geschäftsführer der CDU/CSU-Bundestagsfraktion ☐ 1984–89 Bundesminister für besondere Aufgaben und Chef des Kanzleramts ☐ 1989–91 Bundesinnenminister ☐ 1991–2000 Vors. der CDU/CSU-Fraktion im Bundestag ☐ 1998–2000 CDU-Parteivors.
www.cducsu.bundestag.de
   Parteien → CDU → Parteienfinanzierung

Scheer, Hermann

Deutscher Politiker, *29.4.1944 Wehrheim/Hessen, Alternativer Nobelpreisträger von 1999

S. war in den 70er Jahren Systemanalytiker im Kernforschungszentrum Karlsruhe. Die 1988 von ihm gegründete gemeinnützige Sonnenenergie-Vereinigung Eurosolar verfügte 1999 über zehn Sektionen in verschiedenen Ländern. Ziel von Eurosolar, der 20 000 Mitglieder angehören, ist die vollständige Ablösung atomarer und fossiler Energien durch erneuerbare Energiequellen.

☐ 1972–76 wiss. Assistent an der Universität Stuttgart ☐ 1976–80 wiss. Mitarbeiter am Kernforschungszentrum Karlsruhe ☐ seit 1980 MdB ☐ seit 1988 Präsident der europäischen Sonnenenergie-Vereinigung Eurosolar; Herausgeber der Zeitschrift »Das Solarzeitalter« und des »Yearbook of Renewable Energies« ☐ 1991–93 Vors. des Bundestags-Unterausschusses Abrüstung u. Rüstungskontrolle ☐ 1999 Alternativer Nobelpreis.

Schily, Otto

Deutscher Politiker (SPD), *20.7.1932 Bochum, Bundesminister des Innern (seit 1998)

In letzter Minute verhinderten S. und ÖTV-Chef Herbert Mai im Juni 2000 mit ihrem Tarifkompromiss (2,0% mehr Gehalt 2000, 2,4% 2001) einen Streik im öffentlichen Dienst, nachdem die ÖTV-Basis bereits für den Arbeitskampf votiert hatte. Das Gründungsmitglied der Grünen (1980) wurde als Rechtsanwalt in den 70er-Jahren mit brisanten Mandanten (RAF-Mitglieder, Hightech-Schmuggler, SED-Wahlfälscher) bekannt. S. wurde als Bundesinnenminister zum Verfechter eines starken Rechtsstaates.

☐ 1980 Gründungsmitgl. der Grünen ☐ 1989 Wechsel zur SPD ☐ 1993/94 Vors. des Treuhand-Untersuchungsausschusses ☐ 1994–98 stellv. Vors. der SPD-Fraktion ☐ seit 1998 Bundesinnenminister.
www.bmi.bund.de; www.bundesregierung.de

Schipanski, Dagmar

Deutsche Professorin und Politikerin, *3.9.1943 Sättelstedt (Thüringen), Präsidentin der Deutschen Krebshilfe (seit 2000)

Im März 2000 trat die bis dahin parteilose S. in die CDU ein. Bereits im Februar wurde die Wissenschaftlerin Präsidentin der Deutschen Krebshilfe. Als Hauptanliegen möchte sie der oft tödlichen Krankheit mit neuen Forschungserkenntnissen und Behandlungsmethoden die Bedrohlichkeit nehmen. Seit Sommer 1999 ist S. in Thüringen Wissenschaftsministerin.

☐ 1962–67 Physikstudium ☐ 1967–76 Assistentin an der TH Ilmenau (Thüringen) ☐ 1976 Promotion (Festkörperelektronik) ☐ 1976–89 Oberassistentin an der TH Ilmenau ☐ 1990 Prof. für Festkörperelektronik und Dekanin ebd. ☐ 1991–94 Mitgl. der Kommission »Lehre und Studium« (HRK) ☐ seit 1992 Mitgl. im Wissenschaftsrat ☐ 1995–96 Rektorin der TH Ilmenau ☐ seit 1996 Vors. des Wissenschaftsrats ☐ seit 1999 Wissenschaftsministerin in Thüringen ☐ seit 2000 Präs. der Deutschen Krebshilfe.

Schmitt, Martin

Deutscher Skispringer, *29.1.1978 Tannheim, Sportler des Jahres 1999

Der Weltcupsieger von 1999 und 2000 wurde 1999 von den deutschen Journalisten mit großer Mehrheit zum Deutschen Sportler des Jahres gewählt. Nach Jens Weißflog (1984) ist er erst der zweite deutsche Weltcupsieger in dieser Sportart.

☐ 1998 Silbermedaille im Mannschaftsspringen bei den Olympischen Spielen in Nagano (Japan) ☐ 1998/99 Gold im Einzel- und Teamspringen bei der Weltmeisterschaft in Ramsau (Österreich) ☐ 1999 Gesamtweltcup- und Skiflugweltcupsieger ☐ 1999 Sportler des Jahres ☐ 2000 Weltcupsieger.
www.martin-schmitt.de; www.ski-online.de

Schrempp, Jürgen

Deutscher Manager, *15.9.1944 Freiburg i.Br., Vorstandsvorsitzender von DaimlerChrysler (seit 2000)

Seit 1.4.2000 ist S. alleiniger Chef des DaimlerChrysler-Konzerns, nachdem sein US-Kollege Robert Eaton ausgeschieden war. Bis 2003 plant S. rund 50 Mio Euro ins E-Enterprise, der Einbeziehung des Internets in alle Geschäftsabläufe, zu investieren. Seit seiner Amtsübernahme 1994 konzentrierte S. den führenden deutschen Industriekonzern auf das Kerngeschäft Fahrzeuge und angrenzende Dienstleistungen. 1999 wurde u.a. die mehrheitlich zur Debis gehörende Telefongesellschaft Debitel verkauft. Eineinhalb Jahre nach der weltweit

Martin Schmitt

Otto Schily

Jürgen Schrempp

729

größten Fusion zwischen Daimler-Benz (D) und Chrysler (USA) sucht S. mit Beteiligungen an Mitsubishi und Hyundai die Position auf dem asiatischen Automarkt zu stärken.

☐ 1982–84 Präs. des Lkw-Herstellers Euclid, einer Daimler-Tochter in Cleveland/Ohio (USA) ☐ 1984 und 1985 Vizepräs. und Vorstandsvors. von Daimler-Benz Südafrika ☐ 1987–89 stellv. Vorstandsmitgl. ☐ 1989–94 Vorstandschef der deutschen Aerospace ☐ 1994–98 Vorstandsvors. der Daimler-Benz-AG ☐ seit 1998 Vorstandsvors. der Daimler-Chrysler AG (mit Robert Eaton, USA) ☐ seit 1.4.2000 alleiniger Konzernchef.
www.daimler-chrysler.de

Schröder, Gerhard

Deutscher Politiker (SPD), *7.4.1944 Mossenburg, Bundeskanzler (seit 1998) und SPD-Vorsitzender (seit 1999)

Gerhard Schröder

Als Eckpfeiler der von S. im Wahlkampf 1998 angekündigten rot-grünen Regierungspolitik wurden 1999/2000 u. a. Reformen im Gesundheitswesen, bei der Bundeswehr, in der Steuer- und Sozialpolitik und beim Rentensystem in Angriff genommen. Im Juni 2000 vereinbarten S. und Vertreter der Energiewirtschaft den Ausstieg aus der Atomenergie. S. will den Erfolg seiner Politik vor allem am Abbau der Arbeitslosigkeit messen lassen. Im Frühsommer 2000 prognostizierten die führenden Wirtschaftsforschungsinstitute für 2000 und für 2001 ein Wachstum von 2,7% und den Abbau der Arbeitslosigkeit auf deutlich unter 4 Mio.

☐ 1963 Eintritt in die SPD ☐ 1966–71 Jurastudium ☐ 1978–80 selbstständiger Anwalt in Hannover ☐ 1978–80 Bundesvors. der Jungsozialisten ☐ 1983–93 Vors. des SPD-Bezirks Hannover ☐ seit 1986 Mitgl. im SPD-Parteivorstand ☐ seit 1989 SPD-Präsidiumsmitgl. ☐ 1994–98 Landesvors. der SPD Niedersachsen ☐ 1990–98 Ministerpräs. von Niedersachsen ☐ seit 1998 Bundeskanzler ☐ seit 1999 SPD-Vorsitzender.
www.bundesregierung.de; www.spd.de

Schulte, Dieter

Deutscher Gewerkschafter, *13.1.1940 Duisburg, Vors. des Dt. Gewerkschaftsbundes (seit 1994)

Dieter Schulte

Mit der im Mai 2000 geäußerten Ansicht, zur Sicherung des Flächentarifvertrags müsse in Wachstumsbranchen wie Telekommunikation und Informationstechnik gelegentlich eine 50-Stunden-Woche zugelassen werden, stieß S. auf Zustimmung der Unternehmerseite, vor allem bei Arbeitgeberpräsident Dieter Hundt. Die Einzelgewerkschaften kritisierten den Vorstoß von S.

dagegen. DAG und IG Metall bekräftigten, dass sie an einer weiteren Verkürzung der Arbeitszeiten festhielten, wobei über Flexibilisierungen geredet werden könne.

☐ ab 1957 in der IG Bau-Steine-Erden ☐ 1959 Wechsel zur IG Metall ☐ 1984 Betriebsratsvors. der Thyssen Stahl AG, Werk Hamborn ☐ seit 1991 Vorstandsmitgl. der IG Metall ☐ seit 1994 DGB-Vors.
www.dgb.de

Schumacher, Michael

Deutscher Automobil-Rennfahrer, *3.1.1969 Hürth-Hermülheim

Mit insgesamt 56 Punkten aus den ersten neun von 17 Läufen in der Formel 1 (Stand: Anfang Juli 2000) lag Ferrari-Fahrer S. in der WM-Wertung vor David Coulthard (GB) klar in Führung. In der Vorsaison war sein Zweikampf mit dem späteren Weltmeister Mika Häkkinen durch einen schweren Unfall (Beinbruch) beim Grand-Prix von Großbritannien in Silverstone im Juli 1999 beendet worden. 1994 (auf Benetton-Ford) und 1995 (auf Benetton-Renault) gewann S. bereits die Weltmeisterschaft.

☐ 1984 Deutsche Kartmeisterschaft (Junioren) ☐ 1987 Kart-Europameister ☐ 1990 Deutscher Formel-3-Meister ☐ seit 1991 Formel-1-Pilot ☐ 1994 und 1995 Formel-1-Weltmeister.
www.michael-schumacher.de;

Schüssel, Wolfgang

Österreichischer Politiker und Jurist, *7.6.1945 Wien, Bundeskanzler (seit 2000)

Seit Februar 2000 regiert der Vorsitzende der Österreichischen Volkspartei (ÖVP) S. in einer Koalition mit der rechtsgerichteten Freiheitlichen Partei (FPÖ). Bei den Parlamentswahlen im Herbst 1999 war die FPÖ mit rund 27% und 400 Stimmen mehr als die ÖVP zweitstärkste Partei geworden. Die bis dahin mit der ÖVP regierende Sozialdemokratische Partei Österreichs (SPÖ) erreichte mit 33% ihr schlechtestes Wahlergebnis seit 1945. Die Regierungsbeteiligung der FPÖ führte zu diplomatischen Sanktionen der EU-Länder gegen Österreich. Innenpolitisch plante die von S. geführte Regierung, die Wirtschaft zu modernisieren, das Haushaltsdefizit abzubauen und die Staatsverwaltung zu verschlanken.

☐ 1975–79 Generalsekretär des Österreichischen Wirtschaftsbundes ☐ seit 1979 Mitgl. des Nationalrats ☐ 1989–95 Leiter des Wirtschaftsministeriums ☐ seit 1995 Vors. der ÖVP ☐ 1996–2000 Außenminister ☐ seit 2000 Bundeskanzler.

Sezer, Ahmet Necdet

Türkischer Jurist und Richter, *1942 Afyon, Staatspräsident (seit 2000)

Nachfolger des Staatspräsidenten Süleyman Demirel wurde im Mai 2000 der Vorsitzende des türkischen Verfassungsgerichts S. Der parteilose S. sprach sich für Änderungen in der nach dem Militärputsch 1980 eingesetzten Verfassung aus. Er beklagte mangelndes Demokratieverständnis im sozialen und politischen Leben des Landes und kündigte ein hartes Vorgehen gegen die Korruption an. Der aus Zentralanatolien stammende S. wurde 1988 Mitglied des Verfassungsgerichts, 1998 dessen Präsident.

Simitis, Kostas

Griechischer Politiker, *23.6.1936 Piräus, Ministerpräsident (seit 1996)

Aus den Parlamentswahlen vom 9.4.2000 ging die von S. geführte Panhellenische Sozialistische Bewegung (PASOK) mit rund 44% der Stimmen knapp als Sieger hervor. Die Regierung von S. hatte mit einem rigorosen Sparprogramm das Staatsdefizit verringert, die Inflation gebremst und ein Wachstum von 3,5% erreicht. Mitte Juni 2000 (EU-Gipfel in Portugal) wurde die Aufnahme Griechenlands als zwölftes Mitglied der Eurozone zum 1.1.2001 bestätigt. In der Außenpolitik versuchte S. die Beziehungen zur Türkei zu verbessern, die seit 1974 wegen des Konflikts auf der geteilten Insel Zypern angespannt sind.
□ 1981–84 Landwirtschaftsminister □ 1985–88 Wirtschafts- und Finanzminister □ 1993–95 Industrieminister □ seit 1996 Vors. der Sozialisten (PASOK) □ seit 1996 Ministerpräsident.

Sommer, Ron

Deutscher Manager, *29.7.1949 Haifa, Vorstandschef der Deutschen Telekom (seit 1993)

Nach dem erfolgreichen Börsengang der Internet-Tochter T-Online im Frühjahr 2000 richtete sich S. mit der dritten Aktienplatzierung der Deutschen Telekom Mitte Juni 2000 insbes. an Privatanleger in den USA, Kanada und Japan. Ziel des Konzernchefs ist ein deutliches Wachstum im Internet. Mit einer aggressiven Preispolitik, Bündnissen und Käufen, etwa der Allianz mit der Commerzbank und dem Erwerb der Debis-Mehrheit, plant S. die Deutsche Telekom neben den großen anderen Anbietern wettbewerbsfähig zu gestalten. Mit dem Kauf einer UMTS-Lizenz in Großbritannien im Frühjahr 2000 konnte er die Wachstumssparte Mobilfunk stärken. S. war 1980–93 für Sony tätig, 1999 wurde sein Vertrag bei der Deutschen Telekom für weitere fünf Jahre verlängert.
www.deutsche-telekom.de

Ron Sommer

Spacey, Kevin

US-amerikanischer Schauspieler, *26.7.1959 South Orange/New Jersey

Mit dem Oscar 2000 für die Hauptrolle in »American Beauty« (Regie: Sam Mendes) erhielt S. bereits den zweiten Academy Award. 1995 war er für die Nebenrolle in dem Thriller »Die üblichen Verdächtigen« (Regie: Bryan Singer) ausgezeichnet worden. Der in Kalifornien aufgewachsene S. arbeitete als Bühnendarsteller und Regieassistent beim New York Shakespeare Festival und machte ab 1980 Karriere an Broadway-Theatern. Zahlreiche Filme folgten, u. a. »Outbreak« (1995, Regie: Wolfgang Petersen) und »L.A. Confidential« (1997, Regie: Curtis Hanson).

Kostas Simitis

Spiegel, Paul

Deutscher Unternehmer, *31.12.1937 Warendorf/Westf., Präsident des Zentralrats der Juden in Deutschland (seit 2000)

Fünf Monate nach dem Tod von Ignatz Bubis wurde S. im Januar 2000 Präsident des Zentralrats der Juden in Deutschland. Der 1950 als politische Organisation gegründete Verband zählte Mitte 2000 rund 80 000 Mitglieder. S., der seit 1986 eine Künstleragentur leitet, ist seit 1984 Vorsitzender der Jüdischen Gemeinde Düsseldorf. Als vorrangige Ziele seiner Arbeit nannte er die Integration der aus Osteuropa stammenden Zuwanderer und die Verstärkung des innerjüdischen Dialogs.

Paul Spiegel

Stoltenberg, Jens

Norwegischer Politiker und Sozialökonom, *16.3.1959 Oslo, Ministerpräsident (seit 2000)

Sozialdemokrat S. wurde im März 2000 Nachfolger des Christdemokraten Magne Bondevik, der nach einer Abstimmungsniederlage im Parlament zurückgetreten war. Die Arbeiterpartei, die im Osloer Storting

mit 65 von 165 Mandaten stärkste Fraktion ist, muss mit wechselnden Mehrheiten regieren. Als wichtigste Themen nannte S. die Mängel im Sozialbereich. Er kündigte eine Reform des öffentlichen Dienstes, die Senkung der Einkommenssteuer und einfachere Steuergesetze an. Auch die Annäherung an die EU steht für den überzeugten Europäer im Mittelpunkt seines politischen Handelns.
□ 1990–91 Staatssekretär □ 1993–96 Energieminister □ 1996–97 Finanzminister □ seit 2000 Ministerpräsident.

Swank, Hilary

US-amerikanische Schauspielerin, *30.7.1974 Bellingham/Washington

Die 25-jährige S. wurde für ihre Hauptrolle in dem Film »Boys don't cry« (Regie: Kimberly Peirce) mit dem Oscar 2000 geehrt. Für den Part der Filmheldin Teena Brandon, eine junge US-Amerikanerin, die sich als Mann ausgibt und 1933 ermordet wurde, schlüpfte die Schauspielerin Monate lang in Männerkleidung. Ihre Karriere begann S. im Alter von neun Jahren als Mogli im »Dschungelbuch«. 1990 zog sie nach Los Angeles, wo erste Auftritte in Serien wie »Beverly Hills, 90210« folgten.

Trier, Lars von

Dänischer Regisseur, *30.4.1956 Kopenhagen

Der international bekannteste dänische Regisseur T. erhielt bei den Filmfestspielen in Cannes im Mai 2000 für seinen Film »Dancer in the Dark« die Goldene Palme. Seine Hauptdarstellerin, der isländische Popstar Björk, bekam zugleich die Auszeichnung als beste Hauptdarstellerin. T. verbindet in seinem Film Elemente des Musicals mit denen des Melodrams zur Geschichte einer Metallarbeiterin in den 60er-Jahren in den USA.
□ 1987 »Epidemic« □ 1991 »Europa« □ 1996 »Breaking the Waves« (»Felix« für den besten europäischen Film des Jahres) □ 1998 »Idioten«
www.kinoweb.de

Trittin, Jürgen

Deutscher Politiker (Bündnis 90/Die Grünen), *25.7.1954 Bremen, Bundesminister für Umwelt, Naturschutz und Reaktorsicherheit (seit 1998)

Mitte Juni 2000 vereinbarten T., Bundeskanzler Gerhard Schröder und Vertreter der deutschen Energiewirtschaft den langfristigen Ausstieg aus der Atomenergie. Die aus-

gehandelte Gesamtstrommenge, welche die Atommeiler produzieren dürfen (2500 Mrd kWh) entsprechen einer Laufzeit der Reaktoren von 32 Jahren. Zuvor hatte T. eine Laufzeit von nur 30 Jahren verlangt, die Atomwirtschaft von 35 Jahren. Ab 2005 soll auf die Wiederaufbereitung atomaren Brennstoffs verzichtet werden.
www.bmu.de; www.bundesregierung.de

Veltman, Martinus

Niederländischer Physiker, *27.6.1931 Waalwijk

Mit seinem früheren Schüler G. t'Hooft, wurde V. 1999 mit dem Physiknobelpreis geehrt. Das Stockholmer Komitee würdigte ihre Fortführung der Theorie der elektroschwachen Wechselwirkung über den Zerfall bestimmter Elementarteilchen, die sie auf eine festere mathematische Basis stellten. Sie übertrugen das Standardmodell der Elementarteilchenphysik auf eines der fundamentalsten Prinzipien, die Eichsymmetrie. V. ist seit 1981 Mitglied der Kgl. Niederländischen Akademie der Wissenschaften.
□ 1963 Promotion an der Universität Utrecht □ 1966–81 Prof. für Physik ebd. □ 1981–91 Prof. an der University of Michigan □ 1999 Emeritierung; Physiknobelpreis.

Verhofstadt, Guy

Belgischer Politiker, *11.4.1953 Dendermonde (Ostflandern), Ministerpräsident (seit 1999)

Mit ihrer Forderung nach einem durchgreifenden Wandel in Politik und Gesellschaft wurde die VLD (Flämische Liberale und Demokraten-Bürgerpartei) unter V. bei den Parlamentswahlen 1999 erstmals stärkste Partei. V. regiert in einer Koalition aus Liberalen, Sozialisten und Grünen der Landesteile Flandern und Wallonien. Er versprach den Abbau der Arbeitslosigkeit (1999: 9%), die Reform der Sozialversicherung, die Entpolitisierung des Beamtenapparates, die Schaffung einer unabhängigen Kontrolle als Reaktion auf mehrere Lebensmittelskandale und eine umfassende Justizreform.

Wahid, Abdurrahman

Indonesischer Moslemgelehrter und Politiker, *4.8.1940 Ost-Java, Staatspräsident (seit 1999)

Am 20.10.1999 wurde W. von der Volksversammlung in Jakarta als Nachfolger von Bacharuddin J. Habibie zum Präsidenten

Martinus Veltman

Guy Verhofstadt

Jürgen Trittin

des Vielvölkerstaates Indonesien gewählt. Der gemäßigte Religionswissenschaftler war als Vorsitzender der mehr als 30 Mio Mitglieder starken Organisation Nahdlatul Ulama schon vor seiner Wahl ins höchste Staatsamt eine der einflussreichsten Persönlichkeiten des islamisch geprägten Landes. Seine wichtigsten Ziele sind die Sicherung von Demokratie und Rechtsstaatlichkeit in dem von Unruhen und Separatismus erschütterten Land sowie die Anhebung des Lebensstandards der Bevölkerung.

☐ 1964–70 Studium in Kairo und Bagdad ☐ seit 1984 Vors. der Moslemorganisation Nahdlatul Ulama (NU) ☐ 1998 Gründung der Partei des Nationalen Erwachens (PKB) ☐ seit 1999 Staatspräsident.

Wajda, Andrzej

Polnischer Regisseur, *6.3.1926 Suwalki/Polen

Der 74jährige W. wurde im März 2000 mit dem Ehren-Oscar für sein Lebenswerk ausgezeichnet. Der führende Regisseur Polens debütierte 1954 mit »Die Generation«, dem Auftakt einer Trilogie über den Zweiten Weltkrieg und den polnischen Widerstand (1956 »Der Kanal«, 1958 »Asche und Diamant«). »Der Mann aus Marmor« (1976) schildert den Stalin-Kult, »Der Mann aus Eisen« (1981) den Streik der Danziger Hafenarbeiter. Nach Verhängung des Kriegsrechts (1981) mit Berufsverbot belegt, arbeitete W. in Frankreich (»Danton«) und Deutschland (»Eine Liebe in Deutschland«). 1985 kehrte er nach Polen zurück.

Weber, Jürgen

Deutscher Manager, *17.10.1941 Lahr (Baden), Vorstandsvorsitzender der Lufthansa AG (seit 1991)

Für seine Verdienste um die Lufthansa AG wurde W. 1999 vom »manager magazin« zum Manager des Jahres ausgezeichnet. W. übernahm die Leitung des Konzerns 1991 in finanziell prekärer Lage. Durch Sanierung und Kooperationen mit Airlines verwandelte er das angeschlagene Staatsunternehmen in einen modernen Dienstleistungskonzern.

☐ 1967 Eintritt in die Ingenieur-Direktion der Lufthansa in Hamburg ☐ 1974–78 Hauptabteilungsleiter für Lufthansa-Wartungsstationen ☐ 1978–87 Leitung der Hauptabteilung Fluggerät ☐ 1987–89 Generalbevollmächtigter für Technik ☐ 1989–90 stellv. Mitglied im Lufthansa-Vorstand ☐ 1990/91 Übernahme des Vorstandsressorts Technik ☐ seit 1991 Vorstandsvors. der Lufthansa.
www.lufthansa.de

Wieczorek-Zeul, Heidemarie

Deutsche Politikerin (SPD), *21.11.1942 Frankfurt/M., Bundesministerin für wirtschaftliche Zusammenarbeit und Entwicklung (seit 1998)

Abdurrahman Wahid

Die ehemalige Bundesvorsitzende der Jungsozialisten (1974–77, »rote Heidi«) W. schaffte erst in den 90er-Jahren als stellv. Parteivorsitzende den Durchbruch an die SPD-Spitze und wurde 1998 Bundesministerin. Im Mai 2000 forderte sie, die Teilung der Welt in Arm und Reich u. a. durch Schuldenerlass zu beseitigen, um eine sozial gerechte Weltordnungspolitik zu verwirklichen. Mit insgesamt 100 Mio DM Sonderförderung unterstützte W.s Ministerium die Präsentation der Entwicklungsländer auf der Expo 2000, die in Hannover stärker vertreten waren als auf jeder anderen Weltausstellung zuvor.

☐ 1965–74 Lehrerin für Englisch und Geschichte ☐ 1965 Eintritt in die SPD ☐ 1974–77 Bundesvors. der Jungsozialisten ☐ 1984 Mitgl. des SPD-Parteivorstandes ☐ 1979–87 Abgeordnete des Europäischen Parlaments ☐ seit 1987 MdB ☐ 1987–98 europapolitische Sprecherin der SPD-Fraktion ☐ seit 1993 stellv. Vors. der SPD ☐ seit 1998 Bundesministerin für wirtschaftliche Zusammenarbeit und Entwicklung.
www.bmz.de; www.bundesregierung.de

Zewail, Ahmed

Ägyptisch-US-amerikanischer Chemiker, *26.2.1946 Damanhour

Heidemarie
Wieczorek-Zeul

Für seine Studien des Übergangszustands chemischer Reaktionen mithilfe der Femtosekundenspektroskopie wurde Z. 1999 mit dem Nobelpreis für Chemie geehrt. Mit der schnellsten Kamera der Welt können chemische Reaktionen beobachtet werden, die in billionstel Sekunden ablaufen. Die Technik funktioniert mit ultrakurzen Laserpulsen. Der in Ägypten geborene Z. ist seit den 80er-Jahren damit beschäftigt, diese Mess- und Aufnahmemethode zu verfeinern. Der mit internationalen Auszeichnungen geehrte Chemiker besitzt akademische Ehrentitel in- und ausländischer Universitäten. In Ägypten ist er so bekannt, dass sein Porträt zwei Briefmarken ziert.

☐ 1974 Promotion an der University of Pennsylvania in Pittsburgh im Bereich Biochemie ☐ 1974–76 IBM-Forschungsstipendium an der University of California in Berkeley ☐ 1976–82 Forscher am California Institute of Technology ☐ 1982–90 Ordentlicher Prof. in Berkeley ☐ seit 1990 Prof. für Chemikalische Physik ebd.

Jürgen Weber

Nekrolog

Im Nekrolog sind Kurzbiografien von Personen aus Politik, Wirtschaft, Wissenschaft und Kultur verzeichnet, die im Berichtszeitraum von August 1999 bis Juli 2000 verstorben sind.

Alberti, Rafael

Spanischer Dichter, *16.12.1902 Puerto de Santa Maria bei Cádiz, †27.10.1999 ebd.

A. war der letzte lebende Vertreter der sog. Generation von 1927, die sich am dunklen, bildreichen Stil des Barockdichters Luis Góngora y Aragon (1561–1627) orientierte. Klare Sprache, surrealistische Stilmittel und politisches Engagement gegen die fast 40-jährige Diktatur General Francisco Francos sind charakteristisch für das Werk von A.
□ 1925 Nationaler Literaturpreis für den ersten Gedichtband »Zu Lande, zu Wasser« (dt. 1960) □ 1929 »Über die Engel« (dt. 1982) □ 1933/34 Hrsg. der führenden Kulturzeitschrift »Octubre« □ 1936 Teilnahme am Spanischen Bürgerkrieg auf der Seite der Republikaner □ 1937 Kampflieder im Gedichtband »Von einem Moment zum anderen« □ 1939–77 Exil in Argentinien □ 1983 Cervantes-Preis.

Assad, Hafez al-

Syrischer Politiker (Präsident seit 1971), *6.10.1930 Kardhaha, Bezirk Lathakia, †10.06.2000 Damaskus

A. war ursprünglich ein Vertreter radikal-revolutionärer Ideen, beendete aber nach einem Putsch (1971) als Präsident die sozialistische Orientierung der Baath-Partei. Als Gegner Israels führte er Syrien in den Jom-Kippur-Krieg (1973); im Golfkrieg 1991 stand er allerdings auf der Seite der USA gegen seinen Erzfeind, den irakischen Diktator Saddam Hussein. Seit 1976 halten syrische Truppen große Teile des Libanon besetzt; Ziel von A., der im Inneren mit dem allmächtigen Geheimdienst brutal gegen Regimegegner vorging, war die Schaffung eines großsyrischen Machtbereichs.

Hafez al-Assad

Bassani, Giorgio

Italienischer Schriftsteller, *4.3.1916 Bologna, †13.4.2000 Rom

B., Sohn eines jüdischen Arztes, hatte mit seinen »Ferrareser Geschichten« (1960, dt. 1964) weltweiten literarischen Erfolg. Der als Lyriker und Novellist bekannt gewordene Autor erzählt in seinem ersten Roman, »Die Gärten der Finzi-Contini« (1962, dt. 1963), vom Untergang einer reichen, alteingesessenen jüdischen Bürgerfamilie in Ferrara.

Giorgio Bassani

□ 1943 Verhaftung wegen Zugehörigkeit zur Widerstandsbewegung □ 1945 Übersiedlung nach Rom □ ab 1948 Hg. der Zeitschrift »Botteghe oscure« (bis 1960) □ 1957 Prof. der Schauspielakademie Rom; Mitarbeiter verschiedener Verlage □ 1964 »Hinter der Tür« (R., dt. 1967) □ 1968 »Der Reiher« (R., dt. 1970).

Benrath, Martin

Deutscher Schauspieler, *9.11.1926 Berlin, †31.1.2000 Herrsching/Oberbayern

B. zählte seit den 60er Jahren zur ersten Garde der deutschen Charakterdarsteller. Am Düsseldorfer Schauspielhaus unter Gustaf Gründgens und am Bayerischen Staatsschauspiel München war er mit Titelrollen in Jean Anouilhs »Becket oder die Ehre Gottes« und Friedrich Schillers »Wallenstein« erfolgreich. Bei den Salzburger Festspielen spielte er 1992 den »Julius Caesar«, 1995 den Tod im »Jedermann«. Seine bekanntesten Filme sind »Berlinger – Ein deutsches Abenteuer« (1975, Regie: Bernhard Sinkel), »Kaltgestellt« (1978, Regie: Sinkel) und »Die weiße Rose« (1982, Regie: Michael Verhoeven).

Berendt, Joachim-Ernst

Deutscher Musikkritiker und Buchautor, *22.7.1922 Berlin, †4.2.2000 Hamburg

B. leitete als Musikredakteur beim Südwestfunk (SWF) 1950–87 mehr als 10 000 Jazzsendungen und produzierte 250 Schallplatten. In den 50er und 60er Jahren brachte er den Modern Jazz deutschen Hörern und Fernseh-Zuschauern nahe. Sein 1952 erschienenes »Jazzbuch« ist mit einer Weltauflage von über 1,5 Mio Exemplaren das erfolgreichste Werk zur Geschichte dieser Musikrichtung. 1964 begründete B. das Berliner Jazzfest.

Bourguiba, Habib ben Ali

Tunesischer Politiker, *3.8.1903 Monastir, †6.4.2000 ebd.

Als erster Staatspräsident der ehemaligen französischen Kolonie war B. 1957–87 der unumschränkte Herrscher des nordafrikanischen Staates. Der Absolvent der Pariser Sorbonne eröffnete 1927 in Tunis eine Anwaltspraxis, schloss sich jedoch bald dem tunesischen Widerstand gegen die Franzosen an. Für seine Überzeugung verbrachte er insgesamt 15 Jahre in französischen Gefängnissen. 1987 wurde der damals 84-jährige »Vater Tunesiens« von Innenminister Ben Ali wegen Amtsunfähigkeit abgesetzt.

Bowie, Lester
US-amerikanischer Jazz-Musiker, *11.10.1941 Frederick, Maryland, †8.11.1999 New York

B., der seit seinem fünften Lebensjahr Trompete spielte, wuchs in St. Louis/Missouri auf. Dort und in Dallas/Texas studierte er Musik. 1965 kam er nach Chicago, wo er das Art Ensemble of Chicago mit begründete, mit dem er in den 70er Jahren auf Welttourneen spielte. In seinen Kompositionen verband er den avantgardistischen Free Jazz der 60er Jahre mit traditioneller afrikanischer Musik sowie dem Gospel und Rythm & Blues der Schwarzen in den USA.

Bowles, Paul Frederic
US-amerikanischer Schriftsteller, *30.12.1910 New York, †18.11.1999 Tanger, Marokko

B., der bereits 1947 sein Heimatland USA verlassen hatte und nach Marokko gezogen war, gelang 1949 mit dem Afrika-Roman »Himmel über der Wüste« der Durchbruch (1990 von Bernardo Bertolucci verfilmt). In Tanger war der Dandy B. schon zu Lebzeiten Legende. Seine Wohnung war Treffpunkt vieler US-Schriftsteller wie Tennessee Williams, William S. Burroughs und Truman Capote.

Bubis, Ignatz
Vorsitzender des Zentralrats der Juden in Deutschland (seit 1992), *15.1.1927 Breslau, †13.8.1999 Frankfurt am Main

Bubis' Eltern und Geschwister fielen dem Holocaust zum Opfer. Er selbst wurde 1945 von der sowjetischen Roten Armee aus dem NS-Arbeitslager Tschenstochau befreit. Nach dem Zweiten Weltkrieg arbeitete Bubis in der Bundesrepublik Deutschland als Immobilienkaufmann. Als Vorsitzender der Jüdischen Gemeinde trat er engagiert

für den Dialog zwischen Juden und Nicht-Juden in Deutschland, für Toleranz und gegen Fremdenfeindlichkeit ein (1983 Frankfurt/M. und des Zentralrats ab 1997).

Budge, Donald
US-amerikanischer Tennisspieler, *13.6.1915 Oakland/Kalifornien, †26.1.2000 Scranton/Pennsylvania

1938 gewann B. als Erster den Grand-Slam, die vier bedeutendsten Tennisturniere in Melbourne, Paris, Wimbledon und Forest Hills/New York (heute Flushing Meadow). Insgesamt siegte er bei sechs Grand-Slam-Turnieren; 1937 und 1938 in Wimbledon und bei den US Open sowie 1938 bei den Australian und den French Open.

Buffet, Bernard
Französischer Maler und Grafiker, *10.7.1928 Paris, †4.10.1999 Tourtour (Provençe)

Als Maler der viel kopierten »schwarzen Linien«, der sich der Abstraktion widersetzte und dem Existenzialismus nahe stand, stellte B. seine Figuren in einen linearen Rahmen und in kahle Räume; bleiche und gedeckte Farben dominierten. Herausragende Werke B., der 1948 den Kritikerpreis erhielt und 1956 an der Biennale in Venedig teilnahm, waren die Zyklen »Die Passion Christi« und »Die Schrecken des Krieges« (1954) sowie »Der Zirkus« (1956).

Bernard Buffet

Cartland, Barbara
Britische Unterhaltungsschriftstellerin, *9.7.1901 Hatfield bei London, †21.5.2000 ebd.

C. galt als meistgelesene Schriftstellerin der Gegenwart. Ab ihrem 21 Lebensjahr veröffentlichte sie im zweiwöchigen Rhythmus 723 Bücher, meist idealisierte Liebesromane aus der Welt des Adels. Cartlands Bücher wurden in 36 Sprachen übersetzt und erreichten eine Gesamtauflage von rund 1 Mrd Exemplare.

Castelli, Leo
US-amerikanischer Galerist und Kunstsammler, *4.9.1907 Triest (Österreich-Ungarn, heute Italien), †21.8.1999 New York.

Nach seinem Jura-Examen 1924 arbeitete Castelli in Italien, Frankreich und Rumä-

Ignatz Bubis

nien im Versicherungs- und Bankenwesen. 1939 eröffnete er in Paris eine Galerie für surrealistische Künstler, 1941 emigrierte er. Dort lernte er moderne US-Maler wie Willem de Kooning (1904–1997) und Jackson Pollock (1912–1956) kennen. 1957 eröffnete er seine erste Galerie in New York. Castelli zeigte vor allem die Werke der Pop-Art-Vertreter Jasper Johns (*1930), Roy Lichtenstein (1923–1997), Robert Rauschenberg (*1925) und Andy Warhol (1928–1987).

Craxi, Bettino

Italienischer Politiker, *24.2.1934 Mailand,
† 19.1.2000 Hammamet/Tunesien

Der Sozialist C. war 1983–87 der am längsten amtierende italienische Regierungschef nach dem Zweiten Weltkrieg. Als Ministerpräsident einer Mitte-Links-Koalition aus fünf Parteien entwickelte er trotz relativ schwacher Basis im Parlament einen für Italien neuen politischen Stil, indem er ohne Rücksicht auf die Partikularinteressen der Koalitionspartner Entscheidungen erzwang. 1994 flüchtete er nach Tunis, weil die italienische Justiz wegen Korruption gegen ihn ermittelte. In Italien wurde er in Abwesenheit wegen Annahme von Schmiergeldern zu mehr als 20 Jahren Haft verurteilt.

□ 1952 Mitgl. der Sozialistischen Partei Italiens (PSI) □ 1960–70 Stadtrat von Mailand □ 1965–68 Sekr. der PSI der Lombardei □ seit 1968 Mitgl. der Abgeordnetenkammer in Rom □ seit 1976 Generalsekretär der PSI □ 1983–87: Ministerpräsident □ ab 1994 Exil in Tunesien.

Droemer, Willy (Adalbert Friedrich)

Deutscher Verleger, *18.7.1911 Berlin,
† 3.4.2000 München

D. lernte in Hamburg Buchhändler und übernahm 1939 den väterlichen Buchverlag in Berlin. Nach dem Zweiten Weltkrieg zog das Unternehmen nach München um. D. etablierte sein Haus mit Lexika (»Knaurs Lexikon von A bis Z«, »Knaurs Jugendlexikon«) und Bestsellern von Autoren wie Johannes Mario Simmel, Erich Kästner, Norman Mailer, Curd Jürgens und Lilli Palmer zu den weltweit erfolgreichsten Publikumsverlagen. Als einer der ersten deutschen Verleger entschied er sich für den neuen Buchtyp eines reichlich bebilderten

Willy Droemer

Sachbuchs. Die preisgünstigen Werke entstanden in hoher Auflage und meist in internationaler Koproduktion. 1963 nahm Droemer auch Taschenbücher in sein Programm. 1980 verkaufte er den Verlag an die Gruppe Georg von Holtzbrinck (Stuttgart).

Eschenburg, Theodor

Deutscher Politikwissenschaftler, *24.10.1904 Kiel,
† 10.7.1999 Tübingen

Der aus einer hanseatischen Kaufmannsfamilie stammende E. studierte in Tübingen Geschichte und Staatsrecht und wurde dort 1952 Politikprofessor (bis zur Emeritierung 1973). E. kritisierte verkrustete Strukturen des Parlamentarismus in der Bundesrepublik Deutschland (z. B. Ämterpatronage, Fraktionszwang). Seine Hauptschrift »Staat und Gesellschaft in Deutschland« (1952) hatte zahlreiche Auflagen.

□ 1945 Staatskommissar für das Flüchtlingswesen in Württemberg-Hohenzollern □ 1947–52 Ministerialrat ebd. □ 1952 »Der Beamte in Partei und Parlament« □ 1952–73 Prof. für Wissenschaftliche Politik in Tübingen □ 1961 »Ämterpatronage« □ 1961–63 Rektor der Universität Tübingen □ 1973 »Matthias Erzberger« □ 1983 »Geschichte der Bundesrepublik Deutschland I (1945–1949)« □ 1989 »Das Jahrhundert der Verbände«.

Fanfani, Amintore

Italienischer Politiker, *6.2.1908 Santo Stefano bei Arezzo, † 20.11.1999 Rom

Christdemokrat F. bekleidete seit 1947 verschiedene Kabinettsposten und war sechsmal Ministerpräsident Italiens; noch 1987 leitete er als 79-Jähriger eine Übergangsregierung.

Freund, Gisèle

Französische Fotografin deutscher Herkunft,
*19.12.1912 Berlin, † 31.3.2000 Paris

Von F. stammen eindringliche Porträts wie die ersten Farbaufnahmen des irischen Schriftstellers James Joyce (Reportage für das US-Magazin »Life«). Aufsehen erregten ihre Bildberichte aus Lateinamerika, vor allem die Reportagen über die argentinische Präsidentengattin »Evita« Perón (1950). Ihre Aufnahmen zeigen Anteilnahme wie beim berühmten Porträt der depressiven Autorin Virginia Woolf (1939), aber auch den unbestechlichen Blick des Bildjournalisten.

Gassmann, Vittorio

Italienischer Schauspieler,
*1.9.1922 Genua, † 29.6.2000 Rom

G. wurde als Darsteller in italienischen und US-amerikanischen Filmen international bekannt, u. a. in »Bitterer Reis« (1949, Regie: Giuseppe de Santis, mit Silvana Mangano) und »Man nannte es den großen Krieg« (1959, Regie: Mario Monicelli). In Italien, wo er viermal als bester Schauspieler des Landes ausgezeichnet wurde, spielte er in der Theatergruppe Luchino Viscontis und gründete 1951 ein eigenes Ensemble.

☐ 1956 Erste Filmrolle in »Liebesvorspiel« ☐ 1953 »Symphonie des Herzens« (Regie: Charles Vidor, mit Elizabeth Taylor) ☐ 1958 »Diebe haben's schwer« (Regie: Mario Monicelli) ☐ 1966 »Siebenmal lockt das Weib« (Regie: Vittorio de Sica, mit Shirley MacLaine) ☐ 1975 Preis als Bester Darsteller in Cannes für seine Rolle in »Der Duft der Frauen« (Regie: Dino Risi) ☐ 1983 »Das Leben ist ein Roman« (Regie: Alain Resnais).

Gielgud, Sir (seit 1953) John

Britischer Schauspieler, *14.4.1904 London,
† 21.5.2000 Aylesbury bei London

G. galt als einer der größten britischen Bühnenschauspieler des 20. Jh. Mit 25 Jahren war er ein gefeierter Darsteller der klassischen Shakespeare-Rollen: Romeo, König Lear, Macbeth, Marcus Antonius, Oberon, Richard II. Mit dem Hamlet, den er rund 500 Mal darstellte, ging er 1934 in London und 1936 in New York in die Theatergeschichte ein. Auch als Filmschauspieler war G. erfolgreich. Er spielte den Clarence in »Richard III.« (1955, Regie: Laurence Olivier) und Henry IV. in »Falstaff« (1966, Orson Welles) sowie Nebenrollen in »Mord im Orient Express« (1974, Regie: Sidney Lumet), »Der Elefantenmensch« (1981, David Lynch) und »Gandhi« (1982, Richard Attenborough). Für die beste Nebenrolle als Butler im Film »Arthur – kein Kind von Traurigkeit« erhielt er 1981 den Oscar.

Gildo, Rex

(eigtl. Ludwig Alexander Hirtreiter), deutscher Schlagersänger, *2.7.1939 München, † 26.10.1999 ebd.

G. war Mitglied des Knabenchors der Regensburger Domspatzen, nahm Schauspielunterricht und absolvierte ein Gesangs- und Tanzstudium. Sein erster Hit war 1960 »Sieben Wochen Bombay«. Zu seinen größ-

ten Erfolgen zählten die Schlager »Fiesta Mexicana« (1972), »Marie, der letzte Tanz ist nur für dich« (1974) und »Der letzte Sirtaki« (1975).

Goes, Albrecht

Deutscher Schriftsteller und Pfarrer (ev.), *22.3.1908 Langenbeutingen/Württ., † 23.2.2000 Stuttgart

Nach theologischer Ausbildung in Urach und im Tübinger Stift wurde G. 1933 Pfarrer, ab 1942 war er Soldatenpfarrer. Seit 1953 vom Dienst beurlaubt, widmete er sich nur noch dem Predigen. Aus christlich-humanistischer Grundhaltung heraus gestaltet G. ein realistisches Bild der Menschen des 20. Jh. Obwohl er um ihre Unzulänglichkeit wusste und u. a. in »Das Brandopfer« (Erz., 1954) an die NS-Schuld erinnert, sah er den Menschen in Gottes Schöpfung geborgen.

☐ 1930 Vikar ☐ 1933–52 Pfarrer ☐ 1939 »Mörike« (Biogr.) ☐ 1940 »Der Nachbar« (Gedichte) ☐ 1950 »Unruhige Nacht« (Erz.) ☐ 1954 »Das Brandopfer« (Erz.) ☐ 1965 »Im Weitergehen« (Essays) ☐ 1966 »Dichter und Gedicht« (Essays) ☐ 1971 »Kanzelholz« (Predigten) ☐ 1978 »Lichtschatten du« (Gedichte) ☐ 1983 »Noch und schon« (Prosa).

Gorbatschowa, Raissa

Russische Soziologin, Prof. Dr., *5.1.1932 Rubzowsk/ Sibirien, † 20.9.1999 Münster/Westfalen

G. war im Gegensatz zu den Frauen anderer sowjetischer Staatsführer ständig an der Seite ihres Mannes und galt nach dessen Wahl zum Generalsekretär der KPdSU (1985) bis zur Auflösung der UdSSR (1991) als seine engste Beraterin. Danach begleitete sie ihren Mann auf Vortragsreisen rund um die Welt.

Gross, Johannes

Deutscher Journalist und Publizist, *6.5.1932 Neunkhausen/Rheinland-Pfalz, † 29.9.1999 Köln

Der liberal-konservative G. galt spätestens seit Veröffentlichung seines Buches »Die Deutschen« (1967) als intellektuell temperamentvoller und kritischer, zuweilen zynischer Beobachter der politischen Szene in Deutschland. Als Herausgeber der Wirtschaftsmagazine »Capital« und »Impulse«, Autor der »Frankfurter Allgemeinen Zeitung« und TV-Kommentator glänzte er mit spitzzüngigen Beiträgen zum Zeitgeschehen, die oft kontrovers diskutiert wurden.

Sir John Gielgud

Johannes Gross

Rex Gildo

Friedrich Gulda

Gulda, Friedrich

Österreichischer Pianist und Komponist, *16.5.1930
Wien, †27.1.2000 Weißenbach/Attersee

G. war einer der umstrittensten Klaviervir-
tuosen der Nachkriegszeit. Seine wechsel-
hafte Karriere wurde durch den Versuch bestimmt, Konventionen des Musikbetriebs in
Frage zu stellen. Seinen ersten großen Erfolg
hatte G. 1950 mit der Aufführung sämtlicher
Klaviersonaten Beethovens in der Carnegie
Hall in New York. Auf der Suche nach neuen
Möglichkeiten musikalischer Improvisation
setzte sich G. seit den 60er Jahren intensiv
mit dem Jazz auseinander. Er gründete das
Eurojazz-Orchester (1960), initiierte Jazz-
Wettbewerbe (1966) und veranstaltete internationale Diskussionsforen (1968).

☐ 1942–47 Studium an der Wiener Musikakademie
☐ 1954 Lehrer an der internationalen Sommeraka-
demie Salzburg ☐ 1963 »Musik für 3 Solisten und
Band« ☐ 1965 »The Excursion« für Jazzorchester
☐ 1968–71 Leitung des Forum Ossiach ☐ 1971
»Worte zur Musik« (Schr.) ☐ 1976/77 Leitung der
»Tage freier Musik« in Lungau ☐ 1981 Aufführung
sämtlicher Klaviersonaten Mozarts in Wien, Paris und
Mailand ☐ 1991 Performance »Mozart no end« in
Frankfurt/Main ☐ 1992 Uraufführung von »Paradise
Island« für Mezzosopran und Orchester in München.

Christiane Herzog

Hassan II.

König von Marokko (1961–1999),
*9.7.1929 Rabat, †23.7.1999 Rabat

Hassan II. folgte 1961 seinem Vater, König
Mohammed V., auf den marokkanischen
Thron. 1971/72 überlebte er zwei Attentate
und übernahm danach, zunehmend autokra-
tischer, selbst die Regierung. Er annektierte –
trotz Verbots der UNO – nach dem Abzug der
Spanier 1975/76 das Gebiet Westsahara.
Seine Kontakte zu israelischen Spitzenpoliti-
kern halfen beim Zustandekommen des
Friedensabkommens zwischen Israel und
Ägypten 1978. Mit seinem Einfluss als
Nachfahre des Propheten Mohammed und
damit auch als religiöser Führer der Marokkaner hielt Hassan den islamischen Fundamentalismus in seinem Land unter Kontrolle.

Heller, Joseph

Amer. Schriftsteller, *1.5.1923 Brooklyn/New York,
†12.12.1999 Long Island/New York

Hellers Welterfolg »Catch-22« ist eine gro-
tesk-komische Entlarvung der Sinnlosigkeit
des Krieges und machte den Autor neben

F. Hundertwasser

seinem Vorbild Norman Mailer zu einem
der bekanntesten zeitgenössischen Kriegs-
romanautoren der USA. Doch auch gesellschaftskritische Romane wie »Was geschah
mit Slocum?« (1974) und »Gut wie Gold«
(1979) wurden von der Kritik positiv beurteilt. In »Weiß Gott« (1984) erzählt H. mit
Witz und Ironie die Lebensgeschichte
König Davids neu, »Endzeit« (1994) ist die
düstere Lebensbilanz eines älteren Mannes.

Herzog, Christiane

*26.10.1936 München, †19.6.2000

Christiane Herzog gründete 1986 den Verein »Mukoviszidose-Hilfe« und widmete
sich seitdem mit hohem Engagement den
Betroffenen dieser erblichen Stoffwechsel-
krankheit. Seit 1958 mit dem CDU-Politiker
Roman Herzog verheiratet, erweiterte sie
während der Amtszeit ihres Gatten als Bundespräsident ihr soziales Betätigungsfeld:
1994 übernahm sie die Schirmherrschaft
über die Elly-Heuss-Knapp-Stiftung »Deutsches Müttergenesungswerk« und wurde
Schirmherrin des Kinderhilfswerkes der
UNO (UNICEF). Bekannt wurde H. auch
als Fernsehköchin und Autorin von Koch-
büchern, deren Erlös sie wohltätigen
Zwecken spendete.

Hundertwasser, Friedensreich

(eig. Friedrich Stowasser), österreichischer Maler
und Grafiker, *15.12.1928 Wien, †19.2.2000 an
Bord eines Kreuzfahrtschiffes im Pazifik

H. nahm ornamental-dekorative Formen des
österreichischen Jugendstils auf und trans-
ponierte sie in eine freiere, poetischere Bild-
sprache. Neben den Hauptmotiven von Spirale und Labyrinth (»Sonne und Spiraloide
über dem Roten Meer«, 1960) kennzeichnen eine mosaikartige Flächenaufteilung,
starke Farbigkeit (auch Gold und Silber)
und naiv-märchenhafte Züge seine Kunst.
Seit den 70er Jahren engagierte sich H. in
der ökologischen Bewegung. Mit Vorschlägen zur Dachbegrünung und phantasievol-
len Fassadengestaltung wie beim »Hundert-
wasserhaus« in der Wiener Löwengasse
(1986) bemühte er sich um eine umwelt-
bewusste Architektur. 1991 wurde das
Kunst-Haus-Wien mit einem Hundert-
wasser-Museum eröffnet.

Jandl, Ernst

Österreichischer Schriftsteller,
*1.8.1925 Wien, † 10.6.2000 Wien

Jandl, 1984 mit dem Georg-Büchner-Preis ausgezeichnet, war einer der populärsten Autoren experimenteller Gegenwartsliteratur. Sprachkritische Ansätze der sog. Konkreten Poesie (Helmut Heißenbüttel) und der Wiener Gruppe (u. a. H. C. Artmann) verband er mit heiter-ironischem Sprachwitz. Ihre Wirkung entfalten seine Gedichte allerdings erst beim Vortrag (»Laut und Luise«, 1966; 1968 auf Schallplatte gesprochen). J. verfasste neben Lyrik auch Hörspiele und Dramen. »Hosi-anna« (1965), »Laut und Luise« (1966), »sprechblasen« (1968), »der künstliche Baum«, »die bearbeitung der mütze« (1978), »der gelbe hund« (1980), »selbstporträt des schachspielers als trinkende uhr« (1983), »idyllen« (1989) sind seine bekanntesten Gedichtbände.

Kirchschläger, Rudolf

Österreichischer Politiker, *20.3.1915 Obermühl/
Oberösterreich, † 30.3.2000 Wien

K. musste 1938 sein Jurastudium unterbrechen, nachdem er den Eintritt in die NSDAP verweigert hatte. Als Soldat im Zweiten Weltkrieg wurde er zweimal schwer verwundet. Nach dem Krieg war der namhafte Staatsrechtler Mitautor verschiedener internationaler Verträge (u. a. Südtirolabkommen, österreichisches Neutralitätsgesetz) und nahm 1955 als Rechtsberater an den Abschlussverhandlungen über den Staatsvertrag in Moskau zur Wiedererlangung der vollen Souveränität Österreichs teil. 1970–74 war er österreichischer Außenminister. 1974 wurde K. als parteiloser Kandidat der SPÖ zum österreichischen Bundespräsidenten gewählt und sechs Jahre später mit fast 80% der Stimmen für eine zweite Amtszeit wiedergewählt.

Klimke, Reiner

Deutscher Dressurreiter, Dr. jur.
*14.1.1936 Münster, † 17.8.1999 ebd.

Der Anwalt und Notar Klimke, Sohn eines Psychiaters und Neurologen, hatte über vier Jahrzehnte das Dressurreiten geprägt und als Teilnehmer an sieben Olympischen Spielen sechs Gold- und zwei Bronzemedaillen gewonnen. Damit war er der erfolgreichste deutsche Olympiateilnehmer und Medaillensammler im 20. Jh.

Konsalik, Heinz G.

Deutscher Schriftsteller, * 28.5.1921 Köln,
† 2.10.1999 Salzburg (Österreich)

Der studierte Theaterwissenschaftler und Germanist, im Zweiten Weltkrieg Kriegsberichterstatter, betätigte sich zunächst als Journalist und Dramaturg, bevor er 1956 mit seinem Roman »Der Arzt von Stalingrad« zum internationalen Bestsellerautor wurde. Weitere bekannte Romane waren »Strafbataillon 999« (1959), »Liebesnächte in der Taiga« (1966) und »Wer stirbt schon gerne unter Palmen« (1973).

Heinz Konsalik

Kostolanyi, André

Ungarisch-US-amerikanischer Finanzexperte,
*9.2.1906 Budapest, † 14.9.1999 Paris

Industriellensohn K. absolvierte Ende der 20er Jahre in Paris eine Lehre als Börsenmakler. Nach dem Einmarsch deutscher Truppen in Frankreich 1940 emigrierte er wegen seiner jüdischen Herkunft in die USA. Seit den 50er Jahren, nach der Rückkehr nach Europa, vermittelte der überzeugte Kapitalist und Lebenskünstler seine Kenntnisse der Finanzmärkte und des Börsenwesens einem breiten Publikum.

Kraus, Alfredo

Spanischer Opernsänger, *24.11.1927 Las Palmas/
Kanarische Inseln, † 10.9.1999 Madrid

K. debütierte 1956 in Kairo als Opernsänger. Er sang an den großen Opernhäusern Europas und Amerikas. Er begrenzte sein Repertoire auf rund ein Dutzend Partien. Noch als 70-Jähriger wurde er 1997/98 in Zürich als »Werther« (Jules Massenet) und Edgardo (in »Lucia di Lammermoor« von Gaetano Donizetti) gefeiert.

□ 1956 Operndebüt als Herzog in Giuseppe Verdis »Rigoletto« in Kairo □ 1959 Premiere an der Mailänder Scala und an der Covent Garden Opera in London als Edgardo in Gaetano Donizettis Oper »Lucia di Lammermoor« □ 1962 USA-Debüt in Chicago als Nemorino in Donizettis »Liebestrank« □ 1964 Erste Rolle an der Metropolitan Opera in New York als Herzog in »Rigoletto« □ Ab 1965 Ensemblemitglied an der »Met«, Gastrollen in aller Welt □ 1980 Don Ottavio in Wolfgang A. Mozarts »Don Giovanni« bei den Salzburger Festspielen.

Rudolf Kirchschläger

Llewelyn, Desmond

Britischer Schauspieler, *12.9.1914 Südwales,
†19.12.1999 Firle, Südengland (Autounfall)

L., der Sohn eines Ingenieurs im Kohlenbergbau, wollte eigentlich Buchhalter werden, fand aber zur Schauspielerei und trat 1939 erstmals in einem Spielfilm auf. Nach kleineren Rollen in »Kleopatra« (1963) und »Chitty Bang Bang« (1968) fand L. seine Traumrolle als Technik-Freak »Q« in 17 James-Bond-Filmen von »Liebesgrüße aus Moskau« (mit Sean Connery als Bond) bis zu »Die Welt ist nicht genug« (1999, mit Pierce Brosnan).

Sir Stanley Matthews

Lueg, Ernst Dieter

Deutscher Journalist, *9.1.1930 Essen, †23.5.2000

Nach dem Geschichts- und Politologiestudium arbeitete L. bei der »Neuen Ruhr-/ Neuen Rhein-Zeitung« (Essen), 1964 wechselte er zum Westdeutschen Rundfunks (WDR) nach Köln. L. berichtete von 1967 bis 1995 für die ARD aus Bonn, wo er bis 1985 unter der Leitung des Studiochefs Friedrich Nowottny arbeitete. Nach Nowottnys Aufstieg zum Intendanten des WDR im September 1985 übernahm L. die Leitung des Bonner ARD-Studios und der Sendung »Bericht aus Bonn«.

Matthau, Walter

(eigtl. W. Matuschanskayasky), US-amerikanischer
Schauspieler, *1.10.1920 New York, †1.7.2000
Santa Monica/Kalifornien

Mit einem Gesicht, das aussehe, als ob jemand darin geschlafen habe (so ein Kritiker), verkörperte M., Sohn russisch-litauischer Einwanderer, häufig den mürrischen, aber gutmütigen Griesgram. In zahlreichen Filmen wie »Ein seltsames Paar« (1967, Regie: Gene Saks) war Jack Lemmon sein Partner, der als hektischer Pedant zum Antipoden des betulich-kauzigen M. wurde. Seine größten Erfolge hatte der Charakterkomiker in Filmen von Billy Wilder.

☐ ab 1945 Schauspielstudium bei Erwin Piscator ☐ ab 1948 Schauspieler am Broadway in New York ☐ 1963 »Charade« (mit Audrey Hepburn, Regie: Stanley Donen) ☐ 1964 Broadway-Erfolg in »Ein seltsames Paar« ☐ 1965 Oscar für »Der Glückspilz« (mit Jack Lemmon, Regie: Billy Wilder) ☐ 1969 »Die Kaktusblüte« (mit Ingrid Bergman, Regie: Gene Saks ☐ 1973 »Der große Coup« (Regie: Don Siegel)

☐ 1974 »Extrablatt« (mit Jack Lemmon, Regie: Billy Wilder) ☐ 1981 »Buddy Buddy« (mit Jack Lemmon, Regie: Billy Wilder) ☐ 1985/86: »Piraten« (Regie: Roman Polanski) ☐ 1993 »Ein verrücktes Paar« (mit Jack Lemmon, Regie: Donald Petrie).

Matthews, Sir (seit 1965) Stanley

Englischer Fußballspieler, *1.2.1915 Henley b. Stoke,
†23.2.2000 Staffordshire-Nuffield/Nordengland

Der dribbelstarke Rechtsaußen M. bestritt in seiner 32-jährigen Profi-Karriere 886 Ligaspiele (95 Tore). Ab 1934 spielte er 54-mal im englischen Nationaltrikot, das er zuletzt als 41-jähriger trug. Zweimal war er Fußballer des Jahres in England, einmal (1956) in Europa.

☐ 1930–47 Stoke City ☐ 1935–57 54 Länderspiele (11 Tore) ☐ 1947–61 Blackpool (Cupsieger 1953) ☐ 1948 Engl. Fußballer des Jahres (erneut 1953) ☐ 1950 WM-Teilnehmer (erneut 1954). ☐ 1956 Europas Fußballer des Jahres ☐ 1961–65 Stoke City.

Mielke, Erich

Deutscher Politiker,
*28.12.1907 Berlin, †22.5.2000 ebd.

M. leitete mehr als 30 Jahre die Stasi und wurde kurz nach Öffnung der DDR-Grenzen (November 1989) verhaftet. Die 1991 erhobene Anklage lautete auf Amtsanmaßung, Vertrauensmissbrauch und Untreue. M. führte 92 000 hauptamtliche Stasi-Mitarbeiter und 170 000 freiwillige Spitzel. Außerdem wurde M. Mitverantwortung für die Todesschüsse an der innerdeutschen Grenze sowie Unterstützung der terroristischen Rote Arme Fraktion vorgeworfen, von denen einige Mitglieder in der DDR untergetaucht waren. Dieses Verfahren wurde wegen Verhandlungsunfähigkeit M.s eingestellt. In einem anderen Prozess wurde M. 1993 wegen Ermordung zweier Polizisten 1931 in der Weimarer Republik zu sechs Jahren Haft verurteilt. Unter Berücksichtigung anderer Haftzeiten kam er 1995 nach Verbüßung von zwei Dritteln der Strafe frei.

Miller, Merton Howard

US-amerikanischer Ökonom, *16.5.1923 Boston/
Massachusetts, †3.6.2000 Chicago

M. trug mit seinen theoretischen Überlegungen dazu bei, dass Unternehmen ihre Finanzierungspraxis grundlegend änderten und sich an einem möglichst hohen Shareholder Value (max. Kursgewinn) für die Aktionäre ausrichteten.

☐ 1944–47 Wirtschaftswissenschaftler im US-Finanzministerium ☐ 1947–49 Forscher beim Zentralbankrat ☐ 1953–61 Dozent an der Carnegie-Mellon-Universität in Pittsburgh, Pennsylvania ☐ 1958 »The cost of capital, corporation finance, and the theory of investment« (mit Modigliani) ☐ ab 1961 Prof. für Bankwesen und Finanzen an der Universität Chicago ☐ 1990 Nobelpreis für Wirtschaftswissenschaften (mit Harry Markowitz und William Sharpe).

Millowitsch, Willy

Deutscher Schauspieler und Theaterleiter,
*8.1.1909 Köln, † 20.9.1999 ebd.

M. entstammte einer Schauspielerfamilie, sein Großvater hatte 1896 das familieneigene Puppentheater in Köln in eine Volksbühne umgewandelt. Ab 1940 leitete M. das Theater und glänzte in Hunderten von Rollen durch Vitalität, Spontaneität, gute Laune, Menschenkenntnis und bisweilen leise Melancholie. Auch in klassischen Rollen hatte M. u. a. in Molières »Bürger als Edelmann« (1981) und in »Hamlet« (1981) Erfolg. Seine Tochter Mariele (*1955) und Sohn Peter (*1949), der das Millowitsch-Theater seit 1996 allein leitet, sind ebenfalls Schauspieler.

Nathans, Daniel

US-amerikanischer Mikrobiologe,
*30.10.1928 Wilmington/Delaware,
† 16.11.1999 Baltimore/Maryland

N. war ab 1967 Professor an der John Hopkins University in Baltimore. Anfang der 70er Jahre fand er ein Eiweiß, das die Erbsubstanz DNS an bestimmten Stellen auseinander schneiden kann. Für die Entdeckung dieser sog. Restriktionsenzyme bekam er 1978 den Nobelpreis für Medizin. Mit der Technik können heute DNS-Moleküle im Kampf gegen Erbkrankheiten gezielt bearbeitet und neu zusammengesetzt werden.

☐ bis 1954 Studium der Chemie, Philosophie, Literatur und Medizin in Newark/Delaware und St. Louis/Missouri ☐ 1955–59 am Presbyterian Medical Center der Columbia-Universität, New York ☐ 1959–62 am Rockefeller Institute for Medical Research in New York ☐ seit 1967 Professor an der Johns-Hopkins-Universität in Baltimore/Maryland ☐ 1978 Medizinnobelpreis zusammen mit Werner Arber (CH) und Hamilton O. Smith (USA).

Nyerere, Julius

Tansanischer Politiker, *April 1922 Butiama/Tanganjika, † 14.10.1999 London

N. führte nach der ersten Wahl im damaligen Tanganjika 1958 die Opposition. Nach der Unabhängigkeit von Großbritannien 1961 wurde er Ministerpräsident. 1963 wurde Tanganjika eine Republik des Commonwealth mit N. als Präsidenten. Er gründete 1964 unter Einbezug der Inseln Sansibar und Pemba die Vereinigte Republik Tansania. 1967 verkündete N. die Umwandlung des Landes in einen sozialistischen Staat. Er war erfolgreich bei der Verbesserung des Gesundheits- und des Bildungssystems sowie bei der Verringerung des Analphabetismus und der Säuglingssterblichkeit. Wirtschaftlich blieb Tansania jedoch eines der ärmsten Länder der Welt.

Julius Nyerere

Obuchi, Keizo

Japanischer Politiker, *25.6.1935 Präfektur Gunna/Hondschu, † 14.5.2000 Tokio

O. galt als treuer Parteisoldat der in Japan seit Jahrzehnten regierenden Liberaldemokratischen Partei (LDP). Bereits mit 26 Jahren zog er ins Parlament ein und stieg rasch in die Parteispitze auf. 1993 wurde er LDP-Generalsekretär, 1997 Außenminister und 1998 Regierungschef. Als Premier setzte der zuvor als farblos geltende O. umfassende öffentliche Ausgabeprogramme und Gesetze durch, um das Land aus der Wirtschaftskrise zu führen.

Willy Millowitsch

Piper, Klaus

Deutscher Verleger,
*27.3.1911 München, † 25.3.2000 ebd.

P. übernahm 1956 den 1904 von seinem Vater Reinhard gegründeten Piper-Verlag, dessen musisch orientiertes Programm er um die Bereiche Zeitgeschichte, Gesellschaft, Politik, Soziologie, Psychologie und Naturwissenschaften erweiterte. Zu den bekanntesten Autoren des Piper-Verlags zählen u. a. Karl Jaspers, Hans Küng, Ingeborg Bachmann, Hilde Domin, Aldous Huxley, Pier Paolo Pasolini, Sten Nadolny und Jürg Amann. P. verlegte auch Bestseller der gehobenen Unterhaltungsliteratur (u. a. Lothar-Günther Buchheims »Das Boot«, 1973) und gründete die erfolgreiche Ta-

Klaus Piper

schenbuchreihe »Serie Piper«. 1995 verkaufte P. 80% seiner Anteile an die schwedische Mediengruppe Bonnier.

Rampal, Jean-Pierre

Französischer Flötist und Dirigent,
*7.1.1922 Marseille, †20.5.2000 Paris

R. galt als einer der weltweit bekanntesten Stars der klassischen Musik. Er spielte bevorzugt Barock-Kompositionen, aber auch Jazz, Folksongs und indische Musik. Auch als Dirigent und Musikwissenschaftler (Prof. am Pariser Conservatoire 1968–68) erwarb er sich internationale Anerkennung. Mit dem Cellisten Mstislaw Rostropowitsch und dem Violinisten Isaac Stern spielte er zusammen, die Komponisten Francis Poulenc und André Jolivet komponierten Stücke für ihn.

Charles Monroe Schulz

Sarraute, Nathalie

Französische Schriftstellerin, *18.7.1900 Iwanowo/Russland, †19.10.1999 Paris

S. wurde berühmt mit tiefgehenden literarischen Analysen der menschlichen Seele. In ihrem 1956 veröffentlichten Werk »Zeitalter des Argwohns« beschrieb sie ihre neue Schreibweise als literarische Suche nach dem »inneren Drama« des Menschen. Der von ihr mitbegründete Nouveau Roman verzichtet auf wesentliche Elemente des traditionellen Romans: u. a. zeitlich lineare und logisch aufbauende Erzählung, Hauptfigur als Handlungsträger, ordnender Erzähler.

□ 1907 Übersiedlung mit ihren Eltern nach Paris □ ab 1919 Englisch- und Jurastudium □ ab 1925 Strafverteidigerin und Notarin □ 1938 Erfolg mit dem Erstlingsroman »Tropismen« □ 1953 »Martereau« (Roman) □ 1956 »Das Zeitalter des Misstrauens« (Essays) □ 1959 »Das Planetarium« (Roman) □ 1963 »Die goldenen Früchte« □ 1968 »Zwischen Leben und Tod« □ 1972 »Hören Sie das?« □ 1976 »Sagen die Dummköpfe« (alle Romane) □ 1980 »Der Wortgebrauch« (Essays) □ 1982 Grand Prix National des Lettres.

Nathalie Sarraute

Schöningh, Ferdinand

Deutscher Verleger,
*29.10.1923 Paderborn, †23.5.2000 ebd.

Sch. entstammte einer westfälischen Verlegerdynastie, sein Urgroßvater hatte 1850 in Paderborn eine Druckerei und einen Verlag gegründet, zu dessen Programm u. a. Schulbücher sowie pädagogische und wissenschaftliche Werke gehörten. 1966 trat Sch. die Nachfolge seines Vaters Eduard an der Spitze des Hauses an und übernahm 1973 zusätzlich den Münchner Fink Verlag, der vor allem Werke für neuere Philosophie herausbringt.

Schulz, Charles Monroe

US-amerikanischer Comiczeichner, *26.11.1922 Minneapolis/Minnesota, †12.2.2000 San Francisco

Weltweit in etwa 20 Sprachen übersetzt, in 2200 Zeitungen verbreitet und von 200 Mio Anhängern geliebt, gehören die »Peanuts«, die Schulz 1950 kreierte, zu den erfolgreichsten Comicfiguren. Ihr ursprünglicher Name, »Li'l Folks» (kleine Leute), wurde von seiner Agentur United Feature in »Peanuts«, engl. Kleinkram (eig. Erdnüsse), geändert: den ewigen Pechvogel und erfolglosesten Baseball-Trainer aller Zeiten, Charly Brown, seinen respektlosen Hund Snoopy, die lispelnde Patty, den Schmusedecken liebenden Linus.

Schumacher, Emil

Deutscher Maler, *29.8.1912 Hagen/Westfalen, †4.10.1999 Ibiza, Spanien

Schumacher, Mitbegründer der Künstler- und Arbeitsgemeinschaft Junger Westen sowie Professor in Hamburg (1958-60) und Karlsruhe (1966-77) gehörte zu den Repräsentanten des deutschen Informel, der nichtgeometrischen Abstraktion. Er überzog seine Bilder mit einem expressiven, häufig an geologische Formationen und Gesteinsstrukturen erinnernden Farbauftrag. Wichtig für sein Kunstverständnis waren Reisen nach Nordafrika, z. B. 1983 nach Marokko.

Segal, George

US-amerikanischer Bildhauer und Grafiker,
*26.11.1924 New York,
†9.6.2000 Trenton/New Jersey

Der führende Vertreter der klassischen Pop-Art ging von der sog. Happening-Bewegung aus. S. kombinierte lebensgroße, meist weiße Gipsfiguren mit realen Gegenständen zu Alltagssituationen, die wie Momentaufnahmen wirken. 1960 entstand die erste für ihn typische Arbeit: Eine männliche Gestalt (eigener Gipsabguss des Künstlers) sitzt neben einem Fensterrahmen an einem leeren Tisch (»Man sitting at table«, Mönchengladbach, Städtisches Museum). Spätere Arbeiten wurden meist zu Personengruppen in realem Umfeld erweitert (»Das Restaurantfenster«, 1967, Köln, Museum Ludwig).

Snow, Hank (Clarence Eugene)

US-amerikanischer Countrymusiker kanadischer Herkunft, *9.5.1914 Brooklyn bei Liverpool/Nova Scotia, †20.12.1999 Nashville/Tennessee

Über ein halbes Jahrhundert stand S. auf der Bühne. Er nahm mehr als 80 Alben und über 2000 Songs auf. Von seinen 85 Hitsingles kamen 30 unter die zehn jeweils bestverkauften Platten. Mit seinem größten Hit »Movin' on« stieg S. Ende der 40er Jahre zum Countrystar auf. Weitere Hits waren u. a. »Golden rocket«, »Music makin' Mama from Memphis« und »Rhumba Boogie«. 1954 organisierte er den Auftritt des 19-jährigen Elvis Presley beim Country-Festival »Grand Ole Opry« in Nashville. In den 80er Jahren gelang ihm an der Seite von Willie Nelson ein Comeback.

Szczypiorski, Andrzej

Polnischer Schriftsteller, *3.2.1928 Warschau, †16.5.2000 ebd.

Die Dimension des Menschlichen vor dem Hintergrund politischer Gewalt und Unterdrückung bestimmt den Roman »Die schöne Frau Seidenman« (1986, dt. 1988), mit dem S. seinen größten literarischen Erfolg feierte. Sanft ironisch und anhand psychologisch feinfühliger Porträts wird das Schicksal der polnischen Juden während der deutschen Besatzung und des Warschauer Aufstands von 1944 neu erzählt. Der menschliche Konflikt zwischen ideologischem Konformismus und persönlicher Moral steht auch im Mittelpunkt seines Romans »Eine Messe für die Stadt Arras« (1971, dt. 1988).

□ 1944 Teilnahme am Warschauer Aufstand; KZ Sachsenhausen □ 1981/82 Internierung in der kommunistischen Volksrepublik Polen □ 1983 »Notizen zum Kriegszustand« (dt. 1990) □ 1987 »Amerikanischer Whisky« (Erzählungen, dt. 1989) □ »Notizen zum Stand der Dinge« (dt. 1990) □ seit 1989 Mitgl. des polnischen Senats □ 1991 »Nacht, Tag und Nacht« (Roman, dt. 1991) □ 1991 »Selbstporträt mit Frau« (Roman) □ 1996 »Europa ist unterwegs« (Essays und Reden).

Thiedemann, Fritz

Deutscher Reiter, *3.3.1918 Weddinghausen bei Heide/Schleswig-Holstein, †8.1.2000 Heide

Th., dessen Pferd Meteor in Holstein mit einem Denkmal geehrt wurde, war in den 50er Jahren weltweit einer der populärsten Springreiter; fünfmal gewann er das deutsche Springderby in Hamburg. Als Dressurreiter gewann er auf Chronist 1952 bei den Olympischen Spielen in Helsinki mit der Mannschaft die Bronzemedaille.

□ 1952 Olympiadritter (Einzel) und Olympiasechster (Mannschaft) in Helsinki □ 1953 WM-Zweiter □ 1956 WM-Dritter; Olympiasieger (Mannschaft) und Olympiavierter (Einzel) in Stockholm □ 1958 Europameister (Einzel); Dt. Sportler des Jahres □ 1960 Olympiasieger (Mannschaft) und Olympiasechster (Einzel) in Rom.

Fritz Thiedemann

Thomalla, Georg

Deutscher Schauspieler, *14.2.1915 Kattowitz (Oberschlesien), †25.8.1999 Starnberg b. München

Th. war einer der populärsten deutschen Komiker. Der Beamtensohn und gelernte Koch kam mit 17 Jahren in Hamburg zu einer kleinen Operettenrolle und spielte danach auf Wanderbühnen. Nach dem Zweiten Weltkrieg stellte er in 120 Filmrollen und Hunderten von Bühnenauftritten oft den liebenswürdigen Hektiker dar. Zu seinen Glanzrollen gehörte »Der Mann, der sich nicht traut« in der gleichnamigen Boulevard-Komödie von Curt Flatow, den er rund 900-mal verkörperte. Außer Jack Lemmon synchronisierte er auch den US-Komiker Danny Kaye.

Tudjman, Franjo

Kroatischer Politiker, *14.5.1922 Veliko Trgovisce bei Zagreb, †10.12.1999 Zagreb

Andrzej Szczypiorski

1989 gründete der einstige Kommunist T. die konservativ-nationalistische Kroatische Demokratische Gemeinschaft (HDZ) und wurde 1990 in der ersten Mehrparteienwahl in Kroatien zum Präsidenten der Republik gewählt. Unter seiner Führung trat Kroatien aus dem jugoslawischen Bund aus und wurde 1991 unabhängig. Obwohl er die Demokratie versprochen hatte, etablierte T. eine autoritäre Herrschaft und förderte den kroatischen Nationalismus. Sein Streben, in Kroatien und dem kroatischen Teil Bosnien-Herzegowinas die Minderheiten zu vertrei-

Franjo Tudjman

Bernhard Wicki

ben, führte zum Krieg in Bosnien (1992–95), der erst mit dem Friedensabkommen von Dayton (USA) beendet wurde.

Vadim, Roger

(eig. R.V.Plemiannikov), französischer Filmregisseur, *26.1.1928 Paris, †11.2.2000 ebd.

Obwohl V. Kultfilme wie »Und immer lockt das Weib« (1956) und die Science-Fiction-Klamotte »Barbarella« (1968) drehte, wurde er vor allem durch seine Frauenbeziehungen bekannt. Er war mit Brigitte Bardot (1952–57), Jane Fonda (1967–73) und Marie-Christine Barrault (ab 1990) verheiratet und hatte mit Cathérine Deneuve einen Sohn. Zunächst Drehbuchautor und Regie-Assistent, lernte er Anfang der 50er Jahre die damals noch unbekannte Bardot kennen. Aus ihr machte er das naiv-blonde Sexsymbol des französischen Films.

Wessely, Paula

Österreichische Schauspielerin, *20.1.1907 Wien, †11.5.2000 ebd.

W. war seit ihrem Debüt 1924 als Josephine in »Cyprienne« eine international erfolgreiche Bühnen- und Filmschauspielerin. Ab 1935 war sie mit Attila Hörbiger verheiratet, ab 1953 gehörte sie mehr als vier Jahrzehnte dem Wiener Burgtheater an. W. erhielt zahlreiche Auszeichnungen, darunter das Österreichische Ehrenkreuz für Wissenschaft und Kunst (1963) und den deutschen Bundesfilmpreis (1984). Ihre Töchter Elisabeth Orth und Christiane Hörbiger wurden ebenfalls Schauspielerinnen.

Paula Wessely

□ 1924 Debüt als Josephine in »Cyprienne« am Dt. Volkstheater in Wien □ 1929–52 Mitgl. des Theaters in der Josefstadt in Wien □ 1933–37 Gretchen in Goethes »Faust« bei den Salzburger Festspielen (Regie: Max Reinhardt) □ 1934 Filmdebüt und int. Erfolge als Leopoldine Dur in »Maskerade« (Regie: Willi Forst) □ 1935 Heirat mit Attila Hörbiger □ ab 1953 Mitgl. des Wiener Burgtheaters □ 1957 Ernennung zur Kammerschauspielerin des Burgtheaters □ 1967 Ernennung zum Ehrenmitgl. des Burgtheaters □ 1969 Frau Alving in Hendrik Ibsens »Gespenster« in Hamburg □ 1977 Juno in »Juno und der Pfau« (Sean O'Casey) □ 1983 Baronin in »Der Unbestechliche« (Hugo von Hofmansthal)

Wicki, Bernhard

Schweizer Schauspieler und Regisseur, *28.10.1919 St. Pölten/Niederösterreich, †5.1.2000 München

Ulrich Wildgruber

W., der nach einer Bühnenkarriere zunächst als Schauspieler zum Film kam (»Der fallende Stern«, 1950), wurde bereits für seine erste eigene Regiearbeit, »Die Brücke« (1959), mehrfach ausgezeichnet. Der Film, der den aussichtslosen Kampf einer Gruppe von Oberschülern um die Verteidigung einer Brücke am Ende des Zweiten Weltkriegs schildert, zeigt in bis dahin ungewohntem Realismus, wie im sog. Dritten Reich jugendliche Ideale missbraucht wurden. W., der nach diesem Erfolg auch in Hollywood drehte (»Der Besuch«, 1963, mit Ingrid Bergman, nach Friedrich Dürrenmatt; »Morituri«, 1964), inszenierte Literaturverfilmungen für das Fernsehen.

□ 1938–40 Schauspielausbildung bei Gustaf Gründgens in Berlin und am Reinhardt-Seminar in Wien □ 1940 Bühnendebüt als Faust in Goethes »Urfaust« in Wien □ 1943 Pylades in »Iphigenie auf Tauris« bei den Salzburger Festspielen □ 1944–50 Engagement am Züricher Schauspielhaus □ 1950 Filmdebüt in »Junges Herz voll Liebe« □ 1953 »Die letzte Brücke« (Rg. Helmut Käutner) □ 1971 »Das falsche Gewicht« (Rg., mit Helmut Qualtinger) □ 1975/76 »Die Eroberung der Zitadelle« □ 1983 »Eine Liebe in Deutschland« (Rg. Andrzej Wajda) □ 1986–88: »Das Spinnennetz« (Rg., mit Klaus Maria Brandauer)

Wildgruber, Ulrich

Dt. Schauspieler, *18.11.1937 Bielefeld, †30.11.1999 Sylt

Mit eigenwilliger Sprache und seinen zwischen Schwerfälligkeit und abrupter Hast wechselnden Bewegungen schuf W. eine eigene, artistische und unverwechselbare Darstellungskunst. Im Regisseur Peter Zadek fand W. einen idealen Partner; zusammen schrieben sie in den 70er Jahren in Bochum und Hamburg u. a. mit den Shakespeare-Dramen »König Lear«, »Othello«, »Hamlet« und »Das Wintermärchen« Theatergeschichte.

□ 1968 Titelrolle in der UA von »Kaspar« (Peter Handke) in Oberhausen □ 1972 Engagement an der Schaubühne in Berlin; Vater in der UA von »Der Ignorant und der Wahnsinnige« (Thomas Bernhard, Rg. Claus Peymann) bei den Salzburger Festspielen □ 1973 Wechsel zu Peter Zadek nach Bochum □ seit 1975 Engagement am Dt. Schauspielhaus Hamburg □ 1979 »Die Hamburger Krankheit« (F., Rg. Peter Fleischmann) □ 1984 »Verlorene Zeit« (Rg. Zadek) □ 1987 Dr. Schöning in »Lulu« (Frank Wedekind, Rg. Zadek) □ 1990 Nebenrolle in »Winckelmanns Reisen« (F., Rg. Jan Schütte) □ 1992 Revue »Der blaue Engel« (Rg. Zadek und Jérôme Savary) in Berlin.

Sachregister

Das Sachregister verzeichnet alle Stichwörter, die im Lexikon zu finden sind, mit einer **fett** gesetzten Seitenangabe. Wichtige Begriffe, die im Text behandelt werden, aber keinen eigenen Eintrag haben, sind mit entsprechender Seitenzahl genannt.

Sachregister

Personenregister

Das Personenregister enthält alle wichtigen Namen, die im Lexikon vorkommen.
Fette Seitenangaben verweisen auf eine Kurzbiografie.

Personenregister